D1551492

SAGRADA

DEL PUEBLO CATÓLICO

DE:

PARA:

FECHA:

"Cielo y Tierra pasarán pero mis palabras no pasarán"

Mar 13, 31.

SAGRADA Biblia DEL PUEBLO CATÓLICO

Traducción:

Ilmo. Señor Don Félix Torres Amat

Revisión teológica y literaria actualizada
bajo la dirección del
P. Luis Alberto Roballo Lozano, C.Ss.R.

El texto de esta Biblia ha sido autorizado
por la Conferencia Episcopal de Colombia,
Santa Fe de Bogotá, D.C., 2 de marzo de 1992

Editor
Panamericana Editorial Ltda.

Diseño de carátula
® Marca Registrada

Primera edición, Terranova Editores Ltda., 1998
Primera edición en Panamericana Editorial Ltda., enero de 1999
Octava reimpresión, octubre de 2005

Calle 12 No. 34-20, Tels.: 3603077 - 2770100
Fax: (57 1) 2373805
Correo electrónico: panaedit@panamericanaeditorial.com
www.panamericanaeditorial.com
Bogotá D. C., Colombia

ISBN: 958-30-0571-1

Impreso por Panamericana Formas e Impresos S. A.
Calle 65 No. 95-28, Tels.: 4302110 - 4300355
Fax: (57 1) 2763008
Quien sólo actúa como impresor.

Impreso en Colombia Printed in Colombia

Introducción General

Su Santidad Juan Pablo II ha sido incansable anunciador de La Palabra de Dios. La IV Conferencia del Episcopado Latinoamericano en los 500 años de la evangelización de América, celebrada en Santo Domingo, recibió de él como lema: "Jesucristo ayer, hoy y siempre" (Hebr 13,8).

La Sagrada Biblia es el libro más difundido, leído y admirado en la historia de la cultura humana. Existen copias manuscritas de libros bíblicos del Antiguo Testamento que datan de hace dos mil años y conocemos documentos que transcriben el texto del Nuevo Testamento unos cincuenta años después de su redacción original. La Biblia es la primera obra que imprime el inventor de la imprenta Juan Gutenberg, antes de su muerte en 1468, y actualmente existen presentaciones de la Biblia en sistemas electrónicos.

Ampliamente difundida, la Biblia está traducida a cerca de dos mil idiomas y se considera patrimonio de todas las culturas. Frente a los demás libros tiene una gran diferencia: es la *Palabra de Dios*. En sus páginas se recopila una historia en que Dios sale al encuentro de la humanidad y se revela progresivamente poniendo la salvación al alcance de todos los hombres de buena voluntad. En las demás religiones, el hombre busca afanosamente a Dios, mientras que en la historia bíblica Dios busca al

Excavaciones de un monasterio esenio en Qumrán. Aquí vivieron hace 2000 años comunidades religiosas judías en tiempos de Cristo. Los rollos del Mar Muerto escritos por ellas fueron guardados en jarras de barro cocido que fueron descubiertos posteriormente a partir de 1947 en grutas excavadas en colinas cercanas. Estudios del Antiguo y del Nuevo Testamento se han beneficiado actualmente con los documentos e informaciones encontrados en Qumrán.

hombre y éste lo descubre cada vez más claramente como Padre.

Punto culminante de la revelación bíblica es la presencia de Cristo, Hijo de Dios hecho hombre. Esta historia que culminó hace dos milenios no es un hecho del pasado. La presencia del Espíritu de Dios actualiza los acontecimientos sucedidos hace siglos y los hace presentes, por eso la lectura y empleo de la Sagrada Biblia es, ante todo, un acto religioso, sin excluir su importancia cultural y los elementos valiosos de reflexión que presenta para todos los aspectos en que se interesa el hombre.

Nombres de la Biblia

Biblia es el nombre más popular del libro sagrado que está en la base del cristianismo. Este nombre, más exactamente *biblía*, es la forma plural del vocablo griego *biblíon* que significa libro pequeño. Biblia, por tanto, quiere decir *sin más libros*. Del griego la expresión pasó primero al latín, lengua oficial del cristianismo en occidente durante más de quince siglos, indicando la colección de todos los libros recibidos como sagrados. A través del griego y del latín ha llegado a todas las lenguas actuales. En nuestro tiempo, Biblia indica, no solamente lo material de los libros religiosos antiguos, sino también su contenido histórico, geográfico, espiritual, humano y cultural.

Con frecuencia se le dan calificativos como *Sagrada Biblia*, *Santa Biblia* o se le atribuyen cualidades especiales como la biblia *de la familia*, la *biblia del predicador*, la biblia *del niño* o la biblia *católica*. Otros nombres con los que la conocemos son *Los libros santos*, traduciendo la palabra griega *biblía* como en *1 Mac 12*,9, o *Santas Escrituras*, como en *Rom 1*,2. Los libros escritos antes de Jesucristo se agrupan bajo el nombre de *Antiguo Testamento* como en *2 Cor* 3,14 o *Primer Testamento* como en *Hebr* 9,15. A los libros que se escribieron después de Jesucristo se les ha dado el nombre de *Nuevo Testamento* o *Nueva Alianza*, términos inspirados en pasajes como *Jer 31*,31, *Luc 22*,20, *Hebr* 8,8 y el ya citado *Hebr* 9,15.

LA BIBLIA (73 libros)	
ANTIGUO TESTAMENTO (46 libros)	
Pentateuco o ley (5 libros)	Génesis, Éxodo, Levítico, Números, Deuteronomio
Libros Históricos (16 libros)	Josué, Jueces, Rut, 1 Samuel, 2 Samuel, 1 Reyes, 2 Reyes, 1 Crónicas, 2 Crónicas, Esdras, Nehemías, Tobías, Judit, Ester, 1 Macabeos, 2 Macabeos.
Libros Sapienciales (7 libros)	Job, Salmos, Proverbios, Eclesiastés, (Qohélet), Cantar de Cantares, Sabiduría, Eclesiástico (Sirácida).
Libros Proféticos (18 libros)	Isaías, Jeremías, Baruc, Ezequiel, Lamentaciones, Daniel, Oseas, Joel, Amós, Abdías, Jonás, Miqueas, Ageo, Nahúm, Habacuc, Sofonías, Zacarías, Malaquías.
NUEVO TESTAMENTO (27 libros)	
Libros Históricos (5 libros)	Evangelio según San Mateo, Evangelio según San Lucas, Evangelio según San Marcos, Evangelio según San Juan, Hechos de los Apóstoles.
Cartas (21 libros)	Cartas de Pablo a: Romanos, 1 Corintios, 2 Corintios, Gálatas, Efesios, Filipenses, Colosenses, 1 Tesalonicenses, 2 Tesalonicenses, 1 Timoteo, 2 Timoteo, Tito, Filemón, Carta a los Hebreos. Cartas: Santiago, 1 Pedro, 2 Pedro, 1 Juan, 2 Juan, 3 Juan, Judas.
Libro Profético (1 libro)	Apocalipsis

Citas de la Biblia

Quien esté comenzando a familiarizarse con la Biblia, tendrá dificultad al encontrarse con unas fórmulas que combinan letras y números. La dificultad, no obstante, es transitoria pues una de las primeras habilidades que adquiere quien lee y estudia la Biblia consiste en encontrar un pasaje o cita. En esta edición de La Sagrada Biblia las citas conservan el siguiente orden: **libro-capítulo-versículo**. El libro generalmente aparece en abreviatura, cuya correspondencia se presenta en la tabla de libros y pronto le será familiar. Así, 1 Mac 12,9 corresponde al Primer **libro** de los Macabeos (1 Mac), **capítulo** doce, **versículo** 9 (12,9). Cuando una cita o referencia bíblica incluye la lectura de varios versículos consecutivos, sus números se separan con un guión. Por ejemplo, *Luc* 4,16-20 corresponde al Evangelio de Lucas en el capítulo 4, versículos desde el 16 al 20, inclusive. Si la cita se refiere a varios versículos no consecutivos, sus números se separan con un punto. Por ejemplo, *Mat* 6, 25.34 indica que en el capítulo 6 del Evangelio de San Mateo, se leen los versículos 25 y 34.

Para quien se inicia en este proceso son de gran utilidad las tablas de abreviaturas (página 1531) y de contenido (ver página 1). A través de toda la Biblia también son de utilidad los encabezamientos de las páginas. El encabezamiento de la página derecha le indica al lector si tiene abierta su Biblia en el Antiguo o en el Nuevo Testamento y el encabezamiento de la página izquierda le indica el libro. En cualquier página del texto sagrado, el número grande le muestra el capítulo y los números pequeños, los versículos. Después de buscar algunas citas habrá desarrollado habilidad para localizar el texto que desee. La práctica será muy importante.

Planta de papiro. Con sus tallos se procesaban las hojas en que fueron escritos muchos libros bíblicos. En Biblos, ciudad de Siria, hubo una gran industria de papiro.

La Palabra de Dios

Quien lee la Sagrada Biblia se sorprende de la frecuencia con que Dios habla o dirige mensajes. Concretamente y con diversas fórmulas, el Antiguo Testamento lo afirma en más de 1500 lugares. Y en el Nuevo Testamento se dice más de 300 veces que Jesucristo habla. Él mismo es presentado como la **Palabra de Dios**. Tanto los Profetas del Antiguo Testamento como los Apóstoles y discípulos de Cristo reciben la misión de ir y proclamar la Buena Noticia, la Palabra de Salvación o Palabra de Dios. El Concilio Vaticano II afirma: "Dios invisible, movido de amor, habla a los hombres como amigos, trata con ellos para invitarlos y recibirlos" (Divina Revelación, 2).

Al hablar de la Biblia como Palabra de Dios, se expresa toda la capacidad de comunicación y acción de Dios en favor del hombre. No se limita a sonidos o a signos escritos sino también a una manera inseparable a sus obras, sacando el universo religioso de la esfera de lo mítico y colocando la epopeya de la Biblia en el mismo campo de la historia humana. Es la conclusión del documento ya citado: "la revelación se realiza por obras y palabras intrínsecamente ligadas; las obras que Dios realiza en la historia de la salvación manifiestan y confirman la doctrina y las realidades que las palabras significan; a su vez, las palabras proclaman las obras y explican su misterio" .

Cristo: La Revelación

La historia bíblica, en sus acontecimientos verificables, abarca algo más de dos mil años. Cada etapa forma parte de una secuencia en que aparece la revelación de Dios a la humanidad como conciencia: un pueblo percibe claramente que Dios lo está acompañando y en Él adquieren sentido religioso sus decisiones y acciones. Toda esa historia se orienta hacia la persona de Jesucristo. Es posible leer los libros del Antiguo Testamento teniéndolo siempre presente. Así lo hicieron los apóstoles y los primeros cristianos y así se afirma en muchos pasajes de los Evangelios y demás escritos del Nuevo Testamento. Entre otros pasajes, el comienzo de la Carta a los Hebreos dice: "Dios, que en otro tiempo habló a nuestros padres en diferentes ocasiones y de muchas maneras por los profetas, nos ha hablado últimamente en estos días por medio de su Hijo Jesucristo" (Hebr 1,1-2). La misma carta a los Hebreos plantea claramente la excelencia absoluta y el carácter central de Jesucristo en la revelación hecha por Dios a la humanidad. Aún más: no es solamente el mensajero de la revelación, sino el lugar de encuentro entre lo divino y lo humano. Esta es una doctrina muchas veces repetida en el Evangelio de San Juan, en los Hechos de los Apóstoles, en las Cartas de San Pablo, y es, en definitiva, el mensaje central del Nuevo Testamento.

Rollo de la Torá o Pentateuco hebreo para lectura en la Sinagoga. El texto sagrado está protegido por un estuche y se maneja con empuñaduras de plata.

La Alianza definitiva

Jesucristo, asumido como un hecho histórico y religioso, explica la división de la Biblia en Antiguo y Nuevo Testamento. El profeta Jeremías en el capítulo 31 anuncia de manera vigorosa la transición de una alianza desactualizada a un nuevo ordenamiento: "Viene el tiempo en que yo haré una nueva alianza..." (Jer 31,31 ss). En algunos pasajes del Evangelio de Lucas, de las cartas de San Pablo y de la carta a los Hebreos se emplea la expresión "Nueva Alianza" referida a la obra realizada por Jesucristo, entre otros, Luc 22,20 y 2 Cor 3,6. La carta a los Hebreos explica ampliamente en los ca-

Rollo descubierto en Qumrán. Las comunidades esenias se dedicaban a la transcripción y estudio de los libros sagrados.

pítulos 7 a 12 la diferencia entre la primera alianza y la alianza definitiva.

El planteamiento religioso anterior tiene una consecuencia práctica para el empleo de la Biblia. Nos permite dividir en dos secciones los libros bíblicos: los que fueron escritos antes de Cristo y que forman el Antiguo Testamento y los que recogen la presencia y las enseñanzas de Jesucristo y de sus discípulos y que constituyen el Nuevo Testamento.

Para quien comienza a consultar la Biblia es de gran utilidad observar atentamente los nombres de los libros, empezando por el Nuevo Testamento. Bien pronto se adquiere destreza para distinguir los nombres de los libros, su correspondiente abreviatura, su pertenencia al Antiguo o al Nuevo Testamento y su mismo orden en la Biblia. Después de algunas horas de ejercicio, personal o en grupo, el nuevo lector sentirá la satisfacción de familiarizarse con los libros del Antiguo y del Nuevo Testamento.

Contenido de la Biblia

Los libros de la Biblia son muy diferentes en su extensión. Por ejemplo, si tomamos el número de versículos como base de comparación, el Libro de los Salmos tiene 2535. Las Crónicas, en sus dos partes, suman 1764, Génesis 1534, Reyes 1533, Samuel 1506 y Macabeos 1480 versículos. El libro más extenso del Nuevo Testamento es el Evangelio de San Lucas con 1149 versículos, seguido de San Mateo con 1067. En el otro extremo tenemos libros muy breves como la Segunda y Tercera Cartas de San Juan con 13 y 15 versículos, respectivamente, el profeta Ageo con 24 y la Carta a Filemón con 25. Los libros de menos de 100 versículos suelen ser más difíciles de localizar en la Biblia. Finalmente, un buen número de libros bíblicos contabilizan entre 300 y 1200 versículos.

El Antiguo Testamento se inicia con la creación del mundo y del hombre y con la formación del pueblo elegido. El pueblo de Israel focaliza la historia con su época patriarcal, la liberación de Egipto y posesión de la tierra. Con sus reyes y profetas, sus triunfos y fracasos, gratitudes e infidelidades, grandezas y miserias. Entre los protagonistas están Noé, Abraham, Moisés, David, Salomón y los profetas.

El Nuevo Testamento contiene la vida, milagros, enseñanzas, pasión, muerte y resurrección de Nuestro Señor Jesucristo. Igualmente consigna la vida de las comunidades cristianas primitivas y sus protagonistas. Se destacan los apóstoles Pedro, Juan y Pablo y aparece claramente la presencia de comunidades que se van organizando en diversos lugares del Medio Oriente y del Imperio Romano. Más allá de las narraciones que ejercen una gran fascinación en el lector atento de la Biblia, los libros sagrados ofrecen un mensaje válido para cualquier situación y época en la vida del hombre. Su contenido históricamente situado en una época alejada de la nuestra, no resulta extraño a nuestro mundo y mentalidad: el contenido de la Biblia siempre es actual.

Cómo leer la Biblia

La Biblia, como cualquier libro escrito en la antigüedad presenta algunas dificultades de comprensión, pues emplea un lenguaje de otra época y refleja un ambiente muy diferente al nuestro. Por otra parte, como patrimonio de la humanidad ha influido profundamente en la cultura durante siglos: personajes, historias y frases bíblicas se encuentran en el arte, en la literatura, en los medios de comunicación y en la vida cotidiana de las familias y de los pueblos.

Un factor muy positivo dentro de la Iglesia Católica es el renovado interés por la lectura de la Biblia y el influjo del sagrado texto en la reflexión teológica y en la acción pastoral. Hoy la Biblia es un libro abierto a todos. El Concilio Vaticano II da esta orientación sobre la manera de leer la Biblia: "Acérquense de manera satisfactoria al texto sagrado, sea en las celebraciones litúrgicas, elaboradas con el lenguaje divino, sea en la lectura espiritual, sea en organizaciones y recursos que han aparecido en nuestro tiempo por iniciativa y con aprobación de los Pastores de la Iglesia. Y recuerden que a la lectura de la Sagrada Escritura debe acompañar la oración para que se realice el diálogo de Dios con el hombre" (Divina Revelación, 25).

Un lugar privilegiado para la lectura de la Biblia son los grupos y comunidades donde se expresa el sentido de la Iglesia como encuentro de hermanos en la fe. También entendemos que no se trata de un trabajo de especialistas. La participación en la liturgia de la Iglesia es un buen aporte a la comprensión de la Palabra de Dios. Día a día se multiplican en la Iglesia católica los grupos bíblicos en los cuales se lee, se reflexiona y se ora con la Biblia. Muchos son los recursos de que disponemos, como libros, folletos, conferencias, material didáctico al servicio de la Biblia.

En la lectura hay que tener siempre en cuenta que el texto bíblico es una realidad objetiva que exige preparación para interpretarlo superando una visión subjetiva, manejada muchas veces en función de tendencias ideológicas o políticas. Por eso la lectura de la Biblia exige un mínimo de preparación para saber interpretar la parte literaria e histórica de un determinado pasaje o libro. Como libro religioso, la Biblia tiene la capacidad de actualizarse y establecer un diálogo entre el Señor y quienes leen o escuchan su Palabra. En la misma Escritura encontramos las condiciones para leerla como Palabra de Dios: fe viva, aceptación humilde, oración sencilla y aporte sincero de nuestras propias situaciones. Entonces la Biblia se convierte en un punto de partida para comprender nuestra realidad y para transformarla en sus dimensiones social, familiar y personal.

La Biblia y las ciencias

El comienzo del siglo XX se abrió con un fuerte cuestionamiento de la Biblia a nombre de las ciencias. Fueron famosas las polémicas sobre el origen del universo y de la humanidad. Hoy ese tipo de polémicas ha sido superado y sólo persiste en personas no suficientemente informadas. La Biblia no es un libro de ciencias y menos si queremos plantear los problemas que investigan los actuales científicos. La Biblia es fundamentalmente un libro religioso con capacidad de diálogo abierto hacia todos los campos humanos.

Cada año se hacen miles de estudios con base en la Biblia: historiadores, lingüistas, geólogos, arqueólogos, orientalistas, geógrafos y sobre todo quienes se ocupan de ciencias humanas y teológicas encuentran en los libros bíblicos una mina inagotable. La misma ciencia positiva se cuestiona si es válida una ciencia que no corresponde al bien del hombre. Es el famoso problema de la deshumanización de la técnica. La Biblia, sin las pretensiones de la ciencia actual presenta la solución: "La salvación que Dios revela y brinda está toda orientada a ofrecer y garantizar una plenitud de vida al género humano" (Juan 10,10).

Pedagogía religiosa

Toda la Biblia nos comunica un proceso pedagógico. El pueblo bíblico no es un círculo de filósofos o de teóricos. Las diversas generaciones que desfilan por las páginas sagradas están conformadas por gente con un agudo sentido de la realidad, con grandes limitaciones en el campo cultural, económico y político, con desaciertos en sus instituciones y líderes y con intuiciones y aportes que hacen cambiar el ritmo de la historia. Lo que teológicamente se denomina *Historia de Salvación* es un verdadero proceso pedagógico mediante el cual el hombre va captando y asimilando valores tan fundamentales como la fe, el sentido de trascendencia, la esperanza, el perdón y la misericordia, la oración, la justicia que purifica y redime, la bondad, el amor y el sacrificio. El pueblo del Antiguo Testamento supera el tornillo sinfín del mito y de la fatalidad irracional, tan frecuente en las expresiones religiosas, para descubrir que la historia guiada por Dios tiene sentido porque tiene una meta que en definitiva es el bien y la felicidad.

La Biblia consigna verdaderas maldades, injusticias y pecados, pero nunca propone el mal como norma de vida: por el contrario, activa una fuerza de purificación y liberación que con el transcurso de los años y experiencias a veces dramáticas, crea en las personas y en los grupos la conciencia de una vida regulada por la justicia y la bondad y la proyección de los actos humanos hacia una dimensión que va más allá del tiempo, del espacio y de la materia y que en definitiva encuentran en Dios la fuerza y el motivo para ser mejores.

Infinidad de pasajes proponen y apoyan esa pedagogía. Un buen educador encontrará en los Libros sapienciales del Antiguo Testamento y en cualquier pasaje del Nuevo Testamento, especialmente en los Evangelios, elementos valiosos para mejorar sus aportes a la educación de las próximas generaciones. Las Parábolas seguirán siendo un recurso didáctico, no superado en su efectividad, ni siquiera por por los modernos recursos, porque no se quedan en procesos de aprendizaje sino que se dirigen a la formación y afianzamiento de las actitudes y valores.

Buen pastor cargando una oveja. Fresco del siglo III en la Cripta de Lucinia en Roma. Desde el año 150 los cristianos ilustraron con pasajes bíblicos sus lugares de reunión.

La presente edición

Después de haber publicado una edición familiar de gran despliegue artístico que ya ha llegado a muchos hogares, **Terranova Editores** ofrece esta edición al amplio campo educativo, sobre todo a nivel medio. Existen ediciones excelentes de la Palabra de Dios, dirigidas con frecuencia a otros sectores. Con esta obra queremos hacer honor a los esfuerzos de muchos educadores que han descubierto en la Sagrada Biblia un instrumento pedagógico excepcional, poniendo en sus manos y haciendo llegar a sus aulas el texto íntegro de la Biblia católica, acompañado de excelentes y breves introducciones a las diferentes secciones y libros. Las ilustraciones en esta edición constituyen un especial trabajo. la Biblia en manos de nuestros niños y jóvenes seguirá siendo la Palabra de Dios que se lee y se escucha, pero también es la imagen que nos transporta a tiempos pasados y nos confronta con la realidad actual. Al cumplirse quinientos años de presencia del Evangelio en América y caminar hacia el tercer milenio de la Palabra Encarnada, presentamos a los grupos apostólicos de parroquias, movimientos laicales y Comunidades Religiosas y, en especial, al amplio sector escolar, este aporte que esperamos se convierta en una **Biblia para la Nueva Evangelización.**

Beneficios de la Biblia

La Sagrada Biblia constituye un apoyo en cada momento de nuestra vida, porque contiene la sabiduría para aliviar la debilidad humana. Su lectura y estudio nos enseña a apreciarla y a acrecentar nuestra fe.

Acción de gracias: *Sal 136* (*135*); *Luc 17*, 16-18; *Ef 1*, 16; *5*, 4-20; *Col 3*, 15; *1 Pe 1*, 22.

Aflicción y tristeza: *Jos 1*; *Sal 42* (*41*); *137* (*136*); *Is 35*, 1-7; *Mat 26*, 37-38; *2 Cor 7*, 10; *Filp 4*, 4-9; *1 Tes 4*, 13-17.

Alegría: *Jdt 16*, 1-2; *Sal 147* (*146-147*); *148*; *149*; *Eclo 30*, 21-25; *Mat 5*, 3-12; *Luc 15*, 7; *Jn 16*, 24; *Rom 15*, 13.

Ansiedad: *Mat* 6, 25-33; *10*, 19; *11*, 28; *Gal* 6, 2; *Filp* 4, 6-7.

Desesperación: *Sal 34* (*33*); *2 Cor 4*.

Miedo y temor: Gen *15*, 1; *Sal 4*; *27* (*26*); *46* (*45*); *56* (*55*); *118* (*117*); *Prov 18*, 10; *Is 43*, 1-2; Mat *10*, 22; *14*, 26-27; *Luc 2*, 10; *12*, 32; *Jn 1*, 1-44; *14*, 27; *Rom* 8, 18-30; *1 Cor 15*, 51-58.

Paz: *Tob 12*, 17; *Sab 14*, 22; *Is* 9, 6-7; *48*, 22; *Mat* 3, 16; *5*, 9; *Luc* 2, 14; *Jn 14*, 27; *20*, 19; *Rom 12*, 18.

Responsabilidad: *Ecles 12*, 13; *Miq* 6, 8; *Mat 22*, 37-39; *Rom 14*, 7-8; *Filp* 2, 12-13;

Soledad: *1 Re 19*, 10; *Job 19*, 13-14; *Is 49*, 14-16; *Mat 26*, 38; *2 Tim 4*, 16-17.

Sufrimiento: *Ex 2*, 24-25; *Job 13*, 15; *Is 40*, 1-2; *Hab* 3, 17-18; *Rom* 8, 28-39; *1 Cor 10*, 13; *2 Cor* 4, 16-18; *12*, 9; *Hebr* 4, 16; *12*, 1;

Tentación: *Deut* 8, 2; *Job 1*, 12; *Prov 4*, 14; *Mat* 4, 1; 6, 13; *26*, 41; *Luc 22*, 31-22; *1 Cor 10*, 13; *Hebr* 4, 15; *Sant 1*, 2-14; *1 Pe 1*, 6-7; *5*, 8-9.

Es protección en los peligros: *Ef* 6, 17.

Himno de la caridad o el amor cristiano: *1 Cor 13*, 1-13.

Misión de la palabra divina: *Is* 55, 10-11.

Palabra inspirada por Dios: *2 Pe 1*, 20-21.

Treinta dichos de los sabios: *Prov 23*, 17-*24*, 22.

Uso diario de las Escrituras: *Hech 17*, 11.

Autoridades: *Sab* 6, 1-21; *Prov 21*, 1-6; *31*, 1-9; *Gal* 5, 16-26; *1 Tim* 2, 1-2; *Sant* 3, 13-18.

Cruz y sufrimientos: *Sal 31* (30), 12-26; *Jn* 3, 13-17; *Filp* 2, 5-11; *Hebr* 4, 12-16.

Demonio: Gen *3*, 1; *Job 2*, 7; *Mat 4*, 1; 8, 16; *13*, 19; *Luc 10*, 17; *Jn* 8, 44; *2 Cor 11*, 14; *Ef* 6, 11-12; *Col* 2, 15; *1 Pe* 5, 8-9; *Ap 12*, 9-10.

Deportes: *Sal 100* (99); *1 Cor* 3, 16-17; 9, 24-27; *Filp* 3, 12-15.

Disciplina: *Prov* 3, 11-12; *Mat 18*, 15-18; *Hebr 12*, 7-11; *1 Jn 2*, 3-6.12-14; *Ap* 3, 18-22.

Encarcelados o secuestrados: Gen 39, 20-23; *Is 61*, 1-3; *Mat 11*, 2; *25*, 39; *Luc 22*, 33; *23*, 25; *Hech 12*, 6; *2 Cor 11*, 23.

Enfermedad y enfermos: *1 Re 19*, 1-8; *Job* 3, 1-23; *7*, 1-11; *Sab* 9, 9-18; *Is 35*, 1-10; *52*, 13-53, 12; *Mat* 8, 1-4; *11*, 25-30; *15*, 29-31; *Mar 2*, 1-12; *10*, 46-52; *Luc 11*, 5-13; *Jn* 9, 1-8; *Hech 3*, 1-10; *Rom* 8, 14-17; 8, 18-27; *Gal* 4, 12-19; *Filp 2*, 25-30; *Col 1*, 22-20.

Esposos, matrimonio: *Gen 2*, 18; *Mat 19*, 6; *22*, 30; *1 Cor 7*, 39; *Hebr 13*, 4.

Hijos, su educación: *Ex 20*, 12; *1 Sam 1*, 11; *Tob 10*, 13; *Sal 127* (*126*), 3-5; *Prov 22*, 6; *Eclo 3*, 12; *Mat 10*, 37; *Mar 10*, 13-16; *Luc 2*, 51-52.

Jóvenes: Os *2*, 21-26; *Sal 145* (*144*); *1 Cor 13*, 4-13; *Filp 2*, 1-5; *Cant 1*, 1-8, 14.

Muerte de familiares y amigos: *Sal 130* (*129*); *Mat 11*, 25-30; *25*, 1-13; *Luc 7*, 11-17; *12*, 35; *Jn 11*, 17-27; *12*, 20-26; *Rom 5*, 5-11; 6, 3-9; 8, 14-23; *1 Tes 4*, 13-18.

Negocios importantes: *Sal 105* (*104*), 1-9; *Prov 14*, 1-24; *Eclo 29*, 1-20; *Sab 13*, 1-7; *Mat 18*, 23-25; *22*, 15-22; *Luc 12*, 32-34; *Rom* 8, 24-28; *Col 1*, 9-14; *1 Tim 4*, 4-5.

Niños, su dignidad y cuidado: *Tob 4*, 5-7; *Prov 4*, 1-7; *Mat 19*, 13-15; *Mar 10*, 13-16.

Novios: *Tob 5*, 4-17; *Sal 145* (*144*); *Os 2*, 21-26; *Jn 2*, 13-14; *Filp 2*, 1-5.

Padres: Gen *2*, 24; *Prov 31*, 10; *1 Cor 7*, 14; *Ef 5*, 21-25; *1 Pe 3*, 1-7.

Peligros graves: *Mar* 6, 45-51; *Jn 14*, 1-6; *Ef 4*, 1-8.

Próxima madre: *1 Sam 1*, 20-28; *Sal 33* (*32*), 12-21; *128* (*127*), 1-6; *Is 44*, 3; *Luc 1*, 39-69.

Solidaridad: *Eclo 3*, 9-12; *11*, 1-4; *Mar* 8, 1-10; *Luc* 6, 20-26; *10*, 25-37; *Hech* 2, 43-47; 4, 32-35.

Amor al prójimo: *Ex 20*, 12; *Lev 19*, 18; *Mat* 5, 44-46; *7*, 12; *1 Cor 13*, 1-7.

Amor de Dios al hombre: *Deut 7*, 7-8; *Jn* 3, 16; *Rom* 8, 35-39; *Ef 2*, 4-5.

Amor del hombre a Dios: *Deut* 6, 4-9; *Sal 116* (*115*), 1; *Jn 14*, 15-21; *Rom* 8, 28-30; *1 Cor 2*, 9; *1 Cor 16*, 22.

Ayuno: *Is* 58, 3-6; *Mat* 4, 2; 6, 16-18; *Hech 13*, 2-3.

Conversión y confesión: *Sal 32* (*31*), 3-5; *Prov 28*, 13; *Tob 13*, 8; *Hech 14*, 15; 26, 18; *Pe 3*, 9.

Culto verdadero: *Ex 20*, 3-4; *Mat 2*, 11; *Jn 4*, 23-24; *Hech 2*, 46-47.

Decálogo o diez mandamientos: *Ex 20*, 1-17; *Deut 5*, 1-21; *Mat 5*, 17-20; *Rom* 8, 1-8; *Sant 2*, 14-20.

Diezmo: *Gen 14*, 20; *Deut 14*, 22-28; *Mal* 3, 10; *Mat* 6, 2-3; *Mar 12*, 42-44; *Luc* 6, 38; *1 Cor 16*, 2.

Eucaristía o Comunión: *1 Cor 11*, 23-30; *Hech 2*, 42; *Jn* 6, 25-29; *1 Jn 1*, 6-7.

Evangelizar: *Mat 24*, 14; *Mar 1*, 14-15; *16*, 15; *Luc* 4, 18-21; *Hech* 20, 14; *1 Cor* 9, 16; *1 Cor 13*, 3-5; *Gal 1*, 11-12; *Filp 1*, 27; *1 Tim 1*, 11.

Fe y confianza en Dios: Gen *15*, 6; *Sab 3*, 14; *Hab* 2, 4; *Mat* 9, 23-24; *Mar 11*, 22-24; *Jn 1*, 12; *20*, 31; *Rom 10*, 9-10; *Gal* 2, 20; *Hebr 11*, 3-6.

Obras buenas: *Mat* 5, 23-26; *Jn* 6, 28-29; *Hech 26*, 20; *Ef 2*, 8-10; *2 Tim 3*, 17; *Hebr 10*, 24; *Sant 2*, 14-22.

Perfección: *Mat* 5, 48; *19*, 21; *Rom 12*, 2; *Ef 4*, 11-13; *Filp 3*, 12-15.

Perseverancia: *Mat 11*, 22; *Rom* 5, 4; *1 Cor 10*, 13; *Col 1*, 11; *Hebr 12*, 2.

Sabiduría: *Prov 3*, 13-20; *Eclo 6*, 18-37; *Sab 7*, 7-14; *1 Cor 1*, 18-31.

Servicio: *Ex 3*, 12; *Mar 10*, 43-45; *Jn 13*, 12-14; *Rom 12*, 6; *1 Pe 4*, 11.

Vivir en paz: *Num* 6, 26; *Tob* 6, 17; *Is* 9, 6-7; *Mat* 5, 9; *Ef 2*, 14.

Bendición de la mesa: Lunes, *Jn* 6, 32-35. Martes, *Mat 5*, 25-26. Miércoles, *Mat 25*, 34-40. Jueves, *Ap 3*, 19-21. Viernes, *Tob* 4, 7-10. Sábado, *Sal 23* (*22*). Domingo, *Jn* 6, 26.

Alabanzas a Dios: *Rom 16*, 27-27; *Ef 3*, 20-21; *Filp* 4, 20; *1 Tes 3*, 3.11-13; *Hebr 13*, 20-21; *1 Pe 5*, 10-11; *2 Pe 3*, 18.

Oración de la mañana: *Sal* 5; 56 (*55*); 64

(63); 99 (98); *145* (*144*); *148*; *149*; *150*; *Mat* 6, 25-34; *Luc 11*, 9-13; *Jn 15*, 1-15; *Gal* 5, 16-26.

Oración de la noche: *Sal* 4; *51* (*50*); *91* (90); *Luc 2*, 29-35. *2 Cor* 6, 1-2; *Ef 1*, 15-23.

Celebraciones de familia: *Gen 15*, 1-6; *Luc 2*, 22-40; *2*, 41-52; *Col 3*, 12-21; *1 Jn* 3, 1-2.

Fiestas de la Santísima Virgen: *2 Sam 7*, 1-5; *Prov* 8, 22-31; *Is* 9, 2-7; *Is 61*, 9-11; *Luc 1*, 26-38; *2*, 15-19; *Jn 2*, 1-11; *19*, 25-27; *Hech 1*, 12-14; *Ap 12*, 1-6.

Navidad: *Is 62*, 1-12; *Luc 2*, 15-20; *Jn 1*, 1-14; *Tit 3*, 4-7.

Pascua de Resurrección: *Ex 14*, 15-31; *Ez 36*, 16-28; *Mar 16*, 1-7; *Luc 24*, 1-12; *Jn 20*, 1-9; *Rom* 6, 3-11; *1 Cor* 5, 6-8; *Col 3*, 1-4.

Pentecostés o Espíritu Santo: *Gen 11*, 1-9: *Ex 19*, 3-8; *Ez 37*, 1-14; *Joel 3*, 1-5; *Jn 7*, 37-39; 20, 19-23; *Hech* 2, 1-11; *Rom* 8, 22-27.

Bandera y fiestas patrias: *Num 21*, 6-9; *Is* 2, 2; *11*, 1-10; *Rom* 8, 31-39.

Biblioteca: *Sal 18* (*17*); *Col 3*, 16-17.

Caminos y vías de comunicación: *Tob 3*, 2; *2 Sam 22*, 31; *Bar* 3, 20; *Mat 7*, 13-14; *Jn 14*, 6.

Casa o edificio: *Sal 127* (*126*), 1-6; *Luc 10*, 5-9; *19*, 1-9.

Centro educativo: *Prov 1*, 1-7; *Sab 7*, 7-20; *Eclo 1*, 1-4; *51*, 18-29; *Mat* 5, 13-16; *11*, 25-30; *Ef* 4, 11-24.

Deporte e instalaciones deportivas: *Sal* 100 (99); *1 Cor* 3, 16-17; 9, 24-27; *Filp* 3, 12-15.

Flores y naturaleza: *Eclo 24*, 13-24; *Sal 104* (*103*), 10-15.

Instrumentos técnicos y trabajo: *Gen 1*, 1-18; *Is 55*, 1-11; *Sal 29* (*28*), 1-4.

Riquezas: *Deut* 8, 17-18; *Eclo 13*, 20-24; *Luc 16*, 19-28; *18*, 22-25; *1 Tim* 6, 17; *1 Jn* 3, 17.

Taller o comercio: *Gen 1*, 27-31; *Eclo* 38, 24-34; *Sal* 90 (89); *Mar* 6, 1-3.

Vehículos y medios de transporte: *Deut* 6, 4-9; *Sal 23* (*22*), 1-6; *25*, 4-10; *Is* 40, 1-5; *Luc 3*, 3-6; *Hech 17*, 22-28.

Adoración de Cristo como Dios: *Ap* 4, 11.

Agradecimiento a Dios por Jesucristo: *Col 1*, 12-20.

Agradecimiento por la paz recobrada: *Is 12*, 1-6.

Alabanza de Zacarías: *Luc 1*, 68-79.

Bendición de David: *1 Cro 29*, 10-13.

Bodas del Cordero: *Ap 19*, 6-8.

Cántico de Ana, madre de Samuel: *1 Sam 2*, 1-10.

Cántico nuevo del Cordero: *Ap* 5, 9-14.

Canto de la restauración: *Jer 31*, 10-14.

Canto de Moisés: *Ex 15*, 1-18.

Canto de un novio: *Tob 13*, 1-18.

Canto nuevo para Dios: *Is 42*, 10-16.

Cristo Rey: *Ap 15*, 3-4.

Curación del rey Ezequías: *Is 38*, 10-20.

Dios, Padre de Jesucristo: *Ef 1*, 3-10.

Dios, único y verdadero: *Is 45*, 15-19.

Himno a la humildad y grandeza de Jesucristo: *Filp 2*, 6-11.

Lamentación por las calamidades del pueblo: *Jer* 8, 18-9, 5.

Magnificat de la Santísima Virgen María: *Luc 1*, 46-55.

Mujer ejemplar: *Prov 31*, 10-31.

Pueblo deshecho: *Jer 14*, 17-21.

Reinado de Cristo: *Ap 11*, 15-19.

Testamento de Moisés: *Deut 32*, 1-12.

Tiempo para todo: *Ecles 3*, 1-8.

Tierra feliz: *Is 62*, 1-7.

Victoria de los justos: *Is 26*, 1-12.

ANTIGUO TESTAMENTO

PENTATEUCO

Introducción

Pentateuco es una palabra griega que significa *cinco volúmenes* o *libros*, denominación que le dieron los Setenta traductores que vertieron la Sagrada Escritura de la lengua hebrea a la griega. Los hebreos los llamaban *Torá*, que significa *Ley* o *Los libros de la ley*. Estos cinco libros son *Génesis*, *Exodo*, *Levítico*, *Números* y *Deuteronomio*.

La tradición judía, seguida por la cristiana, tuvo por autor del *Pentateuco* a Moisés, quien más que autor fue su inspirador. Hoy se ha llegado a la conclusión de que los cinco libros del *Pentateuco* se elaboraron poco a poco, a partir de documentos de diferentes tribus o comunidades que vivían a su manera la historia de la salvación desde la aparición de Abrahán y la transmitieron unos a otros por tradición oral. Así, el recopilador o recopiladores tomaron los relatos y tradiciones de esas tribus o comunidades y escribieron el Pentateuco, según su criterio e inspiración divina.

Cuatro fuentes sirvieron para la elaboración de esos y otros libros. Estas son: *La Yahvista* (J), *la Elohista* (E), *la Deuteronómica* (D), y *la Presbiteral* o *Sacerdotal* (P).

- La fuente *Yahvista* se denomina así porque los autores empleaban la palabra *Yahvé* para pronunciar el nombre de Dios. Parece que este grupo comenzó a recopilar relatos sobre aspectos y acontecimientos religiosos unos mil años antes de la era cristiana y tuvo un estilo particular de escribirlos, con cierto toque poético y humano. Por eso ha sido posible identificar los pasajes yahvistas que aparecen en el Pentateuco.

- La fuente *Elohista* se denomina así por el uso de la palabra *Elohim* para designar a Dios. Este grupo apareció más tarde que el anterior y se originó tal vez en la división de Israel: al norte quedó el reino de Israel y al sur el reino de Judá. Por esta razón, se formaran dos versiones diferentes.

- La fuente *Deuteronómica* es una tradición que nació casi 400 años más tarde que las dos anteriores. Los autores de esta versión se basaron en las leyes prescritas por Moisés, los Diez Mandamientos y otras normas y leyes que ellos mismos añadieron, dándoles a las dos fuentes anteriores una nueva interpretación. A este grupo se atribuyen, entre otros, los libros de Josué, Jueces, 1 Samuel, 2 Samuel, 1 Reyes, 2 Reyes, que vienen después del Pentateuco y, sobre todo, el libro del Deuteronomio.

- La fuente *Presbiteral* o *Sacerdotal* se llama así porque los autores eran presbíteros o sacerdotes judíos. Cuando la gente de los reinos del norte y del sur fue llevada a la esclavitud en Babilonia, no disponían de templo ni sacrificios. Entonces comenzaron a reunirse en las casas para celebrar sus fiestas religiosas y en estas reuniones dirigidas por los presbíteros sintieron la presencia e intervención divina, con lo cual enriquecieron las tres versiones anteriores. Dado que los dirigentes eran sacerdotes, era natural que ellos dieran más importancia a detalles que tenían que ver con su oficio y así fueron surgiendo libros, como Levítico, Esdras, Nehemías y otros.

Dios crea la luz

En el principio creó Dios el cielo y la tierra.
A la luz la llamó día, y a las tinieblas noche; así de la tarde aquella y de la mañana siguiente resultó el primer día.

Génesis

Introducción

El libro del *Génesis*, palabra griega que significa *origen* o *comienzo*, se llama así porque sus primeros capítulos hablan del origen del mundo y del hombre. *Génesis* no es el primer libro bíblico que se escribió, pues 300 ó 400 años antes había aparecido el libro del *Exodo*, pero por el tema que desarrolla, tradicionalmente se ha colocado abriendo la lista de los libros bíblicos.

Los primeros israelitas, a medida que iban madurando como pueblo, empezaron a preguntarse ¿de dónde viene la creación del mundo?, ¿cómo apareció el hombre en la tierra?, ¿por qué existe el mal?, ¿por qué el hombre debe trabajar?, ¿de dónde viene el dolor? El *Génesis* trata de explicar estos y otros interrogantes, teniendo siempre delante la fe en Dios y su intervención poderosa, de acuerdo con la idea que ellos tenían de Dios y de la vida humana en tiempos tan remotos.

Los once primeros capítulos del Génesis presentan tradiciones y hechos de importancia para la conciencia nacional y religiosa de un pueblo que reflexiona sobre sus orígenes. En estos capítulos tenemos una verdadera historia, aunque no con el rigor moderno de la palabra, por no existir documentación estricta. Fueron escritos con ánimo de hacerlos comprensibles para un auditorio sencillo. Con frecuencia, la acción de un individuo encierra la historia de toda una colectividad. El objetivo religioso del autor sagrado condiciona la elaboración del material, para que lo teológico impere sobre lo antropológico y cronológico.

El *Génesis* tiene 50 capítulos que pueden ser divididos en tres grandes partes:

-*Los comienzos del mundo*, se relatan en los dos primeros capítulos conforme a dos versiones distintas. La primera versión está concebida en forma de poema: "Dijo, pues, Dios: Sea hecha la luz. Y la luz quedó hecha". "Dijo asimismo Dios: Haya un firmamento"... "E hizo Dios el firmamento". Esta primera página es encantadora. Pero, precisamente por su estilo poético, no es necesario tomarla al pie de la letra. La Biblia no pretende dar lecciones ni afirmaciones científicas, sino mensajes religiosos sobre un tema dado. Por eso, cuando leemos "Al principio creó Dios el cielo y la tierra", en *al principio* caben millones y millones de años entre la creación del mundo y del primer hombre.

2. *Los comienzos del hombre* se relatan también en los dos primeros capítulos, junto al relato de la creación del mundo, seguidos por la narración del pecado cometido por la primera pareja y sus consecuencias, hasta llegar al diluvio. Cabe repetir que el autor o autores del Génesis no pretenden dar una definición científica, sino demostrar la intervención divina en la creación de la humanidad.

3. *La formación del pueblo de Israel* aparece a partir del capítulo 12 con la figura de Abrahán y su llamamiento, detrás del cual desfilan personajes como Lot, Isaac, Jacob, José, y episodios como el del castigo de Sodoma y Gomorra.

Respecto de las cantidades que aparecen en el *Génesis*, deben tenerse en cuenta las observaciones de la Introducción General de esta Biblia.

1 *Creación del mundo. Forma Dios el cielo, la tierra, los astros, las plantas y animales, y al hombre*

1. En el principio creó Dios el cielo y la tierra*.
2. La tierra, estaba informe y vacía, las tinieblas cubrían la superficie del abismo, y el espíritu de Dios se movía sobre las aguas.
3. Dijo, pues, Dios: Sea hecha la luz. Y la luz quedó hecha.
4. Y vio Dios que la luz era buena, y dividió la luz de las tinieblas.
5. A la luz la llamó día, y a las tinieblas noche; así de la tarde aquella y de la mañana siguiente resultó el primer día.
6. Dijo asimismo Dios: Haya un firmamento o una gran extensión en medio de las aguas, que separe unas aguas de otras.
7. E hizo Dios el firmamento, y separó las aguas que estaban debajo del firmamento, de aquéllas que estaban sobre el firmamento. Y quedó hecho así.
8. Y al firmamento le llamó Dios cielo. Con lo que de tarde y de mañana se cumplió el día segundo.
9. Dijo también Dios: Reúnanse en un lugar las aguas que están debajo del cielo y aparezca lo árido o seco. Y así se hizo.
10. Y al elemento árido* le dio Dios el nombre de tierra, y a las aguas reunidas las llamó mares. Y vio Dios que lo hecho estaba bueno.
11. Dijo asimismo: Produzca la tierra hierba verde y que dé simiente, y plantas fructíferas que den fruto conforme a su especie, y contengan en sí mismas su simiente sobre la tierra. Y así se hizo.
12. Con lo que produjo la tierra hierba verde, que da simiente según su especie, y árboles que dan fruto, de los cuales cada uno tiene su propia semilla según la especie suya. Y vio Dios que la cosa era buena.
13. Y de la tarde y mañana resultó el día tercero.
14. Dijo después Dios: Haya lumbreras o cuerpos luminosos en el firmamento del cielo, que distingan el día y la noche, y señalen los tiempos o las estaciones, los días y los años*.
15. A fin de que brillen en el firmamento del cielo, y alumbren la tierra. Y fue hecho así.
16. Hizo, pues; Dios dos grandes lumbreras: la lumbrera mayor para que presidiese al día; y la lumbrera menor, para presidir la noche; e hizo las estrellas.
17. Y las colocó en el firmamento o extensión del cielo, para que resplandeciesen sobre la tierra.
18. Y presidiesen el día y a la noche, y separasen la luz de las tinieblas. Y vio Dios que la cosa era buena.
19. Con lo que de tarde y mañana, resultó el día cuarto.
20. Dijo también Dios: Produzcan las aguas reptiles animados que vivan en el agua, y aves que vuelen sobre la tierra, debajo del firmamento del cielo.
21. Creó, pues, Dios los grandes peces, y todos los animales que viven y se mueven, producidos por las aguas según sus especies, y asimismo todo lo volátil según su género. Y vio Dios que lo hecho era bueno.
22. Y los bendijo, diciendo: Creced y multiplicaos y henchid las aguas del mar, y multiplíquense las aves sobre la tierra.
23. Con lo que de la tarde y mañana resultó el día quinto.
24. Dijo todavía Dios: Produzca la tierra animales vivientes en cada género animales domésticos, reptiles y bestias silvestres de la tierra, según sus especies. Y fue hecho así.
25. Hizo, pues, Dios las bestias silvestres de la tierra según sus especies, y los animales domésticos, y todo reptil terrestre según su especie. Y vio Dios que lo hecho era bueno.
26. Y por fin dijo: Hagamos al hombre a imagen y semejanza nuestra*; y domine a los peces del mar, y a las aves del cielo, y a las bestias, y a toda la tierra, y a todo reptil que se mueve sobre la tierra.
27. Creó, pues, Dios al hombre a imagen suya*: a imagen de Dios le creó; los creó varón y hembra.
28. Y les echó Dios su bendición y dijo*: Creced y multiplicaos, y henchid la tierra, y

1. *Sal 33 (32)*, 6; *136 (135)*, 5; *Eclo 18, 1*.
10. *Job 38*; *Sal 33 (32)*; *89 (88)*; *136 (135)*.
14. *Sal 136 (135)*, 7.
26. *Gen 5*,1; *9*, 6; *1 Cor 11*, 7; *Col 3*, 10.
27. *Sab 2*, 23; *Eclo 17*, 1; *Mat 19*, 4.
28. *Gen 8*, 17; *9*, 1.

enseñoreaos de ella, y dominad a los peces del mar y a las aves del cielo y a todos los animales que se mueven sobre la tierra.

29. Y añadió Dios: Ved que os he dado todas las hierbas las cuales producen simiente sobre la tierra, y todos los árboles los cuales tienen en sí mismos simiente de su especie, para que os sirvan de alimento a vosotros*,

30. y a todos los animales de la tierra, y a todas las aves del cielo, y a todos cuantos animales vivientes se mueven sobre la tierra, a fin de que tengan que comer. Y así se hizo.

31. Y vio Dios todas las cosas que había hecho; y eran en gran manera buenas*. Con lo que de la tarde y de la mañana se formó el día sexto.

2

Acabadas las obras de la creación en los seis días, descansa Dios en el séptimo, y santifica este día

---

1. Quedaron, pues, acabados los cielos y la tierra, y todo el ornato de ellos.

2. Y completó Dios al séptimo día la obra que había hecho; y en el día séptimo* reposó o cesó de todas las obras que había acabado.

3. Y bendijo al día séptimo; y le santificó*, por cuanto había Dios cesado en él de todas las obras que creó hasta dejarlas *bien* acabadas.

El paraíso

4. Tal fue el origen del cielo y de la tierra, cuando fueron creados en aquel día en que el Señor Dios hizo el cielo y la tierra,

5. y todas las plantas del campo antes que naciesen en la tierra, y toda la hierba de la tierra antes que de ella brotase; porque el Señor Dios no había aún hecho llover sobre la tierra, ni había hombre que la cultivase.

6. Salía de la tierra una fuente que iba regando toda la superficie de la tierra.

7. Formó, pues, el Señor Dios al hombre del lodo de la tierra, y le inspiró en el rostro un soplo o espíritu de vida, y quedó hecho el hombre viviente con alma racional.

8. Había plantado el Señor Dios desde el principio un jardín delicioso, en que colocó al hombre que había formado,

9. y en donde el Señor Dios había hecho nacer de la tierra misma toda suerte de árboles hermosos a la vista, y de frutos suaves al paladar; y también el árbol de la vida en medio del paraíso, y el árbol de la ciencia del bien y del mal.

10. De este lugar de delicias salía un río para regar el paraíso, río que desde allí se dividía en cuatro brazos.

11. Uno se llama Fisón, y es el que circula por todo el país de Hevilat, en donde se halla el oro:

12. Y el oro de aquella tierra es finísimo: allí se encuentra el bedelio, y la piedra cornerina.

13. El nombre del segundo río es Geón: éste es el que rodea toda la tierra de Etiopía.

14. El tercer río tiene por nombre Tigris: éste va corriendo hacia los asirios. Y el cuarto río es el Eufrates.

15. Tomó, pues, el Señor Dios al hombre, y le puso en el paraíso de delicias, para que le cultivase y guardase.

16. Le dio también este precepto diciendo: Come, si quieres, del fruto de todos los árboles del paraíso;

17. mas del fruto del árbol de la ciencia del bien y del mal, no comas: porque en cualquier día que comieres de él, infaliblemente morirás.

Creación de la mujer

18. Dijo asimismo el Señor Dios: No es bueno que el hombre esté solo: hagámosle ayuda y compañía semejante a él.

19. Formado, pues, que hubo de la tierra el Señor Dios todos los animales terrestres, y todas las aves del cielo, los trajo a Adán, para que viese cómo los había de llamar: y en efecto todos los nombres puestos por Adán a los animales vivientes, ésos son sus nombres propios.

20. Llamó, pues, Adán por sus propios nombres a todos los animales, a todas las aves del cielo, y a todas las bestias de la tierra; mas no se hallaba para Adán ayuda o compañero a él semejante.

21. Por tanto el Señor Dios hizo caer

---

29. *Gen 9,* 3.
31. *Eclo 39,* 21; *Mar 7,* 37.
2. *Eclo 20,* 11; *31,* 17; *Deut 5,* 14; *Hebr 4,* 4.
3. *Hebr 4,* 3.

sobre Adán un profundo sueño; y mientras estaba dormido, le quitó una de las costillas, y llenó de carne aquel vacío.

22. Y de la costilla aquella que había sacado de Adán, formó el Señor Dios una mujer: la cual puso delante de Adán.

23. Y dijo o exclamó Adán: Esto es hueso* de mis huesos, y carne de mi carne: llamarse ha, pues, hembra, porque del hombre ha sido sacada.

24. Por cuya causa dejará el hombre a su padre, y a su madre, y estará unido a su mujer: y los dos vendrán a ser una sola carne*.

25. Y ambos, a saber, Adán y su esposa, estaban desnudos, y no sentían por ello rubor ninguno.

3

Seduce la serpiente a Eva; pecan nuestros primeros padres y cae sobre sí y sus descendientes la maldición

1. Era, la serpiente el animal más astuto de todos cuantos animales había hecho el Señor Dios sobre la tierra. Y dijo a la mujer: ¿Por qué motivo os ha mandado Dios que no comieseis de todos los árboles del paraíso?

2. A la cual respondió la mujer: Del fruto de los árboles, que hay en el paraíso, sí comemos;

3. mas del fruto de aquel árbol que está en medio del paraíso, nos mandó Dios que no comiésemos, ni le tocásemos siquiera, para que no muramos.

4. Dijo entonces la serpiente a la mujer: ¡Oh! ciertamente que no moriréis*.

5. Sabe, Dios que en cualquier tiempo que comiereis de él, se abrirán vuestros ojos y seréis como dioses*, conocedores de todo, del bien y del mal.

6. Vio, pues, la mujer que el fruto de aquel árbol era bueno para comer, y bello a los ojos y de aspecto deleitable, y cogió del fruto y le comió: dio también de él a su marido, el cual comió*.

7. Luego se les abrieron a ambos los ojos; y como echasen de ver que estaban desnudos, cosieron o se acomodaron unas hojas de higuera, y se tuvieron unos delantales o ceñidores.

8. Y habiendo oído la voz del Señor Dios que se paseaba en el paraíso al tiempo que se levanta el aire después de mediodía, se escondió Adán con su mujer de la vista del Señor Dios en medio de los árboles del paraíso.

9. Entonces el Señor Dios llamó a Adán, y le dijo: ¿Dónde estás?.

10. El cual respondió: He oído tu voz en el paraíso, y he temido y llenádome de vergüenza porque estoy desnudo, y así me he escondido.

11. Le replicó: ¿Pues quién te ha hecho advertir que estás desnudo, sino el haber comido del fruto de que yo te había vedado que comieses?

12. Respondió Adán: La mujer, que tú me diste por compañera, me ha dado del fruto de aquel árbol, y le he comido.

13. Y dijo el Señor Dios a la mujer: ¿Por qué has hecho tú esto? La cual respondió: La serpiente me ha engañado, y he comido.

14. Dijo entonces el Señor Dios a la serpiente: Por cuanto hiciste esto, maldita tú eres o seas entre todos los animales y bestias de la tierra; andarás arrastrando sobre tu pecho, y tierra comerás todos los días de tu vida.

15. Yo pondré enemistades entre ti y la mujer, y entre tu raza y la descendencia suya: ella quebrantará tu cabeza*, y andarás acechando a su calcañar.

16. Dijo asimismo a la mujer: Multiplicaré tus trabajos y miserias en tus preñeces; con dolor parirás los hijos y estarás bajo la potestad o mando de tu marido; y él te dominará*.

17. Y a Adán le dijo: Por cuanto has escuchado la voz de tu mujer, y comido del árbol de que te mandé no comieses, maldita sea la tierra por tu causa; con grandes fatigas sacarás de ella el alimento en todo el discurso de tu vida.

---

23. *1 Cor 11*, 9.
24. *Una sola carne*. Jesucristo se sirvió de estas palabras para probar a los fariseos la indisolubilidad del matrimonio. *Mat 19*, 5; *Mar 10*, 7; *1 Cor 7*, 16.
4. *2 Cor 11*, 3.
5. Puede traducirse *Seréis como Dios*.
6. *Eclo 25*, 33; *1 Tim 2*, 14.

15. He aquí la primera evidente promesa del Mesías, esto es, de un *salvador*. Es el primer anuncio de salvación o protoevangelio. Esta mujer es María y su descendiente es Cristo.
16. *1 Cor 14*, 34.

18. Espinas y abrojos te producirá, y comerás de los frutos que den las hierbas o plantas de la tierra.

19. Mediante el sudor de tu rostro comerás el pan, hasta que vuelvas a confundirte con la tierra de que fuiste formado; puesto que polvo eres, y a ser polvo tornarás.

20. Y Adán puso a su mujer el nombre de Eva, esto es, Vida, atento a que había de ser madre de todos los vivientes.

21. Hizo también el Señor Dios a Adán y a su mujer unas túnicas de pieles, y los vistió,

22. y dijo: Ved ahí a Adán que se ha hecho como uno de nosotros, conocedor del bien y del mal; ahora pues, echémosle de aquí no sea que alargue su mano, y tome también del fruto del árbol de conservar la vida*, y coma de él, y viva para siempre.

23. Y le echó el Señor Dios del paraíso de deleites, para que labrase la tierra, de que fue formado.

24. Y desterrado Adán, colocó Dios delante del paraíso de delicias un querubín con espada de fuego, que andaba alrededor para guardar el camino que conducía al árbol de la vida.

4 *Nacen Caín y Abel. Caín lleno de envidia mata a su hermano; su obstinación, castigo y descendencia*

1. Adán, conoció a Eva su mujer, la cual concibió y parió a Caín, diciendo: He adquirido un hombre por merced de Dios.

2. Y parió después al hermano de éste, Abel. Abel fue pastor de ovejas, y Caín labrador.

3. Y aconteció al cabo de mucho tiempo que Caín presentó al Señor ofrendas de los frutos de la tierra.

4. Ofreció asimismo Abel de los primerizos de su ganado, y de lo mejor de ellos; y el Señor miró con agrado a Abel y a sus ofrendas.

5. Pero de Caín y de las ofrendas suyas no hizo caso; por lo que Caín se irritó sobremanera, y decayó su semblante.

6. Y le dijo el Señor: ¿Por qué motivo andas enojado?; ¿y por qué está demudado tu rostro?

7. ¿No es cierto que si obrases bien, serás recompensado; pero si mal, el castigo del pecado estará siempre presente en tu puerta o a tu vista? Mas de cualquier modo su apetito o la concupiscencia estará a tu mandar, y tú le dominarás, si quieres.

8. Dijo después Caín a su hermano Abel: Salgamos fuera. Y estando los dos en el campo, Caín acometió a su hermano Abel y le mató.

9. Le preguntó después el Señor a Caín: ¿Dónde está tu hermano Abel? Y respondió: No lo sé. ¿Soy yo acaso guarda de mi hermano?

10. Le replicó el Señor: ¿Qué has hecho? La voz de la sangre de tu hermano está clamando a mí desde la tierra.

11. Maldito, pues, serás tú desde ahora sobre la tierra, la cual ha abierto su boca, y recibido de tu mano la sangre de tu hermano.

12. Después que la habrás labrado, no te dará sus frutos; errante y fugitivo vivirás sobre la tierra.

13. Y dijo Caín al Señor: Mi maldad es tan grande, que no puedo yo esperar perdón.

14. He aquí que tú hoy me arrojas de esta tierra, y yo iré a esconderme de tu presencia, y andaré errante y fugitivo por el mundo; por tanto, cualquiera que me hallare, me matará.

15. Le dijo el Señor: No será así; antes bien, cualquiera que matare a Caín, lo pagará con las setenas. Y puso el Señor en Caín una señal*, para que ninguno que le encontrase le matara.

16. Salido, pues, Caín de la presencia del Señor, prófugo en la tierra, habitó en el país que está al oriente de Edén.

Descendencia de Caín

17. Y conoció Caín a su mujer, la cual concibió y parió a Henoc; y edificó una ciudad que se llamó Henoc, del nombre de su hijo.

18. Con el tiempo Henoc engendró a Irad, Irad engendró a Maviael, Maviael

---

22. Los dos *pecaron* y fueron *expulsados*. La expulsión del paraíso implica la pérdida de la inmortalidad y la felicidad terrenal.

15. Quien matare a Caín será *vengado* siete veces, dice el Señor y coloca en él una señal protectora.

ADÁN Y EVA ARROJADOS DEL PARAÍSO

*Y le echó el Señor Dios del paraíso de deleites,
para que labrase la tierra, de que fue formado.*

MUERTE DE ABEL

Dijo después Caín a su hermano Abel: Salgamos fuera.
Y estando los dos en el campo,
Caín acometió a su hermano Abel y le mató.

engendró a Matusael, y Matusael engendró a Lamec.

19. El cual tomó dos mujeres, la una llamada Ada, y la otra Sella.

20. Y Ada parió a Jabel, que fue el padre de los que habitan en cabañas, y de los pastores.

21. Y tuvo un hermano llamado Jubal, el mismo que fue padre o maestro de los que tocan la cítara y órgano o flauta.

22. Sella también parió a Tubalcaín, que fue artífice en trabajar de martillo toda especie de obras de cobre y de hierro. Hermana de Tubalcaín fue Noema.

23. Dijo, pues, Lamec a sus mujeres Ada y Sella: Oíd lo que voy a decir, ¡oh vosotras mujeres de Lamec!; parad mientes a mis palabras: yo he muerto a un hombre con la herida que le hice, sí, he muerto a un joven con el golpe que le di.

24. Pero si del homicidio de Caín la venganza será siete veces doblada, la de Lamec lo será setenta veces siete.

25. Adán todavía conoció de nuevo a su mujer, la cual parió un hijo, a quien puso por nombre Set, diciendo: Dios me ha sustituido otro hijo en lugar de Abel, a quien mató Caín.

26. También a Set le nació un hijo, que llamó Enós; éste comenzó a invocar el nombre del Señor.

5

Genealogía de Adán y de sus descendientes, Set, estirpe de los patriarcas y progenitores del Mesías

1. Esta es la genealogía de Adán. En el día en que Dios creó al hombre, a semejanza de Dios le creó*.

2. Los creó varón y hembra, y les echó su bendición; y al tiempo que fueron creados le puso por nombre Adán*.

3. Cumplió Adán los ciento treinta años de edad, y engendró un hijo a imagen y semejanza suya, a quien llamó Set.

4. Los días de Adán, después que engendró a Set, fueron ochocientos años, y engendró hijos e hijas.

5. Y así todo el tiempo que vivió Adán, fue de novecientos treinta años, y murió.

6. Y vivió Set ciento cinco años, y engendró a Enós.

7. Set, después que engendró a Enós, vivió ochocientos siete años, y engendró hijos e hijas.

8. Con lo que todos los días de Set vinieron a ser novecientos doce años, y murió.

9. Enós vivió noventa años, y engendró a Cainán.

10. Después de cuyo nacimiento vivió ochocientos quince años, en los cuales tuvo hijos e hijas.

11. Y todos los días de Enós fueron novecientos cinco años, y murió.

12. Vivió también Cainán setenta años, y engendró a Malaleel.

13. Y vivió Cainán después de haber engendrado a Malaleel, ochocientos cuarenta años, y tuvo hijos e hijas.

14. Y todos los días de Cainán vinieron a ser novecientos diez años, y murió.

15. Vivió Malaleel sesenta y cinco años, y engendró a Jared.

16. Y después de haber engendrado a Jared, vivió Malaleel ochocientos treinta años, y engendró hijos e hijas.

17. Con que toda la vida de Malaleel fue de ochocientos noventa y cinco años, y murió.

18. Jared vivió ciento sesenta y dos años, y engendró a Henoc.

19. Y vivió Jared después del nacimiento de Henoc ochocientos años, y engendró hijos e hijas.

20. Y así toda la vida de Jared fue de novecientos sesenta y dos años, y murió.

21. Y vivió Henoc sesenta y cinco años y engendró a Matusalén.

22. Y el proceder de Henoc fue según Dios, y vivió, después de haber engendrado a Matusalén, trescientos años, y engendró hijos e hijas.

23. Y todos los días de Henoc fueron trescientos sesenta y cinco años.

24. Y siguió caminando en pos de Dios, y se desapareció, porque Dios le trasladó*.

25. Matusalén vivió ciento ochenta y siete años, y engendró a Lamec.

---

1. *Gen 1.* 27; *9,* 6; *Sab 2.* 23; *Eclo 17,* 1.
2. Que significa *De tierra.*

24. Puede también trraducirse *Y se desapareció, porque le trasladó Dios al paraíso; no murió.* Los padres y aun los rabinos creen que todavía vive Enoc. *Eclo 44,* 16; *Hebr 11,* 5; *Ap 11,* 3-4.

26. Y vivió Matusalén, después que engendró a Lamec, setecientos ochenta y dos años, y engendró hijos e hijas.

27. Con que todos los días de Matusalén fueron novecientos setenta y nueve años y murió.

28. Lamec a los ciento ochenta y dos años de su vida engendró un hijo,

29. al cual llamó Noé, diciendo: Este ha de ser nuestro consuelo en medio de los trabajos y fatigas de nuestras manos, en esta tierra que maldijo el Señor.

30. Y vivió Lamec después del nacimiento de Noé quinientos noventa y cinco años, y engendró hijos e hijas.

31. Y toda la vida de Lamec fue de setecientos setenta y siete años y murió. Pero Noé, siendo de quinientos años, engendró a Sem, a Cam y a Jafet.

6

Las costumbres perdidas de los hombres ocasionan el diluvio. Construcción del Arca

1. Habiendo, pues, comenzado los hombres a multiplicarse sobre la tierra y procreado hijas,

2. viendo los hijos de Dios la hermosura de las hijas de los hombres, tomaron de entre todas ellas por mujeres las que más les agradaron.

3. Dijo entonces Dios: No permanecerá mi espíritu en el hombre para siempre, porque es muy carnal; y sus días serán ciento veinte años.

4. Es de notar que en aquel tiempo había gigantes sobre la tierra; porque después que los hijos de Dios se juntaron con las hijas de los hombres y ellas concibieron, salieron a luz estos valientes del tiempo antiguo, héroes famosos.

5. Viendo, pues, Dios ser mucha la malicia de los hombres en la tierra, y que todos los pensamientos de su corazón se dirigían al mal continuamente,

6. le pesó de haber creado al hombre en la tierra. Y penetrado su corazón de un íntimo dolor,

7. yo raeré, dijo, de sobre la faz de la tierra al hombre, a quien creé, desde el hombre hasta los animales, desde el reptil hasta las aves del cielo; pues siento ya el haberlos hecho.

Noé y el arca

8. Mas Noé halló gracia delante del Señor.

9. Estos son los hijos que engendró Noé: Noé fue varón justo y perfecto en sus días, y siguió a Dios*.

10. Y engendró tres hijos: a Sem, a Cam y a Jafet.

11. Entretanto la tierra estaba corrompida a vista de Dios, y colmada de iniquidad.

12. Viendo, pues, Dios que la tierra estaba corrompida (por cuanto lo estaba la conducta de vida de todos los mortales sobre la tierra),

13. dijo a Noé: Llegó ya el fin de todos los hombres decretado por mí; llena está de iniquidad toda la tierra por sus malas obras; pues yo los exterminaré juntamente con la tierra.

14. Haz para ti un arca de maderas bien acepilladas; en el Arca dispondrás celditas, y las calafatearás con brea por dentro y por fuera.

15. Y has de fabricarla de esta suerte: la longitud del arca será de trescientos codos, la latitud de cincuenta, y de treinta codos su altura.

16. Harás una ventana en el arca, y el techo o cubierta del Arca le harás no plano, sino de modo que vaya alzándose hasta un codo, y escupa el agua; pondrás la puerta del Arca en un costado, y harás en ella tres pisos, uno abajo, otro en medio y otro arriba.

17. Y he aquí que voy a inundar la tierra con un diluvio de aguas, para hacer morir toda carne, en que hay espíritu de vida debajo del cielo; todas cuantas cosas hay en la tierra, perecerán.

18. Mas contigo yo estableceré mi alianza: y entrarás en el arca tú, y tus hijos, tu mujer, y las mujeres de tus hijos contigo.

19. Y de todos los animales de toda especie meterás dos en el arca, macho y hembra, para que vivan contigo.

20. De las aves según su especie, de las bestias según la suya, y de todos los que arrastran por la tierra, según su casta; dos

---

5. *Gen 8*, 21; *Mat 15*, 19.

9. *Eclo 44*, 17.

de cada cual entrarán contigo, para que puedan conservarse.

21. Por tanto tomarás contigo de toda especie de comestibles, y los pondrás en tu morada; y te servirán tanto a ti como a ellos de alimento.

22. Hizo, pues, Noé todo lo que Dios le había mandado.

7

Luego de haber entrado Noé con su familia en el arca, envía Dios el diluvio universal

---

1. Le dijo después el Señor: Entra tú y toda la familia en el arca; pues que a ti te he reconocido justo delante de mí en medio de esta generación*.

2. De todos los animales limpios* has de tomar de siete en siete o siete de cada especie, macho y hembra; mas de los animales inmundos de dos en dos, macho y hembra.

3. E igualmente de las aves del cielo, de siete en siete, macho y hembra, para que se conserve su casta o especie sobre la faz de la tierra.

4. Por cuanto de aquí a siete días yo haré llover sobre la tierra cuarenta días y cuarenta noches, y exterminaré de la superficie de la tierra todas las criaturas animadas que hice.

5. Ejecutó, pues, Noé todo lo que le había mandado el Señor.

6. Era Noé de edad de seiscientos años cuando las aguas del diluvio inundaron la tierra.

7. Y entró Noé en el Arca por salvarse de las aguas del diluvio*, y con él sus hijos, su mujer, y las mujeres de sus hijos.

8. Asimismo de los animales limpios y no limpios, y de las aves, y de todo lo que se mueve sobre la tierra,

9. se le entraron a Noé en el Arca de dos en dos, macho y hembra, como el Señor lo tenía ordenado a Noé.

El diluvio

10. Pasados los siete días, las aguas del diluvio inundaron la tierra.

11. A los seiscientos años de la vida de Noé, en el mes segundo, a diecisiete días del mismo mes, se rompieron todas las fuentes o depósitos del grande abismo de los mares, y se abrieron las cataratas del cielo,

12. y estuvo lloviendo sobre la tierra cuarenta días y cuarenta noches.

13. En el plazo señalado del día dicho entró Noé, con Sem, Cam y Jafet, sus hijos, su mujer, y las tres mujeres de sus hijos con ellos, en el Arca.

14. Ellos y todo animal silvestre según su género, y todos los jumentos según su especie, y todo cuanto se mueve sobre la tierra según su género, y toda especie de volátil, toda casta de aves, y de todo cuanto tiene alas,

15. se le entraron a Noé en el Arca, de dos en dos, macho y hembra de toda carne, en que había espíritu de vida.

16. Y los que entraron, entraron macho y hembra de toda especie, como Dios se lo había mandado: y el Señor le cerró por la parte de afuera.

17. Entonces vino el diluvio por espacio de cuarenta días sobre la tierra: y crecieron las aguas, e hicieron subir el arca muy en alto sobre la tierra.

18. Porque la inundación de las aguas fue grande en extremo, y ellas lo cubrieron todo en la superficie de la tierra; mientras tanto el arca ondeaba sobre las aguas.

19. En suma, las aguas sobrepujaron desmesuradamente la tierra, y vinieron a cubrirse todos los montes encumbrados debajo de todo el cielo.

20. Quince codos se alzó el agua sobre los montes, que tenía cubiertos.

21. Y pereció toda carne que se movía sobre la tierra, de aves, de animales, de fieras y de todos los reptiles, que serpentean sobre la tierra; los hombres todos*,

22. y todo cuanto en la tierra tiene aliento de vida todo pereció.

23. Y destruyó todas las criaturas, que vivían sobre la tierra, desde el hombre hasta las bestias, tanto los reptiles como las aves

---

1. *Hebr 11*, 7; *2 Pe 2*, 5.
2. De todas las especies de animales limpios entrarán siete; tres parejas y el séptimo sin compañero, para ser ofrecido en *holocausto*.
7. *Mat 24*, 37; *Luc 17*, 26; *1 Pe 3*, 20.

21. *Sab 10*, 4; *Eclo 24*, 28; *1 Pe 3*, 20.

del cielo; y no quedó viviente en la tierra; sólo quedó Noé, y los que estaban con él en el arca.

24. Y las aguas dominaron sobre la tierra por espacio de ciento y cincuenta días.

8

Disminuidas las aguas del diluvio, Noé sale del arca y ofrece a Dios sacrificio agradable

---

1. Dios entretanto, teniendo presente a Noé, y a todos los animales, y a todas las bestias mansas, que estaban con él en el arca, hizo soplar el viento sobre la tierra, con que se fueron disminuyendo las aguas.

2. Y se cerraron los manantiales del abismo del mar, y las cataratas del cielo, y se atajaron las lluvias que del cielo caían;

3. y se fueron retirando de la tierra las aguas ondeando y retrocediendo, y empezaron a menguar después de los ciento cincuenta días.

4. Y el Arca a los veintisiete días del mes séptimo, reposó sobre los montes de Armenia.

5. Las aguas iban de continuo menguando hasta el décimo mes, pues que en el primer día de este mes se descubrieron las cumbres de los montes.

6. Pasados después cuarenta días, abriendo Noé la ventana que tenía hecha en el Arca, despachó al cuervo;

7. el cual habiendo salido, no volvió hasta que las aguas se secaron sobre la tierra.

8. Envió también después de él la paloma, para ver si ya se habían acabado las aguas en el suelo de la tierra;

9. la cual como no hallase donde poner su pie se volvió a él al Arca, *porque* había aún agua sobre toda la tierra; así alargó la mano, y cogiéndola la metió en el Arca.

10. Esperando, pues, otros siete días más, segunda vez echó a volar la paloma fuera del Arca;

11. mas ella volvió a Noé por la tarde trayendo en el pico un ramo de olivo con las hojas verdes, por donde conoció Noé que las aguas habían cesado de cubrir la tierra.

12. Con todo eso aguardó otros siete días, y echó a volar la paloma, la cual no volvió ya más a él.

13. Así que, el año seiscientos y uno de la vida de Noé, en el mes primero, el primer día del mes, se retiraron las aguas de sobre la tierra; y abriendo Noé la cubierta del Arca, miró y vio que se había secado la superficie de la tierra.

14. En el mes segundo, a veintisiete días del mes, quedó seca la tierra.

Noé sale del arca

15. Entonces habló Dios a Noé, diciendo:

16. Sal del Arca, tú y tu mujer, tus hijos y las mujeres de tus hijos contigo.

17. Saca también fuera contigo todos los animales que tienes dentro, de toda casta, tanto de aves como de bestias y de todos los reptiles que andan arrastrando sobre la tierra, y salid a tierra; propagaos y multiplicaos sobre ella.

18. Salió, pues, Noé y con él sus hijos, su mujer, y las mujeres de sus hijos.

19. Como también salieron del Arca todos los animales, jumentos, y reptiles que serpentean sobre la tierra, según sus especies.

20. Y edificó Noé un altar al Señor; y cogiendo todos los animales y aves limpias, ofreció holocaustos sobre el altar.

21. Y el Señor se complació en aquel olor de suavidad y dijo: Nunca más maldeciré la tierra por las culpas de los hombres, atento a que los sentidos y pensamientos del corazón humano están inclinados al mal desde su mocedad; no castigaré, pues, más a todos los vivientes como he hecho*.

22. Mientras el mundo durare, no dejarán de sucederse la sementera y la siega, el frío y el calor, el verano y el invierno, la noche y el día.

9

Bendice Dios a Noé y a sus hijos. Pacto del Señor con Noé. Embriaguez involuntaria de éste

---

1. Después bendijo Dios a Noé y a sus hijos. Y les dijo: Creced y multiplicaos, y poblad la tierra*.

2. Que teman y tiemblen ante vosotros todos los animales de la tierra, y todas las

---

21. *Gen 6*, 5; *Mat 15*, 19.
1. *Gen 1*, 22-28; *8*, 17.

aves del cielo, y todo cuanto se mueve sobre la tierra; todos los peces del mar están sujetos a vuestro poder.

3. Y todo lo que tiene movimiento y vida, os servirá de alimento; todas estas cosas os las entrego así como las legumbres y hierbas.

4. Excepto que no habéis de comer la carne con sangre*.

5. Porque yo tomaré venganza de vuestra sangre sobre cualquiera de las bestias que la derrame*, y la muerte de un hombre, la vengaré con el hombre, en el hombre hermano suyo.

6. Derramada será la sangre de cualquiera que derrame sangre humana; porque a imagen de Dios fue creado el hombre*.

7. Vosotros, pues, creced y multiplicaos, dilataos sobre la tierra y pobladla.

Alianza de Dios con Noé

8. Dijo también Dios a Noé, y a sus hijos igualmente que a él:

9. Sabed que voy a establecer mi pacto con vosotros y con vuestra descendencia después de vosotros;

10. y con todo animal viviente que está con vosotros, tanto de aves como de animales domésticos y campestres de la tierra que han salido del Arca, y con todas las bestias de la tierra.

11. Estableceré mi pacto con vosotros, y no perecerá ya más toda carne con aguas de diluvio, ni habrá en lo venidero diluvio que destruya la tierra.

12. Y dijo Dios: Esta es la señal de la alianza que establezco por generaciones perpetuas o para siempre entre mí y vosotros, y con todo animal viviente que mora con vosotros.

13. Pondré mi arco que coloqué en las nubes, y será señal de la alianza entre mí y la tierra.

14. Y cuando yo cubriere el cielo de nubes, aparecerá mi arco en ellas*.

15. Y me acordaré de mi alianza con vosotros, y con toda alma viviente que vivifica la carne; y ya no habrá más aguas de diluvio que destruyan todos los vivientes.

16. Mi arco, pues, estará en las nubes, y viéndole, me acordaré de la alianza sempiterna, concertada entre Dios y toda alma viviente, de toda carne que habita sobre la tierra.

17. Y repitió Dios a Noé: Esta es la señal de la alianza que tengo establecida entre mí y todo viviente sobre la tierra.

18. Eran, pues, los hijos de Noé, que salieron del Arca, Sem, Cam y Jafet; este mismo Cam es el padre de Canaán.

19. Dichos tres son los hijos de Noé, y de ésos se propagó todo el género humano sobre la tierra.

20. Y Noé, que era labrador, comenzó a labrar la tierra, y plantó una viña.

21. Y bebiendo de su vino, quedó embriagado y se echó desnudo en medio de su tienda.

22. Lo cual como hubiese visto Cam, padre de Canaán, esto es, la desnudez vergonzosa de su padre, salió afuera a contárselo a sus hermanos.

23. Pero Sem y Jafet, echándose una capa o *manta* sobre sus hombros, y caminando hacia atrás, cubrieron la desnudez de su padre teniendo vueltos sus rostros; y así no vieron las vergüenzas del padre.

24. Luego que despertó Noé de la embriaguez, sabido lo que había hecho con él su hijo menor,

25. dijo: Maldito sea Canaán, esclavo será de los esclavos de sus hermanos.

26. Y añadió: Bendito el Señor Dios de Sem, sea Canaán esclavo suyo.

27. Dilate Dios a Jafet, y habite en las tiendas de Sem, y sea Canaán su esclavo.

28. En fin, Noé vivió después del diluvio trescientos cincuenta años.

29. Y así todos los días que vivió fueron novecientos cincuenta años, y murió.

10

Genealogías de Sem, Cam y Jafet, hijos de Noé, y propagación del linaje humano

1. Estos son los descendientes de los hijos de Noé: Sem, Cam, y Jafet: y éstos los hijos que les nacieron después del diluvio.

---

4. Los hebreos y otros pueblos antiguos creían que el alma y la vida residían en la sangre. *Lev 17*, 14.
5. *Ex 21*, 28.
6. *Mat 26*, 52; *Ap 13*, 10.
14. *Eclo 43*, 12.

2. Hijos de Jafet: Gomer, y Magog, y Madai, y Javán, y Tubal, y Mosoc, y Tiras.

3. Hijos de Gomer: Ascenez, y Rifat y Togorma.

4. Hijos de Javán: Elisa y Tarsis, Cettim y Dodanim.

5. Estos se repartieron algún tiempo después las islas de las naciones y las diversas regiones, cada cual según su propia lengua, familia y nación.

6. Hijos de Cam: fueron Cus, Mesraim, y Fut y Canaán.

7. De Cus: lo fueron Sabá, y Hevila, y Sabata, y Regma y Sabataca. Los de Regma: Sabá y Dadán.

8. Cus engendró también a Nemrod; éste comenzó a ser prepotente en la tierra,

9. y en efecto, era un cazador forzudo delante del Señor. De donde vino el proverbio: Forzudo cazador a vista del Señor como un Nemrod.

10. Y el principio de su reino fue Babilonia, y Arac, y Acad y Calanne, en tierra de Sennaar.

11. De cuyo país salió Asur, el que fundó a Nínive, y las plazas o grandes calles de la ciudad, y a Cale.

12. Y también a Resén entre Nínive y Cale; ésta es la ciudad grande.

13. Mesraim engendró a Ludim, y Anamim, y a Laabim y a Neftuim,

14. y a Fetrusim y a Casluim, de los cuales salieron los filisteos y los caftoreos.

15. Mas Canaán engendró a Sidón su primogénito, al heteo,

16. al jebuseo, al amorreo, al gergeseo,

17. al heveo, y al araceo, al sineo,

18. y al aradio, al samareo y al amateo; y de aquí descendieron los pueblos de los cananeos.

19. Cuyos límites fueron como quien va de Sidón a Gerara tocando en Gaza, hasta entrar en Sodoma, y Gomorra, y Adama, y Seboín, terminando en Lesa.

20. Estos son los hijos de Cam según sus prosapias, y lenguas, y linajes, y países y naciones.

21. También tuvo varios hijos Sem, padre de todos los hijos de Heber, hermano mayor de Jafet.

22. Hijos de Sem fueron Elam y Asur, y Arfaxad, y Lud y Aram.

23. De Aram fueron hijos Us, y Hul, y Geter y Mes.

24. Arfaxad, engendró a Salé, de quien nació Heber.

25. A Heber le nacieron dos hijos: uno tuvo por nombre Faleg a causa de que por aquel entonces se hizo la partición de la tierra; el nombre de su hermano fue Jectán.

26. Este Jectán engendró a Elmodad, y a Salef, y a Asarmot, a Jaré,

27. y a Aduram, y a Uzal, y a Decla,

28. y a Ebal, y a Abimael, a Saba,

29. a Ofir, y a Hevila, y a Jobad; todos éstos son hijos de Jectán.

30. Y vino a ser la habitación de éstos desde Mesa caminando hasta Sefar, monte que está al oriente.

31. Estos son los hijos de Sem, según sus linajes, y lenguas, y países, y naciones propias.

32. Estas son las familias de Noé repartidas en sus pueblos y naciones. De éstas se propagaron las diversas gentes en la tierra después del diluvio.

11

Torre de Babel o de la confusión: descendientes de Sem por la línea de Arfaxad hasta Abram.

---

1. No tenía entonces la tierra más que un solo lenguaje y unos mismos vocablos.

2. Mas partiéndose de oriente estos pueblos, hallaron una vega en tierra de Sennaar, donde hicieron asiento.

3. Y se dijeron unos a otros: Venid, hagamos ladrillos y cozámoslos al fuego. Y se sirvieron de ladrillos en lugar de piedras, y de mezcla en vez de argamasa;

4. y dijeron: Vamos a edificar una ciudad y una torre, cuya cumbre llegue hasta el cielo, y hagamos célebre nuestro nombre antes de esparcirnos por toda la faz de la tierra.

5. Y descendió el Señor* a ver la ciudad y la torre, que edificaban los hijos de Adán,

6. y dijo: He aquí, el pueblo es uno solo, y todos tienen un mismo lenguaje; y han empezado esta fábrica, no desistirán de sus ideas, hasta llevarlas a cabo.

7. Ea, pues, descendamos, y confundamos allí mismo su lengua, de manera que el uno no entienda el habla del otro.

---

5. Es un modo de hablar acomodado a la debilidad de nuestro espíritu.

EL DILUVIO

Entonces vino el diluvio por espacio de cuarenta días sobre la tierra: y crecieron las aguas, e hicieron subir el arca muy en alto sobre la tierra. Quince codos se alzó el agua sobre los montes, que tenía cubiertos.

LA TORRE DE BABEL

Y dijeron: Vamos a edificar una ciudad y una torre, cuya cumbre llegue hasta el cielo, y hagamos célebre nuestro nombre antes de esparcirnos por toda la faz de la tierra.
Y descendió el Señor a ver la ciudad y la torre, que edificaban los hijos de Adán.

8. Y de esta suerte los esparció el Señor desde aquel lugar por todas las tierras, y cesaron de edificar la ciudad.

9. De donde se le dio a ésta el nombre de Babel o Confusión, porque allí fue confundido el lenguaje de toda la tierra: y desde allí los esparció el Señor por todas las regiones.

Descendientes de Sem

10. Esta es la descendencia de Sem: Sem era ya de cien años cuando engendró a Arfaxad, dos años después del diluvio*.

11. Y vivió Sem después que engendró a Arfaxad, quinientos años, y tuvo o engendró hijos e hijas.

12. Y Arfaxad a los treinta y cinco años de su vida engendró a Sale.

13. Después de lo cual vivió Arfaxad trescientos tres años, y tuvo hijos e hijas.

14. Y Sale a los treinta años de su vida engendró a Heber.

15. Y vivió Sale después de engendrado Heber cuatrocientos y tres años, y tuvo hijos e hijas.

16. Mas Heber a los treinta y cuatro años de su vida engendró a Faleg.

17. Después de lo cual vivió Heber cuatrocientos treinta años, y tuvo hijos e hijas.

18. Faleg asimismo a los treinta años de su edad engendró a Reu.

19. Y vivió Faleg después que engendró a Reu, doscientos nueve años, y tuvo hijos e hijas.

20. Reu vivió treinta y dos años, y engendró a Sarug.

21. Después de lo cual vivió Reu doscientos siete años, y tuvo hijos e hijas.

22. También Sarug a los treinta años de su vida engendró a Nacor.

23. Y vivió Sarug después que engendró a Nacor doscientos años, y tuvo hijos e hijas.

24. Nacor vivió veintinueve años, y engendró a Tare.

25. Y vivió Nacor, después de engendrado Tare, cientodiecinueve años, y tuvo hijos e hijas.

26. Tare, cumplidos setenta años de su vida, engendró a Abram, y a Nacor y a Arán*.

27. Y ésta es la descendencia de Tare: Tare engendró a Abram, a Nacor y a Arán. Y Arán engendró a Lot.

28. Y murió Arán antes que su padre Tare, en la tierra de su nacimiento en Ur de los caldeos.

29. Abram y Nacor tomaron a su tiempo mujeres: el nombre de la mujer de Abram, era Sarai; y el de la mujer de Nacor, Melca, hija que fue de Arán, padre de Melca, y padre también de Jesca.

30. Sarai era estéril, y no tenía hijos.

31. Tare, pues, tomó consigo a Abram su hijo, y a su nieto Lot, hijo de Arán, y a Sarai su nuera, esposa de su hijo Abram, y les sacó de Ur de los caldeos, con ánimo de pasar a tierra de Canaán; y llegaron hasta la ciudad de Harán, y se establecieron allí*.

32. Murió Tare en Harán, siendo de edad de doscientos cinco años.

---

12 *De la vocación de Abram, de sus peregrinaciones, y de lo que aconteció a Sarai en Egipto*

---

1. Y dijo el Señor a Abram*: Sal de tu tierra, y de tu parentela, y de la casa de tu padre, y ven a la tierra que te mostraré.

2. Y yo te haré cabeza de una nación grande, y bendecirte he, y ensalzaré tu nombre, y tú serás bendito o serás una bendición.

3. Bendeciré a los que te bendigan, y maldeciré a los que te maldigan, y En TI (en uno de tus descendientes) serán benditas todas las naciones de la tierra*.

4. Salió, pues Abram, como se lo había ordenado el Señor, y partió con él Lot; de setenta y cinco años era Abram cuando salió de la ciudad de Harán*.

5. Y llevó consigo a Sarai su mujer, y a Lot hijo de su hermano, con cuanta hacienda y familia habían adquirido en Harán, y partieron para la tierra de Canaán. Venidos a ella,

6. atravesó Abram el país hasta el lugar de Siquem, hasta el famoso valle; el cananeo habitaba entonces aquella tierra.

---

10. *1 Cro 1*, 17.
26. *Jos 24*, 2; *1 Cro 1*, 26.

31. *Jos 24*, 2; *Jdt 5*, 7; *Hech 7*, 2.
1. *Hech 7*, 5-6; *Ex 12*, 40; *Gal 3*, 17.
3. *Gen 18*, 18; *Gal 3*, 3.
4. *Hebr 11*, 8.

7. Y apareció el Señor a Abram, y le dijo: Esta tierra la daré a tu descendencia. Y él edificó allí mismo un altar al Señor, que se le había aparecido*.

8. Y pasando de allí a un monte que miraba al oriente de Betel, aquí tendió su pabellón, teniendo a Betel al occidente, y Hai al oriente; donde también erigió al Señor un altar, e invocó su santo nombre.

9. Prosiguió Abram su viaje, caminando y avanzando adelante hacia el mediodía.

Abram en Egipto

10. Pero sobrevino hambre en aquella tierra; y Abram tuvo que bajar a Egipto, para estarse allí como pasajero, a causa de que el hambre en el país era grandísima.

11. Estando ya para entrar en Egipto, dijo a Sarai su esposa: Conozco que tú eres una mujer bien parecida,

12. y que cuando los egipcios te hayan visto, han de decir: Es la mujer de éste; con lo que a mí me quitarán la vida, y a ti te reservarán para sí.

13. Di, pues, te ruego, que eres hermana mía, para que yo sea bien recibido por amor tuyo, y salve mi vida por tu respeto*.

14. Entrando, pues, Abram en Egipto, vieron los egipcios que la mujer era en extremo hermosa.

15. Y los principales o cortesanos dieron noticia de ella al faraón, alabándosela, y fue luego llevada al palacio del faraón.

16. Y por respeto a ella trataron bien a Abram, el cual adquirió ovejas, y bueyes, y asnos, y esclavos, y esclavas, y asnas y camellos.

17. Pero Dios castigó al faraón y a su corte con plagas grandísimas, por causa de Sarai, mujer de Abram.

18. Por lo cual el faraón hizo llamar a Abram, y le dijo: ¿Qué es esto que has hecho conmigo?; ¿cómo no me declaraste que era tu mujer?

19. ¿Por qué motivo dijiste ser hermana tuya, poniéndome en ocasión de casarme con ella? Ahora, pues, ahí tienes a tu mujer, tómala, y anda enhorabuena.

20. En consecuencia el faraón encargó a sus gentes el cuidado de Abram; las cuales le acompañaron a él y a su esposa con todo lo que tenía hasta fuera de Egipto.

7. *Gen 13*, 15; *15*, 18; *26*, 4; *Deut 34*, 4.
13. *Gen 20*, 11.

13

Separación de Abram y Lot, por el bien de la paz. Lot escoge un territorio cerca del Jordán

1. Salió, pues, Abram de Egipto, con su esposa, y todo lo que tenía, y Lot con él, tirando hacia la región meridional.

2. Y estaba riquísimo en caudal de oro y de plata.

3. Y se volvió por el camino que había traído, del mediodía hacia Betel, hasta el lugar en donde primero tuvo asentada su tienda entre Betel y la ciudad de Hai,

4. al sitio del altar que antes había hecho, y allí invocó el nombre del Señor*.

5. Pero también Lot, que andaba en compañía de Abram, tenía rebaños de ovejas, y ganados mayores, y cabañas o tiendas.

6. Ni podían caber en aquel terreno, viviendo juntos; porque su hacienda era mucha, y no les era posible habitar en un mismo lugar.

7. De donde vino a suscitarse una riña entre los pastores de los ganados de Abram y los de Lot. Y el cananeo y el ferezeo moraban a la sazón en aquella tierra.

8. Por lo que dijo Abram a Lot: Te ruego no haya disputas entre nosotros, ni entre mis pastores y los tuyos, pues somos hermanos.

9. Ahí tienes a la vista toda esta tierra; sepárate de mí, te ruego: si tú fueres a la izquierda, yo iré a la derecha; si tú escogieres la derecha, yo me iré a la izquierda.

10. Lot, pues, habiendo alzado los ojos, miró, toda la ribera del Jordán, por el camino que va a Segor, la cual era de regadío por todas partes; y, antes que asolase el Señor a Sodoma y Gomorra, fecunda como un paraíso del Señor, y como el feraz Egipto.

11. Y escogió Lot para sí la vega del Jordán, y se apartó del oriente: y se separaron entrambos hermanos uno de otro.

12. Abram se quedó en la tierra de Canaán, y Lot se quedó en los lugares adyacentes al Jordán, y fijó su morada en Sodoma.

13. Mas los sodomitas eran perver-

4. *Gen 12*, 7.

sísimos, y muy grandes pecadores a los ojos de Dios.

14. Y dijo el Señor a Abram, después que Lot se separó de él: Alza tus ojos y mira, desde el sitio en que ahora estás, hacia el norte y el mediodía, hacia el oriente y el poniente*.

15. Toda esa tierra, que ves, yo te la daré a ti y a tu posteridad para siempre.

16. Y multiplicaré tu descendencia como el polvo de la tierra; si hay hombre que pueda contar los granitos del polvo de la tierra, ése podrá contar tus descendientes.

17. Levántate, y ve recorriendo ese país a lo largo y a lo ancho porque a ti he de dártelo.

18. Abram, pues, removiendo su pabellón, se puso en camino y fue a morar junto al valle o encinar de Mambre, que está al pie de la ciudad de Hebrón, y edificó allí un altar al Señor.

14 *Abram derrota a Codorlahomor y demás reyes aliados, libera a Lot y recibe bendición de Melquisedec*

1. Aconteció por aquel tiempo que Amrafel rey de Sennaar, y Arioc rey del Ponto, Codorlahomor rey de los elamitas, y Tadal rey de Naciones,

2. movieron guerra contra Bara rey de Sodoma, y contra Bersa rey de Gomorra, y contra Sennaab rey de Adama, y contra Semeber rey de Seboim, y contra el rey de Bala, la misma que se llamó después Segor.

3. Todos éstos vinieron a juntarse en el valle de las Selvas, que ahora es el mar salado.

4. Y el motivo fue porque habiendo estado doce años sujetos a Codorlahomor, al decimotercio sacudieron el yugo.

5. Por lo cual el año decimocuarto vino Codorlahomor con los reyes que se le reunieron, y derrotaron a los rafaitas en Astarotcarnaim, y con ellos a los zuzitas, y a los emitas en Save Cariataim,

6. *y a los correos en los* montes Seir, hasta los Campos de Farán, que está en el desierto.

7. Y dada la vuelta, vinieron a la fuente de Misfat, la misma que Cades, y talaron todo el país de los amalecitas, y de los amorreos, habitantes en Asasontamar.

8. Y salieron a campaña el rey de Sodoma, y el rey de Gomorra, y el rey de Adama, y el rey de Seboim, y también el rey de Bala, la cual es Segor; y ordenaron batalla contra ellos en el valle de las Selvas,

9. es a saber, contra Codorlahomor rey de los elamitas, y Tadal rey de Naciones, y Amrafel rey de Sennaar, y Arioc rey del Ponto: cuatro reyes contra cinco.

10. Es de notar que el valle de las Selvas tenía muchos pozos de mezcla. El resultado fue que el rey de Sodoma y el de Gomorra volvieron las espaldas, y cayeron allí mismo; y los que escaparon huyeron al monte.

11. Así se apoderaron de toda la riqueza de Sodoma y Gomorra, y de todos los víveres, y se marcharon,

12. llevándose asimismo a Lot, hijo del hermano de Abram, que habitaba en Sodoma, con todo cuanto tenía.

13. En esto uno de los que escaparon, fue a dar la nueva a Abram el hebreo*, que habitaba en el valle de Mambre amorreo, hermano de Escol, y de Aner; los cuales tenían hecha alianza con Abram.

14. Así que oyó Abram que Lot, hermano suyo, había sido hecho prisionero, contó o escogió de entre los criados de su casa trescientos dieciocho armados a la ligera, y fue siguiendo su alcance hasta Dan.

15. Donde divididas las tropas, se echó sobre ellos de noche; y los desbarató, y los fue persiguiendo hasta Hoba, que está a la izquierda de Damasco.

16. Con lo que recobró toda la riqueza, y a su hermano Lot con sus bienes, y también a las mujeres y demás gente.

17. Por lo cual el rey de Sodoma le salió a recibir en el valle de Save, que es el valle del rey, cuando volvía de la derrota de Codorlahomor, y de los reyes sus aliados.

18. Pero Melquisedec* rey de Salem, presentando pan y vino, pues era sacerdote de Dios altísimo,

19. le dio su bendición, diciendo: ¡Oh

---

14. *Gen 12*, 7; *15*, 18; *26*, 4; *Deut 24*, 4.

13. *Hebreo o heber. Viajante, extranjero*, o más propiamente *transeúnte*. Después recibieron el nombre de *israelistas* y luego *judíos*.

18. *Melquisedec* es considerado *símbolo de Jesucristo* y su sacrificio. *Hebr 7*, 1.

Abram!, bendito eres del Dios excelso, que creó el cielo y la tierra:

20. Y bendito sea el excelso Dios, por cuya protección han caído en tus manos los enemigos. Y le dio Abram diezmo de todo lo que traía.

21. Entonces el rey de Sodoma dijo a Abram: Dame las personas, las demás cosas quédatelas para ti.

22. Y Abram le respondió: Alzo mi mano al Señor Dios excelso, dueño del cielo y de la tierra jurando en su nombre,

23. que ni una hebra de hilo, ni la correa de un calzado tomaré de todo lo que es tuyo, porque no digas: Yo enriquecí a Abram;

24. a excepción solamente de los alimentos que han consumido los mozos, y de las porciones de estos varones o aliados que vinieron conmigo, Aner, Escol y Mambre: éstos tomarán su parte.

15

El Señor promete a Abram un hijo heredero de sus divinas promesas. Dios hace con él solemne alianza

1. Pasadas, pues, que fueron estas cosas, habló el Señor a Abram, en una visión, diciendo: No temas, Abram, yo soy tu protector y tu galardón sobremanera grande.

2. A que respondió Abram: ¡Oh Señor Dios!, y ¿qué es lo que me has de dar? Yo me voy de este mundo sin hijos; y así habrá de heredarme el hijo del mayordomo de mi casa, ese Eliezer de Damasco.

3. Pues por lo que a mí toca, añadió Abram, no habiéndome tú concedido sucesión, he aquí que ha de ser mi heredero este siervo nacido en mi casa.

4. Al punto le replicó el Señor, diciendo: No será éste tu heredero, sino un hijo que saldrá de tus entrañas, ése es el que te ha de heredar.

5. Y le sacó afuera y le dijo: Mira al cielo, y cuenta, si puedes, las estrellas. Pues así, le dijo, será tu descendencia*.

6. Creyó Abram a Dios, y su fe se le reputó por justicia*.

7. Le dijo después: Yo soy el Señor, que te saqué de Ur de los caldeos, para darte la posesión de esta tierra.

8. Pero Abram repuso: ¡Oh Señor Dios!, ¿por dónde he de conocer que yo debo poseerla?

9. A lo que respondió el Señor, diciendo: Escógeme una vaca, una cabra y un carnero, todos de tres años, con una tórtola y una paloma.

10. Cogiendo, pues, Abram todos estos animales, los partió por medio, y puso las dos mitades una frente a otra con separación; pero las aves las dejó enteras.

11. Y bajaban las aves de rapiña sobre los cuerpos muertos, y Abram los ojeaba.

12. Pero al poner del sol, un pesado sueño sorprendió a Abram, y se apoderó de él un vapor grande y se vió rodeado de tinieblas.

13. Entonces le fue dicho: Sepas desde ahora que tus descendientes han de vivir peregrinos en tierra ajena, donde los reducirán a esclavitud, y afligirlos han por espacio de cuatrocientos años*.

14. Mas a la nación, a quien han de servir, yo la juzgaré; y después de esto saldrán cargados de riquezas.

15. Entretanto tú irás en paz a juntarte con tus padres, terminando tus días en una dichosa vejez.

16. A la cuarta generación es cuando volverán acá; porque al presente no está todavía llena la medida de las maldades de los amorreos.

17. Puesto ya el sol, sobrevino una oscuridad tenebrosa, y apareció un horno humeando, y una llama viva de fuego que atravesaba por entre los animales divididos*.

18. Entonces el Señor firmó alianza con Abram, diciendo: A tu posteridad daré esta tierra desde el río del Egipto o Nilo hasta el grande río Eufrates*.

19. Los cineos, y los cenezeos, y los cedmoneos,

20. y los heteos, y los ferezeos, y también los rafaitas,

21. y los amorreos, y los cananeos, y los gergeseos y los jebuseos.

---

5. *Rom 4*, 3; *5*, 18; *Gal 3*; *Sant 2*, 23.
6. *Rom 4*, 3; *Gal 3*, 6; *Sant 2*, 23.

13. *Hech 7*, 6.
17. La llama o columna de fuego era un símbolo de la divinidad o de Dios, que pasando por medio de las víctimas, confirmaba su alianza.
18. *Gen 12*, 7; *13*, 15; *26*, 3-4; *Deut 34*, 4; *2*.

16

Deseosa Sarai de las promesas de Dios, ruega a Abram que tome por mujer a su esclava Agar

1. Sarai, mujer de Abram, no había parido hijos; más teniendo una esclava egipcia llamada Agar,

2. dijo a su marido: Bien ves que Dios me ha hecho estéril, para que no pariese; despósate con mi esclava, por si a lo menos logro tener hijos de ella. Y como condescendiese él a sus instancias,

3. tomó Sarai a su esclava Agar egipcia, al cabo de diez años que moraban en tierra de Canaán, y se la dio por mujer a su esposo.

4. El cual la recibió por tal o cohabitó con ella. Pero Agar sintiéndose embarazada comenzó a despreciar a su señora.

5. Y dijo Sarai a Abram: Mal te portas conmigo; yo te di a mi esclava por mujer, la cual viéndose encinta, me mira ya con desprecio; el Señor sea juez entre mí y entre ti.

6. A lo que, respondiendo Abram, le dijo: Ahí tienes tu esclava a tu disposición, haz con ella como te pareciere. Y como Sarai la maltratase, ella se huyó.

7. Mas habiéndola hallado un ángel del Señor en un lugar solitario junto a una fuente de agua, que está en el camino del sur en el desierto,

8. le dijo: Agar, esclava de Sarai, ¿de dónde vienes tú?, ¿y a dónde vas? Vengo huyendo, respondió ella, de la presencia de Sarai mi ama.

9. Replicó el ángel del Señor: Vuélvete a tu ama, y ponte humilde a sus órdenes.

10. Y añadió: Yo multiplicaré en tanto grado tu descendencia, que por su multitud no podrá contarse.

11. Y prosiguió diciendo: He aquí que tú has concebido, y parirás un hijo; y le has de poner por nombre Ismael, por cuanto el Señor te ha oído en tu aflicción.

12. Este será un hombre fiero, se levantará él contra todos, y todos contra él, y fijará sus tiendas o su morada frente a las de *todos sus hermanos*.

13. Y ella invocó *así* el nombre del Señor que le hablaba: ¡Oh Dios!, tú eres el que me has mirado en la aflicción. Porque es cierto, añadió, que he visto yo aquí las espaldas del Señor Dios que me ha mirado benignamente.

14. Por eso llamó aquel pozo, Pozo del Dios viviente y que me ha mirado y amparado*. Este es el que está entre Cades y Barad.

15. En fin, Agar parió un hijo a Abram, el cual le puso el nombre de Ismael.

16. De ochenta y seis años era Abram cuando Agar le parió a Ismael.

---

13. *Ex 33*, 20.

17

Renueva el Señor sus promesas al patriarca Abram, dándole la ley de la circuncisión

1. Mas después que hubo entrado en los noventa y nueve años, le apareció el Señor, y le dijo: Yo soy el Dios todopoderoso: camina como siervo fiel delante de mí, y sé perfecto.

2. Y yo confirmaré mi alianza entre mí y entre ti, y te multiplicaré más y más en gran manera.

3. Se postró Abram sobre su rostro.

4. Y le dijo Dios: Yo soy, y mi pacto será contigo*, y vendrás a ser padre de muchas naciones*.

5. Ni de hoy más será tu nombre Abram: sino que serás llamado Abrahán*: porque te tengo destinado por padre de muchas naciones*.

6. Yo te haré crecer hasta lo sumo, y te constituiré cabeza o estirpe de muchos pueblos, y reyes descenderán de ti.

7. Y estableceré mi pacto entre mí y entre ti, y entre tu posteridad después de ti en la serie de sus generaciones, con alianza sempiterna; para ser yo el Dios tuyo, y de la posteridad después de ti.

8. A este fin te daré a ti y a tus descendientes la tierra en que estás ahora como peregrino, toda la tierra de Canaán en posesión perpetua y seré el Dios de ellos.

---

14. *Gen 24*, 62.
4. *Eclo 44*, 20.
4. *Rom 4*, 17.
5. *Ab-ram* en hebreo significa *Padre excelso*; pero *Ab-ra-ham se traduce Padre de una muchedumbre*. En español son aceptadas las transcripciones de *Abraham* y *Abrahán*. Esta última es la adoptada en la presente edición.
5. *Rom 4*, 11; *9*, 7-8; *Gal 3*, 14.

9. Dijo de nuevo Dios a Abrahán: Tú, pues, también has de guardar mi pacto, y después de ti tu posteridad en sus generaciones.

10. Este es el pacto mío que habéis de observar entre mí y vosotros, así tú como tu descendencia después de ti. Todo varón entre vosotros será circuncidado:

11. Circuncidaréis vuestra carne*, en señal de la alianza contraída entre mí y vosotros.

12. Entre vosotros todos los infantes del sexo masculino a los ocho días de nacidos serán circuncidados, de una a otra generación: el siervo, ora sea nacido en casa, ora le hayáis comprado, y todo el que no fuere de vuestro linaje, ha de ser circuncidado.

13. Y estará mi pacto señalado vuestra carne para denotar la alianza eterna que hago con vosotros.

14. Cualquiera de sexo masculino, cuya carne no hubiere sido circuncidada, será su alma borrada de su pueblo: porque contravino a mi pacto.

15. Dijo también Dios a Abrahán: A Sarai tu mujer ya no la llamarás Sarai, sino Sara.

16. Yo le daré mi bendición, y te daré de ella un hijo a quien he de bendecir también y será origen de muchas naciones, y descenderán de él reyes de varios pueblos.

17. Abrahán se postró sobre su rostro, y se sonrió*, diciendo en su corazón: ¿Conque a un viejo de cien años le nacerá un hijo?; ¿y Sara de noventa ha de parir?

18. Y dijo a Dios: ¡Ojalá que Ismael viva delante de ti!

19. Y Dios respondió a Abrahán: Sí por cierto: Sara te ha de parir un hijo, y le pondrás por nombre Isaac, y con él confirmaré mi pacto en alianza sempiterna, y con su descendencia después de él.

20. He otorgado también tu petición sobre Ismael: he aquí que le bendeciré, y le haré una descendencia muy grande y muy numerosa: será padre de doce caudillos o príncipes, y le haré jefe de una nación grande.

21. Pero el pacto mío lo estableceré con Isaac, que Sara te parirá por este tiempo el año que viene.

22. Acabado este razonamiento con él, se retiró Dios de la vista de Abrahán.

La cincuncisión

23. Entonces Abrahán tomó a Ismael su hijo, y a todos los siervos o criados nacidos en su casa, y a todos los que había comprado, a todos cuantos varones había en su familia; y los circuncidó luego al punto en aquel mismo día, como se lo había mandado Dios.

24. Noventa y nueve años tenía Abrahán, cuando se circuncidó.

25. E Ismael su hijo tenía trece cumplidos al tiempo de su circuncisión.

26. En el mismo día fueron circuncidados Abrahán e Ismael su hijo.

27. Y todos los varones de su casa, tanto los nacidos en ella, como los comprados y los de tierra extraña, fueron igualmente circuncidados.

---

18 *Tres ángeles, hospedados de Abrahán, le prometen un hijo de Sara*

---

1. Le apareció de nuevo el Señor en el valle o encinar de Mambre estando él sentado a la puerta de su tienda en el mayor calor del día.

2. Sucedió, pues, que alzando los ojos, vio cerca de sí parados a tres personajes*: y luego que los vio, corrió a su encuentro desde la puerta del pabellón, y les hizo reverencia inclinándose hasta el suelo.

3. Y dijo: Señor, si yo, siervo tuyo, he hallado gracia en tu presencia, no pases de largo;

4. mas yo traeré un poco de agua, y lavaréis vuestros pies, y descansaréis a la sombra de este árbol.

5. Y os pondré un bocado de pan, para que reparéis vuestras fuerzas: después pasaréis adelante: pues que tal vez por esto os habéis dirigido hacia vuestro siervo. Ellos respondieron: Bien, haz como has dicho.

6. Abrahán entró corriendo en el pabellón de Sara, y le dijo: Ve pronto, amasa tres satos o celemines de harina de flor, y cuece unos panes en el rescoldo.

---

11. *Lev 12*, 3; *Luc 2*, 21; *Rom 4*, 11.
17. Alegría, no por incredulidad. *Rom 4*, 18-22.

2. *Hebr 13*, 2.

7. Y él mismo fue corriendo a la vacada, y cogió de ella el ternerillo más tierno y gordo, y le dio a un criado: que luego le tuvo aderezado.

8. Tomó también manteca y leche, y con el ternerillo cocido, se lo presentó: mientras tanto estaba en pie junto a ellos debajo del árbol.

9. Habiendo comido, le preguntaron: ¿En dónde está Sara tu esposa? Ahí está, respondió, dentro de la tienda.

10. Le dijo uno de ellos: Yo volveré a ti sin falta dentro de un año por este mismo tiempo, si Dios quiere, y Sara tu mujer tendrá un hijo. Al oír esto Sara se rió detrás de la puerta de la tienda*.

11. Es de considerar que ambos eran viejos y de avanzada edad, y a Sara le había faltado ya la costumbre de las mujeres.

12. Se rió, pues, secretamente, diciendo para consigo: ¿Conque después que ya estoy vieja, y mi señor lo está más, pensaré en usar del matrimonio*?

13. Y dijo el Señor a Abrahán: ¿Por qué se ha reído Sara, diciendo: Si será verdad que yo he de parir siendo tan vieja?

14. Pues qué ¿hay para Dios cosa difícil? Al plazo prometido volveré a visitarte por este mismo tiempo, si Dios quiere, y Sara tendrá un hijo.

15. Negó Sara y dijo llena de temor: No me he reído. Mas el Señor replicó: No es así: sino que te has reído.

Intercesión de Abrahán por Sodoma

16. Levantados de allí aquellos tres varones, dirigieron su vista y sus pasos hacia Sodoma: y Abrahán los iba acompañando, hasta despedirlos.

17. Y dijo el Señor: ¿Cómo es posible que yo encubra a Abrahán lo que voy a ejecutar,

18. habiendo él de ser cabeza de una nación grande, y tan fuerte, y BENDITAS en él todas las naciones de la tierra*?

19. Pues bien sé que ha de mandar a sus hijos y a su familia después de sí, que guarden el camino del Señor, y obren según rectitud y justicia: para que cumpla el Señor por amor de Abrahán todas las cosas que le tiene prometidas.

20. Le dijo, pues, el Señor: El clamor de Sodoma y de Gomorra se aumenta más y más, y la gravedad de su pecado ha subido hasta lo sumo.

21. Quiero ir a ver si sus obras igualan al clamor que ha llegado a mis oídos, para saber si es así o no.

22. Y partiendo de allí, dos de ellos tomaron el camino de Sodoma: Abrahán, se mantenía aún en pie delante del Señor.

23. Y arrimándose le dijo: ¿Por ventura destruirás al justo con el impío?

24. Si se hallaren cincuenta justos en aquella ciudad, ¿han de perecer ellos también?; ¿y no perdonarás a todo el pueblo por amor de los cincuenta justos, si se hallaren en él?

25. Lejos de ti tal cosa, que tú mates al justo con el impío, y sea aquél tratado como éste, no es eso propio de ti: tú que eres el que juzgas toda la tierra, de ningún modo harás tal juicio.

26. Y le dijo el Señor: Si yo hallare en medio de la ciudad de Sodoma cincuenta justos, perdonaré a todo el pueblo por amor de ellos.

27. E instando Abrahán, dijo: Ya que una vez he comenzado, hablaré a mi Señor, aunque sea yo polvo y ceniza.

28. ¿Y qué, si faltaren cinco justos al número de cincuenta, destruirás la ciudad toda entera, porque no son más que cuarenta y cinco? Y respondió: No la destruiré, si hallare en ella cuarenta y cinco.

29. Le replicó de nuevo: Y si se encontraran en ella cuarenta, ¿qué harás? No la castigaré, respondió, por amor de los cuarenta.

30. Te suplico, Señor, le dijo, que no te enojes si prosigo hablando: ¿Y qué, si se hallaren allí treinta? Respondió: No lo haré, si hallare allí los treinta.

31. Ya que he empezado una vez, dijo, hablaré a mi Señor: ¿Y si allí se hallaren veinte? No la destruiré, respondió, por amor de los veinte.

32. Te ruego, Señor, prosiguió, no te irrites, si aún hablare esta sola vez: ¿Y si se hallaren allí diez? A lo que respondió: No la destruiré por amor de los diez.

33. Y se fue o desapareció el Señor, luego que acabó de hablar con Abrahán; el cual se volvió a su casa.

---

10. *Gen 17*, 19; *21*, 1; *Rom 9*, 9.
12. *1 Pe 3*, 6.
18. *Gen 12*, 3; *22*, 18.

ABRAHÁN ES VISITADO POR TRES ÁNGELES

Le apareció de nuevo el Señor en el valle o encinar de Mambre estando él sentado a la puerta de su tienda en el mayor calor del día. Sucedió, pues, que alzando los ojos, vio cerca de sí parados a tres personajes: y luego que los vio, corrió a su encuentro desde la puerta del pabellón, y les hizo reverencia inclinándose hasta el suelo.

19 *Destrucción de Sodoma y Gomorra; liberación de Lot y origen de los moabitas y amonitas*

1. Entre tanto los dos ángeles llegaron al caer de la tarde a Sodoma, y al tiempo que Lot estaba sentado a la puerta de la ciudad. El cual luego que los vio, se levantó y les salió al encuentro, y los adoró inclinándose hacia el suelo*.

2. Y dijo: Os ruego, señores, que vengáis a la casa de vuestro siervo, y os hospedéis en ella, lavaréis vuestros pies, y de madrugada proseguiréis vuestro viaje. Ellos respondieron: No, pues nos quedaremos a descansar en la plaza.

3. A puras instancias en fin los obligó a que se encaminasen a su casa; y entrados que fueron en ella, les dispuso un banquete, y coció panes sin levadura, y cenaron.

4. Pero antes de que se fuesen a acostar, cercaron la casa los vecinos de la ciudad, todo el pueblo junto, desde el más muchacho hasta el más viejo*.

5. Y llamando a Lot, le dijeron: ¿En dónde están aquellos hombres que al anochecer entraron en tu casa? Sácalos acá fuera, para que los conozcamos.

6. Salió a ellos Lot, y cerrando tras sí la puerta, les dijo:

7. No queráis, os ruego, hermanos míos, no queráis cometer esta maldad.

8. Dos hijas tengo, que todavía son doncellas: éstas os las sacaré afuera, y haced de ellas lo que gustareis, con tal que no hagáis mal alguno a estos hombres, ya que se acogieron a la sombra de mi techo.

9. Mas ellos respondieron: Quita allá. Y aun añadieron: Viniste poco ha a vivir entre nosotros como extranjero, ¿y quieres ya gobernar?; pues a ti te trataremos peor que a ellos*. Y forcejeaban contra Lot con grandísima violencia: y ya estaban a punto de forzar la puerta,

10. cuando he aquí que los huéspedes alargaron la mano, y metieron a Lot dentro y cerraron otra vez la puerta.

11. Y a los de afuera, del menor hasta el mayor, hirieron de una especie de ceguera, que no pudieron atinar más con la puerta*.

12. En seguida dijeron a Lot: ¿Tienes aquí alguno de los tuyos?: yerno, hijos, o hijas, a todos los tuyos sácalos de esta ciudad,

13. porque vamos a arrasar este lugar, por cuanto el clamor contra las maldades de estos pueblos ha subido de punto en la presencia del Señor, el cual nos ha enviado a exterminarlos.

14. Salió, pues, Lot, y habló a sus yernos que habían de casarse con sus hijas, y dijo: Levantaos, y salid de este lugar: porque va el Señor a asolar esta ciudad. Mas a ellos les pareció que hablaba como chanceándose y no quisieron salir.

15. Y al apuntar el alba, le metían prisa los ángeles, diciendo: Apresúrate, toma a tu mujer, y las dos hijas que tienes: no sea que tú también perezcas en la ruina de esta ciudad malvada.

16. Viendo que se entretenía, le agarraron de la mano a él, a su mujer, y a sus dos hijas, pues el Señor quería salvarle.

17. Y le sacaron, y le pusieron fuera de la ciudad; y allí le dijeron estas palabras: Salva tu vida; no mires hacia atrás, ni te pares en toda la región circunvecina, sino ponte a salvo en el monte, no sea que también tú perezcas junto con los otros*.

18. Le dijo Lot: Te ruego, Señor mío,

19. pues que tu siervo ha encontrado gracia en tus ojos, y has mostrado conmigo tan gran misericordia, poniendo en salvo mi vida, ya que no puedo arribar al monte, antes que quizá me alcance el azote, y muera:

20. Ahí cerca está una ciudad pequeña, donde podré refugiarme, y en ella me salvaré. ¿No es ella de poca monta, y no estará allá segura mi vida?

21. Le respondió el ángel: Mira, aún en esto te otorgo la súplica; no destruiré la ciudad por la cual me has hablado.

22. Date prisa, y sálvate allí: pues nada podré hacer hasta que tú te pongas a salvo dentro de ella. Por esta razón se dio a la dicha ciudad el nombre de Segor*.

23. Al rayar el sol sobre la tierra, entró Lot en Segor.

1. *Adorar*, en oriente, es lo mismo que *venerar, saludar, reverenciar*.
4. Locución hiperbólica.
9. *2 Pe 2*, 8.
11. *Sab 19*, 16.
17. *Sab 10*, 6.
22. Voz hebrea que significa *pequeña* o de poca importancia. *Sab 10*, 6.

24. Entonces el Señor llovió del cielo sobre Sodoma y Gomorra azufre y fuego por virtud del Señor.

25. Y arrasó estas ciudades, y todo el país confinante, los moradores todos de las ciudades, y todas las verdes campiñas del territorio.

26. Pero la mujer de Lot volviéndose a mirar hacia atrás, quedó convertida en estatua de sal*.

27. Más Abrahán, yendo muy de mañana al sitio en donde antes había estado con el Señor*,

28. se puso a mirar hacia Sodoma y Gomorra, y todo el terreno de aquella región; y vio levantarse de la tierra pavesas ardientes así como la humareda de un horno o calera.

29. Así, pues, que determinó Dios acabar con las ciudades de aquel país, se acordó de Abrahán, y por su respeto libró a Lot de la ruina de las ciudades en que había morado.

Origen de los moabitas y ammonitas

30. Temeroso Lot se retiró de Segor, y fue con sus dos hijas a refugiarse en el monte (pues no se daba por seguro en Segor) y se quedó en una cueva así él, como sus dos hijas.

31. Entonces dijo la mayor a la menor: Nuestro padre es viejo, y no ha quedado en la tierra ni un hombre que pueda casarse con nosotras según se acostumbra en todos los países.

32. Ven, y emborrachémosle con vino y durmamos con él, a fin de poder conservar el linaje, por medio de nuestro padre.

33. Con eso le dieron a beber vino aquella noche; y la mayor se acostó y durmió con su padre; pero él no sintió, ni cuando se acostó su hija, ni cuando se levantó.

34. Asimismo al día siguiente dijo la mayor a la menor: Ya sabes que yo dormí ayer con mi padre, démosle también a beber vino esta noche, y dormirás tú con él para que conservemos la sucesión de nuestro padre.

35. Dieron, pues, del mismo modo a su padre a beber vino aquella noche, y acostada la hija menor, durmió con él, y ni tampoco entonces sintió cuándo ella se había acostado, o cuándo se había levantado.

36. Y sucedió que las dos hijas de Lot concibieron de su padre.

37. A su tiempo la mayor parió un hijo, y llamó su nombre Moab*: éste es el padre de los moabitas que subsisten hasta hoy,

38. La menor también parió un hijo, y le puso por nombre Ammón, esto es, hijo del pueblo mío: el cual es el padre de los ammonitas que subsisten hasta el día de hoy.

---

20 *Abrahán pasa a Gerara; castigo del Señor al rey Abimelec por lo que intentó hacer con Sara*

---

1. Habiendo partido de allí Abrahán hacia la tierra meridional, habitó entre Cades y Sut: y se hospedó en Gerarar.

2. Y hablando de Sara su esposa, dijo o dio a entender que era hermana suya. Por lo que Abimelec, rey de Gerara, envió por ella, y se la tomó.

3. Pero Dios por la noche apareció en sueños a Abimelec, y le dijo: Mira que tú morirás por causa de la mujer que has tomado: porque tiene marido.

4. Es de saber que Abimelec no la había tocado, y así respondió: ¿Cómo, Señor, tú castigarás de muerte a gente ignorante, pero justa?; ¿a un hombre inocente?

5. ¿No me dijo él mismo: Es hermana mía: y ella misma afirmó: Hermano mío es? Yo hice esto con sencillo corazón, y obrando con intención pura.

6. Le dijo Dios: Yo también sé que lo hiciste con corazón sencillo: y por eso te he preservado de pecar contra mí, ni permití que la tocases.

7. Ahora, pues, restituya la mujer a su marido, porque él es un profeta; y rogará por ti, y vivirás; mas si no quisieres restituirla, sábete que morirás infaliblemente tú y todas las cosas tuyas.

8. Con esto al instante, siendo aún de noche, se levantó Abimelec, y llamó a todos sus criados y les contó palabra por palabra todo lo referido, y quedaron todos ellos muy amedrentados.

---

26. *Luc 17*, 32.
27. *Gen 18*, 1.

37. *De mi padre.*

9. Llamó también Abimelec a Abrahán, y le dijo: ¿Qué es lo que has hecho con nosotros?; o ¿en qué te hemos ofendido, para que me hayas expuesto a mí y a mi pueblo a un gran pecado? Has hecho con nosotros lo que hacer no debiste.

10. Y querellándose de nuevo, dijo: ¿Qué has visto tú, para portarte así con nosotros?

11. Respondió Abrahán: Pensé y dije allá en mi interior: Quizá no hay temor de Dios en este lugar, y me quitarán la vida por causa de mi mujer:

12. Por otra parte verdaderamente también es hermana mía, hija o nieta de mi padre, pero no de mi madre, y yo me casé con ella*.

13. Pero después que Dios me hizo salir de la casa de mi padre, a ella le dije: La merced que me has de hacer es que en cualquier lugar a que lleguemos, digas que soy hermano tuyo*.

14. En seguida Abimelec mandó traer ovejas y bueyes, esclavos y esclavas, de que hizo donación a Abrahán, y le restituyó a Sara su esposa,

15. y añadió: Ahí tenéis el país, habita en donde gustares.

16. Mas a Sara le dijo: Mira que he dado a tu hermano mil monedas de plata, para que, en cualquier lugar que vayas, tengas siempre un velo sobre los ojos en señal de casada delante de todos aquéllos con quienes te hallares: y acuérdate de que has sido cogida y reputada por soltera.

17. Y haciendo oración Abrahán, sanó Dios a Abimelec y a su mujer, y a sus esclavos, y volvieron a tener hijos.

18. Porque el Señor había vuelto estériles a todas las mujeres de la casa de Abimelec por lo sucedido con Sara mujer de Abrahán.

21 *Nacimiento de Isaac y su circuncisión. Abrahán echa de casa a Agar e Ismael*

1. Y visitó el Señor a Sara como lo había prometido: y cumplió la promesa que le hiciera*.

2. Y así concibió y parió un hijo en la vejez, al tiempo que Dios le había predicho*.

3. Y Abrahán puso por nombre Isaac al hijo que le parió Sara.

4. Y le circuncidó al octavo día, conforme al mandamiento que había recibido de Dios*,

5. siendo entonces de cien años: pues en esta edad del padre nació Isaac.

6. Por donde dijo Sara: Dios me ha dado motivo de alegrarme: y cualquiera que lo oyere, se regocijará conmigo.

7. Y añadió: ¿Quién hubiera creído que Abrahán habría de oír que Sara daba de mamar a un hijo, que le parió siendo ya viejo?

8. Creció, pues, el niño, y se le destetó: y en el día en que fue destetado, celebró Abrahán un gran convite.

9. Mas como viese Sara que el hijo de Agar, la egipcia, se burlaba de su hijo Isaac y le perseguía, dijo a Abrahán:

10. Echa fuera a esta esclava y a su hijo: que no ha de ser el hijo de la esclava heredero con mi hijo Isaac*.

11. Dura cosa pareció a Abrahán esta demanda tratándose de un hijo suyo.

12. Mas Dios le dijo: No te parezca cosa recia lo que se te ha propuesto acerca de ese muchacho, y de la madre esclava tuya: haz todo lo que Sara te dirá, porque Isaac es por cuya línea ha de permanecer el nombre de tu descendencia*.

13. Bien que aun al hijo de la esclava yo le haré padre de un pueblo grande, por ser sangre tuya.

14. Se levantó, pues, Abrahán de mañana, y cogiendo pan y un odre de agua, lo puso sobre los hombros de Agar, y le entregó su hijo, y la despidió. La cual habiendo partido, andaba errante por el desierto de Bersabee.

15. Y habiéndosele acabado el agua del odre, abandonó a su hijo que se echó debajo de un árbol, de los que allí había.

16. Y se fue, y se sentó en frente a lo lejos a distancia de un tiro de flecha; porque dijo: No quiero ver morir a mi hijo. Y así sentada en frente de Ismael, alzó el grito y comenzó a llorar.

17. Pero Dios oyó la voz y clamores del

---

12. *Gen 12*, 13.
13. *Gen 12*, 3.
1. *Gen 17*, 19; *18*, 10.
2. *Gal 4*, 23; *Hebr 11*, 11.
4. *Gen 17*, 10-12; *Luc 2*, 21.
10. *Gal 4*, 30.
12. *Rom 9*, 7; *Hebr 11*, 18.

muchacho; y el ángel de Dios desde el cielo llamó a Agar, diciendo: ¿Qué haces, Agar? No temas, porque Dios ha oído la voz de tu hijo desde el lugar en que se halla.

18. Levántate, toma al muchacho, y cógele de la mano; pues yo le haré cabeza de una gran nación.

19. En esto abrió Dios los ojos a Agar, la cual viendo allí cerca un pozo de agua, fue corriendo, y llenó el odre, y dio de beber al muchacho.

20. Y Dios asistió a éste: y fue creciendo y vivió en los desiertos, y vino a ser un joven diestro en manejar el arco.

21. Y fijó su habitación en el desierto de Faram, donde su madre le casó con una mujer de la tierra de Egipto.

Pacto entre Abrahán y Abimelec

22. Por este mismo tiempo Abimelec, acompañado de Ficol, general de sus tropas, dijo a Abrahán: Dios está contigo en todo cuanto haces.

23. Por tanto jura por el nombre de Dios que no me harás daño ni a mí, ni a mis sucesores, ni a mi linaje; sino que me tratarás a mí, y a este país en que has habitado como extranjero, con la misma bondad con que yo te he tratado a ti.

24. Respondió Abrahán: Yo te lo juraré.

25. Y dio entonces quejas a Abimelec acerca de un pozo de agua que sus criados le habían usurpado a viva fuerza.

26. A lo que replicó Abimalec: No he sabido quién ha hecho tal cosa, ni tú tampoco me lo has avisado, ni yo lo había oído hasta ahora.

27. Entonces Abrahán tomó una porción de ovejas y de bueyes, y se los dio a Abimelec: e hicieron ambos alianza.

28. Y Abrahán puso aparte siete corderas del rebaño.

29. Por lo que Abimelec le dijo: ¿Qué significan estas siete corderas que has separado?

30. A lo que respondió él: Estas siete corderas las recibirás de mi mano, para que me sirvan de testimonio, como yo he abierto este pozo.

31. Por eso fue llamado aquel lugar Bersabee, porque allí juraron ambos.

32. Y firmaron el pacto acerca del pozo del juramento.

33. Partieron, pues, Abimelec y Ficol, general de su ejército, y se volvieron a la Palestina. Abrahán después plantó un bosque o arboleda en Bersabee, y allí invocó el nombre del Señor Dios eterno.

34. Y habitó mucho tiempo como extranjero en la tierra de los palestinos.

---

22 *Prueba de Dios sobre la fe y obediencia de Abrahán mandándole inmolar a Isaac*

---

1. Después que pasaron estas cosas, probó Dios a Abrahán[1], y le dijo: Abrahán, Abrahán. Y respondió él: Aquí me tenéis Señor.

2. Le dijo: Toma a Isaac, tu hijo único a quien tanto amas, y ve a la tierra de visión, y allí me lo ofrecerás en holocausto sobre uno de los montes que yo te mostraré.

3. Levantándose, pues, Abrahán antes del alba, aparejó su asno, llevando consigo dos mozos, y a Isaac su hijo. Y cortada la leña para el holocausto, se encaminó al lugar que Dios le había mandado.

4. Al tercer día de camino, alzando los ojos divisó el lugar a lo lejos.

5. Y dijo a sus mozos: Aguardad aquí con el jumento: que yo y mi hijo subiremos allá arriba con presteza, y acabada nuestra adoración, volveremos luego a vosotros.

6. Tomó también la leña del holocausto, y la cargó sobre su hijo Isaac, y él llevaba en las manos el fuego y el cuchillo. Caminando así los dos juntos,

7. dijo Isaac a su padre: Padre mío. Y él respondió: ¿Qué quieres, hijo? Veo, dice, el fuego y la leña: ¿dónde está la víctima del holocausto?

8. A lo que respondió Abrahán: Hijo mío, Dios sabrá proveerse de víctima para el holocausto. Continuaron, pues, juntos su camino:

9. Y finalmente llegaron al lugar que Dios le había mostrado, en donde erigió un altar, y acomodó encima la leña; y habiendo atado a Isaac su hijo, le puso en el altar sobre el montón de la leña.

---

1. Las circunstancias de esta prueba de la fe y obediencia de Abrahán hacen creer que Dios ordenaba este suceso para que fuese una figura de nuestro divino Salvador Jesús, inmolado en la cruz.

10. Y extendió la mano, y tomó el cuchillo para sacrificar a su hijo.

11. Cuando he aquí que de repente el ángel del Señor gritó del cielo, diciendo: Abrahán, Abrahán. Aquí me tienes, respondió él.

12. No extiendas tu mano sobre el muchacho, prosiguió el ángel, ni le hagas daño alguno: que ahora me doy por satisfecho que temes a Dios, pues no has perdonado a tu hijo único por amor de mí o por obedecerme.

13. Alzó Abrahán los ojos, y vio detrás de sí un carnero enredado por las astas en un zarzal, y habiéndole cogido le ofreció en holocausto en vez del hijo.

14. Y llamó este lugar Moria, esto es, el Señor ve y provee. De donde hasta el día de hoy se dice: En el monte el Señor verá y proveerá.

15. Llamó el ángel del Señor por segunda vez desde el cielo a Abrahán, diciendo:

16. Por mí mismo he jurado, dice el Señor*, que en vista de que has hecho esta acción, y no has perdonado a tu hijo único por amor de mí,

17. Yo te llenaré de bendiciones, y multiplicaré tu descendencia como las estrellas del cielo, y como la arena que está en la orilla del mar; tu posteridad poseerá las ciudades* de sus enemigos,

18. y en un descendiente tuyo SERAN BENDITAS todas las naciones de la tierra, porque has obedecido a mi voz.

19. Se volvió Abrahán a sus criados, y se fueron juntos a Bersabee, en donde habitó.

20. Después de estas cosas, tuvo Abrahán noticia de que Melca también había parido hijos a Nacor su hermano:

21. Hus el primogénito, y Buz hermano de éste, y Camuel padre de los siros,

22. y Cased, y Azau, Feldas también y Jedlaf,

23. y en fin Batuel de quien nació Rebeca: estos ocho parió Melca a Nacor, hermano de Abrahán.

24. Una mujer segunda llamada Roma, le parió también a Tabel, Gaam, Taas y Maaca.

16. *Hebr 6*, 13, 17.
17. *Luc 1*, 74; *Gal 3*, 15.

23 *Muere Sara, y compra Abrahán una posesión en la tierra de Canaán para darle sepultura*

1. Sara, habiendo vivido ciento veintisiete años,

2. murió en la ciudad de Arbee, por otro nombre Hebrón, en la tierra de Canaán, y asistió Abrahán con lágrimas a celebrar sus exequias y hacer el duelo.

3. Y concluido que hubo las ceremonias del funeral, habló a los hijos de Het, diciendo:

4. Yo soy advenedizo y extranjero entre vosotros, concededme os ruego derecho de sepultura entre vosotros, para enterrar a mi difunto.

5. Respondieron los hijos de Het, diciendo:

6. Escúchanos, señor, tú eres entre nosotros un príncipe de Dios o un príncipe grande; entierra tu difunto en la que mejor te pareciere de nuestras sepulturas; que no habrá nadie que pueda impedirte el colocar en su sepultura a tu muerto.

7. Se levantó Abrahán, e hizo una profunda reverencia al pueblo de aquella tierra, esto es, a los hijos de Het,

8. y les dijo: Si tenéis a bien que yo entierre a mi difunto, oíd mi súplica, e interceded por mí con Efrón, hijo de Seor,

9. para que me conceda la cueva doble, que tiene a lo último de su heredad: cediéndomela en presencia vuestra por su justo precio, y quede así mía para hacer de ella una sepultura.

10. Hallábase allí Efrón en medio de los hijos de Het. Y respondió a Abrahán oyéndolo todos los que concurrían a la puerta de aquella ciudad, y dijo:

11. No, señor mío, no ha de ser así, escucha más bien lo que voy a decirte: Yo pongo a tu disposición el campo, y la cueva que hay en él, siendo testigos los hijos de mi pueblo; entierra allí tu difunto.

12. Abrahán hizo una profunda reverencia delante del pueblo del país,

13. y contestó a Efrón, estando alrededor todo el concurso: Te suplico me oigas; yo daré el precio del campo, recíbele, y de esta manera enterraré en él a mi difunto.

14. A esto respondió Efrón:

15. Señor mío, óyeme: La tierra que

pretendes vale cuatrocientos siclos de plata: éste es el precio de lo que tratamos entre los dos. Mas ¿qué cantidad es ésta? Entierra tu difunto, y no hablemos más de eso.

16. Abrahán, oído esto, hizo pesar el dinero determinado por Efrón, a presencia de los hijos de Het, es a saber, cuatrocientos siclos de plata de buena moneda corriente.

17. Con esto aquel campo que antes era de Efrón, en que había una cueva doble, mirando hacia Mambre, tanto el campo, como la cueva, con todos los árboles en todo su término alrededor,

18. fue cedido en pleno dominio a Abrahán, a vista de los hijos de Het, y de cuantos entraban por la puerta de aquella ciudad.

19. De esta manera sepultó Abrahán a Sara su esposa en la cueva doble del campo enfrente de Mambre, en donde está la ciudad de Hebrón, en la tierra de Canaán.

20. Y los hijos de Het confirmaron a Abrahán el dominio del campo y de la cueva que en él había, para que le sirviese de sepultura.

24 *Envía Abrahán a su mayordomo a buscar en la familia de Nacor, una esposa para Isaac*

1. Viéndose Abrahán ya viejo, y de edad muy avanzada, y que el Señor le había bendecido en todas las cosas,

2. dijo al criado más antiguo de su casa, y mayordomo de cuanto tenía: Pon tu mano debajo de mi muslo.

3. para tomarte juramento por el Señor Dios del cielo y de la tierra, que no casarás a mi hijo con mujer de las hijas de los cananeos, entre los cuales habito;

4. sino que irás a mi tierra y a la parentela mía, y de allí traerás mujer para mi hijo Isaac.

5. Respondió el criado: Y si la mujer no quisiese venir conmigo a este país, ¿debo por ventura llevar a tu hijo al lugar de donde tú saliste?

6. Guárdate bien, dijo Abrahán, de conducir jamás allá a mi hijo.

7. El Señor Dios del cielo, que me sacó de la casa de mi padre, y de la tierra de mi nacimiento, el cual me habló, y me juró diciendo: A tu descendencia daré esta tierra: él mismo enviará su ángel delante de ti, y hará que traigas de aquel país mujer para mi hijo:

8. Que si la mujer no quisiere seguirte, quedarás desobligado del juramento; pero en ningún caso lleves allá jamás a mi hijo.

9. Con esto el criado puso la mano debajo del muslo de Abrahán su señor, y le juró hacer todo lo dicho.

10. Tomó luego diez camellos del ganado de su amo, y partió, llevando consigo de lo mejor de todos los bienes de Abrahán, y puesto en camino, llegó a Mesopotamia, a la ciudad de Nacor.

11. Allí, habiendo hecho descansar los camellos fuera de la ciudad junto a un pozo de agua al caer la tarde, al tiempo que suelen salir las mujeres a sacar agua, dijo a Dios:

12. Señor Dios de mi amo Abrahán, asísteme, te ruego, en este día, y sé propicio a Abrahán mi amo.

13. He aquí que yo estoy cerca de esta fuente, y las hijas de los moradores de esta ciudad vendrán a sacar agua.

14. La doncella, pues, a quien yo dijere: Baja tu cántaro para que yo beba, y ella respondiere: Bebe, y aun a tus camellos daré también de beber: ésa es la que tú tienes preparada para tu siervo Isaac: y en eso conoceré que has sido propicio a mi amo.

15. No bien había acabado de decir dentro de sí estas palabras, cuando he aquí Rebeca, hija de Batuel, hijo de Melca, mujer de Nacor, hermano de Abrahán, que salía con su cántaro al hombro;

16. joven en extremo agraciada, doncella hermosísima y todavía virgen: había bajado ya a la fuente, y, llenado el cántaro, se volvía.

17. Fue, pues, a su encuentro el criado de Abrahán, y le dijo: Dame a beber un poquito de agua de tu cántaro.

18. La cual respondió: Bebe, señor mío; y diciendo y haciendo, bajó el cántaro sobre su brazo y le dio de beber.

19. Y acabando de darle de beber, añadió: Voy también a sacar agua para tus camellos, hasta que beban todos.

20. Y vaciando el cántaro en los canales o bebederos, fue otra vez corriendo al pozo a sacar agua, que dio en seguida a todos los camellos.

21. Entretanto la estaba él contemplando en silencio, ansioso de saber si Dios había prosperado o no su viaje.

22. Abrevados ya los camellos, le

presentó el hombre unos pendientes de oro, que pesaban dos siclos, y dos brazaletes que pesaban diez.

23. Y la preguntó: Dime, ¿de quién eres hija?; ¿hay en casa de tu padre lugar para alojarme esta noche?

24. Yo soy, respondió ella, hija de Batuel, hijo de Melca, y de Nacor su esposo.

25. Y añadió: De paja y forraje hay en casa provisión abundante, y mucha capacidad para hospedaje.

26. El hombre entonces se inclinó profundamente, y adoró al Señor,

27. diciendo: Bendito sea el Señor Dios de mi amo Abrahán, que tan propicio se ha mostrado con él según la verdad de sus promesas, guiándome vía recta a la casa del hermano de mi amo.

28. La muchacha se fue corriendo a casa de su madre, y contó todo cuanto había oído.

Rebeca, prometida de Isaac

29. Tenía Rebeca un hermano llamado Labán, el cual salió a toda prisa en busca del hombre, al lugar en que estaba la fuente.

30. Y como había visto ya los pendientes y los brazaletes en las manos de su hermana, la cual le había contado también todo cuanto le había dicho aquel hombre, vino a encontrarle cuando estaba aún cerca de la fuente con sus camellos,

31. y le dijo: Entra, bendito del Señor: ¿qué haces ahí fuera? Preparado he para ti hospedaje, y lugar también para tus camellos.

32. Con eso le introdujo en el alojamiento, y descargó los camellos, y les dio paja y heno, y trajo agua para lavar los pies así a él como a los mozos que le acompañaban.

33. Y le pusieron delante la comida. Mas él dijo: No comeré hasta que os haya expuesto mi comisión. Di, pues, le contestó Labán.

34. Entonces les habló él de esta manera: Yo soy criado de Abrahán.

35. El Señor ha colmado de bendiciones a mi amo, y le ha engrandecido sobremanera; se ha dado ovejas y bueyes, plata y oro, esclavos y esclavas, camellos y asnos.

36. Sara, mujer de mi amo, le parió en su vejez un hijo, a quien ha dado todos sus bienes.

37. Y mi amo me ha juramentado, diciendo: No tomarás para mi hijo mujer de las hijas de los cananeos, en cuya tierra habito;

38. sino que irás a la casa de mi padre, y traerás de mi linaje una mujer para mi hijo.

39. Y replicándole yo: Quizá la mujer no querrá seguirme,

40. me respondió: El Señor, en cuya presencia ando, enviará su ángel contigo, y dirigirá tus pasos; y tú tomarás para mi hijo mujer de mi parentela y de la casa de mi padre.

41. Mas si yendo a mis parientes no quisieran dártela, exento quedarás de mi maldición o libre del juramento.

42. Llegué, pues, hoy a la fuente, y dije a Dios: Señor Dios de mi amo Abrahán, si es que has enderezado este mi camino que traigo,

43. he aquí que estoy junto a esta fuente: haz, pues, que la doncella que salga a sacar agua, a quien yo diga: Dame a beber un poco de agua de tu cántaro,

44. y me responda: Bebe tú, que después la sacaré también para tus camellos, sea ésa la mujer que el Señor Dios tiene destinada para el hijo de mi amo.

45. Y cuando estaba yo rumiando en silencio estas cosas dentro de mí, ha comparecido Rebeca, que venía con su cántaro a cuestas, y ha bajado a la fuente, y sacado agua. Y le he dicho yo: dame un poco de beber.

46. Al momento ha bajado ella el cántaro del hombro, y me ha dicho: Bebe tú, y voy también a dar de beber a tus camellos. Bebí, pues, y ella ha abrevado mis camellos.

47. En seguida le he preguntado, y dicho: ¿De quién eres hija? Soy hija de Batuel, hijo de Nacor, y de Melca, ha respondido ella. Luego le he puesto unos pendientes para adorno de su rostro, y unos brazaletes en sus manos.

48. Y al instante postrándome he adorado al Señor, bendiciendo al Señor Dios de mi amo Abrahán, que me ha conducido por camino recto a desposar una hija del hermano de mi amo con su hijo.

49. Por lo cual, si queréis ser benéficos y leales con mi amo, declarádmelo; pero si pensáis de otro modo, decídmelo igualmente, para que yo siga mi rumbo a la derecha o a la izquierda.

50. A esto respondieron Labán y Batuel: Obra es ésta del Señor; de ningún modo podemos oponernos a lo que es conforme a su voluntad.

51. Ahí tienes a Rebeca, tómala, llévala contigo, y sea muy enhorabuena esposa del hijo de tu amo, conforme lo ha manifestado el Señor.

52. Así que oyó esto el criado de Abrahán, postrándose en tierra, adoró al Señor.

53. Y sacando alhajas de oro, y plata, y vestidos preciosos, se los regaló a Rebeca, y ofreció también ricos presentes a sus hermanos, y a la madre.

54. Comenzaron después el convite, y permanecieron juntos comiendo y bebiendo. A la mañana, levantándose el criado, dijo: Despachadme, a fin de que me pueda volver a mi amo.

55. A lo que respondieron los hermanos y la madre: Estese la chica con nosotros diez días siquiera, y después partirá.

56. No queráis detenerme, dijo él, ya que Dios ha prosperado mi camino; dejadme volver a mi amo.

57. Ellos replicaron: Llamemos a la chica, y veamos lo que dice.

Matrimonio de Isaac con Rebeca

58. Llamada, pues, vino, y le preguntaron: ¿Quieres ir con este hombre? Iré, respondió ella.

59. Con eso la dejaron ir, acompañada de su ama de leche, con el criado de Abrahán, y sus compañeros,

60. deseando toda suerte de felicidad a su hermana, y diciendo: Hermana nuestra eres, ¡oh! crezcas en mil y mil generaciones, y apodérese tu posteridad de las ciudades de sus enemigos.

61. Con esto Rebeca y sus doncellas, montando en los camellos, siguieron al hombre, el cual se volvía presuroso a casa de su amo.

62. Al mismo tiempo Isaac se estaba paseando por el camino que va al pozo llamado Pozo del Dios Viviente y que Mira, porque moraba en la tierra meridional no lejos de él.

63. Y había salido al campo a meditar, caído ya el día; y habiendo alzado los ojos, vio venir a los camellos a lo lejos.

64. Rebeca también, cuando alcanzó a ver a Isaac, se bajó del camello,

65. y preguntó al criado: ¿Quién es aquel hombre que viene por el campo a nuestro encuentro? Y le respondió: Aquel es mi amo. Y ella cogiendo prontamente el manto, se tapó.

66. Isaac, después de haberle contado el criado cuanto había hecho,

67. la hizo entrar en el pabellón de Sara, su madre, y la tomó por mujer; y la amó en tanto grado, que se le templó el dolor que la muerte de Sara su madre le había causado.

25

Abrahán tuvo seis hijos más de otra mujer. Muere y es enterrado junto a Sara

1. Abrahán había tomado también a otra mujer llamada Cetura.

2. La cual le parió a Zamram, a Jecsán, a Madán, a Madián, a Jesboc, y a Sué.

3. Jecsán engendra a Saba y a Dadán. Los hijos de Dadán fueron Asurim, Latusim, y Loomim.

4. De Madián nacieron Efa, Ofer, Enoc, Abida, y Eldaa: todos éstos descienden de Cetura.

5. Y dio Abrahán toda su herencia a Isaac;

6. bien que hizo grandes donativos a los hijos de las otras mujeres secundarias, y los separó, viviendo aún él mismo, de su hijo Isaac, enviándolos hacia la parte oriental.

7. Finalmente fueron los días de la vida de Abrahán ciento setenta y cinco años.

8. Y llegando a faltarle las fuerzas murió en la buena vejez, de avanzada edad, y lleno de días: y fue a reunirse con su pueblo.

9. Y sus dos hijos Isaac e Ismael le sepultaron en la cueva doble, situada en el campo de Efrón, hijo de Seor heteo, enfrente de Mambre,

10. que había comprado a los hijos de Het: allí está sepultado él y Sara su esposa.

11. Después de su muerte bendijo Dios a Isaac su hijo, el cual moraba cerca del pozo llamado pozo del Dios Viviente y que Mira.

12. He aquí los linajes de Ismael, hijo de Abrahán, y de Agar egipcia, sierva de Sara.

13. Y éstos son los nombres de sus hijos con los cuales fueron llamados sus descendientes. El primogénito de Ismael fue Nabaiot, en seguida Cedar, Adbeel, Mabsam,

14. Masma, Duma, Massa,

15. Hadar, Tema, Jetur, Nafis y Cedma.

16. Estos son los doce hijos de Ismael, y tales los nombres que dieron a sus castillos y ciudades. Ellos vinieron a ser como doce príncipes, cada cual de su tribu.

17. Y los años de la vida de Ismael fueron ciento treinta y siete, y debilitándose más y más murió, y fue a reunirse con su pueblo.

18. Y habitó y pobló el país desde Hévila hasta Sur, desierto que mira a Egipto, cuando uno entra en Asiria; y murió en medio de todos sus hermanos.

Esaú y Jacob

19. Asimismo he aquí cuál fue la descendencia de Isaac, hijo de Abrahán: engendró Abrahán a Isaac,

20. el cual, siendo de cuarenta años, casó con Rebeca, hija de Batuel siro de la Mesopotamia, y hermana de Labán.

21. Hizo Isaac, muchas plegarias al Señor por su mujer, porque era estéril; y el Señor le oyó, dándole a Rebeca virtud de concebir.

22. Pero chocaban entre sí o luchaban en el seno materno los gemelos que concibió; lo que le hizo decir: Si esto me había de acontecer, ¿qué provecho he sacado yo de concebir? Y fue a consultar al Señor.

23. El cual le respondió, diciendo: Dos naciones están en tu vientre, y dos pueblos saldrán divididos desde tu seno en que están ahora, y un pueblo sojuzgará al otro pueblo, y el mayor ha de servir al menor o más joven.

24. Llegado ya el tiempo del parto, he aquí que se hallaron dos gemelos en su vientre.

25. El que salió el primero era rubio, y todo velludo; y fue llamado Esaú. Saliendo inmediatamente el otro, tenía asido con la mano el talón del pie del hermano; y por eso se llamó Jacob.

26. De sesenta años era Isaac cuando le nacieron los niños.

Esaú vende a Jacob su primogenitura

27. Así que se hicieron grandes, Esaú salió diestro en la caza, y hombre del campo; Jacob al contrario mozo sencillo habitaba en las cabañas.

28. Isaac amaba a Esaú, porque gustaba de comer de sus cacerías, y Rebeca quería más a Jacob.

29. Había un día guisado Jacob cierta menestra o potaje; cuando Esaú que volvía fatigado del campo se llegó a él,

30. y le dijo: Dame de esa menestra roja que has cocido, pues estoy sumamente cansado. Por cuya causa se le dio después el apellido de Edom.

31. Le dijo Jacob: Véndeme tus derechos de primogénito.

32. Respondió él: Yo me estoy muriendo, ¿de qué me servirá ser primogénito?

33. Pues júramelo, dijo Jacob. Esaú se lo juró* y le vendió el derecho de primogenitura.

34. Y así habiendo tomado pan y aquel plato de lentejas, comió y bebió, y se marchó, dándosele muy poco de haber vendido sus derechos de primogénito.

---

26 *Se traslada Isaac a Gerara por la carestía. Bendiciones del Señor a Isaac y envidias de los filisteos*

---

1. Mas sobreviniendo hambre en el país, después de aquella carestía que había acaecido en tiempo de Abrahán, se fue Isaac a Gerara, al país de Abimelec rey de los palestinos.

2. Porque se le apareció el Señor, y le dijo: No bajes a Egipto; mas estate quieto en el país que yo te diré.

3. Y vive en él como peregrino, y yo estaré contigo, y te daré mi bendición: por cuanto a ti y a tu descendencia he de dar todas esas regiones, cumpliendo el juramento que hice a tu padre Abrahán.

4. Y multiplicaré tu posteridad como las estrellas del cielo; y daré a tus descendientes todas esas regiones, y en uno de ellos SERAN BENDITAS todas las naciones de la tierra*,

5. por premio de haber obedecido Abrahán a mi voz, y guardado los preceptos

---

33. *Hebr 12,* 16. Lo que pasó entre Jacob y Esaú es una viva imagen de la prudencia de los escogidos y de la locura de los réprobos. *Sab 10,* 10.

4. *Gen 12,* 3; *18,* 18; *22,* 18; *28,* 14.

y mandatos míos, y observado las ceremonias y leyes que le prescribí.

6. Se quedó, pues, Isaac en Gerara.

7. Y preguntándole los vecinos de aquel país quién era Rebeca, les respondió: Es hermana mía; porque temió confesar que estaba unida con él en matrimonio, recelando que por causa de su hermosura le quitasen tal vez a él la vida.

8. Pasados ya muchos días, y permaneciendo él en el mismo lugar, como Abimelec, rey de los palestinos, se pusiese a mirar de una ventana, vio a Isaac que hacía especiales demostraciones de amor a su mujer Rebeca.

9. Y habiéndole llamado, le dijo. Está claro que ésa es tu mujer; ¿por qué has dicho falsamente que era hermana tuya? Temí, respondió, que me matasen por su causa.

10. Replicó Abimelec: ¿Cómo, así nos has engañado? Pudo alguno del pueblo abusar de tu esposa, y nos hubieras hecho reos de un grande pecado. Con eso intimó una orden a todo el pueblo, diciendo:

11. Cualquiera que tocare a la mujer de este hombre, será irremisiblemente condenado a muerte.

12. Sembró luego Isaac en aquella tierra y en el mismo año cogió ciento por uno y le bendijo Dios.

13. Y se hizo hombre muy rico, y cada día iba creciendo de bien en mejor, por manera que llegó a ser en extremo poderoso.

14. Tuvo rebaños de ovejas, y de ganados mayores, y muchísimos criados y criadas. Por lo cual envidiosos de él los palestinos,

15. cegaron por aquel tiempo todos los pozos que habían abierto los criados de su padre Abrahán, llenándolos de tierra.

16. Llegó tan allá la cosa, que hasta el mismo Abimelec dijo a Isaac: Retírate del país, porque te has hecho mucho más poderoso que nosotros.

17. Partió, pues, Isaac, para ir hacia el torrente de Gerara, y habitar allí;

18. e hizo abrir de nuevo los otros pozos, que habían cavado los siervos de su padre Abrahán, y que, muerto éste, habían cegado en otro tiempo los filisteos; y les dio los mismos nombres que su padre les había dado antes.

19. Cavando después en el torrente, hallaron un manantial de agua viva.

20. Pero aun aquí hubo contienda de los pastores de Gerara contra los pastores de Isaac, diciendo aquéllos: El agua es nuestra; de donde, por este encuentro, puso al pozo el nombre de Calumnia.

21. Cavaron en seguida otro, y por él también armaron pendencias, por lo que le llamó Enemistades.

22. Partiendo de allí abrió otro pozo, sobre el cual no hubo contienda, y por eso le nombró Anchura, diciendo: Ahora sí que nos ha ensanchado el Señor, y puesto en estado de medrar sobre la tierra.

23. Desde aquel sitio pasó a Bersabee,

24. donde se le apareció el Señor aquella misma noche, diciéndole: Yo soy el Dios de tu padre Abrahán, no tienes que temer, pues estoy yo contigo, yo te colmaré de bendiciones, y multiplicaré tu descendencia por amor de mi siervo Abrahán.

25. Con esto edificó Isaac un altar, y habiendo invocado el nombre del Señor, desplegó su tienda de campaña, y mandó a sus criados que abriesen un pozo.

Alianza entre Isaac y Abimelec

26. Y habiendo venido desde Gerara a este mismo lugar Abimelec, con Ocozat su privado, con Ficol general de sus tropas,

27. les dijo Isaac: ¿Para qué venís a mí, hombre a quien aborrecéis, y habéis echado de entre vosotros?

28. Hemos visto, respondieron ellos, que el Señor está contigo, y así dijimos: Hagamos alianza entre nosotros, con juramento de una y otra parte,

29. con el fin de que tú no nos hagas mal alguno, así como nosotros nada hemos tocado de lo tuyo, ni causádote ningún daño; sino que te despedimos en paz colmado de la bendición del Señor.

30. Isaac, pues, les dio un convite, y después de haber comido y bebido,

31. levantándose de madrugada, se juraron alianza recíprocamente; e Isaac los despidió en paz a su país.

32. Y he aquí que en aquel mismo día vinieron los criados de Isaac, a darle nuevas del pozo que habían excavado, diciendo: Hemos hallado agua.

33. Por lo que le llamó Abundancia; y se puso a la ciudad vecina el nombre de Bersabee que dura hasta hoy día.

34. Esaú sin embargo, en la edad de

cuarenta años, tomó por mujeres a Judit hija de Beeri heteo, y a Basemat, hija de Elón del mismo lugar,

35. las cuales fueron amargura para Isaac y de Rebeca.

---

27 *Isaac, sin entenderlo, bendice a Jacob por Esaú. Irritado éste amenaza de muerte a su hermano*

---

1. Siendo ya viejo Isaac, se le debilitó la vista, de modo que llegó a faltarle. Llamó, pues, a Esaú, su hijo mayor, y le dijo: ¡Hijo mío! El cual respondió: Aquí estoy.

2. A quien el padre: Ya ves, dijo, cómo yo estoy ya viejo, y no sé el día de mi muerte.

3. Toma tus armas, la aljaba y el arco, y sal al campo; y cazando algo,

4. guísame de ello un plato según sabes que gusto, y tráemelo para que le coma, y te bendiga mi alma antes que yo muera.

5. Lo que oído por Rebeca, luego que partió aquél al campo para cumplir el mandato de su padre,

6. dijo a su hijo Jacob: Acabo de oír a tu padre, que hablando con tu hermano Esaú, le decía:

7. Tráeme de tu caza, y guísame un plato que le comeré, y te echaré mi bendición en presencia del Señor antes que me muera.

8. Ahora bien, hijo mío, toma mi consejo,

9. y yendo al ganado, tráeme dos de los mejores cabritos, para que yo guise de ellos a tu padre aquellos platos de que come con gusto:

10. Y sirviéndoselos tú, después que hubiere comido, te dé la bendición antes de morir.

11. A lo cual respondió Jacob: Tú sabes que mi hermano Esaú es hombre velloso, y yo lampiño;

12. si mi padre me palpa con sus manos, y llega a conocerme, temo que piense que yo he querido burlarle, y acarrearé sobre mí su maldición en lugar de la bendición.

13. Al cual la madre: Sobre mí, dijo, caiga esa maldición, hijo mío; tú haz solamente lo que yo te aconsejo, y date prisa en traer lo que te tengo dicho.

14. Fue Jacob y lo trajo, y lo dio a la madre, la cual le guisó los manjares, según que sabía ser del gusto de su padre.

15. Y vistió después a Jacob con los más ricos vestidos de Esaú, que tenía guardados en casa.

16. Y le envolvió las manos con las delicadas pieles de los cabritos, cubriendo también con ellas la parte desnuda del cuello.

17. Le dio después el guisado, y los panes que había cocido.

18. Todo lo cual llevándolo él adentro, dijo: ¡Padre mío! A lo que respondió él: Oigo. ¡Quién eres tú, hijo mío?

19. Dijo Jacob: Yo soy tu primogénito Esaú*; he hecho lo que me mandaste; levántate, incorpórate, y come de mi caza, para que me des la bendición.

20. Le replicó Isaac a su hijo: ¿Cómo, dijo, has podido encontrarla tan presto, hijo mío? El cual respondió: Dios dispuso que luego se me pusiese delante lo que deseaba.

21. Dijo todavía Isaac: Acércate, hijo mío, para que yo te toque, y reconozca si tú eres o no el hijo mío Esaú.

22. Se acercó al padre, y habiéndole palpado, dijo Isaac: Cierto que la voz es voz de Jacob; pero las manos son manos de Esaú.

23. Y no le conoció, porque las manos vellosas representaban al vivo la semejanza del mayor. Queriendo, pues, bendecirle,

24. dijo ¿Eres tú el hijo mío Esaú? Respondió: Yo soy.

25. Pues tráeme acá, hijo mío, el plato de tu caza, para que te bendiga mi alma. Y habiéndoselo presentado, después que comió de él le sirvió también vino; bebido el cual,

26. dijo: Llégate a mí, y dame un beso, hijo mío.

27. Llegó, y le besó. Y al instante que sintió la fragancia de sus vestidos, bendiciéndole, le dijo: Bien se ve que el olor que sale de mi hijo es como el olor de un campo florido, al cual bendijo el Señor.

28. Te dé Dios, por medio del rocío del cielo, y de la fertilidad de la tierra, abundancia de trigo y vino.

29. Te sirvan los pueblos, y te adoren las tribus: sé señor de tus hermanos, e inclínense

---

19. La mentira siempre es pecado. Pudo Rebeca creerla lícita para afianzar a Jacob lo que ya era suyo, después de la venta que le hizo Esaú de los derechos de primogénito.

profundamente delante de ti los hijos de tu madre. Quien te maldijere, sea él maldito, y el que te bendijere, de bendiciones sea colmado.

Isaac bendice a Esaú

30. Apenas Isaac había acabado de decir estas palabras, y salido Jacob afuera, cuando llegó Esaú.

31. Y presentando a su padre las viandas de la caza, que había guisado, le dijo: Levántate, padre mío, y come de la caza de tu hijo, para que me bendiga tu alma.

32. Le dijo Isaac: Pues, ¿quién eres tú? El cual respondió: Yo soy tu hijo primogénito Esaú.

33. Quedó atónito Isaac, y como estático; y sobre toda ponderación pasmado, dijo: ¿Quién es, pues, aquél que hace poco me ha traído de la caza que cogió, y he comido de todo antes que tú vinieses? El caso es que yo le bendije, y bendito será.

34. Oídas las palabras del padre, arrojó Esaú un grito furioso; y consternado, dijo: Dame también a mí tu bendición, ¡oh padre mío!

35. El cual le respondió: Vino tu hermano astutamente, y se ha llevado tu bendición.

36. A lo que replicó Esaú: Con razón se le puso el nombre de Jacob: porque ya es ésta la segunda vez que me ha suplantado; antes ya se alzó con mi primogenitura, y ahora de nuevo me ha robado la bendición mía. Y vuelto a su padre: ¿Pues qué, le dijo, no has reservado bendición para mí?

37. Le respondió Isaac: Yo le he constituido señor tuyo, y he sometido todos sus hermanos a su servicio: le aseguré las cosechas de granos y de vino: después de esto, ¿qué puedo yo ahora hacer por ti, hijo mío?

38. Al cual replicó Esaú: ¿Por ventura no tienes, padre mío, sino una sola bendición? Te ruego que también me bendigas a mí. Y como llorase con grandes alaridos,

39. Isaac conmovido, le dijo estas palabras: En la grosura de la tierra*, y en el rocío que cae del cielo,

40. será tu bendición. Vivirás de tu espada, y servirás a tu hermano; pero llegará tiempo en que sacudirás su yugo, y librarás de él tu cerviz.

41. Esaú, pues, mantenía siempre vivo su odio a Jacob, con motivo de la bendición que le había dado el padre, y dijo en su corazón: Vendrán los días de luto de mi padre, y yo mataré a mi hermano Jacob.

42. Tuvo de esto noticia Rebeca, la cual enviando a llamar a su hijo Jacob, le dijo: Mira que tu hermano Esaú amenaza que te ha de matar.

43. Ahora, pues, hijo mío, créeme a mí, y sin perder tiempo huye a casa de mi hermano Labán en la ciudad de Harán.

44. Y estarás allí con él algunos días, hasta que se amanse el furor de tu hermano,

45. se pase su cólera, y se olvide de lo que has hecho contra él: después enviaré por ti, y te traeré acá. ¿Por qué he de perder a mis dos hijos en un día?

46. Dijo después Rebeca a Isaac: Fastidiada estoy de vivir, a causa de estas hijas de Het: si Jacob llega a tomar mujer de este país, no quiero vivir más.

28

Confirma Isaac su bendición a Jacob, al enviarle a Mesopotamia. Hace un voto al Señor

---

1. Llamando, pues, Isaac a Jacob, le dio su bendición, y le mandó diciendo: No quieras tomar mujer de la raza de Canaán*.

2. Mas ve, y pasa a la Mesopotamia de Siria, a casa de Batuel padre de tu madre, y escógete allí mujer de las hijas de Labán, tu tío materno.

3. Y el Dios todopoderoso te bendiga, y te aumente y multiplique, de suerte que vengas a ser padre de numerosos pueblos.

4. Y te conceda las bendiciones de Abrahán, así como a tu descendencia después de ti; para que poseas como propia la tierra en que estás ahora como peregrino, la cual tiene prometida a tu abuelo.

5. Despedido así de Isaac*, partió a Mesopotamia de Siria, y se fue a casa de Labán, hijo de Batuel siro, hermano de Rebeca su madre.

6. Entretanto Esaú viendo que su padre,

---

39. *Hebr 11*, 20.

1. *Ex 34*, 12; *Deut 7*, 3.
5. *Os 12*, 12.

bendiciendo a Jacob, le había enviado a Mesopotamia de Siria, para que tomase de allí mujer; y cómo después de la bendición le había mandado, diciendo: No tomes mujer de las hijas de Canaán;

7. y que Jacob obedeciendo a sus padres, había marchado a la Siria;

8. experimentando por otra parte que las hijas de Canaán no eran del agrado de su padre,

9. se fue a casa de Ismael, y tomó por mujer, sobre las que ya tenía a Mahelet, hija de Ismael, hijo de Abrahán, hermana de Nabaiot.

10. Jacob, pues, habiendo partido de Bersabee, proseguía su camino hacia Harán.

La escala de Jacob

11. Y llegado a cierto lugar, queriendo descansar en él después de puesto el sol, tomó una de las piedras que allí había, y poniéndosela por cabecera, durmió en aquel sitio.

12. Y vio en sueños una escala* fija en la tierra, cuyo remate tocaba en el cielo, y ángeles de Dios que subían y bajaban por ella,

13. y al Señor apoyado sobre la escala, que le decía: Yo soy el Señor Dios de Abrahán tu padre, y el Dios de Isaac. La tierra, en que duermes, te la daré a ti y a tu descendencia*.

14. Y será tu posteridad tan numerosa como los granitos del polvo de la tierra: extenderte has al Occidente, y al Oriente, y al Septentrión, y al Mediodía: y SERÁN BENDITAS EN TI y en el que saldrá o descenderá de ti todas las tribus o familias de la tierra*.

15. Yo seré tu guarda o custodio doquiera que fueres, y te restituiré a esta tierra; y no te dejaré de mi mano hasta que cumpla todas las cosas que tengo dichas.

16. Despertado Jacob del sueño, dijo: Verdaderamente que el Señor habita en este lugar, y yo no lo sabía.

17. Y todo despavorido, añadió: ¡Cuán terrible es este lugar! Verdaderamente ésta es la casa de Dios, y la puerta del cielo.

18. Levantándose, pues, Jacob al amanecer, cogió la piedra que se había puesto por cabecera, y la erigió como un monumento de la visión, derramando óleo encima.

19. Y puso por nombre Betel* a la ciudad, que antes se llamaba Luza.

20. Hizo además este voto, diciendo: Si el Señor estuviere conmigo, y me amparare en el viaje que llevo, y me diere pan que comer, y vestido con que cubrirme,

21. y volviere yo felizmente a la casa de mi padre, el Señor será mi Dios,

22. y esta piedra, que dejo erigida en monumento, llamarse ha Casa de Dios: y de todo lo que me dieres, te ofreceré, ¡oh Señor!, el diezmo.

29

Llega Jacob a casa de Labán su tío. Matrimonio con Lía y Raquel, Lía tiene cuatro hijos

1. Prosiguiendo después Jacob su viaje llegó al país de Oriente.

2. Y vio un pozo en el campo, y cerca de él tres hatos de ovejas sesteando, porque de él se abrevaban los ganados, y el brocal estaba tapado con una gran piedra.

3. Por cuanto la costumbre era que después de reunidos todos los hatos de ovejas, removían la piedra, y una vez abrevadas, volvían a ponerla sobre el pozo.

4. Y dijo a los pastores: Hermanos, ¿de dónde sois? Los cuales respondieron: De Harán.

5. Les preguntó: ¿Conocéis acaso a Labán, hijo de Nacor? Dijeron: Sí que le conocemos.

6. ¿Lo pasa bien?, dijo él. Bueno está, respondieron, y he allí a Raquel, hija suya, que viene con su rebaño.

7. Les dijo Jacob: Aún falta mucho del día, ni es tiempo de recoger todavía el ganado en los apriscos; dad ahora de beber a las ovejas, y después volvedlas a pacer.

8. Respondieron ellos: No podemos hacerlo, hasta que se junten todos los ganados, y quitemos la piedra del brocal del pozo para abrevar los rebaños.

9. Aún estaban hablando, cuando he

---

12. Esta escala es una figura de la divina providencia, cuyos ejecutores son los santos ángeles.

13. *Gen 35*, 1; *48*, 3.

14. *Gen 26*, 4; *Deut 12*, 20; *19*, 8.

19. *Casa de Dios.*

aquí que llega Raquel con las ovejas de su padre; pues ella misma pastoreaba el rebaño.

10. Jacob luego que la vio, sabiendo ser su prima hermana, y las ovejas de Labán su tío materno, removió la piedra con que se cerraba el pozo.

11. Y abrevada la grey, besó a Raquel, y lloró a voz en grito,

12. después que le había declarado ya cómo era su hermano de su padre, e hijo de Rebeca; mas ella sin detenerse corrió a decírselo a su padre.

13. El cual oyendo que había venido Jacob, hijo de su hermana, salió corriendo a recibirle; y habiéndole abrazado, y dado mil besos, le condujo a su casa. Entendidos los motivos del viaje,

14. respondió: Hueso mío eres, y carne mía, yo cuidaré de ti. Y pasado que fue un mes,

15. le dijo: ¿Acaso porque eres hermano mío, me has de servir de balde? Dime qué recompensa quieres.

16. Tenía Labán dos hijas, de las cuales la mayor se llamaba Lía*: y la menor Raquel.

17. Pero Lía tenía los ojos legañosos; Raquel era de lindo semblante y de hermoso talle.

18. De la cual enamorado Jacob, dijo: Yo te serviré por Raquel, tu hija menor, siete años.

19. Respondió Labán: Mejor es que yo te la dé a ti que a un extraño, quédate conmigo.

20. Sirvió, pues, Jacob por Raquel siete años; y aún le parecían pocos días, atendido su grande amor por ella.

Matrimonio de Jacob con Lía y Raquel

21. Dijo después a Labán: Dame mi esposa: pues ya llegó el tiempo de casarme con ella.

22. Entonces Labán, convidados un sinfín de amigos a un banquete, celebró las bodas.

23. Mas por la noche le metió en el tálamo a su hija Lía,

24. dando a su hija una esclava, llamada Zelfa para que le sirviese. Y habiendo ido Jacob a recogerse con ella según costumbre, venida la mañana, se halló con que era Lía.

25. Por lo que dijo a su suegro: ¿Qué es lo que has hecho conmigo?; ¿no te he servido yo por Raquel?; ¿por qué me has engañado?

26. Respondió Labán: No se usa en nuestro país el casar primero las menores.

27. Cumple la semana de los días de la boda, que yo te daré también la otra por siete años más de servirme.

28. Condescendió con la propuesta; y pasada la semana, tomó por mujer a Raquel.

29. a quien el padre había dado a Bala por esclava.

30. Gozando en fin Jacob del matrimonio tan deseado, amó más a la segunda que a la primera, y sirvió en casa de Labán otros siete años.

31. Pero como viese el Señor que Jacob hacía poco aprecio a Lía, la hizo fecunda, quedándose estéril la hermana.

32. Concibió, pues, y parió un hijo, y le puso por nombre Rubén, diciendo: El Señor miró mi humillación, ahora me amará mi marido.

33. Segunda vez concibió y parió un hijo, y dijo: Por cuanto el Señor entendió que yo era tenida en menos, me ha dado también este hijo; por eso le llamó Simeón.

34. Tercera vez concibió, y dio a luz otro hijo; y dijo: Ahora se unirá y estrechará más conmigo mi marido, pues le he parido tres hijos; y por tanto le dio el nombre de Leví.

35. Cuarta vez concibió, y parió un hijo, y dijo: Ahora sí que alabaré al Señor; y aludiendo a esto, le llamó Judá, y cesó de parir por algún tiempo.

30

Nácenle a Jacob otros hijos de sus segundas mujeres Bala y Zelfa; y asimismo de Lía y Raquel

1. Pero Raquel, viéndose estéril, tenía envidia de su hermana, y así dijo a Jacob: Dame hijos, de otra manera yo me muero.

2. A la cual Jacob enojado respondió: ¿Por ventura estoy yo en lugar de Dios, que te ha privado de la fecundidad?

3. Y ella dijo: Tengo a Bala mi esclava: tómala por mujer de segundo orden, a fin que reciba yo en mis brazos lo que nazca, y tenga de ella hijos adoptivos.

4. Diole, pues, a Bala por mujer, la cual,

5. admitida al tálamo, concibió y parió un hijo.

---

16. Lía es figura de la Sinagoga, Raquel de la Iglesia y Jacob de Jesucristo.

6. Dijo entonces Raquel: El Señor me ha hecho justicia, y ha oído mi voz, dándome un hijo; y por eso llamó su nombre Dan.

7. Y concibiendo Bala segunda vez, vino a parir otro,

8. por quien dijo Raquel: Dios me ha hecho disputar con mi hermana, y la victoria ha quedado por mí; y así le llamó Neftalí.

9. Viendo Lía que había dejado de parir, dio a su marido por mujer a Zelfa también esclava suya.

10. La cual, después de haber concebido, dando a luz un hijo,

11. dijo Lía: ¡Oh, qué ventura!, y por eso le puso por nombre Gad.

12. Parió todavía Zelfa otro,

13. y dijo Lía: Este ha nacido para dicha mía, porque *ya* las mujeres me llamarán dichosa; por esta razón le dio el nombre de Aser.

14. Sucedió que Rubén, yendo por el campo en tiempo de la siega de los trigos, halló unas mandrágoras que trajo a Lía su madre. Y dijo Raquel: Dame de esas mandrágoras de tu hijo*.

15. A lo que respondió ella: ¿Te parece poco el haberme quitado ya el marido, sino que te has de llevar también las mandrágoras de mi hijo? Dijo Raquel: Duerma contigo esta noche, porque me des las mandrágoras de tu hijo.

16. Con eso al volver Jacob por la tarde del campo, le salió al encuentro Lía, y le dijo: Conmigo has de venir, porque yo he comprado este favor a mi hermana con las mandrágoras de mi hijo. Aquella noche, pues, durmió Jacob con ella.

17. Y oyó Dios sus oraciones, y concibió y parió al quinto hijo,

18. y dijo: Dios me ha remunerado el haber dado la esclava mía a mi marido; y púsole por nombre Isacar.

19. De nuevo concibiendo Lía, parió al sexto hijo.

20. y dijo: Dios me ha dotado con excelente dote: todavía esta vez mi marido cohabitará conmigo, pues le he parido ya seis hijos; y por tanto le dio el nombre de Zabulón.

21. Después del cual parió una hija, llamada Dina.

22. Asimismo acordándose el Señor de Raquel, oyó sus ruegos, y la hizo fecunda.

23. La cual concibió, y parió un hijo, y dijo: Quitó Dios mi aprobio.

24. Y le puso por nombre José, diciendo: Añádame el Señor otro hijo.

Prosperidad de Jacob

25. Nacido que fue José, dijo Jacob a su suegro: Déjame volver a mi patria, y a mi tierra.

26. Dame mis mujeres y mis hijos, por los cuales te he servido, que quiero ya irme: tú sabes bien cuáles han sido mis servicios para contigo.

27. Le dijo Labán: Halle yo gracia en tus ojos, tengo conocido por experiencia que Dios me ha bendecido por tu causa.

28. Señala tú la recompensa que debo darte.

29. A lo que respondió él: Tú sabes bien de qué manera te he servido, y cuánto ha crecido en mis manos tu hacienda.

30. Poca era la que tenías antes que yo viniese a ti, y ahora estás rico: porque el Señor te bendijo con mi venida. Es justo, pues, que algún día mire yo también por mi casa.

31. Dijo Labán: ¿Y qué es lo que quieres que te dé? No quiero nada, respondió Jacob; mas si hicieres lo que voy a pedirte, proseguiré apacentando, y guardando tus ganados.

32. Haz revista de todos ellos, y separa desde ahora para ti las ovejas todas de color vario y de vellón abigarrado; y en lo sucesivo todo lo que naciere de color oscuro, y manchado, y vario, tanto de las ovejas como de las cabras, eso será mi recompensa.

33. Y a su tiempo hablará a favor mío mi lealtad, en llegando el plazo acordado; y todas las reses que no fueren de color vario, y manchado, y oscuro, tanto en las ovejas como en las cabras, me convencerán reo de hurto.

34. Dijo Labán: Me place tu propuesta.

35. Y separó en aquel día las cabras, y las ovejas, y los machos de cabrío, y los carneros pintados y manchados; y todo el ganado de un solo color, esto es, de vellón todo blanco, o todo negro, le entregó a la custodia de sus hijos.

36. Y puso el espacio de tres jornadas

---

14. Se cree que esta fruta tan apetecida era la *naranja*.

entre sí y el yerno, el cual quedó apacentando con los hijos de Labán los demás rebaños suyos.

37. Jacob, pues, cortando varas verdes de álamo, de almendro y de plátano, les quitó parte de la corteza: hecho lo cual, resaltó lo blanco en la parte descortezada; mas donde las varas estaban intactas, quedaron verdes; y de este modo se formó un color vario.

38. Así las puso en las canales, donde se vertía el agua, para que cuando viniesen a beber las ovejas, tuviesen ante los ojos las varas y concibiesen aún después a vista de ellas.

39. De donde vino que mirando las ovejas a las varas, en el ardor de la mezcla, pariesen después crías listadas, pintadas, y salpicadas de diversos colores.

40. De esta suerte dividió Jacob la grey, poniendo las varas en las canales ante los ojos de los carneros, de manera que todas las crías blancas y las negras eran de Labán; quedando para Jacob las demás de varios colores, teniendo separados entre sí los rebaños.

41. Al tiempo, pues, de concebir las ovejas en la primavera, ponía Jacob las varas en los canales ante los ojos de los carneros y de las ovejas, para que concibiesen estándolas mirando.

42. Mas cuando otra vez debían concebir en otoño, no las ponía; con lo que los partos tardíos vinieron a ser de Labán, y los tempranos de Jacob.

43. Y así llegó éste a enriquecerse por extremo, y adquirió muchos rebaños de ganado, siervos y siervas, camellos y asnos.

31 *Huye Jacob de casa de Labán; éste le persigue y le alcanza, después de haber altercado entre sí*

1. Mas luego que Jacob entendió los discursos de los hijos de Labán que decían: Se ha apoderado Jacob de todos los bienes que eran de nuestro padre, y enriquecido con su hacienda, se ha hecho un Señor poderoso;

2. y advirtió asimismo que Labán no le miraba con el mismo semblante que antes,

3. y sobre todo, diciéndole el Señor: Vuélvete a la tierra de tus padres, y a tu familia, que yo seré contigo;

4. envió llamar a Raquel y a Lía, y haciéndolas venir a las dehesas, en que apacentaba los ganados,

5. les dijo: Veo el semblante de vuestro padre, que no se muestra para conmigo como solía; pero el Dios de mi padre ha sido mi protector.

6. Vosotras sabéis bien que yo he servido a vuestro padre con todas mis fuerzas.

7. Sin embargo, vuestro mismo padre me ha engañado y trocado por diez veces la paga o recompensa de mis servicios*; aunque Dios no le ha permitido que me perjudicase.

8. Cuando decía: Las reses de varios colores serán tu paga; todas las ovejas parían crías de colores varios. Cuando por el contrario decía: Llevarás en paga las blancas; entonces todas las ovejas dieron crías blancas.

9. Por manera que Dios ha tomado la hacienda de vuestro padre, y me la ha dado a mí.

10. Porque llegado el tiempo en que debían concebir las ovejas, alcé los ojos, y vi entre sueños que los machos que cubrían a las hembras, eran pintados y manchados, y de diversos colores.

11. Y el ángel de Dios me dijo en sueños: ¡Jacob! Yo respondí: Aquí estoy.

12. Y me dijo: Alza tus ojos, y mira los machos cubriendo las hembras, todos de varios colores, manchados, y moteados. Porque yo he visto todas cuantas cosas ha hecho Labán contigo.

13. Yo soy el Dios de Betel, en donde tú ungiste la piedra, y me hiciste aquel voto. Ahora, pues, levántate y sal de esta tierra, y vuélvete a la de tu nacimiento*.

14. A esto respondieron Raquel y Lía: ¿Tenemos acaso que esperar algún residuo en los bienes y herencia de la casa de nuestro padre?

15. ¿Por ventura no nos ha mirado él como extrañas, y nos ha vendido, y comido el precio de nuestra venta?

16. Pero Dios ha tomado las riquezas de nuestro padre, y nos las ha dado a nosotras, y a nuestros hijos; y así haz todo lo que Dios te ha ordenado.

---

7. *Lev 26*, 26; *Eclo* 7, 20; *Zac.* 7, 23.
13. *Gen 28*, 18.

17. Se apercibió, pues, Jacob, y montados sus hijos y mujeres sobre los camellos, se puso en camino,

18. conduciendo consigo toda su hacienda, y los ganados, y cuanto había adquirido en Mesopotamia, encaminándose hacia su padre Isaac a la tierra de Canaán.

19. A esta sazón había ido Labán al esquileo de sus ovejas, y Raquel robó los ídolos* de su padre.

20. No quiso Jacob manifestarle a su suegro su partida.

Labán persigue a Jacob

21. Y como se hubiese ya marchado con todo lo que le pertenecía, y vadeado el río Eufrates, se encaminase hacia el monte de Galaad,

22. tuvo noticia Labán al tercer día de que Jacob iba huyendo.

23. Tomando al punto consigo a sus hermanos, le fue persiguiendo por espacio de siete días, hasta que le alcanzó en el monte de Galaad.

24. Pero vio entre sueños a Dios, que le decía: Guárdate de hablar a Jacob cosa que le ofenda.

25. Jacob había ya armado en el monte su tienda de campaña; y Labán que con sus hermanos le había ya alcanzado, fijó la suya en el mismo monte de Galaad.

26. Y dijo a Jacob: ¿Por qué te has portado de esa manera, arrebatándome mis hijas sin darme parte, como si fuesen prisioneras de guerra?

27. ¿Por qué has querido huir sin saberlo yo y sin avisarme, para que yo te acompañase con regocijos y cantares, y con panderas y vihuelas?

28. No me has permitido el dar siquiera un beso de despedida a mis hijos e hijas. Has obrado neciamente.

29. Bien es verdad que ahora está en mi mano darte el castigo merecido; pero el Dios de vuestro padre me dijo ayer: Guárdate de hablar a Jacob cosa que le ofenda.

30. Está bien que deseases ir a los tuyos, y te tirase la bienquerencia de la casa de tu padre; mas ¿a qué propósito robarme mis dioses?

31. Respondió Jacob: El haberme marchado sin darte parte, ha sido porque temí que me quitases por fuerza tus hijas.

32. En cuanto al robo de que me reconvienes, cualquiera en cuyo poder hallares tus dioses, sea muerto a presencia de nuestros hermanos. Haz tus pesquisas; y todo lo que hallares de tus cosas en mi poder, llévatelo. Cuando esto decía, ignoraba que Raquel hubiese robado los ídolos.

33. Habiendo entrado, pues, Labán en las tiendas de Jacob y de Lía, y de las dos esclavas, no encontró nada. Mas como pasase a la tienda de Raquel,

34. ella a toda prisa escondió los ídolos bajo los aparejos del camello, y se sentó encima; y a Labán, que registró toda la estancia sin hallar nada,

35. le dijo: No lleve a mal mi señor que no pueda levantarme a su presencia, porque me ha sobrecogido ahora la incomodidad que suelen padecer las mujeres. Así quedó burlada la solicitud del pesquisador.

36. Entonces Jacob montando en cólera, dijo con acrimonia: ¿Por qué culpa mía, o por qué pecado mío te has enardecido tanto en perseguirme,

37. hasta escudriñar todo mi equipaje? ¿Y qué es lo que has hallado de todos los haberes de tu casa?; ponlo aquí a la vista de mis hermanos y de los tuyos, y sean ellos jueces entre nosotros dos.

38. ¿Para esto he vivido veinte años contigo? Tus ovejas y tus cabras en verdad que no fueron estériles; no me he comido los carneros de tu grey,

39. ni jamás te mostré lo que las fieras habían arrebatado; yo resarcía todo el daño y todo lo que faltaba por algún hurto, tú me lo exigías con rigor.

40. Día y noche andaba quemado del calor, y del hielo, y el sueño huía de mis ojos.

41. De esta suerte por espacio de veinte años te he servido en tu casa, catorce por tus hijas, y seis por tus rebaños: después de esto tú por diez veces me mudaste mi paga.

42. Y si el Dios de mi padre Abrahán, si aquel Señor a quien teme y adora Isaac no me hubiese asistido, tú quizá ahora me hubieras despachado desnudo. Dios ha

---

19. Con esta palabra entendían los caldeos ciertas figuras supersticiosas, que consultaban para saber las cosas futuras.

mirado mi tribulación, y el trabajo de mis manos, y por eso ayer te reprendió.

Alianza entre Labán y Jacob

43. Le respondió Labán: Mis hijas e hijos, los rebaños tuyos, y todo cuanto miras en tu poder, son cosa mía: ¿Qué puedo hacer yo contra mis hijas y nietos?

44. Ea, pues; hagamos una alianza que sirva de testimonio de la armonía entre los dos.

45. Tomó entonces Jacob una piedra, y la erigió en testimonio*,

46. y dijo a sus hermanos: Traed piedras; y habiéndolas recogido, formaron un majano*, y comieron encima de él;

47. al cual llamó Labán Majano del Testigo, y Jacob Majano del Testimonio, cada uno según la propiedad de su lengua.

48. Y dijo Labán: Este majano será desde hoy testigo entre mí y entre ti; y en atención a esto se le dio nombre de Galaad, esto es, Majano del Testigo.

49. El Señor vele y sea juez entre nosotros, cuando nos hubiéremos separado.

50. Si tú maltratares mis hijas, y tomares otras mujeres además de ellas, ningún testigo hay de nuestra conferencia si no es Dios, que presente nos mira.

51. Y dijo de nuevo a Jacob: Mira: este majano, y la piedra que he levantado entre los dos,

52. servirán de testigos; este majano, digo, y la piedra darán testimonio, si o yo pasare de él para ir contra ti, o tú le pasares maquinando mal contra mí,

53. el Dios de Abrahán, y el Dios de Nacor, el Dios de sus padres sea nuestro juez. Juró, pues, Jacob por el Dios temido y reverenciado de su padre Isaac;

54. e inmoladas víctimas en el monte, convidó a comer a sus hermanos o parientes, los cuales, después de haber comido se quedaron allí aquella noche.

55. Pero Labán levantándose antes de amanecer, besó a sus hijos y a sus hijas, y echóles la bendición, y se volvió a su país.

45. Monumento de la alianza que iban a hacer.
46. Montón grande de piedras, que termina en un plano.

32

Jacob avisa su llegada a Esaú y le aplaca. Lucha con un ángel; que le muda el nombre de Jacob

1. Jacob entonces prosiguió el viaje comenzado, y le salieron al encuentro ángeles de Dios,

2. vistos los cuales, dijo: He aquí los campamentos de Dios; y llamó a aquel lugar Mahanaim, esto es, Campamentos.

3. De aquí también despachó mensajeros delante de sí a su hermano Esaú a tierra de Seir, en la Idumea,

4. dándoles esta orden: Hablaréis de esta manera a mi señor Esaú: Jacob tu hermano te envía a decir lo siguiente: Me fui peregrinando a casa de Labán, y en ella he estado hasta el día presente.

5. Tengo bueyes, y asnos, y ovejas, y esclavos, y esclavas; y ahora envío estos mensajeros a mi señor, con deseo de hallar gracia en su presencia.

6. Los enviados volvieron a Jacob, diciendo: Fuimos a tu hermano Esaú; y él mismo viene presuroso a tu encuentro con cuatrocientos hombres.

7. Concibió Jacob grandísimo miedo; y lleno de terror, dividió la gente que tenía consigo, junto con los ganados de ovejas, y de bueyes, y de camellos, en dos bandas,

8. diciendo: Si Esaú acometiere una banda y la destrozare, la otra banda que resta se salvará.

9. Dijo después Jacob: ¡Oh Dios de mi padre Abrahán, y Dios de mi padre Isaac!, ¡tú, Señor, que me dijiste: Vuélvete a tu tierra, y al lugar de tu nacimiento, que yo te colmaré de beneficios!

10. Yo soy indigno de todas tus misericordias, y de la fidelidad con que has cumplido a tu siervo las promesas que le hiciste; sólo con mi simple cayado pasé este río Jordán, y ahora vuelvo con dos cuadrillas de gentes y ganados.

11. Líbrame, te ruego, porque le temo mucho; no sea que arremetiendo, acabe con madres e hijos.

12. Tú has prometido hacerme mil bienes, y dilatar mi descendencia como las arenas del mar, que por la muchedumbre no pueden contarse.

13. Habiendo, pues, dormido allí aquella

noche, separó de todo lo que tenía, lo que había destinado para regalar a su hermano Esaú,

14. es a saber, doscientas cabras, veinte machos de cabrío, doscientas ovejas, y veinte carneros,

15. treinta camellas paridas con sus crías, cuarenta vacas, veinte toros, y veinte asnas, con diez de sus pollinos;

16. y envío por medio de sus criados cada manada de éstas de por sí, y dijo a los mozos: Id delante de mí, dejando algún trecho entre manada y manada.

17. Y dio esta orden al primero: Si encontrares a mi hermano Esaú, y te preguntare: ¿De quién eres? o ¿a dónde vas? o ¿de quién es eso que conduces?

18. has de responder: Es un regalo de tu siervo Jacob, que le envía a mi señor Esaú, y él mismo en persona viene detrás de nosotros.

19. Las mismas órdenes dio al segundo, y al tercero, y a todos los demás que iban detrás de aquellas manadas, diciendo: En los mismos términos habéis de hablar a Esaú, cuando le encontréis.

20. Y no dejéis de añadir: Tu siervo Jacob en persona, viene siguiendo detrás de nosotros; porque dijo: Le aplacaré con los regalos que preceden, y después me presentaré a él, quizá se me mostrará propicio.

21. Remitió, pues, los dones por delante, y él pasó aquella noche en el campamento.

Lucha de Jacob con un ángel del Señor

22. Y levantándose muy temprano, tomó sus dos mujeres, y las dos criadas con los once hijos, y pasó el vado de Jaboc.

23. Y después de haber hecho pasar todo lo que le pertenecía,

24. se quedó solo, y he aquí que se le apareció un personaje, que comenzó a luchar con él hasta la mañana.

25. Este varón respetable, viendo que no podía* sobrepujar a Jacob, le tocó el tendón del muslo, que al instante se secó.

26. Y le dijo: Déjame ir, que ya raya el alba. Jacob respondió: No te dejaré ir, si antes no me das la bendición.

27. ¿Cómo te llamas?, le preguntó el ángel. El respondió: Jacob.

28. No ha de ser ya tu nombre Jacob, dijo entonces el ángel, sino Israel*, porque si con el mismo Dios te has mostrado fuerte, ¿cuánto más prevalecerás contra todos los hombres?

29. Le preguntó Jacob: Dime, ahora, ¿cuál es tu nombre? Respondió: ¿Por qué quieres saber mi nombre? Y allí mismo le dio su bendición.

30. Por donde Jacob llamó aquel lugar Fanuel, diciendo: Yo he visto a Dios cara a cara, y mi vida ha quedado a salvo.

31. Al punto que partió de Fanuel, le salió el sol; mas él iba cojeando de un pie.

32. Por este motivo los hijos de Israel, hasta el día de hoy, no comen del nervio de los animales, correspondiente al que se secó en el muslo de Jacob; en memoria de que habiendo tocado el ángel dicho nervio, quedó éste sin movimiento.

33 *Jacob avisa su regreso a Esaú. El ángel del Señor le cambia el nombre de Jacob por Israel*

1. Y alzando después Jacob los ojos, vio venir a Esaú, y con él los cuatrocientos hombres; y dividió los hijos de Lía, y los de Raquel, y de las dos siervas,

2. y puso delante a las dos esclavas y a sus hijos, a Lía y a los suyos en medio; pero a Raquel y a José los postreros.

3. El mismo, adelantándose, se postró siete veces en tierra, haciendo reverencia, mientras se acercaba su hermano.

4. Entonces Esaú, corriendo al encuentro de su hermano, le abrazó, y estrechándose con su cuello y besándole, echó a llorar.

5. Levantando en seguida los ojos, vio a las mujeres y a sus niños, y preguntó: ¿Quiénes son éstos?; ¿son por ventura tuyos? Respondió Jacob: Son los niños que ha dado Dios a tu siervo.

6. Y llegando las esclavas con sus hijos, le hicieron profunda reverencia.

---

25. No permitió Dios que el ángel usara toda su fuerza, aunque tocando el muslo de Jacob y dejándole seco, dio a entender su virtud excelsa.

28. Israel significa *hombre que ve a Dios*, y también *Príncipe de Dios*, esto es, *grande*, o *invencible*. En este último sentido parece que se lo aplicó el ángel.

7. Se acercó también Lía con sus niños; y habiendo practicado lo mismo; por último José y Raquel hicieron su acatamiento.

8. Preguntó asimismo Esaú: ¿Qué significan aquellas cuadrillas que he encontrado? Respondió Jacob: El deseo de hallar gracia en presencia de mi señor.

9. A lo que dijo él: Tengo yo muchísimos bienes; retén para ti, hermano mío, los tuyos.

10. Replicó Jacob: No hagas tal, te suplico; antes bien, si es que yo he hallado gracia en tus ojos, recibe de mis manos ese pequeño regalo; ya que viendo tu semblante, me ha parecido ver el semblante de Dios: hazme este favor,

11. y acepta esta bendición que te he ofrecido, y que yo he recibido de Dios, que da todas las cosas. Le aceptó Esaú a duras penas, importunado del hermano,

12. y le dijo: Vamos juntos, y te acompañaré en el viaje.

13. Respondió Jacob: Bien ves, señor mío, que tengo conmigo niños tiernos, y ovejas, y vacas preñadas; que si las fatigares sacándolas de su paso, morirán todas en un día.

14. Vaya mi señor delante de su siervo: yo seguiré poquito a poco sus pisadas, según viere que pueden aguantar mis niños, hasta tanto que llegue a verme con mi señor en Seir.

15. Replicó Esaú: Te ruego que por lo menos quede alguna de la gente que viene conmigo, para acompañarte en el camino. No es menester, dijo Jacob: lo que únicamente necesito, señor mío, es que me conserves en tu gracia.

16. Se volvió, pues, Esaú aquel mismo día a Seir, por el camino que había traído.

17. Jacob entretanto llegó a Socot; y habiendo edificado allí una casa y plantado todas las tiendas de campaña, llamó aquel lugar Socot, esto es, Pabellones.

18. Y al cabo de algún tiempo de su retorno de Mesopotamia de Siria, pasó a Salem, ciudad de los siquemitas, en la tierra de Canaán, y habitó cerca de la población.

19. Y compró la parte del campo en que había fijado sus tiendas de campaña, a los hijos de Hemor, padre de Siquem, por cien corderos.

20. Y erigido allí un altar, invocó delante de él al fortísimo Dios de Israel.

34 *Rapto de Dina y la terrible venganza que sus hermanos tomaron*

1. Salió un día Dina, hija de Lía, a ver las mujeres de aquel país.

2. A la cual como viese Siquem, hijo de Hemor heveo, príncipe de aquella tierra, se enamoró de ella, y la robó, y desfloró violentamente a la virgen.

3. Quedó su corazón ciego y extremadamente apasionado por esta joven, y viéndola triste procuró ganarla con caricias.

4. Y acudiendo a Hemor su padre: Cásame, dijo, con esta jovencita.

5. Jacob tuvo noticia de esta violencia, mientras sus hijos estaban ausentes y ocupados en apacentar los ganados, y no dijo nada hasta que volvieron.

6. Mas al ir Hemor, padre de Siquem, a hablar a Jacob,

7. he aquí que sus hijos venían del campo; y oído lo que había pasado, se irritaron sobremanera por la acción tan fea, y el enorme desafuero cometido contra la casa de Israel, violando a una hija de Jacob.

8. Pero Hemor les habló en estos términos: Siquem, mi hijo, está extremadamente enamorado de vuestra hija; dádsela, pues, por esposa,

9. y enlacémonos recíprocamente con matrimonios: dadnos vuestras hijas, y recibid las nuestras,

10. y habitad de asiento con nosotros: la tierra está a vuestra disposición, cultivadla, comerciad, y entrad en posesión de ella.

11. Sobre todo, el mismo Siquem dijo al padre y hermanos de Dina: Consiga yo esta gracia de vosotros, y daros he cuanto dispusiereis.

12. Aumentad la dote*, y pedid donativos, que yo daré de buena gana lo que pidiereis: sólo con que me deis a esta jovencita por esposa.

13. Respondieron los hijos de Jacob a Siquem y a su padre con dolo, encolerizados por el estupro de la hermana:

14. No podemos hacer lo que pretendéis,

12. El esposo acostumbraba dar una dote a la esposa y hacer regalos al padre y a los hermanos de la que tomaba por mujer.

ni dar nuestra hermana a un hombre incircunciso, por ser cosa ilícita y abominable entre nosotros.

15. Mas con esta condición podremos trabar parentesco, si quisiereis haceros semejantes a nosotros, circuncidando entre vosotros a todos los varones.

16. Entonces daremos y recibiremos recíprocamente vuestras hijas y las nuestras; y habitaremos en vuestra compañía, y vendremos a ser un solo pueblo.

17. Pero si no queréis circuncidaros, tomaremos a nuestra hija, y nos retiraremos.

18. Pareció bien a Hemor, y a su hijo Siquem esta oferta,

19. y no tardó el joven un momento en ejecutar lo que se le pedía, porque amaba en gran manera a la muchacha. Y era Siquem el más distinguido o principal de toda la familia de su padre.

20. Habiendo ido pues, Hemor y Siquem a la puerta o asamblea pública de la ciudad, dijeron al pueblo:

21. Estos hombres son una gente muy buena, y quieren habitar con nosotros. Comercien, pues, en la tierra, y cultívenla, ya que siendo tan espaciosa y extendida, necesita de brazos que la trabajen; tomaremos sus hijas por mujeres, y les daremos las nuestras.

22. Un solo obstáculo hay que vencer para el logro de un bien tan grande; y es el circuncidar a nuestros varones, imitando el rito de esta gente.

23. Entonces su hacienda, y sus ganados, y todos los bienes que poseen serán nuestros; con que nosotros condescendamos únicamente en esto, viviremos juntos, y formaremos un solo pueblo.

24. Asintieron todos esta propuesta, y circuncidaron a todos los varones.

25. Y he aquí que al tercer día, cuando el dolor de las heridas es más acerbo, dos hijos de Jacob, Simeón y Leví, hermanos de Dina, con espada en mano, entraron audazmente y a su salvo en la ciudad, y pasaron a cuchillo a todos los varones,

26. mataron igualmente a Hemor y a Siquem, y se llevaron a Dina, su hermana, de la casa de Siquem.

27. Después que éstos hubieron salido, los otros hijos de Jacob se arrojaron sobre los muertos y saquearon la ciudad en venganza del estupro.

28. Robaron las ovejas, y las vacadas, y asnos de los habitantes, y todo lo que había en casas y campos.

29. Se llevaron también cautivos a niños y mujeres.

30. Ejecutadas osadamente todas estas cosas, dijo Jacob a Simeón y a Leví: Me habéis puesto en un conflicto, y hecho odioso a los cananeos y ferezeos, moradores de esta tierra. Nosotros somos pocos: ellos, reunidos, cargarán sobre mí, y seré exterminado con toda mi familia.

31. Respondieron los hijos: Pues qué, ¿debieron ellos abusar de nuestra hermana como de una prostituta?

35

Esmérase Jacob en el culto público del Dios verdadero. Nace Benjamín, y muere Raquel.

1. Entretanto dijo Dios a Jacob: Levántate y sube a Betel, y haz asiento allí, y erige un altar al Dios que te apareció cuando ibas huyendo de tu hermano Esaú*.

2. Jacob inmediatamente, convocada toda su familia, dio esta orden: Arrojad los dioses extraños que hay en medio de vosotros, y purificaos, y mudaos los vestidos*.

3. Venid y subamos a Betel, para erigir allí un altar a Dios; el cual me oyó benigno el día de mi tribulación, y me asistió en el viaje.

4. Le dieron, pues, todos los dioses ajenos que tenían, y los zarcillos que éstos llevaban pendientes de las orejas; y Jacob los soterró al pie de un terebinto o encina, que está a la otra parte de la ciudad de Siquem.

5. Así que partieron, el terror de Dios se apoderó de todas las ciudades circunvecinas, de suerte que no se atrevieron a perseguirlos en su retirada.

6. Llegó, pues, Jacob con toda su gente a Luza, ahora por sobrenombre Betel, en la tierra de Canaán.

7. Y allí edificó el altar, llamando a este sitio Betel o Casa de Dios, atento a que allí se le apareció Dios cuando iba huyendo de su hermano.

---

1. *Gen 28*, 13.
2. *Ex 29*, 10; 2 *Re 12*, 20.

8. En este mismo tiempo murió Débora, ama de leche de Rebeca; y fue sepultada al pie de Betel, debajo de una encina: que por eso se llamó aquel lugar, Encina del Llanto.

9. Y se apareció Dios otra vez a Jacob después de su vuelta de Mesopotamia de Siria, y le bendijo,

10. diciendo: Tú no te has de llamar ya Jacob, sino que en adelante tu nombre será Israel; Le puso, pues, el nombre de Israel*;

11. y le añadió: Yo soy el Dios todopoderoso. Crece y multiplícate: naciones y muchedumbre de pueblos nacerán de ti, y reyes saldrán de tu sangre.

12. La tierra que di a Abrahán y a Isaac, a ti te la daré, y después a tu posteridad.

13. Y diciendo esto desapareció.

14. Pero Jacob erigió una piedra en monumento o testimonio en el lugar en que Dios le había hablado, ofreciendo sobre ella libaciones y derramando óleo;

15. dando a este lugar el nombre de Betel.

Nacimiento de Benjamín y muerte de Raquel

16. Partiendo de aquí, llegó por la primavera a un sitio que está en el camino de Efrata: en donde sobreviniendo a Raquel los dolores del parto,

17. y haciéndose éste difícil, empezó a peligrar. Y le dijo la partera: No temas, porque aún tendrás este hijo.

18. Pero exhalando el alma a la fuerza del dolor, y estando ya a punto de morir, puso a su hijo el nombre de Benoni que quiere decir, Hijo de mi dolor; mas el padre le llamó Benjamín, esto es, Hijo de la diestra.

19. Así murió Raquel, y fue sepultada en el camino que va a Efrata, la misma que después fue llamada Bethlehem o Belén.

20. Y Jacob erigió un monumento sobre su sepultura: Este es el monumento o columna de Raquel, hasta el día de hoy.

21. Salido de allí, fijó su tienda de campaña más allá de la Torre del ganado.

22. Mientras habitaba en aquella región, Rubén fue y durmió con Bala, mujer secundaria de su padre, el cual lo llegó a saber. Eran entonces doce los hijos de Jacob, a saber:

23. Hijos de Lía: Rubén, el primogénito, y Simeón, y Leví, y Judá e Isacar y Zabulón.

24. Hijos de Raquel: José y Benjamín.

25. Hijos de Bala, esclava de Raquel: Dan y Neftalí.

La muerte de Isaac

26. Hijos de Zelfa, esclava de Lía: Gad y Aser. Estos son los hijos de Jacob, que le nacieron en Mesopotamia de Siria.

27. Fue después Jacob a ver a su padre Isaac en la ciudad de Arbee, llamada después Hebrón en la llanura de Mambre, donde habían vivido como peregrinos Abrahán e Isaac.

28. Y cumplió Isaac ciento ochenta años de vida.

29. Y consumido de la edad vino a morir; y fue reunido a su pueblo siendo ya viejo y lleno de días; y le sepultaron sus hijos Esaú y Jacob.

36

De Esaú y sus descendientes, y de los horreos: con lo cual se ven cumplidas las promesas del Señor

1. Esta es la descendencia de Esaú, por otro nombre Edom.

2. Casó Esaú con mujeres cananeas, y fueron: Ada, hija de Helón, heteo; y Oolibama, hija de Ana, hija de Sebeón el heveo.

3. Casó también con Basemat, hija de Ismael, hermana de Nabaiot.

4. Ada parió a Elifaz; Basemat fue madre de Rahuel.

5. Oolibama lo fue de Jehús, y de Ihelón, y de Coré: éstos son los hijos que le nacieron a Esaú en la tierra de Canaán.

6. Tomó después Esaú sus mujeres, hijos e hijas, y todas las personas de su familia, la hacienda y ganados, y todo cuanto poseía en la tierra de Canaán, y se fue a otra región, retirándose de su hermano Jacob.

7. Porque los dos eran riquísimos, y no podían morar juntos, ni sustentarlos la tierra en la que estaban como peregrinos, a causa de la multitud de sus ganados*.

---

10. *Gen 32*, 28.

7. *Gen 13*, 6.

8. Esaú, pues, por otro nombre Edom, asentó su morada en el monte Seir*.

9. Y los descendientes de Esaú, padre de los idumeos, en el monte Seir, son estos,

10. y tales son los nombres de sus hijos: Elifaz, hijo de Ada, mujer de Esaú; Rahuel, hijo de Basemat, mujer también suya*.

11. Hijos de Elifaz fueron: Temán, Omar, Sefo, Gatam, y Cenez.

12. Asimismo Tamna era también mujer secundaria de Elifaz, hijo de Esaú: y ésta le parió a Amalec: éstos son los descendientes de Ada mujer de Esaú.

13. Hijos de Rahuel: Naat y Zara; Samna y Meza: éstos son los hijos o nietos de Basemat, mujer de Esaú.

14. Asimismo los hijos de Oolibama, mujer de Esaú, hija de Ana, y ésta de Sebeón, fueron Jehús, Ihelón y Coré.

15. Los príncipes o caudillos descendientes de Esaú fueron los siguientes: Por parte de Elifaz primogénito de Esaú, el príncipe Temán, el príncipe Omar, el príncipe Sefo, el príncipe Cenez,

16. el príncipe Coré, el príncipe Gatam, el príncipe Amalec; éstos son hijos de Elifaz en Idumea, y vienen de Ada.

17. Por parte de Rahuel, hijo de Esaú: el príncipe Nahat, el príncipe Zara, el príncipe Samna, el príncipe Meza: tales son los príncipes de la línea de Rahuel en la Idumea; éstos vienen de Basemat mujer de Esaú.

18. Pero los hijos de Oolibama, mujer de Esaú, son los siguientes: el príncipe Jehús, el príncipe Ihelón, el príncipe Coré; estos príncipes vienen de Oolibama, hija de Ana, y mujer de Esaú.

19. Y éstos son los descendientes de Esaú, llamado también Edom, y los que entre ellos han sido príncipes o caudillos.

Descendencia de Seir el horreo

20. Los hijos de Seir el horreo, naturales de aquella tierra, son Lotán, y Sobal, y Sebeón y Ana*,

21. y Disón, y Eser, y Disán: éstos son los príncipes horreos, hijos de Seir, en la tierra llamada después de Edom.

22. De Lotán fueron hijos Hori y Humán; de este mismo Lotán era hermana Tamna.

23. Los hijos de Sobal fueron Alván y Manahat, y Ebal, y Sefo y Onam.

24. Los de Sebeón: Aia y Ana. Este Ana es el que descubrió las aguas calientes en el desierto, mientras andaba apacentando los asnos de Sebeón, su padre.

25. Hijo suyo fue Disón, y Oolibama su hija.

26. Los hijos de Disón fueron Hamdán, y Esebán, Jetrán y Caram.

27. Los de Heser fueron Balaán, y Zaván y Acán.

28. Disán tuvo por hijos a Hus y Aram.

29. Estos son los príncipes de los horreos: príncipe Lotán, príncipe Sobal, príncipe Sebeón, príncipe Ana,

30. príncipe Disón, príncipe Eser, príncipe Disán: éstos son los príncipes de los horreos, que tuvieron el mando de la tierra de Seir.

31. Mas los reyes que reinaron en Idumea, antes que los hijos de Israel tuviesen rey, fueron los siguientes:

32. Bela, hijo de Beor, y el nombre de su ciudad Denaba.

33. Después que murió Bela, reinó en su lugar Jobab, hijo de Zara natural de Bosra.

34. Muerto Jobab, entró a reinar en su lugar Husam del país de los temanitas.

35. Después de muerto éste, reinó en su lugar Adad, hijo de Badad, el cual derrotó a los madianitas en el país de Moab, y su ciudad se llamó Avit.

36. Muerto que fue Adad, reinó en lugar de él Semla, natural de Masreca.

37. Muerto asimismo éste, le sucedió Saúl, natural de Rohobot, cerca del río Eufrates.

38. Como también éste hubiese muerto, le sucedió en el reino Balanán, hijo de Acobor.

39. En fin, muerto éste, reinó en su lugar Adar, cuya ciudad se llamaba Fau, y su mujer Meetabel, hija de Matred, hija de Mezaab.

40. Los nombres de los príncipes descendientes de Esaú, según sus linajes, lugares en que fijaron su domicilio, y pueblos a que dieron nombre, son estos: príncipe de Tamna, príncipe de Alva, príncipe de Jetet,

41. príncipe de Oolibama, príncipe de Ela, príncipe de Finón,

42. príncipe de Cenez, príncipe de Temán, príncipe de Mabsar,

43. príncipe de Magdiel, príncipe de Hiram; éstos son los príncipes de Edom o

---

8. *Jos 24*, 4.
10. 1 *Cro 1*, 35.
20. 1 *Cro 1*, 38.

Idumea, moradores cada cual en la tierra de su mando: Edom es el mismo Esaú, padre de los idumeos.

37 *José, envidiado y vendido por sus hermanos, es conducido esclavo a Egipto y vendido a Putifar*

1. Pero Jacob habitó en el país de Canaán, donde su padre había vivido como extranjero.

2. Y he aquí lo que pasó en su familia*: José todavía muchacho, siendo de dieciséis años, apacentaba el ganado con sus hermanos; y estaba con los hijos de Bala y de Zelfa, mujeres de su padre; y acusó a sus hermanos ante el padre de un delito enorme.

3. Amaba Israel a José más que a todos sus hijos, por haberle engendrado en la vejez, y le hizo una túnica bordada de varios colores.

4. Al ver, pues, sus hermanos que el padre le amaba más que a todos sus hijos, le odiaban, y no podían hablarle sin agrura.

5. Tras esto sucedió que habiendo tenido un sueño, se lo contó a sus hermanos; lo que fue incentivo de mayor odio,

6. porque les dijo: Oíd lo que he soñado.

7. Parecíame que estábamos atando gavillas en el campo, y como que mi gavilla se alzaba, y se tenía derecha, y que vuestras gavillas, puestas alrededor adoraban la mía.

8. Respondieron sus hermanos: Pues qué, ¿has de ser tú nuestro rey?, ¿o hemos de estar sujetos nosotros a tu dominio? Así, pues, la materia de estos sueños y coloquios, fue fomento de la envidia y del odio.

9. Vio también otro sueño, que refirió a sus hermanos, diciendo: He visto entre sueños, cómo el sol y la luna, y once estrellas me adoraban.

10. Y habiéndolo contado a su padre y a sus hermanos, su padre le respondió, diciendo: ¿Qué quiere decir ese sueño que has visto?; ¿por ventura yo y tu madre y tus hermanos postrados por tierra te habremos de adorar?

11. De aquí que sus hermanos le miraban con envidia; mas el padre consideraba en silencio estas cosas.

José vendido por sus hermanos

12. Y como sus hermanos estuviesen en el territorio de Siquem apacentando los rebaños de su padre,

13. le dijo Israel: Tus hermanos guardan las ovejas en los pastos de Siquem; ven, que quiero enviarte a ellos. Y respondiendo él:

14. Pronto estoy. Jacob le añadió: Anda, ve y averigua si tus hermanos lo pasan bien, y si están en buen estado los ganados, y tráeme razón de lo que pasa. Despachado, pues, del valle de Hebrón, llegó a Siquem.

15. Y habiéndole encontrado errante por los campos un hombre, le preguntó qué buscaba.

16. A lo que respondió José: Ando en busca de mis hermanos, muéstrame dónde pastan los ganados.

17. Le dijo aquél hombre: Se apartaron de este lugar, y les oí decir: Pasemos a Dotaín. Con esto se marchó José en busca de sus hermanos, y los halló en Dotaín.

18. Los cuales luego que le vieron a lo lejos, antes que se acercase a ellos, trataron de matarle.

19. Y se decían unos a otros: Aquí viene el soñador.

20. Ea, pues, matémosle, y echémosle en una cisterna vieja; diremos que una bestia feroz lo devoró; y entonces se verá qué le aprovechan sus sueños.

21. Oyendo esto Rubén, se esforzaba en librarle de sus manos, y decía*:

22. No le quitéis la vida, ni derraméis su sangre, sino echadle en aquella cisterna seca que está en el desierto, y no manchéis vuestras manos; lo que decía con el fin de librarle de ellos y restituirle a su padre.

23. Apenas, pues, hubo llegado José a sus hermanos, le desnudaron de la túnica talar y de varios colores.

24. Y le metieron en una cisterna vieja que no tenía agua.

25. Y sentados a comer, vieron venir de Galaad una caravana de ismaelitas, con sus camellos cargados de aromas y bálsamos, y

---

2. La genealogía de Jacob quedó interrumpida en la historia del patriarca José, con motivo de darse la genealogía de los hijos de Esaú; aquí vuelve Moisés a tomar el hilo de la historia de José. *Gen 25.*

21. *Gen 42*, 22.

mirra destilada, que iban con dirección a Egipto.

26. Entonces dijo Judá a sus hermanos: ¿Qué ganaremos con quitar la vida a nuestro hermano, y ocultar su muerte?

27. Mejor es venderle a los ismaelitas, y no manchar nuestras manos; porque al fin, hermano nuestro es, y de nuestra misma carne. Asintieron los hermanos a sus razones.

28. Y mientras pasaban unos negociantes madianitas, sacándole de la cisterna, le vendieron a aquellos ismaelitas, por veinte siclos de plata; quienes le condujeron a Egipto*.

29. Vuelto Rubén a la cisterna, no halló al muchacho;

30. y rasgándose los vestidos, fue luego a sus hermanos, diciendo: El chico no aparece, ¿y a dónde iré yo ahora?

31. Tomaron después ellos la túnica de José y la tiñeron en la sangre de un cabrito que habían matado;

32. enviándola a su padre, y haciéndole decir por los portadores: Esta túnica hemos hallado; mira si es o no la túnica de tu hijo.

33. El padre, habiéndola reconocido, dijo: La túnica de mi hijo es, una bestia feroz se le ha comido; una fiera ha devorado a José.

34. Y rasgándose los vestidos, se vistió de cilicio, llorando por mucho tiempo a su hijo.

35. Y juntándose todos los demás hijos para aliviar el dolor del padre, no quiso admitir consuelo ninguno, sino que decía: Descenderé deshecho en lágrimas a encontrar y unirme con mi hijo en el sepulcro. Y perseveró en el llanto.

36. Entretanto los madianitas vendieron a José en Egipto a Putifar, eunuco o valido del faraón, y capitán de sus guardias.

38 *Hijos que tuvo Judá de su mujer; lo sucedido después con su nuera Tamar*

1. Por este mismo tiempo Judá, separándose de sus hermanos, se hospedó en casa de un vecino de Odollam, llamado Hiram.

2. Y vio allí a la hija de un cananeo llamado Sué, y se casó con ella.

3. La cual concibió y parió un hijo a quien su padre llamó Her.

4. Segunda vez concibió, y al hijo que tuvo le llamó ella Onán*.

5. Parió después al tercero, al cual ella llamó Sela; y después de nacido éste, no parió más.

6. Judá a su tiempo casó a su primogénito Her con una mujer llamada Tamar.

7. Pero Her, primogénito de Judá, fue un malvado a los ojos del Señor, que por eso le quitó la vida*.

8. Dijo entonces Judá a Onán, hijo suyo: Cásate con tu cuñada, a fin de dar sucesión a tu hermano.

9. Pero Onán, sabiendo* que la sucesión no había de ser suya, aunque se acostaba con ella, impedía el que concibiese, para que no nacieran hijos con el nombre del hermano.

10. Por lo cual el Señor lo hirió de muerte, en castigo de acción tan detestable.

11. Visto esto, dijo Judá a su nuera Tamar: Mantente viuda en casa de tu padre, hasta que haya crecido mi hijo Sela; y era que temía no muriera también éste, como sus hermanos. Se fue ella, y vivió en la casa de su padre.

12. Pasados ya muchos días, murió la hija de Sué, mujer de Judá; el cual después de los funerales, concluido el duelo, iba un día con Hiras el odollamita, mayoral del ganado, al esquileo de sus ovejas a Tamnas.

13. Y avisaron a Tamar que su suegro iba a Tamnas, al esquileo de las ovejas.

14. La cual, depuesto el traje de viuda, tomó un manto o mantilla grande, y mudando de traje, se sentó en la encrucijada del camino que va a Tamnas; porque veía que Sela había ya crecido, y no se lo habían dado por marido.

---

28. *Sab 10*, 13.

4. *Num 26*, 19.

7. *Num 26*, 19.

9. El primer hijo tomaba el nombre y tenía los derechos de primogénito del hermano de su padre, quien había muerto sin hijos. Los otros se cree llevaban ya el nombre de su padre natural. *Deut 25*, 15; *Mat 22*, 24.

15. Judá, luego que la vio, sospechó que era una mujer pública; porque se había cubierto el rostro para no ser reconocida.

16. Y acercándose a ella, dijo: Déjame que cohabite contigo, no sabiendo que fuese su nuera. La cual le respondió: ¿Qué me darás por hacer tu gusto?

17. Te enviaré, dijo Judá, un cabrito de mi ganado. A lo que contestó Tamar: Permitiré lo que tú quieres, con tal que me des una prenda, hasta enviar lo que prometes.

18. A lo cual dijo Judá: ¿Qué prenda quieres? Ese anillo o sello tuyo, respondió, y el brazalete, y el bastón que tienes en la mano. Quedó, pues, entonces mismo, embarazada la mujer,

19. y levantándose se retiró, y dejado el traje que había tomado, se vistió otra vez de viuda.

20. Judá después envió el cabrito por mano de su pastor, el odollamita, para recobrar las prendas que había dado a la mujer; el cual, como no la hallase,

21. preguntó a las gentes vecinas: ¿Dónde está la mujer que solía ponerse en la encrucijada? Le respondieron todos: Aquí no ha habido ramera alguna.

22. Volvió, pues, a Judá, y le dijo: No la he hallado, y aun toda la gente de aquel lugar me ha asegurado que jamás habían visto allí mujer pública.

23. Dijo Judá: Quédese en hora buena con lo que tiene, a lo menos no podrá acusarnos de mentira; yo he remitido el cabrito que prometí, y tú no la has hallado.

24. Pero he aquí que al cabo de tres meses avisaron a Judá, diciendo: Tu nuera Tamar ha pecado, pues se va observando que está embarazada; y dijo Judá: Sacadle fuera, para que sea públicamente quemada*.

25. La cual, mientras era conducida al suplicio, envió un recado a su suegro, diciendo: Del varón de quien son estas prendas, he yo concebido; mira bien cuyo es ese anillo, y ese brazalete, y ese bastón.

26. Judá, reconocidas las prendas, dijo: Menos culpa tiene ella que yo, puesto que yo no la entregué por esposa a Sela, hijo mío. Pero nunca más tuvo Judá trato carnal con ella.

27. Sobreviniendo después el parto, se vio que llevaba gemelos en el vientre; y en el acto mismo de salir a luz los niños, uno de ellos sacó la mano, en la cual la partera ató un hilo encarnado diciendo:

28. Este saldrá el primero.

29. Mas como él retirase la mano, salió el otro; y dijo entonces la mujer: ¿Cómo es que se ha roto por tu causa la piel o membrana? Y por este motivo llamó su nombre Fares.

30. Después salió su hermano, en cuya mano estaba el hilo encarnado, al cual llamo Zara.

39

José, por defender su castidad, es calumniado. Puesto en la cárcel, se granjea la confianza del alcaide

---

1. José, pues, como queda dicho, fue conducido a Egipto, y le compró Putifar, egipcio, eunuco del faraón y general de sus tropas, de mano de los ismaelitas que le habían llevado.

2. Y el Señor le asistió; y era hombre a quien todo cuanto hacía le salía felizmente; y habitaba en la casa de su amo,

3. el cual conocía muy bien que el Señor estaba con José, y que le favorecía y bendecía en todas sus acciones.

4. Así José halló gracia en los ojos de su amo, al cual servía con esmero; y puesto por él al frente de todo, gobernaba la casa confiada a su cuidado, y todos los bienes que se le habían entregado.

5. Y el Señor derramó la bendición sobre la casa del egipcio por amor de José, y multiplicó toda su hacienda tanto en la ciudad como en la campiña;

6. de suerte que el amo no tenía otro cuidado que el de ponerse a la mesa para comer. A más de esto José era de rostro hermoso, y de gallarda presencia;

7. por lo que al cabo de muchos días puso su señora los ojos en él, y le dijo: Duerme conmigo.

8. El cual, no queriendo de ninguna manera consentir en tal maldad, le contestó: Tú ves que mi señor, habiéndome confiado

---

24. Los patriarcas tenían una autoridad soberana y eran jueces en su familia. La ley dispuso después que las adúlteras fuesen apedreadas.

JOSÉ VENDIDO POR SUS HERMANOS

Y mientras pasaban unos negociantes madianitas, sacándole de la cisterna, le vendieron a aquellos ismaelitas, por veinte siclos de plata; quienes le condujeron a Egipto.

JOSÉ EXPLICA LOS SUEÑOS AL FARAÓN

Dijo, pues, a José: Ya que Dios te ha manifestado todas las cosas que acabas de decir, ¿podré yo acaso encontrar otro más sabio o igual a ti? Añadió el faraón a José: Mira que te hago virrey de toda la tierra de Egipto.

todas las cosas, no sabe lo que tiene en su casa,

9. No hay cosa chica ni grande que no esté a mi disposición, o que no me haya entregado, a excepción de ti que eres su mujer; pues, ¿cómo puedo yo cometer esa maldad y pecar contra mi Dios?

10. Todos los días continuaba la mujer molestando del mismo modo al joven, rehusando siempre éste el adulterio.

11. Pero aconteció que un día, entrando José en casa, se puso a despachar cierto negocio a solas;

12. y ella, habiéndole asido de la orla de su capa, le dijo también: Duerme conmigo. Entonces José, dejándole la capa en las manos, huyó y se salió fuera de casa.

13. Viéndose la mujer con la capa en las manos, y que había sido despreciada,

14. llamó a sus domésticos, y les dijo: Ved lo que ha hecho mi marido: nos ha metido en casa este mozo hebreo, para insultarnos; ha entrado donde yo estaba para deshonrarme; mas habiendo yo levantado el grito,

15. y oído él mismo voces, ha dejado la capa de que yo le así, y escapado fuera.

José es encarcelado

16. En prueba, pues, de su fidelidad, cuando el marido volvió a casa, le mostró la capa con que se había quedado,

17. y le dijo: Ese siervo hebreo que tú trajiste, entró en donde yo estaba con el fin de forzarme;

18. mas como me oyó gritar, soltó la capa que yo tenía asida, y huyó afuera.

19. El amo, oídas tales cosas, y demasiado crédulo a las palabras de su mujer, se enojó sobremanera,

20. y mandó meter a José en la cárcel, en que se guardaban los reos de delitos contra el rey, y allí estaba encerrado.

21. Pero el Señor asistió a José, y compadecido de él, le hizo grato a los ojos del alcaide de la cárcel.

22. El cual entregó a su cuidado todos los presos que estaban allí encerrados; y no se hacía cosa que no fuese por su orden.

23. Ni el alcaide tenía cuenta de nada, fiándose de José en todo; porque el Señor le asistía y dirigía todas sus acciones.

40

José interpreta con acierto los sueños de dos ministros del faraón que estaban en la cárcel

1. Sucedió después que dos eunucos, el copero mayor y el principal panadero del rey de Egipto, ofendieron a su señor.

2. Y encolerizado contra ellos el faraón (pues el uno era jefe de los coperos, y el otro de los panaderos),

3. los mandó meter en la cárcel del comandante general de las tropas, en la cual estaba también preso José.

4. Pero el alcaide de la cárcel los entregó a José, el cual asimismo los servía. Había ya pasado algún tiempo que estaban presos,

5. cuando tuvieron ambos en una misma noche un sueño adaptado al estado o suerte de cada uno.

6. Entrando por la mañana José a visitarlos, y viéndolos caritristes,

7. les preguntó: ¿Por qué causa está hoy vuestro semblante más triste que otros días?

8. Respondieron ellos: Hemos tenido un sueño y no hay quien nos lo interprete. Y les dijo José: Pues qué, ¿no es cosa propia de Dios la interpretación? Referidme lo que habéis visto.

9. El copero mayor contó primero su sueño de esta manera: Veía delante de mí una vid,

10. que tenía tres sarmientos, crecer insensiblemente hasta echar botones, y después de salir las flores, madurar las uvas,

11. y la copa del faraón en mi mano. Cogí entonces las uvas y las exprimí en la copa que tenía en la mano y serví con ella al faraón.

12. Respondió José: Esta es la interpretación del sueño: Los tres sarmientos significaban tres días que aún faltan,

13. después de los cuales el faraón se acordará de tu ministerio, y te restablecerá en tu primer puesto, y le servirás la copa conforme a tu oficio, como solías hacerlo antes.

14. Sólo te pido que te acuerdes de mí en el tiempo de tu prosperidad, y me tengas compasión, sugiriendo al faraón que me saque de esta cárcel;

15. porque furtivamente fui arrebatado de la tierra de los hebreos, y aquí, siendo inocente, fui metido en esta cárcel.

16. Viendo el jefe de los panaderos que había descifrado el sueño sabiamente, dijo: Yo también he tenido un sueño en que me parecía llevar sobre mi cabeza tres canastillos de harina;

17. y en este canastillo de encima había toda clase de viandas hechas por arte de pastelería, y las aves comían de él.

18. Respondió José: Esta es la interpretación del sueño: Los tres canastillos son tres días que aún te restan,

19. al cabo de los cuales el faraón te cortará la cabeza, y te colgará en una cruz, y las aves despedazarán tus carnes.

20. En efecto, tres días después se celebraba el cumpleaños del faraón; el cual, haciendo un gran convite a sus cortesanos, se acordó en la mesa del copero mayor, y del maestresala o jefe de los panaderos.

21. Y al primero le restituyó a su oficio de servirle la copa,

22. y al otro le colgó en un patíbulo; de manera que se acreditó ser verdadera la exposición del intérprete.

23. Con todo el copero mayor, vuelto a su prosperidad, echó en olvido a su intérprete.

41 *José interpreta unos sueños del faraón, el cual le hace gobernador supremo de todo Egipto*

1. Dos años después tuvo el faraón un sueño: Le parecía estar en la ribera del río Nilo,

2. del cual subían siete vacas gallardas y por extremo gordas, y se ponían a pacer en aquellos lugares lagunosos.

3. Salían también del río otras siete, feas y consumidas de flaqueza, que pacían en la orilla misma del río en donde estaba la hierba,

4. y se tragaron a aquellas siete cuya hermosura y lozanía de cuerpos era maravillosa. Despierto el faraón,

5. volvió a dormirse y tuvo otro sueño: Siete espigas brotaban de una misma caña, llenas y hermosas.

6. Otras tantas nacían también de otra, menudas y quemadas del viento abrasador,

7. las cuales devoraban la lozanía de las primeras. Despertando el faraón después de haber descansado,

8. siendo ya de día, despavorido, mandó llamar a todos los adivinos de Egipto, y a los sabios todos; y estando juntos, les contó el sueño, y no había quien le interpretase.

9. Entonces, por fin, acordándose de José el copero mayor, dijo al rey: Confieso mi pecado:

10. Enojado el rey contra sus siervos, mandó echarnos a mí y al panadero mayor en la cárcel del comandante de las tropas,

11. donde en una misma noche tuvimos cada uno de nosotros un sueño, presagio de lo que nos había de suceder.

12. Hallábase allí un joven hebreo, criado del mismo comandante de las tropas, y habiéndole contado los sueños,

13. oímos de él todo lo que después confirmó el suceso; porque yo fui restituido a mi empleo, y el otro colgado en una cruz.

14. Al punto por orden del rey, sacando a José de la cárcel, le cortaron el pelo, y habiéndole mudado el vestido, se lo presentaron*.

15. Le dijo Faraón: He tenido unos sueños, y no hay quien acierte a explicarlos: he oído de ti que tienes gran luz para interpretarlos.

16. Contestó José: No seré yo, sino Dios, quien responderá favorablemente al faraón*.

17. Refirió, pues, el faraón, lo que había visto: Parecíame, dijo, que estaba sobre la ribera del río,

18. y que subían de la orilla de él siete vacas hermosísimas y en extremo gordas, las cuales en los pastos de la laguna despuntaban la hierba verde;

19. cuando he aquí que salían tras ellas otras siete tan feas y en tanto grado macilentas, que nunca las vi tales en tierra de Egipto,

20. las cuales, después de haber devorado y consumido a las primeras,

21. ningún indicio dieron de la hartura, sino que al contrario se paraban yertas con la misma flaqueza de antes. Desperté después, pero vencido otra vez del sueño,

---

14. *Sal 105* (*104*), 20.

16. Manifiesta José que solamente de Dios puede venir a los hombres el conocimiento del futuro.

22. vi en sueños también cómo brotaban de una sola caña siete espigas llenas y hermosísimas;

23. al mismo tiempo nacían de otra caña otras siete delgadas y requemadas del viento abrasador,

24. las cuales se tragaron a las primeras con toda su lozanía. He referido a los adivinos el sueño, y no hay quien me lo declare.

25. Respondió José: Los dos sueños del rey significan una misma cosa: lo que Dios ha de hacer lo ha mostrado al faraón.

26. Las siete vacas hermosas, y las siete espigas llenas, siete años son de abundancia; y contienen una misma significación del sueño.

27. También las siete vacas flacas y extenuadas que salieron en pos de aquéllas, y las siete espigas delgadas quemadas del viento abrasador, son siete años de hambre que han de venir.

28. Los que se cumplirán con este orden.

29. Vendrán primero siete años de gran fertilidad en toda la tierra de Egipto,

30. a los cuales sucederán otros siete años de tanta esterilidad, que hará olvidar toda la anterior abundancia; por cuanto el hambre ha de asolar toda la tierra,

31. y la extrema carestía absorberá la extraordinaria abundancia.

32. En orden al segundo sueño que has tenido de la misma significación, denota la certidumbre de que la palabra de Dios tendrá efecto, y se cumplirá cuanto antes.

33. Ahora, pues, elija el rey un varón sabio y activo, y dele autoridad en toda la tierra de Egipto;

34. el cual establezca intendentes en todas las provincias, y haga recoger en los graneros la quinta parte de los frutos durante los siete años de fertilidad,

35. que ya van a comenzar; y enciérrese todo el grano a disposición del faraón, y guárdese en las ciudades,

36. y esté preparado para el hambre venidera de siete años que ha de afligir a Egipto, y con eso no se asolará el país por la carestía.

José gobernador de Egipto

37. Pareció bien el consejo al faraón, y a todos sus ministros,

38. y les dijo: ¿Por ventura podremos hallar un varón como éste, tan lleno del espíritu de Dios?

39. Dijo, pues, a José: Ya que Dios te ha manifestado todas las cosas que acabas de decir, ¿podré yo acaso encontrar otro más sabio o igual a ti?

40. Tú tendrás el gobierno de mi casa, y al imperio de tu voz, obedecerá el pueblo todo; no tendré yo sobre ti más precedencia que la del solio real*.

41. Añadió el faraón a José: Mira que te hago virrey de toda la tierra de Egipto.

42. Y luego se quitó el anillo del dedo y se lo puso a José, y le vistió de una ropa talar de lino finísimo, y le puso alrededor del cuello un collar de oro.

43. Y lo hizo subir en su segunda carroza, gritando un heraldo o rey de armas, que todos hincasen delante de él la rodilla, y supiesen que estaba constituido gobernador de toda la tierra de Egipto.

44. Dijo aún más el rey a José: Yo soy faraón; sin tu orden ninguno ha de mover pie ni mano en toda la tierra de Egipto.

45. Le mudó también el nombre, llamándole en lengua egipcia Salvador del mundo. Y le dio por mujer a Asenet, hija de Putifare, sacerdote de Heliópoli. Después de esto salió José a visitar la tierra de Egipto,

46. (treinta años tenía cuando fue presentado a Faraón), y dio la vuelta por todas las provincias de Egipto.

47. Vino, pues, la fertilidad de los siete años; y reducidas las mieses a gavillas, fueron recogidas en los graneros de Egipto.

48. Y en cada ciudad fue depositada la gran abundancia de grano de sus contornos;

49. y fue tanta la cosecha que hubo de trigo, que igualaba a las arenas del mar y excedía a toda medida.

50. Antes que viniese la carestía, le nacieron a José dos hijos, que le parió Asenet hija de Putifare, sacerdote de Heliópoli*.

51. Y al primogénito puso por nombre Manasés, diciendo: Dios me ha hecho olvidar de todos mis trabajos, y de la casa de mi padre.

52. Al segundo puso por nombre Efraín, diciendo: Dios me ha prosperado en la tierra donde entré pobre y esclavo.

---

40. 1. *Mac* 2, 53; *Hech* 7, 10.
50. *Gen* 46, 20; 48, 5.

53. Pasados en fin los siete años que hubo de abundancia en Egipto,

54. comenzaron a venir los siete años de carestía que había profetizado José, y el hambre afligió a todo el mundo; mas en toda la tierra de Egipto había pan.

55. Pero cuando los egipcios sintieron el hambre, clamó el pueblo al faraón pidiendo víveres. Al cual él respondió: Acudid a José, y haced cuanto él os dijere.

56. Creciendo, pues, el hambre cada día en toda la tierra, abrió José todos los graneros y empezó a vender los granos a los egipcios; porque también a ellos les había ya alcanzado el hambre.

57. Y venían a Egipto todas las provincias vecinas, para comprar víveres y aliviar la pena de la carestía.

42

Los hermanos de José acuden a comprar trigo. Cómo los trató José, a cuyos pies se arrodillaron

---

1. Y oyendo Jacob que se vendían víveres en Egipto, dijo a sus hijos: ¿Por qué os estáis sin hacer ninguna diligencia?

2. He oído que se vende trigo en Egipto; bajad allá, y compradnos lo necesario, para que podamos vivir, y no muramos de hambre.

3. Bajando, pues, diez hermanos de José a comprar granos en Egipto,

4. retenido en casa Benjamín por Jacob, que dijo a sus hermanos: No sea que le suceda en el camino algún desastre.

5. Entraron en la tierra de Egipto con otras gentes que iban también a comprar; porque se sentía el hambre en la tierra de Canaán.

6. Y en la tierra de Egipto mandaba José, y a su arbitrio se vendían los granos a los pueblos. Pues como sus hermanos le hubiesen adorado,

7. y José, los conoció a ellos, hablándoles con alguna aspereza como a extraños, les preguntó: ¿De dónde venís vosotros? De la tierra de Canaán, respondieron, a comprar lo necesario para el sustento.

8. Y aunque conoció José a sus hermanos, no fue conocido de ellos.

9. Entonces, acordándose de los sueños que había tenido en otro tiempo, les dijo: Vosotros sois espías que habéis venido a reconocer los parajes menos fortificados de la tierra.

10. Señor, no es así, respondieron ellos; sino que tus siervos han venido a comprar qué comer.

11. Todos somos hijos de un mismo padre: venimos en paz, ni tus siervos maquinan mal alguno.

12. José les respondió: No, antes muy al contrario, vosotros habéis venido a observar los lugares indefensos de este país.

13. Mas ellos dijeron: Somos nosotros siervos tuyos, doce hermanos, hijos de un mismo padre, en la tierra de Canaán; el más chico queda con nuestro padre, el otro ya no existe.

14. Ahora me confirmo, dijo José, en lo que tengo dicho: Espías sois.

15. Desde luego voy a probar si decís la verdad: por vida del faraón que no saldréis de aquí hasta tanto que comparezca ese vuestro hermano más chico.

16. Enviad uno de vosotros que le traiga; y vosotros, entre tanto, quedaréis presos, mientras se averigua si son falsas o verdaderas las cosas que habéis dicho; cuando no, por vida del faraón que espías sois.

17. En consecuencia los metió en la cárcel por tres días.

18. Pero al tercero, sacándolos de ella, dijo: Haced lo que os he dicho, y quedaréis con vida; porque yo temo a Dios.

19. Si sois gente de paz, quede atado en la cárcel un hermano vuestro; y vosotros id a llevar a vuestras casas los granos que habéis comprado,

20. y traedme a vuestro hermano menor, para que yo pueda certificarme de vuestros dichos y vosotros no seáis condenados a muerte. Lo hicieron como él decía*,

21. y conversaban entre sí, diciendo: Justamente padecemos lo que padecemos*, por haber pecado contra nuestro hermano, y porque al ver las angustias de su alma, cuando nos rogaba que tuviésemos compasión de él, nosotros no le escuchamos; por esto nos ha sobrevenido esta tribulación.

---

20. *Gen 43*, 5.

21. San Gregorio afirma *que la pena abre los ojos que la culpa había cerrado.* Habían pasado ya unos veintitrés años de haber sido vendido José.

22. Uno de ellos, Rubén, dijo: ¿Por ventura no os dije yo entonces: No cometáis ese crimen contra el muchacho, y no hicisteis caso? Mirad cómo Dios nos demanda su sangre*.

23. No sabían ellos que José los entendía, pues les hablaba por intérprete.

24. Y se retiró por un poco de tiempo, y lloró; y habiendo vuelto, les habló otra vez.

25. E hizo prender a Simeón, y atarle en presencia de ellos; y mandó a los ministros que les llenasen de trigo los costales, y el dinero de cada uno lo metiesen dentro de los sacos, dándoles además víveres para el camino; los cuales así lo hicieron.

26. Con esto, cargando ellos el grano en sus jumentos, marcharon.

27. En la posada, abriendo uno de ellos el costal para dar un pienso al jumento, visto el dinero en la boca del saco,

28. dijo a sus hermanos: Me han vuelto el dinero; vedle aquí en el saco. Ellos, atónitos y sobresaltados, se dijeron unos a otros: ¿Qué es esto que ha hecho Dios con nosotros?

29. Llegaron, en fin, a su padre Jacob, en el país de Canaán, y le contaron todo lo acontecido, diciendo:

30. El señor de aquella tierra nos habló con aspereza, y pensó que íbamos a espiar el país.

31. Nosotros le respondimos: Somos gente de paz, no maquinamos asechanza alguna.

32. Doce hermanos fuimos hijos de un mismo padre: uno ya no existe y el más pequeño está con nuestro padre en tierra de Canaán.

33. Nos dijo él: De este modo averiguaré si sois gente de paz: dejad en mi poder un hermano vuestro, y tomad los víveres que necesitéis para vuestras familias, e idos,

34. y traedme vuestro hermano el más pequeño, a fin de que yo conozca que no sois espías, y vosotros podáis recobrar a éste que queda preso, y en adelante tengáis facultad de venir a comprar aquí lo que quisiereis.

35. Dicho esto, al vaciar los granos, todos hallaron atado el dinero en la boca de los costales; y todos a una quedaron asombrados*.

36. Les dijo entonces su padre Jacob: Vosotros me habéis dejado sin hijos. José ya no existe; Simeón está en cadenas; y queréis aun quitarme a Benjamín; todos estos desastres han recaído sobre mí.

37. Le respondió Rubén: Quita la vida a mis dos hijos si yo no te le devolviere; entrégamele a mí, que yo te le restituiré.

38. Pero Jacob replicó: No irá mi hijo con vosotros; su hermano murió, y ha quedado sólo éste; si le acaeciere algún desastre en el país a donde vais, precipitaréis con la pesadumbre mis canas en el sepulcro.

22. *Gen 37*, 22.
35. *Gen 43*, 21

43

Vuelven los hermanos de José a Egipto. Los recibe José con mucha afabilidad y les da un banquete

1. Entretanto el hambre afligía cruelmente la tierra toda.

2. Y consumidos los víveres traídos de Egipto, Jacob dijo a sus hijos: Volved a comprar algunos víveres.

3. Respondió Judá: Aquel señor que manda allí, nos intimó con protesta de juramento diciendo: No veréis mi cara si no traéis con vosotros a vuestro hermano menor.

4. En este supuesto, si quieres enviarle con nosotros, marcharemos juntos y te traeremos lo necesario;

5. pero si no te determinas a enviarle, no iremos; porque el señor aquel, como tantas veces hemos dicho, nos declaró con palabras formales que no esperásemos ver su cara sin llevar nuestro hermano más mozo*.

6. Les dijo Israel: Para desdicha mía le hicisteis saber que todavía teníais otro hermano.

7. Mas ellos respondieron: Nos examinó aquel señor punto por punto acerca de nuestra familia, si el padre vivía, si teníamos otro hermano; y nosotros le respondimos consiguientemente según el interrogatorio que nos hizo. ¿De dónde podíamos saber que nos hubiese de decir: Traedme con vosotros a vuestro hermano?

8. Judá dijo también a su padre. Envía conmigo el chico, para que podamos ponernos luego en camino, y conservar la

5. *Gen 42*, 20.

vida y no perezcamos nosotros y nuestros niños.

9. Yo respondo del muchacho; pídeme a mí cuenta de él; si no te lo volviere a traer y pusiere en tus manos, consiento en que jamás me perdones ese pecado*.

10. Si no fuera por esta demora, estaríamos ya otra vez de vuelta.

11. Al fin Israel su padre les dijo: Si así es preciso, haced lo que quisiereis. Tomad en vuestras vasijas de los frutos más exquisitos de esta tierra, para ofrecer presentes a aquel señor: un poco de resina o bálsamo, y de miel, y de estoraque, y de lágrimas de mirra y de terebinto y almendras.

12. Llevad también doblada cantidad de dinero, y volved aquel otro que hallasteis en los sacos; no sea que haya sucedido eso por equivocación.

13. En fin, llevaos a vuestro hermano, e id a aquel señor.

14. Ojalá el Dios mío todopoderoso os le depare propicio, y deje volver con vosotros a vuestro hermano que tiene allí preso, y a este mi Benjamín. Y entretanto yo quedaré como huérfano sin hijos.

15. Tomaron, pues, éstos los regalos y doble dinero, y a Benjamín, y bajaron a Egipto, y se presentaron a José.

José y Benjamín

16. El cual luego que los vio, y a Benjamín con ellos, dio esta orden a su mayordomo: Mete esos hombres en mi casa, y degüella víctimas, y dispón un convite, porque a mediodía han de comer conmigo.

17. El mayordomo ejecutó lo que se le había mandado, y los hizo entrar en casa.

18. Ellos con eso atemorizados, se decían uno al otro: Por el dinero que nos hallamos la otra vez en nuestros costales, nos meten aquí, con el fin de hacer caer más sobre nosotros la calumnia, y sujetarnos a la esclavitud, y apoderarse de nuestros jumentos.

19. Por lo cual, en la misma puerta, llegándose al mayordomo de la casa,

20. le dijeron: Te suplicamos, señor, que nos escuches. Ya otra vez hemos venido a comprar granos,

21. y después de comprados, así que llegamos al mesón, abrimos nuestros costales y encontramos el dinero en la boca de los sacos, el cual devolvemos ahora del mismo peso o valor.

22. Además de éste traemos otro para comprar lo que necesitamos; no hemos podido saber quién le metió en nuestras bolsas.

23. A lo que respondió el mayordomo: Estad tranquilos; no tenéis que temer; vuestro Dios, y el Dios de vuestro padre, os ha puesto esos tesoros en vuestros sacos; pues el dinero que me disteis, lo tengo ya abonado, y me doy por satisfecho. Dicho esto, les presentó libre a Simeón.

24. Y después de introducidos en casa, les trajo agua con que lavaron sus pies, y dispuso que se diese pienso a los jumentos.

25. Ellos, por su parte, disponían los presentes para cuando entrase José al mediodía; porque habían oído que tenían que comer allí.

26. Entró, pues, José en su casa, y le ofrecieron los presentes, teniéndolos en sus manos, y le adoraron postrados en tierra.

27. Pero él, resaludándolos con afabilidad, les preguntó: ¿Goza de salud vuestro anciano padre, de quien me hablasteis? ¿Vive todavía?

28. A lo que respondieron: Salud goza vuestro siervo, nuestro padre; aún vive. Y otra vez inclinados le adoraron.

29. En esto, alzando José los ojos, vio a Benjamín, su hermano uterino, y dijo: ¿Es ése vuestro hermano el pequeño, de quien me hablasteis? E inmediatamente añadió: Dios te dé su gracia, hijo mío y te bendiga.

30. Y se retiró a toda prisa, porque se le conmovieron las entrañas a causa de su hermano, y se le saltaban las lágrimas; y entrando en su gabinete, prorrumpió en llanto.

31. Y saliendo fuera otra vez, después de haberse lavado la cara, se reprimió y dijo a sus criados: Traednos de comer.

32. Puestas, pues, separadamente las mesas, una para José, otra para sus hermanos, y la tercera para los egipcios también convidados, (pues no es lícito a los egipcios comer con los hebreos, y tienen por profano semejante banquete)

33. se sentaron en presencia de José, primero el primogénito según su mayoría, y

---

9. *Gen 44*, 32.

últimamente el más pequeño según su edad. Y estaban en extremo maravillados,

34. al ver que de las porciones que habían recibido de él, cupo la mayor a Benjamín, por manera que era cinco veces mayor que la de los otros. Y bebieron, y se alegraron en su compañía.

44

José manda que escondan su copa en el saco de Benjamín; lo sucedido con este motivo

1. Y dio José esta orden a su mayordomo, diciéndole: Llénales de trigo los costales, hasta que no quepa más, y pon el dinero de cada uno en la boca del saco.

2. Pon además mi copa o vaso de plata en la boca del costal del más mozo, junto con el dinero que ha dado por el trigo. Y se ejecutó así:

3. Al romper el día fueron despachados con sus jumentos.

4. Ya habían salido de la ciudad y caminando algún trecho, cuando José llamando al mayordomo: Marcha, le dijo, ve corriendo en seguimiento de ellos; y alcanzados que sean, diles: ¿Cómo habéis vuelto mal por bien?

5. La copa que habéis hurtado, es la misma en que mi amo bebe, y de que suele servirse para adivinar, y para saber ahora lo que sois. Os habéis portado pésimamente.

6. El mayordomo ejecutó puntualmente la orden. Y habiéndolos alcanzado, se lo repitió palabra por palabra.

7. Mas ellos respondieron: ¿Por qué habla así mi señor, como si sus siervos hubiesen cometido una maldad tan grande?

8. El dinero que hallamos en la boca de nuestros sacos, te lo volvimos a traer desde la tierra de Canaán; ¿cómo cabe, pues, que nosotros hayamos robado oro ni plata de casa de tu amo?

9. Cualquiera de tus siervos, en cuyo poder fuere hallado lo que buscas, muera, y nosotros quedaremos por esclavos del señor nuestro.

10. Bien está, respondió el mayordomo: Ejecútese vuestra sentencia; pero no: cualquiera en cuyo poder se hallare, será mi esclavo, y los demás quedaréis libres.

11. Con lo que echando a toda prisa los costales en tierra, abrió cada uno el suyo.

12. Y el mayordomo, habiéndoles registrado, empezando por el del mayor, hasta llegar al del más mozo, halló la copa en el costal de Benjamín.

13. Pero, ellos, rasgando sus vestidos y cargados otra vez los jumentos volvieron a la ciudad.

14. Judá el primero, seguido de los hermanos, entró en casa de José (que no se había movido de ella), y todos a una se postraron en tierra.

15. Les dijo José: ¿Por qué os habéis atrevido a hacer tal cosa? ¿No sabéis que no hay hombre semejante a mí en la ciencia de adivinar?

16. Al cual contestó Judá: ¿Qué responderemos a mi señor?; ¿o qué hablaremos, ni de qué modo podremos justificarnos? Dios ha manifestado la ocasión de castigar la iniquidad de tus siervos; esclavos somos todos ya de mi señor, tanto nosotros como aquel en cuyo poder se ha encontrado la copa.

17. Respondió José: Líbreme Dios de hacer tal cosa; el que robó mi copa, ése sea mi esclavo; mas vosotros id libres a vuestro padre.

Judá ruega por Benjamín

18. Entonces Judá, acercándose más a José, dijo alentadamente: Permite, ¡oh señor mío!, que tu siervo hable una palabra en tus oídos, y no te enojes contra tu esclavo, porque tú eres después del faraón.

19. Tú, señor mío, la primera vez preguntaste a tus siervos: ¿Tenéis padre u otro hermano*?

20. Y nosotros, mi señor, te respondimos: Tenemos un padre anciano y un hermano más pequeño, que le nació en su vejez, cuyo hermano uterino es muerto; y éste sólo queda de su madre, por lo que le ama su padre tiernamente.

21. Y dijiste a tus siervos: Traédmele acá que quiero verle.

22. Mas respondimos a mi señor: No puede el chico dejar a su padre; porque si le deja, le costará al padre la vida.

23. Pues si no viniere vuestro hermano

19. *Gen 42,* 11, 13.

menor con vosotros, nos dijiste tú a tus siervos, no tenéis que volver a mi presencia.

24. Con esto, habiendo llegado a casa de nuestro padre y siervo tuyo, le contamos todas las cosas que habló mi señor.

25. Y como nuestro padre, pasado algún tiempo nos dijese: Volved a Egipto y compradnos un poco de trigo,

26. le respondimos: No podemos ir allá solos: si nuestro hermano menor viene con nosotros, iremos juntos; de lo contrario, sin él, no tenemos valor para presentarnos ante aquel señor.

27. A lo que respondió: Vosotros sabéis que he tenido dos hijos de mi esposa Raquel:

28. Uno salió de casa y dijisteis: Una fiera se lo ha devorado; y hasta ahora no apareció*.

29. Si os lleváis también a éste, y le sucede algún azar en el camino, seréis causa de que mis canas desciendan con dolor a la sepultura.

30. Si yo voy, a casa de tu siervo, nuestro padre, y no llevo a este muchacho (de cuya vida está pendiente la del padre),

31. luego que vea que no vuelve con nosotros, morirá; y tus siervos abrumarán su vejez con tan grande dolor, que le conducirá al sepulcro.

32. Sea yo personalmente tu esclavo, yo que le he recibido a mi cargo y salí por fiador, habiendo dicho: Si no te le restituyere, seré para siempre reo de pecado contra mi padre.

33. Por tanto yo quedaré por esclavo tuyo y serviré a mi señor en lugar del muchacho, a fin de que pueda éste volverse con sus hermanos.

34. Porque yo no puedo volver a mi padre sin el muchacho, por no presenciar la extrema aflicción que ha de acabar con él.

45

José se da a conocer a sus hermanos. Enterado el faraón, dispone que Jacob venga a Egipto

---

1. Ya no podía José contenerse más en presencia como estaba de mucha gente; por lo que mandó que todos se retirasen, para que ningún extraño asistiese al mutuo reconocimiento.

2. Y luego prorrumpió en llantos a voz en grito, que oyeron los egipcios y toda la familia del faraón.

3. En seguida dijo a sus hermanos: Yo soy José. ¿Y vive todavía mi padre? No podrían sus hermanos responderle, a causa de su gran terror y espanto.

4. Mas él, con semblante apacible: Llegaos a mí, les dijo; y habiéndose ellos acercado, añadió: Yo soy José vuestro hermano, a quien vendisteis para ser traído a Egipto*.

5. No temáis, ni os desconsoléis por haberme vendido para estas regiones*; porque por vuestro bien dispuso Dios que viniese yo antes que vosotros a Egipto.

6. Porque dos años ha que comenzó la carestía en el país, y aún restan cinco en que no habrá siembra, ni siega.

7. Así que el Señor me ha enviado delante a fin de que vosotros os conservéis sobre la tierra, y tengáis alimento para sostener la vida.

8. No he sido enviado acá por designio vuestro, sino por voluntad de Dios; el cual ha hecho que yo sea como padre del faraón*, y dueño de su casa toda, y príncipe en toda la tierra de Egipto.

9. Apresuraos, y volved luego a mi padre, y decidle: Esto te envía a decir tu hijo José: Dios me ha hecho como señor en toda la tierra de Egipto; ven a mí, no te detengas,

10. y habitarás en la tierra de Gesén; y estarás cerca de mí, tú y tus hijos, y los hijos de tus hijos, tus ovejas y ganados mayores, y todo cuanto posees.

11. Y allí te alimentaré (pues faltan todavía cinco años de hambre), para que no perezcáis tú, y tu familia, y todo lo que posees.

12. Reparad que vuestros ojos, y los ojos de mi querido hermano Benjamín, están viendo que soy yo quien os hablo en persona.

13. Referid a mi padre toda la gloria mía, y todas cuantas cosas habéis visto en Egipto; apresuraos, y conducídmele aquí.

---

28. *Gen 37*, 20, 33.

4. *Hech 7*, 13.
5. *Gen 50*, 20.
8. Antiguamente los reyes daban el nombre de *padres suyos* a sus principales consejeros. *2 Cro 2*, 13; *Est 2*, 6.

14. Y arrojándose sobre el cuello de su hermano Benjamín, abrazados con él echó a llorar, llorando éste igualmente sobre su cuello.

15. Besó también José a todos sus hermanos, llorando sobre cada uno de ellos; después de cuyas demostraciones cobraron aliento para conversar con él.

Regreso a Canaán

16. Al punto corrió la voz y se divulgó generalmente esta noticia en el palacio del rey: Han venido los hermanos de José; y se holgó de ellos el faraón y toda su corte.

17. Y así dijo a José que diese a sus hermanos esta orden expresa: Cargad los jumentos y marchad a tierra de Canaán;

18. y sacad de allí a vuestro padre, y la parentela, y venid a mí, que os daré todos los bienes de Egipto, para que os alimentéis de lo mejor y más precioso de la tierra.

19. Ordénales asimismo que lleven carros de la tierra de Egipto, para el transporte de sus niños y mujeres, y diles: Tomad a vuestro padre y apresuraos a venir cuanto antes,

20. sin dejar nada de vuestros ajuares; porque todas las riquezas de Egipto serán vuestras.

21. E hicieron los hijos de Israel así como se les mandó. Y les dio José, según la orden del faraón, carros y víveres para el camino.

22. Mandó también presentar a cada uno dos vestidos; pero a Benjamín le dio cinco muy preciosos, con trescientas monedas de plata.

23. Remitió para su padre igual cantidad de dinero y de vestidos, a más de diez asnos cargados de toda especie de preciosidades de Egipto, y otras tantas borricas que llevasen trigo y panes para el camino.

24. Con esto despidió a sus hermanos; y cuando partían, les dijo: No tengáis disputas entre vosotros en el camino.

25. Ellos, subiendo de Egipto, vinieron a la tierra de Canaán a Jacob, su padre.

26. Y le dieron la nueva, diciendo: Vive tu hijo José; y él es el señor que manda en toda la tierra de Egipto. Oído esto, Jacob, como quien despierta de un profundo letargo, no acababa de creerles.

27. Ellos, para convencerle, le relataban todo lo sucedido. Mas cuando hubo visto los carros y todo el aparato de las cosas remitidas, vivió su espíritu,

28. y dijo: Bástame a mí que viva todavía José, el hijo mío. Iré, y le veré antes que me muera.

46

Parte Jacob a Egipto, después de haberle Dios renovado las promesas. José sale hasta Gesén

1. Puesto Israel en camino con todos sus haberes, vino al Pozo del Juramento*; donde después de inmoladas víctimas al Dios de su padre Isaac,

2. oyó en una visión de noche a Dios, que le llamaba, y decía: ¡Jacob, Jacob! Al cual respondió: Aquí me tienes.

3. Le dijo Dios: Yo soy el fortísimo Dios de tu padre; no tienes que temer. Desciende a Egipto, que allí te haré cabeza de una nación grande.

4. Yo iré allá contigo, y seré tu guía cuando vuelvas. Y José cerrará tus ojos, así que mueras.

5. Partió, pues, Jacob del Pozo del Juramento, y sus hijos le llevaron junto con los niños y mujeres, en los carros remitidos por el faraón para conducir al anciano*,

6. y todo cuanto tenía en la tierra de Canaán. Y llegó a Egipto con toda su descendencia*,

7. sus hijos y nietos, e hijas, y toda la familia entera.

8. He aquí los nombres de los hijos de Israel, al entrar él con toda su familia en Egipto*. El primogénito Rubén.

9. Hijos de Rubén: Enoc, y Fallú, y Hesrón y Carmí.

10. Hijos de Simeón: Jamuel y Jamín, y Ahod, y Jaquin, y Sohar y Saúl, hijo de la cananea.

11. Hijos de Leví: Gerson y Caat y Merari.

12. Hijos de Judá: Her, y Onán, y Sela, y Fares y Zara; si bien Her y Onán habían

---

1. A Bersabee. *Gen 21*, 31.
5. *Hech 7*, 15.
6. *Jos 24*, 4; *Sal 105* (*104*), 23; *Is 52*, 4.
8. *Ex 1*, 2; *6*, 14; *Num 26*, 5; 1 *Cro 5* , 1, 3.

muerto en la tierra de Canaán. A Fares le nacieron Hesrón y Hamul.

13. Hijos de Isacar: Tola, y Fua, y Job y Semrón.

14. Hijos de Zabulón: Sared, y Elón y Jahelel.

15. Estos son los hijos de Lía, que los parió en Mesopotamia de Siria, como también a Dina, hija suya. Todos sus hijos e hijas eran treinta y tres personas.

16. Hijos de Gad: Sefión, y Haggi, y Suni, y Esebón, y Heri, y Arodi y Areli.

17. Hijos de Haser: Jamne, y Jesua, y Jesui y Beria con su hermana Sara. Hijos de Beria: Heber y Melquiel.

18. Estos son los hijos de Zelfa, la criada que dio Labán a su hija Lía; y en los cuales dio Jacob dieciséis personas.

19. Hijos de Raquel, esposa de Jacob: José y Benjamín.

20. A José le nacieron en tierra de Egipto: Manasés y Efraín, que se los parió Asenet, hija de Putifare, sacerdote de Heliópoli*.

21. Hijos de Benjamín: Bela, y Becol, y Asbel, y Gera, y Naamán, y Equi, y Ros, y Mofín, y Ofim y Ared.

22. Estos son los hijos que parió Raquel a Jacob: entre todos, catorce personas.

23. Hijos de Dan: Husín.

24. Hijos de Neftalí: Jasiel y Guni, y Jeser y Sallem.

25. Estos son los hijos de Bala, la cual Labán había dado a Raquel, su hija, que eran también hijos de Jacob: todos siete personas.

26. Todas las almas que entraron en Egipto con Jacob, descendientes del mismo, sin contar las mujeres de sus hijos, fueron sesenta y seis.

27. Los hijos de José que le nacieron en Egipto, eran dos. Con que todas las personas de la casa de Jacob, entradas en Egipto, vinieron a ser setenta.

Encuentro de Jacob y José

28. Jacob, pues, envió a Judá delante de sí para avisar a José, a fin de que saliese a su encuentro en la tierra de Gesén;

29. a donde después que Jacob llegó, subió José en su carroza, y fue a encontrar a su padre en este mismo lugar. Viéndole, se arrojó sobre su cuello, y deshaciéndose en lágrimas, le abrazó.

30. Y dijo el padre a José: Ya moriré contento, porque he visto tu rostro y te dejo vivo.

31. Dijo luego José a sus hermanos y a toda la familia de su padre: Voy a dar parte a Egipto, y le diré: Mis hermanos y la familia de mi padre, que moraban en la tierra de Canaán, han venido a mí.

32. Ellos son pastores de ovejas, y se ocupan en criar ganados; han conducido consigo sus rebaños y ganados mayores, y todas las cosas que pudieron adquirir.

33. Ahora bien, cuando él los llamare y dijere: ¿Cuál es vuestro oficio?

34. Habéis de responder: Nosotros, tus siervos, somos pastores desde nuestra niñez hasta el presente, así como lo fueron nuestros padres. Esto le diréis a fin de poder quedaros en esta tierra de Gesén; porque los egipcios miran con cierta abominación a todos los pastores de ovejas.

47 *José presenta a su padre y a cinco de sus hermanos al faraón, que les da la tierra de Gesén*

1. Fue pues José, a dar parte al faraón, diciéndole: Mi padre y hermanos con sus ovejas y ganados mayores y cuanto poseen, han venido del país de Canaán, y están detenidos en la tierra de Gesén.

2. Al mismo tiempo presentó al rey cinco de sus hermanos, los últimos,

3. a los cuales preguntó el faraón: ¿Qué oficio tenéis? Y respondieron: Tus siervos somos pastores de ovejas, así nosotros como nuestros padres.

4. Hemos venido para vivir algún tiempo en tu tierra; porque en el país de Canaán no hay hierba para los ganados de tus siervos; y va creciendo el hambre; y te pedimos que nos permitas a tus siervos estar en la tierra de Gesén.

5. El rey dijo a José: Tu padre y tus hermanos han venido a ti.

6. La tierra de Egipto a tu vista y disposición la tienes; dales para habitar el mejor sitio, y sea enhorabuena la tierra de Gesén. Y si conoces que hay entre ellos sujetos capaces, ponlos por mayorales de mis ganados.

---

20. *Gen 41.* 50; *48,* 5.

7. Después de esto, introdujo José a su padre y le presentó al rey, Jacob le saludó deseándole toda suerte de felicidades;

8. y siendo preguntado por él: ¿Cuántos son los días de tu vida?

9. Respondió: Los días de mi peregrinación son ciento treinta años pocos y trabajosos, y no han llegado a los días de la peregrinación de mis padres*.

10. Con esto, después de haber deseado al rey toda suerte de felicidades, se retiró.

11. José según lo acordado con el faraón, dio a su padre y hermanos la posesión de Ramesés, país el más fértil de Egipto.

12. Y los alimentaba a ellos y a toda la familia de su padre, dando a cada uno lo necesario para vivir.

13. Porque faltaba el pan en todo el mundo*, y el hambre tenía oprimida toda la tierra, en especial la de Egipto y la de Canaán,

14. de cuyos países, habiendo recogido José todo el dinero por la venta de trigo, lo puso en el erario del rey.

José aumenta las riquezas del faraón

15. Y como hubiese ya llegado a faltar el dinero a los compradores, acudió todo Egipto a José, diciendo: Danos pan; ¿por qué nos has de dejar perecer delante de ti, por falta de dinero?

16. José les respondió: Si no tenéis más dinero, traed vuestros ganados, y por ellos os daré víveres.

17. Y habiéndolos traído, les dio alimento en pago de los caballos, y de las ovejas, y de los bueyes y de los asnos; y los sustentó aquel año en cambio de los ganados.

18. Volvieron asimismo al año segundo, o siguiente, y le dijeron: No te ocultaremos, señor nuestro, que no nos queda ni ganado, ni dinero; y bien ves que a excepción de nuestros cuerpos, y de la tierra, nada más tenemos.

19. ¿Por qué, pues, nos dejarás morir delante de tus ojos? Tanto nosotros, como nuestras tierras, seremos tuyos; cómpranos para servicio del rey, y danos con qué sembrar, no sea que pereciendo los labradores, quede la tierra despoblada.

20. Compró, pues, José todas las tierras de Egipto, vendiendo cada uno sus posesiones a causa del rigor del hambre; y las adquirió para el faraón,

21. con todos sus pueblos, desde un cabo de Egipto hasta el otro,

22. excepto las tierras de los sacerdotes que el rey les había dado; a los cuales también se les distribuía cierta cantidad de alimentos de los graneros públicos; y por consiguiente, no se vieron forzados a vender sus heredades.

23. Después de esto, dijo José a los pueblos: Ya veis que el faraón queda dueño de vosotros y de vuestras tierras. Tomad semillas y sembrad los campos,

24. para que podáis tener frutos. Daréis al rey la quinta parte; las otras cuatro os las dejo para simiente y mantenimiento de las familias y de vuestros hijos.

25. La vida nos has dado, respondieron ellos; con que nos mire favorablemente el señor nuestro, alegres serviremos al rey.

26. Desde aquel tiempo hasta el día de hoy, se paga el quinto a los reyes en toda la tierra de Egipto, lo que ha venido a ser como ley; salvo las tierras de los sacerdotes, las cuales quedaron exentas de esta contribución.

27. Fijó, pues, Israel su morada en Egipto, es a saber, en la tierra de Gesén, cuya posesión se le dio, donde se aumentó y multiplicó sobremanera.

28. Y vivió en ella 17 años; con lo que todos los días de su vida fueron cientocuarenta y siete años.

29. Pero como viese que se acercaba el día de su muerte, llamó a su hijo José y le dijo: Si es que me amas de veras, pon tu mano debajo de mi muslo*, y me harás la merced de prometerme con toda verdad, que no me darás sepultura en Egipto,

30. sino que iré a descansar con mis padres; y sacándome de esta tierra, me pondrás en el sepulcro de mis antepasados.

---

9. Los patriarcas se consideraban extranjeros en este mundo, pues aspiraban a otra vida y patria verdadera, caminando hacia la Jerusalén celestial. *Hebr 11*, 13.

13. Es una hipérbole, que quiere decir, en Egipto y países circunvecinos.

29. Es un *modo característico de jurar*. Los santos padres han querido decir que el *Mesías* nacería del *linaje de Jacob*. Gen *24*, 2.

Le respondió José: Yo cumpliré lo que has mandado.

31. Y Jacob: Júramelo pues. Y mientras José juraba, Israel adoró a Dios vuelto hacia la cabecera de la cama.

48 *Bendición que da Jacob a los dos hijos de José, a quienes adopta, anteponiendo el menor al mayor*

1. Después de estos sucesos, fue José avisado de que su padre estaba enfermo; y tomando consigo a sus dos hijos Manasés y Efraín, se puso luego en camino.

2. Le dijeron al anciano: Mira que tu hijo José viene a verte. Y Jacob tomando aliento, se incorporó en la cama,

3. y dijo a José luego que hubo entrado: El Dios todopoderoso se me apareció en Luza, ciudad de la tierra de Canaán, y bendiciéndome*,

4. me dijo: Yo te aumentaré y multiplicaré, y te haré padre de muchísimos pueblos; y te daré esta tierra a ti y a tu descendencia después de ti, en perpetuo dominio.

5. Por tanto, los dos hijos que te han nacido en la tierra de Egipto, antes que yo viniese acá, quiero que sean míos. Efraín y Manasés serán reputados tan míos como Rubén y Simeón*.

6. Los demás que después de éstos tuvieres delante, serán tuyos; y las tierras que poseerán, llevarán el nombre de sus hermanos*.

7. Porque al venir yo de Mesopotamia, se me murió Raquel en la tierra de Canaán en el mismo camino, y era tiempo de primavera; e iba yo a entrar en Efrata, y así la enterré cerca del camino de Efrata, que por otro nombre se llama Bethlehem o Belén*.

8. Y viendo Jacob a los hijos de José, le dijo: ¿Quiénes son ésos?

9. Son mis hijos, respondió José, que Dios me ha dado en este país. Acércamelos, dijo Jacob, que quiero bendecirlos.

10. Porque los ojos de Israel se habían oscurecido a causa de su extremada vejez, y no podía ver con claridad. Habiéndoselos, pues, acercado, los besó y abrazó,

11. y dijo a su hijo: He logrado el gozo de verte; y además de eso me ha hecho Dios la merced de dejarme ver sucesión tuya.

12. José, habiéndolos sacado del regazo de su padre, se inclinó profundamente hasta el suelo.

13. Puso después a Efraín a su derecha, esto es, a la izquierda de Israel; y a Manasés a su siniestra, que corresponde a la derecha del padre, y de esta suerte los arrimó ambos a Jacob.

14. El cual extendiendo la mano derecha, la puso sobre la cabeza del hermano menor Efraín, y la izquierda sobre la cabeza de Manasés, que era el mayor de edad, cruzando las manos de intento.

15. Y bendijo Jacob a los hijos de José, diciendo: El Dios en cuya presencia anduvieron mis padres Abrahán e Isaac, el Dios que me sustenta desde mi juventud hasta el día de hoy*,

16. el ángel que me ha librado de todos los males*, bendiga estos niños; y sea sobre ellos invocado mi nombre, como también los nombres de mis padres Abrahán e Isaac, y multiplíquense más y más sobre la tierra.

17. Pero, reparando José que su padre había puesto la mano derecha sobre la cabeza de Efraín, le sintió mucho, y tomando la mano de su padre, intentó alzarla de sobre la cabeza de Efraín, y trasladarla sobre la cabeza de Manasés,

18. diciendo a su padre: No están así bien las manos, padre; porque este otro es el primogénito: pon tu derecha sobre su cabeza.

19. Mas él, rehusándolo, dijo: Lo sé, hijo mío, lo sé. Este será ciertamente padre de pueblos, y multiplicarse ha; mas su hermano menor será mayor que él, y su linaje se ha de dilatar en naciones.

20. Jacob, pues, los bendijo entonces, diciendo a Efraín: Tú serás modelo de bendición en Israel, y se dirá: Dios te bendiga como a Efraín y como a Manasés. Y antepuso Efraín a Manasés*.

---

3. *Gen 28*, 13.
5. *Gen 41*, 50; *Jos 13*, 7, 29.
6. Es decir, no formarán tribus separadas.
7. *Gen 35*, 19.

15. *Hebr 11*, 21.
16. *Gen 31*, 29; *32*, 2; *Mat 18*, 10.
20. De Efraín salió Josué, que gobernó al pueblo después de Moisés.

21. Dijo, en fin, a su hijo José: Bien ves que me voy a morir; Dios estará con vosotros, y os restituirá a la tierra de vuestros padres.

22. Yo te doy de mejora sobre tus hermanos aquella porción que conquisté del amorreo con mi espada y mi arco*.

49 *Jacob moribundo, bendice a sus hijos. Vaticina lo que había de suceder a sus descendientes*

1. Llamó luego Jacob a sus hijos, y les dijo: Juntaos todos aquí, a fin de que os anuncie las cosas que han de sucederos en los días venideros.

2. Reuníos y oíd, hijos de Jacob; escuchad a Israel, vuestro padre:

3. Rubén, primogénito mío, tú, la fortaleza mía, y el principio de mi dolor, debías ser el más favorecido en los dones y el más grande en autoridad,

4. pero te derramaste como agua; porque subiste al lecho de tu padre y profanaste su tálamo*.

5. Simeón y Leví, hermanos en el crimen, instrumentos belicosos de iniquidad.

6. No permita Dios que tenga yo parte en sus designios, ni empañe mi gloria uniéndome con ellos; porque en los homicidios demostraron su furor, y en la destrucción de una ciudad su venganza.

7. Maldito su furor, porque es pertinaz; y su saña, porque es inflexible*; yo los dividiré en Jacob, y los esparciré por las tribus de Israel*.

8. ¡Oh Judá! A ti te alabarán tus hermanos*; tu mano pondrá bajo el yugo a tus enemigos; adorarte han los hijos de tu padre.

9. Tú, Judá, eres un joven y robusto león; tras la presa corriste, hijo mío; después para descansar, te has echado cual león y a manera de leona. ¿Quién osará despertarle*?

10. EL CETRO NO SERA QUITADO DE JUDA, ni de su posteridad el caudillo, hasta que venga el que ha de ser enviado, y éste será la esperanza de las naciones*.

11. El Mesías o Enviado ligará a la viña su pollino, y a la cepa, ¡oh, hijo mío!, su asna. Lavará en vino su vestido, y en sangre de las uvas su manto.

12. Sus ojos son más hermosos que el vino, y sus dientes más blancos que la leche.

13. Zabulón habitará en la ribera del mar; y donde aportan las naves extendiéndose hasta Sidón*.

14. Isacar será para el trabajo, como asno robusto; se mantendrá en sus términos.

15. Consideró que el reposo o sosiego era una cosa buena: y que su terreno es excelente; y ha arrimado su hombro al trabajo, y sujetándose a pagar tributos.

16. Dan será juez de su pueblo, a la manera de cualquier otra tribu de Israel.

17. Venga a ser Dan como una culebra en el camino, como un ceraste o áspid en la senda, que muerde la uña o pie del caballo, para que caiga de espaldas el jinete.

18. Yo, Señor, aguardaré TU SALUD*.

19. Gad, armado de todo punto, irá peleando a la vanguardia de Israel; y él mismo se dispondrá para volver hacia atrás.

20. El pan de Aser es mantecoso o excelente, y servirá de regalo a los reyes.

21. Neftalí sera como un ciervo que se ve suelto, y la gracia se derramará sobre sus labios.

22. Hijo que va en auge José; hijo que siempre va en auge, y de hermoso aspecto; las doncellas corrieron sobre los muros para mirarle.

23. Pero antes le causaron amarguras y le armaron pendencias, y le miraron con mortal envidia sus hermanos armados de flechas.

24. Apoyó su arco o su confianza en el fuerte Dios, y fueron desatadas las cadenas

---

22. *Jos 16*, 1; *24*, 8; *1 Cro 5*, 1.

4. El *primogénito* tenía una autoridad similar a la de un príncipe sobre sus hermanos, pero aquí vemos transferidos estos derechos a José en razón de la falta de Rubén. *Deut 33*, 6; *Gen 27*, 29; 35, 22.

7. *Gen 34*, 25. *Jos 19*, 1; *21*, 1.

8. De esta tribu nacieron David, Salomón y demás reyes, Zorobabel y finalmente Jesucristo.

9. 1 *Cro 5*, 2.

10. En estas palabras hay una profecía del Mesías y su venida. Consta eso de la tradición, no sólo de la Iglesia cristiana, sino también de la Sinagoga. Así, la tribu de Judá gozó de especial preeminencia. *Num 10*, 14; - *11*, 3; *Jos 16*. Puede decirse que el cetro, o autoridad quedó en Judá hasta que vino Jesucristo. *Mat 2*, 6; *Juan 1*, 45.

13. Doscientos años antes de la conquista de la tierra de Canaán predice Jacob el lugar que le tocará en suerte a sus descendientes.

18. La salud que nos traerá tu Enviado.

de sus brazos y manos por la mano del todopoderoso Dios de Jacob de donde salió para pastor y piedra fundamental de Israel.

25. ¡Oh hijo mío! El Dios de tu padre será tu auxiliador, y el Omnipotente te llenará de bendiciones de lo alto del cielo, de bendiciones de los manantiales de aguas abundantes de acá abajo, de bendiciones de leche y de fecundidad.

26. Las bendiciones que te da tu padre Jacob sobrepujan las bendiciones de sus progenitores, hasta que venga el DESEADO de los collados eternos. Recaigan estas bendiciones sobre la cabeza de José, sobre la cabeza del Nazareno o escogido entre sus hermanos.

27. Benjamín, lobo rapaz, por la mañana devorará la presa, y por la tarde repartirá los despojos*.

28. Todos éstos son los caudillos de las doce tribus de Israel. Estas cosas les anunció su padre, bendiciendo a cada uno con su bendición peculiar.

29. Finalmente les dio este mandamiento: Yo voy a reunirme con los antepasados míos; enterradme con mis padres en la cueva doble, que está situada en el campo de Efrón heteo,

30. enfrente de Mambre, en la tierra de Canaán; la cual compró Abrahán con el campo de Efrón heteo, para tener allí su sepultura*.

31. Allí le sepultaron a él y a su esposa Sara; allí fue sepultado Isaac con Rebeca, su esposa; allí también yace enterrada Lía.

32. Concluidos estos encargos e instrucciones a sus hijos, recogió sus pies sobre la cama, y expiró; y fue a reunirse con su pueblo.

50

Exequias de Jacob, después de las cuales José abraza y consuela a sus hermanos. Muerte de José

1. Lo cual, mirando José, se arrojó sobre el rostro de su padre, bañándole en lágrimas y besándole.

2. Y mandó después a los médicos que tenía a su servicio, embalsamar el cuerpo*;

3. los cuales en ejecución de lo mandado, gastaron cuarenta días, que tal era la costumbre en embalsamar los cadáveres; y le lloró Egipto setenta días.

4. Terminado el tiempo de luto, habló José así a la familia principal del faraón: Si he hallado gracia delante de vosotros, insinuad al faraón,

5. que mi padre al morir me juramentó diciendo: Yo me muero en la sepultura que abrí para mí en la tierra de Canaán, allí enterrarás mi cuerpo. Iré, pues, a sepultar a mi padre, y volveré luego.

6. A lo que dijo el faraón: Anda enhorabuena y sepulta a tu padre como se lo prometiste con juramento.

7. El cual emprendió su viaje, acompañado de todos los ancianos o primeros señores del palacio del faraón, y todos los principales de la tierra de Egipto,

8. y de su propia familia y de sus hermanos, menos los niños y los ganados mayores y menores, que dejaron en la tierra de Gesén.

9. Fueron asimismo en la comitiva carros y gente de a caballo; y se juntó un gran acompañamiento.

10. De esta suerte llegaron a la Era de Atad, situada en la otra parte del Jordán, donde emplearon siete días en celebrar las exequias con gran y acerbo llanto.

11. Lo que habiendo visto los habitantes de la tierra de Canaán, dijeron: Gran duelo es éste para los egipcios; y a consecuencia de esto se llamó aquel sitio, Llanto de Egipto.

12. Hicieron, pues, los hijos de Jacob, lo que éste les dejó encomendado;

13. y transportándolo a la tierra de Canaán, lo sepultaron en la cueva doble que había comprado Abrahán junto con el campo de Efrón* el heteo, enfrente de Mambre, para sepultura suya.

14. Se volvió después José a Egipto, con sus hermanos y todo el acompañamiento, luego que hubo sepultado a su padre.

15. Y como después de su muerte anduviesen temerosos los hermanos y diciéndose unos a otros: ¿Quién sabe si se

---

27. Se describe el natural indómito y fiero de la tribu de Benjamín.
30. *Gen 23*, 7.

2. La práctica de embalsamar fue muy común en Egipto.
13. *Hech 7*, 16; *Gén 23*, 16.

acordará José de la injuria que padeció, y nos retornará todo el mal que le hicimos?

16. Le enviaron a decir: Tu padre antes de morir nos encargó,

17. que te dijésemos estas palabras en su nombre: Te ruego que te olvides de la maldad de tus hermanos, y del pecado, y de la malicia que contra ti usaron. Nosotros también te suplicamos que perdones esta maldad a los siervos del Dios de tu padre. Oyendo José estas razones, prorrumpió en llanto.

18. Y vinieron a él sus hermanos, y adorándole postrados en tierra, le dijeron: Esclavos tuyos somos; aquí nos tienes.

19. A los cuales él respondió: No tenéis que temer; ¿podemos acaso nosotros resistir a la voluntad de Dios?*

20. Vosotros pensasteis hacerme un mal; pero Dios lo convirtió en bien para ensalzarme, como al presente lo estáis viendo; y para salvar a muchos pueblos.

21. No temáis, pues; yo os mantendré a vosotros y a vuestros hijos. Y los consoló y habló con expresiones blandas y amorosas.

22. Y habitó José en Egipto, con toda la familia de su padre; y vivió ciento diez años, y vio a los hijos de Efraín hasta la tercera generación. Tuvo también y acarició sobre sus rodillas a los hijos de Maquir, hijo de Manasés*,

23. Pasadas todas estas cosas, habló José a sus hermanos en estos términos: Después de mi muerte os visitará Dios, y os sacará de esta tierra para la tierra que tiene prometida con juramento a Abrahán, a Isaac y a Jacob*.

24. Y habiéndolos juramentado y dicho: Cuando Dios os visitará, transportad de este lugar mis huesos con vosotros*.

25. Vino a morir, cumplidos ciento diez años de su vida. Y embalsamado, fue depositado en Egipto dentro de una caja.

---

19. José quiere que sus hermanos, al acordarse de su delito, sólo consideren que la divina providencia permitió que lo vendieran, para ser después la salud de muchos pueblos, y de sus perseguidores. También en esto, figura de Jesucristo.

---

22. *Num 32*, 39.
23. *Hebr 11*, 12.
24. *Ex 13*, 19; *Jos 24*, 32.

Exodo

Introducción

Exodo, palabra griega que significa *salida*, es el nombre que se dio a este libro porque contiene la historia de la salida de los israelitas de Egipto, donde estaban esclavizados. Se trata de un acto de liberación, heroico y jubiloso.

La historia relatada en el *Exodo* ocurrió alrededor del año 1300 antes de Cristo. Este libro marca la toma de conciencia de los israelitas de que Dios los acompañaba en su peregrinación hacia la tierra prometida, mediante una intervención muy especial. Los acontecimientos quedaron grabados en la memoria de sus gentes, transmitidos de padres a hijos y de comunidades a comunidades, por tradición oral hasta cuando se recogieron para reunirlos en el libro del *Exodo*.

El protagonista del libro es *Moisés*, escogido por Dios para liberar a su pueblo, quien en un principio se resistió al llamado divino, pues no se sentía digno de llevar a cabo la empresa liberadora.

El *Exodo* tiene 40 capítulos, que pueden dividirse en tres partes:

- *La primera* abarca del capítulo 1 al 3. En ella se cuenta el establecimiento de los hijos de Jacob en Egipto y su prodigiosa multiplicación; las medidas del faraón para impedir su crecimiento; el escape de la muerte de Moisés a los pocos días de su nacimiento, su educación en el palacio real, su huida a Madián y su matrimonio con la hija de Jetro.

- *La segunda* llega hasta el capítulo 19. En ella, Dios ordena a Moisés sacar de Egipto a los hijos de Israel y para ello cuenta con la ayuda de su hermano Aarón. Se narran el viaje a Egipto, los prodigios realizados, las plagas que hirieron al faraón y a su pueblo, la salida de Egipto, el paso por el mar Rojo, los primeros campamentos levantados en el desierto y la idolatría del pueblo escogido.

- *La tercera* va del capítulo 19 hasta el 40. Narra los sucesos del monte Sinaí, las leyes que Dios dio a su pueblo por medio de Moisés, las reglas para la construcción del Tabernáculo y las ceremonias del culto divino.

Este libro fue escrito hace tres mil años; sin embargo, es de gran actualidad para los pueblos de nuestro Continente, que como Israel, sufren injusticias y esperan una pronta liberación. En Moisés, libertador de su pueblo, en la travesía por el desierto y en los prodigios divinos, se ve la figura de Cristo y sus misterios, anotados por los evangelistas. El apóstol Pablo dice que *los sucesos ocurridos a los israelitas eran figura de lo que nos pasa a nosotros* (*1 Cor 10*, 6), en el paso del mar Rojo ve la imagen del Bautismo (*Rom 10*, 4), el maná que comieron los israelitas es para él una imagen de la Eucaristía y el monte Sinaí representa la Jerusalén militante (*Gal 4*, 25). Los evangelistas ven en Moisés una imagen de Jesús.

El *Exodo* como conjunto de la elección, la liberación y la alianza ha sido tomado como el hecho y el dogma fundamental de la religión del antiguo Israel. Al igual que la encarnación para el *Nuevo Testamento*, el *Exodo* es el punto focal del *Antiguo Testamento.*

En conclusión, el *Exodo* es un libro actual, que merece no sólo ser leído, sino estudiado y aplicado.

1 *Sufrimientos de los israelitas en Egipto. Tiranía de un rey nuevo. Piedad de las parteras*

1. Estos son los nombres de los hijos de Israel, que con Jacob entraron a Egipto, cada uno con su familia.

2. Rubén, Simeón, Leví, Judá,

3. Isacar, Zabulón y Benjamín.

4. Dan y Neftalí, Gad y Aser.

5. Eran, pues, todas las almas de los descendientes de Jacob, incluso él mismo, setenta*. José estaba en Egipto.

6. Muerto éste y todos sus hermanos, y toda aquella primera generación,

7. los hijos de Israel se aumentaron y multiplicaron como la hierba: y engrosados en gran manera, llenaron el país*.

8. Entretanto se alzó en Egipto un nuevo rey, el cual nada sabía de José,

9. y dijo a su pueblo: Bien veis que el pueblo de los hijos de Israel es muy numeroso y más fuerte ya que nosotros.

10. Vamos, pues, a oprimirle con arte, no sea caso que prosiga multiplicándose más y más; y que sobreviniendo alguna guerra contra nosotros, se agregue a nuestros enemigos, y después de habernos vencido y robado, se vaya de este país.

11. Estableció, pues, sobrestantes de obras, para que los vejasen con cargas insoportables; y edificaron al faraón las fuertes ciudades de las tiendas, Fitom y Ramesés.

12. Pero cuanto más los oprimían, tanto más se multiplicaban y crecían.

13. Aborrecían los egipcios a los hijos de Israel, y además de oprimirlos, los insultaban,

14. y les hacían pasar una vida muy amarga con las duras fatigas de hacer barro o argamasa y ladrillo, y con toda suerte de servidumbre con que los oprimían en las labores del campo.

15. Además de esto, el rey de Egipto impuso a las parteras de los hebreos, de las cuales una se llamaba Séfora y la otra Fúa,

16. este precepto: Cuando asistiereis a las hebreas en sus partos, al momento que salga la criatura, si fuere varón matadle, si hembra, dejadla vivir.

17. Pero las parteras temieron a Dios, y no ejecutaron la orden del rey de Egipto, sino que conservaban la vida a los niños.

18. Por lo que llamándolas el rey a su presencia, les dijo: ¿Qué fin ha sido el vuestro en querer conservar a los varones?

19. Las cuales respondieron: Las mujeres hebreas no son como las egipcias; porque aquéllas saben el arte de partear, y antes que lleguemos para asistirlas han parido ya.

20. Favoreció, pues, Dios a las parteras en recompensa de su piedad; y el pueblo fue creciendo y corroborándose extraordinariamente.

21. Y por cuanto las parteras temieron más a Dios que al rey, afirmó sus casas, dándoles hijos y bienes.

22. Por último, el faraón dio a todo su pueblo esta orden: Todo varón que naciere entre los hebreos, echadle al río: toda hembra reservadla.

5. *Gen 46*, 27.
7. *Sal 105 (104)*, 24; *Hech 7*, 17.

2 *Nacimiento de Moisés, quien es educado en el palacio del faraón. Su huida y matrimonio con Séfora*

1. Después de esto, es de saber que un varón de la familia de Leví fue y se casó con una mujer de su linaje*;

2. la cual concibió y parió un hijo, y viéndole muy lindo, le tuvo escondido por espacio de tres meses*.

3. Mas no pudiendo ya encubrirle, tomó una cestilla de juncos y la calafateó con betún y pez, y colocó dentro al infantillo, y le expuso en un carrizal de la orilla del río,

4. quedándose a lo lejos una hermana suya, para ver el paradero.

5. Cuando he aquí que bajaba la hija del faraón a lavarse en el río, y sus damas se paseaban por la orilla del agua. Así que vio la cestilla en el carrizal, envió por ella a una de sus criadas; y habiéndosela traído,

6. destapándola, y viendo dentro a un niño que daba tiernos vagidos, se compadeció de él, y dijo: De los niños de los hebreos es éste.

1. *Ex 6*, 20.
2. *Hebr 11*, 23.

7. Y acercándose entonces la hermana del niño: ¿Quieres, le dijo, que yo vaya y te llame una mujer hebrea que pueda criar ese niño?

8. Anda, respondió ella. Fue corriendo la muchacha, y llamó a su madre.

9. A la cual dijo la hija del faraón: Toma este niño y críamelo, que yo te pagaré. Tomó la mujer el niño y lo crió. Y cuando fue ya crecido, le entregó a la hija del faraón,

10. que le adoptó por hijo*, y le puso por nombre Moisés, como quien dice: Del agua le saqué.

11. Un día, cuando Moisés era ya grande, salió *a ver* a sus hermanos; y observó la aflicción en que estaban, y a un egipcio que maltrataba a uno de los hebreos sus hermanos*.

12. Y habiendo mirado hacia todas partes y no divisando a nadie, mató al egipcio*, y le escondió en la arena.

13. Saliendo al día siguiente, vio a dos hebreos que reñían; y dijo al que hacía la injuria: ¿Por qué maltratas a tu prójimo?

14. Él hombre respondió: ¿Quién te ha constituido príncipe y juez sobre nosotros?, ¿quieres tú tal vez matarme como mataste ayer al egipcio? Temió Moisés, y dijo: ¿Cómo se habrá sabido esto?

15. Lo supo también el faraón, y trataba de hacer morir a Moisés; el cual huyendo de su vista, se fue a morar en tierra de Madián, y se puso a descansar junto a un pozo.

16. A la sazón tenía el sacerdote de Madián siete hijas, las cuales vinieron a sacar agua; y llenadas las canales, querían dar de beber a los rebaños de su padre.

17. Sobrevinieron unos pastores, y las echaron. Pero saliendo Moisés en defensa de las doncellas, abrevó sus ovejas.

18. Así que volvieron a Ragüel, su padre les preguntó: ¿Por qué habéis venido hoy más presto de lo acostumbrado?

19. Un hombre egipcio, respondieron ellas, nos ha defendido de la vejación de los pastores, y a más de eso, nos ha ayudado a sacar agua, y dado de beber a las ovejas.

20. ¿En dónde está?, dijo el padre. ¿Por qué habéis dejado ir a ese hombre? Llamadle, a fin de que coma algo.

21. Como resultado de eso, Moisés juró que se quedaría con él. Y recibió por mujer a su hija Séfora*,

22. la cual le parió un hijo a quien llamó Gersán, diciendo: He sido peregrino en tierra extraña. Parió después otro, a quien llamó Eliézer, diciendo: El Dios de mi padre, protector mío, me libró de las manos del faraón.

23. De allí a mucho tiempo murió el rey de Egipto; y los hijos de Israel, gimiendo bajo el peso de las faenas, levantaron el grito al cielo; y el clamor en que les hacía prorrumpir el excesivo trabajo, subió hasta Dios.

24. El cual oyó sus gemidos, y tuvo presente el pacto contraído con Abrahán, Isaac y Jacob;

25. y volvió los ojos hacia los hijos de Israel, y los reconoció por hijos suyos.

3

Dios se aparece a Moisés en una zarza ardiente y le ordena liberar a su pueblo del poder del faraón

1. Empleándose Moisés en apacentar las ovejas de su suegro Jetro*, sacerdote de Madián; y guiando una vez la grey al desierto, vino hasta el monte de Dios, Horeb,

2. donde se le apareció el Señor en una llama de fuego que salía de en medio de una zarza; y veía que la zarza estaba ardiendo, y no se consumía.

3. Por lo que dijo Moisés: Iré a ver esta gran maravilla, cómo es que no se consume la zarza.

4. Pero viendo el Señor que se acercaba ya para ver lo que era, le llamó desde entre la zarza, y dijo: Moisés, Moisés. Aquí me tienes, respondió él.

5. No te acerques acá, prosiguió el Señor: quítate el calzado de los pies, porque la tierra que pisas es santa.

6. Yo soy, le añadió: Yo soy el Dios de tu padre, el Dios de Abrahán, el Dios de Isaac, y el Dios de Jacob. Se cubrió Moisés el rostro, porque no se atrevía a mirar hacia Dios*.

---

11. *Hebr 11*, 24.
12. *Hech 7*, 24.

21. *Ex 18*, 2-3; *1 Cro 18*, 15.
1. *Ex 3*, 1; *4*, 18.
6. *Mat 22*, 32; *Mar 12*, 26; *Luc 20*, 37.

Revelación del nombre de Dios

7. Le dijo el Señor: He visto la tribulación de mi pueblo en Egipto, y oído sus clamores, a causa de la dureza de los sobrestantes de las obras.

8. Y conociendo cuánto padece, he bajado a librarle de las manos de los egipcios, y hacerle pasar por aquella tierra a una tierra buena y espaciosa, a una tierra que mana leche y miel*, al país del cananeo, y del heteo, y del amorreo, y del ferezeo, y del heveo y del jebuseo.

9. En suma, el clamor de los hijos de Israel ha llegado a mis oídos; y he visto su aflicción, y cómo son oprimidos de los egipcios.

10. Pero ven tú; que te quiero enviar al faraón, para que saques de Egipto* al pueblo mío, los hijos de Israel.

11. ¿Quién soy yo, respondió Moisés a Dios, para ir al faraón, y sacar de Egipto a los hijos de Israel?

12. Le dijo Dios: Yo estaré contigo; y la señal que tendrás de haberte yo enviado, será esta: Cuando hayas sacado a mi pueblo de Egipto, ofrecerás un sacrificio a Dios sobre este monte*.

13. Dijo Moisés a Dios: Y bien, yo iré a los hijos de Israel, y les diré: El Dios de vuestros padres me ha enviado a vosotros. Pero si me preguntaren: ¿Cuál es su nombre?, ¿qué les diré?

14. Respondió Dios a Moisés: YO SOY EL QUE SOY. He aquí, añadió, lo que dirás a los hijos de Israel: EL QUE ES me ha enviado a vosotros.

15. Dijo de nuevo Dios a Moisés: Esto dirás a los hijos de Israel: El Señor Dios de vuestros padres, el Dios de Abrahán, el Dios de Isaac y el Dios de Jacob, me ha enviado a vosotros. Este nombre tengo yo eternamente, y con éste se hará memoria de mí en toda la serie de las generaciones.

16. Ve, y junta los ancianos de Israel, y les dirás. El Señor Dios de vuestros padres se me apareció; el Dios de Abrahán, el Dios de Isaac y el Dios de Jacob, diciendo: Yo he venido a visitaros de propósito, y he visto todas las cosas que os han acontecido en Egipto;

17. y tengo decretado el sacaros de la opresión que en él padecéis, y trasladaros al país del cananeo, y del heteo, y del amorreo, y del ferezeo, y del heveo, y del jebuseo, a una tierra que mana leche y miel.

18. Y escucharán tu voz, y entrarás tú con los ancianos de Israel al rey de Egipto, y le dirás: El Señor Dios de los hebreos nos ha llamado. Hemos de ir camino de tres días al desierto para ofrecer sacrificios al Señor Dios nuestro.

19. Yo ya sé que el rey de Egipto no querrá dejaros ir, sino forzado por una mano poderosa.

20. Por eso extenderé yo mi brazo, y heriré a los pueblos de Egipto con toda suerte de prodigios que haré en medio de ellos; después de lo cual os dejará partir.

21. Haré también que ese pueblo mío halle gracia en los ojos de los egipcios, para que al partir no salgáis vacíos*;

22. sino que cada mujer ha de pedir a la vecina y a su casera alhajas de plata y oro, y vestidos preciosos; vestiréis con ellos a vuestros hijos e hijas, y despojaréis a Egipto.

4 *Obedece Moisés la voluntad de Dios y vuelve a Egipto con Aarón a cumplir su misión*

1. Replicó Moisés, y dijo: No me creerán ni oirán mi voz, sino que dirán: No hay tal: no se te ha aparecido el Señor.

2. ¿Qué es eso, le preguntó Dios, que tienes en tu mano? Una vara, respondió él.

3. Dijo el Señor: Arrójala en tierra. La arrojó, y se convirtió en una serpiente, de manera que Moisés echó a huir.

4. Dijo entonces el Señor: Alarga tu mano, y cógela por la cola. La alargó y la cogió, y luego la serpiente volvió a ser vara.

5. Esto es, añadió el Señor, para que crean que se te ha aparecido el Señor Dios de sus padres, el Dios de Abrahán, el Dios de Isaac y el Dios de Jacob.

6. Le dijo todavía el Señor: Mete tu mano en tu seno. Y habiéndola metido, la sacó cubierta de lepra, blanca como la nieve.

---

8. El *Señor* usa una expresión hiperbólica para denotar la *fertilidad* de aquella tierra.
10. *Sal 105 (104)*, 26.
12. *1 Sam 10*, 1; *2 Re 19*, 29.

21. *Ex 11*, 2; *12*, 35.

7. Vuélvete a meter, dijo, la mano en el seno. La volvió a meter, y la sacó otra vez, y era semejante a la demás carne del cuerpo.

8. Si no te creyeren, dijo, ni diesen oídos a la voz del primer prodigio, se rendirán a la del segundo.

9. Que si ni aun a estos dos prodigios dieren crédito ni escucharen tu voz, toma agua del río, y derrámala en tierra, y cuanta sacares del río se convertirá en sangre.

10. Dijo entonces Moisés: Señor, te suplico tengas presente que yo nunca he tenido facilidad en hablar; y aun después que hablas con tu siervo, me siento más embarazado y torpe de lengua.

11. Le dijo a esto el Señor: ¿Quién hizo la boca del hombre? ¿O quién formó al mudo y al sordo, al que ve y al ciego? ¿No he sido yo?

12. Anda, pues, que yo estaré en tu boca, y te enseñaré lo que has de hablar*.

13. Todavía él replicó: Te suplico, Señor, que envíes al que has de enviar.

14. Enojado el Señor contra Moisés, dijo: Aarón tu hermano, hijo de Leví como tú, sé que habla bien; pues mira, éste mismo va a venir a tu encuentro, y al verte se llenará de gozo.

15. Tú le hablarás y le irás poniendo mis palabras en su boca. Yo estaré en tu boca y en la suya, y os mostraré lo que debéis hacer*.

16. El hablará en tu lugar al pueblo, y será tu lengua. Y tú le dirigirás en todo lo perteneciente a Dios.

17. Toma también en tu mano esta vara, con la cual has de hacer prodigios.

Regreso de Moisés a Egipto

18. Partió, pues, Moisés, y volvió a su suegro Jetro, y le dijo: Quisiera ir a visitar otra vez a mis hermanos en Egipto, para ver si viven todavía. A lo cual respondió Jetro: Ve enhorabuena.

19. Había dicho el Señor a Moisés, estando éste en Madián: Anda y vuelve a Egipto; porque han muerto ya todos los que atentaban contra tu vida.

20. Tomó, pues, Moisés a su esposa y a sus hijos, y los hizo montar en un jumento, y se volvió a Egipto, llevando en la mano la vara de Dios.

21. Le dijo asimismo el Señor cuando volvía a Egipto: Mira que hagas delante del faraón todos los portentos para los cuales te he dado poder. Yo endureceré su corazón, y no dejará partir a mi pueblo.

22. Y tú le dirás: Esto dice el Señor: Israel es mi hijo primogénito.

23. Ya te tengo dicho: Deja ir a mi hijo, para que me rinda el culto que me es debido, y tú no has querido dejarle partir; he aquí, pues, que yo voy a quitar la vida a tu hijo primogénito.

24. Estando Moisés en el camino, se le presentó el Señor en una posada, en ademán de quererle quitar la vida.

25. Cogió al momento Séfora un pedernal muy afilado y circuncidó a su hijo, y tocando con la sangre los pies de Moisés, le dijo: Tú eres para mí un esposo de sangre.

26. Y el ángel le dejó estar luego que hubo dicho ella con motivo de la circuncisión que hizo: Eres para mí esposo de sangre.

27. Entretanto dijo el Señor a Aarón: Ve al desierto a encontrar a Moisés; y fue a su encuentro hasta Horeb, el monte de Dios, y le besó.

28. Y contó Moisés a Aarón todo lo que le había dicho el Señor al enviarle, y los prodigios que le había mandado hacer.

29. Con esto fueron juntos a Egipto, y congregaron a todos los ancianos de los hijos de Israel.

30. Y Aarón refirió todas las palabras que había dicho el Señor a Moisés; y éste hizo los milagros delante del pueblo.

31. Y creyó el pueblo. Y entendieron que el Señor venía a visitar a los hijos de Israel por haber vuelto los ojos a su tribulación; y postrados en tierra, le adoraron.

5

Moisés y Aarón dan a conocer las órdenes de Dios al faraón, y éste no las obedece

---

1. Después de esto entraron Moisés y Aarón al faraón, y le dijeron; Esto dice el Señor Dios de Israel: Dejad ir a mi pueblo a fin de que me ofrezca un sacrificio solemne en el desierto.

2. A lo que respondió él: ¿Quién es ese

---

12. *Mat 10*, 20.
15. *Ex 7*, 2.

Señor para que yo haya de escuchar su voz y dejar salir a Israel? No conozco a tal Señor, ni dejaré ir a Israel.

3. Replicaron ellos: El Dios de los hebreos nos ha llamado para que vayamos camino de tres días al desierto, y ofrezcamos sacrificio al Señor Dios nuestro, a fin de que no venga sobre nosotros la peste o la guerra.

4. Les dijo el rey de Egipto: ¿Cómo es que vosotros, Moisés y Aarón, distraéis al pueblo de sus tareas? Marchad a vuestros quehaceres.

5. Y dijo luego el faraón: Este pueblo se ha aumentado mucho en el país; ved cómo se ha multiplicado el gentío; ¿cuánto más si le dejáis respirar de sus fatigas?

6. Dio orden pues, en aquel mismo día a los sobrestantes de las obras y a los inspectores del pueblo, diciendo:

7. De ninguna manera habéis ya de dar al pueblo, como antes, paja para que haga los ladrillos: que vayan ellos mismos a recogerla;

8. y sin embargo, les exigiréis la misma cantidad de ladrillos que hasta ahora, sin disminuirles nada; pues están holgando, y por eso vocean, diciéndose unos a otros: Vamos a ofrecer sacrificio a nuestro Dios.

9. Sean agobiados con faenas y cumplan con ellas, para que no den oídos a embustes.

10. Saliendo, pues, con este mandato los sobrestantes de las obras y los inspectores, dijeron al pueblo: Esto dice el faraón: No quiero daros la paja.

11. Id y recogedla donde pudiereis hallarla; ni por eso se disminuirá nada de vuestra tarea.

12. Se esparció, pues, el pueblo por toda la tierra de Egipto para recoger paja.

13. Al mismo tiempo los sobrestantes los apremiaban, diciendo: Cumplid vuestra tarea diaria, como solíais hacer antes, cuando se os daba la paja.

14. Y fueron azotados los maestros de obras de los hijos de Israel por los inspectores del faraón, que les decían: ¿Por qué ni ayer ni hoy nos dais cumplida la cantidad de ladrillos, como antes?

15. Entonces los maestros de obras de los hijos de Israel fueron a clamar al faraón, diciendo: ¿Por qué razón maltratas así a tus siervos?

16. No se nos dan pajas y se nos exige la misma cantidad de ladrillos; mira que tus siervos somos azotados, y se trata injustamente a tu pueblo.

17. Estáis holgando, les respondió el faraón, y esto es lo que os hace decir: Vamos a ofrecer sacrificio al Señor.

18. Andad en hora mala, y trabajad; que no se os ha de dar la paja, y habéis de completar el número acostumbrado de ladrillos.

19. Así es que los maestros de obras de los hijos de Israel se veían en gran angustia, a causa de que no querían disminuirles en nada el número de ladrillos que diariamente tenían que dar.

20. Y al salir de la presencia del faraón, fueron a encontrar a Moisés y Aarón, los cuales estaban aguardando allí cerca,

21. y les dijeron: Atienda el Señor a esto que nos pasa, y juzgue; pues vosotros nos habéis hecho abominables a los ojos del faraón y de sus servidores, y habéis puesto en su mano el cuchillo para que nos degüelle.

22. Se volvió Moisés al Señor, y dijo: ¡Ah Señor! ¿Por qué has afligido a este tu pueblo? ¿A qué me has enviado a mí?

23. Pues desde que yo he venido a tratar con el faraón en tu nombre, ha afligido más a tu pueblo, y tú no lo has libertado.

6

Alienta Dios a Moisés; consuela a los israelitas prometiéndoles de nuevo la tierra de Canaán

1. Ahora verás, respondió el Señor a Moisés, lo que voy a hacer con el faraón. Porque obligado del poder de mi brazo dejará salir a los israelitas, y la robusta mano mía hará que él mismo los eche de su tierra.

2. Y prosiguió el Señor diciendo a Moisés: Yo soy el Señor,

3. que me aparecí a Abrahán, a Isaac y Jacob, como Dios todopoderoso, aunque no les revelé mi nombre ADONAI.

4. Hice sí pacto con ellos de darles la tierra de Canaán, tierra de su peregrinación, donde estuvieron como extranjeros.

5. Yo he oído los gemidos de los hijos de Israel por la opresión que sufren de parte de los egipcios; y he tenido presente el pacto mío con ellos.

6. Por tanto, diles de mi parte a los hijos de Israel: Yo soy el Señor, que os sacaré del yugo de los egipcios, que os libraré de la esclavitud, y os rescataré, descargando mi brazo levantado terribles golpes contra ellos.

7. Yo os adoptaré por pueblo mío y seré vuestro Dios, y conoceréis que Yo soy el Señor Dios vuestro que os habré sacado del yugo de los egipcios,

8. e introducido en la tierra que tengo jurado dar a Abrahán, a Isaac y a Jacob; porque a vosotros os daré la posesión de ella. Yo que soy el Señor.

9. Refirió, pues, Moisés, todas estas cosas a los hijos de Israel; los cuales no le dieron crédito, angustiados como estaban en extremo, y agobiados con el exceso de las faenas.

10. Y habló el Señor a Moisés diciendo:

11. Entrad luego al faraón, rey de Egipto, y dile que deje salir de su tierra a los hijos de Israel.

12. Respondió Moisés al Señor: Ves que los hijos de Israel no me escuchan; pues ¿cómo me ha de escuchar el faraón, sobre todo siendo yo tartamudo?

13. Mas el Señor habló a Moisés y a Aarón, y les dio orden de ir a buscar a los hijos de Israel, y al faraón, rey de Egipto, a fin de sacar de la tierra de Egipto a los hijos de Israel.

Genealogía de Moisés y Aarón

14. Estos son los príncipes de las tribus según sus familias. Hijos de Rubén, primogénito de Israel: Enoc y Fallú, Hesrón y Carmí*.

15. Estas son las familias de Rubén. Hijos de Simeón: Jamuel y Jamín, y Ahod y Jaquín, y Soar y Saúl, hijo de una cananea. Estos son los linajes de Simeón*.

16. Y estos son los nombres de los hijos de Leví, según sus familias: Gersón, y Caat y Merari. Y los años de la vida de Leví fueron ciento treinta y siete.

17. Hijos de Gersón: Lobni y Semeí con sus descendientes*.

18. Hijos de Caat: Amram, e Isaar, y Hebrón y Oziel. Y los años de la vida de Caat fueron ciento treinta y tres*.

19. Hijos de Merari: Mooli y Musi. Estos son los descendientes de Leví según sus familias.

20. Amram casó con Jocabed, su prima hermana paterna, la cual le parió a Aarón y a Moisés. Y los años de la vida de Amram fueron ciento treinta y siete.

21. Los hijos de Isaar: Core, y Nefeg y Zecri.

22. Los de Oziel: Misael, y Elisafán y Setri.

23. Aarón tomó por mujer a Isabel , hija de Aminadad, hermana de Nahasón, la cual le parió a Nadab, y Abiu y Eleazar e Itamar.

24. Los hijos de Core: Aser, y Elcana y Abiasaf. Estas son las familias de los coritas.

25. Pero Eleazar, hijo de Aarón, tomó por mujer a una de las hijas de Futiel, la cual le parió a Finees. Estos son los príncipes de las familias levíticas, según sus prosapias.

26. Este es aquel Aarón, y éste aquel Moisés, a quienes mandó el Señor que sacaran de la tierra de Egipto a los hijos de Israel, distribuidos en bandas o cuadrillas.

27. Estos son los que hablaron al faraón, rey de Egipto, para hacer salir de Egipto a los hijos de Israel. Moisés y Aarón fueron los que le hablaron.

28. En el día en que habló el Señor a Moisés en la tierra de Egipto,

29. les dijo el Señor estas palabras: Yo soy el Señor: da a conocer al faraón, rey de Egipto, todas las cosas que yo te digo.

30. A lo cual respondió Moisés: Ves que yo soy tartamudo, ¿cómo me ha de escuchar el faraón?

7 *Moisés y Aarón se presentan al faraón. La vara de Moisés es convertida en serpiente*

1. Y dijo el Señor a Moisés: Mira, yo te he constituido Dios* del faraón; y Aarón tu hermano será profeta o intérprete tuyo.

2. Tú le dirás a Aarón todas las cosas que yo te mando, y él hablará al faraón para que deje ir de su tierra a los hijos de Israel*.

3. Mas yo endureceré su corazón, y

14. *Gen 46*, 9; *Num 26*, 5; *1 Cro 5*, 1.
15. *1 Cro 4*, 24.
17. *1 Cro 6*, 1; *23*, 6.
18. *Num 3*, 19; *26*, 57-58; *1 Cro* 6, 2; *23*, 12.

1. Expresión que quiere decir *Yo te comunico mi poder.*
2. *Ex 4*, 15.

multiplicaré mis prodigios y portentos en la tierra de Egipto;

4. y con todo no ha de escucharos. Pero yo extenderé mi mano sobre Egipto, y sacaré al ejército y pueblo mío, los hijos de Israel, de la tierra de Egipto, a fuerza de grandes castigos.

5. Y entenderán los egipcios que Yo soy el Señor, cuando extendiere mi mano sobre Egipto y sacare a los hijos de Israel de en medio de ellos.

6. Hicieron, pues, Moisés y Aarón según lo que el Señor les había mandado. Lo ejecutaron del mismo modo.

7. Moisés tenía ochenta años, y Aarón ochenta y tres cuando hablaron al faraón.

8. Previno también el Señor a Moisés y Aarón:

9. Cuando el faraón os dijere: Hacednos ver por algún milagro que Dios os envía, dirás tú a Aarón: Toma tu vara, y échala delante del faraón, y convertirse ha en culebra.

10. Habiéndose, pues, presentado Moisés y Aarón al faraón, hicieron lo que Dios les había ordenado, y Aarón echó la vara en presencia del faraón y de sus servidores o cortesanos, la cual se convirtió en culebra*.

11. Llamó entonces el faraón a los sabios y a los hechiceros y ellos también con encantamientos egipcíacos y ciertos secretos de su arte, hicieron lo mismo en la apariencia.

12. Y arrojaron cada uno de ellos sus varas, las cuales se transformaron en serpientes; pero la vara de Aarón devoró las varas de ellos.

13. Y el corazón del faraón se endureció, y no escuchó a Moisés y a Aarón, como lo había el Señor ordenado o predicho.

Primera plaga:
El agua se convierte en sangre

14. Obstinado está el corazón del faraón, dijo el Señor a Moisés, y no quiere dejar ir al pueblo.

15. Ve a encontrarle por la mañana, pues irá al río; y estarás aguardándole en la orilla, teniendo en tu mano la vara que se convirtió en serpiente.

16. Y le dirás: El Señor Dios de los hebreos me ha enviado a decirte: Deja que vaya mi pueblo a ofrecerme sacrificios en el desierto. Tú hasta ahora no has querido obedecer.

17. Dice, pues, el Señor: En esto conocerás que yo soy el Señor: Voy a herir al agua del río con la vara que tengo en mi mano, y se convertirá en sangre.

18. Con lo que morirán los peces del río, se corromperán las aguas, y los egipcios, que ahora beben el agua del río, se verán angustiados.

19. Dijo asimismo el Señor a Moisés: Dile a Aarón: Toma tu vara y extiende tu mano sobre las aguas de Egipto, y sobre sus ríos, y acequias, y lagunas y todos los estanques de agua, para que se conviertan en sangre, y sangre haya en toda la tierra de Egipto, hasta en las vasijas, tanto de madera como de piedra.

20. Lo hicieron, pues Moisés y Aarón, conforme al precepto del Señor; y levantando Aarón la vara, hirió el agua del río en presencia del faraón y de sus criados, la cual se convirtió en sangre*.

21. Los peces que había en el río murieron, y el río se corrompió, de suerte que no podían los egipcios beber agua, y hubo sangre en toda la tierra de Egipto.

22. También los hechiceros de los egipcios hicieron otro tanto con sus encantamientos; y se endureció el corazón del faraón, y no escuchó a Moisés y Aarón, conforme el Señor lo había dispuesto o predicho*.

23. Antes les volvió las espaldas y se metió en su casa, y tampoco hizo caso esta vez.

24. Entretanto todos los egipcios cavaban alrededor del río, a fin de hallar agua para beber; porque no podían beber de la del río.

25. Siete días enteros se pasaron después que el Señor hirió el río*.

---

10. *Sal 105* (*104*), 27.

20. *Ex 17*, 5; *Sal 77* (*76*), 44; *105* (*104*), 29.
22. *Sab 17*, 7.
25. *Sal 105* (*104*), 30.

8 *Plagas de ranas, de mosquitos y de moscas. Vanas promesas del faraón, quien se endurece más*

1. Dijo todavía el Señor a Moisés: Preséntate al faraón y le dirás: Esto dice el Señor: Deja ir a mi pueblo para que me ofrezca sacrificios.

2. Que si no quieres dejarle ir, mira que voy a castigar todas tus provincias con ranas.

3. Y criará el río tanta rana, que subirán y se meterán por tu casa, y entrarán en el aposento donde duermes y en tu *misma* cama, como también en las casas de tus servidores, y en las de todo tu pueblo, y hasta en tus hornos y en los repuestos de tus viandas.

4. Y serás atormentado de las ranas tú, y tu pueblo y todos tus servidores.

5. Dijo, pues, el Señor a Moisés: Dile a Aarón: Extiende tu mano sobre los ríos y sobre los arroyos y las lagunas, y haz salir ranas sobre la tierra de Egipto.

Segunda plaga: las ranas

6. Extendió Aarón su mano sobre las aguas de Egipto, y salieron fuera las ranas, y cubrieron el territorio de Egipto*.

7. Hicieron también los magos una cosa semejante con sus encantamientos, e hicieron salir ranas sobre la tierra de Egipto*.

8. Pero el faraón llamó a Moisés y a Aarón y les dijo: Rogad al Señor que aparte las ranas de mí y del pueblo mío, que yo dejaré ir a vuestro pueblo, para que ofrezca sacrificios al Señor.

9. Dijo entonces Moisés al faraón: Determina tú el tiempo en que yo he de interceder por ti, por tus siervos y por tu pueblo, para que las ranas sean echadas lejos de ti y de tu palacio, y de tus criados y de tu pueblo, y queden solamente en el río.

10. Respondió el faraón: Mañana. Bien está, dijo Moisés, lo haré según pides, para que sepas que nadie hay como el Señor Dios nuestro.

11. Y se retirarán las ranas de ti, y de tu palacio, y de tus siervos y de tu pueblo, y solamente quedarán en el río.

12. Dicho esto se despidieron del faraón Moisés y Aarón; y Moisés clamó al Señor por el cumplimiento de la promesa que él había hecho al faraón tocante a las ranas.

13. Y cumplió el Señor la palabra de Moisés, y así murieron todas las ranas de las casas, y de las granjas y de los campos,

14. y las juntaron en inmensos montones: con lo que quedó la tierra llena de hediondez o mal olor.

15. Mas el faraón, viéndose libre del mal, endureció su corazón, y no dio oídos a Moisés y Aarón, como el Señor lo había dispuesto o predicho.

Tercera plaga: los mosquitos

16. Dijo, pues, el Señor a Moisés: Di a Aarón que extienda su vara y hiera el polvo de la tierra, para que nazcan mosquitos en todo el territorio de Egipto.

17. Lo hicieron así, y extendió Aarón la vara que tenía en la mano, e hirió el polvo de la tierra, y hombres y bestias quedaron infestados de mosquitos, y todo el polvo de la tierra se convirtió en mosquitos por todo el país de Egipto.

18. Procuraron también los encantadores con sus hechizos producir mosquitos, y no pudieron. Entretanto los mosquitos infestaban así a los hombres como a las bestias.

19. Y dijeron los hechiceros al faraón: Es el dedo de Dios el que aquí obra. Pero se endureció el corazón del faraón y no escuchó a Moisés ni a Aarón, como el Señor había dispuesto o predicho.

Cuarta plaga: las moscas

20. Dijo todavía el Señor a Moisés: Levántate de madrugada y preséntate al faraón, porque ha de salir a las aguas o al río, y le dirás: Esto dice el Señor: Deja ir a mi pueblo para que me ofrezca sacrificios.

21. Porque si no lo dejas ir, mira que yo enviaré contra ti, contra tus siervos y contra tu pueblo y contra tus casas, todo género de moscas; y las habitaciones de los egipcios, y todos los parajes donde moraren, se llenarán de moscas de diferentes especies.

22. Y en el mismo día haré que la tierra

---

6. *Sal 105* (*104*), 30.
7. *Sab 17*, 7.

de Gesén, donde habita mi pueblo, sea maravillosa, no habiendo en ella ninguna de esas moscas; a fin de que entiendas que yo el Señor habito en medio de aquellas tierras*.

23. Yo haré distinción entre mi pueblo y el tuyo: mañana se verá este prodigio.

24. Y así lo hizo el Señor. Enjambres de moscas molestísimas y dañinas vinieron a las casas del faraón y de sus criados, y a toda la tierra de Egipto, y quedó el país infestado de tales moscas*.

25. Llamó entonces el faraón a Moisés y Aarón, y les dijo: Id, y sacrificad a vuestro Dios, sin salir de esta tierra.

26. No puede ser eso, respondió Moisés, por cuanto hemos de sacrificar al Señor Dios nuestro, animales, que entre los egipcios es un sacrilegio el matarlos. Pues si delante de sus ojos matáramos aquellos animales que ellos adoran, nos apedrearían como sacrílegos.

27. Andaremos camino de tres días al desierto, y allí ofreceremos sacrificios al Señor Dios nuestro, como nos lo tiene ordenado*.

28. A lo que dijo el faraón: Yo os dejaré ir a ofrecer sacrificios en el desierto al Señor Dios vuestro, con tal que no vayáis más lejos; rogad por mí.

29. Y dijo Moisés: Saliendo de tu presencia oraré al Señor, y mañana las moscas se alejarán del faraón, de sus siervos y de su pueblo; pero no quieras engañame ya más, impidiendo que el pueblo vaya a ofrecer sacrificios al Señor.

30. Despedido Moisés del faraón, oró al Señor,

31. el cual cumplió la promesa de Moisés, y arrojó las moscas lejos del faraón, de sus siervos y de su pueblo, sin que quedase una siquiera.

32. Mas se endureció también el corazón del faraón, de suerte que tampoco esta vez dejó salir al pueblo.

---

22. *Deut 7*, 21; *23*, 14; *Jos 3*, 10.
24. *Sab 16*, 9.
27. *Ex 3*, 18.

9 *Plagas de peste, de úlceras y de granizo; ninguna de ellas toca a los hebreos*

1. Y dijo el Señor a Moisés: Anda ve al faraón, y dile: Esto dice el Señor Dios de los hebreos: Deja salir a mi pueblo para que me ofrezca sacrificios.

2. Porque si le resistes aún y le detienes,

3. mira que mi mano descargará sobre tus campos; y enviaré sobre caballos, y asnos, y camellos, y bueyes y ovejas, una cruel peste.

4. Y hará el Señor esta distinción milagrosa entre los bienes de Israel y los bienes de los egipcios, que no perecerá nada de lo que pertenece a los hijos de Israel.

Quinta y sexta plagas: la muerte del ganado y las úlceras

5. Y el Señor fijó el plazo, diciendo: Mañana ejecutará el Señor en la tierra este prodigio.

6. Así lo hizo el Señor al día siguiente, y murieron todos los animales de los egipcios; pero de los animales de los israelitas, ni uno siquiera pereció.

7. Y envió el faraón a verlo; y se halló que nada había muerto de lo que poseía Israel. Mas el corazón del faraón se endureció, y no soltó al pueblo.

8. Dijo entonces el Señor a Moisés y a Aarón: Coged puñados de cenizas de un fogón, y espárzala Moisés hacia el cielo en presencia del faraón,

9. y extiéndase este polvo por todo Egipto; de que resultarán úlceras y tumores apostemados en hombres y animales por todo el país de Egipto.

10. Cogieron, pues, ceniza de un fogón y se presentaron al faraón, y Moisés la esparció hacia el cielo; y luego sobrevinieron úlceras de tumores apostemados en hombres y animales.

11. Ni los hechiceros podían comparecer delante de Moisés, a causa de las úlceras que padecían, igual que todos los demás egipcios.

12. Y endureció o abandonó el Señor el corazón del faraón, que tampoco dio oídos a Moisés y Aarón, según lo había dicho el Señor a Moisés.

Séptima plaga: el granizo

13. No obstante, dijo el Señor a Moisés: Levántate de mañana y preséntate al faraón y le dirás: Esto dice el Señor Dios de los hebreos: Dejad que vaya mi pueblo a ofrecerme sacrificios.

14. Porque esta vez he de enviar todas mis plagas sobre tu corazón, y sobre tus siervos y sobre tu pueblo; para que sepas que no hay semejante a mí en toda la tierra.

15. Pues esta vez, extendiendo mi mano te castigaré a ti y a tu pueblo con mortal pestilencia, y serás exterminado de la tierra.

16. Que a este fin te he conservado o sufrido para mostrar en ti mi poderío, por donde mi nombre sea celebrado en todo el mundo*.

17. ¿Y aún retienes tú a mi pueblo, y no quieres dejarle ir?

18. Pues mira, mañana a esta misma hora, haré llover un horrible pedrisco, tal cual nunca se ha visto en Egipto desde que comenzó a ser habitado, hasta el presente.

19. Por eso desde ahora envía y recoge tus bestias, y todo cuanto tienes en el campo; porque hombres y bestias, y todo lo que se hallare al descubierto y no se hubiere retirado de los campos, cayendo sobre ellos el pedrisco, todo perecerá.

20. Aquel que entre los siervos del faraón temió la palabra del Señor, hizo retirar a casa sus criados y bestias.

21. El que no hizo caso de lo que dijo el Señor, dejó a sus criados y bestias en el campo.

22. Dijo, pues, el Señor a Moisés: Extiende tu mano hacia el cielo, para que caiga un pedrisco en toda la tierra de Egipto sobre hombres y sobre bestias, y sobre toda hierba del campo en Egipto.

23. Extendió luego Moisés la vara hacia el cielo, y el Señor despidió truenos, y granizo, y centellas que discurrían sobre la tierra. E hizo llover el Señor piedra sobre el país de Egipto*.

24. Y la piedra y el fuego caían mezclados entre sí: y fue la piedra de tal tamaño, cual no se vio jamás antes en toda la tierra de Egipto, desde el establecimiento de aquella nación*.

25. Piedra que hirió en Egipto todas cuantas cosas se hallaron en la campiña desde el hombre hasta la bestia; y arrasó el pedrisco toda la hierba del campo, y destrozó todos los árboles del país.

26. Sólo en la tierra de Gesén, donde moraban los hijos de Israel, no cayó piedra.

27. Envió, en fin, el faraón a llamar a Moisés y Aarón, y les dijo: También esta vez he pecado: el Señor es justo; yo y mi pueblo unos impíos.

28. Rogad al Señor que cesen esos terribles truenos y pedrisco, para que yo os deje ir, y de ninguna manera os detengáis aquí más tiempo.

29. Respondió Moisés: Saliendo de la ciudad, alzaré mis manos al Señor, y cesarán los truenos, y no caerá más piedra; para que sepas que la tierra es del Señor.

30. Pero yo conozco que ni tú, ni tus siervos teméis al Señor Dios.

31. Es de notar que el lino y la cebada se perdieron; por cuanto la cebada estaba espigada y el lino granaba ya.

32. Pero el trigo y la espelta no padecieron, por ser tardíos.

33. Despedido Moisés del faraón, así que salió de la ciudad alzó las manos hacia el Señor, y cesaron los truenos y el pedrisco; ni cayó más gota de agua sobre la tierra.

34. Pero viendo el faraón que había cesado la lluvia, la piedra y los truenos, agravó su pecado:

35. Se obstinó su corazón y el de sus siervos o ministros, se endureció más y más, y no dio libertad a los hijos de Israel, como lo había mandado el Señor por medio de Moisés.

10

Permite el faraón la salida del pueblo de Israel. Pero no acepta Moisés la oferta

1. Y dijo el Señor a Moisés: Ve al palacio del faraón, porque yo tengo abandonado a la dureza su corazón y el de sus servidores o ministros, para continuar haciendo en él estos prodigios de mi poder,

16. *Rom 9*, 17.
23. *Sab 16*, 16; *19*, 19.

24. *Sab 16*, 16; *Sal 79* (*78*), 48; *105* (*104*), 32.

2. y a fin de que tú cuentes a tus hijos y nietos cuántas veces he destrozado a los egipcios, obrando prodigios contra ellos, por donde conozcáis que yo soy el Señor.

3. Entraron, pues, Moisés y Aarón en el palacio del faraón, y le dijeron: Esto dice el Señor Dios de los hebreos: ¿Hasta cuándo rehusarás sujetarte a mí? Deja salir a mi pueblo a ofrecerme sacrificios.

4. Que si prosigues resistiendo y no quieres soltarle, mira que mañana yo inundaré tus comarcas de langostas,

5. que cubran la superficie de la tierra, de suerte que nada de ella se vea, y devoren cuanto no hubiere destrozado el pedrisco; porque roerán todos los árboles y plantas que brotan en los campos.

6. Y se llenarán de ellas tus casas y las de tus servidores, y las de todos los egipcios, en tanta muchedumbre cuanta no han visto ni tus padres, ni tus abuelos desde que vinieron al mundo hasta el día presente. Con esto volvió las espaldas, y dejó al faraón.

7. Le dijeron, pues, al faraón sus criados o ministros: ¿Hasta cuándo hemos de padecer, oh señor, esta ruina? Deja ir a esos hombres a ofrecer sacrificios al Señor Dios suyo. ¿No ves cómo está perdido todo Egipto?

8. Volvieron, pues, a llamar a Moisés y Aarón ante el faraón, el cual les dijo: Id, sacrificad al Señor vuestro Dios. ¿Mas cuáles son los que han de ir?

9. Hemos de ir, respondió Moisés, con nuestros niños y ancianos, con los hijos e hijas, con nuestras ovejas y ganados mayores; por cuanto es una fiesta solemne del Señor Dios nuestro.

10. Replicó el faraón: Así Dios os ayude, ¿cómo yo he de permitiros ir con vuestros niños? ¿Quién puede dudar que procedéis con refinada malicia?

11. No ha de ser así: mas id solamente los hombres y sacrificad al Señor; pues es lo que vosotros mismos habéis pedido. Y al punto fueron echados de la presencia del faraón.

Octava plaga: las langostas

12. En seguida dijo el Señor a Moisés: Extiende tu mano sobre la tierra de Egipto, hacia la langosta, a fin de que venga y devore toda la hierba que hubiere quedado después del pedrisco.

13. Extendió, pues, Moisés la vara sobre la tierra de Egipto; y envió el Señor un viento abrasador todo aquel día y aquella noche, el cual venida la mañana, trajo las langostas.

14. Se derramaron éstas sobre toda la tierra de Egipto, y posaron en todos los términos de los egipcios en tan espantosa muchedumbre, que nunca había habido tantas hasta aquel tiempo, ni las ha de haber en lo sucesivo.

15. Y cubrieron toda la faz de la tierra, talándolo todo. De manera que fue devorada la hierba del campo, y todos los frutos de los árboles, que había perdonado la piedra; y no quedó absolutamente cosa verde, ni en los árboles, ni en las hierbas de la tierra en todo Egipto.

16. Por lo cual el faraón a toda prisa llamó a Moisés y Aarón, y les dijo: Pecado he contra el Señor Dios vuestro, y contra vosotros.

17. Ahora, pues, perdonadme mi pecado también por esta vez, y rogad al Señor vuestro Dios que aparte de mí esta muerte.

18. Salido Moisés de la presencia del faraón, oró al Señor.

19. El cual hizo soplar del poniente un viento muy recio, que, arrebatando las langostas, las arrojó en el mar Rojo; sin que quedase ni una sola en todos los confines de Egipto.

20. Y el Señor endureció el corazón del faraón, que no dejó todavía partir a los hijos de Israel.

Novena plaga: las tinieblas

21. Dijo entonces el Señor a Moisés: Extiende tu mano hacia el cielo, y haya tinieblas sobre la tierra de Egipto, tan densas, que puedan palparse*.

22. Extendió Moisés la mano hacia el cielo, y al instante tinieblas horrorosas cubrieron toda la tierra de Egipto por espacio de tres días.

23. Una persona no veía a otra, ni se movió del sitio en que estaba; pero dondequiera que habitaban los hijos de Israel, allí había luz*.

24. Por lo que el faraón llamó a Moisés y Aarón, y les dijo: Id, sacrificad al Señor;

---

21. *Sal 105* (*104*), 28.
23. *Sab 17*, 2; *18*, 1.

queden solamente vuestras ovejas y ganados mayores; vayan vuestros niños con vosotros.

25. Respondió Moisés: También nos has de dar hostias y holocaustos que ofrecer al Señor Dios nuestro.

26. Los ganados todos han de venir con nosotros: no ha de quedar de ellos ni una pezuña; como que son necesarios para el culto del Señor Dios nuestro, sobre todo no sabiendo qué es lo que debe inmolársele, hasta que lleguemos al sitio mismo que nos ha señalado.

27. Con eso endureció el Señor el corazón del faraón, y no quiso tampoco soltarlos.

28. Y dijo el faraón a Moisés: Quítateme de delante, y guárdate de comparecer otra vez en mi presencia: el primer día que te me presentes, morirás.

29. Respondió Moisés: Así se hará como tú has dicho; no volveré yo a ver tu cara.

11 *El Señor manda a Moisés que se apoderen de las alhajas de los egipcios*

1. Había antes el Señor dicho a Moisés: Todavía heriré al faraón y a Egipto, con una plaga, y después os despedirá y os obligará a que salgáis.

2. Dirás, pues, a todo el pueblo que cada uno pida a su amigo, y cada mujer a su vecina, alhajas de plata y oro*.

3. Y el Señor hará que su pueblo encuentre buena disposición en los egipcios. Y también la persona de Moisés gozaba de grandísimo concepto en todo el país de Egipto, así entre los criados o grandes del faraón, como en todo el pueblo*.

4. Moisés le dijo también al faraón: Esto dice el Señor: A la medianoche saldré a recorrer Egipto;

5. y morirán todos los primogénitos en la tierra de los egipcios, desde el primogénito de la esclava que hace rodar la muela en el molino, y todos los primogénitos de las bestias*.

6. Y se oirá un clamor grande en todo Egipto, cual nunca hubo, ni habrá jamás.

7. Pero entre todos los hijos de Israel, desde el hombre hasta la bestia, no chistará siquiera un perro; para que conozcáis cuán milagrosa distinción hace el Señor entre egipcios e israelitas.

8. Y todos esos servidores tuyos vendrán a mí, y postrados en mi presencia me suplicarán, diciendo: Sal tú, y todo tu pueblo que está a tus órdenes. Y después de esto saldremos.

9. E irritado Moisés en extremo, se apartó del faraón. Entonces dijo el Señor a Moisés: Ni aún ahora ha de escucharos el faraón, a fin de que se multipliquen los prodigios en la tierra de Egipto.

10. Todos estos portentos, que quedan escritos en este libro, obraron Moisés y Aarón delante del faraón. Mas el Señor endureció el corazón del faraón, quien no dejó salir de su tierra a los hijos de Israel.

2. *Ex 3*, 22; *12*, 35.
3. *Eclo 45*, 1.
5. *Ex 12*, 20.

12 *Cordero pascual, y ceremonias con que ha de comerse. Salida de los israelitas de Egipto*

1. Dijo también el señor a Moisés y a Aarón en la tierra de Egipto:

2. Este mes ha de ser para vosotros el principio de los meses. Será el primero entre los meses del año*.

3. Hablad a toda la congregación de los hijos de Israel, y decidles: El día diez de este mes tome cada cual un cordero por cada familia y por cada casa.

4. Que si en alguna no fuese tanto el número de individuos, que baste para comer el cordero, tomará de su vecino inmediato a su casa aquel número de personas que necesite para comerle.

5. El cordero ha de ser sin defecto*, macho, y primal o del año; podréis, guardando el mismo rito, tomar o sustituir por él un cabrito.

6. Lo reservaréis hasta el día catorce de este mes; en el cual, por la tarde, le inmolará toda la multitud de los hijos de Israel.

2. Los hebreos comenzaban el año civil en otoño y el año sagrado en la primavera en el mes que llamaban *Nisán* correspondiente parte de marzo y parte a abril. En este tiempo salieron de Egipto.
5. *Lev 22*, 22.

7. Y tomarán de su sangre, y rociarán con ella los dos postes y el dintel de las casas en que le comerán.

8. Las carnes las comerán aquella noche asadas al fuego, y panes ázimos* o sin levadura, con lechugas silvestres.

9. Nada de él comeréis crudo, ni cocido en agua, sino solamente asado al fuego; comeréis también la cabeza con sus pies e intestinos.

10. No quedará nada de él para la mañana siguiente; si sobrare alguna cosa, la quemaréis de esta manera: Tendréis ceñidos vuestros lomos, y puesto el calzado en los pies, y un báculo en la mano; y comeréis aprisa, por ser la Fase, (eso es, el Paso) del Señor.

12. Porque yo pasaré aquella noche por la tierra de Egipto, y heriré de muerte a todo primogénito en dicha tierra, sin perdonar a hombre, ni bestia; y de los dioses todos de Egipto tomaré yo venganza, Yo el Señor.

13. La sangre os servirá como señal en las casas donde estuviereis, pues yo veré la sangre y pasaré de largo, sin que os toque la plaga exterminadora, cuando yo heriré con ella la tierra de Egipto.

14. Tendréis a este día por memorable; y le celebraréis como fiesta solemne al Señor con perpetuo culto, de generación en generación.

15. Por siete días comeréis pan sin levadura; desde el primer día no habrá levadura en vuestras casas; todo el que comiere pan con levadura, desde el primer día hasta el séptimo, aquella alma será cortada o separada de Israel.

16. El primer día será santo y solemne, y el día séptimo será venerado con igual solemnidad; ninguna obra servil haréis en ellos, excepto las que pertenecen a la comida.

17. Guardaréis, pues, la fiesta de los ázimos; porque aquel mismo día sacaré de la tierra de Egipto a vuestro ejército o pueblo: día que habréis de celebrar de generación en generación con un culto perpetuo.

18. El día catorce del primer mes, desde la tarde, comeréis los ázimos, hasta el día veintiuno del mismo mes por la tarde*.

19. Durante siete días no se hallará levadura en vuestras casas. Quien comiere pan con levadura, ora sea extranjero*, ora sea natural del país, será borrada su alma del censo de Israel.

20. Nada habéis de comer con levadura; usaréis de pan ázimo en todas vuestras casas.

21. En seguida convocó Moisés a todos los ancianos de Israel, y les dijo: Id a buscar la res para cada una de vuestras familias, e inmolad la Pascua*;

22. y mojad un manojito de hisopo en la sangre vertida en el umbral de la puerta, y rociad con ella el dintel y ambos postes; ninguno de vosotros salga fuera de la puerta de su casa hasta la mañana.

23. Porque ha de pasar el Señor hiriendo de muerte a los egipcios, y al ver la sangre en el dintel y en los dos postes, pasará de largo la puerta de aquella casa; y no permitirá al ángel exterminador entrar en vuestras casas, ni haceros daño.

24. Observa, oh Israel, este mandato, que ha de ser como una ley inviolable para ti, y para tus hijos perpetuamente.

25. Así, pues, luego que entrareis en la tierra que os ha de dar el Señor, como lo tiene prometido, observaréis estas mismas ceremonias;

26. y cuando vuestros hijos os preguntaren: ¿Qué significa este rito?,

27. les responderéis: Esta es la víctima del Paso del Señor, cuando pasó de largo las casas de los hijos de Israel en Egipto, hiriendo de muerte a los egipcios, y dejando salvas nuestras casas. Al oír esto, se postraron todos y adoraron al Señor.

28. Y habiendo salido los hijos de Israel, hicieron como el Señor había mandado a Moisés y Aarón.

Décima plaga: la muerte de los primogénitos

29. Mas he aquí que a la medianoche el Señor hirió de muerte a todos los primogénitos en la tierra de Egipto, desde el primogénito del faraón que le sucedía en el trono, hasta el primogénito de la esclava

---

8. El cordero pascual se comía con el pan ázimo durante los siete días de la solemnidad. *1 Cor 5*, 7.

18. *Lev 23*, 5; *Num 28*, 16.

19. Por *extranjeros* entiende Moisés los que no siendo hebreos, habían abrazado su religión.

21. El cordero pascual.

que estaba en cadena, y a todo primer nacido de las bestias.

30. Con lo que se levantó el faraón de noche, y todos sus servidores, y Egipto todo; y fueron grandes los alaridos en Egipto, porque no había casa en donde no hubiera algún muerto.

31. Y llamando el faraón en aquella misma noche a Moisés y a Aarón, les dijo: Marchad y retiraos prontamente de mi pueblo, así vosotros como los hijos de Israel. Id y ofreced sacrificios al Señor como decís.

32. Llevaos vuestras ovejas y ganados mayores, conforme lo habéis pedido; y al partiros rogad por mí.

33. Al mismo tiempo los egipcios estrechaban al pueblo para que saliese prontamente del país, diciendo: Si no marcháis pereceremos todos.

34. El pueblo, pues, tomó la harina amasada, antes que se le pusiese levadura, y envuelta en los mantos o capas se la echó a cuestas.

35. Asimismo, los hijos de Israel, haciendo lo que Moisés había ordenado, pidieron a los egipcios alhajas de oro y plata, y muchísima ropa*.

36. Y el Señor dio al pueblo gracia en los ojos de los egipcios, para que les prestasen lo que pedían; y de esta manera despojaron a los egipcios.

Salida de Egipto

37. Partieron, en fin, los hijos de Israel de Ramesés a Socot, en número de unos seiscientos mil hombres a pie, sin contar los niños.

38. También salió agregada a ellos una turba inmensa de gente de toda clase, ovejas y ganados mayores, y todo género de animales en grandísimo número.

39. Y cocieron la harina que acababan de transportar amasada de Egipto, e hicieron panes ázimos, cocidos al rescoldo, porque no habían podido echarles levadura, por la prisa que les metían los egipcios para que saliesen, no permitiéndoles ninguna dilación: ni habían podido pensar en disponer comida alguna para el viaje.

40. El tiempo que moraron en Egipto y antes de Canaán los hijos de Israel, fue de cuatrocientos treinta años*;

41. cumplidos los cuales, salió en un mismo día de la tierra de Egipto todo el ejército del Señor.

42. Digna es de ser consagrada al Señor esta noche en que sacó a los hijos de Israel de la tierra de Egipto; y deben celebrarla todos los hijos de Israel en adelante perpetuamente.

43. Sobre lo cual dijo el Señor a Moisés y a Aarón: Este ha de ser el rito de la Pascua o cordero pascual. Ningún extranjero comerá de ella.

44. Pero todo esclavo comprado será circuncidado, y entonces comerá.

45. El advenedizo y jornalero no comerán de ella.

46. El cordero se comerá dentro de la casa, no sacaréis afuera nada de su carne, ni le quebraréis ningún hueso*.

47. Todo el pueblo de los hijos de Israel celebrará la Pascua.

48. Que si alguno de los extranjeros quisiese convertirse a vuestra religión y celebrar la Pascua del Señor, serán primero circuncidados todos los varones de su casa; y entonces la podrá celebrar legítimamente, y será como natural del país; pero quien no fuere circuncidado, no comerá de la Pascua.

49. Una misma ley o rito guardará el nacional y el extranjero que mora entre vosotros.

50. Así lo hicieron todos los hijos de Israel, como el Señor tenía mandado a Moisés y Aarón.

51. Y en el mismo día sacó el Señor de la tierra de Egipto a los hijos de Israel, repartidos en diversos escuadrones o bandas.

13

Ordena el Señor la oblación de los primogénitos, en memoria de lo sucedido en Egipto

1. Habló después el Señor a Moisés, diciendo:

2. Conságrame todo primogénito que abre el vientre de su madre, entre los hijos

35. *Ex 3*, 21; *11*, 2; *Sal 105* (*104*), 37.

40. *Gen 15*, 13.
46. *Num 9*, 12; *Jn 19*, 36.

de Israel, tanto de hombre como de animales; porque míos son todos*.

3. Acordaos, dijo Moisés al pueblo, acordaos de este día en que habéis salido de Egipto y de la casa de vuestra esclavitud: cómo el Señor os ha sacado con mano fuerte de este lugar; por cuya razón no comeréis en semejante día pan con levadura.

4. Salís hoy en el mes de las nuevas mieses o de la primavera.

5. Cuando el Señor, pues, te hubiere introducido, oh Israel, en la tierra del cananeo, y del heteo, y del amorreo, y del heveo y del jebuseo, que prometió con juramento a tus padres que te daría a ti, tierra que mana leche y miel, tú celebrarás este rito sagrado en dicho mes.

6. Por espacio de siete días comerás ázimos, y el día séptimo será también día solemne del Señor.

7. Comerás ázimos, digo, por siete días; y no parecerá en tu casa, ni en todos tus términos, cosa alguna con levadura.

8. Y en aquel día contarás el suceso a tu hijo, diciendo: Esto y esto hizo por mí el Señor, cuando salí de Egipto.

9. Y será como una señal* en tu mano, y como un recuerdo delante de tus ojos, a fin de que la ley del Señor esté siempre en tu boca; por cuanto con brazo fuerte te sacó de Egipto el Señor.

10. Observarás este rito todos los años al tiempo señalado.

11. Y cuando el Señor te haya introducido en la tierra del cananeo, como lo tiene jurado a ti y a tus padres, y te haya dado la posesión de ella,

12. separarás para el Señor todos los primogénitos, y todos los primerizos de tus ganados; todo lo que tuvieres de sexo masculino, lo consagrarás al Señor*.

13. Al primer nacido o primerizo de asno le cambiarás por una oveja; si no le rescatares, le matarás. Pero a todos tus hijos primogénitos les rescatarás con dinero.

14. Y cuando tu hijo te preguntare el día de mañana: ¿Qué significa esto?, le responderás: El Señor nos sacó con brazo fuerte de la tierra de Egipto, de la casa de la esclavitud.

15. Porque como el faraón se hubiese obstinado en no querer dejarnos salir, mató el Señor a todos los primogénitos en tierra de Egipto, tanto de hombres como de bestias; por esta razón sacrifico yo al Señor todo primerizo que es del sexo masculino, y rescato todos los primogénitos de mis hijos.

16. Lo que has de tener como una señal impresa en tu mano, y como un recuerdo pendiente ante tus ojos, que te advierte habernos el Señor sacado de Egipto con brazo fuerte.

17. Habiendo, pues, el faraón, despedido al pueblo de *Israel*, no guió Dios a éste por el camino del país de los filisteos, aunque era el más corto; considerando que tal vez se arrepentiría al ver que le movían guerras, y se volvería a Egipto.

18. Sino que los condujo rodeando por el camino del desierto, que está cerca del mar Rojo; y los hijos de Israel salieron de la tierra de Egipto armados.

19. Moisés llevó también consigo los huesos de José; el cual lo había hecho prometer con juramento a los hijos de Israel, al decirles: Dios os visitará: llevaos de aquí mis huesos con vosotros*.

20. Ellos, habiendo partido de Socot, acamparon en Etam, que está en la extremidad del desierto.

21. E iba el Señor delante para mostrarles el camino: de día en una columna de nube, y por la noche en una columna de fuego, sirviéndoles de guía en el viaje día y noche*.

22. Nunca faltó la columna de nube durante el día, ni la columna de fuego por la noche delante del pueblo*.

14

Persigue el faraón a los israelitas. Divide Moisés con la vara las aguas del mar Rojo

1. Y habló el Señor a Moisés, diciendo:

2. Da orden a los hijos de Israel que vuelvan a su camino, y acampen frente a Fihahirot, que está entre Mágdalo y el mar, delante de Beelsefón; a la vista de este lugar sentaréis el campamento junto al mar.

2. *Ex 34*, 19; *Lev 27*, 26; *Num 8*, 16; *Luc 2*, 23.
9. *Mat 23*, 5.
12. *Ex 22*, 29; *34*, 19; *Ez 44*, 30.

19. *Gen 50*, 24.
21. *Sal 105 (104)*; *1 Cor 10*, 12.
22. *Num 14*, 14; *1 Cor 10*, 1.

3. Porque el faraón va a decir de los hijos de Israel: Están estrechados del terreno, y cerrados de los montes del desierto.

4. Y yo endureceré su corazón y os perseguirá; con lo que seré glorificado en el faraón y en todo su ejército, y conocerán los egipcios que Yo soy el Señor. Ellos lo hicieron así.

5. Entretanto avisaron al rey de los egipcios que el pueblo iba huyendo; y se trocó el corazón del faraón y de sus servidores en orden al pueblo, y dijeron: ¿En qué pensábamos al soltar a Israel para que dejase de servirnos?

6. Hizo, pues, uncir los caballos a su carroza, y tomó consigo a todo su pueblo.

7. Y llevó seiscientos carros de guerra escogidos, y todos cuantos había en Egipto, y los capitanes de todo el ejército.

8. Y el Señor abandonó el corazón del rey de Egipto a la obstinación, el cual fue al alcance de los hijos de Israel; pero éstos habían salido amparados de una mano todopoderosa.

9. Siguiendo, pues, las huellas los egipcios, los hallaron acampados junto al mar. Toda la caballería y carros del faraón y el ejército entero estaban ya en Fihahirot, enfrente de Beelsefón*.

10. Y así que el faraón se hubo acercado, alzando los hijos de Israel sus ojos, vieron en pos de sí a los egipcios; con lo que se amedrentaron sobremanera.

11. Y clamaron al Señor, y dijeron a Moisés: ¿Acaso faltaban sepulturas en Egipto, para que nos hayas traído a que muriésemos en el desierto? ¿Qué designio ha sido el tuyo en sacarnos de Egipto?

12. ¿No te decíamos aún estando en Egipto: Déjanos que sirvamos a los egipcios? Porque mucho mejor nos era servirlos a ellos, que morir en el desierto.

13. Moisés respondió al pueblo: No temáis, estad firmes, y veréis los prodigios que ha de obrar hoy el Señor; pues esos egipcios que ahora estáis viendo, ya nunca más los volveréis a ver.

14. El Señor peleará por vosotros, y vosotros os estaréis quedos.

Paso del mar Rojo

15. Y dijo el Señor a Moisés: ¿Por qué clamas a mí? Di a los hijos de Israel que marchen.

16. Y tú levanta tu vara, y extiende tu mano sobre el mar, y divídelo, para que los hijos de Israel caminen por el medio de él a pie enjuto.

17. Yo entretanto endureceré el corazón de los egipcios para que vayan en persecución vuestra; y seré glorificado en el exterminio del faraón y de todo su ejército, y de sus carros y caballería.

18. Entonces conocerán los egipcios que Yo soy el Señor, cuando haya hecho servir para mi gloria al faraón, y a sus carros y a su caballería.

19. En esto, alzándose el ángel de Dios que iba delante del ejército de los israelitas, se colocó detrás de ellos; y con él la columna de nube, la cual, dejaba la delantera,

20. se situó a la espalda, entre el campo de los egipcios y el de Israel; y la nube era tenebrosa por la parte que miraba a aquéllos, al paso que para Israel hacía clara la noche, de tal manera que no pudieron acercarse los unos a los otros durante todo el tiempo de la noche.

21. Extendiendo, pues, Moisés la mano sobre el mar, le abrió el Señor por en medio, y soplando toda la noche un viento recio y abrasador, le dejó en seco, y las aguas quedaron divididas.

22. Con lo que los hijos de Israel entraron por medio del mar en seco, teniendo las aguas como por muro a derecha e izquierda*.

23. Los egipcios, siguiéndo el alcance, entraron en medio del mar tras ellos, con toda la caballería del faraón, sus carros y gente de a caballo.

24. Estaba ya para romper el alba; y he aquí que el Señor, echando una mirada desde la columna de fuego y de nube sobre los escuadrones de los egipcios, hizo perecer su ejército,

25. y trastornó las ruedas de los carros*, los cuales caían precipitados al profundo del mar. Por lo que dijeron los egipcios: Huyamos de Israel, pues el Señor pelea por él contra nosotros.

---

9. *1 Mac 4*, 9; *Jos 14*, 6.

22. *Sal 78 (77)*, 13; 114 (*113*), 3; *Hebr 11*, 29.
25. *Sab 18*, 15.

26. Entonces dijo el Señor a Moisés: Extiende tu mano sobre el mar, para que se reúnan las aguas sobre los egipcios, sobre sus carros y caballos.

27. Luego que Moisés extendió la mano sobre el mar, se volvió éste a su sitio al rayar el alba; y huyendo los egipcios, las aguas los sobrecogieron, y el Señor los envolvió en medio de las olas.

28. Así las aguas, vueltas a su curso, sumergieron los carros y la caballería de todo el ejército del faraón, que había entrado en el mar en seguimiento de Israel; ni uno siquiera se salvó.

29. Mas los hijos de Israel marcharon por medio del mar enjuto, teniendo las aguas por muro a derecha e izquierda.

30. De esta suerte libró el Señor a Israel en aquel día de mano de los egipcios.

31. Y vieron en la orilla del mar los cadáveres de los egipcios, y cómo el Señor había descargado contra ellos su poderosa mano. Con esto temió el pueblo al Señor, y creyó al Señor y a su siervo Moisés.

15 *Cántico de Moisés en alabanza y acción de gracias al Señor, después de pasado el mar*

1. Entonces Moisés y los hijos de Israel entonaron este himno al Señor, diciendo: Cantemos alabanzas al Señor, porque ha hecho brillar su gloria y grandeza, y ha precipitado en el mar al caballo y al caballero*.

2. El Señor es la fortaleza mía, y el objeto de mis alabanzas, porque El ha sido mi Salvador. Este es mi Dios, y yo publicaré su gloria: el Dios de mis padres, a quien he de ensalzar*.

3. El Señor se ha aparecido como un valiente campeón: es su nombre el Omnipotente.

4. A los carros del faraón y a su ejército los ha precipitado al mar; sus mejores capitanes han sido sumergidos en el mar Rojo.

5. Sepultados quedan en los abismos, se hundieron como una piedra hasta lo más profundo.

6. Tu diestra, ¡oh Señor!, ha demostrado su soberana fortaleza: Tu diestra, ¡oh Señor!, es la que ha herido al enemigo de tu pueblo.

7. Y con la grandeza de tu gloria y poderío has derribado a tus adversarios. Enviaste los instrumentos de tu cólera, la cual los ha devorado como el fuego a una paja.

8. Al soplo de tu furor se amontonaron las aguas; se paró la ola que iba corriendo; se cuajaron en medio del mar los abismos de las aguas.

9. Iré tras ellos, había dicho el enemigo, y los alcanzaré; partiré los despojos, y se hartará mi alma; desenvainaré mi espada, y los matará mi mano.

10. Sopló tu espíritu, ¡oh Señor!, y el mar los anegó; se hundieron como plomo en aguas impetuosas.

11. ¿Quién hay entre los fuertes a ti semejante, oh Señor? ¿Quién hay semejante a ti, tan grande en santidad, terrible y digno de alabanza, y obrador de prodigios?

12. Extendiste tú la mano, y la tierra los tragó.

13. Por tu misericordia te has hecho el caudillo del pueblo que redimiste, y le has conducido a fuerza de tu poder a tu santa morada.

14. Se levantaron los pueblos, y montaron en cólera; quedando penetrados de gran ira y dolor los habitantes de la Palestina.

15. Se conturbaron los príncipes de Edom; los valientes de Moab se estremecieron, y se quedaron yertos los moradores todos de Canaán.

16. Caiga sobre ellos el terror y espanto, a vista del gran poder de tu brazo, queden inmóviles como una piedra, en tanto que pasa, ¡oh Señor!, tu pueblo, hasta que pase este pueblo tuyo que tú has adquirido.

17. A estos hijos tuyos tú los introducirás y establecerás, ¡oh Señor!, sobre el monte de tu herencia, sobre esa firmísima morada tuya, que tú le has fabricado: en Sión, ¡oh Señor!, santuario tuyo, que han fundado tus manos.

18. El Señor reinará eternamente, y más allá de todos los siglos.

19. Porque el faraón entró a caballo en el mar, con sus carros y caballería, y el Señor replegó sobre ellos las aguas del mar; mas los hijos de Israel pasaron por medio de él a pie enjuto.

---

1. *Sab 10*, 20.
2. *Sal 118* (*117*), 14; *Is 12*, 2.

20. Entonces María, la profetisa, hermana de Aarón, tomó en su mano un pandero; y salieron en pos de ella todas las mujeres con panderos y danzas,

21. cuyos coros guiaba, entonando la primera. Cantemos himnos al Señor, porque ha dado una gloriosa señal de su grandeza; ha precipitado en el mar al caballo y al caballero.

22. En fin, Moisés sacó a los israelitas del mar Rojo, y fueron a salir al desierto del Sur, y anduvieron tres días por la soledad sin hallar agua.

23. Llegaron después a Mara, y no podían beber las aguas de Mara por ser amargas. Por eso puso nombre apropiado al sitio, llamándole Mara esto es, amargura.

24. Aquí murmuró el pueblo contra Moisés, diciendo: ¿Qué beberemos?

25. Mas él clamó al Señor, el cual le mostró un madero, y habiéndole echado en las aguas, se endulzaron. Allí dio el Señor al pueblo algunos preceptos y leyes; y allí le probó*,

26. y dijo: Si escuchares la voz del Señor Dios tuyo, e hicieres lo que es recto, delante de él, y obedecieres sus mandamientos, y observares todos sus preceptos, no descargaré sobre ti plaga ninguna, de las que he descargado sobre Egipto; porque Yo soy el Señor que te doy la salud.

27. De allí pasaron los hijos de Israel a Elim; donde había doce manantiales de aguas y setenta palmeras, y acamparon allí junto a las aguas*.

16

Envía el Señor codornices y pan del cielo a su pueblo. Le ordena la observancia del sábado

1. Partió de Elim toda la multitud de los hijos de Israel, y vino a parar en el desierto de Sin, que está entre Elim y el monte de Sinaí, el día quince del segundo mes, después de la salida del país de Egipto*.

2. Y murmuró en aquel desierto contra Moisés y Aarón el pueblo de los hijos de Israel.

3. A los cuales dijeron los hijos de Israel: ¡Ojalá hubiésemos muerto a manos del Señor en la tierra de Egipto, cuando estábamos sentados junto a las calderas llenas de carne, y comíamos pan cuanto queríamos! ¿Por qué nos habéis traído a este desierto, para matar de hambre a toda la gente?

4. Pero el Señor le dijo a Moisés: Voy a hacer que os llueva pan del cielo; salga el pueblo, y recoja lo que basta para cada día, pues quiero probarle, a ver si se ajusta o no a mi ley.

5. Mas el día sexto prevengan lo que han de reservar, y así cojan doble de lo que solían coger cada día.

6. Entonces Moisés, y Aarón dijeron a todos los hijos de Israel: Esta tarde conoceréis que el Señor es quien os ha sacado de la tierra de Egipto;

7. y mañana veréis brillar el poder del Señor, pues ha oído que os quejáis de él. Por lo que hace a nosotros, ¿qué somos para que andéis murmurando contra nosotros?

8. Y añadió Moisés: Esta tarde misma os dará el Señor a comer carnes y a la mañana pan, hasta que no queráis más, por cuanto ha oído vuestras quejas con que habéis murmurado contra él. Porque, ¿quiénes somos nosotros? Contra el Señor son, y no contra nosotros vuestras murmuraciones.

9. Dijo también Moisés a Aarón: Di a todo el pueblo de los hijos de Israel: Venid, presentaos al Señor*, porque ha oído vuestras murmuraciones.

10. Aún estaba hablando Aarón a toda la muchedumbre de los hijos de Israel, cuando volviendo ellos los ojos hacia el desierto, he aquí que la majestad del Señor se apareció en medio de la nube*,

11. desde donde habló el Señor a Moisés, diciendo:

12. He oído las murmuraciones de los hijos de Israel. Diles: Esta tarde comeréis carnes, y a la mañana os saciaréis de pan; con lo que sabréis que Yo soy el Señor Dios vuestro.

13. Llegada, pues, la tarde, vinieron tantas codornices, que cubrieron todo el campamento; y por la mañana se halló esparcido también un rocío alrededor de él*,

---

25. *Jdt* 5, 15; *Eclo 38*, 5.
27. *Num 33*, 9.
1. *Sab 11*, 2.
9. *Sal 99* (*98*), 7; *Ex 33*, 9.
10. *Eclo 45*, 3.
13. *Num 11*, 31.

14. el cual, habiendo cubierto la superficie de la tierra, quedó en el desierto sobre el suelo una cosa menuda, semejante a la escarcha que cae sobre la tierra*.

Preceptos sobre el manaá

15. Lo que visto por los hijos de Israel se dijeron unos a otros: ¿Manhú?, que significa: ¿Qué es esto? Porque no sabían qué cosa fuese. A los cuales dijo Moisés: Este es el pan que el Señor os ha dado para comer*.

16. Ved lo que el mismo Señor ha ordenado: Recoja de ello cada uno cuanto basta para su sustento; así pues, cogeréis un gomor* por persona, según el número de almas que habitan en cada tienda.

17. Así lo hicieron los hijos de Israel, y recogieron quién más, quién menos.

18. Lo midieron después por el gomor; ni quien más había cogido, por eso tuvo más, ni quien menos recogió, tuvo menos, sino que cada cual reunió tasadamente aquella porción que podía comer*.

19. Les advirtió además Moisés: Ninguno reserve de ello para mañana.

20. Algunos no le obedecieron, sino que lo reservaron para el día siguiente, y empezó a hervir en gusanos, y se pudrió; por lo cual se enojó Moisés contra ellos.

21. Recogía, pues, cada uno de madrugada cuanto le podía bastar para su mantenimiento; y calentando el sol, se derretía el maná del campo.

22. Pero el sexto recogió uno el doble, a saber dos medidas de gomor por cabeza; de lo cual vinieron a dar cuenta a Moisés todos los príncipes del pueblo.

23. Y él les dijo: Esto es lo que tiene ordenado el Señor. Mañana es el día de sábado, cuyo descanso está consagrado al Señor. Haced, pues, hoy todo lo que tengáis que hacer, y coged lo que haya de cocerse, y todo lo que sobrare guardadlo para mañana.

24. Lo hicieron como Moisés lo había mandado, y el maná no se pudrió, ni se halló en él gusano alguno.

25. Dijo entonces Moisés: Este lo comeréis hoy; porque siendo sábado del Señor, hoy no le habrá en el campo.

26. Recogedle durante los seis días; pues el día séptimo es el sábado del Señor, y por eso no se hallará.

27. Llegó el día séptimo; y habiendo salido algunos del pueblo a recogerle, no hallaron nada.

28. Por lo cual dijo el Señor a Moisés: ¿Hasta cuándo habéis de ser rebeldes a mis mandamientos y a mi ley?

29. Reflexionad que el Señor os ha encargado la observancia del sábado, y por eso el día sexto os da doblado alimento; estese cada cual en su tienda; ninguno salga fuera el día séptimo.

30. Y observó el pueblo el descanso el día séptimo.

31. Y la familia de Israel llamó aquel manjar Man; el cual era blanco, del tamaño de la simiente del cilantro, y su sabor, como torta de flor de harina, amasada con miel.

32. Dijo también Moisés: Esto es lo que ha mandado el Señor: Llena de maná un gomor, y guárdese para las generaciones venideras, a fin de que vean el pan con que yo os sustenté en el desierto después de que os saqué de la tierra de Egipto.

33. Dijo, pues, Moisés a Aarón: Toma un vaso, y echa en él todo el maná que pueda caber en tu gomor, y colócale delante del Señor, para que se conserve en vuestra posteridad,

34. como Dios me tiene mandado. Aarón lo puso después en el Tabernáculo, para que se conservare.

35. Y los hijos de Israel comieron maná por espacio de cuarenta años, hasta que llegaron a tierra poblada en que debían habitar: con este manjar fueron alimentados hasta que tocaron los confines de la tierra de Canaán*.

36. Una medida de gomor es la décima parte de un efi.

17

Brota milagrosamente de la peña de Horeb. Victoria contra los amalecitas

---

1. Habiendo, pues, partido toda la multitud de los hijos de Israel del desierto

---

14. Era un *maná* milagroso. *Num 11*, 7; *Sal 78 (77)*, 24; *Sab 16*, 20; *Jn 6*, 31.
15. *1 Cor 10*, 3.
16. Cerca de ocho libras.
18. *2 Cor 8*, 15.

35. *Jdt 5*, 15.

de Sin, haciendo sus detenciones en los lugares señalados por el Señor, acamparon en Rafidim, donde no tuvo el pueblo agua que beber;

2. el cual, levantando el grito contra Moisés, dijo: Danos agua para beber. Moisés le respondió: ¿Por qué os amotináis contra mí? ¿Cómo es que tentáis al Señor*?

3. Allí, pues, el pueblo, hallándose acosado de la sed y sin tener agua, murmuró contra Moisés, diciendo: ¿Por qué nos ha hecho salir de Egipto, para matarnos de sed a nosotros, y a nuestros hijos y ganados?

4. Clamó entonces Moisés al Señor, y le dijo: ¿Qué haré yo con este pueblo? Falta ya poco para que me apedree.

5. Dijo el Señor a Moisés: Adelántate al pueblo, llevando contigo alguno de los ancianos de Israel, y toma en tu mano la vara con que heriste el río, y vete

6. hasta la peña de Horeb*, que yo estaré allí delante de ti; y herirás la peña, y brotará de ella agua para que beba el pueblo. Lo hizo así Moisés en presencia de los ancianos de Israel.

7. Y puso a este lugar el nombre de Tentación, por el alboroto de los hijos de Israel, y porque tentaron al Señor, diciendo: ¿Está, o no está con nosotros el Señor?

8. Sobrevinieron después los amalecitas y presentaron batalla a Israel en Rafidim*.

9. Y dijo Moisés a Josué: Escoge hombres de valor, y ve a pelear contra los amalecitas; mañana yo estaré en la cima del monte, teniendo la vara de Dios en mi mano.

10. Hizo Josué lo que Moisés había dicho, y trabó combate con Amalec. Entretanto Moisés y Aarón y Hur subieron a la cima del monte.

11. Y cuando Moisés alzaba las manos, vencía Israel, mas si las bajaba un poco, Amalec tenía la ventaja.

12. Ya los brazos de Moisés estaban cansados; por lo que tomando una piedra, se la pusieron debajo, y se sentó en ella, y Aarón de una parte y Hur de la otra lo sostenían en brazos, los cuales de esta manera permanecieron en alto hasta que se puso el sol*.

13. Y Josué derrotó a Amalec, y pasó a cuchillo su gente.

14. Entonces el Señor dijo a Moisés: Escribe esto para memoria en un libro, y adviérteselo a Josué, a saber: Que yo he de borrar de debajo del cielo la memoria de Amalec.

15. Edificó allí Moisés un altar al Señor al que puso por nombre: EL SEÑOR ES MI EXALTACION, diciendo:

16. Ciertamente que la mano del Señor se extenderá desde su solio contra Amalec, y guerra le hará el Señor en todas las generaciones*.

18

Jetro, suegro de Moisés, trae a Séfora su mujer y los dos hijos, reparte el gobierno de su pueblo

---

1. Pues como hubiese oído Jetro, sacerdote de Madián, suegro de Moisés, todo lo que Dios había hecho a favor de Moisés y de Israel su pueblo, y cómo el Señor había sacado a Israel de Egipto,

2. tomó a Séfora, mujer de Moisés, el cual se la había remitido,

3. y a sus dos hijos, llamado el uno Gersam*, por haber dicho el padre: He estado peregrino en tierra extraña;

4. y el otro, Eliézer, porque dijo: El Dios de mi padre fue mi protector, y me libró de la espada del faraón.

5. Jetro, pues, suegro de Moisés, vino a encontrarle con sus hijos y la mujer de éste, en el desierto en donde estaba acampado el pueblo, cerca del monte de Dios.

6. Y envió aviso a Moisés, diciendo: Yo Jetro, suegro tuyo, vengo a encontrarte con tu mujer y tus dos hijos.

7. Moisés, habiendo salido a recibir a su suegro, le hizo profunda reverencia, y le besó, y se saludaron recíprocamente con palabras afectuosas. Y así que hubieron entrado en el pabellón,

8. contó Moisés a su suegro todos los prodigios que había hecho el Señor contra el faraón y los egipcios en favor de Israel, y todos los trabajos sufridos en el viaje, y cómo el Señor los había librado.

---

2. *Num 20*, 4.
6. *1 Cor 10*.
8. *Deut 25*, 17; *Jdt 4*, 13; *Sab 11*, 3.
12. Algunos padres ven en Moisés con los brazos extendidos una figura de Jesucristo en la cruz.

16. *Deut 25*, 18.
3. *Ex 2*, 22.

9. Se alegró Jetro al oír todos los beneficios que el Señor había hecho a Israel, y de que le hubiese sacado del poder de los egipcios,

10. y dijo: Bendito sea el Señor, que os ha librado de las manos de los egipcios y de las manos del faraón, y ha sacado a su pueblo del poder de Egipto.

11. Ahora conozco bien que el Señor es grande sobre todos los dioses, como se ha visto con los egipcios, y así que se han levantado tan orgullosamente contra su pueblo.

12. Ofreció, pues, Jetro, suegro de Moisés, holocausto y hostias a Dios; y fueron Aarón y todos los ancianos de Israel a comer con él en la presencia de Dios.

Institución de los jueces

13. Al día siguiente Moisés se sentó a despachar las causas del pueblo, el cual estaba alrededor de él desde la mañana hasta la noche.

14. Lo que observado por su suegro es a saber, que acudía a todas las cosas del pueblo, dijo: ¿Qué viene a ser eso que practicas con el pueblo? ¿Por qué eres tú solo en dar audiencia, y está todo el pueblo esperando desde la mañana hasta la noche?

15. Le respondió Moisés: Viene a mí el pueblo, a fin de oír la determinación de Dios.

16. Y cuando se suscita entre ellos alguna diferencia, acuden a mí para que decida entre las partes, y les haga conocer los preceptos de Dios y sus leyes.

17. No haces bien en eso, replicó Jetro.

18. Con trabajo tan ímprobo te consumes, no solamente tú sino también este pueblo que te rodea. Es empeño superior a tus fuerzas; no podrás sobrellevarle tú solo*.

19. Escucha, pues, mis palabras y consejos, y Dios será contigo. Sé tú medianero del pueblo en las cosas pertenecientes a Dios, presentándole las súplicas que se le hacen,

20. y enseñando al pueblo las ceremonias y los ritos del culto divino, y el camino que debe seguir, y las obras que debe practicar.

21. Para lo demás escoge de todo el pueblo sujetos de firmeza y temerosos de Dios, amantes de la verdad y enemigos de la avaricia, y de ellos establece tribunos, centuriones, y cabos de cincuenta personas y de diez:

22. los cuales sean jueces del pueblo continuamente. Y si ocurre alguna cosa grave, remítanla a ti, sentenciando ellos las de menos importancia; y así será para ti más llevadera la carga, partiéndola con otros.

23. Si esto hiciereis, cumplirás las órdenes de Dios, y podrás cuidar que se ejecuten tus preceptos; y toda esta gente se volverá en paz a su morada.

24. Oídas estas razones, Moisés hizo todo lo que su suegro le había sugerido.

25. Y habiendo escogido de todo Israel hombres de pulso y firmeza, los constituyó jefes del pueblo, tribunos y centuriones, y capitanes de cincuenta hombres, y de diez o decuriones.

26. Los cuales administraban justicia al pueblo en todo tiempo, y las causas más graves las remitían a Moisés, juzgando ellos solamente las más fáciles.

27. Después de esto se despidió de su suegro; el cual se volvió a su país.

19 *Moisés sube a la montaña y ordena al pueblo que se santifique para recibir la ley de Dios*

1. Al tercer mes de la salida de Israel de la tierra de Egipto, en el mismo día llegaron al desierto de Sinaí*.

2. Porque habiendo partido de Rafidim, y llegando hasta el desierto de Sinaí, acamparon en este lugar; y allí fijó Israel sus tiendas enfrente del monte.

3. De aquí subió Moisés hacia Dios, el cual le llamó desde la cima del monte, y dijo: Esto dirás a la casa de Jacob y esto anunciarás a los hijos de Israel*.

4. Vosotros mismos habéis visto lo que he hecho con los egipcios; de qué manera os he traído cual águila sobre mis alas, y os he tomado por mi cuenta*.

---

18. *Deut 1*, 12.

1. *Num 33*, 15.
3. *Hech 7*. 38.
4. *Deut 29*, 2.

5. Ahora bien, si escuchareis mi voz y observareis mi pacto seréis para mí, entre todos los pueblos la porción escogida*, ya que mía es toda la tierra.

6. Y seréis vosotros para mí un reino sacerdotal, y nación santa. Estas son las palabras que dirás a los hijos de Israel*.

7. Bajó, pues, Moisés, y convocados los ancianos del pueblo, les expuso todo lo que el Señor le había mandado decirles.

8. Y respondió a su vez todo el pueblo: Haremos todo cuanto ha dicho el Señor. Y habiendo Moisés llevado al Señor la respuesta del pueblo,

9. el Señor le dijo: Ahora mismo vendré yo a ti en una densa y oscura nube, a fin de que el pueblo me oiga hablar contigo, y te dé crédito perpetuamente. Y Moisés refirió las palabras del pueblo al Señor;

10. quien le dijo: Vuelve al pueblo, y haz que todos se purifiquen entre hoy y mañana, y laven sus vestidos,

11. y estén preparados para el día tercero; porque en el día tercero descenderá el Señor a vista de todo el pueblo sobre el monte Sinaí.

12. Pero tú has de señalar límites al pueblo en el circuito, y decirles: Guardaos de subir al monte, ni os acerquéis alrededor de él. Todo el que se llegare al monte, morirá sin remisión*.

13. No le ha de tocar mano de hombre alguno, sino que ha de morir apedreado o asaetado; ya fuere bestia, ya hombre, perderá la vida. Mas cuando comenzare a sonar la bocina*, salgan entonces hacia el monte.

14. Bajó, pues, Moisés del monte, y llegando al pueblo le purificó; y después que lavaron sus vestidos,

15. les dijo: Estad apercibidos para el día tercero, y no os lleguéis a vuestras mujeres.

Desciende el Señor al Sinaí

16. Ya que era venido el día tercero y rayaba el alba, de repente principiaron a oírse truenos, y a relucir los relámpagos, y se cubrió el monte de una densísima nube, y el sonido de la bocina resonaba con grandísimo estruendo; con lo que se atemorizó el pueblo, que estaba dentro de los campamentos.

17. De donde sacado por Moisés para salir a recibir a Dios, se pararon todos a las faldas del monte.

18. Todo el monte Sinaí estaba humeando, por haber descendido a él el Señor entre llamas; subía el humo de él como de un horno, y todo el monte causaba espanto*.

19. Al mismo tiempo el sonido de la bocina cada vez se sentía más recio, y se extendía a mayor distancia. Moisés hablaba, y Dios le respondía.

20. Descendió el Señor sobre el monte Sinaí, en la cima misma del monte, y llamó a Moisés a aquella cumbre. A donde habiendo subido,

21. le dijo: Baja y dile al pueblo que no se arriesgue a traspasar los límites para ver al Señor, por cuyo motivo vengan a perecer muchísimos de ellos.

22. Los sacerdotes asimismo que se acercan al Señor, purifíquense; no sea que los castigue de muerte.

23. Dijo entonces Moisés al Señor: No se atreverá el pueblo a subir al monte Sinaí, puesto que tú me has dicho y mandado expresamente: Señala límites alrededor del monte, y santifícale*.

24. Mas el Señor le dijo: Anda, baja, después subirás tú y Aarón contigo; pero los sacerdotes y el pueblo no traspasen los límites, ni suban hacia donde está el Señor, no sea que les quite la vida.

25. Bajó Moisés al pueblo y le refirió todas estas cosas.

20 *Promulgación de la ley. Atemorizados los israelitas, piden las órdenes por medio de Moisés*

1. En seguida pronunció el Señor todas estas palabras:

2. Yo soy el Señor Dios tuyo, que te ha sacado de la tierra de Egipto, de la casa de la esclavitud.

5. *Sal 24 (23)*, 1.
6. *1 Pe 2*, 9.
12. *Hebr 12*, 18.
13. O un sonido como de trompeta.

18. *Deut 4*, 11.
23. *Conságrale. Rom 8*, 15; *Hebr 12*; *Gál 4*.

3. No tendrás otros dioses delante de mí*.

4. No harás para ti imagen de escultura, ni figura alguna de las cosas que hay arriba en el cielo, ni abajo en la tierra, ni de las que hay en las aguas debajo de la tierra.

5. No las adorarás ni rendirás culto. Yo soy el Señor Dios tuyo, el fuerte, el celoso, que castigo la maldad de los padres en los hijos hasta la tercera y cuarta generación, de aquellos, digo, que me aborrecen;

6. y que uso de misericordia hasta millares de generaciones con los que me aman y guardan mis mandamientos.

7. No tomarás en vano el nombre del Señor tu Dios: porque no dejará el Señor sin castigo al que tomare en vano el nombre del Señor Dios suyo*.

8. Acuérdate de santificar el día de sábado*.

9. Los seis días trabajarás, y harás todas tus labores.

10. Mas el día séptimo es sábado, o fiesta del Señor Dios tuyo. Ningún trabajo harás en él, ni tú, ni tu hijo, ni tu hija, ni tu criado, ni tu criada, ni tus bestias de carga, ni el extranjero que habita dentro de tus puertas o poblaciones.

11. Por cuanto el Señor en seis días hizo el cielo y la tierra, y el mar, y todas las cosas que hay en ellos, y descansó en el día séptimo; por esto bendijo el Señor el día del sábado, y le santificó*.

12. Honra a tu padre y a tu madre, para que vivas largos años sobre la tierra que te ha de dar el Señor Dios tuyo*.

13. No matarás*.

14. No fornicarás.

15. No hurtarás.

16. No levantarás falso testimonio contra tu prójimo.

17. No codiciarás la casa de tu prójimo; ni desearás su mujer, ni esclavo, ni esclava, ni buey, ni asno, ni cosa alguna de las que le pertenecen*.

18. Entretanto todo el pueblo oía las voces o truenos, y los relámpagos, y el sonido de la bocina, y veía el monte humeando; de lo cual aterrados y despavoridos, se mantuvieron a lo lejos,

19. diciendo a Moisés: Háblanos tú, y oiremos; no nos hable el Señor, no sea que muramos.

20. Respondió Moisés al pueblo: No temáis; pues el Señor ha venido a fin de probaros, y para que su temor se imprima en vosotros y no pequéis.

21. Así el pueblo se mantuvo a lo lejos, y Moisés se acercó a la oscuridad de la niebla en donde estaba Dios*.

22. Dijo además el Señor a Moisés: Esto dirás a los hijos de Israel: Ya habéis visto cómo yo os he hablado desde el cielo.

23. No os haréis dioses de plata, ni de oro.

24. A mí me haréis un altar de tierra, y sobre él ofreceréis vuestros holocaustos y hostias pacíficas, vuestras ovejas y vacas, en todo lugar consagrado a la memoria de mi nombre; allí iré Yo, y te daré mi bendición*.

25. Y si me hicieres altar de piedra, no le has de hacer de piedras labradas; porque si alzares pico sobre él, quedará profanado el altar*.

26. No subirás por gradas a mi altar, porque no se descubra tu desnudez, o indecencia.

21

Da el Señor a su pueblo algunas leyes judiciales sobre los esclavos, el hurto, el homicidio

---

1. Estas son las leyes judiciales que les has de proponer:

2. Si comprares un esclavo hebreo*, seis años te servirá; al séptimo saldrá libre, sin pagar nada.

3. Cual era el vestido con que entró, tal ha de ser aquél con que saldrá. Si tenía mujer, la mujer también saldrá con él.

---

3. Este es el *primer mandamiento. Lev 26*, 1; *Deut 4*, 15; *Jos 24*, 14; *Sal 97 (96)*, 7.
7. *Lev 19*, 12; *Deut 5*, 11; *Mat 5*, 33.
8. *Ex 31*, 14; *Deut 5*, 14; *Ez 20*, 12.
11. *Gen 2*, 2.
12. Los padres afirman que estas promesas, aunque son temporales, simbolizan los bienes espirituales y eternos. *Deut 5*, 16; *Mat 15*, 4; *Ef 6*, 2.
13. *Mat 5*, 21.
17. *Rom 7*, 7; *13*, 9.

21. *Deut 18*, 16; *Hebr 12*, 18.
24. *Ex 27*, 8; *38*, 7.
25. *Deut 27*, 5; *Jos 8*, 31.
2. *Deut 15*, 12; *Jer 34*, 14.

EL FARAÓN CONJURA A MOISÉS PARA QUE SALGA DE EGIPTO

Y llamando el faraón en aquella misma noche a Moisés y a Aarón, les dijo: Marchad y retiraos prontamente de mi pueblo, así vosotros como los hijos de Israel. Id y ofreced sacrificios al Señor como decís. Llevaos vuestras ovejas y ganados mayores, conforme lo habéis pedido; y al partiros rogad por mí.

4. Mas si su señor le hubiere dado mujer no hebrea, y le hubiere parido hijos e hijas, la mujer y sus hijos serán de su señor; y él saldrá con su vestido*.

5. Que si el esclavo dijere: Yo amo a mi señor y a mi mujer e hijos, no quiero recobrar mi libertad,

6. el dueño le presentará ante los dioses, esto es, a los jueces, y arrimándole a los postes de la puerta de su casa, le perforará la oreja con una lezna, y quedará esclavo suyo para siempre.

7. Si alguno vendiere su hija para esclava, no saldrá como suelen salir las otras esclavas.

8. Si desagradare a los ojos de su dueño, a quien fue entregada, la despedirá; mas no tendrá facultad de venderla a otra gente o familia, si él la despreció.

9. Pero si la desposare con su hijo, le dará el trato propio de las hijas.

10. Mas si casa su hijo con otra, dará marido a la muchacha y vestidos, y no la defraudará del precio debido a su perdida virginidad.

11. Si no hiciera estas tres cosas, saldrá libre, sin pagar nada.

12. Quien hiriere a un hombre, matándole voluntariamente, muera sin remisión*.

13. Que si no lo hizo adrede, sino que Dios dispuso que casualmente cayese en sus manos, yo te señalaré un lugar en que podrá refugiarse*.

14. Al que de caso pensado y a traición matare a su prójimo, le arrancarás hasta de mi altar, para que muera.

15. Quien hiriere a su padre o madre, muera sin remedio.

16. El que hubiere robado un hombre y le vendiere, convencido del delito, muera irremisiblemente.

17. El que maldijere a su padre o madre, sea sin remisión castigado de muerte*.

18. Si riñeren entre sí dos hombres, y el uno hiriere a su prójimo con piedra o con el puño, y éste no muriere, pero tuviere que guardar cama;

19. si después se levantare y anduviere por fuera apoyado sobre su bastón, quedará el percusor exento de la pena de muerte; pero con la obligación de resarcirle sus jornales perdidos y los gastos de la curación.

20. Quien hiriere a palos a su esclavo o esclava, si murieren entre sus manos, será reo de crimen.

21. Mas si sobrevivieren uno o dos días, no estará sujeto a pena, porque es de su propiedad.

22. Si armando pendencia algunos hombres, uno de ellos hiriere a una mujer preñada, y ésta abortase, pero no muriese, resarcirá el daño, según lo que pidiere el marido de la mujer y juzgaren los árbitros.

23. Pero si siguiese la muerte de ella, pagará vida por vida,

24. y en general se pagará ojo por ojo*, diente por diente, mano por mano, pie por pie,

25. quemadura por quemadura, herida por herida, golpe por golpe.

26. Si alguno hiriere en el ojo a su esclavo o esclava y los dejare tuertos, les dará libertad por causa del ojo que les sacó.

27. Del mismo modo si hiciere saltar un diente al esclavo o esclava, los dejará ir libres.

28. Si un buey acorneare a un hombre o a una mujer y resultare la muerte de éstos, será el buey muerto a pedradas, y no se comerán sus carnes; mas el dueño del buey quedará absuelto.

29. Pero si el buey acorneaba de tiempo atrás, y requerido por ello su dueño, no le tuvo encerrado, y matare a hombre o a mujer; no sólo el buey será apedreado, sino también muerto su dueño.

30. Si los jueces le imponen solamente una multa, dará en rescate de su vida cuanto le fuere mandado.

31. Si acornease a un muchacho o muchacha, estará sujeto a la misma sentencia.

32. Si acometiere a un esclavo o esclava, dará treinta siclos de plata al amo de ellos, y el buey morirá apedreado.

33. Si alguno destapa un pozo o le abre de nuevo, y no lo cubre, y viniere a caer en él un buey o un asno,

34. pagará el dueño del pozo el precio de

---

4. La esclava no hebrea no gozaba del privilegio del *año sabático*.
12. *Lev 24*, 17.
13. *Deut 19*, 3.
17. *Lev 20*, 9; *Prov 20*, 20; *Mat 15*, 4; *Mar 7*, 10.

24. *Lev 24*, 20; *Deut 19*, 21; *Mat 5*, 38.

las bestias, mas el animal muerto será suyo.

35. Si el buey de alguno hiriere al buey de otro y éste muriere, venderán el buey vivo y partirán su precio, y la carne del muerto la repartirán entre sí.

36. Pero si el dueño sabía ya que de tiempo atrás el buey acometía y no le encerró, restituirá buey por buey, y será suyo todo entero el buey muerto.

22 *Leyes judiciales sobre hurto, usura y otros delitos; también sobre diezmos y primicias*

1. Si alguno robare un buey u oveja y los matare o vendiere, restituirá cinco bueyes por un buey, y cuatro ovejas por una oveja*.

2. Si un ladrón fuese hallado forzando de noche o socavando una casa, y siendo herido muriere, el matador no será reo de muerte.

3. Pero si lo hiciere después de salido el sol, cometió un homicidio, y así también debe él morir. El ladrón que no tuviere con qué restituir, él mismo ha de ser vendido.

4. Si lo que hurtó se hallare vivo en su poder, sea buey, sea asno, o sea oveja, deber restituir el doble.

5. Si alguno causare daño en un campo o viña, y dejare a su ganado pastar la heredad ajena, restituirá de lo mejor que tuviere en su campo o viña, a proporción del daño.

6. Si tomando cuerpo el fuego, prendiere en las espinas o matorrales, y abrasare los montones de los frutos o las mieses que están por segar en los campos, pagará el daño aquél que encendió el fuego.

7. Si alguno depositare dinero o alhaja en casa de su amigo y se lo robaren al depositario, si se halla el ladrón, restituirá éste el doble.

8. Si el ladrón no aparece, el dueño de la casa será presentado ante los jueces, y jurará no haber tocado el depósito de su prójimo,

9. ni tenido parte en el hurto, ya sea del buey, ya del asno, ya de oveja, o bien de ropa o cualquiera otra cosa que puede ocasionarle daño; la causa de ambos se ventilará ante los jueces, y si ellos le condenaren, restituirá el doble a su prójimo.

1. *2 Sam 12*, 6.

10. Si alguno diere a guardar a su prójimo un asno, buey, oveja, o cualquier animal, y éste muriere, o fuere estropeado, o cogido por los enemigos, sin que nadie le haya visto,

11. se interpondrá juramento de que no tocó la hacienda de su prójimo; y el dueño se dará por satisfecho con el juramento, y el otro no será obligado a resarcir.

12. Pero si la bestia ha sido robada por descuido, pagará el daño*,

13. si destrozada por alguna fiera, tráigasela muerta al dueño, y no tendrá que pagar nada.

14. El que pidiere prestadas cosas de este género a su prójimo y alguna se estropeare o muriere, no estando presente el dueño, será obligado a la restitución.

15. Pero si el dueño se hallare presente, no deberá restituir; sobre todo si fuere alquilada, pues paga el alquiler por el uso de ella.

16. Si alguno sedujere a una doncella todavía no desposada y durmiere con ella, la dotará y tomará por mujer*.

17. Si el padre de la doncella no quiere dársela, dará la cantidad de dinero correspondiente a la dote que suelen recibir las esposas.

18. No sufrirás que los hechiceros queden con vida.

19. El que pecare con una bestia, sea castigado de muerte.

20. Quien ofreciere sacrificios a otros dioses, si no es sólo al Señor, será muerto.

21. No contristarás ni oprimirás al extranjero, ya que también vosotros fuisteis extranjeros en tierra de Egipto.

22. No haréis daño a la viuda ni al huérfano*.

23. Si le hiciereis, clamarán a mí, y yo escucharé sus clamores,

24. y se encenderá mi enojo, y os haré perecer a cuchillo, y vuestras mujeres quedarán viudas, y huérfanos vuestros hijos.

25. Si prestares dinero al necesitado de mi pueblo, que mora contigo, no le has de apremiar como un inspector, ni oprimirle con usuras.

26. Si recibieres de tu prójimo su vestido

12. *Gen 31*, 39.
16. *Deut 22*, 28.
22. *Zac 7*, 10.

o manta en prenda, se la volverás antes de ponerse el sol*,

27. supuesto que no tiene otro con qué cubrirse y abrigar sus carnes, ni con que dormir o arroparse de noche. Si clamare a mí, le oiré porque yo soy misericordioso.

28. No hablarás mal de los jueces* ni maldecirás al príncipe de tu pueblo.

29. No serás perezoso en pagar tus diezmos y tus primicias: me darás el primogénito de tus hijos*.

30. También has de hacer lo mismo con el de tus bueyes y ovejas; siete días estará con su madre, y el día octavo me lo ofrecerás.

31. Seréis vosotros unos hombres consagrados a mi servicio; no comeréis la carne que antes haya sido gustada de las bestias, sino que la echaréis a los perros*.

23 *Leyes sobre la recta administración de justicia y sobre las fiestas principales*

1. No des oídos a calumniadores, ni te prestarás a decir falso testimonio en favor del impío.

2. No sigas la muchedumbre para obrar mal, ni en el juicio te acomodes al parecer del mayor número, de modo que te desvíes de la verdad.

3. Ni aun del pobre has de tener compasión, tratándose de la justicia.

4. Si encuentras el buey o asno perdido de tu enemigo, se lo conducirás*.

5. Si vieres caído con la carga el asno de aquel que te quiere mal, no te pases de largo, sino ayúdale a levantarle.

6. No tuerzas la justicia, condenando al pobre.

7. Huye de la mentira. No harás morir al inocente y al justo*, porque yo aborrezco al impío.

8. No recibas regalos*, porque deslumbran aun a los prudentes y pervierten las sentencias de los justos.

9. No molestarás al forastero, ya que sabéis lo que es ser forastero; pues vosotros mismos habéis estado en la tierra de Egipto como forasteros*.

10. Seis años sembrarás tu tierra, y cogerás tus frutos.

11. Mas el año séptimo la dejarás holgar, para que tengan que comer los pobres de tu pueblo, y lo que sobrare sirva de pasto a las bestias del campo; lo mismo harás con tu viña y tu olivar.

12. Seis días trabajarás; el séptimo descansarás, para que repose tu buey y tu asno, y se recree el hijo de tu esclava y el extranjero.

13. Observad todas las cosas que os he dicho. No juréis por el nombre de dioses extranjeros, ni aun siquiera los mentéis.

14. Tres veces cada año, ¡oh Israel!, me celebrarás fiesta solemne.

15. Observarás la solemnidad de los ázimos. Por siete días, como te tengo mandado, comerás pan sin levadura en el mes de los nuevos frutos, que es cuando saliste de Egipto; no te presentarás delante de mí con las manos vacías*.

16. La otra solemnidad será en la siega de los frutos primerizos de tus labores, de todo aquello que hubieses sembrado en el campo. La tercera solemnidad en la recolección de todos los frutos del campo, al fin del año.

17. Tres veces al año se presentarán todos tus varones delante del Señor Dios tuyo*.

18. No me ofrecerás con levadura la sangre de mi víctima, ni se reservará la grosura de mi víctima solemne hasta el día siguiente.

19. Ofrecerás en la casa del Señor Dios tuyo las primicias de los frutos de tu tierra. No cocerás el cabrito o cordero en la leche de su madre*.

20. Mira que yo enviaré al ángel mío que te guíe y guarde en el viaje, hasta introducirte en el país que te he preparado.

21. Reverénciale y escucha su voz: por ningún caso le menosprecies; porque si

---

26. *Deut 24*, 13.
28. Superiores que representan a Dios.
29. *Ex 13*, 2-12; *34*, 19; *Ez 44*, 30.
31. *Lev 22*, 8.
4. *Deut 22*, 1.
7. *Dan 13*, 53.
8. *Deut 16*, 19; *Eclo 20*, 31.

9. *Gen 46*, 6.
15. *Ex 13*, 3-4; *34*, 22; *Deut 16*, 6; *Eclo 35*, 6.
17. *Ex 34*, 23; *Deut 16*, 16.
19. *Ex 34*, 26; *Deut 14*, 21.

FREEDOM
ACHTUNG!
SIE VERLASSEN

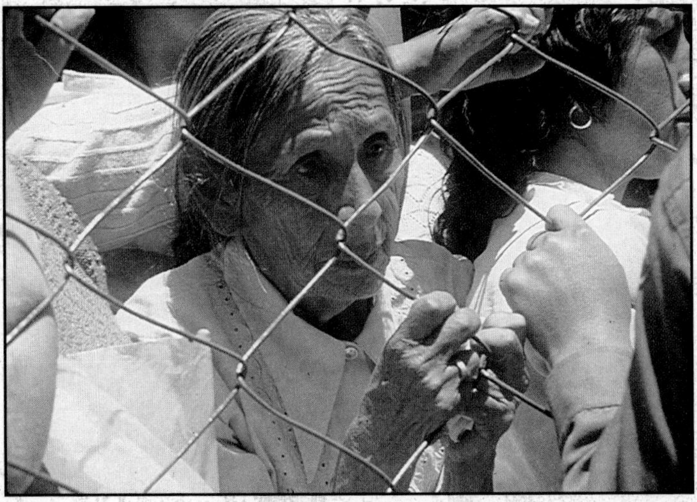

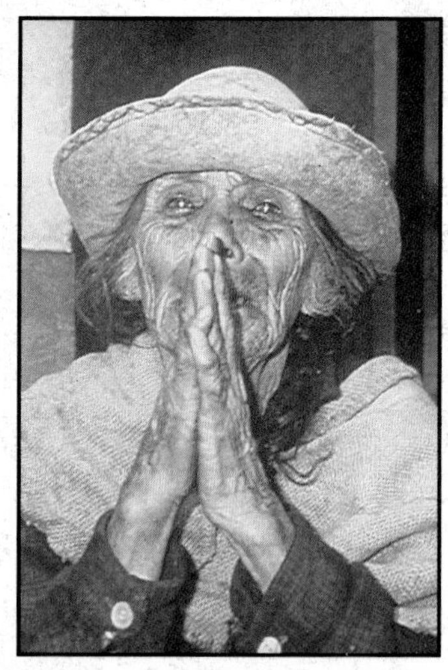

Padre Nuestro

Padre nuestro, que estás en el cielo,
santificado sea tu Nombre;
venga a nosotros tu reino;
hágase tu voluntad en la tierra
como en el cielo.
Danos hoy nuestro pan de cada día;
perdona nuestras ofensas,
como también nosotros perdonamos
a los que nos ofenden;
no nos dejes caer en la tentación
y líbranos del mal.
Amén

23. Harás también una mesa de madera de setim, la cual tenga dos codos de longitud, uno de latitud y codo y medio de altura;

24. y la cubrirás con láminas de oro purísimo, la ceñirás con una cornisa de oro,

25. y sobre la cornisa labrarás una corona o guirnalda entretallada, de cuatro dedos de alto, y encima de ésta otra coronita de oro.

26. Formarás asimismo cuatro anillos de oro, y los pondrás en las cuatro esquinas de la misma mesa, uno para cada pie de ella.

27. Los anillos de oro estarán debajo de la cornisa para meter las varas por ellos, a fin de que pueda transportarse la mesa.

28. Harás también de madera de setim estas varas, cubriéndolas con planchas de oro y servirán para conducir la mesa.

29. También formarás de oro purísimo tazas y fuentes, incensarios y copas, en que se han de ofrecer las libaciones.

30. Y sobre la mesa tendrás siempre puestos ante mi presencia los panes de la proposición.

31. Labrarás, igualmente de oro purísimo y a martillo, un candelero con su tronco, y brazos, y vasitos, y bolitas, y lirios que broten del mismo.

32. Seis brazos saldrán de los lados, tres de un lado y tres de otro.

33. En cada vaso tres vasitos en figura de una nuez abierta, su bolita y su lirio; de la misma manera tres vasitos en forma de nuez en cada otro brazo, con su bolita y su lirio: tal será la estructura de los seis brazos que han de salir del tronco.

34. En el mismo tronco del candelero habrá cuatro vasitos en forma de nuez, y en cada uno su bolita y su lirio.

35. De las bolitas en tres lugares del tronco saldrán dos brazos, que vendrán a ser en todo seis brazos procedentes del mismo tronco.

36. Tanto las bolitas como los brazos procederán del mismo tronco, y todo ello será de oro purísimo, trabajado a martillo.

37. Harás también siete lamparillas, y las pondrás sobre el candelero para que alumbren de frente.

38. Las despabiladeras y las cazoletas donde se apagan las pavesas, serán igualmente de oro el más puro.

39. Todo el peso del candelero, con todos sus utensilios, tendrá un talento de oro purísimo.

40. Mira bien, y hazlo fabricar conforme al diseño que se te ha propuesto en el monte*.

26 *Descripción del Tabernáculo, y de todos sus objetos según la voluntad de Dios*

1. El Tabernáculo has de hacerlo así: Harás diez cortinas de torzal de lino fino, de color de jacinto o azul celeste, de púrpura y de grana dos veces teñida, con variedad de bordados.

2. Cada cortina tendrá veintiocho codos de largo, y cuatro de ancho. Todas las cortinas serán de una misma medida.

3. Cinco cortinas se unirán entre sí, y las otras cinco se unirán del mismo modo.

4. Pondrás presilla de color de jacinto en los lados y cabos de las cortinas, para que puedan unirse las unas con las otras.

5. Cada cortina tendrá por ambas partes cincuenta presillas, dispuestas de tal modo que la una corresponda a la otra, y se puedan ajustar entre sí.

6. Harás asimismo cincuenta anillos o corchetes de oro, con los que se han de trabar los velos de las cortinas, de manera que se forme una sola tienda o tabernáculo.

7. También harás once cubiertas de pelos de cabra para el techo del Tabernáculo.

8. Cada una de estas cubiertas tendrá treinta codos de largo y cuatro de ancho; todas serán de una misma medida.

9. Cinco de ellas las juntarás aparte, y las otras seis las trabarás entre sí, de modo que la sexta se doble por delante del techo.

10. Harás también en la orilla de cada cubierta cincuenta presillas, para que se pueda unir con la otra, y cincuenta presillas en la orilla de ésta para unirla a la contigua.

11. Harás asimismo cincuenta hebillas de bronce, mediante las cuales se traben las presillas, para que de todos los paños se forme un solo toldo.

12. Mas como de las cubiertas que sirven para toldo sobra una, con la mitad de ésta cubrirás la parte posterior del Tabernáculo.

13. Y como tienen las cubiertas dos

---

40. *Ap 1*, 12-13; *Hebr 8*, 5; *Hech 7*, 44.

codos de largo más que las cortinas, un codo colgará de una parte y otro de otra, cubriendo los dos lados del Tabernáculo.

14. Harás también al Tabernáculo otra cubierta de pieles de carneros, teñidas de rojo, y sobre ésta otra cubierta de pieles moradas.

15. Plantarás asimismo tablones de madera de setim, que sostengan el Tabernáculo;

16. cada uno de los cuales tendrá de longitud diez codos y de anchura codo y medio.

17. En los lados de cada tablón se harán dos muescas para encajar un tablón con otro, y de este modo se dispondrán todos los tablones.

18. Veinte de éstos se pondrán en el lado meridional que mira al Austro,

19. para los cuales fundirás cuarenta basas de plata; de suerte que dos basas sustenten los dos ángulos de cada tablón.

20. En la misma forma se pondrán veinte tablones al otro lado del Tabernáculo que mira al Norte,

21. los cuales tendrán cuarenta basas de plata: dos basas debajo de cada tablón.

22. En la parte occidental del Tabernáculo plantarás seis tablones,

23. además de otros dos que se han de fijar a la espalda del Tabernáculo en las esquinas,

24. y estarán trabados de abajo arriba, y asegurados todos con un mismo encaje. Semejante trabazón se observará en los dos tablones que se han de colocar en las esquinas.

25. Así serán en todo ocho tablones los que habrá en el fondo, con diez y seis basas de plata, dando a cada tablón dos basas.

26. También harás cinco travesaños de madera de setim en un lado del Tabernáculo, que afiancen los tablones,

27. y otros cinco al otro lado, y al Occidente otros tantos;

28. los cuales atravesarán los tablones de un extremo al otro.

29. Cubrirás asimismo con planchas de oro los tablones, y fundirás para ellos argollas de oro, por las cuales pasando los travesaños, afirmen la tablazón; estos travesaños los cubrirás también con lámina de oro.

30. Así erigirás el Tabernáculo, conforme al modelo que se te ha mostrado en el monte.

31. Además de esto, harás un velo de color de jacinto, y de púrpura y de grana dos veces teñida, y de torzal de lino fino con labores de tapicería y tejido con hermosa variedad,

32. el cual colgarás ante cuatro columnas de madera de setim, que estarán también cubiertas de oro, y tendrán capiteles de oro con pedestales de plata.

33. Y el velo quedará pendiente por medio de sortijas, y estará delante del Arca del Testimonio, y servirá para separar el Santuario del lugar Santísimo.

34. Pondrás también el propiciatorio sobre el Arca del Testimonio en el lugar Santísimo.

35. Fuera del velo pondrás la mesa de los panes, y enfrente de la mesa el candelero en el lado meridional del Tabernáculo, porque la mesa, estará en la parte septentrional.

36. Finalmente, para la entrada del Tabernáculo harás una cortina de color de jacinto, y de púrpura, y de grana dos veces teñida, de torzal de lino fino con labores de tapicería.

37. Y colocarás esta cortina ante las cinco columnas de madera de setim, cubiertas con láminas de oro, cuyos capiteles serán de oro y las bases de bronce.

---

27 *Altar de los holocaustos y atrio alrededor del Tabernáculo y de las lámparas.*

---

1. Harás también un altar de maderas de setim, que tendrá cinco codos de largo y otros tantos de ancho, esto es, cuadrado, y tres codos de altura.

2. De sus cuatro esquinas saldrán cuatro puntas; y le cubrirás con láminas de bronce.

3. Para el servicio del altar fabricarás unas calderas, para recoger las cenizas, y tenazas, y tridentes y braseros. Todos estos instrumentos los harás de cobre.

4. Además un enrejado de bronce en forma de red, en cuyos cuatro ángulos habrá cuatro anillos de bronce,

5. que pondrás debajo del plano o fogón del altar; y el enrejado llegará hasta el medio del altar.

6. Harás también dos varas de madera

de setim, cubiertas con láminas de bronce,

7. y las meterás por los anillos, y estarán a los dos lados del altar para transportarle.

8. No le harás macizo, sino hueco y cóncavo por dentro, como se te ha mostrado en el monte.

9. Formarás asimismo el atrio del Tabernáculo, en cuya parte meridional habrá cortinas de torzal de lino fino. Cien codos tendrá de largo y un lado,

10. y veinte columnas con otras tantas basas de bronce, cuyos capiteles con sus molduras serán de plata.

11. Igualmente en el lado septentrional habrá también a lo largo cortinas de cien codos, veinte columnas, y otras tantas basas de bronce, y sus capiteles de plata con sus molduras.

12. Además en lo ancho del atrio que mira al Poniente, habrá cortinas por espacio de cincuenta codos, en diez columnas con otras tantas basas.

13. Del mismo modo en lo ancho del atrio que cae al Oriente, se contarán cincuenta codos;

14. donde se pondrán cortinas de quince codos por un lado, y tres columnas con otras tantas basas;

15. y en el otro lado también cortinas de quince codos, y tres columnas con otras tantas basas.

16. Pero a la entrada del atrio se pondrá una cortina de veinte codos de color de jacinto y de púrpura, y de grana dos veces teñida, hecha de torzal de lino fino y con artificio de bordador; abrazará cuatro columnas con otras tantas basas.

17. Todas las columnas que cercan el atrio, estarán revestidas de láminas de plata, con capiteles de plata y basas de bronce.

18. En longitud ocupará el atrio cien codos, en anchura cincuenta, y su altura será de cinco codos. Sus cortinas se harán de torzal de lino fino, y tendrán basas de bronce.

19. De bronce harás todos los utensilios del Tabernáculo, para cualquier uso y ministerio, y las estacas o clavos, tanto del mismo Tabernáculo como del atrio.

20. Da orden a los hijos de Israel que te traigan aceite de olivas el más puro, y exprimido en mortero; para que arda siempre el candelero

21. en el Tabernáculo del Testimonio, afuera del velo que está pendiente delante del Arca del Testimonio. Aarón y sus hijos cuidarán de aderezar las lámparas del candelero, para que arda en presencia del Señor hasta la mañana. Será éste un culto perpetuo que rendirán los hijos de Israel de padres a hijos sucesivamente.

28

Se describen las vestiduras sacerdotales, el efod, la túnica, el pectoral

1. Además une contigo a tu hermano Aarón* con sus hijos, separándolos de los otros hijos de Israel, para que me sirvan de sacerdotes: Aarón, Nadab, y Abiú, Eleazar e Itamar.

2. Y harás a tu hermano Aarón unas vestiduras sagradas, para gloria y esplendor del culto divino.

3. De lo cual tratarás con todos aquellos hombres entendidos, a los cuales he llenado yo del espíritu de inteligencia, para que hagan las vestiduras de Aarón, con las cuales consagrado ejerza mi sacerdocio.

4. Las vestiduras que han de hacer son estas: El pectoral y el efod o espaldar, la túnica exterior, y la otra interior de lino ajustada, la tiara y el cinturón. Estas serán las vestiduras sagradas que harán a tu hermano Aarón y a sus hijos, para que ejerzan delante de mí las funciones del sacerdocio.

5. Para lo que emplearán oro, y jacinto, y púrpura, y grana dos veces teñida, y lino fino.

6. El efod le harán de oro, y de jacinto, y de púrpura, y de grana dos veces teñida, y de lino fino retorcido, obra tejida de varios colores.

7. Tendrá el efod por arriba dos aberturas sobre los hombros, que abriéndose para ponerle se reunirán después.

8. Toda la obra será tejida, con una variedad agradable de oro, de jacinto, de púrpura y grana, dos veces teñida, y de lino fino retorcido.

9. Tomarás también dos piedras de ónix, y grabarás en ellas los nombres de los hijos de Israel:

---

1. *Hebr* 5, 4.

10. seis nombres en una piedra, y los seis restantes en la otra, por el orden de su nacimiento.

11. Por arte de escultor y grabadura de lapidario, esculpirás en ellas los nombres de los hijos de Israel, engastándolas y guarneciéndolas de oro.

12. Y las pondrás en uno y otro lado del efod, para memoria de los hijos de Israel. Y llevará Aarón sus nombres delante del Señor sobre los dos hombros, para recuerdo.

13. Harás asimismo unos broches de oro,

14. y dos cadenillas de oro purísimo, trabadas entre sí, las que introducirás en los broches.

El pectoral y la tiara

15. Harás también el pectoral del juicio*, tejido de varios colores, conforme al tejido del efod, de hilos de oro, de jacinto o azul celeste, de púrpura, y de grana dos veces teñida, y de torzal de lino fino.

16. Será cuadrado y doble; tendrá de medida un palmo, tanto a largo como a lo ancho.

17. Colocarás en él cuatro órdenes de piedras preciosas. En el primer orden estarán la piedra sárdica, el topacio y la esmeralda,

18. en el segundo el rubí, el zafiro y el jaspe,

19. en el tercero el ópalo, la ágata y la amatista,

20. en el cuarto el crisolito, el ónix y el berilo. Estarán engastados en oro por su orden,

21. y contendrán los nombres de los hijos de Israel: Sus doce nombres estarán grabados en ellas, según las doce tribus: en cada piedra un nombre.

22. En este pectoral pondrás dos cadenitas de oro muy puro, trabadas entre sí,

23. y dos sortijas o anillos de oro, que pondrás en las dos puntas superiores del pectoral;

24. y juntarás las cadenas de oro con las sortijas que están en dichas puntas,

25. y unirás las extremidades de las mismas cadenas con dos broches en los dos lados del efod, que miran al pectoral.

26. Harás también dos sortijas de oro, que pondrás en las puntas del pectoral, a las orillas, frente del efod, por la parte de adentro.

27. Igualmente otras dos sortijas de oro, que se han de colocar en ambos lados del efod, por la parte de abajo, donde corresponden los anillos inferiores del pectoral, para que éste se pueda trabar con el efod,

28. de modo que se aprieten las sortijas del pectoral con las del efod, pasando por ellas un cordón de jacinto; así la unión quede hecha con arte y no se pueda desprender el pectoral del efod.

29. Y así Aarón siempre que entre en el Santuario llevará sobre su pecho, en el pectoral del juicio, los nombres de los doce hijos de Israel, para memoria eterna en el acatamiento del Señor.

30. En el mismo pectoral del juicio pondrás estas dos palabras: doctrina y verdad, las cuales Aarón llevará sobre su pecho cuando se presentare delante del Señor, y sobre su pecho llevará siempre el pectoral del juicio de los hijos de Israel en la presencia del Señor.

31. Harás también la túnica del efod toda de color de jacinto;

32. en medio de la cual por arriba habrá un cabezón o abertura y una orla tejida alrededor, como se suele hacer en las extremidades de los vestidos, para que no se rompa fácilmente.

33. Pero abajo, a los pies de la misma túnica, harás alrededor como unas granadas de jacinto y de púrpura, y de grana dos veces teñida, entremezcladas unas campanillas;

34. de suerte que a una campanilla de oro se siga una granada, y a otra campanilla de oro otra granada.

35. Con esta túnica se ha de revestir Aarón en las funciones de su ministerio, a fin de que se sienta el sonido cuando entra o sale del Santuario, a vista del Señor, y no pierda la vida*.

36. Harás también una lámina de oro finísimo, en la cual mandarás grabar a buril: la santidad al Señor.

---

15. Se llamaba *del juicio*, porque el sumo sacerdote lo tenía siempre en el pecho cuando consultaba al Señor para entender sus juicios o voluntad.

35. *Eclo 45*, 11.

37. Y la ligarás con un cordón de color de jacinto; de modo que esté fija sobre la tiara,

38. y pendiente sobre la frente de Aarón. Y Aarón cargará sobre sí los pecados cometidos por los hijos de Israel en todas las oblaciones y dones que habrán ofrecido y consagrado. Tendrá siempre esta lámina en su frente, para que el Señor le sea propicio.

39. Le harás, en fin, la túnica estrecha de lino fino, y la tiara de lo mismo, y el cinturón bordado de varios colores.

40. En cuanto a los hijos de Aarón les dispondrás túnicas de lino, y cinturones, mitras para majestad y adorno.

41. Con todos estos ornamentos revestirás a tu hermano Aarón, y a sus hijos con él. Y consagrarás las manos de todos ellos y los santificarás, para que me sirvan en las funciones del sacerdocio.

42. Harás también calzoncillos de lino para que cubran la desnudez de su carne desde los lomos hasta las rodillas;

43. de los que usarán Aarón y sus hijos al entrar en el Tabernáculo del Testimonio, o al acercarse al altar para servir en el santuario, a fin de que no mueran como reos de transgresión. Estatuto perpetuo será éste para Aarón y su posteridad.

29 *Ceremonias en la consagración a Dios del sumo sacerdote Aarón y de sus hijos*

1. Mas para consagrarlos sacerdotes míos, has de hacer también esto: Toma de la vacada un becerro y dos carneros sin tacha,

2. y panes ázimos, y una torta sin levadura, amasada con aceite, como también buñuelos ázimos, untados con aceite; todo lo harás de la flor de la harina de trigo.

3. Y puesto en un canastillo, lo ofrecerás; y después el becerro y los dos carneros.

4. Y harás que se acerquen Aarón y sus hijos a la entrada del Tabernáculo del Testimonio. Y después de haber lavado al padre y a sus hijos con agua,

5. revestirás a Aarón de sus ornamentos, esto es, de la túnica de lino y de la otra, y del efod, y del pectoral, que ajustarás con el cinturón.

6. Y le pondrás la tiara en la cabeza, y la lámina santa sobre la tiara;

7. y derramarás sobre su cabeza el óleo de la consagración, y con este rito será consagrado.

8. También harás que se acerquen a ti sus hijos, y los revestirás con las túnicas de lino, y les ceñirás con el cinturón,

9. lo mismo a Aarón que a sus hijos, y les pondrás las mitras; con lo que serán sacerdotes míos para culto perpetuo. Después que hubieres consagrado sus manos,

10. traerás el becerro delante del Tabernáculo del Testimonio, y Aarón y sus hijos le pondrán las manos sobre la cabeza*,

11. y le degollarás en presencia del Señor, junto a la puerta del Tabernáculo del Testimonio.

12. Y tomando de la sangre del becerro, la pondrás con tu dedo mojado en ella sobre las puntas de las esquinas del altar, y derramarás al pie de su basa el resto de la sangre.

13. Sacarás también todo el sebo que cubre los intestinos, y la red o telilla del hígado, y los dos riñones y la enjundia de encima; y lo ofrecerás quemándolo sobre el altar*.

14. Pero las carnes del becerro, y la piel, y el estiércol, eso lo quemarás fuera del campamento; por cuanto es sacrificio por el pecado.

15. Tomarás después uno de los carneros, sobre cuya cabeza pondrán Aarón y sus hijos las manos.

16. Y después de haberle degollado, tomarás su sangre y la derramarás alrededor del altar.

17. Luego dividirás el mismo carnero en trozos; y lavados sus intestinos y patas, los pondrás sobre las carnes partidas y sobre la cabeza.

18. Y de esta suerte ofrecerás el carnero, quemándole todo entero sobre el altar; oblación que se hace al Señor, y hostia, cuyo olor le es sumamente agradable.

19. Asimismo tomarás el otro carnero, sobre cuya cabeza Aarón y sus hijos pondrán las manos,

---

10. *Lev 1*, 3.
13. *Lev 3*, 3.

20. y habiéndole degollado tomarás de su sangre, y teñirás con ella la extremidad de la oreja derecha de Aarón y de sus hijos, y los pulgares de su mano y pie derecho, derramando la demás sangre alrededor sobre el altar.

21. Y tomando de la sangre vertida sobre el altar y del óleo de la consagración, rociarás a Aarón y sus vestiduras, y a los hijos también y a las vestiduras suyas. Y consagrados así ellos y sus ornamentos,

22. tomarás del carnero la grasa, la cola, y el sebo que cubre las entrañas, y la telilla del hígado, y los dos riñones y la enjundia de encima, y la espaldilla derecha, porque es carnero de consagración de Aarón y sus hijos;

23. además una torta de pan, un hojaldre amasado con aceite, y una lasaña del canastillo de los ázimos presentado al Señor;

24. y pondrás todas esas cosas sobre las manos de Aarón y de sus hijos, y las santificarás, elevándolas en la presencia del Señor.

25. Después recibirás de sus manos todo lo dicho, y lo quemarás sobre el altar en holocausto, para olor suavísimo en la presencia del Señor, por ser oblación suya.

26. Tomarás asimismo el pecho del carnero inmolado para la consagración de Aarón, y le santificarás, elevándole ante el Señor; y será porción tuya.

27. Igualmente santificarás el pecho consagrado, y la espaldilla que separaste del carnero

28. inmolado para la consagración de Aarón y de sus hijos, y serán la porción de Aarón y de sus hijos por derecho perpetuo en las oblaciones de los hijos de Israel, porque son como las primicias y lo primero de las víctimas pacíficas que ofrecen ellos al Señor.

29. Las vestiduras santas de que ha de usar Aarón, las tendrán sus hijos después de su muerte, para que revestidos con ellas sean ungidos y consagradas sus manos.

30. Por siete días las llevará el que de sus hijos fuere constituido sumo sacerdote en lugar suyo, y entrare en el Tabernáculo del Testimonio para hacer las funciones en el santuario.

31. Tomarás también el carnero ofrecido en la consagración del sumo sacerdote, y cocerás su carne en el lugar santo;

32. la cual comerán Aarón y sus hijos. También los panes puestos en el canasto los comerán a la entrada del Tabernáculo del Testimonio*,

33. para que sea sacrificio que haga a Dios propicio y favorable, y queden santificadas las manos de los que lo ofrecen. Ningún extraño comerá de estas cosas, porque son santas.

34. Que si algo sobrare de las carnes consagradas o de los panes hasta la mañana, lo quemarás; no se comerá, por ser cosa santificada.

35. Cuidarás de hacer todo esto que te he mandado en orden a Aarón y a sus hijos. Por siete días consagrarás sus manos.

36. Y en cada uno de estos días ofrecerás un becerro por el pecado, para que sea perdonado. Y después de inmolada la hostia por la expiación del pecado, purificarás el altar, y le ungirás para santificarle de nuevo.

37. Por espacio de siete días harás la purificación del altar y le santificarás, y quedará santísimo. Cualquiera que le tocare, se santificará.

38. Esto es lo que has de ofrecer sobre el altar: Dos corderos primales cada día, perpetuamente*.

39. un cordero por la mañana y otro por la tarde.

40. Con un cordero ofrecerás un décimo de la flor de harina de trigo, amasada con aceite de oliva, majada en mortero, cuyo aceite tenga de medida la cuarta parte del hin; y vino en la misma cantidad para las libaciones.

41. A la tarde ofrecerás el otro cordero, conforme al rito de la ofrenda matutina, y en la forma dicha, en sacrificio de suavísimo olor;

42. sacrificio que se ha de ofrecer al Señor perpetuamente en vuestras generaciones, a la entrada del Tabernáculo del Testimonio, delante del Señor, donde yo estableceré mi comunicación contigo.

43. Y allí daré mis órdenes a los hijos de Israel; y el altar será santificado con la presencia de mi gloria.

44. Santificaré igualmente el Tabernáculo del Testimonio junto con el altar, y a

---

32. *Lev 8*, 31; *24*, 9; *Mat 12*, 4.
38. *Num 28*, 3.

Aarón con sus hijos, para que ejerzan las funciones de sacerdotes míos.

45. Y habitaré en medio de los hijos de Israel, y seré su Dios.

46. Y sabrán que Yo soy el Señor Dios suyo, que los saqué de la tierra de Egipto, para morar entre ellos, Yo que soy el Señor su Dios.

30 *Altar de los perfumes, la pila de bronce y otras cosas pertenecientes al Tabernáculo*

1. Harás asimismo un altar de madera de setim para quemar los perfumes o timiamas,

2. que tenga un codo de largo y otro de ancho, es decir, cuadrado, con dos codos de altura, de cuyos cuatro ángulos saldrán unas puntas o remates.

3. Y le cubrirás del oro más puro, tanto su enrejado, como los cuatro lados y las puntas. Y formarás alrededor de él una orladura o cornisa de oro,

4. y debajo de la orladura, dos anillos de oro a cada lado, para introducir en ellos unas varas con que ha de ser transportado el altar.

5. Estas mismas varas las has de hacer también de madera de setim, y las cubrirás de oro.

6. El altar le colocarás enfrente del velo, que pende delante del Arca del Testimonio, y del propiciatorio con que se cubre el Arca del Testimonio, donde yo te hablaré.

7. Y Aarón quemará sobre él, cada mañana, incienso de suave fragancia. Lo quemará al tiempo de aderezar las lámparas;

8. y al atizarlas al anochecer, quemará también el perfume delante del Señor; lo cual se observará entre vosotros perpetuamente, de generación en generación.

9. Nunca ofrecerás sobre este altar perfumes de otra composición, ni oblación alguna, ni víctima, ni libaciones.

10. Una vez en el año hará Aarón la expiación del altar, rociando sus cuatro puntos con la sangre de la víctima, ofrecida por el pecado, y con ella aplacará a Dios por vuestras generaciones. Será esta cosa santísima en el acatamiento del Señor.

11. Habló nuevamente el Señor a Moisés, diciendo:

12. Cuando formares el encabezamiento de los hijos de Israel*, cada uno dará alguna cosa al Señor en precio de su rescate, y empadronados que estén, no habrá entre ellos ningún desastre.

13. Y lo que dará cada uno de los que fueren alistados, es medio siclo, según el peso del templo. Un siclo tiene veinte óbolos. La mitad de un siclo*, es lo que se ha de ofrecer al Señor*.

14. El que sea comprendido en el censo, por tener más de veinte años, pagará ese rescate.

15. El rico no dará más de medio siclo, y el pobre no dará menos.

16. Recogido el dinero ofrecido por los hijos de Israel, le depositarás para el servicio del Tabernáculo del Testimonio, a fin de que sea como una memoria de ellos en la presencia del Señor, y sirva de expiación para sus almas.

17. Habló asimismo el Señor a Moisés, diciéndole:

18. Harás también una concha o pila de bronce, elevada sobre una basa, para que sirva para el lavatorio, y la colocarás entre el Tabernáculo del Testimonio y el altar de los holocaustos. Y echada agua,

19. se lavarán Aarón y sus hijos las manos y pies,

20. cuando hubieren de entrar en el Tabernáculo del Testimonio, y llegarse al altar para ofrecer en él los perfumes al Señor,

21. no sea que de otro modo sean castigados de muerte. Estatuto perpetuo será éste para Aarón y para todos los de su descendencia, que deben sucederle.

22. Habló todavía el Señor a Moisés,

23. diciendo: Tomarás drogas aromáticas, es a saber: el peso de quinientos siclos de mirra de la primera y más excelente; y la mitad, esto es, doscientos cincuenta siclos de cinamomo; doscientos cincuenta igualmente de caña aromática.

24. De casia o canela quinientos siclos, al peso del santuario, y de aceite de oliva la medida de un hin;

25. con lo que formarás el óleo santo de

---

12. *Num 1*, 2.
13. Equivale a 5.5 gramos de oro.*Mat 17*, 23.
13. *Lev 27*, 25; *Num 3*, 47; *Ez 45*, 12.

la unción, ungüento compuesto según el arte de perfumería.

26. Y ungirás con él el Tabernáculo del Testimonio, y el Arca del Testamento,

27. y la mesa con sus vasos, y el candelero y sus utensilios, el altar de los perfumes,

28. el de los holocaustos, y todos los muebles que pertenecen a su servicio.

29. Así santificarás todas estas cosas, y ellas quedarán santísimas o muy sagradas: el que las tocare se santificará.

30. Ungirás a Aarón y a sus hijos, y los santificarás para que ejerzan las funciones de mi sacerdocio.

31. Dirás también a los hijos de Israel: Este óleo de la unción será consagrado a mí entre vosotros y entre vuestros descendientes.

32. Nadie se ungirá con él, ni haréis otro de semejante composición; porque queda santificado, y por santo le habéis de tener.

33. Cualquier hombre que compusiere otro tal, y diere de él a persona extraña, será exterminado de su pueblo.

34. Dijo más el Señor a Moisés: Toma estos aromas, es a saber: estacte, y onique, y gálbano odorífero, e incienso el más puro y transparente, de todo esto en igual porción;

35. y formarás un perfume compuesto por arte de perfumería, muy bien mezclado, puro y dignísimo de ser ofrecido.

36. Y después de haberle reducido todo a menudísimo polvo, le pondrás delante del Tabernáculo del Testimonio, en cuyo lugar yo te apareceré. Santísimo será para vosotros este perfume.

37. Tal confección no la haréis para vuestros usos, por ser cosa consagrada al Señor.

38. Cualquiera que hiciere otra igual para recrearse con su fragancia, perecerá de en medio de sus gentes.

---

31 *Beseleel y Ooliab, artífices del santuario. Las tablas de la ley y el descanso sabático*

---

1. Y habló el Señor a Moisés, diciendo:

2. He aquí que tengo escogido nominadamente a Beseleel, hijo de Uri, nieto de Hur, de la tribu de Judá,

3. y le he llenado del espíritu de Dios, de saber, y de inteligencia, y de ciencia, en toda suerte de labores,

4. para inventar cuanto se pueda hacer artificiosamente de oro, y de plata, y de cobre,

5. de mármol, y de piedras preciosas, y de diversas maderas.

6. Y le he dado por compañero a Ooliab, hijo de Aquisamec, de la tribu de Dan; y he infundido en el corazón de todos los demás artistas hábiles cierta maestría, para que ejecuten todo lo que acabo de ordenarte,

7. el Tabernáculo de la alianza, el arca del Testamento, y el propiciatorio que está sobre ella, y todo lo perteneciente al Tabernáculo,

8. la mesa y sus vasos, el candelero de oro purísimo, con todo lo perteneciente a él, y el altar de los perfumes,

9. y el de los holocaustos, y todos sus utensilios, la concha con su basa,

10. las vestiduras sagradas que han de servir para el sumo sacerdote Aarón y para sus hijos, cuando ejerzan sus funciones sagradas;

11. el óleo de la unción, y los perfumes aromáticos para el santuario: todo cuanto yo te he mandado, ellos lo ejecutarán.

12. Asimismo habló el Señor a Moisés:

13. Amonesta, y di a los hijos de Israel: Mirad que guardeis mi sábado; porque él es un monumento establecido entre mí, y vosotros y vuestros descendientes, a fin de que reconozcáis que yo soy el Señor que os santifico[*].

14. Guardad mi sábado; porque es sacrosanto para vosotros; el que le violare será castigado de muerte; el que trabajare en ese día, perecerá de en medio de su pueblo.

15. Durante los seis días trabajaréis; mas el día séptimo es el sábado, descanso consagrado al Señor. Cualquiera que en tal día trabajare, será castigado de muerte.

16. Observen los hijos de Israel el sábado, y celébrenle para siempre de generación en generación. Pacto es éste sempiterno

17. entre mí y los hijos de Israel, y monumento perpetuo; porque en los seis

---

13. *Ex 20*, 8; *Ez 20*, 12.

días hizo el Señor el cielo y la tierra, y en el séptimo cesó la obra*.

18. Concluidos estos razonamientos en el monte Sinaí, dio el Señor a Moisés las dos tablas de piedra, que contenían la ley, escritas por el dedo de Dios*.

32 *Forma Israel un becerro y le adora como a Dios. Moisés le alcanza el perdón y sube al monte*

1. Mas viendo el pueblo que Moisés tardaba en bajar del monte, levantándose contra Aarón, dijo: Ea, haznos dioses que nos guíen, ya que no sabemos qué ha sido de Moisés, de ese hombre que nos sacó de la tierra de Egipto*.

2. Les respondió Aarón: Tomad los pendientes de oro de las orejas de vuestras mujeres y de vuestros hijos e hijas, y traédmelos.

3. E hizo el pueblo lo que había ordenado, trayendo los pendientes a Aarón.

4. El cual, habiéndolos recibido, los hizo fundir y vaciar en un molde, y formó de ellos un becerro de oro. Dijeron entonces los israelitas: Estos son tus dioses, ¡oh Israel!, que te han sacado de la tierra de Egipto*.

5. Lo que visto por Aarón, edificó un altar delante del becerro, y mandó publicar a voz de pregonero, diciendo: Mañana es la gran fiesta del Señor.

6. Y levantándose de mañana, sacrificaron holocaustos y hostias pacíficas; y el pueblo todo se sentó a comer y beber, y se levantaron después a divertirse en honor del becerro*.

7. Y el Señor habló a Moisés, diciendo: Anda, baja; pecado ha tu pueblo, que sacaste de la tierra de Egipto*.

8. Pronto se han desviado del camino que les enseñaste; se han formado un becerro de fundición y adorándole; y sacrificándole víctimas, han dicho: Estos son tus dioses, ¡oh Israel!, que te han sacado de la tierra de Egipto*.

9. Y añadió el Señor a Moisés: Veo que ese pueblo es de dura cerviz*.

10. Déjame desahogar mi indignación contra ellos, y acabarlos; que yo te haré a ti caudillo de una nación grande.

11. Moisés rogaba al Señor Dios suyo, diciendo: ¿Por qué, oh Señor, se enardece así tu furor contra el pueblo tuyo, que tú sacaste de la tierra de Egipto con fortaleza grande y mano poderosa?

12. ¡Ah! que no digan, te ruego, jamás los egipcios: Los saco maliciosamente fuera de Egipto para matarlos en los montes y exterminarlos de la tierra*. Apláquese tu ira, y perdona la maldad de tu pueblo.

13. Acuérdate de Abrahán, de Isaac y de Israel, tus siervos, a los cuales por ti mismo juraste, diciendo: Multiplicaré vuestra descendencia como las estrellas del cielo; y toda esta tierra de que os tengo hablado, se la daré a vuestra posteridad, y la poseeréis para siempre*.

14. Con esto se aplacó el Señor, y dejó de ejecutar contra su pueblo el castigo que había dicho*.

15. Entonces Moisés bajó del monte, trayendo en su mano las dos tablas de la ley, escritas por ambas partes,

16. y labradas por Dios; así como era también de la mano de Dios la letra grabada en ellas,

17. Mas oyendo Josué el tumulto del pueblo que voceaba, dijo a Moisés: Alaridos de guerra se oyen en los campamentos.

18. Respondió él: No es gritería de gentes que se exhorten al combate, ni vocería de los que fuerzan a otros a la fuga; lo que oigo yo es alabanza de gentes que cantan.

19. Y habiéndose acercado ya al campamento vio el becerro y las danzas; e irritado sobremanera, arrojó de la mano las tablas, y las hizo pedazos a la falda del monte;

20. y arrebatando el becerro que habían hecho, le arrojó al fuego*, y le redujo después a polvos, los cuales esparció sobre las aguas, y se los dio a beber a los hijos de Israel*.

21. Dijo después a Aarón: ¿Qué es lo que

---

17. *Gen 1*, 31; *2*, 2.
18. *Deut 9*, 10.
1. *Hech 7*, 40.
4. *Sal 106 (105)*, 19.
6. *1 Cor 10*, 7.
7. *Deut 9*, 12.
8. *1 Re 12*, 28.
9. *Ex 33*, 3; *Deut 9*, 13.
12. *Num 14*, 13; *Sal 106 (105)*, 23.
13. *Gen 12*, 7; *15*, 7; *48*, 16.
14. Aunque lo castigó, no lo exterminó.
20. *Deut 9*, 21.

te ha hecho este pueblo, para que acarrearas sobre él tan enorme pecado?

22. No se enoje mi Señor, respondió Aarón, tú conoces bien a este pueblo, y sabes cuán inclinado es al mal*.

23. Me dijeron: Haznos dioses que nos guíen; pues aquel Moisés, que nos sacó de la tierra de Egipto, no sabemos qué es lo que le ha sucedido.

24. Les respondí yo: ¿Quién de vosotros tiene oro? Le trajeron, y me lo dieron; lo eché en el fuego, y salió de él ese becerro.

25. Viendo, pues, Moisés que el pueblo estaba despojado, (desde que Aarón le había puesto tal con la asquerosa abominación del ídolo, y dejádole desnudo o desarmado en medio de los enemigos),

26. poniéndose a la puerta del campamento, dijo: El que sea del Señor, júntese conmigo. Se le reunieron luego todos los hijos de Leví,

27. a los cuales dijo: Esto dice el Señor Dios de Israel: Ponga cada cual la espada a su lado; pasad y traspasad por medio del campamento desde una a otra puerta, y cada uno mate aunque sea al hermano, y al amigo, y al vecino*.

28. Ejecutaron los levitas la orden de Moisés; y perecieron en aquel día como unos veintitrés mil hombres.

29. Y Moisés les dijo: Hoy habéis consagrado vuestas manos al Señor, matando cada uno con santo celo, aun al propio hijo y al hermano; por lo que seréis benditos.

30. Al día siguiente dijo Moisés al pueblo: Habéis cometido un pecado enorme; subiré al Señor, a ver si puedo inclinarle de algún modo a que se apiade de vosotros.

31. Y habiendo vuelto al Señor, dijo: Dígnate escucharme, oh Señor: Este pueblo ha cometido un pecado gravísimo; se ha fabricado dioses de oro, Señor, oh perdónales esta culpa,

32. o si no lo haces, bórrame del libro tuyo* en que me tienes escrito.

33. Le respondió el Señor: Al que pecare contra mí, a ése borraré yo de mi libro.

34. Mas tú ve, y conduce a ese pueblo donde te tengo dicho. Mi ángel irá delante de ti. Si bien yo en el día de la venganza castigaré todavía este pecado que han cometido.

35. En efecto, el Señor castigó al pueblo por el crimen del becerro que Aarón les hizo.

33 *Orden de partida del pueblo, al cual perdona el Señor por amor a Moisés*

1. Habló después el Señor a Moisés, diciendo: Anda, parte de este lugar tú y el pueblo tuyo* que sacaste de la tierra de Egipto, a la tierra que tengo prometida con juramento a Abrahán, a Isaac y a Jacob, diciendo: A tu descendencia se la daré.

2. Y enviaré por precursor tuyo a un ángel, y echaré del país al cananeo, y al amorreo, y al heteo y al ferezeo, y al heveo y al jebuseo*;

3. a fin de que entres en la tierra que mana leche y miel. Porque yo no subiré a aquel país contigo; no sea que me viese obligado a destruirte en el camino, siendo como eres un pueblo de dura cerviz*.

4. Oyendo el pueblo estas tremendas palabras, prorrumpió en llanto; y ninguno se vistió con su acostumbrado adorno.

5. Pues dijo el Señor a Moisés: Di a los hijos de Israel: Eres pueblo de dura cerviz; si yo llego una vez a aparecer en medio de ti, te exterminaré. Ahora bien, quítate tus atavíos para ver qué tengo de hacer contigo.

6. Se despojaron, pues, los hijos de Israel de sus galas, al pie del monte Horeb.

7. Y Moisés, también recogiendo el Tabernáculo, le puso o extendió lejos, fuera del campamento; y le llamó Tabernáculo de la Alianza. Por lo cual todos los del pueblo que tenían alguna cosa que consultar, salían fuera del campamento al Tabernáculo de la Alianza.

8. Y cuando Moisés salía para ir al Tabernáculo, se levantaban todas las gentes, y quedaba cada cual en pie a la puerta de su pabellón, siguiendo con sus ojos tras de Moisés, hasta que entraba en el Tabernáculo

9. Entrado ya en el Tabernáculo de la

---

22. *1 Jn 5*, 19.
27. *Deut 33*, 9.
32. Expresión de gran caridad. *Rom 9*, 3.

1. Dios lo llama pueblo *tuyo* y no *mío* por la reciente idolatría del becerro. *Gen 12*, 7.
2. *Ex 32*, 34; *Deut 7*, 22; *Jos 24*, 11.
3. *Ex 32*, 9; *Deut 9*, 13.

Alianza, descendía la columna de nube, y
quedaba fija en la puerta, y hablaba Dios con
Moisés,
10. viendo todos cómo la columna de
nube quedaba fija en la puerta del
Tabernáculo. Y así estaban ellos mismos
también a las puertas de sus pabellones,
adorando allí al Señor.
11. El Señor hablaba a Moisés cara a
cara, como un hombre suele hablar a un
amigo. Y cuando él volvía al campamento, el
joven Josué*, ministro o servidor suyo, hijo
de Nun, no se apartaba del Tabernáculo.
12. Dijo Moisés al Señor: Tú me mandas
que salga conduciendo a este pueblo; y no
me haces saber quién es aquel a quien has de
enviar conmigo, y eso habiéndome dicho:
Te conozco o amo particularmente, y has
hallado gracia en mis ojos.
13. Si es así que yo he hallado gracia en
tu presencia, muéstrame tu rostro, para que
yo te conozca, y halle gracia ante tus ojos;
vuélvelos sobre esta nación, la cual es el
pueblo tuyo.
14. Respondió el Señor: Yo mismo iré en
persona delante de ti y te procuraré el
descanso.
15. Replicó Moisés: Si tú mismo no vas
delante, no nos hagas salir de este sitio.
16. ¿Pues en qué podremos conocer yo
y tu pueblo haber hallado gracia en tu
acatamiento, si no vienes con nosotros,
para que seamos respetados de todos los
pueblos que habitan en la tierra?
17. Respondió el Señor a Moisés:
También haré lo que me acabas de pedir;
porque has hallado gracia en mis ojos, y te
téngo conocido o te amo muy
particularmente.
18. Le dijo Moisés: Muéstrame tu gloria.
19. Respondió el Señor: Yo te mostraré
a ti todo el bien, y pronunciaré el nombre
inefable del Señor delante de ti. Yo usaré de
misericordia con quien quisiera, y haré gracia
a quien me plazca.
20. En cuanto a ver mi rostro*, prosiguió
el Señor, no lo puedes conseguir; porque no
me verá hombre ninguno, sin morir.
21. Mas yo tengo aquí, añadió, un paraje
especial mío. Tú, pues, te estarás sobre
aquella peña;

20. *Ex 34*, 6; *Rom 9*, 15-16.

22. y al tiempo de pasar mi gloria, te
pondré en el resquicio de la peña, y te
cubriré con mi mano derecha, hasta que yo
haya pasado.
23. Después apartaré mi mano, y verás
mis espaldas; pero mi rostro no podrás
verle.

34 *Renovación de la alianza con los israelitas y las nuevas tablas de la ley*

1. Dijo después el Señor: Labra dos tablas
de piedra, semejantes a las primeras, y
escribiré en ellas las palabras que contenían
las tablas que hiciste pedazos*.
2. Prepárate para mañana a subir luego
al monte Sinaí, y estarás conmigo sobre la
cima del monte.
3. Ninguno suba contigo, ni aparezca
nadie en todo el monte: ni aun los bueyes y
ovejas pazcan enfrente de él.
4. Cortó, pues, dos tablas de piedra,
como las anteriores; y madrugando, subió
con ellas antes del día al monte Sinaí, como
le había ordenado el Señor.
5. Y descendido que hubo el Señor en
medio de una nube, se estuvo Moisés con él,
pronunciando en alta voz el nombre del
Señor.
6. El cual, pasando por delante de él,
dijo: Soberano Dominador, Señor Dios,
misericordioso y clemente, sufrido y
piadosísimo, y verídico,
7. que conservas la misericordia para
millares, que borras la iniquidad y los delitos,
y los pecados; en cuya presencia ninguno de
suyo es inocente, y que castigas la maldad
de los padres en los hijos y nietos hasta la
tercera y cuarta generación*.
8. Al instante Moisés se postró de cara
sobre el suelo, y adorando a Dios,
9. dijo: Señor, si he hallado gracia en tus
ojos, te suplico que vengas con nosotros
(siendo como es este pueblo de dura cerviz),
y perdones nuestras maldades y pecados, y
tomes posesión de nosotros.
10. Respondió el Señor: Yo estableceré
alianza con este pueblo en presencia de

1. *Deut 10*, 1.
7. *Deut 5*, 9-10; *Jer 32*, 18; *Sal 143 (142)*, 2.

todos; haré prodigios nunca vistos sobre la tierra, ni en nación alguna; para que vea ese pueblo que tú conduces la obra terrible que yo, el Señor, he de hacer*.

El pacto renovado

11. Tú observa todas las cosas que yo te encomiendo en este día; y yo mismo arrojaré de delante de ti al amorreo, y al cananeo, y al heteo, al ferezeo también, y al heveo y al jebuseo.

12. Guárdate de contraer jamás amistad con los habitantes de aquella tierra, lo que ocasionaría tu ruina.

13. Antes bien, destruye sus altares, rompe sus estatuas, y arrasa los bosquetes consagrados a sus ídolos.

14. No quieras adorar a ningún dios extranjero. El Señor tiene por nombre Celoso. Dios quiere ser amado él solo.

15. No hagas liga con los habitantes de aquellos países; no sea que después de haberse corrompido con sus dioses, y adorado sus estatuas o simulacros, alguno te convide a comer de las cosas sacrificadas*.

16. Ni desposarás a tus hijos con las hijas de ellos; no suceda que después de haber idolatrado ellas, induzcan también a tus hijos a corromperse con la idolatría*.

17. No te formes dioses de fundición.

18. Guardarás la fiesta de los ázimos. Por siete días comerás pan ázimo, como te tengo mandado, en el tiempo del mes de los nuevos frutos; porque en el mes de la primavera fue cuando saliste de Egipto.

19. Todos los primeros nacidos, que fueren del sexo masculino, serán míos; de todos los animales, tanto de vacas como de ovejas, el primerizo será mío*.

20. El primerizo del asno le rescatarás con una oveja; en caso de que no dieres el rescate, será muerto. Los primogénitos de tus hijos los redimirás; no comparecerás en mi presencia con las manos vacías.

21. Seis días trabajarás: el día séptimo no ararás, ni segarás.

22. Celebrarás la fiesta de Pentecostés con las primicias de tus mieses de trigo; y otra fiesta, cuando al fin del año se recogen todos los frutos*.

23. En tres tiempos del año se presentarán todos tus varones delante del Omnipotente Señor Dios de Israel*.

24. Porque cuando yo hubiere arrojado de tu presencia aquellas naciones, y ensanchado tus términos, nadie pensará en invadir tu país, en el tiempo que tú subirás a presentarte al Señor Dios tuyo tres veces al año.

25. No ofrecerás con levadura la sangre de mi víctima; ni de la víctima solemne de la Pascua quedará nada para la mañana siguiente*.

26. Ofrecerás las primicias de los frutos de tu tierra en la casa del Señor tu Dios. No cocerás el cabrito en la leche de su madre*.

27. Añadió el Señor a Moisés: Pon por escrito estas cosas, mediante las cuales he contraído alianza contigo, y con los hijos de Israel.

28. Se mantuvo, pues, allí con el Señor por espacio de cuarenta días y cuarenta noches: todo ese tiempo estuvo sin comer ni beber cosa alguna: y escribió el Señor en las tablas de los diez mandamientos de la alianza*.

29. Y al bajar Moisés del monte Sinaí, traía consigo las dos tablas de la ley, mas no sabía que a causa de la conversación con el Señor, despedía su rostro rayos de luz.

30. Aarón, pues, y los hijos de Israel, viendo resplandeciente la cara de Moisés, temieron acercársele.

31. Pero llamados por éste, volvieron así Aarón, como los príncipes de la sinagoga.

32. Y después que les habló, se llegaron también a él todos los hijos de Israel, a los cuales expuso todas las órdenes que había recibido del Señor en el monte Sinaí.

33. Y acabado el razonamiento, puso un velo sobre su rostro*.

34. El cual se lo quitaba cuando entraba a tratar con el Señor, hasta que, saliendo,

---

10. *Deut 5*, 2; *Jer 32*, 40.
15. *Ex 23*, 32; *Deut 7*, 2.
16. *1 Re 11*, 2; *Deut 7*, 3.
19. *Ex 13*, 2-12; *22*, 29.

22. *Ex 23*, 15.
23. *Ex 23*, 17; *Deut 16*, 16.
25. *Ex 23*, 18.
26. *Ex 23*, 19; *Deut 14*, 21.
28. *Ex 24*, 18.
33. *2 Cor 3*.

MOISÉS DESCIENDE DEL MONTE SINAÍ

Y al bajar Moisés del monte Sinaí, traía consigo las dos tablas de la ley, mas no sabía que a causa de la conversación con el Señor, despedía su rostro rayos de luz.

comunicaba a los hijos de Israel todo lo que se le había ordenado.

35. Cuando salía Moisés del Tabernáculo, los israelitas veían su cara despidiendo rayos de luz; mas él la cubría de nuevo, siempre que les hablaba.

35 *Observancia del sábado. Ofrendas generosas de los israelitas para la construcción del Tabernáculo*

1. Congregada, pues, toda la muchedumbre de los hijos de Israel, les dijo: Estas son las cosas que el Señor ha mandado que se hagan:

2. Seis días trabajaréis, el séptimo día será para vosotros santo, por ser el sábado y descanso del Señor. El que trabajare en él, será castigado de muerte.

3. No encenderéis fuego en ninguna morada vuestra en día de sábado.

4. Dijo asimismo Moisés a toda la congregación de los hijos de Israel: Este es el precepto que ha dado el Señor.

5. De vuestras cosas, dice, poned aparte las primicias que cada uno espontáneamente y de buen corazón quiere ofrecer al Señor: oro, plata y cobre*,

6. jacinto y púrpura, y grana dos veces teñida, y lino fino, pelo de cabra,

7. pieles de carneros teñidos de rojo y moradas, maderas de setim,

8. y aceite para mantener las lámparas, y aromas para confeccionar el ungüento, y los perfumes de suavísimo olor,

9. las piedras oniquinas, y demás pedrería para ornato del efod o superhumeral y del pectoral.

10. El que sea entre vosotros artífice hábil venga a hacer las cosas que el Señor ha mandado;

11. es a saber: el Tabernáculo y su techo, y la cubierta, las argollas, los tablones con los travesaños, las estacas y las basas;

12. el arca y sus varas, el propiciatorio y el velo que se ha de extender delante,

13. la mesa con sus varas y vasos y panes de la proposición;

14. el candelero que ha de sostener las lámparas, sus instrumentos, y candilejas, y el aceite para cebo de las luces;

15. el altar del incienso y sus varas, el óleo de la unción sagrada, el perfume compuesto de aromas, el velo para la entrada del Tabernáculo;

16. el altar de los holocaustos y su rejilla de bronce, con las varas para transportarle, y lo demás de su servicio, la concha para el lavatorio con su basa,

17. las cortinas del atrio con las columnas y basas, el velo o cortinón para la puerta del atrio,

18. las estacas del Tabernáculo y del atrio con sus cuerdas;

19. los ornamentos que sirven para el ministerio del Santuario, las vestiduras del pontífice Aarón y de sus hijos para las funciones de mi sacerdocio.

El pueblo presenta su ofrenda

20. Luego, pues, que se separaron de la presencia de Moisés los hijos de Israel,

21. ofrecieron todos al Señor con ánimo prontísimo y devoto lo mejor de las cosas que tenía, para la fábrica del Tabernáculo del Testimonio, y para cuanto era necesario al culto Divino, y para las vestiduras sagradas.

22. Hombres y mujeres presentaron sus ajorcas y zarcillos, sortijas y brazaletes; toda alhaja de oro fue puesta aparte para ser ofrecida al Señor.

23. Los que tenían jacinto, púrpura y grana dos veces teñida, lino fino y pelo de cabras, pieles de carneros teñidas de rojo, o también moradas,

24. metales de plata y de cobre, los ofrecieron al Señor, con maderas de setim, para emplearlo en varios usos.

25. Además de esto, mujeres industriosas que habían hilado, dieron sus hilados de color de jacinto, de púrpura, de escarlata, de lino fino,

26. de pelo de cabras, aprontándolo todo de su propia voluntad.

27. Los príncipes o principales señores ofrecieron por su parte las piedras oniquinas y demás pedrería para el efod y el pectoral,

28. y especies aromáticas, y aceite para mantener las lámparas, y para confeccionar el ungüento u óleo de unción, y componer el perfume de olor suavísimo.

---

5. *Ex 25*, 2.

29. Todos, así hombres como mujeres, ofrecieron con devoto corazón sus donativos para la ejecución de las obras, que Dios había mandado por medio de Moisés. Todos los hijos de Israel consagraron al Señor voluntariamente sus dones.

30. Dijo también Moisés a los hijos de Israel: Sabed que el Señor ha nombrado en particular a Beseleel hijo de Uri, nieto de Hur, de la tribu de Judá.

31. Y le ha llenado del espíritu de Dios, de saber, y de inteligencia, y de ciencia, y de toda maestría,

32. para inventar y ejecutar toda suerte de labores en oro, y en plata, y en bronce,

33. y en entalle de piedras, y en obras de carpintería; y ha infundido en su corazón todo cuanto se puede imaginar de artificioso.

34. Y le ha dado por compañero a Ooliab, hijo de Aquisamec, de la tribu de Dan;

35. llenando a ambos de sabiduría para ejecutar las artes de carpintero, de tapicero y de bordador; y tejer toda suerte de telas de color de jacinto, y de púrpura, y de grana dos veces teñida, y de lino fino, y para inventar de nuevo las cosas que hicieren al caso.

36 *Se pone en ejecución la estructura del Tabernáculo o templo del Dios verdadero*

1. Beseleel, pues, Ooliab y todos los maestros, a quienes dio el Señor sabiduría e inteligencia para saber fabricar con arte las cosas necesarias al uso del santuario, pusieron manos a la obra, para ejecutar cuanto el Señor había mandado.

2. Y así Moisés, habiéndolos llamado, e igualmente a todos los otros artífices peritos a los cuales el Señor había dado inteligencia y que se habían ofrecido de suyo a trabajar en la obra,

3. les entregó todas las ofrendas de los hijos de Israel. Mientras estaban ellos empleados en sus labores, el pueblo todos los días por la mañana proseguía ofreciendo dones.

4. Por lo cual los artífices se vieron precisados a venir

5. a Moisés y decirle: El pueblo da mucho más de lo necesario.

6. Con eso mandó publicar Moisés a voz de pregonero: Ni hombre ni mujer ofrezca ya más para la fábrica del santuario. Y así cesaron de ofrecer dones,

7. visto que los ofrecidos bastaban, y aun sobraban.

8. Todos los hombres, pues, de talento y habilidad para las obras del Tabernáculo hicieron diez cortinas de lino fino retorcido, de color de jacinto, de púrpura, de grana dos veces teñida, con varias labores y bordaduras.

9. Cada cortina tenía de largo veintiocho codos y cuatro de ancho; todas las cortinas eran de una medida.

10. Y unió Beseleel cinco de estas cortinas la una con la otra, y del mismo modo las otras cinco.

11. Para lo que hizo cincuenta presillas o cordones de color de jacinto en la orilla de una cortina por ambos lados, y lo mismo en la orilla de la otra cortina,

12. de manera que confrontasen las presillas una con otra, y recíprocamente se enlazasen.

13. A este fin fundió también cincuenta sortijas de oro, en las que trabasen las presillas de las cortinas, las cuales formarán así un solo Tabernáculo o pabellón.

14. Hizo asimismo once cubiertas de pelos de cabra para cubrir el techo del Tabernáculo.

15. Cada cubierta tenía treinta codos de largo y cuatro de ancho; todas las cubiertas eran de una misma medida.

16. Cinco de las cuales unió en una pieza, y las otras seis en otra.

17. E hizo cincuenta presillas en la orilla de una cubierta, y otras cincuenta en la orilla de la otra, para unirlas entre sí.

18. Hizo además cincuenta hebillas de bronce con que se trabasen; de suerte que de todas las cubiertas se hiciese una sola.

19. Otra cubierta del Tabernáculo la hizo de pieles de carneros teñidas de rojo, y otra sobrecubierta de pieles de color de jacinto o moradas.

20. Hizo también de madera de setim los tablones para el Tabernáculo, que debían colocarse de pie, unidos entre sí.

21. Cada uno tenía diez codos de largo y codo y medio de ancho.

22. Dos encajes había en cada tablón para trabarse uno con otro. Todos los

tablones del Tabernáculo estaban dispuestos de la misma suerte.

23. De los cuales veinte estaban a la parte meridional, hacia el Austro,

24. sobre cuarenta basas de plata. Poníanse dos basas debajo de cada tablón a sus dos esquinas, donde terminan los encajes en los ángulos de los lados.

25. En la misma forma por la parte del Tabernáculo que mira al Aquilón, plantó veinte tablones,

26. sobre cuarenta basas de plata, dos por cada tablón.

27. Pero al occidente, esto es, a la parte del Tabernáculo que mira hacia el mar, fijó seis tablones,

28. con otros dos a las dos esquinas, detrás del Tabernáculo;

29. los cuales de abajo arriba estaban unidos, y venían a formar como una pared firme. Lo mismo hizo en las esquinas de los dos lados.

30. De modo que en todo eran ocho los tablones, asentados sobre dieciséis basas de plata, es a saber, a dos basas por tablón.

31. Hizo asimismo cinco travesaños de madera de setim, a fin de asegurar y mantener unidos los tablones en un lado del Tabernáculo,

32. y otros cinco para asegurar y mantener unidos los del otro lado; y fuera de éstos, otros cinco travesaños a la parte occidental del Tabernáculo hacia el mar.

33. Hizo también otro travesaño, que por medio de los tablones cogía de una esquina a otra.

34. Estas mismas paredes de tablones las cubrió de planchas de oro, haciendo de fundición sus basas de plata. Hizo también de oro las argollas por donde habían de pasar los travesaños; los que asimismo cubrió con chapas de oro.

35. También hizo el velo de color de jacinto y de púrpura, y de grana, de un lino fino retorcido, tejido todo con variedad de colores y diversos recamos,

36. y cuatro columnas de madera de setim; las cuales y sus capiteles cubrió de oro, habiendo fundido de plata sus basas.

37. Hizo además para la entrada del Tabernáculo un velo de color de jacinto, de púrpura, de grana, y tejido de lino fino retorcido, obra de bordador;

38. y para sostenerle, cinco columnas con sus capiteles, que cubrió de oro, vaciando de bronce sus basas.

---

37 *Descríbanse el arca, el propiciatorio, la mesa, el candelero, y el altar del incienso*

---

1. Fabricó también Beseleel de madera de setim el arca, la cual tenía dos codos y medio de largo, codo y medio de ancho y codo y medio también de alto; y la cubrió por dentro y por fuera de oro purísimo.

2. Le formó alrededor una cornisa de oro,

3. y en sus cuatro esquinas puso cuatro anillos de oro fundido.

4. Hizo asimismo una varas de madera de setim, que cubrió de oro,

5. y las metió por los anillos, puestos en los costados del arca, para transportarla.

6. E hizo igualmente el propiciatorio, esto es, el oráculo, formado de oro purísimo, de dos codos y medio de largo y codo y medio de ancho.

7. Labró también de oro a martillo dos querubines, los cuales puso a los dos lados del propiciatorio:

8. Un querubín a la extremidad de un lado, y el otro querubín a la extremidad del otro lado; ambos querubines en las extremidades más altas del propiciatorio,

9. con las alas extendidas, y cubriendo con ellas el propiciatorio, mirándose uno a otro, y también al propiciatorio.

10. Además de esto hizo la mesa de maderas de setim de dos codos de largo, uno de ancho y codo y medio de alto;

11. y la cubrió toda de oro purísimo, y le hizo alrededor una cornisa de oro,

12. y sobre la cornisa una guirnalda de oro entretallada, de cuatro dedos, y sobre ésta otra pequeña guirnalda de oro.

13. Fundió también cuatro anillos de oro, que puso en las cuatro esquinas a los cuatro pies de la mesa,

14. debajo de la cornisa, y metió por ellos las varas para poder llevarla.

15. Estas varas las hizo también de madera de setim, y las cubrió de oro.

16. Además para diversos usos de la mesa hizo de oro acendrado tazas, pilas, copas, navetas y los vasos para ofrecer las libaciones.

17. Hizo también el candelero de oro purísimo, trabajado a martillo; de cuyo tronco salían los brazos, con los vasitos, globitos y lirios.

18. Seis brazos salían en todo, tres por un lado y tres por otro.

19. Había en un brazo tres vasitos en forma de nuez, con sus correspondientes globitos y lirios; y otros tres vasitos en forma de nuez, igualmente con su globitos y lirios en cada otro brazo. La labor era igual en los seis brazos que salían del tronco del candelero.

20. En el mismo astil del candelero había cuatro vasitos a manera de nuez, cada uno con su globito y su lirio.

21. Había también un globito debajo de cada dos brazos, de los seis que salían del mismo tronco, tres globitos en tres lugares.

22. En suma, tanto los globitos como los ramos salían del candelero mismo; todo ello labrado a martillo, y de oro purísimo.

23. Finalmente hizo siete lamparillas con sus despabiladeras, y las cazoletas donde se apagasen los pabilos, todo también de oro finísimo.

24. Un talento de oro pesaba el candelero con todos sus instrumentos.

25. Hizo además de madera de setim el altar de los perfumes, que tenía un codo en cuadro y dos de alto; de cuyas esquinas salían cuatro puntas o remates.

26. Y le cubrió de oro purísimo, como igualmente a su rejilla, y los costados y las puntas.

27. Y lo ciñó de una cornisa de oro, poniendo debajo de la cornisa, en cada lado, dos anillos de oro para meter por ellos las varas con que se pudiese transportar.

28. Hizo estas varas de madera de setim, y las cubrió con planchas de oro.

29. En fin, dispuso la confección del óleo para las unciones de consagración, y el incienso de exquisitos aromas, según arte de perfumería.

38 *Altar de los sacrificios, concha de bronce y atrio. Suma del valor de las ofertas que se hicieron*

1. Fabricó asimismo Beseleel de madera de setim el altar de los holocaustos, el cual tenía cinco codos en cuadro y tres de alto,

2. de cuyas cuatro esquinas salían cuatro puntas y le cubrió con láminas de bronce.

3. Y para el servicio de este altar hizo diversos instrumentos de cobre, calderas, tenazas, tridentes, garfios y braseros;

4. una rejilla de bronce, a modo de red, y debajo de ella en el centro del altar una hornilla;

5. fundiendo cuatro anillos en las cuatro esquinas de la rejilla para meter las varas con que se ha de llevar;

6. las cuales hizo de madera de setim, cubriéndolas con láminas de bronce;

7. y las metió por los anillos que sobresalían en los lados del altar. Formado éste de tablas, no era macizo, sino cóncavo y vacío por dentro*.

8. Fabricó también la concha de bronce con su basa, y la hizo de los espejos de acero, que ofrecieron las piadosas mujeres que hacían la vela en la puerta del Tabernáculo*.

9. Formó después el atrio, en cuyo lado meridional había cortinas tiradas por espacio de cien codos, tejidas de torzal de hilo fino,

10. colgadas en veinte columnas de bronce con sus basas, siendo de plata los capiteles de las columnas y todas las molduras.

11. Del mismo modo en la parte septentrional, las cortinas, las columnas, las basas y los capiteles de las columnas eran de igual medida, labor y metal.

12. Pero en la parte occidental las cortinas solamente cogían cincuenta codos, afianzadas en diez columnas que tenían sus basas de bronce; y los capiteles de las columnas con todas las molduras eran de plata.

13. Por la parte que mira al oriente puso cortinas por espacio de cincuenta codos,

14. con las cuales se ocupaban quince codos, por un lado, en tres columnas con sus basas,

15. y otros quince codos por el otro lado, con otras tantas columnas y basas; porque en medio de los dos lados hizo la entrada para el Tabernáculo.

16. Todas las cortinas del atrio estaban tejidas de lino fino retorcido.

17. Las basas de las columnas eran de

7. *Ex 27*, 8.
8. 1 *Sam 2*, 22.

bronce; sus capiteles con todas las molduras de plata; y aun las mismas columnas del atrio las cubrió también de plata.

18. Y para la entrada de éste hizo un velo o cortinón bordado de color de jacinto, de púrpura, de escarlata y de torzal de lino fino; que tenía veinte codos de largo y cinco de alto, conforme a la medida de todas las demás cortinas del atrio.

19. Pero las columnas de dicha entrada eran cuatro, con sus basas de bronce y sus capiteles de molduras de plata.

20. Las estacas o clavazón del Tabernáculo, y del atrio que lo cercaba, las hizo también de bronce.

21. Estas son las cosas de que se componía el Tabernáculo del Testimonio, que fueron inventariadas de orden de Moisés, y consignadas a los levitas por mano del sacerdote Itamar, hijo de Aarón.

22. Las cuales trabajó Beseleel, hijo de Uri, nieto de Hur, de la tribu de Judá, mandándoselo el Señor por Moisés;

23. y teniendo por compañero a Ooliab, hijo de Aquisamec, de la tribu de Dan, que fue asimismo excelente escultor y bordador, y recamador en jacinto, en púrpura, escarlata y lino fino.

24. Todo el oro empleado en la fábrica del santuario, y ofrecido entre los dones, ascendió a veintinueve talentos y setecientos treinta siclos, según el peso del santuario.

25. Los que lo ofrecieron fueron los de veinte años arriba, esto es, seiscientos tres mil quinientos cincuenta hombres de armas tomar.

26. Además de esto se contaron cien talentos de plata, de que se fundieron las basas de las columnas del santuario, y de la entrada, donde está pendiente el velo.

27. Cien basas se hicieron de los cien talentos, a talento por basa.

28. De mil setecientos cinco siclos de plata hizo los capiteles de las columnas, y cubrió éstas de plata.

29. También fueron ofrecidos dos mil setenta talentos de cobre, y además cuatrocientos siclos;

30. de que se fundieron las basas de las columnas que están a la entrada del Tabernáculo del Testimonio, y el altar de bronce con su rejilla, y todos los instrumentos concernientes al servicio de éste,

31. y las basas de las columnas que hay en el atrio, tanto en su ámbito como en la entrada, y todas las estacas del Tabernáculo y del atrio alrededor.

39 *Fabricación de las vestiduras sacerdotales y presentación de la obra completa*

1. Hizo todavía (Beseleel) de jacinto, de púrpura, de escarlata y de lino fino las vestiduras con que se había de vestir Aarón al tiempo de ejercer sus funciones en el Santuario, según mandó el Señor a Moisés.

2. Hizo, pues, el efod de oro, de jacinto, de púrpura, y de grana dos veces teñida, y de lino retorcido,

3. siendo el todo un tejido de varios colores y cortó hojas de oro muy delgadas, que redujo a hilos de oro, de modo que pudiesen entrar en el tejido de los otros hilos de los varios colores ya dichos.

4. Hizo en él dos aberturas, que se cerraban sobre los dos hombros,

5. y un cinturón de los mismos colores, como tenía el Señor mandado a Moisés.

6. Dispuso también dos piedras oniquinas, afianzadas y engastadas de oro, y grabados en ellas, según arte de lapidario, los nombres de los hijos de Israel.

7. Y las colocó en los dos lados del efod para memoria de los hijos de Israel, según había el Señor ordenado a Moisés.

8. Igualmente hizo el pectoral, tejido como el efod, con una mezcla de hilos de oro, de jacinto, de púrpura, y de grana dos veces teñida. Y de lino fino retorcido;

9. cuya forma era cuadrangular, el paño era doblado y de la medida de un palmo.

10. Y puso en él cuatro hileras de piedras preciosas: en la primera estaba el sardio o granate, el topacio y la esmeralda;

11. en la segunda el rubí, el zafiro y el jaspe;

12. en la tercera el ópalo, la ágata y la amatista;

13. en la cuarta el crisolito, el ónix o cornerina y el berilo: ceñidas estas piedras y engastadas en oro cada una en su sitio.

14. Estas doce piedras tenían esculpidos los nombres de las doce tribus de Israel: un nombre en cada piedra.

15. En el pectoral pusieron también dos

cadenillas de oro finísimo, enlazadas entre sí,

16. y dos broches y otras tantas sortijas de oro; las sortijas se pusieron a los dos lados del pectoral,

17. de las cuales colgaban las dos cadenitas de oro, prendidas en los broches que sobresalían en las puntas de efod.

18. Ambas así por delante como por detrás se ajustaban de tal suerte que el efod y el pectoral quedaban mutuamente enlazados,

19. apretados con el cinturón, y estrechamente atados con las sortijas, por medio de un cordón de jacinto, para que no se soltasen, ni se desprendiesen uno de otro, como se lo mandó el Señor a Moisés.

20. La túnica del efod la hicieron asimismo toda en jacinto,

21. con un cabezón o abertura arriba en el medio, y una orla tejida alrededor del cabezón;

22. en lo bajo, hacia los pies, unas granadas hecha de color de jacinto, de púrpura, de escarlata, y de lino fino retorcido,

23. y campanillas de oro purísimo, las que pusieron entre las granadas por todo el ruedo de la túnica,

24. y entremezcladas una campanilla de oro y una granada: de este adorno iba revestido el sumo sacerdote en las funciones de su ministerio, según lo había mandado el Señor a Moisés.

25. Hicieron asimismo otras túnicas de lino fino, tejidas, para Aarón y sus hijos,

26. y mitras también de lino fino con sus coronitas,

27. y calzoncillos de lo mismo;

28. además el ceñidor de lino fino retorcido, de jacinto, de púrpura, de grana dos veces teñida, con varios recamos, según tenía el Señor ordenado a Moisés.

29. Hicieron finalmente la lámina de sagrada veneración, de oro acendradísimo, y grabaron en ella con buril de lapidario: LA SANTIDAD AL SEÑOR*.

30. Y les ajustaron a la tiara con una cinta de jacinto, según había ordenado el Señor a Moisés.

31. De esta manera quedó concluida toda la fábrica del Tabernáculo y del techo o tienda del Testimonio; e hicieron los hijos de Israel todas las cosas que el Señor había ordenado a Moisés;

32. y presentaron a Moisés todos los materiales para el Tabernáculo y su techo, y todos los utensilios, anillos, tablas, varas, columnas y basas,

33. la cubierta de pieles de carnero teñidas de rojo, y otra sobrecubierta de pieles de jacinto o moradas,

34. el velo, el arca con sus varas, el propiciatorio,

35. la mesa con sus vasos, y panes de la proposición,

36. el candelero, las lámparas y todo lo de su uso, con el aceite,

37. el altar de oro, el óleo de las consagraciones y el incienso de los perfumes,

38. el velo de la entrada del Tabernáculo,

39. el altar de bronce con su rejilla y varas, y todos sus instrumentos, la concha con su basa, las cortinas del atrio y las columnas con sus basas;

40. el velo o cortinón de la entrada del atrio, sus cuerdas y estacas. Nada faltó de las cosas que se mandaron hacer para el servicio del Tabernáculo y del pabellón o Santuario de la alianza.

41. También las vestiduras de que usan los sacerdotes en el santuario, es a saber, Aarón y sus hijos,

42. fueron presentadas por los hijos de Israel, según que Dios lo tenía ordenado.

43. Las cuales cosas luego que Moisés las vio todas enteramente acabadas, los llenó de bendiciones.

40 *Erección y consagración del Tabernáculo; se manifiesta en él la gloria del Señor*

1. Entonces habló el Señor a Moisés, diciendo:

2. En el primer mes, el día primero erigirás el pabellón o el Tabernáculo del Testimonio,

3. y pondrás en él el arca, y extenderás el velo delante de ella;

4. y entrada dentro de la mesa, pondrás encima, por su orden, las cosas que se habían dispuesto. Colocarás después el candelero con sus lámparas,

5. y el altar de oro, en que ha de quemarse

29. Se puede traducir *Santo del Señor. La Santidad es del Señor.*

el incienso delante del arca del Testamento. A la entrada del Tabernáculo pondrás un velo,

6. y adelante de éste colocarás el altar de los holocaustos;

7. la concha del lavatorio, la cual llenarás de agua, estará entre el altar y el Tabernáculo.

8. Y pondrás cortinas alrededor del atrio y su entrada.

9. Y tomando el óleo de santificación ungirás el Tabenáculo y las cosas de su uso, para que sean santificadas;

10. El altar de los holocaustos y todos sus instrumentos;

11. la concha con su basa: todo lo has de consagrar con el óleo destinado a la santificación o consagración, a fin de que todas sean cosas santísimas.

12. Harás venir después a Aarón y a sus hijos a las puertas del Tabernáculo del Testimonio; y después que estén lavados con el agua,

13. los revestirás de los ornamentos sagrados para que sean mis ministros; y será su unción para sacerdocio sempiterno*.

14. E hizo Moisés todo cuanto el Señor le había mandado.

15. Y así el primer mes del año segundo, en el día primero, fue erigido el Tabernáculo.

16. El cual alzó Moisés, poniendo los tablones y las basas y travesaños, y asentando las columnas,

17. y extendiendo la cubierta sobre el Tabernáculo, sobrepuestas las otras cubiertas, como el Señor tenía ordenado.

18. Puso también el Testimonio o las tablas de la Ley en el arca, cubriéndola con el propiciatorio, y metiendo por debajo las varas.

19. Y colocada el arca dentro del Tabernáculo, colgó delante de ella el velo, en cumplimiento del precepto del Señor.

20. Fuera del velo puso la mesa en el Tabernáculo del Testimonio, a la parte septentrional,

21. puestos por orden delante del Señor los panes de la proposición, como tenía el Señor ordenado a Moisés.

22. Asimismo puso el candelero en el Tabernáculo del Testimonio, enfrente de la mesa, a la parte meridional,

23. colocadas por su orden las lámparas, conforme al mandato del Señor.

24. El altar de oro le puso también dentro del Tabernáculo del Testimonio, delante del velo;

25. y quemó sobre él el incienso de aromas, según tenía el Señor mandado a Moisés.

26. Puso igualmente el velo a la entrada del Tabernáculo del Testimonio;

27. en cuyo atrio sentó el altar del holocausto, donde ofreció holocausto y sacrificios, según la disposición del Señor.

28. Colocó también la concha del lavatorio entre el Tabernáculo del Testimonio y el altar del holocausto, y la llenó de agua.

29. Y Moisés y Aarón y los hijos de éste, lavaron sus manos y pies,

30. al entrar en el Tabernáculo de la Alianza y llegarse al altar, conforme lo había mandado el Señor a Moisés.

31. Finalmente, alrededor del Tabernáculo y del altar erigió el atrio, a cuya entrada puso un velo cortinón. Concluidas todas estas cosas,

32. una nube cubrió el Tabernáculo del Testimonio, y quedó todo lleno de la gloria del Señor.

33. Ni podía Moisés entrar en el Tabernáculo de la Alianza, cubriendo como cubría la nube todas las cosas, y brillando por todas partes la majestad del Señor: todo lo cubría la nube.

34. Y siempre y cuando la nube se retiraba del Tabernáculo, marchaban los hijos de Israel por escuadrones o bandas.

35. Si la nube se quedaba encima parada, hacían alto en aquel mismo sitio.

36. Porque la nube del Señor entre día cubría el Tabernáculo, y por la noche aparecía allí una llama, a vista de todo el pueblo de Israel en todas sus estancias.

---

13. *Ex 29*, 35; *Lev 8*, 2.

Levítico

Introducción

Para los hebreos este libro se denomina *Y llamó*, porque el texto empieza con estas palabras. Los griegos lo llaman *Levítico*, al igual que los latinos, pues su tema son los ritos, sacrificios, leyes y normas que regían a los hijos de la tribu de Leví, que eran los encargados del culto a Dios. Estas leyes o normas no sólo tenían carácter religioso, sino que se referían al aspecto social y cultural, ya que el sacerdote tenía injerencia en estos órdenes.

El *Levítico* está compuesto por 27 capítulos que se pueden dividir en tres partes:

-*La primera*, del capítulo 1 al 8, trata de los sacrificios rituales y del modo adecuado de ofrecerlos.

- *La segunda*, del capítulo 9 al 22, habla de los sacerdotes o levitas, de su consagración y oficios, de las preparaciones y purificaciones que debían preceder a los sacrificios, de los animales puros e impuros y de diferentes pecados y su castigo y expiación.

- *La tercera*, de los capítulos 23 al 27, se refiere a los días de fiesta, el culto en el Tabernáculo, las leyes sobre los diezmos, los votos y las promesas.

Los sacrificios de los animales, uno de los temas más importantes del *Levítico*, se instituyeron para rendir culto a Dios y como una confesión de su dominio sobre las cosas creadas. Las leyes y normas pretendían alejar a los israelitas de la idolatría y ayudarlos a poner sus ojos y atención en el único Dios. En otros libros del Antiguo y del Nuevo Testamento, aparecen leyes y normas que provienen del *Levítico*. Un ejemplo de ello es que el Niño Jesús fue presentado en el templo y sus padres ofrecieron una pareja de tórtolas o dos pichones, de acuerdo con la ley (*Lev 12*, 8; *Luc 2*, 22). Cuando Jesús cura a un leproso, le ordena que se presente al sacerdote y lleve la ofrenda que mandó Moisés (*Lev 14*, 2; *Luc* 5, 14).

Muchas leyes, que exigían completa sujeción a la letra, fueron superadas por una reinterpretación de Jesús. De todas formas, el *Levítico* es un libro interesante y valioso, que retrata la vida y costumbres de los israelitas.

Como en el caso del resto del *Pentateuco*, es imposible hablar del autor del *Levítico* en sentido estricto. La ley de Moisés dio orientaciones generales; pero sólo una sociedad sedentaria pudo estructurar esta complicada legislación cultural.

Se percibe el espíritu de la alianza del Sinaí, aunque solamente varias generaciones dieron forma al contenido del *Levítico*, cuyo tema fundamental es la *santidad*. La palabra *santidad* es traducida en el texto griego por *el que no tiene tierra*, es decir, *el que es trascendente*. Todo el esfuerzo por observar la pureza ritual se centra en acercarse *al que no tiene tierra*.

El lema *sed santos, porque Yahvé vuestro Dios es santo* constituye un hilo conductor del ejercicio de los ritos culturales y de la vida personal, familiar y social del israelita piadoso.

El ambiente en que se originaron los sacrificios y ritos del *Levítico* pertenece a las tribus con un pasado nómada que le dieron importancia al hecho religioso, iluminado por una formidable experiencia: Dios los ha buscado y ha hecho una alianza con ellos. En una sociedad sedentaria se dan expresiones más complejas que se convierten en un sistema. Con frecuencia los profetas denuncian el abuso de los ritos en contra del espíritu religioso.

1 *Los holocaustos y los ritos que se deben ofrecer al Señor, el sacrificio de animales*

1. Y llamó el Señor a Moisés, y le habló desde el Tabernáculo del Testimonio, diciendo:

2. Habla a los hijos de Israel y diles: Cuando alguno de vosotros quiera presentar al Señor una ofrenda de los ganados, esto es, una víctima de bueyes o de ovejas,

3. si su oblación fuere holocausto, y de la vacada, ha de ofrecer macho sin tacha en la puerta del Tabernáculo del Testimonio, a fin de hacerse propicio al Señor;

4. y pondrá la mano sobre la cabeza de la hostia, y así será aceptada por Dios y servirá a su expiación.

5. Y ha de inmolar el becerro en la presencia del Señor; y los sacerdotes, hijos de Aarón, ofrecerán su sangre, derramándola alrededor del altar que está ante la puerta del Tabernáculo;

6. y quitada la piel a la víctima, cortarán en trozos los miembros;

7. y pondrán fuego a la leña, dispuesta de antemano debajo del altar;

8. y colocarán encima por orden los miembros hechos pedazos, es a saber, la cabeza, y todo lo que está pegado al hígado,

9. y los intestinos y patas, lavados antes con agua; y el sacerdote lo quemará todo sobre el altar en holocausto de olor suavísimo al Señor.

10. Pero si la ofrenda es holocausto de ganado menor, esto es, de ovejas o cabras, ha de ofrecer macho sin tacha;

11. y le degollará delante del Señor, al lado del altar que mira el septentrión; y su sangre la derramarán los hijos de Aarón sobre todo el circuito del altar;

12. y partirán los miembros, la cabeza y todo lo que está pegado al hígado, y lo colocarán sobre la leña, a la cual se pondrá fuego;

13. lavando antes en agua los intestinos y las patas. Y el sacerdote hará quemar toda la ofrenda sobre el altar en holocausto de olor suavísimo al Señor.

14. Pero si la ofrenda del holocausto hecha al Señor fuere de aves, será de tórtolas o de pichones,

15. la ofrecerá el sacerdote sobre el altar y retorcido el pescuezo y abierta en él una herida, hará correr la sangre sobre el borde del altar;

16. el buche y las plumas lo arrojará junto al altar, al lado oriental, donde se echan las cenizas;

17. le quebrantará los alones, más no la cortará, ni la partirá con hierro; y puesto fuego debajo de la leña, la quemará sobre el altar. Holocausto es éste y oblación de olor suavísimo al Señor.

2 *Ceremonias para las ofrendas pacíficas del pan y de las primicias en acción de gracias*

1. Cuando alguna persona ofreciere al Señor una oblación de harina en sacrificio de acción de gracias será su ofrenda flor de harina, sobre la cual derramará aceite y pondrá incienso,

2. y la presentará a los sacerdotes, hijos de Aarón; uno de los cuales tomará un puñado entero de flor de harina, con el aceite y todo el incienso, y lo quemará sobre el altar, como para recuerdo y olor suavísimo al Señor.

3. Lo restante del sacrificio será de Aarón y sus hijos, y se mirará como cosa sagrada y santa, por cuanto proviene de las oblaciones del Señor.

4. Mas si se ofreciere ofrenda de flor de harina cocida en horno, han de ser panes sin levadura amasados con aceite, y lasañas también sin levadura untadas con aceite.

5. Si tu ofrenda fuere de cosa frita en sartén, será de flor de harina amasada con aceite, sin levadura.

6. Y la desmenuzarás, y echarás aceite sobre ella.

7. Y si la ofrenda se hiciere de cosa cocida en parrilla o cazuela, será igualmente la flor de harina amasada con aceite;

8. y ofreciéndola al Señor, la pondrás en manos del sacerdote;

9. quien después de hecha la oferta al Señor, tomará parte de ella para memoria delante de Dios, y la quemará sobre el altar en olor suavísimo al Señor.

10. El resto será de Aarón y de sus hijos;

siendo como es cosa santa y sagrada, por tomarse de las oblaciones del Señor.

11. Toda ofrenda que se ofrece al Señor ha de ser sin levadura; y no se ha de quemar sobre el altar en sacrificio al Señor cosa con levadura, ni con miel.

12. De estas cosas solamente podéis ofrecer primicias y presentes; mas no se podrán ofrecer sobre el altar en olor de suavidad.

13. Todo lo que ofreciereis en sacrificio, lo has de sazonar con sal, y no faltará del sacrificio la sal de la alianza con Dios. En todas tus ofrendas ofrecerás sal.

14. Pero cuando ofrecieres al Señor la oblación de las primicias de tus mieses, de las espigas, todavía verdes, las has de tostar al fuego, y desmenuzar como se hace con el grano, y ofrecerás así tus primicias al Señor,

15. derramando encima aceite y poniendo incienso, por ser oblación del Señor.

16. De la cual el sacerdote quemará en memoria del don, parte del grano desmenuzado y del aceite y todo el incienso.

3 *Los sacrificios de reconciliación, que se ofrecen por los beneficios recibidos del Señor*

1. Y si la oblación fuere una hostia pacífica* y quisiere ofrecerla de ganado vacuno, presentará delante del Señor un macho o hembra, que no tenga defecto,

2. y pondrá la mano sobre la cabeza de su víctima, la cual será degollada en la entrada del Tabernáculo del Testimonio; y los sacerdotes, hijos de Aarón, derramarán la sangre alrededor del altar;

3. y sacarán de la hostia pacífica para oblación del Señor el sebo que cubre las entrañas y toda la grasa interior,

4. los dos riñones con el sebo que cubre los ijares, y con los riñones la telilla del hígado;

5. y encendiendo la leña, quemarán todo esto como holocausto sobre el altar, para oblación de olor suavísimo al Señor.

6. Pero si su oblación y hostia pacífica fuere de ovejas, ora ofrezca macho, ora hembra, han de ser sin tacha.

7. Si ofreciere un cordero en la presencia del Señor,

8. pondrá su mano sobre la cabeza de su víctima, la cual será degollada a la entrada del Tabernáculo del Testimonio; y los hijos de Aarón derramarán su sangre en torno del altar;

9. y de esta hostia pacífica ofrecerán en sacrificio al Señor la grasa y la cola entera.

10. con los riñones, y el sebo que cubre el vientre y todas las entrañas, y ambos riñones con el sebo pegado a los ijares, y con los riñones la telilla del hígado,

11. y el sacerdote ofrecerá todo esto sobre el altar para cebo del fuego, y oblación del Señor.

12. Si su ofrenda fuere una cabra que ofreciere al Señor,

13. le pondrá la mano sobre la cabeza, y la inmolará en la entrada del Tabernáculo del Testimonio; y los hijos de Aarón verterán su sangre alrededor del altar;

14. y tomarán de ella para cebo del fuego del Señor la gordura que cubre el vientre, y la que cubre todas las entrañas;

15. los dos riñones con la telilla que los cubre junto a los ijares, y con los riñones la enjundia del hígado;

16. todo lo cual ofrecerá el sacerdote sobre el altar para nutrimento del fuego y olor suavísimo. Toda grosura pertenecerá al Señor,

17. por ley perpetua en todas vuestras generaciones y en todas vuestras moradas; no comeréis jamás ni sangre ni grasa.

4 *Los sacrificios expiatorios de los pecados cometidos por los sacerdotes, los príncipes y el pueblo*

1. Y habló el Señor a Moisés, diciendo:

2. Esto les dirás a los hijos de Israel: Cuando una persona pecare por ignorancia*, haciendo alguna cosa de todas aquellas que mandó el Señor que no se hiciesen;

3. si el que peca es el sumo sacerdote, que está ungido, haciendo delinquir al pue-

1. Hostia ofrecida a Dios. Los hebreos entienden toda especie de bienes con el nombre de *paz*.

2. Se trata de la ignorancia culpable por negligencia.

blo, ofrecerá al Señor por su pecado un becerro sin tacha.

4. Y lo traerá a la puerta del Tabernáculo del Testimonio, a la presencia del Señor, le pondrá la mano sobre la cabeza y le sacrificará al Señor.

5. Tomará también parte de su sangre, que meterá en el Tabernáculo del Testimonio;

6. y habiendo mojado el dedo en la sangre, hará con ella siete aspersiones en presencia del Señor, hacia el velo del santuario.

7. y teñirá con la misma las puntas del altar de los pefumes gratísimos al Señor, colocado en el Tabernáculo del Testimonio; pero toda la sangre restante la verterá en la basa del altar de los holocaustos, a la entrada del Tabernáculo.

8. Después quitará el sebo del becerro sacrificado por el pecado, tanto el que cubre las entrañas como los demás intestinos,

9. los dos riñones y la telilla que está sobre ellos, junto con los ijares, y con los riñones la enjundia del hígado,

10. de la manera que se quita del becerro ofrecido como hostia pacífica; y lo quemará todo sobre el altar de los holocaustos.

11. Mas la piel y todas las carnes, con la cabeza y las patas, e intestinos y el excremento,

12. y lo restante del cuerpo, lo llevará fuera del campamento a un lugar limpio, donde se suelen echar las cenizas de las víctimas; y pondrá fuego a todas estas cosas, colocadas sobre un montón de leña, y serán consumidas en el cenicero.

13. Pero si todo el pueblo de Israel pecare por ignorancia, e hiciere por inadvertencia alguna cosa prohibida por el Señor,

14. y después conociere su pecado, ofrecerá por el pecado un becerro, que conducirá a la entrada del Tabernáculo.

15. Los ancianos del pueblo pondrán las manos sobre la cabeza del becerro en la presencia del Señor, ante la cual será degollado.

16. Y el sacerdote, que está ungido, meterá parte de la sangre en el Tabernáculo del Testimonio,

17. haciendo con el dedo mojado en dicha sangre siete aspersiones hacia el velo,

18. y con la misma sangre rociará las puntas del altar, que está ante el Señor en el Tabernáculo del Testimonio; la sangre restante la derramará al pie del altar de los holocaustos, colocado ante la puerta del Tabernáculo del Testimonio.

19. Y le quitará todo el sebo, el cual quemará sobre el altar;

20. haciendo en todo con este becerro lo mismo que hizo antes con el otro; y orando por ellos el sacerdote, Dios los perdonará.

21. Al dicho becerro le sacará fuera del campamento y le quemará también como al primero, por ser sacrificio por el pecado de todo el pueblo.

22. Si pecare un príncipe o cabeza de tribu o pueblo, y por ignorancia hiciere alguna de las muchas cosas que prohíbe la ley del Señor,

23. y después reconociere su pecado, ofrecerá en sacrificio al Señor un macho cabrío sin tacha.

24. y pondrá sobre la cabeza de él su mano, y después de degollado en el lugar en que suele inmolarse el holocausto delante del Señor, porque es sacrificio por el pecado*,

25. mojará el sacerdote el dedo en la sangre de esta víctima por el pecado, tiñendo con ella las puntas del altar del holocausto, y derramando el resto al pie de dicho altar.

26. Pero el sebo lo quemará encima, como se hace en las hostias pacíficas; entonces el sacerdote hará oración por él y por su pecado, y se le perdonará.

27. Si algún particular del común del pueblo pecare por ignorancia, cometiendo alguna cosa de las vedadas por la ley del Señor, y habiendo caído en culpa

28. reconociere su pecado, ha de ofrecer una cabra sin tacha,

29. y pondrá la mano sobre la cabeza de la víctima que se ofrece por el pecado, y la degollará en el lugar de los holocaustos;

30. y el sacerdote mojará su dedo en la sangre, y tocando con ella las puntas del altar de los holocaustos, derramará la restante junto a su basa.

---

24. El altar significaba a Dios, y la sangre de la ofrenda se ofrecía al parecer en lugar de la sangre o vida del pecador.

31. Y quitándole todo el sebo, como se suele quitar de las víctimas pacíficas, le quemará sobre el altar en olor de suavidad al Señor; y hará oración por el que ha cometido la falta, y será perdonado.

32. Pero si ofreciere por el pecado una víctima de ganado lanar, esto es, una oveja sin tacha,

33. pondrá la mano sobre la cabeza de ésta, y la degollará en el lugar donde se suelen degollar las víctimas de los holocaustos.

34. Y el sacerdote mojará en la sangre el dedo, y tocando con ella las puntas del altar de los holocaustos, la demás la derramará al pie del altar.

35. Y quitando también toda la grasa, así como se quita del carnero sacrificado por hostia pacífica, la quemará sobre el altar como un incienso ofrecido al Señor; y orará por el que ofrece y por su pecado, y le será perdonado.

5

Algunos otros sacrificios por varias culpas. Las ofrendas expiatorias y el modo de realizarlas

1. Si una persona pecare, porque habiendo oído las palabras de uno que juró hacer algo, y pudiendo ser testigo de la cosa, o porque la vio, o porque la supo de cierto, con todo no quiso testificar, pagará la pena de su culpa.

2. Aquel que tocare cosa inmunda, ya sea cuerpo muerto por bestia, ya muerto de muerte natural, o bien cualquier reptil, y se trascordare de su inmundicia, no deja por eso de ser culpable, y ha cometido una falta o contraído mancha.

3. Del mismo modo si tocare cosa de inmundicia de algún hombre, en toda suerte de impurezas o mancha legal con que suele mancharse, y no parando la atención, después lo advirtiere, incurrirá en la pena del delito.

4. La persona que jurare y pronunciare con sus labios que ha de hacer algún mal o algún bien, confirmando esto con juramento y con sus palabras, y trascordada de ello, después reconociere su culpa,

5. haga penitencia por el pecado,

6. y ofrezca de los rebaños una cordera o una cabra, y el sacerdote hará oración por dicha persona y por su pecado.

7. Pero si no pudiere ofrecer una res, ofrezca al Señor dos tórtolas o dos pichones, uno por el pecado y otro en holocausto,

8. y los entregará al sacerdote; el cual, ofreciendo el uno por el pecado, le retorcerá la cabeza hacia las alitas, de manera que quede pegada al cuello y no enteramente separada.

9. Y rociará con su sangre la pared del altar, y destilará al pie de él toda la restante, porque es sacrificio por el pecado.

10. Y quemará el otro en holocausto, como se acostumbra hacer; y el sacerdote orará por este hombre y por su pecado, y se le perdonará.

11. Mas si no tuviere posibilidad para ofrecer dos tórtolas o dos pichones, ofrecerá por su pecado la décima parte de un efi de flor de harina, en que no ha de mezclar aceite, ni poner encima incienso alguno, pues es ofrenda por el pecado.

12. Y la entregará al sacerdote; el cual, tomando de ella un puñado entero, la quemará sobre el altar en memoria del que la ofrece,

13. rogando por él, y purificándole; pero la porción restante la retendrá el sacerdote para sí, como don que le pertenece.

14. Habló asimismo el Señor a Moisés diciendo:

15. Si alguno peca por error, faltando a las ceremonias en las cosas consagradas al Señor, ofrecerá por su pecado un carnero sin tacha de los rebaños, que puede comprarse por dos siclos, según el peso del santuario;

16. y resarcirá el daño que ocasionó, y añadirá además una quinta parte, entregándola al sacerdote; el cual hará oración por él, ofreciendo el carnero, y quedará perdonado.

17. Si un hombre peca por ignorancia, haciendo alguna cosa de las prohibidas por la Ley de Dios; y siendo culpable reconoce su culpa,

18. ofrecerá un carnero sin tacha de los rebaños al sacerdote, a medida y proporción del pecado; el sacerdote rogará por él, pues lo hizo sin advertencia y quedará perdonado,

19. porque por yerro delinquió contra el Señor.

6

Los sacrificios y el sacerdocio.
El holocausto diario del cordero,
el fuego perpetuo

1. Habló el Señor a Moisés, diciendo:
2. La persona que pecare, porque, menospreciado el Señor, negó a su prójimo el depósito confiado a su fidelidad, o le quitó alguna cosa con violencia, o le defraudó con engaño,
3. o porque habiendo hallado alguna cosa perdida, la niega añadiendo un falso juramento, o hace cualquier otra cosa de las muchas de esta naturaleza en que suelen pecar los hombres,
4. convencida del delito, restituirá
5. por entero, al dueño a quien causó el daño, todo lo que quiso defraudar, y además de eso la quinta parte.
6. Y ofrecerá por su pecado un carnero sin tacha de los rebaños, y lo dará al sacerdote, a proporción y medida del delito;
7. el cual hará oración por él en presencia del Señor, y le será perdonado cualquier pecado que haya cometido.
8. Habló también el Señor a Moisés, diciendo:
9. Da esta orden a Aarón y a sus hijos: La ley del holocausto ha de ser ésta: Será quemado en el altar durante toda la noche hasta la mañana; el fuego ha de ser el mismo del altar.
10. El sacerdote se revestirá de la túnica, y se pondrá los calzoncillos de lino, y recogerá las cenizas a que el fuego voraz lo habrá reducido, y poniéndolas junto al altar,
11. se desnudará de las primeras vestiduras, y vestido con las otras ordinarias, llevará las cenizas fuera del campamento, y en un lugar muy limpio hará que los carbones o huesos se consuman hasta reducirse a pavesas.
12. El fuego ha de arder siempre en el altar y el sacerdote cuidará de cebarle echando leña cada día por la mañana; y puesto encima el holocasto, quemará sobre él la grasa de las hostias pacíficas.
13. Este es el fuego perpetuo, que nunca debe faltar en el altar.
14. La ley del sacrificio y de las libaciones que han de ofrecer los hijos de Aarón en presencia del Señor y en el altar, es esta:
15. Tomará el sacerdote un puñado de flor de harina mezclada con aceite y todo el incienso que se haya puesto encima, y lo quemará en el altar en memoria y olor suavísimo al Señor.
16. La parte restante de la flor de harina la comerán sin levadura Aarón y sus hijos, y la comerán en el lugar santo del atrio del Tabernáculo.
17. La razón porque no tendrá levadura, es porque una parte de ella se ofrece como holocausto al Señor. Así sera ésta una cosa sacrosanta, como el sacrificio por el pecado y por el delito o falta.
18. Solamente los varones del linaje de Aarón la comerán. Será esta ley perpetua en los sacrificios del Señor, que pasará entre vosotros de generación en generación. Todo el que tocare estas cosas será santificado.

La ofrenda de los sacerdotes

19. Habló aún el Señor a Moisés, diciendo:
20. Esta es la ofrenda que Aarón y sus hijos deben ofrecer a Dios en el día de su consagración: ofrecerán en sacrificio perpetuo la décima parte de un efi de flor de harina, la mitad por la mañana y la otra mitad por la tarde;
21. que, amasada con aceite, se freirá en una sartén; y el sacerdote que sucediere legítimamente a su padre, la ha de ofrecer caliente para olor suavísimo al Señor.
22. Y toda entera será quemada en el altar;
23. porque todo sacrificio de los sacerdotes debe ser consumido con el fuego, y no comerá nadie de él.
24. Habló aún el Señor a Moisés, diciendo:
25. Di a Aarón y a sus hijos: Esta es la ley de la víctima ofrecida por el pecado: Será sacrificada en el acatamiento del Señor, en el lugar donde se ofrece el holocausto, siendo, como es, cosa sacrosanta.
26. El sacerdote que la ofrece, la comerá en el lugar santo, en el atrio del Tabernáculo.
27. Todo lo que tocare sus carnes, será santificado. Si cayere gota de su sangre sobre algún vestido, éste se lavará en lugar santo.
28. La vasija de barro en que fue cocida,

será quebrada; pero si el vaso fuere de cobre, se fregará y lavará con agua.

29. Todos los varones del linaje sacerdotal comerán de la carne de esta hostia, por ser cosa sacrosanta.

30. Mas en cuanto a la hostia sacrificada por el pecado, cuya sangre se introduce en el Tabernáculo del Testimonio para impetrar la expiación o perdón en el santuario*, no se comerá, sino que será quemada al fuego.

7 *Prosiguen los ritos que se han de observar en los sacrificios. Se prohíbe comer la sangre de la víctima*

1. Esta es también la ley de la hostia ofrecida por delito. Esta hostia es santísima;

2. por eso donde se inmola el holocausto, se degollará también la víctima por delito; su sangre será derramada en torno del altar.

3. De ella ofrecerán la cola y el sebo que cubre las entrañas,

4. los dos riñones y la grasa que está junto a los ijares, y con los riñones la telilla del hígado.

5. Y el sacerdote quemará todo esto sobre el altar: holocausto es del Señor que se le ofrece por el delito.

6. Todos los varones del linaje sacerdotal comerán de estas carnes en el lugar santo, como son cosa sacrosanta.

7. De la manera que se ofrece la hostia por el pecado, así se ha de ofrecer por el delito; una misma será la ley de ambas hostias; las dos pertenecerán al sacerdote que las ofreciere.

8. Así como también le pertenecerá la piel de la víctima que ofrece por holocausto.

9. Y toda ofrenda de flor de harina que se cuece en horno, o se tuesta en parrillas, o se fríe en sartén, será del sacerdote que la ofrece:

10. ora sea amasada con aceite, ora sea enjuta, será distribuida entre los hijos todos de Aarón que estén de semana, en igual porción a cada uno.

11. La ley de la hostia pacífica que se ofrece al Señor, es esta:

12. Si la ofrenda fuere en acción de gracias, ofrecerán panes sin levadura, amasados con aceite, y lasañas o tortas también sin levadura, untadas con aceite, y hojuelas fritas de flor de harina, sobadas también con aceite.

13. Además, con la víctima de acción de gracias, ofrecida en sacrificio pacífico, presentarán panes con levadura;

14. uno de éstos se ofrecerá por primicias al Señor, y será del sacerdote que derramare la sangre de la víctima,

15. cuyas carnes serán comidas en el mismo día, sin dejar nada para el siguiente.

16. Si uno por voto o espontáneamente ofreciere alguna víctima, será igualmente comida el mismo día, bien que si quedara algo para el día siguiente, se puede comer;

17. mas lo que sobrare al tercer día, será consumido en el fuego.

18. Si alguno comiere carne de víctima pacífica en el día tercero, su oblación no valdrá nada, ni será de provecho al oferente; antes bien, cualquier persona que se contaminare con manjar semejante, será reo de prevaricación.

19. Carne sacrificada que hubiere tocado cosa inmunda, no se ha de comer, sino quemar al fuego; quien estuviere limpio podrá comer de la carne de la víctima pacífica.

20. Persona manchada que comiere de la carne de hostia pacífica, ofrecida al Señor, será exterminada de en medio de su pueblo.

21. Y la que habiendo tocado alguna cosa inmunda de hombre, o de jumento, o de cualquier otra cosa que pueda ensuciar o causar inmundicia legal, no deja de comer de las dichas carnes, será exterminada de la congregación de su pueblo.

22. Habló asimismo el Señor a Moisés, diciendo:

23. Dirás a los hijos de Israel: No comeréis grosura de oveja, ni de buey, ni de cabra*.

24. Ni tampoco la grasa de carne mortecina, o que ha sido presa de alguna bestia; bien que podéis guardarla para otros usos.

25. Si alguno comiere de la grasa que debe ser quemada en ofrenda del Señor, será exterminado de su pueblo.

---

30. Este sacrificio es holocausto. *Lev 4*, 5; *Hebr 13*, 11.

23. Que me hayan sido ofrecidas en sacrificio. *Lev 3*, 17.

26. Tampoco probaréis sangre de ningún animal, tanto de aves como de reses.

27. Toda persona que comiere sangre, será exterminada de su pueblo.

Los sacerdotes y los sacrificios

28. Habló también el Señor a Moisés, diciendo:

29. Diles a los hijos de Israel: Quien ofrece al Señor víctima pacífica, ofrecerá la oblación, esto es, las libaciones*.

30. Tendrá en las manos la grosura de la víctima y el pecho; y después de haber consagrado ambas cosas con ofrecerlas al Señor, las entregará al sacerdote,

31. el cual quemará la grasa sobre el altar; pero el pecho será de Aarón y de sus hijos.

32. Igualmente la espaldilla derecha de las víctimas pacíficas, pertenecerá como primicia al sacerdote.

33. El que entre los hijos de Aarón ofreciere la sangre y la grasa, ese mismo recibirá también como porción suya la espaldilla derecha.

34. Pues de la carne de las hostias pacíficas de los hijos de Israel he reservado el pecho que se eleva u ofrece delante de mí, y la espaldilla que se ha separado; y lo he dado al sacerdote Aarón y a sus hijos por ley perpetua de todo el pueblo de Israel.

35. Este es el derecho de la unción o Sacerdocio de Aarón y de sus hijos en las ceremonias del Señor, desde el día que los consagró Moisés para ejercer las funciones del sacerdocio;

36. y esto es lo que mandó Dios que les diesen los hijos de Israel, por culto o estatuto perpetuo en sus generaciones.

37. Esta es la ley del holocausto, y la del sacrificio por pecado, y por delito, y por las consagraciones, y la de las víctimas pacíficas:

38. ley que Dios comunicó a Moisés en el monte Sinaí, cuando mandó a los hijos de Israel en aquel desierto que ofreciesen al Señor sus ofrendas.

---

29. *Ex 29*, 26.

8 *Moisés consagra sumo sacerdote a Aarón y sacerdote a sus hijos. Del Tabernáculo y de sus utensilios*

1. Y habló el Señor a Moisés, diciendo:

2. Toma a Aarón y a sus hijos, y sus vestiduras, y el óleo de la unción, un becerro por el pecado, dos carneros y el canastillo con los ázimos.

3. Y congregarás a todo el pueblo ante la puerta del Tabernáculo.

4. Hizo Moisés lo que Dios mandó y congregada toda la muchedumbre ante la puerta del Tabernáculo,

5. dijo: Esto es lo que ha mandado hacer el Señor.

6. Al mismo tiempo presentó a Aarón y a sus hijos. Y después de haberlos lavado,

7. revistió al sumo sacerdote con la túnica estrecha de lino, y le ciñó con el cinturón; le vistió después encima la túnica de jacinto, y sobre éste el efod;

8. al cual sujetando con el cinturón, le unió con el pectoral, sobre el que estaban escritas estas palabras: Doctrina y Verdad.

9. Le cubrió también la cabeza con la tiara, y sobre ésta en la frente colocó la lámina de oro, consagrada y santificada, como el Señor le tenía ordenado.

10. Tomó después el óleo de la unción, con que ungió el Tabernáculo y todos sus utensilios,

11. y hechas siete aspersiones sobre el altar para santificarle, le ungió con todos sus vasos, y santificó asimismo con el óleo la concha y su basa.

12. Y derramándole sobre la cabeza de Aarón*, le ungió y consagró.

13. Igualmente a los hijos de Aarón, después de haberlos presentado, los revistió también de túnicas de lino, y ciñó con cinturón, y les puso en la cabeza las mitras, según lo que el Señor tenía ordenado.

14. Ofreció asimismo el becerro por el pecado; y después que Aarón y sus hijos pusieron sus manos sobre la cabeza del becerro,

15. lo degolló, y tomando la sangre, mojado en ella el dedo, tocó las cuatro

---

12. *Eclo 45*, 18.

puntas del altar alrededor, purificado el cual y santificado, derramó al pie del mismo la sangre restante.

16. Mas el sebo que cubría las entrañas y la telilla del hígado, y los dos riñones con sus telas, lo quemó sobre el altar:

17. quemando fuera del campamento el becerro, con su piel y carnes, y el estiércol, conforme al mandato del Señor.

18. Ofreció también un carnero en holocausto, sobre cuya cabeza pusieron Aarón y sus hijos las manos,

19. y él le sacrificó y derramó su sangre alrededor del altar.

20. Partió asimismo en trozos el carnero, y quemó en el fuego la cabeza, los miembros y la grasa,

21. lavando primero los intestinos y las patas; de suerte que quemó todo el carnero a un tiempo sobre el altar, porque era holocausto de olor suavísimo para el Señor, como éste se lo había mandado.

22. Ofreció también el segundo carnero para la consagración de los sacerdotes, y pusieron sus manos sobre la cabeza de Aarón y sus hijos.

23. Y Moisés, habiéndole inmolado, tomando de su sangre, tocó la ternilla de la oreja derecha de Aarón, y el pulgar de su mano derecha y del mismo modo el del pie.

24. Presentó igualmente los hijos de Aarón, y habiendo tocado con la sangre del carnero sacrificado la ternilla de la oreja derecha de cada uno y los pulgares de la mano derecha y pie derecho, derramó la demás sangre sobre el altar alrededor.

25. Separó después el sebo, la cola y toda la grasa que cubre los intestinos, y la telilla del hígado, y los dos riñones con su sebo y la espalda derecha;

26. y tomando del canastillo de los ázimos, presentado ante el Señor, un pan sin levadura, y una torta heñida con aceite y una lasaña, le puso sobre la grasa y la espalda derecha;

27. entregándolo todo junto a Aarón, y a sus hijos, que lo elevaron delante del Señor;

28. y recibiéndolo otra vez de sus manos Moisés, lo quemó sobre el altar del holocausto por ser ofrenda de consagración, sacrificio de olor suavísimo al Señor.

29. Después elevando delante del Señor el pecho del carnero de la consagración, le reservó como porción suya, conforme se lo había mandado el Señor.

30. Al fin cogiendo el ungüento* u óleo de la consagración, y la sangre puesta sobre el altar, roció a Aarón y sus vestiduras, e igualmente a sus hijos y las de éstos.

31. Y habiéndolos santificado, revestidos como estaban, les dio esta orden, diciendo: Coced las carnes de las víctimas a la puerta del Tabernáculo, y comedlas allí; como también los panes de la consagración que están en el canastillo, según me lo ordenó el Señor*, diciendo: Aarón y sus hijos los comerán.

32. Mas lo que restare de la carne y de los panes, será consumido en el fuego.

33. Asimismo por siete días no saldréis de la puerta del Tabernáculo, hasta el día en que se cumpla el tiempo de vuestra consagración, la cual dura siete días;

34. así como se ha hecho ahora para complemento de las ceremonias del sacrificio.

35. Día y noche moraréis en el Tabernáculo, haciendo la guardia en servicio del Señor, para que no muráis; porque así se me ha ordenado.

36. E hicieron Aarón y sus hijos todo cuando dijo el Señor por medio de Moisés.

9 *Aarón y sus hijos inician su sacerdocio. Fuego consume el holocausto en la consagración*

1. Llegado el día octavo, llamó Moisés a Aarón y sus hijos, y a los ancianos de Israel, y dijo a Aarón:

2. Toma de la vacada un becerro para sacrificio por el pecado, y un carnero para el holocausto, ambos sin defecto alguno, y ofrécelo delante del Señor*.

3. Dirás también a los hijos de Israel: Tomad un macho cabrío por el pecado, y un becerro y un cordero, primales y sin tacha, para holocausto;

4. un buey y un carnero para hostias pacíficas e inmoladlos delante del Señor, ofreciendo en el sacrificio de cada uno flor

30. *Ex 30*, 23; *40*, 9.
31. *Lev 24*, 9; *Ex 29*, 32.
2. *Ex 29*, 1.

de harina amasada con aceite; porque hoy se os ha de aparecer el Señor.

5. Trajeron, pues, todas las reses que había mandado Moisés, a la puerta del Tabernáculo, donde estando presente todo el pueblo,

6. dijo Moisés: Esto es lo que ha ordenado el Señor; ejecutadlo, y se os manifestará su gloria.

7. Dijo también a Aarón: Llégate al altar y haz sacrificio por tu pecado; ofrece el holocausto, y ruega por ti y por el pueblo; y sacrificada la hostia por el pueblo, haz oración por él, conforme al precepto del Señor.

8. Luego al punto Aarón, llegándose al altar, degolló el becerro por su pecado,

9. cuya sangre le presentaron sus hijos; en la que, mojando él el dedo, tiñó las puntas del altar, a cuyo pie derramó la restante.

10. Y echó en el fuego sobre el altar la grasa, y los riñones, y la telilla del hígado, que se ofrecen por el pecado, conforme había el Señor ordenado a Moisés;

11. pero la carne y la piel las quemó al fuego fuera del campamento.

12. Inmoló igualmente la víctima del holocausto; de la cual sus hijos le presentaron la sangre, que derramó alrededor del altar.

13. Le presentaron también la misma víctima partida en trozos, con la cabeza y los demás miembros; todo lo cual quemó en el fuego sobre el altar,

14. lavados antes en agua los intestinos y las patas.

15. Además degolló y ofreció por el pecado del pueblo el macho cabrío; y purificado el altar,

16. hizo el holocausto,

17. añadiendo al sacrificio las libaciones que se ofrecen, y quemándolas sobre el altar, sin omitir las ceremonias del holocausto matutino.

18. Degolló asimismo el buey y el carnero como hostias pacíficas del pueblo, y le presentaron sus hijos la sangre, la cual derramó sobre el altar alrededor.

19. Mas el sebo del buey, y la cola del carnero, y los riñones con su grasa, y la telilla del hígado

20. lo pusieron sobre los pechos de las víctimas: y quemados sobre el altar los sebos,

21. separó Aarón los pechos y espaldillas derechas, elevándolo delante del Señor, como había mandado a Moisés,

22. y extendiendo las manos hacia el pueblo, le bendijo. Concluidos de esta manera los sacrificios por el pecado, y los holocaustos, y las víctimas pacíficas bajó del altar.

23. Y habiendo entrado Moisés a Aarón en el Tabernáculo del Testimonio, al tiempo de salir bendijeron al pueblo*. Y la gloria del Señor se dejó ver de toda la muchedumbre:

24. pues un fuego enviado por el Señor devoró el holocausto* y los sebos que había sobre el altar. Lo cual visto por las gentes del pueblo, postrándose sobre sus rostros, alabaron al Señor.

10

Nadab y Abiú son castigados por ofrecer un sacrificio ilícito. Santidad de los sacerdotes

1. Pero Nadab y Abiú, hijos de Aarón, tomando los incensarios, pusieron en ellos fuego e incienso encima, ofreciendo ante el Señor fuego extraño, lo cual les estaba vedado.

2. Por lo que un fuego venido del Señor les quitó la vida, y murieron en presencia del Señor*.

3. Dijo entonces Moisés a Aarón: Esto es lo que tiene dicho el Señor: Yo haré conocer mi santidad en los que se llegan a mí, y a vista de todo el pueblo seré glorificado. Lo que oyendo Aarón, no habló palabra.

4. Moisés llamando a Misael y Elisafán, hijos de Oziel, tío paterno de Aarón, les dijo: Id y sacad a vuestros hermanos de delante del santuario, y llevadlos fuera de los campamentos.

5. Ellos fueron al instante, y cogiéndolos vestidos como estaban con las túnicas de lino, los sacaron fuera, conforme les era mandado.

6. Moisés entonces dijo a Aarón y a sus hijos Eleazar e Itamar: No descubráis vuestras cabezas, ni rasguéis vuestras vestiduras* en señal de duelo; no sea que muráis vo-

---

23. *Num 6*, 24; *2 Mac 2*, 8.
24. *2 Mac 2*, 10
2. *Num 3*, 4; *26*, 61; *1 Cro 24*, 2.
6. Job *2*, 12; *1 Sam 4*, 12; *Lev 21*, 10.

sotros, y el castigo se extienda a todo el pueblo. Vuestros hermanos y toda la casa de Israel hagan duelo por el incendio que ha suscitado el Señor;

7. mas vosotros no habéis de salir de la puerta del Tabernáculo, si no queréis perecer; por cuanto está sobre vosotros el óleo de la unción santa. Los cuales lo hicieron todo conforme al precepto de Moisés.

8. Además de esto, dijo el Señor a Aarón:

9. Ni tú ni tus hijos bebáis vino, ni bebida que pueda embriagar, cuando entréis en el Tabernáculo del Testimonio, so pena de muerte; así por ser esto un precepto perpetuo para vuestra posteridad,

10. como para que tengáis conocimiento para discernir entre lo santo y lo profano, entre lo impuro y lo puro,

11. y enseñéis a los hijos de Israel todas mis leyes, las cuales yo no les he intimado por medio de Moisés.

12. Dijo entonces Moisés a Aarón y a Eleazar e Itamar, que eran los hijos que habían quedado a éste: Tomad lo que resta de la ofrenda del sacrificio del Señor y comedlo sin levadura junto al altar, por ser cosa santísima.

13. Lo habéis de comer en lugar santo, como dado a ti y a tus hijos de las ofrendas del Señor, según se me ha ordenado.

14. De la misma suerte tú y tus hijos, y tus hijas contigo, comeréis en un lugar perfectamente limpio el pecho que fue ofrecido y la espalda que fue separada; pues para ti y para tus hijos son reservadas estas porciones de las víctimas pacíficas de los hijos de Israel,

15. por cuanto al tiempo de quemar los sebos en el altar elevaron la espalda y el pecho ante el Señor, y te tocan a ti y a tus hijos, por ley perpetua, conforme a la disposición del Señor.

16. Entretanto Moisés, inquiriendo acerca del macho cabrío ofrecido por el pecado del pueblo, le halló enteramente quemado. Por lo que irritado contra los dos hijos de Aarón, Eleazar e Itamar, que quedaron vivos, dijo:

17. ¿Por qué no habéis comido en el lugar santo la víctima por el pecado, víctima cuya carne es sacrosanta, y que se os ha dado a vosotros, a fin de que cargándoos sobre vosotros la iniquidad del pueblo, roguéis por él en el acatamiento del Señor,

18. sobre todo no habiendo sido introducida su sangre en el Santuario, y debiendo vosotros comer la víctima en él, como me ha sido mandado?

19. Respondió Aarón: En este día se ha ofrecido ante el Señor la víctima por el pecado y también el holocausto; mas a mí me ha sucedido lo que ves. ¿Cómo, pues, me era posible comerla, y agradar al Señor en tales ceremonias, teniendo yo el corazón cubierto de luto?

20. Lo que oído por Moisés, se dio por satisfecho.

11 *Los animales puros e impuros. Santidad de los hijos de Israel a semejanza de Dios*

1. Habló el Señor a Moisés y a Aarón, diciendo:

2. Decid a los hijos de Israel: De todos los animales de la tierra de estos son los que podéis lícitamente comer.

3. Todo cuadrúpedo que tiene hendida la pezuña en dos partes y rumia, podéis comerle;

4. mas todo aquel que aunque rumia y tiene pezuña, no le tiene partida, como el camello y otros semejantes, no lo comáis, antes le tendréis por inmundo.

5. Así el querogrilo o puerco espín, el cual rumia y no tiene la uña partida, es inmundo;

6. también la liebre, que si bien rumia, no divide la uña;

7. y el cerdo, que, teniendo hendida la uña, no rumia.

8. De las carnes de éstos no comáis, ni toquéis sus cuerpos muertos, porque son inmundos para vosotros.

9. Los animales que se crían en agua y que pueden comer, son estos: Todo aquél que tiene aletas y escamas, tanto en el mar como en los ríos y estanques, podéis comerle;

10. al contrario, todos aquéllos que se mueven y viven en agua, que no tengan aletas y escamas, serán para vosotros abominables

11. y detestables: no comeréis sus carnes, y huiréis de sus cuerpos muertos.

12. Todos los animales acuáticos que no tienen aletas y escamas, serán inmundos.

13. Entre las aves, éstas son las que no debéis comer y debéis evitar: el águila, el grifo o quebrantahuesos y el águila marina,

14. y el milano, y el buitre con sus especies,

15. y el cuervo, y toda casta a él semejante,

16. y el avestruz, y la lechuza, y la gaviota, y el gavilán con toda su raza.

17. el búho, el somormujo, y el ibis,

18. el cisne, y el pelícano, y el calamón,

19. el herodión o la garza, la cigüeña con sus especies, la abubilla también y el murciélago.

20. Todo volátil que anda sobre cuatro patas, será para vosotros abominable;

21. mas el que andando en cuatro patas, tiene más largas las piernas de atrás, con las que salta sobre la tierra.

22. podéis comerle; como es el brugo y los de su casta, y el attaco, y el ofiamaco, y la langosta, cada cual en su especie.

23. Pero todos los volátiles que tienen cuatro patas iguales, serán para vosotros execrables;

24. y cualquiera que tocare su carne mortecina, contraerá mancha y estará inmundo hasta la tarde;

25. y si por necesidad carga con alguno de estos animales muertos, lavará sus vestidos y quedará inmundo hasta ponerse el sol.

26. Todo animal que bien que tenga uña, no la tiene dividida, ni rumia, será impuro o sucio; y el que le tocare muerto, quedará contaminado.

27. Entre los demás animales que andan en cuatro patas, los que tienen unas como manos sobre las cuales andan, serán inmundos; el que tocare sus carnes mortecinas, quedará inmundo hasta la tarde.

28. Y el que llevare semejantes carnes, lavará sus vestidos, y será inmundo hasta la tarde; porque todos estos animales son inmundos para vosotros.

29. Asimismo de los animales que se mueven sobre la tierra, se contarán también los siguientes entre los inmundos: la comadreja, y el ratón, y el cocodrilo terrestre, cada cual en su especie,

30. el musgaño*, y el camaleón, y el lagarto o salamanquesa, y la lagartija y el topo;

31. todos éstos son inmundos. El que tocare sus carnes muertas, quedará inmunda hasta la tarde;

32. y la cosa sobre que cayere algo de sus carnes muertas, quedará inmundo, ora sea utensilio de madera, o un vestido, o bien sean pieles, o sacos de Cilicia; y cualesquiera instrumentos de algún uso, se lavarán con agua y quedarán inmundos hasta la tarde, y de esta suerte quedarán después purificados.

33. Pero la vasija de barro, dentro de la cual cayere alguna de estas cosas, quedará inmunda, y por tanto debe ser quebrada.

34. Todo manjar que comáis, si sucede que se vierte sobre él agua de esas vasijas inmundas, quedará impuro; y todo licor de beber salido de tales vasijas, quedará inmundo.

35. Y cualquier cosa sobre que cayere algo de tales carnes muertas, quedará inmunda; ora sean hornillos, ora hornos, serán inmundos y se destruirán.

36. Pero las fuentes, las cisternas y todos los depósitos de aguas, no quedarán inmundos. Quien tocare cuerpo muerto en dichas aguas, quedará inmundo.

37. Si cayere sobre grano de sembrar, no le hará inmundo;

38. mas si alguno hubiere mojado en agua la simiente y después la tocare carne mortecina, al punto quedará inmunda.

39. Si muriere por sí mismo un animal que no es lícito comer, quien tocare su cuerpo quedará inmundo hasta la tarde.

40. Y el que comiere de él o le llevare, lavará sus vestidos y quedará inmundo hasta la tarde.

41. Todo lo que anda arrastrando por la tierra, será abominable y no se tomará para comida.

42. Todo cuadrúpedo que anda sobre el pecho, y todo el que tiene muchas patas o va arrastrando por el suelo, no lo comeréis, porque es abominable.

43. No queráis manchar vuestras almas, ni toquéis tales cosas, por no ensuciaros.

44. Puesto que yo soy el Señor Dios vuestro*; sed santos vosotros, pues que yo

---

30. Especie mixta de *ratón* y *comadreja*.

44. *1 Pe 1*, 16; *Mat 5*, 48.

soy santo. No contaminéis vuestras almas con tocar ningún reptil de los que se mueven sobre la tierra.

45. Porque yo soy el Señor, que os ha sacado de la tierra de Egipto para ser vuestro Dios. Santos seréis, pues, porque yo soy santo.

46. Esta es la ley tocante a las bestias, y a las aves, y a todos los animales vivientes, que nadan en el agua, o andan arrastrando sobre la tierra;

47. a fin de que sepáis discernir entre lo inmundo y lo limpio, y lo que podéis comer y lo que debéis desechar.

12 *Purificación de la mujer después del parto. Sacrificio del pichón o la tórtola por el pecado*

1. Y habló el Señor a Moisés, diciendo:

2. Dirige tu palabra a los hijos de Israel, y les dirás: Si la mujer conociendo al hombre queda preñada y pariere varón*, quedará inmunda por siete días, separada como en los días de la regla menstrual.

3. Al día octavo será circuncidado el niño*;

4. mas ella permanecerá treinta y tres días purificándose de su sangre. No tocará ninguna cosa santa, ni entrará en el santuario, hasta que se cumplan los días de su purificación.

5. Mas si pariere hembra, estará inmunda dos semanas, según el rito acerca del flujo menstrual, y por sesenta y seis días quedará purificándose de su sangre.

6. Cumplidos en fin los días de su purificación por hijo o por hija, traerá a la entrada del Tabernáculo del Testimonio un cordero primal para holocausto y un pichón o una tórtola por el pecado, y los entregará al sacerdote;

7. el cual ofrecerá al Señor y rogará por ella, y con esto quedará purificada del flujo de su sangre. Esta es la ley de la mujer que pare varón o hembra.

8. Pero si sus facultades no alcanzan para poder ofrecer un cordero, tomará dos tórtolas o dos pichones, el uno para holocausto y el otro para sacrificio por el pecado; y el sacerdote hará oración por ella, y así será purificada.

2. *Luc 2*, 22.
3. *Luc 2*, 21; *Jn 7*, 22.

13 *Instrucciones sobre la lepra a quienes corresponde decidir si alguien está limpio o no*

1. Y habló el Señor a Moisés y Aarón, diciendo:

2. El hombre en cuya piel o carne apareciere color extraño, o postilla, o especie de mancha reluciente, que sea indicio del mal de lepra, será conducido al sacerdote Aarón o a cualquiera de sus hijos:

3. el cual si viere lepra en la piel, con el vello mudado en color blanco, y la parte misma que parece leprosa más hundida que la piel y carne restante, declarará que es llaga de lepra, y el que la tiene será separado de la compañía de otros; al arbitrio del sacerdote.

4. Mas si apareciere sobre la piel una blancura reluciente, sin estar más hundida que ella, y el vello mantuviere su primer color, el sacerdote le recluirá por siete días,

5. y al séptimo le registrará; y en caso que la lepra no hubiere cundido, ni penetrado más en la piel, le dejará encerrado todavía otros siete días,

6. y al séptimo le reconocerá; si la lepra ya no blanquea, ni ha cundido en la piel, le dará por limpio, porque es sarna y no lepra, y el hombre lavará sus vestidos y quedará limpio.

7. Pero si después de haber sido reconocido por el sacerdote y declarado limpio, de nuevo fuere creciendo la lepra, será presentado al mismo

8. y declarado inmundo.

9. Hombre que tenga llaga de lepra, será llevado al sacerdote,

10. que le registrará, y si aparece en el cutis el color blanco, y mudado el color natural del pelo, y se descubre asimismo la carne viva,

11. se reputará por lepra muy envejecida y arraigada en la piel. Y así el sacerdote le dará por inmundo y no le recluirá; porque patente es ya su inmundicia.

12. Mas si la lepra brotare, extendién-

dose por la piel hasta cubrirla toda de pies a cabeza, en cuanto se descubre a la vista,

13. el sacerdote le reconocerá y decidirá ser una lepra inocentísima, por haberse convertido toda ella en una blancura, y por lo mismo aquel hombre se reputará limpio.

14. Al contrario, si se deja ver en él la carne viva,

15. entonces será declarado inmundo por el sacerdote y contado entre los inmundos; porque la carne viva, si está salpicada de lepra, es inmunda.

16. Mas si la piel se pone otra vez blanca y la blancura cubre todo el hombre,

17. le reconocerá el sacerdote y declarará ser limpio.

18. Pero aquel en cuya piel o carne comenzó a formarse una ulcera y fue curada,

19. y en el mismo sitio aparece una postilla blanca o algo roja, será conducido al sacerdote;

20. quien si observare que aquella parte está más hundida que la demás carne y que los pelos se han vuelto blancos, le declarará inmundo; porque mal de lepra es el que ha sobrevivido en la úlcera.

21. Pero si el pelo es del color primero y la postilla algo oscura, y no está más hundida que la carne inmediata, le recluirá por siete días,

22. en los cuales, si el mal cundiere, le declarará leproso;

23. mas si no creciere, es ciatriz de la úlcera, y el hombre será declarado limpio.

24. Carne y piel quemada con fuego y curada, en que se formare una cicatriz blanquecina o rojiza,

25. la observará el sacerdote; si ve que se volvió blanca y está más hundida que la piel restante, dará por inmundo al sujeto; porque llaga de lepra ha sobrevenido en la cicatriz.

26. Pero si el color de los pelos no está mudado, ni la parte llagada más hundida que la restante carne, y aquello que parecía lepra tirare a oscuro, le recluirá por siete días,

27. y al séptimo le reconocerá; si la lepra hubiere cundido en la piel, le dará por inmundo.

28. Pero si aquella peca blanquecina no se ha extendido más, es efecto de la quemadura, y así el sujeto será declarado por limpio, por ser una cicatriz de la quemadura.

29. El hombre o la mujer en cuya cabeza, o barba brotare la lepra, los verá el sacerdote;

30. y caso que aquella parte estuviere más hundida que la demás carne y el pelo amarillo y más delgado que antes, los dará por inmundos, por cuanto es lepra de la cabeza y de la barba.

31. Que si viere el lugar de la mancha igual a la carne inmediata y el cabello negro, recluirá la persona por siete días,

32. y al séptimo la visitará: si la mancha no ha cundido y el cabello está de su color , y el lugar tachado igual a la carne restante,

33. será aquella persona raída a navaja, excepto el lugar de la mancha, y encerrada por otros siete días.

34. Si al día séptimo se viere que la mancha no se ha extendido, ni está más hundida que la otra carne, el sacerdote dará por limpio al sujeto, y éste, lavados sus vestidos, quedará desde luego limpio.

35. Mas si después de haber sido declarado limpio, se dilatare la mancha en la piel,

36. ya no tiene que averiguar si el cabello se ha vuelto amarillo, pues evidentemente la tal persona es inmunda.

37. Al contrario, si la mancha se ha detenido y los cabellos permanecen negros, entienda que está sana la persona y declárela sin recelo por limpia.

38. El hombre o la mujer en cuyo cutis aparecieren manchas blancas,

39. los mirará con atención el sacerdote; si hallare que un color blanquecino que tira a oscuro reluce en la piel, sepa que no es lepra, sino ciertas manchas de color blanquecino y que la persona está limpia.

40. El hombre a quien se le caen los cabellos de la cabeza, calvo es, pero limpio;

41. y si se le cayeren los pelos de encima la frente, es calvo por delante, pero limpio,

42. Mas si en la calva o media calva le salen pecas blancas o rojas,

43. y el sacerdote las viere, sin dudar le dará por infecto de lepra, nacida en la calva.

44. Esto supuesto, cualquiera que fuere contaminado de lepra y separado a juicio del sacerdote,

45. tendrá los vestidos descosidos por varias partes, la cabeza rapada y descubier-

ta, tapando su boca con la ropa, y avisará, gritando, estar contaminado e inmundo.

46. Todo el tiempo que estuviere leproso e inmundo, habitará solo, fuera de poblado.

47. Un vestido de lana o de lino, a que se pegare la lepra

48. en la urdimbre o en la trama, o también una piel o cualquier otro ajuar hecho de pieles,

49. si está infecto de manchas blancas o rojas, se reputará por lepra y se hará ver al sacerdote;

50. el cual después de haberla examinado, dejará encerrada la ropa por siete días,

51. y al séptimo registrándola de nuevo si hallare que ha cundido, es una lepra tenaz; dará por sucio el vestido y toda otra cosa en que se hallare la inmundicia,

52. y por lo mismo se quemará en las llamas.

53. Que si viere que no ha cundido,

54. mandará lavar la cosa en que está la lepra y la volverá a encerrar por otros siete días.

55. Y viendo que no ha recobrado su primer aspecto, aunque no haya cundido la lepra, la declarará inmunda y la echará al fuego; porque está la lepra extendida en la superficie del vestido o internada en todo él.

56. Pero si el lugar de la lepra, después de lavado el vestido, está más oscuro, cortará aquel pedazo y le separará de la pieza entera.

57. Que si después se descubriere en las partes que antes estaban limpias, una lepra volátil y vaga, debe todo quemarse al fuego.

58. Si se atajare, lavará en agua segunda vez las partes limpias del vestido y quedarán purificadas.

59. Esta es la ley de la lepra en vestido de lana y de lino, en la urdimbre o en la trama, y de todo ajuar hecho de piel, y el modo con que se debe purificar o tener por apestado.

14 *Las ceremonias y sacrificios para la purificación del leproso, de su casa y de sus objetos*

1. Habló el Señor a Moisés, diciendo:

2. Este es el rito para la purificación del leproso: Será llevado al sacerdote,

3. el cual saliendo fuera del campamento, luego que hallare que la lepra está curada,

4. mandará al que debe purificarse que ofrezca por sí dos pájaros vivos, de los que se permite comer, y un palo de cedro y grana o lana de este color con hisopo;

5. y a uno de los pájaros le mandará degollar en una vasija de barro sobre agua viva.

6. Y al otro que ha dejado vivo, le mojará con el palo de cedro, la grana y el hisopo en la sangre del pájaro degollado;

7. y con ella rociará siete veces al que debe ser purificado, para que lo sea legítimamente; y soltará al pájaro vivo, para que vuele al campo.

8. El hombre después de haber lavado sus vestidos, raerá todos los pelos de su cuerpo y se lavará en agua; y purificado de esta manera entrará en el campamento; pero deberá permanecer siete días fuera de su tienda,

9. y al día séptimo se rapará los cabellos de la cabeza, y la barba, y las cejas, y todo el vello del cuerpo; y lavados de nuevo los vestidos y el cuerpo,

10. al octavo día tomará dos corderos sin mácula, y una oveja primal también sin defecto, y tres décimas de un efi de harina amasada con aceite para el sacrificio, y además un sextario de aceite.

11. Y luego que el sacerdote que purifica al hombre, le hubiere presentado con todas estas cosas al Señor en la puerta del Tabernáculo del Testimonio,

12. tomará uno de los corderos, y le ofrecerá por el delito con el sextario de aceite; y ofrecido todo ante el Señor,

13. degollará el cordero donde se suele degollar la víctima por el pecado y el holocausto, esto es, en el lugar santo. Porque así como la víctima por el pecado, así también la víctima por el delito pertenece al sacerdote, siendo como es sacrosanta.

14. Después el sacerdote tomando de la sangre de la víctima inmolada por el delito, la pondrá sobre la ternilla de la oreja derecha del que se purifica y sobre los pulgares de la mano y pie derechos,

15. y del sextario de aceite derramará en su mano izquierda,

16. y mojará en ella el dedo de su mano derecha, y hará siete aspersiones ante el Señor.

17. Lo que quedare de aceite en la mano izquierda, lo echará sobre la ternilla de la oreja derecha del que se purifica y sobre los pulgares de la mano y pie derechos, encima de la sangre derramada por el delito,

18. y sobre la cabeza del hombre;

19. y rogará por él al Señor, y ofrecerá el sacrificio por el pecado en seguida degollará el holocausto,

20. y le pondrá en el altar con sus libaciones, y el hombre quedará purificado según ley.

21. En caso de ser pobre y no poder hallar las cosas dichas, tomará un cordero para ofrecerle por el delito, a fin de que ruegue por él el sacerdote, y una décima de flor de harina amasada con aceite para el sacrificio, y un sextario de aceite,

22. y dos tórtolas o dos pichones, uno por el pecado y otro para holocausto;

23. y ofrecerá estas cosas el día octavo de su purificación al sacerdote en la puerta del Tabernáculo del Testimonio ante el Señor;

24. y el sacerdote recibiendo el cordero por el delito y el sextario de aceite, los elevará a un mismo tiempo.

25. Y degollado el cordero, teñirá con su sangre la ternilla de la oreja derecha del que se purifica y los pulgares de la mano y pie derechos.

26. Y echará parte del aceite en su mano izquierda;

27. en el que mojará el dedo de la mano derecha, y hará siete aspersiones ante el Señor,

28. y tocará también la ternilla de la oreja derecha del que se purifica y los pulgares de la mano y pie derechos en el mismo lugar, bañado con la sangre derramada por el delito.

29. El resto del aceite que tiene en la mano izquierda, lo echará sobre la cabeza del que se purifica, con el fin de aplacar por él al Señor.

30. Igualmente ofrecerá las dos tórtolas, o los dos pichones,

31. el uno por el delito y el otro en holocausto con sus libaciones.

32. Tal es el sacrificio del leproso que no puede procurarse todas las cosas ordenadas para su purificación.

33. Habló todavía el Señor a Moisés y Aarón, diciendo:

34. Cuando hubiereis entrado en la tierra de Canaán, cuya posesión os daré yo, si la plaga de la lepra hubiese infestado una casa,

35. irá el dueño de ella a dar parte al sacerdote, y dirá: Paréceme que hay en mi casa una como plaga de lepra.

36. Y el sacerdote antes de entrar en ella para reconocer si está contagiada, mandará sacar fuera de la casa todas las cosas; a fin de que no quede inmundo todo lo de dentro de la casa. Después entrará para examinar la lepra;

37. y si viere en las paredes unos hoyitos y lugares afeados con manchas como de color amarillo o rojo, y más hundidos que los demás de la superficie,

38. saldrá de la puerta de la casa, y la dejará inmediatamente cerrada por siete días,

39. y volviendo el día séptimo la reconocerá; si hallare que ha cundido la lepra,

40. mandará arrancar las piedras en que hay lepra, y arrojarlas fuera de la ciudad en un lugar inmundo,

41. y la misma casa raerla toda por dentro, y esparcir las raeduras fuera de la ciudad en un lugar inmundo,

42. y reponer otras piedras en lugar de las que se hayan quitado, y revocar de nuevo las paredes de la casa.

43. Pero si después de quitadas las piedras, y raído el polvo, y revocada nuevamente la casa,

44. entrando el sacerdote viere que ha vuelto la lepra y que las paredes están salpicadas de manchas, la lepra es tenaz y la casa inmunda;

45. la derribarán luego, y arrojarán en un lugar inmundo fuera de la ciudad sus piedras, y maderas y todo el escombro.

46. Quien entrare en la casa mientras está cerrada, quedará inmundo hasta la tarde;

47. y el que durmiere o comiere en ella, lavará sus vestidos.

48. Pero si entrando el sacerdote viere que no ha cundido la lepra en la casa después que fue de nuevo revocada, la purificará dándola por sana;

49. y para su purificación tomará dos pájaros, un palo de cedro, grana e hisipo;

50. y degollado un pájaro en una vasija de barro sobre agua viva,

51. cogerá el palo de cedro con el hisopo y la grana, y el pájaro vivo, y mojará todo esto en la sangre del pájaro degollado y en el agua viva, y rociará siete veces la casa,

52. purificándola, tanto con la sangre del pájaro, como con el agua viva, y el pájaro vivo, y el palo de cedro, el hisopo y la grana;

53. y después de soltado el pájaro, para que libre vuele por la campaña, hará oración por la casa, y quedará purificada según rito.

54. Esta es la ley acerca de toda especie de lepra y de llaga que degenera en lepra;

55. sobre la lepra de los vestidos y de las casas,

56. de las cicatrices y de las postillas que salen fuera, de las manchas relucientes y de las varias mutaciones de colores sobre el cuerpo,

57. para que se acierte a discernir cuándo una cosa está limpia o inmunda.

15 *Instrucciones sobre algunas impurezas involuntarias en el hombre*

1. Habló el Señor a Moisés y Aarón, diciendo:

2. Dirigid la palabra a los hijos de Israel y decidles: El hombre que padece gonorrea será inmundo.

3. Y entonces se juzgará que está sujeto a este achaque, cuando a cada instante el humor sucio se apegare a su carne y se condensare.

4. Cualquiera cama en que durmiere y el sitio en que se sentare, quedará inmundo.

5. Quienquiera que tocare su lecho lavará sus vestidos; y ése mismo, después de lavado con agua, quedará inmundo hasta la tarde.

6. Quien se sentare donde él estuvo sentado lavará también sus vestidos, y después de lavado con agua, quedará inmundo hasta la tarde.

7. Quien tocare su carne, lavará sus vestidos, lavado él también con agua, quedará inmundo hasta la tarde,

8. si el tal hombre escupiere sobre otro que está limpio, éste lavará sus vestidos, y después de haberse lavado con agua, estará inmundo hasta la tarde;

9. La silla de la bestia sobre que aquél se sentare, quedará inmunda.

10. En suma, todo lo que hubiere estado debajo de quien padece dicho mal, quedará inmundo hasta la tarde. Quien algo de esto llevare, lavará sus vestidos; y él mismo, después de lavado en agua, quedará inmundo hasta la tarde.

11. Todo aquél a quien tocare el tal, sin que se haya antes lavado las manos, lavará sus vestidos; y él después de lavado con agua, quedará inmundo hasta la tarde.

12. La vasija de barro que tocare, se romperá; y si la vasija es de madera, se lavará con agua.

13. Si viniere a sanar el que padece semejante enfermedad, contará siete días después de su curación, y lavados sus vestidos y todo el cuerpo en agua viva, quedará limpio.

14. Pero al día octavo tomará dos tórtolas o dos pichones, y se presentará al Señor en la puerta del Tabernáculo del Testimonio, y los entregará al sacerdote:

15. el cual sacrificará el uno por el pecado, y el otro en holocausto; y rogará por él ante el Señor, para que sea purificado de su gonorrea.

16. El hombre que ha conocido a la mujer, lavará con agua todo su cuerpo, y quedará inmundo hasta la tarde.

17. Con agua lavará el vestido y la piel, que tuviere puestos, y piel y vestido serán inmundos hasta la tarde.

18. La mujer con quien se habrá unido, se lavará en agua, y quedará inmundo hasta la tarde.

19. La mujer que padece la incomodidad ordinaria del mes, estará separada por siete días.

20. Cualquiera que la tocare, quedará inmundo hasta la tarde.

21. Aquello sobre que durmiere o se sentare en los días de su separación, quedará inmundo.

22. Quien tocare su lecho, lavará sus vestidos; y él mismo, después de lavarse en agua, quedará inmundo hasta la tarde.

23. Quien tocare cualquier mueble sobre que se haya ella sentado, lavará sus vestidos, y él mismo, después de lavado con agua, quedará manchado hasta la tarde.

24. Si el marido inadvertidamente se junta con ella en el tiempo de la sangre

menstrual, quedará inmundo siete días, y cada cama en que durmiere quedará inmunda*.

25. La mujer que padece flujo de sangre muchos días, fuera del curso ordinario, o aquella que después de pasado el período mensual prosigue con el flujo, mientras le dura esta enfermedad quedará inmunda, como si estuviere en el tiempo de su menstruo.

26. Toda cama en que durmiere y todo mueble sobre el cual se sentare, quedará inmundo.

27. Cualquiera que tocare estas cosas, lavará sus vestidos; y él mismo, después de haberse lavado en agua, quedará inmundo hasta la tarde.

28. Si la sangre para y cesa de fluir, contará siete días después de su purificación;

29. y el octavo día ofrecerá por sí al sacerdote dos tórtolas o dos pichones a la entrada del Tabernáculo del Testimonio;

30. de los cuales el sacerdote sacrificará uno por el pecado y otro en holocausto, y hará oración por ella delante del Señor para purificarla de su inmundicia.

31. Enseñaréis, pues, a los hijos de Israel a que se guarden de la inmundicia, a fin de que no mueran a causa de su impureza, si profanaran mi Tabernáculo, colocado en medio de ellos.

32. Esta es la ley del que padece gonorrea y del que se mancha uniéndose con mujer,

33. y de la mujer que se separa en sus períodos menstruales, o que padece flujo continuado de sangre, y del hombre que durmiere con ella.

16 *Sacrificios que debe ofrecer el sumo sacerdote en el día solemnísimo de la Expiación*

1. El Señor habló a Moisés después de la muerte de los dos hijos de Aarón, cuando por ofrecer fuego extraño fueron muertos*,

2. y le dio esta orden, diciendo: Di a tu hermano Aarón que no en todo tiempo entre* en el santuario que está del velo adentro, ante el propiciatorio que cubre el arca, so pena de muerte (porque yo he de aparecer en una nube sobre el oráculo);

3. sino en el día de la Expiación, en que antes habrá hecho estas cosas: ofrecerá un becerro por el pecado, y un carnero en holocausto.

4. Se vestirá la túnica de lino; se pondrá los calzoncillos de lino, con que cubrirá sus vergüenzas, se ceñirá con su ceñidor de lino y pondrá sobre su cabeza la tiara de lino: pues éstas son las vestiduras santas con las cuales, después de lavado, se ha de vestir.

5. Y recibirá de todo el pueblo de los hijos de Israel dos machos cabríos por el pecado y un carnero para holocausto.

6. Y habiendo ofrecido el becerro y hecha oración por sí y por su casa,

7. presentará los dos machos cabríos al Señor a la puerta del Tabernáculo del Testimonio.

8. y echando suertes sobre los dos, para ver cuál ha de ser inmolado al Señor, y cuál el macho cabrío emisario o que se ha de enviar al desierto,

9. aquél que por suerte tocare al Señor, le ofrecerá por el pecado;

10. mas al que tocare ser macho cabrío emisario, le presentará vivo ante el Señor para hacer las preces sobre él y echarle al desierto.

11. Celebrado así este rito ofrecerá el becerro, y hecha oración por sí y por su casa, le sacrificará.

12. Después tomará el incensario o badil que habrá llenado de las brasas del altar de los holocaustos, y cogiendo con la mano perfume confeccionado para incensar, entrará del velo adentro en el lugar santísimo;

13. para que, puestos los perfumes sobre el fuego en el altar de oro, la humareda y vapor de ellos cubra el oráculo que está sobre el arca del Testamento y con eso no muera.

14. Tomará asimismo parte de la sangre del becerro, y hará siete aspersiones con el dedo enfrente del propiciatorio hacia el oriente.

15. Degollado después el macho cabrío por el pecado del pueblo, entrará su sangre

---

24. Este delito, si llegaba al conocimiento de los jueces, tenía pena de muerte. *Lev 20*, 18.

1. *Lev 10*, 1.

2. *Ex 30*, 10; *Hebr 9*, 7.

del velo adentro, conforme a lo dispuesto acerca de la sangre del becerro, a fin de hacer las aspersiones enfrente del oráculo,

16. y purificar el santuario de las inmundicias de los hijos de Israel, y de sus prevaricaciones y de todos los pecados. El mismo rito observará con respecto al Tabernáculo del Testimonio, que se ha fijado entre ellos en medio de las inmundicias que se cometen en sus tiendas.

17. No haya persona ninguna en el Tabernáculo, cuando entre el sumo sacerdote dentro del lugar santísimo para rogar por sí y por su casa, y por todo el pueblo de Israel, hasta que salga.

18. Y el sumo sacerdote cuando haya llegado al altar de los perfumes, colocado ante el Señor, hará oración por sí, y cogiendo de la sangre del becerro y del macho cabrío, la derramará sobre las puntas del altar alrededor,

19. y haciendo siete aspersiones con el dedo, le purificará y limpiará de las inmundicias de los hijos de Israel.

20. Y purificado que haya el santuario o sagrario, y el Tabernáculo y el altar, entonces ha de ofrecer el macho cabrío vivo;

21. y puestas las dos manos sobre la cabeza de éste, confesará todas las iniquidades de los hijos de Israel, y todos los delitos y pecados de los mismos: los cuales descargados con imprecaciones y plegarias sobre la cabeza del animal, le echará al desierto por medio de un hombre destinado a este fin.

22. Y luego que el macho cabrío haya transportado todas las maldades de ellos a tierra solitaria, y quedado suelto en el desierto,

23. volverá Aarón al Tabernáculo del Testimonio; y desnudándose de las vestiduras que tenía puestas antes al entrar en el santuario, y dejándolas allí,

24. lavará su cuerpo en el lugar santo, y se revestirá de sus ornamentos sacerdotales. Y después que, salido fuera, hubiere ofrecido el holocausto suyo y del pueblo, hará oración igualmente por sí que por el pueblo,

25. y quemará sobre el altar la grasa ofrecida por los pecados.

26. El conductor del macho cabrío emisario lavará sus vestidos y cuerpo en agua y así entrará en el campamento.

27. Y al becerro y macho cabrío, que fueron inmolados por el pecado, y cuya sangre fue introducida en el santuario para cumplir la ceremonia de la expiación, los sacarán fuera del campamento, y quemarán en el fuego tanto sus pieles, como las carnes y el excremento;

28. y el que los quemare lavará sus vestidos y cuerpo con agua, y así entrará en el campamento.

29. Y esto será para vosotros un estatuto perpetuo: En el mes séptimo, a los diez días del mes, mortificaréis vuestras almas, y no trabajaréis, ni los naturales, ni los extranjeros que están domiciliados entre vosotros.

30. En este día se hará la expiación vuestra y la purificación de todos vuestros pecados; y así quedaréis limpios delante del Señor;

31. por cuanto es el sábado de los sábados*, y habéis de hacer penitencia con tal culto religioso y perpetuo.

32. Esta expiación la hará el sumo sacerdote, que recibió la unción santa, y cuyas manos fueron consagradas para ejercer el sacerdocio en lugar de su padre; y se vestirá la túnica de lino y las vestiduras sagradas,

33. y purificará el santuario, y el Tabernáculo del Testimonio, y el altar, y también a los sacerdotes y a todo el pueblo.

34. Y será ley eterna para vosotros el orar por los hijos de Israel y por todos sus pecados una vez al año. Lo hizo, pues, Moisés como el Señor lo había mandado.

17

Manda el Señor a los hebreos que no ofrezcan sacrificios fuera del Tabernáculo

1. Y habló el Señor a Moisés, diciendo:

2. Habla a Aarón y a sus hijos, y a todos los hijos de Israel, diciéndoles: Este es mandato expreso del Señor, que dice:

3. Cualquier hombre de la casa de Israel que matare* buey, u oveja, o cabra en el campamento, o fuera de él,

4. en lugar de ofrecerlos a la puerta del Tabernáculo en sacrificio al Señor, será reo

31. Una fiesta solemne.
3. Para ofrecer en sacrificio.

de muerte; y así será exterminado de la sociedad de su pueblo, como si hubiese cometido un homicidio.

5. Por tanto los hijos de Israel deben presentar al sacerdote las víctimas, en vez de matarlas como antes en el campo; para que sean consagradas al Señor ante la puerta del Tabernáculo del Testimonio, y sacrificadas por los sacerdotes al Señor como víctimas pacíficas.

6. El sacerdote, pues, derramará la sangre sobre el altar del Señor a la puerta del Tabernáculo del Testimonio, y quemará la grasa en olor de suavidad al Señor;

7. y nunca más ya inmolen sus víctimas a los demonios, a cuyo culto se han prostituido*. Ley sempiterna será ésta para ellos y sus descendientes.

8. Dirás también a los mismos: Cualquiera de la casa de Israel y de los advenedizos que moran entre vosotros que ofreciere holocausto o víctima,

9. y no la trajere a la entrada del Tabernáculo del Testimonio, para que sea ofrecida al Señor, será exterminado de la sociedad de su pueblo.

10. Si algún hombre de la casa de Israel y de los forasteros habitantes entre ellos, comiere sangre, yo fijaré sobre él mi rostro airado, y le exterminaré de la sociedad de su pueblo.

11. Por cuanto la vida del animal está o se sustenta con la sangre, y os la he dado yo para que con ella satisfagáis sobre el altar por vuestras almas, y la sangre sirva de expiación o rescate por el alma.

12. Por eso tengo dicho a los hijos de Israel: Ninguno de vosotros comerá sangre, ni tampoco los forasteros que moran entre vosotros.

13. Cualquiera de los hijos de Israel y de los forasteros que moran entre vosotros, si caza, o prende fiera o ave, que sea lícito comer, derrame su sangre y cúbrala con tierra.

14. Porque la vida de todo animal está en la sangre; por cuya razón he dicho a los hijos de Israel: No comeréis sangre de ningún animal; puesto que la vida de la carne está en la sangre; y todo aquél que la comiere, será castigado de muerte.

15. Cualquier persona de los naturales o extranjeros que comiere carne de algún animal que se ha muerto por sí mismo, o ha sido destrozado por alguna bestia, lavará sus vestidos y su cuerpo con agua, y quedará inmundo hasta la tarde, y de este modo se limpiará.

16. Mas si no lavare su vestido y cuerpo, llevará la pena de su iniquidad.

18 *Grados de parentesco dentro de los cuales se prohíbe el matrimonio*

1. El Señor habló a Moisés, diciendo:

2. Habla a los hijos de Israel, y diles de mi parte: Yo soy el Señor Dios vuestro:

3. No seguiréis las usanzas de la tierra de Egipto, donde habéis vivido; ni tomaréis los estilos del país de Canaán, donde yo he de introduciros, ni obraréis conforme a sus leyes.

4. Ejecutaréis mis determinaciones, y observaréis mis preceptos, y por ellos os guiaréis. Yo el Señor Dios vuestro.

5. Guardad mis leyes y mandamientos; porque el hombre que los practique, hallará vida en ello. Yo el Señor.

6. Nadie se juntará carnalmente con su consanguínea, ni tendrá que ver con ella. Yo el Señor.

7. ¡Oh mujer!, no te unirás en matrimonio con tu padre; ni tú, ¡oh varón!, con tu madre; es madre tuya: no descubrirás nada en ella contra el pudor.

8. No tendrás que ver con la mujer de tu padre, porque carne de tu padre ha sido ella.

9. Ni tendrás que ver con hermana tuya de padre o de madre, ora sea nacida en casa o fuera de ella.

10. No tendrás que ver con hija de tu hijo, ni con nieta por parte de hija, por ser sangre tuya.

11. Tampoco tendrás que ver con hija de la mujer de tu padre, a la cual parió ella para tu padre, y es media hermana tuya.

12. No tendrás que ver con la hermana de tu padre, porque es carne de tu mismo padre.

13. No tendrás que ver con la hermana de tu madre, porque es carne de tu madre.

14. No afrentes a tu tío paterno, desposándote con su mujer, la cual es tu parienta por afinidad.

---

7. *Ez 16*, 20.

15. No tendrás que ver con tu nuera, porque ella es mujer de tu hijo, y no le hagas tal afrenta.

16. No tendrás que ver con la mujer de tu hermano*, porque es carne de tu hermano.

17. No contraerás matrimonio con madre y con hija suya, ni con hija del hijo o de la hija de tu mujer, haciéndoles tal afrenta; porque son carne de ella, y tal unión es un incesto.

18. No tomarás por esposa secundaria la hermana de tu esposa, ni tendrás que ver con ella viviendo todavía ésta.

19. No te llegues a la mujer mientras padece el menstruo, ni tengas que ver con ella.

20. No pecarás con la mujer de tu prójimo, ni te contaminarás con semejante unión.

21. No darás hijo tuyo para consagrarle al ídolo Moloc, ni profanarás el nombre de tu Dios. Yo el Señor.

22. No cometas pecado de sodomía, porque es una abominación.

23. No pecarás con bestia, ni te manches con ella. Tampoco la mujer se mezclará con bestia, por ser horrible maldad.

24. Huid de todas las impurezas, con las que se han ensuciado todas las naciones, que yo desterraré de vuestra vista;

25. las cuales tienen contaminada la tierra, cuyas abominaciones residenciaré yo, para que ella arroje de sí con horror a sus moradores.

26. Guardad mis leyes y determinaciones, y no cometáis ninguna de tales abominaciones, tanto los que sois naturales, como los forasteros que habitan entre vosotros;

27. porque todas estas cosas execrables las han hecho aquellos que han habitado dicha tierra antes de vosotros, y la tienen infestada.

28. Mirad, pues, no sea que también os arroje de sí con horror, como arrojó a la gente que os ha precedido, si hacéis semejantes cosas.

29. Cualquier persona que incurriere en alguna de estas abominaciones será exterminada de su pueblo.

30. Observad mis mandamientos. No hagáis lo que han hecho los que os precedieron en este país, ni os contaminéis con tales acciones. Yo el Señor Dios vuestro.

16. A no ser que éste muera sin hijos.

19

Se inculcan varias leyes morales y culturales; se añaden otras nuevas sobre ceremonias

1. Habló el Señor a Moisés, diciendo:

2. Habla a toda la congregación de los hijos de Israel, y les dirás: Sed santos, porque yo, el Señor Dios vuestro, soy santo*.

3. Cada cual reverencie a su padre y a su madre. Guardad mis sábados o días festivos. Yo el Señor Dios vuestro.

4. No queráis volveros a los ídolos, ni os forméis dioses de fundición. Yo el Señor Dios vuestro.

5. Si sacrificareis al Señor una hostia pacífica, para tenerle propicio,

6. la comeréis en el día en que sea sacrificada y en el siguiente; mas todo lo que sobrare para el día tercero, lo quemaréis al fuego.

7. Quien después de dos días comiere de ella, será profano y reo de impiedad,

8. y pagará su merecido por haber profanado lo santo del Señor o lo a él consagrado, y será exterminado de su pueblo.

9. Cuando segares las mieses de tu campo, no cortarás el fruto de la tierra hasta el suelo, ni respigarás lo que queda.

10. Ni tampoco en tu viña rebuscarás los racimos y granos de uvas caídos, sino que dejarás a los pobres y forasteros que lo recojan. Yo el Señor Dios vuestro.

11. No hurtaréis, no mentiréis, y ninguno engañará a su prójimo.

12. No jurarás en falso por mi nombre, ni profanarás el nombre de tu Dios. Yo el Señor.

13. No harás agravio a tu prójimo, ni le oprimirás con violencia. No retendrás el jornal de tu jornalero hasta la mañana.

14. No hables mal de un sordo, ni pongas tropiezo ante los pies del ciego; mas temerás al Señor Dios tuyo; porque yo soy el Señor.

15. No harás injusticia, ni darás sentencia injusta. No tengas miramiento con perjuicio de la justicia a la persona del pobre, ni respetes la cara o ceño del poderoso. Juzga a tu prójimo según justicia.

16. No serás calumniador ni chismoso

2. *1 Pe 1*, 16; *Lev 11*, 44.

en el pueblo. No conspires contra la vida de tu prójimo. Yo el Señor.

17. No aborrezcas en tu corazón a tu hermano, sino corrígele y explícatele abiertamente*, para no caer en pecado por su causa.

18. No procures la venganza, ni conserves la memoria a la injuria de tus conciudadanos. Amarás a tu amigo o prójimo como a ti mismo. Yo el Señor.

19. Observad mis leyes. No harás que tu bestia doméstica se mezcle con animal de otra especie. No sembrarás tu heredad con variedad de semillas. No vestirás ropa tejida de dos cosas diversas.

20. Si un hombre tuviere cópula con mujer que sea esclava, ya casadera, pero todavía no rescatada, ni en libertad, serán ambos azotados, mas no muertos, pues ella no era libre;

21. pero él ofrecerá por su delito un carnero a la entrada del Tabernáculo del Testimonio;

22. y el sacerdote hará oración por él y por su pecado delante del Señor, que le será propicio, y su pecado le será perdonado.

23. Cuando hubiereis entrado en la tierra de promisión, y plantado en ella árboles frutales, desecharéis los frutos primerizos ; y así los primeros frutos que produzcan, los tendréis por inmundos y no los comeréis.

24. Mas en llegando al cuarto año, todo el fruto de dichos árboles será consagrado a la gloria del Señor.

25. Finalmente, al quinto año comeréis sus frutos, recogiendo cuantos produzcan. Yo soy el Señor Dios vuestro.

26. No comeréis nada con sangre. No usaréis de agüeros , ni haréis caso de sueños.

27. No os cortaréis vuestros cabellos en forma de corona. Ni os raeréis la barba* de un modo supersticioso.

28. No sajaréis vuestra carne por la muerte de nadie*, ni haréis figuras algunas o marcas sobre vosotros. Yo el Señor.

29. No prostituyas a tu hija; para que no se contamine la tierra y se llene de maldad.

30. Guardad mis sábados y reverenciad con temor mi santuario. Yo el Señor.

31. No os desviéis de vuestro Dios en busca de magos, ni consultéis a adivinos, porque seréis por ellos corrompidos. Yo el Señor Dios vuestro.

32. Ante la cabeza llena de canas, ponte en pie y honra la persona del anciano, y teme al Señor Dios tuyo. Yo el Señor.

33. Si algún forastero viniere a vuestra tierra y morare de asiento entre vosotros, no le zaheriréis;

34. sino que vivirá entre vosotros como natural del país, y le amaréis como a vosotros mismos; porque también vosotros fuisteis forasteros en la tierra de Egipto. Yo el Señor Dios vuestro.

35. No cometáis injusticia en el juicio, en la regla o vara de medir, en el peso, en la medida.

36. La balanza sea justa y cabales las pesas: justo el modio y el sextario, sin que le falte nada. Yo el Señor Dios vuestro que os he sacado de la tierra de Egipto.

37. Guardad todos mis preceptos y todas mis órdenes, y ponedlas por obra. Yo el Señor.

20

Castigos contra los que ofrecen sus hijos al ídolo Moloc, contra los que maltratan a sus padres

---

1. Habló el Señor a Moisés, diciendo:

2. Esto dirás a los hijos de Israel: Cualquiera de los hijos de Israel y de los extranjeros que habitan entre ellos, que diere alguno de sus hijos al ídolo Moloc, morirá sin remisión: el pueblo del país le apedreará.

3. Y yo mostraré mi saña contra él y le arrancaré de en medio de su pueblo, por haber dado hijos suyos a Moloc, y profanado mi santuario, y menospreciado mi santo nombre.

4. Pero si el pueblo no haciendo aprecio y como teniendo en poco mi mandato, dejare sin castigo al hombre que dio alguno de sus hijos a Moloc, y no quisiere matarle,

5. yo mostraré mi saña contra el hombre contra su parentela, y le arrancaré de en medio de su pueblo a él y a todos los que consintieron que idolatrase con Moloc.

6. La persona que se desviare de mí para ir a consultar a los magos y adivinos, y se abandonare a ellos, yo mostraré mi saña

---

17. *Corrígele clara y fraternalmente, dile en qué te ha agraviado y no mantengas el odio en tu corazón.*
27. *Jer 9*, 26; *25*, 23.
28. *Jer 16*, 6; *40*, 5; *Ez 5*, 1.

contra ella y la exterminaré de en medio de su pueblo.

7. Santificaos y sed santos, porque yo soy el Señor Dios vuestro.

8. Guardad mis preceptos, y ponedlos en práctica. Yo el Señor que os santifico.

9. El que maldijere a su padre o a su madre, castigado sea de muerte: maldijo al padre o a la madre, páguelo con su sangre*.

10. Si alguno pecare con la mujer de otro, o cometiere adulterio con la que está casada con su prójimo, mueran sin remisión, así el adúltero como la adúltera*.

11. El que pecare con su madrastra, deshonrando así a su propio padre, muera con ella: caiga la sangre de ambos sobre ellos.

12. Si alguno pecare con su nuera, mueran los dos, porque han cometido un gran crimen: caiga su sangre sobre ellos.

13. El que pecare con varón como si éste fuera una hembra, los dos cometieron abominación; mueran sin remisión: caiga su sangre sobre ellos.

14. El que teniendo por mujer a la hija, se casa después con la madre de ella, comete un crimen enorme; sea quemado vivo con ellas, y no quede entre vosotros rastro de tanta infamia.

15. El que pecare con alguna bestia, muera sin remisión; matad también la bestia.

16. La mujer que pecare con cualquier bestia, sea muerta con la bestia: caiga su sangre sobre ellos.

17. Si alguno tuviere trato ilícito con su hermana, hija de su padre o de su madre, deshonrándose mutuamente, ambos cometieron un crimen execrable; serán muertos en presencia de su pueblo, por haberse conocido entre sí deshonestamente, y pagarán la pena de su iniquidad.

18. Si alguno se juntare con mujer durante el flujo menstrual, y descubriere en ella lo que el pudor debió haber ocultado, y ella misma mostrare su inmundicia, ambos serán exterminados de su pueblo.

19. No tendrás que ver con tu tía materna o paterna; quien tal hace, su propia carne afrenta; pagarán ambos la pena de su delito.

20. El que pecare con la mujer de su tío paterno o materno, sin tener respeto al parentesco, ambos llevarán su merecido: morirán sin hijos.

21. El que casa con la mujer de su hermano, hace una cosa ilícita*, mancha el honor de su hermano: quedarán sin hijos.

22. Guardad mis leyes y decretos, y ejecutadlos; para que la tierra en que vais a entrar y habitar, no os arroje también a vosotros con horror fuera de su seno.

23. No queráis seguir las costumbres de las naciones que yo he de arrojar de delante de vosotros; pues por haber ellas hecho todas estas cosas, yo las abomino.

24. Mas a vosotros digo: Entrad en posesión de su tierra, la cual yo os daré por herencia, tierra que mana leche y miel. Yo el Señor Dios vuestro, que os he separado de todos los demás pueblos.

25. Separad, pues, también vosotros el animal puro del impuro, y el ave limpia de la inmunda; no contaminéis vuestras almas por causa de los animales y de las aves y demás vivientes que se mueven sobre la tierra, y que yo os he señalado como inmundos.

26. Seréis santos para mí; porque santo soy yo el Señor*, y yo os he separado de los demás pueblos, para que fueseis míos.

27. El hombre o la mujer que tenga espíritu pitónico* o de adivinación, sean castigados de muerte: los matarán a pedradas; caiga su sangre sobre ellos.

21 *Leyes y prohibiciones sobre los sacerdotes, su matrimonio, su linaje, su ministerio*

1. Dijo también el Señor a Moisés: Habla a los sacerdotes hijos de Aarón, y diles: Nada haga el sacerdote en los funerales de sus conciudadanos que le constituya inmundo según la ley,

2. a no ser cercanos parientes y deudos, como lo es el padre y la madre, y el hijo y la hija, y también el hermano,

3. y la hermana virgen, que no está todavía casada.

---

9. *Ex 21*, 17; *Prov 20*, 20; *Mat 15*, 4; *Mar 7*, 10.
10. *Deut 22*, 22; *Jn 8*, 5.

21. A excepción del caso prescrito por la ley. *Num 36*, 6.
26. *1 Pe* 1, 16.
27. *Deut 18*, 11; *1 Sam 28*, 7.

4. Por lo demás, ni aun en las exequias de un príncipe de su pueblo se mezclará, ni hará nada que pueda hacerle inmundo según la ley.

5. No se raerán los sacerdotes la cabeza ni la barba*, ni harán incisiones en sus carnes.

6. Se conservarán en santidad para con su Dios, y no profanarán su nombre; pues ofrecen el incienso del Señor y los panes de su Dios, y por tanto, deben ser santos.

7. No contraerán matrimonio con mala mujer*, ni con vil ramera, ni con la repudiada de su marido, estando como están consagrados a su Dios,

8. y ofreciendo los panes de la proposición. Sean, pues, santos, porque santo soy yo el Señor, que los santifico.

9. Si la hija de un sacerdote fuere cogida en pecado, deshonrando así el nombre de su padre, será quemada viva.

10. El sumo sacerdote, esto es, el sacerdote máximo entre sus hermanos, sobre cuya cabeza se derramó el óleo de la unción, y cuyas manos fueron consagradas para ejercer el sacerdocio, y que fue revestido de los sagrados ornamentos, no descubrirá su cabeza, no rasgará sus vestiduras,

11. no entrará en ninguna casa donde haya un cadáver; ni aun en la muerte de su padre ni de su madre hará nada que pueda dejarle inmundo según la ley.

12. Ni saldrá entonces de los lugares santos, por no contaminar el santuario; por cuanto tiene sobre sí el óleo de la unción santa de su Dios. Yo el Señor.

13. Se casará con mujer virgen*;

14. mas no con viuda, ni repudiada, ni deshonrada, ni ramera, sino con una doncella de su pueblo.

15. No mezclará la sangre de su linaje con gente plebeya, pues yo soy el Señor que le santifico.

16. Y habló el Señor a Moisés, diciendo:

17. Dile a Aarón: Ninguno en las familias de tu prosapia que tuviere algún defecto en el cuerpo, ofrecerá los panes a su Dios;

18. ni ejercerá su ministerio si fuere ciego, si cojo, si de nariz chica, o enorme, o torcida,

19. si de pie quebrado, o mano manca,

20. si corcovado, si legañoso, si tiene nube en el ojo, si sarna incurable, si algún empeine en el cuerpo, o fuere eunuco.

21. Ninguno del linaje del sacerdote Aarón que tuviese defecto, se llegará a ofrecer víctimas al Señor, ni panes a su Dios.

22. Comerá, no obstante, de los panes que se ofrecen en el santuario,

23. con tal que no entre del velo adentro, ni se acerque al altar; porque tiene defecto y no debe contaminar mi santuario. Yo soy el Señor que los santifico.

24. Habló, pues, Moisés a Aarón y a sus hijos y a todo Israel, todo cuanto se le había mandado decir.

22 *Diferentes leyes sobre los sacrificios y los defectos que debían carecer las víctimas*

1. Habló nuevamente el Señor a Moisés, diciendo:

2. Prevén a Aarón y a sus hijos que se abstengan de las oblaciones sagradas que me hacen los hijos de Israel; para que no contaminen las cosas santificadas en honor mío, que ofrecen ellos mismos. Yo el Señor.

3. Hazles saber a ellos y a sus sucesores, que cualquiera de su linaje que, siendo inmundo, tocare las cosas consagradas y ofrecidas al Señor por los hijos de Israel, perecerá ante el Señor. Yo soy el Señor.

4. Ninguno de la sangre de Aarón que sea leproso, o adolezca de gonorrea, comerá de las ofrendas consagradas a mí, hasta que sane. El que tocare a un inmundo, que es tal por haber tocado a un muerto, y el que tocare al manchado con polución,

5. será inmundo hasta la tarde, y no comerá de las cosas consagradas; pero lavado que haya su carne con agua,

7. y puesto el sol, entonces ya purificado, podrá comer de las ofrendas santificadas; puesto que ellas son para alimento suyo.

8. Carne mortecina, o muerta por otra bestia, no comerán, ni se contaminarán con semejantes viandas. Yo el Señor.

9. Guarden mis preceptos a fin de que no caigan en pecado y no mueran en el santuario, después de haberle profanado. Yo el Señor que los santifico.

---

5. *Lev 19*, 27.
7. *Lev 19*, 29.
13. *Ez 44*, 22.

10. Ninguno de otra estirpe que la sacerdotal coma de los sacrificios: ni el inquilino del sacerdote, ni su jornalero pueden comer de ellos.

11. Pero el esclavo comprado por el sacerdote y el siervo nacido en su casa, ésos podrán comer.

12. Si la hija del sacerdote se casa con cualquiera del pueblo, no comerá de cosas santificadas, ni de las primicias;

13. mas si quedando viuda, o siendo repudiada y sin hijos, volviere a la casa de su padre, se alimentará de los manjares de su padre, como solía cuando doncella. Ningún extraño tiene facultad de comer de ellos.

14. Quien por ignorancia comiere de cosas santificadas, pagará una quinta parte sobre lo que comió y la dará al sacerdote para el santuario.

15. No profanen, pues, los hombres las cosas santificadas, que ofrecen al Señor los hijos de Israel;

16. si no quieren sufrir la pena de su delito por haber comido de cosas santificadas. Yo el Señor que los santifico.

17. Y habló el Señor a Moisés, diciendo:

18. Hablarás a Aarón y a sus hijos y a todos los hijos de Israel, diciéndoles: Cualquier hombre de la familia de Israel y de los extranjeros que habitan entre vosotros, que presentare su ofrenda, ora cumpliendo votos, ora ofreciéndola espontáneamente, sea cual fuere la víctima que presenta para holocausto del Señor,

19. a fin de que la ofrezcáis vosotros, ha de ser un macho sin tacha, buey, cordero o cabrito.

20. Si tuviere defecto, no le ofreceréis, ni será aceptable.

21. Quien ofreciere víctima pacífica al Señor, o por voto, o voluntariamente, bien sea de bueyes o de ovejas, debe ofrecerla sin tacha para que sea aceptable al Señor: no ha de tener vicio ninguno.

22. Si el animal es ciego, si estropeado, si tuviere matadura, o verrugas, o sarna, o empeines, no le ofrezcáis al Señor, ni hagáis quemar nada de él sobre el altar del Señor.

23. Buey u oveja de oreja o cola cortadas, puedes ofrecerlos al Señor en sacrificio voluntario; mas con ellos no puedes cumplir el voto que hayas hecho.

24. Ningún animal que tenga quebrantado, o majado, o cortado, o quitado lo que está destinado para propagar la especie, le ofreceréis al Señor; y de ningún modo haréis jamás tales cosas en vuestra tierra.

25. De mano de un extranjero o gentil, nunca ofrezcáis panes a vuestro Dios, ni otro algún presente que quiera dar: porque todas sus cosas están contaminadas e impuras: no las recibáis.

26. Habló todavía el Señor a Moisés, diciendo:

27. Ternero, cordero y cabrito, luego que hubieren nacido, estarán por siete días mamando de su madre. Desde el día octavo y en adelante podrán ser ofrecidos al Señor.

28. Sea vaca, sea oveja, con sus crías no serán degolladas en un mismo día.

29. Si degollareis una víctima en acción de gracias al Señor, para tenerle propicio,

30. la comeréis en el mismo día, no quedará nada para la mañana del día siguiente. Yo el Señor.

31. Guardad mis mandamientos y cumplidlos. Yo el Señor.

32. No profanéis mi santo nombre, a fin de que yo sea santificado en medio de los hijos de Israel. Yo el Señor que os santifico.

33. Y que os he sacado de la tierra de Egipto para ser vuestro Dios. Yo el Señor.

23 *Ceremonias para las festividades religiosas, la Pascua, el sábado, la fiesta del Tabernáculo*

1. Habló el Señor a Moisés, diciendo:

2. Habla a los hijos de Israel, y diles: Estas son las fiestas del Señor que habéis de santificar.

3. Seis días trabajaréis; el día séptimo, por ser el descanso del sábado, será santificado: en este día no haréis trabajo ninguno, porque es el sábado del Señor, el cual debe observarse en cualquier parte en que os halléis.

4. Así pues, las fiestas del Señor, que debéis celebrar a sus tiempos, son las siguientes:

5. En el mes primero, el día catorce del mes por la tarde, es la Pascua del Señor*;

6. y el día quince de este mes es la

5. *Ex 12*, 18; *Num 28*, 16.

solemnidad de los ázimos del Señor. Siete días comeréis panes sin levadura.

7. El primero de éstos será para vosotros solemnísimo y santo: ninguna obra servil haréis en él.

8. sino que en los siete días ofreceréis holocausto* al Señor; pero el séptimo día será para vosotros más solemne y santo que los demás; durante el cual no haréis obra ninguna servil.

9. Habló también el Señor a Moisés, diciendo:

10. Habla a los hijos de Israel, y diles: Cuando hubiereis entrado en la tierra que os daré y segado las mieses, ofreceréis al sacerdote manojos de vuestras espigas, primicias de vuestra siega,

11. el cual al otro día de la fiesta* elevará el hacecillo delante del Señor, para que sea aceptable a favor vuestro, y se lo consagrará.

12. Y en este mismo día en que se consagrará el manojo, será sacrificado un cordero primal, sin mácula, en holocausto al Señor.

13. Y con él se presentarán como ofrenda o libación dos décimos de flor de harina, heñida con aceite, para ser quemada en olor suavísimo al Señor; asimismo por libación u ofrenda de vino la cuarta parte de un hin.

14. No comeréis pan, ni polenta, ni puches de las mieses, hasta el día en que ofrezcáis las primicias de ellas a vuestro Dios. Estatuto es éste que deberéis observar eternamente de generación en generación, en todos los lugares en que habitareis.

15. Contaréis, pues, desde el día segundo de la fiesta en que ofrecisteis el manojo de las primicias, siete semanas enteras,

16. hasta el otro día de cumplida la séptima semana, que vienen a ser cincuenta días: y entonces ofreceréis nuevo sacrificio al Señor,

17. en todas partes en que habitareis, dos panes de primicias, hechos de dos décimas de flor de harina con levadura, los que coceréis para primicias al Señor.

18. Con los panes ofreceréis siete corderos sin mácula, primales, y un ternero de la vacada, y dos carneros, en holocausto, con sus libaciones, para olor suavísimo al Señor.

19. Sacrificaréis también un macho cabrío por el pecado, y dos corderos del año por hostias pacíficas.

20. Los cuales elevados por el sacerdote ante el Señor con los panes de las primicias, servirán para uso suyo.

21. Tendréis este día por solemnísimo y santísimo: no haréis en él obra ninguna servil. Ley sempiterna será ésta en todos los lugares en que habitareis, y para toda vuestra posteridad.

22. Cuando segareis las mieses de vuestros campos, no las cortaréis hasta el suelo, ni recogeréis las espigas que quedan, sino que las dejaréis para los pobres y peregrinos. Yo soy el Señor Dios vuestro.

23. Habló entonces el Señor a Moisés, diciendo:

24. Di a los hijos de Israel: El día primero del mes séptimo será para vosotros fiesta memorable: le celebraréis con el toque de las trompetas, y llamarse ha santo.

25. No haréis en él ninguna obra servil, y ofreceréis holocausto al Señor.

Día del perdón

26. Y habló el Señor a Moisés, y le dijo:

27. El décimo día de este séptimo mes será el día solemnísimo de la Expiación o perdón y se llamará santo; y mortificaréis en él vuestras almas, y ofreceréis holocausto al Señor.

28. En todo este día no haréis ninguna obra servil; porque es día de propiciación, a fin de que os sea propicio el Señor Dios vuestro.

29. Cualquiera que en este día no hiciere penitencia, será exterminado de entre sus gentes,

30. y yo raeré de la lista de su pueblo al que hiciere alguna labor.

31. Por tanto, no trabajéis poco ni mucho en este día. Ley sempiterna será ésta para vosotros y para vuestros descendientes, en cualquier lugar en que moréis.

32. Es fiesta o sábado de descanso, y desde el día nono del mes mortificaréis vuestras almas. Vuestras fiestas las celebraréis desde una tarde hasta la otra.

33. Habló todavía el Señor a Moisés, diciendo:

34. Di a los hijos de Israel: El día quince de este mismo mes séptimo empezarán las

---

8. *Ofrenda encendida.*
11. El segundo día de Pascua.

fiestas de los tabernáculos*, que se celebrarán en honor del Señor durante siete días.

35. El primero será solemnísimo y santísimo: en él no haréis ninguna obra servil.

36. Todos los siete días ofreceréis holocausto al Señor. El día octavo también será solemnísimo y santísimo, y ofreceréis al Señor un holocausto por ser día de gran concurso y de colecta o junta solemne: no haréis en él ninguna obra servil.

37. Estas son las fiestas del Señor que tendréis por solemnísimas y santísimas, y en ellas ofreceréis al Señor oblaciones, holocaustos y libaciones u ofrendas de licor, según el rito propio de cada día;

38. además de los sacrificios de los otros sábados del Señor, y de vuestros dones, y de las ofrendas que hiciereis al Señor por voto o espontáneamente.

39. Desde el día quince, pues, del mes séptimo, cuando habréis ya recogido todos los frutos de vuestra tierra, celebraréis una fiesta al Señor por siete días. El día primero y el octavo serán como días de sábado, esto es, de descanso.

40. En el primer día cogeréis ramas con sus frutos de los árboles más bellos, y gajos o ramos de palmas, y de árboles frondosos, y de sauces de los torrentes, y os regocijaréis delante del Señor Dios vuestro;

41. y celebraréis cada año esta solemne fiesta por espacio de siete días; ley que será observada eternamente por toda vuestra descendencia. Celebraréis esta fiesta en el séptimo mes,

42. y habitaréis por siete días en tiendas cubiertas de ramas: todo el que es del linaje de Israel estará en tiendas de campaña,

43. para que aprendan vuestros descendientes cómo hice yo habitar en tiendas de campaña a los hijos de Israel al sacarlos de la tierra de Egipto. Yo el Señor Dios vuestro.

44. Esto dijo Moisés a los hijos de Israel acerca de las fiestas del Señor.

34. *Hebr 11*, 9, 10; *Ex 23*, 16.

24 *Otras prescripciones rituales. La ley del Talión y la pena para los blasfemos*

1. Habló también el Señor a Moisés, diciendo:

2. Manda a los hijos de Israel que te traigan aceite de olivas, el más puro y clarificado, para hacer arder continuamente las lámparas,

3. fuera del velo del arca del Testamento colocada en el Tabernáculo de la alianza. Y las colocará Aarón para que ardan toda la noche desde la tarde hasta la mañana, delante del Señor: ceremonia que se observará con rito perpetuo por toda vuestra posteridad.

4. Estarán siempre colocadas sobre el candelero tersísimo, delante del Señor.

5. Recibirás también harina floreada y harás cocer doce panes hechos de ella, que tendrán cada uno dos décimas de un efi*;

6. de los cuales colocarás seis en un lado y seis en otro ante el Señor, sobre la mesa limpísima,

7. y encima de ellos pondrás incienso muy transparente; para que este pan sea un monumento de oblación al Señor.

8. Cada sábado se mudarán estos panes, poniéndose otros ante la presencia del Señor, recibiéndolos de los hijos de Israel por pacto o fuero perpetuo.

9. Y serán de Aarón y de sus hijos por derecho perpetuo, para que los coman en el lugar santo, por ser cosa santísima y ofrecida al Señor.

10. Entretanto sucedió que un hijo de cierta mujer israelita, que le había tenido de un egipcio, saliendo de entre los hijos de Israel, trabó una riña en el campamento con un israelita.

11. Y habiendo blasfemado y maldecido el nombre santo, fue conducido a Moisés. (Llamábase la madre Solomit, hija de Dabri, de la tribu de Dan).

12. Y metiéronle en la cárcel, hasta saber lo que ordenaba el Señor.

13. El cual habló a Moisés,

5. *Ex 29*, 40.

14. diciendo: Saca este blasfemo fuera del campamento, y todos los que le oyeron pongan sus manos sobre la cabeza de él, y apedréele todo el pueblo*.

15. Y dirás a los hijos de Israel: El hombre que maldijere a su Dios, pagará la pena de su pecado:

16. Muera irremisiblemente el que blasfemare el nombre del Señor; acabará con él a pedradas todo el pueblo, ora sea ciudadano o bien extranjero. Quien blasfemare el nombre del Señor, muera sin remedio.

17. Quien hiriere a un hombre y le matare, muera irremisiblemente*.

18. Quien hiriere o matare a un animal, restituirá otro equivalente, a saber, animal por animal.

19. Quien ofendiere a cualquiera de sus conciudadanos, se hará con él según hizo.

20. Rotura por rotura, ojo por ojo, diente por diente, ha de pagar: cual fuere el daño causado, tal será forzado a sufrir*.

21. Quien hiriere de muerte a un jumento, pagará otro; quien matare a un hombre, será ajusticiado.

22. Sea igual entre vosotros la justicia, ya fuere extranjero, ya ciudadano, el que pecare: porque yo soy el Señor Dios vuestro.

23. Así habló Moisés a los hijos de Israel. Y en seguida sacaron éstos fuera del campamento al blasfemo, y le mataron a pedradas. E hicieron los hijos de Israel como el Señor había mandado a Moisés.

25 *Leyes sobre el año sabático o séptimo, y el año del Jubileo o quincuagésimo*

1. Y habló el Señor a Moisés en el monte Sinaí, diciendo:

2. Habla a los hijos de Israel, y diles: Entrado que hayáis en la tierra que yo os daré, dejadla descansar un año de siete en siete a honra del Señor.

3. Seis años sembrarás tu campo, y seis años podarás tu viña, y cogerás sus frutos.

4. Pero el año séptimo será para la tierra sábado en honor del descanso del Señor; no sembrarás el campo ni podarás la viña.

5. No has de segar aquello que de suyo produjere la tierra, ni has de recoger de los sarmientos las uvas de que ofrecías tus primicias, como quien vendimia, porque es año de huelga* para la tierra;

6. sino que las comeréis tú y tu esclavo, tu esclava y tu jornalero, y los extranjeros que moran contigo.

7. Y todo lo que produzca la tierra, servirá también para pasto de tus bestias y ganados.

8. Asimismo contarás siete semanas de años; es decir, siete veces siete años, que juntos hacen cuarenta y nueve años;

9. y al mes séptimo, el día diez del mes, que es el tiempo de la fiesta de la Expiación, harás sonar la bocina por toda vuestra tierra,

10. y santificarás el año quincuagésimo, y anunciarás remisión o rescate general para todos los moradores de tu tierra; pues éste es el año del jubileo*. Cada uno recobrará su posesión y cada cual se restituirá a su antigua familia,

11. por ser el año quincuagésimo, año del jubileo. No sembraréis ni segaréis lo que de suyo naciere en el campo, ni recogeréis las primicias de la vendimia,

12. a fin de santificar el jubileo; sino que comeréis lo que primero se os ponga delante.

13. El año del jubileo todos han de recobrar sus posesiones.

14. Cuando vendieres algo a tu conciudadano o lo comprares de él, no apremies a tu hermano, sino que ajustarás la compra según los años que faltan para el jubileo.

15. y conforme a esta cuenta te lo venderá.

16. Cuantos más años faltaren de un jubileo a otro, tanto más crecerá el precio; y cuanto menos tiempo queda, tanto menos valdrá la compra; porque el que vende, vende el tiempo del usufructo.

17. No queráis apremiar a los que son de vuestra misma tribu, mas tema cada uno a

---

14. Esto demuestra que la blasfemia es un grave delito.
17. *Ex 21*, 12.
20. *Ex 21*, 24; *Deut 19*, 21; *Mat 5*, 38.

5. *Deut 15*, 2, y *31*, 10.
10. El *año del jubileo* anunciado al son de las trompetas acentuaba el deseo de volver a la libertad y la autonomía después de un ciclo de siete años sabáticos. 7 x 7 = 49 + 1 = 50 Año jubilar.

su Dios; porque soy yo el Señor Dios vuestro.

18. Ejecutad mis preceptos, guardad y cumplid mis decretos, para que podáis habitar sin temor alguno en el país.

19. Y la tierra os dé sus frutos, de que comáis hasta saciaros, sin recelar violencia de nadie.

20. Y si dijereis: ¿Qué comeremos el año séptimo, si no hemos de sembrar, ni recoger nuestros frutos?

21. Yo derramaré en el año sexto mi bendición sobre vosotros y la tierra producirá tantos frutos como en tres años.

22. Y sembraréis el año octavo y comeréis los frutos añejos hasta el año noveno; hasta que nazcan los nuevos frutos, comeréis los añejos.

23. La tierra asimismo no se venderá para siempre', por cuanto es mía, y vosotros sois advenedizos y colonos míos.

24. Y así todo terreno de vuestra posesión se venderá con la condición de redimible.

25. Si empobreciendo tu hermano vendiere su haciendilla, puede un pariente suyo, si quiere, redimir lo vendido por el otro.

26. Mas en caso de no tener pariente cercano, si él mismo puede hallar el precio con que redimirla,

27. se computarán los frutos caídos desde la venta, y pagará el resto al comprador; y con eso recobrará su posesión.

28. Que si no hallare arbitrio de juntar el precio, retendrá el comprador lo comprado hasta el año del jubileo, en el cual todo lo vendido se ha de restituir a su antiguo dueño y poseedor.

29. El que vendiere una casa dentro de los muros de una ciudad, tendrá durante el año entero libertad de redimirla.

30. Si no la redimiere y hubiere pasado el año, la poseerá el comprador y sus herederos perpetuamente, y no podrá redimirse ni aun en el año del jubileo.

31. Si la casa está en una aldea sin muros, se venderá al tenor de los campos; si no ha sido redimida antes, en el jubileo volverá a su dueño.

32. Las casas que los levitas tienen en las ciudades, siempre se pueden redimir;

33. si no se redimen, en el jubileo volverán a sus dueños, porque las casas que en las ciudades tienen los levitas, se reputan como posesiones entre los hijos de Israel.

34. Pero sus campos, junto a las ciudades, nunca se vendan, por ser herencia sempiterna.

35. Si tu hermano empobreciere y no pudiendo valerse, le recibieres como forastero y peregrino, y viviere contigo,

36. no cobres usuras de él, ni más de lo que prestaste. Teme a tu Dios, a fin de que tu hermano pueda vivir en tu casa.

37. No le darás tu dinero a logro, y de los comestibles no le exigirás aumento sobre aquello que le has dado.

38. Yo el Señor Dios vuestro, que os he sacado de la tierra de Egipto, para daros la tierra de Canaán y ser vuestro Dios.

39. Si tu hermano obligado de la pobreza se vendiere a ti, no le oprimirás con el servicio propio de esclavos,

40. sino que será tratado como jornalero y mozo de labranza; servirá en tu casa hasta el año del jubileo,

41. y después saldrá libre con sus hijos y volverá a su familia y a la herencia de sus padres;

42. porque ellos son siervos míos, y yo los saqué de la tierra de Egipto, y así no han de ser vendidos en calidad de esclavos.

43. No aflijas, pues, a tu hermano, abusando de tu poderío; mas teme a Dios.

44. Vuestros esclavos y esclavas han de ser de las naciones que os rodean,

45. y de los extraños que vienen a morar entre vosotros, y los que de éstos nacieren en vuestra tierra, ésos tendréis por siervos,

46. y por juro de herencia los dejaréis a vuestros descendientes, poseyéndolos por siempre jamás; pero a vuestros hermanos, los hijos de Israel, no los oprimáis abusando del poder.

47. Si un extranjero y peregrino se hiciere poderoso entre vosotros, y tu hermano viniendo a menos se vendiere a él o a cualquiera de su linaje,

48. después de la venta puede ser rescatado. Quienquiera de sus hermanos puede rescatarle;

49. así el tío como el primo, el pariente de consanguinidad como el de afinidad, y aun él mismo se rescatará, si puede,

---

23. *Lev 27*, 20.

50. entrando en cuenta solamente los años desde el tiempo de su venta hasta el año del jubileo; y rebajando del dinero en que fue vendido, el salario que corresponde a un jornalero, según el número de años.

51. Si son muchos los años que faltan hasta el jubileo, según ellos habrá de pagar el precio;

52. si pocos, hará la cuenta con el comprador, según el número de los años servidos,

53. como si fuese a jornal, y le pagará el resto de años. El comprador no le ha de tratar con dureza, estándolo tú mirando.

54. Caso que no pudiere ser rescatado por estos medios, saldrá libre con sus hijos el año del jubileo.

55. Porque los hijos de Israel son siervos míos, a los cuales saqué yo de la tierra de Egipto.

26 *Promesas hechas a los que observaren los Mandamientos y amenazas a los que no*

1. Yo soy el Señor Dios vuestro: No os fabricaréis ídolos, ni estatuas, ni erigiréis columnas o aras, ni pondréis en vuestra tierra piedra señalada* con el fin de adorarla, porque yo soy el Señor Dios vuestro.

2. Guardad mis sábados, y tened profundo respeto a mi santuario*. Yo el Señor.

3. Si seguís mis preceptos, y observáis mis mandatos y los cumplís, os enviaré lluvias a sus tiempos*,

4. y la tierra producirá sus granos, y estarán los árboles cargados de frutos.

5. Y con tanta abundancia que la trilla de las mieses alcanzará la vendimia y la vendimia la sementera; y comeréis vuestro pan en hartura y habitaréis en vuestra tierra sin temor ninguno.

6. Haré que reine la paz en vuestros confines. Dormiréis y no habrá quien os espante. Ahuyentaré las bestias dañinas y no entrará espada en vuestros términos.

7. Perseguiréis a vuestros enemigos y caerán delante de vosotros.

8. Cinco de los vuestros perseguirán a cien extraños y cien de vosotros a diez mil; vuestros enemigos caerán en vuestra presencia al filo de la espada.

9. Echaré sobre vosotros una mirada benigna, y os haré crecer, y seréis multiplicados, y confirmaré mi alianza con vosotros.

10. Comeréis los frutos añejos de mucho tiempo y al fin arrojaréis los añejos por la abundancia de los nuevos.

11. Fijaré mi Tabernáculo en medio de vosotros y no os desechará mi alma.

12. Andaré entre vosotros y seré vuestro Dios, y vosotros seréis el pueblo mío.

13. Yo el Señor Dios vuestro que os he sacado de la tierra de los egipcios, a fin de que no fueseis sus esclavos; y rompí las cadenas de vuestras cervices; para que alzaseis cabeza.

Advertencias a los desobedientes

14. Pero si no me escuchareis, ni cumpliereis todos mis mandamientos;

15. si despreciareis mis leyes y no hiciereis caso de mis juicios, dejando de hacer lo que tengo establecido e invalidando mi pacto*;

16. ved aquí la manera con que yo también me portaré con vosotros: Os castigaré prontamente con hambre, y con un ardor que os abrasará los ojos, y consumirá vuestras vidas. En vano haréis vuestra sementera, pues será devorada por vuestros enemigos.

17. Os dirigiré una mirada con rostro airado, y caeréis a los pies de vuestros enemigos, y quedaréis sujetos a los que os aborrecen: os entregaréis a la fuga sin que nadie os persiga.

18. Que si aun con eso no me obedeciereis, os castigaré todavía siete veces más, por causa de vuestros pecados,

19. y quebrantaré el orgullo de vuestra rebeldía, y haré desde lo alto que el cielo sea de hierro para vosotros y de bronce la tierra.

20. Se irá en humo todo vuestro trabajo; la tierra no producirá su esquilmo, y los árboles no darán frutos.

---

1. Notable por alguna superstición.
2. Los hebreos antes de entrar en el templo se quitaban el calzado y dejaban a la entrada el bastón que llevaban en la mano.
3. *Deut 28*, 1.

15. *Deut 28*, 25; *Lam 2*, 17; *Mal 2*, 2.

21. Si quisiereis apostárosla conmigo, desobedeciendo mis órdenes, aumentaré siete veces más vuestras plagas por causa de vuestros pecados;

22. y enviaré contra vosotros las fieras del campo, para que os devoren a vosotros y a vuestros ganados, reduciéndoos a un corto número y haciendo desiertos vuestros caminos.

23. Que si ni aun con eso quisiereis enmendaros, sino que prosiguiereis oponiéndoos a mí,

24. yo también proseguiré oponiéndome a vosotros y os castigaré siete veces más por vuestros pecados,

25. y haré descargar sobre vosotros la espada, que os castigará por haber roto mi alianza. Y si os refugiareis a las ciudades muradas, os enviaré peste y seréis entregados en manos de vuestros enemigos,

26. después que yo os hubiere quitado el apoyo del pan que es vuestro sustento; en tal extremo, que diez mujeres cocerán panes en un solo horno y darán a sus hijos el pan por onzas; y comeréis y nunca os saciaréis*.

27. Pero si ni aun con todo eso me escuchareis, sino que prosiguiereis pugnando contra mí;

28. yo asimismo procederé contra vosotros con saña de enemigo y os azotaré con siete nuevas plagas por vuestros pecados,

29. de suerte que vengáis a comer las carnes de vuestros hijos y de vuestras hijas*.

30. Destruiré vuestras alturas en que adoráis a los ídolos y despedazaré vuestros simulacros. Caeréis entre las ruinas de vuestros ídolos y mi alma os abominará,

31. en tanto grado, que reduciré a soledad vuestras ciudades y asolaré vuestros santuarios, y no aceptaré ya más el olor suavísimo de vuestros sacrificios.

32. Talaré vuestra tierra y quedarán atónitos, viéndola vuestros enemigos, cuando entren a morar en ella.

33. Y a vosotros os dispersaré por entre las naciones, y desenvainaré mi espada en pos de vosotros, y quedará desierto vuestra tierra, y arruinadas vuestras ciudades.

34. Entonces la tierra gozará de sus sábados o días de reposo, mientras durara el tiempo de su soledad; cuando vosotros,

35. estéis en tierra enemiga, ella descansará y hallará su reposo, estando sola o desierta; ya que no reposó en vuestros sábados, cuando habitabais en ella.

36. Y a los que de vosotros quedaren, infundiré espanto en sus corazones en medio de los países enemigos; se estremecerán al ruido de una hoja volante, huyendo de ella como de una espada; caerán sin que nadie los persiga;

37. y se atropellarán unos a otros, como quien huye de la batalla; ninguno de vosotros tendrá valor para resistir al enemigo.

38. Pereceréis entre las naciones, y la tierra enemiga os consumirá.

39. Que si todavía quedaren algunos de éstos, se irán pudriendo por sus iniquidades en el país de sus enemigos; y serán cruelmente afligidos por los pecados de sus padres y por los suyos,

40. hasta que confiesen sus maldades y las de sus mayores, con que prevaricaron y se rebelaron contra mí.

41. Por donde yo también iré contra ellos y los arrojaré a país enemigo, hasta tanto que su corazón incircunciso se confunda y avergüence; entonces será cuando pedirán perdón de sus impiedades.

42. Y yo me acordaré de la alianza que hice con Jacob, y con Isaac, y con Abrahán. Me acordaré también de la tierra,

43. la cual, despoblada de ellos, gozará de sus días de sábado, reducida a un yermo por causa de ellos. Mas entretanto me pedirán perdón por sus pecados, por haber rechazado mis ordenanzas y despreciado mis leyes.

44. Y yo a pesar de eso, aun estando ellos en tierra enemiga, no los abandoné totalmente, ni los desamé tanto que los dejase perecer enteramente, y anulase el pacto hecho con ellos. Porque al fin yo soy el Señor Dios suyo.

45. Y tendré presente la antigua alianza que hice con ellos, cuando a vista de las naciones los saqué de la tierra de Egipto, para ser yo su Dios. Yo soy el Señor. Estos son los decretos, y preceptos, y leyes que Dios estableció entre sí y los hijos de Israel en el monte Sinaí por medio de Moisés.

---

26. *Ez 4*, 6.
29. *2 Re 6*, 28; *Jer 4*, 10.

27 Leyes sobre los votos. Los objetos y animales consagrados al Señor lo serán para siempre

1. Habló todavía el Señor a Moisés, diciendo:

2. Habla a los hijos de Israel, y diles: El hombre que hiciere un voto y prometiere a Dios consagrarle su vida, pagará para desobligarse un cierto precio, según la tasa siguiente:

3. Si fuere varón de veinte años hasta sesenta, dará cincuenta siclos de plata del peso del santuario.

4. Si es mujer, treinta.

5. Mas desde cinco años hasta veinte el varón dará veinte siclos, la hembra diez.

6. Por el niño de un mes hasta cinco años se darán cinco siclos, por la niña tres.

7. El hombre de sesenta años arriba dará quince siclos, la mujer diez.

8. Si es pobre, que no pueda pagar la tasa, se presentará al sacerdote y dará lo que éste juzgare y viere que puede pagar.

9. Si alguno ofrece por voto un animal, que se puede sacrificar al Señor, será sagrado;

10. y no se podrá trocar ni mejor por malo, ni peor por bueno; que si le trocare, tanto el trocado como el de trueque quedarán consagrados al Señor.

11. Quien ofreciere por voto un animal inmundo, que no se puede inmolar al Señor, le traerá al sacerdote,

12. el cual, examinando si es bueno o malo, tasará el precio.

13. Y si el oferente quisiere dar ese precio para recobrarle, debe añadir un quinto sobre la valuación.

14. Cuando un hombre ofrece un voto y consagra su casa al Señor, la reconocerá el sacerdote para ver si es buena o mala, y se venderá según el precio que éste tasare.

15. Pero si el que hizo el voto quisiere redimirla, dará una quinta parte sobre el precio de su tasación y se quedará con ella.

16. Que si hiciere voto y consagrare al Señor un campo de su herencia, se tasará el precio a proporción del grano que se necesita para sembrarle. Si son necesarios treinta modios de cebada, véndase por cincuenta siclos de plata.

17. Si el voto de dar el campo lo hace desde el principio del año del jubileo, será apreciado en todo su valor.

18. Mas si lo hace después de algún tiempo, calculará el sacerdote la suma, a proporción del número de años que faltan hasta el jubileo; y según eso será la rebaja del precio.

19. Si quien hizo el voto quiere redimir el campo, añadirá un quinto al precio tasado y lo poseerá de nuevo.

20. Pero si no quiere redimirle y se vende a otro cualquiera, aquél que lo prometió con voto no podrá ya más redimirle.

21. Por cuanto venido que sea el día del jubileo, quedará consagrado al Señor, y la posesión consagrada pertenece al derecho de los sacerdotes*.

22. Si el campo consagrado al Señor es comprado y no habido por herencia de sus mayores,

23. el sacerdote calculará el precio conforme al número de años restantes hasta el jubileo, y el que hizo el voto dará este precio al Señor;

24. mas en el jubileo será restituido al primer dueño que lo vendió y lo tenía por juro de herencia.

25. Todas las estimas se harán según el peso del siclo del santuario*. El siclo tiene veinte óbolos.

26. Nadie podrá consagrar ni ofrecer en voto los primogénitos, pues pertenecen al Señor. Sean de la vacada o sean de los rebaños, del Señor son.

27. Si el animal es inmundo, el que le ofreció le rescatará según valuación que tú hagas, añadiendo un quinto al precio. Si no quiere rescatarle, se venderá a otro en lo que tú le hubieres valuado.

28. Todo lo consagrado al Señor, sea hombre, sea animal o sea campo, no se venderá, ni podrá ser redimido. Todo lo que una vez fuere así consagrado al Señor, será para él, siendo como es cosa santísima.

29. Y todo lo que de esta manera es ofrecido y consagrado por un hombre, no

---

21. En *Números* se prohíbe que los levitas posean campos o tierras.

25. *Ex 30*, 13; *Num 3*, 47; *Ez 45*, 12.

será rescatado, sino que debe ser muerto sin falta*.

30. Todos los diezmos de la tierra, ya sean de granos, ya de frutos de árboles, del Señor son, y a él están consagrados*.

31. Que si uno quiere redimir sus diezmos, dará encima el quinto.

32. De todos los bueyes, ovejas y cabras, que cuenta el pastor con el cayado, la décima cabeza que salga, será para el Señor.

33. No se escogerá ni buena ni mala, ni se cambiará con otra; si se cambiare, quedará consagrada al Señor, sin poder redimirse, tanto lo cambiado como lo que se haya dado en cambio.

34. Estos son los preceptos dados por el Señor a Moisés para los hijos de Israel, en el monte Sinaí.

---

29. *Jos 6*, 17, 25.
30. *Prov 3*, 9-10; *Ag 1*, 12.

Números

Introducción

Este libro se llama *Números*, porque en sus primeros capítulos se hacen varias numeraciones o censos del pueblo de Israel. Cuenta los hechos vividos por Moisés y los hebreos, durante casi 40 años. Dos aspectos sobresalen en su composición literaria, uno narrativo, y en esto se parece mucho al *Exodo*, y otro legislativo, que lo asemeja al *Levítico*. Alguien ha dicho que *Números* es el libro de las quejas o murmuraciones y no está equivocado, pues son muchas las murmuraciones de los israelitas que aparecen en sus páginas: En el camino (*Num 11*, 4-6), a causa de los alimentos (*Num 11*, 4-6), por los gigantes (*Num 13*, 32; *14*, 4), por los guías (*Num 6*, 3), por los juicios divinos (*Num 16*, 41), en el desierto (*Num 20*, 2-5), por el maná (*Num 21*, 5) y otras más.

El criterio geográfico permite dividir los 36 capítulos de *Números* en tres grandes partes:

- *La primera* cuenta el viaje desde el Sinaí hasta Cades, durante 20 días. *Num 1*, 1-*10*, 10. Comprende los censos de la gente, el lugar y oficios de los levitas, las leyes sobre el culto y el sacerdocio, la separación de los impuros, la consagración de los nazareos, las ofrendas y organización de la travesía por el desierto. Las órdenes de marchar o de acampar son dadas por una nube que de noche toma el aspecto de una columna de fuego.

- *La segunda* narra el viaje por el desierto, durante 38 años. *Num 10*, 11-*21*, 35. Primero se cuenta la marcha del pueblo y después se refieren episodios de esta travesía como el de las codornices, la lepra de Myriam, la exploración de Canaán y la conquista de los amorreos. Del capítulo 15 al 19 hay una sección institucional, dedicada a leyes detalladas. Esta segunda parte está salpicada por las protestas y murmuraciones del pueblo.

- *La tercera* se desarrolla en la ribera oriental del Jordán, durante cinco meses. Va del capítulo 22 al 36. En ella se alternan episodios y disposiciones dirigidos sobre todo a la inminente conquista de la tierra prometida. Comienza con los vaticinios de Balaam y el relato humorístico de la burra elocuente y termina con la distribución de la tierra entre las tribus. El capítulo 33 da un itinerario de la travesía con las etapas cubiertas desde Ramsés, en Egipto, hasta Moab, frente a Jericó.

Los acontecimientos de *Números* se centran en la organización de las tribus como una comunidad organizada que vive la santidad del Señor y en medio de la cual *El* habita. La presencia de Dios regula los desplazamientos del pueblo por el desierto y su vivencia de las normas.

Es extraño que se haya dado una legislación propia de una sociedad sedentaria en el marco de la travesía del desierto. La razón es que en esta etapa las leyes cobran importancia como legislación de Moisés y como normas pensadas para nuevas situaciones y garantizadas por la autoridad divina.

Muchos lugares y acontecimientos del Nuevo Testamento que encuentran en *Números* su imagen y figura. Por ejemplo, Jesús deja ver que la serpiente de bronce levantada por Moisés para dar salud y vida a quienes la mirasen, es una figura del misterio de la cruz (*Num 21*, 9; *Jn 3*, 14).

1 *Censo de los hombres aptos para la guerra. Las tribus de Israel en el monte Sinaí*

1. Al segundo año de la salida de los hijos de Israel de Egipto, el primer día del mes segundo habló el Señor a Moisés en el desierto del monte Sinaí en el Tabernáculo de la alianza, y le dijo:

2. Formad el censo[*] de cuantos varones haya en todo el pueblo de los hijos de Israel, según los linajes y familias, con los nombres de cada uno[*].

3. Tú y Aarón contaréis todos los hombres fuertes de Israel de veinte años arriba por sus compañías.

4. Para lo que os acompañarán los príncipes de las tribus y familias según sus linajes.

5. Cuyos nombres son estos: De la tribu de Rubén, Elisur hijo de Sedeur.

6. De la de Simeón, Salamiel, hijo de Surisaddai.

7. De la de Judá, Nahasón, hijo de Aminadab.

8. De la de Isacar, Natanael, hijo de Suar.

9. De la de Zabulón, Eliab, hijo de Helón.

10. De los hijos de José por la tribu de Efraín, Elisama, hijo de Ammiud; por la de Manasés, Gamaliel, hijo de Fadasur.

11. De la tribu de Benjamín, Abidán, hijo de Gedeón.

12. De la de Dan, Ahiezer, hijo de Ammisaddai.

13. De la de Aser, Fegiel, hijo de Ocrán.

14. De la de Gad, Eliasaf, hijo de Duel.

15. De la de Neftalí, Abira, hijo de Enán.

16. Estos son los príncipes nobilísimos del pueblo y los jefes del ejército de Israel dividido por sus tribus y linajes.

17. Y tomaron Moisés y Aarón a estos varones que habían sido designados por sus nombres,

18. y congregaron toda la multitud el primer día del mes segundo, haciendo su alistamiento por linajes, por casas, por familias y cabezas, tomando el nombre de cada persona de veinte años arriba,

19. como el Señor había mandado a Moisés. Se hizo, pues, el censo en el desierto de Sinaí.

20. De la tribu de Rubén, primogénito de Israel, en sus linajes, y familias y casas, con el nombre de cada individuo, todos los varones de veinte años arriba, aptos para la guerra,

21. fueron cuarenta y seis mil quinientos.

22. De los descendientes de Simeón por sus linajes, y familias, y casas de sus parentelas, con el nombre propio de cada persona, se contaron los varones todos de veinte años arriba, aptos para la guerra, y se hallaron

23. cincuenta y nueve mil trescientos.

24. De los descendientes de Gad, por sus linajes, y familias, y casas de sus parentelas, con el nombre propio de cada uno, se contaron de veinte años arriba todos los que eran aptos para la guerra,

25. y fueron cuarenta y cinco mil seiscientos cincuenta.

26. De los descendientes de Judá por sus linajes, familias, y casas de sus parentelas, se contaron por sus nombres todos los varones de veinte años arriba, que podían tomar las armas,

27. y se hallaron setenta cuatro mil seiscientos.

28. De los descendientes de Isacar por sus linajes, familias y casas de sus parentelas desde veinte años arriba, tomados los nombres de cada uno,

29. se contaron aptos para la guerra en todos, cincuenta y cuatro mil cuatrocientos.

30. De los descendientes de Zabulón por sus linajes, y familias, y casas de sus parentelas, se contaron por sus nombres, de veinte años arriba, todos los que podían ir a la guerra, y se hallaron

31. cincuenta y siete mil cuatrocientos.

32. De los descendientes de José, por la línea de Efraín, según sus linajes, familias y casas de sus parentelas, se contaron por sus nombres, de veinte años arriba, aptos para la guerra,

33. cuarenta mil quinientos.

34. Por la línea de Manasés, según sus linajes, familias y casas de sus parentelas, se contaron por sus propios nombres, de veinte años arriba, aptos para la guerra

35. treinta y dos mil doscientos.

36. De los descendientes de Benjamín,

---

2. El libro de *Números* muestra el interés por organizar, definir detalles y sistematizar la vida del pueblo israelita desde su travesía del desierto.

2. *Ex 30*, 12.

en sus linajes y familias, y casas de sus parentelas, fueron contados por sus propios nombres todos los de veinte años arriba, aptos para la guerra, y se hallaron

37. treinta y cinco mil cuatrocientos.

38. De los descendientes de Dan por sus linajes, familias y casas de sus parentelas, tomando el nombre de cada uno, se halló ser el número de todos los que podían tomar las armas, de veinte años arriba,

39. setenta y dos mil setecientos.

40. De los descendientes de Aser, por sus linajes, familias y casas de sus parentelas, se contaron por los nombres de cada uno, de veinte años arriba, aptos para las armas,

41. cuarenta y un mil quinientos.

42. De los descendientes de Neftalí por sus linajes, familias y casas de sus parentelas, se contaron por sus nombres, de veinte años arriba, todos de armas tomar,

43. cincuenta y tres mil cuatrocientos.

44. Este es el empadronamiento de los hijos del Israel que hicieron Moisés, Aarón y los doce príncipes de Israel, notando a cada uno por su casa y familia.

45. Así pues, todo el número de los hijos de Israel, alistados por sus casas y familias, de veinte años arriba, que podían salir a campaña, ascendió

46. a seiscientos tres mil, quinientos cincuenta hombres.

Estatuto de los levitas

47. Pero los levitas, según las familias de su tribu, no entraron en el censo con ellos*.

48. Porque el Señor habló a Moisés, diciendo:

49. No cuentes a la tribu de Leví, ni mezcles la suma de los levitas con la de los hijos de Israel;

50. sino que los destinarás al cuidado del Tabernáculo del Testimonio, de todas sus alhajas y de todo cuanto pertenece a las ceremonias. Ellos llevarán el Tabernáculo y todos sus utensilios y se emplearán en su servicio y tendrán su campamento alrededor de él.

51. Cuando hayáis de marchar, los levitas desarmarán el Tabernáculo; cuando hayáis de acampar, lo armarán. Cualquier extraño que se arrimare, será castigado de muerte.

52. Los hijos de Israel asentarán su campamento y estarán cada uno bajo su división o estandarte, según los varios escuadrones de que se compone su ejército.

53. Mas los levitas fijarán sus tiendas alrededor del Tabernáculo y velarán en la guardia del Tabernáculo del Testimonio a fin de que no descargue yo mi indignación sobre la muchedumbre de los hijos de Israel.

54. Hicieron, pues, los hijos de Israel todo lo que el Señor había mandado a Moisés.

2 *Disposición de los cuatro campamentos para las tribus, alrededor del Tabernáculo*

1. habló el Señor a Moisés y Aarón, diciendo:

2. Los hijos de Israel acamparán alrededor del Tabernáculo de la alianza cada cual en su compañía, bajo las banderas y estandartes propios de su casa y linaje.

3. La tribu de Judá fijará sus pabellones hacia el Oriente, dividida en las compañías de sus escuadrones, y el príncipe de ella será Nahasón, hijo de Aminadab.

4. Todos los combatientes de este linaje, suman setenta y cuatro mil seiscientos.

5. Junto a ellos acamparán los de la tribu de Isacar, cuyo príncipe será Natanael, hijo de Suar.

6. Sus combatientes son en número de cincuenta y cuatro mil cuatrocientos.

7. De la tribu de Zabulón el príncipe será Eliab, hijo de Helón.

8. Todo el cuerpo de combatientes de su tribu es de cincuenta y siete mil cuatrocientos.

9. El número de todos los que componen el campamento de Judá es de ciento ochenta y seis mil cuatrocientos. Estos repartidos en sus escuadrones marcharán los primeros.

10. En el campamento de los hijos de Rubén al mediodía, el príncipe será Elisur, hijo de Sedeur.

11. Todo el cuerpo de sus combatientes que han sido contados, es de cuarenta y seis mil quinientos.

12. Junto a él acamparán los de la tribu de Simeón, cuyo príncipe es Salamiel, hijo de Surisaddai.

---

47. *Ex 38*, 25.

13. Todo el tercio de sus combatientes, que han sido contados, es de cincuenta y nueve mil trescientos.

14. De la tribu de Gad será príncipe Eliasaf, hijo de Duel;

15. y todo el tercio de sus combatientes que se han contado, es de cuarenta y cinco mil seiscientos cincuenta.

16. Todos los que han sido alistados en el campamento de Rubén ascienden a ciento cincuenta y un mil cuatrocientos cincuenta: los cuales repartidos en sus escuadrones marcharán en el segundo lugar.

17. En seguida de éstos llevarán el Tabernáculo del Testimonio los levitas, después de desarmado, y marcharán según la distribución de sus oficios y divisiones. Con el mismo orden que se erigirá, se desarmará el Tabernáculo.

Cada uno caminará en el puesto y por el orden que le corresponde.

18. Al poniente acamparán los hijos de Efraín, cuyo príncipe será Elisama, hijo de Ammiud.

19. Toda la división de sus combatientes, después de numerados, es de cuarenta mil quinientos.

20. Junto a ellos se acampará la tribu de los hijos de Manasés, cuyo príncipe será Gamaliel, hijo de Fadasur.

21. Y todo el cuerpo de sus combatientes que fueron numerados, es de treinta y dos mil doscientos.

22. De la tribu de los hijos de Benjamín el príncipe será Adibán, hijo de Gedeón;

23. y todo el tercio de sus combatientes, hecha de ellos la enumeración, es de treinta y cinco mil cuatrocientos.

24. Todos los que se contaron en el campamento de Efraín, son ciento y ocho mil cien hombres, repartidos en sus escuadrones. Estos marcharán los terceros.

25. A la parte del norte pondrán sus tiendas los hijos de Dan, cuyo príncipe será Ahiezer hijo de Ammisaddai.

26. Todo el cuerpo de sus combatientes, hecha la enumeración, es de sesenta y dos mil setecientos.

27. A su lado acamparán los de la tribu de Aser, cuyo príncipe será Fegiel, hijo de Ocrán.

28. Todo el cuerpo de sus combatientes, después de enumerados, es de cuarenta y un mil quinientos.

29. De la tribu de los hijos de Neftalí el príncipe será Ahira, hijo de Enán.

30. Toda la división de sus combatientes, fue de cincuenta y tres mil cuatrocientos.

31. Los numerados en el campamento de Dan han sido en todos ciento y cincuenta y siete mil seiscientos; y éstos marcharán los postreros.

32. Así el número del ejército de los hijos de Israel, dividido en las familias de sus linajes y en escuadrones, vino a ser de seiscientos tres mil quinientos cincuenta.

33. Bien que los levitas no entraron en esta numeración de los hijos de Israel; porque así lo había mandado el Señor a Moisés.

34. Y los hijos de Israel ejecutaron todo conforme al mandato del Señor. Acamparon por sus escuadrones y marcharon repartidos según las familias y casas de sus padres*.

3 *Censo y funciones de las familias levíticas, a las cuales destina Dios a su servicio*

1. Estos son los descendientes de Aarón y de Moisés en el tiempo que habló el Señor a Moisés en el monte Sinaí.

2. Los nombres de los hijos de Aarón* son estos: Nadab su primogénito, después de Abiú, y Eleazar e Itamar.

3. Tales son los nombres de los hijos de Aarón, sacerdotes que fueron ungidos y cuyas manos fueron llenadas o consagradas, para que ejerciesen las funciones del sacerdocio.

4. Pero murieron Nadab y Abiú sin hijos, al ofrecer fuego profano en presencia del Señor en el desierto de Sinaí; y Eleazar e Itamar ejercieron el oficio de sacerdotes en vida de su padre Aarón*.

5. Y habló el Señor a Moisés, diciendo:

6. Haz acercar la tribu de Leví y preséntala al sumo sacerdote Aarón, para

---

34. El pueblo de Israel estaba distribuido en cuatro divisiones de tres tribus cada una. Cada tribu tenía su divisa o estandarte peculiar, cada tres tribus tenían su distintivo o pendón que llevaba la tribu delantera. Entre el campamento israelita y el Tabernáculo quedaba un espacio de dos mil codos ocupado por la tribu de Leví.

2. Sólo se mencionan los hijos de Aarón, en cuya descendencia quedaría el sacerdocio.

4. *Lev 10*, 1, 2; *1 Cro 24*, 2.

que los de esta tribu sean sus ministros y hagan la guardia en el Tabernáculo,

7. y ejerzan todo lo perteneciente al culto que me debe tributar el pueblo, ante el Tabernáculo del Testimonio,

8. y guarden las alhajas del Tabernáculo, dedicándose a su servicio.

9. Donarás, pues, los levitas,

10. a Aarón y a sus hijos, como un presente que les hacen los hijos de Israel. Pero a Aarón y a sus hijos los constituirás para ejercer las funciones sagradas del sacerdocio. Cualquier otro que se introduzca en este ministerio sagrado, será castigado de muerte.

11. Y habló el Señor a Moisés diciendo:

12. Yo he tomado a los levitas de mano de los hijos de Israel en lugar de todos los primogénitos que nacen entre los hijos de Israel, y así los levitas serán míos,

13. ya que míos son todos los primogénitos. Desde que herí a los primogénitos en la tierra de Egipto, consagré para mí todo lo primero que nace en Israel, así de hombres como de animales: son míos. Yo el Señor.

14. Habló, pues, el Señor a Moisés en el desierto de Sinaí, diciendo:

15. Cuenta los hijos de Leví por las casas y familias de sus padres, todos los varones de un mes arriba.

16. Los contó Moisés como lo había mandado el Señor.

17. Y estos son los nombres de los hijos de Leví: Gersón, y Caat, y Merari.

18. Hijos de Gersón: Lebni y Semei.

19. Hijos de Caat: Amram, Jesaar, Hebrón y Oziel.

20. Hijos de Merari: Moholi y Musi.

21. De Gersón se propagaron dos familias, la de Lebni y la de Semei:

22. cuyos individuos del sexo masculino, contados los de un mes arriba, fueron siete mil quinientos.

23. Estos acamparán detrás del Tabernáculo al poniente,

24. a las órdenes del príncipe Eliasaf, hijo de Lael.

25. Y velarán en la guardia del Tabernáculo de la alianza,

26. teniendo a su cuidado el mismo Tabernáculo y sus cubiertas, el velo que se pone delante de la puerta del Tabernáculo de la alianza y las cortinas del atrio: asimismo el velo que se cuelga en la entrada del atrio del Tabernáculo y todo lo que sirve al ministerio del altar, las cuerdas del Tabernáculo y todos sus utensilios.

27. La descendencia de Caat abraza las familias de los amramitas, jesaaritas, hebronitas y ozielitas. Estas son las familias de los caatitas contadas por sus nombres.

28. Todos los del sexo masculino de un mes arriba,, que son ocho mil seiscientos, harán la guardia del santuario,

29. acampando a la parte del mediodía.

30. Su príncipe será Elisafán, hijo de Oziel;

31. y cuidarán del arca, de la mesa, del candelero, de los altares y vasos del santuario, que sirven para el ministerio, y del velo interior y de todo su aparato correspondiente.

32. Si bien Eleazar, hijo de Aarón sumo sacerdote y primer príncipe de los levitas, tendrá la superintendencia de los que velan en la custodia del santuario.

33. Finalmente, de Merari serán las familias de moholitas y musitas, en las que contados por sus nombres

34. todos los del sexo masculino de un mes arriba, fueron seis mil doscientos:

35. Su príncipe será Suriel, hijo de Abihaiel. Estos acamparán a la parte septentrional;

36. y estarán a su cuidado los tablones del Tabernáculo y los travesaños, y las columnas con sus basas, y todo lo perteneciente a estas cosas;

37. e igualmente las columnas que cercan el atrio, sus basas y las estacas con sus cuerdas.

38. Delante del Tabernáculo de la alianza, esto es, al oriente, fijarán sus tiendas Moisés y Aarón con sus hijos, velando en la custodia del santuario en medio de los hijos de Israel. Cualquier extraño que se arrimare, será muerto.

39. Todos los levitas que contaron Moisés y Aarón por mandato del Señor, familia por familia, en el sexo masculino, de un mes arriba, fueron veintidós mil.

40. Y dijo el Señor a Moisés: Cuenta los primogénitos de los hijos de Israel en el sexo masculino, de un mes arriba, y sacarás la suma de ellos.

41. Y apartarás para mí a los levitas, en lugar de todos los primogénitos de los hijos

de Israel. Yo soy el Señor; y los ganados de los levitas en vez de todos los primerizos de los ganados de los hijos de Israel.

42. Contó Moisés, como había mandado el Señor, los primogénitos de los hijos de Israel;

43. y notados los varones por sus nombres, de un mes arriba, fueron veintidós mil doscientos setenta y tres.

44. Y habló el Señor a Moisés, diciendo:

45. Toma los levitas en lugar de los primogénitos de los hijos de Israel, y los ganados de los levitas en vez de los primerizos de los ganados de aquéllos, y los levitas serán míos. Yo soy el Señor.

46. Mas por rescate de los doscientos setenta y tres primogénitos de los hijos de Israel, que exceden al número de los levitas,

47. recibirás cinco siclos por cabeza, según el peso del santuario. El siclo tiene veinte óbolos.

48. Y darás este dinero a Aarón y a sus hijos por rescate de los primogénitos que hay de más.

49. Tomó, pues, Moisés el dinero de los que habían resultado de más, y por los cuales se pagaba el rescate a los levitas,

50. siendo la suma que recibió por estos primogénitos de los hijos de Israel, mil trescientos sesenta y cinco siclos al peso del santuario;

51. los que entregó a Aarón y a sus hijos, según el mandato que le había dado el Señor.

4

Distribución de los cargos u oficios del Tabernáculo entre las tres familias de los levitas

---

1. Habló el Señor a Moisés y a Aarón, diciendo:

2. Forma una lista de los hijos de Caat, entresacados de los levitas, por sus casas y familias,

3. de treinta años arriba hasta los cincuenta, de todos los que son admitidos para hacer la guardia y servir en el Tabernáculo de la alianza.

4. Este es el oficio de los hijos de Caat: cuando se hubiere de mover el campamento,

5. entrarán Aarón y sus hijos en el Tabernáculo de la alianza y en el lugar santísimo, y quitarán el velo pendiente ante la puerta, y envolverán en él el arca del Testamento,

6. y pondrán además una sobrecubierta de pieles moradas, extendiendo encima de todo un paño de color de jacinto; y acomodarán las varas.

7. Envolverán asimismo la mesa de los panes de la proposición en un paño de color de jacinto, metiendo con ella los incensarios y las navetas, las copas y las tazas, para derramar las libaciones; los panes siempre estarán sobre la mesa.

8. Y extenderán por encima un paño de grana, sobre el cual pondrán asimismo una cubierta de pieles moradas, y acomodarán las varas.

9. Tomarán también un paño de color de jacinto con que cubrirán el candelero, las lamparillas, y sus atizadores, y despabiladeras, y todas las vasijas del aceite, y cuanto sirve para aderezar las lámparas;

10. y pondrán encima de todo una cubierta de pieles moradas, y acomodarán las varas.

11. Y de la misma suerte envolverán el altar de oro o de los perfumes, en un paño de color de jacinto, y extenderán encima una cubierta de pieles moradas y acomodarán las varas.

12. Todos los vasos consagrados al ministerio del santuario los envolverán en un paño de color de jacinto, y extenderán encima una cubierta de pieles moradas, y acomodarán las varas.

13. El altar también de los holocaustos, limpiado de la ceniza, le envolverán en una cubierta de púrpura,

14. y con él pondrán todos los instrumentos que usan en su servicio, como los braseros, las horquillas y los tridentes, los garfios y bandejas. Todas las cosas que son para el servicio del altar las cubrirán con la sobrecubierta de pieles moradas, y acomodarán las varas.

15. Y después que Aarón y sus hijos, al moverse el campamento, hubieran envuelto el santuario y todos sus utensilios, entonces entrarán los hijos de Caat a cargar los fardos, y nunca tocarán los vasos del santuario; de lo contrario morirán. Esta es la incumbencia de los hijos de Caat en el Tabernáculo de la alianza.

16. El jefe de ellos será Eleazar, hijo del sumo sacerdote Aarón; a cuyo cuidado

pertenece el aceite para aderezar las lámparas, y la confección del incienso, y el sacrificio perpetuo, y el óleo de la unción, y todo lo perteneciente al culto del Tabernáculo, y todos los utensilios del santuario.

17. Habló, pues, el Señor a Moisés y a Aarón, y les dijo:

18. No expongáis el linaje de Caat a que sea exterminado de entre los levitas;

19. antes bien para que ellos no perezcan, habéis de precaver que no toquen las cosas santísimas; a cuyo fin Aarón y sus hijos entrarán en el santuario, y dispondrán lo que deba hacer cada uno de los hijos de Caat, y señalarán la carga que ha de llevar.

20. Los demás por ningún caso sean curiosos en mirar las cosas que hay en el Santuario, antes que estén envueltas; de lo contrario, morirán.

21. Habló después el Señor a Moisés, diciendo:

22. Cuenta también el número de los hijos de Gersón por sus casas, y familias y linajes,

23. de treinta años arriba hasta los cincuenta. Cuenta todos aquellos que entran al servicio del Tabernáculo de la alianza.

24. El oficio de las familias de los gersonitas es este:

25. Llevar las cortinas del Tabernáculo y la cobertura del mismo, la segunda cubierta y la sobrecubierta de pieles moradas y el velo que cuelga en la entrada del Tabernáculo de la alianza,

26. las cortinas del atrio y el velo o antipara de la entrada, que está antes del Tabernáculo. Todo lo perteneciente al altar, las cuerdas y los vasos del ministerio

27. lo han de llevar los hijos de Gersón, según las órdenes que recibirán de Aarón y sus hijos, y así sabrá cada cual qué carga le corresponde.

28. Tal es la incumbencia de la familia de los gersonitas en el Tabernáculo de la alianza, y estarán sujetos a Itamar, hijo del sumo sacerdote Aarón.

29. Del mismo modo contarás los hijos de Merari por las familias y casas de sus padres,

30. de treinta años hasta los cincuenta todos los que entran en el ejercicio de su ministerio y al servicio del Tabernáculo del Testimonio.

31. Su incumbencia es esta: Llevarán las tablas y travesaños del Tabernáculo, las columnas con sus basas,

32. las columnas también que cercan el atrio con sus pedestales, y estacas y cuerdas. Todos los instrumentos y muebles los recibirán por cuenta, y así los llevarán.

33. Este es el oficio de la familia de los meraritas y su ministerio en el Tabernáculo de la alianza; y estarán bajo el mando de Itamar, hijo del sumo sacerdote Aarón.

34. Moisés, pues, y Aarón y los príncipes de la comunidad formaron la lista de los hijos de Caat, por las familias y casas de sus padres,

35. de treinta años arriba hasta cincuenta, todos los que entran al servicio en el Tabernáculo de la alianza;

36. y se hallaron ser dos mil setecientos cincuenta.

37. Este es el número de los descendientes de Caat, que sirven en el Tabernáculo de la alianza, los cuales fueron contados por Moisés y Aarón conforme al mandato del Señor comunicado a Moisés.

38. Fueron asimismo contados los hijos de Gersón por las familias y casas de sus padres,

39. de treinta años arriba hasta los cincuenta, todos los empleados en el ministerio del Tabernáculo de la alianza;

40. y se hallaron ser dos mil seiscientos treinta.

41. Esta es la suma de los gersonitas que fueron contados por Moisés y Aarón, según la orden del Señor.

42. Igualmente se tomó la suma de los hijos de Merari, por las familias y casas de sus padres,

43. de treinta años arriba hasta los cincuenta, todos los que entran a servir sus oficios en el Tabernáculo de la alianza;

44. y se hallaron ser tres mil doscientos.

45. Este es el número de los hijos de Merari, contados por Moisés y Aarón, según lo mandó el Señor por medio de Moisés.

46. Todos los que se contaron de los levitas y que hicieron alistar por sus nombres Moisés y Aarón, y los príncipes de Israel, según las parentelas y casas de sus padres,

47. de treinta años arriba hasta los cincuenta, destinados a servir en el Tabernáculo y a llevar las cargas,

48. fueron en todos ocho mil quinientos ochenta.

49. Por mandato del Señor los contó Moisés, señalando a cada cual su oficio y carga, como el Señor se lo había ordenado.

5 *Expulsión de los impuros del campamento y otras leyes sobre la restitución y sobre los celos*

1. Y habló el Señor a Moisés, diciendo:
2. Da orden a los hijos de Israel, que echen fuera del campamento a todo leproso y al que adolece de gonorrea, y al manchado por causa de algún muerto.
3. Así a hombres como a mujeres echadlos fuera del campamento, para que no le contaminen, pues habito yo en medio de vosotros.
4. Lo hicieron así los hijos de Israel, y los echaron fuera del campamento, según lo había ordenado el Señor a Moisés.
5. Además habló el Señor a Moisés, diciendo:
6. Di a los hijos de Israel: cuando un hombre o mujer cometieren alguno de los pecados en que suelen caer los mortales, y por descuido transpasaren el mandato del Señor, y delinquieren,
7. confesarán su culpa, y restituirán al sujeto contra quien pecaron el justo precio del daño que le habrán hecho con una quinta parte más.
8. Que si no hay persona a quien pueda hacerse esta restitución, se la darán al Señor , y será del sacerdote; excepto el carnero que se ofrece por el perdón para que sirva de sacrificio propiciatorio.
9. Asimismo todas las primicias que ofrecen los hijos de Israel, pertenecen al sacerdote;
10. y todo cuanto ofrece cada uno al santuario, y entrega en mano del sacerdote, será de éste.

Ley en caso de celos

11. Habló también el Señor a Moisés, diciendo:
12. Habla con los hijos de Israel y diles: Si una mujer casada se extraviare, y despreciando al marido,
13. durmiere con otro hombre, y el marido no pudiere averiguarlo, sino que el adulterio está oculto, no hay ningún testigo, y no ha sido sorprendida,
14. si se apodera del marido el espíritu de celos contra la mujer, la cual, o se ha deshonrado, o es tachada por falsa sospecha,
15. la llevará delante del sacerdote, y ofrecerá por ella en oblación la décima parte de un saco de harina de cebada, sin verter aceite encima, ni poner incienso*; porque es éste un sacrificio por celos y ofrenda para descubrir un adulterio.
16. El sacerdote, pues, la presentará y pondrá en pie ante el Señor,
17. y tomará del agua santa o del santuario en un vaso de barro, y echará en ella un poquito de polvo del pavimento del Tabernáculo.
18. Y estando en pie la mujer delante del Señor, le descubrirá la cabeza y le pondrá en las manos el sacrificio de recordación o averiguación del pecado, y la ofrenda de celos; y él tendrá las aguas amarguísimas o funestas, sobre las cuales ha pronunciado con execración las maldiciones,
19. y la conjurará y dirá: Si no ha dormido contigo hombre ajeno y si no te has deshonrado con hacer traición al marido, no te harán daño estas aguas amarguísimas sobre las cuales he amontonado maldiciones.
20. Pero si te has enajenado de tu marido, y te has deshonrado, y dormiste con otro hombre,
21. incurrirás en estas maldiciones. Te ponga Dios por objeto de execración y escarmiento de todos en su pueblo; haga que se pudran tus muslos y que tu vientre, hinchándose, reviente;
22. entren las aguas de maldición en tus entrañas, y entumeciéndose tu regazo, púdranse tus muslos. A lo que responderá la mujer: Amén. Amén.
23. Y el sacerdote escribirá en una cédula estas maldiciones y las borrará en seguida con las aguas amarguísimas sobre las cuales descargó las maldiciones,
24. y se las dará a beber a la mujer; y cuando ella haya acabado de beberlas,
25. tomará el sacerdote de manos de la mujer el sacrificio por los celos y le elevará en la presencia del Señor; y le pondrá sobre el altar; pero antes
26. cogerá un puñado de la harina que se

15. *Lev 5*, 11.

ha ofrecido en sacrificio y la quemará sobre el altar, y entonces dará a beber las aguas amarguísimas a la mujer.

27. Bebidas las cuales, si ella ha pecado y con desprecio de su marido se ha hecho rea de adulterio, la penetrarán las aguas de maldición, e hinchado el vientre se le pudrirán los muslos, y aquella mujer vendrá a ser la execración y el escarmiento de todo el pueblo.

28. Pero si no ha pecado, no sentirá daño ninguno y tendrá muchos hijos.

29. Esta es la ley del sacrificio por los celos. Si la mujer hiciere traición a su marido, y se hubiere amancillado,

30. y el marido estimulado del espíritu de los celos, la trajere a la presencia del Señor, y el sacerdote hiciere con ella todo lo que se ha escrito,

31. el marido será exento de culpa y ella pagará la pena de su pecado*.

6

Institución y consagración de los nazareos. Fórmula que debía usar el sacerdote al bendecir al pueblo

---

1. Y habló el Señor a Moisés, diciendo:

2. Habla a los hijos de Israel, y diles: Cuando un hombre o una mujer hicieren voto de sacrificarse y quisieren consagrarse al Señor,

3. se abstendrán de vino y de todo lo que puede embriagar; no beberán vinagra hecho de vino o de otra bebida cualquiera que pueda embriagar, ni tampoco zumo alguno exprimido de uvas; no comerán uvas frescas ni pasas.

4. Todo el tiempo que estarán consagrados por voto al Señor, no comerán fruto alguno de la viña, desde la uva pasa hasta el granillo.

5. Todo el tiempo de su consagración o nazareato, no pasará navaja por su cabeza, hasta que se cumplan los días por los que se consagraron al Señor. Será santo o se conocerá que es nazareo, dejando crecer la cabellera de su cabeza.

6. Todo el tiempo de su consagración no entrará donde haya un muerto;

7. no asistirá a funerales, aunque sean de padre, o de madre o de hermano, o hermana, a fin de no contraer mancha; por cuanto tiene sobre su cabeza la señal de hombre consagrado a Dios.

8. Todos los días de su separación será santo o consagrado al Señor.

9. Que si alguno muriere repentinamente delante de él, su cabeza consagrada quedará inmunda; la cual raerá luego aquel mismo día en que comienza a purificarse, y otra vez en el séptimo.

10. Mas al octavo día ofrecerá dos tórtolas o dos pichones al sacerdote a la entrada del Tabernáculo de la alianza;

11. Y el sacerdote sacrificará a uno por el pecado, y el otro en holocausto, y hará oración por él; porque pecó y se manchó a causa del muerto; y santificará de nuevo su cabeza en aquel día,

12. y consagrará los días de su separación al Señor ofreciendo un cordero primal por el pecado; pero de manera que los días precedentes de su nazareato no valgan, por cuanto su santificación fue contaminada.

13. Esta es la ley de la consagración de los nazareos. Cumplidos que sean los días por los que se obligó con el voto, será conducido a la entrada del Tabernáculo de la alianza;

14. y presentará al Señor la oblación, esto es, un cordero inmaculado primal para holocausto, y una cordera inmaculada primal por el pecado, y un carnero inmaculado para hostia pacífica.

15. Además, un canastillo de panes ázimos amasados con aceite y lasaña también sin levadura, untadas de aceite con sus libaciones correspondientes.

16. Lo que ofrecerá el sacerdote en el acatamiento del Señor, y hará el sacrificio así por el pecado como en holocausto.

17. Inmolará asimismo el carnero como hostia pacífica del Señor, ofreciendo además el canastillo de los ázimos y las libaciones debidas según rito.

18. Entonces ante la puerta del Tabernáculo de la alianza se le raerá al nazareo la cabellera consagrada a Dios; y el sacerdote cogerá los cabellos y los echará en el fuego que está debajo de la hostia pacífica.

19. Tomará también la espaldilla cocida del carnero y del canastillo una torta sin levadura y una lasaña ázima, y lo pondrá

---

31. *Mat 19,* 8-9.

todo en manos del nazareo, después que se le hubiere raído la cabeza.

20. Y recibiendo nuevamente estas mismas cosas de mano de nazareo, las elevará en presencia del Señor; y estando santificadas, pertenecerán al sacerdote, así como el pecho que se mandó separar y la pierna. Hecho esto, puede ya el nazareo, beber vino.

21. Esta es la ley del nazareo, cuando hiciere su ofrenda al Señor en el tiempo de su consagración, dejando aparte las cosas que tenga él posibilidad de hacer; según lo que prometió con voto en su corazón, así lo hará para cumplimiento de su santificación.

22. habló también el Señor a Moisés, diciendo:

23. Di a Aarón y a sus hijos: De esta suerte daréis la bendición a los hijos de Israel, diciéndoles:

24. El Señor te bendiga y te guarde.

25. El Señor te muestre apacible su rostro y haya misericordia de ti.

26. Vuelva el Señor' su rostro hacia ti y te conceda la paz.

27. Así invocarán mi nombre sobre los hijos de Israel y yo les echaré mi bendición.

7

Ofrendas de los príncipes de las doce tribus de Israel en la dedicación del altar

1. Después que Moisés concluyó el Tabernáculo, y le erigió, y le ungió y santificó con todas sus alhajas, con el altar y todos sus vasos,

2. Los príncipes de Israel y los jefes de las familias en cada tribu, que eran los superiores de los que habían sido alistados,

3. presentaron por ofrenda al Señor seis carros cubiertos y doce bueyes; entre cada dos capitanes ofrecieron un carro, y cada uno de ellos un buey, y los presentaron ante el Tabernáculo.

4. Sobre lo cual dijo el Señor a Moisés:

5. Recíbelos para que sirvan al uso del Tabernáculo y entrégalos a los levitas, según la calidad de su ministerio.

6. Con esto Moisés, recibidos los carros y bueyes, se los entregó a los levitas.

7. Dos carros y cuatro bueyes los dio a los hijos de Gersón, conforme a lo que necesitaban.

8. Los otros cuatro carros y ocho bueyes se los dio a los hijos de Merari en atención a los oficios y cargos suyos, bajo el mando de Itamar, hijo del sumo sacerdote Aarón.

9. A los hijos de Caat no les dio carros, ni bueyes; porque ellos sirven en lo más santo del santuario, y llevan las cargas sobre sus propios hombros.

10. Además de esto, los caudillos o jefes presentaron sus ofrendas delante del altar para la dedicación del mismo altar, en el día que fue ungido.

11. Y dijo el Señor a Moisés: Cada caudillo ofrezca en su día los dones para la dedicación del altar.

12. El primer día hizo su ofrenda Nahasón hijo de Aminadab, de la tribu de Judá;

13. y fue su presente una fuente de plata, que pesaba ciento treinta siclos, una taza de plata de setenta siclos, según el peso del santuario: ambas llenas de flor de harina amasada con aceite para el sacrificio;

14. una naveta de oro que pesaba diez siclos llena de incienso;

15. un buey de la vacada, un carnero y un cordero primal para holocausto,

16. y un macho cabrío por el pecado;

17. y para sacrificio pacífico dos bueyes, cinco carneros, cinco machos cabríos y cinco corderos primales. Esta fue la ofrenda de Nahasón, hijo de Aminadab.

18. El segundo día ofreció Natanael, hijo de Suar, caudillo de la tribu de Isacar,

19. una fuente de plata que pesaba ciento treinta siclos, una taza de plata de setenta siclos, según el peso del santuario: ambas llenas de flor de harina, amasada con aceite para el sacrificio;

20. una naveta de oro que pesaba diez siclos, llena de incienso;

21. un buey de la vacada, un carnero y un cordero primal, para holocausto,

22. y un macho cabrío por el pecado;

23. y para sacrificios pacíficos dos bueyes, cinco carneros, cinco machos cabríos y cinco corderos primales. Esta fue la ofrenda de Natanael, hijo de Suar.

24. El tercer día Eliab, hijo de Helón, caudillo de los hijos de Zabulón,

25. ofreció una fuente de plata que pesaba ciento treinta siclos, una taza de plata de

setenta siclos, al peso del santuario: ambas llenas de flor de harina amasada con aceite para el sacrificio;

26. una naveta de oro que pesaba diez siclos, llena de incienso;

27. un buey de la vacada, un carnero y un cordero primal, para holocausto,

28. y un macho cabrío por el pecado;

29. y para sacrificios pacíficos, dos bueyes, cinco carneros, cinco machos cabríos y cinco corderos primales. Esta fue la ofrenda de Eliab, hijo de Helón.

30. El día cuarto Elisur, hijo de Sedeur, caudillo o jefe de los hijos de Rubén,

31. ofreció una fuente de plata que pesaba ciento treinta siclos, una taza de plata de setenta siclos, al peso del santuario, ambas llenas de flor de harina, amasada con aceite, para el sacrificio;

32. una naveta de oro que pesaba diez siclos, llena de incienso;

33. un buey de la vacada, un carnero y un cordero primal para holocausto,

34. y un macho cabrío por el pecado;

35. y para hostias pacíficas dos bueyes, cinco carneros, cinco machos cabríos y cinco corderos primales. Esta fue la ofrenda de Elisur, hijo de Sedeur.

36. El día quinto Salamiel, hijo de Surisaddai, caudillo o príncipe de los hijos de Simeón,

37. ofreció una fuente de plata que pesaba ciento treinta siclos, una taza de plata de setenta siclos, al peso del santuario; ambas llenas de flor de harina amasada con aceite para el sacrificio;

38. una naveta de oro que pesaba diez siclos, llena de incienso;

39. un buey de la vacada, un carnero y un cordero primal para holocausto,

40. y un macho cabrío por el pecado;

41. y para hostias pacíficas dos bueyes, cinco carneros, cinco machos cabríos y cinco corderos primales. Esta fue la ofrenda de Salamiel, hijo de Surisaddai.

42. El día sexto Eliasaf, hijo de Duel, caudillo de los hijos de Gad,

43. ofreció una fuente de plata que pesaba ciento treinta siclos, una taza de plata de setenta siclos, según el peso del santuario: ambas llenas de flor de harina amasada con aceite para el sacrificio;

44. una naveta de oro que pesaba diez siclos, llena de incienso;

45. un buey de la vacada, un carnero y un cordero primal para holocausto,

46. y un macho cabrío por el pecado;

47. y para las hostias pacíficas dos bueyes, cinco carneros, cinco machos cabríos, y cinco corderos primales. Esta fue la ofrenda de Eliasaf, hijo de Duel.

48. El día séptimo el príncipe o caudillo de los hijos de Efraín, Elisama, hijo de Ammiud,

49. ofreció una fuente de plata que pesaba ciento treinta siclos, una taza de plata de setenta siclos, al peso del santuario: ambas llenas de flor de harina amasada con aceite para el sacrificio;

50. una naveta de oro, que pesaba diez siclos, llena de incienso;

51. un buey de la vacada, un carnero y un cordero primal para holocausto,

52. y un macho cabrío por el pecado;

53. y para hostias pacíficas dos bueyes, cinco carneros, cinco machos cabríos y cinco corderos primales. Esta fue la ofrenda de Elisama, hijo de Ammiud.

54. El día octavo el príncipe de los hijos de Manasés, Gamaliel, hijo de Fadasur,

55. ofreció una fuente de plata del peso de ciento treinta siclos, una taza de plata que pesaba setenta siclos, al peso del santuario: ambas llenas de flor de harina amasada con aceite para el sacrificio,

56. una naveta de oro del peso de diez siclos, llena de incienso;

57. un buey de la vacada, un carnero y un cordero primal para holocausto,

58. y un macho cabrío por el pecado;

59. y para hostias pacíficas dos bueyes, cinco carneros, cinco machos cabríos y cinco corderos primales. Esta fue la ofrenda de Gamaliel, hijo de Fadasur.

60. El día nono Abidán, hijo de Gedeón, príncipe de los hijos de Benjamín,

61. ofreció una fuente de plata que pesaba ciento treinta siclos, y una taza de plata de setenta siclos, al peso del santuario; ambas llenas de flor de harina amasada con aceite para el sacrificio,

62. y una naveta de oro, que pesaba diez siclos, llena de incienso;

63. un buey de la vacada, un carnero y un cordero primal para holocausto,

64. y un macho cabrío por el pecado;

65. y para hostias pacíficas dos bueyes, cinco carneros, cinco machos cabríos y

cinco corderos primales. Esta fue la ofrenda de Abidán, hijo de Gedeón.

66. El día décimo Ahiezer, hijo de Ammisaddai, príncipe de los hijos de Dan,

67. ofreció una fuente de plata que pesaba ciento treinta siclos, una taza de plata de setenta siclos, al peso del Santuario: ambas llenas de flor de harina amasada con aceite para el sacrificio;

68. una naveta de oro, que pesaba diez siclos, llena de incienso:

69. un buey de la vacada, un carnero y un cordero primal para holocausto,

70. y un macho cabrío por el pecado;

71. y para hostias pacíficas dos bueyes, cinco carneros, cinco machos cabríos y cinco corderos primales. Esta fue la ofrenda de Ahiezer, hijo de Ammisaddai.

72. El undécimo día Fegiel, hijo de Ocrán, príncipe de los hijos de Aser,

73. ofreció una fuente de plata de ciento treinta siclos de peso, una taza de plata de setenta siclos, al peso del santuario: ambas llenas de flor de harina amasada con aceite para el sacrificio;

74. una naveta de oro, que pesaba diez siclos, llena de incienso;

75. un buey de la vacada, un carnero y un cordero primal para holocausto,

76. y un macho cabrío por el pecado;

77. y para hostias pacíficas, dos bueyes, cinco carneros, cinco machos cabríos y cinco corderos primales. Esta fue la ofrenda de Fegiel, hijo de Ocrán.

78. El día duodécimo Ahira, hijo de Enán, príncipe de los hijos de Neftalí,

79. ofreció una fuente de plata que pesaba ciento treinta siclos, una taza de plata de setenta siclos, al peso del santuario: ambas llenas de flor de harina amasada con aceite para el sacrificio;

80. una naveta de oro, que pesaba diez siclos, llena de incienso;

81. un buey de la vacada, un carnero, y un cordero primal para holocausto,

82. y un macho cabrío por el pecado;

83. y para hostias pacíficas dos bueyes, cinco carneros, cinco machos cabríos, y cinco corderos primales. Esta fue la ofrenda de Ahira, hijo de Enán.

84. Las cosas, pues, ofrecidas por los príncipes o caudillos de Israel en la dedicación del altar, cuando fue consagrado, fueron éstas: doce fuentes de plata, doce tazas de plata, doce navetas de oro,

85. pesando cada fuente ciento treinta siclos de plata y setenta siclos cada taza, y así pesaban juntos todos los vasos de plata dos mil cuatrocientos siclos al peso del santuario;

86. las doce navetas de oro llenas de incienso, pesando cada una diez siclos de oro, y juntas ciento veinte siclos al peso del santuario;

87. doce bueyes de la vacada para holocausto, carneros doce, corderos primales doce, con sus libaciones, y doce machos cabríos por el pecado;

88. para hostias pacíficas veinticuatro bueyes, sesenta carneros, sesenta machos cabríos y sesenta corderos primales. Estas fueron las ofrendas en la dedicación del altar, cuando fue ungido.

89. Y cuando entraba Moisés en el Tabernáculo de la alianza para consultar el oráculo, oía la voz del Señor que hablaba con él desde el propiciatorio, que estaba sobre el arca del Testamento entre los dos querubines, desde donde hablaba a Moisés.

8

La colocación del candelero. Ceremonias en la consagración de los levitas

1. Y habló el Señor a Moisés, diciendo:

2. Habla con Aarón y dile: Puestas en el candelero las siete lamparillas*, lo colocaréis en la parte meridional. Dispón, pues, que las luces miren al norte hacia el frente de la mesa de los panes de la proposición; deben siempre alumbrar hacia la parte que mira al candelero.

3. Así lo hizo Aarón, y colocó las lamparillas en el candelero, como el Señor había ordenado a Moisés.

4. La hechura del candelero era en esta forma: tanto el pie de en medio, como todos los brazos, los cuales salían de ambos lados, eran de oro labrado a martillo; y Moisés le había hecho fabricar, arreglándose en todo al diseño que el Señor le había mostrado.

5. El mismo Señor habló también a Moisés, diciendo:

---

2. Estas eran unas lamparillas, que se ponían y quitaban del candelero.

6. Separa los levitas de en medio de los hijos de Israel y purifícalos,

7. con estas ceremonias: Sean rociados con el agua de la expiación, y córtense todos los pelos de su cuerpo; y habiendo lavado sus vestidos y limpiádose,

8. tomarán un buey de la vacada, y para libación u oblación suya, flor de harina amasada con aceite. Tú también tomarás otro buey de la vacada, para ofrecer por el pecado;

9. y presentarás los levitas ante el Tabernáculo de la alianza, congregada toda la multitud de los hijos de Israel.

10. Y estando los levitas ante el Señor, los hijos de Israel pondrán sus manos sobre ellos;

11. Y Aarón ofrecerá los levitas como un don que los hijos de Israel hacen al Señor, para que le sirvan en las funciones de su ministerio.

12. Los levitas por su parte pondrán sus manos sobre la cabeza de los bueyes; de los cuales uno lo sacrificarás por el pecado y otro en holocausto del Señor, a fin de impetrar el perdón a favor de ellos.

13. Así presentarás los levitas ante Aarón y sus hijos: y después de ofrecidos al Señor, los consagrarás,

14. y separarás de entre los hijos de Israel, para que sean míos;

15. y después de esto entrarán en el Tabernáculo de la alianza para que me sirvan. De esta manera los purificarás y consagrarás para oblación del Señor, ya que me han sido dados como don por los hijos de Israel,

16. y yo los he recibido en cambio de los primogénitos o primeros que salen del seno materno de Israel*.

17. Porque míos son todos los primogénitos de los hijos de Israel, tanto de hombres como de bestias. Desde aquel día que herí a todos los primogénitos en la tierra de Egipto, los consagraré para mí,

18. y escogí los levitas en lugar de todos los primogénitos de los hijos de Israel;

19. y entresacados de en medio del pueblo se los he dado a Aarón y a sus hijos para que me sirvan en el Tabernáculo de la alianza, en lugar de los hijos de Israel, y hagan oración por ellos, a fin de que no haya plaga en el pueblo, si osaren acercarse al santuario.

20. Hicieron, pues, Moisés y Aarón y todo el pueblo de los hijos de Israel, en orden a los levitas, lo que el Señor había mandado a Moisés,

21. y fueron purificados y lavados sus vestidos. Y Aarón los presentó en ofrenda en el acatamiento del Señor, y oró por ellos,

22. para que, purificados, acudiesen a sus oficios en el Tabernáculo de la alianza delante de Aarón y de sus hijos. Como el Señor lo mandó a Moisés, así se hizo con los levitas.

23. Y habló el Señor a Moisés, diciendo:

24. Esta es la ley de los levitas: De veinticinco años arriba entrarán a servir en el Tabernáculo de la alianza;

25. y cumpliendo los cincuenta años de edad, dejarán de servir,

26. y ayudarán solamente a sus hermanos en el Tabernáculo de la alianza, para custodiar las cosas que les fueron encomendadas, mas no harán los mismos trabajos de antes. Esto dispondrás respecto de los levitas en sus ministerios.

9

Celebración de la Pascua al pie del Sinaí; descripción de la columna de nube y fuego que guió a los israelitas

1. El segundo año después que salieron de la tierra de Egipto, en el primer mes, había hablado el Señor a Moisés en el desierto de Sinaí, diciendo:

2. Celebren los hijos de Israel la Pascua a su tiempo,

3. que es el día catorce de este mes a la tarde, observando todas las ceremonias y ritos de ella*.

4. Mandó, pues, Moisés a los hijos de Israel que celebrasen la Pascua;

5. los cuales la celebraron a su tiempo, el día catorce del mes a la tarde, en el desierto del monte Sinaí. Y lo hicieron los hijos de Israel, observando todas las cosas que Dios había ordenado a Moisés.

6. Mas he aquí que unos que estaban inmundos por razón de un cadáver, y que

16. *Num 3*, 12; *Ex 13*, 2; *Luc 2*, 23.

3. *Ex 12*, 3.

por tanto no podían celebrar la Pascua en aquel día, llegándose a Moisés y Aarón,

7. les dijeron: Estamos inmundos por razón de un cadáver. ¿Por qué hemos de quedar privados por esto de presentar a su tiempo la ofrenda al Señor, como los demás hijos de Israel?

8. Les respondió Moisés: Aguardad que consulte al Señor para saber qué es lo que dispone acerca de vosotros.

9. Y el Señor habló a Moisés diciendo:

10. Dirás a los hijos de Israel: El hombre de vuestra nación que se hallare inmundo por ocasión de algún cadáver, o lejos en algún viaje, celebre la Pascua del Señor, sacrificando el cordero,

11. en el mes segundo, a catorce del mes, por la tarde; le comerá con panes ázimos y lechugas silvestres;

12. no dejará nada de él para otro día, ni le quebrará hueso alguno; observará todas las ceremonias de la Pascua.

13. Mas si alguno estando limpio y no habiendo estado de viaje, sin embargo dejó de celebrar la Pascua, será exterminado de la compañía de su pueblo, por no haber ofrecido a su tiempo el sacrificio pascual al Señor. Este pagará la pena de su pecado.

14. Asimismo si entre vosotros hubiere algún extranjero o advenedizo, celebrará al Señor la Pascua según sus ceremonias y ritos; una misma será entre vosotros la ley para el extranjero que para el nacional.

15. Es de recordar, que el día en que se erigió el Tabernáculo le cubrió una nube. Mas desde la noche hasta la mañana apareció sobre el pabellón como una llama de fuego.

16. Y esto siguió siempre así. En el día le cubría una nube y por la noche una como llama de fuego.

17. Y cuando se comenzaba a mover la nube que cubría el Tabernáculo, entonces los hijos de Israel se ponían en marcha; y donde paraba la nube, allí acampaban.

18. A la orden del Señor marchaban, y a la orden del mismo plantaban el Tabernáculo. Todo el tiempo que la nube estaba parada sobre el Tabernáculo, se mantenía en el mismo sitio*.

19. Y si sucedía que se detuviese por mucho tiempo fija sobre él, los hijos de Israel estaban en centinela esperando las órdenes del Señor; y no se movían

20. en todos aquellos días que posaba la nube sobre el Tabernáculo. A la orden del Señor armaban las tiendas y a su orden las desarmaban.

21. Si la nube había estado parada desde la tarde hasta la mañana y luego al amanecer iba dejando el Tabernáculo, marchaban; y si después de un día y una noche se retiraba, desarmaban luego las tiendas.

22. Pero si por dos días, o un mes, o más largo tiempo estaba sobre el Tabernáculo, permanecían los hijos de Israel en el mismo lugar y no viajaban; mas luego que se apartaba, movían el campo.

23. A la señal del Señor fijaban las tiendas y a la señal del mismo partían; y estaban en observación, aguardando la señal del Señor, como lo tenía él mandado por medio de Moisés.

---

10 *El sonido de las trompetas y la columna de nube indican que el campamento se levante*

---

1. Y habló el Señor a Moisés diciendo:

2. Hazte dos trompetas de plata batida a martillo con las que puedas avisar al pueblo cuando se ha de levantar el campamento.

3. Y cuando hicieres sonar las trompetas se congregará cerca de ti toda la gente a la puerta del Tabernáculo de la alianza.

4. Si tocares una sola vez, acudirán a ti los príncipes y las cabezas del pueblo de Israel.

5. Pero si el sonido fuese más prolijo y quebrado, los que están a la parte oriental moverán los primeros el campo.

6. Al segundo toque semejante y sonido recio de la trompeta, recogerán las tiendas los que habitan al mediodía, y lo mismo harán los demás sonando reciamente las trompetas para la marcha.

7. Cuando se haya de congregar el pueblo, el sonido de las trompetas será sencillo y sin redoble.

8. Tocarán las trompetas los sacerdotes hijos de Aarón, y éste será un estatuto perpetuo en vuestras generaciones.

9. Si saliereis de vuestra tierra a pelear contra los enemigos que os muevan guerra,

---

18. *1 Cor 10*, 1.

tocaréis con redoble las trompetas; y el Señor Dios vuestro se acordará de vosotros para libraros de las manos de vuestros enemigos.

10. Cuando hubiereis de celebrar un banquete, y días de fiesta, y las calendas o primer día del mes, tocaréis las trompetas al ofrecer los holocaustos y víctimas pacíficas, para que vuestro Dios se acuerde de vosotros. Yo el Señor Dios vuestro.

11. El año segundo, en el segundo mes, a los veinte del mes, se alzó la nube de sobre el Tabernáculo de la alianza;

12. y los hijos de Israel, divididos en sus escuadrones, partieron del desierto de Sinaí, y la nube vino a posar en el desierto de Farán.

13. Los hijos de Judá, divididos según sus escuadrones, se pusieron en marcha los primeros, conforme a la orden del Señor, comunicada por Moisés;

14. era el príncipe o caudillo de ellos Nahasón, hijo de Aminadab*.

15. En la tribu de los hijos de Isacar fue el príncipe Natanael, hijo de Suar.

16. En la tribu de Zabulón, fue el príncipe Eliab, hijo de Helón.

17. Y desarmado el Tabernáculo, cargaron con él los hijos de Gersón y de Merari; y siguieron la marcha.

18. Partieron después por su orden los hijos de Rubén, divididos en sus compañías, cuyo príncipe era Elisur, hijo de Sedeur.

19. En la tribu de los hijos de Simeón el príncipe era Salamiel, hijo de Surisaddai.

20. En la tribu de Gad era el príncipe Eliasaf, hijo de Duel.

21. Tras éstos caminaron los caatitas, llevando en hombros las cosas santas; y el Tabernáculo era llevado hasta el sitio donde se debía erigir.

22. Movieron asimismo su campamento los hijos de Efraín divididos en sus compañías, y de cuyo cuerpo era príncipe Elisama, hijo de Ammiud.

23. En la tribu de los hijos de Manasés, el príncipe era Gamaliel, hijo de Fadasur.

24. Y en la tribu de Benjamín era caudillo Abidán, hijo de Gedeón.

25. Los últimos que partieron del campamento fueron los hijos de Dan, divididos por sus escuadrones, en cuyo cuerpo el príncipe era Ahiezer, hijo de Ammisaddai.

26. En la tribu de los hijos de Aser era príncipe Fegiel, hijo de Ocrán.

27. Y en la tribu de los hijos de Neftalí era príncipe Ahira, hijo de Enán.

28. Este es el orden de los campamentos y la manera con que debían marchar los hijos de Israel por sus escuadrones, cuando levantaban el campo.

29. Dijo entonces Moisés a Hobab, hijo de Raguel madianita, su pariente: Nosotros partimos para el país cuyo dominio nos ha de dar el Señor; ven con nosotros para que te hagamos bien, estableciéndote ventajosamente; pues el Señor ha prometido bienes a Israel.

30. Hobab le respondió: No iré contigo, sino que me volveré a mi tierra donde nací.

31. Pero Moisés: No quieras, dijo, abandonarnos, ya que tú eres práctico de los sitios en que debemos acampar por el desierto, y nos servirás de guía.

32. Y si vinieres con nosotros, te daremos lo mejor de las riquezas que nos ha de dar el Señor.

33. Partieron, pues, del monte del Señor, caminando tres días, y el arca de la alianza del Señor los precedía*, señalándoles aquellos tres días el lugar del campamento.

34. La nube del Señor iba también sobre ellos de día, durante el viaje.

35. Y al tiempo de alzar el arca, decía Moisés: Levántate, Señor, y sean disipados tus enemigos, y huyan de tu presencia los que te aborrecen.

36. Mas al asentarla, decía: Vuélvete, oh Señor, hacia la multitud del ejército de Israel.

11 *Murmuración de los israelitas y su castigo; establecimiento de los Setenta Ancianos*

1. Entretanto se suscitó murmullo en el pueblo, como quejándose contra el Señor por el cansancio*. Lo que habiendo oído el Señor se enojó; y encendido contra ellos

14. *Num 1*, 7.

33. El centro era el lugar señalado por Dios para el arca, en las marchas y en los campamentos.

1. En este paraje comenzó la murmuración. *Num 33*, 16; *Sal 78* (*77*), 19-21; *1 Cor 10*, 10.

fuego del Señor, devoró a los que estaban en la extremidad del campamento.

2. Habiendo entonces clamado el pueblo a Moisés, éste oró al Señor, y quedó el fuego extinguido o absorbido por la tierra.

3. Por lo que llamó el nombre de aquel lugar incendio: por haberse encendido contra ellos el fuego del Señor.

4. Porque sucedió que la gente allegadiza que había venido con ellos de Egipto, tuvo un ardiente deseo de comer carne, y poniéndose a llorar, uniéndosele también los hijos de Israel, dijeron: ¡Oh! ¡Quién nos diera carnes para comer!

5. Acordándonos estamos de aquellos pescados que de balde comíamos en Egipto; se nos vienen a la memoria los cohombros, y los melones, y los puerros, y las cebollas y los ajos.

6. Seca está ya nuestra alma; nada ven nuestros ojos, sino maná.

7. Era el maná semejante a la grana del cilantro, del color del bedelio o rubicundo*,

8. y el pueblo iba alrededor del campamento, y recogiéndole le reducía a harina en molino, y le machacaba en un mortero, cociéndole en ollas, y haciendo de él unas tortitas de un sabor como de pan amasado con aceite.

9. Y cuando por la noche caía el rocío en el campo, caía también al mismo tiempo el maná.

10. Oyó, pues, Moisés que el pueblo estaba llorando, cada cual con su familia a la puerta de su pabellón. Y se encendió en gran manera la indignación del Señor; y aun al mismo Moisés le pareció la cosa intolerable.

11. Por lo que dijo al Señor: ¿Por qué has afligido a tu siervo? ¿Cómo es que no hallo yo gracia delante de tus ojos? ¿Y por qué motivo me has echado a cuestas el peso de todo este pueblo;

12. ¿Por ventura he concebido yo toda esta turba, o engendrádola, para que tú me digas: Llévalos a tu seno, como suele una ama traer al niño que cría, y condúcelos a la tierra prometida, con juramento a sus padres?

13. ¿De dónde tengo yo de sacar carnes para dar de comer a tanta gente? Pues lloran y murmuran contra mí, diciendo: Danos carnes para comer.

14. No puedo yo solo soportar a todo este pueblo; porque me pesa demasiado.

15. Que si no lo llevas a mal, te suplico que me quites la vida, y halle yo gracia en tus ojos para no sufrir tantos males.

Los Setenta Ancianos

16. Dijo el Señor a Moisés: Reúneme* setenta varones de los ancianos de Israel, los que tú conoces que son autorizados y maestros del pueblo, y los conducirás a la puerta del Tabernáculo de la alianza, y harás que estén allí contigo;

17. y descenderé yo, y te hablaré, y yo tomaré de tu espíritu, y lo comunicaré a ellos para que sostengan contigo la carga del pueblo, y no te sea demasiado grave llevándola solo.

18. Dirás también al pueblo: Purificaos; mañana comeréis carnes, ya que os he oído decir: ¿Quién nos dará carnes para comer?, mejor nos iba en Egipto. Sí, el Señor os dará carnes para que comáis

19. no un día, ni dos, ni cinco, ni diez, ni veinte;

20. sino por todo un mes entero, hasta que os salgan por las narices y os cause náusea; puesto que habéis desechado al Señor que habita en medio de vosotros, y llorado en su presencia, diciendo: ¿A qué propósito salimos de Egipto?

21. Pero Moisés respondió: Hay en este pueblo seiscientos mil hombres de a pie; y tú dices: Yo les daré de comer carnes, un mes entero.

22. ¿Por ventura se ha de matar tan gran muchedumbre de ovejas y de bueyes que les basten para comer?; ¿o se habrán de juntar a una todos los peces del mar, a trueque de hartarlos?

23. Le replicó el Señor: Pues que, ¿acaso flaquea la mano del Señor? Bien presto verás si tiene efecto mi palabra.

24. Vino, pues, Moisés, y reunidos los setenta varones de los ancianos de Israel a los cuales colocó junto al Tabernáculo, refirió al pueblo las palabras del Señor.

25. Y descendió el Señor en la nube, y habló a Moisés, y tomando del espíritu que

---

7. *Ex 16*, 14; *Sal 78* (*77*), 24; *Sab 16*, 20; *Jn 6*, 31.

16. Dios le mandó formar un consejo de Setenta Ancianos, que escogió entre quienes habían gobernado al pueblo en Egipto.

en él había, se lo infundió a los setenta varones. Y luego que posó en ellos el espíritu, comenzaron a profetizar, y continuaron siempre así en adelante.

26. Dos de los ancianos se habían quedado en el campamento, de los cuales uno se llamaba Eldad y otro Medad, y también posó sobre ellos el espíritu; porque también estaban en la lista, aunque no habían ido al Tabernáculo.

27. Y como profetizasen en el campamento, vino corriendo un muchacho a dar aviso a Moisés, diciendo: Eldad y Medad están profetizando en el campamento.

28. Al punto Josué, hijo de Nun, ministro de Moisés, escogido entre muchos, dijo: Señor mío Moisés, no les permitas tal cosa.

29. Pero él le respondió: ¿A qué fin tienes celos por amor de mí? ¡Ah! ¡Quién me diera que todo el pueblo profetizase y que el Señor concediese a todos su espíritu!

30. Y se volvió Moisés al campamento, con todos los ancianos de Israel.

31. Después de esto un viento excitado por el Señor, arrebatando del otro lado del mar codornices*, las transportó y arrojó sobre el campamento, alrededor de él, por espacio de una jornada de camino, y volaban en el aire a dos codos de altura sobre la tierra.

32. Con lo que acudiendo el pueblo todo aquel día, y aquella noche y al día siguiente, juntó, el que menos, diez coros* de codornices; y las pusieron a secar alrededor de los campamentos.

33. Todavía tenían las carnes entre los dientes y no se había aún acabado semejante vianda, cuando de repente irritado el furor del Señor contra el pueblo, le castigó con una plaga sobremanera grande*.

34. Por cuyo motivo fue nombrado aquel lugar sepulcros de concupiscencia; porque allí quedó sepultada la gente que tuvo aquel antojo. Partidos, en fin, de los sepulcros de concupiscencia, vinieron a Haserot, donde acamparon.

31. Antes el Señor les había enviado una lluvia de codornices para que comieran un día, ahora se las manda para un mes. *Ex 16*, 13; *Sal 78* (77), 26.

32. El *coro* equivalía a diez *efa*, o 220 litros. Cada *efa* contiene 22 litros. El plural de *efa* es *efi* o *efí*.

33. *Sal 78* (77), 30.

12 *Murmuran María y Aarón contra su hermano Moisés, al cual honra nuevamente el Señor*

1. Y hablaron María y Aarón contra Moisés a causa de su mujer la etiopisa,

2. y dijeron: Pues que, ¿por ventura el Señor ha hablado solamente por boca de Moisés?; ¿acaso no nos ha hablado igualmente a nosotros? Lo que oyendo el Señor,

3. (pues era Moisés el hombre más manso de cuantos moraban sobre la tierra),

4. al momento le dijo a él, y a Aarón y a María: Venid los tres solos al Tabernáculo de la alianza. Venidos que fueron,

5. descendió el Señor en la columna de nube, y poniéndose a la entrada del Tabernáculo, llamó a Aarón y a María. A los cuales, así que se presentaron,

6. les dijo: Escuchad mis palabras: Si hubiese entre vosotros algún profeta del Señor, yo me apareceré a él en visión, o le hablaré entre sueños.

7. Pero no así a mi siervo Moisés, que es el más fiel o confidente en toda mi casa*;

8. porque yo a él le hablo boca a boca, y él ve claramente al Señor, y no por enigmas o figuras*. ¿Pues cómo os habéis atrevido a hablar mal de mi siervo Moisés?

9. Y airado contra ellos, se retiró.

10. Se apartó también la nube que estaba sobre el Tabernáculo; y he aquí que María de repente se vio cubierta de lepra blanca* como la nieve. Y como Aarón la mirase y viese toda cubierta de lepra,

11. dijo a Moisés: Te suplico, señor mío, que no nos imputes este pecado que neciamente hemos cometido;

12. y que no quede ésta como muerta y como un aborto que es arrojado del vientre de su madre. Mira cómo la lepra ha consumido ya la mitad de su carne.

13. Clamó entonces Moisés al Señor, diciendo: ¡Oh Dios!, vuélvele, te ruego, la salud.

14. Respondió el Señor: ¿Si su padre le hubiere escupido en la cara, acaso no debiera siete días por lo menos estar sonrojada?

7. La voz hebrea puede significar también *mayordomo, procurador* y *encargado. Hebr 3*, 2.

8. *Ex 33*, 11.

10. *Deut 24*, 9.

Que esté separada siete días fuera del campamento y después se la hará volver.

15. Fue, pues, María echada fuera del campamento por siete días; y el pueblo no se movió de aquel lugar, hasta que ella volvió.

13 *Los exploradores enviados por Moisés a la tierra de Canaán; éstos emedrentan al pueblo*

1. Habiendo el pueblo partido de Haserot, fijó sus tiendas en el desierto de Farán,

2. donde habló el Señor a Moisés, diciendo:

3. Envía sujetos principales, uno de cada tribu, a registrar la tierra de Canaán, la cual tengo de dar a los hijos de Israel.

4. Hizo Moisés lo que mandaba el Señor, enviando desde el desierto de Farán algunos varones principales cuyos nombres son estos*:

5. De la tribu de Rubén, Sammua, hijo de Zecur.

6. De la tribu de Simeón, Safat, hijo de Huri.

7. De la tribu de Judá, Caleb, hijo de Jefone.

8. De la tribu de Isacar, Igal, hijo de José.

9. De la tribu de Efraín, Oseas, hijo de Nun.

10. De la tribu de Benjamín, Falti, hijo de Rafu.

11. De la tribu de Zabulón, Geddiel, hijo de Sodi.

12. De la tribu de José, por la estirpe de Manasés, Gaddi, hijo de Susi.

13. De la tribu de Dan, Ammiel, hijo de Gemalli.

14. De la tribu de Aser, Stur, hijo de Micael.

15. De la tribu de Neftalí, Nahabí, hijo de Vapsi.

16. De la tribu de Gad, Güel, hijo de Maqui.

17. Estos son los nombres de los sujetos que envió Moisés a reconocer la tierra; y a Oseas, hijo de Nun, le dio el nombre de Josué*.

18. Los envió, pues, Moisés a reconocer la tierra de Canaán, y les dijo: Subid por la parte del mediodía, y llegando a los montes,

19. reconoced la tierra qué tal es; y el pueblo que habita en ella, si es fuerte o flaco, si pocos en número o muchos,

20. si la tierra en sí misma es buena o mala: qué tales las ciudades, si están muradas o sin muros;

21. si el terreno es estéril, si de bosques o sin árboles. Tened buen ánimo y traednos de los frutos de la tierra. Era entonces el tiempo en que ya se pueden comer las uvas tempranas.

22. Habiendo, pues, partido, exploraron la tierra desde el desierto de Tsin hasta Rohob a la entrada de Emat.

23. Y subiendo hacia el mediodía vinieron a Hebrón, donde estaban Acimán, y Sisai, y Tolmai, hijos de Enac. Pues Hebrón fue fundada siete años antes que Tanaís*, ciudad de Egipto.

24. Y prosiguiendo el viaje hasta el torrente del racimo, cortaron un sarmiento con su racimo, el cual trajeron entre dos en un varal. Llevaron también granadas e higos de aquel sitio,

25. el cual fue llamado Nehelescol, esto es, Torrente o valle del racimo; porque de allí llevaron el racimo los hijos de Israel.

26. Habiendo vuelto los exploradores de la tierra al cabo de cuarenta días, después de haber recorrido todo el país,

27. se presentaron a Moisés y Aarón, y a todo el pueblo de los hijos de Israel en el desierto de Farán, junto a Cades. Y hablando con ellos y con el pueblo todo, mostraron los frutos de la tierra,

28. y dieron cuenta de su viaje, diciendo: Llegamos a la tierra a que nos enviaste; la cual realmente mana leche y miel, como se puede ver por estos frutos.

29. Pero tiene unos habitantes muy valerosos y ciudades grandes y fortificadas. Allí hemos visto la raza de Enac.

30. Amalec habita en la parte del mediodía. El heteo, y el jebuseo y el amorreo en las sierras; y el cananeo mora en las costas del mar y en las riberas del Jordán.

31. Entretanto Caleb, para acallar el murmullo que se levantaba en el pueblo

---

4. *Num 27*; 32, 8; *Deut 1*, 22; 9, 23.

17. Josué significa *Salud de Dios* o *Salvador dado por Dios*.

23. *Tanaís* era la capital y corte de los reyes de Egipto.

contra Moisés, dijo: Ea, vamos allá y tomemos posesión de la tierra; que sin duda la podremos conquistar.

32. Los otros, que lo habían acompañado, decían: De ningún modo podemos contrastar a este pueblo, siendo como es más fuerte que nosotros.

33. Y desacreditaron entre los hijos de Israel la tierra que habían visto, diciendo: La tierra que hemos recorrido se traga a sus habitantes; el pueblo que hemos visto es de una estatura agigantada.

34. Allí vimos unos hombres descomunales, hijos de Enac, de raza gigantesca, en cuya comparación nosotros parecíamos langostas.

14

Aplaca Moisés la indignación del Señor, aunque los condena a todos a morir en el desierto

1. Oído esto, todo el pueblo alzó el grito y estuvo llorando aquella noche:

2. y todos los hijos de Israel murmuraron contra Moisés y Aarón, diciendo:

3. Ojalá hubiéramos muerto en Egipto; y haga el cielo que perezcamos en esta vasta soledad, y no nos introduzca Dios en esa tierra, donde muramos al filo de la espada, y sean llevados cautivos nuestras mujeres y niños. ¿Pues no será mejor volvernos a Egipto?

4. Y así se dijeron unos a otros: Nombrémonos un caudillo y volvámonos a Egipto.

5. Lo que oyendo Moisés y Aarón, se postraron pecho por tierra delante de todo el concurso de los hijos de Israel.

6. Pero Josué, hijo de Nun y Caleb, hijo de Jefone, que habían también explorado la tierra*, rasgaron sus vestidos,

7. y dijeron al pueblo de los hijos de Israel: La tierra que recorrimos es en extremo buena.

8. Si el Señor nos fuere propicio, nos introducirá en ella y nos hará dueños de un país que mana leche y miel.

9. No queráis ser rebeldes contra el Señor, ni temáis al pueblo de esa tierra, porque nos los comeremos a todos tan fácilmente como pan. Se hallan destituidos de toda defensa; el Señor está con nosotros; no los temáis.

10. Mas como gritase todo el pueblo y los quisiese matar a pedradas, se manifestó la gloria del Señor a todos los hijos de Israel sobre el Tabernáculo de la alianza.

11. Y dijo el Señor a Moisés: ¿Hasta cuándo ha de blasfemar de mí ese pueblo? ¿Hasta cuándo no han de creerme, después de tantos milagros como he hecho a su vista?

12. Los heriré, pues, con peste, y acabaré con ellos; y a ti te haré príncipe de una nación grande y más poderosa que no ésta.

13. Replicó Moisés al Señor: Pero los egipcios de cuyo poder sacaste a este pueblo,

14. y también los moradores de este país, que han oído que tú, ¡oh Señor!, estás en medio de este pueblo y te dejas ver cara a cara, y que tu nube los ampara, y que tú vas delante de ellos de día en la columna de nube y de noche en la de fuego*,

15. sabrán, Señor, que has hecho morir tanta gente como si fuera un hombre solo, y dirán:

16. No ha tenido poder para introducirlos en la tierra que les prometió con juramento; y por eso los ha muerto en el desierto.

17. Sea, pues, engrandecida la fortaleza del Señor, como lo juraste, diciendo*:

18. El Señor es paciente y de mucha misericordia, que quita el pecado y las maldades, que a ninguno deja de castigar por inocente, pues nadie lo es por sí*, que castiga el pecado de los padres en los hijos hasta la tercera y la cuarta generación.

19. Perdona, te ruego, el pecado de este pueblo, según la grandeza de tu misericordia, así como les has sido propicio desde que salieron de Egipto hasta este sitio.

20. Respondió el Señor: Queda perdonado, conforme lo has pedido.

21. Juro por mi vida, que toda la redondez de la tierra se llenará de la gloria del Señor.

22. Sin embargo, todos los hombres que han visto la majestad mía, y los prodigios que tengo hechos en Egipto y en el desierto, y me han tentado ya por diez veces, y no han obedecido a mi voz,

---

6. *1 Mac 2*, 55.

14. *Ex 13*, 21.
17. *Ex 34*, 6, 7.
18. *Sal 103* (*102*), 8; *Ex 34*, 7.

23. no verán la tierra que prometí con juramento a sus padres: Ni uno siquiera de los que han blasfemado de mí la llegará a ver*.

24. Pero a mi siervo Caleb, que lleno de otro espíritu me ha seguido, le introduciré yo en esa tierra que recorrió, y su descendencia la poseerá*.

25. Y por cuanto el amalecita y el cananeo están en los valles vecinos, levantad mañana el campo y volveos al desierto por el camino del mar Rojo.

El Señor castiga a los israelitas

26. Y habló el Señor a Moisés y a Aarón, diciendo:

27. ¿Hasta cuándo esta perversísima gente ha de murmurar contra mí? He oído las quejas de los hijos de Israel.

28. Diles, pues: Juro por mi vida, dice el Señor, que he de hacer con vosotros puntualmente lo que he oído que hablabais.

29. En este desierto quedarán tendidos vuestros cadáveres. Cuantos fuisteis alistados de veinte años arriba y habéis murmurado contra mí,

30. no entraréis en esa tierra*, la cual juré que os había de dar por morada: fuera de Caleb, hijo de Jefone, y de Josué, hijo de Nun.

31. Pero yo haré entrar en ella a vuestros pequeñuelos, de quienes dijisteis que vendrían a ser la presa de los enemigos para que vean la tierra que vosotros desestimasteis.

32. Vuestros cadáveres yacerán en el desierto.

33. Andarán vuestros hijos vagando por el desierto por espacio de cuarenta años, pagando la pena de vuestra apostasía hasta que sean consumidos en el mismo desierto los cadáveres de sus padres;

34. a proporción del número de los cuarenta días gastados en reconocer la tierra, contando año por día*. Y así por espacio de cuarenta años pagaréis la pena de vuestras maldades y experimentaréis mi venganza*.

35. Porque del modo que lo tengo dicho, así trataré a toda esta generación perversísima, que se ha levantado contra mí: En este desierto se irá consumiendo, y en él morirá.

36. Y en efecto todos aquellos hombres que Moisés envió a reconocer la tierra prometida y a la vuelta hicieron murmurar al pueblo contra él, publicando falsamente que la tierra era mala,

37. fueron heridos de muerte a la presencia del Señor.

38. Solamente Josué, hijo de Nun, y Caleb, hijo de Jefone, quedaron con vida, de todos los que fueron a explorar la tierra.

39. Y habiendo referido Moisés una por una todas estas palabras del Señor a los hijos de Israel, el pueblo prorrumpió en un amargo llanto.

40. Y luego al día siguiente, levantándose al amanecer, subieron a la cima del monte, y dijeron: Estamos prontos a ir al lugar de que habló el Señor; por cuanto conocemos haber pecado.

41. Y Moisés les dijo: ¿A qué fin queréis traspasar vosotros el mandato del Señor, cosa que nunca os saldrá bien?

42. No penséis, pues, en ir; porque el Señor no está con vosotros: sino es que queráis ser derrotados por vuestros enemigos.

43. El amalecita y el cananeo están en frente de vosotros, al filo de cuya espada pereceréis, por no haber querido rendiros al Señor; ni el Señor estará con vosotros.

44. Con todo eso, ellos ciegos y obstinados subieron a la cima del monte; mas el arca del Testamento del Señor y Moisés no se movieron de los campamentos.

45. Pero el amalecita y el cananeo que habitaban en la montaña, les salieron al encuentro; y batiéndolos y destrozándolos, los fueron persiguiendo hasta Horma.

15

Leyes sobre primicias y libaciones. Los israelitas llevan en el vestido un recuerdo de la ley de Dios

1. Habló el Señor a Moisés, diciendo:

2. Habla con los hijos de Israel, y diles: Cuando hubiereis entrado en la tierra de vuestra morada que os daré yo,

23. *Deut 1*, 35.
24. *Jos 14*, 6.
30. *Hebr 13*, 3.
34. *Ez 4*, 6.
34. *Num 32*, 13; *Sal 85* (*84*), 10.

3. y ofreciereis al Señor holocausto o víctima pacífica, cumpliendo votos, o por oblación voluntaria, o ya quemando en vuestras solemnidades bueyes u ovejas en olor de suavidad al Señor,

4. cualquiera que sacrificaré víctima, ofrecerá con el sacrificio la décima parte de un efi de flor de harina, heñida con la cuarta parte de un hin de aceite;

5. y dará la misma medida de vino para hacer las libaciones del holocausto o de la víctima. Por cada cordero

6. y carnero se ofrecerán dos décimas de flor de harina, que esté amasada con la tercera parte de un hin de aceite;

7. y de vino para la libación ofrecerá la tercera parte de la misma medida, en olor suavísimo al Señor.

8. Que si el holocausto o la hostia es de bueyes en cumplimiento de voto o por víctima pacífica,

9. darás por cada buey tres décimas de flor de harina amasada con la mitad de la medida de un hin de aceite;

10. e igual porción de vino para las libaciones en ofrenda de olor suavísimo al Señor.

11. Esto harás en el sacrificio

12. de cada buey, carnero, cordero o cabrito.

13. Tanto los naturales como los forasteros

14. han de ofrecer con este mismo rito los sacrificios.

15. Una misma será la ley y el estatuto, tanto para vosotros como para los extranjeros o prosélitos vuestros.

16. habló el Señor a Moisés, diciendo:

17. Habla con los hijos de Israel y diles:

18. Así que lleguéis a la tierra que os daré,

19. y comáis del pan de aquel país, separaréis para el Señor las primicias

20. de vuestros alimentos. Así como separáis las primicias de las eras,

21. también de la pasta de harina que gastareis, habéis de dar las primicias al Señor.

22. Cuando por ignorancia dejareis de hacer alguna cosa de las que ha hablado el Señor a Moisés,

23. y que por su medio os ha mandado a vosotros y a vuestros descendientes desde el día en que comenzó a dar leyes,

24. si toda la muchedumbre del pueblo se olvidare de ponerla en ejecución, ofrecerá un becerro de la vacada en holocausto de olor suavísimo al Señor, con su ofrenda y libaciones, como lo pide el ceremonial, y un macho cabrío por el pecado;

25. y el sacerdote hará oración por toda la multitud de los hijos de Israel; y se les perdonará, porque no pecaron con advertencia; sin dejar por eso de ofrecer al Señor el holocausto y el sacrificio por sí y por su pecado y error,

26. y así se le perdonará a todo el pueblo de Israel, y a los extranjeros agregados a ellos, por ser culpa que procede de ignorancia común a todo el pueblo.

27. Pero si una persona particular pecare por ignorancia, ofrecerá una cabra primal por su pecado;

28. y el sacerdote rogará por tal persona, en atención a que pecó delante del Señor por ignorancia; y le alcanzará el perdón, y quedará perdonada.

29. Una será la ley de los que pecaren por ignorancia, bien sean nacionales o bien forasteros.

30. Mas la persona que osare cometer algún pecado a sabiendas, ora sea ciudadano, ora extranjero, perecerá de en medio de su pueblo porque fue rebelde al Señor;

31. por cuanto despreció la palabra del Señor y quebrantó su mandamiento: por lo mismo será exterminado y llevará la pena de su iniquidad.

32. Aconteció, estando los hijos de Israel en el desierto, que hallaron a un hombre que estaba cogiendo leña en día sábado,

33. y le presentaron a Moisés y Aarón, y a toda la comunidad.

34. Los cuales le encerraron en la cárcel, no sabiendo qué debían hacer de él.

35. Y dijo el Señor a Moisés: Muera sin remisión ese hombre, mátele todo el pueblo a pedradas fuera del campamento.

36. Y habiéndole sacado fuera, le apedrearon, y quedó muerto, como el Señor lo había mandado.

37. Dijo asimismo el Señor a Moisés:

38. Habla con los hijos de Israel, y les dirás que se hagan unas franjas en los remates de sus mantos, poniendo en ellos cintas o listones de color de jacinto;

39. para que viéndolas se acuerden de todos los mandamientos del Señor y no

vayan en pos de sus pensamientos, ni pongan sus ojos en objetos que corrompan su corazón;

40. mas antes bien acordándose de los preceptos del Señor, los cumplan y se conserven santos y puros para su Dios.

41. Yo el Señor Dios vuestro, que os saqué de la tierra de Egipto, para ser vuestro Dios.

16 *Rebelión de Coré, Datán y Abirón y su castigo. Aarón aplaca la cólera de Dios*

1. Pero he aquí que Coré*, hijo de Isaar, hijo de Caat, hijo de Leví; y Datán y Abirón, hijos de Eliab; y también Hon, hijo de Felet, de la tribu de Rubén,

2. se amotinaron* contra Moisés con otros doscientos cincuenta hombres de los hijos de Israel, varones de los más ilustres de la comunidad, y que en tiempo de concilio o asamblea, eran convocados nominadamente.

3. Y presentándose delante de Moisés y Aarón, dijeron: Básteos ya lo hecho hasta aquí; puesto que todo este pueblo es de santos, y en medio de ellos está el Señor, ¿por qué causa os ensalzáis tanto sobre el pueblo del Señor?

4. Lo que oyendo Moisés, se postró rostro por tierra;

5. y luego hablando a Coré y a toda la multitud: Mañana, dijo, declarará el Señor quiénes son los suyos, y se apropiará los que son santos; y aquellos que escogiere, ésos se acercarán a él o serán sus ministros.

6. Haced, pues, esto: Tome cada cual su incensario, tú Coré, y todo tu séquito;

7. y mañana, echado el fuego, poned sobre él incienso, delante del Señor; y al que escogiere ése será santo: ¡Oh hijos de Leví!, mucho os engreís.

8. Y añadió hablando con Coré: Escuchad, hijos de Leví:

9. ¿Os parece acaso poco que el Dios de Israel os haya separado de todo el pueblo, y allegado a sí, para que le sirvieseis en el culto del Tabernáculo y estuvieseis ante el concurso del pueblo, ejerciendo por él el ministerio?

10. ¿Para eso te ha puesto a ti y a todos tus hermanos, los hijos de Leví, cerca de sí, para que os arroguéis también el sumo sacerdocio,

11. y toda tu gavilla se subleve contra el Señor? Porque ¿qué es Aarón, para que murmuréis contra él?

12. En seguida Moisés envió a llamar a Datán y a Abirón, hijos de Eliab. Los cuales respondieron: Nosotros no vamos.

13. Pues que, ¿te parece aún poco el habernos sacado de una tierra que manaba leche y miel, para hacernos morir en el desierto, sino que además de eso nos has de estar tiranizando?

14. Por cierto que nos has introducido en terreno donde corren arroyos de leche y miel, y que nos has dado posesiones de campos y viñedos; o ¿por ventura quieres sacarnos también los ojos? Nosotros no vamos.

15. Entonces Moisés sumamente irritado dijo al Señor: No atiendas a sus sacrificios: Tú sabes que ni siquiera un asnillo he tomado jamás de ellos, ni a ninguno he hecho daño.

16. Dijo después a Coré: Tú y toda tu cuadrilla presentaos mañana aparte delante del Señor, y Aarón se presentará separadamente.

17. Tomad cada cual vuestros incensarios, y echad en ellos incienso, ofreciendo al Señor doscientos cincuenta incensarios; y tenga Aarón también el suyo.

18. Como lo hubiesen hecho así, estando presentes Moisés y Aarón,

19. y habiendo agavillado contra ellos toda la gente a la puerta del Tabernáculo, se manifestó a todos la gloria del Señor.

20. El cual hablando con Moisés y Aarón, dijo:

21. Apartaos de en medio de esa gavilla, y en un momento los consumiré.

22. Aquí Moisés y Aarón se postraron sobre su rostro, y dijeron: ¡Oh fortísimo Dios de los espíritus de todos los hombres! ¿es posible que por el pecado de uno se ha de ensañar tu ira contra todos?

23. Entonces dijo el Señor a Moisés:

24. Manda a todo el pueblo que se retire de las tiendas de Coré, y de Datán y de Abirón.

---

1. Coré, primo de Moisés y Aarón, envidioso de su autoridad, se conjuró contra ellos con Datán y Abirón.

2. *Eclo 45*, 22; *1 Cor 10*, 10; *Jds* 11.

25. Y se levantó Moisés, y se fue hacia Datán y Abirón; y siguiéndole los ancianos de Israel,
26. dijo a la gente: Retiraos de las tiendas de esos hombres impíos, y no toquéis cosa suya, porque no seáis envueltos en sus pecados.
27. Retirados que fueron de los alrededores de las tiendas de los dichos, saliendo Datán y Abirón, se pusieron a la entrada de sus pabellones con las mujeres e hijos y toda su gente.
28. Dijo entonces Moisés: En esto conoceréis que el Señor me ha enviado a ejecutar todas las cosas que veis, y que no las he forjado yo en mi cabeza.
29. Si éstos que me acusan murieren de la muerte ordinaria de los hombres, y fueren heridos del azote que suele también herir a los demás, no me ha enviado el Señor;
30. pero si el Señor hiciere una cosa nunca vista, de manera que la tierra abriendo su boca se los trague a ellos y a todas sus cosas, y bajen vivos al infierno, sabréis entonces que han blasfemado contra el Señor.
31. No bien hubo acabado de hablar, cuando la tierra se hundió debajo de los pies de aquéllos,
32. y abriendo su boca se los tragó con sus tiendas y todos sus haberes;
33. y cubiertos de tierra bajaron vivos al infierno, y perecieron de en medio del pueblo.
34. Al punto todo Israel, que estaba al contorno, a los alaridos de los que perecían echó a huir diciendo: No sea que nos trague también a nosotros la tierra.
35. Además de ésto, un fuego enviado del Señor abrasó a los doscientos cincuenta hombres que ofrecían el incienso.
36. Y el Señor habló a Moisés, diciendo:
37. Da orden a Eleazar, sacerdote hijo de Aarón, que tome los incensarios que han quedado esparcidos en medio del incendio, y desparrame a una y otra parte el fuego que hay en ellos; por cuanto han quedado ya consagrados
38. con la muerte de los pecadores; y que los reduzca a planchas, las cuales clave en el altar, por haberse ofrecido en ellos incienso al Señor, y quedar a él consagrados; a fin de que los hijos de Israel las miren como una señal y recuerdo.
39. Tomó, pues, el sacerdote Eleazar los incensarios de bronce en que hicieron su ofrenda a aquellos que fueron devorados por el incendio, y los redujo a planchas, que clavó en el altar;
40. a fin de que sirviesen en adelante a los hijos de Israel de escarmiento, para que ningún extraño, y que no sea del linaje de Aarón, se acerque a ofrecer incienso al Señor; para que no le acontezca lo que le aconteció a Coré y a todo su séquito, según la palabra del Señor a Moisés.
41. Pero al día siguiente toda la multitud de los hijos de Israel murmuraba contra Moisés y Aarón, diciendo: Vosotros habéis dado la muerte al pueblo del Señor.
42. Y como tomase cuerpo la rebelión y creciese el tumulto.
43. Moisés y Aarón se refugiaron en el Tabernáculo de la alianza. Entrados dentro, la nube les cubrió, y apareció la gloria del Señor.
44. Y dijo el Señor a Moisés:
45. Retiraos de en medio de esta turba; que ahora mismo voy a acabar con ellos. Y estando postrados en tierra los dos,
46. dijo Moisés a Aarón: Toma el incensario, y cogiendo fuego del altar, pon encima del incienso y corre a toda prisa hacia el pueblo para rogar por él: porque ya el Señor ha soltado el dique a su ira, y la mortandad se encruelece.
47. Haciéndolo así Aarón, y corriendo al medio de la multitud, a la cual devoraba ya el incendio, ofreció el incienso;
48. y puesto entre los muertos y los vivos, intercedió por el pueblo, y cesó la mortandad.
49. Los muertos fueron catorce mil setecientos hombres, sin contar los que perecieron en la rebelión de Coré.
50. Y Aarón después que cesó el estrago se volvió a Moisés a la puerta del Tabernáculo de la alianza.

---

17 *El sacerdocio confirmado en Aarón con el prodigio de la vara que florece y fructifica*

---

1. Y habló el Señor a Moisés, diciendo:
2. Habla con los hijos de Israel, y haz que te entreguen una vara por cada tribu; doce varas por todos los doce príncipes de las

tribus, y escribirás el nombre de cada príncipe sobre su vara.

3. El nombre de Aarón estará en la vara de la tribu de Leví; y cada una de las otras familias o tribus tendrá su vara peculiar.

4. Y las pondrás en el Tabernáculo de la alianza delante del arca del Testimonio, en donde te hablaré.

5. La vara del que yo eligiere entre ellos, florecerá; y así haré cesar las quejas de los hijos de Israel con que murmuran contra vosotros.

6. Habló, pues, Moisés con los hijos de Israel; y le dieron todos los príncipes las varas, una por cada tribu, y fueron doce las varas, sin la de Aarón.

7. Las cuales colocó Moisés ante el Señor en el Tabernáculo del Testimonio,

8. y volviendo al día siguiente, halló que había florecido la vara de Aarón puesta por la tribu de Leví; de suerte que, arrojando pimpollos, brotaron flores, de las que, abiertas las hojas, se formaron almendras.

9. Sacó, pues, Moisés todas las varas de la presencia del Señor, y las enseñó a todos los hijos de Israel, y cada uno las vio y recibió la suya.

10. Dijo entonces el Señor a Moisés: Vuelve la vara de Aarón al Tabernáculo del Testimonio, para que allí se conserve por señal de la rebeldía de los hijos de Israel, y cesen sus querellas contra mí, para que no mueran*.

11. Lo hizo Moisés como el Señor lo había mandado.

12. Mas los hijos de Israel dijeron a Moisés: He aquí que nos vamos consumiendo y pereciendo todos;

13. cualquiera que se acerca al Tabernáculo del Señor, es herido de muerte. ¿Hemos de ser todos aniquilados hasta no quedar ninguno con vida?

18 *Funciones especiales de los sacerdotes y levitas. Destina Dios las primicias y los diezmos*

1. Y dijo el Señor a Aarón: Tú y tus hijos y la casa de tu padre contigo, seréis responsables de la iniquidad que se cometa en el santuario[1]; y tú y tus hijos ejerceréis vuestro ministerio en el Tabernáculo del Testimonio.

2. Además de esto, has de unir contigo a tus hermanos de la tribu de Leví y a la familia de tu padre, para que te asistan y sirvan; mas tú y tus hijos ejerceréis vuestro ministerio en el Tabernáculo del Testimonio.

3. Los levitas, pues, estarán atentos a tus órdenes y a todo cuanto haya que hacer con respecto al santuario; con tal que no se arrimen a los vasos del santuario y al altar, a fin de que ni mueran ellos, ni vosotros perezcáis con ellos.

4. Estén, sí, contigo, y velen en la guardia del Tabernáculo y en todas las cosas de su servicio. No se mezclará con vosotros persona ninguna de otra estirpe.

5. Velad en la custodia del santuario y en el ministerio del altar; para que no se encienda mi enojo contra los hijos de Israel.

6. Yo os he dado vuestros hermanos los levitas, entresacados de los hijos de Israel, y os los he entregado a vosotros como un don hecho al Señor, para que sirvan en el ministerio del Tabernáculo.

7. Ahora bien, tú y tus hijos conservad vuestro sacerdocio; y todas las cosas que pertenecen al servicio del altar y están del velo adentro, han de ser administradas por los sacerdotes. Si algún extraño se introdujere, será muerto.

8. Dijo el Señor asimismo a Aarón: Mira que te tengo dada la custodia de mis primicias. Todas las cosas que son ofrecidas por los hijos de Israel, las he traspasado a ti y a tus hijos por razón del ministerio sacerdotal, en decreto perpetuo.

9. Estas, pues, son las cosas que recibirás de las quye son consagradas y ofrecidas al Señor: Toda ofrenda y sacfrificio y todo cuanto se me ofrece por pecado y por delito, como que es cosa destinada al santuario, será tuyo y de tus hijos.

10. En lugar santo lo comerás: solamente los varones comerán de ello, porque es cosa reservada para ti.

11. En cuanto a las primicias que ofrecieren los hijos de Israel, te las tengo dadas a ti y a tus hijos e hijas por derecho

10. *Hebr* 9, 4.

1. Seréis responsables de las faltas que se cometan contra el santuario.

perpetuo; el que se halla limpio en tu casa comerá de ellas.

12. El aceite, vino y trigo más exquisitos, todo lo que se ofrece en primicias al Señor, a ti te lo he dado.

13. Todos los primeros frutos que cría la tierra y se presentan al Señor, serán para tu uso; el que se halla limpio en tu casa, los comerá.

14. Todo lo que dieren por voto los hijos de Israel será tuyo.

15. Todos los primogénitos de cualquier especie que se ofrecen al Señor, sean de hombres o sean de animales, pertenecerán a ti; con esta sola diferencia, que por el primogénito de hombre recibirás el rescate, y harás que sea redimido todo animal inmundo.

16. El rescate del niño se hará después de cumplido un mes, en cinco siclos de plata, según el peso del santuario. El siclo tiene veinte óbolos.

17. Mas no harás redimir los primerizos de vaca ni de oveja ni de cabra, porque son cosas consagradas al Señor. Solamente derramarás su sangre sobre el altar, y quemarás las grasas en olor suavísimo al Señor.

18. Las carnes quedarán para uso tuyo, y serán tuyas, así como lo son el pecho consagrado y la espaldilla derecha.

19. Todas las primicias del santuario, que ofrecen los hijos de Israel al Señor, te las he dado a ti, yu a tus hijos e hijas, por derecho perpetuo. Pacto es éste de sal* o inalterable y eterno delante del Señor para ti y para tus hijos.

20. Por lo que dijo el Señor Aarón: Vosotros no tendréis posesión ninguna en la tierra de vuestros hermanos, ni entraréis a la parte con ellos: Yo soy tu porción y tu herencia en medio de los hijos de Israel.

21. Porque en orden a los hijos de Leví, les tengo ya dados todos los diezmos de Israel en lugar de posesiones, por el ministerio con que me sirven en el Tabernáculo de la alianza;

22. a fin de que los hijos de Israel no se acerquen más al Tabernáculo, y no cometan una falta que les acarree la muerte;

23. sino que solos los hijos de Leví me han de servir en el Tabernáculo, y llevar los pecados del pueblo. Ley sempiterna será ésta para vosotros y vuestros descendientes. Los levitas ninguna otra cosa poseerán.

24. contentándose con la ofrenda de los diezmos que tengo separados para sus usos y necesidades.

25. Sobre lo cual habló el Señor a Moisés, diciendo:

26. Da esta orden, y comunica lo siguiente a los levitas: Después de recibidos de los hijos de Israel los diezmos que os he dado, habéis de ofrecer de ellos las primicias al Señor, esto es, la décima parte del diezmo,

27. a fin de que se os cuente como ofrenda de las primicias, tanto de las eras como de los lagares;

28. y de todas cuantas cosas recibís, habéis de ofrecer primicias al Señor, y dárselas al sacerdote Aarón*.

29. Todo lo que ofreciereis de los diezmos, y separareis para dones del Señor, ha de ser lo mejor y más escogido.

30. Y les dirás: Si ofreciereis todo lo más estimable y lo mejor de los diezmos, se os recibirá en cuenta, como si dieseis las primicias de las eras y de los lagares;

31. y comeréis de estos diezmos tanto vosotros como vuestras familias en todos los lugares en que habitareis, por ser una recompensa del servicio que hacéis en el Tabernáculo del Testimonio.

32. Mas no pequéis en esto, reservando para vosotros lo más exquisito y selecto, para que no amancilléis las ofrendas de los hijos de Israel, y no seáis castigados de muerte.

19 *Sacrificio de la vaca roja; rito para hacer el agua lustral o purificatoria, y uso de esta agua*

1. Y habló el Señor a Moisés y a Aarón, diciendo:

2. Estas son las ceremonias de una víctima que ha ordenado el Señor . Manda a los hijos de Israel que traigan una vaca roja de edad perfecta, que ni tenga tacha ni haya estado bajo el yugo,

19. El texto hebreo dice *Pacto de sal*, porque la sal es un símbolo de incorrupción y permanencia.

28. Para el sacerdote Aarón y los demás sacerdotes.

3. y la entregaréis al sacerdote Eleazar; el cual sacándola fuera del campamento, la degollará en presencia de todos,

4. y mojado el dedo en la sangre de esta vaca, hará siete aspersiones hacia las puertas del Tabernáculo;

5. y a vista de todos la quemará, entregando a las llamas, tanto la piel y las carnes, como la sangre y el estiércol.

6. También echará en las llamas en que arde la vaca, palo de cedro, hisopo y grana dos veces teñida.

7. Después de lo cual lavados los vestidos y su cuerpo, entrará en el campamento, y quedará inmundo hasta la tarde.

8. Igualmente el que la hubiere quemado lavará también sus vestidos y cuerpo y quedará inmundo hasta la tarde.

9. Y un hombre limpio recogerá las cenizas de la vaca, y las echará fuera del campamento en lugar limpísimo, a fin de que guardándolas con cuidado la multitud de los hijos de Israel, les sirvan para el agua de aspersión*; puesto que la vaca fue quemada por el pecado.

10. Y el que llevó las cenizas de la vaca, después de lavar sus vestidos, quedará inmundo hasta la tarde. Será éste un rito santo y perpetuo entre los hijos de Israel, y los extranjeros o prosélitos que moran entre ellos.

11. El que tocare cadáver de hombres, y por esta causa estuviere inmundo siete días,

12. será rociado con esta agua el tercer día y el séptimo, con lo cual quedará limpio. Si al tercer día no es rociado, no se podrá purificar al séptimo.

13. Todo el que hubiere tocado cadáver humano, y no fuere rociado con esta mistura de agua y ceniza, profanará el Tabernáculo del Señor, y perecerá de en medio de Israel; puesto que no ha sido rociado con el agua de expiación, estará inmundo y su inmundicia permanecerá sobre él.

14. La ley para el hombre, que muere en su tienda o morada, es esta: Todos los que entran en su tienda, y todos los muebles que allí hay, serán inmundos siete días.

15. Vasija que no tuviere cobertera o tapón atado a la boca, quedará inmunda.

16. Si alguno en el campo tocare cadáver de hombre muerto por violencia o naturalmente; o tocare hueso de él, o su sepulcro, estará inmundo siete días.

17. Y tomarán parte de las cenizas de la vaca quemada por el pecado, y las mezclarán con agua viva en un vaso;

18. en que mojando un hombre limpio el hisopo, rociará con él toda la estancia y todo el ajuar, y a las personas amancilladas por semejante contacto;

19. y de ese modo el hombre limpio purificará al inmundo el tercero y séptimo día; y purificado así en el día séptimo, se lavará todo, y también sus vestidos, y quedará inmundo hasta la tarde.

20. Quien no fuere purificado con esta ceremonia, será su alma separada de la sociedad de la iglesia, por haber profanado el santuario del Señor, y no haber sido purificado con el agua lustral.

21. Este precepto tendrá fuerza de ley perpetua. El mismo que hace la aspersión con las aguas, lavará sus vestidos. Cualquiera que tocare las aguas de purificación estará inmundo hasta la tarde.

22. Todo lo que un inmundo tocare, quedará inmundo; y la persona que tocare algo de esto, estará inmunda hasta la tarde.

20 *Muerte de María. Aguas de contradicción. Niegan el paso a los israelitas. Muerte de Aarón*

1. Llegaron, pues, los hijos de Israel y todo aquel gentío al desierto de Tsin*, al mes primero del año cuarenta de la salida de Egipto, e hizo el pueblo su mansión en Cades. Allí murió María, y fue sepultada en el mismo lugar.

2. Y faltando agua al pueblo, se mancomunaron contra Moisés y Aarón,

3. y amotinados dijeron: ¡Ojalá hubiésemos perecido allá entre nuestros hermanos delante del Señor!

4. ¿Por qué habéis conducido al pueblo escogido del Señor al desierto, para que muramos nosotros y también nuestros ganados?

5. ¿Por qué nos hicisteis salir de Egipto, y nos habéis traído a este miserable terreno,

9. *Lev 14*, 4; *Hebr 9*, 19.

1. Se reanuda el relato de la marcha del pueblo por el desierto.

que no se puede sembrar, que ni da higos, ni vides, ni granadas, y ni aun agua tiene para beber?

6. Con esto Moisés y Aarón, separándose de la gente, y entrando en el Tabernáculo de la alianza, se postraron contra el suelo y clamaron al Señor, y dijeron: ¡Oh Señor, nuestro Dios! escucha los clamores de este pueblo, y ábreles tu tesoro, una fuente de agua viva, a fin de que, apagada su sed, cesen de murmurar. En esto apareció la gloria del Señor sobre ellos.

7. Y habló el Señor a Moisés, diciendo:

8. Toma la vara, y congregad al pueblo, tú y tu hermano Aarón, y hablaréis a la peña en presencia de toda la gente, y la peña brotará aguas. Y sacado que hubieres agua de la peña, beberá todo el pueblo con sus ganados.

9. Tomó, pues, Moisés su vara, que se guardaba en la presencia del Señor, según él se lo mandó,

10. y congregada la multitud delante de la peña les dijo: Oíd, rebeldes y descreídos: ¿Por ventura podremos nosotros sacaros agua de esta peña?

11. Y habiendo alzado Moisés la mano, y herido dos veces con la vara aquella peña, salieron aguas copiosísimas; de manera que pudo beber el pueblo y los ganados.

12. Dijo entonces el Señor a Moisés y Aarón: Ya que no me habéis creído en orden a hacer conocer mi gloria a los hijos de Israel, no introduciréis vosotros este pueblo en la tierra que yo le daré*.

13. Esta es el agua de contradicción, donde los hijos de Israel protestaron contra el Señor, el cual manifestó en ellos su gloria.

Edom niega el paso de Israel

14. Entretanto Moisés envió desde Cades embajadores al rey de Idumea, que le dijesen: Esta petición te hace tu hermano Israel: Sabes bien todos los trabajos que hemos padecido;

15. cómo nuestros padres bajaron a Egipto, y allí hemos habitado mucho tiempo, y los egipcios nos maltrataron a nosotros, y a nuestros padres;

16. y cómo clamamos al Señor, y nos oyó, y envió su ángel, el cual nos sacó de Egipto. Ahora hallándonos ya en la ciudad de Cades, situada en tus últimos confines,

17. te suplicamos nos permitas atravesar por tu tierra. No iremos por los campos, ni por las viñas, o beberemos agua de tus pozos, sino que marcharemos por el camino real, sin declinar a la derecha ni a la izquierda, hasta que estemos fuera de tus dominios.

18. A lo que respondió el idumeo: No pasarás por mi tierra; que si lo haces, saldré armado a tu encuentro.

19. Replicaron los hijos de Israel: Seguiremos siempre la carretera, y en caso de beber de tus aguas nosotros y nuestros ganados, pagaremos lo justo: no habrá dificultad alguna en el precio; sólo con que nos dejéis pasar a pie.

20. Mas él respondió: No pasaréis. Y luego les salió al encuentro con infinita gente y de mano armada.

21. Y no quiso otorgar lo que le rogaban, que les concediese paso por sus confines. Por cuya causa tiró Israel hacia otra parte.

22. Movido, pues, de Cades el campo, llegaron al monte Hor, que está en los límites de la Idumea;

23. donde habló el Señor a Moisés, diciendo:

24. Vaya Aarón a incorporarse con su pueblo porque no ha de entrar en la tierra que tengo dada a los hijos de Israel; por haber sido incrédulo a mis palabras allá en las aguas de contradicción.

25. Toma contigo a Aarón y a su hijo con él, y los conducirás al monte Hor.

26. Y después de desnudar al padre de sus vestiduras, se las revestirás a su hijo Eleazar. Aarón morirá allí, y será reunido con sus padres.

27. Moisés hizo lo que le mandó el Señor, y subieron al monte Hor a vista de todo el pueblo.

28. Donde despojando a Aarón de sus vestiduras, revistió con ellas a Eleazar, su hijo.

29. Muerto aquél sobre la cima del monte, descendió *Moisés* con Eleazar.

30. Y toda la multitud, así que oyó que Aarón había muerto, hizo duelo por él treinta días en todas sus familias*.

---

12. Moisés y Aarón pecaron, en que dudaron si la peña daría agua. Esta falta de fe y confianza era más reprensible en ellos, porque eran las cabezas del pueblo. *Sal 106* (*105*), 32; *Zac 11*, 8.

30. *Eclo 45*, 7; *Mal 2*, 4-5.

21 *Victoria de los israelitas sobre los cananeos. Serpiente de metal. Sehón y Og vencidos*

1. Y como hubiese oído Arad, rey de los cananeos, que habitaba al mediodía, que Israel había venido por el mismo camino de los exploradores, peleó contra él; y saliendo vencedor se llevó los despojos.

2. En vista de esto, Israel, obligándose al Señor con voto, dijo: Si entregares a ese pueblo en mi mano, arrasaré sus ciudades.

3. Otorgó el Señor la súplica a Israel, y le entregó el cananeo; a quien él pasó a cuchillo, asolando sus ciudades; por lo que llamó el nombre de aquel lugar Horma, esto es, Anatema o desolación total.

4. Partieron después del monte Hor, camino del mar Rojo, a fin de ir rodeando la Idumea. Y empezó el pueblo a enfadarse del viaje y del trabajo;

5. y hablando contra Dios y Moisés, dijo: ¿Por qué nos sacaste de Egipto para que muriésemos en el desierto? Falta el pan, no hay agua; nos provoca ya a náusea este manjar sin sustancia.

6. Por lo cual el Señor envió contra el pueblo serpientes abrasadoras, por cuyas mordeduras y muerte de muchísimos,

7. fue el pueblo a Moisés, y dijeron todos: Pecado hemos, pues hemos hablado contra el Señor y contra ti: suplícale que aleje de nosotros las serpientes. Hizo Moisés oración por el pueblo,

8. y el Señor le dijo: Haz una serpiente de bronce, y ponla en alto para señal*; quienquiera que siendo mordido la mirare, vivirá.

9. Hizo, pues, Moisés, una serpiente de bronce, y la puso por señal, a la cual mirando los mordidos, sanaban.

10. Partidos de aquí los hijos de Israel, acamparon en Obot;

11. de donde habiendo salido, plantaron sus tiendas en Jeabarim, en el desierto que mira a Moab, hacia la parte oriental.

12. Partiendo de allí, vinieron al torrente de Zared;

13. Después dejando éste, acamparon enfrente del de Arnón, que está en el desierto y a la frontera del amorreo; por cuanto el torrente Arnón es el término de Moab, que divide a los moabitas de los amorreos.

14. De donde se dice en el libro de las guerras del Señor: Lo que hice en el mar Rojo, eso mismo haré en los torrentes de Arnón.

15. Los escollos de los torrentes se bajaron para que pasasen los israelitas, y reposasen en Ar, y acampasen en los confines de Moab.

16. Desde aquel sitio pasaron a Beer, donde apareció el pozo cerca del cual dijo el Señor a Moisés: Junta el pueblo, que yo le daré agua.

17. Entonces entonó Israel este cántico: Brote agua el pozo, cantaron a una,

18. el pozo que los príncipes abrieron, y formaron con sus báculos los caudillos de Israel dirigidos por el legislador Moisés. De este desierto pasaron a Mattana.

19. De Mattana fueron a Nahaliel. De Nahaliel a Bamot.

20. De Bamot fueron a donde hay un valle en el territorio de Moab, hacia la cumbre del Fasga, que mira al desierto.

21. Desde allí envió Israel embajadores a Sehón, rey de los amorreos, diciendo:

22. Ruégote que me dejes pasar por tu tierra; no torceremos hacia los campos y viñas, ni beberemos agua de los pozos; marcharemos por el camino real, hasta que hayamos pasado tus términos.

23. No quiso Sehón permitir que Israel atravesase por su país; antes bien, juntando sus tropas le salió al encuentro en el desierto, y vino hasta Jasa, y le dio batalla.

24. Mas fue pasado a cuchillo por los hijos de Israel, y ocupada su tierra desde Arnón hasta Jecob, y hasta los confines de los hijos de Ammón; porque las fronteras de los ammonitas estaban defendidas con fuertes guarniciones.

25. Se le apoderó, pues, Israel, de todas las ciudades, y ocupó las fortalezas de los amorreos, es a saber, Hesebón y sus aldehuelas.

26. La ciudad de Hesebón había venido a ser de Sehón, rey de los amorreos, quien hizo guerra contra el rey de Moab, y se apoderó de toda la tierra que había sido de su dominio hasta Arnón.

27. De donde quedó el proverbio: Venid a Hesebón: fortifíquese y restáurese la ciudad para el rey Sehón;

8. *Jn* 3, 14.

28. Salió fuego de Hesebón y llamas del castillo de Sehón y abrasaron a Ar de los moabitas y a los moradores de las alturas de Arnón.

29. ¡Ay de ti, Moab! ¡Pereciste, oh pueblo de Camos! Camos, vuestro Dios ha entregado sus hijos a la fuga, y sus hijas al cautiverio de Sehón, rey de los amorreos.

30. Queda roto el yugo que los oprimía desde Hesebón hasta Dibón: sin aliento llegaron a Nofe, y no pararon hasta Medaba.

31. Los israelitas, pues, ocuparon el país del amorreo.

32. Moisés entretanto envió exploradores a Jazer; cuyos lugares tomaron y se hicieron dueños de los habitantes.

33. Dando después la vuelta, subieron por el camino de Basán, y les salió al encuentro Og, rey de Basán, con toda su gente para atacarlos en Edrai.

34. Pero dijo el Señor a Moisés: No le temas, porque en tus manos le tengo entregado a él y a todo su pueblo y tierra, y harás con él lo mismo que hiciste con Sehón, rey de los amorreos, que habitaba en Hesebón.

35. Mataron, pues, también a este rey con sus hijos y a toda su gente sin dejar hombre a vida, y se apoderaron de su tierra.

22

Balaam es llamado por Balac, rey de los moabitas, para que maldiga al pueblo de Israel

1. Pasando adelante, acamparon en las llanuras de Moab cerca del Jordán, donde al otro lado oestá Jericó.

2. Mas viendo Balac, hijo de Sefor, de qué manera había tratado Israel a los amorreos,

3. y cómo los moabitas le habían cobrado gran miedo, y que no podrían sostener sus ataques,

4. dijo a los ancianos de Madián: Este pueblo va a destruir a todos los habitantes de nuestro país, del mismo modo que el buey suele comerse las hierbas hasta la raíz. Balac era en este tiempo rey de Moab.

5. Despachó, pues, mensajeros a Balaam, hijo de Baer, adivino que habitaba en la ribera del río de la tierra de los amonitas, para que lo llamasen y dijesen: Mira que ha salido de Egipto un pueblo que ha cubierto la superficie de la tierra, y está contra mí acampado.

6. Ven, pues, a maldecir a dicho pueblo porque es más fuerte que yo: por ver si así hallo medio de rechazarlo y arrojarlo de mi país; porque yo sé que será bendito aquel a quien tú bendijeres, y maldito aquel sobre quien descargare tus maldiciones.

7. Con esto partieron los senadores de Moab y los ancianos de Madián, llevando en sus manos la paga de la adivinación. Llegado que hubieron a Balaam, y así que expusieron todo lo que Balac les había mandado decir,

8. les respondió: Quedaos aquí esta noche; y yo responderé lo que me dijere el Señor. Se hospedaron, pues, en casa de Balaam; y vino Dios y le dijo:

9. ¿Qué quieren esos hombres que tienes en tu casa?

10. Respondió: Balac, hijo de Sefor, rey de los moabitas, me ha enviado

11. a decir: Sábete que un pueblo salido de Egipto ha cubierto la superficie de la tierra: ven y maldícelo, por ver si puedo, peleando, ahuyentarlo.

12. Dijo Dios entonces a Balaam: No vayas con ellos, ni maldigas a ese pueblo, siendo, como es, bendito por mí.

13. Levantándose, pues, de mañana, dijo a los príncipes sus huéspedes: Volveos a vuestra tierra, porque me ha prohibido el Señor ir con vosotros.

14. Vueltos los príncipes, dijeron a Balac: No ha querido Balaam venir con nosotros.

15. Entonces Balac envió de nuevo mensajeros en mayor número, y más principales que los que antes había enviado.

16. Los que llegados a Balaam, dijeron: Esto dice Balac, hijo de Sefor: No difieras más el venir a mí.

17. Estoy pronto a honrarte y darte cuanto quisieres; ven y maldice a este pueblo.

18. Respondió Balaam: Aunque Balac me diese toda su casa llena de plata y oro, no podré alterar la orden del Señor mi Dios, para decir ni más ni menos de lo que él me haya dicho.

19. Os ruego que os quedéis también aquí esta noche y podré saber qué me responderá de nuevo el Señor.

20. Vino, pues, Dios a Balaam aquella noche, y le dijo: Si esos hombres han venido

a llamarte, levántate y vete con ellos; pero cuidado en no hacer más que lo que yo te mandare.

21. Se levantó Balaam de mañana, y aparejada su borrica, marchó con ellos.

22. Se enojó después Dios*. Y así el ángel del Señor se atravesó en el camino delante de Balaam, el cual iba montado en la burra, y llevaba consigo dos mozos.

23. La burra viendo al ángel parado en el camino con la espada desenvainada, se desvió a un lado, y se iba por el campo. Y como Balaam le diese de palos, y quisiese encarrilarla por la senda,

24. se paró el ángel en un lugar muy estrecho entre dos cercas con que estaban rodeadas unas viñas.

25. Al cual viendo la burra, se arrimó a la pared, y estropeó el piel del que iba montado. Pero éste proseguía en darle de palos.

26. Sin embargo, el ángel pasando a un sitio todavía más estrecho, donde no podía desviarse ni a la derecha ni a la izquierda, se le paró delante.

27. Y como viese la burra al ángel parado delante de ella, se echó en el suelo debajo del que la montaba; el cual enfurecido la apaleaba más fuerte, con la vara, en los costados.

28. Entonces dispuso el Señor que la burra hablase y dijese a Balaam: ¿Qué te he hecho yo? ¿Por qué me pegas ya por tercera* vez?

29. Respondió Balaam: Porque lo tienes merecido, y has hecho burla de mí. ¡Ojalá tuviera yo una espada para envasarte!

30. Dijo la burra: ¿Pues no soy yo tu pollina, sobre la cual has solido ir siempre montado hasta el día de hoy? Di si jamás te he hecho una tal cosa. Jamás, le respondió él.

31. Al momento abrió el Señor los ojos de Balaam, y vio delante de sí al ángel parado en el camino con la espada desnuda, y postrándose en tierra le adoró.

32. Y el ángel le dijo: ¿Por qué das de palos por tercera vez a tu borrica? Yo he venido para oponerme a ti; porque tu idea es perversa y contraria a mí.

33. Que si la burra no se hubiese desviado del camino, cediéndome el lugar cuando me oponía a su paso, a ti te hubiera ya muerto, y ella viviera.

34. Dijo Balaam: He pecado, no conociendo que tú estabas contra mí; todavía si no gustas de que vaya, me volveré.

35. Respondió el ángel: Vete con ellos; mas guárdate de hablar otra cosa que lo que yo te ordenare. Se fue, pues, con aquellos señores.

36. Llegado el aviso a Balac, salió a recibirle en un pueblo de los moabitas situado en los últimos términos de Arnón.

37. Allí dijo a Balaam: Envié mensajeros a llamarte: ¿Cómo no viniste al instante? ¿Será porque no puedo yo honrar y recompensar tu venida?

38. Al cual respondió él: Aquí me tienes. Mas, ¿podré yo hablar otra cosa, sino lo que Dios pusiere en mi boca?

39. Caminaron, pues, juntos, y vinieron a una ciudad puesta en los últimos confines de su reino.

40. Aquí Balac habiendo hecho matar bueyes y ovejas, envió presentes a Balaam y a los príncipes que le acompañaban.

41. Venida la mañana lo llevó a las alturas de Baal, y le hizo ver desde allí la extremidad del pueblo o campamento de Israel.

23

Balaam, después de haber erigido siete altares, bendice a Israel sin quererlo

1. Entonces dijo Balaam a Balac: Levántame aquí siete altares o aras, y prepara otros tantos becerros, e igual número de carneros.

2. Después de haberlo hecho conforme había pedido Balaam, pusieron un becerro y un carnero sobre cada altar.

3. Dijo entonces Balaam a Balac: Aguárdate un poco junto a tu holocausto, mientras yo voy a ver si quizá el Señor viene a mi encuentro, en cuyo caso te diré todo lo que me mandare.

4. Partido a toda prisa, le salió Dios al

---

22. Porque vio que Balaam, cegado por la codicia del oro, iba resuelto a hacer la voluntad de Balac.

28. Como el demonio había movido la boca de la serpiente para que hablara a Eva, el ángel movió los labios de la burra. Estos dos son los casos de animales que hablan, según la Biblia.

encuentro, y hablando con él Balaam: Siete altares, dijo, he erigido, y he puesto encima de cada uno un becerro y un carnero.

5. Mas el Señor le sugirió lo que había de responder a Balac.

6. Habiendo vuelto, halló a Balac que estaba aguardando junto a su holocausto, con todos los príncipes de los moabitas.

7. Y usando de su estilo profético, dijo: De Aram, de los montes del Oriente me ha traído Balac rey de los moabitas: Ven, dijo, y maldice a Jacob; Date prisa y echa imprecaciones contra Israel.

8. ¿Cómo he de maldecir yo a quien Dios no maldijo? ¿Cómo quieres que yo deteste a quien no detesta el Señor?

9. De lo alto de los riscos me pondré a mirarle, y desde las colinas le contemplaré. Pueblo que habitará separado, y no se contará en el número de las demás naciones*.

10. ¿Quién podrá contar los granitos de polvo o la descendencia de Jacob*, ni averiguar el número de los hijos de Israel? Ojalá pueda yo lograr el morir como los justos, y que sea mi fin semejante al suyo.

11. Al oír esto Balac dijo a Balaam: ¿Qué es lo que haces? Te he llamado para que maldijeras a mis enemigos, y tú al contrario les echas bendiciones.

12. Pero él respondió: Pues que, ¿puedo hablar yo otra cosa sino lo que me ha ordenado el Señor?

13. Dijo, pues, Balac: Ven conmigo a otro lugar de donde veas una parte de Israel, y no puedas ver todo el campamento; desde allí le maldecirás.

14. Y habiéndole conducido a un sitio elevado sobre la cumbre del monte Fasga, erigió Balaam siete altares, y habiendo puesto sobre cada uno un becerro y un carnero,

15. dijo a Balac: Estáte aquí junto a tu holocausto, mientras yo voy allá al encuentro del Señor.

16. Y habiendo salido el Señor al encuentro de Balaam, y sugerídole lo que había de responder, le dijo: Vuelve a Balac, y le dirás todo eso.

17. Vuelto que hubo, le halló junto a su holocausto con los príncipes de los moabitas. Le preguntó Balac: ¿Qué es lo que ha dicho el Señor?

18. A lo que tomando él su tono profético, dijo: Prepárate, ¡oh! Balac, y escucha: Atiende, hijo de Sefor;

19. no es Dios como el hombre para que mienta, ni como hijo de hombre para estar sujeto a mudanza. ¿Cuándo él, pues, ha dicho una cosa, no lo hará? ¿Habiendo hablado, no cumplirá su palabra?

20. He sido traído acá para bendecir; yo no puedo menos de bendecir a ese pueblo.

21. No hay ídolo en la estirpe de Jacob, ni se ve simulacro en Israel. El Señor su Dios está con él, y en él resuena ya el sonido de las trompetas en señal de la victoria de su rey.

22. Lo sacó Dios de Egipto; y es semejante a la del rinoceronte su fortaleza.

23. No hay en Jacob agüeros, ni hay adivinos en Israel. A su tiempo se dirá a Jacob y a Israel lo que habrá hecho Dios en medio de ellos.

24. He aquí un pueblo que asaltará como leona, y como león se erguirá: no se acostará hasta que trague la presa y beba la sangre de los que habrá degollado.

25. Dijo entonces Balac a Balaam: Ya que no le maldices, tampoco le bendigas.

26. Pues que, respondió Balaam, ¿no te dije que yo habría de hacer todo cuanto el Señor me mandase?

27. Le dijo entonces Balac: Ven y te llevaré a otro sitio; por si place a Dios que desde allí los maldigas.

28. Y habiéndole llevado sobre la cima del monte Foyor, que mira al desierto,

29. le dijo Balaam: Levántame aquí siete altares, y prepara otros tantos becerros y el mismo número de carneros.

30. Hizo Balac lo que Balaam había dicho, y puso un becerro y un carnero sobre cada ara.

24 *Balaam vuelve a bendecir a Israel y vaticina el reino venidero de Jesucristo y otros sucesos*

1. Pero viendo Balaam que era del agrado de Dios que bendijera a Israel, no fue más como antes había ido en busca del agüero, sino que volviéndose hacia el desierto,

---

9. Pertenecerá al Señor, por su religión, leyes y costumbres.

10. El número de los hijos de este pueblo será como el de las partículas del polvo de la tierra.

2. y alzando los ojos, miró a Israel, campado en las tiendas, y distribuido por ribus; y arrebatado del espíritu de Dios,

3. comenzó a profetizar, y dijo: Palabra rofética de Balaam, hijo de Beor; palabra de quel hombre que tenía cerrados los ojos*;

4. palabra de aquel que ha oído la voz de)ios; del que ha contemplado la visión del odopoderoso; del que ha caído, y con eso a abierto los ojos:

5. ¡Oh cuán bellos son tus Tabernáculos, acob, y tus pabellones, oh Israel!

6. Son como valles de árboles frondosos, omo huertas de regadío junto a los ríos, omo tiendas que el Señor mismo ha fijado, omo cedros plantados cerca de las aguas.

7. Fluirá perennemente el agua* de su rcaduz, y su descendencia crecerá como as copiosas aguas de los ríos. Su rey será lesechado por causa de Agag, y le será uitado el reino.

8. Sacó Dios de Egipto al pueblo suyo, y u fortaleza es como la del rinoceronte.)evorará Israel los pueblos que sean sus nemigos, les desmenuzará los huesos, y os atravesará con saetas.

9. Se echará a formir como león, y como eona a quien ninguno osará despertar.)uien a ti te bendijere, ¡oh Israel!, también él erá bendito; aquel que te maldijere, por naldito será tenido.

10. Entonces Balac, airado contra ɜalaam, dando una palmada, dijo: Yo te lamé para maldecir a mis enemigos; y tú al ontrario los has ya bendecido por tres eces.

11. Vuélvete, pues, a tu lugar. Yo cieramente tenía determinado el premiarte nagníficamente; pero el Señor te ha privado lel premio dispuesto.

12. Respondió Balaam a Balac: ¿Pues no lije yo a tus mensajeros que me enviaste:

13. Aunque Balac me diese su casa llena le oro y plata no podré traspasar el mandato lel Señor Dios mío, para proferir por capricho nío cosa alguna, sea de bien o de mal; sino ue diré lo que el Señor dijere*?

14. No obstante, al volverme a mi pueblo, daré un consejo sobre lo que por último ha de hacer tu pueblo a éste de Israel.

15. Y prosiguió de nuevo sus profecías, diciendo: Palabra de Balaam, hijo de Beor; palabra de aquel hombre que tenía tapada la vista;

16. palabra del que ha oído lo que ha dicho Dios, del que sabe la doctrina del Altísimo, y está viendo visiones del omnipotente, del que cayendo abrió los ojos:

17. Yo le veré, mas no ahora; le contemplaré, mas no de cerca. De Jacob NACERA UNA ESTRELLA; y brotará de Israel una vara o cetro que herirá a los caudillos de Moab, y destruirá todos los hijos de Set.

18. La Idumea será posesión suya; la herencia de Seir pasará a sus enemigos; peleará Israel con valor.

19. De Jacob saldrá el que ha de dominar y arruinar las reliquias de la ciudad.

20. Y echando una mirada hacia el país de Amalec, profetizando, dijo: Amalec ha sido la primera de las naciones que han atacado a Israel; mas su fin será el exterminio.

21. Dirigió asimismo su vista hacia el cineo, y profetizando, dijo: Fuerte sin duda es tu morada; mas aunque pongas tu habitación sobre una roca,

22. y seas de lo más escogido del linaje de Cin, ¿por cuánto tiempo podrás permanecer en ese estado? Porque has de ser presa del asirio.

23. Y aun siguió profetizando en estos términos. ¡Ay! ¿Quién vivirá cuando Dios hará todas estas cosas?

24. Vendrá una gente en galeras desde Quittim, vencerá a los asirios, destruirá a los hebreos, y al fin también ella misma perecerá.

25. Con esto se levantó Balaam, y regresó a su pueblo. Balac asimismo se volvió por el camino por donde había venido.

25

Las hijas de Moab y de Madián pervierten a los israelitas, a quienes castiga Dios

---

1. En este tiempo estaba Israel acampado en Setim, y el pueblo prevaricó con las hijas de Moab,

2. las cuales les convidaron a sus sacri-

---

3. Balaam, hasta cuando se cayó, no vio al ángel ue veía la burra.

7. Se puede traducir *Saldrá un hombre de u descendencia, y dominará a muchas naciones. 1 Sam 15.*

13. *Num 22*, 18.

ficios. Comieron de ellos, y adoraron también sus dioses.

3. E Israel se consagró a Beelfegor. Por lo que enojado el Señor,

4. dijo a Moisés: Toma contigo todos los caudillos del pueblo, y haz colgar a los culpables en patíbulos a la luz del sol, para que mi cólera se retire de Israel.

5. En consecuencia dijo Moisés a los jueces de Israel: Mate cada cual* a sus allegados que se han consagrado a Beelfegor.

6. Cuando he aquí que uno de los hijos de Israel entró, a vista de sus hermanos, en casa de una ramera madianita, estándole mirando Moisés y todos los hijos de Israel, los cuales lloraban a las puertas del Tabernáculo.

7. Lo que viendo Finees, hijo de Eleazar, hijo del sumo sacerdote Aarón, se levantó de en medio del gentío; y cogiendo un puñal

8. entró en pos del israelita en el dormitorio, y los traspasó a los dos, al hombre y a la mujer, en las mismas partes vergonzosas. Con lo que Dios detuvo el azote de los hijos de Israel,

9. y quedaron muertos veinticuatro mil hombres.

10. Dijo entonces el Señor a Moisés:

11. Finees, hijo de Eleazar, hijo del sumo sacerdote Aarón, ha apartado mi cólera de sobre los hijos de Israel; porque fue arrebatado de celo mío contra ellos, para que yo mismo no aniquilase a los hijos de Israel en el furor de mi celo.

12. Por tanto, dile de mi parte que yo le doy ya la paz de mi alianza,

13. y que mi sacerdocio le será dado a él y a su descendencia por un pacto eterno; porque celó la gloria de su Dios, y ha expiado el crimen de los hijos de Israel.

14. El nombre del israelita que fue muerto con la madianita, era Zambri, hijo de Salú, caudillo de la familia y tribu de Simeón.

15. Y la mujer madianita que fue muerta en su compañía, se llamaba Cozbi, hija de Sur, príncipe nobilísimo de los madianitas.

16. Habló después el Señor a Moisés, diciendo:

17. Conozcan los madianitas que sois sus enemigos, y pasadlos a cuchillo;

18. ya que también ellos se han portado como enemigos contra vosotros, y os embaucaron con ardides por medio del ídolo Fogor y de Cozbi, hija del príncipe de Madián, su hermana o paisana, la cual perdió la vida en el día de la mortandad, por el sacrilegio de adorar a Fogor.

26 *Nuevo censo de los hijos de Israel para la repartición de la tierra prometida*

1. Derramada ya la sangre de los culpados, dijo el Señor a Moisés y a Eleazar hijo de Aarón, sumo sacerdote:

2. Sacad toda la suma de los hijos de Israel* de veinte años arriba, por sus casas y familias, contando todos los que pueden ir a la guerra.

3. Según esto, Moisés y el sumo sacerdote Eleazar recontaron en las campiñas de Moab a las riberas del Jordán, enfrente de Jericó

4. los de veinte años arriba, como el Señor lo había mandado, cuyo número es el siguiente:

5. Rubén, primogénito de Israel: de él fue hijo Henoc, de quien viene la familia de los henoquitas; y Fallú, de quien la familia de los falluitas;

6. y Hesrón, de quien la familia de los hesronitas; y Carmi, de quien la familia de los carmitas.

7. Estas son las familias de la estirpe de Rubén, cuyo número se halló ser cuarenta y tres mil setecientos treinta hombres.

8. Hijos de Fallú, Eliab.

9. Hijos de éste, Namuel, Datán y Abirón. Estos Datán y Abirón son los caudillos del pueblo que se levantaron contra Moisés y Aarón en la rebelión de Coré, cuando se rebelaron contra el Señor,

10. y abriendo la tierra su boca los tragó con Coré, muriendo muchísimos, al tiempo mismo que abrasó el fuego a los doscientos cincuenta hombres. Y sucedió entonces el gran prodigio,

11. que pereciendo Coré, no perecieron sus hijos.

---

5. Cada uno de los jueces o de los setenta ancianos debe hacer morir a los de su tribu o que están bajo su jurisdiccióni. *Num 9*, 16.

2. Este es el tercer censo que menciona Moisés. Se hizo el año cuarenta después de la salida de Egipto, antes de entrar los israelitas en la tierra de promisión.

5. El cual les respondió:

6. La demanda de las hijas de Salfaad es justa: dales posesión entre los parientes de su padre, y sucédanle en la herencia.

7. Y dirás a los hijos de Israel lo siguiente:

8. Cuando un hombre muriere sin hijo, pasará la herencia a su hija.

9. Si no tuviese hija, tendrá por herederos a sus hermanos.

10. Que si tampoco tuviere hermanos, daréis la herencia a los hermanos de su padre.

11. Mas si ni aun tíos paternos tuviere, heredarán los deudos más cercanos; y quedará esto establecido por ley perpetua para los hijos de Israel, como el Señor lo tiene mandado a Moisés.

12. Dijo también el Señor a Moisés: Sube a ese monte Abarim, y contempla desde allí la tierra que yo he de dar a los hijos de Israel*,

13. y después de haberla visto pasarás tú a reunirte con tu pueblo, del mismo modo que pasó tu hermano Aarón.

14. Porque me ofendisteis ambos en el desierto de Tsin al tiempo de la contradicción del pueblo, y no quisisteis glorificarme delante de Israel, con motivo de las aguas: éstas son las aguas de la contradicción ocurrida en Cades del desierto de Tsin*.

15. Le respondió Moisés:

16. Destine el Señor, Dios de los espíritus de todos los mortales, un varón que gobierne esta multitud;

17. que pueda ir delante de ellos y guiarlos, y que los saque e introduzca: a fin de que el pueblo del Señor no quede como ovejas sin pastor.

18. A esto le dijo el Señor: Toma a Josué, hijo de Nun*, varón de espíritu, y pon tu mano sobre él, o imponle las manos.

19. Y se presentará delante del sumo sacerdote Eleazar y de todo el pueblo,

20. y le darás tus órdenes públicamente y una parte de tu autoridad, a fin de que le obedezca toda la congregación de los hijos de Israel.

21. A petición suya consultará el sumo sacerdote Eleazar al Señor sobre los negocios que ocurrieren. Según lo que dijere Eleazar*, así obrará Josué, como igualmente todos los hijos de Israel y la demás gente.

22. Lo hizo Moisés como el Señor lo había mandado. Y tomando a Josué, le presentó al sumo sacerdote Eleazar y a todo el concurso del pueblo.

23. Y puestas las manos sobre su cabeza, repitió todas las cosas que había mandado el Señor.

28

Premisas sobre los sacrificios de cada día, de cada sábado, de cada mes y de cada año

---

1. Dijo también el Señor a Moisés:

2. Da estos preceptos a los hijos de Israel, y les dirás: Cuidad de presentarme a sus tiempos mis oblaciones*, y los panes, y todo lo que se quema delante de mí, cuyo olor me es muy agradable.

3. Estos son los sacrificios que debéis ofrecer: Dos corderos primales sin mancilla todos los días en holocausto perpetuo;

4. el uno le ofreceréis por la mañana y el otro por la tarde,

5. con la décima parte de un efi de flor de harina amasada con la cuarta parte de un hin de aceite purísimo.

6. Este es el holocausto perpetuo que ofrecisteis en el monte Sinaí de la víctima abrasada en olor suavísimo al Señor.

7. Y por cada cordero ofreceréis la cuarta parte de un hin de vino, derramándolo en el santuario del Señor*.

8. De la misma manera ofreceréis a la tarde otro cordero con todas las ceremonias del sacrificio de la mañana y sus libaciones, en oblación de olor suavísimo al Señor.

9. Mas el día de sábado ofreceréis otros dos corderos primales, sin mácula, y dos décimas de un efi de flor de harina amasada con aceite para el sacrificio, y también las libaciones*,

10. que según el rito se derraman cada sábado en holocausto perpetuo.

---

12. *Deut 32*, 49.
14. *Num 20*, 1-12; *Deut 32*, 51.
18. *Deut 3*, 21.

21. *Según la palabra* o respuesta que Eleazar recibirá del Señor.
2. La oblación de flor de harina.
7. Sobre el altar de los holocaustos.
9. *Mat 12*, 5.

11. Además de esto, en las calendas* ofreceréis en holocausto al Señor dos becerros de la vacada, un carnero, siete corderos primales sin mácula,

12. y tres décimas de flor de harina amasada con aceite en el sacrificio de cada becerro, y dos décimas de flor de harina amasada con aceite por cada carnero,

13. y la décima parte de una décima de flor de harina amasada con aceite, en el sacrificio por cada cordero. Es éste un holocausto de suavísima fragancia y de ofrenda quemada en honor del Señor.

14. Las libaciones u ofrendas de vino que se han de derramar por cada cordero. Tal será el holocausto de todos los meses que se suceden en el curso del año.

15. Asimismo se ofrecerá al Señor por los pecados un macho cabrío con sus libaciones, además del holocausto.

Ofrendas durante la Pascua

16. El día catorce del primer mes será la Pascua del Señor*,

17. y el quince fiesta solemne; por siete días comerán panes sin levadura.

18. El primero de dichos días será particularmente venerable y santo; ninguna obra servil haréis en él.

19. Y ofreceréis al Señor en sacrificio de holocausto dos becerros de la vacada, un carnero, siete corderos primales sin mácula;

20. y en cada sacrificio la ofrenda de flor de harina amasada con aceite será de tres décimas por cada becerro, dos décimas por el carnero,

21. y la décima de una décima por cada cordero, esto es, por cada uno de los siete.

22. Además un macho cabrío por el pecado, para que os sirva de expiación por los pecados;

23. sin contar el holocausto de la mañana, que siempre debéis ofrecer.

24. Así lo haréis en cada uno de los siete días para mantener el fuego del altar, y en olor suavísimo al Señor, que se elevará del holocausto y de las libaciones que acompañarán a cada víctima.

25. El día séptimo será también para vosotros solemnísimo y santo; ninguna obra servil haréis en él.

26. Igualmente el día de los primeros frutos, cuando cumplidas siete semanas* ofreceréis al Señor los nuevos frutos de la tierra, será venerable y santo; ninguna obra servil haréis en él.

27. Y ofreceréis por holocausto en olor suavísimo al Señor dos becerros de la vacada, un carnero y siete corderos primales sin mácula;

28. y en sus sacrificios tres décimaas de flor de harina amasada con aceite por cada ternero, dos por los carneros,

29. y la décima parte de una décima por cada uno de los siete corderos. Asimismo el macho cabrío.

30. que se degüella o inmola por la expiación del pecado, además del holocausto perpetuo y sus libaciones.

31. Todas las víctimas que ofreceréis con sus libaciones serán sin defecto alguno.

29 *Fiestas y sacrificios del mes séptimo. Fiesta de las trompetas y de los Tabernáculos*

1. Asimismo el día primero del séptimo mes será para vosotros venerable y santo; ninguna obra servil haréis en él, porque es el día del retumbante sonido de las trompetas.

2. Y ofreceréis en holocausto de olor suavísimo al Señor un becerro de la vacada, un carnero y siete corderos primales sin tacha.

3. Y para oblación de estos sacrificios tres décimas de flor de harina amasada con aceite por cada becerro, dos décimas por el carnero,

4. una décima por cada uno de los siete corderos,

5. y el macho cabrío por el pecado que se ofrece por la expiación de los pecados del pueblo;

6. además del holocausto del mes con sus oblaciones, y el holocausto perpetuo con las libaciones acostumbradas; lo que ofreceréis siempre con las mismas ceremonias, como un olor suavísimo quemado delante del Señor.

---

11. En los novilunios o el primer día de cada mes.

16. *Ex 12*, 18; *Lev 23*, 5.

26. Después de la Pascua.

7. El día décimo de este mes séptimo erá también para vosotros santo y venerable, y mortificaréis vuestras almas con el yuno y no haréis en él ninguna obra servil*.

8. Y ofreceréis al Señor en holocausto de lor suavísimo un becerro de la vacada, un arnero, siete corderos primales sin tacha;

9. y al sacrificarlos, la oblación de tres écimas de flor de harina amasada con aceite or cada becerro, dos décimas por el carnero;

10. una décima parte de décima por ada uno de los siete corderos,

11. y un macho cabrío por el pecado, sin ontar lo demás que suele ofrecerse por la xpiación del delito, ni el holocausto erpetuo con sus ofrendas y libaciones.

12. Asimismo el día quince del mes éptimo, que será para vosotros santo y enerable, no haréis en él ninguna obra ervil, sino que celebraréis fiesta solemne al eñor continuada por siete días;

13. y ofreceréis al Señor en holocausto le olor suavísimo trece becerros de la acada, dos carneros, catorce corderos rimales sin tacha;

14. y en sus sacrificios la oblación acostumbrada de tres décimas de flor de arina amasada con aceite por cada uno de os trece becerros, dos décimas por cada uno de los dos carneros,

15. y una décima de décima por cada uno de los catorce corderos,

16. y un macho cabrío por el pecado, sin contar el holocausto perpetuo con su ofrenda y libación.

17. El segundo día ofreceréis doce becerros de la vacada, dos carneros y catorce corderos primales sin tacha,

18. y observaréis las mismas ceremonias en orden a las ofrendas y libaciones por cada uno de los becerros, carneros y corderos;

19. ofreciendo también un macho cabrío por el pecado, además del holocausto perpetuo con su ofrenda de harina y libación.

20. El día tercero ofreceréis once becerros, dos carneros, catorce corderos primales sin tacha,

21. con las ofrendas de harina y libaciones correspondientes según el rito a cada becerro, carnero y cordero;

22. y un macho cabrío por el pecado, además del holocausto perpetuo con ofrenda de harina y libación.

23. El día cuarto ofreceréis diez becerros, dos carneros, catorce corderos primales sin defecto;

24. haciendo según el rito prescrito las oblaciones de harina y libaciones en cada becerro, carnero y cordero;

25. y ofreciendo un macho cabrío por el pecado, además del holocausto perpetuo diario con su ofrenda de harina y libación.

26. El quinto día ofreceréis nueve becerros, dos carneros, catorce corderos primales sin tacha;

27. observando el rito de las ofrendas de harina y libaciones en cada uno de los becerros, carneros y corderos;

28. y añadiendo el macho cabrío por el pecado, además del holocausto perpetuo con su ofrenda de harina y libación.

29. El sexto día ofreceréis ocho becerros, dos carneros y catorce corderos primales sin tacha,

30. ofreciendo según rito las oblaciones de harina y libaciones respecto a cada uno de los becerros, carneros y corderos;

31. y un macho cabrío por el pecado, además del holocausto perpetuo con su ofrenda de harina y libación.

32. El día séptimo ofreceréis siete becerros, dos carneros y catorce corderos primales sin tacha,

33. añadiendo según rito las oblaciones de harina y las libaciones por cada becerro, carnero y cordero;

34. y un macho cabrío por el pecado, además del holocausto perpetuo con su ofrenda de harina y libación.

35. El día octavo, el cual es solemnísimo, no haréis ninguna obra servil;

36. y ofreceréis en holocausto de olor suavísimo al Señor un becerro, un carnero y siete corderos primales sin tacha;

37. añadiendo, según está prescrito, las ofrendas de harina y libaciones por cada becerro, carnero y cordero;

38. además un macho cabrío por el pecado, fuera del holocausto perpetuo con su ofrenda y libación.

39. Esto es lo que habéis de ofrecer al Señor en vuestras solemnidades; además de los holocaustos, sacrificios, libaciones y víctimas pacíficas que ofreceréis a Dios para

---

7. *Lev 16*, 29; *23*, 27.

cumplir vuestros votos, o bien espontáneamente.

30 *Sobre la obligación de cumplir los votos y juramentos y quien los podría anular*

1. Refirió, pues, Moisés a los hijos de Israel todo lo que el Señor le había mandado;

2. y dijo además a los príncipes de las tribus de los hijos de Israel: Este es el mandamiento expreso del Señor:

3. Si algún hombre hiciere voto al Señor, o se obligare con juramento, no quebrantará su palabra; sino que cumplirá todo lo prometido.

4. Si una mujer que todavía está en casa de su padre, siendo de menor edad, hace algún voto y se obliga con juramento, si su padre sabe el voto que hizo y el juramento con que obligó su conciencia, y calla, queda obligada al voto;

5. y cuanto prometió y juró, tanto pondrá por obra.

6. Pero si el padre luego que le entendió, contradijo serán inválidos así los votos como los juramentos; y no quedará obligada a la promesa; porque se opuso su padre.

7. Si teniendo ya marido, hace algún voto cuando está aún en la casa de sus padres, y saliendo una vez de su boca la palabra ligare su conciencia con juramento,

8. en el día en que lo hubiere oído el marido sin contradecir, quedará obligada al voto y cumplirá todo lo prometido.

9. Pero si luego que lo entendió se opuso, e invalidó las promesas y las palabras con que ligó ella su conciencia, el Señor se lo perdonará.

10. La viuda y la repudiada cumplirán todos cuantos votos hicieren.

11. La mujer casada que está en casa de su marido, y se obligare con voto y juramento,

12. si el marido lo sabe, y calla y no se opone a la promesa, cumplirá todo aquello que ha prometido.

13. Pero si desde luego se opone, no le obligará la promesa; porque el marido lo contradijo, y el Señor la dará por absuelta.

14. Si hiciere voto y se obligare con juramento a mortificar su alma con el ayuno o con la abstinencia de otras cosas, quedar[á] al arbitrio del marido el que lo haga o no l[o] haga.

15. Mas si informado de ello el marid[o] callare y difiriere su dictamen para otro dí[a] cumplirá la mujer todo lo que votó [y] prometió, ya que el marido así que lo sup[o] calló.

16. Pero si se opone después de pasad[o] el día de haberlo sabido, cargará con [la] culpa de ella.

17. Estas son las leyes que dio Dios [a] Moisés para entre el marido y la mujer, [y] entre el padre y la hija que todavía es d[e] menor edad, o que aún permanece en la cas[a] paterna.

31 *Guerra contra los madianitas, ordena el Señor a Moisés y estos son exterminados*

1. Habló después el Señor a Moisés, diciendo:

2. Toma primero venganza de lo que han hecho a los hijos de Israel los madianitas, y después de eso irás a juntarte con tu pueblo.

3. Al punto Moisés: Armese, dijo, alguna gente de entre vosotros para salir a dar batalla, y ejecutar la venganza, que el Señor quiere tomar de los madianitas*.

4. Escójanse mil hombres de cada tribu de Israel para salir a campaña.

5. Y fueron elegidos mil de cada tribu, esto es, doce mil prontos para combatir;

6. los que envió Moisés con Finees, hijo del sacerdote Eleazar; entregándole al mismo tiempo los instrumentos sagrados y las trompetas para dar la señal de combate.

7. Trabada la batalla contra los madianitas, como los hubiesen vencido, mataron a todos los varones.

8. y a sus reyes Evi, y Recem, y Sur, y Hur y Rebe, cinco príncipes de la nación; pasando también a cuchillo a Balaam, hijo de Beor*.

9. Y se apoderaron de sus mujeres y niños, y de todos los ganados, y de todos los muebles; saquearon cuanto pudieron.

10. Ciudades, aldeas y castillos, todo lo devoró el fuego.

---

3. *Num 25*, 17.
8. *Num Jos 13*, 21.

11. Y tomando los despojos y todas las cosas que pillaron, tanto de hombres como de bestias,

12. lo condujeron a Moisés y al sumo sacerdote Eleazar y a toda la multitud de los hijos de Israel: llevando los demás utensilios al campamento en las llanuras de Moab, a la orilla del Jordán, enfrente de Jericó.

13. A la vuelta, Moisés y Eleazar, sumo sacerdote, y todos los príncipes de la comunidad salieron a recibirlos fuera del campamento.

14. Y enojado Moisés contra los jefes del ejército y los tribunos y centuriones que venían de la guerra,

15. dijo: ¿Cómo es que habéis dejado con vida a las mujeres?

16. ¿No son ésas las mismas que por sugestión de Balaam sedujeron a los hijos de Israel, y os hicieron prevaricar contra el Señor con el pecaminoso culto de Fogor, por cuya causa fue también castigado el pueblo*?

17. Matad, pues, a todos cuantos varones hubiere, aun a los niños, y degollad a las mujeres que han conocido varón*;

18. reservaos solamente a las niñas y a todas las doncellas;

19. y permaneced por siete días fuera del campamento. Quien hubiere muerto a hombre, o tocado cadáver, se purificará el día tercero y el séptimo.

20. Y así se purificará todo el botín, ropas, vasos y cualquier utensilio hecho de pieles, o de pelos de cabra, o de madera.

21. El sumo sacerdote Eleazar habló también así a los guerreros del ejército que habían combatido: Esta es la orden que ha dado el Señor a Moisés*:

22. El oro, y la plata, y el cobre, y el hierro, y el plomo, y el estaño,

23. y todo lo que puede pasar por el fuego, con fuego será purificado; mas lo que no puede aguantar el fuego, se santificará con el agua de expiación.

24. Lavaréis vuestros vestidos el día séptimo, y después de purificados entraréis en el campamento.

25. Dijo también el Señor a Moisés:

26. Haced el inventario de lo que se ha apresado, desde el hombre hasta la bestia, tú y Eleazar, sumo sacerdote, y los príncipes del pueblo;

27. y dividirás por partes iguales el botín entre los que pelaron y fueron a la guerra, y entre toda la otra gente.

28. Y de la parte de los que combatieron, y se hallaron en la guerra, separarás para el Señor de cada quinientas cabezas una, tanto de las personas como de bueyes, asnos y ovejas;

29. y las darás a Eleazar, sumo sacerdote, porque son las primicias del Señor.

30. De la otra mitad perteneciente a los hijos de Israel, de cada cincuenta personas, o bueyes, o asnos, u ovejas, o de cualquier especie de animales, tomarás una cabeza, la cual darás a los levitas que están encargados de la guardia de servicio del Tabernáculo del Señor.

31. Lo hicieron, pues, Moisés y Eleazar, como el Señor lo había mandado.

32. Y se halló que el botín cogido por el ejército era de seiscientas setenta y cinco mil ovejas;

33. setenta y dos mil bueyes;

34. asnos setenta y un mil;

35. y de treinta y dos mil personas vírgenes del sexo femenino.

36. De todo lo cual fue dada la mitad a los que se hallaron en el combate, es a saber, trescientas treinta y siete mil quinientas ovejas;

37. de las que se sacaron para el Señor seiscientas setenta y cinco.

38. De los treinta y seis mil bueyes, setenta y dos.

39. De los treinta mil quinientos asnos, sesenta y uno.

40. De las dieciséis mil personas, tocaron al Señor treinta y dos almas.

41. Este número de primicias del Señor entregó Moisés al sumo sacerdote Eleazar, como se le había mandado,

42. sacándole de la mitad separada para los hijos de Israel que se hallaron en la batalla.

43. Y de la otra mitad que había tocado a los restantes del pueblo, es decir, de las trescientas treinta y siete mil quinientas ovejas,

44. y de los treinta y seis mil bueyes,

45. y de los treinta mil quinientos asnos,

46. y de las dieciséis mil personas,

47. tomó Moisés una cabeza por cada

---

16. *Num 25*, 18.
17. *Jue 21*, 11.
21. *Lev 6*, 28; *11*, 33; *15*, 11.

cincuenta, y se las dio por orden del Señor a los levitas que hacían la guardia en el Tabernáculo.

48. Entonces llegándose a Moisés los jefes del ejército y los tribunos y centuriones, dijeron:

49. Nosotros tus servidores, hemos revistado el número de combatientes que hemos tenido bajo nuestro mando, y no ha faltado ni siquiera uno.

50. Por esta causa ofrecemos cada cual en donativo al Señor, todo el oro que hemos podido encontrar en el botín, cadenas y manillas, anillos y brazaletes, y collares, para que ruegues por nosotros al Señor.

51. Recibieron, pues, Moisés y Eleazar, sumo sacerdote, todo el oro en diversas joyas,

52. que ofrecieron los tribunos y centuriones, el cual pesó dieciséis mil setecientos cincuenta siclos.

53. (Porque aquello que cada cual había cogido en el botín, era suyo propio).

54. Recibido el donativo, lo metieron dentro del Tabernáculo del Testimonio, para monumento de los hijos de Israel en la presencia del Señor.

32 *Las tribus de Rubén, Gad y la de Manasés se establecen al oriente del Jordán*

1. Tenían los hijos de Rubén y de Gad muchos ganados y un inmenso caudal en bestias. Y habiendo visto que las tierras de Jazer y de Galaad eran propias para apacentar ganados,

2. vinieron a Moisés, y al sumo sacerdote Eleazar, y a los príncipes del pueblo, y dijeron:

3. Atarot, y Dibón, y Jazer, y Nemra, Hesebón y Eleale, y Sabán, y Nebo, y Beón,

4. tierras que el Señor ha sujetado a la dominación de los hijos de Israel, son un país feracísimo para pasto de ganados; y nosotros tus siervos los tenemos en muchísimo número.

5. Por tanto te suplicamos que, si hemos hallado gracia en tus ojos, nos le des a nosotros tus siervos en posesión, y no nos hagas pasar el Jordán.

6. Les respondió Moisés: Pues que, ¿han de ir vuestros hermanos a la guerra, y vosotros habéis de quedaron aquí sentados?

7. ¿Cómo es que desalentáis a los hijos de Israel, para que no osen pasar a la tierra que les ha de dar el Señor?

8. ¿No es esto mismo lo que hicieron vuestros padres cuando los envié desde Cadesbarne a reconocer la tierra?

9. Después de haber llegado hasta el valle del racimo y recorrido todo el país, introdujeron el terror en el corazón de los hijos de Israel, para que no entraran en la tierra que les había señalado el Señor*;

10. el cual irritado, juró diciendo:

11. No verán estos hombres, que salieron de Egipto de edad de veinte años arriba, la tierra que tengo prometida con juramento a Abrahán, a Isaac y a Jacob; ya que no han querido seguirme,

12. si no es Caleb, hijo de Jefone el cenezeo, y Josué, hijo de Nun: los cuales han cumplido mi voluntad.

13. Y así es, que enojado el Señor contra Israel, lo ha traído girando por el desierto cuarenta años, hasta que se acabase toda aquella generación que pecó en la presencia del Señor.

14. Y de aquí, añadió Moisés, que habéis sucedido vosotros a vuestros padres, como hijos y retoños de hombres pecadores, a fin de atizar aún el furor del Señor contra Israel.

15. Pues si no queréis seguirle abandonará al pueblo en el desierto, y vosotros vendréis a ser la causa del exterminio de todos.

16. A esto acercándose ellos más a Moisés le dijeron: Fabricaremos apriscos para las ovejas, y establos para los animales, y ciudades fuertes para guardar nuestros niños:

17. y después, nosotros mismos, armados y prontos a combatir, marcharemos a la guerra al frente de los hijos de Israel hasta introducirlos en sus destinos. Entretanto quedarán nuestros niños y todas nuestras haciendas en ciudades muradas por temor de las acechanzas de las gentes del país.

18. No volveremos a nuestras casas hasta que los hijos de Israel posean su herencia.

---

9. *Num 13*, 24.

19. No pretenderemos cosa alguna de allende del Jordán, pues tenemos ya nuestra posesión en su ribera oriental.

20. Les respondió Moisés: Si estáis en hacer lo que prometéis, estad dispuestos para ir a la guerra delante del arca del Señor*;

21. y todo varón de armas tomar, pase armado el Jordán, hasta que el Señor destruya a sus enemigos,

22. y se le sujete todo el país: entonces seréis inculpables para con el Señor y delante de Israel; y obtendréis las regiones que deseáis con el beneplácito del Señor.

23. Si no hacéis lo que decís, es indudable que pecaréis contra Dios; y tened entendido, que vuestro pecado recaerá sobre vosotros.

24. Edificad, pues, fortalezas para vuestros niños, y apriscos, y majadas para las ovejas y bestias, y cumplid lo prometido.

25. Y dijeron los hijos de Gad y Rubén a Moisés*: Siervos tuyos somos, haremos lo que el Señor nuestro nos manda.

26. Dejaremos en las ciudades de Galaad nuestros niños y mujeres, y los ganados mayores y menores,

27. mientras nosotros tus siervos iremos todos bien dispuestos a la guerra, como tú, Señor, lo ordenas.

28. En su consecuencia Moisés dio sus órdenes al sumo sacerdote Eleazar, y a Josué, hijo de Nun, y a las cabezas de las familias en cada tribu de Israel, y les dijo:

29. Si los hijos de Gad y los de Rubén pasaren todos el Jordán*, y armados fueren con vosotros a combatir delante del Señor, dadles, después de conquistado el país, la tierra de Galaad en posesión.

30. Mas si no quisieran pasar armados con vosotros a la tierra de Canaán, oblígueseles a que fijen su habitación entre vosotros.

31. Y respondieron los hijos de Gad y de Rubén: Como ha ordenado el Señor a sus siervos, así lo haremos.

32. Guiados por el Señor, pasaremos armados a la tierra de Canaán, y confesamos públicamente haber ya recibido nuestra posesión en este lado del Jordán.

33. Con esto Moisés dio a los hijos de Gad, y a los de Rubén, y a la media tribu de Manasés, hijo de José, el reino de Sehón, rey amorreo, y el reino de Og, rey de Basán, y el territorio de ellos con sus ciudades al contorno*.

34. Por tanto, los hijos de Gad reedificaron a Dibón, y Atarot, y Aroer,

35. y a Etrot, y Sofán, y Jazer, y Jegbaa,

36. y Betnemra, y Betarán, haciendo de ellas ciudades fuertes y apriscos para sus ganados.

37. Y los hijos de Rubén reedificaron a Hesebón, a Eleale y Cariataim,

38. y a Nabo, y Baalmeón, y Sabama, mudándoles los nombres y poniéndoselos nuevos a las ciudades que habían reedificado.

39. Los hijos de Maquir, hijo de Manasés, marcharon contra el país de Galaad, y lo asolaron matando a los amorreos sus habitantes.

40. Así Moisés dio una parte de la tierra de Galaad al linaje de Maquir, hijo de Manasés, el cual habitó en ella.

41. Y Jair, otro hijo o descendiente de Manasés, fue y ocupó muchas aldeas que llamó Havot-Jair, esto es, Villas de Jair.

42. Del mismo modo Nobe pasó también, y ocupó a Canat con sus aldehuelas, y de su nombhre la llamó Nobe.

33 *Enumeración de las cuarenta y dos mansiones de los israelitas en el desierto*

1. Estas son las mansiones de los hijos de Israel después que salieron de Egipto divididos por escuadrones, bajo la conducta de Moisés y Aarón;

2. las que describió Moisés, según los lugares de los campamentos que iban mudando por orden del Señor.

3. Partidos, pues, de Ramesés los hijos de Israel el mes primero a quince del mismo, al otro día de la Pascua, por un efecto de la mano poderosa del Señor, viéndolo todos los egipcios,

4. y mientras que sepultaban a todos los primogénitos, muertos por el Señor, el cual ejerció también la venganza en sus dioses*,

---

20. *Jos 1*, 14.
25. *Jos 4*, 12.
29. *Jos 13*, 8; 22, 4.
33. *Jos 22*, 4.
4. *Ex 14*, 2.

5. fueron a acampar a Socot.

6. Y de Socot vinieron a Etam, que está en los últimos términos del desierto.

7. Saliendo de aquí vinieron frente a Fihahirot que mira a Beelsefón, y acamparon delante de Mágdalo.

8. Marchando de Fihahirot pasaron por medio del mar al desierto, y andando tres días por el desierto de Etam, acamparon en Mara*.

9. Partiendo después de Mara, llegaron a Elim, donde había doce fuentes de agua y setenta palmeras, y sentaron allí sus campamentos*.

10. De aquí, levantando el campo fijaron sus tiendas en la playa del mar Rojo, y marchando del mar Rojo,

11. acamparon en el desierto de Tsin;

12. de donde partiendo, vinieron a Dafca.

13. Y alzando el campo de Dafca, le pusieron en Alús.

14. Saliendo de Alús, fijaron los pabellones en Rafidim, donde faltó al pueblo agua para beber*.

15. Dejando a Rafidim, acamparon en el desierto de Sinaí.

16. Al cabo salidos del desierto de Sinaí, vinieron a hacer alto en los Sepulcros del antojo o concupiscencia.

17. Y de los sepulcros de la concupiscencia, fueron a Haserot*.

18. De Haserot pasaron a Retma.

19. Y marchando de Retma, sentaron los campamentos en Remmomfares.

20. Desde donde pasaron a Lebna.

21. De Lebna acamparon en Resa.

22. Marchando de Resa, vinieron a Celata.

23. De allí trasladaron los campamentos al monte Sefer.

24. Del monte Sefer vinieron a parar en Arada.

25. Moviendo de aquí pararon en Macelot.

26. Partidos de Macelot, acamparon en Taat.

27. De Taat mudaron el campo a Tare,

28. De donde fueron a parar a Metca.

29. De Metca pasaron a Hesmona.

30. Partidos de Hesmona, se acamparon en Moserot.

31. De Moserot trasladaron los campamentos a Benejaacán.

32. De Benejaacán marcharon al monte de Gadgad*,

33. de donde partiendo fueron a Jetebata.

34. De Jetebata pasaron a Hebrona.

35. Dejada Hebrona, se acamparon en Asiongaber.

36. Marchando de aquí, fueron a parar en el desierto de Tsin, donde está Cades*.

37. Y habiendo salido de Cades, acamparon en la falda del monte Hor, en los últimos confines del país de Edom.

38. Allí subió el sumo sacerdote Aarón al monte Hor por mandato del Señor; y allí murió a los cuarenta años de la salida de los hijos de Israel de Egipto, el mes quinto, el primer día del mes*,

39. siendo de edad de ciento veintitrés años.

40. Aquí fue cuando Arad, rey de los cananeos, que habitaba hacia el mediodía, supo que venían los hijos de Israel para entrar en la tierra de Canaán.

41. Yéndose éstos del monte Hor, fijaron su campamento en Salmona.

42. Salidos de aquí, vinieron a Funón.

43. Partiendo de Funón, acamparon en Obot.

44. De Obot pasaron a Ijeabarim, que está en los confines de los moabitas.

45. Moviendo el campo de Ijeabarim, lo asentaron en Dibongad.

46. De donde le trasladaron a Helmondeblataín.

47. Y habiendo salido de Helmondeblataín, vinieron a los montes de Abarim, enfrente de Nabo.

48. Dejando los montes de Abarim, pasaron a las campiñas de Moab, a orilla del Jordán, enfrente de Jericó.

49. Y allí fijaron sus tiendas desde Betsimot hasta Abelsatam, en los campos más llanos de los moabitas.

50. Aquí fue donde el Señor dijo a Moisés:

51. Habla a los hijos de Israel, y diles:

---

8. *Ex 15*, 22.
9. *Ex 15*, 27.
14. *Ex 17*, 1.
16. *Ex 19*, 2.
17. *Num 11*, 34; *13*, 1.

32. *Deut 10*, 7.
36. *Num 20*, 1.
38. *Num 20*, 25; *Deut 32*, 50.

Pasado que hubiereis el Jordán, y entrados en la tierra de Canaán,

52. exterminad a todos los moradores de ella, quebrad las aras, desmenuzad las estatuas, y asolad todos los adoratorios de las alturas*,

53. purificando así la tierra para habitar en ella; pues yo os la he dado en posesión;

54. y os la repartiréis por suerte, dando al mayor número mayor parte de ella, y menor a los que sean en número más pequeño. A cada cual se dará la heredad en el sitio que le cayere por suerte. La partición se hará por tribus y por familias.

55. Que si no quisiereis matar a los moradores del país, los que quedaren serán para vosotros como punzones en los ojos y rejones en los costados, y combatirán contra vosotros en la tierra de vuestra morada;

56. y yo haré contra vosotros todo lo que tenía resuelto hacer contra ellos.

34 *Situación de las fronteras de la tierra prometida y encargados del reparto*

1. Habló aún el Señor a Moisés, diciendo:

2. Prevén a los hijos de Israel y dales esta orden: Cuando hubierais entrado en la tierra de Canaán y poseyereis en ella lo que la suerte os habrá señalado, serán sus términos los siguientes:

3. La parte meridional comenzará desde el desierto de Tsin confinante con Idumea, y tendrá por término al oriente el mar Salado*,

4. y al mediodía serán sus límites lo largo del circuito que hace la cuesta del Escorpión, y pasarán por Senna y llegarán por esta misma parte del mediodía hasta Cadesbarne, de allí a la aldea llamada Adar, extendiéndose hasta Asemona;

5. y desde Asemona irán dando vuelta hasta el torrente de Egipto, y terminarán en la ribera del mar grande o Mediterráneo.

6. La parte occidental empezará desde el mar grande y acabará en él.

7. Por el norte, los confines empezarán de dicho mar tirando hasta el monte altísimo,

8. desde donde irán a Emat hasta tocar los términos de Sedada.

9. prosiguiendo hasta Zeprona y la aldea de Enán. Estos serán los límites por la parte del norte.

10. Los confines de la parte de oriente comenzarán desde la aldea de Enán hasta Sefama,

11. y desde Sefama bajarán a Rebla, enfrente de la fuente de Dafnim; de donde siguiendo hacia el oriente, llegarán hasta el mar de Ceneret o Genezaret;

12. y extendiéndose hasta el Jordán, tendrán por último límite el mar Salado. He aquí los límites y extensión de la tierra que poseeréis.

13. Y dio Moisés esta orden a los hijos de Israel, diciéndoles: Esta será la tierra que se os distribuirá por suerte, y la que ha mandado el Señor a las nueve tribus y media.

14. Puesto que la tribu de los hijos de Rubén con sus familias, y la tribu de los hijos de Gad según el número de las suyas, y la media tribu de Manasés,

15. esto es, dos tribus y media, han recibido su parte del Jordán acá, enfrente de Jericó hacia el oriente.

16. Y dijo el Señor a Moisés:

17. Estos son los nombres de los varones que os repartirán la tierra: el sumo sacerdote Eleazar; y Josué, hijo de Nun*;

18. y un príncipe de cada tribu,

19. cuyos nombres son estos: de la tribu de Judá, Caleb, hijo de Jefone;

20. de la tribu de Simeón, Samuel, hijo de Ammiud;

21. de la tribu de Benjamínb, Elidad, hijo de Caselón;

22. de la tribu de los hijos de Dan, Bocci, hijo de Jogli;

23. por los hijos de José de la tribu de Manasés, Hanniel, hijo de Efod;

24. de la tribu de Efraín, Camuel, hijo de Seftán;

25. de la tribu de Zabulón, Elisafán, hijo de Farnac;

26. de la tribu de Isacar, el príncipe Faltiel, hijo de Ozán;

27. de la tribu de Aser, Ahiud, hijo de Salomi;

28. de la tribu de Neftalí, Fadael, hijo de Ammiud.

29. Estos son los que mandó el Señor

---

52. *Deut 7*, 5; *Jue 2*, 2.
3. *Jos 15*, 1.

17. *Jos 14*, 2.

que repartieran a los hijos de Israel la tierra de Canaán.

35

Se destinan cuarenta y ocho ciudades para los levitas; de éstas se señalan seis para refugio

1. Dijo todavía el Señor a Moisés en los campos de Moab a orilla del Jordán, enfrente de Jericó:

2. Manda a los hijos de Israel que de sus posesiones den a los levitas,

3. ciudades en que habitar, y sus campos inmediatos en la circunferencia, para que moren ellos en las poblaciones, y los campos extramuros sirvan para los ganados y bestias.

4. Estos campos extramuros de las ciudades cogerán a la redonda el espacio de mil pasos;

5. al oriente dos mil codos y al mediodía igualmente otros dos mil; la misma medida tendrán hacia el mar, que mira al occidente, y la parte septentrional terminará en igual espacio; de suerte que las ciudades estén en medio ylos campos o ejidos por fuera, alrededor.

6. De estas mismas ciudades que daréis a los levitas, seis serán destinadas para el asilo de los fugitivos, a fin de que se refugie en ellas quien derramare sangre humana; y sin contar éstas, habrá otras cuarenta y dos ciudades*,

7. siendo en todas cuarenta y ocho con sus contornos.

8. Ahora, de estas ciudades que de las posesiones de los hijos de Israel se han de dar a los levitas, se tomarán más de los que más tienen, y menos a los que menos. Cada cual de las tribus, a proporción de su herencia, dará ciudades a los levitas.

9. Dijo aún el Señor a Moisés:

10. Habla con los hijos de Israel, y diles: Cuando hubiereis pasado el Jordán y estuviereis en la tierra de Canaán,

11. señalad las ciudades que deben ser asilo de los fugitivos que involuntariamente hayan derramado sangre humana;

12. en las que estando el refugiado, no podrá el pariente del muerto matarle, hasta que se presente delante del pueblo, y sea juzgada su causa.

13. De estas ciudades destinadas para asilos de los fugitivos*,

14. habrá tres del Jordán acá y tres en la tierra de Canaán,

15. tanto para los hijos de Israel como para los advenedizos y peregrinos, a fin de que se acoja a ellas el que involuntariamente derramare sangre humana.

16. Si alguno hiriere con hierro, y muriere el herido, será reo de homicidio, y por tanto será muerto.

17. Si tirare una piedra, y el herido muere del golpe, incurrirá en la misma pena.

18. Si uno es herido con palo y muere, será vengada su muerte con la sangre del matador.

19. El pariente del muerto matará al homicida; luego que le encuentre le quitará la vida.

20. Si alguno por odio da empellones a otro, o le arrojara encima alguna cosa con mala intención*;

21. o si siendo enemigo le hiere a puñadas, y este otro viene a morir, el matador será reo de homicidio. El pariente del muerto, luego que le hallare, podrá matarle.

22. Mas si por accidente y no por rencor,

23. ni anteriores enemistades, cometiere algo de lo dicho,

24. y fuere probado esto en presencia del pueblo, ventilada la causa del homicidio entre el matador y el pariente del difunto,

25. el inocente será libertado de la mano del vengador, y por sentencia se le volverá a la ciudad en que se refugió, y allí morará hasta la muerte del sumo sacerdote, que fue ungido con el óleo santo.

26. Si el matador, estando fuera de los límites de las ciudades destinadas para los desterrados,

27. fuere hallado y muerto por el que debe vengar la sangre del difunto, éste que le matare, no quedará responsable;

28. por cuanto debía el refugiado residir en la ciudad hasta la muerte del sumo sacerdote; bien que, después de muerto éste, pueda el homicida retornar a su patria.

---

6. *Deut 4*, 41; *19*, 2; *Jos 20*, 2.

13. *Deut 4*, 41; *Jos 20*, 7-8.
20. *Deut 19*, 11.

29. Estas leyes serán perpetuamente observadas en todas vuestras poblaciones.

30. El homicida será sentenciado por dicho de testigos: nadie será condenado por el testimonio de uno solo.

31. No recibiréis dinero como en rescate del que ha derramado sangre; sino que el matador morirá luego.

32. Los desterrados y retraídos por ningún motivo podrán volver a sus ciudades, antes de la muerte del sumo sacerdote;

33. no sea que profanéis la tierra de vuestra morada, la cual con la sangre de los inocentes se amancilla, ni puede purificarse sino por la sangre de aquel que derramó la de otro.

34. Y de esta manera será purificada vuestra tierra, en la cual tengo yo mi morada; pues yo soy el Señor que habito entre los hijos de Israel.

36 *Ley sobre el matrimonio de las hijas herederas, con miembros de otras tribus*

1. Y llegáronse los príncipes o cabezas de las familias de Galaad, hijo de Maquir, hijo de Manasés, de la estirpe de los hijos de José, y representaron a Moisés ante los príncipes de Israel*, y dijeron:

2. El Señor Dios te tiene mandado a ti, que eres señor nuestro, repartir la tierra de Canaán por suerte a los hijos de Israel, y dar a las hijas de Salfaad, hermano nuestro, la posesión debida a su padre;

3. las cuales, si casaren con hombres de otra tribu, llevarán consigo su herencia, que traspasada así a otra tribu, se disminuirá nuestra posesión.

4. Y así sucederá que venido el año del jubileo, esto es, el año quincuagésimo de remisión, venga a confundirse la distribución de las suertes, y la posesión de los unos pase a los otros.

5. Respondió Moisés a los hijos de Israel, y por mandato del Señor les dijo: Ha dicho bien la tribu de los hijos de José.

6. Y así esta es la ley promulgada por el Señor sobre las hijas de Salfaad: Cásense con quien quisieren, con tal que sea con hombres de su tribu*,

7. a fin de que no vengan a confundirse las posesiones de los hijos de Israel, pasando de tribu en tribu. Así que todos los hombres en este caso tomarán mujeres de su tribu y linaje,

8. y todas las mujeres herederas tomarán maridos de su misma tribu; para que la herencia se mantenga en las familias,

9. y no se mezclen entre sí las tribus, sino que queden, ni más ni menos,

10. como fueron separadas por el Señor. Lo hicieron, pues, las hijas de Salfaad como se había ordenado;

11. y casaron Maala, y Tersa, y Hegla, y Melca, y Noa con los hijos de su tío paterno,

12. de la familia de Manasés, hijo de José; y la posesión que se les había adjudicado, se conservó en la tribu y familia de su padre.

13. Tales son las leyes y las ordenanzas que dio el Señor por medio de Moisés a los hijos de Israel en las campiñas de Moab, en la orilla del Jordán, enfrente de Jericó.

---

1. *Num 27*, 1.

6. Esta ley impedía que las tierras de una tribu pasaran a otra y se refería a las hijas que heredaban a los padres y no tenían hermanos varones.

Deuteronomio

Introducción

Este libro es llamado *Estas son las palabras*, porque así comienza el texto hebreo. Los griegos y latinos lo denominan *Deuteronomio*, palabra griega que significa *segunda ley* o *copia de la ley*, pues aparece después de la *primera ley* expuesta en *Levítico* y *Números*. El *Deuteronomio* entremezcla relatos, discursos y leyes.

El *Deuteronomio* destaca a Moisés como su protagonista. Los autores del libro le atribuyen discursos, leyes, mandamientos y normas, que en realidad ellos hacían de manera disimulada, pues habían transcurrido casi 500 años desde la muerte de Moisés. Quizás el *Deuteronomio* fue escrito en el siglo VII antes de Cristo.

En líneas generales sus 34 capítulos se pueden dividir en cinco partes:

- *La primera*, del capítulo 1 al 4, comprende el primer discurso de Moisés exhortando al pueblo de Israel a la fidelidad a Dios y a confiar en su providencia, en cada paso del camino. El discurso va precedido de algunos datos históricos.
- *La segunda*, del capítulo 5 al 11, contiene el segundo discurso de Moisés que incluye los Diez Mandamientos y las obligaciones de Israel para con Dios.
- *La tercera*, del capítulo 12 al 28, es el *Código Deuteronómico*. Esta parte reúne leyes sobre todos los aspectos de la vida cultural, judicial y social. Este libro estuvo al servicio de un antiguo santuario, posiblemente Siquem, y se presenta como un programa de reanimación religiosa y nacional.
- *La cuarta*, del capítulo 29 al 30, es el tercer discurso de Moisés. Este constituye una nueva invitación a guardar la ley, evocando los beneficios recibidos de Dios desde la salida de Egipto y recordando las promesas y amenazas divinas.
- *La quinta*, del capítulo 31 al 34, narra las últimas acciones de Moisés, sus instrucciones y bendiciones antes de morir. Uno de los momentos más emotivos de este libro tiene lugar cuando Moisés pronuncia su *Cántico Profético*, compendio de la ley y de los motivos para observarla.

El *Deuteronomio* es uno de los libros más teológicos del *Antiguo Testamento*, pues explica la ley por medio de los discursos de Moisés. Ofrece un cuadro detallado de la alianza y las consecuencias para Israel por ser el pueblo escogido de Dios.

Las palabras se dirigen a una comunidad reunida en un ambiente sagrado. Las exigencias morales nacen del encuentro con Dios, quien se revela y pide una respuesta adecuada.

La máxima expresión de esta respuesta está consignada en el *Shema*, oración que recitan los judíos como la más hermosa y fundamental: *Escucha, ¡oh Israel! El Señor Dios nuestro es el solo y único Dios y Señor. Amarás, pues, al Señor Dios tuyo, con todo tu corazón, y con toda tu alma, y con todas tus fuerzas. Deut 6*, 4-5. Este texto será citado por Jesús, *Mat 22*, 37.

En este libro del Antiguo Testamento reina una atmósfera de generosa piedad para con Dios y una gran benevolencia con la sociedad y con el hombre. Los deberes, expresión de fidelidad a la alianza, son presentados con un sentimiento profundo y tierno y con una elocuencia persuasiva.

1 *Recapitulación de los principales sucesos que acontecieron a Israel en el desierto por cuarenta años*

1. Estas son las palabras que habló Moisés a todo Israel antes de pasar el Jordán, en la campiña desierta, frente al mar Rojo entre Farán y Tofel y Labán y Haserot, donde hay minas de oro en abundancia,

2. a once jornadas de Horeb, por el camino del monte Seir hasta Cadesbarne.

3. En el año cuadragésimo de la salida de Egipto, en el mes undécimo, el primer día del mes, anunció Moisés a los hijos de Israel todo lo que le mandó el Señor que les dijera.

4. Después que derrotó a Sehón, rey de los amorreos, que tenía su corte en Hesebón, y a Og, rey de Basán, que moró en Astarot y en Edrai*,

5. a la otra parte del Jordán, en el país de Moab, Moisés comenzó a explicarles la ley del Señor, y a decirles:

6. Dios nuestro Señor nos habló en Horeb, diciendo: Bastante tiempo habéis permanecido junto a este monte;

7. dad la vuelta y marchad a las montañas de los amorreos y demás lugares vecinos, extendiéndoos por los llanos, y por los montes y valles que yacen al mediodía, y a la costa del mar Mediterráneo, por la tierra más septentrional de los cananeos y del Líbano, hasta el gran río Eufrates.

8. Mirad, dijo, que os la tengo dada: entrad y tomad posesión de la tierra, acerca de la cual juró el Señor a vuestros padres Abrahán, Isaac y Jacob, que se le daría a ellos, y después de ellos a su descendencia.

9. En aquel mismo tiempo os dije:

10. No puedo yo solo gobernaros: porque el Señor Dios vuestro os ha multiplicado, y en el día de hoy sois en grandísimo número como las estrellas del cielo*.

11. (El Señor, Dios de vuestros padres, añada aún a este número muchos millares, y os llene de bendiciones como lo tiene dicho).

12. Yo no puedo solo llevar el peso de vuestros negocios y pleitos.

13. Escoged de entre vosotros varones y sabios experimentados, de una conducta bien acreditada en vuestras tribus, para que os los ponga por caudillos y jueces.

14. Entonces me respondisteis: Acertada cosa es la que quieres hacer.

15. Y así tomé de vuestras tribus varones inteligentes y esclarecidos, y los constituí por príncipes vuestros, por tribunos y centuriones, y cabos de cincuenta y de diez hombres, que os instruyesen en cada cosa.

16. Y les mandé diciendo: Oídlos y haced justicia: ora sean ciudadanos, ora extranjeros.

17. Ninguna distinción haréis de personas: del mismo modo oiréis al pequeño que al grande: ni guardaréis miramiento a nadie, pues que vosotros sois jueces en lugar de Dios*. Mas si alguna cosa difícil os ocurriere, dadme parte a mí, y yo determinaré.

18. En suma os ordené todo cuanto debíais hacer.

19. Al fin, habiendo partido de Horeb, pasamos por aquel grande y espantoso desierto que visteis camino de la montaña del amorreo, como Dios nuestro Señor nos había mandado; y estando ya en Cadesbarne,

20. os dije: Habéis llegado a la montaña del amorreo, de la cual nos ha de dar nuestro Señor la posesión.

21. Mira, ¡oh Israel! la tierra que te da tu Señor Dios: sube y ocúpala como Dios nuestro Señor lo prometió a tus padres; no tienes que temer ni alarmarte por nada.

22. Y acudisteis a mí todos, y dijisteis: Enviemos personas que reconozcan la tierra, y nos informen por qué camino debemos subir*, y a cuáles ciudades encaminarnos.

23. Habiéndome parecido bien el pensamiento, despaché doce hombres de entre vosotros, uno de cada tribu.

24. Los cuales puestos en camino, habiendo atravesado las montañas llegaron hasta el valle del Racimo; y reconocida la tierra,

25. cogiendo de sus frutos para muestra de fertilidad, nos los trajeron y dijeron: Buena es la tierra que el Señor Dios nuestro nos ha de dar.

26. Mas vosotros no quisisteis subir; antes bien, incrédulos a la palabra de Dios nuestro Señor,

---

4. *Num 21*, 24.
10. *Ex 18*, 18.

17. *Jn 7*, 24; *Lev 19*, 15; *Prov 24*, 23; *Eclo 42*, 1.
22. *Num 13*, 3; *32*, 8.

27. murmurasteis en vuestras tiendas y dijisteis: El Señor nos aborrece, y por eso nos sacó de la tierra de Egipto, para entregarnos en manos del amorreo y acabar con nosotros.

28. ¿A dónde iremos? Los mensajeros nos han aterrado, diciendo: Es mucho el gentío que hay en el país y de más alta estatura que nosotros, las ciudades son grandes, y fortificadas con muros que llegan hasta el cielo, y allí hemos visto a los hijos de los enaceos o gigantes.

29. Entonces os dije yo: No temáis, ni tengáis miedo de ellos.

30. El Señor Dios, el cual es vuestro conductor, él mismo peleará por vosotros, como lo hizo en Egipto a vista de todos.

31. Y en el desierto (tú mismo, ¡oh Israel! lo has visto), el Señor tu Dios te ha traído en brazos por todo el camino que habéis andado hasta llegar a este lugar, a la manera que suele un hombre traer a su hijo chiquito.

32. Pero ni aún así creísteis al Señor vuestro Dios,

33. el cual ha ido él mismo delante de vosotros todo el viaje, y ha demarcado los sitios en que debíais plantar las tiendas, enseñándoos el camino de noche con la columna de fuego, y de día con la de nube*.

34. Y cuando el Señor oyó el rumor de vuestras quejas, indignado, juró y dijo:

35. Ninguno de los hombres de esta pésima generación verá la excelente tierra que tengo prometida con juramento a sus padres*;

36. Excepto Caleb, hijo de Jefone; ése la verá; y a ése le daré la tierra que pisó, y a sus hijos; porque ha seguido al Señor.

37. Ni es de maravillar ésta su indignación contra el pueblo; visto que aun contra mí, enojado el Señor por causa vuestra, dijo: Ni tampoco tú entrarás en esa tierra.

38. Mas Josué, hijo de Nun, ministro tuyo, ése entrará por ti: y así exhórtale y aliéntale, pues él es el que ha de repartir por suertes la tierra de Israel.

39. Vuestros pequeñuelos, de quienes dijisteis que serían llevados cautivos, vuestros niños que hoy no saben discernir el bien del mal, esos son los que entrarán; y a ellos daré yo la tierra, y la poseerán.

40. Mas vosotros volveos atrás, y marchad al desierto por el camino que va al mar Rojo.

41. Entonces me respondisteis: Hemos pecado contra el Señor; subiremos a esa tierra, y pelearemos conforme ha ordenado el Señor Dios nuestro. Y como armados os encaminaseis hacia el monte,

42. me dijo el Señor: Adviérteles que no vayan, ni peleen; porque yo no estoy con ellos: no sea que queden postrados a los pies de sus enemigos.

43. Os lo dije, y no hicisteis caso; sino que oponiéndoos al mandamiento del Señor, e hinchados de soberbia subisteis al monte.

44. Entonces habiendo salido a vuestro encuentro el amorreo, que habitaba en las montañas, os persiguió, como suelen perseguir las abejas al que las inquieta; y os fue acuchillando desde Seir hasta Horma.

45. Y por más que llorasteis a la vuelta en presencia del Señor, no quiso escucharos ni condescender con vuestros ruegos.

46. Por eso estuvisteis de asiento por mucho tiempo en Cadesbarne.

2

Beneficios hechos por Dios al pueblo. Viaje desde Cades al Torrente de Zared y derrota del rey de Sehón

---

1. Partidos de aquí, fuimos al desierto que guía al mar Rojo, como el Señor me había dicho; y anduvimos largo tiempo rodeando las montañas de Seir.

2. Y me dijo el Señor:

3. Bastante habéis ido rodeando por estos montes: id ahora hacia el Septentrión:

4. Y tú da esta orden al pueblo, diciéndole: Vosotros pasaréis por los confines de vuestros hermanos, los hijos de Esaú, que habitan en Seir, y os temerán.

5. Mas guardaos bien de moverles guerra, porque no os daré de su tierra ni siquiera la huella de un pie, por cuanto di a Esaú en posesión las montañas de Seir.

6. Compraréis de ellos a dinero contante las vituallas que hubiereis de comer; y también el agua que sacareis de sus pozos para beber.

7. El Señor Dios tuyo ha echado su ben-

---

33. *Ex 13*, 21; *Num 14*.
35. *Num 14*, 23; *Sal 95* (*94*), 11.

dición en todo cuanto has puesto tus manos: ha dirigido tu viaje de manera que has andado cuarenta años por este vasto desierto, acompañándote el Señor Dios tuyo, y nada te ha faltado.

8. Pasado que hubimos los confines de nuestros hermanos, los hijos de Esaú, que habitaban en Seir, por el camino llano desde Elat, y desde Asiongaber, llegamos al camino que conduce al desierto de Moab.

9. Aquí me dijo el Señor: No obres hostilmente contra los moabitas, ni trabes batalla con ellos: que no te daré ni un palmo de su tierra, puesto que la posesión de Ar se la he dado a los hijos de Lot.

10. Los emimeos o terribles fueron sus primeros pobladores, pueblo numeroso y valiente, y de talla tan alta, que eran tenidos como gigantes de la raza de Enacim;

11. y en realidad eran semejantes a los enaceos. Finalmente los moabitas los llaman emineos.

12. En Seir asimismo habitaron antes los horreos; y arrojados éstos y destruidos, entraron en su lugar los hijos de Esaú, como lo hizo Israel en la tierra cuya posesión le dio el Señor.

13. Poniéndonos, pues, en camino para pasar el torrente Zareb, arribamos a él.

14. El tiempo que gastamos desde Cadesbarne hasta el paso del torrente Zareb, fue de treinta y ocho años; a fin de que toda aquella generación de hombres aptos para la guerra, alistados al salir de Egipto, feneciese en los campamentos como lo tenía jurado el Señor;

15. cuya mano descargó contra ellos, haciendo que muriesen en los campamentos.

16. Muertos finalmente todos aquellos guerreros,

17. me habló el Señor diciendo:

18. Tú vas a pasar hoy por las fronteras de Moab, y de una ciudad que tiene por nombre Ar;

19. mas en llegando a las cercanías de los hijos de Amón, guárdate de moverles guerra, ni pelear contra ellos: que nada te daré de la tierra de los hijos de Amón, por cuanto la di en posesión a los hijos de Lot.

20. Tierra que fue considerada como país de gigantes*; pues en ella moraron antiguamente unos gigantes que los amonitas llaman zomzommim,

21. pueblo grande y numeroso y de altura descomunal, a semejanza de los enaceos. El Señor los exterminó por mano de los amonitas, e hizo que éstos poblasen la tierra en su lugar;

22. como lo había hecho con los hijos de Esaú que habitan en Seir, destruyendo a los horreos y entregándoles su tierra, la cual poseen hasta el día de hoy.

23. Del mismo modo a los heveos, que habitaban en Haserim hasta Gaza, los destruyeron los capadocios, que salidos de Capadocia acabaron con ellos, y habitaron en su lugar.

24. Ea, pues, preveníos, os dijo entonces el Señor, y pasad el torrente de Arnón: Sábete, ¡oh Israel!, que yo he puesto en tu mano a Sehón, rey de Hesebón, el amorreo; empieza desde luego a ocupar su tierra y hacerle la guerra.

25. Hoy comenzaré yo a infundir tu terror y espanto sobre los pueblos que habitan debajo de cualquier parte del cielo: de suerte que al oír tu nombre tiemblen, y como las mujeres que están de parto, se estremezcan, y queden penetrados de dolor.

26. Envié, pues, mensajeros desde el desierto de Cademot a Sehón, rey de Hesebón, con proposiciones pacíficas, diciendo*;

27. Pasaremos por tu tierra yendo por el camino real, sin torcer ni a la derecha ni a la izquierda.

28. Véndenos por su valor los víveres para nuestro sustento, y danos por nuestro dinero el agua que bebamos. Permítenos solamente el paso,

29. como lo hicieron los hijos de Esaú que habitan en Seir, y los moabitas que moran en Ar; hasta que arribemos al Jordán, y entremos en la tierra que nos ha de dar el Señor, Dios nuestro.

30. Mas no quiso Sehón, rey de Hesebón, concedernos el paso, por haber el Señor tu Dios permitido que tuviese endurecido su ánimo y obstinado su corazón, a fin de entregarle en tus manos, como ahora ves.

31. Entonces me dijo el Señor: He aquí que he comenzado a entregarte a Sehón y su tierra: empieza tú a poseerla.

20. *Gen 14*, 5.

26. *Num 21*, 21.

32. Salió, pues, Sehón con toda su gente, a presentarnos batalla en Jasa.

33. Y el Señor Dios nuestro nos lo entregó; y lo matamos a él, a sus hijos y toda su gente.

34. Al mismo tiempo tomamos todas las ciudades, quitando la vida a sus habitantes, hombres, mujeres y niños, sin perdonar cosa alguna,

35. salvo las bestias, que fueron parte del botín, como los despojos de las ciudades que ocupamos,

36. desde Aroer, ciudad situada en un valle sobre la ribera del torrente Arnón, hasta Galaad. No hubo aldea ni ciudad que escapara de ser presa nuestra: todas nos las entregó el Señor Dios nuestro,

37. menos la tierra de los hijos de Amón, a que no tocamos, y todo el país de la orilla del torrente Jeboc, y las ciudades de las montañas, y todos los demás lugares que nos vedó el Señor Dios nuestro.

3 *Israel derrota al rey Og rey de Basán repartición de tierra a las tribus de Rubén y Gad*

1. Tomando, pues, otro camino, nos dirigimos hacia Basán, donde nos salió al encuentro Og, rey de Basán, con toda su gente para darnos la batalla en Edrai*.

2. Y me dijo el Señor: No le temas, porque así él como todo su pueblo y país están entregados en tus manos; y harás con éste lo mismo que hiciste con Sehón, rey de los amorreos, que habitaba en Hesebón*.

3. Así, pues, entregó también Dios nuestro Señor en nuestras manos a Og, rey de Basán, y a todo su pueblo; y a todos los pasamos a cuchillo, sin dejar uno,

4. devastando a un mismo tiempo todas sus ciudades: no hubo población que se nos escapara: nos apoderamos de sesenta ciudades, y de toda la comarca de Argob, del reino de Og en Basán.

5. Las ciudades todas estaban guarnecidas de muros altísimos, y con puertas, y trancas o rastrillos; sin contar los innumerables pueblos que no tenían murallas.

6. Y exterminamos aquella gente como habíamos hecho con Sehón, rey de Hesebón, acabando con todas las ciudades, con hombres, mujeres y niños;

7. y cogimos los ganados y los despojos de las ciudades.

8. Con lo que nos hicimos entonces dueños de la tierra ocupada por los dos reyes amorreos que habitaban de este lado del Jordán, desde el torrente de Arnón hasta el monte Hermón,

9. que los sidonios llaman Sarión, y los amorreos Sanir;

10. y tomamos todas las ciudades de la llanura, y la tierra toda de Galaad y de Basán hasta Selca y Edrai, ciudades del reino de Og en Basán.

11. Es de saber que Og, rey de Basán, era el único que había quedado en esta tierra de la casta de los gigantes. Se muestra su cama de hierro en Rabbat, ciudad de los hijos de Amón, la cual tiene nueve codos de largo y cuatro de ancho, según la medida del codo ordinario de un hombre.

División de Transjordania

12. Tomamos, pues, entonces posesión de la tierra desde Aroer, situada sobre la ribera del torrente Arnón, hasta la mitad de la montaña de Galaad*; y di sus ciudades a las tribus de Rubén y de Gad.

13. La otra mitad del país de Galaad y todo el de Basán, del reino de Og, con toda la comarca de Argob, lo entregué a la media tribu de Manasés. Todo este país de Basán es llamado tierra de los gigantes*.

14. Jair, hijo o descendiente de Manasés, entró en posesión de todo el territorio de Argob hasta los términos de Gesuri y de Macati. Y puso su nombre a Basán, llamándole Havot Jair, es decir, Aldeas de Jair, hasta el día de hoy.

15. Di también a la familia de Maquir parte de Galaad.

16. Y a las tribus de Rubén y de Gad les di del país de Galaad hasta el torrente Arnón, con la mitad del torrente y sus tierras hasta el arroyo Jeboc, que parte términos con los hijos de Amón;

---

1. *Num 21*, 33; *Deut 29*, 7.
2. *Num 21*, 34.

12. *Num 33*, 29.
13. *Num 21*, 34.

17. y la llanura del desierto y ribera del Jordán, y los confines de Cerenet o Genezaret hasta el mar del desierto, llamado mar Salado o Muerto, hasta la raíz del monte Fasga hacia el Oriente.

18. Entonces os di esta orden, diciendo a los de estas tres tribus: El Señor Dios vuestro os da esta tierra por heredad; todos los hombres robustos habéis de ir armados a la ligera a la frente de vuestros hermanos los hijos de Israel,

19. dejando las mujeres, y los niños, y las bestias: que ya sé que tenéis muchos ganados; y deberán quedar en las ciudades que os he dado,

20. hasta tanto que conceda el Señor a vuestros hermanos descanso, como os le ha concedido a vosotros; y posean ellos también la tierra que les ha de dar a la otra parte del Jordán; entonces se volverá cada uno de vosotros a la posesión propia que os he dado.

21. A Josué también lo previne en aquel tiempo diciendo: Bien han visto tus ojos lo que ha hecho el Señor Dios vuestro con estos dos reyes; pues así lo hará con todos los reinos a que has de pasar*.

22. No los temas: porque el Señor Dios vuestro peleará por vosotros.

23. Al mismo tiempo supliqué al Señor, diciendo:

24. Señor Dios, tú has empezado a mostrar a tu siervo tu grandeza y el poder excelso de tu brazo; como que no hay otro Dios en el cielo ni en la tierra que pueda hacer lo que tú haces, ni compararse contigo en fortaleza.

25. Permíteme, pues, pasar adelante a ver esa bellísima tierra de la otra parte del Jordán, y aquel incomparable monte de Sión, y el Líbano.

26. Mas el Señor enojado contra mí por causa de vosotros, no quiso oírme; antes me dijo: Basta ya de eso, no me hables más de tal cosa.

27. Sube a la cumbre del Fasga, y tiende la vista a la redonda, al poniente y al norte, al mediodía y al oriente, y mira de lejos la tierra prometida: porque no has de pasar ese Jordán*.

28. Da tus órdenes a Josué, y fortalécele y aliéntale, pues él es quien ha de conducir a ese pueblo y distribuirle la tierra que tú verás.

29. Con eso nos quedamos en este valle, enfrente del templo del ídolo Fogor.

21. *Num 27*, 18.
27. *Deut 31*, 2; *34*, 4.

4

Concluye Moisés la plática con amonestaciones saludables y muy afectuosas y aconseja obediencia

1. Ahora bien, ¡oh Israel!, escucha los ritos y las leyes que yo te enseño, para que con su observancia tengas vida, y entres en posesión de la tierra que el Señor Dios de vuestros padres os ha de dar.

2. No añadáis a las palabras que yo os hablo, ni quitéis nada de ellas: guardad los mandamientos del Señor Dios vuestro, que os intimo.

3. Bien han visto vuestros ojos lo que hizo el Señor contra el ídolo Beelfegor, cómo exterminó de en medio de vosotros a todos sus adoradores*.

4. Mas vosotros que os mantenéis fieles al Señor Dios vuestro, vivís todos hasta el día presente.

5. Bien sabéis que os he enseñado los preceptos y las leyes judiciales que me ordenó el Señor mi Dios: así, pues, los practicaréis en la tierra que habéis de poseer,

6. y los observaréis y pondréis en ejecución. Pues tal debe ser vuestra sabiduría y cordura delante de las gentes, que oyendo referir todos aquellos preceptos, digan: Ved aquí un pueblo sabio y entendido, una gente esclarecida.

7. Ni hay otra nación por grande que sea que tenga tan cercanos a sí los dioses, como está cerca de vosotros el Dios nuestro, y presente a todas nuestras súplicas y oraciones.

8. Porque, ¿qué otra nación hay tan ilustre, que tenga las ceremonias y preceptos judiciales, y toda una ley como la que he de exponer hoy ante vuestros ojos?

9. Consérvate, pues, a ti mismo, ¡oh Israel!, y guarda tu alma con mucha vigilancia. No te olvides de las grandes cosas que han visto tus ojos, ni se borren de tu corazón en todos los días de tu vida. Las has de contar a tus hijos y nietos,

3. *Num 25*, 4.

10. comenzando de aquel día que te presentaste delante del Señor Dios tuyo en Horeb, cuando el Señor me habló diciendo: Junta el pueblo delante de mí, para que oigan mis palabras, y aprendan a temerme todo el tiempo que vivan en la tierra, y así lo enseñen a sus hijos.

11. Entonces os acercasteis a la falda del monte, el cual arrojaba llamas que subían hasta el cielo, y estaba cercado de una oscura y tenebrosa nube.

12. Y el Señor os habló de en medio del fuego. Oísteis la voz de sus palabras, mas no visteis figura alguna.

13. El os mostró su pacto, y os mandó que le guardarais, y los diez Mandamientos que escribió en dos tablas de piedra*.

14. Y al mismo tiempo me mandó a mí que os enseñase las ceremonias y las leyes que debíais observar en la tierra que poseeréis.

15. Guardad, pues, con todo cuidado vuestras almas. No visteis ninguna imagen el día que os habló el Señor desde en medio del fuego en Horeb;

16. para que no fuera que engañados os formaseis alguna estatua esculpida, o imagen de hombre o de mujer;

17. o la figura de alguno de los animales que andan sobre la tierra, o de aves que vuelan debajo del cielo,

18. y de reptiles que arrastran por el suelo, o de peces que habitan en las aguas debajo de la tierra.

19. Ni suceda tampoco que alzando los ojos al cielo, mirando el sol y la luna, y todos los astros del cielo cayendo en error, adores ¡oh Israel!, y reverencies las criaturas que el Señor Dios tuyo creó para el servicio de todas las gentes que viven debajo del cielo.

20. Pues a vosotros el Señor os escogió, y os sacó de Egipto, como de una fragua en que se derrite el hierro, para tener un pueblo que sea su posesión hereditaria, conforme lo sois vosotros al presente.

21. Mas el Señor se irritó contra mí a causa de la falta que me hicieron cometer vuestras murmuraciones, y juró que no pasaría yo el Jordán, ni entraría en esa fertilísima tierra que os ha de dar*.

22. Ved, pues, que voy a morir en este lugar en que estoy; yo no pasaré el Jordán: vosotros sí lo pasaréis, y poseeréis aquella excelente tierra.

23. Guárdate, ¡oh Israel!, de olvidarte jamás del pacto que hizo contigo el Señor Dios tuyo; ni te formes imagen esculpida de las cosas que ha prohibido hacer el Señor;

24. pues el Señor Dios tuyo es un fuego devorador, un Dios celoso*.

25. Si después de haber tenido hijos y nietos y morado de asiento en aquella tierra, engañados os fabricareis algún ídolo, cometiendo esta maldad a los ojos del Señor Dios vuestro, para provocarle a saña;

26. invoco desde hoy por testigos al cielo y a la tierra, que bien presto seréis exterminados de este país que habéis de poseer al otro lado del Jordán: no habitaréis en él largo tiempo; sino que os destruirá el Señor.

27. y esparcirá por todas las naciones, y quedaréis reducidos a pocos entre las gentes a donde el Señor os ha de llevar.

28. Y allí serviréis a dioses fabricados por mano de hombres, al leño y a la piedra, que no ven, ni oyen, ni comen, ni huelen.

29. Cuando sin embargo buscares allí al Señor Dios tuyo, ¡oh Israel!, lo hallarás, con tal que le busques con todo corazón, y con alma plenamente contrita.

30. Y después que te hayan alcanzado todas las cosas o males predichos en los últimos tiempos, te convertirás al Señor Dios tuyo*, y oirás su voz.

31. Porque el Señor Dios tuyo es un Dios lleno de misericordia; no te abandonará, ni te aniquilará totalmente, ni se olvidará del pacto que confirmó a tus padres con juramento.

32. Infórmate de lo que ha pasado de un polo del cielo al otro, desde los tiempos más remotos que te han precedido, desde que Dios creó al hombre sobre la tierra, y veas si alguna vez ha sucedido una cosa como ésta; o si jamás se ha dicho

33. que un pueblo oyese la voz de Dios que le hablaba de en medio del fuego, como tú la oíste, sin haber perdido la vida;

34. si vino Dios de propósito para entresacar para sí un pueblo de en medio de las naciones, con pruebas, señales y por-

---

13. *Ex 30*, 21; *31*; *32*.
21. *Deut 1*, 37.
24. *Hebr 12*, 29.
30. *Rom 11*, 25.

tentos peleando con mano fuerte, y brazo extendido, y con visiones espantosas, como son todas las cosas que hizo por vosotros el Señor Dios vuestro en Egipto a vista de tus ojos;

35. para que supieras que el Señor es el verdadero Dios, y que no hay otro Dios sino él.

36. El te hizo oír su voz desde el alto cielo para enseñarte, y en la tierra te mostró su terrible fuego, y oíste sus palabras que salían de en medio del fuego.

37. Por cuanto amó a tus padres, y eligió para sí su descendencia después de ellos. Y te sacó de Egipto, yendo delante de ti con su gran poder

38. para exterminar a tu entrada naciones populosísimas y más valientes que tú, y para introducirte y darte la posesión de su tierra, como lo estás viendo al presente.

39. Reconoce, pues, en este día, y quede grabado en tu corazón, que el Señor es el único Dios desde lo más alto del cielo hasta lo más profundo de la tierra, y que no hay otro sino él.

40. Guarda sus preceptos y mandamientos que yo te comunico, para que seas feliz, tú y tus hijos después de ti, y permanezcas mucho tiempo sobre la tierra que te ha de dar el Señor Dios tuyo.

41. Entonces designó y destinó Moisés tres ciudades a esta parte del Jordán, hacia el oriente,

42. a donde se refugiase aquel que sin querer matase a su prójimo, no siendo su enemigo uno o dos días antes, o de tiempo atrás, y pudiese retirarse seguro a una de dichas ciudades.

43. Estas fueron Bosor, en la tribu de Rubén, situada en el desierto en una llanura, y Ramot en Galaad, perteneciente a la tribu de Gad, y Golán en Basán, la cual está en la tribu de Manasés.

44. Esta, que sigue, es la ley que propuso Moisés a los hijos de Israel;

45. y éstos los preceptos y ceremonias y leyes judiciales que comunicó a los hijos de Israel después que salieron de Egipto,

46. en esta parte del Jordán en el valle fronterizo al templo del ídolo Fogor en la tierra de Sehón, rey amorreo, que habitó en Hesebón, a quien destruyó Moisés. Pues los hijos de Israel que salieron de Egipto,

47. poseyeron su tierra y la de Og, rey de Basán, dos reyes amorreos que reinaban en esta parte del Jordán hacia el oriente:

48. desde Aroer situada en la orilla del torrente Arnón, hasta el monte Sión, llamado también Hermón;

49. es decir, toda la llanura de esta parte del Jordán al oriente hasta el mar del desierto o mar Muerto y las faldas del monte Fasga.

5

Repite Moisés los preceptos del Decálogo, haciendo memoria de lo sucedido en el monte Sinaí

1. Moisés, pues, habiendo convocado a todo Israel, le dijo: Oye, ¡oh Israel!, las ceremonias y leyes que yo propongo a vuestros oídos en el día de hoy; aprendedlas y ponedlas en ejecución.

2. Dios nuestro Señor hizo alianza con nosotros en Horeb:

3. alianza que no la hizo solamente con nuestros padres, sino con nosotros también que al presente somos y vivimos.

4. Cara a cara nos habló en el monte, desde en medio del fuego.

5. Yo fui en aquel tiempo intérprete y medianero entre el Señor y vosotros para anunciaros sus palabras; porque temisteis aquel gran fuego y no subisteis al monte. Y dijo:

6. Yo soy el Señor Dios tuyo que te saqué de la tierra de Egipto, de la casa de la esclavitud*.

7. No tendrás otros dioses fuera de mí*.

8. No te esculpirás estatua ni figura ninguna de las cosas que hay arriba en el cielo, o acá abajo en la tierra, o se mantienen en las aguas más abajo de la tierra*.

9. No las adorarás, ni les darás culto: porque yo soy el Señor Dios tuyo, Dios celoso* que castigo en los hijos la maldad de los padres hasta la tercera y cuarta generación de los que me aborrecen,

10. y que uso de misericordia por millares de generaciones con los que me aman y guardan mis mandamientos.

11. No tomarás en vano el nombre del Señor Dios tuyo; porque no quedará sin

---

6. *Ex 20*, 2; *Lev 26*, 1; *Sal 81 (80)*, 11.
7. *Ex 20*, 3; *Sal 81 (80)*, 10.
8. *Ex 20*, 4; *Lev 26*, 1; *Sal 97 (96)*, 7.
9. *Ex 34*, 7-14.

castigo el que por una cosa vana, tomare su nombre en falso*.

12. Cuida de santificar el día de sábado, como te tiene mandado tu Señor Dios.

13. Seis días trabajarás y harás todos tus quehaceres;

14. el día séptimo es día de sábado, esto es, del descanso del Señor Dios tuyo; no harás en él ningún género de trabajo, ni tú, ni tu hijo, ni la hija, ni el esclavo, ni la esclava, ni el buey, ni el asno, ni alguno de tus jumentos, ni el extranjero que se alberga dentro de tus puertas: para que, como tú, descansen también tu siervo y tu sierva*.

15. Acuérdate que tú también fuiste siervo en Egipto, y que de allí te sacó el Señor Dios tuyo con mano poderosa y brazo levantado. Por eso te ha mandado que guardases el día de sábado.

16. Honra a tu padre y a tu madre, como el Señor Dios tuyo te tiene mandado, para que vivas largo tiempo y seas feliz en la tierra que te ha de dar el Señor Dios tuyo*.

17. No matarás.

18. No fornicarás.

19. No hurtarás.

20. No dirás contra tu prójimo falso testimonio.

21. No desearás la mujer de tu prójimo. No codiciarás la casa, ni la heredad, ni el esclavo, ni la esclava, ni el buey, ni el asno, ni cosa alguna de las que son suyas*.

22. Estas palabras y no más son las que habló en alta voz el Señor a toda vuestra multitud en el monte, desde en medio del fuego y de la tenebrosa nube; y las escribió en las dos tablas de piedra, las cuales me entregó.

23. Mas vosotros, después que oísteis aquella voz de en medio de las tinieblas y visteis arder el monte, acudisteis a mí todos los jefes de las tribus y los ancianos, y dijisteis:

24. Ya ves que Dios nuestro Señor nos ha mostrado su majestad y grandeza. Oído hemos su voz de en medio del fuego, y hemos experimentado hoy que Dios ha hablado al hombre, sin que el hombre haya perdido la vida.

11. *Ex 20*, 7; *Lev 19*, 12; *Mat 5*, 33.
14. *Gen 2*, 2; *Ex 20*, 10; *Hebr 4*, 4.
16. *Ex 20*, 12. *Eclo 3*, 9; *Mat 15*, 4; *Mar 7*, 10.
21. *Mat 5*, 28; *Rom 7*, 7.

25. Ahora pues: ¿por qué nos hemos de exponer a morir, y a que nos devore este terrible fuego? Puesto que si proseguimos más oyendo la voz de Dios nuestro Señor, nos costará la vida.

26. ¿Qué es el hombre, sea el que fuere, para poder escuchar la voz de Dios viviente hablando de en medio del fuego, como la hemos oído nosotros, y poder conservar la vida?

27. Mejor es que tú te acerques, y oigas todas las cosas que te dijere el Señor Dios nuestro. Tú nos las dirás después a nosotros; y nosotros habiéndolas oído, las cumpliremos.

28. Lo cual cuando oyó el Señor me dijo: He oído las palabras que ha dicho ese pueblo; en todo han hablado bien:

29. Ojalá que siempre tengan tal espíritu y corazón, que me teman y guarden todos mis mandamientos en todo tiempo, para que sean felices ellos y sus hijos eternamente.

30. Anda y diles: Retiraos a vuestras tiendas.

31. Tú, entretanto, quédate aquí conmigo, y yo te declararé todos mis mandamientos, y las ceremonias y leyes que les has de enseñar, para que las pongan por obra en la tierra cuya posesión les daré.

32. Guardad, pues, y cumplid las cosas que os tiene ordenadas el Señor Dios: no torceréis a la diestra, ni a la siniestra,

33. sino que andaréis por el camino que Dios vuestro Señor os ha mandado, para que viváis y seáis dichosos, y se prolonguen vuestros días en la tierra que vais a poseer.

6

Exhorta Moisés a la observancia del primero y máximo mandamiento, amar a Dios de todo corazón

1. Estos son los preceptos, y ceremonias, y ordenamientos que me mandó el Señor Dios vuestro enseñaros, para que los observéis en la tierra que vais a poseer,

2. a fin de que temas, ¡oh Israel!, al Señor Dios tuyo, y guardes todos los días de tu vida todos sus mandamientos y preceptos, que yo te ordeno a ti, y a tus hijos y nietos, para que tus días sean prolongados.

3. Escucha, ¡oh Israel!, y pon cuidado en hacer lo que el Señor te ha mandado, y te irá

bien, y serás multiplicado más y más, según la promesa que te ha hecho el Señor Dios de tus padres de darte una tierra que mana leche y miel.

4. Escucha, ¡oh Israel! El Señor Dios nuestro es el solo y único Dios y Señor.

5. Amarás, pues, al Señor Dios tuyo, con todo tu corazón, y con toda tu alma, y con todas tus fuerzas*.

6. Y estos mandamientos, que yo te doy en este día, estarán estampados en tu corazón,

7. y los enseñarás a tus hijos, y en ellos meditarás sentado en tu casa, y andando de viaje, y al acostarte, y al levantarte;

8. y los has de traer para memoria ligados en tu mano y pendientes en la frente ante tus ojos,

9. y escribirlos has en el dintel y puertas de tu casa.

10. Y cuando el Señor Dios tuyo te introdujere en la tierra que prometió con juramento a tus padres Abrahán, Isaac y Jacob, y te diere ciudades grandes y suntuosas, que tú no edificaste,

11. casas llenas de toda suerte de bienes que tú no acumulaste, pozos que tú no cavaste, viñedos y olivares que no plantaste;

12. y comieres y te saciares:

13. cuida con gran diligencia de que no te olvides del Señor que te sacó de la tierra de Egipto, de la casa de la esclavitud. Al Señor Dios tuyo temerás, y a él solo servirás; y cuando hayas de jurar, lo has de hacer por su nombre solamente*.

14. No habéis de iros en pos de dioses extranjeros de ninguna nación de las que os rodean.

15. Porque Dios es celoso; el Señor tu Dios está en medio de ti; no sea que se irrite el furor del Señor Dios tuyo contra ti, y te extermine de sobre la faz de la tierra.

16. No tentarás al Señor Dios tuyo, como le tentaste en el desierto en el lugar de la Tentación*.

17. Observa los preceptos del Señor Dios tuyo, y los estatutos y ceremonias que te ha mandado,

18. y haz lo que es agradable y bueno a los ojos del Señor, para que seas feliz, y entres en posesión de la fertilísima tierra que el Señor prometió con juramento a tus padres,

19. asegurándoles que destruirá delante de ti a todos tus enemigos.

20. Y cuando el día de mañana te preguntare tu hijo, diciendo: ¿Qué significan estos estatutos con ceremonias, y leyes que Dios nuestro Señor nos ha mandado?,

21. le responderás: Nosotros éramos esclavos de Faraón en Egipto, y el Señor nos sacó de allí con mano poderosa,

22. haciendo a nuestra vista maravillas y prodigios grandes y terribles contra el faraón y contra toda su corte,

23. y nos sacó de allí para introducirnos y darnos la posesión de la tierra, que prometió con juramento a nuestros padres.

24. Por lo cual nos mandó el Señor practicar todas estas leyes, y temer al Señor Dios nuestro, para que seamos felices todos los días de nuestra vida, como lo somos hoy.

25. Y el Señor Dios nuestro tendrá misericordia de nosotros, y nos llenará de bienes si guardáremos y cumpliéremos delante de él todos sus preceptos, como nos ha mandado.

7

Prohíbe Dios a los israelitas trato con los idólatras; promete felicidades a los que guardaren sus mandamientos

---

1. Cuando el Señor Dios tuyo te introdujere en la tierra que vas a poseer, y destruyere a tu vista muchas naciones, al heteo, y al gergezeo, y al amorreo, y al cananeo, y al ferezeo, y al heveo, y al jebuseo, siete naciones mucho más numerosas y robustas que tú,

2. y te las entregare el Señor Dios tuyo, has de acabar con ellas sin dejar alma viviente. No contraerás amistad con ellas, ni las tendrás lástima:

3. ni emparentarás con las tales, dando tus hijas a sus hijos, ni tomando sus hijas para tus hijos,

4. porque seducirán a tus hijos para que me abandonen y adoren a dioses extranjeros: con lo que se irritará el furor del Señor, y bien presto acabará contigo.

5. Por el contrario, esto es lo que debéis hacer con ellos: derribad sus altares y haced

---

5. *Mat 22*, 37; *Luc 10*, 27.
13. *Deut 10*, 20; *Mat 4*, 10; *Luc 4*, 8.
16. *Mat 4*, 7; *Luc 4*, 12; *Ex 17*, 7.

pedazos las estatuas, talad sus bosques profanos, y quemad los ídolos*.

6. Porque tú eres un pueblo consagrado al Señor Dios tuyo. Tu Señor Dios te ha escogido para que seas pueblo peculiar suyo, entre los pueblos todos que hay sobre la tierra*.

7. No porque excedieses en número a las demás naciones se unió el Señor a vosotros, y os escogió; puesto que al contrario sois en menor número que todos los otros pueblos:

8. sino porque el Señor os amó, y ha cumplido el juramento que hizo a vuestros padres. Por eso con mano fuerte os sacó y redimió de la casa de la esclavitud, del poder de Faraón, rey de Egipto.

9. Por donde conocerás que el Señor Dios tuyo, él mismo es el Dios fuerte y fiel que guarda el pacto y conserva su misericordia por mil generaciones para con aquellos que lo aman y observan sus mandamientos;

10. y da luego el pago a los que le aborrecen, perdiéndolos sin más dilación, y dándoles al punto su merecido*.

11. Guarda, pues, los preceptos y las ceremonias y leyes que yo te mando hoy observar.

12. Si después de oídas estas leyes las guardares y cumplieres, también el Señor Dios tuyo te guardará el pacto y la misericordia que juró a tus padres;

13. y te amará, y multiplicará, y bendecirá el fruto de tu vientre y el fruto de tu labranza, tus granos y el aceite y las vacadas, y los rebaños de tus ovejas en la tierra que juró a tus padres que te daría.

14. Bendito serás entre todos los pueblos: no se verá entre vosotros estéril en ningún sexo, así en los hombres como en los ganados.

15. Desterrará de ti el Señor toda dolencia; y aquellas enfermedades o plagas pésimas de Egipto, que tú sabes, no te las enviará a ti sino a todos tus enemigos.

16. Exterminarás todos los pueblos que tu Señor Dios pondrá en tus manos. No se apiaden de ellos tus ojos, ni sirvas a sus dioses; para que no sean ellos causa de tu ruina.

17. Tal vez dirás en tu corazón: Estas naciones son más numerosas que yo, ¿cómo he de poder destruirlas?

18. Mas no las temas; acuérdate de lo que hizo el Señor Dios tuyo con Faraón y con todos los egipcios;

19. de aquellas terribles plagas que vieron tus ojos, y de los prodigios y portentos, y de la mano fuerte, y del brazo extendido con que te libertó el Señor Dios tuyo. Lo mismo hará con todos los pueblos a quienes temes.

20. Además de esto el Señor Dios tuyo enviará tábanos contra ellos hasta consumir y perder a todos los que de ti escaparen y hubieren podido esconderse*.

21. No tienes que temerlos; porque tu Señor Dios está en medio de ti, Dios grande y terrible.

22. El mismo irá consumiendo a tu vista estas naciones poco a poco y por partes. No podrás acabar con ellas de un golpe; a fin de que no se multipliquen contra ti las bestias fieras del país.

23. El Señor Dios tuyo pondrá a estos pueblos en tu poder, y los irá destruyendo hasta que del todo desaparezcan.

24. A sus reyes los entregará en tus manos, y borrarás sus nombres de debajo del cielo: nadie te podrá resistir hasta que los aniquiles.

25. Quemarás en el fuego sus ídolos; no codiciarás la plata y el oro de que fueron fraguados, ni tomarás poco ni mucho de estas cosas, no sea que te sirvan de ocasión de ruina, siendo como son abominables al Señor Dios tuyo*.

26. Ni meterás cosa alguna de ídolo en tu casa, porque no vengas a ser anatema, como él lo es. La detestarás como inmundicia y la abominarás como suciedad y horruras; por cuanto es un anatema.

8

Exhorta Moisés al pueblo a que se acuerde de los beneficios recibidos en el desierto

---

1. Haz todo lo posible por cumplir exactamente los mandamientos que hoy te ordeno, para que podáis vivir y multi-

5. *Ex 23*, 24; *Deut 12*, 3; *16*, 21.
6. *Deut 14*, 2; *26*, 18.
10. *Ex 32*; *Num 11*; *16*.

20. *Ex 33*, 28; *Jos 24*, 12.
25. *2 Mac 12*, 40.

plicaros, y entrar en posesión de la tierra que prometió el Señor con juramento a vuestros padres.

2. Y acuérdate de todos los caminos por donde te ha conducido el Señor Dios tuyo en el desierto por espacio de cuarenta años, con el fin de atribularte y probarte, para que se descubriesen las intenciones de tu ánimo, si estabas o no en guardar sus mandamientos.

3. Te afligió con hambre y te dio el maná, manjar que no conocías tú, ni tus padres, para mostrarte que el hombre no vive de solo pan*, sino de cualquier cosa que Dios dispusiere.

4. Hace ya cuarenta años que vas de viaje, y con todo, ni el vestido con que te cubres se ha gastado por viejo, ni tu pie se ha lastimado, ni roto tu calzado;

5. para que recapacites en tu corazón, que del mismo modo que un padre corrige e instruye a su hijo, así te ha corregido e instruido a ti el Señor Dios tuyo,

6. con el fin de que guardes sus mandamientos, y andes por sus caminos, y lo temas.

7. Porque el Señor tu Dios va a introducirte en esa tierra buena, tierra llena de arroyos, y de estanques, y de fuentes; en cuyos campos y montes brotan manantiales perennes de aguas;

8. tierra de trigo y cebada, y de viñas; en la que nacen higueras, y granados y olivos: tierra de aceite y de miel;

9. donde sin escasez ninguna comerás el pan y gozarás en abundancia de todos los bienes; en cuyas piedras o peñas hallarás el hierro; y mucho cobre y metal en sus montes:

10. a fin de que cuando hubieres comido y te hubieres saciado, bendigas al Señor Dios tuyo por la bonísima tierra que te dio.

11. Está alerta, y guárdate de no olvidarte jamás del Señor Dios tuyo, ni de dejar de observar sus mandamientos y leyes, y ceremonias que hoy te prescribo:

12. no sea que después de haber comido, y haberte saciado, y de haber fabricado bellas casas, y morado en ellas,

13. y adquirido vacadas y rebaños de ovejas, y gran caudal de plata y de oro, y de todas las cosas,

14. se engría tu corazón, y eches en olvido a tu Señor Dios que te sacó de la tierra de Egipto, de la casa de la esclavitud,

15. y que ha sido tu conductor por el vasto y espantoso desierto, donde había serpientes que abrasaban con su aliento, y escorpiones y dípsades, sin que tuvieses una gota de agua: la cual te la hizo salir a chorros de una piedra durísima*:

16. y te alimentó en el desierto con el maná manjar desconocido de tus padres: y después de haberte afligido y probado, al fin se compadeció de ti;

17. pero no antes, para que no dijeras en tu corazón: Mi fuerza y la robustez de mi brazo me granjearon todas estas cosas;

18. sino para que te acuerdes del Señor Dios tuyo por haberte él mismo dado fuerzas, a fin de cumplir así su pacto que juró con tus padres, como se ve en el presente día.

19. Mas si olvidado de tu Dios y Señor, te fueres en pos de dioses ajenos, y les rindieres culto y adoración, mira que desde ahora te protesto que perecerás sin remedio.

20. Como las naciones que deshizo el Señor a tu entrada, del mismo modo pereceréis vosotros si fuereis desobedientes a la voz del Señor Dios vuestro.

9

Recuerda Moisés que sus victorias son obras del Señor y la rebeldía es propia del pueblo de Israel

---

1. Escucha, Israel: Tú estás hoy día a punto de pasar el Jordán para conquistar naciones grandísimas y más fuertes que tú, ciudades magníficas, y cuyos muros llegan hasta el cielo,

2. un pueblo de grande y alta estatura, los hijos de los enaceos, que tú mismo has visto y cuya fama has oído, y a quienes nadie puede contrarrestar.

3. Pues has de saber hoy que irá delante de ti el mismo Dios tuyo, fuego devorador y consumidor, que los ha de desmenuzar y consumir, y disipar delante de tus ojos rápidamente, como te lo ha prometido.

4. No digas en tu corazón cuando el Señor Dios tuyo los haya deshecho en tu presencia: Por razón de la justicia que ha visto en mí, me ha introducido el Señor en la

---

3. *Mat 4*, 4; *Luc 4*, 4.

15. *Num 20*, 9; *21*, 6; *Ex 17*, 6.

posesión de esta tierra; siendo cierto que por sus impiedades son asoladas estas naciones.

5. Porque no por tus virtudes, ni por la rectitud de corazón entrarás a poseer sus tierras; sino porque aquéllas obraron impíamente, por eso al entrar tú han sido destruidas; y a fin de cumplir Dios su palabra, que confirmó con juramento a tus padres Abrahán, Isaac y Jacob.

6. Ten, pues, entendido que no por tus virtudes te ha dado el Señor Dios tuyo en posesión esta excelente tierra, pues eres un pueblo de durísima cerviz*.

7. Acuérdate y no te olvides que provocaste a ira al Señor Dios tuyo en el desierto. Desde el día que saliste de Egipto hasta este lugar, siempre has sido rebelde al Señor.

8. Pues ya en Horeb lo provocaste, y airado te quiso destruir,

9. cuando yo subí al monte para recibir las tablas de piedra, las tablas de la Alianza que hizo el Señor con vosotros, y me mantuve en el monte cuarenta días y cuarenta noches, sin comer ni beber*.

10. Entonces me dio el Señor dos tablas de piedra escritas con el dedo de Dios, y que contenían todas las palabras que os habló en el monte, desde el medio del fuego, estando junto todo el pueblo.

11. Pasados, como digo, los cuarenta días y cuarenta noches, me dio el Señor las dos tablas de piedra, las tablas de la alianza,

12. y díjome: Vete, y desciende de aquí luego; pues ese tu pueblo, que sacaste de Egipto, ha abandonado bien presto el camino que le enseñaste, y se ha fundido un ídolo*.

13. Díjome también el Señor: Veo que ese pueblo es de dura cerviz:

14. déjame que lo reduzca a polvo, y borre su nombre de debajo del cielo, y te haga caudillo de otra nación que sea más grande y poderosa que no ésta.

15. Bajando, pues, del monte, el cual estaba ardiendo, y teniendo en las manos las dos tablas de la Alianza,

16. visto que habíais pecado contra el Señor Dios vuestro, y que os habíais hecho un becerro fundido, y abandonado tan presto el camino que él os había enseñado,

17. arrojé las tablas de mis manos, y las hice pedazos a vuestra vista.

18. Me postré después en el acatamiento del Señor como antes, por espacio de cuarenta días y cuarenta noches, sin comer ni beber, por causa de todos aquellos pecados que cometisteis contra el Señor, y con que le provocasteis a ira;

19. porque temí la indignación y saña que había concebido contra vosotros, y que lo estimulaban a exterminaros. Y el Señor me oyó aún por esta vez.

20. Irritado asimismo en gran manera contra Aarón, quiso aniquilarle, e intercedí por él del mismo modo.

21. Y arrebatando vuestro pecado, es a saber, el becerro que habíais hecho, lo eché al fuego, y desmenuzándolo y reduciéndolo todo a polvo, lo arrojé al arroyo que desciende del monte.

22. También en el lugar que por eso se llamó del Incendio*, en el otro de la Tentación*, y en el llamado Sepulcros de la Concupiscencia o antojo, provocasteis al Señor*;

23. y cuando os encaminó desde Cadesbarne, diciendo: Subid a tomar posesión de la tierra que os he dado, también despreciasteis el mandato del Señor Dios vuestro, y no le creísteis, y ni quisisteis escuchar su voz;

24. sino que siempre habéis sido rebeldes desde el día que comencé a tratar con vosotros.

25. Estuve, pues, postrado delante del Señor cuarenta días y cuarenta noches, en que rendidamente le suplicaba que no acabase con vosotros, como lo tenía conminado.

26. Y orando, dije: ¡Ah! Señor Dios, no destruyas a tu pueblo y a la herencia tuya, que rescataste con tu poderío; a los que sacaste de Egipto con mano esforzada.

27. Acuérdate de tus siervos Abrahán, Isaac y Jacob: no mires la dureza de este pueblo, ni su impiedad y pecado;

28. no sea que digan los moradores de la tierra de donde nos has sacado: No podía el

---

6. *Rebelde.*
9. *Ex 24*, 18.
12. *Ex 32*, 7.

22. *Num 11*, 1; *16*, 2; *21*, 5.
22. *Num 11*, 1-4; *Ex 17*, 1-7.
22. *Num 11*, 13.

Señor introducirlos en la tierra que les prometió, y los aborrecía; por eso los sacó para matarlos en el desierto.

29. Ellos son tu pueblo y la herencia tuya que sacaste de Egipto con tu gran poder y a fuerza de tu brazo.

10

Moisés refiere cómo dispuso unas nuevas Tablas de la Ley, y exhorta a observarla

1. En aquel tiempo me dijo el Señor: Lábrate dos tablas de piedra semejantes a las primeras, y sube a mí al monte; y harás un Arca de madera.

2. Y yo escribiré en las tablas las palabras que hubo en las que antes quebrantaste, y las pondrás en el Arca.

3. Hice, pues, un Arca de madera de setim o incorruptible; y labradas dos tablas de piedra como las primeras, subí al monte con ellas en las manos.

4. Y escribió el Señor en estas tablas como había hecho sobre las primeras, los diez Mandamientos, que os comunicó en el monte desde en medio del fuego, cuando fue congregado el pueblo; y me las dio.

5. Y a la vuelta bajando del monte, puse las tablas en el Arca que había hecho, donde están todavía, como me mandó el Señor.

6. Después los hijos de Israel alzaron el campo de Berot, distrito de los hijos de Jacam, caminando a Mosera al pie del monte Hor, donde Aarón murió y fue sepultado: al cual sucedió en las funciones del Sacerdocio su hijo Eleazar*.

7. Desde allí pasaron a Gadgad, de donde habiendo partido acamparon en Jetebata, tierra de aguas y arroyos.

8. Por aquel tiempo separó el Señor la tribu de Leví para que llevara el Arca del Testamento del Señor, y le sirviese ante sus ojos en el ministerio, y para que diese al pueblo la bendición en su nombre, como lo hace hasta el presente.

9. Por lo cual Leví no tuvo porción, ni entró a la parte en la posesión con sus hermanos; por cuanto el mismo Señor es su herencia, según se lo prometió el Señor Dios tuyo.

6. *Num 33*, 38; *20*, 28.

10. Yo, pues, estuve en el monte, como la vez primera, cuarenta días y cuarenta noches, y también esta vez el Señor oyó mi súplica, y no pasó a exterminarte.

11. Antes me dijo: Anda, ve y capitanea el pueblo para que entre en posesión de la tierra que juré yo a sus padres que les daría.

Lo que Dios exige

12. Ahora bien, Israel, ¿qué pide de ti el Señor Dios tuyo, sino que temas a tu Señor Dios, y sigas sus caminos, y le ames, y que sirvas al Señor Dios tuyo con todo tu corazón y con toda tu alma;

13. y guardes sus mandamientos y ceremonias, que hoy te prescribo, para que seas feliz?

14. Mira cómo siendo del Señor Dios tuyo el cielo y el cielo de los cielos, la tierra y todo cuanto hay en ella;

15. esto no obstante, el Señor Dios se unió estrechísimamente con entrañable amor con tus padres, y después de ellos escogió a su linaje, esto es, a vosotros de entre todas las naciones, como se ve hoy por experiencia.

16. Circuncidad, pues, las pasiones de vuestro corazón*, y no seáis más de dura cerviz,

17. porque el Señor Dios vuestro es el Dios de los dioses y el Señor de los señores; Dios grande y poderoso y terrible*, que no es aceptador de personas, ni se gana con dones;

18. hace justicia al huérfano y a la viuda, ama al extranjero, y le da sustento y vestido.

19. Y así vosotros amad también a los extranjeros, pues lo fuisteis igualmente en la tierra de Egipto.

20. Temerás*, ¡oh Israel!, al Señor Dios tuyo, y a él solo servirás; con él te unirás, y únicamente en su nombre harás tus juramentos.

21. Porque él es tu gloria y el Dios tuyo: el que ha hecho por ti las cosas grandiosas y terribles que han visto tus ojos.

22. En número de setenta almas bajaron tus padres a Egipto*; y estás viendo que el Señor Dios tuyo te ha multiplicado como las estrellas del cielo.

16. *La dureza de nuestro corazón. Rom 2*, 26.
17. *Deut 16*, 19.
20. *Deut 6*, 13; *Mat 4*, 10; *Luc 4*, 8.
22. *Gen 46*, 27; *Ex 1*, 5.

11 Bienes prometidos a los que guarden los mandamientos y calamidades a los transgresores

1. Ama, pues, a tu Señor Dios, y observa en todo tiempo sus preceptos y ceremonias, sus leyes y mandamientos.

2. Considerad hoy las cosas que ignoran vuestros hijos; los cuales no vieron los castigos del Señor Dios vuestro, ni su grandeza, ni el poder de su robusta mano, ni la fuerza de su brazo,

3. ni las maravillas y prodigios que hizo en medio de Egipto contra el rey Faraón y todo su reino,

4. y todo el ejército de los egipcios y sus caballos y carros: cómo los anegaron las olas del mar Rojo cuando iban en vuestro alcance, dejándolos el Señor destruidos y aniquilados hasta el día de hoy.

5. Acordaos asimismo de cuanto ha hecho por vosotros en el desierto, hasta que habéis llegado a este lugar;

6. y lo sucedido con Datán y Abirón, hijos de Eliab, hijo que fue de Rubén; a los cuales la tierra, abriendo su boca, se los tragó con sus familias y tiendas y todo cuanto poseían en medio de Israel*.

7. Vuestros ojos han visto todas estas grandes maravillas que hizo el Señor,

8. a fin de que guardéis todos sus mandamientos, que yo os comunico en el día de hoy, y podáis poneros en posesión de la tierra donde vais a entrar,

9. y viváis en ella largo tiempo: tierra que mana leche y miel, y que el Señor prometió con juramento a vuestros padres y a su descendencia.

10. Porque la tierra que vais a poseer, no es como la tierra de Egipto de donde salisteis, en la cual después de haber sembrado, se conducen a fuerza de trabajo aguas de regadío como en las huertas:

11. sino que es tierra de montes y de vegas, que aguarda las lluvias del cielo;

12. la cual Dios vuestro Señor siempre visita con oportunos temporales, teniendo puestos sus ojos en ella desde el principio del año hasta su fin.

13. Si obedeciereis, pues, a los mandatos que yo os comunico hoy, amando a Dios vuestro Señor, y sirviéndole con todo vuestro corazón y toda vuestra alma*,

14. dará él a vuestra tierra la lluvia temprana y la tardía para que cojáis granos, y vino, y aceite,

15. y dará heno en los prados para pasto de los ganados, a fin de que vosotros tengáis qué comer y quedéis saciados.

16. Guardaos que no se deje seducir vuestro corazón y os apartéis del Señor, y sirváis a dioses extraños, y los adoréis;

17. no sea que irritado el Señor, cierre el cielo, y no caigan lluvias, ni la tierra produzca su fruto, y seáis luego exterminados del fertilísimo país que os ha de dar el Señor.

18. Grabad estas palabras mías en vuestros corazones y en vuestras almas; y traedlas atadas para memoria en vuestras manos y pendientes sobre la frente entre vuestros ojos*.

19. Enseñad a vuestros hijos a meditarlas; ora estés, ¡oh Israel!, sentado en casa, o andando de camino, y al acostarte y al levantarte.

20. Las escribirás sobre los postes y las puertas de tu casa;

21. a fin de que se multipliquen tus días y los de tus hijos en la tierra que el Señor juró a tus padres que les daría para mientras que el mundo fuere mundo.

22. Porque si guardareis los mandamientos que os comunico, y los cumpliereis amando al Señor Dios vuestro, y siguiendo todos sus caminos, estrechándoos con él,

23. el Señor destruirá todas esas naciones delante de vosotros, y las sojuzgaréis, aunque sean mayores y más fuertes que vosotros.

24. Todo lugar en que pusiereis el pie, será vuestro. Se extenderán vuestros términos desde el desierto y desde el Líbano, desde el gran río Eufrates hasta el mar Occidental o Mediterráneo*.

25. Nadie podrá resistiros. El Señor Dios vuestro esparcirá el terror y espanto de vuestro nombre por cualquier país donde entrareis, según os ha prometido.

---

6. *Num 16*, 1-32.

13. *Deut 10*, 12.
18. *Deut 6*, 8.
24. *Jos 1*, 4.

26. Ya veis que yo os pongo delante la bendición y la maldición:

27. la bendición si obedeciereis a los mandamientos de Dios vuestro Señor que os prescribo hoy;

28. la maldición si desobedeciereis dichos mandamientos del Señor Dios vuestro, desviándoos del camino que yo ahora os muestro, y siguiendo a dioses ajenos que no tenéis conocidos.

29. Así cuando el Señor Dios tuyo te hubiere introducido en la tierra que vas a habitar, publicarás la bendición sobre el monte Garizim, y la maldición sobre el monte Hebal*,

30. montes que están a la otra parte del Jordán, siguiendo el camino que tira hacia poniente en tierra del cananeo, que habita en las campiñas enfrente de Gálgala; la cual está junto a una vega que se dilata y extiende por largo trecho*.

31. Porque vosotros pasaréis el Jordán para ocupar la tierra de que Dios vuestro Señor os ha de dar el dominio y la posesión.

32. Por tanto mirad que cumpláis con las ceremonias y leyes que yo voy a proponer ahora delante de vosotros.

12 *Prohíbe Dios a los israelitas ofrecer sacrificios fuera del lugar que él señalare*

1. Estos son los preceptos y ordenanzas que debéis observar en la tierra que os ha de dar el Señor Dios de vuestros padres, para que la poseáis todos los días de vuestra vida.

2. Asolad todos los lugares en donde las gentes que habéis de conquistar, adoraron a sus dioses sobre los altos montes y collados, y a la sombra de todo árbol frondoso.

3. Destruid sus altares, y quebrad sus estatuas; entregad al fuego sus bosques profanos, desmenuzadlos y borrad sus nombres de aquellos lugares*.

4. No lo habéis de hacer así con el Señor Dios vuestro;

5. sino que iréis al lugar que Dios vuestro Señor escogiere de todas vuestras tribus, para colocar allí su Nombre o Tabernáculo, y poner en él su morada;

6. y en aquel lugar ofreceréis vuestros holocaustos y víctimas, los diezmos y las primicias de las obras de vuestras manos, y los votos y donativos, y los primerizos de las vacas y ovejas.

7. Allí comeréis de ellos en el atrio a vista de Dios vuestro Señor, y os regocijaréis junto con vuestras familias, disfrutando de todos los productos del trabajo de vuestras manos, sobre los cuales el Señor Dios vuestro haya echado su bendición.

8. No haréis allí lo que aquí hacemos hoy nosotros, cada cual lo que bien le parece.

9. Porque todavía no habéis llegado al lugar del reposo, ni a la posesión que os ha de dar el Señor Dios vuestro.

10. Pasaréis el Jordán, y habitaréis en la tierra que os ha de dar el Señor Dios vuestro, donde libres de todos los enemigos del contorno tengáis descanso, y habitéis sin temor alguno.

11. En el lugar que Dios vuestro Señor eligiere para que allí esté su Nombre o Tabernáculo; allá habéis de llevar todas las cosas que os prescribo, los holocaustos, y los sacrificios, y los diezmos, y las primicias del trabajo de vuestras manos, y todo lo precioso de los dones que prometisteis con voto al Señor.

12. Allí celebraréis vuestros banquetes delante del Señor Dios vuestro, vosotros y vuestros hijos e hijas, vuestros criados y criadas; y también los levitas que moran en vuestras ciudades, ya que no tienen otra parte ni posesión entre vosotros, sino las ofrendas.

13. Guárdate de ofrecer tus holocaustos en todo lugar que se te antoje;

14. sino en aquel que Dios habrá escogido en una de las tribus, allí ofrecerás los sacrificios, y harás todo lo que te ordeno.

15. Que si quieres comer, y te gusta la comida de carne, mata y come de la bendición que el Señor Dios tuyo te habrá dado en tus ciudades: ora sea cosa inmunda, esto es, defectuosa; ora limpia, esto es, entera y sin defecto, como las que pueden ser ofrecidas a Dios. De todas puedes comer, ni más ni menos que de la gacela y del ciervo,

16. salvo la sangre, la cual derramarás como agua sobre la tierra.

---

29. *Deut 27*; *28*; *Jos 8*, 30.
30. *Gen 12*, 6.
3. *Deut 7*, 25; *1 Mac 13*, 40.

17. No podrás comer en tus pueblos el diezmo de los granos, del vino y aceite, ni los primerizos de las vacas y ovejas, ni tampoco todas aquellas cosas que por voto y espontáneamente quisieres ofrecer, ni las primicias de tus productos:

18. sino que las has de comer delante del Señor Dios tuyo, en el lugar por él escogido, tú y tus hijos e hijas, y tus siervos y siervas, y los levitas que moran en tus ciudades; y tomarás así alimento con alegría delante del Señor tu Dios, usando de todo aquel bien que está en tu mano.

19. Mira que no desampares al levita mientras vivas sobre la tierra.

20. Cuando el Señor Dios tuyo hubiere dilatado tus términos, como te tiene prometido*, y quisieres comer las carnes que apetece tu alma;

21. si el lugar que tu Señor Dios escogiere para poner allí su nombre o Tabernáculo está muy distante, matarás reses de las vacadas y rebaños que tuvieres, como te lo he prevenido, y las comerás en tus pueblos a tu placer.

22. Como comes la gacela y el ciervo, así podrás comer de ellas; el limpio y el no limpio igualmente pueden comerlas.

23. Guárdate solamente de comer sangre; porque la sangre en los animales hace las veces de alma; y por esto no debes comer con la carne lo que es la vida o alma de ella:

24. sino que la verterás como agua sobre la tierra;

25. para que te vaya bien a ti, y a tus hijos después de ti, con hacer lo que es grato a los ojos del Señor.

26. Mas las cosas que hubieres consagrado y ofrecido por voto al Señor, las tomarás contigo, y vendrás al lugar que habrá escogido el Señor;

27. y presentarás tus ofrendas de la carne y de la sangre sobre el altar del Señor Dios tuyo; la sangre de las víctimas la derramarás en torno del altar; pero sus carnes te las comerás.

28. Observa y escucha bien todo lo que yo te mando, para que tú y tus hijos después de ti seáis para siempre dichosos, ejecutando lo que es bueno y agradable a los ojos del Señor tu Dios.

29. Cuando el Señor Dios tuyo hubiere exterminado delante de tus ojos las naciones que vas a conquistar, y las sojuzgares, y ocupares su tierra*,

30. mira que no las imites, después que a tu entrada fueren destruidas, ni andes averiguando sus ceremonias, diciendo: A manera del culto que dieron estas naciones a sus dioses, así lo daré yo.

31. No has de dar tú un culto semejante al Señor Dios tuyo; porque ellas han hecho para honrar a sus dioses todas las abominaciones que detesta el Señor, ofreciéndoles los hijos e hijas, y quemándolos en el fuego.

32. Lo que yo te prescribo, eso sólo es lo que has de hacer en honor del Señor, sin añadir ni quitar nada.

13

Sea apedreado el que induce a la idolatría y desoladas las ciudades donde se adoren otros dioses

1. Si en medio de tu pueblo se presentare un profeta, o quien diga haber tenido alguna visión en sueños, y pronosticase alguna señal o prodigio,

2. y sucediendo lo que predijo, te dijere: Vamos y sigamos a los dioses ajenos que no conoces, y sirvámosles:

3. no escucharás las palabras de aquel profeta o forjador de sueños; porque el Señor Dios vuestro os prueba para que se haga patente si le amáis o no con todo vuestro corazón y con toda vuestra alma.

4. Seguid al Señor Dios vuestro, y temedle, y guardad sus mandamientos, y oíd su voz: a él habéis de servir, y con él debéis estrecharos.

5. Pero aquel profeta o fingidor de sueños será castigado de muerte; porque trató de apartaros del Señor Dios vuestro que os sacó de la tierra de Egipto, y redimió del estado de servidumbre, para desviaros del camino que tu Señor Dios te ha enseñado; y así arrancarás el mal de en medio de ti.

6. Si un hermano tuyo, un hijo de tu madre, si tu hijo o tu hija, o tu mujer que es

---

20. *Gen 28*, 14; *Ex 34*, 24; *Deut 19*, 8.

29. *Deut 19*, 1.

la prenda de tu corazón, o el amigo a quien más amas como a tu misma alma, quisiere persuadirte, y te dijere en secreto: Vamos y sirvamos a los dioses ajenos no conocidos de ti ni de tus padres,

7. dioses de las naciones que te rodean, vecinas o lejanas, de un cabo del mundo al otro,

8. no condesciendas con él, ni lo oigas, ni la compasión te mueva a tenerle lástima y a encubrirlo;

9. sino que al punto lo matarás. Tú serás el primero en alzar la mano contra él, y después hará lo mismo todo el pueblo.

10. Muera cubierto de piedras; por cuanto intentó apartarte del culto del Señor Dios tuyo, que te sacó de la tierra de Egipto, de la casa de la esclavitud;

11. para que así oyéndolo todo Israel tema, y jamás ningún otro ose hacer cosa semejante.

12. Si en alguna de las ciudades que tu Señor Dios te dará para habitar, oyeres a algunos que dicen:

13. De tu seno han salido unos hijos de Belial, y han pervertido a los vecinos de su ciudad, diciendo: Vamos y sirvamos a dioses ajenos, que vosotros no conocéis:

14. infórmate con cuidado: y averiguada bien la verdad del hecho, si hallares ser cierto lo que dice, y que efectivamente se ha cometido una tal abominación,

15. inmediatamente pasarás a cuchillo a los moradores de aquella ciudad, y la arrasarás con todas las cosas que en ella haya, matando hasta las bestias.

16. Y todas las alhajas y muebles que hubiere los juntarás en medio de sus plazas y los entregarás a las llamas a una con la misma ciudad, de manera que todo se consuma en honor del Señor Dios tuyo; y quede la ciudad como un sepulcro y monumento sempiterno. No será jamás reedificada;

17. ni reservarás en tu poder cosa chica ni grande de este anatema; a fin de que deponga el Señor su enojo, y se compadezca de ti, y te multiplique, como tiene jurado a tus padres que lo hará,

18. siempre que oyeres la voz del Señor Dios tuyo, guardando todos sus mandamientos, que yo te repito el día de hoy, para que hagas lo que es agradable a los ojos de tu Señor Dios.

14 *Leyes sobre los animales puros e impuros y los diezmos. Prohiben los ritos en los funarales*

1. Portaos como hijos del Señor Dios vuestro: no hagáis en vuestra carne sajaduras, ni os cortéis el cabello por razón de un muerto.

2. Porque tú eres, ¡oh Israel!, un pueblo consagrado al Señor Dios tuyo*, y él te ha escogido para que seas su pueblo peculiar entre las naciones todas que hay sobre la tierra.

3. No comáis manjares que son inmundos*.

4. Estos son los animales que debéis comer: el buey y la oveja, y la cabra,

5. el ciervo y el corzo, el búfalo, el capriciervo, el pigargo, el orige, el camello pardal.

6. Todo animal que tiene la uña hendida en dos partes y rumia, le podéis comer.

7. Mas no debéis comer de los que rumian y no tienen la uña hendida, como el camello, la liebre, el querogrilo: a éstos los tendréis por inmundos, porque aunque rumian, no tienen hendida la uña.

8. Asimismo tendréis por inmundo el cerdo; porque si bien tiene la uña hendida, no rumia. No comeréis de la carne de estos animales, ni tocaréis sus cuerpos muertos.

9. De todos los animales que moran en las aguas comeréis aquellos que tienen aletas y escamas:

10. los que están sin aletas y escamas no los comáis, porque son inmundos.

11. Comed de todas las aves limpias.

12. No comáis de las inmundas: es a saber, el águila y el grifo*; el esmerejón,

13. el ixión* y el buitre, y el milano con su casta,

14. y toda raza de cuervos,

15. y el avestruz y la lechuza, y el laro, y el alcotán, con su casta,

16. el herodión*, el cisne, y el ibis*,

---

2. *Deut 8*, 6.
3. *Deut 26*, 18; *Lev 11*, 4.
12. Quebrantahuesos.
13. Buitre de vista aguda.
16. Garza.
16. Cigüeña.

17. y el somormujo, el calamón y el búho*,

18. la cigüeña, y la garza con sus especies, como también la abubilla y el murciélago.

19. Todo lo que va arrastrando y tiene alas será inmundo y no se comerá.

20. Comed todo aquello que es limpio.

21. Pero de carne mortecina no comáis nada: la darás al extranjero que se halla dentro de tus muros para que la coma, o se la venderás: por cuanto tú eres un pueblo consagrado al Señor Dios tuyo. No cocerás el cabrito en la leche de su madre*.

22. Cada año separarás el diezmo de todos los frutos que nacen en tus tierras.

23. Y comerás en la presencia del Señor Dios tuyo en el lugar que escogiere para que sea invocado en él su nombre, el diezmo de tu trigo, y vino, y aceite, y los primerizos de tus vacas y ovejas; a fin de que aprendas a temer a tu Señor Dios en todo tiempo.

24. Mas cuando tuvieres que andar un largo camino, por estar lejos del lugar que tu Señor Dios hubiere escogido, y hubiese echado sobre ti o tu casa su bendición, de tal suerte que no pudieses llevar allá todas estas cosas,

25. las venderás, y reducidas a dinero, las llevarás contigo, e irás al lugar que tu Señor Dios haya escogido;

26. donde comprarás con aquel mismo dinero todo lo que te gustare, sea de vaca, o sea de ovejas, así como también vino y sidra, y cuanto apetece tu alma; y lo comerás delante del Señor Dios tuyo, y celebrarás un convite con tu familia,

27. y al levita que habita dentro de tus muros, mira no le abandones, porque no tiene otra parte en tu posesión.

28. De tres en tres años separarás otro diezmo de todas las cosas que te han nacido en aquel tiempo, y lo depositarás en tu casa.

29. Y vendrá el levita, que no tiene otra parte ni otra herencia entre vosotros, y el extranjero, y el huérfano*, y la viuda que habitan contigo dentro de unos mismos muros, y comerán hasta saciarse; para que tu Señor Dios te bendiga en todas las obras de tus manos.

17. Cuervo nocturno.
21. *Ex 23*, 19; *22*, 30; *Lev 22*, 27.
29. *Tob 1*, 7.

15 *Ley de remisión para el año séptimo, y otras de indulgencia para con el prójimo*

1. Al séptimo año perdonarás las deudas,

2. el perdón se hará de esta manera: Aquel a quien su amigo o prójimo y hermano suyo debe algo, no podrá demandárselo, porque es éste el año de la remisión del Señor.

3. Del forastero y advenedizo podrás exigir la deuda; pero no tienes facultad de obligar al vecino y hermano tuyo a la paga.

4. Y absolutamente no debe haber entre vosotros ningún menesteroso ni mendigo: para que tu Señor Dios te bendiga en la tierra cuya posesión te ha de dar.

5. Como escuches la voz del Señor Dios tuyo, y observes todas las cosas que te he mandado, y las que yo te digo ahora, él te bendecirá como lo tiene prometido.

6. Prestarás a mucha gente, y tú no necesitarás empréstito de nadie; serás señor de muchísimas naciones, y nadie tendrá sobre ti dominio.

7. Si viniere a quedar pobre alguno de tus hermanos, que moran dentro de tus ciudades, en la tierra que tu Señor Dios te ha de dar, no endurezcas tu corazón, ni cierres para con él tu mano,

8. sino ábrela, y préstale lo que vieres que él necesita.

9. Cuidado que no te sorprenda el desapiadado pensamiento de decir en tu corazón: Se acerca el año séptimo de la remisión, y apartes con eso los ojos de tu pobre hermano, rehusando darle prestado lo que pide: no sea que clame contra ti al Señor, y se te impute a pecado.

10. Sino que le darás lo que pide: ni usarás de superchería, ni malicia alguna al aliviar sus necesidades: para que te bendiga el Señor Dios tuyo en todo tiempo, y en todas las cosas en que pusieres la mano.

11. No faltarán pobres en la tierra de tu morada: por tanto te mando que alargues la mano a tu hermano menesteroso y pobre, que mora contigo en tu tierra.

12. Cuando alguno de tus hermanos hebreo o hebrea fuere vendido, sólo te servirá seis años, y al séptimo lo dejarás ir libre;

13. y al que dieres libertad, no lo dejarás ir vacío;

14. sino que le darás para pasar el camino algo de tus rebaños, de tu panera y de tu bodega, de los bienes con que el Señor Dios tuyo te ha bendecido.

15. Acuérdate que tú también fuiste esclavo en la tierra de Egipto, y que el Señor Dios tuyo te puso en libertad; y por eso te doy yo ahora este mandamiento.

16. Mas si tu siervo dijere: No quiero irme; por cuanto te ama a ti y a tu casa, y reconoce que le va bien contigo;

17. tomarás una lezna, y le horadarás la oreja en la puerta de tu casa, y te servirá para siempre. Lo mismo harás con tu sierva.

18. No apartes de ellos tus ojos después de haberlos puesto en libertad; pues te han servido seis años, como hubiere hecho un jornalero que gana su salario: atiéndelos, pues, para que tu Señor Dios te bendiga en todas las cosas que hagas.

19. Consagrarás al Señor Dios tuyo todos los primerizos machos que nacieren de tus vacas y ovejas. No pondrás al trabajo al primerizo de la vaca, ni esquilarás los primerizos de las ovejas.

20. Todos los años los comerás en la presencia del Señor Dios tuyo en compañía de tu familia, en el lugar que habrá escogido el Señor.

21. Pero si el primerizo tuviere alguna tacha o defecto legal, si fuere cojo o ciego, o disforme en alguna parte del cuerpo o estropeado, no será sacrificado al señor Dios tuyo;

22. sino que le comerás dentro de tu ciudad; tanto el hombre limpio como el inmundo podrán comer igualmente de él, ni más ni menos que de una gacela o de un ciervo.

23. Sólo te guardarás de comer su sangre; la cual has de derramar en el suelo como agua.

16

Las tres fiestas solemnísimas de Pascua, de Pentecostés y de los Tabernáculos

1. Ten cuidado con el mes de los nuevos frutos, que es al principio de la primavera, para celebrar en él la Pascua del Señor Dios tuyo: por cuanto en este mes te sacó de Egipto tu Señor Dios durante la noche.

2. Y sacrificarás en la Pascua ovejas y bueyes al Señor Dios tuyo en el lugar que hubiere escogido el mismo Señor para establecer allí el culto de su Nombre.

3. No comerás durante esta fiesta pan con levadura: durante siete días comerás pan ázimo, pan de aflicción; porque con azoramiento saliste de Egipto: a fin de que te acuerdes del día de tu salida de Egipto todo el tiempo de tu vida.

4. No aparecerá levadura en todos los términos de tu país durante los siete días, ni quedará nada de la carne de la víctima inmolada en la parte del primer día, hasta otro día por la mañana.

5. No podrás sacrificar el cordero pascual en cualquiera de tus ciudades que te dará el Señor Dios tuyo;

6. sino solamente en el lugar que tu Señor Dios escogiere para establecer allí el culto de su Nombre: e inmolarás la Pascua por la tarde al ponerse el sol, y en el tiempo en que saliste de Egipto.

7. Así que aderezarás, y comerás el cordero pascual en el lugar que tu Señor Dios eligiere; y a la mañana, levantándote, podrás volver a tu casa.

8. Seis días comerás panes sin levadura, y el día séptimo por ser la solemne reunión en honor del Señor Dios tuyo, no trabajarás.

9. Contarás siete semanas, comenzando desde el día en que metieres la hoz en las mieses;

10. y celebrarás la fiesta de las siete semanas o de Pentecostés al Señor Dios tuyo, con la oblación voluntaria del fruto de tus manos, que ofrecerás conforme a la bendición recibida de Dios tu Señor:

11. y en su presencia celebrarás banquetes, tú, tu hijo y tu hija, tu siervo y tu sierva, y el levita que reside en tu ciudad, el extranjero y el huérfano, y la viuda que mora entre vosotros: todo en el lugar que tu Señor Dios señale para establecer allí su culto o Tabernáculo:

12. y acordándote que fuiste esclavo en Egipto, observarás y harás lo que queda ordenado.

13. Celebrarás también la solemnidad de los Tabernáculos por siete días, después de recogido los frutos de la era y del lagar;

14. y en esta festividad celebrarás

banquetes tú, tu hijo e hija, tu esclavo y esclava, como también el levita y el extranjero, el huérfano y la viuda que viven dentro de tus ciudades.

15. Siete días celebrarás fiesta al Señor Dios tuyo en el lugar que hubiere escogido; y con eso tu Señor Dios echará la bendición sobre todas tus cosechas y sobre todas las obras de tus manos, y estarás alegre.

16. Tres veces al año se presentarán todos sus varones ante el Señor Dios tuyo, en el lugar que señalare: en la fiesta de los ázimos, en la fiesta de las Semanas o Pentecostés, y en la fiesta de los Tabernáculos. Nadie comparecerá con las manos vacías delante del Señor;

17. sino que cada uno ofrecerá a proporción de lo que tuviere, a medida de la bendición que tu Señor Dios le habrá dado.

18. Constituirás jueces y magistrados en todas la ciudades, que el Señor Dios tuyo te diere, en cada una de tus tribus: para que juzguen al pueblo con juicio recto;

19. sin inclinarse más a una parte que a otra. No serás aceptador de personas, ni de dádivas, porque las dádivas ciegan los ojos de los sabios, y pervierten los dictámenes de los justos.

20. Administrarás la justicia con rectitud, para que vivas y poseas la tierra que te dará el Señor Dios tuyo.

21. No plantarás bosquetes, ni árbol ninguno cerca del altar del Señor Dios tuyo.

22. No te fabricarás ni erigirás estatua; porque tu Señor Dios tuyo aborrece todas estas cosas.

17 *Sobre el castigo de la idolatría; la consulta a los sacerdotes, y la elección y condiciones de un rey*

1. No sacrificarás a tu Señor Dios oveja o buey que tenga tacha o algún vicio: por ser esto abominable delante del Señor Dios tuyo.

2. En el caso que se hallaren en tu país dentro de alguna de tus ciudades que Dios tu Señor te dará, hombre o mujer que cometan la maldad en presencia del Señor Dios tuyo, de quebrantar su pacto,

3. yéndose a servir y adorar a dioses ajenos, al sol, y a la luna, y a todas las estrellas del cielo, contraviniendo al mandato mío,

4. y eso te fuere denunciado; si después de haber tenido el aviso hicieres diligentes pesquisas y hallares ser cierto que tal abominación se ha convertido en Israel:

5. sacarás al hombre y a la mujer que cometieren tan enorme pecado, a la puerta de tu ciudad, y serán muertos a pedradas.

6. Por disposición de dos o tres testigos perderá la vida el que es digno de muerte. Ninguno será condenado a muerte por el dicho de un sólo testigo contra él.

7. La mano de los testigos será la primera en tirar piedras para matarlo, y después todo el pueblo acabará de apedrearle: a fin de expeler al malo de en medio de ti.

8. Si estando pendiente ante ti una causa, hallares ser difícil y dudoso el discernimiento entre sangre y sangre, entre pleito y pleito, entre lepra y lepra, y vieres que son varios los pareceres de los jueces que tienes en tu ciudad, marcha y acude al lugar que habrá escogido el Señor Dios tuyo,

9. donde recurrirás a los sacerdotes del linaje levítico, y al que como sumo sacerdote fuere en aquel tiempo juez supremo del pueblo; y los consultarás, y te manifestarán cómo has de juzgar según tu verdad.

10. Y harás todo lo que te dijeren los que presiden en el lugar escogido por el Señor, y lo que te enseñaren,

11. conforme a su ley, y seguirás la declaración de ellos, sin desviarte a la diestra ni a la siniestra.

12. Mas quien se ensoberbeciere, y no quisiere obedecer la determinación del sacerdote que por aquel tiempo es ministro del Señor Dios tuyo, ni al decreto del juez, ese tal será muerto; con lo que arrancarás el mal de en medio de Israel:

13. Y todo el pueblo al oírlo temerá, para que en adelante ninguno se hinche de soberbia.

14. Cuando hubieras entrado en la tierra que te dará el Señor Dios tuyo, y poseídola y habitado en ella, y dijeres: Yo quiero poner sobre mí un rey*, como lo tienen todas las naciones de alrededor:

15. pondrás en aquel que tu Señor Dios señalare de entre tus hermanos. No podrás

---

14. Moisés predice que un día querrían un rey que los gobernara, como tenían otras naciones. *1 Sam 7, 7.*

alzar por rey a hombre de otra nación y que no sea hermano tuyo.

16. Una vez que fuere establecido, no ha de reunir muchos caballos, ni engreído con su numerosa caballería, hará volver al pueblo a Egipto, mayormente teniéndoos mandado el Señor no volver jamás por aquel camino.

17. No tendrá número excesivo de mujeres, que con halagos se enseñoreen de su corazón, ni tesoros inmensos de oro y plata.

18. Luego que se hubiere sentado en su real solio, escribirá para su uso en un volumen este deuteronomio o recopilación de la ley, copiándole del ejemplar original que le darán los sacerdotes de la tribu de Leví;

19. y le tendrá consigo, leyendo en él todos los días de su vida, para que aprenda el temor del Señor su Dios y a guardar sus mandamientos y ceremonias prescritas en la ley.

20. Y para que su corazón no se ensorbezca sobre sus hermanos, ni decline a la diestra, ni a la siniestra de la Ley del Señor; a fin de que reine largo tiempo así él como sus hijos sobre Israel.

18 *Derechos de los sacerdotes y levitas. Promesa del Mesías, prohibición de las supersticiones*

1. Los sacerdotes y levitas, y cuantos son de esa tribu, no tendrán parte ni herencia entre los demás hijos de Israel; porque se han de sustentar de los sacrificios del Señor y de sus ofrendas;

2. y así ninguna otra cosa recibirán de lo que poseen sus hermanos; por cuanto el Señor mismo es su herencia, como se lo tiene dicho.

3. He aquí lo que los sacerdotes tendrán derecho de tomar del pueblo y de los que ofrecen víctimas; ya sacrifique buey, ya oveja, darán al sacerdote la espalda y el vientre;

4. También le darán las primicias del grano, del vino y del aceite, y parte de las lanas en el esquileo de sus ovejas.

5. Porque el Señor Dios tuyo lo escogió a él de todas tus tribus, para que asista y sirva al culto divino perpetuamente, así él como sus hijos.

6. Si saliere un levita de tus ciudades esparcidas por todo Israel, donde mora, y sin estar de turno, quisiere venir por devoción al lugar escogido por el Señor,

7. ejercerá su ministerio en nombre del Señor Dios tuyo, como todos los levitas sus hermanos, que en aquella sazón estarán de servicio en la presencia del Señor;

8. recibirá la misma porción de alimento que los otros, además de lo que le es debido en su patria por razón de su patrimonio.

9. Cuando hubieres entrado en la tierra que tu Señor Dios te dará, guárdate de querer imitar las abominaciones de aquellas gentes.

10. No se vea en tu país quien purifique a tu hijo o hija, pasándolos por el fuego; ni quien consulte adivinos, y que haga caso de sueños y de agüeros; no haya hechicero,

11. ni encantador, ni quien pida consejo a los que tienen espíritu pitónico y a los astrólogos, ni a quien intente averiguar por medio de los difuntos la verdad.

12. Porque todas estas cosas las abomina el Señor; y por haber cometido semejantes maldades aquellos pueblos, acabará con ellos a tu entrada.

13. Tú has de ser perfecto y sin mácula para con el Señor Dios tuyo.

14. Esas gentes, cuya tierra tú has de poseer, dan crédito a los agoreros y adivinos; pero tú has sido educado diversamente por el Señor Dios tuyo.

15. Tu Señor Dios te suscitará un PROFETA* de tu nación y de entre tus hermanos como yo. A él oirás,

16. conforme se lo pediste al Señor Dios tuyo en Horeb, cuando se juntó con todo el pueblo diciendo: No oiga yo otra vez la voz del Señor Dios mío, ni vea más este fuego espantoso, porque no muera*.

17. A lo que me contestó el Señor: En todo lo que ha dicho ha hablado bien ese pueblo.

18. Yo le suscitaré un profeta de en medio de sus hermanos semejante a ti, y pondré mis palabras en su boca y les hablará todo lo que yo le mandare.

19. Mas el que no quisiere escuchar las palabras que hablará en mi nombre, experimentará mi venganza.

---

15. Del verso 15 al 20 se habla del *Cristo* o *Mesías*. Este era el sentir de la sinagoga en tiempo de Jesucristo. *Hech 3*, 22; *7*, 37; *Jn 1*, 45; *6*, 14.

16. *Ex 20*, 21.

20. Pero si un profeta, corrompido por la soberbia, emprendiere a hablar en mi nombre lo que yo no le mande decir, o hablare en nombre de dioses ajenos, será castigado de muerte.

21. Y si tú allá en tu interior replicares: ¿cómo puedo yo discernir cuál es la palabra que no ha hablado Dios de la que realmente me ha dicho?

22. Tendrás esto por señal: si lo que aquel profeta hubiera vaticinado en el nombre del Señor, no se verificare, esto no lo habló el Señor, sino que se lo forjó el profeta por la soberbia de su espíritu, y por lo mismo no le temas, ni respetes.

---

19 *Ciudades de refugio. Leyes sobre el homicidio involuntario y voluntario*

---

1. Cuando el Señor Dios tuyo hubiere destruido las naciones, cuya tierra te ha de dar, y tú la poseyeres, y habitares en sus ciudades* y casas,

2. separarás tres ciudades en medio del país, cuya posesión te dará el Señor tu Dios.

3. allanando con cuidado el camino, y dividiendo en tres partes iguales toda la extensión de tu tierra, a fin de que así tenga lugar cercano a donde poder refugiarse quien anda huyendo por razón de homicidio involuntario.

4. Esta será la ley o calidad del homicida fugitivo, cuya vida debe salvarse: el que hiriere a su prójimo sin advertirlo, y de quien no consta que tuviese el día antes o el otro más allá ningún rencor contra él;

5. sino que de buena fe salió, por ejemplo, con él al bosque a cortar leña, y al tiempo de cortarla se le fue el hacha de la mano, y saltando el hierro del mango hirió y mató a su amigo: este se refugiará en una de las sobredichas ciudades y salvará la vida:

6. no sea que arrebatado de dolor algún pariente de aquel cuya sangre fue derramada, le persiga y prenda si el camino es muy largo, y le quite la vida; no siendo reo de muerte, puesto que no se prueba que hubiese antes tenido odio alguno contra el muerto.

7. Por eso te mando yo que repartas las tres ciudades a iguales distancias entre sí.

8. Pero en ensanchando el Señor Dios tuyo tus términos, como lo tiene jurado a tus padres, y en dándote toda la tierra que les prometió

9. (con la condición de que guardes sus mandamientos y hagas lo que hoy te mando, esto es, que ames a tu Señor Dios y sigas sus caminos en todo tiempo), añadirás otras tres ciudades a las sobredichas, duplicando así el número de ciudades de refugio:

10. a fin de que no se derrame sangre inocente en medio de la tierra cuya posesión te dará el Señor Dios tuyo; ni tú seas reo de este derramamiento.

11. Mas si alguno, por el odio que tiene a su prójimo, armare asechanzas a su vida, y arremetiendo contra él le hiere y matare, huyéndose después a una de las ciudades sobredichas:

12. los ancianos de la ciudad de él enviarán a sacarle del lugar de asilo; y prendiéndole le entregarán en mano del pariente del muerto, y se le quitará la vida.

13. No tendrás lástima de él; y con eso quitarás de en medio de Israel el crimen cometido por la efusión de sangre inocente; a fin de que te vaya prósperamente.

14. No te apropiarás, ni traspasarás los lindes de tu prójimo, que fijaron los mayores en tu heredad que te dará el Señor Dios en la tierra de que has de tomar posesión.

15. No bastará para condenar a nadie un solo testigo, cualquiera que sea el pecado y el crimen; sino que todo se decidirá por disposición de dos o tres testigos.

16. Si un testigo falso depone contra un hombre, acusándole de prevaricación,

17. comparecerán los dos cuya causa se trata ante el Señor en presencia de los sacerdotes y jueces que fueran en aquellos días.

18. Y si después de una exacta pesquisa, hallaren que el testigo falso ha dicho mentira contra su hermano,

19. le impondrán la pena que él intentó hacer caer sobre su hermano, y así arrancarás el mal de en medio del pueblo;

20. para que oyéndolo los demás entren en temor, y de ningún modo osen hacer tales cosas.

21. No te compadecerás de él: sino que

---

1. *Deut 4*, 43; *Num 35*, 11.

le harás pagar vida por vida, ojo por ojo, diente por diente, mano por mano, pie por pie*.

20 *Leyes de la guerra. Orden de exterminar a los cananeos y entrar a la tierra prometida*

1. Cuando salieres a la guerra contra tus enemigos, y vieres su caballería y carros, y hallares que su ejército es más numeroso que el tuyo, no los temas; pues el Señor tu Dios, que te sacó de la tierra de Egipto, está contigo.

2. Al acercarse ya la hora del combate, se pondrá el sacerdote o pontífice a la cabeza del ejército, y hablará al pueblo de esta manera:

3. Escucha, ¡oh Israel!, vosotros entrais hoy en batalla contra vuestros enemigos; no desmaye vuestro corazón, no os intimidéis, no volváis pies atrás, no los temáis:

4. porque el Señor Dios vuestro está en medio de vosotros, y peleará por vosotros contra los enemigos, para libraros del peligro.

5. Los capitanes asimismo al frente de sus respectivos escuadrones gritarán, de modo que todos los oigan: ¿Hay alguno que ha edificado casa nueva y no la haya estrenado todavía? Váyase y vuélvase a su casa; no sea que muera en batalla y otro la estrene.

6. ¿Hay alguno que haya plantado una viña y todavía no ha podido disfrutar de ella? Váyase y vuélvase a su casa; no sea que muera en la guerra y la disfrute otro.

7. ¿Hay alguno que tenga mujer apalabrada y aún no la ha tomado? Váyase y vuélvase a su casa, no sea que muera en el combate y la tome otro.

8. Dicho esto añadirán aún, y dirán al pueblo: ¿Qué hombre hay aquí medroso y de corazón apocado? Váyase y vuélvase a su casa, porque no comunique a sus hermanos el miedo de que él está poseído.

9. En callando los capitanes del ejército, concluida su amonestación, cada cual ordenará sus escuadrones para la batalla.

10. En el caso de acercarte a sitiar una ciudad, ante todas cosas le ofrecerás la paz.

11. Si la aceptare y te abriere las puertas, todo el pueblo que hubiere en ella está a salvo, y te quedará sujeto, y será tributario tuyo.

12. Mas si no quisiere rendirse y empieza contra ti las hostilidades, la batirás;

13. y cuando el Señor Dios tuyo la hubiere entregado en tus manos, pasarás a cuchillo a todos los varones de armas tomar que hay en ella.

14. Mas no harás daño a las mujeres, ni a los niños, bestias y demás cosas que hubiere en la ciudad. Repartirás entre la tropa todo el botín, y comerás de los despojos de tus enemigos, que tu Señor Dios te habrá dado.

15. Así harás todas las ciudades, que están muy distantes de ti, y no son de aquellas de que has de tomar posesión.

16. Porque en las ciudades que se te darán en la tierra prometida, no dejarás alma viviente;

17. sino que a todos sin distinción, los pasarás a cuchillo*: es a saber al heteo, y al amorreo, y al cananeo, y al ferezeo, y al heveo, y al jebuseo, como el Señor tu Dios te tiene mandado;

18. para que no os enseñen a cometer todas las abominaciones que han usado ellos con sus dioses, y ofendáis a Dios vuestro Señor.

19. Cuando sitiares una ciudad por mucho tiempo, y la cercares con trincheras para tomarla, no has de cortar los árboles frutales, ni talar a golpes de hacha las arboledas del contorno; pues leños son y no hombres que puedan aumentar contra ti el número de combatientes.

20. Si hay árboles que no dan fruta, sino que son silvestres y propios para otros usos, córtalos y forma de ellos máquinas, hasta tomar la ciudad que se resiste contra ti.

21 *Leyes sobre el homicidio oculto; la mujer cautiva; el hijo incorregible y sobre los cadáveres ajusticiados*

1. Cuando en la tierra, que tu Señor Dios te ha de dar, se hallare el cadáver de un

21. Una pena proporcional al delito.

17. Se habla de la *guerra de exterminio*, más por razones religiosas que militares.

hombre asesinado, sin que se sepa quién lo mató,

2. saldrán los ancianos y jueces, y medirán las distancias de todas las ciudades cercanas desde el lugar del cadáver.

3. Y los ancianos de aquella ciudad que se hubiere averiguado estar más cercana que las otras, tomarán de la vacada una ternera que no haya traído yugo, ni arado la tierra;

4. y la conducirán a un valle erial y peñascoso, que nunca haya sido labrado ni sembrado, y le cortarán allí el pescuezo.

5. Entonces se acercarán los sacerdotes hijos de Leví, elegidos por el Señor tu Dios para que sean ministros suyos, y te den la bendición en su nombre, y por sentencia de ellos se decida todo negocio, y lo que es limpio o inmundo.

6. Y los ancianos de dicha ciudad irán donde está el cuerpo muerto, y lavarán sus manos sobre la ternera que fue degollada en el valle,

7. y dirán: Nuestras manos no han derramado esta sangre: ni de nuestros ojos lo han visto;

8. sé propicio, ¡oh Señor!, a tu pueblo de Israel, a quien rescataste, y no le imputes la sangre inocente, derramada en medio de él. Con lo que no recaerá sobre ellos el reato del homicidio.

9. Y tú no quedarás responsable de esta efusión de sangre inocente, habiendo hecho lo mandado por el Señor.

10. Si saliendo a pelear contra tus enemigos, el Señor Dios tuyo los entregare en tus manos, y los cautivares,

11. y vieres entre los cautivos una mujer hermosa, y enamorado de ella deseares tenerla por mujer,

12. la introducirás en tu casa; y se raerá el cabello, y cortará las uñas;

13. y dejará el vestido con que fue hecha prisionera, y quedándose de asiento en tu casa, llorará un mes a su padre y a su madre; después de esto te juntarás con ella y tú serás su marido, y ella será mujer tuya.

14. Si andando el tiempo te desagradare, la despacharás libre; no podrás venderla por dinero ni oprimirla con tiranía ya que la desfloraste.

15. Si un hombre tuviere dos mujeres, una amada y otra desamada, y le parieren hijos, y el hijo de la desamada fuere primogénito,

16. al tratar de repartir su hacienda entre los hijos, no podrá hacer mayorazgo al hijo de la querida, prefiriéndole al hijo de la malquista, o menos amada;

17. sino ha de reconocer por primogénito al hijo de la malquista, y le hará de todos sus haberes porción doble: porque siendo el primero de sus hijos, a él le toca el mayorazgo.

Castigo para los hijos rebeldes

18. Si un hombre tuviere un hijo rebelde y desvergonzado, que no atiende lo que manda el padre y la madre, y castigado se resiste con desprecio a obedecer,

19. préndanlo y llévenlo ante los ancianos de su ciudad, y a la puerta donde está el juzgado,

20. y les dirán: Este hijo nuestro es desobediente y rebelde: hace burla de nuestras reprensiones: pasa la vida en merendonas y en disoluciones y convites.

21. Entonces, dada la sentencia, morirá apedreado por el pueblo de la ciudad: para que arranquéis el escándalo de en medio de vosotros, y todo Israel oyéndole tiemble.

22. Cuando un hombre cometiere delito de muerte, y sentenciado a morir fuere colgado en un patíbulo,

23. no permanecerá colgado su cadáver en el madero; sino que dentro del mismo día será sepultado: porque es maldito de Dios el que está colgado del madero; y tú por ningún acontecimiento has de manchar tu tierra, cuya posesión el Señor tu Dios te hubiere dado.

22

Varias leyes sobre la caridad con el prójimo y buen gobierno en las familias

1. Cuando veas que un buey o una oveja de tu prójimo andan perdidos, no te pasarás de largo, sino que los conducirás a tu hermano.

2. Si dicho tu hermano no es vecino tuyo, ni le conoces, los recogerás en tu casa, y detendrás contigo mientras tu hermano los busca y los recobra.

3. Lo mismo harás con un asno, y con la ropa, y cualquiera otra cosa que hubiere perdido tu hermano: si la hallares, no la dejes abandonada por ser cosa ajena.

4. Si vieres un asno o un buey de tu prójimo caídos en el camino, no pasarás sin hacer caso; sino que le ayudarás a levantarlos.

5. La mujer no se vista de hombre, ni el hombre se vista de mujer*; por ser abominable delante de Dios quien tal hace.

6. Si yendo por un camino encontrares algún nido de pájaros en un árbol o en el suelo, y a la madre cobijando los pollitos o los huevos, no la cogerás con los hijos,

7. sino que la dejarás que se vaya, contentándote con llevar los hijos; para que te vaya bien a ti y vivas largo tiempo.

8. Cuando edificares casa nueva, harás alrededor del terrado* un pretil, para que no se derrame sangre en tu casa, y no seas culpable de la caída o precipicio de otro.

9. No sembrarás en tu viña diversas simientes; porque así la simiente que sembraste, como los frutos que nacen de la viña, no quede todo inmundo con la mezcla*.

10. No ararás con yunta de buey y asno.

11. No te vestirás ropa entretejida de lana y lino.

12. Pondrás a los cuatro cabos del manto o capa, con que te cubres, unos cordoncillos o flecos en las franjas*.

13. Si un hombre se casare con una mujer, y después disgustado de ella

14. buscare pretextos para repudiarla, infamándola, y diciendo: Yo tomé a ésta por mujer, y juntándome con ella, no la he hallado virgen:

15. el padre y la madre de ella la tomarán, y presentarán las señales de la virginidad de su hija en el tribunal de los ancianos a la puerta de la ciudad;

16. y dirá el padre: Yo entregué a este hombre mi hija por mujer; y porque la tiene ojeriza,

17. le imputa un delito muy feo, diciendo: No he hallado virgen a tu hija. Pues ved aquí las señales de la virginidad de mi hija; y desplegarán la ropa delante de los ancianos de la ciudad.

18. Y prenderán éstos al marido, si es culpable, y le azotarán;

19. multándole además en cien siclos de plata, que dará al padre de la muchacha, por haber infamado gravísimamente a una virgen de Israel: y la retendrá por mujer; ni podrá repudiarla en todos los días de su vida.

20. Mas si es verdad lo que le imputa, y la muchacha no fue hallada virgen,

21. la echarán fuera de la casa de su padre, y morirá apedreada por los vecinos de aquella ciudad, por haber hecho tan detestable cosa en Israel, pecando o prostituyéndose en casa de su mismo padre; y con esto quitarás el escándalo de en medio de tu pueblo.

22. Si un hombre pecare con la mujer de otro, ambos a dos morirán, adúltero y adúltera, y quitarás el escándalo de Israel*.

23. Si un hombre se desposó con una doncella virgen, y otro solicitándola dentro de la ciudad durmiere con ella,

24. sacarás a los dos a la puerta de la ciudad, y morirán apedreados: la doncella porque no gritó, estando como estaba en la ciudad; y el hombre porque deshonró a la mujer de su prójimo; con lo que quitarás el escándalo de en medio de ti.

25. Pero si el hombre halla en el campo a la doncella desposada, y la fuerza, él solo ha de morir;

26. la doncella ninguna pena sufrirá, ni es culpada de muerte; porque así como un salteador se arroja sobre su hermano y le quita la vida, de la misma manera fue asaltada la doncella:

27. estaba sola en el campo: dio voces, y no apareció ninguno que la auxiliase.

28. Si un hombre hallare a una doncella virgen que no está desposada, y forzándola la desflora, y se pone la cosa en tela de juicio,

29. dará el agresor al padre de la doncella cincuenta siclos de plata, y la tomará por mujer, porque la desfloró: ni podrá repudiarla en todos los días de su vida.

30. Ningún hombre tomará por mujer a la de su padre, ni le hará este desacato.

---

5. *Lev 18*, 22; *20*, 10.
8. *Mat* 10, 27.
9. *Deut 20*, 6.
12. *Num 15*, 38.

22. *Lev 20*, 10.

23 *Leyes de higiene sobre la exclusión de gente de la comunidad y otros preceptos*

1. El eunuco, cuyas partes han sido majadas, cercenadas o cortadas, no entrará en la iglesia o pueblo del Señor.

2. Tampoco el bastardo, esto es, el nacido de mujer prostituta, podrá entrar en la iglesia del Señor, hasta la décima generación.

3. Los amonitas y los moabitas no entrarán jamás en la iglesia del Señor, ni aun después de la décima generación*:

4. porque no quisieron socorreros en el viaje, negándoos el pan y el agua cuando salisteis de Egipto, y porque sobornaron contra ti a Balaam, hijo de Beor, de la Mesopotamia de Siria, para que te maldijese.

5. Aunque no quiso el Señor Dios tuyo oír a Balaam; antes porque te amaba convirtió su maldición en bendición tuya*.

6. Con estos pueblos no harás paz; ni les procurarás bienes jamás en todos los días de tu vida.

7. No tendrás en abominación al idumeo, pues que es hermano tuyo; ni al egipcio, pues fuiste peregrino en su tierra.

8. Los descendientes de éstos entrarán a la tercera generación en la iglesia o pueblo del Señor.

9. Cuando salieres a campaña contra tus enemigos, te guardarás de toda acción mala.

10. Si hubiere alguno entre vosotros que se haya hecho inmundo a causa de algún sueño nocturno, saldrá fuera del campamento,

11. y no volverá hasta que por la tarde se haya lavado con agua y puesto el sol regresará.

12. Señalarás un lugar fuera del campamento, a donde vayas a hacer tus necesidades naturales,

13. llevando un palo puntiagudo en el cinto con el cual harás un hoyo, cubriendo después con la tierra sacada el excremento.

14. Porque el Señor Dios tuyo anda en medio del campamento, para librarte, y entregar en tus manos a los enemigos; y así tus campamentos deben estar limpios, y no se debe ver en ellos cosa sucia, porque el Señor no te abandone.

15. No entregarás a su dueño el esclavo que a ti se acogiere.

16. Habitará contigo en el lugar que gustare y vivirá tranquilo en una de tus ciudades, sin que lo inquietes.

17. No haya entre las hijas de Israel ninguna ramera; ni hombre fornicador entre los hijos de Israel.

18. No ofrecerás en la casa de tu Señor Dios para cumplir cualquier voto que hayas hecho la paga de la prostitución, ni el precio del perro, por ser el uno y el otro abominable en la presencia del Señor Dios tuyo.

19. No prestarás a usura a tu hermano ni dinero, ni granos, ni otra cualquiera cosa;

20. sino solamente a los extranjeros. Mas a tu hermano le has de prestar sin usura lo que necesita; para que te bendiga el Señor Dios tuyo en todo cuanto pusieres mano en la tierra que vas a poseer.

21. Cuando hicieres algún voto al Señor Dios tuyo, no retardarás el cumplirlo; porque tu Señor Dios te lo demandará: y si lo retardares, te será imputado a pecado.

22. Si no llegares a prometer o hacer el voto, no habrá en ti culpa.

23. Pero lo que una vez salió de tus labios, lo has de cumplir y ejecutar como lo prometiste al Señor Dios tuyo; puesto que de tu propia voluntad lo has hecho, y con tu misma boca lo has pronunciado.

24. Si entrares en la viña de tu prójimo, come cuantas uvas quisieres, mas no te lleves ninguna.

25. Si entras en el sembrado de tu amigo o prójimo, podrás cortar espigas y desgranarlas con la mano; mas no echar en ellas la hoz.

24 *Leyes acerca del repudio y otras de humanidad con los deudores pobres y los extranjeros*

1. Si un hombre toma una mujer, y después de haber cohabitado con ella, viniere a ser mal vista de él por algún vicio notable, hará una escritura de repudio, y la

---

3. Esta ley excluía a las mujeres, quienes no ejercían oficios públicos ni asistían a las juntas del pueblo. *Neh 3*, 1.

5. *Num 22*, 5; *Jos 24*, 9.

pondrá en mano de la mujer, y la despedirá de su casa*.

2. Si después de haber salido toma otro marido,

3. y éste también concibiere aversión a ella, y la diere escritura de repudio, y la despidiere de su casa, o bien si él viene a morir;

4. no podrá el primer marido volverla a tomar por mujer; pues quedó amancillada y hecha abominable delante del Señor; no sufras que con un tal pecado sea contaminada la tierra, cuya posesión te ha de dar el Señor Dios tuyo.

5. Cuando un hombre acaba de casarse no ha de ir a la guerra, ni se le impondrá cargo público; sino que se le permitirá emplearse enteramente en atender a su casa, y pasar un año en paz y alegría con su esposa.

6. No tomarás en prenda muela de molino, sea la de arriba o la de abajo; porque el que eso te ofrece, te empeña lo necesario para su propia vida.

7. Si fuere cogido un hombre que sonsacando a su hermano de entre los hijos de Israel, le haya vendido como esclavo y recibido el precio, será castigado de muerte, y con eso desterrarás la maldad de en medio de tu pueblo.

8. Guárdate bien de incurrir o de merecer la plaga o azote de la lepra; a cuyo fin has de hacer todo lo que te enseñaren los sacerdotes del linaje de Leví, conforme a lo que les tengo mandado, y ejecútalo puntualmente.

9. Acordaos de lo que hizo el Señor Dios vuestro con María, en el viaje, después que salisteis de Egipto*.

10. Cuando vayas a cobrar de tu prójimo alguna deuda, no entres en su casa para tomarle prenda;

11. sino que te quedarás afuera, y él te sacará lo que tuviere*.

12. Mas si es pobre, no pernoctará la prenda en tu casa;

13. sino que se la restituirás antes que se ponga el sol, para que durmiendo en su ropa, te bendiga, y tengas mérito delante del Señor Dios tuyo.

14. No negarás el jornal a tu hermano menesteroso y pobre, o al forastero que mora contigo en la tierra y dentro de tus ciudades;

15. sino que le pagarás en el mismo día antes de ponerse el sol el salario de su trabajo*, porque es un pobre y con eso sustenta su vida: no sea que clame contra ti al Señor, y se te impute a pecado.

16. No se hará morir a los padres por los hijos, ni a los hijos por sus padres, sino que cada uno morirá por su pecado.

17. No harás injusticia al extranjero ni al huérfano, ni tomarás a la viuda su ropa en prendas.

18. Acuérdate que fuiste esclavo en Egipto, y que el Señor Dios tuyo te libertó de allí. Por cuya razón te mando que hagas esto:

19. cuando segares las mieses en tu campo, y por descuido dejares una gavilla, no vuelvas atrás a cogerla, sino que la dejarás para que se la lleve el forastero, el huérfano y la viuda; para que el Señor tu Dios te bendiga en todas las obras de tus manos.

20. Cuando cojas las aceitunas, no vuelvas a recoger las que quedaren en los árboles; sino que las has de dejar para el forastero, el huérfano y la viuda.

21. Cuando veindimiares tu viña, no has de rebuscar los racimos que quedan; sino que cederán en utilidad del forastero, del huérfano y de la viuda.

22. Acuérdate que tú también fuiste esclavo en tierra de Egipto, y por lo mismo te mando yo que hagas esto.

25

Leyes para la recta administración de justicia; para que las medidas sean justas

1. Si hubiere pleito entre algunos, y recurrieren a los jueces, adjudicarán éstos la palma de la justicia al que conocieren claramente que la merece; y al que vieren que es impío o injusto, le condenarán por la impiedad o injusticia.

2. Que si juzgaren ser el delincuente merecedor de azotes, lo mandarán tender en el suelo, y lo harán azotar en su presencia.

1. *Mat 5*, 32; *19*, 6; *Mar 10*, 4.
9. *Num 12*, 10.
11. *Ex 22*, 26.

15. *Lev 19*, 13; *Tob 4*, 15.

A medida del delito será también el número de azotes;

3. con tal que no pasen de cuarenta*; a fin de que tu hermano no salga a tu vista ignominiosamente llagado.

4. No pondrás bozal al buey que trilla tus mieses en la era.

5. Si vivieren juntos dos hermanos, y uno de ellos muriere sin hijos, la mujer del difunto no se casará con ningún otro que con el hermano de su marido*, el cual la tomará por mujer, y dará sucesión a su hermano;

6. y al primogénito que de ella tuviere, le pondrá el nombre del otro hermano, o será reputado por hijo de él, a fin de que no se borre su nombre en Israel.

7. Mas si no quisiere recibir por mujer a la de su hermano, que por ley debe ser suya, irá dicha mujer a la puerta de la ciudad, donde está el juzgado, y querellándose a los ancianos, dirá: El hermano de mi marido no quiere resucitar el nombre de su hermano en Israel, ni tomarme por mujer*.

8. Al punto lo harán citar y lo examinarán. Si respondiere: No quiero tomarla por mujer,

9. entonces se llegará a él la mujer en presencia de los ancianos, y le quitará del pie el calzado, y le escupirá en el rostro, diciendo: Así se ha de tratar a un hombre que no hace revivir el nombre de su hermano.

10. Y su casa será llamada en Israel casa del descalzado.

11. Si riñeren entre sí dos hombres, y el uno empezare a luchar con el otro, y queriendo la mujer del uno librar a su marido de las manos del más fuerte, metiere la mano y le agarrare por sus vergüenzas,

12. harás cortar la mano de la mujer, sin moverte a compasión alguna por ella.

13. No tendrás en tu bolsa diferentes pesas, unas mayores y otras menores o defectuosas;

14. ni habrá en tu casa pesas mayor y menor.

15. Tu peso será justo y fiel, y la pesa cabal y entera; para que vivas largo tiempo en la tierra, que el Señor Dios tuyo te dará;

16. pues tu Señor Dios abomina de aquel que hace tales cosas; y aborrece toda injusticia.

17. Acuérdate de lo que hizo contigo Amalec en el viaje, cuando saliste de Egipto*;

18. cómo te asaltó, acuchillando a los últimos de tu ejército, que cansados se quedaban atrás, estando tú muerto de hambre y de trabajos, y no tuvo temor de Dios.

19. Luego, pues, que el Señor Dios tuyo te diere reposo, y te sujetare todas las naciones del contorno en la tierra que te ha prometido raerás el nombre de Amalec de debajo del cielo. Mira que no lo olvides.

26

A quiénes y cómo debe hacerse la ofrenda de los diezmos y primicias de los frutos

1. Cuando hubieres entrado en la tierra cuya posesión te dará el Señor Dios tuyo, y la hayas obtenido, y habitares ya en ella,

2. separarás las primicias de todas tus cosechas, y las meterás en una banasta, e irás al lugar que el Señor Dios tuyo hubiere escogido para establecer allí su culto,

3. y te presentarás al sacerdote que fuere por entonces, y le dirás: Yo confieso en este día delante del Señor Dios tuyo que he entrado en la tierra que juró a nuestros padres que nos daría.

4. Entonces el sacerdote recibiendo la banasta de tu mano, la pondrá delante del altar del Señor Dios tuyo,

5. y tú dirás en presencia del Señor tu Dios: Labán el sirio procuraba destruir* a mi padre Jacob; el cual descendió después a Egipto, y estuvo allí como extranjero con poquísimas personas; mas luego creció hasta formar una nación grande y robusta, y de infinita gente.

6. Pero los egipcios nos oprimieron y persiguieron, imponiéndonos cargas pesadísimas;

7. por lo que clamamos al Señor Dios de nuestros padres; el cual nos oyó, y volvió los ojos para mirar nuestro abatimiento, y nuestros trabajos y angustias;

8. y nos sacó de Egipto con mano fuerte,

---

3. *2 Cor 11*, 24.
5. Esta ley es una excepción de la que prohíbe los matrimonios entre cuñados. *Lev 18*, 16.
7. *Rut 4*, 5.

17. *Ex 17*, 8.
5. *Gen 18*; *30*; *31*.

y brazo poderoso, con gran terror, y con señales y portentos,

9. y nos introdujo en este país, entregándonos esta fertilísima tierra que mana leche y miel.

10. Y por eso ofrezco ahora las primicias de los frutos de la tierra que me dio el Señor. Dicho esto, las dejarás en la presencia del Señor Dios tuyo; y después de haber adorado a tu Señor Dios,

11. celebrarás un banquete comiendo de todos los bienes que te hubiere dado el Señor Dios tuyo a ti y a tu familia, tú, y el levita, y el forastero que está contigo.

12. Cuando hubieres completado o acabado de dar el diezmo de todos tus frutos, darás, cada tres años, el diezmo peculiar al levita y al forastero, y al huérfano y a la viuda, para que coman y se sacien dentro de tus ciudades*.

13. Y dirás en presencia del Señor Dios tuyo: Yo he tomado de mi casa lo que fue consagrado al Señor, y dádolo al levita y al forastero, y al huérfano y a la viuda, como me tienes mandado: no he traspasado tus mandamientos, ni olvidádome de tus preceptos.

14. Nada he comido de estas cosas* en mis lutos, ni las separé en ocasión de alguna inmundicia, ni he empleado nada de ellas en funerales. He obedecido a la voz del Señor Dios mío, y lo he ejecutado todo como me mandaste.

15. Vuelve los ojos desde tu santuario, y desde la excelsa morada de los cielos*, y echa la bendición sobre tu pueblo de Israel, y sobre la tierra que nos has dado, conforme juraste a nuestros padres, tierra que mana leche y miel.

16. Hoy te ha mandado el Señor tu Dios que observes estos mandamientos y leyes: y que los guardes y cumplas con todo tu corazón y toda tu alma.

17. Tú, renovando la alianza, has elegido hoy al Señor para que sea tu Dios, y tú sigas sus caminos, y practiques sus ceremonias, y preceptos y leyes, y obedezcas a su imperio.

18. Y asimismo el Señor te ha escogido hoy nuevamente para que seas un pueblo peculiar suyo, como te lo tiene dicho, y guardes todos sus mandamientos;

19. y él, para loor y nombradía, y gloria suya, te haga la nación más ilustre de cuantas naciones ha creado, y seas el pueblo santo del Señor Dios tuyo, conforme lo tiene prometido.

27

Ordena Moisés al pueblo que pasado el Jordán erija un altar y que se escriban los mandamientos

1. Y Moisés con los ancianos de Israel, ordenó al pueblo, diciendo: Guarda todos los mandamientos que te comunico hoy.

2. Y pasado que hubieres el Jordán, y entrado en la tierra que te dará tu Señor Dios, erigirás unas grandes piedras que alisarás o encostrarás con cal,

3. a fin de poder escribir en ellas todas las palabras de esta ley, pasado que hayas el Jordán para entrar en la tierra que te dará el Señor Dios tuyo, tierra que mana leche y miel, conforme lo tiene jurado a tus padres.

4. Cuando, pues, hubiereis pasado el Jordán, erigid las piedras que hoy os mando, en el monte Hebal, alisándolas con una capa de cal.

5. Y levantarás también allí un altar al Señor tu Dios, de piedras que no haya tocado el hierro,

6. de piedras toscas y sin labrar, y ofrecerás encima de ellas holocausto al Señor Dios tuyo.

7. Y sacrificarás hostias pacíficas, de que comerás allí, celebrando un banquete en presencia del Señor tu Dios.

8. Y escribirás en dichas piedras todas las palabras de esta ley, con distinción y claridad.

9. Dijeron además Moisés y los sacerdotes del linaje de Leví a todo Israel: Atiende y escucha, oh Israel: Hoy has sido constituido pueblo del Señor Dios tuyo:

10. escucharás, pues, su voz, y ejecutarás sus mandamientos y leyes que yo te prescribo.

11. En aquel día Moisés dio esta orden al pueblo diciendo:

12. Pasado que hayáis el Jordán, se pondrán Simeón, Leví, Judá, Isacar, José y Benjamín, sobre el monte Garizim, para bendecir al pueblo;

---

12. *Deut 14*, 28.
14. *Deut 14*, 29.
15. *Is 63*, 15; *Bar 2*, 16.

13. y en frente de ellos, en el monte Hebal, estarán para pronunciar las maldiciones Rubén, Gad, Aser, Zabulón, Dan y Neftalí.

14. Y entonarán los levitas, y dirán en alta voz a todos los varones de Israel:

15. Maldito sea el hombre que hace imagen o ídolo de talla, o de fundición, obra de mano de artífices, abominada del Señor, y la coloca en lugar oculto. Y todo el pueblo responderá diciendo: Amén.

16. Maldito sea el que no honra a su padre y a su madre. Y responderá todo el pueblo: Amén.

17. Maldito el que traspasa los linderos de la heredad de su prójimo. Y responderá todo el pueblo: Amén.

18. Maldito el que hace errar al ciego en el camino. Y responderá todo el pueblo: Amén.

19. Maldito el que tuerce la justicia o el derecho del extranjero, del huérfano y de la viuda. Y responderá todo el pueblo: Amén.

20. Maldito el que duerme con la mujer de su padre, y deshonra así su tálamo. Y responderá todo el pueblo: Amén.

21. Maldito el que peca con cualquier bestia que sea. Y responderá todo el pueblo: Amén.

22. Maldito el que duerme con su hermana, hija de su padre, o de su madre. Y dirá todo el pueblo: Amén.

23. Maldito el que duerme con su suegra. Y dirá el pueblo: Amén.

24. Maldito el que matare o dañare gravemente a traición a su prójimo. Y dirá todo el pueblo: Amén.

26. Maldito el que no persevera en la fiel observación de todas las palabras de esta ley, ni las pone por obra. Y dirá todo el pueblo: Amén.

---

28 *Bendiciones prometidas a los que cumplan la ley: maldiciones contra sus transgresores*

---

1. Pero si oyeres la voz del Señor tu Dios, practicando y guardando todos sus mandamientos que yo te prescribo hoy, el Señor Dios tuyo te ensalzará sobre todas las naciones que pueblan la tierra.

2. Y vendrán sobre ti y te alcanzarán todas estas bendiciones con tal que obedezcas sus preceptos*.

3. Bendito serás en la ciudad, y bendito en el campo.

4. Bendito el fruto de tu vientre y benditos los frutos de tu tierra, y benditas las crías de tus jumentos, las majadas de tus vacas, y los apriscos de tus ovejas.

5. Benditos tus graneros, y benditos los repuestos de tus frutos.

6. Bendito serás en todas tus acciones desde el principio hasta el fin.

7. El Señor pondrá derribados a tus pies los enemigos que se levantaren contra ti: por un camino vendrán a acometerte, y por siete huirán de tu vista.

8. Echará el Señor su bendición sobre tus graneros, y sobre todo aquello en que pongas tu mano; te bendecirá en la tierra que de él habrás recibido.

9. El Señor te constituirá por pueblo santo suyo, conforme te lo ha jurado; con tal que observes los mandamientos de tu Señor Dios, y sigas sus caminos.

10. Y verán todos los pueblos de la tierra que eres llamado con verdad Pueblo de Dios; y te respetarán.

11. El Señor te colmará de todos los bienes, multiplicando el fruto de tu vientre, el fruto de tus ganados y el fruto de tu tierra, la cual prometió el Señor con juramento a tus padres que te la daría.

12. Abrirá el Señor su tesoro riquísimo, a saber, el cielo para dar las lluvias a tu tierra en sus tiempos, y echará la bendición sobre todas las obras de tus manos. De suerte que tú prestarás a muchas gentes, y de nadie tomarás prestado.

13. El Señor te pondrá siempre a la cabeza de los pueblos, y no detrás de ellos, y estarás siempre encima, y no debajo; con tal que obedezcas los mandamientos del Señor Dios tuyo, que te prescribo yo en este día, y los guardes y cumplas,

14. sin desviarte de ellos ni a la diestra ni a la siniestra, y no sigas ni adores dioses ajenos.

15. Pero si no quisieres escuchar la voz de tu Señor Dios, observando y practicando todos sus mandamientos y las ceremonias que hoy te prescribo, vendrán sobre ti, y te alcanzarán todas estas maldiciones.

---

2. *Lev 26.*

16. Maldito serás en la ciudad, y maldito en el campo.

17. Maldito tu granero, y malditos tus repuestos de frutos.

18. Maldito el fruto de tu vientre, y los frutos de tu tierra, tus vacadas, y los rebaños de tus ovejas.

19. Maldito serás en todas tus acciones desde el principio hasta el fin de ellas.

20. Enviará el Señor sobre ti hambre y necesidad, y echará la maldición sobre cuanto obrares y pusieres tus manos; hasta desmenuzarte y acabar contigo en poco tiempo, por causa de tus perversísimas acciones, por las cuales le habrás abandonado.

21. Hará el Señor que se te pegue la peste, hasta que acabe contigo, en la tierra en cuya posesión entrarás.

22. El Señor te castigará con la carestía, con la calentura y el frío, con el ardor y la sequedad, con la corrupción del aire y la langosta, y te perseguirá hasta que perezcas.

23. Se volverá de bronce el cielo que te cubre, y de hierro la tierra que pisas.

24. El Señor dará a tu tierra polvo en vez de lluvia, y descenderá del cielo ceniza sobre ti, hasta que quedes reducido a la nada.

25. El Señor te hará caer postrado a los pies de tus enemigos. Por un camino irás a pelear contra ellos, y no hallarás bastantes sendas por donde huir; y serás dispersado por todos los reinos de la tierra.

26. Tus cadáveres servirán de pasto a todas las aves del cielo y bestias de la tierra sin que nadie cuide de ahuyentarlas.

27. Te herirá el Señor con las úlceras y plagas de Egipto, y también con sarna y comezón; de tal manera que no tengas cura.

28. Te castigará el Señor con la locura o delirio, con la ceguedad y confusión;

29. de suerte que andarás a tientas en medio del día como suele andar un ciego rodeado de tinieblas; y así no acertarás en ninguna cosa que emprendas. Y en todo tiempo tendrás que sufrir calumnias, y serás oprimido por la fuerza sin tener quien te libre.

30. Tomarás mujer, y otro la gozará. Edificarás casa, y no la podrás habitar. Plantarás viña, y no la vendimiarás.

31. Será degollado tu buey delante de ti, y no comerás de él. A tus ojos será robado tu asno, y no te lo restituirán; tus ovejas serán dadas a tus enemigos, sin que haya quien te valga.

32. Tus hijos y tus hijas serán entregados a pueblo extraño, viéndolo tus ojos y consumiéndose con la continua vista de su miseria, sin haber fuerza en tu mano para librarlos.

33. Los frutos de tu tierra y de todas tus fatigas se los comerá un pueblo desconocido para ti; y estarás sufriendo continuamente calumnias y abrumado todos los días

34. y quedarás despavorido por el terror de las cosas que verán tus ojos.

35. Te herirá el Señor con úlceras malignísimas en las rodillas y en las pantorrillas, y de un mal incurable desde la planta del pie hasta la coronilla.

36. El Señor te transportará con tu rey, que habrás establecido sobre ti, a una nación que ni conoces tú, ni tus padres, en donde servirás a dioses extraños, al leño y a la piedra.

37. Y andarás perdido, siendo el juguete y la fábula de todos los pueblos a donde te llevará el Señor.

38. Echarás mucha simiente en la tierra y cogerás poco; porque las langostas lo devorarán todo*.

39. Plantarás una viña, y la cavarás; mas no beberás vino, ni cogerás nada de ella; porque los gusanos la roerán.

40. Tendrás olivares en todos tus términos, y no te darán ni aun aceite con que ungirte, porque se caerán las aceitunas y se pudrirán.

41. Tendrás hijos e hijas, y no gozarás el placer de poseerlos, porque serán llevados cautivos.

42. La langosta consumirá todos tus árboles y los frutos de tu tierra.

43. El extranjero que vive contigo en la tierra te sobrepujará y se alzará sobre ti; y tú caerás y estarás debajo de él.

44. El te prestará y tú no podrás prestarle: él estará siempre a la cabeza, y tú ocuparás el ínfimo lugar.

45. Todas estas maldiciones caerán sobre ti, y te oprimirán hasta que del todo perezcas: porque no escuchaste la voz del Señor tu Dios, ni observaste sus mandamientos y las ceremonias que te ha ordenado.

---

38. *Miq 6*, 15; *Ag 1*, 6.

Anuncios de guerra y destierros

46. Y así en ti como en tu descendencia estarán viéndose siempre señales y prodigios de la cólera de Dios,

47. por no haber servido al Señor Dios tuyo con gozo y alegría de corazón, habiéndote colmado de toda suerte de bienes.

48. Serás hecho esclavo de un enemigo que conducirá el Señor contra ti, le servirás con hambre y sed, y desnudez, y todo género de miserias; y pondrá un yugo de hierro sobre tu cerviz, hasta que te aniquile.

49. Desde un país remoto, del cabo del mundo hará venir el Señor contra ti, con la rapidez que vuela el águila, y se echa impetuosamente sobre la presa una nación cuya lengua no podrás entender:

50. gente sumamente fiera y procaz, que no tendrá respeto al anciano, ni compasión del niño;

51. y que devorará las crías de tus ganados, y los frutos de tus cosechas, de suerte que perezcas; pues no te dejará trigo, ni vino, ni aceite, ni manadas de vacas, ni rebaños de ovejas; hasta que te destruya.

52. y aniquile enteramente en todas tus ciudades, y queden arruinados en toda tu tierra esos altos y fuertes muros en que ponías tu confianza. Quedarás sitiado dentro de las ciudades en todo el país que te dará el Señor Dios tuyo;

53. y llegarás al extremo de comer el fruto de tu vientre, la carne de tus hijos y de tus hijas que te hubiere dado el Señor Dios, por la estrechura y desolación a que te reducirá tu enemigo*.

54. El hombre más delicado y más regalón de tu pueblo, mirará mal a su hermano, y a su esposa misma que duerme en su seno,

55. para no darles de la carne de sus hijos, que comerá por no hallar otra cosa durante el sitio, y en la necesidad extrema con que te aniquilarán tus enemigos dentro de todas tus ciudades.

56. La mujer tierna y delicada, que no sabía dar un paso, ni asentar la planta del pie sobre la tierra por su demasiada delicadeza y sensibilidad, no querrá dar a su mismo amado esposo parte de las carnes del hijo y de la hija,

57. ni de las secundinas, o masa inmunda que sale de su vientre, ni del niño que ha nacido en aquel mismo punto: porque se comerá todo esto a escondidas, por falta de toda otra cosa con que resistir a una hambre tan cruel, durante el cerco y devastación con que te apurará tu enemigo dentro de tus ciudades.

58. Si no guardares y cumplieres todas las palabras de esta ley, que van escritas en este volumen, y si no temieres aquel nombre glorioso y terrible, quiero decir, al Señor Dios tuyo,

59. el Señor acrecentará tus plagas y las de tu descendencia, plagas grandes y permanentes, enfermedades malignas e incurables;

60. y arrojará sobre ti todas las plagas de Egipto, que tanto te horrorizaron, las cuales se apegaron a ti estrechamente.

61. Además de esto enviará el Señor sobre ti todas las dolencias y llagas, que no están escritas en el libro de esta ley, hasta aniquilarte.

62. Y quedaréis en corto número los que antes igualabais en multitud a las estrellas del cielo; porque no has obedecido, ¡oh Israel!, a la voz del Señor Dios tuyo.

63. Y así como en otros tiempos se complació el Señor en haceros bien y multiplicaros, así se gozará en abatiros y arrastraros; para que seáis exterminados de la tierra en cuya posesión vais a entrar.

64. El Señor te desparramará, ¡oh Israel!, por todos los pueblos desde un cabo del mundo al otro; y allí servirás a dioses ajenos que ni tú, ni tus padres conocisteis, a dioses de palo y de piedra.

65. Aun allí entre aquellas gentes no lograrás descanso, ni podrás asentar el pie, porque el Señor te dará allí un corazón espantadizo, y ojos desfallecidos, y una alma consumida de tristeza.

66. Y estará tu vida como pendiente delante de ti. Temerás de noche y de día, y no confiarás de tu vida.

67. Por la mañana dirás: ¿Quién me diera llegar a la tarde? Y por la tarde: ¿Quién me diera llegar a la mañana? Tan aterrado y despavorido estará vuestro corazón, y tan

---

53. Profecía del sitio de Jerusalén por Nabucodonosor y su desolación por los romanos. *Bar 2*, 3; *Lam 4*, 10; *2 Re 6*, 28.

horribles serán las cosas que sucederán a vuestros ojos.

68. El Señor te volverá a llevar en navíos a Egipto, después que te dijo que no volvieras más a ver aquel camino. Allí seréis vendidos a vuestros enemigos por esclavos, y por esclavas vuestras mujeres, y aun no habrá quien quiera compraros.

29 *Renuevan los israelitas el juramento de su alianza con Dios, amenazas a los que no cumplan*

1. Estas son las palabras de la alianza que mandó el Señor a Moisés ratificar con los hijos de Israel en tierra de Moab, renovando la que hizo con ellos en Horeb.

2. Convocó entonces Moisés a todo Israel, y les dijo: Vosotros habéis visto todas las cosas que hizo el Señor en vuestra presencia en la tierra de Egipto contra Faraón, y todos sus ministros, y todo su reino.

3. Visteis con vuestros ojos las grandes plagas con que los probó, aquellos prodigios y maravillas estupendas.

4. Y el Señor por su justo juicio no os ha dado hasta el presente un corazón que sienta, ni ojos que miren, ni oídos que quieran escuchar.

5. El Señor os ha conducido hasta aquí por el desierto, durante cuarenta años; sin que se hayan gastado vuestros vestidos; ni se ha roto de puro viejo el calzado de vuestros pies*.

6. No habéis comido pan, ni bebido vino o sidra, a fin de que por el maná conocierais que yo soy el Señor Dios vuestro.

7. Y llegasteis a este sitio, donde nos salieron al encuentro Sehón, rey de Hesebón, y Og, rey de Basán, para pelear contra nosotros; y los hemos derrotado,

8. y apoderándonos de su tierra, y la hemos dado en posesión a Rubén, y a Gad, y a la media tribu de Manasés.

9. Ahora, pues, guardad las palabras o condiciones de esta alianza y cumplidlas, a fin de que os salga bien cuanto emprendáis.

10. Vosotros estáis hoy todos juntos en la presencia del Señor Dios vuestro, vuestros príncipes y tribus, los ancianos y los doctores: todo el pueblo de Israel.

11. Vuestros hijos y mujeres, y los extranjeros que moran entre vosotros en el campamento, sin excluir de este número los leñadores y aguadores, todos estáis aquí;

12. a fin de que, ¡oh Israel!, renueves la alianza del Señor Dios tuyo, alianza jurada que hoy ratifica el Señor Dios tuyo contigo,

13. para elevarte a ser pueblo suyo, y para ser él tu Dios, como te lo tiene dicho, y como lo juró a tus padres Abrahán, Isaac y Jacob.

14. Ni yo concierto esta alianza, y confirmo estos juramentos con solos vosotros,

15. sino con todos, con los presentes y con los venideros.

16. Pues bien sabéis de qué manera hemos vivido en la tierra de Egipto, y cómo hemos atravesado por medio de las naciones, donde al pasar

17. habéis visto las abominaciones y suciedades, esto es, sus ídolos, o el leño y la piedra, la plata y el oro que adoraban.

18. No sea que por desgracia se halle entre vosotros hombre o mujer, familia o tribu, cuyo corazón esté hoy desviado del Señor Dios nuestro, y resuelto a servir a los dioses de aquellas gentes, y que brote entre vosotros raíz que produzca hiel y amargura;

19. y que cuando el tal oyere las palabras de este juramento, se lisonjee a sí mismo, diciendo: Yo tendré paz aunque me abandone al desorden de mi corazón: con lo que embriagado con este error arrastre tras sí a los inocentes.

20. Mas el Señor no le perdonará, antes se encenderá entonces más su furor y celo contra el tal hombre, y caerán sobre él de asiento todas las maldiciones que están escritas en este libro: y borrará el Señor su nombre de debajo del cielo,

21. y lo exterminará para siempre de todas las tribus de Israel: cumpliéndose las maldiciones que se contienen en este libro de la ley y de la alianza.

22. Y preguntarán la generación venidera y los hijos que nacerán en adelante, y los extranjeros que vinieren de lejos al ver las plagas de aquella tierra y las enfermedades con que la afligiere el Señor,

23. (el cual la abrasará con azufre y

---

5. *Deut* 8, 4.

salitre ardiente, de suerte que ya no se siembre más, ni brote hierba, ni verde alguno; representando el asolamiento de Sodoma y de Gomorra, de Adama y de Seboim, que arrasó el Señor, encendido el furor de su ira).

24. Preguntarán, digo, todas las gentes: ¿Por qué causa trató así el Señor a esta tierra? ¿Qué saña e inmenso furor es éste?

25. Y responderán: Porque quebrantaron el pacto del Señor, que concertó con sus padres cuando los sacó de la tierra de Egipto,

26. y sirvieron y adoraron a dioses ajenos, a dioses que no conocían, y a quienes no pertenecían.

27. Por esto se encendió el furor del Señor contra esta tierra, descargando sobre ella todas las maldiciones que están escritas en este libro.

28. Y con ira y furor y con indignación grandísima, arrojó de este país a sus habitantes, desterrándolos a regiones extrañas, como se ve hoy por experiencia.

29. Arcanos del Señor Dios nuestro, manifestados a nosotros y a nuestros hijos hasta el fin de los siglos, para que temerosos y obedientes observemos todas las disposiciones de esta ley.

30

El Señor se reconciliará algún día con su pueblo. Protesta final de Moisés

1. Según esto, cuando se cumpliere lo que te anuncio acerca de la bendición o maldición, que acabo de proponer ante tus ojos; y movido a penitencia tu corazón en medio de todas las naciones, entre las cuales te habrá esparcido el Señor tu Dios,

2. te volvieres a él, con tus hijos, y obedecieres a sus mandamientos, de todo tu corazón y con toda tu alma, como te lo prescribo en este día,

3. el Señor Dios tuyo te hará volver de tu cautiverio, y tendrá misericordia de ti, y otra vez te congregará, sacándote de todos los pueblos por donde antes te desparramó .

4. Aunque hayas sido dispersado hasta las extremidades del mundo, de allí te sacará el Señor Dios tuyo,

5. y te tomará, e introducirá en la tierra que poseyeron tus padres, y tú la volverás a ocupar, y bendiciéndote, te multiplicará mucho más que a tus padres.

6. Entonces el Señor Dios tuyo circuncidará tu corazón y el corazón de tus descendientes, para que ames al Señor Dios tuyo de todo tu corazón y con toda tu alma, a fin de que así consigas la vida.

7. Y todas estas maldiciones las convertirá contra tus enemigos y contra los que te aborrecen y persiguen.

8. Tú te convertirás y escucharás la voz del Señor Dios tuyo, y cumplirás todos los mandamientos que hoy te prescribo yo.

9. Y el Señor Dios tuyo manifestará su bendición en todas las obras de tus manos, en los hijos que saldrán de tu seno y en la cría de tus ganados, en la fecundidad de tu tierra y en la abundancia de todas las cosas. Porque volverá el Señor a complacerse en colmarte de bienes, como se complació en orden a tus padres;

10. con tal que oigas la voz de tu Señor Dios, y guardes sus preceptos y ceremonias prescritas en esta ley; y te conviertas al Señor Dios tuyo de todo tu corazón y con toda tu alma.

11. Este mandamiento que yo te prescribo hoy no está sobre ti, ni puesto lejos de ti,

12. ni situado en el cielo, de suerte que puedas decir: ¿Quién de nosotros podrá subir al cielo para que nos traiga ese mandamiento y le oigamos y pongamos por obra?

13. Ni está situado a la otra parte del mar, para que te excuses y digas: ¿Quién de nosotros podrá atravesar los mares, y traérnosle de allá para que podamos oír y hacer lo que se nos manda?

14. Sino que el dicho mandamiento* está muy cerca de ti: en tu boca está y en tu corazón, y en tu mano para que lo cumplas.

15. Considera que hoy he puesto a tu vista la vida y el bien de una parte, y de otra la muerte y el mal.

16. Con el fin de que ames al Señor tu Dios, y sigas sus caminos, y guardes sus mandamientos, y ceremonias y ordenanzas, para que vivas y el Señor te multiplique y

---

14. Pablo explica que los mandamientos de Dios son fáciles de entender y guardar con el socorro de la gracia. *Rom 10*, 6-8.

bendiga en la tierra, en cuya posesión entrarás.

17. Mas si tu corazón se apartare del Señor, y no quisieres obedecer y seducido del error adorares dioses ajenos, y les sirvieres,

18. desde hoy te profetizo que vas a perecer, y que morarás poco tiempo en la tierra en cuya posesión, pasado el Jordán, entrarás.

19. Yo invoco hoy por testigos al cielo y a la tierra, de que te he propuesto la vida y la muerte, la bendición y la maldición. Escoge desde ahora la vida, para que vivas tú, y tu posteridad,

20. y ames al Señor Dios tuyo, y obedezcas a su voz y te unas íntimamente a él (siendo él mismo, como es, vida tuya, y el que ha de darte larga vida), a fin de que habites en la tierra que juró el Señor a tus padres Abrahán, Isaac y Jacob, que les había de dar.

---

31 *Moisés, viendo cercana su muerte, se descarga de su oficio y entrega el mando a Josué*

---

1. Fue, pues, Moisés, y habló todas estas cosas a todo Israel,

2. y les dijo después: Yo me hallo hoy día en la edad de ciento veinte años: no puedo ya continuar en ser vuestro caudillo, mayormente habiéndome dicho el señor: Tú no has de pasar ese río Jordán.

3. Mas el Señor Dios tuyo, ¡oh Israel!, irá delante de ti: él deshará a tu vista todas esas naciones, y las conquistarás; y este Josué pasará delante de ti, como lo tiene dicho el Señor;

4. y hará Dios con ellas lo mismo que hizo con Sehón y con Og, reyes de los amorreos, y con sus reinos, y las exterminará.

5. Así pues, cuando también os hubiere entregado estas naciones, haréis con ellas otro tanto, según os tengo mandado.

6. Portaos varonilmente, y con firmeza; no temáis, ni os amedrentéis a su vista: porque el Señor Dios tuyo él mismo es, ¡oh Israel!, tu caudillo, y no te dejará ni te desamparará.

7. Después de esto llamó Moisés a Josué, y le dijo delante de todo Israel: Ten buen ánimo, y cobra aliento; porque tú has de introducir a este pueblo en la tierra que el Señor prometió con juramento a sus padres, y tú se la repartirás por suertes.

8. Y el Señor que es vuestro caudillo, él mismo será contigo: no te dejará ni te desamparará: no temas, ni te amedrentes.

9. Escribió, pues, Moisés esta ley, y se la entregó a los sacerdotes, hijos de Leví, que llevaban el Arca del Testimonio del Señor, y a todos los ancianos de Israel.

10. Y les mandó, diciendo: Al cabo de siete años, en el año de la remisión, en la fiesta de los Tabernáculos,

11. cuando se juntan todos los israelitas para presentarse ante el Señor tu Dios, en el lugar escogido por el Señor, leerás las palabras de esta ley* en presencia de todo Israel, que las oirá atentamente;

12. haciendo tú congregar a todo el pueblo, así hombres como mujeres y niños y los extranjeros que moran en tus ciudades: para que escuchándolas aprendan, y teman al Señor Dios vuestro, y guarden y cumplan todas las palabras de esta ley;

13. y a fin también de que sus hijos, que ahora están ignorantes de ella, puedan aprenderla, y reverencien al Señor Dios suyo todos los días que vivan en la tierra de que vais a tomar posesión, pasado el Jordán.

Ultimas instrucciones del Señor a Moisés

14. Dijo entonces el Señor a Moisés: Mira, ha llegado ya el día de tu muerte: llama a Josué, y presentaos los dos en el Tabernáculo del Testimonio, para que le dé mis órdenes. Fueron, pues, Moisés y Josué, y se presentaron en el Tabernáculo del Testimonio,

15. donde se apareció el Señor en la columna de nube, la cual se fijó en la entrada del Tabernáculo.

16. Y dijo el Señor a Moisés: He aquí que tú vas a descansar con tus padres; y ese pueblo se rebelará y prostituirá a dioses ajenos en la tierra en que va a entrar para morar en ella: allí me abandonará, y quebrantará el pacto que tengo con él concertado;

17. con lo cual se encenderá mi furor

---

11. *Neh 8*, 3; *2 Re 23*, 2.

contra él en aquel día; y lo abandonaré y esconderé de él mi rostro, y será consumido; todos los males y aflicciones caerán sobre él en tanto grado, que dirá en aquel día: Verdaderamente que por no estar Dios conmigo, me han acontecido estos males.

18. Pero yo entonces esconderé de él y le ocultaré mi rostro, a causa de todas las maldades que habrá hecho, por haber seguido a dioses ajenos.

19. Por tanto escribíos ahora este cántico, y enseñádselo a los hijos de Israel, para que le tomen de memoria y le canten; y este cántico me sirva de testimonio entre los hijos de Israel*.

20. Porque yo los introduciré en una tierra que mana leche y miel, la que prometí con juramento a sus padres. Mas ellos cuando habrán comido, y se hayan hartado y engrosado, se pasarán a los dioses ajenos y los servirán, y blasfemarán de mí, y quebrantarán mi pacto.

21. Y cuando habrán sobrevenido a Israel muchos males y desastres, entonces este cántico dará contra él testimonio; cántico que estará en la boca de sus hijos, de suerte que jamás será olvidado. Porque bien sé yo sus pensamientos, y hoy sé lo que ha de hacer, antes que le introduzca en la tierra que le tengo prometida.

22. Escribió, pues, Moisés el cántico siguiente, y lo enseñó a los hijos de Israel.

23. Al mismo tiempo dio el Señor sus órdenes a Josué, hijo de Nun, y le dijo: Ten buen ánimo, y cobra aliento, porque tú has de introducir a los hijos de Israel en la tierra que les prometí, y yo seré contigo.

24. Cuando Moisés hubo acabado de escribir las palabras de esta ley en un volumen,

25. mandó a los levitas, portadores del Arca del Testamento del Señor diciendo:

26. Tomad este libro, y ponedlo al lado del Arca del Testamento del Señor Dios vuestro, para que allí quede por testimonio contra ti, ¡oh Israel!

27. Porque yo conozco tu obstinación y tu indómita cerviz. Aun viviendo yo y conversando con vosotros, siempre os habéis portado con rebeldía contra el Señor: ¿cuánto más en habiendo yo muerto?

28. Juntadme a todos los ancianos de vuestras tribus y a los doctores; y oirán las palabras que les voy a hablar, e invocaré contra ellos al cielo y a la tierra.

29. Que bien sé yo que después de mi muerte os portaréis perversamente, y os desviaréis presto del camino que os he enseñado; y que os sobrevendrán desdichas en los últimos tiempos, cuando habréis pecado delante del Señor, irritándolo con las obras de vuestras manos.

30. Pronunció, pues, Moisés, escuchando toda la sinagoga junta de Israel, las palabras de este cántico, hasta acabarle.

32

Cántico profético de Moisés antes de morir, como un compendio de la ley

1. Oíd, cielos, lo que voy a proferir: escuche la tierra las palabras de mi boca.

2. Desfilen y empápense como lluvia los documentos míos: desciendan como el rocío mis palabras, como sobre la hierba la menuda lluvia, como llovizna sobre las dehesas.

3. Porque yo invocaré el nombre del Señor: ensalzad vosotros la grandeza de nuestro Dios.

4. Perfectas son todas las obras de Dios y rectos todos sus caminos. Dios es fiel y sin sombra de iniquidad, íntegro y justo.

5. Sus hijos, indignos ya de este nombre, pecaron contra él con sus inmundos ídolos: generación depravada y perversa.

6. ¿Así correspondes al Señor, pueblo necio e insensato? ¿Por ventura no es él tu padre, que te rescató, que te hizo y te crió?

7. Acuérdate de los tiempos antiguos, recorre de una en una las generaciones: pregúntalo a tu padre, y él te informará; a tus antepasados y te lo dirán.

8. Cuando el Altísimo dividía las naciones; cuando separaba los hijos de Adán, fijó ya entonces los límites de los pueblos de Canaán, según el número de los hijos de Israel.

9. Porque el Señor escogió a éstos como porción suya: tomó a Jacob por herencia propia.

10. La halló después en una tierra desierta, en un lugar de horror, en una vasta soledad: le condujo por diferentes rodeos

---

19. *De la verdad de mis palabras y de su ingratitud.*

durante cuarenta años, y le adoctrinó, y le guardó como la niña de sus ojos.

11. Como el águila incita a volar a sus polluelos extendiendo las alas y revoloteando sobre ellos: así el Señor extendió sus alas sobre su pueblo, y le tomó y transportó sobre sus hombros.

12. El Señor fue su único caudillo; y no había con él dios ajeno.

13. Le hizo dueño de una tierra superior y excelente, para que comiera de los frutos de los campos, para que chupara la miel que se hace en las cavidades de las peñas, y gustara el rico aceite de los olivos que se crían entre las más duras rocas.

14. La manteca de vacas y la leche de ovejas, gordos corderos y carneros del país de Basán, machos cabríos, la flor del trigo; y para que bebiera la sangre de las uvas en purísimo vino.

15. Se engrosó ese pueblo tan amado de Dios, y viéndose opulento se rebeló contra él. Ya engrosado, engordado y abundante de todo, abandonó a Dios su hacedor, y se alejó de Dios, salvador suyo.

16. Provocaron al Señor con adorar dioses ajenos, e incitaron su cólera con sus abominaciones o idolatrías.

17. Porque en lugar de ofrecer sus sacrificios a Dios, los ofrecieron a los demonios: a dioses no conocidos, a dioses nuevos y recién venidos que jamás habían adorado sus padres.

18. ¡Pueblo insensato! Has abandonado al Dios que te engendró, y te olvidaste del Señor Creador tuyo.

19. Lo vio el Señor, y se encendió en cólera, por ser sus mismos hijos e hijas los que así le provocaban.

20. Y dijo: Yo esconderé de ellos mi rostro, y estaré mirando su fin desgraciado: porque raza perversa es, son unos hijos infieles.

21. Ellos han querido como picarme de celos, con adorar lo que no era dios, y me han irritado con sus vanidades: yo también los provocaré a celos, con amar a aquellos que no eran pueblo mío*, y los irritaré sustituyendo en su lugar una gente necia y despreciable.

22. Mi furor se ha encendido como un fuego grande que los abrasará hasta el abismo del infierno: arrasará la tierra y todas sus plantas, y arderán hasta los cimientos de los montes*.

23. Amontonaré males y males sobre ellos, hasta apurar todas las flechas de mi aljaba.

24. Serán consumidos de hambre y devorados por las aves carniceras con mordiscos cruelísimos: armaré contra ellos los dientes de las fieras, y la venenosa rabia de las que van arrastrando y serpeando sobre la tierra.

25. Por fuera los desolará la espada y dentro de sus casas el pavor y espanto: el joven y la doncella, el niño que aún mama y el anciano, todos serán exterminados.

26. Y diré entonces: ¿Dónde están esos rebeldes? Yo borraré de entre los hombres su memoria.

27. Pero lo difiero, porque veo tanta arrogancia en sus enemigos: no sea que éstos se engrían y digan: Nuestra mano robusta, y no el Señor, es la que ha hecho todo esto contra Israel.

28. Gente es ésta sin consejo, ni prudencia.

29. ¡Ojalá que tuviesen sabiduría e inteligencia, y previesen sus postrimerías!

30. ¿Cómo podría jamás suceder lo que ahora, que un solo enemigo persiguiera a mil hebreos, y que dos hiciesen huir a diez mil? ¿No es esto porque su Dios los ha vendido, y los ha entregado el Señor?*.

31. Porque no es nuestro Dios como los dioses de ellos: júzguenlo los mismos enemigos.

32. La viña del Señor es ya como viña de Sodoma y de los extramuros de Gomorra*: sus uvas son uvas de hiel; y llenos están de amargura sus racimos.

33. Hiel de dragones es su vino, y veneno de áspides para el cual no hay remedio.

34. ¿Y acaso no tengo yo reservado todo esto, dice el Señor, acá en mis adentros, y sellado en mis tesoros para el debido castigo?

35. Sí: mía es la venganza, y yo les daré el pago a su tiempo, para derrocar su pie:

---

21. *Rom 10*, 19.

22. *2 Pe 3*, 10-12.
30. *Jdt 5*, 18.
32. *Is 1*, 10.

cerca está ya el día de su perdición, y ese plazo viene volando.

36. El Señor juzgará a su pueblo, y será misericordioso con sus siervos, cuando verá debilitada su fortaleza, y que aún los encastillados desmayaron, y que fueron consumidos los que quedaron.

37. Y dirá entonces: ¿Dónde están sus dioses, en los cuales tenían puesta la confianza,

38. a quienes invocaban al comer la grasa de las víctimas ofrecidas, y al beber el vino de sus profanas libaciones? Levántense ahora, y vengan a socorreros y a ampararos en la necesidad.

39. Ved cómo yo soy el solo y único Dios, y cómo no hay otro fuera de mí. Yo mato, y doy la vida: yo hiero, y yo curo: y no hay quien pueda librar a nadie de mi poder.

40. Alzaré mi mano al cielo, y diré: Vivo yo* para siempre,

41. que si aguzare mi espada y la hiciere como el rayo, y empuñare mi mano la justicia, tomaré venganza de mis enemigos, y daré el pago a los que me aborrecen.

42. Embriagaré de sangre suya mis saetas, de la sangre de los muertos y de los prisioneros, que a manera de esclavos van con la cabeza rapada; en sus carnes cebarse ha mi espada.

43. Ensalzad, ¡oh naciones!, a su pueblo, porque el Señor vengará la sangre de sus siervos, y tomará venganza de sus enemigos, y derramará su misericordia sobre la tierra del pueblo suyo*.

44. Pronunció, pues, Moisés, con Josué, hijo de Nun, todas las palabras de este cántico en presencia del pueblo.

45. Y después que concluyó su razonamiento a todo Israel,

46. les dijo: Grabad en vuestro corazón todas las cosas que yo os he dicho en este día; para que recomendéis a vuestros hijos que guarden, ejecuten y cumplan todo cuanto está escrito en esta ley.

47. Porque no en vano se os han dado estos preceptos; sino a fin de que cada uno halle la vida en ellos, y ejecutándolos permanezcáis largo tiempo en la tierra en cuya posesión vais a entrar, pasado el Jordán.

48. En este mismo día habló el Señor a Moisés, diciendo:

49. Sube a esa montaña de Abarim, esto es, de los pasajes, al monte o colina de Nebo, que está en el país de Moab, enfrente de Jericó; y contemplarás la tierra de Canaán, cuya posesión yo entregaré a los hijos de Israel. Y después morirás en el monte,

50. al cual habrás subido, y serás incorporado con tu pueblo*: al modo que Aarón tu hermano murió en el monte Hor, y fue reunido con sus gentes:

51. por cuanto prevaricasteis contra mí en medio de los hijos de Israel*, allá en las aguas de Contradicción, en Cades del desierto de Tsin; por no haberme honrado como debíais, entre los hijos de Israel.

52. Verás delante de ti la tierra que yo daré a los hijos de Israel, pero no entrarás en ella.

33

Bendice Moisés a las tribus de Israel, y les profetiza lo que les ha de suceder

---

1. Esta es la bendición que Moisés, varón de Dios, dio antes de su muerte a los hijos de Israel.

2. Dijo así: De Sinaí vino el Señor, y de Seir nos esclareció; resplandeció desde el monte Farán, y con él millares de santos. En su mano derecha traía la ley que nos dio desde en medio del fuego*.

3. El Señor amó a los pueblos*: bajo su mano protectora están todos los santos, y aquellos que se sientan a sus pies, recibirán sus instrucciones y doctrinas.

4. Moisés nos dio la ley, la cual será la herencia de la numerosa posteridad de Jacob.

5. Ella será el rey que mandará en su recto o amado pueblo; estando los príncipes del pueblo unidos con las tribus de Israel.

6. Viva Rubén y no muera, mas sea pequeño en número*.

7. He aquí la bendición de Judá: Escucha, ¡oh Señor!, la voz de Judá, y dale entre su

---

40. *Hebr 6*, 13.
43. *Rom 15*, 10.

50. *Num 20*, 26; *27*, 12.
51. *Num 20*, 12; *27*, 14.
2. *Hebr 12*, 18.
3. Tribus descendientes de Jacob. *Gen 48*, 19; *Hech 4*, 17.
6. Según la imprecación de su padre. *Gen 49*.

pueblo la parte que le has destinado: sus manos pelearán por Israel y serás su protector contra los enemigos.

8. Dijo después a Leví: Tu perfección, Señor, y tu doctrina fue concedida a tu varón santo, a quien probaste en la tentación y juzgaste en las aguas de la Contradicción.

9. Aquellos que dijeron a su padre y a su madre: No os conozco; y a sus hermanos: No sé quién sois; y ni a sus propios hijos perdonaron*, éstos cumplieron tus mandamientos y guardaron inviolable tu pacto.

10. Estos enseñarán tus derechos a Jacob y tu ley a Israel*; y cuando estés irritado, te ofrecerán incienso y holocaustos sobre tu altar.

11. Bendice, oh Señor, su fortaleza y acepta las obras de sus manos. Hiere las espaldas de sus enemigos; y no levanten cabeza los que lo aborrecen.

12. Y de Benjamín dijo: Benjamín el muy amado del Señor, estará cerca de él con confianza; allí morará siempre como en cámara nupcial y reposará en sus brazos.

13. Dijo también a José: Sea la tierra de José bendita del Señor, colmada de frutos y bendiciones del cielo, del rocío y de los manantiales que brotan de debajo de la tierra;

14. de los frutos que son producciones del sol y de la luna;

15. de los que crecen en la cumbre de los montes antiguos y sobre los antiquísimos collados*;

16. de todos los frutos de la tierra y de toda la riqueza de ella. La bendición de aquel que se apareció en la zarza, venga sobre la cabeza de José, sobre la coronilla de la cabeza del nazareo o consagrado al Señor entre sus hermanos.

17. Es cual la del toro primerizo su gallardía; como las del rinoceronte son sus astas; con ellas volteará las gentes hasta los fines de la tierra: tal será la gloria de la numerosa tribu de Efraín: y tal la de los millares de hijos de la de Manasés.

18. A Zabulón le dijo: Regocíjate, ¡oh Zabulón!, en tu tráfico por el mar; como tú, Isacar, en la quietud de tu casa.

19. Tus hijos exhortarán los pueblos a ir al monte santo del Señor, donde le inmolarán víctimas de justicia. Chuparán como leche las riquezas de la mar y los tesoros que esconden sus arenas.

20. Dijo también a Gad: Bendito sea Gad en su expansión* o ancho territorio: se echó a descansar como un león, arrebató de una vez brazo y cabeza.

21. Y reconoció su prerrogativa en que Moisés el doctor de Israel debía ser depositado en su porción o herencia. El fue con los príncipes del pueblo a la conquista de Canaán, y cumplió los mandatos del Señor y su obligación con Israel.

22. Asimismo dijo a Dan: Dan como un joven león correrá en busca de presa desde Basán y se extenderá mucho.

23. Y a Neftalí le dijo: Neftalí gozará de todo en abundancia: será colmado de las bendiciones del Señor; poseerá el mar de Genezaret, y el país hacia el mediodía.

24. Dijo también a Aser: Bendito sea en su prole. Será agradable a sus hermanos: y bañará en aceite sus pies.

25. De hierro y cobre será su calzado. Como en los días de tu juventud, así serás fuerte en los de tu vejez.

26. No hay otro Dios como el Dios del rectísimo o muy amado Israel. El que está sentado sobre los cielos es tu protector. Su gran poder es el que hace correr las nubes de una parte a otra.

27. Arriba en lo más alto de los cielos está su morada y llegan acá abajo sus brazos o poder eterno. Arrojará de tu presencia al enemigo, y le dirá: Quédate reducido a polvo.

28. Con esto Israel estará en su país seguro y separado. Tiende, ¡oh Jacob!, la vista por tu tierra abundante de trigo y de vino: el rocío caerá con tanta abundancia, que se oscurecerá el cielo.

29. Bienaventurado eres, ¡oh Israel! ¿Quién hay semejante a ti, ¡oh pueblo afortunado!, que hallas tu salud en el Señor? El es el escudo que te cubre y defiende, y la espada que te llena de gloria. Tus enemigos rehusarán reconocerte; pero tú los sojuzgarás y pondrás el pie sobre su cuello.

---

9. *Ex 32*, 27-28; *Lev 10*, 5.
10. *Num 16*, 46-47.
15. *Gen 49*, 26.

20. *Jue 11*, 32; *Jos 13*, 24.

34 *Muerte, sepultura y elogio de Moisés en el monte Nebo en la región de Moab*

1. Subió, pues, Moisés de la llanura de Moab al monte Nebo, sobre la cumbre de Fasga enfrente de Jericó y le mostró el Señor toda la tierra de Galaad hasta Dan,

2. y toda la de Neftalí, y la comarca de Efraín y de Manasés, y todo el país de Judá hasta el mar occidental o Mediterráneo,

3. y la parte meridional, y la espaciosa vega de Jericó, ciudad de las palmas, hasta Segor.

4. Y el Señor le dijo: He aquí la tierra de la cual juré a Abrahán, a Isaac y a Jacob diciendo: A tu descendencia se la daré. Tú la has visto con tus ojos; mas no entrarás en ella.

5. Y murió allí Moisés, siervo del Señor, en tierra de Moab, habiéndolo dispuesto así el Señor;

6. quien le hizo sepultar en un valle del distrito de Moab, enfrente de Fogor: y ningún hombre hasta hoy ha sabido su sepulcro.

7. Era Moisés de ciento veinte años cuando murió: no se ofuscó su vista, ni los dientes se le movieron.

8. Y le lloraron los hijos de Israel por espacio de treinta días en las llanuras de Moab: después de los cuales concluyeron el luto los que lo lloraban.

9. Y Josué, hijo de Nun, estaba lleno del espíritu de sabiduría: porque Moisés le había impuesto las manos. Y los hijos de Israel le prestaron obediencia, y ejecutaron lo que mandó el Señor a Moisés.

10. Ni después se vio jamás en Israel un profeta como Moisés, con quien conversase el Señor cara a cara;

11. ni que hiciese todos aquellos milagros y portentos que obró cuando lo envió el Señor a tierra de Egipto contra Faraón y todos sus siervos, y su reino todo;

12. ni que tuviese aquel universal poderío, y obrase las grandes maravillas que hizo Moisés a vista de todo Israel.

LIBROS HISTORICOS

Introducción

Los *Libros Históricos* son estos 16:

Josué,	Jueces,	Rut,	1 Samuel,
2 Samuel,	1 Reyes,	2 Reyes,	1 Crónicas,
2 Crónicas,	Esdras,	Nehemías,	Tobías,
Judit,	Ester,	1 Macabeos,	2 Macabeos.

En las ediciones católicas de la Biblia, se presentan como *Libros Históricos* por excelencia, ya que contienen los acontecimientos y personajes del *Antiguo Testamento*.

Es importante insistir en la secuencia histórica, pues en la Biblia se encuentran hechos, personas y lugares no sólo del pueblo escogido por Dios sino de la historia general de la humanidad.

Los últimos estudios bíblicos han permitido comprender que la Biblia es una historia de salvación y no una historia en el sentido propiamente dicho.

El cristiano lee el *Antiguo Testamento* relacionándolo con el ambiente sagrado de la Liturgia en los templos o el de reflexión y oración familiar y personal. En esta actitud se presentan dos escollos: -buscar una continuidad estricta de los acontecimientos para obtener una información completa de lo sucedido y -exigir que los personajes tengan una conducta ejemplar.

Para superarlos es necesario tener en cuenta:

-Estos libros no son una colección histórica ni presentan una secuencia ordenada de los acontecimientos. Hay repeticiones, exposición diferente de los hechos y personajes y en algunos casos se notan lagunas. Por esa razón las introducciones y las notas se convierten en un instrumento de gran utilidad.

- El *Antiguo Testamento* no es una historia de *santos*. Con frecuencia los personajes bíblicos son pecadores y los hechos narrados configuran maldades, crímenes y pecados.

Lo más admirable de estos libros es la presencia sentida de Dios y una creciente manifestación de sus caminos a un pueblo no muy dispuesto a seguirlos.

Las ciencias auxiliares de la Biblia como el estudio de las culturas de Egipto y Mesopotamia, la arqueología y la lingüística han confirmado la objetividad de los relatos históricos. Hoy se conoce mucho mejor que hace un milenio el mundo en que se formó y creció Israel. Muchas polémicas a propósito de la historicidad de la Biblia y sus relaciones con la ciencia han sido superadas.

Los *Libros Históricos* del *Antiguo Testamento* y en general toda la Biblia son Historia de Salvación como una lenta y progresiva revelación de Dios en la vida de un pueblo. Esa historia llega a su plenitud en *Jesucristo*. Por esto los personajes antiguos son figura del futuro Redentor. Estos libros conservan un valor perenne y aunque contengan algunas cosas imperfectas y propias de la época, demuestran la verdadera pedagogía de Dios.

El *Antiguo Testamento* como historia no se puede separar del *Nuevo Testamento*, porque en él encuentra su culminación.

Del *Concilio Vaticano II* son estas orientaciones:

Los cristianos han de recibir devotamente estos libros que expresan el sentimiento vivo de Dios y una sabiduría salvadora sobre la vida del hombre y tesoros admirables de oración en que palpita el misterio de nuestra salvación. (Divina Revelación n. 15.)

LIBROS HISTÓRICOS

Introducción

Los *Libros Históricos* son estos 16:

Josué	Jueces	Rut	1 Samuel
2 Samuel	1 Reyes	2 Reyes	1 Crónicas
2 Crónicas	Esdras	Nehemías	Tobías
Judit	Ester	1 Macabeos	2 Macabeos

En las ediciones católicas de la Biblia se presentan como *Libros Históricos* por excelencia, ya que con ellos pasan los acontecimientos y personajes del *Antiguo Testamento*. Es importante insistir en la secuencia histórica pues en la Biblia se encuentran hechos, personas y lugares no sólo del pueblo escogido por Dios sino de la historia general de la humanidad.

Los últimos estudios bíblicos han permitido comprender que la Biblia es una historia de salvación y no una historia en el sentido propiamente dicho.

El contenido de el *Antiguo Testamento* relacionándolo con el ambiente humano de la integración [illegible] el desarrollo de la vocación familiar y personal. En esta actitud se presentan dos escollos: buscar una conformidad estricta de los acontecimientos para obtener una información completa de lo sucedido y exigir que los personajes tengan una conducta ejemplar.

Para superarlos es necesario tener en cuenta:

Estos libros en su conjunto, como colección histórica, presentan una secuencia ordenada de los acontecimientos. Hay repeticiones, exposición diferente de los hechos y personajes y en algunos casos se notan lagunas. Por esta razón las introducciones y las notas se convierten en un instrumento de gran utilidad.

El *Antiguo Testamento* no es una historia de santos. Con frecuencia los personajes bíblicos son pecadores y los hechos narrados contienen maldades, crímenes y pecados.

Lo más admirable de estos libros es la presencia segura de Dios y una creciente manifestación de sus caminos a un pueblo no muy dispuesto a seguirlos.

Las ciencias auxiliares de la Biblia como el estudio de las culturas de Egipto y Mesopotamia, la arqueología y la lingüística han confirmado la historicidad de los relatos históricos. Hoy se conoce mucho mejor que hace un tiempo el mundo en que se formó y se escribió. Muchas polémicas a propósito de la historicidad de la Biblia y sus relaciones con la ciencia han sido superadas.

Los *Libros Históricos* del *Antiguo Testamento* y en general toda la Biblia son Historia de Salvación como una lenta y progresiva revelación de Dios en la vida de un pueblo. Esa historia llega a su plenitud en Jesucristo. Por esto los personajes antiguos son figura del futuro Redentor. Estos libros conservan un valor perenne y aunque contengan algunas cosas imperfectas y propias de la época, demuestran la verdadera pedagogía de Dios.

El *Antiguo Testamento* como historia no se puede separar del *Nuevo Testamento*, porque en él encuentra su culminación.

Del *Concilio Vaticano II* son estas orientaciones:

Los cristianos han de recibir devotamente estos libros que expresan el sentimiento vivo de Dios y contienen sublimes enseñanzas sobre la vida del hombre y tesoros admirables de oración en que palpita el misterio de nuestra salvación. (Divina Revelación n. 15).

Josué

Introducción

El nombre de *Josué*, llamado antes Oseas, significa *Salvador dado por Dios* o *Dios Salvador*. Moisés tal vez lo llamó así por espíritu profético. Josué era hijo de Nun, que los griegos pronunciaban Nave.

El libro de Josué contiene la historia del pueblo de Israel mientras Josué lo gobernó. Los judíos y los expositores sagrados opinan que él lo escribió, basados en la afirmación del capítulo final, *Jos 24*, 26.

Sin embargo, es posible que Samuel, Esdras u otro profeta añadieran algunos nombres de lugares y referencias a sucesos posteriores a la época de Josué. Estas pequeñas adiciones consagradas y aprobadas por la Sinagoga y por la Iglesia cristiana, no perjudican la autenticidad del libro.

Josué tomó el gobierno del pueblo de Israel, después de la muerte de Moisés, *Num 27*, 16-19. Su gobierno duró 25 años, según el historiador hebreo Josefo, o 27 de acuerdo con otros. Josué introdujo al pueblo de Israel en la tierra prometida, pasó el Jordán, destruyó a los reyes enemigos y repartió la tierra entre el pueblo vencedor.

En el libro del Eclesiástico se encuentra un elogio del Espíritu Santo al sucesor de Moisés, *Ecle 46*, 1-10.

San Jerónimo sostiene que Josué es una figura de Jesucristo no solamente en su nombre, sino en sus hechos y que las ciudades, parajes, montes, ríos, torrentes y confines son una imagen de la Iglesia y de la Jerusalén celestial.

1

Alienta el Señor a Josué a la conquista de la tierra prometida. Josué previene pasar el Jordán

1. Y sucedió que después de la muerte de Moisés, siervo del Señor, habló el Señor a Josué, hijo de Nun, ministro de Moisés, y le dijo:

2. Mi siervo Moisés ha muerto: anda y pasa ese Jordán tú y todo el pueblo contigo, para entrar en la tierra que yo daré a los hijos de Israel.

3. Todo el lugar de ella que pisare la planta de vuestro pie, os lo entregaré, como lo dije a Moisés.

4. Vuestros términos* serán desde el desierto y desde el Líbano hasta el gran río Eufrates: toda la tierra de los heteos hasta el mar grande que cae al poniente será vuestra.

5. Ninguno de esos pueblos podrá resistiros en todo el tiempo de tu vida: como estuve con Moisés, así estaré contigo: no te dejaré ni te desampararé.

6. Esfuérzate y ten buen ánimo; porque tú has de repartir por suerte a este pueblo la tierra que juré a sus padres que les daría.

7. Anímate, pues, y ármate de gran fortaleza para guardar y cumplir toda la ley que te prescribió mi siervo Moisés; no te desvíes de ella ni a la diestra ni a la siniestra; así obrarás prudentemente.

8. Tu boca hable de continuo del libro de esta ley, y medita de día y de noche lo que en él se contiene, a fin de guardar y cumplir todas las cosas en él escritas; con lo cual irás por el recto camino, y procederás sabiamente.

4. Se designan los límites de la tierra santa.

9. Mira que yo soy el que te lo mando; buen ánimo y sé constante. No temas ni desmayes; porque contigo está el Señor Dios tuyo a cualquier parte que vayas.

10. Poco después mandó Josué a los príncipes del pueblo, diciendo: Recorred el campamento y comunicad esta orden al pueblo y decidle:

11. Haced provisión de víveres, porque después de tres días de levantado el campo, habéis de pasar el Jordán y entrar en posesión de la tierra que os ha de dar el Señor Dios vuestro.

12. Dijo asimismo a los hijos de las tribus de Rubén y de Gad, y a los de la media tribu de Manasés:

13. Acordaos del mandato que os dio Moisés, siervo del Señor*, cuando os dijo: Dios nuestro Señor os ha concedido reposo, y os ha dado toda esta tierra.

14. Vuestras mujeres e hijos y vuestros ganados se quedarán en este territorio que os entregó Moisés del Jordán acá; pero todos los más esforzados y aguerridos pasad armados a la frente de vuestros hermanos, y pelead a favor de ellos,

15. hasta tanto que el Señor dé reposo a vuestros hermanos, como os lo ha dado a vosotros y posean también ellos la tierra que el Señor Dios vuestro les ha de dar: y entonces os volveréis al territorio cuya posesión se os ha dado y habitaréis en el lugar que os señaló Moisés, siervo del Señor, a esta parte del Jordán, hacia el oriente.

16. Ellos respondieron a Josué y dijeron: Haremos todo cuanto nos has mandado, e iremos a doquiera que nos enviares;

17. así como hemos obedecido a Moisés en todo, del mismo modo te obedeceremos también a ti; solamente deseamos que el Señor tu Dios sea contigo, como fue con Moisés.

18. El que contradijere tus palabras y no quisiere obedecer tus órdenes, muera. Tú por tu parte anímate y obra varonilmente, que nosotros te seguiremos por todo.

2

Envía Josué dos exploradores para reconocer a Jericó y su territorio los cuales vuelven sanos y salvos

1. Entretanto Josué, hijo de Nun, había enviado secretamente desde Setim dos hombres por exploradores, diciéndoles: Id y reconoced bien el terreno, y la ciudad de Jericó. Los cuales, partiendo del campamento, llegaron a Jericó y entraron en casa de una mujer pública, llamada Rahab, y se hospedaron en ella.

2. Y se dio aviso al rey de Jericó, y fuele dicho: Mira que unos hombres israelitas han entrado aquí de noche para reconocer el terreno.

3. Con esta noticia el rey de Jericó mandó decir a Rahab: Saca fuera esos hombres que han venido a ti, y están metidos en tu casa; porque son espías que han venido a reconocer todo el país.

4. Pero la mujer, habiéndolos escondido, respondió: Es verdad que vinieron a mi casa; mas yo no sabía de dónde eran,

5. y se salieron, siendo ya de noche, cuando se iban a cerrar las puertas, sin que yo sepa a dónde marcharon; corred aprisa en su seguimiento, que los alcanzaréis.

6. Empero la mujer había hecho subir a los huéspedes al terrado de su casa, y los cubrió con haces de lino que allí había.

7. Los hombres enviados fueron tras ellos por el camino que lleva al vado del Jordán, y luego que salieron, al punto se cerraron las puertas de la ciudad.

8. Aún no dormían los que estaban escondidos, cuando he aquí que la mujer sube a ellos y les dice:

9. Yo sé que el Señor vuestro Dios os ha entregado el dominio de esta tierra; porque el terror de vuestro nombre se ha apoderado de nosotros, y todos los habitantes del país están amilanados.

10. Hemos oído que el Señor secó las aguas del mar Rojo para daros paso, cuando salisteis de Egipto; y la manera con que tratastéis a los dos reyes de los amorreos, que habitaban al otro lado del Jordán, Sehón y Og, a los cuales habéis muerto.

11. Estas nuevas nos han consternado; ha desmayado nuestro corazón y así que habéis llegado, hemos quedado sin aliento a

---

13. *Num 32*, 17-20.

vuestra entrada: porque el Señor Dios vuestro es el mismo Dios que reina arriba en los cielos y acá bajo en la tierra.

12. Esto por supuesto, juradme ahora por el Señor que así como yo he usado de misericordia con vosotros, así también la usaréis vosotros con la casa de mi padre, y me daréis una contraseña de seguridad,

13. con que salvéis a mi padre y madre, a mis hermanos y hermanas, y todos sus bienes, y los libréis de la muerte.

14. Ellos le respondieron: A costa de nuestra vida salvaremos la vuestra, con tal que tú no nos hagas alguna traición; y cuando el Señor nos habrá entregado esta tierra, usaremos contigo de misericordia y cumpliremos fielmente nuestra promesa.

15. Con esto los descolgó con una cuerda desde la ventana, pues estaba su casa pegada al muro.

16. Pero antes les dijo: Marchaos hacia el monte; no sea que a la vuelta den con vosotros; y estad allí escondidos por tres días, hasta que hayan vuelto vuestros perseguidores, y entonces tomaréis vuestro camino.

17. Le dijeron ellos: Nosotros cumpliremos fielmente el juramento que nos has exigido,

18. si cuando entráremos en la tierra estuviere por contraseña esta cinta de color de grana, atada a la ventana por donde nos has descolgado, y hubieres tenido cuidado de reunir en tu casa a tu padre y madre y hermanos, y toda tu parentela.

19. Mas si alguno se saliere o estuviere fuera de la puerta de tu casa, a él, y no a nosotros deberá imputarse su muerte; pero respecto de todos los que contigo estuvieren dentro de tu casa, recaerá su sangre sobre nuestras cabezas, si alguno los tocare.

20. Pero si tú nos hicieres traición, y das a conocer este convenio, quedaremos desobligados del juramento que has exigido de nosotros.

21. A lo que respondió ella: Como lo habéis dicho, así se hará. Y luego que los despidió y se fueron, colgó la cinta color de grana en la ventana.

22. Ellos caminaron hasta llegar al monte, donde se detuvieron tres días, hasta que hubieron vuelto los que habían ido en su seguimiento; los cuales después de haberlos buscado por todo el camino, no los hallaron.

23. Luego que éstos entraron en la ciudad, descendieron del monte los exploradores y se volvieron; y repasando el Jordán, llegaron a Josué, hijo de Nun, y le contaron todo cuanto les había sucedido,

24. y le dijeron: El Señor ha puesto en nuestras manos toda esta tierra, y todos sus moradores están amilanados con el terror de nuestro nombre.

3 *El pueblo de Israel, precedido del Arca, pasa el Jordán y acampa durante tres días*

1. Josué, pues, levantándose antes del día, movió el campo y saliendo de Setim llegaron al Jordán él y todos los hijos de Israel, y se detuvieron allí tres días*.

2. Pasados los cuales dieron los heraldos una vuelta por medio del campamento,

3. y comenzaron a publicar en alta voz: Luego que viereis moverse el Arca del Testamento del Señor Dios vuestro, y que marchan los sacerdotes del linaje de Leví, que la llevan, levantad también vosotros el campo, y marchad en pos de ellos.

4. Mas haya entre vosotros y el Arca el espacio de dos mil codos, a fin de que la podáis ver de lejos y saber el camino por donde habéis de pasar, pues no habéis andado antes por él: pero mirad que no os acerquéis al Arca.

5. Y dijo Josué al pueblo: Santificaos; porque mañana ha de obrar el Señor maravillas entre vosotros.

6. Y a los sacerdotes les dijo: Tomad el Arca del Testamento, e id delante del pueblo. Los cuales haciendo lo que se les mandaba, la tomaron, y se pusieron en marcha delante de ellos.

7. Entonces el Señor dijo a Josué: Hoy comenzaré a ensalzarte a vista de todo Israel, para que vean que así como fui con Moisés, así también soy contigo.

8. Tú, pues, manda a los sacerdotes que llevan el Arca del Testamento, y diles: Luego que hubieres puesto el pie en una parte de las aguas del Jordán, parad allí.

1. *Aquella noche, todo el día y la noche siguiente*. Este y otros relatos de Josué dan la impresión de ser procesiones y actos religiosos, más que campañas y acciones militares.

9. Y a los hijos de Israel les dijo Josué: Llegaos acá, y oíd las palabras del Señor Dios vuestro.

10. Y añadió: En esto conoceréis que el Señor Dios vivo está en medio de vosotros, y que exterminará a vuestra vista al cananeo, y al heteo, y al heveo, y al ferezeo, al gergeseo también, al jebuseo y al amorreo.

11. Mirad: el Arca del Testamento del Señor de toda la tierra irá delante de vosotros por medio del Jordán para abriros el paso.

12. Tened prevenidos doce varones de las tribus de Israel, uno de cada tribu;

13. y luego que los sacerdotes que llevan el Arca del Señor Dios de toda la tierra, hubieren puesto las plantas de sus pies en las aguas del Jordán, las aguas de la parte de abajo proseguirán corriendo; mas las que vienen de arriba, se pararán amontonándose.

14. Salió, pues, el pueblo de sus tiendas, para pasar el Jordán: y los sacerdotes que llevaban el Arca del Testamento marchaban delante de él.

15. Y luego que éstos entraron en el Jordán, y comenzaron sus pies a mojarse en parte del agua (es de advertir que siendo el tiempo de la siega, el Jordán había salido de madre),

16. las aguas que venían de arriba se pararon en un mismo lugar, y elevándose a manera de un monte, se descubrían a lo lejos desde la ciudad llamada Adom hasta el lugar de Sartán: mas las que iban corriendo hacia abajo fueron a desembocar en el mar del desierto (que ahora se llama Muerto) hasta desaparecer enteramente.

17. Mientras tanto el pueblo iba marchando hacia Jericó, y los sacerdotes que llevaban el Arca de la Alianza del Señor, estaban a pie quieto y a la orden del Señor, sobre el suelo enjuto, en medio del Jordán, y todo el pueblo iba pasando por el álveo del río, que había quedado en seco.

4 *Monumento erigido por Josué después del paso del Jordán, para dar gracias al Señor*

1. Luego que acabaron de pasar, dijo el Señor a Josué:

2. Escoge doce varones, uno de cada tribu;

3. y mándales que tomen del medio del Jordán, donde estuvieron parados los sacerdotes, doce piedras solidísimas que colocaréis en el lugar del campamento, en que plantaréis esta noche las tiendas.

4. Llamó, pues, Josué a los doce varones que había elegido de entre los hijos de Israel, uno de cada tribu,

5. y les dijo: Id delante del Arca del Señor Dios vuestro al medio del Jordán; y traed de allí una piedra cada uno sobre vuestros hombros, conforme al número de las tribus de los hijos de Israel,

6. para que sirvan de monumento entre vosotros; y cuando el día de mañana os preguntaren vuestros hijos, diciendo: ¿Qué significan esas piedras?

7. les habéis de responder: Desaparecieron las aguas del Jordán a vista del Arca del Testamento del Señor, cuando iba ella pasándolo; por esto se pusieron esas piedras para eterno monumento de los hijos de Israel.

8. Hicieron, pues, los hijos de Israel lo que les ordenó Josué, trayendo del medio de la madre del Jordán doce piedras, como el Señor le había mandado a Josué, conforme al número de las tribus de los hijos de Israel, hasta el sitio en que acamparon, y las colocaron allí.

9. Levantó también Josué otras doce piedras en medio de la madre del Jordán, donde estuvieron parados los sacerdotes que llevaban el Arca del Testamento, y allí permanecen hasta el día de hoy.

10. Entre tanto los sacerdotes, que llevaban el Arca, estaban pasados en medio del Jordán, mientras que se ejecutaban todas las cosas que el Señor había mandado a Josué que comunicara al pueblo, y que le había dicho Moisés. Y el pueblo* se dio prisa a pasar el río.

11. Pasado que hubieron todos, pasó también el Arca del Señor, y los sacerdotes marchaban con ella delante del pueblo.

12. Así mismo los hijos de Rubén y de Gad, y la media tribu de Manasés iban armados a la frente de los hijos de Israel, como les había mandado Moisés*.

13. Y estos combatientes, en número de cuarenta mil, iban delante, ordenados en

---

10. Espantado al ver las aguas suspendidas.
12. *Num 32*, 28.

filas y columnas, por las llanuras y campos de la ciudad de Jericó.

14. En aquel día engrandeció el Señor a Josué delante de todo Israel, para que lo temiesen o respetasen, como habían temido a Moisés mientras vivió.

15. Y les habiá dicho el Señor:

16. Manda a los sacerdotes que llevan el Arca del Testamento, que salgan del Jordán.

17. Josué se lo mandó, diciendo: Salid del Jordán.

18. Y luego que salieron llevando el Arca del Testamento, y comenzaron a pisar la ribera, volvieron las aguas a su madre, y corrieron como solían antes.

19. Salió el pueblo del Jordán el día diez del mes primero, y sentó el campamento en Gálgala, que cae al Oriente de la ciudad de Jericó.

20. Colocó asimismo Josué en Gálgala las doce piedras que habían tomado del fondo del Jordán.

21. Y dijo a los hijos de Israel: Cuando preguntaren el día de mañana vuestros hijos a sus padres y les dijeren: ¿Qué significan esas piedras?

22. Los instruiréis y diréis que a pie enjuto pasó Israel ese Jordán,

23. secando el Señor Dios vuestro sus aguas a vuestra vista, hasta que hubisteis pasado;

24. a la manera que primero lo había hecho en el mar Rojo, al cual secó hasta que nosotros pasamos;

25. para que reconozcan todos los pueblos de la tierra la mano todopoderosa del Señor, y vosotros asimismo temáis en todo tiempo al Señor Dios vuestro.

5 *Circuncisión del pueblo. Celebración de la Pascua. Cesa el maná. Se aparece a Josué el ángel del Señor*

1. Luego que todos los reyes de los amorreos que habitaban a la otra parte del Jordán hacia el Poniente, y todos los reyes de los cananeos que poseían los países vecinos al mar grande o Mediterráneo, oyeron que el Señor había secado las aguas del Jordán, al presentarse los hijos de Israel, hasta que hubieron pasado, desmayó su corazón, y no quedó aliento en ellos, temiendo la entrada de los hijos de Israel.

2. En este tiempo, pues, dijo el Señor a Josué: Hazte unos cuchillos de pedernal y restablece otra vez la circuncisión entre los hijos de Israel.

3. Hizo Josué lo que el Señor le había mandado, y circuncidó a los hijos de Israel en el collado llamado por eso de la Circuncisión.

4. He aquí, pues, la causa de la segunda circuncisión: todos los varones del pueblo salidos de Egipto, los hombres todos de guerra, murieron en el desierto, durante aquel larguísimo viaje de tantos rodeos.

5. Y todos ellos estaban circuncidados. Mas no lo estaban los que habían nacido en el desierto;

6. los cuales anduvieron cuarenta años por aquella vastísima soledad, disponiéndolo así Dios hasta que hubieron muerto todos los que no habían obedecido a la voz del Señor, a quienes juró de antemano que no les dejaría ver la tierra que mana leche y miel.

7. Los hijos de éstos sucedieron en el lugar y derechos de sus padres, y fueron circuncidados por Josué; pues estaban incircuncisos, así como habían nacido, no habiéndolos circuncidado ninguno durante el camino*.

8. Después que todos fueron circuncidados, se mantuvieron acampados en el mismo sitio, hasta quedar curados.

9. Dijo entonces el Señor a Josué: Hoy os he quitado de encima el oprobio de Egipto, y se llamó el nombre de aquel sitio Gálgala, hasta el presente día.

10. Se detuvieron, pues, los lujos de Israel en Gálgala: y celebraron la Pascua el día catorce del mes, a la tarde, en la llanura de Jericó;

11. y al otro día comieron panes ázimos hechos de trigo del país y harina del mismo año.

12. Y luego que ya comieron de los frutos de la tierra, faltó el maná; ni usaron más los hijos de Israel de tal manjar, sino que se alimentaron de los frutos que había producido aquel año la tierra de Canaán.

13. Mientras Josué se hallaba en los alrededores de la ciudad de Jericó, alzó los ojos, y viendo delante de sí un varón que

---

7. Por temor de provocar su muerte, pues necesitaban algunos días de quietud para curarse.

estaba en pie con la espada desenvainada, se encaminó a él y le dijo: ¿Eres tú de los nuestros, o de los enemigos?

14. El cual respondió: No soy lo que piensas: sino que soy el príncipe o caudillo del ejército del Señor, que acabo de llegar.

15. Se postró Josué en tierra, sobre su rostro y adorando a Dios, dijo: ¿Qué es lo que ordena mi Señor a su siervo?

16. Quítate, le dijo, el calzado de tus pies; pues el lugar que pisas es santo. Y lo hizo Josué como se lo había mandado*.

---

6 *A la presencia del Arca caen por sí mismo los muros de Jericó, y la ciudad es entrada a sangre y fuego*

---

1. Entre tanto Jericó estaba cerrada y bien pertrechada por temor de los hijos de Israel, y nadie osaba salir ni entrar.

2. Mas el Señor dijo a Josué: Mira: yo he puesto en tu mano a Jericó y a su rey y a todos sus valientes.

3. Dad la vuelta a la ciudad una vez al día todos los hombres de armas. Y haréis esto por espacio de seis días.

4. Y al séptimo, tomen los sacerdotes siete trompetas de las que sirven para el jubileo, y vayan delante del Arca del Testamento, y en esa forma daréis siete vueltas a la ciudad, tocando los sacerdotes sus trompetas.

5. Y cuando se oiga su sonido más continuado, y después más cortado e hiriere vuestros oídos, todo el pueblo gritará a una con grandísima algazara, y caerán hasta los cimientos los muros de la ciudad por todas partes, y cada uno entrará por la que tuviere delante.

6. Con esto Josué, hijo de Nun, convocó a los sacerdotes y les dijo: Tomad el Arca del Testamento, y otros siete sacerdotes tomen siete trompetas de las del jubileo, y vayan delante del Arca del Señor.

7. Dijo asimismo al pueblo: Id y dad vuelta a la ciudad armados, yendo delante del Arca del Señor.

8. Luego que Josué acabó de dar sus órdenes, comenzaron los sacerdotes a tocar las siete trompetas delante del Arca del Testamento del Señor,

9. y todo el ejército armado marchaba en la vanguardia: el resto de la gente seguía detrás del Arca, y las trompetas resonaban por todas partes.

10. Mas Josué había mandado al pueblo, diciendo: No gritaréis, ni se oirá vuestra voz, ni saldrá palabra de vuestra boca, hasta tanto que llegue el día en que os diga: Gritad y dad voces.

11. De esta manera el Arca del Señor rodeó la ciudad una vez el primer día, y volviéndose al campamento se mantuvo allí.

12. Al día siguiente levantándose Josué muy temprano, tomaron los sacerdotes el Arca del Señor,

13. y siete de ellos siete trompetas, de que se sirven en el jubileo, e iban delante del Arca del Señor andando y tocando las trompetas, precedidos de la gente armanda; mas el resto del pueblo seguía detrás del Arca, y resonaban las trompetas.

14. De esta suerte rodearon la ciudad una vez el segundo día, y se retiraron a los campamentos. Así lo hicieron seis días.

15. Pero al día séptimo, levantándose muy de mañana, dieron siete vueltas a la ciudad, según estaba ordenado.

16. Y cuando los sacerdotes a la séptima vuelta tocaron las trompetas, dijo Josué a todo Israel: Alzad el grito: porque el Señor os ha entregado la ciudad,

17. y sea esta ciudad y todo lo que hay en ella, anatema sacrificado al Señor. Sólo Rahab, la ramera, quede viva con todos los que estén en su casa por cuanto ocultó los exploradores que enviamos.

18. Ahora vosotros, guardaos de tocar cosa chica ni grande, contraviniendo las órdenes dadas; para no haceros reos de prevaricación, y no envolver a todo el campamento de Israel en la culpa, y llenarle de turbación.

19. Mas todo lo que se hallare de oro y plata y de utensilios de cobre y hierro, sea consagrado a Dios, y guardado en sus tesoros.

20. Levantando, pues, el grito todo el pueblo, y resonando las trompetas, luego que la voz y el estruendo de ellas penetró los oídos del gentío, de repente cayeron las murallas y subió cada cual por la parte que

---

16. *Ex 3*, 5; *Hech 7*, 33.

tenía delante de sí*; y se apoderaron de la ciudad,

21. y pasaron a cuchillo a todos cuantos había en ella, hombres y mujeres, niños y viejos: matando hasta lo bueyes y las ovejas, y los asnos.

22. Y dijo Josué a los dos hombres que fueron enviados por exploradores*: Entrad en la casa de aquella mujer pública, y sacadla con todas las cosas que son suyas, como se lo prometistéis con juramento.

23. Y habiendo ellos entrado sacaron fuera a Rahab, y a sus padres, hermanos, y a todos sus muebles y alhajas, y a toda la parentela, y los aposentaron fuera del campamento de Israel*.

24. Después abrasaron la ciudad y cuanto en ella había, menos el oro y la plata, y los muebles de cobre y de hierro, que fueron consagrados para el erario del Señor*.

25. Mas Josué salvó la vida de Rahab la ramera, y a toda la familia de su padre, y a todos los suyos, y permanecieron en medio de Israel, como se ve en el día de hoy; por haber ella escondido a los exploradores enviados a reconocer a Jericó*. En aquel tiempo fulminó Josué esta imprecación, diciendo:

26. Maldito sea del Señor quien levantare y reedificare la ciudad de Jericó: muera su primogénito cuando eche sus cimientos, y perezca el postrero de sus hijos así que asiente las puertas.

27. El Señor, pues, estuvo con Josué y su nombradía se divulgó por toda la tierra.

7 *Castiga Dios a los israelitas por el sacrílego de Acán: el cual muere apedreado por orden del Señor*

1. Pero los hijos de Israel quebrantaron el mandamiento*, y se apropiaron algo del anatema. Porque Acán, hijo de Carmi, hijo de Zabdi, hijo de Zaré, de la tribu de Judá, tomó alguna cosa de lo destinado al anatema; por lo cual se enojó el Señor contra los hijos de Israel.

2. Despachó Josué desde Jericó algunos hombres hacia Hai, que está junto a Betaven, al oriente de la villa de Betel, diciéndoles: Andad y reconoced la tierra. Los cuales en cumplimiento de la orden, reconocieron a Hai;

3. y a la vuelta le dijeron: No es menester que se mueva todo el ejército, basta que dos o tres mil hombres marchen y arrasen la ciudad; ¿para qué se ha de fatigar inútilmente todo el pueblo contra poquísimos enemigos?

4. Marcharon, pues, tres mil combatientes: los que volviendo al punto las espaldas,

5. fueron batidos por los de la ciudad de Hai, quedando muertos treinta y seis hombres y siendo perseguidos de los contrarios desde la puerta de Hai hasta Sabarín, y acuchillados al huir cuesta abajo; con lo que se intimidó el corazón del pueblo y se disolvía como agua.

6. Entonces Josué rasgó sus vestidos, y estuvo postrado pecho por tierra delante del Arca del Señor hasta la tarde, así él como todos los ancianos de Israel y cubrieron de cenizas sus cabezas.

7. Y exclamó Josué: ¡Ah Señor Dios! ¿Por qué has querido hacer pasar a este pueblo el río Jordán para entregarnos en manos del amorreo y exterminarnos? ¡Ojalá nos hubiésemos quedado como estábamos al otro lado del Jordán!

8. Señor Dios mío, ¿qué diré viendo a Israel volver las espaldas delante de sus enemigos?

9. Lo dirán los cananeos y todos los moradores de esta tierra, y coligados entre sí nos cercarán y borrarán nuestro nombre de la tierra; y entonces ¿qué será de la gloria de tu excelso Nombre?

10. Y dijo el Señor a Josué: Levántate, ¿por qué yaces postrado en tierra?

11. Israel ha pecado y violado mi pacto: han tomado de lo destinado al anatema; han robado y faltado a la fidelidad, y lo han escondido entre su equipaje.

12. Ya no podrá Israel hacer frente a sus enemigos, sino que huirá de ellos; por haberse contaminado reservándose algo del anatema: no estaré más con vosotros hasta que exterminéis al que es reo de esta maldad.

---

20. *Hebr 11*, 30; *2 Mac 12*, 15.
22. *Jos 2*, 1-14.
23. Rahab se casó después con Salmón, de la tribu de Judá, de quien desciende David, y de éste el Mesías. *Mat 1*, 5.
24. *Jos 8*, 2.
25. *Mat 1*, 5.
1. *1 Re 16*, 34.

13. Levántate, pues, santifica al pueblo, y diles: Santificaos para mañana. Porque esto dice el Señor Dios de Israel: ¡Oh, Israel!, el anatema o hurto sacrílego, está en medio de ti; no podrás contrarrestar a tus enemigos, hasta que sea exterminado de en medio de ti el que se ha contaminado con este sacrilegio*.

14. Y así mañana os presentaréis delante del Señor cada uno en vuestras tribus: y la tribu que saliere por suerte, se presentará por sus parentelas y la parentela por casas, y cada casa por sus individuos, todo por suerte.

15. Y quien quiera que fuere hallado culpado de esta maldad será quemado en el fuego con todos sus haberes: por cuanto ha violado el pacto del Señor, y cometido un crimen detestable en Israel.

16. Levantándose, pues, Josué muy de mañana, hizo que se presentara Israel por sus tribus y cayó la suerte sobre la tribu de Judá.

17. Sorteadas las familias o parentelas de ésta, salió la familia de Zaré: sorteada ésta por casas, salió la casa de Zabdi;

18. y sorteados los individuos varones de esta casa, uno por uno, se descubrió ser Acán, hijo de Carmi, hijo de Zabdi, hijo de Zaré, de la tribu de Judá.

19. Dijo, pues, Josué a Acán: Hijo mío, da gloria al Señor Dios de Israel, y confiesa y declárame qué haz hecho: no me lo encubras.

20. Respondió Acán a Josué y le dijo: Verdaderamente yo he pecado contra el Señor Dios de Israel; y he aquí lo que he hecho:

21. Vi entre los despojos una capa de grana muy buena, y doscientos siclos de plata, y una barra de oro de cincuenta siclos; y llevado de codicia, lo tomé y escondí debajo de tierra en medio de mi tienda, y enterré el dinero en un hoyo.

22. Con esto Josué envió ministros, los cuales corriendo a la tienda de Acán, lo hallaron todo escondido en aquel mismo sitio, junto con el dinero.

23. Y sacando fuera de la tienda todas estas cosas, las presentaron a Josué y a todos los hijos de Israel, y las arrojaron delante del Señor.

24. Tomando, pues, Josué y los hijos de Israel a Acán, hijo de Zaré, y con él el dinero y el manto y la barra de oro, con sus hijos también, y sus hijas, bueyes y asnos, y ovejas, y la misma tienda, y todo cuanto tenía, lo llevaron al valle llamado por eso de Acor,

25. donde dijo Josué: Ya que tú nos haz llenado de turbación, te extermine el Señor en este día y le apedreó todo Israel, y fue consumido de las llamas su cuerpo y todo cuanto poseía.

26. Y arrojaron sobre él un gran montón de piedras, que permanecen hasta el día de hoy. Con eso la ira del Señor se apartó de ellos: y hasta hoy día se llama aquel lugar Valle de Acor*.

8

Conquista de la ciudad de Hai. Bendiciones y maldiciones hechas en los montes Hebal y Garizim

1. Dijo después el Señor a Josué: No temas ni te acobardes: toma contigo toda la gente de guerra, y puesto en marcha sube a la ciudad de Hai; sábete que tengo entregado en tus manos su rey y el pueblo, y la ciudad y su territorio.

2. Y tratarás a la ciudad de Hai y a su rey como trataste a Jericó y al rey de ella: bien que os repartiréis entre vosotros el botín y todos los animales. Para el intento pondrás una emboscada detrás de la ciudad.

3. Partió, pues, Josué y con él todo el ejército de los combatientes, y se dirigieron contra Hai; y destacó de noche treinta mil soldados escogidos de los más valientes;

4. y les dio orden, diciendo: Poned una emboscada a espaldas de la ciudad; vosotros no os alejéis mucho de ella, y mantenéos todos sobre las armas;

5. que yo y la demás gente que tengo conmigo nos acercaremos por la parte opuesta de la ciudad, y en saliendo ellos contra nosotros, echaremos a huir, como antes hicimos, volviendo las espaldas;

6. hasta que persiguiéndonos se alejen mucho de la ciudad, creyendo, como creerán que huimos al modo que la vez primera.

7. Entonces mientras nosotros vamos

---

13. *Lev 20*, 7; *Num 11*, 18; *Jos 3*, 5; *1 Sam 16*, 5.

26. *2 Sam 18*, 17.

LOS MUROS DE JERICÓ DERRIBADOS

Levantando, pues, el grito todo el pueblo, y resonando las trompetas, luego que la voz y el estruendo de ellas penetró los oídos del gentío, de repente cayeron las murallas y subió cada cual por la parte que tenía delante de sí; y se apoderaron de la ciudad,

huyendo y ellos siguiéndonos al alcance, saldréis de la emboscada y saquearéis la ciudad, la cual el Señor Dios vuestro pondrá en vuestras manos.

8. Y apoderados de ella, le pegaréis fuego, ejecutándolo todo puntualmente como lo he mandado.

9. Así los despachó; y marcharon al sitio de la emboscada, y se apostaron entre Betel y Hai, a la parte occidental de la ciudad de Hai. Josué pasó aquella noche en medio del ejército;

10. y levantándose al romper el día, pasó revista a su gente, y se puso en marcha con los ancianos del pueblo al frente del ejército, sostenido del grueso de sus valientes tropas.

11. Llegados que fueron, y subiendo por frente a la ciudad, hicieron alto a la parte del norte, mediante un valle entre ellos y la ciudad.

12. Había Josué escogido cinco mil hombres, y puéstolos en emboscada entre Betel y Hai, al poniente de esta ciudad.

13. Todo el resto del ejército marchaba formado en batalla con dirección al norte, de tal manera que sus últimas filas tocaban al lado occidental de la ciudad. Habiendo, pues, marchado Josué al fin de aquella noche, se apostó en medio del valle.

14. Lo cual como viese el rey de Hai, salió de mañana a toda prisa de la ciudad con todo su ejército, y encaminó sus tropas hacia el desierto, sin saber que dejaba una emboscada a las espaldas.

15. Josué y todo Israel fueron cediendo el terreno, fingiendo miedo, y echando a huir por el camino del desierto.

16. Con lo cual los de Hai alzando a una el grito, y animándose mutuamente, los fueron persiguiendo. Y cuando estuvieron lejos de la ciudad,

17. sin que hubiese quedado ni siquiera un hombre en Hai y en Betel que no fuera al alcance de los israelitas (dejando abiertas las puertas por donde salieron de tropel),

18. dijo el Señor a Josué: Levanta el broquel que tienes en tu mano contra la ciudad de Hai, porque voy a entregártela.

19. Alzado que hubo el broquel contra la ciudad, de repente salieron al ver esta señal los que estaban ocultos en la emboscada y encaminándose hacia la ciudad, la tomaron y pegaron fuego a varios edificios.

20. Entonces los de Hai que iban persiguiendo a Josué, volviendo la cabeza y viendo el humo de la ciudad que subía hasta el cielo, no tuvieron arbitrio para escapar por ningún lado; sobre todo cuando los que aparentaron huir y encaminarse hacia el desierto, atacaron con el mayor denuedo a los que los iban persiguiendo.

21. Viendo, pues, Josué y todo Israel, con esta seña, que la ciudad había sido tomada, y cómo iba subiendo el humo de ella, volviendo atrás, hicieron cara a los de Hai, y los pasaron a cuchillo.

22. Porque al mismo tiempo, los que habían tomado e incendiado la ciudad, saliendo también de ella para unirse con los suyos, comenzaron a acuchillar a los enemigos, los cuales cogidos en medio, fueron de tal suerte destrozados por ambas partes, que de tanta muchedumbre ninguno pudo salvarse.

23. También prendieron vivo al mismo rey de la ciudad de Hai, y le presentaron a Josué.

24. Muertos así todos los que fueron persiguiendo a Israel camino del desierto, y pasados a cuchillo en el mismo sitio, volvieron los hijos de Israel, y asolaron la ciudad.

25. Los que perecieron en esta jornada entre hombres y mujeres, fueron doce mil, vecinos todos de la ciudad de Hai.

26. Josué sin embargo no bajó la mano con que había levantado en alto el broquel, hasta que fueron pasados a cuchillo todos los moradores de Hai.

27. Mas las bestias y demás botín de la ciudad se lo repartieron entre sí los hijos de Israel, como el Señor había ordenado a Josué;

28. el cual puso fuego al resto de la ciudad, y la redujo para siempre a un montón de escombros.

29. Colgó también de un patíbulo a su rey hasta la tarde al ponerse el sol, en que por mandato de Josué descolgaron el cadáver de la cruz, y lo arrojaron en la misma entrada de la ciudad, levantando sobre él un gran montón de piedras, que permanecen hasta el día de hoy.

30. Entonces edificó Josué un altar al Señor Dios de Israel en el monte Hebal,

31. según lo había mandado Moisés, siervo del Señor, a los hijos de Israel, y está escrito en el libro de la ley de Moisés: el altar

se hizo de piedras sin labrar, a que no había tocado hierro alguno; y ofreció sobre él holocaustos al Señor, y sacrificó víctimas pacíficas*.

32. Asimismo escribió sobre piedras el Deuteronomio* o recopilación de la ley de Moisés, que Moisés había explicado delante de los hijos de Israel.

33. Y todo el pueblo, tanto los extranjeros como los naturales, y los ancianos, y los caudillos y jueces, estaban en pie al uno y al otro lado del Arca, en frente de los sacerdotes que llevaban en hombros el Arca del Testamento del Señor. La mitad de ellos junto al monte Garizim, y la otra mitad junto al monte Hebal, como lo había ordenado Moisés, siervo del Señor. Y ante todas cosas Josué bendijo al pueblo de Israel.

34. Después de esto, leyó todas las palabras de bendición y de maldición, y todas las cosas escritas en el libro de la ley.

35. Ninguna cosa omitió de las que Moisés había mandado; sino que una por una las repitió todas delante de toda la muchedumbre de Israel, de las mujeres y de los niños, y de los extranjeros que moraban entre ellos.

9 *Los gabaonitas engañan a los hebreos, salvan sus vidas; quedan obligados a perpetua servidumbre*

1. Divulgados estos sucesos, todos los reyes de la otra parte del Jordán adonde había pasado Israel, que vivían en las montañas, y en los llanos y en la costa del mar grande o Mediterráneo, como también los que habitaban junto al Líbano, el heteo, y el amorreo, el cananeo, y el ferezeo, y el heveo, y el jesubeo,

2. se reunieron todos de común acuerdo y consejo para pelear contra Josué y contra Israel.

3. Pero los habitantes de Gabaón, oyendo todo lo que Josué había hecho en Jericó y en Hai,

4. discurrieron un ardid se proveyeron de vituallas, cargaron sobre sus jumentos unos costales viejos, y pellejos de vino rotos y recosidos;

5. se pusieron un calzado muy usado y lleno de remiendos en prueba de que era viejo, y se vistieron de ropas también muy usadas: llevando asimismo unos panes consigo, como para el camino, duros y hechos pedazos.

6. De este modo vinieron a presentarse a Josué, que a la sazón se hallaba en el campamento de Gálgala, y le dijeron a él y a todo Israel juntamente: Venimos de luengas tierras con el deseo de hacer paz con vosotros. A lo que los de Israel respondieron y dijeron:

7. Cuidado que no seáis tal vez moradores de la tierra que nos pertenece como herencia nuestra, y nos esté prohibido hacer alianza con vosotros.

8. Mas ellos respondieron a Josué: Siervos tuyos somos. Les preguntó Josué: ¿Quiénes sois vosotros? y ¿de dónde habéis venido?

9. Respondieron: De un país remotísimo han venido tus siervos en nombre del Señor Dios tuyo; por cuanto hemos oído la fama de su poder, todo lo que hizo en Egipto,

10. y con los dos reyes de los amorreos, que reinaron a la otra parte del Jordán, Sehón, rey de Hesebón, y Og, rey de Basán, que estaba en Astarot.

11. Por lo cual nos dijeron nuestros ancianos y todos los moradores de nuestra tierra: Tomad provisiones para un larguísimo viaje, e id a encontrarlos y decidles: Siervos vuestros somos: haced alianza con nosotros.

12. Observad los panes que tomamos calientes de nuestras casas para venir hacia vosotros, cómo se han secado ya y desmenuzado de puro añejos.

13. Estos pellejos que llevamos de vino eran nuevos, y ahora están ya rotos y descosidos: la ropa que vestimos, y el calzado que traemos en los pies se han gastado, y casi se han consumido a causa de lo prolijo de tan largo viaje.

14. Tomaron, pues, de sus vituallas y no consultaron el oráculo del Señor.

15. Y Josué, tratándolos como amigos, hizo con ellos alianza, y les prometió que no les quitaría la vida, y lo mismo les juraron los príncipes del pueblo.

16. Mas tres días después de hecha la alianza, supieron que habitaban en la

---

31. *Ex 20*, 25; *Deut 27*, 5.

32. Algunos opinan que era el *Decálogo*, otros dicen que eran las *bendiciones* y *maldiciones*, compendio de la ley. *Deut 27*.

vecindad, y que iban a entrar en sus tierras.

17. Con efecto movieron el campo los hijos de Israel, y al tercer día llegaron a sus ciudades cuyos nombres son estos: Gabaón, Cafira, Berot y Cariatiarim.

18. Y no les hicieron ningún daño, por cuanto se lo habían jurado los príncipes del pueblo en el nombre del Señor Dios de Israel. Por lo que todo el pueblo, viéndose privado del pillaje, murmuró contra los príncipes.

19. Los cuales respondieron: Se lo hemos jurado en el nombre del Señor Dios de Israel, y por tanto no podemos hacerles ningún daño.

20. Pero haremos esto con ellos: queden en horabuena salvos y con vida, para que no venga sobre nosotros la ira del Señor, si perjuráremos;

21. pero vivan con la condición de haber de cortar leña, y acarrear el agua para el servicio de todo el pueblo. Mientras los caudillos decían esto,

22. Josué convocó a los gabaonitas, y les dijo: ¿Por qué nos habéis querido engañar con fraude, diciendo: Nosotros somos de muy lejos; siendo así que habitáis en medio de nosotros?

23. Por esta causa estaréis sujetos a la maldición, y no faltará de vuestro linaje quien corte la leña y acarree agua a la casa de mi Dios.

24. Respondieron ellos: Llegó a noticia de nosotros tus siervos que el Señor Dios tuyo tenía prometido a Moisés su siervo, que os había de entregar toda la tierra, y que destruiría todos los habitantes; entramos, pues, en gran temor, y mirando por nuestras vidas tomamos este partido, compelidos del terror que nos inspirábais.

25. Mas ahora en tu mano estamos: haz de nosotros lo que te parezca bueno y justo.

26. En consecuencia Josué cumplió lo que les había prometido, y los libró de las manos de los hijos de Israel, para que no los matasen;

27. y determinó en aquel mismo día que fuesen empleados en el servicio de todo el pueblo y del altar del Señor, cortando leña, y conduciendo agua al lugar que el Señor escogiere, como lo hacen hasta el presente.

10

Victorias prodigiosas de Josué, el cual hace parar el sol; manda quitar la vida a cinco reyes

1. Mas como Adonisedec, rey de Jerusalén, hubiese oído que Josué había conquistado a Hai, y arrasádola (pues lo que había hecho con Jericó y su rey, lo mismo hizo con Hai y el rey de esta ciudad), y que los gabaonitas se habían pasado al partido de Israel y se habían aliado con ellos,

2. entró en grandísimo temor: por cuanto la ciudad de Gabaón era una ciudad grande, y una de las ciudades reales, y mayor que la de Hai, y muy valientes todos sus guerreros.

3. Por lo cual Adonisedec, rey de Jerusalén, envió embajadores a Oham, rey de Hebrón, y a Faram, rey de Jerimot, y también a Jafia, rey de Laquis, y a Dabir, rey de Eglón, diciendo:

4. Venid a mí y traedme socorro para conquistar a Gabaón, por haberse pasado a Josué y a los hijos de Israel.

5. Se juntaron, pues, y marcharon estos cinco reyes de los amorreos, el rey de Jerusalén, el rey de Hebrón, el rey de Jerimot, el rey de Laquis, el rey de Eglón junto con sus respectivos ejércitos, y acampando cerca de Gabaón, la sitiaron.

6. Mas los vecinos de la sitiada ciudad de Gabaón despacharon mensajeros a Josué, que a la sazón se hallaba acampando en Gálgala, para decirle: No rehuses socorrer a tus siervos. Acude presto a librarnos con tu auxilio; porque se han unido contra nosotros todos los reyes de los amorreos, que habitan en las montañas.

7. Al punto Josué subió de Gálgala, y con él los guerreros más valientes de todo su ejército.

8. Y dijo el Señor a Josué: No los temas; pues yo los tengo entregados en tus manos, ninguno de ellos podrá resistirte.

9. Josué, pues, caminando desde Gálgala toda la noche, se echó sobre ellos de repente.

10. Y el Señor los desbarató a la vista de Israel, que hizo en ellos gran estrago en Gabaón*, y los fue persiguiendo camino de la cuesta de Bet-Horón, y acuchillándolos hasta Azeca y Maceda.

---

10. *1 Sam 7*, 10; *Is 28*, 21.

11. Y mientras iban huyendo de los hijos de Israel, estando en la bajada de Bet-Horón, el Señor llovió del cielo grandes piedras sobre ellos hasta Azeca: y fueron muchos más los que murieron de las piedras del granizo, que los que pasaron a cuchillo los hijos de Israel.

12. Entonces habló Josué al Señor en aquel día en que entregó al amorreo a merced de los hijos de Israel, y dijo en presencia de ellos: Sol no te muevas de encima de Gabaón; ni tú, Luna de encima del valle de Ayalón.

13. Y se pararon el Sol y la Luna hasta que el pueblo del Señor se hubo vengado de sus enemigos. ¿Y no es esto mismo lo que está escrito en el libro de los justos? Se paró, pues, el Sol en medio del cielo, y detuvo su carrera sin ponerse por espacio de un día.

14. No hubo antes ni después día tan largo, obedeciendo el Señor, por decirlo así, a la voz de un hombre, y peleando por Israel.

15. Volvia Josué con todo Israel al campamento de Gálgala.

16. Habían escapado los cinco reyes y se escondían en una cueva de la ciudad de Maceda.

17. Y dieron aviso a Josué de haber hallado los cinco reyes metidos en una cueva de la ciudad de Maceda.

18. Y mandó a los soldados que le acompañaban, diciéndoles: Haced rodar unas grandes piedras a la boca de la cueva, y dejad hombres cuidadosos para guardar a los que estarán encerrados:

19. vosotros entre tanto no paréis de perseguir a los enemigos, hiriendo siempre la retaguardia de los fugitivos, ni dejéis entrar a guarecerse en sus ciudades a los que el Señor Dios ha entregado en vuestras manos.

20. Habiendo, pues, hecho gran mortandad en los enemigos, hasta el punto de no dejar casi uno con vida, los que pudieron escapar de las manos de los israelitas se metieron en las ciudades fuertes.

21. Y se volvió todo el ejército a Josué junto a Maceda, donde estaba entonces el campo, salvo y sin haber perdido un solo hombre; y ni siquiera uno de los enemigos se atrevió a chistar contra los hijos de Israel.

22. Entonces mandó Josué diciendo: Abrid la boca de la cueva y traedme acá a los cinco reyes que están allí encerrados.

23. Hicieron los ministros lo que se les había mandado, y sacaron de la cueva a los cinco reyes, al rey de Jerusalén, al rey de Hebrón, al rey de Jerimot, al rey de Laquis y al rey de Eglón.

24. Luego que le fueron presentados, llamó a toda la gente de Israel, y dijo a los príncipes o jefes del ejército que tenía consigo: Id y poned el pie sobre los cuellos de esos reyes*. Y habiendo ellos ido y puesto los pies sobre los cuellos de los reyes sojuzgado,

25. les dijo Josué: No temáis ni os acobardéis; esforzaos y mantened vuestro brío, que así tratará el Señor a todos vuestros enemigos contra quienes peleáis.

26. Después de esto Josué los hizo herir y quitar la vida; y los mandó colgar en cinco maderos, en los cuales estuvieron hasta la tarde.

27. Al ponerse el sol mandó a los que le acompañaban que los quitaran de los patíbulos, y descolgados los echaron en la cueva donde se habían escondido, y pusieron sobre su boca grandes piedras, que permanecen hasta el presente*.

28. En este mismo día se apoderó Josué de Maceda, y la pasó a cuchillo, matando a su rey y a todos sus habitantes, sin dejar siquiera uno: haciendo con el rey de Maceda lo mismo que había hecho con el rey de Jericó.

29. Desde Maceda marchó con todo Israel a Lebna, y comenzó a batirla.

30. Y el Señor la entregó con su rey en poder de Israel; y pasaron a cuchillo a todos sus moradores, sin dejar alma viviente. Con el rey de Lebna hicieron lo mismo que habían hecho con el rey de Jericó*.

31. De Lebna pasó a Laquis con todo Israel, y cercándola con todo el ejército, la combatió;

32. y el Señor entregó a Laquis en manos de Israel, que la tomó al segundo día, y la pasó a cuchillo con toda la gente que había dentro, así como lo había hecho en Lebna.

33. En este tiempo Horam, rey de Gazer, vino a socorrer a Laquis, mas Josué lo destrozó con todas sus tropas, sin dejar hombre con vida.

---

24. *Deut 33*, 29.
27. *Deut 21*, 23.
30. Jos 6, 2.

34. De Laquis pasó contra Hebrón, y la
cercó,
35. y la conquistó el mismo día, y pasó
a cuchillo toda la gente que había en ella, ni
más ni menos que lo había hecho en Laquis.
36. Marchó asimismo con todo Israel
desde Eglón a Hebrón, y combatió contra
ella;
37. la tomo y la pasó a cuchillo con su
rey; y lo mismo hizo en todos los lugares de
aquella comarca, y con todos sus moradores,
sin perdonar a nadie: como había hecho en
Eglón, así hizo en Hebrón, acabando a filo de
espada con cuanto había.
38. Desde aquí dio la vuelta a Dabir,
39. la tomó y desoló, e hizo pasar también
a cuchillo a su rey y a todos los lugares
circunvecinos: no dejó dentro alma viviente;
lo que había hecho a Hebrón y Lebna y a sus
reyes, eso mismo hizo a Dabir y a su rey.
40. De esta suerte arrasó Josué todo el
país montuoso, el meridional, y el llano, y
también a Asedot o los lugares más bajos
con sus reyes: no dejó allí cosa con vida,
sino que mató a todo viviente (como se lo
tenía mandado el Señor Dios de Israel),
41. desde Cadesbarne hasta Gaza. Tomó,
y sin dejar la espada de la mano asoló todo
el país de Gosén hasta Gabaón,
42. y todos sus reyes y territorios; porque
el Señor Dios de Israel peleó por él.
43. Y volvió con todo Israel a Gálgala,
donde estaba el campamento.

---

11 *Alcanza Josué nuevas victorias y sujeta casi toda la tierra de Canaán*

---

1. Al oír esto Jobín, rey de Asor, envió
mensajeros a Jobab, rey de Madón, y al rey
de Semerón, y al rey de Acsaf;
2. y a los reyes del norte, que habitaban
en las montañas y en las llanuras al mediodía
de Cenerot; asimismo a los de las campiñas
y de las regiones de Dor en la costa del mar,
3. y a los cananeos del oriente y del
occidente, y a los amorreos, y heteos, y
ferezeos, y jebuseos de las montañas, e
igualmente a los heveos que habitaban en
las faldas del monte Hermón en el territorio
de Masfa.
4. Se pusieron todos en marcha con sus
tropas, habiéndose juntado un gentío
innumerable como la arena de las orillas del
mar, y una multitud inmensa de caballos y
carros.
5. Todos estos reyes se reunieron cerca
de las aguas de Merom para pelear contra
Israel.
6. Dijo entonces el Señor a Josué: No los
temas; porque mañana a esta misma hora yo
te entregaré todos ésos para que sean
pasados a cuchillo a vista de Israel: harás
desjarretar sus caballos y quemar sus carros.
7. Vino, pues, Josué de repente con todo
su ejército contra ellos hasta las aguas de
Merom, y los acometió.
8. Y el Señor los entregó en manos de los
israelitas, que los acuchillaron y fueron persiguiendo hasta la gran Sidón, y las aguas de
Maserefot, y la campiña de Masfe, que yace
a su oriente. De tal suerte los destrozó, que
no dejó alma viviente de ellos;
9. y ejecutó lo que le había mandado el
Señor, de desjarretar los caballos y quemar
los carros.
10. Dio luego la vuelta, y tomó a Asor, y
degolló a su rey. Pues Asor de tiempo antiguo
tenía el principado entre todos estos reinos.
11. Y pasó a cuchillo toda la gente que
allí moraba, sin dejar persona viviente, sino
que todo lo devastó enteramente, y a la
ciudad misma la redujo a cenizas.
12. Y se apoderó de todas las ciudades
cercanas y de sus reyes; y las pasó a cuchillo
y arrasó, como se lo había mandado el siervo
de Dios, Moisés*.
13. Quemó Israel todas las ciudades,
menos las situadas en los collados y alturas:
de éstas solamente Asor, ciudad muy fuerte,
fue abrasada del todo.
14. Y los hijos de Israel repartieron entre
sí todos los despojos y los ganados de estas
ciudades, después de haber quitado la vida
a todos los habitantes.
15. Según el Señor lo tenía mandado a su
siervo Moisés, así también Moisés se lo
mandó a Josué, y éste lo cumplió todo: no
omitió ni un ápice de todos los mandamientos que había dado el Señor a Moisés*.
16. Conquistó, pues, Josué todo el país

---

12. *Deut 7*, 1.
15. *Ex 34*, 11; *Deut 7*, 1.

montuoso meridional, y la tierra de Gosén, y la llanura, y la parte occidental, y el monte de Israel, y sus campiñas;

17. y parte de la cordillera que se levanta hacia Seir hasta Baalgad, sobre la llanura del Líbano, a la falda del monte Hermón; habiendo cogido, herido y quitado la vida a todos sus reyes.

18. Duró mucho tiempo la guerra de Josué contra los reyes;

19. pues no hubo ciudad que de suyo se rindiese a los hijos de Israel, fuera de los heveos que habitaban en Gabaón: todas las conquistó a la fuerza.

20. Porque había decretado Dios el dejar que el corazón de los ciudadanos se endureciese, y que peleasen contra Israel, y así fuesen destruidos, y no mereciesen clemencia alguna, sino que perecieran, como el Señor tenía mandado a Moisés.

21. Por aquel tiempo acometió Josué, y mató a los enaceos o gigantes de las montañas, y los desarraigó de Hebrón, y Dabir, y Anab, y de todos los montes de Judá y de Israel, asolando sus ciudades.

22. Ni uno siquiera dejó de la raza de los enaceos en la tierra de los hijos de Israel; sino los que quedaron en las ciudades de Gaza, y de Get y de Azoto.

23. Conquistó, pues, Josué toda la tierra, como el Señor lo dijo a Moisés, y entregósela en posesión a los hijos de Israel, repartiéndola por sus tribus. Y cesó la guerra del país.

12

Recapitulación de las conquistas que hizo el pueblo de Israel al frente de Moisés y Josué

1. Estos son los reyes a los cuales derrotaron los hijos de Israel, y cuya tierra poseyeron a la otra parte del Jordán, hacia el oriente, desde el torrente de Arnón hasta el monte Hermón, toda la región occidental que mira al desierto.

2. Sehón, rey de los amorreos, que habitó en Hesebón, reinó desde Aroer, ciudad situada sobre la ribera del torrente Arnón, y desde el medio del valle y mitad de Galaad hasta el torrente Jacob, que parte términos con el país de los hijos de Amón;

3. y desde el desierto hasta el mar de Cenereto Genezaret, hacia el oriente, y hasta el mar del desierto, que es el mar Salado o Muerto, a la parte oriental, por el camino que va a Betsimot, y por la parte austral hasta Asedot, o los lugares bajos en las vertientes del Fasga.

4. El reino de Og, rey de Basán, residuo de los rafeos o gigantes, que habitaba en Astarot y en Edrai, se extendía desde el monte Hermón y Saleca, y el distrito de Basán, hasta los términos

5. de Gesuri y de Macati, y de la mitad de Galaat, y hasta confinar con Sehón, rey de Hesebón.

6. Moisés, siervo del Señor, y los hijos de Israel, derrotaron a los dos; y Moisés entregó el dominio de sus tierras a las tribus de Rubén y de Gad y a la media tribu de Manasés.

7. Mas estos son los reyes del país, a quienes derrotó Josué, con los hijos de Israel, de esta otra parte del Jordán al poniente, desde Baalgad en la campiña del Líbano hasta la montaña, de la cual remata una parte en Seir: país que Josué repartió a las tribus de Israel por herencia, a cada una su porción,

8. tanto en los montes como en los valles y campiñas. Porque los heteos, los amorreos, los cananeos, los ferezeos, los heveos y los jebuseos habitaban en Asedot, y en el desierto, y hacia el mediodía.

9. Un rey de Jericó, un rey de Hai, la cual está a un lado de Betel.

10. Un rey de Jerusalén; un rey de Hebrón.

11. Un rey de Jerimot; un rey de Laquis.

12. Un rey de Eglón; un rey de Gazer.

13. Un rey de Dabir; un rey de Gader.

14. Un rey de Herma; un rey de Hered.

15. Un rey de Lebna; un rey de Odullam.

16. Un rey de Maceda; un rey de Betel.

17. Un rey de Tafúa; un rey de Ofer.

18. Un rey de Afec; un rey de Sarón.

19. Un rey de Madón; un rey de Asor.

20. Un rey de Semerón; un rey de Acsaf.

21. Un rey de Tenac; un rey de Maggedo.

22. Un rey de Cades; un rey de Jacanán del Carmelo.

23. Un rey de Dor y de la provincia de Dor; un rey de las gentes de Galgal.

24. Un rey de Tersa; en todos treinta y un reyes*.

---

24. Deshechos por Josué y los hijos de Israel.

13 Manda el Señor a Josué que reparta la tierra de Canaán entre las nueve tribus y media

1. Era Josué anciano y de edad avanzada, cuando el Señor le dijo: Tú estás viejo, y tienes ya muchos años; y queda por conquistar y dividir en suertes una tierra dilatadísima.

2. Es a saber, toda la Galilea, el territorio de los filisteos y toda Gesuri,

3. desde el río turbio, que baña el Egipto, hasta los términos de Accarón hacia el norte; la tierra de Canaán dividida entre cinco reyezuelos de los filisteos, a saber, el de Gaza, el de Azoto, el de Ascalón, el de Get y el de Accarón.

4. (Al mediodía de los cuales están los heveos), todo el país propiamente dicho de Canaán o la Fenicia, y Maara de los sidonios hasta Afeca, y los términos de los amorreos,

5. y sus confines; al oriente asimismo el territorio del Líbano, desde Baalgad al pie del monte Hermón hasta entrar en Emat;

6. como el país de todos los que habitan en las montañas desde el Líbano hasta las aguas de Maserefot, con los sidonios todos. Yo soy el que los he de exterminar delante de los hijos de Israel. Entre, pues, todo este país a ser parte de la herencia de Israel, como te lo tengo mandado.

7. Y reparte ahora la tierra que deben poseer las nueve tribus y la media tribu de Manasés.

8. Ya que la otra mitad, y las tribus de Rubén y Gad han ocupado la tierra que les entregó Moisés, siervo del Señor, a la otra parte del río Jordán, hacia el oriente*.

9. Desde Aroer, situada sobre la ribera del torrente Arnón, y en medio del valle; y la campiña toda de Medaba hasta Dibón;

10. y todas las ciudades de Sehón, rey de los amorreos, que reinó en Hesebón, hasta los términos de los hijos de Amón;

11. además Galaad, y las comarcas de Gesuri, y de Macati, y todo el monte Hermón y todo el territorio de Basán hasta Seleca;

12. todo el reino de Og en el país de Basán, el cual reinó en Astarot y en Edrai, y descendía de los rafeos o gigantes que quedaron. Porque Moisés derrotó esos pueblos, y los destruyó.

13. Verdad es que los hijos de Israel no quisieron exterminar a los de Gesuri y Macati; y así han proseguido habitando en medio de Israel hasta el día presente.

14. A la tribu de Leví no le dio Moisés posesión alguna: pues los sacrificios y las víctimas del Señor Dios de Israel son su propia herencia, como el mismo Señor se lo había dicho*.

15. Moisés, pues, dio su porción correspondiente a la tribu de los hijos de Rubén, según sus familias.

16. Y le fue señalado el territorio desde Aroer (situada sobre la tierra del torrente de Harnón, y en medio del valle en que está el mismo torrente), toda la llanura que llega hasta Medaba;

17. y Hesebón con todas sus aldeas esparcidas por la campiña; e igualmente Dibón, y Bamot-Baal, y la ciudad de Baalmaón,

18. y Jassa, y Cedimot, y Mefaat,

19. y Cariataim, y Sabama y Saratasar en el monte del valle;

20. Betfogor y Asedot, Fasga y Betiesimot,

21. y todas las ciudades de la campiña, y los dominios todos de Sehón rey de los amorreos, que reinó en Hesebón, a quien destrozó Moisés, como también a los príncipes de Madián, Hebí, y Resem, y Sur, y Hur, y Rebe, capitanes del ejército de Sehón, y moradores de aquella tierra*.

22. (Los hijos de Israel pasaron también a cuchillo como a todos los demás, al adivino Balaam, hijo de Beor).

23. En fin, el río Jordán vino a ser el término de los hijos de Rubén; esta es la tierra y las ciudades, y aldeas que se distribuyeron a los rubenitas, según sus familias.

24. Asimismo a la tribu de Judá y a sus hijos divididos en sus familias, dio Moisés la tierra que debían poseer; cuya partición es esta:

25. El distrito de Jaser y todas las ciudades de Galaad, y la mitad del país de los hijos de Amón* hasta Aroer, ciudad fronteriza de Rabba;

8. *Num 32*, 33.

14. *Num 18*, 20.
21. *Num 31*, 3.
25. *Deut 2*, 37; *Jue 11*, 13.

26. y desde Hesebón hasta Ramot, Masfe y Betonim: y desde Manaim hasta los confines de Dabir.

27. En el valle de Betarán, y Betnemra, y Socot, y Safón, resto del reino de Sehón, rey de Hesebón: el Jordán es también el límite de esta partición, hasta el cabo del mar de Cenereto Genezaret, que está a la otra parte del Jordán, hacia el oriente.

28. Esta es la tierra de los hijos de Gad, sus ciudades y aldeas, repartido todo entre sus familias.

29. Dio también Moisés a la media tribu de Manasés y a sus hijos la tierra que debía poseer, repartida entre sus familias.

30. La cual principiando en Manaim abraza todo Bazán, y todos los dominios de Og, rey de Basán, y todas las aldeas de Jair que pertenecen a Basán en número de sesenta poblaciones.

31. Y la mitad de Galaad, y Astarot, y Edrai, ciudades del reino de Og en Basán: todo esto fue dado a los hijos de Maquir, hijo de Manasés, esto es, a la mitad de los hijos de Maquir, según sus familias.

32. Estas son las posesiones que repartió Moisés en las campiñas de Moab a la otra parte del Jordán, en frente de Jericó, hacia el oriente.

33. Mas a la tribu de Leví no le dio porción ninguna de tierra; porque el Señor Dios de Israel, él mismo es su herencia, como se lo tiene dicho*.

14

Josué reparte la tierra de Canaán a Efraín y Manasés que forman dos tribus separadas

---

1. Esto es lo que poseyeron los hijos de Israel en la tierra de Canaán, según la repartición que hicieron el sumo sacerdote Eleazar, y Josué, hijo de Nun, y los príncipes de las familias en cada una de las tribus de Israel:

2. distribuyéndolo todo por suerte* entre las nueve tribus y media, como el Señor lo había ordenado a Moisés.

3. Pues que a las otras dos tribus y media les tenía dado ya Moisés su porción a la otra parte del Jordán: sin contar con los levitas, quienes no recibieron porción alguna de tierra entre sus hermanos,

4. sino que entraron en su lugar los hijos de José, Manasés y Efraín, divididos en dos tribus: ni tuvieron los levitas en la tierra otra porción de ciudades para habitar, y sus ejidos o campos vecinos, para mantener sus bestias y ganados.

5. Como el Señor lo había mandado a Moisés, así lo ejecutaron los hijos de Israel, y se repartieron la tierra de Canaán.

6. Con esta ocasión se presentaron a Josué en Gálgala, los hijos de Judá, y Caleb, hijo de Jefone cenezeo, le habló de esta manera*: Tú sabes lo que acerca de mí y de ti dijo el Señor en Cadesbarne a Moisés, varón de Dios.

7. Cuarenta años tenía yo cuando me envió Moisés, siervo del Señor, desde Cadesbarne a reconocer la tierra, y le referí lo que me parecía verdad.

8. Pero mis hermanos, los que fueron conmigo, desanimaron al pueblo. Eso no obstante, yo seguí el partido del Señor mi Dios;

9. por lo que Moisés juró en aquel día diciendo: La tierra que pisaron tus pies, será posesión tuya y de tus hijos perpetuamente, por cuanto has seguido al Señor Dios mío.

10. Así el Señor me ha conservado la vida, como lo prometió, hasta el día presente. Cuarenta y cinco años ha que dio el Señor esta orden a Moisés, cuando Israel andaba por el desierto: hoy tengo ochenta y cinco años,

11. con tan robusta salud como la que tenía en aquel tiempo en que fui enviado al reconocimiento: el vigor de entonces dura en mí hasta hoy, tanto para hacer la guerra como para caminar*.

12. Dame, pues, esa montaña, o territorio montuoso, que oyéndolo tú mismo, me prometió el Señor donde hay aún enaceos o gigantes y ciudades grandes y fuertes, por ver si el Señor me ayuda, como espero, y puedo dar cabo de ellos, como me lo tiene prometido.

13. Le bendijo entonces Josué, y le entregó la posesión de Hebrón.

14. Y desde aquel tiempo Hebrón fue de

---

33. *Num 18*, 20.
2. *Jos 13*; *24*.

6. *Num 14*, 24; *Deut 1*, 36.
11. *Eclo 46*, 11.

Caleb, hijo de Jefone cenezeo, hasta el día de hoy, por haber seguido al Señor Dios de Israel.

15. Hebrón se llamaba antiguamente Cariat-Arbe; allí está enterrado Arbe, el hombre mayor entre los enaceos o gigantes. Y cesaron por entonces las guerras en la tierra de Canaán.

15 *Territorios que correspondieron por suerte a la tribu de Judá, y sus ciudades*

1. Ahora, pues, la porción que tocó por suerte a los hijos de Judá, según sus familias, fue esta: desde donde termina la Idumea, el desierto de Tsin, hacia el mediodía, y hasta la extremidad del lado meridional.

2. Su principio es desde la punta del mar Salado, y desde la lengua de éste que mira al mediodía,

3. y se extiende hacia la subida del Escorpión, y pasa hasta el Sina o Tsin: de allí sube a Cadesbarne, y llega a Esrón, avanzándose hacia Addar, y dando vuelta a Carcaa;

4. y de allí pasando hacia Asemona, llega hasta el torrente de Egipto, y termina en el mar grande. Estos son los límites del territorio de Judá por el lado del mediodía.

5. Por la parte oriental el principio será al mar Salado o Muerto hasta la extremidad del Jordán; por la del norte desde la lengua que forma el mismo mar hasta las corrientes de dicho río,

6. y tocan sus confines en Bet-Hagla, y pasando por el norte a Bet-Aaraba, suben hasta la piedra de Boén, hijo de Rubén.

7. Y siguen caminando hasta los confines de Débera en el valle de Acor, mirando hacia el norte contra Gálgala, la cual está enfrente de la subida de Adommim por la parte austral del torrente, y pasan dichos límites de Judá las aguas llamadas Fuente del Sol, y vienen a salir a la Fuente de Rogel.

8. De aquí suben por el valle del hijo de Ennom, arrimándose al lado meridional de los jebuseos, donde está la ciudad de Jerusalén, subiendo de allí hasta la cumbre del monte Moria, que está enfrente de Geennom, al occidente, en la extremidad del valle de Rafaim o de los gigantes, hacia el norte,

9. bajando de la cima del monte hasta la fuente de Neftoa, y llegan hasta las aldeas del monte Efrón; y descienden hacia Baala, que es Cariatiarim, esto es, ciudad de los bosques;

10. y desde Baala van rodeando hacia el occidente hasta el monte Seir, y por el norte se arriman al lado del monte Jarim hacia Queslón, de donde descienden a Betsamés, y pasan hasta Tamna;

11. llegan hasta el lado septentrional de Accarón, se inclinan hacia Secrona, y pasan el monte Baala, y arribando a Jebnel, quedan cerrados por el occidente en el mar Mediterráneo.

12. Estos son por todos lados los términos de los hijos de Juelá, según sus familias.

13. Mas a Caleb, hijo de Jefone, dio Josué en posesión particular en medio de los hijos de Judá, como le había mandado el Señor, la ciudad de Cariat-Arbe, padre de Enac, la misma que Hebrón.

14. Y Caleb exterminó de ella a tres hijos de Enac, Sesai, Ahimán y Tolmai, que habían quedado de la raza de Enac*.

15. Y avanzando desde allí, llegó a los habitantes de Dabir*, que antes de llamaba Cariat-Sefer, esto es, ciudad de las letras.

16. Aquí dijo Caleb: A quien asaltare a Cariat-Sefer, y se apoderare de ella, yo le daré por mujer a mi hija Axa.

17. Y la tomó Otoniel, hijo de Cenez, hermano menor de Caleb; y le dio éste por mujer a su hija Axa.

18. A la cual caminando juntos, aconsejó el marido que pidiera a su padre una heredad. Axa pues, yendo sentada en su asno, dio un suspiro, y Caleb le dijo: ¿Qué tienes?

19. A lo que respondió ella: Dame tu bendición, y concédeme una gracia. Me has dado una tierra de secano hacia el mediodía; agrégame otra de regadío. Y Caleb le dio otra heredad, colina y vega, todo regadío.

20. Esta es la posesión de la tribu de Judá, según sus familias.

21. Las ciudades de los hijos de Judá en las extremidades meridionales por las fronteras de Idumea, eran: Cabseel, y Eder, y Jagur,

---

14. *Num 13*, 23; *Jue 1*, 20.

15. Donde los cananeos enviaban sus hijos a estudiar.

22. y Cina, y Dimona, y Adada,
23. y Cades, y Asor, y Jetnam,
24. Zif, y Telem, y Balot,
25. Asor la nueva, y Cariot, Hesrón, la misma que Asor,
26. Amán, Sama y Molada,
27. Asergadda, y Hasemón, y Betfelet,
28. y Hasersual, y Bersabee, y Baziotia,
29. y Baala, y Jim, y Esem,
30. y Eltolad, y Cesil, y Harma,
31. y Siceleg, y Medemena, y Sensenna,
32. Lebaot, y Selim, y Aen, y Remón; entre todas veintinueve ciudades y sus aldeas.
33. En las llanuras Estaol, y Sarea, y Asena,
34. y Zanoe, y Engannim, y Tafúa, y Enaim,
35. y Jerimot, y Adullam, Soco, y Azeca,
36. y Saraim, y Aditaim, y Gedera, y Gederotaim; catorce ciudades y sus aldeas.
37. Sanan, y Hadasa, y Magdalgad,
38. Felean, y Masefa, y Jectel,
39. Laquís, y Bascat, y Eglón,
40. Quebbón, y Lehemán, y Cetlis,
41. y Giderot, y Betdagón, y Naama, y Maceda: diez y seis ciudades y sus aldeas.
42. Labana, y Eter, y Asán.
43. Jefta, y Esna, y Nesib,
44. y Ceila, y Aczib, y Maresa: nueve ciudades y sus aldeas.
45. Accarón con sus aldeas y lugarcillos.
46. Desde Accarón hasta el mar todo el país que mira hacia Azoto con sus dependencias.
47. Azoto con sus villas y cortijos. Gaza con sus villas y alquerías hasta el torrente de Egipto, y el mar grande o Mediterráneo es su término.
48. Y en los montes: Samir, y Jeter, y Socot,
49. y Danna, y Cariatsedna, que es Dabir,
50. Anab e Istemo, y Anim,
51. Gosén, y Olón, y Gilo: once ciudades y sus aldeas.
52. Arah, y Ruma, y Esaán,
53. y Janum, y Bettafúa, y Afeca.
54. Atmata, y Cariat-Arbe, que es Hebrón, y Sior: nueve ciudades y sus aldeas.
55. Maón, y Carmel, y Zif, y Jota,
56. Jezrael, y Jucadam, y Zanoe,
57. Accain, Gabaa, Tamna: diez ciudades y sus aldeas.
58. Halul, y Bessur, y Gedor,
59. Maret, y Betanot, y Eltecón: seis ciudades y sus aldeas.
60. Cariatbaal, la misma que Cariatiarim, o ciudad de las selvas, y Arebba: dos ciudades y sus aldeas.
61. En el desierto, Beteraba, Meddín y Sacaca,
62. y Nebsán, y ciudad de Sal, y Engaddi: seis ciudades y sus aldeas.
63. Pero a los jebuseos que habitaban en Jerusalén, no pudieron exterminarlos los hijos de Judá; y así el jebuseo prosiguió habitando en Jerusalén, con los hijos de Judá, hasta el presente.

16 *Territorio que cayó por suerte a la tribu de Efraín, sus confines y ciudades*

1. A los hijos de José tocó por suerte el territorio desde el Jordán enfrente de Jericó y desde sus¹ aguas, hacia el oriente, hasta el desierto que sube de Jericó al monte de Betel;
2. y su línea tira de Betel a Luza, y atraviesa la comarca de Arci hacia Atarot,
3. y baja por el occidente tocando los términos de Jefleti hasta entrar en la comarca de Bet-Horón de abajo, y de Gazer, y sus límites terminan en el mar grande o Mediterráneo.
4. Estas son en general las regiones que poseyeron los hijos de José, Manasés y Efraín.
5. El distrito de los hijos de Efraín repartido entre sus familias y la posesión de éstos, vino a ser hacia el oriente desde Atarot-Addar hasta Bet-Horón de arriba;
6. y sus confines se extienden hasta el mar. La línea por Macmetat mira al norte y da la vuelta por el oriente hacia Tanaaselo, y pasa desde el oriente hasta Janoé.
7. Desde Janoé baja hasta Atarot y Naarata, y toca en Jericó, y termina en el Jordán.
8. De Tafúa pasa la línea enfrente del mar Mediterráneo al valle del Cañaveral, y remata en el mar Salado. Esta es la posesión de la tribu de los hijos de Efraín, distribuida en sus familias.

---

1. De la fuente de Jericó, cuyas aguas endulzó Eliseo. *2 Re* 2, 19-20.

9. También fueron separadas ciudades con sus aldeas o dependencias para los hijos de Efraín, dentro de la posesión de los hijos de Manasés.

10. Mas los hijos de Efraín no exterminaron al cananeo que habitaba en Gazer, en medio de Efraín, y siguió viviendo entre ellos, siéndoles tributario hasta el día de hoy.

17 *Territorios correspondientes a la tierra de Manasés; se aumenta la porción de los hijos de José*

1. Esta es la porción que tocó por suerte a la tribu de Manasés (primogénito que fue de José) o a Maquir primogénito de Manasés y padre de Galaad, que fue hombre belicoso, y poseyó el país de Galaad y de Basán,

2. y también a los demás hijos de Manasés, a proporción de sus familias, a los hijos de Abiezer, y a los hijos de Helec, y a los hijos de Esriel, y a los hijos de Sequem, y a los hijos de Hefer, y a los de Semida: éstos son los seis hijos o nietos varones de Manasés, hijo de José, cabezas de familias.

3. Mas como Salfaad, hijo de Hefer, hijo de Galaad, hijo de Maquir, hijo de Manasés, no tenía hijos, sino solamente hijas, cuyos nombres son: Maala, y Noa, y Hegla, y Melca y Tersa,

4. vinieron éstas a presentarse a Eleazar, sumo sacerdote, a Josué, hijo de Nun, y a los príncipes, diciendo: El Señor ordenó por medio de Moisés que se nos diese posesión en medio de nuestros hermanos. Les dio, pues, Josué tierras en herencia conforme a la orden del Señor, en medio de los hermanos de su padre.

5. Así tocaron a Manasés diez porciones en la tierra de Canaán, sin contar la tierra de Galaad y de Basán, tras el Jordán.

6. Porque las cinco hijas de Manasés poseyeron su herencia en medio de los hijos de esa tribu. Y la tierra de Galaad cupo en suerte a los otros hijos de Manasés.

7. Y fueron los términos de Manasés desde Aser y Macmetat, que mira a Siquem, extendiéndose a mano derecha al lado de los que habitan en Fuente de Tafúa*.

8. Porque la tierra de Tafúa había caído en suerte a Manasés; mas la ciudad de Tafúa, que está en los confines de Manasés, fue dada a los hijos de Efraín.

9. Dichos confines van descendiendo por el valle del Cañaveral hacia el mediodía del torrente de las ciudades de Efraín, que están en medio de las de Manasés: de suerte que la frontera de Manasés pasa al norte del torrente y va a terminar en el mar.

10. Así que la posesión de Efraín está al mediodía y al norte la de Manasés, terminando ambas en el mar; y se encuentran con la tribu de Aser por el norte, y con la tribu de Isacar por el oriente.

11. Con efecto, Manasés tuvo por herencia, en los confines de Isacar y se Aser a Betsán con sus aldeas, a Jeblaam con las suyas, a los habitantes de Dor con sus villas, y a los de Endor con sus aldeas; asimismo a los habitantes de Tenac, con sus aldeas, y a los de Mageddo con las suyas, y la tercera parte de la ciudad de Nofet.

12. Mas no pudieron los hijos de Manasés destruir enteramente los moradores de estas ciudades; sino que los cananeos comenzaron a repoblar su tierra junto con ellos.

13. Bien que después que los hijos de Israel cobraron fuerzas, subyugaron a los cananeos, y se los hicieron tributarios; mas no los mataron*.

14. Y los hijos de José se dirigieron a Josué, y le dijeron, hablando Manasés: ¿Por qué me has dado una sola suerte y una sola parte de posesión, siendo así que soy un pueblo tan numeroso a quien el Señor ha colmado de bendiciones?

15. Josué les respondió: Si eres un pueblo numeroso sube a los bosques, y extiéndete, haciendo desmonte en el país de los ferezeos y de los rafaimitas, ya que la posesión del monte de Efraín es para ti estrecha.

16. Le replicaron los hijos de José. No podremos ganar el país de las montañas; porque los cananeos que habitan en la llanura donde está Betsán y sus aldeas, y Jezrael que ocupa el medio del valle, usan de carros armados de hoces o hierros afilados.

17. Dijo entonces Josué a la casa de José, Efraín y Manasés: Pueblo crecido eres y de gran valentía: no tendrás una herencia sola;

---

7. La cual pertenece a los hijos de Efraín.

13. Desobedeciendo la orden del Señor.

18. sino que subirás a las montañas y desmontarás, y limpiarás trechos de tierra para tu habitación; y podrás alargarte más y más exterminando a los cananeos, que dices tienen carros armados de hoces o hierros afilados, y que son muy fuertes.

18 *Se fija el Tabernáculo en Silo, territorio de Benjamín y se demarca el resto para las tribus*

1. Y se congregaron en Silo todos los hijos de Israel, y fijaron allí el Tabernáculo del Testimonio: y tenían sojuzgada la tierra.

2. Mas quedaban siete tribus de los hijos de Israel, las cuales no habían recibido todavía sus posesiones.

3. Les dijo, pues, Josué: ¿Hasta cuándo os consumiréis en la ociosidad, y os estaréis sin entrar a poseer la tierra que os ha dado el Señor Dios de vuestros padres?

4. Elegid tres personas de cada tribu para que yo las envíe y vayan a dar una vuelta por el país, y hagan de él una demarcación conforme al número de cada gente, y me traigan el plan o estado que hayan formado.

5. Dividid entre vosotros todo el país en siete partes: Judá se quedará dentro de sus límites en la región del mediodía, y la casa de José al norte.

6. La tierra intermedia demarcadla en siete partes, y vendréis a mí en este lugar, para que os las sortee aquí en presencia del Señor Dios vuestro.

7. Porque los levitas no tienen parte alguna entre vosotros, sino que su heredad es el sacerdocio del Señor; y Gad, y Rubén, y la media tribu de Manasés ya recibieron sus posesiones al otro lado del Jordán, hacia el oriente; las cuales les dio Moisés, siervo del Señor.

8. Como, pues, estuviesen ya a punto de marchar los sujetos elegidos para demarcar la tierra, les dio Josué esta orden, diciéndoles: Rodead la tierra, y demarcadla, y volved a mí para que yo aquí en Silo, delante del Señor, eche las suertes.

9. Con esto partieron, y habiéndola reconocido la dividieron en siete partes, que las describieron en un libro o cuaderno, y se volvieron a Josué en el campamento de Silo.

10. El cual echó las suertes delante del Señor allí en Silo, y dividió la tierra en siete partes entre los hijos de Israel.

11. Y salió la primera suerte a los hijos de Benjamín, distribuidos por familias, para que poseyeran su porción de terreno entre los hijos de Judá y los hijos de José.

12. Así que sus términos fueron por la parte del norte desde el Jordán, tirando al lado septentrional de Jericó, y subiendo desde allí por el occidente a las montañas llegan hasta el desierto de Betavén;

13. y pasando por el lado meridional cerca de Luza, por otro nombre Betel, de allí bajan a la ciudad de Atarot-Addar, cerca del monte que cae al mediodía de Bet-Horón de abajo;

14. aquí tuercen los términos o frontera, y dan vuelta hacia el mar por el mediodía del monte que mira a Bet-Horón de la parte del mediodía, y vienen a parar en Cariat-Baal, llamada también Cariatiarim, ciudad de los hijos de Judá. Este es el lado del territorio hacia el mar por el poniente.

15. Por el mediodía comienzan los términos desde Cariatiarim, hacia el mar, y llegan hasta la fuente de las aguas de Neftoa;

16. después se dejan caer hasta el cabo del monte, que mira al valle de los hijos de Ennom, y yace al norte en la extremidad del valle de Rafaim, o de los gigantes: de aquí bajan a Geennom (esto es, al valle de Ennom), tocando en el lado austral del jebuseo, y llegan hasta la fuente de Rogel,

17. avanzando hacia el norte, y saliendo a Ensemes, esto es, la fuente del Sol.

18. Corren después hasta los cerros que están enfrente de la subida de Adommim, de donde descienden a Abenboén, esto es, a la piedra de Boén, hijo de Rubén: y pasan por la parte del norte a la campiña y descienden a una llanura.

19. Hacia el norte se extienden más allá de Bet-Hagla: y rematan en la punta septentrional del mar Salado o Muerto en la embocadura del Jordán que mira al mediodía;

20. el cual es su límite por el oriente. Esta es la posesión de los hijos de Benjamín según sus familias, demarcados sus lindes por todo su alrededor.

21. Y sus ciudades fueron Jericó y Bet-Hagla, y el valle de Casis,

22. Bet-Araba, y Samaraim, y Betel,
23. y Avim, y Afara, y Ofera,
24. la ciudad de Emona, y Ofni, y Gabee: doce ciudades con sus aldeas.
25. Gaboón, y Rama, y Berot,
26. y Mesfe, y Cafara, y Amosa,
27. y Recem, Jarafet, y Tarela,
28. y Sela, Elef, y Jebús, que es Jerusalén, Gabaat, y Cariat: catorce ciudades con su aldeas. Esta es la posesión de los hijos de Benjamín, según sus familias.

19 *Territorio de las otras seis tribus y ubicación de la porción dada a Josué*

1. La segunda suerte tocó a los hijos de Simeón, según sus familias; y su herencia
2. vino a caer en medio de la posesión de los hijos de Judá: a saber, en Bersabee, llamada también Sabee, y Molada,
3. y Haser-Sual, Bala, y Asem,
4. y Eltolad, Betul, y Harma,
5. y Siceleg, y Betmarcabot, y Hasersusa,
6. y Betlebaot, y Sarohen: trece ciudades con sus aldeas.
7. Ain, y Remmón, y Atar, y Asán: cuatro ciudades con sus aldeas;
8. todos los lugarcillos alrededor de estas ciudades hasta Baalat, y Beer-Ramat a la parte del mediodía. Esta es la herencia de los hijos de Simeón, a proporción de sus familias,
9. en la posesión y territorio de los hijos de Judá; porque era este territorio demasiado grande; y por eso los hijos de Simeón recibieron su posesión en medio de la de aquéllos.
10. La tercera suerte tocó a los hijos de Zabulón por sus familias: los límites de su posesión se extienden por el occidente hasta Sarid.
11. Suben del mar Mediterráneo y de Merala, y llegan a Debbaseet, hasta el torrente que está enfrente de Jeconam;
12. vuelven de Sared por el oriente hasta los confines de Ceselet-Tabor, salen a Daberet, y suben hacia Jafie,
13. de donde corren hasta la región oriental de Getefer y Tacasín, y prosiguen con dirección a Remmón, Amtar y Noa.
14. Después dan la vuelta por el norte de Hanatón, y terminan en el valle de Jeftael,
15. e incluyen también a Catet, y Naalol, y Semerón, y Jedala, y Betlehem: doce ciudades con sus aldeas.
16. Esta es la herencia de la tribu de los hijos de Zabulón, distribuida entre sus familias, con las ciudades y aldeas.
17. La cuarta suerte salió a Isacar para sus familias,
18. y comprende a Jezrael, y Casalot y Sunem,
19. y Hafaraim, y Seón, y Anaharat,
20. y Rabbot, y Cesión, y Abes,
21. y Ramet, y Engannim, y Enadda, y Betfeses.
22. Y sus términos se extienden hasta el Tabor, y Sehesima, y Betsamés, y acaban en el Jordán: diez y seis ciudades con sus aldeas.
23. Esta es la posesión de los hijos de Isacar, y las ciudades y aldeas para sus familias.
24. La quinta suerte salió a la tribu de los hijos de Aser, según sus familias;
25. y fueron sus términos Halcat, y Cali, Betén, y Axaf,
26. y Elmelec, y Amaad, y Mesal: y llegan hasta el Carmelo del mar*, y a Sihor, y a Labanat;
27. desde donde vuelven por el oriente hacia Betdagón; y pasan por Zabulón y el valle de Jeftael al Norte, hasta Betemec y Nehiel; y se extienden por la izquierda hacia Cabul,
28. y Abrán, y Rohob, y Hamón, y Canna, hasta Sidón la grande;
29. y dan vuelta hacia Horma, hasta la ciudad fortísima de Tiro, y hasta Hosa; y acaban en el mar junto al territorio de Acziba,
30. e incluyen a Amma, y Afec, y Rohob: veintidos ciudades con sus aldeas.
31. Esta es la posesión de los hijos de Aser, y las ciudades y sus aldeas según sus familias.
32. La sexta suerte tocó a los hijos de Neftalí, divididos en sus familias.
33. Y comienzan sus términos desde Helef y Elón en Saananim y Adami, por otro nombre Neceb, y desde Jebnael hasta Lecum, y acaban en el Jordán;
34. y vuelven los lindes por la parte del occidente hacia Azanottabor, y de allí salen

26. Había otro Carmelo en la tribu de Judá.

a Hucurca, y pasan a Zabulón por el lado de mediodía y a Aser por el poniente, y hacia Judá por el lado del Jordán al oriente.

35. Sus ciudades muy fuertes, son Asedim, y Ser, y Emat, y Reccat, y Ceneret,

36. y Edema, y Arama, y Asor,

37. y Cedes, Edrai, Enasor,

38. y Jerón, y Magdalel, Horem, y Betanat, y Betsamés: diecinueve ciudades con sus aldeas.

39. Esta es la posesión de la tribu de Neftalí, sus ciudades y aldeas para sus familias.

40. A la tribu de Dan salió la séptima suerte para sus familias.

41. Y los lindes de su posesión fueron Sara y Estaol, e Hirsemes, esto es, Ciudad del Sol,

42. Selebín, y Ayalón y Jetela,

43. Elón, y Temna, y Acrón,

44. Eltece, Gebbetón, y Balaat,

45. y Jud, y Bane, y Barac, y Getremón,

46. y Mejarcón y Arecón con la frontera que mira a Joppe;

47. y aquí rematan sus términos. Pero los hijos de Dan avanzaron, y batieron a Lesem, y la tomaron; la pasaron después a cuchillo, y la ocuparon, y habitaron en ella, llamándola Lesem-Dan, del nombre de Dan su padre.

48. Esta es la posesión de la tribu de los hijos de Dan y las ciudades y las aldeas para sus familias.

49. Luego que Josué, hijo de Nun, hubo acabado de repartir la tierra por suerte a cada una de las tribus, le dieron los hijos de Israel a él su porción en medio de ellos.

50. Conforme al precepto del Señor: a saber la ciudad de Tamnat Saraa en el monte de Efraín, que había pedido; la cual ciudad reedificó, y habitó en ella*.

51. Estas son las posesiones que Eleazar sumo sacerdote, y Josué, hijo de Nun, y los príncipes de las familias de las tribus de los hijos de Israel distribuyeron por suerte en Silo, delante del Señor, a la puerta del Tabernáculo del Testimonio; y así repartieron la tierra de Canaán.

50. Se ve la modestia y desinterés de Josué, que sólo después de haber repartido a todos su suerte, recibe la suya.

20 *Los israelitas señalan ciudades de refugio y privilegio de los refugiados*

1. Habló el Señor a Josué y le dijo: Habla a los hijos de Israel, y diles:

2. Separad las ciudades para los que hayan de refugiarse, de que os hablé por medio de Moisés,

3. para que sirvan de asilo a todo el que matare a un hombre sin querer; y pueda así evadir la cólera del que es pariente cercano del muerto, y quiere vengar su sangre.

4. Luego que se refugiare a una de estas ciudades, se presentará en las puertas o juzgados de la ciudad, y expondrá a los ancianos de ella todo lo que pueda comprobar su inocencia; y después de esto le darán acogida y lugar donde habite.

5. Y si el que quiere vengar la muerte viniere persiguiéndolo, no lo entregarán en sus manos: por cuanto no mató su prójimo a sabiendas, ni se prueba que hubiese sido dos o tres días atrás su enemigo.

6. Así estará retirado en aquella ciudad hasta que comparezca en juicio para dar razón de su hecho, y después hasta que muera el sumo sacerdote que a la sazón fuere. Entonces podrá volver el homicida, y entrar en su patria y casa de donde había huido.

7. Señalaron, pues, a Cedes en la Galilea sobre el monte de Neftalí, y a Siquem en el monte de Efraín, y en el monte de Judá a Cariat-Arbe, por otro nombre Hebrón.

8. Y de la otra parte del Jordán hacia el oriente de Jericó, destinaron a Bosor, situada en la llanura del desierto de la tribu de Rubén, y a Ramot en Galaad, de la tribu de Gad, y a Gaulón en Basán, de la tribu de Manasés.

9. Estas ciudades fueron señaladas para todos los hijos de Israel y para los forasteros que habitaban entre ellos, a fin de que se retirase a ellas el que sin querer hubiese muerto a un hombre, y así no muriese a manos del pariente ansioso de vengar la sangre derramada, antes de presentarse aquél delante del juzgado del pueblo para defender su causa.

21 *Ciudades separadas para los levitas; los israelitas viven en reposo*

1. Recurrieron los príncipes de las familias de Leví a Eleazar, sumo sacerdote, y a Josué, hijo de Nun, y a los caudillos de las familias de cada tribu de los hijos de Israel;

2. y les hablaron en Silo en la tierra de Canaán, y dijeron: El Señor mandó por medio de Moisés que se nos diesen ciudades para habitar, y sus alrededores para alimentar nuestras bestias.

3. Les dieron, pues, los hijos de Israel de sus posesiones, conforme al mandamiento del Señor, ciudades y sus alrededores.

4. Y salieron por suerte a la familia de Caat para los hijos del sacerdote Aarón, trece ciudades en las tribus de Judá, de Simeón y de Benjamín;

5. y a los demás hijos de Caat, que restaban, esto es, a los levitas, tocaron diez ciudades de las tribus de Efraín, de Dan y de la media tribu de Manasés.

6. A los hijos de Gersón les salió la suerte de recibir trece ciudades de las tribus de Isacar, de Aser, y de Neftalí, y de la otra media tribu de Manasés en Basán.

7. Y a los hijos de Merari para sus familias doce ciudades de las tribus de Rubén, de Gad y de Zabulón.

8. Dieron, pues, los hijos de Israel a los levitas estas ciudades con sus alrededores, como lo mandó el Señor por medio de Moisés, distribuyéndolas a cada uno por suerte.

9. Estos son los nombres de las ciudades de las tribus de Judá y de Simeón que dio Josué

10. a los hijos de Aarón de las familias de Caat, descendientes del tronco de Leví, que lograron la primera suerte:

11. Cariat-Arbe, ciudad del padre de Enac, llamada Hebrón, en el monte de Judá, y sus ejidos al contorno.

12. Sus heredades y aldeas las tenía dadas en posesión a Caleb, hijo de Jefone.

13. Dio, pues, Josué a los hijos de Aarón, sumo sacerdote, la ciudad de refugio Hebrón y sus alrededores, y Lobna con los suyos,

14. y Jeter, y Estemo,

15. y Holón, y Dabir,

16. y Ain, y Jeta, y Betsamés con sus contornos: nueve ciudades en las dos tribus, como queda dicho.

17. Y de la tribu de los hijos de Benjamín, a Gabaón y Gabae,

18. y Anatot, y Almón con sus contornos: cuatro ciudades.

19. Todas las ciudades juntas de los hijos del sumo sacerdote Aarón vinieron a ser trece con sus alrededores.

20. A los demás hijos de Caat, de la estirpe de Leví, repartidos en sus familias se les dieron:

21. de la tribu de Efraín la ciudad de refugio Siquem con todos su alrededores, en el monte de Efraín, y Gazer,

22. y Gibsaín, y Bet-Horom con sus alrededores: cuatro ciudades.

23. Y de la tribu de Dan, a Elteco, y Gabaón,

24. y Ajalón y Getremmón con sus alrededores: cuatro ciudades.

25. Y de la media tribu de Manasés a Tanac y Getremmón con sus contornos: dos ciudades.

26. En todo se dieron diez ciudades y sus alrededores a los levitas, hijos de Caat, que eran de inferior grado al sacerdotal.

27. También a los hijos de Gersón de la estirpe de Leví dio de la media tribu de Manasés dos ciudades con sus alrededores, a saber, Gaulón en Basán, y Bosra, que eran ciudades de refugio.

28. Y de la tribu de Isacar, a Cesión y Daberet,

29. y Jaramot, y Engannín con sus alrededores: cuatro ciudades.

30. De la tribu de Aser, a Masal, y Abdón,

31. y Helcat, y Rohob con sus alrededores: cuatro ciudades.

32. De la tribu de Neftalí las ciudades de refugio, Cedes en Galilea, y Hamot-Dor, y Cartán con sus alrededores: tres ciudades.

33. Todas las ciudades dadas a las familias de Gersón fueron trece con sus contornos.

34. Asimismo a los hijos de Merari, levitas de inferior grado, se les dieron según sus familias, Jecnán, y Carta,

35. y Damna, Naalol: cuatro ciudades de la tribu de Zabulón con sus alrededores.

36. De la tribu de Rubén, a la otra parte

---

13. La ciudad de Hebrón había sido dada a Caleb, por orden del Señor.

del Jordán enfrente de Jericó, a Bosor en el desierto llamado Misor, y a Jaser, y Jetsón y Mefaat: cuatro ciudades de refugio con sus alrededores.

37. De la tribu de Gad, las ciudades de asilo Ramot en Galaad, y Manaín, y Hesebón, y Jaser, cuatro ciudades con sus alrededores.

38. Todas las ciudades de los hijos de Merari para sus familias y casas fueron doce.

39. Así las ciudades de los levitas en medio de la posesión de los hijos de Israel fueron en todas cuarenta y ocho,

40. con sus alrededores, distribuidas a proporción de las familias.

41. De este modo dio el Señor Dios de Israel toda la tierra que había prometido con juramento a sus padres que se la daría; y en efecto los israelitas la poseyeron y habitaron*.

42. Y les dio paz con todas las naciones del contorno, y ninguno de los enemigos osó resistirles, sino que todos se sujetaron a su dominio.

43. Ni una sola palabra de todo lo que prometió darles quedó sin efecto; sino que todo se verificó puntualmente.

22

Retíranse a sus casas y posesiones las tribus auxiliares de Rubén y de Gad y la media de Manasés

1. Por este tiempo convocó Josué a los rubenitas y gaditas, y a la media tribu de Manasés,

2. y les dijo: Habéis cumplido todo lo que os mandó Moisés, siervo del Señor; y a mí también me habéis obedecido en todo;

3. ni en tan largo tiempo hasta el día de hoy habéis desamparado a vuestros hermanos, observando el mandamiento del Señor Dios vuestro.

4. Ahora, pues, que ya el Señor Dios vuestro ha dado sosiego y paz a vuestros hermanos como lo prometió, volveos e id a vuestras casas, y a la tierra de vuestra posesión, que os entregó Moisés, siervo del Señor, a la otra parte del Jordán.

5. Solamente os encargo que guardéis atentamente y pongáis por obra el mandamiento de la ley que os comunicó Moisés, siervo del Señor, que es de amar al Señor Dios vuestro, y seguir todos sus caminos, observar todos sus mandamientos y estar con él unidos, y servirle con todo el corazón, y con toda vuestra alma.

6. Con esto les dio Josué su bendición, y los despachó, y se volvieron a sus casas.

7. Moisés había dado a la media tribu de Manasés su posesión en Basán; por eso a la otra mitad restante le dio Josué la herencia entre los demás hermanos suyos en este lado del Jordán, al poniente. En fin, al remitirlos a sus casas, después de bendecirlos,

8. les dijo: Vosotros volvéis a vuestras casas con mucho caudal y riquezas, cargados de plata y oro, de cobre y de hierro, y de toda suerte de vestidos: repartid con vuestros hermanos el botín de los enemigos.

9. Con esto los hijos de Rubén, y los hijos de Gad, y la media tribu de Manasés se separaron de los hijos de Israel que estaban en Silo, en el país de Canaán, y se pusieron en camino para volver a Galaad, país que poseían, y que les había señalado Moisés, conforme al mandamiento del Señor.

10. Llegados que fueron a las cercanías del Jordán en tierra de Canaán, edificaron a la orilla de dicho río un altar de grandísima magnitud.

11. Lo que oído por los hijos de Israel, y recibidas noticias ciertas de que los hijos de Rubén y de Gad, y la media tribu de Manasés habían edificado un altar en la tierra de Canaán en las cercanías del Jordán, enfrente de los demás hijos de Israel,

12. se congregaron todos en Silo para ir a hacerles la guerra.

13. Entretanto enviaron hacia ellos a tierra de Galaad a Finees, hijo de Eleazar, sumo sacerdote,

14. y con él a diez de los principales jefes, uno de cada tribu;

15. los cuales fueron a los hijos de Rubén, y de Gad, y a los de la media tribu de Manasés en la tierra de Galaad, y les dijeron:

16. Esto nos manda deciros todo el pueblo del Señor: ¿Qué prevaricación es la vuestra? ¿cómo habéis abandonado al Señor Dios de Israel, erigiendo un altar sacrílego y apostatando de su culto?

17. ¿Os parece aún poco el haber pecado con adorar a Beelfegor, y el que permanezca

41. A proporción de lo que se iban multiplicando.

hasta hoy día entre nosotros la mancha de este delito, después de haber costado la vida a tantos de nuestro pueblo?

18. Hoy habéis vosotros abandonado al Señor, y mañana se ensañará su ira contra todo Israel.

19. Que si creéis que es inmunda la tierra de vuestra posesión, mudaos a la nuestra en que está el Tabernáculo del Señor y venid a morad entre nosotros; mas no desertéis del Señor y de nuestra comunión, alzando un altar contra el altar del Señor Dios vuestro.

20. ¿No es así que por haber Acán, hijo de Zaré, traspasado el mandato del Señor, descargó su ira sobre todo el pueblo de Israel? Y él era un solo hombre, y ojalá hubiese perecido él solo por su atentado.

Justificación de las tribus de Transjordania

21. Respondieron los hijos de Rubén, y de Gad, y los de la media tribu de Manasés a los principales de Israel enviados a ellos:

22. El muy fuerte Señor Dios, Dios el Señor fortísimo sabe muy bien nuestra intención; y también Israel podrá conocerla: si es que con ánimo de apostatar hemos levantado este altar, no nos ampare el Señor, antes nos castigue al momento;

23. y si lo hemos hecho con el designio de ofrecer sobre él holocaustos, sacrificios y víctimas pacíficas, el mismo Señor nos lo demande y lo juzgue.

24. Muy al contrario: el pensamiento y designio que hemos tenido ha sido porque podrá suceder que algún día digan vuestros hijos a los nuestros: ¿Qué tenéis vosotros que hacer con el Señor Dios de Israel?

25. El Señor puso por lindes entre nosotros y vosotros, oh hijos de Rubén y de Gad, el río Jordán: y por tanto vosotros no tenéis parte en el Señor. Y con esta ocasión podrían vuestros hijos retraer a los nuestros del temor del Señor. Así que habiendo meditado sobre eso,

26. dijimos: Levantemos un altar, no para ofrecer holocaustos ni víctimas;

27. sino para testimonio entre nosotros y vosotros, entre nuestra posteridad y la vuestra, de que también somos nosotros siervos del Señor, y tenemos derecho a ofrecer holocaustos, víctimas, y hostias pacíficas; a fin de que por ningún caso digan mañana vuestros hijos a los nuestros: No tenéis vosotros parte en el Señor.

28. Que si se les antojare decirlo, podrán responderles: Mirad aquí el altar del Señor que levantaron nuestros padres, no para holocaustos, ni sacrificios, sino para testimonio entre vosotros y nosotros.

29. Guárdenos el cielo de tal maldad que nos apartemos del Señor, y dejemos de seguir sus pasos, erigiendo un altar para ofrecer holocaustos, sacrificios y víctimas, fuera del altar del Señor Dios nuestro que está erigido delante de su Tabernáculo.

30. Oídas estas razones, el sacerdote Finees y los principales del pueblo que los israelitas habían enviado con él, se apaciguaron y admitieron con suma satisfacción la respuesta de los hijos de Rubén y de Gad, y de la media tribu de Manasés.

31. Y les dijo el sacerdote Finees, hijo de Eleazar: Ahora conocemos que el Señor está con nosotros, y no nos abandonará; puesto que estáis tan ajenos de semejante prevaricación, y que habéis librado a los hijos de Israel del temor de la justa venganza del Señor.

32. Después, dejando Finees a los hijos de Rubén y de Gad, se volvió con los principales del pueblo desde la tierra de Galaad, que confina con Canaán, a los hijos de Israel, y les dio cuenta de todo.

33. Y habiéndolo oído, quedaron satisfechos: y alabaron a Dios los hijos de Israel, y ya no hablaron más de salir contra ellos a hacerles guerra y asolar la tierra de su posesión.

34. Y los hijos de Rubén y de Gad pusieron por título al altar que habían edificado: Testimonio nuestro de que el Señor mismo es el Dios nuestro y suyo.

23 *Exhorta al pueblo al culto del verdadero Dios y a la observancia de su ley*

1. Pasado ya mucho tiempo, después que había el Señor dado paz a Israel, sojuzgadas todas las naciones circunvecinas; siendo ya Josué anciano y de edad muy avanzada,

2. convocó a todo Israel con los ancianos, príncipes, capitanes y magistrados, y les dijo: Yo estoy viejo y muy entrado en días;

3. y vosotros veis todo lo que ha hecho Dios vuestro Señor con todas las naciones del contorno, y como él mismo ha peleado por vosotros.

4. Considerad que os ha repartido por suerte toda la tierra desde la parte oriental del Jordán hasta el mar grande o Mediterráneo, y que todavía quedan en ella muchas naciones.

5. El Señor Dios vuestro las exterminará, y disipará en vuestra presencia, y poseeréis el país, según que os lo tiene prometido;

6. sólo con que vosotros os esforcéis y andéis solícitos en guardar todas las cosas escritas en el libro de la ley de Moisés, sin desviaros de ellas, ni a la diestra ni a la siniestra,

7. no sea que tratando con esas gentes que han de quedar entre vosotros, vengáis a jurar por el nombre de sus dioses, les sirváis y deis culto.

8. Sino antes bien perseverad adheridos al Señor Dios vuestro, como lo habéis estado hasta este día.

9. Entonces sí que exterminará el Señor Dios a vuestra vista naciones grandes y robustísimas; y nadie podrá resistiros.

10. Uno solo de vosotros hará huir a mil de los enemigos: porque Dios vuestro Señor peleará él mismo por vosotros, como lo tiene prometido.

11. Una sola cosa habéis de procurar con todo esfuerzo, que es amar al Señor Dios vuestro.

12. Mas si queréis adherir a los errores de estas gentes que habitan entre vosotros y celebrar con ellas matrimonios, y contraer amistades,

13. tened entendido desde ahora para entonces que el Señor Dios vuestro no las exterminará de vuestra presencia; sino que serán para vosotros como una trampa, como un lazo, y una piedra de tropiezo junto a vosotros, y como una espina en vuestros ojos, hasta que os disipe y arranque de esta excelente tierra que os ha dado.

14. Ved aquí que estoy yo para concluir la carrera de todos los mortales, y vosotros quedaréis bien convencidos que de todas las promesas que os hizo Dios, ni una sola ha quedado sin efecto.

15. Pues así como de hecho ha cumplido lo que prometió, y todo os ha sucedido prósperamente, así también descargará sobre vosotros todos los males con que os ha amenazado, hasta arrancaros y exterminaros de esta fertilísima tierra que os ha dado,

16. por haber faltado al pacto del Señor Dios vuestro, que estableció con vosotros y servido a dioses ajenos, y adorádolos: el furor del Señor se levantará pronta y velozmente contra vosotros, y seréis arrojados de esta tierra excelente que os ha dado.

24 *Renovación de la alianza en Siquem y muerte de Josué y de Eleazar*

1. Finalmente congregó Josué por última vez todas las tribus de Israel en Siquem; y llamó a los ancianos y príncipes, y jueces, y magistrados, y se presentaron delante del Señor.

2. Y habló así al pueblo: Esto dice el Señor Dios de Israel: Vuestros padres: Taré, padre de Abrahán y de Nacor, habitaron al principio a la otra parte del río, y sirvieron a dioses ajenos.

3. Mas yo saqué a vuestro padre Abrahán de los confines de la Mesopotamia, lo conduje a la tierra de Canaán; y multipliqué su linaje,

4. y le di a Isaac: y a éste le di también a Jacob y Esaú; de los cuales a Esaú le entregué la montaña de Seir en posesión: mas Jacob y sus hijos bajaron a Egipto.

5. Allí envié a Moisés y Aarón; y castigué a Egipto con muchas señales y portentos;

6. y os saqué de él a vosotros y a vuestros padres, y vinisteis al mar Rojo, y los egipcios persiguieron a vuestros padres con gran aparato de carros de guerra y caballos hasta el mar Rojo.

7. Entonces clamaron los hijos de Israel al Señor; el cual puso tinieblas muy densas entre vosotros y los egipcios, e hizo volver sobre éstos el mar, y los anegó en él. Vuestros ojos vieron todas las cosas que hice en Egipto, dice el Señor; y habitasteis mucho tiempo en el desierto.

8. Al fin os introduje en la tierra del amorreo, que habitaba a la otra parte del Jordán, y cuando combatían contra vosotros

los entregué en vuestras manos, y os apoderasteis de su tierra, y los pasasteis a cuchillo.

9. Se levantó Balac, hijo de Sefor, rey de Moab, y movió guerra contra Israel. Y envió a llamar a Balaam, hijo de Beor, para que os maldijese.

10. Mas yo no quise escucharlo; antes al contrario por boca de él os bendije, y os libré de su mano.

11. Pasasteis después el Jordán y vinisteis a Jericó, donde se armaron contra vosotros los vecinos de aquella ciudad, los amorreos, los ferezeos, los cananeos, los heteos, los gergeseos, los heveos y jebuseos, y los entregué en vuestras manos.

12. Yo envié adelante de vosotros enjambres de avispones, con que lancé de sus tierras a los dos reyes amorreos, y no por medio de vuestra espada y arco;

13. y os di tierras que vosotros no habíais labrado, y ciudades que no habíais edificado, para que habitaseis en ellas, y os di viñas y olivares que no habíais plantado.

14. Ahora, pues, yo os digo: Temed al Señor y servidle con un corazón bien perfecto y sincero, y quitad de en medio de vosotros los dioses a quienes sirvieron vuestros padres en Mesopotamia y en Egipto y servid a solo el Señor.

15. Pero si os parece malo el servir al Señor, libres sois: escoged hoy, según lo que más os agrade, a quien debéis antes servir, si a los dioses a quienes sirvieron vuestros padres en Mesopotamia, o a los dioses de los amorreos en cuya tierra habitáis; que yo y mi casa serviremos al Señor.

16. Respondió el pueblo y dijo: Lejos de nosotros el abandonar al Señor y servir a dioses ajenos.

17. El Señor Dios nuestro es quien nos sacó a nosotros y a nuestros padres de la tierra de Egipto, de la casa de la esclavitud, y obró a nuestros ojos milagros grandiosos, y nos guardó en todo el camino por donde anduvimos, y en todos los pueblos por donde pasamos;

18. y echó a todas las naciones a los amorreos habitantes del país en que nosotros hemos entrado. Así que serviremos al Señor; pues él es nuestro Dios.

19. Dijo Josué al pueblo: No podréis servir al Señor: porque es un Dios santo, un Dios fuerte y celoso, que no sufrirá vuestras maldades y pecados.

20. Pues en el caso de que abandonéis al Señor, y sirváis a dioses ajenos, se volverá contra vosotros, y os afligirá y os arruinará, por más beneficios que os haya hecho.

21. Replicó el pueblo a Josué: No, no será así como tú dices, sino que serviremos al Señor.

22. Y Josué al pueblo: Testigos sois vosotros mismos de que habéis escogido al Señor para servirle. A lo que respondieron: Testigos somos.

23. Ahora bien, añadió, arrojad de en medio de vosotros los dioses ajenos; y rendid vuestros corazones al Señor Dios de Israel.

24. Respondió el pueblo a Josué: Al Señor Dios nuestro serviremos, y seremos obedientes a sus mandatos.

25. Con esto Josué ratificó en aquel día la alianza; y propuso al pueblo en Siquem los preceptos y las leyes.

26. Escribió también todas las palabras dichas en el Libro de la Ley del Señor, y cogió una piedra muy grande, y la colocó debajo de una encina, que estaba junto al Tabernáculo del Señor;

27. y dijo a todo el pueblo: Ved aquí esta piedra, que os dará testimonio de que oyó todas las palabras que os habló el Señor: no sea que después queráis negarlo, y mentir al Señor Dios vuestro.

28. Despidió en seguida al pueblo para que cada uno se fuera a su tierra.

29. Concluidas estas cosas, murió Josué, hijo de Nun, siervo del Señor, siendo de ciento diez años,

30. y lo sepultaron en los términos de su posesión en Tamnat-Sare, ciudad situada en la montaña de Efraín, al norte del monte Gaas.

31. Israel sirvió al Señor todos los días de la vida de Josué y de los ancianos que vivieron largo tiempo después de Josué, y tenían presentes todas las maravillas que el Señor había obrado a favor de Israel.

32. Asimismo los huesos de José, que los hijos de Israel habían traído de Egipto, los sepultaron en Siquem en una parte de la heredad que compró Jacob a los hijos de Hemor, padre de Siquem, por cien corderos, y tocó en posesión a los hijos de José.

33. Murió también Eleazar, hijo de Aarón, y lo sepultaron en Gabaat, posesión dada a su hijo Finees, en el monte de Efraín.

Jueces

Introducción

El libro de los Jueces contiene la historia de Israel y los principales sucesos ocurridos en el transcurso de unos 320 años, desde la muerte de Josué hasta la de Sansón. El *juez* ejercía en nombre de Dios la autoridad soberana de Israel, una tribu o parte de la nación oprimida o atacada por los pueblos enemigos. Los jueces en Israel eran perpetuos, algunos fueron elegidos directamente por Dios y otros por el pueblo. Tenían la autoridad de un rey, sin la magnificencia de esa dignidad. El primer juez, muerto Josué, fue Otoniel y el último fue Sansón. A la institución de los jueces siguió la de los reyes. En el período de transición, se dieron el sacerdocio de Helí y la actividad profética de Samuel, de quienes habla el primer libro de Samuel.

La virtud de los jueces se elogia varias veces en la Biblia, *Eclo 46*; *Hebr 11*, 32.

En los últimos cinco capítulos de este libro se refieren algunos sucesos del período comprendido entre la muerte de Josué y la elección de Otoniel.

Los jueces con su actividad liberadora fueron una figura del futuro Redentor, que había de traer la libertad al género humano.

Los jueces fueron líderes carismáticos, que lucharon por la organización del pueblo de Israel y pusieron su vida al servicio de una comunidad en proceso de formación y con obstáculos como la idolatría, la carencia de un territorio propio y la falta de una cultura nacional.

1 *Victorias de los israelitas; establecimiento de Judá, Simeón y Caleb*

1. Muerto Josué, los hijos de Israel consultaron al Señor, diciendo: ¿Quién marchará* delante de nosotros contra el cananeo, y será nuestro caudillo para continuar la guerra?

2. Y respondió el Señor: La tribu de Judá marchará delante de vosotros: Yo le he entregado en sus manos aquel país.

3. Dijo entonces Judá a la tribu de Simeón su hermano: Ven conmigo a la tierra que me ha cabido en suerte, y pelea contra el cananeo, que yo iré también después contigo a la conquista de la tuya: y Simeón le acompañó.

4. Se puso, pues, Judá en marcha; y el Señor entregó en sus manos al cananeo y al ferezeo, y mataron de ellos en Bezec diez mil hombres.

6. Entretanto huyó Adonibezec; mas yéndole al alcance le prendieron, y le cortaron las extremidades de las manos y de los pies.

7. Entonces dijo Adonibezec: Sesenta reyes, a quienes fueron cortadas las extremidades de las manos y de los pies recogían debajo de mi mesa las sobras de la comida: como yo hice, así me ha pagado Dios. Y le llevaron a Jerusalén, donde murió.

8. Pues los hijos de Judá habiendo atacado a Jerusalén, la tomaron, e hicieron en ella gran mortandad; y entregaron toda la ciudad a las llamas.

9. Saliendo de aquí fueron a pelear contra

1. *Num 11*, 16.

el cananeo, que habitaba en las montañas, hacia el mediodía, y en los llanos.

10. Prosiguiendo Judá la marcha contra el cananeo que moraba en Hebrón*, llamada antiguamente Cariat-Arbe, derrotó a Sesai, y Ahimán, y Tolmai.

11. Habiendo asimismo partido de allí, se encaminó contra los habitantes de Dabir, cuyo nombre antiguo era Cariat-Sefer, esto es, ciudad de las Letras.

12. Aquí dijo Caleb: Al que asaltare a Cariat-Sefer, y la destruyere, le daré por mujer a mi hija Axa.

13. Y habiéndola conquistado Otoniel, hijo de Cenez, hermano menor de Caleb, le dio a su hija Axa por mujer:

14. a la cual, estando de camino, sugirió su esposo que pidiese a su padre una heredad. Y como ella, yendo sentada sobre un asno, comenzase a suspirar, le dijo Caleb: ¿Qué tienes?

15. A lo que respondió ella: Dame tu bendición, concediéndome una gracia: Ya que me has dado terreno árido, dámele también de regadío. Con eso Caleb le dio una heredad de tierra de ragadío alta y baja.

16. Los hijos de Jetro, Cineo, deudo o suegro de Moisés, transmigraron de las ciudades de las Palmas con los hijos de Judá, al desierto de la pertenencia a esta tribu, hacia el mediodía de la ciudad de Arad, y habitaron en su compañía.

17. Prosiguió adelante Judá con su hermano Simeón, y juntas las dos tribus derrotaron al cananeo, que habitaba en Sefaat, y lo pasaron a cuchillo. Y se puso por nombre a esta ciudad Horma, que quiere decir Anatema.

18. Además Judá se apoderó de Gaza con todos sus términos, y de Ascalón y Accarón con los suyos.

19. Y el Señor estuvo a favor de Judá, quien se hizo dueño de las montañas; pero no pudo exterminar a los moradores del valle, porque tenían muchos carros falcados.

20. Y dieron, como lo había dispuesto Moisés, la ciudad de Hebrón a Caleb, el cual extirpó de ella a los tres hijos de Enac.

21. Mas los hijos de Benjamín no destruyeron a los jebuseos que moraban en Jerusalén; y así quedaron habitando en dicha ciudad con los hijos de Benjamín hasta el día de hoy.

22. La casa de José marchó también contra Betel, y estuvo el Señor con ellos.

23. Pues cuando estaban sitiando esta ciudad, que antes se llamaba Luza,

24. vieron salir de ella un hombre, y le dijeron: Muéstranos por dónde se podrá entrar en la ciudad, y usaremos contigo de misericordia.

25. El se la mostró, y pasaron la ciudad a cuchillo: pero libraron a aquel hombre y a toda su familia;

26. el cual, puesto en libertad, se retiró a la tierra de Hettin, donde fundó una ciudad y la llamó Luza, nombre que hasta ahora conserva.

27. Asimismo Manasés no destruyó a Betsán ni a Tanac con sus aldeas, ni a los moradores de Dor, y Jeblaam, y Mageddo con sus aldeas: por lo cual los cananeos comenzaron a vivir junto con ellos.

28. Pero después que Israel cobró fuerzas, los hizo tributarios, si bien no quiso exterminarlos.

29. Tampoco Efraín exterminó al cananeo que ocupaba Gazer, sino que habitó con él.

30. Zabulón no destruyó a los habitantes de Cetrón y Naalol, sino que permaneció el cananeo en medio de su país, pagándole tributo.

31. Ni tampoco Aser extirpó a los moradores de Accó y de Sidón, y de Ahalab, y de Acazib, y de Helba, y de Afec, y de Rohob;

32. antes bien moró en medio de los cananeos que habitaban aquella tierra, y no los exterminó.

33. Del mismo modo Neftalí no quiso acabar con los habitantes de Betsamés y Betanat, sino que vivió entre los cananeos naturales de la tierra, haciendo tributarios a los beasamitas y betanitas.

34. Mas el amorreo estrechó en la montaña a los hijos de Dan, y no les permitió extenderse bajando a los llanos;

35. antes bien habitó en el monte Hares, que quiere decir monte de Tiestos, y en Ayalón y en Salebim. Pero la casa de José prevaleció contra él, y le hizo su tributario.

36. Y los lindes del amorreo fueron la subida del Escorpión, Petra y los lugares más altos.

---

10. Josué había tomado y pasado a cuchillo la ciudad de Hebrón; pero varios enaceos o gigantes se apoderaron después de ella; Caleb los derrotó con el auxilio de la tribu de Judá.

2 *El ángel del Señor anuncia desgracias a los israelitas, que caen de nuevo en la idolatría*

1. Después de esto subió el ángel del Señor* desde Gálgala al lugar que se llamó de los Lloradores, y en nombre de Dios, dijo: Yo soy el que os saqué de Egipto y os he introducido en la tierra que prometí con juramento a vuestros padres: y os aseguré que nunca jamás invalidaría mi pacto con vosotros;

2. con sola la condición de que no hicierais alianza con los naturales de esta tierra, sino que derribarais sus altares. Mas vosotros no habéis querido escuchar mi voz. ¿Por qué habéis hecho esto?

3. Por lo mismo, yo tampoco he querido exterminarlos de vuestra presencia, a fin de que tengáis enemigos, y sus dioses sean para vuestra ruina.

4. Al decir el ángel del Señor estas palabras a todos los hijos de Israel, alzaron éstos el grito, y se pusieron a llorar;

5. de donde aquel lugar se llamó lugar de los Lloradores, o de las lágrimas; y ofrecieron allí sacrificios al Señor.

6. Despedido que fue el pueblo o ejército por Josué, y vueltos los hijos de Israel a disfrutar cada cual la posesión que le había tocado en suerte,

7. sirvieron al Señor todos los días de la vida de Josué y de los ancianos que vivieron después de él por largo tiempo, y habían visto todas las obras maravillosas que había hecho el Señor por Israel.

8. Pero muerto Josué, hijo de Nun, siervo del Señor, de ciento diez años,

9. y sepultado en el término de su posesión en Tamnatsare en la montaña de Efraín, al norte del monte Gaas,

10. y toda la dicha generación pasando de este mundo a unirse con sus padres, sucedieron otros que no conocían al Señor, ni habían visto los prodigios que había hecho a favor de Israel.

11. Entonces los hijos de Israel pecaron a vista del Señor, y sirvieron a los ídolos;

12. y apostataron del Señor Dios de sus padres que los había sacado de la tierra de Egipto, y se fueron tras los dioses ajenos, dioses de los pueblos circunvecinos, y los adoraron; y provocaron el enojo del Señor,

13. abandonándole a él por servir a Baal y a Astarot.

14. De lo cual irritado el Señor contra los israelitas, los entregó en manos de los saqueadores, que los cautivaron y vendieron a los enemigos cercanos; ni pudieron ya contrarrestar a sus adversarios;

15. antes bien doquiera que quisiesen volverse, la mano del Señor descargaba sobre ellos, como se lo tenía dicho y jurado: con lo que se vieron en extremo afligidos.

16. Suscitó el Señor jueces que los librasen de las manos de sus opresores; pero ni aún a los jueces quisieron escuchar,

17. prostituyéndose de nuevo a dioses ajenos, y adorándolos. Dejaron presto el camino por donde anduvieron sus padres, y por más que oyeron de su boca los mandamientos del Señor, hicieron todo lo contrario.

18. Cuando el Señor les suscitaba jueces*, mientras éstos vivían se apiadaba de ellos, y oía los gemidos de los atribulados, los libraba de la crueldad de sus verdugos;

19. mas luego que moría el juez, reincidían, y hacían cosas mucho peores que las que habían hecho sus padres, siguiendo a los dioses ajenos, sirviéndolos y adorándolos. No dejaron sus devaneos, ni el obstinado tenor de vida a que se habían acostumbrado.

20. Así el furor del Señor se inflamó contra Israel, y dijo: Por cuanto esta gente ha invalidado el pacto que yo había hecho con sus padres, y se ha desdeñado de escuchar mi voz,

21. yo no exterminaré las naciones que dejó Josué cuando murió;

---

1. *Angel del Señor* es una expresión frecuente para indicar la presencia e intervención de Dios.

18. El libro de los Jueces presenta diversos personajes y acontecimientos siguiendo un esquema constante:
1. Pecado del pueblo mediante prácticas de idolatría
2. Castigo por la opresión de los enemigos
3. Arrepentimiento y conversión del pueblo
4. Liberación por la acción del juez.

Más que invitar a la violencia contra los extranjeros, el libro de los Jueces exhorta a la rectitud moral.

22. porque quiero experimentar si viviendo los hijos de Israel entre ellas, siguen o no el camino del Señor, y andan por él, así como le siguieron y anduvieron por él sus padres.

23. Por esto dejó el Señor todas estas naciones, y no quiso acabarlas luego, ni las entregó en manos de Josué.

3 *Los jueces Otoniel, Aod y Samgar, libran a los israelitas de la opresión de sus enemigos*

1. Estas son las naciones que dejó subsistir el Señor, y con el fin de instruir por medio de ellas a Israel, y a todos los que no tenían experiencia de las guerras de los cananeos;

2. para que andando el tiempo aprendieran sus hijos a pelear contra sus enemigos, y se acostumbrasen a semejantes combates.

3. Cinco sátrapas o príncipes de los filisteos, y todos los cananeos, y sidonios, y heveos habitantes del monte Líbano desde la cordillera de Baal-Hermón hasta la entrada de Emat.

4. Y los dejo para probar también con ellos a Israel si obedecería o no los mandamientos del Señor que había comunicado a sus padres por medio de Moisés.

5. Así pues, los hijos de Israel habitaron en medio del cananeo, y del heteo, y del amorreo, y del ferezeo, y del heveo, y del gebuseo:

6. y se casaron con sus hijas y dieron las suyas a los hijos de ellos, y sirvieron a sus dioses.

7. Con lo que pecaron los hijos de Israel en la presencia del Señor, y se olvidaron de su Dios, por servir a Baal y a Astarot.

8. Y airado el Señor contra los hijos de Israel, los entregó en manos de Cusán Rasataim, rey de Mesopotamia; y les tuvieron sujetos ocho años.

9. Y después clamaron los israelitas al Señor, el cual les suscitó un salvador que los libertó, a saber, Otoniel, hijo de Cenez, hermano menor de Caleb.

10. El espíritu del Señor estuvo en él, y juzgó o gobernó a Israel: y saliendo a campaña, puso el Señor en sus manos a Cusán Rasataim, rey de Siria, o Mesopotamia, y lo sojuzgó.

11. De resultas quedó en paz el país por cuarenta años*, y murió Otoniel, hijo de Cenez.

12. Pero los hijos de Israel volvieron de nuevo a pecar a vista del Señor; el cual fortaleció contra ellos a Eglón, rey de Moab; por haber Israel pecado en la presencia del Señor.

13. Y unió los hijos de Amón y de Amalec a Eglón, quien se puso en marcha con ellos, y derrotó a Israel y se apoderó de la ciudad de las Palmas.

14. Y los hijos de Israel estuvieron sujetos a Eglón, rey de Moab, diez y ocho años.

15. Clamaron después al Señor quien les suscitó un salvador llamado Aod, hijo de Gera, hijo de la tribu de Benjamín; el cual era ambidextro. Sucedió que enviaron los hijos de Israel los presentes o tributos a Eglón, rey de Moab, por mano de Aod.

16. Aod se proveyó de una daga de dos cortes, con su guarnición, larga como la palma de la mano, y se la ciñó debajo del sayo en el muslo derecho.

17. Presentó, pues, regalos a Eglón, rey de Moab, el cual era en extremo grueso.

18. Luego que le hubo presentado los regalos, se marchó Aod con los compañeros con quienes había venido.

19. Pero volviéndose desde Gálgala, donde los estaban ídolos, dijo al rey: Tengo que decirte, oh rey, en secreto una palabra. Mando el rey que no prosiguiese y habiendo salido todos los que estaban con él,

20. se acercó Aod al rey, que estaba solo, sentado en su habitación de verano, y dle

---

11. Desde la muerte de Josué hasta la de Otoniel.

Los Doce Jueces de Israel

1.	Otoniel:	*Jue 3*, 7-11
2.	Aod (Ehud):	*Jue 3*, 12-30
3.	Samgar:	*Jue 3*, 31
4.	Débora y Barac:	*Jue 4*, 1-*5*, 31
5.	Gedeón:	*Jue 6*, 1-*8*, 35
6.	Tola:	*Jue 10*, 1-2
7.	Jair:	*Jue 10*, 3-16
8.	Jefté:	*Jue 10*, 17-*12*, 7
9.	Abesán (Ibsán):	*Jue 12*, 8-10
10.	Ahialón (Elón):	*Jue 12*, 11-12
11.	Abdón:	*Jue 12*, 13-15
12.	Sansón:	*Jue 13*, 1-*16*, 31

dijo: Tengo que decirte una palabra de parte de Dios. Al punto se levantó el rey de su silla,

21. y Aod tirando con su mano izquierda de la daga que llevaba al lado derecho se la envasó en el vientre,

22. con tanta fuerza que la guarnición o empuñadura entró tras la hoja en la herida, y se quedó cubierta y encajada en la mucha grosura: ni sacó del vientre la daga sino que como se la metió, así la dejó en él; y al instante los excrementos salieron por sus conductos naturales.

23. Después de lo cual Aod, habiendo cerrado muy bien las puertas del cuarto, y asegurándolas con llave,

24. se salió por una puerta excusada. Y entrando los criados del rey, y viendo cerradas las puertas del aposento, dijeron: Tal vez está satisfaciendo alguna necesidad corporal en la habitación de verano.

25. Y después de haber aguardado mucho tiempo, hasta que preocupados de tanto esperar, y viendo que ninguno les abría, echaron mano de la llave, abrieron el cuarto y hallaron el cadáver de su señor tendido en el suelo.

26. Pero mientras ellos andaban alborotados, Aod se escapó, y pasando por el lugar de los ídolos, desde donde había vuelto atrás, llegó a Seirat.

27. Tocó luego la trompeta o alarma, en el monte de Efraín; y los hijos de Israel descendieron con él, llevándole a su frente.

28. Aod les dijo: Seguidme: porque el Señor ha entregado en nuestras manos a los moabitas nuestros enemigos. Le siguieron, pues, y se apoderaron de los vados del Jordán, que son paso para Moab: y no dejaron pasar a ningún moabita,

29. sino que mataron en aquella sazón cerca de diez mil de ellos, todos hombres robustos y esforzados, de suerte que ninguno de ellos pudo escapar.

30. Quedó, pues, Moab humillado en aquel día, bajo la mano de Israel, y el país estuvo en paz ochenta años.

31. Después de Aod floreció Samgar, hijo de Anat, que mató a seiscientos filisteos con una reja de arado*; y éste fue también defensor y libertador de Israel.

31. No teniendo otras armas, se servía de una reja de arado. Puede tomarse por una lanza, semejante a un aguijón de bueyes.

4

Barac alentado por Débora, derrota a Sísara, general del ejército del rey Jabín

1. Pero los hijos de Israel volvieron a pecar delante del Señor, después de la muerte de Aod;

2. y los entregó el Señor en manos de Jabín, rey de Canaán, que reinó en Asor, y tuvo por general de su ejército a un llamado Sísara, el cual habitaba en Haroset de las Naciones.

3. Clamaron, pues, los hijos de Israel al Señor; porque teniendo Jabín novecientos carros falcados, los había oprimido en extremo por espacio de veinte años.

4. Vivía en aquel tiempo Débora, profetisa, mujer de Lapidot, la cual regía al pueblo;

5. y tenía su asiento debajo de una palma, que se llamó por eso de su mismo nombre, entre Rama y Betel, en el monte de Efraín: y los hijos de Israel acudían a Débora en todos sus litigios.

6. Ella, pues, envió a llamar a Barac, hijo de Abinoem, natural de Cedes de Neftalí, y le dijo: El Señor Dios de Israel te da esta orden: Anda y conduce el ejército al monte Tabor, llevando contigo diez mil combatientes de la tribu de Neftalí y de la de Zabulón:

7. que yo llevaré a un sitio del torrente Cisón a Sísara, general del ejército de Jabín, con todos sus carros y su gente, y los entregaré en tus manos.

8. Y le dijo Barac: Si vienes conmigo, iré; mas si no quieres venir conmigo, tampoco iré yo.

9. A lo que respondió Débora: Bien está, iré contigo; mas por esta vez no se atribuirá a ti la victoria: pues Sísara será entregado por medio de una mujer. Partió, pues, luego Débora, y se fue a Cedes con Barac.

10. El cual, convocados los de Zabulón y Neftalí, marchó con diez mil combatientes, teniendo a Débora en su compañía.

11. Es de advertir que Haber, cineo, se había separado mucho tiempo antes de los otros cineos sus hermanos, hijos de Hobab, parientes de Moisés, y había establecido su morada extendiéndose hasta el valle llamado Sennim, no lejos de Cedes.

12. En esto tuvo Sísara aviso de que

Barac, hijo de Abinoem, había subido al monte Tabor;

13. Por lo que juntó los novecientos carros falcados, e hizo mover todo su ejército desde Haroset de las Naciones hasta el torrente Cisón.

14. Entonces dijo Débora a Barac: ¡Ea, vamos! porque este es el día en que el Señor ha puesto en tus manos a Sísara: mira que el mismo Señor es tu caudillo. Bajó al punto Barac del monte Tabor y con él los diez mil soldados.

15. Y el Señor aterró a Sísara, y a todos sus carros de guerra, y su gente, la cual fue pasada a cuchillo al presentarse Barac: en tanto grado, que Sísara, saltando de su carro, echó a huir a pie.

16. Y Barac fue persiguiendo a los carros fugitivos, y al ejército hasta la ciudad de Haroset de las Naciones; y toda la muchedumbre de los enemigos pereció, sin quedar ni uno.

17. Entretanto Sísara, huyendo vino a parar en la tienda de Jahel, mujer de Haber, cineo: por cuanto había paz entre Jabín, rey de Asor y la casa de Haber, cineo.

18. Y habiendo salido Jahel a recibir a Sísara, le dijo: Entrad, señor mío, en mi casa y no temáis. Entró pues, en la tienda, y después que ella lo cubrió con un manto,

19. le dijo Sísara: Dame por tu vida un poco de agua, que me muero de sed. Abrió ella un odre de leche, y le dio de beber, y volvió a cubrirlo con la ropa.

20. Y le dijo Sísara: Ponte a la puerta del pabellón, y si viene alguno preguntándote, y diciendo: ¿Hay aquí alguno?, responde que no hay nadie.

21. Jahel, pues, mujer de Haber, tomó un clavo o estaca de la tienda, y asimismo un martillo; y entrando sin ser vista ni sentida, aplicó el clavo sobre una de las sienes de Sísara, y dando un golpe con el martillo le traspasó el cerebro hasta la tierra: y Sísara desfalleció y murió, juntando el sueño con la muerte.

22. Cuando he aquí que Barac venía en seguimiento de Sísara, y Jahel, saliéndole al encuentro le dijo: Ven, y te mostraré al hombre que buscas. Entrado que hubo en su estancia, vio a Sísara que yacía muerto, y el clavo atravesado por sus sienes.

23. Así humilló Dios en aquel día a Jabín, rey de Canaán, ante los hijos de Israel.

24. Los cuales cobraron cada día más bríos contra Jabín y Canaán, a quien oprimieron con mano poderosa, hasta que le destruyeron enteramente.

5

Cántico en acción de gracias, de Débora y de Barac, por la victoria contra Jabín

1. En aquel día Débora y Barac, hijo de Abinoem, cantaron este himno* diciendo:

2. ¡Oh varones de Israel!, vosotros que voluntariamente habéis expuesto vuestras vidas, bendecid al Señor.

3. ¡Escuchad, reyes!, ¡estadme atentos, oh príncipes! Yo soy, yo soy la que celebraré al Señor, y entonaré himnos al Señor Dios de Israel.

4. ¡Oh Señor!, cuando saliste de Seir, y pasaste por las regiones de Edón, se estremeció la tierra, y los cielos y las nubes se disolvieron en aguas.

5. Los montes se liquidaron a la vista del Señor, como el monte Sinaí, delante del Señor Dios de Israel.

6. En los días de Samgar, hijo de Anat, en los días de Jahel estaban desiertos los caminos; y los que tenían que viajar, andaban por veredas tortuosas o extraviadas.

7. Se habían acabado en Israel los valientes, habían desaparecido, hasta que Débora levantó la cabeza y se dejó ver como una madre para Israel*.

8. Nuevo y maravilloso modo de guerrear escogió el Señor, y él mismo, por medio de una mujer, destruyó las fuerzas de los enemigos: no se veía lanza ni escudo entre cuarenta mil soldados de Israel.

9. Mi corazón os ama, ¡oh príncipes de Israel!; vosotros que con buena voluntad os expusisteis al peligro, bendecid al Señor.

10. Los que cabalgáis en lucidas caballerías, los que estáis sentados en los tribunales, los que andáis ya libremente por los caminos públicos, hablad vosotros, y bendecid al Señor.

---

1. Este sublime himno que compuso Débora y cantó con las hebreas, lo entonó Barac con sus soldados.

7. Se llama a sí misma *madre de Israel* por el afecto y autoridad que se había granjeado con sus profecías.

11. Donde se estrellaron los carros de guerra, donde las huestes enemigas se anegaron, allí sean publicadas las venganzas del Señor, y su clemencia para con los valientes de Israel. El pueblo se congregó entonces libremente en las puertas de las ciudades, y recobró su superioridad.

12. ¡Ea, vamos, Débora!, vamos, ea, prepárate para entonar un cántico al Señor! Animo, ¡oh Barac!, ¡vamos, toma, hijo de Abinoem, los prisioneros que has hecho!

13. Se han salvado las reliquias del pueblo de Dios; el Señor ha combatido al frente de los valientes.

14. Se sirvió de uno de la tribu de Efraín para derrotar a los cananeos en la persona de los amalecitas: después se sirvió de una de la tribu de Benjamín contra tus pueblos, ¡oh Amalec! De Maquir, primogénito de Manasés, descendieron los príncipes, y de Zabulón los que han capitaneado hoy el ejército para combatir.

15. También los caudillos de Isacar han ido con Débora y seguido las pisadas de Barac; el cual se ha arrojado a los peligros, dejándose caer sobre el enemigo como quien se despeña a una sima. Mas dividido entonces Rubén en partidos contra sí mismos, se suscitaron discordias entre sus valientes.

16. ¿Por qué te estás ahí quieto, ¡oh Rubén!, entre los dos términos de Israel y de sus enemigos oyendo los balidos de tus rebaños? Pero dividido Rubén en partidos contra sí mismos, sus valientes sólo se ocuparon en disputar entre sí.

17. Los de Galaad estaban en reposo a la otra parte del Jordán; y Dan atendía a sus navíos y comercio: lo mismo que Aser que habitaba en la costa del mar, y se mantenía en sus puertos.

18. Empero Zabulón y Neftalí fueron a exponer sus vidas en el país de Merome.

19. Vinieron los reyes enemigos y pelearon contra ellos: los reyes de Canaán pelearon contra Israel en Tanac, junto a las aguas del Mageddo; mas no pudieron llevar presa ninguna.

20. Desde el cielo se hizo guerra contra ellos: las estrellas permaneciendo en su orden y curso, pelearon contra Sísara.

21. El torrente de Cisón arrastró sus cadáveres, el torrente de Cadumín, el torrente de Cisón. ¡Huella, oh alma mía, a los orgullosos campeones!

22. Se les saltaron a sus caballos las uñas de los pies con la impetuosidad de la huida, cayendo por los precipicios los más valientes de los enemigos.

23. Maldecid a la tierra de Meroz, dijo el ángel del Señor: maldecid a sus habitantes, pues no quisieron venir al socorro del pueblo del Señor, a ayudar a sus más esforzados guerreros.

24. ¡Bendita entre todas las mujeres Jahel, esposa de Haber, cineo, bendita sea en su pabellón!

25. Le pidió Sísara agua, y le dio leche, y en taza de príncipes le ofreció la nata.

26. Con la izquierda cogió un clavo, y con la diestra un martillo de obreros, y mirando donde heriría a Sísara en la cabeza, le dio el golpe y le taladró con gran fuerza las sienes.

27. Cayó Sísara entre los pies de Jahel, perdió las fuerzas, y expiró después de haberse revolcado por el suelo delante de Jahel, quedando tendido en tierra, exánime y miserable.

28. Mientras esto pasaba estaba mirando la madre de Sísara desde la ventana y daba voces, diciendo desde su cuarto: ¿Cómo tarda tanto en volver su carro? ¿Cómo son tan pesados los pies de sus cuatro caballos?

29. La más discreta entre las mujeres de Sísara, respondió así a la suegra:

30. Quizá está ahora repartiendo los despojos, y se está escogiendo para él la más hermosa de las cautivas; se separan de entre todo el botín ropas de diversos colores para Sísara, y variedad de joyas para adorno de los cuellos*.

31. Perezcan, Señor, como Sísara todos tus enemigos: y brillen como el sol en su oriente los que te aman.

32. Estuvo después todo el país en paz cuarenta años*.

Vuelve Israel a la idolatría y en castigo cae en poder de los madianitas

1. Pero, muerto Barac, pecaron nuevamente los hijos de Israel en la presencia

---

30. *Jue* 7, 21.
32. Desde la muerte de Aod hasta la de Barac.

del Señor, el cual los entregó en manos de los madianitas por siete años:

2. quienes los oprimieron en tanto grado, que se vieron obligados a abrir grutas y cuevas en los montes para guarecerse, y a fabricar lugares muy fuertes para defenderse.

3. Pues cuando los israelitas habían hecho la sementera se presentaban los madianitas, los amalecitas y los otros pueblos orientales,

4. y plantando en medio de ellos sus tiendas, o cabañas, estando aún en hierba los sembrados, lo talaban todo desde el Jordán hasta las puertas de Gaza: y no dejaban a los israelitas nada de lo que es necesario para la vida; ni ovejas, ni bueyes, ni asnos.

5. Porque venían ellos con todos sus ganados y tiendas, y a manera de langostas cubría todos los campos una multitud innumerable de hombres y de camellos, desollándolo todo por donde pasaban.

6. Con lo que los israelitas fueron en extremo humillados bajo la dominación de los madianitas.

7. Al fin clamaron al Señor pidiendo auxilio contra ellos.

8. Y el Señor les envió un profeta, el cual les habló de esta manera: Esto dice el Señor Dios de Israel: Yo soy el que os hice salir de Egipto, y os saqué de la casa de la esclavitud,

9. y os libré de las manos de los egipcios, y de todos los enemigos que os maltrataban, y a vuestra entrada los eché de su tierra, y os la entregué a vosotros.

10. Y dije: Yo soy el Señor Dios vuestro; no temáis a los dioses de los amorreos, en cuya tierra habitáis; pero vosotros no habéis querido escuchar mi voz.

El Señor llama a Gedeón

11. Después de estas reconvenciones vino el ángel del Señor, y se sentó debajo de una encina que había en Efra, y era pertenencia de Joás, cabeza de la familia de Ezri. Y como Gedeón, su hijo, estuviese sacudiendo y limpiando el grano en un lagar para esconderlo de los madianitas,

12. se le apareció el ángel del Señor, y le dijo: El Señor es contigo, oh tú el más valeroso de los hombres.

13. A lo que respondió Gedeón: Te suplico, Señor mío, me digas: Si el Señor está con nosotros, ¿cómo es que nos han sobrevenido todos estos males? ¿Dónde están aquellas maravillas suyas que nos han contado nuestros padres, refiriéndonos cómo el Señor los sacó de Egipto? Lo cierto es que ahora el Señor nos ha desamparado y entregado en manos de Madián.

14. Entonces el ángel que representaba al Señor echó una mirada sobre él, y le dijo: Anda, ve con ese tu valor y libertarás a Israel del poder de Madián: sábete que soy yo el que te envío.

15. Respondió Gedeón y dijo: ¡Ah, Señor mío!, te ruego que me digas ¿cómo he de poder yo libertar a Israel? Tú ves que mi familia es la ínfima en la tribu de Manasés, y yo el menor en la casa de mi padre.

16. Le dijo el ángel del Señor: Yo seré contigo, y derrotarás a Madián, como si fuera un solo hombre.

17. Replicó él: Si es que yo he hallado gracia delante de ti, dame una señal de que eres tú quien me hablas*,

18. ni te retires de este sitio, hasta que yo vuelva a ti y te traiga un presente como para un sacrificio, y te lo ofrezca. Respondió el ángel: Aguardaré hasta que vuelvas.

19. Con esto Gedeón fue a su casa, y cosió un cabrito, y panes ázimos, que hizo de una medida de harina; y poniendo la carne en un canasto; y echando en una olla el caldo de la carne, lo llevo todo debajo de la encina, y se lo presentó.

20. Le dijo el ángel del Señor: Toma la carne y los panes ázimos, y ponlo sobre aquella peña, y derrama encima el caldo. Y habiéndolo hecho así,

21. extendió el ángel del Señor la punta del báculo que tenía en la mano, y tocó la carne y los panes ázimos; y salió fuego de la piedra, y consumió la carne y los panes ázimos, y el ángel del Señor desapareció de sus ojos.

22. Viendo Gedeón que era un ángel del Señor, dijo: ¡Ay de mí, Señor Dios mío, que he visto al ángel del Señor cara a cara!

23. Le respondió el Señor: La paz sea contigo: no temas, que no morirás.

24. Edificó, pues, allí Gedeón un altar al Señor, y le llamó Paz del Señor: nombre que dura hasta hoy día. Y estando él todavía en Efra, que pertenece a la familia de Ezri,

---

17. *Que me hablas de parte de Dios.*

25. le dijo el Señor aquella noche: Toma un toro de tu padre y otro de siete años; y destruye el altar de Baal, que es de tu padre: y corta el bosquete que está junto al altar:

26. y erigirás un altar al Señor Dios tuyo encima de esa peña sobre que pusistes antes el sacrificio; y tomando el segundo toro le ofrecerás en holocausto sobre el montón de leña que habrás cortado en el bosquete.

27. Gedeón, pues, habiendo tomado consigo diez de sus criados, hizo lo que el Señor le había mandado: si bien teniendo a la familia de su padre y a los vecinos de aquella ciudad, no lo quiso hacer de día, sino que todo lo ejecutó de noche.

28. A la mañana, levantándose, los vecinos del pueblo, vieron destruido el altar de Baal, y cortado el bosquete, y colocado el segundo toro sobre un altar recientemente erigido.

29. Y se dijeron unos a otros: ¿Quién ha hecho esto? Y haciendo pesquisa del autor de ello, se les dijo: Gedeón, hijo de Joás, ha hecho todas estas cosas.

30. Por lo que dijeron a Joás: Sácanos aquí tu hijo para que muera, pues ha destruido el altar de Baal, y cortado el bosquete.

31. Les respondió Joás: pues qué ¿sois vosotros los vengadores de Baal para combatir por él? Haga Baal que quien es su adversario, muera antes que amanezca el día de mañana: si Baal es Dios, vénguese él mismo del que ha derribado su altar.

32. Desde aquel día Gedeón fue llamado Jerobaal*, por haber dicho Joás: Vénguese Baal del que le derribó su altar.

33. Entretanto todos los de Madián y de Amalec, y los pueblos orientales se juntaron a una, y pasando el Jordán, acamparon en el valle de Jezrael para robar y talar.

34. Mas el espíritu del Señor se apoderó de Gedeón, el cual* tocando la trompeta convocó a la familia de Abiezer para que le siguiese.

35. Envió asimismo mensajeros a toda la tribu de Manasés, que también le siguió; e igualmente a las otras de Aser, y de Zabulón, y de Neftalí, que asimismo salieron a juntarse con él.

36. Gedeón dijo entonces al Señor: Si has de salvar a Israel por mi mano, como lo has dicho,

37. he aquí que yo extenderé este vellocino de lana en la era: si el rocío solamente cayere en el vellocino, quedando todo el terreno enjuto, reconoceré en esto que por mi mano has de libertar a Israel, según tiene dicho.

38. Se hizo así, y levantándose antes del amanecer, exprimió el vellocino, y llenó una taza de rocío que salió de él.

39. Dijo de nuevo a Dios: No se irrite contra mí tu furor, si aún hago una prueba más buscando otra señal por medio del vellocino. Suplícote ahora lo contrario, que sólo el vellocino esté seco, y se vea mojada del rocío toda la tierra;

40. y Dios lo hizo aquella noche como se lo había pedido; y sólo el vellocino quedó enjuto, y todo el terreno se halló cubierto de rocío.

---

7 *Victoria prodigiosa de Gedeón y derrota sobre el ejército de los madianitas*

---

1. Por lo tanto Jerobaal, o sea Gedeón, levantándose antes del día, vino con toda su gente a la fuente llamada de Harad, estando el campamento de los madianitas en el valle al norte de un cerro muy alto.

2. Dijo entonces el Señor a Gedeón: Mucha gente tienes contigo: no será Madián entregado en manos de ella, porque no se gloríe contra mí Israel, y diga: Mi valor me ha libertado.

3. Habla al pueblo, y haz pregonar de manera que lo oigan todos: El que sea medroso o cobarde, que se vuelva. Y se volvieron del monte de Galaad y se retiraron veintidós mil hombres de la tropa, quedándose solamente diez mil.

4. Y el Señor dijo a Gedeón: Aún hay mucha gente; guíalos al agua que allí los experimentaré; y el que yo te dijere que vaya contigo, vaya; y a quien yo prohibiere ir vuélvase.

5. Pues como las tropas bajasen al agua, dijo el Señor a Gedeón: Los que bebieron el agua llevada a su boca con la mano, como la cogen los perros con la lengua, los separarás

---

32. Jerobaal significa *el que pelea con Baal.*

34. Revestido de la dignidad de Enviado de Dios.

a un lado; mas los que hubieren puesto las rodillas en tierra para beber con más comodidad, quedarán en otra parte.

6. Fueron, pues, los que bebieron el agua, llevándola a su boca con la mano, trescientos hombres: todo el resto de la tropa había doblado sus rodillas para beber más cómodamente.

7. En seguida dijo el Señor a Gedeón: Con estos trescientos hombres que han tomado con la mano el agua para llevarla a su lengua, los libertaré, y haré caer a Madián en vuestro poder. Retírese a su estancia toda la demás tropa.

8. Y tomando víveres a proporción del número de la gente, y las trompetas, mandó volver todo el resto de la tropa a sus tiendas, y él con sólo los trescientos hombres se dispuso para el combate. El campamento de Madián estaba abajo en el valle.

9. Aquella misma noche le dijo el Señor: Levántate y desciende al campamento de los enemigos; porque los he entregado en tus manos;

10. pero si temes ir solo, baje contigo Fara, tu criado.

11. Y cuando oyeres lo que hablan los madianitas, quedarás más animoso, y asaltarás con más confianza su campamento. Partió, pues, Gedeón, con su criado Fara, hacia aquel paraje del campamento donde estaban los centinelas del ejército enemigo.

12. Es de advertir que los madianitas y amalecitas, y todos los pueblos orientales yacían tendidos en el valle, como una muchedumbre de langostas; y sus camellos eran sin número, como las arenas de la orilla del mar.

13. Así que se acercó Gedeón, oyó que uno contaba a su camarada cierto sueño, y refería en esta forma lo que había visto: Acabo de tener un sueño, en que veía venir rodando un pan de cebada cocido en el rescoldo, y bajar hacia el campamento de Madián, y que chocando contra un pabellón le trastornó con el golpe, y le echó por tierra.

14. Respondió aquel a quien se lo contaba: Lo que esto significa es la espada de Gedeón, hijo de Joás, israelita*; porque Dios ha entregado en sus manos a Madián y a todo su campamento.

15. Gedeón, oído el sueño y su interpretación, adoró al Señor; y vuelto al campo de Israel, dijo a los suyos: ¡Ea, vamos! al instante; porque el Señor ha entregado en nuestras manos el campamento de Madián.

16. Dividió luego los trescientos hombres en tres cuerpos, y puso en manos de cada uno una trompeta y una vasija de barro vacía, y dentro de ésta una tea encendida,

17. y les dijo: Lo que me viereis hacer, hacedlo vosotros: yo entraré por un lado de los reales; imitad lo que yo hiciere.

18. Cuando sonare la trompeta que tengo en mi mano, sonad también vosotros las vuestras alrededor del campamento, y gritad todos a una: ¡Al Señor y a Gedeón, victoria!

19. Entrando, pues, Gedeón por un lado del campo, seguido de sus trescientos hombres, al comenzar la vela de la medianoche, y despertados los centinelas, comenzaron Gedeón y los suyos a tocar las trompetas, y a quebrar unas vasijas con otras;

20. y haciendo resonar el ruido alrededor del campamento, por tres puntos diferentes, rotas las vasijas, tomaron las luces en la mano izquierda, y prosiguiendo en tocar las trompetas que tenían en la derecha gritaron todos: ¡La espada del Señor y de Gedeón!

21. manteniéndose cada uno quieto en su puesto alrededor de los reales enemigos. Con esto todas las tropas de Madián se alborotaron, y dando gritos y aullidos echaron a huir.

22. Y sin embargo los trescientos hombres seguían tocando sin cesar las trompetas. Y el Señor hizo que los enemigos tirasen de sus espadas unos contra otros sin conocerse; de suerte que se degollaban entre sí,

23. huyendo los que escaparon hasta Betsetta, y hasta los confines de Abelmeula en Tebbat. Al mismo tiempo los israelitas de las tribus de Neftalí, y de Aser, y todos los de la de Manasés, al saber la victoria, gritando todos a una, fueron persiguiendo a los madianitas.

24. Y Gedeón despachó mensajeros a toda la montaña de Efraín, para que dijesen a sus moradores: Bajad al encuentro de los madianitas, y ocupad el vado de las aguas hasta Betbera y lo largo del Jordán. Así pues, todo Efraín tocó alarma, y se adelantó a

---

14. *A quien pensábamos devorar como un pedazo de pan, y sucederá al revés.*

tomar los vados de las aguas y la orilla del Jordán hasta Betbera.

25. Y habiendo hecho prisioneros dos príncipes de los madianitas, Oreb y Zeb*, mataron a Oreb en la peña de Oreb, y a Zeb en el lugar de Zeb. Y persiguieron a los madianitas; y llevaron las cabezas de Oreb y de Zeb a Gedeón, al otro lado del río Jordán.

8

Sosiega Gedeón la tribu de Efraín; vence a Zebee y Salmana; manda hacer un efod

1. Entonces le dijeron los efraimitas*: ¿Qué es esto que has hecho con nosotros de no llamarnos cuando saliste a combatir a Madián? Y se querellaron agriamente, faltando poco para llegar a atropellarle.

2. Les respondió Gedeón: Pues, ¿qué hazaña podía yo hacer que igualara a la que vosotros habéis hecho? ¿Por ventura no vale más un racimo de Efraín que todas las vendimias de Abiezer?

3. El Señor puso en vuestras manos los príncipes de Madián, Oreb y Zeb: ¿qué cosa pude yo hacer igual a la que vosotros habéis hecho? Con esta respuesta calmó la cólera en que ardían contra él.

4. Cuando Gedeón, después de la derrota de Madián, llegó al Jordán, lo vadeó con los trescientos hombres que tenía consigo; los cuales por el cansancio no podían perseguir a los fugitivos.

5. Por lo que dijo a los vecinos de Soccot: Dadme, os ruego, pan para la tropa que viene conmigo, pues está muy desfallecida, a fin de que podamos perseguir a Zebee y a Salmana, reyes de Madián.

6. Respondieron los príncipes de Soccot: Pues qué, ¿tienes en tu poder maniatados a Zebee y a Salmana, para pedirnos que demos pan a este su ejército?

7. Les replicó él:Cuando el Señor habrá entregado en mis manos a Zebee y a Salmana, yo destrozaré vuestros cuerpos con las espinas y abrojos del desierto.

8. Moviendo de allí vino a Fanuel, y propuso lo mismo a los habitantes de aquel lugar, que también le respondieron como los de Soccot.

9. Y les dijo asimismo: Cuando vuelva felizmente vencedor, destruiré esa torre.

10. Entretanto Zebee y Salmana estaban descansando con todo su ejército; porque de todas las tropas de los pueblos orientales habían quedado quince mil hombres, habiendo sido muertos ciento veinte mil soldados, que manejaban la espada.

11. Gedeón, pues, tomando el camino hacia los árabes scenitas, o que habitaban en tiendas de campaña, a la parte oriental de Nobe y Jegbaa, derrotó el campamento de los enemigos; los cuales estaban descuidados, imaginando que ya no tenían que temer nada.

12. Zebee y Salmana echaron a huir; mas persiguiéndolos Gedeón, los prendió después de haber desbaratado todo su ejército.

13. Y volviendo de la batalla al otro día antes de salir el sol,

14. cogió a un mozo de los habitantes de Soccot, y le preguntó por los nombres de los principales y ancianos o senadores de Soccot, y señaló setenta y siete sujetos.

15. Con esto, entró en Soccot, y les dijo: Aquí tenéis a Zebee y a Salmana, sobre los cuales me zaheristeis diciendo: ¿Acaso tienes ya en tu poder maniatados a Zebee y a Salmana para que nos pidas que demos de comer a tus soldados desfallecidos de hambre y cansancio?

16. Cogió, pues, a los ancianos de la ciudad y destrozó y desmenuzó sus cuerpos con espinas y abrojos del desierto.

17. Arrasó también la torre de Fanuel, pasando a cuchillo a los moradores de la ciudad.

18. Dijo después a Zebee y Salmana: ¿Qué traza tenían aquellos hombres que matasteis en el Tabor?* Le respondieron: Eran parecidos a ti, y uno de ellos así como hijo de rey.

19. Les replicó Gedeón: Hermanos míos eran, hijos de mi madre. Vive Dios que si les hubieseis conservado la vida, yo tampoco os la quitaría a vosotros.

---

25. La muerte de estos dos capitanes dio nombre a esos lugares.

1. Estas quejas fueron al volver Gedeón de perseguir a los madianitas.

18. Escondidos entre rocas y cuevas. *Jue 6*, 2.

20. Dijo entonces a Jeter su primogénito: Anda, ve y mátalos. Mas Jeter no sacó la daga porque tenía miedo, siendo como era muchacho.

21. Y Zebee y Salmana dijeron: Ven tú y danos el golpe: pues a proporción de la edad es la fuerza del hombre. Acercóse Gedeón y mató a Zebee y a Salmana: y tomó después todos los adornos y lunitas de oro, con que suelen engalanarse los cuellos de los camellos de los reyes.

22. Después de esto, todos los israelitas dijeron a Gedeón: Sé tú nuestro príncipe, y después de ti, tu hijo y tu nieto, ya que nos has librado del poder de Madián.

23. A los cuales él respondió: No seré yo príncipe vuestro, ni tampoco lo será mi hijo; sino que el Señor será quien domine y reine sobre vosotros.

24. Y les añadió: Una sola cosa os pido: dadme los zarcillos o pendientes que habéis hallado en el botín. Porque los israelitas acostumbraban traer zarcillos de oro.

25. Le respondieron: Los daremos con grandísimo gusto. Y extendiendo en tierra una capa, echaron en ella los zarcillos cogidos en el botín.

26. Y estos zarcillos que pidió Gedeón, pesaron mil seiscientos siclos de oro, sin contar los dijes y joyeles y vestidos de púrpura que solían usar los reyes de Madián, y además de los collares o sartales de oro de los camellos.

27. De todo esto hizo Gedeón un efod* que puso en su patria la ciudad de Efra. Pero todo Israel idolatró por causa de este efod, después de la muerte de dicho caudillo; y el tal efod vino a ser la ruina de Gedeón y de toda su casa.

28. Quedaron, pues, los madianitas humillados delante de los hijos de Israel, y no pudieron después levantar cabeza; sino que todo el país estuvo en paz durante los cuarenta años que gobernó Gedeón.

29. Partió después Jerobaal o Gedeón, hijo de Joás, y habitó en su casa;

30. y tuvo setenta hijos propios; porque tenía muchas mujeres.

31. Y una de sus mujeres secundarias, que estaba en Siquem, le parió un hijo que se llamó Abimelec.

32. Al fin murió Gedeón, hijo de Joás, en próspera vejez, y fue colocado en el sepulcro de Joás, su padre, en Efra, ciudad de la familia de Ezri.

33. Mas después que murió Gedeón, apostataron otra vez los hijos de Israel, y se prostituyeron a los ídolos, y pactaron alianza con Baal, para que fuese su Dios;

34. no acordándose del Señor Dios suyo que los libertó de las manos de todos sus enemigos, que tenían alrededor;

35. ni usaron de piedad con la casa de Jerobaal, esto es de Gedeón, por todos los beneficios que había hecho a Israel.

9

Mata Abimelec a todos sus hermanos y usurpa tiránicamente el mando por medio de los siquemitas

---

1. Por este tiempo Abimelec, hijo de Jerobaal, se fue a Siquem a los hermanos de su madre, y trató con ellos y con toda la parentela de la casa del padre de su madre, diciendo:

2. Proponed a todos los ciudadanos de Siquem: ¿Qué es lo que os parece mejor: que os dominen setenta hombres hijos todos de Jerobaal, o que uno solo sea el Señor? Y considerad al mismo tiempo que yo soy carne y sangre vuestra.

3. Propusieron, pues, los hermanos de su madre todas estas razones a todos los ciudadanos de Siquem, e inclinaron su corazón a favor de Abimelec, diciendo: El es nuestro hermano.

4. Y le dieron setenta siclos de plata del templo de Baalberit. Con los cuales tomó a su sueldo gente necesitada y vagamunda, que lo siguió.

5. Y pasando a la casa de su padre, en Efra, degolló a todos sus setenta hermanos, hijos de Jerobaal, sobre una misma piedra: escapando solamente Joatam, el hijo más pequeño de Jerobaal, que se quedó escondido.

6. Y se congregaron todos los vecinos de Siquem, y los de la ciudad de Mello; y fueron y alzaron por rey a Abimelec, junto a la encina que estaba en Siquem.

---

27. Algunos intérpretes sostienen que este *efod* hecho como *trofeo* de sus victorias fue la ruina de *Gedeón* y su casa.

7. Lo cual entendido por Joatam, subió al monte de Garizim, y puesto sobre la cumbre, clamó a voz en grito, y dijo: Ciudadanos de Siquem, oídme; así os oiga Dios;

8. se juntaron los árboles para ungir un rey sobre ellos, y dijeron al olivo: Reina sobre nosotros.

9. El cual respondió: ¿Cómo puedo yo desamparar mi pingüe licor de que se sirven los dioses y los hombres, por ir a ser superior entre los árboles?

10. Dijeron, pues, los árboles a la higuera: Ven y reina sobre nosotros.

11. La cual les respondió: ¿Debo yo abandonar la dulzura y suavidad de mi fruto, por ir a ser superior entre los otros árboles?

12. Se dirigieron después los árboles a la vid, diciendo: ven y reina sobre nosotros.

13. La cual les respondió: Pues qué, ¿puedo yo abandonar mi vino, que alegra a Dios en los sacrificios, y a los hombres en los convites, a trueque de ser reina de los árboles?

14. Finalmente los árboles todos dijeron a la zarza: Ven y reina sobre nosotros.

15. La cual respondió: Si es que con verdad y buena fe me constituís por reina vuestra, venid y reposad a mi sombra: y si no, salga fuego de la zarza y ábrase los cedros del Líbano.

16. Ahora, pues, considerad si habéis hecho una acción justa e inocente, en constituir por rey vuestro a Abimelec; si os habéis portado bien con Jerobaal y su casa, correspondiendo a los beneficios de aquel que combatió por vosotros,

17. y expuso su vida a los peligros por libertaros del poder de los madianitas,

18. vosotros que ahora os habéis alzado contra la casa de mi padre, y degollado a sus hijos, setenta personas sobre una misma piedra, y constituido por rey sobre los habitantes de Siquem a Abimelec, hijo de una esclava suya, porque es vuestro hermano;

19. si os habéis, pues, portado con justicia y sin pecado con Jerobaal y su casa, regocijaos hoy con Abimelec, y regocíjese Abimelec con vosotros.

20. Mas si habéis obrado perversamente, salga fuego de Abimelec, y devore a los vecinos de Siquem y la ciudad de Mello; salga igualmente fuego de los vecinos de Siquem y de la ciudad de Mello; que devore a Abimelec.

21. Dicho esto, huyó, y se fue a Bera, donde habitó por temor de su hermano Abimelec.

Revolución de los siquemitas contra Abimalec

22. Reinó, pues, Abimelec sobre Israel tres años.

23. Pero envió el Señor un espíritu pésimo entre Abimelec y los habitantes de Siquem: los cuales comenzaron a detestarle,

24. echando la culpa de la muerte atroz de los setenta hijos de Jerobaal y de la efusión de su sangre a dicho Abimelec su hermano y demás principales de Siquem que le habían ayudado.

25. Y así armaron asechanzas contra él en lo alto de los montes, y mientras aguardaban que viniera, o pasara, cometían atracos, saqueando a los pasajeros, de lo cual fue avisado Abimelec.

26. Entretanto llegó Gaal, hijo de Obed, con sus hermanos y entró en Siquem; con cuya venida cobrando ánimo los vecinos de Siquem,

27. salieron por los campos, talaron las viñas de Abimelec y de los suyos, y pisaron las uvas; y formando danzas de cantores entraron en el templo de su dios; y mientras comían y bebían maldecían a Abimelec;

28. gritando Gaal, hijo de Obed: ¿Quién es Abimelec y qué ciudad es Siquem para que nos sujetemos a él? ¿Por ventura no es éste el hijo de Jerobaal? ¿Él que ha destinado a un Zebul, criado suyo para mandar a los descendientes de Emor, padre de Siquem? Pues, ¿Por qué nosotros hemos de estarle sujetos?

29. ¡Ojalá me diese alguno el mando de este pueblo, para quitar de en medio a Abimelec! Entretanto se avisó a Abimelec, para que juntase un ejército numeroso y viniese.

30. Porque Zebul, gobernador de la ciudad, oídas las palabras de Gaal, hijo de Obed, montó en gran cólera,

31. y envió secretamente mensajeros a Abimelec diciendo: Mira que Gaal, hijo de Obed, ha venido a Siquem, con todos los de su parentela, y anda levantando la ciudad contra ti.

32. Sal, pues, de noche con la tropa que tienes contigo, y estate escondido en los campos;

33. y muy de mañana, cuando esté para salir el sol, déjate caer sobre la ciudad; y cuando Gaal salga contra ti con su gente, haz contra él lo que pudieres.

34. Abimelec, pues, marchó de noche con todo su ejército, y puso emboscadas en cuatro partes junto a Siquem.

35. Saliendo Gaal, hijo de Obed, se puso a la entrada de la puerta de la ciudad. Entonces salió Abimelec de la emboscada con todo su ejército.

36. En viendo Gaal aquella gente, dijo a Zebul*: ¿No ves qué gentío desciende de los montes? Zebul le respondió: Las sombras de los montes se te presentan como cabezas de hombres, y en esto está tu engaño.

37. Replicó Gaal: Mira cómo se descuelga la gente del cerro intermedio: y un escuadrón tira por el camino que va hacia la encina.

38. Le dijo Zebul: ¿Dónde está ahora aquel tu orgullo con que decías: ¿Quién es Abimelec para que hayamos de estarle sujetos? ¿No es ésa la gente que despreciabas? Sal y pelea contra él.

39. Salió, pues, Gaal delante de todo el pueblo de Siquem y vino a las manos con Abimelec,

40. el cual lo hizo huir; y persiguiéndolo lo obligó a meterse en la ciudad, y perecieron muchísimos de los suyos hasta la puerta de Siquem.

41. Abimelec se detuvo en Ruma; pero Zebul, juntando los de su partido, echó de la ciudad a Gaal y a sus compañeros, no permitiendo que permanecieran dentro.

Destrucción de Siquem

42. Sin embargo, al día siguiente el pueblo de Siquem del partido de Gaal salió a campaña; de lo cual avisado Abimelec,

43. movió su ejército, y lo dividió en tres escuadrones, armando emboscadas en el campo. Y viendo que el pueblo salía de la ciudad, se levantó y se echó sobre ellos

44. con su escuadrón, cercando y batiendo la ciudad. Entretanto los otros dos escuadrones iban persiguiendo a los contrarios desparramados por el campo.

45. Estuvo, pues, Abimelec batiendo todo aquel día la ciudad, hasta que la tomó; y pasando a cuchillo a todos sus habitantes, la arrasó y aun la sembró de sal*.

46. Como hubiesen oído esto los que moraban en la torre de Siquem, se retiraron al templo de su dios Berit, en donde habían hecho alianza con Abimelec, y de lo cual le venía al lugar aquel nombre de Berit: lugar que estaba muy fortificado.

47. Abimelec por su parte oyendo que los refugiados en la torre de Siquem estaban allí todos hacinados,

48. subió al monte de Selmón con toda su gente, y tomando una segur cortó la rama de un árbol, y echándosela al hombro, dijo a sus compañeros: Haced presto lo que me veis hacer.

49. Ellos luego cortando a porfía ramas de árboles seguían a su caudillo; y cercando con ellas las fortalezas, le pusieron fuego; por manera que con el humo y las llamas perecieron mil personas entre hombres y mujeres de los que se habían acogido en la torre de Siquem.

50. Partido de aquí Abimelec, fue a la ciudad de Tebes; la que bloqueó y sitió con su ejército.

51. Había en medio de la ciudad una torre muy alta, donde se había refugiado toda la gente así hombres como mujeres, y todos los principales de la ciudad: y habiendo cerrado y asegurado bien la puerta, se colocaron sobre el techo de la torre para defenderse.

52. Y llegando Abimelec al pie de la torre, la combatía valerosamente, y acercándose a la puerta procuraba incendiarla;

53. cuando he aquí que una mujer, arrojando desde arriba un pedazo de una piedra de molino dio con ella en la cabeza de Abimelec, y le rompió el cerebro.

54. Entonces Abimelec, llamando a toda prisa a su escudero, le dijo: Saca tu espada, y mátame; porque no se diga que fui muerto por una mujer. El escudero, ejecutando el mandato, lo acabó de matar.

55. Y muerto que fue, todos los israelitas que le seguían se volvieron a sus casas.

---

36. Quien fingía que estaba de acuerdo con él.

45. En señal de que no debía ser reedificada jamás.

56. Así dio Dios a Abimelec el pago del mal que había hecho contra su padre, matando a sus setenta hermanos.

57. Y así también pagaron los siquemitas la pena de cuanto habían hecho, y les alcanzó la maldición de Joatam, hijo de Jerobaal.

10

Tola y Jair jueces de Israel; vuelve este pueblo a idolatrar y queda esclavo de los filisteos y amonitas

1. Después de Abimelec fue caudillo de Israel Tola, hijo de Fúa, y tío de Abimelec, de la tribu de Isacar, que habitó en Samir de la montaña de Efraín,

2. y gobernó a Israel veintitrés y murió, y fue sepultado en Samir.

3. A éste sucedió Jair, galaadita, que fue juez de Israel veintidós años;

4. y tenía treinta hijos que cabalgaban en treinta pollinos, y eran señores de treinta poblaciones en el país de Galaad; las cuales de su nombre se llamaron Havot-Jair, esto es, Villas de Jair, hasta el día presente.

5. Murió Jair, y fue sepultado en un lugar llamado Camón.

6. Pero los hijos de Israel, añadiendo nuevos pecados a los antiguos, cometieron la maldad delante del Señor, adorando a los ídolos, a Baal y a Astarot, y a los dioses de Siria y de Sidón, y de Moab, y de los hijos de Amón, y de los filisteos; y abandonaron al Señor, y dejaron de adorarlo.

7. Airado el Señor contra ellos, los entregó en manos de los filisteos y de los hijos de Amón.

8. Con lo cual fueron afligidos y oprimidos cruelmente, por espacio de dieciocho años, todos los habitantes de la otra parte del Jordán en el país de los amorreos que pertenece a Galaad.

9. Tanto que los hijos de Amón, atravesando el Jordán, devastaban las tribus de Judá, y de Benjamín, y de Efraín; y así lo vio Israel en una extrema aflicción.

10. Clamaron, pues, los israelitas al Señor, diciendo: Pecado hemos contra ti; porque dejamos al Señor Dios nuestro, y hemos servido a los ídolos.

11. Mas el Señor les dijo: Pues qué, ¿No fuisteis oprimidos por los egipcios y los amorreos, y por los hijos de Amón y los filisteos,

12. y también por los sidonios, amalecitas y cananeos, y clamasteis a mí, y os libré de sus manos?

13. Y con todo eso, ahora me habéis abandonado, y dado culto a dioses extraños: por tanto no os libraré ya más en adelante.

14. Id, y clamad a los dioses que os habéis escogido: que os libren ellos en el tiempo de la tribulación.

15. Dijeron entonces al Señor los hijos de Israel: Hemos pecado: haz tú de nosotros lo que te agradare: líbranos solamente ahora de nuestros opresores.

16. Dicho esto, arrojaron fuera de sus confines todos los ídolos de los dioses ajenos, y sirvieron al Señor Dios; el cual se compadeció de sus miserias.

17. Entretanto los hijos de Amón con gran algazara fijaron los reales en Galaad; y juntándose contra ellos los hijos de Israel acamparon en Masfa.

18. Entonces los príncipes de Galaad convinieron entre sí, diciendo unos a otros: El primero de nosotros que comenzare a pelear contra los hijos de Amón, será caudillo del pueblo de Galaad.

11

Jefté elegido juez de Israel. Voto que hace al Señor antes de la batalla

1. Había en aquel tiempo un hombre de Galaad llamado Jefté, varón muy esforzado y guerrero, que tuvo por padre a Galaad y por madre a una meretriz.

2. Este Galaad tuvo también de su esposa legítima hijos; los cuales así que fueron grandes echaron a Jefté de casa, diciendo: No puedes ser tú heredero en casa de nuestro padre, porque has nacido de otra madre.

3. Jefté, pues, huyendo y guardándose de ellos, se fue a vivir en la tierra de Tob, donde se le allegaron hombres menesterosos y aventureros, que le seguían como a un príncipe.

4. Por aquellos días los hijos de Amón hacían guerra contra Israel;

5. y como lo estrechasen fuertemente, resolvieron los ancianos o senadores de Galaad ir a traer de la tierra de Tob a Jefté en su auxilio.

6. Y le dijeron: Ven y serás nuestro príncipe, y pelearás contra los hijos de Amón.

7. Les respondió Jefté: ¿Pues no sois vosotros los que me aborrecisteis, y echasteis de la casa de mi padre? Ahora venís a mí compelidos de la necesidad.

8. A esto dijeron los príncipes de Galaad a Jefté: Por eso mismo venimos ahora a buscarte, para que vengas con nosotros y pelees contra los hijos de Amón, y seas el caudillo de todos los habitantes del país de Galaad.

9. Les replicó Jefté: Si verdaderamente habéis venido a buscarme para pelear por vosotros contra los hijos de Amón, ¿cuando el Señor los haya entregado en mis manos, he de ser yo vuestro príncipe?

10. Le respondieron: El Señor que oye estas cosas, sea él mismo mediador y testigo de que cumpliremos nuestras promesas.

11. Con esto Jefté se puso en camino con los principales o senadores de Galaad, y todo el pueblo lo eligió por príncipe suyo, y Jefté confirmó todos sus tratados delante del Señor en Masfa*.

12. Envió luego Jefté embajadores al rey de los hijos de Amón, que le dijesen en su nombre: ¿Qué tenéis tú conmigo, que has venido contra mí para talar mi país?

13. Les respondió el rey de los amonitas: Es porque Israel al venir de Egipto se apoderó de mi país desde los términos de Arnón, hasta Jaboc y el Jordán: ahora pues, restitúyemele pacíficamente.

14. Volvió Jefté a enviar los mismos embajadores, mandándoles que dijesen al rey de Amón.

15. Esto dice Jefté: Nunca Israel se apoderó del país de Moab, ni del país de los hijos de Amón;

16. sino que cuando salió de Egipto, anduvo por el desierto, costeando el mar Rojo hasta que llegó a Cades;

17. desde donde despachó embajadores al rey de Idumea, diciendo: Permíteme atravesar por tu tierra; el cual no quiso condescender con sus ruegos. Envió asimismo embajadores al rey de Moab, que también se desdeñó de dar el paso. Se quedó, pues, Israel en Cades;

18. y fue rodeando por un lado la Idumea y la tierra de Moab y viniendo a la parte oriental de la tierra de Moab, acampó de esta otra parte de Arnón, ni quiso entrar en los términos de Moab, pues Arnón es el confín de la tierra de Moab.

19. Envió después Israel embajadores a Sehón, rey de los amorreos que habitaba en Hesebón, y le dijeron: Permíteme pasar por tu tierra hasta el río.

20. Pero despreciando también éste la petición de Israel, no lo dejó pasar por su distrito, sino que juntando infinita gente, salió contra él en Jasa, y se le opuso fuertemente.

21. Mas el Señor lo entregó con todo su ejército en manos de Israel; el cual lo derrotó, y se apoderó de todo el país de los amorreos moradores de aquella tierra,

22. y de toda su comarca desde Arnón hasta Jacob, y desde el desierto hasta el Jordán.

23. De esta manera el Señor Dios de Israel deshizo a los amorreos, combatiendo contra ellos su pueblo de Israel: ¿y tú ahora quieres ser dueño de su tierra?

24. Pues qué, ¿no crees tú que se te deben a ti de derecho los países que posee tu dios o ídolo Camos? Es, pues, muy justo que ceda en posesión nuestra lo que Dios nuestro Señor se ha adquirido con la victoria;

25. a no ser que tú seas de mejor condición que Balac, hijo de Sefor, rey de Moab: o puedas hacer constar que movió semejante querella contra Israel, y le hizo guerra;

26. mientras poseyó éste a Hesebón y sus aldeas, o Aroer y sus lugarcillos, y a todas las ciudades vecinas al Jordán, por espacio de trescientos años. ¿Cómo en tanto tiempo nada habéis intentado sobre la restitución?

27. Y así yo no falto contra ti, sino que tú eres el que me haces agravio, declarándome una guerra injusta. El Señor árbitro de lo tratado en este día, sea juez entre Israel y los hijos de Amón.

28. Mas el rey de los amonitas no quiso dar oídos a las razones de Jefté propuestas por medio de sus embajadores.

Voto y victoria de Jefté

29. Así pues, el espíritu del Señor se derramó sobre Jefté, quien recorriendo el país de Galaad y de Manasés, y pasando por

---

11. En Masfa, donde se había reunido la asamblea de los israelitas.

Masfa de Galaad, y avanzando de allí hacia los amonitas,

30. hizo un voto al Señor diciendo: Si entregares en mis manos a los hijos de Amón,

31. el primero, sea el que fuere, que saliere de los umbrales de mi casa y se encontrare conmigo cuando yo vuelva victorioso de los amonitas, lo ofreceré al Señor en holocausto*.

32. Marchó después Jefté contra los hijos de Amón para presentarles la batalla, y el Señor se los entregó en sus manos.

33. Y destruyó veinte ciudades, desde Aroer hasta entrar en Menit y hasta Abel, circuida de viñas, causando grandísimo estrago; con lo que los hijos de Amón fueron humillados por los hijos de Israel.

34. Pero al volver Jefté a su casa en Masfa, su hija única, pues no tenía otros hijos, salió a recibirle con panderos y danzas.

35. A cuya vista rasgó sus vestidos, y dijo: ¡Ay de mi, hija mía!, tú me has engañado, y tú misma has sido engañada: porque yo he hecho un voto al Señor, y no podré dejar de cumplirle.

36. Al cual respondió ella: Padre mío, si has dado al Señor tu palabra, haz de mí lo que prometiste, ya que te ha concedido la gracia de vengarte de tus enemigos y vencerlos.

37. Dijo después a su padre: Otórgame esto solo, que te suplico; y es, que me dejes ir dos meses por los montes a llorar mi virginidad con mis compañeras.

38. Le respondió Jefté: Vete enhorabuena. Y la dejó ir por dos meses. Habiéndose, pues, ido con sus compañeras y amigas, lloraba en los montes su virginidad.

39. Acabados los dos meses volvióse a su padre, que cumplió en su hija lo que había votado; la cual era y se quedó virgen. De allí vino la costumbre en Israel, que después se ha conservado siempre,

40. de juntarse las hijas de Israel una vez al año, a llorar a la hija de Jefté, galaadita, por espacio de cuatro días.

31. Este voto fue muy temerario e injusto, aunque era una práctica frecuente.

12

Sedición de los de Efraín castigada por Jefté muere éste y le suceden Abesán, Ahialón y Abdón

1. Y sucedió que se amotinaron los de Efraín; los cuales pasando hacia el norte, fueron a decir a Jefté: ¿Cómo yendo tú a pelear contra los amonitas, no quisiste convocarnos para que fuéramos contigo? Por este desaire vamos a quemar tu casa.

2. Les respondió él: Mi pueblo y yo teníamos una gran contienda con los hijos de Amón: os llamé para que me dieseis socorro, y no quisisteis hacerlo.

3. Viendo eso me expuse al peligro, y salí con poquísima gente contra los hijos de Amón, y el Señor los entregó en mis manos; ¿por dónde, pues, he merecido yo que os levantéis contra mí para hacerme la guerra?

4. Por lo cual Jefté reunió a sí a todos los varones de Galaad, y peleó o se defendió contra Efraín. Y derrotaron los galaaditas a los de Efraín, que decían: Galaad es un fugitivo de Efraín, que no puede escapar, pues habita en medio de Efraín y de Manasés.

5. Ocuparon también los galaaditas los vados del Jordán, por donde habían de pasar a la vuelta los de Efraín. Y cuando llegaba allí alguno de los fugitivos de Efraín y les decía: Os ruego que me dejéis pasar, le preguntaban los galaaditas: ¿No eres tú efrateo? Y respondiendo él: No lo soy,

6. le replicaban: Pues di: schibbolet, que significa espiga. Mas él pronunciaba sibbolet; porque no podía expresar el nombre de la espiga con las mismas letras. Y al punto asiendo de él, lo degollaban en el mismo paso del Jordán. De suerte que perecieron en la guerra de aquel tiempo cuarenta y dos mil hombres de Efraín.

7. Murió Jefté, galaadita, después de haber juzgado o gobernado a Israel seis años, y fue sepultado en su ciudad de Galaad.

8. Después de esto fue juez de Israel Abesán, natural de Betlehem;

9. el cual tuvo treinta hijos, y otras tantas hijas, las que casó enviándolas fuera de su casa o familia, y trajo a ella igual número de mujeres que tomó para sus hijos. Este juzgó a Israel siete años;

10. y murió y fue sepultado en Betlehem.

11. Le sucedió Ahialón, zabulonita, que gobernó a Israel diez años;

12. y murió y fue sepultado en Zabulón.

13. Después de éste fue juez de Israel Abdón, hijo de Illel de Faratón,

14. que tuvo cuarenta hijos, y de estos treinta nietos que montaban sobre setenta pollinos, y juzgó a Israel ocho años.

15. Y murió, y fue sepultado en Faratón en la tierra de Efraín, en el monte Amalec.

13 *Los israelitas son dominados por los filisteos. Nacimiento de Sansón anunciado por un ángel*

1. Mas los hijos de Israel cometieron nuevamente la maldad ante los ojos del Señor; el cual los entregó en manos de los filisteos por cuarenta años.

2. En esta sazón había un hombre natural de Saraa y de la tribu de Dan, llamado Manué, cuya mujer era estéril.

3. A la cual se apareció el ángel del Señor, y le dijo: Tú eres estéril y sin hijos; pero concebirás, y parirás un hijo.

4. Mira, pues, que no bebas vino, ni sidra, ni comas cosa alguna inmunda;

5. porque has de concebir y parir un hijo, a cuya cabeza no tocará navaja; pues ha de ser nazareo, o consagrado a Dios, desde su infancia, y desde el vientre de su madre; y él ha de comenzar a libertar a Israel del poder de los filisteos.

6. Ella fue a contárselo a su marido, diciendo: Un varón de Dios ha venido a mí, el cual tenía rostro de ángel, sumamente respetable, a quien preguntando yo quién era, de dónde venía, y cómo se llamaba, no ha querido decírmelo;

7. solamente me ha respondido: Sábete que concebirás y parirás un hijo: mira que no bebas vino, ni sidra, ni comas cosa alguna inmunda: por cuanto el niño ha de ser nazareo o consagrado a Dios desde su infancia, desde el vientre de su madre hasta el día de su muerte.

8. Oró, pues, Manué al Señor, y dijo: Te ruego, Señor, que aquel varón de Dios que enviaste, vuelva otra vez y nos enseñe qué debemos hacer con el niño que nacerá.

9. Y otorgó el Señor la súplica de Manué, y se apareció por segunda vez el ángel del Señor a su esposa, estando sentada en el campo. Pero no estaba con ella su marido Manué. Y al ver ella el ángel,

10. corrió apresurada a avisar a su marido, y le dijo: Mira que se me ha aparecido aquel personaje que había visto antes.

11. Se levantó Manué, y siguió a su mujer; y llegándose a dicho personaje, le dijo: ¿Eres tú el que hablaste a mi mujer? Respondió él: Yo soy.

12. Le dijo Manué: Cuando se verifique tu promesa, ¿qué quieres que haga el niño? ¿o de qué deberá abstenerse?

13. Respondió el ángel del Señor a Manué: Absténgase de todo cuanto dije a tu mujer;

14. esto es, no coma nada de lo que nace de la vid: no beba vino, ni sidra*, ni coma cosa inmunda: en suma, que cumpla y guarde lo que le tengo mandado.

15. Dijo entonces Manué al ángel del Señor: Te ruego condesciendas con mis súplicas, y que te aderecemos un cabrito.

16. Le respondió el ángel: Por más que me instes, no probaré tu comida; pero si quieres hacer un holocausto, ofréceselo al Señor. Y es que no sabía Manué que fuese un ángel del Señor.

17. Y así le dijo: ¿Cuál es tu nombre, para que, cumplida que sea tu promesa, te demos las gracias?

18. Al cual respondió él: ¿Por qué me preguntas mi nombre, siendo como es admirable o misterioso?

19. Tomó, pues, Manué un cabrito y las libaciones correspondientes, y lo puso sobre una piedra, ofreciéndoselo al Señor, que obra maravillas. Entretanto él y su mujer estaban a la mira;

20. y al subir la llama del altar hacia el cielo, se subió también con ella el ángel del Señor. Lo cual visto por Manué y su mujer, se postraron en tierra sobre su rostro;

21. y no vieron más al ángel del Señor: con lo que al instante conoció Manué ser aquel un ángel del Señor,

22. y dijo a su mujer: Moriremos luego, pues que hemos visto a Dios.

23. Le espondió la mujer: Si el Señor quisiera matarnos, no habría recibido de nuestras manos el holocausto y las liba-

---

14. *Ni licor que pueda embriagar.* Se trata de la institución de los nazareos.

BIENAVENTURANZAS

Bienaventurados los pobres de espíritu,
porque de ellos es el reino de los cielos.
Bienaventurados los mansos y humildes
porque ellos poseerán la tierra.
Mat 5, 3-4.

Bienaventurados los que ahora tenéis hambre
porque seréis saciados. Bienaventurados
los que ahora lloráis, porque reiréis.
Luc 6, 21.

Vosotros sóis la sal de la tierra.
Y si la sal se hace insípida,
¿con qué se le devolverá el sabor?
Para nada sirve ya, sino para ser
arrojada y pisada de las gentes.
Vosotros sóis la luz del mundo.
No se puede encubrir una ciudad
edificada sobre un monte.
Mat 5, 13-14.

Bienaventurados
los misericordiosos,
porque ellos alcanzarán
misericordia.
Bienaventurados
los que tienen puro su corazón,
porque ellos verán a Dios.
Bienaventurados
los pacíficos, porque ellos
serán llamados hijos de Dios.
Mat. 5, 7.9.

Y así cuando dáis limosna
no quieras publicarla
a son de trompeta,
como hacen los hipócritas
en las sinagogas
y en las calles o plazas,
a fin de ser honrados
de los hombres.
En verdad les digo
que ya recibieron
su recompensa.
Mat 6, 2.

Guardaos de los falsos profetas
que vienen a vosotros disfrazados
con pieles de ovejas, mas por dentro
son lobos voraces. Por sus frutos
u obras los conoceréis.
¿Acaso se cogen uvas de los espinos,
o higos de las zarzas?
Así es que todo árbol bueno
produce buenos frutos,
y todo árbol malo da frutos malos.
Mat 7, 15.17.

ciones, ni mostrádonos todas estas cosas, ni predíchonos lo venidero.

24. Parió, pues, ella un hijo, y le puso por nombre Sansón, y el niño creció, y el Señor le bendijo.

25. Y el espíritu del Señor empezó a manifestarse en él, cuando estaba en los campamentos de Dan* entre Saraa y Estaol.

14 *Matrimonio de Sansón con Dalila, una filistea. Enigma propuesto y su solución*

1. Con el tiempo Sansón bajó a Tamnata; y viendo allí una mujer de las hijas de los filisteos,

2. se volvió y habló a su padre y a su madre, diciendo: He visto en Tamnata una mujer entre las hijas de los filisteos*, la que os ruego que me la toméis por esposa.

3. Le dijeron su padre y su madre: Pues qué, ¿no hay mujeres entre las hijas de tus hermanos, y en todo nuestro pueblo, que quieres tomar esposa de la nación filistea, gente incircuncisa? Dijo Sansón a su padre: Pide ésta para esposa mía: pues me ha caído en gracia.

4. Mas sus padres no sabían ser cosa dispuesta por el Señor, y que Sansón buscaba ocasión de dar contra los filisteos; por cuanto en aquel tiempo los filisteos dominaban sobre Israel.

5. Bajó, pues, Sansón con su padre y madre a Tamnata; y al llegar a las viñas de la ciudad, se dejó ver un león cachorro, feroz y rugiendo, el cual arremetió contra él.

6. Mas el espíritu del Señor entró en Sansón, y despedazó éste al león haciéndole trizas, como si hubiese sido un cabrito; y eso que no tenía arma alguna en la mano; mas no quiso manifestar nada de esto al padre, ni a la madre.

7. Bajó, pues, con ellos a Tamnata, y habló con la mujer que le había caído en gracia.

8. Pasado algún tiempo volviendo para casarse con ella, se apartó del camino para ver el cuerpo muerto del león, y he aquí que encontró en su boca un enjambre de abejas, y un panal de miel;

9. el que habiendo cogido con las manos, se lo iba comiendo por el camino; y volviendo a unirse con su padre y su madre les dio parte de él, y comieron ellos también; mas no quiso descubrirles que había tomado la miel de la boca del león.

10. En fin, fue su padre a la casa de la mujer, y dispuso un convite para su hijo Sansón: que tal era la costumbre de los jóvenes novios.

11. Habiéndole visitado los vecinos del lugar, le dieron treinta compañeros* para que le obsequiasen.

12. A los cuales dijo Sansón: Voy a proponeros un enigma, que si me lo descifráis dentro de estos siete días del convite, os daré treinta vestidos y otras tantas túnicas;

13. pero si no pudiéreis aceptar, me daréis vosotros a mí los treinta vestidos y las treinta túnicas. Le respondieron ellos: Propón el enigma, para que nos enteremos.

14. Les dijo, pues: Del devorador salió manjar; y del fuerte salió dulzura. En tres días no pudieron desatar el enigma.

15. Mas cuando instaba ya el día séptimo, dijeron a la mujer de Sansón: Acaricia a tu esposo y persuádele que te descubra la significación del enigma; que si no lo haces, te quemaremos a ti y la casa de tu padre. ¿Por ventura nos habéis convidado a las bodas para despojarnos?

16. Ella, pues, no cesaba de llorar delante de Sansón, y se le quejaba diciendo: Tú me has aborrecido, no me amas; y por eso no quieres declararme el enigma que propusiste a los jóvenes de mi pueblo. A lo que respondió: No quise decírselo a mi padre, ni a mi madre, ¿y quieres que te lo diga a ti?

17. Ella, no obstante, proseguía llorando delante de su esposo los siete días del convite; y al fin el séptimo día, importunándole más y más, le declaró Sansón el enigma; y ella inmediatamente lo descubrió a sus paisanos.

18. Estos, pues, el mismo día séptimo, antes de ponerse el sol, le dijeron: ¿Qué cosa más dulce que la miel; ni quién más fuerte que el león? Les respondió Sansón: Si no hubieseis arado con mi novilla*, no descifraríais mi enigma.

---

25. *Jue 18*, 11.
2. *Deut 7*, 3.

11. *Mat 25*, 1-13.
18. *De no haberos valido de mi débil y tímida esposa.*

19. Se apoderó de él después el espíritu del Señor, y fuese a Astalón, donde mató treinta hombres; y quitándoles los vestidos, se los dio a los que descifraron el enigma. Y enojado sobremanera*, se volvió a la casa de su padre.

20. Entretanto su mujer, creyéndose abandonada, tomó por marido a uno de los amigos y compañeros de Sansón en las bodas.

15 *Quema Sansón los trigos de los filisteos; mata mil de ellos con la quijada de un asno*

1. Pasado algún tiempo, acercándose ya la siega del trigo, fue Sansón con deseo de visitar a su mujer, y le llevó un cabrito de leche. Pero al querer entrar en su aposento, como acostumbraba, el padre de ella se lo impidió, diciendo:

2. Yo creí que la habías aborrecido, y por eso la di a un amigo tuyo; pero tiene una hermana más joven y más hermosa: tómala por mujer en lugar de la otra.

3. Le respondió Sansón: De hoy en adelante no tendrán motivo de quejarse de mí los filisteos, si les pago todo el daño que me han hecho.

4. Se marchó, pues, y cogió trescientas zorras y las ató apareadas cola con cola, ligando teas en medio;

5. las cuales encendidas, soltó las zorras a fin de que corriesen por todas partes. Se metieron luego por entre las mieses de los filisteos; e incendiadas éstas, se quemaron, así las mieses ya hacinadas como las que estaban por segar; extendiéndose tanto la llama, que abrasó hasta las viñas y los olivares.

6. Y dijeron los filisteos: ¿Quién ha hecho esto? Se les respondió: Sansón, yerno del tamnateo, es el que lo ha hecho, porque su suegro le quitó su mujer y se la dio a otro. Oído esto, vinieron los filisteos y quemaron a la mujer y a su padre.

7. Les dijo Sansón: Aunque habéis ejecutado esto, no obstante he de tomar yo otra venganza de vosotros, después de la cual me daré por satisfecho.

8. Hizo, pues, gran destrozo en ellos; de manera que atónitos se quedaban sentados puesta una pierna sobre otra sin saber qué hacer. Después de lo cual, retirándose Sansón, habitó en la cueva de la peña de Etam.

9. Entretanto los filisteos entrando por la tierra de Judá, acamparon en un lugar, que después se llamó Lequí, esto es, Quijada, donde fue derrotado su ejército.

10. Y los de la tribu de Judá les preguntaron: ¿Por qué motivo venís contra nosotros? Respondieron ellos: Venimos para llevarnos atado a Sansón, y retornarle el mal que nos ha hecho.

11. Bajaron, pues, tres mil hombres de Judá a la cueva de la peña de Etam: y dijeron a Sansón: ¿No sabes que estamos sujetos a los filisteos? ¿Cómo has osado cometer tal desafuero para nuestra ruina? A los cuales respondió: Como ellos hicieron conmigo, así he hecho yo con elLos.

12! Pues sábete, le dicen, que venimos a prenderte y antregarte atado en manos de los filisteos. Les dijo Sansón: Juradme y prometedme que no me mataréis;

13. No te mataremos, respondieron: solamente te entregaremos atado. Lo ataron, pues, con dos cuerdas nuevas, y le sacaron de la peña de Etam.

14. Llegado que hubo al lugar de la Quijada, saliéndole a recibir los filisteos con grande algazara, se apoderó de él el espíritu del Señor; y como se consume el lino al sentir el fuego, así en un momento rompió y deshizo Sansón las ligaduras con que estaba atado.

15. Y hallando a mano en el suelo una quijada o mandíbula de asno, la agarró, y mató con ella mil hombres.

16. Con este motivo dijo: Con una quijada de asno los enemigos destrocé: con la mandíbula de un asno a mil hombres maté.

17. Y acabando de cantar estas palabras, arrojó de su mano la quijada y llamó aquel sitio Ramat-Lequí, que quiere decir: Elevación de la quijada.

18. Y acosado en extremo de la sed, clamó al Señor, y dijo: Tú eres quien ha salvado y concedido por medio de tu siervo tan gran victoria; pero he aquí que me muero de sed, y así vendré a caer en manos de los incircuncisos.

19. El Señor entonces abrió una fuente por entre una muela de la quijada del asno,

---

19. Por la deslealtad de su esposa y mala fe de los jóvenes.

y brotaron aguas de ella*, de las que habiendo bebido, regocijó su espíritu, y recobró las fuerzas. Por eso es llamado aquel lugar hasta hoy, Fuente del que invocó a Dios en Lequí.

20. Y Sansón, elegido juez, gobernó a Israel veinte años en tiempo de las guerras de los filisteos.

16 *Sale Sansón de Gaza, arrancando y llevándose las puertas de la ciudad*

1. Fue después Sansón a Gaza donde vio una mujer pública, y entró en su casa.

2. Lo que sabiendo los filisteos, y propalándose entre ellos que Sansón había entrado en la ciudad, cercaron la casa, y pusieron centinelas a la puerta de la ciudad, y estuvieron en acecho toda la noche, con el fin de matarle por la mañana al tiempo de salir.

3. Sansón durmió hasta la medianoche; y entonces levantándose fue y arrancó las dos hojas de la puerta de la ciudad con sus pilares y cerrojos o barras, y echándoselas a cuestas, se las llevó a la cima del monte que mira hacia Hebrón.

4. Después de esto se enamoró de una mujer que habitaba en el valle Sorec, llamada Dalila.

5. Vinieron luego a ella los príncipes de los filisteos, y le dijeron: Engáñale con caricias, y averigua de él de dónde le viene tan gran fuerza, y cómo le podremos sojuzgar para castigarle después de atado: que si lo consiguieres, te daremos cada uno mil cien siclos de plata.

6. En vista de esto, Dalila habló así a Sansón: Dime, por tu vida: ¿En qué consiste tu grandísima fuerza, y cuál es la cosa con que atado no podrías escaparte?

7. Le respondió Sansón: Si me atasen con siete cuerdas de nervios recientes y todavía húmedos, quedaré sin fuerzas como los demás hombres.

8. La llevaron, pues, los príncipes de los filisteos siete cordeles, como había dicho, con los cuales ella lo ató;

9. quedándose aquéllos en acecho, escondidos en la casa, aguardando en una pieza retirada el fin de este suceso. Luego Dalila le gritó: ¡Sansón, los filisteos se echan sobre ti! Mas él rompió las ataduras, como cualquiera rompería un hilo torcido de borra de estopa, así que le hiciera sentir el fuego. Con esto no se supo en qué consistía su fuerza.

10. Entonces le dijo Dalila: Tú te has burlado de mí, y me has mentido: por lo menos ahora descúbreme con qué debieras ser atado.

11. Le respondió: Si me ataren con cuerdas nuevas, que nunca hayan servido, quedaré débil y semejante a los demás hombres.

12. Lo ató por consiguiente Dalila con ellas; y preparadas en el aposento las asechanzas, gritó: ¡Sansón, los filisteos se echan sobre ti! Mas él rompió las ligaduras como hilachas de tela.

13. Le dijo Dalila otra vez: ¿Hasta cuándo me has de engañar y mentir? Declárame ya con qué has de ser atado. Le respondió Sansón: Si entretejes mis siete trenzas de cabellos con los lizos de la tela, y revueltas a un clavo, hincas éste en tierra, quedaré sin fuerzas*.

14. Lo cual después que ejecutó Dalila, le gritó: ¡Sansón, los filisteos se echan sobre ti! Mas él despertando del sueño, arrancó el clavo junto con las trenzas de cabellos y los lizos de la tela.

15. Le dijo entonces Dalila: ¿Cómo puedes decir que me amas, cuando tu corazón no está unido conmigo? Por tres veces me has mentido, no queriendo decirme en qué consiste tu grandísima fuerza.

16. Como, pues, le importunase, y estuviese continuamente alrededor de él por muchos días sin dejarle respirar un punto, desmayó el ánimo de Sansón, y cayó en un mortal abatimiento.

17. Entonces descubriéndole la verdad, la dijo: Nunca jamás ha pasado navaja por mi cabeza; porque soy nazareo, esto es, consagrado a Dios desde el vientre de mi madre; si fuese rapada mi cabeza, se retiraría

19. La fuente salía de tierra; pero brotaba por la quijada, junto al diente molar.

13. Es necesario suponer que Sansón estaba sentado en tierra y Dalila tejiendo su tela; así ella pudo entretejer o enlazar en su tela los cabellos de Sansón.

de mí la fortaleza mía, y perderé las fuerzas, y seré como los demás hombres.

18. Viendo Dalila que le había manifestado todo su corazón, envió a decir a los príncipes de los filisteos: Venid aún por esta vez, porque ya me ha descubierto su corazón. Los cuales fueron llevando consigo el dinero que prometieron.

19. Y ella habiéndole hecho dormir sobre sus rodillas, y reclinar la cabeza en su regazo, llamó a un barbero que le cortó a Sansón las siete trenzas de su cabello. Y después comenzó Dalila a empujarle y echarle de sí; pues al punto le desamparó la fuerza.

20. Y le dijo en seguida: ¡Sansón, los filisteos se echan sobre ti! El cual despertando del sueño, dijo en su interior: Saldré como hice antes, y me desembarazaré de ellos; no conociendo o advirtiendo que el Señor se había retirado de él.

21. Así pues, habiéndolo prendido los filisteos le sacaron luego los ojos, y amarrado con cadenas lo condujeron a Gaza, donde encerrado en una cárcel, le hicieron que moliese, moviendo las ruedas de un molino.

Muerte de Sansón

22. Ya habían comenzado a crecerle los cabellos,

23. cuando los príncipes de los filisteos se juntaron todos para ofrecer sacrificios solemnes a su dios Dagón, y celebrar banquetes, diciendo: Nuestro dios nos ha puesto en las manos a Sansón, nuestro enemigo.

24. Lo que viendo el pueblo alababa también a su dios y repetía lo mismo: Nuestro dios nos ha puesto en las manos a nuestro enemigo, que ha asolado nuestra tierra y matado muchísimos de sus habitantes.

25. Y dándose mutuamente alegres parabienes, después de bien comidos y bebidos dieron orden de que fuese conducido allí Sansón, para divertirse burlándose de él. El cual sacado de la cárcel, fue para ellos objeto de diversión: y lo hicieron quedar en pie entre dos columnas.

26. Entonces dijo al muchacho que lo guiaba. Déjame tocar las columnas que sostienen todo este edificio, para recostarme sobre ellas, a fin de descansar un poquito.

27. Es de advertir que el edificio estaba lleno de hombres y mujeres; y se hallaban allí todos los príncipes de los filisteos, y cerca de tres mil personas, entre hombres y mujeres, mirando desde las azoteas y techos del edificio las burlas que se hacían a Sansón.

28. Pero él invocando al Señor dijo: ¡Oh Señor Dios! acuérdate de mí: y restitúyeme ahora, ¡oh Dios mío!, mi anterior fuerza para vengarme de mis enemigos, y hacerles pagar de una sola vez el haberme privado de mis dos ojos.

29. Y agarrando las dos columnas en que estribaba el edificio, una con la derecha y otra con la izquierda,

30. dijo: ¡Muera aquí Sansón con los filisteos! Y, sacudidas fuertemente las columnas, cayó el edificio sobre todos los príncipes y la demás gente que allí había. De esta manera Sansón mató muchos más en su muerte que antes había matado en vida.

31. Después acudiendo sus hermanos con toda la parentela, tomaron su cuerpo, y lo colocaron entre Saraa y Estaol, en el sepulcro de su padre Manué. Fue juez de Israel veinte años.

---

17 *Idolo de Micás, que poco después de muerto Josué, fue ocasión de la idolatría de Israel*

---

1. Hubo en aquel tiempo[1] un hombre de la montaña de Efraín, llamado Micás;

2. el cual dijo a su madre: Los mil cien siclos de plata que habías apartado para ti, y acerca de los cuales jurabas, estando yo presente, que te los había hurtado, sábete que yo los tengo, y que están en mi poder. Le respondió ella: Colme el Señor a mi hijo de bendiciones.

3. Volvió, pues, Micás a su madre los siclos de plata. Y ella le dijo: Consagré y ofrecí con voto al Señor esta plata, para que recibiéndola mi hijo de mi mano, haga una imagen de talla y de fundición; y por lo mismo ahora te la entrego.

4. Luego que Micás restituyó a su madre la plata, separó ella doscientas monedas de plata, y se las dio a un platero que hiciera de

---

1. Los capítulos 17 y 18 recogen hechos sucedidos en el territorio de Dan sin precisar la época.

MUERTE DE SANSÓN

Y agarrando las dos columnas en que estribaba el edificio, una con la derecha y otra con la izquierda, dijo: ¡Muera aquí Sansón con los filisteos! Y, sacudidas fuertemente las columnas, cayó el edificio sobre todos los príncipes y la demás gente que allí había. De esta manera Sansón mató muchos más en su muerte que antes había matado en vida.

ellas una imagen de talla y fundición, que se colocó en la casa de Micás.

5. El cual asimismo dedicó en ella una capillita a Dios, e hizo efod y terafim, esto es, un vestido o aparato sacerdotal e ídolos; y consagró las manos de uno de sus hijos, el cual quedó hecho sacerdote suyo.

6. En aquellos días no había rey o magistrado supremo en Israel; sino que cada cual practicaba lo que le parecía mejor.

7. Hubo también en este tiempo otro joven, natural de Betlehem de Judá, de esta misma estirpe de Judá por parte de madre: el cual era de la tribu de Leví, y tenía allí su habitación.

8. Pero dejando la ciudad de Betlehem, quiso mudarse a otra parte, a donde hallase mejor su conveniencia. Y como siguiendo su camino hubiese llegado a la montaña de Efraín, y desviádose un poco hacia la casa de Micás,

9. le preguntó éste de dónde venía. A lo que respondió: Yo soy un levita de Betlehem de Judá, y voy a establecerme en donde pudiere y viere que me tiene más cuenta.

10. Le dijo Micás: Quédate en mi casa, y me servirás de padre y sacerdote, y te daré todos los años diez siclos de plata, dos vestidos y el sustento necesario.

11. Condescendió y se quedó en casa de Micás*, quien lo trató como a uno de sus hijos.

12. Y Micás le consagró las manos; y tuvo en su casa a este joven en calidad de sacerdote,

13. diciendo: Ahora estoy cierto que Dios me hará bien, pues tengo conmigo un sacerdote del linaje de Leví.

18 *Seiscientos danitas conquistan Lais y roban el ídolo de Micás y su sacerdote*

1. En aquellos días no había rey o supremo magistrado en Israel; y la tribu de Dan andaba buscando más tierra donde habitar; porque hasta entonces no había podido ponerse en posesión de toda la que le había tocado por suerte como a las demás tribus.

2. Con esta mira los hijos de Dan despacharon desde Saraa y Estaol cinco varones muy esforzados de su linaje y familia, para que reconociesen y registrasen bien el país de su suerte; y dijéronles: Id y reconoced la tierra. Los cuales puestos en camino, en llegando a la montaña de Efraín, entraron en casa de Micás, y descansaron allí.

3. Y conociendo por el habla o acento al joven levita, en la casa en que estaban hospedados, le preguntaron: ¿Quién te ha traído acá? ¿Qué es lo que aquí haces? ¿Cómo es que has venido a esta tierra?

4. El cual les respondió: Esto y esto hizo conmigo Micás; y me tiene asalariado para que sea su sacerdote.

5. Le rogaron entonces que consultara al Señor para que pudieran saber si su viaje sería feliz, y llegaría a efectuarse su empresa.

6. Les respondió: Id en paz; que Dios mira con buenos ojos vuestro designio, y el camino que lleváis.

7. Partiendo de allí los cinco exploradores, llegaron a la ciudad de Lais; y vieron que aquel pueblo habitaba en ella sin sombra de recelo, como acostumbraban a vivir los sidonios, tranquilo y sosegado, sin que nadie le molestara, rico en extremo, y distante de Sidón, y apartado de todos los demás hombres.

8. Con lo que habiendo vuelto a sus hermanos de Saraa y Estaol, y preguntados sobre el resultado de su comisión respondieron:

9. Vamos y marchemos contra ellos: porque hemos visto que es un país muy opulento y fértil: no os descuidéis ni perdáis tiempo: vamos a ocuparlo; que no nos costará trabajo alguno.

10. Entraremos en un pueblo que vive en una total confianza, en un país espaciosísimo y el Señor nos entregará un territorio donde ninguna cosa falta de cuantas produce la tierra.

11. Partieron, pues, de la tribu de Dan, esto es, de Saraa y Estaol, seiscientos hombres armados y a punto de pelear;

12. y caminando hicieron alto en Cariatim de la tribu de Judá: el lugar desde aquel tiempo fue llamado Campamentos de Dan, y está a las espaldas de Cariatiarim.

---

11. El levita, pobre y necesitado, aceptó la oferta de Micás, e hizo de sacerdote.

13. Desde allí pasaron a la montaña de Efraín: y llegados a la casa de Micás,

14. aquellos cinco hombres enviados antes a examinar el territorio de Lais, dijeron a los demás compañeros suyos: Ya sabéis que en esta casa hay efod y terafim* y un simulacro de talla y de fundición: ved sobre esto lo que queréis hacer.

15. Y apartándose un poco, entraron en la habitación del joven levita, que vivía en la casa de Micás, y le saludarón con palabras amistosas.

16. Entretanto los seiscientos hombres, armados como estaban, se pusieron ante la puerta.

17. Pero los que habían entrado en la vivienda del joven se empeñaron en llevarse la estatua de talla, el efod y los terafim*, y la imagen hecha de fundición, mientras el sacerdote estaba en la puerta con algunos que le entretenían, y los seiscientos varones esforzados aguardaban no lejos de allí.

18. En fin, los que habían entrado se llevaron la estatua de talla, el efod, los ídolos y la imagen de fundición, a los cuales les dijo el sacerdote: ¿Qué es lo que hacéis?

19. Le respondieron: ¡Calla! y pon el dedo en tu boca; y ven con nosotros, que te tendremos por padre y sacerdote. ¿Qué es mejor para ti, ser sacerdote en casa de un particular, o en toda una tribu o familia de Israel?

20. Oído lo cual, cedió a estas razones, y tomando el efod, y los ídolos, y la estatua de talla, fuese con ellos.

21. Iban ya caminando, llevando delante de sí los niños, y los ganados, y todo el bagaje más precioso,

22. y se hallaban ya lejos de la casa de Micás, cuando los hombres que moraban en casa de éste, alborotándose fueron tras ellos,

23. y comenzaron a dar gritos a sus espaldas. Mas algunos de ellos volviéndose a mirar lo que era, dijeron a Micás: ¿Qué es lo que quieres? ¿Por qué me gritas?

24. ¿Es bueno, respondió él, que me habéis robado los dioses que yo hice para mí, y al sacerdote y todo cuanto tengo, y decís: ¿Qué es lo que tienes?

25. Le replicaron los hijos de Dan: Guárdate de hablarnos más palabras sobre esto; no sea que se echen sobre ti los hombres llenos de indignación, y vengas a perecer con toda tu casa.

26. Dicho esto, prosiguieron su camino; y Micás viendo que podían más que él, se volvió a su casa.

27. Mas los seiscientos hombres se llevaron al sacerdote, y todo lo que arriba dijimos; y llegando a Lais, hallaron aquel pueblo tranquilo y descuidado: y lo pasaron a cuchillo, e incendiaron la ciudad,

28. sin que nadie acudiese a socorrerla, por estar lejos de Sidón, y no tener trato ni comercio con ninguna gente. Estaba situada esta ciudad en la comarca de Rohob, y reedificándola, habitaron en ella;

29. llamándola ciudad de Dan, del nombre de su padre, que fue hijo de Israel, en lugar de que antes se llamaba Lais.

30. Y en ella colocaron la imagen, y establecieron a Jonatam, hijo de Gersam, hijo de Moisés y a sus descendientes por sacerdotes en toda la tribu de Dan hasta el día de su cautiverio.

31. Y permaneció entre ellos el ídolo de Micás todo el tiempo que estuvo en Silo la casa o Tabernáculo de Dios. No había en aquel tiempo rey o jefe supremo en Israel.

---

19 *Horrendo e inaudito crimen de los gabaanitas contra un levita y su mujer*

---

1. Hubo un cierto levita que habitaba al lado de la montaña de Efraín, el cual se había casado con una mujer de Betlehem de Judá*.

2. Esta mujer lo dejó, y se volvió a Betlehem a la casa de su padre, con quien estuvo cuatro meses.

3. Su marido, queriendo reconciliarse con ella, fue a buscarla y acariciarla, para traérsela otra vez consigo; y se llevó por compañía un criado con dos asnos. La mujer le recibió bien, y lo condujo a casa de su padre. Luego que su suegro tuvo noticia y llegó a divisarle, fue a su encuentro lleno de gozo,

4. y lo abrazó. El yerno permaneció en casa del suegro tres días, comiendo y bebiendo con él familiarmente.

5. Mas al cuarto día, levantándose antes

---

1. Los capítulos *19*, *20* y *21* narran sucesos ocurridos en la parte central del territorio, sin indicaciones claras del tiempo. El primitivismo de los relatos y los hechos es notable.

de amanecer, quiso partir; pero lo detuvo el suegro y le dijo: Toma primero un bocado de pan para adquirir fuerzas, y después partirás.

6. Con eso se sentaron juntos, y comieron y bebieron. Dijo entonces el suegro a su yerno: Te ruego que te quedes hoy todavía aquí, y pasemos el día juntos alegremente.

7. Pero él levantándose se puso en acción de querer marcharse. Con todo, el suegro a fuerza de instancias lo detuvo, y lo hizo quedar consigo.

8. Venida la mañana disponía el levita su viaje; mas el suegro le dijo otra vez: Te ruego que tomes un bocado para que cobres fuerzas, y en entrando más el día podrás emprender tu viaje. Comieron, pues, juntos,

9. y levantándose el joven para marcharse con su mujer y el criado, el suegro le habló nuevamente diciendo: Mira que el sol está ya muy inclinado al ocaso, y que se acerca la noche; quédate también hoy conmigo, y pasa el día alegremente, que mañana partirás para volver a tu casa.

10. No quiso el yerno condescender a sus ruegos, sino que al punto se puso en camino, y llegó hasta enfrente de Jebús, que por otro nombre se llama Jerusalén, llevando consigo los dos asnos cargados y a su mujer.

11. Ya estaba cerca de Jebús, y se acababa el día: por lo que le dijo su criado: Ven por tu vida, torzamos el camino hacia la ciudad de los jebuseos, y paremos en ella.

12. e respondió el amo: No entraré yo en población de gente extraña, que no es de los hijos de Israel, sino que iré hasta Gabaa,

13. y llegando allá posaremos en ella, o a lo menos en la ciudad de Rama.

14. Pasaron, pues, de largo la ciudad de Jebús, continuando su viaje, y el sol se les puso cerca de Gabaa, la cual está en la tribu de Benjamín;

15. Y se acogieron a ella para quedarse allí. Luego que entraron se dirigieron a la plaza de la ciudad, donde se sentaron; y no hubo uno siquiera que quisiera hospedarlos en su casa.

16. Cuando he aquí que al anochecer apareció un hombre anciano que volvía del campo y de su labranza, el cual era también de la montaña de Efraín, y habitaba como forastero en Gabaa; pues los hombres de aquel territorio eran hijos de Jemini o benjamitas.

17. Y levantando el anciano sus ojos vio a aquel hombre sentado en la plaza de la ciudad con su pequeño bagaje, y le preguntó: ¿De dónde vienes, y a dónde te diriges?

18. El cual le respondió: Venimos de Betlehem de Judá, y vamos a nuestra casa, que está al lado de la montaña de Efraín, de donde habíamos ido a Betlehem. Y ahora pasamos a la casa de Dios*, y nadie nos quiere dar hospedaje.

19. Aunque tenemos paja y heno para las bestias, pan y vino para el gasto mío, y de mi mujer, tu sierva, y del criado que viene con nosotros, nada nos falta sino posada.

20. El anciano le respondió: La paz sea contigo; yo te daré todo lo necesario: te ruego únicamente que no te detengas más en la plaza.

21. Con esto le llevó a su casa, y dio de comer a las caballerías, y después que se lavaron los pies, los convidó a su mesa.

22. Estando cenando, y mientras con los manjares y bebida regocija sus cuerpos fatigados del viaje, vinieron unos vecinos de aquella ciudad, hijos de Belial (esto es, sin freno, ni temor de Dios) y cercando la casa del anciano, comenzaron a dar golpes en la puerta, gritando al dueño de la casa, y diciéndole: Sácanos fuera ese hombre que entró en tu casa, que queremos abusar de él.

23. Y salió a ellos el anciano, y les dijo: No queráis, hermanos, no queráis cometer semejante maldad: ya que se ha hospedado este hombre en mi casa, desistid de semejante locura.

24. Y, como fuera de sí, añadió: Yo tengo una hija doncella; y este hombre tiene su mujer: os las sacaré fuera para que abuséis de ellas, y saciéis vuestra pasión: solamente os ruego que no cometáis con un hombre ese crimen nefando y contra la naturaleza.

25. No querían ceder a sus razones: lo que visto por el levita, les sacó a su mujer y la abandonó a sus ultrajes; y habiendo abusado de ella toda la noche, la dejaron libre al venir la mañana.

26. Entonces la mujer vino al rayar el día a la puerta de la casa, donde estaba su señor, y allí se cayó muerta.

---

18. Donde estaba el Tabernáculo y el arca del Señor.

27. Así que fue ya de día se levantó su marido y abrió la puerta con ánimo de buscar a su mujer, y proseguir su viaje: y he aquí que su mujer yacía postrada delante de la puerta con las manos extendidas sobre el umbral.

28. Creyéndola él dormida, le decía: Levántate y vámonos. Mas como no respondiese, y viendo después que estaba muerta, la tomó y la puso sobre su asno, y regresó a su casa.

29. Apenas hubo entrado, cogió una cuchilla, y dividiendo el cadáver de su mujer con sus huesos en doce partes y trozos, los envió a todas las tribus de Israel.

30. A tal espectáculo todos a una clamaban: No se ha visto cosa semejante en Israel desde el día en que salieron de Egipto nuestros padres hasta ahora: decid vuestro parecer, y decretad de común acuerdo lo que se ha de hacer en este caso.

20 *Las once tribus toman venganza de la de Benjamín por el insulto hecho al levita*

1. En consecuencia salieron todos los hijos de Israel, mancomunados como si fuesen un solo hombre, desde Dan hasta Bersabee, y aun desde la tierra de Galaad, y se reunieron en la presencia del Señor en Masfa[1].

2. Todos los caudillos de los pueblos, y las tribus todas de Israel concurrieron a la reunión del pueblo de Dios, en número de cuatrocientos mil guerreros de a pie.

3. (No se ocultó a los hijos de Benjamín que los hijos de Israel habían subido a Masfa). Preguntado, pues, al levita, marido de la mujer muerta, en qué forma se había cometido tan atroz atentado,

4. respondió: Llegué a Gabaa de Benjamín con mi mujer, y allí me aposenté:

5. cuando he aquí que unos hombres de aquella ciudad cercaron de noche la casa donde posaba, y quisieron matarme; y abusaron de mi mujer con tan furiosa e increíble lujuria, que por último vino a morir.

6. Tomándola luego yo, dividí en trozos el cadáver, y los envié a todos los términos de vuestro territorio; porque nunca jamás se cometió en Israel una maldad tan grande, ni exceso tan abominable.

7. Presentes estáis todos aquí, ¡oh hijos de Israel!; resolved, pues, qué debéis hacer.

8. A lo que todo el pueblo que allí estaba, le respondió a una voz, como si hablase por boca de un solo hombre. No volveremos a nuestras tiendas, ni nadie se retirará a su casa,

9. hasta que de común acuerdo hagamos esto en contra de Gabaa:

10. Escojánse de todas las tribus de Israel diez hombres por cada ciento, y ciento por cada mil, y mil por cada diez mil, para que conduzcan víveres al ejército, y podamos nosotros pelear contra Gabaa de Benjamín, y darle el pago que merece su maldad.

11. De este modo se juntó todo Israel, como si fuera un solo hombre, contra esta ciudad; con el mismo designio y la misma resolución.

12. En seguida enviaron mensajeros a toda la tribu de Benjamín, que les dijesen: ¿Cómo se ha cometido entre vosotros una maldad tan detestable?

13. Entregad los hombres de Gabaa que perpetraron tan gran crimen, para que mueran y se quite de en medio de Israel ese escándalo. Mas los benjamitas no quisieron dar oídos a la proposición de sus hermanos los hijos de Israel;

14. sino que de todas las ciudades pertenecientes a su tribu acudieron a Gabaa para socorrerlos, y pelear contra todo el pueblo de Israel.

15. Y se alistaron veinticinco mil benjamitas, toda gente de guerra, sin contar los moradores de Gabaa,

16. que eran setecientos hombres muy esforzados, y que peleaban igualmente con la izquierda que con la derecha, y tan diestros en tirar la honda, que podían herir un cabello con una piedra sin errar jamás el tiro.

17. Por la parte de Israel, excluidos los hijos de Benjamín, se hallaron cuatrocientos mil hombres que sabían manejar las armas, y que estaban preparados para la guerra.

18. Los cuales saliendo a campaña, vinieron a la casa de Dios, esto es a Silo, donde consultaron al Señor, y dijeron:

1. De la otra parte del Jordán.

¿Quién será en nuestro ejército el caudillo para pelear contra los hijos de Benjamín? Les espondió el Señor: Sea la tribu de Judá vuestro caudillo.

19. Con esto los hijos de Israel sin perder tiempo, marchando de mañana, plantaron sus reales junto a Gabaa;

20. y avanzando en orden de batalla contra Benjamín, empezaron a batir la ciudad.

21. Mas los hijos de Benjamín, haciendo una salida de Gabaa, mataron aquel día veintidós mil hombres de los hijos de Israel*.

22. Confiados éstos en su valor y muchedumbre, volvieron luego a presentar batalla en el mismo lugar en que habían antes peleado.

23. Pero acudieron primero humildes al Señor, y lloraron delante de él hasta la noche, y le consultaron, diciendo: ¿Debemos salir otra vez a pelear contra los hijos de Benjamín, nuestros hermanos, o no? Les respondió el Señor: Marchad contra ellos y dad la batalla.

24. Partiendo, pues, los hijos de Israel el día siguiente a pelear contra los hijos de Benjamín,

25. salieron éstos de las puertas de Gabaa y acometiéndoles hicieron en los hijos de Israel una mortandad tan grande, que dejaron tendidos por tierra dieciocho mil combatientes.

26. Por cuyo desastre todos los hijos de Israel vinieron a la casa de Dios, y se pusieron a llorar en presencia del Señor, y ayunaron aquel día hasta la tarde, y le ofrecieron holocaustos y víctimas pacíficas,

27. y le consultaron sobre su estado. En este tiempo residía allí el Arca de la Alianza de Dios;

28. y Finees, hijo de Eleazar, hijo de Aarón, presidía en el santuario. Consultaron, pues, al Señor, y le dijeron: ¿Debemos todavía proseguir la guerra contra los hijos de Benjamín, nuestros hermanos, o cesar de ella? Les respondió el Señor: Salid, que mañana los entregaré en vuestras manos.

Victoria de Israel sobre Benjamín

29. Con esto los hijos de Israel pusieron emboscadas alrededor de la ciudad de Gabaa.

30. Y por tercera vez marcharon con su ejército en batalla contra Benjamín, como la primera y la segunda.

31. Pero los hijos de Benjamín salieron de rebato y osadamente de la plaza, y fueron persiguiendo por largo trecho a los contrarios, que de propósito huían: de manera que los iban hiriendo y acuchillando como el primero y segundo día, y dejaron tendidos en el suelo unos treinta hombres de los que iban huyendo por dos veredas, de las cuales una conducía a Betel y la otra a Gabaa;

32. y creyeron derrotarlos ni más ni menos que antes. Mas los hijos de Israel fingiendo de industria la huida, pusieron la mirada en apartarlos de la ciudad, y como en retirada atraerlos a las dos veredas sobredichas*.

33. Entonces saliendo todos los hijos de Israel de sus puestos, se ordenaron en batalla en un sitio llamado Baaltamar. Al mismo tiempo los que estaban emboscados alrededor de la ciudad comenzaron también a dejarse ver poco a poco,

34. avanzando por la parte occidental de la ciudad. Entretanto otros diez mil hombres destacados del grueso del ejército de Israel, volviendo de frente, provocaban a los habitantes de la ciudad a que saliesen al combate. Con esto se empeñó la acción contra los hijos de Benjamín; los cuales no advirtieron que por todos lados los estaba aguardando la muerte.

35. En efecto, el Señor los castigó a la vista de los hijos de Israel, que mataron de ellos en aquel día veintincinco mil cien hombres, toda gente guerrera y valiente.

36. Pues los hijos de Benjamín, viéndose que iban de vencida, habían echado a huir: lo que advertido por los hijos de Israel, les abrieron paso para que huyesen y viniesen a caer en la emboscada que tenían preparada de antemano junto a la ciudad.

37. Saliendo entonces de repente los hijos de Israel de donde estaban escondidos, acuchillaron a los benjamitas que tenían delante de ellos; y entraron en la ciudad y la pasaron a cuchillo.

38. Es de advertir que los hijos de Israel se habían convenido antes, en que luego

---

21. Dios permitió que fuesen vencidos, para humillarlos.

32. Donde estaba emboscado el ejército.

que los de la emboscada se apoderasen de la ciudad, encendiesen un gran fuego, para que con la humareda que subiría a lo alto diesen a entender que eran ya dueños de la plaza.

39. Lo cual observado por los hijos de Israel en el mismo ardor del combate (cuando los hijos de Benjamín, creyendo que huían, los aguijaban con más empeño por haberles muerto ya treinta hombres),

40. y viendo subir de la ciudad una columna de humo; y asimismo mirando Benjamín hacia atrás, y reconociendo la ciudad perdida, y que las llamas subían a lo alto;

41. al punto los que habían fingido huir, vuelta la cara, los rebatían con el mayor esfuerzo. Visto esto los hijos de Benjamín echaron a huir,

42. tomando el camino del desierto, persiguiéndolos aún hasta allí los enemigos. Demás de esto, los que habían incendiado la ciudad los acometieron por frente.

43. Así sucedió que por ambos lados eran acuchillados por los enemigos y morían sin remedio. Los que cayeron muertos y quedaron tendidos por el suelo al oriente de la ciudad de Gabaa en aquel mismo lugar,

44. fueron dieciocho mil hombres, guerreros todos muy valientes.

45. Los otros que habían quedado de Benjamín al ver esto, huyeron hacia el desierto, tirando a refugiarse en la peña llamada Remmón. Pero como estaban desordenados y huían dispersos, en la misma fuga fueron muertos cinco mil hombres. A los que tiraron adelante los fueron también persiguiendo, y mataron aún otros dos mil.

46. Por donde los que perecieron de Benjamín en diversos sitios vinieron a ser en todos veinticinco mil combatientes, gente toda muy guerrera.

47. Con lo que sólo quedaron de toda la gente de Benjamín seiscientos varones que pudieron escapar y guarecerse en el desierto, y estuvieron de asiento en la peña de Remmón cuatro meses.

48. Pero los hijos de Israel, vueltos del combate, pasaron a cuchillo a todo el resto de la ciudad, desde los hombres hasta las bestias. Y todas las demás ciudades y lugarcillos de Benjamín fueron consumidos por las voraces llamas.

21 *Es arruinada Jabes-Galaad. Restauración de la tribu de Benjamín*

1. Habían hecho los hijos de Israel un juramento en Masfa, diciendo: Ninguno de nosotros dará sus hijas por mujeres a los hijos de Benjamín.

2. Después, pesarosos, vinieron todos a la casa de Dios en Silo, y permaneciendo delante de ella al anochecer, levantaron el grito, y con grandes alaridos, comenzaron a llorar, diciendo:

3. ¿Por qué, ¡oh Señor Dios de Israel!, ha sucedido esta calamidad en tu pueblo, que se haya acabado hoy una de nuestras tribus?

4. Y levantándose al día siguiente al rayar el alba, erigieron un altar en que ofrecieron holocaustos y víctimas pacíficas, y dijeron:

5. ¿Quién es en todas las tribus de Israel el que no se unió al ejército del Señor? Porque estando en Masfa se habían obligado con un solemne juramento a matar a los que faltasen.

6. Mas ahora arrepentidos los israelitas de lo hecho contra Benjamín, su hermano, comenzaban a decir: Se acabó una tribu de Israel.

7. ¿De dónde tomarán mujeres los pocos que han quedado de ella, habiendo jurado todos nosotros a una no darles nuestras hijas?

8. Dijeron pues: ¿Quién hay de las tribus todas de Israel que no haya comparecido ante el Señor en Masfa? Y se halló que los moradores de Jabes-Galaad no habían estado en aquel ejército.

9. Y que ni aun mientras los israelitas estaban en Silo, no apareció allí ninguno de ellos.

10. Con esto destacaron diez mil hombres muy valientes, dándoles esta orden: Id, y pasad a cuchillo a los moradores de Jabes-Galaad, sin perdonar a sus mujeres y niños.

11. Y habéis de ejecutarlo de modo que, matando a todos los varones y a las mujeres casadas, dejéis con vida a las doncellas.

12. Se hallaron en Jabes-Galaad cuatrocientas doncellas por casar, y las condujeron al campamento de Silo en tierra de Canaán.

13. Luego despacharon mensajeros a los hijos de Benjamín que se mantenían en la peña Remmón, con la comisión de concederles la paz.

14. Vinieron, pues, entonces los hijos de Benjamín, y se les dieron por mujeres las doncellas de Jabes-Galaad, mas no hallaron otras que poderles dar a este modo.

15. Todo Israel tuvo gran pesar, y se arrepintió en extremo de la destrucción de una de las tribus de Israel.

16. Y dijeron los ancianos: ¿Qué haremos con los demás que han quedado sin mujeres? Todas las mujeres de Benjamín han perecido;

17. y debemos precaver con gran solicitud y el mayor empeño que no se acabe una tribu en Israel.

18. No obstante, no podemos darles nuestras hijas, ligados como estamos con el juramento, y con la maldición que nos echamos, diciendo: Maldito sea el que diere alguna hija suya en matrimonio a los hijos de Benjamín.

19. Tomaron, pues, este partido, y dijeron: He aquí que viene la solemnidad del Señor que se celebra todos los años en Silo, en la llanura situada al norte de la ciudad de Betel, y al oriente del camino que desde Betel va a Siquem, y al mediodía de la ciudad de Lebona.

20. Y dieron orden a los hijos de Benjamín, diciéndoles: Id, y escondeos en las viñas.

21. Y cuando viereis venir a las doncellas de Silo, según costumbre, a formar sus danzas en esta llanura, salid de repente de las viñas, y coged cada cual una para mujer, y marchaos a la tierra de Benjamín.

22. Y cuando vengan sus padres y hermanos, y comenzaren a querellarse contra vosotros y acusaros de esta violencia, nosotros les diremos: Tened lástima de ellos: pues no las han tomado como los vencedores toman las cautivas por derecho de guerra, sino como esposos que después de haberlas pretendido con ruegos no se las disteis; y así la culpa de la violencia es vuestra.

23. Lo hicieron así los hijos de Benjamín como se les había mandado; y cogieron de las doncellas que danzaban cada cual una para esposa suya, y se fueron a su tierra, y reedificaron las ciudades y las poblaron.

24. Asimismo los hijos de Israel regresaron a sus moradas, tribu por tribu y familia por familia. En aquellos días no había rey o magistrado supremo en Israel: sino que cada cual hacía lo que le parecía mejor.

Rut

Introducción

El libro de Rut se puede considerar un apéndice del *libro de los Jueces*, separado luego de él. La Sinagoga y algunos expositores de la Iglesia los unían antes. Por esta razón no tiene título ni nombre particular entre los hebreos. La historia de Rut pertenece a la época de los jueces de Israel, aunque se desconoce la fecha histórica de los hechos narrados. La versión más aceptada dice que el hambre que obligó a Elimelec a salir de su patria se presentó durante el gobierno de los jueces Samgar y Débora, es decir, unos ciento veinte años después de la muerte de Josué.

También es incierto el autor de este libro, que sólo comprende cuatro capítulos. Presenta la admirable providencia divina y el ejemplo de piedad y religión que demuestran Rut y su suegra Noemí. Además, continúa la genealogía de Jesucristo, por sus progenitores Booz y Obed, abuelos de David.

1

Rut moabita elige al Dios de Israel y va con su suegra Noemí a Betlehem. Orfa se queda en Moab

1. En el tiempo* que Israel era gobernado por jueces, sucedió bajo el gobierno de uno de éstos que hubo una gran hambre en aquella tierra. Por lo que un hombre, natural de Betlehem de Judá*, se fue a morar en el país extranjero de la tierra de Moab con su mujer y dos hijos.

2. Llamábase Elimelec, y su mujer Noemí; y los dos hijos uno Mahalón y el otro Quelión, efrateos de Betlehem de Judá. Y habiendo entrado en el país de Moab, habitaban allí.

3. Sucedió, pues, que murió Elimelec, marido de Noemí, quedando ésta sola con sus dos hijos;

4. quienes se casaron con mujeres moabitas, de las cuales llamábase la una Orfa y la otra Rut. Vivieron allí diez años.

5. Y al cabo murieron ambos, a saber, Mahalón y Quelión; con lo que Noemí quedó privada de los hijos del marido.

6. Resolvió, pues, volverse del país de Moab su patria, con sus dos nueras; por haber oído que el Señor había vuelto los ojos hacia su pueblo, y dándole alimentos.

7. Luego que salió del lugar de su peregrinación con ambas nueras, puesta ya en camino para volver a la tierra de Judá,

8. les dijo: Volveos a casa de vuestras madres. El Señor use de misericordia con vosotras, como la habéis usado vosotras con los difuntos y conmigo.

9. Concédaos el hallar descanso en las casas de los maridos que la buena suerte os depare. Las besó en seguida; y ellas a voz en grito empezaron a llorar,

10. y decir: Contigo iremos a tu pueblo.

11. A las cuales replicó Noemí: Volveos, hijas mías; ¿para qué venir conmigo? ¿Tengo yo por ventura más hijos en mi seno, para que de mí podáis esperar otros maridos?

12. Idos, hijas mías, volveos, porque yo estoy ya consumida por la vejez e incapaz de

---

1. Las palabras con las cuales se inicia el libro de Rut permiten considerarlo un apéndice del libro de los Jueces. Ese es el lugar que ocupa en la versión griega antigua, de la que procede la Vulgata Latina y el actual texto castellano.

1. Betlehem fue llamada *Efrata*, así *betlehemita* y *efrateo* eran sinónimos.

nuevo matrimonio; y aún dado caso que pudiera esta noche concebir y parir hijos,

13. si quisieseis esperarlos a que creciesen, y llegasen a los años de la pubertad, seríais antes viejas que esposas. Os suplico, hijas mías, que no prosigáis: mirad que vuestra aflicción no hace más que acrecentar la mía; porque la mano del Señor está levantada contra mí.

14. Entonces a voz en grito echaron de nuevo a llorar. Orfa besó a su suegra, y se volvió; mas Rut se quedó con ella.

15. Y le dijo Noemí: Ya ves que tu cuñada se ha vuelto a su pueblo y a sus dioses: anda, vete con ella.

16. Respondió Rut: No me instes más sobre que te deje y me vaya; porque doquiera que tú fueres, he de ir yo, y donde tú morares, he de morar yo igualmente. Tu pueblo es mi pueblo, y tu Dios es mi Dios.

17. En la tierra en que murieres tú, allí moriré yo; y donde fueres sepultada, allí lo seré yo igualmente. No me haga Dios bien, si otra cosa que la muerte me separe de ti.

18. Viendo, pues, Noemí que Rut con ánimo resuelto estaba determinada a seguirla, no quiso contradecirla más, ni persuadirla que se volviese a los suyos.

19. Así caminaron juntas, y llegaron a Betlehem. Apenas entraron en la ciudad, voló la noticia; y las mujeres decían: Esta es aquella Noemí*.

20. A las cuales dijo: No me llaméis Noemí: (esto es, graciosa); sino llamadme Mara (que significa amarga), porque el Todopoderoso me ha llenado de grande amargura.

21. Salí de aquí colmada; y el Señor me ha hecho volver vacía; ¿por qué, pues, me llamáis Noemí, habiéndome humillado el Señor, y afligídome el Todopoderoso?

22. Volvió, pues, Noemí con Rut, moabita, su nuera, de la tierra de su peregrinación; y regresó a Betlehem cuando comenzaban a segarse las cebadas.

19. *¿Aquella señora tan principal entre nosotros?* El texto juega con el significado del nombre.

2

Rut, obligada de la necesidad, va a respirar en la heredad de Booz, pariente de su suegro

1. Tenía Elimelec, marido de Noemí, un pariente consanguíneo, hombre poderoso y de gran caudal, llamado Booz.

2. Y Rut, la moabita, dijo a su suegra: Si me das tu licencia iré al campo, y recogeré las espigas* que se escapen de las manos de los segadores, donde quiera que hallare buena acogida en algún padre de familias que se muestre compasivo para conmigo. Le respondió Noemí: Anda, hija mía.

3. Fue, pues, y empezó a recoger espigas detrás de los segadores. Por fortuna el dueño de aquel campo era el mencionado Booz, de la parentela de Elimelec.

4. Y he aquí que el mismo Booz llegó de Betlehem; y saludó a los segadores, diciendo: El Señor sea con vosotros. Los cuales le respondieron: Bendígate el Señor.

5. Preguntó Booz al joven mayoral de los segadores: ¿De quién es esta muchacha?

6. Le respondió: Esta es la moabita que vino con Noemí del país de Moab;

7. y ha pedido permiso para ir tras de los segadores cogiendo las espigas que quedan; y desde la mañana hasta ahora se está en el campo, sin haberse retirado ni por un momento a su casa.

8. Dijo entonces Booz a Rut: Oye, hija, no vayas a otra heredad a espigar, ni te apartes de este sitio, sino júntate con mis muchachas*,

9. y síguelas donde estuviere la siega: porque he dado orden a mis criados para que nadie se meta contigo; antes bien si tuvieres sed, vete al hato, y bebe agua de la misma que beben también mis criados.

10. Ella entonces, inclinando su rostro hasta tierra, le hizo una profunda reverencia, y dijo: ¿De dónde a mí tanta dicha, que haya

2. Este era un derecho otorgado por la ley a las viudas, los extranjeros y los pobres. *Deut 24*, 19; *Lev 19*, 9; *23*, 22.

8. Estas muchachas eran las criadas de Booz destinadas a recolectar las mieses segadas por los hombres. Rut las seguía recogiendo las espigas sueltas.

encontrado gracia en tus ojos, y te dignes tratarme con tanta bondad, siendo yo una mujer extranjera?

11. A la cual respondió Booz: Me han contado lo que has hecho con tu suegra después de la muerte de tu marido; y cómo has abandonado a tus padres y el país nativo, por venir a un pueblo que te era antes desconocido.

12. El Señor te premie por tu acción, y recibas un cumplido galardón del Señor Dios de Israel, a quien has recurrido, y debajo de cuyas alas te has amparado.

13. Le respondió Rut: He hallado gracia en tus ojos, ¡oh señor mío!, pues que así has consolado y hablado al corazón de esta esclava tuya, que ni merece contarse como una de tus criadas.

14. Y le dijo Booz: A la hora de comer, vente aquí, y come el pan, y moja tu bocado en el vinagre con mis gentes: Se sentó, pues, a un lado de los segadores, y Booz le dio una porción de polenta de la que comió hasta saciarse, y guardó las sobras.

15. Se levantó luego de allí para espigar como antes. Y Booz dio esta orden a sus criados, diciendo: Aunque quisiera ella segar con vosotros para sí, no se lo estorbéis;

16. antes de propósito dejad caer de vuestros manojos algunas espigas, para que estando en el suelo las pueda coger sin rubor; y mientras las recoge nadie la reprenda.

17. Estuvo, pues, espigando en el campo hasta la tarde; y vareando y sacudiendo las espigas recogidas, se halló con cerca de un efí de cebada, esto es tres modios.

18. Y cargando con ellos, se volvió a la ciudad, y se los mostró a su suegra; tras esto sacó y le dio de las sobras de la comida, de que ella se había saciado.

19. Le preguntó su suegra: ¿Dónde has espigado hoy, y dónde has empleado tu trabajo? Bendito sea el que se ha apidado de ti. Le declaró Rut en qué campo había espigado, y dijo que el amo de él se llamaba Booz.

20. A la cual contestó Noemí: Bendito sea el Señor; pues la misma buena voluntad que tuvo a los vivos, la conserva todavía a los difuntos. Y añadió: ese hombre es pariente nuestro.

21. Le dijo Rut: Pues también me ha mandado que me incorpore con sus segadores hasta tanto que se acabe la siega de todas las mieses.

22. Le respondió la suegra: Más vale, hija mía, que vayas a espigar entre sus criadas, no sea que en el rastrojo de otro, se te opusiese alguno a que espigases.

23. Se juntó, pues, con las criadas de Booz, y espigó entre ellas todo el tiempo restante, hasta que las cebadas y los trigos se recogieron en las trojes.

3 *Noemí procura casar a Rut con Booz, el pariente más cercano, para dar descendencia a su hijo muerto*

1. Y después que volvió a su suegra, la dijo ésta: Hija mía, yo voy a procurarte descanso, y a disponer que lo pases bien.

2. Este Booz, con cuyas criadas andas junta en el campo, es nuestro pariente, y esta noche avienta la cebada en su era.

3. Lávate, pues, y úngete con los perfumes, y ponte los mejores vestidos, y encamínate a la era: procura que no te vea hasta que hayas acabado de comer y beber.

4. Entonces cuando se fuere a dormir, nota bien el sitio donde duerme, e irás y alzarás la capa por la parte con que se cubre los pies, y te echarás allí, y te pondrás a dormir. El mismo te dirá, como pariente más cercano, lo que debes hacer*.

5. Le respondió Rut: Yo haré cuanto tú me mandares.

6. Se fue, pues, a la era, e hizo todo lo que la suegra le había ordenado.

7. Y cuando Booz hubo comido y bebido y alegrándose, e ido a dormir junto a un montón de gavillas, se llegó Rut calladamente, y alzando la capa por los pies, se echo allí.

8. Cuando he aquí que a medianoche despertó el hombre despavorido y turbado al ver una mujer echada a sus pies;

9. y lé dijo: ¿Quién eres? Y ella respondió: Soy Rut, esclava tuya: extiende tu manto sobre tu sierva; por cuanto eres el pariente más cercano de mi marido.

---

4. Noemí conocía la sólida virtud de su nuera y la bondad y honradez de Booz. Creía que éste era el pariente más inmediato, a quien correspondía desposarse con la viuda de su hijo.

10. A lo que dijo Booz: Bendita seas del Señor, hija mía, que has sobrepujado tu primera bondad y cordura, con la que manifiestas ahora, pues siendo joven como eres, no has ido a buscar jóvenes, ni pobres ni ricos, sino a los que la ley dispone.

11. Por tanto no temas, que yo haré contigo cuanto me has dicho; puesto que todas las gentes de mi ciudad saben que tú eres mujer de virtud.

12. No niego yo ser pariente; pero hay otro más cercano que yo.

13. Descansa esta noche que venida la mañana, si él quiere quedarse contigo por el derecho de proximidad, sea en horabuena: mas si no quiere, vive el Señor que yo sin falta te tomaré: y así, duerme hasta mañana.

14. Durmió, pues, a sus pies hasta el fin de la noche. Y levantándose antes que los hombres pudiesen conocerse unos a otros, le dijo Booz: Procura que nadie sepa que has venido acá.

15. Y añadió: Extiende el manto con que te cubres, y tenle asido con ambas manos. Extenle dio ella, y teniéndole, le midió seis modios de cebada, se los cargó a cuestas. Así cargada entró en la ciudad.

16. Y fue a su suegra, la cual le preguntó: ¿Qué has hecho, hija mía, sobre lo que te encargué? Le conto Rut todo lo que había hecho Booz por ella.

17. Y añadió: He aquí seis modios de cebada que me ha dado diciéndome: No quiero que vuelvas a tu suegra con las manos vacías.

18. Dijo entonces Noemí: Espera, hija mía, hasta que veamos en qué para la cosa. Porque Booz es hombre honrado, que no parará hasta que cumpla lo que te ha prometido.

---

4 *Cásase Booz con Rut, la cual le da un hijo llamado Obed, padre de Isaí y abuelo de David*

---

1. Fue, pues, Booz a las puertas o juzgado de la ciudad, y se sento allí y viendo pasar a aquel pariente de quien se habló arriba, le llamó por su nombre, y le dijo: Llégate por un momento y siéntate aquí. Llegó él, y se sentó.

2. Entonces Booz, convocando a diez varones de los ancianos de la ciudad, les dijo: Sentaos aquí.

3. Luego que se sentaron, habló así al pariente: Noemí, que ha vuelto del país de Moab está para vender una parte de la heredad de nuestro hermano Elimelec:

4. lo cual he querido que tú sepas, y decírtelo en presencia de todos los circunstantes y de los ancianos de mi pueblo. Si tú quieres poseerla por el derecho de parentesco, cómprala y poséela. Y si no gustas de eso, decláralo para que yo sepa lo que debo hacer; puesto que no hay otro pariente sino tú, que eres el primero, y yo que soy el segundo. A lo que respondió él: Pues yo compraré la heredad.

5. Le replicó Booz: Luego que compres esa posesión, debes también casarte con Rut, la moabita, que fue consorte del difunto, para hacer revivir el nombre de tu pariente en su herencia*.

6. El respondió: Renuncio el derecho de parentesco: porque no es razón que yo arruine la posteridad de mi familia; usa tú del derecho mío, el que protesto renunciar espontáneamente.

7. Era costumbre antigua en Israel entre los parientes, que cuando uno cedía su derecho al otro para que la cesión fuese válida, se quitaba aquél su calzado y se lo daba a su pariente. Esta era la fórmula y testimonio de cesión en Israel.

8. Por lo cual dijo Booz a su pariente: Quítate el calzado; y él al punto se lo quitó del pie.

9. Entonces Booz dijo a los ancianos y a todo el pueblo: Vosotros sois testigos en este día de que yo entro en posesión de todas las cosas que poseía Elimelec, y Quelión, y Mahalón, por entrega que me hace Noemí;

10. y recibo en matrimonio a Rut, la moabita, mujer que fue de Mahalón para resucitar el nombre del difunto en su herencia, a fin de que no se borre su nombre de entre su familia, de sus hermanos y de su pueblo. Vosotros, repito, sois testigos de este acto.

11. Entonces todo el pueblo que estaba

---

5. Cuando el que debía desposarse con la viuda no era hermano del difunto, sino pariente lejano tenía la obligación de casarse con ella, aunque menos rigurosa que la del hermano.

Booz y Rut

Tomó, pues, Booz a Rut, y se desposó con ella; y en su matrimonio el Señor le hizo la gracia de que Rut concibiera y pariese un hijo. Con este motivo, las mujeres dijeron a Noemí: Bendito sea el Señor que no ha permitido que faltase heredero en tu familia, y ha querido conservar el nombre de ella en Israel.

en la puerta, respondió con los ancianos: Nosotros somos testigos. El Señor haga que esa mujer que entra en tu casa, sea como Raquel y Lía, las cuales fundaron la casa de Israel; para que sea como aquéllas dechado de virtud en Efrata, y tenga un nombre célebre en Betlehem;

12. y sea tu casa como la casa de Fares (hijo de Tamar y de Judá), por la posteridad que el Señor te diere de esta joven.

13. Tomó, pues, Booz a Rut, y se desposó con ella; y en su matrimonio el Señor le hizo la gracia de que Rut concibiera y pariese un hijo.

14. Con este motivo, las mujeres dijeron a Noemí: Bendito sea el Señor que no ha permitido que faltase heredero en tu familia, y ha querido conservar el nombre de ella en Israel;

15. para que tengas tú también quien consuele tu alma, y sea el sostén de tu vejez. Pues que te ha nacido un niño de tu nuera, la cual te ama, y es para ti mucho mejor que si tuviéses siete hijos.

16. Noemí, recibido el niño recién nacido, le puso en su regazo haciendo con él oficio de ama y de niñera.

17. Y las mujeres vecinas suyas, congratulándose con ella, decían: Ha nacido un hijo a Noemí; y le pusieron por nombre Obed. Este fue padre de Isaí, que lo fue de David.

18. He aquí las generaciones o la posteridad de Fares. Fares fue padre de Esrón,

19. Esrón de Aram, Aram de Aminadab,

20. Aminadab de Nahasón, Nahasón de Salmón;

21. Salmón fue padre de Booz, Booz lo fue de Obed*,

22. Obed de Isaí; Isaí fue padre de David.

---

21. Los autores antiguos afirman que David es descendiente de Rut y Booz. *Mat 1*, 5.

Samuel

Introducción

El nombre de *Samuel* de estos dos libros del *Antiguo Testamento* se debe al profeta Samuel. Este hombre de profunda influencia en la organización de Israel en los albores de la monarquía, reúne las características de los jueces, dispuestos a defender las tribus de las agresiones de sus vecinos y enemigos.

La denominación de los libros *1 Samuel* y *2 Samuel* es muy reciente. Antes se unían los libros de *Samuel* y *Reyes* en una sola obra de cuatro volúmenes, llamada *Libros de los Reinos* o *Libros de los Reyes*.

Los libros *1 Samuel* y *2 Samuel* no fueron escritos por el mismo autor. Narran acontecimientos que suceden en tiempos de Helí, Samuel, Saúl y David con notables diferencias y repeticiones.

La obra no manifiesta ninguna preocupación por la precisión histórica. Su estilo se acerca al de un relato popular, revestido por la aspiración literaria de un pueblo que recuerda los fundadores de la monarquía como héroes nacionales y personajes sagrados.

Los relatos de estos libros fueron conservados por la tradición oral de grupos diferentes y sólo siglos más tarde fueron escritos, con las diferencias presentes en las tradiciones orales. Una de esas diferencias es la actitud de Samuel frente la unción de Saúl como rey, que se resume en monárquica, *1 Sam 9*; *10*, 1-16; *11*, y antimonárquica, *1 Sam 8-12*.

La división del libro de *Samuel* en dos libros es externa, porque está escrito en dos rollos, aunque la historia forma un todo con perfecta continuidad.

Los acontecimientos abarcan unos 130 años, desde la infancia de Samuel, que sirve en el templo de Silo al sacerdote Helí, y que aparece como especialmente elegido por Dios. Samuel cumplirá una misión profética ante el pueblo. La historia introduce a Saúl, un guerrero más que un organizador, será constituido primer rey de Israel. Con frecuencia se presenta el rechazo de este monarca y la aceptación de David.

El libro *1 Samuel* se cierra con la muerte sorpresiva y desconcertante de Saúl, mientras *2 Samuel* se abre con la proclamación y consagración de David. Sus campañas agrupan a muchas personas y su comportamiento no siempre edificante irá perfilando la personalidad del rey ideal. David es considerado el rey por excelencia y la figura del futuro rey Mesías se evocará en relación con el hijo de Jesé.

Un acontecimiento político decisivo para el pueblo de Israel, hasta ese momento conformado por tribus dispersas, será el establecimiento de la capital en Jerusalén, logrando la unificación yterritorial y política de las tribus en torno a la ciudadde los jebuseos, que se convierte en símbolo físico y espiritual del pueblo de Israel.

El contenido religioso está presente en la continua descripción de las antiguas prácticas rituales que ilustran las grandes instituciones, como el profetismo, el sacerdocio y la visión mesiánica de la historia. La interpretación cristiana encuentra recurrentes figuras del futuro Mesías en los personajes de *Samuel* en sus instituciones y costumbres. La organización del reino hace pensar en la predicación de Jesús, que anuncia el reino de Dios.

1 Samuel

1

Nace Samuel de Ana, que era estéril; es consagrado al Señor por medio del sacerdote Helí

1. Hubo un hombre en la ciudad de Ramataimsofim, en las montañas de Efraín, cuyo nombre era Elcana, hijo de Jeroham, hijo de Eliú, hijo de Tohú, hijo de Suf, de la tribu de Leví, y domiciliado en la de Efraín.

2. Y tenía dos mujeres, una llamada Ana, y la otra Fenenna. Fennena tenía hijos, mas Ana carecía de ellos.

3. Subía este hombre desde su ciudad a Silo en los días señalados a adorar y ofrecer sacrificios al Señor de los ejércitos*. Allí residían entonces los dos hijos de Helí: Ofni y Finees, sacerdotes del Señor.

4. Venido uno de dichos días solemnes, ofreció Elcana su sacrificio, y distribuyó después lo que le correspondía de la víctima entre su mujer Fenenna y todos sus hijos e hijas, dándoles la porción de ella.

5. Pero a Ana, que no tenía hijos, le dio una sola porción, entristecido porque la amaba, aunque el Señor la había hecho estéril.

6. Además Fenenna, su rival, la mortificaba también y angustiaba en gran manera, en tanto grado, que la echaba en rostro el que el Señor la había hecho estéril.

7. Y así lo hacía todos los años cuando, llegado el tiempo, subían al templo del Señor; y de este modo la zahería. Con esto Ana se ponía a llorar, y no probaba la comida.

8. Le dijo, pues, Elcana, su marido: Ana, ¿por qué lloras? ¿cómo es que no comes?, ¿y por qué se aflige así tu corazón? ¿acaso no soy yo para ti mejor que diez hijos que tuvieses?

9. Y después de haber comido y bebido en Silo, se levantó Ana, y estando el sumo sacerdote Helí sentado en su silla, o audiencia, delante de la puerta del templo o Tabernáculo del Señor,

10. vino Ana con un corazón lleno de amargura, y oró al Señor derramando copiosas lágrimas,

11. e hizo voto diciendo: Señor Dios de los ejércitos, si te dignares volver los ojos para mirar la aflicción de tu sierva, y te acordares de mí, y no olvidándote de tu esclava, dieres a tu sierva un hijo varón, lo consagraré al Señor por todos los días de su vida, y no pasará jamás navaja por su cabeza.

12. Como repitiese muchas veces sus ruegos delante del Señor, Helí estuvo observando el movimiento de sus labios;

13. porque Ana hablaba solo en su corazón, de manera que únicamente movía los labios; pero no se le oía ni siquiera una palabra. Y así Helí la tuvo por ebria,

14. y le dijo: ¿Hasta cuando durará tu embriaguez? Vete a digerir un poco el vino de que estás llena.

15. Le respondió Ana: No es, mi señor, lo que decís; la verdad es que yo soy una mujer afligidísima; y no es que haya bebido vino, ni cosa que pueda embriagar, sino que estaba derramando mi corazón en la presencia del Señor.

16. No tengas a tu sierva por alguna de las hijas licenciosas de Belial; porque sola la vehemencia de mi dolor y aflicción es la que me ha hecho hablar así hasta ahora.

17. Entonces Helí le dijo: Vete en paz, y el Dios de Israel te conceda la petición que le has hecho.

18. Le respondió Ana: ¡Ojalá tu sierva halle gracia en tus ojos! Se fue la mujer a su posada, y tomó alimento, y desde entonces ya no se vio melancólico su semblante.

19. Por la mañana se levantaron todos, adoraron al Señor, y poniéndose en camino, regresaron a su casa en Rámata. Elcana se unió a Ana, su mujer, y el Señor se acordó de ella y de su oración.

20. Luego concibió Ana, y a su tiempo parió un hijo, a quien puso por nombre Samuel*, por haberlo pedido fervorosamente al Señor.

---

3. *1 Sam 17*, 45

20. Quiere decir *El Señor me escuchó.*

21. Subió, pues, Elcana, su marido, con toda su familia a ofrecer al Señor una hostia solemne, y a cumplir su voto.

22. Pero Ana no fué, habiendo dicho a su marido: No iré hasta que el niño esté destetado, y le lleve yo para presentarlo al Señor, y se quede allí para siempre.

23. Le dijo Elcana su marido: Haz lo que mejor te parezca, y quédate hasta destetarle; yo suplico al Señor que se digne perfeccionar su obra. Se quedó, pues, Ana en su casa, y dio de mamar al hijo, hasta que lo destetó;

24. y destetado, le llevó consigo, con tres becerros y tres medios de harina y un cántaro de vino, a la casa del Señor en Silo. El niño era todavía pequeñito.

25. Y sacrificaron un becerro; y presentaron el niño a Helí,

26. diciendo Ana: Oyeme, Señor mío, por vida tuya: Yo soy, mi señor, aquella mujer que estuve orando al Señor delante de ti.

27. Por este niño oré, y el Señor me otorgó la súplica que le hice.

28. Por tanto, se lo tengo ofrecido, a fin de que le sirva mientras viva. Con esto, adoraron allí al Señor; y Ana, estando orando, prorrumpió en este cántico*:

2

Cántico de Ana. Impiedad de los hijos de Helí, a quien se vaticina la ruina de su casa y familia

1. Saltó de gozo en el Señor, mi corazón, y mi Dios me ha ensalzado; ya puedo responder a boca llena a mis enemigos, pues toda la causa de mi alegría es, ¡oh Señor!, la salud que he recibido de ti.

2. Nadie es santo, como lo es el Señor; no hay otro Dios fuera de ti; ninguno es fuerte como nuestro Dios.

3. Cesad, pues, de hablar con soberbia y jactancia; no uséis ya de aquel vuestro antiguo lenguaje, porque Dios, que todo lo sabe, él solo es el Señor, y él lleva a efecto sus altísimos designios.

4. Se quebró el arco, o la fortaleza, de los fuertes, y los flacos han sido revestidos de vigor.

5. Los que estaban antes colmados de bienes, se han alquilado por un pedazo de pan, y los que se hallaban acosados del hambre han sido plenamente saciados. La que era estéril ha venido a ser madre de muchos hijos; y la que estaba rodeada de ellos, perdió todos sus bríos.

6. Porque el Señor es el que da la muerte y da la vida; el que conduce al sepulcro y libra de él.

7. El Señor el que empobrece y enriquece; el que abate y ensalza.

8. Levanta del polvo al mendigo, y del estiércol ensalza al pobre, para que se siente entre los príncipes, y ocupe un trono de gloria. Porque del Señor son los polos o cimientos de la tierra, y él asentó sobre ellos el mundo.

9. El dirigirá todos los pasos de sus santos; mas los impíos serán por él reducidos a silencio en medio de tinieblas; porque no estará firme el hombre por su propia fuerza.

10. Temblarán delante del Señor sus adversarios; tronará desde el cielo y lanzará rayos sobre ellos. El Señor juzgará a toda la tierra, y dará el imperio de ella a su rey, y ensalzará la gloria y el poder de su Cristo.

11. Después de esto se volvió Elcana a su casa en Rámata; y el niño servía en el Tabernáculo, en la presencia del Señor, bajo la dirección del sumo sacerdote Helí.

12. Mas los hijos de Helí* eran hijos de Belial, que no conocían o respetaban al Señor,

13. ni la obligación de los sacerdotes para con el pueblo, sino que cuando alguno, fuese el que fuese, había inmolado una víctima, venía el criado del sacerdote, mientras se cocían las carnes, y trayendo en su mano un garfio u horquilla de tres dientes,

14. la metía en el perol, o en el caldero, o en la olla, o en la cazuela, y todo lo que prendía con él, lo tomaba para sí el sacerdote. Esto hacían con todos los de Israel que venían a Silo.

15. Y aun antes que quemasen la grosura de la víctima, venía el criado del sacerdote, y decía al que inmolaba: Dame de la carne paraguisársela yo al sacerdote, según su gusto; pues no he de tomar de ti la carne cocida, sino cruda*.

16. Le decía el que inmolaba: Quémese

---

28. Este cántico de Ana, al hacer el ofrecimiento de su hijo, es a la vez acción de gracias y profecía.

12. *Tit 1*, 16.
15. *Lev 7*, 31-33.

ahora primero la grosura, según el rito, y llévate después todo lo que quisiereis. Mas él respondía diciendo: No, ahora me la darás; de lo contrario, te la quitaré yo por fuerza.

17. Era, pues, el pecado de estos hijos de Helí enorme a los ojos del Señor; por cuanto retraían a la gente de sacrificar al Señor.

18. Entretanto el niño Samuel, revestido de un efod o sobrepelliz de lino, ejercía su ministerio en la presencia del Señor.

19. Y le hacía su madre una túnica pequeña; y se la llevaba los días solemnes, cuando subía con su marido a ofrecer el anual sacrificio solemne.

20. Y bendijo Helí a Elcana y a su mujer, diciéndole a él: El Señor te conceda sucesión de esta mujer en pago de la prenda que has consagrado y depositado en manos del Señor. Después de lo cual se volvieron a su casa.

21. En efecto, el Señor visitó a Ana, la cual concibió y parió tres hijos y dos hijas. Entretanto el niño Samuel iba haciéndose grande en la presencia del Señor.

22. Helí era muy viejo; y llegó a saber el modo de portarse sus hijos con todo el pueblo; y que dormían con la mujeres que venían a velar y a orar en la puerta del Tabernáculo.

23. Y les dijo únicamente: ¿Por qué hacéis todas estas cosas que me dicen de vosotros? ¿esos crímenes detestables de que habla todo el pueblo?

24. No más, hijos míos; que es muy desagradable lo que ha llegado a mis oídos de que hacéis prevaricar al pueblo del Señor.

25. Si un hombre peca contra otro hombre, se puede alcanzar de Dios el perdón; mas si aquel hombre que será el mediador peca contra el Señor, ¿quién rogará por él? No escucharon los hijos de Helí la voz de su padre; porque el Señor había resuelto quitarles la vida*.

26. Entretanto el niño Samuel iba adelantando y creciendo, y era grato no menos al Señor que a los hombres.

27. Vino a la sazón un varón de Dios a Helí, y le dijo: Esto dice el Señor: ¿No es así que yo me manifesté visiblemente a la familia de Aarón, tu padre, cuando estaba en Egipto en la casa y bajo el yugo del faraón;

28. y que lo escogí entre todas las tribus de Israel por sacerdote mío para que subiese a ofrecer sobre mi altar, y me quemase perfume y anduviese vestido del efod en mi presencia; y di a la casa de tu padre una parte en todos los sacrificios de los hijos de Israel?

29. Pues, ¿cómo habéis hollado o envilecido mis víctimas y mis dones, que yo mandé ofrecer en el templo, y has tenido tú más respeto a tus hijos que a mí, comiendo con ellos lo principal o mejor de todos los sacrificios de mi pueblo de Israel?

30. Por tanto, el Señor Dios de Israel dice: Yo había declarado y prometido que tu familia y la familia de tu padre serviría el ministerio del sumo sacerdocio delante de mí perpetuamente. Mas ahora dice el Señor: Lejos de mí tal cosa, porque yo honraré a todo el que me glorificare; pero los que me menospreciaren, serán deshonrados.

31. He aquí que llega el tiempo en que cortaré tu brazo o tu poder, y el brazo de la casa de tu padre; de suerte que no haya anciano en vuestra familia.

32. Y cuando todo Israel esté en medio de la prosperidad, verás a tu rival en el templo; mientras en tu casa no habrá jamás anciano.

33. Con todo no apartaré absolutamente a tus descendientes de mi altar; pero será para que, viéndolo llores continuamente de envidia y se consuma de dolor tu alma; y una gran parte de tu casa morirá al llegar a la edad varonil.

34. Y te servirá de señal esto que acontecerá a tus dos hijos Ofni y Finees, a saber, que en un día morirán ambos.

35. Y yo me proveeré de un sacerdote fiel*, que obre según mi corazón y mi alma; y le fundaré una casa sólida y duradera, y caminará siempre delante de mí ungido.

36. Entonces sucederá que todo aquel que hubiese quedado de tu casa y familia, vendrá para que se interceda por él con el sumo sacerdote, a fin de que se le dé una pequeña moneda de plata y una torta de pan; y dirá: Te suplico que me admitas a algún ministerio sacerdotal; para poder comer un bocado de pan.

---

25. En castigo de sus pecados les negó la gracia de la conversión.

35. Este sacerdote fue Sadoc, sumo sacerdote después de Abiatar.

3 *Llama Dios a Samuel, cuando todavía era un niño al servicio del templo y le revela el castigó de Helí*

1. Entretanto el joven Samuel proseguía sirviendo al Señor bajo la dirección de Helí; y la palabra del Señor o revelación era rara, y por consiguiente, de mucha estima; no era común en aquellos días* la profecía.

2. Sucedió, pues, un día, que estando Helí, cuyos ojos habían perdido ya la facultad de ver, acostado en su aposento,

3. y Samuel durmiendo junto a él en el templo del Señor, donde estaba el arca de Dios, he aquí que el Señor, antes que fuese apagada la lámpara de Dios o candelero de oro,

4. llamó a Samuel; y respondiendo éste: Aquí estoy,

5. corrió al punto a Helí, y le dijo: Heme aquí, pues me has llamado. Helí le dijo: No te he llamado, vuélvete a dormir. Se fue Samuel y se acostó de nuevo.

6. Volvió el Señor por segunda vez a llamar a Samuel; y levantándose éste fue a Helí, y le dijo: Heme aquí, ya que me has llamado. Helí le respondió: Hijo mío, yo no te he llamado; vuélvete a dormir.

7. Y es que Samuel no conocía todavía la voz del Señor*, pues hasta entonces no le había sido revelada la palabra del Señor.

8. Repitió el Señor y llamó por tercera vez a Samuel; el cual levantándose volvió a Helí,

9. diciendo: Heme aquí, pues me has llamado. Con esto reconoció Helí que era el Señor quien llamaba al joven; y dijo a Samuel: Vete a dormir; y si te llamare otra vez, responderás: Hablad, oh Señor, que vuestro siervo os escucha. Volvió, pues, Samuel a su aposento, y se puso otra vez a dormir.

10. Vino entonces el Señor, y llegándose a Samuel, le llamó como las otras veces: ¡Samuel, Samuel! A lo que respondió Samuel: Hablad Señor que vuestro siervo os escucha.

11. Y dijo el Señor a Samuel: Mira, yo voy a hacer una cosa en Israel, que a todo aquel que la oyere, le retiñirán de terror ambos oídos,

12. En aquel día yo verificaré cuanto tengo dicho contra Helí y su casa; daré principio a ello, y lo concluiré.

13. Porque ya le predije que habría de castigar perpetuamente su casa por causa de su iniquidad, puesto que sabiendo lo indignamente que se portan sus hijos, no los ha corregido como debía.

14. Por lo cual he jurado a la casa de Helí que su iniquidad no se expiará jamás ni con víctimas, ni con ofrendas.

15. Durmió después Samuel hasta la mañana, y a su tiempo abrió las puertas de la Casa del Señor; pero temía descubrir a Helí la visión.

16. Lo llamó, pues, Helí, y le dijo: ¡Samuel, hijo mío! El cual respondió: Aquí estoy.

17. Y le preguntó Helí: ¿Qué es lo que te ha dicho el Señor? Te ruego no encubras nada; el Señor te castigue severamente si me ocultares alguna cosa de cuanto se te ha dicho.

18. Le manifestó, pues, Samuel, una por una todas las palabras, sin ocultarle nada; y Helí respondió: El es el Señor, haga lo que sea agradable a sus ojos.

19. Samuel iba creciendo, y el Señor estaba con él, y de todas sus predicciones ni una siquiera dejó de verificarse.

20. Con lo que conoció todo Israel, desde Dan hasta Bersabee, que Samuel era un verdadero profeta del Señor*.

21. Y el Señor prosiguió apareciéndosele en Silo, porque en Silo fue en donde se manifestó a Samuel la primera vez, conforme a la palabra del Señor. Y se cumplió cuanto dijo Samuel a todo el pueblo de Israel.

4 *Derrotan los filisteos a los israelitas; se apoderan del arca de la alianza. Muerte de los hijos de Helí*

1. Sucedió por aquellos días que los filisteos se juntaron para hacer la guerra a los israelitas. Israel se puso también en campaña para combatir a los filisteos, y acampó junto a la piedra llamada después

1. *Jue 4; 6.*
7. Las señales o el modo con que el Señor hablaba a los profetas.

20. Samuel va afirmándose como *hombre de Dios* y su condición de *profeta* es aceptada desde Dan hasta Bersabee, es decir, desde el norte hasta el sur del país.

Piedra del Socorro. Los filisteos por su parte avanzaron hasta Afec,

2. y presentaron a Israel la batalla. Comenzada ésta, Israel volvió las espaldas a los filisteos; quienes mataron en aquel choque, y dejaron tendidos por los campos, como cuatro mil hombres.

3. Vuelto el grueso del ejército al campamento, dijeron los ancianos de Israel: ¿Cómo es que el Señor nos ha derrotado hoy delante de los filisteos? Traigamos aquí de Silo el arca de la alianza del Señor, y venga en medio de nosotros, para que nos salve de la mano de nuestros enemigos.

4. Envió, pues, el pueblo a Silo, y trajeron de allí el arca de la alianza del Señor de los ejércitos, que está sentado sobre los querubines; y los dos hijos de Helí, Ofni y Finees, acompañaban el arca de la alianza de Dios.

5. Luego que el arca de la alianza del Señor llegó al campamento, dio voces todo Israel con grande algazara, que resonaron por todo el país.

6. Y oyéndolas los filisteos, dijeron: ¿Qué gritería es esta que se oye en el campamento de los hebreos? Y supieron que era por haber llegado al campamento el arca del Señor.

7. Con esto se atemorizaron los filisteos y dijeron: El Dios de ellos ha venido a sus campamentos. Y añadían gimiendo:

8. ¡Ay de nosotros! No estaban, no, ayer ni antes de ayer con tanta alegría. ¡Tristes de nosotros! ¿Quién nos librará de la mano de ese Dios excelso? Ese es aquel Dios que castigó a Egipto con toda suerte de plagas, y que condujo a Israel por el desierto.

9. Pero, ¡ánimo, filisteos!, tened valor, no seáis esclavos de los hebreos como ellos lo han sido de vosotros tantos años. Esforzaos y pelead con denuedo.

10. Dieron, pues, los filisteos la batalla, y quedó derrotado Israel; y todos los que pudieron huyeron a sus casas. El destrozo de los israelitas fue tan grande, que quedaron muertos treinta mil infantes.

11. Fue tomada el arca de Dios* y muertos los dos hijos de Helí, Ofni y Finees.

12. Aquel mismo día, un soldado de la tribu de Benjamín, escapado de la batalla, vino corriendo a Silo, rasgado el vestido y cubierta de polvo la cabeza en señal de dolor.

13. Al tiempo que llegó, estaba Helí sentado en su silla de audiencia, a la entrada del templo, mirando hacia el camino, porque su corazón se hallaba en un continuo sobresalto por el arca del Señor. Habiendo entrado, pues, aquel soldado, publicó luego la noticia por la ciudad, y toda la gente prorrumpió en grandes alaridos.

14. Helí, oído el clamor general, dijo: ¿Qué ruido tumultuoso es ese? Llegó entonces aquel hombre a toda prisa a Helí, y le dio la noticia.

15. Helí tenía a la sazón noventa y ocho años, y sus ojos habían cegado, de suerte que no podía ver.

16. Dijo, pues, el soldado a Helí: Yo soy el que acabo de venir de la batalla, y yo el que hoy escapé del combate. Le dijo Helí: ¿Qué ha sucedido, hijo mío?

17. A lo que respondió el hombre que había traído la nueva, diciendo: Huyó Israel delante de los filisteos, y ha sido grande el destrozo del ejército; y además han quedado muertos tus dos hijos Ofni y Finees, y el arca de Dios ha sido robada.

18. Apenas el hombre hubo nombrado el arca de Dios, cayó Helí de espaldas de la silla junto a la puerta, y quebrándose la cerviz, murió, siendo como era ya hombre anciano. Fue Helí juez de Israel cuarenta años.

19. Estaba preñada una nuera suya, mujer de Finees, y cercana al parto; la cual al oír la noticia del cautiverio del arca de Dios, y de la muerte de su suegro y de su marido, sorprendida repentinamente de los dolores se inclinó y parió.

20. Cuando estaba ya expirando, le dijeron las que la asistían: Buen ánimo, que has parido un hijo. Mas ella, penetrada de dolor, no les contestó, ni se dio por entendida.

21. Llamó sí al niño, Icabod, diciendo: Se acabó la gloria de Israel (a causa de haber sido robada el arca de Dios y muerto su suegro y su marido).

22. Y dijo: Se acabó la gloria de Israel; porque el arca de Dios había sido robada.

---

11. Se narra la pérdida del arca de la alianza en combate con los filisteos. De manera reiterada se identifica esa pérdida con el abandono de Dios. *1 Sam 4*, 11-21.

5 *Los filisteos ponen el arca del Señor en el templo de su ídolo Dagón, que se hace pedazos*

1. Tomaron, pues, los filisteos el arca de Dios y la transportaron de la Piedra del Socorro a la ciudad de Azoto.

2. Llevada que fue allá, la metieron en el templo de Dagón, colocándola junto al ídolo Dagón.

3. Mas al otro día, habiéndose levantado muy temprano los azocios, hallaron que Dagón yacía boca abajo en el suelo delante del arca del Señor; y alzaron a Dagón y le repusieron en su lugar.

4. Al día siguiente, levantándose también de madrugada, encontraron a Dagón tendido en tierra sobre su pecho delante del arca del Señor; mas la cabeza de Dagón y las dos manos cortadas del tronco estaban sobre el umbral de la puerta;

5. de suerte que sólo el tronco de Dagón había quedado allí donde cayó. Por esta razón, aún en el día de hoy, los sacerdotes de Dagón, y todos los que entran en su templo, no ponen el pie sobre el umbral del templo de Dagón en Azoto.

6. Tras esto, la mano del Señor descargó terriblemente sobre los azocios y los asoló; e hirió a los de Azoto y su comarca en la parte más secreta de las nalgas. Al mismo tiempo las aldeas y campos de aquel país comenzaron a bullir, y apareció una gran multitud de ratones; con lo que toda la ciudad quedó consternada por la gran mortandad que causaban.

7. Viendo, pues, la plaga los vecinos de Azoto, dijeron: No quede más entre nosotros el arca del Dios de Israel; porque es muy pesada su mano sobre nosotros y sobre nuestro dios Dagón.

8. Y habiendo enviado a buscar todos los sátrapas o príncipes de los filisteos les dijeron: ¿Qué haremos del arca del Dios de Israel? A lo que respondieron los geteos: Llévese por los contornos el arca del Dios de Israel. Llevaron, pues, el arca del Dios de Israel de un lugar a otro.

9. Y conforme la iban así conduciendo de ciudad en ciudad, el Señor descargaba su mano sobre ellas, causando una mortandad grandísima; y hería a los moradores de cada pueblo, desde el menor hasta el mayor, de modo que sus hemorroides hinchadas y caídas se corrompían. Por lo que los geteos discurriendo entre sí, se hicieron unos asientos de pieles.

10. Y enviaron el arca de Dios a Accarón. Mas llegada que fue allí, exclamaron los accaronitas, diciendo: Nos han traído el arca del Dios de Israel para que nos mate a nosotros y a nuestro pueblo.

11. Por lo cual hicieron que se juntasen todos los sátrapas de los filisteos, los cuales dijeron: Devolved el arca del Dios de Israel, y restitúyase a su lugar; a fin de que no acabe con nosotros y con nuestro pueblo.

12. Porque se difundía por todas las ciudades el terror de la muerte; y la mano de Dios descargaba terriblemente sobre ellas; pues aun los que no morían estaban llagados en las partes más secretas de las nalgas; y los alaridos de cada ciudad subían hasta el cielo.

6 *El arca del Señor vuelve a la tierra de Israel en un carro nuevo y los israelitas ofrecen sacrificios*

1. Estuvo, pues, el arca del Señor en el país de los filisteos por espacio de siete meses.

2. Y convocando los filisteos a los sacerdotes y adivinos, les dijeron: ¿Qué haremos del arca del Señor? Instruidnos en qué forma debamos remitirla a su lugar. A lo que les respondieron:

3. Si remitís el arca del Dios de Israel, no habéis de remitirla vacía; sino pagadle con algún presente lo que debéis por el pecado, y entonces sanaréis; y conoceréis por qué la mano de Dios no cesa de castigaros.

4. Dijeron ellos: ¿Qué es lo que debemos pagarle en expiación por el pecado? A lo que les contestaron:

5. Haréis de oro cinco figuras de hemorroides, y otras tantas figuras de ratones, también de oro, conforme al número de las provincias de los filisteos; pues todos vosotros y vuestros sátrapas, habéis padecido una misma plaga. Por tanto haréis unas figuras de hemorroides y otras de los ratones que han talado la tierra, y daréis gloria al Dios de Israel; a ver si con esto levanta su mano de vosotros y de vuestros dioses y de vuestro país.

6. ¿Por qué endurecéis vuestros corazones, como endurecieron el suyo Egipto y el faraón? ¿No es así que después de haber sido castigado con varias plagas, entonces soltó a los israelitas, para que se fuesen?

7. Ahora, pues, manos a la obra, haced un carro nuevo y uncid al carro dos vacas recién paridas, que no hayan traído yugo; y encerrad en la boyera sus ternerillos.

8. Tomaréis después el arca del Señor y la pondréis en el carro, colocando a su lado en un cofrecito las figuras de oro que le consagrasteis por el pecado; y dejadla ir.

9. Y estaréis en observación; y si viereis que toma el camino que va a su país, hacia Betsamés, sabed que el Dios de Israel es quien nos ha causado tan grande mal; pero si no, no ha sido él; y sabremos que no es su mano la que nos ha azotado, sino que ha sido un efecto casual.

10. Lo hicieron, pues, así, puntualmente, y tomando dos vacas que daban de mamar a sus becerrillos, las uncieron al carro, y encerraron los ternerillos en el establo.

11. Y pusieron sobre el carro el arca de Dios, y el cofrecito que contenía los ratones de oro y las figuras de las hemorroides.

12. Mas las vacas habiendo comenzado a marchar se dirigieron, vía recta, por el camino que va a Betsamés; y seguían como de acuerdo el mismo camino, tirando adelante y mugiendo sin desviarse a la diestra ni a la siniestra. Los sátrapas de los filisteos fueron siguiendo detrás en observación hasta llegar al territorio de Betsamés.

13. Estaban los betsamitas segando el trigo en un valle, y alzando los ojos vieron el arca, cuya vista los llenó de gozo.

14. El carro llegó al campo del betsamita Josué, y se paró en él. Había allí una gran piedra, y haciendo pedazos la madera del carro, pusieron encima las vacas y las ofrecieron en holocausto al Señor.

15. Mas los levitas bajaron el arca de Dios, y el cofrecito que estaba a su lado, donde venían vasos de oro, y la colocaron sobre aquella gran piedra. Entonces los betsamitas ofrecieron holocaustos delante del arca, e inmolaron en aquel día víctimas al Señor;

16. lo cual vieron los cinco sátrapas de los filisteos, y el mismo día se volvieron a Accarón.

17. Y éstas son las ciudades que ofrecieron las hemorroides hechas de oro, que los filisteos tributaron al Señor para expiar el pecado: Azoto, Gaza, Ascalón, Get, Accarón, una cada ciudad.

18. Y los ratones de oro que ofrecieron, fueron tantos cuantas eran las poblaciones de los filisteos en las cinco provincias, comenzando desde las ciudades muradas, hasta las aldeas que no tienen muros; todo el país hasta la piedra grande llamada después Abel, sobre la cual habían colocado el arca del Señor, piedra que hasta hoy día está en la heredad de Josué betsamita*.

19. Mas el Señor castigó a los moradores de Betsamés, y ciudades vecinas, porque se pusieron a mirar con curiosidad el interior del arca del Señor contra lo mandado; y mató setenta hombres de los ancianos del pueblo, y cincuenta mil del vulgo. Y prorrumpieron todos en llanto, al ver que el Señor había herido al pueblo con tan gran mortandad.

20. Por lo que dijeron los ciudadanos de Betsamés: ¿Quién podrá estar en la presencia de este Señor, de este Dios tan santo? ¿y a qué lugar podrá trasladarse?

21. Enviaron, pues, mensajeros, a los habitantes de Cariatiarim, diciendo: Los filisteos han restituido el arca del Señor: Bajad, y lleváosla otra vez.

7

El arca es llevada a Cariatiarim. Se convierten los israelitas al Señor y triunfan sobre los filisteos

1. Vinieron, pues, los de Cariatiarim y transportaron el arca del Señor, y la colocaron en casa de Abinadab que habitaba en Gabaa, consagrando a su hijo Eleazar para que cuidase el arca del Señor.

2. Y sucedió que desde el día en que el arca del Señor llegó a Cariatiarim, pasó mucho tiempo (pues ya era el año vigésimo),

---

18. *Abel* significa *luto* o *llanto*, nombre que se cree dado al lugar por la gran mortandad de los betsamitas en castigo de la curiosidad con que registraron el arca, abriéndola con el pretexto de ver si los filisteos habían quitado las tablas de la ley. *Num 4*, 15-20.

y toda la casa de Israel gozó de paz, siguiendo al Señor.

3. Porque Samuel* habló a toda la casa de Israel, diciéndole: Si de todo corazón os convertís al Señor, arrojad de en medio de vosotros los dioses ajenos, los Baales y los Astarot; y preparad vuestros corazones para el Señor, y servidle a él solo, y os libertará del poder de los filisteos.

4. Entonces los hijos de Israel arrojaron de sí los Baales y los Astarot, y sirvieron sólo al Señor.

5. Dijo también Samuel: Convocad en Masfa a todo Israel, para que yo haga oración por vosotros al Señor.

6. Se congregaron, pues, en Masfa, y sacaron agua y la derramaron en presencia del Señor, ayunando aquel día, y diciendo: Hemos pecado contra el Señor. Y Samuel ejerció allí en Masfa las funciones de juez de Israel.

7. Mas oyendo los filisteos que los israelitas se habían congregado en Masfa, salieron sus sátrapas o príncipes contra Israel; lo cual sabiendo los hijos de Israel, temieron el encuentro de los filisteos,

8. y dijeron a Samuel: No ceses de clamar por nosotros al Señor Dios nuestro, para que nos salve de las manos de los filisteos.

9. Tomó Samuel un cordero de leche, y lo ofreció entero en holocausto al Señor; y clamó Samuel al Señor por Israel, y oyó el Señor sus ruegos.

10. En efecto, mientras Samuel ofrecía el holocausto, comenzaron los filisteos el combate contra Israel; mas el Señor tronó en aquel día con espantoso estruendo contra los filisteos, y los aterró de tal suerte, que fueron derrotados por Israel.

11. Y los israelitas, habiendo salido de Masfa, persiguieron a los filisteos, y los fueron acuchillando hasta un lugar que cae debajo de Betcar.

12. Tomó, pues, Samuel una piedra, y la puso entre Masfa y Sen, y llamó aquel lugar Piedra del Socorro, diciendo: Hasta este lugar nos ha socorrido el Señor*.

13. Quedaron entonces humillados los filisteos, y ya no se atrevieron a venir más a las tierras de Israel. Así, pues, la mano del Señor se hizo sentir sobre los filisteos mientras vivió Samuel.

14. Y fueron restituidas a Israel las ciudades que los filisteos le tenían usurpadas, desde Accarón hasta Get con sus términos; y libró Samuel a los israelitas de manos de los filisteos, y hubo paz entre Israel y el amorreo.

15. Continuó, pues, Samuel siendo juez de Israel durante su vida;

16. e iba todos los años a Betel*, y de allí a Gálgata, y después a Masfa, juzgando o administrando justicia a Israel en estos lugares.

17. Volvía después a Rámata, por tener allí su casa, donde juzgaba también a Israel; y donde asimismo edificó un altar al Señor.

---

8 *Los israelitas piden a Samuel que les dé un rey, sin atender a las reflexiones que les hace el profeta*

---

1. Mas como Samuel fuese ya viejo, sustituyó a sus hijos por jueces de Israel, a modo de tenientes suyos.

2. Se llamaba su hijo primogénito Joel, y el segundo Abía; los cuales daban audiencia en Bersabee.

3. Mas no siguieron las pisadas de su padre Samuel, sino que se dejaron arrastrar de la avaricia, recibiendo regalos y torciendo la justicia.

4. Por lo que juntándose todos los ancianos de Israel, vinieron a Samuel que estaba en Rámata,

5. y le dijeron: Ya ves que tú has envejecido, y que tus hijos no siguen tus pasos; constitúyenos un rey* que nos gobierne, como lo tienen todas las naciones.

6. Este lenguaje desagradó a Samuel, al oír que le decían: Constitúyenos un rey que nos gobierne. Con todo hizo oración y consultó al Señor;

7. y el Señor le dijo: Escucha la voz de ese pueblo, y condesciende a todo lo que te

---

3. Sucesor de Helí.

12. Esta fue la inscripción que se grabó en aquella piedra *Roca del Auxilio*.

16. Este verso presenta a un excelente pastor del pueblo, que visita el país y sirve a todos. Samuel edificó en Rámata un altar al Señor, donde ejerció la función de juez.

5. *1 Sam 9*, 1-*10*, 16; *11*, 1-5, *1 Sam 8*, 1-22; *10*, 17-27; *12*, 1-25.

pide, porque no te ha desechado a ti, sino a mí, para que no reine sobre ellos.

8. Hacen lo que han hecho siempre desde el día en que los saqué de Egipto hasta hoy; como me abandonaron a mí por servir a dioses ajenos, así hacen contigo.

9. Ahora, pues, otórgales su petición; pero primero hazles presente y anúnciales el poder del rey que reinará sobre ellos.

10. Refirió, pues, Samuel al pueblo que le había pedido rey todas las palabras del Señor,

11. y dijo: Esta será la potestad del rey que os mandará: Tomará vuestros hijos y los destinará para guiar sus carros, y para ser sus guardias de a caballo, y para que corran delante de sus tiros de cuatro caballos.

12. De ellos sacará sus tribunos y centuriones, los cultivadores de sus tierras, los segadores de sus mieses, y los artífices de sus armas y de sus carros.

13. Hará asimismo que vuestras hijas sean sus perfumeras, sus cocineras y sus panaderas.

14. Y, lo que es más, os quitará también lo mejor de vuestros campos, viñas y olivares, y lo dará a sus criados.

15. Además diezmará vuestras mieses, y los productos de las viñas para darlos a sus eunucos o ministros, y a otros de sus criados.

16. Tomará también vuestros siervos y siervas y vuestros robustos jóvenes, y vuestros asnos, y los hará trabajar para él.

17. Diezmará asimismo vuestros ganados, y todos vosotros vendréis a ser esclavos suyos.

18. Por lo que alzaréis el grito en aquel día a causa del rey que os elegisteis, y entonces el Señor no querrá oír vuestros clamores, porque vosotros mismos pedisteis tener un rey.

19. Pero el pueblo no quiso dar oídos a las razones de Samuel, sino que dijeron todos: No, no; habrá un rey sobre nosotros,

20. y nosotros hemos de ser como todas las naciones; nuestro rey nos administrará la justicia, y saldrá a nuestro frente y combatirá por nosotros en todas las guerras.

21. Oyó Samuel todas las palabras del pueblo y las hizo presentes al Señor.

22. Pero el Señor dijo a Samuel: Haz lo que te piden, y nómbrales un rey. Dijo, pues, Samuel a los ancianos de Israel: Váyase cada cual a su ciudad.

9

Buscando Saúl unas pollinas de su padre, llega donde Samuel, quien le declara que será rey de Israel

1. Vivía en esta sazón un hombre de la tribu de Benjamín, llamado Cis, hijo de Abiel, hijo de Seror, hijo de Becorat, hijo de Afía, hijo de Jémini, varón fuerte y valeroso.

2. Tenía éste un hijo llamado Saúl, joven gallardo y de tan bella presencia que no le había más bien dispuesto entre todos los israelitas; sobrepujando lo que va de los hombros arriba a todos ellos.

3. Se habían perdido unas burras de Cis, padre de Saúl, por lo que dijo Cis a Saúl, su hijo: Toma contigo a un criado, y anda a ver si encuentras las burras. Ellos habiendo atravesado la montaña de Efraín,

4. y el territorio de Salisa, sin haberlas hallado, pasaron asimismo a tierra de Salim, y no aparecían; y también a tierra de Jémini, y en ninguna parte dieron con ellas.

5. Venidos finalmente al territorio de Suf, dijo Saúl al criado que le acompañaba: Ven y volvámonos; no sea que mi padre, dejando ya el cuidado de las burras, esté en pena por nosotros.

6. Le respondió el criado: Mira que en esta ciudad había un varón de Dios, varón insigne; todo cuanto anuncia se verifica sin falta; vamos, pues, allá, por si nos da luz acerca del objeto de nuestro viaje.

7. Dijo entonces Saúl a su criado: Bien está, iremos; pero, ¿qué presente llevaremos al varón de Dios? No hay ya pan en nuestras alforjas, ni tenemos dinero ni cosa alguna que darle.

8. Replicó de nuevo el criado a Saúl, y dijo: He aquí la cuarta parte de un siclo de plata, con que me encuentro por casualidad; se la daremos al varón de Dios cuando vayamos a saber de él lo que debemos hacer.

9. (Antiguamente en Israel todos los que iban a consultar a Dios, solían hablar así: Venid, y vamos al vidente. Pues el que se llama profeta, se llamaba entonces vidente.)

10. Respondió Saúl a su criado: Dices muy bien, vamos allá. Y fueron a la ciudad donde vivía el varón de Dios.

Saúl encuentra a Samuel

11. Al subir la cuesta que conduce a ella, encontraron unas doncellas que salían por agua y les preguntaron: ¿Está aquí el vidente?

12. Respondieron diciendo: Aquí está, no lo tienes muy lejos de ti; date prisa, porque ha venido hoy a la ciudad, por ser día en que el pueblo ofrecerá sacrificio en el lugar excelso.

13. Entrando en la ciudad, luego lo hallaréis, pues no habrá subido todavía al lugar excelso a comer. Porque el pueblo no comerá hasta que él llegue, por cuanto él es quien bendice el sacrificio, y después se ponen a comer los convidados. Así, pues, subid presto, que ahora lo hallaréis.

14. Con esto subieron a la ciudad; y andando por ella, vieron a Samuel que venía hacia ellos para subir al lugar excelso.

15. Es de saber que un día antes de la llegada de Saúl, el Señor le había revelado a Samuel secretamente, diciéndole:

16. Mañana a esta misma hora te enseñaré un hombre de la tierra de Benjamín, y lo ungirás por caudillo de mi pueblo de Israel, y él salvará a mi pueblo de las manos de los filisteos; porque yo he vuelto mis ojos hacia el pueblo mío, por cuanto sus clamores han llegado hasta mí.

17. Y así fue, que luego que Samuel vio a Saúl, le dijo el Señor: Ese es el hombre de quien te hablé; ése reinará sobre mi pueblo.

18. Se acercó, pues, Saúl a Samuel estando en medio de la puerta y le dijo: Te suplico me informes donde está la casa del vidente.

19. Y Samuel le respondió, diciendo: Yo soy el profeta. Sube delante de mí al lugar excelso; porque hoy comerás conmigo, y mañana te despacharé, después de haberte manifestado todo lo que tienes en tu corazón.

20. Y acerca de las burras que perdiste tres días hace, no estés con cuidado, porque ya aparecieron. Mas, ¿y de quién será todo lo mejor de Israel? ¿por ventura no será para ti y para toda la casa de tu padre?

21. A lo que, replicando Saúl, dijo: ¿Pues no soy yo hijo de Jémini, de la tribu más pequeña de Israel? ¿Y no es mi familia la última entre todas las de la tribu de Benjamín? ¿Por qué me hablas de esa manera?

22. Samuel, tomando consigo a Saúl y al criado, los introdujo en la sala del convite, y los colocó a la cabecera de la mesa, distinguiéndolos sobre todos los convidados, que eran como unas treinta personas.

23. Y dijo Samuel al cocinero: Saca la porción que te di, mandándote que la guardases aparte.

24. Sacó entonces el cocinero una espaldilla, y la puso delante de Saúl y dijo Samuel: Mira, eso quedó reservado, tómalo y come, puesto que a propósito lo he hecho reservar para ti, cuando he convidado al pueblo. Y comió Saúl con Samuel aquel día.

25. Y habiendo bajado del lugar excelso a la ciudad. Samuel conversó con Saúl en el terrado. Allí se echó Saúl y durmió.

26. Por la mañana, levantándose al rayar el día, Samuel llamó a Saúl que estaba en el terrado, diciendo: Ven, y te despacharé. Fue Saúl, y marcharon los dos a saber, él y Samuel.

27. Y cuando descendían a la parte más baja de la ciudad, dijo Samuel a Saúl: Di al criado que pase y vaya delante de nosotros; mas tú párate un poco que quiero comunicarte lo que ha dicho y dispuesto sobre ti el Señor.

10 *Saúl, ungido rey por Samuel, es elegido y consagrado como gobernante de Israel en Masfa*

1. Entonces sacó Samuel una redomita de óleo o bálsamo, y la derramó sobre la cabeza de Saúl, y lo besó, diciendo: He aquí que el Señor te ha ungido para príncipe sobre su herencia y tú librarás a su pueblo de las manos de sus enemigos que la rodean[1]. Esta señal tendrás de que Dios te ha ungido para príncipe:

2. Cuando hoy te hayas separado de mí encontrarás dos hombres junto al sepulcro de Raquel, en la frontera de Benjamín, hacia la parte meridional, que te dirán: Se han hallado ya las burras que fuiste a buscar; y no pensando ya tu padre en ellas, está inquieto por causa de vosotros, y dice: ¿Qué le habrá sucedido a mi hijo?;

---

1. Ungir a los reyes fue en el pueblo hebreo una predicación del Mesías, quien debía ser *Rey, Sacerdote y Profeta.*

3. y luego que partas de allí, y pases más adelante, llegando a la encina del Tabor, encontrarás tres hombres, que irán a adorar a Dios en Betel*, uno que llevará tres cabritos, otro tres hogazas de pan, y el tercero una bota de vino;

4. y habiéndote saludado te darán dos panes, que tú recibirás de su mano.

5. Después que llegues al collado de Dios, donde está el presidio de los filisteos, y entres en la ciudad, encontrarás una compañía o coro de profetas, que bajan del lugar excelso, precedidos de salterio, tambor, y flauta, y cítara y ellos profetizando.

6. Y te arrebatará el espíritu del Señor, y profetizarás con ellos, y quedarás mudado en otro hombre.

7. Cuando vieres, pues, cumplidas todas estas señales, haz osadamente cuanto te ocurra deber hacer, porque contigo está el Señor.

8. Después descenderás antes que yo a Gálgala (donde iré yo a encontrarte), para ofrecer holocaustos y sacrificar víctimas pacíficas al Señor. Me aguardarás siete días, hasta tanto que yo llegue, y te declararé lo que debes hacer.

9. Así que Saúl volvió las espaldas, y se separó de Samuel, le mudó Dios el corazón en otro, y le sucedieron aquel día todas estas señales.

10. En efecto, llegados al collado arriba dicho, he aquí que se encuentra con un coro de profetas; y arrebatado del espíritu del Señor se puso a profetizar o cantar en medio de ellos.

11. Y viendo los que le habían conocido poco antes, como estaba con los profetas y profetizando, se dijeron unos a otros: ¿Qué es esto que ha sucedido al hijo de Cis? Pues, ¿también Saúl es uno de los profetas?

12. Sobre lo cual respondieron algunos: Y ¿quién es el padre de estos otros profetas? Por donde pasó a proverbio: Pues, ¿también Saúl es uno de los profetas?

13. Y cesó Saúl de profetizar, y se fue al lugar alto, a Gabaa, su patria.

14. Y un tío suyo le dijo a él y a su criado: ¿A dónde habéis ido? Le respondieron: A buscar las burras; y no habiéndolas encontrado; nos dirigimos a Samuel.

15. Le dijo su tío: Cuéntame lo que te ha dicho Samuel.

16. Le respondió Saúl: Nos hizo saber que habían aparecido las burras. Mas no le descubrió nada de lo que Samuel le había dicho acerca del reino.

17. Después de esto convocó Samuel al pueblo delante del Señor, en Masfa.

18. Y dijo a los hijos de Israel: Esto dice el Señor Dios de Israel: Yo saqué a Israel de Egipto, y os libré de las manos de todos los reyes que os oprimían.

19. Mas vosotros en el día habéis desechado a vuestro Dios, solo el cual os ha salvado de todos los males y tribulaciones, y habéis dicho: No más así, establécenos un rey que nos gobierne. Ahora, pues, presentaos delante del Señor por orden de vuestras tribus y familias.

20. Y sorteó Samuel todas las tribus de Israel, y cayó la suerte sobre la tribu de Benjamín.

21. Sorteó después las familias de la tribu de Benjamín, y tocó la suerte a la familia de Metri, y finalmente a Saúl, hijo de Cis. Lo buscaron luego, mas no pudieron encontrarlo.

22. Con esto consultaron al Señor para saber si comparecería allí Saúl. A lo que respondió el Señor: A estas horas está escondido en su casa.

23. Fueron, pues, corriendo, y lo trajeron de allí; y así que estuvo en medio del pueblo, se vio que era más alto que todos los demás todo lo que va de hombros arriba.

24. Dijo entonces Samuel a todo el pueblo: Ya véis a quien ha elegido el Señor, y que no hay en todo el pueblo uno semejante a él. Y gritó todo el pueblo, diciendo: ¡Viva el rey!

25. En seguida expuso Samuel al pueblo la ley de la monarquía, y la escribió en un libro, que depositó en el Tabernáculo delante del Señor; después de lo cual despidió Samuel a todo el pueblo, cada cual a su casa.

26. También Saúl se fue a su casa, en Gabaa; siguiéndole parte del ejército, aquellos cuyos corazones había movido el Señor.

27. Al contrario los hijos de Belial, o los desobedientes al Señor, dijeron: ¿Por ventura podrá éste salvarnos? Y le despreciaron, y no le ofrecieron los donativos

---

3. Los hebreos veneraban este lugar por la aparición de la misteriosa escala. *Gen 28.*

acostumbrados; mas él disimuló, haciendo como que no lo entendía.

11 *Guerra de los amonitas contra la ciudad de Jabes de Galaad. Saúl es confirmado rey en Gálgala*

1. Pasado casi un mes, Naas, amonita, se puso en movimiento y comenzó a batir a Jabes de Galaad. Y todos los habitantes de Jabes dijeron a Naas: Haz alianza con nosotros, y seremos siervos o tributarios tuyos.

2. Les respondió Naas, amonita: Haré alianza con vosotros sacándoos a todos el ojo derecho, y poniéndoos por oprobio de todo Israel.

3. Le dijeron los ancianos de Jabes: Concédenos siete días, a fin de enviar mensajeros por todos los términos de Israel, y si no hubiere quien nos defienda nos rendiremos a ti.

4. Llegaron, pues, los mensajeros a Gabaa, patria de Saúl, y refirieron lo dicho, escuchándolo el pueblo; todo el cual a voz en grito echó a llorar.

5. Venía a la sazón Saúl del campo en pos de sus bueyes*, y preguntó: ¿Qué llanto es ése del pueblo? Y le contaron lo que habían enviado a decir los habitantes de Jabes.

6. Al oírlo quedó arrebatado del espíritu del Señor. E irritado sobremanera,

7. tomó los dos bueyes, y los hizo trozos; los que envió por todos los confines de Israel por medio de unos mensajeros que dijesen: Así serán tratados los bueyes de todo aquel que no saliere a campaña, y no siguiere a Saúl y a Samuel. Con esto se apoderó del pueblo el temor del Señor, y salieron todos a una, como si fueran un hombre solo.

8. Pasó Saúl revista de ellos en Bezec, y se hallaron trescientos mil hombres de los hijos de Israel, y treinta mil de sola la tribu de Judá.

9. Y respondieron a los mensajeros que habían venido de Jabes: Diréis a los habitantes de Jabes de Galaad: Mañana, calentando el sol, seréis socorridos. Partieron, pues, los mensajeros, y llevaron esta nueva a los habitantes de Jabes que la recibieron con gran alegría.

10. Los cuales dijeron a los enemigos: Mañana saldremos a vosotros, y nos trataréis como os plazca.

11. Venido, pues, el día siguiente, dividió Saúl el ejército en tres cuerpos, y al rayar el alba entró por medio de los campamentos de los amonitas, y los estuvo acuchillando hasta que el sol comenzó a calentar; desparramándose de tal suerte los que escaparon, que no quedaron dos de ellos juntos.

12. Entonces dijo el pueblo a Samuel: ¿Quiénes son los que decían: Saúl será acaso nuestro rey? Entréganos esos hombres y los mataremos.

13. Mas Saúl les dijo: Ninguno morirá en este día, ya que hoy el Señor ha salvado a Israel.

14. Después dijo Samuel al pueblo: Venid y vamos a Gálgala, y confirmemos allí a Saúl en el reino.

15. Se encaminó pues, todo el pueblo a Gálgala, y allí reconocieron nuevamente por rey a Saúl en presencia del Señor; e inmolaron al Señor víctimas pacíficas, regocijándose mucho en aquel sitio, así Saúl como todos los hijos de Israel.

12 *Samuel se retira del gobierno y exhorta a guardar los mandamientos del Señor*

1. Entonces dijo Samuel a todo el pueblo de Israel: Ya veis que he condescendido con vosotros en todo lo que me habéis propuesto, y que os he dado un rey;

2. y este rey se halla al frente de vosotros. Yo ya soy viejo y lleno de canas, y mis hijos con vosotros están. Entre vosotros he vivido desde mi juventud hasta hoy; aquí me tenéis presente.

3. Declarad contra mí delante del Señor y de su ungido, si acaso yo he usurpado el buey o el asno u otra cosa de ninguna persona; si he calumniado a nadie, si le he oprimido; si he aceptado cohecho, ni regalo alguno de quienquiera que sea, que hoy os satisfaré, y lo restituiré.

4. A lo que dijeron: No nos has calumniado ni oprimido, ni has tomado de nadie cosa chica ni grande.

---

5. Saúl era de condición humilde y campesina.

5. Les repuso Samuel: Testigo es el Señor contra vosotros, y testigo su ungido en este día de que no habéis hallado nada que decir contra mi conducta. Respondieron: Testigo.

6. Y dijo Samuel al pueblo: Sí, testigo me es aquel Señor que crió a Moisés y Aarón, y sacó a nuestros padres de la tierra de Egipto.

7. Ahora bien, compareced vosotros para que yo delante del Señor os haga cargo en juicio de todas las misericordias que os hizo a vosotros y a vuestros padres.

8. Acordaos de cómo Jacob entró en Egipto, y de qué manera clamaron vuestros padres al Señor; el cual envió a Moisés y Aarón y sacó a vuestros padres de Egipto, y los estableció en este país.

9. Mas ellos se olvidaron del Señor Dios suyo; por lo que los entregó en poder de Sísara, capitán general del ejército de Hasor y en poder de los filisteos, y en poder también del rey de Moab, que les hicieron guerra.

10. Pero después clamaron al Señor, diciendo: Hemos pecado, pues abandonamos al Señor y hemos servido a Baal y a Astarot; ahora, pues, líbranos de las manos de nuestros enemigos, y te serviremos.

11. Con efecto, el Señor os envió a Jerobaal, y a Badán, y a Jefté y a Samuel, y os libró del poder de vuestros enemigos que os rodeaban, y vivisteis en seguridad.

12. Pero viendo que Naas, rey de los amonitas, marchaba contra vosotros, me dijisteis: No será como hasta aquí, sino que nos mandará un rey, siendo así que era entonces el mismo Señor Dios vuestro el que reinaba en medio de vosotros.

13. Ahora bien, aquí tenéis a vuestro rey, ya que vosotros escogisteis y pedisteis tenerlo; ya veis cómo el Señor os ha dado un rey.

14. Con todo si temiereis al Señor, y le sirviereis, y escuchareis su voz, y no fuereis rebeldes a sus palabras, entonces, así vosotros como el rey que os gobierna, seréis dichosos siguiendo al Señor Dios vuestro.

15. Mas si no escuchareis la voz del Señor, y fuereis rebeldes a sus mandatos, descargará sobre vosotros la mano del Señor, como hizo sobre vuestros padres.

16. Pero aguardad ahora un poco, y veréis este prodigio que el Señor va a hacer delante de vuestros ojos.

17. ¿No estamos ahora en la siega de los trigos? Pues yo voy a invocar al Señor, y enviará repentinamente truenos y lluvias; a fin de que entendáis y veáis cuán grande es delante del Señor el mal que habéis hecho pidiendo un rey.

18. Clamó, pues, Samuel al Señor, y el Señor envió truenos y lluvias en aquel mismo día;

19. con lo que todo el pueblo temió en gran manera al Señor y a Samuel, y dijeron todos juntos a Samuel: Ruega por tus siervos al Señor Dios tuyo, para que no muramos; porque a todos los demás pecados nuestros hemos añadido aún la maldad de pedir un rey para que nos gobernase.

20. Dijo entonces Samuel al pueblo: No temáis; vosotros es verdad habéis cometido todos esos pecados; sin embargo no os apartéis del camino del Señor, sino servidle de todo vuestro corazón,

21. ni queráis descarriaros en pos de cosas vanas, que no os aprovecharán de nada, ni os librarán; puesto que no son más que vanidad y mentira.

22. Porque el Señor, por amor de su nombre grande y santo, no desamparará a su pueblo; habiendo jurado tomaros por propio pueblo suyo.

23. Por lo demás lejos de mí cometer tal pecado contra el Señor, que yo cese nunca de rogar por vosotros; yo os enseñaré siempre el recto y buen camino.

24. Así, pues, temed al Señor y servidle de veras y de todo vuestro corazón, ya que habéis visto las maravillas que ha obrado entre vosotros.

25. Mas si os obstinareis en la malicia pereceréis vosotros y vuestro rey.

13 *Saúl desobedece a Dios y es reprobado. Medio para que los filisteos tengan desarmado a Israel*

1. Era Saúl cuando comenzó a reinar inocente como un niño de un año, y reinó así dos años sobre Israel.

2. Y escogió tres mil hombres de Israel; de los cuales dos mil estaban con Saúl frente a Macmas, y en el monte de Betel; y otros mil con Jonatás enfrente de Gabaa de Benjamín; y despidió todo el resto del pueblo, cada uno a su casa.

3. Y Jonatás pasó a cuchillo la guarnición de los filisteos, puesta en Gabaa; lo que supieron luego los filisteos. Y Saúl mandó a publicarlo a son de trompeta por todo el país, diciendo: Sepan esto los hebreos*.

4. Y corrió por todo Israel la noticia de que Saúl había destrozado la guarnición de los filisteos; con lo que cobró Israel aliento contra ellos; y acudió con algazara a Saúl en Gálgala.

5. También los filisteos se congregaron para pelear contra Israel, con treinta mil carros de guerra, seis mil caballos y gente de a pie, en tanto número como las arenas de las orillas del mar; y avanzando, acamparon en Macmas, al oriente de Betaven o Betel.

6. Viéndose los israelitas estrechados o en apuro (estando ya desalentado todo el pueblo), se ocultaron en cuevas y subterráneos, y entre peñascos, y en las grutas y cisternas.

7. Parte de los hebreos pasaron el Jordán, retirándose a la tierra de Gad y de Galaad. En suma, estando todavía Saúl en Gálgala, cayó todo el pueblo que le seguía en un terror grande.

8. Estuvo Saúl esperando siete días según el plazo señalado por Samuel; mas Samuel no compareció en Gálgala; y poco a poco se le iba marchando toda la gente.

9. Dijo, pues, Saúl: Traedme el holocausto y las hostias pacíficas. Y él mismo ofreció el holocausto*.

10. Acabado que hubo de ofrecer el holocausto, he aquí que llegaba Samuel; y Saúl le salió al encuentro para saludarle.

11. Y le dijo Samuel: ¿Qué has hecho? Respondió Saúl: Como vi que me iba abandonando la gente, y que tú no venías en el plazo señalado, y los filisteos por una parte se habían juntado en Macmas,

12. dije para mí: Ahora los filisteos bajarán contra mí en Gálgala, y yo aún no he aplacado al Señor. Forzado, pues, de la necesidad, he ofrecido el holocausto.

13. Dijo Samuel a Saúl: Has obrado neciamente, no cumpliendo los mandatos que te dio el Señor Dios tuyo. Que si no hubieras hecho eso, desde ahora el Señor hubiera asegurado para siempre tu reino sobre Israel.

14. Mas ya tu reino no durará por mucho tiempo. El Señor se ha buscado un varón, según su corazón, al cual ha llamado a ser caudillo de su pueblo, por cuanto tú no guardaste lo mandado por el Señor.

15. Con esto se retiró Samuel, y subió de Gálgala a Gabaa de Benjamín. Lo restante de la gente avanzó siguiendo a Saúl contra unos enemigos que asaltaban en el cerro de Benjamín a los que iban de Gálgala a Gabaa. Saúl, hecha la revista de la gente que tenía, se halló con unos seiscientos hombres.

16. Estaban, pues, Saúl y Jonatás, su hijo, y su tropa en Gabaa de Benjamín; los filisteos habían puesto su campo en Macmas.

17. Y saliendo tres bandas de filisteos al pillaje, una tomó el camino de Efra hacia la tierra de Saúl;

18. otro marchó por el camino que va a Bet Horón, y la tercera se dirigió hacia el camino del collado que domina el valle del Seboim, enfrente del desierto.

19. En toda la tierra de Israel no se hallaba un herrero; porque los filisteos habían tomado esta precaución, para que los hebreos no forjasen espadas ni lanzas.

20. De manera que todo Israel tenía que acudir a los filisteos para aguzar la reja, el azadón, el hacha y el pico.

21. Por esto estaban embotados los filos de las rejas, y azadones, y horquilla, y hachas; y hasta para componer una aguijada había que recurrir a ellos.

22. Y así fue que venido el día de la batalla, no se halló entre toda la gente que tenían consigo Saúl y Jonatás quien tuviese en su mano espada o lanza, a excepción de Saúl y de su hijo Jonatás.

23. Y salió un cuerpo de los filisteos, y avanzó hasta más allá de Macmas.

14

Jonatás, lleno de confianza en Dios, desbarató el ejército de los filisteos y estuvo a punto de morir

1. Sucedió un día que Jonatás, hijo de Saúl, dijo al joven escudero: Ven, y lleguemos hasta donde están apostados los filisteos, que es más allá de aquel lugar. Pero no dio parte de esto a su padre.

---

3. Estos israelitas habitaban en la otra parte del Jordán, por eso son llamados *hebreos*, es decir, *hombres de la otra parte*.

9. Se presenta una clara tensión entre Samuel y Saúl, originada en la ambigüedad respecto de las funciones religiosas y seculares del nuevo rey. *1 Sam 13-15*.

2. Y estaba Saúl acampado en la extremidad del territorio de Gabaa, debajo de un granado que había en Magrón. Y tenía consigo un tercio de gente como de unos seiscientos hombres.

3. Aquías, hijo de Aquitob, hermano de Icabod, hijo de Finees, y nieto de Helí, sumo sacerdote del Señor en Silo, estaba revestido del efod. Asimismo el pueblo no sabía a dónde había ido Jonatás.

4. Entre los repechos por donde intentaba Jonatás atravesar hasta el apostadero de los filisteos, descollaban por ambos lados altos peñascos y dos picos cortados por uno y otro lado a manera de dientes, de los cuales uno se llamaba Bosés y el otro Sene.

5. El uno se levantaba enfrente a Macmas por la parte del norte, y el otro al mediodía hacia Gabaa.

6. Dijo, pues, Jonatás al joven escudero: Ven, y pasemos al apostadero de estos incircuncisos; quizá el Señor combatirá por nosotros, y venceremos; porque le es igualmente fácil a Dios el dar la victoria con mucha que con poca gente.

7. Le respondió su escudero: Haz cuanto te pareciere; ve adonde gustares, que yo te seguiré a todas partes.

8. Añadió Jonatás: Mira, nosotros nos vamos acercando a esos hombres; si luego que nos hayan descubierto

9. nos dijeren: Esperad allí hasta que vayamos a vosotros, quedémonos quietos, y no avancemos hacia ellos.

10. Pero si dijeren: Llegaos acá, avancemos, porque los ha puesto el Señor en nuestras manos. Esto nos servirá de señal.

11. Luego, pues, que los dos fueron descubiertos por la guardia de los filisteos, dijeron éstos: He allí los hebreos que van saliendo de las cavernas, donde se habían escondido.

12. Y algunos soldados de la guardia avanzada, se dirigieron a Jonatás y a su escudero, les dijeron: Acercaos a nosotros, que tenemos que deciros una cosa. Con esto dijo Jonatás a su escudero: Subamos, sígueme, porque el Señor los ha entregado en manos de Israel.

13. Subió, pues, Jonatás, trepando con manos y pies, y en pos de él su escudero; y arremetiendo a los enemigos, unos caían a los pies de Jonatás, y a otros mataba su escudero que le iba siguiendo.

14. Y éste fue el primer destrozo en que Jonatás y su escudero mataron como unos veinte hombres, en el espacio de tierra que suele arar un yunta de bueyes en medio día.

15. Se esparció luego un terror por todos los campamentos de los filisteos y demás tropa que estaba en la campaña; pues aún toda la tropa de aquellas bandas, que habían salido al pillaje, se llenó de pavor, y se conmovió el país; y el suceso fue como un milagro de Dios.

16. Entretanto las avanzadas de Saúl, apostadas en Gabaa de Benjamín, repararon y vieron una multitud de gente tendida en el suelo, y otros que huían y escapaban por todos lados.

17. Dijo estonces Saúl a los que con él estaban: Inquirid y averiguad quién se ha salido de nuestro campamento. Habiéndolo averiguado, hallaron que faltaban Jonatás y su escudero.

18. Dijo Saúl a Aquías: Acércate al arca de Dios. (Porque aquel día el arca de Dios se hallaba allí con los hijos de Israel).

19. Mientras Saúl estaba hablando con el sacerdote, se oyó un ruido confuso como de un gran alboroto, que viniendo de los campamentos de los filisteos, iba creciendo poco a poco y se percibía cada vez más. Entonces dijo Saúl al sacerdote: Baja tus manos, deja de consultar.

20. Al punto Saúl y toda su gente alzaron el grito, y fueron hasta el lugar del alboroto, y hallaron que los filisteos habían tirado de las espadas unos contra otros; siendo grandísima la mortandad.

21. Además, los hebreos que en los días anteriores se habían pasado a los filisteos, y estaban con éstos en el campamento, se volvieron a incorporar con los israelitas que estaban con Saúl y Jonatás.

22. Asimismo todos los israelitas escondidos en la montaña de Efraín, habiendo sabido que los filisteos huían, se juntaron con los suyos para pelear; por los que se hallaba ya Saúl con cerca de unos diez mil hombres.

23. Aquel día salvó el Señor a Israel; y el combate prosiguió hasta Betaven.

24. Se reunieron entonces los israelitas; y Saúl juramentó al pueblo, diciendo: Maldito sea el hombre que probare bocado antes de la noche, hasta que yo me haya vengado de mis enemigos. Y toda la gente se abstuvo de comer.

25. Llegó, pues, toda aquella turba de gentes a un bosque, donde se hallaba miel en la superficie del campo.

26. Entrado que hubo el pueblo en el bosque, vio destilar la miel; mas nadie osó tomarla y acercársela a la boca; porque temían todos violar el juramento del rey.

27. Pero Jonatás, que no había oído la protesta que su padre había hecho al pueblo con juramento, alargó la punta del bastón que tenía en la mano, y la mojó en un panal de miel, y la aplicó a su boca; con lo que recobró el vigor de sus ojos.

28. Entonces le advirtió uno del pueblo, diciéndole: Tu padre ha obligado al pueblo con juramento, diciendo: Maldito sea el hombre que probare hoy bocado. (Estaban ya todos desfallecidos).

29. A lo que respondió Jonatás: Mi padre lo ha echado a perder todo con ese juramento. Vosotros mismos habéis visto cómo mis ojos han recobrado un nuevo vigor por haber gustado un poquito de esa miel.

30. ¿Pues cuánto más se habría repuesto la gente, si hubiese comido de lo que encontró en el despojo de sus enemigos? ¿Por ventura no se hubiera hecho mayor estrago en los filisteos?

Falta ritual del pueblo

31. Sin embargo, fueron acuchillando a los filisteos en este día desde Macmas hasta Ayalón. Mas el pueblo quedó sumamente fatigado;

32. y entregándose al saqueo, cogió carneros, y bueyes, y becerros, y los degollaron en tierra, y comió el pueblo la carne con sangre*.

33. De lo que avisaron a Saúl, diciéndole que el pueblo había pecado contra el Señor, comiendo carne con sangre. Y Saúl dijo: Habéis prevaricado, traed presto rodando aquí una gran piedra.

34. Y añadió Saúl: Esparcíos entre la gente, y decidles que traiga acá cada uno su buey, su carnero y demás animales; degolladlos sobre esa piedra, y después comed; así no pecaréis contra el Señor, comiendo la carne con sangre. Trajo luego todo el pueblo cada uno por su mano hasta que fue de noche, la res que había de matar.

35. Saúl edificó en aquel sitio un altar al Señor, siendo éste el primero que erigió*.

36. Dijo después Saúl: Echémonos esta noche sobre los filisteos, y acabemos con ellos antes que amanezca, sin dejar hombre con vida. Respondió el pueblo: Haz todo lo que bien te parezca. Mas el sacerdote dijo: Acerquémonos antes aquí a consultar a Dios.

37. Y consultó Saúl al Señor, diciendo: ¿Perseguiré a los filisteos? ¿Los entregarás en las manos de Israel? Y no le dio el Señor respuesta aquel día.

38. Por lo que dijo Saúl: Haced venir aquí todos los principales del pueblo, y averiguad y ved por culpa de quién sucede hoy esto.

39. Vive el Señor, que es el Salvador de Israel, que si la causa de esto es mi hijo Jonatás, morirá sin remisión. A lo cual ninguno del pueblo lo contradijo.

40. Y dijo a todo Israel: Separaos vosotros a un lado, y yo con mi hijo Jonatás estaremos al otro. Y contestó el pueblo a Saúl: Haz lo que bien te pareciere.

41. Dijo entonces Saúl al Señor Dios de Israel: Oh Señor Dios de Israel, danos a entender, ¿por qué causa no has hoy respondido a tu siervo? Si la culpa está en mí o en Jonatás, mi hijo, decláralo; pero si tu pueblo es el culpado, manifiesta tu santidad. Y cayó la suerte sobre Jonatás y Saúl, quedando libre el pueblo.

42. Dijo entonces Saúl: Echad suertes entre mí y Jonatás, mi hijo. Y salió Jonatás.

43. Dijo, pues, Saúl a Jonatás: Declárame qué es lo que has hecho. Jonatás lo confesó todo, diciendo: Gusté ansiosamente con la punta del bastón que traía en la mano, un poquito de miel, y he aquí que voy a morir por eso*. Aquí me tienes, yo moriré.

44. Le dijo Saúl: Tráteme Dios con todo el rigor de su justicia, si tú, oh Jonatás, no mueres sin remedio.

45. El pueblo dijo a Saúl: ¿Conque morirá

---

32. Por la prisa con que mataban las reses y la necesidad que sentían de tomar alimento no esperaron que saliera toda la sangre, como exigía la ley.

35. *1 Sam 7*, 12.

43. *Sin saber tu prohibición. ¿Y moriré por eso?*

Jonatás, que acaba de salvar de un modo maravilloso a Israel? Ni hablarse debe de tal cosa. Vive el Señor que no caerá en tierra ni un solo cabello de su cabeza; porque él ha obrado este día con beneplácito y asistencia de Dios. En efecto, el pueblo libertó a Jonatás de la muerte.

46. Y se retiró Saúl, dejando de perseguir a los filisteos, los cuales se volvieron a sus tierras.

47. Saúl luego que vio afirmado su trono en Israel, peleaba contra todos los enemigos de la comarca, contra Moab, y contra los hijos de Amón, y de Edom, y los reyes de Soba, y los filisteos; y adondequiera que llevaba sus armas, volvía vencedor.

48. En fin, reunido su ejército, deshizo a los amalecitas; y libertó a Israel de las manos de los que le asolaban.

49. Los hijos de Saúl fueron Jonatás, y Jesuí, y Melquisua; y de dos hijas que tuvo, la primogénita se llamaba Merob y la menor Micol.

50. La mujer de Saúl se llamaba Aquínoam, hija de Aquímaas. El capitán general de sus ejércitos se llamaba Abner, hijo de Ner, primo hermano de Saúl,

51. porque Cis, padre de Saúl, y Ner, padre de Abner, eran hijos de Abiel.

52. Por lo demás, en todo el tiempo de Saúl hubo guerra muy viva contra los filisteos. Por esta razón, luego que Saúl tenía noticia de algún varón esforzado y hábil para la guerra, lo tomaba consigo.

15 *Saúl desobedece a Dios dejando con vida al rey Agag. Samuel le declara su rechazo como rey*

1. Después de esto dijo Samuel a Saúl: El Señor me envió a ungirte rey sobre su pueblo de Israel. Escucha, pues, ahora, lo que te manda el Señor.

2. Esto dice el Señor de los ejércitos: Tengo bien presente todo cuanto Amalec hizo contra Israel; y cómo se le opuso en el camino cuando salía de Egipto*.

3. Ve, pues, ahora y destroza a Amalec, y arrasa cuanto tiene; no le perdones, ni codicies nada de sus bienes, sino mátalo todo, hombres y mujeres, muchachos y niños de pecho*, bueyes y ovejas, camellos y asnos.

4. Conforme a esto Saúl convocó al pueblo, y pasándole revista, como cuenta el pastor sus corderos, se halló con doscientos mil hombres de a pie de todas las tribus de Israel, y diez mil de la de Judá.

5. Llegado Saúl con ellos cerca de la ciudad de Amalec, puso emboscadas en el torrente.

6. Y dijo a los cineos: Marchad, retiraos, y separaos de los amalecitas, no sea que os destruya con ellos; por cuanto vosotros ejercisteis la misericordia con los hijos de Israel, cuando venían de Egipto. Se retiraron, pues, los cineos de entre los amalecitas.

7. Y Saúl fue destrozando a los amalecitas desde Hevila hasta el sur en la frontera de Egipto.

8. Tomó vivo a Agag, rey de Amalec; y pasó a cuchillo a todo el pueblo.

9. Pero Saúl y el ejército perdonaron a Agag, y reservaron los mejores rebaños de ovejas y de vacas, y los carneros, y las mejores ropas, y en general todo lo bueno, y no lo quisieron destruir. Todo lo vil y despreciable, eso fue lo que destruyeron.

10. Entonces habló el Señor a Samuel, y le dijo:

11. Pésame de haber hecho rey a Saúl, porque me ha abandonado y no ha ejecutado mis órdenes. De lo que contristado Samuel, estuvo toda la noche clamando al Señor.

12. Y habiéndose levantado antes del día para marchar por la mañana en busca de Saúl, tuvo aviso de que éste había ido al Carmelo, y erigido allí un arco triunfal, y que de vuelta había bajado a Gálgala. Llegó en fin Samuel a Saúl, cuando estaba éste ofreciendo al Señor un holocausto de las primicias del botín que había traído de los amalecitas.

13. Así que llegó, le dijo Saúl: Bendito seas tú del Señor; yo he cumplido con su orden.

14. Le replicó Samuel: Pues ¿qué balido es éste de rebaños, que resuena en mis oídos, y el mugido de bueyes que oigo?

15. Respondió Saúl: Los han traído del país de Amalec; pues el pueblo ha conser-

2. *Deut 25*, 18; *Num 14*, 45; *Jue 3*, 13; *6*, 3-33.

3. Saúl no ignoraba que Dios le había mandado con el profeta Samuel destruir por entero a los amalecitas. La guerra de exterminio es considerada una empresa sagrada.

vado las mejores ovejas y vacas para inmolarlas al Señor Dios tuyo; mas el resto lo matamos.

16. Samuel entonces dijo a Saúl: Permíteme hablar, y te declararé lo que me ha dicho el Señor en la noche. Habla, respondió Saúl.

17. Dijo, pues, Samuel: ¿No es verdad que siendo tú tan pequeño a tus ojos, fuiste hecho cabeza de las tribus de Israel, y que ungió el Señor para rey sobre Israel?

18. El Señor te envió a esta empresa, diciendo: Anda, y pasa a cuchillo a los perversos amalecitas, y pelea con ellos hasta su total exterminio.

19. Pues ¿por qué no has obedecido la voz del Señor, y te has enamorado del botín, pecando a los ojos del Señor?

20. Respondió Saúl a Samuel: Antes bien he obedecido la voz del Señor, siguiendo el camino que me ordenó; y he traído a Agag, rey de Amalec, y pasado a cuchillo a los amalecitas.

21. Verdad es que el pueblo ha separado del despojo ovejas y vacas, como primicia de lo que se debía destruir para inmolarlas al Señor su Dios en Gálgala.

22. Dijo entonces Samuel: ¿Por ventura el Señor no estima más que los holocaustos y las víctimas, el que se le obedezca a su voz? La obediencia vale más que los sacrificios, y el ser dócil importa más que el ofrecer la grasa de los carneros.

23. Porque el desobedecer al Señor, es como un pecado de magia, y como crimen de idolatría el no querer sujetársele. Por tanto, ya que tú has desechado la palabra del Señor, el Señor te ha desechado a ti, y no quiere ya que seas rey.

24. Dijo Saúl a Samuel: He pecado por haber quebrantado el mandato del Señor, y despreciado tus dictámenes, temiendo al pueblo, y condescendiendo con él.

25. Mas ahora te ruego que sobrelleves mi pecado, y me obtengas el perdón, y vuélvete conmigo a fin de que contigo adore yo al Señor.

26. Le respondió Samuel: No volveré contigo; porque has desechado la palabra del Señor, y el Señor te ha desechado a ti, para que no seas rey de Israel.

27. Y volviendo Samuel la espalda para marcharse, le asió Saúl de la extremidad de la capa, la cual se rasgó.

28. Le dijo entonces Samuel: Así el Señor ha rasgado hoy y arrancado de ti el reino de Israel, y se lo ha dado a otro mejor que tú.

29. Y aquel Señor a quien se debe el triunfo de Israel, no te perdonará; ni se arrepentirá de esto; porque no es él un hombre para que tenga que arrepentirse.

30. A lo que dijo Saúl: Yo he pecado; mas te ruego que me honres ahora delante de los ancianos de mi pueblo, y en presencia de Israel, y te vuelvas conmigo, a fin de que a tu lado adore al Señor Dios tuyo.

31. Se volvió, pues, Samuel, y siguió a Saúl, y adoró Saúl al Señor.

32. Dijo entonces Samuel: Traedme aquí a Agag, rey de Amalec. Y le fue presentado Agag, que estaba gordísimo y temblando. Y dijo Agag: ¿Conque así me separará de todo la amarga muerte?

33. Y Samuel respondió: Así como tu espada ha dejado sin hijos a tantas madres, así tu madre será otra de las mujeres que quedarán sin hijos. Y le hizo pedazos delante del Señor, en Gálgala.

34. Y se retiró Samuel a Rámata, y Saúl a su casa en Gabaa;

35. y no volvió jamás Samuel a visitar a Saúl en toda su vida. Sin embargo, lloraba por Saúl, porque el Señor se había arrepentido de haberle constituido rey de Israel.

16 *Samuel pasa por orden de Dios a Betlehem y unge a David por rey de Israel*

1. Entonces dijo el Señor a Samuel: ¿Hasta cuándo has tú de llorar a Saúl, habiéndole yo desechado para que no reine sobre Israel? Llena tu cuerno o botijo de óleo, y ven; que quiero enviarte a Isaí, natural de Betlehem; porque de entre sus hijos me he provisto de un rey.

2. A lo que respondió Samuel: ¿Cómo tengo que ir? Lo sabrá luego Saúl, y me quitará la vida. Dijo el Señor: Tomarás contigo un becerro de la vacada, y dirás que has ido allí a ofrecer sacrificios al Señor.

3. Y convidarás a Isaí a comer de la víctima, y yo te revelaré lo que debes hacer, y ungirás al que yo te señale.

4. Lo hizo, pues, Samuel como el Señor

le había mandado. Fue a Betlehem, y lo extrañaron los ancianos de la ciudad; y saliéndole a recibir, le dijeron: ¿Es de paz tu venida?

5. De paz, respondió Samuel. Vengo a ofrecer sacrificio al Señor; purificaos, y venid conmigo al sacrificio. Purificó, pues, a Isaí y a sus hijos, y los convidó al sacrificio.

6. Así que hubieron entrado después en la sala del convite, viendo Samuel a Eliab, dijo en su interior: ¿Si será éste el que el Señor ha escogido para ungido suyo?

7. Respondió el Señor a Samuel: No mires a su buena presencia, ni a su grande estatura; porque no es ése el que he escogido; y yo no juzgo por lo que aparece a la vista del hombre; pues el hombre no ve más que lo exterior; mas el Señor ve en el fondo del corazón.

8. Llamó después Isaí a Abinadab, y lo presentó a Samuel, el cual dijo: No es éste el escogido del Señor.

9. Le trajo también a Samma, del cual dijo Samuel: Tampoco es éste el escogido del Señor.

10. Así le fue presentando Isaí sus siete hijos; y le dijo Samuel: A ninguno de éstos ha elegido el Señor.

11. Y añadió Samuel a Isaí: ¿No tienes ya más hijos? A lo que contestó: Aún tengo otro pequeño, que está apacentando ovejas. Dijo Samuel a Isaí: Envía por él, y tráelo aquí, que no nos pondremos a la mesa, hasta que él venga.

12. Envió por él Isaí, y se lo presentó. Era David un joven rubio de gallarda presencia y hermoso rostro. Dijo entonces el Señor: Ea, úngele, porque ése es.

13. Tomó, pues, Samuel el cuerno del óleo que había traído, y lo ungio en presencia de sus hermanos, y desde aquel día en adelante el espíritu del Señor quedó infundido en David; y Samuel se volvió a Rámata.

14. Al contrario, el espíritu del Señor se retiró de Saúl; y atormentábale un espíritu maligno por permisión del Señor*.

15. Por lo que dijeron a Saúl sus cortesanos: Ya ves cómo te atormenta un espíritu malísimo.

16. Si tú, Señor nuestro, lo mandas, tus siervos que tienes aquí delante, buscarán un hombre hábil en tocar el arpa, para que cuando el Señor permita que te agite el mal espíritu, la toque y sientas algún alivio.

17. Respondió Saúl a sus criados: Enhorabuena, buscadme alguno que sea hábil en tañer y cantar, y traédmele.

18. A lo que contestando uno de los criados, dijo: Hace poco vi a un hijo de Isaí, natural de Betlehem, muy diestro en tañer el arpa, mozo muy valiente y hábil para la guerra, prudente en el hablar, y de gallarda presencia, y muy favorecido del Señor.

19. Con esto Saúl hizo decir a Isaí: Envíame a tu hijo David, que está con tus ganados.

20. En vista de lo cual tomó Isaí un asno, que cargó de panes, de un cántaro de vino, y de un cabrito recental, y se lo envió a Saúl por mano de su hijo David.

21. Y fue David y se presentó a Saúl; el cual le cobró mucho cariño, y lo hizo su escudero.

22. Y envió Saúl a decir a Isaí: Quédese David cerca de mí; porque ha hallado gracia en mis ojos.

23. Con esto siempre que asaltaba el mal espíritu a Saúl, cogía David el arpa y la tañía; con lo que Saúl se recreaba y sentía mucho alivio, pues se retiraba de él el espíritu malo.

17 *Guerra de los filisteos contra Israel. David pelea contra el gigante Goliat, y le corta la cabeza*

1. Sucedió después de algún tiempo que los filisteos juntando sus escuadrones para pelear, se reunieron en Socó de Judá, y acamparon entre Socó y Azeca, en los confines de Dommin*.

2. También se reunieron Saúl y los hijos de Israel, y viniendo al valle del Terebinto, ordenaron allí sus escuadrones para pelear contra los filisteos.

3. Estaban éstos acampados a un lado

---

14. Se presentan dos versiones del encuentro de David con Saúl. En la primera David es un músico contratado para apaciguar a Saúl, *1 Sam 16*, 14-23; en la otra David es un hábil guerrero al servicio de Saúl, *1 Sam 17*, 12-30.

1. El texto narra la confrontación entre Goliat y David. La escena se sitúa en la región montañosa del oeste, en la frontera entre los israelitas y los filisteos.

del monte, y los israelitas en el lado opuesto, mediando el valle entre ellos.

4. Y salió de los campamentos de los filisteos un hombre bastardo, llamado Goliat, natural de Get, cuya estatura era de seis codos y un palmo.

5. Traía en su cabeza un morrión de bronce, e iba vestido de una coraza escamada, del mismo metal, que pesaba cinco mil siclos.

6. Botas de bronce cubrían sus piernas, y defendía sus hombros un escudo de dicho metal.

7. El astil de su lanza era grueso como el rodillo de un telar, y el hierro o punta de la misma pesaba seiscientos siclos; e iba delante de él su escudero.

8. Este hombre vino a presentarse delante de los escuadrones de Israel, dando voces y diciéndoles: ¿Por qué habéis venido para dar batalla? ¿No soy yo un filisteo, y vosotros siervos de Saúl? Escoged entre vosotros alguno que salga a combatir cuerpo a cuerpo.

9. Si tuviere valor para pelear conmigo y me matare, seremos esclavos vuestros; mas si yo prevaleciere y le matare a él, vosotros seréis los esclavos, y nos serviréis.

10. Y decía después jactándose: Yo he desafiado hoy a los batallones de Israel, diciéndoles: Dadme acá un campeón, y mida sus fuerzas conmigo cuerpo a cuerpo.

11. Saúl y todos los israelitas, oyendo tal desafío del filisteo, quedaron asombrados y llenos de miedo.

12. David, según queda dicho, era hijo de un varón efrateo, de la ciudad de Betlehem en Judá, llamado Isaí, el cual tenía ocho hijos, y era hombre anciano, y de los más avanzados en edad en el tiempo de Saúl.

13. Sus tres hijos mayores siguieron a Saúl en la guerra; de los cuales el primogénito se llamaba Eliab, el segundo Abinadab, y el tercero Samma.

14. David era el menor de todos. Habiendo, pues, los tres mayores seguido a Saúl,

15. David se había ido de la corte de Saúl, y vuelto a apacentar la grey de su padre en Betlehem.

16. Entretanto se presentaba el filisteo mañana y tarde, y continuó haciéndolo por espacio de cuarenta días.

17. En este intermedio dijo Isaí a su hijo David: Toma para tus hermanos un efi de harina de cebada y estos diez panes, y corre al campamento a llevárselos.

18. Y estos diez quesos los llevarás al tribuno o coronel; y verás si tus hermanos están buenos, informándote en qué compañía están.

19. Mas ellos como los demás hijos de Israel estaban con Saúl, para pelear contra los filisteos, en el valle del Teberinto.

20. Madrugó, pues, David, y encargando a uno el cuidado del ganado, se puso con su carga en camino, como se lo había mandado Isaí. Y llegó al lugar de Magala, junto al ejército, al tiempo que éste, habiendo salido a dar la batalla, levantaba el grito en señal de combate.

21. Porque ya Israel había formado en batalla sus escuadrones, e igualmente los filisteos estaban dispuestos para la acción.

22. A vista de esto David, dejando cuanto había traído al cuidado de quien se los guardase entre los bagajes, fue corriendo al lugar de la batalla, y se informaba de la salud y bienestar de sus hermanos.

23. Aún no había acabado de hablar, cuando compareció aquel hombre llamado Goliat, filisteo, natural de Get, que salía del campamento de los filisteos, repitiendo los mismos insultos que siempre, los cuales oyó David.

24. Todos los israelitas, así que vieron aquel hombre, huyeron de su presencia temblando de miedo.

25. Y decía uno de los soldados de Israel: ¿No habéis visto ese hombre que se presenta al combate? Pues a insultar a Israel viene. Al que le matare le dará el rey grandes riquezas y a su hija por esposa, y eximirá de tributos en Israel la casa de su padre.

26. Preguntó David a los que tenía cerca de sí: ¿Qué es lo que darán al que matare a ese filisteo, y quitare el oprobio de Israel? Porque a la verdad, ¿quién es ese filisteo incircunciso para que insulte así impunemente a los escuadrones del Dios vivo?

27. Le refería la gente las mismas palabras, diciendo: Esto se dará al que lo matare.

28. Y habiéndolo oído hablar así con la gente Eliab, su hermano mayor se indignó contra él, y le dijo: ¿Por qué has venido aquí, dejando abandonadas en el desierto aquellas poquitas ovejas que tenemos? Bien conocida tengo yo tu altanería y la malicia de tu corazón. A ver la batalla es a lo que has venido.

29. Respondió David: ¿Qué mal he hecho yo? ¿He hecho más que hablar?

30. Se desvió luego de él, y se fue a otro paraje, y entabló la misma conversación, repitiéndole la gente la misma respuesta de antes.

31. Oídas de varios las palabras que habló David, fueron referidas delante de Saúl;

32. a cuya presencia conducido, le habló David de esta manera: Nadie desmaye a causa de los insultos de ese filisteo; yo siervo tuyo, iré y pelearé contra él.

33. Mas Saúl dijo a David: No tienes tú fuerza para resistir a ese filisteo, ni para pelear contra él; pues tú eres muchacho todavía, y él es un varón aguerrido desde su mocedad.

34. Replicó David a Saúl: Apacentaba tu siervo el rebaño de su padre, y venía un león o un oso, y apresaba un carnero de en medio de la manada;

35. y corría yo tras ellos y los mataba, y les quitaba la presa de entre los dientes, y al volverse ellos contra mí, los agarraba yo de las quijadas, y los ahogaba y mataba.

36. Así es como yo, siervo tuyo, maté tanto al león como al oso; y lo propio haré con ese filisteo incircunciso. Iré, pues, contra él ahora mismo, y quitaré el oprobio de nuestro pueblo; porque, ¿quién es ese filisteo incircunciso, que ha tenido la osadía de maldecir al ejército del Dios vivo?

37. Y añadió David: El Señor que me libró de las garras del león y del oso, él mismo me librará también de las manos de ese filisteo. Dijo Saúl a David: Anda, pues, y el Señor sea contigo.

38. Y le vistió Saúl con sus ropas o con armadura de su palacio, y le puso en la cabeza un casco de acero, y lo armó de coraza.

39. Ciñéndose luego David la espada de Saúl sobre su vestido de guerra, comenzó a probar si podía andar así armado; porque no estaba hecho a ello. Y dijo a Saúl: Yo no puedo caminar con esta armadura, pues no estoy acostumbrado a ella. Por lo tanto se desarmó;

40. y cogiendo el cayado que llevaba siempre en la mano, escogió del torrente cinco guijarros bien lisos; se los metió en el zurrón de pastor que traía consigo, tomó la honda en su mano, y se fue en busca del filisteo.

41. Venía éste caminando con paso grave y acercándose hacia David, llevando delante su escudero.

42. Mas así que el filisteo vio a David, le menospreció, por ser éste un joven rubio y de linda presencia,

43. y le dijo: ¿Soy yo acaso algún perro para que vengas contra mí con un palo? Por lo que maldijo el filisteo a David, jurando por sus dioses.

44. Y añadió: Ven acá y echaré tus carnes a las aves del cielo y las bestias de la tierra.

45. Mas David respondió al filisteo: Tú vienes contra mí con espada, lanza y escudo; pero yo salgo contra ti en el nombre del Señor de los ejércitos, del Dios de las legiones de Israel, a las cuales tú has insultado este día*.

46. Y el Señor te entregará en mis manos, y yo te mataré y cortaré tu cabeza; y daré hoy los cadáveres del campo de los filisteos a las aves del cielo y a las bestias de la tierra, para que sepa todo el mundo que hay Dios en Israel;

47. y conozca todo este concurso de gente, que el Señor salva sin espada ni lanza; porque él es el árbitro de la guerra, y él os entregará en nuestras manos.

48. Como se moviese, pues, el filisteo, y viniese acercándose a David, se apresuró éste y corrió al combate contra el filisteo;

49. y metiendo su mano en el zurrón, sacó una piedra que disparó con la honda, e hirió al filisteo en la frente, en la cual le quedó clavada; y cayó el filisteo en tierra sobre su rostro.

50. Así venció David al filisteo con una honda y una piedra, y herido que lo hubo, lo mató. Y no teniendo David a mano, ninguna espada,

51. fue corriendo y se echó encima del filisteo, le quitó la espada, la desenvainó, y acabándole de matar, le cortó la cabeza. Viendo, pues, los filisteos muerto al más valiente de los suyos, echaron a huir.

52. Pero los hijos de Israel y de Judá los

---

45. La confrontación adquiere dimensiones religiosas.

acometieron con gran gritería, y fueron acuchillándolos hasta llegar al valle y hasta las puertas de Accarón; y cayeron heridos muchos filisteos por el camino de Saraím y hasta Get y Accarón.

53. Vueltos los hijos de Israel de perseguir a los filisteos, saquearon su campamento.

54. Y tomando David la cabeza del filisteo, la llevó a Jerusalén; pero sus armas las colocó en su casa.

55. Es de advertir que al ver Saúl que David se dirigía contra el filisteo, preguntó a Abner, general de las tropas: Abner, ¿de qué familia es ese joven? Y Abner respondió: Juro por tu vida, oh rey, que no lo sé.

56. Le dijo el rey: Infórmate de quien es hijo.

57. Y cuando David volvió, después de haber muerto al filisteo, le tomó Abner y le presentó a Saúl, llevando David la cabeza del filisteo en la mano.

58. Y le dijo Saúl: Oh joven, ¿de qué familia eres? Y respondió David: Soy el hijo de vuestro siervo Isaí, natural de Betlehem.

18 *Amistad de Jonatás con David y envidia de Saúl, quien le da por esposa a su hija menor Micol*

1. Al punto que David acabó de hablar con Saúl, el alma de Jonatás se unió estrechamente con el alma de David; y le amó Jonatás como a su propia vida.

2. Desde aquel día quiso Saúl tenerlo siempre consigo y no le permitió volverse a casa de su padre.

3. Y contrajeron entonces David y Jonatás una gran amistad; pues amaba éste a David como a sí mismo.

4. De aquí que se quitó Jonatás la túnica que vestía, y se la dio a David con otras ropas suyas, hasta su espada, su arco y aun el cinturón.

5. Salía David a todas las expediciones a que le enviaba Saúl, y se conducía con mucha prudencia. Le dio después Saúl mando sobre alguna gente de guerra, y se ganó la afición de todo el pueblo, y particularmente de los criados de Saúl.

6. Asimismo cuando volvió David, después de haber muerto al filisteo, salieron las mujeres de todas las ciudades de Israel a recibir al rey Saúl, cantando y danzando, y mostrando su regocijo con panderos y sonajas.

7. Las mujeres en sus danzas cantaban y repetían este estribillo: Saúl ha muerto a mil; y David ha muerto a diez mil.

8. Semejante expresión irritó a Saúl en gran manera, y le dejó sumamente disgustado; y dijo: A David le han dado diez mil, y a mí me han dado mil, ¿qué le falta ya sino ser rey?

9. Por este motivo, desde entonces en adelante ya no miraba con buenos ojos a David.

10. Otro día sucedió que el espíritu malo, permitiéndolo Dios, volvió a apoderarse de Saúl, que andaba por su palacio hablando como un frenético. David tañía el arpa delante de él, como los demás días. Y teniendo Saúl a mano una lanza,

11. la arrojó contra David, pensando poderle clavar en la pared; mas David huyó el cuerpo por dos veces, y evitó el golpe.

12. Comenzó, pues, Saúl a temer a David, viendo que el Señor estaba con éste, y que a él le había dejado.

13. Por lo cual le alejó de él y le hizo tribuno de mil hombres; con los cuales hacía David sus expediciones a vista del pueblo.

14. Se manejaba David en todo con mucha cordura, y el Señor le asistía.

15. Pues como observase Saúl su extremada prudencia, comenzó a recelar de él.

16. Al contrario todo Israel y Judá amaban a David, como a quien iba al frente de ellos en las expediciones que se hacían.

17. Por lo que dijo Saúl a David: He aquí a Merob, mi hija mayor, voy a dártela por esposa. Tú sobre todo sé valiente, y pelea al servicio del Señor. Al mismo tiempo decía Saúl para consigo: No sea yo el que lo mate; sino sean los filisteos los que lo hagan.

18. David respondió a Saúl: ¿Quién soy yo, o cuál ha sido mi vida, ni de qué consideración goza en Israel la familia de mi padre para llegar a ser yo yerno del rey?

19. Mas sucedió después, que llegado el tiempo en que Merob, hija de Saúl, debía desposarse con David, fue dada por mujer a Hadriel molatita.

20. Pero Micol, la otra hija de Saúl, se había enamorado de David; de lo que se alegró Saúl luego que se lo dijeron.

21. Porque dijo Saúl interiormente: Se la

daré, para que sea ella la causa de su ruina, y muera a manos de los filisteos. Y así dijo Saúl a David: Por dos títulos o servicios vas a ser luego mi yerno.

22. Y dio esta orden a sus cortesanos: Hablad a David, como que sale de vosotros, diciéndole: Ya ves que estás en gracia del rey, y que todos sus criados te aman; procura, pues, ahora llegar a ser yerno del rey.

23. Hicieron los cortesanos que llegase esto a oídos de David; el cual respondió: ¿Por ventura os parece fácil el ser yerno del rey, mayormente siendo yo pobre y de humilde condición?

24. Le dieron parte a Saúl sus cortesanos y le contaron lo que David había respondido.

25. Dijo entonces Saúl: Hablad así a David: El rey no necesita de dote para su hija; únicamente exige de ti la cabeza de cien incircuncisos filisteos, para vengarse así de sus enemigos. Pero el designio de Saúl era hacer caer a David en manos de los filisteos.

26. Luego, pues, que los criados de Saúl refirieron a David lo que les había dicho Saúl, aceptó gustoso David el partido que le proponían para llegar a ser yerno del rey;

27. y de allí a pocos días marchó con la gente que comandaba, y mató a doscientos filisteos; entregando al rey este número de incircuncisos, a fin de llegar a ser yerno suyo. Con esto le dio Saúl a su hija Micol por esposa,

28. y conoció claramente que el Señor estaba con David. Y Micol, hija de Saúl, amaba mucho a David.

29. Comenzó, pues, Saúl a recelar más y más de David, de manera que su aversión hacia él fue en aumento.

30. En esta sazón salieron a campaña caudillos de los filisteos, y desde el punto que se dejaron ver, se manejaba David con más arte y prudencia que todos los demás oficiales de Saúl; por donde se hizo más y más célebre su nombre.

19

Saúl resuelve quitar la vida a David; peligro en que éste se vio y cómo lo libran Jonatás y Micol

---

1. Saúl habló a Jonatás su hijo, y a todos sus criados o cortesanos, a fin de que matasen a David. Mas Jonatás, hijo de Saúl, amaba cordialmente a David;

2. y así le avisó, diciendo: Saúl, mi padre, busca cómo matarte; te ruego, pues, que mires por ti y te vayas mañana a un lugar oculto, en el cual te estés escondido,

3. en el campo, donde quieras; mientras yo procuraré estar con mi padre, y le hablaré de ti, y te haré saber cuanto hubiere observado.

4. Habló, pues, Jonatás a Saúl, su padre, a favor de David, y le dijo: No hagas daño, oh rey, a David, siervo tuyo; puesto que nada malo ha obrado contra ti, antes bien te ha hecho servicios importantísimos.

5. El puso su vida en el mayor riesgo, y mató al filisteo; con el cual dio el Señor una gran victoria a todo Israel. Tú lo viste y te llenaste de gozo. Pues, ¿por qué quieres ahora pecar, derramando sangre inocente, matando a David que no es culpable de nada?

6. Oyendo esto Saúl, y aplacado con las razones de Jonatás, hizo este juramento: Vive el Señor que no se le quitará la vida.

7. Llamó luego Jonatás a David; y le contó todas estas cosas, y lo presentó nuevamente a Saúl, y se quedó David en la corte de Saúl, como antes.

8. Se suscitó de nuevo la guerra; y saliendo David a campaña peleó contra los filisteos, y destrozando gran número de ellos, ahuyentó los demás.

9. Mas el espíritu malo, permitiéndolo el Señor, asaltó otra vez a Saúl. Estaba éste sentado en su palacio, y tenía una lanza en la mano; y mientras David tañía el arpa delante de él,

10. tiró Saúl a traspasarle con la lanza y clavarle en la pared. Mas David declinó el golpe; y la lanza, sin haberle herido, fue a dar en la pared; y escapó David al instante, y se libertó aquella noche.

11. Saúl envió en seguida a sus guardias a la casa de David para que lo asegurasen y lo matasen al otro día por la mañana. Pero se lo avisó a David su esposa Micol, diciendo: Si esta noche no te pones a salvo, mañana morirás.

12. Y lo descolgó Micol por una ventana; y de esta suerte escapó David, y huyendo se puso a salvo.

13. En seguida tomó Micol una estatua o bulto, y la puso sobre la cama de David, y le envolvió la cabeza con una piel peluda de cabra, y cubrió la estatua con la ropa de la cama.

14. Envió, pues, Saúl guardias a prender a David; y se le respondió que estaba enfermo.

15. Despachó segunda vez otras gentes con orden de ver a David, diciéndoles: Traédmelo acá en su cama, para que sea muerto.

16. Llegados que fueron allí los enviados de Saúl, hallaron que en la cama sólo había una estatua o bulto, que tenía envuelta la cabeza con una piel de cabra.

17. Por lo que dijo Saúl a Micol: ¿Cómo me has burlado de esta manera, y dejado escapar a mi enemigo? Y respondió Micol a Saúl: Porque él me dijo: Déjame ir, si no te mataré.

18. Así huyó David, y puso a salvo su vida, y fue a encontrar a Samuel en Rámata, y le contó todo cuanto Saúl había hecho con él; y después se fueron ambos a Nayot, donde moraron algún tiempo.

19. Se dio aviso a Saúl, diciéndole: Mira que David está en Nayot de Rámata.

20. Envió, pues, Saúl soldados para prender a David; los cuales habiendo visto un coro de profetas que profetizaban o cantaban alabanzas a Dios, y a Samuel que presidía entre ellos, fueron también arrebatados del espíritu del Señor, y comenzaron a alabar a Dios, como los otros.

21. Habiéndose referido esto a Saúl, envió otros soldados; los cuales asimismo se pusieron a alabar a Dios. Despachó otros por tercera vez, que igualmente se pusieron a cantar las alabanzas de Dios. Entonces Saúl, lleno de cólera,

22. marchó él mismo a Rámata, y habiendo llegado hasta la gran cisterna de Socó, preguntó, diciendo: ¿Dónde se hallan Samuel y David? Y le respondieron: Están allá en Nayot junto a Rámata.

23. Con esto se encaminó a dicho lugar, y se apoderó también de Saúl el espíritu del Señor, e iba cantando por el camino las alabanzas de Dios hasta llegar a Nayot de Rámata.

24. Y despojado de sus vestiduras reales, se puso a cantar con los demás delante de Samuel, y todo lo restante del día y de aquella noche estuvo postrado por tierra, desnudo de toda insignia. De donde aquel proverbio: Pues, ¿también Saúl entre los profetas?

20

Admirable lealtad de Jonatás para con David perseguido por el rey Saúl y caído en desgracia

1. Entretanto huyó David de Nayot, que está cerca de Rámata, y viniendo a verse con Jonatás, prorrumpió en estas palabras: ¿Qué he hecho yo? ¿En qué he pecado, y cuál es mi delito contra tu padre, que anda así buscándome para matarme?

2. Le respondió Jonatás: No temas, no morirás; porque no hará mi padre cosa chica ni grande, sin comunicármela primero. Cómo, ¿esta sola resolución me habría acaso ocultado mi padre? No, de ninguna manera.

3. E hizo sobre ello nuevo juramento a David, asegurándole su amistad. Mas David replicó: Tu padre sabe muy bien que yo he hallado gracia en tus ojos, y habrá dicho: No conviene que sepa esto Jonatás, a fin de que no reciba pesar. Porque yo te juro por el Señor y por tu vida que está tan resuelto tu padre a matarme, que sólo hay un punto, por decirlo así, desde mí a la muerte.

4. Respondió Jonatás a David: Haré por ti todo cuanto me insinuares.

5. Le dijo David: Mira, mañana son las calendas, en que yo, según costumbre, suelo sentarme a la mesa con el rey; ahora, pues, permíteme que vaya a esconderme en el campo hasta la tarde del día tercero.

6. Si tu padre preguntare por mí, le responderás: David me pidió licencia para ir prontamente a Betlehem, su patria; por cuanto todos los de su tribu o familia celebran allí un sacrificio solemne.

7. Si dijere: Bien está; no tendré que temer; pero si se enojare, ten por cierto que su mala voluntad hacia mí ha llegado al colmo.

8. Haz, pues, esta merced a tu siervo, ya que quisiste que yo, a pesar de ser tu criado, hiciese contigo y te jurase la más estrecha alianza. Y si adviertes en mí alguna culpa o delito, dame tú mismo la muerte, y no me hagas comparecer delante de tu padre.

9. A lo que respondió Jonatás: Libre estás de que te suceda esto; porque no es posible que yo conozca de cierto que el odio de mi padre contra ti ha llegado a lo sumo, sin que yo te lo avise.

10. Replicó David a Jonatás: Y si tu padre por desgracia te diere una respuesta áspera al hablarle de mí, ¿por quién lo sabré?

11. Le respondió Jonatás: Ven y salgamos al campo. Habiendo salido ambos al campo,

12. le dijo Jonatás a David: Señor Dios de Israel si yo mañana u otro día averiguare el designio de mi padre, y resultare algo de bueno a favor de David, y no enviare luego a decírselo, y hacérselo saber,

13. no hagáis, oh Señor, bien a Jonatás, sino mucho mal. Pero si continuare la mala voluntad de mi padre contra ti, te lo avisaré también, y te daré licencia a fin de que te vayas en paz, y el Señor sea contigo, como estuvo con mi padre.

14. Y tú, si yo viviere, me tratarás con toda la bondad posible; mas si yo muriere,

15. tendrás siempre compasión y tratarás con bondad a mi familia, cuando el Señor desarraigare uno por uno de la faz de la tierra a todos los enemigos de David. De otra manera, arrebate también el Señor a Jonatás de su casa, y tome Dios venganza de los enemigos de David.

16. De esta suerte hizo Jonatás alianza con la casa de David; y el Señor tomó en efecto venganza de los enemigos de David.

17. Jonatás repitió a David sus juramentos por lo mucho que le quería; pues lo amaba como a su misma alma.

18. Le dijo más: Mañana son las calendas, y serás echado de menos;

19. porque se verá tu asiento vacío aun al día siguiente. Por tanto marcharás luego de aquí, y te dirigirás el primer día después de la fiesta al sitio en que debes esconderte, y te sentarás junto a la peña llamada Ezel.

20. Cerca de ella dispararé yo tres saetas, como que me ejercito en tirar al blanco.

21. Enviaré también un muchacho tras ellas, diciéndole: Anda y tráeme las saetas.

22. Si yo dijere al muchacho: Mira que las saetas están más acá de ti, cógelas; tú entonces ven a mí, pues es señal de que estás seguro, y vive el Señor que no hay que temer. Mas si dijere yo al criado: Mira, las saetas están más allá de ti, vete en paz, pues el Señor quiere que te retires.

23. En cuanto a lo que tú y yo hemos tratado, sea el Señor para siempre testigo entre los dos.

24. Con esto David fue a esconderse en el campo; y llegaron las calendas, y se sentó el rey a comer.

25. Y estando el rey sentado en su silla, que estaba junto a la pared, según costumbre, se levantó Jonatás, y se sentó Abned a un lado de Saúl y se echó de ver vacío el puesto de David.

26. No dijo Saúl nada aquel día; porque pensó que tal vez le había sucedido a David el no hallarse limpio ni purificado.

27. Venido el segundo día de la fiesta, se vio también desocupado el asiento de David. Entonces dijo Saúl a su hijo Jonatás: ¿Por qué no ha venido a comer ni ayer ni hoy el hijo de Isaí?

28. Y respondió Jonatás: Me rogó con mucha instancia que le dejara ir a Betlehem.

29. Diciéndome: Dame licencia; por cuanto se celebra un sacrificio solemne en nuestra ciudad, y me ha convidado, con muchas instancias, uno de mis hermanos; si he hallado, pues, gracia en tus ojos, permíteme dar una vuelta por allí, y ver a mis hermanos. Por ese motivo no ha venido a la mesa del rey.

30. Saúl, indignado contra Jonatás, le dijo: ¡Hijo de prostituta, hijo desamorado y perverso!, ¿piensas que yo ignoro el amor que tienes al hijo de Isaí, para confusión tuya e ignominia de tu envilecida madre?

31. Sábete que mientras viva el hijo de Isaí sobre la tierra, ni tú estarás seguro, ni lo estará tu derecho al reino. Así, pues, envía ahora mismo por él, y tráemelo acá; porque morirá.

32. Mas Jonatás respondió a su padre Saúl diciendo: Pero ¿por qué morirá?; ¿qué es lo que ha hecho?

33. Y al oír Saúl esto, agarró la lanza para atravesarle. Entonces conoció Jonatás que su padre tenía resuelto matar a David.

34. Y se levantó Jonatás de la mesa lleno de indignación y de furor, y no comió bocado aquel día segundo de las calendas, apesadumbrado por causa de David, y por la afrenta recibida de su padre.

35. Y al rayar el día siguiente fue Jonatás al campo, conforme a lo acordado con David, llevándose consigo un muchacho;

36. al cual dijo: Anda y tráeme las saetas

SAÚL QUIERE ATRAVESAR A DAVID CON SU LANZA

Mas el espíritu malo, permitiéndolo el Señor, asaltó otra vez a Saúl. Estaba éste sentado en su palacio, y tenía una lanza en la mano; y mientras David tañía el arpa delante de él, tiró Saúl a traspasarle con la lanza y clavarle en la pared. Mas David declinó el golpe; y la lanza, sin haberle herido, fue a dar en la pared; y escapó David al instante, y se libertó aquella noche.

que iré tirando. Estando corriendo el muchacho, disparó otra saeta más lejos.

37. Llegado el muchacho al lugar de la primera saeta que había tirado Jonatás, dio éste voces y le gritó: Mira, allá más adelante de ti está la saeta.

38. Le gritó otra vez Jonatás al muchacho, diciéndole: Date prisa, no te detengas. En fin, el muchacho recogió las saetas y se las trajo a su amo,

39. sin entender el motivo de lo que se hacía, porque solamente Jonatás y David lo sabían.

40. Dio después Jonatás sus armas al muchacho, diciéndole: Anda y llévalas a la ciudad.

41. Y así que éste hubo marchado, salió David del sitio en que estaba, que miraba al mediodía, e hizo por tres veces una profunda reverencia a Jonatás, postrándose hasta el suelo; y besándose el uno al otro; lloraron juntos; pero David mucho más.

42. En conclusión Jonatás le dijo a David: Vete en paz; todo aquello que los dos hemos jurado en el nombre del Señor, diciendo: El Señor sea testigo entre mí y entre ti, entre mi descendencia y la tuya para siempre...

43. Y se levantó David y se fue; mas Jonatás volvió a la ciudad.

21 *David fugitivo pide de comer a Aquimelec, quien le da los panes de la proposición*

1. Partió después David a Nobe a encontrar al sumo sacerdote Aquimelec. El cual quedó sorprendido de ver llegar a David, y le dijo: ¿Cómo es que vienes solo, sin que nadie te acompañe?

2. Le respondió David: El rey me ha encargado una comisión, diciendo: Nadie sepa el negocio a que te envío, ni las órdenes que te he dado. Por cuyo motivo aun a mis gentes les he mandado que me esperen en tal y tal lugar.

3. Ahora, pues, si tienes a mano aunque no sea más que cinco panes, dámelos, o cualquier cosa que hallares pues tenemos gran necesidad.

4. A lo que respondió el sacerdote, diciéndole: No tengo a mano panes de legos o comunes, sino solamente el pan santo. Con todo, te lo daré, si es que tus criados están limpios, sobre todo en cuanto a mujeres.

5. Respondió David al sumo sacerdote, diciéndole: Por lo que toca a mujeres*, nos hemos contenido desde ayer, y antes de ayer, después que partimos; y los cuerpos de mi gente se han conservado puros. A la verdad el camino profano es, pero aún se purificará mi gente lavando sus cuerpos y vestidos.

6. Le dio, pues, el sumo sacerdote el pan santificado, por no haber allí otro pan que los de la proposición, que se habían quitado de la presencia del Señor para poner otros calientes.

7. Se hallaba aquel día allí dentro del Tabernáculo del Señor uno de los criados de Saúl, llamado Doeg, idumeo, el más poderoso de los pastores de Saúl.

8. Dijo todavía David a Aquimelec: ¿Tienes aquí a mano alguna lanza o espada? pues no he traído conmigo mi espada ni mis armas; porque urgía la orden del rey.

9. Le dijo el sumo sacerdote: Aquí tienes la espada del filisteo Goliat a quien tú mataste en el valle del Terebinto; envuelta está en su paño detrás del efod; si quieres llevarla, tómala, pues aquí no hay sino ésta. Le dijo David: No hay otra comparable a ella; dámela.

10. Con esto se puso David en camino, huyendo por temor de Saúl, y se fue a Aquis, rey de Get.

11. Mas los cortesanos de Aquis, luego que vieron a David, dijeron al rey: ¿No es éste aquel David, respetado como rey en su país? ¿No es éste aquel en cuya alabanza cantaban en medio de sus danzas: Mató Saúl a mil y David mató a diez mil?

12. Paró David la consideración en esto que decían de él, y concibió grandísimo temor de Aquis, rey de Get.

13. Y así comenzó a demudar su semblante delante de ellos, y se dejaba caer entre los brazos de la gente, dando de cabezadas contra las puertas, y haciendo correr la saliva por su barba.

14. Dijo, pues, Aquis a sus criados: ¿Habéis visto un tal mentecato? ¿Por qué me lo habéis traído aquí?

15. ¿Nos faltan acaso dementes, que habéis traído también a éste para que hiciese

---

5. Se trata de una pureza ritual para participar en la ofrenda de los panes. *Deut 23,* 10.

locuras en mi presencia? ¿Un hombre semejante hallará entrada en mi casa?

22 *David, refugiado en la cueva de Odollam, va a encontrar al rey de Moab*

1. Con esto salió de allí David, y se refugió en la cueva de Odollam; lo que habiendo sabido sus hermanos y toda la familia de su padre, bajaron allí a encontrarlo.

2. Se acercaron también todos aquellos que se hallaban angustiados y oprimidos de deudas, y en amargura de corazón; de los cuales se hizo caudillo, y juntó como unos cuatrocientos hombres bajo su mando*.

3. Partió de aquí David para Masfa, que es del país de Moab, y dijo al rey de Moab: Te ruego permitas que mi padre y mi madre se queden con vosotros, hasta tanto que yo sepa lo que Dios dispone de mí.

4. Y los dejó encomendados al rey de Moab; con quien estuvieron todo el tiempo que David permaneció en aquella fortaleza de Masfa.

5. Pero el profeta Gad dijo a David: No te estés más en esa fortaleza; marcha y vete a tierra de Judá. Partió, pues, David, y vino al bosque de Haret.

6. Y supo Saúl que David y la gente que tenía, se habían dejado ver. Estando, pues, Saúl en Gabaa, y hallándose un día en un bosque cerca de Ramá, teniendo en su mano la lanza, y rodeado de todos sus criados,

7. dijo a los que se hallaban con él: Oídme ahora, hijos de Benjamín, vosotros que sois de mi tribu: ¿El hijo de Isaí os dará acaso a todos vosotros campos y viñas, y os hará a todos tribunos y centuriones,

8. para que os hayáis todos conjurado contra mí, sin haber una persona que me informe de lo que hace David; sobre todo después que aun el hijo mío se ha coligado con el hijo de Isaí? No hay uno siquiera de vosotros que se duela de mi suerte, ni que me dé un consejo; viendo que mi hijo ha sublevado contra mí a un criado mío, que no cesa hasta hoy día de armarme asechanzas.

9. Doeg, idumeo, que se hallaba presente, y era el más acreditado entre los criados de Saúl, respondiendo dijo: Yo vi al hijo de Isaí en Nobe, en casa del sumo sacerdote Aquimelec, hijo de Aquitob.

10. El cual consultó al Señor por él; y le dio víveres, y lo que es más, la espada de Goliat el filisteo.

11. Envió luego el rey a llamar al sumo sacerdote Aquimelec, hijo de Aquitob, y a todos los sacerdotes de la casa de su padre, que se hallaban en Nobe; los cuales vinieron todos a presentarse al rey.

12. Dijo entonces Saúl a Aquimelec: Oye, hijo de Aquitob. El cual respondió: ¿Qué es lo que mandas, señor?

13. Le dijo Saúl: ¿Por qué os habéis conjurado contra mí, tú y el hijo de Isaí, y le diste los panes y la espada, y consultaste por él a Dios, para que siguiera sublevándose contra mí, y poniéndome asechanzas hasta el día de hoy?

14. A lo que respondió Aquimelec: ¿Y quién hay entre todos tus criados tan leal como David, yerno del rey, pronto a tus órdenes y respetado en toda tu casa?

15. ¿Es por ventura hoy la primera vez que yo he consultado por él a Dios? Lejos de mí otra idea; no sospeche el rey tal cosa ni de mí, su siervo, ni de toda la casa de mi padre; porque tu siervo no sabe nada de ese negocio de conjuración.

16. Dijo el rey: Morirás sin falta, Aquimelec, tú y toda la casa de tu padre.

17. Y en seguida dijo el rey a los de su guardia, que le rodeaban: Embestid y matad a los sacerdotes del Señor; porque están coligados con David y sabiendo que iba huido, no me lo denunciaron. Pero los criados del rey no quisieron poner sus manos en los sacerdotes del Señor.

18. Entonces dijo el rey a Doeg: Embiste tú, y arrójate sobre los sacerdotes. Y embistiendo Doeg, idumeo, se arrojó sobre los sacerdotes, matando en aquel día ochenta y cinco varones que vestían el efod de lino.

19. Después de esto pasó a cuchillo a Nobe, ciudad de los sacerdotes, matando a hombres y mujeres, muchachos y niños de pecho, hasta los bueyes, los asnos y las ovejas.

20. Con todo pudo escapar un hijo de Aquimelec, hijo de Aquitob, que se llamaba Abiatar, y se fue huyendo a David.

---

2. David lleva una vida de vagabundo y reúne un grupo de seguidores.

21. Y le contó cómo Saúl había hecho matar a los sacerdotes del Señor.

22. Le respondió David a Abiatar: Bien conocí yo aquel día que estando allí Doeg, idumeo, se lo contaría a Saúl; yo soy el culpado en la muerte de toda la casa de tu padre.

23. Quédate conmigo, no temas, si alguno atentare contra mi vida, atentará también contra la tuya, y estando en mi compañía, salvándome yo, serás tú igualmente salvo.

23 *David defiende de los filisteos a Ceila; huye al desierto de Zif; renueva su alianza con Jonatás*

1. Después de esto avisaron a David, diciendo: Mira que los filisteos están sitiando a Ceila, y saquean las eras o mieses del país.

2. Consultó, pues, David al Señor, diciendo: ¿Iré, y podré yo vencer a los filisteos? Le respondió el Señor: Anda, que derrotarás a los filisteos, y librarás a Ceila.

3. Pero las gentes que tenía David consigo, le dijeron: Ya ves que nosotros aun aquí en medio de la Judea no estamos sin miedo; ¿cuánto más si fuéremos a Ceila contra los batallones de los filisteos?

4. Consultó nuevamente David al Señor. El cual le respondió, diciendo: Marcha y ve a Ceila que yo entregaré en tus manos a los filisteos*.

5. Partió, pues, David con sus gentes a Ceila; peleó contra los filisteos, y haciendo en ellos gran destrozo, se llevó sus ganados, y salvó a los habitantes de Ceila.

6. Es de saber que cuando Abiatar, hijo de Aquimelec, se refugió a David en Ceila, se llevó consigo el efod del sumo sacerdote.

7. Luego que tuvo Saúl aviso de la llegada de David a Ceila, dijo: Dios me lo ha puesto en las manos, cogido está, habiéndose metido en una ciudad que tiene puertas y cerraduras.

8. Con eso Saúl mandó a toda su tropa que salicse disimuladamente a campaña contra Ceila para cercar a David y a su gente.

9. Y advertido David de que Saúl trazaba secretamente su ruina, dijo al sacerdote Abiatar: Ponte el efod para consultar al Señor.

10. Y en seguida dijo David: Señor Dios de Israel, tu siervo ha oído decir que Saúl se prepara para venir a Ceila, y destruirla por mi causa.

11. ¿Me entregarán los ciudadanos de Ceila en manos de Súl? ¿Vendrá en efecto Saúl, como ha oído decir tu siervo? Señor Dios de Israel, manifiéstaselo a este siervo tuyo. Y respondió el Señor: Sí, vendrá.

12. Dijo todavía David: ¿Los de Ceila me entregarán a mí y a toda mi gente en manos de Saúl? Y respondió el Señor: Os entregarán.

13. Por lo que dispuso David marcharse de allí con toda su gente, que eran como unos seiscientos hombres; y saliendo de Ceila, andaban de una a otra parte sin asiento fijo. Tuvo Saúl aviso de que había huido David de Ceila, se había puesto a salvo; por lo cual aparentó no querer moverse.

14. Entretanto estaba David en el desierto en lugares muy fuertes, y se fijó en el monte del desierto de Zif, monte muy espeso. Saúl entretanto no cesaba de buscarlo; mas el Señor siempre lo libertó de sus manos.

15. Y supo David que Saúl había salido para quitarle la vida; por lo que se mantuvo en el desierto de Zif, escondido en el bosque.

16. En ese tiempo* Jonatás, hijo de Saúl, se puso en camino, y fue allí a encontrarle; y le confortó recordándole las promesas de Dios, y diciéndole:

17. No temas; porque Saúl mi padre por más que haga no podrá cogerte. Tú serás rey de Israel y yo seré el segundo en tu reino, y aun mi mismo padre está persuadido de esto.

18. Renovaron entonces los dos su alianza en presencia del Señor; y David se quedó en el bosque, pero Jonatás volvió a su casa.

19. Mas los zifeos fueron a encontrar a Saúl en Gabaa, y le dijeron: ¿No sabes que David está escondido entre nosotros en los parajes más fuertes del bosque, hacia el cerro de Haquila, que cae a mano derecha del desierto.

20. Ahora, pues, si deseas dar con él, no tienes más que venir, que corre de nuestra cuenta el entregarlo en tus manos.

21. A lo que respondió Saúl: Bendito

---

4. La liberación de Ceila es un ejemplo de lealtad de David para con su pueblo.

16. Los episodios relatados destacan la buena suerte de David y la colaboración de Jonatás.

seáis vosotros del Señor, pues os habéis condolido de mi suerte.

22. Id, pues, y practicad todas las diligencias posibles, informándoos mañosamente hasta aseguraros bien del sitio donde tiene su asiento ordinario, o quien lo haya visto allí; porque él recela de mí, y sabe que ando armándole asechanzas.

23. Registrad y ved todos los escondrijos donde se oculta, y volved a mí, bien averiguada la cosa, para ir con vosotros a golpe seguro. Pues aunque se meta en las entrañas de la tierra, yo iré allí con todos los batallones de Judá, y lo sacaré.

24. Con esto se despidieron, y volvieron a Zif delante de Saúl. Estaban entonces David y su gente en el desierto de Maón, y se quedó allí. Enterado de ello Saúl, fue en persecución de David en el desierto de Maón.

26. Iba Saúl por un lado del monte, y David con los suyos por el otro, y ya no tenía esperanza de poder escapar de las manos de Saúl; pues éste con su gente tenía encerrado a David y a los suyos, como en un círculo, para cogerlos en medio.

27. Cuando he aquí que llegó un mensajero a Saúl diciendo: Ven a toda prisa, que los filisteos han hecho una irrupción en el país.

28. Con esta nueva, desistiendo Saúl de perseguir a David, se volvió y marchó contra los filisteos. Por donde llamaron a aquel sitio la Peña de Separación.

24 *David puede matar a Saúl y no lo hace. Prohíbe a los suyos hacerlo; Saúl acepta la inocencia de David*

1. No obstante, se retiró David de allí, y fue a vivir en los lugares más fuertes de Engaddi.

2. Y como Saúl volviese de haber perseguido a los filisteos, le avisaron, diciendo: Mira que David está en el desierto de Engaddi.

3. Tomando, pues, Saúl tres mil hombres escogidos en todo Israel, salió en busca de David y de su gente; yendo hasta por las rocas más escarpadas, accesibles sólo a las cabras monteses.

4. Y llegó a unas majadas de ovejas, que encontró en el camino. Había allí una cueva, donde entró Saúl a desocupar el vientre; y David estaba con los suyos escondido en lo más profundo de ella.

5. Le dijeron, pues, a David, sus criados: He aquí el día feliz del cual te dijo el Señor: Yo pondré en tus manos a tu enemigo, para que hagas de él lo que gustares. Entonces David se levantó, y cortó sin ser sentido la orla del manto de Saúl.

6. E inmediatamente le remordió a David su conciencia de haber cortado la orla del manto de Saúl,

7. y dijo a sus compañeros: No permita el Señor que jamás haga yo tal cosa contra mi señor, contra el ungido del Señor, de extender mi mano contra él, siendo como es el ungido del Señor.

8. Y contuvo David con sus palabras a los suyos, no permitiéndoles que se echasen sobre Saúl. Saliendo, pues, éste de la cueva proseguía el camino comenzado;

9. cuando se fue también David en pos de Saúl, y salido ya fuera, dio voces a espaldas de Saúl, diciendo: Mi rey y señor. Volvió Saúl la cabeza, y postrándose David hasta el suelo, le hizo una profunda reverencia.

10. Y dijo a Saúl: ¿Por qué das oídos a las palabras de aquellos que te dicen: David anda maquinando tu ruina?

11. Hoy ves con tus mismos ojos que el Señor te ha puesto en mis manos en la cueva; me asaltó o me propusieron el pensamiento de matarte; pero me he abstenido de hacerlo, porque dije entre mí: No levantaré yo mi mano contra mi señor; por cuanto es el ungido del Señor.

12. Observa, pues, ¡oh padre mío!, y reconoce si es la orla de tu clámide o manto la que tengo en mi mano, y cómo al cortar la extremidad de tu vestido no he querido extender mi mano contra ti. Considera ahora tú mismo, y persuádete de que no soy culpable en nada, ni de injusticia, ni de pecado contra ti; tú, por el contrario, andas poniendo asechanzas a mi vida para quitármela.

13. Juzgue el Señor entre mí y entre ti, y hágame él justicia respecto de ti; pero yo jamás pondré la mano sobre ti.

14. De impíos es hacer acciones impías, según dice el antiguo proverbio; y así Dios me libre de extender mi mano contra ti.

15. Pero ¿a quién persigues, oh rey de Israel? ¿Quién es al que tú persigues?

Persigues a un perro muerto, a una pulga.

16. Sea juez el Señor, y sentencie entre mí y entre ti; examine y juzgue mi causa, y me libre de tus manos.

17. Luego que David acabó de hablar tales palabras a Saúl, dijo éste: ¿No es esta voz la tuya, hijo mío David? Y al mismo tiempo lanzó Saúl un grito, y comenzó a llorar.

18. Y dijo a David: Más justo eres tú que yo; porque tú no me has hecho sino bienes, y yo te he pagado con males.

19. Tú has mostrado hoy el bien que me has hecho; puesto que me ha entregado el Señor en tus manos, y no me has quitado la vida.

20. Porque, ¿quién es el que hallando a su enemigo desprevenido, le deja ir sin hacerle daño? El Señor te dé la recompensa por lo que hoy has hecho conmigo.

21. Y ahora, sabiendo de cierto, como sé, que tú reinarás y poseer el reino de Israel,

22. júrame por el Señor que no extinguirás mi descendencia después de mi muerte, ni borrarás mi nombre de la casa de mi padre.

23. Y se lo juró David. Con lo cual se retiró Saúl a su casa; pero David y los suyos subieron a lugares más seguros.

25

Muere Samuel. Nabal trata con dureza a David. Abigaíl aplaca a éste con su prudencia

1. Habiendo muerto Samuel, se congregó todo Israel a celebrar con lágrimas sus exequias, y lo sepultaron en el sepulcro de su casa en Rámata. David entonces pasó al desierto de Farán.

2. A la sazón vivía un hombre en el desierto de Maón, que tenía su hacienda en el Carmelo, el cual era sumamente rico, y tenía tres mil ovejas y mil cabras. Cabalmente hacía entonces esquilar sus rebaños en el Carmelo.

3. Se llamaba este hombre Nabal, y su esposa Abigaíl, mujer de gran prudencia y hermosura; al contrario su marido era duro, y muy perverso y malicioso, el cual descendía del linaje de Caleb.

4. Pues como David oyese en el desierto que Nabal estaba esquilando sus ovejas,

5. envió diez jóvenes, diciéndoles: Subid al Carmelo, e id a casa de Nabal; saludadle de mi parte cortésmente,

6. y decidle: La paz o felicidad sea con mis hermanos y contigo, y paz a tu casa, y paz a todas cuantas cosas tienes.

7. He sabido que tus pastores que moraban con nosotros en el desierto hacen el esquileo; jamás les hemos molestado, ni nunca les ha faltado ninguna res del rebaño durante el tiempo que han andado con nosotros por el Carmelo.

8. Infórmate de tus criados, y te lo dirán. Por tanto hallen ahora gracia en tus ojos estos siervos tuyos, ya que venimos en tan alegre día; y danos a tus siervos y a David, tu hijo, lo que cómodamente pudieres.

9. Llegados, pues, los mozos de David, dijeron a Nabal todas estas cosas de parte de David, y aguardaron en silencio la respuesta.

10. Pero Nabal les respondió: ¿Quién es David? ¿Y quién es el hijo de Isaí para que yo le ofrezca presentes? Cada día se ven más esclavos que andan fugitivos de sus amos.

11. ¿Cómo tomaré yo mis panes y mi agua y la carne de las reses que he hecho matar para mis esquiladores, y daré todo a unos hombres que no sé de dónde son?

12. Con esto volvieron los mozos de David a tomar su camino, y habiendo llegado, le contaron todo lo que Nabal les había respondido.

13. Entonces David les dijo a sus gentes: Tome cada cual su espada. Tomaron todos sus espadas, y David también la suya y siguieron a David como unos cuatrocientos hombres, quedándose doscientos con el bagaje.

14. Entretanto uno de los criados de Nabal avisó a su mujer Abigaíl, diciendo: Mira que David acaba de enviar del desierto unos mensajeros para saludar a nuestro amo y él los ha desechado con desprecio.

15. Estos hombres han sido muy buenos para nosotros; no nos han inquietado, y jamás nos ha faltado nada, mientras hemos estado juntos en el desierto.

16. Antes bien nos servían como de muro tanto de día como de noche, todo el tiempo que anduvimos entre ellos apacentando los rebaños.

17. Por tanto considera y reflexiona lo que debes hacer; porque está para caer sobre tu marido y sobre tu casa una gran desgracia; ese amo nuestro es un hijo de Belial, tan violento que nadie se atreve a hablarle.

18. Cogió, pues, Abigaíl, a toda prisa, doscientos panes, y dos pellejos de vino, y cinco carneros cocidos, y cinco medidas de grano tostado, y cien ataditos de pasas, y doscientos panes de higos secos, y lo cargó todo sobre sus asnos.

19. Y dijo a sus criados: Id delante de mí, que yo iré siguiendo detrás de vosotros; mas no dijo nada a Nabal, su marido.

20. Habiendo, pues, montado en un asno, y bajando a la falda del monte, encontró a David y a su gente que venían hacia ella; la cual fue luego a su encuentro.

21. Había dicho David por el camino: A la verdad que ha sido bien en vano guardar todo lo que éste tenía en el desierto, sin que se le haya perdido nada de cuanto poseía, pues me ha vuelto mal por bien.

22. Trate el Señor con toda su severidad a los enemigos de David, como juro yo que no dejaré de aquí a mañana cosa con vida de todo lo perteneciente a Nabal, ni un perro siquiera.

23. Abigaíl, así que vio a David, bajó al instante del asno, y le hizo una profunda reverencia, postrándose en tierra sobre su rostro.

24. Y se echó a sus pies, y le dijo: Recaiga sobre mí, señor mío el castigo de la iniquidad de mi marido; te ruego solamente que permitas a su esclava el que te hable y te dignes escuchar lo que va a decirte tu sierva.

25. No hagas, te ruego, mi señor y mi rey, ningún caso de la injusticia de Nabal; porque es un insensato, y su mismo nombre denota su necedad. Mas yo, sierva tuya, no vi a los criados que tú, señor mío enviaste.

26. Ahora pues, mi señor, vive Dios, y vive tu alma, que el Señor es quien te ha estorbado, haciéndome salir a mí, el derramar sangre, y te ha detenido la mano. Que sean desde luego tan débiles como Nabal tus enemigos, y cuantos maquinan contra mi señor.

27. Mas ahora recibe, señor mío, este presente que te ofrece tu esclava, y repártelo, ¡oh mi señor!, entre la gente que traes contigo.

28. Perdóname, mi señor, a tu sierva ese pecado de Nabal; porque seguramente edificará el Señor para ti una casa estable, por cuanto tú, dueño mío, peleas por el Señor; no se halle, pues, culpa ninguna en ti, en todos los días de tu vida.

29. Y si alguna vez se levantare algún hombre que te persiga y quisiere atentar contra tu vida, será guardada como en un ramillete de vivientes en el seno del Señor Dios tuyo; y al contrario el alma de tus enemigos será agitada y expelida de la vida como la piedra tirada con la honda.

30. Pues cuando el Señor te hubiere dado, ¡oh dueño mío! todos los bienes que ha predicho en orden a ti, y te haya constituido caudillo sobre Israel,

31. no tendrás tú, señor mío, este pesar y remordimiento de corazón de haber derramado sangre inocente, y vengándote por ti mismo; y cuando Dios te haya colmado de bienes, te acordarás, ¡oh mi señor!, de tu esclava.

32. Respondió David a Abigaíl: Bendito sea el Señor Dios de Israel por haberte hoy enviado a mi encuentro, y bendito sea el consejo que me has dado.

33. Bendita seas tú que me has estorbado hoy en ir a derramar sangre, y a tomarme la venganza por mi mano.

34. Que si no, juro, por el Señor Dios de Israel, el cual me ha prohibido hacerte daño, que a no venir tú tan presto a encontrarme, no hubiera quedado en casa de Nabal, de hoy a mañana, cosa con vida, ni siquiera un perro.

35. En fin, recibió David de su mano todo lo que había traído, y le dijo: Vuélvete en paz a tu casa; ya ves que he hecho lo que me has pedido, y que lo he hecho por consideración a ti.

36. Con esto volvió Abigaíl a Nabal, y lo halló celebrando en su casa un convite como banquete de rey; y el corazón de Nabal rebosaba de alegría, pues estaba atestado de vino; y así no le habló palabra chica ni grande hasta la mañana.

37. Pero al amanecer, cuando ya Nabal había digerido el vino, le contó su mujer lo que había pasado, y al oírlo se le heló el corazón y se quedó inmóvil como una piedra.

38. Al cabo de diez días el Señor hirió de muerte a Nabal, el cual en seguida murió.

39. Y habiendo sabido David la muerte de Nabal, dijo: Bendito sea el Señor que me ha vengado de la afrenta que me hizo Nabal y que preservó a su siervo del mal que iba a hacer, y que ha hecho recaer la iniquidad de Nabal sobre su propia cabeza. Envió después David a tratar con Abigaíl sobre casarse con ella.

40. En consecuencia los mensajeros de David fueron a verse con Abigaíl en el Carmelo, y la dijeron: David nos envía a ti para tomarte por esposa suya.

41. Y levantándose ella, se inclinó hasta la tierra, y dijo como si hablase con David: Tu sierva se tendría por dichosa de ser empleada en lavar los pies de los criados de mi señor.

42. En seguida Abigaíl se dispuso luego, y montó en su asno, acompañándola cinco doncellas criadas suyas, y siguió a los enviados de David, con el cual se desposó.

43. Además de ella, tomó David a Aquinoam, natural de Jezrael, y ambas fueron esposas suyas.

44. Pero ya antes Saúl había dado su hija Micol, mujer de David, a Falti, hijo de Lais, que era de Gallim.

26 *Vuelve Saúl a perseguir a David en el desierto de Zif; mientras duerme en su tienda*

1. Y otra vez vinieron los zifeos a Gabaa, y dijeron a Saúl: Mira que David está escondido en el cerro de Haquila, enfrente del desierto*.

2. Con esto Saúl se puso en camino, y acompañado de tres mil hombres escogidos de todo Israel, bajó al desierto de Zif para ir en busca de David.

3. Acampó Saúl en Gabaa o cerro de Haquila, frente por frente del desierto, sobre el camino; y estaba David en dicho desierto. Mas oyendo que Saúl había venido allí en su seguimiento,

4. envió espías, y supo con toda certeza que realmente había venido.

5. Y partiendo en secreto, fue al lugar donde estaba Saúl y observando el sitio en que dormían Saúl y Abner, hijo de Ner, general de sus tropas, y que Saúl dormía en su tienda, y alrededor de él toda la demás gente,

6. dijo David al heteo Aquimelec, y a Abisai, hijo de Sarvia, hermano de Joab: ¿Quién quiere venir conmigo al campamento de Saúl? Respondió Abisai: Yo iré contigo.

7. Fueron, pues, David y Abisai de noche al campamento, y hallaron a Saúl echado y durmiendo en su tienda, y la lanza hincada en tierra a su cabecera; y Abner con la tropa, que dormían alrededor de Saúl.

8. Dijo entonces Abisai a David: Dios ha puesto hoy en tus manos a tu enemigo; ahora, pues, voy a clavarlo en tierra de una sola lanzada, y no será menester repetir golpe.

9. Mas David dijo a Abisai: De ningún modo lo mates; porque, ¿quién podrá alzar, sin pecado, su mano contra el ungido del Señor?

10. Y añadió: Vive Dios que a no ser que el Señor lo mate, o llegue el día de su muerte natural, o perezca en alguna batalla, no morirá;

11. líbreme Dios de levantar mi mano contra el ungido del Señor. Ahora, pues, toma la lanza que tiene a su cabecera, y el jarro del agua, y vámonos.

12. Se llevó, pues, David la lanza y el jarro del agua que tenía Saúl junto a su cabeza y se fueron, sin que hubiese persona que los viese, ni sintiese, o que despertase; sino que todos dormían poseídos de un sueño profundo que el Señor les había enviado.

13. David, pues, cuando hubo pasado a la parte opuesta, se paró a lo lejos en lo alto del cerro, habiendo entre él y el campamento enemigo un gran trecho;

14. y llamó desde allí en alta voz a la gente de Saúl y a Abner hijo de Ner, diciéndole: Qué, ¿no respondes, oh Abner? Y respondiendo éste, dijo: ¿Quién eres tú, que tanto gritas e incomodas al rey?

15. Le replicó David: ¿No eres tú un hombre de valor? ¿Y hay otro ninguno en Israel que te iguale? Pues, ¿cómo no has guardado al rey, tu señor, puesto que ha entrado uno de la plebe con intento de matar a tu señor el rey?

16. No es esto cumplir bien tu obligación. Vive Dios, que sois reos de muerte, vosotros que no habéis guardado a vuestro dueño, el ungido del Señor; y si no, ved ahora donde

1. David puede de nuevo matar a Saúl; pero respeta su vida. *1 Sam 24.*

está la lanza del rey, y el jarro del agua que tenía a su cabecera.
17. Reconoció Saúl la voz de David, y le dijo: ¿No es esta tu voz, hijo mío David? Y David respondió: Mi voz es, señor y rey mío,
18. añadiendo, ¿por qué persigue mi señor a este siervo? ¿Qué le he hecho yo, o qué delito he cometido?
19. Oye, pues, ahora, te ruego, mi rey y señor, las palabras de tu siervo: Si es el Señor el que te incita contra mí, acepte el olor de este sacrificio; mas si son los hombres, malditos sean en la presencia del Señor, ellos, que me han hoy desterrado, para que no habite en la heredad del Señor; como quien dice: Anda y sirve a dioses ajenos.
20. Ahora, pues, no sea derramada en tierra mi sangre en presencia del Señor. ¿Y era necesario que el rey de Israel saliese a campaña para preseguir a una pulga, así como se va tras de una perdiz en los montes?
21. Y dijo Saúl: He pecado, vuelve, hijo mío David, que no te haré mal ninguno de este día en adelante; visto que has mirado hoy con tanto aprecio mi vida, que bien se ve cuán neciamente he procedido, y que he sido mal informado en muchísimas cosas.
22. A lo que respondiendo David, dijo: Aquí está la lanza del rey; pase acá uno de los criados, y llévela.
23. Por lo demás el Señor remunerará a cada cual conforme a su justicia y fidelidad. El te había entregado hoy en mi poder, y no he querido levantar mi mano contra el ungido del Señor.
24. Pues así como tu vida ha sido hoy tan estimada en mis ojos, así lo sea también la mía en los ojos del Señor, y me libre él de cualquier tribulación.
25. Por último dijo Saúl a David: Bendito seas, hijo mío David; sin duda ejecutarás tus grandes empresas, y será grande tu poder. Después David se fue por su camino, y Saúl volvió a su casa.

27 *David, temiendo la inconstancia de Saúl, se refugia en Siceleg, protegido por el rey Aquis*

1. Mas David dijo en su corazón: Al fin algún día vendré a caer en manos de Saúl. ¿No me vale más huir y ponerme a salvo en tierra de los filisteos, para que Saúl pierda las esperanzas y cese de andarme buscando por todo el país de Israel? Huiré, pues, de sus dominios.
2. Y así David partió con sus seiscientos hombres, y se fue a Aquis, rey de Get, hijo de Maoc.
3. Y habitó David en Get con Aquis, él y los suyos, cada cual con su famila, y David con sus dos esposas Aquinoam jezraelita, y Abigaíl, viuda de Nabal del Carmelo.
4. Dieron noticia a Saúl de que David había huido a Get; con lo que no cuidó más de buscarle.
5. David dijo a Aquis: Si he hallado gracia ante tus ojos, déseme habitación en una de las ciudades de este país para morar allí, pues ¿a qué fin residirá tu siervo en la corte del rey?
6. Con esto, le dio Aquis en aquel día la ciudad de Siceleg; y por esta casa vino a ser Siceleg de los reyes de Judá, los cuales la poseen hasta el presente.
7. El tiempo en que vivió David en tierra de los filisteos, fue de cuatro meses;
8. durante los cuales salía David con su gente a hacer correrías sobre Gesuri y Gerzi y sobre los amalecitas; porque antiguamente estaban aquellas aldeas por estos pueblos desde el camino del sur hasta la tierra de Egipto.
9. Y asolaba David todo el país, sin dejar con vida hombre ni mujer; y llevándose ovejas y bueyes, y asnos, y camellos, y ropas, daba la vuelta y se presentaba a Aquis.
10. Y le decía Aquis: ¿Hacia qué lado te has dejado caer hoy? David le respondía: Hacia la parte meridional de Judá; o bien hacia el mediodía de Jerameel; o hacia el mediodía de Ceni.
11. No dejaba David hombre ni mujer con vida; ni conducía prisionero ninguno a Get. No sea caso, decía, que hablen contra nosotros. Esta era la conducta de David, y éste era su proceder todo el tiempo que habitó en el país de los filisteos.
12. Por donde Aquis vino a fiarse de David, diciendo entre sí: Muchos son los daños que ha hecho contra su pueblo de Israel; y por lo mismo se quedará ya para siempre adicto a mi servicio.

28 *Guerra contra los filisteos. Consulta Saúl a una pitonisa y Samuel le anuncia su ruina*

1. Acaeció aquellos días que los filisteos reunieron fuerzas para prepararse a la guerra contra Israel; y dijo Aquis a David: Ten entendido que saldrás conmigo a campaña, tú y los tuyos.

2. Respondió David: Ahora verás lo que hará tu siervo. Y yo, le dijo Aquis, te confiaré para siempre mi guarda personal.

3. Había ya muerto Samuel, y llorádole todo Israel amargamente, habiéndole sepultado en Rámata, su patria. Saúl, por consejo suyo, había limpiado el reino de magos y adivinos.

4. Reunidos, pues,los filisteos, fueron y plantaron sus campamentos en Sunam. Asimismo Saúl, juntando todas las tropas de Israel, fue a Gelboé.

5. Y visto el gran ejército de los filisteos, temió y desmayó su corazón sobremanera.

6. Consultó, pues, al Señor; mas no le respondió, ni por sueños, ni por los sacerdotes, ni por los profetas.

7. Dijo entonces Saúl a sus criados: Buscadme una mujer que tenga espíritu de Pitón, e iré a encontrarla, y a consultar al espíritu por medio de ella. Le respondieron sus criados: En Endor hay una mujer que tiene espíritu pitónico*.

8. Se disfrazó luego, y mudado el traje se puso en camino, acompañado de dos hombres. Fue de noche a casa de la mujer, y le dijo: Adivíname por el espíritu de Pitón, y hazme aparecer quien yo te dijere.

9. Le respondió la mujer: Sabes bien cuanto ha hecho Saúl por extirpar de todo el país los magos y adivinos, ¿por qué, pues, vienes a armarme un lazo para hacerme perder la vida?

10. Mas Saúl le juró por el Señor diciendo: Vive Dios que no te vendrá por esto mal ninguno.

11. Le dijo entonces la mujer: ¿Quién es el que debo hacerte aparecer? Le respondió: Haz que se me aparezca Samuel.

12. Mas luego que la mujer vio a Samuel, exclamó a grandes gritos diciendo a Saúl: ¿Por qué me has engañado? Tú eres Saúl.

13. Y le dijo el rey: No temas: ¿Qué es lo que has visto? He visto, respondió la mujer, como un dios que salía de dentro de la tierra.

14. Le replicó Saúl: ¿Qué figura tiene? La de un varón anciano, dijo ella, cubierto con un manto. Reconoció, pues, Saúl que era Samuel, y le hizo una profunda reverencia, postrándose en tierra sobre su rostro.

15. Pero Samuel dijo a Saúl: ¿Por qué has turbado mi reposo, haciéndome levantar? Respondió Saúl: Me veo en un estrechísimo apuro; los filisteos me han movido guerra, y Dios se ha retirado de mí, y no ha querido responderme, ni por medio de los profetas, ni por sueños; por esta razón te he llamado, a fin de que me declares lo que debo hacer.

16. Le respondió Samuel: ¿A qué viene consultar conmigo, cuando el Señor te ha desamparado, y se ha pasado a tu rival?

17. Porque el Señor te tratará como te predije yo de su parte. Arrancará de tus manos el reino, y lo dará a tu prójimo, a David, tu yerno,

18. Por cuanto no obedeciste la voz del Señor, ni quisiste hacer lo que la indignación de su ira exigía contra los amalecitas; por esto el Señor ha hecho contigo lo que estás padeciendo hoy día.

19. Y además el Señor te entregará a ti y a Israel en manos de los filisteos. Mañana tú y tus hijos estaréis conmigo; y también el campamento de Israel lo abandonará el Señor en poder de los filisteos.

20. Cayó Saúl al instante tendido en tierra, despavorido al oír la palabras de Samuel, y estaba además falto de fuerzas, a causa de no haber comido en todo el día.

21. Mas aquella mujer entró donde estaba Saúl, que se hallaba sumamente conturbado, diciéndole: Bien ves que tu esclava te ha obedecido, y que he expuesto mi vida, y dado crédito a lo que me has dicho;

22. ahora, pues, escucha tú también la voz de tu sierva, y permite que te ponga delante un bocado de pan, para que comiendo recobres las fuerzas y puedas hacer tu viaje.

23. Pero Saúl lo rehusó y le dijo: No comeré. Con todo, sus criados y la mujer le instaron a ello, y al cabo, rendido a sus

---

7. El escritor sagrado es adverso a Saúl, quien recurre a la evocación de espíritus mediante la hechicera de Endor.

ruegos, se levantó del suelo, y se sentó sobre una cama o tarima.

24. Tenía la mujer en casa un ternero cebado, y fue corriendo y lo mató; y tomando harina, la amasó, y coció unos panes sin levadura;

25. y lo presentó todo delante de Saúl y sus criados. Así que hubieron comido, partieron, y anduvieron toda aquella noche.

29 *Aquis despide a David del ejército, porque no se fían de él los caudillos de los filisteos*

1. Entretanto se reunieron en Afec todas las tropas de los filisteos; e Israel por su parte acampó junto a la fuente que había en Jezrael.

2. Los sátrapas de los filisteos marchaban al frente de sus tropas, divididas en compañías de a ciento, y regimientos de a mil hombres; mas David y su gente iban en la retaguardia con Aquis.

3. Y dijeron los príncipes de los filisteos a Aquis: ¿Qué hacen aquí esos hebreos? Les respondió Aquis: Pues, ¿no conocéis a David que sirvió a Saúl, rey de Israel, y está en mi compañía días hace, o ya años, sin que haya yo tenido queja de él desde el día que se pasó a mí hasta el presente?

4. Mas los príncipes de los filisteos se irritaron contra él, y le dijeron: Retírese ese hombre, y quédese allá en el lugar que le señalaste, y no venga con nosotros a la guerra, no sea que comenzando el combate se revuelva contra nosotros; porque, ¿de qué otro modo podrá aplacar a su Señor, sino a costa de nuestras cabezas?

5. ¿No es éste aquel David de quien cantaban a coros en las danzas: Saúl mató a mil, y David mató a diez mil?

6. Llamó, pues, Aquis a David, y le dijo: Vive el Señor que tú eres justo y bueno en mis ojos; y que es tal la conducta que has observado en el ejército, que no he hallado en ti falta ninguna, desde el día en que te pasaste a mí hasta el presente; pero no eres del gusto de los sátrapas.

7. Vuélvete, pues, y vete en paz, por no incomodar con tu vista a los sátrapas filisteos.

8. Dijo David a Aquis: Pues, ¿qué he hecho yo, y qué has visto en mí, siervo tuyo, desde el día en que me presenté a ti hasta hoy, para que no pueda yo ir a pelear contra los enemigos del rey mi señor?

9. Respondió Aquis, y le dijo: En cuanto a mí, bien sé que me eres fiel, y te tengo por un ángel de Dios; pero los príncipes de los filisteos han dicho resueltamente: No irá con nosotros al combate.

10. Por tanto, disponte para mañana por la mañana con todos los siervos de tu señor, que contigo vinieron; y levantándoos antes de amanecer, al romper el alba poneos en camino.

11. Se levantó, pues, David con su gente siendo aún de noche, para partir por la mañana, y volverse al país de los filisteos. Mas los filisteos subieron a Jezrael.

30 *David derrota a los amalecitas, que saquearon y quemaron Siceleg en su ausencia y les quita el botín*

1. David y los suyos llegaron a los tres días a Siceleg, cuando ya los amalecitas habían hecho una incursión por la parte del mediodía hasta Siceleg, tomando esta ciudad, y le habían prendido fuego,

2. llevándose cautivas las mujeres, sin dejar persona chica ni grande. No mataron a nadie, sino que se los llevaron a todos consigo, y se marcharon.

3. Pues como David y su gente llegasen a la ciudad, y la encontrasen abrasada, y que sus mujeres, sus hijos e hijas habían sido llevadas cautivas,

4. levantaron el grito David y la tropa que le acompañaba, desechos en lágrimas hasta más no poder.

5. También las dos esposas de David, Aquinoam la jezraelita, y Abigaíl, la viuda de Nabal del Carmelo habían sido hechas cautivas.

6. Y se halló David en extremo angustiado, porque el pueblo trataba de apedrearlo, estando todos poseídos de la mayor amargura por la pérdida de sus hijos e hijas. Pero David puso su confianza, y se confortó en el Señor Dios suyo.

7. Y dijo a Abiatar sumo sacerdote, hijo de Abimelec: Tráeme el efod. Y Abiatar trajo a David el efod.

8. Y, revestido de él Abiatar, consultó David al Señor, diciendo: ¿Perseguiré a estos salteadores, y los alcanzaré, o no? Respondió el Señor: Persíguelos; porque sin duda los alcanzarás, y les quitarás el botín.

9. Partió, pues, David con los seiscientos hombres que le seguían, y anduvieron hasta el torrente Besor, donde algunos de puro cansados se detuvieron.

10. Mas David siguió adelante con cuatrocientos hombres, quedándose atrás doscientos que por el cansancio no pudieron pasar el torrente Besor.

11. Y hallaron en el campo un hombre egipcio, al cual llevaron a David; y le dieron pan para que comiese y agua para que aliviase su sed,

12. y además un pedazo de pan de higos secos, y dos cuelgas de pasas. Comido que hubo, le volvió el alma al cuerpo, y recobró el aliento; pues no había probado pan ni bebido agua en tres días y tres noches.

13. Le dijo entonces David: ¿De quién eres tú?, ¿de dónde vienes, y a dónde vas? El cual respondió: Yo soy un esclavo egipcio, que sirvo a un amalecita. Mi amo me ha dejado abandonado, porque caí enfermo antes de ayer.

14. Pues nosotros hicimos una incursión hacia la parte meridional de Cereti y hacia Judá, y al mediodía de Caleb, y hemos quemado Siceleg.

15. Le dijo David: ¿Y podrás tú guiarme a donde está esa gente? Respondió el egipcio: Júrame por el nombre de Dios que no me matarás, ni me entregarás en manos de mi amo, y yo te llevaré a donde está aquella tropa. Se lo juró David.

16. Guiado, pues, por el egipcio, he aquí que hallan a los amalecitas tendidos en tierra por todo el campo, comiendo y bebiendo, y como celebrando un día de fiesta por todo el botín y despojos que habían tomado en el país de los filisteos y en el de Judá.

17. Cargó David sobre ellos, y los siguió acuchillando desde aquella tarde hasta la tarde del día siguiente; y no escapó nadie, excepto cuatrocientos jóvenes que montando en sus camellos echaron a huir.

18. De esta manera recobró David todo cuanto le habían pillado los amalecitas, y libertó a sus dos esposas.

19. Ninguna cosa se perdió; desde el más chico hasta el más grande, tanto hijos como hijas, los despojos, y en fin cuanto habían quitado, otro tanto recuperó David.

20. Y además se llevó todos los rebaños y ganados mayores, e hizo que fuesen delante de él; por el que decían sus gentes: Esta es la presa que ha hecho David.

21. Llegado David a donde estaban los doscientos hombres, que de puro cansados se habían quedado y no habían podido seguirle, y a los cuales dejó mandado que descansaran en la orilla del torrente Besor, salieron éstos a recibirle a él y la tropa que le acompañaba. Luego que David estuvo cerca de ellos, los saludó con agrado.

22. Mas todos los malignos y perversos de entre los hombres que habían ido con David, comenzaron a decir: Ya que no vinieron con nosotros, no les daremos cosa alguna de la presa que hemos recobrado; conténtese cada uno con que se le devuelva su mujer e hijos; y recibido esto, váyase.

23. David dijo: No habéis de disponer así, hermanos míos, de las cosas que nos ha dado el Señor, ya que él nos ha protegido y entregado en nuestras manos a los salteadores que se arrojaron contra nosotros, y nos saquearon.

24. Nadie habrá que apruebe vuestra proposición; porque igual parte deberá caber al que se halló en el combate y al que se quedó guardando el bagaje; y así la partición deberá ser igual.

25. Y desde aquel día en adelante fue este un punto ya decidido y establecido y una ley en Israel hasta el presente.

26. Llegó, en fin, David a Siceleg, y envió dones de la presa a los ancianos de Judá, parientes suyos, diciendo: Recibid esta expresión de lo que hemos tomado a los enemigos del Señor.

27. Y envió también a los que vivían en Betel y en Ramot hacia el mediodía, a los de Jeter,

28. Aroer, y Sefamot, y Estamo,

29. a los de Racual, y de las ciudades de Jerameel, y de las de Ceni,

30. y a los de Arama, y del lago de Asán, y a los de Atac,

31. de Hebrón, y finalmente a los demás que habitaban en aquellos lugares en los cuales David y su gente habían estado algún tiempo alojados.

31 *Israel es derrotado; Saúl y sus hijos son muertos. Los habitantes de Jabes Galaad los sepultan*

1. Entretanto se dio la batalla entre los filisteos e israelitas; y volvieron éstos las espaldas a los filisteos, y quedaron muchos de Israel muertos en el monte Gelboé.

2. Y los filisteos se arrojaron sobre Saúl y sus hijos, y mataron a Jonatás, y Abinadab, y Melquisua, hijos de Saúl;

3. y toda la fuerza del combate vino a descargar sobre Saúl, a quien alcanzaron los flecheros e hirieron gravemente.

4. Dijo entonces Saúl a su escudero: Desenvaina tu espada, y quítame la vida; para que no lleguen estos incircuncisos y me maten, mofándose de mí. Mas su escudero no quiso hacerlo, sobrecogido de un sumo terror. Con esto Saúl desenvainó su espada, y se arrojó sobre ella*.

5. Al ver el escudero muerto a Saúl, se echó el mismo también sobre su espada, y murió junto con él.

6. Así murió Saúl aquel día y con él tres de sus hijos, su escudero, y cuantos se hallaban cerca de él.

7. Y viendo los israelitas que vivían en la otra parte del valle y pasado el Jordán, que habían huido los soldados de Israel, y muerto Saúl y sus hijos, abandonaron sus ciudades y escaparon; y vinieron los filisteos y se alojaron en ellas.

8. Amanecido el día siguiente fueron los filisteos a despojar los muertos, entre los cuales hallaron a Saúl y a sus tres hijos tendidos sobre el monte Gelboé.

9. Le cortaron a Saúl la cabeza, y lo despojaron de sus armas; y enviaron la noticia por todo el país de los filisteos, para que se publicara la victoria en el templo de los ídolos, y en los pueblos.

10. Colocaron las armas de Saúl en el templo de Astarot, y colgaron su cuerpo en el muro de Betsán.

11. Pero los moradores de Jabes Galaad, oído lo que los filisteos habían hecho con Saúl*,

12. salieron todos los más esforzados, anduvieron toda la noche, y quitaron el cadáver de Saúl y los cadáveres de sus hijos del muro de Betsán; y volviéndose a Jabes Galaad, allí los quemaron.

13. Y recogidos sus huesos, los sepultaron en el bosque de Jabes, ayunando siete días.

4. Saúl opta por el suicidio, muy raro entre los israelitas.

11. Se narra como un acto de piedad sepultar a Saúl.

2 Samuel

1 *David muestra su dolor por la muerte de Saúl, de Jonatás y demás israelitas y hace un cántico lúgubre*

1. Muerto Saúl, hacía ya dos días que David se hallaba en Siceleg, de vuelta de la derrota de los amalecitas,

2. cuando al tercer día compareció un hombre que venía del campamento de Saúl, rasgados sus vestidos y cubierta de polvo su cabeza; y acercándose a David, se postró sobre su rostro, haciéndole una profunda reverencia.

3. Le preguntó David: ¿De dónde vienes? He podido escapar, de los campamentos de Israel.

4. Le dijo David: ¿Pues qué ha sucedido?, decláramelo. Se trabó la batalla, respondió él, ha echado a huir la tropa, han quedado tendidos muchos en el campo, y hasta Saúl y su hijo Jonatás han perecido.

5. Dijo David al joven que le daba esta nueva: ¿Cómo sabes tú que han muerto Saúl y Jonatás, su hijo?

MUERTE DE SAÚL

Así murió Saúl aquel día y con él tres de sus hijos, su escudero,
y cuantos se hallaban cerca de él.

6. Le respondió aquel mozo: Llegué yo casualmente al monte Gelboé, al tiempo que Saúl se había arrojado sobre la punta de su lanza; y cuando ya los carros de guerra y la caballería del enemigo se le acercaban,

7. volviéndose entonces a mirar atrás, y viéndome, me llamó. Y habiéndole respondido yo: Estoy a tu mandar;

8. me preguntó: ¿Quién eres tú? Le dije: Soy un amalecita.

9. Ponte sobre mí, dijo él, y mátame porque estoy ya en la agonía, y no acaba de salir mi alma.

10. Por lo que poniéndome sobre él lo acabé de matar; bien cierto de que no podría sobrevivir después de tal desastre. Tome la diadema de su cabeza y el brazalete de su brazo, y te lo traigo a ti, que eres mi señor.

11. Al punto David asió sus vestidos, y los rasgó, haciendo lo mismo cuantos le acompañaban.

12. Y plañeron y lloraron, y ayunaron hasta la tarde por amor de Saúl y de Jonatás, su hijo, y del pueblo del Señor, y de la casa de Israel, porque habían sido pasados a cuchillo.

13. Dijo después David al joven que había traído la noticia: ¿De dónde eres tú? Soy hijo, respondió de un hombre extranjero, amalecita.

14. Le replicó David: Pues, ¿cómo has osado levantar tu mano para matar a un ungido del Señor?

15. Y llamando a uno de sus soldados, le dijo: Arrójate sobre ese hombre, y mátalo. En efecto, se echó sobre él, y lo hirió, y lo mató;

16. diciendo David al mismo tiempo: A nadie sino a ti mismo se impute tu muerte, porque tu propia boca ha dado testimonio contra ti, con haber dicho: Yo maté al ungido del Señor.

17. Entonces fue cuando David compuso el siguiente cántico fúnebre sobre la muerte de Saúl y de su hijo Jonatás:

18. Cántico llamado del Arco, que mandó a que se enseñase a los hijos de Judá, como está escrito en el Libro de los Justos. Dijo, pues, así: Considera, oh Israel, quiénes son los que fueron heridos y perdieron la vida sobre tus colinas.

19. La flor de Israel ha perecido sobre tus montañas. ¡Cómo han sido muertos esos campeones!

20. ¡Ah! No sea contada en Get esta nueva; no sea contada en las plazas de Ascalón; para que no hagan fiestas por ellas las hijas de los filisteos, para que no salten de gozo las hijas de los incircuncisos.

21. Montes de Gelboé, ni el rocío ni la lluvia caigan ya jamás sobre vosotros; ni campos haya de donde sacar la ofrenda de las primicias; puesto que allí es donde fue arrojado por el suelo el escudo de los fuertes, el escudo de Saúl, como si no hubiese sido ungido rey con el óleo santo.

22. Nunca disparó flecha Jonatás que no se tiñera en sangre de los heridos; que no clavara en las entrañas de los valientes. Jamás dio golpe en vano la espada de Saúl.

23. Saúl y Jonatás, amables y gloriosos durante su vida, más ligeros que las águilas, más fuertes que los leones, han sido inseparables hasta la muerte.

24. Llorad, pues, oh hijas de Israel, llorad sobre Saúl, que os adornaba con delicados ropajes de grana; y os daba joyeles de oro para engalanaros.

25. Mas, ¿cómo es, que así hayan los valientes perecido en el combate? ¿Cómo es, ¡oh montes de Gelboé!, que Jonatás ha sido muerto en vuestras alturas?

26. ¡Oh, hermano mío* Jonatás!, gallardo sobremanera, y digno de ser amado más que la más amable doncella, yo lloro por ti. Del modo que una madre ama a un hijo único que tiene, así te amaba yo.

27. ¡Cómo han caído esos valientes, y se han perdido las armas con que peleaban!

2

David es proclamado en Hebrón rey de Judá; Abner levanta por rey sobre las demás tribus a Isboset

---

1. Después de todo esto, consultó David al Señor, diciendo: ¿Iré a alguna de las ciudades de Judá? Le respondió el Señor: Ve. Preguntó más David: ¿A cuál? Dijo el Señor: A Hebrón*.

2. En consecuencia David se puso en camino con sus dos esposas Aquinoam de Jezrael y Abigaíl, viuda de Nabal del Carmelo.

---

26. David expresa de manera conmovedora y sincera su amistad con Jonatás.

1. En Hebrón, cerca de Jerusalén y en los límites con los filisteos, se proclama David como nuevo rey.

3. Asimismo se llevó allá toda la gente que tenía consigo, cada uno con su familia, y se establecieron en los lugares cercanos a Hebrón;

4. a donde acudieron los varones o ancianos de Judá, y allí lo ungieron por rey de la casa de Judá. Supo entonces David que los de Jabes de Galaad habían dado sepultura a Saúl;

5. y les envió comisionados para que les dijesen de su parte: Benditos seáis del Señor, pues habéis hecho tal obra de misericordia con Saúl, vuestro señor, y le habéis dado sepultura.

6. El Señor desde ahora se os mostrará sin duda alguna misericordioso y fiel; mas yo también me mostraré agradecido por esa acción que habéis hecho.

7. Buen ánimo, y cobrad aliento; porque aunque ha muerto Saúl, vuestro señor, la casa de Judá me ha ungido a mí por su rey.

8. Entretanto Abner, hijo de Ner, capitán general del ejército de Saúl, tomó a Isboset, hijo de Saúl, y lo paseó por todo el campamento;

9. y lo hizo declarar rey de Galaad, de Gesuri, de Jezrael, de Efraín, de Benjamín y de todo Israel.

10. Cuarenta años tenía Isboset, hijo de Saúl, cuando comenzó a reinar, y dos años reinó tranquilamente sobre Israel. No había más que la tribu de Judá que siguiese a David.

11. El tiempo que habitó David en Hebrón, reinando sobre la casa de Judá, fue de siete años y seis meses.

Guerra entre Judá e Israel

12. Entonces Abner, hijo de Ner, levantó el campo, y con el ejército de Isboset, hijo de Saúl, se fue a Gabaón.

13. Pero Joab, hijo de Sarvia, por su parte, y los soldados de David salieron a su alcance, y los encontraron cerca del estanque de Gabaón; donde acamparon los unos frente a los otros, dejando en medio el estanque.

14. Dijo entonces Abner a Joab: Salgan al campo algunos jóvenes, y escaramucen delante de nosotros. Respondió Joab: Salgan enhorabuena.

15. Salieron, pues, y se presentaron doce jóvenes de la tribu de Benjamín, por parte de Isboset, hijo de Saúl, y doce de los jóvenes de David.

16. Y asiendo cada uno por los cabellos la cabeza de su contrario, se atravesaron mutuamente el costado con las dagas, y murieron todos a un mismo tiempo; de donde fue llamado aquel sitio Campo de los valientes de Gabaón.

17. Y se trabó aquel día una batalla muy reñida; mas las tropas de David hicieron volver la espalda a Abner y a los soldados de Israel.

18. Estaban allí a la sazón tres hijos de Sarvia: Joab, Abisai y Asael. Era Asael extremadamente ligero de pies, como un corzo de los que andan por las selvas.

19. Iba, pues, Asael al alcance de Abner, sin desviarse a la derecha ni a la izquierda, corriendo trás él incesantemente.

20. Y volvió Abner la vista atrás, y dijo: ¿No eres tú Asael? Asael soy, respondió él.

21. Pues tuerce, le dijo Abner, a la derecha o a la izquierda, y acomete a cualquiera de esos jóvenes, y apodérate de sus despojos. Mas Asael no quiso dejar de perseguirlo.

22. Segunda vez replicó Abner a Asael: Retírate, deja de seguirme, no me pongas en términos en que me vea forzado a coserte en tierra con la lanza, y después no tenga valor para mirar la cara de tu hermano Joab.

23. Mas él no hizo caso, ni quiso desviarse. Entonces Abner lo hirió con la parte inferior de la lanza en una ingle, y lo atravesó de parte a parte, dejándole muerto en el mismo sitio; y todos cuanto pasaban por el lugar en que Asael cayó muerto, se detenían.

24. Mas Joab y Abisai continuaron hasta ponerse el sol en el alcance de Abner que iba huyendo, y llegaron hasta el collado del Acueducto, que está enfrente del valle, camino del desierto de Gabaón.

25. Se reunieron entonces los hijos de Benjamín alrededor de Abner, y formando en columna, se apostaron en la cima de un cerro;

26. desde donde Abner gritó a Joab, diciendo: ¿No se saciará de sangre tu espada, sino hasta el total exterminio? ¿No sabes que es cosa peligrosa reducir a la desesperación al enemigo? ¿No será ya tiempo de decir al pueblo que deje de perseguir a sus hermanos?

27. Vive el Señor, respondió Joab, que si hubieses hablado antes, desde la mañana habría cesado la tropa de seguir el alcance a sus hermanos.

28. Al punto Joab mandó sonar la bocina, y se detuvo e hizo alto todo el ejército, dejando de perseguir a Israel, y de pelear contra él.

29. Y Abner con los suyos caminó toda aquella noche por la campiña, y pasaron el Jordán, y atravesado todo el país de Bet-Horón, volvieron a su campamento en Manahim.

30. Joab por su parte, cesando de perseguir a Abner, volvió atrás, juntó toda su gente, y faltaron de los soldados de David diecinueve hombres, sin contar a Asael.

31. Pero las gentes de David mataron a trescientos sesenta de los benjamitas y demás gente de Abner.

32. A Asael lo llevaron consigo, y lo enterraron en Betlehem, en el sepulcro de su padre. Joab y su gente caminaron toda la noche, y al amanecer llegaron a Hebrón.

3

David reina en Hebrón. Alianza de Abner con David. Joab, sobrino de David, mata alevosamente a Abner

1. Duró, pues, largo tiempo la lucha entre la casa de Saúl y la casa de David. Pero David iba siempre adelantado, y haciéndose más fuerte, mientras que la casa de Saúl iba decayendo cada día.

2. Tuvo David varios hijos en Hebrón: el primero fue Amnón, que le dio Aquinoam de Jezrael;

3. el segundo Queleab, nacido de Abigaíl, viuda de Nabal del Carmelo; el tercero fue Absalón, hijo de Maaca, la hija de Tolmai, rey de Gesur:

4. El cuarto Adonías, hijo de Hagit, y el quinto Safatía, hijo de Abital.

5. El sexto, finalmente, Jetraam, hijo de Egla, mujer también de David. Estos hijos le nacieron a David en Hebrón.

6. Continuando, pues, la guerra entre la casa de Saúl y la de David, gobernaba Abner, hijo de Ner, la casa de Saúl.

7. Había tenido Saúl una mujer secundaria llamada Resfa, hija de Aya; sobre la cual dijo Isboset a Abner:

8. ¿Cómo te has acercado a la mujer secundaria, viuda de mi padre? Mas él, sumamente indignado por esas palabras de Isboset, respondió: ¿Acaso valgo yo tan poco como un vil perro contra la tribu de Judá; yo que he sostenido la casa de Saúl, tu padre, y a sus hermanos y allegados, y no he querido entregarte en manos de David? Y en pago de esto, ¿vas buscando ahora cómo hacerme cargos por razón de una mujer?

9. Que Dios trate con todo su rigor a Abner, si no procurare a favor de David lo que tiene el Señor prometido con juramento,

10. Esto es, el trasladar el reino de la casa de Saúl a la suya, y alzar el trono de David sobre Israel y sobre Judá, desde Dan hasta Bersabee.

11. No se atrevió Isboset a replicarle, porque le temía.

12. Pero Abner envió mensajeros que de su parte dijesen a David: ¿A quién pertenece todo este país sino a ti?, y además le añadiesen: Haz conmigo las amistades, que yo te ofrezco todas mis fuerzas, y reducir a tu obediencia todo Israel.

13. Le respondió David: Bien está, yo haré contigo las amistades; pero una cosa exijo de ti, y te prevengo; y es, que no verás mi cara sin que primero me hayas traído a Micol, hija de Saúl; bajo esta condición podrás venir, y verme.

14. En seguida envió David embajadores a Isboset, hijo de Saúl, diciendo: Restitúyeme mi mujer Micol, la cual se me dio por esposa, por haber muerto yo cien filisteos.

15. Inmediatamente envió Isboset a buscarla, quitándosela a su segundo marido Falti o Faltiel, hijo de Lais;

16. el cual la fue siguiendo y llorando hasta Bahurim, donde le dijo Abner: Anda y vuélvete. Y se volvió.

17. Comenzó después Abner a tratar con los ancianos de Israel, y les dijo: Hace ya tiempo que vosotros deseabais tener a David por rey.

18. Reconocedle, pues, ahora por tal, ya que el Señor ha hablado y ha dicho de David: Por mano de mi siervo David salvaré a mi pueblo de Israel del poder de los filisteos y de todos sus enemigos.

19. Del mismo modo habló Abner a los de Benjamín. Y se fue a Hebrón para comunicar a David lo acordado con los de Israel y con todos los de Benjamín.

20. Llegó, pues, allí acompañado de veinte personas. Y David dio un banquete a Abner y a los que le acompañaban.

21. Dijo después Abner a David: Voy a marchar para reunir a ti, mi rey y señor, todo Israel, y concertar contigo, a fin de que seas reconocido y reines sobre todos como deseas. Luego que David hubo despedido a Abner y se había marchado éste contento,

22. llegó Joab con las tropas de David; las cuales habiendo muerto a una partida de ladrones, venían con un botín grandísimo. No estaba ya Abner en Hebrón con David; pues cuando llegó Joab con toda la tropa, ya David había despedido a Abner, y se había ido éste contento.

23. Mas no faltó quien diese la nueva a Joab, diciéndole: Vino Abner, hijo de Ner, a hablar al rey, y éste ha salido a despedirle, y Abner se ha vuelto contento.

24. Oído que hubo esto Joab, entró al rey diciendo: Señor, ¿qué es lo que has hecho? Sé que Abner acaba de venir a ti: ¿por qué lo has dejado ir, y que se marche libremente?

25. ¿No conoces quién es Abner, hijo de Ner, y que no ha venido a ti sino para engañarte, y espiar el estado de tus cosas, y enterarse de todo cuanto estás haciendo?

26. Y luego que Joab salió de donde David, despachó correos tras de Abner, y lo hizo volver, sin saber nada David, desde la cisterna de Sira.

27. Vuelto Abner a Hebrón, lo llamó Joab aparte, llevándolo al medio de la puerta, o juzgado de la ciudad, con pretexto de hablarle, urdida ya la traición; y allí le hirió en una ingle, y lo mató para vengar la sangre de Asael, su hermano.

28. Al oír David lo que había sucedido, dijo: Sea Dios mi testigo para siempre de que yo y todo mi reino somos inocentes de la muerte de Abner, hijo de Ner.

29. Caiga su sangre sobre la cabeza de Joab y sobre toda la casa de su padre; no falte jamás de la casa de Joab un flujo vergonzoso que los vuelva estériles, como ni tampoco leprosos, y hombres que lleven rueca en vez de espada, y haya siempre quienes mueran a cuchillo, y gentes que vayan mendigando el pan.

30. Joab, pues, y Abisai, su hermano, mataron a Abner por haberles éste muerto a su hermano Asael en la batalla de Gabaón.

31. David dijo a Joab y a todo el pueblo que estaba con él: Rasgad vuestros vestidos, y vestíos de sacos, y haced duelo en los funerales de Abner. El mismo rey David iba siguiendo el féretro.

32. Sepultado que fue Abner en Hebrón, levantó el grito el rey David, y lloró sobre el sepulcro de Abner, acompañándole asimismo en el llanto todo el pueblo.

33. Y el rey plañendo y deshaciéndose en lágrimas por Abner, dijo: No has muerto, oh Abner, como mueren los cobardes.

34. Jamás tus manos se vieron atadas, ni cargados de grillos tus pies, sino que tú caíste, como suelen los buenos a manos de los malvados. Y todo el pueblo, repitiendo lo mismo, siguió llorando por él.

35. Se levantó, pues, David y toda la gente para ir a comer, siendo aún día claro, juró David diciendo: No me haga Dios bien, y hágame si mucho mal, si antes de ponerse el sol probare yo pan, ni cosa ninguna.

36. Lo que oyó todo el pueblo, quedando muy prendado de lo que había hecho el rey a vista de toda la muchedumbre.

37. Con lo cual conoció todo Israel aquel día que el rey no había tenido parte alguna en el asesinato de Abner, hijo de Ner.

38. Dijo también el rey a sus criados: ¿Acaso ignoráis que hoy ha perdido Israel un príncipe, y un príncipe grande?

39. Yo me hallo todavía sin fuerzas, aunque ungido rey, y esos hijos de Sarvia son demasiado violentos para mí. Dé el Señor la pena al malhechor, conforme a su maldad.

4

Baana y Recab asesinan al rey Isboset. David les manda quitar la vida por su delito

1. Cuando Isboset, hijo de Saúl, oyó que Abner había perecido en Hebrón, desmayó su corazón y todo Israel quedó consternado.

2. Tenía este hijo de Saúl dos caudillos de tropas ligeras o guerrillas, de los cuales uno se llamaba Baana, y el otro Recab, hijos de Remmón de Berot de la tribu de Benjamín; pues Berot era contada entre las ciudades de Benjamín;

3. aunque los berotitas se habían refugiado en Getaín, y morado allí como forasteros hasta entonces.

4. Quedábale a Jonatás, hijo de Saúl, un

hijo tullido de los pies, porque siendo de cinco años, cuando llegó de Jezrael la funesta noticia de Saúl y de Jonatás, lo tomó su ama de leche en brazos y echó a huir, y con la precipitación de la fuga cayó, y el niño quedó cojo. Se llamaba Mifiboset.

5. Marcharon, pues, los hijos de Remmón berotita, Recab y Baana, y entraron en la mayor fuerza del sol en casa de Isboset, el cual estaba sobre su cama durmiendo la siesta. La portera de la casa, limpiando trigo, se había quedado dormida.

6. Con esto Recab y Baana, su hermano, entraron sin ser vistos en la casa, tomando en la mano unas espigas de trigo e hirieron a Isboset en la ingle, y se escaparon.

7. Pues al entrar ellos dormía Isboset sobre su lecho en la cámara, donde lo mataron, y cortándole la cabeza, anduvieron toda la noche por camino desierto,

8. y la presentaron a David en Hebrón diciéndole: He aquí la cabeza de Isboset, hijo de Saúl, tu enemigo, que atentaba a tu vida. Dios ha vengado hoy al rey, mi señor, de Saúl y de su linaje.

9. Pero David respondió a Recab y a Baana, su hermano, hijos de Remmón berotita, diciéndoles: Vive el Señor que ha librado mi alma de todos los apuros,

10. que si al que me trajo la nueva diciéndome: Saúl es muerto, y pensaba darme una buena noticia, lo hice prender y matar en Siceleg, cuando parecía que se le debían dar albricias por la noticia,

11. ¿cuánto más, oh hombres malvados, que habéis asesinado a un inocente dentro de su misma casa, sobre su cama, he de vengar yo ahora su sangre en vosotros que la habéis derramado con vuestras manos, y extirparos de la tierra?

12. Dio, pues, David la orden a su gente, y los mataron; y cortándoles las manos y los pies, los colgaron junto al estanque de Hebrón; pero la cabeza de Isboset la pusieron en el sepulcro de Abner en Hebrón.

5

Reconocido David por rey de Israel, traslada su corte a Jerusalén. Arroja de allí a los jebuseos

---

1. Después de esto se presentaron todas las tribus de Israel a David en Hebrón, diciendo: Aquí nos tienes; hueso tuyo y carne tuya somos.

2. A más de que tiempo atrás, cuando Saúl era nuestro rey, tú eras el que capitaneaba a Israel; y a ti te ha dicho el Señor: Tú apacentarás a mi pueblo de Israel y tú serás su caudillo.

3. Vinieron también los ancianos de Israel a tratar con el rey en Hebrón, y capituló allí con ellos el rey David delante del Señor; después de lo cual lo ungieron* por rey de todo Israel.

4. Treinta años tenía David cuando comenzó a reinar, y reinó cuarenta.

5. En Hebrón reinó sobre Judá siete años y seis meses, y en Jerusalén reinó treinta y tres años sobre todo Israel y Judá.

6. Porque a pocos días el rey con toda la gente que tenía consigo se dirigió a Jerusalén* contra los jebuseos, moradores de aquel territorio, y le dijeron a David los sitiados: No entrarás acá dentro de esta plaza si no echas primero de ella a los ciegos y cojos, los cuales están diciendo: No entrará David acá.

7. Sin embargo, David se apoderó del alcázar de Sión, que se llama hoy Ciudad de David.

8. Para lo cual había ofrecido aquel día del asalto un premio al que batiese a los jebuseos, y ganando lo alto de los muros, arrojase de allí a los ciegos y a los cojos enemigos enconados de David; de donde se dice por refrán: Ni ciego ni cojo entrarán en el templo.

9. Habitó, pues, David en el alcázar, y lo llamó Ciudad de David; e hizo construir varios edificios alrededor, e interiormente, comenzando desde Mello.

10. De esta suerte se iba fortificando y engrandeciendo más y más, y el Señor Dios de los ejércitos estaba con él.

11. Además Hiram, rey de Tiro, envió embajadores a David y le remitió maderas de cedro, y carpinteros y canteros para

---

3. La unción es un signo de la proclamación del rey. *1 Cro 11*, 1-9.

6. Uno de los mayores aciertos tácticos de David fue la elección de *Jerusalén* como capital del reino. La *Ciudad de David* es propiamente la antigua fortaleza de los jebuseos.

levantar edificios; y fabricaron la casa de David.

12. Y David en todo esto reconoció que el Señor le había confirmado en el reino sobre Israel, y elevado para siempre al gobierno de su pueblo de Israel.

13. Tomó también David en Jerusalén, después que vino de Hebrón, otras mujeres de segundo y de primer orden, de quienes tuvo otros hijos e hijas.

14. He aquí los nombres de los hijos que tuvo en Jerusalén: Samua, Sabab, Natán y Salomón,

15. Jebahar, Elisua, Nefeg,

16. Jafia, Elisama, Elioda y Elifalet.

17. Luego que oyeron los filisteos que David había sido ungido rey sobre Israel, se pusieron todos en movimiento para ir contra David: lo que sabiendo éste, se atrincheró en una posición muy fuerte.

18. Entretanto los filisteos habiendo avanzado se extendieron por el valle de Rafaím.

19. Y David consultó al Señor, diciendo: ¿Será bien que yo acometa a los filisteos? ¿Los entregarás en mis manos? Ve, respondió el Señor, que en tus manos los pondré infaliblemente.

20. Bajó, pues, David a Baal Farasim, y allí los derrotó. Por lo que dijo: El Señor ha dispersado delante de mí a mis enemigos, como agua que se derrama. Por eso se llamó aquel sitio Baal Farasim.

21. Y los filisteos dejaron allí sus ídolos, los cuales recogieron David y su gente.

22. Todavía los filisteos volvieron a salir a campaña, y se dispersaron por el valle de Rafaím.

23. Consultó David al Señor, diciendo: ¿Acometeré a los filisteos, y los entregarás tú en mis manos? Le respondió el Señor: No los acometas de frente, sino da la vuelta por sus espaldas, y embístelos por enfrente de los perales.

24. Y cuando sintieres el ruido de uno que anda por entre las copas de los perales, entonces darás el combate; porque entonces saldrá el Señor a tu frente para atacar el campamento de los filisteos.

25. Lo hizo así David, como el Señor se lo había mandado, y fue batiendo a los filisteos desde Gabaa hasta la entrada de Gezer.

6 *David lleva el arca desde Cariatiarim a Jerusalén. Dios castiga a Micol, por haberse burlado de David*

1. Reunió después David nuevamente todos los soldados más escogidos de Israel en número de treinta mil;

2. y se puso en marcha con toda la gente principal de la tribu de Judá que con él estaba, para traerse de Cariatiarim* el arca de Dios, en presencia de la cual es invocado el nombre del Señor de los ejércitos, que está sentado encima de ella sobre los querubines.

3. Y pusieron el arca de Dios en un carro nuevo sacándola de casa de Abinadab, que habitaba en Gabaa; siendo Oza y Ahío, hijos de Abinadab, los que iban guiando el carro nuevo.

4. Luego que sacaron el arca de Dios de la casa de Abinadab, en cuya custodia estaba en Gabaa, Ahío iba delante del arca.

5. David y todo Israel festejaban al Señor con toda suerte de instrumentos de madera, con cítaras, y liras, y tambores, y sistros, y címbalos.

6. Mas así que llegaron a la era de Nacón, extendió Oza la mano hacia el arca de Dios, y la sostuvo, porque los bueyes coceaban y la habían hecho inclinar.

7. Y el Señor indignado en gran manera contra Oza, lo castigó por su temeridad, y quedó allí muerto junto al arca de Dios.

8. Se entristeció David por haber castigado Dios a Oza; y llamó aquel lugar Castigo de Oza, nombre que conserva hasta hoy.

9. Por lo que David concibió en aquel día un gran temor al Señor, y dijo: ¿Cómo ha de ir a mi casa el arca del Señor?

10. Y así no quiso que se llevase el arca del Señor a su casa en la Ciudad de David, sino que la trasladó a casa del levita Obededom, geteo.

11. Estuvo, pues, el arca en casa de Obededom de Get tres meses y bendijo el Señor a Obededom y toda su casa.

12. Dieron luego aviso al rey David de

---

2. Con el traslado del arca, Jerusalén se hizo el centro religioso de Israel, pues simbolizaba la unidad del norte y el sur.

que el Señor había echado la bendición sobre Obededom y sobre todas sus cosas, por causa del arca de Dios. Fue, pues, David, y trasladó el arca de Dios de la casa de Obededom a la Ciudad de David con gran regocijo; e iban junto a David siete coros de músicos y un becerro para el sacrificio.

13. Y cada seis pasos que andaban los que llevaban el arca del Señor, inmolaba un buey y un carnero.

14. Y ceñido David de un efod de lino, danzaba con todas sus fuerzas delante del arca del Señor;

15. y de este modo acompañado de toda la casa de Israel, conducía el arca del Testamento del Señor con júbilo y al son de las trompetas o clarines.

16. Mas al entrar el arca del Señor en la Ciudad de David, Micol, hija de Saúl, mirando desde una ventana, vio al rey David bailando y saltando delante del Señor; y lo despreció en su corazón.

17. Introdujeron, pues, los levitas el arca del Señor, y la colocaron en su sitio, en medio del Tabernáculo que le había mandado levantar David, el cual ofreció holocaustos y víctimas pacíficas en acción de gracias delante del Señor.

18. Así que acabó de ofrecer los holocaustos y las víctimas pacíficas bendijo al pueblo, en el nombre del Señor Dios de los ejércitos.

19. Y distribuyó a toda la muchedumbre de israelitas que le habían acompañado, tanto a hombres como a mujeres, a cada persona una torta de pan, un pedazo de carne de buey asada, y flor de harina frita en aceite. Con esto se retiró toda la gente, cada cual a su casa.

20. David también entró en la suya para bendecirla; y Micol, hija de Saúl, saliendo a recibirle, le dijo: ¡Qué bella figura ha hecho hoy el rey de Israel, despojándose de sus insignias delante de las criadas de sus siervos, y desnudándose ni más ni menos de lo que haría si fuese un bufón!

21. Pero David respondió a Micol: Delante del Señor, que me eligió en lugar de tu padre y de toda su descendencia, y que me mandó ser el caudillo del pueblo del Señor en Israel,

22. bailaré yo, y me abatiré todavía más de lo que he hecho, y seré despreciable a los ojos míos; y a los de las criadas, de que has hablado, y pareceré más glorioso.

23. Por lo que Micol, hija de Saúl, no tuvo hijos todo el tiempo que vivió.

7

Dios promete a David un reino eterno y le declara por medio de Natán que su hijo será quien edifique el templo

---

1. Estando ya el rey David de asiento en su casa, y habiéndole concedido el Señor paz por todas partes con todos sus enemigos,

2. dijo al profeta Natán*: ¿No reparas que yo habito en una casa de cedro, mientras el arca de Dios está debajo de pieles?

3. No te detengas, respondió el profeta Natán al rey: Haz lo que te dicta tu corazón, pues el Señor está contigo.

4. Mas aquella misma noche he aquí que el Señor habló a Natán, diciéndole:

5. Anda y dile a mi siervo David: Esto dice el Señor: ¿Conque tú piensas edificarme casa para mi habitación?

6. Pues yo no he habitado en ninguna casa, desde el día que saqué a los hijos de Israel de la tierra de Egipto hasta el presente, sino que he habitado en pabellones y tiendas.

7. ¿Por ventura en todos los lugares por donde pasé con todos los hijos de Israel, he hablado nunca a alguna de las tribus, a quien hubiese yo encargado el gobierno de mi pueblo Israel, ni le he dicho jamás: Por qué no me edificáis una casa de cedro?

8. Ahora bien, tú dirás a mi siervo David: Esto dice el Señor de los ejércitos: Yo te saqué de las dehesas donde apacentabas el ganado, a fin de que fueses el caudillo de mi pueblo de Israel.

9. Por todas partes donde has andado he estado contigo; he exterminado delante de ti a todos tus enemigos, y hecho tu nombre tan célebre como el de los grandes de la tierra.

10. También colocaré en un lugar estable a mi pueblo de Israel, lo estableceré en él, y en él habitará, sin ser inquietado más; ni los hijos de iniquidad volverán a humillarle como lo hacían antes,

---

2. Este capítulo es llamado el *Oráculo de Natán* y es la base del *mesianismo davídico* del Antiguo Testamento.

11. desde el tiempo en que constituí jueces sobre mi pueblo de Israel; y yo te daré la paz con todos tus enemigos. Además el Señor es el que te promete desde ahora que él mismo dará un firme estar a tu casa.

12. Y cuando hayas terminado tus días e ido a descansar con tus padres, yo levantaré después de ti a un hijo tuyo, que nacerá de ti, y consolidaré su reino*.

13. Este edificará un templo en que será adorado mi Nombre, y yo afirmaré su regio trono para siempre.

14. Yo seré su padre, y él será mi hijo; que si en algo obrare mal, yo lo corregiré paternalmente con vara de hombres, y con castigos de hijos de hombres.

15. Mas no apartaré de él mi misericordia, como la aparté de Saúl, a quien arrojé de mi presencia.

16. Antes tu casa será estable y verás permanecer eternamente tu reino, y tu trono será firme para siempre.

17. Conforme a todas estas palabras de Dios, y conforme a toda esta revelación, así habló Natán a David.

18. Entonces David fue a presentarse delante del Señor en el Tabernáculo, y permaneciendo allí en oración, dijo: ¿Quién soy yo, Señor Dios mío, y cuál es mi casa para haberme elevado hasta este punto?

19. Y pareciéndote aún, ¡oh Señor Dios!, que esto era poco a tus ojos, has querido asegurar a tu siervo la permanencia de su casa para los siglos venideros; que tal es la ley o el deseo de los hijos de Adán, ¡oh Señor Dios!

20. ¿Qué más podrá decir ahora David hablando contigo, puesto que tú, Señor Dios mío, conoces bien a tu siervo y su gratitud?

21. Por amor de tu palabra y según tu corazón has hecho estas grandes maravillas, y aun las has manifestado a tu siervo.

22. En lo cual, ¡oh Señor Dios mío! has ostentado tu grandeza; que nadie hay semejante a ti, ni hay Dios fuera de ti, según todas las cosas que hemos oído con nuestros mismos oídos.

23. Y ¿qué nación hay sobre la tierra comparable a tu pueblo de Israel, al cual tú has ido a rescatar para hacer de él un pueblo tuyo, en el cual has engrandecido tu nombre con las maravillas obradas en favor suyo, y en cuya presencia has hecho tan espantosos prodigios para sacarle de la esclavitud de Egipto, y castigar a aquella tierra, su gente y su dios o rey?

24. Pues tú escogiste a Israel para que fuese para siempre tu pueblo; y tú, ¡ah Señor Dios!, quisiste hacerte su Dios.

25. Ahora, pues, ¡oh Señor Dios!, mantén siempre viva la promesa que has hecho a tu siervo para él y para su casa, y hazlo como has dicho;

26. para que tu nombre sea eternamente engrandecido, y se diga: El Señor de los ejércitos es el Dios de Israel. Sí, la casa de tu siervo David será estable delante del Señor;

27. porque tú, ¡oh Señor de los ejércitos, Dios de Israel!, revelaste y dijiste a tu siervo: Yo te fundaré una casa estable; de aquí es que tu siervo se ha animado para dirigirte esta plegaria.

28. Ahora, pues, Señor y Dios mío, tú eres Dios, y se cumplirán tus palabras. Ya que has prometido a tu siervo tales bienes,

29. empieza desde luego y echa la bendición sobre la casa de tu siervo, para que siempre subsista en tu acatamiento; puesto que tú, ¡oh Señor Dios!, has hablado y dicho que la casa de tu siervo será bendita con tu bendición eternamente.

8

Conquistas gloriosas del rey David, con cuyo motivo le felicita el rey de Emat

1. Después de esto derrotó David a los filisteos, y los humilló, y les arrancó de la mano el freno del tributo.

2. También destrozó a los moabitas; y a los prisioneros, haciéndolos tender en el suelo, los midió a cordel; dos fueron las cuerdas con que los midió, y sorteó una para dar muerte, y otra para salvarles la vida. Con esto quedaron los moabitas sujetos a David y tributarios suyos.

3. Destrozó igualmente David a Adarecer, hijo de Rohob, rey de Soba, cuando salió a campaña para extender sus dominios hasta el río Eufrates;

4. e hizo mil setecientos prisioneros de a caballo, y veinte mil de a pie, desjarretando

---

12. La *dinastía davídica* será la que dé continuidad a la historia. El Señor se encargará de edificar la casa de David.

asimismo todos los caballos de los carros de guerra, sin dejar más que los necesarios para cien de éstos.

5. Acudieron los siros de Damasco a socorrer a Adarecer, rey de Soba, y David pasó a cuchillo a veintidós mil de ellos.

6. Con lo que puso David guarniciones en la Siria de Damasco, la cual le quedó sujeta y tributaria; y le guardó el Señor en todas las expediciones que hizo.

7. Y se llevó las armas de oro que tenían los cortesanos de Adarecer, y las trajo a Jerusalén.

8. Asimismo sacó de Bete y de Berot, ciudades de Adarecer, inmensa cantidad de cobre.

9. Entonces oyendo Tou, rey de Emat, que David había destrozado todas las fuerzas de Adarecer,

10. envió a Joram, su hijo, a saludar a David, a fin de congratularse con él, y darle gracias por haber vencido y deshecho a Adarecer; pues Tou era enemigo de Adarecer. Joram trajo consigo alhajas de oro, de plata y de cobre;

11. las que David consagró también al Señor, además de la plata y oro que le había ya consagrado, de todas las naciones que había sojuzgado,

12. de la Siria, de Moab, de los amonitas, de los filisteos, de los amalecitas y de los despojos de Adarecer, hijo de Rohob, rey de Soba.

13. Adquirió también David gran nombradía cuando en el valle de las Salinas, al volver de la conquista de Siria, mató a dieciocho mil hombres.

14. Puso gobernadores y guarniciones en la Idumea, quedándole toda ella sujeta, y le guardó el Señor en todas las expediciones que hizo.

15. Reinó, pues, David sobre todo Israel, y daba audiencia, y administraba justicia a todo su pueblo.

16. Joab, hijo de Sarvia, era el general de sus tropas; Josafat, hijo de Ahilud, era su secretario o cronista;

17. Sadoc, hijo de Aquitob, y Aquimelec, hijo de Abiatar, eran los sumos sacerdotes, y Saraías le servía de escribano.

18. Banaías, hijo de Joíada, era capitán de los cereteos y feleteos. Pero los hijos de David eran los primeros después del rey.

9

Trata David con suma humanidad a Mifiboset, hijo de Jonatás, y lo recibe a su mesa

1. Dijo también David*: ¿Si habrá quedado alguno de la casa de Saúl, a quien pueda yo hacer bien por amor de Jonatás?

2. Había a la sazón un criado de Saúl, llamado Siba. Lo hizo venir el rey, y le dijo: ¿Eres tú Siba? Sí, señor, respondió él, Siba soy, para lo que queráis mandarme.

3. Le preguntó el rey*: ¿Vive por ventura alguno de la casa de Saúl, para que pueda yo hacerle grandes mercedes? Le respondió Siba: Sí, señor; vive todavía un hijo de Jonatás, estropeado de los pies.

4. ¿Dónde está?, replicó David. Está, dijo Siba, en Lodabar, en casa de Maquir, hijo de Ammiel.

5. Envió, pues, David por él, y lo hizo venir de Lodabar, de la casa de Maquir, hijo de Ammiel.

6. Llegado que fue Mifiboset, hijo de Jonatás, hijo de Saúl, a la presencia de David, se postró sobre su rostro, haciéndole una profunda reverencia. Le dijo entonces David: ¡Mifiboset! Aquí tienes, señor, respondió él, a tu siervo.

7. Y David: No tienes que temer, le dijo, pues yo pienso colmarte de mercedes por amor de Jonatás, tu padre, y restituirte todas las heredades de tu abuelo Saúl; y tú comerás siempre a mi mesa.

8. Mifiboset, haciéndole profunda reverencia, dijo: ¿Quién soy yo, siervo tuyo, para que te hayas dignado poner los ojos en un perro muerto cual soy yo?

9. Llamó, pues, el rey a Siba, criado de Saúl, y le dijo: He dado al hijo de tu amo todo cuanto poseía Saúl y todos los bienes de su casa.

10. Por tanto cuida tú con tus hijos y criados de labrarle las tierras, y de proveer a Micá, el hijo de tu amo Mifiboset, lo necesario para sus alimentos. En cuanto a

---

1. Desde el capítulo 9 hasta el final del capítulo 20 el texto constituye un documento histórico escrito en la corte de David y que responde a la pregunta *¿Quién será el sucesor de David? 2 Sam 9-20.*

3. Subsiste en David la fidelidad de Saúl y la amistad con Jonatás.

Mifiboset, hijo de tu difunto señor, comerá siempre a mi mesa. Es de saber que Siba tenía quince hijos y veinte siervos.

11. Y dijo Siba al rey: Como tú se lo has mandado, así lo hará, mi señor y rey, este tu siervo. En cuanto a Mifiboset, repitió David, comerá a mi mesa como uno de los hijos del rey.

12. Tenía Mifiboset un hijo pequeño llamado Micá, y toda la familia de Siba estaba al servicio de Mifiboset.

13. Mas éste vivía en Jerusalén, porque todos los días comía a la mesa del rey. Era Mifiboset cojo de ambos pies.

10 *Victoria de David sobre los amonitas y siros. Destrozo de su ejército y el de sus aliados*

1. Aconteció después de esto que murió el rey de los hijos de Amón, y lo sucedió en el trono su hijo Hanón.

2. Dijo entonces David: Quiero demostrar mi afecto y compasión a Hanón, hijo de Naas, según hizo su padre conmigo. Le envió, pues, embajadores para consolarlo de la muerte de su padre. Mas luego que llegaron éstos al país de los hijos de Amón,

3. dijeron los magnates de los amonitas a Hanón, su señor: ¿Crees tú que David te ha enviado éstos para consolarte, y honrar así la memoria de tu padre; y no más bien que te ha enviado sus criados para espiar y reconocer el estado de la ciudad, y destruirla algún día?

4. Con esto Hanón hizo prender a los criados de David, y raerles la mitad de la barba, y cortarles los vestidos hasta cerca de la cintura, y los despachó.

5. Lo que sabido por David, envió luego a encontrarlos, porque se hallaban sumamente avergonzados, y a decirles: Deteneos en Jericó, hasta que os crezca la barba, y entonces volveréis.

6. Mas los amonitas reflexionando en la injuria hecha a David, tomaron a su sueldo veinte mil infantes de la Siria de Rohob y de la Siria de Soba, mil hombres del rey de Maaca y doce mil de Istob.

7. De lo que informado David despachó contra ellos a Joab con todas las tropas.

8. Salieron, pues, los amonitas, y se formaron en batalla frente a la entrada de la puerta de la ciudad; pero los siros de Soba y de Rohob, de Istob y de Maaca estaban aparte en el campo.

9. Viendo, pues, Joab que iban a acometerle de frente y por retaguardia, escogió entre todos los soldados de Israel a los más valientes, y se puso en orden de batalla contra los siros.

10. Y el resto del ejército se lo entregó a su hermano Abisai, el cual marchó de frente contra los hijos de Amón.

11. Y le dijo Joab: Si los siros prevalecieren contra mí, tú vendrás a socorrerme; y si los amonitas prevalecieren contra ti, iré yo a auxiliarte.

12. Pórtate como hombre de valor, y peleemos por nuestro pueblo y por la ciudad de nuestro Dios; por lo demás el Señor dispondrá lo que sea de su mayor agrado.

13. Con esto Joab atacó con sus tropas a los siros; los cuales huyeron al instante volviéndole las espaldas.

14. Y cuando los hijos de Amón vieron que los siros habían huido, echaron también ellos a huir de delante de Abisai, retirándose a la plaza. Y Joab dejó el país de los hijos de Amón, y volvió a Jerusalén.

15. Entretanto los siros viéndose derrotados por Israel, volvieron a rehacerse.

16. Adarecer hizo venir a los siros que habitaban a la otra parte del río, y juntó de ellos un ejército al mando de Sobac, general de las armas de Adarecer.

17. Avisado de esto David, reunió todas las tropas de Israel; pasó el Jordán, y fue a Helam; y los siros presentando la batalla a David pelearon contra él.

18. Pero Israel los puso en fuga, y destrozó David setecientos carros de los siros y cuarenta mil caballos; e hirió al capitán general Sobac, que murió al instante.

19. Pues como todos aquellos reyes que seguían el partido de Adarecer se viesen vencidos por Israel, se llenaron pavor, y volvieron las espaldas a presencia de Israel cincuenta y ocho mil hombres. Al fin hicieron paces con los israelitas, y se les sujetaron; y no se atrevieron más los siros a prestar socorro a los amonitas.

11 *Adulterio de David con Betsabé y muerte de Urías. Pasado el duelo, se casa David con Betsabé*

1. Y acaeció a la vuelta de un año, al tiempo que suelen los reyes salir a campaña, que David envió a Joab y con él a sus oficiales, y a todo el ejército de Israel, a talar el país de los amonitas, y sitiaron a Rabba, su capital. David se quedó en Jerusalén.

2. Entretanto sucedió que un día levantándose David de su cama después de la siesta, se puso a pasear por el terrado de su palacio, y vio en otra casa de enfrente una mujer que se estaba lavando en su baño; y era de extremada hermosura*.

3. Envió, pues, el rey a saber quién era aquella mujer, y le dijeron que era Betsabé, hija de Eliam, mujer de Urías, heteo.

4. David la hizo venir a su palacio, habiendo enviado primero a algunos que le hablasen de su parte; y entrada que fue a su presencia, durmió con ella; la cual se purificó luego de su inmundicia;

5. y volvió preñada a su casa. De lo que dio aviso a David, diciendo: He concebido.

6. En seguida despachó David un correo a Joab, diciéndole: Envíame a Urías, heteo. Se lo envió Joab;

7. y llegado Urías, le preguntó David en qué estado estaban Joab y sus tropas, y cómo iban las cosas de la guerra.

8. Dijo después David a Urías: Vete a tu casa; lava tus pies, y descansa. Salido que fue Urías de palacio, le envió el rey en seguida comida de su real mesa.

9. Mas Urías durmió delante de la puerta de palacio con otros criados u oficiales de su señor, y no fue a su casa.

10. Se lo contaron luego a David, diciéndole: Urías no ha ido a su casa. Por lo que dijo David a Urías: ¿No has llegado de un viaje? Pues, ¿cómo no has bajado a descansar en tu casa?

11. Respondió Urías a David: El arca de Dios, e Israel y Judá están en tiendas de campaña, y mi señor Joab y los siervos de mi señor duermen en el duro suelo; ¿e iría yo a mi casa a comer y beber, y dormir con mi mujer? Por la vida y por la salud de mi rey juro que no haré tal cosa.

12. Le dijo entonces David: Quédate también hoy aquí, que mañana te despacharé. Se quedó, pues, Urías en Jerusalén aquel día y el siguiente.

13. Lo convidó David a comer y beber en su mesa, y procuró embriagarlo; mas él saliendo al anochecer, se fue a dormir en su tarima del cuerpo de guardia con los oficiales de su señor, y no bajó a su casa.

14. Llegada que fue la mañana, escribió David una carta a Joab, y se la remitió por mano de Urías.

15. Decía en ella: Pon a Urías al frente en donde esté lo más recio del combate; y desamparadle para que sea herido y muera.

16. Estando, pues Joab en el sitio de la ciudad, puso a Urías frente al puesto donde sabía que estaban los más valientes de los enemigos.

17. Los cuales habiendo hecho una salida de la ciudad, cargaron sobre Joab, y murieron algunos del ejército de David, y entre éstos también Urías, heteo.

18. Inmediatamente Joab despachó aviso a David de todo lo ocurrido en el choque,

19. dando esta orden al correo: Luego que hubieres acabado de referir al rey cuanto ha pasado en el ejército,

20. si ves que él se irrita, y dice: ¿Por qué os fuisteis a pelear tan cerca del muro? ¿No sabíais que de lo alto de él se arrojan con furia muchos dardos?

21. ¿Quién mató a Abimelec, hijo de Jerobaal? ¿No fue una mujer la que en Tebes desde la muralla arrojó sobre él un pedazo de una piedra de molino, y la mató? ¿Cómo, pues os arrimasteis al muro? Tú entonces dirás: También quedó muerto tu siervo Urías, heteo.

22. Partió, pues, el correo; y llegando refirió a David todo lo que Joab le había mandado,

23. y habló de esta manera: Los sitiados han tenido una pequeña ventaja sobre nosotros; hicieron una salida contra nuestro campamento, mas echándonos sobre ellos, los rechazaron hasta las puertas de la ciudad.

24. Pero los ballesteros desde lo alto del muro arrojaron sus tiros sobre tus siervos, de que murieron algunos de tus soldados, y entre ellos también Urías heteo, tu siervo.

25. Respondió David al mensajero: Le

---

2. Se relata sin paliativos el pecado de David.

dirás a Joab: No desmayes por ese fracaso; porque los acaecimientos de la guerra son varios, y una vez éste, otra vez aquél, perecen algunos al filo de la espada. Reanima a tus guerreros contra la ciudad, y esfuérzalos hasta destruirla.

26. Supo la mujer de Urías que había muerto su marido, y le hizo el duelo.

27. Acabados los siete días del luto, David la hizo venir a palacio, y la tomó por esposa; y ella le dio después un hijo. Mas esto que hizo David fue sumamente desagradable a los ojos del Señor.

12 *Arrepentimiento de David. Muere el primer hijo de Betsabé. Nace Salomón*

1. El Señor, pues, envió Natán a David, al cual dijo Natán luego de llegado*: Había dos hombres en una ciudad de tu reino, el uno rico y el otro pobre.

2. Tenía el rico ovejas y bueyes en grandísimo número.

3. El pobre no tenía nada más que una ovejita que había comprado y criado, y que había crecido en su casa entre sus hijos, comiendo de su pan y bebiendo en su vaso, y durmiendo en su seno, y la quería como si fuese una hija suya.

4. Mas habiendo llegado un huésped a casa del rico, no quiso éste tocar a sus ovejas, ni a sus bueyes para dar el convite al forastero que le había llegado; sino que quitó la ovejita al pobre, y la aderezó para dar de comer al huésped que tenía en casa.

5. Oído esto, David, altamente indignado contra aquel hombre, dijo a Natán: Vive Dios que hombre que tal hizo es reo de muerte.

6. Pagará cuatro veces la oveja, por haber hecho ese atentado, y no haber tenido consideración al pobre.

7. Dijo entonces Natán a David: Ese hombre eres tú. Esto es lo que dice el Señor Dios de Israel: Yo te ungí rey de Israel, y te libré de la mano de Saúl.

8. Te di la casa de tu señor, y puse a tu arbitrio sus mujeres; te hice dueño también de la casa de Israel y de Judá; y si esto es poco, te añadiré aun cosas mucho mayores.

9. ¿Cómo, pues, has vilipendiado mi palabra, haciendo el mal delante de mis ojos? A Urías, heteo, le hiciste perder la vida, y has tomado su mujer para mujer tuya, matándole a él con la espada de los hijos de Amón.

10. Por lo cual no se apartará jamás de tu casa la espada de la muerte, porque me has despreciado y has quitado la mujer a Urías, heteo, para que fuese mujer tuya.

11. He aquí, pues, lo que dice el Señor: Yo haré salir de tu propia casa los desastres contra ti, y te quitaré tus mujeres delante de tus ojos, se las daré a otro, el cual dormirá con ellas a la luz de este sol.

12. Porque tú has cometido el pecado ocultamente; pero yo haré esto que digo a vista de todo Israel y a la luz misma del sol.

13. Dijo David a Natán: Pequé contra el Señor*. Le respondió Natán: También el Señor, que ve tu dolor, te ha perdonado el pecado. No morirás.

14. Pero como tú has sido causa de que los enemigos del Señor hayan blasfemado contra él, el hijo que te ha nacido del adulterio, morirá irremisiblemente.

15. Dicho esto, se retiró Natán a su casa. En efecto, el Señor hirió al niño que la mujer de Urías había dado a David, y fue desahuciado.

16. No obstante, David rogó al Señor por el niño, y ayunó con rigor extremado; y retirándose aparte se estuvo postrado en tierra.

17. Fueron a él los más ancianos o principiantes de sus domésticos, para obligarle a fuerza de ruegos a que se levantase del suelo; mas él no quiso hacerlo, ni tomar con ellos alimento.

18. Murió el día séptimo el infante, y los criados de David temían darle la noticia de la muerte, porque decían: Si cuando aún el niño vivía, le hablábamos y no quería escucharnos, ¿cuánto más se afligirá ahora, si le decimos que el niño ha muerto?

19. David observando que sus criados andaban en murmullos, conoció ser muerto el niño; y así les dijo: ¿Es que ha muerto ya el niño? Y respondieron: Ha muerto.

---

1. Una sencilla parábola coloca a David en una posición insostenible.

13. David acepta su pecado y recibe el castigo anunciado.

20. Entonces David se levantó del suelo; se lavó y se ungió; y mudando de ropa, entró en la casa del Señor, y lo adoró. Pasando después a su palacio, pidió que le pusiesen la mesa, y comió.

21. Y le dijeron sus criados: ¿De qué provendrá esto? Tú ayunabas y llorabas por el niño cuando aún vivía, y ahora que ha muerto, te has levantado y has comido.

22. Les respondió David: He ayunado y llorado por el niño mientras vivía, porque decía yo: ¿Quién sabe si el Señor me lo dejará, y quedará con vida el niño?

23. Mas ahora que ya ha muerto, ¿a qué fin he de ayunar? Por ventura ¿podré restituirle a la vida? Antes bien iré yo a él; pero él no volverá a mí.

Nacimiento de Salomón

24. Consoló después David a Betsabé, su esposa; y estuvo, y durmió con ella; la cual le dio un hijo, a quien David puso por nombre Salomón, y a quien amó el Señor*.

25. Y por medio del profeta Natán le puso también el nombre de Amado del Señor, en atención al amor que el Señor le tenía.

26. Entretanto prosiguió Joab el asedio de Rabbat de los amonitas; y estando para dar el asalto a esta ciudad regia,

27. remitió correos a David, diciendo: He combatido a Rabbat, y está para ser tomada la ciudad de las aguas.

28. Junta, pues, ahora el resto del ejército, y ven a batir la ciudad y tomarla; a fin de que, conquistándola yo, no se me atribuya a mí el honor de la victoria.

29. Juntó, pues, David todas las tropas, y marchó contra Rabbat, y la tomó por asalto.

30. Y quitó de la cabeza de su rey la corona, que pesaba un talento de oro, y tenía piedras preciosísimas; la cual fue puesta sobre la cabeza o trono de David. Además de esto, llevó de la ciudad muchísimos despojos.

31. A los habitantes los sacó fuera, y mandó que unos fuesen aserrados, haciendo pasar sobre otros narrias o carros con ruedas de hierro, y despedazarlos con cuchillos y arrojarlos en los hornos de ladrillos. Así trató a todas las ciudades de los amonitas. En seguida volvió David con todo su ejército a Jerusalén.

13

Comienzan los desastres de la casa de David. Incesto de Amnón, a quien asesina su hermano

1. Sucedió después que Amnón, hijo de David, se enamoró de una hermana de Absalón, también hijo de David, llamada Tamar, la cual era en extremo hermosa;

2. y creció tanto en él la pasión, que el amor suyo vino a enfermar; pues como Tamar era virgen, le parecía muy dificultoso poder hacer con ella cosa alguna deshonesta.

3. Tenía Amnón un amigo que se llamaba Jonadab, hijo de Semmaa, hermano de David, sumamente astuto.

4. Le dijo, pues, éste a Amnón: ¿En qué consiste, príncipe mío, que cada día te vas poniendo más flaco? ¿Por qué no te descubres conmigo? Le respondió Amnón: Estoy enamorado de Tamar, hermana de Absalón, mi hermano.

5. Replicó Jonadab: Quédate en cama, como que estás malo, y cuando venga tu padre a visitarte, dile: Te suplico que venga mi hermana Tamar a darme la comida, y me componga ella misma algún plato con que me alimente.

6. Se puso, pues, Amnón en cama, y empezó a fingirse enfermo; y habiendo venido el rey a visitarlo, le dijo Amnón: Te ruego que venga a verme mi hermana Tamar, y que a presencia mía me haga un par de hojuelas, que coma yo de su mano.

7. Con esto David envió un recado a casa de Tamar, y la hizo decir: Anda, ve a casa de tu hermano Amnón, y hazle alguna cosa de comer.

8. Pasó Tamar a casa de su hermano Amnón, que estaba en cama; y tomando harina, la amasó, y batiéndola hizo a vista de él unos pastelillos;

9. y después de cocidos, los puso en un plato, y se los presentó. Mas Amnón no quiso comer; dijo: Salgan todos fuera de aquí. Salido que hubieron todos,

10. dijo Amnón a Tamar: Entra la comida en mi aposento, para que la reciba yo de tu mano. Cogió, pues, Tamar los pastelillos

---

24. El nacimiento de Salomón restablece la paz en la casa de David.

que había aderezado, y se los entró a su hermano Amnón en su aposento.

11. Y así que le presentó el plato, asió de ella, diciéndole: Ven, hermana mía, duerme conmigo.

12. La cual le respondió: No quieras hacerme violencia, hermano mío, no, pues no es esto permitido en Israel; no hagas tal villanía,

13. porque yo no podré sufrir mi oprobio, y tú serás tenido por un insensato en Israel. Mejor será que hables al rey para casarme contigo, que no rehusará entregarme a ti.

14. Mas Amnón no quiso aquietarse con estos ruegos, sino que prevaleciendo en fuerzas, la violentó y durmió con ella.

15. Y en seguida le tomó tan extraordinaria aversión, que era más intenso el odio que concibió contra ella, que el amor con que antes la amaba; y así le dijo Amnón: Levántate y vete de aquí.

16. Le replicó Tamar: El ultraje que ahora me haces echándome de esa manera, es mayor que el que me has hecho antes. Pero Amnón no quiso escucharla;

17. antes llamando a uno de sus criados le dijo: Hazla salir de aquí, y cierra tras ella la puerta.

18. Estaba Tamar vestida de una ropa talar de varios colores, traje que acostumbraban a usar las doncellas hijas del rey. El criado, pues, de Amnón la hizo salir fuera del aposento, y cerró tras ella la puerta.

19. Entonces Tamar esparciendo ceniza sobre su cabeza, y rasgando su ropa talar, se fue dando gritos y cubriéndose con ambas manos la cabeza.

20. Le dijo Absalón, su hermano: ¿Es acaso que tu hermano ha abusado de ti? Mas por ahora, hermana mía calla; que al fin es hermano tuyo; no te desesperes por esa desgracia. Con eso Tamar se quedó en casa de su hermano Absalón, consumiéndose de tristeza y de dolor.

21. Habiendo David oído este suceso, se afligió sobremanera; mas no quiso contristar el ánimo de su hijo Amnón; porque lo amaba muy particularmente por ser su primogénito.

22. Absalón no habló de esto con Amnón ni en bien ni en mal; a pesar de que le tomó gran odio, por haber violado a su hermana Tamar.

23. Al cabo de dos años acaeció que Absalón hacía el esquileo de sus ovejas en Baalasor, que está cerca de la ciudad de Efraín o Efrem, y convidó Absalón a todos los hijos del rey.

24. A este fin fue a ver al rey y le dijo: Te hago presente que esquilan las ovejas de tu siervo; venga, pues, te suplico, el rey con sus criados a la casa de su siervo.

25. Respondió el rey a Absalón: No quieras pretender que vayamos todos, pues te sería muy costoso. Y como le hiciese nuevas instancias, David rehusó siempre ir, y le echó su bendición.

26. Mas Absalón replicó: Ya que tú no quieres venir, venga, te suplico, con nosotros a lo menos mi hermano Amnón. Le dijo el rey: No hay necesidad de que vaya contigo.

27. Al fin le importunó tanto Absalón, que dejó ir con él a Amnón con todos sus hermanos. El convite que Absalón tenía dispuesto era como un banquete de un rey.

28. Y había ordenado y dicho a sus criados: Estad alerta; y cuando Amnón estuviere tomando vino, y os diere la señal, heridlo entonces y matadlo; no tenéis que temer; que yo soy el que os mando. Coraje, y portaos como valientes.

29. Hicieron, pues, los criados de Absalón lo que éste les había mandado contra Amnón. Con lo que levantándose de la mesa montaron cada uno en su mula, y echaron a huir.

30. Estando todavía en el camino, llegó a oídos de David el rumor de que Absalón había asesinado a todos los hijos del rey, sin quedar ni siquiera uno solo.

31. Se levantó al instante el rey, y rasgó sus vestidos, se postró sobre la tierra; y se rasgaron asimismo los vestidos de los criados que le asistían.

32. Entonces Jonadab, hijo de Semmaa, hermano de David, dijo al rey: No se imagine el rey mi señor que hayan sido asesinados todos los hijos del rey; sólo Amnón es el que ha perecido; porque Absalón tenía jurado perderle desde el día que violó a Tamar, hermana suya.

33. No piense, pues, ni dé crédito el rey mi señor a esa voz que corre de que todos los hijos del rey han sido asesinados; porque sólo Amnón es el que ha muerto.

34. Entretanto escapó Absalón. Un criado que estaba de atalaya, tendiendo la vista, vio venir mucha gente por un camino extraviado al lado del monte.

35. Dijo entonces Jonadab al rey: Mira allí muchos hijos del rey; conforme a lo que ha dicho tu siervo, así ha sucedido.

36. Apenas acabó de hablar, cuando se dejaron ver también los hijos del rey; y luego que llegaron, alzaron el grito y echaron a llorar. Se deshacían asimismo el rey y todos sus criados.

37. Absalón huyó y fue a refugiarse en casa de Tolomai, hijo de Ammiud, rey de Gesur. Y David lloraba continuamente a su hijo.

38. Permaneció Absalón tres años en Gesur, después que huyó y se retiró allí.

39. Al cabo el rey David dejó de perseguir a Absalón por habérsele templado la pena de muerte de Amnón.

14 *David se reconcilia con Absalón, quien abandona Gesur y regresa donde su padre en Jerusalén*

1. Advirtiendo, pues, Joab, hijo de Sarvia, que el corazón del rey se inclinaba ya a Absalón,

2. envió a Tecua, e hizo venir de allí una mujer, sagaz, a la cual dijo: Finge que estás de duelo, y ponte un vestido de luto, y no te unjas, a fin de que parezcas ser una mujer que hace muchísimo tiempo está de duelo por un difunto.

3. Y te presentarás ante el rey y le dirás esto y esto. Y la instruyó Joab en todo lo que había de decir.

4. Así, pues, presentándose la mujer de Tecua al rey, se postró en tierra delante de él, y haciéndole profunda reverencia le dijo: ¡Oh rey, sálvame!

5. Le dijo el rey: ¿Qué es lo que tienes? ¡Ay de mí!, respondió ella, soy una mujer viuda; pues se me ha muerto mi marido.

6. Tenía tu sierva dos hijos, que riñeron entre sí en el campo, donde no había nadie que pudiese separarlos, y el uno hirió al otro, y lo mató.

7. Y he aquí que ahora toda la parentela conjurándose contra tu sierva, dice: Entréganos el que mató a su hermano, para hacerle morir en venganza de la sangre de su hermano y a quien quitó la vida; y acabemos con ese heredero. De esta suerte pretenden extinguir la sola centella que me había quedado, para que no reste de mi marido nombre ni reliquia sobre la tierra.

8. Respondió el rey a la mujer: Vete a tu casa, que yo daré providencia en favor tuyo.

9. Replicó la mujer tecuita al rey: Recaiga sobre mí la culpa, oh rey y señor mío, y sobre la casa de mi padre; y queden sin ella el rey y su trono.

10. Dijo el rey: Si alguno se metiere contigo, hazlo venir delante de mí, que no se atreverá a incomodarte más.

11. Añadió ella: Por el Señor Dios suyo, pido al rey que reprima con su autoridad la multitud de parientes que quieren vengar con la muerte de mi hijo la sangre del difunto, y haga que no le maten de manera alguna. Le dijo el rey: Vive Dios que no caerá ni un cabello de tu hijo.

12. Dijo entonces la mujer: Permita mi rey y señor que esta sierva le hable una palabra. Habla, respondió el rey.

13. Dijo, pues la mujer: ¿Cómo señor, has pensado tú hacer lo mismo en daño del pueblo de Dios? y ¿por qué ha resuelto el rey hacer ese mal, en lugar de hacer volver a su hijo del destierro?

14. Todos nos vamos muriendo, y deslizando como el agua derramada por la tierra, la cual nunca vuelve atrás; ni Dios quiere que perezca ningún hombre, antes bien está propenso siempre a revocar la sentencia, a fin de que no perezca enteramente el que está abatido.

15. Por esto, pues, he venido yo ahora a proponer a mi rey y señor esta súplica en presencia del pueblo. Porque dijo tu sierva: Hablaré al rey, a ver si de algún modo puedo obtener la gracia que le pediré.

16. En efecto, el rey me la ha otorgado, librando a su sierva de las manos que todos aquellos que intentaban exterminarnos a mí y a mi hijo de la heredad o pueblo de Dios.

17. Con que bien podrá suplicar tu esclava que la palabra del rey mi señor a favor de mi hijo, se cumpla a favor de Absalón, como un sacrificio acepto a Dios; porque mi señor rey es como un ángel de Dios, que no se mueve ni por bendiciones o aplausos , ni por maldiciones. De aquí es que el Señor Dios tuyo está contigo.

18. A lo que respondió el rey a la mujer:

No me ocultes nada de lo que voy a preguntarte. Y ella: Hablad mi rey y señor.

19. ¿No es verdad, prosiguió el rey, que todo lo que me has dicho es cosa dispuesta por Joab? Respondió la mujer, y dijo: Por vida tuya (que Dios conserve), oh mi rey y señor, que has dado directamente en el blanco; pues realmente tu siervo Joab es el mismo que me lo ha mandado, y el que ha puesto en boca de tu sierva todas las palabras que te ha dicho.

20. La parábola de que me he valido, quien la ha dispuesto ha sido tu siervo Joab. Mas tú, oh rey mi señor, eres sabio como lo es un ángel de Dios, para entender todas las cosas del mundo.

21. Dijo entonces el rey a Joab: Concedo la gracia que pides; anda pues, y haz volver a mi hijo Absalón.

22. Aquí Joab, postrándose en tierra sobre su rostro, hizo una profunda reverencia al rey, le dio las gracias, y añadió: Oh rey y señor mío, hoy ha reconocido tu siervo que ha hallado gracia en tus ojos; pues que has otorgado la súplica que te he hecho.

23. En seguida se levantó Joab, y pasó a Gesur, de donde se trajo a Absalón a Jerusalén.

24. Pero el rey había dicho: Vuelva a su casa; mas no comparezca en mi presencia. Volvió, pues, Absalón a su casa; mas no vio la cara al rey.

25. No había en todo Israel hombre tan hermoso, ni de tan gallarda presencia como Absalón; desde la coronilla de la cabeza, no había en él el menor defecto.

26. Cuando se cortaba el cabello (que lo ejecutaba una vez al año, pues le incomodaba la cabellera), pesaban los cabellos de su cabeza o se apreciaban en doscientos siclos del peso común.

27. Tuvo Absalón tres hijos y una hija llamada Tamar, de extremada hermosura.

28. Hacía dos años que estaba Absalón en Jerusalén, y no había visto la cara del rey.

29. Mandó, pues, llamar a Joab para enviarle al rey, y no quiso venir. Despachándole segundo recado, y no queriendo venir tampoco,

30. dijo a sus criados: Ya sabéis el campo de Joab, que linda con el mío, donde la cebada está para segarse; id y pegadle fuego. Al punto los criados de Absalón prendieron fuego a las mieses. Y viniendo los criados de Joab, rasgados sus vestidos, le dijeron: Los criados de Absalón han puesto fuego a una parte de tu campo.

31. Fue pues, Joab a casa de Absalón. Y le dijo: ¿Por qué razón tus criados han puesto fuego a mis mieses?

32. Le respondió Absalón: Es que yo envié a llamarte, rogándote que vinieras, para que dijeses de mi parte al rey: ¿A qué fin he vuelto de Gesur? Para esto me era mejor estarme allí. Alcánzame, pues, la gracia de que pueda ver la cara del rey; y que si aún recuerda mi delito, quíteme la vida.

33. Entonces Joab presentándose al rey le dio cuenta de todo esto; después de lo cual fue llamado Absalón, que entró donde el rey estaba, y arrojándose a sus pies lo adoró, y el rey besó a Absalón.

15 *Absalón conjura contra David y se proclama rey en Hebrón. David huye de Jerusalén*

1. Después de esto Absalón se equipó de carrozas, tomó gentes de a caballo, y cincuenta guardias que fuesen corriendo delante de él*.

2. Y levantándose de madrugada, se ponía a la entrada de la puerta; y a todos los que tenían negocios de tratar, y venían a pedir justicia al rey, los llamaba Absalón, y les decía: ¿De dónde eres tú? Le respondía el hombre: Yo, siervo tuyo, soy de tal tribu de Israel.

3. Y Absalón le hablaba así: Tus pretensiones me parecen razonables y justas; la lástima es que no hay persona puesta por el rey para oírte. Y añadía Absalón:

4. ¡Oh, quién me constituyese juez o gobernador de esta tierra, para que viniesen a mí todos los que tienen negocios, y yo les hiciese justicia!

5. Además, cuando alguno se acercaba para hacerle reverencia, le alargaba la mano, y dándole un abrazo lo besaba.

6. Esto hacía con todos los de Israel que venían a que el rey los oyese y juzgase; con lo cual robaba al rey los corazones de los israelitas.

---

1. Absalón deja ver sus aspiraciones al trono y comienza una rebelión.

7. Pero cumplido el año cuadragésimo, dijo Absalón al rey David: Permíteme que vaya a cumplir en Hebrón unos votos que tengo hechos al Señor.

8. Pues cuando tu siervo estaba en Gesur, en la Siria, hizo muy de veras este voto al Dios: Si el Señor me restituyere a Jerusalén, le ofreceré un sacrificio.

9. Le respondió el rey David: Anda enhorabuena. Con esto se puso en camino; y marchó a Hebrón.

10. Y despachó Absalón emisarios por todas las tribus de Israel, diciendo: Luego que oigáis el sonido de la trompeta, decid: Absalón ha sido alzado rey en Hebrón.

11. Fueron también con Absalón doscientos hombres de Jerusalén, que había convidado; los cuales le siguieron con sencillez de corazón, sin saber nada de sus designios.

12. Hizo venir asimismo a Aquitofel, gilonita, consejero de David, de su ciudad de Gilo. Al tiempo, pues, que estaba inmolando las víctimas, se formaba una regia conjuración; e iba creciendo el número de la gente que corría en tropel al partido de Absalón.

David huye de Jerusalén

13. Le llegó, pues, a David un mensajero, diciendo: Todo Israel se va con plena voluntad en pos de Absalón.

14. Entonces David dijo a sus criados, que tenía consigo en Jerusalén: Daos prisa, huyamos; de lo contrario vamos a caer en manos de Absalón; apresurémonos a salir; no sea que nos sorprenda, y se arroje sobre nosotros, y pase a cuchillo la ciudad.

15. Le respondieron al rey sus criados: Todo cuanto nos ordenare el rey nuestro señor lo ejecutaremos gustosos tus siervos.

16. Salió, pues, el rey con toda su familia a pie; y dejó a diez de sus mujeres secundarias para custodia del palacio.

17. Salido que hubo a pie con todos los israelitas que le acompañaban, se paró al estar ya lejos de su casa;

18. y todos sus criados iban a su lado. E iban delante del rey las legiones de Cereti y de Feleti, y todos los geteos, guerreros valientes, que en número de seiscientos hombres de a pie le habían seguido desde Get.

19. Dijo entonces el rey a Etai, geteo: ¿Para qué vienes con nosotros? Vuélvete y quédate con el nuevo rey; pues tú eres un extranjero que estás fuera de tu patria.

20. Ayer llegaste a Jerusalén; ¿Y hoy has de verte obligado a salir con nosotros? Yo por mí iré a donde hubiere de ir; pero tú vuélvete y llévate a tus hermanos los seiscientos geteos. El Señor es fiel y misericordioso, recompensará el celo y la lealtad con que me has servido.

21. Pero Etai le respondió: Vive Dios, y vive el rey mi señor, que doquiera que tú, ¡Oh rey mi señor mío!, estuvieres, o para morir o para vivir, allí estará tu siervo.

22. Con esto dijo David a Etai: Ven, pues, y pasa el torrente Cedrón. Y pasó Etai, geteo, con todos los que le acompañaban y la demás gente.

23. Lloraban con grandes sollozos; y fue pasando toda la muchedumbre. Pasó también el rey el torrente Cedrón, y se encaminó toda la gente por el camino que va al desierto.

24. Vino asimismo el sumo sacerdote Sadoc, acompañado de todos los levitas, que llevaban el arca del Testamento de Dios, y la colocaron allí. Abiatar se mantuvo junto a ella, hasta que acabó de pasar todo el pueblo que salía de la ciudad.

25. Dijo entonces el rey a Sadoc: Vuelve a llevar a la ciudad el arca de Dios, que si yo hallare gracia en los ojos del Señor, él me volverá aquí, y me dejará ver otra vez su arca y su Tabernáculo.

26. Que si me dijere: No eres acepto a mis ojos, a su disposición estoy, haga de mí lo que fuere de su mayor agrado.

27. Y añadió el rey al sumo sacerdote Sadoc: Oh vidente, vuélvete en paz a la ciudad con tu hijo Aquímaas y con Jonatás, hijo de Abiatar; estén con vosotros esos dos hijos vuestros.

28. Yo voy a ocultarme en los campos del desierto, hasta tanto que me enviéis otras noticias del estado de las cosas.

29. Sadoc, pues, y Abiatar, volvieron el arca de Dios a Jerusalén, donde se quedaron.

30. Entretanto subía David la cuesta de las Olivas, y la subía llorando, caminando a pie descalzo y tapada la cabeza; e igualmente subía llorando con la cabeza tapada todo el pueblo que le acompañaba.

31. Y recibió aviso David de que

Aquitofel entraba también en la conjuración de Absalón. Oh Señor, exclamó entonces, desconcierta, te ruego, los consejos de Aquitofel.

32. Estando ya para llegar David a la cumbre del monte desde donde había de adorar al Señor, he aquí que se le presentó Cusai, araquita, con el vestido rasgado y la cabeza cubierta de polvo.

33. Le dijo David: Si quieres venir conmigo, me servirás de carga;

34. pero si volvieres a la ciudad y dijeres a Absalón: Siervo tuyo soy, oh rey; como serví a tu padre, así te serviré a ti; entonces podrás desconcertar los consejos de Aquitofel.

35. Allí tienes contigo a Sadoc y Abiatar, sumos sacerdotes; todo cuanto oyeres decir en la casa del rey, se lo comunicarás a ellos.

36. En su compañía están dos hijos suyos, Aquímaas, hijo de Sadoc, y Jonatás, hijo de Abiatar, y por ellos me enviaréis a decir todo lo que supiereis.

37. Cusai, pues amigo de David, se volvió a Jerusalén; adonde llegó al mismo tiempo que entraba también Absalón.

16

Siba ante David. Maldiciones de Semei. Aquitofel aconseja a Absalón que afrente a su padre

1. Apenas hubo David bajado un poco de la cima del monte, se dejó ver Siba, criado de Mifiboset, que venía a su encuentro con dos asnos cargados de doscientos panes, y cien hilos de pasas, y cien panes de higos secos, y un pellejo de vino.

2. Le dijo el rey: ¿Para qué todo esto? Los asnos, respondió Siba, son para que monte la familia del rey; los panes y la fruta para que coman tus criados; y el vino para que pueda beber por el desierto el que desfalleciere.

3. Preguntó más el rey: ¿Dónde está el hijo de tu señor? Y Siba respondió: Se ha quedado en Jerusalén, diciendo: Hoy me restituirá la casa de Israel el reino de mi padre.

4. Dijo el rey de Siba: Sean tuyas todas las cosas que poseía Mifiboset. A lo que contestó Siba: Lo que yo pido, ¡oh mi rey y señor!, es el hallar gracia en tus ojos.

5. Llegó, pues, el rey David hasta Bahurim; y he aquí que salía de esta ciudad un hombre de la parentela de Saúl, llamado Semei, hijo de Gera; el cual lo seguía de cerca, echándole maldiciones.

6. Y arrojaba piedras contra David y todos sus criados, mientras todo el pueblo y todos los guerreros iban en filas al lado derecho y al lado derecho del rey.

7. Estas eran las palabras que decia Semei, maldiciendo al rey: ¡Anda, anda, hombre sanguinario, hombre de Belial!

8. Ahora te ha dado el Señor el pago de toda la sangre derramada en casa de Saúl; por cuanto tú le usurpaste el reino, el Señor se lo ha traspasado a manos de tu hijo Absalón; mira cómo te ves oprimido de males, por haber sido tú un hombre sanguinario.

9. Entonces Abisai, hijo de Sarvia, dijo al rey: Y ¿por qué ese perro muerto ha de estar maldiciendo al rey mi señor? Iré y le cortaré la cabeza.

10. Mas el rey le replicó: ¿Qué tengo yo con vosotros, oh hijos de Sarvia? Dejadlo maldecir; pues el Señor ha dispuesto que maldiga a David. ¿Y quién osará preguntarle por qué lo ha dispuesto así?

11. Dijo el rey a Abisai y a todos sus criados: Vosotros estáis viendo que un hijo mío, nacido de mis entrañas, busca cómo quitarme la vida; ¿pues qué importa que me trate así ahora un hijo de Jemini? Dejadle que me maldiga, conforme a la permisión del Señor.

12. Quizá el Señor se apiadará de mí, y me devolverá bienes por las maldiciones que este día he recibido.

13. Así, pues, David proseguía su camino acompañado de sus gentes; pero Semei iba al lado por la loma del monte, maldiciendo, y arrojando piedras contra David, y esparciendo polvo.

14. En fin, el rey y su gente llegaron fatigados a Bahurim, donde descansaron.

15. Entretanto Absalón con los de su partido entró en Jerusalén, acompañado también de Aquitofel.

16. Cusai, araquita, amigo de David, fue a presentarse a Absalón, diciéndole: Dios te guarde, oh rey; oh rey, Dios te guarde.

17. Le respondió Absalón: ¿Y ésta es la gratitud tuya para con tu amigo? ¿Cómo no has ido a acompañar a tu amigo?

18. De ningún modo, respondió Cusai, porque yo he de ser de aquel a quien ha elegido el Señor, y todo este pueblo, y todo Israel y con él estaré.

19. Además, ¿a quién debo servir yo?, ¿no es al hijo del rey? Como he obedecido a tu padre, de la misma manera te obedeceré también a ti.

20. Dijo entonces Absalón a Aquitofel: Tratad entre los dos qué es lo que debemos hacer.

21. Y dijo Aquitofel a Absalón: Abusa de las mujeres de tu padre, las cuales dejó para guardar su palacio; a fin de que sabiendo todo Israel que has hecho esta afrenta a tu padre, se comprometan más en su partido.

22. Levantaron, pues, un pabellón para Absalón en el terrado del palacio; y a vista de todo Israel fue a estar con las mujeres secundarias de su padre.

23. Los consejos que daba Aquitofel eran mirados entonces como oráculos del mismo Dios; tan estimados eran los consejos de Aquitofel, así cuando estaba al lado de David, como cuando estaba con Absalón.

17 *Aquitofel se ahorca porque Absalón no sigue su consejo de perseguir a David*

1. Dijo, pues, Aquitofel a Absalón: Escogeré doce mil hombres, y partiré esta noche a perseguir a David;

2. y echándome sobre él (mientras estén todos cansados y desmayados), le derrotaré; y luego que huyere toda la gente que tiene consigo, quedará el rey desamparado y acabaré con él.

3. Con lo cual conduciré otra vez a toda aquella gente, como se hace volver a un hombre solo; por cuanto tú no buscas sino una sola persona; y muerta ésta, todo el pueblo quedará en paz.

4. Pareció bien a Absalón y a todos los ancianos de Israel este pensamiento de Aquitofel.

5. No obstante dijo Absalón: Llamad a Cusai y Araqui, y oigamos también su dictamen.

6. Venido que fue Cusai a la presencia de Absalón, le dijo éste: Tal es el parecer que ha dado Aquitofel; ¿debemos seguirlo o no? ¿Qué consejo das tú?

7. Respondió Cusai a Absalón: Por esta vez no me parece bueno el consejo de Aquitofel.

8. Y añadió Cusai: No ignoras que tu padre y la gente que te sigue son varones muy esforzados, y en la actualidad de ánimo exasperado, como una osa embravecida en un bosque cuando le han robado sus cachorillos. Sobre todo, tu padre es un hombre aguerrido, y así no se detendrá con su gente.

9. A esta hora estará tal vez escondido en las cavernas, u otro lugar que habrá escogido, y si al primer choque cayere alguno de los nuestros, se publicará luego por todas partes que el ejército que sigue a Absalón ha sido derrotado.

10. Y al oír esto, los más valientes de tu ejército, cuyo corazón es como de leones, desmayarán de temor; pues sabe todo el pueblo de Israel que tu padre es un varón esforzado, y que es gente valerosa la que lo sigue.

11. Por donde me parece será mejor consejo este: Reúnanse contigo todo el pueblo de Israel, desde Dan hasta Bersabee, innumerable que es como las arenas del mar; y tú te pondrás en medio de todos.

12. Y nos echaremos sobre David en cualquier lugar en que se hallare; y siendo nosotros tantos, lo cubriremos como el rocío que suele cubrir la tierra, no dejando con vida ni uno siquiera de los que lo siguen.

13. Y si se metiere dentro de alguna ciudad, ceñirá todo Israel con maromas aquella ciudad, y lo arrastraremos hasta el torrente; de suerte que no quede de ella ni una piedrecita.

14. Dijo entonces Absalón, con todos los ancianos de Israel: Mejor es el consejo de Cusai, araquita que el de Aquitofel. Así por disposición del Señor fue disipado el consejo de Aquitofel; que era para ellos el más acertado; porque el Señor quería descargar todo el mal sobre Absalón.

15. En seguida dijo Cusai a los sumos sacerdotes Sadoc y Abiatar: Esto y esto ha aconsejado Aquitofel a Absalón y a los ancianos de Israel; y yo le he aconsejado esto otro.

16. Ahora, pues, enviad cuanto antes a decir a David: No pares esta noche en las campiñas del desierto; antes bien pasa sin dilación a la otra parte del Jordán. No suceda que sea arrollado el rey con toda su gente.

17. Entretanto Jonatás y Aquímaas estaban a la mira junto a la fuente de Rogel. Fue allí una criada, y les dio el aviso, y marcharon a llevar al rey la noticia; pues ellos no podían entrar en la ciudad, para no ser vistos.

18. Con todo, los vio un muchacho, y los delató a Absalón; mas ellos a toda prisa se metieron en la casa de cierto vecino de Bahurim, la cual tenía un pozo en su patio y se escondieron en él.

19. La mujer de la casa tomó una cubierta y la extendió sobre la boca del pozo, como para secar la cebada mondada; y así quedó oculta la cosa.

20. Y habiendo llegado los criados de Absalón a la casa, preguntaron a la mujer: ¿Dónde están Aquímaas y Jonatás? Les respondió: Pasaron de corrida, sin hacer más que beber un poco de agua. Con eso los que buscaban, no encontrándolos, se volvieron a Jerusalén.

21. Así que se fueron, subieron los otros del pozo, y prosiguiendo su camino dieron aviso al rey David diciendo: Levantad el campo, y pasad prontamente el río, pues esto ha aconsejado Aquitofel contra vosotros.

22. Marchó, pues, David con toda su gente, y pasó el Jordán antes del amanecer, sin que quedase a la otra parte ni siquiera uno.

23. Mientras tanto Aquitofel, viendo que no se había seguido su consejo aparejó su asno, montó, y se fue a su casa de Gilo, su patria; y dispuestos los negocios de su familia, se ahorcó; y fue sepultado en el sepulcro de su padre.

24. David llegó a los campamentos; y Absalón pasó después el Jordán, seguido de todo Israel.

25. Dio Absalón el mando del ejército a Amasa, en lugar de Joab, que seguía el partido de David. Era Amasa hijo de un varón natural de Jezrael, llamado Jetra, el cual había casado con Abigaíl, hija de Naas, padre de David, y hermano de Sarvia, madre de Joab.

26. Acampó Israel con Absalón en tierra de Galaad.

27. Luego que David volvió a los campamentos, Sobi, hijo de Naas, de Rabat, ciudad de amonitas, y Maquir, hijo de Ammiel, de la ciudad de Lodabar, y Berzellai de Rogelim en Galaad,

28. le ofrecieron camas, y alfombras, y vasijas de barro, y trigo, y cebada, y harina, y polenta, y habas, y lentejas, y garbanzos tostados,

29. y miel, y manteca de vacas, ovejas y terneros gordos; y lo dieron todo a David y a la gente que lo acompañaba, para que comiesen, persuadidos de que estarían todos acosados del hambre y la sed, hallándose en un desierto.

18 *Derrota del ejército de Absalón y muerte violenta de éste. Llanto de David*

1. David, pues, habiendo pasado revista a su gente, eligió tribunos y centuriones que la mandasen.

2. Y dio a Joab el mando de un tercio del ejército; el del segundo tercio a Abisai, hijo de Sarvia y hermano de Joab; y el del otro tercio a Etai, natural de Get. Dijo después el rey a sus tropas: Yo quiero salir también con vosotros al combate.

3. Le respondieron: No debes venir de ningún modo, pues aun cuando los enemigos nos hagan huir, no habrán logrado gran cosa; ni aunque muera la mitad de nosotros, no quedarán muy satisfechos; porque tú sólo vales por diez mil. Así mejor es que te quedes en la ciudad para poder socorrernos.

4. Les dijo el rey: Haré lo que bien os pareciere. Y se puso en la puerta de la ciudad, mientras iba desfilando el ejército en cuerpos de a cien y de a mil hombres.

5. Entonces dio a Joab, a Abisai y a Etai esta orden: Conservadme a mi hijo Absalón. Y oyó todo el ejército que el rey recomendaba a todos los caudillos que conservasen a Absalón.

6. Salió, en fin, el ejército a pelear contra Israel, y se dio la batalla en el bosque de Efraín;

7. donde fue derrotado el ejército de Israel por las tropas de David. La mortandad fue grande; quedaron allí tendidos veinte mil hombres;

8. y los restantes se dispersaron por todo aquel país; y fueron muchos más los que perecieron huyendo por el bosque que los que murieron a filo de espada en aquel día.

9. Y sucedió que huyendo Absalón montando en un mulo, se encontró con la gente de David, y como se metiese el mulo debajo de una frondosa y grande encina, se le enredó a Absalón la cabeza en dicho árbol, y pasando adelante el mulo en que iba montado, quedó colgado en el aire entre el cielo y la tierra.

10. Lo vio uno, y avisó a Joab, diciendo: He visto a Absalón colgado de una encina*.

11. Respondió Joab al hombre que le daba la noticia: Si lo viste, ¿por qué no lo has cosido con la tierra a puñaladas, y yo te habría dado diez ciclos de plata, y te habría honrado con un cinturón?

12. Pero él replicó a Joab: Aunque pusieras en mi mano mil monedas de plata, no extendería yo mi mano contra el hijo del rey; pues que, oyéndolo nosotros, te mandó el rey a ti, y a Abisai, y a Etai diciendo: Conservadme a mi hijo Absalón.

13. Y aun cuando me hubiera arrojado a hacer una acción tan temeraria, no se hubiera podido ocultar esto al rey; ¿Y me habrías tú entonces defendido?

14. Dijo Joab: No será lo que dices; yo mismo lo he de atravesar a tu vista. Cogió, pues, tres dardos o rejones en su mano, y los clavó en el corazón de Absalón; y como todavía palpitase colgado de la encina,

15. acudieron corriendo diez jóvenes escuderos de Joab, y lo acabaron de matar a cuchilladas.

16. Al punto Joab hizo tocar la trompeta, y contuvo al ejército para que no persiguiese a Israel que iba huyendo; queriendo perdonar a la muchedumbre.

17. A Absalón lo descolgaron, y lo echaron en una gran hoya, en el bosque, formando sobre él un elevadísimo montón de piedras. Mientras tanto todo Israel huyó, cada uno a su casa.

18. Absalón, cuando aún vivía, se había erigido un monumento que se conserva en el Valle del Rey, porque decía: Ya que no tengo hijos, esto servirá para memoria de mi nombre. Dio, pues, su nombre a este monumento, el cual se llama aún hasta hoy día: La mano de Absalón.

David llora amargamente a Absalón

19. Dijo en seguida Aquímaas, hijo de Sadoc: Iré a dar la nueva al rey de que el Señor lo ha vengado y le ha hecho justicia contra sus enemigos.

20. Le respondió Joab: No serás tú el mensajero en esta ocasión, sino en otra; hoy no quiero que vayas tú a llevar las noticias; pues ha muerto el hijo del rey.

21. Y así dijo Joab a Cusi: Ve tú y refiere al rey lo que has visto. Cusi hizo una profunda reverencia a Joab, y echó a correr.

22. Instó Aquímaas, hijo de Sadoc, nuevamente a Joab diciendo: ¿Qué inconveniente hay en que yo vaya corriendo tras de Cusi? Le respondió Joab: ¿Para qué quieres ir a correr, hijo mío? Serás el portador de una mala noticia.

23. ¿Qué importa, replicó, que yo corra? Anda, pues, dijo Joab. Con esto Aquímaas, corriendo por un atajo se adelantó a Cusi.

24. Estaba a la sazón David sentado entre las dos puertas de la ciudad. Y el centinela apostado encima de la puerta sobre la muralla, tendiendo la vista, vio un hombre solo que venía corriendo;

25. y dio voces y se lo avisó al rey; el cual dijo: Si viene solo, trae buenas nuevas. Y mientras él apretaba el paso, y se acercaba más,

26. vio el centinela otro hombre que venía corriendo, y gritando desde lo alto, dijo: Me parece divisar otro hombre que viene corriendo solo. Dijo el rey: También ése trae buenas nuevas.

27. Añadió el atalaya: El modo de correr del primero me hace pensar que es Aquímaas, hijo de Sadoc. Ese es un buen sujeto, dijo el rey; sin duda que trae buenas noticias.

28. En esto Aquímaas gritando de lejos, dijo al rey: Señor, Dios te guarde. Y postrándose en tierra delante del rey, y haciéndole profundo acatamiento, dijo: Bendito sea el Señor Dios tuyo que ha entregado en tus manos a los que se habían sublevado contra el rey, mi señor.

29. Y dijo el rey: ¿Está vivo y sano mi hijo Absalón? Le respondió Aquímaas: Cuando Joab, tu siervo, me envió a ti, oh rey, vi que

---

10. Absalón, colgado de su cabellera, simboliza el castigo por la rebeldía.

se había levantado un gran tumulto; no sé otra cosa.

30. Le dijo el rey: Pasa y ponte aquí. Y apenas se apartó y se puso en su sitio,

31. compareció Cusi, y al llegar dijo: ¡Albricias, rey señor mío!, porque el Señor ha sentenciado hoy a tu favor contra el poder de todos los que se rebelaron contra ti.

32. Mas el rey preguntó a Cusi: ¿Está vivo y sano mi hijo Absalón? Le respondió Cusi: Tengan la suerte de ese joven los enemigos del rey, mi señor, y cuántos se levantaren contra él para dañarle.

33. Entonces el rey, lleno de tristeza, subió a la torre o cuarto que estaba sobre la puerta, y se echó a llorar, diciendo mientras subía: ¡Hijo mío Absalón! ¡Absalón, hijo mío! ¡Quién me diera, Absalón hijo mío, que yo muriera por ti! ¡Oh hijo mío Absalón!

19

David vuelve a Jerusalén, perdona a Semei, despide a Berzellai. Contienda entre Israel y Judá

1. Y avisaron a Joab que el rey estaba llorando[1] y que hacía duelo por su hijo;

2. con lo que la victoria en aquel día se convirtió en luto para todo el ejército; pues la gente oyó decir aquel día: El rey está traspasado de dolor por causa de su hijo.

3. Y así las tropas se abstuvieron de hacer su entrada en la ciudad, como suele abstenerse un ejército derrotado que viene huyendo de una batalla.

4. El rey cubrió su cabeza, y exclamaba en alta voz: ¡Hijo mío Absalón! ¡Absalón, hijo mío! ¡Hijo mío!

5. Mas Joab entrando en la casa donde el rey estaba, le dijo: Tú has cubierto hoy de confusión los rostros de todos tus siervos, que han salvado tu vida y la vida de tus hijos e hijas, y la vida de tus esposas o reinas, y la de tus demás mujeres secundarias.

6. Amas a los que te aborrecen, y aborreces a los que te aman, y hoy has mostrado que nada se te da de tus capitanes, ni de tus soldados; y verdaderamente acabo de conocer ahora que si Absalón viviese y todos nosotros hubiésemos perecido, entonces estarías contento.

7. Ahora, pues, ven y sal afuera, habla a tus soldados y manifiéstales que estás satisfecho de ellos; porque yo te juro por el Señor, que si tú no sales, ni un hombre solo ha de quedar contigo esta noche; y te hallarás en un peligro, el mayor de cuantos has tenido desde tu juventud hasta hoy.

8. Con esto salió el rey y se sentó a la puerta de la ciudad; y sabiendo el pueblo que el rey estaba allí, vino toda la gente a presentarse delante de él. Entretanto los de Israel huyeron a sus tiendas.

9. Además todo el pueblo esparcido por todas las tribus de Israel, a competencia decía: El rey nos libró del poder de nuestros enemigos, él nos salvó de las manos de los filisteos; y ahora ha tenido que huir de esta tierra por causa de Absalón.

10. Y pues que Absalón, a quien ungimos por nuestro rey, ha muerto en la batalla, ¿qué es lo que esperáis? ¿Por qué no hacéis volver al rey?

11. Advertido el rey David de esta buena disposición de todo Israel a su favor, envió a decir a los sacerdotes Sadoc y Abiatar: Hablad a los ancianos de Judá y decidles: ¿Cómo sois los últimos en procurar que el rey vuelva a su casa?

12. Vosotros sois hermanos míos, sois carne y sangre mía; ¿por qué, pues, sois los postreros en hacer volver al rey?

13. Decid también de mi parte a Amasa: Por ventura ¿no eres tú carne y sangre mía? No me haga el Señor ningún bien, y sí mucho mal, si no te hiciere general perpetuo de mis tropas, en vez de Joab.

14. De esta suerte ganó el corazón de todos los varones de Judá, como si fuesen un solo hombre, y unánimemente enviaron a decir al rey: Vuelve con todos los tuyos.

15. Volvió, pues, el rey, y vino hasta el Jordán; y todo Judá fue hasta Gálgala para recibir al rey, y hacer que pasase el Jordán.

16. También Semei, hijo de Gera de la tribu de Benjamín, natural de Bahurim, acudió a toda prisa, y vino con los de la tribu de Judá a encontrar al rey David,

17. con mil hombres de Benjamín, e iba con ellos Siba, criado de la casa de Saúl, con sus quince hijos y veinte siervos. Y rompiendo por el Jordán para ponerse delante del rey,

---

1. Al duelo de David por Absalón lo sigue un proceso de reconciliación y restauración.

18. atravesaron el vado, a fin de hacer pasar la familia del rey, y ponerse a sus órdenes. Luego que el rey hubo pasado el Jordán, Semei, hijo de Gera, postrándose a sus pies,

19. le dijo: No quieras castigar, señor, mi maldad, ni te acuerdes de las injurias recibidas de tu siervo el día que saliste, oh rey y señor mío, de Jerusalén, y no las conserves, oh rey, en tu corazón;

20. porque reconozco yo, tu siervo, el crimen que cometí, y por eso he venido hoy el primero de toda la casa de José a recibir al rey mi señor.

21. A lo que respondiendo Abisai, hijo de Sarvia, dijo: ¿Cómo? ¿Y por estas palabras se ha de escapar de la muerte Semei, habiendo maldecido al ungido del Señor?

22. Mas David dijo: ¿Qué tengo yo que hacer con vosotros, oh hijos de Sarvia? ¿Por qué hacéis hoy conmigo el oficio de diablos o tentadores? ¿Es hoy día de hacer morir a un hijo de Israel? ¿Puedo acaso olvidar que en este día he sido hecho nuevamente rey de Israel?

23. Y así dijo a Semei: No morirás. Y se lo juró.

24. También Mifiboset, hijo de Saúl, descendió al encuentro del rey, y en señal de dolor no se había lavado los pies, ni hecho la barba, ni mudado sus vestidos desde el día que salió el rey de Jerusalén, hasta que regresó felizmente.

25. Se presentó, pues, al rey en Jerusalén, y le dijo el rey: ¿Por qué no fuiste conmigo, Mifiboset?

26. El cual respondió: ¡Ah! mi criado, oh rey y señor mío, se burló de mí, pues estando como estoy impedido de las piernas, le había dicho que me aparejase un asno para montar y seguirte;

27. y sobre no hacerlo, fue a calumniarme a mí, siervo tuyo, delante de ti, que eres mi rey y señor; mas tú, oh señor y rey mío, tú eres como un ángel de Dios; haz lo que fuere de tu agrado.

28. Porque la casa de mi padre no ha recibido del rey mi señor, sino la muerte; y con todo me colocaste a mí, siervo tuyo, entre los que comen en tu mesa; ¿de qué, pues, puedo yo quejarme justamente?, o ¿cómo podré todavía reclamar nada del rey?

29. Mas el rey le dijo: ¿Para qué te cansas en hablar más? Ya te tengo dicho que tú y Siba os repartáis las posesiones.

30. Sobre lo cual respondió Mifiboset al rey: Tómelo todo si quiere, puesto que el rey, mi señor, ha vuelto felizmente a su casa.

Lealtad del anciano Berzellai

31. Asimismo Berzellai de Galaad, saliendo de Rogelim, acompañó al rey en el paso del Jordán, dispuesto a seguirlo aun a la otra parte del río.

32. Era este Berzellai, galaadita, muy anciano, es a saber de ochenta años; y el mismo que proveyó de víveres al rey mientras moraba en los campamentos o en Mahanaim, porque era hombre riquísimo.

33. Le dijo, pues, el rey: Vente conmigo para que descanses y vivas felizmente en mi compañía en Jerusalén.

34. A lo que respondió Berzellai al rey: ¿Y estoy yo en edad ahora de ir con el rey a Jerusalén?

35. Ochenta años tengo en el día; ¿acaso tienen vigor mis sentidos para discernir entre lo dulce y lo amargo? ¿O puede deleitar a tu siervo la comida y bebida? ¿O está ya para oír la voz de los cantores y cantoras? ¿A qué fin tu siervo ha de servir de carga al rey, mi señor?

36. Te acompañará tu siervo un poco más allá del Jordán. Por lo demás, no necesito de esa recompensa o mudanza de vida;

37. y te suplico que dejes volver a este tu siervo a morir en su patria, y a que sea sepultado junto a su padre y a su madre. Aquí tienes a mi hijo Camaán, tu siervo; éste puede ir contigo, mi rey y señor; y haz con él lo que bien te parezca.

38. Le respondió el rey: Venga, pues, conmigo Camaán; yo haré por él todo lo que quisieres; y cuanto tú me pidieres te será concedido.

39. Finalmente, habiendo pasado el rey el Jordán con toda la gente, besó a Berzellai, lo llenó de bendiciones; y volvió Berzellai a su casa.

40. El rey marchó a Gálgala, llevando a Camaán en su compañía. Cuando pasó el rey el Jordán le acompañaba toda la tribu de Judá, y solamente se había hallado allí la mitad del pueblo de Israel.

41. y así todos los de Israel acudiendo juntos al rey, le dijeron: ¿Por qué razón nuestros hermanos los de Judá se han apoderado de ti, haciendo pasar el Jordán a nuestro rey, y a su familia y a toda su comitiva?

42. Es, respondieron todos los de Judá a los de Israel, porque el rey nos pertenece más de cerca que a vosotros. Pero, ¿y por qué os habéis de enojar por eso? ¿Por ventura hemos comido a expensas del rey, o recibido de él algunos regalos?

43. Replicaron los de Israel a los de Judá, diciendo: Diez veces valemos más que vosotros para con el rey; y David, como rey, más nos pertenece a nosotros, que a vosotros. ¿Por qué nos habéis hecho este agravio, y no se nos avisó a nosotros primero, para que fuésemos y trajésemos nuestro rey? Pero los de Judá respondieron con mucha aspereza y tesón a los de Israel.

20 *Rebelión de Seba contra el rey David, apaciguada con la muerte del rebelde*

1. Aconteció que se hallaba allí un hombre malvado, un hijo de Belial llamado Seba, hijo de Bocri, de la tribu de Benjamín; el cual tocó la trompeta, diciendo: Nada tenemos que hacer con David, ni que esperar cosa alguna del hijo de Isaí; vuélvete, Israel, a tu casa[1].

2. Y se separó todo Israel de David, siguiendo a Seba, hijo de Bocri. Mas los de la tribu de Judá fueron acompañando a su rey desde el Jordán hasta Jerusalén;

3. y así que hubo llegado el rey a su casa de Jerusalén tomó las diez mujeres secundarias que había dejado para guardar el palacio, y las puso en clausura, dándoles alimentos, pero no se llegó más a ellas, sino que estuvieron encerradas hasta el día que murieron, viviendo como viudas.

4. Dijo después el rey a Amasa: Convócame a todos los soldados de Judá para dentro de tres días y te presentarás tú con ellos.

5. Fue, pues, Amasa a convocar a la gente de Judá, y se detuvo más del plazo que el rey le había señalado.

6. Por lo que dijo David a Abisai: Ahora nos ha de dar más que hacer Seba, hijo de Bocri, que Absalón, y corre tras él, no sea que se apodere de algunas de las ciudades fuertes, y se nos escape de las manos.

7. Salieron, pues, con él las tropas de Joab, y los cereteos y los feleteos; y todos los valientes partieron de Jerusalén en persecución de Seba, hijo de Bocri.

8. Y estando ya junto a la gran peña de Gabaón, salió Amasa a encontrarlos. Estaba Joab vestido de una túnica estrecha, ajustada a la medida de su talle, llevando sobre ella ceñida su daga pendiente con su vaina hasta la ingle, fabricada con tal arte, que a un ligero movimiento podía salirse fuera, y darse el golpe.

9. Dijo, pues, Joab a Amasa: Dios te guarde, hermano mío; y con la mano derecha asió la barbilla de Amasa en ademán de besarle.

10. Y no habiendo hecho Amasa ningún reparo en la daga o cuchillo que tenía Joab, lo hirió éste en el costado, y derramó por tierra sus entrañas, y sin repetir el golpe, lo dejó allí muerto. Luego Joab y Abisai su hermano, continuaron en seguimiento de Seba, hijo de Bocri.

11. Algunos soldados de las tropas de Joab, parándose junto al cadáver de Amasa, dijeron: Mirad el que quiso ser compañero o general de David en lugar de Joab.

12. Entretanto Amasa, revolcado en su sangre, yacía tendido en medio del camino. Advirtió uno que toda la gente se paraba a verle; y apartó el cadáver de Amasa del camino a un campo, y lo cubrió con una ropa, para que los que pasasen no se detuviesen por su causa.

13. Retirado ya del camino, pasaba adelante toda la tropa que iba con Joab, para seguir a Seba, hijo de Bocri.

14. Entretanto éste había atravesado por todas las tribus de Israel hasta Abela y Betmaaca; y había reunido a su lado lo más escogido del ejército de Israel.

15. Llegaron, pues, y pusieron sitio a Abela y Betmaaca, cercando la ciudad con trincheras, y quedó la plaza sitiada, y toda la gente de Joab se esforzaba para batir el muro.

16. Entonces una mujer muy sabia de aquella ciudad dio voces, diciendo: Oíd,

---

1. La rebelión de Seba hace renacer la rivalidad entre Saúl y David.

escuchad, decid a Joab que se acerque, para que pueda yo hablarle.

17. Se acercó Joab, y la mujer le dijo: ¿Eres tú Joab? Yo soy, le respondió. Oye, le dijo ella, las palabras de tu sierva. Ya te escucho, contestó Joab.

18. Antiguamente, prosiguió la mujer se decía por proverbio: Los que buscan consejo, búsquenle en Abela, y de este modo lograban su designio.

19. ¿No soy yo la que doy respuestas verdaderas y justas a Israel? ¿Y tú quieres arruinar una ciudad y asolar una metrópoli en Israel? ¿Por qué destruyes la herencia del Señor?

20. Respondiendo Joab, dijo: No, lejos de mí tal cosa; no vengo yo para arruinar ni asolar.

21. No es esa mi intención, sino que busco a un hombre del monte de Efraín, llamado Seba, hijo de Bocri, que se ha rebelado contra el rey David; entregadnos ese hombre solo, y nos retiraremos al instante de la ciudad. Dijo entonces la mujer a Joab: Pues ahora mismo te echarán su cabeza por el muro.

22. En efecto, se presentó la mujer donde estaba todo el pueblo; y les habló con tanta cordura, que cortando ellos la cabeza a Seba, hijo de Bocri, se la arrojaron a Joab; el cual tocó la retirada, y regresaron las tropas cada cual a su casa. Joab volvió a Jerusalén, cerca del rey.

23. De este modo quedó Joab con el mando en jefe de todo el ejército de Israel; siendo Banaías, hijo de Joíada, capitán de los cereteos y feleteos;

24. y Aduram superintendente de las rentas; Josafat, hijo de Ahilud, secretario o cronista;

25. Siva escribano; y Sadoc y Abiatar sumos sacerdotes,

26. e Ira de Jair era sacerdote de David.

21

Causa y remedio de una hambruna que sufrió Israel en tiempo de David

---

1. Hubo también hambre en tiempo de David por tres años continuos; sobre lo cual consultó David el oráculo del Señor. Y le respondió el Señor: Esto sucede por causa de Saúl y de su casa sanguinaria; porque mató él a los gabaonitas.

2. Llamando, pues, el rey a los gabaonitas, habló con ellos. Es de saber que los gabaonitas no eran de los hijos de Israel, sino un resto de los amorreos; y los israelitas les habían jurado que no les quitarían la vida; mas Saúl quiso acabar con ellos llevado de celo por el bien de los hijos de Israel y de Judá.

3. Dijo, pues, David a los gabaonitas. ¿Qué queréis que yo haga por vosotros? ¿Y qué satisfacción puede dárseos, a fin de que roguéis por la herencia del Señor?

4. Le respondieron los gabaonitas: No es nuestra querella sobre plata ni oro, sino contra Saúl y su casa; ni pretendemos que muera ningún hombre de Israel. A los cuales replicó el rey: Pues, ¿qué queréis que haga por vosotros?

5. Respondieron ellos: Al hombre que nos oprimió y asoló tan inicuamente, debemos aniquilarlo de tal suerte, que ni uno siquiera quede de su linaje en todos los términos de Israel*.

6. Dénsenos al menos siete de sus hijos, para que los crucifiquemos a honra del Señor, en Gabaa, patria de Saúl, que fue en otro tiempo el escogido del Señor. Dijo el rey: Yo os los daré.

7. Bien que perdonó el rey a Mifiboset, hijo de Jonatás y nieto de Saúl, en atención a la sagrada alianza que se habían jurado mutuamente David y Jonatás hijo de Saúl.

8. Cogió, pues, el rey dos hijos de Resfa, hija de Aya, que los había tenido de Saúl, llamados Armoni y Mifiboset, y cinco hijos de Micol, hija de Saúl, habidos de Hadriel, hijo de Berzellai, natural de Molati;

9. y los entregó en manos de los gabaonitas, que los crucificaron en un monte delante del Señor; así perecieron juntos estos siete varones, muertos en los primeros días de la siega, cuando comenzaban a segar las cebadas.

10. Pero Resfa, hija de Aya, tomando un saco de cilicio, los extendió a sus pies sobre una piedra, y se estuvo allí desde el principio de la siega hasta que cayó sobre los cadáveres lluvia del cielo, impidiendo que los devora-

---

5. Ejecución de los descendientes de Saúl, en circunstancias estremecedoras y violentas.

sen de día las aves del cielo, y de noche las fieras.

11. Refirieron a David lo que había hecho Resfa, hija de Aya, mujer secundaria de Saúl.

12. Entonces David fue y tomó los huesos de Saúl y de Jonatás, su hijo, recibiéndolos de los ciudadanos de Jabes de Galaad, que los habían hurtado de la plaza de Betsán, donde los colgaron los filisteos cuando mataron a Saúl en Gelboé,

13. y transportó de allí los huesos de Saúl y de su hijo Jonatás, y recogiendo los huesos de los crucificados,

14. los hizo sepultar con los de Saúl y de Jonatás, su hijo, en la tierra de Benjamín, a un lado del sepulcro de Cis, su padre. Ejecutado así todo lo ordenado por el rey, se mostró después Dios propicio con la tierra.

15. Entretanto los filisteos renovaron la guerra contra Israel; y salió David* con sus tropas a pelear contra ellos. Y sucedió que hallándose David cansado,

16. Jesbibenob, del linaje de Arafa, que llevaba una lanza, cuyo hierro pesaba trescientas onzas, y ceñía una espada flamante, intentó herir a David.

17. Pero lo defendió Abisai, hijo de Sarvia, el cual hirió y mató al filisteo. Con este motivo los soldados de David juraron diciendo: No saldrás ya más con nosotros a la guerra, a fin de que no se apague la antorcha de Israel.

18. Otra guerra hubo también en Gob contra los filisteos, en la cual Sobocai, natural de Husati, mató a Saf, del linaje de Arafa, de la raza de los gigantes.

19. Hubo después en Gob una tercera guerra contra los filisteos, en la cual Adeodato, hijo de Saltus, que tejía telas de colores en Betlehem, mató a Goliat de Get, que llevaba una lanza, cuyo astil era como un rodillo de telar.

20. La cuarta guerra fue en Get, donde se presentó un hombre de estatura descomunal, que tenía seis dedos en cada mano y en cada pie, esto es, veinticuatro dedos, y era de la raza gigantesca de Arafa.

21. Vino a insultar a Israel; pero lo mató Jonatán, hijo de Samaa, hermano de David.

22. Eran estos cuatro hombres naturales de Get, del linaje del gigante Arafa, y fueron muertos por David y su gente.

22 *Cántico de David en acción de gracias a Dios por haberle librado de sus enemigos*

1. Cantó* David asimismo al Señor las palabras de este cántico el día en que le hubo librado el Señor de las manos de todos sus enemigos y de la persecución de Saúl.

2. Y dijo: El Señor es el baluarte mío y mi fortaleza, y él es mi salvador.

3. Dios es mi defensa, en él esperaré; es mi escudo y el apoyo de mi salvación; él es el que me ensalza sobre mis enemigos, y él es mi amparo. Sí, Salvador mío, tú me librarás de toda violencia o iniquidad.

4. Invocaré al Señor, a quien se debe toda alabanza, y seré salvo de mis enemigos.

5. Porque yo me vi rodeado de mortales congojas; y acometido de una furiosa multitud de gente inicua, que me llenó de espanto.

6. Con las fajas mortuorias estuve ya atado, y me hallé cogido en los lazos de la muerte.

7. En mi tribulación invocaré al Señor y aclamaré a mi Dios; y él desde su templo oirá mi voz, y llegarán a sus oídos mis clamores.

8. Se conmovió y se estremeció la tierra; se agitaron los cimientos de los montes, y se hicieron pedazos, porque el Señor se mostró con ellos enojado.

9. El humo de sus narices, o su enojo, se levantó en alto; y despedía de su boca fuego devorador, que convirtió en brasas los carbones.

10. Abajó o hizo inclinar los cielos, y descendió, teniendo una densa niebla debajo de sus pies.

11. Subió después sobre los querubines, y voló; voló sobre las alas de los vientos.

12. Puso las tinieblas alrededor de sí para ocultarse; zarandeó las aguas de las nubes del cielo.

13. Los rayos refulgentes de su presencia encendieron cual fuego ascuas ardientes.

14. Tronará el Señor desde lo alto del cielo; el Altísimo hará resonar su voz.

---

15. Luchas de David contra los filisteos y contra los gigantes.

1. Este cántico es el salmo *18 (17)* con ligeras variantes.

15. Arrojó centellas contra mis enemigos, y los disipó; rayos, y los destruyó.

16. Quedaron entonces patentes los abismos del mar, y descubiertos los cimientos de la tierra a las amenazas del Señor, y al resuello impetuoso de su furor.

17. Extendió su mano desde el cielo, y me cogió; y de entre olas inmensas me sacó a salvo.

18. Me libró de mi poderosísimo enemigo, y de los que me aborrecían; los cuales eran más fuertes que yo.

19. Y me anticipó su socorro el día de la tribulación; y ha sido siempre el Señor mi firme apoyo.

20. Me sacó fuera a un sitio espacioso, y me puso en plena libertad, porque fui grato a sus ojos.

21. El Señor me recompensará según mi justicia; y me tratará según la pureza de mis manos.

22. Pues yo seguí atentamente las sendas del Señor; y no me separé de mi Dios con hechos impíos;

23. como que siempre tengo delante de mis ojos todas sus leyes, y no soy rebelde a sus preceptos.

24. Con seguir a Dios seré un varón perfecto, y me guardaré de ir en pos de mi iniquidad.

25. El Señor me dará la recompensa conforme a mi justicia, y según la pureza de mis manos delante de sus ojos.

26. Con los santos, tú, oh Dios, te mostrarás santo; y perfecto con los perfectos;

27. serás fuerte con los fuertes; y al perverso le tratarás como a tal.

28. Tú salvarás al pueblo humilde; y con una mirada abatirás a los erguidos.

29. Tú eres, Señor, mi antorcha; y tú alumbrarás, oh Señor, mis tinieblas.

30. Contigo correré armado a destrozar al enemigo; yendo con mi Dios no habrá muro que yo no salte.

31. La senda de Dios es inmaculada; y como acrisolada al fuego la palabra del Señor; escudo es de todos los que en él esperan.

32. ¿Quién es Dios fuera del Señor? ¿Y quién es fuerte sino nuestro Dios?

33. Dios es el que me revistió de fortaleza, y allanó perfectamente mi camino.

34. Hizo mis pies tan ligeros como los de los ciervos; y al fin me colocó en el lugar elevado en que me hallo.

35. El es el que adiestra mis manos para la batalla, y hace mis brazos firmes como un arco de bronce.

36. Tú me has cubierto, Señor, con el escudo de tu protección, y tu benignidad me ha engrandecido.

37. Tú ensanchaste el camino debajo de mis pies, y no desfallecerán jamás mis plantas.

38. Perseguiré a mis enemigos, y los exterminaré; no volveré atrás hasta acabar con ellos.

39. Los consumiré y haré añicos, de suerte que no puedan ya reponerse. Caerán todos bajo mis pies.

40. Porque me ceñiste, Señor, de fortaleza para la batalla, y derribaste a mis plantas a cuantos se alzaron contra mí.

41. Hiciste que volvieran las espaldas mis enemigos y aborrecedores; yo daré cabo de ellos.

42. Por más que griten nadie acudirá a su socorro; clamarán al Señor, mas no los escuchará.

43. Los disiparé como polvo de la tierra; los aplastaré y desmenuzaré como lodo de las calles.

44. Tú me libertarás, Señor, de las contradicciones de mi pueblo; me conservarás para que sea yo la cabeza de las naciones; un pueblo a quien no conozco me servirá.

45. Los hijos extraños me harán resistencia; mas oyéndome, me obedecerán.

46. Estos hijos extraños se desmayarán así que yo les mire, y se encogerán de miedo en sus escondrijos.

47. Vive para siempre el Señor, y bendito sea mi Dios. Sea engrandecido el Dios fuerte que me ha salvado.

48. Tú, oh Dios, que me has vengado, y has derribado naciones a mis pies,

49. tú eres el que me has sacado de las manos de mis enemigos, y me has ensalzado sobre los que me resistían; y tú el que me librarás del hombre inicuo.

50. Por todo lo cual cantaré, oh Señor, tus alabanzas en medio de las naciones, y entonaré cánticos en honor de tu santo nombre.

51. A ti, que has salvado milagrosamente al rey que has escogido, y usas de tantas misericordias con David tu cristo, o ungido, y las usarás con su descendencia para siempre.

23 *Cántico último de David. Catálogo de sus más ilustres campeones*

1. Estas son las últimas palabras proféticas de David. Dijo David, hijo de Isaí: Dijo el varón a quien fue dada palabra o promesa del cristo o ungido del Dios de Jacob; dijo el egregio cantor de Israel:

2. El espíritu del Señor habló por mí, su palabra ha estado sobre mi lengua.

3. Es el Dios de Israel que me ha hablado; el fuerte de Israel es quien habla; el dominador de los hombres, el justo dominador de los que temen a Dios.

4. Ellos erán como la luz de la aurora que brilla por la mañana cuando sale el sol sin nube alguna; y como hierba que brota de la tierra después de la lluvia.

5. No mereció ciertamente mi casa a los ojos de Dios, que el Señor hiciese conmigo una alianza eterna, una alianza firme y del todo inmutable. Porque él me ha salvado de todos los peligros; ha cumplido todos mis deseos, no dejándome nada que apetecer.

6. Mas los transgresores de la ley serán desarraigados todos como espinas a las cuales nadie toca con la mano,

7. sino que se arma o cubre de hierro o toma un asta de lanza, y mete fuego en ellas para abrasarlas y reducirlas a la nada.

8. Estos son los nombres de los valientes del reinado de David: Jesbaam, el que está sentado en cátedra, sapientísimo príncipe entre los tres más distinguidos; aunque parece débil y delicado como el tierno gusanillo que roe el madero, él fue el que mató en un solo choque a ochocientos hombres.

9. Después de éste fue Eleazar, ahohita, hijo de su tío paterno, uno de los tres valientes que estaban con David, cuando le insultaban los filisteos, reunidos allí en Jesdomín para dar la batalla;

10. y huyendo los israelitas, Eleazar se mantuvo firme, y estuvo hiriendo a los filisteos hasta que, cansado su brazo, se quedó yerto con la espada en la mano. El Señor concedió aquel día una gran victoria. Y la tropa que había huido, volvió para recoger los despojos de los muertos.

11. El tercero fue Semma, hijo de Age de Arari. Se juntaron un día los filisteos en un apostadero donde había un campo sembrado de lentejas; y habiendo huido el ejército por miedo a los filisteos,

12. él se plantó en medio del campo y lo defendió, derrotando a los filisteos; y lo hizo Dios conseguir una gran victoria.

13. Ya tiempo antes estos tres que eran los principales entre los treinta habían salido a reunirse con David al tiempo de la siega en la cueva de Odollam; estando los filisteos acampados en el valle de los Gigantes.

14. David estaba en un puesto fuerte, y por entonces los filisteos tenían guarnición en Betlehem.

15. Dijo, pues, David con mucho anhelo: ¡Ah! ¡si alguno me diera a beber agua de aquella cisterna que hay en Betlehem junto a la puerta!

16. Al punto estos tres valientes atravesaron el campamento de los filisteos, fueron a sacar agua de la cisterna que hay en Betlehem junto a la puerta, y se la trajeron a David; pero David no quiso beberla, sino que hizo libación de ella, o la derramó, en obsequio del Señor,

17. diciendo: Dios me libre de tal cosa. ¿Y yo bebería la sangre de estos hombres que han ido a exponer su vida? No quiso, pues, beberla. Tal acción hicieron esos tres valientes.

18. Asimismo Abisai, hermano de Joab e hijo de Sarvia, era el principal entre los tres valientes del segundo ternario. Este es el que enristró su lanza contra trescientos y los mató; él era famoso entre los tres,

19. y entre los tres el de mayor reputación y el principal de ellos; mas no igualó a los tres primeros.

20. El segundo fue Banaías, hijo de Joiada, varón fortísimo, de grandes hazañas, natural de Cabseel; éste destrozó a los dos terribles leones de Moab; y en tiempo de una nevada bajó a una cisterna, y allí mató a un fuerte león.

21. Este mismo quitó la vida a un egipcio, varón de prodigiosa estatura, que tenía una lanza en la mano. Yendo, pues, contra él, con un palo, le arrancó a viva fuerza la lanza de la mano, y lo mató con ella.

22. Esto hizo Banaías, hijo de Joíada,
23. famoso entre los tres campeones, que eran los más ilustres de los treinta. Sin embargo, no igualaba a los tres primeros; y David le hizo su consejero y secretario.
24. Entre los treinta se contaban Asael, hermano de Joab, Eleanán de Betlehem, hijo de un tío paterno de Asael;
25. Semma de Harodi; Elica de Harodi;
26. Helés de Falti; Hira de Tecua, hijo de Acces;
27. Abiecer de Anatot; Mobonnai de Husati;
28. Selmón de Ahot; Maharai de Netofat;
29. Heled, hijo de Baana, que también era de Netofat; Itai, hijo de Ribai, de Gabaat de los hijos de Benjamín;
30. Banaía de Faratón; Heddai del Torrente de Gaas;
31. Abialbón de Arbat; Azmavet de Beromi;
32. Eliaba de Salaboni; Jonatán de los hijos de Jasén;
33. Semma de Orori; Ayam de Aror, hijo de Sarar;
34. Elifelet, hijo de Aasbai, hijo de Macati; Eliam de Gelón, hijo de Aquitofel;
35. Hesrai del Carmelo; Farai de Arbi;
36. Igaal de Soba, hijo de Natán; Boni de Gadi;
37. Selec de Ammoni; Naharai de Berot, escudero de Joab, hijo de Sarvia;
38. Ira de Jetrit; Gareb, también jetrita;
39. Urías, heteo. En todos treinta y siete.

24

Enojado el Señor con David por hacer el censo del pueblo, le da a escoger uno de tres castigos

1. Se encendió de nuevo el furor del Señor contra Israel; y así permitió para su daño que David mandase hacer el censo de toda la gente de Israel y de Judá*.
2. Dijo, pues, este rey a Joab, general de sus ejércitos: Recorre todas las tribus de Israel desde Dan hasta Bersabee, y forma un censo del pueblo, a fin de que sepa yo el número de la gente.
3. Respondió Joab al rey: Así multiplique el Señor Dios tuyo a tu pueblo sobre lo que ahora es, de suerte que venga a ser cien veces más numeroso, y lo vea el rey mi señor; pero, ¿y qué es lo que pretende mi señor el rey con hacer eso?
4. Sin embargo, la voluntad del rey pudo más que las representaciones de Joab y de los capitanes del ejército; y así salió Joab con los capitanes de la presencia del rey para hacer el empadronamiento del pueblo de Israel.
5. Y habiendo pasado el Jordán, llegaron a Aroer, al lado derecho de la ciudad, que está en el valle de Gad;
6. y pasando por Jacer, entraron en Galaad y en la tierra baja de Hodsi, y llegaron hasta los bosques de Dan; y dando la vuelta por los contornos de Sidón,
7. pasaron junto a los muros de Tiro, y atravesando toda la tierra de los heveos y cananeos llegaron hasta Bersabee, al mediodía de Judá.
8. Así recorridas todas las provincias, regresaron a Jerusalén después de nueve meses y veinte días.
9. Y presentó Joab al rey la suma del encabezamiento del pueblo y se hallaron de Israel ochocientos mil hombres fuertes y aptos para la guerra; de Judá se contaron quinientos mil combatientes.
10. Pero a David le remordió su conciencia después que se formó el censo del pueblo*, y dijo al Señor: Pecado he gravísimamente en este negocio; mas te ruego, Señor, que perdones este pecado de tu siervo, porque reconozco que he obrado muy neciamente.
11. Por la mañana, así que David se hubo levantado, habló el Señor a Gad, profeta y vidente de David, diciendo:
12. Anda y dile a David: He aquí lo que dice el Señor: Tres cosas se te dan a escoger en castigo; elige de ellas la que quisieres que yo te envíe.
13. Presentándose, pues, Gad a David, se lo contó diciendo: O por siete años será tu país afligido del hambre; o por tres meses andarás huyendo de tus enemigos que te irán persiguiendo; o a lo menos por tres días

1. El censo planeado por David es interpretado como un acto de presunción y desconfianza. Así lo reconoce el mismo rey.

10. Se le concede al rey la elección entre los tres azotes tradicionales, el hambre, la guerra y la peste.

habrá peste en tu reino. Delibera, pues, ahora, y mira qué respuesta he de dar al que me ha enviado.

14. Respondió David a Gad: En un estrechísimo apuro me veo; pero más quiero yo caer en las manos del Señor (cuya misericordia es tan grande) que no en manos de hombres.

15. Envió, pues, el Señor la peste a Israel desde aquella mañana hasta el tiempo señalado, y murieron del pueblo, desde Dan hasta Bersabee, setenta mil hombres.

16. Y habiendo extendido el ángel del Señor su mano sobre Jerusalén para desolarla, el Señor se apiadó de su angustia, y dijo al ángel del Señor junto a la era de Areúna, jebuseo.

17. Y dijo David al Señor, así que vio que el ángel castigaba al pueblo: Yo soy el que he pecado; yo el que tengo la culpa. ¿Qué han hecho éstos, que son unas ovejas? ¡Oh Señor!, te ruego que descargues tu mano sobre mí y sobre la casa de mi padre.

18. Y aquel mismo día vino Gad a David y le dijo: Sube a la era de Areúna jebuseo, y levanta en ella un altar al Señor*.

19. Fue, pues, David allá, en cumplimiento del mandato que le dio Gad en nombre del Señor.

20. Areúna alzando los ojos advirtió que el rey y sus criados se encaminaban hacia él;

21. y saliendo al encuentro, hizo al rey profunda reverencia pegado el rostro en tierra, y dijo: ¿Qué motivo hay para que el rey mi señor venga a casa de su siervo? Al cual respondió David: Para comprarte esa era, y edificar en ella un altar al Señor; a fin de que cese la mortandad que se extiende por el pueblo.

22. Mas Areúna replicó a David: Tómela el rey, mi señor, y conságrela como bien le parezca; ahí tienes los bueyes para el holocausto, y el carro y los yugos de los bueyes para que sirvan de leña.

23. Todas estas cosas dio el rey Areúna al rey David, y añadió: El Señor Dios tuyo acepte tu sacrificio.

24. Respondió el rey y le dijo: No ha de ser como tú quieres, sino que te pagaré lo que vale; que no quiero ofrecer yo al Señor mi Dios holocaustos que no me cuesten nada. Y así compró David la era y los bueyes por cincuenta siclos de plata;

25. y edificó allí David un altar al Señor, ofreciendo en él holocaustos y hostias pacíficas; con lo que se mostró el Señor propicio a la tierra, y cesó la mortandad en Israel.

---

18. David compra la era donde estará el futuro templo y ofrece los primeros sacrificios.

Reyes

Introducción

El libro *1 Reyes* narra los sucesos ocurridos poco antes del reinado de Salomón, durante los 40 años de su reinado y la división de su reino, después de su muerte; las acciones de los cuatro reyes de Judá, Roboam, Abiam, Asa y Josafat; y las de los ocho reyes de Israel, Jeroboam, Nadab, Baasa, Ela, Zambri, Amri, Acab y Ocozías; y algunos hechos particulares del profeta Elías en tiempo de Acab. Así comprende unos 126 años. Algunos expositores han atribuido este libro a Jeremías, aunque Teodoreto cree que es un compendio sacado de otros escritos y formado por algún historiador después que el pueblo de Israel fue llevado cautivo por Nabucodonosor.

El libro *2 Reyes* contiene los principales hechos de dieciséis reyes de Judá, a saber: Joram, Ocozías, Atalía, Joás, Amasías, Azarías u Ozías, Joatam, Acaz, Ezequías, Manasés, Amón, Josías, Joacaz o Sellum, Joakim, Joaquín o Jeconías y Sedecías. E igualmente la historia de doce reyes de Israel, a saber: Ocozías, Joram, Jehú, Joacaz, Joás, Jeroboam, Zacarías, Sellum, Manahem, Faceía, Facee y Osee, y la relación de los milagros que Dios hizo por medio de Elías y Eliseo. Este libro comprende la historia de Israel durante unos 308 años, es decir, hasta Osee, último rey de Israel, y Sedecías, rey de Judá, quien fue llevado cautivo por Nabucodonosor.

Se puede decir que los libros *1 Reyes* y *2 Reyes* fueron arreglados por Esdras sobre memorias o documentos originales dejados por testigos de los hechos que se refieren, aunque debemos recordar que su primer autor es Dios mismo. Como dice un elocuente y venerable prelado *Brilla en estas historias y diferencia hermosísima de sucesos la santa e inefable verdad del Espíritu Santo, a la luz de la cual puedan caminar los príncipes y los súbditos por esta vida atribulada y congojosa a la patria celestial.*

Aquí se ven reyes felices y desgraciados, ministros sabios y prudentes, y perversos y codiciosos, vasallos leales y desleales, aciertos del gobierno prudentísimos, y desaciertos dañosísimos, calamidades públicas, y públicas felicidades, profetas verdaderos, y otros inicuos y falsos, y finalmente se ve no solamente lo que pasó en aquel país limitado de Palestina y Siria, sino lo que pasó y pasa en las demás monarquías, porque mudando los nombres y el campo a los sucesos en la voluble rueda de los acontecimientos humanos, aunque sean diversos en una u otra circunstancia, todos son en sustancia los mismos.

Para leer los libros de los *Reyes* conviene recordar que:

- Constituyen una historia, aunque es difícil establecer la verdad de los hechos históricos mencionados, pues están sometidos a la complejidad de las personas y las circunstancias.

- El relato de David es *sagrado*, por ello la narración conlleva el juicio favorable al iniciador de una dinastía en la que Dios ha colocado su elección.

- La historia de los reinos de Judá e Israel no es ajena a los hechos ni a la inspiración religiosa. El contexto de los libros de los *Reyes* es el *profetismo*, porque los profetas intervienen en la dirección de los acontecimientos o porque exponen su juicio sobre los reyes y sus actos.

- En cualquier época hay tensiones entre ideologías políticas. Su concordancia con el plan salvífico de Dios garantiza su éxito.

1 Reyes

1

David, ya anciano, desposa a Abisag. Unción de Salomón como rey por designio de David.

1. El rey David era ya viejo y de edad muy avanzada; y por más que le cubrían con ropa, no podía entrar en calor.

2. Por lo que le dijeron sus criados: Buscaremos para el rey, nuestro señor, una virgen jovencita, que, siendo su esposa, viva con el rey y le abrigue y duerma a su lado para que le comunique algún calor.

3. Buscaron, pues, por todas las tierras de Israel una jovencita hermosa, y hallaron a Abisag de Sunam, y se la trajeron al rey.

4. Era esta doncella de extremada hermosura y dormía con el rey, y le servía; pero el rey la dejó virgen.

5. Entretanto engreído Adonías hijo de Haggit, dijo: Yo reinaré. Con esta mira se hizo carrozas y tomó guardas de a caballo, y cincuenta hombres que lo escoltasen.

6. Ni por eso su padre lo reprendió nunca, ni le dijo: ¿Por qué haces eso? Era Adonías de hermosísima presencia, y el segundo hijo después de Absalón.

7. Y estaba de inteligencia con Joab, hijo de Sarvia, y con Abiatar, sumo sacerdote, los cuales favorecían su partido.

8. Mas el otro sumo sacerdote Sadoc, y Banaías, hijo de Joiada, el profeta Natán, y Semei, y Rei, y la principal fuerza del ejército de David, no estaban por Adonías.

9. Adonías, pues, habiendo hecho degollar corderos y becerros, y todo género de reses gordas, junto a la Peña de Zohelet, que está cerca de la Fuente de Rogel, convidó a todos sus hermanos, hijos del rey, y a todos los varones de Judá, criados del rey.

10. Mas no convidó al profeta Natán, ni a Banaías, ni a los militares más valientes ni a Salomón, su hermano.

11. Por lo que dijo Natán a Betsabé, madre de Salomón: ¿No has oído que Adonías, hijo de Haggit, se ha hecho rey, sin que David nuestro señor lo sepa?

12. Ahora, pues, ven y toma mi consejo, y salva tu vida y la de tu hijo Salomón.

13. Anda, ve y preséntate al rey David, y dile: ¿No es verdad, oh rey y señor mío, que tú me juraste a mí, esclava tuya, diciendo: Tu hijo Salomón reinará después de mí; y él se sentará en mi trono? Pues, ¿cómo es que reina Adonías?

14. Y antes que tú acabes de hablar al rey, llegaré yo después de ti, y apoyaré tus razones.

15. Entró, pues, Betsabé al cuarto del rey, el cual era ya muy viejo; y Abisag, sunamita, le asistía.

16. Betsabé se inclinó, haciéndole una profunda reverencia. Y el rey le dijo: ¿Qué es lo que quieres?

17. Respondió ella, diciendo: Tú juraste, mi señor, a tu esclava por el Señor Dios tuyo, que Salomón, mi hijo, reinaría después de ti, y se sentaría en tu trono.

18. Y he aquí que a estas horas está ya reinando Adonías, sin saberlo tú, ¡oh rey y señor mío!

19. Ha hecho degollar bueyes, y toda suerte de víctimas o reses cebadas, y muchísimos carneros, y ha convidado a todos los hijos del rey, y también al sumo sacerdote Abiatar, y a Joab, general del ejército: pero no ha convidado a tu siervo Salomón.

20. Sin embargo, oh rey y señor mío, todo Israel tiene vueltos sus ojos hacia ti, esperando que declares quién debe sentarse después de ti en tu solio, oh rey y señor mío.

21. Pues sucederá que luego que el rey, mi señor, hubiere ido a descansar con sus padres, yo y Salomón, mi hijo, seremos tratados como criminales.

22. Estaba todavía hablando Betsabé con el rey, cuando he aquí que llega el profeta Natán.

23. Y entraron recado al rey, diciendo: Aquí está el profeta Natán. El cual se presentó al rey, y postrándose hasta el suelo, le hizo profunda reverencia,

24. y le dijo: ¡Oh rey y señor mío!, ¿has

dicho tú acaso: Reine después de mí Adonías y sea él el que ocupe mi trono?

25. Porque hoy ha salido, y ha hecho degollar bueyes y reses gordas, muchísimos carneros, y ha convidado a todos los hijos del rey y a los caudillos del ejército, y también a Abiatar, sumo sacerdote; los cuales han comido y bebido a su lado, diciendo: ¡Viva el rey Adonías!

26. Mas a mí, tu siervo, ni al sumo sacerdote Sadoc, ni a Banaías, hijo de Joíada, como ni a tu siervo Salomón, no nos ha convidado.

27. ¿Es posible que mi señor el rey haya dado realmente tal orden? ¿Y que no me haya comunicado a mí, siervo tuyo, quién debe sentarse en el trono del rey mi señor después de él?

28. Mas el rey David respondió, y dijo: Llamadme a Betsabé. Así que hubo ésta entrado y estuvo delante del rey,

29. juró el rey, y dijo: Vive Dios, que ha librado mi alma de todo peligro,

30. que así como te juré por el Señor Dios de Israel, diciendo: Tu hijo Salomón reinará después de mí, y él se sentará sobre mi trono en mi lugar, así lo ejecutaré hoy.

31. Y Betsabé, inclinando el rostro hasta la tierra, hizo reverencia al rey, y dijo: ¡Viva para siempre David, mi señor!

32. Dijo después el rey David: Llamadme al sumo sacerdote Sadoc, y al profeta Natán, y a Banaías, hijo de Joíada. Y así que estuvieron éstos en su presencia

33. les dijo: Juntad mis criados o guardias; haced monta a mi hijo Salomón en mi mula, y conducidlo a Gihón*,

34. y allí lo ungirán por rey de Israel el sumo sacerdote Sadoc y el profeta Natán; y tocaréis la trompeta, y diréis: ¡Viva el rey Salomón!

35. Volveréis después acompañándole, y vendrá él a sentarse sobre mi trono, y reinará en mi lugar; y a él entregaré el gobierno de Israel y de Judá.

36. Banaías, hijo de Joíada, respondió al rey, diciendo: Amén, así lo confirme el Señor y Dios del rey mi amo.

37. Como el Señor ha protegido al rey mi amo, así guarde a Salomón, y ensalce su trono, aun más que el trono de mi amo el rey David.

38. Con esto salieron el sumo sacerdote Sadoc, y el profeta Natán, y Banaías, hijo de Joíada, con las guardias de cereteos y feleteos, y haciendo montar a Salomón en la mula del rey David, lo condujeron a Gihón.

39. El sumo sacerdote Sadoc tomó del Tabernáculo la vasija del óleo sagrado, y ungió a Salomón, y tocaron las trompetas, y gritó todo el pueblo: ¡Viva el rey Salomón!

40. Todo el mundo se fue tras él; y una tropa de gente tocaba flautas y se alegraba con gran júbilo, resonando la tierra con sus aclamaciones.

41. Las oyeron Adonías y sus convidados, cuando ya estaba el banquete acabado. Pero Joab, así que oyó el sonido de la trompeta, dijo: ¿Qué es esta algazara y alboroto de la ciudad?

42. Aún estaba hablando, cuando llegó Jonatás, hijo de Abiatar el sumo sacerdote; y le dijo Adonías: Entra, que tú eres un hombre valeroso y portador de buenas nuevas.

43. No por cierto, respondió Jonatás a Adonías; porque David, el rey nuestro Señor, ha declarado por rey a Salomón.

44. Y ha enviado con él al sumo sacerdote Sadoc, y al profeta Natán y a Banaías, hijo de Joíada, con los cereteos y feleteos; y lo han hecho montar en la mula del rey*;

45. y Sadoc, sumo sacerdote, y el profeta Natán lo han ungido por rey en Gihón, y han regresado de allí en medio de aclamaciones de júbilo, que resuenan por toda la ciudad. Estas son las voces de alborozo que habéis oído.

46. En suma, Salomón está ya sentado en el trono real;

47. y los criados del rey han entrado ya para felicitar a David, nuestro rey y señor, diciendo: Haga Dios el nombre de Salomón más glorioso todavía que tu mismo nombre, y engrandezca su trono aun más que el tuyo. Y el rey desde su cama ha adorado al Señor,

48. y ha dicho: Bendito sea el Señor Dios de Israel que me ha concedido el ver hoy con mis ojos al hijo mío sentado en mi solio.

49. Con esto quedaron atónitos todos los convidados de Adonías; y levantándose se fueron cada uno por su lado.

---

33. Fuente o sitio muy concurrido.

44. Como sucesor en el trono.

50. Mas Adonías, temiendo a Salomón, se marchó y fue a refugiarse a un lado del altar.

51. De lo cual avisaron a Salomón, diciendo: Sábete que Adonías temiendo al rey Salomón se marchó y fue a refugiarse a un lado del altar, y dice: Júreme hoy el rey Salomón que no hará morir al filo de la espada a su siervo.

52. A lo que respondió Salomón: Si fuere hombre de bien, no caerá en tierra ni uno siquiera de sus cabellos; pero si se portare malamente, morirá.

53. Envió, pues, Salomón quien lo sacase del altar; y presentándose Adonías, hizo al rey Salomón profunda reverencia, y Salomón le dijo: Vete a tu casa.

2

Ultimas instrucciones del rey David a su hijo Salomón. Muerte de Adonías, por haber aspirado al trono

1. Estando ya David cercano al día de su muerte, dio estas instrucciones a su hijo Salomón, diciendo:

2. Yo voy al lugar a donde van a parar todos los mortales. Ten tú buen ánimo y pecho varonil;

3. y observa los mandamientos del Señor Dios tuyo, siguiendo sus caminos, guardando sus ceremonias, sus preceptos, sus leyes y sus estatutos, como está escrito en la ley de Moisés, para que aciertes en todo cuanto hagas y en cuanto pongas la mira.

4. De esta manera el Señor confirmará las palabras que me dio, diciendo: Si tus hijos procedieren bien, y anduvieren en mi presencia, siguiendo la verdad con todo su corazón y con toda su alma, ocupará siempre alguno de tu linaje el trono de Israel.

5. Tú sabes ya cómo se ha portado conmigo Joab, hijo de Sarvia, y lo que hizo con los dos caudillos del ejército de Israel, Abner, hijo de Ner, y Amasa, hijo de Jeter, a los cuales asesinó, derramando su sangre en tiempo de paz, como se hace en la guerra, y ensangrentando el cinturón con que estaba ceñido, y el calzado que cubría sus pies.

6. Tú, pues, obrarás conforme a tu sabiduría; y no aguardarás a que su vejez lo conduzca tranquilamente al sepulcro.

7. Al contrario a los hijos de Berzellai, galaadita, les mostrarás tu reconocimiento, y les harás comer a tu mesa, pues salieron a recibirme y socorrerme cuando iba yo huyendo de Absalón, tu hermano.

8. Así te queda también Semei, hijo de Gera, hijo de Jemini, natural de Bahurim, el cual vomitó contra mí horrendas maldiciones cuando yo me retiraba a los campamentos. Mas porque salió a recibirme al repasar yo el Jordán, le juré por el Señor, diciendo: No te quitaré la vida.

9. Pero tú no permitas que quede impune su delito; sabio eres para conocer cómo lo has de tratar, y harás que acabe su vejez con muerte violenta.

10. Fue, pues, David a descansar con sus padres, y lo sepultaron en la ciudad de David[*].

11. El tiempo que reinó David sobre Israel fue de cuarenta años. En Hebrón reinó siete años, y treinta y tres en Jerusalén.

12. Y sucedió Salomón en el trono a su padre David; y quedó su reino firmísimamente establecido.

13. Mas Adonías, hijo de Haggit, fue a encontrar a Betsabé, madre de Salomón, la cual le dijo: ¿Es de paz tu venida? De paz, respondió él;

14. y añadió: Tengo que hablar contigo. Habla, respondió ella. Y Adonías:

15. Ya sabes, dijo, que la corona me tocaba a mí, y que todo Israel me había preferido para que fuese su rey; pero el reino ha sido transferido y puesto en poder de mi hermano; porque lo tenía destinado el Señor para él.

16. Ahora, pues, una sola cosa te pido, no me hagas el desaire de negármela. Explícate, dijo ella.

17. Adonías entonces dijo: Te suplico que digas al rey Salomón (ya que no puede negarte cosa alguna) que me dé por esposa a la sunamita Abisag.

18. Bien está, contestó Betsabé; yo hablaré por ti al rey.

19. Pasó, pues, Betsabé a ver al rey Salomón para hablarle a favor de Adonías, y se levantó el rey a recibirla, y la saludó con profunda reverencia; se sentó después en su trono; y pusieron un trono o asiento real para la madre del rey, la cual se sentó a su derecha.

---

10. *Hech* 2, 29; *Eclo* 49.

20. Y le dijo: Una gracia bien pequeña vengo a pedirte; no me hagas el desaire de negármela. Le respondió el rey: Pide, madre mía, que no es razón que yo te disguste.

21. Dijo entonces ella: Pues dese Abisag de Sunam por esposa a Adonías, tu hermano.

22. Respondió el rey Salomón, y dijo a su madre: ¿Por qué me pides la sunamita Abisag para Adonías? Pide también para él mi reino; pues él es mi hermano mayor, y tiene de su parte al sumo sacerdote Abiatar, y a Joab hijo de Sarvia.

23. Por lo cual juró el rey Salomón por el Señor, diciendo: Tráteme Dios con todo el rigor de su justicia, si no es verdad que en daño de su propia vida ha entablado Adonías esta pretensión.

24. Ahora, pues, vive Dios, que me ha establecido y colocado sobre el solio de mi padre David, y que me ha fundado casa como lo tenía prometido, que hoy ha de morir Adonías.

25. En seguida dio sus órdenes a Banaías, hijo de Joíada, el cual le quitó la vida. Así murió Adonías.

26. Dijo asimismo el rey a Abiatar, sumo sacerdote: Retírate a la posesión que tienes en Anatot. Tú, a la verdad, mereces la muerte, pero yo no te quito hoy la vida, por cuanto llevaste el arca del Señor Dios delante de mi padre David, y acompañaste a mi padre en todos los trabajos que padeció.

27. Con esto Salomón desterró a Abiatar, para que no ejerciese más las funciones de sumo sacerdote del Señor; con lo cual se cumplió la palabra pronunciada por el Señor en Silo contra la casa de Helí*.

28. Llegó esto a oídos de Joab, quien había seguido el partido de Adonías, y no el de Salomón. Se refugió, pues, Joab al Tabernáculo del Señor, y se asió de la punta del altar.

29. Le dieron cuenta al rey Salomón de que Joab se había refugiado al Tabernáculo del Señor, y de que estaba al lado del altar; y envió Salomón a Banaías, hijo de Joíada, diciendo: Anda, ve, y mátale.

30. Fue, pues, Banaías al Tabernáculo del Señor, y dijo a Joab: El rey te manda que salgas fuera. No saldré, respondió Joab; sino que moriré aquí. Dio Banaías parte al rey, diciendo: Esto me ha dicho Joab, y esto me ha respondido.

31. Y el rey le contestó: Hazlo como él ha dicho; mátale y dale sepultura; y con eso me lavarás a mí y a la casa de mi padre de la sangre inocente que derramó Joab.

32. Y el Señor hará recaer su sangre sobre su cabeza, puesto que él asesinó a dos varones justos, y mejores que él, atravesando con su espada, sin que mi padre David lo supiese, a Abner, hijo de Ner, general del ejército de Israel, y a Amasa, hijo de Jeter, general del ejército de Judá.

33. Recaiga, pues, la sangre de éstos sobre la cabeza de Joab, y sobre la cabeza de sus descendientes para siempre. Mas a David y a su descendencia, a su casa y a su trono, dé el Señor paz sempiterna.

34. Subió, pues, Banaías, hijo de Joíada; y acometiéndole, le quitó la vida, y fue sepultado en una casa suya en el desierto.

35. Después de esto el rey dio a Banaías, hijo de Joíada, el mando del ejército en lugar del difunto; y nombró o confirmó sumo sacerdote a Sadoc, en vez de Abiatar.

36. Envió también el rey a llamar a Semei, y le dijo: Hazte una casa en Jerusalén y habita en ella, de donde nunca saldrás para ir a esta o a la otra parte;

37. porque ten entendido que en cualquier día que salieres o pasares del torrente de Cedrón perderás la vida; y tu sangre recaerá sobre tu cabeza.

38. Respondió Semei al rey: Está muy bien; como lo manda el rey, mi señor, así lo hará tu siervo. Habitó, pues, Semei largo tiempo en Jerusalén.

39. Mas al cabo de tres años acaeció que unos esclavos de Semei se le huyeron a la jurisdicción de Aquis, hijo de Maaca, rey de Get; y fue Semei avisado de que sus esclavos se hallaban en Get.

40. Con lo que Semei fue y aparejó su asno y marchó a verse con Aquis en Get para recobrar sus esclavos, de donde en efecto se los trajo consigo.

41. Dieron luego parte a Salomón de que Semei había ido de Jerusalén a Get, y vuelto.

42. Y enviando el rey a llamarle, le dijo: ¿No te juré yo por el Señor, y te previne que cualquier día que salieses para ir acá o allá, se te quitaría la vida? Y tú me respondiste: Justa es la orden que acabo de oír.

43. ¿Cómo es, pues, que has traspasado

---

27. *1 Re 2*, 31; *3*, 11.

el juramento del Señor, y el precepto que yo te puse?

44. Y añadió el rey a Semei: Tú bien sabes y tu misma conciencia es testigo de todo el mal que hiciste a mi padre David. El Señor ha hecho caer sobre tu cabeza el castigo de tu maldad.

45. Mas el rey Salomón será bendito, y el trono de David será estable para siempre delante del Señor.

46. En seguida dio el rey sus órdenes a Banaías, hijo de Joíada, el cual saliendo afuera lo hirió, y le dejó muerto.

---

3 *Salomón toma por esposa a una hija del faraón. Pide al Señor la sabiduría*

---

1. Salomón, pues, afianzado que hubo su trono, emparentó con el faraón, rey de Egipto, desposándose con su hija; la que condujo a la ciudad de David, mientras que acababa de edificar su casa y el templo del Señor, y los muros alrededor de Jesusalén*.

2. Mientras tanto el pueblo ofrecía sacrificios en los lugares altos; porque no estaba todavía edificado el templo del Señor.

3. Y Salomón amó al Señor, y siguió los preceptos de David su padre; solamente que ofrecía sacrificios y quemaba incienso en los lugares altos.

4. Partió, pues, para Gabaón, a fin de ofrecer allí sacrificios; por cuanto era éste el más grande entre los lugares excelsos; mil víctimas ofreció Salomón en holocausto sobre aquel altar en Gabaón.

5. Y se apareció el Señor por la noche en sueños a Salomón, diciendo: Pide lo que quieres que yo te otorgue.

6. Respondió Salomón: Tú usaste de gran misericordia con tu siervo David, mi padre; así como él anduvo en tu presencia con verdad, y justicia, y rectitud de corazón para contigo; tú le conservaste tu gran misericordia, y le diste un hijo que se sentase sobre su trono, según que hoy se verifica.

7. Ahora, pues, Señor Dios, tú me has hecho reinar a mí, siervo tuyo, en lugar de mi padre David; mas yo soy aún como un niño pequeño que no sabe la manera de conducirse.

8. Por otra parte se halla tu siervo en medio del pueblo que tú escogiste, pueblo infinito que no puede contarse ni reducirse a número por su muchedumbre.

9. Da, pues, a tu siervo un corazón dócil para que sepa hacer justicia, y discernir entre lo bueno y lo malo; porque si no, ¿quién será capaz de gobernar este pueblo, este pueblo tuyo tan numeroso?

10. Agradó esta oración al Señor, por haber pedido Salomón semejante gracia.

11. Y le dijo el Señor: Por cuanto has hecho esta petición, y no has pedido para ti larga vida, ni riquezas, ni la muerte de tus enemigos, sino que has pedido sabiduría para discernir lo justo,

12. sábete que yo he otorgado tu súplica, y te he dado un corazón sabio y de tanta inteligencia que no lo ha habido semejante antes de ti, ni le habrá después*.

13. Pero aun esto que no has pedido, te lo daré, es a saber, riquezas y gloria; de manera que no haya habido en todos los tiempos pasados ningún rey que te iguale.

14. Y si tú siguieres mis caminos, y observares mis preceptos y mis leyes, conforme lo hizo tu padre, te concederé larga vida.

15. Luego que despertó Salomón, conoció la cualidad o verdad de aquel sueño; y llegado a Jerusalén, se presentó ante el arca del Testamento del Señor, y ofreció holocaustos y víctimas pacíficas, y dio un gran banquete a todos sus cortesanos.

Juicio de Salomón

16. En aquella sazón acudieron al rey dos mujeres públicas*, y presentándose a su tribunal,

17. dijo una de ellas: Dígnate escucharme, ¡oh señor mío! Yo y esta mujer vivíamos en una misma casa, y yo parí en el mismo aposento en que ella estaba.

18. Tres días después de mi parto, parió también ella; nos hallábamos las dos juntas, y no había en la casa nadie sino nosotras dos.

19. Mas el hijo de esta mujer murió una

---

1. Parece que la hija del faraón abrazó la religión de los hebreos. *Sal 45 (44)*, 11-12.

12. *Sab 7*, 17; *Eclo 47*, 14.
16. *Jos 2*, 1; *6*, 22.

noche; porque estando ella durmiendo lo sofocó.

20. Y levantándose en silencio a una hora intempestiva de la noche, cogió a mi niño del lado de esta sierva tuya, que estaba dormida, y se lo puso en su seno, y a su hijo muerto lo puso en el mío.

21. Cuando me incorporé por la mañana para dar de mamar a mi hijo, lo hallé muerto; pero mirándole con mayor atención así que fue día claro, reconocí no ser el mío que yo había parido.

22. A esto respondió la otra mujer: Es falso, tu hijo es el que murió, y el que vive es el mío. La otra por el contrario decía: Mientes, pues mi hijo es el vivo, y el tuyo es el muerto. Y de esta manera altercaban en presencia del rey.

23. Dijo entonces el rey: La una dice: Mi hijo es el vivo, el muerto es el tuyo. La otra responde: No, que tu hijo es el muerto, y el vivo es el mío.

24. Ahora bien, dijo el rey, traedme una espada. Y así que se la hubieron traído:

25. Partid, dijo, por medio al niño vivo, y dad la mitad a una, y la otra mitad a la otra.

26. Mas entonces la mujer que era madre del hijo vivo, clamó al rey (porque se le conmovieron sus entrañas por amor a su hijo): Dale, te ruego, oh señor, a ella vivo el niño, y no lo mates. Al contrario decía la otra: Ni sea mío ni tuyo, sino divídase.

27. Entonces el rey pronunció esta sentencia: Dad a la primera el niño vivo, y ya no hay que matarlo, pues ella es su madre.

28. Se divulgó por todo Israel la sentencia dada por el rey, y se llenaron todos de un respetuoso temor hacia él, viendo que le asistía la sabiduría de Dios para administrar justicia.

4

Esplendor y magnificencia del reino de Salomón. Se enumeran sus campañas y sus principales capitanes

---

1. Reinaba, pues, Salomón sobre todo Israel.

2. Y éstos eran sus principales ministros: Azarías, hijo del sumo sacerdote Sadoc;

3. Elihoref y Ahías, hijos de Sisa, secretarios; Josafat, hijo de Ahilud, canciller;

4. Banaías, hijo de Joíada, general de los ejércitos; Sadoc y Abiatar, sumos sacerdotes;

5. Azarías, hijo de Natán, superintendente de los que asistían al rey; Zabud, hijo de Natán, sacerdote, privado o confidente del rey;

6. y Ahisar, mayordomo mayor; y Adoniram, hijo de Ada, superintendente de las rentas.

7. Tenía también Salomón doce intendentes repartidos en todo Israel, los cuales proveían de víveres al rey y a su palacio. Cada uno de éstos suministraba durante un mes al año todo lo necesario.

8. Y he aquí sus nombres: Benur, intendente en toda la montaña de Efraín;

9. Bendecar, en Maccés, y en Salebim, y en Betsamés, y en Elón, y en Betanán;

10. Benesed, en Arubot; y a éste le pertenecía también Socó y todo el territorio de Efer;

11. Benabinadab, que tenía toda la provincia de Nefatdor, estuvo casado con Tafet, hija de Salomón;

12. Bana, hijo de Ahilud, tenía la intendencia de Tanac, y de Mageddo, y de todo el país de Betsán, que está cerca de Sartana, debajo de Jezrael, desde Betsán hasta Abelmehula en frente de Jecmaam;

13. Bengaber en Ramot de Galaad, tenía las villas de Avot-Jair, hijo de Manasés en Galaad, y gobernaba todo el país de Argod, que está en Basán, a sesenta poblaciones grandes y muradas, cuyas puertas se cerraban con barras de bronce;

14. Ahinadab, hijo de Addo, presidía en Manaím;

15. Aquímaas en Neftalí, quien estuvo asimismo casado con Basemat, hija de Salomón;

16. Baana, hijo de Husi, en Aser y en Balot;

17. Josafat, hijo de Farué, en Isacar;

18. Semei, hijo de Ela, en Benjamín;

19. Gaber, hijo de Huri, en la tierra de Galaad, en la tierra que fue de Sehón, rey de los amorreos, y de Og, rey de Basán; y cuidaba de todo lo de aquel país.

20. Judá e Israel formaban un pueblo innumerable como las arenas del mar; y comían y bebían con alegría.

21. Extendíase el dominio de Salomón sobre todos los reinos del país de los filisteos, desde el río Eufrates hasta las fronteras de Egipto, los cuales le traían presentes, y le estuvieron sujetos todo el tiempo que vivió.

22. Las provisiones para la mesa de Salomón o gasto de su palacio, eran cada día treinta coros de flor de harina y sesenta de harina común;

23. diez bueyes cebados y veinte de pasto, y cien carneros, sin contar la caza de ciervos, corzos, y búfalos, y aves cebadas, o volatería.

24. Porque era el señor de todo el país de la otra parte del río, desde Tafsa hasta Gaza, y de todos los reyes de aquellas regiones; y estaba en paz con todos los confinantes de las fronteras.

25. Así es que Judá e Israel vivían sin zozobra alguna, cada cual a la sombra de su parra, o de su higuera, desde Dan hasta Bersabee, todo el tiempo que reinó Salomón.

26. Además de esto tenía Salomón en sus caballerizas cuarenta mil caballos para carros de guerra, y doce mil de montar;

27. a los cuales mantenían los sobredichos doce proveedores del rey, los mismos que con gran esmero proveían a su debido tiempo la mesa del rey Salomón de todo lo necesario.

28. Y asimismo conducían al lugar donde se hallaba el rey, cebada y paja para los caballos y bestias de carga, según la orden que se les tenía dada.

29. Dio además Dios a Salomón una sabiduría y prudencia incomparable y una magnanimidad inmensa, como la arena que está en las playas del mar.

30. Aventajaba la sabiduría de Salomón a la sabiduría de todos los orientales y de los egipcios.

31. Era más sabio que todos los hombres: más sabio que Etán* el ezraita, y que Emán, y Cálcol, y Dorda, hijos de Mohol; y era muy celebrado en todas las naciones cercanas.

32. Pronunció también tres mil parábolas*; y sus cánticos fueron mil cinco.

33. Trató asimismo de todas las plantas, desde el cedro que crece en el Líbano hasta el hisopo que brota de las paredes; y discurrió acerca de todos los animales y de las aves, de los reptiles y de los peces.

34. Por lo que venían de todos los países a escuchar la sabiduría de Salomón, y enviados de todos los reyes de la tierra, entre los cuales se había esparcido la fama de su sabiduría.

---

31. *Sal 89 (89); 1 Cro 15,* 19.
32. *Prov 10-22; 25-29.*

5 *Preparativos para la construcción del templo. Hiram ofrece suministrar los materiales*

1. Además de eso, Hiram, rey de Tiro, envió sus embajadores a Salomón, habiendo sabido que le habían ungido rey en el lugar de su padre; porque Hiram había sido siempre amigo de David.

2. Salomón despachó también una embajada a Hiram, diciéndole:

3. Bien sabes el deseo que tuvo mi padre David, y que no pudo edificar el templo al Nombre del Señor su Dios a causa de las guerras que tenía con sus vecinos, hasta que el Señor se los puso bajo las plantas de sus pies.

4. Mas ahora el Señor mi Dios, me ha dado reposo por todas partes, y no tengo enemigo ni obstáculo alguno.

5. Por eso pienso edificar un templo al Nombre del Señor Dios mío, como lo dejó el Señor ordenado a mi padre David, diciendo: Tu hijo a quien pondré en tu lugar sobre tu solio, ése ha de edificar el templo al Nombre mío.

6. Da, pues, orden a tus gentes que me corten cedros del Líbano, y mis gentes se juntarán con las tuyas, y por el salario de éstas te daré yo todo lo que pidieres; porque bien sabes que en mi pueblo no hay quien sepa labrar la madera como los sidonios.

7. Así que oyó Hiram la embajada de Salomón, se alegró sobremanera, y exclamó: Bendito sea hoy el Señor Dios* que dio a David un hijo sapientísimo para gobernar un pueblo tan numeroso.

8. Inmediatamente Hiram envió a decir a Salomón: He oído todo lo que me pides; cumpliré todos tus deseos en orden a las maderas de cedro y abeto.

9. Mis siervos las transportarán desde el Líbano al mar, y haré acomodarlas en almadías o balsas, dirigiéndolas al lugar que me señalares, y las haré arrimar allí, y tú las mandarás recoger. Entretanto me sumi-

---

7. *1 Sam 4; Dan 6,* 16; *2 Mac 3; 2 Sam 20,* 23.

nistrarás lo que necesite para el arreglo de mi casa.

10. Daba, pues, Hiram a Salomón maderas de cedro y abeto, cuantas éste quería;

11. y Salomón por su parte daba a Hiram para sustento de su palacio veinte mil coros de trigo y veinte mil de aceite purísimo. Todo esto daba anualmente Salomón a Hiram.

12. Dio también el Señor a Salomón la sabiduría, como se lo había prometido, y tenían paz entre sí Hiram y Salomón, e hicieron alianza recíproca.

13. Tras esto escogió Salomón obreros de todo Israel, y fueron los pedidos treinta mil hombres;

14. los cuales envíaba al Líbano por su turno, diez mil cada mes; de modo que estaban dos meses en sus casas. Adoniram era el que cuidaba del cumplimiento de esta disposición.

15. Tuvo también Salomón setenta mil hombres para la conducción de los materiales, y ochenta mil canteros en el monte,

16. sin contar los sobrestantes de cada una de las obras, en número de tres mil trescientos, los cuales dirigían la gente y los obreros.

17. Mandó también el rey que sacasen piedras grandes, piedras de gran precio para los fundamentos del templo, y las cuadrasen.

18. Lo cual ejecutaron los canteros de Salomón con los de Hiram; particularmente los giblios, que fueron los que pulieron las maderas y las piedras para la construcción del templo.

6

Salomón construye el templo. Detalles de su interior, patio, puertas y fachada

1. Se comenzó a edificar la casa del Señor en el año cuatrocientos ochenta después de la salida de los hijos de Israel de la tierra de Egipto, el año cuarto del reinado de Salomón sobre Israel, en el mes de Cío, esto es, el mes segundo.

2. Y la casa que el rey Salomón edificaba al Señor tenía setenta codos de largo, veinte de ancho y treinta de alto.

3. Delante del templo había un pórtico de veinte codos de largo, según la medida de lo ancho del templo, y tenía diez codos de ancho delante de la fachada del templo.

4. En el templo hizo ventanas transversales o claraboyas;

5. y junto al muro que cercaba el templo construyó estancias entre las paredes del edificio, alrededor del templo y del oráculo; e hizo lados o parapetos en todo el contorno.

6. El piso bajo o suelo tenía cinco codos de ancho, el de en medio seis codos, el tercero siete; y en todo el edificio por fuera asentó las vigas de tal modo que no estuviesen metidas en las paredes del templo.

7. La construcción de la casa del Señor se hizo de piedras labradas de antemano; sin que, durante la obra de la casa del Señor, se oyese en ella ruido de martillo, ni de hacha, o azuela, ni de ninguna otra herramienta.

8. La puerta del piso de en medio estaba al lado derecho del edificio, y por un caracol se subía a la estancia de en medio, y de ésta al tercer alto.

9. Así edificó la casa y la perfeccionó, y la cubrió con artesanados de cedro.

10. Y edificó habitaciones con tablas alrededor de todo el edificio, de cinco codos de altura, y cubrió la casa con maderas de cedro.

11. Después de lo cual habló el Señor a Salomón, diciendo:

12. En esta casa que tú has edificado (si tú siguieres mis preceptos, y practicares mis determinaciones, y guardares todos mis mandamientos, sin desviarte de ellos), verificaré en ti la promesa que hice a David, tu padre;

13. y habitaré en medio de los hijos de Israel, y no desampararé nunca al pueblo mío de Israel.

14. Edificó, pues, Salomón el templo, y lo concluyó.

15. Las paredes del templo las revistió por dentro de tablas de cedro desde el suelo hasta el remate de las paredes y hasta el techo; cubriéndolo por dentro con madera de cedro; cubrió asimismo el pavimento del templo con tablas de abeto.

16. En la parte posterior del templo formó con tablas de cedro un edificio o división de veinte codos desde el pavimento hasta lo más alto; y lo destinó para lugar inferior del oráculo.

17. El templo desde la puerta del oráculo hasta abajo tenía cuarenta codos.

18. Y todo el edificio por dentro estaba revestido de cedro, con sus emsambladuras y junturas hechas con mucho primor, y artificiosamente esculpidas; todo estaba cubierto de tablas de cedro, de tal forma que no se podía ver ni una sola piedra de la pared.

19. El oráculo lo había edificado en el fondo del templo, en la parte más inferior para colocar allí el arca del Testamento del Señor.

20. Tenía este oráculo veinte codos de largo, veinte codos de ancho, y veinte codos de alto, y lo cubrió y revistió de oro purísimo. Cubrió también de oro el altar o mesa de cedro*.

21. Aun la parte del templo que estaba delante del oráculo la cubrió con oro acendrado, clavando las planchas de oro con clavos de lo mismo.

22. No había parte alguna dentro del templo que no estuviese cubierta de oro; y de oro cubrió también todo el altar de los perfumes, que está delante de la puerta del oráculo.

23. Dentro del oráculo puso dos querubines hechos de madera de olivo, de diez codos de alto.

24. Cinco codos tenía cada una de las dos alas del querubín; y así había diez codos desde la punta de un ala hasta la punta de la otra.

25. Igualmente el segundo querubín era de diez codos con la misma dimensión, pues los dos querubines eran de una misma hechura.

26. Esto es, un querubín tenía de altura diez codos y otros tantos el otro.

27. Estos querubines los colocó en medio del templo interior u oráculo, y tenían extendidas sus alas, y el ala de un querubín tocaba a la pared, y el ala del segundo tocaba a la otra pared; y las otras dos alas se tocaban entre sí en el punto de en medio del templo u oráculo.

28. Cubrió también de oro los querubines.

29. E hizo adornar todas las paredes del templo alrededor con varias molduras y relieves, figurando en ellas querubines y palmas, y diversas figuras, que parecían saltar y salirse de la pared.

30. El mismo pavimento del templo, tanto en la parte interior u oráculo, como la exterior, lo cubrió de oro.

31. Y a la entrada del oráculo hizo dos puertecitas de madera de olivo, y sus postes o columnas eran de cinco caras.

32. En estas dos puertas de madera de olivo entalló figuras de querubines, y de palmas, y bajorrelieves de mucho realce, y los cubrió de oro; cubriendo también de oro tanto los querubines como las palmas y todas las demás molduras.

33. E hizo a la entrada del templo postes de madera de olivo cuadrangulares,

34. y dos puertas de madera de abeto, una a un lado y la otra a otro; y ambas puertas eran de dos hojas, que se abrían sin desunirse.

35. En ellas esculpió querubines y palmas y varias molduras de mucho relieve, cubriendo o adornando cada cosa con láminas de oro, trabajado todo a escuadra y regla.

36. Y edificó el atrio interior con tres órdenes de piedras labradas y un orden de maderas de cedro.

37. Se echaron los cimientos de la casa del Señor el año cuarto, en el mes de Cío;

38. y el año undécimo, es el mes de Bul, esto es el mes octavo, se concluyó la casa del Señor con todas sus partes y con todos sus utensilios. Y la edificó Salomón en siete años.

7

Salomón edifica su palacio. Forma dos columnas para el templo, y el mar de bronce

---

1. Construyó después Salomón, y acabó enteramente en trece años, su propia casa.

2. Construyó asimismo la casa o palacio del bosque del Líbano que tenía cien codos de largo y cincuenta de ancho, y treinta de alto; y había cuatro galerías entre columnas de cedro; pues de los maderos de cedro había formado columnas.

3. Y revistió de tablas de cedro toda la bóveda, la cual estribaba sobre cuarenta y cinco columnas o pilares. Cada hilera tenía quince columnas,

20. Sobre el cual se debía colocar el arca.

4. asentadas una enfrente de otra,

5. y paralelas, con igual espacio entre columna y columna; sobre las columnas había travesaños cuadrangulares, todos iguales.

6. Hizo también un pórtico de columnas que tenía cincuenta codos de largo y treinta de ancho. Además un segundo pórtico delante del pórtico grande, con columnas y arquitrabes sobre columnas.

7. De la misma forma hizo el pórtico del trono, donde estaba el tribunal del rey, y lo cubrió de madera de cedro desde el pavimento hasta la techumbre.

8. Y el estrado o solio, donde se sentaba para hacer justicia, estaba en medio de este pórtico, y era de igual labor. Construyó asimismo Salomón para la hija del faraón (que había tomado por esposa) una casa o habitación de la misma arquitectura de la casa del pórtico.

9. Todos estos edificios desde los cimientos hasta lo más alto de las paredes, y por fuera hasta el atrio principal, eran de piedra de gran valor, aserradas por todas partes con la misma regla y medida.

10. Los cimientos eran también de piedras de mucho precio; piedras grandes de diez o de ocho codos;

11. y de allí arriba, piedras igualmente apreciables, cortadas a una misma medida, y revestidas también de cedro.

12. El atrio grande tenía a la redonda tres órdenes de piedra de sillería y uno de vigas de cedro labrado; y lo mismo tenía el atrio interior del templo, del Señor y su pórtico.

13. Además de esto el rey Salomón hizo venir de Tiro a Hiram,

14. hijo de una mujer viuda de la tribu de Neftalí y de padre tirio; artífice dotado de gran saber, inteligencia y maestría para ejecutar toda clase de obras de bronce. El cual habiéndose presentado al rey Salomón, le hizo todas sus obras.

15. Primero fundió dos columnas de bronce, cada una de dieciocho codos de alto; daba vuelta a cada columna un cordón o moldura de doce codos.

16. Fundió asimismo dos capiteles de bronce, para ponerlos sobre los remates de las columnas: un capitel tenía cinco codos de alto y otros tantos el otro;

17. y estaban rodeados como de una red de cadenas entrelazadas entre sí con maravilloso artificio. Los dos capiteles de las columnas eran de fundición, en cada uno de los cuales había siete hileras de mallas o trenzas.

18. Y para complemento de las columnas hizo dos órdenes de mallas o redes, que rodeaban y cubrían los capiteles asentados sobre pezones de granadas; lo mismo hizo con el segundo capitel que con el primero.

19. Los capiteles puestos sobre los remates de las columnas en el pórtico, estaban labrados en forma de azucena, y eran de cuatro codos.

20. Y además sobresalían otros dos capiteles encima de las columnas entre las mallas, proporcionados a la medida de cada columna; y así en el segundo capitel, como en el primero, se veían doscientas granadas colocadas alrededor con simetría.

21. Y asentó las dos columnas en el pórtico del templo; y alzado que hubo la de la derecha, la llamó Jaquín; levantada igualmente la segunda, le puso por nombre Booz.

22. Sobre las cabezas de las columnas puso remates, que tenían la figura de azucena; y con esto quedó concluida la obra de las columnas.

23. Hizo también de fundición una gran concha*, toda redonda, de diez codos de diámetro, de un borde al otro; tenía cinco codos de profundidad, y un cordón o moldura de unos treinta codos ceñía toda su circunferencia.

24. Más abajo del borde corría una obra de talla por cada diez codos, la cual rodeaba la concha; los dos órdenes de estas molduras acanaladas eran también de fundición.

25. El mar, o concha, estaba sobre doce bueyes; de los cuales tres miraban al septentrión, tres al occidente, tres al mediodía, y tres al oriente, y la concha se apoyaba sobre ellos, quedando las partes posteriores del cuerpo de los bueyes enteramente ocultas hacia la parte de adentro.

26. Tenía este baño un palmo de grueso; su borde era semejante al borde de una copa y a la hoja de una azucena abierta; cabían en él dos mil batos*.

---

23. Llamada *Mar* por su gran cantidad de agua.
26. Un bato tiene unos 22 litros.

27. Fundió también diez basas de bronce*; cada una tenía cuatro codos de largo, cuatro de ancho y tres de alto.

28. Todas las labores de las basas eran obra entretallada con molduras entre las junturas;

29. y entre guirnaldas y festones se veían leones y bueyes, y querubines, y asimismo sobre las junturas; debajo de los leones y bueyes colgaban unas como guirnaldas de bronce.

30. Cada basa se sostenía sobre cuatro ruedas con ejes de bronce, y a las cuatro esquinas debajo del baño había como cuatro espaldillas o zocalillos de fundición, una enfrente de otra.

31. En el remate de la basa había por dentro una concavidad donde encajaba la pila del baño; y lo que se descubría por fuera en espacio de un codo, era perfectamente redondo, y la boca entera tenía codo y medio; en las esquinas sostenidas de los zócalos había varias esculturas, y los intermedios de los zócalos eran cuadrados, no redondos.

32. Las cuatro ruedas puestas en los cuatro ángulos de la basa, estaban debajo de la basa, correspondiéndose una a otra; cada rueda tenía codo y medio de alto.

33. Las ruedas eran como las que suelen hacerse para un carro; con sus ejes y rayos, y llanta, y cubos, todo de fundición;

34. porque aun aquellos cuatro hombrillos o zocalillos a las cuatro esquinas de cada basa estaban fundidos con la misma basa en un molde, y unidos con ella.

35. En lo alto de la basa había un cerco redondo de medio codo, hecho de tal manera que pudiese sostener encima la concha; y tenía sus molduras y varias labores de relieve, todo de una pieza;

36. y en los costados, que también eran de bronce, y en las esquinas esculpió querubines, y leones, y palmas, con tal arte, que no parecían esculpidos, sino sobrepuestos alrededor, y tan al vivo como un hombre que está en pie*.

37. A este tenor fabricó las diez basas, fundidas de un mismo modo, y de una misma medida y entalladura.

38. Fundió también diez conchas o baños de bronce; en cada concha cabían cuarenta batos, y eran de cuatro codos, y colocó una concha sobre cada una de las diez basas.

39. Y colocó diez basas, cinco a la mano derecha del templo, y cinco a la izquierda; y la gran concha o mar a la derecha del templo entre oriente y mediodía.

40. Hizo también Hiram calderos, y cuencos y calderillas, y concluyó todo cuanto le ordenó hacer el rey Salomón para el templo del Señor;

41. es a saber, las dos columnas, y los dos cordones de los capiteles de las columnas, y las dos mallas que cubrían los dos cordones que estaban sobre las cabezas de las columnas;

42. cuatrocientas granadas en las dos mallas; dos órdenes de granadas en cada malla que cubría los cordones de los capiteles, asentados sobre las cabezas de las columnas;

43. las diez basas y las diez conchas sobre las basas;

44. y los calderos, cuencos y calderillos. Todos los vasos que hizo Hiram al rey Salomón para el servicio de la casa del Señor eran de bronce fino.

46. Los hizo fundir el rey en las llanuras del Jordán en una tierra gredosa, entre Socot y Sartán.

47. Y puso Salomón todos estos vasos en el templo; y por su excesivo número no se tuvo cuenta con el peso del metal.

48. Mandó hacer también Salomón todo aquello que debía servir para la casa del Señor: el altar de oro y la mesa de oro, sobre la cual se habían de poner los panes de la proposición;

49. y los candeleros de oro, cinco a la derecha y cinco a la izquierda delante del oráculo, todos de oro acendrado, con unas como flores de lis, encima de los candeleros las lámparas o mecheros, y despabiladeras de lo mismo.

50. y tenajuelas, y arrejaques, y tazas, y morterillos e incensarios de finísimo oro. Los quicios de las puertas de la casa interior del lugar santísimo y de las puertas del templo eran asimismo de oro.

51. Así completó Salomón toda la obra que tenía trazada para la casa del Señor, y metió en ella el oro, la plata y todos los vasos que su padre David había consagrado a

---

27. *2 Cro 4*, 6.
36. Alude a la figura de los querubines, que se parecía a la de un hombre de pie.

Dios, y lo mandó guardar todo en los tesoros de la casa del Señor.

8 *Dedicación solemne del templo, al cual se traslada el arca. Oración de Salomón; víctimas inmoladas*

1. Entonces se congregaron en Jerusalén todos los ancianos de Israel con los príncipes de las tribus y las cabezas de las familias de los hijos de Israel, al llamamiento del rey Salomón, para trasladar el arca del Testamento del Señor desde la ciudad de David, esto es, desde Sión.

2. Se juntó, pues, todo Israel ante el rey Salomón el día solemne del mes de Etanim, que es el mes séptimo.

3. Y acudieron todos los ancianos de Israel; y los sacerdotes tomaron el arca del Señor,

4. y el Tabernáculo de la alianza en que estaba y todos los vasos del santuario que había en el Tabernáculo, y los llevaban los sacerdotes y levitas.

5. Mas el rey Salomón y toda la multitud de Israel reunida a él, iban delante del arca, e inmolaban ovejas y bueyes sin tasa ni número.

6. Por fin, los sacerdotes colocaron el arca del Señor en el lugar destinado del oráculo del Templo, en el lugar santísimo, debajo de las alas de los querubines.

7. Pues estos querubines tenían extendidas sus alas sobre el sitio del arca, y cubrían por arriba el arca y sus varas;

8. y las varas que antes salían algún tanto afuera dejándose ver sus cabos fuera del santuario delante del oráculo, ya no se descubrían más por fuera; y de esta manera han quedado allí hasta el día de hoy.

9. Dentro del arca no había otra cosa sino las dos tablas de piedra que había puesto en ella Moisés en Horeb, cuando el Señor hizo la alianza con los hijos de Israel, luego que salieron de la tierra de Egipto.

10. Y sucedió que al salir los sacerdotes del santuario, una niebla llenó la casa del Señor;

11. de manera que los sacerdotes no podían estar allí para ejercer su ministerio por causa de la niebla; porque la gloria del Señor tenía ocupada de lleno la casa del Señor.

12. Entonces dijo Salomón: El Señor tiene dicho que había de morar en una niebla.

13. No he descansado, oh Dios, hasta ver concluida una casa para tu habitación, para trono tuyo firmísimo para siempre.

14. Y volviéndose el rey hacia toda la congregación de Israel*, le deseó y pidió para ella toda suerte de felicidades; pues todo Israel se hallaba allí reunido.

15. Y añadió Salomón: Bendito sea el Señor Dios de Israel, el cual por su propia boca predijo a David, mi padre, lo que con su poder ha ejecutado, diciendo:

16. Desde el día que saqué de Egipto a mi pueblo de Israel, yo no me escogí ninguna ciudad entre todas las tribus de Israel para edificar en ella casa donde se invocase mi Nombre; escogí, sí, a David para que fuese el jefe de mi pueblo de Israel.

17. Quiso, pues, David, mi padre, edificar una casa al Nombre del Señor Dios de Israel.

18. Pero el Señor dijo a mi padre David: Bien has hecho en haber ideado en tu corazón construir casa a mi Nombre, formando en tu mente tal designio.

19. Con todo, no me edificarás tú la casa, sino un hijo tuyo que descenderá de ti; ése ha de edificar la casa a mi Nombre.

20. El Señor puso en ejecución la palabra que pronunció; y yo ocupé el lugar de mi padre, y me senté sobre el trono de Israel como el Señor lo había dicho, y he edificado la casa al Nombre del Señor Dios de Israel.

21. Y en ella he escogido el lugar para el arca, dentro de la cual está la ley, que es la alianza del Señor, hecha con nuestros padres, cuando salieron de la tierra de Egipto.

Plegaria del rey Salomón

22. Se puso después Salomón de rodillas ante el Altar del Señor, a vista de la asamblea de Israel, y levantando las manos hacia el cielo,

23. dijo: ¡Oh Señor Dios de Israel!, no hay Dios semejante a ti, ni arriba en el cielo, ni acá abajo en la tierra; tú guardas el pacto y usas misericordia con tus siervos, que andan en tu presencia con todo su corazón.

24. Tú has cumplido a tu siervo David, mi padre, la palabra que le diste; la pronunció

---

14. En medio del atrio había una tribuna o trono para el rey. *2 Cro 6*, 13.

tu boca, y la ejecutaron tus manos, como lo acredita este día.

25. Ahora, pues, Señor Dios de Israel, confirma a tu siervo David, mi padre, lo que le prometiste, diciendo: No faltará jamás de tu linaje quien se siente ante mí sobre el trono de Israel, con tal que tus hijos vigilen sobre sus pasos, y anden delante de mí como tú has andado en mi presencia.

26. Sí, oh Señor Dios de Israel, confírmense hoy tus promesas hechas a tu siervo David, mi padre.

27. Mas en efecto: ¿es creíble que verdaderamente Dios ha de habitar sobre la tierra? Porque si ni los cielos, oh Señor, ni los altísimos cielos pueden abarcarte, ¿cuánto menos esta casa que yo he construido?

28. Como quiera, oh Señor Dios mío, atiende a la oración de tu siervo, y a sus súplicas; escucha los himnos y las plegarias que tu siervo pronuncia hoy en tu presencia;

29. estén tus ojos abiertos de día y de noche sobre esta casa, sobre la casa de la cual dijiste: Mi Nombre será en ella invocado; de modo que oigas la oración que tu siervo te hace en este sitio,

30. y escuches las súplicas de tu siervo y de Israel, pueblo tuyo, sobre cuanto te pidan en este lugar. Sí, tú los oirás, oh Señor, desde el lugar de tu mansión en el cielo, y oyéndolos te mostrarás con ellos propicio.

31. Si un hombre pecare contra su prójimo, y tuviera que hacer algún juramento con que quede obligado, y viniere a tu casa o templo, ante tu altar para prestar o confirmar el juramento,

32. tú estarás escuchándole desde el cielo; y harás justicia a tus siervos, condenando al impío, y haciendo caer sobre su cabeza el castigo de su mal proceder; y absolviendo al justo, y recompensándole según su justicia.

33. Si tu pueblo de Israel huyere a la presencia de sus enemigos (porque vendrá día en que pecará contra ti), y haciendo penitencia, y dando gloria a tu Nombre, vinieren sus hijos a orar y a implorar tu misericordia en esta tu casa,

34. óyelos tú desde el cielo, perdona el pecado de tu pueblo de Israel, y restitúyelos a la tierra que diste a sus padres.

35. Si el cielo se cerrare, y no lloviere por causa de sus pecados, y orando en este lugar hicieren penitencia, dando gloria a tu Santo Nombre, y en su aflicción se convierten de sus culpas,

36. atiéndeles, Señor, desde el cielo y perdona los pecados de tus siervos y de Israel, pueblo tuyo; y enséñales el buen camino por donde deben andar, y envía lluvias a esta tu tierra, cuya posesión diste a tu pueblo.

37. Si viniere hambre al país o peste, o infección de aire, o tizón, o langosta o pulgón; si los enemigos le devastaren sitiando sus ciudades; en toda plaga, en toda suerte de calamidad que viniere,

38. siempre que cualquier particular de tu pueblo de Israel recurriere a ti con votos y plegarias, y reconociendo la llaga que ha hecho el pecado en su corazón, levantare a ti sus manos en esta casa,

39. tú le escucharás benigno desde el cielo, desde aquel lugar de tu morada, y te le mostrarás propicio; y darás a cada uno según sus obras, conforme vieres su corazón (porque sólo tú conoces el corazón de todos los hijos de los hombres),

40. a fin de que te teman mientras viven sobre la tierra que diste a nuestros padres.

41. Asimismo cuando el extranjero, que no pertenece a tu pueblo de Israel, viniere de lejanas tierras por amor de tu Nombre (puesto que se esparcirá por todas partes la fama de tu gran Nombre y de tu poderosa mano,

42. y de tu fuerte brazo), cuando viniere, digo, y orare en este lugar,

43. tú le oirás desde el cielo, desde aquel firmamento en que tienes tu habitación, y otorgarás todo cuanto te suplicare el extranjero; para que así todos los pueblos del mundo aprendan a temer tu Nombre, como tu pueblo de Israel; y sepan por experiencia que tu Nombre es invocado en esta casa que yo he edificado.

44. Si tu pueblo saliere a campaña contra sus enemigos, doquiera que tú lo enviares, hará oración a ti mirando hacia la ciudad de Jerusalén* que tú elegiste, y hacia la casa que yo he construido a tu Nombre,

45. y tú oirás desde el cielo sus oraciones y súplicas, y les harás justicia.

46. Que si pecaren contra ti, (pues no hay hombre que no peque) y airado los

---

44. *Dan* 6, 10.

abandonares en poder de sus enemigos, y fueren llevados cautivos a tierra enemiga, lejos o cerca de aquí,

47. y ellos en el lugar de su cautiverio se arrepintieren de corazón, y convertidos te pidieren perdón en medio de su esclavitud, diciendo: Hemos pecado, hemos procedido inicuamente, hemos hecho acciones impías;

48. y se volvieren a ti de todo su corazón, y con toda su alma, en la tierra enemiga, a donde fueren conducidos esclavos, e hicieren oración a ti, mirando hacia su tierra, que diste a sus padres, y hacia la ciudad que tú elegiste, y hacia el templo que he edificado a tu Nombre,

49. tú, Señor, oirás desde el cielo, desde esa firmísima morada en que tienes puesto tu solio, sus oraciones y sus plegarias, y saldrás a su defensa;

50. y propicio a tu pueblo que pecó contra ti, perdonarás todas las iniquidades con que contra ti hubieren cometido; e infundirás misericordia en aquellos que los tuvieren cautivos, para que los traten con compasión.

51. Porque ellos son el pueblo tuyo y la heredad tuya, y los sacaste de la tierra de Egipto de en medio del horno o crisol del hierro.

52. Estén, pues, atentos tus ojos a las súplicas de tu siervo y de Israel, tu pueblo, y óyelos en cualquier ocasión que te invocaren;

53. ya que tú, ¡oh Señor Dios!, los escogiste de todos los pueblos de la tierra para posesión tuya, como lo declaraste por boca de tu siervo Moisés, cuando sacaste de Egipto a nuestros padres.

Bendición del pueblo y sacrificios

54. Luego que Salomón hubo acabado de proferir toda esta oración y plegaria al Señor, se levantó de ante el Altar del Señor, porque había hincado ambas rodillas en tierra, teniendo levantadas las manos hacia el cielo;

55. y puesto en pie, bendijo a toda la congregación de Israel, diciendo en alta voz:

56. Bendito sea el Señor que ha dado reposo a su pueblo de Israel, conforme a todas las promesas que hizo; no ha faltado ni una sola palabra en orden a todos los bienes que él prometió por boca de Moisés, siervo suyo.

57. El Señor Dios nuestro sea con nosotros, como estuvo con nuestros padres, y no nos desampare ni nos deseche;

58. antes bien incline hacia sí nuestros corazones, para que andemos por todos sus caminos guardando sus mandamientos y ceremonias, y todos los preceptos judiciales que prescribió a nuestros padres.

59. Y estas mis palabras, con que acabo de orar al Señor, estén presentes día y noche ante el Señor Dios nuestro, para que en todo tiempo ampare a su siervo y a su pueblo de Israel;

60. a fin de que todas las naciones de la tierra reconozcan que el Señor es el verdadero Dios, y que fuera de él no hay otro.

61. Sea también nuestro corazón recto para con Dios nuestro Señor; de suerte que obedezcamos sus preceptos, y observemos sus mandamientos, como hacemos hoy.

62. Después de esto el rey, y con él todo Israel, sacrificaban víctimas delante del Señor.

63. Y las víctimas que Salomón degolló y sacrificó al Señor como hostias pacíficas, fueron veintidós mil bueyes, y ciento veinte mil ovejas; y de esta manera dedicaron el templo del Señor el rey y los hijos de Israel.

64. En este mismo día hizo el rey consagrar aquella parte del atrio que estaba delante de la casa del Señor, ofreciendo allí holocaustos y víctimas, y la grasa de las hostias pacíficas; atento que el altar de bronce erigido al Señor no era tan grande que pudiesen caber en él los holocaustos y los sacrificios, y las grasas de las hostias pacíficas.

65. Celebró, pues, entonces Salomón una fiesta solemnísima, y con él todo Israel, congregado en grandísimo número desde la entrada de Emat hasta el río de Egipto, en la presencia del Señor Dios nuestro, por espacio de siete días, y después otros siete, esto es, catorce días.

66. Y el día octavo de esta última fiesta despidió las gentes; las cuales llenando de bendiciones al rey, se volvieron a sus casas, alegres y con el corazón lleno de gozo por todos los beneficios que había hecho el Señor a David, su siervo, y a Israel, su pueblo.

9

El Señor se aparece otra vez a Salomón y le confirma sus promesas. Construcción de varias ciudades

1. Habiendo acabado Salomón de construir la casa o templo del Señor, y el palacio real, y todas las obras que había ideado y querido hacer,

2. se le apareció el Señor por segunda vez en sueños, como se le había aparecido en Gabaón,

3. y le dijo: He oído tu oración y la súplica que me has hecho; he santificado esta casa que me has edificado, a fin de que permanezca en ella mi Nombre para siempre; y en todo tiempo mis ojos y mi corazón estarán fijos sobre este lugar.

4. Por lo que a ti toca, si tú anduvieres en mi presencia, como anduvo tu padre, con un corazón recto y sencillo, e hicieres todo lo que te tengo mandado, y guardares mis leyes y mandamientos,

5. yo aseguraré para siempre el trono de tu reino sobre Israel, como se lo prometí a tu padre David, diciendo: Será siempre de tu linaje el que ocupe el trono de Israel.

6. Mas si vosotros y vuestros hijos obstinadamente os apartáis de mí, dejando de seguirme, y no guardando mis mandamientos y ceremonias que os he prescrito, antes bien os fuereis en pos de los dioses extranjeros, dándoles culto y adoración,

7. yo arrancaré a Israel de la tierra que le di, y arrojaré lejos de mí ese templo que he consagrado a mi Nombre; e Israel vendrá a ser el escarnio y la fábula de todas las gentes*.

8. Y esta casa, hecha cenizas, se mirará como un ejemplo de mi justicia; cualquiera que pasare por delante de ella, quedará pasmado, y prorrumpirá en exclamaciones, y dirá: ¿Por qué ha tratado así el Señor a este país y a esta casa?

9. Y le responderán: Porque abandonaron al Señor Dios suyo, que sacó a sus padres de la tierra de Egipto, y se fueron tras los dioses ajenos, y los adoraron y dieron culto; por eso el Señor ha descargado sobre ellos todos estos males.

7. *Jer* 7, 4.

10. Pasados, pues, los veinte años que Salomón empleó en edificar las dos casas, esto es, el templo del Señor y la casa del rey

11. (suministrándole Hiram, rey de Tiro, las maderas de cedro y abeto, y el oro, todo cuanto había necesitado), entonces Salomón dio a Hiram veinte poblaciones en tierra de Galilea*.

12. E Hiram salió de Tiro para ver las poblaciones que Salomón le había dado y no le agradaron.

13. Y así dijo: ¿Conque éstas son, hermano mío, las ciudades que me has dado? Y las llamó tierras de Cabul*, nombre que conservan hasta el día de hoy.

14. También había enviado Hiram al rey Salomón ciento veinte talentos de oro;

15. tan grandes fueron las expensas del rey Salomón en la construcción de la casa del Señor, y de los edificios de Mello, y en los muros de Jerusalén, de Heser, de Mageddo y de Gazer.

16. Es de saber que el faraón, rey de Egipto, había ido a sitiar a Gazer, y después de haberla tomado, e incendiado, y pasado a cuchillo a los cananeos, sus moradores, se la dio en dote a su hija, mujer de Salomón.

17. Salomón, pues, reedificó a Gazer, y a Bet-Horón la de abajo,

18. y a Balaat, y a Palmira en el desierto;

19. y todos los lugares que le pertenecían, y estaban sin muros, los fortificó, como también las ciudades en que tenía sus carros de guerra, y las ciudades en que estaba la tropa de a caballo; en suma acabó cuanto quiso construir en Jerusalén, y en el Líbano, y en todas las tierras de sus dominios.

20. A toda la gente que había quedado de los amorreos, y heteos, y ferezeos, y heveos, y jebuseos, los cuales no eran del número de los hijos de Israel,

21. a los hijos, digo, de estos pueblos, que se mantenían en el país por no haberlos podido exterminar los hijos de Israel, los hizo Salomón tributarios, como lo son hasta hoy.

22. Mas de los hijos de Israel dispuso Salomón que ninguno estuviese sujeto a servidumbre*, sino que éstos eran des-

11. *Jos 19*, 27; *2 Cro 8*, 2.
13. Tierra arenosa y seca, o llena de espinas.
22. O que sirviera en las faenas más penosas.

tinados a las armas, y eran ministros suyos, y príncipes, y capitanes, y comandantes de los carros de guerra y de la caballería.

23. Había puesto también Salomón por inspectores de todas las obras quinientos cincuenta jefes, que tenían a sus órdenes la gente, y dirigían las tareas que les habían señalado.

24. La hija del faraón pasó de la ciudad de David al palacio que le había construido Salomón; el cual edificó entonces a Mello.

25. Ofrecía asimismo Salomón tres veces al año* holocaustos y víctimas pacíficas sobre el altar que había erigido al Señor; ante el cual hacía quemar los perfumes, después que quedó el templo todo acabado.

26. Hizo también equipar Salomón una flota en Asiongaber, que cae junto a Ailat, sobre la costa del mar Rojo, en la Idumea;

27. y envió Hiram en esta flota algunas de sus gentes, hombres inteligentes de la náutica, y prácticos de la mar, con las gentes de Salomón.

28. Y habiendo navegado a Ofir, tomaron de allí cuatrocientos veinte talentos de oro, y se los trajeron al rey Salomón.

10

La reina de Saba visita a Salomón y le hace grandes presentes. Magnificencia de este príncipe

1. También la reina de Saba, oída la fama de Salomón, vino en el nombre del Señor a hacer prueba de él con varias cuestiones oscuras.

2. Y entretanto en Jerusalén con gran pompa de acompañamiento y de riquezas, con camellos cargados de aromas y de oro sin cuento, y de piedras preciosas, fue a ver al rey Salomón, y le propuso todas las cuestiones que traía meditadas en su corazón.

3. Y satisfizo Salomón a todas sus preguntas; no hubo cosa que fuese oscura para el rey, y a la cual no le respondiese.

4. Viendo, pues, la reina de Saba toda la sabiduría de Salomón y la casa o templo que había edificado,

5. y la manera con que era servida su mesa, y las habitaciones de sus criados, y las varias clases de los ministros, y sus vestidos, y los coperos, y los holocaustos que ofrecía en el templo del Señor, se quedó atónita.

6. Y dijo al rey: Verdadera es la fama de lo que oí en mi tierra

7. sobre tus cosas, y sobre tu sabiduría; y no he dado crédito a los que me la contaban, hasta tanto que yo misma he venido y lo he visto por mis ojos, y he experimentado que no me habían dicho la mitad de lo que es en realidad. Tu sabiduría y tus hechos son mucho más grandes de lo que me habían contado.

8. ¡Dichosos los que están contigo!; ¡dichosos tus criados, los cuales gozan siempre de tu presencia, y escuchan tu sabiduría!

9. Bendito sea el Señor Dios tuyo, que te ha amado y puesto sobre el trono de Israel, por el amor que siempre ha tenido a este pueblo, y te ha constituido rey para que ejerzas la equidad y la justicia.

10. Dio después ella al rey ciento veinte talentos de oro, y grandísima cantidad de aromas y piedras preciosas; nunca jamás en adelante se trajo a Jerusalén tanta cantidad de aromas, como la que regaló la reina de Saba al rey Salomón.

11. (Es de saber, que también la flota de Hiram, que conducía oro de Ofir, trajo asimismo de allí muchísima madera de tino* y piedras preciosas;

12. y el rey hizo de este tino los balaústres del templo del Señor y del palacio real, las cítaras y las liras para los cantores; nunca se volvió a traer ni se ha visto jamás semejante madera de tino hasta el día de hoy).

13. El rey Salomón por su parte dio a la reina de Saba todo cuanto ella quiso y le pidió; sin contar los presentes que de su grado le hizo con regia magnificencia. Ella se volvió y partió para su tierra con sus criados.

14. Era la cantidad de oro que cada año percibía Salomón de seiscientos sesenta y seis talentos de oro,

15. sin contar lo que le traían los recaudadores de los tributos, y los negociantes, y todos los tenderos o especieros y todos los reyes de Arabia, y los gobernadores de los países de sus dominios.

16. Hizo también el rey Salomón

---

25. En las dos pascuas y en la fiesta de los Tabernáculos.

11. Ebano oloroso.

doscientos escudos o adargas de oro finísimo, empleando seiscientos siclos de oro en las planchas de cada uno de estos escudos.

17. Además trescientas rodelas o escudos menores de oro de ley. Cubrían cada rodela trescientas minas de oro; y las colocó el rey en la casa del bosque del Líbano.

18. Hizo asimismo el rey Salomón un trono grande de marfil, y lo guarneció de oro purísimo muy amarillo.

19. Tenía el trono seis gradas, y lo alto del trono por el respaldo era redondo, y por uno y otro lado salían dos brazos o apoyos que sostenían el asiento, y junto a cada uno de estos brazos había dos leones.

20. Sobre las seis gradas estaban de uno y otro lado doce leoncillos; en ningún otro reino del mundo se construyó jamás obra semejante.

21. Fuera de esto, todos los vasos en que bebía el rey Salomón eran también de oro; e igualmente toda la vajilla de la casa o palacio del bosque del Líbano era de oro finísimo; no se usaba la plata para dichos vasos, ni casi se hacía aprecio de ella en tiempo del rey Salomón*.

22. Pues la flota del rey se hacía a la vela, e iba con la flota de Hiram una vez cada tres años a Tarsis* a traer de allí oro y plata, y colmillos de elefantes, y monas, y pavos reales.

23. Así el rey Salomón sobrepujó a todos los reyes de la tierra en riquezas y sabiduría;

24. y todo el mundo deseaba ver el rostro de Salomón, para oír la sabiduría que había infundido Dios en su corazón;

25. y todos le enviaban presentes cada año, vasos de plata y de oro, ropas, armas o arneses de guerra, y también aromas, caballos y mulos;

26. y juntó Salomón muchos carros de guerra, y tropa de caballería; y tuvo a su disposición mil cuatrocientos carros, y doce mil hombres de caballería, que distribuyó por las ciudades fortificadas y en Jerusalén cerca de él.

27. E hizo que fuese tan abundante en Jerusalén la plata como las piedras, y tan común el cedro como los cabrahigos que nacen en las campiñas.

28. De Egipto y de Coa se hacía saca de caballos para Salomón; pues los comisarios del rey los compraban en Coa, y los conducían al precio concertado.

29. Un tiro de cuatro caballos sacado de Egipto costaba seiscientos siclos de plata, y cada caballo ciento cincuenta; y a este tenor le vendían los caballos todos los reyes de los heteos y de la Siria.

---

11 *Pecados y muerte de Salomón. Castigo del Señor y descontento de su pueblo*

---

1. Pero el rey Salomón amó apasionadamente muchas mujeres extranjeras; y especialmente a la hija del faraón, a las mujeres moabitas y amonitas, idumeas, sidonias y heteas,

2. naciones de las cuales mandó el Señor a los hijos de Israel: No tomaréis de ellas mujeres para vosotros, ni ellos se casarán con las vuestras; porque infaliblemente pervertirán vuestros corazones, para que sigáis a sus dioses. A tales mujeres, pues, se unió Salomón con un amor ardentísimo;

3. tanto, que tuvo setecientas mujeres en calidad de reinas, y trescientas mujeres secundarias; y las mujeres pervirtieron su corazón.

4. Y siendo ya viejo, vino a depravarse su corazón por causa de las mujeres hasta hacerle seguir los dioses ajenos; de suerte que su corazón ya no era puro y sincero para con el Señor Dios suyo, como lo fue el corazón de David, su padre.

5. Antes bien daba culto Salomón a Astarté, diosa de los sidonios, a Moloc, ídolo de los amonitas.

6. Con lo que desagradó Salomón al Señor, y no perseveró en servirle, como le sirvió David, su padre.

7. Entonces fue cuando erigió Salomón un templo a Samos, ídolo de Moab, sobre el monte que está enfrente de Jerusalén, y a Moloc, ídolo de los hijos de Amón.

8. Y a este tenor complació a todas sus mujeres extranjeras; las cuales quemaban inciensos y ofrecían sacrificios a sus dioses.

9. Por lo que se irritó el Señor contra

---

21. Por su gran abundancia.

22. *Tarsis* significa *de fundición. Is 66,* 19; *Sal 72 (71),* 10.

Salomón, porque había enajenado su corazón del Señor Dios de Israel que por dos veces se le había aparecido[9],

10. y amonestado particularmente sobre no seguir a dioses ajenos; mas él no guardó el mandato del Señor.

11. Dijo, pues, el Señor a Salomón: Porque te has portado así, y no has guardado mi pacto y los preceptos que te di, rasgaré y dividiré tu reino, y se lo daré a un siervo tuyo.

12. Mas no lo ejecutaré en tus días por amor de David, tu padre; lo desmembraré cuando se halle en poder de tu hijo;

13. aunque no se lo quitaré todo entero, sino que dejaré a tu hijo una tribu, por amor de David, mi siervo, y de Jerusalén, mi ciudad escogida.

14. Suscitó, pues, el Señor por enemigo de Salomón a Adad, idumeo, de sangre real, que habitaba en Edom.

15. Porque sucedió que habiendo estado David en la Idumea, e ido allí Joab, general del ejército, a dar sepultura a los que habían sido muertos, y pasar a cuchillo a todos los idumeos del sexo masculino

16. (pues seis meses se detuvo allí Joab con todo Israel, hasta acabar con todos los varones de la Idumea),

17. este Adad escapó, acompañado de algunos idumeos, criados de su padre, y fue a refugiarse en Egipto. Era entonces Adad todavía niño de pocos años.

18. Y habiendo salido de Madián pasaron a Farán, y tomando consigo gentes de Farán, entraron en Egipto, y se presentaron al faraón, rey de Egipto, quien dio a Adad casa, le señaló alimentos, y le adjudicó tierras.

19. Y Adad cayó tanto en gracia al faraón que lo casó con una hermana carnal de la reina Tafnes, su esposa.

20. De esta hermana de Tafnes tuvo un hijo llamado Genubat, al cual crió Tafnes en el palacio del faraón; de suerte que Genubat vivía en el palacio del faraón con los hijos del rey.

21. Y cuando supo Adad que David había ido a descansar en el sepulcro con sus padres, y que había también muerto Joab, general de sus tropas, dijo al faraón: Déjame volver a mi patria.

22. Le dijo el faraón: Pues, ¿qué te falta en mi casa, para que quieras irte a tu país? A lo que contestó Adad: Nada; sin embargo te ruego que me des licencia para ir allá.

23. También le suscitó Dios a Salomón otro enemigo que fue Razón, hijo de Eliada, el cual había huido de Adarecer, rey de Soba, su señor.

24. Y juntó gente contra él, y se hizo capitán de ladrones o de guerrillas; a los cuales hacía David cruda guerra. Se retiraron después a Damasco y habitaron allí e hicieron rey de Damasco a Razón.

25. Y fue Razón enemigo de Israel todo el reinado de Salomón; y éste fue otro azote con el de Adad, por el odio contra Israel, después que reinó en la Siria.

26. Asimismo Jeroboam, hijo de Nabat, efrateo, de Sareda, criado de Salomón, cuya madre era una mujer viuda llamada Sarva, se sublevó contra el rey.

27. La causa de esta rebelión fue porque Salomón edificó a Mello, y terraplenó la hondonada o valle de la ciudad de David, su padre.

28. Era Jeroboam hombre valiente y poderoso; y Salomón viéndolo mozo de buena índole y activo, le había dado la superintendencia de los tributos de toda la casa de José.

29. Sucedió, pues, en aquel tiempo, que saliendo Jeroboam de Jerusalén, se encontró con él en el camino Ahías, silonita, profeta, que llevaba una capa nueva; y estaban los dos solos en el campo.

30. Cogiendo, pues, Ahías la capa nueva, que traía puesta, la rasgó en doce partes,

31. y dijo a Jeroboam: Toma para ti diez pedazos; porque esto dice el Señor Dios de Israel: He aquí que yo voy a dividir el reino que tiene Salomón, y te daré a ti diez tribus;

32. si bien le dejaré a él para su hijo una tribu por amor de mi siervo David, y de Jerusalén, ciudad que yo tengo escogida entre todas las tribus de Israel.

33. Porque me ha abandonado a mí, y ha adorado a Artasté, diosa de los sidonios, y a Camos, dios de Moab, y a Moloc, dios de los hijos de Amón; y no ha seguido mis caminos practicando la justicia en mi presencia, y mis mandamientos, y mis leyes, como su padre David.

34. No por eso quitaré de sus manos parte alguna del reino; sino que le dejaré gobernar todo el tiempo de su vida por amor

---

9. *1 Re* 3, 5; 9, 2.

a David, mi siervo, a quien elegí; el cual observó mis mandamientos y preceptos.

35. Quitaré, sí, el reino de las manos de su hijo, y te daré a ti diez tribus.

36. Y a su hijo le dejaré una tribu, a fin de que le quede para siempre a mi siervo David un descendiente que, como una lámpara, brille en mi presencia en Jerusalén, ciudad que yo escogí para que en ella sea venerado mi Nombre.

37. Pero a ti yo te levantaré, y reinarás a medida de tus deseos, y serás rey de Israel.

38. Ahora bien, si tú obedecieres todo cuanto yo te mandare, y siguieres mis caminos, e hicieres lo que es recto a mis ojos, guardando mis mandamientos y mis preceptos, como lo hizo David, mi siervo, yo seré contigo, y te fundaré una casa estable, como la edifiqué a David, y te haré señor de Israel.

39. Y con esto humillaré el linaje de David, aunque no para siempre.

40. De aquí fue que Salomón intentó hacer matar a Jeroboam; mas éste se escapó y fue a refugiarse en Egipto cerca de Sesac, rey de Egipto, y allí estuvo hasta la muerte de Salomón.

41. En orden a las demás cosas de Salomón, y todos sus hechos y sabiduría, todo está escrito en el Libro de los Anales del Reinado de Salomón.

42. El tiempo que reinó Salomón en Jerusalén sobre todo Israel fue de cuarenta años.

43. Y pasó Salomón a descansar con sus padres; y lo sepultaron en la ciudad de David su padre, sucediéndole en el reino su hijo Roboam.

12 *Roboam causa la separación de las diez tribus de Israel, que proclaman como rey a Jeroboam*

1. Fue, pues, Roboam a Siquem, por haberse congregado allí todo el pueblo de Israel, para proclamarlo rey.

2. Entretanto Jeroboam, hijo de Nabat, estando aún en Egipto, fugitivo de la presencia del rey Salomón, oída su muerte, volvió de Egipto,

3. pues enviaron a llamarlo. Con lo cual se presentó Jeroboam con toda la multitud de Israel, y hablaron a Roboam en estos términos:

4. Tu padre nos impuso un yugo muy pesado; y así ahora tú suaviza algún tanto la extrema dureza del gobierno de tu padre, y el pesadísimo yugo que nos puso encima, y te rendiremos vasallaje.

5. Les respondió Roboam: Retiraos por ahora, y volved a mí dentro de tres días. Retirado el pueblo,

6. el rey Roboam llamó a consejo a los ancianos que tenía cerca de sí Salomón, su padre, cuando vivía, y les dijo: ¿Qué me aconsejáis vosotros que yo responda a este pueblo?

7. Le dijeron ellos: Si tú, en el día, condesciendes con este pueblo, y te acomodas a él, y otorgas su petición, y le hablas con dulzura, serán para siempre vasallos tuyos.

8. Mas Roboam desatendió el consejo de los ancianos, y consultó a los jóvenes que se habían criado con él y le hacían la corte,

9. y les dijo: ¿Qué me aconsejáis vosotros que responda a este pueblo, que me ha dicho: Aligéranos un poco el yugo que tu padre nos impuso?

10. Le respondieron los jóvenes que se habían criado con él: A esta gente que te ha dicho: Tu padre puso un yugo pesado sobre nosotros, alívianoslo tú, le has de responder así: Es más grueso mi dedo meñique que lo que era mi padre por el medio de su cuerpo.

11. Ahora bien, si mi padre os impuso un yugo pesado, yo aumentaré aun el peso de vuestro yugo; mi padre os azotó con correas, mas yo he de azotaros con escorpiones.

12. Compareció, pues, Jeroboam con todo el pueblo delante de Roboam al tercer día, en conformidad con lo que el rey había mandado, diciendo: Volved a mí dentro de tres días.

13. Y el rey respondió al pueblo con dureza, desechando el consejo que le habían dado los ancianos;

14. y les habló según el consejo de los jóvenes, diciendo: Mi padre os impuso un yugo pesado; pues yo añadiré aun más peso a vuestro yugo; mi padre os azotó con correas, mas yo os azotaré con escorpiones.

15. Y no quiso el rey condescender con el pueblo; por cuanto el Señor lo había dejado de su mano, en cumplimiento de su palabra que por boca de Ahías, silonita, dirigió a Jeroboam, hijo de Nabat.

Juicio de Salomón

Entonces el rey pronunció esta sentencia: Dad a la primera el niño vivo, y ya no hay que matarlo, pues ella es su madre.
Se divulgó por todo Israel la sentencia dada por el rey, y se llenaron todos de un respetuoso temor hacia él, viendo que le asistía la sabiduría de Dios para administrar justicia.

16. Viendo, pues, el pueblo que el rey no había querido atenderlo, le replicó diciendo: ¿Qué tenemos nosotros que ver con la familia de David? ¿Ni qué herencia o provecho esperamos del hijo de Isaí? Vete a tus estancias, oh Israel; y tú, oh hijo de David, gobierna ahora tu casa. Con eso Israel se retiró a sus estancias.

17. Mas todos los hijos de Israel, que habitaban en las ciudades de Judá, reconocieron por rey a Roboam.

18. Despachó luego Roboam a Aduram, superintendente de los tributos*; pero todo el pueblo de Israel lo mató a pedradas. Entonces Roboam a toda prisa tomó su coche, y huyó a Jerusalén.

19. Y se separó Israel de la casa de David, como lo está aún en el día de hoy.

20. Y sucedió que luego que supo todo Israel que Jeroboam había vuelto, congregados en cortes le enviaron a llamar, y lo aclamaron rey sobre todo Israel, sin que nadie siguiera el partido de la casa de David, fuera de la sola tribu de Judá.

21. Llegado, pues, Roboam a Jerusalén, juntó toda la casa de Judá, y la tribu de Benjamín, escogiendo ciento ochenta mil hombres aguerridos para que peleasen contra la casa de Israel, y redujesen el reino a la obediencia de Roboam, hijo de Salomón.

22. Pero el Señor dirigió su palabra a Semeías*, varón de Dios, diciendo:

23. Habla a Roboam, hijo de Salomón, rey de Judá, y a toda la casa de Judá y de Benjamín, y a los demás del pueblo y diles:

24. Esto dice el Señor: No salgáis a campaña, ni peleéis contra vuestros hermanos, los hijos de Israel; vuélvase cada cual a su casa; porque yo soy el que he dispuesto lo sucedido. Obedecieron ellos las palabras del Señor, y se volvieron según el Señor lo había mandado.

25. Jeroboam, reedificó a Siquem en los montes de Efraín, y fijó allí su residencia; desde la cual fue después y edificó a Fanuel*.

26. Al mismo tiempo discurría Jeroboam en su interior, y decía: Presto volverá este reino a ser la casa de David;

27. porque si este pueblo ha de subir a Jerusalén a ofrecer sacrificios en el templo del Señor, se convertirá el corazón de este pueblo hacia Roboam, rey de Judá, que fue su señor, y me quitarán a mí la vida, y se reconciliarán con él.

28. Y después de discurrirlo mucho, mandó hacer dos becerros de oro y dijo al pueblo: No subáis ya más a Jerusalén. He aquí, oh Israel, tus dioses, los que te sacaron de la tierra de Egipto.

29. Y colocó el uno en Betel y el otro en Dan.

30. Fue este suceso ocasión del pecado*; pues todo el pueblo iba hasta Dan a adorar el becerro.

31. Hizo también adoratorios en lugares elevados, y puso por sacerdotes* a gentes del vulgo, y que no eran del linaje de Leví;

32. y estableció un día de fiesta solemne en el mes octavo, a los quince del mes, a semejanza de la solemnidad que se celebraba en Judá; subiendo él mismo al altar que había erigido en Betel, ofreció por su mano sacrificios a los becerros de oro que había fabricado; y estableció en Betel sacerdotes en los adoratorios de los lugares elevados que había erigido.

33. El día quince del mes octavo, día en que él por su capricho hizo solemne para los hijos de Israel, fue cuando subió al altar, que había erigido en Betel, y quemó el incienso, arrogándose el sacerdocio.

13 *Profecía de la destrucción del altar de Betel. Muerte del profeta por desobedecer la orden de Dios*

1. Mas he aquí que mientras Jeroboam estaba en el altar y echaba el incienso, llegó de Judá a Betel por orden del Señor un varón de Dios*,

2. y exclamó contra el altar, diciendo de parte del Señor: Altar, altar, oye lo que dice el Señor: Tiempo vendrá en que ha de nacer en la familia de David un hijo que se llamará Josías; el cual hará degollar sobre ti los sacerdotes de los lugares altos, que ahora queman sobre ti inciensos, y él quemará sobre ti huesos de hombres.

3. Y al mismo tiempo, en prueba de la

---

18. Para que apaciguara los ánimos.
22. *2 Cro 12*, 15.
25. En la otra parte del Jordán.
30. De la idolatría de Israel.
31. *2 Cro 11*, 13, 15; 1 *Re 13*, 33; *Eclo 44*, 10.
1. *2 Cro 9*, 29.

verdad de su predicción, añadió: Esta será la señal que os hará conocer que Dios es quien os habla: He aquí que va a partirse el altar, y se derramará la ceniza que hay en él.

4. Así que oyó el rey las palabras que el varón de Dios pronunció en alta voz contra el altar de Betel, extendió su mano desde el altar, diciendo: Prended a ése. Mas al punto se le secó la mano que había extendido contra el profeta, y no pudo retirarla hacia sí.

5. Al mismo tiempo se hizo pedazos el altar, y se derramó la ceniza que había en él, conforme a la señal que había predicho el varón de Dios en nombre del Señor.

6. Dijo entonces el rey al varón de Dios: Ruega al Señor Dios tuyo, y ora por mí, para que me sea restituida mi mano. Hizo el varón de Dios oración al Señor, y el rey recobró su mano, y quedó como antes estaba.

7. Por lo que dijo el rey al varón de Dios: Ven conmigo a casa a comer, y te llenaré de regalos.

8. Mas el varón de Dios respondió al rey: Aunque me dieras la mitad de tu casa no iría yo contigo, ni comería pan, ni bebería agua en este lugar;

9. porque así me lo tiene mandado expresamente el Señor con este precepto: No comerás allí pan, ni beberás agua, ni te volverás por el mismo camino que fuiste.

10. Y en efecto, se fue por otro camino, y no volvió por el mismo que había tomado viniendo a Betel.

11. Moraba a la sazón en Betel cierto profeta anciano; a quien fueron sus hijos y le contaron todo lo que aquel día había hecho en Betel el varón de Dios, refiriendo a su padre las palabras que había hablado al rey.

12. Les dijo su padre: ¿Qué camino tomó? Le mostraron sus hijos el camino por donde se había vuelto el varón de Dios que había venido de Judá.

13. Y dijo a sus hijos: Aparejadme el asno. Y habiéndole ellos aparejado, montó en él,

14. y fue en busca del siervo de Dios; y lo halló sentado a la sombra de un terebinto, y le dijo: ¿Eres tú el varón de Dios, que vino de Judá? Yo soy, le respondió.

15. Pues ven conmigo, dijo, a casa a tomar un bocado.

16. Mas él le respondió: Yo no puedo volver atrás, ni ir contigo, ni comeré pan, ni beberé agua en este lugar;

17. por cuanto el Señor me habló de su propia boca, diciendo: No comas allí pan, ni bebas agua, ni vuelvas por el camino por donde fueres.

18. Le dijo el otro: Yo también soy profeta como tú; y un ángel me ha venido a decir en nombre del Señor: Hazle volver contigo a tu casa, para que coma pan y beba agua. Lo engañó,

19. y lo hizo volver consigo. Comió, pues, el pan en su casa, y bebió el agua.

20. Y cuando estaban sentados a la mesa, el Señor habló al profeta que había hecho volver atrás al otro;

21. y exclamó dicho profeta y dijo al varón de Dios, venido de Judá: Esto dice el Señor: Porque has sido desobediente a la orden expresa del Señor, y no has guardado el mandamiento que te dio el Señor Dios tuyo,

22. sino que has vuelto atrás, y comido el pan, y bebido el agua en este lugar, en el que Dios te mandó no comer pan ni beber agua, no será llevado tu cadáver al sepulcro de tus padres.

23. Después que el varón de Dios, a quien hizo volver atrás, hubo comido y bebido, el profeta anciano le aparejó el asno.

24. Y luego que partió, lo encontró un león por el camino y lo mató, y quedó su cadáver tendido en medio del camino. Estaba el asno parado junto a él, y el león se estaba también cerca del cadáver.

25. En esto sucedió que unos pasajeros vieron el cadáver tendido en el camino, y al león parado junto al cadáver; y fueron y divulgaron esto en la ciudad donde habitaba aquel anciano profeta.

26. Oyéndolo, pues, el profeta que lo había hecho volver atrás, dijo: El varón de Dios es, que fue desobediente a la orden del Señor; y el Señor lo entregó a un león que lo ha despedazado y muerto, según se lo había ya anunciado el Señor.

27. En seguida dijo a sus hijos: Aparejadme el asno. Se lo aparejaron;

28. y marchando, halló el cadáver tendido en el camino, y al asno y al león parados junto al cadáver; sin que el león se lo hubiese comido, ni hecho daño al asno.

29. Tomó, pues, el profeta el cadáver del varón de Dios, y lo cargó sobre el asno, y volviéndose se lo llevó consigo a su ciudad para hacerle el duelo;

30. y puso el cadáver en su sepulcro, y lo lloraron, y lo endecharon, diciendo: ¡Ay!, ¡ay!, ¡hermano mío!

31. Y después de concluidas las exequias, dijo a sus hijos: Cuando yo muera, enterradme en el sepulcro en que yace el varón de Dios; poned mis huesos junto a los suyos;

32. porque infaliblemente se verificará lo que anunció de parte del Señor contra el altar que está en Betel, y contra todos los adoratorios de las alturas que hay en las ciudades de Samaria.

33. Después de todos estos sucesos, no se convirtió Jeroboam de su vida perversa; antes al contrario, creó sacerdotes de los lugares altos, hombres del común del pueblo; todo el que quería se consagraba, y quedaba hecho sacerdote de los lugares altos.

34. Este fue el pecado de la casa de Jeroboam, y por eso fue destruida y arrancada de la superficie de la tierra.

14

Ahías anuncia la caída de Jeroboam. Irrupción de Sesac en Jerusalén y muerte de Roboam

1. Por aquel tiempo enfermó Abía, hijo de Jeroboam.

2. Y dijo Jeroboam a su mujer: Anda y disfrázate, para que no seas conocida por mujer de Jeroboam; y ve a Silo, donde está el profeta Ahías, el que me predijo había de reinar yo sobre este pueblo.

3. Toma también contigo diez panes, una torta y una orza de miel; y ve a visitarle, que él te dirá lo que ha de acontecer a este niño.

4. Hizo la mujer de Jeroboam lo que éste le había dicho; y partiendo para Silo, llegó a casa de Ahías; el cual ya no veía, porque se le había ofuscado la vista a causa de su mucha edad.

5. Pero el Señor dijo a Ahías: Mira que aquí entra la mujer de Jeroboam a consultarte sobre su hijo que está enfermo. Esto es lo que has de responder. Pues como ella entrase disimulando ser quien era,

6. oyó Ahías el ruido de sus pisadas al entrar por la puerta, y dijo: Entra, esposa de Jeroboam. ¿Para qué finges ser otra? Ello es que yo tengo comisión de darte una mala nueva.

7. Ve, y di a Jeroboam: Esto dice el Señor Dios de Israel: Yo te ensalcé de en medio del pueblo, y te hice caudillo de mi pueblo de Israel.

8. Yo dividí el reino de la casa de David, y te lo di a ti; mas tú no has sido como mi siervo David, que guardó mis mandamientos, y me siguió con todo su corazón, haciendo lo que era agradable a mis ojos,

9. sino que has obrado peor que todos cuantos te han precedido, y te forjaste dioses ajenos y de fundición para provocarme a ira, y a mí me has desechado y vuelto las espaldas.

10. Por tanto yo voy a llover desastres sobre la casa de Jeroboam, y destruiré de la casa de Jeroboam hasta los perros, y así lo precioso como lo vil y desechado' en Israel, y barreré los rezagos de la familia de Jeroboam, como suele barrerse la basura, hasta que no quede rastro.

11. Los de la casa de Jeroboam que murieren en poblado, serán comidos de los perros, y los que murieren en el campo, serán devorados por las aves del cielo; porque el Señor es el que lo ha dicho.

12. Anda tú, pues, ahora, y vete a tu casa; y en el punto mismo que pongas tus pies en la ciudad, morirá el hijo,

13. y lo llorará todo Israel, y le dará sepultura; siendo éste el único de la familia de Jeroboam que recibirá sepultura; por cuanto es el único de dicha familia a quien el Señor Dios de Israel ha mirado con agrado.

14. Entretanto el Señor ha escogido ya un rey para Israel, que exterminará la casa de Jeroboam en nuestros días y en este tiempo en que vivimos.

15. Y el Señor Dios batirá a Israel, al modo que una caña suele ser batida de las aguas; arrancará a Israel de esta buena tierra que dio a sus padres, y lo arrojará cautivo más allá del río Eufrates, en castigo de haber consagrado bosques a los ídolos para irritar al Señor.

16. Y abandonará el Señor a Israel por los pecados de Jeroboam, el cual no

10. *Deut 32*, 36.

solamente pecó él, sino que hizo pecar a Israel.

17. Marchó, pues, la mujer de Jeroboam; y siguiendo su camino llegó a Tersa, y al tiempo de poner el pie sobre el umbral de su casa murió el hijo.

18. Y lo sepultaron, y lo lloró todo Israel, conforme lo había predicho el Señor por boca de su siervo el profeta Ahías.

19. En cuanto a los demás hechos de Jeroboam, las guerras que tuvo y su modo de reinar, todo se halla escrito en el Libro de los Anales de los Reyes de Israel.

20. Reinó Jeroboam veintidós años; bajó al sepulcro como sus padres; y lo sucedió en el trono su hijo Nadab.

21. Al mismo tiempo Roboam, hijo de Salomón, reinó en Judá. Cuarenta y un años tenía Roboam cuando empezó a reinar; y reinó diecisiete años en Jerusalén, ciudad escogida por el Señor entre todas las tribus de Israel, para establecer en ella su culto. Su madre era amonita, y llamábase Naama.

22. Y la tribu de Judá ofendió al Señor irritándole con pecados mucho mayores que los que cometieron sus padres en medio de sus maldades.

23. Porque erigió altares y simulacros, y bosques sobre todos los collados altos y debajo de todo árbol frondoso.

24. Y aun hubo también en el país hombres afeminados, que renovaron todas las abominaciones de aquellos pueblos que el Señor había destruido al presentarse los hijos de Israel.

25. Mas el año quinto del reinado de Roboam, vino Sesac, rey de Egipto, a Jerusalén,

26. y se apoderó de los tesoros del templo del Señor, y de los tesoros del rey, y robó todas las alhajas, hasta los escudos de oro que había hecho Salomón;

27. en lugar de los cuales puso Roboam escudos de cobre, entregándolos al cuidado de los capitanes de guardias y de los que hacían centinela a la puerta del palacio del rey.

28. Y cuando entraba el rey en el templo del Señor, llevaban estos escudos los que tenían el cargo de ir delante, y después los volvían a la armería de las guardias.

29. Las demás cosas de Roboam, y todo cuanto hizo, está escrito en el Libro de los Anales de los Reyes de Judá.

30. Y hubo siempre guerra entre Roboam y Jeroboam.

31. Durmió Roboam con sus padres, y fue sepultado con ellos en la ciudad de David. Su madre se llamó Naama, la cual era de nación amonita. Lo sucedió en el reino su hijo Abiam.

15

Al impío Abiam, rey de Judá, sucede Asa, su hijo, quien declara la guerra a Baasa, rey de Israel

1. En el año décimo octavo del reinado de Jeroboam, hijo de Nabat, en Israel, comenzó a reinar Abiam en Judá.

2. Tres años reinó éste en Jerusalén. Se llamaba su madre Maaca*, hija de Abesalom o Absalón.

3. Imitó Abiam todos los pecados cometidos por su padre antes de él; y no fue su corazón sincero para con el Señor Dios suyo, como lo había sido el corazón de su abuelo David.

4. Mas por amor de David le concedió el Señor su Dios una antorcha en Jerusalén, dándole por sucesor un hijo suyo, para conservar la gloria de Jerusalén.

5. Por cuanto David había procedido rectamente a los ojos del Señor, y en nada se desvió notablemente de cuanto le tenía mandado todo el tiempo de su vida, salvo el suceso de Urías, heteo.

6. Sin embargo, durante la vida de Roboam continuó la guerra entre éste y Jeroboam.

7. Los demás sucesos de Abiam y todos sus hechos, ¿no es así que están escritos en los Anales de los Reyes de Judá? Hubo también una terrible batalla entre Abiam y Jeroboam.

8. Y fue Abiam a dormir con sus padres, y lo sepultaron en la ciudad de David, sucediéndole en el trono su hijo Asa.

9. El año vigésimo, pues, de Jeroboam, rey de Israel, entró a reinar Asa, rey de Judá,

10. y reinó cuarenta y un años en Jerusalén. Llamábase su madre Maaca, hija de Abesalom.

11. E hizo Asa lo que era justo delante del Señor, como su padre David;

---

2. Y también Tamar. *2 Sam 14*, 27.

12. y extirpó del país a los afeminados y lo limpió de todas las inmundicias de los ídolos fabricados por sus padres*.

13. Y además echó de su lado a su madre Maaca, para que no presidiese en las ceremonias de Príapo, en el bosque que le había consagrado; y arruinó su caverna, e hizo pedazos el obscenísimo simulacro, y lo quemó en el torrente de Cedrón.

14. No quitó, los lugares altos. Por lo demás el corazón de Asa fue sincero para con Dios todo el tiempo que vivió.

15. Trasladó asimismo al templo del Señor la plata, y el oro y las alhajas que su padre había consagrado y ofrecido con voto.

16. Continuó la guerra entre Asa y Baasa, rey de Israel, mientras que vivieron ambos.

17. Y avanzó Baasa, rey de Israel, por las tierras de Judá, y edificó a Rama, a fin de impedir con esta fortaleza que pudiese salir y entrar ninguno del partido de Asa, rey de Judá.

18. Entonces Asa, cogiendo toda la plata y el oro que había quedado en los tesoros del templo del Señor, y en los del palacio real, lo entregó todo a sus criados, y lo envió a Benadad, hijo de Tabremón y nieto de Hezión, rey de Siria, que habitaba en Damasco, con orden de decirle:

19. Ya sabes que hay alianza entre los dos, como la hubo entre mi padre y el tuyo; por tanto, te remito esos presentes de plata y oro, y te pido que vengas y rompas la alianza que tienes con Baasa, rey de Israel, para que éste se retire de mis dominios.

20. Condescendiendo Benadad con el rey Asa, despachó los capitanes de su ejército contra las ciudades de Israel, y se apoderaron de Ahión, y de Dan, y de Abelcasa de Maaca, y de todo el país de Cennerot, es a saber, de toda la tierra de Neftalí.

21. Lo cual sabido por Baasa, suspendió las obras de Rama, y se volvió a Tersa.

22. Entretanto el rey Asa publicó un bando por toda la tierra de Judá, que decía: Nadie queda exento de acudir a Rama. Con esto recogieron la piedra y madera empleada por Baasa en la construcción de Rama, y con ellas edificó el rey Asa a Gabaa de Benjamín y a Masfa.

23. El resto de las acciones de Asa, y todas sus proezas, y cuanto hizo, y las ciudades que fundó, ¿no es así que está todo escrito en el Libro de los Anales de los Reyes de Judá? Asa, pues, siendo viejo adoleció de los pies,

24. y pasó a descansar con sus padres, y fue sepultado con ellos en la ciudad de su padre David, sucediéndole en el reino su hijo Josafat.

25. Al segundo año de Asa, rey de Judá, empezó a reinar en Israel Nadab, hijo de Jeroboam, y tuvo dos años la corona.

26. Y se portó mal en la presencia del Señor, siguiendo las pisadas de su padre y los pecados con que éste hizo pecar a Israel.

27. Mas Baasa, hijo de Ahías, de la tribu de Isacar, le armó asechanzas, y lo mató en Gebbetón, ciudad de los filisteos, al tiempo que Nadab y todo Israel estaban sitiando esta ciudad.

28. Lo mató, pues, Baasa, el año tercero de Asa, rey de Judá, y reinó en su lugar.

29. Así que fue rey, exterminó toda la familia de Jeroboam; no dejó con vida ni una sola persona de su linaje; sino que lo extirpó enteramente, según lo había predicho el Señor por boca de su siervo Ahías, silonita,

30. en pena de los pecados cometidos por Jeroboam, y de los que había hecho cometer a Israel, y por el delito o idolatría con que había irritado al Señor Dios de Israel.

31. Las demás cosas de Nadab y todas sus acciones, ¿no es así que están escritas en el Libro de los Anales de los Reyes de Israel?

32. Hubo guerra entre Asa, rey de Judá, y Baasa, rey de Israel, mientras vivieron.

33. El año tercero de Asa, rey de Judá, comenzó a reinar en todo Israel Baasa, hijo de Ahías, y reinó en Tersa veinticuatro años.

34. Procedió Baasa mal delante del Señor, siguiendo las pisadas de Jeroboam y los pecados con que éste había hecho pecar a Israel.

16 *El profeta Jehú predice a Baasa el exterminio de su linaje. Reinados de Ela, de Zambri, de Amri y Acab*

1. Después de esto habló el Señor a Jehú, hijo de Hanani, contra Baasa, diciendo:

2. Dirás a Baasa: Puesto que yo te levanté del polvo haciéndote caudillo de mi pueblo

---

12. *2 Cro 16*, 7-10.

de Israel, y tú has seguido el camino de Jeroboam, induciendo al pecado a mi pueblo de Israel, provocándome a ira con sus excesos,

3. he aquí que yo arrancaré de la faz de la tierra tu descendencia y la de tu familia; y haré de tu casa lo que he hecho de la de Jeroboam, hijo de Nabat.

4. El que del linaje de Baasa muriere en la ciudad, será comido de los perros, y el que muriere en el campo, será pasto de las aves del cielo.

5. Las demás cosas de Baasa, y todo cuanto hizo, y sus combates, ¿no está todo escrito en el Libro de los Anales de los Reyes de Israel?

6. Pasó, pues, Baasa a descansar con sus padres, y fue sepultado en Tersa, y lo sucedió en el trono su hijo Ela.

7. Mas como el profeta Jehú, hijo de Hanani, había pronunciado la sentencia del Señor contra Baasa y contra su casa, en castigo de todos los pecados que había hecho en presencia del Señor, irritándolo con las obras de sus manos, por cuyo motivo merecería ser tratado como la casa de Jeroboam, por esta razón le quitó él la vida, es a saber, al profeta Jehú, hijo de Hanani.

8. A los veintiséis años del reinado de Asa, rey de Judá, reinó Ela, hijo de Baasa, sobre Israel, en Tersa, por espacio de dos años.

9. Porque se rebeló contra él su siervo Zambri, comandante de la mitad de la caballería. Estaba, pues, Ela en Tersa bebiendo y banqueteando, y se hallaba ya beodo en casa de Arsa, gobernador de Tersa,

10. cuando arrojándose Zambri de golpe sobre él con gran furia, lo hirió y lo mató en el año veintisiete de Asa, rey de Judá, y entró a reinar en su lugar.

11. Luego que llegó a ser rey, y se hubo sentado en el trono, exterminó toda la casa de Baasa, y todos sus deudos y amigos, no dejando vivo ni siquiera un perro.

12. De esta suerte acabó Zambri con toda la casa de Baasa, conforme a la sentencia del Señor, dada a conocer a Baasa por boca del profeta Jehú,

13. en castigo de todos los pecados de Baasa y de los de Ela, su hijo; quienes pecaron e hicieron pecar a Israel, provocando la ira del Señor Dios de Israel con sus vanidades o vanos dioses.

14. Las demás cosas de Ela y todas sus acciones, ¿no están escritas en el Libro de los Anales de los Reyes de Israel?

15. El año veintisiete de Asa, rey de Judá, reinó Zambri por siete días en Tersa, estando el ejército de Israel sitiando a Gebbetón, ciudad de los filisteos.

16. Pero habiéndose sabido que Zambri se había rebelado y muerto al rey, todo Israel alzó por rey suyo a Amri, que a la sazón se hallaba en el campamento mandando el ejército de Israel.

17. Marchó, pues, Amri y con él todo Israel de Gebbetón, y pusieron sitio a Tersa.

18. Y viendo Zambri que la ciudad iba a ser tomada, entró en el palacio, y se abrasó junto con la casa real, y murió

19. en sus pecados, esto es, por los que había cometido, viviendo mal en la presencia del Señor, y siguiendo las pisadas de Jeroboam, y el pecado de idolatría con que hizo pecar a Israel.

20. Las demás acciones de Zambri, y su conjuración y tiranía, ¿no está todo escrito en el Libro de los Anales de los Reyes de Israel?

21. Entonces se dividió el pueblo de Israel en dos facciones: la mitad del pueblo seguía a Tebni, hijo de Ginet, con ánimo de alzarle rey; y la otra mitad a Amri.

22. Mas la gente que estaba a favor de Amri pudo más que el partido de Tebni, hijo de Ginet; y murió Tebni, y reinó Amri.

23. El año treinta y uno de Asa, rey de Judá, reinó Amri solo y pacíficamente sobre Israel por espacio de doce años, seis de ellos en Tersa.

24. Y compró el monte de Samaria a Semer por dos talentos de plata; y a la ciudad que en él fundó, dio el nombre de Samaria, del nombre de Semer, dueño del monte.

25. E hizo Amri el mal delante del Señor, y sobrepujó en la maldad a todos cuantos le habían precedido;

26. y en todo imitó el proceder de Jeroboam, hijo de Nabat, y sus pecados, con que hizo pecar a Israel, provocando la ira del Señor Dios de Israel con sus vanidades o idolatrías.

27. El resto de las acciones de Amri y las guerras que tuvo ¿no está todo escrito en el Libro de los Anales de los Reyes de Israel?

28. Y pasó Amri a descansar con sus

padres, y fue sepultado en Samaria, sucediéndole en el reino su hijo Acab.

29. El año treinta y ocho del reinado de Asa, rey de Judá, comenzó a reinar en Israel Acab, hijo de Amri. Reinó este Acab, hijo de Amri, sobre Israel, en Samaria, veintidós años.

30. E hizo Acab, hijo de Amri, más males en la presencia del Señor que todos sus predecesores.

31. Pues no se contentó con imitar los pecados de Jeroboam, hijo de Nabat, sino que además tomó por mujer a Jezabel, hija de Etbaal, rey de los sidonios, por donde vino a servir a Baal y adorarlo.

32. Y erigió un altar a Baal en el templo que le había edificado en Samaria,

33. y le plantó y consagró un bosque. Y prosiguió Acab en su mal obrar, irritando al Señor Dios de Israel, más que todos los reyes de Israel, sus predecesores.

34. En su tiempo Hiel, natural de Betel reedificó Jericó; cuando echó los cimientos, perdió a Abiram su primogénito; y cuando colocó las puertas, murió Segub, el último de sus hijos; conforme a lo que había predicho el Señor por boca de Josué, hijo de Nun*.

17

Elías cierra el cielo para que no llueva. Se hospeda en casa de la viuda de Sarepta

---

1. Mas Elías de Tesbe, habitante de Galaad, dijo a Acab: Vive el Señor Dios de Israel, de quien yo soy siervo*, que no ha de caer rocío ni lluvia en estos años, sino hasta que yo lo dijere.

2. Y le habló el Señor, diciéndole:

3. Sal de aquí, y encamínate hacia el oriente, y escóndete en el arroyo de Carit, que está enfrente del Jordán.

4. Allí beberás del arroyo; y ya he mandado yo a los cuervos que te lleven allí de comer.

5. Se fue, pues, y ejecutó las órdenes del Señor; y se retiró junto al arroyo de Carit, que corre enfrente del Jordán;

6. a donde los cuervos le llevaban pan y carne por la mañana, y asimismo pan y carne por la tarde; y bebía del arroyo.

7. Mas pasados algunos días, se secó el arroyo; porque faltaron las lluvias sobre la tierra.

8. Por tanto, le habló el Señor y le dijo:

9. Anda y vete a Sarepta, ciudad de los sidonios, y fija en ella tu morada; porque yo tengo allí dispuesto que una mujer viuda te sustente.

10. Partió, pues, y se fue a Sarepta, y al llegar a la puerta de la ciudad, se encontró con una mujer viuda que andaba recogiendo leña; y llamándola le dijo: Dame en un vaso un poco de agua para beber.

11. Yendo ella a traérsela, gritó tras de la mujer, diciéndole: Tráeme también, te ruego, un bocado de pan en tu mano.

12. Vive el Señor Dios tuyo, respondió ella, que pan yo no lo tengo; no tengo más que un puñado de harina en la orza, y un poco de aceite en la alcuza; he aquí que estoy cogiendo dos palitos de leña para ir a cocerla para mí y para mi hijo, y comérnosla; y después de consumidos estos residuos morirnos de hambre.

13. Le dijo Elías: No temas; anda, ve y haz lo que has dicho; mas primero haz para mí de ese poquito de harina un panecillo, cocido debajo del rescoldo, y tráemelo, que después lo harás para ti y para tu hijo.

14. Porque esto dice el Señor Dios de Israel: No vendrá a menos la harina de la orza, ni menguará el aceite de la alcuza, hasta el día en que el Señor envíe lluvia sobre la tierra.

15. Se fue, pues, la mujer e hizo lo que Elías le había dicho; y comió Elías, ella y toda su casa. Desde aquel día

16. no faltó nunca harina en la orza, ni se disminuyó el aceite de la alcuza; según lo que había prometido el Señor por boca de Elías.

17. Sucedió después que enfermó el hijo de aquella mujer dueña de la casa, y la enfermedad era mortal, de suerte que quedó sin respiración alguna.

18. Por lo cual dijo a Elías: ¿Qué te he hecho yo, oh varón de Dios? ¿Has entrado en mi casa para renovar la memoria de mis pecados, y en castigo de ellos hacer morir a mi hijo.

19. Le respondió Elías: Dame tu hijo. Y tomándole de su regazo, lo llevó al aposento

---

34. *Jos 6*, 26.
1. *Num 3*, 6; *Deut 17*, 12; *Jer 15*, 19.

de arriba, donde estaba hospedado, y lo puso sobre su cama.

20. Y clamó al Señor diciendo: ¡Oh Señor Dios mío!, ¿aun a esta viuda, que me sustenta del modo que puede, la has afligido, quitando la vida a su hijo?

21. Después de esto se tendió, y se encogió sobre el niño por tres veces, y clamó al Señor diciendo: ¡Señor Dios mío! Te ruego que vuelvas el alma de este niño a sus entrañas.

22. Oyó el Señor la súplica de Elías, y volvió el alma del niño a entrar en él y resucitó.

23. Entonces Elías tomó el niño y lo bajó de su aposento al cuarto bajo de la casa, y se lo entregó a su madre diciéndole: Aquí tienes vivo a tu hijo.

24. Y dijo la mujer a Elías: Ahora acabo de reconocer en esto que tú eres un varón de Dios, y que verdaderamente la palabra de Dios está en tu boca.

18 *Elías prueba con un testimonio del cielo que el Dios de Israel es el verdadero y Baal un dios falso*

1. Mucho tiempo después habló el Señor a Elías en el tercer año del hambre, diciendo: Anda y preséntate a Acab; porque quiero enviar lluvias a la tierra.

2. Partió, pues, Elías a presentarse a Acab. Entretanto el hambre era extrema en Samaria.

3. Y Acab llamó a Abdías, mayordomo de su palacio. (Era Abdías muy temeroso de Dios;

4. pues cuando Jezabel hacía matar a los profetas del Señor, recogió él cien profetas*, y los escondió en cuevas, cincuenta en una cueva y cincuenta en otra; y los proveyó de pan y agua).

5. Dijo, pues, Acab a Abdías: Da una vuelta por el país hacia todas las fuentes y por todos los valles, para ver si podemos hallar hierba, y conservar la vida a los caballos y mulos, a fin de que no mueran todas las bestias.

6. Y se repartieron entre sí las provincias para recorrerlas. Acab iba por un camino y Abdías separadamente por otro.

7. Estando Abdías de camino, le salió al encuentro Elías; ante el cual, luego que lo conoció, se postró sobre su rostro, diciendo: Mi señor, ¿eres tú Elías?

8. Y respondió éste: Yo soy. Anda y di a tu amo: Aquí está Elías.

9. Replicó Abdías: ¿En qué he pecado yo, que me entregas a mí, siervo tuyo, en manos de Acab, para que me haga morir?

10. Vive el Señor Dios tuyo, que no hay gente ni reino a donde no haya enviado mi amo a buscarte; y habiendo respondido todos: No está aquí; él, visto que no aparecías, ha conjurado uno por uno a los reinos y naciones para que te prendan.

11. Ahora bien, tú me dices a mí: Anda, y di a tu amo: Aquí está Elías.

12. Y sucederá que apenas me habré apartado de ti, el espíritu del Señor te transportará a donde yo no sepa; y después que habré dado la noticia a Acab, no hallándote él, me quitará a mí la vida. Y en verdad que tu siervo teme al Señor desde su infancia.

13. ¿Por ventura, señor mío, no ha llegado a tu noticia lo que hice yo cuando Jezabel mataba a los profetas del Señor; cómo escondí a cien de estos profetas, cincuenta en una cueva y cincuenta en otra, proveyéndoles de pan y de agua?

14. ¿Y después de eso me encargas ahora que vaya a decir a mi amo: Aquí está Elías, para que me haga matar?

15. Respondió Elías: Vive el Señor de los ejércitos, a quien yo sirvo, que hoy mismo me he de presentar a Acab.

16. Partió, pues, Abdías a encontrar a Acab; y le dio el recado. Salió Acab al encuentro de Elías,

17. y así que lo vio le dijo: ¿Eres acaso tú el que traes alborotado a Israel?

18. A lo que respondió Elías: No he alborotado yo a Israel; sino tú y la casa de tu padre, que habéis despreciado los mandamientos del Señor, y seguido a los Baales o falsos dioses.

19. No obstante, manda ahora mismo juntar delante de mí a todo Israel en el monte Carmelo*, y a los cuatrocientos cincuenta profetas de Baal, y a los cuatrocientos

4. *1 Sam 19*, 20.

19. El Carmelo tenía una larga historia como lugar de culto. Aparece en las listas egipcias a partir del siglo XV a.C. con el nombre de *Cabo Sagrado*.

profetas de los bosquetes, a quienes sustenta Jezabel.

20. Envió, pues, Acab a llamar a todos los hijos de Israel, y congregó a todos los profetas de Baal en el monte Carmelo.

21. Entonces Elías acercándose a todo el pueblo, dijo: ¿Hasta cuándo habéis de ser como los que cojean hacia dos lados? Si el Señor es Dios, seguidle; y si lo es Baal, seguid a Baal. Mas el pueblo no le respondió palabra.

22. De nuevo dijo Elías al pueblo: He quedado yo solo de los profetas del Señor; cuando los profetas de Baal son en número de cuatrocientas cincuenta personas.

23. Con todo, dénsenos dos bueyes; de los cuales escojan ellos uno, y haciéndolo pedazos, póngalo sobre la leña, sin aplicarle fuego; que yo sacrificaré el otro buey, lo pondré sobre la leña, y tampoco le aplicaré fuego.

24. Invocad vosotros el nombre de vuestros dioses, y yo invocaré el nombre de mi Señor; y aquel dios que mostrare oír, enviando el fuego, ése sea tenido por el verdadero Dios. Respondió todo el pueblo diciendo a una voz: Excelente proposición.

25. Dijo, pues, Elías a los profetas de Baal: Escoged para vosotros el buey, y comenzad los primeros, ya que sois en mayor número, e invocad los nombres de vuestros dioses, sin poner fuego a la leña.

26. Ellos tomando el buey que les fue dado, lo inmolaron, y no cesaban de invocar el nombre de Baal desde la mañana hasta el mediodía, diciendo: Baal, escúchanos. Pero no se oía voz, ni había quien respondiese; y saltando sobre el ara que habían hecho, pasaban de una parte a otra.

27. Siendo ya el mediodía, burlábase Elías de ellos, diciendo: Gritad más recio; porque ese dios quizá está en conversación con alguno, o en alguna posada, o de viaje; tal vez está durmiendo, y así es menester despertarlo.

28. Gritaban, pues, ellos a grandes voces; y se sajaban, según su rito, con cuchillo y lancetas, hasta llenarse de sangre.

29. Mas pasado ya el mediodía, y mientras proseguían en sus invocaciones, llegó el tiempo en que suele ofrecerse el sacrificio, sin que se oyese ninguna voz, ni hubiese quien respondiera, ni atendiera a los que oraban.

30. Dijo entonces Elías a todo el pueblo: Acercaos a mí; y acercándose a él el pueblo, reparó el altar del Señor que había sido arruinado.

31. Tomó doce piedras, según el número de las tribus de los hijos de Jacob, a quien habló el Señor, diciendo: Israel será tu nombre.

32. Y con dichas piedras edificó el ara o altar en el nombre del Señor; e hizo alrededor del altar una zanja, como dos pequeños surcos,

33. y acomodó la leña; y dividiendo el buey en trozos, los puso sobre la leña,

34. y dijo: Llenad cuatro cántaros de agua, y vertedla sobre el holocausto y sobre la leña. Y dijo después: Hacedlo segunda vez. Y habiéndolo hecho por segunda vez, añadió: Repetidlo aun por tercera. E hicieron lo mismo por tercera vez;

35. de suerte que corría el agua alrededor del altar, y quedó la zanja llena de agua.

36. Siendo ya el tiempo de ofrecer el holocausto, se acercó el profeta Elías, y dijo: Oh Señor Dios de Abrahán, y de Isaac, y de Israel, muestra hoy que tú eres el Dios de Israel, y que yo soy tu siervo, y que por tu mandato he hecho todas estas cosas.

37. Oyeme, oh Señor, escúchame, a fin de que sepa este pueblo que tú eres el Señor Dios, y que tú has convertido de nuevo sus corazones.

38. De repente bajó fuego del cielo, y devoró el holocausto, y la leña, y las piedras, y aun el polvo, consumiendo el agua que había en la zanja.

39. Visto lo cual por todo el pueblo, se postraron todos sobre sus rostros, diciendo: El Señor es el Dios, el Señor es el Dios verdadero.

40. Entonces les dijo Elías: Prended a los profetas de Baal, y que no se escape ninguno de ellos. Presos que fueron, los mandó llevar Elías al arroyo de Cisón; y allí les hizo quitar la vida.

41. Dijo entonces Elías a Acab: Anda, come y bebe; porque ya oigo el ruido de una gran lluvia que viene.

42. Fue Acab a comer y beber; mas Elías se subió a la cima del Carmelo, donde arrodillado en tierra, y puesto su rostro entre las rodillas,

43. dijo a su criado: Anda, ve y observa hacia el mar. Habiendo ido el criado y mirado, volvió diciendo: No hay nada. Le replicó Elías: Vuelve hasta siete veces.

44. Y a la séptima vez he aquí que subía del mar una nubecilla pequeña como la huella de un hombre. Y dijo Elías: Anda, y di a Acab: Engancha el tiro a tu carruaje, y marcha luego, para que no te ataje la lluvia.

45. Y mientras se hacía esto, e iba de una parte a otra, se oscureció el cielo en un momento, y vinieron nubes y viento, y empezó a caer una gran lluvia. Así, pues, montando Acab en su coche, se fue a Jezrael.

46. Al punto la mano o virtud del Señor se hizo sentir sobre Elías, el cual recogiendo las faldas del vestido en su cintura, iba corriendo delante de Acab hasta que llegó a Jezrael.

19 *Elías perseguido de muerte por Jezabel, se retira al monte, donde es favorecido por el Señor*

1. Contó Acab a Jezabel cuanto había hecho Elías, y cómo había pasado a cuchillo todos los profetas de Baal, sin dejar uno.

2. Y envió Jezabel a decir a Elías: Trátenme los dioses con todo su rigor, si mañana a estas horas no te hiciere pagar con tu vida la que quitaste a cada uno de aquellos profetas.

3. Oído esto, se atemorizó Elías, y se fue huyendo por donde le llevaba su imaginación. Al llegar a Bersabee de Judá, dejó allí su criado.

4. Y prosiguió su camino una jornada por el desierto; y habiendo llegado allá y sentándose debajo de un enebro pidió para su alma la separación del cuerpo, diciendo: Bástame ya, Señor, de vivir*; llévate mi alma; pues no soy yo de mejor condición que mis padres.

5. Y tendiéndose en el suelo, se quedó dormido a la sombra del enebro, cuando he aquí que el ángel del Señor le tocó y dijo: Levántate, y come.

6. Miró atrás, y vio a su cabecera un pan cocido al rescoldo y un vaso de agua; comió, pues, y bebió, y se volvió a dormir.

7. Mas el ángel del Señor volvió segunda vez a tocarle, y le dijo: Levántate, y come; porque te queda por andar un largo camino.

8. Levantándose Elías, comió y bebió: y confortado con aquella comida, caminó cuarenta días y cuarenta noches hasta llegar a Horeb, monte de Dios.

9. Llegado allá hizo asiento en una cueva, y dirigiéndole el Señor la palabra, le dijo: ¿Qué haces ahí, Elías?

10. A lo que respondió él: Me abraso de celo por ti, ¡oh Señor Dios de los ejércitos!, porque los hijos de Israel han abandonado tu alianza, han destruido tus altares, han pasado a cuchillo tus profetas; he quedado yo solo, y me buscan para quitarme la vida.

11. Le dijo el Señor: Sal fuera, y ponte sobre el monte en presencia del Señor, y he aquí que pasará el Señor, y delante de él correrá un viento fuerte e impetuoso, capaz de trastornar los montes y quebrantar las peñas; no está el Señor en el viento. Después del viento vendrá un temblor de tierra; tampoco está el Señor en el terremoto.

12. Tras el terremoto un fuego; no está el Señor en el fuego. Y tras el fuego el soplo de un aura apacible y suave.

13. Habiendo oído esto Elías, cubrió su rostro con el manto, y saliendo fuera, se paró a la puerta de la cueva, y de repente oye una voz que le dice: ¿Qué haces aquí, Elías?

14. Abrasarme de celo, respondió él, por el Señor Dios de los ejércitos; porque los hijos de Israel han abandonado tu alianza, han derribado tus altares y pasado a cuchillo a tus profetas; he quedado solamente yo, y me buscan para quitarme la vida.

15. Le dijo el Señor: Anda, y vuélvete por el mismo camino del desierto hacia Damasco; llegado allá, ungirás a Hazael por rey de Siria;

16. y a Jehú, hijo de Namsi, lo ungirás rey de Israel; y ungirás también a Eliseo, hijo de Safat, natural de Abelmeula, por profeta sucesor tuyo.

17. Y sucederá que el que escapare de la espada de Hazael, será muerto por Jehú; y el que se librare de la espada de Jehú, lo hará morir Eliseo.

18. Mas yo me reservaré en Israel siete mil varones que nunca doblaron su rodilla ante Baal, ninguno de los cuales ha besado su propia mano, y extendídola después en señal de adorarle.

19. Partido que hubo de allí Elías, halló

---

4. *Eclo 30*, 17.

ELÍAS HACE PERECER A LOS SACERDOTES DE BAAL

Entonces les dijo Elías: Prended a los profetas de Baal, y que no se escape ninguno de ellos. Presos que fueron, los mandó llevar Elías al arroyo de Cisón; y allí les hizo quitar la vida.

a Eliseo, hijo de Safat, arando con doce yuntas de bueyes, y él era uno de los que araban con una de las doce yuntas; y Elías, así que llegó a él, le echó su manto encima.

20. Eliseo dejando al instante los bueyes fue corriendo en pos de Elías, a quien dijo: Permíteme que vaya a dar el ósculo de despedida a mi padre y a mi madre, y luego te seguiré. Le respondió: Anda, y vuelve, que lo que a mí me tocaba hacer contigo yo ya lo he hecho.

21. Apenas se hubo separado de él, y despedido de sus padres, tomó el par de bueyes, y los degolló, y con la madera del arado coció sus carnes, y se las dio a la gente para que comiese; después de lo cual se puso en camino, y fue siguiendo a Elías, y le servía.

20 *Guerra contra Benadad, rey de Siria. Victorias milagrosas de Israel*

1. Después Benadad, rey de Siria, reunido todo su ejército, toda su caballería y carros armados, y teniendo consigo treinta y dos reyes, o pequeños príncipes, salió a campaña contra Samaria, y le puso sitio.

2. Y envió mensajeros a la ciudad, que dijesen a Acab, rey de Israel:

3. Esto dice Benadad: Tu plata y tu oro es mío, y tus mujeres y tus gallardos hijos míos son.

4. A lo que contestó el rey de Israel: Tuyo soy, mi rey y Señor, como tú dices, y tuyas son todas mis cosas.

5. Volviendo de nuevo los mensajeros dijeron: Esto dice Benadad, que nos vuelve a enviar a ti: Me has de dar tu plata y tu oro, y tus mujeres, y tus hijos.

6. Mañana, pues, a esta misma hora enviaré a ti mis siervos, los cuales registrarán tu palacio y las casas de sus criados o cortesanos, y tomarán con sus propias manos cuanto les agradare, y se lo llevarán.

7. Entonces el rey de Israel convocó a todos los ancianos de su pueblo, y dijo: Advertid y notad cómo nos está armando asechanzas*; puesto que nos envió a pedirme mis mujeres y mis hijos, y el oro y la plata, y no le he dicho que no.

8. Le respondieron todos los ancianos y el pueblo todo: No le des oídos, ni condesciendas con él.

9. Y así contestó a los enviados de Benadad: Decid a mi señor el rey: Todo cuanto me pediste al principio a mí, siervo tuyo, lo haré; mas esto que ahora pides no puedo hacerlo.

10. Volviéndose los mensajeros, llevaron a Benadad esta respuesta; el cual los despachó nuevamente, diciendo por medio de ellos a Acab: Háganme los dioses no bien, sino mucho mal, si todo el polvo o tierra de Samaria ha de ser bastante para que repartido entre mis soldados le quepa a cada uno un puñado.

11. Mas el rey de Israel les respondió: Decidle a vuestro amo que no cante la victoria antes de la batalla.

12. Cuando recibió Benadad esta respuesta estaba bebiendo con los reyes en sus pabellones, y dijo a sus tropas: Cercad la ciudad. Y la cercaron.

13. Cuando he aquí que un profeta presentándose a Acab, rey de Israel, le dijo: Esto dice el Señor: ¿Has visto bien toda esta multitud innumerable? Pues mira, hoy la pondré yo en tus manos, para que sepas que yo soy el Señor.

14. Respondió Acab: ¿Por medio de quién? Y le dijo el profeta: Por medio, dice el Señor, de los mozos de a pie de los príncipes de las provincias. ¿Y quién, replicó Acab, comenzará la batalla? Tú, respondió el profeta.

15. Contó, pues, Acab los mozos de a pie de los príncipes y halló ser doscientos treinta y dos; pasó después revista del pueblo, y halló aptos para pelear siete mil entre todos los hijos de Israel.

16. Y a eso del mediodía hicieron una salida. Mas Benadad estaba bebiendo en su tienda, ya embriagado, y con él los treinta y dos reyes o señores que habían venido a su socorro.

17. Salieron, pues los mozos de los príncipes de las provincias al frente de la tropa. Envió Benadad batidores, los cuales volvieron diciendo: Son unos hombres que han salido de Samaria.

18. Y dijo Banadad: Ora vengan para tratar de paz y ganar treguas, ora para pelear, cogedlos vivos.

19. Avanzaron, pues, los criados de los

7. *Buscando pretextos para la guerra.*

príncipes de las provincias, seguidos del resto del ejército;

20. y cada uno de ellos mató al que se le puso delante; con lo que huyeron los siros, y fue Israel persiguiéndolos. Huyó también Benadad, rey de Siria, a uña de caballo, con los de su caballería.

21. Y saliendo asimismo el rey de Israel, derrotó caballos y carros, haciendo un gran estrago en los siros.

22. Entonces acercándose un profeta al rey de Israel, le dijo: Anda y esfuérzate, y reflexiona y mira lo que has de hacer; porque el año que viene volverá contra ti el rey de Siria.

23. En efecto, los criados o cortesanos del rey de Siria le dijeron: Los dioses de los montes son sus dioses; por eso nos han vencido; así es mejor que peleemos contra ellos en los llanos, y los venceremos.

24. Tú, toma estas disposiciones: separa de tu ejército a todos esos reyes, y pon en su lugar los primeros y más valientes capitanes.

25. Reemplaza el número de los soldados que han muerto, y la caballería, y los carros de guerra como tuviste antes, y pelearemos contra ellos en campo llano, y verás cómo los venceremos. Abrazó Benadad su dictamen, y lo hizo así.

26. Pasado, pues, un año hizo Benadad revista de los siros, y salió a campaña y fue a Afec para pelear contra Israel.

27. Se pasó también revista de los hijos de Israel, los cuales prevenidos de víveres marcharon al encuentro de sus enemigos, y acamparon enfrente de ellos, a manera de dos pequeños hatos de cabras; al paso que los siros inundaron todo el país.

28. Entonces un varón de Dios vino a encontrar al rey de Israel, y le dijo: Esto dice el Señor: Por cuanto han dicho los siros: El Señor es Dios de los montes y no es Dios de los valles, por lo mismo yo entregaré en tu mano toda esa gran muchedumbre; con lo que acabaréis de conocer que yo soy el Señor.

29. Entretanto los dos ejércitos por espacio de siete días estuvieron formados en batalla uno enfrente de otro, y al séptimo día se dio la acción: en la cual los hijos de Israel mataron de los siros en un día cien mil hombres de infantería.

30. Los que pudieron salvarse, huyeron a la ciudad de Afec, y cayó el muro sobre veintisiete mil hombres que habían quedado. Huyendo también Benadad, entró en la ciudad; y se escondió en lo más retirado de su palacio.

31. Y le dijeron sus criados: Nosotros hemos oído decir que los reyes de la casa de Israel son clementes y piadosos; vistámonos, pues, de sacos con sogas al cuello, y presentémonos así al rey de Israel; que tal vez nos salvará las vidas.

32. Se vistieron, pues, los sacos, ciñéndoselos en la cintura, y se pusieron las sogas al cuello, y se presentaron al rey de Israel diciéndole: Benadad, tu siervo, dice: Sálvame, te ruego, la vida. A lo que respondió el rey: Si vive todavía, él es mi hermano.

33. Lo cual tuvieron ellos por feliz presagio; y al instante le tomaron la palabra de la boca, y dijeron: Sí, Benadad, tu hermano, aún vive. Y él les dijo: Id y traédmelo acá. Se le presentó luego Benadad, y Acab le hizo subir en su carroza.

34. Le dijo Benadad: Las ciudades que mi padre quitó al tuyo, yo las restituiré; y tú te harás plazas y calles en Damasco mi capital, como las hizo mi padre en Samaria, y hecho este convenio contigo, me marcharé. Hizo, pues, Acab alianza con él, y lo dejó ir libre.

35. Entonces uno de los hijos o discípulos de los profetas dijo de parte del Señor a un compañero suyo: Hiéreme. Mas el otro no quiso herirle.

36. Y él le dijo: Por cuanto no has querido obedecer la voz del Señor, lo mismo será apartarte de mí que te matará un león. En efecto, a pocos pasos distante de él, lo encontró un león y lo mató.

37. Habiendo después hallado a otro hombre, le dijo: Hiéreme: y éste le hirió e hizo una llaga.

38. Se fue así el profeta, y salió al encuentro del rey en el camino, habiendo desfigurado su fisonomía, llenándose de polvo la cara y los ojos.

39. Y así que hubo pasado el rey dio voces tras él, diciendo: Había avanzado tu siervo para batir más de cerca al enemigo; y como hubiese huido un hombre de los prisioneros, otro me lo trajo, y me dijo: Guarda a ese hombre; que si lo dejas escapar, tu vida responderá por la suya, o me pagarás un talento de plata.

40. Mas como yo agitado o turbado me

volviese a un lado y a otro, el hombre desapareció de repente. Le respondió el rey de Israel: Tú mismo te has pronunciado la sentencia.

41. Entonces él se limpió de repente el polvo de la cara, y conoció el rey de Israel ser uno de los profetas.

42. El cual dijo al rey: Esto dice el Señor: Por cuanto has dejado escapar de tus manos un hombre digno de muerte, tu vida pagará por la suya, y tu pueblo por el pueblo suyo.

43. Mas el rey de Israel se volvió a su casa, no haciendo caso de lo que le decía el profeta, y entró lleno de furor en Samaria.

21 *Nabot rehusa vender su viña al rey Acab. Jezabet hace matar a Nabot*

1. Después de estas cosas sucedió en aquel tiempo que Nabot, jezraelita, tenía en Jezrael una viña cerca del palacio de Acab, rey de Samaria.

2. Habló, pues, Acab a Nabot, diciendo: Dame tu viña para hacerme una huerta, estando como está vecina y contigua a mi palacio, y en cambio de ella te daré otra viña mejor, o si te tiene más cuenta, su justo precio en dinero.

3. Le respondió Nabot: Dios me libre de darte yo la heredad de mis padres.

4. Se fue Acab a su casa indignado y bramando de cólera por la respuesta que le había dado Nabot, jezraelita diciendo: No te doy yo la heredad de mis padres. Y echándose sobre su cama, volvió su rostro hacia la pared, y no quiso comer nada.

5. Entró a verle Jezabel, su mujer, y le dijo: ¿Qué es esto? ¿Qué motivo tienes para estar triste? ¿Y por qué no quieres comer?

6. Le respondió: He hablado a Nabot, jezraelita, y le he dicho: Dame tu viña a dinero contante, o si quieres, yo te daré en cambio de ella otra viña mejor. A lo que me ha contestado: No te doy yo mi viña.

7. Entonces le dijo Jezabel, su mujer: ¡Vaya que es grande tu autoridad, y sí que gobiernas bien el reino de Israel! Levántate y toma alimento, y sosiega tu ánimo que yo te daré la viña de Nabot, jezraelita.

8. A este fin escribió ella una carta en nombre de Acab, sellándola con el sello real; y la envió a los ancianos y a los principales de aquella ciudad, vecinos de Nabot.

9. La sustancia de la carta era esta: Promulgad un ayuno*, y haced sentar a Nabot entre los principales del pueblo,

10. y sobornad a dos hombres, hijos de Belial, que digan contra él este falso testimonio: Ha blasfemado contra Dios y contra el rey. Después sacadle fuera, y apedreadle hasta que muera.

11. Los ancianos y principales de la ciudad, conciudadanos de Nabot y que vivían con él, lo hicieron puntualmente conforme había mandado Jezabel, y según el contenido de la carta que les había enviado.

12. Promulgaron el ayuno, y a Nabot lo hicieron sentar entre los primeros del pueblo.

13. Y habiendo introducido a dos hombres, hijos del diablo, los hicieron sentar enfrente de Nabot, los cuales, al fin como hombres diabólicos, atestiguaron contra él en presencia del pueblo, diciendo: Nabot ha blasfemado contra Dios y contra el rey. En vista de este testimonio lo sacaron fuera de la ciudad, y lo mataron a pedradas.

14. Enviaron luego a decir a Jezabel: Nabot ha sido apedreado y muerto.

15. Luego que supo Jezabel que Nabot había sido apedreado y muerto, dijo a Acab: Anda y toma posesión de la viña de Nabot, jezraelita, que no quiso complacerte, y dártela por dinero contante; puesto que ya no vive Nabot, sino que ha muerto.

16. Así que oyó Acab la muerte de Nabot, se puso en camino, y bajaba a la viña de Nabot, jezraelita, para tomar posesión de ella.

17. Mas el Señor habló a Elías, tesbita, diciendo:

18. Marcha y sal al encuentro de Acab, rey de Israel, que está en Samaria; sábete que va a la viña de Nabot para tomar posesión de ella.

19. Pero tú le has de hablar en estos términos: Esto dice el Señor: Cometiste un homicidio, y tras de esto vas a usurpar la viña del muerto. A lo que añadirás después: He aquí lo que dice el Señor: En este lugar en que los perros lamieron la sangre de Nabot, en el mismo lamerán también tu sangre*.

20. Le dijo Acab: ¿Por ventura me tienes

---

9. *Esd 8*, 21; *2 Cro 20*, 3.
19. *1 Re 12*, 38; *2 Re 4*, 25.

por enemigo tuyo, para que así vaticines contra mí? Sí te tengo por tal, respondió Elías; porque te has prostituido a hacer la maldad delante del Señor.

21. He aquí que yo lloveré sobre ti desastres, y extirparé tu posteridad, y no dejaré de la casa de Acab alma viviente, matando hasta los perros y a todos los tuyos en Israel desde el mayor hasta el menor.

22. Yo asolaré tu casa como la de Jeroboam, hijo de Nabat, y como la de Baasa, hijo de Ahías; porque tú no has hecho sino provocar mi ira, y has hecho pecar a Israel.

23. E igualmente ha hablado el Señor contra Jezabel, diciendo: Los perros se comerán a Jezabel en el campo de Jezrael.

24. Si muriere Acab en la ciudad, se lo comerán los perros; si muriere en el campo, lo devorarán las aves del cielo.

25. Lo cierto es que no hubo jamás otro tal como Acab; el cual se prostituyó o se vendió para obrar lo malo delante del Señor; porque lo instigó su mujer Jezabel,

26. y se hizo abominable en tanto grado, que se iba tras los ídolos fabricados por los amorreos, a los cuales había el Señor destruido al llegar los hijos de Israel.

27. Mas así que Acab oyó estas palabras, rasgó sus vestidos, cubrió su carne con un cilicio, ayunó, y durmió envuelto en el saco de penitencia, y andaba cabizbajo o humillado.

28. Por lo que habló el Señor a Elías, tesbita, diciendo:

29. ¿No has visto cómo Acab se ha humillado delante de mí? Pues ya que por mi respeto se ha humillado, no enviaré aquellos castigos durante su vida; pero sí los enviaré sobre su casa en los días de su hijo.

22 *Guerra de Israel y Judá contra la Siria. Acab muere atravesado por una saeta y le sucede Ocozías*

1. Tres años se pasaron sin guerra entre la Siria e Israel;

2. pero al tercer año fue Josafat, rey de Judá, a visitar al rey de Israel.

3. (Había dicho el rey de Israel a sus criados o cortesanos: ¿No sabéis que Ramot de Galaad es plaza nuestra, y con todo no cuidamos de recobrarla del poder del rey de Siria?)

4. Y dijo a Josafat: ¿Vendrás conmigo a la guerra contra Ramot de Galaad?

5. Respondió Josafat al rey de Israel: Somos los dos una misma cosa, y una misma cosa son tu pueblo y el mío, y tuya es mi caballería. Y añadió Josafat al rey de Israel: Consulta, te ruego, al Señor este día, para que sepamos su voluntad.

6. Juntó, pues, el rey de Israel a sus profetas en número de cerca de cuatrocientos, y les dijo: ¿Debo emprender la guerra contra Ramot de Galaad, o estarme quieto? Empréndela, respondieron ellos; que el Señor entregará la plaza en poder del rey.

7. Mas Josafat dijo: ¿No hay aquí algún profeta del Señor, a fin de consultar por medio de él?

8. Le respondió el rey de Israel: Uno ha quedado, por cuyo medio podemos consultar al Señor; mas yo lo aborrezco, porque nunca me profetiza cosa buena, sino mala: ése es Miqueas, hijo de Jemla. Replicó Josafat: Oh rey, no hables de esa manera.

9. Llamó, pues, el rey de Israel a un eunuco o camarero y le dijo: Anda, ve, y trae luego a Miqueas, hijo de Jemla.

10. Estaban el rey de Israel y Josafat, rey de Judá, sentados cada uno en su trono, vestidos de traje real en la era o plaza contigua a la puerta de Samaria; y todos los profetas falsos profetizando delante de los dos.

11. Y Sedecías, hijo de Canaana, se había hecho fabricar unos cuernos de hierro, y dijo: Esto dice el Señor: Con estos aventarás la Siria, hasta que no dejes rastro de ella.

12. A este tenor los demás profetas profetizaban, diciendo: Sal a campaña contra Ramot de Galaad, ve en hora buena; que el Señor la entregará en manos del rey.

13. Al mismo tiempo el mensajero que había ido a llamar a Miqueas, lo previno, diciendo: Mira que todos los profetas están acordes en anunciar prósperos sucesos al rey; sea, pues, tu lenguaje semejante al suyo, y anuncia buenas nuevas.

14. Le respondió Miqueas: Vive el Señor, que no hablaré otra cosa que lo que el Señor me dijere.

15. Llegó, pues, delante del rey, el cual le preguntó: Miqueas, ¿debemos ir a hacer la guerra contra Ramot de Galaad, o estarnos quietos? Le respondió Miqueas: Anda, y ve en hora buena; que el Señor la entregará en manos del rey.

16. Le replicó el rey: Te conjuro una y mil veces en el nombre del Señor, que no me digas sino la verdad.

17. Entonces dijo él: Yo vi a todo Israel dispersado por los montes, a semejanza de ovejas sin pastor; y dijo el Señor: Estos no tienen caudillo; vuélvase cada uno en paz a su casa.

18. Al oír esto el rey de Israel dijo a Josafat: ¿Por ventura no te lo dije, que éste jamás me profetiza cosa buena, sino siempre mala?

19. Pero Miqueas, ratificándose, añadió: Por tanto, oye la palabra del Señor: He visto al Señor sentado sobre su solio, y a toda la milicia celestial que estaba a su alrededor a la derecha y a la izquierda.

20. Y dijo el Señor: ¿Quién engañará a Acab, rey de Israel, para que vaya y perezca en Ramot de Galaad? Sobre lo cual uno dijo una cosa, y otro otra.

21. Mas salió del abismo el espíritu maligno, y se presentó al Señor, diciendo: Yo lo engañaré si me lo permites. Le preguntó el Señor: ¿De qué manera?

22. Y él respondió: Saldré y seré un espíritu mentiroso en la boca de todos sus profetas. Y dijo el Señor: Lo engañarás, y lograrás tu intento; vete, y haz lo que dices.

23. Mira, pues, concluyó Miqueas; mira que el Señor ha puesto o dejado entrar el espíritu de mentira en la boca de todos tus profetas que están aquí; mientras que el mismo Señor tiene decretados contra ti desastres.

24. Se acercó entonces Sedecías, hijo de Canaana, y dio un bofetón a Miqueas, diciendo: ¿Con que a mí me ha desamparado el espíritu del Señor y te ha hablado a ti?

25. Respondió Miqueas: Tú lo verás aquel día, cuando vayas huyendo de escondrijo en escondrijo para ocultarte y salvarte.

26. Pero el rey de Israel dijo: Prended a Miqueas, y esté bajo la custodia de Amón, gobernador de la ciudad, y de Joás, hijo de Amelec;

27. a quienes diréis: Esto manda el rey: Meted a ese hombre en la cárcel, y alimentadle con pan de dolor y agua de aflicción, hasta que yo vuelva victorioso.

28. A lo que dijo Miqueas: Si tú vuelves victorioso, el Señor no habló por mi boca. Y añadió: Pueblos todos estad alerta, y sedme testigos.

29. Salió, pues, el rey de Israel a campaña con Josafat, rey de Judá, contra Ramot de Galaad.

30. Y dijo el rey de Israel a Josafat: Toma tus armas y entra en batalla, vestido de tus ropas. Mas el rey de Israel mudó de traje, y entró disfrazado en la pelea.

31. Había mandado el rey de Siria a los treinta y dos comandantes de sus carros de guerra, diciendo: No pelearéis contra ninguno pequeño ni grande, sino contra solo el rey de Israel.

32. Como fuesen, pues, los capitanes de los carros a Josafat, se figuraron que era el rey de Israel, y arrojándose encima, peleaban contra él. Josafat entonces dio voces al Señor*;

33. por donde conocieron los capitanes de los carros que no era el rey de Israel, y lo dejaron.

34. Mas un soldado flechó su arco, y disparando al aire, casualmente hirió al rey de Israel entre el pulmón y el estómago. Por lo que dijo el rey a su cochero: Da la vuelta y sácame del combate, porque estoy gravemente herido.

35. Se dio, pues, la batalla aquel día; y el rey de Israel, aunque herido, estaba en su carroza, vuelto de cara a los siros. Pero murió por la tarde, habiendo corrido la sangre de la herida hasta el fondo de la carroza.

36. Y antes de ponerse el sol, un rey de armas tocó la trompeta por todo el ejército avisando que cada uno se volviese a su ciudad y a su país.

37. Muerto, pues, el rey, fue conducido a Samaria, donde lo sepultaron.

38. Y lavaron su carroza y las riendas de los caballos en el estanque de Samaria; y los perros lamieron su sangre, conforme a la palabra que había el Señor pronunciado.

39. Las demás acciones de Acab, y todo cuanto hizo, y la casa de marfil que edificó, y todas las ciudades que fundó, todas estas cosas, ¿no están escritas en el Libro de los Anales de los Reyes de Israel?

40. Pasó finalmente Acab a descansar

---

32. *2 Cro 18*, 31.

con sus padres, y lo sucedió en el reino su hijo Ocozías.

41. Josafat, hijo de Asa, había comenzado a reinar sobre Judá el año cuarto de Acab, rey de Israel.

42. Treinta y cinco años tenía cuando comenzó a reinar, y reinó veinticinco en Jerusalén. Llamábase su madre Azuba, hija de Salai.

43. Josafat siguió en todo los pasos de su padre Asa, sin desviarse jamás; haciendo lo que era recto delante del Señor.

44. Mas no quitó los lugares altos, pues todavía el pueblo sacrificaba y ofrecía incienso a Dios en las alturas.

45. Y el rey Josafat mantuvo la paz con el rey de Israel.

46. Las demás cosas de Josafat, y sus hechos y batallas, ¿no está todo esto escrito en el Libro de los Anales de los Reyes de Judá?

47. Además exterminó del país las reliquias de los afeminados, que habían quedado del tiempo de su padre Asa.

48. No había por entonces rey establecido en Idumea.

49. El rey Josafat había formado una flota para hacerla navegar a Ofir, y traer de allí oro; pero no pudo efectuarse, porque naufragaron las naves en Asiongaber.

50. Entonces Ocozías, hijo de Acab, dijo a Josafat: Vaya mi gente a navegar con la tuya; pero Josafat no quiso convenir en ello.

51. Al fin pasó a descansar Josafat con sus padres, y fue sepultado con ellos en la ciudad de su padre David; y lo sucedió en el reino su hijo Joram.

52. Ocozías, hijo de Acab, había comenzado a reinar sobre Israel en Samaria el año décimo séptimo de Josafat, rey de Judá; y reinó sobre Israel dos años.

53. E hizo lo malo delante del Señor, y siguió el camino de su padre y de su madre, y las huellas de Jeroboam, hijo de Nabat, el cual indujo a pecar a Israel.

54. Sirvió también a Baal, y lo adoró, e irritó al Señor Dios de Israel, haciendo todo lo malo que había hecho su padre.

2 Reyes

1

Muerte de Ocozías, a quien sucede su hermano Joram. El fuego devora a los soldados que iban por Elías

1. Después de la muerte de Acab se rebelaron los moabitas contra Israel.

2. Sucedió también que Ocozías cayó desde la ventana de un aposento alto del palacio que tenía en Samaria, y enfermó de la caída. Y despachó unos mensajeros, diciéndoles: Id a consultar a Beelzebub, dios de Accarón, si podré convalecer de esta enfermedad.

3. Al mismo tiempo el ángel del Señor habló a Elías, tesbita, diciendo: Marcha y sal al encuentro de los mensajeros del rey de Samaria, y diles: Pues, ¿no hay Dios en Israel que vais a consultar al Beelzebub, dios de Accarón?

4. Por tanto, esto dice el Señor: De la cama en que te has acostado no te levantarás, sino que morirás infaliblemente. Dicho esto, se marchó Elías.

5. Y se volvieron los mensajeros a Ocozías. El cual les dijo: ¿Por qué os habéis vuelto?

6. A lo que respondieron: Hemos encontrado un hombre, y nos ha dicho: Id y volved al rey que os ha enviado, y decidle: Esto dice el Señor: ¿Acaso no hay Dios en Israel, que envías a consultar a Beelzebub, dios de Accarón? Por lo mismo, pues, de la cama en que te acostaste no te levantarás sino que morirás sin remedio.

7. Les preguntó el rey: ¿Qué figura y traje tiene ese hombre que os ha salido al encuentro, y dicho estas palabras?

8. Respondieron ellos: Es un hombre cubierto de pelo, y que va ceñido con un cinto de cuero. Dijo el rey: Ese es Elías, tesbita.

9. Y destacó un capitán de cincuenta soldados, con los cincuenta que le estaban subordinados; el cual salió en busca de él; y hallándolo sentado en la cima del monte, le dijo: Varón de Dios, el rey ha mandado que bajes de ahí.

10. Elías en respuesta dijo al capitán de los cincuenta: Si yo soy varón de Dios, baje fuego del cielo que te devore a ti y a tus cincuenta. Descendió, pues, fuego del cielo, y lo devoró a él y a los cincuenta soldados que consigo tenía.

11. Destacó nuevamente Ocozías contra él a otro capitán de cincuenta hombres con los cincuenta; el cual le dijo: Varón de Dios, el rey lo manda, baja presto.

12. Respondió Elías: Si yo soy varón de Dios, caiga fuego del cielo, y devórete a ti y a tus cincuenta. Bajó, pues, fuego del cielo, y lo devoró a él y a sus cincuenta.

13. Tercera vez destacó Ocozías otro capitán de cincuenta hombres con sus cincuenta; el cual luego que llegó, se hincó de rodillas en frente de Elías, y le suplicó diciendo: Varón de Dios, sálvame la vida, y salva también la de tus siervos que me acompañan.

14. Ya sé que ha bajado fuego del cielo, y devorado a los dos primeros capitanes de cincuenta hombres y a los cincuenta que cada uno mandaba. Mas ahora yo te suplico que te apiades de mí.

15. Entonces el ángel del Señor habló a Elías, diciendo: Desciende y vete con él, no temas. Se levantó pues; y marchó con él a encontrar al rey,

16. al cual dijo: Esto dice el Señor: Por cuanto enviaste mensajeros a consultar a Beelzebub, dios de Accarón, como si no hubiera Dios en Israel, a quien pudieras consultar, por esto, de la cama en que te acostaste no te levantarás; sino que morirás indefectiblemente.

17. Murió, pues, según la palabra del Señor, pronunciada por Elías; y como no tenía hijo ninguno, lo sucedió en el trono su hermano Joram, en el año segundo del otro Joram* hijo de Josafat, rey de Judá.

18. En orden a lo demás que hizo Ocozías, ¿no está todo escrito en el Libro de los Anales de los Reyes de Israel?

2

Elías es milagrosamente arrebatado del mundo. Hereda su espíritu Eliseo, quien obra milagros

---

1. Y sucedió que cuando el Señor quiso arrebatar al cielo a Elías en un torbellino de fuego, venían Elías y Eliseo caminando de Gálgala.

2. Y dijo Elías a Eliseo: Quédate aquí, porque el Señor me envía a Betel. Al cual respondió Eliseo: Te juro por el Señor y por tu vida, que no te dejaré. Llegados que fueron a Betel,

3. fueron los hijos o discípulos de los profetas que estaban allí a encontrar a Eliseo y le dijeron: ¿No sabes tú cómo hoy se llevará el Señor a tu amo? Sí que lo sé, respondió él; callad.

4. Dijo nuevamente Elías a Eliseo: Quédate aquí, porque el Señor me envía hasta Jericó. Te juro por el Señor y por tu vida, le respondió, que no te dejaré. Así que llegaron a Jericó,

5. se acercaron a Eliseo los hijos de los profetas que moraban allí y le dijeron: ¿No sabes tú que hoy el Señor se llevará a tu amo? Sí, lo sé, respondió él; pero callad.

6. Le dijo otra vez Elías: Quédate aquí, porque el Señor me envía hasta el Jordán. Le replicó Eliseo: Te juro por el Señor y por tu vida que no me apartaré de ti. Marcharon, pues, ambos;

7. y los fueron siguiendo cincuenta de los hijos de los profetas, los cuales se detuvieron a lo lejos en frente de ellos, mientras que los dos se pararon en la orilla del Jordán.

8. Entonces Elías se quitó el manto, y lo dobló, e hirió con él las aguas, las cuales se dividieron a uno y otro lado y pasaron los dos a pie enjuto.

9. Así que hubieron pasado, dijo Elías a Eliseo: Pide lo que quieras que yo haga por ti, antes que sea de ti separado. Y Eliseo dijo: Pido que sea duplicado en mí tu espíritu.

10. Contestó Elías: Cosa difícil es la que has pedido. No obstante, si tú me vieres al tiempo que sea arrebatado de tu lado, tendrás lo que has pedido; mas si no me vieres, no lo tendrás.

---

17. Se emplea la fórmula acostumbrada de sucesión.

11. Así proseguían su camino andando y hablando entre sí, cuando he aquí que un carro de fuego, con caballos también de fuego separó de repente al uno del otro, y Elías subió al cielo en un torbellino.

12. Estaba Eliseo mirándolo, y gritaba: Padre mío, Padre mío, carro armado de Israel, y conductor suyo*. Y ya no lo volvió a ver más. Entonces asió sus vestidos, y los rasgó en dos partes en señal de dolor.

13. Recogió después el manto, que se le había caído a Elías, y volviéndose se paró en la ribera del Jordán;

14. y con el manto que se le cayera a Elías hirió las aguas, las cuales no se dividieron. Por lo que dijo: ¿Dónde está ahora el Dios de Elías? Hirió nuevamente las aguas, y se dividieron a un lado y a otro; con lo que pasó Eliseo.

15. Así que vieron esto los hijos de los profetas, que habían venido de Jericó, y estaban en la orilla opuesta, dijeron: El espíritu de Elías ha reposado sobre Eliseo, y saliéndole al encuentro, le hicieron profunda reverencia postrados en tierra,

16. y le dijeron: Aquí hay entre tus siervos cincuenta hombres robustos que pueden ir en busca de tu amo, no sea que el espíritu del Señor lo haya arrebatado y arrojado sobre algún monte o en algún valle. Respondió Eliseo: No tenéis que enviarlos.

17. Tanto le importunaron que al cabo condescendió, y les dijo: Pues bien, enviadlos. Enviaron, pues cincuenta hombres, que habiéndole buscado tres días, no lo hallaron.

18. Por lo que se volvieron a Eliseo, que moraba en Jericó, el cual les dijo: ¿No os respondí yo: No tenéis que enviarlos?

19. Por este tiempo dijeron también a Eliseo los vecinos de la ciudad: Bien ves que la situación de esta ciudad es bellísima, como tú mismo, señor, lo estás conociendo; pero las aguas son muy malas y la tierra estéril.

20. A lo que les contestó: Traedme una vasija nueva, y echad sal en ella. Habiéndosela traído,

21. se fue al manantial de las aguas, echó en él la sal, y dijo: Esto dice el Señor: Yo he hecho saludables estas aguas, y nunca más serán causa de muerte ni de esterilidad.

22. Desde entonces quedaron saludables las aguas hasta el día de hoy, conforme a la palabra pronunciada por Eliseo.

23. De aquí pasó a Betel, y cuando iba subiendo por el camino, salieron de la ciudad unos muchachos, y le motejaban, diciendo: Sube, oh calvo: calvo, sube.

24. Eliseo, volviéndose hacia ellos, los miró, y maldijo en nombre del Señor; y saliendo dos osos del bosque, despedazaron a cuarenta y dos de aquellos muchachos.

25. Partió en seguida Eliseo al monte Carmelo, desde donde se volvió a Samaria.

3 *Reinado de Joram; se unen los reyes de Judá, de Israel y de Edom contra el de Moab*

1. Joram, hijo de Acab, comenzó a reinar sobre Israel en Samaria el año decimoctavo de Josafat, rey de Judá; y reinó doce años.

2. E hizo el mal delante del Señor; mas no como su padre y madre; pues quitó las estatuas de Baal, que había hecho su padre.

3. No obstante imitó los pecados de Jeroboam, hijo de Nabat, que hizo pecar a Israel; y no se apartó de ellos.

4. Es de saber que Mesa, rey de Moab, criaba muchos ganados, y pagaba al rey de Israel cien mil corderos y cien mil carneros con sus vellones.

5. Pero muerto Acab, rompió la alianza que tenía con el rey de Israel.

6. Por esta causa el rey Joram salió entonces de Samaria, y pasó revista de todo Israel.

7. Y envió a decir a Josafat, rey de Judá: El rey de Moab se me ha rebelado; ven conmigo a hacerle guerra. Respondió Josafat: Iré; lo que es mío, es tuyo; mi pueblo es pueblo tuyo, y mis caballos tuyos son.

8. Y añadió: ¿Qué camino tomaremos? A lo que le respondió Joram: El camino del desierto de Idumea.

9. Marcharon, pues, el rey de Israel, el rey de Judá y el rey de Idumea, y anduvieron rodeando siete días de camino, y se hallaron sin agua para el ejército y para las bestias que llevaban detrás.

10. Dijo entonces el rey de Israel: ¡Ay, ay,

---

12. *Su apoyo y columna.* La fortaleza espiritual era más importante que los carros de combate para Israel.

ay de nosotros! El Señor nos ha juntado aquí tres reyes para entregarnos en poder de Moab.

11. Pero dijo Josafat: ¿No hay aquí algún profeta del Señor, para implorar por medio de él el socorro del Señor? A esto respondió uno de los criados del rey de Israel: Aquí está Eliseo, hijo de Safat, que daba aguamanos, o servía, a Elías.

12. Dijo Josafat: El Señor habla por su boca. Fueron, pues, a encontrarlo el rey de Israel, y Josafat, rey de Judá, y el rey de Idumea.

13. Mas Eliseo dijo al rey de Israel: ¿Qué tienes tú que ver conmigo? Anda, ve a los profetas de tu padre y de tu madre. Le dijo el rey de Israel: ¿Por qué habrá juntado el Señor estos tres reyes para entregarlos en manos de Moab?

14. Vive el Señor de los ejércitos, en cuya presencia estoy, respondió Eliseo, que si no respetara a Josafat, rey de Judá, no te hubiera atendido, ni aun siquiera mirándote la cara.

15. Mas ahora traedme acá uno que taña el arpa. Y mientras éste cantaba al son del arpa, la virtud del Señor se hizo sentir sobre Eliseo, el cual dijo:

16. Esto dice el Señor: Cavad en la madre de este torrente, haciendo fosas y más fosas;

17. pues el Señor dice así: No veréis viento, ni lluvia, y la madre de este torrente se henchirá de aguas, y beberéis vosotros, y vuestras tropas, y vuestras bestias.

18. Y esto aun es lo de menos en los ojos del Señor; porque además entregará también a Moab en vuestras manos.

19. Y destruiréis todas las plazas fuertes, y todas las ciudades principales, y cortaréis todos los árboles frutales, y cegaréis todos los manantiales de aguas, y sembraréis de piedras todos los campos más fértiles.

20. En efecto, llegada la mañana, al tiempo que suele ofrecerse el sacrificio, ya las aguas venían corriendo por el camino de Edom; y se inundó de agua todo aquel terreno.

21. Al mismo tiempo los moabitas todos a una, oyendo que aquellos reyes habían salido a campaña contra ellos, convocaron a todos los hombres aptos para la guerra, y vinieron a esperarlos en las fronteras.

22. Y habiéndose levantado al apuntar el día, luego que los rayos del sol brillaron sobre las aguas, les parecieron éstas rojas como sangre.

23. Por lo cual dijeron: Sangre de batalla es; los reyes han peleado contra sí, y se han acuchillado unos a otros; corre ahora, oh Moab, a recoger la presa.

24. En efecto, corrieron al campamento de Israel; mas los israelitas, puestos sobre las armas, dieron contra los moabitas, y los pusieron en fuga. Con esto fueron tras ellos los vencedores, y destrozaron a Moab;

25. destruyeron sus ciudades; llenaron de piedras, que cada uno echaba, los campos más fértiles; cegaron todos los manantiales de las aguas, y cortaron todos los árboles frutales; de suerte que solamente quedaron los muros de ladrillos o el castillo; mas la ciudad fue cercada por los honderos, y en gran parte derribada.

26. Habiendo visto, pues, el rey de Moab que los enemigos prevalecían, tomó consigo setecientos hombres valerosos con espada en mano, para forzar el campo del rey de Idumea, y escaparse: pero no pudo lograr su intento.

27. Y arrebatando a su hijo primogénito, que debía sucederle en el reino, lo ofreció en holocausto* sobre la muralla; cosa que causó gran horror a los israelitas, y así al punto se retiraron de allí volviendo a sus casas.

---

4 *Eliseo multiplica el aceite de una viuda, resucita un muerto y obra otros milagros*

---

1. Vino a clamar a Eliseo la mujer de uno de los profetas, diciendo: Mi marido, siervo tuyo, ha muerto; y bien sabes que tu siervo era temeroso de Dios. Pero ahora viene su acreedor para llevarse mis dos hijos y hacerlos esclavos suyos.

2. Le dijo Eliseo: ¿Qué quieres que yo haga por ti? Dime: ¿qué tienes en tu casa? Ella respondió: No tiene tu esclava otra cosa en su casa sino un poco de aceite para ungirse.

3. A la cual dijo: Anda y pide prestadas a todos tus vecinos vasijas vacías en abundancia.

4. Entra después en tu casa, y cierra la

---

27. A Moloc su dios, para aplacarlo con el sacrificio de lo que más amaba, su primogénito.

puerta, estando dentro tú y tus hijos, y echa de aquel aceite en todas estas vasijas, y cuando estuvieren llenas las pondrás aparte.

5. Se fue pues, la mujer, y se encerró en casa con sus hijos; le presentaban éstos las vasijas y ella las llenaba.

6. Llenas ya las vasijas, dijo a uno de los hijos: Tráeme todavía otra vasija. Y respondió él: No tengo más. Entonces cesó de multiplicarse el aceite.

7. Fue luego ella, y se lo contó todo al varón de Dios, el cual dijo: Anda, vende el aceite y paga a tu acreedor; y de lo restante sustentaos tú y tus hijos.

8. Pasaba un día Eliseo por la ciudad de Sunam, y había en ella una señora de gran consideración, que lo detuvo a comer; y como pasase por allí frecuentemente, se detenía a comer en dicha casa.

9. Y dijo la señora a su marido: Advierto que este hombre que pasa con frecuencia por nuestra casa, es un varón santo de Dios.

10. Dispongamos, pues, para él un cuartito, y pongamos en él una cama, y una mesa, y una silla, y un candelero, para que cuando viniere a nuestra casa se recoja en él.

11. En efecto, habiendo llegado cierto día, se aposentó en este cuartito, y allí reposó.

12. Y dijo a su criado Giezi: Llama a esa sunamita. La llamó Giezi, y ella se presentó a Eliseo,

13. el cual dijo a su criado: Dile de mi parte: Veo que nos has asistido en todo con mucho esmero. ¿Qué quieres que haga por ti? ¿Tienes algún negocio sobre el cual pueda yo hablar al rey o al general del ejército? Respondió él: Yo vivo felizmente en medio de mis gentes.

14. ¿Qué quiere, pues, replicó Eliseo, que haga yo por ella? Respondió Giezi: No hay que preguntárselo, supuesto que no tiene hijos, y que su marido es ya viejo.

15. En consecuencia mandó que la llamase otra vez, y venido que hubo y parándose ante la puerta por respeto al profeta,

16. le dijo Eliseo: El año que viene, en este tiempo y en esta misma hora, dándote Dios vida, llevarás un hijo en tus entrañas. A lo que respondió ella: No quieras, señor mío, no quieras por tu vida, oh varón de Dios, engañar a tu sierva.

17. Mas en efecto, la mujer concibió y parió un hijo al tiempo y a la hora misma señalada por Eliseo.

18. El niño fue creciendo; y habiendo salido un día para ir a encontrar a su padre, que estaba con los segadores,

19. dijo a su padre: La cabeza me duele, me duele la cabeza. Dijo el padre a un criado: Tómalo y llévalo a su madre.

20. Habiéndolo éste cogido y llevado a su madre, lo tuvo ella sobre sus rodillas hasta el mediodía, en que murió.

21. Subió luego arriba, y lo puso sobre la cama del varón de Dios, y cerró la puerta; y habiendo salido,

22. llamó a su marido, a quien dijo: Despacha conmigo, te ruego, alguno de los criados y una burra, para ir yo corriendo al varón de Dios y volver luego.

23. Le dijo él: ¿Por qué quieres ir a visitarlo? Hoy no es día de calendas, ni de sábado. Mas ella respondió: Déjame ir.

24. Hizo, pues, aparejar la burra, y dijo al criado: Arrea, y date prisa, no me hagas detener en el camino; y haz esto que te mando.

25. Partió, pues, y fue a encontrar al varón de Dios en el monte Carmelo; quien al verla venir hacia él, dijo a Giezi, su criado: Mira, aquella es la sunamita.

26. Sal a su encuentro, y dile: ¿Lo pasais bien tú, tu marido y tu hijo? Bien, respondió ella.

27. Mas así que llegó al monte y a la presencia del varón de Dios, se echó a sus pies y acercándose Giezi para apartarla, le dijo el varón de Dios: Déjala, porque su alma está llena de amargura, y el Señor me la ha ocultado, y no me ha revelado nada de eso.

28. Dijo entonces ella: ¿Por ventura, oh señor mío, te pedí yo un hijo? ¿No te dije que no me engañaras?

29. Y él dijo a Giezi: Pon haldas en cinta, y toma en tu mano mi báculo y marcha: si te encontrares con alguno, no te pares a saludarlo; si alguno te saludare, no te detengas a responderle; y pondrás mi báculo sobre el rostro del niño.

30. Sin embargo, la madre del niño dijo a Eliseo: Te juro por el Señor y por tu vida que no me iré sin ti. Con esto se puso Eliseo en camino, y la fue siguiendo.

31. Entretanto Giezi había ido delante de ellos, y puesto el báculo sobre la cara del niño, el cual ni hablaba ni sentía. Y así volvió en busca de Eliseo, y le dio parte, diciendo: El niño no ha resucitado.

32. Entró, pues, Eliseo en la casa, y halló al niño muerto, y tendido sobre su cama.

33. Entrado que hubo, se encerró dentro con el niño, e hizo oración al Señor.

34. Subió después sobre la cama, y se echó sobre el niño, poniendo su boca sobre la boca de él, y sus ojos sobre los ojos, y sus manos sobre las manos; y encorvado así sobre el niño, la carne del niño entró en calor.

35. Tras esto, levantándose dio dos vueltas por la habitación, y subió otra vez y se recostó sobre el niño. Entonces el niño bostezó siete veces, y abrió los ojos.

36. Y llamó a Giezi y le dijo: Avisa a esa sunamita. Vino ella y se presentó a Eliseo, el cual le dijo: Toma a tu hijo.

37. Se acercó ella, y se arrojó a sus pies, y lo veneró postrándose hasta el suelo; y tomando a su hijo, salió.

38. Y Eliseo se volvió a Gálgala. Había por aquel tiempo hambre en el país; y los hijos de los profetas habitaban en su compañía. Por lo que dijo a uno de los sirvientes. Pon una olla grande, y cuece un potaje para los hijos de los profetas.

39. En esto, uno de ellos salió al campo a coger hierbas silvestres, y halló una como parra o vid silvestre, de que cogió unas tueras, cuantas pudo llevar en la falda de su vestido y así que volvió las hizo rajas, y las echó en la olla del potaje, sin saber qué cosa era.

40. Se las sirvieron, pues, a los compañeros para que comiesen; mas luego que probaron aquel potaje, gritaron diciendo: La muerte está en esta olla, oh varón de Dios, y no pudieron atravesar bocado.

41. Mas él: Traedme, dijo, harina; y así que se la trajeron, la echó en la olla, y dijo: Ve repartiendo potaje a la gente para que coma; y no hubo más rastro de amargura en la olla.

42. Vino a la sazón un hombre de Baalsalisa, que traía para el varón de Dios panes de primicias, veinte panes de cebada, y espigas de trigo nuevo en su alforja. Y dijo Eliseo a su criado: Dáselo a la gente para que coma.

43. A lo que respondió el criado: ¿Qué es todo eso para ponerlo delante de cien personas? Replicó Eliseo nuevamente: Dáselo a la gente para que coma; porque esto dice el Señor: Comerán, y sobrará.

44. Finalmente, lo puso delante de la gente y comieron todos, y sobró, según la palabra del Señor.

5

Cura Eliseo la lepra a Naamán siro, Giezi la contrae por haber recibido los presentes de Naamán

1. Naamán, general de los ejércitos del rey de Siria, era un hombre de gran consideración y estima para con su amo; pues por su medio había el Señor salvado la Siria; y era un varón forzado y rico, pero leproso.

2. Habían salido de Siria guerrillas*, y cautivado en tierra de Israel a una doncellita, que entró después a servir a la mujer de Naamán,

3. la cual dijo a su señora: ¡Ah si mi amo fuera a verse con el profeta que está en Samaria! Sin duda se curaría de la lepra.

4. Oído que hubo esto Naamán, entró a ver a su señor, y le dio parte, diciendo: Esto ha dicho una doncella de tierra de Israel.

5. El rey de Siria le respondió: Anda en hora buena; que yo escribiré al rey de Israel. Partió, pues, llevando consigo diez talentos de plata, con seis mil monedas de oro y diez mudas de vestidos;

6. y entregó la carta al rey de Israel, escrita en estos términos: Por esta carta que recibirás sabrás que te he enviado a Naamán, mi criado, para que lo cures de su lepra.

7. Leído que hubo la carta el rey de Israel, rasgó sus vestidos, y dijo: ¿Soy yo por ventura Dios, que pueda quitar y dar la vida, para que éste me envíe a decir que yo cure a un hombre de la lepra? Reparad, y veréis cómo anda buscando pretextos contra mí.

8. Lo que habiendo llegado a noticia de Eliseo, varón de Dios, esto es, que había el rey de Israel rasgado sus vestidos, envió a decirle: ¿Por qué has rasgado tus vestidos? Que venga ese hombre a mí, y sabrá que hay profeta en Israel.

9. Llegó, pues, Naamán con sus caballos y carrozas, y se paró a la puerta de la casa de Eliseo.

---

2. Partidas de tropa ligera. *2 Sam 3*, 22.

10. Y le envió a decir Eliseo por tercera persona: Anda, y lávate siete veces en el Jordán, y tu carne recobrará la sanidad, y quedarás limpio.

11. Indignado Naamán, se retiraba diciendo: Yo pensaba que él habría salido luego a recibirme, y que, puesto en pie, invocaría el nombre del Señor Dios suyo, y tocaría con su mano el lugar de la lepra, y me curaría.

12. Pues, ¿no son mejores el Abana y el Farfar, ríos de Damasco, que todas las aguas de Israel, para lavarme en ellos y limpiarme? Como volviese, pues, las espaldas, y se retirase enojado,

13. se llegaron a él sus criados, y le dijeron: Padre, aun cuando el profeta te hubiese ordenado una cosa dificultosa, claro está que deberías hacerla; ¿pues cuánto más ahora que te ha dicho: Lávate, y quedarás limpio?

14. Fue, pues, y se lavó siete veces en el Jordán conforme a la orden del varón de Dios, y se volvió su carne como la carne de un niño tierno, y quedó limpio.

15. Volviendo en seguida con toda su comitiva al varón de Dios, se presentó delante de él, diciendo: Verdaderamente conozco que no hay otro Dios en el universo, sino sólo el de Israel. Te ruego, pues, que admitas este presente de tu siervo.

16. Mas él respondió: Vive el Señor Dios, ante cuya presencia estoy, que no lo recibiré. Y por más instancias que le hizo, de ningún modo quiso condescender.

17. Al fin dijo Naamán: Sea como tú quieres; pero te suplico que me permitas a mí, siervo tuyo, el llevarme la porción de tierra que cargan dos mulos; porque ya no sacrificará tu siervo de aquí adelante holocaustos ni víctimas a dioses ajenos, sino sólo al Señor.

18. Mas una cosa hay solamente por la que has de rogar al Señor a favor de tu siervo, y es que cuando entrare mi amo en el templo de Remmón para adorarlo, apoyándose sobre mi mano, si yo me inclino en el templo de Remmón, para adorarlo, para sostenerlo al tiempo de hacer él su adoración en el mismo lugar, el Señor me perdone a mí, siervo tuyo, este ademán.

19. Le respondió Eliseo: Vete en paz. Partió, pues, Naamán; y era entonces la mejor estación del año.

20. Giezi, sirviente del varón de Dios, dijo: Mi amo ha andado muy comedido con este Naamán de Siria, no queriendo aceptar nada de lo que le ha traído. Vive Dios que he de ir corriendo a alcanzarlo y sacar de él alguna cosa.

21. Echó, pues, a correr en seguimiento de Naamán; el cual viéndolo venir corriendo hacia sí, saltó luego del coche a su encuentro, y dijo: ¿Va todo bien?

22. Bien, contestó Giezi. Pero mi amo me envía a decirte: Acaban de llegar dos jóvenes de la montaña de Efraín, de los hijos de los profetas; dame para ellos un talento de plata y dos mudas de vestidos.

23. Dijo Naamán: Mejor es que tomes dos talentos; y lo obligó a tomarlos; y poniendo y atando en dos talegos los dos talentos de plata y las dos mudas de vestidos, hizo que dos de sus siervos cargaran con ellos, y que los llevasen yendo delante de Giezi.

24. Llegado que hubo, ya al anochecer, los tomó de sus dos manos, y los guardó en su casa, y despachó los hombres, los cuales se marcharon.

25. Entró después, y se puso delante de su amo Eliseo, el cual le preguntó: ¿De dónde vienes, Giezi? Y él respondió: No ha ido tu siervo a ninguna parte.

26. Mas Eliseo replicó: Pues, ¿no estaba yo presente en espíritu cuando aquel hombre saltó de su coche para ir a tu encuentro? Ahora bien, tú has recibido dinero, y has recibido ropas para comprar olivares, y viñas, y ovejas, y bueyes, y esclavos y esclavas.

27. Pero también la lepra de Naamán se te pegará a ti y a tu descendencia para siempre. En efecto, salió Giezi de su presencia cubierto de lepra blanca como nieve.

6

Nuevos prodigios del profeta Eliseo. Benadad, rey de Siria, sitia a Samaria

1. Dijeron los hijos o discípulos de los profetas a Eliseo: Bien ves que el lugar donde habitamos en tu compañía es para nosotros angosto.

2. Vamos hasta el Jordán, y tome cada cual de nosotros maderas del bosque para edificarnos allí un lugar en que habitar. Respondió Eliseo: Id en hora buena.

3. Ven, pues, le dijo uno de ellos, tú también con tus siervos. Y contestó él: Iré.

4. Se fue, pues, con ellos, y habiendo llegado al Jordán, se pusieron a cortar maderas.

5. Y acaeció que mientras uno derribaba un árbol, se le cayó en el agua el hierro del hacha, y exclamó diciendo a Eliseo: ¡Ay!, ¡ay de mí, señor mío!; ¡ay!, ¡que esta hacha la había tomado prestada!

6. Y dijo el varón de Dios: ¿Dónde ha caído? Y le señaló el lugar. Cortó, pues, Eliseo un palo, y lo arrojó allí; y salió nadando el hierro.

7. Y le dijo: Cógelo; y alargó la mano y lo cogió.

8. Hacía el rey de Siria la guerra a Israel; y tenido consejo con sus criados o palaciegos, dijo: Pongamos emboscadas en tal y tal lugar.

9. Mas el varón de Dios envió a decir al rey de Israel: Guárdate de pasar por tal lugar, porque los sirios están allí emboscados.

10. Por lo cual el rey de Israel destacó gente a aquel puesto, indicado por el varón de Dios, y lo ocupó de antemano y se resguardó allí repetidas veces.

11. Turbó este suceso el ánimo del rey de Siria; y habiendo convocado a sus criados u oficiales, dijo: ¿Por qué no me descubrís quién es el que me hace traición para con el rey de Israel?

12. A lo que uno de sus criados u oficiales, respondió: No es nada de eso, oh rey y señor mío, sino que el profeta Eliseo, que está en Israel, manifiesta al rey de Israel todo cuanto secreto hablas en lo más retirado de tu gabinete.

13. Dijo él entonces: Id y averiguad dónde se halla, para enviar yo a prenderlo. Le dieron luego aviso, diciendo que estaba en Dotán.

14. Con esta noticia destacó allá caballos y carros de guerra, y las mejores tropas de su ejército; los cuales llegando de noche, cercaron la ciudad.

15. Y al apuntar el día, habiéndose levantado el criado del varón de Dios, y salido fuera, vio el ejército alrededor de la ciudad con los caballos y carros y fue a dar aviso a su amo, diciendo: ¡Ay!, ¡ay, señor mío!; ¡ay!, ¿qué es lo que haremos?

16. Mas él respondió: No tienes que temer, porque tenemos mucha más gente nosotros que ellos.

17. Y Eliseo, después de haber hecho oración, dijo: Señor ábrele los ojos a éste para que vea; y abrió el Señor los ojos del criado y miró y vio el monte lleno de caballos y de carros de fuego, que rodeaban a Eliseo.

18. En esto se acercaban hacia él los enemigos; y Eliseo hizo oración al Señor, diciendo: Ciega, te suplico, a esta gente. Y el Señor los cegó o deslumbró, para que no viesen, conforme lo había pedido Eliseo.

19. Entonces Eliseo, llegándose a ellos, les dijo: No es este el camino, ni esta la ciudad; seguidme a mí, que yo os enseñaré el hombre que buscáis. Dicho esto los condujo a Samaria;

20. y entrado que hubieron en Samaria, dijo Eliseo: Señor, abre los ojos a éstos para que vean. Y les abrió el Señor los ojos, y reconocieron que estaban en medio de Samaria.

21. Así que los vio el rey de Israel, dijo a Eliseo: ¿Padre mío, los haré morir?

22. Mas él respondió: No, de ningún modo les quitarás la vida; pues no los has hecho prisioneros con tu espada, ni con tu arco, para poder privarlos de la vida; antes bien, preséntales pan y agua, para que coman y beban, y se vuelvan a su señor.

23. Les pusieron, pues, comida en abundancia, y comieron y bebieron, y les dio el rey libertad, y volvieron a su señor. Desde entonces no volvieron más las guerrillas o partidas ligeras de Siria a hacer correrías en la ciudad de Israel.

24. Algún tiempo después de estos sucesos, Benadad, rey de Siria, juntó todas sus tropas, y fue a sitiar a Samaria.

25. Y padeció Samaria una gran hambre; y duró tanto el sitio, que llegó a venderse la cabeza de un asno en ochenta monedas de plata, y un cuartillo de cebollas silvestres, en cinco monedas de plata.

26. Y pasando el rey de Israel por la muralla, clamó a él una mujer, diciendo: Sálvame, socórreme, oh rey mi señor.

27. El cual respondió: No te salva el Señor; ¿cómo puedo yo salvarte? ¿Tengo acaso trigo en las trojes, ni vino en las bodegas?, añadió el rey. Ella respondió:

28. Esta mujer me dijo: Da tu hijo para

que le comamos hoy; que mañana comeremos el mío.

29. Cocimos, pues, mi hijo, y nos lo comimos. Al día siguiente, le dije yo: Da tu hijo para que nos lo comamos; mas ella lo ha escondido.

30. Oído esto, rasgó el rey sus vestidos, y prosiguió andando por la muralla; y vio todo el pueblo el cilicio o saco que llevaba vestido a raíz de sus carnes.

31. Dijo entonces el rey: Tráteme Dios con todo el rigor de su justicia, si la cabeza de Eliseo, hijo de Safat, quedare hoy sobre sus hombros.

32. Estaba a la sazón Eliseo sentado en su casa, y estaban con él los ancianos o senadores. Despachó, pues, el rey un hombre para que fuera a cortarle la cabeza; y antes que llegase este enviado, dijo Eliseo a los ancianos: ¿No sabéis que ese hijo del homicida Acab ha enviado a cortarme la cabeza? Tened, pues, cuidado cuando llegare el enviado o ejecutor de tener cerrada la puerta y de no dejarlo entrar; porque ya estoy oyendo las pisadas de su señor que viene tras de él.

33. Aún estaba hablando con ellos cuando compareció el enviado que venía a él*; y dijo: Tú ves cuántos males nos envía Dios: ¿qué tengo ya que esperar del Señor?

7

Eliseo predice para el día siguiente abundancia de granos en Samaria, y se hace realidad

1. Respondió a eso Eliseo: Oíd la palabra del Señor. He aquí lo que el Señor dice: Mañana a estas horas el modio de flor de harina se venderá por un siclo, y un siclo costarán dos modios de cebada en la puerta de Samaria.

2. Uno de los capitanes, que servía de bracero al rey, respondió al varón de Dios, y dijo: Aunque el Señor hiciese compuertas en el cielo, y lloviese trigo, ¿podrá algún día suceder lo que tú dices? Le contestó Eliseo: Lo verás con tus ojos; mas no comerás de ello.

3. Había cuatro hombres leprosos cerca de la entrada de la puerta de la ciudad, los cuales se dijeron unos a otros: ¿Para qué queremos estar aquí hasta morir?

4. Si tratamos de entrar en la ciudad, moriremos de hambre; si nos quedamos aquí, moriremos también; vamos, pues, y pasémonos al campamento de los siros; si tuvieren compasión de nosotros, viviremos; que si nos quieren matar, de cualquier modo también habríamos de morirnos acá.

5. Con esto al anochecer se pusieron en camino para pasar al campamento de los siros; y llegados que fueron a la entrada del campo de los siros, no hallaron allí a nadie.

6. Porque el Señor había hecho resonar en los campamentos de los siros estruendo de carros falcados y de caballos, y de un numerosísimo ejército; con lo que se dijeron unos a otros: Sin duda el rey de Israel ha asalariado contra nosotros a los reyes de los heteos y de los egipcios, y se han echado sobre nosotros.

7. Por esto escaparon de noche, abandonando sus tiendas, y caballos y asnos en el campamento; pensando solamente en salvar sus vidas con la fuga.

8. Luego, pues, que aquellos leprosos hubieron llegado a la entrada del campamento, entraron en una tienda, y comieron y bebieron, y sacaron de ella plata y oro, y vestidos, y fueron a esconderlo. Volvieron después, y entraron en otra tienda, y escondieron también lo que de allí pillaron.

9. Pero se dijeron unos a otros: No obramos bien, pues este día es día de albricias; si nosotros callamos, y no damos aviso hasta la mañana, se nos hará de esto un crimen. Ea, pues, vamos, y llevemos la nueva al palacio del rey.

10. Venidos a la puerta de la ciudad, dieron la noticia diciendo: Hemos ido al campamento de los siros, y no hemos hallado allí a nadie, sino sólo los caballos y los asnos atados, y las tiendas que están todavía en pie.

11. Fueron, pues, los guardias de la puerta, y avisaron la novedad a los de dentro del palacio del rey;

12. el cual se levantó, siendo aún de noche, y dijo a sus criados: Yo os diré lo que han hecho con nosotros los siros; saben que nos morimos de hambre, y por eso se han salido del campamento, y están escondidos

---

33. En seguida llegó el rey, arrepentido de la orden dada.

por los campos, diciendo: Cuando salgan de la ciudad, los cogeremos vivos, y entonces podremos entrar en ella.

13. Mas uno de sus criados le respondió: Tomemos los cinco caballos que han quedado en la ciudad (ya que sólo éstos restan de todos los que había en Israel, por haber sido consumidos los otros), y enviemos a hacer con ellos la descubierta.

14. Trajeron, pues, dos caballos, y envió el rey dos hombres al campamento de los siros, diciendo: Id y observad lo que hay.

15. Los cuales marcharon, y fueron siguiendo a los siros hasta el Jordán, y vieron cómo todo el camino estaba lleno de vestidos y de muebles, que los siros habían arrojado con la precipitación de la huida; y volviéndose los enviados dieron parte al rey.

16. Entonces el pueblo salió, y saqueó los campamentos de los siros; y de resultas un modio de flor de harina valió un siclo y un siclo dos modios de cebada, conforme a la palabra del Señor.

17. Había puesto el rey a la puerta de la ciudad aquel capitán que le servía de bracero, al cual atropelló el gentío a la entrada de la puerta, y murió conforme a lo que había predicho el varón de Dios, cuando fue el rey a buscarlo.

18. Con esto se cumplió la palabra del varón de Dios que había predicho al rey: Mañana a estas horas dos modios de cebada se venderán por un siclo, y por un siclo un modio de flor de harina en la puerta de Samaria;

19. en la cual ocasión replicó aquel capitán al varón de Dios, diciendo: Aunque Dios abra las compuertas del cielo para llover trigo, ¿podrá verificarse algún día lo que tú dices? Y le respondió Eliseo: Lo verás con tus ojos; mas no comerás de ello.

20. Así le aconteció, como estaba predicho, pues lo atropelló el pueblo a la puerta, y quedó muerto.

8

Después de un hambre de siete años, vuelve la sunamita a su casa y recobra los bienes

1. Habló Eliseo a la mujer sunamita, cuyo hijo había resucitado, y le dijo: Márchate con tu familia, y vete fuera de tu país a habitar donde te parezca mejor; porque Dios ha llamado el hambre, y ella se apoderará de la tierra de Israel por siete años.

2. Hizo, pues, la mujer lo que le dijo el varón de Dios, y salió con su familia fuera de su país, y permaneció largo tiempo en tierra de filisteos.

3. Terminados los siete años, regresó la mujer del país de los filisteos, y acudió al rey para que se le restituyesen su casa y sus heredades.

4. Estaba entonces el rey hablando con Giezi, criado del varón de Dios, y le decía: Cuéntame todas las maravillas que ha hecho Eliseo;

5. y mientras él estaba contando al rey cómo había resucitado a un muerto, compareció la mujer, a cuyo hijo había resucitado, reclamando ante el rey su casa y sus heredades. Y dijo Giezi: Esta es, oh rey mi señor, aquella mujer, y éste su hijo, a quien resucitó Eliseo.

6. Y preguntó el rey a la mujer, la cual se lo contó. Inmediatamente el rey envió con ella un eunuco o ministro, a quien dijo: Haz que se le restituya todo lo que le pertenece, y todos los réditos de sus heredades, desde el día que salió de su tierra hasta el presente.

7. Vino asimismo Eliseo a Damasco, a tiempo que Benadad, rey de Siria, estaba enfermo; y se lo avisaron a éste, diciendo: El varón de Dios ha llegado aquí.

8. Y dijo el rey a Hazael: Toma contigo unos regalos, y sal a encontrar al varón de Dios, y consulta por su medio al Señor, preguntando: ¿Si podré escapar de esta mi enfermedad?

9. Fue, pues, Hazael a encontrarlo, llevando consigo presentes de todas las cosas más preciosas de Damasco en cuarenta camellos cargados, y al llegar a su presencia, dijo: Tu hijo Benadad, rey de Siria, me ha enviado a ti para saber si podrá él sanar de su enfermedad.

10. Le respondió Eliseo: Ve, y dile: Tu enfermedad no es mortal. Pero el Señor me ha hecho conocer que él ha de morir sin remedio.

11. Y estuvo el varón de Dios un rato parado con él, y se conturbó hasta demudar el semblante, y echó a llorar.

12. Le dijo entonces Hazael: ¿Por qué llora mi señor? Porque sé, respondió, los males que has de hacer a los hijos de Israel. Tú entregarás a las llamas sus ciudades fuertes, y pasarás a cuchillo sus jóvenes, y estrellarás contra el suelo sus niños, y abrirás el vientre a las mujeres preñadas.

13. Replicó Hazael: Pues, ¿soy yo, siervo tuyo, otra cosa más que un perro muerto, para que pueda ejecutar cosas tan grandes y terribles? A lo que respondió Eliseo: El Señor me ha manifestado que tú serás rey de Siria.

14. Habiéndose separado Hazael de Eliseo, volvió a su amo, el cual le preguntó: ¿Qué te ha dicho Eliseo? Respondió él: Me dijo que recobrarías la salud.

15. Llegado el día siguiente tomó Hazael un paño acolchado, lo empapó en agua, y lo extendió sobre el rostro del rey, el cual murió; y reinó Hazael en su lugar.

Joram rey de Judá

16. Al quinto año de Joram, hijo de Acab, rey de Israel, y de Josafat, rey de Judá, entró a reinar Joram, hijo de Josafat rey de Judá.

17. Treinta y dos años tenía cuando empezó a reinar, y ocho años reinó en Jerusalén.

18. Y siguió los pasos de los reyes de Israel, como los había seguido la casa de Acab; porque una hija de Acab era su mujer, y obró el mal en presencia del Señor.

19. Mas el Señor no quiso exterminar a Judá por amor a su siervo David, según la promesa que había hecho a él y a sus hijos de conservar perpetuamente una lámpara ardiente.

20. En ese tiempo se rebeló la Idumea contra Judá, y eligió un rey propio.

21. Por lo que Joram marchó contra Seira con todos sus carros de guerra, y asaltó de noche y desbarató a los idumeos que lo habían cercado, y a los comandantes de los carros de guerra; mas el pueblo huyó a sus estancias.

22. Sin embargo, la Idumea sacudió el yugo de Judá hasta hoy día. En aquel mismo tiempo, se rebeló también Lobna.

23. Las otras cosas de Joram y todo cuanto hizo, ¿no es así que se halla escrito en el Libro de los Anales de los Reyes de Judá?

24. En fin, Joram durmió con sus padres, y fue con ellos sepultado en la ciudad de David; y le sucedió en el reino de su hijo Ocozías.

25. El año duodécimo de Joram, hijo de Acab, rey de Israel, entró a reinar Ocozías, hijo de Joram, rey de Judá.

26. Hallábase Ocozías en la edad de veintidós años cuando comenzó a reinar, y reinó un año en Jerusalén; se llamaba su madre Atalía, hija de Acab, que lo era de Amri, rey de Israel.

27. Y siguió los mismos pasos de la casa de Acab, y obró el mal en presencia del Señor, a imitación de la casa de Acab, como quien era yerno de éste.

28. Se asoció con Joram, hijo de Acab, para hacer la guerra contra Hazael, rey de Siria, en Ramot de Galaad; e hirieron los siros a Joram,

29. el cual se volvió a Jezrael a curarse las heridas que le habían hecho los siros en el sitio de Ramot cuando peleaba contra Hazael, rey de Siria. Y Ocozías, hijo de Joram, rey de Judá, pasó a Jezrael a visitar a Joram, hijo de Acab, porque estaba allí enfermo.

9

Eliseo envía un profeta a ungir a Jehú rey de Israel. Muerte de Joram, Ocozías y Jezabel

---

1. Por este tiempo el profeta Eliseo llamó a uno de los hijos de los profetas, y le dijo: Recoge tus faldas y cíñete, y toma esta vasija de óleo en tu mano, y ve a Ramot de Galaad.

2. Llegado allá irás a verte con Jehú, hijo de Josafat, hijo de Namsi, y luego que entres le llamarás aparte de sus hermanos, y lo meterás en un aposento retirado.

3. Y recogiendo la vasija de óleo, la derramarás sobre tu cabeza, diciendo: Esto dice el Señor: Yo te he ungido rey sobre Israel. Dicho esto abrirás la puerta, y huirás sin detenerte allí.

4. Marchó, pues, este joven, ministro del profeta, a Ramot de Galaad,

5. y entrando en el lugar de la ciudad donde estaban sentados los príncipes del ejército dijo: Una palabra tengo que decirte, oh príncipe. Preguntó Jehú: ¿A quién de todos nosotros? Y le respondió él: A ti, oh príncipe.

6. Al punto se levantó, y entró en un aposento, y el otro derramó el óleo sobre su cabeza, diciendo: Esto dice el Señor Dios de Israel: Yo te he ungido rey del pueblo mío de Israel.

7. Y exterminarás la casa de Acab, tu señor, y yo tomaré venganza de la sangre de mis siervos, los profetas, y de la sangre de todos los siervos del Señor, derramada por Jezabel.

8. Y extirparé toda la familia de Acab, y mataré de la casa de Acab hasta los perros; desde lo más estimado hasta lo más vil y desechado en Israel.

9. Y trataré la casa de Acab como a la casa de Jeroboam, hijo de Nabat, y como la casa de Baasa, hijo de Ahías.

10. Y a Jezabel la comerán los perros en Jezrael, sin que haya quien la entierre. Dicho esto, abrió la puerta y echó a correr.

11. Mas Jehú salió a donde estaban los oficiales de su señor; los cuales le preguntaron: ¿Todo va bien? ¿A qué ha venido a ti ese mentecato? Les respondió Jehú: Vosotros conocéis a ese hombre, y lo que puede haber dicho.

12. No es la verdad, replicaron ellos, pero sea lo que fuere, cuéntanoslo. Jehú les dijo: Tal cosa es lo que me ha dicho; y ha añadido: Esto es lo que dice el Señor: Yo te he ungido por rey de Israel.

13. Se levantaron entonces a toda prisa, y tomando cada uno su propio manto, le pusieron debajo de los pies de Jehú en forma de tribunal; y a son de trompetas lo proclamaron, diciendo: Jehú es nuestro rey.

14. Por tanto se conjuró Jehú, hijo de Josafat, hijo de Namsi, contra Joram; después que éste con todo Israel tenía sitiada la plaza de Ramot de Galaad contra Hazael, rey de Siria,

15. y se había retirado de Jezrael para curarse de las heridas que los siros le habían hecho en el combate contra Hazael, el rey de Siria. Dijo entonces Jehú: Si os parece, nadie salga ni huya de la ciudad, para que no vaya a dar la noticia en Jezrael.

16. Partió luego él, y tomó el camino de Jezrael, donde estaba enfermo Joram; a quien Ocozías, rey de Judá, había ido a visitar.

17. En efecto, el atalaya que estaba sobre la torre de Jezrael, vio la comitiva de Jehú, que venía caminando, y dijo: Allá veo un pelotón de gente. Y dijo Joram: Toma un carro, y despacha alguno que les salga al encuentro; y el que vaya pregunte: ¿Va todo bien?

18. Con esto el que montó en el carro fue corriendo al encuentro de Jehú, y le dijo: Esto dice el rey: ¿Está todo en paz? Respondió Jehú: ¿Qué te importa a ti de la paz, o de la guerra, ponte atrás y sígueme. Al instante el atalaya dio aviso, diciendo: Llegó a ellos el correo y no vuelve.

19. Por lo que despachó Joram un segundo carro de caballos, y así que llegó el correo a Jehú, dijo: Esto dice el rey: ¿Tenemos paz? Mas Jehú respondió: ¿Qué te importa a ti si hay paz? Ponte atrás y sígueme.

20. Luego avisó el atalaya diciendo: Ha llegado hasta ellos, y no vuelve; y el modo de andar del que viene se parece al de Jehú, hijo de Namsi, pues camina con atropellamiento y precipitación.

21. Entonces dijo Joram: Pon el coche*. Le pusieron el coche, y salió Joram, rey de Israel, en compañía de Ocozías, rey de Judá, cada cual en su coche y fueron al encuentro de Jehú, y lo hallaron en el campo de Nabot, jezraelita.

22. Apenas vio Joram a Jehú, dijo: ¿Tenemos paz, Jehú? ¿Qué paz puede haber, le respondió, mientras permanecen aún en su vigor las fornicaciones o idolatrías de tu madre Jezabel, y sus muchas hechicerías?

23. Al punto Joram volvió las riendas y echó a huir diciendo Ocozías: Traición, Ocozías.

24. Pero Jehú flechó su arco, y atravesó a Joram por las espaldas, de suerte que la saeta le pasó de parte a parte el corazón y de repente cayó muerto en su coche.

25. Y Jehú le dijo al capitán Badacer: cógelo, y arrójalo en el campo de Nabot, jesraelita; porque me acuerdo cuando tú y yo sentados en el carro de guerra íbamos siguiendo a Acab, padre de éste, el Señor pronunció esta terrible sentencia contra él diciendo:

26. Yo juro, dice el Señor, que en este campo tomaré venganza en ti de la sangre de Nabot y de la sangre de sus hijos, que te vi ayer derramar. Cógelo, pues, y arrójalo en el campo, conforme a la palabra del Señor.

27. Al ver esto Ocozías, rey de Judá, echó a huir por el camino de la casa del huerto. Y corrió Jehú tras él, diciendo: Matad

---

21. Carro de guerra que usaba.

también a éste dentro de su coche. Y lo hicieron en la cuesta de Gaver, junto a Jeblaam, y siguió huyendo hasta Mageddo, donde murió.

28. Y lo pusieron sus criados dentro de su coche; y lo llevaron a Jerusalén. Y lo sepultaron en la ciudad de David en el sepulcro de sus padres.

29. Ocozías había comenzado a reinar sobre Judá el año undécimo de Joram, hijo de Acab.

30. Entró, pues, Jehú en Jezrael. Jezabel, informada de su llegada se pintó los ojos con alcohol, y se adornó la cabeza y se puso en una ventana a mirar

31. cómo entraba Jehú por la puerta de la ciudad, y dijo: ¿Es posible que pueda tener paz o prosperidad éste, que como Zambri ha muerto a su señor?

32. Alzó Jehú la cabeza hacia la ventana y preguntó: ¿Quién es ésa? Y dos o tres eunucos, hicieron a Jehú una profunda reverencia.

33. A los cuales dijo él: Arrojadla de ahí abajo. La arrojaron, y quedó la pared salpicada con su sangre; y la hollaron con sus pies los caballos.

34. Y después que Jehú entró en el palacio para comer y beber, dijo a sus gentes: Id a ver a aquella maldita, y dadle sepultura que al fin es hija de un rey.

35. Y habiendo ido para darle sepultura, no hallaron sino la calavera y los pies, y las extremidades de las manos.

36. Volviendo a Jehú con la noticia, dijo éste: Eso es aquello mismo que pronunció el Señor por medio de su siervo Elías, tesbita, cuando dijo: En el campo de Jezrael comerán los perros las carnes de Jezabel;

37. y estarán las carnes o huesos de Jezabel en el campo de Jezrael, como está el estiércol sobre la faz de la tierra; de suerte que los pasajeros dirán: ¡Y ésta es aquella Jezabel!

10

Acaba Jehú con el linaje de Acab y con los sacerdotes de Baal. Lo sucede en el trono su hijo Joacaz

---

1. Quedaban de Acab setenta hijos en Samaria. En consecuencia escribió Jehú una carta y la envió a Samaria a los magnates de la ciudad, y a los ancianos, y a los preceptores de los hijos de Acab. Decía en ella:

2. Luego que recibáis esta carta los que tenéis a vuestra disposición los hijos de vuestro señor, y los carros de guerra, y los caballos y las ciudades, fuertes, y las armas,

3. elegid el mejor y que más os agradare entre los hijos de vuestro señor, y colocadlo sobre el trono de su padre, y combatid por la casa de vuestro señor.

4. Se intimidaron ellos sobremanera, y dijeron: No han podido dos reyes hacerle frente, ¿cómo podremos resistirle nosotros?

5. Enviaron, pues, los mayordomos de palacio y magistrados de la ciudad, y los ancianos y los preceptores a decir a Jehú: Vasallos tuyos somos, haremos cuanto mandares; no pensamos elegir rey sobre nosotros; haz todo lo que bien te pareciere.

6. Mas él les volvió a escribir una segunda carta, en la cual les decía: Si sois de los míos, y me prestáis obediencia, tomad las cabezas de los hijos de vuestro señor, y venid a veros conmigo mañana a estas horas en Jezrael. Eran los hijos del rey en número de setenta: los cuales se criaban en las casas de los magnates de aquella ciudad*.

7. Luego que recibieron esta carta, cogieron a los setenta hijos del rey y los mataron; y metieron sus cabezas en unas cestas, y se las remitieron a Jezrael.

8. Llegó, pues, un mensajero, y dio a Jehú el aviso diciendo: Han traído las cabezas de los hijos del rey. A lo que respondió Jehú: Ponedlas en dos montones a la entrada de la puerta hasta la mañana.

9. Y luego que amaneció, salió él, y puesto de pie dijo a todo el pueblo: Vosotros que sois justos, decidme: Si yo he conspirado contra mi señor, y le he quitado la vida, ¿quien ha degollado a todos éstos?

10. Por tanto considerad ahora cómo no ha caído en tierra una sola palabra de las que habló el Señor contra la casa de Acab, y cómo ha ejecutado el Señor lo que predijo por medio de Elías, su siervo.

11. Hizo, pues, matar Jehú a cuantos habían quedado en la familia de Acab en Jezrael, y a todos sus magnates, y familiares, y sacerdotes, sin dejar ninguno con vida.

12. De aquí partió para Samaria, y al

---

6. *Is 49*, 23.

llegar a la Casa-esquileo, que está junto al camino,

13. se encontró con los hijos de los hermanos* de Ocozías, rey de Judá, y les preguntó: ¿Quiénes sois vosotros? Los cuales respondieron: Somos hermanos de Ocozías, y venimos a saludar a los hijos del rey y a los de la reina.

14. Dijo Jehú: Prendedlos vivos. Presos que fueron vivos, los degollaron junto a una cisterna vecina a la Casa-esquileo, en orden de cuarenta y dos hombres, sin perdonar a ninguno.

15. Pasando adelante halló a Jonadab, hijo de Recab, que le salía al encuentro, y Jehú lo saludó, y dijo: ¿Es tu corazón recto y propenso hacia mí, como lo es mi corazón hacia el tuyo? Sí, por cierto, respondió Jonadab. Si lo es, replicó Jehú, dame tu mano. Y él le dio la mano. Y lo hizo Jehú subir en su coche,

16. diciéndole: Ven conmigo, y verás mi celo por el Señor. Y así que lo tuvo en el coche,

17. lo llevó a Samaria, donde acabó de matar a cuantos habían quedado allí de la casa de Acab, sin dejar uno siquiera; conforme a la palabra del Señor pronunciada por Elías.

18. Juntó también Jehú a todo el pueblo, y le dijo: Acab tributó algún culto a Baal; pero yo se lo tributaré mayor.

19. Ahora, pues, convocadme a todos los profetas de Baal, y a sus adoradores todos, y a todos sus sacerdotes; ninguno deje de venir, porque voy a hacer un sacrificio grandioso a Baal; todo aquel que faltare, morirá. Mas Jehú trazaba todo esto astutamente para acabar con todos los adoradores de Baal.

20. Y así es que dijo: Promulgad una fiesta solemne a Baal. Y echó un bando,

21. y lo hizo publicar en todos los términos de Israel. Con esto acudieron todos los ministros de Baal; no quedó ni uno siquiera que no asistiese. Y entraron en el templo de Baal, y se llenó la casa de Baal de punta a cabo.

22. Dijo también a los que tenían el cargo de las vestiduras: Sacad vestiduras para todos los ministros de Baal. Y les sacaron las vestiduras.

23. Después de esto entrando Jehú con Jonadab, hijo de Recab, en el templo de Baal, dijo a los adoradores de Baal: Registrad bien, y mirad que no haya con vosotros ninguno de los siervos del Señor, sino los siervos de Baal.

24. Entraron, pues, para ofrecer las víctimas y holocaustos. Mas Jehú tenía dispuestos afuera ochenta hombres, a quienes había dicho: Cualquiera que dejare escapar alguno de estos hombres que yo entrego en vuestras manos, pagará con su vida la vida del que escapare.

25. Concluido que fue el holocausto, dijo Jehú a sus soldados y capitanes: Entrad y matadlos; que ninguno escape. Y los soldados y capitanes los pasaron a cuchillo, arrojando fuera los cadáveres. De aquí marcharon a la ciudad del templo de Baal,

26. y sacaron fuera del templo la estatua de Baal, y la quemaron y redujeron a cenizas.

27. Destruyeron asimismo el templo de Baal, e hicieron en su lugar letrinas que permanecen hasta hoy día.

28. Así Jehú exterminó del país de Israel a Baal.

29. Mas con todo eso no se apartó de los pecados de Jeroboam, hijo de Nabat, e hizo pecar a Israel, ni abandonó los becerros de oro que quedaban en Betel y en Dan.

30. Por lo demás el Señor dijo a Jehú: Por cuanto has ejecutado con celo lo que era justo y agradable a mis ojos, y cumplido todo lo que tenía resuelto en mi corazón contra la casa de Acab, tus hijos hasta la cuarta generación ocuparán el trono de Israel.

31. Jehú no tuvo cuidado en caminar con todo su corazón por la ley del Señor Dios de Israel; puesto que no se apartó de los pecados de Jeroboam, el cual había hecho pecar a Israel.

32. En aquellos días comenzó el Señor a indignarse con Israel; y así Hazael* lo derrotó, y devastó en todos sus confines,

33. desde el Jordán hacia el oriente arruinando toda la tierra de Galaad, de Gad y de Rubén, y de Manasés; desde Aroer, situada junto al torrente de Arnón, hasta Galaad y Basán.

34. Las otras cosas de Jehú, y todo cuanto hizo, y sus proezas de valor, ¿acaso

13. *2 Cro 21*, 17; *22*, 8.

32. Rey de Siria.

ya no están escritas en el Libro de los Anales de los Reyes de Israel?

35. Al fin durmió Jehú con sus padres, y fue sepultado en Samaria, y su hijo Joacaz le sucedió en el reino.

36. El tiempo que reinó Jehú sobre Israel en Samaria fue de veintiocho años.

11

Atalía, reina de Judá, hace matar la sucesión real. Joas se libra, es proclamado rey seis años luego

1. Por otra parte Atalía, madre de Ocozías, viendo muerto a su hijo, se alzó con el mando, y mató toda la prosapia real.

2. Bien que Josabá, hija del rey Joram, hermana de Ocozías, sacando a Joás, hijo de Ocozías, de en medio de los demás hijos del rey, al tiempo que los iban matando, lo robó, sacándole del dormitorio con su ama de leche, y lo escondió de la furia de Atalía para que no fuese muerto.

3. Y estuvo por espacio de seis años oculto con su ama de leche en la casa del Señor; mientras tanto reinó Atalía en el país de Judá.

4. Pero a los siete años Joíada, convocando a los centuriones y soldados, los introdujo consigo en el templo del Señor, e hizo liga con ellos; y juramentándolos en la casa del Señor, les mostró el hijo del rey,

5. y les dio orden diciendo: He aquí lo que debéis hacer:

6. La tercera parte de vosotros que entra de semana, esté atenta en centinela hacia la habitación del rey; otra tercera parte guarde la puerta del sur, y la última tercera parte cuide de la puerta que cae detrás de la habitación de los escuderos o guardias, y haréis la guardia a la casa de Mesa.

7. Finalmente, de todos los que saliereis de semana, dos terceras partes estaréis de guardia en la casa del Señor, cerca del rey,

8. y lo rodearéis teniendo las armas en vuestras manos; que si alguno intenta entrar en el recinto del templo para insultarle, sea muerto; y estaréis al lado del rey, ora entre, ora salga.

9. Ejecutaron puntualmente todo lo que les había ordenado el sumo sacerdote Joíada, y tomando cada uno de sus gentes, así los que entraban de semana como los que salían, se presentaron al sumo sacerdote Joíada,

10. el cual les dio las armas y lanzas o escudos del rey David, que se guardaban en la casa del Señor.

11. Y se apostaron todos con las armas en la mano desde la derecha del templo o atrio, hasta la izquierda del altar y del templo, alrededor del rey.

12. Entonces Joíada sacó fuera al hijo del rey, y le puso la diadema sobre la cabeza y el libro de la ley; lo hicieron rey, y lo ungieron; y dando palmadas le proclamaron, diciendo: Viva el rey.

13. En esto oyó Atalía las voces del pueblo que corría, y acudiendo al tropel de gente que estaba en el templo del Señor,

14. vio al rey colocado sobre el trono, según se acostumbraba, y a los cantores y trompetas junto a él, y a toda la gente del país llena de regocijo, tocando los clarines; por lo que rasgó sus vestidos y gritó: Traición, traición.

15. Mas Joíada dio orden a los centuriones que mandaban la tropa, diciéndoles: Sacadla fuera del recinto del templo; y cualquiera que la siga, sea pasado a cuchillo. Pues había dicho el sumo sacerdote: No sea muerta en el templo del Señor.

16. Con esto se apoderaron de ella, y la llevaron a empellones por la calle de la entrada de los caballos, junto al palacio, y allí fue muerta.

17. Después asentó Joíada el pacto del Señor con el rey y con el pueblo, de que sería pueblo del Señor; y asimismo un tratado entre el rey y el pueblo.

18. E inmediatamente entró todo el pueblo de la tierra en el templo de Baal, y derribaron sus aras, e hicieron añicos sus imágenes, y delante del mismo altar mataron a Matán, sacerdote de Baal. Y el sumo sacerdote puso guardias en la casa del Señor.

19. Y capitaneando a los centuriones y a las legiones de cereteos y feleteos, y a todo el pueblo de la tierra, condujeron al rey desde el templo del Señor, y por el camino de la puerta de los escuderos lo llevaron a palacio, donde se sentó sobre el trono de los reyes de Judá.

20. Y todo el pueblo de la tierra se regocijó, y quedó en reposo la ciudad después que Atalía pereció a filo de espada en la casa del rey.

21. Siete años tenía Joás cuando entró a reinar.

12 *Joás restaura el templo y por librarse de Hazael le da sus tesoros. Muere a traición*

1. El año séptimo del reinado de Jehú en Israel entró a reinar Joás, y reinó cuarenta años en Jerusalén. Se llamaba su madre Sebia, y era de Bersabee.

2. Procedió Joás rectamente delante del Señor todo el tiempo que tuvo por director al sumo sacerdote Joíada.

3. Verdad es que no quitó el sacrificar a Dios en los lugares altos; porque todavía el pueblo sacrificaba y ofrecía incienso en las alturas.

4. Y Joás había dicho a los sacerdotes: Todo el dinero de cosas consagradas que fuere presentado en el templo del Señor por los forasteros que pasaren, y el que se ofrece por rescate de la persona, y el que voluntariamente y al arbitrio de su corazón trae cada cual al templo del Señor,

5. lo han de recibir los sacerdotes según su turno para reparar las quiebras de la casa del Señor, según vieren que necesite repararse alguna cosa.

6. Sin embargo, los sacerdotes no habían cuidado hasta el año veintitrés del reinado de Joás de hacer los reparos del templo.

7. Entonces llamó el rey Joás al sumo sacerdote Joíada y a los sacerdotes, y les dijo: ¿Por qué no habéis hecho los reparos en la construcción del templo? No tenéis, pues, que recibir de aquí en adelante el dinero en vuestros turnos o semanas, sino dejadlo para reparar el templo.

8. Y así se prohibió a los sacerdotes continuar recibiendo del pueblo el dinero, y cuidar de la construcción y reparos de la casa.

9. Entonces el sumo sacerdote Joíada mandó hacer una arca, y abrir encima de ella un agujero; y la colocó cerca del altar, a mano derecha de los que entraban en la Casa del Señor. Y los sacerdotes que estaban de guardia en las puertas echaban en ella todo el dinero que se ofrecía al templo del Señor.

10. Y cuando veían que había mucho dinero en el arca, venía un secretario del rey, y con el sumo sacerdote sacaban y contaban el dinero, que se hallaba en la casa del Señor,

11. y lo entregaban con su cuenta y razón en mano de los sobrestantes de los obreros de la casa del Señor; quienes pagaban con él a los carpinteros y albañiles que trabajaban en la casa del Señor,

12. y hacían los reparos, y a los que labraban las piedras; y asimismo compraban con él la madera y piedra que se labraba; a fin de que fuese perfectamente restaurada la casa del Señor en todas partes que necesitaban de algún gasto para repararla.

13. Pero de este dinero, que se ofrecía al templo del Señor, no se hacían los cántaros o vasijas, ni los tridentes o arrejaques, ni los incensarios, ni las trompetas, ni vaso alguno de oro y plata;

14. porque todo era empleado en los que trabajaban en restaurar el templo del Señor;

15. y no se tomaban cuentas a aquellos hombres que recibían el dinero para distribuirlo a los obreros, sino que lo manejaban sobre su buena fe.

16. Es de advertir que no se metía en el templo del Señor el dinero ofrecido por los delitos, o por los pecados, pues éste era propio de los sacerdotes.

17. En aquel tiempo Hazael, rey de Siria, salió a campaña, y poniendo sitio a Get, la tomó, y enderezó su mira contra Jerusalén.

18. Por cuya razón Joás, rey de Judá, tomó todas las ofrendas sagradas que habían ofrecido Josafat, y Joram, y Ocozías, reyes de Judá sus mayores, y las que él mismo había ofrecido, y toda la plata que se pudo hallar en los tesoros del templo del Señor, y en el palacio real, y lo envió al rey de Siria Hazael, que con eso se retiró de Jerusalén.

19. Las demás cosas de Joás y todos sus hechos, ¿no es así que están escritos en el Libro de los Anales de los Reyes de Judá?

20. Por último se sublevaron unos criados u oficiales de Joás, y formando entre sí una conjuración, le mataron en la casa o palacio de Mello, a la bajada de Sella.

21. Los criados que le quitaron la vida fueron Josacar, hijo de Semaat, y Jozabad, hijo de Somer y muerto que fue, lo sepultaron con sus padres en la ciudad de David, sucediéndole en el reino su hijo Amasías.

13 *Reinados de Joacaz y de su hijo Joás. Muere Eliseo, cuyo cadáver resucita un muerto*

1. El año veintitrés del reinado de Joás, hijo de Ocozías, rey de Judá, reinó Joacaz, hijo de Jehú, sobre Israel en Samaria por espacio de diecisiete años.

2. E hizo el mal en la presencia del Señor, y siguió los pecados de Jeroboam, hijo de Nabat (el cual hizo pecar a Israel), y no se arrepintió de ellos.

3. Con lo que se encendió el furor del Señor contra Israel, y lo entregó por mucho tiempo en poder de Hazael, rey de Siria y en poder de Benadad, hijo de Hazael.

4. Mas Joacaz hizo sus plegarias ante la presencia del Señor, y lo oyó el Señor, vista la angustia de Israel, destrozado por el rey de Siria;

5. y envió el Señor a Israel un salvador que lo libró del poder del rey de Siria; de suerte que los hijos de Israel pudieron vivir en sus habitaciones con tranquilidad, como en los tiempos anteriores.

6. Mas no por eso se desviaron de los pecados con que la casa de Jeroboam hizo pecar a Israel, sino que los imitaron, tanto que aun el bosque* de Samaria quedó en pie.

7. A Joacaz no le había quedado de la gente de guerra más que cincuenta soldados de a caballo, y diez carros de guerra, y diez mil hombres de a pie; porque el rey de Siria los había pasado a cuchillo y deshecho como al polvo de la era en que se trilla.

8. Las otras cosas de Joacaz, y todos sus hechos, y su valor, ¿no está escrito todo esto en el Libro de los Anales de los Reyes de Israel?

9. En fin Joacaz durmió con el sueño de la muerte con sus padres, y lo sepultaron en Samaria, sucediéndole en el trono su hijo Joás.

10. El año treinta y siete del reinado de Joás rey de Judá, comenzó a reinar, asociado a su padre Joás, hijo de Joacaz, sobre Israel en Samaria, y reinó por espacio de dieciséis años.

11. E hizo el mal en la presencia del Señor, y no se apartó de ninguno de los pecados de Jeroboam, hijo de Nabat, (que hizo pecar a Israel), sino que los imitó.

12. Las demás cosas de Joás y todos sus hechos, y su valor, y cómo hizo guerra contra Amasías, rey de Judá, ¿no está todo escrito en el Libro de los Anales de los Reyes de Israel?

13. Joás fue a descansar en el sepulcro con sus padres; y Jeroboam ocupó su trono, después que fue Joás sepultado en Samaria con los demás reyes de Israel.

14. Y sucedió antes que estando Eliseo enfermo de la enfermedad de que murió, pasó a visitarle Joás, rey de Israel; y llorando delante de él, decía: Padre mío, padre mío, carro armado de Israel y conductor suyo.

15. Y le dijo Eliseo: Trae acá un arco y unas flechas; y habiéndole traído un arco y flechas,

16. dijo al rey de Israel: Pon tu mano sobre el arco. Cuando tuvo puesta la mano, puso Eliseo sus manos sobre las del rey.

17. Y dijo: Abre la ventana que cae al oriente. Luego que la abrió, dijo Eliseo: Dispara una saeta. La disparó. Y dijo Eliseo: Saeta es ésta de salvación por el Señor, y saeta de salvación contra la Siria, porque tú derrotarás la Siria en Afec hasta consumirla.

18. Dijo más: Toma saetas; y habiéndolas tomado, le dijo de nuevo: Hiere la tierra con un dardo. Y habiéndola herido tres veces, cesó de tirar.

19. Y se irritó contra él el varón de Dios, y dijo: Si hubieses tirado cinco o seis, o siete veces, hubieras herido a la Siria hasta exterminarla; mas ahora la vencerás por tres veces.

20. Murió al fin Eliseo, y lo sepultaron. Aquel mismo año entraron por el país los guerrilleros o tropas ligeras de Moab.

21. Y unos hombres que iban a enterrar a un muerto, viendo a los guerrilleros, echaron el cadáver en el sepulcro de Eliseo y al punto que tocó los huesos de Eliseo, el muerto resucitó y se puso en pie.

22. Hazael, pues, rey de Siria, tuvo acosado a Israel en todo el reinado de Joacaz.

23. Mas al cabo el Señor se compadeció de ellos, y volvió hacia ellos sus ojos, a causa del pacto que tenía hecho con Abrahán e Isaac, y Jacob; y no quiso enteramente perderlos, ni abandonarlos del todo hasta el tiempo presente.

---

6. Consagrado a los ídolos por Acab. *1 Re 16*,33.

24. Finalmente, murió Hazael, rey de Siria, y lo sucedió Benadad, su hijo.

25. Entonces Joás, hijo de Joacaz, recobró del poder de Benadad, hijo de Hazael, las ciudades o plazas que había éste tomado a su padre Joacaz por derecho de guerra. Tres veces lo derrotó Joás, y restituyó a Israel aquellas ciudades.

14 *Reinados de Amasías, rey de Judá y Joás, rey de Israel. Jeroboam acaba de libertar a Israel*

1. En el segundo año de Joás, hijo de Joacaz, rey de Israel, entró a reinar Amasías, hijo del otro Joás, rey de Judá.

2. Veinticinco años tenía cuando comenzó a reinar; y reinó veintinueve años en Jerusalén. Se llamaba su madre Joadán, natural de Jerusalén.

3. E hizo lo que era justo en la presencia del Señor; mas no como David, su padre. En todo imitó el proceder de su padre Joás;

4. aunque tampoco quitó los lugares altos, pues todavía sacrificaba el pueblo, y quemaba incienso en las alturas.

5. Luego que entró en posesión del reino, hizo quitar la vida a sus criados, que habían muerto al rey, su padre;

6. aunque no mató a los hijos de los que lo habían muerto, conforme a lo que se halla escrito en el libro de la ley de Moisés, según el precepto del Señor, que dice: No morirán los padres por los hijos, ni los hijos por los padres, sino que cada uno morirá por su pecado personal.

7. Este mismo derrotó diez mil idumeos en el valle de las Salinas, y tomó a viva fuerza a Petra, a la cual llamó Jectehel, nombre que conserva hasta hoy día.

8. Entonces envió Amasías embajadores a Joás, hijo de Joacaz, hijo de Jehú, rey de Israel, diciendo: Ven, y veámonos las caras.

9. Y Joás, rey de Israel, envió a Amasías, rey de Judá, esta respuesta: El cardo del Líbano envió a decir al cedro que está en el Líbano: Da tu hija por mujer a mi hijo. Mas las bestias salvajes que habitan en el Líbano pasaron y pisotearon al cardo orgulloso.

10. Como tú has vencido y derrotado a los idumeos, por esto se ha engreído tu corazón. Conténtate con esa gloria, y estáte quedo en tu casa: ¿a qué fin quieres acarrearte males para perderte tú y Judá contigo?

11. Pero Amasías no quiso aquietarse. Por lo cual Joás, rey de Israel salió a campaña, y encontrándose él y Amasías, rey de Judá, junto a Betsamés, ciudad de Judá,

12. fue el ejército de Judá derrotado por el de Israel; y cada cual huyó a su casa*.

13. Y Joás, rey de Israel, hizo prisionero en la batalla de Betsamés a Amasías, rey de Judá, hijo de Joás, hijo de Ocozías, y lo llevó a Jerusalén; y abrió una brecha de cuatrocientos codos en la muralla de Jerusalén, desde la puerta de Efraín hasta la puerta de la esquina.

14. Y tomó todo el oro y plata, y todas las alhajas que se hallaron en el templo del Señor, y en los tesoros del rey, y los rehenes; y volvió a Samaria.

15. Las demás acciones de Joás y el valor con que peleó contra Amasías, rey de Judá, ¿todo eso no está escrito en el Libro de los Anales de los Reyes de Israel?

16. Finalmente, Joás pasó a descansar con sus padres, y fue sepultado en Samaria con los reyes de Israel, sucediéndole en el reino su hijo Jeroboam Segundo.

17. Mas Amasías, hijo de Joás, rey de Judá, vivió quince años después de la muerte de Joás, hijo de Joacaz, rey de Israel.

18. Lo restante de las acciones de Amasías, ¿no está todo escrito en el Libro de los Anales de los Reyes de Judá?

19. Contra éste se suscitó una conjuración en Jerusalén, por causa de la cual huyó a Laquís; pero destacaron gentes a Laquís, y allí lo mataron.

20. Lo transportaron después de allí en un carro tirado de caballos, y fue sepultado en Jerusalén con sus padres en la ciudad de David.

21. Luego todo el pueblo de Judá cogió a Azarías, que era de dieciséis años, y lo proclamó rey en lugar de Amasías, su padre.

22. Este reedificó a Elat, y la restituyó a Judá, después que el rey pasó a descansar con sus padres.

23. El año decimoquinto del reinado de Amasías, hijo de Joás, rey de Judá, entró a reinar en Samaria Jeroboam, hijo de Joás, rey de Israel, y reinó cuarenta y un años.

24. Y obró el mal delante del Señor, en

---

12. *2 Cro 25*, 14-20.

nada se apartó de todos los pecados de Jeroboam, hijo de Nabat, que hizo pecar a Israel.

25. Restableció en el primitivo estado los límites del reino de Israel, reconquistando desde la entrada de Emat hasta el mar del desierto, conforme a la palabra del Señor Dios de Israel, pronunciada por su siervo el profeta Jonás hijo de Amati natural de Get, ciudad situada en Ofer.

26. Porque vio el Señor la amarguísima aflicción de Israel, y que habían perecido a filo de espada hasta los que estaban en la cárcel, y los más desvalidos, y que no había quien socorriese a Israel.

27. No había decretado el Señor borrar el nombre de Israel de debajo del cielo; y así los libertó por mano de Jeroboam, hijo de Joás.

28. Las demás cosas de Jeroboam, y todo cuanto hizo, y el valor con que combatió, y cómo restituyó a Israel las ciudades de Damasco y Emat, que habían sido de Judá*, ¿no está todo eso escrito en el Libro de los Anales de los Reyes de Israel?

29. En fin, Jeroboam fue a reposar con sus padres, los reyes de Israel, y lo sucedió en el reino su hijo Zacarías.

15 *En Judá reina Azarías, llamado también Ozías, y en Israel Zacarías. Los sucesores de ambos*

1. El año veintisiete del reinado de Jeroboam, rey de Israel, entró a reinar Azarías, hijo de Amasías, rey de Judá.

2. Dieciséis años tenía cuando comenzó a reinar, y reinó cincuenta y dos años en Jerusalén. Se llamaba su madre Jequelía, natural de Jerusalén.

3. E hizo lo que era agradable al Señor, imitando en todo y por todo a su padre Amasías.

4. Verdad es que no demolió los lugares altos, pues todavía el pueblo sacrificaba y quemaba incienso a Dios en las alturas.

5. Mas el Señor castigó al rey; el cual estuvo leproso hasta el día de su muerte, y habitó separado en una casa aislada*. Mientras tanto Joatam, hijo del rey, gobernaba el palacio, y administraba justicia al pueblo de aquella tierra.

6. Las demás cosas de Azarías y todos sus hechos, ¿no están escritos en el Libro de los Anales de los Reyes de Judá?

7. Pasó, en fin Azarías a descansar con sus padres, y fue sepultado con sus antepasados en la ciudad de David, sucediéndole en el reino su hijo Joatam.

8. El año treinta y ocho del reinado de Azarías, rey de Judá, reinó Zacarías, hijo de Jeroboam, sobre Israel, en Samaria, por espacio de seis meses;

9. e hizo el mal delante del Señor, así como lo habían hecho sus padres. No se desvió de los pecados de Jeroboam, hijo de Nabat que hizo pecar a Israel.

10. Conjuró contra él Sellum, hijo de Jabés, y acometiéndolo en público, lo mató y reinó en su lugar.

11. Las demás cosas de Zacarías, ¿no están todas escritas en el Libro de los Anales de los Reyes de Israel?

12. Esta es la palabra que dio el Señor a Jehú, diciendo: Tus hijos hasta la cuarta generación se sentarán en el trono de Israel; y así se cumplió.

13. Sellum, pues, hijo de Jabés, se apoderó del reino el año trigésimo nono de Azarías, rey de Judá y reinó un solo mes en Samaria.

14. Porque Manahem, hijo de Gadi, marchó desde Tersa, y fue a Samaria, e hiriendo a Sellum, hijo de Jabés lo mató y reinó en su lugar.

15. Las demás acciones de Sellum y la conjuración que tramó engañosamente, ¿no está ya escrito esto en el Libro de los Anales de los Reyes de Israel?

16. Entonces fue cuando Manahem se apoderó de Tapsa y mató a todos sus moradores y devastó su territorio desde Tersa, porque no quisieron abrirle las puertas, y mató a todas las mujeres preñadas, a las cuales hizo rasgar el vientre.

17. El año trigésimo nono del reinado de Azarías, rey de Judá comenzó a reinar pacíficamente* en Samaria sobre Israel, Manahem, hijo de Gadi, y reinó diez años;

18. e hizo lo que era malo delante del Señor. No se apartó de los pecados de

28. *2 Cro 8*, 6-14; *1 Sam 18*, 5.
5. *Lev 13*, 46.
17. *Os 10*, 6.

Jeroboam, hijo de Nabat, que hizo pecar a Israel todo el tiempo de su reinado.

19. Ful, rey de los asirios, vino entonces a esta tierra; y dio Manahem a Ful mil talentos de plata para que lo ayudase, y lo asegurase en el trono.

20. E hizo pagar Manahem este dinero a todos los poderosos y ricos de Israel, a razón de cincuenta siclos de plata por cabeza, para darlo al rey de los asirios. Con eso el rey de los asirios se retiró y no se detuvo en el país.

21. Las demás cosas de Manahem y todas sus acciones, ¿no están ellas escritas en el Libro de los Anales de los Reyes de Israel?

22. En fin, Manahem fue a descansar con sus padres; y su hijo Faceía entró a reinar en su lugar.

23. El año quincuagésimo del reinado de Azarías, rey de Judá, comenzó a reinar Faceía, hijo de Manahem, sobre Israel, en Samaria, y reinó dos años.

24. E hizo lo que era malo a los ojos del Señor; no se apartó de los pecados de Jeroboam, hijo de Nabat, que hizo pecar a Israel.

25. Conjuró contra él Facee, hijo de Romelías, general suyo el cual le acometió con cincuenta hombres naturales de Galaad, en Samaria, en la torre de la casa real, cerca de Argob y de Arie; y le quitó la vida, y reinó en su lugar.

26. Las demás cosas de Faceía y todas sus acciones, ¿no están ya escritas en el Libro de los Anales de los Reyes de Israel?

27. El año quincuagésimo segundo del reinado de Azarías, rey de Judá, ocupó el trono Facee, hijo de Romelías, el cual reinó sobre Israel en Samaria por espacio de veinte años;

28. e hizo lo malo en la presencia del Señor; no se apartó de los pecados de Jeroboam, hijo de Nabat, que hizo pecar a Israel.

29. En el reinado de Facee, rey de Israel vino Teglatfalasar, rey de Asur, y se apoderó de Ayrón, y de Abel-Casa de Maaca, y de Janoé, y de Cedes, y de Asor, y de Galaad, y de Galilea y de todo el país de Neftalí; y trasportó sus habitantes a la Asiria.

30. Mas Osee, hijo de Ela, formó una conjuración contra Facee, hijo de Romelías, y le armó asechanzas, lo hirió y lo mató, y reinó en su lugar, en el año vigésimo de Joatam, hijo de Ozías.

31. Las demás cosas de Facee y todo cuanto hizo, ¿no está todo escrito en el Libro de los Anales de los Reyes de Israel?

32. El año segundo de Facee, hijo de Romelías, rey de Israel, ocupó el trono Joatam, hijo de Ozías, rey de Judá.

33. Veinticinco años tenía cuando comenzó a reinar; y reinó dieciséis años en Jerusalén. Se llamaba su madre Jerusa, hija de Sadoc.

34. Hizo lo que era agradable a los ojos del Señor; y se condujo en todo conforme se había conducido su padre Ozías.

35. Verdad es que no arruinó los lugares altos; todavía siguió el pueblo sacrificando y ofreciendo incienso a Dios en las alturas. Edificó la puerta más alta de la casa del Señor.

36. Las demás cosas de Joatam y todos sus hechos, ¿no están ya escritos en el Libro de los Anales de los Reyes de Judá?

37. En aquellos días comenzó el Señor a enviar contra Judá a Rasín, rey de la Siria, y a Facee, hijo de Romelías.

38. Pasó Joatam a descansar con sus padres, y fue sepultado con ellos en la ciudad de David, su padre, sucediéndole en el reino su hijo Acaz.

16

Acaz, idólatra, profana el templo del Señor. Los reyes de Israel y Siria conspiran contra él

1. El año decimoséptimo de Facee, hijo de Romelías, subió al trono Acaz, hijo de Joatam, rey de Judá.

2. Veinte años tenía Acaz cuando comenzó a reinar, y dieciséis años reinó en Jerusalén. No hizo lo que era agradable a los ojos del Señor Dios suyo, como David su padre;

3. sino que siguió las huellas de los reyes de Israel; y además de eso consagró su propio hijo, haciéndole pasar por el fuego, según la idolatría de las naciones que disipó el Señor delante de los hijos de Israel.

4. Asimismo sacrificaba víctimas y quemaba incienso en las alturas, y en los collados, y debajo de cualquier árbol frondoso.

5. Entonces Rasín, rey de Siria, y Facee, hijo de Romelías, rey de Israel, subieron a sitiar a Jerusalén; y después de haber tenido cercado a Acaz, no pudieron vencerlo.

6. Por aquel tiempo Rasín, rey de Siria, volvió a incorporar a Aila con la Siria; y arrojó de Aila a los judíos; y vinieron los idumeos a ocuparla y han habitado en ella hasta el día de hoy.

7. Entonces Acaz despachó embajadores a Teglatfalasar, rey de los asirios, para que le dijesen: Siervo tuyo soy, y tu hijo; ven y sálvame de las manos del rey de Siria y de las manos del rey de Israel, que se han coligado contra mí.

8. Y habiendo recogido cuanta plata y oro pudo hallarse en la casa del Señor y en los tesoros del rey, se lo remitió como un presente al rey de los asirios;

9. El cual condescendió con sus deseos. Marchó, pues, el rey de los asirios contra Damasco, y la destruyó. Transportó sus moradores a Cirene, y a Rasín le quitó la vida.

10. Entonces el rey Acaz fue a Damasco a recibir a Teglatfalasar, rey de los asirios; y viendo el altar de Damasco, envió el rey Acaz al sumo sacerdote Urías un modelo de él, que representaba exactamente todas sus labores.

11. Y el sumo sacerdote Urías erigió un altar conforme en un todo a las órdenes que le había comunicado el rey Acaz desde Damasco. El sumo sacerdote Urías hizo esto, mientras el rey Acaz volvía de Damasco.

12. Y el rey, llegado que hubo de Damasco, vio aquel altar, y lo veneró, y subió a ofrecer en él holocausto, y su sacrificio.

13. E hizo las libaciones y derramó la sangre de las víctimas pacíficas sacrificadas sobre el altar.

14. Trasladó el altar de bronce, que estaba en la presencia del Señor, desde la fachada del templo, y de su sitio y lugar propio en el templo del Señor, y lo colocó a un lado de aquel altar, al septentrión.

15. Además dio el rey Acaz al sumo sacerdote Urías esta orden: Ofrecerás sobre este altar grande el holocausto de la mañana y el sacrificio de la tarde, y el holocausto del rey con su sacrificio, y el holocausto de todo el pueblo de la tierra con sus sacrificios y libaciones; y has de derramar sobre este altar toda la sangre de los holocaustos, y toda la sangre de las víctimas. En cuanto al altar de bronce estará pronto a disposición mía.

16. Hizo, pues, el sumo sacerdote Urías todo cuanto el rey Acaz le había mandado.

17. Quitó también el rey Acaz las bases entalladas, y las conchas puestas encima de ellas, y la gran concha o mar la quitó igualmente de encima de los bueyes de bronce que la sostenían, y la dejó sobre el pavimento enlosado.

18. Asimismo quitó el Musac del sábado, construido en el templo; y por causa del rey de los asirios hizo en la parte interior del templo del Señor el pasadizo para ir a él desde su palacio que antes estaba en la parte de afuera.

19. Las otras cosas que hizo Acaz, ¿no están ellas escritas en el Libro de los Anales de los Reyes de Judá?

20. En fin, Acaz pasó a descansar con sus padres, y fue sepultado con ellos en la ciudad de David, sucediéndole en el reino su hijo Ezequías.

17 *Caída de Samaria y destierro en Asiria de Israel por Salmanasar. Origen de los samaritanos*

1. El año duodécimo del reinado de Acaz, rey de Judá, comenzó a reinar pacíficamente sobre Israel en Samaria Osee, hijo de Ela, y reinó nueve años.

2. E hizo el mal delante del Señor; aunque no tanto como los reyes de Israel sus predecesores.

3. Contra éste vino Salmanasar, rey de los asirios, y Osee le pagaba tributo.

4. Mas como descubriese el rey de los asirios que Osee había enviado embajadores a Sua, rey de Egipto, con intención de rebelarse contra el rey de los asirios y no pagarle el acostumbrado anual tributo, habiéndole cogido prisionero, lo encerró en una cárcel.

5. Porque Salmanasar comenzó haciendo correrías por todo el país, y al fin acercándose a Samaria la tuvo sitiada tres años;

6. hasta que el año noveno del reinado de Osee fue tomada Samaria por el rey de los asirios, y trasladados a Asiria los israelitas, los cuales colocó en Hala y en Habor, ciudades de la Media junto al río Gozán.

7. La causa fue que los hijos de Israel habían pecado, adorando dioses ajenos, contra el Señor Dios suyo que los había sacado de la tierra de Egipto del poder del faraón, rey de Egipto;

8. y siguiendo los ritos o prácticas de las naciones que el Señor había destruido delante de los hijos de Israel, y los ritos o costumbres de los reyes de Israel que habían hecho lo mismo.

9. Habían, pues, los hijos de Israel ofendido al Señor Dios suyo con su mal proceder; y habían erigido altares en los lugares altos en todas sus ciudades, desde las torres de guardas hasta las plazas fuertes o grandes ciudades.

10. Y habían plantado bosques o arboledas, y levantado estatuas en todo collado alto, y debajo de todo árbol frondoso,

11. quemando allí incienso sobre los altares, a imitación de las naciones que había dispersado el Señor así que entraron en aquella tierra; y habían cometido acciones muy criminales provocando la ira del Señor.

12. Adoraron las inmundicias o ídolos contra el precepto con que se lo había prohibido el Señor.

13. Sobre lo cual no cesó el Señor de amonestarlos, así en Israel como en Judá, por medio de todos los profetas y videntes diciendo: Convertíos de vuestras pésimas costumbres, observad mis preceptos y ceremonias, conforme a todas las leyes que promulgué a vuestros padres, y como os lo he enviado a decir por medio de mis siervos, los profetas.

14. Mas ellos no dieron oídos; antes endurecieron su cerviz, o se obstinaron, imitando la dureza de sus padres, los cuales no quisieron obedecer al Señor Dios suyo.

15. Y desecharon sus leyes y el pacto que había concertado con sus padres, despreciando las amonestaciones con que los reconvino; y siguiendo las vanidades o ídolos se infatuaron, e imitaron a las naciones circunvecinas, sobre las cuales les había prevenido el Señor que no hicieran lo que ellas hacían.

16. Y abandonaron todos los preceptos del Señor Dios suyo, y se formaron dos becerros de fundición, y bosques y adoraron a toda la milicia o constelaciones del cielo; y dieron culto a Baal;

17. y consagraron a sus hijos e hijas por medio del fuego; y se ocuparon en adivinaciones y agüeros; en suma, se abandonaron a toda maldad delante del Señor, provocando su ira.

18. Por tanto el Señor se indignó altamente contra Israel, y lo arrojó de delante de sí, y no quedó sino la sola tribu de Judá.

19. Mas ni aun la misma tribu de Judá observó los mandamientos del Señor Dios suyo; antes bien imitó los extravíos o errores en que había incurrido Israel.

20. Y así el Señor desechó a todo el linaje de Israel, y lo castigó y lo entregó en manos de sus opresores, hasta que lo arrojó enteramente de su presencia.

21. Enojado ya desde aquel tiempo en que Israel, separándose de la casa de David, eligió por rey suyo a Jeroboam, hijo de Nabat; pues Jeroboam apartó del Señor a Israel, y le hizo cometer el pecado grande de idolatría.

22. Imitaron los hijos de Israel todas las maldades de Jeroboam, y jamás se apartaron de ellas.

23. Hasta tanto que el Señor arrojó de su presencia a Israel, como lo tenía predicho por medio de todos los profetas, sus siervos. Y fue Israel transportado de su tierra a la Asiria, en donde se halla hasta hoy día.

Repoblación de Samaria

24. Y en lugar de los hijos de Israel hizo venir el rey de los asirios gentes de Babilonia, y de Cuta, y de Ava, de Emat, y de Sefarvaím, y las puso en las ciudades de Samaria; y estas gentes poseyeron la Samaria, y habitaron en sus ciudades.

25. Mas cuando comenzaron a morar en ellas, no temían al Señor ni le adoraban; por lo que el Señor envió contra dichas gentes leones que los iban despedazando.

26. Dieron aviso de esto al rey de los asirios y le dijeron: Las gentes que tú has transportado para poblar las ciudades de Samaria, ignoran el culto del Dios de aquel país, y el Señor ha enviado contra ellas leones que las van despedazando, por cuanto no saben ellas el culto del Dios de aquella tierra.

27. En consecuencia el rey de los asirios

dio orden diciendo: Llevad allá uno de los sacerdotes que se han traído de allí cautivos, y vaya a habitar con ellas, y enséñeles el culto del Dios de aquel país.

28. Habiendo, pues, ido uno de los sacerdotes que habían sido traídos cautivos de Samaria, habitó en Betel, y les enseñaba la manera de honrar al Señor.

29. Con todo eso, cada uno de dichos pueblos se fabricó su dios, que colocaron en los adoratorios de las alturas, que habían erigido los de Samaria; cada nación puso el dios suyo en las poblaciones donde habitaba.

30. Porque los babilonios pusieron a su dios Socotbenot, y los cuteos a Nergel, y los de Emat a Asima.

31. Los heveos pusieron a Nebahaz y a Tartac. Mas los que eran de Sefarvaím quemaban sus hijos en honor de Adramelec y de Anamelec, dioses de Sefarvaím;

32. y no obstante todos estos pueblos adoraban al Señor. Crearon del bajo pueblo sacerdotes para los lugares altos, y los colocaban en los adoratorios de las alturas.

33. Y adorando al Señor, servían también a sus dioses, según el rito de las naciones de donde habían sido transportados a Samaria.

34. Hasta el día presente perseveran en la costumbre antigua; no temen al Señor, ni observan sus ceremonias, ni los ritos, leyes, ni mandamientos comunicados por el Señor a los hijos de Jacob, a quien puso el sobrenombre de Israel,

35. con quienes había firmado el pacto, y a quienes había dado este precepto, diciendo: No temáis, ni reverenciéis a dioses ajenos; no los adoréis ni les déis culto ninguno, ni les ofrezcáis sacrificios,

36. sino al Señor Dios vuestro que os sacó de la tierra de Egipto con gran fortaleza y con el poder de su brazo; a ése habéis de temer, a ése adorar, y a ése ofrecer sacrificios.

37. Observad asimismo y cumplid constantemente las ceremonias y los ritos, y leyes, y mandamientos que os dio por escrito, y no temáis a los dioses extranjeros.

38. Y no echéis en olvido el pacto que hizo con vosotros, ni tributéis culto a dioses ajenos;

39. sino temed al Señor Dios vuestro, y él os librará de las manos de todos vuestros enemigos.

40. Mas ellos no hicieron caso de eso, sino que procedieron según su antigua costumbre.

41. Recibieron, pues, dichas gentes el culto del Señor; pero continuaron como antes en servir a sus ídolos; y lo que hicieron sus padres, eso mismo hacen hasta hoy día sus hijos y nietos.

---

18 *El rey Ezequías restablece el culto del Señor en Jerusalén, mientras Sennaquerib invade Judá*

---

1. El año tercero del reinado de Osee, hijo de Ela, rey de Israel, comenzó a reinar Ezequías, hijo de Acaz, rey de Judá.

2. Veinticinco años tenía cuando subió al trono, y reinó veintinueve años en Jerusalén. Se llamaba su madre Abi, hija de Zacarías.

3. Hizo Ezequías lo que era bueno y agradable a los ojos del Señor, imitando en todo a su padre David.

4. Destruyó los lugares altos, quebró las estatuas, taló los bosques de los ídolos, e hizo pedazos la serpiente de bronce que había hecho Moisés; porque hasta aquel tiempo le quemaban incienso los hijos de Israel; y la llamó Nohestán.

5. Puso su esperanza en el Señor Dios de Israel; y así no tuvo semejante en todos los reyes de Judá, sus sucesores, como ni tampoco en los que le precedieron*.

6. Se mantuvo unido al Señor, y no se apartó de sus sendas; sino que observó los mandamientos que el Señor dio a Moisés.

7. Por eso también el Señor estaba con él, y portábase Ezequías sabiamente en cuanto emprendía. Asimismo sacudió el yugo del rey de los asirios, y no quiso ser tributario suyo.

8. Arruinó a los filisteos hasta Gaza, y taló todo su país desde las torres o atalayas de los guardas, hasta las ciudades fuertes.

9. El año cuarto del reinado de Ezequías, que era el séptimo del reinado de Osee, hijo de Ela, rey de Israel, vino Salmanasar, rey de los asirios, contra Samaria, y la sitió.

10. Y se apoderó de ella, pues Samaria fue tomada después de un sitio de tres años, el año sexto del reinado del rey Ezequías,

---

5. Desde el cisma de Jeroboam.

EXTRANJEROS DEVORADOS POR LOS LEONES DE SAMARIA

Y en lugar de los hijos de Israel hizo venir el rey de los asirios gentes de Babilonia, y de Cuta, y de Ava, de Emat, y de Sefarvaím, y las puso en las ciudades de Samaria; y estas gentes poseyeron la Samaria, y habitaron en sus ciudades.
Mas cuando comenzaron a morar en ellas, no temían al Señor ni le adoraban; por lo que el Señor envió contra dichas gentes leones que los iban despedazando.

esto es, el noveno del de Osee, rey de Israel.

11. Y el rey de los asirios transportó a los israelitas a la Asiria, y los colocó en Hala y en Habor, ciudades de la Media, junto al río Gozán;

12. porque no quisieron obedecer a la voz del Señor Dios suyo, sino que violaron el pacto, y no escucharon ni practicaron nada de cuanto les tenía mandado Moisés, siervo del Señor.

13. El año décimocuarto del reinado del rey Ezequías, subió Sennaquerib, rey de los asirios, a la conquista de todas las ciudades fuertes de Judá, y se apoderó de ellas.

14. Entonces Ezequías, rey de Judá, envió a decir por medio de embajadores al rey de los asirios, que se hallaba en Laquís: He faltado a lo que debía; pero retírate de mis tierras, que yo sufriré todo lo que me impusieres. En vista de esto el rey de los asirios echó de contribuciones a Ezequías, rey de Judá, trescientos talentos de plata, y treinta talentos de oro.

15. Le dio, pues, Ezequías toda la plata que se hallaba en la casa del Señor, y en los tesoros reales;

16. y entonces fue cuando Ezequías mandó arrancar de las puertas del templo del Señor las planchas de oro con que él mismo las había guarnecido y las dio al rey de los asirios.

17. Mas el rey de los asirios, faltando a lo prometido, envió desde Laquís a Jerusalén contra el rey Ezequías a Tartán, y a Rabsaris, y a Rabsaces con mucha tropa; los cuales, poniéndose en camino vinieron a Jerusalén, e hicieron alto cerca del acueducto del estanque superior, situado sobre el camino del campo del Batanero,

18. y llamaron al rey. Pero salieron a verse con ellos Eliacim, hijo de Helcías, mayordomo mayor, Sobna, secretario o doctor de la ley, y Joahe, hijo de Asaf, canciller.

19. A los cuales dijo Rabsaces: Decid a Ezequías: Esto dice el gran rey, el rey de los asirios: ¿qué confianza es ésa en que estáis?

20. ¿Has acaso formado el designio de prepararte para el combate? ¿En qué apoyas tu esperanza para que así te atrevas a oponerte a mí?

21. ¿Por ventura esperas en Egipto que es un bastón de caña quebrada, sobre el cual si un hombre se apoyare, rompiéndose se le hincará en la mano y se la horadará? Tal es el faraón, rey de Egipto, para todos los que confían en él.

22. Que si me decís: Nosotros la esperanza la tenemos en el Señor Dios nuestro: ¿no es ése el mismo Dios cuyos lugares altos y altares ha destruido Ezequías, dando a Judá y Jerusalén esta orden: Desde hoy habéis de adorar a Dios en Jerusalén, y sólo delante de este altar?

23. Ahora, pues, venid adonde está el rey de los asirios, mi señor, y yo os daré dos mil caballos y ved si tan siquiera podéis hallar quien los monte.

24. Mas ¿cómo podréis resistir ni a uno de los más pequeños sátrapas o capitanes que sirven a mi señor? ¿Confías acaso en Egipto por sus carros armados y su caballería?

25. Pues, ¿no es por orden del Señor que yo he venido a ese país para arruinarlo? Marcha contra ese país, me dijo el Señor, y arrásalo.

26. Entonces Eliacim, hijo de Helcías, y Sobna, y Joahe dijeron a Rabsaces: Te rogamos que nos hables a nosotros, tus siervos, en siríaco, pues entendemos esa lengua, y no en lengua hebrea, la cual entiende el pueblo que está sobre la muralla.

27. Le respondió Rabsaces, diciendo: Pues, ¿acaso mi señor me ha enviado para deciros estas cosas a tu señor y a ti, y no más bien a decirlas a esas gentes que están sobre el muro, expuestas a tener que comer con vosotros sus excrementos, y a beber sus propios orines?

28. En seguida puesto en pie gritó en alta voz, diciendo en hebreo: Oíd las palabras del gran rey, del rey de los asirios:

29. Esto dice el rey: Cuidado no os engañe Ezequías; pues él no ha de poder libraros de mis manos.

30. Ni os inspire confianza en el Señor, diciéndoos: Sin falta nos librará el Señor y no caerá esta ciudad en poder del rey de los asirios.

31. No queráis dar oídos a Ezequías; porque he aquí lo que os dice el rey de los asirios: Capitulad conmigo lo que os tiene cuenta, y salid a rendiros a mí; y con esto comerá cada cual el fruto de su viña y de su higuera, y beberéis del agua de vuestras cisternas;

32. hasta tanto que yo vaya y os traslade a un país semejante al vuestro, a una tierra fructífera y abundante de vino, tierra de pan llevar, y de viñas y de olivares, tierra de aceite y de miel. Con eso viviréis en paz y no moriréis. No queráis escuchar a Ezequías, que os engaña diciendo: El Señor nos librará.

33. ¿Por ventura los dioses de las gentes han libertado su tierra del poder del rey de los asirios?

34. ¿Dónde está el dios de Emat, y de Arfad? ¿Dónde el dios de Sefarvaím, de Ana y de Ava? ¿Libraron acaso a Samaria de caer en mi poder?

35. ¿Cuáles son entre todos los dioses de la tierra los que han salvado su región de caer en mis manos, para que el Señor pueda librar a Jerusalén de caer en las mismas?

36. A todo esto calló el pueblo, y no le respondió palabra; pues habían tenido orden del rey de no dar ninguna respuesta.

37. Después de esto Eliacim, hijo de Helcías, mayordomo mayor de palacio, y Sobna, secretario, y Joahe, hijo de Asaf, canciller, volvieron a Ezequías, rasgados sus vestidos, y le refirieron las palabras de Rabsaces.

19 *Ezequías e Isaías acuden al Señor. Profecía de Isaías sobre la libertad de Jerusalén*

1. Así que lo oyó el rey Ezequías, rasgó sus vestiduras, y se cubrió de un saco, y se fue a la casa del Señor.

2. Y envió a Eliacim, su mayordomo mayor, y a Sobna, su secretario, y a los más ancianos de los sacerdotes cubiertos de sacos, a hablar a Isaías profeta, hijo de Amós,

3. los cuales le dijeron: Esto dice Ezequías: Día es éste de tribulación, y de amenazas y de blasfemias; llegaron los hijos hasta el punto de nacer; pero la que está de parto no tiene fuerzas para darlos a luz.

4. Mas el Señor Dios tuyo habrá sin duda oído todas las palabras de Rabsaces, enviado de su amo, el rey de los asirios, a ultrajar al Dios vivo, y a llenarlo de denuestos con las palabras que acaba de escuchar el Señor tu Dios; haz, pues oración por estos pocos israelitas que han quedado.

5. Fueron, pues, con este mensaje los ministros del rey Ezequías a Isaías.

6. Y les dijo Isaías: Esto diréis a vuestro amo: Así habla el Señor: No tienes que intimidarte por las palabras que has oído, con las cuales han blasfemado contra mí los criados del rey de los asirios.

7. Yo voy a enviarle cierto espíritu, y oirá una nueva, y se volverá a su país, donde le haré parecer al filo de la espada.

8. Entretanto Rabsaces, habiendo sabido que el rey de los asirios se había ido de Laquís, volvió, y lo halló batiendo a Lobna.

9. Mas Sennaquerib, habiendo oído que Taraca, rey de Etiopía, había salido a campaña contra él al tiempo de marchar contra este rey envió embajadores a Ezequías, diciéndole:

10. Esto diréis a Ezequías, rey de Judá: No te dejes engañar del Señor Dios tuyo, en quien pones tu confianza; y no digas: Jerusalén no será entregada en poder del rey de los asirios.

11. Ya que tú mismo has oído lo que han hecho los reyes de los asirios en todos los demás países, y cómo los han asolado. ¿Serás por ventura tú solo el que podrás librarte?

12. ¿Acaso los dioses de las naciones libraron a algunas de aquellas que fueron exterminadas por mis padres, es a saber, a Gozán, y Harán, y Resef, y a los hijos de Edén que estaban en Telasar?

13. ¿Dónde está el rey de Emat, y el rey de Arfad, y el rey de la ciudad de Sefarvaím, y de Ana y de Ava?

Oración de Ezequías y vaticinio de Isaías

14. Luego que Ezequías recibió la carta de mano de los embajadores, y la hubo leído, se fue al templo del Señor, y la extendió delante del Señor,

15. y oró en su acatamiento, diciendo: Señor Dios de Israel, que estás sentado sobre los querubines, tú eres el solo Dios de todos los reyes de la tierra; tú creaste el cielo y la tierra.

16. Inclina tus oídos, y escucha: abre, ¡oh Señor!, tus ojos, y mira; oye todas las palabras blasfemas de Sennaquerib, el cual ha enviado a blasfemar entre nosotros del Dios vivo.

17. Cierto es Señor, que los reyes de los

asirios han desolado las gentes y todas sus tierras,

18. y han arrojado al fuego a sus dioses, y los han destruido, porque no eran dioses, sino obras de la mano del hombre, hechas de madera y de piedra.

19. Ahora, pues, ¡oh Señor Dios nuestro!, sálvanos de la mano de éste; para que sepan todos los reinos de la tierra que tú eres el Señor, el solo Dios.

20. Entonces Isaías, hijo de Amós, envió a decir a Ezequías: Esto dice el Señor Dios de Israel: He oído la plegaria que me has hecho acerca de Sennaquerib, rey de los asirios.

21. He aquí la sentencia que contra él ha pronunciado el Señor: La virgen hija de Sión te ha menospreciado y escarnecido; detrás de ti ha meneado su cabeza la hija de Jerusalén.

22. ¿A quién piensas que has insultado tú, y de quién has blasfemado? ¿Contra quién has levantado la voz y alzado en alto tus ojos insolentes? Contra el Santo de Israel.

23. Por la boca de tus siervos has denostado al Señor, y has dicho: Con la muchedumbre de mis carros armados he subido sobre los montes encumbrados, a la cima del Líbano, y he cortado sus altos cedros y sus mejores abetos o hayas; he penetrado hasta sus últimos extremos; y las frondosas selvas de su Carmelo

24. yo las he cortado. Yo he bebido las aguas ajenas, y con mi tránsito he agotado todas las aguas encerradas.

25. Pues, ¿no has oído decir tú lo que yo hice desde el principio*? Desde antes de los siglos primeros tengo yo ideado esto para castigo suyo, y ahora lo ejecuto; las ciudades fuertes por sus valerosos combatientes, quedarán reducidas a unas colinas desiertas.

26. Y los que las habitaban, quedando faltos de fuerza en sus brazos, temblaron y se amilanaron; y vinieron a quedar como el heno del campo y como la hierba verde de los tejados, que se seca antes de llegar a sazón.

27. Yo desde el principio preví también tu habitación, tus salidas y tus entradas y tu marcha, y el furor con que te alzarías contra mí.

28. Tú has enloquecido contra mí, ha llegado hasta mis oídos el ruido de tu soberbia. Yo te pondré pues, un anillo en tus narices y una mordaza en tus labios, y te haré volver por el camino por donde viniste.

29. A ti, oh Ezequías, te doy esta señal: Come este año lo que hallares, y el año siguiente lo que por sí mismo naciere; pero al tercer año sembrad y segad; plantad viñas y comed sus frutos.

30. Y todo lo que restare de la casa de Judá, echará otra vez hondas raíces, y afuera producirá frutos;

31. porque de Jerusalén saldrán unos restos de pueblo, y de ese monte Sión saldrá la gente que se ha de salvar. Esto es lo que hará por su pueblo el celo del Señor de los ejércitos.

32. Por lo cual he aquí lo que acerca del rey de los asirios dice el Señor: No pondrá el pie en esta ciudad, ni disparará contra ella saeta alguna, ni el soldado cubierto con su broquel la asaltará ni la cercará con trincheras.

33. Por el camino que ha venido se volverá, y no entrará en la ciudad, dice el Señor.

34. Pues yo ampararé a esta ciudad, y la salvaré por amor de mí y por amor de David, siervo mío.

35. En efecto, aquella noche vino el ángel del Señor, y mató en el campamento de los asirios a ciento ochenta y cinco mil hombres. Y levantándose muy de mañana el rey de los asirios Sennaquerib, vio todos aquellos cuerpos muertos, y levantó el campo, y se marchó;

36. y volvió a Nínive, donde fijó su asiento,

37. y mientras que estaba adorando en el templo a su Dios Nesroc, lo mataron a puñaladas sus hijos Adramelec y Sarasar, y huyeron a tierra de los armenios, reinando en su lugar su hijo Asaraddón.

20

Curación de Ezequías. Embajada de Babilonia. Muerto el rey, le sucede en el trono su hijo Manasés

---

1. Por aquel tiempo enfermó de muerte Ezequías, y vino a visitarle Isaías profeta, hijo de Amós y le dijo: Esto dice el Señor Dios: Dispón tus cosas; porque vas a morir, va a tener fin tu vida.

---

25. La salida de Egipto es el modelo del poder de Dios para liberar a su pueblo.

2. Entonces Ezequías volvió su rostro hacia la pared, e hizo oración al Señor diciendo:

3. ¡Ah Señor!, acuérdate, te suplico, que yo he andado delante de ti con sinceridad y rectitud de corazón, haciendo lo que es agradable a tus ojos. Y derramó Ezequías abundancia de lágrimas.

4. Mas antes que Isaías hubiese pasado la mitad del atrio le habló el Señor, diciendo:

5. Vuelve, y di a Ezequías, caudillo de mi pueblo: Esto dice el Señor Dios de tu padre David: Oído he tu oración, y visto tus lágrimas; yo te doy la salud; de aquí a tres días subirás al templo del Señor.

6. Y alargaré quince años tu vida; además de eso te libraré del poder del rey de los asirios a ti y a esta ciudad; a la cual protegeré por amor mío, y por amor de David mi siervo.

7. Y dijo Isaías: Traedme una masa de higos. Traída que fue, y aplicada sobre la úlcera del rey, quedó éste curado.

8. Había dicho antes Ezequías a Isaías: ¿Cuál será la señal de que el Señor me dará la salud, y de que dentro de tres días he de subir al templo del Señor?

9. Le respondió Isaías: He aquí la señal que dará el Señor de que cumplirá la palabra que ha pronunciado: ¿Quieres que la sombra en ese reloj solar se adelante diez líneas, o que retroceda otros tantos grados?

10. A lo cual respondió Ezequías: Fácil es que la sombra se adelante diez líneas; no deseo yo que suceda esto, sino que vuelva atrás diez grados.

11. Entonces el profeta Isaías invocó al Señor, e hizo retroceder la sombra de línea en línea por los diez grados que había ya andado en el reloj de Acaz.

12. En aquel tiempo Berodac Baladán, hijo de Baladán, rey de Babilonia, envió cartas y presentes a Ezequías, por haber escuchado que había estado enfermo.

13. Tuvo gran contento Ezequías con la venida de los embajadores, y les mostró la casa o fábrica de los perfumes, y el oro, y la plata, y las varias confecciones aromáticas, y los ungüentos o aceites de olor, y la pieza de sus alhajas y armas, y todo cuanto tenía en sus tesoros. No hubo cosa en su palacio, ni de cuanto poseía, que Ezequías no les mostrase.

14. Mas el profeta Isaías vino a ver al rey Ezequías, y le preguntó: ¿Qué han dicho esos hombres? ¿Y de dónde han venido a verte? Al cual contestó Ezequías: Han venido a mí de lejanas tierras, de Babilonia.

15. Le dijo Isaías: ¿Qué han visto en tu casa? Respondió Ezequías: Han visto todo cuanto hay en palacio; nada hay en mis tesoros que no les haya yo mostrado.

16. Dijo entonces Isaías a Ezequías: Escucha la palabra del Señor:

17. He aquí que vendrá tiempo en que todas esas cosas que hay en tu casa y cuantas han atesorado tus padres hasta el día presente, serán transportadas a Babilonia; no quedará cosa alguna, dice el Señor.

18. Y aun tus mismos hijos que saldrán de ti engendrados, serán llevados cautivos, y vendrán a ser eunucos o cortesanos en el palacio del rey de Babilonia.

19. Respondió Ezequías a Isaías: Justa es la sentencia del Señor pronunciada por tu boca; reine a lo menos durante mi vida la paz y la verdad.

20. En orden a los demás hechos de Ezequías, y su gran fortaleza, y como fabricó el estanque, y el acueducto con que introdujo las aguas en la ciudad, ¿no está todo esto escrito en el Libro de los Anales de los Reyes de Judá?

21. En fin, Ezequías fue a reposar con sus padres*, sucediéndole en el reino su hijo Manasés.

21

Reinado del impío Manasés. Le sucede e imita su hijo Amón, a quien asesinan sus criados

---

1. De doce años era Manasés cuando comenzó a reinar, y cincuenta y cinco años reinó en Jerusalén; se llamaba su madre Hafsiba.

2. E hizo el mal en la presencia del Señor, venerando los ídolos de las naciones que el Señor exterminó en presencia de los hijos de Israel.

3. Y volvió a reedificar los lugares altos, derribados por su padre Ezequías, y erigió altares a Baal, y plantó bosques en honor suyo, como había hecho Acab, rey de Israel, y adoró todos los astros del cielo, y les rindió culto.

---

21. *Eclo 48*, 19; *49*, 5.

4. Y erigió altares profanos en la casa del Señor, de la cual el Señor había dicho: Estableceré mi Nombre en Jerusalén;

5. y en los dos atrios del templo del Señor edificó altares a todos los astros del cielo.

6. E hizo pasar por el fuego a su propio hijo; y se dio a adivinaciones, y a observar los agüeros, y estableció pitones o nigrománticos, multiplicó los adivinos, haciendo el mal delante del Señor, e irritándolo.

7. Además el ídolo del bosque que había plantado, lo colocó en el templo del Señor; templo del cual el Señor dijo a David y a Salomón, su hijo: En este templo y en Jerusalén, ciudad que tengo escogida entre todas las tribus de Israel, estableceré mi Nombre para siempre;

8. y no permitiré que en adelante haya de mover Israel su pie de la tierra que di a sus padres; con tal que guarde todos mis mandamientos, y la ley toda que le comunicó mi siervo Moisés.

9. El no quiso obedecer, sino que se dejó engañar de Manasés para obrar el mal, o idolatrar aun más que las naciones exterminadas por el Señor a la vista de los hijos de Israel.

10. Y así habló el Señor por boca de sus siervos los profetas, diciendo:

11. Por cuanto Manasés, rey de Judá, ha cometido estas horrendas abominaciones, que sobrepujan a todas cuantas hicieron antes de él los amorreos, y ha hecho también pecar a Judá con sus inmundicias o idolatrías;

12. Por tanto, esto dice el Señor Dios de Israel: Sabed que yo lloveré sobre Jerusalén y Judá tales calamidades, que a cualquiera que las oyere contar le retiñirán de terror ambas orejas;

13. y mediré a Jerusalén con la misma cuerda que he medido a Samaria, y con la misma plomada que a la casa de Acab; y raeré a Jerusalén como suelen raerse, o borrarse, las tablillas de escribir, pasando y repasando el mango del punzón repetidas veces por encima de ellas, a fin de que nada quede.

14. Abandonaré los restos de mi heredad, entregándolos en manos de sus enemigos, y serán saqueados y hechos presa de todos sus adversarios

15. por haber obrado el mal en mi presencia, y haberse obstinado en irritarme desde el día en que salieron sus padres del Egipto hasta el día de hoy.

16. Además de esto Manasés derramó arroyos de sangre inocente hasta inundar a Jerusalén; sin contar los otros pecados con que indujo a pecar a Judá para que hiciera lo malo delante del Señor.

17. Las demás acciones de Manasés, y todo cuanto hizo, y el pecado que cometió, ¿todo esto no está escrito ya en el Libro de los Anales de los Reyes de Judá?

18. Al fin pasó Manasés a descansar con sus padres, y fue sepultado en el jardín de la casa llamado Jardín de Oza; y le sucedió en el reino su hijo Amón.

19. Veintidós años tenía Amón cuando comenzó a reinar, y reinó dos años en Jerusalén. Se llamó su madre Mesalemec, hija de Harús de Jeteba.

20. E hizo lo malo en presencia del Señor, como lo había hecho Manasés su padre,

21. y siguió en todo y por todo el proceder de su padre, y sirvió a los ídolos inmundos como los había servido su padre, y los adoró.

22. Y abandonó al Señor Dios de sus padres, y no anduvo por las sendas del Señor.

23. Unos criados suyos le armaron asechanzas, y lo asesinaron en su casa.

24. Mas el pueblo del país mató a todos los que se habían conjurado contra el rey Amón, y proclamaron por rey en su lugar a Josías, hijo suyo.

25. Las demás acciones de Amón, ¿no están ya escritas en el Libro de los Anales de los Reyes de Judá?

26. Y fue sepultado en su sepulcro en el huerto de Oza, y lo sucedió en el trono su hijo Josías.

22

Comienza Josías a restaurar el templo y el culto divino. Aplaca con su piedad la cólera de Dios

1. De edad de ocho años era Josías cuando entró a reinar, y reinó treinta y un años en Jerusalén. Se llamó su madre Idida, hija de Hadaia, de Besecat.

2. E hizo lo que era agradable a los ojos

del Señor, y siguió la senda de David, su padre, sin desviarse a la derecha ni a la izquierda.

3. Y en su año decimoctavo envió el rey Josías a Safán, hijo de Asia, hijo de Mesulam, escribano o secretario del templo del Señor, dándole esta orden:

4. Ve a Helcías, sumo sacerdote, y dile que mande recoger el dinero que ha entrado en el templo del Señor, que han recibido del pueblo los porteros del templo,

5. y se dé a los obreros por mano de los sobrestantes de la casa del Señor; a fin de que vayan pagando a los que trabajan en el templo del Señor para repararlo,

6. es a saber, a los carpinteros y albañiles, y a los que recomponen lo que se halla ya gastado o destrozado; y para que se compren maderas y piedras de cantería, a fin de reparar el templo del Señor.

7. Pero no se les pida cuenta del dinero que reciban, sino que lo tengan a su disposición y sobre su conciencia.

8. Con esta ocasión dijo el sumo sacerdote Helcías a Safán, secretario: He hallado en el templo del Señor el libro de la ley. Y entregó Helcías aquel volumen a Safán; el cual lo leyó.

9. Volvió el secretario Safán al rey y le dio cuenta de lo que había hecho en cumplimiento de las órdenes recibidas, diciéndole: Tus siervos han recogido todo el dinero que se hallaba en la casa del Señor, y lo han entregado a los sobrestantes de la construcción del templo del Señor para que lo distribuyan entre los obreros.

10. El secretario Safán dijo además al rey: El sumo sacerdote Helcías me ha dado este libro. Y leyó Safán en presencia del rey;

11. quien al oír las palabras del libro de la ley del Señor, rasgó sus vestiduras;

12. y dio esta orden al sumo sacerdote Helcías, y a Ahicam, hijo de Safán, y a Acobor, hijo de Micá, y a Safán, secretario, y a Asaías, ministro del rey:

13. Id y consultad al Señor acerca de mí y acerca del pueblo y de todo Judá sobre las palabras de este libro que se ha hallado, porque grande es la cólera del Señor que se ha encendido contra nosotros, visto que nuestros padres no escucharon las palabras de este libro, ni pusieron en ejecución lo que nos estaba prescrito.

14. Fueron, pues, el sumo sacerdote Helcías, y Ahicam, y Acobor, y Safán, Asaías a casa de Holda profetisa, mujer de Sellum, hijo de Tecua, y nieto de Araas jefe del guardarropa, la cual habitaba en Jerusalén en la parte llamada Segunda*, y hablaron con ella.

15. Y Holda les respondió: Esto es lo que dice el Señor Dios de Israel: Decid al varón que os ha enviado a mí:

16. Esto dice el Señor: He aquí que yo descargaré sobre este lugar y sobre sus habitantes las calamidades que el rey de Judá ha leído en este libro de la ley;

17. porque me han abandonado a mí, y ofrecido sacrificios a los dioses ajenos, provocando mi ira en todas sus obras; y se encenderá mi furor contra este lugar, y no se apagará.

18. Y al rey de Judá que os ha enviado a consultar al Señor, diréis así: Esto dice el Señor Dios de Israel: Por cuanto has escuchado las palabras de este libro,

19. y se ha atemorizado tu corazón, y te has humillado delante del Señor, oídas las amenazas contra este lugar y sus moradores, es a saber, que vendrían a ser objeto de pasmo y execración; y rasgaste tus vestidos, y lloraste en mi presencia; yo también te he escuchado, dice el Señor.

20. Por eso yo te reuniré con tus padres, y haré que vayas a descansar en paz en tu sepulcro, a fin de que no vean tus ojos todos los males que yo voy a llover sobre este lugar.

---

23 *Lee Josías el Deuteronomio delante del pueblo, renueva la alianza con el Señor*

---

1. Volvieron, pues, a referir al rey lo que había dicho la profetisa. El cual dio luego orden, y se congregaron en su presencia todos los ancianos de Judá y de Jerusalén.

2. Y subió el rey al templo del Señor, acompañado de todos los varones de Judá y de los moradores de Jerusalén, de los sacerdotes y profetas, y de todo el pueblo, pequeños y grandes, y leyó delante de ellos todas las palabras del Libro de la Alianza hallado en la casa del Señor.

---

14. En aquella parte de la ciudad que cercó con un nuevo muro Manasés. *2 Cro 33*, 14.

3. Y puesto el rey en pie sobre su tribuna o trono, hizo pacto o alianza delante del Señor, de que todos seguirían al Señor y guardarían sus preceptos y amonestaciones y ceremonias con todo el corazón y con toda el alma, y restablecerían en su observancia las palabras de esta alianza escritas en aquel libro; y ratificó el pueblo ese pacto o promesa.

4. Al mismo tiempo mandó el rey al sumo sacerdote Helcías y a los sacerdotes de segundo orden, y a los porteros, que arrojasen del templo del Señor todos los vasos o alhajas consagradas a Baal, y al ídolo del bosque, y a todos los astros del cielo, y los quemó fuera de Jerusalén en el valle de Cedrón, e hizo llevar las cenizas a Betel.

5. Y exterminó los agoreros, instituidos por los reyes de Judá en las ciudades de Judá y alrededores de Jerusalén para sacrificar en los lugares altos; y a aquellos que quemaban incienso a Baal y al Sol, a la Luna y a los doce signos del Zodíaco, y a todos los astros del cielo.

6. Hizo también sacar el ídolo del bosque de la casa del Señor, y llevarlo fuera de Jerusalén, al valle de Cedrón, donde lo quemó, y redujo a cenizas, que hizo esparcir sobre los sepulcros del pueblo.

7. Asimismo destruyó las casillas o pabellones de los afeminados, que se habían formado en la casa del Señor; para quienes las mujeres tejían unos como pabellones al servicio del ídolo del bosque.

8. Recogió también a todos los sacerdotes de las ciudades de Judá y profanó los lugares altos, donde sacrificaban los sacerdotes, desde Gabaa hasta Bersabee, y derribó los altares de las puertas de Jerusalén, situados a la entrada de la casa o puerta de Josué, príncipe de la ciudad, que habitaba a mano izquierda de la puerta de la ciudad.

9. Y de allí en adelante los sacerdotes que habían sacrificado en las alturas subieron al altar del Señor en Jerusalén; sólo se le permitía comer los panes ázimos en compañía de sus hermanos*.

10. Profanó asimismo el lugar de Tofet, situado en el valle del hijo de Ennón; a fin de que nadie consagrara su hijo o su hija a Moloc, haciéndolos pasar por el fuego.

11. Quitó también los caballos que los reyes de Judá tenían consagrados al Sol a la entrada del templo del Señor, junto a la vivienda del eunuco Natanmelec, la cual estaba en Farurim; y los carros del Sol los entregó a las llamas.

12. Destruyó igualmente el rey los altares colocados sobre el terrado del cuarto o habitación de Acaz, erigidos por los reyes de Judá; como también los altares puestos por Manasés en los dos atrios del templo del Señor; y desde aquí fue corriendo a esparcir la ceniza de ellos en el torrente de Cedrón.

13. Además profanó el rey los lugares altos junto a Jerusalén, que estaban a la derecha del monte Olivete, llamado del Escándalo, erigidos por Salomón, rey de Israel, al ídolo de los sidonios Astarot, y a Camos, escándalo de Moab, y a Melcom, oprobio de los hijos de Amón*;

14. y destruyó las estatuas, y taló los bosques sacrílegos, y llenó aquellos lugares de huesos de muertos.

15. Además el altar que había en Betel y el lugar alto, formado por Jeroboam, hijo de Nabat, el que hizo pecar a Israel, uno y otro los destruyó, y abrasó, y redujo a cenizas; y quemó también el bosque.

16. Y volviendo los ojos Josías, vio los sepulcros que había en el monte, y envió a sacar los huesos de los sepulcros, y los quemó sobre el altar, con lo que lo profanó, según la palabra del Señor, pronunciada por el varón de Dios que había predicho estas cosas.

17. Añadió: ¿De quién es aquel túmulo o monumento que veo? Le respondieron los vecinos de aquella ciudad: Es el sepulcro del varón de Dios que vino de Judá y profetizó estas cosas que acabas de ejecutar sobre el altar de Betel.

18. Y dijo el rey: Dejadle, ninguno mueva sus huesos; y así quedaron intactos sus huesos con los del profeta, venido de Samaria.

19. Finalmente, quitó Josías todos los adoratorios de las alturas que había en las ciudades de Samaria, construidos por los reyes de Israel para irritar al Señor, y ejecutó con ellos lo mismo que había hecho en Betel.

20. Y degolló a todos los sacerdotes de las alturas, que estaban allí encargados de

9. *Lev 21*, 17-22.

13. *1 Re 11*, 7.

los altares; y quemó sobre estos altares huesos humanos, y volvió a Jerusalén.

21. Por último, dio esta orden a todo el pueblo: Celebrad la Pascua al Señor Dios vuestro, conforme se halla escrito en este Libro de la Alianza.

22. Jamás se celebró Pascua igual desde el tiempo de los jueces que gobernaron a Israel, ni en todo el tiempo de los reyes de Israel, y de los reyes de Judá,

23. como fue esta Pascua que se celebró en honor del Señor en Jerusalén, el año decimoctavo del rey Josías.

24. Extirpó igualmente Josías a los pitones o magos y a los adivinos, y las figuras de ídolos, y las inmundicias y abominaciones que habían quedado en el país de Judá y de Jerusalén a fin de restablecer en su vigor las palabras de la ley escritas en aquel libro hallado por Helcías, sumo sacerdote, en el templo del Señor.

25. No hubo entre sus predecesores ningún rey que del modo que éste se convirtiese al Señor con todo el corazón, y con toda su alma, y con todas sus fuerzas, siguiendo en todo la ley de Moisés; ni después de él nació otro que le fuese semejante.

26. Sin embargo, no depuso el Señor su terrible enojo y gran indignación contra Judá por los ultrajes con que le había provocado Manasés.

27. Y así dijo el Señor: Yo arrojaré de mi presencia también a Judá, como arrojé a Israel; y desecharé a Jerusalén, esa ciudad que yo había escogido, y el templo del cual dije: Aquí es donde mi Nombre será invocado.

28. En cuanto a las demás acciones de Josías y todas las cosas que hizo, ¿no está todo esto escrito en el Libro de los Anales de los Reyes de Judá?

29. En su reinado, el faraón Necao, rey de Egipto, se puso en marcha hacia el río Eufrates para batir al rey de los asirios, y salió contra él el rey Josías, que al primer encuentro quedó muerto en Mageddo.

30. Y sus criados lo llevaron muerto desde Mageddo, y lo transportaron a Jerusalén, y lo sepultaron en su sepulcro. Entonces el pueblo de la tierra tomó a Joacaz, hijo de Josías, al cual ungieron y proclamaron rey en lugar de su padre.

31. Veintitrés años tenía Joacaz cuando comenzó a reinar, y reinó tres meses en Jerusalén; su madre se llamaba Amital, hija de Jeremías, de Lobna.

32. E hizo Joacaz el mal en presencia del Señor, imitando todo el proceder de sus padres.

33. Y el rey faraón Necao lo puso en cadenas en Rebla, situada en tierra de Emat, privándole del reino de Jerusalén; y echó al país una contribución de cien talentos de plata y un talento de oro.

34. Después de esto el faraón Necao estableció rey a Eliacim, hijo de Josías, en lugar de Josías, su padre, mudándole el nombre en el de Joakim. Pero a Joacaz se lo llevó consigo, y lo condujo a Egipto, donde murió.

35. Joakim dio la plata y el oro al faraón, habiendo impuesto a todo el país un tributo personal para sacar la suma ordenada por el faraón, exigiendo de cada uno de sus vasallos así la plata como el oro, a proporción de su posibilidad, para dárselo al faraón Necao.

36. Veinticinco años tenía Joakim cuando comenzó a reinar, y reinó once años en Jerusalén; se llamaba su madre Zebida, y era hija de Fadaía, natural de Ruma.

37. E hizo el mal delante del Señor, a imitación de todo lo que habían hecho sus padres o abuelos.

24 *Nabucodonosor se apodera de Jerusalén y se lleva preso a Babilonia a Joaquín*

1. En tiempo de éste vino Nabucodonosor, rey de Babilonia*; y Joakim estuvo sujeto a él por tres años, después de los cuales se le rebeló.

2. Entonces el Señor envió contra él cuadrillas de tropa ligera de caldeos, cuadrillas de siros, y cuadrillas de moabitas, y cuadrillas de amonitas; a los cuales envió contra Judá, a fin de destruirlo, conforme lo había predicho el Señor por boca de sus siervos los profetas.

3. Esto sucedió en cumplimiento de la palabra que el Señor había pronunciado de que arrojaría de su presencia a Judá, a causa de todos los pecados cometidos por Manasés,

1. *2 Cro 36*, 6; *Jer 52*, 28.

4. y de la sangre inocente que derramó, inundando a Jerusalén con la sangre de personas inocentes; por esta razón no quiso el Señor aplacarse.

5. Las otras cosas de Joakim y todos sus hechos, ¿no está todo escrito en el Libro de los Reyes de Judá? En fin, Joakim pasó a descansar con sus padres.

6. Y lo sucedió en el reino Joaquín, su hijo*.

7. Y de allí en adelante no intentó el rey de Egipto salir de su tierra, por cuanto el rey de Babilonia se había alzado con todo lo que había sido del rey de Egipto, desde el río de Egipto hasta el río Eufrates.

8. Dieciocho años tenía Joaquín cuando comenzó a reinar, y reinó tres meses en Jerusalén; se llamaba su madre Nohesta, hija de Elnatán, de Jerusalén.

9. E hizo Joaquín lo malo delante del Señor, siguiendo en todo el proceder de su padre.

10. Por aquel tiempo vinieron contra Jerusalén los capitanes de Nabucodonosor, rey de Babilonia, y cercaron la ciudad con trincheras.

11. Vino también Nabucodonosor, rey de Babilonia, al sitio de la ciudad con sus oficiales para batirla.

12. Entonces Joaquín, rey de Judá, salió a verse con el rey de Babilonia en compañía de su madre, y criados, y de sus príncipes, y de sus eunucos o validos; y lo recibió el rey de Babilonia el año octavo de su reinado.

13. Y tomó Nabucodonosor todos los tesoros del templo del Señor, y los tesoros de la casa real, e hizo pedazos todos los vasos de oro, que había hecho Salomón, rey de Israel para el templo del Señor, como el Señor lo tenía predicho.

14. Y se llevó cautiva toda la corte de Jerusalén, todos sus príncipes y toda la fuerza del ejército, en número de diez mil, y a todos los artífices y maquinistas, sin dejar más que la gente pobre.

15. Transportó asimismo a Babilonia a Joaquín, y a su madre, y a sus mujeres, y a los eunucos o validos; y llevó igualmente cautivos de Jerusalén a Babilonia a los jueces del país.

16. Además a todos los varones robustos, en número de siete mil, y mil artífices e ingenieros; en suma, todos los hombres valerosos y aguerridos; y los condujo el rey de Babilonia cautivos a dicha ciudad.

17. Y en lugar de Joaquín puso a Matanías su tío paterno, a quien impuso el nombre de Sedecías.

18. Veintiún años tenía Sedecías cuando comenzó a reinar, y reinó once años en Jerusalén; se llamaba su madre Amital, hija de Jeremías, de Lobna.

19. E hizo el mal en la presencia del Señor ni más ni menos que Joakim.

20. Porque la ira del Señor iba creciendo contra Jerusalén y contra Judá, hasta tanto que los arrojara de su presencia. Y se rebeló Sedecías contra el rey de Babilonia.

25 *Asedio de Jerusalén. Destrucción del templo y destierro del pueblo de Israel a Babilonia*

1. Pero el noveno año del reinado de Sedecías, el mes décimo, a los diez días del mes, vino el mismo Nabucodonosor, rey de Babilonia, con todo su ejército sobre Jerusalén, y le puso sitio, y levantó trincheras alrededor de ella.

2. Con lo que la ciudad quedó cerrada y circunvalada hasta el año undécimo del reinado de Sedecías,

3. y día nueve del mes cuarto; y fue creciendo el hambre en la ciudad, de modo que faltó el pan o alimento a la gente del pueblo.

4. Al cabo quedó abierta una brecha en la ciudad; y toda la gente de guerra huyó de noche por el camino de la puerta, que está entre los dos muros, junto al jardín del rey, mientras los caldeos estrechaban el cerco de la ciudad. Huyó, pues, Sedecías por el camino que va a las llanuras del desierto.

5. Mas el ejército de los caldeos fue persiguiéndolo, y lo alcanzó en la llanura de Jericó, y todos los soldados que lo acompañaban fueron dispersados, y lo abandonaron.

6. Hecho prisionero el rey, lo condujeron a Reblata al rey de Babilonia; el cual pronunció sentencia contra él.

7. E hizo matar a los hijos de Sedecías a la presencia de éste, y después sacarle los ojos, y atado con cadenas lo llevó consigo a Babilonia.

---

6. Llamado también Jeconías. *Mat 1*, 2.

8. El mes quinto, a los siete del mes, corriendo el año diez y nueve del rey de Babilonia, Nabuzardán, vasallo de este rey y general de su ejército, entró en Jerusalén.

9. Y puso fuego al templo del Señor, y al palacio del rey, y a las casas de Jerusalén, y entregó a las llamas todos los edificios.

10. Y todo el ejército de los caldeos que seguía a su general, arrasó por todos lados los muros de Jerusalén.

11. Al resto del pueblo que había quedado en la ciudad, y a los desertores que se habían pasado al rey de Babilonia, y a la gente más pobre, los transportó Nabuzardán, general del ejército, a otra parte;

12. dejando solamente a gentes pobres del país para cultivar las viñas y los campos.

13. Mas los caldeos haciendo trozos las columnas de bronce que había en el templo del Señor, las basas y el mar* de bronce colocado en la casa del Señor, trasladaron todo este metal a Babilonia.

14. Asimismo se llevaron las ollas de cobre, y las jarras, y los tridentes, y las copas, y los morterillos, y todas las vasijas de cobre que se usaban en el ministerio.

15. Se llevó también el general del ejército los incensarios y las ampollas, tanto los vasos de oro como los de plata,

16. con las dos columnas, el mar o la concha y las bases que había hecho Salomón para el templo del Señor; el peso del bronce de todos los vasos era inmenso.

17. Cada una de las columnas tenía dieciocho codos de altura y un capitel de bronce encima, de tres codos de alto; y en torno del capitel de la columna una como red, con granadas, todo de bronce: el adorno de las demás columnas era el mismo.

18. Además, se llevó el general del ejército a Saraías, primer sacerdote, y a Sofonías, segundo sacerdote y a tres porteros.

19. Y también a un eunuco de la ciudad, bajo cuya inspección estaba la gente de guerra, y cinco señores del servicio doméstico del rey, hallados en la ciudad; y a Sofer, inspector del ejército, que amaestraba a los soldados bisoños del país, y a sesenta varones del pueblo que se hallaron en la ciudad.

20. Todos los cuales condujo consigo Nabuzardán, general del ejército, a Reblata, a presencia del rey de Babilonia;

21. el cual en la misma Reblata, territorio de Emat, les hizo quitar la vida. Y la tribu de Judá fue transportada fuera de su tierra.

22. Para gobernar la gente que había quedado en el país de Judá por disposición de Nabucodonosor, rey de Babilonia, nombró a Godolías, hijo de Ahicam, hijo de Safán.

23. Lo que sabido por todos los oficiales del ejército y la gente que estaba con ellos, esto es, que el rey de Babilonia había dado el gobierno a Godolías, acudieron luego a éste en Masfa, Ismael, hijo de Natanías, y Johanán, hijo de Caree, y Saraías, hijo de Tanehumet, netofatita, y Jezonías, hijo de Maacati, así ellos como sus compañeros.

24. Y Godolías les aseguró con juramento a ellos y a sus compañeros, diciendo: No temáis a estar sujetos a los caldeos; quedaos en el país, y obedeced al rey de Babilonia, y lo pasaréis bien.

25. Pero al séptimo mes sobrevino Ismael, hijo de Natanías y nieto de Elisama, de la estirpe real, acompañado de diez hombres; los cuales hirieron a Godolías, que murió de las heridas, con los judíos y caldeos que estaban con él en Masfa.

26. De resultas de esto, todo el pueblo, pequeños y grandes, y los oficiales del ejército huyeron a Egipto por temor de los caldeos*.

27. A los treinta y siete años de la salida de Joaquín, rey de Judá, al día veintisiete del mes duodécimo, sucedió que Evilmerodac, rey de Babilonia, el mismo año en que comenzó a reinar, levantó a Joaquín del estado de abatimiento en que yacía, y lo sacó de la cárcel;

28. y le habló con amor, y le puso un trono o asiento superior al de los demás reyes subyugados que tenía consigo en Babilonia*,

29. y le hizo mudar los vestidos que había usado en su prisión, y comía siempre a su mesa todo el tiempo que vivió.

30. Le señaló asimismo alimentos de ahí en adelante; los cuales le daba el rey diariamente todos los días de su vida.

---

13. La gran concha usada para las abluciones en el templo.

26. *Jer 38*, 2-17; *40*, 9; *41*; *43*.
28. *Jue 1*, 7.

Crónicas

Introducción

Los libros *1 Crónicas* y *2 Crónicas*, llamados por los Setenta *Paralipómenon*, voz griega que significa *las cosas omitidas*, son un suplemento a los libros *1 Samuel*, *2 Samuel*, *1 Reyes* y *2 Reyes*. Estos dos libros narran hechos que no se encuentran en otro lugar de la Biblia.

Los hebreos los reunían en un solo libro que llamaban *Dibré haiamim*, es decir, *las palabras de los días*, porque así comienza el texto.

Se cree que el autor de estos anales fue Esdras, con la ayuda de los profetas Ageo y Zacarías, después de la cautividad de Babilonia. Los hechos posteriores a Esdras, pudieron ser extractados de los archivos o de la tradición oral. Algunas noticias referidas por el autor no concuerdan con otros libros bíblicos, porque el transcurso del tiempo y las dificultades de la época las desvanecieron.

En *1 Crónicas* se relaciona la descendencia de Israel desde Adán hasta cuando volvió de la cautividad de Babilonia, y después se describen los reinados de David y Salomón.

En *2 Crónicas* se cuenta lo ocurrido desde el final del cautiverio a que estuvo sometido Israel durante setenta años en Babilonia, cuando Ciro, rey de Persia, le dio la libertad.

1 Crónicas

1 *Genealogía desde Adán hasta Abrahán; hijos de éste, y descendencia de Ismael y de Esaú*

1. Adán, Set, Enós,

2. Cainán, Malaleel, Jared,

3. Enoc, Matusalé, Lamec,

4. Noé, Sem, Cam y Jafet.

5. Hijos de Jafet: Gomer, y Magog, y Madai, y Javán, Tubal, Mosoc, Tiras.

6. Hijos de Gomer: Ascenez, y Rifat, y Togorma.

7. Hijos de Javán: Elisa, y Tarsis, Cetim y Dodanim.

8. Hijos de Cam: Cus, y Mesraim, y Fut, y Canaán.

9. Hijos de Cus: Sabá y Hévila, Sabata, y Regma, y Sabataca. Hijos de Regma: Sabá y Dadán.

10. Cus engendró también a Nemrod; el cual empezó a ser poderoso en la tierra.

11. Mesraim engendró a Ludim, y a Anamim, y a Laabim, y a Neftuim,

12. y también a Fetrusim y Casuim, de los cuales salieron los filisteos y caftoreos.

13. Canaán tuvo por su primogénito a Sidón, y después engendró al heteo,

14. y al jebuseo, y al amorreo, y al gergeseo,

15. y al heveo, y al araceo, y al sineo;

16. como también al aradio, y al samareo, y al hamateo.

17. Hijos de Sem: Elam, y Asur, y Arfaxad, y Lud, y Aram, y Hus, y Hul, y Geter, y Mosoc.

18. Arfaxad engendró a Salé, el cual engendró después a Heber.

19. A Heber le nacieron dos hijos, el nombre del uno es Faleg, porque en su tiempo fue dividida la tierra, y el nombre de su hermano era Jectán.

20. Jectán engendró a Elmodad, y a Salep, y a Asarmot, y a Jare;

21. como también a Adoram, y a Huzal, y a Decla.

22. Y asimismo a Hebal, y Abimael, y a Sabá,

23. y a Ofir, y Hévila, y a Jobab; todos éstos fueron hijos de Jectán.

24. Descendientes de Sem: Arfaxad, Salé,

25. Heber, Faleg, Ragau,

26. Serug, Nacor, Taré,

27. Abram, el mismo que Abrahán.

28. Hijos de Abrahán: Isaac e Ismael;

29. y éstos son sus descendientes: El primogénito de Ismael fue Nabajot, después Cedar, y Adbeel, y Mabsam,

30. y Masma, y Duma, Masa, Hadad, y Tema,

31. Jetur, Nafis, y Cedma. Estos son los hijos de Ismael.

32. Los hijos de Cetura, mujer de segundo orden de Abrahán*, fueron: Zamrán, Jecsán, Madán, Madián, Jesboc y Sué. Hijos de Jecsán: Sabá y Dadán. Los de Dadán: Asurim, y Latusim y Laomim.

33. Los hijos de Madián fueron Efa, Efer, Enoc, Abida, y Eldaa; todos éstos descendían de Cetura.

34. Abrahán engendró asimismo a Isaac, de quien fueron hijos Esaú e Israel.

35. Hijos de Esaú: Elifaz, Rahuel, Jehús, Ihelom y Coré.

36. Hijos de Elifaz: Temán, Omar, Sefí, Gatán, Cenez; de Tamma tuvo a Amalec*.

37. Hijos de Rahuel: Nahat, Zara, Samma, Meza.

38. Hijos de Seir: Lotán, Sobal, Sebeón, Ana, Disón, Eser, Disán.

39. Hijos de Lotán: Hori, Homam; hermana de Lotán fue Tamna.

32. *Gen 36*, 1.
36. *Gen 36*, 12.

40. Hijos de Sobal: Alián y Manahat, y Ebal, Sefí y Onam. Hijos de Sebeón: Aja y Ana. Hijo de Ana: Disón.

41. Hijos de Disón: Hamram, y Esebán, y Jetrán, y Carán.

42. Hijos de Eser: Balaán, y Zaván, y Jacán. Hijos de Disán: Hus y Arán.

43. Estos que siguen son los reyes que reinaron en el país de Edom o Idumea, antes que los hijos de Israel tuviesen rey: Balé, hijo de Beor; y el nombre de su ciudad o corte fue Denaba.

44. Muerto Balé, lo sucedió en el reino Jobab, hijo de Zaré, natural de Bosra.

45. Después de la muerte de Jobab entró a reinar en su lugar Husam del país de Temán.

46. Muerto que fue Husam, lo sucedió en el reino Adad, hijo de Badad, el que deshizo los madianitas en la tierra de Moab; su ciudad fue Avit.

47. Muerto Adad, reinó en su lugar Semla, de Masreca.

48. Murió asimismo Semla, y lo sucedió Saúl, de Rohobot, ciudad situada junto al río Eufrates.

49. Muerto también Saúl, reinó en su lugar Balanán, hijo de Acobor.

50. Vino también a morir éste, y tuvo por sucesor en el trono a Adad, cuya ciudad fue Fau, y su mujer se llamó Meetabel, hija de Matred, que lo era de Mezaad.

51. Luego que murió Adad, comenzaron a regir la Idumea gobernadores o jueces en lugar de reyes; el gobernador Tamna, el gobernador Alva y el gobernador Jetet,

52. el gobernador Oolibama, el gobernador Ela, el gobernador Finón,

53. el gobernador Cenez, el gobernador Temán, el gobernador Mabsar,

54. el gobernador Magdiel, el gobernador Hiram. Estos fueron los gobernadores de Idumea.

2 *Descendencia de Isaac por la línea de Jacob o Israel, hasta Isaí padre de David*

1. Los hijos de Israel, fueron: Rubén, Simeón, Leví, Judá, Isacar y Zabulón,

2. Dan, José, Benjamín, Neftalí, Gad y Aser.

3. Hijos de Judá: Her, Onan y Sela. Estos tres le nacieron de la cananea, hija de Sué. Mas Her, primogénito de Judá, fue hombre malo delante del Señor, y le quitó el Señor la vida.

4. Judá tuvo de Tamar, su nuera, a Farés, y a Zara; así, pues, todos los hijos de Judá fueron cinco.

5. Hijos de Farés: Hesrón y Hamul.

6. Hijos de Zara: Zamri, y Etán, y Emán, Calcal también y Dara, en todos cinco.

7. Hijo de Carmí: Acar, el que turbó a Israel por haber pecado en el hurto de las cosas consagradas a Dios.

8. Hijo de Etam: Azarías.

9. Los hijos que le nacieron a Hesrón fueron Jerameel, y Ram*, y Calubi.

10. Ram engendró a Aminadab; Aminadab engendró a Nahasón, príncipe de los hijos de Judá.

11. Nahasón engendró a Salma, de quien procedió Booz.

12. Booz engendró a Obed, el cual engendró a Isaí.

13. E Isaí tuvo por primogénito a Eliab; su hijo segundo fue Abinadad, el tercero Simmaa,

14. el cuarto Natanael, el quinto Raddai,

15. el sexto Asom, el séptimo David.

16. Hermanas de éstos fueron Sarvia y Abigaíl. Hijos de Sarvia, tres: Abisaí, Joab y Asael.

17. Abigaíl fue madre de Amasa, cuyo padre fue Jeter, ismaelita.

18. Caleb, hijo de Hesrón, casó con Azuba, de la cual tuvo a Jeriot; y fueron hijos de ella Jaser, y Sobab, y Ardón.

19. Muerta que fue Azuba, casó Caleb con Efrata, la cual tuvo a Hur.

20. Hur fue padre de Uri, y Uri lo fue de Bezeleel.

21. Después Hesrón casó, a la edad de sesenta años, con la hija de Maquir, padre de Galaad, la cual tuvo a Segub.

22. Este Segub engendró a Jair, el cual fue señor de veintitrés ciudades en tierra de Galaad;

23. pero Jesur y Aram, tomaron las ciudades o villas de Jair y de Canat con sus sesenta aldeas, que todas eran del hijo de Maquir, padre de Galaad.

24. Siendo ya muerto Hesrón, Caleb, su hijo, casó con Efrata. Hesrón tuvo también por mujer a Abia, la cual tuvo a Asur, fundador de Tecua.

25. Al primogénito de Hesrón, Jerameel, le nacieron estos hijos: Ram, primogénito, y Buna, y Aram, y Asom, y Aquía.

26. Otra mujer tuvo también Jerameel, llamada Otara, que fue madre de Onam.

27. Los hijos de Ram, primogénito de Jerameel, fueron Moos, Jamín y Acar.

28. De Onam fueron hijos Semei y Jada. Hijos de Semei: Nadab y Abisur.

29. Se llamó Abihaíl la mujer de Abisur la cual tuvo a Ahobbán y Molid.

30. Los hijos de Nadab fueron Saled y Apfaim. Saled murió sin hijos.

31. Apfaim tuvo por hijo a Jesí, el cual engendró a Sesán, y Sesán a Oholai.

32. Los hijos de Jada, hermano de Semei, fueron Jeter y Jonatán; mas Jeter murió sin hijos.

33. Jonatán engendró a Falet y a Ziza. Estos fueron los descendientes de Jerameel.

34. Sesán no tuvo hijos, sino hijas, y tomó un esclavo egipcio, llamado Jeraa,

35. a quien dio una hija por mujer, la cual tuvo a Etei.

36. Etei engendró a Natán, y Natán a Zabad.

37. Zabad engendró a Oflal, y Oflal a Obed.

38. Obed engendró a Jehú, y Jehú a Azarías.

39. Azarías engendró a Helles, y Helles a Elasa.

40. Elasa engendró a Sisamoi, y Sisamoi a Sellum.

41. Sellum engendró a Icamías, e Icamías a Elisama.

42. Hijos de Caleb, hermano de Jerameel: Mesa, su primogénito, y padre de Zif; y los descendientes de Maresa, padre de Hebrón.

43. Hijos de Hebrón: Coré y Tafua, y Recem, y Samma.

44. Samma engendró a Raham, padre de Jercaam, y Recem a Sammai.

45. Hijo de Sammai, Maón; y Maón padre de Betsur.

46. Efa, mujer secundaria de Caleb, tuvo a Harán, y a Mosa, y a Gezez. Harán engendró a Gezez.

47. Hijos de Jahaddai: Regom, y Joatán; y Jesán, y Falet, y Efa, y Saaf.

---

9. Llamados también *Arán* y *Caleb. Rut 4*, 19.

48. Maaca, mujer de segundo orden de Caleb, tuvo a Saber y Tarana.

49. Saaf, príncipe de Madmena, engendró a Sué, que fue príncipe de Macbeda y príncipe de Gabaa. Hija de Caleb fue asimismo Acsa.

50. Hijos de Caleb, hijo de Hur, primogénito de Efrata, fueron también éstos: Sobal, príncipe o fundador de Cariatiarim:

51. Salma, príncipe de Betlehem: Harif, príncipe de Betgader.

52. Y Sobal, príncipe de Cariatiarim, el cual poseía la mitad del lugar del Descanso*, tuvo también hijos,

53. y de su familia en Cariatiarim descienden los jetreos, y afuteos, y semateos, y masereos, de los cuales salieron aun los saraítas y estaolitas.

54. Hijos de Salma, o Salmón: Betlehem y Netofatí, cabezas de la casa de Joab; y la mitad del territorio llamado del Descanso fue de los descendientes de Sarai.

55. Hay también familias de doctores de la ley, que habitan en Jabes, y viven en tiendas, cantando y tañendo. Estos son los cineos, que descienden de Camat, padre de la casa o linaje de Recab.

3 *Descendencia detallada del rey David, de su hijo Salomón y de los hijos de éste*

1. Estos son los hijos que tuvo David nacidos en Hebrón: Amnón el primogénito, de Aquinoam la jezraelita; el segundo Daniel, de Abigaíl del Carmelo;

2. el tercero, Absalón, hijo de Maaca, que era hija de Tolmai, rey de Jesur; el cuarto Adonías, hijo de Aggit;

3. el quinto Safatía, hijo de Abital; el sexto Jetraham, de su mujer Egla.

4. Estos seis le nacieron en Hebrón, donde reinó siete años y seis meses. Reinó después treinta y tres años en Jerusalén.

5. Los hijos que le nacieron en Jerusalén son Simmaa y Sobab, y Natán, y Salomón, todos cuatro de Betsabé, hija de Ammiel.

6. Además Jebaar, y Elisama,

7. y Elifalet, y Noge, y Nefeg, y Jafía.

8. Otro Elisama, y Eliada, y Elifelet, en todos nueve.

9. Estos son todos los hijos de David sin contar los hijos de las mujeres de segundo orden; y tuvieron una hermana llamada Tamar.

10. Hijo de Salomón fue Roboam, cuyo hijo Abía engendró a Asa. De éste nació también Josafat,

11. padre de Joram; Joram engendró a Ocozías, de quien nació Joás.

12. Amasías, hijo de éste, engendró a Azarías. De Azarías fue hijo Joatam,

13. padre de Acaz, que lo fue de Ezequías, del cual nació Manasés.

14. Manasés fue padre de Amón, que lo fue de Josías.

15. Los hijos de Josías fueron Joanán el primogénito, el segundo Joakim, el tercero Sedecías, el cuarto Sellum.

16. De Joakim nacieron Jeconías, y Sedecías.

17. Hijos de Jeconías fueron Asir, Salatiel,

18. Melquiram, Fadaya, Senneser, y Jecemías, Sama y Nadabías.

19. De Fadaya nacieron Zorobabel, y Semei; Zorobabel fue padre de Mosolam, de Hananías, y de Salomit, hermana de éstos,

20. y de otros cinco, es a saber: Hasabán, y Ohol, y Baraquías, y Hasadías, y Josabesed.

21. Hijo de Hananías fue Faltías, padre de Jeseías, de quien fue hijo Rafaías; de este Rafaías fue hijo Arnán, de quien nació Obdía, cuyo hijo fue Sequenías.

22. Hijo de Sequenías fue Semeya, del cual nacieron Hatus y Jegaal, Baría, Naaría y Safar, que son seis, contando el padre.

23. De Naaría fueron hijos los tres, Elioenai, y Ezequías, y Ezricam.

24. De Elioenai fueron hijos los siete, Obvia, Eliasub, y Feleya, y Accub, y Johanán, y Dalaya, y Anani.

4 *Otros descendientes de Judá y Simeón. Lugares donde habitaron. Destrucción del linaje de Cam*

1. Hijos o descendientes de Judá: Farés su hijo, Hesrón, y Carmi, y Hur y Sobal.

2. Raías, hijo de Sobal, engendró a Jaat, del cual nacieron Aumai y Laad. De éstos descienden los sarateos.

3. Esta también es la estirpe de Etam: Jezrael y Jesema, y Jedebós, que tuvieron una hermana llamada Asalelfuni.

4. Fanuel fue padre de los habitantes de

---

52. Del país llamado *Menucot. Jos 20*, 43.

Gedor, y Ezer fue padre de los de Hosa. Estos fueron los descendientes de Hur, primogénito de Efrata padre de la ciudad de Betlehem, llamada antes Efrata.

5. Asur, padre o fundador de Tecua, tuvo dos mujeres Halaa y Naara.

6. Naara tuvo a Oozán, a Hefer, a Temaní, y a Ahastarí; todos éstos hijos de Naara.

7. Hijos de Halaa: Seret, Isaar y Etnán.

8. Cos fue padre de Anob, y Soboba, y de la familia de Aharehel, hijo de Arum.

9. Pero Jabes fue el más ilustre entre sus hermanos, al cual le puso su madre el nombre de Jabes, que significa dolor, diciendo: Le he tenido con dolor.

10. Este Jabes invocó al Dios de Israel, diciendo: ¡Oh, si me llenases de bendiciones! ¡Si dilatases mis tierras, y tu mano me protegiese, y me librases de todo mal! Y le otorgó Dios lo que pidió.

11. Caleb, hermano de Sua, engendró a Mahir, el cual fue padre de Estón.

12. Estón engendró a Betrafa, y a Fese, y a Tehinna, padre o fundador de la ciudad de Naás; éstos son los pobladores de Reca.

13. Hijos de Cenez: Otoniel y Saraya. Hijos de Otoniel: Hatat y Maonati.

14. Maonati engendró a Ofra; y Saraya engendró a Joab, príncipe del valle de los Artífices; porque allí habitaban los artesanos.

15. Hijos de Caleb, hijo de Jefone, fueron Hir, y Ela, y Naam. Hijo de Ela: Cenez.

16. Asimismo hijos de Jaleel: Zif y Zifa, Tiria y Asrael.

17. Hijos de Ezra, Jeter, y Mered, y Efer, y Jalón; engendró también a María, y a Sammai, y a Jesba, padre de los habitantes de Estamo.

18. Mujer suya fue también Judaya, que tuvo a Jared, padre o fundador de la ciudad de Gedor, y a Heber, padre de la de Soco, y a Icutiel, padre de la de Zanoe. Estos son los hijos de Betía, hija del faraón, con la cual casó Mered.

19. Hijos de su mujer Odaya, hermana de Naam, padre o fundador de Ceila, fueron Garmi y Estamo, que fue de Macati.

20. Hijos de Simón, Amnón, y Rinna, hijo de Hanán, y Tilón. Hijos de Jesi: Zoet y Bensoet.

21. Hijos de Sela, tercer hijo de Judá: Her, padre de Leca, y Laada, padre de Maresa, y las familias de los que labran lino fino en la casa del Juramento.

22. Y Joakim, cuyo nombre significa aquel que hizo parar el Sol, y los habitantes de Cozeba, esto es, los hombres de la Mentira, y Joás y Saraf, esto es, el Desesperado y el Abrasador, que fueron príncipes en Moab y volvieron después a Lahem o Betlehem. Estas son memorias antiguas.

23. Estos son los que hacían vasijas de tierra, los alfareros que habitaban en los plantíos y en los cercados, en las casas pertenecientes al rey ocupados en sus obras, y allí se establecieron.

24. Los hijos de Simeón fueron Namuel y Jamín, Jarib, Zara y Saúl.

25. De éste fue hijo Sellum, que engendró a Mapsam, del cual nació Masma.

26. Hijo de Masma fue Hamuel; hijo de éste, Zacur; e hijo de Zacur, Semei.

27. Semei tuvo dieciséis hijos y seis hijas; mas sus hermanos no tuvieron muchos hijos, y toda su posteridad no pudo igualar el número de los descendientes de Judá.

28. Su habitación fue en Bersabee, y en Molada y en Hasarsual,

29. y en Bala, y en Asom, y en Tolad,

30. y en Batuel y en Horma, y en Siceleg,

31. y en Betmarcabot, y en Hasarsusim, y en Betberai y en Saarim. Estas fueron sus ciudades hasta el reinado de David.

32. También fueron pueblos suyos Etam, y Aén, Remmón, y Toquén, y Asán, cinco ciudades.

33. Además todas las aldeas del contorno de estas ciudades hasta Baal, o Baalat; ésta es su habitación y la distribución de sus mansiones.

34. Mosobab igualmente y Jemlec, y Josa, hijo de Amasías.

35. Y Joel, y Jehú, hijo de Josabías, hijo de Saraya, que lo fue de Asiel;

36. y Elioenai, y Jacoba, e Isuaya, y Asaya, y Adiel, e Ismiel, y Banaya,

37. además Ziza, hijo de Sefei, hijo de Allón, que lo fue de Idaya, hijo de Semri, hijo de Samaya.

38. Estos son los jefes famosos de las parentelas o linajes de la tribu de Simeón, cuyas familias se multiplicaron sobremanera.

39. En consecuencia partieron a fin de ocupar a Gador hasta la parte oriental del valle, en busca de pastos para su ganado,

40. y encontraron dehesas abundantes

y de muy buena calidad, un terreno espaciosísimo, tranquilo y fértil, donde antes habían habitado los del linaje de Cam.

41. Estos, pues, que hemos señalado arriba por sus nombres, sobrevivieron en tiempo de Ezequías rey de Judá, y arrasaron las cabañas de aquéllos, y a los moradores que hallaron allí los aniquilaron, según aparece hasta el día de hoy; y entraron a habitar en su lugar, por haber hallado allí abundantísimos pastos.

42. Asimismo quinientos hombres de los hijos de Simeón pasaron también al monte Seir, llevando por caudillos a Faltías y Naarías, y a Rafaías, y a Oziel, hijos de Jesí;

43. y acabaron con las reliquias de los amalecitas que habían podido salvarse, y habitaron allí en lugar de ellos hasta hoy día.

5

Descendencia de Rubén, Gad y de la media tribu de Manasés, llevados a Asiria cautivos

---

1. He aquí los hijos de Rubén, primogénito de Israel. (En efecto, fue éste su primogénito; mas por haber violado el tálamo de su padre, los derechos de primogenitura se dieron a los hijos de José, hijo también de Israel, y aquél no fue considerado como primogénito).

2. De Judá, el cual era el más poderoso entre todos sus hermanos, descendieron los príncipes; pero los derechos de la primogenitura fueron adjudicados a José.

3. Los hijos, pues, de Rubén, primogénito de Israel, fueron Enoc y Fallú, Esrón y Carmí.

4. Hijo de Joel fue Samía; hijo de Samía, Gog; hijo de Gog, Semei.

5. Hijo de Semei, Mica; de Mica fue hijo Reja; de Reja, Baal.

6. De éste fue hijo Beera, uno de los príncipes de la tribu de Rubén, y a quien llevó cautivo Telgatfalnasar, rey de los asirios.

7. Sus hermanos y toda su parentela, cuando fueron contadas sus familias, tenían por príncipes a Jehiel y a Zacarías.

8. En cuanto a Bala, hijo de Azaz, hijo de Samma, hijo de Joel, éste habitó en Aroer, extendiéndose hasta Nebo y Beelmeón.

9. Habitó también hacia el lado oriental hasta la entrada del desierto y el río Eufrates; por cuanto poseían gran número de ganados en la tierra de Galaad.

10. Y en tiempo de Saúl pelearon contra los agarenos, los pasaron a cuchillo, y ocuparon las tiendas en que éstos habitaban por todo el país que cae al oriente de Galaad.

11. Pero los hijos de Gad habitaron enfrente de ellos en la tierra de Basán hasta Selca;

12. cuyo jefe era Joel, y Safán el segundo. Janai y Safat estaban mandando en Basán.

13. Siete fueron los hermanos de éstos, repartidos en sus familias y linajes, Micael y Mosollam, y Sebé, y Jorai, y Jacán, y Zié, y Heber.

14. Estos son los hijos de Abihaíl, hijo de Huri, hijo de Jara, hijo de Galaad, hijo de Micael, hijo de Jesesi, hijo de Jeddo, hijo de Buz.

15. Asimismo sus hermanos, hijos de Abdiel, hijo de Guní, cabezas de sus familias y parentelas;

16. los cuales habitaron en Galaad y en Basán, y en sus aldeas, y en todos los campos de Sarón de extremo a extremo.

17. Todos éstos y sus descendientes se hallan en el censo hecho en tiempo de Joatam, rey de Judá, y en el del tiempo de Jeroboam, rey de Israel.

18. Los hijos de Rubén, y de Gad, y de la media tribu de Manasés, hombres aguerridos, armados de escudos y espadas, que manejaban el arco, y estaban experimentados en el arte de la guerra, eran cuarenta y cuatro mil setecientos sesenta cuando salían a campaña.

19. Tuvieron guerra con los agarenos, a los cuales los itureos, los de Natis y de Nodab,

20. vinieron a socorrer. Con todo eso fueron entregados en su poder los agarenos y todos los demás confederados suyos; porque en el trance de la batalla invocaron a Dios, que los oyó por haber confiado en él.

21. Y se apoderaron de todo cuanto poseían, cincuenta mil camellos, de doscientas cincuenta mil ovejas, de dos mil asnos, con cien mil prisioneros.

22. De los heridos murieron muchos, porque de su cuenta había tomado Dios aquella batalla. Los vencedores habitaron en el país de los vencidos hasta la salida a Babilonia.

23. Asimismo los hijos de la media tribu

de Manasés ocuparon el terreno que hay desde los confines de Basán hasta Baal Hermón, Sanir, y el monte Hermón, pues eran en gran número.

24. Los príncipes o cabezas de sus familias fueron: Efer, y Jesí, y Eliel, y Ezriel, y Jeremías, y Odoías, y Jediel, varones esforzados y poderosos, y caudillos muy celebrados en sus familias.

25. Mas abandonaron al Dios de sus padres, e idolatraron yendo en pos de los dioses de aquellas naciones a las cuales el mismo Dios había destruido después que llegaron.

26. Por tanto, el Dios de Israel movió el ánimo de Ful, rey de los asirios*, y después el de Telgatfalnasar, rey de Asur; y transportó las tribus de Rubén y de Gad y la media tribu de Manasés, y las condujo a Lahela, y a Habor, y a Ara, y a las riberas del río Gozam, donde permanecen hasta hoy día.

---

6 *Genealogía de los hijos de Leví. Familias, ministerios y ciudades de los levitas. Ciudades de refugio*

---

1. Hijos de Leví: Gersón, Caat y Merari.

2. Hijos de Caat: Amram, Isaar, Hebrón y Oziel.

3. Hijos de Amram: Aarón, Moisés y María. Hijos de Aarón: Nadab, y Abiú, Eleazar e Itamar.

4. Eleazar engendró a Finees, y Finees a Abisué.

5. Abisué engendró a Bocci, y Bocci a Ozi.

6. Ozi engendró a Zaraya, y Zaraya a Merayot.

7. Merayot engendró a Amarías, y Amarías a Aquitob.

8. Aquitob engendró a Sadoc, y Sadoc a Aquimaas.

9. Aquimaas engendró a Azarías, y Azarías a Johanán*.

10. Johanán engendró a Azarías; éste es aquel que ejerció las funciones del sacerdocio en el templo edificado por Salomón en Jerusalén.

11. Azarías engendró a Amarías, y Amarías a Aquitob.

12. Aquitob engendró a Sadoc, Sadoc a Sellum.

13. Sellum engendró a Helcías, y Helcías a Azarías.

14. Azarías engendró a Saraías, y Saraías a Josedec.

15. Josedec dejó su patria cuando el Señor trasladó al pueblo de Judá y de Jerusalén por medio de Nabucodonosor.

16. Los hijos, pues, de Leví fueron: Gersón, Caat y Merari.

17. Los nombres de los hijos de Gersón fueron: Lobni y Semei.

18. Los hijos de Caat fueron: Amram e Isaar, Hebrón y Oziel.

19. Hijos de Merari: Moholi y Musi. Y éstos son los descendientes de Leví según sus familias.

20. De Gersón fue hijo Lobni; Jahat lo fue de éste; de Jahat lo fue Zamma.

21. De Zamma fue hijo Joá; de Joá lo fue Addo; de Addo, Zara; y de Zara, Jetrai.

22. Hijos de Caat: Aminadab, hijo suyo. Coré lo fue de Aminadab; Asir de Coré.

23. De Asir fue hijo Elcana; de Elcana, Abiasaf; de Abiasaf lo fue Asir.

24. De Asir, Tahat; de Tahat fue hijo Uriel; de éste, Ozías; de Ozías lo fue Saúl.

25. Hijos de Elcana: Amasai y Aquimot,

26. y Elcana. De Elcana fue hijo Sofai; de éste Nahat.

27. Y de Nahat, Eliab; de éste, Jeroham; y de Jeroham, Elcana.

28. Hijos de Samuel: Vasení, su primogénito, y Abía.

29. Hijos de Merari: Moholi, de quien fue hijo Lobni; de éste, Semei; de Semei, Oza.

30. De Oza lo fue Sammaa; de Sammaa, Haggía, y de Haggía, Asaya.

31. Éstos son los que constituyó David prefectos de los cantores del templo del Señor, después que se hizo la colocación del arca en Jerusalén.

32. Y ejercitaban su ministerio, cantando delante del Tabernáculo del Testimonio, hasta que Salomón hubo construido el templo del Señor en Jerusalén; y servían su ministerio según el turno de sus familias.

33. He aquí los nombres de los que servían con sus hijos: De los hijos de Caat, Hemam era cantor, hijo de Joel, hijo de Samuel,

34. hijo de Elcana, hijo de Jeroham, hijo de Eliel, hijo de Tohú,

---

26. *2 Re 15*, 19.
9. *2 Cro 26*, 17.

35. hijo de Suf, hijo de Elcana, hijo de Mahat, hijo de Amasai,

36. hijo de Elcana, hijo de Johel, hijo de Azarías, hijo de Sofonías,

37. hijo de Tahat, hijo de Asir, hijo de Abiasaf, hijo de Coré,

38. hijo de Isaar, hijo de Caat, hijo de Leví, hijo de Israel.

39. Además Asaf, hermano o pariente de Emán, que estaba a su derecha. Era Asaf hijo de Baraquías, hijo de Samaa,

40. hijo de Micael, hijo de Basaya, hijo de Melquía,

41. hijo de Atanai, hijo de Zara, hijo de Adaya,

42. hijo de Etán, hijo de Zamma, hijo de Semei,

43. hijo de Jet, hijo de Gersón, hijo de Leví.

44. Y sus hermanos, hijos de Merari, estaban a la izquierda, Etán, hijo de Cusi, hijo de Abdi, hijo de Maloc,

45. hijo de Hasabías, hijo de Amasías, hijo de Helcías,

46. hijo de Amasai, hijo de Boni, hijo de Somer,

47. hijo de Moholi, hijo de Musi, hijo de Merari, hijo de Leví.

48. Los demás levitas, hermanos de éstos fueron destinados a todo el restante servicio del Tabernáculo de la casa del Señor.

49. Aarón y sus hijos ponían a quemar las víctimas sobre el altar de los holocaustos, y el incienso sobre el altar de los perfumes; empleándose en todo lo concerniente al lugar santísimo, y en hacer oración por Israel, conforme a todo lo mandado por Moisés, siervo de Dios.

50. Los descendientes de Aarón son: Eleazar, su hijo; Finees, hijo de Eleazar; Abisué, hijo de Finees;

51. Bocci, de Abisué; Ozi, hijo de Bocci; Zaraya, de Ozi.

52. Merayot, hijo Zaraya; Amaría, de Merayot; Aquitob, de Amaría;

53. Sadoc, de Aquitob; Aquimaas de Sadoc.

54. Y he aquí los parajes en donde habitaron estos hijos de Aarón, es decir, los lugares y términos que les tocaron por suerte, principiando por las familias de Caat.

55. Se les señaló, pues, a éstos, a Hebrón en tierra de Judá, y sus ejidos al contorno.

56. Mas los campos de la ciudad y las aldeas fueron de Caleb, hijo de Jefone.

57. Dieron, pues, a los hijos de Aarón estas ciudades: Hebrón (ciudad de refugio) y Lobna, y sus ejidos:

58. Y asimismo Jeter y Estemo con sus ejidos, y también Helón y Davir con los suyos:

59. E igualmente Asán, y Betsemes, y sus ejidos.

60. De la tribu de Benjamín les dieron Gabee y sus ejidos, y Almat con sus ejidos, y Anatot con sus ejidos; en todo trece ciudades, repartidas entre sus familias.

61. A los restantes descendientes de Caat y a sus familias les dieron diez ciudades de la media tribu de Manasés.

62. Asimismo a los hijos de Gersón, divididos en su familias, les dieron trece ciudades de las tribus de Isacar, y de Aser, y de Neftalí, y de la media tribu de Manasés, que estaba en el territorio de Basán.

63. Igualmente a los hijos de Merari, divididos en sus familias, les dieron por suerte doce ciudades de la tribu de Rubén, y de la tribu de Gad, y de la tribu de Zabulón.

64. Dieron también los hijos de Israel a los levitas varias ciudades con sus ejidos:

65. Les dieron por suerte estas ciudades de la tribu de los hijos de Judá, de la tribu de los hijos de Simeón, y de la tribu de los hijos de Benjamín; ciudades que llamaron de sus propios nombres.

66. Igualmente los descendientes de los hijos de Caat fueron dueños de varias ciudades de la tribu de Efraín;

67. y así les dieron Siquem (ciudad de refugio) con sus ejidos en el monte Efraín, y Baser, con sus ejidos.

68. También Jecmaán con sus ejidos, y asimismo Bet-Horón,

69. y Helón con sus ejidos, y Getremmón del mismo modo.

70. Así como en la media tribu de Manasés fue señalada Aner con sus ejidos, y Baalam con los suyos, a los restantes del linaje de los hijos de Caat.

71. A los hijos del linaje de Gersón les tocó en la media tribu de Manasés: Gaulón en Basán con sus ejidos, y Astarot con los suyos.

72. En la tribu de Isacar: Cedes con sus ejidos, y Daberet con los suyos.

73. Asimismo Ramot con sus ejidos, y Anem con los suyos.

74. En la tribu de Aser: Masal con sus ejidos, y Abdón con los suyos;

75. como también Hucac con sus ejidos, y Rohob con los suyos.

76. En la tribu de Neftalí: Cedes en la Galilea con sus ejidos, y Hamón con los suyos, y Cariataim con los suyos.

77. A los demás del linaje de Merari les dieron en la tribu de Zabulón Remmono con su ejido, y Tabor con los suyos.

78. Y de la otra parte del Jordán, enfrente de Jericó al oriente del Jordán, en la tribu de Rubén, Bosor en el desierto con sus ejidos, y Jasa con los suyos.

79. Asimismo Cademot y sus ejidos, y Mefaat con los suyos.

80. Además de esto en la tribu de Gad Ramot en Galaad con sus ejidos, y Manaim con los suyos.

81. Y también Hesebón con sus ejidos, y Jezer con los suyos.

7 *Descendientes de Isacar, Benjamín, Neftalí, Manasés, Efraín y Aser y censo de ellos*

1. Hijos de Isacar, cuatro: Tola y Fua, Jasub y Simerón.

2. Hijos de Tola: Ozi, y Rafaya y Jeriel, y Jemai, y Jebsem, y Samuel, cabezas de varias parentelas y familias. De la estirpe de Tola se contaron en tiempo de David veintidós mil seiscientos varones muy valerosos.

3. Hijo de Ozi: Izrahía; del cual nacieron Micael, y Obadía, y Joel, y Jesía, todos cinco príncipes o cabezas de varias familias.

4. Y con ellos había en sus ramas y familias treinta y seis mil hombres muy esforzados y adiestrados en el manejo de las armas; que tuvieron muchas mujeres e hijos;

5. y de sus hermanos esparcidos por toda la tribu de Isacar se contaron hasta ochenta y siete mil valerosísimos combatientes.

6. Hijos de Benjamín, tres: Bela, Becor y Jadiel.

7. Hijos de Bela: Esbón, y Ozi, y Oziel, y Jerimot, y Urai, todos cinco cabezas de familia de valerosos combatientes, el número de los cuales fue de veintidós mil treinta y cuatro.

8. Hijos de Becor: Zamira, y Joás, y Eliezer, y Elioenai, y Amri, y Jerimot, y Abía, y Anatot, y Almat, todos hijos de Becor.

9. Y el número de éstos, según sus familias de donde procedieron varias parentelas, fue de veinte mil doscientos combatientes valerosos.

10. Hijo de Jadihel fue Balán; hijos de Balán: Jehús y Benjamín, y Aod, y Canana, y Zetán, y Tarsis, y Ahisahar.

11. Todos éstos fueron descendientes de Hadihel, cabezas de sus familias, en que se contaron diecisiete mil doscientos varones, valerosos, combatientes.

12. También lo fueron Sefam y Hafam, hijos de Hir, y Hasim hijo de Aher.

13. Los hijos de Neftalí fueron Jasiel, y Guní, y Jeser, y Sellum; éstos son los hijos o nietos de Bala.

14. Fue hijo o descendiente de Manasés, Eriel; y una sira, mujer suya de segundo orden le dio a Maquir, padre de Galaad.

15. Maquir dio mujeres a sus hijos Hapfim y Safán; y tuvo una hermana llamada Maaca; su nieto se llamó Salfaad, que solamente tuvo hijas.

16. Otra Maaca, segunda mujer de Maquir, tuvo un hijo que llamó Farés, quien tuvo un hermano llamado Sarés; cuyos hijos fueron Ulam y Recén.

17. Hijo de Ulam fue Badán; éstos son los descendientes de Galaad, hijo de Maquir, hijo de Manasés.

18. Su hermana Regina tuvo a Isod, que significa el varón hermoso, y a Abiezer, y a Mohola.

19. Hijos de Semida eran Ahín, y Sequem, y Leci, y Aniam.

20. Hijos de Efraín, Sutala, Bared su hijo, Tahat su hijo, Eleada su hijo, Tahat, su hijo, Zabad su hijo,

21. y Sutala hijo de éste, cuyos hijos fueron Ezer y Elad, pero los habitantes del país de Get los mataron, porque habían bajado a invadir sus posesiones.

22. Por esto Efraín, su padre, los lloró por mucho tiempo, y vinieron sus hermanos a consolarle.

23. Después estuvo con su mujer, la cual concibió y tuvo un hijo a quien puso el nombre de Bería, por haber nacido en medio de las aflicciones de su casa.

24. Hija suya fue Sara que reedificó a Bet-Horón la de abajo y la de arriba, y a Ozensara.

25. También fueron sus hijos Rafa, y Resef y Tale, de quien nació Taán;

26. el cual engendró a Laadán, cuyo hijo fue Ammiud, que fue padre de Elizama,

27. de quien nació Nun, que tuvo por hijo a Josué.

28. La posesión y habitación de ellos fue Betel con sus aldeas, y Norán hacia el oriente, y al occidente Gazer con sus aldeas, y asimismo Siquem con las suyas, hasta la ciudad de Aza con las suyas.

29. Y junto a la tribu de los hijos de Manasés tuvieron a Betsán con sus aldeas, a Tanac con las suyas, a Mageddo con las suyas, a Dor con las suyas. En estos lugares habitaron los hijos de José, hijo de Israel.

30. Hijos de Aser: Jemna, y Jesua, y Jesui, y Baría, y Sara, hermana de éstos.

31. Hijos de Baría: Heber y Melquiel; éste es el padre de Barsahit.

32. Heber engendró a Jeflat, y a Somer, y a Hotam, y a Suaa, hermana de éstos.

33. Los hijos de Jeflat: Fosec y Camaal, y Asot; éstos son los hijos de Jeflat.

34. Hijos de Somer: Ahí, y Roaga, y Haba, y Aram.

35. Y los hijos de Helem, su hermano: Sufa, y Jemna, y Selles, y Amal.

36. Hijos de Sufa: Sué, Harnafer, y Sual, y Beri, y Jamra,

37. y Bosor, y Hod, y Samma, y Salusa, y Jetrán, y Bera.

38. Hijos de Jeter o Jetrán: Jefone, y Fasfa, y Ara.

39. Hijos de Olla: Aree, y Haniel, y Resia.

40. Todos éstos son descendientes de Aser, cabezas o troncos de familias, y principales jefes, los más escogidos y esforzados; el número de los que estaban en edad de tomar las armas era de veintiséis mil.

8

Otros descendientes de Benjamín hasta Saúl y los hijos de éste. Lugares donde habitaron

1. El primogénito de Benjamín fue Bale, Asbel el segundo, y el tercero Ahara;

2. el cuarto Nohaa, y Rafa el quinto.

3. Los hijos de Bale fueron Addar y Gera, y Abiud,

4. con Abisué y Naamán, y Ahoé;

5. y además otro Gera, y Sefufán, y Huram.

6. Estos son los hijos de Ahod, cabezas de las familias de los habitantes de Gabaa, que fueron trasladados a Manahat,

7. es a saber, Naamán, y Aquía, y Gera, el mismo que los trasladó; y de quien nacieron Oza y Ahiud.

8. Y Saharaim, después que repudió a sus mujeres Husim y Bara, tuvo hijos en el país de Moab.

9. Y de su mujer Hodes tuvo a Jobab, y a Sebia, y a Mosa, y Molcom;

10. y asimismo a Jehús, y a Sequía, y a Marma. Estos son sus hijos, cabezas de sus familias.

11. Mehusim engendró a Abitob y a Elfaal.

12. Hijos de Elfaal: Heber, y Misaam, y Samad; éste edificó Ono, y Lod y sus aldeas o dependencias.

13. Baría y Sama fueron cabezas de las familias habitantes en Ajalón; éstos arrojaron a los moradores de Get.

14. Ahio, y Sesac, y Jerimot,

15. y Zabadía, y Arod, y Heder,

16. y también Micael, y Jesfa, y Joha, descendientes de Baría.

17. Y Zabadía, y Mosollam, y Hezeci y Heber,

18. y Jesamari, y Jezlia, y Jobab, hijos de Elfaal.

19. Y Jacim, y Zecri, y Zabdi,

20. y Elioenai, y Seletai, y Eliel,

21. y Adaya, y Baraya, y Samarat, hijos de Semei.

22. Y Jesfam, y Heber, y Eliel,

23. y Abdón, y Zecri, y Hanán,

24. y Hananía, y Elam, y Anatotía,

25. y Jefdaya y Fanuel, hijos de Sesac;

26. y Samsari, y Sohoría, y Otolía,

27. y Jersía, y Elía, y Zecri, hijos de Jeroham.

28. Estos son los patriarcas y príncipes o troncos de las familias que habitaron en Jerusalén:

29. En Gabaón habitaron Abigabaón (cuya mujer se llamó Maaca),

30. y su hijo primogénito Abdón, y Sur, y Cis, y Baal, y Nadab;

31. como también Gedor, y Ahío, y Zaquer, y Macellot.

32. Macellot engendró a Samaa; y éstos habitaron con sus hermanos en Jerusalén, frente a los otros hermanos suyos.

33. Ner engendró a Cis, y Cis a Saúl, y

Saúl engendró a Jonatás, y a Melquisua, y a Abinadab, y a Esbaal.

34. Hijo de Jonatás fue Meribbaal, de quien lo fue Mica.

35. Hijos de Mica fueron Fitón, y Melec, y Taraa, y Ahaz.

36. Ahaz engendró a Joada, y Joada a Alamat, y a Azmot y a Zamri; y Zamri engendró a Mosa.

37. Mosa engendró a Banaa, cuyo hijo fue Rafa, del cual nació Elasa, que engendró a Asel.

38. Asel tuvo seis hijos, cuyos nombres son: Ezricam, Bocru, Ismahel, Saría, Obdía y Hanán; todos éstos hijos de Asel.

39. Los hijos de Esec, su hermano fueron: Ulam el primogénito, Jehús el segundo, Elifale el tercero.

40. Los hijos de Ulam fueron varones robustísimos y de gran valor, hábiles arqueros, padres de muchos hijos y nietos, hasta llegar a ciento cincuenta. Todos éstos fueron descendientes de Benjamín.

9 *Primeros moradores de Jerusalén tras el cautiverio, los levitas y sacerdotes. Descendencia de Saúl*

1. Se hizo, pues, el censo de todo Israel; cuya suma se halla escrita en el Libro de los Reyes de Israel y de Judá. Y fueron los israelitas transportados a Babilonia por sus pecados.

2. Los que después habitaron los primeros en sus posesiones y ciudades fueron de cuatro clases; israelitas, sacerdotes, levitas, y los natineos.

3. Se establecieron en Jerusalén varios de los hijos de Judá y de los de Benjamín, como también de los hijos de Efraín y de Manasés.

4. De la tribu de Judá Otei, hijo de Ammiud, hijo de Armi, hijo de Omrai, hijo de Bonni, uno de los descendientes de Farés, hijo de Judá.

5. Y de la línea de Siloni: Asaya el primogénito y sus hijos.

6. De los descendientes de Zara: Jehuel y sus hermanos o parientes, seiscientos noventa.

7. De la tribu de Benjamín: Salo, hijo de Mosollam, hijo de Obvía, hijo de Asana;

8. y Jobanía, hijo de Joroham, y Ela, hijo de Ozi, hijo de Mocori; y Mosollam, hijo de Safatías, hijo de Rahuel, hijo de Jebanías:

9. Con sus hermanos o parientes, que divididos en sus familias eran novecientos cincuenta y seis. Todos éstos fueron cabezas o troncos de varias familias de su linaje.

10. De los sacerdotes fueron Jedaya, Joyarib y Joaquín.

11. Asimismo Azarías, hijo de Helcías, hijo de Mosollam, hijo de Sadoc, hijo de Marayot, hijo de Aquitob, sumo sacerdote de la casa de Dios.

12. Además Adaías, hijo de Jeroham, hijo de Fasur, hijo de Melquías, y Mahasai, hijo de Adiel, hijo de Jezra, hijo de Mosollam, hijo de Mosollamit, hijo de Emmer;

13. con los parientes de estos príncipes de sus familias, en número de mil setecientos sesenta, hombres robustos y vigorosos para soportar las fatigas del ministerio de la casa de Dios.

14. De los levitas fueron Semeya, hijo de Hasub, hijo de Ezricam, hijo de Hasebía, uno de los hijos de Merari;

15. y Bacbacar carpintero, y Galal, y Matanías, hijo de Mica, hijo de Zecri, hijo de Asaf;

16. y Obdías, hijo de Semeya, hijo de Galal, hijo de Iditún; y Baraquías, hijo de Asa, hijo de Elcana, que habitó en las aldeas de Netofati.

17. Los jefes de los porteros eran Sellum, y Accub, y Telmón, y Ahiman; su hermano Sellum era el principal.

18. Hasta este tiempo, parte de los levitas hacían por su turno la guardia en la puerta del templo, llamada del Rey, al oriente*.

19. Sellum, hijo de Coré, hijo de Abiasaf, hijo del viejo Coré, asistía allí con sus hermanos y la familia de su padre; esto es, los coritas, que tienen la superintendencia de las obras concernientes al ministerio, y guardan los patios del Tabernáculo, y cuyas familias hacen por turno la guardia en la entrada del campamento o morada del Señor.

20. Finees, hijo de Eleazar, era su jefe en el servicio del Señor.

21. Zacarías, hijo de Mosollamia, era el portero del Tabernáculo del Testimonio.

22. Todos estos elegidos para ostiarios o guardas de las puertas, eran doscientos

18. *2 Re 16*, 18.

doce, y estaban empadronados en el censo de sus propias villas; a los cuales David y el profeta Samuel por su fidelidad establecieron,

23. tanto a ellos como a sus hijos para guardar por sus turnos las puertas del templo del Señor y las del Tabernáculo.

24. Estaban los jefes de los ostiarios colocados según la dirección de los cuatro vientos, esto es, al oriente y al poniente, al norte y al mediodía.

25. Pero sus hermanos, los otros porteros vivían en las aldeas, y venían los sábados por su turno de semana en semana.

26. A dichos cuatro levitas estaban subordinados todos los ostiarios, y cuidaban de las viviendas y de los tesoros o alhajas del templo del Señor.

27. Por eso tenían cada uno su habitación alrededor del templo del Señor, y abrían a su tiempo las puertas por la mañana.

28. Del linaje de éstos eran los que guardaban las cosas destinadas al servicio del templo; porque todas ellas se metían y sacaban por cuenta.

29. De éstos mismos, que tenían a su cargo los utensilios del santuario, algunos cuidaban de la flor de harina, y del vino, y del aceite, y del incienso, y de los aromas.

30. Pero eran los hijos de los sacerdotes los que hacían la confección de los perfumes con las especies aromáticas.

31. El levita Matatías, primogénito de Sellum, corita, cuidaba de las cosas que se freían en sartén.

32. De los hijos de Caat, hermanos de éstos, había algunos que estaban encargados de los panes de la proposición, para renovarlos cada sábado.

33. Estos eran los principales o los jefes de los cantores entre las familias de los levitas, los cuales moraban en las habitaciones unidas al templo, a fin de poder aplicarse incesantemente día y noche a su ministerio.

34. Los jefes de los levitas, príncipes en sus familias, estaban siempre en Jerusalén.

35. En Gabaón se estableció Jehiel restaurador de Gabaón; se llamaba su mujer Maaca.

36. Su hijo primogénito fue Abdón, y fueron también hijos suyos Sur, y Cis, y Baal, y Ner, y Nadab;

37. asimismo Gedor, y Ahío y Zacarías y Macellot.

38. Macellot engendró a Samaán; éstos y sus hermanos habitaron en Jerusalén, enfrente de otros hermanos suyos.

39. Ner después engendró a Cis, Cis a Saúl, y Saúl a Jonatás, y a Melquisua, y a Abinadab, y a Esbaal.

40. Hijo de Jonatás fue Meribbaal; de Meribbaal lo fue Mica.

41. Hijos de Mica fueron Fiton, y Melec, y Taraa, y Ahaz.

42. Ahaz engendró a Jara, Jara engendró a Alamat, y a Azmot, y a Zamri, Zamri engendró a Mosa.

43. Mosa engendró a Banaa, cuyo hijo Rafaya engendró a Elasa, del cual nació Asel.

44. Asel tuvo seis hijos, cuyos nombres fueron: Ezricam, Bocru, Ismael, Saría, Odbía, Hanán; éstos son los hijos de Asel.

10 *Muerte de Saúl y de sus hijos en la batalla de Gelboécontra los filisteos*

1. Peleando los filisteos contra Israel fueron los israelitas puestos en fuga por los palestinos[1], y cayeron muchos heridos de muerte en el monte Gelboé.

2. Y avanzando los filisteos en persecución de Saúl y de sus hijos, mataron a Jonatás, y a Abinadab, y a Melquisua, hijos de Saúl.

3. Y arreciada la batalla alrededor de Saúl, dieron con él los arqueros, y lo hirieron con sus flechas.

4. Por lo que dijo Saúl a su escudero: Desenvaina tu espada, y mátame, para que no vengan estos incircuncisos y hagan escarnio de mí. Mas el escudero, sobrecogido de temor y respeto, no quiso hacerlo. Entonces Saúl arrancó su espada, y se arrojó sobre ella.

5. Lo que visto por su escudero, y cómo Saúl era muerto, se arrojó también él sobre su espada, y murió.

6. Feneció, pues, Saúl, con sus tres hijos; y toda su familia tuvo la misma suerte.

7. En vista de lo cual los israelitas que habitaban en las campiñas, echaron a huir; y muertos ya Saúl y sus hijos, abandonaron sus ciudades y se dieron a la fuga y entonces vinieron los filisteos y habitaron allí.

---

1. *Filisteos.*

8. Al día siguiente los filisteos despojando a los muertos, hallaron a Saúl y a sus hijos tendidos en el monte Gelboé.

9. Y habiéndolo despojado, y cortado la cabeza, y quitándole las armas, lo llevaron a su tierra para conducirlo por todas partes, y exponerlo en los templos de sus ídolos a la vista del pueblo.

10. Sus armas las consagraron al templo de su dios, y su cabeza la clavaron en el templo de Dagón.

11. Cuando oyeron los vecinos de Jabes de Galaad todo lo que los filisteos habían ejecutado con el cuerpo de Saúl,

12. los más esforzados de ellos marcharon a una, y cogieron los cadáveres de Saúl y de sus hijos, y los trajeron a Jabes, y sepultaron sus huesos debajo de una encina que había en Jabes; y ayunaron siete días.

13. Murió, pues, Saúl en pena de sus maldades, por haber desobedecido el mandamiento que le había dado el Señor, y no haberlo guardado; y además por haber consultado con la pitonisa,

14. y no haber puesto su esperanza en el Señor, el cual por lo mismo le quitó la vida, y trasladó su reino a David, hijo de Isaí.

11

David rey de Israel en Jerusalén. Ofrece al Señor como libación el agua de la cisterna de Betlehem

1. Se congregó al fin todo Israel alrededor de David en Hebrón, diciéndole: Somos tu carne y hueso.

2. Aun antes de ahora, cuando Saúl reinaba todavía, tú eras el que sacaba a Israel a campaña y lo volvía a conducir a casa; porque a ti te dijo el Señor Dios tuyo: Tú serás el pastor de mi pueblo de Israel, y tú serás su príncipe.

3. Vinieron, pues, todos los ancianos de Israel al rey de Hebrón, e hizo David alianza con ellos, en presencia del Señor; y lo ungieron por rey de Israel, conforme a la palabra del Señor promulgada por ministerio de Samuel.

4. Y marchó David con todo Israel a Jerusalén; ésta es Jebús, donde tenían su asiento los jebuseos, moradores del país.

5. Y los que de éstos habitaban en Jebús, dijeron a David: No entrarás aquí. Pero David conquistó la fortaleza de Sión, la cual fue después llamada Ciudad de David.

6. Había dicho antes: El que fuere el primero en vencer a los jebuseos, será hecho príncipe y general del ejército. Acometió, pues, el primero Joab, hijo de Sarvia, y quedó constituido príncipe.

7. Y habitó David en el alcázar; que por esto fue llamado Ciudad de David;

8. y edificó alrededor de la ciudad, desde el valle de Mello hasta el otro extremo; y Joab reparó el resto de la ciudad.

9. David iba haciendo progresos y cobrando vigor, y estaba con él el Señor de los ejércitos.

10. Estos son los principales entre los valientes de David, que le ayudaron para que fuese reconocido rey de todo Israel, según la palabra del Señor anunciada a Israel.

11. Y ésta es la lista de los campeones de David: Jesbaán, hijo de Hacamoni, caudillo de treinta, que vibró su lanza contra trescientos, a quienes hirió en un solo combate.

12. Después de éste, Eleazar (hijo de su tío paterno) ahohita*, el cual era uno de los tres principales campeones.

13. Este, con Semma, acompañó a David en Fesdomin, cuando los filisteos se juntaron en aquel sitio para dar batalla, y los campos de aquel país estaban llenos de cebada, y el pueblo había huido a vista de los filisteos.

14. Mas estos Eleazar y Semma se mantuvieron a pie firme en medio del campo, y lo defendieron, habiendo desbaratado a los filisteos; con lo que el Señor hizo un gran beneficio a su pueblo.

15. Estos tres, de los treinta caudillos son los que bajaron a la peña en que se hallaba David junto a la cueva de Odollam, cuando los filisteos habían acampado en el valle de Rafaín.

16. Estaba, pues David en su puesto fortificado, y los filisteos tenían una guarnición en Betlehem.

17. Le vino entonces a David un deseo, y dijo: ¡Oh, quién me diera agua de la cisterna que está junto a la puerta de Betlehem!

18. Al punto, estos tres capitanes pasaron por medio de los campamentos de los filisteos, y sacando agua de la cisterna

12. *2 Sam 23*, 9.

que está contigua a la puerta de Betlehem, la llevaron a David para que la bebiese, el cual no quiso, sino que la ofreció como libación al Señor,

19. diciendo: Lejos de mí hacer tal cosa en presencia de mi Dios, que yo beba la sangre de estos hombres que con riesgo de sus vidas me han traído esta agua. Por cuya causa no quiso beberla. Esto hicieron aquellos tres esforzadísimos varones.

20. Asimismo Abisai, hermano de Joab, era el principal de otros tres. También éste blandió su lanza contra trescientos, a los cuales mató; y él era el más famoso entre los tres,

21. y entre los tres, el segundo ternario el más esclarecido y principal de ellos; pero nunca igualó a los tres primeros.

22. Banaías, hijo de Joíada, varón fortísimo, que había hecho muchas hazañas era natural de Cabseel; él mató a los dos arieles o grandes leones de Moab; y es el mismo que se metió dentro de una cisterna, y mató en medio de ella a un león, en ocasión de una nevada[*].

23. Mató también él mismo a un egipcio, cuya estatura era de cinco codos, y que tenía una lanza semejante al rodillo de un telar. Arremetió, pues, contra él con un palo, y le arrebató la lanza que tenía en la mano, y con esta misma lanza lo mató.

24. Estas cosas hizo Banaías, hijo de Joíada, que era el de mayor fama entre los tres valientes;

25. principal entre los treinta; mas no igualaba a los tres primeros o del primer ternario; y David lo escogió por su íntimo consejero.

26. En el ejército los más valientes eran Asahel, hermano de Joab, y Elcanán, que era de Betlehem, hijo de Dodo su tío paterno.

27. Sammot de Arori, Hellés de Falón,

28. Ira de Tecua, hijo de Accés, Abiezer de Anatot,

29. Sobbocai, de Husat, Ilai de Aho,

30. Marahai de Netofat, Heled de Netofat, hijo de Baana.

31. Etai, hijo de Ribai, de Gabaat, de los hijos o tribu de Benjamín, Banaya de Faratón.

32. Hurai, del torrente Gaas, Abiel de Arbat, Azmot de Bauram, Eliaba de Salabón.

22. *2 Sam 23*, 20.

33. Los hijos de Asén, gezonita, Jonatán, hijo de Sage de Arari,

34. Ahiam, hijo de Sacar de Arari,

35. Elifal, hijo de Ur,

36. Hefer de Mecerat, Ahía de Felón,

37. Hesro del Carmelo, Naarai, hijo de Asbai,

38. Joel, hermano de Natán, Mibahar, hijo de Agarai.

39. Selec, amonita, Naarai de Berot, escudero de Joab, hijo de Sarvia,

40. Ira jetreo, Gareb jetreo,

41. Urías heteo, Zabad, hijo de Oholí,

42. Adina, hijo de Siza, de la tribu de Rubén, príncipe de los rubenitas, y con él otros treinta.

43. Hanán, hijo de Maaca, y Josafat matanita,

44. Ozías astarotita, Samma, y Jehiel, hijos de Otam, de Aror,

45. Jediel, hijo de Samri, y Joa su hermano, de Tosa,

46. Eliel de Mahumi, y Jeribai, y Josaya hijos de Elnaem; y Jetma de Moab, Eliel, y Obed, y Jaisiel de Masobia.

12 *Los seguidores de David antes y después de la muerte de Saúl. Sus guerreros y capitanes*

1. Estos son los que vinieron a juntarse con David en Siceleg, cuando aún andaba huyendo de Saúl, hijo de Cis; los cuales eran fortísimos y excelentes guerreros,

2. hábiles tiradores de arco, y que se servían igualmente de ambas manos para arrojar piedras con la honda, y asestar las flechas; parientes de Saúl, y de la tribu de Benjamín.

3. El principal era Ahiecer, y después Joás, hijos los dos de Sammaa de Gabaat, y Jaziel, y Fallet, hijos de Azmot, y Baraca, y Jehú, de Anatot[*].

4. Asimismo Samaías, de Gabaón el más valiente de los treinta y cabeza de los treinta; Jeremías y Jeheziel, y Johanán; y Jezabad de Gaderot.

5. Eluzai, y Jerimut, y Baalía, y Samaría, y Safatía de Haruf.

3. Estos oficiales se llamaban los *Treinta*. *2 Sam 23*, 8-13.

6. Elcana, y Jesía, y Azareel, y Joezer, y Jesbaam de Carebim.

7. Joela, y Zabadía, hijos de Jeroham de Gedor.

8. Además de éstos se pasaron a David, mientras estaba escondido en el desierto, hombres muy valientes y bravos campeones de la tribu de Gad, armados de escudo y lanza; sus caras como caras de leones, y ligeros como cabras monteses.

9. Ezer era el principal, Obdías el segundo, Eliab el tercero,

10. Masmana el cuarto, Jeremías el quinto,

11. Eti el sexto, Eliel el séptimo,

12. Joanán el octavo, Elzebad el noveno,

13. Jeremías el décimo, Macbanai, el undécimo.

14. Estos eran de la tribu de Gad, y caudillos del ejército, y el que menos mandaba cien soldados, y mil el que más.

15. Estos son los que pasaron el Jordán el mes primero, cuando suele salir de madre, inundando las riberas; y pusieron en fuga a todos los que moraban en los valles, así al oriente como al poniente.

16. Vinieron también varios de la tribu de Benjamín y de Judá a la fortaleza en que se hallaba David.

17. Y les salió David al encuentro, y dijo: Si habéis venido a mí de paz, con ánimo de socorrerme, mi corazón se unirá con el vuestro; mas si me armáis asechanzas favoreciendo a mis contrarios, puesto que yo tengo mis manos limpias de todo pecado, el Dios de nuestros padres sea testigo y juez.

18. Entonces Amasai, caudillo de los treinta, movido de Espíritu superior o divino, dijo: Tuyos somos, oh David, y contigo estamos, oh hijo de Isaí; paz, paz a ti; y paz a tus defensores; ya que a ti te defiende tu Dios. Los recibió, pues, David y los hizo oficiales principales de su ejército.

19. También de la tribu de Manasés se pasaron a David cuando iba éste con los filisteos al combate contra Saúl (si bien no peleó con ellos, porque los príncipes de los filisteos, tenido consejo le hicieron volver diciendo: A costa de nuestra vida se reconciliará con Saúl, su señor).

20. Así, pues, cuando regresó a Siceleg se pasaron a él de los de Manasés, Ednas y Jozabad, y Jedihel, y Micael, y Ednas, y Jozabad, y Eliú, y Salati, comandantes de mil hombres de Manasés.

21. Estos ayudaron a David contra las guerrillas*; pues eran todos hombres muy valerosos, y les dio mando en el ejército.

Capitanes de David

22. Y a éste tenor cada día acudían gentes a David para prestarle auxilio, hasta juntarse en gran número, como un ejército de Dios.

23. Este es igualmente el número de los principales del ejército que vinieron a encontrar a David, cuando estaba en Hebrón, para trasladar a él el reino de Saúl, según la palabra del Señor.

24. De los hijos de Judá, armados de escudo y lanza, y prontos para la batalla, seis mil ochocientos.

25. De los hijos de Simeón, varones fortísimos para la guerra, siete mil cien.

26. De los hijos de Leví cuatro mil seiscientos.

27. Asimismo Joíada, caudillo de los del linaje de Aarón, tenía consigo tres mil setecientos.

28. Vino también Sadoc, joven de excelente índole, con veintidós cabezas de familia, descendientes de la casa de su padre.

29. De los hijos de la tribu de Benjamín, parientes de Saúl, vinieron tres mil, porque una gran parte de ellos estaba todavía por la casa de Saúl.

30. Pero de los hijos de Efraín eran veinte mil ochocientos, varones esforzadísimos y de gran reputación en sus parentelas;

31. y de la media tribu de Manasés eran dieciocho mil, todos alistados por sus nombres, los que vinieron a establecer por rey a David.

32. De los hijos de Isacar vinieron también doscientos de los principales, hombres instruidos, que sabían discernir cada uno de los tiempos, a fin de prescribir lo que debía practicar Israel; y todo el resto de la tribu seguía su consejo.

33. Igualmente de Zabulón vinieron en su ayuda con un corazón sincero cincuenta

---

21. De los amalecitas que saquearon Siceleg. *1 Sam 30*, 1.

mil, prontos a salir a campaña, y bien provistos de todas armas.

34. Y de Neftalí mil de los principales, con treinta y siete mil hombres armados de escudo y lanza.

35. Asimismo de Dan veintiocho mil seiscientos preparados para dar batalla.

36. Y de Aser, a punto de guerra y prontos para acometer, cuarenta mil.

37. Finalmente, de las tribus de Rubén, y de Gad, y de la media tribu de Manasés, a la otra parte del Jordán, ciento veinte mil bien armados.

38. Todos estos varones guerreros prontos a pelear, se reunieron en Hebrón con un corazón sano y sincero, para establecer a David por rey de todo Israel; del mismo modo todos los demás israelitas estaban de común acuerdo sobre hacer rey a David.

39. Se mantuvieron allí con David por espacio de tres días, comiendo y bebiendo; porque sus hermanos les habían preparado los víveres necesarios.

40. Además los pueblos vecinos, hasta los de Isacar, y Zabulón, y Neftalí, les traían en asnos, y camellos, y mulos, y bueyes, panes o víveres para su sustento; harina, panes de higos, pasas, vino, aceite, vacas y carneros en abundancia, porque reinaba el gozo en Israel.

13 *Traslado del arca del Señor a casa de Obededom desde Cariatiarim. Castigo de Oza*

1. Tuvo después David consejo con los tri- bunos y centuriones, y con todos los principales,

2. y dijo a toda la asamblea de Israel: Si os parece bien, y el asunto que voy a proponer es inspirado del Señor Dios nuestro, enviemos a llamar a todos los demás hermanos nuestros, esparcidos por todas las regiones de Israel, y a los sacerdotes y levitas que viven en los ejidos o contornos de las ciudades, para que se reúnan con nosotros,

3. y traslademos a nuestra morada el arca de nuestro Dios; ya que no lo hemos procurado hacer en tiempo de Saúl.

4. A lo que respondió toda la asamblea que así se ejecutase, porque a todo el pueblo había parecido bien la propuesta.

5. Con eso David convocó a todo Israel desde el río Sihor de Egipto hasta la entrada de Emat, para trasladar el arca de Dios desde Cariatiarim a Jerusalén.

6. Y subió David acompañado de todo Israel al collado de Cariatiarim, situado en la tribu de Judá, para trasladar de allí el arca del Señor Dios que está sentado sobre los querubines en donde se invoca su santo Nombre.

7. Y se llevaron de la casa de Abinadab, en un carro nuevo, el arca de Dios; y Oza y su hermano guiaban el carro.

8. Entretanto David y todo Israel expresaban su júbilo delante del arca de Dios, cantando con todo esfuerzo, y tañendo cítaras, y salterios, y panderos, y címbalos o platillos, y trompetas.

9. Mas llegados a la era de Cidón o Nacón, extendió Oza su mano para sostener el arca; porque un buey retozando la había hecho ladear un poco.

10. Se irritó por esto el Señor contra Oza, y lo hirió mortalmente por haber tocado, no siendo sacardote, el arca, y cayó allí muerto delante del Señor.

11. Y se entristeció David por haber separado el Señor a Oza, y llamó aquel lugar Separación de Oza, nombre que conserva hasta hoy día.

12. Y tuvo entonces como miedo a Dios, y dijo: ¿Cómo puedo yo meter en mi casa el arca de Dios?

13. Y por esta razón no la condujo a su casa, es a saber, a la ciudad de David; sino que la hizo llevar a casa de Obededom de Get.

14. Estuvo, pues, el arca de Dios tres meses en casa de Obededom; y el Señor bendijo dicha casa y todas sus cosas.

14 *Prosperidad de David en paz y en guerra contra los filisteos. Embajada de Tiro*

1. Asimismo, Hiram, rey de Tiro, envió embajadores a David; y además maderas de cedro, arquitectos y carpinteros para que le construyesen un palacio.

2. Y reconoció David que el Señor le

había confirmado rey de Israel, y que su reino había sido ensalzado para bien de Israel, pueblo suyo.

3. Tomó también David por esposas otras mujeres en Jerusalén, de que tuvo hijos e hijas.

4. Estos son los nombres de los hijos que le nacieron en Jerusalén, Samua, y Sobab, y Natán, y Salomón,

5. y Jebahar, y Elisua, y Elifalet,

6. y Noga, y Nafeg y Jafia,

7. y Elisama, y Baaliada, y Elifalet.

8. Mas así que oyeron los filisteos que David había sido ungido rey de todo Israel, salieron todos en su busca, lo que sabido por David, fue a su encuentro.

9. Los filisteos siguiendo su marcha, extendieron sus tropas por el valle de Rafaín.

10. Entonces consultó David al Señor, diciendo: ¿Acometeré yo a los filisteos, y los entregarás tú, oh Señor, en mis manos? Le respondió el Señor: Acomete, que yo los pondré en tus manos.

11. Y habiendo avanzado ellos hasta Baalfarasim, allí los derrotó David, y dijo: Ha disipado Dios por mi mano a los enemigos, como se disipan o se derraman las aguas; y por esto se llamó aquel lugar Baalfarasim.

12. Y los filisteos dejaron allí sus dioses, los cuales David mandó entregar a las llamas*.

13. Otra vez hicieron los filisteos una irrupción, y se dispersaron por el valle.

14. Y David consultó de nuevo a Dios; y Dios le dijo: No vayas tras de ellos; retírate, e irás a acometerlos por enfrente de los perales;

15. y cuando oyeres el ruido de uno que anda por la copa de los perales, entonces darás la batalla. Porque Dios va marchando delante de ti para desbaratar el campo de los filisteos.

16. Hizo, pues, David lo que Dios le había mandado, y fue derrotando las tropas de los filisteos desde Gabaón hasta Gazera.

17. Con lo que se divulgó la fama de David por todas las regiones, y el Señor le hizo formidable a todas las gentes.

12. *Deut* 7, 25.

15 *David lleva el arca al Tabernáculo de Sión en Jerusalén. Demostraciones de júbilo*

1. Construyó también casa para sí o su familia en la ciudad de David, y edificó para el arca de Dios un lugar propio, y le formó un tabernáculo.

2. Entonces dijo David: No es lícito que el arca de Dios sea llevada por otros que por los de la tribu de Leví, escogidos por el Señor para llevarla, y para ser sus ministros perpetuamente.

3. En consecuencia, congregó a todo Israel en Jerusalén, para trasladar el arca de Dios al lugar propio que le tenía preparado.

4. Y convocó también a los hijos de Aarón y a los levitas.

5. De los hijos de Caat el principal era Uriel, que tenía consigo ciento veinte hermanos.

6. De los hijos de Merari era el principal Asaya, y tenía consigo doscientos veinte hermanos.

7. De los hijos de Gersom era cabeza Joel, y tenía consigo ciento treinta hermanos.

8. De los hijos de Elisafán era Semeías el principal, y doscientos sus hermanos.

9. De los hijos de Hebrón el principal era Eliel, y ochenta los hermanos que tenía consigo.

10. De los hijos de Oziel era Aminadab el principal, y tenía consigo ciento doce hermanos.

11. Y llamó David en particular a los sacerdotes Sadoc, y Abiatar, y a los levitas Uriel, Asaya, Joel, Semeía, Eliel y Aminadab,

12. y les dijo: Vosotros que sois los principales de las familias levíticas, purificaos junto con vuestros hermanos los demás levitas, y transportad el arca del Señor Dios de Israel al lugar que le está preparado.

13. No sea que como antes nos castigó el Señor, porque vosotros no estabais presentes; acontezca ahora lo mismo, si hacemos alguna cosa que no nos es permitida.

14. Se purificaron, pues, los sacerdotes y levitas para transportar el arca del Señor Dios de Israel.

15. Y de este modo los hijos de Leví

llevaron sobre sus hombros con las varas el arca de Dios, según lo había ordenado Moisés conforme al mandamiento del Señor.

16. Mandó también David a los jefes de los levitas que señalasen de entre sus hermanos cantores y tocadores de instrumentos músicos, es a saber, de salterios, de liras y de címbalos; a fin de que resonasen hasta el cielo los sonidos de júbilo.

17. Señalaron, pues, de los levitas a Hemam, hijo de Joel, y de los hermanos de éste a Asaf, hijo de Baraquís, y de los hijos de Merari, hermanos suyos, a Etán, hijo de Casaya,

18. con sus hermanos. En el segundo orden o coro a Zacarías, a Ben, a Jaziel, a Semiramot, y Jahiel, y Ani; a Eliab, y Bananías, y Maasías, y Matatías, y Elifalú, y Masenías, y Obededom, y Jehiel que eran porteros.

19. Los cantores Hemam, Asaf y Etán tocaban los címbalos de bronce;

20. Zacarías, y Oziel, y Semiramot, y Jahiel, y Ani, y Eliab, y Maasías, y Banaías cantaban al son de salterios himnos misteriosos.

21. Matatías, Elifalú, y Macenías, y Obededom, y Jehiel, y Ozaziú cantaban cánticos triunfales con cítaras de ocho cuerdas;

22. Conenías, jefe de los levitas, era el maestro que dirigía el canto, por ser muy inteligente.

23. Baraquías y Elcana hacían de porteros o ujieres del arca.

24. Y Sebenías, y Josafat, y Natanael, y Amasaí, y Zacarías, y Banaías, y Eliezer, sacerdotes, tocaban las trompetas o clarines delante del arca de Dios; Obededom y Jehías eran asimismo porteros del arca.

25. De este modo David y todos los ancianos de Israel, y los tribunos fueron a trasladar el arca del Testamento del Señor de la casa de Obededom a Jerusalén con fiestas y regocijos.

26. Y por haber Dios asistido o mostrádose propicio con los levitas que llevaban el arca del Testamento del Señor, fueron inmolados siete toros y siete carneros.

27. Iba David vestido de una ropa talar de biso, como también todos los levitas que llevaban el arca, y los cantores, y Conenías, su director; mas David estaba también revestido de un efod de lino.

28. Y todo Israel acompañaba el arca de Testamento del Señor con voces de júbilo, y al son de clarines, y trompetas, y timbales, y salterios, y cítaras.

29. Así que el arca del Testamento del Señor llegó a la ciudad de David, Micol, hija de Saúl, asomándose a mirar desde una ventana, vio al rey David que saltaba y bailaba delante del arca, y le despreció en su corazón.

16 *Colocada el arca en el Tabernáculo, se entona un cántico en alabanza del Señor*

1. Condujeron, pues, el arca de Dios, y la colocaron en medio del Tabernáculo que le había erigido David, y ofrecieron holocaustos y víctimas pacíficas a la presencia de Dios.

2. Y luego que David hubo acabado de ofrecer los holocaustos y las hostias pacíficas, bendijo al pueblo en el nombre del Señor;

3. y distribuyó a todos uno por uno, a hombres y mujeres, una torta de pan y una ración de carne de vaca asada, y flor de harina frita en aceite.

4. Y señaló entre los levitas los que habían de ejercer el ministerio delante del arca del Señor, y hacer conmemoración de sus obras o maravillas, y glorificar y alabar al Señor Dios de Israel.

5. Nombró a Asaf su principal o jefe, y por segundo a Zacarías; seguían después Jahiel, y Seminarot, Jehiel, y Matatías, y Eliab, y Banaías, y Obededom; a Jehiel para los instrumentos de salterios y liras o arpas; y a Asaf para tocar címbalos.

6. Pero Banaías y Jaziel, sacerdotes, tenían la incumbencia de tocar en todos los tiempos señalados delante del arca del Testamento del Señor.

7. En aquel día eligió David a Asaf por primer cantor, para que cantara las alabanzas al Señor, con sus hermanos, diciendo:

8. Alabad al Señor, e invocad su nombre; publicad sus obras entre la gente.

9. Cantadle himnos al son de los instrumentos, y anunciad todas sus maravillas.

10. Alabad su santo Nombre; alégrese el corazón de los que buscan al Señor.

11. Id en busca del Señor, y de la fortaleza que de él viene; buscad en todo tiempo estar en su presencia.

12. Traed a la memoria las maravillas que hizo, los prodigios que obró, y las leyes salidas de su boca.

13. Hijos somos de Israel, su siervo; hijos de Jacob su escogido.

14. El es el Señor nuestro Dios, él es quien juzga y gobierna todo el universo.

15. Acordaos eternamente de su pacto, de su promesa anunciada a todas las generaciones venideras;

16. promesa o pacto que él estipuló con Abrahán; del juramento que hizo a Isaac,

17. y que confirmó a Jacob como un estatuto inviolable, y a Israel como un pacto sempiterno,

18. diciendo: Yo te daré la tierra de Canaán, la cual será vuestra herencia.

19. Y decía esto, siendo los israelitas pocos en número, pobres y extranjeros en ella.

20. Y mientras andaban peregrinando de una nación a otra, y de un reino a otro reino,

21. no permitió que nadie les ofendiese; antes por amor de ellos castigó a los reyes.

22. Guardaos bien, dijo, de tocar a mis ungidos; ni de hacer daño a mis profetas.

23. Cantad, pues, criaturas todas de la tierra, himnos, al Señor, anunciad todos los días la salvación que él nos envía.

24. Publicad su gloria entre las naciones, y sus maravillas entre todos los pueblos.

25. Porque grande es el Señor, y digno de ser infinitamente alabado, es sobre todos los dioses formidable;

26. pues todos los dioses de la gente son unos simulacros vanos; mas el Señor es el que ha creado los cielos.

27. Rodeado está por todas partes de gloria y de grandeza. La fortaleza y el gozo están donde él se muestre.

28. Tributad, oh pueblos, con todas vuestras familias, tributad al Señor la gloria y el poder.

29. Tributad al Señor la gloria debida a su santo Nombre; presentadle sacrificios, y venid a su presencia, y adorad al Señor en su magnífico santuario.

30. Conmuévase delante de él toda la tierra; puesto que él es el que fundó el universo sobre firmes cimientos.

31. Alégrense los cielos, y salte de gozo la tierra; y publíquese entre las naciones: El Señor Dios es el rey.

32. Resuene el mar, y cuanto contiene en sí; alborócense los campos, y cuanto hay en ellos.

33. Entonces será cuando los árboles del desierto entonarán las alabanzas al Señor; porque ha venido a juzgar la tierra.

34. Glorificad al Señor por su bondad inmensa; porque es eterna su misericordia,

35. y decid: Sálvanos, oh Dios, Salvador nuestro; reúnenos, sacándonos de entre las gentes, para que demos gloria a tu santo Nombre, y nos regocijemos cantando tus alabanzas.

36. Bendito sea el Señor Dios de Israel para siempre eternamente; y diga todo el pueblo: Amén; y tribute loores al Señor.

37. Dejó, pues, David allí delante del arca del Testamento del Señor a Asaf con sus hermanos, para que de continuo ejerciesen su ministerio delante del arca todos los días, y por sus turnos.

38. También dejó a Obededom con sus hermanos, que eran sesenta y ocho; y puso de porteros a Obededom, hijo de Iditún y a Hosa.

39. Al mismo tiempo destinó al sumo sacerdote Sadoc, y a los sacerdotes, sus hermanos, al servicio del Tabernáculo del Señor, que se conservaba en el lugar alto en Gabaón.

40. Para que ofreciesen continuamente holocaustos al Señor mañana y tarde, sobre el altar de los holocaustos, conforme a todo lo dispuesto en la ley del Señor prescrita a Israel.

41. Después de Sadoc seguían Hemán e Iditún, y los demás escogidos y señalados cada cual por su nombre para alabar al Señor diciendo: Que es eterna su misericordia.

42. El mismo Hemán e Iditún sonaban las trompetas, y tocaban los címbalos, o platillos, y todos los instrumentos músicos, cantando himnos al Señor. A los hijos de Iditún los destinó para guardar las puertas.

43. Después volvió todo el pueblo cada cual a su casa, y David a la suya para bendecirla.

17 *Dios promete a David la continuidad de su descendencia y que su hijo construirá el templo*

1. Morando ya David en su palacio, dijo al profeta Natán: He aquí que yo habito en una casa de cedro; mientras el arca del Testamento del Señor está debajo de una cubierta de pieles.

2. Respondió Natán a David: Haz todo cuanto te inspira tu corazón; porque Dios está contigo.

3. Mas aquella misma noche habló Dios a Natán, diciendo:

4. Ve y di a mi siervo David: Esto dice el Señor: No me edificarás tú la casa o el templo para mi habitación.

5. En verdad que yo no he tenido casa fija desde el tiempo en que saqué a Israel de Egipto hasta el día de hoy, sino que he andado siempre mudando el lugar de mi residencia, y alojándome debajo de una tienda

6. como todo Israel, ¿por ventura, hablé yo jamás una palabra a ninguno de los jueces de Israel, a quienes encargué el gobierno de mi pueblo, diciéndoles: ¿Por qué no me habéis edificado una casa de cedro?

7. Dirás, pues, ahora tú a mi siervo David: Mira lo que dice el Señor de los ejércitos: Yo te escogí, cuando tú apacentabas los rebaños, para que fueses caudillo del pueblo mío de Israel,

8. y contigo he andado en todas tus marchas y en tu presencia he derrotado a todos tus enemigos, y te he dado fama cual puede tenerla uno de los magnates que son famosos sobre la tierra.

9. He dado también habitación fija a mi pueblo de Israel, en la cual se arraigará y permanecerá, y de donde no será jamás removido, como me obedezca; ni los hijos de la iniquidad lo oprimirán como antes,

10. desde aquel tiempo que di jueces a mi pueblo de Israel, y humillé a todos tus enemigos. Te hago, pues, saber, que el Señor te ha de fundar a ti una casa estable.

11. Y cumplidos que sean tus días, así que hayas ido a reunirte con tus padres, yo alzaré después de ti a uno de tu linaje, a uno de tus hijos, y le daré un reino estable.

12. Ese me edificará la casa y yo aseguraré su trono para siempre.

13. Yo le seré padre, y él me será hijo; y no apartaré de él mi misericordia, como la aparté de Saúl tu antecesor.

14. Y le daré el gobierno de mi casa y de mi reino para siempre; y su trono será firme eternamente.

15. Natán expuso a David todas estas palabras y toda esta visión.

16. Y habiendo entrado dentro del rey David, puesto en presencia del Señor*, dijo: ¿Quién soy yo, oh Señor Dios, y qué es mi casa para que hayas hecho por mí tales cosas?

17. Y aun esto ha parecido poco a tus ojos, que todavía has hablado sobre la casa de tu siervo, aun para los tiempos venideros, y me has hecho esclarecido sobre todos los hombres, oh Señor Dios mío.

18. ¿Qué más le queda desear a David, habiendo tú ensalzado tanto a tu siervo, y dándole tales muestras de aprobación?

19. Oh Señor, por amor de tu siervo has obrado según tu beneplácito, con toda esta magnificencia, y has querido manifestarle todas sus grandezas.

20. Señor, no hay semejante a ti; ni hay otro Dios sino tú entre todos los que han llegado a nuestra noticia.

21. Porque, ¿hay otro pueblo como el tuyo de Israel, esta nación única sobre la tierra, a la cual vino Dios para libertarla y hacerla su pueblo, arrojando con su poder y a fuerza de prodigios espantosos las naciones todas delante de este pueblo, librado por él de la esclavitud de Egipto?

22. Y estableciste por pueblo tuyo para siempre a tu pueblo de Israel; y tú Señor, has venido a ser su Dios.

23. Ahora, pues, oh Señor, confirmada para siempre la promesa que has hecho a tu siervo, y en orden a su casa, haz lo que tienes dicho,

24. y llévese a efecto en Israel; a fin de que sea eternamente ensalzado tu Nombre, y se diga siempre: El Señor de los ejércitos es el Dios de Israel, y la casa de su siervo David permanece estable delante de él.

25. Puesto que tú, Señor Dios mío, revelaste al oído de tu siervo que quieres

---

16. El profeta Natán fue a ver a David en su palacio para manifestarle la visión que tuvo.

fundarle una casa, y por eso tu siervo se atreve a presentar delante de ti esta súplica.

26. Ahora, pues, oh Señor, tú eres Dios infalible, y tú has prometido a tu siervo tan grandes favores,

27. y has comenzado a bendecir la casa de tu siervo, a fin de que ella subsista siempre delante de ti; porque bendiciéndola tú, oh Señor, será perpetuamente bendita.

18 *Victorias de David, a quien Dios promete una casa sempiterna. Tributos impuestos a las naciones*

1. Pasadas estas cosas, David derrotó a los filisteos, y los humilló, y recobró del poder de ellos a Get y sus aldeas.

2. Derrotó también a los moabitas, y quedaron sujetos a David, al cual pagaban tributo.

3. Por este mismo tiempo venció también David a Adarecer, rey de Soba, en el país de Hemat, cuando éste salió a campaña para extender su imperio hasta el río Eufrates.

4. En consecuencia David le cogió mil carros de guerra de a cuatro caballos, y siete mil soldados de caballería, y veinte mil de infantería, y desjarretó todos los caballos de los carros, a excepción de cien tiros de cuatro caballos, que reservó para sí.

5. Y habiendo sobrevenido los siros de Damasco para socorrer a Adarecer, rey de Soba, les mató David veintidós mil hombres.

6. Y puso guarnición en Damasco para que también la Siria le estuviese sujeta y le pagase tributo. En todas sus empresas le asistió el Señor con su auxilio.

7. Fuera de esto cogió David las aljabas de oro que habían sido de los siervos u oficiales de Adarecer, y las trajo a Jerusalén;

8. y también grandísima cantidad de bronce de Tebat y de Cun, ciudades de Adarecer, de cuyo metal hizo Salomón el mar o gran concha de bronce, y las columnas y demás utensilios de bronce.

9. Habiendo, pues oído Tou, rey de Hemat, cómo David había deshecho todo el ejército de Adarecer, rey de Soba,

10. envió a Adoram, su hijo, al rey David para pedirle la paz, y congratularse con él por haber vencido y subyugado a Adarecer; porque era Tou enemigo de Adarecer.

11. Consagró también el rey David al Señor todos los vasos de oro, y de plata, y de bronce, con la plata y el oro que había recogido de todas las gentes, así de Idumea, y de Moab, y de los amonitas, como de los filisteos y de los amalecitas.

12. Por otra parte Abisaí, hijo de Sarvia, derrotó en el valle de las Salinas a dieciocho mil idumeos.

13. Y puso guarnición en la Idumea, a fin de que estuviese sujeta* a David; y salvó el Señor a David en todas las expediciones que emprendió.

14. Reinó, pues, David sobre todo Israel; y juzgaba con rectitud, y administraba justicia a todo su pueblo.

15. Joab, hijo de Sarvia, era el general de los ejércitos; y Josafat, hijo de Ahilud, era canciller;

16. Sadoc, hijo de Aquitob, y Aquimelec, hijo de Abiatar, eran sumos sacerdotes, y Susa, secretario.

17. Banaías, hijo de Joíada, era comandante de las legiones de los cereteos y feleteos. Pero los hijos de David eran los principales en el servicio del rey.

19 *Hanón, rey de los amonitas, insulta a los embajadores de David, quien vence a los siros*

1. Sucedió que murió Naas, rey de los amonitas, en cuyo lugar reinó su hijo.

2. Y dijo David: Mostraré mi compasión o sentimiento a Hanón, hijo de Naas, pues recibí favores de su padre. En consecuencia envió David embajadores para consolarle en la muerte de su padre. Luego que éstos llegaron al país de los amonitas con el fin de consolar a Hanón,

3. dijeron a Hanón los príncipes de los amonitas: Tú quizás piensas que David por honrar la memoria de tu padre ha enviado a consolarte; y no echas de ver que estos criados suyos han venido a explorar, y examinar y escudriñar el estado de tu país.

4. Oído esto, hizo Hanón raer la cabeza y la barba de los enviados de David, y que les cortasen las túnicas desde medio cuerpo abajo, y así los despachó.

---

13. *Gen 25, 23.*

5. Los cuales habiéndose retirado y dado parte a David del suceso, envió éste quién le saliese al encuentro (atenta la gran afrenta que había recibido), y les ordenó que se detuviesen en Jericó, y no volviesen hasta que les hubiese crecido la barba.

Los amonitas temen a David

6. Pero considerando los amonitas, así Hanón como todo el pueblo, la injuria que habían hecho a David, enviaron mil talentos de plata para tomar a sueldo tropas de las que iban en carros de guerra, y gente de a caballo de la Mesopotamia, y de la Siria de Maaca, y de Soba.

7. En efecto, condujeron a su sueldo treinta y dos mil hombres en carros armados, y al rey de Maaca con su gente. Y reunidos que fueron éstos, se acamparon frente de Medaba. Al mismo tiempo los amonitas congregados de sus ciudades salieron a campaña.

8. Sabido todo esto por David, despachó a Joab con todas sus mejores tropas;

9. y haciendo movimiento los amonitas se formaron en batalla junto a la puerta de la ciudad, mientras que los reyes venidos a su socorro hicieron alto separadamente en la campiña.

10. Joab, pues, conociendo que querían atacarlo de frente y por la espalda, escogió los más valientes de todo Israel, y se dirigió contra los siros.

11. Y dio el mando de las demás tropas a su hermano Abisaí, las cuales marcharon contra los amonitas,

12. y dijo: Si los siros prevalecieren contra mí, tú vendrás a socorrerme; pero si los amonitas te llevaren a ti de vencida, yo acudiré a tu socorro.

13. Ten buen ánimo, y peleemos valerosamente por nuestro pueblo, y por las ciudades de nuestro Dios; y el Señor haga lo que más sea de su agrado.

14. Marchó, pues, Joab y la gente que con él estaba al combate contra los siros, y los puso en huida.

15. Viendo los amonitas que los siros habían huido, huyeron ellos también de Abisaí, hermano de Joab, y se metieron en la ciudad. Y volvió también Joab a Jerusalén.

16. Mas viéndose los siros vencidos por Israel, despacharon mensajeros e hicieron venir a los siros que habitaban a la otra parte del río Eufrates; y Sofac, general de las tropas de Adarecer, era su comandante.

17. Luego que David lo supo, juntó a todo Israel, y pasó el Jordán, y los cargó de frente con su ejército formado en batalla, sosteniendo ellos por su parte este choque con valor.

18. En fin, volvieron los siros las espaldas a Israel, y mató David a siete mil hombres de los que iban montados en carros, y cuarenta mil de a pie, y a Sofac, general de este ejército.

19. Entonces los vasallos de Adarecer, viéndose vencidos por Israel, se pasaron a David, y se sujetaron a su imperio. Con esto la Siria nunca más quiso dar socorro a los amonitas.

20 *Asedio y toma de Rabba. Triunfo de David sobre los filisteos y amonitas*

1. Al cabo de un año, en la estación en que suelen los reyes salir a campaña, juntó Joab el ejército y la flor de las tropas, y taló el país de los amonitas, y avanzando puso sitio a Rabba. David se quedó en Jerusalén, cuando batió Joab a Rabba, y la destruyó.

2. Mas David tomó la corona de Melcom de encima de su cabeza*, y halló en ella el peso de un talento de oro y piedras preciosísimas, de que se hizo para sí una diadema, cogiendo además muchísimos despojos de la ciudad.

3. A cuyos habitantes los hizo salir fuera, e hizo pasar por encima de ellos trillos y rastras, y carros armados de cortantes cuchillos, de manera que quedaban hechos piezas y añicos; otro tanto hizo David con todas las ciudades de los amonitas; y, concluido esto, volvió con todo su ejército a Jerusalén.

4. Comenzó después la guerra contra los filisteos en Gazer; durante la cual Sobocai de Husati mató a Safai del linaje gigantesco de Rafaim; con lo que los dejó abatidos.

5. Otra guerra hubo también contra los filisteos, en la cual Areodato, hijo de Salto,

---

2. La palabra hebrea *Melcom* significa *ídolo. 2 Sam 12*, 30.

natural de Betlehem, mató a un hermano de Goliat de Get, que traía una lanza, cuyo astil era como un rodillo de tejedores.

6. Hubo además otra guerra en Get, donde se halló un hombre de grandísima estatura, con seis dedos en pies y manos, esto es, veinticuatro dedos en todo; el cual descendía también de la raza gigantesca de Rafa.

7. Insultaba éste a Israel; pero lo mató Jonatán, hijo de Samaa, hermano de David. Estos son los hijos de Rafa, o gigantes de Get, que murieron a manos de David y de sus tropas.

21 *Censo del pueblo y castigo de David por medio de la peste. Oración de David al Señor*

1. Pero se levantó Satanás contra Israel, e instigó a David a que hiciese el censo de Israel*.

2. Por lo que dijo David a Joab y a los príncipes del pueblo: Id y contad a Israel desde Bersabee hasta Dan, y traedme la suma; que quiero saberla.

3. A lo que respondió Joab: Aumente el Señor su pueblo cien veces más de lo que es. Pero, ¿no es así, oh mi rey y señor, que todos son siervos tuyos? ¿A qué fin pretende mi señor hacer una cosa, que será perniciosa y acarreará el castigo a Israel?

4. Sin embargo, prevaleció el parecer o antojo del rey; y Joab hubo de salir, y anduvo girando por todo Israel, y volvió después a Jerusalén,

5. y entregó a David la lista de los lugares que había recorrido; y se halló ser toda la suma de Israel un millón cien mil hombres de armas tomar, y de la tribu de Judá cuatrocientos setenta mil;

6. si bien Joab no hizo el censo de las tribus de Leví y de Benjamín; por cuanto ejecutaba de mala gana la orden del rey.

7. En efecto, desagradó a Dios lo mandado, y por ello castigó a Israel.

8. Y dijo David a Dios: He pecado gravísimamente en hacer esto; perdona, oh Señor, la iniquidad de tu siervo, porque he procedido neciamente.

9. Habló después el Señor a Gad, profeta de David, diciendo:

10. Anda, ve a David, y dile: Esto dice el Señor: Tres cosas te doy a escoger; escoge una, la que quisieres recibir de mí.

11. Viniendo, pues, Gad a David, le dijo: Esto dice el Señor: Escoge lo que quieras,

12. o hambre por tres años; o andar huyendo de tus enemigos por tres meses, sin poder librarte de su espada; o que por tres días descargue sus golpes la espada del Señor, cundiendo la peste por el país, y haciendo estragos el ángel del Señor en todos los términos de Israel. Ahora bien, mira tú qué es lo que he de responder al que me ha enviado.

13. Respondió David a Gad: Por todas partes me hallo lleno de angustias; pero al fin, más cuenta me tiene el caer en manos del Señor, conociendo su gran misericordia, que no en manos de los hombres.

14. Envió, pues, el Señor la peste a Israel; y murieron de Israel setenta mil hombres.

15. Asimismo envió su ángel a Jerusalén para que la castigase; pero cuando se hallaba en la mayor desolación, echó el Señor sobre ella una mirada, y tuvo compasión de tanto estrago, y comunicó al ángel exterminador esta orden: Basta, retira ya tu mano. Estaba a la sazón el ángel del Señor sobre la era de Ornán, jebuseo.

16. Y alzando David los ojos vio al ángel del Señor, que estaba en el aire, con una espada desenvainada en su mano, vuelta contra Jerusalén; y a su vista, tanto él como los ancianos, vestidos de cilicios, se postraron rostro por tierra.

17. Y dijo David a Dios: ¿Por ventura no soy yo quien mandó hacer el censo del pueblo? Yo soy el que he pecado; yo el que he cometido la maldad. Esta grey, ¿qué culpa tiene? Señor Dios mío, descarga, te suplico, tu mano contra mí y contra la casa de mi padre; mas no sea castigado tu pueblo.

18. Y al punto el ángel del Señor mandó a Gad que dijese a David, que subiese a erigir un altar al Señor Dios en la era de Ornán, jebuseo.

19. Subió, pues, David, según el mandato que le había dado Gad en nombre del Señor.

20. Entretanto Ornán y cuatro hijos suyos, que con él estaban, habiendo alzado los ojos y visto al ángel, fueron a esconderse; estaban a la sazón trillando el trigo en la era.

1. *2 Re 23*, 13.

21. Pues como David viniese hacia Ornán, lo alcanzó a ver éste desde la era, y le salió al encuentro, e inclinándose hasta el suelo, le hizo una profunda reverencia.

22. Le dijo David: Dame el sitio de tu era, recibiendo su valor en dinero contante, para edificar en ella un altar al Señor, a fin de que cese el azote del pueblo.

23. Respondió Ornán a David: Tómela, y haga de ella el rey, mi señor, lo que bien le pareciere. Y aun doy los bueyes para el holocausto, y los trillos para hacer el fuego, y el trigo para el sacrificio. Todo lo daré con gusto.

24. Le replicó el rey David: No ha de ser así, sino que te pagaré en dinero todo su valor; porque no debo yo quitártelo a ti, y ofrecer así al Señor holocaustos que no me cuesten nada.

25. Dio, pues, David a Ornán, en pago del sitio, seiscientos siclos de oro.

26. Con eso edificó allí un altar al Señor, y ofreció holocaustos y víctimas pacíficas, invocando al Señor; el cual le oyó, enviando fuego del cielo sobre el altar de holocausto.

27. Y dando el Señor orden al ángel, envainó éste su espada.

28. Inmediatamente David viendo que el Señor había oído su oración en la era de Ornán, jebuseo, ofreció allí sacrificios.

29. Verdad es que a la sazón el Tabernáculo del Señor, construido por Moisés en el desierto, y el altar de los holocaustos estaban en la altura de Gabaón.

30. Mas David no tuvo aliento para ir entonces a aquel altar a orar allí a Dios, porque había quedado muy aterrado de espanto, al ver la espada del ángel del Señor.

---

22 *Prepara David los materiales para la construcción del templo. Manda a Salomón que lo construya*

---

1. En seguida dijo David: Aquí está la casa de Dios, y éste es el altar de los holocaustos de Israel.

2. Y mandó juntar todos los extranjeros de la tierra de Israel, y entresacó de ellos canteros para cortar y pulir las piedras para la construcción de la casa de Dios.

3. Preparó también muchísimo hierro para la clavazón de las puertas, y para la trabazón de las junturas; y cantidad inmensa de bronce.

4. Era igualmente inestimable el acopio de maderas de cedro, que los sidonios y tirios habían traído a David.

5. Porque dijo David: Mi hijo Salomón es todavía un joven tierno y delicado; y la casa que quiero que se edifique al Señor debe ser tal, que sea celebrada en todas las naciones; iré, pues, yo preparando lo necesario. Por esta razón hizo antes de su muerte, con anticipación, todos los gastos.

6. Y llamó a su hijo Salomón, y le mandó que edificase la casa o templo al Señor Dios de Israel.

7. Añadió David a Salomón: Hijo mío, mi voluntad fue el edificar casa al Nombre de mi Señor Dios;

8. pero el Señor me habló, y dijo: Tú has derramado mucha sangre, y hecho muchas guerras; y así no puedes edificar la casa a mi Nombre, habiendo derramado tanta sangre delante de mí.

9. Tú tendrás un hijo, el cual será hombre de paz; pues yo haré que no sea perturbado de ninguno de sus enemigos en todos los alrededores; por cuya causa será llamado el Pacífico o Salomón; y paz y sosiego daré yo a Israel todo el tiempo de su vida.

10. El edificará la casa a mi Nombre, y él me será hijo, y yo le seré padre; y estableceré el solio de su reino sobre Israel para siempre.

11. Ahora, pues, hijo mío, el Señor sea contigo, y seas feliz, y edifica la casa o templo al Señor Dios tuyo, como lo tiene predicho de ti.

12. Concédate asimismo el Señor sabiduría y prudencia para poder gobernar a Israel, y guardar la ley del Señor Dios tuyo.

13. Porque entonces podrás ser feliz, si observares los mandamientos y las leyes dadas por el Señor a Moisés para que las enseñara a Israel. Esfuérzate y pórtate varonilmente; no temas, ni te acobardes.

14. Ya ves que yo en mi pobreza* he preparado para los gastos de la casa del Señor cien mil talentos de oro y un millón de talentos de plata; el bronce y el hierro es en tanta cantidad, que es incalculable; tengo

---

14. David, humillado ante el Señor, miraba como pobreza aquello que los hombres pueden ofrecer al Creador.

prevenida mucha madera y piedra para todas las obras necesarias.

15. Tienes también muchísimos obreros, canteros, y albañiles, y carpinteros, y artífices de toda especie, muy hábiles en todo género de labores,

16. en oro, plata, bronce o hierro, cuya suma es incalculable. Anímate, pues, y manos a la obra, y el Señor será contigo.

17. Al mismo tiempo mandó David a los príncipes de Israel que ayudasen a su hijo Salomón.

18. Ya veis, les dijo, que el Señor Dios vuestro está con vosotros, y que os ha dado paz por todos lados, y entregado en vuestras manos todos vuestros enemigos, y que el país está sujeto al Señor y a su pueblo.

19. Disponed, pues, vuestros corazones, preparad vuestras almas, y buscad al Señor Dios vuestro. Manos a la obra, y edificad el santuario al Señor Dios, para que el arca de la Alianza del Señor y los vasos a él consagrados sean trasladados a la casa que va a edificar al Nombre del Señor.

23 *David, ya anciano, después de haber declarado rey a Salomón, señala los oficios de los levitas*

1. Siendo ya David anciano y lleno de días, constituyó a Salomón, su hijo, por rey de Israel.

2. Y convocó a todos los príncipes de Israel, y a los sacerdotes y levitas.

3. Y contados los levitas de treinta años arriba, se hallaron treinta y ocho mil hombres.

4. De éstos fueron escogidos y distribuidos en el servicio de la casa del Señor veinticuatro mil; para prefectos y jueces seis mil.

5. Cuatro mil porteros, y otros tantos para salmistas, que cantaban las alabanzas del Señor al son de los instrumentos, que a este fin había mandado a hacer.

6. Y los repartió David en sus turnos, según las familias de los hijos de Leví, que son Gersón, Caat y Merari.

7. Los hijos de Gersón fueron Leedán y Semei.

8. Hijos de Leedán, tres: el primogénito Jahiel, y Zetán, y Joel.

9. Hijos de Semei, tres: Salomit, y Hosiel y Arán. Estos eran los príncipes de las familias de Leedán.

10. Hijos de otro Semei: Lehet, y Ziza, y Jaús, y Baría: estos cuatro son los hijos de Semei.

11. Entre ellos Lehet era el primogénito, Ziza el segundo; Jaús y Baría no tuvieron muchos hijos; y por eso fueron contados como una sola familia y casa.

12. Hijos de Caat, cuatro: Amram e Isaar, Hebrón y Oziel.

13. Los hijos de Amram: Aarón y Moisés. Mas Aarón fue destinado para el ministerio del lugar santísimo, así él como sus hijos perpetuamente, para quemar el incienso al Señor, según rito, y bendecir su Nombre para siempre.

14. Los hijos de Moisés, varón de Dios, fueron alistados en la tribu de Leví.

15. Hijos de Moisés: Gersom y Eliezer.

16. Hijos de Gersom: Subuel, primogénito.

17. De Eliezer fue hijo Rohobías, cabeza de familia; y no tuvo Eliezer otros hijos. Pero los hijos de Rohobías fueron muchísimos.

18. Hijos de Isaar: Salomit, primogénito.

19. Hijos de Hebrón: Jeriau, primogénito, Amarías el segundo, Jahaziel el tercero, y el cuarto Jecmaam.

20. Hijos de Oziel: Mica el primero, Jesía el segundo.

21. Hijos de Merari: Moholi y Musi. Hijos de Moholi: Eleazar y Cis.

22. Murió Eleazar y no tuvo hijos sino hijas; por lo que se casaron con ellas los hijos de Cis, sus primos hermanos.

23. Hijos de Musi, tres: Moholi, Eder y Jerimot.

24. Estos son los hijos de Leví, cabezas de sus linajes y familias, contados uno por uno; los cuales ejercían por turno las funciones de su ministerio en la casa del Señor, desde veinte años arriba.

25. Porque David dijo: El Señor Dios de Israel ha dado descanso a su pueblo, y morada estable en Jerusalén para siempre.

26. Y así no tendrán ya los levitas el trabajo de llevar el Tabernáculo, y todos los utensilios de su ministerio.

27. Asimismo según las últimas disposiciones de David, el número de los hijos de Leví debe contarse de veinte años arriba;

28. y estarán sujetos a los hijos de Aarón o sacerdotes, en lo concerniente al culto de la casa del Señor, así en los atrios como en las viviendas, y en el lugar de la purificación, y en el santuario, y en todas las funciones del ministerio del templo del Señor.

29. Los sacerdotes cuidarán de los panes de la proposición, de la ofrenda de flor de harina, de las tortas sin levadura, y de lo que se fríe, y de lo que se tuesta para ser ofrecido al Señor, y de todos los pesos y medidas.

30. Y los levitas han de asistir por la mañana a cantar las alabanzas del Señor, e igualmente por la tarde;

31. tanto en la oblación de los holocaustos del Señor, como en los días de sábado, y en las calendas, y en las demás festividades, según el número prescrito, observando constantemente delante del Señor las ceremonias particulares a cada cosa.

32. Y seguirán guardando las reglas del Tabernáculo del Testamento y los ritos del santuario, y las órdenes de los hijos de Aarón sus hermanos, para ejercer sus funciones en la casa del Señor.

24 *David distribuye en veinticuatro clases las familias de Eleazar e Itamar*

1. En cuanto a los hijos de Aarón, fueron divididos en estas clases. Los hijos que tuvo Aarón fueron: Nadab, y Abiú, y Eleazar, e Itamar.

2. Mas Nadab y Abiú, murieron antes que su padre, sin dejar hijos; y ejercieron las funciones del sacerdocio Eleazar e Itamar.

3. Y David los dividió, esto es, distribuyó la familia de Sadoc, hijo o descendiente de Eleazar, y la de Ahimelec* de la rama de Itamar, fijando los turnos de su ministerio.

4. Pero se halló que era en mucho mayor número las cabezas de familias descendientes de Eleazar, que las de Itamar. Por eso a los descendientes de Eleazar los dividió en dieciséis familias con una cabeza para cada familia, y a los de Itamar en ocho familias.

5. La repartición de los oficios, entre ambas familias la hizo por suertes; porque así los descendientes de Eleazar como los de Itamar, eran príncipes del santuario y príncipes de Dios.

6. Semeías, hijo de Natanael, de la tribu de Leví, secretario o canciller, formó la lista de ellos en presencia del rey, y de los magnates, y de Sadoc sumo sacerdote, y de Ahimelec hijo de Abiatar, como también de las cabezas de las familias sacerdotales y levíticas; tomando alternativamente de la casa de Eleazar, que era sobre las otras, y de la casa de Itamar, que tenía también otras bajo de sí.

7. El primer turno tocó a Joyarib, el segundo a Jedei,

8. el tercero a Harim, el cuarto a Seorim,

9. el quinto a Melquía, el sexto a Maimán,

10. el séptimo a Accos, el octavo a Abía,

11. el noveno a Jesua, el décimo a Sequenías,

12. el undécimo a Eliasib, el duodécimo a Jacim,

13. el decimotercero a Hopfa, el decimocuarto a Isbaab,

14. el decimoquinto a Belga, el decimosexto a Emmer,

15. el decimoséptimo a Hezir, el decimoctavo a Afsés,

16. el decimonoveno a Feteya, el vigésimo a Hezequiel,

17. el vigesimoprimero a Jaquín, el vigesimosegundo a Gamul,

18. el vigesimotercero a Dalayau, el vigesimocuarto a Maaziau.

19. He aquí su distribución, según sus ministerios, a fin de que entren en la casa del Señor, según su turno, conforme las órdenes de Aarón, su padre, según había prescrito el Señor Dios de Israel.

20. Los otros hijos de Leví* eran Subael de los hijos de Amram, y Jehedeya de los hijos de Subael.

21. De los hijos de Rohobías era cabeza Jesías.

22. De Isaari era hijo Salemot, y de éste Jaat.

23. De Jaat fue hijo primogénito Jeriau, el segundo Amarías, el tercero Jahaziel, el cuarto Jecmaán.

24. Hijo de Oziel, Mica; hijo de Mica, Samir.

---

3. Llamado también *Abiatar*.

20. *Que no eran sacerdotes.*

25. Hermano de Mica, Jesía; Zacarías, hijo de Jesía.

26. Hijos de Merari: Moholi y Musi; hijo de Oziau, Benno.

27. Hijo también de Merari fue Oziau, que tuvo a Soam, y Zacur, y Hebri.

28. Hijo de Moholi: Eleazar, el cual no tuvo hijos.

29. Hijo de Cis: Jerameel.

30. Hijos de Musi: Moholi, Eder y Jerimot. Estos son hijos de Leví, según las ramificaciones de sus familias.

31. Y éstos también echaron suertes a imitación de sus hermanos los hijos de Aarón, en presencia del rey David, y de Sadoc, y de Ahimelec, y de los príncipes o cabezas de las familias sacerdotales y levíticas; desde el mayor hasta el menor, todos igualmente fueron distribuidos por suerte, en veinticuatro clases de levitas.

25 *Los cantores, salmistas y tañedores de instrumentos distribuidos en Veinticuatro clases*

1. Asimismo David y las cabezas o príncipes, de la multitud entresacaron a los hijos de Asaf, y de Hemán, y de Iditún para el ministerio de cantar las alabanzas de Dios al son de las cítaras y salterios, y címbalos, sirviendo en número conveniente en el oficio a que se les había destinado.

2. De los hijos de Asaf fueron Zaccur, y José, y Natanías, y Asarela, bajo la dirección de su padre Asaf, el cual cantaba cerca del rey.

3. Hijos de Iditún, seis: Iditún, Godolías, Sorí, Jeseías, y Hasabías, y Matatías, bajo la dirección de su padre Iditún, el cual cantaba al son de la cítara o arpa, puesto al frente de los que celebraban y alababan al Señor.

4. Asimismo Hemán, cuyos hijos eran Bocciau, Mataniau, Oziel, Subuel, y Jerimot, Hananías, Hanani, Eliata, Gedelti y Romemtiezer, y Jesbacasa, Melloti, Otir, Mahaziot;

5. todos hijos de Hemán, que era profeta del rey en los cánticos de Dios para ensalzar su poder; y le dio Dios a Hemán catorce hijos y tres hijas.

6. Todos los referidos estaban distribuidos bajo la dirección de sus padres, esto es, de Asaf, y de Iditún, y de Hemán, para cantar en el templo del Señor con címbalos, y salterios, y cítaras, en servicio de la casa del Señor cerca del rey.

7. El número de éstos, junto con sus hermanos, maestros todos que enseñaban a cantar los cánticos del Señor, fue de doscientos ochenta y ocho, doce de cada familia.

8. Todos igualmente echaron suertes, clase por clase, entrando tanto los mayores como los menores, tanto los maestros como los discípulos.

9. La primera suerte salió a José, el cual era de la casa de Asaf. La segunda a Godolías, a él y a sus hijos y hermanos, en número de doce.

10. La tercera salió a Zacur, a sus hijos y hermanos, en número de doce.

11. La cuarta a Isari, con sus hijos y hermanos, doce.

12. La quinta a Natanías, con sus hijos y hermanos, doce.

13. La sexta a Bocciau, con sus hijos y hermanos, doce.

14. La séptima a Israela, con sus hijos y hermanos, doce.

15. La octava a Jesaía, con sus hijos y hermanos, doce.

16. La novena a Matanías, con sus hijos y hermanos, doce.

17. La décima a Semeías, con sus hijos y hermanos, doce.

18. La undécima a Azareel, con sus hijos y hermanos, doce.

19. La duodécima a Hasabías, con sus hijos y hermanos, doce.

20. La decimatercera a Subael, con sus hijos y hermanos, doce.

21. La decimacuarta a Matatías, con sus hijos y hermanos, doce.

22. La decimaquinta a Jerimot, con sus hijos y hermanos, doce.

23. La decimasexta a Hananías, con sus hijos y hermanos, doce.

24. La decimaséptima a Jesbacasa, con sus hijos y hermanos, doce.

25. La decimoctava a Hanani, con sus hijos y hermanos, doce.

26. La decimanovena a Melloti, con sus hijos y hermanos, doce.

27. La vigésima a Eliata, con sus hijos y hermanos, doce.

28. La vigesimaprimera a Otir, con sus hijos y hermanos, doce.

29. La vigesimasegunda a Geddelti, con sus hijos y hermanos, doce.

30. La vigesimatercera a Mahaziot, con sus hijos y hermanos, doce.

31. La vigesimacuarta a Romemtiezer, con sus hijos y hermanos, doce.

26 *Se señalan los porteros del templo y los guardas de los tesoros y los vasos sagrados*

1. Estas fueron las clases o divisiones de los ostiarios o porteros. De la casa de Coré: Meselemías, descendiente de Coré, de la familia de los hijos de Asaf.

2. Hijos de Meselemías: Zacarías primogénito, Jadihel el segundo, Zabadías el tercero, Jatanael el cuarto,

3. Elam el quinto, Johanán el sexto, Elioenai el séptimo.

4. Hijos de Obededom: Semeías primogénito, Jozabad el segundo, el tercero Joaha, el cuarto Sacar, Natanael el quinto,

5. Ammiel el sexto, Isacar el séptimo, Follati, el octavo; porque bendijo el Señor a Obededom*.

6. Y Semei, o Semeías, su hijo, tuvo hijos que fueron cabezas de otras tantas familias de ostiarios; porque eran varones de gran fuerza.

7. Hijos de Semeías: Otni, y Rafael, y Obed, y Elzabad, y sus hermanos, hombres robustísimos; como también Eliú y Samaquías.

8. Todos éstos eran de la familia de Obededom; así ellos como sus hijos y hermanos, o parientes, varones de la mayor robustez para su ministerio; en todos, sesenta y dos de la casa de Obededom.

9. Los hijos de Meselemías, con sus hermanos, muy robustos, eran dieciocho.

10. De Hosa, esto es, del linaje de Merari, Semri fue cabeza de una clase (porque su padre no tenía primogénito*, y por eso le había puesto a él por principal).

11. Helcías el segundo, Tabelías el tercero, Zacarías el cuarto. Todos estos hijos de Hosa, junto con sus hermanos, eran trece.

12. Entre éstos fue distribuido el oficio de portero, de tal suerte, que los capitanes de las guardias, como también sus hermanos, servían siempre en la casa del Señor.

13. Se echaron, pues, las suertes por familias, con igualdad, sin distinción de pequeños ni grandes, para cada una de las puertas.

14. Según esto la portería oriental tocó a Selemías o Meselemías; y a Zacarías, su hijo, varón muy prudente e instruido, la del lado septentrional.

15. A Obededom y sus hijos tocó por suerte la del mediodía, en cuya parte de la casa o templo estaba el consejo de los Ancianos o sala del Sanedrín.

16. A Sefim y a Hosa la de occidente, junto a la puerta que conduce al camino de la subida del palacio al templo, guardia y contraguardia.

17. La puerta del oriente la guardaban seis levitas; la del norte cuatro, que se mudaban cada día; y la del mediodía cuatro, igualmente todos los días; y allí donde estaba el consejo, de dos en dos.

18. Al occidente, en las viviendas o celdas de los porteros, cuatro en el camino a palacio, y dos en los aposentos.

19. Así fue distribuida la guardia de las puertas entre los hijos de Coré y de Merari.

20. Por otra parte Aquías tenía la superintendencia de los tesoros de la casa de Dios y de los vasos sagrados.

21. Hijos de Ledán, hijo de Gersonni o Gersom, hijo de Leví. De Ledán, descienden estas cabezas de familias: Ledán, Gersoni y Jehieli.

22. Y los hijos de Jehieli: Zatán y Joel, su hermano, guardas de los tesoros de la casa del Señor,

23. con los de la familia de Amram, de Isaar, de Hebrón y de Ozihel.

24. Pero Subael, descendiente de Gersom, hijo de Moisés, era tesorero mayor.

25. Asimismo su hermano Eliezer, de quien fue hijo Rahabías, y de éste Isaías, de Isaías, Joram, del cual lo fue Zocri, y de éste Selemit.

26. Selemit, pues, con sus hermanos, tenían la custodia de los tesoros del santuario, que habían consagrado a Dios el rey David y los príncipes de las familias, y los tribunos, y centuriones, y demás capitanes del ejército,

27. esto es, de las cosas tomadas en la guerra, y de los despojos de las batallas, que

---

5. *2 Sam* 6, 11.
10. Capaz de este oficio.

habían consagrado para la conservación del templo del Señor y de sus utensilios.

28. Todas estas cosas las habían consagrado al Señor Samuel profeta, Saúl hijo de Cis, y Abner hijo de Ner, y Joab hijo de Sarvia. Todos los que consagraban dones, los ponían en manos de Selemit y de sus hermanos.

29. Los descendientes de Isaar tenían por cabeza a Conenías con sus hijos; y cuidaban de las cosas de afuera concernientes a Israel, de instruir, y juzgar al pueblo.

30. Hasabías, de la familia de los hebronitas, y sus hermanos, en número de mil setecientos, hombres muy valerosos, gobernaban la parte de Israel que está al otro lado del Jordán hacia el poniente, en todos los negocios concernientes al servicio del Señor y del rey.

31. Jerías fue cabeza de los hebronitas, divididos en sus familias y casas. El año cuarenta del reinado de David fueron numerados en Jazer de Galaad; de estos varones fortísimos,

32. y de sus hermanos en el mayor vigor de la edad, se hallaron dos mil setecientas cabezas de familia. Y el rey David les dio el mando sobre los rubenitas, y gaditas, y la media tribu de Manasés, en todo lo tocante al servicio de Dios y del rey.

27 *Organización militar y civil en el reino de David. Los doce caudillos y su gobierno*

1. Los hijos de Israel, que bajo sus jefes de familias, tribunos, y centuriones, y prefectos servían al rey, repartidos en escuadrones, cambiándose todos los meses del año, eran en número de veinticuatro mil hombres mandados por sus respectivos capitanes.

2. El primer cuerpo de veinticuatro mil para el primer mes, tenía por capitán a Jesboam, hijo de Zabdiel,

3. del linaje de Farés, y el primer jefe de todos los comandantes del ejército durante el primer mes.

4. Al cuerpo del segundo mes lo mandaba Dudía de Ahohí, y tenía a sus órdenes otro llamado Macellot, que mandaba una parte de los veinticuatro mil hombres.

5. El comandante del tercer cuerpo en el mes tercero era Banaías sacerdote, hijo de Joíada, con veinticuatro mil hombres a su mando.

6. Este es aquel Banaías, el más valiente entre los treinta, y caudillo de treinta; capitaneaba sus tropas, como su segundo, Amizabad, hijo suyo.

7. El cuarto capitán para el cuarto mes era Azahel, hermano de Joab, y después de él Zabadías, su hijo; su cuerpo era de veinticuatro mil hombres.

8. El quinto capitán en el mes quinto era Samaot de Jezer, y en su división contaba veinticuatro mil hombres.

9. El sexto para el sexto mes era Hira, hijo de Accés de Tecua; su división era de veinticuatro mil.

10. El séptimo para el séptimo mes era Hellés de Falloni, de la tribu de Efraín, el cual tenía a su mando veinticuatro mil.

11. El octavo, para el octavo mes era Sobocai de Husati del linaje de Zarahi, y su cuerpo era de veinticuatro mil hombres.

12. El noveno para el noveno mes, Abiezer de Anatot, de los hijos de Jemini o Benjamín; su división era de veinticuatro mil.

13. El décimo para el décimo mes, Marai de Netofat, del linaje de Zarai; y su división era de veinticuatro mil.

14. El undécimo para el undécimo mes, Banaías de Faratón, de la tribu de Efraín; y su división era de veinticuatro mil.

15. El duodécimo para el duodécimo mes, Holdai de Netofat del linaje de Otoniel; su cuerpo también de veinticuatro mil hombres.

16. Asimismo las tribus de Israel tenían sus jefes. De la de Rubén era caudillo Eliezer, hijo de Zecri. De la de Simeón, Safatías, hijo de Maaca.

17. De la de Leví, Hasabías, hijo de Camuel; pero Sadoc era jefe de los descendientes de Aarón.

18. De la tribu de Judá era caudillo Eliú, hermano de David. De la de Isacar, Amri, hijo de Micael.

19. De la de Zabulón, Jesmaías, hijo de Abdía. De la de Neftalí, Jerimot, hijo de Ozriel.

20. De la de Efraín, Osee, hijo de Ozaziu. De la media tribu de Manasés, Joel, hijo de Fadaya.

21. De la otra media tribu de Manasés en Galaad, Jaddo, hijo de Zacarías. De la tribu de Benjamín, Jasiel, hijo de Abner.

22. De la de Dan, Ezrihel, hijo de Jeroham; éstos eran los príncipes de los hijos de Israel*.

23. Verdad es que David no quiso contar los de veinte años abajo, por cuanto el Señor había dicho que multiplicaría a Israel, como las estrellas del cielo.

24. Joab, hijo de Sarvia, había comenzado el encabezamiento, pero no lo finalizó; porque esta empresa había acarreado la ira de Dios sobre Israel, y por lo mismo el número de los que fueron contados no fue escrito en las fastos del rey David.

25. El superintendente de los tesoros del rey fue Azmot, hijo de Adiel. Pero de aquellos tesoros o almacenes que había en las ciudades, y en las aldeas, y en los castillos, era superintendente Jonatán, hijo de Ozías.

26. De la labranza y de los labradores que cultivaban la tierra estaba encargado Ezri, hijo de Quelub.

27. De los que cultivaban las viñas, Semeías romatita; y de las bodegas, Zabdías afonita.

28. Balanán, gederita, cuidaba de los olivares e higuerales que había en las campiñas; y Joás de los almacenes de aceite.

29. De los ganados mayores que pastaban en Sarón, cuidaba Setrai de Sarón. De las vacas que pastaban en los valles, Safat, hijo de Adlí.

30. De los camellos, Ubil, ismaelita; de los jumentos Jadaías de Meronat.

31. De las ovejas Jaziz, agareno. Todos éstos eran administradores de la hacienda del rey David.

32. Jonatán, tío paterno de David, varón instruido y prudente, era su consejero. El y Jahiel, hijo de Acamoni, estaban de compañeros con los hijos del rey.

33. Asimismo era consejero del rey Aquitofel*, y Cusai, araquita, amigo del rey.

34. Después de Aquitofel lo fueron Joíada, hijo de Banaías, y Abiatar. El generalísimo del ejército del rey era Joab.

---

22. *2 Sam 24.*
33. *2 Re 16; 17.*

28 *David exhorta a Salomón y a Israel a ser fieles a Dios. Prescribe la forma del templo*

1. Finalmente el rey David convocó en Jerusalén todos los príncipes de Israel, los jefes de las tribus, y los comandantes de los cuerpos de ejército que servían al rey, como también a los tribunos y centuriones, y a los administradores de la hacienda y posesiones del rey, y a sus hijos, con los eunucos o cortesanos, y a los más poderosos y a los más valientes del ejército.

2. Y levantándose el rey, puesto en pie, dijo: Escuchadme, oh hermanos míos, y pueblo mío: Yo tuve intención de construir un templo en que fuese colocada el arca del Testamento del Señor, que es como la tarima de los pies de nuestro Dios, y tengo preparados todos los materiales que he podido para la construcción.

3. Pero Dios me dijo: No edificarás tú la casa a mi Nombre; por ser un varón guerrero, y haber derramado sangre.

4. Verdad es que el Señor Dios de Israel me escogió a mí de entre toda la familia de mi padre, para que fuese rey de Israel perpetuamente; porque de Judá ha escogido los príncipes o soberanos; de las familias de Judá la familia de mi padre; y entre los hijos de mi padre, quiso elegirme a mí por rey de todo Israel.

5. Asimismo entre mis hijos (puesto que me ha dado el Señor muchos) ha elegido a mi hijo Salomón para que ocupase el trono del reino del Señor sobre Israel;

6. y me ha dicho a mí: Tu hijo Salomón ha de edificar mi casa y mis atrios, porque yo me lo he escogido por hijo mío, y yo he de serle padre;

7. y afirmaré su reino eternamente, si perseverare en cumplir mis mandamientos y leyes, como lo hace al presente.

8. Ahora, pues, en presencia de toda la congregación de Israel, delante de nuestro Dios que escucha, os digo: Guardad y estudiad todos los mandamientos del Señor Dios nuestro, a fin de que poseáis esta buena tierra, y la dejéis a vuestros hijos en herencia perpetua.

9. Y tú, Salomón, hijo mío, conoce al Dios de tu padre, y sírvele con un corazón perfecto, y de buena voluntad; porque el Señor escudriña todos los corazones, penetra todos los pensamientos del entendimiento. Si lo buscares, lo hallarás; pero si lo abandonares, te desechará para siempre.

10. Ahora bien, por cuanto el Señor te ha escogido para que edifiques la casa de su santuario, esfuérzate, y llévala a cabo.

11. Y dio David a su hijo Salomón el diseño del pórtico, y del templo, y de las recámaras, y de los cenáculos, y de los aposentos interiores, y del lugar del propiciatorio,

12. y aun de todos los atrios que había ideado, y de las habitaciones alrededor para los tesoros de la casa del Señor, y para los depósitos de las cosas consagradas al templo,

13. y las divisiones de los sacerdotes y levitas para todas las funciones de la casa del Señor, y para todos los vasos que debían servir en el templo del Señor.

14. Le dio el oro, según el peso que había de tener cada uno de los vasos del ministerio; asimismo la plata, pesada según la diversidad de los vasos y de las hechuras.

15. Además para los candeleros de oro y sus mecheros dio el oro correspondiente a la medida de cada candelero y de los mecheros; e igualmente el peso necesario de plata para los candeleros de plata y sus mecheros, a proporción de su tamaño.

16. Le dio también oro para las mesas de los panes de proposición, según la diversidad de las mesas; y asimismo plata para otras mesas o aparadores de plata.

17. Del mismo modo para los arrejaques o tridentes, y las palanganas*, y los incensarios de oro purísimo, y para los leoncillos o navetas de oro, según sus tamaños, destinó el peso del oro para uno y otro leoncillo o naveta. Y de la misma manera para los leoncillos o navetas de plata destinó y separó una cantidad proporcionada de plata.

18. Para el altar en que se ofrece el incienso dio del oro más fino; y para hacer del mismo los cuatro querubines que formasen la figura de una carroza, los cuales, extendiendo sus alas, cubriesen con ellas el arca del Testamento del Señor.

19. Todas estas cosas, dijo, se me han enviado delineadas por la mano del Señor; para que yo comprendiese todas las obras del diseño.

20. Y añadió David a su hijo Salomón: Pórtate con valor y esfuerzo, y manos a la obra; no temas ni te acobardes; porque el Señor Dios mío estará contigo, y no te desamparará, ni abandonará hasta que concluyas todas las obras necesarias para el servicio de la casa del Señor.

21. Aquí tienes los sacerdotes y levitas distribuidos en sus clases, y dispuestos y prontos a todo lo que conviene al ministerio de la casa del Señor; y así los príncipes o jefes como el pueblo sabrán ejecutar todas tus órdenes.

29 *Ofrendas para el templo. Ultimas recomendaciones de David y su muerte*

1. Habló después así el rey David a toda la asamblea: Dios ha escogido entre todos los demás a mi hijo Salomón, que es aún jovencito y tierno; y la empresa es grande; porque no se trata de disponer habitación para un hombre, sino para Dios.

2. Yo por mi parte he preparado con todas mis fuerzas todos los materiales para la casa de mi Dios. Oro para los utensilios de oro, y plata para los de plata, bronce para los de bronce, hierro para los de hierro, madera para los de madera, y piedras de ónique, y semejantes al alcohol, y otras de varios colores, y toda suerte de piedras preciosas, y mármol de Paros en grandísima cantidad.

3. Y además de estas cosas que tengo destinadas para la casa de mi Dios, doy de mi peculio oro y plata para el templo de mi Dios, además de aquello que he puesto aparte para el santuario,

4. tres mil talentos de oro de Ofir, y siete mil talentos de plata finísima para dorar o cubrir de oro las paredes del Templo.

5. De suerte que donde quiera que sea necesario, los artífices puedan hacer de oro lo que se haya de hacer de oro, y de plata lo que se haya de hacer de plata. Mas si alguno quiere hacer espontáneamente oferta, preséntela hoy por su mano, y ofrezca al Señor lo que gustare.

6. Los príncipes, pues, de las familias, y

---

17. *1 Cro 25*, 18.

los magnates de las tribus de Israel con los tribunos y centuriones, y administradores de la hacienda del rey, prometieron

7. y dieron para las obras de la casa de Dios cinco mil talentos de oro, y diez mil sueldos o monedas de oro, y diez mil talentos de plata, y dieciocho mil de cobre, con cien mil talentos de hierro.

8. Y todos cuantos tenían piedras preciosas las entregaron, para ponerlas en los tesoros de la casa del Señor, a Jahiel, gersonita, tesorero*.

9. Y el pueblo mostró su alegría al prometer estas ofrendas voluntarias; porque las hacía al Señor de todo su corazón; por lo cual el mismo rey David se llenó de gozo.

10. Y bendijo al Señor en presencia de toda la muchedumbre, y dijo: Bendito eres, Señor Dios de Israel nuestro padre, por los siglos de los siglos.

11. Tuya es, Señor, la magnificencia, el poder, la gloria, y la victoria; y a ti se debe la alabanza, porque todas las cosas que hay en el cielo y en la tierra tuyas son; tuyo, oh Señor, es el reino, y tú eres sobre todos los reyes.

12. Tuyas son las riquezas, y tuya es la gloria; tú eres el Señor de todo; en tu mano está la fuerza y el poder; en tu mano la grandeza y el imperio de todas las cosas.

13. Ahora, pues, oh Dios nuestro, nosotros te glorificamos, y alabamos tu esclarecido Nombre.

14. ¿Quién soy yo, y quién es mi pueblo, para que nos atrevamos a ofrecerte todas estas cosas? Tuyas son todas las cosas; y lo que hemos recibido de tu mano, eso te hemos dado.

15. Porque nosotros somos peregrinos y advenedizos delante de ti, como todos nuestros padres. Nuestros días pasan como sombra sobre la tierra; sin que haya consistencia alguna.

16. ¡Oh Señor Dios nuestro!, toda esta abundancia de cosas preparada por nosotros para erigir una casa o templo a tu santo Nombre, de tu mano ha venido, y tuyas son todas las cosas.

17. Bien sé, Dios mío, que tú sondeas los corazones y que amas la sencillez; y por eso con sencillez de corazón he ofrecido gozoso todas estas cosas, y he visto cómo tu pueblo, que está aquí congregado te ha ofrecido sus dones con gran alegría.

18. ¡Oh Señor Dios de Abrahán, de Isaac y de Israel nuestros padres!, conserva eternamente este afecto de su corazón, y dure para siempre esta devoción a tu culto.

19. Da también a mi hijo Salomón un corazón perfecto, para que guarde tus mandamientos, y tus leyes, y tus ceremonias, y lo ponga todo por obra, y edifique la casa, cuyos materiales tengo yo prevenidos.

20. Después dijo David a toda la asamblea: Bendecid al Señor Dios nuestro. Y toda la asamblea bendijo al Señor Dios de sus padres; y postrándose adoraron a Dios, y rindieron en seguida su homenaje al rey.

21. Y sacrificaron víctimas al Señor; y al día siguiente ofrecieron en holocausto mil toros, mil carneros, mil corderos, con sus libaciones, según el rito; lo que sirvió abundantísimamente para todo Israel.

22. Con lo cual comieron y bebieron aquel día en presencia del Señor con gran alegría. Ungieron después por segunda vez a Salomón, hijo de David. Y lo ungieron por rey por orden del Señor; y a Sadoc por sumo sacerdote.

23. Y Salomón se sentó como rey sobre el trono del Señor en lugar de su padre David, y fue del agrado de todos; y todo Israel le prestó obediencia.

24. Al mismo tiempo todos los príncipes y magnates, y todos los hijos del rey David le juraron fidelidad, y se sometieron al rey Salomón.

25. Y el Señor ensalzó a Salomón sobre todo Israel; y lo colmó de tanta gloria en el reino, cual no la tuvo antes de él ningún rey de Israel.

26. Reinó, pues, David, hijo de Isaí, sobre todo Israel.

27. El tiempo que reinó sobre Israel fue de cuarenta años; en Hebrón reinó siete años, y treinta y tres en Jerusalén.

28. Murió al fin en dichosa vejez, lleno de días, de riquezas y de gloria; y le sucedió en el trono su hijo Salomón.

29. Todos los hechos de David, así los primeros como los últimos, están escritos en el Libro de Samuel profeta, y en el Libro de Natán profeta, y en el de Gad profeta,

30. con la historia de todo su reinado, y de las empresas de valor y acontecimientos que ocurrieron en su tiempo, tanto en Israel como en los demás reinos de las tierras vecinas.

2 Crónicas

1 *Salomón pide y recibe la sabiduría del Señor, quien le da además riquezas y gloria*

1. Quedó, pues, Salomón, hijo de David, asegurado en su reino, y el Señor Dios suyo estaba con él, y lo engrandeció en sumo grado.

2. Entonces Salomón convocó a todo Israel, a los tribunos, y centuriones, y comandantes, y jueces de todo Israel, y a las cabezas de las familias,

3. y marchó con toda esta multitud al alto de Gabaón, donde estaba el Tabernáculo del Testamento de Dios, que Moisés, siervo de Dios, construyó en el desierto.

4. En cuanto al arca de Dios, David la había llevado de Cariatiarim al lugar que le había preparado, y donde le había erigido un Tabernáculo, esto es, a Jerusalén.

5. Mas el altar de bronce, hecho por Beseleel, hijo de Uri, hijo de Hur, estaba allá en Gabaón delante del Tabernáculo del Señor; y Salomón, con todo aquel congreso, fue allí a presentarse ante dicho altar.

6. Subió, pues, Salomón al altar de bronce, delante del Tabernáculo de la Alianza del Señor, y ofreció en él mil víctimas.

7. Y he aquí que aquella misma noche se le apareció Dios, diciendo: Pídeme lo que quieras que te conceda*.

8. Respondió Salomón a Dios: Tú usaste de gran misericordia para con David, mi padre, y a mí me has constituido rey en su lugar.

9. Ahora, pues, oh Señor Dios, cúmplase la promesa que hiciste a David, mi padre; y pues tú me has hecho rey de este pueblo tuyo tan crecido, tan innumerable como las partículas del polvo de la tierra,

10. dame sabiduría e inteligencia para poder gobernar bien a este pueblo tuyo; porque, ¿quién podrá gobernar dignamente a este tu pueblo, siendo como es tan grande?

11. Dijo entonces Dios a Salomón: Ya que esto es lo que ha agradado más a tu corazón, y no has pedido riquezas, ni hacienda, ni gloria, ni la muerte de aquellos que te odian, ni tampoco una larga vida; sino que has pedido sabiduría y ciencia para poder gobernar a mi pueblo, del cual yo te he hecho rey;

12. te son otorgadas sabiduría y ciencia; y además te daré riquezas, y hacienda, y gloria en tanto grado, que ninguno de los reyes ni antes ni después de ti te igualará.

13. Volvió después Salomón a Jerusalén desde el lugar alto de Gabaón de ante el Tabernáculo del Testamento; y reinó sobre Israel.

14. Y juntó carros de guerra, y gente de a caballo, y vino a tener hasta mil cuatrocientos carros armados, y doce mil soldados de a caballo*, y los alojó en las ciudades destinadas para los carros de guerra, y en Jerusalén cerca de su persona.

15. E hizo el rey que la plata y el oro en Jerusalén fuese tan común como las piedras, y los cedros como las higueras silvestres que con tanta abundancia crecen en los campos.

16. Le llevaban caballos de Egipto y de Coa los comisarios regios, que iban a comprarlos por su justo precio:

17. Un tiro de cuatro caballos en seiscientos siclos de plata, y un caballo en ciento cincuenta; y del mismo modo se hacían semejantes compras en todos los reinos de los heteos y de los reyes de Siria.

2 *Ultimos preparativos para la construcción del templo. Salomón hace un convenio con el rey Hiram*

1. Resolvió, pues, Salomón edificar el templo al Nombre del Señor, y un palacio para sí.

2. A este fin destinó setenta mil peones para traer a hombros las cargas, y ochenta mil para cortar y labrar las piedras en el

7. *1 Re 3*, 5.

14. *1 Re 10*, 26.

monte, y les puso tres mil seiscientos sobrestantes o encargados.

3. Y envió a decir a Hiram, rey de Tiro: Así como lo hiciste con David, mi padre, remitiéndole maderas de cedro para la construcción de la casa, donde él habitó,

4. hazlo conmigo, para que yo pueda edificar una casa al Nombre del Señor Dios mío, y consagrársela para ofrecer incienso en su presencia, y esparcir el humo de los aromas, y tenerle presentados perpetuamente los panes, ofrecerle los holocaustos por la mañana y por la tarde, y en los sábados, y en los novilunios, y en las solemnidades del Señor Dios nuestro para siempre, como está mandado a Israel.

5. Porque la casa que yo deseo edificar ha de ser grande, pues grande es nuestro Dios sobre todos los dioses.

6. Mas ¿quién será capaz de edificarle una casa que sea digna de él? Si el cielo, si los cielos de los cielos no pueden abarcarle, ¿quién soy yo para poder construirle una casa? Mas no la hago para otra cosa, sino para ofrecer en ella incienso en su honor.

7. Envíame, pues, un hombre inteligente, diestro en trabajar el oro, y la plata, y el bronce, y el hierro y la púrpura, y la escarlata, y el jacinto, y que sepa esculpir molduras, para que trabaje con estos artífices míos que he tomado de la Judea y de Jerusalén, escogidos por mi padre David.

8. Envíame asimismo maderas de cedro, y de enebro, y de pino, del Líbano; porque sé que tus siervos son prácticos en el corte de las maderas del Líbano, y mis siervos trabajarán con los tuyos,

9. para proveerme de maderas en abundancia. Pues la casa que yo deseo edificar ha de ser muy grande y suntuosa.

10. En orden a los obreros siervos tuyos, que han de trabajar en la madera, yo aprontaré para su sustento veinte mil coros o cargas de trigo, y otras tantas de cebada, y veinte mil cántaros de vino, y asimismo veinte mil medidas o satos de aceite.

11. Hiram, rey de Tiro, en la carta con que contestó a Salomón, decía: Por lo mucho que ama el Señor a su pueblo, por eso te ha puesto a ti para que reines sobre él.

12. Y añadía: Bendito sea el Señor Dios de Israel, que hizo el cielo y la tierra, el cual ha dado al rey David un hijo sabio, entendido, juicioso y prudente, a fin de que edificara un templo al Señor, y un palacio para sí.

13. Te envío, pues, un hombre inteligente y peritísimo, que es Hiram, a quien honro como a mi padre,

14. hijo de una mujer de la tribu de Dan, de padre natural de Tiro, el cual sabe trabajar en oro, y en plata, en bronce, y en hierro, y en mármol, y en maderas, y asimismo en púrpura, y en jacinto, y en lino fino, y en escarlata, y que sabe igualmente hacer toda obra de entalladura, e inventar ingeniosamente cuanto es menester en todas labores, y estará en compañía de tus artífices, y con aquellos de mi señor David, tu padre.

15. En vista de esto, remite, señor mío, para tus siervos el trigo, la cebada, el aceite y el vino que has prometido;

16. que nosotros haremos cortar maderas del Líbano, cuantas necesitares, y las llevaremos juntas en balsas por mar hasta Joppe, y tú cuidarás de transportarlas a Jerusalén.

17. Con esto Salomón hizo tomar nota de todos los varones extranjeros, que había en tierra de Israel, después del encabezamiento que había mandado hacer su padre David, y se hallaron ciento cincuenta y tres mil seiscientos;

18. de los cuales destinó setenta mil para traer las cargas a hombros, y ochenta mil para cortar y labrar las piedras en los montes, y tres mil seiscientos para capataces de los trabajos de esta gente.

3

Salomón construye el templo. Descripción del pórtico, el velo y las dos columnas de las puertas

---

1. Dio, pues, Salomón principio a la construcción del templo del Señor en Jerusalén en el monte Moria, señalado expresamente ya a David, su padre, en el lugar que tenía David preparado en la era de Ornán, jebuseo;

2. y empezó el edificio el mes segundo del año cuarto de su reinado.

3. Y éstas son las medidas de los cimientos echados por Salomón para el edificio de la casa de Dios: la longitud era de sesenta codos de la antigua medida; la latitud de veinte codos.

4. En cuanto al pórtico, que estaba enfrente, tenía de longitud veinte codos, conforme a la medida de la anchura del templo; mas la altura era de ciento veinte codos; y Salomón lo hizo cubrir todo por dentro de oro finísimo.

5. La parte mayor del templo, llamada el Santo, la cubrió con tablas de madera de abeto, clavando por todas partes planchas de oro acendrado, e hizo esculpir en ella, en el artesonado, palmas y unas como cadenillas enlazadas unas con otras.

6. El pavimento del templo lo enlosó de mármoles preciosísimos, con gran primor.

7. El oro, con cuyas láminas cubrió el templo y sus vigas, y los pilares, y paredes, y las puertas, era sumamente fino. En las paredes hizo entallar querubines.

8. Edificó asimismo la casa o el lugar santísimo; cuya longitud era de veinte codos, como la anchura del templo, y su anchura igualmente de veinte codos, y la cubrió con planchas de oro, que pesaban cerca de seiscientos talentos.

9. Aun los clavos los hizo hacer de oro, cada uno de los cuales pesaba cincuenta siclos; e igualmente cubrió de oro los artesonados del techo.

10. Hizo asimismo en la casa del lugar santísimo dos estatuas de querubines, las que cubrió de oro.

11. Las alas de los querubines se extendían veinte codos; de manera que un ala tenía cinco codos y tocaba la pared del templo, y la otra también de cinco codos, tocaba el ala del otro querubín.

12. Del mismo modo el ala del otro querubín tenía cinco codos y tocaba la pared; y la otra ala suya de cinco codos, tocaba el ala del primer querubín:

13. De manera que las alas de ambos querubines estaban extendidas cogiendo el espacio de veinte codos. Estaban ellos de pie derecho, y sus rostros mirando con dirección hacia la parte exterior del templo.

14. Hizo también un velo* de jacinto, de púrpura, de escarlata y de lino finísimo, e hizo bordar en él querubines.

15. Además, delante de las puertas del templo erigió dos columnas, que tenían treinta y cinco codos de altura entre las dos, y cuyos capiteles eran de cinco codos.

16. También hizo unas cadenillas, como las del santuario, que colocó sobre los capiteles de las columnas, con cien granadas mezcladas con las cadenillas.

17. Estas columnas las colocó en el atrio del templo una a la derecha y otra a la izquierda; a la de la derecha la llamó Jaquín, y a la de la izquierda Booz.

4 *El altar de bronce, las conchas, los candeleros, las mesas y otras alhajas y utensilios del templo*

1. Hizo asimismo un altar de bronce de veinte codos de largo, veinte codos de ancho y diez de alto.

2. Y una gran concha o pila de bronce fundido, que tenía diez codos de diámetro, redonda perfectamente: cinco codos tenía de profundidad, y un cordoncillo de treinta codos abrazaba toda su circunferencia.

3. Debajo de la concha había figuras de bueyes, y por diez codos en lo exterior algunas esculturas, que divididas en dos órdenes, daban vuelta por lo más ancho del mar; estaban los bueyes fundidos junto con la concha.

4. Y el mismo mar o concha, estaba asentado sobre doce bueyes; de los cuales tres miraban al norte, otros tres al occidente, tres otros al mediodía, y los restantes tres al oriente sosteniendo el mar, el cual cargaba sobre ellos; las espaldas de los bueyes estaban hacia dentro, debajo del mar.

5. El grueso de éste era de la medida de un palmo; y su borde era como el labio de un cáliz o de un lirio abierto; y cabían en él tres mil cántaros.

6. Hizo también diez conchas, de las cuales puso cinco a la mano derecha, y las otras cinco a la siniestra, para lavar en ellas todo lo que debía ofrecerse en holocausto; los sacerdotes se lavaban en la concha grande o mar.

7. Hizo asimismo diez candeleros de oro, según la forma prescrita; y los colocó en el templo, cinco a la derecha y cinco a la izquierda.

8. Además diez mesas, y las puso en el templo, cinco a la derecha y cinco a la izquierda, e hizo igualmente cien tazas de oro.

---

14. *Mat 27*, 51.

9. Construyó también el atrio de los sacerdotes y el gran pórtico, y en el pórtico las puertas, las cuales cubrió de bronce.

10. El mar lo colocó al lado derecho, al mediodía, mirando hacia el oriente.

11. Hizo asimismo Hiram calderas, y tridentes y jarras; y concluyó todas las obras que el rey mandó hacer en el templo de Dios,

12. es a saber, las dos columnas con sus frisos y capiteles y unas como mallas, con tal arte, que abrazaban los capiteles de sobre los frisos.

13. Igualmente cuatrocientas granadas y dos mallas, en tal disposición, que se juntaban dos órdenes de granada a cada una de las mallas que abrazaban los capiteles y frisos de las columnas.

14. Hizo también las bases y conchas, las cuales asentó sobre las bases.

15. El mar y los doce bueyes de debajo del mar;

16. las calderas, o tridentes o garfios, y las jarras. Todos los utensilios hizo de bronce finísimo a Salomón, Hiram, su padre*, para la casa del Señor.

17. Los mandó fundir el rey en la ribera del Jordán en una tierra gredosa, entre Socot y Saredata.

18. La multitud de vasos era innumerable, de suerte que no se sabía la cantidad de bronce empleada.

19. E hizo Salomón todos estos vasos de la casa de Dios, y el altar de oro, y las mesas, sobre las cuales se ponían los panes de la proposición.

20. Asimismo los candeleros con sus mecheros de oro purísimo, para que luciesen ante el oráculo, según el rito;

21. y ciertos florones, y las lamarcallas, y despabiladores de oro; todo se hizo de oro el más puro.

22. Así como también eran de oro purísimo los braserillos de los perfumes, y los incensarios, y las navetas, y los morterillos. Las puertas del templo interior, esto es, el lugar santísimo, las hizo cincelar, y las puertas del templo estaban cubiertas de oro por fuera. De esta suerte quedaron acabadas todas las obras que hizo Salomón en la casa del Señor.

16. Su director o maestro de obra.

5

Salomón traslada el arca al templo. Se hace la solemnísima colocación del arca en el templo de Jerusalén

1. Salomón, pues, hizo traer y guardar en los tesoros de la casa de Dios todo lo que su padre David había ofrecido: la plata y el oro y todos los vasos.

2. Después de esto convocó a los ancianos de Israel, y a todos los príncipes de las tribus, y cabezas de familia de los hijos de Israel, en Jerusalén, para trasladar el arca del Testamento del Señor desde la ciudad de David, por otro nombre Sión.

3. Vinieron, pues, al rey, todos los varones de Israel el día solemne del mes séptimo.

4. Y estando juntos todos los ancianos de Israel, llevaron el arca los levitas,

5. y la introdujeron en el templo con todo el aparato del Tabernáculo. Los vasos del santuario que había en el Tabernáculo los llevaron los sacerdotes con los levitas.

6. Entretanto el rey Salomón y toda la congregación de Israel, y todos los que se habían reunido delante del arca, sacrificaban carneros y bueyes sin número; tan grande era la multitud de las víctimas.

7. En fin, los sacerdotes metieron el arca del Testamento del Señor en su lugar, esto es, en el oráculo del templo, en el lugar santísimo bajo las alas de los querubines.

8. De tal suerte, que los querubines tenían extendidas sus alas sobre el lugar en que descansaba el arca, y cubrían la misma arca y sus varas;

9. aunque como las varas, con que se llevaba el arca, eran algo más largas, se descubrían sus remates delante del oráculo; aunque el que estuviese un poco afuera, ya no podía verlas. Así quedó el arca allí, hasta el día de hoy.

10. No había otra cosa en el arca sino las dos tablas puestas por Moisés en Horeb, cuando el Señor dio la ley a los hijos de Israel, después que salieron de Egipto.

11. Salidos del santuario los sacerdotes (pues todos los sacerdotes que pudieron hallarse allí, se santificaron; no estando entonces hecho o puesto en práctica el repartimiento entre ellos de los turnos y orden de sus funciones),

12. tanto los levitas como los cantores, esto es, los que estaban a las órdenes de Asaf, y los que estaban a las de Emán, y los que estaban a las de Iditún, sus hijos y hermanos, vestidos de lino finísimo, tañían címbalos, y salterios y cítaras, puestos en pie a la parte oriental del altar, y con ellos ciento veinte sacerdotes que tocaban sus trompetas o clarines.

13. Así, pues, formando todos un concierto con el canto y el sonido de las trompetas, y címbalos, y órganos, y toda especie de instrumentos músicos, y alzando en alto la voz, se percibía el sonido a lo lejos. Y sucedió que cuando hubieron comenzado a cantar y decir: Alabad al Señor, porque es bueno; porque es eterna su misericordia; la casa de Dios se llenó de una nube,

14. de suerte que los sacerdotes no podían estar allí, ni ejercer sus funciones, a causa de la densa niebla. Porque la gloria del Señor había llenado la casa de Dios.

6

Salomón hace una oración devota en la dedicación del templo y pide al Señor que proteja a Israel

1. Entonces Salomón dijo: El Señor ha prometido que pondría su mansión en la niebla u oscuridad;

2. y yo he erigido una casa a su Nombre, para que habite en ella perpetuamente.

3. Luego volviéndose el rey hacia toda la multitud de Israel (pues toda la gente estaba en pie, atenta) la bendijo, y habló así:

4. Bendito sea el Señor Dios de Israel, que ha llevado a efecto la promesa que hizo a David, mi padre, cuando le dijo:

5. Desde el día en que saqué a mi pueblo de la tierra de Egipto, no me escogí de todas las tribus de Israel ninguna ciudad, donde se edificara una casa a mi Nombre; ni elegí tampoco ningún otro hombre, para que gobernase establemente a mi pueblo de Israel;

6. sino que escogí a Jerusalén para que se invoque en ella mi Nombre, y elegí a David para constituirle rey de mi pueblo de Israel.

7. Y como mi padre David desease edificar una casa al Nombre del Señor Dios de Israel,

8. le dijo el Señor: En haber tú tenido esa voluntad de edificar casa en mi Nombre, ciertamente has hecho bien; ha sido bueno tu deseo.

9. Mas no serás tú el que construirás esa casa; sino que ha de ser tu hijo nacido de ti, quien ha de edificar la casa en mi Nombre.

10. El Señor, pues, ha cumplido la palabra que había dado, y yo he venido a suceder a mi padre David, y me he sentado en el trono de Israel, como lo dijo el Señor; y edificado la casa al Nombre del Señor Dios de Israel,

11. y colocado en ella el arca, dentro de la cual está el pacto que hizo el Señor con los hijos de Israel.

12. Dicho esto, se puso en pie Salomón delante del altar del Señor, a vista de todo el concurso de Israel, y extendió sus manos.

13. (Es de advertir que Salomón había hecho un estrado de bronce, de cinco codos de largo, cinco de ancho y tres de alto, la cual había hecho colocar en medio del atrio grande del templo, y estaba en pie sobre ella). Y arrodillándose después en presencia de todo el concurso de Israel, y alzando las manos al cielo,

14. habló de esta manera: Señor Dios de Israel, no hay Dios semejante a ti, ni en el cielo ni en la tierra; a ti que guardas el pacto y usas de misericordia con tus siervos, con los que siguen de todo su corazón tus caminos.

15. Tú que has cumplido todas las promesas que habías hecho a tu siervo David, mi padre; pues lo que de palabra le ofreciste, lo has puesto por obra, como se demuestra hoy día.

16. Cumple también ahora, oh Señor Dios de Israel, todo aquello que anunciaste a mi padre David, tu siervo, diciendo: No faltará de tu linaje quien se siente en mi presencia sobre el trono de Irael; con tal que tus hijos velen sobre sus acciones, caminando según mi ley, como tú has andado delante de mí.

17. Ahora bien, oh Señor Dios de Israel, sea confirmada tu palabra, dada por ti a David, siervo tuyo.

18. Pero, ¿y es realmente creíble que Dios habite con los hombres sobre la tierra? Si los cielos de los cielos no pueden abarcarte, ¿cuánto menos esta casa que yo he edificado?

19. Verdad es que ella solamente se ha hecho para que tú, Señor Dios mío, atiendas a la oración y súplicas de tu siervo, y escuches los ruegos que expone tu siervo ante tu presencia;

20. para que tengas abiertos los ojos de día y de noche sobre esta casa, sobre este lugar en que has prometido que sería invocado tu Nombre,

21. y otorgarías la petición hecha aquí por tu siervo, y despacharías las súplicas de tu siervo y de Israel, pueblo tuyo. A todo aquel que orare en este lugar, escúchale desde tu morada, esto es, desde los cielos, y muéstratele propicio.

Oración por el pueblo

22. Si alguno pecare contra su prójimo, y viniere dispuesto a jurar contra él, y se obligare con maldición delante del altar de esta casa,

23. tú lo escucharás desde el cielo, y harás justicia a tus siervos haciendo caer sobre la cabeza del inicuo su misma iniquidad, y vengando al justo y remunerándole según su justicia.

24. Si tu pueblo de Israel fuere vencido por sus enemigos (porque pecará algún día contra ti), y convertido hiciere penitencia invocando tu Nombre y pidiendo perdón en este lugar,

25. tú lo escucharás desde el cielo y perdonarás el pecado de tu pueblo de Israel; y lo volverás a la tierra que le diste a él y a sus padres.

26. Si cerrado el cielo, faltare la lluvia por causa de los pecados del pueblo, y te suplicaren en este lugar, y dando glorias a tu Nombre se convirtieren de sus pecados cuando los hayas afligido,

27. escúchalos, oh Señor, desde el cielo, y perdona los pecados de tus siervos y de Israel, pueblo tuyo, y enséñales el buen camino que han de seguir, y envía la lluvia a la tierra cuya posesión diste a tu pueblo.

28. Si sobreviniere hambre en el país, o peste, o tizón, o pulgón, o langosta, u oruga; si los enemigos, después de haber talado los campos, tuvieren sitiada la ciudad; o en cualquier otro azote o enfermedad que los apure,

29. cualquiera de tu pueblo de Israel que, considerando sus plagas y enfermedades te rogare, y alzare a ti sus manos en esta casa,

30. tú lo oirás desde el cielo, desde esa tu excelsa morada, y le serás propicio, remunerando a cada uno según sus procederes, y conforme a lo que descubras en su corazón (pues sólo tú conoces los corazones de los hombres),

31. a fin de que te teman, y sigan tus caminos todo el tiempo que vivieren sobre la tierra, dada por ti a nuestros padres.

32. Aun al extranjero que no es de tu pueblo de Israel, si viniere de lejanas tierras, atraído de tu Nombre grande, y de tu poderosa mano y de tu brazo fuerte, y te adorase en este lugar,

33. tú lo oirás desde el cielo, firmísima morada tuya, y otorgarás todas las cosas que te pidiere aquel forastero; a fin de que tu Nombre sea conocido de todos los pueblos de la tierra, y te teman éstos, como hace tu pueblo de Israel, y conozcan que tu Nombre es invocado en esta casa que yo he edificado.

34. Si saliendo tu pueblo a campaña contra sus enemigos, y andando por el camino por donde tú le hayas enviado, te adorare vuelto hacia este sitio, en que se halla esta ciudad por ti elegida, y la casa que he edificado a tu Nombre,

35. tú oirás desde el cielo sus plegarias y ruegos, y lo vengarás de sus enemigos.

36. Que si los hijos de tu pueblo pecaren contra ti (pues no hay hombre que no peque), y enojado tú contra ellos los entregares en manos de los enemigos*, los cuales los llevaren cautivos lejos o cerca;

37. y en el país a donde fueren llevados cautivos, se convirtieren de corazón e hicieren penitencia, y en la tierra de su cautiverio te pidieren perdón, diciendo: Pecamos: procedido hemos inicuamente; injustamente hemos obrado;

38. y convertidos a ti de todo su corazón y con toda su alma, en el país de su cautividad a que fueron llevados te adoraren vueltos hacia el camino de su tierra, que diste a sus padres, y a la ciudad que tú escogiste, y a la casa que he construido a tu Nombre:

39. tú oirás desde el cielo, desde esa firmísima morada, sus súplicas, y harás su causa, y perdonarás a tu pueblo aunque pecador.

40. Puesto que tú eres mi Dios, te suplico que tengas abiertos tus ojos, y atentos tus

---

36. *1 Re 8*, 46; *1 Jn 1*, 8.

oídos a las oraciones que se harán en este lugar.

41. Ahora, pues, levántate, oh Señor mi Dios, y ven al lugar fijo de tu morada: Tú y el arca por medio de la cual ostentas tu poderío*. Experimenten tu socorro y protección, oh Señor Dios, tus sacerdotes, y gocen los santos con alegría tus beneficios.

42. ¡Oh Señor Dios! no apartes tu rostro de este ungido tuyo; acuérdate de las misericordias o piedad de David, siervo tuyo.

7 *Fiesta de la dedicación del templo. Desciende un fuego del cielo y la gloria del Señor llena el Tabernáculo*

1. Luego que Salomón acabó de hacer sus fervorosas plegarias, bajó del cielo fuego que devoró los holocaustos y las víctimas; y la majestad del Señor llenó toda la casa.

2. Ni podían los sacerdotes entrar dentro del templo del Señor por cuanto la majestad del Señor había llenado su templo.

3. Asimismo todos los hijos de Israel estaban viendo bajar el fuego y la gloria del Señor sobre la casa, y postrándose rostro por tierra sobre el pavimento enlosado, adoraron y bendijeron al Señor, repitiendo: Porque es bueno y porque es eterna su misericordia.

4. Entretanto el rey y todo el pueblo inmolaron víctimas delante del Señor.

5. El rey Salomón ofreció en sacrificio veintidós mil bueyes, y ciento veinte mil carneros; de esta manera celebró el rey con todo el pueblo la dedicación de la casa de Dios*.

6. Al mismo tiempo atendían los sacerdotes a sus ministerios, y los levitas, al son de sus instrumentos, cantaban los salmos que había compuesto el rey David para alabar al Señor, repitiendo: Porque es eterna su misericordia. Cantaban éstos los himnos de David al son de sus instrumentos; y los sacerdotes enfrente de ellos, sonaban las trompetas, y todo Israel estaba en pie.

7. Santificó también Salomón el medio del atrio de los sacerdotes, frente del templo del Señor; porque había ofrecido allí holocaustos, y la grasa de las víctimas pacíficas; por cuanto el altar de bronce que había hecho, no podía ser suficiente para tantos holocaustos, y sacrificios y grasa de las víctimas pacíficas.

8. Concluida esta fiesta, celebró Salomón entonces por otros siete días la fiesta solemne de los Tabernáculos, y con él todo Israel, congregado en grandísimo número, desde la entrada de Emat hasta el arroyo de Egipto.

9. El día octavo hizo la fiesta de la asamblea o reunión solemne, por haber hecho durante siete días la dedicación del altar, y celebrado por otros siete días la solemnidad de los Tabernáculos*.

10. En fin, el día ventitrés del mes séptimo envió a sus casas todas las gentes, alegres y llenas de júbilo por los beneficios que el Señor había hecho a David y Salomón y a su pueblo de Israel.

11. Así acabó Salomón el templo del Señor, y el palacio real, y cuantas cosas se había propuesto en su corazón hacer en la casa del Señor y en su propia casa; y fue feliz*.

12. Se le apareció después el Señor de noche por segunda vez, y le dijo: He oído tu oración, y me he escogido este lugar, para casa de sacrificio y oración.

13. Si cerrare yo el cielo y no lloviere, si mandare y diere orden a la langosta que devorare la tierra, si enviare la peste a mi pueblo;

14. y mi pueblo, sobre el cual ha sido invocado mi Nombre, convertido me pidiere perdón, y procurare aplacarme, haciendo penitencia de su mala vida; yo también desde el cielo lo escucharé y perdonaré sus pecados, y libraré de los males su país.

15. Y mis ojos estarán abiertos, y atentos mis oídos a la oración del que me invocare en este lugar.

16. Porque este lugar lo he escogido yo y santificado, para que mi Nombre sea invocado en él para siempre, y están fijos sobre él mis ojos y mi corazón en todo tiempo.

17. Tú también, si anduvieres en mi presencia, como anduvo David, tu padre, y practicares en todo y por todo lo que yo te

---

41. *Sal 82* (*81*), 8-10.
5. *1 Re 8*, 63.

9. *1 Re 8*, 1, 2.
11. *1 Re 9*, 1.

he ordenado, y observares mis mandamientos y leyes,

18. yo afirmaré el trono de tu reino, como se lo prometí a David tu padre, diciendo: No faltará jamás quien de tu linaje tenga el reino de Israel.

19. Mas si me volvieseis las espaldas y abandonareis mis mandamientos y mis preceptos que os he intimado, y fuereis a servir a dioses ajenos, y los adorareis,

20. os arrancaré de esa tierra mía que os di; y ese templo, que he consagrado a mi Nombre, lo arrojaré de mi presencia, y haré que sirva de fábula y de escarmiento a todas las gentes.

21. Y será esta casa el escarnio de todos los caminantes; los cuales dirán asombrados: ¿Por qué motivo ha tratado así el Señor a este país y a esta casa?

22. Y les responderán: Porque abandonaron al Señor Dios de sus padres, que los sacó de la tierra de Egipto, y han abrazado dioses ajenos, y los han adorado y rendido culto; por eso han caído sobre ellos todas estas calamidades.

8

Salomón restaura varias ciudades. Ordena los ministerios de sacerdotes y levitas. Envía una flota a Ofir

---

1. Pasados ya veinte años después que Salomón edificó la casa del Señor, y la suya propia,

2. restauró las ciudades que Hiram le había dado o vuelto*, e hizo que las habitasen los hijos de Israel.

3. Marchó también a Emat de Suba, y se apoderó de ella;

4. y reedificó a Palmira en el desierto, y en el país de Emat otras ciudades muy fuertes.

5. Restauró asimismo a Bet-Horón la de arriba y a Bet-Horón de abajo, ciudades muradas y con puertas, barras y cerraduras;

6. como también a Balaat y a todas las ciudades fortísimas* que tenía Salomón, y todas las ciudades de los carros de guerra y las de la caballería. Ejecutó Salomón todo cuanto quiso e ideó, así en Jerusalén, como en el Líbano, y en todo el país de su dominio.

7. A toda la gente que había quedado de los heteos, y amorreos, y ferezeos, y heveos, y jebuseos, los cuales no eran del linaje de Israel; esto es,

8. a los hijos y descendientes de aquellos a quienes los israelitas habían salvado la vida, Salomón los hizo tributarios o siervos, hasta el día de hoy.

9. Mas no echó mano de los hijos de Israel para trabajar en las obras del rey; porque éstos servían en la milicia, y de ellos eran los primeros oficiales, y los comandantes de los carros armados, y de la caballería.

10. Todos los jefes del ejército del rey Salomón eran doscientos cincuenta; los cuales adiestraban al pueblo.

11. A la hija del faraón la mudó de la ciudad de David a la casa que edificó para ella. Porque dijo el rey: No habitará mi mujer en la casa de David, rey de Israel; pues quedó esta casa santificada, por haberse hospedado en ella el arca del Señor.

12. Entonces Salomón ofreció al Señor holocaustos sobre el altar del Señor, que había erigido delante del pórtico;

13. con el fin de que se sacrificase en él, según el mandamiento de Moisés, todos los días, en los sábados, y en las tres festividades del año, esto es, en la solemnidad de los Azimos, y en la solemnidad de las Semanas o de Pentecostés, y en la solemnidad de los Tabernáculos.

14. Distribuyó también, según las disposiciones de su padre David, las funciones de los sacerdotes en sus ministerios; y estableció el orden que debían guardar los levitas respecto al canto y al cumplimiento de sus oficios delante de los sacerdotes, según el rito de cada día; y el repartimiento de los porteros en cada una de las puertas; porque así lo había ordenado David, varón de Dios.

15. Y tanto los sacerdotes como los levitas observaron puntualmente todas cuantas órdenes les dio el rey sobre esto, y sobre la custodia de los tesoros.

16. Salomón tuvo prevenidos todos los gastos, desde el día en que echó los cimientos de la casa del Señor, hasta el día en que la acabó.

17. Entonces fue Salomón a Asiongaber y a Ailat, a la ribera del mar Rojo, que pertenece a Idumea;

---

2. *1 Re 9*, 11.

18. a donde el rey Hiram le remitió por medio de sus siervos, naves y marineros prácticos del mar, que fueron con la gente de Salomón a Ofir, y trajeron de allí cuatrocientos cincuenta talentos de oro al rey Salomón.

9

La reina de Saba visita a Salomón, quien muere a los cuarenta años de su reinado.

---

1. Habiendo oído la reina de Saba la fama de Salomón, vino a Jerusalén a fin de hacer prueba de él por medio de preguntas difíciles y enigmáticas, trayendo consigo grandes riquezas, y camellos cargados de aromas, y muchísimo oro y piedras preciosas. Y llegada que fue a la presencia de Salomón, le propuso todas cuantas dificultades tenía en su corazón.

2. Mas Salomón le descifró todas las cosas que le propuso; ni hubo punto que no se lo declarase.

3. Habiendo, pues, ella visto la sabiduría de Salomón, y la casa que había construido;

4. y la manera con que era servida su mesa, y las habitaciones de sus cortesanos, y las diferentes clases de los que le servían y la magnificencia de sus vestidos, y los coperos con sus ricos trajes, y las víctimas que se inmolaban en el templo del Señor, quedó atónita y como fuera de sí;

5. y dijo al rey: Verdadera es la fama que yo había oído en mi tierra de tus virtudes y de tu sabiduría.

6. Yo no acababa de creer a los que lo contaban, hasta tanto que yo misma he venido, y visto con mis propios ojos y palpado con mis manos, que apenas se me había dicho la mitad de tu sabiduría; tus virtudes exceden a lo que de ti publica la fama.

7. Dichosas tus gentes, y felices tus criados, que están siempre alrededor de ti, y escuchan tu sabiduría.

8. Bendito sea el Señor Dios tuyo, que te ha colocado sobre su trono para reinar en el lugar del Señor tu Dios. Como Dios ama a Israel, y quiere conservarle para siempre; por eso te ha constituido rey suyo, para que lo gobiernes y administres justicia.

9. Después regaló al rey ciento veinte talentos de oro, y una cantidad increíble de aromas y de preciosísimas piedras. No se vieron jamás aromas tales, como éstos que dio la reina de Saba al rey Salomón.

10. Los vasallos de Hiram, con los de Salomón, trajeron también de Ofir oro y maderas de tino y piedras de gran valor.

11. De cuya madera de tino mandó el rey hacer la gradería del templo del Señor y del palacio real, como también las cítaras y los salterios para los cantores. No se vio nunca en el país de Judá madera como ésta.

12. El rey Salomón por su parte dio a la reina de Saba todo cuanto quiso y pidió, y muchas más preciosidades que las que ella le había presentado; la cual se volvió, y regresó a su reino con sus criados.

13. Y pesaba el oro que traían a Salomón de año en año, seiscientos sesenta y seis talentos,

14. sin contar la suma con que solían contribuir los diputados de diferentes naciones, y los comerciantes, y todos los reyes de Arabia, y los sátrapas de las provincias, los cuales llevaban oro y plata a Salomón.

15. Hizo, pues, el rey Salomón doscientas picas de oro, cada una de las cuales llevaba de peso seiscientos siclos de oro;

16. y asimismo trescientas rodelas o adargas de oro, cubierta cada una de trescientos siclos de oro; lo que puso el rey en la armería, que estaba situada en el palacio llamado del Bosque*.

17. Hizo también el rey un gran trono de marfil, y lo revistió de finísimo oro.

18. Asimismo seis gradas por las que se subía al trono, y una tarima de oro, y dos brazos, uno por cada parte, y dos leones arrimados a los brazos,

19. además de otros doce leoncillos puestos sobre las seis gradas del uno y otro lado. En ningún otro reino hubo un trono semejante.

20. Asimismo toda la vajilla de la mesa del rey era de oro, y era también de oro finísimo la vajilla de la casa o palacio del Bosque del Líbano; porque la plata en aquel tiempo era reputada por nada.

21. Pues la flota del rey iba de tres en tres años a Tarsis con los siervos de Hiram, y traía de allí oro, y plata, y marfil, y monas, y pavos.

---

16. *1 Re 10*, 16-17.

SALOMÓN RECIBE A LA REINA DE SABA

Habiendo oído la reina de Saba la fama de Salomón, vino a Jerusalén a fin de hacer prueba de él por medio de preguntas difíciles y enigmáticas, trayendo consigo grandes riquezas, y camellos cargados de aromas, y muchísimo oro y piedras preciosas. Y llegada que fue a la presencia de Salomón, le propuso todas cuantas dificultades tenía en su corazón.

---

22. Salomón, pues, sobrepujó a todos los reyes de la tierra en riquezas y en gloria;

23. de suerte que todos los reyes de la tierra deseaban ver la cara de Salomón para oír la sabiduría que Dios había infundido en su corazón,

24. y le llevaban presentes todos los años, vasos de oro y de plata, ropas preciosas, y armas, y aromas, y caballos, y mulos.

25. Y tuvo Salomón en sus caballerizas cuarenta mil caballos y doce mil carros, y doce mil hombres de caballería, y los tenía en las ciudades destinadas a su alojamiento, y en Jerusalén donde él residía.

26. Y extendió su poderío sobre todos los reyes, desde el río Eufrates hasta la tierra de los filisteos y los confines de Egipto,

27. e hizo abundar tanto la plata en Jerusalén como las piedras, y los cedros como las higueras silvestres que crecen en los cam-pos.

28. Y le traían caballos de Egipto y de todas las provincias.

29. Las demás acciones de Salomón, así las primeras como las postreras, están escritas en los libros de Natán profeta, y en los de Ahías silonita, y también en la visión de Addo, que profetizó contra Jeroboam, hijo de Nabat.

30. Reinó Salomón en Jerusalén sobre todo Israel cuarenta años.

31. Y fue a descansar con sus padres, y lo sepultaron en la ciudad de David; sucediéndole en el reino su hijo Roboam.

10 *Causa del cisma. Las diez tribus de Israel se rebelan contra Roboam y eligen rey a Jeroboam*

1. En consecuencia Roboam partió a Siquem; porque había concurrido allí todo Israel para reconocerle por rey.

2. Lo que oído por Jeroboam, hijo de Nabat, que se hallaba en Egipto (a donde se había refugiado huyendo de Salomón), al punto dio la vuelta.

3. Y lo enviaron a llamar; y uniéndose con todo Israel, fueron y hablaron a Roboam en estos términos:

4. Tu padre nos oprimió con un yugo durísimo; sea tu gobierno más suave que el de tu padre, el cual impuso una pesada esclavitud; alívianos un poco la carga, si quieres que te sirvamos.

5. Respondió Roboam: Volved a mí de aquí a tres días. Retirado el pueblo,

6. tuvo consejo con los ancianos que habían estado alrededor de su padre Salomón mientras vivía, y les dijo: ¿Qué me aconsejáis que responda al pueblo?

7. Los ancianos le contestaron: Si acaricias a este pueblo, y lo aplacas con palabras dulces, ellos serán tus vasallos perpetuamente.

8. Mas Roboam no hizo caso del consejo de los ancianos; y comenzó a tratar la cosa con los jóvenes que se habían criado con él, y le hacían la corte;

9. y les dijo: ¿Qué os parece? ¿Y qué debo yo responder a este pueblo, que me ha venido a decir: Aligéranos el yugo que nos impuso tu padre?

10. Pero ellos, como mozos, y criados con él entre delicias, le respondieron, diciendo: A este pueblo que te ha dicho: Tu padre agravó nuestro yugo, aligeránosle tú; le has de hablar así y darle esta respuesta: Mi dedo meñique es mucho más grueso que los lomos de mi padre.

11. Mi padre cargó sobre vosotros un yugo pesado; pues yo os añadiré mayor peso; mi padre os azotó con varas, y yo os azotaré con escorpiones.

12. Volvió, pues, Jeroboam con todo el pueblo al tercer día a Roboam, como éste se lo había mandado.

13. Y el rey, desechado el consejo de los ancianos, les respondió con dureza;

14. y les dijo, conforme al parecer de los jóvenes: Mi padre cargó sobre vosotros un yugo pesado, y yo lo agravaré más; mi padre os azotó con varas, mas yo he de azotaros con escorpiones.

15. Y no quiso condescender con los ruegos del pueblo; por ser voluntad de Dios que se cumpliese su palabra, anunciada por boca de Ahías silonita a Jeroboam, hijo de Nabat.

16. Entonces todo el pueblo, al oír la respuesta tan dura del rey, le habló así: Nosotros nada tenemos que ver con la casa de David; ni nada que esperar del hijo de Isaí. Retírate, oh Israel, a tus habitaciones; y tú Roboam, hijo de David, rige tu casa. Y se retiró Israel a sus habitaciones.

17. Y Roboam quedó reinando sobre los hijos de Israel que moraban en las ciudades de la tribu de Judá.

18. Envió después el rey Roboam a Aduram, superintendente de los tributos. Mas los hijos de Israel lo apedrearon y fue muerto. En vista de lo cual el rey Roboam montó apresuradamente en su carroza, y huyó a Jerusalén.

19. Desde entonces se separó Israel de la casa de David como lo está en el día de hoy.

11

Manda Dios a Roboam que no haga la guerra a Israel. Edifica fortalezas

1. Vuelto Roboam a Jerusalén, convocó de toda la tribu de Judá y de la de Benjamín ciento ochenta mil combatientes escogidos, para pelear contra Israel, y reducirlo a su dominio.

2. Pero el Señor habló a Semeías, varón de Dios, diciéndole:

3. Dile a Roboam, hijo de Salomón, rey de Judá, y a todo Israel, que se halla en Judá y en Benjamín:

4. Esto dice el Señor: No marcharéis ni pelearás contra vuestros hermanos. Vuelva cada uno a su casa; pues se ha hecho esta división por voluntad mía. Así que oyeron ellos la palabra del Señor, se retiraron y no pasaron adelante contra Jeroboam.

5. Y Roboam habitó en Jerusalén, y edificó ciudades para servir de fortalezas en el país de Judá;

6. y fortificó a Betlehem, y a Etam, y a Tecué,

7. y a Betsur, y Socó, y Odollam,

8. como también a Get, y Maresa a Zif,

9. y Aduram, y Laquis, y Azeca,

10. e igualmente a Saraa, y Ajalón, y Hebrón, que estaban parte en el país de Judá, y parte en el de Benjamín, todas ciudades muy fuertes.

11. Y habiéndolas cercado de muros, puso en ellas gobernadores y almacenes de víveres, esto es, de aceite y vino.

12. Hizo además de esto en cada una de las ciudades una armería de escudos y de picas, y las fortificó con sumo esmero; y reinó sobre las tribus de Judá y de Benjamín.

13. Por otra parte los sacerdotes y levitas que había por todo Israel, se vinieron a Roboam de todos los lugares de su residencia,

14. abandonando sus ejidos y todos sus bienes, y pasándose a la parte de Judá y Jerusalén, por haberlos echado Jeroboam y sus sucesores, para que no ejerciesen las funciones del sacerdocio del Señor.

15. E instituyó Jeroboam sacerdotes de los lugares altos, y de los demonios y de los becerros que había hecho.

16. Pero de todas las tribus de Israel vinieron a Jerusalén a ofrecer sus sacrificios delante del Señor Dios de sus padres, cuantos habían resuelto en su corazón seguir al Señor Dios de Israel.

17. Con lo que fortificaron el reino de Judá, y afianzaron el trono de Roboam, hijo de Salomón, por tres años; porque solamente por tres años siguieron los caminos de David y de Salomón*.

18. Roboam se casó con Mahalat, hija de Jerimot, hijo de David, y también con Abihail, hija de Eliab, hijo de Isaí:

19. de la cual tuvo a Jehús, y a Somorias, y a Zoom.

20. Después de ésta se casó con Maaca, hija de Absalón, la cual tuvo a Abía, a Etai, a Ziza, y a Salomit.

21. Amó Roboam a Maaca, hija o nieta de Absalón, más que a todas sus mujeres principales, y de segundo orden; siendo así que tuvo dieciocho esposas, y sesenta mujeres secundarias y de ellas veintiocho hijos y sesenta hijas.

22. Pero le dio a Abía, hijo de Maaca, la preferencia poniéndolo por cabeza de todos sus hermanos; por cuanto tenía el designio de darle el reino;

23. pues era el más sabio y el más valeroso de todos sus hijos; a cuyo fin esparció a éstos por los términos de Judá y de Benjamín, en todas las ciudades fortificadas; donde les dio alimento en abundancia, y les procuró muchas mujeres.

12

El rey de Egipto saquea Jerusalén y se lleva los tesoros del templo. Muerte de Roboam

1. Fortalecido Roboam, y asegurado en el reino, abandonó la ley del Señor, e hizo lo mismo todo Israel a su ejemplo.

2. Por tanto, el año quinto del reinado de Roboam (por haber pecado los israelitas contra el Señor), vino Sesac, rey de Egipto, contra Jerusalén,

3. con mil doscientos carros armados, y sesenta mil hombres de a caballo; siendo además innumerable la gente que lo seguía desde Egipto, es a saber, los de Libia y los suquienos, y los etíopes.

4. Y se apoderó de las ciudades más fuertes de Judá, y se adelantó hasta Jerusalén.

5. Entonces Semeías, profeta, se presentó ante Roboam, y los príncipes de Judá, que se habían congregado en Jerusalén huyendo de Sesac, y les dijo: Esto dice el Señor: Vosotros me abandonasteis; pues yo también os abandono a vosotros en poder de Sesac.

6. A lo que respondieron consternados, así el rey como los príncipes de Israel: Justo es el Señor.

7. Pero viendo el Señor que se habían humillado, habló a Semeías, diciendo: Ya que se han humillado, no los acabaré, antes bien les daré un poquito de socorro, y no se derramará mi furor sobre Jerusalén por mano de Sesac.

8. Sin embargo, quedarán sujetos a él, para que conozcan la diferencia que va entre servirme a mí y servir a los reyes de la tierra.

9. Así, pues, Sesac, rey de Egipto, se retiró de Jerusalén, llevándose consigo los tesoros del templo del Señor y del palacio real, y los escudos de oro hechos por Salomón.

10. En lugar de los cuales mandó el rey hacer otros de bronce, entregándolos a los capitanes de los guardias que guardaban el atrio o las puertas de palacio;

11. y cuando el rey había de ir al templo del Señor, venían los guardias, y tomaban los escudos, y los volvían después a poner en la armería.

12. Mas, en fin, por haberse humillado, calmó la ira del Señor contra ellos, y no fueron enteramente destruidos; a causa de que aún se hallaron buenas obras en Judá.

13. Con esto se alentó Roboam, y continuó reinando en Jerusalén. Cuarenta y un años tenía cuando comenzó a reinar, y reinó diecisiete años en Jerusalén, ciudad escogida por el Señor entre todas las tribus de Israel, para establecer en ella el culto de su Nombre. Se llamaba su madre Naama, y era amonita*.

14. Roboam obró el mal; y no dirigió su corazón en busca del Señor.

15. Sus acciones primeras y postreras están escritas en los Libros de Semeías profeta, y del profeta Addo, que las refieren exactamente. Roboam y Jeroboam tuvieron entre sí perpetua guerra.

16. Al fin pasó Roboam a descansar con sus padres, y lo enterraron en la ciudad de David; sucediéndole en el reino su hijo Abía.

13 *Abía pone su confianza en Dios y vence a Jeroboam. Su gran descendencia*

1. El año decimoctavo del reinado de Jeroboam, entró a reinar en Judá Abía.

2. Tres años reinó en Jerusalén. Su madre se llamó Micaya, hija de Uriel de Gabaa. Y había guerra entre Abía y Jeroboam.

3. Saliendo, pues, Abía a campaña con cuatrocientos mil hombres, gente muy valerosa y escogida, se le opuso Jeroboam, presentando ochocientos mil hombres escogidos también, y de gran valor para pelear.

4. Abía hizo alto sobre el monte Semerón, situado en la tribu de Efraín, y dijo: Escucha tú, oh Jeroboam, con todo Israel:

5. ¿Ignoráis acaso que el Señor Dios de Israel dio para siempre el reino de Israel a David y a sus hijos con pacto perpetuo?,

6. ¿y que Jeroboam, hijo de Nabat, siervo de Salomón, hijo de David, se levantó y se rebeló contra su señor?,

7. ¿y que se coligaron con él unos hombres vanísimos, e hijos de Belial, y prevalecieron contra Roboam, hijo de Salomón; por cuanto era Roboam inexperto, y de corazón medroso, y no pudo resistirles?

8. Ahora bien, vosotros decís que tenéis fuerza para resistir al reino del Señor, que posee él o gobierna por medio de los hijos de David; y tenéis una gran muchedumbre, y los becerros de oro que os ha hecho Jeroboam para que sean dioses vuestros;

9. y habéis echado los sacerdotes del

13. *1 Re 14*, 21.

Señor, hijos de Aarón, y los levitas, y os habéis instituido otros sacerdotes a la manera de los demás pueblos de la tierra; cualquiera que se presente y consagre su mano inmolando un novillo y siete carneros, queda hecho sacerdote de aquellos que no son dioses.

10. Pero el Señor nuestro es el Dios verdadero, a quien nosotros no hemos abandonado; y los sacerdotes del linaje de Aarón son los que sirven al Señor, como también los levitas en sus ministerios;

11. y los que ofrecen holocaustos al Señor cada día, mañana y tarde, y perfumes preparados según lo prescrito en la ley, y ponen los panes encima de la mesa limpísima; y está en nuestro poder el candelero de oro con sus mecheros, que se encienden siempre a la tarde; en suma, nosotros observamos los mandamientos del Señor Dios nuestro; a quien vosotros habéis abandonado.

12. Por tanto el caudillo de nuestro ejército es Dios, y sus sacerdotes los que tocan los clarines y dan la señal contra vosotros. Oh hijos de Israel, no queráis pelear contra el Señor Dios de vuestros padres, porque no os tiene cuenta.

13. Mientras él hablaba así, Jeroboam le armaba asechanchas por la espalda. Y manteniéndose al frente de los enemigos, iba cercando con sus tropas a Judá, sin que éste lo advirtiese.

14. Mas volviendo Judá los ojos vio que le acometían de frente y por las espaldas, y clamó al Señor, y los sacerdotes empezaron a tocar las trompetas.

15. Alzaron el grito todos los soldados de Judá; y he aquí que al estruendo de sus voces aterró Dios a Jeroboam y a todo Israel, que tenía cercados a Abía y a Judá.

16. Y los hijos de Israel volvieron las espaldas a Judá, en cuyas manos los abandonó Dios.

17. Con esto Abía y su gente hicieron en ellos gran destrozo, tanto que cayeron heridos quinientos mil valientes por parte de Israel.

Muerte de Jeroboam

18. Así quedaron entonces abatidos los hijos de Israel, y los de Judá cobraron grandísimos bríos, por haber puesto su esperanza en el Señor Dios de sus padres.

19. Abía fue persiguiendo a Jeroboam en su fuga, y le tomó varias ciudades, a Betel con sus aldeas, a Jesana con las suyas, y a Efrón también con las suyas.

20. Ni pudo Jeroboam alzar ya cabeza mientras vivió Abía; y lo hirió el Señor, y murió.

21. Después que se aseguró Abía en el trono, tomó catorce mujeres, y de ellas tuvo veintidós hijos y dieciséis hijas.

22. Las demás acciones de Abía, su proceder y sus obras están escritas exactísimamente en el Libro del profeta Addo.

14 *Reinado de Asá en Judá, quien con el auxilio del Señor vence a Zara, rey de los etíopes*

1. Pasó, en fin, Abía a descansar con sus padres, y fue sepultado en la ciudad de David; sucediéndole en el reino su hijo Asá, en cuyo tiempo estuvo el país en paz por diez años.

2. Hizo Asá lo que era bueno y agradable a los ojos de su Dios, y derribó los altares del culto extranjero, y los adoratorios profanos de los lugares altos,

3. y quebró las estatuas, y taló los bosques sacrílegos,

4. y ordenó a Judá que siguiese al Señor Dios de sus padres, y practicase la ley y todos los mandamientos,

5. y quitó de todas las ciudades de Judá los altares y los adoratorios; y reinó la paz.

6. Restauró también las ciudades fuertes de Judá; porque vivía con sosiego, y no se movió guerra ninguna en su tiempo, concediéndole el Señor la paz.

7. Entonces dijo a Judá: Reparemos estas ciudades y cerquémoslas de muros, y fortifiquémoslas con torres, y puertas, y cerraduras, ahora que por todas partes respiramos libres de guerras, por haber buscado al Señor Dios de nuestros padres, y habernos dado él paz por todo el contorno. Pusieron, pues, manos a la obra, sin que hubiese ningún estorbo que impidiese la restauración.

8. Tenía Asá en su ejército trescientos mil hombres de Judá, armados de escudos y picas, y de Benjamín doscientos ochenta mil de rodela y aljaba, todos ellos gente valerosísima.

9. Contra éstos salió a campaña Zara, rey de Etiopía, con su ejército de un millón de hombres y trescientos carros de guerra, y avanzó hasta Maresa.

10. Asá, marchó contra él, y le presentó la batalla en el valle de Sefata, que está junto a Maresa;

11. e invocó al Señor Dios, diciendo: Señor, para ti lo mismo es dar socorro por medio de pocos, que de muchos; ayúdanos, oh Señor Dios nuestro, pues confiados en ti y en tu Nombre hemos venido contra esta muchedumbre. Señor, tú eres nuestro Dios, no prevalezca el hombre contra ti.

12. En efecto, el Señor aterró a los etíopes a la vista de Asá y de Judá; y echaron a huir.

13. Los persiguió Asá con su gente hasta Gerara, y fueron los etíopes destrozados hasta no quedar hombre con vida; exterminados por el Señor que los hería y por su ejército que peleaba. Cogieron, pues, un gran botín,

14. y destruyeron todas las ciudades al contorno de Gerara; porque se había apoderado de todos un gran terror, y las ciudades fueron saqueadas, y se sacaron de ellas muchos despojos.

15. Asimismo destruyeron las majadas de las ovejas, y se llevaron infinita multitud de ganado menor y de camellos; y regresaron a Jerusalén.

15 *Azarías profetiza que Israel estará por mucho tiempo sin Dios. Reformas religiosas de Asá*

1. Entonces Azarías, hijo de Oded, movido del espíritu de Dios,

2. fue a encontrar a Asá, y le dijo: Escuchadme tú, oh Asá, y pueblos todos de Judá y de Benjamín: El Señor ha estado con vosotros en la batalla, porque vosotros habéis permanecido adictos a él. Si vosotros lo buscareis, lo hallaréis; mas si lo abandonareis, os abandonará.

3. Mucho tiempo pasará Israel sin el verdadero Dios, sin sacerdote, sin doctor y sin ley.

4. Y cuando en medio de su angustia se conviertan al Señor Dios de Israel y lo buscaren, lo hallarán.

5. Durante aquel tiempo no habrá seguridad para ir y venir, sino que por todos lados asaltarán terrores a todos los habitantes de la tierra;

6. porque una nación se levantará contra otra, y una ciudad contra otra ciudad, pues el Señor los conturbará con toda suerte de aflicciones.

7. Vosotros entretanto armaos de valor, y no desmayen vuestros brazos; puesto que habéis de recibir la recompensa de vuestras fatigas.

8. Oyendo Asá las palabras y profecía de Azarías, hijo de Oded profeta, cobró aliento, y quitó los ídolos de todo el país de Judá y de Benjamín, y de las ciudades que habían conquistado en la montaña de Efraín; y dedicó o restableció el altar del Señor, que estaba colocado ante el pórtico del templo del Señor.

9. Y convocó a todo Judá y Benjamín, y con ellos a los forasteros de Efraín, y de Manasés, y de Simeón, pues se iban acogiendo a él muchos de Israel, viendo cuánto le favorecía el Señor su Dios.

10. Y venidos a Jerusalén el mes tercero del año decimoquinto del reinado de Asá,

11. inmolaron al Señor en aquel día setecientos bueyes y siete mil carneros, de los despojos y botín que habían traído.

12. Entró después, según costumbre, a ratificar el pacto o promesa de que seguirían al Señor Dios de sus padres con todo el corazón y con toda su alma.

13. Que si alguno, dijo, no siguiere al Señor Dios de Israel, muera sin excepción, sea pequeño o grande, varón o mujer.

14. Y juraron al Señor en alta voz y con júbilo, y al son de trompetas y clarines,

15. todos los que estaban en Judá, echándose insultos; pues hicieron este juramento de todo su corazón, y buscaron al Señor con plena voluntad, y así es que lo hallaron; y les dio el Señor paz con todos sus vecinos.

16. Depuso también el rey a su madre Maaca de la augusta autoridad que gozaba*, porque había colocado en un bosque el ídolo de Príapo; el cual rompió Asá, haciéndole mil pedazos, y lo quemó en el torrente de Cedrón.

17. No obstante, quedaron lugares altos en Israel si bien el corazón de Asá fue perfecto todo el tiempo de su vida.

---

16. *1 Re 15*, 13.

18. Entregó también al templo del Señor las cosas que su padre y él tenían ofrecidas con voto, el oro y la plata, y diferentes especies de vasos o utensilios.

19. Finalmente, no hubo guerra hasta el año treinta y cinco del reinado de Asá.

16 *Baasa rey de Israel declara la guerra a Asá rey de Judá, que pierde la fe, es castigado y muere*

1. Pero el año treinta y seis del reinado de Asá, entró Baasa, rey de Israel, en el país de Judá, y empezó a fortificar a Rama[1], para que ninguno del reino de Asá pudiese entrar y salir libremente.

2. Entonces sacó Asá la plata y el oro de los tesoros del templo del Señor y de los tesoros del rey; y se lo envió a Benadad, rey de Siria, que tenía su corte en Damasco, diciéndole:

3. Hay alianza entre yo y tú; al modo que la hubo entre mi padre y el tuyo; por tanto te remito ese oro y plata, para que, rompiendo el tratado que tienes hecho con Baasa, rey de Israel, le obligues a retirarse de mi país.

4. En vista de esta demostración, despachó Benadad los generales de sus ejércitos contra las ciudades de Israel; los cuales batieron las ciudades de Ahión, de Dan, de Abelmain, y todas las ciudades muradas de Neftalí.

5. Lo que sabido por Baasa, cesó de fortificar a Rama, y dejó la obra sin acabar.

6. Entretanto el rey Asá tomó consigo toda la gente de Judá, y trajeron de Rama todas las piedras y maderas acopiadas por Baasa para la construcción, y con ellas fortificó a Gabaa y a Masfa.

7. En aquel tiempo se presentó el profeta Hanani a Asá, rey de Judá, y le dijo: Por cuanto has puesto la confianza en el rey de Siria, y no en el Señor tu Dios, por eso el ejército del rey de Siria se ha escapado de tus manos.

8. Pues, ¿no eran en mucho mayor número los etíopes y los de la Libia, con sus carros de guerra y caballería y tropas innumerables, y no obstante los entregó el Señor en tus manos, por haber puesto en él tu confianza?

9. Ello es así que los ojos del Señor están contemplando a los que creen en él con perfecto corazón. Luego tú has procedido neciamente; y por eso desde aquí adelante se levantarán guerras contra ti.

10. Airado Asá contra el profeta, lo mandó poner en un cepo, indignado sobremanera de esto que le había dicho; y en aquel tiempo quitó la vida a muchísimos del pueblo.

11. Mas los hechos de Asá, desde el principio hasta el fin, se hallan escritos en el libro de los Anales de los Reyes de Judá y de Israel.

12. Cayó finalmente enfermo Asá el año treinta y nueve de su reinado, de un dolor de pies agudísimo; y ni aun en su dolencia recurrió al Señor, sino que confió más en el saber de los médicos.

13. Fue, pues a descansar con sus padres; habiendo muerto el año cuarenta y uno de su reinado.

14. Y lo sepultaron en el sepulcro que había mandado abrir para sí en la ciudad de David; y lo pusieron sobre su lecho cubierto de aromas, y de ungüentos exquisitos, preparados con arte por los perfumeros, y los quemaron sobre él con pompa extraordinaria.

17 *Principio del reinado en Judá del piadoso Josafat, hijo de Asá. Sus ciudades y gloria*

1. Lo sucedió en el reino Josafat, su hijo, el cual prevaleció siempre contra Israel.

2. Y estableció compañías de soldados en todas las ciudades de Judá, cercadas de murallas; y puso guarniciones en tierra de Judá y en las ciudades de Efraín conquistadas por su padre Asá.

3. Y el Señor estuvo con Josafat, porque siguió los pasos primeros de David, su padre; y no puso su confianza en los ídolos,

4. sino en el Dios de su padre, siguiendo el camino de sus mandamientos, y apartándose de los pecados de Israel.

5. Con esto le aseguró el Señor en la posesión del reino, y todo Judá ofrecía presentes a Josafat; de suerte que vino a tener inmensas riquezas y mucha gloria.

---

1. Ciudad situada en la frontera de los dos países.

6. Y encendido su corazón en celo por la observancia de las leyes del Señor, quitó del país de Judá también los adoratorios de los lugares excelsos y los bosques profanos.

7. Asimismo el año tercero de su reinado dio comisión entre los magnates de su corte a Benaíl, y a Obdías, y a Zacarías, y a Natanael, y a Miqueas para que enseñasen en las ciudades de Judá;

8. enviando con ellos a los levitas Semeías, y Natanías, y Zabadías, y Asael, y Semiramot, y Jonatán, y Adonías, y Tobías y Tobadonías, levitas todos, acompañados de los sacerdotes Elisama y Joram;

9. los cuales adoctrinaban al pueblo en Judá, llevando consigo el libro de la ley del Señor; y recorrían todas las ciudades de Judá, instruyendo al pueblo.

10. Con esto el terror del nombre del Señor se derramó por todos los reinos circunvencinos de Judá, y no se atrevían a mover guerra contra Josafat.

11. Y aun los mismos filisteos ofrecían presentes a Josafat, y le pagaban un tributo en dinero; los árabes también le traían ganados, siete mil setecientos carneros, y otros tantos machos cabríos.

12. Fue, pues, Josafat haciéndose poderoso, y creciendo en grandeza hasta lo sumo; y edificó en Judá alcázares a manera de torres, y ciudades muradas,

13. e hizo muchas obras en las ciudades de Judá. Tenía también en Jerusalén varones aguerridos y esforzados;

14. de los cuales ésta es la enumeración, según sus casas y familias: En Judá los jefes del ejército eran el general Ednas, que tenía a sus órdenes trescientos mil hombres de gran valor;

15. y a éste se seguía Johanán, jefe que mandaba doscientos ochenta mil hombres.

16. Después venía Amasías, hijo de Zecri, consagrado al Señor, que tenía bajo su mando doscientos mil valientes.

17. Inmediato a éste venía el valiente campeón Elíada, que tenía a sus órdenes doscientos mil armados de arco y escudo.

18. Tras éste venía Jozabad, y a sus órdenes ciento ochenta mil soldados de tropa ligera.

19. Todos éstos estaban prontos a las órdenes del rey; sin contar aquellos que había puesto de guarnición en las ciudades muradas por todo el país de Judá.

18 *Josafat se alía con Acab, quien muere según la predicción del profeta Miqueas*

1. Fue, pues, Josafat muy rico, y adquirió mucha gloria; y emparentó con Acab*.

2. Al cabo de algunos años pasó a visitar a éste en Samaria, por cuya llegada hizo matar Acab muchísimos carneros y bueyes para él y para la gente que con él había venido, y lo persuadió de ir con él contra Ramot de Galaad.

3. Dijo, pues, Acab, rey de Israel, a Josafat, rey de Judá: Ven conmigo a Ramot de Galaad. Le respondió Josafat: Tú y yo somos una misma cosa, y una misma cosa tu pueblo y el mío, y así iremos contigo a la guerra.

4. Añadió Josafat al rey de Israel: Te ruego que consultes en este lance qué es lo que dice el Señor.

5. Juntó, pues, el rey de Israel cuatrocientos profetas, y les dijo: ¿Debemos ir a atacar a Ramot de Galaad, o estarnos quedos? Respondieron ellos: Marcha; que Dios entregará esa ciudad en poder del rey.

6. Replicó Josafat: ¿No hay aquí algún profeta del Señor, para que también le consultemos?

7. Dijo el rey de Israel a Josafat: Aquí hay un hombre por quien podemos inquirir la voluntad del Señor; mas yo lo aborrezco, porque nunca me profetiza cosa buena, sino siempre desdichas; éste tal es Miqueas, hijo de Jemla. Y respondió Josafat: No hables, oh rey, de esa manera.

8. Llamó, pues, el rey de Israel a uno de los eunucos o camareros, y le dijo: Llama luego a Miqueas, hijo de Jemla.

9. Entretanto el rey de Israel, y Josafat, rey de Judá, vestidos de traje real, estaban ambos sentados en tronos; el sitio donde estaban era una plaza, junto a la puerta de Samaria; y todos aquellos profetas iban vaticinando en su presencia.

10. Sedecías, hijo de Canaana, se hizo unos cuernos de hierro, y dijo: Esto dice el Señor: Con éstas voltearás tú a la Siria, hasta hacerla añicos.

11. Y todos aquellos profetas vaticinaban del mismo modo, diciendo: Sal contra Ramot de Galaad, y tendrás próspero

1. *2 Re 8*, 18; *2 Cro 21*, 6.

suceso; el Señor la entregará en poder del rey.

12. Por lo que el mensajero que había ido a llamar a Miqueas, previno a éste: Mira que todos los profetas a una voz anuncian al rey felices sucesos; por lo que te ruego que tu lenguaje sea conforme al suyo, y anuncies cosas favorables.

13. Le respondió Miqueas: Vive el Señor, que todo aquello que mi Dios me dijere, eso hablaré.

14. Se presentó, pues, al rey; el cual le dijo: Miqueas, ¿debemos declarar la guerra contra Ramot de Galaad, o estarnos quietos? Le respondió Miqueas: Id; porque todo os saldrá felizmente, y los enemigos serán entregados en vuestras manos.

15. Replicó el rey: En nombre del Señor te conjuro una y otra vez, que no me hables sino la verdad.

16. Entonces dijo Miqueas: He visto a todo Israel disperso por los montes, como ovejas sin pastor; y ha dicho el Señor: Estos no tienen quien los mande; que se vuelva cada uno en paz a su casa.

17. Y dijo el rey de Israel a Josafat: ¿No te dije yo que éste no me anunciaría cosa buena, sino sólo desdichas?

18. Pero Miqueas, replicó: Pues oíd aún la palabra del Señor: He visto yo al Señor sentado en su trono, y a toda la milicia celestial en torno de él a la diestra y a la siniestra.

19. Y ha dicho el Señor: ¿Quién engañará a Acab, rey de Israel, a fin de que salga a campaña y perezca en Ramot de Galaad? Y diciendo quién una cosa y quién otra,

20. sobrevino cierto espíritu, y presentándose ante el Señor, dijo: Yo lo engañaré. Le preguntó el Señor: ¿Cómo lo engañarás tú?

21. Iré, respondió él, y seré un espíritu mentiroso en la boca de todos sus profetas. Y el Señor le contestó: Lo engañarás y te saldrás con ello; anda, y hazlo así.

22. En consecuencia ya ves cómo el Señor ha puesto o permitido el espíritu de mentira en la boca de todos tus profetas; y el Señor mismo ha pronunciado contra ti desastres.

23. Entonces Sedecías, hijo de Canaana, se acercó y dio a Miqueas un bofetón, diciendo: ¿Por qué camino se ha ido de mí el espíritu del Señor para ir a hablarte a ti?

24. Respondió Miqueas: Tú mismo lo verás en aquel día, en que irás huyendo de aposento en aposento para esconderte.

25. Pero el rey de Israel dio una orden diciendo: Prended a Miqueas, y llevadlo a Amón, gobernador de la ciudad, y a Joás, hijo de Amelec,

26. y les diréis: Esto manda el rey: Metedlo en la cárcel, y dadle un pedazo de pan y un poquito de agua, hasta mi feliz regreso.

27. A lo que dijo Miqueas: Si regresases tú felizmente, no será verdad que el Señor haya hablado por mi boca. Y añadió: Oídlo, pueblos todos.

28. Sin embargo, el rey de Israel y Josafat, rey de Judá, marcharon contra Ramot de Galaad.

29. Mas el rey de Israel dijo a Josafat: Yo mudaré de traje, y entraré de este modo en batalla; tú lleva tus vestidos. En efecto, el rey de Israel entró disfrazado en el combate.

30. Había dado el rey de Siria esta orden a los capitanes de su caballería: No peleéis contra nadie, pequeño ni grande, sino tan solamente contra el rey de Israel.

31. Y así luego que los comandantes de la caballería vieron a Josafat, dijeron: El rey de Israel es ése; y rodeándolo cargaron sobre él. Pero él invocó a gritos al Señor, el cual lo socorrió, y los desvió de él.

32. Porque habiendo visto los capitanes de la caballería que no era el rey de Israel, lo dejaron.

33. Entretanto sucedió que uno de la tropa, tirando sin objeto particular una saeta, hirió al rey de Israel entre el cuello y la espalda; por lo que dijo el rey a su cochero: Vuelve atrás, y sácame del combate, porque estoy herido.

34. Con esto se acabó en aquel día la guerra. El rey de Israel se mantuvo en su coche hasta la tarde, enfrente a los siros, y murió al ponerse el sol.

19

Josafat es reprendido por haber auxiliado a Acab. Se esmera en extirpar la idolatría

1. Pero Josafat, rey de Judá, regresó a su palacio en Jerusalén, sano y salvo;

2. a cuyo encuentro vino Jehú, profeta, hijo de Hanani, y le dijo: Tú das socorro a un impío, y te estrechas en amistad con gente que aborrece al Señor; por tanto merecías experimentar la ira del Señor.

3. Mas se han hallado en ti buenas obras; pues arrancaste los bosques idolátricos de la tierra de Judá; y has convertido tu corazón en busca del Señor Dios de tus padres.

4. Habitó, pues, Josafat en Jerusalén, y salió de nuevo a visitar a su pueblo desde Bersabee hasta la montaña de Efraín, y redujo sus vasallos al Señor Dios de sus padres.

5. Puso además jueces en todas las ciudades fuertes de Judá y en todas partes.

6. Y dando sus órdenes a los jueces: Mirad, les dijo, mirad lo que hacéis, porque ejercéis las veces, no de un hombre, sino del Señor, y cualquier sentencia que diereis recaerá sobre vosotros.

7. Esté con vosotros el temor del Señor, y haced todas las cosas con exactitud; pues en Dios nuestro Señor no cabe injusticia, ni soborno, ni codicia de dones.

8. Josafat estableció también en Jerusalén levitas, y sacerdotes, y príncipes o cabezas de las familias de Israel, para que hiciesen justicia a sus moradores y juzgasen las causas del Señor;

9. y les dio sus órdenes, y dijo: Debéis portaros con fidelidad y con sincero corazón en el temor del Señor.

10. En cualquier pleito entre familia y familia de vuestros hermanos que habitan en sus ciudades, que viniere a vuestro tribunal, siempre que se trate de la ley, de los mandamientos, de las ceremonias o de los preceptos los instruiréis, para que no pequen contra el Señor; a fin de que no descargue su ira sobre vosotros y sobre vuestros hermanos; obrando así no pecaréis.

11. A este fin Amarías, vuestro sumo sacerdote, presidirá en todo aquello que concierne a Dios; y Zabadías, hijo de Ismahel, príncipe de la casa de Judá, presidirá en todos los negocios pertenecientes al servicio del rey; tenéis también entre vosotros los levitas, los cuales os servirán de maestros; cobrad ánimo y cumplid exactamente vuestros deberes, que el Señor os colmará de bienes.

20

Victorias de Josafat sobre todos los amonitas y moabitas. Castigo por su amistad con Ocozías

1. Después de esto se coligaron los hijos de Moab y los hijos de Amón, y con ellos algunos amonitas, contra Josafat para hacerle guerra.

2. Y llegaron unos mensajeros a avisar a Josafat, diciendo: Viene contra ti una gran muchedumbre de los países de la otra parte del mar Muerto, y de la Siria; y ahora están acampados en Asasontamar, por otro nombre Engaddi.

3. Con esto Josafat, atemorizado, se dedicó todo a suplicar al Señor, y ordenó un ayuno a todo el pueblo de Judá.

4. Y se juntó el pueblo de Judá para implorar el socorro del Señor, y toda la gente venía desde sus ciudades a presentarle sus ruegos.

5. Y puesto Josafat en medio del concurso de Judá y de Jerusalén en el templo del Señor delante del atrio nuevo,

6. dijo: Señor Dios de nuestros padres, tú eres el Dios del cielo y el dueño de todos los reinos de las naciones; en tus manos están la fortaleza y el poder, y nadie puede resistirte.

7. ¿No es así que tú, oh Dios nuestro, acabaste con todos los moradores de esta tierra delante de Israel, tu pueblo, y se la diste para siempre a los descendientes de tu amigo Abrahán?

8. Los cuales la habían habitado, y erigido en ella un santuario a tu Nombre, diciendo:

9. Si descargaren males sobre nosotros, la espada vengadora, o peste, o hambre, nos presentaremos en tu acatamiento dentro de esta casa en que ha sido invocado tu Nombre, y clamaremos a ti en nuestras tribulaciones, y tú nos oirás y nos salvarás.

10. Ahora, pues, los hijos de Amón y los de Moab, y los de la montaña de Seir, por cuyas tierras no permitiste que pasase Israel al salir de Egipto, antes se desvió Israel de ellos, y no los mató';

11. he aquí que proceden al contrario, y hacen todo esfuerzo para arrojarnos del país, cuya posesión nos diste.

---

10. *Deut 2*, 1.

12. ¡Oh Dios nuestro! ¿y no castigarás tú esas gentes? En nosotros ciertamente no hay tanta fuerza que podamos resistir a esa multitud que nos acomete. Mas no sabiendo lo que debemos hacer, no nos queda otro recurso que volver a ti nuestros ojos.

13. Estaba a la sazón todo Judá delante del Señor con los niños, mujeres e hijos*.

14. Se hallaba allí Jahaziel, hijo de Zacarías, hijo de Banaías, hijo de Jehiel, hijo de Matamías, levita, de la familia de Asaf, y entró en él el espíritu del Señor, en medio de aquel concurso,

15. y dijo: Atención, oh pueblo de Judá, y vosotros habitantes de Jerusalén, y tú, oh rey Josafat: Esto os dice el Señor: No tenéis que temer ni acobardaros a vista de esa muchedumbre, porque el combate no está a cargo vuestro, sino de Dios.

16. Mañana marcharéis contra ellos, pues han de subir por la cuesta llamada Sis, y los encontraréis en la extremidad del torrente que corre hacia el desierto de Jeruel.

17. No tendréis vosotros que pelear; manteneos solamente a pie firme con confianza, y veréis, oh habitantes de Judá y Jerusalén, el socorro del Señor sobre vosotros; no tenéis que temer ni acobardaros; mañana saldréis contra ellos, y el Señor estará con vosotros.

18. Al oír esto Josafat y el pueblo de Judá, y los habitantes todos de Jerusalén, se postraron rostro por tierra ante el Señor.

19. Al mismo tiempo los levitas del linaje de Caat y del linaje de Coré, cantaban alabanzas al Señor Dios de Israel con grandes voces, que llegaban hasta el cielo.

20. Y a la mañana siguiente poniéndose en movimiento, tomaron el camino del desierto de Tecue; y comenzada la marcha, Josafat, puesto en medio de ellos, dijo: Oídme, varones de Judá, y vosotros habitantes todos de Jerusalén: Confiad en el Señor Dios vuestro, y estaréis seguros; creed a sus profetas, y todo irá felizmente.

21. Hizo después sus advertencias al pueblo, y señaló cantores del Señor, para que distribuidos en coros cantasen sus alabanzas, y precediendo al ejército, dijesen todos a una voz: Glorificad al Señor, porque es eterna su misericordia.

22. Luego que dieron principio al canto, convirtió el Señor contra sí mismos las estratagemas de los enemigos, es decir, de los amonitas, y de los moabitas, y de los pueblos de la montaña de Seir, que habían venido para pelear contra Judá, y quedaron derrotados.

23. Porque los amonitas y moabitas se levantaron contra los moradores de la montaña de Seir, los destrozaron y acabaron con ellos; y ejecutado esto, volviendo luego las armas contra sí mismos, se mataron unos a otros a cuchilladas.

24. Los de Judá, así que llegaron a la altura desde donde se descubre el desierto, vieron a lo lejos todo aquel espacioso campo cubierto de cadáveres, y que ni uno siquiera había escapado a la mortandad.

25. Llegó, pues, Josafat con todo su ejército para coger los despojos de los muertos; y hallaron entre los cadáveres muchas alhajas, y vestidos, y vasos preciosísimos, y lo cogieron todo; siendo tanto el botín, que no sabían cómo llevarlo, ni pudieron en tres días recoger todos los despojos.

26. Finalmente, el cuarto día se reunieron en el valle de Bendición; pues por haber ellos bendecido allí al Señor, dieron a aquel lugar el nombre de valle de Bendición, que conserva hasta hoy día.

27. Desde donde toda la tropa de Judá y los habitantes de Jerusalén regresaron a esta ciudad, precedidos de Josafat, alegres sobremanera por haberles concedido el Señor el triunfar de sus enemigos.

28. Y entraron en Jerusalén y en la casa del Señor al son de los salterios, y de cítaras, y de trompetas.

29. Y se derramó el terror del Señor sobre todos los reinos cercanos, así que oyeron cómo el Señor había peleado contra los enemigos de Israel.

30. Con esto quedó en paz el reino de Josafat, y le dio el Señor tranquilidad por todas partes.

31. De esta suerte reinó Josafat sobre Judá: siendo de treinta y cinco años cuando comenzó a reinar; y reinó veinticinco años en Jerusalén; su madre se llamó Azuba, hija de Selahí.

32. E imitó a su padre Asá, sin degenerar de él en cosa alguna, haciendo lo que era grato a los ojos del Señor.

33. Aunque no quitó los lugares altos, y

---

13. *Jdt 4*, 9; *Joel 2*, 16.

el pueblo no había aún enderezado bien su corazón al Señor Dios de sus padres.

34. Los demás hechos de Josafat desde el principio al fin están escritos en el Libro de Jehú, hijo de Hanani, que los insertó en el Libro de los Reyes de Israel*.

35. Al cabo Josafat, rey de Judá, muerto Acab, contrajo amistad con Ocozías, rey de Israel, cuyas obras fueron sumamente impías.

36. Y se unió con él para construir naves que hiciesen el viaje a Tarsis, y formaron una armada en Asiongaber.

37. Mas Eliezer, hijo de Dodau de Maresa, profetizó a Josafat, diciendo: Por cuanto has hecho liga con Ocozías, el Señor ha destruido tus designios. En efecto, las naves dieron al través, y no pudieron hacer el viaje a Tarsis*.

21 *Reinado de Joram, hijo, castigado con una enfermedad y muerto como se lo había predicho Elías*

1. Pasó, en fin, Josafat a descansar con sus padres, y fue sepultado con ellos en la ciudad de David; sucediéndole en el reino su hijo Joram;

2. cuyos hermanos, hijos de Josafat, fueron Azarías, y Jahiel, y Zacarías, y Micael y Safatías; todos hijos de Josafat, rey de Judá.

3. Y les dio su padre muchas sumas de oro y de plata, y preciosidades, y ciudades muy bien pertrechadas en Judá; pero el reino se lo entregó a Joram, por ser el primogénito.

4. Tomó, pues, Joram posesión del reino de su padre; y asegurado en su trono, pasó a cuchillo a todos sus hermanos, y a algunos de los principales de Israel.

5. Treinta y dos años tenía Joram cuando comenzó a reinar; y reinó ocho años en Jerusalén.

6. Y siguió los pasos de los reyes de Israel, como lo había hecho la casa de Acab; pues tenía por mujer a una hija de éste, y así hizo lo malo en la presencia del Señor.

7. Mas el Señor no quiso destruir la casa de David, a causa del pacto hecho con él, y por haberle prometido que le dejaría a él y a sus hijos una lámpara en todo tiempo.

8. Por aquellos días se rebeló la Idumea, sacudiendo el yugo de Judá, y se creó rey propio.

9. Y pasando a ella Joram con sus capitanes y con toda la caballería que consigo tenía, salió de noche y derrotó a los idumeos y a todos los capitanes de su caballería, que lo habían cercado.

10. Con todo eso la Idumea se mantuvo rebelde, sustrayéndose del dominio de Judá, como está hoy día. También en este tiempo se separó la ciudad de Lobna, negándole la obediencia; y por haber Joram abandonado así al Señor Dios de sus padres;

11. además de que erigió adoratorios en los lugares altos de las ciudades de Judá, e hizo idolatrar a los habitantes de Jerusalén, y prevaricar a Judá.

12. Entonces le entregaron una carta del profeta Elías, en la cual estaba escrito: Esto dice el Señor Dios de tu padre David: Ya que tú no has seguido las pisadas de Josafat, tu padre, ni las pisadas de Asá, rey de Judá,

13. sino que has andado por el camino de los reyes de Israel, y has hecho idolatrar a Judá, y a los habitantes de Jerusalén, imitando la impiedad de la casa de Acab, además de haber muerto a tus hermanos, estirpe de tu padre, harto mejores que tú;

14. he aquí que te castigará el Señor con un terrible azote a ti y a tu pueblo, y a tus hijos y mujeres, y a todas tus cosas.

15. Tú en particular enfermarás de una dolencia de vientre tan maligna, que irás echando las entrañas poco a poco un día tras otro.

16. Suscitó, pues, el Señor contra Joram el espíritu de los filisteos y de los árabes, confinantes con los etíopes.

17. Y entraron en la tierra de Judá, y la devastaron, y saquearon cuanto había en el palacio del rey, llevándose además sus hijos y mujeres, sin que le quedase otro hijo que Joacaz,* el cual era el menor de todos.

18. Y además de esto, lo hirió el Señor con una enfermedad incurable de vientre.

19. De esta suerte, sucediéndose unos a otros los días y estaciones, se pasaron años; hasta que consumido lentamente de la podredumbre, tanto que arrojaba sus mismas entrañas, acabó al tiempo de pensar y de vivir. Muerto que fue de una tan horrible

---

34. *2 Cro 21*, 2; *23*, 2; *24*, 16.
37. *1 Re* 22, 45-50.

enfermedad, el pueblo no le celebró exequias, quemándole perfumes como a sus antecesores, según costumbre.

20. Treinta y dos años tenía cuando comenzó a reinar, y ocho años reinó en Jerusalén. Su proceder no fue recto. Lo sepultaron en la ciudad de David; mas no en el sepulcro de los reyes.

22 *Asesinato de Ocozías y Joram, su padre y rey de Israel. Atalía hace matar a los hijos de Ocozías*

1. Los habitantes de Jerusalén proclamaron luego por rey, en lugar de Joram, a Ocozías*, el menor de sus hijos; porque los mayores en edad habían sido todos muertos por las guerrillas árabes que habían invadido el campamento; reinó, pues, Ocozías, hijo de Joram, rey de Judá.

2. Cuarenta y dos años contaba Ocozías cuando entró a reinar, y un año reinó en Jerusalén; se llamaba su madre Atalía, hija de Acab, hijo de Amri.

3. Pero también éste comenzó luego a seguir los pasos de la casa de Acab; porque su madre lo precipitó a la impiedad.

4. Hizo, pues, lo malo en la presencia del Señor como la casa de Acab; de la cual escogió sus consejeros después de la muerte de su padre, para perdición suya.

5. Y se gobernó por sus consejos. Y salió con Joram, hijo de Acab, rey de Israel, a la guerra contra Hazael, rey de Siria, en Ramot de Galaad, donde los siros hirieron a Joram.

6. El cual se retiró a Jezrael para curarse de sus heridas; pues fueron muchas las que recibió en aquella batalla. Por lo que Ocozías, hijo de Joram, rey de Judá, bajó a visitar a Joram, hijo de Acab, que se hallaba enfermo en Jezrael;

7. porque fue voluntad de Dios irritado contra Ocozías, que éste pasase a visitar a Joram; y que después de llegado, saliese con él contra Jehú, hijo de Namsi, a quien ungió el Señor para exterminar la casa de Acab.

8. Estando, pues, Jehú destruyendo la casa de Acab, se encontró con varios príncipes de Judá, y con los hijos de los hermanos de Ocozías que estaban a su servicio, y les quitó la vida.

9. Y andando en busca del mismo Ocozías, que se había escondido en Samaria, se apoderó de él; y traído a su presencia, le hizo quitar la vida; y le dieron sepultura en Jerusalén, por ser hijo o nieto de Josafat, el cual había seguido al Señor con todo su corazón. Ni quedó ya esperanza alguna de que pudiese reinar nadie de la estirpe de Ocozías;

10. porque Atalía, su madre, viendo muerto a su hijo, se alzó con el reino, y mató toda la estirpe real de la casa de Joram.

11. Pero Josabet, hija del rey, cogió a Joás, hijo de Ocozías, robándolo de entre los demás hijos del rey, cuando los mataban, y lo escondió en compañía de con su nodriza en el templo, en la estancia del dormitorio de los sacerdotes y levitas. Esta Josabet, que lo escondió, y evitó que Atalía lo matase, era hija del rey Joram, mujer del sumo sacerdote Joíada, y hermana de Ocozías*.

12. Se conservó, pues, escondido en su compañía, en el templo del Señor, los seis años que duró el reinado de Atalía sobre el país.

23 *Proclamación y unción de Joás como rey de Judá. Muerte de Atalía*

1. Pero al séptimo año se animó Joíada; y uniéndose con los centuriones, es a saber, con Azarías, hijo de Jeroboam, e Ismael, hijo de Johanán, y Azarías, hijo de Obed, y Maasías, hijo de Adaías, y Elisafat, hijo de Zecri, hizo liga con ellos.

2. Los que recorriendo el país de Judá, juntaron los levitas de todas sus ciudades, y los príncipes de las familias de Israel, y vinieron a Jerusalén.

3. Y todo este congreso se coligó con el rey del templo del Señor y les dijo Joíada: Ved aquí al hijo del rey, él es el que reinará, como el Señor lo tiene predicho de los hijos de David.

4. Lo que vosotros debéis ejecutar, es:

5. La tercera parte de vosotros, así sacerdotes y levitas como porteros que entráis de semana, estará en las puertas; otra tercera parte en la habitación del rey; y la otra tercera en la puerta llamada del Fundamento;

---

11. *2 Re 11*, 12.

el resto de la gente esté en los patios del templo del Señor.

6. Nadie entre en la casa del Señor sino los sacerdotes y levitas que están de servicio; éstos sólo entren, por estar consagrados, y todo el resto de la gente esté de centinela ante la casa del Señor.

7. Los levitas estarán alrededor del rey, todos armados (a cualquier otro que entre en el templo, quítesele la vida), y acompañen al rey cuando entre y salga.

8. Los levitas, pues, y todo Judá ejecutaron puntualmente las órdenes del sumo sacerdote Joíada. Y tomó cada uno los hombres que tenía a su mando, así los que venían según el turno para hacer la semana, como los que, cumplida su semana, debían salir, porque el sumo sacerdote Joíada no había permitido que se marcharan las compañías de levitas, que al fin de la semana se sucedían unas a otras.

9. Y dio luego el sumo sacerdote Joíada a los centuriones las lanzas, y escudos, consagrados al templo del Señor por el rey David;

10. y apostó toda la gente armada de dagas, desde la parte derecha del templo hasta la izquierda delante del altar y del templo, alrededor del rey.

11. En seguida sacaron al hijo del rey, y le ciñeron la corona, y el testimonio, y le pusieron en la mano el libro de la ley, y lo proclamaron rey. Y el sumo sacerdote Joíada, asistido de sus hijos, lo ungió; y lo aclamaron diciendo: Viva el rey.

12. Mas habiendo oído Atalía el alborozo del pueblo, que iba corriendo y vitoreando al rey, se presentó al pueblo en el templo del Señor;

13. y viendo, así que entró, al rey puesto sobre el estrado o trono, y a los príncipes y tropas que le rodeaban, y al pueblo todo haciendo fiesta, y tocando las trompetas cantando al son de varios instrumentos; y oídas sus aclamaciones, rasgó sus vestiduras, y dijo: Traición, traición.

14. Pero el sumo sacerdote Joíada acercándose a los centuriones y comandantes del ejército, les dijo: Sacadla de dentro del recinto del templo, y allá fuera degolladla; con lo que precavió el sumo sacerdote que fuese muerta dentro de la casa del Señor.

15. Ellos la asieron del cuello; y así que hubo entrado por la puerta de los caballos de la casa real, allí la mataron.

16. Hizo después Joíada pacto entre él y el pueblo todo con el rey, de que serían pueblo del Señor.

17. Por lo que todo el pueblo entró en el templo de Baal, y lo destruyeron, e hicieron pedazos sus altares y simulacros; y a Matán, sacerdote de Baal, lo degollaron ante sus aras o altares.

18. Joíada estableció prefectos de la casa del Señor, los cuales estaban subordinados a los sacerdotes y levitas, que habían sido distribuidos por David para el servicio del templo del Señor, para ofrecer al Señor los holocaustos, según está escrito en la ley de Moisés, con cánticos de alegría, conforme a lo dispuesto por David.

19. Puso asimismo porteros en las puertas del templo del Señor, para que no entrase en él ninguno que por cualquier causa fuese inmundo.

20. Y juntando consigo a los centuriones, y a los soldados más valientes, y a los príncipes del pueblo, y a toda la gente del país, dispusieron que bajase el rey de la casa del Señor, y lo introdujeron por la puerta superior en el palacio del rey, y lo colocaron en el real solio.

21. Con eso, todo el pueblo del país celebró fiestas, y la ciudad quedó sosegada; habiendo perecido Atalía al filo de la espada.

24 *Joás, después de la muerte de Joíada, hace matar a Zacarías, hijo de éste*

1. De siete años era Joás cuando comenzó a reinar; y cuarenta años reinó en Jerusalén; se llamaba su madre Sebia, y era natural de Bersabee.

2. E hizo Joás lo que es bueno delante del Señor, mientras vivió el sacerdote Joíada,

3. quien lo casó con dos mujeres, de quienes tuvo hijos e hijas.

4. Después de esto quiso Joás restaurar el templo del Señor;

5. a cuyo fin, convocando los sacerdotes y levitas, les dijo: Salid por las ciudades de Judá, y recoged de todo Israel el dinero para los reparos anuales del templo de vuestro Dios; y hacedlo pronto. Pero los levitas obraron con negligencia.

6. Por lo que llamó el rey al príncipe de los sacerdotes Joíada, y le dijo: ¿Cómo no has tenido cuidado de obligar a los levitas a que recogiesen de Judá y de Jerusalén la contribución impuesta por Moisés, siervo del Señor, a todo el pueblo de Israel para la construcción del Tabernáculo de la Alianza?

7. Porque la impiísima Atalía y sus hijos habían arruinado la casa de Dios; y se sirvieron de todas las cosas consagradas al templo del Señor para adornar el templo de Baal.

8. Mandó, pues, el rey que se hiciese un arca; la que colocaron junto a la puerta del templo del Señor, por la parte de afuera;

9. y se pregonó en Judá y en Jerusalén que cada cual trajese al Señor la contribución señalada por Moisés, siervo de Dios, a todo Israel en el desierto.

10. Se alegraron de esto todos los príncipes y el pueblo todo; y acudieron a echar en el arca del Señor el dinero, de suerte que la llenaron.

11. Así que llegaba el tiempo de llevar al arca a la presencia del rey por manos de los levitas (cuando veían que había mucha cantidad de dinero), venía el secretario del rey con un comisario elegido por el sumo sacerdote, y sacaban el dinero que había en el arca, la cual volvían a su sitio. Así lo hacían todos los días; y se recogió infinito dinero.

12. El cual entregaron el rey y Joíada a los capataces de las obras del templo del Señor; y éstos pagaban con él a los canteros, y a los varios artífices que trabajaban para reparar la casa del Señor; e igualmente a los que trabajaban en hierro y en bronce, para asegurar lo que amenazaba ruina.

13. Y estos obreros trabajaron con esmero; y repararon las hendiduras de las paredes, restituyendo el templo del Señor a su antiguo estado, y consolidándole perfectamente.

14. Acabadas todas las obras, presentaron al rey y a Joíada el sobrante del dinero, del cual se hicieron los vasos para el servicio del templo y para los holocaustos, como las tazas y demás vasos de oro y de plata. Y mientras vivió Joíada se ofrecían continuamente holocaustos en la casa del Señor.

15. Pero Joíada, envejecido y cargado de días, vino a morir, siendo de edad de ciento treinta años;

16. y fue sepultado en la ciudad de David con los reyes, por el bien que había hecho a Israel y a su casa.

17. Mas después de muerto Joíada entraron los príncipes de Judá a postrarse a los pies del rey; el cual, halagado con sus obsequios y lisonjeras razones, se dejó llevar de ellos.

18. Y así fue que abandonaron el templo del Señor Dios de sus padres y dieron culto a los simulacros y bosques a ellos consagrados; pecado que acarreó la ira sobre Judá y Jerusalén.

19. Entretanto el Señor les enviaba profetas para que se convirtiesen a él; pero por más intimaciones que les hacían, no eran escuchadas.

20. Por último revistió Dios de su espíritu al sumo sacerdote Zacarías, hijo de Joíada; y presentándose delante del pueblo, les habló de esta manera: Esto dice el Señor Dios: ¿Por qué buscáis vuestra ruina traspasando los mandamientos del Señor, y lo habéis abandonado para ser de él abandonados?

21. Mas ellos aunados contra Zacarías, lo apedrearon por orden del rey, en el atrio del templo del Señor.

22. Y no se acordó el rey Joás de los beneficios que le había hecho Joíada, padre de Zacarías, sino que mató a este hijo suyo; el cual dijo al morir: Véalo el Señor y haga justicia.

23. Al cabo de un año salió a campaña contra él el ejército de Siria, entró en el país de Judá y en Jerusalén, y mató a todos los príncipes del pueblo; y remitieron todos los despojos a su rey, a Damasco.

24. A la verdad, aunque los siros habían venido en cortísimo número, el Señor entregó en sus manos una multitud inmensa de hijos de Israel, por haber abandonado al Señor Dios de sus padres. También Joás fue maltratado por ellos de un modo ignominioso;

25. y al partir lo dejaron en grandes dolores; finalmente, sus propios criados se conjuraron contra él para vengar la sangre del hijo de Joíada, sumo sacerdote, y lo asesinaron en su misma cama, y quedó muerto; y lo enterraron en la ciudad de David, mas no en los sepulcros de los reyes.

26. Los que se conjuraron contra él, fueron Zabad, hijo de Semmaat, amonita, y Jozabad, hijo de Semarit, moabita.

27. En orden a sus hijos, y a la suma del dinero que se recogió en su reinado, y al modo con que fue restaurada la casa de Dios, todo esto está escrito en el Libro de los Reyes*. Lo sucedió en el reino su hijo Amasías.

25 *Amasías vence a los idumeos; pero es derrotado y muerto a traición*

1. De veinticinco años era Amasías cuando comenzó a reinar, veintinueve años reinó en Jerusalén. Se llamó su madre Joadán, natural de Jerusalén.

2. Y obró lo que es bueno en la presencia del Señor; mas no con un corazón perfecto.

3. Y luego que vio asegurado su imperio, hizo degollar a los criados que habían asesinado al rey su padre;

4. pero no mató a sus hijos, conformándose con lo que está escrito en el libro de la ley de Moisés, donde el Señor mandó expresamente: No morirán los padres por los hijos, ni los hijos por los padres, sino que cada uno morirá por su pecado personal.

5. Congregó después Amasías a Judá, y según la distribución de familias, puso tribunos y centuriones en todo Judá y Benjamín; e hizo el censo de su población desde veinte años arriba y halló trescientos mil mozos hábiles para la guerra, y el manejo de lanza y escudo.

6. Tomó también a su sueldo cien mil valientes de Israel, por cien talentos de plata.

7. Entonces vino a encontrarle un varón de Dios, y le dijo: Oh rey, no vaya contigo el ejército de Israel, porque el Señor no está con Israel, ni con ninguno de los hijos de Efraín.

8. Que si piensas que en las guerras depende todo de la fuerza del ejército, Dios hará que tú seas vencido de los enemigos, porque en mano de Dios está el dar auxilio o poner en fuga.

9. Respondió Amasías al varón de Dios: ¿Pues y los cien talentos que he dado a los soldados de Israel? Le replicó el varón de Dios: Tiene el Señor de donde poder darte mucho más que eso.

10. Separó, pues, Amasías el ejército que le había venido de Efraín, para que se volviese a su país; y regresaron estas tropas a su tierra muy irritados contra Judá.

11. Amasías lleno de confianza puso en movimiento su gente, y se dirigió al valle de las Salinas, donde derrotó a diez mil de los hijos de Seir o idumeos.

12. Los hijos de Judá hicieron prisioneros a otros diez mil hombres, y los llevaron a la cima de un despeñadero, desde cuya altura los precipitaron, reventando todos ellos.

13. Pero aquel ejército que había despedido Amasías para no llevarlo consigo a la guerra, invadió las ciudades de Judá, desde Samaria hasta Bet-Horón; y habiendo pasado a cuchillo a tres mil personas, recogió mucho botín.

14. Amasías después de la derrota de los idumeos, trayéndose consigo los dioses de los hijos de Seir, los tomó por dioses suyos, y los adoraba y ofrecía incienso.

15. Por lo cual enojado el Señor contra Amasías, le envió un profeta que le dijese: ¿Cómo has adorado tú a unos dioses que no han podido librar a su pueblo de tus manos?

16. Y diciéndole esto el profeta, le respondió Amasías: ¿Eres tú, por ventura, consejero del rey? Calla, si no quieres te mande quitar a vida. Mas el profeta dijo al partir: Sé que Dios ha decretado hacerte morir a ti por esa maldad que has cometido, y porque además no has dado oído a mis consejos.

17. Tomó, pues, Amasías, rey de Judá, una pésima resolución, y envió a decir a Joás, hijo de Joacaz, hijo de Jehú, rey de Israel, como desafiándole: Ven, y nos veremos las caras.

18. Mas éste le volvió a enviar los mensajeros, diciendo: El cardo que se crece en el Líbano, envió a decir al cedro del Líbano: Da tu hija por mujer a mi hijo; y he aquí que las bestias que había en los bosques del Líbano, pasaron y hollaron al cardo.

19. Tú has dicho: Yo he derrotado a los idumeos; y con esto se ha engreído y ensoberbecido tu corazón; estáte quieto en

---

27. *Libro de los Reyes* son las *actas* o *registros* de cancillería y no los libros bíblicos.

tu casa; ¿a qué propósito provocas contra ti los desastres para perderte tú y Judá contigo?

20. No quiso escuchar Amasías; porque era disposición del Señor que fuese entregado en manos de sus enemigos, a causa de los dioses de Edom que adoraba.

21. Con esto salió a campaña Joás rey de Israel, y se hallaron los dos uno enfrente del otro. Estaba acampado Amasías, rey de Judá, en Betsames de Judá;

22. y se amilanó Judá a la vista de Israel, y huyó a sus estancias.

23. Y Amasías, rey de Judá, hijo de Joás, hijo de Joacaz, fue hecho prisionero en Betsames por Joás, rey de Israel, quien lo llevó a Jerusalén, cuya muralla derribó por espacio de cuatrocientos codos, desde la puerta de Efraín hasta la puerta del Angulo.

24. Y se llevó a Samaria todo el oro y la plata, y cuantos vasos halló en la casa de Dios, y en la habitación de Obededom, y en los tesoros de la casa real, y asimismo los hijos de los que estaban en rehenes.

25. Vivió Amasías, rey de Judá, hijo de Joás, quince años después de la muerte de Joás, rey de Israel, hijo de Joacaz.

26. Las demás acciones de Amasías, desde el principio al fin, están escritas en el Libro de los Reyes de Judá y de Israel.

27. Después que se apartó del Señor, tramaron una conjuración contra él en Jerusalén; y habiendo huido a Laquis, despacharon gentes para que allí lo asesinasen, como lo hicieron.

28. Y transportando el cadáver en caballos, lo sepultaron con sus padres en la ciudad de David.

26 *Acciones loables y victorias de Ozías, hijo de Amasías. Castigo de su engreimiento*

1. Después todo el pueblo de Judá proclamó por rey en lugar de Amasías a su hijo Ozías[1], de edad de dieciséis años.

2. Este reedificó a Ailat, habiéndola restituido al dominio de Judá, después que el rey Amasías fue a descansar con sus padres.

3. Dieciséis años tenía Ozías cuando comenzó a reinar, y reinó cincuenta y dos años en Jerusalén; se llamaba su madre Jequelia, natural de Jerusalén.

4. E hizo lo que era recto en los ojos del Señor, imitando en todo a su padre Amasías.

5. Buscó con ansia al Señor mientras vivió Zacarías, varón prudente y profeta del Señor; y el Señor, a quien él buscaba, le encaminó bien en todas las cosas.

6. En fin, salió a campaña y peleó contra los filisteos, y derribó los muros de Get y los de Jabnia, y los de Azoto; edificó asimismo castillos en Azoto y en tierra de los filisteos;

7. y lo ayudó Dios contra los filisteos, y contra los árabes habitantes de Gurbaal, y contra los amonitas.

8. Los amonitas pagaban tributo a Ozías, cuyo nombre se hizo célebre a causa de sus continuas victorias, hasta la entrada de Egipto.

9. Edificó también Ozías torres en Jerusalén sobre la puerta del Angulo, y sobre la puerta del Valle, y otras en el mismo lado del muro, y las fortificó.

10. Levantó también torres y cortijos en el desierto, e hizo muchísimas cisternas, pues tenía muchos ganados, así en las campiñas como en el vasto país del desierto. Tuvo igualmente viñas y viñadores en los montes, y especialmente en el Carmelo; porque era hombre muy dado a la agricultura.

11. El ejército de sus guerreros, que salía a campaña, estaba bajo el mando de Jehiel, secretario, y de Maasías, doctor de la ley, y de Ananías, uno de los generales del rey.

12. El número total de los príncipes o jefes de familia, varones esforzados, ascendía a dos mil seiscientos.

13. Estos tenían a su mando todo el ejército, compuesto de trescientos siete mil quinientos hombres hábiles para la guerra, y que combatían contra los enemigos del rey.

14. A todo este ejército le proveyó Ozías de escudos, y lanzas, y de cascos, y corazas, y de arcos, y de hondas para tirar piedras.

15. Además construyó en Jerusalén máquinas de varias especies, que colocó en las torres y en los ángulos de los muros para disparar saetas y piedras grandes; y se extendió muy lejos la gloria de su nombre, porque el Señor le asistía y daba vigor.

---

1. Llamado también *Azarías. 2 Re 14,* 21.

16. Mas al verse tan poderoso se enfrió su corazón para ruina suya, y despreció a su Señor Dios; y habiendo entrado en el templo del Señor, quiso ofrecer allí incienso sobre el altar de los perfumes.

17. Al instante entró en pos de él Azarías, sumo sacerdote, acompañado de ochenta sacerdotes del Señor, hombres de gran firmeza;

18. y se opusieron al rey, y le dijeron: Oh Ozías, no te pertenece a ti el ofrecer incienso al Señor, sino a los sacerdotes, esto es, a los hijos de Aarón que han sido consagrados para este ministerio. Sal del santuario; no quieras despreciar nuestro consejo; porque no será esa acción gloriosa para ti delante del Señor, sino criminal.

19. Pero Ozías, arrebatado de cólera, y teniendo en la mano el incensario para ofrecer el incienso, amenazaba a los sacerdotes; y de repente apareció la lepra en su frente, a vista de los sacerdotes, en la casa del Señor, junto al altar de los perfumes.

20. Y habiéndolo mirado Azarías, sumo sacerdote, y todos los demás sacerdotes, echaron de ver la lepra en su frente, y a toda prisa lo hicieron salir fuera. Y él mismo despavorido, se apresuró a salir, porque había sentido de repente el castigo que le había enviado el Señor.

21. Estuvo, pues, el rey Ozías leproso hasta su muerte, y habitó en una casa separada, cubierto de lepra, por motivo de la cual había sido echado del templo del Señor. Entretanto su hijo Joatam tomó el gobierno de la casa real, y administraba justicia al pueblo.

22. Los demás hechos primeros y postreros de Ozías los escribió el profeta Isaías, hijo de Amós.

23. Al fin fue Ozías a descansar con sus padres, y lo sepultaron en el campo de los reales sepulcros; fuera de ellos, porque era leproso. Lo sucedió en el reino su hijo Joatam.

27 *Virtudes y prosperidades de Joatam, quien muere y lo sucede su hijo Acaz*

1. Veinticinco años tenía Joatam cuando comenzó a reinar, y dieciséis años reinó en Jerusalén; se llamaba su madre Jerusa, hija de Sadoc.

2. Y procedió con rectitud a la presencia del Señor, conforme a todo lo que había hecho su padre Ozías; salvo que no se entremetió en el templo del Señor: pero el pueblo seguía todavía en los desórdenes.

3. Joatam fue el que construyó la puerta altísima del templo del Señor, e hizo muchas obras en los muros de la torre Ofel*.

4. También edificó ciudades en las montañas de Judá, y castillos y torres en los bosques.

5. Este hizo guerra al rey de los amonitas, a los cuales sujetó; por lo que le dieron por entonces los amonitas cien talentos de plata, diez mil coros o cargas de trigo, y otros tantos de cebada; esto mismo le dieron los amonitas el segundo y tercer año.

6. Joatam, pues, se hizo poderoso, por haber procedido rectamente en los ojos del Señor Dios suyo.

7. Los demás hechos de Joatam, y todas sus batallas y empresas están escritas en el Libro de los Reyes de Israel y de Judá.

8. De veinticinco años era cuando entró a reinar; y reinó dieciséis años en Jerusalén.

9. Finalmente, Joatam fue a descansar con sus padres, y lo sepultaron en la ciudad de David; sucediéndole en el trono su hijo Acaz.

28 *Maldad de Acaz y desastres que acarrea a Judá y a pesar de todo se obstina en su impiedad*

1. Veinte años* tenía Acaz cuando comenzó a reinar; y dieciséis años reinó en Jerusalén. No se portó bien en la presencia del Señor, como su padre David;

2. sino que siguió los senderos de los reyes de Israel; y además fundió estatuas a los Baales o ídolos.

3. Este es aquel que ofreció incienso en el valle de Benennom, e hizo pasar sus hijos por el fuego, según el rito idolátrico de las naciones exterminadas por el Señor al arribo de los hijos de Israel.

4. Asimismo ofrecía sacrificios, y

3. *Ofel* era una torre junto al templo. *Neh 3*, 26.
1. *2 Re 16*, 2.

quemaba perfumes en las alturas y en los collados, y debajo de todo árbol frondoso.
5. Por eso el Señor Dios lo entregó en poder del rey de Siria, el cual le derrotó, y cogió un gran botín de su reino, y se lo llevó a Damasco. También fue entregado en manos del rey de Israel, que hizo gran destrozo en su gente.
6. Pues Facee, hijo de Romelía, mató en un solo día ciento veinte mil hombres de Judá, todos ellos bravos soldados; porque habían abandonado al Señor Dios de sus padres.
7. Por el mismo tiempo Zecri, hombre poderoso de Efraín, mató a Maasías, hijo del rey, y a Ezrica, su mayordomo, como también a Elcana, que tenía el segundo lugar después del rey.
8. Y los hijos de Israel hicieron cautivos de sus hermanos doscientos mil, mujeres, niños y niñas y cogieron infinitos despojos, y los llevaron a Samaria.
9. Había allí en aquella sazón un profeta del Señor, llamado Oded, el cual, saliendo al encuentro del ejército que venía a Samaria, les dijo: Habéis visto que el Señor Dios de vuestros padres, irritado contra los hijos de Judá, los ha entregado en vuestras manos; mas vosotros les habéis quitado la vida atrozmente; tanto que vuestra crueldad ha subido hasta el cielo.
10. Además de esto queréis subyugar a los hijos de Judá y de Jerusalén, como a esclavos y esclavas, cosa que de ninguna manera debéis hacer; pues en esto pecáis contra el Señor Dios vuestro.
11. Oíd, pues, ahora mi consejo: Volved a enviar a sus casas esos prisioneros hermanos vuestros, que habéis traído acá; porque el furor grande del Señor está para caer sobre vosotros.
12. Con esto algunos de los príncipes de los hijos de Efraín o de Israel, Azarías, hijo de Joanán, Ezequías, hijo de Sellum, y Amasa, hijo de Adali, se opusieron a pie firme a los que venían de la batalla,
13. y les dijeron: No introduciréis acá esos cautivos, porque pecaríamos contra el Señor. ¿Cómo pretendéis aumentar nuestros pecados y colmar la medida de los antiguos delitos, puesto que es ése un gran pecado, y la terrible ira del Señor va a descargar sobre Israel?
14. Con eso los soldados soltaron los despojos y todo cuanto habían cogido delante de aquellos príncipes y de todo el pueblo;
15. y los varones antes mencionados, tomando a los cautivos y a todos los desnudos, los vistieron de los despojos; y después de haberlos vestido y calzado, y confortado con comida y bebida, y ungido para aliviarlos del cansancio, y cuidándolos con mucho esmero, montaron en asnos a los que no podían andar y eran de cuerpo débil, y los llevaron a Jericó, ciudad de las Palmas, a sus hermanos; y después se volvieron a Samaria.
16. En aquel tiempo envió el rey Acaz a pedir socorro al rey de los asirios.
17. Entretanto entraron los idumeos en el país de Judá, y mataron mucha gente, y cogieron un gran botín.
18. Asimismo los filisteos invadieron las ciudades de la llanura, y la parte meridional de Judá, y se apoderaron de Betsames, y de Ayalón, y de Garedot, como también de Socó, y de Temnán, de Gamzo con sus aldeas, y se establecieron en ellas.
19. Porque el Señor había humillado a Judá por los pecados de Acaz, rey de Judá, a quien dejó sin amparo por su desprecio del Señor.
20. El cual hizo mover contra él a Telgatfalnasar, rey de los asirios, que también lo afligió y taló el país sin hallar resistencia alguna.
21. Acaz, pues, despojando el templo del Señor, y el palacio real, y las casas de los príncipes, ofreció dones al rey de los asirios, y sin embargo de nada le sirvió.
22. Sobre todo esto, en el mismo tiempo de su angustia aumentó las ofensas contra el Señor; de suerte que el mismo rey Acaz
23. inmoló víctimas a los dioses de Damasco que creía sus enemigos, diciendo: Los dioses de los reyes de Siria son los que los protegen; yo los aplacaré, pues, con sacrificios, y se pondrán de mi parte; cuando al contrario ellos fueron la causa de su ruina y de la de todo Israel.
24. Acaz, pues, habiendo quitado todos los vasos de la casa de Dios, y habiéndolos hecho pedazos, cerró las puertas del templo de Dios, y erigió altares en todas las esquinas de Jerusalén.
25. Asimismo los erigió en todas las ciudades de Judá para quemar sobre ellos

incienso, provocando la indignación del Señor Dios de sus padres.

26. Las demás cosas suyas y todas sus obras primeras y postreras, están escritas en el Libro de los Reyes de Judá y de Israel.

27. En fin, pasó Acaz a descansar con sus padres, y lo sepultaron en la ciudad de Jerusalén; pues no quisieron colocarlo en los sepulcros de los reyes de Israel o Judá. Lo sucedió en el reino su hijo Ezequías.

29 *Reinado de Ezequías, quien restaura el culto divino y ofrece holocaustos y sacrificios*

1. Comenzó, pues, a reinar Ezequías a la edad de veinticinco años; y reinó veintinueve en Jerusalén; su madre se llamó Abía, hija de Zacarías.

2. E hizo lo que era grato a los ojos del Señor, siguiendo en todo el proceder de su padre David.

3. En el primer año y mes de su reinado abrió las puertas del templo del Señor, y las renovó.

4. E hizo volver los sacerdotes y levitas, y juntándolos en la plaza oriental,

5. les dijo: Escuchadme, oh levitas: Purificaos; limpiad la casa del Señor Dios de vuestros padres y quitad del santuario toda inmundicia.

6. Pecaron nuestros padres, y cometieron la maldad en presencia del Señor Dios nuestro, abandonándole; apartaron sus rostros del Tabernáculo del Señor, y le volvieron las espaldas.

7. Cerraron las puertas del atrio, y apagaron las lámparas, dejaron de quemar el incienso y de ofrecer los holocaustos en el santuario al Dios de Israel.

8. Por eso la ira del Señor se ha encendido contra Judá y Jerusalén, y los ha abandonado a la turbación, y a la ruina, y al escarnio, como vosotros mismos lo estáis viendo con vuestros ojos.

9. Ved cómo nuestros padres han perecido al filo de la espada; y nuestros hijos e hijas y nuestras mujeres han sido llevadas cautivas por esa maldad.

10. Ahora, pues, yo deseo que hagamos alianza con el Señor Dios de Israel, a fin de que aparte de nosotros el furor de su ira.

11. Hijos míos, no seáis negligentes; a vosotros os ha escogido el Señor para que asistáis en su presencia, y le sirváis y deis culto, y le ofrezcáis incienso.

12. Al punto se presentaron los levitas del linaje de Caat, Mahat, hijo de Amasai, y Joel, hijo de Azarías; del linaje de Merari, Cis, hijo de Abdí, y Azarías, hijo de Jalaleel; del linaje de Gersom, Joá, hijo de Zemma, y Edén, hijo de Joá;

13. del linaje de Elisafán, Samri y Jahiel; del linaje de Asaf, Zacarías y Matanías.

14. Asimismo del linaje de Hemán, Jahiel y Semei; y del linaje de Iditún, Semeías y Oziel.

15. Los cuales congregaron a sus hermanos, y se purificaron; y entraron conforme a la orden del rey y al mandamiento del Señor en la casa de Dios para purificarla.

16. Igualmente los sacerdotes habiendo entrado en el santuario del templo del Señor para purificarlo, sacaron al atrio de la casa del Señor todas las inmundicias que hallaron dentro, y de allí las cogieron los levitas, y las llevaron fuera al torrente de Cedrón.

17. El día primero del mes, llamado Nisán, principiaron a limpiar; y el día octavo del mismo mes entraron en el pórtico del templo del Señor, y por ocho días estuvieron purificando el templo; y a los dieciséis del dicho mes acabaron la obra comenzada.

18. Presentándose luego al rey Ezequías, le dijeron: Hemos purificado toda la casa del Señor, y el altar de los holocaustos y sus instrumentos, como también la mesa de la proposición con todos sus utensilios,

19. y todas las alhajas del templo, profanadas por el rey Acaz durante su reinado, después que prevaricó; y he aquí que están todas puestas en orden delante del altar del Señor.

20. En consecuencia, el rey Ezequías, levantándose muy de mañana, congregó a todos los príncipes o magnates de la ciudad, y subió al templo del Señor,

21. y ofrecieron todos juntos siete toros, y siete carneros, y siete corderos, y siete machos cabríos por la expiación del pecado, por el reino o delitos del rey, por la profanación del santuario, y por los pecados de todo Judá; y dijo a los sacerdotes, hijos de Aarón, que los ofreciesen sobre el altar del Señor.

22. Sacrificaron, pues, los sacerdotes

los toros, y recibieron la sangre, y la derramaron sobre el altar; como también los carneros; y asimismo los corderos, cuya sangre derramaron igualmente sobre el altar.

23. En cuanto a los machos cabríos ofrecidos por el pecado, los hicieron arrimar delante del rey y de todo el pueblo, y pusieron sus manos sobre ellos*,

24. y los inmolaron los sacerdotes, y con su sangre rociaron el altar por la expiación de los pecados de todo Israel; porque el rey había mandado que se ofreciese holocausto por todo Israel y por el pecado.

25. Estableció también levitas en el templo del Señor con sus címbalos, y salterios, y cítaras, según la disposición del rey David, y de Gad profeta, y del profeta Natán; porque éste fue un mandamiento del Señor, comunicado por medio de sus profetas.

26. Y estos levitas asistieron con los instrumentos músicos de David, y los sacerdotes con las trompetas.

27. Entonces ordenó Ezequías que se ofreciesen los holocaustos sobre el altar; y mientras que los holocaustos se ofrecían, comenzaron a cantar las alabanzas del Señor, y a tocar las trompetas, y acompañar el canto con los varios instrumentos músicos, dispuestos por David, rey de Israel.

28. Entretanto, mientras todo el pueblo adoraba al Señor, los cantores y los que tenían las trompetas hacían su oficio, hasta que fue consumido el holocausto.

29. Concluida la ofrenda, el rey y todos los que con él estaban, postrándose, adoraron al Señor.

30. En fin, Ezequías y los príncipes mandaron a los levitas que alabasen al Señor con los cánticos de David y del profeta Asaf; y lo hicieron con gran alegría, y dobladas las rodillas en tierra adoraron al Señor.

31. Añadió todavía Ezequías: Vosotros habéis sido consagrados al Señor; venid, pues, y ofreced víctimas y alabanzas en la casa del Señor. Y toda la muchedumbre ofreció víctimas, y alabanzas, y holocaustos con devoto corazón.

32. El número de los holocaustos ofrecidos por el pueblo fue éste: Setenta toros, cien carneros y doscientos corderos.

33. Además consagraron al Señor seiscientos bueyes y tres mil ovejas.

34. Pero los sacerdotes eran pocos, y no bastaban por sí solos para desollar las reses de los holocaustos; por cuyo motivo les ayudaron los levitas, sus hermanos, hasta que se acabó la función, y se hubieron purificado más sacerdotes; porque los levitas se purifican con menos ceremonias que los sacerdotes.

35. Así fueron muchísimos los holocaustos, y la grasa de las víctimas pacíficas, y las libaciones de los holocaustos; y quedó restablecido el culto del templo del Señor.

36. De lo que manifestaron gran gozo Ezequías y todo el pueblo, viendo la restauración del culto del Señor. Porque semejante resolución había sido tomada de improviso.

30 *Ezequías celebra una Pascua solemne en Jerusalén, convocando para ello a Israel y Judá*

1. Envió después Ezequías por todo Israel y Judá, y en particular escribió cartas a Efraín y a Manasés, convidándolos a venir al templo del Señor en Jerusalén para celebrar la Pascua del Señor Dios de Israel.

2. Pues habiendo tenido consejo el rey con los príncipes o magnates y con todo el pueblo de Jerusalén, determinaron celebrar la Pascua en el mes segundo*.

3. Visto que no habían podido celebrarla a su tiempo, por cuanto no estaban purificados bastantes sacerdotes, y el pueblo no se había podido reunir todavía en Jerusalén.

4. Fue esta resolución muy del agrado del rey y de toda la muchedumbre.

5. Por lo que determinaron enviar mensajeros por todo Israel desde Bersabee hasta Dan, convidando a los pueblos a venir a celebrar la Pascua al Señor Dios de Israel en Jerusalén; pues muchos no la habían celebrado hacía tiempo, a pesar de lo ordenado por la ley.

6. En efecto, salieron correos por orden del rey y de sus magnates, con cartas circulares para todo Israel y Judá; en las

23. *Lev 4*, 15-24.

2. *Num 9*, 10-11.

cuales, conforme a lo mandado por el rey, se decía: Hijos de Israel, convertíos al Señor, Dios de Abrahán, y de Isaac, y de Israel, y él acogerá las reliquias que han escapado del poder del rey de los asirios.

7. No queráis imitar a vuestros padres y hermanos, que se alejaron del Señor Dios de sus padres, y el Señor los abandonó a la perdición, como vosotros mismos estáis viendo.

8. No endurezcáis vuestros corazones, como vuestros padres; rendíos al Señor, y venid a su santuario, que santificó para siempre; servid al Señor Dios de vuestros padres, y se apartará de vosotros su furor e indignación.

9. Porque si vosotros os convertís al Señor, vuestros hermanos e hijos hallarán compasión en sus amos, que los llevaron cautivos, y volverán a esta tierra; puesto que piadoso y clemente es el Señor vuestro Dios, y no ha de torcer su rostro, si os volviereis a él.

10. Iban, pues, corriendo los correos de ciudad en ciudad por el país de Efraín y de Manasés hasta el de Zabulón; mas estos pueblos se reían y mofaban de ellos.

11. Sin embargo, algunos varones de Aser, de Manasés y de Zabulón, abrazando el consejo, vinieron a Jerusalén.

12. Al contrario, en Judá obró la mano del Señor, dándoles a todos un mismo corazón para obedecer la palabra del Señor, conforme a la orden del rey y de los príncipes.

13. Con esto se congregaron en Jerusalén muchos pueblos para celebrar la fiesta de los Azimos o la Pascua, el mes segundo.

14. E inmediatamente destruyeron los altares que había en Jerusalén; y todos los parajes donde se ofrecía incienso a los ídolos, los arruinaron, y lo arrojaron todo en el torrente de Cedrón.

15. Y sacrificaron el cordero pascual el día catorce del mes segundo. También los sacerdotes y levitas, que por fin se habían ya purificado, ofrecieron holocaustos en el templo del Señor;

16. y ejercieron sus funciones conforme a lo expuesto en la ley de Moisés, varón de Dios. Recibían los sacerdotes de mano de los levitas la sangre que se debía derramar;

17. porque como muchísima gente no estaba todavía purificada, por eso los levitas degollaron el cordero pascual por aquellos padres de familia que no habían acudido a tiempo para purificarse delante del Señor.

18. Y aun gran parte del pueblo de Efraín, y de Manasés, y de Isacar, y de Zabulón, que no estaba purificada, comieron el cordero, no según la Escritura. Mas Ezequías hizo oración por ellos, diciendo: El Señor, que es infinitamente bueno, se apiadará

19. de todos aquellos que de todo corazón buscan al Señor Dios de sus padres; y no les imputará la falta de no estar bien purificados.

20. En efecto, lo oyó benigno el Señor, y perdonó al pueblo.

21. De esta manera los hijos de Israel, que se hallaron en Jerusalén, celebraron con gran alegría la solemnidad de los Azimos por espacio de siete días, cantando cada día alabanzas al Señor, y asimismo los levitas y sacerdotes con los instrumentos músicos correspondientes a su oficio.

22. Ezequías por su parte dio las gracias a todos los levitas, los cuales tenían mucho conocimiento en las cosas del Señor, y los alentó; y los siete días que duró la solemnidad comieron de las víctimas pacíficas que ofrecían, alabando al Señor Dios de sus padres.

23. Y todo aquel concurso acordó hacer fiesta aún otros siete días, como lo ejecutaron con sumo gozo.

24. Porque Ezequías, rey de Judá, había dado para aquel gentío mil toros y siete mil ovejas; para el cual los príncipes o magnates habían añadido mil toros y diez mil ovejas; por lo que se purificó un gran número de sacerdotes.

25. Así pues, rebosaba de alegría toda la gente de Judá, junto con los sacerdotes y levitas, no menos que todo el concurso que había acudido de Israel, como también los extranjeros, tanto los del país de Israel, como los que habitaban en tierra de Judá*.

26. En suma, fue grande esta solemnidad que se celebró en Jerusalén, y cual no se había visto semejante en aquella ciudad desde el tiempo de Salomón, hijo de David, rey de Israel.

27. Finalmente, los sacerdotes y levitas, puestos en pie, bendijeron al pueblo; y fue oída su voz por el Señor; y su oración penetró hasta la morada santa del cielo.

---

25. *Ex 12*, 48.

31 El pueblo destruye los ídolos y los bosques en Judá. Ezequías asigna los ministerios de sacerdotes

1. Concluidas todas las ceremonias de la fiesta, salieron todos los israelitas que moraban en las ciudades de Judá, e hicieron pedazos los ídolos, y cortaron los bosques a ellos dedicados, y derribaron los adoratorios de los lugares altos, y destruyeron los altares; no sólo en todo el país de Judá y de Benjamín, sino también de Efraín y Manasés; ni pararon hasta no dejar rastro de ellos; y después de esto se volvieron todos los hijos de Israel a sus posesiones y ciudades.

2. Y Ezequías restableció las clases de los sacerdotes y levitas según sus turnos, poniendo a cada uno, así de los sacerdotes como de los levitas, en su propio oficio, para que ofreciesen los holocaustos y las víctimas pacíficas, a fin de que sirviesen y glorificasen a Dios, y cantasen en las puertas del campamento o atrios de la casa del Señor.

3. Corría de cuenta del rey suministrar el holocausto perpetuo, que siempre se ofrece por mañana y tarde; como también los que se ofrecen los sábados, y calendas, y demás fiestas solemnes, como está escrito en la ley de Moisés.

4. Mandó asimismo al pueblo establecido en Jerusalén que diese a los sacerdotes y levitas sus porciones a fin de que pudiesen ocuparse en las cosas de la ley del Señor.

5. Promulgado el edicto al pueblo, al instante los hijos de Israel ofrecieron gran cantidad de primicia de trigo, de vino y de aceite, y también de miel; y ofrecieron el diezmo de cuanto produce la tierra.

6. Del mismo modo los hijos de Israel y de Judá, que habitaban en las ciudades de Judá, ofrecieron el diezmo de los bueyes y de las ovejas, y el diezmo de las cosas consagradas, que tenían ofrecidas con voto al Señor Dios suyo; y trayendo todas estas cosas formaron de ellas grandes acopios.

7. El mes tercero comenzaron a formar estos acopios y acabaron el séptimo.

8. Y entrando allí Ezequías y sus cortesanos, al ver los montones, bendijeron al Señor, y elogiaron al pueblo de Israel.

9. Y preguntó Ezequías a los sacerdotes y levitas, por qué estaban allí por tierra aquellos montones.

10. Le respondió Azarías, del linaje de Sadoc, primer sacerdote, diciendo: Desde que comenzaron a ofrecerse las primicias en la casa del Señor, hemos comido de ellas hasta saciarnos; pero es muchísimo lo que ha sobrado, porque el Señor ha echado la bendición sobre su pueblo; y esta abundancia que ves es de lo que sobró.

11. Mandó, pues, Ezequías que dispusiesen almacenes en la casa del Señor; lo cual ejecutado,

12. metieron en ellos fielmente, tanto las primicias como los diezmos, y las ofrendas por voto. Se encargó la superintendencia o custodia de todo esto a Conenías, levita, y en segundo lugar a Semei, su hermano.

13. Y después de éste a Jahiel, y a Azarías, y a Nahat, y a Asael, y a Jerimot, y a Jozabad, y a Eliel, y a Jesmaquías y a Mahat, y a Banaías, que fueron los administradores bajo las órdenes de Conenías, y de Semei, su hermano, por mandato del rey Ezequías, y de Azarías, sumo sacerdote de la casa de Dios, a quienes se daba cuenta de todo.

14. Por otra parte, Coré, hijo de Jemna, levita y ostiario de la puerta oriental, estaba encargado de los dones que se ofrecían voluntariamente al Señor, y de las primicias para uso del lugar santísimo.

15. Estaban bajo sus órdenes Edén, y Benjamín, y Jesué, y Semeías, y Amarías, y Sequenías en las ciudades sacerdotales para distribuir fielmente las porciones a sus hermanos, así pequeños como grandes;

16. y (además de los varones de tres años arriba) a todos aquellos que tenían entrada en el templo del Señor; y en fin, para proveer diariamente de todo lo conducente a los diferentes ministerios y oficios según sus clases.

17. Igualmente a los sacerdotes y levitas de veinte años arriba, según sus familias, clases y número,

18. y a toda la multitud, así de sus mujeres como de sus hijos de ambos sexos, se suministraban fielmente alimentos de las cosas que habían sido ofrecidas.

19. Asimismo, de los hijos de Aarón había algunos que estaban distribuidos por la campiña y calles de cada ciudad para

repartir las raciones a todos los hijos varones de la estirpe sacerdotal y levítica.

20. Hizo, pues, Ezequías todas estas cosas que hemos dicho en todo el reino de Judá; y obró lo que era bueno, recto y justo delante del Señor Dios suyo,

21. en todo aquello que exigía el ministerio de la casa del Señor, según la ley y las ceremonias, deseoso de complacer a su Dios con todo su corazón; lo hizo así, y todo le salió prósperamente.

32 *Sennaquerib es derrotado por el ángel del Señor y muerto por sus hijos*

1. Después de estas cosas, y de tanta fidelidad de Ezequías, sobrevino Sennaquerib, rey de los asirios; y entrándose por las tierras de Judá, puso sitio a las ciudades fuertes para apoderarse de ellas.

2. Lo cual visto por Ezequías, es a saber, que Sennaquerib se acercaba, y que todo el ímpetu de la guerra se dirigía contra Jerusalén,

3. celebrado consejo con sus magnates, y con los hombres más valerosos, y conviniendo todos en el dictamen de cegar los manantiales de las fuentes, que había fuera de la ciudad,

4. reunió gran número de personas, y cegaron todas las fuentes y el arroyo Cedrón que corría por medio del territorio, diciendo: Con eso, si vienen los reyes de los asirios, no hallarán abundancia de agua.

5. Al mismo tiempo reparó con gran diligencia todas las partes del muro que estaban ya arruinadas, y construyó torres encima y otro muro exterior; y restauró la fortaleza de Mello en la ciudad de David o monte Sión, e hizo provisión de todo género de armas y escudos.

6. Nombró también generales de las tropas, y los convocó a todos en la plaza de la puerta de la ciudad; y les habló al alma, diciendo:

7. Portaos con valor, y cobrad bríos. No temáis, ni tengáis miedo del rey de los asirios, ni de todo el gentío que viene con él; porque muchos más están por nuestra parte que por la suya.

8. Pues él tiene consigo un brazo de carne; pero con nosotros está el Señor Dios nuestro, el cual es nuestro defensor, y pelea por nosotros. Al oír el pueblo estas palabras de Ezequías, rey de Judá, cobró gran aliento.

9. Pasadas estas cosas, Sennaquerib, rey de los asirios (estando con todo su ejército sitiando a Laquís) envió sus mensajeros a Jerusalén a decir a Ezequías, rey de Judá, y a todo el pueblo que se hallaba en la ciudad:

10. Esto dice Sennaquerib, rey de los asirios: ¿En quién ponéis vuestra confianza para manteneros así cercados en Jerusalén?

11. ¿Acaso os tiene engañados Ezequías para dejaros morir de hambre y de sed, con aseguraros que el Señor, vuestro Dios, os librará de las manos del rey de los asirios?

12. Pues, ¿no es ese Ezequías el que destruyó sus adoratorios en las alturas y sus altares; y habló a los habitantes de Judá y de Jerusalén, diciendo: Delante de un solo altar habéis de adorar, y en él solo quemar el incienso?

13. ¿Ignoráis por ventura lo que yo y mis padres hemos hecho con todos los pueblos de la tierra? Acaso los dioses de las naciones y de todos los países han tenido poder para librar de mis manos a sus regiones?

14. ¿Cuál es el dios entre todos los dioses de las naciones, exterminadas por mis padres, que haya podido salvar a su pueblo de mis manos, para que creáis que pueda también libraros vuestro Dios?

15. No os dejéis, pues, engañar de Ezequías, ni seducir con vanas persuasiones, y no le deis crédito; porque si ninguno de los dioses de las naciones, ni de los otros reinos, pudo librar a su pueblo de mis manos, ni de las manos de mis padres, es consiguiente que tampoco vuestro Dios podrá libertaros de caer en las mías.

16. Otras muchas cosas hablaron también los mensajeros de Sennaquerib contra el Señor Dios y contra Ezequías, su siervo.

17. Escribió igualmente unas cartas llenas de blasfemias contra el Señor Dios de Israel, diciendo contra él: Así como los dioses de las demás naciones no pudieron librar a sus pueblos de caer en mis manos, tampoco podrá el Dios de Ezequías salvar a su pueblo del poder mío.

18. Sobre todo a grandes voces gritaba en lengua hebrea contra el pueblo que estaba sobre los muros de Jerusalén, a fin de aterrarle y apoderarse de la ciudad.

19. Y hablaba del Dios de Jerusalén como de los dioses de las otras naciones de la tierra, que son obra de las manos del hombre.

Castigo de Sennaquerib y muerte de Ezequías

20. Pero el rey Ezequías y el profeta Isaías, hijo de Amós, hicieron oración contra este blasfemador, y alzaron sus clamores hasta el cielo.

21. Y envió el Señor un ángel, que mató a todos los hombres fuertes y belicosos, y al general del ejército de Sennaquerib, rey de los asirios*; el cual se volvió a su tierra cubierto de ignominia. Y habiendo entrado en el templo de su dios, lo atravesaron con la espada sus propios hijos.

22. De esta suerte salvó el Señor a Ezequías y a los habitantes de Jerusalén, de las manos de Sennaquerib, rey de los asirios, y de las manos de los demás enemigos, y les dio paz por todas partes.

23. Y muchos ofrecían también víctimas para los sacrificios del Señor en Jerusalén, y presentes a Ezequías, rey de Judá; el que de allí en adelante gozó de gran consideración entre las naciones todas.

24. Por aquel tiempo cayó Ezequías enfermo de muerte, e hizo oración al Señor; el cual le oyó, y le dio una señal de ello.

25. Pero Ezequías no correspondió a los beneficios recibidos, porque su corazón se envaneció, por lo cual la ira del Señor se encendió contra él, y contra Judá, y contra Jerusalén.

26. Mas después se humilló arrepentido de haberse ensoberbecido en su corazón, tanto él como los habitantes de Jerusalén; por cuya razón no descargó sobre ellos la ira del Señor, mientras vivió Ezequías.

27. Como quiera, Ezequías fue muy rico y esclarecido, y juntó grandes tesoros de plata y oro, y piedras preciosas, y aromas, y todo género de armas y de alhajas de gran valor.

28. Formó asimismo almacenes de granos, de vino, y de aceite, y establos para toda especie de asnos, y apriscos para ganados;

29. y edificó para sí ciudades o poblaciones; porque tenía innumerables rebaños de ovejas y ganados mayores; por haberle dado el Señor bienes inmensos.

30. Este es Ezequías, que tapó el manantial o fuente alta de las aguas de Gihón, y las encaminó por un conducto subterráneo hacia el poniente de la ciudad de David. En todas sus empresas salió felizmente, a medida de su deseo.

31. Verdad es que por haberle sido enviados por embajadores magnates de Babilonia, para que se informaran del prodigio, que por ocasión suya había acaecido en la tierra, el Señor le dejó de su mano; a fin de probarle y hacer patente todo cuanto tenía en su corazón.

32. Por lo que toca a las otras acciones de Ezequías y sus obras de misericordia, se hallan escritas en la Visión del profeta Isaías, hijo de Amós, y en el Libro de los Reyes de Judá y de Israel.

33. Al fin Ezequías fue a descansar con sus padres, y lo sepultaron en un lugar elevado sobre los sepulcros de los hijos de David, sus predecesores; y celebró sus exequias todo el reino de Judá, con todos los moradores de Jerusalén; y lo sucedió en el reino su hijo Manasés.

33

Manasés es restituido a su reino. Lo sucede su hijo Amón, a quien asesinan los suyos

---

1. Doce años tenía Manasés cuando entró a reinar, y reinó cincuenta y cinco en Jerusalén.

2. Pero obró el mal en la presencia del Señor, imitando las abominaciones de las gentes, exterminadas por el Señor al arribo de los hijos de Israel;

3. y restableció otra vez los adoratorios en los lugares altos, demolidos por su padre Ezequías; y erigió altares a los Baales o ídolos, y plantó arboledas en honor suyo, y adoró a toda la milicia del cielo, y le rindió culto.

4. Construyó también altares en la casa del Señor, de la cual tenía el Señor dicho: En Jerusalén se invocará mi Nombre eternamente.

---

21. *2 Re 19*, 35.

5. Y estos altares los erigió a todo el ejército del cielo en los dos atrios del templo del Señor.

6. E hizo pasar por el fuego a sus hijos en el valle de Benennom. Observaba los sueños, consultaba agüeros, se valía de artes mágicas, y tenía consigo hechiceros y encantadores, y cometió muchos pecados delante del Señor, provocando su ira.

7. Colocó asimismo un ídolo de fundición en la casa del Señor* de la cual habló Dios a David y a Salomón su hijo diciendo: En esta casa y en Jerusalén, elegida por mí de entre todas las tribus de Israel, estableceré mi Nombre eternamente.

8. Y haré que Israel no mueva el pie de la tierra que yo di a sus padres; con tal, que procure cumplir lo que le tengo mandado, toda la ley, y ceremonias y ordenanzas publicadas o promulgadas por medio de Moisés.

9. Manasés, pues, sedujo a Judá y a los habitantes de Jerusalén, para que hicieran mayores males, que todas las gentes que había el Señor exterminado de la presencia de los hijos de Israel.

10. Y lo amonestó el Señor así a él como a su pueblo; mas no quisieron escucharlo;

11. por eso hizo que viniesen sobre ellos los generales del ejército del rey de los asirios, los cuales hicieron prisionero a Manasés, y atado con cadenas y grillos lo llevaron a Babilonia.

12. Donde viéndose en la opresión, oró al Señor su Dios, y concibió un vivísimo arrepentimiento delante del Dios de sus padres,

13. y le rogó y suplicó intensamente, y el Señor oyó su oración, y lo restituyó a Jerusalén en su reino; y acabó de conocer Manasés que el Señor es el solo Dios.

14. Después de esto edificó el muro exterior de la ciudad de David al occidente de Gihón en el valle, desde la entrada de la puerta del Pescado alrededor hasta Ofel, y lo alzó muy alto; y puso comandantes del ejército en todas las ciudades fuertes de Judá.

15. Y quitó del templo del Señor los dioses extranjeros y el simulacro, como también los altares que había erigido en el monte Sión de la casa del Señor, y en Jerusalén, y lo hizo arrojar todo fuera de la ciudad.

16. Y restableció el altar del Señor, e inmoló sobre él víctimas, y hostias pacíficas y de acción de gracias; y mandó a Judá que sirviese al Señor Dios de Israel.

17. Sin embargo, el pueblo ofrecía aún sacrificios al Señor su Dios en los lugares altos.

18. Los demás hechos de Manasés, y la súplica que hizo a su Dios, como también las palabras de los profetas, que le hablaban en nombre del Señor Dios de Israel, se contienen en los Libros de los Reyes de Israel.

19. Asimismo su oración, y cómo fue oído, y todos sus pecados, y apostasía, los lugares altos que fundó, los bosques o arboledas profanas que plantó, y las estatuas que levantó antes de hacer penitencia, se describen en los Libros de Hozai.

20. Pasó, en fin, Manasés a descansar con sus padres, y fue sepultado en su casa; sucediéndole en el reino su hijo Amón.

21. Veintidós años tenía Amón cuando comenzó a reinar, y dos años reinó en Jerusalén.

22. E hizo lo malo en la presencia del Señor, como lo había hecho Manasés, su padre; y sacrificó, y dio culto a todos los ídolos que había hecho Manasés.

23. Y no se humilló en la presencia del Señor, como lo hizo Manasés, su padre; antes bien cometió delitos mucho mayores.

24. Pero conjurados contra él sus criados, le quitaron la vida en su casa.

25. Entonces todo el resto del pueblo, ajusticiados aquellos que habían muerto a Amón, proclamó por rey en su lugar a Josías, su hijo.

34 *Josías restaura el templo, convoca al pueblo y renueva la alianza con Dios*

1. Ocho años tenía Josías cuando entró a reinar; y reinó treinta y un años en Jerusalén.

2. E hizo lo que era recto a los ojos del Señor, y siguió los pasos de su padre David, sin torcer ni a la derecha ni a la izquierda.

3. Al octavo año de su reinado, siendo todavía jovencito, comenzó a buscar al Dios

7. *2 Re 21*, 7.

de su padre David; y al año duodécimo de reinar, limpió el país de Judá y a Jerusalén de los lugares altos y bosques profanos, y de los ídolos y simulacros.

4. E hizo destruir en presencia suya los altares de Baal, y hacer pedazos los ídolos colocados encima; quitó también sus bosques, y desmenuzó las estatuas, cuyos pedazos esparció sobre los sepulcros de los que solían ofrecerle sacrificios.

5. Además los huesos de los sacerdotes de los ídolos los quemó sobre los altares de los mismos ídolos; y purificó a Judá y a Jerusalén.

6. Igualmente destruyó todas estas cosas abominables en las ciudades de las tribus de Manasés, y Efraín, y Simeón hasta Neftalí.

7. Destruidos los altares y los bosques, y hechos pedazos los ídolos, y demolidos todos los templos por todo el país de Israel, regresó a Jerusalén.

8. Con lo que el año dieciocho de su reinado, purificado ya el país y el templo del Señor, envió a Safán, hijo de Eselías, y a Maasías, príncipe o magnate de la ciudad, y al canciller Johá hijo de Joacaz, para que cuidasen de la restauración del templo del Señor Dios suyo.

9. Los cuales vinieron a Helcías, sumo sacerdote, y recibiendo de él el dinero depositado en la casa del Señor, y que los levitas y porteros habían recogido de las tribus de Manasés y Efraín, y de todo el resto de Israel, como también de todo Judá, y de Benjamín, y de los moradores de Jerusalén;

10. lo entregaron en manos de los capataces de los que trabajaban en la casa del Señor para la restauración del templo y reparación de todas sus quiebras.

11. Estos lo dieron a los artífices, y albañiles para comprar piedras de cantería y madera para los amarres de la obra y para el tablaje de los edificios destruidos por los reyes de Judá.

12. Ejecutaban éstos todo fielmente. Los capataces de los obreros eran Jahat y Abdías de los descendientes de Merari, Zacarías y Mosollam de la estirpe de Caat, los cuales daban prisa a la obra; todos levitas diestros en tañer instrumentos.

13. Sobre los que acarreaban lo necesario para diferentes usos, vigilaban los escribas y los porteros mayores de entre los levitas.

14. Al tiempo de sacar el dinero depositado en el templo del Señor, encontró el sumo sacerdote Helcías el Libro de la ley del Señor escrita por mano de Moisés;

15. y dijo a Safán, secretario: He hallado en la casa del Señor el Libro de la ley; y se lo entregó.

16. Llevó éste el libro al rey, y dándole cuenta, dijo: Todo lo que has encargado al cuidado de tus siervos, se va concluyendo.

17. La plata encontrada en la casa del Señor se ha fundido, y se ha entregado a los capataces de los artífices y obreros de diferentes labores.

18. Además de esto me ha entregado Helcías, sumo sacerdote, este libro. Y habiéndolo él leído en presencia del rey,

19. y oído éste las palabras de la ley*, rasgó sus vestiduras;

20. y dio orden a Helcías, y a Ahicam, hijo de Safán, y a Abdón, hijo de Mica, y a Safán, secretario, y a Asaas, criado o ministro del rey diciendo:

21. Id, y orad o consultad al Señor por mí y por las reliquias de Israel y de Judá, acerca de todas las palabras de este libro que se ha encontrado; porque grande es el furor o azote del Señor que está para descargar sobre nosotros; por cuanto no han guardado nuestros padres las palabras del Señor, ni cumplido todo cuanto está escrito en este libro.

22. Fue, pues, Helcías, junto con los enviados del rey, a encontrar a Olda, profetisa, mujer de Sellum, hijo de Tecuat, hijo de Hasra, guardarropa; la cual moraba en Jerusalén, en la segunda ciudad, y le refirieron las palabras que arriba mencionamos.

23. Ella le respondió: Esto dice el Señor Dios de Israel: Decid a la persona que os ha enviado a mí:

24. Así ha hablado el Señor: He aquí que yo enviaré sobre este lugar y sobre sus moradores las calamidades y todas las maldiciones escritas en ese libro que se ha leído delante del rey de Judá;

25. por cuanto me han abandonado a mí, y han ofrecido sacrificios a los dioses extranjeros, provocando mi ira con todas las obras de sus manos; por cuyo motivo lloverá mi furor sobre este lugar, y no cesará.

26. Al rey de Judá que os ha enviado para

---

19. *Deut 28.*

que yo ruegue al Señor, le diréis: Esto dice el Señor Dios de Israel: Ya que por haber oído las palabras del libro,

27. se ha enternecido tu corazón, y te has humillado en el acatamiento de Dios, con motivo de lo que en él hay escrito contra este lugar, y contra los habitantes de Jerusalén; y temblando de mi majestad, has rasgado tus vestiduras, y llorado en mi presencia; yo también te he oído, dice el Señor.

28. Porque bien pronto te reuniré con tus padres, y serás colocado en paz en tu sepulcro; y no verán tus ojos todos los males que yo descargaré sobre este lugar y sobre sus habitantes. Se volvieron, pues, y dieron cuenta al rey de todo cuanto ella había dicho.

29. Entonces el rey, convocando a todos los ancianos o senadores de Judá, y de Jerusalén,

30. subió al templo del Señor, acompañado de todos los varones de Judá, y de los moradores de Jerusalén, de los sacerdotes y levitas, y de todo el pueblo, grandes y pequeños. Y estando todos con atención en el templo del Señor, leyó el rey el libro palabra por palabra.

31. Y puesto en pie en su estrado o solio, hizo pacto o prometió delante del Señor de caminar en pos de él, y de observar sus preceptos, y leyes y ceremonias, con todo su corazón, y con toda su alma, y de hacer todas las cosas escritas en el libro que acababa de leer;

32. e hizo jurar lo mismo a todos los que se hallaban en Jerusalén y en Benjamín; y los habitantes de Jerusalén confirmaron el pacto del Señor Dios de sus padres.

33. Extirpó, pues, Josías todas las abominaciones de todo el país de los hijos de Israel; e hizo que cuantos quedaron habitando en Israel sirviesen al Señor Dios suyo. Mientras él vivió no abandonaron al Señor Dios de sus padres.

35 *Pascua celebrada con solemnidad por Josías, quien muere en la guerra contra Egipto*

1. Celebró asimismo Josías en Jerusalén la Pascua del Señor, la cual fue inmolada en el día catorce del mes primero.

2. Para lo cual hizo que los sacerdotes ejerciesen sus funciones, y los exhortó al cumplimiento de su ministerio en la casa del Señor.

3. Dijo también a los levitas, por cuyas instrucciones se sacrificaba todo Israel para el culto del Señor: Colocad otra vez el arca en el Santuario del templo, edificado por Salomón, hijo de David, rey de Israel, porque ya no la tendréis que llevar más de una a otra parte. Ahora, pues, servid al Señor Dios vuestro y a su pueblo de Israel;

4. y estad apercibidos casa por casa, y familia por familia, según la distribución hecha de cada uno de vosotros, así como lo ordenó David, rey de Israel, y dejó por escrito su hijo Salomón.

5. Y ejerced vuestras funciones en el santuario, observando la distribución de familias y de las clases levíticas:

6. y después de haberos santificado, inmolad el cordero pascual, y disponed también a vuestros hermanos purificándolos, para que le puedan inmolar, conforme mandó el Señor por boca de Moisés.

7. Además de esto Josías dio a todo el pueblo que se halló allí en la solemnidad de la Pascua, corderos y cabritos de los rebaños, y otras reses, hasta treinta mil, y asimismo tres mil bueyes; todo esto lo dio el rey de su hacienda.

8. También sus oficiales o magnates presentaron lo que espontáneamente habían ofrecido, tanto al pueblo como a los sacerdotes y levitas. Además Helcías sumo sacerdote, y Zacarías, y Jahiel, principales de la casa del Señor, dieron a los sacerdotes para celebrar la Pascua entre unas y otras dos mil seiscientas reses menores, y trescientos bueyes.

9. Igualmente Conenías, y Semeías, y Natanael con sus hermanos, y Hasabías, y Jehiel, y Jozabad, príncipes de los levitas, dieron a los otros levitas para la celebración de la Pascua cinco mil reses menores y quinientos bueyes.

10. Preparado todo lo necesario para la función, los sacerdotes estuvieron prontos a su oficio, e igualmente los levitas divididos en sus compañías, conforme al mandato del rey.

11. Se inmoló, pues, la Pascua; y los sacerdotes derramaban con sus manos la sangre, y los levitas desollaban las víctimas.

12. Las separaron luego para repartirlas casa por casa y familia por familia, a fin de que fuesen ofrecidas al Señor, del modo que está escrito en el Libro de Moisés; e hicieron lo mismo con los bueyes.

13. Y asaron los corderos pascuales al fuego, conforme está escrito en la ley. En cuanto a las víctimas pacíficas, las cocieron en calderos, marmitas y ollas; e inmediatamente las distribuían a toda la plebe.

14. Y para sí y para los sacerdotes las hicieron cocer después; porque los sacerdotes estuvieron ocupados hasta la noche en la ofrenda de los holocaustos y de la grasa; por cuyo motivo los levitas no las prepararon para sí y para los sacerdotes hijos de Aarón, hasta después de todos.

15. Entretanto los cantores, hijos de Asaf, estaban en su coro, conforme a lo dispuesto por David, y por Asaf, y Hemán, e Iditún, profetas del rey; y los porteros estaban de guardia en cada una de las puertas sin apartarse ni por un instante de su ministerio; por eso sus hermanos los levitas les aparejaron también la comida.

16. De esta suerte se cumplió, según rito, con todo el culto del Señor en aquel día, celebrando la Pascua, y ofreciendo los holocaustos sobre el altar del Señor, conforme a la orden del rey Josías.

17. Así, pues, los hijos de Israel que se hallaron allí, celebraron entonces la Pascua y la fiesta de los Azimos por siete días.

18. No hubo Pascua semejante a ésta en Israel desde el tiempo del profeta Samuel; ni hubo ninguno de todos los reyes de Israel que como Josías celebrase una Pascua con los sacerdotes y levitas y con todo Judá y cuantos se hallaron allí de Israel, y con los habitantes de Jerusalén.

19. Se celebró esta Pascua el año decimoctavo del reinado de Josías.

20. Después de haber Josías restaurado el templo, Necao, rey de Egipto, salió a campaña para sitiar a Carcamis, contigua al Eufrates; y Josías marchó contra él.

21. Pero Necao envió a decirle por sus embajadores: ¿Qué motivo hay de disensión entre nosotros dos, oh rey de Judá? Yo no vengo ahora a pelear contra ti, sino contra otra casa, contra la cual Dios me ha mandado salir a toda prisa; deja, pues, de oponerte a Dios, el cual está conmigo; no sea que el Señor te quite la vida.

22. No quiso Josías retirarse, sino que se preparó para darle batalla, sin querer escuchar las palabras de Necao, que eran de Dios; y avanzó para venir a las manos en el campo de Mageddo.

23. Allí fue herido por los arqueros, y dijo a sus criados: Sacadme fuera del combate, pues estoy gravemente herido.

24. Ellos lo pasaron de su coche a otro, que le seguía según estilo de los reyes, y lo llevaron a Jerusalén, donde murió; y fue sepultado en el panteón de sus padres. Lo lloraron Judá y Jerusalén;

25. sobre todo Jeremías, cuyas lamentaciones sobre Josías repiten todos los cantores y cantoras hasta hoy día, tanto que ha venido a ser este uso como una ley en Israel. Se hallan escritas estas cosas entre las Lamentaciones.

26. Las demás acciones de Josías, y sus buenas obras, según lo que está prescrito en la ley del Señor,

27. sus hechos, digo, desde el principio al fin, está todo escrito en el Libro de los Reyes de Judá y de Israel.

---

36 *Reinado de Joacaz, Joakim y Sedecías, últimos reyes de Judá. Nabucodonosor destruye Jerusalén*

---

1. Entonces el pueblo de la tierra tomó a Joacaz, cuarto hijo de Josías, y lo alzó por rey de Jerusalén, en lugar de su padre.

2. De veintitrés años era Joacaz cuando comenzó a reinar, y tres meses reinó en Jerusalén.

3. Porque el rey de Egipto, viniendo a Jerusalén lo depuso, y multó al país en cien talentos de plata y un talento de oro;

4. y en lugar de él estableció por rey sobre Judá y Jerusalén a su hermano Eliakim primogénito de Josías, cambiándole el nombre en el de Joakim; y se llevó consigo a Joacaz, y lo condujo a Egipto.

5. Veinticinco años tenía Joakim cuando entró a reinar, y once años reinó en Jerusalén; e hizo el mal en la presencia del Señor su Dios.

6. Contra éste vino Nabucodonosor, rey

de los caldeos, y lo llevó atado con cadenas a Babilonia,

7. adonde transportó también los vasos del Señor, y los colocó en su templo.

8. Las otras acciones de Joakim, y las abominaciones que cometió, y las maldades que se hallaron en él, se contienen en el Libro de los Reyes de Judá y de Israel. Lo sucedió en el reino su hijo Joaquín.

9. De ocho años* era Joaquín cuando entró a reinar, y tres meses y diez días reinó en Jerusalén; e hizo el mal en la presencia del Señor.

10. Corriendo el año, envió el rey Nabucodonosor sus gentes a prenderlo y lo llevaron a Babilonia, transportando al mismo tiempo los vasos más preciosos del templo del Señor. E hizo rey de Judá y de Jerusalén a Sedecías, su tío paterno.

11. Veintiún años tenía Sedecías cuando empezó a reinar, y once años reinó en Jerusalén.

12. E hizo el mal delante de los ojos del Señor su Dios, ni respetó a Jeremías profeta, que le hablaba de parte del Señor.

13. Se rebeló, además contra el rey Nabucodonosor, que le había hecho prestar juramento de fidelidad en el nombre de Dios; y endureció su cerviz y su corazón, para no convertirse al Señor Dios de Israel.

14. Igualmente todos los príncipes de los sacerdotes y el pueblo prevaricaron también impíamente, imitando todas las abominaciones de los gentiles, y profanaron el templo del Señor, que él se había consagrado para sí en Jerusalén.

15. Entretanto el Señor Dios de sus padres, les hacía hablar por medio de sus enviados los profetas, amonestándolos sin cesar de día y de noche; pues quería perdonar a su pueblo y a la mansión suya.

16. Mas ellos se mofaban de los enviados de Dios, no hacían caso alguno de sus palabras, e insultaban a los profetas, hasta que descargó el furor del Señor sobre su pueblo, y no hubo ya remedio.

17. Porque trajo contra ellos al rey de los caldeos, que pasó a cuchillo a sus jóvenes en la casa de su santuario. No tuvo compasión del mancebo, ni de la virgen, ni del anciano, ni aun del inválido; a todos los entregó Dios en sus manos.

18. Y transportó a Babilonia todos los vasos de la casa del Señor tanto los grandes como los pequeños, y los tesoros del templo, y del rey, y de los magnates.

19. Los enemigos pegaron fuego a la casa de Dios, y demolieron los muros de Jerusalén; quemaron todas las torres y destruyeron todo cuanto había precioso.

20. Si alguno pudo escapar del cuchillo, llevado a Babilonia, fue esclavo del rey y de sus hijos, hasta que tuvo el imperio Ciro, el rey de los persas,

21. y llegó el cumplimiento de la palabra del Señor, pronunciada por Jeremías, y la tierra hubo celebrado sus sábados; pues todo el tiempo de su desolación estuvo en sábado o descanso continuo, hasta que se cumplieron los setenta años.

22. Mas el año primero de Ciro, rey de los persas, en cumplimiento de la palabra del Señor pronunciada por boca de Jeremías, movió el Señor el corazón de Ciro, rey de los persas; el cual mandó publicar en todo su reino por escrito, este decreto:

23. Esto dice Ciro, rey de Persia: El Señor Dios del cielo me ha dado todos los reinos de la tierra, y él mismo me ha mandado edificarle una casa en Jerusalén, ciudad de Judea; ¿quién hay entre vosotros que pertenezca a su pueblo? El Señor Dios suyo sea con él, y póngase en camino para su tierra.

---

9. *2 Re 24*, 8.

Esdras

Introducción

El libro *Esdras* es para la Iglesia católica un libro inspirado y sagrado. La Sinagoga solía unirlo con el volumen de *Nehemías*, al cual da el nombre de *Libro II de Esdras.*

Aunque hay cuatro libros llamados *Esdras*, la Iglesia solamente ha reconocido como canónicos los dos primeros, *Esdras* y *Nehemías*. La Iglesia griega reconoce también el tercero.

Esdras, a quien se atribuye este libro, pertenecía a la estirpe sacerdotal, pues era descendiente del sumo sacerdote Saraías, asesinado por Nabucodonosor, *2 Re 25*, 18-21. Muy joven fue llevado a Babilonia con los demás cautivos, después de la toma de Jerusalén y el incendio de su templo. Estudioso de la ley del Señor y de las costumbres de Israel, fue apodado *Escriba veloz*, es decir, *doctor insigne y venerado*. Parece que Esdras volvió a Jerusalén con Zorobabel; pero cuando los enemigos del pueblo hebreo impidieron la restauración del templo, regresó a Babilonia, hasta cuando el rey Artajerjes le concedió el permiso de volver a Judea con aquellos que quisieran seguirlo. Ejerció la principal autoridad en Jerusalén antes de la llegada de Nehemías, gobernador de Judea enviado por Artajerjes, que siguió los consejos de Esdras.

Los seis primeros capítulos hablan de la libertad que concedió Ciro a los hebreos; la llegada de Zorobabel a Jerusalén; la renovación de los sacrificios; la restauración del templo, que se suspendió por orden de Artajerjes; las exhortaciones de los dos profetas Zacarías y Ageo, que animaban al pueblo a reconstruir el templo, y el permiso de Darío para terminarlo. En los capítulos restantes, Esdras corrige los excesos del pueblo y alcanza la conversión del rey y de la nación, que se comprometen a observar la ley del Señor.

Este libro comprende la historia de Israel desde cuando Ciro sucedió a su padre Cambises en el trono de Persia, y a su suegro Ciaxar en el trono de la Media, y reunió estas dos monarquías de Oriente, hasta el vigésimo año del reinado de Artajerjes.

1 *Ciro acaba el cautiverio del pueblo de Israel, le da la libertad y permite reedificación del templo de Jerusalén*

1. El año primero del imperio de Ciro, rey de los persas, para que se cumpliese la palabra del Señor, pronunciada por Jeremías, movió el Señor el ánimo de Ciro*, rey de los persas, el cual hizo publicar por todo su reino, aun por escrito, el siguiente decreto:

2. Esto dice Ciro, rey de los persas: El Señor Dios del cielo es el que me ha dado todos los reinos de las tierras, y él me ha mandado edificarle una casa o templo en Jerusalén, ciudad de Judea.

3. ¿Quién de entre vosotros pertenece a su pueblo? Su Dios sea con él. Vaya a Jerusalén, ciudad de la Judea, y edifique la casa del Señor Dios de Israel. El Dios verdadero es aquel que está en Jerusalén.

4. Y todos los demás que se quedaren, dondequiera que habiten, ayúdenle desde

---

1. *2 Cro 36*, 22; *Jer 25*, 12; *29*, 10; *Is 45*, 13; *46*, 11.

el lugar de su residencia con plata y oro, y otras cosas, y con ganados, además de lo que voluntariamente ofrezcan al templo de Dios, que está en Jerusalén.

5. Con esto se pusieron en camino los príncipes de las familias de Judá y de Benjamín, y los sacerdotes y levitas, y todos aquellos cuyo corazón movió Dios para ir a reedificar el templo del Señor, que está en Jerusalén.

6. Y todos aquellos que vivían en la comarca les ayudaron, poniendo en sus manos vasos de plata y oro, hacienda, ganados y alhajas, además de otras ofrendas voluntarias que habían hecho.

7. El mismo rey Ciro hizo sacar vasos del templo del Señor, que Nabuconodosor había traído de Jerusalén, y colocado en el templo de su dios.

8. Los hizo sacar Ciro, rey de los persas, por mano de Mitrídates, hijo de Gazabar, tesorero, que se los entregó por cuenta a Sasabasar o Zorobabel, el príncipe de Judá.

9. He aquí el número de ellos: Treinta copas de oro, mil copas de plata, veintinueve cuchillos, treinta tazas de oro,

10. cuatrocientas diez tazas de plata de segunda magnitud; y mil otros vasos.

11. La suma de todos los vasos de oro y de plata ascendía a cinco mil cuatrocientos; todos éstos los llevó Sasabasar al tiempo que volvían a Jerusalén los que habían sido transportados cautivos a Babilonia.

2 *Lista de quienes volvieron a Jerusalén del cautiverio en Babilonia conducidos por Nabucodonosor*

1. Estos son los hijos de la provincia de Judea, que del cautiverio de Babilonia, a que habían sido conducidos por Nabucodonosor, rey de Babilonia, se pusieron en camino, y regresaron a Jerusalén y Judá, cada cual a su pueblo.

2. Los cuales vinieron con Zorobabel, y con Josué, Nehemías, Saraías, Rahelahías, Mardocai, Belsán, Mesfar, Beguai, Rehum y Baana. He aquí la suma de los barones del pueblo de Israel:

3. Hijos de Farós, dos mil ciento setenta y dos.

4. Hijos de Sefatía, trescientos setenta y dos.

5. Hijos de Area, setecientos setenta y cinco.

6. Hijos de Fahat Moab, de la estirpe de Josué, de Joab, dos mil ochocientos doce.

7. Hijos de Elam, mil doscientos cincuenta y cuatro.

8. Hijos de Zetúa, novecientos cuarenta y cinco.

9. Hijos de Zacai, setecientos setenta.

10. Hijos de Bení, seiscientos cuarenta y dos.

11. Hijos de Bebai, seiscientos veintitrés.

12. Hijos de Azgad, mil doscientos veintidós.

13. Hijos de Adonicam, seiscientos sesenta y seis.

14. Hijos de Beguai, dos mil cincuenta y seis.

15. Hijos de Adin, cuatrocientos cincuenta y cuatro.

16. Hijos de Ater, que descendían de Ezequías, noventa y ocho.

17. Hijos de Besai, trescientos veintitrés.

18. Hijos de Jora, ciento doce.

19. Hijos de Asum, doscientos veintitrés.

20. Hijos de Gebbar, noventa y cinco.

21. Hijos u oriundos de Betlehem, ciento veintitrés.

22. Varones de Netufa, cincuenta y seis.

23. Varones de Ananot, ciento veintiocho.

24. Hijos de Azmavet, cuarenta y dos.

25. Hijos de Cariatiarim, de Céfira y de Berot, setecientos cuarenta y tres.

26. Hijos de Rama y de Gabaa, seiscientos veintiuno.

27. Varones de Macmas, ciento veintidós.

28. Varones de Betel y de Hai, doscientos veintitrés.

29. Hijos de Nebo, cincuenta y dos.

30. Hijos de Megbis, ciento cincuenta y seis.

31. Hijos del otro Elam, mil doscientos cincuenta y cuatro.

32. Hijos de Harim, trescientos veinte.

33. Hijos de Lot, de Hadid y de Ono, setecientos veinticinco.

34. Hijos de Jericó, trescientos cuarenta y cinco.

35. Hijos de Senaa, tres mil seiscientos treinta.

36. Sacerdotes que volvieron a Jerusalén: Los hijos de Jadaya de la familia de Josué, novecientos setenta y tres.

37. Hijos de Emmer, mil cincuenta y dos.

38. Hijos de Fesur, mil doscientos cuarenta y siete.

39. Hijos de Harim, mil diecisiete.

40. Levitas: Los hijos de Josué y de Cedmihel, de los descendientes de Odovías, setenta y cuatro.

41. Cantores: Los hijos de Asaf, ciento veintiocho.

42. Hijos de los porteros: Los hijos de Sellum, los hijos de Ater, los hijos de Telmón, los hijos de Accub, los hijos de Hatita, los hijos de Sobai; todos ciento treinta y nueve.

43. Natineos*: Los hijos de Siha, los hijos de Hasufa, los hijos de Tabbaot,

44. los hijos de Cerós, los hijos de Siaa, los hijos de Fadón,

45. los hijos de Lebana, los hijos de Hagaba, los hijos de Accub,

46. los hijos de Hagab, los hijos de Semlai, los hijos de Hanán,

47. los hijos de Gaddel, los hijos de Gaer, los hijos de Raaía,

48. los hijos de Rasín, los hijos de Necoda, los hijos de Gazam,

49. los hijos de Aza, los hijos de Fasea, los hijos de Besee,

50. los hijos de Asena, los hijos de Munim, los hijos de Nefusim,

51. los hijos de Bacbuc, los hijos de Hacufa, los hijos de Harur.

52. los hijos de Beslut, los hijos de Mahida, los hijos de Harsa,

53. los hijos de Bercós, los hijos de Sísara, los hijos de Tema,

54. los hijos de Nasía, los hijos de Hatifa.

55. Hijos de los siervos de Salomón*: Los hijos de Sotai, los hijos de Soferet, los hijos de Faruda,

56. los hijos de Jala, los hijos de Dercón, los hijos de Geddel,

57. los hijos de Safatías, los hijos de Hatil, los hijos de Foqueret que eran oriundos de Asebaim, los hijos de Ami.

58. Todos los natineos y los hijos de los siervos de Salomón, trescientos noventa y dos.

59. Y éstos son los que partieron de los distritos de Telmala, Telarsa, Querub, y Adón, y Emer; y no pudieron señalar la familia y estirpe de sus padres en prueba de ser oriundos de Israel.

60. Los hijos de Dalaía, los hijos de Tobía, los hijos de Necoda, seiscientos cincuenta y dos.

61. Y el de los hijos de los sacerdotes: Los hijos de Hobía, los hijos de Accós, los hijos de Berzellai, el cual se casó con una de las hijas de Berzellai de Galaad, y tomó su nombre;

62. estos hombres buscaron la escritura de su genealogía, y no hallaron, por lo que fueron excluidos del sacerdocio.

63. Y les dijo Atersata* que no comiesen de las ofrendas santificadas, hasta tanto que se presentase un sumo sacerdote docto y perfecto.

64. Toda esa muchedumbre, unida como si fuese un hombre solo, era de cuarenta y dos mil trescientos sesenta,

65. sin contar sus esclavos y esclavas, que eran siete mil trescientos treinta y siete*; y entre ellos doscientos cantores y cantoras.

66. Tenían setecientos treinta y seis caballos, y doscientos cuarenta y cinco mulos,

67. cuatrocientos treinta y cinco camellos, seis mil setecientos veinte asnos.

68. Y algunos príncipes, o primeras cabezas de familia, al llegar al lugar del templo del Señor en Jerusalén, hicieron espontáneamente ofrendas para reedificar la casa de Dios en su mismo sitio.

69. Dieron, según las facultades de cada uno, para los gastos de la construcción sesenta y un mil sueldos o monedas de oro, cinco mil marcos de plata, y cien vestiduras sacerdotales.

70. Finalmente, los sacerdotes y levitas, y los del pueblo, y los cantores, y los porteros, y los natineos se establecieron en sus ciudades; y de cuantos israelitas volvieron, se fue cada cual a su pueblo.

---

43. *Gabaonitas* que estaban al servicio del templo. *Jos 9*, 21; *1 Cro 9*, 2.

55. *1 Re 9*, 20-24.

63. Se refiere a Nehemías. *Neh 8*, 9.

65. Entran en esta suma todas las tribus de Israel.

3 *Se erige el altar en Jerusalén y se ofrecen sacrificios. Fiesta de los Tabernáculos*

1. Llegado ya el mes séptimo, los hijos de Israel que estaban en sus ciudades, se reunieron todos, como si fuesen un solo hombre, en Jerusalén.

2. Donde el sumo sacerdote Josué, hijo de Josedec, con sus hermanos los sacerdotes, y Zorobabel, hijo de Salatiel con sus hermanos emprendieron edificar el altar del Dios de Israel para ofrecer en él los holocaustos, según está escrito en la ley de Moisés, varón de Dios.

3. Colocaron, pues, el altar de Dios sobre sus basas, a pesar del temor en que les ponían los pueblos idólatras de las religiones circunvecinas, y sobre este altar ofrecieron al Señor el holocausto de la mañana y el de la tarde.

4. Celebraron asimismo la solemnidad de los Tabernáculos, conforme está prescrito, y ofrecieron el holocausto diario, según está mandado hacer todos los días;

5. y además el holocausto perpetuo, tanto en las calendas como en todas las solemnidades consagradas al Señor, y siempre que se ofrecía espontáneamente ofrenda al Señor.

6. Desde el primer día del mes séptimo, empezaron a ofrecer holocaustos al Señor, aunque todavía no se habían echado los cimientos del templo de Dios.

7. Pero distribuyeron dinero a los canteros y albañiles; y asimismo dieron de comer y beber, y aceite a los sidonios y tirios, para que transportasen madera de cedro desde el Líbano al mar de Joppe, según lo había ordenado Ciro, rey de Persia.

8. Al segundo año de su arribo al lugar del templo de Dios en Jerusalén, el mes segundo, pusieron mano a la obra Zorobabel, hijo de Salatiel, y Josué, hijo de Josedec, con los otros hermanos suyos sacerdotes y levitas, y todos los que habían venido del cautiverio a Jerusalén ; y destinaron a los levitas de veinte años arriba para dar prisa a la obra del Señor.

9. Josué, pues, y sus hijos, y hermanos, y Cedmihel con sus hijos, y todos los hijos de Judá, unidos como si fuesen un solo hombre, estaban dando prisa a los que trabajaban en la construcción del templo de Dios; y lo mismo hacían los hijos de éstos, y sus hermanos los levitas.

10. Echados que fueron los cimientos del templo de Señor por los albañiles, se presentaron los sacerdotes revestidos de sus ornamentos, con las trompetas, y los levitas hijos de Asaf, con los címbalos, para cantar las alabanzas de Dios con salmos de David, rey de Israel;

11. y cantaban a coro himnos y alabanzas al Señor, repitiendo: Que es bueno, y que es eterna su misericordia para con Israel. Al mismo tiempo todo el pueblo prorrumpía a grandes voces en alabanzas al Señor, por ver echados los fundamentos del templo del Señor.

12. Muchísimos de los sacerdotes y levitas, y de los príncipes de familias y de ancianos, que habían visto el primer templo, viendo echar a sus ojos los fundamentos de este segundo, lloraban con grandes gemidos; al paso que muchos alzaban la voz gritando de alegría.

13. Y no se podían distinguir los gritos de alegría de los clamores de aquellos que lloraban; porque todo el pueblo gritaba confusamente a grandes voces, cuyo eco se oía de muy lejos.

4 *Los samaritanos impiden la reedificación del templo. Interrumpen la obra hasta el segundo año*

1. Entretanto entendieron los enemigos de Judá y de Benjamín que éstos que habían vuelto del cautiverio edificaban el templo del Señor Dios de Israel;

2. y vinieron a encontrar a Zorobabel y a los príncipes de las familias, diciendo: Permitidnos cooperar con vosotros a la construcción; puesto que seguimos del mismo modo que vosotros a vuestro Dios, y le ofrecemos sacrificios desde el tiempo que Asor Haddán, rey de Asiria, nos envió acá*.

3. Mas Zorobabel y Josué con los demás

2. El cisma samaritano tuvo su origen en la colonización de Samaria, al ser reemplazados los israelitas de Efraín por los persas. *2 Re 17*, 24.

príncipes de las familias de Israel les respondieron: No podemos unirnos con vosotros para edificar la casa de nuestro Dios, sino que nosotros solos la edificaremos al Señor Dios nuestro, como nos lo tiene mandado Ciro, rey de los persas.

4. De aquí resultó que la gente de aquella tierra inquietaba a los obreros del pueblo de Judá, y le estorbaba la construcción.

5. Además sobornaron contra ellos consejeros del rey, que les fustraron su designio durante la vida de Ciro, rey de los persas, y hasta el reinado de Darío, rey de Persia.

6. Luego que entró a reinar Asuero*, escribieron una acusación contra los moradores de Judá y de Jerusalén.

7. Y en el reinado de Artajerjes, Beselam Mitrídates, y Tabeel y los demás de su partido enviaron al rey de los persas Artajerjes una carta llena de acusaciones, escrita en lengua siríaca y con caracteres siríacos.

8. Reum Beelteem* y Samsai, secretario, escribieron sobre las cosas de Jerusalén una carta al rey Artajerjes, del tenor siguiente:

9. Reum Beelteem y Samsai, secretario, y los demás consejeros suyos, los dineos y afarsataqueos, los terfaleos, afarseos, ercueos, babilonios, susanequeos, diveos y los elamitas,

10. y los otros de las demás naciones que transportó el gran y glorioso Asenafar, y condujo a habitar pacíficamente en las ciudades de Samaria y en las otras regiones de las otras partes del río,

11. (tal es la copia de la carta que le enviaron), al rey Artajerjes, tus siervos, los habitantes de la otra parte del río, salud.

12. Sepas, oh rey, que los judíos que partieron de ahí para acá, han llegado a Jerusalén, ciudad rebelde y malvada, la cual están reedificando, y levantando sus murallas y reparando las paredes.

13. Advierte, pues, oh rey, que si esta ciudad se reedifica y se reparan sus muros, no pagarán ya más tributo, ni alcabalas, ni rentas anuales, y el daño llegará hasta los reyes.

14. Nosotros, pues, teniendo presente la sal o el pan que hemos comido en palacio, y porque creemos ser una maldad el estarnos contemplando los perjuicios del rey, por eso enviamos a dar parte al rey:

15. A fin de que tú, señor, hagas registrar los libros de las historias de tus predecesores, en cuyos anales hallarás escrito y verás que la ciudad es una ciudad rebelde y enemiga de los reyes y de las otras provincias, y cómo ya de tiempos antiguos se fraguan en ella las rebeliones, por lo cual dicha ciudad fue ya arruinada.

16. Nosotros aseguramos al rey que si esta ciudad se reedifica y vuelven a levantarse los muros, no tendrás dominio alguno a la otra parte del río.

17. Respondió el rey a Reum Beelteem, y a Samsai, secretario, y a los otros habitantes de Samaria que eran del consejo de ellos, y a los demás de la otra parte del río, diciéndoles, después de saludarlos:

18. La acusación que me habéis enviado, se ha leído palabra por palabra en mi presencia.

19. He dado luego mis órdenes para que se registrasen los anales, y se ha hallado que esa ciudad ya de tiempos antiguos se rebela contra los reyes, y levanta sediciones y guerras.

20. Porque hubo en Jerusalén reyes poderosísimos, que han dominado todo el país de la otra parte del río Eufrates, los cuales exigían tributos y alcabalas, y otros derechos.

21. Ahora, pues, oíd nuestra decisión: Prohibid a esa gente la reedificación de dicha ciudad, hasta tanto que yo quizá mande otra cosa.

22. Mirad que no seáis negligentes en ejecutar esto; no sea que poco a poco vaya cundiendo el mal en perjuicio de los reyes.

23. Con esto fue leído el tratado del edicto del rey Artajerjes en presencia de Reum Beelteem, y de Samsai, secretario, y de los de su consejo; y a toda prisa pasaron a Jerusalén, y a mano armada hicieron desistir a los judíos.

24. Se interrumpió entonces la construcción de la casa del Señor en Jerusalén, y no volvió a emprenderse hasta el año segundo del reino de Darío, rey de los persas.

---

6. Hijo de Ciro, llamado también *Cambises*.
8. *Beelteem* es nombre de oficio o dignidad. Se traduce *gobernador*.

5 *Ante las exhortaciones de los profetas Ageo y Zacarías, se emprende la construcción del templo*

1. En este tiempo profetizaron el profeta Ageo y Zacarías, hijo de Addo, predicando a los judíos que habitaban en la Judea y en Jerusalén en nombre del Dios de Israel.

2. Entonces Zorobabel, hijo de Salatiel, y Josué, hijo de Josedec, se pusieron de nuevo a continuar la construcción del templo de Dios en Jerusalén, y estaban con ellos los profetas de Dios que los ayudaban.

3. En aquel mismo tiempo vinieron a encontrarlos Tatanai, gobernador de la otra parte del río, y Starbuzanai, con sus consejeros, y les dijeron: ¿Quién os ha aconsejado que edificaseis este templo y restauraseis sus muros?

4. A lo que respondimos, nombrando los autores de esta reedificación.

5. Mas el ojo de su Dios, o su providencia, miró favorablemente a los ancianos de los judíos, y así no pudieron impedirles la construcción. Convinieron al fin en que se diese parte a Darío, y que satisficiesen entonces a aquella reconvención.

6. Copia de la carta que escribió al rey Darío Tatanai, gobernador del país de la otra parte del río, con Starbuzanai, y sus consejeros, los arfasaqueos, que moraban a la otra banda del río.

7. La carta que le enviaron decía así: Al rey Darío, salud y toda suerte de prosperidad.

8. Sepas, oh rey, que nosotros hemos ido a la provincia de la Judea a la casa del Dios grande, que se construye de piedras no labradas, fijando vigas en las paredes; y la obra se hace con toda diligencia, y va creciendo entre sus manos.

9. Hemos, pues, preguntado a aquellos ancianos, y les hemos dicho: ¿Quién os ha dado facultad para edificar esta casa y restaurar estos muros?

10. Asimismo hemos querido saber sus nombres para dar parte a ti, y así te ponemos por escrito los nombres de los varones que son los principales entre ellos.

11. La respuesta que nos han dado ha sido ésta: Nosotros somos siervos del Dios del cielo y de la tierra; y reedificamos un templo que ya muchos años antes había sido construido, el cual levantó un gran rey de Israel.

12. Pero habiendo nuestros padres provocado la ira del Dios del cielo, los entregó él en manos de Nabucodonosor el caldeo, rey de Babilonia, el cual destruyó también esta casa, y trasladó su pueblo a Babilonia.

13. Mas el año primero de Ciro, rey de Babilonia, el rey Ciro dio un decreto para que esta casa de Dios fuera reedificada.

14. Pues aun los vasos de oro y de plata del templo de Dios, que Nabucodonosor había quitado del templo de Jerusalén, y transportado al templo de Babilonia, los sacó el rey Ciro del templo de Babilonia, y fueron entregados a uno llamado Sasabasar o Zorobabel, a quien además constituyó príncipe o gobernador de los judíos;

15. y le dijo: Toma estos vasos, y ve a reponerlos en el templo de Jerusalén, haciendo que la casa de Dios sea reedificada en su antiguo sitio.

16. Entonces, Sasabasar, viniendo acá, echó los cimientos del templo de Jerusalén, y desde aquel tiempo ahora se va edificando, y todavía no está concluido.

17. Ahora, pues, si parece bien al rey haga buscar el archivo real, que está en Babilonia, si es verdad que el rey Ciro mandó reedificar la casa de Dios en Jerusalén, y háganos saber sobre esto su real voluntad.

6 *Darío confirma el decreto de Ciro. Concluye la construcción del templo*

1. Entonces el rey Darío despachó sus órdenes y registrándose los libros que se guardaban en los archivos de Babilonia;

2. y se halló en el de Ecbatana, fortaleza situada en la provincia de Media, un volumen donde estaba escrita la siguiente memoria:

3. Año primero el rey Ciro. El rey Ciro ha ordenado que se reedifique la casa de Dios en su sitio de Jerusalén, a fin de que se ofrezcan allí sacrificios; y que se echen los cimientos correspondientes a una elevación de sesenta codos, y otros tantos de anchura o extensión,

4. con tres órdenes de piedras sin labrar, y otros órdenes de maderos nuevos; y que los gastos se suministren de la casa del rey.

5. Que además de esto se restituyan y repongan en el templo de Jerusalén, en el lugar en que estaba antes el templo de Dios, los vasos quitados por Nabucodonosor del templo de Jerusalén, y trasladados a Babilonia.

6. Ahora, pues, tú, Tatanai, gobernador de la otra parte del río, y tú, Starbunazai, con vuestros consejeros, los afarsaqueos, que habitáis en el otro lado del río, retiraos lejos de ellos,

7. y dejad construir el templo al caudillo de los judíos y a sus ancianos, y que reedifiquen aquella casa de Dios en su lugar.

8. Sobre lo cual tengo también mandado cómo debe procederse para con aquellos ancianos de los judíos, a fin de que sea edificada la casa de Dios; y es que del erario del rey, esto, es, de los tributos que paga el territorio del otro lado del río, se les suministren con puntualidad los caudales a dichos varones, para que no se retarde la obra;

9. y que si fuere necesario, se les den cada día becerros y corderos, y cabritos para los holocaustos al Dios del cielo, y trigo, vino, sal y aceite, según el rito de los sacerdotes que están en Jerusalén, de modo que no haya motivo de queja,

10. y de esta manera ofrezcan oblaciones al Dios del cielo, y rueguen por la vida del rey y de sus hijos.

11. Yo, pues, he decretado que cualquiera que contravenga esta orden, se tome un madero de su casa y se plante en tierra, y sea en él clavado tal hombre, y confiscada la casa.

12. Disipe Dios, que estableció allí su santo Nombre, todos los nombres y pueblos que extendiesen la mano para oponerse, o destruir aquella casa de Dios, que está en Jerusalén. Yo Darío he firmado este decreto, que quiero se cumpla puntualmente.

13. Tatanai, pues, gobernador de la otra parte del río, y Starbunazai con sus consejeros, ejecutaron exactamente la orden del rey Darío.

14. Los ancianos de los judíos por su parte llevaban adelante la construcción, saliéndoles todo con felicidad, según la profecía de Aggeo profeta, y de Zacarías, hijo de Addo; y con esto erigieron y construyeron el edificio por mandato del Dios de Israel, y de orden de Ciro, y de Darío, y de Artajerjes, reyes de Persia.

15. Y concluyeron la obra de esta casa de Dios el día tres del mes de Adar, el sexto año del reinado del rey Darío.

16. Entonces los hijos de Israel, y los sacerdotes y levitas, y cuantos habían vuelto del cautiverio, celebraron con gozo la dedicación o consagración de la casa de Dios;

17. para cuya dedicación ofrecieron cien becerros, doscientos carneros, cuatrocientos corderos, y doce machos cabríos por el pecado de Israel, según el número de sus tribus.

18. Y los sacerdotes fueron distribuidos por sus órdenes, y los levitas por sus turnos para servir al culto de Dios en Jerusalén, como están escrito en la ley de Moisés.

19. Celebraron asimismo los hijos de Israel, venidos del cautiverio, la Pascua el día catorce del mes primero.

20. Porque los sacerdotes y levitas se habían purificado desde el primero hasta el último, estando todos limpios, a fin de inmolar la Pascua por todos los israelitas venidos del cautiverio y por sus hermanos los sacerdotes, y por ellos mismos.

21. Y la comieron los hijos de Israel vueltos de la salida, con todos aquellos que, separándose de la inmundicia o idolatría de las gentes del país, se habían agregado a ellos para seguir al Señor Dios de Israel.

22. Y celebraron con alegría la solemnidad de los Azimos durante siete días; por haberlos el Señor consolado, y por haber trocado a favor de ellos el corazón del rey de Asiria para que los ayudase, y diese la mano en la construcción de la casa del Señor Dios de Israel.

7

Esdras va a Jerusalén por orden del rey Artajerjes para instruir y gobernar al pueblo

1. Después de estos sucesos, reinando Artajerjes, rey de Persia, Esdras, hijo de Saraías, hijo de Azarías, hijo de Helcías,

2. hijo de Sellum, hijo de Sadoc, hijo de Aquitob,

3. hijo de Amarías, hijo de Azarías, hijo de Mayarot,

RECONSTRUCCIÓN DEL TEMPLO

Con esto se pusieron en camino los príncipes de las familias de Judá y de Benjamín, y los sacerdotes y levitas, y todos aquellos cuyo corazón movió Dios para ir a reedificar el templo del Señor, que está en Jerusalén.

Ciro entregando los vasos del templo de Jerusalén

El mismo rey Ciro hizo sacar vasos del templo del Señor, que Nabucodonosor había traído de Jerusalén, y colocado en el templo de su dios.

4. hijo de Zaharías, hijo de Ozi, hijo de Bocci,

5. hijo de Abisué, hijo de Finees, hijo de Eleazar, hijo de Aarón, que fue el primer sacerdote,

6. este Esdras, digo, vino de Babilonia, el cual era un escriba o doctor muy diestro en la ley de Moisés, dada por el Señor Dios de Israel; y le otorgó el rey todas sus peticiones, pues le protegía la mano del Señor Dios suyo.

7. Y con él vinieron varios hijos de Israel, y de los hijos de los sacerdotes, y de los hijos de los levitas, y cantores y porteros, y natineos, el año séptimo del reinado de Artajerjes;

8. y llegaron a Jerusalén el mes quinto del mismo año séptimo de aquel rey.

9. Porque el día primero de aquel mes emprendió su viaje desde Babilonia, y el primer día del mes quinto, asistido de la benéfica mano de su Dios, arribó a Jerusalén;

10. por cuanto había Esdras dirigido su corazón a la investigación de la ley del Señor, y a cumplir y a enseñar en Israel sus preceptos y documentos.

11. Esta es la copia de la carta en forma de decreto, que dio el rey Artajerjes a Esdras, sacerdote, escriba o maestro muy instruido en las palabras y mandamientos del Señor, y en las ceremonias prescritas por él a Israel:

12. Artajerjes, rey de los reyes, a Esdras sacerdote, escriba sapientísimo de la ley del Dios del cielo, salud.

13. Ha sido decretado por mí que cualquiera del pueblo de Israel, y de sus sacerdotes y levitas, residentes en mi reino, que quisiere ir a Jerusalén, vaya contigo;

14. puesto que tú eres enviado por parte del rey y de sus siete consejeros o ministros* a visitar la Judea y Jerusalén, para arreglarlo todo conforme a la ley de tu Dios, en la cual estás tan versado;

15. y a llevar la plata y el oro, que así el rey como sus consejeros han ofrecido espontáneamente al Dios de Israel, cuyo tabernáculo está en Jerusalén,

16. Además toda la plata y oro que recogieres en la provincia de Babilonia de ofertas voluntarias del pueblo, y lo que espontáneamente ofrecieren los sacerdotes para la casa de su Dios que está en Jerusalén,

17. tómalo libremente, y cuida de comprar con este dinero becerros, carneros, y hostias u ofrendas con sus libaciones, y ofrece estas cosas sobre el altar del templo de vuestro Dios que está en Jerusalén.

18. Y si a ti y tus hermanos les pareciere bien hacer alguna otra cosa del remanente de la plata y del oro, ejecutadlo conforme a la voluntad de Dios.

19. Asimismo los vasos que se te dan para servicio de la casa de tu Dios, los presentarás delante de Dios en Jerusalén.

20. En orden a lo demás que fuere menester para la casa de tu Dios, todo cuanto necesites gastar se te dará del tesoro y del fisco real,

21. y por mí. Yo el rey de Artajerjes mando y ordeno a todos los tesoreros del erario público, existentes en la otra parte del río, que cuanto os pidiere Esdras sacerdote, escriba de la ley del Dios del cielo, se lo deis sin dilación,

22. hasta la cantidad de cien talentos de plata, y de cien coros de trigo, y de cien batos de vino, y otros tantos de aceite; mas la sal sin medida.

23. Todo lo perteneciente al culto del Dios del cielo se ha de suministrar puntualmente a la casa del Dios del cielo, no sea que se irrite contra el reino del rey y de sus hijos.

24. También os notificamos que no tenéis potestad de imponer alcabala, ni tributo, ni otras cargas a ninguno de los sacerdotes, y levitas, y cantores, y porteros, y natineos, y sirvientes de la casa de este Dios.

25. Finalmente, tú, Esdras, según la sabiduría de tu Dios, en la cual estás versado, establece jueces y presidentes para que administren justicia a todo el pueblo que está al otro lado del río, esto es, a todos aquellos que reconocen la ley de tu Dios; y enseñadla libremente también a los que la ignoran.

26. Y cualquiera que no cumpliese exactamente la ley de tu Dios, y la ley del decreto del rey, será condenado a muerte, o a destierro, o a una multa pecuniaria, o al menos a cárcel.

27. Bendito sea el Señor Dios de nuestros padres, el cual puso este pensamiento en el corazón del rey para gloria de la casa del Señor que está en Jerusalén;

---

14. *Est 1*, 10-14.

28. y me dio prendas de su misericordia para delante del rey, y de sus consejeros, y de todos los grandes cortesanos del rey. Y confortado yo por la mano del Señor mi Dios, que me asistía, junté a los principales de Israel para que se viniesen conmigo.

8 *Censo de los que volvieron con Esdras de Babilonia y su llegada a Jerusalén*

1. Estos son, pues, los príncipes de las familias y la genealogía de los que vinieron conmigo de Babilonia en el reinado del rey Artajerjes:

2. De los hijos de Finees, Gersom. De los hijos de Itamar, Daniel. De los hijos de David, Hatús.

3. De los hijos de Sequenías, hijos de Farós,Zacarías y con él se contaron ciento cincuenta hombres.

4. De los hijos de Fahat Moab, Elioenai, hijo de Zarehé, y con él doscientos hombres.

5. De los hijos de Sequenías, el hijo de Ezequiel, y con él trescientos hombres.

6. De los hijos de Adán, Abed, hijo de Jonatán, y con él cincuenta hombres.

7. De los hijos de Alam, Isaías, hijo de Atalía, y con él setenta hombres.

8. De los hijos de Safatías, Zebedía, hijo de Micael, y con él ochenta hombres.

9. De los hijos de Joab, Obedía, hijo de Jahiel, y con él doscientos dieciocho hombres.

10. De los hijos de Selomit, el hijo de Josfías, y con él ciento sesenta hombres.

11. De los hijos de Bebai, Zacarías hijo de Bebai, y con él veintiocho hombres.

12. De los hijos de Azgad, Johanán, hijo de Eccetán, y con él ciento diez hombres.

13. De los hijos de Adonicam, que fueron los últimos, son estos los nombres: Elifelet y Jehiel, y Samaías, y con ellos sesenta hombres.

14. De los hijos de Begui, Utai y Zacur, y con ellos setenta hombres.

15. Los congregué, pues, junto al río, que desagua en el Ahava, y nos detuvimos allí tres días; y habiendo buscado entre el pueblo y entre los sacerdotes algunos hijos de Leví, no hallé allí ninguno.

16. Por tanto, despaché a Eliezer, y Ariel, y Semeías, y Elnatán, y Jarib, y el otro Elnatán, y a Natán, y a Zacarías y a Mosollam personas principales, y a Joyarib y Elnatán, hombres sabios;

17. y los envíe a Eddo, judío, que era el que gozaba mayor reputación en el lugar de Casfía, y puse en su boca la palabra que habían de decir a Eddo, y a sus hermanos los natineos en el lugar de Casfía, para que nos trajesen ministros de la casa de nuestro Dios.

18. Y por la bondad de nuestro Dios sobre nosotros, nos trajeron un varón doctísimo de los hijos de Moholi, hijo de Leví, hijo de Israel, y a Sarabías con sus hijos y hermanos, en número de dieciocho.

19. Asimismo a Hasabías, y con él a Isaías de los hijos de Merari, y a sus hermanos e hijos, que eran veinte.

20. De los natineos, destinados por David y los príncipes al servicio de los levitas, doscientos veinte natineos, todos los cuales se distinguían por sus propios nombres.

21. Allí junto al río Ahava ordené un ayuno, a fin de humillarnos en el acatamiento del Señor Dios nuestro, y pedirle feliz viaje para nosotros, y para nuestros hijos, y para todos nuestros haberes.

22. Pues tuve vergüenza de pedir al rey escolta de soldados de a caballo, que nos defendiera de los enemigos en el viaje; porque habíamos dicho al rey: La mano de nuestro Dios asiste a todos aquellos que le buscan con sinceridad; y su imperio, y su poder, y su indignación se hacen sentir de todos los que le abandonan.

23. A este fin, pues, ayunamos, e hicimos oración a nuestro Dios, y todo nos sucedió prósperamente.

24. Y escogí doce de los principales sacedotes, a Sarabías y a Hasabías, con otros diez de sus hermanos;

25. y les entregué por peso el oro y la plata, y los vasos consagrados a la casa de nuestro Dios, ofrecidos por el rey, y sus consejeros, y magnates, y por todos los israelitas que se habían hallado allí.

26. Y puse en sus manos seiscientos cincuenta talentos de plata, y cien vasos de plata, con cien talentos de oro;

27. y además veinte tazones de oro, de mil dracmas de peso, y dos vasos de bronce acicalado, y muy fino, tan vistosos como los de oro.

28. Y les dije: Vosotros sois santos o consagrados al Señor, y santos son los vasos, y la plata y el oro ofrecido espontáneamente al Señor Dios de nuestros padres.

29. Custodiad con vigilancia todo esto, hasta que lo entreguéis por su peso en el tesoro de la casa del Señor en Jerusalén ante los príncipes de los sacerdotes y levitas y jefes de las familias de Israel.

30. Recibieron, pues, los sacerdotes y levitas por peso la plata y el oro, y los vasos, para llevarlo a Jerusalén a la casa de nuestro Dios.

31. Partimos, en fin, de la ribera del río Ahava el día doce del mes primero, camino de Jerusalén; y la mano de nuestro Dios nos protegió y nos libró de caer en las manos de los enemigos y salteadores, durante el viaje.

32. Por último, llegamos a Jerusalén donde descansamos tres días.

33. Al cuarto día se hizo la entrega por peso del oro y de la plata y de los vasos en la casa de nuestro Dios, por mano de Meremot, hijo de Urías, sacerdote, estando presente Eleazar, hijo de Finees, en compañía de los levitas Jozabed, hijo de Josué y Noadaya, hijo de Bennoi.

34. Todo fue contado y pesado; y de todo se hizo entonces inventario.

35. Asimismo, los hijos de la salida, venidos del cautiverio, ofrecieron holocaustos al Dios de Israel: doce becerros por todo el pueblo israelítico, noventa y seis carneros, setenta y siete corderos, doce machos cabríos por el pecado; todo en holocausto al Señor.

36. En fin, presentaron los edictos del rey a los sátrapas de su corte y a los gobernadores de la otra parte del río, los cuales favorecieron al pueblo y a la casa de Dios.

---

9 *Sentimiento de Esdras por el nuevo desorden y exhortación a los judíos a abandonar el pecado*

---

1. Cumplidas estas cosas, acudieron a mí los príncipes de las familias, diciendo: Ni el pueblo de Israel, ni los sacerdotes y levitas se han mantenido segregados de los pueblos de estos países y de sus abominaciones, es a saber, de los cananeos, heteos y ferezeos, de los jebuseos y amonitas, y moabitas, y egipcios, y amorreos;

2. porque han tomado de sus hijas esposas para sí y para sus hijos, y han mezclado el linaje santo con las naciones del país; habiendo sido los príncipes y magistrados los primeros cómplices en esta transgresión.

3. Al oír estas palabras, penetrado de dolor rasgué mi manto y la túnica, y mesé los cabellos de mi cabeza y de mi barba, y me senté lleno de tristeza.

4. Entonces acudieron a mí todos los temerosos de las palabras del Dios de Israel, en vista de la prevaricación de aquellos que habían venido del cautiverio antes de nosotros, y yo permanecí sentado y poseído de angustias hasta el sacrificio de la tarde.

5. Y al tiempo del dicho sacrificio vespertino salí de la consternación en que había estado; y rasgados el manto y la túnica, me arrodillé, y alcé mis manos al Señor Dios mío,

6. diciendo: Oh Dios mío, estoy lleno de confusión y me avergüenzo de levantar hacia ti mi rostro, porque nuestras maldades se han multiplicado sobre nuestra cabeza, y nuestros delitos han subido hasta el cielo

7. desde los días de nuestros padres; y además nosotros mismos hemos pecado gravemente hasta este día, y por nuestras iniquidades hemos sido abandonados nosotros, y nuestros reyes y nuestros sacerdotes en manos de los reyes de la tierra, y al cuchillo, y la esclavitud, y al saqueo, y a los oprobios, como se ve aún este día.

8. Si bien ahora por un poco, y como por un momento, han sido admitidos nuestros ruegos por el Señor Dios nuestro, a fin de que fuesen puestos en libertad los restos de nuestro pueblo, y se nos diese estabilidad o morada segura en su lugar santo, y alumbrase el Señor Dios nuestros ojos, y nos concediese respirar algún tanto en nuestra esclavitud,

9. porque esclavos éramos; mas en medio de nuestra esclavitud no nos ha desamparado nuestro Dios; antes bien ha inclinado a misericordia, para con nosotros, al rey de Persia, a fin de que éste nos diese la vida concediéndonos la libertad, y ensalzase la casa de nuestro Dios, y reparase sus ruinas, y nos diese acogida segura en Judá y en Jerusalén.

10. Y ahora, oh Dios nuestro, ¿qué diremos después de tales cosas? Nosotros que hemos despreciado de nuevo tus mandamientos,

11. ordenados por medio de tus siervos los profetas, diciéndonos: La tierra en cuya posesión vais a entrar, es una tierra inmunda (como son inmundos los otros pueblos y demás países), por causa de los ídolos, que la han inundado de un cabo a otro;

12. por tanto no daréis vuestras hijas a sus hijos*, ni tomaréis sus hijas por esposas de vuestros hijos, ni procuraréis jamás la amistad ni su prosperidad, si queréis haceros poderosos, y comer de los bienes de esta tierra, y dejarla a vuestros hijos en perpetua herencia.

13. Y después de todos los desastres que han caído sobre nosotros por nuestras pésimas obras, y por nuestros gran pecado, tú, oh Dios nuestro, nos has librado de la pena de nuestra iniquidad, y nos has salvado, como se ve hoy día;

14. con la condición de que no volvamos atrás, ni violemos tus mandamientos, ni emparentemos con los pueblos reos de semejantes abominaciones. ¿Por ventura estás irritado contra nosotros hasta querer nuestro total exterminio, de suerte que no dejes salvos ni aun los restos de nuestro pueblo?

15. Justo eres tú, oh Señor Dios de Israel; nosotros hemos quedado para que seamos salvados por ti, como se ve este día. Aquí estamos delante de ti con nuestro delito, para que lo perdones; porque no se puede sostener o excusar en tu presencia tal atentado.

10 *Esdras manda que sean disueltos los matrimonios con los extranjeros, es decir, ilegítimos*

1. Mientras así oraba Esdras, pidiendo misericordia y llorando, postrado ante el templo de Dios, se reunió alrededor de él un concurso grandísimo de hombres y mujeres y niños de Israel, y prorrumpió el pueblo en un deshecho llanto.

2. Y tomando la palabra Sequenías, hijo de Jehiel, del linaje de Elam, dijo a Esdras: Nosotros hemos prevaricado contra nuestro Dios, y tomado por esposas mujeres extranjeras de los pueblos de esta tierra; mas ahora ya que Israel se arrepiente de ello,

3. hagamos pacto con el Señor Dios nuestro de despedir todas estas mujeres y los hijos nacidos de ellas, conforme a la voluntad del Señor y de los que respetan el mandamiento del Señor Dios nuestro; ejecútese lo que la ley ordena.

4. Levántate, pues; a ti toca dar disposiciones; nosotros te apoyaremos; esfuérzate y manos a la obra.

5. Entonces Esdras se levantó, y juramentó a los príncipes de los sacerdotes y de los levitas, y a todo Israel que lo ejecutarían del modo dicho; y así lo juraron.

6. Partió, pues, Esdras de delante del templo de Dios, y se fue al aposento de Johanán, hijo de Eliasib, sumo sacerdote; y entrado allí no comió ni bebió, porque no cesaba de llorar la prevaricación de los que habían venido del cautiverio.

7. Y se publicó un bando en Judá y en Jerusalén para que todos los que habían vuelto de la cautividad se juntasen en Jerusalén;

8. y que a todo el que no compareciese dentro de tres días, según el acuerdo de los príncipes y ancianos, se le confiscaría toda su hacienda, y él mismo sería echado de la congregación de los que volvieron del cautiverio.

9. Según esto se juntaron a los tres días todos los hombres de Judá y de Benjamín en Jerusalén, el día veinte del mes noveno; y compareció todo el pueblo en la plaza del templo de Dios, temblando a causa de sus pecados y de las lluvias*.

10. Entonces Esdras, sacerdote, puesto en pie les dijo: Vosotros habéis prevaricado y tomado mujeres extranjeras, añadiendo este pecado a los delitos de Israel.

11. Ahora bien, dad gloria al Señor Dios de vuestros padres, pidiéndole perdón, y haced su voluntad, y separaos de los pueblos del país y de las mujeres extranjeras.

---

12. La amistad y las alianzas con los cananeos fueron siempre una tentación para el pueblo de Israel y un peligro contra la fidelidad a su Dios. *Deut. 23,* 6.

9. Fuertes aguaceros, que miraban como castigo de Dios.

12. A lo que respondió todo aquel gentío, diciendo en alta voz: Hágase como tú has dicho;

13. mas como la gente es mucha y el tiempo está lluvioso, no podemos estar al descubierto, y no es este negocio de un día ni de dos (por ser tan grande y de tantos el pecado que hemos cometido),

14. señálense entre todo el pueblo algunos principales; y cuantos se hubiesen casado de nuestras ciudades con mujeres extranjeras, comparezcan en tiempos determinados con los ancianos de cada ciudad y sus jueces, hasta que se aplaque el enojo de nuestro Dios, irritado contra nosotros por este pecado.

15. Fueron, pues, diputados para esto, Jonatán, hijo de Azahel, y Jaasía, hijo de Tecue, y los levitas Mosollam y Sebetai por adjuntos;

16. y así lo cumplieron los que volvieron del cautiverio. Con esto el sacerdote Esdras y los jefes de familias pasaron a las casas de sus padres; y anotando a todos por sus nombres, se sentaron en su tribunal el día primero del mes décimo para inquirir sobre esta cosa.

17. Y no se acabó de formar el catálogo de todos los que se habían casado con mujeres extranjeras hasta el primer día del mes primero.

18. Y de los hijos de los sacerdotes casados con mujeres extranjeras se hallaron los siguientes: De los hijos de Josué: los hijos de Josedec, y sus hermanos Maasía, y Eliezer, y Jarib, y Godolía,

19. los cuales prometieron, extendiendo su mano*, despedir a sus mujeres, y ofrecer por su delito un carnero de los rebaños.

20. De los hijos de Emer: Hanani, y Zebedía.

21. De los hijos de Harim: Maasía y Elía, y Semeía, y Jehiel, y Ozías.

22. Y de los hijos de Fesur: Elioenai, Maasía, Ismael, Natanael, Jozabed y Elasa.

23. De los hijos de los levitas: Jozabed, y Semei, y Celaya, llamado también Calita, Fataya, Judá y Eliezer.

24. De los cantores: Eliasib; y de los porteros: Sellum, y Telem, y Uri.

25. Y de las otras tribus de Israel: De los hijos de Farós: Remeía, y Jezía, y Melquía, y Miamín, y Eliezer, y Melquía y Banea.

26. De los hijos de Elam: Matanía, Zacarías, y Jehiel, y Abdi, y Jerimot, y Elía.

27. De los hijos de Zetúa: Elioenai, Eliasib, Matanía, y Jerimut, y Zabad, y Aziza.

28. De los hijos de Bebai: Johanán, Hananía, Zabbai, Atalai.

29. Y de los hijos de Bani: Mosollam, y Melluc, y Adaya, Jasub, y Saal, y Ramot.

30. De los hijos de Fahat Moab: Edna, y Calal, Banaías, y Maasías, Matanías, Beseleel, Bennui, y Manasés.

31. De los hijos de Herem: Eliezer, Josué, Melquías, Semeías, Simeón,

32. Benjamín, Maloc, Samarías.

33. De los hijos de Hasom: Matanai, Matata, Zabad, Elifelet, Jermai, Manasés, Semei.

34. De los hijos de Bani: Maaddi, Amram y Vel,

35. Baneas, y Badaías, Queliau,

36. Vanía, Marimut, y Eliasib,

37. Matanías, Matanai, y Jasi,

38. y Bani, y Bennui, y Semei,

39. y Salmías, y Natán, y Adaías,

40. y Mecnedebai, Sisai, Sarai,

41. Ezrel, Selemiau, Semería,

42. Sellum, Amaría, José.

43. De los hijos de Nebo: Jehiel, Matatías, Zabad, Zabina, Jeddu, y Joel, y Banaía.

44. Todos éstos se casaron con mujeres extranjeras, y algunas de ellas habían tenido hijos.

---

19. Alzar la mano en estas ocasiones era señal de juramento.

Nehemías

Introducción

Se cree que el libro *Nehemías* fue escrito por el mismo Nehemías. Algunos pasajes de este libro permiten pensar que fue escrito por otro autor, que copió las *Memorias* o *Diario* de Nehemías y que el escriba Esdras que llegó a Jerusalén en la época de Ciro es distinto del que lo hizo bajo el reinado de Artajerjes.

Nehemías fue uno de los principales restauradores de Israel después del cautiverio en Babilonia, donde se desempeñó como *copero* o *atersata* del rey Artajerjes. Este hecho le valió ir a Jerusalén investido de la autoridad de gobernador y reedificar los muros de la ciudad, cuya terminación celebró con una gran fiesta y luego dedicarse a repoblar la desolada región. El escriba Esdras le ayudó a establecer el orden, las funciones sagradas y a renovar la alianza del pueblo con el Señor, haciéndole jurar fidelidad a su ley. La fe de Nehemías, quien es figura de Jesucristo como consuelo de los afligidos de Sión, y su papel en la restauración de la antigua Sión se elogian en otros libros bíblicos, *2 Mac 1*, 20-36; *2*, 13; *Is 61*, 2-3.

1

Nehemías, copero de Artajerjes, implora la misericordia de Dios con ayunos y oraciones

1. Palabras o sucesos de Nehemías, hijo de Helcías. El año vigésimo, el mes de Casleu, me hallaba yo con el rey en el alcázar de Susa.

2. Y llegó Hanani, uno de mis hermanos, con otros varones de Judá; y les pregunté por los judíos que habían quedado, y vivían después del cautiverio, y acerca de la ciudad de Jerusalén.

3. A lo que me respondieron: Los que quedaron del cautiverio, y fueron dejados allí en la provincia, viven en gran aflicción y oprobio; y los muros de Jerusalén están aún por tierra, y sus puertas consumidas por las llamas.

4. Al oír yo semejantes palabras, me senté, y comencé a lamentarme, y lloré durante muchos días, ayunaba y hacía oración en presencia del Dios del cielo,

5. y decía: Te suplico, Señor Dios del cielo, el fuerte, grande y terrible, que guardas el pacto y la misericordia con aquellos que te aman y observan tus mandamientos.

6. Escúchenme tus oídos, y ábranse hacia mí tus ojos, y oye la oración que yo, siervo tuyo, estoy haciendo en tu presencia de noche y de día por los hijos de Israel, tus siervos, confesando los pecados de los hijos de Israel, con que te han ofendido; yo y la casa de mi padre hemos pecado.

7. La vanidad de los ídolos nos sedujo, y no hemos obsersvado tus mandamientos, y ceremonias, y preceptos, que diste a Moisés, tu siervo.

8. Acuérdate de la palabra que diste a Moisés, siervo tuyo, diciendo: Cuando seias infieles, yo os dispersaré entre las gentes;

9. mas si os convertís a mí, y observáis mis preceptos, y los practicáis; aunque hubiereis sido transportados al cabo del mundo, de allí os reuniré y os volveré a traer al lugar que escogí para que sea en él invocado mi Nombre*.

10. Ellos, Señor, son tus siervos y pueblo tuyo, a quien redimiste con tu gran poder y robusto brazo.

---

9. *Deut 30*, 1-4.

11. Te ruego, Señor, que prestes atención a la oración de tu siervo y a las súplicas de tus siervos; los cuales están resueltos a temer y venerar tu Nombre; y dirige hoy a tu siervo, y haz que halle misericordia en los ojos de este varón insigne. Era yo el copero del rey.

---

2 *Nehemías va a Jerusalén y comienza la reedificación de los muros, a pesar de la oposición de los enemigos*

---

1. Sucedió, pues, el mes de Nisán, el año vigésimo del reinado de Artajerjes, que traído el vino delante del rey, tomé yo la copa, y se la serví; mas estaba yo triste en su presencia.

2. Y me dijo el rey: ¿Por qué está melancólico tu semblante, no estando como no estás enfermo? No es esto sin motivo; tú maquinas alguna cosa mala en tu corazón. Se apoderó entonces de mí un temor grande,

3. y respondí al rey: Oh rey, sea tu vida eterna, ¿cómo no ha de estar melancólico mi semblante cuando la ciudad, lugar de los sepulcros de mis padres, está desierta, y consumidas sus puertas por las llamas?

4. Y me dijo el rey: ¿Qué es lo que pretendes? Y yo, encomendándome al Dios del cielo,

5. respondí al rey: Si el rey lo tiene a bien, y si tu siervo ha hallado la gracia en tus ojos, envíame a Judea, a la ciudad en donde está el sepulcro de mi padre, y yo la reedificaré.

6. A lo que me dijeron el rey y la reina, la cual estaba sentada a su lado: ¿En cuánto tiempo harás tu viaje y podrás volver? Le dije el tiempo; y mostró el rey alegrarse, y me dio licencia.

7. Mas yo dije al rey: Si es del agrado del rey, déme cartas para los gtobernadores del país del otro lado del río, para que me concedan paso hasta llegar a Judea;

8. y también otra carta para Asaf, guarda de los reales bosques, a fin de que me suministre maderas para construir las puertas de la torre del templo, y los muros de la ciudad, y la casa en que habré de habitar. Me lo otorgó el rey, porque estaba a mi favor la benéfica mano de Dios.

9. Con eso llegué a los gobernadores del territorio de la otra parte del río, y les di las cartas del rey. Había el rey enviado conmigo oficiales de guerra y gente de a caballo.

10. Luego que lo supieron Sanaballat horonita, y Tobías amonita, criado del rey, tuvieron grandísimo pesar de que hubiese llegado un hombre que procurase la prosperidad de los hijos de Israel.

11. Llegué, en fin, a Jerusalén, donde descansé tres días;

12. y me levanté de noche con algunos pocos hombvres, sin declarar a nadie lo que Dios me había inspirado hacer en Jerusalén; no llevaba conmigo otra caballería, fuera de la que yo montaba.

13. Salí, pues, de noche por la puerta del valle de Cedrón, y por delante de la fuente del Dragón, y hacia la puerta del Estercolero, y contemplaba la muralla de Jerusalén arruinada, y sus puertas consumidas de las llamas.

14. De allí pasé a la puerta de la fuente de Siloé* y al acueducto del rey; y ya no había camino por donde pudiese pasar la caballería en que iba.

15. Y siendo todavía de noche, subí por el torrente, y registraba el muro, y dando la vuelta llegué otra vez a la puerta del valle, y me volví a mi casa.

16. Entretanto los magistrados no sabían adónde había ido yo, ni lo que yo hacía; y hasta entonces nada había yo declarado a los judíos, ni a los sacerdotes, ni a los magnates, ni a los magistrados, ni a los demás destinados para cuidar de las obras.

17. Les dije, pues: Bien veis el lastimoso estado en que nos hallamos; Jerusalén está desierta, y sus puertas hechas cenizas; venid y reedificaremos los muros de Jerusalén, y no vivamos más en estado de tanta ignominia.

18. Al mismo tiempo les hice ver cómo estaba a favor mío la benéfica mano de mi Dios, y les referí las palabras que el rey me había dicho, y concluí: Ea, vamos y emprendamos la obra. Con esto ellos cobraron vigor para ponerla en ejecución.

19. Enterados Sanaballat horonita, y Tobías amonita, criado del rey, y Gosem el árabe, nos silbaron y escarnecieron, diciendo: ¿Qué es esto que hacéis? ¿Os queréis acaso rebelar contra el rey?

---

14. *2 Cro 32*, 3-30.

20. Pero yo les respondí y dije: El Dios del cielo es quien nos ayuda; nosotros somos sus siervos, e iremos adelante, y proseguiremos la obra; pues vosotros no tenéis parte, ni derecho, ni se os nombra para nada en Jerusalén.

3 *Nombres de los principales que tuvieron parte en la reedificación de Jerusalén*

1. Entonces Eliasib, sumo sacerdote, y los sacerdotes sus hermanos pusieron manos a la obra, y reedificaron la puerta del Ganado; consagrándola con especiales bendiciones, y asentaron sus puertas, y la consagraron hasta la torre de cien codos, y hasta la torre de Hananeel.

2. A continuación de Eliasib, a un lado constrruyeron los ciudadanos de Jericó, y al otro construyó Zacur, hijo de Amri.

3. Pero la puerta del Pescado la construyeron los hijos de Asnaa, y ellos la cubrieron, y asentaron sus puertas, y cerrojos, y barras. A continuación de ellos construyó Marimut, hijo de Urías, hijo de Accús.

4. Cerca de éste construyó Mosollam, hijo de Baraquías, hijo de Mesezebel; y al lado de éstos, Sadoc, hijo de Baana.

5. A continuación de éstos construyeron los de Tecua; pero los magnates de entre ellos no arrimaron sus hombros para trabajar en la obra de su Señor.

6. La puerta Vieja la reedificaron Joíada, hijo de Fasea, y Mosollam, hijo de Besodía; ellos la cubrieron, y asentaron las puertas, y cerrojos y barras.

7. Junto a éstos edificaron Meltías gabaonita, y Jadón meronatita, varones de Gabaón y de Masfa, por el gobernador del país que estaba a la otra parte del río.

8. Cerca de éste construyó Eziel, hijo de Araías platero, y al lado de él construyó Ananías, hijo de un perfumero; y dejaron intacta la parte de Jerusalén que va hasta el muro de la plaza mayor.

9. Junto a este muro construyó Rafaía, hijo de Hur, príncipe o prefecto de un cuartel de Jerusalén.

10. Al lado de éste construyó Jedaía, hijo de Haromaf, enfrente de su casa; y junto a éste edificó Hattús, hijo de Hasebonías.

11. Melquías, hijo de Herem, y Hasub, hijo de Fahat Moab, construyeron la mitad del muro de un cuartel y la torre de los Hornos.

12. Junto a éstos construyó Sellum, hijo de Alohés, príncipe o prefecto de la mitad de un cuartel de Jerusalén, él y sus hijas.

13. La puerta del Valle la edificó Hanún con los habitantes de Zanoé; los mismos la concluyeron, y asentaron las puertas y cerrojos, y barras, y edificaron mil codos de la muralla hasta la puerta del Estercolero.

14. La puerta del Estercolero la edificó Melquías, hijo de Recab, prefecto del cuartel o barrio de Betacaram; éste la concluyó, y asentó sus puertas, y cerraduras y barras.

15. La puerta de la Fuente la construyó Sellum, hijo de Coloza, prefecto del cuartel de Masfa; él la concluyó y puso sus arquitrabes, y asentó las puertas y cerrojos, y barras, y reedificó la muralla desde la piscina de Siloé hasta el huerto del rey, y hasta la gradería por la cual se4 baja de la ciudad de David.

16. A continuación de éste construyó Nehemías, hijo de Azboc, prefecto de la mitad del cuartel de Betsur hasta enfrente del sepulcro de David, y hasta la piscina magnífica construida*, hasta la casa de los Valientes de David.

17. Después de éste construyeron los levitas, Rehum, hijo de Benni; inmediato a él Hasebías, prefecto de la mitad el cuartel de Ceila, construyó el muro sito frente su cuartel.

18. En seguida construyeron sus hermanos los levitas, Bavai, hijo de Enadad, prefecto de la otra mitad del cuartel de Ceila.

19. Contiguo a éste construyó Azer, hijo de Josué, prefecto del cuartel de Masfa, la segunda parte del muro enfrente de la subida del ángulo fortificado.

20. Cerca de éste en el monte de Sión edificó Baruc, hijo de Zacai, otra porción igual de muro desde dicho ángulo hasta la puerta de la casa de Eliasib, sumo sacerdote.

21. A continuación Merimut, hijo de Urías, hijo de Haccús, edificó la porción siguiente desde la puerta de la casa de Eliasib, cuanto se extendía dicha casa.

22. Después de éste construyeron los

---

16. *Por el rey Ezequías. 2 Re 20*, 2.

sacerdotes habitantes de las campiñas del Jordán.

23. A su lado edificaron Benjamín y Hasub enfrente de su casa; y junto a éstos Azarías, hijo de Maasías, hijo de Ananías, delante de su casa.

24. En seguida Bennui, hijo de Henadad, construyó otra porción igual desde la casa de Azarías hasta la vuelta, y hasta la esquina.

25. Falel, hijo de Ozi, edificó enfrente de la vuelta, y de la torre, que se eleva por encima de la casa del rey, esto es, edificó a lo largo del patio de la cárcel; después de este Fadaías, hijo de Farós.

26. Los natineos vivían en Jerusalén en el cuartel de Ofel, hasta el frente de la puerta de las Aguas al oriente, y hasta la torre que sale afuera.

27. En seguida edificaron los de Tecua otra porción igual enfrente, desde la torre grande que sale hasta la cerca del templo.

28. Más arriba, desde la puerta de los Caballos, construyeron los sacerdotes, cada cual enfrente de su casa.

29. Después de éstos edificó Sadoc, hijo de Emmer, enfrente de su casa. Inmediato a él edificó Semaía, hijo de Sequenías, guarda de la puerta oriental del templo.

30. A continuación Hananía hijo de Selemías, y Hanun, sexto hijo de Selef, edificaron otra igual porción; después de éstos edificó Mosollam, hijo de Baraquía, enfrente de su tesorería. Tras éste Melquías, hijo de un platero, construyó hasta la casa o cuartel de los natineos y de los mercaderes comerciantes, enfrente de la puerta de los jueces, y hasta la sala de la esquina,

31. y a lo largo de la sala de la esquina, en la puerta del Ganado, edificaron los plateros y comerciantes.

---

4 *Los judíos, animados por Nehemías, prosiguen la obra. Ataques de los samaritanos*

---

1. Entretanto, habiendo oído Sanaballat que reedificábamos las murallas, montó en gran cólera; y enfurecido en extremo, hizo mofa de los judíos,

2. y dijo en presencia de sus hermanos y de un gran concurso de samaritanos: ¿Qué pretenden hacer esos miserables judíos? ¿Por ventura se lo permitirán estas naciones vecinas? ¿Piensan poder ofrecer sacrificios, concluyendo toda la obra en un día? ¿Podrán acaso restaurar las piedras de los montones reducidos a cenizas?.

3. A lo que añadió Tobías amonita, que estaba a su lado: Dejadlos que construyan, que si va una zorra saltará de un lado a otro de los muros y los derribará.

4. Oh Dios nuestro, oye cómo se mofan de nosotros; haz recaer sobre su cabeza estos escarnios, y que ellos sean el blanco de los desprecios allí donde sean llevados cautivos.

5. No encubras, no disimules su maldad, ni sea borrado su pecdado delante de tu vista, ya que han escarnecido a los que reedifican tu ciudad santa.

6. Nosotros, pues, reedificamos las murallas, restaurándolas enteramente hasta la mitad de su altura antigua; y el pueblo cobró bríos para seguir el trabajo.

7. Mas así que supieron Sanaballat, y Tobías, y los árabes, y los amonitas, y los de Azoto, que estaban reparadas las brechas de los muros de Jerusalén, y que comenzaban a cerrarse los portillos, se irritaron sobremanera,

8. y todos de mancomún se coligaron para venir a pelear con Jerusalén, y armarnos asechanzas.

9. Nosotros nos encomendamos a nuestro Dios, y pusimos contra ellos centinelas día y noche en las murallas.

10. Y algunos de la tribu de Judá dijeron: Los más robustos que acarrean los materiales están ya sin aliento, y queda aún muchísima tierra que sacar, de suerte que no nos es posible acabar de reedificar el muro.

11. Y han dicho nuestros enemigos: No han de saber nada hasta que rompamos por medio de ellos, los matemos, y hagamos cesar la obra.

12. Y viniendo los judíos que habitaban cerca de ellos, y diciendo esto mismo por diez y más veces, recibiendo el propio aviso de todas partes de donde acudían a nosotros,

13. puse luego en orden al pueblo, apostado detrás del muro alrededor con sus espadas, y lanzas, y ballestas.

14. Y pasada revista de todo, fui y dije a los magnates, y magistrados, y al resto del pueblo: No tenéis que temer delante de ellos; acordáos del Señor grande y terrible; y pelead por vuestros hermanos, y por vuestros hijos e hijas, y por vuestras mujeres y por vuestras casas.

15. Mas habiendo entendido nuestros enemigos que se nos había dado aviso, disipó Dios como el humo los designios que habían formado. Con lo que nos volvimos todos a los muros, cada cual a su tarea.

16. Y desde aquel día la mitad de la gente moza trabaja en la obra y la otra mitad sobre las armas, con lanzas y escudos, y ballestas, y corazas, y detrás de ellos los capitanes en toda la familia de Judá.

17. Los que trabajaban en el muro, los que llevaban cargas, y los que las cargaban, trabajaban con una mano, y en otra tenían la espada;

18. porque cada uno de los trabajadores llevaba ceñida al lado la espada; y así trabajaban; y el que tocaba al arma con la trompeta estaba siempre a mi lado.

19. Y dije a los magnates, y a los magistrados, y al resto del pueblo: La construcción es grande y de mucha extensión, y nosotros estamos separados en el muro lejos el uno del otro.

20. Dondequiera que oyereis el sonido de la trompeta, corred allí todos hacia nosotros, que nuestro Dios peleará a favor nuestro.

21. Entretanto vamos continuando la obra, y la mitad de nosotros tenga empuñadas las lanzas desde que apunte la aurora hasta que salgan las estrellas.

22. En esta misma ocasión dije también al pueblo: Cada uno con su criado quédese a dormir dentro de Jerusalén, y nos relevaremos unos a otros para trabajar día y noche.

23. Yo, pues, ni mis hermanos, ni mis criados, ni las guardias que me seguían, nos desnudábamos; ninguno se quitaba los vestidos sino para alguna purificación o lavatorio.

5

Nehemías reprende a los ricos, les prohíbe la usura y los exhorta a la compasión

---

1. Sucedió entonces que se levantó un gran clamor del pueblo y de sus mujeres contra sus hermanos los judíos.

2. Algunos decían: Nuestros hijos y nuestras hijas son en número muy excesivo; vendámoslos; y compremos con su precio trigo para poder comer y vivir.

3. Otros decían: Empeñemos nuestros campos y viñas, y nuestrras casas, y tomemos trigo para matar el hambre.

4. Otros, en fin, decían: Tomemos dinero prestado para pagar los tribuos reales, y empeñemos nuestras heredades y viñas.

5. Ahora, bien, nuestra carne no es mas ni menos como la carne de estos ricos que son nuestros hermanos, y nuestros hijos valen tanto como los suyos, y, con todo, nosotros les vendemos por esclavos nustros hijos e hijas; y no tendremos con qué rescatar nuestras hijas de la esclavitud, y nuestros campos y viñas están en manos de otros.

6. Al oír yo estos clamores, y tales expresiones, me irrité sobremanera;

7. y después de una larga reflexión, reprendí ásperamente a los magnates y a los magistrados, diciéndoles: ¿Así que vosotros cobráis usura de vuestros hermanos? Y convoqué contra ellos una gran asamblea,

8. y les dije: Nosotros, como sabéis, hemos rescatado según nuestra posibilidad a nuestros hermanos, los judíos, vendidos a otras naciones; ¿y vosotros habéis de vender de nuevo a nuestros hermanos, para que nosotros los rescatemos otra vez? Callaron a esto, y no supieron qué responder.

9. Y les dije: No es bien hecho lo que hacéis. ¿Cómo no vivís en el santo temor de nuestro Dios, para que no vengamos a ser el escarnio de las gentes enemigas nuestras?

10. Yo, y mis hermanos, y mis criados hemos prestado muchísimo dinero y trigo; convengámonos todos en no volvérselo a pedir, condonémosles la deuda.

11. Restituidles el día de hoy sus campos, y sus viñas, y sus olivares, y sus casas; y aun también el uno por ciento mensual del dinero, del vino, del trigo, del aceite que soléis exigirles, condonádselo, o pagadlo vosotros por ellos.

12. A lo que respondieron: Se lo volveremos, y nada les exigiremos; y lo haremos así, como tú dices. Llamé entonces a los sacerdotes, y les tomé juramento de lo que harían conforme lo que yo había dicho.

13. Además de esto sacudí mi vestido de encima de mi seno, y dije: Así sacuda Dios de sus casas y de sus haciendas a todos los que no cumplieren esta palabra; así sean sacudidos, y queden sin nada. Y respondió todo el concurso: Amén. Y alabaron a Dios. En suma, todo el pueblo se conformó con lo dicho.

14. Por lo que hace a mí, desde el día aquel en que me mandó el rey que fuese gobernador de la tierra de Judá, desde el año veinte hasta el treinta y dos del rey Artajerjes, por espacio de doce años, ni yo, ni mis hermanos hemos recibido los alimentos o salarios debidos a los gobernadores;

15. siendo así que los primeros gobernadores antecesores míos cargaron al pueblo, y recibieron de ellos en pan, vino y dinero cuarenta siclos cada día; y que también sus ministros oprimían al pueblo. Mas yo, temiendo a Dios no me porté así;

16. antes bien trabajé en la constrrucción del muro, y no compré ni una heredad, y acudían todos mis criados a la obra.

17. Añádase a esto que ciento cincuenta personas de entre los judíos y magistrados, y los que venían a nosotros de los países circunvecinos, comían a mi mesa;

18. a cuyo fin se mataban cada día en mi casa un buey y seis carneros escogidos, sin contar las aves, y cada diez días se servían diferentes vinos, y distribuían otras muchas cosas; y añádase a esto que no cobré los estipendios de mi gobierno, por estar el pueblo reducido a la mayor miseria.

19. Acuérdate de mí, oh Dios mío, para hacerme bien, a medida de los beneficios que yo he hecho a este pueblo.

6 *Valor y prudencia de Nehemías para descubrir las trampas de sus enemigos*

1. Mas habiendo oído Sanaballat, y Tobías, y Gosem árabe y los demás enemigos nuestros, que yo había reedificado ya la muralla, y que no quedaba en ella ningún portillo (aunque no se había puesto todavía las hojas de las puertas),

2. Sanaballat y Gosem me enviaron a decir: Ven, y haremos alianza entre nosotros en alguna de las aldeas del campo de Ono. Pero ellos urdían una trampa contra mí.

3. Les envié, pues, a decir por mis mensajeros: Traigo entre manos una obra de importancia, y no puedo ir allá, no sea que se atrase, si yo me separo para ir a vosotros.

4. Por cuatro veces enviaron a decirme lo mismo, y siempre les respondí como la vez primera.

5. Finalmente, Sanaballat me despachó por la quinta vez con la misma comisión un criado suyo, el cual traía en su mano una carta escrita en los siguientes términos:

6. Se ha divulgado entre las gentes, y Gosem lo dice públicamente, que tú y los judíos intentáis rebelaros, y que a este fin reedificas las murallas, y pretendes alzarte rey sobre ellos; por cuyo motivo

7. tienes destinados profetas que ensalcen tu nombre en Jerusalén, y digan: El es el rey de Judea. Estas cosas llegarán a oídos del rey; por lo mismo ven pronto, para que consultemos juntos sobre el asunto.

8. Pero yo les contesté: No hay nada de eso que tú dices; sino que son cosas que tú te forjas de tu propia cabeza.

9. La verdad es que todos ellos tiraban a meternos miedo, imaginándose que alzaríamos la mano de la obra, y la abandonaríamos. Pero yo por lo mismo cobré más aliento.

10. Fui después ocultamente a casa de Semeías, sacerdote, hijo de Dalaías, hijo de Metabeel; el cual me dijo: Vámonos los dos a conferencias en la casa de Dios en medio del templo, y cerremos sus puertas; porque han de venir a matarte, y por la noche vendrán a quitarte la vida.

11. Mas yo respondí: ¿Y un hombre en el puesto en que yo me hallo, ha de huir? ¿Y qué hombre como yo puede entrar en el templo para salvar su vida? No quiero ir.

12. Por aquí comprendí que él no era enviado o inspirado de Dios, sino que había hablado conmigo haciendo el profeta; y que Tobías y Sanaballat lo habían sobornado;

13. porque realmente había recibido dinero para amedrentarme y hacerme pecar; con lo cual tuviesen esta maldad que echarme en cara.

14. Acuérdate de mí, Señor, considerando semejantes trampas de Tobías y de Sanaballat, y asimismo de Noadías profeta, y de los demás profetas que procuraban atemorizarme.

15. Al fin se acabaron las murallas el

veinticinco del mes de Elul[*], en cincuenta y dos días.

16. Así que supieron esto todos nuestros enemigos, se llenaron de temor todas las naciones vecinas, y cayeron de ánimo y conocieron ser Dios el autor de esta obra.

17. Sin embargo, aun por aquellos días iban y venían muchas cartas de varios magnates judíos a Tobías, y, de Tobías a ellos;

18. porque en Judea había muchos que le habían jurado amistad; pues era yerno de Sequenías, hijo de Area, y Johanán, su hijo estaba casado con una hija de Mosollam, hijo de Baraquías.

19. Y lo que más es, le alababan en presencia mía, y le participaban cuanto yo decía, y Tobías escribía después cartas para intimidarme.

7 *Censo de quienes volvieron de Babilonia a Jerusalén. Ofrendas para la construcción*

1. Después que se acabaron las murallas, y asenté las puertas, y pasado la lista de los porteros, cantores y levitas,

2. di mis órdenes sobre Jerusalén a mi hermano Hanani, y a Hananía príncipe de la casa del Señor (como quiera era temido por hombre sincero y más temeroso de Dios que los otros),

3. y les dije: No se han de abrir las puertas de Jerusalén hasta que el sol caliente. Y estando aún ellos presentes, se cerraron y atrancaron las puertas, y puse de guardia ciudadanos de Jerusalén que se relevaban por su turno, cada cual enfrente de su casa.

4. Era la ciudad muy ancha y capaz, y la gente que la habitaba poca; no estando reedificadas las casas.

5. Pero Dios inspiró en mi corazón que convocase a los magnates y a los magistrrados, y al pueblo para hacer una revista o censo, y hallé un libro del empadronamiento de aquellos que habían vuelto los primeros de Babilonia, en el cual se encontró escrito lo siguiente:

6. Estos son los naturales de la provincia de Judea, que han vuelto del cautiverio, adonde habían sido llevados por Nabucodonosor, rey de Babilonia, y han regresado a Jerusalén y a la Judea, cada uno a su ciudad.

7. Los cuales han venido con Zorobabel, con Josué, Nehemías, Azarías, Raamías, Nahamani, Mardoqueo, Belsam, Mesfarat, Begoai, Nahum, Baana. He aquí el número de los varones del pueblo de Israel:

8. Hijos de Farós, dos mil ciento setenta y dos.

9. Hijos de Safatía, trescientos setenta y dos.

10. Hijos de Area, seiscientos cincuenta y dos.

11. Hijos de Fahat Moab de los descendientes de Josué y de Joab, dos mil ochocientos dieciocho.

12. Hijos de Helam, mil doscientos cincuenta y cuatro.

13. Hijos de Zetúa, ochocientos cuarenta y cinco.

14. Hijos de Zacai, setecientos sesenta.

15. Hijos de Bannui, seiscientos cuarenta y ocho.

16. Hijos de Bebai, seiscientos veintiocho.

17. Hijos de Azgad, dos mil trescientos veintidós.

18. Hijos de Adonicam, seiscientos sesenta y siete.

19. Hijos de Beguai, dos mil sesenta y siete.

20. Hijos de Adín, seiscientos cincuenta y cinco.

21. Hijos de Ater, hijo de Hecezías, noventa y ocho.

22. Hijos de Asem, trescientos veintiocho.

23. Hijos de Besai, trescientos veinticuatro.

24. Hijos de Haref, ciento doce.

25. Hijos de Gabaón, noventa y cinco.

26. Hijos de Betlehem y de Netufa, ciento ochenta y ocho.

27. Varones de Anatot, ciento veintiocho.

28. Varones de Betazmot, cuarenta y dos.

29. Varones de Cariatiarim, de Céfira y de Berot, setecientos cuarenta y tres.

30. Varones de Rama y de Geba, seiscientos veintiuno.

31. Varones de Macmas, ciento veintidós.

---

15. Luna de agosto.

32. Varones de Betel y de Hai, ciento veintitrés.

33. Varones de la otra Nebo, cincuenta y dos.

34. Varones de la otra Elam, mil doscientos cincuenta y cuatro.

35. Hijos de Harem, trescientos veinte.

36. Hijos de Jericó, trescientos cuarenta y cinco.

37. Hijos de Lod, de Hadid y de Ono, setecientos veintiuno.

38. Hijos de Senaa, tres mil novecientos treinta.

39. Sacerdotes: Hijos de Idaía en la familia de Josué, novecientos setenta y tres.

40. Hijos de Emmer, mil cuarenta y dos.

41. Hijos de Fasur, mil doscientos cuarenta y siete.

42. Hijos de Arem, mil diecisiete levitas:

43. Los hijos de Josué y de Cedmihel, hijos o descendientes

44. de Oduías, setenta y cuatro. Cantores:

45. Los hijos de Asaf, ciento cuarenta y ocho.

46. Porteros: Los hijos de Sellum, los hijos de Ater, los hijos de Telmón, los hijos de Acub, los hijos de Hatita, los hijos de Sobai, ciento treinta y ocho.

47. Natineos: Los hijos de Soha, los hijos de Habusafa, los hijos de Tebbaot,

48. Los hijos de Cerós, los hijos de Siaa, los hijos de Fadón, los hijos de Lebana, los hijos de Hagaba, los hijos de Selmai,

49. Los hijos de Hanán, los hijos de Geddel, los hijos de Gaher,

50. los hijos de Raaía, los hijos de Rasín, los hijos de Necoda,

51. los hijos de Gezem, los hijos de Aza, los hijos de Fasea,

52. los hijos de Besai, los hijos de Munim, los hijos de Nefusim,

53. los hijos de Bacbuc, los hijos de Hacufa, los hijos de Harhur,

54. los hijos de Beslot, los hijos de Mahida, los hijos de Harsa,

55. los hijos de Bercós, los hijos de Sísara, los hijos de Tema,

56. los hijos de Nasía, los hijos de Hatifa,

57. los hijos de los siervos de Salomón, los hijos de Sotai, los hijos de Soferet, los hijos de Farida,

58. los hijos de Jahala, los hijos de Darcón, los hijos de Jeddel,

59. los hijos de Safatía, los hijos de Hatil, los hijos de Foqueret, nacido de Sabaim, hijo de Amón.

60. Todos los natineos con los hijos de los siervos de Salomón eran trescientos noventa y dos.

61. Y he aquí los que vinieron de Telmela, Telarsa, Querub, Addón y Emmer ciudades de Caldea, y no pudieron hacer constar la familia de sus padres, ni su linaje, ni si eran del pueblo de Israel.

62. A saber los hijos de Dalaía, los hijos de Tobía, los hijos de Necoda, seiscientos cuarenta y dos.

63. Asimismo entre los sacerdotes, los hijos de Había, los hijos de Acós, los hijos de Berzellai, el que casó con una de las hijas de Berzellai el galaadita, y tomó su apellido.

64. Estos buscaron su genealogía en el censo, y no la hallaron, por lo que fueron excluidos del sacerdocio.

65. Y les dijo Atersata, esto es, Nehemías, que no comiesen de las carnes santificadas, hasta tanto que hubiese un sumo sacerdote docto y perfecto, que decidiese el punto.

66. Toda esta gente, reunida como si fuera un solo hombre, ascendía a cuarenta y dos mil trescientos sesenta,

67. sin contar sus siervos y siervas que eran siete mil trescientos treinta y siete; y había entre ellos doscientos cuarenta y cinco.

68. Sus caballos eran setecientos treinta y seis; los mulos doscientos cuarenta y cinco.

69. Sus camellos cuatrocientos treinta y cinco; los asnos seis mil setecientos veinte. Hasta aquí se ha referido lo que se hallaba escrito en el Libro del Censo; de aquí en adelante sigue la historia de Nehemías.

70. Contribuyeron, pues, a la construcción algunos de los jefes de las familias. Atersata* puso en el tesoro mil dracmas o monedas de oro, cincuenta tazas y quinientas treinta túnicas sacerdotales.

71. Y varios jefes de familias dieron para el tesoro de la obra veinte mil dracmas de oro y dos mil doscientas minas de plata.

72. Lo que dio el resto del pueblo fueron veinte mil dracmas de oro, y dos mil minas de plata, y sesenta y siete túnicas sacerdotales.

73. Después los sacerdotes y los levitas, los porteros y cantores, y todo el pueblo, y

---

70. Llamado también *Nehemías*.

los natineos y todo Israel habitaron cada uno en su ciudad.

8

Esdras lee y explica la ley al pueblo, a quien consuela Nehemías. Se celebra la fiesta de los Tabernáculos

1. Era ya llegado el mes séptimo, y los hijos de Israel que estaban cada uno en su ciudad, congregándose todos unánimes, y de común acuerdo, en la plaza que cae enfrente de la puerta de las Aguas, y pidieron a Esdras, escriba o doctor, que trajese el libro de la ley de Moisés, que había dado el Señor a Israel.

2. Presentó, pues, Esdras, sacerdote, la ley a la multitud de hombres y mujeres y de cuantos eran capaces por su edad de entenderla, el primer día del mes séptimo.

3. Y leyó aquel libro, con voz clara, en la plaza situada delante de la puerta de las Aguas, desde la mañana hasta el medio día, en presencia de los hombres y de las mujeres y de los sabios; y todo el pueblo tenía sus oídos atentos a la lectura del libro.

4. El escriba Esdras se puso en pie en una tribuna de madera que había mandado hacer para este fin de hablar al pueblo; y a su lado estaban Matatías, y Semeía, y Anía, y Uría, y Helcía, y Maasía a la derecha; y a la izquierda Fadaía, Misael, Melquías, y Hasum y Hasbadana, Zacarías y Mosollam.

5. Abrió, pues, Esdras el libro a vista de todo el pueblo, como que se hallaba en un lugar más elevado que todos; y así lo abrió, se puso en pie toda la gente.

6. Entonces Esdras bendijo al Señor, Dios grande, con una oración que hizo; y todo el pueblo, alzando las manos, respondió: ¡Amén!, ¡amén! Y se arrodillaron todos, y postrados rostro por tierra, adoraron a Dios.

7. Los levitas Josué, Bani, y Serebías, Accub, Septai, Odía, Maasía, Celita, Azarías, Jozabed, Hanán y Falía cuidaban de hacer guardar silencio al pueblo para que oyese la ley; y estaba la gente en pie, cada uno en su lugar.

8. Y leyeron el libro de la ley de Dios clara y distinguidamente, de modo que se entendiese; y en efecto, entendieron cuanto se iba leyendo.

9. Y Nehemías (que es el mismo Atersata o copero del rey), y Esdras sacerdote y escriba, y los levitas, queinterpretaban la ley a todo el pueblo, dijeron: Este día está consagrado al Señor Dios nuestro; no gimáis, ni lloréis. Porque todo el pueblo lloraba oyendo las palabras de la ley.

10. Y les dijo Nehemías: Id, y comed carnes gordas y buenas, y bebed del vino dulce y exquisito, y enviad porciones a aquellos que nada tienen dispuesto*; pues éste es el día santo del Señor; y no estéis tristes porque el gozo del Señor es nuestra fortaleza.

11. Asimismo los levitas exhortaban a todo el pueblo al silencio, diciendo: Callad pues el día este es santo, y no debéis estar tristes.

12. Con eso se retiró toda la gente a comer y beber, y a repartir porciones y celebrar una gran fiesta, por haber entendido las palabras que se lers habían explicado.

13. Al segundo día se juntaron los príncipes de las familias de todo el pueblo, los sacerdotes y levitas, delante de Esdras escriba, para que les interpretase las palabras de la ley.

14. Y hallaron escrito en el libro de la ley* que el Señor había mandado por medio de Moisés que los hijos de Israel habitasen en tiendas en el día solemne del mes séptimo;

15. y que se predicase, y pregonase por todas sus ciudades, y en Jerusalén este bando: Salid al monte, y traed ramos de olivo, y ramos de los árboles más hermoso, ramos de mirto y ramos de palmas, y ramos de árboles frondosos para formar tabernáculos o cabañas, conforme está escrito.

16. Salió, pues, el pueblo y los trajo; y cada uno se hizo su tabernáculo o cabaña sobre el terrado de su casa*, y en sus patios, y en los atrios de la casa de Dios, y en la plaza de la puerta de las Aguas, y en la plaza de la puerta de Efraín.

17. De esta suerte toda la multitud de los que habían vuelto de la cautividad hicieron sus tabernáculos, y habitaron en ellos; que nunca lo habían practicado los hijos de Israel como ahora con tanto gozo, desde el

---

10. *Deut 16*, 14; *1 Cor 11*, 21.
14. *Lev 23*, 34; *Deut 16*, 13.
16. *Deut 22*, 8.

tiempo de Josué, hijo de Nun. Su regocijo fue sin igual.

18. Y Esdras leyó todos los días en el libro de la ley de Dios, desde el día primero al último; y celebraron la fiesta por siete días, y en el octavo la colecta, según el rito*.

---

9 *El pueblo hace penitencia y dejan los falsos dioses. Los levitas oran al Señor y renuevan la alianza*

---

1. Mas el día veinticuatro de dicho mes*, se juntaron los hijos de Israel, observando el ayuno, y vestidos de sacos, y cubiertos de polvo y ceniza.

2. Y el linaje de los hijos de Israel se había ya separado de todos los extranjeros; y presentándose delante del Señor confesaban sus pecados y las maldades de sus padres.

3. Y se pusieron de pie, y se hizo la lectura en libro de la ley del Señor Dios suyo cuatro voces al día, y otras tantas alababan y adoraban al Señor su Dios.

4. A este fin, subieron a la tribuna de los levitas Josué, y Bani, y Cedmihel, Sabanía, Bonni, Serebías, Bani y Canani, y clamaron en voz alta al Señor su Dios.

5. Y los levitas Josué y Cedmihel, Bonni, Hasebnía, Serebías, Odaía, Sebnía, Fatahía, dijeron: Levantaos, bendecid al Señor Dios vuestro que existe siempre y por toda la eternidad. Sea, oh Señor, bendito tu excelso y glorioso Nombre, con toda suerte de bendiciones y alabanzas.

6. Tú mismo, oh Señor, tú solo hiciste el cielo, y el cielo de los cielos donde habitas, y toda su milicia celestial, la tierra, y cuanto ella contiene, y los mares y todo lo que hay en ellos; y tú das vida o conservas todas estas cosas, y a ti te adora el ejército o milicia celestial.

7. Tú fuiste, oh Señor Dios, el que elegiste a Abram y le sacaste de Ur de los caldeos, y le pusiste el nombre de Abrahán*,

8. y hallaste fiel su corazón en tu presencia y pactaste con él que le darías la tierra del cananeo, del heteo, del amorreo, y del ferezeo, y del jebuseo, y del gergeseo, entregándosela a sus descendientes; y cumpliste tu palabra, pues eres justo.

9. Y miraste la aflicción de nuestros padres en Egipto, y escuchaste sus clamores junto al mar Rojo,

10. y obraste milagros y portentos contra el faraón, y contra todos sus criados, y contra todo el pueblo de aquella tierra, porque sabías que ellos nos habían tratado con soberbia, e insolencia y te ganaste el nombre de Dios grande, que conservas hoy.

11. Y dividiste el mar ante nuestros padres, que pasaron por medio de él, seco el suelo; y arrojaste al profundo a sus perseguidores, como piedra que cae en un abismo de aguas.

12. Fuiste en el día su conductor desde una columna de nube, y por la noche desde una columna de fuego, para mostrarles la senda por donde habían de caminar.

13. Tú asimismo descendiste al monte Sinaí, y hablaste con ellos desde el cielo; y les diste preceptos de justicia y la ley de la verdad, y ceremonias, y mandamientos buenos.

14. Y les enseñaste a consagrar a ti el sábado; y les promulgaste tus instrucciones, y ceremonias, y la ley por ministerio de Moisés, tu siervo.

15. También le diste pan del cielo, estando hambrientos; y cuando tuvieron sed hiciste brotar agua de una peña; y les dijiste que entrasen a poseer la tierra, que alzada tu mano o con juramento habías prometido darles.

16. Pero así ellos como nuestros padres obraron con soberbia y altanería, y endurecieron sus cervices, y no obedecieron tus mandamientos.

17. No quisieron escucharte ni acordarse de las maravillas que a favor de ellos hiciste; antes endurecieron sus cervices, y como rebeldes quisieron elegirse un caudillo para volverse a su esclavitud de Egipto. Pero tú, oh Dios propicio, clemente y misericordioso, de larga, y de mucha benignidad, no los abandonaste,

18. ni aun cuando se forjaron un becerro de fundición, dijeron: Este, oh Israel, es tu Dios, el que te ha sacado de Egipto, y cometieron horribles blasfemias.

19. Tú, no obstante, por tu misericordia no los abandonaste en el desierto; no se apartó de ellos en el día la columna de nube

---

18. *2 Mac 1*, 18; *9*, 9.
1. Dos días después de la fiesta.
7. *Gn 11*, 31; *17*, 5.

que les mostraba el camino, ni de noche la columna de fuego para enseñarles la senda que habían de seguir.

20. Les diste tu espíritu bueno que los instruye por medio de Moisés, y no quitaste tu maná de la boca, y cuando sedientos, les diste agua.

21. Por cuarenta años los alimentaste en el desierto, y nada les falto; sus vestidos no se gastaron, ni se lastimaron sus pies.

22. Y los hiciste dueños de reinos y pueblos, y se los repartiste por suertes; y así poseyeron el país de Sehón, el país del rey de Hesebón, y el país de Og, rey de Basaán.

23. Y multiplicaste sus hijos como las estrellas del cielo, y los trajiste a la tierra, de la cual habías dicho a sus padres que entrarían a poseerla.

24. En efecto, vinieron los hijos y la poseyeron; y tú abatiste delante de ellos a los cananeos que la habitaban, y los entregaste en su poder con sus reyes y pueblos del país, para que hiciesen de ellos lo que quisiesen.

25. Se apoderaron, pues, de las ciudades fuertes, y de una tierra fértil, y ocuparon casas llenas de toda suerte de bienes; hallaron cisternas ya construidas por otros, viñas, y olivares, y muchos árboles frutales; y comieron y se saciaron, y se engrosaron, y nadaron en delicias, merced a tu gran bondad.

26. Ellos provocaron tu ira, apartándose de ti, y echando tu ley al trenzado, y mataron a tus profetas que los conjuraban para que se convirtiesen a ti, y cayeron en grandes abominaciones.

27. Por lo cual los entregaste en poder de sus enemigos que los oprimieron. Mas en su tribulación, clamaron a ti, y tú desde el cielo los escuchaste, y por tu mucha misericordia les diste salvadores*, que los libertasen del poder de sus enemigos.

28. Así que estuvieron en reposo, volvieron a cometer la maldad en tu presencia; y tú los abandonaste en manos de sus enemigos, que los esclavizaron. De nuevo se convirtieron y clamaron a ti, y tú desde el cielo los escuchaste, y por tu gran misericordia los libertaste repetidas veces.

29. Y los exhortaste vivamente a volver a tu ley; pero ellos procedieron con altivez, y no obedecieron tus mandamientos, y pecaron contra tus leyes, en cuya observancia halla el hombre la vida, y rezongones sacudieron la carga del hombro, y endurecieron su cerviz, y no hicieron caso.

30. Sin embargo, tú los aguantaste por muchos años, y los amonestaste por medio de tu espíritu, hablándoles por boca de los profetas; pero no quisieron escuchar; y los entregaste en poder de los pueblos de las naciones.

31. Si bien por tu grandísima e infinita misericordia no acabaste con ellos, ni los abandonaste, porque tú eres un Dios de benignidad y de clemencia.

32. Ahora pues, oh Dios nuestro, Dios grande, fuerte y terrible, que guardas el pacto y la misericordia, no apartes los ojos, compadécete de todos los trabajos que han llovido sobre nosotros, sobre nuestros reyes, y nuestros príncipes, y nuestros sacerdotes, y nuestros profetas, y nuestros padres, y sobre tu pueblo todo, desde el tiempo del rey de Asiria*, que nos llevó cautivos, hasta el día de hoy.

33. Justo eres tú en todos estos males que han llovido sobre nosotros; porque tú has cumplido fielmente las promesas; mas nosotros hemos procedido inicuamente.

34. Nuestros reyes, nuestros magnates, nuestros sacerdotes, y nuestros padres no han aguardado tu ley, no han atendido a tus mandamientos, ni a las amonestaciones con que los reconvenías.

35. Al contrario, mientras reinaban y gozaban de los muchos beneficios que les hacías, y de esta espaciosa y feraz tierra que habías entregado a su disposición, ni te sirvieron, ni se apartaron de sus pésimas inclinaciones.

36. Y he aquí que nosotros mismos somos hoy esclavos; y en esta tierra que diste a nuestros padres para que comiesen el pan y los frutos de ella, en ella misma nos hallamos siervos del rey de Babilonia.

37. Se multiplican sus frutos en pro de los reyes, a los cuales nos sujetaste por nuestros pecados; ellos son los dueños de nuestros cuerpos y de nuestras bestias, según su antojo; con lo que vivimos en gran tribulación.

---

27. *Jue 3*, 9.

32. *2 Re 15*, 29; *1 Cro 5*, 26.

38. Consideradas, pues, todas estas cosas, nosotros mismos prometemos alianza o fidelidad; y la ponemos por escrito y la firman nuestros príncipes de las familias, nuestros levitas y nuestros sacerdotes.

10 *Pacto de los israelitas para cumplir la ley del Señor Dios y sus obligaciones*

1. Los que firmaron, fueron: Nehemías Atersata o copero, hijo de Haquelai, o Helcías, y Sedecías.

2. Saraías, Azarías, Jeremías,

3. Fesur, Amarías, Melquías,

4. Hattús, Sebenías, Melluc,

5. Harem, Merimut, Abdías,

6. Daniel, Gentón, Baruc,

7. Mosollam, Abía, Miamín,

8. Maazía, Belgai, Semeía; todos ellos sacerdotes.

9. Los levitas fueron: Josué, hijo de Azanía, Bennui de los descendientes de Henadad, Cedmihel,

10. y sus hermanos Sebenía, Odaía, Celita, Falaía, Hanán,

11. Mica, Rohob, Hasebía,

12. Zacur, Serebías, Sabanía,

13. Odaía, Bani, Baninu.

14. Cabezas o principales del pueblo: Farós, Fahatmoab, Elam, Zetu, Bani,

15. Bonni, Azgad, Bebai,

16. Adonía, Begoai, Adín,

17. Ater, Hezecía, Azur,

18. Odaía, Hasum, Besai,

19. Haref, Anatot, Nebai,

20. Megfías,s Mosollam, Hazir,

21. Mesizabel, Sadoc, Jeddúa,

22. Feltía, Hanán, Anaía,

23. Osee, Hananía, Hasub,

24. Alohés, Falea, Sobec,

25. Rehum, Hasebna, Maasía,

26. Ecaía, Hanán, Anán,

27. Melluc, Harán, Baana.

28. En cuanto a los demás del pueblo, sacerdotes, levitas, porteros y cantores, natineos y todos cuantos se habían separado de las otras naciones, y abrazado la ley de Dios, y asimismo, sus mujeres y sus hijos e hijas.

29. Todos los que eran capaces de discernir y entender, lo prometieron por medio de sus hermanos; viniendo los prinicipales o magnates entre ellos a prometer y jurar que procederían según la ley de Dios, promulgada por medio de Moisés, siervo de Dios y que guardarían y cumplirían todos los mandamientos del Señor Dios nuestro, y sus preceptos y ceremonias;

30. y que no daríamos nuestras hijas a varones de otra nación, ni tomaríamos sus hijas para nuestros hijos.

31. Asimismo que cuando los gentiles traen mercaderías y comestibles en día de sábado, no se las compraremos en sábado, ni en ningún otro día de fiesta; que dejaremos descansar la tierra el año séptimo, y no exigiremos en él deuda ninguna.

32. Y que nos impondremos la ley de contribuir todos los años con la tercera parte de un siclo para los gastos de la casa de nuestro Dios, a saber:

33. para los panes de la proposición, y para el sacrificio perpetuo, y para el holocausto que siempre se ofrece en todos los sábados, en las calendas, y en las fiestas solemnes; para los sacrificios pacíficos y los que se ofrecen por el pecado, a fin de que Dios sea propicio a Israel, y para todo el servicio de la casa de nuestro Dios.

34. Echamos también suertes entre los sacerdotes y levitas, y el pueblo, sobre la leña que se debía ofrecer, y conducir a costa de las familias de nuestros padres a la casa de nuestro Dios a sus tiempos, de un año para otro, para quemar sobre el altar del Señor Dios nuestro, según está escrito en la ley de Moisés.

35. Asimismo prometimos traer cada año a la casa del Señor las primicias de nuestra tierra, y las primicias de todos los frutos de cualquier árbol*;

36. como también los primerizos de nuestros hijos y de nuestros ganados, conforme está escrito en la ley, y los primerizos de nuestros bueyes, y de nuestras ovejas, para ofrecer todas estas cosas en la casa de nuestro Dios a los sacerdotes que están ejerciendo sus funciones en el templo de Dios nuestro.

37. Y que traeríamos a los sacerdotes para el tesoro de la casa de nuestro Dios las primicias de nuestros alimentos, y de

---

35. *Ex 23*, 19; *Lev 19*, 23.

nuestros licores, y de las frutas de todo árbol, y de la vendimia, y del aceite; y el diezmo de nuestras tierras a los levitas. Los mismos levitas recibirán en todas las ciudades el diezmo de nuestras labores.

38. También los sacerdotes hijos de Aarón entrarán con los levitas a la parte de los diezmos de los levitas, pues éstos ofrecerán el diezmo de su diezmo en el templo de nuestro Dios, para ser depositado en las cámaras o almacenes del templo;

39. puesto que así los hijos de Israel como los levitas han de llevar las primicias del trigo, del vino y del aceite al depósito; donde han de estar los vasos sagrados, y los sacerdotes, y cantores, y porteros, y ministros por su turno; y no descuidaremos nosotros el templo de nuestro Dios.

11 *Habitantes de Jerusalén y de otras ciudades, después de la restauración*

1. Los príncipes o magnates del pueblo fijaron su habitación en Jerusalén; mas el resto de la gente se sacó por suerte la décima parte para que se estableciese en Jerusalén, ciudad santa, y las otras nueve en las demás ciudades.

2. Y el pueblo llenó de bendiciones a todos aquellos que se habían ofrecido espontáneamente a morar en Jerusalén.

3. Estos son, pues, los principales de Judea reducida a provincia, que se establecieron en Jerusalén y en las ciudades de Judá. Cada uno habitó en su posesión y en su ciudad así el pueblo de Israel como los sacerdotes y levitas, y natineos, y los hijos de los siervos de Salomón.

4. En Jerusalén se establecieron parte de los hijos de Judá, y parte de los hijos de Benjamín. De los hijos de Judá: Ataías, hijo de Aziam, hijo de Zacarías, hijo de Amarías, hijo de Safatías, hijo de Malaleel. De los hijos de Farés:

5. Maasía, hijo de Baruc, hijo de Coloza, hijo de Hazia, hijo de Adaía, hijo de Joyarib, hijo de Zacarías, hijo de un silonita.

6. Todo esto hijos de Farés que se establecieron en Jerusalén, fueron cuatrocientos sesenta y ocho varones esforzados.

7. Los hijos de Benjamín fueron éstos: Sellum, hijo de Mosollam, hijo de Joed, hijo de Fadaía, hijo de Colaía, hijo de Masía, hijo de Eteel, hijo de Isaía;

8. y después de él Gebbai, Sellai, en todos novecientos veintiocho.

9. Y Joel, hijo de Zecri, era su prefecto, y Judas, hijo de Senua, ocupaba el segundo puesto en la ciudad.

10. De los sacerdotes fueron Idaía hijo de Joarib, Jaquín,

11. Saría*, hijo de Helcías, hijo de Mosollam, hijo de Sadoc, hijo de Merayot, hijo de Aquitob, príncipe de la casa de Dios,

12. con sus hermanos empleados en los ministerios del templo, en todos ochocientos veintidós. Asimismo Odaía, hijo de Jeroham, hijo de Felelia, hijo de Amsi, hijo de Zacarías, hijo de Fesur, hijo de Melquías.

13. con sus hermanos príncipes de familias, doscientos cuarenta y dos. Y Amasai, hijo de Azreel, hijo de Ahazi, hijo de Mosollamot, hijo de Emmer,

14. con sus hermanos, que eran muy poderosos, ciento veintiocho; y su caudillo Zabdiel, hijo de uno de los magnates.

15. De los levitas: Semeía, hijo de Hasub, hijo de Azaricam, hijo de Hasabia, hijo de Boni.

16. Y Sabatai y Josabed, principales entre los levitas, y tenían la superintendencia de todas las obras exteriores de la casa de Dios.

17. Y Matanía, hijo de Mica, hijo de Zebedei, hijo de Asaf, primer cantor en los salmos e himnos en tiempo de la oración u oficio divino, y Becbecía, el segundo entre sus hermanos, y Abda, hijo de Samúa, hijo de Galal, hijo de Iditún;

18. todos los levitas en la ciudad santa eran en número de doscientos ochenta y cuatro.

19. Los porteros Accub, Telmón, y sus hermanos, que guardaban las puertas, eran ciento setenta y dos.

20. El resto de los sacerdotes y levitas de Israel estaban esparcidos por todas las ciudades de Judá, cada cual en su posesión.

21. Y los natineos habitaban en Ofel; y Siaha y Gasfa eran cabezas de los natineos.

22. Y el inspector o jefe de los levitas en Jerusalén era Azzi, hijo de Bani, hijo de

---

11. *Azarías*, primer sacerdote.

Hasabía, hijo de Matanías, hijo de Mica. Los cantores que servían en la casa de Dios, eran de la estirpe de Asaf;

23. porque había acerca de ellos un reglamento del rey* David, y estaba fijado día por día el orden que debía observarse entre los cantores.

24. Y Fatatía, hijo de Mesezebel, del linaje de Zara, hijo de Judá, tenía del rey Artajerjes la autoridad para arreglar todos los negocios del pueblo,

25. y para todos los lugares donde se hallaban establecidos. De los hijos de Judá parte se establecieron en Cariatarbe y sus aldeas, y en Dibón y sus aldeas, y en Cabseel y su comarca;

26. y en Jesué, y en Molada, y en Betfalet,

27. y en Hasersual, y en Bersabee y sus aldeas,

28. y en Siceleg, y en Mocona y sus aldeas,

29. y en Remmón, y en Saraa, y en Jerimut,

30. en Zanoa, Odollam y sus aldeas; en Laquís y su territorio; y en Azea y sus aldeas. Y se establecieron en Bersabee hasta el valle de Ennom.

31. Mas los hijos de Benjamín se establecieron desde Geba, hasta Mecmas, y Hai, y Betel, y sus aldeas;

32. Anatot, Nob, Ananía,

33. Asor, Rama, Getaim,

34. Hadid, Seboim, y Naballat, Lod,

35. y Ono, valle de los artífices.

36. Tenían también los levitas sus posesiones en Judá y en Benjamín.

---

12 *Sacerdotes y levitas que vinieron con Zorobabel. Se dedican los muros de Jerusalén*

---

1. Estos son los sacerdotes y los levitas que vinieron con Zorobabel, hijo de Salatiel, con Josué: Saraía, Jeremías, Esdras,

2. Amaría, Melluc, Hattús,

3. Sebenías, Reum, Merimut,

4. Addo, Gentón, Abía,

5. Miamín, Madía, Belga,

6. Semeía, Joyarib, Idaía, Sellum, Amoc, Helcías

7. Idaía. Estos son los príncipes de los sacerdotes o familias sacerdotales, que vinieron con sus hermanos en los días o sacerdocio de Josué.

8. Los levitas fueron Jesua, Bennui, Cedmihel, Sarebía, Judá, Matanías, que con sus hermanos cantaban y dirigían los himnos;

9. y Becbecía, y Hanni, con sus hermanos, cada cual en su ministerio,

10. Josué, sumo sacerdote, engendró a Joacim, Joacim engendró a Eliasib, y Eliasib engendró a Joíada.

11. Joíada engendró a Jonatá, Jonatán engendró a Jeddoa o Jaddo.

12. Y en el templo de Joacim los sacerdotes cabezas de las familias sacerdotales eran: De la de Saraías, Maraía; de la de Jeremías, Hananía;

13. de la de Esdras, Mosollam; de la de Amarías, Johanán;

14. de la Milico o Melluc, Jonatán; de la Sebenías, José;

15. de la de Haram, Edna; de la de Marayot, Helci;

16. de la de Adaía, Zacarías; de la de Gentón, Mosollam;

17. de la de Abía, Zecri; de la de Miamín y de Moadías, Felti;

18. de la de Belga, Sammúa; de la de Semaía, Jonatán;

19. de la de Joyarib, Matanai; de la de Jodaía, Azzi;

20. de la de Sellai, o Sellum, Celai; de la de Amoc, Heber;

21. de la de Helcías, Hasebía; de la de Idaía, Natanael.

22. En cuanto a los levitas, que vivieron en los tiempos de Eliasib, y de Joíada, y de Johanán, y de Jeddoa, fueron escritas las cabezas de aquellas familias levíticas como las de los sacerdotes en el reinado de Darío, rey de Persia.

23. Los hijos de Leví príncipes o cabezas de las familias, se hallaban también escritos en el Libro de los Anales hasta el tiempo de Jonatán, hijo de Eliasib.

24. Los príncipes, pues, de los levitas eran Hasebía, Serebía y Josué, hijo de Cedmihel, con sus hermanos empleados en cantar himnos y salmos por sus turnos, conforme a la disposición de David, varón de Dios, observando igualmente el orden establecido.

---

23. *Neh 12*, 24.

25. Matanía y Becbecía, Obedía, Mosollam, Telmón, Accub, eran guardas de las puertas y de los vestíbulos de delante de ellas.

26. Vivían éstos en tiempo de Joacim, hijo de Josué, hijo de Josedec; y, en tiempo de Nehemías gobernador, y de Esdras sacerdote y escriba.

27. Para la dedicación de los muros de Jerusalén se buscaron por todos los lugares los levitas para hacerlos venir a Jerusalén a celebrar la dedicación y fiestas en acción de gracias con cánticos y címbalos, salterios y cítaras.

28. Se juntaron, pues, los cantores de la campiña de Jerusalén y de las aldeas de Netufati,

29. y de la casa de Galgal, y de los territorios de Geba, y Asmavet; pues los cantores se habían hecho granjas en la comarca de Jerusalén.

30. Se purificaron, pues, los sacerdotes y levitas, y purificaron después al pueblo, y las puertas y los muros.

31. Yo hice subir a los magnates de Judá sobre la muralla y formé también dos grandes coros de gente que cantaba. Y se encaminaron a la derecha sobre el muro hacia la puerta llamada del Estercolero.

32. Y detrás iban Osaías y la mitad de los magnates de Judá,

33. Y Azarías, Esdras, y Mosollam, Judas, y Benjamín, y Semeía, y Jeremías.

34. De los sacerdotes iban con sus trompetas Zacarías, hijo de Jonatán, hijo de Semeías, hijo de Matanías, hijo de Micaías, hijo de Zecur, hijo de Asaf,

35. y sus hermanos Semeía, Azareel, Melalai, Galalai, Maai, Natanael, y Judas y Hanani, con los instrumentos músicos de David, varón de Dios; y Esdras escriba, delante de ellos, hasta la puerta de la Fuente.

36. Enfrente de éstos subieron los otros, por las gradas de la ciudad de David o monte Sión, donde se alza el muro sobre la casa de David, hasta la puerta de las Aguas, al oriente.

37. Y de esta suerte el segundo coro de los que cantaban a Dios acciones de gracias marchaba por la parte opuesta y yo detrás de él con la otra mitad del pueblo, por encima de la muralla y de la torre de los Hornos hasta la parte más ancha del muro,

38. pasando por sobre la puerta de Efraín, y sobre la puerta antigua, y sobre la puerta del Pescado, y sobre la torre de Hananeel, y la torre de Emat, hasta la puerta del Ganado; y vinieron a parar sobre la puerta de la Cárcel.

39. Y se juntaron los dos coros de cantores en la casa de Dios, estando yo y la mitad de los magistrados conmigo,

40. y los sacerdotes Eliaquim, Maasía, Miamín, Miquea, Elioenai, Zacaría, Hananía con sus trompetas o clarines,

41. y Maasía, y Semeía, y Eleazar, y Azzi, y Johanán, y Melquía, y Elam, y Ezer. E hicieron resonar su voz los cantores, y Jezraía, su prefecto o maestro que dirigía el canto.

42. Y se inmolaron aquel día grandes víctimas, y hubo gran regocijo, por el consuelo de que los colmaba Dios; se alegraron igualmente sus mujeres e hijos, y el alborozo de Jerusalén se oyó de lejos.

43. Se escogieron también aquel mismo día de entre los sacerdotes y levitas algunos para cuidar las salas del tesoro, a fin de que por sus manos los magnates de la ciudad presentasen en honorífico tributo de acción de gracias las ofertas de los licores y de las primicias, y de los diezmos; porque el pueblo de Judá quedó sumamente satisfecho de los sacerdotes y levitas que asistieron a las funciones;

44. y éstos por su parte cumplieron exactamente con el culto de su Dios y con las ceremonias de la expiación; como también los cantores y porteros, conforme a lo prescrito por David y por su hijo Salomón.

45. Porque desde el principio, en tiempo de David y de Asaf, había establecido jefes de los cantores que entonaban himnos y alabanzas a Dios.

46. Y así en tiempo de Zorobabel y en el de Nehemías todo Israel daba diariamente sus raciones a los cantores y porteros, y presentaba la oblación santa de los diezmos a los levitas, y éstos la presentaban también a los hijos de Aarón.

13 *Desórdenes de los judíos corregidos por Nehemías, quien hace varias reformas*

1. Por aquel tiempo se hacía en presencia del pueblo la lectura del libro de la ley de Moisés; y se halló escrito en él que ningún amonita, ni moabita debe jamás entrar en la congregación del pueblo de Dios,

2. por cuanto no socorrieron a los hijos de Israel con pan y agua; antes bien sobornaron con dinero contra ellos a Balaam para que los maldijera; aunque nuestro Dios convirtió la maldición en bendición.

3. Así que hubieron oído la ley, separaron del pueblo de Israel a todo extranjero.

4. Estaba esto al cuidado del sacerdote Eliasib, el cual tenía la superintendencia del tesoro de la casa de nuestro Dios; y había emparentado con Tobías, amonita;

5. y construyó para sí una gran habitación, allí donde antes se guardaban las ofrendas, y el incienso, y los vasos, y los diezmos del trigo, del vino y del aceite, que eran las porciones de los levitas, y de los cantores y porteros, y las primicias sacerdotales.

6. Durante este tiempo yo no estaba ya en Jerusalén; porque el año treinta y dos de Artajerjes, rey de Babilonia, volví al rey desde Jerusalén; y al fin del año pedí licencia al rey.

7. Vine, pues, a Jerusalén, y entendí lo mal que había obrado Eliasib por amor de Tobías, haciéndole una habitación en los atrios del templo de Dios.

8. Lo cual me disgustó sobremanera; y arrojé los muebles de la casa de Tobías fuera de aquella estancia,

9. y mandé purificar las piezas o salas, y volví a llevar allí los vasos de la casa de Dios, las ofrendas y el incienso.

10. Supe también que no se habían dado a los levitas sus porciones, y que por eso los levitas, así los cantores como los demás que servían en el templo, se habían retirado cada cual a su país.

11. De lo cual me querellé contra los magistrados, diciendo: ¿Por qué hemos abandonado el templo de Dios? Convoqué después a los levitas, e hice que cada cual volviese a su destino.

12. Y todo Judá traía el diezmo del trigo, del vino y del aceite, a las trojes;

13. cuya superintendencia dimos a Selemías sacerdote, y a Sadoc escriba, y a Fadaías, del número de los levitas; y por su ayudante a Hanán, hijo de Zacur, hijo de Matanías; por cuanto se tenían experimentados por fieles, y por lo mismo se confió a éstos repartir las porciones entre sus hermanos.

14. Acuérdate por esto de mí, oh Dios mío, y no borres de tu memoria el bien que yo hice en la casa de mi Dios, y por su culto.

15. En aquellos días observé en Judá algunos que pisaban uva en los lagares el día sábado, y que en este día traían también haces de leña, y cargaban sobre asnos vino, uvas, higos y toda suerte de cosas, y lo entraban en Jerusalén. Y les mandé expresamente que vendiesen solamente en los días en que era lícito vender.

16. Habitaban asumismo en la ciudad gentes de Tiro, que introducían pescado y todo género de mercancías, y las vendían en sábado a los hijos de Judá en Jerusalén.

17. Por lo que reprendí a los magnates de Judá, y les dije: ¿Cómo hacéis una maldad como ésta, profanando el día de sábado?

18. ¿No hicieron esto mismo nuestros padres, y nuestro Dios descargó sobre nosotros y sobre esta ciudad todas estas calamidades? ¿Y ahora vosotros provocáis más la ira contra Israel, violando el sábado?

19. Sucedió, pues, que al comenzar el sábado, cuando al anochecer quedaron como en reposo las puertas de Jerusalén, di la orden, y quedaron éstas cerradas y mandé que no se abriesen hasta después del sábado, y puse de guardia en ellas algunos de mis criados, a fin de que nadie entrase cargas en día de sábado.

20. Y los negociantes y vendedores de toda especie, se quedaron fuera de Jerusalén por una y dos veces.

21. Pero yo les amenacé, y dije: ¿Por qué os quedáis así delante de las murallas? Si otra vez lo hiciereis, enviaré gente a prenderos. Con esto desde entonces no volvieron más en sábado.

22. Dije también a los levitas que se purificasen, y viniesen a guardar las puertas y santificasen o celasen el día del sábado. También por esto acuérdate de mó, oh Dios mío, y perdóname según tu gran misericordia.

23. Vi asimismo en aquellos días a algunos judíos casados con mujeres de Azoto, de Amón, y de Moab;

24. y así sus hijos hablaban medio azoto, y no sabían hablar judío, sino que hablaban un lenguaje mixto de ambos pueblos.

25. Por tanto los reprendí, y los maldije. E hice azotar algunos de ellos, y mesarles los cabellos, y que jurasen por Dios que no darían sus hijas a los hijos de los tales, ni tomarían de las hijas de ellos para sus hijos ni para sí mismos*. Y dije:

26. ¿No pecó en esto mismo Salomón, rey de Israel? Y ciertamente que entre las muchas naciones no había rey semejante a él; y era el querido de su Dios, y Dios le constituyó rey sobre todo Israel; pues aun a éste le arrastraron al pecado las mujeres extranjeras.

27. ¿Conque, nosotros también desobedientes cometeremos esa gran maldad de prevaricar contra nuestro Dios, tomando mujeres extranjeras?

25. *Deut* 25, 2.

28. Uno de los hijos de Joíada, hijo de Eliasib, sumo sacerdote, era yerno de Sanaballat horonita*, por cuyo motivo lo aparté lejos de mí.

29. Acuérdate, Señor Dios mío, de castigar los que profanan el sacerdocio, violando el derecho sacerdotal y levítico.

30. Los purifiqué, pues, o separé de todas las mujeres extranjeras, y restablecí las clases de los sacerdotes y levitas, cada cual en su ministerio;

31. y para que cuidasen de la ofrenda de la leña y de las primicias en los tiempos señalados. Acuérdate de mí, oh Dios mío, para mi consuelo. Amén.

28. Gobernador de los moabitas.

Tobías

Introducción

El libro *Tobías* no hacía parte del antiguo *Canon de los Libros Sagrados* de los judíos, que sólo comprendía los libros escritos en hebreo, pues fue escrito en caldeo. Por esta razón, los protestantes lo consideran apócrifo. San Policarpo, discípulo de los Apóstoles, San Ireneo, Clemente Alejandrino, Orígenes, San Cipriano, San Basilio, San Ambrosio, San Hilario, San Jerónimo, San Agustín y otros lo citan como escritura santa. El Concilio de Hippona, en el siglo IV, lo puso en el Catálogo de los Libros Sagrados. Algunos expositores convienen que los dos Tobías, padre e hijo, dejaron escrito este libro y que sus dos últimos versos los escribió Esdras.

1

Tobías es fiel a la ley de Dios y socorre a los demás cautivos. Sennaquerib lo persigue

1. Tobías, de la tribu y de la ciudad de Neftalí (situada en la Galilea superior, sobre Naasón, detrás del camino que va hacia poniente, y tiene a la izquierda la ciudad de Sefet),

2. habiendo sido cautivado en tiempo de Salmanasar, rey de los asirios, sin embargo de hallarse en cautiverio, no abandonó la senda de la verdad*.

3. De suerte, que de todo lo que podía haber, daba cada día parte a los hermanos cautivos de su linaje o nación.

4. Y siendo de los más jóvenes entre todos los de la tribu de Neftalí, nada mostró de pueril en sus acciones.

5. En fin, cuando todos iban a adorar los becerros de oro que había hecho Jeroboam, rey de Israel, sólo él huía la compañía de los demás;

6. y se iba a Jerusalén al templo del Señor, donde adoraba al Señor Dios de Israel, ofreciendo fielmente todas sus primicias y sus diezmos,

7. de suerte que cada tercer año daba a los extranjeros y a los forasteros toda la décima a ellos destinada.

8. Estas y otras cosas semejantes al tenor de la ley de Dios observaba desde jovencito.

9. Cuando fue ya hombre hecho, se casó con una mujer de su tribu llamada Ana, de la cual tuvo un hijo, a quien puso su mismo nombre,

10. y le enseñó desde la niñez a temer a Dios, y a guardarse de todo pecado.

11. Cuando fue después llevado cautivo con su mujer e hijo y toda su tribu a la ciudad de Nínive,

12. aunque todos los demás comían de las viandas de los gentiles, Tobías guardó pura su alma, sin contaminarse jamás con sus manjares prohibidos.

13. Y porque tuvo presente al Señor y lo amó con todo su corazón, lo hizo Dios grato a los ojos del rey Salmanasar;

14. el cual le dio permiso para ir adonde quisiese, y hacer cuanto gustase.

15. Con eso salía a visitar a todos los cautivos, y les daba consejos saludables.

16. Como, pues, hubiese llegado a Ragés, ciudad de la Media, y se hallase con diez talentos de plata, procedentes de los gajes y dádivas que había recibido del rey,

17. viendo entre la mucha gente de su nación a Gabelo, de su misma tribu, el cual

---

2. *2 Re 17*, 6; *18*, 10.

padecía necesidad, le dejó prestada, mediante un recibo de su mano, esa suma de dinero.

18. Al cabo de mucho tiempo, muerto el rey Salmanasar, habiéndole sucedido en el reino su hijo Sennaquerib, que aborrecía de muerte a los israelitas,

19. visitaba Tobías cada día a los de su parentela y los consolaba; y repartía a cada uno, según alcanzaban sus fuerzas, una porción de sus bienes.

20. Daba de comer a los hambrientos, vestía a los desnudos, y tenía mucho cuidado de dar sepultura a los que habían fallecido, o habían sido muertos.

21. Finalmente, al volver fugitivo de Judea el rey Sennaquerib, por causa del azote que había Dios descargado sobre él por sus blasfemias, como enfurecido matase a muchos de los israelitas, Tobías sepultaba sus cadáveres.

22. Lo que habiendo llegado a noticia del rey, mandó quitarle la vida, y confiscarle todos los bienes.

23. Tobías, despojado de todo, huyendo con su mujer e hijo, estuvo oculto, porque había muchos que le querían bien.

24. Pasados cuarenta y cinco días, asesinaron* al rey sus propios hijos;

25. con lo que Tobías volvió a su casa, y recobró todos sus bienes.

2

Tobías, fatigado de dar sepultura a los muertos, queda ciego. Es injuriado por su mujer y amigos

1. Después de esto, un día festivo del Señor, en que estaba dispuesta una buena comida en casa de Tobías,

2. dijo éste a su hijo: Anda y tráete acá algunos de nuestra tribu, temerosos de Dios, para que coman con nosotros.

3. Habiendo él ido, le contó a la vuelta cómo uno de los hijos de Israel, que había sido degollado, estaba tendido en la plaza. Y al instante, levantándose de la mesa, dejada la comida, corrió, antes de probar bocado, donde estaba el cadáver;

4. y cargando con él, lo llevó secretamente a su casa, para darle sepultura a escondidas, después de puesto el sol.

5. Ocultado el cadáver, se puso a comer llorando y temblando,

6. al acordarse de aquellas palabras que dijo el Señor por el profeta Amós*: Vuestros días festivos se convertirán en lamentos y lloros.

7. Puesto ya el sol, fue y le dio sepultura.

8. Lo reprendían todos sus parientes, diciendo: Ya por esta causa se dio la orden de quitarte la vida, y a duras penas escapaste de la sentencia de muerte; ¿y vas nuevamente a enterrar los cadáveres?

9. Pero Tobías, temiendo más a Dios que al rey, robaba los cadáveres de los que habían sido muertos, y escondíalos en su casa, y a media noche los enterraba.

10. Sucedió, pues, que un día volviendo a su casa fatigado de enterrar, se echó junto a la pared, y se quedó dormido;

11. y estando durmiendo, le cayó de un nido de golondrinas estiércol caliente sobre los ojos, que le cegó.

12. Mas el Señor permitió que le sobreviniese esta prueba o aflicción, con el fin de dar a los venideros un ejemplo de paciencia, semejante al de Job.

13. Porque, en efecto, como desde su niñez vivió siempre en temor de Dios, y guardó sus mandamientos, no se quejó contra Dios por la desgracia de la ceguera que le envió;

14. sino que permaneció firme en el temor de Dios, dándole gracias todos los días de su vida.

15. Y al modo que los reyes o poderosos insultaban al paciente Job, así a Tobías le zaherían su modo de vivir los parientes y deudos, diciendo:

16. ¿Dónde está tu esperanza, por la cual hacías limosnas y entierros?

17. Tobías los reprendía, diciendo: No habléis de esa manera;

18. puesto que nosotros somos los hijos de los santos patriarcas, y esperamos aquella vida que ha de dar Dios a los que siempre conservan en él su fe.

19. Entretanto Ana, su mujer, iba todos los días a tejer, y traía el sustento que podía ganar con el trabajo de sus manos.

20. Y así fue que recibiendo un cabrito de leche, lo trajo a su casa,

21. cuyo balido, como lo oyese su

---

24. *2 Re 19*, 37; *2 Cro 32*, 21; *Is 37*, 38; *2 Mac 8*, 19.

6. *Am 8*, 10.

marido, dijo: Mirad que no sea acaso hurtado: restituidlo a sus dueños porque no nos es lícito comer, ni tocar cosa robada.

22. A lo que su mujer, irritada, respondió: Bien claro es que ha salido vana tu esperanza, y ahora se ve el fruto de tus limosnas.

23. Y con estas y semejantes palabras lo zahería.

3

Tobías y Sara oran al Señor. Oye Dios sus oraciones y envía al ángel Rafael

1. Entonces Tobías prorrumpió en gemidos; y empezó a orar con lágrimas,

2. diciendo: Justo eres, Señor, y justos son todos tus juicios; y todas tus sendas no son más que misericordia, verdad y justicia.

3. Ahora, pues, Señor, acuérdate de mí, y no tomes venganza de mis pecados, ni refresques la memoria de mis culpas, ni de las de mis padres.

4. Porque no obedecimos a tus mandamientos, por eso hemos sido saqueados, y conducidos a la esclavitud y a la muerte, y hemos venido a ser la fábula y el escarnio de todas las naciones, entre las cuales nos has dispersado.

5. Grandes son al presente, Señor, y terribles tus juicios, porque nosotros no ponemos en obra tus preceptos, ni procedemos sinceramente delante de ti.

6. Y ahora, oh Señor, haz de mí lo que fuere de tu agrado; y manda que sea recibido en paz mi espíritu; porque ya mejor me es morir que vivir.

7. Aquel mismo día sucedió que Sara, hija de Raguel, que estaba en Ragés, ciudad de la Media, se oyó ultrajar de una de las criadas de su padre,

8. porque había tenido siete maridos, y un demonio llamado Asmodeo les había quitado la vida al tiempo de querer acercarse a ella.

9. Reprendiendo, pues, a la muchacha por alguna falta, ésta le replicó, diciendo: Nunca jamás veamos entre nosotros sobre la tierra hijo ni hija nacida de ti, homicida o ahogadora de tus maridos.

10. ¿Quieres tú acaso matarme también a mi como ya has hecho con siete maridos? A estas voces se retiró Sara al cuarto más alto de su casa; y pasó tres días y tres noches sin comer ni beber,

11. sino que perseverando en oración suplicaba a Dios con lágrimas que la librase de esta infamia.

12. Al fin, pues, de tres días, concluida su oración, bendiciendo al Señor,

13. dijo: Bendito sea tu Nombre, oh Dios de nuestros padres, que después de tu enojo usas de misericordia, y en el tiempo de la tribulación perdonas los pecados a los que te invocan.

14. A ti, Señor, vuelvo mi rostro, en ti fijo mis ojos.

15. Te ruego, oh Señor, que me desates o libertes del lazo de esta ignominia o a lo menos me saques de este mundo.

16. Tú sabes, Señor, que nunca he deseado ningún hombre, y que he conservado el alma limpia de toda concupiscencia.

17. Jamás me acompañé con gente licenciosa, ni tuve trato con los que se portan livianamente.

18. Que si consentí en tomar marido, fue en tu santo temor, y no por un afecto sensual y liviano.

19. Así que, o yo fui indigna de ellos, o ellos quizá no fueron dignos de mí; porque tal vez tú me has reservado para otro esposo.

20. Porque no está al alcance del hombre el penetrar tus designios.

21. Lo que tiene por cierto cualquiera que te adora y sirve, es que si su vida saliere aprobada, será coronado; y si estuviere en tribulación, será librado; y si el azote del castigo descargare sobre él, podrá acogerse a tu misericordia.

22. Porque tú no te deleitas en nuestra perdición; puesto que después de la tempestad das luego la bonanza, y tras las lágrimas y suspiros infundes el júbilo o alegría.

23. Oh Dios de Israel, bendito sea eternamente tu santo Nombre.

24. A un mismo tiempo fueron oídas las plegarias de ambos, de Tobías y Sara, en la presencia de la Majestad del Soberano Dios.

25. Y así fue despachado por el Señor el santo ángel Rafael para que los libertase a ambos; las oraciones de los cuales habían sido presentadas a un tiempo en el acatamiento del Señor.

4

Consejos de Tobías a su hijo. Eficacia de la limosna y noticias de los diez talentos de plata prestados a Gabelo

1. Pensando, pues, Tobías que Dios habría oído la oración que le había hecho para que lo sacase de este mundo, llamó cerca de sí a su hijo Tobías,

2. y le dijo: Escucha, hijo mío, las palabras de mi boca, y asiéntalas en tu corazón, como por cimiento.

3. Luego que Dios recibiere mi alma, entierra mi cuerpo; y honrarás a tu madre todos los días de su vida;

4. porque debes tener presente lo que padeció, y a cuántos peligros se expuso por ti, llevándote en su vientre.

5. Y cuando ella haya también terminado la carrera de su vida, la enterrarás junto a mí.

6. Tú ten a Dios en tu mente todos los días de tu vida; y guárdate de consentir jamás en pecado, y de quebrantar los mandamientos del Señor Dios nuestro.

7. Haz limosna de aquello que tengas, y no vuelvas tus espaldas a ningún pobre; que así conseguirás que tampoco el Señor aparte de ti su rostro.

8. Sé caritativo según tu posibilidad.

9. Si tuvieres mucho, da con abundancia; si poco, procura dar de buena gana aun de este poco que tuvieres;

10. pues con esto te atesoras una gran recompensa para el día del apuro.

11. Por cuanto la limosna libra de todo pecado y de la muerte eterna, y no dejará caer el alma en las tinieblas del infierno;

12. sino que será la limosna motivo de gran confianza delante del Soberano Dios para todos los que la hicieren.

13. Guárdate, hijo mío, de toda fornicación o impureza, y fuera de tu mujer nunca cometas el delito de conocer otra.

14. No permitas jamás que la soberbia domine tu corazón o tus palabras; porque de ella tomó principio toda especie de perdición.

15. A cualquiera que haya trabajado algo por ti, dale luego su jornal, y por ningún caso retengas en tu poder el salario de tu jornalero.

16. Guárdate de hacer jamás a otro lo que no quisieras que otro te hiciese a ti.

17. Come tu pan partiéndolo con los hambrientos y menesterosos, y con tus vestidos cubre a los desnudos.

18. Pon tu pan y tu vino sobre la sepultura del justo, y no comas ni bebas de ello con los pecadores.

19. Pide siempre consejo al hombre sabio.

20. Alaba al Señor en todo tiempo; y pídele que dirija tus pasos, y que estén fundadas en él todas tus deliberaciones.

21. Te hago saber también, hijo mío, cómo presté, siendo tú aún niño, diez talentos de plata a Gabelo, residente en Ragés, ciudad de los medos, y conservo en mi poder el recibo firmado de su mano.

22. Por tanto procura buscar modo cómo vayas allá, y recobres de él esa cantidad de dinero, devolviéndole su recibo.

23. No temas, hijo mío, no te aflijas; es verdad que pasamos una vida pobre, pero tendremos muchos bienes, si temiéremos a Dios, y huyéremos de todo pecado, y obráremos bien.

5

Viaje del joven Tobías a Ragés de la Media, en compañía del ángel Rafael

1. Entonces respondió Tobías a su padre, diciendo: Haré, oh padre mío, todo lo que me has mandado.

2. Mas no sé cómo he de ir a recobrar ese dinero; él no me conoce a mí, ni yo lo conozco a él; ¿qué señas le daré? cuánto más que aún no sé el camino para ir allá.

3. A lo que su padre le contestó diciendo: Tengo en mi poder el recibo de su mano; así que lo mostrares, te pagará al instante.

4. Mas ahora anda, y haz diligencia de algún hombre fiel que vaya contigo, pagándole su salario, para que hagas esa cobranza mientras yo vivo todavía.

5. Saliendo, pues, Tobías de casa, encontró un gallardo joven, que estaba ya con el vestido ceñido, y como a punto de viajar.

6. Y sin saber que era un ángel de Dios, lo saludó, y dijo: ¿De dónde eres, buen mancebo?

7. A lo que respondió: De los hijos de Israel. Le replicó Tobías: ¿Sabes el camino que va al país de los medos?

8. Sí que lo sé, respondió, y muchas

veces he andado todos aquellos caminos, y me he hospedado en casa de Gabelo, nuestro hermano, que mora en Ragés, ciudad de los medos, situada en las montañas de Ecbatana.

9. Le dijo Tobías: Aguárdame, te ruego, mientras doy aviso de todo esto a mi padre.

10. Entró, pues, Tobías en casa, y se lo contó todo a su padre. De lo cual admirado el padre, envió a rogarle que entrase en su casa.

11. Entrado que hubo, saludó a Tobías, diciendo: Sea siempre contigo la alegría.

12. Respondió Tobías: ¿Qué alegría puedo yo tener viviendo en tinieblas y sin ver la luz del cielo?

13. Replicó el joven: Buen ánimo, que no tardará Dios en curarte.

14. Le dijo entonces Tobías: ¿Podrás acaso llevar a mi hijo a casa de Gabelo en Ragés, ciudad de los medos? Yo te pagaré tu salario a la vuelta.

15. Respondió el ángel: Yo lo llevaré, y te lo volveré a traer acá.

16. Le replicó Tobías: Dime, te ruego, ¿de qué familia y tribu eres tú?

17. Y le dijo el ángel Rafael: ¿Buscas tú el linaje del jornalero, o la persona del jornalero que vaya con tu hijo?

18. Mas por no ponerte en cuidado, yo soy Azarías, hijo de Ananías el grande.

19. Respondió Tobías: Tú eres de una gran familia. Te ruego que no te ofendas de que haya querido saber tu linaje.

20. Le dijo el ángel: Yo llevaré sano a tu hijo, y sano te lo restituiré.

21. Y tomando la palabra Tobías, dijo: Id en buena hora, y Dios os asista en vuestro viaje, y su ángel os acompañe.

22. Con esto, prevenido todo lo necesario para el viaje, se despidió Tobías de su padre y de su madre, y echaron a andar los dos juntos.

23. Apenas partieron cuando comenzó su madre a llorar, y decir: Nos has quitado y enviado lejos de nosotros el báculo de nuestra vejez.

24. Ojalá que nunca hubiera habitado en el mundo tal dinero, que ha sido la causa de que alejases a nuestro hijo.

25. Porque nosotros estábamos contentos con nuestra pobreza, y teníamos por una gran riqueza ver a nuestro hijo.

26. Le dijo Tobías: No llores; nuestro hijo llegará salvo, y salvo volverá a nosotros, y tus ojos lo verán;

27. porque creo que el buen ángel de Dios lo acompaña, y cuida bien de todo lo perteneciente a él, a fin de que vuelva con gozo a nuestra casa.

28. A estas palabras cesó la madre de llorar, y se aquietó.

6

Tobías mata un pez que lo asaltaba y guarda el corazón y el hígado. Pide a Sara por esposa

---

1. Partió, pues, Tobías, al cual fue siguiendo el perro; y paró en la primera posada junto al río Tigris.

2. Y habiendo salido para lavarse los pies, he aquí que saltó un pez deforme para tragárselo;

3. a cuya vista Tobías, despavorido, dio un gran grito, diciendo: ¡Señor, que me ataca!

4. Le dijo el ángel: Agárralo de las agallas, y tírale hacia ti. Lo que habiendo hecho lo sacó arrastrando a lo seco, y empezó a palpitar a sus pies.

5. Le dijo entonces el ángel: Desentraña ese pez, y guarda su corazón, y la hiel, y el hígado; pues son estas cosas necesarias para útiles medicinas.

6. Hecho lo cual, asó parte de la carne del pez, de que llevaron para el camino; y salaron el resto para que les sirviese hasta llegar a Ragés, ciudad de los medos.

7. Entonces Tobías preguntó al ángel diciendo: Dime, te ruego, hermano mío Azarías, ¿para qué remedio serán buenas estas partes del pez, que me has mandado guardar?

8. A lo que respondió el ángel, y le dijo: Si pusieres sobre las brasas un pedacito del corazón del pez, su humo ahuyenta todo género de demonios, ya sea del hombre, ya de la mujer, con tal eficacia que no se acercan más ellos.

9. La hiel sirve para untar los ojos que tuvieran alguna mancha o nube con lo que sanarán.

10. Le preguntó Tobías al ángel durante el viaje: ¿Dónde quieres que posemos?

11. Y le respondió el ángel: Aquí hay un hombre llamado Raguel, pariente tuyo, de tu tribu, el cual tiene una hija llamada Sara, y no tiene otro varón ni hembra fuera de ésta.

12. A ti toca toda su hacienda, y tú debes tomarla por mujer. La muchacha es juiciosa, decidida y bonita y su padre quiere para ella un buen futuro.

13. Pídesela, pues, a su padre, y te la dará por esposa.

14. Replicó entonces Tobías, y dijo: Tengo entendido que se ha desposado con siete maridos, y que han fallecido todos; y aun he oído decir que un demonio los ha ido matando.

15. Temo que también me suceda a mí lo mismo; y que siendo yo hijo único de mis padres, precipite su vejez al sepulcro con la aflicción que les ocasionaré.

16. Le dijo entonces el ángel Rafael: Escúchame, que yo te enseñaré cuáles son aquéllos sobre quienes tiene potestad el demonio.

17. Los que abrazan con tal disposición el matrimonio, que apartan de sí y de su mente a Dios, entregándose a su pasión, como el caballo y el mulo que no tienen entendimiento; ésos son sobre quienes tiene poder el demonio.

18. Mas tú, cuando la hubieres tomado por esposa, entrando en el aposento, no llegarás a ella en tres días, y no te ocuparás en otra cosa sino en hacer oración en compañía de ella.

19. En aquella misma noche, quemando el hígado del pez, será ahuyentado el demonio.

20. En la segunda noche serás admitido en la unión de los santos patriarcas.

21. En la tercera alcanzarás la bendición para que nazcan de vosotros hijos sanos.

22. Pasada la tercera noche, te juntarás con la doncella, en el temor del Señor, llevado más bien del deseo de tener hijos, que de la concupiscencia; a fin de conseguir en los hijos la bendición propia del linaje de Abrahán.

7

Raguel por consejo del ángel Rafael desposa a Sara con Tobías. Se celebran las bodas

1. Entraron, pues, en casa de Raguel, el cual los recibió con alegría.

2. Así que Raguel puso sus ojos en Tobías, dijo a Ana, su mujer: ¡Cuán parecido es este joven a mi primo hermano Tobías!

3. Dicho esto, les preguntó: ¿De dónde sois, oh jóvenes hermanos nuestros? Somos, le respondieron, de la tribu de Neftalí, de los cautivos de Nínive.

4. Les dijo Raguel: ¿Conocéis a Tobías, mi primo hermano? Lo conocemos, respondieron ellos.

5. Y diciendo él muchas alabanzas de Tobías, el ángel dijo a Raguel: Ese Tobías de quien hablas es el padre de éste.

6. Entonces Raguel le echó los brazos, lo besó con lágrimas, y sollozando sobre su cuello,

7. dijo: Bendito seas tú, hijo mío, que eres hijo de un hombre de bien, de un hombre virtuosísimo.

8. Asimismo Ana, su mujer, y Sara, hija de ambos, prorrumpieron en llanto.

9. Después que hubieron conversado, mando Raguel matar un carnero y disponer un convite. E instándolos a sentarse a la mesa,

10. dijo Tobías: Yo no comeré ni beberé hoy aquí, si primero no me otorgas mi petición, prometiendo darme a Sara, tu hija.

11. Oída esta propuesta, se conturbó Raguel, sabiendo lo acaecido a los siete maridos que se habían casado con ella; y comenzó a temer que le pase a éste la misma desgracia. Estando, pues perplejo, y sin darle ninguna respuesta,

12. el ángel le dijo: No temas dársela; porque a éste que teme a Dios es a quien debe darse tu hija por mujer; que por eso ningún otro ha merecido tenerla.

13. Entonces dijo Raguel: No dudo que Dios ha acogido mis oraciones y lágrimas en su acatamiento;

14. y creo que por eso os ha traído a mi casa, a fin de que ésta reciba esposo de su parentela, según la ley de Moisés. Por tanto no dudes ya de que te la daré.

15. Y cogiendo la mano derecha de su hija, la juntó con la derecha de Tobías, diciendo: El Dios de Abrahán, y el Dios de Isaac, y el Dios de Jacob sea con vosotros, y él os junte, y cumpla en vosotros su bendición.

16. En seguida tomando papel o un pergamino, hicieron la escritura matrimonial.

17. Y después celebraron el convite, bendiciendo a Dios.

18. Llamó, en fin, Raguel a Ana, su mujer, y le mandó que preparase otro aposento;

19. en el cual introdujo Ana a su hija Sara, que echó a llorar.

20. Mas Ana le dijo: Ten buen ánimo, hija mía; el Señor del cielo te llene de gozo después de tantos disgustos como has sufrido.

8

Tobías y Sara, instruidos por el ángel, pasan la noche en oración, sin recibir ningún daño. Se señala la dote

1. Después de haber cenado, condujeron al joven al aposento de la esposa.

2. Y Tobías, teniendo presentes las advertencias del ángel, sacó de su alforjilla el pedazo de hígado y corazón, y lo puso sobre unos carbones encendidos.

3. Entonces el ángel Rafael cogió al demonio, y lo confinó en el desierto del Egipto superior.

4. Al mismo tiempo Tobías exhortó a la doncella, y le dijo: Levántate, Sara, y hagamos oración a Dios, hoy y mañana, y después de mañana; porque estas tres noches las pasaremos unidos en oración con Dios, y pasada la tercera noche haremos vida maridable.

5. Pues nosotros somos hijos de santos, y no podemos juntarnos a manera de los gentiles, que no conocen a Dios.

6. En efecto, alzándose ambos, oraban con mucho fervor, para que se dignase Dios conservarlos salvos.

7. Y dijo Tobías: Oh Señor Dios de nuestros padres, bendígante los cielos, y la tierra, y el mar, y las fuentes, y los ríos, y todas tus criaturas que hay en ellos.

8. Tú formaste a Adán del lodo de la tierra, y le diste a Eva por ayuda suya y compañera.

9. Ahora pues, Señor, tú sabes que no movido de concupiscencia tomo a esta hermana mía por esposa, sino por el solo deseo de tener hijos que bendigan tu santo Nombre por los siglos de los siglos.

10. Asimismo Sara dijo: Ten misericordia de nosotros, oh Señor, ten misericordia de nosotros, y haz que ambos lleguemos sanos a la vejez.

11. Raguel, estando cerca el primer canto de los gallos, mandó llamar a sus criados, y fueron con él a abrir una sepultura.

12. Porque decía: Le habrá sucedido lo mismo que a los otros siete maridos que se acercaron a ella.

13. Abierta la fosa, volvió Raguel a casa, y dijo a su mujer:

14. Envía una de tus criadas a ver si ha muerto, para enterrarlo antes que amanezca.

15. Envió luego ella una de sus criadas; la cual entrando en el aposento, los encontró sanos y salvos, que estaban durmiendo ambos;

16. y volvió a dar la buena noticia; con lo que alabaron a Dios tanto Raguel como Ana, su mujer,

17. y dijeron: Te alabamos y damos gracias, oh Señor Dios de Israel, porque no ha sucedido lo que temíamos;

18. sino que has hecho que experimentásemos tu misericordia, y has expelido lejos de nosotros el enemigo que nos perseguía,

19. compadeciéndote de los dos hijos únicos de sus padres. Haz, Señor, que te bendigan ellos más cumplidamente, y te ofrezcan el sacrificio de la alabanza por su perfecta salud, para que conozca el mundo todo que tú eres el solo y único Dios en toda la tierra.

20. Al instante mandó Raguel a sus siervos, que antes que amaneciese terraplenaran la fosa que había abierto.

21. Y dijo a su mujer que dispusiese un convite, y que preparase todas las provisiones necesarias para los caminantes.

22. Hizo también matar dos vacas gordas y cuatro carneros, y convidar a todos sus vecinos y amigos.

23. Después Raguel hizo jurar a Tobías que se detendría con él dos semanas.

24. De todos sus bienes dio Raguel la mitad a Tobías, y de la otra mitad declaró, haciendo escritura, heredero, para después de muerto él y su mujer, al mismo Tobías.

9

El ángel Rafael, a ruegos de Tobías, va a cobrar el dinero a Gabelo, a quien trae consigo a las bodas

1. Entonces Tobías llamó aparte al ángel, a quien tenía él por un hombre, y le dijo:

Tobías y el Angel

Y Tobías, teniendo presentes las advertencias del ángel, sacó de su alforjilla el pedazo de hígado y corazón, y lo puso sobre unos carbones encendidos.

Hermano mío Azarías, te pido que oigas mis razones.

2. Aun cuando yo me diese a ti por esclavo, no podría pagar tus buenos oficios.

3. Esto, no obstante, te suplico que tomando caballerías y criados vayas a Ragés, ciudad de los medos, a encontrar a Gabelo; y le devuelvas su recibo cobrando de él el dinero, y lo convides a venir a mis bodas.

4. Porque bien sabes tú que mi padre está contando los días uno por uno, y si tardo un día más, tendré en continua aflicción su alma.

5. Ves asimismo cómo me ha hecho jurar Raguel, cuyo juramento no puedo yo menospreciar.

6. Entonces Rafael tomando cuatro criados de Raguel y dos camellos, pasó a Ragés, ciudad de los medos*, y hallando a Gabelo, le volvió su recibo cobrando de él todo su dinero.

7. Y le contó todo lo que había sucedido con Tobías, hijo de Tobías; y lo hizo venir consigo a las bodas.

8. Al llegar a casa de Raguel, encontró a Tobías sentado a la mesa, el cual levantándose al punto de ella, se besaron mutuamente, y lloró Gabelo, y alabó a Dios,

9. y dijo: Bendígate el Dios de Israel, pues eres hijo de un hombre de bien, justo, y temeroso de Dios, y limosnero.

10. Que su bendición se extienda sobre tu esposa y sobre vuestros padres;

11. y que veáis a vuestros hijos y a los hijos de vuestros hijos hasta la tercera y cuarta generación, y sea vuestra descendencia bendita del Dios de Israel, el cual reina por los siglos de los siglos.

12. Y habiendo todos respondido amén, amén, se pusieron a la mesa, y celebraron también con santo temor de Dios el convite de las bodas.

10

Angustia de Tobías y Ana por la tardanza de su hijo. Instrucciones de Raguel a su hija antes de partir

1. Mas como se detuviese Tobías, por razón de las bodas, estaba su padre Tobías con cuidado, y decía: ¿Cuál será el motivo de la tardanza de mi hijo, o por qué se habrá detenido allí?

2. ¿Si hubiera muerto tal vez Gabelo, y no hay quién le devuelva el dinero?

3. Con esto empezó a afligirse sobremanera, tanto él como su mujer Ana. Y ambos comenzaron a llorar, visto que su hijo no volvía al tiempo señalado.

4. Sobre todo su madre, inconsolable, lloraba amargamente, y decía: ¡Ay de mí; ay hijo mío! ¿Para qué te hemos enviado a lejanas tierras, lumbrera de nuestros ojos, báculo de nuestra vejez, consuelo de nuestra vida, esperanza de nuestra posteridad?

5. Teniendo en ti solo juntas todas las cosas, no debíamos alejarte de nosotros.

6. Tobías le decía: Calla y no te inquietes, que nuestro hijo lo pasa bien; es muy fiel el varón aquel con quien le enviamos.

7. Mas ella no admitía consuelo alguno; antes saliendo cada día fuera miraba hacia todas partes, e iba recorriendo todos los caminos por donde se esperaba que podía volver; a fin de verle venir, si posible fuese desde lejos.

8. Entretanto Raguel decía a su yerno: Quédate aquí que yo enviaré a tu padre Tobías noticias de tu salud.

9. Pero Tobías le respondió: Yo sé que mi padre y mi madre están ahora contando los días, y que está su espíritu en continua tortura.

10. Y después de haber hecho Raguel repetidas instancias a Tobías, no queriendo éste condescender de ningún modo a sus ruegos, le entregó su hija Sara, con la mitad de la hacienda en esclavos y esclavas, en ganados, en camellos, y en vacas, y en una gran cantidad de dinero; y lo dejó ir de su casa sano y gozoso,

11. diciendo: El santo ángel del Señor os guíe en vuestro viaje, y os conduzca sanos y salvos, y halléis en próspero estado a vuestros padres todas sus cosas, y puedan ver mis ojos, antes que muera, a vuestros hijos.

12. Dicho esto, abrazando los padres a su hija, la besaron y dejaron ir;

13. amonestándola que honrase a sus suegros, amase al marido, cuidase de su familia, gobernase la casa y se portase en un todo de un modo irreprensible.

---

6. *Tob 5*, 8.

11

Tobías unge los ojos de su padre con la hiel del pez y éste recobra la vista. Dan todos gracias a Dios

1. Poniéndose, pues, en camino, llegaron en once días a Carán, la cual está en medio del camino que va a Nínive.

2. Aquí dijo el ángel: Hermano mío Tobías, bien sabes en qué estado dejaste a tu padre.

3. Por lo mismo, si te parece, adelantémonos, y vengan siguiendo detrás poco a poco los criados con tu esposa, y los animales y ganados.

4. Determinando, pues, caminar así, dijo Rafael a Tobías: Trae contigo la hiel del pez, porque será necesaria. Tomó Tobías aquella hiel, y marcharon.

5. Iba Ana todos los días a sentarse cerca del camino, en la cima de una colina, desde donde podía mirar a larga distancia.

6. Atalayando, pues, una vez desde allí a ver si venía su hijo, lo vio de lejos, y lo conoció inmediatamente, y corrió a dar la noticia a su esposo, diciendo: Mira que viene tu hijo.

7. Asimismo dijo Rafael a Tobías: Al punto que entrares en tu casa, adora en seguida al Señor Dios tuyo; y después de haberle dado gracias, acércate a tu padre y bésalo.

8. E inmediatamente unge sus ojos con esta hiel del pez, que traes contigo; porque has de saber que luego se le abrirán, y verá tu padre la luz del cielo, y se llenará de júbilo con tu vista.

9. En esto el perro que les había seguido en el viaje, echó a correr delante; y como si viniese a traer una buena nueva, se alegraba y hacía fiestas meneando la cola.

10. Al instante Tobías el padre, ciego como estaba, empezó a correr, exponiéndose a caer a cada paso; mas dando la mano a un criado, salió a recibir a su hijo,

11. y abrazándole lo besó, haciendo lo mismo la madre, y echando ambos a llorar de gozo.

12. Y después de haber adorado a Dios y dándole gracias, se sentaron.

13. Entonces Tobías, tomando de la hiel del pez ungió los ojos de su padre;

14. el cual estuvo así esperando casi media hora, cuando he aquí que empezó a desprenderse de sus ojos una nube o piel blanca, semejante a la telilla de un huevo;

15. y asiendo de ella Tobías se la sacó de los ojos, y al punto recobró la vista.

16. Y glorificaron a Dios tanto él como su mujer, y todos sus conocidos.

17. Y decía Tobías: Te bendigo, oh Señor Dios de Israel, porque tú me has castigado, y tú me has curado; y yo veo ya a mi hijo Tobías.

18. Después de siete días llegó también Sara, esposa de su hijo, con toda la familia, en buena salud, con los ganados, y camellos, y una gran suma de dinero de su dote; además del dinero cobrado de Gabelo.

19. Y contó Tobías a sus padres todos los beneficios que había recibido de Dios por medio de aquel varón que le había guiado.

20. Vinieron después Aquior y Nabat, primos hermanos de Tobías, a alegrarse con él por todos los favores de que Dios le había colmado.

21. Y teniendo convites por espacio de siete días, se regocijaron todos con la mayor alegría.

12

Discurren Tobías y su hijo cómo recompensar a Rafael. Este les declara que es un ángel de Dios

1. Entonces Tobías llamó aparte a su hijo, y le dijo: ¿Qué podemos dar a este varón santo que te ha acompañado?

2. A lo que respondiendo Tobías, dijo a su padre: Padre mío, ¿qué recompensa le daremos? ¿O cómo podremos corresponder dignamente a sus beneficios?

3. El me ha llevado y traído sano y salvo; él mismo en persona cobró el dinero de Gabelo; él me ha proporcionado esposa, y ahuyentó de ella al demonio, llenando de consuelo a sus padres; asimismo me libró del pez que me iba a tragar; te ha hecho ver a ti la luz del cielo; y hemos sido colmados por medio de él de toda suerte de bienes. ¿Qué podremos, pues, darle que sea proporcionado a tantos favores?

4. Mas yo te pido, padre mío, que le ruegues si por ventura se dignara tomar para sí la mitad de todo lo que hemos traído.

5. Con esto, padre e hijo le llamaron

aparte, y empezaron a rogarle que se dignase aceptar la mitad de todo lo que habían traído.

6. Entonces les dijo él en secreto: Bendecid al Dios del cielo, y glorificadle delante de todos los vivientes, porque ha hecho brillar en vosotros su misericordia.

7. Porque así como es bueno tener oculto el secreto confiado por el rey, es cosa muy loable el publicar y celebrar las obras de Dios.

8. Buena es la oración acompañada del ayuno, y el dar limosna mucho mejor que tener guardados los tesoros de oro.

9. Porque la limosna libra de la muerte, y es la que purga los pecados, y alcanza la misericordia y la vida eterna.

10. Mas los que cometen el pecado y la iniquidad, son enemigos de su propia alma.

11. Por tanto voy a manifestaros la verdad, y no quiero encubriros más lo que ha estado oculto.

12. Cuando tú orabas con lágrimas, y enterrabas los muertos, y te levantabas de la mesa a medio comer, y escondías de día los cadáveres en tu casa, y los enterrabas de noche, yo presentaba al Señor tus oraciones.

13. Y por lo mismo que eras grato a Dios, fue necesario que la tentación o aflicción te probase.

14. Y ahora el Señor me envió a curarte a ti, y a libertar del demonio a Sara, esposa de tu hijo.

15. Porque yo soy el ángel Rafael, uno de los siete espíritus principales que asistimos delante del Señor.

16. Al oír estas palabras, se llenaron de turbación, y temblando cayeron en tierra, sobre su rostro.

17. Pero el ángel les dijo: La paz sea con vosotros, no temáis.

18. Pues mientras he estado yo con vosotros, por voluntad o disposición de Dios he estado; bendecidle, pues, y cantad sus alabanzas.

19. Parecía a la verdad que yo comía y bebía con vosotros; mas yo me sustento de un manjar invisible y de una bebida que no puede ser vista de los hombres.

20. Ya es tiempo de que me vuelva al que me envió; vosotros bendecid a Dios, y anunciad todas sus maravillas.

21. Dicho esto desapareció de su vista, y no pudieron ya verlo más.

22. Entonces postrados en tierra sobre su rostro por espacio de tres horas, estuvieron bendiciendo a Dios y levantándose de allí, publicaron todas sus maravillas.

13

Tobías bendice al Señor y exhorta a todos a hacer lo mismo. Predice la restauración de Jerusalén

---

1. Y abriendo su boca el viejo Tobías bendijo al Señor, diciendo: Grande eres tú, oh Señor, desde la eternidad; y tu reino dura por todos los siglos.

2. Porque tú hieres, y das salud; tú conduces al hombre hasta el sepulcro y le resucitas, sin que nadie pueda sustraerse de tus manos.

3. Bendecid al Señor, oh hijos de Israel, y alabadle en presencia de las naciones.

4. Pues por eso os ha esparcido entre las gentes que no lo conocen, para que vosotros publiquéis sus maravillas, y les hagáis conocer que no hay otro Dios Todopoderoso fuera de él.

5. El nos ha castigado a causa de nuestras iniquidades; y él mismo nos salvará por su misericordia.

6. Considerad, pues, lo que ha hecho con nosotros; y glorificadlo con temor y temblor; y ensalzad con vuestras obras al Rey de los siglos.

7. Yo asimismo lo glorificaré en la tierra de mi cautiverio; porque ha hecho ostensión de su poder y majestad sobre una nación pecadora.

8. Convertíos, pues, oh pecadores, y sed justos delante de Dios, y creed que usará con vosotros de su misericordia.

9. Entretanto yo me regocijaré en él, y él será la alegría de mi alma.

10. Bendecid al Señor todos vosotros sus escogidos, tened días alegres, y tributadle alabanzas.

11. Oh Jerusalén, ciudad de Dios, el Señor te ha castigado por causa de tus malas obras.

12. Glorifica al Señor por los beneficios que te ha hecho, y bendice al Dios de los siglos, para que reedifique en ti su Tabernáculo, y te restituya todos los cautivos, y te goces por los siglos de los siglos.

13. Brillarás con luz resplandeciente; y

serás adorada en todos los términos de la tierra.

14. Vendrán a ti las naciones lejanas; y trayendo dones, adorarán en ti al Señor, y tendrán tu tierra por santa.

15. Porque dentro de ti invocarán ellas el Nombre grande del Señor.

16. Malditos serán los que te despreciaren, y condenados todos los que te blasfemaren; y aquellos que te edificaren, serán benditos de Dios.

17. Tú te regocijarás en tus hijos, porque todos serán benditos, y se reunirán con el Señor en una misma fe.

18. Bienaventurados todos los que te aman, y se regocijan por tu paz y felicidad.

19. Oh alma mía, bendice al Señor; porque el Señor Dios nuestro ha librado a su ciudad de Jerusalén de todas sus tribulaciones.

20. Dichoso seré yo, si algunas reliquias de mi descendencia lograren ver el esplendor y la gloria venidera de Jerusalén*.

21. De zafiros y de esmeraldas serán entonces labradas las puertas de Jerusalén, y de piedras preciosas todo el circuito de sus muros.

22. Todas sus calles serán enlosadas de piedras blancas y relucientes; y en todos sus barrios se oirán cantar aleluyas.

23. Bendito sea el Señor que la ha ensalzado; y reine en ella por los siglos de los siglos, Amén.

14

Tobías cumple las instrucciones de su padre y se va a la casa de sus suegros, en donde muere

1. Así acabó Tobías su cántico. Cuarenta y dos años vivió Tobías después de recobrada la vista; y vio los hijos de sus nietos.

2. Cumplidos, pues, ciento dos años, fue sepultado honoríficamente en Nínive.

3. Porque de cincuenta y seis años perdió la vista, y de sesenta la recobró.

4. Todo el resto de la vida lo pasó con alegría; y habiendo adelantado muchísimo en el temor de Dios, vino a descansar en paz.

5. A la hora de su muerte llamó a sí a su hijo Tobías, y a los siete mancebos hijos de éste, nietos suyos, y les dijo:

6. Pronto sucederá la ruina de Nínive; pues la palabra del Señor no puede faltar; y nuestros hermanos que están dispersos fuera de la tierra de Israel, volverán a ella;

7. y será repoblado todo aquel país desierto, y reedificada de nuevo* la casa de Dios que fue allí entregada a las llamas y volverán allá todos los que temen a Dios.

8. Y las gentes o gentiles abandonarán sus ídolos, y vendrán a Jerusalén para morar en ella;

9. y allí se regocijarán todos los reyes de la tierra, adorando al rey de Israel.

10. Ahora bien, hijos míos, escuchad a vuestro padre: Servid al Señor con sincero corazón, y estudiad cómo hacer lo que le es agradable;

11. y encomendad a vuestros hijos que hagan obras de justicia, y den limosnas; que tengan presente a Dios, y lo bendigan en todo tiempo con sincero corazón y con todo esfuerzo.

12. Ea, pues, hijos míos, escuchad lo que os digo, y no queráis permanecer aquí, sino que el día en que hubiereis enterrado a vuestra madre junto a mí en la misma sepultura, este mismo día disponed vuestro viaje para salir de aquí.

13. Porque yo estoy viendo que los vicios y maldades conducen esta ciudad a su exterminio.

14. En efecto, Tobías, después de la muerte de su madre, se retiró de Nínive con su mujer y sus hijos y nietos, y se fue a vivir con sus suegros;

15. a los cuales halló sanos y salvos en dichosa vejez, y cuidó de ellos, y él mismo les cerró los ojos; y entró en toda la herencia de la casa de Raguel; y vio a los hijos de sus hijos hasta la quinta generación.

16. Finalmente, cumplidos noventa y nueve años en el temor del Señor, lo sepultaron con gloria y alegría.

17. Toda su parentela y todos sus descendientes perseveraron en el bien vivir y en el ejercicio de obras santas; de tal manera que fueron gratos así a Dios como a los hombres, y a todos los moradores del país.

---

20. *Ap 21*, 10.

7. El templo de Jerusalén fue destruido por los babilonios en 587 y reconstruido por el profeta Ageo

Judit

Introducción

Judit es el segundo libro *deuterocanónico* después de *Tobías*. Como éste, no fue escrito en hebreo sino tal vez en arameo y por esto no figura en el *Canon de los Libros Sagrados de los judíos*. Se desconoce su autor, aunque varios expositores afirman que lo escribió el sumo sacerdote Joacim o Eliacim.

Este libro presenta las mismas dificultades cronológicas de cualquier libro histórico de la antigüedad, pues por el paso del tiempo algunos hechos y datos parecen oscuros o contradictorios.

La historia que narra *Judit* parece comenzar el décimo año del reinado de Manasés, quien fue hecho prisionero con sus tropas por los generales de un rey de Asiria, *2 Cro 33*. En *Judit*, este rey es llamado Nabucodonosor o Saosduquín, nieto de Sennaquerib, quien venció y asesinó a Arfaxad, rey de los medos, cuando éste iba contra Nínive, *Jdt 1, 45*.

1 *Nabucodonosor, vencido el rey de los medos, quiere alzarse con la soberanía de otras naciones*

1. Arfaxad, pues, rey de los medos, había sujetado a su imperio muchas naciones; y edificó una ciudad sumamente fuerte, que llamó Ecbatana;

2. cuyos muros construyó de piedras labradas a escuadra, los cuales tenían setenta codos de anchura y treinta de altura; y levantó sus torres hasta cien codos de elevación.

3. Eran éstas cuadradas, y tenía cada lado la extensión de veinte pies; e hizo sus puertas a proporción de la altura de las torres.

4. Después de esto se jactaba de su poder por la fuerza de sus ejércitos y por sus famosos carros de guerra.

5. Pero Nabucodonosor, rey de los asirios, que reinaba en la gran ciudad de Nínive, el año duodécimo de su reinado entró en batalla contra Arfaxad, y lo venció

6. en la espaciosa llanura, llamada Ragau, cerca del Eufrates, y del Tigris, y de Jadasón, en tierras de Erioc, rey de los elicos.

7. Entonces adquirió gran pujanza el reino de Nabucodonosor; y se enorgulleció su corazón, y despachó mensajeros a todos los habitantes de la Cilicia, de Damasco, y del Líbano,

8. y a los pueblos que están en el Carmelo, y en Cedar, y a los moradores de la Galilea en la vasta campiña de Esdrelón,

9. y a todos los de Samaria, y de la otra parte del Jordán, hasta Jerusalén, y a toda la tierra de Jesé hasta tocar los términos de la Etiopía*.

10. A todos éstos envió embajadores Nabucodonosor, rey de los asirios.

11. Mas todos de común acuerdo se negaron a lo que les pedía, remitieron los enviados con las manos vacías, y los echaron de sí con desprecio.

12. Indignado con esto el rey Nabucodonosor contra todas aquellas naciones, juró por su trono y por su reino que se había de vengar de todas ellas.

---

9. La historia se plantea en un cuadro geográfico que abarca toda la Mesopotamia occidental.

2 Nabucodonosor envía a Holofernes a conquistar los reinos, con un poderoso ejército, que los devasta

1. El año decimotercero del reinado de Nabucodonosor, a veintidós del mes primero, se celebró consejo en la palacio de Nabucodonosor, rey de los asirios, sobre la manera de tomar venganza de las naciones.

2. Convocó a todos los ancianos, y a todos sus capitanes y campeones; y propuso en consejo secreto su determinación.

3. Les dijo que su designio era subyugar toda la tierra a su imperio.

4. La propuesta siendo aprobada de todos, el rey Nabucodonosor llamó a Holofernes, jefe de sus ejércitos,

5. y le dijo: Sal a campaña contra todos los reinos de occidente, y principalmente contra aquellos que menospreciaron mis órdenes.

6. No mirarás con compasión a reino alguno, y sujetarás a mi dominio todas las ciudades fuertes.

7. Entonces Holofernes convocó a los capitanes y oficiales del ejército de los asirios; y escogió para la expedición el número de hombres señalado por el rey, a saber, ciento veinte mil soldados de infantería y doce mil arqueros de caballería.

8. Despachó delante de sus tropas una gran muchedumbre de camellos con abundantes provisiones para el ejército, con ganado vacuno y rebaños de ovejas sin cuento.

9. Mandó asimismo acopiar trigo en toda la Siria para cuando él pasase.

10. Y tomó también del erario del rey grandísimas sumas de oro y plata.

11. Con esto se puso en marcha seguido de todo el ejército, con los carros de guerra, y caballería, y arqueros, cubriendo como una langosta la superficie de la tierra.

12. Y habiendo pasado los confines de Asiria, llegó a las grandes montañas de Ange, situadas a la izquierda de la Cilicia, y escaló todos sus castillos, y se apoderó de todas las plazas fuertes.

13. Arruinó también la famosísima ciudad de Meloti, y saqueó a todos los habitantes de Tarsis y a los ismaelitas, que moraban enfrente del desierto, al mediodía del país de Cellón.

14. Habiendo pasado el Eufrates, entró por la Mesopotamia y batió todas las ciudades fuertes que había allí, desde el arroyo de Mambre, hasta el mar de Tiberíades.

15. Y se hizo dueño de todo el país desde la Cilicia hasta los términos de Jafet, que está al mediodía.

16. Y se llevó toda la gente de Madián, robando todas las riquezas, y pasando a cuchillo a cuantos le resistían.

17. Después se dejó caer sobre los campos de Damasco, al tiempo de la siega, e hizo pegar fuego a todas las mieses y talar todos los árboles y viñas.

18. Con lo cual sobrecogió de terror a todos los habitantes de la tierra.

3 Holofernes aumenta su ejército y destruye las ciudades y templos, para que sólo Nabucodonosor sea dios

1. Entonces los reyes y príncipes de todas las ciudades y provincias, es a saber, de la Siria, de Mesopotamia, y de la Siria de Sobal*, y de la Libia, y de la Cilicia, enviaron sus embajadores; los cuales presentándose a Holofernes, le dijeron:

2. Cese tu cólera contra nosotros; porque vale más vivir sirviendo al gran rey Nabucodonosor, y depender de ti, que morir casi todos, y sufrir los demás los trabajos de la esclavitud.

3. Están a tu disposición todas nuestras ciudades, todas nuestras posesiones, todos los montes y collados, y los campos, y las vacadas, y los rebaños de ovejas y cabras, y los caballos, y los camellos; todas nuestras facultades, y todas nuestras familias.

4. Queden a tu arbitrio todas nuestras cosas.

5. Nosotros y nuestros hijos somos tus esclavos.

6. Ven a nosotros como dueño pacífico y empléanos en tu servicio como gustares.

7. Entonces bajó de las montañas, con la caballería y un ejército numeroso, y tomó posesión de todas las ciudades y de todos los pueblos del país.

---

1. De Soba. *1 Re 11*, 23.

8. Y de todas las ciudades se llevaba para tropas auxiliares a los hombres robustos y aptos para las armas.

9. Fue tan grande el espanto que se apoderó de aquellas provincias, que los más principales y distinguidos moradores de todas las ciudades, luego que se acercaba, le salían al encuentro junto con los pueblos,

10. recibiéndole con coronas y lámparas o hachas encendidas, formando danzas al son de tamboriles y flautas.

11. Pero por más que hicieron, no pudieron amansar la ferocidad de aquel corazón.

12. Porque no por eso dejó de destruirles las ciudades, y de talarles los bosques sagrados.

13. Por cuanto el rey Nabucodonosor le había dado orden de exterminar todos los dioses de la tierra, con el fin de que él solo fuese tenido por dios de aquellas naciones que pudiese subyugar el poder de Holofernes.

14. El cual, atravesada la Siria de Sobal, y toda la Apamea, y toda la Mesopotamia, llegó a los idumeos al país de Gabaa;

15. y ocupó sus ciudades, y se detuvo allí por espacio de treinta días, en cuyo intermedio mandó que se reuniese toda la fuerza de su ejército.

4

Amonestados los israelitas por el sumo sacerdote Eliaquim, imploran el auxilio de Dios contra Holofernes

1. Habiendo sabido, pues, todo esto los hijos de Israel, que habitaban la tierra de Judea, temieron sobremanera su llegada.

2. Se apoderó de sus corazones el terror y el horror, temerosos de que hiciese con Jerusalén y con el templo del Señor, lo que había ejecutado con las otras ciudades y sus templos.

3. Por lo que enviaron gente a toda la frontera de Samaria hasta Jericó, y ocuparon de antemano todas las cimas de los montes;

4. y cercaron de muros sus aldeas, y almacenaron granos, preparándose para la guerra.

5. Asimismo el sumo sacerdote Eliaquim o Joacim, escribió a todos los que habitaban hacia Esdrelón, que está enfrente a la gran llanura contigua a Dotaín, y a todos los lugares que estaban en los caminos por donde podía pasar Holofernes,

6. a fin de que ocupasen las alturas de los montes, por los cuales podía abrirse camino para Jerusalén, y guarneciesen los pasos estrechos o desfiladeros que hubiese entre los montes.

7. Ejecutaron los hijos de Israel puntualmente las disposiciones de Eliaquim, sumo sacerdote del Señor.

8. Al mismo tiempo todo el pueblo clamó al Señor con grandes instancias, y humillaron sus almas con ayunos y oraciones, así ellos como sus mujeres.

9. Los sacerdotes se vistieron de cilicio, y a los niños los postraron por tierra delante del templo del Señor, cuyo altar cubrieron también de cilicio*.

10. Y todos a una voz clamaron al Señor Dios de Israel que no fuesen arrebatados sus hijos, ni robadas sus mujeres, ni exterminadas las ciudades, ni profanado el santuario, ni reducidos ellos a ser el oprobio de las naciones.

11. Entonces Eliaquim, sumo sacerdote del Señor, recorrió todo el país de Israel, y les hablaba,

12. diciendo: Tened por cierto que oirá el Señor vuestras plegarias si perseverareis constantemente en su presencia, ayunando y orando.

13. Acordaos de Moisés, siervo del Señor, el cual no por medio de las armas, sino suplicando con santas oraciones, derrotó a los amalecitas, que confiaban en su fuerza, y en su poder, y en sus ejércitos, y en sus escudos, y en sus carros de guerra, y en su caballería.

14. Lo mismo sucederá a todos los enemigos de Israel, si perseverareis en hacer lo que habéis comenzado.

15. Movidos, pues, con estas exhortaciones, perseveraban todos encomendándose al Señor, sin apartarse de su acatamiento;

16. de tal manera, que aun los que ofrecían holocaustos al Señor, le presentaban las víctimas ceñidos de cilicios y cubiertas de ceniza sus cabezas.

17. Y todos suplicaban de todo su

---

9. Ropa de luto y penitencia.

corazón a Dios, que visitase y consolase a su pueblo de Israel.

5 *Aquior, capitán de los amonitas, aconseja a Holofernes que no haga la guerra a Israel*

1. Avisaron, pues, a Holofernes, generalísimo del ejército de los asirios, que los hijos de Israel se preparaban para resistirle, y que tenían tomados los pasos de los montes.

2. Y montando en cólera, convocó encendido en saña a todos los príncipes de Moab, y a los capitanes de los amonitas,

3. y les habló de esta manera: Decidme qué casta de pueblo es ese que tiene ocupados los desfiladeros de los montes; o qué ciudades son las suyas, cuáles y cuán grandes; cuál sea también su valor, cuánta su gente y quién es el que gobierna sus tropas.

4. Y ¿por qué sólo éstos, entre todos los que moran hacia el oriente, nos han menospreciado, y no nos han salido al encuentro para recibirnos como amigos?

5. Entonces Aquior, jefe de todos los amonitas, le respondió en estos términos*: Si te dignas escucharme, yo diré, oh señor, la verdad en tu presencia, acerca de este pueblo que habita en las montañas, y no saldrá de mi boca palabra falsa.

6. Ese pueblo desciende de los caldeos*.

7. Habitó primero en la Mesopotamia; porque no quisieron seguir los dioses de sus padres, que habitaban en el país de la Caldea.

8. Abandonando, pues, las ceremonias de sus padres, que adoraban muchos dioses,

9. dieron culto al solo Dios del cielo; el cual por lo mismo les mandó salir de allí y pasar a vivir en Carán. Mas como después sobreviniese una gran carestía en todo aquel país, bajaron a Egipto; donde por espacio de cuatrocientos años se multiplicaron en tanto grado, que resultó un pueblo innumerable.

10. Por tanto, tratándolos con dureza el rey de Egipto y forzándolos a trabajar en barro y hacer ladrillos para edificar ciudades, clamaron a su Señor y Dios, el cual hirió con varias plagas toda la tierra de Egipto.

11. Al fin, los arrojaron de sí los egipcios. Pero viendo que habían cesado ya las plagas, quisieron de nuevo cautivarlos y reducirlos a la anterior servidumbre.

12. Mas ellos huyeron, y el Dios del cielo les abrió el mar, de tal manera, que de un lado y otro se cuajaron las aguas, formando como una muralla; y de este modo, caminando a pie enjuto, atravesaron el fondo del mar.

13. Al mismo tiempo un ejército innumerable de egipcios que iba tras de ellos persiguiéndolos por el mismo paso, fue de tal suerte sumergido por las aguas, que ni uno siquiera quedó para poder referir el suceso a los venideros.

14. Salidos del mar Rojo, hicieron alto en los desiertos del monte Sinaí, donde jamás hombre alguno pudo habitar, ni descansar ninguna persona.

15. Allí las fuentes amargas se les convirtieron en dulces, a fin de que pudiesen beber, y por espacio de cuarenta años recibieron el alimento del cielo.

16. Doquiera que pusieron el pie, sin arco ni saeta, sin escudo, ni espada, peleó por ellos su Dios, y fue siempre vencedor.

17. Y no hubo quien pudiese hacer daño a este pueblo, sino cuando él se desvió del culto del Señor su Dios.

18. Y así siempre que, fuera de su Dios adoraron a otro, fueron entregados al saqueo, y a la muerte, y al oprobio.

19. Mas cuantas veces se arrepintieron de haber abandonado el culto de su Dios, el Dios del cielo les dio fuerzas para defenderse.

20. Así es que ellos abatieron a los reyes cananeos, y jebuseos, y ferezeos, y heteos, y heveos, y amorreos, y a todos los potentados de Hesebón, y poseen al presente sus tierras y ciudades;

21. y mientras no han pecado contra su Dios les ha ido bien, porque su Dios aborrece la iniquidad.

22. Y aun pocos años hace, habiéndose desviado del camino que Dios les había enseñado, para que anduviesen por él, fueron derrotados y batidos por varias naciones, y llevados cautivos muchísimos de ellos a tierras extrañas.

23. Pero últimamente, habiéndose convertido hace poco al Señor su Dios,

---

5. Aquior, jefe amonita y pagano, expone ante Holofernes la historia de los israelitas y sale en su defensa.

6. Alusión a Abrahán y a su pueblo.

regresaron todos de los lugares en que habían sido esparcidos, y han repoblado todas estas montañas, y son nuevamente dueños de Jerusalén, donde está su santuario.

24. Ahora, pues, infórmate, oh señor mío, si son ellos reos de algún delito en presencia de su Dios; y en tal caso marchemos contra ellos, porque indudablemente los entregará su Dios en tus manos, y quedarán subyugados a tu dominio.

25. Pero si este pueblo no ha delinquido contra su Dios, no podremos resistirle; porque lo defenderá su Dios, y vendremos a ser el escarnio de toda la tierra.

26. Luego que acabó Aquior de hablar estas palabras, se indignaron todos los magnates de Holofernes, y trataban de quitarle la vida, diciéndose unos a otros:

27. ¿Quién es éste que dice que al rey Nabucodonosor y a sus ejércitos le pueden hacer frente los hijos de Israel, unos hombres sin armas, y sin valor, ni pericia en el arte militar?

28. Pues para que Aquior conozca cómo nos engaña, subamos a las montañas, y hechos prisioneros los más valientes de aquella nación, entonces será pasado él a cuchillo con ellos;

29. a fin de que sepa todo el mundo que Nabucodonosor es el dios de la tierra y que fuera de él no hay otro ninguno.

6

Sentencia de Holofernes contra Aquior, a quien reciben los israelitas. Estos invocan el auxilio de Dios

---

1. Así que acabaron ellos de hablar, Holofernes, enfurecido sobremanera, dijo a Aquior:

2. Ya que has hecho de profeta, diciéndonos que el pueblo de Israel es defendido por su Dios, para hacerte ver que no hay otro dios fuera de Nabucodonosor,

3. después que los hayamos pasado a cuchillo a todos ellos, como si fuesen un solo hombre, entonces perecerás tú también al filo de la espada de los asirios, y todo Israel será enteramente exterminado contigo;

4. y sabrás por experiencia que Nabucodonosor es el señor de toda la tierra. Entonces la espada de mis soldados atravesará tu costado, y caerás traspasado entre los heridos de Israel, sin poder ya respirar más, pereciendo con ellos.

5. Ahora bien, si tú tienes por cierta tu profecía, no mudes el color del rostro, y esa palidez que cubre tu semblante échala lejos de ti, si crees que no tendrán efecto estas palabras mías.

6. Mas para que sepas que has de sufrir con ellos todo lo dicho, he aquí que desde ahora serás agregado a aquel pueblo; a fin de que cuando mi espada les dé a ellos el castigo merecido, seas tú también envuelto en la venganza

7. En seguida Holofernes mandó a sus criados que prendiesen a Aquior, y lo llevasen a Betulia, entregándole en manos de los hijos de Israel.

8. Cogiendo, pues, los criados de Holofernes a Aquior, partieron por la llanura; pero llegando a la montaña salieron contra ellos los honderos de la ciudad;

9. por lo que declinando hacia un lado del monte, ataron a Aquior de pies y manos a un árbol; y así atado con cordeles lo dejaron, y se volvieron a su señor.

10. Mas los hijos de Israel bajando de Betulia, fueron a él, y desatándolo, lo condujeron a Betulia, y poniéndolo en medio del pueblo, le preguntaron cuál era la causa de haberlo dejado atado allí los asirios.

11. En aquel tiempo los príncipes o gobernadores de aquel distrito eran Ozías, hijo de Micas, de la tribu de Simeón, y Carmi, llamado también Gotoniel.

12. Estando, pues, Aquior en medio de los ancianos, y a vista de toda la gente, refirió todo cuanto había respondido a las preguntas de Holofernes; y cómo la gente de Holofernes lo había querido matar por haber hablado de aquella manera;

13. y que indignado el mismo Holofernes lo había mandado entregar a los israelitas, con el fin de hacerlo perecer a fuerza de varios suplicios, luego que éstos fueran vencidos, por haber dicho a Holofernes: El Dios del cielo es el defensor de los hijos de Israel.

14. Declaradas todas estas cosas por Aquior, todo el pueblo se postró en tierra sobre su rostro, adorando al Señor, y con gemidos y llanto universal derramaron unánimes sus plegarias ante el Señor,

15. diciendo: Señor Dios del cielo y de la tierra, mira la soberbia de éstos, y vuelve los ojos a nuestra humillación, y considera el semblante, o la situación de tus santos, y haz ver que no desamparas a los que confían en ti; y que abates a los que presumen de sí mismos, y se jactan de su poder.

16. Luego que cesó el llanto, y concluida que fue la oración del pueblo, que duró todo el día, consolaron a Aquior,

17. diciendo: El Dios de nuestros padres, cuyo poder has publicado, ése mismo trocará tu suerte de tal manera que veas tú antes la ruina de los enemigos.

18. Mas cuando el Señor nuestro Dios hubiere así puesto en libertad a sus siervos, sea él también tu Dios en medio de nosotros, para que del modo que mejor te parezca mores con todos los tuyos en nuestra compañía.

19. Entonces Ozías, despedida la junta, lo hospedó en su casa, y le dio una gran cena.

20. A la cual convidados todos los ancianos, después de haber ayunado todo el día, tomaron juntos su alimento.

21. Después fue convocado todo el pueblo, y pasaron en oración toda la noche, pidiendo socorro al Dios de Israel.

7

Holofernes sitia Betulia y corta el acueducto. Betulia quiere rendirse; pero espera cinco días

---

1. Al día siguiente Holofernes mandó a sus tropas que avanzasen contra Betulia.

2. Componían un ejército de ciento veinte mil soldados de infantería y veintidós mil de caballería, sin contar los que había hecho alistar de entre los cautivos, y toda la juventud que se había llevado por fuerza de las provincias y ciudades.

3. Todos a un tiempo se pusieron a punto de pelear contra los israelitas, y avanzaron por la ladera del monte hasta la altura que domina sobre Dotaín, desde el lugar llamado Belma hasta Quelmón, situado enfrente de Esdrelón.

4. Mas los hijos de Israel viendo aquel inmenso gentío se postraron en tierra, echando ceniza sobre sus cabezas, rogando unánimes al Dios de Israel que mostrase su misericordia para con su pueblo;

5. y tomando las armas para pelear, se apostaron en los parajes por donde se entra en un sendero estrecho en medio de los montes; y los estaban guardando de día y de noche.

6. Holofernes por su parte, mientras andaba registrando los alrededores, observó que la fuente que corría dentro de la ciudad venía por un acueducto que tenían fuera hacia el mediodía, y así mandó cortarlo.

7. Quedaban, no obstante, a poca distancia de los muros, algunos pequeños manantiales, de donde se veía que iban a sacar a escondidas un poco de agua, más para aliviar la sed que para apagarla.

8. Pero los amonitas y los moabitas fueron y dijeron a Holofernes: Los hijos de Israel no ponen su confianza en sus lanzas ni en sus flechas, sino que su defensa y fortificaciones son los montes y los collados escarpados.

9. Para que puedas, pues, vencerlos sin venir a las manos, pon guardias en los manantiales, a fin de que no cojan agua de ellos, y así los matarás sin sacar la espada, o a lo menos apurados de la sed, entregarán su ciudad, que por estar situada en los montes, creen inexpugnable.

10. Estas razones parecieron bien a Holofernes y a sus oficiales, por lo que apostó cien hombres de guardia alrededor de cada manantial.

11. Y después de veinte días que se hacía esta guardia, llegaron a agotarse todas las cisternas y depósitos de agua de todos los habitantes de Betulia, de manera que no tenían dentro de la ciudad agua ni para saciar la sed un solo día, por lo que diariamente se repartía a los vecinos el agua por medida.

12. Entonces acudiendo todos de tropel a Ozías, hombres y mujeres, jóvenes y niños, todos a una voz,

13. dijeron: Sea Dios el juez entre ti y nosotros; pues tú eres el causante de estos males, por no querer tratar de paz con los asirios, y por eso Dios nos ha abandonado en sus manos.

14. Y por lo mismo no hay quien nos socorra en esta ocasión en que nos hallamos abatidos a vista de ellos por la sed y por una suma miseria.

15. Ahora, pues, convocad a todos los que se hallan en la ciudad, y entreguémonos todos voluntariamente al ejército de Holofernes;

16. porque más vale vivir cautivos y bendecir al Señor, que morir y ser el oprobio de todo el mundo, después de haber visto expirar a nuestros ojos nuestras esposas y nuestros niños.

17. Os requerimos hoy, poniendo por testigos al cielo y a la tierra, al Dios de nuestros padres, el cual nos castiga conforme a nuestros pecados, para que entreguéis luego la ciudad en poder del ejército de Holofernes, y se acabe en breve al filo de la espada nuestro penar, que se prolonga más y más con el ardor de la sed.

18. Así que dijeron esto, prorrumpió todo el pueblo en grandes llantos y alaridos; y por espacio de muchas horas estuvieron clamando a Dios a una voz, y diciendo:

19. Hemos pecado nosotros y nuestros padres; hemos sido malos, hemos cometido mil maldades.

20. Tú, Señor, pues eres piadoso, ten misericordia de nosotros o al menos castiga tú mismo nuestros delitos; mas no quieras abandonar en poder de un pueblo que no te conoce, a los que te honran y reconocen por su Dios;

21. no sea que digan las naciones: ¿Dónde está el Dios de éstos?

22. Y después que fatigados de tanto clamar y llorar, quedaron en silencio,

23. levantándose Ozías bañado en lágrimas, dijo: Tened buen ánimo, hermanos míos, y esperemos aún durante cinco días la misericordia del Señor.

24. Que quizá aplacará su enojo, y hará brillar la gloria de su santo Nombre.

25. Mas si pasados los cinco días no viene ningún socorro, haremos lo que habéis dicho.

8

Judit amonesta y anima a los ancianos de Betulia y los exhorta a que inculquen al pueblo la paciencia

---

1. Llegaron estas palabras a oídos de la viuda Judit; la cual era hija de Merari, hijo de Idox, hijo de José, hijo de Ozías, hijo de Elai, hijo de Jamnor, hijo de Gedeón, hijo de Rafaím, hijo de Aquitob, hijo de Melquías, hijo de Enán, hijo de Natanías, hijo de Salatiel, hijo de Simeón, hijo de Rubén.

2. Y fue su marido Manasés, que murió en los días de la siega de las cebadas;

3. pues mientras iba dando prisa a los que ataban los haces en el campo, cayó un bochorno sobre su cabeza, del que vino a morir en Betulia, su patria, donde fue sepultado con sus padres.

4. Tres años y medio eran ya pasados, desde que Judit había quedado viuda de Manasés.

5. Y en lo más alto de su casa había hecho una vivienda separada, donde estaba recogida con sus criadas;

6. y ceñida de un cilicio, ayunaba todos los días de su vida, menos los sábados, y novilunios, y otras festividades de la casa de Israel.

7. Era Judit hermosa en extremo, y le había dejado su marido muchas riquezas, y numerosa familia, y posesiones llenas de vacadas y de rebaños de ovejas.

8. Y todos tenían de ella un grandísimo concepto; porque era muy temerosa de Dios, y no había quien hablase la más mínima palabra en su contra.

9. Esta, pues, cuando escuchó que Ozías había prometido que pasados cinco días entregaría la ciudad, envió a llamar a los ancianos Cabri y Carmi,

10. los cuales vinieron a ella, y les dijo: ¿Qué demanda es esa en que ha consentido Ozías, de entregar la ciudad a los asirios, si dentro de cinco días no tenéis socorro?

11. ¿Y quiénes sois vosotros, que así tentáis al Señor?

12. No es ése el medio de atraer su misericordia; antes bien lo es de provocar su ira y encender su furor.

13. Vosotros habéis fijado plazo a la misericordia del Señor, y le habéis señalado día conforme a vuestro arbitrio.

14. Pero, pues que el Señor es misericordioso, arrepintámonos de esto mismo, y bañados en lágrimas imploremos su indulgencia.

15. Porque no son las amenazas de Dios como las de los hombres, ni él se enciende en cólera como los hijos de los hombres.

16. Por tanto, humillemos ante su acatamiento nuestras almas, y poseídos de un espíritu de compunción, como siervos suyos que somos,

17. pidamos con lágrimas al Señor, que del modo que sea de su agrado, nos haga sentir los efectos de su misericordia; para que así como la soberbia de los enemigos ha llenado nuestro corazón de turbación y espanto, así nuestra humillación venga a ser para nosotros un motivo de gloria.

18. Puesto que nosotros no hemos imitado los pecados de nuestros padres, que abandonaron a su Dios y adoraron dioses extranjeros,

19. por cuya maldad fueron entregados a la espada, y al saqueo, y al oprobio de sus enemigos; nosotros, no conocemos otro Dios distinto a él.

20. Esperemos, pues, con humildad su consolación; que él vengará nuestra sangre de la opresión en que nos tienen los enemigos, y abatirá todas las naciones que se levantan contra nosotros, y las cubrirá de ignominia el Señor Dios nuestro.

21. Ahora, pues, hermanos míos, ya que vosotros sois los ancianos o mayores en el pueblo de Dios, y está de vosotros pendiente su alma, alentad con vuestras palabras sus corazones, representándoles cómo nuestros padres fueron tentados, para que se viese si de veras honraban a su Dios.

22. Deben acordarse cómo fue tentado nuestro padre Abrahán, y cómo después de probado con muchas tribulaciones llegó a ser el amigo de Dios.

23. Así Isaac, así Jacob, así Moisés y todos los que agradaron a Dios, pasaron por muchas tribulaciones, manteniéndose siempre fieles.

24. Al contrario, aquellos que no sufrieron las tentaciones con temor del Señor, sino que manifestaron su impaciencia, y prorrumpieron en injuriosas murmuraciones contra el Señor,

25. fueron exterminados por el ángel exterminador, y perecieron mordidos de las serpientes*.

26. Por tanto, no nos desfoguemos con quejas y murmuraciones por los trabajos que padecemos;

27. antes bien, considerando que estos castigos son todavía menores que nuestros pecados, creamos que los azotes del Señor, con que como esclavos somos corregidos, nos han venido para enmienda nuestra, y no para nuestra perdición.

28. A esto le dijeron Ozías y los ancianos: Todo lo que has dicho es mucha verdad, y no hay cosa que reprender en cuanto has hablado.

29. Ahora, pues, ruega por nosotros, puesto que eres una mujer santa y temerosa de Dios.

30. Les respondió Judit: Así como conocéis ser de Dios lo que acabo de decir,

31. así sabréis por experiencia que es de Dios lo que tengo determinado ejecutar; y entretanto haced oración a Dios, para que realice mi designio.

32. Vosotros esta noche estaréis a la puerta de la ciudad, y yo saldré fuera con mi doncella. Y orad al Señor, a fin de que dentro de los cinco días que vosotros dijisteis, vuelva benigno los ojos hacia su pueblo de Israel.

33. Mas no quiero que pretendáis indagar lo que voy a hacer; y hasta que vuelva yo a avisaros, no se haga otra cosa, sino orar por mí a Dios nuestro Señor.

34. Le dijo Ozías, príncipe de Judá: Vete en paz, y el Señor sea contigo para vengarnos de nuestros enemigos. Con esto, despidiéndose, se retiraron.

9 *Oración de Judit para alcanzar la salvación de su pueblo, y abatir a Holofernes*

1. Retirados que fueron éstos, Judit entró en su oratorio, y vistiéndose de cilicio, esparció ceniza sobre su cabeza, y postrada ante el Señor, clamaba a él diciendo:

2. Señor Dios de mi padre Simeón, a quien pusiste la espada en las manos para castigar aquellos extranjeros que por una infame pasión violaron y desfloraron una virgen, llenándola de afrenta*;

3. por cuyo motivo hiciste que sus mujeres fuesen robadas, y cautivadas sus hijas; y dividiste todos los despojos entre tus siervos que ardieron en celo de tu honor; socorre, te suplico, oh Señor Dios mío, a esta viuda.

4. Puesto que tú eres el que obraste antiguamente aquellas cosas estupendas, y tienes resuelto ejecutar otras después a su

---

25. *Num 11*, 1; *14*, 12; *21*, 6; *1 Cor 10*, 10.

2. Judit alaba el celo de Simeón en el castigo de los violadores de Dina.

tiempo; habiéndose hecho siempre lo que has querido.

5. Pues todos tus caminos están aparejados desde la eternidad, y has fundado tus juicios en tu infalible providencia.

6. Vuelve, pues, ahora la vista sobre el campamento de los asirios, como te dignaste en otra ocasión volverla sobre el de los egipcios, cuando corrían sus tropas en pos de tus siervos, confiando en sus carros armados, en su caballería, y en la muchedumbre de sus guerreros.

7. Pero tú tendiste la vista sobre su campamento, y quedaron envueltos en tinieblas.

8. El abismo detuvo sus pasos, y las aguas los anegaron.

9. Así suceda con éstos, Señor, que ponen la confianza en su gran número, y en sus carros de guerra, y se glorían en sus picas, y en sus escudos, y en sus saetas, y en sus lanzas;

10. y no saben que tú eres nuestro Dios, que de tiempo antiguo desbaratas los ejércitos, y tienes por nombre el Señor, esto es, Yahvé.

11. Levanta tu brazo, como ya otra vez hiciste, y con tu poder infinito estrella su fuerza; caiga por tierra todo el poder de ellos al golpe de tu ira, ya que presumenh violar tu santuario, y profanar el Tabernáculo dedicado a tu Nombre santo, y derribar con su espada la gloria de tu altar.

12. Haz, Señor, que la cabeza de ese soberbio sea cortada con su propia espada.

13, Sean sus ojos, fijados en mí, el lazo en que quede preso, y hiérele tú, oh Señor, con las afectuosas palabras que salgan de mi boca.

14. Infunde constancia en mi corazón para despreciarle, y valor para destruirlo;

15. porque será un glorioso monumento de tu Nombre, el que sea derribado al suelo por mano de una mujer.

16. Que no consiste, Señor, tu poder en la multitud de escuadrones, ni te complaces en la fuerza de la caballería; desde el principio del mundo te han desagradado los soberbios habiéndote sido siempre grata la oración de los humildes y mansos.

17. Oh Dios de los cielos, creador de las aguas y Señor de todas las criaturas, oye benigno a esta miserable que recurre a ti, y lo espera todo de tu misericordia.

18. Acuérdate, Señor, de tu alianza, y ponme tú las palabras en la boca, y fortifica mi corazón en esta empresa; a fin de que tu templo se mantenga siempre consagrado a tu culto,

19. y reconozcan las naciones todas que tú eres el Dios, y que no hay otro fuera de ti.

10 *Judit pasa a los campamentos de Holofernes, quien queda prendado de su hermosura*

1. Acabado que hubo de clamar al Señor, se levantó del lugar en que estaba postrada delante del Señor.

2. Y llamó a una doncella suya, y bajando del oratorio a su habitación, se quitó el cilicio, se desnudó de los vestidos de viuda,

3. y lavó su cuerpo, y se ungió con ungüento precioso, y repartió en trenzas el cabello de su cabeza, sobre la cual se puso una riquísima cofia o bonetillo; y se atavió con sus vestidos de gala, se calzó sus sandalias, se puso los brazaletes, y las manillas, y los zarcillos, y las sortijas, sin omitir adorno ninguno.

4. Le añadió además el Señor nueva belleza; porque toda esta compostura no provenía de lasciva pasión, sino de un fin santo; y por tanto el Señor dio mayor realce a su hermosura, de suerte que a los ojos de todos aparecía de una incomparable belleza.

5. Hizo llevar por su criada una botella de vino, y una tinaja de aceite, y trigo tostado, e higos secos, y panes, y queso, y marchó con ella.

6. Al llegar a la puerta de la ciudad, hallaron a Ozías y a los ancianos de la ciudad, que la estaban aguardando.

7. Los cuales, así que la vieron, quedaron en extremo asombrados de su hermosura;

8. pero sin preguntarle palabra, la dejaron pasar diciendo: El Dios de nuestros padres te dé su gracia, y con su virtud esfuerce todos los designios de tu corazón, para que Jerusalén se gloríe de ti, y sea colocado tu nombre en el número de los santos y justos.

9. Y todos los que allí estaban, dijeron a una voz: ¡Amén!, ¡amén!

10. Judit, orando al Señor, salió fuera de las puertas con su doncella.

11. Y bajando por el monte casi al rayar
el día, le salieron al encuentro los centinelas
de los asirios, y la detuvieron diciendo: ¿De
dónde vienes?, ¿y adónde vas?
12. Soy una de las hijas de los hebreos,
respondió, y he huido de ellos, porque sé
que han de ser presa de vuestras manos, por
cuanto menospreciándoos, no han querido
entregarse voluntariamente, y con esto ser
tratados por vosotros con misericordia*.
13. Por cuyo motivo pensé, y dije para
conmigo: Iré a presentarme al príncipe
Holofernes, para descubrirle los secretos de
los hebreos, y darle un medio para sorprenderlos sin perder ni un hombre siquiera
del ejército.
14. Así que oyeron aquellos soldados
sus palabras, quedaron contemplando su
cara, tan encantados estaban de su rara
belleza.
15. Y le dijeron: Has salvado tu vida con
ese designio de venir a presentarte a nuestro
príncipe y señor;
16. pues ten por cierto que al comparecer
delante de él, te tratará bien, y ganarás su
corazón. Con esto la condujeron al pabellón
de Holofernes, declarando quién era.
17. Apenas estuvo ella en su presencia,
quedó Holofernes inmediatamente preso de
sus ojos.
18. Y le dijeron sus oficiales: ¿Quién
habrá que tenga en poca estima al pueblo de
los hebreos, teniendo como tienen mujeres
tan bellas? ¿No merecen éstas que hagamos
la guerra contra ellos para adquirirlas?
19. Viendo, pues, Judit a Holofernes
sentado bajo de su dosel, o pabellón, que
era de púrpura, entretejido de oro, con
esmeraldas y otras piedras preciosas;
20. después de haber echado una mirada
sobre él, le hizo una profunda reverencia,
postrándose en tierra; mas los criados de
Holofernes la levantaron por mandato de su
señor.

12. La simulación como estrategia ha sido un recurso diplomático y militar. Sería ingenuo tachar de inmoral esta conducta.

11 *Entrevista de Holofernes y Judit, quien engaña a este guerrero con palabras artificiosas*

1. Entonces Holofernes le dijo: Cobra
aliento, y destierra de tu corazón todo temor;
porque yo jamás he maltratado a nadie que
haya querido sujetarse al rey Nabucodonosor.
2. Que si tu pueblo no me hubiese
despreciado, no hubiera empuñado mi lanza
contra él.
3. Mas ahora dime: ¿Por qué causa los
has abandonado a ellos, y resuelto venirte
entre nosotros?
4. Le respondió Judit: Atiende a las
palabras de tu sierva, porque si siguieres los
consejos de tu esclava, el Señor dará
cumplimiento a tu empresa.
5. Viva Nabucodonosor, rey de la tierra,
y viva su poder, que reside en ti para castigar
a todos los que van errados; pues no
solamente los hombres por tu valor le sirven,
sino que hasta las bestias del campo le
obedecen.
6. Porque la prudencia de tu ánimo es
celebrada en todas las naciones, y por toda
la tierra se sabe que tú solo eres el bueno y
el poderoso en todo su reino, y en todas las
provincias es alabada tu pericia militar.
7. Ni se ignora lo que habló Aquior; ni
menos lo que tú has dispuesto acerca de él.
8. Lo cierto es que nuestro Dios está tan
indignado por nuestras maldades, que ha
enviado a decir al pueblo, por medio de sus
profetas, que lo abandona en pena de sus
pecados.
9. Y como los hijos de Israel saben que
tienen ofendido a su Dios, están temblando
de ti.
10. Además de esto el hambre los acosa,
y faltos de agua están ya como muertos.
11. Por lo cual han resuelto matar sus
bestias, para beberse la sangre.
12. Asimismo las cosas consagradas al
Señor Dios suyo, que les mandó Dios no
tocaran, como trigo, vino y aceite, han
pensado valerse de ellas, y quieren
consumirlas, aunque no debían tocarlas ni
aun con las manos; y así siendo tal su
proceder no hay duda que serán abandonados de Dios, y que perecerán.

13. Lo que conociendo yo, sierva tuya, hui de ellos, y el Señor me ha mandado darte aviso de todo lo dicho.

14. Pues esta tu sierva adora a Dios, aun ahora que está en tu poder; y así saldrá tu sierva fuera a hacer oración a Dios,

15. el cual me dirá cuándo querrá castigarlos por su pecado, y yo vendré a avisártelo, de suerte que yo misma te conduciré por medio de Jerusalén, y verás en tu presencia a todo el pueblo de Israel como ovejas sin pastor, sin que ni un perro siquiera ladre contra ti.

16. Puesto que todo lo dicho me ha sido revelado por la providencia de Dios;

17. el cual indignado contra ellos, me ha enviado para anunciarte estas cosas.

18. Todo este discurso agradó en extremo a Holofernes y a sus cortesanos; y maravillados de la sabiduría de Judit, se decían unos a otros:

19. No hay en el mundo mujer semejante a ésta en la gentileza, en la hermosura de rostro, ni en el hablar discretamente.

20. En fin, Holofernes le dijo: Bien ha hecho Dios, que te ha enviado delante de ese pueblo, para que lo pongas en nuestras manos.

21. Y pues tu promesa es tan apreciable, si tu Dios me la cumple, será también él mi Dios y tú serás grande en la casa de Nabucodonosor, y celebrado tu nombre por toda la tierra.

---

12 *Obsequia Holofernes a Judit y le da permiso de comer y de salir a hacer oración*

---

1. Entonces mandó que la condujesen donde se guardaban sus tesoros, y que se quedase allí, y señaló lo que debía dársele de su mesa.

2. Judit le respondió, y dijo: No podré ahora comer de esas cosas que mandas darme, por no acarrear contra mí la indignación de Dios; sino que comeré de lo que he traído conmigo.

3. Le replicó Holofernes: ¿Y qué haremos cuando ya te lleguen a faltar las provisiones que has traído?

4. Yo juro por tu vida, oh mi señor, respondió Judit, que no consumirá tu sierva todo lo que trae consigo, antes que cumpla Dios por mi medio lo que ha pensado. En seguida los criados de Holofernes la acompañaron al alojamiento que había mandado.

5. Donde, así que entró, pidió el permiso de salir fuera por la noche y antes de amanecer, para hacer oración e invocar al Señor.

6. Dio, pues, Holofernes orden a sus camareros que la dejasen salir y entrar como quisiere, durante tres días, a adorar a su Dios.

7. Con esto salía por las noches al valle de Betulia, y antes de orar se lavaba[7] en una fuente de agua.

8. Y al volver oraba al Señor Dios de Israel, para que dirigiese sus pasos para lograr la libertad de su pueblo.

9. Y volviéndose a su pabellón purificada, permanecía allí hasta que al anochecer tomaba su alimento.

10. A los cuatro días celebró Holofernes una cena o convite con sus domésticos, y dijo a Vagao su eunuco: Anda y persuade a esa hebrea que de su voluntad se resuelva a cohabitar conmigo.

11. Porque es cosa vergonzosa entre asirios que una mujer se burle de un hombre, logrando salir libre de sus manos.

12. Entonces Vagao fue adonde estaba Judit, y le dijo: No tengas reparo, oh hermosa dama, de venir a casa de mi señor, para ser honrada de él, y comer en su compañía, y beber vino y alegrarte.

13. Le respondió Judit: ¿Quién soy yo para que ose contradecir a mi señor?

14. Haré todo lo que él guste y mejor le parezca, y cuanto sea de su agrado, eso será para mí lo mejor en todos los días de mi vida.

15. Se levantó, pues, y adornándose con todas sus galas, entró a presentarse delante de él.

16. Se conmovió el corazón de Holofernes así que la vio; porque ardía en deseos de poseerla;

17. y le dijo: Bebe ahora, y ponte a comer alegremente; porque me has caído en gracia.

18. Le contestó Judit: Beberé, oh señor, pues que recibo yo en este día mayor gloria que en todos los demás de mi vida.

19. Tomó después de lo que su doncella

---

7. Cara, manos y pies, según el rito.

e había dispuesto, y comió y bebió de ello n su presencia.

20. Por su causa rebosaba Holofernes le contento; el cual bebió vino sin medida, nás de lo que nunca en su vida había bebido.

13

Judit, embriagado Holofernes, le corta la cabeza, con la cual vuelve triunfante a Betulia

1. Haciéndose ya tarde, retirándose pronto los criados de Holofernes a sus alojamientos, Vagao cerró la puerta de la cámara o gabinete, y se fue.

2. Es de advertir que todos estaban tomados del vino.

3. Quedó, pues, Judit sola en el gabinete.

4. Y Holofernes estaba tendido en la cama, durmiendo profundamente a causa de su extraordinaria embriaguez.

5. Entonces dijo Judit a su doncella que estuviese fuera en observación, a la puerta de la cámara.

6. Y se puso Judit en pie delante de la cama, y orando con lágrimas, y moviendo apenas los labios,

7. dijo: Dame valor, oh Señor Dios de Israel, y favorece en este trance la empresa de mis manos, para que sea por ti ensalzada, como lo tienes prometido, tu ciudad de Jerusalén; y ejecute yo el designio que he formado, contando con tu asistencia para llevarlo a cabo.

8. Dicho esto se arrimó al pilar que estaba a la cabecera de la cama de Holofernes, y desató la espada que colgaba de él,

9. y habiéndola desenvainado, asió a Holofernes por los cabellos de la cabeza, y dijo: Señor Dios mío, dame valor en este momento.

10. Y le dio dos golpes en la cerviz, y le cortó la cabeza, y desprendiendo de los pilares el cortinaje, volcó al suelo su cadáver hecho un tronco.

11. De allí a poco salió y entregó la cabeza de Holofernes a su criada, mandándole que la metiese en su talego.

12. Y se salieron afuera las dos según costumbre, como para ir a la oración; y atravesando el campamento y dada la vuelta al valle, llegaron a la puerta de la ciudad.

13. Judit desde lejos gritó a los centinelas de la muralla: Abrid las puertas, porque Dios es con nosotros, y ha obrado una maravilla en Israel.

14. Así que los centinelas reconocieron su voz, llamaron a los ancianos de la ciudad.

15. Y vinieron corriendo a ella todos, pequeños y grandes; como que ya estaban desesperanzados de su vuelta;

16. y encendiendo luminarias, se pusieron todos alrededor de ella. Judit, subiendo a un sitio elevado, mandó guardar silencio; y así que todos callaron,

17. habló de esta manera: Alabad al Señor Dios nuestro, que no ha desamparado a los que han puesto en él su confianza;

18. y por medio de mí, esclava suya, ha dado una muestra de aquella misericordia que prometió a la casa de Israel; y ha quitado la vida esta noche por mi mano al enemigo de su pueblo.

19. Y sacando del talego la cabeza de Holofernes, se las mostró, diciendo: Mirad la cabeza de Holofernes, general del ejército de los asirios, y éste es el cortinaje o mosquitero dentro del cual yacía sumergido en la embriaguez, y donde Dios nuestro Señor lo ha degollado por mano de una mujer.

20. Y os juro por el mismo Señor, que su ángel me ha guardado, así al ir de aquí, como estando allí, y al volver acá; y no ha permitido el Señor que yo, su sierva, fuese violada; sino que me ha restituido a vosotros sin mancha de pecado, colmada de gozo al ver que mi Dios queda victorioso, que yo me he escapado, y que vosotros quedáis libertados.

21. Alabadle todos por su bondad y porque es eterna su misericordia.

22. Entonces todos, adorando al Señor, dijeron a Judit: El Señor ha derramado sobre ti sus bendiciones, comunicándote su poder; pues por medio de ti ha aniquilado a nuestros enemigos.

23. En especial Ozías, cabeza del pueblo de Israel, le dijo: Bendita eres del Señor Dios altísimo tú, oh hija mía, sobre todas las mujeres de la tierra.

24. Bendito sea el Señor, creador del cielo y de la tierra, que dirigió tu mano para cortar la cabeza del caudillo de nuestros enemigos.

25. Porque hoy ha hecho tan célebre tu nombre, que no cesarán jamás de publicar tus alabanzas cuantos conservaren en los siglos venideros la memoria de los prodigios del Señor; pues no has temido exponer tu vida por tu pueblo, viendo las angustias y la tribulación de tu gente, sino que has acudido a nuestro Dios para impedir su ruina.

26. A lo que respondió todo el pueblo: ¡Amén!, ¡amén!

27. Después, llamado Aquior, compareció, y le dijo Judit: El Dios de Israel, de quien tú testificaste que sabe tomar venganza de sus enemigos, él mismo ha cortado esta noche por mi mano la cabeza del caudillo de todos los incrédulos.

28. Y para que conozcas la verdad de lo que te digo, mira la cabeza de Holofernes, el que con su orgulloso desprecio vilipendió al Dios de Israel, y te amenazó con la muerte, diciendo: Cautivado que haya yo al pueblo de Israel, mandaré atravesarte el costado con la espada.

29. Mas Aquior al mirar la cabeza de Holofernes, sobrecogido de pavor, cayó sobre su rostro en tierra, y quedó sin sentido.

30. Pero luego que recobrando el aliento volvió en sí, se arrojó a los pies de Judit, y adorándola, dijo:

31. Bendita tú eres de tu Dios en todos los tabernáculos o posteridad de Jacob; pues en todas las naciones que oyeren decir tu nombre, será glorificado por causa de ti el Dios de Israel.

14 *Cuelgan los judíos la cabeza de Holofernes en los muros de Betulia y se arrojan sobre los asirios*

1. Entonces Judit dijo a todo el pueblo: Escuchadme, hermanos míos: Colgad esa cabeza en lo alto de nuestros muros;

2. y así que apunte el sol, tome cada uno sus armas, y salid con gran ruido, no para descender realmente abajo, sino aparentando que vais a acometerlos.

3. Al momento irán las avanzadas a despertar a su comandante para el combate.

4. Y cuando los capitanes corran al pabellón de Holofernes y hallen a éste sin cabeza, revolcado en su propia sangre, quedarán poseídos de pavor.

5. Vosotros, advirtiendo que huyen, corred a su alcance sin ningún temor, porque el Señor hará que los holléis con vuestros pies.

6. Entretanto Aquior viendo el prodig que obró Dios a favor de Israel, abandonad los ritos gentílicos, creyó en Dios, y s circuncidó, y quedó incorporado en el pu blo de Israel, como lo está toda su de cendencia hasta hoy día.

7. Así, pues, que amaneció, colgaron cabeza de Holofernes en lo alto de los muro y cogiendo cada cual sus armas, salierc fuera con gran estruendo y algazara.

8. Al ver esto las avanzadas, corrieron pabellón de Holofernes.

9. Los que estaban allí de guard acercándose a la puerta de la cámara, hacía ruido para despertarlo procurando adre interrumpirle el sueño, a fin de que sin s llamado, se despertase con el ruido.

10. Y es que nadie osaba abrir, ni llam a la puerta de la cámara del caudillo de l asirios.

11. Pero habiéndose reunido allí l capitanes y tribunos, y todos los oficial generales del ejército del rey de los asirio dijeron a los camareros:

12. Entrad y despertadlo, porque h salido los ratones de sus agujeros, y tien la osadía de provocarnos a batalla.

13. Entonces Vagao, entrando en cámara, se paró delante de la cortina, y d palmadas con sus manos, pues se imagina que Holofernes estaba durmiendo con J dit.

14. Pero aplicando el oído y no pe cibiendo ni el más leve movimiento, cu suele hacer una persona dormida, se arrim más a la cortina de la puerta, y alzándola, viendo el cadáver de Holofernes sin cabez tendido en tierra y bañado en su prop sangre, prorrumpió en grandes gritos lágrimas, y rasgó sus vestidos.

15. Y habiendo entrado en el alojamien de Judit, no la encontró. Con esto sal corriendo fuera a la gente,

16. y dijo: Una mujer hebrea ha cubier de afrenta la casa del rey Nabucodonoso porque ahí tenéis a Holofernes tendido e tierra y sin cabeza.

17. Al oír esto los jefes del ejército de l asirios, todos rasgaron sus vestidos, y s apoderó de ellos un excesivo temor y ten plor, y una grandísima perturbación d ánimo.

18. Y se movió luego una gritería e pantosa por todo el campamento.

JUDIT MOSTRANDO LA CABEZA DE HOLOFERNES

Y vinieron corriendo a ella todos, pequeños y grandes;
como que ya estaban desesperanzados de su vuelta;
y por medio de mí, esclava suya, ha dado una muestra de aquella
misericordia que prometió a la casa de Israel; y ha quitado la vida
esta noche por mi mano al enemigo de su pueblo.

15 *El ejército de los asirios huye de los hebreos, abandonándolo todo en poder de éstos*

1. Así que supo todo el ejército que Holofernes había sido degollado, perdieron todos el seso y quedaron sin saber qué hacer; y agitados de terror y miedo, no hallaron otro remedio que la fuga.

2. De manera que ninguno consultaba ni siquiera con su compañero, sino que cabizbajos, abandonándolo todo, se daban prisa a escapar de los hebreos, que oían venir armados contra ellos, y a huir por las sendas de los campos y veredas de los collados.

3. Viéndolos, pues, huir, los israelitas los persiguieron. Y así bajaron del monte tocando las trompetas y dando grandes gritos en pos de ellos.

4. Y como los asirios iban desparramados, huyendo precipitadamente, los israelitas, formados en buen orden, los perseguían, destrozando a cuantos encontraban.

5. Al mismo tiempo Ozías despachó mensajeros a todas las ciudades y provincias de Israel.

6. Con lo que de todas las provincias y ciudades salió armada en pos de los enemigos la juventud más escogida, que los fue persiguiendo y acuchillando hasta llegar a los últimos términos del país.

7. Entretanto los vecinos que quedaron en Betulia entraron en el campamento de los asirios, y cogieron los despojos que éstos abandonaron al huir, de que volvieron bien cargados.

8. Asimismo los que victoriosos del enemigo regresaron a Betulia, trajeron consigo todo lo que habían tomado a los asirios, en tanta abundancia, que no podían contarse los ganados y bestias y las alhajas; y así es que todos quedaron ricos con este botín, desde el menor hasta el mayor.

9. En seguida Joacim, sumo sacerdote, vino de Jerusalén a Betulia con todos sus ancianos o senadores para ver a Judit;

10. y habiendo salido ella a recibirlo, todos a una voz la bendijeron, diciendo: Tú eres la gloria de Jerusalén; tú la alegría de Israel; tú la honra de nuestra nación.

11. Porque te has portado con varonil esfuerzo, y has tenido un corazón constante; porque has amado la castidad, y no has conocido otro varón que a tu difunto marido; por esto también la mano del Señor te ha confortado, y por lo mismo serás bendita para siempre.

12. A lo que respondió todo el pueblo: ¡Amén!, ¡amén!

13. Apenas bastaron treinta días para que el pueblo de Israel acabase de recoger los despojos de los asirios.

14. Pero todas las cosas que se conoció haber sido propias de Holofernes, así oro, como plata, y vestidos, y pedrería, y toda suerte de muebles, se las dieron a Judit; todo se lo entregó el pueblo.

15. Y todos, así hombres como mujeres, doncellas y jóvenes, estaban llenos de regocijo, cantando al son de órganos y de cítaras.

16 *Cántico de Judit en acción de gracias por la victoria. El pueblo va a Jerusalén*

1. Entonces Judit cantó al Señor este cántico, diciendo:

2. Entonad las alabanzas del Señor al son de panderos y címbalos o salterios; cantad en honor suyo un nuevo y armonioso salmo; ensalzad e invocad su santo Nombre.

3. El Señor es el que derrota los ejércitos; su nombre es Yahvé, el Señor.

4. El asentó sus campamentos en medio de su pueblo, para librarnos de las manos de todos nuestros enemigos.

5. Vino de los montes el asirio, por el lado del Aquilón, con sus numerosas fuerzas; cuya muchedumbre secó los arroyos, y su caballería cubrió los valles.

6. Juró abrasar todo mi país, y pasar a cuchillo mi juventud, robarme mis niños, y llevar esclavas las vírgenes.

7. Mas el Señor todopoderoso lo ha castigado, y lo ha entregado en poder de una mujer, que le ha cortado la cabeza.

8. Porque no ha sido su campeón derribado por jóvenes guerreros, ni han sido titanes, ni corpulentos gigantes los que le han hecho frente y lo han herido, sino que es Judit, hija de Merari, la que lo ha derribado con el atractivo de su rostro.

Religiosidad Latinoamericana

Virgen del Café.

Virgen de Cotoca, Bolivia.

Virgen de Nuestra Señora de la Asunción, Paraguay.

ORE RU

(Padre Nuestro en Guaraní)

Ore ru reiméva yvágape
Taimarangatu nde réra
Tereimékena orendive
Toiko opa nde reipotáva
Yvype, yvága peguáicha
Ehejareíntena oréve
Umi nembopochy hague
Ore rohejareiháicha
Umi nembopochy vaekuépe.
Aníkena reheja ro'a
Umi mba'epota vaípe
Ha orepysyrô teko'añágui.

Taupéicha.

Virgen de Nuestra Señora de Schoenstatt, Paraguay.

Que la santa palabra de Dios,
Nuestro Señor,
Llegue a tu corazón
Para que cobije tu vida
La alegría, la caridad y la paz

Tupâ Ñandejára ñe'ê marangatu
poravo pyre
Toguâhê ne korasôme
Oñuvâ haguâ nde rekove
Vy'a, tekoayhu ha Py'aguapy.

Virgen de Urkupiña, Bolivia.

Virgen de Copacabana, Bolivia.

Virgen de los Milagros de Caacupé, Paraguay.

María Auxiliadora.

9. Pues se quitó el traje de viuda, y se vistió de gala para llenar de júbilo a los afligidos hijos de Israel.

10. Ungió su rostro con odoríferos perfumes, y ajustó sus rizados cabellos con la cofia o bonetillo, y se puso un nuevo vestido para engañarlo con estos adornos.

11. Le arrebató los ojos con lo gracioso de su calzado; le cautivó el corazón con la hermosura de su rostro; y le cortó la cabeza con su misma espada.

12. Se estremecieron los persas de su firmeza, y los medos de su osadía.

13. Entonces resonó con alaridos el campamento de los asirios, cuando mis pobres conciudadanos, abrasados de sed, se presentaron contra ellos.

14. Aunque hijos de madres jóvenes, acuchillaron a los asirios, y los mataron sin resistencia, como a muchachos que huyen; perecieron en la batalla, luego que apareció el Señor mi Dios.

15. Cantemos un himno al Señor; cantémosle a nuestro Dios un himno nuevo.

16. Oh Adonai, Señor mío, tú eres el grande y el muy glorioso por tu poder, y nadie puede sobrepujarte.

17. Obedézcante todas tus criaturas, pues fueron hechas con un solo decir tuyo; enviaste tu espíritu, y fueron criadas; ninguna puede resistir a tu voz.

18. Los montes con las aguas que encierran, serán desquiciados desde los cimientos; se derretirán las peñas en tu presencia, como si fuesen cera.

19. Mas aquellos que te temen, serán grandes delante de ti en todas las cosas.

20. ¡Ay de la nación que se levante contra mi pueblo!, porque el Señor todopoderoso ejercerá en ella su venganza, y la visitará en el día del juicio.

21. Enviará fuego y gusanos sobre sus carnes, para que se abrasen y sufran penas eternas.

22. Después de esto, pasó todo el pueblo, conseguida la victoria, a Jerusalén, a fin de adorar al Señor; e inmediatamente que se purificaron, ofrecieron todos holocaustos, y cumplieron sus votos y promesas.

23. Y Judit ofreció, por anatema de olvido*, todas las armas y arneses de Holofernes, que el pueblo le había dado, y aquel rico cortinaje o mosquitero que ella quitó del lecho de aquél.

24. Entretanto, el pueblo se entregaba al regocijo a la vista del santuario, y por espacio de tres meses se celebró con Judit el gozo de esta victoria.

25. Pasados estos días, volvió cada uno a casa; y Judit fue muy celebrada en Betulia, y era la más esclarecida de todo el país de Israel.

26. Porque a su valor juntaba la castidad; de suerte que después que falleció su marido Manasés, no conoció otro varón en toda su vida.

27. En los días de fiesta salía en público, llena de gloria.

28. Se mantuvo en la casa de su marido hasta los ciento cinco años; habiendo dado la libertad a su esclava o doncella. Murió al fin, y fue sepultada con su marido en Betulia.

29. Y le hizo todo el pueblo las exequias por espacio de siete días.

30. Durante toda su vida no hubo quien turbase a Israel, ni después de su muerte en muchos años.

31. El día de la fiesta de esta victoria es señalado por los hebreos entre los días santos, y lo honran los judíos desde aquel tiempo hasta el presente.

---

23. Voto de perpetua memoria.

Ester

Introducción

Este es el tercer libro *deuterocanónico*. Según San Agustín, San Epifanio y San Isidoro, entre otros, su autor fue el escriba Esdras; algunos expositores lo atribuyen a Joacim, sumo sacerdote, nieto de Josedec, y otros a la Sinagoga, que pudo componerlo a partir de las cartas de Mardoqueo. Varios expositores sostienen que lo escribió Mardoqueo, basados en el texto del libro. *Est 9*, 20.

Aunque esta historia figura en el *Canon de los Libros Sagrados* de los judíos, no aparece en los primeros *Catálogos de los Libros Santos* de los cristianos, tal vez porque está en los *Libros de Esdras*. El Concilio de Laodicea lo reconoció en 366. San Jerónimo puso en duda los seis últimos capítulos, porque no estaban en el texto hebreo, y su opinión perduró hasta el siglo XVI. El Concilio de Trento reconoció todo el libro. Los protestantes sólo admiten los primeros nueve capítulos y el décimo hasta el verso 3.

Los judíos instituyeron en memoria del suceso que narra el libro *Ester* la fiesta *Furim* o *de las Suertes*. *2 Mac 15*, 37.

Ester es una joven judía cautiva en Persia, que por su hermosura llegó a ser la esposa del rey Asuero y que libró a los judíos de la proscripción general que el ministro Amán hizo firmar al rey. Asuero es llamado Artajerjes por los griegos.

1 *Convite del rey Asuero; repudio de la reina Vasti; y edicto para que las mujeres respeten a sus maridos*

1. En tiempo del rey Asuero, que reinó desde la India hasta la Etiopía, sobre ciento veintisiete provincias,

2. al sentarse en el trono de su reino, fue Susán la ciudad escogida para capital de su imperio.

3. Al tercer año, pues, de su reinado, dio un espléndido convite, que honró con su presencia, a todos sus oficiales, a los más valientes de los persas, y a los más señalados entre los medos, y a los gobernadores de las provincias.

4. (Todo para ostentar las riquezas y magnificencias de su reino, y la grandeza y pompa de su poderío). Convite cuya celebración duró mucho tiempo, a saber, ciento ochenta días.

5. Estando ya para acabarse, convidó a todo el pueblo que se hallaba en Susán, grandes y pequeños, y mandó se les dispusiese un banquete de siete días, en el cercado del jardín, y del bosque, que había sido plantado de mano de los reyes, y con regia magnificencia.

6. Se habían tendido por todas partes toldos de color azul celeste y blanco, y de jacinto o cárdeno, sostenido de cordones de finísimo lino, y de púrpura, que pasaban por sortijas de marfil, y se ataban a una columna de mármol. Estaban también dispuestos canapés o tarimas de oro y plata, sobre el pavimento enlosado de piedra, de color de esmeralda o de pórfido, y de mármol de Paros, formando varias figuras a lo mosaico, con admirable variedad.

7. Bebían los convidados en vasos de oro, y los manjares se servían en vajilla siempre diferente; se presentaba asimismo el vino en abundancia, y de exquisita calidad, como correspondía a la magnificencia del rey.

8. Ninguno forzaba a beber al que no

quería, sino que cada cual tomaba cuanto gustaba, conforme lo había mandado el rey; el cual a este fin dio la presidencia de cada mesa a uno de sus magnates.

9. Al mismo tiempo la reina Vasti dio un convite a las mujeres, en el palacio donde solía residir el rey Asuero.

10. Y el día séptimo, estando el rey más alegre de lo acostumbrado, y por el demasiado beber recalentado del vino, mandó a Maumam, y Bazata, y Harbona, y Bagata, y Abgata, y Zetar, y Carcas, siete eunucos que estaban de servicio alrededor de él,

11. que condujesen a su presencia a la reina Vasti con la corona puesta en la cabeza, para hacer ver su hermosura a todo el pueblo y señores; pues era de extremada belleza.

12. La cual lo rehusó, y por más que los eunucos le hicieron presente la orden del rey, no quiso comparecer. Por lo que indignado el rey, y ardiendo todo en saña,

13. consultó a los sabios, que según el estilo de los reyes tenía siempre a su lado, y por cuyo consejo lo hacía todo, pues estaban instruidos de las leyes y costumbres de sus mayores.

14. (Entre ellos eran los principales y más allegados Cársena, y Setar, y Admata, y Tarsia, y Marés y Marsana, y Mamucán, siete magnates de los persas y medos, que tenían entrada libre al rey, y ocupaban los primeros asientos después de él).

15. Les preguntó, pues, el rey, qué pena merecía la reina Vasti por no haber querido obedecer la orden que le había enviado el rey por medio de los eunucos.

16. A lo que respondió Mamucán en presencia del rey y de los grandes: La reina Vasti no sólo ha ofendido al rey, sino también a todos los pueblos y señores de todas las provincias del rey Asuero.

17. Porque la repulsa de la reina llegará a noticias de todas las mujeres; por tanto harán éstas poco caso de sus maridos, diciendo: El rey Asuero mandó venir a su presencia a la reina Vasti, y ella no quiso.

18. Con cuyo ejemplo todas las mujeres de los magnates persas y medos harán poco caso de los mandatos de sus maridos; y así la indignación del rey es muy justa.

19. Si te parece bien promúlguese por ti un edicto, y escríbase al tenor de las leyes de los persas y medos que no es lícito traspasar o revocar*, para que la reina Vasti no vuelva a aparecer jamás en la presencia del rey, y se dé su corona a otra más digna que ella.

20. Y que se haga saber esto por todas las provincias de su vastísimo imperio, a fin de que todas las mujeres, así de los grandes como de los pequeños, tributen el debido honor a sus maridos.

21. Pareció bien al rey y a los grandes el consejo de Mamucán, y conformándose el rey con este dictamen.

22. despachó cartas a todas las provincias de su imperio, en diversas lenguas y caracteres, para que cada nación las pudiera entender y leer diciendo en ellas que los maridos debían tener todo el poder y autoridad en sus respectivas casas; y que esto se publicase por todos los pueblos.

2

Esta es escogida por el rey Asuero como reina en lugar de Vasti. Mardoqueo descubre una traición

---

1. Pasadas así estas cosas, luego de calmada la cólera del rey Asuero, se acordó éste de Vasti, y de lo que había hecho, y de su castigo.

2. Por lo cual los criados y ministros del rey dijeron: Búsquense para el rey jovencitas, que sean vírgenes y hermosas;

3. enviando por todas las provincias personas que escojan doncellas vírgenes y de buen parecer, y las traigan a la ciudad de Susán, al palacio de las mujeres, entregándolas al cuidado del eunuco Egeo, superintendente y guarda de las mujeres del rey, y déseles allí cuanto sea necesario para su ornato mujeril y lo demás que hubiere menester,

4. y la que entre todas sea más del agrado del rey, ésa será la reina en lugar de Vasto. Pareció bien al rey la proposición, y mandó que se ejecutase así como se lo habían sugerido.

5. Moraba en la ciudad de Susán cierto varón judío llamado Mardoqueo, hijo de Jair, hijo de Semei, hijo de Cis, del linaje de Jémini*,

6. el cual había sido llevado de Jerusalén,

---

19. Había entre los persas edictos o leyes hechas con tales formalidades que se tenían por irrevocables aun por el mismo rey. *Dan 6*, 8-15.

5. De la tribu de Benjamín.

cuando Nabucodonosor, rey de Babilonia, llevó cautivo a Jeconías, rey de Judá.

7. Había Mardoqueo criado a Edisa, hija de un hermano suyo, llamada por otro nombre Ester, huérfana de padre y madre, en extremo hermosa y de lindo parecer, a la cual, así que se le murieron los padres, adoptó por hija suya.

8. Divulgada la orden del rey, como fuesen conducidas según la real disposición muchas hermosas vírgenes a Susán, y entregadas al eunuco Egeo, le fue también entregada entre las demás doncellas Ester, para ser guardada con las otras.

9. Esta se llevó las atenciones de Egeo, y cayó en gracia a sus ojos; y así mandó a otro eunuco que le aprontase luego los adornos mujeriles, y le diese lo que le correspondía, con siete muchachas de las más bien parecidas en la casa real para servirla, y que cuidase del adorno y buen trato, así de ella como de sus criadas.

10. Ester no le descubrió su nación, ni patria; pues Mardoqueo le había prevenido que por ningún caso hablase de eso.

11. Paseaba éste todos los días por delante del patio de la casa en la que se custodiaban las vírgenes escogidas, cuidadoso de la salud de Ester, y deseoso de saber lo que le sucedería.

12. Al llegar el tiempo en que cada una de las doncellas, por su orden, debía ser presentada al rey, después de haber practicado todo lo que se requería para su adorno mujeril, corría ya el mes duodécimo; porque durante seis meses se ungían con óleo de mirra, y por espacio de otros seis usaban de ciertos afeites y perfumes.

13. Y cuando habían de ser presentadas al rey, se les daba todo cuanto pedían para su adorno; y engalanadas como mejor les parecía, pasaban del convictorio de las mujeres a la cámara del rey.

14. Y la que había entrado por la tarde salía por la mañana; y de allí era conducida a otro departamento, de que cuidada el eunuco Susagazi, que tenía el gobierno de las mujeres secundarias del rey; y no podía ya ella volver más al rey, si el rey no lo deseaba, y no la mandaba venir expresamente.

15. Pasado, pues, un cierto tiempo, se acercaba ya el día en que debía ser presentada al rey Ester, hija de Abihail, hermano de Mardoqueo, quien se la había prohijado. No pidió Ester adornos mujeriles, sino que el eunuco Egeo, a cuyo cuidado estaban las doncellas, le dio para adornarse lo que él quiso. Porque era de extremada hermosura e increíble belleza, y así parecía graciosa y amable a los ojos de todos.

16. Fue, pues, conducida a la cámara del rey Asuero, el mes décimo, llamado Tebet, el séptimo año de su reinado.

17. Y el rey quedó prendado de ella más que de todas las otras mujeres, y le cayó Ester en gracia, y obtuvo su favor sobre las demás; y la puso en la cabeza la corona real, declarándola reina en lugar de Vasti*.

18. Mandó en seguida disponer un esplendidísimo convite para todos los grandes y cortesanos suyos con motivo del matrimonio y bodas con Ester; y concedió alivio de algunos tributos a todas las provincias; y distribuyó dones con una magnificencia digna de tal príncipe.

19. Mientras por segunda vez se buscaron y reunieron vírgenes para el rey, estaba Mardoqueo continuamente a la puerta del rey.

20. Ester, siguiendo la prevención de Mardoqueo, no había descubierto todavía ni su patria, ni su nación. Porque ella hacía puntualmente cuanto le prescribía Mardoqueo; y se portaba en todo como había acostumbrado siendo niña, cuando su tío la educaba.

21. En aquel tiempo, pues, en que Mardoqueo estaba en la puerta del rey, Bagatán y Tarés, dos eunucos del rey que tenían a su cuidado la custodia de la puerta, y mandaban en la primera entrada del palacio, descontentos con el rey, pensaron en levantarse contra él, y matarlo.

22. Lo que oído por Mardoqueo, lo comunicó inmediatamente a la reina Ester, la cual dio parte al rey en nombre de Mardoqueo, por quien había sido informada de la conjuración.

23. Se hizo la pesquisa, y se averiguó que era cierta la cosa; con lo que ambos fueron colgados en un patíbulo. Este suceso fue registrado en las historias, y escrito en los anales, a presencia del rey.

---

17. El autor llama la atención sobre el origen y la extraordinaria belleza de Ester, la posición de Mardoqueo al rey y la difícil situación de los judíos.

3 *Amán hace que el rey expida órdenes para que sean muertos los judíos en todas las provincias*

1. Después de esto el rey Asuero ensalzó a Amán hijo de Amadati, que era del linaje de Agag, y le dio asiento superior al de todos los grandes señores, que tenía cerca de él*.

2. Todos los criados del rey que frecuentaban las puertas de palacio, doblaban la rodilla, y adoraban a Amán; pues así lo había mandado el soberano. Sólo Mardoqueo no doblaba la rodilla, ni le adoraba.

3. Le dijeron, pues, los criados del rey, que mandaban en las puertas del palacio: ¿Cómo es que no observas la orden del rey, distsinguiéndote entre todos los demás?

4. Y como se lo repitiesen varias veces, y él no quisiese hacer caso, dieron aviso a Amán, deseando probar si persistiría siempre en su resolución; porque les había dicho que él era judío.

5. Amán, recibido el aviso, y certificado por la experiencia de que Mardoqueo ni le doblaba la rodilla, ni lo adoraba, montó en gran cólera.

6. Pero considero en nada vengarse de sólo Mardoqueo, pues había oído ser judío de nacimiento, y quiso más bien exterminar toda la nación de judíos que vivían en el reino de Asuero.

7. Así, en el mes primero, llamado Nisán, el año duodécimo del reinado de Asuero, se echaron delante de Amán en una urna las suertes, llamadas en hebreo Fur para saber el día y mes en que debería ser entregada a la muerte la nación de los judíos, y salió del mes duodécimo llamado Adar.

8. Entonces Amán fue y dijo al rey Asuero: Hay un pueblo esparcido por todas las provincias de tu reino, gentes separadas unas de otras, que observan leyes y ceremonias desconocidas, y lo que es más, desprecian las órdenes del rey; y tú sabes muy bien no ser conveniente a tu reino tolerar su insolencia.

9. Si te parece bien, decreta que perezcan; que yo entraré, en dinero contante, diez mil talentos en las arcas de tu tesorería.

10. Entonces el rey se quitó del dedo el anillo, de que se servía para sellar, y se lo entregó a Amán, hijo de Amadati, del linaje de Agag, enemigo de los judíos,

11. y le dijo: Ese dinero que prometes sea para ti. Por lo que toca a ese pueblo, haz lo que te parezca.

12. Fueron, pues, llamados los secretarios del rey el primer mes, llamado Nisán, el día trece del mismo mes; y escribieron en nombre del rey Asuero, según la orden de Amán, a todos los sátrapas del rey, y a los jueces de las provincias y de las diversas naciones según la variedad de las lenguas, para que cada nación pudiese leer el edicto y entenderlo; y las cartas, selladas, con el anillo del rey,

13. fueron despachadas por sus correos reales a todas las provincias, para que matasen y exterminasen a todos los judíos, mozos y viejos, niños y mujeres, en un mismo día, esto es, el trece del mes duodécimo, llamado Adar, y saqueasen sus bienes.

14. Y esto es lo que contenían las cartas, para que los sujetos de todas las provincias quedasen informados y estuviesen apercibidos para el día dicho.

15. Los correos expedidos fueron a toda prisa a cumplir la orden del rey; y se fijó luego en Susán el educto, a tiempo que el rey y Amán celebraban un banquete, y mientras todos los judíos que había en la ciudad se deshacían en lágrimas.

4 *Ester, avisada por Mardoqueo, resuelve presentarse al rey para impedir la ruina de los judíos*

1. Habiendo sabido esto Mardoqueo, rasgó sus vestidos, y se vistió de un saco o cilicio, esparciendo ceniza sobre su cabeza; y en medio de la plaza de la ciudad clamaba en alta voz, manifestando la amargura de su corazón;

2. y con estos alaridos iba hasta las puertas de palacio. Porque no era lícito que uno vestido de cilicio entrase dentro del palacio real.

3. Asimismo en todas las provincias, ciudades y pueblos, a donde había llegado el cruel edicto del rey, era grande la cons-

---

1. *Est 1,* 14; *2 Re 25,* 28.

ternación de los judíos; ayunaban, prorrumpían en alaridos y lamentos, usando muchos de cilicio y ceniza en lugar de cama.

4. Y las camaristas de Ester y los eunucos, entraron a darle parte. La cual, al oírlo quedó consternada. Y envió un vestido a Mardoqueo, para que quitándose el saco, se lo vistiese; pero Mardoqueo no quiso recibirlo.

5. Entonces ella llamó a Atac, eunuco que el rey le había dado para servirle, y lo mandó ir a Mardoqueo a fin de informarse de él por qué hacía tales cosas.

6. Salió, pues, Atac, y fue a encontrar a Mardoqueo, que estaba en la plaza de la ciudad, delante de la puerta de palacio;

7. el cual lo informó de todo lo ocurrido, y cómo Amán había prometido meter una gran suma de dinero en el tesoro del rey por la mortandad de los judíos.

8. Le dio también copia del edicto fijado en Susán, a fin de que lo mostrase a la reina, y la exhortase a presentarse al rey, para interceder por su pueblo.

9. Vuelto Atac, refirió a Ester todo lo que Mardoqueo le había dicho.

10. Y le mandó ella que llevase la siguiente respuesta a Mardoqueo:

11. Todos los criados del rey y todas las provincias sujetas a su imperio saben que cualquier hombre o mujer, que, sin ser llamados, entraren en el cuarto interior del rey, al punto sin remisión alguna deben ser muertos; a no ser que el rey extienda hacia ellos su cetro de oro en señal de clemencia, salvándoles así la vida. Esto supuesto, ¿cómo podré yo entrar al rey, habiéndose ya pasado treinta días que no he sido llamada a su presencia?

12. Lo que oyendo Mardoqueo,

13. envió todavía a decir esto a Ester: No pienses que por estar en el palacio del rey podrás tú sola salvar la vida entre todos los judíos;

14. porque si ahora callares, los judíos se salvarán por algún otro medio; mas tú y la casa de tu padre pereceréis. ¿Y quién sabe si por eso has llegado a ser reina, para que pusieses servirnos en este trance?

15. Ester entonces envió esta respuesta a Mardoqueo:

16. Anda enhorabuena y junta todos los judíos que hallares en Susán, y haced oración por mí; no comáis ni bebáis en tres días y en tres noches, que yo con mis criados ayunaré igualmente; y en seguida me presentaré al rey, contraviniendo la ley, pues entraré sin ser llamada, y exponiéndome al peligro y a la muerte.

17. Con esto Mardoqueo se retiró, e hizo todo lo que Ester le había ordenado.

5

Ester se presenta al rey, y le suplica que asista a un convinte y lleve consigo a Amán

---

1. Al tercer día se vistió Ester las vestiduras reales, y presentándose en la habitación interior del rey, se paró en la antecámara de la sala en que estaba el rey sentado en su trono, colocado en el fondo de la sala, frente a la puerta.

2. Y habiendo visto a la reina Ester parada, la miró con agrado, y alargó hacia ella el cetro de oro, que tenía en la mano. Se acercó Ester, y besó la punta del cetro real.

3. Le dijo entonces el rey: ¿Qué es lo que quieres, reina Ester? ¿Qué petición es la tuya? Aun cuando me pidieres la mitad del reino se te dará.

4. A lo que respondió ella: Si place al rey, suplico que venga hoy a mi habitación al convite que tengo preparado, y lleve consigo a Amán.

5. Al instante dijo el rey: Llamad luego a Amán, para que cumpla lo que dispone Ester. Fueron, pues, el rey y Amán al convite que les había dispuesto la reina.

6. Y el rey, después que bebió vino con abundancia, dijo a Ester: ¿Qué cosa quieres que te mande dar? ¿Cuál es tu pretensión? Aunque pidieres la mitad del reino te la otorgaré.

7. Respondió Ester: Mi petición y mis ruegos son éstos:

8. Si yo he hallado gracia delante del rey, y si el rey tiene a bien concederme lo que pretendo y el condescender a mi súplica, venga el rey, y con él Amán, a otro convite que les he dispuesto, y mañana expondré al rey mis deseos.

9. Con esto salió aquel día Amán muy contento y alegre. Mas como viese a Mardoqueo sentado ante las puertas de palacio, y que no sólo no se había levantado para hacerle acatamiento, sino que ni siquiera se había movido del asiento en que estaba, se irritó sobremanera.

10. Pero disimulando la ira, vuelto a su casa, convocó a sus amigos y a Zarés, su esposa.

11. Les hizo presente cuán grande eran sus riquezas, la multitud de sus hijos y el alto grado de gloria a que el rey le había elevado sobre los demás grandes y cortesanos suyos.

12. Y añadió después: Aun la reina Ester a ningún otro ha llamado al convite que da al rey sino a mí; y también mañana he de comer en su casa con el rey.

13. Mas aunque gozo de todas estas satisfacciones, nada me parece que tengo mientras viere al judío Mardoqueo sentado a la puerta de palacio.

14. Y le respondieron Zarés, su esposa, y los amigos: Manda preparar una gran viga de cincuenta codos de alto, y di mañana al rey que sea en ella colgado Mardoqueo, y con eso irás contento con el rey al convite. Le agradó el consejo, y mandó preparar un gran madero.

6

Mardoqueo es honrado por Amán de orden del rey como la segunda persona del reino

1. Pasó el rey aquella noche sin dormir; por lo que mandó que le trajesen las historias y los anales del tiempo pasado. Leyéndoselos,

2. llegaron al lugar donde se hallaba escrito cómo Mardoqueo había descubierto la conjuración de los eunucos Bagatán y Tarés, que querían degollar al rey Asuero.

3. Oído lo cual, dijo el rey: ¿Qué premio u honor ha recibido Mardoqueo por tanta lealtad? Le respondieron sus criados y cortesanos: No ha recibido recompensa alguna.

4. Inmediatamente dijo el rey: ¿Quién está en la antecámara? Había entrado Amán en la antecámara más inmediata al cuarto del rey, para sugerirle que mandase colgar a Mardoqueo en el patíbulo ya preparado.

5. Respondieron los criados: Amán es el que está en la antecámara. Que entre dijo el rey.

6. Entrando que hubo, le dijo: ¿Qué debe hacerse con un hombre a quien el rey desea honrar? Y Amán, pensando dentro de sí y creyendo que el rey a ningún otro quería honrar sino a él,

7. respondió: La persona a quien el rey desea honrar,

8. debe ser vestida con vestiduras reales, y salir montada en un caballo de los que el rey monta, y llevar sobre su cabeza la real corona.

9. Y el primero de los príncipes y grandes de la corte lleve asido del diestro el caballo, y marchando por la plaza de la ciudad publique en alta voz y diga: Así se honra al que el rey quiere honrar.

10. Le replicó el rey: Date prisa; y tomando el manto real y el caballo, todo eso que has dicho ejecútalo con el judío Mardoqueo, el que está a la puerta del palacio. Guárdate de omitir nada de cuanto has dicho.

11. Tomó, pues, Amán el manto real y el caballo y habiéndoselo vestido a Mardoqueo en la plaza de la ciudad, y héchole montar en el caballo, iba caminando delante de él, y gritaba: De tal honor es digno aquel a quien el rey quiere honrar.

12. Después volvió Mardoqueo a la puerta del palacio a su destino; y Amán se retiró a toda prisa a su casa, sollozando, y cubierta la cabeza;

13. y contó a Zarés, su esposa, y a los amigos todo cuanto le había sucedido. A lo que los sabios, que tenía por consejeros, y su esposa le contestaron: Si Mardoqueo, delante de quien has comenzado a caer, es del linaje de los judíos, no podrás contrarrestarle, sino que acabarás de caer precipitadamente en su presencia.

14. Todavía estaban ellos hablando, cuando llegaron los eunucos del rey, y lo obligaron a ir inmediatamente al convite que tenía la reina dispuesto.

7

Ester intercede por su pueblo y Amán es ajusticiado en el patíbulo preparado para Mardoqueo

1. Entró, pues, el rey, acompañado de Amán, al convite de la reina.

2. A la cual dijo también el rey en este segundo día, después de recalentado con el vino: ¿Qué petición es la tuya, Ester, y qué quieres que se te conceda? Aunque pidieres la mitad de mi reino, la alcanzarás.

3. Ester le respondió: Si yo he hallado gracia en tus ojos, oh rey mío, y si es de tu agrado, sálvame la vida, por la cual te ruego, y la de mi pueblo, por quien imploró tu clemencia.

4. Porque así yo como mi nación estamos condenados a la ruina, al degüello, al exterminio. Ojalá que al menos fuésemos vendidos por esclavos y esclavas; el mal sería tolerable, y me contentaría con gemir en silencio; mas ahora tenemos por enemigo un hombre, cuya crueldad redunda contra el rey.

5. A lo que respondiendo el rey Asuero, dijo: ¿Quién es ese, y qué poder es el suyo, para que tenga la osadía de hacer tales cosas?

6. Dijo entonces Ester: Nuestro perseguidor y enemigo es ese perversísimo Amán. Al oír esto Amán, se quedó yerto de repente, no pudiendo sufrir las terribles miradas del rey y la reina.

7. Al mismo tiempo el rey, lleno de cólera, se levantó del lugar del convite, y pasó a un jardín inmediato plantado de árboles. Se levantó igualmente Amán para rogar a la reina Ester que le salvase la vida; pues conoció que el rey había resuelto su castigo.

8. Vuelto Asuero del jardín, plantado de árboles, y entrando en el lugar del convite, halló a Amán postrado o caído sobre el lecho o tarima en que Ester estaba recostada*, y dijo: ¿Aun a la reina quieres violentar delante de mí, en mi propia casa? No bien había el rey pronunciado estas palabras, cuando al instante le cubrieron a Amán la cara.

9. Entonces Harbona, uno de los eunucos que servían al rey, dijo: Sábete, oh rey, que en casa de Amán hay un patíbulo de cincuenta codos de alto, que él había mandado preparar para Mardoqueo, el que descubrió la conspiración contra el rey. Le respondió el rey: Colgadle luego en él.

10. Fue, pues, Amán colgado en el patíbulo que tenía preparado para Mardoqueo, y con eso se apaciguó la ira del rey.

8 *Exaltado Mardoqueo por el rey Asuero, afianza la seguridad de los judíos*

1. Aquel mismo día el rey Asuero dio a la reina Ester la casa y los bienes de Amán, el enemigo de los judíos, y Mardoqueo fue presentado al rey; por cuanto Ester le declaró que era su tío paterno.

2. Y tomó el rey el anillo o sello que había mandado recoger de Amán, y se lo entregó a Mardoqueo, al cual hizo Ester mayordomo de su casa o palacio.

3. Mas no contenta con eso, se echó a los pies del rey, y con lágrimas en los ojos le habló y suplicó que mandase no tuviesen efecto los maliciosos designios de Amán, hijo de Agag, y las inicuas tramas que había urdido contra los judíos.

4. Entonces Asuero, según la costumbre, alargó con la mano el cetro de oro, hacia ella; lo cual era la señal de favor y clemencia; y levantándose Ester se puso en pie delante del rey,

5. y dijo: Si es del agrado del rey, y si he hallagrado gracia en sus ojos, y mi súplica no le parece injusta, ruego encarecidamente que con nuevas cartas del rey sean invalidadas las precedentes cartas de Amán, perseguidor y enemigo de los judíos, con las cuales había mandado acabar con ellos en todas las provincias del reino.

6. Porque, ¿cómo podré yo soportar el degüello y la mortandad de todo mi pueblo?

7. El rey Asuero respondió a la reina Ester y al judío Mardoqueo en estos términos: Yo he dado a Ester la casa de Amán y a éste le he mandado crucificar por la osadía de querer perder a los judíos.

8. Escribid, pues, a los judíos en nombre del rey, como mejor os pareciere, sellando las cartas con mi anillo. Porque era uso y costumbre que a cartas recibidas en nombre del rey, y selladas con su anillo, nadie osaba oponerse.

9. Con esto, llamados los secretarios y escribientes del rey, corriendo el mes tercero, llamado Siban, el día veintitrés,

---

8. Amán experimenta el terror que había planeado para los judíos. La narración evoca el salmo *Su maldad y su violencia caerán sobre su propia cabeza. Sal 7*, 16.

fueron escritas las cartas del modo que quiso Mardoqueo, a los judíos, y a los príncipes, y a los gobernadores, y jueces que mandaban en las ciento veintisiete provincias, desde la India hasta la Etiopía; provincia por provincia, pueblo por pueblo, según sus lenguas y alfabetos, como también a los judíos, para que todo el mundo pudiese leerlas y entenderlas.

10. Estas mismas cartas, escritas en nombre del rey, fueron selladas con su anillo y remitidas por correos; los cuales recorriendo con rapidez todas las provincias, cambiasen por medio de las nuevas órdenes el efecto de las cartas primeras.

11. Les mandó también el rey que en cada ciudad fuesen a estar con los judíos, y les ordenasen unirse todos para defender sus vidas, y matar y acabar con todos sus enemigos, sin perdonar a las mujeres, ni a los hijos, ni a las casas, saqueando sus bienes.

12. Y se señaló en todas las provincias un mismo día para la venganza; es a saber, el día trece del duodécimo mes llamado Adar.

13. La sustancia de las cartas era notificar a todas las tierras y pueblos sujetos al imperio del rey Asuero, que los judíos estaban dispuestos y autorizados a vengarse de sus enemigos.

14. Partieron, pues, los correos en postas con las nuevas cartas; y el edicto del rey se fijó en Susán.

15. Entretanto Mardoqueo saliendo del palacio y de la audiencia del rey, iba rozagante, vestido a la manera del rey, esto es, de color de jacinto y de azul celeste, llevando en la cabeza una corona de oro, y cubierto de un manto de seda y de púrpura. Y toda la ciudad hizo fiestas y regocijos.

16. A los judíos les pareció que les nacía una nueva luz, por el gozo, la honra y la holganza que les venía.

17. Asimismo en todos los pueblos, en las ciudades y provincias, doquiera que llegaban las órdenes del rey, se recibían con extraordinaria alegría, y había banquetes, y convites, y fiestas; en tanto grado, que muchos de otras naciones y sectas abrazaban la religión y ceremonias de los judíos. Tan grande era el terror que había infundido a todos el nombre judaico.

9

Los judíos toman venganza de sus enemigos. Ajusticiados los hijos de Amán. Se instituye la fiesta de Furim

1. En efecto, a los trece días del mes duodécimo, que como hemos dicho arriba, se llamaba Adar, cuando estaba dispuesta la mortandad de todos los judíos, y sus enemigos ardían en sed de su sangre, trocada la suerte[1], comenzaron los judíos a prevalecer, y a tomar venganza de sus contrarios.

2. Se juntaron, pues, en todas las ciudades, villas y lugares para acometer a sus enemigos y perseguidores; y nadie osó resistirles; porque estaban todos los pueblos poseídos del miedo de su poder y valimiento.

3. Pues aun los magistrados de las provincias, los gobernadores e intendentes, y todos los constituidos en dignidad, que en cada lugar presidían las obras, daban la mano a los judíos por temor de Mardoqueo,

4. que sabían ser el valido de la corte, y gozar de extraordinaria privanza; por lo que la fama de su nombre iba creciendo cada día, y andaba volando de boca en boca por todas partes.

5. Con esto los judíos hicieron un gran estrago y mortandad en sus enemigos; ejecutando aquello mismo que tenían éstos tramado contra el pueblo judaico.

6. Tanto, que en Susán mismo mataron a quinientos hombres, sin contar diez hijos de Amán, descendientes de Agag, el enemigo de los judíos, cuyos nombres son éstos:

7. Farsandata, Delfón, y Esfata,

8. Forata, Adalía, Aridata,

9. Permesta, Arisai, Aridai, y Jezata.

10. Después de haberles quitado la vida, no quisieron saquear ni tocar nada de sus bienes.

11. Inmediatamente dieron cuenta al rey del número de los que habían sido muertos en Susán.

12. El cual dijo a la reina: En la ciudad de Susán los judíos han muerto a quinientos hombres, además de los diez hijos de Amán; ¿cuán grande, pues, juzgas que será la

1. Por las nuevas órdenes del rey, se invirtió la situación.

mortandad que habrán hecho en todas las provincias? ¿Qué más pides, o qué otra cosa quieres que yo mande?

13. Si es del agrado del rey, respondió ella, dése facultad a los judíos para que hagan también mañana lo que han hecho hoy en Susán; y que los cadáveres de los diez hijos de Amán sean colgados en patíbulos.

14. Y mandó el rey que así se hiciese; e inmediatamente se fijó en Susán el edicto, y fueron colgados los diez hijos de Amán.

15. Reunidos los judíos el día catorce del mes de Adar, mataron en Susán hasta trescientos hombres; mas tampoco saquearon sus bienes.

16. Asimismo en todas las provincias sujetas al dominio del rey, los judíos pelearon por defender sus vidas, matando a sus enemigos y perseguidores, en tanto número que llegó a setenta y cinco mil el de los muertos, sin que nadie tocase cosa alguna de sus bienes.

17. El día trece del mes de Adar fue el primero de la mortandad en todas partes, y el día catorce cesó el estrago; este día determinaron que fuese día de fiesta solemne, y se celebrase de allí en adelante perpetuamente con banquetes, regocijos y convites.

18. Los que ejecutaron la mortandad en la ciudad de Susán emplearon en ella los días trece y catorce de dicho mes, y cesaron de matar el quince; y por eso establecieron que este día se solemnizase con banquetes y regocijos.

19. Mas los judíos que moraban en villas sin muros y en aldeas, señalaron el día catorce del mes de Adar para los convites y alegrías; de modo que hacen en él gran fiesta, y se regalan recíprocamente platos de viandas y manjares.

20. Cuidó, pues, Mardoqueo de escribir todas esas cosas en una carta o libro, que envió a los judíos que habitaban en todas las provincias del rey, así vecinas como remotas,

21. para que observasen como días festivos el catorce y el quince del mes de Adar, y los celebrasen siempre cada año con solemne honor;

22. por cuanto en tales días los judíos tomaron venganza de sus enemigos, y el llanto y tristeza se les convirtieron en júbilo y alegría; y así estos días eran días de banquetes y regocijos, en que debían enviarse mutuamente parte de los manjares, y regalar algo a los pobres.

23. Establecieron, pues, los judíos una fiesta solemne, conforme a lo que habían comenzado a practicar en este tiempo, y les había prescrito Mardoqueo en su carta;

24. en memoria de que Amán, hijo de Amadati, del linaje de Agag, enemigo y perseguidor de los judíos, maquinó contra ellos el atentado de matarlos y exterminarlos; echó para eso el Fur, que es lo mismo que suerte en nuestra lengua.

25. Mas después Ester se presentó al rey, suplicando que desbaratase los designios de Amán, mediante una carta y orden del rey, y que el mal que había tramado contra los judíos recayese sobre su cabeza. Y al fin así a Amán como a sus hijos los pusieron en una cruz.

26. Desde entonces se llaman estos días Furim, este es, de las Suertes; por cuanto el Fur, esto es, la suerte, fue echada en la urna. Todos estos sucesos se contienen en el volumen de aquel escrito, es a saber, de este libro.

27. Y en memoria de lo que padecieron, y de la feliz mudanza que sobrevino se obligaron los judíos por sí y por sus descendientes, y por todos los que quisieren agregarse a su religión, a no permitir que ninguno pase estos dos días sin solemnizarlos, según aparece de este escrito, y lo pide el tiempo señalado de año en año.

28. Estos son días que jamás serán puestos en olvido, y que se celebrarán de generación en generación en todas las provincias de la tierra; y no hay ciudad alguna en que los días de Furim, esto es, de las Suertes, no sean guardados por los judíos y por la descendencia de los que se obligaron a estas ceremonias.

29. Y la reina Ester, hija de Abihail, y Mardoqueo, judío, escribieron todavía una segunda carta, a fin de que con el mayor esmero quedase establecido este día solemne para lo sucesivo;

30. y la enviaron a todos los judíos que moraban en las ciento veintisiete provincias del rey Asuero, para que viviesen en dichosa paz, y fuesen fieles en la promesa,

31. observando los días de las Suertes, y celebrándolos a su tiempo con demostraciones de gozo. Se obligaron, pues, los judíos, conforme a lo prescrito por Mardoqueo y Ester, a observar ellos y sus descendientes los ayunos y clamores a Dios y demás ceremonias de los días de las Suertes,

32. y todo cuanto contiene la historia en este Libro, que se titula Ester.

10 *Sueño de Mardoqueo acerca de la libertad concedida a los judíos*

1. El rey Asuero había hecho tributaria toda la tierra con todas las islas del mar;

2. y en los libros o anales de los medos y persas se halla escrito cuál fue su poder y dominio; y cuán alto grado de grandeza, sublimó a Mardoqueo,

3. y cómo este Mardoqueo, judío de nación, vino a ser la segunda persona después del rey Asuero; y cómo fue eminente entre los judíos, y universalmente querido de todos sus hermanos, como quien procuraba el bien de su pueblo y se interesaba en todo lo perteneciente a la prosperidad de su nación*.

4. Entonces Mardoqueo dijo: Esto es obra de Dios.

5. Me acuerdo de un sueño que tuve, el cual significaba estas mismas cosas, y ninguna de ellas ha quedado sin cumplirse.

6. Vi una pequeña fuente que creció hasta hacerse un río; después se convirtió en una luz y en un sol; y salió de madre por la abundancia de sus aguas. Esta fuente es Ester, a quien el rey tomó por mujer, y escogió por reina.

7. Los dos dragones que vi, somos yo y Amán.

8. Las gentes que se coligaron, son aquellos que intentaron borrar el nombre judaico.

9. Mi gente es Israel, la cual clamó al Señor, y el Señor salvó a su pueblo; librándonos de todos los males, y obrando grandes milagros y portentos entre los gentiles.

10. Y mandó que se pusiesen dos suertes, una para el pueblo de Dios, y otra para las demás naciones;

11. y ambas suertes salieron fuera delante del Señor para todas las gentes, en el día señalado ya desde aquel tiempo.

12. Y se acordó el Señor de su pueblo, y tuvo compasión de su herencia.

13. Por lo que los días catorce y quince del mes de Adar deben solemnizarse con toda la devoción y júbilo por todo el pueblo congregado en cuerpo, mientras haya descendencia del pueblo de Israel.

11 *Descripción detallada y circunstancias del sueño de Mardoqueo*

1. El año cuarto del reinado de Tolomeo y de Cleopatra, Dositeo, que se decía sacerdote u de la estirpe de Leví, y Tolomeo, su hijo, trajeron esta carta del Furim, la que aseguraron haber sido traducida en Jerusalén por Lisímaco, hijo de Tolomeo.

2. El año segundo del reinado del muy grande Artajerjes, el primer día del mes de Nisán tuvo un sueño Mardoqueo hijo de Jair, hijo de Semei, hijo de Cis, de la tribu de Benjamín.

3. Era Mardoqueo de nación judío, habitaba en la ciudad de Susán, y llegó a ser un hombre poderoso y de los primeros de la corte del rey,

4. y era del número de los cautivos que Nabucodonosor, rey de Babilonia, trasladó de Jerusalén con Jeconías o Joaquín, rey de Judá*.

5. Su sueño fue éste: Le pareció que sentía voces, y alborotos, y truenos y terremotos, y turbación sobre la tierra;

6. y aparecieron dos dragones descomunales en acto de entrar en batalla uno contra otro;

7. a cuyos grandes silbidos todas las naciones se alborotaron para pelear contra la nación de los justos.

8. Día fue aquél de tinieblas y de peligros, de tribulación y de angustias, y de gran espanto para la tierra.

9. La nación de los justos, temerosa de

---

3. En este verso termina el texto griego. Vienen luego algunos capítulos que aparecen en el texto latino de la *Vulgata* y que varias ediciones insertan dentro de los capítulos anteriores. *En esta edición se conserva el orden de la Vulgata.*

4. *2 Re 24*, 6-15.

TRIUNFO DE MARDOQUEO

Y en los libros o anales de los medos y persas se halla escrito cuál fue su poder y dominio; y cuán alto grado de grandeza sublimóa Mardoqueo, y cómo este Mardoqueo, judío de nación, vino a ser la segunda persona después del rey Asuero; y cómo fue eminente entre los judíos, y universalmente querido de todos sus hermanos,

los desastres que la amenazaban se conturbó extraordinariamente considerándose destinada a la muerte.

10. Clamaron a Dios; y a sus gritos una fuente pequeña creció hasta hacerse un grandísimo río, que por las muchas aguas, salió de madre.

11. Apareció una luz y un sol; y los humildes fueron ensalzados, y devoraron a los grandes o soberbios.

12. Así que Mardoqueo tuvo esta visión, levantándose de la cama, se puso a pensar qué es lo que Dios querría hacer; y tenía fijo el sueño en su mente, deseoso de saber su significación.

12 *Aclaración sobre la conspiración de los eunucos contra el rey, descubierta por Mardoqueo*

1. Estaba entonces Mardoqueo en el palacio del rey con Bagatán y Tarés, eunucos del rey, a cargo de los cuales estaban las puertas de palacio;

2. y como escuchase las tramas de éstos, y hubiese averiguado bien sus designios, comprendió que atentaban contra la vida del rey Artajerjes, y se lo avisó al rey.

3. El cual, hecho el proceso a ambos, confesando ellos el delito, los mandó ajusticiar.

4. Hizo el rey escfribir en los anales este suceso; e igualmente lo puso por escrito Mardoqueo, para conservar su memoria.

5. Y le mandó el rey que morase en el palacio; después de haberle gratificado por dicho descubrimiento.

6. Pero Amán, hijo de Amadati bugeo, gozaba de gran fervor con el rey, y quiso perder a Mardoqueo y a su pueblo, a causa de los dos eunucos del rey ajusticiados; y les saquearon sus bienes y haciendas.

13 *Carta del rey contra los judíos y la oración que hizo Mardoqueo, implorando su misericordia*

1. El tenor de la carta de Amán contra los judíos era éste: El muy grande rey Artajerjes que reina desde la India hasta la Etiopía, a los principales y gobernadores de las ciento veintisiete provincias que están sujetas a su imperio, salud.

2. Siendo yo emperador de muchísimas naciones, y habiendo sometido a mi dominio toda la tierra, no he querido abusar de ningún modo de la grandeza de mi poderío, sino antes bien gobernar a mis vasallos con clemencia y mansedumbre, para que pasando la vida con sosiego, sin temor alguno gozasen la paz deseada de todos los mortales.

3. E informándome de mis consejeros del modo que esto podría conseguirse, uno de ellos llamado Amán, que aventajaba a los demás en sabiduría y fidelidad, y tenía el segundo puesto en el reino,

4. me significó estar esparcido por toda la tierra un pueblo que se gobernaba con leyes nuevas y portándose contra la costumbre de todas las gentes, menospreciaba las órdenes de los reyes, y con sus disensiones turbaba la concordia de todas las naciones.

5. Lo cual entendido por nosotros, viendo que una sola nación se opone a todo el género humano, usa de leyes perversas, y desobedece nuestros decretos, perturba la paz y concordia de las provincias que nos están sujetas;

6. hemos decretado que todos cuantos fueren designados por Amán (el cual tiene la superintendencia de todas las provincias y es el segundo después de nosotros, y a quien honramos como a padre) sean exterminados por sus enemigos, con las mujeres e hijos, el día catorce del mes duodécimo llamado Adar, del presente año, sin que nadie los perdone.

7. A fin de que estos hombres malvados, bajando al sepulcro en un mismo día, restituyan a nuestro imperio la paz que le habían quitado.

8. Hizo, pues, Mardoqueo oración al Señor, y representándole todas las maravillas que había obrado,

9. dijo: Señor, oh Señor rey omnipotente, de tu potestad dependen todas las cosas, y no hay quien resista a tu majestad.

10. Tú hiciste el cielo y la tierra, y todo cuanto el ámbito de los cielos abraza.

11. Tú eres el Señor de todas las cosas, y no hay quien resista a tu Majestad.

12. Tú lo sabes todo, y por consiguiente sabes que no por soberbia, ni por desdén, ni por ambición de gloria he hecho esto de no adorar al soberanísimo Amán

13. (porque para salvar a Israel estaría pronto a besar de buena gana aun las huellas de sus pies);

14. pero yo he temido trasladar a un hombre el honor debido a mi Dios, y adorar a ningún otro que al Dios mío.

15. Por tanto ahora, oh Señor, Rey de reyes, oh Dios de Abrahán apiádate de tu pueblo; pues nuestros enemigos quieren perdernos y acabar con tu heredad.

16. No menosprecies tu posesión, este pueblo rescatado por ti de Egipto.

17. Escucha mis súplicas, y muéstrate propicio a una nación que has escogido por herencia tuya, y convierte nuestro llanto en gozo, para que viviendo alabemos, oh Señor, tu santo Nombre; y no cierres las bocas de los únicos que cantan tus alabanzas.

18. Al mismo tiempo todo Israel orando unánimemente clamó al Señor, viéndose amenazados todos de una muerte irremediable.

14 *Oración que la reina Ester aterrada del peligro hizo a Dios a favor de su pueblo*

1. Asimismo la reina Ester, aterrada del peligro inminente, recurrió al Señor,

2. y depuestas sus vestiduras reales, tomó un traje propio del tiempo de llanto y de luto; y en vez de varios perfumes, cubrió su cabeza de ceniza y de basura, y mortificó su cuerpo con ayunos, y esparcía los cabellos, que se arrancaba, por todos aquellos sitios en que antes acostumbraba divertirse.

3. Y hacía oración al Señor Dios de Israel, diciendo: Oh Señor mío, tú eres el único rey nuestro, socórreme en el desamparo en que me hallo, pues no tengo otro protector fuera de ti.

4. Mi peligro es inminente.

5. Yo oí cantar a mi padre cómo tú, oh Señor, escogiste a Israel de entre todas las naciones, y a nuestros padres de entre todos sus antepasados para poseerlos eternamente como herencia tuya, y te portaste con ellos como habías prometido.

6. Nosotros pecamos en tu presencia, y por eso nos has entregado en manos de nuestros enemigos;

7. porque hemos adorado sus dioses. Justo eres, oh Señor.

8. Mas ahora no se contentan de tenernos oprimidos con durísima esclavitud, sino que, atribuyendo al poder de los ídolos la fortaleza de sus brazos,

9. presumen desbaratar tus promesas, y destruir tu heredad, y tapar la boca de los que te alaban, y extinguir la gloria de tu templo y de tu altar,

10. a fin de que abran los gentiles sus bocas y desaten sus lenguas en alabanzas de poder de los ídolos y celebren perpetuamente la gloria de un rey de carne y sangre.

11. No entregues, oh Señor, tu cetro a los que nada son, para que no se rían de nuestra ruina, antes bien vuelve contra ellos sus tramas, y derriba al soberbio Amán, que ha empezado a ensañarse contra nosotros.

12. Acuérdate, Señor, de nosotros, y muéstranos tu rostro en el tiempo de nuestra tribulación, y dame a mí firme esperanza, oh Señor, Rey de los dioses, y de todas las potestades.

13. Pon en mi boca palabras discretas así que me presente al león Asuero, y muda su corazón a que aborrezca a nuestro enemigo, para que perezca éste con todos sus cómplices.

14. Y líbranos con tu mano poderosa; y asísteme a mí, oh Señor, tú eres mi único auxilio, tú que conoces todas las cosas,

15. Y sabes que aborrezco la gloria de los inicuos, y detesto el lecho de los incircuncisos, y de cualquier extranjero.

16. Tú conoces mi necesidad, y que abomino el soberbio distintivo de mi gloria que llevo sobre mi cabeza en los días de gala y lucimiento, y que antes bien me da asco, cual paño de una menstruosa, y que nunca me lo pongo en los días de mi retiro y vida privada.

17. Sabes que nunca he comido en la mesa de Amán, y no me han deleitado los convites del rey, ni he bebido vino de libaciones;

18. y que desde el día en que fui trasladada acá hasta el presente, jamás ha tenido esta tu sierva contento sino en ti, oh Señor Dios de Abrahán.

19. Oh Dios poderoso sobre todos,

escucha las voces de aquellos que no tienen otra esperanza sino en ti, y sálvanos de las manos de los malvados, y líbrame a mí de mis temores.

15 *Se refieren unas particularidades del capítulo quinto de cuando la reina Ester se presentó a Asuero*

1. Y le envió a decir Mardoqueo a Ester que se presentase al rey, e intercediese por su pueblo y por su patria:

2. Acuérdate, le dijo, del tiempo en que te hallabas en estado humilde, y cómo fuiste criada entre mis brazos; porque Amán, es segundo después del rey, ha hablado contra nosotros para que se nos quite la vida.

3. Por tanto invoca tú al Señor, y habla por nosotros al rey, y líbranos de la muerte.

4. Al tercer día dejó ester los vestidos que llevaba, y se adornó de todas sus galas,

5. y brillando con el esplendor de los aderezos de reina, después de haber invocado a Dios, que es la guía y el salvador de todos, tomó consigo dos de sus camaristas,

6. sobre una de las cuales se iba apoyando, como que no podía por la suma delicadeza y debilidad sostener su cuerpo.

7. La otra camarista iba detrás de su señora, llevándole la falda que arrastraba por el suelo.

8. Entretanto, ella con el color de la rosa de su semblante, y con la gracia y brillo de sus ojos, encubría la tristeza de su corazón comprimido de un excesivo temor.

9. Pasadas, pues, de una en una todas las puertas, llegó a ponerse enfrente del rey, que estaba sentado en su real solio, vestido con el regio manto, resplandeciendo con el oro y pedrería; su aspecto causaba terror.

10. Y habiendo él alzado la vista, y manifestando en sus ojos encendidos el furor de su pecho, la reina se desmayó, y demudando el color en palidez, reclinó su vacilante cabeza sobre la camarista.

11. Entonces Dios trocó el corazón del rey, inclinándole a la dulzura; y apresurado y temeroso salió del trono, y cogiendo a Ester entre sus brazos hasta que volvió en sí, la acariciaba con estas palabras:

12. ¿Qué tienes Ester? Yo soy tu hermano, no temas.

13. No morirás, porque esta ley no fue puesta para ti, sino para todos los demás.

14. Arrímate, pues, y toca el cetro.

15. Como ella no hablase, tomó él el cetro de oro, y lo puso sobre el cuello de Ester, y la besó, diciendo: ¿Por qué no me hablas?

16. La cual respondió: Te he visto, Señor, como a un ángel de Dios, y con el temor de tu majestad se ha conturbado mi corazón.

17. Porque tú, oh Señor, eres en extremo admirable, y está tu rostro lleno de gracias.

18. Diciendo esto, se desmayó de nuevo, y quedó casi sin sentido.

19. Con lo que el rey se acongojaba, y todos sus ministros consolaban a Ester.

16 *Carta del rey Asuero para todas las provincias a favor del pueblo de los judíos*

1. El gran Artajerjes, rey desde la India hasta la Etiopía, a los gobernadores y príncipes de las ciento veintisiete provincias que obedecen a nuestro imperio, salud.

2. Muchos han abusado de la bondad de los príncipes, y de los honores que se les han conferido, para ensoberbecerse;

3. y no se contentan con oprimir a los vasallos de los reyes; sino que no siendo capaces de mantener con moderación la gloria recibida, maquinan traiciones contra los mismos que se la dieron.

4. No les basta el ser ingratos a los beneficios y el violar en sí mismos los derechos de la humanidad; sino que presumen también poder sustraerse al juicio de Dios que todo lo ve.

5. Y ha llegado a tal punto su desvarío, que con los ardides de sus mentiras han intentado arruinar a los que cumplen exactamente los cargos que les han sido confiados, y que se portan en todo de tal manera, que se hacen dignos de común aplauso;

6. engañando con astutas mañas los oídos sencillos de los príncipes, que juzgan de los otros por su buen natural.

7. Lo cual se comprueba, ya con las historias antiguas, ya también con lo que sucede cada día, donde se ve que por las malas sugestiones se pervierten las buenas inclinaciones de los reyes.

8. Por tanto, es necesario proveer la paz de todas las provincias.

9. Mas no penséis que si variamos nuestras órdenes, proviene esto de ligereza de ánimo, sino que la mira del bien de la república nos obliga a arreglar nuestras determinaciones conforme a la condición y necesidad de los tiempos.

10. Y para que conozcáis mejor lo que decimos, sabed que Amán, hijo de Amadati, macedonio de corazón y de origen, y que nada tiene de común con la sangre de los peces, el cual con su crueldad mancillaba nuestra clemencia, extranjero como era, fue acogido por nosotros,

11. y le dimos tantas muestras de benevolencia, que era llamado por nuestro padre, y venerado de todos como el segundo después del rey.

12. Mas llegó a tan alto grado la hinchazón de su arrogancia, que maquinó privarnos del reino y de la vida.

13. Puesto que con nuevos y nunca oídos artificios, tramó la muerte de Mardoqueo, a cuya lealtad y buenos servicios debemos la vida, y de Ester, esposa nuestra y compañera en nuestro reino, y de toda su nación;

14. teniendo la mira de armar asechanzas contra nuestra vida, y trasladar a los macedonios el reino de los persas.

15. Nosotros hemos hallado exentos de culpa a los judíos, a quienes había destinado a la muerte el peor de los hombres, y que antes bien se gobiernan con leyes justas,

16. y que son hijos del Dios altísimo, máximo y siempre viviente, por cuyo beneficio fue dado el reino a nuestros padres y a nosotros y conservado hasta el día de hoy.

17. Por tanto, sabed que son nulas las cartas expedidas por él en nuestro nombre.

18. Por cuya maldad, así, el, que la fraguó, como toda su parentela, están colgados en patíbulos ante las puertas de esta ciudad de Susán, no siendo nosotros, sino Dios, el que le ha dado su merecido.

19. Y este edicto, que ahora enviamos, publíquese en todas las ciudades, para que sea permitido a los judíos vivir según sus leyes.

20. A los cuales debéis vosotros dar auxilio, a fin de que el día trece del duodécimo mes, llamado Adar, puedan acabar con la vida de aquellos que estaban o estén prevenidos para darles a ellos la muerte;

21. pues este día de aflicción y de llanto, Dios Todopoderoso ha hecho que se les convirtiese en día de gozo.

22. Por lo que también vosotros contaréis este día entre los demás días festivos; y lo celebraréis con toda suerte de regocijos para que la posteridad sepa

23. que todos los que son súbditos fieles de los persas reciben la recompensa digna de su lealtad, al paso que los conspiradores contra su reino perecen en pena de su traición.

24. Cualquier provincia o ciudad, que no quisiese tener parte en esta solemnidad, perezca a fuego y a sangre, y sea de tal manera arrasada, que quede para siempre intransitable, no sólo a los hombres, sino aun a las bestias, para escarmiento de los despreciadores y desobedientes a las órdenes reales.

Macabeos

Introducción

Los libros *1 Macabeos* y *2 Macabeos*, que pertenecen a los *deuterocanónicos*, narran las guerras que sostuvieron Judas y sus hermanos contra los reyes de Siria por la religión y la libertad hebreas. Judas fue apodado *Macabeo* y *Asamoneo*, que significa *opulento* o *grande*. La familia de los Macabeos de la tribu de Leví, conservó la autoridad durante ciento veintiocho años, hasta el reinado de Herodes el Grande y descendía de la tribu de Judá.

El libro *1 Macabeos* fue escrito en siro-caldaico, lengua vulgar de los judíos. El texto original se perdió y sólo se conservan las versiones griega y latina. La historia abarca cuarenta años, desde el principio del reinado de Antíoco Epífanes hasta la muerte del sumo sacerdote Simón. Los relatos desde cuando Seleuco recobró Babilonia y se adueñó del Asia, hasta la toma del templo por Antíoco y la huida de Matatías con sus hijos al desierto, son anteriores a la guerra de cuarenta años sostenida por los Macabeos contra los reyes de la Siria. Tal vez su autor, que pudo ser Juan Hircano, hijo de Simón, u otra persona bajo su dirección, fue testigo de lo que se refiere. Al final del libro cita las memorias del sacerdocio de Juan Hircano.

El libro *2 Macabeos* es un compendio de los cinco libros de Jasón de Cirene, sobre las persecuciones de Epífanes y Eupátor contra los judíos que están y escritos en griego. Comprende la historia de unos quince años, desde el suceso de Heliodoro hasta la victoria de Judas contra Nicanor.

1 Macabeos

1 *Victorias de Alejandro el Grande. Su sucesor, Antíoco Epífanes, invade Jerusalén*

1. Sucedió que después que Alejandro, hijo de Filipo, rey de Macedonia, y el primero que reinó en Grecia, salió del país de Cetim o Macedonia, y venció a Darío, rey de los persas y los medos,

2. ganó muchas batallas, y se apoderó en todas partes de las ciudades fuertes, y mató a los reyes de la tierra,

3. y penetró hasta los últimos términos del mundo, y se enriqueció con los despojos de muchas naciones; y enmudeció la tierra delante de él.

4. Y juntó un ejército poderoso y de extraordinario valor; y se engrió e hinchó de soberbia su corazón,

5. y se apoderó de las provincias, de las naciones y de sus reyes; los cuales se le hicieron tributarios.

6. Después de todo esto cayó enfermo y supo que iba a morir.

7. Y llamó a los nobles o principales de su corte que se habían criado con él desde la tierna edad; y antes de morir dividió entre ellos su reino.

8. Reinó Alejandro doce años y murió.

9. En seguida aquellos se hicieron reyes, cada uno en sus respectivas provincias.

10. Y así que él murió, se coronaron todos, y después de ellos sus hijos por espacio de muchos años; y se multiplicaron los males sobre la tierra.

11. Y de entre ellos* salió aquella raíz perversa, Antíoco Epífanes, hijo del rey Antíoco, que después de haber estado en rehenes en Roma, empezó a reinar el año ciento treinta y siete del imperio de los griegos.

12. En aquel tiempo se dejaron ver unos inicuos israelitas, que persuadieron a otros muchos diciéndoles: Vamos, y hagamos alianza con las naciones circunvecinas, porque después que nos separamos de ellas, no hemos experimentado sino desastres.

13. Les pareció bien este consejo.

14. Y algunos del pueblo se decidieron, y fueron a estar con el rey, el cual les dio facultad de vivir según las costumbres de los gentiles.

15. En seguida construyeron en Jerusalén un gimnasio según el estilo de las naciones.

16. Y abolieron el uso o señal de la circuncisión, y abandonaron el Testamento, o Alianza santa, y se coligaron con las naciones, y se vendieron como esclavos a la maldad.

17. Y establecido Antíoco en su reino de Siria, concibió el designio de hacerse también rey de Egipto, a fin de dominar en ambos reinos.

18. Así, pues, entró en Egipto con un poderoso ejército, con carros de guerra, y elefantes, y caballería, y un gran número de naves.

19. Y haciendo la guerra a Tolomeo, rey de Egipto, temió éste su encuentro, y echó a huir, y fueron muchos los muertos y heridos.

20. Entonces se apoderó Antíoco de las ciudades fuertes de Egipto, y saqueó todo el país.

21. Y después de haber asolado Egipto, volvió Antíoco el año ciento cuarenta y tres, y se dirigió contra Israel.

22. Y habiendo llegado a Jerusalén con un poderoso ejército,

23. entró lleno de soberbia en el santuario, y tomó el altar de oro, y el candelero con todas sus lámparas, y todos sus vasos, y la mesa de los panes de proposición, y las palanganas, y las copas, y los incensarios de oro, y el velo, y las coronas, y los adornos de oro que había en la fachada del templo, y todo lo hizo pedazos.

24. Tomó asimismo la plata y el oro, y los vasos preciosos, y los tesoros que encontró escondidos; y después de haberlo saqueado todo, volvió a su tierra,

25. habiendo hecho gran mortandad en las personas, y mostrado en sus palabras mucha soberbia.

26. Fue grande el llanto que hubo en Israel y en todo el país.

27. Gemían los príncipes y los ancianos, quedaban sin aliento las doncellas y los jóvenes, y desapareció la hermosura en las mujeres.

28. Se entregaron al llanto todos los esposos, y sentadas sobre el tálamo nupcial se deshacían en lágrimas las esposas.

29. Y se estremeció la tierra como compadecida de sus habitantes; y toda la casa de Jacob quedó cubierta de oprobio.

30. Cumplidos que fueron dos años, envió el rey por las ciudades de Judá al superintendente de tributos, el cual llegó a Jerusalén con gran acompañamiento*.

31. Y habló a la gente con una fingida dulzura, y le creyeron.

32. Pero de repente se arrojó sobre los ciudadanos, e hizo en ellos una gran carnicería, quitando la vida a muchísima gente del pueblo de Israel.

33. Y saqueó la ciudad, y la entregó a las llamas, y derribó sus casas y los muros que la cercaban.

34. Y se llevaron los enemigos cautivas las mujeres, se apoderaron de sus hijos y de sus ganados.

35. Y fortificaron la parte de Jerusalén llamada ciudad de David, con una gran y firme muralla, y con fuertes torres, e hicieron de ella una fortaleza;

36. y la guarnecieron de gente malvada, de hombres perversos, los cuales se hicieron allí fuertes, y metieron en ella armas y vituallas, y también los despojos de Jerusalén,

---

11. *2 Mac 4*, 7-20.

30. *Y un numeroso ejército. 2 Mac 5*, 24.

37. teniéndolos allí como en custodia, y de esta suerte vinieron ellos a ser como un funesto lazo,

38. estando como en emboscada contra los que iban al lugar santo, y siendo como unos enemigos mortales de Israel,

39. pues derramaron la sangre inocente alrededor del santuario, y profanaron el lugar santo.

40. Por causa de ellos huyeron los habitantes de Jerusalén, viniendo ésta a quedar morada de extranjeros, y como extraña para sus naturales; los cuales la abandonaron.

41. Su santuario quedó desolado como un desierto*, convertidos en día de llanto sus días festivos, en oprobio sus sábados, y reducidos a nada sus honores.

42. En fin, la grandeza de su ignominia igualó a la de su pasada gloria, y su alta elevación se convirtió o deshizo en llantos.

43. En esto el rey Antíoco expidió cartas con órdenes por todo su reino, para que todos sus pueblos formasen uno solo, renunciando cada uno a su ley particular.

44. Se conformaron todas las gentes con este decreto del rey Antíoco;

45. y muchos del pueblo de Israel se sometieron a esta servidumbre, y sacrificaron a los ídolos, y violaron el sábado.

46. En efecto, el rey envió sus comisionados a Jerusalén y por todas las ciudades de Judá, con cartas o edictos; para que todos abrazasen las leyes de las naciones gentiles,

47. y se prohibiese ofrecer en el templo de Dios holocaustos, sacrificios y oblaciones por los pecados,

48. y se impidiese la celebración del sábado y de las solemnidades.

49. Mandó además que se profanasen los santos lugares y el pueblo santo de Israel.

50. Dispuso que se erigiesen altares y templos e ídolos, y que se sacrificasen carnes de cerdo y otros animales inmundos;

51. que dejasen sin circuncidar a sus hijos, y que manchasen sus almas con toda suerte de viandas impuras y de abominaciones, a fin de que olvidasen la ley de Dios, y traspasasen todos sus mandamientos;

52. y ordenó que todos los que no obedeciesen las órdenes del rey Antíoco perdiesen la vida.

53. A este tenor escribió Antíoco a todo su reino; y nombró comisionados que obligasen al pueblo a hacer todo esto;

54. los cuales mandaron a las ciudades de Judá que sacrificasen a los ídolos.

55. Y muchos del pueblo se unieron con aquellos que habían abandonado la ley del Señor, e hicieron mucho mal en el país;

56. y obligaron al pueblo de Israel a huir a parajes extraviados, y a guarecerse en sitios muy ocultos.

57. El día quince del mes de Casleu del año ciento cuarenta y cinco, colocó el rey Antíoco sobre el altar de Dios el abominable ídolo de la desolación*, y por todas partes se erigieron altares a los ídolos en todas las ciudades de Judá;

58. y quemaban inciensos y ofrecían sacrificios hasta delante de las puertas de las casas y en las plazas.

59. Y despedazando los libros de la ley de Dios, los arrojaban al fuego;

60. y a todo hombre en cuyo poder hallaban los libros del Testamento del Señor, y a todos cuantos observaban la ley del Señor, los despedazaban luego, en cumplimiento del edicto del rey.

61. Con esta violencia trataban cada mes al pueblo de Israel que habitaba en las ciudades.

62. Porque a los veinticinco días del mes ofrecían ellos sacrificios sobre el altar, que estaba erigido enfrente del altar de Dios.

63. Y las mujeres que circuncidaban a sus hijos eran despedazadas, conforme a lo mandado por el rey Antíoco,

64. y a los niños los ahorcaban y dejaban colgados por el cuello en todas las casas donde los hallaban, y despedazaban a los que los habían circuncidado.

65. En medio de esto muchos del pueblo de Israel resolvieron en su corazón no comer viandas impuras; y eligieron antes morir que contaminarse con manjares inmundos;

66. y no queriendo quebrantar la ley santa de Dios, fueron despedazados.

67. Terrible fue sobremanera la ira del Señor que descargó sobre el pueblo de Israel.

---

41. *Tob 2*, 6; *Am 8*, 10.

57. *Dan 11*, 31; *2 Mac 6*, 2.

2 *Matatías resiste las órdenes de Antíoco, se retira a los montes y deja por caudillo judío a su hijo Judas*

1. En aquellos días se levantó Matatías, hijo de Juan, hijo de Simeón, sacerdote de la familia de Joarib*, y huyendo de Jerusalén se retiró al monte de Modín.

2. Tenía Matatías cinco hijos: Juan, llamado por sobrenombre Gaddis;

3. y Simón, por sobrenombre Tasi;

4. y Judas, que era apellidado Macabeo;

5. y Eleázaro, denominado Abarón; y Jonatás, conocido con el sobrenombre de Apfus.

6. Y al ver éstos los estragos que se hacían en el pueblo de Judá y en Jerusalén,

7. exclamó Matatías: ¡Infeliz de mí! ¿Por qué he venido yo al mundo para ver la ruina de mi patria y la destrucción de la ciudad santa, y para estarme sin hacer nada por ella al tiempo que es entregada en poder de sus enemigos?

8. Se hallan las cosas santas en manos de los extranjeros; y su templo es como un hombre que está difamado.

9. Sus vasos preciosos han sido saqueados y llevados fuera; despedazados por las plazas sus ancianos, y muertos al filo de la espada enemiga sus jóvenes.

10. ¿Qué nación hay que no haya participado algo de este infeliz reino, o tenido parte en sus despojos?

11. Arrebatado le ha sido todo su esplendor; y la que antes era libre, es en el día esclava.

12. En fin, todo cuanto teníamos de santo, de ilustre y de glorioso, otro tanto ha sido asolado y profanado por las naciones.

13. ¿Para qué, pues, queremos ya la vida?

14. Y rasgaron sus vestidos Matatías y sus hijos y se cubrieron de cilicios; y lloraban amargamente.

15. A este tiempo llegaron allí los comisionados, que el rey Antíoco enviaba, para obligar a los que se habían refugiado en la ciudad de Modín a que ofreciesen sacrificios y quemasen inciensos a los ídolos, y abandonasen la ley de Dios.

16. En efecto, muchos del pueblo de Israel consintieron en ello, y se les unieron. Pero Matatías y sus hijos permanecieron firmes.

17. Y tomando la palabra los comisionados de Antíoco, dijeron a Matatías: Tú eres el principal, el más grande y el más esclarecido de esta ciudad, y glorioso con esa corona de hijos y de hermanos.

18. Ven, pues, tú el primero, y haz lo que el rey manda, como lo han hecho ya todas las gentes, y los varones de Judá, y los que han quedado en Jerusalén; y con esto tú y tus hijos seréis del número de los amigos del rey, el cual os llenará de oro y plata, y de grandes dones.

19. Respondió Matatías, y dijo en voz muy alta: Aunque todas las gentes obedezcan al rey Antíoco, y todos abandonen la observancia de la ley de sus padres, y se sometan a los mandatos del rey,

20. yo, y mis hijos, y mis hermanos obedeceremos siempre la ley santa de nuestros padres.

21. Quiera Dios concedernos esta gracia. No nos es provechoso abandonar la ley y los preceptos de Dios.

22. No, nunca daremos oídos a las palabras del rey Antíoco, ni ofreceremos sacrificios a los ídolos, violando los mandamientos de nuestra ley por seguir otros caminos o religión.

23. Apenas había acabado de pronunciar estas palabras, cuando a vista de todos se presentó un cierto judío para ofrecer sacrificio a los ídolos sobre el altar que se había erigido en la ciudad de Modín, conforme a la orden del rey.

24. Lo vio Matatías, y se llenó de dolor; se le conmovieron las entrañas; e inflamándose su furor o celo, conforme al espíritu de la ley, se arrojó sobre él, y lo despedazó sobre el mismo altar.

25. No contento con esto, mató al mismo tiempo al comisionado del rey Antíoco, que forzaba a la gente a sacrificar, y derribó el altar;

26. mostrando así su celo por la ley, e imitando lo que hizo Finees con Zamri, hijo de Salomí.

27. Y, hecho esto, fue gritando Matatías a grandes voces por la ciudad, diciendo: Todo el que tenga celo por la ley, y quiera permanecer firme en la alianza del Señor, sígame.

---

1. *1 Cro 24*, 7.

28. E inmediatamente huyó con sus hijos a los montes, y abandonaron todo cuanto tenían en la ciudad.

29. Entonces muchos que amaban la ley y la justicia, se fueron al desierto;

30. y permanecieron allí con sus hijos, con sus mujeres y sus ganados, porque se veían inundados de males.

31. Se dio aviso a los oficiales del rey y a las tropas que había en Jerusalén, ciudad de David, de cómo ciertas gentes que habían hollado el mandato del rey, se habían retirado a los lugares ocultos del desierto, y que les habían seguido otros muchos.

32. Por lo que marcharon al punto contra ellos, y se prepararon para atacarlos en día de sábado;

33. pero antes les dijeron: ¿Queréis todavía resistiros? Salid, y obedeced el mandato del rey Antíoco, y quedaréis salvos.

34. De ningún modo saldremos, respondieron ellos, ni obedeceremos al rey ni violaremos el sábado.

35. Entonces las tropas del rey se arrojaron sobre ellos;

36. pero tan lejos estuvieron los judíos de resistirles, que ni tan siquiera les tiraron una piedra, ni aún cerraron las bocas de las cavernas;

37. sino que dijeron: Muramos todos en nuestra sencillez o inocencia, y el cielo y la tierra nos serán testigos de que injustamente nos quitáis la vida.

38. En efecto, los enemigos los acometieron en día de sábado; y perecieron tanto ellos como sus mujeres, hijos y ganados, llegando a mil las personas que perdieron la vida.

39. Sabido eso por Matatías y sus amigos, hicieron por ellos un gran duelo,

40. y se dijeron unos a otros: Si todos nosotros hiciéramos como han hecho nuestros hermanos, y no peleáramos para defender nuestras vidas y nuestra ley contra las naciones, en breve tiempo acabarán con nosotros.

41. Así, pues, tomaron aquel día esta resolución: Si alguno, dijeron, nos acomete en día de sábado, pelearemos contra él: y así no moriremos todos, como han muerto en las cavernas nuestros hermanos.

42. Entonces vino a reunirse con ellos la congregación de los asideos, que eran hombres de los más valientes de Israel, y celosos todos de la ley;

43. y también se les unieron todos los que huían acosados de las calamidades, y les sirvieron de refuerzo.

44. Formaron de todos un ejército, y se arrojaron furiosamente sobre los prevaricadores de la ley y sobre los hombres malvados, sin tener de ellos piedad alguna; y los que quedaron con vida huyeron a ponerse a salvo entre las naciones.

45. Matatías después con sus amigos recorrió todo el país, y destruyeron los altares;

46. y circuncidaron a cuantos niños hallaron incircuncisos, y obraron con gran celo.

47. Persiguieron a sus orgullosos enemigos y salieron prósperamente en todas sus empresas.

48. Y salvaron la ley contra el poder de los gentiles y el poder de los reyes; y no dejaron al malvado que abusase de su poder.

49. Se acercaron entretanto los días de la muerte de Matatías, el cual juntando a sus hijos, les habló de esta manera: Ahora domina la soberbia, y es el tiempo del castigo y de la ruina, y del furor e indignación.

50. Por lo mismo ahora, oh hijos míos, sed celosos de la ley, y dad vuestras vidas en defensa del Testamento de vuestros padres.

51. Acordaos de las obras que hicieron en sus tiempos vuestros antepasados, y os adquiriréis una gloria grande y un nombre eterno.

52. Abrahán por ventura, ¿no fue hallado fiel en la prueba que de él se hizo, y le fue imputado esto a justicia?

53. José en el tiempo de su aflicción observó los mandamientos de Dios, y vino a ser el señor de Egipto*.

54. Finees, nuestro padre, porque se abrasó en celo por la honra de Dios, recibió la promesa de un sacerdocio eterno.

55. Josué, por su obediencia, llegó a ser caudillo de Israel.

56. Caleb, por el testimonio que dio en la congregación del pueblo, recibió una rica herencia.

57. David, por su misericordia, se adquirió para siempre el trono del reino de Israel.

---

53. *Gen 41*, 40.

58. Elías, por su abrasado celo por la ley, fue recibido en el cielo*.

59. Ananías, Azarías y Misael fueron librados de las llamas por su viva fe*.

60. Daniel, por su sinceridad, fue librado de la boca de los leones*.

61. Y a este modo id discurriendo de generación en generación: Todos aquellos que ponen en Dios su esperanza, no desfallecen.

62. Y no os amedrenten los fieros del hombre pecador; porque su Floria no es más que basura y pasto de gusanos.

63. Hoy es ensalzado, y mañana desaparece; porque se convierte en el polvo de que fue formado, y se desvanecen como humo todos sus designios.

64. Sed, pues, constantes vosotros, ¡oh hijos míos!, y obrad vigorosamente en defensa de la ley; pues ella será la que os llenará de gloria.

65. Ahí tenéis a Simón, vuestro hermano; yo sé que es hombre de consejo; escuchadle siempre, y él hará para con vosotros las veces de padre.

66. Judas Macabeo ha sido esforzado y valiente desde su juventud, sea, pues, él el general de vuestro ejército, y el que conduzca el pueblo a la guerra.

67. Reunid a vosotros todos aquellos que observan la ley, y vengad a vuestro pueblo de sus enemigos.

68. Dad a las gentes su merecido, y sed solícitos en guardar los preceptos de la ley.

69. En seguida les echó su bendición, y fue a reunirse con sus padres.

70. Murió Matatías el año ciento cuarenta y seis, y lo sepultaron sus hijos en Modín, en el sepulcro de sus padres, y todo Israel le lloró amargamente.

3

Judas Macabeo derrota al general Apolonio y vence a Serón. Antíoco envía otro ejército al mando de Lisias

1. Y lo sucedió en el gobierno su hijo Judas, que tenía el sobrenombre de Macabeo.

2. Le ayudaban todos sus hermanos y todos cuantos se habían unido con su padre, y peleaban con alegría por la defensa de Israel.

3. Y dio Judas nuevo lustre a la gloria de su pueblo; se revistió cual gigante o campeón la coraza, se ciñó sus armas para combatir, y protegía con su espada todo el campamento.

4. Parecía un león en sus acciones, y se asemejaba a un cachorro cuando ruge sobre la presa.

5. Persiguió a los malvados, buscándolos por todas partes, y abrasó en las llamas a los que turbaban el reposo de su pueblo.

6. El temor que infundía su nombre hizo desaparecer a sus enemigos; todos los malvados se llenaron de turbación; y con su brazo obró la salud del pueblo.

7. Daba mucho que entender a varios reyes; sus acciones eran la alegría de Jacob, y será eternamente bendita su memoria.

8. Y recorrió las ciudades de Judá, exterminando de ellas a los impíos, y apartó el azote de sobre Israel.

9. Su nombradía llegó hasta el cabo del mundo, y reunió alrededor de sí a los que estaban a punto de perecer.

10. Apolonio, al saber eso, juntó las naciones y sacó de Samaria* un gran y poderoso ejército para pelear contra Israel.

11. Informado de ello Judas, le salió al encuentro, y lo derrotó, y quitó la vida; quedando en el campo de batalla un gran número de enemigos, y echando a huir los restantes.

12. Se apoderó en seguida de sus despojos, reservándose Judas para sí la espada de Apolonio; de la cual se servía siempre en los combates.

13. En esto llegó a noticia de Serón, general del ejército de la Siria, que Judas había congregado una gran muchedumbre, y reunido consigo toda la gente fiel;

14. y dijo: Yo voy a ganarme gran reputación y gloria en todo el reino, derrotando a Judas y a los que le siguen; los cuales no hacen caso de las órdenes del rey.

15. Con esto se preparó para acometer; y se le unió un considerable refuerzo de tropas de impíos para vengarse de los hijos de Israel.

16. Y avanzaron hasta Bet-Horón, y Judas les salió al encuentro con pocas tropas.

---

58. *2 Rey 2*, 11.
59. *Dan 3*, 50.
60. *Dan 6*, 22.

10. *2 Mac 5*, 24.

17. Así que éstas vieron al ejército que
venía contra ellas, dijeron a Judas: ¿Cómo
podremos nosotros pelear contra un ejército
tan grande y valeroso, siendo como somos
tan pocos y estando debilitados por el ayuno
de hoy?
18. Y respondió Judas: Fácil cosa es que
muchos sean presa de pocos; pues cuando
el Dios del cielo quiere dar la victoria, lo
mismo tiene para él que haya poca o que
haya mucha gente;
19. porque el triunfo no depende en los
combates de la multitud de las tropas, sino
del cielo, que es de donde proviene toda
fortaleza.
20. Ellos vienen contra nosotros con
una turba de gente insolente y orgullosa,
con el fin de aniquilarnos a nosotros y a
nuestras mujeres, y a nuestros hijos, y
despojarnos de todo;
21. mas nosotros vamos a combatir por
nuestras vidas y por nuestra ley.
22. El Señor mismo los hará pedazos en
nuestra presencia; y así no los temáis.
23. Luego que acabó de pronunciar estas
palabras se arrojó de improviso sobre los
enemigos, y derrotó a Serón con todo su
ejército.
24. Y lo persiguió desde la bajada de Bet-
Horón hasta el llano, y habiendo quedado
ochocientos hombres tendidos en el campo
de batalla, huyeron los demás al país de los
filisteos.
25. Con esto Judas y sus hermanos eran
el terror de todas las naciones circunvecinas;
26. y su fama llegó hasta los oídos del
rey, y en todas partes se hablaba de las
batallas de Judas.
27. Luego que el rey Antíoco recibió
estas noticias, se embraveció sobremanera,
y mandó que se reunieran las tropas de todo
su reino, y se formase un poderosísimo
ejército.
28. Y abrió su erario, y habiendo dado a
las tropas la paga de un año, les mandó que
estuviesen preparadas para todo.
29. Mas observó luego que se iba
acabando el dinero de sus tesoros, y que
sacaba pocos tributos de aquel país de la
Judea, por causa de las disensiones y de la
miseria, que él mismo había ocasionado,
queriendo abolir los fueros que allí regían
desde tiempos antiguos;
30. y temió que no podría ya gastar, ni
dar como antes hacía, con largueza y con
una magnificencia superior a la de todos los
reyes sus predecesores.
31. Hallándose, pues, en gran consternación, resolvió pasar a Persia, con el fin
de recoger los tributos de aquellos países, y
juntar gran cantidad de dinero.
32. Y dejó a Lisias, príncipe de la sangre
real, por lugarteniente del reino desde el
Eufrates hasta el río de Egipto,
33. y para que tuviese cuidado de la
educación de su hijo Antíoco, hasta que él
volviese.
34. Le dejó la mitad del ejército, y de los
elefantes, y le comunicó órdenes sobre todo
aquello que él quería que se hiciese; y
también por lo respectivo a los habitantes
de la Judea y de Jerusalén,
35. mandándole que enviase contra ellos
un ejército para destruir y exterminar el
poder de Israel, y las reliquias que quedaban
en Jerusalén, y borrar de aquel país hasta la
memoria de ellos;
36. y que estableciese en aquella región habitantes de otras naciones, dis-
tribuyéndoles por suerte todas sus tierras.
37. Tomó, pues, el rey la otra mitad del
ejército, y partiendo de Antioquía, capital
de su reino, el año ciento cuarenta y siete, y
pasando el río Eufrates, recorrió las
provincias superiores.

Invasión de Judea

38. En esto eligió Lisias a Tolomeo, hijo
de Dorimino, a Nicanor y a Gorgias, que eran
personas de gran valimiento entre los amigos
del rey*;
39. y envió con ellos cuarenta mil
hombres de a pie y siete mil de a caballo,
para que pasasen a asolar la tierra de Judá, según lo había dejado dispuesto el
rey.
40. Avanzaron, pues, con todas sus
tropas, y vinieron a acampar en la llanura de
Emmaús.
41. Y oyendo la noticia de su llegada los
mercaderes de aquellas naciones circunvecinas, tomaron consigo gran cantidad
de oro y plata; y con muchos criados vinieron
a los campamentos con el fin de comprar por

---

38. *2 Mac 8*, 8.

esclavos a los hijos de Israel; y se unieron con ellos las tropas de la Siria y las de otras naciones.

42. Judas y sus hermanos, viendo que se aumentaban las calamidades, y que los ejércitos se iban acercando a sus confines, y habiendo sabido la orden que había dado el rey de exterminar y acabar con el pueblo de Israel,

43. se dijeron unos a otros: Reanimemos nuestro abatido pueblo, y peleemos en defensa de nuestra patria y de nuestra santa religión.

44. Se reunieron, pues, en un cuerpo para estar prontos a la batalla, y para hacer oración e implorar del Señor su misericordia y gracia.

45. Se hallaba a esta sazón Jerusalén sin habitantes, de modo que parecía un desierto; no se veían ya entrar ni salir los naturales de ella, era hollado el santuario, los extranjeros eran dueños del alcázar, el cual servía de habitación a los gentiles: Desterrada estaba de la casa de Jacob toda alegría, no se oía ya en ella flauta ni cítara.

46. Habiéndose, pues, reunido, se fueron a Masfa, que está enfrente de Jerusalén; por haber sido Masfa en otro tiempo el lugar de la oración para Israel.

47. Ayunaron aquel día, y se vistieron de cilicio, y se echaron ceniza sobre la cabeza, y rasgaron sus vestidos;

48. abrieron los libros de la ley, en donde los gentiles buscaban semejanzas para sus vanos simulacros;

49. y trajeron los ornamentos sacerdotales, y las primicias y diezmos; e hicieron venir a los nazareos que habían cumplido ya los días de su voto;

50. y levantando su clamor hasta el cielo, dijeron: ¡Señor!, ¿qué haremos de éstos, y a dónde los conduciremos?

51. Tu santuario está hollado y profanado, y cubiertos de lágrimas y de abatimiento tus sacerdotes;

52. y he aquí que las naciones se han unido contra nosotros para destruirnos: Tú sabes bien sus designios contra nosotros.

53. ¿Cómo, pues, podremos sostenernos delante de ellos, si tú, oh Dios, no nos ayudas?

54. En seguida hicieron resonar las trompetas con gran estruendo.

55. Nombró después Judas los caudillos del ejército, los tribunos, los centuriones y los cabos de cincuenta hombres y los de diez.

56. Y a aquellos que estaban construyendo casa, o acababan de casarse, o de plantar viñas, como también a los que tenían poco valor, les dijo que se volviesen cada uno a su casa, conforme a lo prevenido por la ley*.

57. Levantaron luego los campamentos, y fueron a acamparse al mediodía de Emmaús.

58. Y Judas les habló de esta manera: Tomad las armas, y tened buen ánimo; y estad prevenidos para la mañana, a fin de pelear contra estas naciones, que se han unido contra nosotros para aniquilarnos y echar por tierra nuestra santa religión;

59. porque más nos vale morir en el combate que ver el exterminio de nuestra nación y del santuario.

60. Y venga lo que el cielo quiera.

4

Vence Judas a Gorgias y Lisias; entra en Jerusalén, y celebra la dedicación del templo, tras purificarlo

---

1. Y tomó Gorgias consigo cinco mil hombres de a pie, y mil caballos escogidos; y de noche partieron

2. para dar sobre el campamento de los judíos, y atacarlos de improviso, sirviéndoles de guías los del país que estaban en el alcázar de Jerusalén.

3. Tuvo Judas aviso de este movimiento, y marchó con los más valientes de los suyos para acometer al grueso del ejército del rey, que estaba en Emmaús,

4. y se hallaba entonces disperso fuera de los atrincheramientos.

5. Y Gorgias, habiendo llegado aquella noche al campamento de Judas, no halló en él alma viviente; y se fue a buscarlos por los montes, diciendo: Estas gentes van huyendo de nosotros.

6. Mas así que se hizo de día, se dejó ver Judas en el llano, acompañado tan solamente de tres mil hombres, que se hallaban faltos aún de espadas y escudos;

7. y reconocieron que el ejército de los gentiles era muy fuerte, y que estaba rodeado

---

56. *Deut 20*, 5; *Jue 7*, 3.

de coraceros y de caballerías, toda gente aguerrida y diestra en el combate.

8. Entonces Judas habló a los suyos de esta manera: No os asuste su cantidad ni temáis su encuentro.

9. Acordaos del modo con que fueron librados nuestros padres en el mar Rojo, cuando el faraón iba en su alcance con un numeroso ejército;

10. y clamemos ahora al cielo, y el Señor se compadecerá de nosotros, y se acordará de la alianza hecha con nuestros padres, y destrozará hoy a nuestra vista todo ese ejército;

11. con lo cual reconocerán todas las gentes que hay un Salvador y libertador de Israel.

12. En esto levantaron sus ojos los extranjeros, y percibieron que los judíos venían marchando contra ellos,

13. y salieron de los campamentos para acometerlos. Entonces los que seguían a Judas dieron la señal con las trompetas,

14. y habiéndose trabado combate, fueron desbaratadas las tropas de los gentiles; y echaron a huir por aquella campiña.

15. Mas todos los que se quedaron atrás, perecieron al filo de la espada. Y los vencedores fueron siguiéndoles al alcance hasta Gezerón, y hasta las campiñas de la Idumea, y de Azoto y de Jamnia; dejando tendidos en el suelo hasta tres mil muertos.

16. Se volvió después Judas con el ejército que le seguía,

17. y dijo a sus tropas: No os dejéis llevar de la codicia del botín; porque aún tenemos enemigos que vencer,

18. y Gorgias se halla con su ejército cerca de nosotros ahí en el monte; ahora, pues, manteneos firmes contra nuestros enemigos, y vencedlos, y luego después cogeréis los despojos con toda seguridad.

19. En efecto, aún estaba hablando Judas, cuando se descubrió parte de las tropas de Gorgias, que estaban acechando desde el monte.

20. Y reconoció Gorgias que los suyos habían sido puestos en fuga, y que habían sido entregados al fuego sus campamentos; pues la humareda que se veía le daba a entender lo sucedido.

21. Cuando ellos vieron esto, y al mismo tiempo a Judas y su ejército en el llano, preparados para la batalla, se intimidaron en gran manera,

22. y echaron todos a huir a las tierras de las naciones extranjeras.

23. Con esto Judas se volvió a coger los despojos del campo enemigo, donde juntaron mucho oro y plata, y ropas preciosas de color de jacinto, y púrpura marina, y grandes riquezas.

24. Y al volverse después, entonaban himnos, y bendecían a voces a Dios, diciendo: Porque el Señor es bueno, y eterna su misericordia*.

25. Y con esta memorable victoria se salvó Israel aquel día.

26. Todos aquellos extranjeros que escaparon, fueron a llevar la nueva a Lisias de cuanto había sucedido.

27. Y así que lo oyó, quedó consternado, y como fuera de sí, por no haber salido las cosas de Israel según él se había prometido, y conforme el rey había mandado.

28. El año siguiente reunió Lisias sesenta mil hombres escogidos y cinco mil de a caballo, con el fin de exterminar a los judíos.

29. Y entrando en Judea sentaron los campamentos en Bet-Horón, y les salió Judas al encuentro con diez mil hombres.

30. Conocieron éstos que era poderoso el ejército enemigo, y Judas oró, y dijo: Bendito seas, oh Salvador de Israel, tú que quebrantaste la fuerza de un gigante por medio de tu siervo David, y que entregaste el campamento de los extranjeros en poder de Jonatás, hijo de Saúl, y de su escudero*:

31. Entrega hoy del mismo modo ese ejército en poder de Israel, pueblo tuyo, y queden confundidas sus huestes y su caballería.

32. Infúndeles miedo, y aniquila su osadía, y coraje, y despedácense ellos mismos con sus propias fuerzas.

33. Derríbalos, en fin, tú con la espada de aquellos que te aman, para que todos los que conocen tu santo Nombre te canten himnos de alabanza.

34. Trabada luego la batalla, quedaron en ella muertos cinco mil hombres del ejército de Lisias.

35. Viendo éste la fuga de los suyos y el ardimiento de los judíos, y que éstos estaban

---

24. *Sal 136* (*135*).
30. *1 Sam 14*, 13; *17*, 50.

resueltos a vivir con honor, o a morir valerosamente, se fue a Antioquía, y levantó nuevas tropas escogidas para volver con mayores fuerzas a la Judea.

Purificación del templo y fortificación de la ciudad

36. Entonces Judas y sus hermanos dijeron: Ya que quedan destruidos nuestros enemigos, vamos ahora a purificar y restaurar el templo.

37. Y reunido todo el ejército, subieron al monte de Sión,

38. donde vieron desierto el lugar santo, y profanado el altar, y quemadas las puertas, y que en los patios habían nacido arbustos como en los bosques y montes, y que estaban arruinadas todas las habitaciones de los ministros del santuario.

39. Y al ver esto, rasgaron sus vestidos, y lloraron amargamente, y se echaron ceniza sobre la cabeza.

40. Y se postraron rostro por tierra, e hicieron resonar las trompetas con que se daban las señales, y levantaron sus clamores hasta el cielo.

41. Entonces Judas dispuso que fueran algunas tropas a combatir a los que estaban en el alcázar, mientras tanto se iba purificando el santuario.

42. Y escogió sacerdotes sin tacha, amantes de la ley de Dios,

43. los cuales purificaron el santuario, y llevaron a un sitio profano las piedras contaminadas.

44. Y estuvo pensando Judas qué debía hacerse del altar de los holocaustos, que había sido profanado.

45. Y tomaron el mejor partido, que fue el destruirlo, a fin de que no fuese para ellos motivo de oprobio, puesto que había sido contaminado por los gentiles; y así lo demolieron.

46. Y depositaron las piedras en un lugar a propósito del monte en que estaba el templo, hasta tanto que viniese un profeta, y decidiese qué era lo que de ellas debía hacerse.

47. Tomaron después piedras intactas o sin labrar, conforme dispone la ley*, y construyeron un altar nuevo semejante a aquel que había habido antes.

48. Y reedificaron el santuario, y aquello que estaba de la parte de adentro de la casa, o templo, y santificaron el templo y sus atrios.

49. E hicieron nuevos vasos sagrados, y colocaron en el templo el candelero, y el altar de los inciensos, y la mesa.

50. Y pusieron después incienso sobre el altar, y encendieron las lámparas que estaban sobre el candelero, y alumbraban en el templo.

51. Y pusieron los panes de proposición sobre la mesa, colgaron los velos, y completaron todas las obras que habían comenzado.

52. Y, hecho esto, se levantaron antes de amanecer el día veinticinco del noveno mes, llamado Casleu, del año ciento cuarenta y ocho.

53. Y ofrecieron el sacrificio, según la ley, sobre el nuevo altar de los holocaustos que habían construido.

54. Con lo cual se verificó que en el mismo tiempo o mes, y en el mismo día que este altar había sido profanado por los gentiles, fue renovado o erigido de nuevo al son de cánticos, y de cítaras, y de liras, y de címbalos.

55. Y todo el pueblo se postró hasta juntar su rostro con la tierra, y adoraron a Dios, y levantando su voz hasta el cielo, bendijeron al Señor que les había concedido aquella felicidad.

56. Y celebraron la dedicación del altar por espacio de ocho días, y ofrecieron holocaustos con regocijo, y sacrificios de acción de gracias y alabanza.

57. Adornaron también la fachada del templo con coronas de oro y con escudetes de lo mismo, y renovaron las puertas del templo, y las habitaciones de los ministros a él unidas, y les pusieron puertas.

58. Y fue extraordinaria la alegría del pueblo, y sacudieron de sí el oprobio de las naciones.

59. Entonces estableció Judas y sus hermanos, y todo el pueblo de Israel, que en lo sucesivo se celebrase cada año con gran gozo y regocijo este día de la dedicación del altar por espacio de ocho días seguidos, empezando el día veinticinco del mes de Casleu.

60. Y fortificaron entonces rodearon el

---

47. *Ex 20*, 25; *Deut 27*, 5-6.

monte Sión, y lo circuyeron de altas murallas y de fuertes torres, para que no viniesen los gentiles a profanarlo, como lo habían hecho antes.

61. Y puso allí Judas una guarnición para que lo custodiase, y lo fortificó también para seguridad de Betsura, a fin de que el pueblo tuviese esta fortaleza en la frontera de Idumea.

5 *Victorias de Judas Macabeo sobre varias naciones. Expediciones contra la Idumea, Samaria y Azoto*

1. Así que las naciones circunvecinas oyeron que el altar y el santuario habían sido reedificados como antes, se irritaron sobremanera.

2. Y resolvieron exterminar a los de la estirpe de Jacob que vivían entre ellos, y en efecto, comenzaron a matar y perseguir aquel pueblo.

3. Entretanto batía Judas a los hijos de Esaú en la Idumea y a los que estaban en Acrabatane, porque tenían como sitiados a los israelitas, e hizo en ellos un gran destrozo.

4. También se acordó de castigar la malicia de los hijos de Beán, los cuales eran para el pueblo un lazo de tropiezo, armándole emboscadas en el camino.

5. Y los obligó a encerrarse en unas torres, donde los tuvo cercados; y habiéndolos anatematizado, pegó fuego a las torres y las quemó con cuantos había dentro.

6. De allí pasó a la tierra de los hijos de Amón, donde encontró un fuerte y numeroso ejército con Timoteo su caudillo.

7. Tuvo diferentes choques con ellos, y los derrotó e hizo en ellos gran carnicería.

8. Y tomó la ciudad de Gazer con los lugares dependientes de ella, y volvió a Judea.

9. Pero los gentiles que habitaban en Galaad se reunieron para exterminar a los israelitas que vivían en su país; mas éstos se refugiaron en la fortaleza de Datemán;

10. y desde allí escribieron cartas a Judas y a sus hermanos, en las cuales decían: Se han congregado las naciones circunvecinas para perdernos;

11. y se preparan para venir a tomar la fortaleza donde nos hemos refugiado, siendo Timoteo el caudillo de su ejército.

12. Ven, pues, luego, y líbranos de sus manos, porque han perecido ya muchos de los nuestros;

13. y todos nuestros hermanos, que habitaban en los lugares próximos a Tubín, han sido muertos, habiéndose llevado cautivas a sus mujeres e hijos, y saqueándolo todo, y dado muerte allí mismo a cerca de mil hombres.

14. Aún no habían acabado de leer estas cartas, cuando he aquí que llegaron otros mensajeros que venían de Galilea, rasgados sus vestidos, trayendo otras nuevas semejantes;

15. pues decían haberse coligado contra ellos los de Tolemaida, y los de Tiro, y de Sidón, y que toda la Galilea estaba llena de extranjeros, con el fin, decían, de acabar con nosotros.

16. Luego que Judas y su gente oyeron tales noticias, tuvieron un gran consejo para deliberar qué era lo que harían a favor de aquellos hermanos suyos que se hallaban en la angustia, y eran estrechados por aquella gente.

17. Dijo, pues, Judas a su hermano Simón: Escoge un cuerpo de tropas, y ve a librar a tus hermanos que están en Galilea, y yo y mi hermano Jonatás iremos a Galaad.

18. Y dejó a José, hijo de Zacarías, y a Azarías por caudillos del pueblo, para guardar la Judea con el resto del ejército;

19. y les dio esta orden: Cuidad de esta gente, les dijo, y no salgáis a pelear contra los gentiles hasta que volvamos nosotros.

20. Se dieron, pues, a Simón tres mil hombres para ir a Galilea, y Judas tomó ocho mil para pasar a Galaad.

21. Partió Simón para la Galilea; y tuvo muchos encuentros con aquellas naciones, las que derrotó y fue persiguiendo hasta las puertas de Tolemaida,

22. dejando muertos cerca de tres mil gentiles, y apoderándose del botín.

23. Tomó después consigo a los judíos que había en Galilea y en Arbates, como también a sus mujeres e hijos, y todo cuanto tenían, y los condujo a la Judea con gran regocijo.

24. Entretanto Judas Macabeo con su hermano Jonatás pasaron el Jordán, y caminaron tres días por el desierto.

25. Y les salieron al encuentro los

nabuteos, los cuales los recibieron pacíficamente, y les contaron lo que había acaecido a sus hermanos en Galaad;

26. y cómo muchos de ellos se habían encerrado en Barasa, en Bosor, en Alimas, en Casfor, en Maget y Carnaím (todas ellas ciudades fuertes y grandes);

27. y cómo quedaban también cercados los que habitaban en otras ciudades de Galaad, y les añadieron que los enemigos tenían determinado arrimar al día siguiente su ejército a aquellas ciudades, y cogerlos, y acabar con ellos en un solo día.

28. Con esto partió Judas inmediatamente con su ejército por el camino del desierto de Bosor, y se apoderó de la ciudad, y pasó a cuchillo todos los varones, y después de saqueada, la entregó a las llamas.

29. Por la noche salieron de allí, y se dirigieron a la fortaleza de Datemán;

30. y al rayar el día, alzando los ojos vieron una tropa innumerable de gentes, que traían consigo escalas y máquinas para tomar la plaza, y destruir o hacer prisioneros a los que estaban dentro.

31. Luego que Judas vio que se había comenzado el ataque, y que el clamor de los combatientes subía hasta el cielo, como si fuera el sonido de una trompeta, y que se oía una gran gritería en la ciudad,

32. dijo a sus tropas: Pelead este día en defensa de vuestros hermanos.

33. Y en seguida marcharon en tres columnas por las espaldas de los enemigos; tocaron las trompetas, y clamaron orando en alta voz.

34. Y conocieron las tropas de Timoteo que era el Macabeo el que venía, y huyeron su encuentro; sufriendo un gran destrozo, y habiendo perecido en aquel día cerca de ocho mil hombres.

35. De allí torció Judas el camino hacia Masfa, y la batió y se apoderó de ella; pasó a cuchillo a todos los varones, y después de haberla saqueado, la incendió.

36. Partiendo más adelante tomó a Casbón, a Maget, a Bosor y a las demás ciudades de Galaad.

37. Después de estos sucesos juntó Timoteo otro ejército, y se acampó frente a Rafón, a la otra parte del arroyo.

38. Judas envió luego a reconocer el enemigo, y los emisarios le dijeron: Todas las naciones que nos rodean se han unido a Timoteo, es un ejército sumamente grande.

39. Han tomado también en su auxilio a los árabes, y están acampados a la otra parte del arroyo, preparándose para venir a darte la batalla. Y enterado Judas de todo marchó contra ellos.

40. Y dijo Timoteo a los capitanes de su ejército: Si cuando Judas con sus tropas llegue al arroyo, pasa él primero hacia nosotros, no le podremos resistir, y nos vencerá infaliblemente.

41. Pero si él temiere pasar, y pusiere su campo en el otro lado del arroyo, pasémoslo nosotros y lograremos la victoria.

42. En esto llegó Judas cerca del arroyo, y poniendo a los escribanos o comisarios del ejército a lo largo de la orilla del agua, les dio esta orden: No dejéis que se quede aquí nadie, sino que todos han de venir al combate.

43. Dicho esto pasó él primero hacia los enemigos, y en pos de él toda la tropa, y así que llegaron, derrotaron a todos aquellos gentiles, los cuales arrojaron las armas, y huyeron al templo que había en Carnaím.

44. Judas tomó la ciudad, y pegó fuego al templo y lo abrasó con cuantos había dentro; y Carnaím fue asolada, sin que pudiesen resistir a Judas.

45. Entonces reunió Judas todos los israelitas que se hallaban en el país de Galaad, desde el más chico hasta el más grande, con sus mujeres e hijos, formando de todos ellos un ejército numerosísimo de gente para que viniesen a la tierra de Judá.

46. Y llegaron a Efrón, ciudad grande situada en la embocadura del país, y muy fuerte; y no era posible dejarla a un lado, echando a la derecha o a la izquierda, sino que era preciso atravesar por medio de ella.

47. Mas sus habitantes se encerraron, y tapiaron las puertas a cal y canto. Les envió Judas un mensajero de paz,

48. diciéndoles: Tened a bien que pasemos por vuestro país para ir a nuestras casas, y nadie os hará daño, no haremos más que pasar. Sin embargo, ellos no quisieron abrir.

49. Entonces Judas hizo pregonar por todo el ejército que cada uno lo asaltase por el lado en que se hallaba.

50. En efecto, la atacaron los hombres más valientes, y se dio el asalto que duró todo aquel día y aquella noche, cayendo al fin en sus manos la ciudad.

51. Y pasaron a cuchillo a todos los varones, y arrasaron a la ciudad hasta los cimientos, después de haberla saqueado, y atravesaron luego por toda ella, caminando por encima de los cadáveres.

52. En segida pasaron el Jordán en la gran llanura que hay enfrente de Betsán.

53. E iba Judas en la retaguardia reuniendo a los rezagados, y alentando al pueblo por todo el camino, hasta que llegaron a tierra de Judá.

54. Y subieron al monte de Sión con alegría y regocijo, y ofrecieron allí holocausto en acción de gracias por el feliz regreso, sin que hubiese perecido ninguno de ellos.

55. Pero mientras Judas y Jonatás estaban en el país de Galaad, y Simón su hermano en la Galilea delante de Tolemaida,

56. José, hijo de Zacarías, y Azarías, comandante de las tropas, tuvieron noticia de estos felices sucesos, y de las batallas que se habían dado.

57. Y José dijo a Azarías: Hagamos también nosotros célebre nuestro nombre, y vamos a pelear contra las naciones circunvecinas.

58. Y dando la orden a las tropas de su ejército marcharon contra Jamnia.

59. Pero Gorgias salió con su gente fuera de la ciudad, para venir al encuentro de ellos y presentarles la batalla.

60. Y fueron batidos José y Azarías, los cuales echaron a huir hasta las fronteras de Judea; pereciendo aquel día hasta dos mil hombres del pueblo de Israel, habiendo sufrido el pueblo esta gran derrota,

61. por no haber obedecido las órdenes de Judas y de sus hermanos, imaginándose que harían maravillas.

62. Mas ellos no eran de la estirpe de aquellos varones, por medio de los cuales había sido salvado Israel.

63. Por el contrario, las tropas de Judas adquirieron gran reputación, tanto en todo Israel, como entre las naciones todas a donde llegaba el eco de su fama.

64. Y la gente les salía al encuentro con aclamaciones de júbilo.

65. Marchó después Judas con sus hermanos al país de Mediodía a reducir a los hijos de Esaú, y se apoderó a la fuerza de Quebrón, y de sus aldeas, quemando sus muros y las torres que tenía alrededor.

66. De allí partió y se dirigió al país de las naciones extranjeras, y recorrió la Samaria.

67. En aquel tiempo murieron peleando unos sacerdotes por querer hacer proezas y haber entrado imprudentemente en el combate.

68. Judas torció después hacia Azoto, país de los extranjeros, y derribó sus altares, quemó los simulacros de sus dioses, saqueó las ciudades, y con sus despojos volvió a tierra de Judá.

6 *Muere Antíoco y lo sucede su hijo Eupátor, quien sitia Jerusalén, jura la paz y quebranta su promesa*

1. Yendo el rey Antíoco recorriendo las provincias superiores, oyó que había en Persia una ciudad llamada Elimaida, muy célebre y abundante de plata y oro,

2. con un templo riquísimo, donde había velos con mucho oro, y corazas, y escudos que había dejado allí Alejandro, hijo de Filipo, rey de Macedonia, el que reinó primero en toda la Grecia.

3. Y fue allá con el fin de apoderarse de la ciudad y saquearla; pero no pudo salir con su intento, porque llegando a entender su designio los habitantes,

4. salieron a pelear contra él, y tuvo que huir, y se retiró con gran pesar volviéndose a Babilonia.

5. Y estando en Persia, le llegó la noticia de que había sido destrozado el ejército que se hallaba en el país de Judá,

6. y que habiendo pasado allá Lisias con grandes fuerzas, fue derrotado por los judíos, los cuales se hacían más poderosos con las armas, municiones y despojos tomados al ejército destruido;

7. y de cómo habían igualmente ellos derrocado la abominación o ídolo erigido por él sobre el altar de Jerusalén, y cercado asimismo el santuario con altos muros, según estaba antes, y también en Betsura, su ciudad.

8. Oído que hubo el rey tales noticias, quedó pasmado y lleno de turbación, y se puso en cama, y enfermó de melancolía, viendo que no le habían salido las cosas como él se había imaginado.

9. Permaneció así en aquel lugar por muchos días; porque iba aumentándose su tristeza, de suerte que consintió en que se moría.

10. Con esto llamó a todos sus amigos, y les dijo: El sueño ha huido de mis ojos; mi corazón se ve abatido y oprimido de pesares,

11. y digo allá dentro de mí: ¡A qué extrema aflicción me veo reducido, y en qué abismo de tristeza me hallo, yo que estaba antes tan contento y querido, gozando de mi regia dignidad!

12. Mas ahora se me presentan a la memoria los males que causé en Jerusalén, de donde me traje todos los despojos de oro y plata que allí cogí, y el que sin motivo alguno envié exterminar los moradores de la Judea.

13. Yo reconozco ahora que por eso han llovido sobre mí tales desastres; y ved aquí que muero de profunda melancolía en tierra extraña.

14. Llamó después a Filipo, uno de sus confidentes, y lo nombró regente de todo su reino;

15. y le entregó la diadema, el manto real y el anillo, a fin de que fuese a encargarse de su hijo Antíoco, y le educase para ocupar el trono.

16. Y murió allí el rey Antíoco, el año ciento cuarenta y nueve.

Reinado de Antíoco

17. Al saber Lisias la muerte del rey proclamó a Antíoco, su hijo, a quien él había criado desde niño; y le puso el nombre de Eupátor.

18. Entretanto los que ocupaban el alcázar de Jerusalén tenían encerrado a Israel en los alrededores del santuario; y procuraban siempre causarle daño y acrecentar el partido de los gentiles.

19. Resolvió, pues, Judas destruirlos y convocó a todo el pueblo para ir a sitiarlos.

20. Reunida la gente comenzaron el sitio el año ciento cincuenta y construyeron ballestas para arrojar piedras, y otras máquinas de guerra.

21. Y salieron fuera algunos de los sitiados, a los que se agregaron varios otros de los impíos del pueblo de Israel.

22. Y se fueron al rey, y le dijeron: ¿Cuándo, finalmente, harás tú justicia, y vengarás a nuestros hermanos?

23. Nosotros nos resolvimos a servir a tu padre, y obedecerle, y observar sus leyes;

24. y por esta causa nos tomaron aversión los de nuestro mismo pueblo, han dado muerte a todo el que han encontrado de nosotros, y han robado nuestros bienes;

25. y no tan sólo han ejercido su violencia contra nosotros, sino también por todo nuestro país.

26. Y he aquí que ahora han puesto sitio al alcázar de Jerusalén para apoderarse de él, y han fortificado a Betsura.

27. Y si tú no obras con más actividad que ellos, harán aún cosas mayores que éstas, y no podrás tenerlos a raya.

28. Se irritó el rey al oír esto, e hizo llamar a todos sus amigos, y a los principales oficiales de su ejército, y a los comandantes de la caballería.

29. Llegaron también tropas asalariadas de otros reinos, y de las islas o países de ultramar.

30. De suerte que juntó un ejército de cien mil infantes con veinte mil hombres de caballería, y treinta y dos elefantes adiestrados para el combate*.

31. Y entrando estas tropas por la Idumea, vinieron a poner sitio a Betsura, y la combatieron por espacio de muchos días, e hicieron varias máquinas de guerra; pero habiendo hecho una salida los sitiados, las quemaron, y pelearon valerosamente.

32. A este tiempo levantó Judas el sitio del alcázar de Jerusalén, y dirigió sus tropas hacia Betzacara, frente del campamento del rey.

33. Se levantó el rey antes de amanecer, e hizo marchar apresuradamente su ejército por el camino de Betzacara. Preparándose para el combate ambos ejércitos, y dieron la señal con las trompetas;

34. mostraron a los elefantes vino tinto y zumo de moras, a fin de incitarlos a la batalla;

35. y distribuyeron estos animales por las legiones, poniendo alrededor de cada elefante mil hombres armados de cotas de malla y cascos de bronce, y además

---

30. *2 Mac 13*, 2.

quinientos hombres escogidos de caballería cerca de cada elefante.

36. Se hallaban estas tropas anticipadamente en donde quiera que había de estar el elefante, e iban donde él iba, sin apartarse de él nunca.

37. Sobre cada una de estas bestias había una fuerte torre de madera, que les servía de defensa, y sobre la torre máquinas de guerra; yendo en cada torre treinta y dos hombres esforzados, los cuales peleaban desde ella, y además un indio que gobernaba la bestia.

38. Y el resto de la caballería, dividido en dos trozos, lo colocó en los flancos del ejército para excitarlo con el sonido de las trompetas, y tener así encerradas las filas de sus legiones.

39. Así que salió el sol e hirió con sus rayos los escudos de oro y de bronce, reflejaron éstos la luz en los montes, resplandeciendo como antorchas encendidas.

40. Y una parte del ejército del rey caminaba por lo alto de los montes, y la otra por los lugares bajos, e iban avanzando con precaución y en buen orden.

41. Y todos los moradores del país estaban asombrados a las voces de aquella muchedumbre, y al movimiento de tanta gente, y al estruendo de sus armas; pues era grandísimo y muy poderoso aquel ejército.

42. Y se adelantó Judas con sus tropas para dar la batalla, y murieron del ejército del rey seiscientos hombres*.

43. Y Eleazar, hijo de Saura, observó un elefante que iba enjaezado con una regia cota de malla, y que era más alto que todos los demás; y juzgó que iría encima de él el rey.

44. E hizo el sacrificio de sí mismo por libertar a su pueblo y granjearse un nombre eterno.

45. Corrió, pues, animosamente hacia el elefante por en medio de la legión, matando a diestra y siniestra, y atropellando a cuantos se le ponían delante;

46. y fue a meterse debajo del vientre del elefante, y lo mató; pero cayendo la bestia encima de él, lo dejó muerto.

47. Mas los judíos viendo las fuerzas e impetuosidad del ejército del rey, hicieron una retirada.

Toma de Betsura y sitio de Sión

48. Entonces las tropas del rey fueron contra ellos por el camino de Jerusalén, y llegando a la Judea acamparon junto al monte de Sión.

49. El rey hizo un tratado con los que estaban en Betsura; los cuales salieron de la ciudad, porque estando sitiados dentro de ella, no tenían víveres de repuesto, por ser aquel año sabático*, o de descanso para los campos.

50. De esta suerte el rey se apoderó de Betsura, dejando en ella una guarnición para su custodia.

51. Asentó después sus campamentos cerca del lugar santo, donde permaneció muchos días, preparando allí ballestas y otros ingenios para lanzar fuegos, y máquinas para arrojar piedras y dardos, e instrumentos para tirar saetas, y además de eso hondas.

52. Los sitiados hicieron también máquinas contra las de los enemigos, y se defendieron por muchos días.

53. Faltaban víveres en la ciudad, por ser el año séptimo, o sabático, y porque los gentiles que habían quedado en Judea habían consumido todos los repuestos.

54. Con eso quedó poca gente para la defensa de los lugares santos; porque los soldados se hallaron acosados del hambre, y se dispersaron, yéndose cada cual a su lugar.

55. En esto llegó a entender Lisias que Filipo (a quien el rey Antíoco, estando aún en vida, había encargado la educación de su hijo Antíoco para que ocupase el trono)

56. había vuelto de Persia y de la Media con el ejército que había ido con él, y que buscaba medios para apoderarse del gobierno del reino.

57. Por tanto fue inmediatamente, y dijo al rey y a los generales del ejército: Nos vamos consumiendo de día en día; tenemos pocos víveres; la plaza que tenemos sitiada está bien pertrechada; y lo que nos urge es arreglar los negocios del reino.

58. Ahora, pues, compongámonos con

---

42. *2 Mac 13,* 15.

49. Betsura se rindió por falta de alimentos en año sabático. *Lev 25,* 4.

estas gentes, y hagamos la paz con ellas y con toda su nación;

59. y dejémosles que vivan como antes según sus leyes, pues por amor de sus leyes, que hemos despreciado nosotros, se han encendido en cólera y hecho todas estas cosas.

60. Pareció bien al rey y a sus príncipes esta proposición; y envió a hacer la paz con los judíos, los cuales la aceptaron.

61. La confirmaron con juramento el rey y los príncipes; y salieron de la fortaleza los que la defendían.

62. Y entró el rey en el monte de Sión, y observó las fortificaciones que en él había; pero violó luego el juramento hecho, mandando derribar el muro que había alrededor.

63. Partió después de allí a toda prisa, y se volvió a Antioquía, donde halló que Filipo se había hecho dueño de la ciudad; mas habiendo peleado contra él, la recobró.

7 *Demetrio asesina a Antíoco. Judas Macabeo derrota a Báquides, obligado a volver a Antioquía*

1. El año ciento cincuenta y uno, Demetrio, hijo de Seleuco, salió de la ciudad de Roma, y llegó con poca comitiva a una ciudad marítima y allí comenzó a reinar*.

2. Y apenas entró en el reino de sus padres, cuando el ejército se apoderó de Antíoco y de Lisias, para presentárselos a él.

3. Mas así que lo supo, dijo: Haced que no vea yo su cara.

4. Con esto la misma tropa les quitó la vida, y Demetrio quedó sentado en el trono de su reino.

5. Y vinieron a presentársele algunos hombres malvados e impíos de Israel, cuyo caudillo era Alcimo, el cual pretendía ser sumo sacerdote.

6. Acusaron éstos a su nación delante del rey, diciendo: Judas y sus hermanos han hecho perecer a todos tus amigos, y a nosotros nos han arrojado de nuestra tierra.

7. Envía, pues, una persona de tu confianza, para que vaya y vea todos los estragos que aquél nos ha causado a nosotros y a las provincias del rey, y castigue a todos sus amigos y partidarios.

8. En efecto, el rey eligió de entre sus amigos a Báquides, que tenía el gobierno de la otra parte del río, magnate del reino y de la confianza del rey; y lo envió

9. a reconocer las vejaciones que había hecho Judas, confiriendo además el sumo sacerdocio al impío Alcimo, al cual dio orden de castigar a los hijos de Israel.

10. Se pusieron, pues, en camino, y entraron con un gran ejército en el país de Judá; y enviaron mensajeros a Judas y a sus hermanos para engañarlos con buenas palabras.

11. Pero éstos no quisieron fiarse de ellos, viendo que habían venido con un poderoso ejército.

12. Sin embargo, el colegio de los escribas pasó a estar con Alcimo y con Báquides para hacerles algunas proposiciones justas o razonables.

13. Al frente de estos hijos de Israel iban los asideos, los cuales le pedían la paz.

14. Porque decían: Un sacerdote de la estirpe de Aarón es el que viene a nosotros, no es de creer que nos engañe.

15. Alcimo, pues, les habló palabras de paz, y les juró, diciendo: No os haremos daño alguno ni a vosotros ni a vuestros amigos.

16. Dieron ellos crédito a su palabra; pero él hizo prender a sesenta de los mismos, y en un día les hizo quitar la vida, conforme a lo que está escrito en los Salmos*:

17. Alrededor de Jerusalén arrojaron los cuerpos de tus santos y su sangre; ni hubo quien les diese sepultura.

18. Con esto se apoderó de todo el pueblo un gran temor y espanto, y se decían unos a otros: No se encuentra verdad ni justicia en estas gentes; pues han quebrantado el tratado y el juramento que hicieron.

19. Y levantó Báquides sus campamentos de Jerusalén, y fue a acampar junto a Betzeca, desde donde envió a prender a muchos que habían abandonado su partido; haciendo degollar a varios del pueblo, y que los arrojaran en un profundo pozo.

20. Se encargó después el gobierno del país a Alcimo, dejándole un cuerpo de tropas

1. Demetrio I reinó de 161-150 a.C.. *2 Mac 14*, 1.

16. *Sal 79* (*78*), 2; *2 Mac 14*, 6.

Muerte de Eleazar macabeo

Corrió, pues, animosamente hacia el elefante por en medio de la legión, matando a diestra y siniestra, y atropellando a cuantos se le ponían delante; y fue a meterse debajo del vientre del elefante, y lo mató; pero cayendo la bestia encima de él, lo dejó muerto.

que le sostuviera, y volvió Báquides a donde estaba el rey.

21. Hacía Alcimo todos sus esfuerzos para asegurarse en su sumo sacerdocio;

22. y habiéndose unido a él todos los revoltosos del pueblo, se hicieron dueños de toda la tierra de Judá, y causaron grandes estragos en Israel.

23. Viendo, pues, Judas las extorsiones que Alcimo y los suyos habían hecho a los hijos de Israel, y que eran mucho peores que las causadas por los gentiles,

24. salió a recorrer todo el territorio de la Judea, y castigó a estos desertores de la causa de la patria; de suerte que no volvieron a hacer más excursiones por el país.

25. Mas cuando Alcimo vio que Judas y sus gentes ya prevalecían, y que él no podía resistirles, se volvió a ver al rey, y los acusó de muchos delitos.

26. Entonces el rey envió a Nicanor, uno de sus más ilustres magnates y enemigo declarado de Israel, con la orden de acabar con este pueblo.

27. Pasó, pues, Nicanor a Jerusalén con un gran ejército*, y envió luego sus emisarios a Judas y a sus hermanos para engañarlos con palabras de paz,

28. diciéndoles: No hay guerra entre mí y vosotros, yo pasaré con poca comitiva a veros y tratar de paz.

29. En efecto, fue Nicanor a ver a Judas; y se saludaron mutuamente como amigos; pero los enemigos estaban prontos para apoderarse de Judas.

30. Y llegando Judas a entender que habían venido con mala intención, temió y no quiso volverlo a ver más.

31. Conoció entonces Nicanor que estaba descubierta su trama; y salió a pelear contra Judas junto a Cafarsalama,

32. donde quedaron muertos como unos cinco mil hombres del ejército de Nicanor. Judas y los suyos se retiraron a la ciudad o fortaleza de David.

33. Después de esto subió Nicanor al monte de Sión; y así que llegó, salieron a saludarle pacíficamente algunos sacerdotes del pueblo, y a hacerle ver los holocaustos que se ofrecían por el rey.

34. Mas él los recibió con desprecio y mofa, los trató como a personas profanas, y les habló con arrogancia,

35. y lleno de cólera les juró diciendo: Si no entregáis en mis manos a Judas y a su ejército, inmediatamente que yo vuelva victorioso, abrasaré esta casa, o templo. Y se marchó sumamente enfurecido.

36. Entonces los sacerdotes entraron en el templo a presentarse ante el altar, y llorando dijeron:

37. Señor, tú elegiste esta casa a fin de que en ella fuese invocado tu santo Nombre, y fuese un lugar de oración y de plegarias para tu pueblo.

38. Haz que resplandezca tu venganza sobre este hombre y su ejército, y perezcan al filo de la espada. Ten presentes sus blasfemias, y no permitas que subsistan sobre la tierra.

39. Habiendo, pues, partido Nicanor de Jerusalén, fue a acamparse cerca de Bet-Horón, y allí se le juntó el ejército de la Siria.

40. Judas acampó junto a Adarsa con tres mil hombres, e hizo oración a Dios en estos términos:

41. Señor, cuando los enviados del Sennaquerib blasfemaron contra ti, vino un ángel que les mató ciento ochenta y cinco mil hombres.

42. Extermina hoy del mismo modo a nuestra vista ese ejército, y sepan todos los demás que Nicanor ha hablado indignamente contra tu santuario, y júzgalo conforme a su maldad.

43. Se dio, pues, la batalla el día trece del mes de Adar; y quedó derrotado el ejército de Nicanor; siendo él el primero que murió en el combate.

44. Viendo los soldados de Nicanor que éste había muerto, arrojaron las armas, y echaron a huir.

45. Los persiguieron los judíos toda una jornada desde Adazer hasta Gázara, y al ir tras de ellos tocaban las trompetas para avisar a todos la huida del enemigo.

46. Con esto salían gentes de todos los pueblos de la Judea situados en las cercanías, y cargando sobre ellos con denuedo, los hacían retroceder hacia los vencedores; de suerte que fueron todos pasados a cuchillo, sin que escapara ni uno.

47. Se apoderaron en seguida de sus despojos, y cortaron la cabeza a Nicanor, y su mano derecha, la cual había levantado él

---

27. Nicanor quiere tender una trampa a Judas, que se da cuenta y huye. *2 Mac 14*, 13.

contra el templo, y las llevaron y colgaron a la vista de Jerusalén.

48. Se alegró sobremanera el pueblo con la victoria, y pasaron aquel día en gran regocijo:

49. Y ordenó Judas que se celebrase todos los años esta fiesta a trece del mes de Adar.

50. Y la tierra de Judá quedó en reposo algún poco de tiempo.

8 *Judas envía embajadores a los romanos y se alía con ellos para liberar a los judíos del yugo griego*

1. Y oyó Judas la reputación de los romanos, y que eran poderosos, y se prestaban a todo cuanto se les pedía, y que habían hecho amistad con todos los que se habían querido unir a ellos, y que era muy grande su poder.

2. Había también oído hablar de sus guerras, y de las proezas que hicieron en las Galias, de las cuales se habían enseñoreado y hécholas tributarias suyas;

3. y de las cosas grandes obradas en España, y cómo se habían hecho dueños de las minas de plata y de oro que hay allí, conquistando todo aquel país a esfuerzos de su prudencia y constancia.

4. Que asimismo habían sojuzgado regiones sumamente remotas, y destruido reyes, que en las extremidades del mundo se habían movido contra ellos, habiéndolos abatido enteramente, y que todos los demás les pagaban tributo cada año;

5. cómo también habían vencido en batalla, y sujetado a Filipo y a Perseo, rey de los ceteos, o macedonios, y a los demás que habían tomado armas contra ellos;

6. que Antíoco el Grande, rey de Asia, el cual los había acometido con un ejército sumamente poderoso, en donde iban ciento veinte elefantes, muchísima caballería y carros de guerra, fue asimismo enteramente derrotado;

7. cómo además lo cogieron vivo, y lo obligaron tanto a él como a sus sucesores a pagarles un gran tributo, y a que diese rehenes, y lo demás que se había pactado,

8. a saber, el país de los indos, el de los medos y el de los lidios, sus provincias más excelentes; y cómo después de haberlas recibido de ellos, las dieron al rey Eumenes.

9. Supo también Judas cómo habían querido los griegos ir contra los romanos para destruirlos;

10. y que al saberlo éstos enviaron en contra uno de sus generales, y dándoles batalla les mataron mucha gente, y se llevaron cautivas a las mujeres con sus hijos, saquearon todo el país y se hicieron dueños de él; derribaron los muros de sus ciudades, y redujeron aquellas gentes a la servidumbre, como lo están hasta el día de hoy;

11. y cómo habían asolado y sometido a su imperio los otros reinos e islas que habían tomado las armas contra ellos;

12. pero que con sus amigos, y con los que se entregaban con confianza en sus manos, guardaban buena amistad; y que se habían enseñoreado de los reinos, ya fuesen vecinos, ya lejanos, porque cuantos oían su nombre los temían:

13. que aquellos a quienes ellos querían dar auxilio para que reinasen, reinaban en efecto; y al contrario, quitaban el reino a quienes querían: y que de esta suerte se habían elevado a un sumo poder;

14. que sin embargo de todo esto, ninguno de entre ellos ceñía su cabeza con corona, ni vestía púrpura para ensalzarse sobre los demás;

15. y que habían formado un Senado compuesto de trescientas veinte personas, y que cada día se trataban en este consejo los negocios públicos, a fin de que se hiciese lo conveniente;

16. y finalmente, que se confiaba cada año la magistratura o supremo gobierno a un solo hombre, para que gobernase todo el Estado, y que así todos obedecían a uno solo, sin que hubiese entre ellos envidia ni celos.

17. Judas, pues, en vista de todo esto, eligió a Eupólemo, hijo de Juan, que lo era de Jacob, y a Jasón, hijo de Eleázaro, y los envió a Roma para establecer amistad y alianza con ellos,

18. a fin de que los liberasen del yugo de los griegos; pues estaban viendo cómo tenían éstos reducido a esclavitud el reino de Israel.

19. En efecto, después de un viaje muy largo, llegaron aquéllos a Roma y habiéndose presentado al Senado, dijeron:

20. Judas Macabeo, y sus hermanos, y el pueblo judaico nos envían para establecer alianza y paz con vosotros, a fin de que nos contéis en el número de vuestros aliados y amigos.

21. Les pareció bien a los romanos esta proposición.

22. Y he aquí el escrito que hicieron grabar en láminas de bronce, y enviaron a Jerusalén para que lo tuviesen allí los judíos como un monumento de esta paz y alianza:

23. Dichosos sean por mar y por tierra eternamente los romanos y la nación de los judíos, y aléjense siempre de ellos la guerra y el enemigo.

24. Pero si sobreviniere alguna guerra a los romanos, o alguno de los aliados en cualquier parte de sus dominios,

25. los auxiliará la nación de los judíos de todo corazón, según se lo permitieren las circunstancias,

26. sin que los romanos tengan que dar y suministrar a las tropas que envíe, ni víveres, ni armas, ni dinero, ni naves, porque así ha parecido a los romanos; y las tropas les obedecerán sin recibir de ellos la paga.

27. De la misma manera, si primero sobreviniese alguna guerra a los judíos, los auxiliarán de corazón los romanos, según la ocasión se lo permitiere;

28. sin que los judíos tengan que abastecer a las tropas auxiliares, ni de víveres, ni de armas, ni de dinero, ni de naves, porque así ha parecido a los romanos; y las tropas aquellas les obedecerán sinceramente.

29. Este es el pacto que hacen los romanos con los judíos.

30. Mas si en lo venidero los unos o los otros quisieren añadir o quitar alguna cosa de lo que va expresado, lo harán de común consentimiento, y todo cuanto así añadieren o quitaren permanecerá firme y estable.

31. Por lo que mira a las injurias que el rey Demetrio ha hecho a los judíos, nosotros le hemos escrito, diciéndole: ¿Por qué has oprimido con yugo tan pesado a los judíos, amigos que son y aliados nuestros?

32. Como vengan, pues, ellos de nuevo a quejarse a nosotros, les haremos justicia contra ti, y te haremos guerra por mar y tierra.

9

Judas muere en combate y lo sucede su hermano Jonatás. Báquides tiene que hacer la paz con Jonatás

1. Entretanto, así que Demetrio supo que Nicanor con todas sus tropas habían perecido en el combate, envió de nuevo a Báquides y a Alcimo a la Judea, y con ellos el ala derecha o lo mejor de su ejército.

2. Se dirigieron por el camino que va a Gálgala, y acamparon en Masalot, que está en Arbelas; la cual tomaron y mataron allí mucha gente.

3. En el primer mes del año ciento cincuenta y dos se acercaron con el ejército a Jerusalén;

4. de donde salieron y se fueron a Berea en número de veinte mil hombres y dos mil caballos.

5. Había Judas sentado su campo en Laisa, y tenía consigo tres mil hombres escogidos.

6. Mas cuando vieron las tropas enemigas, se llenaron de temor, y desertaron muchos del campamento; de suerte que no quedaron más que ochocientos hombres.

7. Viendo Judas reducido a tan corto número su ejército, y que el enemigo le estrechaba de cerca, perdió el ánimo, pues no tenía tiempo para ir a reunir las tropas, y desmayó.

8. Con todo, dijo a los que le habían quedado: ¡Ea!, vamos contra nuestros enemigos, y veamos si podemos batirlos.

9. Mas ellos procuraban disuadirlo de eso, diciendo: De ningún modo podemos: pongámonos más bien a salvo, yéndonos a incorporar con nuestros hermanos, y después volveremos a pelear con ellos; ahora somos nosotros muy pocos.

10. Líbrenos Dios, respondió Judas, de huir de delante de ellos, si ha llegado nuestra hora, muramos valerosamente en defensa de nuestros hermanos, y no echemos un borrón a nuestra gloria.

11. A este tiempo salió de sus campamentos el ejército enemigo, y vino a su encuentro: La caballería iba dividida en dos cuerpos; los honderos y los arqueros ocupaban el frente del ejército, cuya vanguardia componían los soldados más valientes.

12. Báquides estaba en el ala derecha, y los batallones avanzaron en forma de media luna, tocando al mismo tiempo las trompetas.

13. Los soldados de Judas alzaron también el grito, de suerte que la tierra se estremeció con el estruendo de los ejércitos, y duró el combate desde la mañana hasta la caída de la tarde.

14. Habiendo conocido Judas que el ala derecha del ejército de Báquides era la más fuerte, tomó consigo los más valientes de su tropa,

15. y derrotándolo, persiguió a los que la componían hasta el monte de Azoto.

16. Mas los que estaban en el ala izquierda al ver desbaratada la derecha, fueron por la espalda en seguimiento de Judas y de su gente;

17. y encendiéndose con más vigor la pelea, perdieron muchos la vida de una y otra parte.

18. Pero habiendo caído muerto Judas, huyó el resto de su gente.

19. Recogieron después Jonatás y Simón el cuerpo de su hermano Judas, y lo enterraron en el sepulcro de sus padres en la ciudad de Modín.

20. Y todo el pueblo de Israel manifestó un gran sentimiento, y lo lloró por espacio de muchos días.

21. ¡Cómo es, decían, que ha perecido el campeón que salvaba al pueblo de Israel!

22. Las otras guerras de Judas, y las grandes hazañas que hizo, y la magnanimidad de su corazón no se han descrito, por ser excesivamente grande su número.

23. Y sucedió que muerto Judas, se manifestaron en Israel por todas partes los hombres perversos, y se dejaron ver todos los que obraban la maldad.

24. Por este tiempo sobrevino una grandísima hambre, y todo el país con sus habitantes se sujetó a Báquides;

25. el cual escogió hombres perversos, y los puso por comandantes del país.

26. Y andaban éstos buscando, y en pesquisa de los amigos de Judas, y los llevaban a Báquides, quien se vengaba de ellos, y les hacía mil oprobios.

27. Fue, pues, grande la tribulación de Israel, y tal que no se había experimentado semejante desde el tiempo en que dejó de verse profeta en Israel.

Jonatás sucesor de Judas

28. En esto se juntaron todos los amigos de Judas, y dijeron a Jonatás:

29. Después que murió tu hermano Judas, no hay ninguno como él que salga contra nuestros enemigos, que son Báquides y los enemigos de nuestra nación.

30. Por tanto te elegimos hoy en su lugar, para que seas nuestro príncipe, y el caudillo de nuestras guerras.

31. Y aceptó entonces Jonatás el mando, y ocupó el lugar de su hermano Judas.

32. Sabedor de esto Báquides, buscaba medios para quitarle la vida;

33. pero habiéndolo llegado a entender Jonatás, y Simón su hermano, con todos los que lo acompañaban, huyeron al desierto de Tecua e hicieron alto junto al lago de Asfar.

34. Lo supo Báquides, y marchó él mismo con todo su ejército, en día de sábado, al otro lado del Jordán.

35. Entonces Jonatás envió a su hermano, caudillo del pueblo, a rogar a los nabuteos, sus amigos, que les prestasen su tren de guerra, que era grande.

36. Pero saliendo de Madaba los hijos de Jambri, cogieron a Juan y cuanto conducía, y se fueron con todo.

37. De allí a poco dieron noticia a Jonatás y a su hermano Simón, de que los hijos de Jambri celebraban unas grandes bodas, y que llevaban desde Madaba con mucha pompa la novia, la cual era hija de uno de los grandes príncipes de Canaán.

38. Se acordaron entonces de la sangre derramada de Juan su hermano y fueron, y se escondieron en las espesuras de un monte.

39. En este estado, levantando sus ojos, vieron a cierta distancia una multitud de gentes, y un magnífico aparato; pues había salido el novio con sus amigos y parientes a recibir a la novia, al son de tambores e instrumentos músicos, con mucha gente armada.

40. Entonces saliendo súbitamente de su emboscada, se echaron sobre ellos, y mataron e hirieron a muchos, huyendo los demás a los montes; con lo cual se apoderaron de todos sus despojos;

41. de suerte que las bodas se convirtieron en duelo, y sus conciertos de música en lamentos.

42. Y vengaron de este modo la sangre de su hermano, y se volvieron hacia la ribera del Jordán.

43. Luego que lo supo Báquides, vino con un poderoso ejército en un día de sábado a la orilla del Jordán.

44. Entonces Jonatás dijo a los suyos: ¡Ea!, vamos a pelear contra nuestros enemigos; pues no nos hallamos nosotros en la situación de ayer y demás días anteriores.

45. Vosotros veis que tenemos de frente a los enemigos; a la espalda, hacia derecha e izquierda, las aguas del Jordán, con sus riberas y pantanos, y bosques, sin que nos quede medio para escapar.

46. Ahora, pues, clamad al cielo, para que seáis librados de vuestros enemigos*. Y se trabó el combate;

47. en el cual levantó Jonatás su brazo para matar a Báquides; pero evitó éste el golpe, retirando su cuerpo hacia atrás.

48. En fin, Jonatás y los suyos se arrojaron al Jordán, y lo pasaron a nado, a la vista de sus enemigos.

49. Y habiendo perecido aquel día mil hombres del ejército de Báquides, se volvió éste con sus tropas a Jerusalén.

50. Y en seguida reedificaron las plazas fuertes de Judea, y fortificaron con altos muros, con puertas y barras de hierro las ciudades de Jericó, de Ammaum, de Bet-Horón, de Betel, de Tamnata, de Fara y de Topo.

51. En ellas puso Báquides guarniciones, para que hicieran correrías contra Israel.

52. Fortificó también la ciudad de Betsura, y la de Gázara, y el alcázar de Jerusalén, poniendo en todas partes guarnición y víveres.

53. Tomó después en rehenes los hijos de las primeras familias del país, y los tuvo custodiados en el alcázar de Jerusalén.

54. En el segundo mes del año ciento cincuenta y tres mandó Alcimo derribar las murallas de la parte interior del templo, y que se destruyesen las obras de los profetas Ageo y Zacarías. Comenzó en efecto la demolición;

55. pero lo hirió el Señor entonces, y no pudo acabar lo que había comenzado. Perdió el habla, sin poder pronunciar una palabra más, ni dar disposición alguna en los asuntos de su casa.

56. Y murió Alcimo, atormentado de grandes dolores.

57. Viendo Báquides que había muerto Alcimo, se volvió adonde estaba el rey, y quedó el país en reposo por dos años.

Sitio de Betbesén

58. Pero al cabo los malvados todos formaron el siguiente designio: Jonatás, dijeron, y los que con él están, viven en sosiego y descuidados; ahora es tiempo de hacer venir a Báquides y de que los sorprenda a todos en una noche.

59. Fueron, pues, a verse con él, y le propusieron este designio.

60. Báquides se puso luego en camino con un poderoso ejército, y envió secretamente sus cartas a los que seguían su partido en la Judea, a fin de que pusiesen presos a Jonatás y a los que le acompañaban; mas no pudieron hacer nada, porque éstos fueron advertidos de su designio.

61. Entonces Jonatás prendió a cincuenta personas del país, que eran los principales jefes de aquella conspiración, y les quitó la vida.

62. En seguida se retiró con su hermano Simón y los de su partido a Betbesén, que está en el desierto; repararon sus ruinas, y la pusieron en estado de defensa.

63. Tuvo noticia de esto Báquides, y juntando todas sus tropas, y avisando a los partidarios que tenía en la Judea,

64. vino a acampar sobre Betbesén, a la cual tuvo sitiada por mucho tiempo, haciendo construir máquinas de guerra.

65. Pero Jonatás, dejando en la ciudad a su hermano Simón, fue a recorrer el país y volviendo con un buen cuerpo de tropa,

66. derrotó a Odarén, y a sus hermanos, y a los hijos de Faserón en sus propias tiendas, y comenzó a hacer destrozo en los enemigos y a dar grandes muestras de su valor.

67. Simón y sus tropas, salieron de la ciudad, y quemaron las máquinas de guerra;

68. atacaron a Báquides y lo derrotaron, causándole grandísimo pesar por ver frustrados sus designios y tentativas;

69. y así lleno de cólera contra aquellos hombres perversos que le habían acon-

---

46. *Clamar al cielo es invocar la ayuda y el socorro de Dios. 2 Cro 20, 3.*

sejado venir a su país, hizo matar a muchos de ellos, y resolvió volverse a su tierra con el resto de sus tropas.

70. Sabedor de esto Jonatás, le envió embajadores para ajustar la paz con él, y canjear los prisioneros.

71. Los recibió Báquides gustosamente, y consintiendo en lo que proponía Jonatás, juró que en todos los días de su vida no volvería a hacerle mal ninguno.

72. Le entregó asimismo los prisioneros que había hecho antes en el país de Judá; después de lo cual partió para su tierra y no quiso volver más a la Judea.

73. Con esto cesó la guerra en Israel, y Jonatás fijó su residencia en Macmas, donde comenzó a gobernar la nación, y exterminó de Israel a los impíos.

10 *Alejandro se alza contra Demetrio. Jonatás incendia Azoto y el templo de Dagón*

1. El año ciento sesenta* Alejandro, hijo de Antíoco el Ilustre, subió a ocupar Tolemaida, y fue bien recibido, y empezó allí a reinar.

2. Así que lo supo el rey Demetrio, levantó un poderoso ejército, y marchó a pelear contra él.

3. Envió también una carta a Jonatás llena de expresiones afectuosas y de grandes elogios para él.

4. Porque dijo él a los suyos: Anticipémonos a hacer con él la paz, antes que la haga con Alejandro en daño nuestro;

5. pues él se acordará sin duda de los males que le hemos hecho tanto a él como a su hermano y a su nación.

6. Le dio, pues, facultad para levantar un ejército y fabricar armas; lo declaró su aliado, y mandó que se le entregasen los que estaban en rehenes en el alcázar de Jerusalén.

7. Entonces Jonatás pasó a Jerusalén, y leyó las cartas de Demetrio delante de todo el pueblo y de los que estaban en el alcázar.

8. Y se intimidaron éstos en gran manera al oír que el rey le daba facultad de levantar un ejército.

9. Se entregaron luego a Jonatás los rehenes, el cual los volvió a sus padres.

10. Fijó Jonatás su residencia en Jerusalén, y comenzó a reedificar y restaurar la ciudad;

11. y mandó a los arquitectos que levantasen una muralla de piedras cuadradas alrededor del monte de Sión, para que quedase bien fortificado; y así lo hicieron.

12. Entonces los extranjeros que estaban en las fortalezas construidas por Báquides huyeron;

13. y abandonando sus puestos se fue cada cual a su país.

14. Sólo en Betsura quedaron algunos de aquellos que habían abandonado la ley y los preceptos de Dios; porque esta fortaleza era su refugio.

15. Entretanto llegaron a oídos de Alejandro las promesas que Demetrio había hecho a Jonatás, y le contaron las batallas y acciones gloriosas de Jonatás y de sus hermanos, y los trabajos que habían padecido.

16. Y dijo: ¿Podrá haber acaso otro varón como éste? Pensemos, pues, en hacerle nuestro amigo y aliado.

17. Con esta mira le escribió, enviándole una carta concebida en los términos siguientes:

18. El rey Alejandro, a su hermano Jonatás, salud:

19. Hemos sabido que eres un hombre de valor y digno de ser nuestro amigo.

20. Por lo tanto te constituimos hoy sumo sacerdote de tu nación, y queremos además que tengas el título de Amigo del Rey, y que tus intereses estén unidos a los nuestros, y que conserves amistad con nosotros. Y le envió la vestidura de púrpura y la corona de oro.

21. En efecto, en el séptimo mes del año ciento sesenta, Jonatás se vistió la estola santa*, en el día solemne de los Tabernáculos, y levantó un ejército, e hizo fabricar gran cantidad de armas.

22. Así que supo Demetrio estas cosas, se entristeció sobremanera, y dijo:

23. ¿Cómo hemos dado lugar a que Alejandro se nos haya adelantado a conciliarse la amistad de los judíos para fortalecer su partido?

24. Voy yo también a escribirles cortésmente, ofreciéndoles dignidades y dá-

1. 153 a.C..

21. Vestidura sacerdotal. *Lev 23*, 24.

divas, para empeñarlos a unirse conmigo en mi auxilio.

25. Y les escribió en estos términos: El rey Demetrio a la nación de los judíos, salud:

26. Hemos sabido con mucho placer que habéis mantenido la alianza que teníais hecha con nosotros; y que sois constantes en nuestra amistad, sin haberos coligado con nuestros enemigos.

27. Perseverad, pues, como hasta aquí, guardándonos la misma fidelidad, y os recompensaremos ampliamente lo que habéis hecho por nosotros.

28. Os perdonaremos además muchos impuestos, y os haremos muchas gracias.

29. Y desde ahora, a vosotros y a todos los judíos os eximo de tributos, e impuestos sobre la sal, las coronas, la tercera parte de la simiente;

30. y la mitad de los frutos de los árboles, que me corresponde, os la cedo a vosotros desde hoy en adelante; por lo cual no se exigirá más de la tierra de Judá, ni tampoco de las tres ciudades de Samaria y de Galilea, que se le han agregado, y así será desde hoy para siempre.

31. Quiero también que Jerusalén sea santa o privilegiada, y que quede libre con todo su territorio, y que los diezmos y tributos sean para ella.

32. Os entrego también el alcázar de Jerusalén, y se lo doy al sumo sacerdote para que ponga en él la gente que él mismo escogiere para su defensa.

33. Concedo además gratuitamente la libertad a todos los judíos que se trajeron cautivos de la tierra de Judá, en cualquier parte de mi reino que se hallen, eximiéndolos de pagar por sí, y también por sus ganados.

34. Y todos los días solemnes, y los sábados, y las neomenias, y los días establecidos, y los tres días antes y después de la fiesta solemne sean días de inmunidad y de libertad para todos los judíos que hay en mi reino;

35. de modo que en estos días nadie podrá proceder contra ellos, ni llamarlos a juicio por ningún motivo.

36. También ordeno que sean admitidos en el ejército del rey hasta treinta mil judíos, los cuales serán mantenidos del mismo modo que todas las tropas reales, y se echará mano de ellos para ponerlos de guarnición en las fortalezas del gran rey.

37. Igualmente se escogerán de éstos algunas personas, a las cuales se encarguen los negocios del reino que exigen gran confianza; sus jefes serán elegidos de entre ellos mismos, y vivirán conforme a sus leyes, según el rey ha ordenado para el país de Judá.

38. Considérense asimismo en un todo, como la misma Judea, las tres ciudades de la provincia de Samaria incorporadas a la Judea, de suerte que no dependan más que de un jefe, ni reconozcan otra potestad que la del sumo sacerdote.

39. Hago donación de Tolemaida con su territorio al templo de Jerusalén para los gastos necesarios del santuario;

40. y le consigo todos los años quince mil siclos de plata de los derechos reales que me pertenecen.

41. Y todo aquello que ha quedado atrasado, y han dejado de pagar mis administradores en los años precedentes, se entregará desde ahora para la reparación del templo del Señor;

42. y por lo que hace a los cinco mil siclos de plata que aquéllos recaudaban cada año por cuenta de las rentas del santuario, también pertenecerán éstos a los sacerdotes que están ejerciendo las funciones de su ministerio.

43. Asimismo, todos aquellos que siendo responsables al rey, por cualquier motivo que sea, se refugiaren en el templo de Jerusalén, o a cualquier parte de su recinto, quedarán inmunes, y gozarán libremente de todos los bienes que posean en mi reino.

44. Y finalmente, el gasto de lo que se edifique o repare en el santuario, correrá de cuenta del rey;

45. como también lo que se gaste para restaurar los muros de Jerusalén y fortificarlos por todo el contorno, y para las murallas que deben levantarse en la Judea.

Jonatás recibe honores supremos

46. Habiendo, pues, oído Jonatás y el pueblo estas proposiciones de Demetrio, no las creyeron sinceras, ni las quisieron aceptar, porque se acordaban de los grandes males que había hecho en Israel, y cuán duramente los había oprimido.

47. Y así se inclinaron más bien a complacer a Alejandro, pues había sido el primero que les había hablado de paz, y en efecto, le auxiliaron constantemente.

48. En esto juntó el rey Alejandro un gran ejército, y marchó con sus tropas contra Demetrio.

49. Y dieron la batalla ambos reyes, y habiendo sido puestas en fuga las tropas de Demetrio, las fue siguiendo Alejandro, y cargó furiosamente sobre ellas.

50. Fue muy recio el combate, el cual duró hasta ponerse el sol; y murió en él Demetrio.

51. Después de esto, Alejandro envió sus embajadores a Tolomeo, rey de Egipto, para que le dijesen en su nombre:

52. Puesto que he vuelto a mi reino, y me hallo sentado en el trono de mis padres, y he recobrado mis Estados y entrado en posesión de mis dominios con la derrota de Demetrio,

53. a quien deshice en batalla campal, por este motivo ocupo el trono del reino que él poseía;

54. establezcamos ahora entre nosotros una mutua amistad, y para ello concédeme por esposa a tu hija, con lo cual seré yo tu yerno, y te presentaré tanto a ti como a ella regalos dignos de tu majestad.

55. A lo cual el rey Tolomeo respondió, diciendo: ¡Bendito sea el día en que has vuelto a entrar en la tierra de tus padres, y te has sentado en el trono de tu reino!

56. Yo estoy pronto a concederte lo que me has escrito, mas ven hasta Tolemaida, para que nos veamos allí ambos, y te entregue yo mi hija por esposa, conforme me pides.

57. Partió, pues, Tolomeo de Egipto con su hija Cleopatra, y vino a Tolemaida el año ciento sesenta y dos.

58. Y fue Alejandro a encontrarlo allí; y Tolomeo le dio a su hija Cleopatra por esposa, celebrándose sus bodas en dicha ciudad de Tolemaida con una magnificencia verdaderamente real.

59. El rey Alejandro escribió también a Jonatás que viniese a verlo;

60. y en efecto, habiendo pasado a Tolemaida con gran pompa, visitó a los dos reyes, les presentó mucha plata y oro, y otros regalos, y ellos le recibieron con mucho agrado.

61. Entonces algunos hombres corrompidos y malvados de Israel se conjuraron para presentar una acusación contra él; mas el rey no quiso darles oídos;

62. antes bien mandó que a Jonatás le quitasen sus vestidos, y lo revistiesen de púrpura. Y así se ejecutó. Después de lo cual el rey le mandó sentar a su lado.

63. Luego dijo a sus magnates: Id con él por medio de la ciudad, y haced publicar que nadie por ningún título ose formar acusación contra él, ni le moleste, sea por el asunto que fuere.

64. Así que los acusadores vieron la honra que se hacía a Jonatás, y lo que se había pregonado, y como iba revestido de púrpura, echaron a huir todos.

65. Lo elevó el rey a grandes honores, y lo contó entre sus principales amigos; lo hizo general, y le dio parte en el gobierno.

66. Después de lo cual se volvió Jonatás a Jerusalén en paz, y lleno de gozo.

67. El año ciento sesenta y cinco, Demetrio el joven, hijo de Demetrio, vino desde Creta a la tierra de sus padres;

68. y habiéndolo sabido el rey Alejandro, tuvo de ello gran pena, y se volvió a Antioquía.

69. El rey Demetrio hizo general de sus tropas a Apolonio, que era gobernador de la Celesiria, el cual juntó un gran ejército, y se acercó a Jamnia, y envió a decir a Jonatás, sumo sacerdote,

70. estas palabras: Tú eres el único que nos hace resistencia; y yo he llegado a ser un objeto de escarnio y oprobio, a causa de que tú te haces fuerte en los montes, y triunfas contra nosotros.

71. Ahora bien, si tú tienes confianza en tus tropas, desciende a la llanura, y mediremos allí nuestras fuerzas; pues el valor militar en mí reside.

72. Infórmate si no, y sabrás quién soy yo, y quiénes son los que vienen en mi ayuda; los cuales dicen confiadamente que vosotros no podréis sosteneros en nuestra presencia, porque ya dos veces fueron tus mayores puestos en fuga en su propio país.

73. ¿Cómo, pues, ahora podrás tú resistir el ímpetu de la caballería y de un ejército tan poderoso en una llanura, donde no hay piedras, ni peñas, ni lugar para huir.

74. Así que Jonatás oyó estas palabras de Apolonio, se alteró su ánimo y escogiendo diez mil hombres, partió de Jerusalén, saliendo a incorporarse con él su hermano Simón para ayudarle.

75. Fueron a acampar junto a la ciudad de Joppe; la cual le cerró las puertas (porque Joppe tenía guarnición de Apolonio), y así hubo de ponerla sitio.

76. Pero atemorizados los que estaban dentro, le abrieron las puertas, y Jonatás se apoderó de ella.

77. Habiéndolo sabido Apolonio, se acercó con tres mil caballos y un ejército numeroso;

78. y marchando como para ir a Azoto, bajó sin perder tiempo a la llanura; pues tenía mucha caballería, en la cual llevaba puesta su confianza. Jonatás se dirigió también hacia Azoto, y allí se dio la batalla.

79. Había dejado Apolonio en el campo, a las espaldas de los enemigos, mil caballos en emboscada.

80. Y supo Jonatás esta emboscada que los enemigos habían dejado a sus espaldas; los cuales le cercaron en su campo, y estuvieron arrojando dardos sobre sus gentes desde la mañana hasta la tarde.

81. Los de Jonatás se mantuvieron firmes, conforme él había ordenado; y entretanto se fatigó mucho la caballería enemiga.

82. Entonces Simón hizo avanzar su gente, y acometió a la infantería, la cual se vio sola, pues la caballería estaba ya cansada; y la derrotó, y puso en fuga.

83. Los que se dispersaron por el campo, se refugiaron en Azoto, y se metieron en la casa o templo de su ídolo Dagón para salvarse allí.

84. Pero Jonatás puso fuego a Azoto y a las ciudades circunvecinas, después de haberlas saqueado, y abrasó el templo de Dagón con cuantos en él se habían refugiado;

85. y entre los muertos a caudillo y quemados, perecieron cerca de ocho mil hombres.

86. Levantó luego Jonatás el campo y se aproximó a Ascalón, cuyos ciudadanos salieron a recibirlos con grandes agasajos;

87. y regresó después a Jerusalén con sus tropas cargadas de ricos despojos.

88. Así que el rey Alejandro supo todos estos sucesos, concedió nuevamente mayores honores a Jonatás,

89. y le envió la hebilla o broche de oro, que se acostumbraba dar a los parientes del rey; y le dio el dominio de Accarón y de su territorio.

---

11 *Usurpa Tolomeo el reino de Alejandro y mueren ambos. Victorias de Jonatás*

---

1. Después de esto el rey de Egipto juntó un ejército innumerable como las arenas de la orilla del mar, y gran número de naves; y trataba con perfidia de apoderarse del reino de Alejandro y unirlo a su corona.

2. Entró, pues, en la Siria aparentando amistad, y las ciudades le abrían las puertas, y lo salían a recibir sus moradores pues así lo había mandado Alejandro, por cuanto era su suegro.

3. Mas Tolomeo, así que entraba en una ciudad, ponía en ella guarnición militar.

4. Cuando llegó a Azoto, le mostraron el templo de Dagón que había sido abrasado, y las ruinas de esta ciudad y de sus aldeas, muchos cadáveres tendidos en tierra, y los túmulos que habían hecho a lo largo del camino de los muertos en la batalla.

5. Y dijeron al rey que todo aquello lo había hecho Jonatás, con lo cual intentaban hacerle odiosa su presencia; mas el rey no se dio por entendido.

6. Y salió Jonatás a recibir al rey con toda pompa en Joppe, y se saludaron, y pasaron allí la noche.

7. Fue Jonatás acompañando al rey hasta un río llamado Eleutero, desde donde regresó a Jerusalén.

8. Pero el rey Tolomeo se apoderó de todas las ciudades que hay hasta Seleucia, situada en la costa del mar, y maquinaba traiciones contra Alejandro.

9. Y despachó embajadores a Demetrio para que le dijeran: Ven, haremos alianza entre los dos, y yo te daré mi hija desposada con Alejandro, y tú recobrarás así el reino de tu padre;

10. pues estoy arrepentido de haberle dado mi hija; porque ha conspirado contra mi vida.

11. Así lo infamaba; porque codiciaba alzarse con su reino.

12. Al fin habiéndole quitado la hija, se la dio a Demetrio, y entonces se extrañó Alejandro, e hizo patente su malvada intención.

13. Entró después Tolomeo en Antioquía, y ciñó su cabeza con dos diademas, la de Egipto y la de Asia.

14. Se hallaba a esta sazón el rey Alejandro en Cilicia, por habérsele rebelado la gente de aquellas provincias.

15. Pero así que supo lo ocurrido con el rey Tolomeo, marchó contra él. Ordenó también éste su tropas, y salió a su encuentro con grandes fuerzas y lo derrotó.

16. Huyó Alejandro a Arabia, para ponerse allí a cubierto; y se aumentó así el poder de Tolomeo.

17. Y Zabdiel, príncipe de la Arabia, cortó la cabeza a Alejandro, y se la envió a Tolomeo.

18. De allí a tres días murió también el rey Tolomeo; y las tropas que estaban en las fortalezas, perdieron la vida a manos de las que estaban en el campamento.

19. Y entró Demetrio en posesión del reino el año ciento sesenta y siete.

20. Por aquellos días reunió Jonatás las milicias de la Judea para apoderarse del alcázar de Jerusalén; a este fin levantaron contra él muchas máquinas de guerra.

21. Mas algunos hombres malvados, enemigos de su propia nación, fueron al rey Demetrio y le dieron parte de que Jonatás tenía sitiado el alcázar.

22. Irritado al oír esto, pasó al instante a Tolemaida, y escribió a Jonatás que levantase el sitio del alcázar, y viniese al punto a verse con él.

23. Recibida por Jonatás esta carta, mandó que se continuase el sitio; y escogiendo algunos de los ancianos o senadores de Israel, y de los sacerdotes, fue con ellos y se expuso al peligro.

24. Llevó consigo mucho oro y plata, ropas y varios otros regalos, y partió a presentarse al rey en Tolemaida, y se ganó su amistad.

25. Sin embargo, algunos hombres perversos de su nación formaron nuevamente acusaciones contra Jonatás.

26. Mas el rey lo trató como lo habían tratado sus predecesores; y le honró en presencia de todos sus amigos o cortesanos,

27. y lo confirmó en el sumo sacerdocio y en todos los demás honores que de antemano tenía, y lo trató como al primero de sus amigos.

28. Entonces Jonatás suplicó al rey que concediese franquicia de tributos a Judea, a las tres toparquías* y Samaria con todo su territorio; prometiendo darle, como en homenaje, trescientos talentos.

29. Otorgó el rey la petición, e hizo expedir el diploma para Jonatás, en estos términos:

30. El rey Demetrio a su hermano Jonatás y a la nación judaica, salud:

31. Os enviamos para conocimiento vuestro copia de la carta que acerca de vosotros hemos escrito a Lástenes, nuestro padre. Dise así:

32. El rey Demetrio a Lástenes, su padre, salud:

33. Hemos resuelto hacer mercedes a la nación de los judíos, los cuales son nuestros amigos, y se portan fielmente con nosotros, a causa de la buena voluntad que nos tienen.

34. Decretamos, pues, que toda la Judea y las tres ciudades Aférema, Lida y Ramata, de la provincia de Samaria, agregadas a la Judea, y todos sus territorios queden destinados para todos los sacerdotes de Jerusalén, en cambio de lo que el rey percibía antes de ellos todos los años por los frutos de la tierra y de los árboles.

35. Asimismo les perdonamos desde ahora lo demás que nos pertenecía de diezmos y tributos, y los productos de las lagunas de la sal* y las coronas de oro que se nos ofrecían.

36. Todo lo referido se lo concedemos, todo irrevocablemente, desde ahora en adelante para siempre.

37. Ahora, pues, cuidad de que se saque una copia de este decreto, y entregádsela a Jonatás, para que se coloque en el monte santo de Sión en un paraje público.

38. Viendo después el rey Demetrio que toda la tierra estaba tranquila, y lo respetaba, sin que le quedase competidor ninguno, licenció todo su ejército, enviando a cada cual a su casa, salvo las tropas extranjeras que había asalariado de las islas de las naciones; con lo cual se atrajo el odio de todas las tropas que habían servido a sus padres.

39. Había entonces un cierto Trifón que había sido antes del partido de Alejandro; y

---

28. *Toparquía* palabra griega que significa *cabeza de poder.*

35. *1 Mac 10,* 29.

viendo que todo el ejército murmuraba de Demetrio, fue a verse con Emalcuel, árabe el cual educaba a Antíoco, hijo de Alejandro.

40. Y le hizo muchas y grandes instancias para que se le entregase, a fin de hacer que ocupase el trono de su padre; le contó todo lo que Demetrio había hecho, y cómo le aborrecía todo el ejército, y se detuvo allí muchos días.

41. Entretanto Jonatás envió a pedir al rey Demetrio que mandase quitar la guarnición que había aún en el alcázar de Jerusalén y en las otras fortalezas, porque causaban daño a Israel.

42. Y Demetrio respondió a Jonatás: No sólo haré por ti y por tu nación lo que me pides, sino que también te elevaré a mayor gloria a ti y a tu pueblo, luego que el tiempo me lo permita.

43. Mas ahora me harás el favor de enviar tropas a mi socorro; porque todo mi ejército me ha abandonado.

44. Entonces Jonatás le envió a Antioquía tres mil hombres de los más valientes, por cuya llegada recibió el rey gran contento.

45. Pero los moradores de la ciudad en número de ciento veinte mil hombres, se conjuraron y querían matar al rey.

46. Se encerró éste en su palacio, y apoderándose los de la ciudad de las calles o avenidas, comenzaron a combatirle.

47. Entonces el rey hizo venir en su socorro a los judíos, los cuales se reunieron todos junto a él, y acometiendo por varias partes a la ciudad,

48. mataron aquel día cien mil hombres, y después de saqueada le pegaron fuego, y libertaron así al rey.

49. Al ver los sediciosos de la ciudad que los judíos se habían hecho dueños absolutos de ella, se aturdieron, y a gritos pidieron al rey misericordia, haciéndole esta súplica:

50. Concédenos la paz, y cesen los judíos de maltratarnos a nosotros y a la ciudad.

51. Y rindieron las armas, e hicieron la paz. Con esto los judíos adquirieron gran gloria para con el rey y todo su reino; y habiéndose hecho en él muy célebres, se volvieron a Jerusalén cargados de ricos despojos.

52. Quedó con esto Demetrio asegurado en el trono de su reino; y sosegado todo el país, era respetado de todos.

53. Sin embargo, faltó a todo lo que había prometido; se extrañó de Jonatás, y bien lejos de manifestarse reconocido a los servicios recibidos, le hacía todo el mal que podía.

Batalla de Asor

54. Después de estas cosas, volvió Trifón trayendo consigo a Antíoco, que era aún niño; el cual fue reconocido por rey, y se ciñó la diadema.

55. Y acudieron a presentársele todas las tropas que Demetrio había licenciado; y pelearon contra Demetrio, el cual volvió las espaldas, y se puso en fuga.

56. Se apoderó en seguida Trifón de los elefantes, y se hizo dueño de Antioquía.

57. Y el jovencito Antíoco escribió a Jonatás en estos términos: Te confirmo en el sumo sacerdocio y en el dominio de las cuatro ciudades*, y quiero que seas uno de los amigos del rey.

58. Le envió también varias alhajas de oro para su servicio, y le concedió facultad de poder beber en copa de oro, vestirse de púrpura y de llevar la hebilla o broche de oro.

59. Al mismo tiempo nombró a su hermano Simón por gobernador de todo el país, desde los confines de Tiro hasta las fronteras de Egipto.

60. Salió luego Jonatás, y recorrió las ciudades de la otra parte del río Jordán; y todo el ejército de la Siria acudió a su auxilio, con lo que se encaminó hacia Ascalón, cuyos moradores salieron a recibirlo con grandes festejos.

61. Desde allí pasó a la Gaza, y sus habitantes le cerraron las puertas; por lo que le puso sitio, y quemó todos los alrededores de la ciudad, después de haberlo todo saqueado.

62. Entonces los de Gaza pidieron capitulación a Jonatás, el cual se la concedió; y tomando en rehenes a sus hijos, los envió a Jerusalén, y recorrió en seguida todo el país hasta Damasco.

63. A esta sazón supo Jonatás que los generales de Demetrio habían ido con un poderoso ejército a la ciudad de Cades, situada en la Galilea, para sublevarla, con el

---

57. *I Mac 11*, 34; *10*, 39.

fin de impedirle que se mezclase en adelante en los negocios del reino de Antíoco.

64. Y marchó contra ellos; dejando en la provincia a su hermano Simón.

65. Entretanto éste aproximándose a Betsura, la tuvo sitiada muchos días, teniendo encerrados a sus habitantes;

66. los cuales pidieron al fin la paz, y se la concedió; y habiéndoles hecho desocupar la plaza, tomó posesión de ella y la guarneció.

67. Jonatás se acercó con su ejército al lago de Genesar, y antes de amanecer llegaron a la llanura de Asor.

68. Y he aquí que se encontró delante del campamento de los extranjeros; quienes le habían puesto una emboscada en el monte. Jonatás fue a embestirlos de frente;

69. pero entonces los que estaban emboscados salieron de sus puestos y cargaron sobre él.

70. Con esto los de Jonatás echaron todos a huir, sin que quedase uno siquiera de los capitanes, excepto Matatías, hijo de Absalomi, y Judas, hijo de Calfi, comandante de su ejército.

71. Entonces Jonatás rasgó sus vestidos, se echó polvo sobre su cabeza, e hizo oración.

72. En seguida volvió Jonatás sobre los enemigos; y peleó contra ellos y los puso en fuga.

73. Viendo esto las tropas que le habían abandonado, volvieron a unirse con él, y todos juntos persiguieron a los enemigos hasta Cades, donde tenían éstos sus campamentos, al pie de los cuales llegaron.

74. Murieron aquel día tres mil hombres del ejército de los extranjeros; y Jonatás se volvió a Jerusalén.

---

12 *Jonatás renueva la alianza con romanos. Manda a construir plazas de armas en Judea*

---

1. Viendo Jonatás que el tiempo o circunstancias le eran favorables, eligió diputados y los envió a Roma, para confirmar y renovar la amistad con los romanos;

2. e igualmente envió a los lacedemonios y a otros pueblos cartas en todo semejantes.

3. Partieron, pues, aquellos para Roma, y habiéndose presentado al Senado dijeron: Jonatás, sumo sacerdote, y la nación de los judíos nos han enviado a renovar la amistad y alianza, según se hizo en tiempos pasados.

4. Y los romanos les dieron después cartas para los gobernadores de las plazas a fin de que viajasen con seguridad hasta la Judea.

5. El tenor de la carta que Jonatás escribió a los lacedemonios, es el siguiente:

6. Jonatás, sumo sacerdote, y los ancianos de la nación, y los sacerdotes, y todo el pueblo de los judíos, a los lacedemonios sus hermanos, salud:

7. Ya hace tiempo que Ario*, vuestro rey, escribió una carta a Onías, sumo sacerdote, en la cual se leía que vosotros sois nuestros hermanos, como se ve por la copia que más abajo se pone.

8. Y Onías recibió con gran honor al enviado del rey y también sus cartas, en las cuales se hablaba de hacer amistad y alianza.

9. Y aunque nosotros no teníamos necesidad de nada de eso, teniendo como tenemos en nuestras manos para consuelo nuestro los libros santos,

10. con todo hemos querido enviar a renovar con vosotros esta amistad y unión fraternal, no sea que os parezca que nos hemos extrañado de vosotros; porque ha transcurrido ya mucho tiempo desde que nos enviasteis aquella embajada.

11. Nosotros, en todo este intermedio, jamás hemos dejado de hacer conmemoración de vosotros en los sacrificios que ofrecemos a Dios, en los días solemnes, y en los demás que corresponde, y en todas nuestras oraciones, pues es justo y debido acordarse de los hermanos.

12. Nos regocijamos, pues, de la gloria que disfrutáis.

13. Mas por lo que hace a nosotros, hemos sufrido grandes aflicciones y muchas guerras, habiéndonos acometido varias veces los reyes circunvecinos.

14. Sin embargo, en estas guerras no hemos querido cansaros ni a vosotros, ni a ninguno de los demás aliados y amigos;

15. pues hemos recibido el socorro del cielo, con el cual hemos sido librados nosotros y humillados nuestros enemigos.

16. Por tanto, habiendo ahora elegido a Numenio, hijo de Antíoco, y Antípatro, hijo de Jasón, para enviarlos a los romanos, a fin

---

7. En el texto griego se lee *Darío*.

de renovar con ellos la antigua amistad y alianza,

17. les hemos dado también la orden de pasar a veros y a saludaros de nuestra parte, cuyo objeto es el renovar nuestra unión fraternal.

18. Y así nos haréis un favor respondiéndonos sobre su contenido.

19. Este es el traslado de la carta que Ario escribió a Onías:

20. Ario, rey de los lacedemonios, a Onías, sumo sacerdote, salud:

21. Aquí se ha encontrado en cierta escritura que los lacedemonios y los judíos son hermanos, y que son todos del linaje de Abrahán.

22. Por tanto, ahora que hemos descubierto esta noticia, nos haréis el gusto de escribirnos si gozáis de paz.

23. Pues nosotros desde luego os respondemos: Nuestros ganados y nuestros bienes vuestros son, y nuestros los vuestros; y esto es lo que les encargamos que os digan.

24. Entretanto supo Jonatás que los generales de Demetrio habían vuelto contra él con un ejército mucho mayor que antes.

25. Con esto partió de Jerusalén, y fue a salirles al encuentro en el país de Amat, o Emat, para no darles tiempo de entrar en su tierra de Judea;

26. y enviando espías a reconocer su campo, volvieron éstos con la noticia de que los enemigos habían resuelto sorprenderle aquella noche.

27. Con esto Jonatás, puesto que fue el sol, mandó a su gente que estuviese alerta toda la noche, y sobre las armas, prontos para la batalla, y puso centinelas alrededor del campamento.

28. Pero cuando los enemigos supieron que Jonatás estaba preparado con sus tropas para la batalla, temieron y huyeron despavoridos, dejando encendidos fuegos, u hogueras, en su campamento.

29. Mas Jonatás y su tropa, por lo mismo que veían los fuegos encendidos, no lo conocieron hasta la mañana.

30. Bien que fue después en su seguimiento; pero no los pudo alcanzar, pues habían pasado ya el río Eleutero.

31. Entonces convirtió sus armas contra los árabes llamados zabadeos, a quienes derrotó y tomó sus despojos;

32. y reunida su gente fue a Damasco, y anduvo haciendo varias correrías por todo aquel país.

33. Entretanto Simón marchó y llegó hasta la ciudad de Ascalón y las fortalezas vecinas; y dirigiéndose a Joppe se apoderó de ella,

34. (pues había sabido que los de aquella ciudad querían entregar la plaza a los partidarios de Demetrio, y le puso guarnición para que la custodiase.

35. Habiendo vuelto Jonatás de su expedición, convocó a los ancianos del pueblo, y de acuerdo con ellos resolvió construir fortalezas en la Judea,

36. reedificar los muros de Jerusalén, y levantar una muralla de gran altura entre el alcázar y la ciudad para separar aquel de ésta, de modo que el alcázar quedase aislado, y los de dentro no pudiesen comprar ni vender ninguna cosa.

37. Se reunió, pues, la gente para reedificar la ciudad, y hallándose caída la muralla que estaba sobre el torrente Cedrón hacia el Oriente, la levantó Jonatás, la cual se llama Cafeteta.

38. Simón también construyó a Adiada en Sefela, y la fortificó, y aseguró con puertas y barras de hierro.

39. Por este tiempo proyectó Trifón hacerse rey de Asia, y ceñirse la corona, y quitar la vida al rey Antíoco.

40. Mas temiendo que Jonatás le sería contrario y le declararía la guerra, andaba buscando medios para apoderarse de él y quitarle la vida. Se fue, pues, con este intento a Betsán.

41. Pero Jonatás le salió al encuentro con cuarenta mil hombres de tropa escogida, avanzando también hasta dicha ciudad.

42. Mas cuando Trifón vio que Jonatás había ido contra él con tan poderoso ejército, entró en miedo,

43. y así lo recibió con agasajo, y le recomendó a todos sus amigos; le hizo varios regalos, y mandó a todo su ejército que le obedeciese como a él mismo.

44. Dijo luego a Jonatás: ¿Por qué has cansado a toda esa tu gente, no habiendo guerra entre nosotros?

45. Ahora bien, despáchalos a sus casas, y escoge solamente algunos pocos de entre ellos que te acompañen, y vente conmigo a Tolemaida, y yo te haré dueño de ella, y de las demás fortalezas, y del ejército, y de todos los encargados del gobierno; ejecutado lo cual me volveré, pues para eso he venido acá.

46. Le dio crédito Jonatás, y haciendo lo que le dijo, licenció sus tropas, que se volvieron a la tierra de Judá,

47. reteniendo consigo tres mil hombres; de los cuales envió aún dos mil a la Galilea, y mil le acompañaron.

48. Mas apenas Jonatás hubo entrado en Tolemaida, cerraron sus habitantes las puertas de la ciudad, y lo prendieron; y pasaron a cuchillo a todos los que le habían acompañado.

49. Y Trifón envió su infantería y caballería a la Galilea y a su gran llanura para acabar con todos los soldados que habían acompañado a Jonatás.

50. Estos, oyendo decir que habían puesto preso a Jonatás, y que había sido muerto con cuantos le acompañaban, se animaron los unos a los otros, y se presentaron con denuedo para pelear.

51. Mas viendo los que les iban persiguiendo que estaban resueltos a vender muy caras sus vidas, se volvieron.

52. De esta suerte siguieron su camino, regresando todos felizmente a Judea, donde hicieron gran duelo por Jonatás y por los que le habían acompañado; y lo lloró todo Israel amargamente.

53. Entonces todas las naciones circunvecinas intentaron nuevamente abatirlos. Porque dijeron:

54. No tienen caudillo, ni quién los socorra; ahora es tiempo de echarnos sobre ellos y de borrar su memoria de entre los hombres.

13 *Sucede Simón en el gobierno a Jonatás, asesinado por Trifón, toma Gaza*

1. Tuvo Simón aviso de que había juntado Trifón un gran ejército para venir a asolar la tierra de Judá.

2. Y observando que la gente estaba intimidada y temblando, subió a Jerusalén y convocó al pueblo;

3. y para animarlos a todos, les habló de esta manera: Ya sabéis cuánto hemos trabajado así yo como mis hermanos, y la casa de mi padre por defender nuestra ley y por el santuario, y en qué angustias nos hemos visto.

4. Por amor de estas cosas han perdido la vida todos mis hermanos, para salvar a Israel, siendo yo el único de ellos que he quedado.

5. Mas no permita Dios que tenga ningún miramiento a mi vida, mientras estemos en la aflicción; pues no soy yo de más valer que mis hermanos.

6. Defenderé, pues, a mi nación y al santuario, y a nuestros hijos y a nuestras esposas; porque todas las naciones gentiles, por el odio que nos tienen, se han coligado para destruirnos.

7. Se inflamó el espíritu del pueblo así que oyó estas palabras,

8. y todos en alta voz respondieron: Tú eres nuestro caudillo en lugar de Judas y Jonatás tus hermanos:

9. Dirige nuestra guerra, que nosotros haremos todo cuanto nos mandares.

10. Con esto Simón hizo juntar todos los hombres de guerra, y se dio prisa a reedificar las murallas de Jerusalén, y la fortaleció por todos lados.

11. Y envió a Jonatás, hijo de Absalomi, con un nuevo ejército contra Joppe, y habiendo éste arrojado a los de dentro de la ciudad, se quedó en ella con sus tropas.

12. Entretanto Trifón partió de Tolemaida con un numeroso ejército para entrar en tierra de Judá, trayendo consigo prisionero a Jonatás.

13. Simón acampó cerca de Addús, enfrente de la llanura.

14. Pero Trifón, así que supo que Simón había entrado en lugar de su hermano Jonatás, y que se disponía para salir a darle batalla, le envió mensajeros;

15. para que le dijesen de su parte: Hemos detenido hasta ahora a tu hermano Jonatás, porque debía dinero al rey con motivo de los negocios que estuvieron a su cuidado.

16. Ahora, pues, envíame cien talentos de plata, y por rehenes a sus dos hijos, para seguridad de que luego que esté libre no se vuelva contra nosotros y le dejaremos ir.

17. Bien conoció Simón que le hablaba con doblez; pero con todo mandó que se le entregase el dinero y los niños, por no atraer sobre sí el odio del pueblo de Israel; el cual hubiera dicho:

18. Por no haber enviado el dinero y los niños, por eso ha perecido Jonatás.

19. Así, pues, envió los niños y los cien talentos; pero Trifón faltó a la palabra y no puso en libertad a Jonatás.

20. Y entró después Trifón en el país de Judá para devastarlo, y dio la vuelta por el camino que va a Ador; Simón con sus tropas les seguía siempre los pasos a doquiera que fuesen.

21. A este tiempo los que estaban en el alcázar de Jerusalén enviaron a decir a Trifón que se apresurase a venir por el camino del desierto y les enviase víveres.

22. En vista de lo cual dispuso Trifón toda su caballería para partir aquella misma noche a socorrerlos; mas por haber gran cantidad de nieve, no se verificó su ida al territorio de Galaad.

23. Y al llegar cerca de Bascamán, hizo matar allí a Jonatás y a sus hijos.

24. Luego volvió Trifón atrás, y regresó a su país.

25. Entonces Simón envió a buscar los huesos de su hermano Jonatás, y los sepultó en Modín, patria de sus padres.

26. Y todo Israel hizo gran duelo en su muerte, y le lloró por espacio de muchos días.

27. Mandó después Simón levantar sobre los sepulcros de su padre y hermanos un elevado monumento, que se descubría desde lejos, de piedras labradas por uno y otro lado,

28. y allí levantó siete pirámides una enfrente de otra, a su padre, y a su madre, y a sus cuatro hermanos.

29. Alrededor de ellas colocó grandes columnas, y sobre las columnas armas para eterna memoria, y junto a las armas unos navíos de escultura, los cuales se viesen de cuantos navegasen por aquel mar.

30. Tal es el sepulcro que levantó Simón en Modín, el cual subsiste hasta el día de hoy.

31. Pero Trifón yendo de camino con el jovencito rey Antíoco, hizo quitar a éste la vida a traición;

32. y reinó en su lugar, ciñendo su cabeza con la diadema de Asia; e hizo grandes extorsiones en todo el país.

33. Entretanto Simón reparó las plazas de armas de la Judea, reforzándolas con altas torres, elevados muros, puertas y cerrojos, y surtiéndolas de víveres.

34. Envió también Simón comisionados al rey Demetrio para suplicarle que concediera la exención de tributos al país; porque todo cuanto había hecho Trifón no había sido más que un puro robo.

35. Contestó el rey Demetrio a esta solicitud, y le escribió la siguiente carta:

36. El rey Demetrio a Simón, sumo sacerdote y amigo de los reyes, y a los ancianos y al pueblo de los judíos, salud*:

37. Hemos recibido la corona de oro y el ramo o palma que nos habéis enviado; y estamos dispuestos a hacer con vosotros una paz sólida, y a escribir a nuestros intendentes que os perdonen los tributos de que os hemos hecho gracia;

38. en la inteligencia de que debe permanecer firme todo cuanto hemos dispuesto a favor vuestro. Las plazas que habéis fortificado quedarán para vosotros:

39. Os perdonamos también todas las faltas que hayáis podido cometer hasta el día de hoy, como igualmente la corona de oro de que erais deudores, y queremos que si se pagaba algún otro tributo en Jerusalén, no se pague ya más en adelante.

40. Finalmente, si se hallan entre vosotros algunos que sean a propósito para ser alistados entre los nuestros, alístense, y reine la paz entre nosotros.

41. Con esto, en el año ciento sesenta, quedó libre Israel del yugo de los gentiles;

42. y entonces comenzó el pueblo de Israel a escribir sus monumentos y registros públicos desde el año primero de Simón, sumo sacerdote, gran caudillo y príncipe de los judíos.

43. Por aquellos días pasó Simón a poner sitio a Gaza; y cercándola con su ejército, levantó máquinas de guerra, las arrimó a sus muros, y batió una torre, y se apoderó de ella.

44. Y los soldados que estaban en una de estas máquinas entraron de golpe en la ciudad, excitando con esto un gran alboroto en ella.

45. Entonces los ciudadanos subieron a la muralla con sus mujeres e hijos, rasgados

---

36. *2 Mac 14,* 4.

sus vestidos, y a gritos clamaban a Simón, pidiendo que les concediese la paz,

46. y diciéndole: No nos trates como merece nuestra maldad, sino según tu gran clemencia.

47. En efecto, movido Simón a compasión, no los trató con el rigor de la guerra; pero los echó de la ciudad, y purificó los edificios en que había habido ídolos, y luego entró en ella, entonando himnos en alabanza del Señor.

48. Arrojadas después de la ciudad todas las inmundicias idolátricas, la hizo habitar por gente que observase la ley del Señor, y la fortificó, e hizo en ella para sí una casa.

49. A esta sazón los que ocupaban el alcázar de Jerusalén, no pudiendo entrar ni salir por el país, ni comprar, ni vender, se vieron reducidos a una gran escasez, de suerte que perecían muchos de hambre.

50. Entonces clamaron a Simón, pidiéndole capitulación, y se la otorgó; y los arrojó de allí, y purificó el alcázar de las inmundicias gentílicas.

51. Entraron, pues, los judíos el día veintitrés del segundo mes, del año ciento setenta y uno, llevando ramos de palma, y cantando alabanzas a Dios, al son de arpas, de címbalos y cánticos, por haber exterminado de Israel un gran enemigo.

52. Y Simón ordenó que todos los años se solemnizasen aquellos días con regocijos.

53. Asimismo fortificó el monte del templo, que está junto al alcázar*, y habitó allí con sus gentes.

54. Finalmente, viendo Simón que su hijo Juan era un guerrero muy valiente, le hizo general de todas las tropas; el cual tenía fija en Gázara su residencia.

14 *Demetrio es vencido y hecho prisionero. Se renueva la alianza con los lacedemonios y romanos*

1. En el año ciento setenta y dos juntó el rey Demetrio su ejército, y pasó a la Media para recoger allí socorros, a fin de hacer la guerra a Trifón.

2. Mas luego que Arsaces, rey de la Persia y de la Media, tuvo noticia de que Demetrio había invadido sus Estados, envió a uno de sus generales para que lo prendiese y se lo trajese vivo.

3. Marchó, pues, este general, y derrotando el ejército de Demetrio, cogió a éste y le condujo a Arsaces, quien lo hizo poner en una prisión.

4. Todo el país de Judá estuvo en reposo durante los días de Simón, no cuidaba éste de otra cosa que de hacer bien a su pueblo; el cual miró siempre con placer su gobierno y la gloria de que gozaba.

5. A más de otros muchos hechos gloriosos, habiendo tomado a Joppe, hizo de ella un puerto que sirviese de escala para los países marítimos.

6. Extendió los límites de su nación, y se hizo dueño del país.

7. Reunió también un gran número de cautivos, tomó a Gázara, a Betsura y el alcázar de Jerusalén, y quitó de allí las inmundicias idolátricas, y no había nadie que le contrarrestase.

8. Cada uno cultivaba entonces pacíficamente su tierra; y el país de Judá daba sus cosechas abundantes y frutos copiosos los árboles de los campos.

9. Sentados todos los ancianos en las plazas o consejos trataban de lo que era útil y ventajoso al país, y se engalanaba la juventud con ricos vestidos y ropas cogidas en la pasada guerra.

10. Distribuía Simón víveres por las ciudades, y las ponía en estado de que fuesen otras tantas fortalezas, de manera que la fama de su glorioso nombre se extendió hasta el cabo del mundo.

11. Estableció la paz en toda la extensión de su país, con lo cual se vio Israel colmado de gozo.

12. De suerte que podía cada uno estarse sentado a la sombra de su parra y de su higuera*, sin que nadie le infundiera el menor temor.

13. Desaparecieron de la tierra sus enemigos; y los reyes vecinos en aquellos días estaban abatidos.

14. Fue Simón el protector de los pobres de su pueblo, gran celador de la observancia de la ley, y el que exterminó a todos los inicuos y malvados.

15. Él restauró la gloria del santuario, y

53. *1 Mac 9*, 54; *16*, 1.

12. *1 Re 4*, 25; *Miq 4*, 4.

aumentó el número de los vasos sagrados.

16. Habiéndose sabido en Roma y hasta en Lacedemonia la muerte de Jonatás, tuvieron de ella un gran sentimiento.

17. Mas luego que entendieron que su hermano Simón había sido elegido sumo sacerdote en su lugar, y que gobernaba el país, y todas sus ciudades,

18. le escribieron en láminas de bronce, para renovar la amistad y alianza que habían hecho con Judas y con Jonatás sus hermanos.

19. Estas cartas fueron leídas en Jerusalén delante de todo el pueblo. El contenido de la que enviaron los lacedemonios es como sigue:

20. Los príncipes y ciudades de los lacedemonios, a Simón, sumo sacerdote, a los ancianos, o senadores, a los sacerdotes y a todo el pueblo de los judíos, sus hermanos, salud:

21. Los embajadores que enviasteis a nuestro pueblo nos han informado de la gloria, y felicidad, y contento que gozáis, y nos hemos alegrado mucho con su llegada;

22. y hemos hecho escribir en los registros públicos lo que ellos nos han dicho de parte vuestra en la asamblea del pueblo, en esta forma: Numenio, hijo de Antíoco, y Antípatro, hijo de Jasón, embajadores de los judíos, han venido a nosotros para renovar nuestra antigua amistad;

23. y pareció bien al pueblo recibir estos embajadores honoríficamente, y depositar copia de sus palabras en los registros públicos, para que en lo sucesivo sirva de recuerdo al pueblo de los lacedemonios. Y de esta acta hemos remitido un traslado al sumo sacerdote Simón.

24. Después de esto Simón envió a Roma a Numenio con un gran escudo de oro, que pesaba mil minas con el fin de renovar con ellos la alianza. Y luego que lo supo el pueblo romano,

25. dijo: ¿De qué manera manifestaremos nosotros nuestro reconocimiento a Simón y a sus hijos?

26. Porque él ha vengado a sus hermanos, y ha exterminado de Israel a los enemigos. En vista de esto le concedieron la libertad, o inmunidad, cuyo decreto fue grabado en láminas de bronce, y colocado entre los monumentos del monte de Sión.

27. Y he aquí lo que en ella se escribió: A los dieciocho días del mes de Elul, el año ciento setenta y dos, el tercero del sumo sacerdocio de Simón, fue hecha la siguiente declaración en Asaramel,

28. en la gran asamblea de los sacerdotes y del pueblo, y de los príncipes de la nación, y de los ancianos del país: Que habiendo habido en nuestra tierra continuas guerras,

29. Simón, hijo de Matatías, de la estirpe de Jarib, y asimismo sus hermanos se expusieron a los peligros e hicieron frente a los enemigos de su nación en defensa de su santuario y de la ley, acrecentando mucho la gloria de su pueblo.

30. Jonatás levantó a los de su nación, fue su sumo sacerdote, y se halla ya reunido a los difuntos de su pueblo.

31. Quisieron luego los enemigos atropellar a los judíos, asolar su país y profanar su santuario.

32. Los resistió entonces Simón, y combatió en defensa de su pueblo, y gastó mucho dinero, armando a los hombres más valientes de su nación, y suministrándoles la paga.

33. Fortificó también las ciudades de la Judea y a Betsura, situada en sus fronteras, la cual antes era plaza de armas de los enemigos, y puso allí una guarnición de judíos.

34. Asimismo fortificó a Joppe en la costa del mar, y a Gázara, situada en los confines de Azoto, ocupada antes por los enemigos; en los cuales puso guarniciones de soldados judíos, proveyéndolas de todo lo necesario para su defensa.

35. Viendo el pueblo las cosas que había ejecutado Simón, y cuanto hacía para acrecentar la gloria de su nación, lo declaró caudillo suyo y príncipe de los sacerdotes, por haber hecho todo lo referido, y por su justificación, y por la fidelidad que guardó para con su pueblo, y por haber procurado por todos los medios ensalzar a su nación.

36. En tiempo de su gobierno todo prosperó en sus manos; de manera que las naciones extranjeras fueron arrojadas del país, y echados también los que estaban de Jerusalén en la ciudad de David, en el alcázar, desde el cual hacían sus salidas, profanando todos los contornos del santuario, y haciendo grandes ultrajes a la santidad del mismo.

37. Y para seguridad del país y de la ciudad puso allí soldados judíos, e hizo levantar los muros de Jerusalén.

38. El rey Demetrio le confirmó en el sumo sacerdocio;

39. y le hizo en seguida su amigo, y lo ensalzó con grandes honores.

40. Pues oyó que los judíos habían sido declarados amigos, y aliados, y hermanos de los romanos; y que éstos habían recibido con gran honor a los embajadores de Simón;

41. que asimismo los judíos y sus sacerdotes le habían creado, de común consentimiento, su caudillo y sumo sacerdote para siempre, hasta la venida del profeta fiel, o escogido;

42. y también habían querido que fuese su capitán, y que cuidase de las cosas santas, y estableciese inspectores sobre las obras públicas y sobre el país, y sobre las cosas de la guerra, y sobre las fortalezas;

43. que tuviese a su cargo el santuario, y que fuese de todos obedecido, y que todos los instrumentos públicos del país se autorizasen con su hombre, y que vistiese púrpura y oro.

44. Y por último, que no fuese permitido a nadie, ora del pueblo, ora de los sacerdotes, violar ninguna de estas órdenes ni contradecir a lo que él mandase, ni convocar en la provincia sin su autoridad a ninguna junta, ni vestir púrpura, ni llevar la hebilla o broche de oro.

45. Y que todo aquel que no cumpliese estas órdenes, o violase alguna, fuese considerado reo.

46. Y quiso todo el pueblo darle tal potestad a Simón, y que se ejecutase todo lo dicho.

47. Y Simón aceptó con gratitud el grado del sumo sacerdocio, y ser caudillo y príncipe del pueblo de los judíos y de los sacerdotes, y tener la suprema autoridad.

48. Y acordaron que esta acta se escribiese en láminas de bronce, las cuales fuesen colocadas en el pórtico o galería del templo, en un lugar distinguido;

49. archivándose además una copia de todo en el tesoro del templo, a disposición de Simón y de sus hijos.

15

Antíoco escribe a Simón cartas amistosas. Los romanos en las naciones recomiendan a los judíos

1. Desde las islas del mar escribió el rey Antíoco, hijo de Demetrio el viejo, una carta a Simón, sumo sacerdote y príncipe del pueblo de los judíos, y a toda la nación;

2. cuyo tenor es el que sigue: El rey Antíoco a Simón, sumo sacerdote, y a la nación de los judíos, salud:

3. Habiéndose hecho dueños del reino de nuestros padres algunos hombres malvados, tengo resuelto libertarlo y restablecerlo en el estado que antes tenía, para el cual fin he levantado un ejército numeroso y escogido, y he hecho construir naves de guerra.

4. Quiero, pues, entrar en esas regiones, para castigar a los que han destruido mis provincias y asolado muchas ciudades de mi reino.

5. A ti desde ahora te confirmo todas las exenciones de tributos que te concedieron todos los reyes que me han precedido, y todas las demás donaciones que te hicieron.

6. Te doy permiso para que puedas acuñar moneda propia en tu país.

7. Quiero que Jerusalén sea ciudad santa y libre, y que todas las armas que has fabricado, como también las plazas fuertes que has construido, y están en tu poder, queden para ti.

8. Te perdono desde ahora todas las deudas y regalías debidas al rey y a la real hacienda, tanto por lo pasado como por lo venidero.

9. Y luego que entremos en la posesión de todo nuestro reino, te colmaremos de tanta gloria a ti, y a tu pueblo, y al templo, que resplandecerá por toda la tierra.

10. En efecto, el año ciento setenta y cuatro entró Antíoco en el país de sus padres, y al punto acudieron a presentársele todas las tropas, de suerte que quedaron poquísimos con Trifón.

11. Lo persiguió luego el rey Antíoco; pero huyendo Trifón por la costa del mar, llegó a Dora,

12. pues veía los desastres que sobre él iban a llover, habiéndole abandonado el ejército.

13. Entonces Antíoco fue contra Dora con ciento veinte mil hombres aguerridos, y ocho mil caballos,

14. y puso sitio a la ciudad, haciendo que los navíos la bloqueasen por la parte del mar; con lo que estrechaba la ciudad por mar y por tierra, sin permitir que nadie entrase ni saliese.

15. A esta sazón llegaron de la ciudad de Roma Numenio y sus compañeros, con cartas escritas a los reyes y a las naciones, del tenor siguiente:

16. Lucio, cónsul de los romanos, al rey Tolomeo, salud.

17. Han venido a nosotros embajadores de los judíos, nuestros amigos, enviados por Simón, príncipe de los sacerdotes, y por el pueblo judaico, con el fin de renovar la antigua amistad y alianza;

18. y nos han traído al mismo tiempo un escudo de oro de mil minas.

19. A consecuencia de esto hemos tenido a bien escribir a los reyes y a los pueblos que no les causen ningún daño, ni les muevan guerra a ellos, ni a sus ciudades y territorios, ni auxilien tampoco a los que se la hagan.

20. Y nos ha parecido que debíamos aceptar el escudo que nos han traído.

21. Por tanto, si hay algunos hombres malvados que, fugitivos de su propio país, se hayan refugiado entre vosotros, entregádselos a Simón, príncipe de los sacerdotes, para que los castigue según su ley.

22. Esto mismo escribieron al rey Demetrio, y a Atalo, y a Ariarates, y a Arsaces;

23. como también a todos los pueblos aliados suyos, a saber, a los de Lampsaco, y a los de Lacedemonia, y a los de Delos y de Mindos, y de Sición, y a los de la Caria, y de Samos, y de la Panfilia, a los de Licia, y de Alicarnaso, de Coo, y de Sidén, y de Aradón, y de Rodas, y de Faselides, y de Gortina, y de Gnido, y de Chipre, y de Cirene.

24. Y de estas cartas enviaron los romanos una copia a Simón, príncipe de los sacerdotes, y al pueblo de los judíos.

25. A este tiempo el rey Antíoco puso por segunda vez sitio a Dora, combatiéndola sin cesar, y levantando máquinas de guerra contra ella; y encerró dentro a Trifón, de tal suerte que no podía escapar.

26. Simón envió para auxiliarle dos mil hombres escogidos, y plata, y oro, y muchas alhajas.

27. Mas Antíoco no quiso aceptar nada; antes bien rompió todos los tratados hechos con él anteriormente, y se le mostró contrario.

28. Y envió a Atenobio, uno de sus amigos, para tratar con Simón, y decirle de su parte: Vosotros estáis apoderados de Joppe y de Gázara, y del alcázar de Jerusalén, que son ciudades pertenecientes a mi reino.

29. Habéis asolado sus términos, y causado grandes daños al país, y os habéis alzado con el dominio de muchos lugares de mi reino.

30. Así que, o entregadme las ciudades que ocupasteis, y los tributos exigidos en los lugares de que os hicisteis dueños fuera de los límites de la Judea,

31. o si no, pagad quinientos talentos de plata por aquellas ciudades, y otros quinientos por los estragos que habéis hecho, y por los tributos sacados de ellas; pues de lo contrario iremos y os haremos guerra.

32. Llegó, pues, Atenobio, amigo del rey, a Jerusalén, y viendo la magnificencia de Simón, y el oro y plata que brillaba por todas partes, y el gran aparato de su casa, se sorprendió sobremanera. Le dijo luego las palabras que el rey le había mandado.

33. Y Simón respondió en estos términos: Nosotros ni hemos usurpado el territorio ajeno, ni retenemos nada que no sea nuestro, sólo hemos tomado lo que es herencia de nuestros padres, y que nuestros enemigos poseyeron injustamente por algún tiempo.

34. Y habiéndonos aprovechado de la ocasión, nos hemos vuelto a poner en posesión de la herencia de nuestros padres.

35. Por lo que mira a las quejas que nos das tocante a Joppe y Gázara, sepas que los de estas ciudades causaban grandes daños al pueblo y a todo nuestro país; mas con todo, estamos prontos a dar por ellas cien talentos. A lo que Atenobio no respondió palabra.

36. Pero volviéndose irritado a su rey, le dio parte de esta respuesta, y de la magnificencia de Simón, y de todo cuanto había visto; y se indignó el rey sobremanera.

37. En este intermedio Trifón se escapó en una nave a Ortosíada.

38. Y el rey dio el gobierno de la costa marítima a Cendebeo; y entregándole un ejército compuesto de infantería y caballería,

39. lo mandó marchar contra la Judea, ordenándole que reedificase a Gedor, y reforzase las puertas de la ciudad, y que domase el pueblo de los judíos. Entretanto el rey perseguía a Trifón.

40. En efecto, Cendebeo, llegó a Jamnia, y comenzó a vejar al pueblo, a talar la Judea, a prender y matar gente, y a fortificar a Gedor,

41. en la cual puso caballería e infantería para que hiciese desde allí correrías por la Judea, según se lo mandó el rey.

16 *Cendebeo ataca a los judíos y lo vencen los hijos de Simón, a quien mata su yerno Tolomeo*

1. Habiendo Juan subido de Gázara y enterado a su padre Simón de los daños que causaba Cendebeo en el pueblo,

2. llamó Simón a sus dos hijos mayores, Judas y Juan, y les dijo: Yo, y mis hermanos, y la casa de mi padre hemos vencido a los enemigos de Israel desde nuestra juventud hasta este día, y hemos tenido la dicha de libertar muchas veces al pueblo.

3. Mas yo ahora ya soy viejo; y así entrad vosotros en mi lugar y en el de mis hermanos, y salid a pelear por nuestra nación; y el auxilio del cielo sea con vosotros.

4. En seguida escogió de todo el país veinte mil hombres aguerridos de tropa de infantería y caballería, los cuales marcharon contra Cendebeo, y durmieron en Modín,

5. de donde partieron al rayar el día, y avanzando por la llanura, descubrieron un numeroso ejército de infantería y de caballería, que venía contra ellos, mediando un impetuoso torrente entre ambos ejércitos.

6. Entonces Juan hizo avanzar sus tropas para acometer; mas viendo que éstas temían pasar el torrente, pasó él el primero, y a su ejemplo lo pasaron todos en seguida.

7. Hecho esto, dividió en dos trozos su infantería, colocando en medio de ella la caballería, por ser muy numerosa la de los enemigos.

8. E hicieron resonar las trompetas sagradas, y echó a huir Cendebeo con todas sus tropas; muchas de éstas perecieron al filo de la espada, y las que escaparon con vida se refugiaron en la fortaleza de Gandor.

9. En esta acción quedó herido Judas, hermano de Juan; pero Juan les fue persiguiendo hasta Cedrón o Gedor, reedificada por Cendebeo.

10. Muchos llegaron hasta los castillos que había en las llanuras de Azoto; pero Juan les puso fuego, dejando muertos allí dos mil hombres, y regresó felizmente a la Judea.

11. A este tiempo Tolomeo, hijo de Abobo, se encontraba de gobernador del llano de Jericó, y tenía mucho oro y plata;

12. pues era yerno del sumo sacerdote.

13. Se le hinchó de soberbia el corazón, y quería hacerse dueño del país; a este fin maquinaba cómo quitar la vida por medio de alguna traición a Simón y a sus hijos.

14. Se hallaba éste a la sazón recorriendo las ciudades de la Judea, tomando providencias para su mayor bien, y bajó a Jericó con sus hijos Matatías y Judas en el undécimo mes, llamado Sabat, del año ciento setenta y siete.

15. Los salió a recibir el hijo de Abobo con mal designio, en un pequeño castillo llamado Doc, que había él construido, donde les dio un gran convite, poniendo gente en asechanza.

16. Y cuando Simón y sus hijos se hubieron regocijado, se levantó Tolomeo con los suyos, y tomando sus armas entraron en la sala del banquete, y asesinaron a Simón, y a sus dos hijos, y a algunos de sus criados,

17. cometiendo una gran traición en Israel, y volviendo así mal por bien a su bienhechor.

18. En seguida Tolomeo escribió todo esto al rey, rogándole que le enviase tropas en su socorro, prometiéndole entregar en su poder el país con todas las ciudades y los tributos.

19. Despachó asimismo otros emisarios a Gázara para que matasen a Juan; y escribió a los oficiales del ejército para que se viniesen a él, que les daría plata, y oro, y muchos dones.

20. Envió otros para que se apoderasen de Jerusalén y del monte santo donde estaba el templo.

21. Pero se adelantó corriendo un hombre, el cual llegó a Gázara y contó a Juan cómo habían perecido su padre y sus hermanos, y cómo Tolomeo había enviado gentes para quitarle a él también la vida.

22. Al oír tales cosas se turbó en gran manera Juan; pero luego se apoderó de los que venían para matarlo haciéndoles quitar la vida, puesto que supo que maquinaban contra la suya.

23. El resto de las acciones de Juan, y sus guerras, y las gloriosas empresas que llevó a cabo con singular valor, y la reedificación de los muros de Jerusalén hecha por él, y lo demás que ejecutó,

24. todo se halla descrito en el Diario de su sumo sacerdocio desde el tiempo que fue hecho príncipe de los sacerdotes después de su padre Simón.

2 Macabeos

1 *Carta de los judíos de Jerusalén a los de Egipto, exhortándolos a celebrar la fiesta de los Tabernáculos*

1. A los hermanos judíos que moran en Egipto, los judíos sus hermanos de Jerusalén y de la Judea, salud y completa felicidad.

2. Os conceda Dios sus bienes, y se acuerde siempre de la alianza hecha con Abrahán, con Isaac y con Jacob, fieles siervos suyos;

3. y os dé a todos un mismo corazón para adorarlo y cumplir su voluntad con gran espíritu y con un ánimo fervoroso.

4. Abra vuestro corazón, para que entendáis su ley, y observéis sus preceptos, y os conceda la paz.

5. Oiga benigno vuestras oraciones, y apláquese con vosotros, y no os desampare en la tribulación;

6. pues aquí no cesamos de rogar por vosotros.

7. Reinando Demetrio en el año ciento sesenta y nueve os escribimos* nosotros los judíos en medio de la aflicción y quebranto que nos sobrevino en aquellos años, después que Jasón se retiró de la tierra santa y del reino.

8. Os dijimos que fueron quemadas las puertas del templo, y derramada la sangre inocente; pero que habiendo dirigido nuestras súplicas al Señor fuimos atendidos, y ofrecimos el sacrificio acostumbrado y las oblaciones de flor de harina, y encendimos las lámparas y pusimos en su presencia los panes de proposición*.

9. Así, pues, celebrad también vosotros la fiesta de los Tabernáculos del mes de Casleu*.

10. En el año ciento ochenta y ocho el pueblo de Jerusalén, y de la Judea, y el Senado, y Judas; a Aristóbulo, preceptor del rey Tolomeo, del linaje de los sacerdotes ungidos, y a los judíos que habitan en Egipto, salud y prosperidad.

11. Por habernos librado Dios de grandes peligros, le tributamos solemnes acciones de gracias, habiendo tenido que pelear contra tal rey,

12. que es el que hizo salir de la Persia aquellas gentes, que combatieron contra nosotros y contra la ciudad santa;

13. y aquel mismo caudillo que, hallándose en Persia al frente de un ejército innumerable pereció en el templo de Nanea, engañado por el consejo fraudulento de los sacerdotes de dicha diosa.

14. Pues habiendo ido el mismo Antíoco con sus amigos a aquel lugar o templo, como

---

7. 144 a.C.. *1 Mac 11.*

8. *1 Mac 4*, 56.

9. Esta *fiesta de los Tabernáculos* es la de la renovación o purificación del templo, hecha por Judas Macabeo, que se celebraba a 25 de Casleu casi con las mismas ceremonias que la gran fiesta de los Tabernáculos que se hacía en el mes de Tizri. *1 Mac 4*, 52; *2 Mac 10*, 6.

para desposarse con ella, y recibir gran suma de dinero a título de dote,

15. y habiéndoselo presentado los sacerdotes de Nanea; así que hubo él entrado, con algunas pocas personas, en la parte interior del templo, cerraron las puertas

16. después que estaba ya Antíoco dentro, y abriendo entonces una puerta secreta del templo, mataron a pedradas al caudillo y a los compañeros, y los hicieron pedazos, y cortándoles las cabezas, los arrojaron fuera del templo.

17. Sea Dios bendito por todo, pues él fue el que destruyó de esta suerte los impíos.

18. Debiendo, pues, nosotros celebrar la purificación del templo el día veinticinco del mes de Casleu, hemos juzgado necesario hacéroslo saber; a fin de que celebréis también vosotros el día de los Tabernáculos, y la solemnidad del descubrimiento del fuego sagrado*, que se nos concedió cuando Nehemías, restaurado que hubo el templo y el altar, ofreció allí sacrificios.

19. Porque cuando nuestros padres fueron llevados cautivos a Persia, los sacerdotes que a la sazón eran temerosos de Dios, cogiendo secretamente el fuego que había sobre el altar, lo escondieron en un valle donde había un pozo profundo y seco, y lo dejaron allí guardado, sin que nadie supiese dicho lugar.

20. Mas pasados muchos años, cuando Dios fue servido que el rey de Persia enviase a Nehemías a la Judea, los nietos de aquellos sacerdotes que lo habían escondido fueron enviados a buscar dicho fuego; pero según ellos nos contaron, no hallaron fuego, sino solamente una agua crasa.

21. Entonces el sacerdote Nehemías les mandó que sacasen de aquella agua, y se la trajesen; ordenó asimismo que hiciesen con ella aspersiones sobre los sacrificios preparados, esto es, sobre la leña y sobre lo puesto encima de ella.

22. Luego que esto se hizo, y que empezó a descubrirse el sol, escondido antes detrás de una nube, se encendió un gran fuego, que llenó a todos de admiración.

23. Y todos los sacerdotes hacían oración a Dios, mientras se consumaba el sacrificio, entonando Jonatás, y respondiendo los otros.

24. Y la oración de Nehemías fue en los siguientes términos: ¡Oh Señor Dios, creador de todas las cosas, terrible y fuerte, justo y misericordioso; tú que eres el solo rey bueno,

25. el solo excelente, el solo justo, omnipotente y eterno; tú que libras a Israel de todo mal; tú que escogiste a nuestros padres y los santificaste!,

26. recibe este sacrificio por todo tu pueblo de Israel, y guarda los que son tu herencia, y santifícalos.

27. Vuelve a reunir todos nuestros hermanos que se hallan dispersos, libra a aquellos que son esclavos de las naciones, y echa una mirada favorable sobre los que han llegado a ser un objeto de desprecio e ignominia; para que así conozcan las naciones que tú eres nuestro Dios.

28. Humilla a los que, llenos de soberbia, nos oprimen y ultrajan.

29. Establece otra vez a tu pueblo en tu santo lugar de Jerusalén, según lo predijo Moisés*.

30. Los sacerdotes entretanto cantaban himnos, hasta que fue consumido el sacrificio.

31. Acabado el cual, Nehemías mandó que el agua que había quedado se derramase sobre las piedras mayores de la base del altar;

32. y no bien se hubo efectuado, cuando se levantó de ellas una gran llama, la cual fue absorbida por la lumbre, o luz que resplandeció sobre el altar.

33. Luego que se divulgó este suceso, contaron al rey de Persia cómo en el mismo lugar en que los sacerdotes, al ser trasladados al cautiverio, habían escondido el fuego sagrado, se había encontrado una agua con la cual Nehemías y los que con él estaban habían purificado y consumido los sacrificios.

34. Considerando, pues, el rey este suceso, y examinada atentamente la verdad del hecho, mandó construir allí un templo en prueba de lo acaecido.

35. Y habiéndose asegurado de este prodigio, dio muchos bienes a los sacerdotes, y les hizo muchos y diferentes regalos que les distribuyó por su propia mano.

---

18. *Lev 6*, 12.

29. *Deut 30*, 3-5.

36. Y Nehemías dio a este sitio el nombre de Neftar, que significa purificación; pero hay muchos que le llaman Nefi.

---

2 *Continuación de la carta de los judíos de Jerusalén a los de Egipto. Prefacio de Jasón, autor de esta historia*

---

1. Se lee en los escritos del profeta Jeremías, cómo mandó él a los que eran conducidos al cautiverio de Babilonia, que tomasen el fuego sagrado del modo que queda referido, y cómo prescribió varias cosas a aquellos que eran llevados cautivos.

2. Les dio asimismo la ley, para que no se olvidasen de los mandamientos del Señor, y no se pervirtiesen sus corazones con la vista de los ídolos de oro y plata y de toda su pompa;

3. y añadiéndoles otros varios avisos, los exhortó a que jamás apartasen de su corazón la ley de Dios.

4. También se leía en aquella escritura que este profeta, por una orden expresa que recibió de Dios, mandó llevar consigo el Tabernáculo y el arca, hasta que llegó a aquel monte*, al cual subió Moisés, y desde donde vio la herencia de Dios;

5. y que habiendo llegado allí Jeremías, halló una cueva, donde metió el Tabernáculo, y el arca, y el altar del incienso, tapando la entrada:

6. que algunos de aquellos que le seguían se acercaron para dejar notado este lugar; pero que no pudieron hallarlo;

7. lo que sabido por Jeremías, los reprendió, y les dijo: Este lugar permanecerá ignorado hasta tanto que Dios congregue otra vez todo el pueblo, y use con él de misericordia*.

8. Y entonces el Señor manifestará estas cosas, y aparecerá de nuevo la majestad del Señor, y se verá la nube que veía Moisés, y cual se dejó ver cuando Salomón pidió que fuese santificado el templo para el gran Dios*.

9. Porque este rey dio grandes muestras de su sabiduría; y estando lleno de ella, ofreció el sacrificio de la dedicación y santificación del templo.

10. Y así como Moisés hizo oración al Señor, y bajó fuego del cielo, y consumió el holocausto, así también oró Salomón*, y bajó fuego del cielo, y consumió el holocausto.

11. Entonces dijo Moisés: Por no haber sido comida la hostia ofrecida por el pecado, ha sido consumida por el fuego.

12. Celebró igualmente Salomón por espacio de ocho días la dedicación del templo.

13. Estas mismas noticias se encontraban también anotadas en los escritos y comentarios de Nehemías, donde se lee que él formó una colección de libros, habiendo recogido de todas partes los libros de los profetas, los de David, y las cartas o concesiones de los reyes, y las memorias de sus donativos al templo.

14. A este modo recogió también Judas todo cuanto se había perdido durante la guerra que sufrimos*; todo lo cual se conserva en nuestro poder.

15. Si vosotros, pues, deseáis tener estos escritos, enviad personas que puedan llevároslos.

16. Y estando ahora para celebrar la fiesta de la purificación del templo, os hemos dado aviso de ella; y así haréis bien si celebrareis, como nosotros, la fiesta de estos días.

17. Entretanto esperamos que Dios que ha libertado a su pueblo, que ha vuelto a todos su herencia, que ha restablecido el reino, y el sacerdocio, y el santuario,

18. conforme lo había prometido en la ley*, se apiadará bien pronto de nosotros, y nos reunirá de todas las partes del mundo en el lugar santo;

19. puesto que nos ha sacado de grandes peligros, y ha purificado el templo.

20. Por lo que mira a los hechos de Judas Macabeo y de sus hermanos, y a la purificación del gran templo, y a la dedicación del altar;

21. así como lo que toca a las guerras

---

4. *El monte Nebo. Deut 32*, 49; *34*, 1.
7. *Jer 3*, 16.
8. *1 Re 8*, 2; *2 Cro 5*, 14.

10. *Lev 9*, 24; *2 Cro 7*, 1.
14. Durante la persecución de Antíoco Epífanes, los enemigos de Israel quemaban los Libros Sagrados. *1 Mac 1*, 59.
18. *2 Mac 1*, 29; *Deut 30*, 1-5.

que hubo en tiempo de Antíoco el ilustre, y en el de su hijo Eupátor,

22. y a las señales que aparecieron en el aire a favor de los que combatían valerosamente por la nación judaica, de tal suerte que, siendo en corto número, defendieron todo el país y pusieron en fuga la muchedumbre de bárbaros,

23. recobrando el templo más célebre que hay en el mundo, y librando la ciudad de la esclavitud, y restableciendo la observancia de las leyes, las cuales se hallaban abolidas, habiéndoles favorecido el Señor con toda suerte de prosperidades;

24. estas cosas que escribió en cinco libros Jasón de Cirene, hemos procurado nosotros compendiarlas en un solo volumen,

25. pues considerando la multitud de libros, y la dificultad que acarrea la multiplicidad de noticias a los que desean interesarse en las narraciones históricas,

26. hemos procurado escribir ésta de un modo que agrade a los que quieran leerla; y que los aplicados puedan más fácilmente retenerla en su memoria y sea generalmente útil a todos los que la leyeren.

27. Y a la verdad, habiéndonos empeñado en hacer este compendio, no hemos emprendido una obra de poca dificultad, sino un trabajo que pide gran aplicación, y mucha fatiga y diligencia.

28. Sin embargo, emprendemos de buena gana esta tarea por la utilidad que de ella resultará a muchos; a semejanza de aquellos que teniendo a su cargo preparar un convite, se dedican del todo a satisfacer el gusto de los convidados.

29. La verdad de los hechos que se refieren va sobre la fe de los autores que los escribieron; pues por lo que hace a nosotros, trabajaremos solamente en compendiarlos conforme al designio que nos hemos propuesto.

30. Y a la manera que un arquitecto que emprende edificar una casa nueva, debe cuidar de toda la construcción y aquel que la pinta solamente ha de buscar las cosas que son a propósito para su ornato, del mismo modo se debe juzgar de nosotros.

31. En efecto, al autor de una historia atañe recoger los materiales y ordenar la narración, inquiriendo cuidadosamente las circunstancias particulares de lo que cuenta;

32. mas al que compendia se le debe permitir que use un estilo conciso y que evite extenderse en largos discursos.

33. Basta ya de exordio y empecemos nuestra narración; porque no sería cordura prolongar el discurso preliminar a la historia y abreviar después el cuerpo de ella.

3

Simón habla a Apolonio de los tesoros del templo. Heliodoro trata de robarlos y es castigado por Dios

1. En el tiempo, pues, que la ciudad santa gozaba de una plena paz, y que las leyes se observaban muy exactamente por la piedad del sumo sacerdote Onías, y el odio que todos tenían a la maldad,

2. nacía de esto que aun los mismos reyes y los príncipes honraban sumamente aquel lugar sagrado, y enriquecían el templo con grandes dones.

3. De manera que Seleuco, rey de Asia, costeaba de sus rentas todos los gastos que se hacían en los sacrificios.

4. En medio de esto, Simón, de la tribu de Benjamín, y creado prefecto del templo, maquinaba con ansia hacer algún mal en esta ciudad; pero se le oponía el sumo sacerdote.

5. Viendo, pues, que no podía vencer a Onías, pasó a verse con Apolonio, hijo de Tarseas, que en aquella sazón era gobernador de la Celesiria y de la Fenicia,

6. y le contó que el erario de Jerusalén estaba lleno de inmensas sumas de dinero y de riquezas del común, las cuales no servían para los gastos de los sacrificios; y que se podría hallar medio para que todo entrase en poder del rey.

7. Habiendo, pues, Apolonio dado cuenta al rey de lo que a él se le había dicho, concerniente a estas riquezas, llamó el rey a Heliodoro, su ministro de hacienda, y le envió con orden de transportar todo el dinero referido.

8. Heliodoro se puso luego en camino con el pretexto de ir a recorrer las ciudades de Celesiria y Fenicia; mas en la realidad para poner en ejecución el designio del rey.

9. Y habiendo llegado a Jerusalén, y sido bien recibido en la ciudad por el sumo sacerdote, le declaró a éste la denuncia que le había sido hecha de aquellas riquezas; y le manifestó que éste era el motivo de su viaje; preguntándole en seguida si verdaderamente era como se le había dicho.

10. Entonces el sumo sacerdote le representó que aquellos eran unos depósitos y alimentos de viudas y de huérfanos;

11. y que entre lo que había denunciado el impío Simón había una parte que era de Hircano Tobías, varón muy eminente, y el todo eran cuatrocientos talentos de plata y doscientos de oro;

12. que por otra parte de ningún modo se podría defraudar a aquellos que habían depositado sus caudales en un lugar y templo honrado y venerado como sagrado por todo el universo.

13. Mas Heliodoro insistiendo en las órdenes que llevaba del rey, repuso que de todos modos se había de llevar al rey aquel tesoro.

14. En efecto, el día señalado entró Heliodoro en el templo para ejecutar su designio; con lo cual se llenó de consternación toda la ciudad.

15. Pero los sacerdotes, revestidos con las vestiduras sacerdotales, se postraron por tierra ante el altar, e invocaban al Señor que está en el cielo, y que puso la ley acerca de los depósitos, suplicándole que los conservase salvos para los depositantes.

16. Mas ninguno podía mirar el rostro del sumo sacerdote sin que su corazón quedase traspasado de aflicción; porque su semblante y color pálido manifestaban el intenso dolor de su ánimo.

17. Una cierta tristeza esparcida por todo su rostro, y un temblor que se había apoderado de todo su cuerpo mostraban bien a los que le miraban, la pena de su corazón.

18. Salían al mismo tiempo muchos a tropel de sus casas, pidiendo a Dios con públicas rogativas que no permitiese que aquel lugar santo quedase expuesto al desprecio.

19. Las mujeres, ceñidas hasta el pecho de cilicios, andaban en tropas por las calles; y hasta las doncellas mismas, que antes estaban encerradas en sus casas, corrían unas a donde estaba Onías, otras hacia las murallas, y algunas otras estaban mirando desde las ventanas;

20. pero todas levantando al cielo sus manos, dirigían allí sus plegarias.

21. A la verdad era un espectáculo digno de compasión al ver aquella confusa turba, y al sumo sacerdote puesto en gran conflicto.

22. Mientras éstos por su parte invocaban al Dios todopoderoso para que conservase intacto el depósito de aquellos que se lo habían confiado,

23. Heliodoro no pensaba en otra cosa que en ejecutar su designio; y para ello se había presentado ya él mismo con sus guardias a la puerta del tesoro.

24. Pero el espíritu de Dios todopoderoso se hizo allí manifiesto con señales bien patentes, en tal conformidad, que derribados en tierra por una virtud divina cuantos habían osado obedecer a Heliodoro, quedaron como yertos y despavoridos.

25. Porque se les apareció montado en un caballo un personaje de fulminante aspecto y magnífico vestido, cuyas armas parecían de oro, el cual acometiendo con ímpetu a Heliodoro lo pateó con las patas delanteras del caballo.

26. Se aparecieron también otros dos gallardos y robustos jóvenes llenos de majestad, y ricamente vestidos, los cuales poniéndose uno a cada lado de Heliodoro, empezaron a azotarlo cada uno por su parte, descargando sobre él continuos golpes.

27. Con esto Heliodoro cayó luego por tierra envuelto en oscuridad y tinieblas; y habiéndole cogido y puesto en una silla de manos, le sacaron de allí.

28. De esta suerte aquel que había entrado en el erario con tanto séquito de guardias y ministros, era llevado sin que nadie pudiese valerle; habiéndose manifestado visiblemente la virtud o justicia de Dios

29. por un efecto de la cual Heliodoro yacía sin habla y sin ninguna esperanza de vida.

30. Por el contrario, los otros bendecían al Señor, porque había ensalzado con esto la gloria de su santo lugar, y el templo que poco antes estaba lleno de confusión y temor, se llenó de alegría y regocijo luego que hizo ver el Señor su omnipotencia.

31. Entonces algunos amigos de Heliodoro rogaron con mucha eficacia a Onías que invocase al Altísimo, a fin de que concediese la vida a Heliodoro, reducido ya a los últimos alientos.

32. Y el sumo sacerdote, considerando

que quizá el rey podría sospechar que los judíos habían urdido alguna trama contra Heliodoro, ofreció una víctima de salud por su curación;

33. y al tiempo que el sumo sacerdote estaba haciendo la súplica, aquellos mismos jóvenes, con las mismas vestiduras, poniéndose junto a Heliodoro, le dijeron: Dale las gracias al sacerdote Onías, pues por su amor a él te concede el Señor la vida.

34. Y habiendo tú sido castigado por Dios de esta suerte, anuncia a todo el mundo sus maravillas y su poder; dicho esto, desaparecieron.

35. En efecto, Heliodoro, habiendo ofrecido un sacrificio a Dios, y hecho grandes votos a aquel Señor que le había concedido la vida, y dadas las gracias a Onías, recogiendo su gente se volvió para el rey.

36. Y atestiguaba a todo el mundo las obras maravillosas del gran Dios, que había visto él con sus propios ojos.

37. Y como el rey preguntase a Heliodoro quién sería bueno para ir de nuevo a Jerusalén, le contestó:

38. Si tú tienes algún enemigo, o que atente contra tu reino, envíalo allá, y lo verás volver desgarrado a azotes, si es que escapa con vida; porque no se puede dudar que reside en aquel lugar una cierta virtud divina.

39. Pues aquel mismo que tiene su morada en los cielos, está presente y protege aquel lugar, y castiga y hace perecer a los que van a hacer allí algún mal.

40. Esto es en suma lo que pasó a Heliodoro, y el modo con que se conservó el tesoro del templo.

4

Jasón, sumo sacerdote, destruye el culto de Dios. Menelao lo suplanta. Muere violentamente Onías

---

1. Mas el mencionado Simón, que en daño de la patria había denunciado aquel tesoro, hablaba mal de Onías, como si éste hubiese instigado a Heliodoro a hacer tales cosas, y sido el autor de aquellos males;

2. y al protector de la ciudad, al defensor de su nación, al celador de la ley de Dios, tenía el atrevimiento de llamarlo traidor del reino.

3. Mas como estas enemistades pasasen a tal extremo, que se cometían hasta asesinatos por algunos amigos de Simón;

4. considerando Onías los peligros de la discordia, y que Apolonio, gobernador de la Celesiria y de la Fenicia, atizaba con su furor o imprudencia la malignidad de Simón, se fue a presentar al rey,

5. no para acusar a sus conciudadanos, sino únicamente con el fin de atender al bien común de todo su pueblo, que es lo que él se proponía,

6. pues estaba viendo que era imposible pacificar los ánimos, el contener la locura de Simón sin una providencia del rey.

7. Mas después de la muerte de Seleuco, habiéndole sucedido en el reino su hermano Antíoco, llamado el ilustre, Jasón, hermano de Onías, aspiraba con ansia al sumo sacerdocio.

8. Pasó a dicho fin a presentarse al rey, y le prometió trescientos sesenta talentos de plata, y otros ochenta talentos por otros títulos;

9. con más otros ciento cincuenta que ofrecía dar, si se le concedía facultad de establecer un gimnasio*, y un centro de deportes para los jóvenes, y que los moradores de Jerusalén gozasen del derecho de que gozaban los ciudadanos de Antioquía.

10. Habiéndole, pues, otorgado el rey lo que pedía, y obtenido el principado, comenzó al instante a hacer tomar a sus paisanos los usos y costumbres de los gentiles.

11. Y desterrando la manera de vivir según la ley, que los reyes por un efecto de su bondad a favor de los judíos habían aprobado, mediante los buenos oficios de Juan, padre de Eupólemo (el que fue enviado de embajador a los romanos para renovar la amistad y alianza), establecía Jasón leyes perversas, trastornando los derechos legítimos de los ciudadanos.

12. Pues tuvo el atrevimiento de establecer bajo del alcázar mismo de Jerusalén un gimnasio, y de exponer en lugares infames la flor de la juventud;

13. siendo esto no un principio, sino un progreso y consumación de la vida pagana y extranjera, introducida con detestable e

---

9. *Para adultos. 1 Mac 1*, 25.

inaudita maldad por el no sacerdote, sino intruso e impío Jasón.

14. Llegó la cosa a tal estado, que los sacerdotes no se aplicaban ya al ministerio del altar, sino que despreciando el templo y olvidando los sacrificios, corrían como los demás, a la palestra, y a los premios indignos, y a ejercitarse en el juego del disco.

15. Considerando en nada los honores patrios, apreciaban más las glorias que venían de la Grecia;

16. por cuya adquisición se excitaba entre ellos una peligrosa emulación; de suerte que hacían alarde de imitar los usos de los griegos, y de parecer semejantes a aquellos mismos que poco antes habían sido sus mortales enemigos.

17. Pero obrar impíamente contra las leyes de Dios no queda sin castigo, como se verá en los tiempos siguientes.

18. Como se celebrasen, pues, en Tiro los juegos olímpicos de cada cinco años, y el rey estuviese presente,

19. envió el malvado Jasón desde Jerusalén unos hombres perversos a llevar trescientas monedas de plata para el sacrificio de Hércules; pero los mismos que las llevaron, pidieron que no se expendiesen en los sacrificios, por no ser conveniente tal aplicación, sino que se empleasen en otros objetos.

20. Y así, aunque el donador de estas monedas las había ofrecido para el sacrificio de Hércules, las emplearon, a instancias de los conductores, en la construcción de galeras.

21. Mas Antíoco, habiendo enviado a Egipto a Apolonio, hijo de Menesteo, a tratar con los grandes de la corte del rey Tolomeo Filométor*, luego que vió que le excluía del manejo de los negocios de aquel reino, atendiendo sólo a sus propios intereses, partió de allí y se vino a Joppe, desde donde pasó a Jerusalén,

22. y recibido con toda pompa por Jasón y por toda la ciudad, hizo su entrada en ella en medio de luminarias y aclamaciones públicas; y desde allí volvió a Fenicia con su ejército.

23. Tres años después envió Jasón a Menelao, hermano del mencionado Simón, a llevar dinero al rey, y a recibir órdenes de éste sobre negocios de importancia.

24. Mas habiéndose granjeado Menelao la voluntad del rey, porque supo lisonjearlo ensalzando la grandeza de su poder, se alzó con el sumo sacerdocio, dando trescientos talentos de plata más de lo que daba Jasón.

25. Y recibidas las órdenes del rey, se volvió. Y en verdad que nada se veía en él digno del sacerdocio; pues tenía el corazón de un cruel tirano, y la rabia de una bestia feroz.

26. De esta suerte Jasón, que había vendido a su propio hermano Onías, engañado ahora él mismo, huyó como desterrado al país de los amonitas.

27. Menelao, así que obtuvo el principado, no se cuidó de enviar al rey el dinero que le había prometido, no obstante que Sóstrato, comandante del alcázar, lo estrechaba al pago,

28. pues estaba a cargo de éste la cobranza de los tributos. Por esta causa fueron citados ambos a comparecer ante el rey.

29. Y Menelao fue depuesto del sumo sacerdocio, sucediéndole su hermano Lisímaco; y a Sóstrato le dieron el gobierno de Chipre.

Asesinato de Onías

30. Mientras sucedían estas cosas, los de Tarso y de Malo suscitaron una sedición porque habían sido donados a Antióquide, concubina del rey.

31. Con este motivo pasó el rey allá apresuradamente a fin de apaciguarlos, dejando por su lugarteniente a Andrónico, uno de sus amigos.

32. Menelao entonces creyendo que la ocasión era oportuna, hurtando del templo algunos vasos de oro, dio una parte de ellos a Andrónico, y vendió la otra en Tiro y en las ciudades cercanas.

33. Lo que sabido con certeza por Onías, le reprendía por esta acción desde un sitio de Antioquía cercano al templo de Dafne, donde se hallaba refugiado.

34. Por esta causa pasó Menelao a ver a Andrónico, y le rogó que hiciese matar a Onías; Andrónico fue a visitar a Onías; y habiéndole alargado su mano derecha, y jurándole que no le haría daño, le persuadió

---

21. *1 Mac 1*, 17.

(a pesar de que Onías no se fiaba enteramente de él) a que saliese del asilo; mas al punto que salió, le quitó la vida, sin tener ningún miramiento a la justicia.

35. Con este motivo, no solamente los judíos, sino también las demás naciones se irritaron, y llevaron muy a mal la injusta muerte de un varón tan grande.

36. Y así habiendo el rey vuelto de Cilicia, se le presentaron en Antioquía los judíos y los mismos griegos a querellarse de la inicua muerte de Onías.

37. Y Antíoco, afligido en su corazón y enternecido por la muerte de Onías, prorrumpió en llanto, acordándose de la sobriedad y modestia del difunto;

38. y encendiéndose en cólera, mandó que Andrónico, despojado de la púrpura, fuese paseado por toda la ciudad; y que en el mismo lugar en que este sacrílego había cometido tal impiedad contra Onías, allí mismo se le quitase la vida. Así le dio el Señor el merecido castigo.

39. Por lo que hace a Lisímaco, habiendo cometido muchos sacrilegios en el templo, a instigación de Menelao, se había esparcido la fama del mucho oro que de allí había sacado, se sublevó el pueblo contra él.

40. Y amotinándose las gentes, y encendidos en cólera los ánimos, Lisímaco, armando como unos tres mil hombres, capitaneados por un cierto Tirano, o Aurano, tan consumado en malicia como avanzado en edad, empezó a cometer violencias.

41. Mas luego que fueron conocidos los intentos o disposiciones de Lisímaco, unos se armaron de piedras, otros de gruesos garrotes, y otros arrojaban sobre él ceniza,

42. de cuyas resultas muchos quedaron heridos, algunos fueron muertos, y todos los restantes fueron puestos en fuga, perdiendo también la vida junto al erario el mismo sacrílego Lisímaco.

43. De todos estos desórdenes se comenzó a acusar a Menelao;

44. y habiendo llegado el rey a Tiro, pasaron a darle quejas sobre estos sucesos tres diputados enviados por los ancianos.

45. Pero Menelao, conociendo que iba a ser vencido, prometió a Tolomeo una gran suma de dinero, con tal que inclinase al rey en su favor.

46. En efecto, Tolomeo entró a ver al rey, que estaba tomando el fresco en una galería, y le hizo cambiar de parecer;

47. de tal suerte, que Menelao, reo de toda maldad, fue plenamente absuelto de sus delitos; y a aquellos infelices que en un tribunal, aunque fuese de bárbaros, hubieran sido declarados inocentes, los condenó a muerte.

48. Fueron, pues, castigados inmediatamente, contra toda justicia, aquellos que habían sostenido la causa o intereses del pueblo y de la ciudad, y la veneración de los vasos sagrados.

49. Pero los mismos vecinos de Tiro, indignados de semejante acción, se mostraron sumamente generosos en la honrosa sepultura que les dieron.

50. Entretanto Menelao conservaba la autoridad por medio de la avaricia de aquellos que tenían el poder del rey, y crecía en malicia para daño de sus conciudadanos.

---

5 *Ataque de Antíoco contra Jerusalén. Judas Macabeo y los suyos se retiran a un lugar desierto*

---

1. Se hallaba Antíoco por este mismo tiempo haciendo los preparativos para la segunda expedición contra Egipto.

2. Y sucedió entonces que por espacio de cuarenta días se vieron en toda la ciudad de Jerusalén correr de parte a parte por el aire hombres a caballo, vestidos de telas de oro, y armados de lanzas, como si fuesen escuadrones de caballería.

3. Se vieron caballos, ordenados en filas, que corriendo se atacaban unos a otros, y movimientos de escudos, y una multitud armada con cascos y espadas desnudas, y tiros de dardos, y el resplandor de armas doradas y de todo género de corazas.

4. Por tanto, rogaban todos a Dios que tales prodigios se tornasen en bien del pueblo.

5. Mas habiéndose esparcido el falso rumor de que Antíoco había muerto, tomando Jasón consigo mil hombres acometió de improviso a la ciudad, y aunque los ciudadanos acudieron al instante a las murallas, al fin se apoderó de ella, y Menelao huyó al alcázar.

6. Pero Jasón, como si creyese ganar un

triunfo sobre sus enemigos y no sobre sus conciudadanos, hizo una horrible carnicería en la ciudad, no parando la consideración en que es un grandísimo mal ser feliz en la guerra que se hace a los de su propia sangre.

7. Esto, no obstante, no pudo conseguir ponerse en posesión del principado; antes bien todo el fruto que sacó de sus traiciones fue la propia ignominia; y viéndose precisado nuevamente a huir, se retiró al país de los amonitas.

8. Finalmente fue puesto en prisión por Aretas, rey de los árabes, que quería acabar con él; y habiéndose podido escapar, andaba de ciudad en ciudad aborrecido de todo el mundo; y como prevaricador de las leyes, y como un hombre execrable, y enemigo de la patria y de los ciudadanos, fue arrojado a Egipto.

9. Y de esta suerte, aquel que había arrojado a muchos fuera de su patria, murió desterrado de ella, habiéndose ido a Lacedemonia, creyendo que allí encontraría algún refugio a título de parentesco,

10. y el que había mandado arrojar los cadáveres de muchas personas sin darles sepultura, fue arrojado insepulto, y sin ser llorado de nadie, no habiendo podido hallar sepulcro ni en su tierra propia, ni en la extraña.

11. Pasadas así estas cosas, entró el rey en sospecha de que los judíos iban a abandonar la alianza que tenían con él; y así partiendo de Egipto lleno de furor, se apoderó de la ciudad a mano armada,

12. y mandó a los soldados que matasen indistintamente a cuantos encontrasen sin perdonar a nadie, y que entrando también por las casas pasasen a cuchillo toda la gente;

13. de manera que se hizo una carnicería general de jóvenes y de ancianos, y de mujeres con sus hijos, y de doncellas y de niños;

14. tanto, que en el espacio de aquellos tres días fueron ochenta mil los muertos, cuarenta mil los cautivos, y otros tantos los vendidos por esclavos.

15. Mas ni aún con esto quedó satisfecho Antíoco; sino que además cometió el arrojo de entrar en el templo, lugar el más santo de toda la tierra, conducido por Menelao, traidor a la patria y a las leyes;

16. y tomando con sus sacrílegas manos los vasos sagrados, que otros reyes y ciudades habían puesto allí para ornamento y gloria de aquel lugar sagrado, los manoseaba de una manera indigna, y los profanaba.

17. Así Antíoco, perdida toda la luz de su entendimiento, no veía que si Dios mostraba por un poco de tiempo su indignación contra los habitantes de la ciudad, era por causa de los pecados de ellos; y que por lo mismo había experimentado semejante profanación aquel lugar santo,

18. porque de otra suerte, si no hubieran estado envueltos en muchos delitos, este príncipe, como le sucedió a Heliodoro*, enviado del rey Seleuco para saquear el tesoro del templo, hubiera sido azotado luego que llegó, y precisado a desistir de su temeraria empresa.

19. Pero Dios no escogió al pueblo por amor del lugar o templo, sino a éste por amor al pueblo*.

20. Por este motivo este lugar mismo ha participado de los males que han acaecido al pueblo, así como tendrá también parte en los bienes que aquél reciba; y el que ahora se ve abandonado por efecto de la indignación del Dios Todopoderoso, será nuevamente ensalzado a la mayor gloria, aplacado que esté aquel gran Señor.

21. Habiendo, pues, Antíoco sacado del templo mil ochocientos talentos, se volvió apresuradamente a Antioquía, dominado en tal manera de la soberbia y presunción de ánimo, que se imaginaba poder llegar a navegar sobre la tierra y a caminar sobre el mar.

22. Pero a su partida dejó allí gobernadores para que vejasen la nación, a saber, en Jerusalén a Filipo, originario de Frigia, aún más cruel que su amo;

23. y en Garizim a Andrónico y a Menelao, más encarnizados aún que los otros contra los ciudadanos.

24. Y siguiendo Antíoco muy enconado contra los judíos, les envió por comandante al detestable Apolonio con un ejército de veintidós mil hombres, con orden de degollar a todos los adultos, y de vender las mujeres y niños.

25. Llegado, pues, este general a Jeru-

18. *2 Mac 3*, 25.
19. *Jer 7*, 4.

salén, aparentando paz, se estuvo quieto hasta el santo día del sábado; mas en este día en que los judíos observaban el descanso, mandó a sus tropas que tomasen las armas,

26. y mató a todos los que se habían reunido para ver aquel espectáculo; y discurriendo después por toda la ciudad con sus soldados, quitó la vida a una gran cantidad de gentes.

27. Judas Macabeo, que era uno de los diez* que se habían retirado a un lugar desierto, pasaba la vida con los suyos en los montes, entre las fieras, alimentándose de hierbas, a fin de no tener parte en las profanaciones.

6 *El gobernador enviado a Judea prohíbe la observancia de la ley de Dios. El templo es profanado*

1. De allí a poco tiempo envió el rey un senador de Antioquía, para que compeliese a los judíos a abandonar las leyes de su Dios* y de sus padres,

2. y para profanar el templo de Jerusalén, y consagrarlo a Júpiter Olímpico, como también el de Garizim en Samaria a Júpiter extranjero, u hospedador, por ser extranjeros los habitantes de aquel lugar.

3. Así que se vio caer entonces de un golpe sobre todo el pueblo un diluvio terrible de males;

4. porque el templo estaba lleno de desórdenes y de orgías propias de los gentiles, y de hombres disolutos mezclados con rameras, y de mujeres que entraban con descaro en los lugares sagrados, llevando allí cosas que no era lícito llevar.

5. El mismo altar se veía lleno de cosas ilícitas y prohibidas por las leyes.

6. No se guardaban ya los sábados ni se celebraban las fiestas solemnes del país, y nadie se atrevía a confesar sencillamente que era judío.

7. El día del cumpleaños del rey los hacían ir a dura y viva fuerza a los sacrificios profanos; y cuando se celebraba la fiesta de Baco, los precisaban a ir por las calles coronados de hiedra en honor de dicho ídolo.

8. A sugestión de los de Tolemaida se publicó en las ciudades de los gentiles, vecinas a Judea, un edicto por el cual se les daba facultad para obligar en aquellos lugares a los judíos a que sacrificasen,

9. y para quitar la vida a todos aquellos que no quisiesen acomodarse a las costumbres de los gentiles. Así, pues, no se veían más que miserias.

10. En prueba de ello, habiendo sido acusadas dos mujeres de haber circuncidado a sus hijos, las pasearon públicamente por la ciudad, con los hijos colgados a sus pechos, y después las precipitaron desde lo alto de la muralla.

11. Asimismo algunos otros que se juntaban en las cuevas vecinas para celebrar allí secretamente el día del sábado, habiendo sido denunciados a Filipo, fueron quemados vivos, porque tuvieron escrúpulo de defenderse por respeto a la religión y a la santidad de aquel día.

12. (Ruego ahora a los que lean este libro, que no se escandalicen a vista de tan desgraciados sucesos; sino que consideren que estas cosas acaecieron, no para exterminar, sino para corregir a nuestra nación.

13. Porque señal es de gran misericordia hacia los pecadores no dejarlos vivir largo tiempo a su antojo, sino aplicarles prontamente el azote para que se enmienden.

14. En efecto, el Señor no se porta con nosotros como con las demás naciones, a las cuales sufre ahora con paciencia para castigarlas en el día del juicio, colmada que sea la medida de sus pecados:

15. No así con nosotros, sino que nos castiga sin esperar a que lleguen a su colmo nuestros pecados.

16. Y así nunca retira de nosotros su misericordia, y cuando aflige a su pueblo con adversidades, no le desampara.

17. Pero baste lo poco que hemos dicho, para que estén advertidos los lectores; y volvamos ya a tomar el hilo de la historia).

18. Eleázaro, pues, uno de los primeros doctores de la ley, varón de edad provecta, y de venerable presencia, fue estrechado a comer carne de cerdo, y se le quería obligar a ello abriéndole por fuerza la boca.

---

27. Matatías y sus seis hijos. El relato prosigue más tarde. *2 Mac 8*, 1.

1. Lo que antes quisieron ahora se les impone. *1 Mac 1*, 57; *Dan 11*, 31.

19. Mas él, prefiriendo una muerte llena de gloria a una vida aborrecible, caminaba voluntariamente por su pie al suplicio*.

20. Y considerando cómo debía portarse en este lance, sufriendo con paciencia, resolvió no hacer por amor a la vida ninguna cosa contra la ley.

21. Pero algunos de los que se hallaban presentes, movidos de una cruel compasión, y en atención a la antigua amistad que con él tenían, tomándolo aparte, le rogaban que les permitiese traer carnes de las que le era lícito comer, para poder así aparentar que había cumplido la orden del rey, de comer carnes sacrificadas a los ídolos,

22. a fin de que de esta manera se libertase de la muerte. De esta especie de humanidad usaban con él por un efecto de la antigua amistad que le profesaban.

23. Pero Eleázaro, dominado de otros sentimientos dignos de su edad y de sus venerables canas, como asimismo de su antigua nativa nobleza, y de la buena conducta que había observado desde niño, respondió súbitamente, conforme a los preceptos de la ley santa establecida por Dios, y dijo que más bien quería morir;

24. porque no es decoroso a nuestra edad, les añadió, usar de esta ficción, la cual sería causa que muchos jóvenes, creyendo que Eleázaro en la edad de noventa años se había pasado a la vida o religión de los gentiles,

25. cayesen en error a causa de esta ficción mía, por conservar yo un pequeño resto de esta vida corruptible; además de que echaría sobre mi ancianidad la infamia y execración.

26. Fuera de esto, aun cuando pudiese librarme al presente de los suplicios de los hombres, no podría yo, ni vivo ni muerto, escapar de las manos del Todopoderoso.

27. Por lo cual muriendo valerosamente, me mostraré digno de la ancianidad a que he llegado;

28. y dejaré a los jóvenes un ejemplo de fortaleza si sufriere con ánimo pronto y constante una muerte honrosa en defensa de una ley la más santa y venerable. Luego que acabó de decir esto, fue conducido al suplicio.

29. Y aquellos que le llevaban, y que poco antes se le habían mostrado muy humanos, pasaron a un extremo de furor por las palabras que había dicho; las cuales creían efecto de arrogancia.

30. Estando ya para morir a fuerza de los golpes que descargaban sobre él, arrojó un suspiro, y dijo: Señor, tú que tienes la ciencia santa, tú sabes bien que habiendo yo podido librarme de la muerte, sufro en mi cuerpo atroces dolores; pero mi alma los padece de buena gana por tu santo temor.

31. De esta manera, pues, murió Eleázaro, dejando no solamente a los jóvenes, sino también a toda su nación en la memoria de su muerte un dechado de virtud y de fortaleza.

---

7 *Martirio de los siete hermanos Macabeos y de su madre, quienes se niegan a quebrantar la ley*

---

1. Además de lo referido aconteció que fueron presos siete hermanos* con su madre; y quiso el rey, a fuerza de azotes y tormentos con nervios de toro obligarlos a comer carne de cerdo, contra lo prohibido por la ley.

2. Mas uno de ellos, que era el primogénito, dijo: ¿Qué es lo que tú pretendes, o quieres saber de nosotros? Dispuestos estamos a morir antes que quebrantar las leyes patrias que Dios nos ha dado.

3. Se encendió el rey en cólera, y mandó que se pusiesen sobre el fuego sartenes y calderas de bronce; así que estuvieron hechas ascuas,

4. ordenó que se cortase la lengua al que había hablado el primero, que se le arrancase la piel de la cabeza, y que se le cortasen las extremidades de las manos y pies, todo a presencia de sus hermanos y de su madre.

5. Y estando ya así del todo inutilizado, mandó traer fuego, y que lo tostasen en la sartén hasta que expirase. Mientras que

---

19. Según el texto griego, el suplicio consistía en golpear al reo en las plantas de los pies, hasta cuando muriera. *Hebr 11*, 35.

1. Estos siete hermanos son llamados *los Santos Macabeos*, porque su martirio ocurrió durante la persecución, en la cual Judas Macabeo y sus hermanos combatieron por la causa de Dios.

sufría en ella este largo tormento, los demás hermanos con la madre se alentaban mutuamente a morir con valor,

6. diciendo: El Señor Dios verá la verdad, y se apiadará de nosotros, como lo declaró Moisés cuando protestó en su cántico, diciendo*: Será misericordioso con sus siervos.

7. Muerto que fue de este modo el primero, conducían al segundo para atormentarle con escarnio; y habiéndole arrancado la piel de la cabeza con todos los cabellos, le preguntaban si comería antes que ser atormentado en cada miembro de su cuerpo.

8. Pero él respondiendo en la lengua de su patria, dijo: No haré tal. Así, pues, sufrió también éste los mismos tormentos que el primero;

9. y cuando estaba ya para expirar, dijo: Tú, ¡oh perversísimo príncipe!, nos quitas la vida presente; pero el rey del universo nos resucitará algún día para la vida eterna, por haber muerto en defensa de sus leyes.

10. Después de éste, vino al tormento el tercero; el cual así que le pidieron la lengua, la sacó al instante, y extendió sus manos con valor,

11. diciendo con gran confianza: Del cielo he recibido estos miembros del cuerpo, mas ahora los desprecio por amor a las leyes de Dios; y espero que los he de volver a recibir de su misma mano.

12. Dijo esto de modo que así el rey, como su comitiva, quedaron maravillados del espíritu de este joven que ningún caso hacía de los tormentos.

13. Muerto también éste, atormentaron de la misma manera al cuarto;

14. el cual, estando ya para morir, habló del modo siguiente: Es gran ventaja para nosotros perder la vida a manos de los hombres, por la firme esperanza que tenemos en Dios de que nos la volverá, haciéndonos resucitar; pero tu resurrección, ¡oh Antíoco!, no será para la vida*.

15. Habiendo cogido al quinto, lo martirizaban igualmente; pero él, clavando sus ojos en el rey, le dijo:

16. Teniendo, como tienes, poder entre los hombres, aunque eres mortal como ellos, haces tú lo que quieres; mas no imagines por eso que Dios ha desamparado a nuestra nación.

17. Aguarda tan solamente un poco y verás la grandeza de su poder, y cómo te atormentará a ti y a tu linaje.

18. Después de éste, fue conducido al suplicio el sexto; y estando ya para expirar, dijo: No quieras engañarte vanamente; pues si nosotros padecemos estos tormentos, es porque los hemos merecido, habiendo pecado contra nuestro Dios; y por esto experimentamos cosas tan terribles.

19. Mas no pienses tú quedar impune después de haber osado combatir contra Dios.

20. Entretanto la madre, sobremanera admirable, y digna de vivir eternamente en la memoria de los buenos, viendo perecer en un solo día a sus siete hijos, lo sobrellevaba con ánimo constante por la esperanza que tenía en Dios.

21. Llena de sabiduría, exhortaba con valor, en su lengua nativa, a cada uno de ellos en particular; y juntando un ánimo varonil a la ternura de mujer,

22. les decía: Yo no sé cómo fuisteis formados en mi seno; porque ni yo os di el alma, el espíritu y la vida, ni fui tampoco la que coordiné los miembros de cada uno de vosotros;

23. sino el Creador del universo, que es el que formó al hombre en su origen, y el que dio principio a todas las cosas; y él mismo os volverá por su misericordia el espíritu y la vida, puesto que ahora por amor de sus leyes no hacéis aprecio de vosotros mismos.

24. Antíoco, pues, considerándose humillado, y creyendo que aquellas voces de los mártires eran un insulto a él, como quedase todavía el más pequeño de todos, comenzó no sólo a persuadirle con palabras, sino a asegurarle también con juramento, que lo haría rico y feliz si abandonaba las leyes de sus padres, y que le tendría por uno de sus amigos, y le daría cuanto necesitase.

25. Pero como ninguna mella hiciesen en el joven semejantes promesas, llamó el rey a la madre, y le aconsejaba que mirase por la vida y por la felicidad de su hijo.

26. Y después de haberla exhortado con muchas razones, ella le prometió que en

---

6. *Deut 42*, 36.
14. Sino para una muerte eterna. *Dan 12*, 2; *Ap 20*, 12.

efecto persuadiría a su hijo lo que le convenía:

27. a cuyo fin, habiéndose inclinado a él para hablarle, burlando los deseos del cruel tirano, le dijo en lengua patria: Hijo mío, ten piedad de mí, que te llevé nueve meses en mis entrañas, que te alimenté por espacio de tres años con la leche de mis pechos, y te he criado y conducido hasta la edad en que te hallas.

28. Te ruego, hijo mío, que mires al cielo y a la tierra, y a todas las cosas que en ellos se contienen; y que entiendas bien que Dios las ha creado todas de la nada, como igualmente al linaje humano.

29. De este modo no temerás a este verdugo; antes bien haciéndote digno de participar de la suerte de tus hermanos, abrazarás gustoso la muerte, para que así en el tiempo de la misericordia te recobre yo en el cielo, junto con tus hermanos.

30. Aún no había acabado de hablar esto, cuando el joven dijo: ¿Qué es lo que esperáis? Yo no obedezco al mandato del rey, sino al precepto de la ley que nos fue dada por Moisés.

31. Mas tú, que eres el autor de todos los males de los hebreos, ten entendido que no evitarás el castigo de Dios.

32. Porque nosotros padecemos esto por nuestros pecados;

33. y si el Señor nuestro Dios se ha irritado por un breve tiempo contra nosotros, a fin de corregirnos y enmendarnos, él volverá a reconciliarse otra vez con sus siervos.

34. Pero tú, ¡oh malvado y el más abominable de todos los hombres!, no te lisonjees inútilmente con vanas esperanzas, inflamado en cólera contra los siervos de Dios;

35. pues aún no has escapado del juicio del Dios Todopoderoso, que lo está viendo todo.

36. Mis hermanos por haber padecido ahora un dolor pasajero, se hallan ya gozando de la alianza de la vida eterna; mas tú por justo juicio de Dios sufrirás los castigos debidos a tu soberbia.

37. Por lo que a mí toca, hago como mis hermanos el sacrificio de mi cuerpo y de mi vida en defensa de las leyes de mis padres, rogando a Dios que cuanto antes se muestre propicio a nuestra nación, y que te obligue a ti a fuerza de tormentos y de castigos a confesar que él es el solo Dios.

38. Mas la ira del Todopoderoso, que justamente descarga sobre nuestra nación, tendrá fin en la muerte mía y de mis hermanos.

39. Entonces el rey, ardiendo en cólera, descargó su furor sobre éste con más crueldad que sobre todos los otros, sintiendo a par de muerte verse burlado.

40. Murió, pues, también este joven, sin contaminarse, y con una entera confianza en el Señor.

41. Finalmente, después de los hijos fue también muerta la madre.

42. Pero bastante se ha hablado ya de los sacrificios profanos y de las horribles crueldades de Antíoco.

8

Victorias de Judas Macabeo contra Nicanor, Báquides y Timoteo. Nicanor huye a Siria

---

1. Entretanto Judas Macabeo y los que lo seguían entraban secretamente en las poblaciones, y convocando a sus parientes y amigos, y tomando consigo a los que habían permanecido firmes en la religión judaica, juntaron hasta seis mil hombres.

2. Al mismo tiempo invocaban al Señor para que mirase propicio a su pueblo, hollado de todos; y que tuviese compasión de su templo, el cual se veía profanado por los impíos;

3. que se apiadase igualmente de la ruina de la ciudad, que iba a ser destruida y después arrasada, y escuchase la voz de la sangre derramada, que le estaba pidiendo venganza;

4. que tuviese también presente las inicuas muertes de los inocentes niños, y las blasfemias proferidas contra su santo Nombre, y tomase de ello justísima venganza.

5. El Macabeo, pues, habiendo juntado mucha gente, se hacía formidable a los gentiles; porque la indignación del Señor contra su pueblo se había ya convertido en misericordia.

6. Se arrojaba repentinamente sobre los lugares y ciudades, y los incendiaba; y ocupando los sitios más ventajosos, hacía no pequeño estrago en los enemigos,

LA MADRE DE LOS MACABEOS

Entretanto la madre, sobremanera admirable, y digna de vivir eternamente en la memoria de los buenos, viendo perecer en un solo día a sus siete hijos, lo sobrellevaba con ánimo constante por la esperanza que tenía en Dios.

7. ejecutando estas correrías principalmente por la noche; y la fama de su valor se esparcía por todas partes.

8. Viendo, pues, Filipo* que este caudillo iba poco a poco engrosándose y haciendo progresos, y que las más veces le salían bien sus empresas, escribió a Tolomeo, gobernador de la Celesiria y de la Fenicia, a fin de que le enviara socorros para sostener el partido del rey.

9. En efecto, Tolomeo le envió al punto a Nicanor, amigo suyo, hijo de Patroclo, y uno de los principales magnates, dándole hasta veinte mil hombres armados, de diversas naciones, para que exterminase todo el linaje de los judíos; y junto con él envió también a Gorgias*, que era gran soldado, y hombre de larga experiencia en las cosas de la guerra.

10. Nicanor formó el designio de pagar el tributo de los dos mil talentos que el rey debía dar a los romanos, sacándolos de la venta de los cautivos que haría de los judíos.

11. Con esta idea envió inmediatamente a las ciudades marítimas a convidar a la compra de judíos esclavos, prometiendo dar noventa de ellos por un talento; sin reflexionar el castigo que el Todopoderoso había de ejecutar en él.

12. Luego que Judas supo la venida de Nicanor, la participó a los judíos que tenía consigo;

13. algunos de los cuales, por falta de confianza en la justicia divina, llenos de miedo, echaron a huir.

14. Pero otros vendían cuanto les había quedado, y a una rogaban al Señor que los librase del impío Nicanor, que aun antes de haberse acercado a ellos los tenía ya vendidos;

15. y que se dignase hacerlo, ya que no por amor de ellos, siquiera por la alianza que había hecho con sus padres, y por el honor que tenían de llamarse con el nombre santo y glorioso de pueblo de Dios.

16. Habiendo, pues, convocado el Macabeo los seis o siete mil hombres que le seguían, los conjuró que no entrasen en componendas con los enemigos, y que no temiesen aquella muchedumbre que venía a atacarlos injustamente, sino que peleasen con esfuerzo,

17. teniendo siempre presente el ultraje que aquellos indignos habían cometido contra el lugar santo, y las injurias e insultos hechos a la ciudad, y además la abolición de las santas instituciones de sus mayores.

18. Estas gentes, añadió, confían sólo en sus armas y en su audacia; mas nosotros tenemos puesta nuestra confianza en el Señor Todopoderoso, que con una mirada puede trastornar, no sólo a los que vienen contra nosotros, sino también al mundo entero.

19. Les trajo asimismo a la memoria los socorros que había dado Dios en otras ocasiones a sus padres, y los ciento ochenta y cinco mil que perecieron del ejército de Sennaquerib*;

20. como también la batalla que ellos habían dado a los gálatas en Babilonia, en la cual, no habiendo osado entrar en la acción sus aliados los macedonios, ellos, que sólo eran seis mil, mataron ciento veinte mil, mediante el auxilio que les dio el cielo; y consiguieron en recompensa grandes bienes.

21. Este razonamiento del Macabeo los llenó de valor, de suerte que se hallaron dispuestos a morir por las leyes y por la patria.

22. En seguida dio el mando de una porción de tropas a sus hermanos Simón, José y Jonatás, poniendo a las órdenes de cada uno mil quinientos hombres.

23. Además de eso les leyó Esdras el libro santo; y habiéndoles dado Judas por señal o reseña Socorro de Dios, se puso él mismo a la cabeza del ejército, y marchó contra Nicanor.

24. En efecto, declarándose el Todopoderoso a favor de ellos, mataron más de nueve mil hombres, y pusieron en fuga al ejército de Nicanor, que había quedado muy disminuido por razón de los muchos heridos.

25. Con esto cogieron el dinero de aquellos que habían acudido para comprarlos como esclavos; y fueron persiguiendo largo trecho al enemigo.

26. Pero estrechados del tiempo volvieron atrás, pues era la víspera del

---

8. *2 Mac 5*, 22.
9. *1 Mac 3*, 38-*4*, 27.

19. *2 Re 19*, 35; *1 Mac 7*, 41.

sábado; lo cual les impidió que continuaran persiguiéndole.

27. Recogidas, pues, las armas y despojos de los enemigos, celebraron el sábado bendiciendo al Señor, que los había librado en aquel día, derramando sobre ellos las primeras gotas del rocío de su misericordia.

28. Pasada la festividad del sábado, dieron parte de los despojos a los enfermos, a los huérfanos y a las viudas, quedándose con el resto para sí y para sus familias.

29. Ejecutadas estas cosas, hicieron todos juntos oración, rogando al Señor misericordioso que se dignara aplacarse ya para siempre con sus siervos.

30. Más adelante, habiendo sido acometidos del ejército de Timoteo y de Báquides, mataron a más de veinte mil hombres, se apoderaron de varias plazas fuertes, y recogieron un botín muy grande; del cual dieron igual porción a los enfermos, a los huérfanos y a las viudas, y también a los viejos.

31. Recogidas luego con diligencia todas las armas de los enemigos, las depositaron en lugares convenientes, llevando a Jerusalén los otros despojos.

32. Asimismo quitaron la vida a Filarco, hombre perverso, uno de los que acompañaban a Timoteo, y que había causado muchos males a los judíos.

33. Y cuando estaban en Jerusalén, dando gracias a Dios por esta victoria, al saber que aquel Calístenes, que había incendiado las puertas sagradas, se había refugiado en cierta casa, lo abrasaron en ella, dándole así el justo pago de sus impiedades.

34. Entretanto el perversísimo Nicanor, aquel que había hecho venir a mil negociantes para venderles los judíos por esclavos,

35. humillado con la ayuda del Señor por aquellos mismos a quienes él había considerado nada, dejando su brillante vestido de generalísimo, y huyendo por el mar Mediterráneo, llegó solo a Antioquía, y reducido al colmo de la infelicidad por la pérdida de su ejército;

36. y aquel mismo que antes había prometido pagar el tributo a los romanos con el producto de los cautivos de Jerusalén, iba publicando ahora que los judíos tenían por protector a Dios, y que eran invulnerables, porque seguían las leyes que el mismo Señor les había dado.

9 *Antíoco Epífanes, echado de Elimaida, es castigado por Dios y muere miserablemente*

1. A este tiempo volvía Antíoco ignominiosamente de la Persia;

2. pues habiendo entrado en la ciudad de Persépolis, llamada Elimaida, e intentado saquear el templo y oprimir la ciudad, corrió todo el pueblo a tomar las armas, y lo puso en fuga con todas sus tropas, por lo cual volvió atrás vergonzosamente.

3. Y llegado que hubo cerca de Ecbatana, recibió la noticia de lo que había sucedido a Nicanor y a Timoteo.

4. Con lo que montando en cólera, pensó en desfogarla en los judíos, y vengarse así del ultraje que le habían hecho los que le obligaron a huir. Por tanto mandó que anduviese más aprisa su carroza, caminando sin pararse, movido para ello del juicio o venganza del cielo por la insolencia con que había dicho que él iría a Jerusalén, y que la convertiría en un cementerio de cadáveres hacinados de judíos.

5. Mas el Señor Dios de Israel, que ve todas las cosas, lo hirió con una llaga interior e incurable, pues apenas había acabado de pronunciar dichas palabras, le acometió un acerbo dolor de entrañas y un terrible cólico.

6. Y a la verdad que bien lo merecía, puesto que él había desgarrado las entrañas de otros con muchas y nuevas maneras de tormentos. Mas no por eso desistía de sus malvados designios.

7. De esta suerte, lleno de soberbia, respirando su corazón llamas contra los judíos, y mandando siempre acelerar el viaje, sucedió que, corriendo furiosamente, cayó de la carroza, y con el gran golpe que recibió, se le quebraron gravemente los miembros del cuerpo.

8. Y aquel que lleno de soberbia quería levantarse el hombre, y se lisonjeaba de poder mandar aun a las olas del mar, y de pesar en una balanza los montes más elevados, humillado ahora hasta el suelo, era conducido en una silla de manos, presentando él mismo un manifiesto testimonio del poder de Dios;

9. pues hervía de gusanos el cuerpo de este impío, y aún viviendo se le caían a pedazos las carnes en medio de los dolores, y ni sus tropas podían sufrir el mal olor y fetidez que de sí despedía.

10. Así el que poco antes se imaginaba que podía coger con la mano las estrellas del cielo, se había hecho insoportable a todos, por lo intolerable del hedor que despedía.

11. Derribado, pues, de este modo de su extremada soberbia, comenzó a entrar en un conocimiento de sí mismo, estimulado del azote de Dios, pues crecían por momentos sus dolores.

12. Y como ni él mismo pudiese ya sufrir su olor, dijo así: Justo es que el hombre se sujete a Dios, y que un mortal no pretenda apostárselas a Dios.

13. Mas este malvado rogaba al Señor, del cual no había de alcanzar misericordia.

14. Y siendo así que antes se apresuraba a ir a la ciudad de Jerusalén para arrasarla, y hacer de ella un cementerio de cadáveres amontonados, ahora deseaba hacerla libre;

15. prometiendo así mismo igualar con los atenienses a estos mismos judíos a quienes poco antes había juzgado indignos de sepultura, y les había dicho que los arrojaría a las aves de rapiña y a las fieras, para que los despedazasen, y que acabaría hasta con los niños más pequeños.

16. Ofrecía también adornar con preciosos dones aquel templo santo que antes había despojado, y aumentar el número de los vasos sagrados, y costear de sus rentas los gastos necesarios para los sacrificios;

17. y además de esto, hacerse él judío, e ir por todo el mundo ensalzando el poder de Dios.

18. Mas como no cesasen sus dolores (porque al fin había caído sobre él la justa venganza de Dios), perdida toda esperanza, escribió a los judíos una carta, en forma de súplica del tenor siguiente:

19. A los judíos, excelentes ciudadanos, desea mucha salud y bienestar y toda prosperidad el rey y príncipe Antíoco.

20. Si gozáis de salud, tanto vosotros como vuestros hijos, y si os sucede todo según lo deseáis, nosotros damos por ello a Dios muchas gracias.

21. Hallándome yo al presente enfermo, y acordándome benignamente de vosotros, he juzgado necesario, en esta grave enfermedad que me ha acometido a mi regreso de Persia, atender al bien común, dando algunas disposiciones;

22. no porque desespere de mi salud, antes confío mucho que saldré de esta enfermedad;

23. mas considerando que también mi padre, al tiempo que iba con su ejército por las provincias altas, declaró quién debía reinar después de su muerte,

24. con el fin de que si sobreviniese alguna desgracia, o corriese alguna mala noticia, no se turbasen los habitantes de las provincias, sabiendo ya quién era el sucesor en el mando;

25. y considerando además que cada uno de los reyes limítrofes y poderosos vecinos está acechando ocasión favorable, y aguardando coyuntura para sus planes, he designado por rey a mi hijo Antíoco, el mismo a quien yo muchas veces, al pasar a las provincias altas de mis reinos, recomendé a muchos de vosotros, y al cual he escrito lo que más abajo veréis.

26. Por tanto, os ruego y pido que acordándoos de los beneficios que habéis recibido de mí en común y en particular, me guardéis todos fidelidad a mí y a mi hijo;

27. pues confío que él se portará con moderación y dulzura, y que siguiendo mis intenciones será vuestro favorecedor.

28. En fin, herido mortalmente de Dios este homicida y blasfemo, tratado del mismo modo que él había tratado a otros, acabó su vida en los montes, lejos de su patria, con una muerte infeliz*.

29. Filipo, su hermano de leche, hizo trasladar su cuerpo, y temiéndose del hijo de Antíoco, se fue para Egipto a Tolomeo Filométor.

10

Purificación del templo hecha por Judas Macabeo. Antíoco Eupátor obliga a Tolomeo a tomar veneno

---

1. Entretanto, el Macabeo, y los que le seguían, protegidos del Señor, recobraron el templo y la ciudad,

2. y demolieron los altares que los gentiles habían erigido en las plazas y asimismo los templos de los ídolos.

---

28. *1 Mac 6*, 1-14; *2 Mac 1*, 13.

3. Y habiendo purificado el templo, construyeron un altar nuevo, y sacando fuego por medio de unos pedernales, ofrecieron sacrificios, a los dos años después que entró a mandar Judas, y pusieron el altar del incienso, las lámparas o candelero, y los panes de proposición.

4. Ejecutando esto, postrados por tierra, rogaban al Señor que nunca más los dejase caer en semejantes desgracias; y, caso que llegasen a pecar, los castigase con más benignidad, y no los entregase en poder de hombres bárbaros y blasfemos de su santo Nombre.

5. Y es digno de notar que el templo fue purificado aquel mismo día en que había sido profanado por los extranjeros, es decir, el día veinticinco del mes de Casleu.

6. En efecto, celebraron esta fiesta con regocijo por espacio de ocho días, a manera de la de los Tabernáculos, acordándose que poco tiempo antes habían pasado esta solemnidad de los Tabernáculos en los montes y cuevas a manera de fieras.

7. Por este motivo llevaban en las manos tallos y ramos verdes, y palmas en honor de aquel Señor que les había concedido la dicha de purificar su santo templo.

8. Y de común consejo y acuerdo decretaron que toda la nación judaica celebrase esta fiesta todos los años en aquellos mismos días.

9. Por lo que toca a la muerte de Antíoco, llamado Epífanes, fue del modo que hemos dicho.

10. Mas ahora referimos los hechos de Eupátor, hijo del impío Antíoco, recopilando los males que ocasionaron sus guerras.

11. Habiendo, pues, entrado éste a reinar, nombró para la dirección de los negocios del reino a Lisias, gobernador militar de Fenicia y Siria*.

12. Porque Tolomeo, llamado Macer, o Macrón*, había resuelto observar inviolablemente la justicia respecto de los judíos, y portarse pacíficamente con ellos, sobre todo a vista de las injusticias que se les había hecho sufrir.

13. Pero acusado por esto mismo ante Eupátor por los amigos, que a cada paso lo trataban de traidor por haber abandonado Chipre, cuyo gobierno le había confiado el rey Filométor, y porque después de haberse pasado al partido de Antíoco Epífanes, o el ilustre, había desertado también de él, acabó su vida con el veneno.

14. A este tiempo Gorgias, que tenía el gobierno de aquellas tierras de la Palestina, asalariando tropas extranjeras, molestaba frecuentemente a los judíos.

15. Y los judíos que ocupaban plazas fuertes en lugares ventajosos, acogían en ellas a los que huían de Jerusalén, y buscaban ocasiones de hacer guerra contra Judas.

16. Pero aquellos que seguían al Macabeo, hecha oración al Señor para implorar su auxilio, asaltaron con valor las fortalezas de los idumeos;

17. y después de un crudo y porfiado combate, se apoderaron de ellas, mataron a cuantos se le pusieron delante, no siendo los pasados a cuchillo menos de veinte mil personas.

18. Mas como algunos se hubiesen refugiado en dos castillos sumamente fuertes y abastecidos de todo lo necesario para defenderse,

19. dejó el Macabeo para expugnarlos a Simón, y a José, y también a Zaqueo*, con bastantes tropas que tenían bajo su mando, y él marchó con las suyas adonde las necesidades más urgentes de la guerra le llamaban.

20. Pero las tropas de Simón, llevadas de la avaricia, se dejaron sobornar con dinero por algunos de los que estaban en los castillos; y habiendo recibido hasta setenta mil monedas, dejaron escapar a varios de ellos.

21. Así que fue informado de esto el Macabeo, congregados los príncipes o cabezas del pueblo, acusó a aquéllos de haber vendido por dinero a sus hermanos, dejando escapar a sus enemigos.

22. Por lo cual hizo quitar la vida a dichos traidores, y al instante se apoderó de los dos castillos.

23. Y saliendo todo tan felizmente como correspondía al valor de sus armas, mató en las dos fortalezas más de veinte mil hombres.

24. Timoteo, que antes había sido vencido por los judíos, habiendo levantado de nuevo un ejército de tropas extranjeras,

---

11. *1 Mac 3*, 32.
12. *2 Mac 4*, 45.
19. *2 Mac 8*, 22.

y reunido la caballería de Asia, vino a la Judea como para apoderarse de ella a fuerza de armas.

25. Mas al mismo tiempo que se iba acercando Timoteo, el Macabeo y su gente oraban al Señor, cubiertas de polvo o ceniza sus cabezas, ceñidos con el cilicio sus lomos,

26. y postrados al pie del altar, a fin de que les fuese propicio, y se mostrase enemigo de sus enemigos, y contrario de sus contrarios, como dice la ley*.

27. Y de este modo, acabada la oración, habiendo tomado las armas, y saliendo a una distancia considerable de la ciudad de Jerusalén, cercanos ya a los enemigos, hicieron alto.

28. Apenas empezó a salir el sol, principió la batalla entre los dos ejércitos; teniendo los unos, además de su valor, al Señor mismo por garantía de la victoria y del éxito feliz de sus armas, cuando los otros solamente contaban con su esfuerzo en el combate.

29. Mas mientras se estaba en lo más recio de la batalla, vieron los enemigos aparecer del cielo varones montados en caballos adornados con frenos de oro, que servían de capitanes a los judíos;

30. dos de dichos varones, tomando en medio al Macabeo, lo cubrían con sus armas, guardándole de recibir daño; y lanzaban dardos y rayos contra los enemigos, quienes envueltos en oscuridad y confusión, y llenos de espanto, iban cayendo por tierra,

31. habiendo sido muertos veinte mil quinientos de a pie, y seiscientos de caballería.

32. Timoteo se refugió en Gázara, plaza fuerte, cuyo gobernador era Quereas.

33. Mas llenos de gozo el Macabeo y sus tropas, tuvieron sitiada la plaza cuatro días.

34. Entretanto los sitiados, confiados en la fortaleza de la plaza, insultaban a los judíos de mil maneras, y vomitaban expresiones abominables.

35. Pero así que amaneció el quinto día del sitio veinte jóvenes de los que estaban con el Macabeo, irritados por tales blasfemias, se acercaron valerosamente al muro, y con ánimo denodado subieron sobre él;

36. y haciendo lo mismo otros, empezaron a pegar fuego a las torres y a las puertas, y quemaron vivos a aquellos blasfemos.

37. Dos días continuos estuvieron devastando la fortaleza; y habiendo encontrado a Timoteo, que se había escondido en cierto lugar lo mataron, así como también a Quereas su hermano, y a Apolófanes.

38. Ejecutadas estas cosas, bendijeron con himnos y cánticos al Señor, que había hecho tan grandes cosas en Israel, y les había concedido la victoria.

11 *Derrota Judas Macabeo, con la ayuda de un ángel, a Lisias, que hace la paz con los judíos*

1. Pero poco tiempo después Lisias, ayo del rey y su pariente, que tenía el manejo de los negocios del reino, sintiendo mucho pesar por lo que había acaecido,

2. juntó ochenta mil hombres de a pie, y toda la caballería, y se dirigió contra los judíos con el designio de tomar la ciudad de Jerusalén, y de darla a los gentiles para que la poblasen,

3. y de sacar del templo grandes sumas de dinero, como hacía de los otros templos de los paganos, y vender anualmente el sumo sacerdocio,

4. sin reflexionar en el poder de Dios, sino confiando neciamente en su numerosa infantería, en los miles de caballos y en ochenta elefantes.

5. Y después de entrar en Judea, y acercarse a Betsura, situada a cinco estadios de Jerusalén, atacó esta plaza.

6. Pero luego que el Macabeo y su gente supieron que los enemigos habían comenzado a sitiar las fortalezas, rogaban al Señor con lágrimas y suspiros, a una con todo el pueblo, que enviase un ángel bueno para que salvase a Israel.

7. Y el mismo Macabeo, tomando las armas el primero de todos, exhortó a los demás a exponerse como él a los peligros a fin de socorrer a sus hermanos.

8. Mientras, pues, que iban marchando todos con ánimo denodado, se les apareció, al salir de Jerusalén, un personaje a caballo, que iba vestido de blanco, con armas de oro, y blandiendo la lanza.

26. *Ex 23*, 22; *Deut 7*, 15.

9. Entonces todos a una bendijeron al Señor misericordioso, y cobraron nuevo aliento, hallándose dispuestos a pelear, no sólo contra los hombres, sino hasta contra las bestias más feroces, y a penetrar muros de hierro.

10. Caminaban con esto llenos de ardor, teniendo en su ayuda al Señor, que desde el cielo hacía resplandecer sobre ellos su misericordia.

11. Así que, arrojándose impetuosamente como leones sobre el enemigo, mataron once mil de a pie, y mil seiscientos de a caballo;

12. y pusieron en fuga a todos los demás, la mayor parte de los cuales escaparon heridos y despojados de sus armas, salvándose el mismo Lisias por medio de una vergonzosa fuga.

13. Y como no le faltaba talento, meditando para consigo la pérdida que había tenido, y conociendo que los hebreos eran invencibles cuando se apoyaban en el socorro de Dios Todopoderoso, les envió comisionados;

14. y les prometió condescender en todo aquello que fuese justo, y que persuadiría al rey a que hiciese alianza y amistad con ellos.

15. Asintió el Macabeo a la demanda de Lisias, atendiendo en todo a la utilidad pública; y en efecto, concedió el rey todo lo que había pedido Judas a favor de los judíos en la carta que escribió a Lisias.

16. La carta que Lisias escribió a los judíos era del tenor siguiente: Lisias al pueblo de los judíos, salud:

17. Juan y Abesalom, vuestros enviados, al entregarme vuestro escrito me pidieron que hiciese lo que ellos proponían.

18. Por tanto, expuse al rey todo lo que podía representársele, y ha otorgado cuanto le ha permitido el estado de los negocios.

19. Y si vosotros guardáis fidelidad en lo tratado, yo también procuraré en lo sucesivo proporcionaros el bien que pudiere.

20. Por lo que hace a los demás asuntos, he encargado a vuestros diputados y a los que yo envío, que a boca traten de cada uno de ellos con vosotros.

21. Pasadlo bien. A veinticuatro del mes de Dióscoro del año ciento cuarenta y ocho.

22. La carta del rey decía así: El rey Antíoco a Lisias su hermano, salud.

23. Después que el rey, nuestro padre, fue trasladado entre los dioses, deseando que nuestros súbditos vivan en paz, y puedan atender a sus negocios;

24. y habiendo sabido que los judíos no pudieron condescender a los deseos que tenía mi padre de que abrazasen los ritos de los griegos, sino que han querido conservar sus costumbres, y por esta razón nos piden que les concedamos vivir según sus leyes:

25. Por tanto, queriendo que esta nación goce también de paz, como las otras, hemos ordenado y decretado que se le restituya el libre uso del templo a fin de que vivan según la costumbre de sus mayores.

26. En esta conformidad harás bien en enviarles comisionados para hacer con ellos la paz, a fin de que enterados de nuestra voluntad cobren buen ánimo, y se apliquen a sus intereses particulares.

27. La carta del rey a los judíos era del tenor siguiente: El rey Antíoco al Senado de los judíos y a todos los demás judíos, salud:

28. Si estáis buenos, esto es lo que os deseamos; por lo que hace a nosotros, lo pasamos bien.

29. Menelao ha venido para hacernos presente que deseáis venir a tratar con los de vuestra nación que están acá con nosotros.

30. Por tanto, damos salvoconducto a aquellos que vengan hasta el día treinta del mes de Xántico.

31. Y permitimos a los judíos que usen de sus viandas como quieran y vivan según sus leyes como antes; sin que ninguno pueda ser molestado por razón de las cosas o faltas hechas por ignorancia.

32. Y finalmente, os hemos enviado a Menelao para que lo trate con vosotros.

33. Pasadlo bien. A quince del mes de Xántico del año ciento cuarenta y ocho.

34. Asimismo los romanos enviaron también una carta en estos términos: Quinto Memmio y Tito Manilio, legados de los romanos, al pueblo de los judíos, salud.

35. Las cosas que os ha concedido Lisias, pariente del rey, os las concedemos igualmente nosotros;

36. y por lo que hace a las otras, sobre las cuales juzgó Lisias deber consultar al rey, enviad cuanto antes alguno, después que hayáis conferenciado entre vosotros, a fin de que resolvamos lo que os sea más ventajoso; pues estamos para marchar hacia Antioquía.

37. Daos, pues, prisa a responder, para que sepamos de este modo lo que deseáis.

38. Pasadlo bien. A quince del mes de Xántico del año ciento cuarenta y ocho.

12 *Victorias de Judas. Habiendo muerto algunos judíos, Judas ofrece sacrificios por sus pecados*

1. Concluidos estos tratados, se volvió Lisias para el rey, y los judíos se dedicaron a cultivar sus tierras.

2. Pero los oficiales del rey, que residían en el país, a saber, Timoteo y Apolonio, hijo de Genneo, y también Jerónimo y Demofonte, y además de éstos, Nicanor, gobernador de Chipre, no los dejaban vivir en paz ni sosiego.

3. Los habitantes de Joppe cometieron el siguiente atentado: Convidaron a los judíos que habitaban en aquella ciudad a entrar con sus mujeres e hijos en unos barcos que habían prevenido, como que no existía ninguna enemistad entre unos y otros.

4. Y habiendo condescendido en ello, sin tener la menor sospecha, pues vivían en paz, y la ciudad tenía hecho un público acuerdo a favor de ellos, así que se hallaron en alta mar fueron arrojados al agua unos doscientos de ellos.

5. Luego que Judas tuvo noticia de esta crueldad contra los de su nación, mandó tomar las armas a su gente, y después de invocar a Dios justo juez,

6. marchó contra aquellos asesinos de sus hermanos, y de noche pegó fuego al puerto, quemó sus barcos, e hizo pasar a cuchillo a todos los que se habían escapado de las llamas.

7. Hecho esto, partió de allí con ánimo de volver de nuevo para exterminar enteramente todos los vecinos de Joppe.

8. Pero habiendo entendido que también los de Jamnia meditaban hacer otro tanto con los judíos que moraban entre ellos,

9. los sorprendió igualmente de noche, y quemó el puerto con sus naves; de suerte que el resplandor de las llamas se veía de Jerusalén, que dista de allí doscientos cuarenta estadios.

10. Y cuando, partido que hubo de Jamnia, había ya andado nueve estadios, avanzando contra Timoteo, lo atacaron los árabes* en número de cinco mil infantes y de quinientos caballos;

11. y trabándose un crudo combate, que con la protección de Dios le salió felizmente, el resto del ejército de los árabes vencido pidió la paz a Judas, prometiendo cederle varios pastos, y asistirle en todo lo demás.

12. Y Judas, creyendo que verdaderamente podían serle útiles en muchas cosas, les concedió la paz; y hecho el tratado se volvieron los árabes a sus tiendas.

13. Después de esto atacó a una ciudad fuerte, llamada Casfín, o Casbón, rodeada de muros y de puentes levadizos en la cual habitaba una turba de diferentes naciones.

14. Pero confiados los de dentro en la firmeza de sus muros, y en que tenían provisión de víveres, se defendían con flojedad, y provocaban a Judas con dichos picantes, blasfemias y expresiones detestables.

15. Mas el Macabeo, habiendo invocado al gran rey del universo que en tiempo de Josué derribó de un golpe, sin arietes, ni máquinas de guerra los muros de Jericó, subió con gran denuedo sobre la muralla;

16. y tomada por voluntad del Señor la ciudad, hizo en ella una horrorosa carnicería; de tal suerte que un estanque vecino, de dos estadios de anchura, apareció teñido de sangre de los muertos.

Victoria de Judas en Carnión

17. Partieron de allí, y después de andados setecientos cincuenta estadios, llegaron a Caraca, donde habitaban los judíos llamados turbianeos.

18. Mas tampoco pudieron venir allí a las manos con Timoteo*, quien se había vuelto sin poder hacer nada, dejando en cierto lugar una guarnición muy fuerte.

19. Pero Dositeo y Sosípatro, que mandaba las tropas en compañía del Macabeo, pasaron a caudillo a diez mil hombres que Timoteo había dejado en aquella plaza.

---

10. Descendientes de Ismael, guerreros y ladrones. *Gen 14*, 12.

18. *1 Mac 5*, 8.

20. Entretanto el Macabeo, tomando consigo seis mil hombres, y distribuyéndolos en batallones, marchó contra Timoteo que traía ciento veinte mil hombres de a pie, y dos mil quinientos de a caballo.

21. Luego que éste supo la llegada de Judas, envió delante las mujeres, los niños y el resto del bagaje a una fortaleza llamada Carnión, que era inexpugnable y de difícil entrada, a causa de los desfiladeros que era necesario pasar.

22. Mas al dejarse ver el primer batallón de Judas, se apoderó el terror de los enemigos a causa de la presencia de Dios, que todo lo ve, y se pusieron en fuga uno tras otro, de manera que el mayor daño lo recibían de su propia gente, y quedaban heridos por sus propias espadas.

23. Judas los perseguía, castigando a aquellos profanos; habiendo dejado tendidos a treinta mil de ellos.

24. El mismo Timoteo cayó en poder de los batallones de Dositeo y Sosípatro, a los cuales pidió con gran instancia que le salvasen la vida, porque tenía prisioneros muchos padres y hermanos de los judíos; los cuales, muerto él, quedarían sin esperanza de salvar la suya.

25. Y habiéndoles dado palabra de restituirles los prisioneros, según lo estipulado, le dejaron ir sin hacerle mal, con la mira de salvar así a sus hermanos.

26. Hecho esto, volvió Judas contra Carnión, en donde pasó a cuchillo veinticinco mil hombres.

27. Después de la derrota y mortandad de los enemigos, dirigió Judas su ejército contra Efrón, ciudad fuerte, habitada por una multitud de gentes de diversas naciones; cuyas murallas estaban coronadas de robustos jóvenes que las defendían con valor, y además había dentro de ella muchas máquinas de guerra y acopio de dardos.

28. Pero los judíos invocando el auxilio del Todopoderoso, que con su poder quebranta las fuerzas de los enemigos, tomaron la ciudad, y dejaron tendidos por el suelo a veinticinco mil hombres de los que en ella había.

29. Desde allí fueron a la ciudad de los escitas, distante seiscientos estadios de Jerusalén;

30. pero asegurando los judíos que habitaban allí entre los escitopolitanos, que estas gentes los trataban bien, y que aun en el tiempo de sus desgracias se habían portado con ellos con toda humanidad,

31. les dio Judas las gracias; y habiéndolos exhortado a que en lo venidero mostrasen igual benevolencia a los de su nación, se volvió con los suyos a Jerusalén, por estar muy cerca el día solemne de las Semanas o Pentecostés.

32. Y pasada esta festividad marcharon contra Gorgias, gobernador de la Idumea.

33. Salió, pues, Judas con tres mil infantes y cuatrocientos caballos;

34. y habiéndose trabado el combate, quedaron tendidos algunos pocos judíos en el campo de batalla.

35. Mas un cierto Dositeo, soldado de caballería de los de Bacenor, hombre valiente, asió a Gorgias, y quería cogerlo vivo; pero se arrojó sobre él un soldado de a caballo de los de Tracia, y le cortó un hombro, lo cual dio lugar a que Gorgias huyese a Maresa.

36. Fatigados ya los soldados que mandaba Esdrín con tan larga pelea, invocó Judas al Señor para que protegiese y dirigiese el combate;

37. y habiendo comenzado a cantar en alta voz himnos en su lengua nativa, puso en fuga a los soldados de Gorgias.

38. Reuniendo después Judas su ejército, pasó a la ciudad de Odollam, y llegando el día séptimo se purificaron según el rito*, y celebraron allí el sábado.

39. Al día siguiente fue Judas con su gente para traer los cadáveres de los que habían muerto en el combate, y enterrarlos con sus parientes en las sepulturas de sus familias;

40. y encontraron debajo de la ropa de los que habían sido muertos algunas ofrendas de las consagradas a los ídolos que había en Jamnia, cosas prohibidas por la ley a los judíos*; con lo cual conocieron todos evidentemente que esto había sido la causa de su muerte.

41. Por tanto, bendijeron a una los justos juicios del Señor, que había manifestado el mal que se quiso encubrir;

42. y en seguida poniéndose en oración

---

38. *Num 19*, 2-17; *31*, 19.

40. Se trata de amuletos tomados a los enemigos. *Ex 34*, 13; *Deut 7*, 25.

rogaron a Dios que echase en olvido el delito que habían cometido. Al mismo tiempo el esforzadísimo Judas exhortaba al pueblo a que se conservase sin pecado, viendo delante de sus mismos ojos lo sucedido por causa de las culpas de los que habían sido muertos.

43. Y habiendo recogido en una colecta que mandó hacer doce mil monedas de plata, las envió a Jerusalén, a fin de que se ofreciese un sacrificio por los pecados de estos difuntos, teniendo, como tenía, buenos y religiosos sentimientos acerca de la resurrección.

44. (Pues si no esperara que los que habían de resucitar, habría tenido por cosa superflua e inútil rogar por los difuntos),

45. y porque consideraba que a los que habían muerto después de una vida piadosa, les estaba reservada una gran misericordia.

46. Es, pues, un pensamiento santo y saludable rogar por los difuntos, a fin de que sean libres de las penas de sus pecados.

13

Menelao muere por orden de Antíoco, quien marcha contra los judíos. Se rebela Filipo

1. El año ciento cuarenta y nueve supo Judas que Antíoco Eupátor venía con un gran ejército contra la Judea,

2. acompañado de Lisias, tutor y regente del reino; y que traía consigo ciento diez mil hombres de a pie, y cinco mil de a caballo, y veintidós elefantes y trescientos carros armados de cuchillos.

3. Se unió también a ellos Menelao; y con un gran artificio procuraba aplacar a Antíoco, no porque amase el bien de la patria, sino esperando ser puesto en posesión del principado*.

4. Mas el rey de los reyes movió el corazón de Antíoco contra aquel malvado; y habiendo dicho Lisias que él era la causa de todos los males, mandó prenderlo, y que le quitasen la vida en aquel mismo lugar, según el uso de ellos.

5. Había, pues, en aquel sitio una torre de cincuenta codos de alto, rodeada por todas partes de un gran montón de cenizas, desde allí no se veía más que un precipicio.

6. Y mandó que desde la torre fuese arrojado en la ceniza aquel sacrílego, llevándolo todos a empellones a la muerte.

7. De este modo, pues, debió morir Menelao, prevaricador de la ley, sin que a su cuerpo se le diese sepultura.

8. Y a la verdad con mucha justicia; porque habiendo él cometido tantos delitos contra el altar de Dios, cuyo fuego y ceniza son cosas santas, justamente fue condenado a morir sofocado por la ceniza.

9. El rey continuaba furibundo su marcha, con ánimo de mostrarse con los judíos más cruel que su padre.

10. Teniendo, pues, Judas noticia de ello, mandó al pueblo que invocase al Señor día y noche, a fin de que les asistiese en aquella ocasión, como lo había hecho siempre;

11. pues temían verse privados de su ley, de su patria y de su santo templo; y para que no permitiese que su pueblo escogido, que poco antes había empezado a respirar algún tanto, se viese nuevamente subyugado por las naciones, que blasfeman su santo Nombre.

12. En efecto, haciendo todos a una lo mandado por Judas, implorando la misericordia del Señor con lágrimas y ayunos, postrados en tierra por espacio de tres días continuos, los exhortó Judas a que estuviesen apercibidos.

13. El luego, con el consejo de los ancianos, resolvió salir a campaña antes que el rey Antíoco entrase con su ejército en la Judea y se apoderase de la ciudad, y encomendar al Señor el éxito de la empresa.

14. Entregándose, pues, enteramente a las disposiciones de Dios, creador del universo, y habiendo exhortado a sus tropas a pelear varonilmente y hasta perder la vida en defensa de sus leyes, de su templo y de su ciudad, de su patria y de sus conciudadanos, hizo acampar el ejército en las cercanías de Modín.

15. Dio después a los suyos por señal La victoria de Dios; y tomando consigo los jóvenes más valientes de sus tropas, asaltó de noche el cuartel del rey, y mató en su campamento cuatro mil hombres y al mayor

3. Sumo sacerdocio, que había antes comprado a Antíoco.

de los elefantes, con toda la gente que llevaba encima.

16. Y llenando con esto de un gran terror y confusión el campo de los enemigos, concluida tan felizmente la empresa, se retiraron.

17. Se ejecutó todo esto al rayar el día, asistiendo el Señor al Macabeo con su protección.

18. Mas el rey, visto este ensayo de la audacia de los judíos, intentó apoderarse con arte de los lugares más fortificados.

19. Y se acercó con su ejército a Betsura, una de las plazas de los judíos más bien fortificadas; pero era rechazado, hallaba mil tropiezos, y perdía gente.

20. Entretanto Judas enviaba a los sitiados cuanto necesitaban.

21. En esto un tal Rodoco hacía de espía de los enemigos en el ejército de los judíos; pero siendo reconocido, fue preso y puesto en un encierro.

22. Entonces el rey parlamentó nuevamente con los habitantes de Betsura, les concedió la paz, aprobó la capitulación de los sitiados, y se marchó.

23. Pero antes había peleado con Judas, y quedado vencido*. A esta sazón, teniendo aviso de que en Antioquía se le había rebelado Filipo, el cual había quedado con el gobierno de los negocios, consternado en gran manera su ánimo, suplicando y humillándose a los judíos, juró guardarles todo lo que pareció justo; y después de esta reconciliación ofreció un sacrificio, tributó honor al templo, y le hizo varios donativos;

24. y abrazó al Macabeo, declarándolo gobernador y príncipe de todo el país desde Tolemaida hasta los gerrenos o gerasenos.

25. Luego que Antíoco llegó a Tolemaida, dieron a conocer sus habitantes el grave disgusto que les había causado aquel tratado y amistad hecha con los judíos, temiendo que indignados no rompiesen la alianza.

26. Pero subiendo Lisias a la tribuna, expuso las razones que habían mediado para esta alianza, apaciguó al pueblo, y volvió después a Antioquía. Tal fue la expedición del rey y el fin que tuvo.

23. *1 Mac 6*, 42.

14 *Demetrio, rey de Siria, ataca Judea. Nicanor, su general, hace la paz con Judas Macabeo*

1. Pero de allí a tres años* Judas y su gente entendieron que Demetrio, hijo de Seleuco, habiendo llegado con muchas naves y un numeroso ejército al puerto de Trípoli, se había apoderado de los puestos más ventajosos,

2. y ocupado varios territorios, a despecho de Antíoco y de su general Lisias.

3. Entretanto un cierto Alcimo, que había sido sumo sacerdote, y que voluntariamente se había contaminado en los tiempos de la mezcla de los ritos judaicos y gentiles, considerando que no había ningún remedio para él, y que jamás podría acercarse al altar,

4. pasó a ver al rey Demetrio, en el año ciento cincuenta, presentándole una corona de oro y una palma de lo mismo, y además unos ramos que parecían ser el templo; y por entonces no le dijo nada.

5. Pero habiendo logrado una buena conyuntura para ejecutar su loco designio, por haberlo llamado Demetrio a su consejo, y preguntándole cuál era el sistema y máxima con que se regían los judíos,

6. respondió en esta forma: Aquellos judíos que se llaman asideos*, cuyo caudillo es Judas Macabeo, son los que fomentan la guerra, y mueven las sediciones, y no dejan estar en quietud el reino.

7. Y yo mismo, despojado de la dignidad hereditaria de mi familia, quiero decir, del sumo sacerdocio, me vine acá;

8. primer por ser fiel a la causa del rey, y segundo para mirar por el bien de mis ciudadanos; pues toda nuestra nación padece grandes vejaciones por causa de la perversidad de aquellos hombres.

9. Así que, te suplico, ¡oh rey!, que informándote por menor de todas estas cosas, mires por nuestra tierra y nación, conforme a tu bondad a todos notoria.

10. Porque en tanto que viva Judas, es imposible que haya allí paz.

1. A tres años de purificar el templo. *1 Mac 4*, 52; *7*, 1.
6. *1 Mac 2*, 42; *7*, 13-17.

11. Habiéndose él explicado de esta suerte, todos sus amigos inflamaron también a Demetrio contra Judas, del cual eran enemigos declarados.

12. Así es que al punto envió el rey a la Judea por general a Nicanor, comandante de los elefantes,

13. con orden de que cogiese vivo a Judas, dispersase sus tropas, y pusiese a Alcimo en posesión del sumo sacerdocio del gran templo.

14. Entonces los gentiles que habían huido de la Judea por temor a Judas, vinieron en bandadas a juntarse con Nicanor, mirando como prosperidad propia las miserias y calamidades de los judíos.

15. Luego que éstos supieron la llegada de Nicanor y la reunión de los gentiles con él, esparciendo polvo sobre sus cabezas, dirigieron sus plegarias a aquel Señor que se había formado un pueblo suyo para conservarlo eternamente, y que con evidentes milagros había protegido su herencia.

16. E inmediatamente por orden del comandante partieron de allí, y fueron a acampar junto al castillo de Desau.

17. Había ya Simón, hermano de Judas, venido a las manos con Nicanor; pero se llenó de sobresalto con la repentina llegada de otros enemigos.

18. Sin embargo, enterado Nicanor del denuedo de las tropas de Judas y de la grandeza de ánimo con que combatían por su patria, temió dejar su suerte a la decisión de una batalla.

19. Y así envió delante a Posidonio, a Teodocio y a Matías para presentar y admitir proposiciones de paz.

20. Y habiendo durado largo tiempo las conferencias sobre el asunto, y dando el mismo general parte de ellas al pueblo, todos unánimemente fueron de parecer que se aceptara la paz.

21. En virtud de lo cual los dos generales emplazaron un día para conferenciar entre sí secretamente; a este fin se llevó y puso una silla para cada uno de ellos.

22. Esto no obstante, mandó Judas apostar algunos soldados en lugares oportunos, no fuera que los enemigos intentasen de repente hacer alguna traición. Pero la conferencia se celebró como debía.

23. Por esto Nicanor fijó después su residencia en Jerusalén, sin hacer ningún mal a nadie, y despidió aquella multitud de tropas que se le habían juntado.

24. Amaba a Judas con un amor sincero, mostrando una particular inclinación hacia él.

25. Le rogó que se casase, y pensase en tener hijos. En efecto, se casó, vivía tranquilo, y los dos se trataban familiarmente.

Prosigue la guerra

26. Mas viendo Alcimo la amistad y buena armonía que reinaba entre ellos, fue a ver a Demetrio, y le dijo que Nicanor favorecía los intereses ajenos o de los enemigos, y que tenía destinado por sucesor suyo a Judas, que aspiraba al trono.

27. Exasperado e irritado el rey sobremanera con las atroces calumnias de este malvado, escribió a Nicanor diciéndole que llevaba muy a mal la amistad que había contraído con el Macabeo, y que le mandaba que luego al punto se lo enviase atado a Antioquía.

28. Enterado de esto Nicanor, quedó lleno de consternación, y sentía sobremanera tener que violar los tratados hechos con aquel varón, sin haber recibido de él ofensa alguna.

29. Mas no pudiendo desobedecer al rey, andaba buscando oportunidad para poner en ejecución la orden recibida.

30. Entretanto el Macabeo, observando que Nicanor lo trataba con aspereza y que en las visitas acostumbradas se le mostraba con cierto aire duro e imponente, consideró que aquella aspereza no podía nacer de nada bueno, y reuniendo algunos pocos de los suyos, se ocultó de Nicanor.

31. Luego que éste reconoció que Judas había tenido la destreza de prevenirlo, fue al augusto y santísimo templo, hallándose los sacerdotes ofreciendo los sacrificios acostumbrados, y les mandó que le entregasen al Macabeo.

32. Mas como ellos le asegurasen con juramento que no sabían dónde estaba el que él buscaba, Nicanor levantó la mano contra el templo,

33. y juró diciendo: Si no me entregáis atado a Judas, arrasaré este templo de Dios, derribaré este altar, y consagraré aquí un templo al dios y padre Baco;

34. y dicho esto, se marchó. Los sacerdotes, entonces, levantando sus manos al cielo, invocaban a aquel Señor que había sido siempre el defensor de su nación, y oraban de este modo:

35. Señor de todo el universo; tú que de nada necesitas, quisiste tener entre nosotros un templo para tu morada.

36. Conserva, pues, ¡oh Santo de los santos y Señor de todas las cosas!, conserva ahora, y para siempre libre de profanación esta casa, que hace poco tiempo ha sido purificada.

37. En este tiempo fue acusado a Nicanor uno de los ancianos de Jerusalén, llamado Razías, varón amante de la patria, y de gran reputación, al cual se daba el nombre de padre de los judíos por el afecto con que los miraba a todos.

38. Este, pues, ya de mucho tiempo antes, llevaba constantemente una vida muy exacta en el judaísmo, pronto a dar su misma vida antes que faltar a su observancia.

39. Mas queriendo Nicanor manifestar el odio que tenía a los judíos, envió quinientos soldados para que lo prendiesen;

40. pues juzgaba que si lograba seducir a este hombre, haría un daño gravísimo a los judíos.

41. Pero al tiempo que los soldados hacían sus esfuerzos para entrar en la casa, rompiendo la puerta, y poniéndole fuego, así que estaban ya para prenderle, se hirió con su espada,

42. prefiriendo morir noblemente a verse esclavo de los idólatras, y a sufrir ultrajes indignos de su nacimiento.

43. Mas como por la precipitación con que se hirió no fuese mortal la herida, y entrasen ya en tropel los soldados en la casa, corrió animosamente al muro, y se precipitó denodadamente encima de las gentes;

44. las cuales retirándose al momento para que no les cayese encima, vino a dar de cabeza contra el suelo.

45. Pero como aún respirase, hizo un nuevo esfuerzo y se volvió a poner en pie; y aunque la sangre le salía a borbollones por sus heridas mortales, pasó corriendo por medio de la gente,

46. y subiéndose sobre una roca escarpada, desangrado ya como estaba, agarró con ambas manos sus propias entrañas, y las arrojó sobre las gentes, invocando al Señor y dueño del alma y de la vida, a fin de que se las volviese a dar algún día; y de esta manera acabó de vivir.

15

Muerte de Nicanor. Su cabeza y manos colgadas frente al templo y su lengua arrojada a las aves

---

1. Luego que Nicanor tuvo noticia que Judas estaba en tierra de Samaria, resolvió acometerlo con todas sus fuerzas en un día de sábado,

2. y como los judíos que por necesidad lo seguían, le dijesen: No quieras hacer una acción tan feroz y bárbara como ésa; mas honra la santidad de este día, y respeta a aquel Señor que ve todas las cosas,

3. les preguntó aquel infeliz si había en el cielo algún Dios poderoso que hubiese mandado celebrar el sábado.

4. Y contestándole ellos: Sí, el Señor Dios vivo y poderoso que hay en el cielo, es el que mandó guardar el día séptimo.

5. Pues yo, les replicó él, soy poderoso sobre la tierra, y mando que se tomen las armas, y que se ejecuten las órdenes del rey. Mas a pesar de eso, no pudo Nicanor efectuar sus designios,

6. siendo así que había ideado ya, en el delirio de su soberbia, erigir un trofeo en memoria de la derrota de Judas y de su gente.

7. En medio de esto, el Macabeo esperaba siempre con firme confianza que Dios le asistiría con su socorro;

8. y al mismo tiempo exhortaba a los suyos a que no temiesen el encuentro de las naciones, sino que antes bien trajesen a la memoria la asistencia que otras veces habían recibido del cielo, y que ahora esperasen también que el Todopoderoso les concedería la victoria.

9. Y dándoles igualmente instrucciones sacadas de la ley y de los profetas, y acordándoles los combates que antes habían ellos sostenido, les infundió nuevo aliento.

10. Inflamados de esta manera sus ánimos, les ponía igualmente a la vista la perfidia de las naciones, y la violación de los juramentos.

11. Y armó a cada uno de ellos, no tanto con darle escudo y lanza, como con admirables discursos y exhortaciones, y con la narración de una visión muy fidedigna que había tenido en sueños, la cual llenó a todos de alegría.

12. Esta fue la visión que tuvo: Se le representó que estaba viendo a Onías, sumo sacerdote, que había sido hombre lleno de bondad y de dulzura, de aspecto venerado, modesto en sus costumbres y de gracia en sus discursos, y que desde niño se había ejercitado en la virtud; el cual, levantadas las manos, oraba por todo el pueblo judaico;

13. que después se le había aparecido otro varón, respetable por su ancianidad, lleno de gloria y rodeado por todos lados de magnificencia;

14. y que Onías, dirigiéndole la palabra, le había dicho: Este es el verdadero amante de sus hermanos y del pueblo de Israel; éste es Jeremías, profeta de Dios, que ruega incesantemente por el pueblo y por toda la ciudad santa;

15. que luego Jeremías extendió su derecha y entregó a Judas una espada de oro, diciéndole:

16. Toma esta santa espada, como don de Dios, con la cual derribarás a los enemigos de mi pueblo de Israel.

17. Animados, pues, todos con estas palabras de Judas, las más eficaces para avivar el valor, e infundir nuevo aliento en la juventud, resolvieron atacar y combatir vigorosamente a los enemigos, de modo que su esfuerzo decidiese la causa, pues así el templo como la ciudad santa estaban en peligro.

18. Y a la verdad menos cuidado pasaban por sus mujeres, por sus hijos, por sus hermanos y por sus parientes, que por la santidad del templo, que era lo que les causaba el mayor y principal temor.

19. Asimismo los que se hallaban dentro de la ciudad, estaban en gran sobresalto por la suerte de aquellos que iban a entrar en batalla.

Derrota y muerte de Nicanor

20. Y cuando ya todos estaban aguardando la decisión del combate, estando ya a la vista los enemigos, el ejército formado en batalla, y los elefantes y caballería colocados en los lugares oportunos;

21. considerando el Macabeo la multitud de hombres que venía a dejarse caer sobre ellos, y el aparato de armas, y la ferocidad de los elefantes, levantó las manos al cielo, invocando a aquel Señor que obra los prodigios; a aquel que, no según la fuerza de los ejércitos, sino según su voluntad, concede la victoria a los que la merecen.

22. Y lo invocó de esta manera: ¡Oh Señor! Tú, que en el reino de Ezequías, rey de Judá, enviaste uno de tus ángeles, y quitaste la vida a ciento ochenta y cinco mil hombres del ejército de Sennaquerib,

23. envía también ahora, ¡oh Dominador de los cielos!, a tu ángel bueno que vaya delante de nosotros, y haga conocer la fuerza de tu terrible y tremendo brazo;

24. a fin de que queden llenos de espanto los que blasfemando del Nombre tuyo, vienen contra tu santo pueblo. Así terminó su oración.

25. Entretanto venía Nicanor marchando con su ejército al son de trompetas y de canciones.

26. Mas Judas y su gente, habiendo invocado a Dios por medio de sus oraciones, acometieron al enemigo;

27. y orando al Señor en lo interior de sus corazones, al mismo tiempo que, espada en mano, cargaban sobre sus enemigos, mataron no menos de treinta y cinco mil, sintiéndose sumamente llenos de gozo y de vigor con la presencia de Dios.

28. Concluido el combate, al tiempo que alegres se volvían ya, supieron que Nicanor con sus armas yacía tendido en el suelo.

29. Por lo que alzándose al instante una gran gritería y estrépito, bendecían al Señor Todopoderoso en su nativo idioma.

30. Judas, que estaba siempre pronto a morir o dar su cuerpo y vida por sus conciudadanos, mandó que se cortase la cabeza y el brazo, junto con el hombro, a Nicanor, y que se llevasen a Jerusalén.

31. Así que llegó él a esta ciudad, convocó cerca del altar a sus conciudadanos y a los sacerdotes, e hizo llamar también a los del alcázar;

32. y habiéndoles mostrado la cabeza de Nicanor, y aquella su execrable mano, que con todo orgullo e insolencia había levantado contra la morada santa de Dios Todopoderoso,

33. mandó luego que la lengua de este impío fuese cortada en menudos trozos, y arrojada después para pasto de las aves; y que se colgara enfrente del templo la mano de aquel insensato.

34. Con esto bendijeron todos al Señor del cielo, diciendo: Bendito sea el que ha conservado exento de la profanación su santo templo.

35. Asimismo hizo colgar la cabeza de Nicanor en lo más alto del alcázar, para que fuese una señal visible y patente de la asistencia de Dios.

36. Finalmente, todos unánimes resolvieron que de ningún modo se debía pasar este día sin hacer en él una fiesta particular;

37. y se dispuso que se celebrase esta solemnidad el día trece del mes llamado en lengua siríaca Adar, día anterior al día festivo de Mardoqueo*.

38. Ejecutadas, pues, estas cosas en orden a Nicanor, y hechos dueños los hebreos desde entonces de la ciudad, acabaré yo también con esto mi narración.

39. Si ella ha salido bien, y cual conviene a una historia es ciertamente lo que yo deseaba; pero si, por el contrario, es menos digna del asunto que lo que debiera, se me debe disimular la falta.

40. Pues así como es cosa dañosa beber siempre vino, o siempre agua, al paso que es grato el usar ora de uno, ora de otra, así también un discurso gustaría poco a los lectores si el estilo fuese siempre muy peinado y uniforme. Y con esto doy fin.

---

37. *Est* 9, 21.

LIBROS SAPIENCIALES Y SALMOS

Introducción

Los libros *Didácticos, Poéticos* o *Sapienciales* encierran una gran sabiduría humana y divina. *Sabiduría* no quiere decir en la Biblia *acumular conocimientos*, sino *saber vivir*. Estos libros reúnen la experiencia del pueblo de Israel, cosechada en dos ambientes. En el templo durante la proclamación de la ley y la celebración del culto en honor a Dios y en el hogar como núcleo familiar y cuna de generaciones y vivencias, que se convierten en la mejor herencia.

Los libros Didácticos o Sapienciales, siguiendo el *Canon del texto griego* o de los *Setenta, LXX*, conservado en las Biblias católicas, son siete: *Salmos, Job, Proverbios, Eclesiastés* o *Qohélet, Cantar de Cantares, Sabiduría* y *Eclesiástico* o *Sirácida*. Los dos últimos, *Sabiduría* y *Eclesiástico*, son exclusivos del texto griego, y al no aparecer en el texto hebreo son considerados *deuterocanónicos*. Por esa razón, no figuran en algunas ediciones protestantes de la Biblia. Todas las Biblias católicas los incluyen y lo mismo ocurre con las Biblias *ecuménicas*, que agrupan las dos confesiones.

La literatura sapiencial se había cultivado ya durante siglos en el Antiguo Oriente, cuando hizo su aparición en Israel. En Egipto y Mesopotamia hubo manifestaciones de una civilización muy elevada. Sus pueblos expresaron toda clase de fórmulas para llevar una vida correcta y feliz, y se preocuparon por transmitir esa sabiduría a las generaciones futuras. Como literatura, la sabiduría fue patrimonio de una minoría selecta y reducida, en gran parte por las dificultades formales de la escritura antigua, pero su mensaje se convertiría en un legado para la humanidad. Entre las actitudes que promueven los escritos sapienciales de Egipto y Mesopotamia están la obediencia, las buenas maneras, la imparcialidad, la justicia, la honestidad, la amabilidad y una rica gama de virtudes familiares y sociales, enmarcadas por el respeto a la divinidad.

En Israel, la sabiduría es asumida y relacionada directamente con Dios, como su fuente y origen. Así lo proclaman los libros de *Proverbios, Eclesiastés, Sabiduria* y *Eclesiástico.* Estos libros contienen la sabiduría bíblica, que es la del hombre creyente de todos los tiempos.

Frente al agudo problema físico y moral que plantea el libro de *Job*, el pueblo de Israel da señal de una gran madurez en los discursos pronunciados por Job caído en la desgracia y la aflicción. Aun frente al éxito de los que obran el mal y el sufrimiento y los infortunios de los buenos se afirma que la retribución es propia de Dios y que Él la da a veces en este mundo.

El amor humano encuentra en el *Cantar de Cantares* uno de sus más altas expresiones literarias. Si bien su interpretación como libro sagrado se eleva al plano espiritual, el eterno motivo del amor no pierde nada de su riqueza humana.

Los *Salmos* son el libro de oración por excelencia de la Biblia. Las situaciones felices y desdichadas, alegres y críticas, individuales y comunitarias, sagradas y profanas desfilan por sus ciento cincuenta piezas magistrales. El hombre en su complejidad se hace oración en expresiones a las que el tiempo se encarga de darles nuevo esplendor.

Estas obras bíblicas tienen en común la belleza de una forma literaria, la *poesía*. La literatura oriental es muy rica en formas y expresiones, como proverbios, sentencias, paralelismos, salmos, elegías, lamentaciones, himnos, fábulas, parábolas, novelas y acrósticos. Cada página de estos libros es un tesoro de sabiduría, guardada por el pueblo de Dios en una enseñanza para todos los pueblos y generaciones humanas, y en una joya literaria que hacen de la Biblia la mejor antología poética.

Job

Introducción

El libro de Job es una obra maestra de la literatura universal y es conocido por el nombre de su personaje central. No se sabe quién fue su autor y se discute la fecha de su composición. Ciertamente, el libro de Job fue escrito después del final del destierro, 538 a.C., y antes de la época griega, 333 a.C. El tema del libro es el sufrimiento del justo. Su autor es un hombre muy culto, conocedor de los recursos literarios de Egipto y Mesopotamia. El protagonista, caso único en la Biblia, es un personaje no israelita. Aunque se ha planteado la no historicidad de Job, el mensaje de fe y confianza en Dios es indiscutible y siempre actual.

La historia comienza cuando las desgracias acosan a Job, pues pierde sus bienes, su familia desaparece y lo aqueja una enfermedad repulsiva y molesta. Job cae en la desesperación y recibe el apoyo de sus amigos, con quienes sostiene un largo diálogo acerca de sus calamidades. Algunos de ellos le dicen que sus males son consecuencia de su maldad, de acuerdo con la idea de esa época de que los sufrimientos nacían en el pecado. Job en cambio afirma que *él es bueno* y que *Dios es injusto* con él por enviarle tan duras pruebas. Job exige una explicación a Dios, quien le habla y le expone su omnipotencia y la magnificencia de todas sus obras. Ante los argumentos divinos, Job pide perdón por su atrevimiento. Dios lo rehabilita y lo restituye a su antigua condición.

1 *Job, varón santo ofrece sacrificios a Dios por sus hijos; el Señor permite a Satanás probar su virtud*

1. Había en el país de Hus un varón célebre llamado Job, hombre sencillo y recto y temeroso de Dios, que se apartaba del mal.

2. Tenía siete hijos y tres hijas;

3. y poseía siete mil ovejas, y tres mil camellos, quinientas yuntas de bueyes y quinientas asnas, y muchísimos criados; por lo cual era este varón grande entre los orientales.

4. Sus hijos solían reunirse y celebrar convites en sus casas, cada cual en su día; y enviaban a llamar a sus tres hermanas, para que comiesen y bebiesen con ellos.

5. Concluido el turno de los días del convite, enviaba Job a llamarlos, y los santificaba, y levantándose de madrugada ofrecía holocaustos a Dios por cada uno de ellos. Porque decía: No sea que mis hijos hayan pecado y desechado a Dios en sus corazones. Esto hacía Job en todos aquellos días.

6. Pero cierto día, concurriendo los hijos de Dios, esto es, los ángeles, a presentarse delante del Señor, compareció también entre ellos Satanás.

7. Al cual dijo el Señor: ¿De dónde vendrás tú? El respondió: Vengo de dar la vuelta por la tierra, y de recorrerla toda.

8. Le replicó el Señor: ¿Has puesto tu atención en mi siervo Job, que no hay otro como él en la tierra, varón sencillo, y recto, y temeroso de Dios, y ajeno de todo mal obrar?

9. Mas Satanás le respondió: ¿Acaso Job teme o sirve a Dios de balde?

10. ¿No lo tienes tú a cubierto de todo

mal por todas partes, así a él como a su casa y a toda su hacienda? ¿No has echado la bendición sobre todas las obras de sus manos, con lo que se han multiplicado sus bienes en la tierra?

11. Mas extiende un poquito tu mano, y toca sus bienes, y verás cómo te desprecia en tu cara.

12. Dijo, pues, el Señor a Satanás: Ahora bien, todo cuanto posee lo dejo a tu disposición; sólo que no extiendas tu mano contra él. Con esto se salió Satanás de la presencia del Señor a ejecutar sus designios.

13. En efecto, mientras los hijos e hijas de Job se hallaban un día todos juntos comiendo y bebiendo vino en casa del hermano primogénito,

14. llegó a Job un mensajero que le dijo: Estaban los bueyes arando y las asnas paciendo cerca de ellos,

15. cuando he aquí que han hecho una excursión los sabeos y lo han robado todo, y han pasado a cuchillo a los mozos, y he escapado sólo yo para que pueda darte la noticia.

16. Estando aún éste hablando, llegó otro hombre, y dijo: Fuego de Dios ha caído del cielo, y ha reducido a cenizas las ovejas y los pastores, y he escapado sólo yo para que pueda traerte la noticia.

17. Todavía estaba éste con la palabra en la boca, y entró otro diciendo: Los caldeos, divididos en tres cuadrillas, se han arrojado sobre los camellos, y se los han llevado, después de haber pasado a cuchillo a los mozos, y he escapado sólo yo para darte aviso.

18. No había éste acabado de hablar, cuando llegó otro que dijo: Estando comiendo tus hijos e hijas y bebiendo vino en la casa de su hermano mayor,

19. ha venido de repente un huracán de la parte del desierto, que ha conmovido las cuatro esquinas de la casa, la cual ha caído, cogiendo debajo a tus hijos, que han quedado muertos, y me he salvado sólo yo para poder avisártelo.

20. Entonces Job se levantó y rasgó sus vestidos, y habiéndose hecho cortar a raíz el pelo de la cabeza se postró en tierra y adoró al Señor,

21. y dijo: Desnudo salí del vientre de mi madre, y desnudo volveré a ella. El Señor me lo dio todo; el Señor me lo ha quitado; se ha hecho lo que es de su agrado; bendito sea el nombre del Señor.

22. En medio de todas esas cosas no pecó Job en cuanto dijo, ni habló una palabra inconsiderada contra Dios.

2

Segunda prueba de la virtud de Job en los tormentos de todo su cuerpo llagado; insultos de su mujer

---

1. Y sucedió que otro día comparecieron los hijos de Dios a la presencia del Señor, y asimismo Satanás se halló entre ellos, y se puso en su presencia.

2. Y le dijo el Señor a Satanás: ¿De dónde vendrás tú? El cual le respondió: He dado la vuelta por la tierra, y la he recorrido toda.

3. Le replicó el Señor: ¿Pues no has observado a mi siervo Job cómo no tiene semejante en la tierra, varón sencillo, y recto, y temeroso de Dios, y muy ajeno de todo mal obrar, y que aún conserva la inocencia? Y eso que tú me has incitado contra él, para que yo le atribulase sin merecerlo*.

4. A esto respondió Satanás, diciendo: El hombre dará siempre la piel de otro por conservar la suya propia, y abandonará de buena gana cuanto posee por salvar su vida;

5. y si no, extiende tu mano y toca sus huesos y carne, y verás cómo entonces te menosprecia cara a cara.

6. Dijo, pues, el Señor a Satanás: Ahora bien, anda, en tu mano está; pero consérvale la vida.

7. Con eso partiendo Satanás de la presencia del Señor, hirió a Job con una úlcera horrible desde la planta del pie hasta la coronilla de la cabeza;

8. y de suerte que sentado en un estercolero, se raía la podredumbre con un casco de teja.

9. Y le dijo su mujer: ¿Todavía permaneces tú en tu estúpida simplicidad? Sí, bendice a Dios, y muérete.

10. Le respondió Job: Has hablado como una de las mujeres sin seso. Si recibimos los bienes de la mano de Dios, ¿por qué no recibiremos también los males? En medio

---

3. *1 Re 22*, 21.

Job recibe la noticia de su ruina

Entonces Job se levantó y rasgó sus vestidos, y habiéndose hecho cortar a raíz el pelo de la cabeza se postró en tierra y adoró al Señor, y dijo: Desnudo salí del vientre de mi madre, y desnudo volveré a ella. El Señor me lo dio todo; el Señor me lo ha quitado; se ha hecho lo que es de su agrado; bendito sea el nombre del Señor.

de todas estas cosas no pecó Job en cuanto dijo.

11. Entretanto tres príncipes amigos de Job, habiendo oído todas las desgracias que le habían sobrevenido, partieron cada cual de su casa y estados: Elifaz de Temán, Baldad de Suhá, Sofar de Naamat; porque habían concertado entre sí venir juntos a visitarle y consolarle.

12. Y cuando desde lejos alzaron los ojos para mirarle, le desconocieron; y así exclamando, prorrumpieron en lágrimas, y rasgando sus vestidos, esparcieron polvo por el aire sobre sus cabezas,

13. y estuvieron con él sentados en el suelo siete días y siete noches, sin hablarle palabra, al ver que su dolor era tan vehemente.

3 *Desahoga Job su angustiado corazón, lamentándose de sus males con enérgicas expresiones*

1. Después de esto abrió Job su boca, y echó la maldición al día de su nacimiento,

2. hablando de esta manera:

3. Perezca, mal haya, el día en que nací y la noche en que se dijo por mí: Concebido queda un varón.

4. Conviértase aquel día en tinieblas; no haga Dios cuenta de él desde lo alto; ni sea con luz alumbrado;

5. oscurézcanle las tinieblas, y la negra sombra de la muerte; cúbrale densa niebla y sea envuelto en amargura;

6. corra en aquella noche un tenebroso torbellino; no se mencione ella entre los días del año, ni se cuente entre los meses;

7. sea la tal noche solitaria o estéril, y no se considere digna de cantares o regocijos;

8. maldíganla los que aborrecen el día en que nacieron, que están prontos a provocar a Leviatán;

9. oscurezcan sus tinieblas las estrellas de esta noche; espere la luz, y nunca jamás la vea, ni el albor de la naciente aurora,

10. ya que no cerró el claustro del vientre que me llevaba, y no apartó de mis ojos la vista de estos males.

11. ¿Por qué no morí yo en las entrañas de mi madre; o salido a luz no perecí luego?

12. ¿Para qué al nacer me acogieron en el regazo? ¿Para qué me arrimaron al pecho a fin de que mamase?

13. Pues yo ahora estaría durmiendo en el silencio de la muerte; y en este mi sueño lograría reposo,

14. al lado de con los reyes y potentados de la tierra, que fabrican para sí edificios en lugares solitarios;

15. o con los príncipes que amontonan oro y llenan de plata sus casas;

16. o bien como un aborto, que luego lo esconden y apartan de la vista, yo no subsistiera, o como los que después de concebidos no llegaron a ver la luz.

17. Allá en el sepulcro cesa por fin el gran ruido que mueven los impíos; allí es donde vienen a descansar los de las fuerzas cansadas,

18. y allí están sin sufrir ya molestia alguna, ni oír la voz del cruel capataz, aquellos que en otro tiempo estaban juntos con grillete.

19. Allí están el pequeño y el grande; allí el esclavo libre ya de su amo.

20. ¿Por qué razón fue concedida la luz a un desdichado, y la vida a los que la pasan como yo, en amargura de ánimo?

21. Los cuales están esperando la muerte, la que no acaba de llegar, como esperan los que cavan en busca de un tesoro;

22. y se sienten transportados de gozo al hallar el sepulcro.

23. ¿Por qué se concedió la vida a un hombre como yo, que no ve el camino por donde anda; habiéndole Dios cercado todo de tinieblas?

24. Suspiro antes de tomar alimento, y suenan mis rugidos como las aguas que rompen los diques e inundan.

25. Por cuanto me ha sucedido lo que yo me temía, se han verificado mis recelos.

26. ¿Acaso no disimulé, no callé, no aguanté con paciencia? Y sin embargo, la indignación de Dios ha descargado sobre mí.

4 *Elifaz acusa a Job de impaciencia, y quiere persuadirle que sus males son un castigo de sus pecados*

1. Entonces Elifaz de Temán, rompiendo el silencio, dijo:

2. Si empezamos a razonar contigo, quizá

no te gustará lo que diremos; pero, ¿quién podrá contener las palabras que ahora vienen a la boca?

3. Tú eras antes el que amaestraba a muchos; tú dabas vigor a los agobiados.

4. Tus palabras eran el sostén de los vacilantes, y tú fortalecías las trémulas rodillas de los débiles.

5. Mas ahora que el azote ha descargado sobre ti, estás abatido; te ha tocado el Señor, y te has conturbado todo.

6. ¿Dónde está tu temor de Dios? ¿Dónde tu fortaleza, tu paciencia y la perfección de tu conducta antigua?

7. Considera, te ruego, si pereció jamás ningún inocente, o cuándo los buenos han sido exterminados.

8. Al contrario, lo que yo he visto es que los que han cultivado el vicio, han sembrado males, y males han cogido;

9. y han perecido a un soplo de Dios; y han quedado consumidos al aliento de la indignación divina.

10. Así pereció el león que rugía y la leona que bramaba; y fueron desmenuzados los dientes de los leoncillos.

11. Pereció de hambre el tigre por falta de presa, y los leoncillos se fueron cada uno por su lado.

12. Se me dijo en cierta ocasión una palabra recóndita, y mi oído, así como a hurtadillas, percibió algo de aquel blando zumbido.

13. En el horror de una visión nocturna, cuando suele el sueño rendir los hombres,

14. quedé sobrecogido de pavor, y todo temblando, y se estremecieron todos mis huesos;

15. y pasando por delante de mí un espíritu, se me erizaron los cabellos.

16. Se me apareció uno cuyo semblante no pude conocer, un espectro delante de mis ojos, y percibí una voz delicada como de un airecillo suave, que me decía:

17. ¿Acaso un hombre creado por Dios será tenido por justo, o podrá creerse más puro que su Hacedor?

18. Mira que no han sido firmes sus mismos ministros, y que halló culpa hasta en sus ángeles.

19. ¡Cuánto más serán consumidos y como roídos de la polilla, aquellos que habitan casas de barro, cimentadas sobre el polvo!

20. De la noche a la mañana quedarán aniquilados; y por cuanto ninguno considera estas verdades, perecerán para siempre.

21. Los restos que quedaren, serán arrancados; morirán en medio de su locura.

5

Sigue Elifaz acusando a Job de iniquidad y lo exhorta a convertirse a Dios, cuya providencia aplaude

---

1. Llama, pues, algún defensor tuyo, si es que hay quien te responda, y vuelve tu vista a alguno de los santos.

2. Verdaderamente que al necio le mata la cólera, y al apocado le quita la vida la envidia.

3. Yo vi al necio bien arraigado; pero al instante maldije su aparente lozanía.

4. Estarán sus hijos muy lejos de la salud, o felicidad, y serán hollados en las puertas, sin que haya quien los defienda ni ampare.

5. Sus mieses las devorará un hambriento; y gente armada echará mano de él, y se le llevará cautivo, y hombres sedientos se sorberán sus riquezas.

6. Ninguna cosa sucede en el mundo sin motivo, que no brotan del suelo los trabajos*.

7. Porque el hombre nace para trabajar y padecer, como el ave para volar.

8. Por tanto, yo rogaré al Señor, y enderezaré a Dios mi oración;

9. el cual hace cosas grandes e inescrutables y maravillas sin cuento;

10. que derrama la lluvia sobre la faz de la tierra, y todo lo riega con sus aguas;

11. que ensalza a los humildes, y alienta con prosperidades a los tribulados;

12. que disipa las maquinaciones de los malignos, para que sus manos no puedan completar lo que comenzaron;

13. que prende a los astutos con las mismas redes de ellos, y desvanece los designios de los malvados,

14. de suerte que en pleno día se encontrarán en tinieblas, y a mediodía andarán a tientas como si fuese de noche.

15. Entretanto el Señor salvará al desvalido de la espada de sus lenguas, y al pobre de las manos del hombre violento.

16. No, no quedará frustrada la esperanza

---

6. *Son disposiciones de la providencia de Dios.*

del mendigo, y los inicuos no osarán despegar sus labios.

17. Dichoso el hombre a quien el mismo Dios corrige; no desprecies, pues, la corrección del Señor.

18. Porque él mismo hace la llaga y la sana; hiere, y cura con sus manos.

19. A las seis tribulaciones* te libertará, y a la séptima ya no tocará el mal.

20. El te salvará de la muerte en tiempo de hambre, y en la guerra del golpe de la espada.

21. Estarás a cubierto del azote de lenguas malignas, y no temerás la calamidad cuando viniere.

22. En medio de la desolación y la carestía general tú te reirás; no temerás las bestias salvajes;

23. antes bien estarán en alianza contigo hasta las piedras de los campos, y las bestias fieras del país serán para ti mansas,

24. y verás reinar la paz y abundancia en tu morada; y no cometerás falta en el gobierno de tu dichosa casa.

25. Verás también multiplicarse tu linaje, y crecer tu descendencia como la hierba del prado.

26. En fin, lleno de años entrarás en el sepulcro; al modo que el montón de trigo se recoge en las trojes a su debido tiempo.

27. Mira que lo que acabamos de exponerte es así como lo decimos; reflexiónalo, pues, y medítalo para contigo mismo.

6 *Job justifica sus quejas; se lamenta de que sus amigos le hayan abandonado, y los reprende*

1. Pero Job respondió y dijo:

2. ¡Quisiera Dios que mis pecados por los que he merecido la ira, se pesaran en unas balanzas, con la calamidad que padezco!

3. Se vería que mis males pesan tanto y más que la arena de mar*, de aquí es que mis pecados están llenos de dolor.

4. Porque parece que todas las saetas del Señor están clavadas en mí; el veneno de ellas va corroyendo mi espíritu, y terrores del Señor, o terribles espectros, combaten contra mí.

5. ¿Por ventura rebuzna el asno montés teniendo hierba? ¿O brama el buey teniendo delante un pesebre bien provisto?

6. ¿O podrá comerse un manjar insípido, no sazonado con sal? ¿O habrá quien coma con gusto aquello que probado causa la muerte?

7. Las cosas que antes hubiera yo rehusado tocar, ahora en la estrechez en que me hallo son mi alimento.

8. ¡Quién me diera que fuese otorgada mi petición, y me concediese Dios lo que tanto deseo!

9. ¡Y que el que ha comenzado a herirme, acabe conmigo, deje caer su mano, y corte mi vida!

10. Y mi consuelo sería que sin perdonarme, fuese afligiéndome con dolores, y que yo me opusiese a los decretos del Santo por esencia.

11. Porque, ¿cuáles son mis fuerzas para poder sobrellevar tantos males? ¿O cuándo tendrá fin mi padecer, para prometerme perseverar en la paciencia?

12. Que no es mi firmeza como la de las peñas, ni es de bronce mi carne.

13. Mirad cómo yo por mí no puedo valerme, y cómo hasta los más allegados míos me han abandonado.

14. Quien no tiene compasión de su amigo, abandona el santo temor de Dios.

15. Mis hermanos han pasado de largo por delante de mí, como pasa un rápido torrente por las cañadas.

16. Pero a veces los que temen la escarcha son abrumados de la nieve.

17. Como los torrentes, al mismo tiempo que se desparramen se perderán; y como la nieve calentando el sol, se derretirán.

18. Tortuosas son las sendas por donde caminan; quedarán reducidos a la nada, y perecerán.

19. Contemplad las veredas de Tema, los caminos de Saba, y esperad un poquito.

20. Se han confundido a vista de mi firme esperanza; se han llegado junto a mí, y quedan cubiertos de rubor.

21. En efecto, acabáis ahora de llegar, y luego que veis mis males tembláis de miedo.

22. ¿Acaso yo os he dicho: Traedme y dadme algo de vuestros bienes?

23. ¿O bien, libradme del poder del

---

19. *Que haya resuelto enviarte.*
3. *Y así que no son excesivas mis quejas.*

enemigo, y sacadme de las manos de los poderosos?

24. Enseñadme, que yo callaré; y si en algo he sido ignorante o he pecado, instruidme.

25. ¿Por qué razón, pues, habéis contradicho a las palabras de verdad que he hablado, siendo así que ninguno de vosotros puede acusarme de pecado?

26. Vuestros estudiados razonamientos sólo tiran a zaherirme, y no hacéis más que hablar al aire.

27. Os arrojáis sobre un huérfano, y os esforzáis en acabar de perder a vuestro amigo.

28. Como quiera, concluid el discurso comenzado, y prestadme después atención, y ved si digo mentira.

29. Respondedme, os ruego, sin porfía, y pronunciad la sentencia conforme a justicia;

30. que no habéis de hallar falsedad en mi lengua, ni de mi boca oiréis necedad alguna.

7

Job continúa su defensa; y pide a Dios que le libre de las miserias, y le perdone

---

1. La vida del hombre sobre la tierra es una perpetua guerra; y sus días son como los de un infeliz jornalero.

2. Como el siervo fatigado suspira por la sombra, y al modo que el jornalero aguarda con ansia el fin de su trabajo,

3. así he pasado yo meses sin sosiego, y estoy contando las noches trabajosas.

4. Si estoy acostado, digo: ¿Cuándo será de día, y me levantaré?; y luego de levantado, deseo que llegue la tarde; y quedo en un mar de dolores hasta comenzar otra noche.

5. Mi carne está cubierta de podredumbre y de costras de inmundo polvo; toda mi piel está seca y arrugada.

6. Mis días han corrido más velozmente de lo que el tejedor corta la urdimbre acabada la tela y han desaparecido sin esperanza de retorno.

7. Acuérdate, oh Dios mío, que mi vida es un soplo, y que no volverán a ver mis ojos la felicidad perdida,

8. ni me verá más humana vista porque tú has echado sobre mí una terrible mirada y ya no puedo subsistir más.

9. Como se disipa y desvanece una nube, así el que desciende al sepulcro no subirá,

10. ni volverá otra vez a su casa, ni lo conocerá más el lugar donde habitaba.

11. Por tanto daré libertad a mi lengua para lamentarse; hablaré de las angustias de mi espíritu; discurriré acerca de las amarguras de mi alma,

12. y diré al Señor: ¿Soy acaso un mar embravecido o alguna ballena o monstruo, para que me tengas encerrado como en una cárcel?

13. Si yo digo: Puesto en mi lecho hallaré consuelo, y experimentaré alivio en mi cama, hablando y discurriendo conmigo mismo,

14. tú me aterrarás con sueños espantosos, y me harás estremecer con horribles visiones.

15. Por esta causa mi alma quisiera más un patíbulo, y cualquier muerte para mis huesos.

16. Perdí las esperanzas de poder vivir más; ten lástima de mí, Señor, ya que mis días son nada.

17. ¿Qué es el hombre para que tú hagas de él tanto caso, o para que se ocupe de él tu corazón?

18. Le visitas al rayar el alba, y de repente lo atribulas.

19. ¿Hasta cuándo me has de negar tu compasión, sin permitirme respirar o tragar siquiera mi saliva?

20. Pequé, Señor; mas ¿qué haré yo para aplacarte, oh observador de los hombres? ¿Por qué me has puesto por blanco de tus enojos, tanto que ya me he hecho intolerable a mí mismo?

21. ¿Por qué no perdonas todavía mi pecado, y por qué no borras mi iniquidad? Mira que ya voy a dormir en el polvo del sepulcro, y cuando mañana me busques, ya no existiré en el mundo.

8

Baldad sostiene que las calamidades de Job son pena de sus culpas. Le exhorta a que se convierta

---

1. Tomando entonces la palabra Baldad de Suhá, dijo:

2. ¿Hasta cuándo has de hablar de ese

modo, y han de ser como un torbellino las palabras de tu boca?

3. ¿Por ventura tuerce Dios el juicio? ¿O el Omnipotente trastorna la justicia?

4. Aunque tus hijos hayan pecado contra él, y los haya abandonado al poder de su iniquidad, y castigado severamente;

5. esto no obstante, si tú recurres solícito a Dios, y humilde ruegas al Todopoderoso;

6. si procedes con inocencia y rectitud, al punto volverá a ti los ojos para socorrerte, y restituirá la paz y felicidad a la morada de tu inocencia;

7. en tanto grado que tus principios habrán sido pequeños en comparación del último estado de grandeza a que te ensalzará.

8. Pregunta si no a las generaciones pasadas, y escudriña atentamente las memorias de nuestros padres;

9. (porque nosotros nacimos ayer, y somos unos ignorantes, pasándose nuestros días sobre la tierra como una sombra),

10. y ellos te instruirán; hablarán contigo, y de dentro de su corazón sacarán sentencias.

11. ¿Por ventura puede el junco conservarse verde sin humedad? ¿O crecer sin agua un carrizo?

12. Estando todavía en flor, y sin que mano ninguna lo toque, se seca primero que todas las hierbas.

13. Tal es la suerte de todos los que se olvidan de Dios; y así pasará en humo la esperanza del hipócrita.

14. A él mismo no le contentará ya su impiedad; y toda su confianza en las criaturas se desvanecerá como telaraña.

15. Querrá apoyarse sobre su casa, y se hundirá; pondrá puntales, mas no se mantendrá*.

16. Pero el justo es una planta que se muestra fresca y lozana antes de venir el sol, y naciendo arroja su retoño.

17. Sus raíces se multiplican, y se abren camino aun por entre los pedregales, y ella vive en medio de peñascos.

18. Si alguno la arrancare de su sitio, ella renunciará a él, y dirá: Nada tengo que hacer contigo.

19. Pues la naturaleza de esta planta es de tan feliz condición, que brotarán nuevamente otros renuevos de la misma tierra.

20. Dios no abandona al hombre de bien, ni alarga su mano a los malvados.

21. Algún día tu boca rebosará de risa, y tus labios de júbilo.

22. Entonces los que te aborrecen, serán cubiertos de confusión; y no quedará en pie la casa de los impíos.

---

15. Después de comparar al impío con un árido junco, se equipara al hombre justo con un árbol siempre verde.

9

Ensalza Job aun más que sus amigos el poder, la sabiduría y la justicia de Dios

1. Replicando a esto Job, dijo:

2. Yo sé verdaderamente que así es, y que no hay hombre justo si se compara con Dios.

3. Si Dios quisiere entrar en juicio con él, no podrá responderle de mil cargos, que le hará, a uno solo.

4. El es el sabio de corazón y el fuerte y poderoso. ¿Quién jamás le resistió que quedase en paz?

5. El traslada los montes de una a otra parte, y sin que lo perciban, son abatidos y allanados por su furor.

6. El conmueve la tierra de su sitio, y hace bambolear sus columnas.

7. El manda al sol, y no nace si así lo manda; y encierra, si quiere, las estrellas como bajo sello.

8. El sólo extendió los cielos, y camina sobre las ondas del mar.

9. El hizo el Arturo*, y el Orión y las Híadas, y las partes escondidas hacia el mediodía.

10. El hace cosas grandes e incomprensibles y maravillosas; que no tienen guarismo.

11. Si viene a mí, yo no lo veo; si se retira, tampoco le conozco.

12. Si él súbitamente pregunta, ¿quién podrá responderle, o quién podrá decirle: Por qué haces eso?

13. El es el Dios verdadero, a cuyo enojo nadie puede resistir, y ante cuyo acatamiento se postran los ángeles que mueven los cielos y la tierra.

14. ¿Quién soy yo, pues, para poder contestarle, y hablar con él boca a boca?

---

9. Estrella del Norte.

15. Aun cuando tuviere yo alguna cosa que alegar de mi parte, no la alegaré, sino que imploraré la clemencia de mi juez.

16. Y aun cuando prestare oídos a mis súplicas, no acabaré de creer que haya hecho méritos de mis voces.

17. Porque él puede oprimirme con un torbellino de males, y multiplicar mis llagas aun sin manifestar el motivo.

18. El no concede reposo ninguno a mi espíritu y me llena de amarguras.

19. Si se trata de poder es poderosísimo; si de la equidad en juzgar, nadie osa dar testimonio en favor mío.

20. Si yo quisiere justificarme, me condenará mi propia boca; si yo me quisiere manifestar inocente, él me convencerá de reo.

21. Aun cuando yo fuese inocente, eso mismo lo ignorará mi alma, y me será siempre fastidiosa mi vida.

22. Una sola cosa he afirmado, y es que el Señor consume con trabajos así al inocente como al impío.

23. Ya que me azota, quíteme de una vez la vida, y no dirán que se ríe de las penas de los inocentes.

24. La tierra comúnmente es entregada en manos del impío, el cual con las riquezas venda los ojos de los jueces que la gobiernan. Y si no es el Señor quien lo dispone, decidme, ¿quién es?

25. Mis días han corrido más velozmente que una posta; huyeron sin dejarme ver cosa buena.

26. Pasaron como naves cargadas de frutas; como el águila volando que se deja caer sobre la presa.

27. Que si yo digo: No hablaré más así, se altera mi semblante, y el dolor me despedaza.

28. De todas mis obras tenía yo recelo, sabiendo que tú no perdonas al delincuente.

29. Y si aun viviendo así, soy tratado como un impío, ¿para qué habré trabajado en balde toda mi vida?

30. Por más que me lave con aguas de nieve, y reluzcan mis manos de puro limpias,

31. sin embargo me harás perecer, y me tendrás como sumergido en inmundicias, y hasta mis vestidos harán asco de mí.

32. Porque no habré de dar mis descargos a otro hombre como yo, ni a quien puede igualmente ser citado conmigo a juicio.

33. Tampoco hay quien tenga autoridad sobre ambos, ni interponerse como mediador entre nosotros dos.

34. Aparte de sobre mí la vara de su justicia; y yo me asombre con el terror que me causa;

35. entonces hablaré sin que me amedrente su vista, pues estando con tanto temor, no puedo responder en mi defensa.

10

Job, en medio de sus tribulaciones, pide al Señor que le quite la vida, o alivie sus males

1. Tedio me causa ya el vivir. Soltaré mi lengua, aunque sea contra mí; hablaré en medio de la amargura de mi alma.

2. Le diré a mi Dios: No quieras condenarme de este modo; manifiéstame por qué me juzgas de esta manera.

3. ¿Podrá, acaso, jamás ser de tu agrado que me entregues a la calumnia, y oprimirme, siendo yo la obra de tus manos, y cooperar a los designios de los impíos?

4. ¿Por ventura son tus ojos, ojos de carne? ¿O miras tú las cosas sólo por afuera como las mira el hombre?

5. ¿Son acaso tus días como los días del hombre, o tus años semejantes a los años humanos,

6. para que hayas de ir inquiriendo mis maldades, y averiguando mis pecados,

7. sabiendo, como sabes, que no he cometido maldad alguna, y que no hay nadie que pueda librarme de tus manos?

8. Tus manos, Señor, me formaron; ellas coordinaron todas las partes de mi cuerpo, ¿y tan de repente quieres despeñarme?

9. Acuérdate, te ruego, que me formaste como de una masa de barro, y que me has de reducir a polvo.

10. ¿No es así que tú me formaste como de la leche cuajada y exprimida se forma el queso?

11. Me vestiste de piel y carne, y con huesos y nervios me organizaste.

12. Me diste vida, y usaste conmigo de misericordia; y tu protección ha conservado mi espíritu.

13. Aunque encubras estas cosas en tu corazón, yo sé bien que todas las tienes presentes.

14. Si pequé, y entonces me perdonaste, ¿por qué ahora no permites que yo me vea limpio de mi iniquidad?

15. Que si yo fuere un impío, ¡ay desdichado de mí!; y si justo, no levantaré cabeza, estando como estoy agobiado de aflicciones y de miserias.

16. Y me aprisionarás por la soberbia como la leona; y volverás a atormentarme de un modo portentoso.

17. Reproducirás tus testigos contra mí, y redoblarás contra mí tu enojo, y me hallaré combatido por un ejército de penas.

18. ¿Por qué me sacaste del vientre de mi madre? Ojalá hubiera yo perecido antes que ojo mortal me viera.

19. Me habrían trasladado del seno materno al sepulcro, como si no hubiese existido.

20. ¿Por ventura no se acabará en breve el corto número de mis días? Déjame, pues, lamentarme de mi dolor por un momento;

21. antes que yo me vaya allá de donde no volveré, a aquella tierra tenebrosa, y cubierta de las negras sombras de la muerte;

22. tierra o región de miseria y de tinieblas, en donde tiene su asiento la sombra de la muerte, y donde todo está sin orden, y en un caos u horror sempiterno.

11

Sofar afirma injustamente que Job es castigado de Dios por su soberbia y presunción

1. Aquí Sofar de Naamat, tomando la palabra dijo:

2. Pues qué, ¿el que mucho habla, no escuchará también? ¿O bastará al hombre ser gran hablador para justificarse?

3. ¿Por ti solo habrán de callar los demás hombres? ¿Y después de haberte mofado de los otros no habrá nadie que te confunda?

4. Lo cierto es que tú has dicho a Dios: Mi doctrina, o la vida que llevo, es pura, y yo estoy limpio en tu presencia.

5. Mas ojalá Dios se dignase responderte y abrir sus labios para hablar contigo,

6. y te hiciese ver los secretos de su sabiduría y la multiplicidad de sus leyes; con lo que conocerías que te castiga menos de lo que tu maldad merece.

7. ¿Acaso puedes tú comprender los caminos de Dios, o entender al Todopoderoso hasta lo sumo de su perfección?

8. Es más alto que los cielos: ¿qué harás pues? Es más profundo que los infiernos: ¿cómo has de poder conocerlo?

9. Su dimensión es más larga que la tierra, y más ancha que el mar.

10. Si trastornare todas las cosas, o las amontonare en un lugar, ¿quién podrá oponérsele?

11. El conoce la vanidad o iniquidad de los hombres; y viendo sus maldades, ¿ha de pasarlas por alto sin castigarlas?

12. El hombre necio se engríe con altanería, y se cree nacido para no tener freno, como el pollino del asno montés.

13. Yo veo que tú has endurecido tu corazón, y levantas, osado, hacia el Señor tus manos.

14. Si arrojares de ti la iniquidad que hay en tus obras, y no consintieres que more en tu casa la injusticia,

15. entonces sí que podrás, limpio de toda mácula, alzar tu rostro a Dios, y con su auxilio permanecer firme y sin temor alguno;

16. y aun te olvidarás de tus trabajos, o sólo te acordarás de ellos como de un torrente de aguas que ya pasó.

17. Y en la tarde amanecerá para ti una luz como de medio día; y cuando te creerás consumido, renacerás brillante como la estrella de la mañana.

18. La esperanza que se te propondrá de la vida eterna, te llenará de confianza; y dormirás en plena seguridad estando rodeado como de un profundo foso.

19. Reposarás, y no habrá quien te amedrente; y muchísimos poderosos acudirán a ti con súplicas.

20. Mas los ojos de los impíos se secarán de envidia; y no habrá guarida para ellos; y sus mismas esperanzas causarán abominación y tormento a su alma.

12

Job dice a Sofar que el gobierno de Dios es incomprensible y su sabiduría sin límite

1. Replicando Job a esto, dijo:

2. ¿Conque vosotros solos sois hombres entendidos, y con vosotros morirá la sabiduría?

3. Pues también tengo yo seso como vosotros, y no os concedo ventaja sobre mí; porque eso que sabéis ¿quién hay que lo ignore?

4. Quien sufre como yo ser escarnecido de su propio amigo, invoque a Dios que le oirá; ya que se hace mofa de la sencillez del justo.

5. Es éste una antorcha de ninguna estima, según el concepto de los ricos, bien que prevenida para brillar en el tiempo señalado por Dios.

6. Las casas de los ladrones abundan de bienes, y ellos osadamente provocan a Dios, siendo así que él es quien les ha puesto en las manos todo lo que tienen.

7. Pregunta si no a las bestias, y te lo enseñarán; y a las aves del cielo y te lo declararán.

8. Habla con la tierra, y te responderá; y te lo referirán los peces del mar.

9. ¿Quién no sabe que la mano del Señor hizo todas estas cosas?

10. En su mano tiene Dios el alma de todo viviente, y el espíritu de toda carne humana.

11. ¿No es el oído el que discierne las palabras; y el paladar del que come, los sabores?

12. En los ancianos se halla la sabiduría, y en los muchos años la prudencia.

13. En el Señor Dios residen la sabiduría, y la fortaleza; suyo es el buen consejo, y suya la inteligencia.

14. Lo que él destruyere, nadie podrá reedificarlo. Si tuviere encerrado a un hombre, nadie podrá abrirle.

15. Si detuviere las aguas, todo se secará; y si las soltare, sumergirán la tierra.

16. En él están esencialmente la fortaleza y la sabiduría; él conoce igualmente al engañador y al engañado.

17. Conduce los hombres de consejo a un resultado necio, y vuelve tontos sus jueces.

18. Despoja de la faja* a los reyes, y les ciñe los lomos con una soga.

19. A los sacerdotes los priva de toda su gloria, y a los grandes los derriba por el suelo.

20. Trueca las palabras en la boca de los hombres veraces, y quita el saber a los ancianos.

21. Hace caer a los príncipes en desprecio y vuelve a ensalzar a los abatidos.

22. El descubre lo que está en lo más profundo de las tinieblas, y saca a la luz la sombra misma de la muerte.

23. Multiplica las naciones, y las destruye; y destruidas, las vuelve a su primer estado.

24. Cambia el corazón de los soberanos de los pueblos de la tierra, y los ciega para que descaminados anden divagando.

25. Irán a tientas como si fuera de noche y no de día y les hará perder el tino como a los borrachos.

13

Desea Job que sea juzgada su causa en el tribunal divino, pues sus amigos son incompetentes

1. Todas estas cosas las han visto mis ojos y escuchado mis oídos y una por una las tengo comprendidas;

2. y así lo que vosotros alcanzáis con vuestra ciencia, también lo alcanzo yo; no soy inferior a vosotros.

3. Con todo eso hablaré al Todopoderoso, y deseo razonar con Dios;

4. haciendo antes ver que vosotros sois unos zurcidores de mentiras y secuaces de perversos dogmas.

5. Y ojalá callarais, para que fueseis tenidos por sabios*.

6. Oíd, pues, mi refutación, y estad atentos al juicio que pronunciarán mis labios.

7. ¿Acaso tiene Dios necesidad de vuestras mentiras, para que defendáis su conducta con palabras engañosas?

8. ¿Por ventura queréis prestar favor a Dios, y os esforzáis por su respeto a patrocinar su causa?

9. ¿Agradará eso a Dios, a quien nada se le puede ocultar? ¿O será engañado, como lo sería un hombre, con vuestras supercherías y lisonjas?

---

18. El *balteo* o *faja* era el distintivo de los generales.

5. *Prov 17*, 28.

10. El mismo os condenará, porque solapadamente os ponéis de su parte.

11. Lo mismo será moverse él en defensa mía, que os llenará de espanto, y el terror suyo o de su nombre caerá sobre vosotros.

12. Vuestra memoria será esparcida y disipada como ceniza, y vuestras altivas cabezas reducidas a lodo.

13. Callad por un poco, a fin de que hable yo todo lo que la razón me sugiere.

14. ¿A qué propósito ha de lacerar mis carnes con mis dientes, y de traer mi alma en las manos?

15. No; aun dado que el Señor me quitare la vida, en él esperaré; en todo caso yo expondré ante su acatamiento mi conducta.

16. Y él será mi salvador; y en verdad que no se presentará delante de sus ojos hipócrita ninguno.

17. Oíd mis razones, y aplicad vuestra atención a los enigmas que voy a deciros.

18. Si yo fuere juzgado, sé que seré declarado inocente.

19. ¿Quién es el que quiere entrar conmigo en juicio? Que venga. ¿Por qué me he de consumir callando?

20. Dos cosas solamente te pido, Dios mío, que hagas conmigo; y entonces no me esconderé de tu presencia.

21. Retira tu mano de mí, cesando de afligirme, y no me asombres con el terror tuyo.

22. Llámame a juicio, que yo te responderé; o si no, permite que yo hable, y respóndeme tú.

23. Muéstrame, Señor, cuántas maldades y pecados tengo; cuáles son mis crímenes y delitos.

24. ¿Por qué me ocultas tu rostro, y me consideras enemigo tuyo?

25. Contra una hoja, que se lleva el viento, haces alarde de tu poderío, y persigues una paja seca;

26. puesto que decretas contra mí tan amargas penas, y quieres consumirme por los pecados de mi mocedad.

27. Has metido mis pies como en un cepo; has observado todas mis acciones y notado mis pisadas o procederes;

28. siendo así que he de quedar reducido a pobre, y ser como una ropa roída por la polilla.

14

Pinta Job las miserias humanas. Admira la providencia de Dios; y profetiza la resurrección

1. El hombre nacido de mujer vive corto tiempo, y está atestado de miserias.

2. Él sale como una flor, y luego es cortado y se marchita; huye y desaparece como sombra, y jamás permanece en un mismo estado.

3. ¿Y tú te dignas abrir tus ojos sobre un ser semejante, y citarlo a juicio?

4. ¿Quién podrá volver puro al que de impura simiente fue concebido? ¿Quién sino tú solo?

5. Breves son los días del hombre; tú tienes contado el número de sus meses; señalaste los términos de su vida, más allá de los cuales no podrá pasar.

6. Retírate, pues, un poquito de él, para que repose mientras llega su día deseado, como el día de descanso al jornalero.

7. El árbol tiene esperanza de reverdecer aunque sea cortado; y en efecto, brota y echa sus retoños.

8. Aun cuando sus raíces estuvieren envejecidas en la tierra y su tronco amortecido en el polvo o sequedad,

9. al olor del agua retoñará, y echará frondosas ramas como la primera vez que fue plantado.

10. Pero el hombre una vez muerto, y descarnado, y consumido, dime, ¿qué se hizo de él?

11. A la manera que si se retirasen o enjugasen las aguas del mar, y se agotasen los ríos quedarían en seco;

12. así el hombre, cuando durmiese el sueño de la muerte, no resucitará. Hasta tanto que el cielo sea consumido y renovado, no despertará, ni volverá en sí de su sueño*.

13. ¡Oh quién me diera que me guarecieses y escondieses en el sepulcro hasta que pase tu furor, y me señalases el plazo en que te has de acordar de mí!

14. Mas, ¿acaso ha de volver a vivir un hombre ya muerto*? Sí, y por eso en la guerra continua en que me hallo, estoy esperando siempre aquel día feliz en que vendrá mi mudanza o gloriosa renovación.

---

12. *Rom 8*, 19; *Hebr 1*, 11; *2 Pe 3*, 7.
14. *Luc 20*, 27; *1 Cor 15*, 42-52; *1 Tes 4*, 15-16.

15. Entonces me llamarás, y yo te responderé; alargarás la diestra a la obra de tus manos.

16. Es verdad que tú tienes contados todos mis pasos; mas perdóname, Señor, mis pecados.

17. Tú tienes sellados y guardados como en una arquilla mis delitos; pero has curado ya mi iniquidad.

18. Los montes van cayendo a pedazos y deshaciéndose, y cambian de sitio los peñascos.

19. Las aguas cavan las peñas, y la tierra batida con las inundaciones poco a poco se va consumiendo; del mismo modo vas tú acabando con el hombre.

20. Le diste vigor por un poco de tiempo, para que pasase para siempre a la eternidad; demudarás su semblante antes de morir, y le harás salir de este mundo.

21. Que sus hijos sean esclarecidos, o viles, él no lo sabrá;

22. pero mientras viviere, su cuerpo sufrirá dolores, y su alma deplorará su triste estado.

15

Elifaz acusa calumniosamente a Job de jactancia, de impaciencia y de blasfemia contra Dios

---

1. Entonces Elifaz de Temán, tomando la palabra dijo:

2. ¿Es posible que un hombre sabio respondiese como tú, echando palabras al aire, y encendiendo el fuego de la ira en su pecho?

3. Tú, con tus palabras, arguyes al Señor, que no es ningún igual tuyo, y hablas de un modo que no puede serte provechoso.

4. Cuanto es de tu parte has desterrado el temor de Dios; y las oraciones que deben hacérsele.

5. Porque la iniquidad tuya ha dirigido tu lengua, y vas imitando el habla de los blasfemos.

6. De suerte que serán tus propias palabras, y no yo, las que te condenarán; y por aquello mismo que han proferido tus labios, serás condenado.

7. ¿Naciste tú por ventura el primer hombre del mundo, y fuiste formado antes que los montes?

8. ¿Has entrado acaso en el consejo de Dios, o será inferior a la tuya su infinita sabiduría?

9. ¿Qué es lo que sabes tú que nosotros ignoremos? ¿Qué alcanzas que no sepamos?

10. También hay entre nosotros hombres de mucha edad y ancianos respetables, mucho más avanzados en días que tus padres.

11. ¿Acaso sería difícil a Dios consolarte? Pero lo estorban tus perversas palabras.

12. ¿Por qué se engríe tu corazón, y como hombre que atónito medita grandes cosas tienes fijos los ojos?

13. ¿Por qué tu ánimo está hinchado contra Dios, hasta proferir tu boca tales expresiones?

14. ¿Qué es el miserable hombre para que pueda ser inmaculado; y cómo, siendo nacido de mujer, ha de aparecer justo?

15. Mira cómo ni aun entre sus mismos santos ninguno es acá inmutable, y ni los cielos están limpios a sus ojos.

16. ¿Cuánto más un hombre inútil y abominable, que se bebe como agua la maldad?

17. Oyeme, pues, yo te convenceré; te contaré aquello que he visto.

18. Los sabios publican lo que saben y no ocultan lo que han aprendido de sus padres o mayores.

19. A los cuales solos fue dada esta tierra, y nunca los extranjeros hallaron paso por medio de ellos.

20. Al impío toda su vida le acompaña y engríe la soberbia, aunque sea tan incierto el número de años que durará su tiranía.

21. Siempre suena en sus oídos un estruendo que le aterra; y en el seno de la paz él sospecha siempre traiciones.

22. Cuando está entre las tinieblas de la noche, no cree que pueda volver a ver la luz, imaginándose rodeado de espadas.

23. Si se mueve para buscar alimento, cree que el negro día de la muerte está en el bocado que tiene en su mano.

24. El temor de la tribulación le llena de terror, y desastres imaginarios le rodean y desasosiegan, como a un rey que se dispone a dar una batalla.

25. Y es que alzó su mano contra Dios, y se creyó bastante fuerte contra el Todopoderoso.

26. Corrió contra él erguido el cuello y armado de inflexible soberbia.

27. Tiene llena de gordura su cara, y rebosa la grasa en sus costados.

28. Vino a morar en ciudades asoladas y casas desiertas, que estaban reducidas a montones de piedras.

29. No se enriquecerá, y aun los bienes que tenga no durarán; ni echará raíces en la tierra.

30. Estará siempre en tinieblas; sus descendientes serán consumidos por el fuego; y perecerá con el aliento solo de la boca del Todopoderoso.

31. Engañado de un vano error, no creerá que pueda ser redimido por ningún rescate.

32. Antes que llegue el término de sus días morirá, y se secarán sus manos.

33. Le sucederá lo que a la vid, cuyos racimos se pierden estando en cierne; y como al olivo, cuya flor cae en tierra.

34. Porque la familia del hipócrita será estéril y el fuego devorará la morada de aquellos que se dejan ganar por regalos.

35. Concibió penas y parió maldades, y su corazón está urdiendo fraudes.

16

Se queja Job de sus amigos por juzgarlo sin pruebas. Pone al Señor por testigo de su inocencia

1. Y respondiendo Job, dijo:

2. Muchas veces he oído esas mismas cosas; consoladores bien pesados sois todos vosotros.

3. ¿Cuándo tendrán fin esas palabras? ¿Hay cosa más fácil que hablar como hablas?

4. Bien pudiera yo hablar como vosotros. Mas en verdad que si vuestra alma se hallara en el estado de la mía,

5. yo sé que os consolaría, y que compasivo inclinaría hacia vosotros mi cabeza,

6. os alentaría con mis palabras, y os expresarían mis labios mi compasión.

7. Mas ahora, ¿qué haré? Por más que hable no se mitigará mi dolor; y si guardo silencio, no por eso me dejará.

8. Al presente me ha oprimido el dolor, y están aniquilados todos mis miembros.

9. Las arrugas de mi piel dan testimonio contra mí y lo que es más cruel, cierto hombre* se vuelve contra mí, contradiciéndome cara a cara con falsos y calumniosos discursos.

10. Reúne todo su furor contra mí, y amenazándome rechina sus dientes; hecho enemigo mío, me mira con ojos terribles.

11. Todos mis amigos han abierto contra mí su boca y zahiriéndome con oprobios me han abofeteado; se han saciado con el placer de ver mis penas.

12. Dios me ha puesto encerrado, a disposición del inicuo, y me ha entregado en manos de los impíos.

13. Yo, aquel tan opulento y dichoso algún día, de repente he sido reducido a la nada; me asió de la cerviz el Señor, quebrantándome, y me puso como por blanco de sus tiros.

14. Me dejó hecho un erizo con sus dardos, cubrió de heridas mis costados sin piedad alguna, hasta esparcir por el suelo mis entrañas.

15. Me ha despedazado con heridas sobre heridas; cual gigante se ha arrojado sobre mí.

16. Yo llevo cosido o pegado a mi piel el cilicio, y he cubierto de ceniza mi cabeza.

17. De tanto llorar está entumecido mi rostro, y se han cubierto de tinieblas las pupilas de mis ojos.

18. Todas estas cosas he sufrido, sin que la iniquidad haya manchado mis obras, antes bien ofreciendo puras a Dios mis súplicas.

19. ¡Oh tierra!, no cubras mi sangre, ni sofoques en tu seno mis clamores.

20. Mira que el testigo de mi inocencia está en el cielo, y allí arriba reside el que me conoce a fondo.

21. Mis amigos son unos habladores y calumniadores; a Dios es a quien recurren deshechos en lágrimas mis ojos.

22. ¡Y ojalá que se tratase la causa del hombre con Dios, tan públicamente como se trata la de un hijo del hombre con su competidor!

23. Pues se van pasando a toda prisa mis cortos años, y yo sigo una senda por la cual no volveré ya más.

---

9. *Que se tenía por amigo mío.*

17

Prosigue Job sus lamentos. Acusa a sus amigos de necios, porque admiten remuneración en esta vida

1. Mi espíritu se va extenuando; se acortan mis días, y sólo me resta el sepulcro.

2. Yo no he delinquido, y con todo mis ojos no ven sino amarguras.

3. Líbrame, oh Señor, y ponme a tu lado, y pelee contra mí la mano de quien quiera.

4. Tú has alejado la sabiduría del corazón de éstos; por tanto no serán ensalzados.

5. El uno promete ya los despojos de la victoria a sus compañeros; mas los ojos de sus hijos se consumirán.

6. El me ha hecho la fábula del vulgo, y soy a sus ojos un escarmiento.

7. Por el gran pesar* he perdido la luz de mis ojos, y los miembros de mi cuerpo han quedado casi aniquilados.

8. Se pasmarán los justos de esto que me pasa, y el inocente se irritará contra el hipócrita.

9. Como quiera, el justo proseguirá su camino, y el que obra bien se fortalecerá más en el bien obrar.

10. Por tanto, arrepentíos todos vosotros, y venid y veréis que no hallaré entre vosotros ninguno verdaderamente sabio.

11. Mas, ¡ay!, se fueron mis días felices; se disiparon como humo todos mis designios, dejando en tormento mi corazón.

12. Ellos han convertido para mí la noche en día; y después de las tinieblas espero ya de nuevo con ansia que venga la luz.

13. Aun cuando yo sufra con paciencia, el sepulcro será luego mi casa, y tengo ya preparado mi lecho en las tinieblas.

14. He dicho a la podredumbre: Tú eres mi padre; y a los gusanos: Vosotros sois mi madre y mi hermana.

15. Según esto, ¿qué esperanza es la que me queda? ¿Y quién es el que toma en consideración mi paciencia?

16. Todas mis cosas tendrán fin, y descenderán a lo más hondo del sepulcro; ¿crees tú que al menos allí tendré yo reposo?

7. Su miseria provoca escándalo.

18

Baldad interrumpe a Job, le trata como a impío, y concluye que padece castigado por sus pecados

1. Entonces Baldad de Suhá, tomó la palabra y dijo:

2. ¿Cuándo acabaréis, oh Job, de hablar vaciedades? Haceos cargo de lo que os decimos antes que respondáis, y después hablemos.

3. Pero, ¿por qué nos tienes por bestias, y somos como basura a vuestros ojos?

4. Oh tú que te quitas la vida por tu furor, ¿piensas que por ti quedará abandonada la tierra, y serán los peñascos trasladados de su sitio?

5. ¿No es cierto que la luz o prosperidad del impío se ha de apagar? ¿Y que no dará resplandor la llama de su fuego?

6. En su casa la luz se convertirá en tinieblas, y se apagará la lámpara que está colgada sobre él.

7. Sus largos y briosos pasos quedarán cortados, y su mismo consejo le llevará al precipicio.

8. Porque ha metido sus pies en la red, y anda enredado entre sus mallas.

9. Su pie quedará cogido en el lazo, y el cazador arderá de sed por atraparle.

10. Escondido está en el suelo el lazo, y armadas en las sendas las redes.

11. De todas partes le aterrarán espantos y temores, y le embarazarán sus pies.

12. Aunque robusto, caerá en debilidad por causa del hambre, y la falta de alimento descubrirá sus costillas.

13. Acerbísima muerte devorará la belleza de sus carnes y consumirá la fuerza de sus brazos.

14. Arrancado será de su habitación el objeto de sus esperanzas, y la muerte como soberana le pondrá el pie sobre la cerviz*.

15. Sus compañeros vendrán a morar en su habitación luego que muera, y será perfumada la casa con azufre.

16. Por abajo se sacarán sus raíces, y por arriba serán cortadas sus ramas.

17. Será borrada de la tierra su memoria, y no se hará honrosa mención de su nombre en las plazas.

14. Alude a la costumbre de los vencedores. *Jos 10*, 24.

18. De la luz será arrojado a las tinieblas, y desterrado fuera del mundo.

19. No quedará de él hijo ni nieto en su pueblo, ni rastro ninguno de sus reliquias en todo el país en que habitaba.

20. En este su día terrible quedarán atónitos los que vendrán después, y horrorizados sus compañeros.

21. Tal será la ruina de la casa del impío, y éste es el paradero de aquel que no conoce ni teme a Dios.

19 *Job acusa de crueldad a sus amigos; y se consuela con la esperanza de la resurrección*

1. Replicando Job a esto, dijo:

2. ¿Hasta cuándo habéis de afligir mi alma, y molerme con esos discursos?

3. Ya por la décima o milésima vez os empeñáis en confundirme, y no os avergonzáis de oprimirme.

4. Demos enhorabuena que yo haya errado en mis respuestas; el yerro mío contra mí será.

5. Pero vosotros os erguís contra mí, y me echáis en cara las humillaciones que padezco.

6. Al menos entended de una vez, que Dios no me atribula, ni descarga sobre mí sus azotes, según la tela de juicio.

7. Mas ¡ay! Si en la violencia de los dolores que padezco, clamo altamente, nadie me escucha; voceo y no hay quien me haga justicia.

8. El Señor ha cerrado por todas partes la senda de dolor por la cual ando; y no hallo por dónde salir, pues ha cubierto de tinieblas el camino que llevo.

9. Me despojó de mi gloria, y me quitó la corona de la cabeza.

10. Me arruinó del todo, y así perezco, y como a un árbol arrancado de raíz, me ha privado de toda mi esperanza.

11. Su furor está encendido contra mí, y me trata como a enemigo.

12. Vinieron de tropel sus tropas de gastadores, y se abrieron un camino para pasar por encima de mí y hollarme, y sitiaron con cerco mi morada.

13. A mis hermanos los alejó de mí; y los conocidos míos se retiraron de mí como si fuesen extraños.

14. Los parientes me han abandonado, y los que me conocían se han olvidado de mí.

15. Los que moraban en mi casa, y mis propias criadas me han tratado como a extraño, y he parecido a sus ojos como un hombre nunca visto.

16. He llamado a mi siervo, y no me ha respondido por más plegarias que le hacía con mi propia boca.

17. Mi mujer ha tenido asco de mi hálito, y he tenido que presentar súplicas a los hijos de mis entrañas.

18. Aun los tontos me despreciaban, y a espaldas mías murmuraban de mí.

19. Los que en otro tiempo eran mis consejeros, me abominaban; y el amigo a quien más amaba, ése me ha vuelto las espaldas.

20. Mis huesos, consumidas ya las carnes, están pegados a mi piel, y sólo me han quedado los labios en torno de mis dientes.

21. Compadeceos de mí, al menos vosotros que sois mis amigos, compadeceos de mí; ya que la mano del Señor me ha herido.

22. ¿Por qué me perseguís vosotros como si estuvieseis en lugar de Dios, y os cebáis en mis carnes?

23. ¡Oh! ¿Quién me diera que las palabras que voy a proferir se quedasen escritas? ¿Quién me diera que se imprimiesen en libro o tablilla,

24. con punzón de hierro, y se esculpiesen en planchas de plomo, o con el cincel se grabasen en pedernal?

25. Porque yo sé que vive mi redentor*, y que yo he de resucitar del polvo de la tierra en el último día,

26. y de nuevo he de ser revestido de esta piel mía, y en esta mi carne veré a mi Dios;

27. a quien he de ver yo mismo en persona y no por medio de otro, y a quien contemplarán los mismos ojos míos. Esta es la esperanza que en mi pecho tengo depositada.

28. Pues, ¿por qué decís ahora vosotros: Persigámosle, y agarrémonos de algún dicho principal suyo para acusarle y calumniarle?

---

25. Sobresale esta declaración *Dios está vivo y rescatará o redimirá a Job.* San Jerónimo introdujo en la *Vulgata* la idea de la *resurrección de los cuerpos.*

29. Huid del filo de la espada de Dios; porque hay una espada vengadora de las injusticias y calumnias; y tened entendido que hay un juicio*.

20

Sofar parece entender las razones de Job; pero vuelve a la idea de que Dios no castiga a un inocente

1. Tomó la palabra Sofar de Naamat, y dijo:

2. Por eso me vienen unos tras otros varios pensamientos, y mi ánimo es arrebatado a diversas reflexiones.

3. Escucharé por tanto la doctrina con que me arguyes; mas el espíritu que tengo de inteligencia, responderá por mí.

4. Una cosa sé, y es que, desde el principio, desde que el hombre fue puesto sobre la tierra,

5. la gloria de los impíos dura poco, y el gozo de los hipócritas no más que un momento.

6. Aunque se remonte hasta el cielo su altivez, y su cabeza toque con las nubes,

7. al fin será arrojado fuera como basura; y los que le habían visto, dirán: ¿Qué se hizo de él?

8. Cual sueño que volando se desvanece, no aparecerá; pasará como una visión nocturna.

9. Los ojos que lo vieron, no le verán más; ni el lugar donde moró lo reconocerá.

10. Sus hijos andarán consumidos de miseria, y sus mismas manos o acciones inicuas le pagarán con el dolor merecido.

11. Sus huesos estarán impregnados de los vicios de su mocedad; los cuales yacerán con él en el polvo del sepulcro.

12. Pues cuando la maldad se haya hecho ya sabrosa a su paladar, la meterá debajo de su lengua,

13. se saboreará en ella, y no la tragará, sino que la detendrá en su paladar.

14. Mas este pan de iniquidad se convertirá dentro de su vientre en hiel venenosa de áspides.

15. Vomitará las riquezas que hubo devorado, y se las arrancará Dios de su vientre.

16. Chupará la cabeza o ponzoña de los áspides; y le quitará la vida una lengua de víbora.

17. No verá, no, las corrientes de delicias, los ríos y torrentes de miel y de manteca.

18. Pagará la pena de todo el mal que hizo, mas no por eso será consumido; a proporción de la cantidad de sus delitos serán sus tormentos.

19. Por cuanto oprimió y desnudó a los pobres, y usurpó cosas que no había edificado.

20. Su apetito fue insaciable; y cuando llegare a tener cuanto codiciaba, no podrá gozar de ello.

21. Nada dejó de su comida para los pobres, y por lo mismo nada de sus bienes será permanente.

22. Luego que se hubiere hartado, sentirá congojas, se abrasará, y se verá acometido de toda suerte de dolores.

23. Acabe de llenar su vientre de viandas, que Dios descargará su furioso y terrible enojo, y lloverá sobre él sus venganzas.

24. Huirá por un lado de las armas de hierro, y caerá por otro en las saetas del arco de bronce.

25. La espada empuñada y desenvainada por Dios será vibrada contra él para que sienta las amarguras de la muerte; horribles espectros irán y vendrán contra él continuamente.

26. Todo es tinieblas allá donde él se esconde; un fuego que no alumbra le abrasará; si quedare todavía en su casa, vivirá lleno de miserias.

27. Los cielos descubrirán sus injusticias, y la tierra se levantará contra él.

28. Quedarán abandonados los renuevos o retoños de su familia; serán arrancados de cuajo en el día de la ira de Dios.

29. Tal es la suerte que al impío tiene Dios destinada, y tal la recompensa que recibirá por sus obras.

21

Desea Job que sus amigos le escuchen con paciencia, dando ejemplos y razones

1. Replicando a esto Job, dijo:

2. Escuchad por vida vuestra mis palabras, y arrepentíos de vuestro error.

29. *Y un juez para todos los hombres.*

3. Sufrid que yo también hable, y después, si os pareciere, burlaos de mis razones.

4. ¿Por ventura mi causa o disputa es con algún hombre, para que no tenga yo razón de entristecerme?

5. Miradme atentamente, y os pasmaréis, y pondréis el dedo sobre vuestra boca.

6. Que aun yo mismo, cuando lo reflexiono, me asombro, y me tiemblan las carnes.

7. ¿Cómo es que viven los impíos, y son ensalzados, y colmados de bienes?

8. Ellos contemplan alrededor suyo su numerosa descendencia; se ven rodeados de una multitud de parientes y de nietos.

9. Sus casas están seguras y en paz, y no descarga sobre ellos el azote de Dios.

10. No son estériles sus vacas, ni abortan; paren, y no abortan sus crías.

11. Sus chiquillos salen de sus casas como a manadas, y brincan alegres y juguetean.

12. Tocan el pandero y la vihuela, y bailan al son de los instrumentos músicos.

13. Pasan en delicia los días de su vida, y en un momento bajan al sepulcro.

14. Estos son los que dijeron a Dios: Apártate de nosotros; que no queremos saber nada de tus mandamientos.

15. ¿Quién es ese Omnipotente para que nos empleemos en su servicio? ¿Y qué provecho hemos de sacar de implorar su auxilio?

16. Pero en medio de eso, los impíos no tienen la prosperidad en su mano; por tanto lejos de mí su modo de pensar.

17. ¡Oh, cuán a menudo se apaga de un golpe la antorcha o prosperidad de los impíos, y viene sobre ellos un diluvio de males y Dios en el furor de su ira les reparte buena porción de dolores!

18. Serán entonces como pajas expuestas al soplo del viento, y como pavesas que esparce un torbellino.

19. Hará Dios padecer también a los hijos las penas del padre; y cuando Dios le diere su merecido entonces él caerá en la cuenta.

20. Verá el impío con sus propios ojos su total ruina, y beberá el furor del Todopoderoso.

21. Porque de otro modo, ¿qué ciudado le daría la suerte de su casa después de muerto, aun cuando fuese cortado por medio el número de sus meses o años?

22. ¿Habrá quizás alguno que presuma enseñar a Dios, que es el que juzga y gobierna a los sabios y potentados?

23. Uno muere robusto y sano, rico y feliz,

24. teniendo sus entrañas cubiertas de grasa, y llenos sus huesos del jugo de los tuétanos.

25. Otro, muere con el alma llena de amarguras y falto de toda suerte de bienes.

26. Y sin embargo, ambos dormirán juntos en el polvo del sepulcro, y quedarán cubiertos de gusanos.

27. Sin duda yo estoy penetrando vuestros pensamientos y los juicios temerarios que hacéis contra mí.

28. Porque vosotros decís en vuestro interior: ¿Qué se hizo de la casa y familia de este Job que era antes un príncipe? ¿Y dónde están los pabellones de los impíos?

29. Preguntad a cualquier viajero y hallaréis que piensa lo mismo que yo;

30. y es que el impío está reservado para el día de la venganza, y será conducido al día de la ira del Señor.

31. ¿Quién hasta entonces osará darle en cara con su mala conducta? ¿Y quién le dará el pago del mal que hizo?

32. Mas al cabo será llevado al sepulcro, y quedará yerto e inmóvil entre montones de cadáveres.

33. Se gozarán en poseerle las arenas del Cocito*; y arrastrará tras de sí a todos los hombres, y tendrá delante otros infinitos que le precedieron.

34. ¿Cómo, pues, me consoláis tan en vano, cuando está demostrado que vuestras razones son contrarias a la verdad?

22

Elifaz enfurecido calumnia a Job de delitos enormes; y le exhorta a que haga penitencia

1. Aquí tomando la palabra Elifaz de Temán, dijo:

2. Pues qué, ¿puede acaso el hombre compararse con Dios, aun cuando fuese una ciencia consumada?

---

33. Del torrente donde está el cementerio.

3. ¿Qué utilidad trae a Dios que tú seas justo? ¿O qué le das a él si tu proceder es sin tacha?

4. ¿Será por algún temor que tenga él de ti el castigarte y el venir contigo a juicio?

5. ¿Y no lo hace más bien por causa de tu grandísima malicia y de tus infinitas iniquidades?

6. Pues tú sin razón quitaste o retuviste la prenda a tus hermanos, y a los desabrigados despojaste de sus únicos vestidos.

7. Al sediento no le diste agua, y negaste pan al hambriento.

8. Con la fuerza de tu brazo te pusiste en posesión de la tierra del vecino, y por ser más poderoso te alzaste con ella.

9. A las viudas las despachabas con las manos vacías, y quebrantabas los brazos a los huérfanos.

10. Por esto te hallas cercado de lazos; y conturbado de repentinos terrores.

11. ¿Y pensabas tú que jamás caerías en las tinieblas de la calamidad, ni serías oprimido del torrente impetuoso de recias avenidas?

12. ¿No es así que pensando tú que es Dios más alto que el cielo, y que sobrepuja la mayor elevación de las estrellas,

13. dices para contigo: Qué puede saber Dios desde tan lejos? El juzga de nosotros como a oscuras;

14. está escondido allá entre las nubes; y no hace alto en nuestras cosas, y anda paseándose de uno a otro polo del cielo.

15. ¿Quieres tú acaso seguir aquel antiguo camino que siguieron los impíos?

16. Los cuales fueron arrebatados por la muerte antes de tiempo, y a quienes una avenida impetuosa o diluvio asoló hasta los cimientos;

17. que decían a Dios: Apártate de nosotros*, y juzgaban del Todopoderoso como si nada pudiese;

18. siendo así que él les había llenado sus casas de bienes. Lejos de mí el modo de pensar de estos blasfemos.

19. Los justos los verán perecer, y se alegrarán de su ruina, y el inocente se burlará de ellos.

20. ¿Por ventura no fue derribado por tierra su erguimiento, y no devoró el fuego de Dios todos sus restos?

21. Sométete, pues, a Dios, y tendrás paz, y así recogerás los mejores frutos.

22. Recibe de su boca la ley, y graba en tu corazón sus palabras.

23. Si te convirtieres al Todopoderoso serás restablecido, y alejarás de tu morada la culpa.

24. En vez de tierra te dará pedernal y arroyos que llevarán oro en lugar de piedras.

25. El Todopoderoso te protegerá contra tus enemigos, y la plata entrará en tu casa a montones.

26. Entonces, en brazos del Todopoderoso, abundarás en delicias, y lleno de confianza alzarás a Dios tu rostro.

27. Le rogarás, y te oirá y cumplirás tus votos.

28. Proyectarás una cosa, y la efectuarás, y en tus empresas te alumbrará siempre la luz divina.

29. Porque quien se humilla será glorificado; y el que confuso no levanta sus ojos ése se salvará.

30. Se salvará el inocente, y se salvará por la pureza de sus manos.

23

Job apela del juicio de sus falsos amigos al de Dios, de cuya providencia tiene rectas ideas

1. Replicando a esto Job, dijo:

2. Todavía mi lenguaje está lleno de amargura; y aún la mano o violencia de mi dolor sobrepuja mis gemidos.

3. ¡Oh, quién me diera saber cómo encontrar a Dios, y poder llegar hasta su trono!

4. Expondría ante él mi causa, y llenaría mi boca de amorosas reconvenciones,

5. a fin de oír lo que me respondería, y entender sus razones.

6. No quisiera que contendiese conmigo con todo el poder y rigor de su justicia, ni que me abrumase con la mole de su grandeza.

7. Proponga y emplee contra mí su equidad, que entonces yo ganaré mi causa.

8. Si voy hacia el oriente, no se deja ver; si hacia el poniente, tampoco lo hallaré;

9. si me muevo al norte, nada adelanto. ¿Qué haré? No podré dar con él; si al mediodía, ni aún allí lo veré.

---

17. *Job 21*, 14.

10. El tiene conocidos mis pasos, y me ha acrisolado con trabajos, como se hace con el oro que pasa por el fuego.

11. Mis pies han seguido sus huellas; he andado por sus caminos, sin desviarme nunca de ellos.

12. He observado siempre los preceptos que han salido de sus labios, depositando en mi corazón las palabras de su boca.

13. Mas él es el sólo que subsiste por sí; y nadie puede trastornar sus designios, y como Señor universal, cuanto le pareció, eso hizo.

14. Cuando haya hecho de mí aquello que haya querido, aún tiene a mano otras muchas cosas semejantes.

15. Y por esto no me estremezco en su presencia; y cuando pienso en él, me siento agitado de temor.

16. Dios ha ablandado mi corazón, y lo ha hecho dócil; y el Todopoderoso me ha conturbado,

17. pues no por las tinieblas o calamidades que tengo sobre mí, me doy por perdido; ni la densa niebla de males me ha tapado el rostro.

24 *Prueba Job que Dios dilata el castigo de muchos pecadores hasta después de su muerte*

1. Al Todopoderoso están presentes los tiempos[1], mas los hombres, aun los que le conocen y sirven, ignoran cuáles son sus días.

2. Unos traspasaron los lindes[2], robaron ganados y los llevaron a apacentar.

3. Se apoderaron del asno que tenían los huérfanos y a las viudas les sacaron en prenda el buey.

4. Cortaron el camino a los pobres, y oprimieron de mancomún a los mansos y humildes del país.

5. Otros, como asnos salvajes en el desierto, salen a su tarea de robar; vigilantes en busca de la presa, aprontan así de comer a sus hijos.

6. Siegan el campo ajeno, y vendimian la viña del que han oprimido con violencia.

7. Dejan desnudos a los hombres, quitando los vestidos aun a aquellos que no tienen otros con qué defenderse del frío;

8. los cuales quedan bañados con la lluvia de los montes, y no teniendo con qué cubrirse se abrigan y guarecen en los huecos de las peñas.

9. A viva fuerza saquearon a los huérfanos, y despojaron a la gente pobre.

10. Arrebataron las espigas recogidas una por una a los desnudos que andan sin vestido y están hambrientos.

11. Se pusieron a holgar entre los montones de los frutos de los infelices, que después de haber pisado las uvas en los lagares han de sufrir la sed.

12. En las ciudades hicieron gemir a los vecinos, y la sangre de los inocentes que han sido muertos está clamando; y Dios no deja tales cosas sin castigo.

13. Ellos fueron rebeldes a la luz de la razón; no conocieron los caminos de Dios, ni volvieron a entrar por sus senderos.

14. Se levanta el homicida al rayar el alba; mata al menesteroso y al pobre; y por la noche se ocupa en robar.

15. El ojo del adúltero está aguardando la oscuridad de la noche, diciendo: Nadie me verá; y se cubre para que no sea conocido su rostro.

16. Fuerza en la noche las casas, según lo acordado por ambos entre día, y huyen de la luz.

17. Si los sorprende la aurora, la miran como sombra de muerte; y así andan de noche tan agitados como de día.

18. Es el impío más móvil e inconstante que la superficie del agua; maldita sea su heredad en la tierra; jamás ande él el camino de sus viñas, ni disfrute de ellas.

19. Desde aguas de nieve pasará a calores excesivos ya que el pecado será su compañero hasta el infierno.

20. Se olvidará de él la misericordia divina; serán los gusanos sus delicias; no quedará memoria de él, sino que será hecho astillas, como árbol infructuoso.

21. Porque ha alimentado a la mujer estéril o mala, la cual no da hijos; y no socorrió a la viuda.

22. Ha derrocado a los fuertes con su poder o prepotencia; mas aunque él ha quedado en pie, no dará por segura su vida.

23. Dale Dios lugar de penitencia, y él

---

1. Del plano concreto se pasa al general.
2. De sus posesiones para entrar en las del vecino. *Deut 19*, 14; *27*, 17.

abusa de esto para ser más soberbio; pero el Señor tiene fijos los ojos en sus descarriados pasos.

24. Se ven los impíos elevados por un poco de tiempo; mas no subsistirán sino que serán abatidos y arrebatados como todos los otros; serán cortados como las cabezas de las espigas.

25. Y si esto no es así como lo digo, ¿quién de vosotros podrá convencerme de haber mentido, o acusar ante Dios de falsas mis palabras?

25 *Baldad quiere convencer a Job que no debe creerse puro e inocente a los ojos de Dios*

1. Entonces Baldad de Suhá habló a Job en estos términos:

2. Poderoso y terrible es aquel que mantiene la concordia y armonía en sus altos cielos.

3. ¿Por ventura puede contarse el número de su celestial milicia? Y ¿quién es el que no participa de su luz?

4. ¿Cómo se puede justificar el hombre comparado con Dios, o aparecer limpio el nacido de mujer?

5. Ni aun la misma luna tiene resplandor en su presencia, y las estrellas no están limpias a sus ojos;

6. ¿cuánto menos el hombre que es todo podredumbre; el hijo del hombre que no es más que un gusano?

26 *Job muestra que conoce más que Baldad la grandeza y la misericordia de Dios*

1. A esto replicó Job, diciendo:

2. ¿A quién quieres tú auxiliar? ¿Acaso a un débil? O ¿tal vez quieres sostener el brazo de quien no tiene bastante fuerza?

3. ¿A quién das consejo tú? ¿Acaso al que no tiene sabiduría? ¿Quieres tú ostentar una grandísima prudencia?

4. ¿A quién has querido tú enseñar? ¿No ha sido aquel que creó los espíritus?

5. Mira cómo los gigantes gimen en los abismos debajo de las aguas, con los otros que están encerrados con ellos.

6. El infierno está patente a sus ojos, y está encubierto a su vista el abismo de la perdición.

7. El es quien extendió sobre vacío el septentrión y tiene suspendida la tierra en el aire.

8. El es quien contiene las aguas en las nubes, para que no se precipiten de golpe hacia abajo;

9. el que impide la vista de su trono y le cubre con las nieblas que forma;

10. el que puso términos o lindes a las aguas del mar para mientras duren en el mundo la luz y las tinieblas.

11. Las columnas del cielo se estremecen y tiemblan a una mirada suya.

12. A la fuerza de su poder fueron reunidos en un instante los mares, y su sabiduría dominó al orgulloso mar.

13. Su espíritu hermoseó los cielos; y con la virtud de su mano fue sacada a la luz la tortuosa culebra.

14. Todo lo dicho hasta aquí es una pequeña parte de sus grandes obras; mas si esto que hemos oído es solamente una pequeñísima muestra de las infinitas cosas que pueden decirse de él, ¿quién podrá sostenerse firme al trueno de su grandeza?

27 *Insiste Job en su defensa, y describe el infeliz final de los impíos*

1. Prosiguió todavía Job su parábola, y dijo:

2. Vive Dios, el cual parece que ha abandonado mi causa, y el Todopoderoso que ha sumergido mi alma en la aflicción,

3. que mientras haya aliento en mí, y me conserve Dios la respiración,

4. no han de pronunciar mis labios cosa injusta, ni saldrá de mi boca mentira.

5. Lejos de mí teneros por justos; hasta que fallezca no desistiré de defender mi inocencia.

6. No abandonaré la justificación que he comenzado a hacer de mi conducta; puesto que nada me remuerde mi conciencia en todo el discurso de mi vida.

7. Sea tenido por un impío mi enemigo, y por un injusto mi adversario.

8. Porque, ¿qué esperanza queda al hipócrita después de sus avarientas rapiñas, si Dios no salva su alma?

9. ¿Es acaso que Dios ha de escuchar sus clamores, cuando le sobrevenga la tribulación?

10. ¿O podrá hallar consuelo en el Todopoderoso, e invocar a Dios en todo tiempo? No, por cierto.

11. Yo con el favor de Dios os enseñaré las disposiciones del Omnipotente; no os ocultaré nada.

12. Bien veo que todos vosotros las sabéis; mas, ¿por qué gastáis el tiempo inútilmente en vanos discursos?

13. Oíd cuál será la suerte que Dios destina al impío, y la herencia que los hombres violentos recibirán del Todopoderoso.

14. Si se multiplicaren los hijos, caerán al filo de la espada, y sus nietos nunca se verán hartos de pan.

15. Los que quedaren de su linaje serán sepultados luego de muertos, y no harán duelo las viudas.

16. Aunque haya amontonado plata como la tierra, y preparado vestidos tan fácilmente como se hace el barro,

17. él en efecto los tendrá de prevención, mas el que se vestirá de ellos será el justo, y el inocente disfrutará y distribuirá la plata.

18. Edificó su casa como hace la polilla, y como la cabaña que suele formar él guarda.

19. Muriendo el rico nada llevará consigo; abrirá los ojos de su alma, y se hallará sin nada.

20. Le sorprenderá alguna avenida de miserias; quedará oprimido por la tempestad nocturna.

21. Un viento abrasador lo arrebatará y arrancará de cuajo; y a manera de huracán lo llevará lejos de su sitio.

22. Y Dios descargará su ira sobre él, y no le perdonará; tentará mil remedios para escaparse de sus manos.

23. Quien se pusiera a mirar el sitio en que el impío estaba, dará palmadas sobre su suerte, y le silbará.

---

28 *Pinta Job el desvelo de los hombres en buscar riquezas, y el poco aprecio de la sabiduría*

---

1. La plata tiene sus veneros o vetas en las minas, y el oro tiene lugar donde se forma.

2. El hierro se saca de la tierra, y la piedra mineral derretida con el fuego se convierte en cobre.

3. El llega a determinar lo que han de durar las tinieblas, e indaga el fin de todas las cosas, y también la piedra metida en la oscuridad y sombras de su muerte.

4. Un torrente separa de los viajeros estas piedras, y no se acerca a ellas el pie del pobre, estando como están en lugares inaccesibles.

5. Una tierra en cuyo suelo nacía el pan, está desolada por el fuego.

6. Hay un lugar en que casi todas las piedras son zafiros, y sus terrones están llenos de oro.

7. Su senda no la conoció ave ninguna, ni vista de buitre llegó a discernirla.

8. No la pisaron hijos de negociantes, ni pasó por ella leona.

9. El extendió su mano contra la peña viva, y trastornó de raíz los montes.

10. Socavando peñascos ha sacado ríos, y sus ojos descubrieron todo lo precioso que había.

11. Hubo también quien registró los fondos de los ríos y sacó a luz lo precioso que estaba allí escondido.

12. Mas ¿en dónde se halla la sabiduría? ¿Y cuál es el lugar en que reside la inteligencia?

13. El hombre no conoce su valor, ni ella se halla en la tierra de los que viven en delicias.

14. El abismo de la tierra dice: No está dentro de mí; y el mar afirma: Ni conmigo.

15. No se compra con oro finísimo, ni se cambia a peso de plata.

16. No pueden compararse con ella los coloridos más ricos de la India, ni el ágata más preciosa, ni el zafiro.

17. No se le igualará ni el oro, ni el cristal de roca; ni será cambiada por vasos de oro puro.

18. Las cosas más excelsas y apreciadas no son dignas de mentarse en su cotejo; pero la sabiduría trae su origen de partes muy recónditas.

19. No tendrán comparación con ella el tan estimado topacio de Etiopía, ni los más brillantes coloridos.

20. ¿Pues de dónde viene la sabiduría?, y ¿cuál es la morada de la inteligencia?

21. Escondida está a la vista de todos los

vivientes de la tierra, y también se oculta a las aves del cielo.

22. La perdición y la muerte dijeron: A nuestros oídos llegó la fama de ella.

23. El camino para hallarla, Dios le sabe, y él es quien tiene conocida su morada.

24. Porque su vista alcanza a los extremos del mundo, y están patentes a sus ojos cuantas cosas hay debajo del cielo.

25. El es quién arregló el peso o fuerza de los vientos, y pesó las aguas distribuyéndolas con medida.

26. Cuando prescribía leyes a las lluvias, y señalaba camino a las fulminantes tempestades,

27. entonces la contempló Dios, y la manifestó, y la estableció, y descubrió sus arcanos.

28. Y dijo al hombre: Mira, la verdadera sabiduría consiste en temer al Señor y honrarle, y la inteligencia en apartarse de lo malo.

29

Job describe su antigua felicidad, durante la cual estuvo muy ajeno del mal

1. Añadió también Job, continuando su parábola, y dijo:

2. ¡Quién me diera volver a ser como en los tiempos pasados, como en aquellos días venturosos en que Dios me tenía bajo su custodia y amparo!

3. Entonces su antorcha resplandecía sobre mi cabeza, y guiado por esta luz caminaba yo seguro entre las tinieblas;

4. como fui en los días de mi mocedad, cuando Dios moraba secretamente en mi casa;

5. cuando el Todopoderoso estaba conmigo, y alrededor de mí toda mi familia;

6. cuando lavaba, por decirlo así, mis pies con la nata de la leche, y hasta las peñas me brotaban arroyos de aceite;

7. cuando salía a las puertas de la ciudad, y allí en la plaza me disponían un asiento distinguido.

8. Y viéndome los jóvenes se retiraban, y los ancianos se lavantaban y mantenían en pie.

9. Los magnates no hablaban más y cerraban sus labios con el dedo.

10. Quedaban sin hablar los capitanes, y con la lengua pegada al paladar.

11. Bienaventurado me llamaba todo el que oía mis palabras; y decía bien de mí cualquiera que me miraba;

12. pues yo había librado al pobre que gritaba por socorro; y al huérfano que no tenía defensor.

13. Me llenaba de bendiciones el que hubiera perecido sin mi auxilio; y yo confortaba el corazón de la viuda desolada.

14. Porque siempre me revestí de justicia y mi equidad me ha servido como de regio manto y diadema.

15. Era yo ojos para el ciego y pies para el cojo.

16. Era el padre de los pobres; y me informaba con la mayor diligencia de los pleitos de los desválidos, de que no estaba enterado.

17. Quebrantaba las quijadas a los malvados, y les sacaba la presa de entre sus dientes.

18. Con este tenor de vida decía yo: Moriré en paz en mi nido; y como la palma multiplicaré mis días.

19. Está mi raíz extendida junto a la corriente de las aguas, y el rocío descansará sobre mis ramos.

20. Se irá siempre renovando mi gloria, y mi arco, o el poder mío, será de cada día más fuerte en mis manos.

21. Los que me escuchaban estaban aguardando mi parecer, y atendían silenciosos mi consejo.

22. Ni una palabra se atrevían a añadir a las mías; y como rocío, así caían sobre ellos mis discursos.

23. Me aguardaban como a la lluvia los campos, y abrían su boca como hace la tierra seca a las aguas tardías o del otoño*.

24. Si alguna vez me les mostraba risueño, de gozosos apenas lo creían; pero no quedaba sin fruto la alegría de mi semblante.

25. Si quería ir a sus reuniones, me sentaba en el primer lugar; y estando sentado como un rey rodeado de sus guardias, no por eso dejaba de ser el consolador de los afligidos.

---

23. *Deut 11*, 14; *Sant 5*, 7.

30

Deplora Job su antiguo estado en la lastimosa situación en que se halla por permisión de Dios

1. Mas ahora hacen burla de mí unos mozalbetes, a cuyos padres me hubiera desdeñado de ponerlos con los mastines de mis rebaños;

2. cuya fuerza y trabajo de sus manos estimaba yo en nada, y eran considerados por indignos aun de la misma vida;

3. muertos de necesidad y de hambre, que andaban buscando por el desierto, algo que poder roer; traspillados de pura calamidad y miseria;

4. y comían hierbas y cortezas de árboles y se sustentaban con raíces de enebro.

5. Semejantes cosas iban buscando por los valles, y hallando alguna corrían a cogerla con algazara.

6. Habitaban en los barrancos de los torrentes, y en las cavernas de la tierra, y entre las breñas.

7. En tales cosas hallaban su alegría, y tenían por delicia el vivir al abrigo de las zarzas.

8. Hijos de gente insensata y grosera, y que no se atreven a aparecer en el mundo.

9. Pues yo he venido a ser ahora el asunto de sus cantares, y el objeto de sus escarnios.

10. Abominan de mí; al verme se apartan lejos, y no reparan en escupirme en la cara.

11. Porque abrió Dios su aljaba, y me hirió, y puso el freno en mi boca.

12. En la flor de mi prosperidad se levantó luego contra mí un tropel de calamidades, que me derribaron por tierra, y echándoseme encima, como una inundación me han oprimido.

13. Me han cortado todos los caminos, y armándome asechanzas han prevalecido contra mí; sin que haya habido quien me ayudase.

14. Como sitiadores furiosos, roto el muro, y forzada la puerta; así se han arrojado sobre mí, y cebado en mis miserias.

15. He quedado reducido a la nada; tú, oh Dios mío, has arrebatado como viento o torbellino, todo lo que yo más amaba, y mi prosperidad ha pasado como una nube.

16. Y ahora está mi alma derritiéndose de congoja dentro de sí misma, viendo que los desastres se han apoderado de mí.

17. Durante la noche taladran mis huesos los dolores, y los gusanos que me roen, no duermen ni descansan.

18. Es tanta la muchedumbre de éstos, que van consumiendo hasta mi vestido; y me ciñen y rodean, como al cuello el cabezón de la túnica.

19. Soy tratado como lodo, y asemejado al polvo y a la ceniza.

20. Clamo a ti, oh Dios mío, y tú no me oyes; estoy en tu presencia, y ni siquiera me miras.

21. Te portas conmigo como si fueras cruel; y me tratas con mano tan pesada como si fueses mi enemigo.

22. Me ensalzaste, y como que me pusiste sobre el aire para estrellarme más reciamente.

23. Bien sé que me has de entregar en poder de la muerte, la cual es el paradero de todos los vivientes.

24. Verdad es que tú no extiendes tu mano para consumirlos enteramente; pues cuando estuvieren derribados, tú mismo los salvarás*.

25. Yo en otro tiempo lloraba con el que se hallaba atribulado, y mi alma se compadecía del pobre.

26. Esperaba por eso bienes, y me han sobrevenido males; aguardaba luz, y he quedado cubierto de tinieblas.

27. Se están abrasando mis entrañas sin dejarme reposo alguno; me han sorprendido los días de angustia.

28. Ando melancólico, pero sin enfurecerme; me levanto a veces, y doy gritos en medio de la gente.

29. Soy como hermano de los dragones, y compañero de los avestruces.

30. Mi piel se ha vuelto negra, y mis huesos se han secado, a causa del ardor excesivo que padezco.

31. Mi cítara se ha convertido en llanto, y en voces lúgubres mis instrumentos músicos.

---

24. Pasaje de intensa conmoción.

31 *Vida inocente de Job, y las virtudes a que estaba habituado desde la niñez*

1. Desde joven hice pacto con mis ojos de no mirar, ni siquiera pensar con mal fin en una virgen.

2. Porque de otra suerte, ¿qué comunicación tendría conmigo desde arriba Dios, ni qué parte me daría el Todopoderoso de su celestial herencia?

3. Pues qué, ¿acaso no está establecida la perdición para los malvados, y el desheredamiento para los que cometen el pecado?

4. ¿No es así que está el Señor observando mis caminos, y contando todos mis pasos?

5. Si creéis que he seguido el camino de la vanidad, y que han corrido mis pies a urdir fraudes contra el prójimo,

6. péseme Dios en su justa balanza; y él dará a conocer mi sencillez.

7. Si desvié mis pasos del camino recto, y si mi corazón se fue tras de mis ojos, y se apegó alguna mancha a mis manos,

8. siembre yo, y cómase otro el fruto y sea desarraigado mi linaje.

9. Si mi corazón se dejó seducir del amor de mujer, y si anduve acechando a la puerta de mi amigo,

10. sea mi mujer manceba de otro, y sirva a otros de prostituta.

11. Porque es el adulterio un crimen enorme, y una iniquidad e injusticia horrenda.

12. Es un fuego que consume hasta el exterminio, y que desarraiga todos los retoños.

13. Si me desdeñé de entrar en juicio con mi siervo y con mi sierva, cuanto tenían que pedirme alguna cosa en justicia,

14. ¿qué será de mí cuando Dios haya de venir a juzgar? ¿Y qué podré responderle cuando me pregunte?

15. ¿Acaso el que me creó a mí en las entrañas de mi madre, no es el mismo Dios que le ha creado a él? ¿No fue él el que nos formó a ambos en el seno materno?

16. Si negué a los hombres lo que pedían; si burlé jamás la esperanza de la viuda;

17. si comí solo mi bocado, y no comió también de él el huérfano

18. (pues desde la infancia creció conmigo la misericordia, habiendo salido conmigo del vientre de mi madre);

19. si no hice caso del que iba a perecer de frío por no tener ropa, ni del pobre que estaba desnudo;

20. si no me llenaron de bendiciones los miembros de su cuerpo, al verse abrigados con la lana de mis ovejas;

21. si alcé mi mano contra el huérfano, aun viéndome superior en el tribunal,

22. despréndase mi hombro de su coyuntura, y quiébrese mi brazo con todos sus huesos.

23. Porque yo siempre temí a Dios, considerando su enojo como olas hinchadas contra mí, y nunca puede soportar el peso de su majestad.

24. Si yo creí que consistiese en el oro mi poder, y si dije al oro más acendrado: En ti pongo mi confianza;

25. si puse mi consuelo en mis grandes riquezas, y en los muchos bienes que adquirieron mis manos;

26. si mirando al sol cuando brillante nacía, o la luna en su mayor claridad,

27. se regocijó interiormente mi corazón, y apliqué mi mano a la boca,

28. lo cual es un delito grandísimo, y un renegar del altísimo Dios;

29. si me holgué de la ruina del que me aborrecía, y celebré con aplauso el mal que le vino, castígueme Dios.

30. Mas no fue así; porque no permití que mi lengua pecase, demandando con maldiciones su muerte.

31. ¿Y las gentes de mi casa, no llegaron a prorrumpir: Quién nos diera que pudiésemos saciarnos de sus carnes?

32. Jamás el peregrino se quedó al descubierto; siempre estuvo mi puerta abierta al pasajero.

33. Si, como suelen hacer los hombres, encubrí mi pecado, y oculté en mi pecho mi maldad;

34. si me intimidó el mucho gentío, o me atemorizó el desprecio de los parientes, y no más bien callé y sufrí, y me estuve quieto en mi casa, sea yo castigado de Dios.

35. ¡Oh, quién me diera uno que desapasionadamente me oyese y que el Todopoderoso otorgase mi petición, y escribiese el proceso el mismo que juzga,

36. para que yo pudiese llevarla sobre

mis hombros, y ceñírmela como una diadema!

37. A cada paso mío le iría recitando y se le presentaría a Dios como a mi príncipe.

38. Finalmente, si la tierra que poseo clama contra mí, y los surcos se lamentan con ella;

39. si he comido sus frutos sin pagar el precio, y he apremiado las personas de los cultivadores,

40. me nazcan abrojos en vez de trigo, y espinas en lugar de cebada.

Aquí concluye la defensa de Job

32 *Eliú, jactándose de su saber, desaprueba las razones así de Job como de sus amigos*

1. En fin, aquellos tres hombres cesaron de responder a Job, viéndolo tan resuelto a tenerse por justo.

2. Entonces Eliú, hijo de Baraquel, buzita, del linaje de Ram, montó en cólera, y se llenó de indignación, se irritó contra Job, porque afirmaba que él era justo aun a los ojos de Dios.

3. Se indignó también contra sus tres amigos, porque no habían discurrido refutación razonable, contentándose solamente de haber condenado a Job.

4. Eliú, pues, estuvo aguardando a que Job acabase de hablar, atento que eran de más edad los que habían hablado antes.

5. Pero viendo que los tres no podían replicar a Job, se indignó sobremanera.

6. Y así, tomando la palabra Eliú, hijo de Baraquel, buzita, dijo: Yo soy el más mozo; todos vosotros sois de mayor edad que yo; por este motivo he bajado mi cabeza, sin atreverme a proponer mi dictamen.

7. Porque yo esperaba que la edad más madura hubiera hablado sólidamente, y que los muchos años enseñarían sabiduría.

8. Mas según veo, hay en todos los hombres un alma, y la inspiración del Todopoderoso es la que da la inteligencia.

9. No es lo mismo ser viejo que sabio, ni el tener mucha edad hace tener buen juicio.

10. Por tanto yo voy a hablar; escuchadme, que también os mostraré lo que yo alcanzo.

11. Puesto que he dado lugar a vuestros discursos y he escuchado atento vuestras razones, mientras ha durado la disputa;

12. y en tanto que creí que podríais decir algo, estaba atento. Mas a lo que veo, no hay entre vosotros quien pueda convencer a Job, ni responder a sus razones.

13. Y no tenéis que replicarme, diciendo: Nosotros hemos hallado la razón de sabiduría para convencerle; y es que Dios es quien lo ha desechado, no algún hombre.

14. Ninguna palabra me ha dicho él a mí; pero yo no pienso responderle al tenor de vuestros discursos.

15. He aquí tres hombres que se han acobardado, y no saben ya qué replicar, y han quedado como mudos.

16. Supuesto, pues, que yo he estado esperando a que hablasen, y no lo han hecho, y que se han parado y no añaden nada más,

17. entraré yo también a hablar por mí parte y mostraré mi saber;

18. pues estoy lleno de palabras, y no caben ya en mi pecho;

19. al modo que el vino, cuando no tiene por dónde respirar, rompe aún las vasijas nuevas, así sucede en mi seno.

20. Hablaré, pues, a fin de respirar algún tanto; abriré mis labios, y responderé.

21. No haré axcepción de persona, ni igualaré un hombre a Dios:

22. porque no sé yo cuánto tiempo existiré aún, ni si dentro de poco me llevará mi Creador.

33 *Niega Eliú que Job sea justo; dice que Dios habla a los hombres de diferentes maneras*

1. Oye, pues, oh Job, mis palabras, y está atento a todas mis palabras.

2. He aquí que abro mi boca; formará la lengua palabras en mi garganta.

3. Mis discursos saldrán de un corazón sencillo, y mis labios proferirán sentimientos de verdad.

4. El espíritu de Dios me creó, y el soplo del Omnipotente me dio la vida.

5. Respóndeme, pues, si puedes; y opón tus razones a las mías.

6. Bien sabes que Dios me creó a mí así como a ti, y que fui yo formado del mismo barro que tú;

7. y así que no verás en mí cosa maravillosa que te espante; ni te será molesta mi elocuencia.

8. Ahora bien, tú has dicho oyéndolo yo, y yo mismo percibí estas palabras tuyas:

9. Yo soy limpio, y sin culpa; inocente, y no hay en mí iniquidad.

10. Pero porque ha hallado pretexto contra mí, por eso me ha mirado como a enemigo suyo.

11. Ha puesto mis pies en un cepo, y estuvo observando todos mis pasos.

12. En esto, oh Job, no te has mostrado justo; yo te responderé que Dios es mayor que el hombre.

13. ¿Y quieres tú entrar en contienda con él, porque no ha respondido a todas tus palabras?

14. Dios habla una vez, y no vuelve a repetir una misma cosa.

15. Entre sueños, con visiones nocturnas, cuando los hombres rendidos del sueño están descansando en sus camas,

16. entonces les abre Dios los oídos, y los instruye y corrige,

17. para retraer a cada uno del mal que hace, y librarle de la soberbia,

18. salvando su alma de la corrupción y su vida del filo de la espada.

19. Asimismo le corrige con dolores en el lecho, y hace que se le sequen todos sus huesos.

20. En tal estado le causa horror el mismo pan o alimento, y el manjar antes sabroso a su apetito.

21. Se va consumiendo su carne; y los huesos, antes bien cubiertos, aparecen desnudos.

22. Está él para expirar, y desahuciada su vida.

23. Si entonces algún ángel escogido entre millares instruye a este hombre, y le hace conocer sus obligaciones,

24. Dios se apiadará de él y dirá: Líbralo, para que no descienda a la corrupción del sepulcro; he hallado motivo para perdonarle.

25. Su carne ha sido consumida con las penas; que vuelva como estaba en los días de su mocedad.

26. Implorará el hombre la misericordia de Dios; el cual se aplacará, y le mirará con su rostro alegre, y le restituirá su justicia.

27. El, vuelto a los demás hombres, dirá: Pequé, y verdaderamente fui prevaricador, y no fui castigado según merecía.

28. Con eso salvó su alma de caer en la muerte, y vivirá, y gozará de la luz.

29. Así es que Dios obra todas estas cosas tres y más veces con cada uno,

30. para retirar sus almas de la corrupción del pecado, y alumbrarlas con la luz de los vivientes.

31. Atiende, oh Job, y escúchame, y calla mientras yo hablo;

32. que si tienes algo que replicar, propónmelo, dilo libremente; pues yo deseo que aparezcas justo.

33. Mas si nada tienes que responder, escúchame, guarda silencio, y aprenderás de mí la sabiduría.

34

Eliú calumnia las palabras de Job, acusa a éste de blasfemia y de otros delitos

1. Continuando Eliú su discurso, añadió lo siguiente:

2. Oíd, oh sabios, mis palabras; y vosotros, prudentes, prestadme atención;

3. puesto que el oído atento juzga de los razonamientos, como el paladar discierne por el gusto los manjares.

4. Examinemos bien entre nosotros el punto, y veamos de común acuerdo lo que sea más verdadero y acertado.

5. Es así que Job ha dicho: Yo soy justo, y Dios ha abandonado mi causa,

6. pues hay error en el juicio que de mí se ha hecho; violenta es la saeta que tengo atravesada, sin que haya en mí pecado alguno. Así ha hablado.

7. ¿Qué hombre hay, pues, semejante a Job que insulta, como quien bebe un vaso de agua;

8. que se asocia con los que obran la iniquidad, y sigue las sendas de los impíos?

9. Pues ha dicho: No será el hombre grato a Dios, por más que corra por los caminos del Señor.

10. Por tanto vosotros que sois varones cuerdos estadme atentos: Lejos de Dios toda impiedad, y del Todopoderoso toda injusticia.

11. Porque él ha de dar a las obras del hombre su pago merecido; y los ha de remunerar según la conducta de cada uno;

12. siendo como es verdad que Dios no condena sin razón, ni el Omnipotente trastorna jamás la justicia.

13. ¿Ha cedido él a algún otro sus veces sobre la tierra? ¿O a quién ha encargado gobernar el mundo que fabricó?

14. Si con su corazón airado se pusiese él a mirarle, se atraería otra vez a sí el espíritu y el aliento que le dio.

15. Toda carne perecería de un golpe, y el hombre se tornaría en polvo.

16. Ahora bien, si tú tienes entendimiento, atiende a lo que se dice, y escucha mis palabras.

17. ¿Por ventura puede ser capaz de curación el que no ama la justicia? Pues cómo tú condenas tanto a aquel Señor que es el justo por esencia?

18. A aquel que condena y castiga como prevaricadores a los mismos reyes, y como impíos a los grandes;

19. que no repara en que sean príncipes ni hace caso de que sean tiranos o poderosos, cuando pleitean contra el pobre; porque todos igualmente son hechura de sus manos.

20. Morirán de repente, y los pueblos a medianoche se alborotarán y andarán de una parte a otra, y acabarán sin el menor esfuerzo con los tiranos.

21. Porque los ojos de Dios observan los caminos de los hombres, y tiene él contados todos sus pasos.

22. No hay tinieblas, no hay sombras de muerte, que basten para ocultar a los que obran la iniquidad.

23. Pues no está en poder del hombre dejar de comparecer a juicio ante Dios.

24. El cual quitará de en medio a una multitud innumerable, y sustituirá otros en su lugar;

25. porque conoce bien sus fechorías; y por tanto prepara la noche en que serán aniquilados.

26. Los castigó como a impíos, a la vista de todo el mundo.

27. Porque, como de propósito, se alejaron de él; y no quisieron saber nada de todas sus disposiciones;

28. de suerte que hicieron subir hasta él los clamores de los miserables y el grito de los pobres.

29. Porque al que él concede la paz, o le perdona, ¿quién lo condenará? Y ¿quién ampará al que él abandona, ya sea nación, o bien un particular*?

30. El es el que permite que entre a reinar un hipócrita o tirano, por causa de los pecados del pueblo.

31. Ahora, pues, ya que he hablado de Dios y en su defensa, no estorbaré que hables tú también lo que quieras.

32. Si he errado, enséñame el error; si me pruebas que he hablado la iniquidad, no diré nada más.

33. ¿Acaso te ha de pedir Dios a ti cuenta de mi discurso, que tanto te desagrada e inquieta? El hecho es que tú comenzaste a discurrir, y no yo; mas si sabes tú alguna cosa mejor, habla.

34. Pero yo quisiera escuchar a hombres de entendimiento, y hablar con gente sabia.

35. Porque Job ha hablado neciamente, y sus palabras no suenan buena doctrina.

36. Por lo mismo, oh Padre mío, sea Job atribulado hasta el fin; no dejes en paz a ese mal hombre.

37. Porque él añade a sus demás pecados la blasfemia; nosotros entretanto le estrecharemos, y entonces apele en sus discursos al juicio de Dios.

35 *Continúa Eliú las calumnias contra Job señalando que Dios no es indiferente a las cosas humanas*

1. Prosiguiendo Eliú su razonamiento, dijo:

2. ¿Te parece a ti puesto en razón el pensamiento aquel que proferiste, diciendo: Más justo soy yo que Dios?

3. Porque tú dijiste a Dios*: No te agrada aquello que es recto o bueno; ¿o qué se te da de que yo peque?

4. Por tanto voy a responder a tus razones, y a tus amigos contigo.

5. Levanta esos ojos al cielo, y mira y contempla la región etérea, cuánto más elevada está que tú.

6. Si pecares, ¿qué daño le harás? Y si multiplicares tus delitos, ¿qué habrás hecho contra él?

7. Si obrares bien, ¿qué es lo que le das, o qué recibe él de tu mano?

29. *Rom 8*, 33-34.
3. *Job 34*, 9.

8. A un hombre semejante a ti es a quien dañará tu impiedad, y al hijo del hombre le será provechosa tu justicia.

9. Clamaron los oprimidos por causa de la muchedumbre de los calumniadores, y se lamentaron por la violenta dominación de los tiranos.

10. Mas ninguno de ellos dijo: ¿Dónde está el Dios que me creó, el cual inspira cánticos de alegría en medio de la noche de la tribulación;

11. que nos ilustra más que a los animales de la tierra, y nos da mayor inteligencia que a las aves del cielo?

12. Allí será el gritar por causa de la soberbia o prepotencia de los malos; mas él no los escuchará.

13. Con todo, no en vano lo oirá Dios, y el Omnipotente considerará las causas de cada uno.

14. Aun cuando hayas dicho: No atiende Dios, examínate a ti mismo en presencia suya, y espera en su misericordia.

15. Porque no es ahora en esta vida cuando descarga su furor, ni castiga con rigor los delitos.

16. Luego en vano ha abierto Job su boca, y ha amontonado palabras propias de un ignorante.

36

Eliú da instrucciones y consejos a Job. Le exhorta que se arrepienta, y le promete toda felicidad

1. Continuó Eliú hablando, y dijo:

2. Aguántame todavía un poco, y me explicaré contigo; porque tengo aún que hablar en defensa de Dios.

3. Sacaré mi conclusión de sus principios, probando que mi Creador es justo,

4. supuesto que mis palabras son ajenas de toda falsedad, y que te haré ver que mi doctrina es sólida.

5. Dios no desecha a los poderosos, siendo también él mismo, como es, poderoso;

6. mas no salva a los impíos, y hace siempre justicia a los pobres.

7. No apartará nunca su vista del justo; él es quien coloca sobre firme trono a los reyes, y por él son ensalzados.

8. Que si se vieren encadenados y aprisionados con cordeles de pobreza,

9. les reconvendrá con sus obras y maldades, pues ejecutaron violencias.

10. Así mismo les abrirá los oídos, para corregirlos con fruto, y los amonestará para que se arrepientan de su iniquidad.

11. Si obedecieren y fueren dóciles, acabarán sus días felizmente, y sus años con gloria;

12. mas si no escuchasen, serán pasados a cuchillo, y perecerán en su necedad.

13. Los hipócritas y de corazón doble provocan la ira de Dios, y no reclamarán a él sinceramente cuando se vean aprisionados.

14. Morirán de muerte violenta, y acabarán su vida entre hombres afeminados y sodomíticos.

15. Al contrario al pobre le libertará Dios de su angustia, y en la tribulación le hablará al oído.

16. Así que, oh Job, te salvará del abismo estrecho e insondable de miserias; y volverás a sentarte en tu opípara mesa.

17. Tu causa está juzgada ya como causa de un impío; has de recibir la ejecución de la sentencia.

18. No te dejes vencer más de la cólera, para oprimir a nadie, ni en adelante te doblen los muchos dones.

19. Depón tu orgullo sin que sea necesaria la tribulación, y reprime a todos los que se hacen fuertes por la prepotencia.

20. No alargues la noche; a fin de que los pueblos puedan acudir a ti para sus negocios.

21. Guárdate de declinar hacia la iniquidad; pues has comenzado a seguir esa mala vida después de la miseria en que te ves.

22. Mira que Dios es soberano en su fortaleza, y ninguno de los legisladores es semejante a él.

23. ¿Quién podrá rastrear sus caminos? O ¿quién puede decirle: Has hecho una injusticia?

24. Reflexiona que tú no llegas a comprender la obra suya* que fue celebrada en sus cánticos por los varones más insignes.

25. Todos los hombres lo ven en sus criaturas, cada cual le contempla como desde lejos.

26. ¡Oh, y cuán grande es Dios, y cuánto sobrepuja a nuestra ciencia! Incontable es el número de sus años.

---

24. Su alabanza es la respuesta del hombre a Dios.

27. El atrae las gotitas de agua, derramando después las lluvias, a manera de torrentes,

28. que se desgajan de las nubes, de que está cubierta toda la región de arriba.

29. Cuando él quiere extiende las nubes a manera de pabellón,

30. y relampaguea con sus rayos desde lo alto, oscureciendo todo de mar a mar.

31. Como que por estos medios castiga y ejerce sus juicios sobre los pueblos, y provee de alimento al gran número de los mortales.

32. El esconde la luz como en sus manos, y después manda que salga de nuevo.

33. A quien él ama, le declara cómo esta luz es posesión suya, y que puede subir a ella y poseerla.

37

Concluye Eliú su discurso ponderando la perfección de Dios y exhortando a Job a humillarse

1. Por esto se estremeció mi corazón, y como que saltó de su lugar.

2. Escuchad atentamente su voz terrible cuando truena, y el sonido espantoso que sale de su boca.

3. El está observando todo cuanto hay debajo del cielo, y su luz penetra y resplandece por todos los términos de la tierra.

4. Detrás del relámpago seguirá un estruendo como de un rugido espantoso, y tronará con la voz de su majestad, y oída que sea no podrá comprenderse lo que es.

5. Retumbará maravillosamente el sonido de la voz de Dios; de Dios que hace cosas grandes e inescrutables.

6. El manda a la nieve que descienda sobre la tierra, y hace caer las lluvias abundantes del invierno, y los aguaceros del verano;

7. él pone como un sello en las manos de todos los hombres, a fin de que reconozcan todos que sus obras penden de lo alto.

8. La fiera se mete en su cueva, y estará queda en su guarida.

9. Levántese la tempestad de los recónditos lugares, y el frío viene del septentrión.

10. Al soplo de Dios se forma el hielo, y se derraman nuevamente las aguas por todas partes.

11. Apetecen los trigos el agua de las nubes; y las nubes al darla esparcen sus brillos o relámpagos.

12. Van las nubes girando por todas partes, doquiera que las guía la voluntad del que las gobierna, prontas a ejecutar sus órdenes en toda la tierra;

13. ya en una tribu extranjera, ya en tierra suya, ya sea en cualquier lugar que su misericordia disponga que se hallen.

14. Escucha, oh Job, estas cosas; párate a reflexionar las maravillas de Dios.

15. ¿Sabes tú por ventura cuándo ha mandado Dios a las lluvias que hiciesen aparecer la luz en sus nubes?

16. ¿Has tú averiguado los varios caminos de esas nubes, y aquella grande y perfecta ciencia del que las gobierna?

17. ¿No es así que se ponen calientes tus vestidos cuando sopla el mediodía sobre la tierra?

18. ¿Acaso tú fabricaste junto con él los cielos, que son tan sólidos y estables como si fueran vaciados de bronce?

19. Si es así, enséñanos qué es lo que le hemos de responder a quien nos pregunte, ya que nosotros estamos envueltos en tinieblas.

20. ¿Quién podrá darle razón de lo que yo digo? Por más que el hombre razone, quedará como abismado.

21. Ahora no ven los hombres la luz porque el aire se condensa repentinamente en nubes; mas un viento que atraviese, las ahuyentará y disipará.

22. Del septentrión viene el oro. Démosle, pues, a Dios respetuosa alabanza.

23. Nosotros no somos dignos de alcanzarle. El es grande en su poder y en sus juicios, y en su justicia, y verdaderamente inefable.

24. Por tanto los hombres le temerán y respetarán, y ninguno de los que se precian de sabios se atreverá a contemplarle con curiosidad.

38

Dios se introduce en la disputa, manda callar a Eliú, y reprende a Job por algunas inconsideraciones

1. Entonces el Señor desde un torbellino habló a Job, diciendo:

2. ¿Quién es ése que envuelve u oscurece

preciosas sentencias con palabras de ignorante?

3. Ciñe, pues, ahora tus lomos, prepárate como varón que entra a pelear; yo te interrogaré, y tú respóndeme.

4. Dime, ¿dónde estabas cuando yo echaba los cimientos de la tierra? Dímelo, ya que tanto sabes.

5. ¿Sabes tú quién tiró sus medidas? ¿O quién extendió sobre ella la primera cuerda?

6. ¿Qué apoyo, di, tienen sus basas? ¿O quién asentó su piedra angular

7. cuando me alababan los nacientes astros, y prorrumpían en voces de júbilo todos los ángeles o hijos de Dios?

8. ¿Quién puso diques al mar, cuando se derramaba por fuera como quien sale del seno de su madre;

9. cuando lo cubría yo de nubes como de un vestido y le envolvía entre tinieblas como a un niño entre los pañales?

10. Lo encerré dentro de los límites fijados por mí, y le puse cerrojos y compuertas,

11. y dije: Hasta aquí llegarás, y no pasarás más adelante; y aquí quebrantarás tus hinchadas olas*.

12. ¿Acaso después que estás en el mundo diste leyes a la luz de la mañana, y señalaste a la aurora el punto por donde debe salir?

13. ¿Has cogido con tus manos toda la tierra, y sacudídola, a fin de limpiar y expeler de ella a los impíos?

14. Volverá a ser lodo o polvo el sello, y durará como un vestido que está consumiéndose.

15. Se le quitará a los impíos su esplendor, y será aniquilado su poder excelso.

16. ¿Has entrado tú en las honduras del mar, y te has paseado por lo más profundo del abismo?

17. ¿Se te han abierto acaso las puertas de la muerte, y has visto aquellas entradas tenebrosas?

18. ¿Has averiguado la anchura de la tierra? Dime, si todo lo sabes,

19. ¿en qué parte reside la luz; y cuál es el lugar o depósito de las tinieblas,

20. a fin de que puedas tú conducir a ambas cosas a sus propios lugares, como quien está enterado del camino que lleva a sus habitaciones?

21. ¿Sabías tú entonces que hubieses de nacer, y estabas instruido del número de tus días?

22. ¿Por ventura has entrado en los depósitos de la nieve, y has visto los otros donde está amontonado el granizo,

23. los cuales tengo yo prevenidos para usar de ellos contra el enemigo en el día del combate y del conflicto?

24. Explícame; ¿Por qué camino se propaga la luz, y cómo se reparte el calor sobre la tierra?

25. ¿Quién señaló la carrera a un aguacero impetuosísimo, y el camino al sonoro trueno,

26. para llover sobre una tierra desierta, donde no hay hombre ninguno, donde no habita ningún mortal,

27. fecundándola, aunque inhabitable y desolada, para que produzca la verde hierba?

28. ¿Quién es el padre de la lluvia? ¿O quién engendró las gotas del rocío?

29. ¿De qué seno salió el hielo? ¿Y quién produce la helada o escarcha que cae del aire?

30. Las aguas se endurecen como piedras, y la superficie del mar se congela.

31. ¿Podrás tú por ventura atar o detener las brillantes estrellas de las Pléyades? ¿O desconcertar el giro del Orión?

32. ¿Eres tú acaso el que hace aparecer a su tiempo el lucero de la mañana, o resplandecer el de la tarde sobre los habitantes de la tierra?

33. ¿Entiendes tú el orden o movimientos de los cielos, y podrás dar la razón de su influjo sobre la tierra?

34. ¿Alzarás por ventura tu voz a las nubes, para mandarles que se deshagan en lluvias abundantes?

35. ¿Despacharás rayos, y éstos marcharán, y te dirán a la vuelta: Aquí estamos a tu mandar?

36. ¿Quién puso en el corazón del hombre la sabiduría? ¿O quién dio al gallo el instinto?

37. ¿Quién podrá explicar la disposición de los cielos, o hacer cesar sus armoniosos movimientos?

38. ¿Dónde estabas cuando se formó en masa el polvo de la tierra, y se endurecieron sus terrones?

---

11. *Jer* 5, 22.

39. ¿Andarás tú por ventura a coger caza para la leona, y saciarás el hambre de sus cachorros,

40. cuando están echados en sus cuevas, y acechando desde sus cavernas?

41. ¿Quién prepara al cuervo su alimento, cuando sus pollitos levantan sus graznidos hacia Dios, yendo de un lado a otro del nido, por no tener nada que comer?

---

39 *Continúa el Señor mostrando a Job la distancia entre la criatura y el Creador*

---

1. ¿Por ventura, oh Job, tienes noticias del tiempo en que las cabras monteses dan a luz entre las breñas, o has observado las ciervas al tiempo de su parto?

2. ¿Tienes contados los meses de su preñez, y sabes el tiempo de su parto?

3. Se encorvan para dar a luz su cría, y paren dando grandes bramidos.

4. Se separan muy pronto de ellas sus hijos, y van a pacer; salen, y no vuelven a verlas más.

5. ¿Quién dejó en libertad al asno montés, y quién soltó sus ataduras?

6. Yo le di casa en el desierto y albergue en una tierra estéril.

7. El desprecia el gentío de las ciudades; no oye los gritos de un amo duro.

8. Tiende su vida alrededor por los montes, donde pace, y anda buscando todo lo verde.

9. Dime: ¿querrá servirte a ti el rinoceronte, o permanecerá en su pesebre?

10. ¿Podrás tú uncirlo con la coyunda para que are? ¿O romperá en pos de ti los terrones de tus campos?

11. ¿Te fiarás por ventura de su gran fuerza, para dejar a su cuidado la labranza de sus tierras?

12. ¿Crees tú que él te ha de volver lo que has sembrado, y que te llenará de trigo la era?

13. La pluma del avestruz es semejante a la pluma de la cigüeña y del gavilán.

14. ¿Cuándo, pues, esta ave abandona sus huevos en tierra, por ventura serás tú quién los calentará o empollará debajo del polvo?

15. No precave ella que ningún pie los pise, ni que los huellen las bestias del campo.

16. Es insensible y dura para con sus hijos como si fuesen ajenos, inutiliza su trabajo, sin verse forzada a ello por temor alguno;

17. sino porque le negó el Señor para eso el instinto, y no le dio el discernimiento.

18. Sin embargo, cuando llega la ocasión de verse perseguida, ayuda con las alas sus pies, y deja burlados al caballo y al caballero.

19. Dime: ¿Sabrías tú dar al caballo la valentía que tiene, o llenar de relinchos su erguido cuello?

20. Lo harás tú brincar y volar como langosta? Causa terror el fogoso bufido de sus narices.

21. Escarba la tierra con su pezuña; se encabrita con brío; corre con ardor al encuentro de los enemigos armados;

22. no conoce el miedo, ni se rinde a la espada;

23. oye sobre sí el ruido de la aljaba, el vibrar de la lanza, y el manejo del escudo,

24. y lejos de asustarse, espumando y tascando el freno, parece que quiere sorberse la tierra, ni aguarda el sonido de la trompeta.

25. Oyendo el clarín, como que dice con sus relinchos: Ea, vamos allá. Huele de lejos la batalla, y percibe la exhortación de los capitanes, y la gritería del ejército.

26. ¿Es acaso efecto de tu sabiduría el modo con que renueva cada año sus plumas el gavilán, extendiendo sus alas hacia el mediodía?

27. ¿Es por tu orden que se remonta el águila y coloca su nido en lugares elevados?

28. Ella mora entre breñas, y tiene su habitación en peñascos escarpados y riscos inaccesibles.

29. Desde allí está acechando la presa, pues sus ojos atisban desde muy lejos.

30. Sus aguiluchos chupan la sangre, y doquiera que hay carne muerta, al punto está encima.

31. Añadió después el Señor, y dijo a Job:

32. ¿Cómo el que se pone a altercar con Dios tan fácilmente lo deja, y enmudece? A la verdad que quien arguye a Dios debe hallarse en estado de responderle.

33. Job entonces respondiendo al Señor, dijo:

34. Yo que he hablado tan inconsideradamente, ¿qué es lo que puedo ahora responder? Nada. Cerraré mi boca con mi mano.

35. Una cosa he dicho, que ojalá nunca la hubiese dicho; y aun otra todavía, a las cuales no añadiré más palabra.

40

Continúa Dios mostrando a Job la distancia de la criatura al creador, y le hace ver su divino poder

1. Y habló el Señor desde el torbellino a Job, diciendo:

2. Ciñe otra vez tus vestidos en tus lomos como hombre valiente; yo voy a preguntarte; tú, respóndeme.

3. ¿Pretendes tú acaso invalidar mi juicio; y condenarme a mí por justificarte a ti mismo?

4. Si tienes, pues, un brazo fuerte como el de Dios, y si el tono de tu voz es semejante a su trueno,

5. revístete de resplandor, y súbete a lo alto, y haz alarde de tu gloria, y adórnate de magníficos vestidos.

6. Disipa con su furor a los soberbios, y con una sola mirada abate a todos los altaneros.

7. Clava tus ojos en todos los soberbios u orgullosos, y confúndelos; y aniquila a los impíos doquiera que estén.

8. Sepúltalos a todos juntos debajo del polvo, y abisma sus cabezas en la fosa.

9. Entonces confesaré que tu diestra podrá salvarte.

10. Mira a Behemont, o al elefante, a quien creé junto a ti; él se alimenta de heno como el buey.

11. Su fortaleza está en sus lomos, y su vigor en el ombligo de su vientre,

12. endurece y levanta su cola como cedro; los nervios de muslos están interiormente entrelazados uno con otro.

13. Son sus huesos como pilares de bronce; como planchas o barras de hierro sus ternillas.

14. El es el principal de los animales entre las obras de Dios; aquel que le creó hará uso de la espada de él.

15. Los montes producen hierba para su pasto; y allí junto a él retozarán todas las bestias del campo.

16. El duerme a la sombra en la espesura de los cañaverales y en lugares húmedos.

17. Los árboles sombríos cubren su morada, rodeándole los sauces de los arroyos.

18. Mira cómo él se sorbe un río, sin que le parezca haber bebido mucho; aun presume poder agotar el Jordán entero;

19. parece que se lo quiere tragar con los ojos, y lo absorbe con sus narices.

20. ¿Podrás tú tampoco pescar y sacar fuera con anzuelo a leviatán o cocodrilo, y atar con una cuerda su lengua?

21. ¿Podrás acaso echar una argolla en sus narices, o taladrar con un garfio sus quijadas?

22. ¿Acaso te hará muchas súplicas, o te dirá palabras tiernas?

23. ¿O hará quizá pacto contigo, y le recibirás por tu perpetuo esclavo?

24. ¿Por ventura juguetearás con él como un pajarillo, o le atarás con un hilo para diversión de tus siervas?

25. ¿Le partirán en trozos en un convite tus amigos, o se le repartirán entre sí los negociantes?

26. ¿Harás caber acaso su cuerpo en las redes de los pescadores, o meterás su cabeza en el garlito o nasa de los peces?

27. Pon tu mano sobre él, tócalo solamente, y te quedará memoria eterna de tal pelea, y no volverás a hablar más de ella.

28. Quien espera prenderle se hallará burlado, y a la vista de todos será por él precipitado al mar.

41

Se explica más ampliamente la fiereza de leviatán o cocodrilo con la descripción de sus miembros

1. No lo despertaré como cruel; pues, ¿quién puede resistir a mi semblante?

2. ¿Quién me ha dado algo primero, para que yo deba restituírselo? Mío es todo cuanto hay debajo del cielo.

3. No tendré miramiento con él, ni a la eficacia de sus palabras dispuestas a propósito para mover a compasión.

4. ¿Quién de los mortales le quitará a leviatán la piel que lo cubre? ¿O quién entrará en medio de su espantosa boca?

5. ¿Quién abrirá sus puertas de esta

boca o sus agallas? Espanta ver solamente el cerco de sus dientes.

6. Su cuerpo es impenetrable como los escudos fundidos de bronce, y está apiñado de escamas entre sí apretadas;

7. la una está trabada con la otra, sin que quede ningún resquicio por donde pueda penetrar ni el aire.

8. Está la una tan pegada a la otra, y tan asidas entre sí, que de ningún modo se separarán.

9. Cuando estornuda, parece que arroja chispas de fuego, y sus ojos centellean como los arreboles de la aurora.

10. De su boca salen llamas como de tizones encendidos.

11. Sus narices arrojan humo como la olla hirviente entre llamas.

12. Su aliento enciende los carbones, y su boca despide llamaradas.

13. En su cerviz reside la fortaleza; y va delante de él la miseria.

14. Los miembros de su cuerpo están perfectamente unidos entre sí; caerán rayos sobre él, mas no por eso se moverá de su sitio.

15. Tiene el corazón duro, como piedra, y apretado como yunque de herrero golpeado de martillo.

16. Cuando él se levanta sobre las olas tienen miedo los ángeles mismos, y amedrentados procuran purificarse y aplacar al cielo.

17. Si alguno quiere embestirlo, no sirven contra él ni espada, ni lanza, ni coraza;

18. pues el hierro es para él como paja, y el bronce como leño podrido.

19. No lo hará huir el más diestro arquero; para él las piedras de la honda son hojarasca.

20. Mirará el martillo como una arista; y se reirá de la lanza enristrada.

21. Debajo de él quedarán ofuscados los rayos del sol, y, andará por encima del oro, como sobre lodo.

22. Con sus bufidos hará hervir el mar profundo como una olla, y hará que se parezca al caldero de ungüentos, cuando hierven a borbollones.

23. Deja en pos de sí un sendero reluciente, y hace que el mar se agite, y tome el color canoso de la vejez.

24. En fin, no hay poder sobre la tierra que pueda comparársele, pues fue creado para no tener temor de nadie.

25. Mira debajo de sí cuánto hay de grande, como quien es el rey de todos los más soberbios animales.

42

Sentencia el Señor a favor de Job contra sus tres amigos. Ruega Job por ellos

1. Entonces Job, respondiendo al Señor, dijo:

2. Yo sé que todo lo puedes, y que no se te oculta ningún pensamiento.

3. ¿Quién es aquél, has dicho tú, que envuelve sentencias juiciosas con palabras de ignorante? Por tanto confieso, Señor, que he hablado indiscretamente, y de cosas que sobrepujan infinitamente mi saber.

4. Mas dígnate escuchar, y yo hablaré con más juicio; te preguntaré, y tú tendrás la bondad de responderme.

5. Ya, Señor, te conocía de oídas; pero ahora parece que te veo con mis propios ojos.

6. Por eso yo me acuso a mí mismo, y hago penitencia envuelto en polvo de ceniza.

El Señor restituye a Job su antigua condición

7. Después que el Señor hubo acabado de hablar de aquel modo a Job, dijo a Elifaz temanita: Estoy altamente indignado contra ti y contra tus dos amigos, porque no habéis hablado con rectitud y justicia en mi presencia, como mi siervo Job.

8. Tomad, pues, siete toros y siete carneros, id a mi siervo Job, y ofrecedlos en holocausto por vosotros. Y Job, siervo mío, hará oración por vosotros, y yo aceptaré su intercesión, para que no se os impute vuestra culpa; ya que no habéis hablado de mí rectamente, como mi siervo Job.

9. En consecuencia se fueron Elifaz temanita, y Baldad, suhita, y Sofar naamatita, y ejecutaron cuanto les había mandado el Señor, y el Señor se aplacó en gracia de Job.

10. Asimismo se movió el Señor a compasión de Job mientras hacía oración por sus amigos, y le volvió el Señor doblados bienes de los que antes poseía.

11. Vinieron luego a verlo todos sus hermanos y todas sus hermanas, y cuantos antes lo habían conocido y tratado; y comieron con él en su casa, y le dieron muestras de su tierna compasión*, consolándolo de todas las tribulaciones que el Señor le había enviado; y le dio cada uno de ellos, a modo de presente, una oveja y un zarcillo de oro.

12. Y el Señor echó su bendición sobre Job en su último estado, mucho más aún que en el primero. Y llegó a tener catorce mil ovejas, y seis mil camellos, y mil yuntas de bueyes, y mil asnas.

13. Tuvo también siete hijos y tres hijas.

14. De las cuales a la primera puso por nombre Día*, a la segunda Casia*, y a la tercera Cornustibia*.

15. No hubo en toda la tierra mujeres tan hermosas como las hijas de Job; y las hizo su padre entrar a la parte de la herencia como a sus hermanos.

16. Después de estas cosas vivió Job ciento cuarenta años, en que vio a sus hijos y nietos hasta la cuarta generación; y murió ya muy viejo y lleno de días.

---

11. Todos sus parientes, quienes antes lo abandonaron. *Job 19*, 13-14.

14. Por ser *bella* como la luz del día.
14. Por ser *preciosa* como la canela olorosa.
14. A causa de su *brillante colorido*.

Salmos

Introducción

Salmos es una preciosa colección de himnos y canciones sagradas, con las cuales el pueblo del Antiguo Testamento acostumbraba a alabar al Señor, darle gracias por los beneficios recibidos, implorar su misericordia en sus necesidades, ensalzar la sabiduría de sus mandamientos y recordar las obras y prodigios realizados en su historia.

Entre los hebreos, al igual que en otros pueblos era costumbre perpetuar la memoria de los grandes sucesos, por medio de cantares. Estas composiciones, con la armonía del verso y la belleza de su poesía, se aprendían desde la niñez. Así pasaron a ser la forma de conservar la historia nacional y de afianzar la identidad del pueblo.

Israel consagró desde sus comienzos la poesía a alabar a Dios, a expresar sus sentimientos religiosos y a promover sus valores y virtudes.

La colección de los ciento cincuenta *Salmos* bíblicos constituye uno de los libros más famosos de la literatura universal. A semejanza del *Pentateuco*, se divide en cinco partes:

Primera del salmo 1 al 41.
Segunda desde el 42 al 72.
Tercera desde el 73 al 89.
Cuarta desde el 90 al 106.
Quinta desde el salmo 107 al 150.

Esta división se confirma porque cada una de las cuatro primeras partes termina con una doxología o fórmula solemne de alabanza a Dios y con la aclamación Amén del pueblo. La última parte cierra el salterio con el *gran Aleluya* del salmo 150.

La expresión *Salmos de David* ha llevado a suponer que el primer rey de Jerusalén es el autor de los ciento cincuenta salmos. Al recorrer estas composiciones se encuentran indicaciones de otros autores, como Salomón, Asaf, Coré y Gat. David tuvo un destacado lugar como rey músico, mecenas de artistas y promotor del culto en la etapa anterior a la construcción del templo. Pero en Tehillim, título hebreo del libro delos *Salmos*, hay composiciones anteriores a David y se acumulan tesoros de oración y poesía de unos seis siglos. Los *Salmos* fueron compuestos para ser cantados y aclamados. Con frecuencia aparecen referencias a instrumentos musicales .

Salmos ha sido el libro de oración por excelencia para el pueblo de la antigua alianza , para Cristo y para la Iglesia primitiva. Por esta razón, las diversas confesiones cristianas y desde luego la Iglesia católica, siguiendo el ejemplo de Cristo, han empleado este bello libro en la Sagrada Liturgia y en la oración personal.

La Iglesia católica usa los *Salmos* según el texto oficial de la Vulgata, traducción basada en el texto griego de los Setenta, LXX. Este texto difiere en la numeración del texto hebreo, o Texto Masorético, TM. La siguiente tabla presenta la equivalencia

Texto hebreo (TM)	Texto griego (LXX)	Texto hebreo (TM)	Texto griego (LXX)
1 al 9	1 al 9a	116	114 y 115
10	9b	117 al 146	116 al 145
11 al 113	10 al 112	147	146 y 147
114	113a	148 al 150	148 al 150
115	113b		

Salmo 1

La felicidad verdadera es la de los justos. Para los pecadores sólo hay infelicidad

1. Dichoso aquel varón que no se deja llevar de los consejos de los malos, ni se detiene en el camino de los pecadores, ni se asienta en la cátedra pestilente de los libertinos;

2. sino que tiene puesta toda su voluntad en la ley del Señor, y está meditando en ella día y noche.

3. El será como el árbol plantado junto a las corrientes de las aguas, el cual dará su fruto en el debido tiempo, y cuya hoja no caerá nunca; y cuanto él hiciere tendrá próspero efecto.

4. No así los impíos, no así; sino que serán como el tamo o polvo que el viento arroja de la superficie de la tierra.

5. Por tanto no prevalecerán los impíos en el juicio; ni los pecadores estarán en la asamblea de los justos*.

6. Porque conoce el Señor y premia el proceder de los justos; mas la senda de los impíos terminará en la perdición.

Salmo 2

Reino del Mesías, a quien obedecerán todos los que quieran salvarse

1. ¿Por qué causa se han embravecido tanto las naciones, y los pueblos maquinan vanos proyectos?

2. Se han coligado los reyes de la tierra; y se han confederado los príncipes contra el Señor, y contra su Cristo o Mesías.

3. Rompamos, dijeron, sus ataduras, y sacudamos lejos de nosotros su yugo.

4. Mas aquel que reside en los cielos se burlará de ellos; se mofará de ellos el Señor.

5. Entonces les hablará él en su indignación y los llenará de terror con su saña.

6. Mas yo he sido por él constituido rey sobre Sión, su santo monte, para predicar su ley.

7. A mí me dijo el Señor: Tú eres mi hijo*; yo te engendré hoy.

8. Pídeme, y te daré las naciones en herencia tuya, y extenderé tu dominio hasta los extremos de la tierra.

9. Los regirás con cetro de hierro; y si te resisten, los desmenuzarás como un vaso de barro.

10. Ahora pues, ¡oh reyes!, entendedlo: Sed instruidos vosotros los que juzgáis o gobernáis la tierra.

11. Servid al Señor con temor, y regocijaos en él, poseídos siempre de un temblor santo.

12. Abrazad la buena doctrina; no sea que al fin se irrite el Señor, y perezcáis descarriados de la senda de la justicia.

13. Porque cuando de aquí a poco se inflamare su ira, bienaventurados todos aquellos que ponen en él su confianza.

Salmo 3

David ora pidiendo el auxilio de Dios contra los enemigos, que lo persiguen

1. Salmo de David, cuando temeroso iba huyendo de su hijo Absalón.

2. ¡Ah, Señor! ¿Cómo es que se han aumentado tanto mis perseguidores? Son muchísimos los que se han rebelado contra mí.

3. Muchos dicen de mí: Ya no tiene que esperar de su Dios salvación o amparo.

4. Pero tú, ¡oh Señor!, tú eres mi protector, mi gloria, y el que me haces levantar cabeza.

5. A voces clamé al Señor, y él me oyó benigno desde su santo monte.

6. Yo me dormí, y me entregué a un profundo sueño; y me levanté, porque el Señor me tomó bajo su amparo.

7. No temeré, pues, a ese innumerable gentío que me tiene cercado; levántate, ¡oh Señor!, sálvame tú, Dios mío.

8. Pues tú has castigado a todos los que sin razón me hacen guerra; les has quebrado los dientes a los pecadores.

9. Del Señor nos viene la salvación; y tú, oh Dios mío, bendecirás a tu pueblo.

---

5. El juicio indica la sentencia de Dios estableciendo la condición de buenos y malos.

7. *Hebr 1*, 5; *5*, 5; *Hech 13*, 33.

SALMO 4

David perseguido por enemigos se libra de ellos gracias a orar y confiar en Dios

1. Salmo y cántico de David.

2. Así que lo invoqué, me oyó Dios, que es mi justicia; tú, ¡oh Dios mío!, en mi angustia me ensanchaste el corazón. Apiádate aún de mí, y presta oídos a mi oración.

3. ¡Oh, hijos de los hombres!, ¿hasta cuándo seréis de estúpido corazón?; ¿por qué amáis la vanidad y vais en pos de la mentira?

4. Sabed, pues, que es el Señor quien ha hecho admirable su Santo*: el Señor me oirá siempre que clamare a él.

5. Enojaos, y no queráis pecar más; compungíos en el retiro de vuestros lechos de las cosas que andáis meditando en vuestros corazones.

6. Ofreced sacrificios de justicia*, y confiad en el Señor. Dicen muchos: ¿Quién nos hará ver los bienes que se nos prometen?

7. Impresa está, Señor, sobre nosotros la luz de tu rostro: tú has infundido la alegría en mi corazón.

8. Ellos están bien abastecidos y alegres con la abundancia de su trigo, vino y aceite.

9. Mas yo, Dios mío, dormiré en paz, y descansaré en tus promesas:

10. Porque tú, ¡Oh Señor!, sólo tú has asegurado mi esperanza.

SALMO 5

Oración de David a Dios. Aborrece el Señor a los malos y ama a los buenos

1. Por aquella que consigue la herencia. Salmo de David.

2. Presta oídos, Señor, a mis palabras; escucha mis clamores.

3. Atiende a la voz de mis súplicas; ¡oh mi rey y Dios mío!

4. Porque a ti enderezaré mi oración; de mañana, ¡oh Señor!, oirás mi voz.

5. Al amanecer me pondré en tu presencia, y te contemplaré. Porque no eres tú un Dios que ame la iniquidad.

6. Ni morará junto a ti el maligno, ni los injustos podrán permanecer delante de tus ojos.

7. Tú aborreces a todos los que obran la iniquidad; tú perderás a todos aquellos que hablan mentira. Al hombre sanguinario y fraudulento, el Señor lo abominará.

8. Pero yo confiado en tu gran misericordia, entraré en tu casa; y poseído de tu santo temor, doblaré mis rodillas ante tu santo templo.

9. Guíame, ¡oh Señor!, por la senda de tu justicia; haz que sea recto ante tus ojos mi camino, por causa de mis enemigos.

10. Pues en su boca no se halla palabra de verdad; su corazón está lleno de vanidad y perfidia.

11. Su garganta es un sepulcro abierto; con sus lenguas urden continuamente engaños. Júzgalos, ¡oh Dios mío. Frústrense sus designios, arrójalos fuera, lejos de tu presencia, como lo merecen sus muchas impiedades; puesto que, ¡oh Señor!, te han irritado.

12. Al contrario, alégranse todos aquellos que ponen en ti su esperanza: Se regocijarán eternamente, y tú morarás en ellos. Y en ti se glorificarán todos los que aman tu santo Nombre,

13. porque tú colmarás de bendiciones al justo. Señor, con tu benevolencia, como con un escudo, nos has cubierto por todos lados.

SALMO 6

Súplica de un penitente, que implora la sanación y la misericordia del Señor

1. Cántico y salmo de David.

2. Señor, no me reprendas en medio de tu saña, ni me castigues en la fuerza de tu enojo.

3. Ten, Señor, misericordia de mí, que estoy sin fuerzas; sáname, oh Señor, porque hasta mis huesos se han estremecido.

4. Y está mi alma sumamente perturbada: pero tú, Señor, ¿hasta cuándo?

5. Vuélvete a mí, Señor, y libra mi alma; sálvame por tu misericordia.

6. Porque muriendo ya no hay quien se acuerde de ti; y en el infierno, ¿quién te tributará alabanzas?

---

4. A su *Cristo* o *Ungido*.
6. *Contra vosotros mismos. Ef 4,* 26.

7. Me he consumido a fuerza de tanto gemir; todas las noches baño mi lecho con mis lágrimas; inundo con ellas el lugar de mi descanso.

8. Por causa de la indignación se han oscurecido mis ojos; he envejecido y quedado endeble en medio de todos mis enemigos.

9. Apartaos lejos de mí todos los que obráis la iniquidad; porque ha oído el Señor benignamente la voz de mi llanto.

10. Ha otorgado el Señor mi súplica; ha aceptado mi oración.

11. Avergüéncense, y queden llenos de la mayor turbación todos mis enemigos; retírense, y váyanse al momento cubiertos de ignominia.

Salmo 7

Implora la justicia del Señor, para que lo defienda de sus enemigos

1. Salmo de David, cantado por él al Señor con motivo de las palabras de Cusi, hijo de Jémini.

2. Señor, Dios mío, en ti he puesto mi esperanza; sálvame de todos mis perseguidores, y líbrame.

3. No sea que alguno, como león, arrebate tal vez mi alma, sin que haya nadie que me libre y ponga a salvo.

4. ¡Ah Señor Dios mío! si yo tal hice, si hay iniquidad en mis acciones,

5. si he vuelto mal por mal a los que me lo han hecho, caiga yo justamente en las garras de mis enemigos, sin recurso.

6. Persígame el enemigo, y apodérese de mí, y estrélleme contra el suelo, y reduzca a polvo mi gloria.

7. Levántate, ¡oh Señor! en el momento de tu enojo, y ostenta tu grandeza en medio de mis enemigos. Sí, Señor Dios mío, levántate según la ley por ti establecida;

8. y el concurso de las naciones se reunirá alrededor de ti. Por amor de esta congregación vuelve a subir a lo alto*.

9. El Señor es quien juzga a los pueblos. Júzgame, pues, oh Señor, según mi justicia, y según la inocencia que hay en mí.

10. Acábese ya la malicia de los pecadores; y tú, ¡oh Dios!, que penetras los corazones, y los afectos más íntimos, encaminarás al justo.

11. Mi socorro lo espero del Señor; el cual saca a salvo a los rectos de corazón.

12. Dios, justo juez, fuerte y misericordioso, ¿se enoja acaso todos los días?

13. Si vosotros no os convirtiereis vibrará su espada; tenso tiene su arco apuntado;

14. y en él ha puesto dardos mortales, y tiene dispuestas sus abrasadoras saetas.

15. He aquí que el impío ha parido la injusticia; concibió el dolor, y parió el pecado.

16. El abrió y ahondó una fosa; mas ha caído en esa misma fosa que él hizo.

17. El dolor que quiso ocasionarme, recaerá contra él; y su iniquidad descargará sobre su cabeza.

18. Glorificaré yo al Señor por su justicia y cantaré himnos de alabanza al excelso Nombre del Señor altísimo.

Salmo 8

Providencia del Señor con el hombre, en su creación y en su renovación por el Mesías

1. Salmo de David, para los lagares.

2. Oh Señor, soberano dueño nuestro, ¡cuán admirable es tu santo Nombre en toda la tierra! Porque tu majestad se ve ensalzada sobre los cielos.

3. De la boca de los niños y de los que están aún pendientes del pecho de sus madres, hiciste tú salir perfecta alabanza, por razón de tus enemigos, para destruir al enemigo y al vengativo.

4. Yo contemplo tus cielos, obra de tus dedos, la luna y las estrellas que tú creaste, y exclamo:

5. ¿Qué es el hombre, para que tú te acuerdes de él? ¿O que es el hijo del hombre, para que vengas a visitarlo?

6. Lo hiciste un poco inferior a los ángeles, lo coronaste de gloria y de honor,

7. y le has dado el mando sobre las obras de tus manos.

8. Todas ellas las pusiste a sus pies; todas las ovejas y bueyes, y aun las bestias del campo;

---

8. *Al trono de tu justicia.*

9. las aves del cielo, y los peces del mar que hienden sus ondas.

10. ¡Oh Señor, soberano dueño nuestro, ¡y cuán admirable es tu Nombre en toda la redondez de la tierra!

Salmo 9

El Señor, refugio de los oprimidos, salva a los humildes y humilla a los impíos

1. Por los ocultos arcanos del hijo. Salmo de David.

2. A ti, ¡oh Señor!, tributaré gracias con todo mi corazón; contaré todas tus maravillas.

3. Me alegraré en ti y saltaré de gozo; cantaré himnos a tu Nombre, ¡oh Dios altísimo!

4. Porque tú pusiste en fuga a mis enemigos; y quedarán debilitados, y perecerán delante de ti.

5. Pues tú me has hecho justicia, y has tomado la defensa de mi causa; te has sentado sobre el trono, tú que juzgas según justicia.

6. Has reprendido a las naciones, y pereció el impío; has borrado sus nombres para siempre por los siglos de los siglos.

7. Quedan embotadas para siempre las espadas del enemigo, y has asolado sus ciudades. Se desvaneció como el sonido su memoria.

8. Mas el Señor subsiste eternamente. El preparó su trono para ejercer el juicio;

9. y él mismo es quien juzgará con rectitud la tierra; juzgará los pueblos con justicia.

10. El Señor se ha hecho el amparo del pobre; socorriéndole oportunamente en la tribulación.

11. Confíen, pues, en ti, ¡oh Dios mío!, los que conocen y adoran tu Nombre; porque jamás has desamparado, Señor, a los que a ti recurren.

12. Cantad himnos al Señor que tiene su morada en el monte santo de Sión; anunciad entre las naciones sus proezas.

13. Porque vengando la sangre de sus siervos, ha hecho ver que se acuerda de ellos; no ha echado en olvido el clamor de los pobres.

14. Apiádate, Señor, de mí; mira el abatimiento a que me han reducido mis enemigos.

15. Tú que me sacas de las puertas de la muerte, para que publique todas tus alabanzas en las puertas de la hija de Sión.

16. Manifestaré mi júbilo por haberme tú salvado; las gentes que me perseguían han quedado sumidas en la perdición que habían preparado contra mí. En el lazo mismo, que me tenían ocultamente armado, ha quedado preso su pie.

17. Así se reconocerá que el Señor hace justicia; al ver que el pecador ha quedado preso en las obras o lazos de sus propias manos.

18. Serán arrojados al infierno los pecadores, y todas esas gentes que viven olvidadas de Dios.

19. Que no estará para siempre olvidado el pobre; ni quedará para siempre frustrada la paciencia de los infelices.

20. Levántate, ¡oh Señor!, haz que no prevalezca el hombre malvado; sean juzgadas las gentes ante tu presencia.

21. Establece, Señor, sobre ellas un legislador; para que conozcan que son hombres débiles y miserables.

Salmo 10 (9)

Oración para implorar el auxilio del Señor y su protección en el peligro

1. ¿Y por qué, ¡oh Señor!, te has retirado a lo lejos, y me has desamparado en el tiempo más crítico, en la tribulación'?

2. Mientras que el impío se llena de soberbia, se requema el pobre; mas en fin, los impíos son cogidos en los mismos designios o tramas que han urdido.

3. Por cuanto el pecador se jacta en los perversos deseos de su alma; y el inicuo se ve celebrado.

4. Por lo mismo, orgulloso el pecador ha exasperado al Señor, y no le buscará según el exceso de su arrogancia.

5. Delante de él no hay Dios; y así sus procederes son siempre viciosos. Tus juicios, Señor, los ha apartado lejos de su vista, sólo piensa en dominar a todos sus enemigos.

---

1. La *Vulgata* y los *Setenta* consideran este salmo parte del anterior por su estructura alfabética. La traducción hebrea los divide. Esta edición conservará el orden hebreo.

6. Pues él ha dicho en su corazón: Nunca jamás seré yo derrocado; viviré siempre libre de todo infortunio.

7. Está su boca llena de maldición y de amargura, y de dolor; debajo de su lengua opresión y dolor para el prójimo.

8. Se pone al acecho con los ricos en sitios escondidos, para matar al inocente;

9. tiene siempre su vista fija contra el pobre; está acechando desde la emboscada, como un león desde su cueva. Acecha para echar sus garras sobre el pobre, para agarrar al pobre, atrayéndole dolosamente hacia sí.

10. Lo hará caer en su lazo; se agachará en tierra, y se echará encima de los pobres, luego que los haya apresado.

11. Porque él dijo en su corazón: Dios ya de nada se acuerda; ha vuelto su rostro para no ver jamás nada.

12. Levántate, pues, ¡oh Señor Dios!, alza tu poderosa mano; no te olvides de los pobres o desvalidos.

13. ¿Por qué razón el impío ha irritado así a Dios? Es porque ha dicho en su corazón: Dios de nada se cuida.

14. Pero tú, Señor, lo estás viendo; tú consideras el afán y el dolor del oprimido; para entregar a los malvados al castigo de tus manos. A cargo tuyo está la tutela del pobre; tú eres el amparo del huérfano.

15. Quebranta el brazo del pecador y del maligno; y entonces se buscará el fruto de su pecado, y no se hallará nada.

16. Reinará el Señor eternamente y por los siglos de los siglos; vosotros, ¡oh naciones impías!, seréis extirpadas de su tierra.

17. Atendiste, ¡oh Señor!, al deseo de los pobres; prestaste benignos oídos a la rectitud de su corazón,

18. para hacer justicia al huérfano y al oprimido; a fin de que cese ya el hombre de gloriarse de su poder sobre la tierra.

Salmo 11 (10)

David pone toda su confianza en el Señor, refugio contra todos los enemigos

1. Salmo de David.

2. En el Señor tengo puesta mi confianza: ¿Cómo, pues, decís a mi alma: Retírate prontamente al monte, como un ave que huye?

3. Mira que los pecadores han apuntado el arco, y tienen preparadas saetas dentro de sus aljabas, para asaetar a escondidas a los que son de corazón recto.

4. Porque aquello que tú hiciste de bueno, lo han reducido a nada; mas el justo, ¿qué es lo que ha hecho de malo?

5. Pero el Señor está en su santo templo, el Señor tiene su trono en el cielo. Sus ojos están mirando al pobre; sus párpados están examinando a los hijos de los hombres.

6. El Señor vigila al justo y al impío; y así el que ama la maldad, odia su propia alma.

7. Lloverá lazos o desastres sobre los pecadores; el fuego, y azufre, y el viento tempestuoso son el cáliz, o bebida, que les tocará.

8. Porque el Señor es justo y ama la justicia, está siempre su rostro mirando la rectitud.

Salmo 12 (11)

Súplica del justo al Señor para que lo preserve de la corrupción y la maldad

1. Salmo de David.

2. Sálvame, Señor; porque ya no se halla un hombre de bien sobre la tierra; porque las verdades no se aprecian ya entre los hijos de los hombres.

3. Cada uno de ellos no habla sino con mentira a su prójimo; habla con labios engañosos y con un corazón doble.

4. Acabe el Señor con todo labio tramposo y con la lengua jactanciosa.

5. Ellos han dicho: Nosotros con nuestra lengua, o artificiosas palabras, haremos cosas grandes; somos dueños de nuestros labios; ¿quién nos manda a nosotros?

6. Pero el Señor mirando a la miseria de los desvalidos, y al gemido de los pobres, dice: Ahora me levantaré yo para defenderlos. Los pondré a salvo; yo les inspiraré confianza.

7. Palabras puras y sinceras son las palabras del Señor; son plata ensayada al fuego, acendrada en el crisol, y siete o mil veces refinada.

8. ¡Oh Señor!, tú nos salvarás, y nos defenderás siempre de esta raza de gentes.

9. Los impíos andan alrededor de nosotros: Tú, según tu grandeza o altísima sabiduría, has multiplicado los hijos de los hombres.

Salmo 13 (12)

Sentimientos de un alma atribulada, que con firme esperanza recurre al Señor

1. Salmo de David.
¿Hasta cuándo, oh Señor, me has de tener en profundo olvido? ¿Hasta cuándo apartarás de mí tu rostro?

2. ¿Cuánto tiempo andaré yo cavilando conmigo mismo, penando mi corazón todo el día?

3. ¿Hasta cuándo me tiranizará mi enemigo?

4. Vuelve, ¡oh Señor Dios mío!, vuelve tu vista hacia mí, y escúchame benigno. Alumbra mis ojos a fin de que no duerma yo jamás el sueño de la muerte;

5. no sea que alguna vez diga mi enemigo: He prevalecido contra él. Los que me atribulan saltarán de gozo si me ven vacilar.

6. Pero yo tengo puesta mi confianza en tu misericordia. Mi corazón saltará de júbilo por la salvación que me vendrá de ti; cantaré al Señor bienhechor, y haré resonar con himnos de alabanza el nombre del Señor altísimo.

Salmo 14 (13)

David habla sobre el juicio de Dios y profetiza la venida del Mesías

1. Salmo de David[1].
Dijo en su corazón el insensato: No hay Dios. Los hombres se han corrompido, y se han hecho abominables por seguir sus pasiones; no hay quien obre bien, no hay uno siquiera.

2. El Señor echó desde el cielo una mirada sobre los hijos de los hombres, para ver si había uno que tuviese juicio, o que buscase a Dios.

3. Todos se han extraviado, todos a una se hicieron inútiles; no hay quien obre bien, no hay siquiera uno. Su garganta es un sepulcro destapado; con sus lenguas están forjando fraudes; debajo de sus labios hay veneno de áspides. Llena está su boca de maldición y de amargura; sus pies son ligeros para ir a derramar sangre. Todos sus procederes se dirigen a afligir y oprimir al prójimo; nunca conocieron el sendero de la paz; no hay temor de Dios ante sus ojos.

4. ¿Por ventura no entrarán en conocimiento todos esos que hacen profesión de la iniquidad; esos que devoran a mi pueblo como un bocado de pan?

5. No han invocado al Señor; y allí tiemblan de miedo donde no hay motivo de temer.

6. Porque está el Señor en medio del linaje de los justos; vosotros, ¡oh impíos!, ridiculizáis la determinación del desvalido, cuando pone en el Señor su esperanza.

7. ¡Oh, quién enviará de Sión la salud o el salvador de Israel! Cuando el Señor pusiere fin a la cautividad de su pueblo, saltará de gozo Jacob, y se regocijará Israel.

Salmo 15 (14)

El Señor mira la vida del hombre que desea entrar en la celestial Sión

1. Salmo de David.
¡Ah, Señor!, ¿quién morará en tu celestial tabernáculo?; ¿o quién descansará en tu santo monte?

2. Aquel que vive sin mancilla, y obra rectamente.

3. Aquel que habla la verdad que tiene en su corazón y no ha forjado ningún dolo con su lengua; ni ha hecho mal a sus prójimos ni ha consentido que fuesen infamados.

4. El que en su estimación tiene al malvado por nada, mas honra a aquellos que temen al Señor; que si hace juramento a su prójimo, no le engaña.

5. Que no da su dinero a usura, ni se deja cohechar contra el inocente. Quien así se porta, no será conmovido por toda la eternidad.

---
1. *Sal 53 (52).*

Salmo 16 (15)

Acude David a Dios para pedirle socorro. Profetiza la venida del Mesías

1. Salmo de David.

Sálvame, oh Señor, pues tengo puesta en ti toda mi esperanza.

2. Yo dije al Señor: Tú eres mi Dios, que no tienes necesidad de mis bienes.

3. Cumplido ha maravillosamente todos mis deseos, en los santos que moran en su tierra.

4. Multiplicaron los impíos sus miserias, o sus miserables deidades; en pos de las cuales corrían aceleradamente. No seré yo el que convoque sus sanguinarios sacrificios, ni siquiera tomaré en boca sus nombres.

5. El Señor es la parte que me ha tocado en herencia, y la porción destinada para mí. Tú eres, oh Señor, el que me restituirá y conservará mi heredad.

6. En delicioso sitio me cupo la suerte; hermosa es, a la verdad, la herencia que me ha tocado.

7. Alabaré, pues, al Señor, que me ha dado este entendimiento; a lo cual, aun durante la noche, mi corazón me excitaba.

8. Yo contemplaba siempre al Señor delante de mí, como quien está a mi diestra para sostenerme.

9. Por eso se regocijó mi corazón, y prorrumpió en cánticos alegres mi lengua; y además también mi carne descansará con la esperanza.

10. Porque yo sé que no has de abandonar tú, oh Señor, mi alma en el sepulcro; ni permitirás que tu Santo experimente la corrupción.

11. Me hiciste conocer las sendas de la vida; me colmarás de gozo con la vista de tu divino rostro; en tu diestra se hallan delicias eternas.

Salmo 17 (16)

David pide al Señor que le libre de sus enemigos y que le haga justicia

1. Oración de David.

Atiende, ¡oh Señor!, a mi justicia, acoge mis plegarias. Presta oídos a mi oración, que no la pronuncio con labios hipócritas o fraudulentos.

2. Salga de tu benigno rostro mi sentencia; miren tus ojos la justicia de mi causa.

3. Pusiste a prueba mi corazón, y le has visitado durante la noche; me has acrisolado al fuego, y en mí no se ha hallado iniquidad.

4. Lejos de hablar mi boca según el proceder de los hombres mundanos; por respeto a las palabras de tus labios he seguido las sendas escabrosas de la virtud.

5. Asegura constantemente mis pasos por tus senderos, a fin de que mis pies no resbalen.

6. Yo he clamado a ti, Dios mío, porque siempre me has oído benignamente; inclina, pues, hacia mí tus oídos, y escucha mis palabras.

7. Haz brillar de un modo maravilloso tu misericordia, ¡oh salvador de los que en ti esperan!

8. De los que resisten el poder de tu diestra, guárdame Señor, como a las niñas de los ojos. Ampárame bajo la sombra de tus alas,

9. contra los impíos que me persiguen. Han cercado mis enemigos mi alma.

10. Han cerrado sus entrañas a toda compasión; hablan con altanería.

11. Después de haberme arrojado fuera, ahora me tienen cercado por todas partes; tienen puestas sus miras para dar conmigo en tierra.

12. Están acechándome como el león preparado a arrojarse sobre la presa, o como el leoncillo, que en lugares escondidos está en espera.

13. Levántate, ¡oh Señor!, prevén su golpe, y arrójalos por el suelo; libra mi alma de las garras del impío; quítales su espada

14. a los enemigos de tu diestra. Sepáralos, Señor, de los buenos, aun mientras viven, de aquellos que son en corto número sobre la tierra, en la que han saciado su apetito de tus exquisitos bienes. Se llenan de hijos según su deseo; y dejan después a sus nietos el resto de sus caudales.

15. Pero yo compareceré en tu presencia con la justicia de mis obras; y quedaré plenamente saciado, cuando se me manifieste tu gloria.

Salmo 18 (17)

David le da gracias al Señor por haberlo librado de grandes peligros

1. Salmo de David, siervo del Señor, a cuya gloria dirigió las palabras de este cántico, el día en que le libró el Señor de las manos de todos sus enemigos, como también del poder de Saúl, con cuyo motivo dijo*:

2. A ti he de amarte, ¡oh Señor!, que eres toda mi fortaleza.

3. El Señor es mi firme apoyo, mi asilo, y mi libertador. Mi Dios es mi socorro y en él esperaré. El es mi protector y mi poderosa salvación, y el amparo mío.

4. Invocaré, pues, al Señor con alabanzas, y me veré libre de mis enemigos.

5. Me cercaron dolores de muerte; y torrentes de iniquidad me llenaron de terror.

6. Me rodearon dolores de infierno; estuve a punto de caer en lazos de muerte.

7. Mas en medio de esta mi tribulación invoqué al Señor, y a mi Dios clamé, el cual desde su santo templo escuchó benigno mis voces; y el clamor que hice yo ante su acatamiento penetró sus oídos.

8. Se conmovió y tembló luego la tierra, los cimientos de los montes se estremecieron y se conmovieron, viéndole tan airado.

9. Se levantó una gran humareda en fuerza de su ira, un fuego devorador salía de su rostro; por él fueron encendidas brasas.

10. Inclinó los cielos, y descendió, llevando una oscura niebla bajo sus pies.

11. Montó sobre querubines; y tomó el vuelo; voló llevado en alas de los vientos.

12. Puso entre tinieblas su asiento; sirviéndole de pabellón, que le cubría por todas partes, un agua tenebrosa suspensa en las nubes del aire.

13. Al resplandor de su presencia se resolvieron las nubes en lluvia de piedras y de centellas ardientes.

14. Y tronó el Señor desde lo alto del cielo; y el Altísimo dio una voz como suya, y cayeron al instante piedras y ascuas de fuego.

15. Disparó sus saetas, y los disipó; arrojó gran multitud de rayos, y los aterró.

16. Se hicieron visibles los ocultos manantiales de las aguas y quedaron descubiertos los cimientos de la tierra, al estruendo tuyo, ¡oh Señor!, al resoplido del aliento de tu ira.

17. Entonces me alargó el Señor desde lo alto su mano, y me asió, y me sacó de la inundación de tantas aguas.

18. Me libró de mis poderosísimos enemigos; y de cuantos me aborrecían; porque se habían hecho más fuertes que yo.

19. Se echaron de repente sobre mí en el día de mi angustia; pero el Señor se hizo mi protector.

20. Me sacó a la anchura, me salvó por un efecto de su buena voluntad para conmigo.

21. El Señor me recompensará según mi justicia, y me premiará conforme a la pureza de mis manos o acciones.

22. Porque yo he seguido atentamente las sendas del Señor, y nunca he procedido impíamente contra mi Dios.

23. Porque tengo ante mis ojos todos sus juicios, y no he desechado jamás sus justísimos preceptos.

24. Y me mantendré puro delante de él; y me cuidaré de mi mala inclinación.

25. Y el Señor me galardonará conforme a mi justicia, y según la pureza de mis manos que está presente a sus ojos.

26. Porque tú, Señor, con el santo te ostentarás santo, e inocente con el inocente.

27. Con el selecto serás selecto o sincero, y con el perverso serás como él merece.

28. Porque tú salvarás al pueblo humilde, y humillarás los ojos altaneros.

29. Y pues tú, ¡oh Señor!, das la luz a mi antorcha, esclarece, Dios mío, mis tinieblas.

30. Que con tu ayuda seré libertado de la tentación; y al lado de mi Dios traspasaré o asaltaré toda muralla.

31. Irreprensible y puro es el proceder de mi Dios, acendradas al fuego sus palabras o promesas; él es el protector de cuantos ponen en él su esperanza.

32. Porque ¿qué otro Dios hay sino el Señor? ¿O qué Dios hay fuera de nuestro Dios?

33. El es el Dios que me ha revestido de fortaleza, y ha hecho que mi conducta fuese sin mancilla;

34. que ha dado a mis pies la ligereza de los ciervos, y me ha colocado sobre las alturas.

---

1. *2 Sam 22.*

35. Que adiestra mis manos para la pelea. Tú eres, ¡oh Dios mío!, el que fortaleciste mis brazos como arcos de bronce,

36. y me has salvado con tu protección, y me has amparado con tu diestra. Tu disciplina o avisos me han corregido en todo tiempo; y esa misma disciplina tuya será mi enseñanza.

37. Me fuiste abriendo paso por doquiera que iba, y no flaquearon mis pies.

38. Perseguiré a mis enemigos y los alcanzaré, y no volveré atrás hasta cuando queden eternamente deshechos.

39. Los destrozaré, no podrán resistir; caerán debajo de mis pies.

40. Porque tú me revestiste de valor para el combate, y derribaste a mis pies a los que contra mí se alzaban.

41. Hiciste volver las espaldas a mis enemigos delante de mí, y desbarataste a los que me odian.

42. Clamaron; mas no había quien los salvase; clamaron al Señor, y no los escuchó.

43. Los desmenuzaré como polvo que el viento esparce, y los barreré como lodo de las plazas.

44. Tú, Dios mío, me librarás de las contradicciones del pueblo; tú me constituirás caudillo de las naciones.

45. Un pueblo a quien yo no conocía, se sometió a mi dominio; apenas hubo oído mi voz, me rindió la obediencia.

46. Los hijos míos se han vuelto como hijos bastardos, me faltaron a la fidelidad; han caído en la vejez y caducado los hijos bastardos, y van tropezando fuera de sus sendas.

47. Viva el Señor, y bendito sea mil veces mi Dios; y sea glorificado el Dios de mi salud.

48. Tú, oh Dios mío, que sales a vengarme, y sujetas a mi dominio las naciones; tú que me libraste de la saña de mis enemigos,

49. me ensalzarás sobre los que se levantan contra mí; me libertarás del hombre inicuo.

50. Por tanto, yo te alabaré, oh Señor, entre las naciones, y cantaré himnos a la gloria de tu Nombre;

51. a aquel que ha salvado maravillosamente a su rey, y usa de misericordia, o colma de beneficios a su ungido David, y la usará también con su descendencia hasta el fin de los siglos.

Salmo 19 (18)

La gloria del Señor se descubre en la creación y en la sabiduría de su ley

1. Salmo de David.

2. Los cielos publican la gloria de Dios y el firmamento anuncia la grandeza de las obras de sus manos.

3. Cada día transmite con abundancia al siguiente día estas voces o anuncios, y una noche las comunica a la otra noche.

4. No hay lenguaje, ni idioma, en los cuales no sean escuchadas sus voces.

5. Su sonido se ha propagado por toda la tierra, y hasta el cabo del mundo se han oído sus palabras.

6. Puso Dios especialmente en el Sol su Tabernáculo; y a manera de un esposo que sale de su tálamo, salta como gigante a correr su carrera.

7. Sale de una extremidad del cielo, y corre hasta la otra; no hay quién pueda esconderse de su calor.

8. La ley del Señor es inmaculada, y ella convierte a sí las almas; el testimonio del Señor es fiel, y da sabiduría a los pequeños.

9. Los mandamientos del Señor son rectos, y alegran los corazones; el luminoso precepto del Señor es el que alumbra los ojos.

10. El puro y santo temor del Señor permanece por todos los siglos; los juicios del Señor son verdad; en sí mismos están justificados.

11. Son más codiciables que la abundancia de oro y de piedras preciosas; más dulces que la miel y el panal.

12. Por eso tu siervo los guarda; y en guardarlos queda abundantemente galardonado.

13. ¿Quién es el que conoce todos sus yerros? Purifícame de los míos ocultos,

14. y perdona a tu siervo los ajenos. Si no dominaren sobre mí, entonces estaría limpio de toda mancha y purificado de delito muy grande.

15. Con lo que te serán gratas las palabras o cánticos de mi boca, como también la meditación de mi corazón que haré yo siempre en tu acatamiento. ¡Oh Señor, amparo mío y redentor mío!

SALMO 20 (19)

Oración que David pone en boca de su pueblo por sus victorias en la guerra

1. Salmo de David.

2. Que te oiga, ¡oh rey!, el Señor el día de la tribulación; que te defienda el Nombre del Dios de Jacob.

3. Que te envíe socorro desde el santuario, y sea tu firme apoyo desde Sión.

4. Tenga presente todos tus sacrificios, y le sea gratísimo tu holocausto.

5. Que te conceda lo que desea tu corazón, y cumpla todos sus designios.

6. Nosotros nos alegraremos por tu salud y nos gloriaremos en el Nombre de nuestro Dios.

7. Otorgue el Señor todas tus peticiones. Ahora veo que el Señor ha puesto a salvo a su ungido. Él le oirá desde el cielo, que es su santuario, en su poderosa diestra está la salvación.

8. Unos confían en sus carros armados, otros en sus caballos; mas nosotros invocaremos el Nombre del Señor nuestro Dios.

9. Ellos se hallaron envueltos en los lazos y cayeron; pero nosotros realzamos, y estamos llenos de vigor.

10. ¡Oh Señor!, salva al rey, y óyenos el día en que te invocaremos.

SALMO 21 (20)

Acción de gracias al Señor por la victoria del rey. Canto de alegría

1. Salmo de David.

2. Oh, Señor, en tu gran poder hallará el rey su alegría, y saltará de extremado gozo por la salvación que le has enviado.

3. Tú le has cumplido el deseo de su corazón, y no has frustrado los ruegos que formaron sus labios.

4. Antes te has anticipado a él con bendiciones amorosas; le pusiste sobre la cabeza una corona de piedras preciosas.

5. Te pidió vida, y tú le has concedido alargar sus días por los siglos de los siglos.

6. Grande es su gloria por la salvación que le has dado. Aún le revistarás de una gloria y esplendor mucho más grande.

7. Porque tú harás que él sea bendición eterna; lo colmarás de gozo con sólo mostrarle tu rostro.

8. Por cuanto el rey tiene puesta su confianza en el Señor; por lo mismo descansará inmóvil en la misericordia del Altísimo.

9. Alcance tu poderosa mano a todos tus enemigos; descargue tu diestra sobre todos los que te aborrecen.

10. Mostrándoles tu rostro, harás de ellos como un horno encendido. Airado el Señor los pondrá en consternación, y el fuego los devorará.

11. Extirparás su descendencia de la faz de la tierra, y quitarás su raza de entre los hijos de los hombres.

12. Porque urdieron contra ti maldades; forjaron designios que no pudieron ejecutar.

13. Tú los pondrás en fuga, y tendrás aparejadas contra ellos, las flechas de tu arco.

14. Ensálzate, Señor, con tu poder infinito; que nosotros celebraremos con cánticos e himnos tus maravillas.

SALMO 22 (21)

Oración del justo agonizante al Señor, su Padre. Confianza en su resurrección

1. Por el auxilio de la mañana. Salmo de David.

2. ¡Oh Dios!, ¡oh Dios mío, vuelve a mí tus ojos! ¿Por qué me has desamparado? Los gritos de los pecados míos alejan de mí la salud.

3. Clamaré, oh Dios mío, durante el día, y no me oirás; clamaré de noche, y no por mi culpa.

4. Tú habitas en la santa morada, tú, ¡oh gloria de Israel!

5. En ti esperaron nuestros padres; esperaron en ti, y tú los libraste.

6. A ti clamaron, y fueron puestos a salvo. Confiaron en ti, y no tuvieron por qué avergonzarse.

7. Bien que yo soy un gusano, y no un hombre; el oprobio de los hombres, y el desecho de la gente.

8. Todos los que me miran, hacen mofa

de mí con palabras y con meneos de cabeza, diciendo:

9. En el Señor esperaba que le liberte; sálvele, ya que tanto le ama.

10. Sin embargo, tú eres quien me sacó del seno materno; y mi esperanza desde que yo estaba colgado de los pechos de mi madre.

11. Desde las entrañas de mi madre fui arrojado en tus brazos; desde el seno materno te tengo por mi Dios.

12. No te apartes de mí; porque se acerca la tribulación, y no hay nadie que me socorra.

13. Cercado me han novillos en gran número; recios y bravos toros me han sitiado.

14. Abrieron su boca contra mí, como león rapante y rugiente.

15. Me he disuelto como agua, y todos mis huesos se han dispersado. Mi corazón está como una cera, derritiéndose dentro de mis entrañas.

16. Todo mi verdor se ha secado, como un vaso de barro cocido; mi lengua se ha pegado al paladar; y me vas conduciendo al polvo del sepulcro.

17. Porque me veo cercado de una multitud de rabiosos perros: me tiene sitiado una turba de malignos. Han taladrado mis manos y mis pies.

18. Han contado mis huesos uno por uno. Se pusieron a mirarme despacio, y a observarme.

19. Repartieron entre sí mis vestidos y sortearon mi túnica.

20. Mas tú, oh Señor, no me dilates tu socorro; atiende luego a mi defensa.

21. Libra mi vida, oh Dios, de la espada; y de las garras de los canes de mi alma.

22. Sálvame de la boca del león; salva de las astas de los toros mi pobre alma.

23. Anunciaré tu santo Nombre a mis hermanos; publicaré tus alabanzas en medio de tu pueblo.

24. Oh, vosotros que teméis al Señor, alabadle; glorificadle vosotros, descendientes todos de Jacob.

25. Témale todo el linaje de Israel, porque no despreció ni desatendió la súplica del pobre, ni apartó de mí su rostro; antes así que clamé a él, luego me oyó.

26. A ti se dirigirán mis alabanzas; en presencia de los que le temen cumpliré yo mis votos.

27. Los pobres comerán y quedarán saciados; y los que buscan al Señor le cantarán alabanzas; sus corazones vivirán por los siglos de los siglos.

28. Se acordará de los beneficios recibidos, y se convertirá al Señor toda la extensión de la tierra; y se postrarán ante su acatamiento las familias todas de las gentes.

29. Porque del Señor es el reino; y él tendrá el imperio de las naciones.

30. Comieron, y le adoraron todos los ricos de la tierra; ante su acatamiento se postrarán todos los mortales.

31. Y mi alma vivirá para él, y a él servirá mi descendencia.

32. Será contada como la del Señor la generación venidera; y los cielos anunciarán la justicia de él al pueblo que nacerá, formado por el Señor.

SALMO 23 (22)

Tú, Señor, estás conmigo, me consuelas y me guías. Eres mi pastor y nada me faltará

1. Salmo de David.

El Señor es mi pastor, nada me faltará.

2. El me ha colocado en lugar de verdes pastos; me ha conducido a unas aguas que restauran y recrean.

3. Convirtió a mi alma. Me ha conducido por los senderos de la justicia, para gloria de su Nombre.

4. De esta suerte, aunque caminase yo por la sombra de la muerte, no temeré ningún desastre; porque tú estás conmigo. Tu vara y tu báculo han sido mi consuelo.

5. Aparejaste delante de mí una mesa abundante, a la vista de mis perseguidores. Bañaste de óleo o perfumaste mi cabeza. ¡Y cuán excelente es el cáliz mío que santamente embriaga!

6. Y me seguirá tu misericordia todos los días de mi vida; a fin de que yo more en la casa del Señor por largo tiempo.

SALMO 24 (23)

Profecía de David sobre el reino del Mesías, tendrá perfección en los cielos

1. Salmo de David.

Del Señor es la tierra y cuanto ella contiene; el mundo y todos sus habitantes.

2. Porque él la estableció superior a los mares, y la colocó más alta que los ríos.

3. ¿Quién subirá al monte del Señor? ¿O quién podrá estar en su santuario?

4. El que tiene puras las manos y limpio el corazón; el que no ha recibido en vano su alma, ni hecho juramentos engañosos a su prójimo.

5. Este es el que obtendrá la bendición del Señor y la misericordia de Dios, su salvador.

6. Este es el linaje de los que la buscan, de los que anhelan por ver el rostro del Dios de Jacob.

7. Levantad, ¡oh, príncipes!, vuestras puertas, y elevaos vosotras, ¡oh puertas de la eternidad!, y entrará el rey de la gloria.

8. ¿Quién es ese rey de la gloria? Es el Señor fuerte y poderoso; el Señor poderoso en las batallas.

9. Levantad, ¡oh príncipes!, vuestras puertas, y elevaos vosotras, ¡oh puertas de la eternidad! y entrará el rey de la gloria.

10. ¿Quién es ese rey de la gloria? El Señor de los ejércitos, ése es el rey de la gloria.

Salmo 25 (24)

David implora la misericordia del Señor para sí, y para su pueblo

1. Salmo de David.

A ti, ¡oh Señor!, he levantado mi espíritu.

2. En ti, ¡oh Dios mío, tengo puesta mi confianza: no quedaré avergonzado.

3. Ni se burlarán de mí mis enemigos; porque ninguno que espere en ti quedará confundido.

4. Sean cubiertos de confusión todos aquellos que vana e injustamente obran la iniquidad. Muéstrame, ¡oh Señor!, tus caminos, y enséñame tus senderos.

5. Encamíname según tu verdad, e instrúyeme; pues tú eres el Dios salvador mío, y te estoy esperando todo el día.

6. Acuérdate Señor, de tu piedad y de tu misericordia usadas en los siglos pasados.

7. Echa en olvido los delitos o flaquezas de mi mocedad, y mis necedades. Acuérdate de mí, según tu misericordia; acuérdate de mí, ¡oh Señor!, por tu bondad.

8. El Señor es bondadoso y justo; por lo mismo dirigirá a los pecadores por el camino que deben seguir.

9. Dirigirá a los humildes por la vía de justicia; enseñará sus caminos a los apacibles.

10. Todos los caminos del Señor son misericordia y verdad para los que buscan su santa alianza y sus mandamientos.

11. Por la gloria de tu santo Nombre, ¡oh Señor!, perdonarás mi pecado, que ciertamente es muy grave.

12. ¿Quién es el hombre que teme al Señor? Dios le ha prescrito la regla que debe seguir en la carrera que escogió.

13. Reposará su alma entre bienes, y sus hijos poseerán la tierra.

14. El Señor es firme apoyo de los que le temen, y a ellos revela sus secretos o misterios.

15. Mis ojos están siempre fijos en el Señor; pues él sacará mis pies del lazo.

16. Vuelve, Señor, hacia mí tu vista, y ten de mí compasión; porque me veo solo y pobre.

17. Las tribulaciones de mi corazón se han multiplicado: líbrame de mis congojas.

18. Mira mi humillación y mi trabajo, y perdona todos mis pecados.

19. Repara en mis enemigos cómo se han multiplicado, y cuán injusto es el odio con que me aborrecen.

20. Guarda mi alma, y líbrame; nunca quede yo sonrojado, habiendo puesto en ti mi esperanza.

21. Los inocentes y justos se han unido conmigo, porque yo esperé en ti.

22. ¡Oh Dios mío!, libra a Israel de todas sus tribulaciones.

Salmo 26 (25)

Oración de David, calumniado, que se pone en las manos del Señor y clama su justicia

1. Salmo de David.

¡Oh Señor!, sé tú mi juez, puesto que yo he procedido según mi inocencia; y esperando en el Señor no vacilaré.

2. Pruébame, Señor, y sondéame; acrisola el fuego mis afectos y todo mi corazón.

3. Porque tengo misericordia delante de mis ojos, y hallo en tu verdad todas mis complacencias.

4. Nunca he ido a sentarme en las reuniones de gente vana, ni conversé jamás con los que obran la iniquidad.

5. Aborrezco la sociedad de los malignos, y evitaré siempre la comunicación con los impíos.

6. Lavaré mis manos en compañía de los inocentes*; y rodearé, Señor, tu altar,

7. para oír las voces, de alabanza y referir todas tus maravillas.

8. Señor, yo he amado el decoro de tu casa, y el lugar donde reside tu gloria.

9. No pierdas, Dios mío, con los impíos mi alma, ni la vida mía con los hombres sanguinarios;

10. en cuyas manos no se ve más que iniquidad, y cuya diestra está toda llena de sobornos.

11. Mas yo he procedido según mi inocencia. Sálvame, Señor, y apiádate de mí.

12. Mis pies se han dirigido siempre por el camino de la rectitud. ¡Oh Señor!, yo cantaré tus alabanzas en las reuniones de tu pueblo.

Salmo 27 (26)

El Señor es mi salvación. Tengo en él mi confianza, porque me salva de enemigos

1. Salmo de David, antes de ser ungido.
El Señor es mi luz y mi salvación: ¿a quién he de temer yo? El Señor es el defensor de mi vida: ¿quién me hará temblar?

2. Mientras están para echarse sobre mí los malhechores, a fin de devorar mis carnes, esos enemigos míos que me atribulan, esos mismos han flaqueado, y han caído.

3. Aunque acampen ejércitos contra mí, no temblará mi corazón. Aunque me embistan en batalla, entonces mantendré firme mi esperanza.

4. Una sola cosa he pedido al Señor, ésta solicitaré; y es que yo pueda vivir en la casa del Señor todos los días de mi vida; para contemplar las delicias del Señor, frecuentando su templo.

5. El es quien me tuvo escondido en su Tabernáculo; en los días aciagos me puso a cubierto en lo más recóndito de su pabellón.

6. Me ensalzó sobre una roca; y ahora me ha hecho prevalecer contra mis enemigos. Por tanto estaré alrededor de su Tabernáculo, inmolando sacrificios de júbilo o acción de gracias; cantando y entonando himnos al Señor.

7. Escucha, ¡oh Señor!, mis voces, con que te he invocado; ten misericordia de mí y óyeme.

8. Contigo ha hablado mi corazón; en busca de ti han andado mis ojos. ¡Oh, Señor! tu cara es la que yo busco.

9. No apartes de mí tu rostro; no te retires enojado de tu siervo. Sé tú en mi ayuda; no me desampares, ni me desprecies, ¡oh Dios, salvador mío!

10. Porque mi padre y mi madre me desampararon; pero el Señor me ha tomado por su cuenta.

11. Arregla, Señor, mis pasos en tu camino, y dirígeme por la recta senda, a causa de mis enemigos.

12. No me abandones a los deseos de mis perseguidores; porque han conspirado contra mí testigos inicuos; mas la iniquidad ha mentido o dañado a sí misma.

13. Yo espero que veré algún día los bienes del Señor en la tierra de los vivientes.

14. Aguarda al Señor, y pórtate varonilmente; cobre aliento tu corazón, y espera con paciencia el Señor.

Salmo 28 (27)

David, asaltado por sus enemigos, acude a Dios. Libre de ellos, le da gracias

1. Salmo de David.
A ti, oh Señor, clamaré, no te hagas sordo a mis ruegos, Dios mío; no sea que no haciendo tú caso de mí, llegue yo a contarme con los que bajan al sepulcro.

2. Escucha, oh Señor, la voz de mi humilde súplica cuando estoy orando a ti; cuando extiendo en alto mis manos hacia tu santo templo.

3. No me arrebates de esta vida con los pecadores, ni me pierdas como a los que obran la iniquidad; los cuales hablan de paz con su prójimo, mientras están maquinando la maldad en sus corazones.

4. Dales a éstos el pago conforme a sus fechorías; y según la malignidad de sus ma-

---

6. *Ex 30*, 19, 20.

quinaciones. Retribúyeles según las obras de sus manos, dales a ellos su merecido.

5. Por cuanto no han considerado las obras del Señor, ni lo que ha ejecutado su poderosa mano; tú, Dios mío, los destruirás, y no los restablecerás nunca.

6. Bendito sea el Señor, pues ha oído la voz de mi humilde ruego.

7. El Señor es el que me auxilia y protege; en él esperó mi corazón, y fui socorrido. Y resucitó mi carne; y así le alabaré con todo mi afecto.

8. El Señor es la fortaleza de su pueblo; él es el que en tantos lances ha salvado a su ungido.

9. Salva, ¡oh Señor!, a tu pueblo, y llena de bendiciones tu heredad; rígelos tú, ensálzalos por toda la eternidad.

Salmo 29 (28)

Profecía de la conversión del mundo por el poder de la palabra del Señor

1. Salmo de David, cuando se concluyó el Tabernáculo.

Presentad al Señor, ¡oh hijos de Dios!, presentad al Señor corderos para el sacrificio.

2. Tributad al Señor la gloria y el honor; dad al Señor la gloria debida a su Nombre; adorad al Señor en el atrio de su santuario.

3. Voz del Señor sobre las aguas; tronó el Dios de la majestad; el Señor sobre muchas aguas.

4. Voz del Señor con poder, voz del Señor con magnificencia.

5. Voz del Señor que quebranta los cedros; el Señor quebranta los cedros del Líbano;

6. y los hará pedazos como a un ternerillo del Líbano, y el Amado será como el hijo del unicornio.

7. Voz del Señor que dispara centellas de fuego;

8. voz del Señor que hace estremecer el desierto; el Señor hará temblar el desierto de Cades.

9. Voz del Señor que llena de estremecimiento a las ciervas; y descubre las espesuras; y todos anuncian en el templo la gloria de su Nombre.

10. El Señor hace del diluvio su habitación, y el Señor estará sentado como rey por toda la eternidad.

11. El Señor dará fortaleza a su pueblo. El Señor colmará a su pueblo de bendiciones de paz.

Salmo 30 (29)

Acción de gracias al Señor después de grandes tribulaciones y peligros

1. Salmo de David, cantado en la dedicación del templo.

2. Te glorificaré, ¡oh Señor!, por haberte declarado protector mío, no dejando que mis enemigos se gozaran a costa de mí.

3. ¡Oh Señor Dios mío!, yo clamé a ti, y me diste la salud.

4. Tú sacaste, Señor, mi alma del infierno o sepulcro. Tú me salvaste, para que no cayera con los que descienden al profundo.

5. ¡Oh vosotros santos del Señor*!, cantadle himnos, y celebrad su memoria sacrosanta.

6. Porque de su indignación procede el castigo; y de su buena voluntad pende la vida. Hasta la tarde durará el llanto, y al salir la aurora será la alegría.

7. En medio de mi prosperidad había yo dicho. No experimentaré nunca jamás mudanza alguna.

8. ¡Oh Señor!, tu buena voluntad es la que ha dado consistencia a mi floreciente estado. Apartaste de mí tu rostro, y al instante fui trastornado.

9. A ti, ¡oh Señor!, clamaré, y a ti, Dios mío, dirigiré mis plegarias.

10. ¿Qué utilidad te acarreará mi muerte, y al descender yo a la corrupción del sepulcro? ¿Acaso el polvo cantará tus alabanzas, o anunciará tus verdades?

11. Me oyó el Señor, y se apiadó de mí. Se declaró el Señor protector mío.

12. Trocaste, ¡oh Dios!, mi llanto en regocijo, rasgaste mi cilicio, y me revestiste de gozo,

13. a fin de que sea mi gloria el cantar tus alabanzas, y nunca tenga yo penas. ¡Oh Señor Dios mío!, yo te alabaré eternamente.

---

5. *Israelitas fieles.*

Salmo 31 (30)

Confianza en el Señor. En los mayores peligros brilla más su misericordia

1. Salmo de David, por un éxtasis o exceso de pena.

2. Oh Señor, en ti tengo puesta mi esperanza; no quede yo para siempre confundido; sálvame, pues eres justo.

3. Dígnate escucharme, acude prontamente a librarme. Sé para mí un Dios tutelar, y un alcázar de refugio para ponerme a salvo.

4. Porque tú eres mi fortaleza y mi asilo; y por honra de tu Nombre me guiarás y sustentarás.

5. Tú me sacarás del lazo que me tienen ocultamente armado, pues tú eres mi protector.

6. En tus manos encomiendo mi espíritu; tú me has redimido, ¡oh Señor Dios de la verdad!

7. Tú aborreces a los que se pagan de supersticiones inútiles. Mas yo tengo puesta en el Señor mi esperanza.

8. En tu misericordia me regocijaré, y saltaré de gozo. Porque te dignaste volver los ojos a mi abatimiento, y sacaste de apuro mi alma.

9. No me dejaste encerrado en manos del enemigo, sino que abriste ancho camino a mis pies.

10. Apiádate de mí, ¡oh Señor! porque me veo atribulado. Mi vista, mi espíritu, mis entrañas se han conturbado por el pesar o indignación.

11. Pues de puro dolor se va consumiendo mi vida y mis años con tanto gemir. Se ha debilitado mi vigor a causa de la miseria, y todos mis huesos se hallan dislocados.

12. He venido a ser el oprobio de todos mis enemigos, y principalmente de mis vecinos; y objeto de horror para mis conocidos. Los que me veían, huían lejos de mí.

13. Fui borrado de su corazón, y puesto en olvido como un muerto; fui considerado como un mueble inútil.

14. Porque yo oía los denuestos de muchos que estaban alrededor mío; los cuales al conjurarse contra mí, trazaron entre ellos quitarme la vida.

15. Pero yo, Señor, puse en ti mi esperanza. Y tú eres, dije yo, mi Dios;

16. en tus manos está mi suerte. Líbrame del poder de mis enemigos, y de aquellos que me persiguen.

17. Derrama sobre tu siervo la luz de tu rostro; sálvame por tu misericordia.

18. ¡Oh Señor!, no quede yo confundido ya que te he invocado. Queden, sí, avergonzados los impíos, y sean derribados al profundo.

19. Enmudezcan los labios fraudulentos, que hablan inicuamente contra el justo con soberbia y menosprecio.

20. ¡Oh, cuán grande es, Señor, la dulzura que tienes reservada para los que te temen! Tú la has comunicado abundantemente, a vista de los hijos de los hombres, a aquellos que tienen puesta en ti su esperanza.

21. Tú los esconderás donde está escondido tu rostro, preservándolos de los alborotos de los hombres. Los pondrás en tu Tabernáculo, a cubierto de las lenguas maldicientes.

22. Bendito sea el Señor que ha ostentado maravillosamente su misericordia conmigo en la ciudad fortificada*.

23. Yo, es verdad, que dije en un arrebato de mi genio: Arrojado me hallo de tu vista. Por eso mismo te dignaste oír mi oración, mientras a ti clamaba.

24. Amad al Señor, santos suyos todos; porque el Señor inquirirá la verdad, y dará el pago bien cumplido a los que obran con soberbia.

25. Portaos varonilmente todos vosotros los que tenéis puesta en el Señor vuestra esperanza, y tened buen ánimo.

Salmo 32 (31)

Canto de David penitente. La gracia y el perdón son efecto de la divina misericordia

1. Salmo de David. Salmo de inteligencia. Felices aquellos a quienes se han perdonado sus iniquidades, y se han borrado sus pecados.

2. Dichoso el hombre a quien el Señor no arguye de pecado; y cuya alma se halla exenta de dolo.

3. Por haber yo callado, se consumieron mis huesos, dando alaridos todo el día.

22. 1 *Sam* 27, 6.

4. Porque de día y de noche me hiciste sentir tu pesada mano. Revolcábame en mi miseria, mientras tenía clavada la espina.

5. Te manifesté mi delito, y dejé de ocultar mi injusticia. Confesaré, dije yo, contra mí mismo al Señor la injusticia mía, y tú perdonaste la malicia de mi pecado.

6. En vista de esto, orará a ti todo hombre santo en el tiempo oportuno. Y ciertamente que en la inundación de copiosas aguas no llegarán éstas a él.

7. Tú eres mi asilo en la tribulación que me tiene cercado: Tú, oh alegría mía, líbrame de los que me tienen rodeado.

8. Yo te daré, dijiste, inteligencia, y te enseñaré el camino que debes seguir; tendré fijos sobre ti mis ojos.

9. Guardaos de ser semejantes al caballo y al mulo, los cuales no tienen entendimiento. Sujeta, ¡oh Señor!, con cabestro y freno las quijadas de los que se retiran de ti.

10. Muchos dolores le esperan al pecador; mas al que tiene puesta en el Señor su esperanza, la misericordia le servirá de muralla.

11. Alegraos, ¡oh justos!, y regocijaos en el Señor, y gloriaos en él vosotros todos los de recto corazón.

Salmo 33 (32)

Exhorta a los justos a alabar y dar gracias al Señor por su poder y bondad

1. Salmo de David.

Regocijaos, ¡oh justos!, en el Señor; a los rectos de corazón es a quienes les está bien alabarle.

2. Alabad al Señor con la cítara, cantadle himnos tañendo el salterio.

3. Entonad un cántico nuevo, cantadle a coro suaves himnos.

4. Porque la palabra del Señor es recta, y su fidelidad brilla en todas sus obras.

5. Ama la misericordia y la justicia; toda la tierra está llena de la misericordia del Señor.

6. Por la palabra del Señor se fundaron los cielos, y por el espíritu de su boca se formó todo su concierto y belleza.

7. El tiene recogidas las aguas del mar, como en un odre, y puestos en depósito los abismos.

8. Tema al Señor la tierra toda; tiemblen en su presencia cuantos la tierra habitan.

9. Porque él habló, y todo quedó hecho; lo mandó y todo fue creado.

10. El Señor desbarata los proyectos de las naciones; deshace los designios de los pueblos, e inutiliza los planes de los príncipes.

11. Mas los designios del Señor permanecen eternamente; las disposiciones de su voluntad subsisten por todas las generaciones.

12. Feliz la nación cuyo Dios es el Señor, el pueblo a quien escogió por herencia propia suya.

13. Observó desde el cielo el Señor; vio a todos los hijos de los hombres.

14. Desde su firmísimo trono echó una mirada sobre todos los habitantes de la tierra.

15. El es el que formó el corazón de cada uno; el que conoce todo lo que hacen.

16. No por su gran poderío se salva el rey; ni se salvará el gigante por su valentía.

17. El caballo no es seguro para salvarse en él; no por su mucho brío pondrá a salvo al jinete.

18. He aquí los ojos del Señor puestos en los que le temen, y en los que confían en su misericordia;

19. para librar sus almas de la muerte, y sustentarlos en tiempo de hambre.

20. Así nuestra alma espera con paciencia al Señor; porque él es nuestro amparo y protector.

21. En él hallará nuestro corazón su alegría, y en su santo Nombre tenemos puesta la esperanza.

22. Venga, ¡oh Señor!, tu misericordia sobre nosotros, conforme esperamos en ti.

Salmo 34 (33)

Da gracias y alaba al Señor, que defiende a los justos del mal y castiga a los impíos

1. Salmo de David, cuando se desfiguró delante del rey Aquimelec, el cual lo echó de sí; con lo que David se escapó*.

---

1. *1 Sam 21.*

2. Alabaré al Señor en todo tiempo, no cesarán mis labios de pronunciar sus alabanzas.

3. En el Señor se gloriará mi alma. Óiganlo los humildes, y se consuelen.

4. Engrandeced conmigo al Señor, y todos a una ensalcemos su Nombre.

5. Acudí solícitamente al Señor, y me oyó, y me sacó de todas mis tribulaciones.

6. Acercaos vosotros a él, y os iluminará, y no quedaréis sonrojados.

7. Clamó este pobre, y el Señor le oyó, y lo libró de todas sus angustias.

8. El ángel del Señor asistirá alrededor de los que le temen, y los librará del mal.

9. Gustad y ved cuán suave es el Señor; bienaventurado el hombre que en él confía.

10. Temed al Señor todos vosotros sus santos; porque nada falta a los que temen.

11. Los ricos padecieron necesidad y hambre; pero a los que buscan al Señor no les faltará bien alguno.

12. Venid, hijos, escuchadme, que yo os enseñaré el temor del Señor.

13. ¿Quién es el hombre que apetece vivir, y que desea ver días dichosos?

14. Pues para esto guarda pura tu lengua de todo mal, y no profieran tus labios ningún embuste.

15. Huye del mal, y obra el bien; busca la paz, y empéñate en alcanzarla.

16. El Señor tiene fijos sus ojos sobre los justos, y atentos sus oídos a las plegarias que le hacen.

17. Y el rostro del Señor está observando a los que obran mal, para extirpar de la tierra la memoria de ellos.

18. Clamaron los justos, y los oyó el Señor, y los libró de todas sus aflicciones.

19. El Señor está al lado de los que tienen el corazón atribulado; y él salvará a los humildes de espíritu.

20. Muchas son las tribulaciones de los justos; pero de todas los librará el Señor.

21. De todos los huesos de ellos tiene el Señor sumo cuidado; ni uno solo será quebrantado.

22. Funestísima es la muerte de los pecadores; y los que aborrecen al justo quedarán destruidos.

23. El Señor redimirá las almas de sus siervos, y no perecerán los que en él esperan.

Salmo 35 (34)

David implora mansamente en sus persecuciones la protección del Señor

1. Salmo de David.

Juzga, ¡oh Señor!, a los que me dañan; bate a los que pelean contra mí.

2. Armate y alza el escudo, y sal a defenderme.

3. Desenvaina la espada, y cierra con los que me persiguen; dile a mi alma: Yo soy tu salvador.

4. Queden cubiertos de confusión y vergüenza los que atentan contra mi vida. Sean puestos en fuga y en desorden los que maquinan contra mí.

5. Vengan a ser como el polvo que arrebata el viento; y estréchelos el ángel del Señor.

6. Sea su camino tenebroso y resbaladizo, y el ángel del Señor vaya persiguiéndolos;

7. ya que sin causa me armaron ocultamente el lazo de muerte, y ultrajaron injustamente mi alma.

8. Caiga mi enemigo en un lazo impensado, y caiga en la trampa que él puso en celada, y quede cogido en su mismo lazo.

9. Entretanto mi alma se regocijará en el Señor, y se deleitará en su salvador.

10. De todas las coyunturas de mis huesos saldrán voces que digan: ¡Oh Señor!, ¿quién hay semejante a ti, que libras al desvalido de las manos de los que pueden más que él, al necesitado y al pobre de los que lo despojan?

11. Levantándose testigos falsos, me interrogaban de cosas que yo ignoraba.

12. Me devolvían males por bienes, procurando quitarme la vida.

13. Pero yo mientras ellos me afligían, me cubría de cilicio, humillaba mi alma con el ayuno, no cesando de orar en mi corazón.

14. Con el amor que a un íntimo amigo, y como a un hermano mío, así los trataba; como quien está de luto y en tristeza, así me humillaba.

15. Mas ellos hacían fiesta, y se aunaron contra mí, descargaron sobre mí azotes a porfía, sin saber yo la causa.

16. Quedaron disipados, mas no arrepentidos; me tentaron, me insultaron con escarnio; rechinaron contra mí sus dientes.

17. ¡Oh Señor!, ¿cuándo volverás tus ojos? Libra mi alma de la malignidad de estos hombres, libra de estos leones al alma mía.

18. Yo te glorificaré, en medio de tu pueblo cantaré tus alabanzas.

19. No tengan el placer de triunfar sobre mí mis inicuos contrarios, los que sin causa me aborrecen*, y con sus ojos muestran complacencia.

20. Pues conmigo ciertamente hablaban palabras de paz; mas en medio de su indignación, fija en tierra su vista, trazaban engaños.

21. Y abrían contra mí tanta boca, diciendo: ¡Ea, ea!, nuestros ojos lo han visto.

22. ¡Oh, Señor!, tú lo has visto, no guardes más tiempo silencio. Señor, no te alejes de mí.

23. Levántate, y entiende en mi juicio, ocúpate en mi causa, ¡oh mi Dios y Señor mío!

24. Júzgame según tu justicia, ¡oh Señor, mi Dios!, y no triunfen ellos sobre mí.

25. No digan en sus corazones: Albricias, hemos logrado nuestro deseo. Ni digan tampoco: Le hemos devorado.

26. Queden, Señor, todos ellos llenos de confusión y vergüenza, los que se congratulan por mis males. Cubiertos sean de ignominia y sonrojados los que se jactan contra mí.

27. Triunfen y se regocijen los que están a favor de mi justa causa, y digan siempre los que desean la paz de su siervo: Glorificado sea el Señor.

28. Y publicará mi lengua tu justicia, y celebrará todo el día tus alabanzas.

Salmo 36 (35)

La gran maldad del impío. La inmensa bondad y misericordia del Señor

1. Salmo del mismo David, siervo del Señor.

2. Resolvió el impío en su corazón el hacer el mal; no hay temor de Dios ante sus ojos.

3. Porque ha obrado dolosamente en la divina presencia; por lo cual se ha hecho más odiosa su maldad.

4. Las palabras de su boca son injusticia y embustes; no ha querido instruirse para obrar bien.

5. Estando en su lecho discurre cómo obrar la iniquidad; anda en todo género de malos pasos; no tiene horror a la maldad.

6. ¡Oh Señor!, llega hasta el cielo tu misericordia, y hasta las nubes tu verdad.

7. Como altísimos montes es grande tu justicia, abismo profundísimo tus juicios. A hombres y bestias conservas, ¡oh Señor!

8. ¡Oh, cuánto has multiplicado, oh Dios, tu misericordia! Por eso los hijos de los hombres esperarán bajo las sombras de tus alas.

9. Quedarán embriagados con la abundancia de tu casa, y les harás beber en el torrente de tus delicias.

10. Porque en ti está la fuente de la vida; y en tu luz veremos la luz.

11. Despliega tu misericordia sobre los que te conocen, y tu justicia a favor de aquellos que tienen un corazón recto.

12. No dé yo pasos de soberbia; ni me hagan titubear las acciones del pecador.

13. Allí es donde han caído por tierra los que cometen la maldad; han sido arrojados afuera, y no han podido levantarse más.

Salmo 37 (36)

Explica David a los justos que la felicidad de los malos es aparente y efímera

1. Salmo de David.

No envidies la prosperidad de los malignos, ni tengas celos de los que obran la iniquidad;

2. porque como heno se han de secar muy pronto, y como la tierna hierbecilla luego se marchitarán.

3. Pon tu esperanza en el Señor, y haz obras buenas, y habitarás en la tierra, y gozarás de sus riquezas.

4. Cifra tus delicias en el Señor, y te otorgará cuanto desea tu corazón.

5. Expón al Señor tu situación, y confía en él; y él obrará.

6. Y hará brillar tu justicia como la luz y el derecho de tu causa como el sol de medio día.

---

19. *Jn 15*, 25.

7. Sé, pues, obediente al Señor, y preséntale tus súplicas. No tengas envidia del que hace fortuna en su carrera, del hombre que comete injusticias.

8. Reprime la ira, y depón el furor, no quieras ser émulo en hacer mal.

9. Pues los que obran mal, serán exterminados; mas los que esperan en el Señor, ésos heredarán la tierra.

10. Ten un poco de paciencia, y verás que ya no existe el pecador; y buscarás el lugar en que estaba, y no le hallarás.

11. Pero los mansos heredarán la tierra, y gozarán de muchísima paz o prosperidad.

12. Acechará el pecador al justo, y rechinará contra él sus dientes.

13. Pero el Señor se reirá de él como quien está previendo que le llegará su día.

14. Desenvainaron la espada los pecadores; entesaron su arco para derribar al pobre y al desvalido, para asesinar a los hombres de bien.

15. Pero su misma espada traspasará sus propios corazones, y será su arco hecho pedazos.

16. Más sirve al justo una medianía, que las muchas riquezas al pecador.

17. Porque los brazos de los pecadores serán quebrantados; al paso que el Señor sostiene a los justos.

18. Contados tiene el Señor los días de los que viven sin mancilla; y la herencia de éstos será eterna.

19. No serán confundidos en el tiempo calamitoso; en los días de hambre serán saciados.

20. Porque perecerán los pecadores; y los enemigos del Señor no bien serán ensalzados a puestos honoríficos, cuando sean abatidos y se desvanezcan como el humo.

21. Tomará prestado el pecador, y no pagará; pero el justo es compasivo, y dará al necesitado.

22. Por tanto aquellos que bendicen al Señor heredarán la tierra; mas los que blasfeman, perecerán.

23. El Señor dirigirá los pasos del hombre justo, y aprobará sus caminos.

24. Si cayere, no se lastimará; pues el Señor pone su mano por debajo.

25. Joven fui, y ya soy viejo; mas nunca he visto desamparado al justo, ni a sus hijos mendigando el pan.

26. Pasa el día ejercitando la misericordia, y dando prestado; y bendita será su descendencia.

27. Huye, pues, del mal, y haz bien; y vivirás por los siglos de los siglos.

28. Porque el Señor ama lo justo, y no desampara a sus santos; eternamente serán protegidos. Los injustos serán castigados; y perecerá la raza de los impíos.

29. Pero los justos heredarán la tierra, y la habitarán perpetuamente.

30. La boca del justo derramará sabiduría, y su lengua hablará juiciosamente*.

31. La ley de su Dios la tiene en medio del corazón, y andará con firmes pasos.

32. Anda el pecador acechando al justo, y busca cómo podrá quitarle la vida.

33. Mas el Señor no le abandonará en sus manos, ni le condenará cuando sea juzgado.

34. Espera en el Señor, y observa su ley; y te ensalzará para que entres a heredar la tierra; cuando hayan perecido los pecadores, lo verás.

35. Vi yo al impío sumamente ensalzado, y empinado como los cedros del Líbano.

36. Pasé de allí a poco, y he aquí que no existía ya; le busqué, mas ni rastro alguno de él pude hallar.

37. Conserva, pues, tú la inocencia, y atiende a la justicia; porque el hombre pacífico deja de sí memoria,

38. mas los injustos perecerán todos; cuanto quede de los impíos será destruido.

39. La salvación de los justos viene del Señor; y él es su protector en el tiempo de la tribulación.

40. El Señor los ayudará, y los librará, y los sacará de las manos de los pecadores, y los salvará, porque pusieron en él su confianza.

Salmo 38 (37)

David, afligido por sus pecados, pide la misericordia y el perdón del Señor

1. Salmo de David para recuerdo.

2. Oh Señor, no me reprendas en medio de tu saña; ni en medio de tu cólera me castigues.

30. Estrecha unión entre la sabiduría y la observancia de la ley. *Prov 31*, 26.

3. Porque se me han clavado tus saetas y has cargado sobre mí tu mano.

4. No hay parte sana en todo mi cuerpo, a causa de tu indignación; se me estremecen los huesos cuando considero mis pecados.

5. Porque mis maldades sobrepujan por encima de mi cabeza; y como una carga pesada me tienen agobiado.

6. Se enconaron y corrompieron mis llagas, a causa de mi necedad.

7. Estoy hecho una miseria y encorvado hasta el suelo; ando todo el día cubierto de tristeza.

8. Porque mis entrañas están llenas de ardor, y no hay en mi cuerpo parte sana.

9. Afligido estoy y abatido en extremo; la fuerza de los gemidos de mi corazón me hace prorrumpir en alaridos.

10. Oh Señor, bien ves todos mis deseos, y no se te ocultan mis gemidos.

11. Mi corazón está conturbado; he perdido mis fuerzas; y hasta la misma luz de mis ojos me ha faltado ya.

12. Mis amigos y mis deudos se arrimaron y se apostaron contra mí; y mis allegados se pararon a lo lejos.

13. Entretanto aquellos que procuraban mi muerte, hacían todos sus esfuerzos; y los que anhelaban dañarme, hablaban mil sandeces; y estaban todo el día maquinando engaños.

14. Pero yo, como si fuera sordo no los escuchaba, y estaba como mudo, sin abrir la boca.

15. Y me hice como quien nada oye, y no tiene palabras con que replicar.

16. Porque en ti tengo puesta, Señor, mi esperanza; tú me oirás, ¡oh Señor Dios mío!

17. Pues yo dije: No triunfen sobre mí mis enemigos; los cuales, cuando ven vacilantes mis pies, se vanaglorian contra mí.

18. Verdad es que yo estoy resignado al castigo; y siempre tengo presente mi dolor.

19. Yo mismo confesaré mi iniquidad, y andaré siempre pensativo por causa de mi pecado.

20. Entretanto mis enemigos viven, y se han hecho más fuertes que yo; y se han multiplicado los que me aborrecen injustamente.

21. Los que vuelven mal por bien murmuraban de mí, porque seguía la virtud.

22. ¡Ah! No me desampares, Señor Dios mío; no te apartes de mí.

23. Acude pronto a socorrerme, ¡oh Señor Dios, salvador mío!

Salmo 39 (38)

David confiesa sus culpas y pide al Señor que lo libre de ellas. La vida es efímera

1. A Iditún. Cántico de David.

2. Dije yo en mi corazón: Velaré mi conducta para no pecar con mi lengua. Ponía un candado en mi boca, cuando el pecador se presentaba contra mí.

3. Enmudecí y me humillé, y me abstuve de responder aun cosas buenas; con lo cual se aumentó mi dolor.

4. Sentí que se inflamaba mi corazón; y en mi meditación se encendían llamas de fuego.

5. Solté mi lengua, diciendo: ¡Ah Señor!, hazme conocer mi fin, y cuál es el número de mis días, para que yo sepa lo que me resta de vida.

6. Cierto que has señalado a mis días término corto; y que toda mi subsistencia es como nada ante tus ojos. Verdaderamente que es la suma vanidad todo hombre viviente.

7. En verdad que como una sombra pasa el hombre; y por eso se afana y agita en vano. Atesora, y no sabe para quién allega todo aquello.

8. Ahora bien, ¿cuál es mi esperanza? ¿Por ventura no eres tú, oh Señor, en quien está todo mi bien?

9. Líbrame de todas las iniquidades; tú me hiciste objeto de los ultrajes del insensato.

10. Enmudecí, y no abrí mi boca, porque todo lo hacías tú.

11. Señor, levanta de mí tu azote.

12. A los recios golpes de tu mano, yo desfallecí cuando me corregías; por el pecado castigaste tú al hombre; e hiciste que su vida se consumiese como araña. Ciertamente que en vano se conturba y agita el hombre.

13. Oye, Señor, mi oración, y mi súplica; atiende a mis lágrimas; no guardes silencio; puesto que yo soy delante de ti un advenedizo y peregrino como todos mis padres.

14. Afloja un poco conmigo, y déjame respirar, antes que yo parta y deje de existir.

SALMO 40 (39)

David cumple la voluntad del Señor y le da gracias por haberlo oído

1. Salmo de David*.
2. Con ansia suma estuve aguardando al Señor, y por fin inclinó a mí sus oídos,
3. y escuchó benignamente mis súplicas. Y me sacó del lago de la miseria y del inmundo cieno. Y asentó mis pasos.
4. Me puso en la boca un cántico nuevo, un cántico en loor de nuestro Dios. Verán estos muchos, y temerán al Señor, y pondrán en él su esperanza.
5. Bienaventurado el hombre cuya esperanza toda es el nombre del Señor, y que no volvió sus ojos hacia la vanidad y a las necedades engañosas.
6. Muchas son las maravillas que has obrado, ¡oh Señor Dios mío!, y no hay quien pueda asemejarse a ti en tus designios. Me puse yo a referirlos y anunciarlos; exceden todo guarismo.
7. Tú no has querido sacrificios ni oblaciones; pero me has dado oídos perfectos. Tampoco pediste holocausto ni víctima por el pecado.
8. Yo entonces dije: Aquí estoy; yo vengo, (conforme está escrito de mí al frente del libro de la ley)
9. para cumplir tu voluntad. Eso he deseado siempre, oh Dios mío; y tengo tu ley en medio de mi corazón.
10. He anunciado tu justicia ante tu pueblo; no tendré jamás cerrados mis labios: Señor, tú lo sabes.
11. No he tenido escondida tu justicia en mi corazón; publiqué tu verdad y la salvación que de ti viene. No oculté tu misericordia y tu verdad a la numerosa congregación.
12. Pero tú, Señor, no alejes de mí tu piedad; tu misericordia y tu fidelidad me han amparado en todo trance.
13. Porque me hallo cercado de males sin número; me sorprendieron mis pecados, y no pude distinguirlos bien; se multiplicaron más que los cabellos de mi cabeza, y mi corazón ha desmayado.
14. ¡Oh! Dígnate, Señor, librarme; vuelve hacia mí tus ojos para socorrerme.
15. Queden de una vez confundidos y avergonzados cuantos buscan cómo quitarme la vida; que se vuelvan atrás llenos de confusión los que mi mal desean.
16. Sufran luego la ignominia que merecen aquellos que me dicen: ¡Ea, ea!
17. Que se regocijen en ti y salten de gozo todos los que te siguen; y aquellos que aman a tu salvador, digan siempre: Glorificado sea el Señor.
18. Yo por mí soy un mendigo y desvalido; pero el Señor tiene cuidado de mí. Tú eres, ¡oh Señor!, mi libertador y protector. No tardes, Dios mío.

SALMO 41 (40)

Recomienda David el amor a los pobres. Confía en la protección divina, nada teme

1. Salmo de David.
2. Bienaventurado aquel que piensa en el necesitado y en el pobre; el Señor le librará en el día aciago.
3. Guárdelo el Señor, y confórtelo y hágalo feliz en la tierra, y no lo entregue a discreción de sus enemigos.
4. Consuélelo el Señor cuando se halle postrado en el lecho de su dolor; tú mismo, Señor, lo sostenías en su cama en su enfermedad.
5. En cuanto a mí dije: Señor, ten lástima de mí; sana mi alma, porque pequé contra ti.
6. Prorrumpían mis enemigos en imprecaciones contra mí: ¿Cuándo morirá éste, decían, y se acabará su memoria?
7. Que si alguno entraba a visitarme, hablaba con mentira, tramando en su corazón iniquidades. Salíase afuera y se confabulaba
8. con los otros. Susurraban contra mí todos mis enemigos; todos conspiraban para acarrearme males.
9. Sentencia inicua pronunciaron contra mí. Mas, ¿por ventura el que duerme no volverá a levantarse?
10. Lo que más es, un hombre con quien vivía yo en dulce paz, de quien yo me fiaba, y que comía de mi pan, ha urdido una gran traición contra mí.
11. Pero tú, Señor, ten piedad de mí y

---

1. *Sal 70 (69).*

levántame, que yo les daré a ellos su merecido.

12. En esto habré conocido que tú me amas; pues no tendrá mi enemigo que holgarse a costa mía.

13. Porque tú me has tomado bajo tu protección a causa de mi inocencia, y me has puesto en lugar seguro ante tu acatamiento por toda la eternidad.

14. Bendito sea el Señor Dios de Israel por los siglos de los siglos. ¡Amén! ¡Amén!

Salmo 42 (41)

David se consuela con la esperanza de los bienes celestiales y promesa de su libertad

1. Salmo de instrucción, a los hijos de Coré.

2. Como busca el sediente ciervo por las fuentes de aguas, así, ¡oh Dios!, clama por ti el alma mía.

3. Sedienta está mi alma del Dios fuerte y vivo. ¡Cuándo será que yo llegue, y me presente ante Dios!

4. Mis lágrimas me han servido de pan día y noche, desde que me están diciendo continuamente: Y tu Dios, ¿dónde está?

5. Estos eran los recuerdos que venían a mi memoria; y ensanché dentro de mí mi espíritu; porque yo he de llegar, dije, al sitio del admirable tabernáculo, hasta la casa de mi Dios; entre voces de júbilo, y de acción de gracias, y de algazara de convite.

6. ¿Por qué estás triste, oh alma mía?; y ¿por qué me tienes en esta agitación? Espera en Dios; porque aún cantaré sus alabanzas, como que es el salvador que tengo siempre delante de mí,

7. y mi Dios. Conturbada está mi alma. Por lo mismo me acordaré de ti en el país que está desde el Jordán hasta Hermón y el pequeño monte.

8. Como el estampido con que se deshacen tus cataratas, un abismo o aguacero llama a otro abismo; así todas tus tempestades y todas tus olas han ido descargando sobre mí.

9. En el día dispondrá el Señor que venga su misericordia; y yo en la noche cantaré tus alabanzas. Haré para conmigo oración a Dios, autor de mi vida.

10. Le diré a Dios: Tú eres mi amparo; ¿por qué te has olvidado de mí?; y ¿por qué he de andar yo triste, mientras me aflige el enemigo?

11. Mientras se están quebrantando mis huesos, no cesan de insultarme los enemigos míos, que me atormentan; diciéndome todos los días: ¿Y tu Dios, dónde está?

12. Pero, ¡oh alma mía!, ¿por qué estás triste?; ¿por qué me llenas de turbación? Espera en Dios, pues aún he de cantarle alabanzas, por ser él el salvador que está siempre delante de mí, y el Dios mío.

Salmo 43 (42)

Mi esperanza está en el Señor, quien me libra de los enemigos y de los peligros

1. Salmo de David.

Júzgame tú, oh Dios, y toma en tus manos mi causa; líbrame de la gente impía, y del hombre inicuo y engañador.

2. Pues tú eres, oh Dios, mi fortaleza, ¿por qué me has desechado de ti?; y ¿por qué he de andar triste, mientras me aflige mi enemigo?

3. Envíame tu luz y tu verdad, tu gracia y socorro; éstas me han de guiar y conducir a tu monte santo, hasta tus tabernáculos.

4. Y me acercaré al altar de Dios, al Dios que llena de alegría mi juventud. Cantaré tus alabanzas con la cítara, ¡oh Dios, oh Dios mío!

5. ¿Por qué estás tú triste, oh alma mía?; y ¿por qué me llenas de turbación? Espera en Dios; porque todavía he de cantarle alabanzas, por ser él el salvador, que está siempre delante de mí, y el Dios mío.

Salmo 44 (43)

Israel se consuela con la memoria de los beneficios del Señor e implora su auxilio

1. Salmo de inteligencia.

2. Nosotros, oh Dios, hemos oído por nuestros propios oídos, nuestros padres nos han contado las obras que tú hiciste en sus días y en los tiempos antiguos.

3. Tu mano extirpó de esta tierra las naciones, y los plantaste a ellos; tú abatiste aquellos pueblos, y los expeliste.

4. Porque no conquistaron este país con su espada, y no fue su brazo el que los salvó; sino tu diestra y tu brazo*, y la luz emanada de tu rostro; porque te complaciste en ellos.

5. Tú eres, tú mismo el rey mío y mi Dios; tú que decretas las victorias de Jacob.

6. Con tu ayuda arrojaremos al aire y voltearemos a nuestros enemigos, y en tu Nombre despreciaremos a los que se levantan contra nosotros.

7. Que no confiaré yo en mi arco, ni me salvará mi espada.

8. Pues tú salvaste de los que nos afligían, y tú confundiste a los que nos odiaban.

9. En Dios nos gloriaremos todo el día, y tu Nombre alabaremos para siempre.

10. Mas ahora nos has desechado y cubierto de confusión; y ya no sales, oh Dios, al frente de nuestros ejércitos.

11. Nos hiciste volver las espaldas a nuestros enemigos; y que fuésemos presa de los que nos aborrecen.

12. Nos entregaste como ovejas para el matadero, y nos has dispersado entre las naciones.

13. Has vendido a tu pueblo de balde; y no hubo concurrencia en su mercado o venta.

14. Nos has hecho objeto de oprobio para nuestros vecinos, la mofa y el escarnio de los que nos rodean.

15. Has hecho que seamos la fábula de las naciones y el ludibrio de los pueblos.

16. Todo el día tengo delante de los ojos mi ignominia, y está mi rostro cubierto de confusión,

17. oyendo la voz del que me zahiere y llena de vituperios, y viendo triunfante a mi enemigo y perseguidor.

18. Todas estas cosas nos han sobrevenido; mas no por eso nos hemos olvidado de ti, ni hemos cometido iniquidad contra tu alianza.

19. No se ha rebelado nuestro corazón, ni has permitido que se desviasen de tu senda nuestros pasos;

20. aunque nos humillabas en un lugar de aflicción donde nos cubría una sombra de muerte.

21. Si nos hemos olvidado del Nombre de nuestro Dios, y si extendimos las manos a un dios extraño,

22. ¿por ventura Dios no nos pedirá cuenta de estas cosas? Porque él conoce los secretos del corazón. El hecho es que por amor de ti estamos todos los días destinados a la muerte; somos reputados como ovejas para el matadero.

23. Levántate, ¡oh Señor!, ¿por qué haces como que duermes? Levántate, y no nos desampares para siempre.

24. ¿Cómo es que retiras de nosotros tu rostro, y te olvidas de nuestra miseria y tribulación?

25. Porque nuestra alma está humillada hasta el polvo; y estamos postrados en tierra, pegado nuestro pecho al suelo.

26. Levántate, ¡oh Señor!, socórrenos; y redímenos por amor de tu Nombre.

Salmo 45 (44)

Salmo para las bodas del rey, que alaba al Señor por la felicidad de su reino

1. Salmo de inteligencia. Cántico en alabanza del amado.

2. Hirviendo está el pecho mío en sublimes pensamientos. Al rey consagro yo esta obra. Mi lengua es pluma de amanuense que escribe muy ligero.

3. ¡Oh tú el más gentil en hermosura entre los hijos de los hombres!, derramada se ve la gracia en tus labios; por eso te bendijo Dios para siempre.

4. Cíñete al lado tu espada, ¡oh rey potentísimo!

5. Con tu gallardía y hermosura camina, avanza prósperamente, y reina por medio de la verdad, y de la mansedumbre y de la justicia; y tu diestra te conducirá a cosas maravillosas.

6. Tus penetrantes saetas traspasarán, oh rey, los corazones de tus enemigos; se rendirán a ti los pueblos.

7. El trono tuyo, ¡oh Dios!, permanece por los siglos de los siglos; el cetro de tu reino es cetro de rectitud.

8. Amaste la justicia y aborreciste la iniquidad; por eso te ungió, ¡oh Dios!, el Dios tuyo con óleo de alegría, con preferencia a tus compañeros.

9. Mirra, áloe y casia exhalan tus vestidos, al salir de las estancias de marfil en que con su olor te han recreado.

---

4. *Jos 24*, 12.

10. Hijas de reyes son tus damas de honor; a tu diestra está la reina con vestido bordado de oro, y engalanada con varios adornos.

11. Escucha, ¡oh hija!, y considera. y presta atento oído, y olvida tu pueblo y la casa de tu padre.

12. Y el rey se enamorará más de tu beldad; porque él es el Señor Dios tuyo, a quien todos han de adorar.

13. Las hijas de Tiro vendrán con dones, y te presentarán humildes súplicas todos los poderosos del pueblo.

14. En el interior está la principal gloria o lucimiento de la hija del rey; ella está cubierta de un vestido con varios adornos,

15. y recamado con franjas de oro. Serán presentadas al rey las vírgenes que han de formar el séquito de ella; ante tu presencia serán traídas sus compañeras.

16. Conducidas serán con fiestas y con regocijos, al templo o palacio del rey serán llevadas.

17. En lugar de tus padres te nacerán hijos; los cuales establecerán príncipes sobre la tierra.

18. Estos conservarán la memoria de tu Nombre por todas las generaciones. Por esto los pueblos te cantarán alabanzas eternamente por los siglos de los siglos.

Salmo 46 (45)

El Señor está con nosotros. El pueblo escogido no teme el poder de sus enemigos

1. A los hijos de Coré. Salmo para los misterios.

2. Dios es nuestro refugio y fortaleza, nuestro defensor en las tribulaciones que tanto nos han acosado.

3. Por eso no temeremos aun cuando se conmueva la tierra, y sean trasladados los montes al medio del mar.

4. Bramaron y se alborotaron sus aguas, a su furioso ímpetu se estremecieron los montes*.

5. Un río caudaloso alegra la ciudad de Dios; el Altísimo ha santificado su Tabernáculo.

6. Está Dios en medio de ella, no será conmovida; la socorrerá Dios ya desde el rayar el alba.

7. Se conturbaron las naciones, y bambolearon los reinos; dio el Señor una voz, y la tierra se estremeció.

8. Con nosotros está el Señor de los ejércitos; el Dios de Jacob es nuestro defensor.

9. Venid y observad las obras del Señor, y los prodigios que ha hecho sobre la tierra;

10. cómo ha alejado la guerra hasta el cabo del mundo. Romperá los arcos, hará pedazos las armas, y entregará al fuego los escudos.

11. Estad tranquilos, y considerad que yo soy el Dios; ensalzado he de ser entre las naciones, y ensalzado en toda la tierra.

12. El Señor de los ejércitos está con nosotros; nuestro defensor es el Dios de Jacob.

Salmo 47 (46)

Gloria del arca del Señor en Jerusalén. Dios es el rey de toda la tierra

1. Salmo a los hijos de Coré.

2. Naciones todas, dad palmadas de aplauso; gritad alegres a Dios con voces de júbilo.

3. Porque excelso es el Señor y terrible, rey grande sobre toda la tierra.

4. El nos sometió los pueblos, y puso a nuestros pies las naciones.

5. Nos eligió por herencia suya a nosotros, porción bella de Jacob, que tanto amó.

6. Ascendió Dios entre voces de júbilo; y el Señor al son de clarines.

7. Cantad, cantad salmos a nuestro Dios; cantad, cantad salmos a nuestro rey.

8. Porque Dios es el rey de toda la tierra: cantadle salmos sabiamente.

9. Dios reinará sobre las naciones; está Dios sentado sobre su santo solio.

10. Los príncipes de los pueblos se reunirán con el Dios de Abrahán; porque es el Dios protector de la tierra, y en gran manera ha sido ensalzado.

---

4. *Is 54*, 10; *Joel* 3, 16.

Salmo 48 (47)

El poder y la misericordia del Señor brillan en defensa de su pueblo. Grandeza de Sión

1. Cántico a los hijos de Coré.

2. Grande es el Señor, y dignísimo de alabanza en la ciudad de nuestro Dios, en su monte santo.

3. Con júbilo de toda la tierra se ha edificado el santuario en el monte de Sión, la ciudad del gran rey, al lado del septentrión.

4. Será Dios conocido en sus casas, cuando haya de defenderla.

5. Porque he aquí que los reyes de la tierra se han coligado y conjurado unánimemente.

6. Ellos mismos, cuando la vieron así, quedaron asombrados, llenos de turbación, conmovidos,

7. y poseídos de terror. Se apoderaron de ellos dolores como de parto.

8. Tú con un viento impetuoso harás pedazos las naves de Tarsis.

9. Como lo oímos, así lo hemos visto en la ciudad del Señor de los ejércitos, en la ciudad de nuestro Dios; la cual ha fundado Dios para siempre.

10. Hemos experimentado, ¡oh Dios!, tu misericordia en medio de tu templo.

11. Al modo que tu Nombre, ¡oh Dios!, así tu gloria se extiende hasta los últimos términos de la tierra; tu diestra está llena de justicia.

12. Alégrese el monte de Sión, y salten de placer las hijas de Judá, ¡oh Señor!, por razón de tus juicios.

13. Dad vueltas alrededor de Sión, examinadla por todos lados, y contad sus torres.

14. Considerad atentamente su fortaleza, y notad bien sus casas o edificios, para poder contarlo a la generación venidera.

15. Porque aquí está Dios, el Dios nuestro, para siempre y por los siglos de los siglos. El nos gobernará eternamente.

Salmo 49 (48)

Exhortación a la virtud y a alejarse del vicio. El dinero no es eterno

1. Salmo a los hijos de Coré.

2. Oíd estas cosas, naciones todas; estad atentos vosotros todos los que habitáis la tierra;

3. así los que sois plebeyos, como los que sois nobles, juntos los ricos y los pobres.

4. Mi boca proferirá sabiduría, y la meditación de mi espíritu prudencia.

5. Tendré atento el oído a la parábola o inspiración divina; al son del salterio descifraré mi enigma.

6. ¿Qué es, pues, lo que he de temer yo en el aciago día? La iniquidad de mis pasos que me cercará por todos lados.

7. ¡Ay de aquellos que confían en su poder, y se glorian en sus riquezas!

8. El hermano no redime, ¿cómo redimirá otro hombre? Ninguno podrá ofrecer a Dios cosa que le aplaque,

9. ni precio alguno en rescate de su alma, sino que penará para siempre.

10. Y no obstante, vivirá perpetuamente.

11. No verá él la muerte, cuando ha visto que mueren aun los sabios. ¡Ah!, el insensato y el necio, como todos, perecerán, y dejarán a los extraños sus riquezas,

12. y el sepulcro será su eterna habitación, y sus pabellones pasarán de una a otra generación; esos hombres que dieron sus nombres a sus tierras, pensando eternizarse.

13. Y el hombre, constituido en honor, no ha tenido discernimiento; se ha igualado con las bestias, y se ha hecho como uno de ellas.

14. Este proceder suyo es causa de su perdición; y con todo habrá venideros que se complacerán en alabarle.

15. Como los rebaños de ovejas serán metidos en el infierno; la muerte se cebará en ellos eternamente. Y los justos tendrán el dominio sobre ellos; y no habrá socorro que les valga en el infierno, después de su pasada gloria.

16. Dios redimirá mi alma del poder del infierno, cuando él me recoja de este mundo.

17. Tú no te turbes por más que un hombre se haga rico, y crezca el fausto de su casa.

18. Puesto que cuando muera nada llevará consigo, ni le seguirá su gloria.

19. Porque mientras él viva, será alabado; y él te bendecirá cuando le hicieres bien.

20. Entrará al lugar de sus padres, y ya no verá jamás la luz.

21. Porque el hombre, constituido en

honor, no tuvo discernimiento; se ha igualado con los irracionales, y se ha hecho semejante a ellos.

Salmo 50 (49)

El Señor es un juez justo y compasivo. El Mesías salvará a los hombres

1. Salmo de Asaf.

El Dios de los dioses, el Señor ha hablado y ha convocado la tierra, desde el oriente hasta el occidente.

2. De Sión es de donde saldrá el esplendor de su gloria.

3. Vendrá Dios manifiestamente; vendrá nuestro Dios, y no callará. Llevará delante de sí un fuego devorador; alrededor de él una tempestad horrorosa.

4. Citará desde arriba cielo y tierra para juzgar a su pueblo.

5. Congregad ante él a sus santos, los cuales hicieron con él alianza por medio de los sacrificios.

6. Y los cielos anunciarán su justicia, por cuanto es Dios el juez.

7. Escucha, oh pueblo mío, y yo hablaré; Israel, escúchame, y me explicaré abiertamente contigo. Yo soy Dios, el Dios tuyo soy.

8. No te haré cargo por tus sacrificios; pues a la vista tengo siempre holocaustos tuyos.

9. No aceptaré de tu casa becerros, ni machos cabríos de tus rebaños;

10. porque mías son todas las fieras silvestres, los ganados que pacen en los montes y los bueyes.

11. Conozco todas las aves del cielo y en mi poder están las amenas campiñas.

12. Si yo tuviese hambre no acudiría a ti; porque mía es la tierra y cuanto ella contiene.

13. ¿Acaso he de comer yo la carne de los toros, o he de beber la sangre de los machos cabríos?

14. Ofrece a Dios sacrificio de alabanza, y cumple tus promesas al Altísimo;

15. e invócame en el día de la tribulación: Yo te libraré, y tú me honrarás con tus alabanzas.

16. Pero al pecador le dijo Dios: ¿Cómo tú te metes a hablar de mis mandamientos, y tomas en tu boca mi alianza?

17. Puesto que tú aborreces la enseñanza, y echaste al trenzado mis palabras.

18. Si veías un ladrón, corrías con él; y te asociabas con los adúlteros.

19. Tu boca fue muy maldiciente, y urdidora de engaños tu lengua.

20. De asiento te ponías a hablar contra tu hermano, y armabas lazos al hijo de tu misma madre.

21. Estas cosas has hecho, y yo he callado. Pensaste injustamente que yo había de ser en un todo como tú; mas yo te pediré cuenta de ellas, y te las echaré en cara.

22. Entended esto bien, vosotros que andáis olvidados de Dios; no sea que algún día os arrebate, sin que haya nadie que pueda libraros.

23. El que me ofrece sacrificio de alabanza, ése es el que me honra; y ése es el camino por el cual manifestaré al hombre la salvación de Dios.

Salmo 51 (50)

David arrepentido, pide a Dios que lo perdone y que tenga compasión de él

1. Salmo de David.

2. Cuando, después que pecó con Betsabé, vino a él el profeta Natán*.

3. Ten piedad de mí, oh Dios, según la grandeza de tu misericordia; y según la muchedumbre de tus piedades, borra mi iniquidad.

4. Lávame aun más de mi iniquidad, y límpiame de mi pecado,

5. (porque yo reconozco mi maldad, y delante de mí tengo siempre mi pecado;

6. contra ti solo he pecado; y he cometido la maldad delante de tus ojos) a fin de que perdonándome, aparezca justo cuando hables*, y quedes victorioso en los juicios que de ti se formen.

7. Mira, pues, que fui concebido en iniquidad y que mi madre me concibió en pecado.

8. Y mira que tú amas la verdad; tú me

---

2. Este es el salmo penitencial más conocido. 2 *Sam 12.*

6. Se puede traducir *Perdóname Señor, a fin de que quede justificado y reconocido fiel en tus promesas. Rom 3,* 4.

revelaste los secretos y recónditos misterios de tu sabiduría.

9. Me rociarás, Señor, con el hisopo, y seré purificado; me lavarás, y quedaré más blanco que la nieve.

10. Infundirás en mi oído palabras de gozo y de alegría, con lo que se recrearán mis huesos quebrantados.

11. Aparta tu rostro de mis pecados, y borra todas mis iniquidades.

12. Crea en mí, ¡oh Dios!, un corazón puro, y renueva en mis entrañas el espíritu de rectitud.

13. No me arrojes de tu presencia y no retires de mí tu santo espíritu.

14. Restitúyeme la alegría de tu salvador; y fortaléceme con un espíritu de príncipe.

15. Yo enseñaré tus caminos a los malos, y se convertirán a ti los impíos.

16. Líbrame de la sangre, ¡oh Dios, Dios salvador mío!, y ensalzará mi lengua tu justicia.

17. ¡Oh Señor!, tú abrirás mis labios; y publicará mi boca tus alabanzas.

18. Que si tú quisieras sacrificios, ciertamente te los ofreciera; mas tú no te complaces con solos holocaustos.

19. El espíritu compungido es el sacrificio más grato para Dios; no despreciarás, ¡oh Dios mío!, el corazón contrito y humillado.

20. Señor, por tu buena voluntad sé benigno para con Sión, a fin de que estén firmes los muros de Jerusalén.

21. Entonces aceptarás el sacrificio de justicia, las ofrendas y los holocaustos; entonces serán colocados sobre tu altar becerros para el sacrificio.

Salmo 52 (51)

David profetiza el castigo del traidor, que se vanagloria de su maldad

1. Salmo de inteligencia de David.

2. Cuando Doeg, idumeo, fue a dar aviso a Saúl, diciéndole que David había estado en casa de Aquimelec*.

3. ¿Por qué haces alarde de tu malignidad, tú que sólo empleas el valimiento para obrar la iniquidad?

4. Todo el día está tu lengua empleándose en la injusticia; cual navaja afilada, así tú has hecho traición.

5. Preferiste el mal al bien, la calumnia al lenguaje de la verdad.

6. Toda suerte de palabras mortíferas son las que has amado, ¡oh lengua alevosa!

7. Por tanto Dios te destruirá para siempre; te arrancará y echará fuera de la mansión en que habitas, te desarraigará de la tierra de los vivientes.

8. Lo verán los justos, y temblarán, y se reirán de él, diciendo:

9. He ahí el hombre que no contó con el favor de Dios, sino que puso su confianza en sus grandes riquezas, y no hubo quien le apeara de su vanidad.

10. Yo al contrario, a manera de un fértil olivo subsistiré en la casa de Dios, para siempre y por los siglos de los siglos por haber puesto mi esperanza en la misericordia de Dios.

11. Te alabaré, Señor, eternamente, porque esto hiciste y esperaré el auxilio de tu Nombre, por ser como es tan bueno para tus santos.

Salmo 53 (52)

David habla sobre el juicio de Dios y profetiza la venida del Mesías

1. Por Maelet. Salmo de inteligencia de David*.

2. Se estragaron los hombres y se han hecho abominables por sus maldades. No hay quien obre el bien.

3. Echó Dios desde el cielo una mirada sobre los hijos de los hombres para ver si hay quien conozca, o quien busque a Dios.

4. Pero todos se han descarriado; se han hecho igualmente inútiles; no hay quien obre bien, ni uno siquiera.

5. ¿No caerán, pues, en cuenta de que hay un Dios justiciero todos aquellos que cometen la iniquidad, que devoran a mi pueblo como quien come un pedazo de pan?

6. Ellos no han invocado a Dios; temblaron de miedo allí donde no había que temer. Porque Dios aniquila el poder de los

2. *1 Sam 22*, 9.

1. *Sal 14* (*13*).

que lisonjean a los hombres. Serán confundidos, porque Dios los desechó de sí.

7. ¡Oh! ¿Quién enviará de Sión al salvador de Israel? Cuando Dios ponga fin al cautiverio de su pueblo, se regocijará Jacob, y saltará de gozo Israel.

Salmo 54 (53)

David implora el auxilio de Dios contra sus enemigos y promete cantarle alabanzas

1. Sobre los cánticos. Salmo de inteligencia de David,

2. cuando fueron los zifeos a decir a Saúl: ¿No sabes que David está escondido entre nosotros*?

3. Sálvame, ¡oh Dios!, por tu Nombre, y defiéndeme con tu poder.

4. Escucha, ¡oh Dios!, mi oración; presta oídos a las palabras de mi boca.

5. Porque gentes extrañas han alzado bandera contra mí, y poderosos atentan contra mi vida, sin mirar a Dios.

6. Pero ya Dios me socorre, y el Señor toma por su cuenta la defensa de mi vida.

7. Haz, ¡oh Dios mío!, recaer los males sobre mis enemigos; y en honor de tu verdad extermínalos.

8. Yo te ofreceré un sacrificio voluntario; y alabaré, ¡oh Señor!, tu Nombre, que tan lleno está de bondad.

9. Puesto que me has librado de todas las tribulaciones, y ya mis ojos miran con desprecio a mis enemigos.

Salmo 55 (54)

David, huye de sus enemigos, pide socorro al Señor y anuncia la ruina de los injustos

1. Salmo de inteligencia de David.

2. Oye benigno, ¡oh Dios!, mi oración, y no desprecies mi humilde súplica.

3. Atiende a mi ruego, y escúchame. Me he llenado de tristeza en mi afán, y la turbación se ha apoderado de mí,

4. a la gritería de mi enemigo, y por la persecución de los malvados. Porque me han achacado a mí la iniquidad, y me acosan con sus furores.

5. Me tiembla el corazón en el pecho; y el pavor de la muerte me ha sobrecogido.

6. El temor y temblor se han apoderado de mí, y me hallo cubierto de tinieblas.

7. Por esta razón he dicho: ¡Oh, quién me diera alas como a la paloma para echar a volar, y hallar reposo!

8. He aquí que me alejaría huyendo, y permanecería en la soledad.

9. Allí esperaría a aquel que me salvará del abatimiento de ánimo y de tempestad.

10. Precipítalos, Señor, divide sus dictámenes; pues veo que la ciudad está llena de iniquidad y discordia.

11. Día y noche va dando vueltas sobre sus muros la iniquidad. En medio de ella habita la opresión

12. y la injusticia; no se apartan de sus plazas la usura y el fraude.

13. En verdad que si me hubiese llenado de maldiciones un enemigo mío, lo hubiera sufrido con paciencia y si me hablase con altanería los que me odian, podría acaso haberme guardado de ellos.

14. Mas tú ¡oh hombre, que aparentabas ser otro yo, mi guía, y mi amigo!

15. Tú que conmigo tomabas el dulce alimento, que andábamos de compañía en la casa de Dios... ¡Ah!

16. Que los arrebate la muerte; y desciendan vivos al infierno; ya que todas las maldades se albergan en sus moradas, en medio de su corazón.

17. Pero yo he clamado a Dios, y el Señor me salvará.

18. Tarde y mañana y al mediodía contaré y expondré al Señor mis necesidades, y él oirá benigno mi voz.

19. Sacará a paz y salvo mi vida de los que me asaltan, conjurados en compañía de muchos para perderme.

20. Dios me oirá; y aquel que existe antes de todos los siglos los humillará. Ellos están obstinados, y no tienen temor de Dios.

21. Ha extendido el Señor la mano para darles su merecido. Profanaron su alianza;

22. han sido disipados a vista de su rostro airado, y su corazón los alcanzó y castigó. Sus palabras son más suaves que el aceite; pero en realidad son dardos.

23. Arroja en el seno del Señor tus

---

2. *1 Sam 23*, 19; *26*, 1.

ansiedades, y él te sustentará; no dejará al justo en agitación perpetua.

24. Al contrario tú, ¡oh Dios!, dejarás caer a aquellos en el pozo de la perdición. Los hombres sanguinarios y alevosos no llegarán a la mitad de sus días; pero yo, ¡oh Señor!, tengo puesta en ti mi esperanza.

Salmo 56 (55)

Confío en el Señor y creo en su palabra. David recurre al Señor, quien lo libra

1. Para la gente que estaba lejos del santuario. Inscripción para ponerse sobre una columna por David, cuando los extranjeros o filisteos le detuvieron en Get*.

2. Apiádate de mí, ¡oh Dios mío!, porque el hombre me está atropellando indignamente; me tiene angustiado, combatiendo todo el día contra mí.

3. Todo el día me veo pisoteado de mis enemigos; pues son muchos los que contra mí pelean.

4. Desde que apunta el día estoy temiendo; pero yo confío en ti.

5. Me gloriaré en Dios por las promesas que me tiene hechas; en Dios tengo puesta mi esperanza; nada temeré de cuanto puedan hacer contra mí los mortales.

6. Todo el día están abominando de mis cosas; todos sus pensamientos se dirigen a hacerme algún daño.

7. Se reúnen y escondidos, están espiando mis pasos; así como estuvieron asechando mi vida.

8. Tú, Señor, de ningún modo los dejarás escapar a ellos; irritado, harás añicos a estas gentes.

9. ¡Oh Dios!, te he expuesto cuál es la situación de mi vida; tú tienes presentes ante tus ojos mis lágrimas, conforme a tu promesa.

10. Un día serán puestos en fuga mis enemigos. En cualquier hora que te invoco, al instante conozco que tú eres mi Dios.

11. A Dios celebraré por las promesas que me tiene hechas; alabaré al Señor por ellas. En Dios tengo mi esperanza; nada temeré de cuanto pueda hacer contra mí el hombre.

12. A mi cuidado quedan, ¡oh Dios!, los votos que te he hecho, que cumpliré cantando tus alabanzas.

13. Porque libraste de la muerte mi alma, y mis pies de la caída; a fin de que pueda ser grato a los ojos de Dios en la luz de los vivientes.

1. *1 Sam 21*, 12.

Salmo 57 (56)

David pide a Dios auxilio contra sus enemigos, que lo acosan y quieren matarlo

1. Salmo de David* para inscribirse en una columna, cuando, huyendo de Saúl, se retiró en una cueva*.

No destruyas a tu siervo.

2. Ten piedad de mí. ¡Dios mío!, apiádate de mí; ya que mi alma tiene puesta en ti su confianza. A la sombra de tus alas esperaré, hasta que pase la iniquidad.

3. Clamaré a Dios altísimo, a Dios que tanto bien me ha hecho.

4. Envió desde el cielo a librarme; cubrió de oprobio a los que me traían entre pies. Envió Dios su misericordia y su verdad,

5. y sacó mi alma de entre fuertes leones; lleno de turbación me quedé como adormecido. Porque rejones y flechas son los dientes de los hijos de los hombres, y su lengua tajante espada.

6. ¡Oh Dios mío!, ensálzate tú mismo sobre los cielos, y haz brillar tu gloria por toda la tierra.

7. Armado habían ellos un lazo a mis pies, y tenían acobardado mi espíritu. Abrieron delante de mí un hoyo; mas ellos cayeron en él.

8. Mi corazón, ¡oh Dios!, está pronto; dispuesto está mi corazón; yo cantaré y entonaré salmos.

9. Ea, levántate, gloria mía, apresúrate, ¡oh salterio y cítara! Yo me levantaré al rayar el alba.

10. Te alabaré, oh Señor, en medio de los pueblos, y te cantaré himnos entre las naciones;

11. porque hasta los cielos ha sido ensalzada tu misericordia, y hasta las nubes tu verdad.

1. *Sal 108* (*107*).
1. Este salmo es una lamentación individual, que concluye con una acción de gracias. *1 Sam 22*, 1; *24*, 4.

12. ¡Oh Dios mío!, ensálzate tú mismo sobre los cielos, y tu gloria por toda la tierra.

Salmo 58 (57)

David espera la providencia del Señor, premio de los justos y castigo de los malos

1. Salmo de David para inscribirse en una columna.

No destruyas a tu siervo.

2. Si verdaderamente hacéis profesión de la justicia, sean rectos vuestros juicios, ¡oh hijos de los hombres!

3. Mas vosotros obráis inicuamente en vuestro corazón, y empleáis vuestras manos en tramar injusticias en la tierra.

4. Los pecadores andan enajenados desde cuando nacieron; se descarriaron desde el vientre de sus madres; no hablan más que falsedades.

5. Su furor es semejante al de una serpiente; como el del áspid que se hace sordo, que te tapa las orejas,

6. y no quiere escuchar la voz de los encantadores, ni del hechicero por más diestro que sea en los encantamientos.

7. Pero Dios les quebrará los dientes dentro de la misma boca; las muelas de esos leones las desmenuzará el Señor.

8. Todos serán reducidos a la nada, como agua que pasa y se disipa; tenso tiene el Señor su arco hasta tanto que sean abatidos.

9. Como la cera que se derrite, así serán deshechos; cayó fuego sobre ellos, y no vieron más el sol.

10. Antes que los enemigos, que son, oh justos, vuestras espinas, lleguen a hacerse una zarza, vivos así como están los devorará el Señor en su ira.

11. Se alegrará el justo al ver la venganza; y lavará sus manos en la sangre de los pecadores.

12. Entonces dirán los hombres: Pues el justo recibe su galardón, es indudable que hay un Dios que ejerce su juicio sobre ellos en la tierra.

---

3. *Vuestras manos amasan las injusticias dándoles aire de justicia.*

Salmo 59 (58)

David suplica al Señor para que los proteja de los impíos y se salva por la oración

1. Salmo de David para inscribirse en una columna; cuando Saúl envió una guardia a su casa, con el fin de quitarle la vida.

No destruyas a tu siervo.

2. Sálvame, Dios mío de mis enemigos, líbrame de los que me asaltan.

3. Sácame del poder de los que obran inicuamente y libértame de esos hombres sedientos de sangre.

4. Que ya ves cómo se han hecho dueños de mi vida; arremeten contra mí hombres de gran fuerza.

5. No padezco esto, Señor, por culpa mía, ni por pecado mío; sin iniquidad seguí mi carrera, y enderecé mis pasos.

6. Levántate y ven en mi socorro, y considera mi inocencia. Apresúrate, oh Señor, Dios de los ejércitos, Dios de Israel, a vigilar a todas las gentes; no uses de piedad con ninguno de los que cometen la iniquidad.

7. Ellos volverán hacia la tarde; padecerán hambre como perros, y andarán rondando la ciudad.

8. Hablarán a escondidas, teniendo dentro de sus labios como un cuchillo afilado, y dirán: ¿Quién hay que nos oiga?

9. Mas tú, ¡oh Señor!, te reirás de ellos; consideras nada todas las gentes.

10. En ti he depositado mi fortaleza; pues tú eres, oh Dios, el defensor mío.

11. La misericordia de mi Dios se anticipará en mi socorro.

12. Me ha mostrado Dios sus designios sobre mis enemigos. ¡Ah! no los mates; no sea que mis pueblos echen la cosa en olvido. Dispérsalos con tu poder, y abátelos, ¡oh Señor!, protector mío.

13. Por causa del crimen de su boca, por las palabras que profirieron sus labios, y sean ellos mismos presa de su propia soberbia. Y por su blasfemia y horrenda mentira serán inflamados.

14. En el día de la desolación serán enviados a la perdición, por la ira de Dios, que los consumirá, y quedarán exterminados. Entonces sabrán que Dios reinará sobre Jacob hasta en los últimos términos de la tierra.

15. Retornarán a sus casas oír por la tarde, y estarán hambrientos como perros, y andarán dando vueltas en torno de la ciudad.

16. Se esparcirán para buscar de comer; y si no pudieren hartarse, entonces murmurarán.

17. Entretanto cantaré yo tu poder, y al amanecer celebraré con júbilo tu misericordia; porque has sido mi defensa y amparo en el día de mi tribulación.

18. ¡Oh protector mío!, a ti cantaré salmos; pues tú oh Dios, eres mi asilo; ¡Dios mío, misericordia mía!

Salmo 60 (59)

David alaba al Señor por las victorias conseguidas y le ruega que acabe su obra

1. Inscripción para una columna. Salmo de David*, para instrucción,

2. cuando quemó la Mesopotamia de Siria y a Soba, y vuelto Joab, venció la Idumea, derrotando doce mil hombres en el valle de las Salinas*.

3. Oh Dios, tú nos desechaste, e hiciste que quedásemos arruinados; montaste en cólera pero te apiadaste de nosotros.

4. Hiciste estremecer la tierra, y la llenaste de turbación. Cura sus llagas, porque está toda ella muy mal parada.

5. Cosas bien duras hiciste sufrir a tu pueblo; nos hiciste beber vino de amargura.

6. Diste a los que te temían una señal, para que huyesen de los tiros de tu arco; a fin de que se librasen los que tú amas.

7. Sálvame, Señor, con tu diestra, y óyeme benigno.

8. Habló Dios en su santuario, y tendré motivo de regocijarme; pues repartiré los campos de Siquem, y mediré el valle de los Tabernáculos.

9. Mío es Galaad, mío es Manasés, y Efraín mi principal fuerza.

10. Judá es mi rey; Moab es un vaso de mi esperanza, o un país que adquiriré. Sujetaré la Idumea a mi imperio, se me someterán los extranjeros.

11. ¿Quién me conducirá a la ciudad fuerte? ¿Quién me conducirá hasta la Idumea?

12. ¿Quién sino tú, ¡oh Dios!, que nos habías desamparado? ¿No vendrás tú, Señor, a la cabeza de nuestros ejércitos?

13. Danos tu socorro en la tribulación, porque vana es la salvación que viene del hombre.

14. Con Dios haremos proezas y él aniquilará a nuestros enemigos.

1. *Sal 108 (107)*.
2. *2 Sam 3*, 8; *10*, 6-9; *1 Cro 19*, 4-5.

Salmo 61 (60)

David pide y obtiene el auxilio divino en sus angustias. Profetiza el reino eterno

1. Sobre los cánticos de David.

2. Escucha, oh Dios mío, mi súplica; atiende mi oración.

3. Desde los últimos términos de la tierra clamé a ti; cuando mi corazón se hallaba más angustiado, tú me colocaste sobre una alta peña; tú fuiste mi guía.

4. Pues eres mi esperanza y baluarte fortísimo contra el enemigo,

5. habitaré para siempre en tu Tabernáculo; me acogeré bajo la sombra de tus alas.

6. Porque tú, Dios mío, has oído mi oración, has concedido la herencia a los que temen tu Nombre.

7. Añadirás días sobre días a la vida del rey, y prolongarás sus años de generación en generación.

8. El permanecerá eternamente en la presencia de Dios. ¿Quién podrá penetrar su misericordia y su verdad*?

9. Así es que yo cantaré himnos de alabanza a tu Nombre por los siglos de los siglos, y estaré cumpliendo sin cesar mis votos.

Salmo 62 (61)

Confianza en la misericordia y poder del Señor, único refugio en la aflicción

1. Salmo de David para Iditún.

2. ¿Cómo no estará mi alma sometida a Dios, dependiendo de él mi salvación?

8. *A favor de sus siervos. Hebr 7*, 25.

3. El es mi Dios y mi salvador; siendo él mi defensa, no seré jamás conmovido.

4. ¿Hasta cuándo estaréis acometiendo a un hombre todos juntos para acabar con él, y derrocarle como a una pared desnivelada, y como a una tapia ruinosa?

5. Mas ellos maquinaron despojarme de lo que más aprecio. Corrí como sediento; ellos hablaban bien de mí con la boca, mas en su corazón me maldecían.

6. Tú, ¡oh alma mía!, mantente sujeta a Dios; pues de él viene mi paciencia.

7. Porque siendo él, como es, mi Dios y mi salvador, y estando él en mi ayuda, no vacilaré.

8. En Dios está mi salvación y mi gloria; Dios es el que me socorre; en Dios está la esperanza mía.

9. Esperad en él vosotros, pueblos todos aquí congregados; derramad vuestros corazones en su acatamiento: Dios es nuestro protector eternamente.

10. Al contrario, vanos y falaces son los hijos de los hombres; mentirosos son los hijos de los hombres puestos en balanza; todos ellos juntos son más livianos que la misma vanidad.

11. No queráis confiar en la justicia, ni codiciar robos; aun si las riquezas os vienen en abundancia, no pongáis en ella vuestro corazón.

12. Una vez habló Dios, y estas dos cosas oí yo: Que el poder está en Dios,

13. y que tú, Señor, eres misericordioso; porque a cada uno remunerarás conforme a sus obras.

Salmo 63 (62)

David, lejos del Tabernáculo del Señor, expresa sus deseos de volver a verlo

1. Salmo de David. Estando en el desierto de Idumea[1].

2. ¡Dios mío, oh mi Dios!, a ti aspiro, y me dirijo desde que apunta la aurora. De ti está sedienta el alma mía. ¡Y de cuántas maneras lo está también este mi cuerpo!

3. En esta tierra desierta, intransitable y sin agua, me pongo en tu presencia, como si me hallara en el santuario, para contemplar tu poder y la gloria tuya.

4. Más apreciable es que mil vidas tu misericordia; por tanto se ocuparán mis labios en tu alabanza.

5. Por esto te bendeciré toda mi vida, y alzaré mis manos invocando tu Nombre.

6. Quede mi alma bien llena de ti, como de un manjar jugoso; y entonces con labios que rebosen de júbilo, te cantará mi boca himnos de alabanza.

7. Me acordaba de ti en mi lecho; en ti meditaba luego que amanecía;

8. pues tú eres mi amparo, y a la sombra de tus alas me regocijaré.

9. En pos de ti va anhelando el alma mía; me ha protegido tu diestra.

10. En vano han buscado cómo quitarme la vida; entrarán en las cavernas más profundas de la tierra:

11. Entregados serán a los filos de la espada; serán pasto de las zorras.

12. Entretanto el rey se regocijará en Dios: loados serán aquellos que le juran; porque quedó así tapada la boca de todos los que hablaban inicuamente.

Salmo 64 (63)

David declara a sus perseguidores el juicio del Señor contra ellos

1. Salmo de David.

2. Escucha oh Dios mío, mi oración, cuando a ti clamo; libra mi alma del temor que me causa el enemigo.

3. Tú me has defendido de la conspiración de los malignos, del tropel de los que obran la iniquidad.

4. Ellos aguzaron sus lenguas como espada; asestaron su arco emponzoñado,

5. para asaetear desde una emboscada al inocente.

6. De repente le harán el tiro, sin temor alguno; obstinados en su infame designio, trataron de armar ocultos lazos, y dijeron: ¿Quién los podrá descubrir?

7. Discurrieron mil invenciones para hacer el mal; se cansaron de escudriñar ardides. Se envalentonará el hombre meditando grandes proyectos.

8. Mas Dios será ensalzado. Las heridas que ellos hagan son como las que hacen las flechas que disparan los niños.

---

1. En el texto hebreo y los Setenta dice *Judá. 1 Sam 22*, 5.

9. Y sus lenguas han flaqueado contra ellos mismos. Quedaron asombrados cuantos los veían,

10. y no hubo quien se atemorizase. Con lo cual publicaron todos las obras de Dios y meditaron sobre sus hechos.

11. Se alegrará el justo en el Señor, y esperará en él; y serán aplaudidos todos los de recto corazón.

Salmo 65 (64)

Fertilidad de la tierra de promisión. El Señor es digno de alabanza y gloria

1. Salmo de David. Cántico de Jeremías y de Ezequiel para el pueblo transportado al cautiverio, cuando empezaba a salir de él.

2. A ti, ¡oh Dios!, se te deben los himnos en Sión, y a ti se te presentarán los votos en Jerusalén.

3. Oye benigno mi oración. A ti vendrán todos los mortales.

4. Prevalecieron en nosotros las maldades; pero tú perdonarás nuestra impiedad.

5. Dichoso aquel a quien tú elegiste y allegaste a ti: El hablará en tu Tabernáculo. Colmados seremos de los bienes de tu casa. Santo es tu templo,

6. admirable por su justicia. Oye, pues, nuestras plegarias, ¡oh Dios, salvador nuestro!, tú eres la esperanza de todas las naciones de la tierra y de las más remotas islas*.

7. Tú que das firmeza a los montes con tu poder; tú que armado de fortaleza

8. conmueves lo más profundo de los mares, y haces sentir el estruendo de sus olas. Se perturbarán las naciones,

9. y quedarán llenos de pavor los habitantes de los últimos confines de la tierra, a vista de tus prodigios. Derramarás la alegría de oriente a occidente.

10. Porque tú visitaste la tierra, y la has como embriagado con lluvias saludables, y la has colmado de toda suerte de riquezas. El río de Dios está rebosando en aguas, has preparado el alimento a sus habitantes; así es la buena disposición de los campos.

11. Hincha sus canales, multiplica sus producciones; con los suaves rocíos se regocijarán las plantas todas.

12. Coronarás el año de tu bondad, y serán fertilísimos tus campos.

13. Se pondrán lozanas las praderas del desierto, y se vestirán de gala los collados.

14. Se multiplicarán los rebaños de carneros y ovejas; y abundarán en grano los valles. Todos alzarán su voz, y cantarán himnos de alabanza.

Salmo 66 (65)

Las obras del Señor son grandiosas. Felicidad de los justos

1. Salmo y cántico de la Resurrección. Moradores todos de la tierra, dirigid a Dios voces de júbilo.

2. Cantad salmos a su Nombre, tributadle gloriosas alabanzas.

3. Decid a Dios: ¡Oh cuán estupendas son, Señor, tus obras! A la fuerza de tu gran poder se reducirán a la nada tus enemigos.

4. Que te adore toda la tierra y te celebre; cante salmos a tu Nombre.

5. Venid a contemplar las obras de Dios, y cuán terribles son sus designios sobre los hijos de los hombres.

6. El convirtió el mar en seca arena; pasaron el río a pie enjuto; allí nos alegramos en el Señor.

7. El tiene por su poder un dominio eterno; sus ojos están fijos sobre las naciones; no se engrían en su interior los que lo irritan*.

8. Bendecid, ¡oh naciones!, a nuestro Dios; y haced resonar las voces de su alabanza.

9. El ha vuelto a mi alma la vida, y no ha dejado resbalar mis pies.

10. Bien que tú, ¡oh Dios!, has querido probarnos; nos has acrisolado al fuego como se acrisola la plata.

11. Nos dejaste caer en el lazo; nos echaste las tribulaciones encima.

12. A yugo de hombres nos sujetaste. Hemos pasado por el fuego y por el agua; mas nos has conducido a un lugar de refrigerio.

13. Entraré en tu templo a ofrecer holocaustos, y te cumpliré mis votos,

14. que claramente pronunciaron mis labios: votos que salieron de mi boca en el tiempo de mi tribulación.

---

6. Universalismo que anuncia la vocación de los gentiles.

15. Te ofreceré abundantes holocaustos, haciendo subir hacia ti el humo de los carneros sacrificados; te ofreceré bueyes y machos cabríos.

16. Venid, y escuchad vosotros todos los que teméis a Dios y os contaré cuán grandes cosas ha hecho el Señor de mi alma.

17. Al Señor invoqué con mi boca, y le he glorificado con mi lengua.

18. Si yo hubiera aprobado la iniquidad en mi corazón, no me escucharía el Señor.

19. Por eso me ha oído Dios, y ha atendido mis súplicas.

20. Bendito sea Dios, que no desechó mi oración, ni retiró de mí su misericordia.

SALMO 67 (66)

David desea la venida del Mesías, para que el Señor sea adorado por el mundo entero

1. Sobre los himnos. Salmo y cántico de David.

2. Dios tenga misericordia de nosotros y nos bendiga; haga resplandecer sobre nosotros la luz de su rostro, y nos mire compasivo;

3. para que conozcamos, oh Señor, en la tierra tu camino, y en todas las naciones tu salvación.

4. Que te alaben, Dios mío, los pueblos; y publiquen todos los pueblos tus alabanzas.

5. Que se regocijen, salten de gozo las naciones, porque tú juzgas a los pueblos con justicia, y diriges las naciones sobre la tierra.

6. Que te alaben, oh Dios mío, los pueblos; y publiquen todos los pueblos tus alabanzas.

7. Ha dado la tierra su fruto. Bendíganos Dios, el Dios nuestro.

8. Bendíganos Dios, y sea temido en todos los confines de la tierra.

SALMO 68 (67)

Beneficios recibidos por el pueblo del Señor. Marcha sobre Jerusalén

1. Salmo y cántico de David

2. Levántese Dios*, y sean disipados sus enemigos, y huyan de su presencia los que le aborrecen.

3. Desaparezcan como el humo. Como se derrite la cera al calor del fuego, así perezcan los pecadores a la vista de Dios.

4. Mas los justos celebren con alegría festines y regocijos en la presencia de Dios.

5. Cantad himnos a Dios; entonad salmos a su Nombre; allanad el camino al que sube sobre el occidente. El Señor o Yahvé es el nombre suyo. Saltad de gozo en su presencia. Se turbarán los impíos delante de él,

6. que es el padre de los huérfanos y el juez defensor de las viudas. Reside Dios en su lugar santo.

7. Dios que hace habitar dentro de una casa muchos de unas mismas costumbres, que con su fortaleza pone en libertad a los prisioneros, como también a los que irritan, los cuales moran en los sepulcros o lugares áridos.

8. ¡Oh Dios!, cuando tú salías al frente de tu pueblo, cuando atravesabas el desierto,

9. la tierra tembló, y hasta los cielos destilaron a la presencia de Dios; en el Sinaí tembló a la presencia del Dios de Israel.

10. ¡Oh Dios! tú distribuirás una lluvia abundante y apacible a tu heredad; ella se ha visto afligida, pero tú la has recreado.

11. En ella tendrán morada los que son de tu grey; con tu bondad, oh Dios mío has provisto de alimento al pobre.

12. El Señor dará palabras a los que anuncian con valor la buena nueva.

13. Los reyes poderosos serán súbditos de su Hijo muy amado, y aquel Señor que es la hermosura de la casa repartirá los despojos.

14. Cuando durmiereis en medio de peligros, seréis como alas de paloma plateadas cuyas plumas por la espalda echan brillos de oro.

15. Cuando el rey celestial ejerza su juicios sobre los reyes de la tierra, quedarán más blancos que la nieve del monte Selmón.

16. ¡Oh Sión, monte de Dios, monte fértil, monte cuajado, monte fecundo!

17. Mas ¿por qué andáis pensando en otros montes fértiles? Este es el monte donde Dios se complació en fijar su morada. Sí; en él morará el Señor perpetuamente.

18. La carroza de Dios va acompañada de muchas docenas de millares de tropas, de

---

2. *Num 10,* 35.

millones de ángeles que hacen fiesta'. En medio de ellos está el Señor, en el Sinaí, en el lugar santo.

19. Ascendiste, Señor, a lo alto, llevaste contigo a los cautivos; recibiste dones para los hombres; aun para aquellos que no creían que habitase el Señor Dios entre nosotros.

20. Bendito sea el Señor todos los días; el Dios de nuestra salud nos concederá próspero viaje.

21. Nuestro Dios es el Dios que tiene la virtud de salvarnos; y del Señor, y muy del Señor, es librar de la muerte.

22. Mas Dios quebrantará las cabezas de sus enemigos, el copete erizado de los que hacen pompa de sus delitos.

23. Dijo el Señor: A los de Basán les haré volver las espaldas; los arrojaré al profundo del mar.

24. Serán destrozados hasta teñirse tus pies en la sangre de tus enemigos; y la lamerán las lenguas de tus perros.

25. Vieron, ¡oh Dios!, tu entrada, la entrada de mi Dios, del rey mío que reside en el santuario.

26. Iban delante los príncipes unidos a los que cantaban y en medio doncellitas tocando panderos.

27. ¡Oh vosotros!, decían, descendientes de Israel, bendecid al Señor Dios en vuestras asambleas.

28. Allí se hallaba la tribu del jovencito Benjamín como extática de gozo; los jefes de Judá iban de guías; los jefes de Zabulón, los jefes de Neftalí.

29. Muestra, ¡oh Dios!, tu poderío; confirma, ¡oh Dios!, esta obra, que has hecho en nosotros.

30. Por respeto a tu templo en Jerusalén, te ofrecerán dones los reyes.

31. Reprime esas fieras que habitan en los cañaverales, esos pueblos reunidos, que, como toros dentro de la vacada, conspiran para echar fuera a los que han sido acrisolados como la plata. Disipa las naciones que quieren guerras.

32. Entonces Egipto enviará embajadores; la Etiopía se anticipará a rendirse a Dios.

33. Cantad, pues, alabanzas a Dios, ¡oh reinos de la tierra!, load al Señor con salmos. Cantadle salmos a Dios.

34. El cual se elevó al más alto de los cielos, desde el oriente. Sabed que desde allí hará que su voz sea una voz todopoderosa.

35. Tributad, pues, gloria a Dios por lo que ha obrado en Israel; su magnificencia y su poder se elevan hasta las nubes.

36. Admirable es Dios en sus santos, o en su santuario; el Dios de Israel, él mismo dará virtud y fortaleza a su pueblo. Bendito sea Dios.

Salmo 69 (68)

En su angustia, el afligido clama al Señor. Castigo de sus perseguidores

1. Salmo de David.

2. Sálvame, oh Dios, porque las aguas han penetrado hasta mi alma.

3. Atollado estoy en mi profundísimo cieno, sin hallar dónde afirmar el pie. Llegué a alta mar, y me sumergió la tempestad.

4. Me fatigué en dar voces; se me secó la garganta; desfallecieron mis ojos aguardando a mi Dios.

5. Se han multiplicado, más que los cabellos de mi cabeza, los que me aborrecen injustamente. Se han hecho fuertes mis enemigos, los injustos perseguidores míos; he pagado lo que yo no había robado.

6. Tú, ¡oh Dios mío!, sabes mi ignorancia, y los delitos que yo tenga no se te pueden ocultar.

7. ¡Ah! no tengan que avergonzarse por mi causa aquellos que en ti confían, ¡oh Señor, Señor de los ejércitos! No queden corridos por causa mía los que van en pos de ti, ¡oh Dios de Israel!

8. Pues por amor a ti he sufrido los ultrajes, y se ve cubierto de confusión el rostro mío.

9. Mis propios hermanos, los hijos de mi misma madre, me han desconocido y tenido por extraño.

10. Porque el celo de tu casa me devoró, y los baldones de los que te denostaban recayeron sobre mí.

11. Me afligía con el ayuno, y se me convertía en afrenta.

12. Me vestía de cilicio, y me hacía la fábula de ellos.

13. Contra mí se declaraban los que

---

18. *Hebr 12*, 22.

tienen su asiento en la puerta; y los que bebían vino cantaban contra mí coplas.

14. Mas yo entretanto, Señor, dirigía a ti mi oración. Este es, decía, ¡oh Dios mío!, el tiempo de reconciliación. Oyeme benigno según la grandeza de tu misericordia, conforme a tu promesa fiel de salvarme.

15. Sácame del cieno, para que no quede yo atascado en él; líbrame de aquellos que me aborrecen y del profundo de las aguas.

16. No me anegue esta tempestad, ni me trague el abismo del mar, ni el pozo cierre sobre mí su boca.

17. Oyeme, Señor, ya que tan benéfica es tu misericordia; vuelve hacia mí tus ojos según la grandeza de tu piedad.

18. Y no pierdas de vista a tu siervo; oye presto mis súplicas, porque me veo atribulado.

19. Mira por mi alma y líbrala; sácame a salvo por razón de mis enemigos.

20. Bien ves los oprobios que sufro, y mi confusión, y la ignominia mía.

21. Tienes ante tus ojos todos los que me atormentan; improperios y miserias aguarda siempre mi corazón. Esperé que alguno se condoliese de mí, mas nadie lo hizo; o quien me consolase, y no hallé quien lo hiciese.

22. Me presentaron hiel para alimento mío, y en medio de mi sed me dieron a beber vinagre*.

23. En justo pago se les convierta su mesa en lazo de perdición y ruina.

24. Oscurece sus ojos para que no vean; y tráelos siempre agobiados.

25. Derrama sobre ellos tu ira, y que los alcance el furor de tu cólera.

26. Quede hecha un desierto su morada, y no haya quien habite en sus tiendas*,

27. ya que han perseguido a aquel que tú habías herido, y aumentaron más y más el dolor de mis llagas.

28. Tú permitirás que añadan pecados a pecados, y no acierten con tu justicia.

29. Raídos sean del libro de los vivientes, y no queden escritos en el libro de los Justos.

30. Yo soy un miserable y lleno de dolores; mas tú, oh Dios mío, me has salvado.

31. Alabaré con cánticos el nombre de Dios, y le ensalzaré con acciones de gracias,

32. lo que será más grato a Dios que si le inmolara un ternerillo cuando le comienzan a salir las astas y las pezuñas.

33. Que vean esto los pobres, y se consuelen. Buscad, pues, a Dios, y revivirá vuestro espíritu,

34. puesto que el Señor oyó a los pobres, y no olvidó a los que están por él en cadenas.

35. Que lo alaben los cielos y la tierra, el mar y cuanto en ellos se mueve.

36. Porque Dios salvará a Sión, y las ciudades de Judá serán reedificadas; y establecerán allí su morada, y las adquirirán como herencia.

37. Y los descendientes de sus fieles siervos las poseerán; y en ellas tendrán su morada aquellos que aman su santo Nombre.

SALMO 70 (69)

David cumple la voluntad del Señor y le da gracias por haberlo oído

1. Salmo de David*, en memoria de haberlo salvado el Señor.

2. Oh Dios, atiende a mi socorro; acude, Señor, luego a ayudarme.

3. Corridos y avergonzados queden los que me persiguen de muerte.

4. Que se arredren, y se confundan los que se complacen en mis males. Sean puestos en vergonzosa fuga aquellos que me dicen insultándome: ¡Bueno, bueno!

5. Que se regocijen, y se alegren en ti todos los que te buscan; y digan sin cesar los que aman a su salvador: Engrandecido sea el Señor.

6. Yo por mí soy un menesteroso y pobre; ayúdame, oh Dios. Amparo mío y mi libertador eres tú; ¡oh Señor!, no tardes.

SALMO 71 (70)

Plegaria de un anciano atribulado que pone su confianza en el Señor

1. Salmo de David. De los hijos de Jonadab y de los primeros cautivos.

---

22. *Mat 27*, 48.
26. *Hech 1*, 20.

1. *Sal 40* (*39*).

En ti, ¡oh Señor!, tengo puesta mi esperanza; no sea yo para siempre confundido.

2. Líbrame por tu justicia, y sácame del peligro. Presta oídos a mis súplicas, y sálvame.

3. Sé para mí un Dios protector, y un seguro asilo para ponerme a salvo, ya que tú eres mi fortaleza y mi refugio.

4. Dios mío, líbrame de las manos del pecador, y de las manos del transgresor de la ley, y del inicuo;

5. pues tú eres Señor, la expectación mía, tú ¡oh Señor! mi esperanza desde mi juventud.

6. En ti me he apoyado desde el vientre de mi madre, desde cuando estaba en sus entrañas eres tú mi protector. Tú eres siempre el asunto de mis cánticos.

7. Como una especie de prodigio, así soy mirado por muchos; mas tú eres un poderoso defensor.

8. Llénese de loores mi boca, para cantar todo el día tu gloria y la grandeza tuya.

9. No me abandones en el tiempo de la vejez; cuando me faltaren las fuerzas no me desampares.

10. Pues mis enemigos prorrumpen en dicterios contra mí, y se han juntado en consejo los que estaban asechando mi vida,

11. diciendo: Dios le ha desamparado; corred tras él, y prendedle, que ya no hay quien lo liberte.

12. ¡Oh Dios! no te alejes de mí. Acude, Dios mío, a socorrerme.

13. Corridos queden y perezcan los que me calumnian; cubiertos sean de confusión y vergüenza los que procuran mi daño.

14. Por mi parte no cesaré, ¡oh Señor!, de esperar en ti; y añadiré siempre nuevas alabanzas.

15. Mi boca predicará tu justicia todo el día, y la salud que de ti viene. Como yo no entiendo de literatura o sabiduría mundana,

16. me internaré en la consideración de las obras del Señor; de tu justicia, ¡oh Señor!, haré yo memoria.

17. Tú, ¡oh Dios!, fuiste mi maestro desde mi tierna edad; y yo publicaré tus maravillas que he experimentado hasta ahora.

18. Y tú, ¡oh Dios!, en mi vejez no me desampares, a fin de que anuncie el poder de tu brazo a toda la generación que vendrá;

19. aquel tu poder y justicia, ¡oh Dios!, más sublimes que los cielos, y aquellas grandes cosas que has hecho. ¡Quién como tú, oh Dios mío!

20. ¡Cuántas y cuán acerbas tribulaciones me has hecho probar! Y vuelto a mí me has hecho revivir, y nuevamente me has sacado de los abismos de la tierra.

21. Diste a conocer de mil maneras la magnificencia de tu gloria; y vuelto a mí me consolaste.

22. Por lo que yo también celebraré, al son de instrumentos músicos, la fidelidad tuya en las promesas: Te cantaré salmos con la cítara, ¡oh Dios santo de Israel!

23. De gozo rebosarán mis labios y el alma mía, que tú redimiste, al cantar tus alabanzas.

24. Todo el día se empleará mi lengua en hablar de tu justicia; luego que los que procuran mi daño estén llenos de confusión y vergüenza.

Salmo 72 (71)

David ora por el rey, para quien pide la ayuda y la misericordia del Señor

1. Salmo sobre Salomón.

2. Da, ¡oh Dios! al rey tus leyes para juzgar, da al hijo del rey tu justicia, a fin de que él juzgue con rectitud a tu pueblo y a tus pobres según la equidad.

3. Reciban del cielo los montes la paz para el pueblo, y reciban los collados la justicia.

4. El hará justicia a los pobres o afligidos del pueblo, y pondrá a salvo los hijos de los pobres, y humillará al calumniador.

5. Y permanecerá como el sol y la luna, de generación en generación.

6. Descenderá como la lluvia sobre el vellocino de lana, y como rocío copioso sobre la tierra.

7. Florecerá en sus días la justicia y la abundancia de paz, hasta que deje de existir la luna.

8. Y dominará de un mar a otro, y desde el río hasta el extremo de la tierra.

9. Se postrarán a sus pies los etíopes, y lamerán el suelo ante él sus enemigos.

10. Los reyes de Tarsis y los de las islas le ofrecerán regalos; le traerán presentes los reyes de Arabia y de Saba.

11. Lo adorarán todos los reyes de la tierra, todas las naciones le rendirán homenaje.

12. Porque librará del poderoso al pobre, y al desvalido que no tiene quien le valga.

13. Se apiadará del pobre y del desvalido; y pondrá a salvo las almas de los pobres.

14. Las libertará de la usura y de la iniquidad de los ricos; y será apreciable a sus ojos el nombre de los pobres.

15. Y vivirá y le presentarán el oro de la Arabia; y le adorarán siempre; todo el día le llenarán de bendiciones.

16. Y en su tierra aun en la cima de los montes habrá sustento; se verán sus frutos en la cumbre del Líbano, y se multiplicarán en la ciudad como la hierba en los prados.

17. Bendito sea su Nombre por los siglos de los siglos: Nombre que existe antes que el sol. Y serán benditos en él todos los pueblos de la tierra; todas las naciones le glorificarán.

18. Bendito sea el Señor Dios de Israel, sólo él hace maravillas.

19. Y bendito sea el nombre de su majestad eternamente. De su majestad y gloria quedará llena toda la tierra. ¡Amén! ¡Amén!

20. Fin de los cánticos de David, hijo de Jesé*.

Salmo 73 (72)

Declara el salmista la tentación de su alma al ver la prosperidad de los malos

1. Salmo de Asaf.
¡Cuán bondadoso es Dios para Israel, para los que son de corazón recto!

2. A mí me vacilaron los pies, a punto estuve de resbalar.

3. Porque me llené de celos al contemplar a los impíos, al ver la prosperidad de los pecadores.

4. Ellos no tienen miedo a la muerte; sus penas son de corta duración.

5. Las miserias humanas ellos no las sienten, ni experimentan los desastres que sufren los demás hombres.

6. Por eso se llenan de soberbia, y se revisten de su injusticia e impiedad.

7. Resaltan sobre su grasa sus maldades; se abandonaron a los deseos de su corazón.

8. Su pensar y su hablar todo malicia; hablan altamente de cometer la maldad.

9. Han puesto su boca en el cielo, y su lengua va recorriendo la tierra.

10. Por eso paran aquí su consideración los de mi pueblo, y conciben gran amargura.

11. Y así dicen: ¿Si sabrá Dios todo esto? ¿Si tendrá de ello noticia el Altísimo?

12. Mirad cómo ésos, siendo pecadores, abundan de bienes en el siglo y amontonan riquezas.

13. Yo también exclamé: Luego en vano he purificado mi corazón y lavado mis manos en compañía de los inocentes.

14. Pues soy azotado todo el día, y comienza ya mi castigo desde el amanecer.

15. Si yo pensare en hablar de este modo, claro está que condenaría la nación de tus hijos.

16. Me ponía a discurrir sobre esto; pero difícil me será comprenderlo,

17. hasta que yo entre en el santuario de Dios, y conozca el paradero que han de tener.

18. Lo cierto es que tú les diste una prosperidad engañosa; los derribaste cuando ellos estaban elevándose más.

19. ¡Oh, y cómo fueron reducidos a total desolación! De repente fenecieron; perecieron de este modo por su maldad.

20. Como el sueño de uno que despierta, así, ¡oh Señor!, reducirás a la nada en tu ciudad la imagen de ellos.

21. Porque mi corazón se inflamó, y padecieron tortura mis entrañas,

22. y yo quedé aniquilado sin saber por qué.

23. Y estuve delante de ti como una bestia de carga, y yo siempre contigo sin apartarme jamás.

24. Tú me asiste de la mano derecha, y me guiaste según tu voluntad, y me acogiste con gloria.

25. Y ciertamente ¿qué cosa puedo apetecer yo del cielo, ni qué desearé sobre la tierra fuera de ti, oh Dios mío?

26. ¡Ah! mi carne y mi corazón desfallecen, ¡oh Dios de mi corazón, Dios que eres la herencia mía por toda la eternidad!

27. Así es que los que de ti se alejan,

---

20. Los últimos versículos de este salmo constituyen una *doxología* o fórmula solemne de alabanza a Dios, motivada por sus obras en la historia de salvación que termina en la aclamación *¡Amén! ¡Amén!*

perecerán; arrojarás a la perdición a todos aquellos que te quebrantan la fe.

28. Mas yo hallo mi bien en estar unido con Dios, en poner en el Señor Dios mi esperanza, para anunciar todas tus alabanzas en las puertas de la hija de Sión.

SALMO 74 (73)

Oración para pedir al Señor la liberación del pueblo oprimido y cautivo

1. Salmo de inteligencia de Asaf.

¿Y por qué, oh Dios, nos has desechado para siempre? ¿Cómo se ha encendido tu furor contra las ovejitas que apacientas?

2. Acuérdate de tu congregación, de este pueblo que ha sido desde el principio tu posesión. Tú recuperaste el cetro de tu herencia: el monte de Sión, lugar de tu morada.

3. Levanta tu mano a fin de abatir para siempre las insolencias de tus enemigos. ¡Oh, y cuántas maldades ha cometido el enemigo en el santuario!

4. ¡Y cómo se jactaban en el lugar mismo de tu solemnidad aquellos que te aborrecen!

5. Han enarbolado sus estandartes en forma de trofeos (sin reflexionar en ello) sobre lo más alto a la salida.

6. Asimismo han derribado y hecho astillas a golpes de hacha sus puertas, como se hace con los árboles en el bosque, con hachas y azuelas las han derribado.

7. Pegaron fuego a tu santuario; han profanado el Tabernáculo que tú tenías sobre la tierra.

8. Coligadas entre sí las gentes de esa nación han dicho en su corazón, borremos de la tierra todos los días consagrados al culto de Dios.

9. Nosotros no vemos ninguno de aquellos prodigios antes frecuentes entre nosotros*; ya no hay un profeta, y el Señor no nos reconoce ya.

10. ¡Oh Dios! ¿y hasta cuándo nos ha de insultar el enemigo? ¿Ha de blasfemar siempre de tu Nombre nuestro adversario?

11. ¿Por qué retraes tu mano? ¿Por qué no sacas fuera de tu seno tu diestra de una vez para siempre?

12. Mas Dios, que es nuestro rey desde el principio de los siglos, ha obrado la salvación en medio de la tierra.

13. Tú diste con tu poder solidez a las aguas del mar Rojo: tú quebrantaste las cabezas de los dragones, en medio de las aguas.

14. Tú quebrantaste las cabezas del dragón; lo entregaste para que fuese presa de los pueblos de Etiopía.

15. Tú hiciste brotar de los peñascos fuentes y arroyos; tú sacaste ríos caudalosos.

16. Tuyo es el día, y tuya la noche; tú creaste la aurora y el sol.

17. Tú hiciste todas las regiones de la tierra; el estío y la primavera obras tuyas son.

18. Acuérdate de esto, ¡oh Señor!, que el enemigo te ha zaherido, y que un pueblo insensato ha blasfemado tu Nombre.

19. No entregues en poder de esas fieras las almas que te confiesan y adoran, y no olvides para siempre las almas de tus pobres.

20. Vuelve los ojos a tu alianza*, porque los hombres más oscuros de la tierra se han enriquecido inicuamente con nuestros bienes.

21. No tenga que retirarse cubierto de confusión el humilde; el pobre y el desvalido alabarán tu Nombre.

22. Levántate, ¡oh Dios!, y juzga tu causa: Ten presentes tus ultrajes, los ultrajes que te está haciendo de continuo una gente insensata.

23. No eches en olvido las voces e insultos de tus enemigos; porque la soberbia de aquellos que te aborrecen va siempre creciendo.

SALMO 75 (74)

La justicia del Señor es grande y perfecta. El jugará a todos los hombres

1. Salmo y cántico de Asaf*. No nos destruyas.

2. *Profeta.* Te alabaremos, oh Dios, te bendeciremos e invocaremos tu Nombre. Publicaremos tus maravillas.

---

9. Que antiguamente obraba Dios a su favor.

20. El salmo es una lamentación nacional por una catástrofe sufrida.

1. Este salmo es diálogo entre el profeta y Dios en el templo.

3. *Dios*. Cuando llegare mi tiempo, yo juzgaré con justicia todas las cosas.

4. Se derretirá la tierra con todos sus habitantes. Yo fui quien dio firmeza a sus columnas.

5. *Profeta*. Dije a los malvados: No queráis cometer más la maldad; y a los pecadores: No os enorgullezcáis ponderando vuestro poder.

6. No levantéis con insolencia vuestras cabezas; cesad de hablar blasfemias contra Dios.

7. Porque ni por el oriente, ni por el occidente, ni por los desiertos montes tendréis escape,

8. pues el juez es Dios. El abate a uno, y ensalza a otro;

9. porque el Señor tiene en la mano un cáliz de vino puro, lleno de amarga mistura, y le hace pasar de uno a otro; mas no por eso se han apurado sus últimos tragos, las han de beber todos los pecadores de la tierra.

10. Yo anunciaré y cantaré eternamente las alabanzas al Dios de Jacob.

11. *Dios*. Y yo abatiré todo el orgullo de los pecadores, y haré que los justos levanten la cabeza.

Salmo 76 (75)

Jerusalén triunfa sobre Sennaquerib. El Señor de los ejércitos es el vencedor

1. Salmo de Asaf, cántico sobre los asirios.

2. Dios es conocido en la Judea; en Israel es grande su Nombre.

3. Fijó su habitación en la paz, y su morada en Sión.

4. Allí rompió las saetas y los arcos, los escudos, las espadas; y puso fin a la guerra.

5. Alumbrando tú maravillosamente desde los montes eternos,

6. quedaron perturbados todos los de corazón insensato. Durmieron su sueño; y todos esos hombres, opulentos se encontraron sin nada, vacías sus manos.

7. Al trueno de tu amenaza, ¡oh Dios de Jacob!, se quedaron sin sentido los que montaban briosos caballos.

8. Terrible eres tú, ¡oh Señor!, ¿y quién podrá resistirte a ti desde el momento de tu ira?

9. Desde el cielo hiciste oír tu sentencia; la tierra tembló, y se quedó suspensa,

10. al levantarse Dios a juicio para salvar a todos los mansos de la tierra.

11. El hombre que esto medite, te alabará; y en consecuencia de sus meditaciones, celebrará fiestas en honor tuyo.

12. Ofreced y cumplid votos al Señor Dios vuestro, todos vosotros, los que estando alrededor de él le presentáis dones;

13. al Dios terrible, al que quita el aliento a los príncipes, al terrible para los reyes de la tierra.

Salmo 77 (76)

El justo atribulado clama a Dios y se consuela meditando sus maravillas

1. Salmo de Asaf.

2. Alcé mi voz y clamé al Señor, a Dios clamé, y me atendió.

3. En el día de mi tribulación acudí solícito a Dios, levanté por la noche mis manos hacia él, y no quedé burlado. Se había negado mi alma a todo consuelo:

4. Me acordé de Dios, y me sentí bañado de gozo; me ejercité en la meditación, y caí en un desfallecimiento*.

5. Estuvieron mis ojos abiertos antes de la madrugada; estaba como atónito y sin articular palabra.

6. Me puse a considerar los días antiguos, y a meditar en los años eternos.

7. En esto me ocupaba allá en mi corazón durante la noche, y lo rumiaba, y examinaba mi interior.

8. ¿Es posible, decía, que Dios nos haya de abandonar para siempre, o no haya de volver a sernos propicio?

9. ¿O que haya de privar eternamente de su misericordia a todas las gentes venideras?

10. ¿Se olvidará Dios de usar de clemencia?; ¿o detendrá con su ira el curso de su misericordia?

11. Entonces dije: Ahora comienzo a respirar. De la diestra del Altísimo me viene esta mudanza.

12. Traeré a la memoria las obras del

---

4. El salmista pasa por emociones que van desde el pesar y la nostalgia hasta la exaltación y la alabanza.

Señor. Sí, por cierto, haré memoria de las maravillas que has hecho desde el principio.

13. Y meditaré todas tus obras, y consideraré tus designios.

14. ¡Oh Dios!, santo es tu camino. ¿Qué dios hay que sea grande como el Dios nuestro?

15. Tú eres el Dios autor de los prodigios. Tú hiciste manifiesto a los pueblos tu poderío.

16. Con tu brazo redimiste a tu pueblo, a los hijos de Jacob y de José.

17. Te vieron las aguas, ¡oh Dios!; te vieron las aguas, y se llenaron de temor y se estremecieron los abismos.

18. Grande fue el estruendo de las aguas, tronaron las nubes, atravesaron tus rayos,

19. girando en torno la voz de tus truenos. Relumbraron tus relámpagos por toda la tierra, toda ella se estremeció, y tembló.

20. Te abriste camino dentro del mar; caminaste por en medio de muchas aguas, y no se conocerán los vestigios de tus pisadas.

21. Condujiste a tu pueblo, como otras tantas ovejas, por el ministerio de Moisés y Aarón.

Salmo 78 (77)

El profeta dice los beneficios que el Señor hizo a su pueblo y lo exhorta a buscarlo

1. Inteligencia, o instrucción de Asaf.

Escucha, pueblo mío, mi ley y ten atentos tus oídos para percibir las palabras de mi boca.

2. La abriré profiriendo parábolas; diré cosas recónditas desde el principio del mundo*,

3. las cuales las hemos oído y entendido, y nos las contaron ya nuestros padres.

4. No las ocultaron éstos a sus hijos, ni a su posteridad; publicaron, sí, las glorias del Señor, y los prodigios y maravillas que había hecho.

5. El estableció alianza con Jacob y dio la ley a Israel. Todo lo cual mandó a nuestros padres que lo hiciesen conocer a sus hijos,

6. para que lo sepan las generaciones venideras. Los hijos que nacerán y crecerán, lo contarán a sus hijos.

7. A fin de que pongan en Dios su esperanza, y no se olviden de las obras de Dios y guarden con esmero sus mandamientos;

8. para que no sean, como sus padres, generación perversa y rebelde, generación que nunca tuvo recto su corazón, ni su espíritu fiel a Dios.

9. Los hijos de Efraín, diestros en tender y disparar el arco, volvieron las espaldas el día del combate.

10. Habían faltado al pacto con Dios, y no habían querido seguir su ley.

11. Se olvidaron de sus beneficios, y de las maravillas que obró a la vista de ellos.

12. Delante de sus padres hizo portentos en la tierra de Egipto, y en las llanuras de Tanis*.

13. Rompió el mar por medio, y los hizo pasar, y contuvo las olas como en un montón.

14. Y los fue guiando de día por medio de una nube, y toda la noche con resplandor de fuego.

15. En el desierto hendió una peña, les dio para beber como un caudaloso río*,

16. pues hizo brotar de una roca caudales de agua, que corrieron a manera de ríos*.

17. Ellos volvieron, sin embargo, a pecar contra él. En aquel árido desierto provocaron la ira al Altísimo;

18. pues tentaron a Dios en sus corazones, pidiendo manjares a medida de su gusto.

19. Y hablaron mal de Dios, y dijeron: ¿Por ventura podrá Dios preparar una mesa en el desierto?

20. Porque él dio un golpe en la peña y salieron aguas, y se formaron torrentes caudalosos, ¿podrá acaso dar también y poner una mesa a su pueblo?

21. Lo oyó el Señor, y se irritó, se encendió el fuego de su cólera contra Jacob, y subió de punto su indignación contra Israel*,

22. porque no creyeron a Dios, ni esperaron de él la salud.

23. Siendo así que dio orden a las nubes que tenían encima, y abrió las puertas del cielo,

---

2. *Mat 13*, 35.

12. Ciudad antigua del Egipto inferior, en el delta del Nilo. *Num 13*, 23; *Is 19*, 13; *Ez 30*, 14.

15. Como si estuviesen junto a un caudaloso río. *Ex 17*, 6.

16. *Deut 8*, 15; *Salm 104*, 41; 1 *Cor 10*, 4.

21. *Num 11*, 1.

24. y les llovió el maná para comer, dándoles pan del cielo*.

25. Pan de ángeles comió el hombre. Les envió víveres en abundancia.

26. Retiró del cielo el viento meridional o solano, y substituyó con su poder el ábrego.

27. E hizo llover sobre ellos carnes en tanta abundancia como polvo, y aves volátiles como arenas del mar;

28. aves que cayeron en medio de sus campamentos, alrededor de sus tiendas,

29. con lo que comieron y quedaron ahítos, y satisfacieron su deseo,

30. y quedó cumplido su antojo. Aún estaban con el bocado en la boca,

31. cuando la ira de Dios descargó sobre ellos; y mató a los más robustos del pueblo, acabando con lo más florido de Israel*.

32. A pesar de todo esto pecaron nuevamente, y no dieron crédito a sus milagros.

33. Y así sus días se desvanecieron como humo, y se acabaron muy presto los años de su vida.

34. Cuando el Señor hacía en ellos mortandad, entonces recurrían a él, y volvían en sí, y acudían solícitos a buscarle.

35. Y se acordaban que Dios es su amparo, y que el Dios Altísimo es su redentor.

36. Pero le amaron de boca, y le mintieron con su lengua;

37. pues su corazón no fue sincero para con él, ni fueron fieles a su alianza.

38. El Señor es misericordioso, les perdonaba sus pecados, y no acababa del todo con ellos. Contuvo muchísimas veces su indignación, y no dio lugar a todo su enojo,

39. haciéndose cargo que son carne, un soplo que sale y no vuelve.

40. ¡Oh cuántas veces lo irritaron en el desierto! ¡Cuántas lo provocaron a ira en aquel erial!

41. Y volvían de nuevo a tentar a Dios, y a exasperar al Santo de Israel.

42. No se acordaron de lo que hizo el día aquel en que los rescató de las manos del tirano,

43. cuando ostentó sus prodigios en Egipto, y sus portentos en los campos de Tanis;

44. cuando convirtió en sangre los ríos y demás aguas para que los egipcios no pudieran beber;

45. envió contra éstos todo género de moscas que los consumiesen, y ranas que los corrompieran;

46. entregó sus frutos al pulgón, y sus sudores a la langosta;

47. les destruyó las viñas con granizo, y los árboles con heladas;

48. y exterminó con la piedra sus ganados, y abrasó con rayos todas sus posesiones;

49. descargó sobre ellos la cólera de su enojo, la indignación, la ira y la tribulación, que les envió por medio de mensajeros de desgracia*;

50. Abrió ancho camino a su ira, no perdonó sus vidas: hasta a sus animales envolvió en la misma mortandad;

51. hirió de muerte a todos los primogénitos del país de Egipto, las primicias de todos sus trabajos en los pabellones de los descendientes de Cam.

52. Entonces sacó a los de su pueblo como ovejas, y los guió como una grey por el desierto.

53. Y los condujo llenos de confianza, quitándoles todo temor; mientras que a sus enemigos los sepultó en el mar.

54. Y los introdujo después en el monte de su satisfacción, monte que adquirió con el poder de su diestra. Al entrar ellos arrojó de allí las naciones; y les repartió por suerte la tierra, distribuyéndosela con cuerdas de medir*.

55. Y colocó las tribus de Israel en las habitaciones de aquellas gentes.

56. Mas ellos tentaron de nuevo y exasperaron al Dios Altísimo, y no guardaron sus mandamientos.

57. Antes bien le volvieron las espaldas, y se le rebelaron; semejantes a sus padres, falsearon como un arco torcido.

58. Lo incitaron a ira en sus collados, y con el culto de los ídolos lo provocaron a celos.

59. Lo oyó Dios, y lo despreció; y redujo a la última humillación a Israel.

60. Y desechó el Tabernáculo de Silo, aquel su Tabernáculo donde tenía su morada entre los hombres*.

---

24. *Ex 16*, 14-15.
31. *Num 11*, 33.
49. *Ex 12*, 23.
54. *Jos 13*, 7.
60. *1 Sam 4*, 4; *Jer 7*, 14.

61. Y la fuerza de ellos la entregó a cautiverio; toda su gloria la puso en poder de los enemigos.

62. Y no haciendo ya caso de un pueblo que era su heredad, le entregó al filo de la espada.

63. El fuego devoró sus jóvenes; y sus vírgenes no fueron lloradas.

64. Perecieron a cuchillo sus sacerdotes, y nadie lloraba las viudas de ellos.

65. Entonces despertó el Señor, a la manera del que ha dormido; como un valiente guerrero animado con el vino.

66. E hirió el Señor a sus enemigos en las partes posteriores; los cubrió de oprobio sempiterno.

67. Y desechó el Tabernáculo de José, y no eligió morar ya en la tribu de Efraín.

68. Sino que eligió la tribu de Judá, el monte Sión, al cual amó.

69. Aquí, en esta tierra que había asegurado por todos los siglos, edificó su santuario único y fuerte como asta de unicornio.

70. Y escogió a su siervo David, sacándole de entre los rebaños de ovejas cuando las apacentaba con sus crías,

71. para que pastorease a los hijos de Jacob, su siervo, a Israel herencia suya;

72. y los apacentó con la inocencia de su corazón, y los gobernó con la sabiduría o prudencia de sus acciones.

Salmo 79 (78)

Lamento ante las ruinas de Jerusalén. Petición de venganza contra los enemigos

1. Salmo de Asaf.

Oh Dios, los gentiles han entrado en tu heredad; han profanado tu santo templo; han dejado a Jerusalén como una barraca de hortelano.

2. Los cadáveres de tus siervos los han arrojado para pasto de las aves del cielo, han dado las carnes de sus santos a las bestias de la tierra.

3. Como agua han derramado la sangre suya alrededor de Jerusalén, sin que hubiese quién los sepultase.

4. Somos el objeto de oprobio para con nuestros vecinos, el escarnio y la mofa de nuestros comarcanos.

5. ¿Hasta cuándo, Señor, durará tu implacable enojo? ¿Hasta cuándo arderá como fuego ese tu celo?

6. Descarga tu ira sobre las naciones que no te conocen, y sobre los reinos que no adoran tu Nombre;

7. pues han asolado a Jacob y devastado su morada.

8. ¡Ah!, no te acuerdes de nuestras antiguas maldades; que se anticipe a favor nuestro cuanto antes tu misericordia, pues nos hallamos reducidos a una extrema miseria.

9. Ayúdanos ¡oh Dios, salvador nuestro!, y por la gloria de tu Nombre líbranos, Señor; y perdónanos nuestros pecados por amor de tu Nombre.

10. No sea que se diga ante los gentiles: ¿Dónde está el Dios de ésos? Brille, pues, entre las naciones, y vean nuestros ojos la venganza que tomas de la sangre de tus siervos, que ha sido derramada.

11. Asciendan ante tu acatamiento los gemidos de los encarcelados. Conserva con tu brazo poderoso los hijos de aquellos que han sido sacrificados a la muerte.

12. Págales, Señor, a nuestros vecinos con males siete veces mayores, por las blasfemias que contra ti han vomitado.

13. Entretanto nosotros, pueblo tuyo y ovejas de tu grey, cantaremos perpetuamente tus alabanzas; de generación en generación publicaremos tus glorias.

Salmo 80 (79)

Cautividad del pueblo de Israel entre los asirios y su libertad

1. Testimonio de Asaf. Salmo.

2. Escucha, ¡oh tú, pastor de Israel!, tú que apacientas el pueblo de José, como a ovejas. Tú que estás sentado sobre los querubines, manifiéstate,

3. delante de Efraín, de Benjamín y de Manasés. Ostenta tu poder, y ven a salvarnos.

4. ¡Oh Dios!, conviértenos a ti, y muéstranos favorable tu semblante; y seremos salvos.

5. ¡Oh Señor Dios de los ejércitos!, ¿hasta cuándo estarás enojado sin escuchar la oración de tu siervo?

6. ¿Hasta cuándo nos has de alimentar

con pan de lágrimas, y hasta cuándo nos darás a beber lágrimas con abundancia?

7. Nos haces el blanco de la contradicción de nuestros vecinos; y nuestros enemigos hacen mofa de nosotros.

8. ¡Oh Dios de los ejércitos!, conviértenos a ti, y muéstranos tu rostro, y seremos salvos.

9. De Egipto trasladaste acá tu viña; arrojaste las naciones, y la plantaste.

10. Fuiste delante de ella en el viaje, para irla guiando; la hiciste arraigar, y llenó la tierra.

11. Cubrió con su sombra los montes, y los altísimos cedros con sus sarmientos.

12. Hasta el mar extendió sus pámpanos, y hasta el río sus vástagos.

13. ¿Por qué has derribado su cerca, y dejas que la vendimien todos los caminantes?

14. El jabalí del bosque la ha destruido, y se apacienta en ella esa fiera solitaria.

15. ¡Oh Dios de los ejércitos! vuélvete hacia nosotros, mira desde el cielo, y atiende y visita esa viña.

16. Renuévala, pues la plantó tu diestra; y en atención al hijo del hombre, a quien tú te escogiste.

17. Ella ha sido entregada a las llamas y desarraigada; mas con un ceño de tu semblante perecerán todos tus enemigos.

18. Tiende tu mano protectora sobre el varón de tu diestra, sobre el hijo del hombre a quien tú escogiste.

19. Entonces no nos apartaremos de ti; nos darás nueva vida, e invocaremos tu Nombre.

20. ¡Oh Señor Dios de los ejércitos!, conviértenos a ti, y muéstranos tu rostro, y seremos salvos.

Salmo 81 (80)

Fiestas en memoria de los beneficios de Dios. Maldad del pueblo de Israel

1. Para los lagares. Salmo para Asaf.

2. Regocijaos, alabando a Dios nuestro protector; celebrad con júbilo al Dios de Jacob.

3. Entonad salmos, tocad el pandero; el armonioso salterio junto con la cítara.

4. Tocad las trompetas el Novilunio, el gran día de vuestra solemnidad.

5. Pues es un precepto dado a Israel, y un rito instituido por el Dios de Jacob.

6. Le impuso para que sirviese de memoria a los descendientes de José, al salir de la tierra de Egipto, cuando oyeron una lengua que no entendían.

7. Libertó sus hombros de las cargas, y sus manos de las espuertas con que servían en las obras.

8. En la turbación, dice el Señor, me invocaste, y yo te libré; te oí benigno en la oscuridad de la tormenta; hice prueba de ti junto a las aguas de la contradicción.

9. Escucha, pueblo mío, y yo te instruiré. ¡Oh Israel!, si quieres obedecerme,

10. no habrá en tu distrito dios nuevo; no adoraréis a dioses ajenos.

11. Porque yo soy el Señor Dios tuyo, que te saqué de la tierra de Egipto; abre bien tu boca, que yo te saciaré plenamente.

12. Pero mi pueblo no quiso escuchar la voz mía; los hijos de Israel no quisieron obedecerme.

13. Y así los abandoné, dejándolos ir en pos de los deseos de su corazón, y seguir sus devaneos.

14. ¡Ah si mi pueblo me hubiese oído a mí, si hubiesen seguido los hijos de Israel por mis caminos!

15. Como quien no hace nada, hubiera yo seguramente humillado a sus enemigos, y descargado mi mano sobre sus perseguidores.

16. Pero, hechos enemigos del Señor, le faltaron a la promesa; y el tiempo de ellos, o su suplicio, será eterno.

17. Sin embargo, los sustentó con riquísimo trigo, y los sació con la miel que destilaban las peñas.

Salmo 82 (81)

Los jueces, que juzgan a los hombres, responden por sus juicios a Dios

1. Salmo de Asaf.

Presente está Dios en la reunión de los dioses de la tierra, y allí en medio de ellos juzga a esos dioses.

2. ¿Hasta cuándo, les dice, seguiréis juzgando injustamente, y guardaréis respetos humanos en favor de los pecadores?

3. Haced justicia al necesitado y al huérfano; atended la razón del abatido y del pobre.

4. Defended al pobre, y librad al desvalido de las manos del pecador.

5. Mas no tienen conocimiento, ni ciencia, andan entre tinieblas; se han trastornado todos los cimientos de la tierra.

6. Yo dije: Vosotros sois dioses, e hijos todos del Altísimo.

7. Pero habéis de morir como hombres, caeréis como cada uno de los príncipes.

8. ¡Oh Dios mío!, levántate, juzga tú la tierra, pues tuyas son por herencia todas las naciones.

Salmo 83 (82)

El Señor disipa a los enemigos del pueblo, como el viento a la paja

1. Cántico y salmo de Asaf.

2. ¡Oh Dios! ¿Quién hay semejante a ti? No estés así en silencio; no te contengas, Dios mío.

3. Ya ves cuánto ruido meten tus enemigos, y cómo andan con la cabeza erguida los que te aborrecen.

4. Urdieron contra tu pueblo malvados designios, y han maquinado contra tus santos.

5. Venid, dijeron, y borremos esa gente de la lista de las naciones, y no quede más memoria del nombre de Israel.

6. Por este motivo todos unánimes se han coligado; a una se han confederado contra ti

7. los pabellones de los idumeos y los ismaelitas, Moab y los agarenos,

8. Gebal, y Amón, y Amalec, los filisteos con los tirios.

9. Se unió también con ellos el asirio, y lo hizo auxiliador de los hijos de Lot.

10. Pero tú, Señor, haz con ellos lo que con los madianitas y con Sísara*, lo mismo que con Jabín en el torrente de Cisón.

11. Perecieron ellos en Endor; vinieron a parar en ser estiércol para la tierra.

12. Trata a sus caudillos como a Oreb y Zeb, y como a Zebee y a Salmana*, a todos sus príncipes,

13. los cuales han dicho: Apoderémonos del santuario de Dios como heredad que nos pertenece.

14. Agítalos, ¡oh Dios mío!, como a una rueda, o como la hojarasca al soplo del viento;

15. como fuego que abrasa una selva, cual llama que devora los montes,

16. así los perseguirás con el soplo de tu tempestad, y en medio de tu ira los aterrarás.

17. Cubre sus rostros de ignominia; que así, ¡oh Señor!, reconocerán tu Nombre.

18. Que se avergüencen, y sean conturbados para siempre; queden corridos, y perezcan.

19. Y conozcan que te es propio el nombre del Señor, y que sólo tú eres el Altísimo en toda la tierra.

Salmo 84 (83)

El profeta ansía el Tabernáculo del Señor. Gozo por la visión del Dios vivo

1. Para los lagares. Salmo para los hijos de Coré.

2. ¡Oh cuán amables son tus moradas, Señor de los ejércitos!

3. Mi alma suspira y padece desfallecimientos, ansiando estar en los atrios del Señor. Se transportan de gozo mi corazón y mi cuerpo, contemplando al Dios vivo.

4. El pajarillo halló un hueco donde guarecerse, y nido la tórtola para poner sus polluelos. Tus altares, oh Señor de los ejércitos, oh rey mío y Dios mío.

5. Bienaventurados, Señor, los que moran en tu casa, te alabarán por los siglos de los siglos.

6. Dichoso el hombre que en ti tiene su amparo, y que ha dispuesto en su corazón,

7. en este valle de lágrimas, los grados para subir hasta el lugar santo que destinó Dios para sí*.

8. Porque le dará su bendición el legislador, y caminarán de virtud en virtud; y el Dios de los dioses se dejará ver en Sión.

9. ¡Oh Señor Dios de los ejércitos! oye mi

10. *Jue 4*, 15-23.

12. *Jue 7*, 21-23.
7. *Jue 2*, 1-5.

oración; escúchala atento, oh Dios de Jacob.

10. Vuélvete a mirarnos, ¡oh Dios protector nuestro!, y pon los ojos en el rostro de tu Ungido.

11. Más vale un solo día de estar en los atrios de tu templo, que millares fuera de ellos. He escogido ser el ínfimo en la casa de Dios, más bien que habitar en la morada de los impíos.

12. Porque Dios ama la misericordia y la verdad; dará el Señor la gracia y la gloria.

13. No dejará sin bienes a los que proceden con inocencia. ¡Oh Señor de los ejércitos!, bienaventurado el hombre que pone en ti su esperanza.

Salmo 85 (84)

El salmista ruega al Señor que sea propicio a los que ha librado de la esclavitud

1. Salmo para los hijos de Coré.

2. ¡Oh Señor! tú has derramado la bendición sobre tu tierra; tú has libertado del cautiverio a Jacob.

3. Has perdonado las maldades de tu pueblo; has sepultado todos sus pecados.

4. Has aplacado ya toda tu ira; has calmado el furor de tu indignación.

5. Conviértenos, ¡oh Dios, salvador nuestro!, y aparta tu ira de nosotros.

6. ¿Estarás por ventura siempre enojado con nosotros? ¿Se prolongará tu ira de generación en generación?

7. Oh Dios, volviendo tú el rostro hacia nosotros, nos darás vida; y tu pueblo se regocijará en ti.

8. Muéstranos, Señor, tu misericordia, y danos tu salud.

9. Haz que escuche yo aquello que me hablará el Señor Dios; pues él anunciará la paz a su pueblo, y a sus santos, y a los que se convierten de corazón.

10. Así es que su salud estará cerca de los que le temen y adoran; y habitará la gloria en nuestra tierra.

11. Se encontraron juntas la misericordia y la verdad; se dieron un ósculo la justicia y la paz.

12. La verdad brotó en la tierra, y la justicia nos ha mirado desde lo alto del cielo.

13. Por lo que derramará el Señor su benignidad y nuestra tierra producirá su fruto.

14. La justicia marchará delante de él, y dirigirá sus pasos.

Salmo 86 (85)

David pide ayuda contra sus enemigos y clama por el final de sus tribulaciones

1. Oración de David.

Inclina, Señor, tu oído a mis ruegos, y escúchame, porque me hallo afligido y necesitado.

2. Guarda mi vida, puesto que soy santo. Salva, ¡oh Dios mío!, a este siervo tuyo que tiene puesta en ti su esperanza.

3. Señor, ten misericordia de mí, porque no ceso de clamar a ti todo el día.

4. Consuela el alma de tu siervo, pues a ti, ¡oh Señor!, tengo de continuo elevado mi espíritu.

5. Siendo tú, Señor, como eres, suave, y benigno, y de gran clemencia para con todos los que te invocan,

6. oye propicio, ¡oh Señor!, mi oración, y atiende a la voz de mis ruegos.

7. A ti clamaré el día de mi tribulación, pues tú siempre me has oído benignamente.

8. Ninguno hay entre los dioses que pueda, ¡oh Señor!, parangonarse contigo; ninguno que pueda imitar tus obras.

9. Las naciones todas, cuantas creaste, vendrán, Señor; y postradas ante ti te adorarán, y tributarán gloria a tu Nombre.

10. Porque tú eres el grande; tú el hacedor de maravillas; tú solo eres Dios.

11. Guíame Señor, por tus sendas, y yo caminaré según tu verdad; alégrese mi corazón de modo que respete tu Nombre.

12. Te alabaré, ¡oh Señor Dios mío!, con todo mi corazón y glorificaré eternamente tu Nombre.

13. Porque es grande tu misericordia para conmigo, y has sacado mi alma del infierno profundo.

14. ¡Oh Dios!, han conspirado contra mí los impíos, y una reunión de poderosos ha atentado contra mi vida, sin atender a que tú te hallas presente.

15. Pero tú, Señor Dios, compasivo y

benéfico, paciente y misericordiosísimo y veraz,

16. vuelve hacia mí tu rostro, y tenme lástima; da tu imperio a tu siervo, y pon a salvo al hijo de tu esclava.

17. Obra algún prodigio a favor mío, para que los que me aborrecen, vean con confusión suya, cómo tú, ¡oh Señor!, me has socorrido y consolado.

Salmo 87 (86)

Alabanza a la gloria y grandeza de Jerusalén, ciudad de Dios

1. A los hijos de Coré. Salmo y cántico. Sobre los montes santos está Jerusalén fundada.

2. Ama el Señor las puertas de Sión más que todos los tabernáculos de Jacob.

3. Gloriosas cosas se han dicho de ti, ¡oh ciudad de Dios!

4. Yo haré memoria de Rahab y de Babilonia, gentes que tienen noticia de mí. He aquí que los filisteos, los de Tiro y el pueblo de los etíopes, todos ésos allí estarán.

5. ¿No se dirá entonces de Sión: Hombres y más hombres han nacido en ella, y el mismo Altísimo es quien la ha fundado?

6. Sólo el Señor podrá contar en sus listas de los pueblos y de los príncipes, el número de los que han morado en ella.

7. Llenos de gozo están, ¡oh Sión!, todos cuanto en ti habitan.

Salmo 88 (87)

Señor, ¿por qué me abandonas? El profeta se lamenta en su aflicción

1. Para los hijos de Coré, hasta el fin, sobre Mahelet; para cantarse alternativamente. Instrucción de Emán ezraíta.

2. Señor Dios de mi salud, día y noche estoy clamando tu presencia.

3. Sea recibida mi oración en tu presencia; da oídos a mi súplica;

4. porque mi alma está harta de males, y tengo ya un pie en el sepulcro.

5. Ya me cuentan entre los muertos; he venido a ser como un hombre desamparado de todos,

6. relegado entre los muertos, como los acuchillados que yacen en los sepulcros y de quienes no te acuerdas ya, como desechados de tu mano.

7. Me pusieron en un profundo calabozo, en lugares tenebrosos, entre las sombras de la muerte.

8. Tu furor carga de firme sobre mí, y has hecho que se estrellaran en mí todas las olas.

9. Alejaste de mí mis conocidos, me miraron como objeto de su abominación. Cogido estoy, y no hallo salida.

10. Me flaquearon de miseria los ojos. A ti clamé, ¡oh Señor!, todo el día; hacia ti tuve extendidas mis manos.

11. ¿Harás tú por ventura milagros en favor de los muertos? Acaso los médicos los resucitarán, para que canten tus alabanzas?

12. ¿Habrá tal vez alguno que en el sepulcro publique tu misericordia, o desde la tumba tu verdad?

13. ¿Cómo han de ser conocidas en las tinieblas tus maravillas, y tu justicia en la región del olvido?

14. Por eso yo clamo a ti, ¡oh Señor!, y me adelanto a la aurora para presentarte mi oración.

15. ¿Por qué, oh Señor, desechas mis ruegos y me escondes tu rostro?

16. Yo viví pobre, y me crié en trabajos desde mi tierna edad; no bien fui ensalzado, cuando me vi humillado y abatido.

17. Sobre mí ha recaído tu ira; y tus terrores me conturbaron.

18. Me inundan éstos cada día como avenidas de agua; me cercan todos a una.

19. Has alejado de mí a mis amigos, parientes y conocidos, por causa de mis desastres.

Salmo 89 (88)

Por el pacto del Señor con David, su reino será perpetuado en el Mesías

1. Instrucción de Etán ezraíta.

2. Cantando estaré eternamente la misericordia del Señor. A hijos y nietos haré notoria por mi boca tu fidelidad.

3. Porque tú dijiste: La misericordia estará eternamente firme en los cielos, y en ellos tendrá seguro apoyo tu veracidad.

4. Tengo hecha alianza, dijiste, con mis escogidos; he jurado a David, siervo mío, diciendo:

5. Apoyaré eternamente tu descendencia, y haré estable tu trono de generación en generación*.

6. ¡Oh Señor!, los cielos celebrarán tus maravillas, como también tu verdad en la congregación de los santos.

7. Porque, ¿quién hay en los cielos, que pueda igualarse con el Señor?; ¿quien entre los hijos de Dios es semejante a él?;

8. ¿a Dios, al cual ensalza y glorifica toda la corte de los santos, grande y terrible sobre todos los que asisten en torno de él?

9. ¿Quién como tú, oh Señor Dios de los ejércitos? Poderoso eres, Señor, y está siempre en torno a ti tu verdad.

10. Tú tienes señorío sobre la bravura del mar; y el alboroto de sus olas tú le sosiegas.

11. Tú abatiste al soberbio, como a uno que está herido de muerte; con tu fuerte brazo disipaste tus enemigos.

12. Tuyos son los cielos, y tuya es la tierra, tú fundaste el mundo y cuanto él contiene.

13. El aquilón y el mar tú los creaste. El Tabor y el Hermón saltarán de gozo en tu Nombre.

14. Lleno de fortaleza está tu brazo. Ostente su robustez la mano tuya, y sea ensalzada tu diestra.

15. Justicia y equidad son las bases de tu trono. La misericordia y la verdad van siempre delante de ti.

16. Dichoso el pueblo que sabe alegrarse en ti. ¡Oh Señor!, a la luz de tu rostro caminarán tus hijos,

17. y todo el día se regocijarán en tu Nombre, y mediante tu justicia serán ensalzados.

18. Puesto que tú eres la gloria de tu fortaleza, y por tu buena voluntad se ensalzará nuestro poder.

19. Porque nos ha tomado por suyos el Señor, y el Santo de Israel que es nuestro rey.

20. Entonces hablaste en visión a tus santos, y dijiste*: Yo tengo preparado en un hombre poderoso el socorro; y he ensalzado a aquel que escogí de entre mi pueblo.

21. Hallé a David, siervo mío, lo ungí con mi óleo sagrado.

22. Mi mano lo protegerá, y fortalecerlo ha mi brazo.

23. Nada podrá adelantar contra él el enemigo, no podrá ofenderle más el hijo de la iniquidad.

24. Y exterminaré de su presencia a sus enemigos, y pondré en fuga a los que lo aborrecen.

25. Le acompañarán mi verdad y mi clemencia, y en mi Nombre será exaltado su poder.

26. Y extenderé su mano sobre el mar, y su diestra sobre los ríos*.

27. El me invocará, diciéndome: Tú eres mi padre, mi Dios, y el autor de mi salud;

28. y yo le constituiré a él primogénito, y el más excelso entre los reyes de la tierra.

29. Eternamente le conservaré mi misericordia, y la alianza mía con él será estable.

30. Haré que subsista su descendencia por los siglos de los siglos, y su trono mientras duren los cielos.

31. Que si sus hijos abandonaren mi ley, y no procedieren conforme a mis preceptos;

32. si violaren mis justas disposiciones, y dejaren de observar mis mandamientos,

33. yo castigaré con la vara de mi justicia sus maldades, y con el azote sus pecados.

34. Mas no retiraré de él mi misericordia, ni faltaré jamás a la verdad de mis promesas.

35. No violaré mi alianza, ni retractaré las promesas que han salido de mi boca.

36. Una vez para siempre juré por mi santo Nombre, que no faltaré a lo que he prometido a David:

37. Su linaje durará eternamente,

38. y su trono resplandecerá para siempre en mi presencia, como el sol, y como la luna llena, y como el arco iris, testimonio fiel en el cielo.

39. Con todo eso, Señor, tú has desechado y despreciado a tu ungido; te has irritado contra él.

40. Has anulado la alianza con tu siervo; has arrojado por el suelo su sagrada diadema.

41. Todas sus cercas las has destruido, y su fortaleza la has convertido en espanto.

42. Lo saquean cuantos pasan por el

---

5. La alianza con David expresa el amor de Dios. *2 Sam 7*, 12-13; *Jer 33*, 21.
20. *1 Sam 16*, 1-12; *Hech 13*, 22.

26. *Zac 9*, 10.

camino; está hecho el escarnio de sus vecinos.

43. Has exaltado el poder de los que le oprimen, y llenado de contento a todos sus enemigos.

44. Tienes embotados los filos de su espada, y no le has auxiliado en la guerra.

45. Aniquilaste su esplendor, y has hecho pedazos su solio.

46. Has acortado los floridos días de su vida; está cubierto de ignominia.

47. ¿Hasta cuándo, Señor, te has de mostrar adverso? ¿Hasta cuándo arderá como fuego tu indignación?

48. Acuérdate cuán débil es mi ser. ¿Acaso tú has creado en vano todos los hijos de los hombres?

49. ¿Qué hombre hay que haya de vivir sin ver jamás la muerte? ¿Quién podrá sacar su alma del poder del infierno o de la muerte?

50. ¿Señor, dónde está tu antigua misericordia, que prometiste con juramento a David, tomando tu verdad por testigo?

51. Ten presente, ¡oh Señor!, los oprobios que tus siervos han sufrido de varias naciones, oprobios que tengo sellados en mi pecho;

52. oprobios con que nos dan en rostro, Señor, tus enemigos, quienes nos echan en cara la mutación de tu ungido.

53. Bendito sea el Señor para siempre. ¡Amén! ¡Amén!

Salmo 90 (89)

El Señor es eterno. Los años de nuestra vida son pocos y miserables

1. Oración de Moisés, varón de Dios.
Señor, en todas épocas has sido tú nuestro amparo.

2. Tú, ¡oh Dios!, eres antes que fuesen hechos los montes, o se formara la tierra y el mundo universo; eres desde siempre y por toda la eternidad.

3. No reduzcas el hombre al abatimiento, pues dijiste: Convertíos, ¡oh hijos de los hombres!

4. Porque mil años son ante tus ojos como el día de ayer que ya pasó, y como una de las vigilias de la noche.

5. Una nada son todos los años que vive.

6. Dura un día como el heno; florece por la mañana, y se pasa; por la tarde inclina la cabeza, se deshoja, y se seca.

7. Al ardor de tu ira hemos desfallecido, y a la fuerza de tu furor quedamos consumidos.

8. Has colocado nuestras maldades delante de tus ojos, y nuestra conducta al resplandor de tu semblante.

9. Por eso todos nuestros días se han desvanecido, y nosotros venimos a fallecer por tu enojo. Como una tela de araña serán considerados nuestros años.

10. Setenta años son los días de nuestra vida; cuando más, ochenta años en los muy robustos; lo que pasa de aquí, achaques y dolencias. Según esto, presto seremos arrebatados, pues va llegando ya la debilidad de la vejez.

11. Mas ¿quién podrá conocer la grandeza de tu ira, y comprender cuán terrible es tu indignación?

12. Danos, pues, a conocer el poder de tu diestra, y concédenos un corazón instruido en la sabiduría.

13. Vuélvete hacia nosotros, Señor. ¿Hasta cuándo te mostrarás airado? Sé tú compasivo para con tus siervos.

14. Bien presto seremos colmados de tu misericordia; y nos regocijaremos y recrearemos todos los días de nuestra vida.

15. Nos alegraremos por los días que tú nos humillaste, por los años que sufrimos miserias.

16. Vuelve los ojos hacia tus siervos, a estas obras tuyas, y dirige tú a sus hijos.

17. Y resplandezca sobre nosotros la luz del Señor Dios nuestro, y endereza en nosotros las obras de nuestras manos, y da éxito a nuestras empresas.

Salmo 91 (90)

El Señor es mi refugio. El me libra de todos los peligros y me llena de gloria

1. Alabanza y cántico de David.
El que se acoge al asilo del Altísimo, descansará siempre bajo la protección del Dios del cielo.

2. El dirá al Señor: Tú eres mi amparo y refugio; el Dios mío en quien esperaré.

3. Porque él me ha librado del lazo de los cazadores y de terribles adversidades.

4. Con sus alas te hará sombra, y debajo de sus plumas estarás confiado*.

5. Su verdad te cercará como escudo; no temerás terrores nocturnos,

6. ni la saeta disparada de día, ni al enemigo que anda en tinieblas, ni los asaltos del demonio en medio del día.

7. Caerán muertos a tu siniestra mil y diez mil a tu diestra; mas nada te pasará a ti.

8. Tú lo estarás contemplando con tus propios ojos, y verás el pago que se da a los pecadores, y exclamarás:

9. ¡Oh! y cómo eres tú, ¡oh Señor, mi esperanza! Tú ¡oh justo! has escogido al Altísimo para asilo tuyo.

10. No llegará a ti el mal, ni el azote se acercará a tu morada.

11. Porque él mandó a sus ángeles que cuidasen de ti; los cuales te guardarán en cuantos pasos dieres.

12. Te llevarán en las palmas de sus manos; no sea que tropiece tu pie en alguna piedra.

13. Andarás sobre áspides y víboras, y hollarás los leones y dragones.

14. Ya que ha esperado en mí, yo le libraré; yo lo protegeré, pues ha conocido o adorado mi Nombre.

15. Clamará a mí, y lo oiré benigno. Con él estoy en la tribulación; lo pondré a salvo, y lo llenaré de gloria.

16. Lo sacaré con una vida muy larga, y le haré ver el salvador que enviaré.

Salmo 92 (91)

Bondad y justicia del Señor en todas las obras. Alabanza a su santo Nombre

1. Salmo y cántico.

2. Bueno es tributar alabanzas al Señor; y salmear a tu Nombre, ¡oh Altísimo!,

3. celebrando por la mañana tu misericordia, y por la noche tu verdad;

4. acompañando el canto con el salterio, y con el sonido de la cítara.

5. Porque me has recreado, oh Señor, con tus obras, y al contemplar las obras de tus manos salto de placer.

6. ¡Cuán grandes son, Señor tus obras! ¡Cuán insondable la profundidad de tus designios!

7. El hombre insensato no conoce estas cosas, ni entiende de ellas el necio.

8. Apenas los pecadores brotarán como el heno, y brillarán todos los malvados, cuando perecerán para siempre.

9. Pero tú, ¡oh Señor!, serás eternamente el Altísimo.

10. Así es, Señor, que tus enemigos, sí, tus enemigos perecerán, y quedarán disipados cuantos cometen la maldad.

11. Y mi fortaleza se levantará como la del unicornio, y mi vejez será vigorizada por tu misericordia.

12. Y miraré con desprecio a mis enemigos, y oiré hablar sin susto de los revoltosos que maquinan contra mí.

13. Florecerá como la palma el varón justo, y descollará cual cedro del Líbano.

14. Plantados los justos en la casa del Señor, en los atrios de la casa de nuestro Dios florecerán.

15. Y aun en su lozana vejez se multiplicarán; y se hallarán con vigor y robustez,

16. para predicar que el Señor Dios nuestro es justo, y que no hay en él ni sombra de iniquidad.

Salmo 93 (92)

David canta la gloria del Señor y profetiza el reino del Mesías

1. Salmo y cántico de David para la víspera del sábado, que es cuando fue creada la tierra.

El Señor reinó, se revistió de gloria, se armó de fortaleza, y se ciñó todo de ella. Asentó también firme la tierra, y no será conmovida.

2. Desde entonces quedó, ¡oh Señor!, preparado tu solio; y tú eres desde la eternidad.

3. Alzaron los ríos, ¡oh Señor!, levantaron los ríos su voz; alzaron el sonido de sus olas,

4. con el estruendo de las muchas aguas. Maravillosas son las encrespaduras del mar; mas admirable es el Señor en las alturas.

5. Tus testimonios se han hecho en extremo creíbles. La santidad debe ser, Señor, el ornamento de tu casa por todos los siglos.

4. Estas imágenes expresan la protección y defensa de Dios. *Deut 32*, 11.

Salmo 94 (93)

El Señor castigará a los malos y premiará a los buenos. El es juez del mundo

1. Salmo de David.
El Señor es el Dios de las venganzas; y el Dios de las venganzas ha obrado con libertad.
2. Haz, pues, brillar tu grandeza, ¡oh Juez supremo de la tierra!; da su merecido a los soberbios.
3. ¿Hasta cuándo, Señor, los pecadores, hasta cuándo estarán vanagloriándose?
4. ¿Charlarán, hablarán inicuamente, se jactarán siempre todos los que obran iniquidad?
5. ¡Ah! Señor, ellos han abatido a tu pueblo, han devastado tu heredad.
6. Han asesinado a la viuda y al extranjero, y han quitado la vida al huérfano.
7. Y dijeron: No lo verá el Señor; no sabrá nada el Dios de Jacob.
8. Reflexionad, ¡oh hombres los más insensatos del pueblo!, entrad en conocimiento; tened finalmente cordura, vosotros, mentecatos.
9. Aquel que ha dado los oídos, ¿no oirá? El que ha dado los ojos, ¿no verá?
10. ¿No os ha de llamar a juicio el que castiga a todas las naciones?, ¿aquel que da la ciencia al hombre?
11. Conoce el Señor los pensamientos de los hombres, y cuán vanas son sus ideas.
12. Bienaventurado el hombre a quien tú ¡oh Señor!, hayas instruido y amaestrado en tu ley,
13. para hacerle menos penosos los días aciagos, mientras tanto que al pecador se le abre la fosa.
14. Porque no ha de abandonar el Señor a su pueblo, ni dejar desamparada su heredad;
15. sino que el juicio se ejercerá con justicia, y le seguirán todos los rectos de corazón.
16. Mas entretanto, ¿quién se pondrá de mi parte contra los malvados?; ¿quién saldrá a favor mío contra los que obran la iniquidad?
17. ¡Ah! Si el Señor no me hubiese socorrido, seguramente sería ya el sepulcro mi morada.
18. Si yo, ¡oh Señor!, te decía: Mi pie va a resbalar, acudía a sostenerme tu misericordia.
19. A proporción de los muchos dolores que atormentaron mi corazón, tus consuelos llenaron de alegría mi alma.
20. Porque, ¿acaso estás tú sentado en algún tribunal injusto, cuando nos impones penosos preceptos?
21. Andan los malvados a caza del justo, y condenan la sangre inocente.
22. Pero el Señor me ha servido de refugio; ha sido mi Dios el sostén de mi esperanza.
23. Y hará caer sobre ellos la pena de sus iniquidades; y por su malicia los hará perecer. Los destruirá el Señor Dios nuestro.

Salmo 95 (94)

David pide a los hombres adorar al Señor con alegría y obedecer su ley

1. Alabanza o cántico de David.
Venid, regocijémonos en el Señor; cantemos con júbilo las alabanzas del Dios, salvador nuestro.
2. Corramos a presentarnos ante su acatamiento, dándole gracias, y entonando himnos a su gloria.
3. Porque el Señor es el Dios grande, y un rey más grande que todos los dioses.
4. Porque en su mano tiene toda la extensión de la tierra, y suyos son los más encumbrados montes.
5. Suyo es el mar, y obra es de sus manos; y hechura de sus manos es la tierra.
6. Venid, pues, adorémosle; postrémonos, derramando lágrimas en la presencia del Señor que nos ha creado;
7. pues él es el Señor Dios nuestro, y nosotros el pueblo a quien él apacienta, y ovejas de su grey.
8. Hoy mismo, si oyereis su voz, guardaos de endurecer vuestros corazones*,
9. como sucedió, dice el Señor, cuando provocaron mi ira, entonces que hicieron prueba de mí en el desierto, en donde vuestros padres me tentaron, me probaron, y vieron mis obras.
10. Por espacio de cuarenta años estuve

---

8. *Ex 17*, 1; *Num 20*, 1; *Hebr 3*, 7.

irritado contra esta raza de gente, y decía: Siempre está descarriado el corazón de este pueblo.

11. Ellos no conocieron mis caminos; por lo que juré airado, que no entrarían en mi reposo.

Salmo 96 (95)

Cántico nuevo al Señor. Toda la tierra adorará al Mesías, juez de los hombres

1. Cántico de David, cuando se reedificó la casa de Dios después de la cautividad.

Cantad al Señor un cántico nuevo. Regiones todas de la tierra, cantad al Señor.

2. Cantad al Señor, y bendecid su Nombre; anunciad todos los días la salvación que de él viene.

3. Predicad entre las naciones su gloria y sus maravillas en todos los pueblos;

4. porque grande es el Señor, y digno de infinita alabanza; terrible sobre todos los dioses.

5. Porque todos los dioses de las naciones son demonios; pero el Señor es el que creó los cielos.

6. La gloria y el esplendor están alrededor de él; brillan en su santuario la santidad y la magnificencia.

7. ¡Oh vosotras, familias de las naciones!, venid a ofrecer al Señor; venid a ofrecerle honra y gloria.

8. Tributad al Señor la gloria debida a su Nombre. Llevad ofrendas, y entrad en sus atrios.

9. Adorad al Señor en su santa morada. Conmuévase a su vista toda la tierra.

10. Publicad entre las naciones que ya reina el Señor. Porque él afirmó la tierra, que jamás se ladeará; juzgará a los pueblos con equidad.

11. Que se alegren los cielos, y salte de gozo la tierra, conmuévase el mar, y cuanto contiene.

12. Muestren su júbilo los campos, y todas las cosas que hay en ellos. Los árboles todos de las selvas manifiesten su alborozo

13. a la vista del Señor, porque viene a gobernar la tierra. Gobernará la tierra con justicia; gobernará los pueblos con su verdad.

Salmo 97 (96)

Profecía del reino espiritual del Mesías. Los hombres se preparan para entrar en él

1. Salmo de David, cuando fue restaurada su tierra.

El Señor es el que reina: Regocíjese la tierra; muestre su júbilo la multitud de islas.

2. Rodeado está de una densa y oscura nube; justicia y juicio son el sostén de su trono.

3. Fuego irá delante de él, que abrasará por todas partes a sus enemigos.

4. Alumbrarán sus relámpagos la tierra, que lo vio, y se estremeció.

5. Se derritieron, como cera, los montes a la presencia del Señor; a la presencia del Señor se derretirá la tierra toda.

6. Anunciaron los cielos su justicia; y todos los pueblos vivieron su gloria.

7. Que se confundan todos los adoradores de los ídolos y cuantos se glorían en sus simulacros. Adorad al Señor vosotros todos ¡oh ángeles suyos*!

8. Lo oyó Sión, y se llenó de alborozo. Saltaron de alegría las hijas de Judá en vista, ¡oh Señor!, de tus juicios.

9. Porque tú eres el Señor Altísimo sobre toda la tierra; tú eres infinitamente más elevado que todos los dioses.

10. ¡Oh vosotros, los que amáis al Señor!, aborreced el mal. El Señor guarda las almas de sus santos; las librará de las manos del pecador.

11. Amaneció la luz al justo, y la alegría a los de recto corazón.

12. Alegraos, pues, ¡oh justos!, en el Señor, y celebrad con alabanzas su santa memoria.

Salmo 98 (97)

El Señor Dios nuestro ha triunfado y ha mostrado su justicia. La tierra toda lo alaba

1. Salmo de David.

Cantad al Señor un cántico nuevo; porque ha hecho maravillas. Su diestra y su santo brazo han obrado su salvación.

2. El Señor ha hecho conocer su salvador,

---

7. *Hebr 1*, 6.

ha mostrado su justicia a los ojos de las naciones.

3. Ha tenido presente su misericordia y la verdad de sus promesas a favor de la casa de Israel. Todos los confines de la tierra han visto la salvación que nuestro Dios nos ha enviado.

4. Cantad, pues, festivos himnos a Dios todas las regiones de la tierra; cantad y saltad de alegría, y salmead.

5. Salmead a gloria del Señor con la cítara y con voces armoniosas,

6. al eco de las trompetas de metal y al sonido de bocinas. Mostrad vuestro alborozo en la presencia de este rey que es el Señor.

7. Conmuévase de gozo el mar y cuanto en él se encierra; la tierra toda, con sus habitantes.

8. Los ríos aplaudirán con palmadas; los montes a una saltarán de contento

9. a la vista del Señor, porque viene a gobernar la tierra. El juzgará la tierra con justicia y a los pueblos con rectitud.

Salmo 99 (98)

Celebra el salmista el reino de Dios y de su Ungido e invita a reconocer su gloria

1. Salmo de David.

Reina ya el Señor, que se estremezcan los pueblos; reina ya aquel que está sentado sobre los querubines, agítese la tierra.

2. El Señor en Sión es grande, elevado está sobre todos los pueblos.

3. Tributen gloria a tu gran Nombre, por cuanto él es terrible y santo;

4. y la gloria del rey está en amar la justicia. Tú estableciste leyes rectísimas; tú ejerciste el juicio y la justicia en el pueblo de Jacob.

5. Ensalzad al Señor Dios nuestro, y adorad el arca, estrado de sus pies: porque él es el Santo.

6. Moisés y Aarón entre sus sacerdotes, y Samuel el más distinguido entre los que invocaban su Nombre. Ellos clamaban al Señor, y el Señor les oía benigno.

7. Les hablaba desde una columna de nube. Observaban sus mandamientos y el fuero que les había dado.

8. ¡Oh Señor Dios nuestro!, tú atendías a sus ruegos, les fuiste propicio, ¡oh Dios!, aun vengando todas las injurias que te hacían.

9. Ensalzad al Señor nuestro Dios, y adoradle en su santo monte; porque el Señor Dios nuestro es el santo por excelencia.

Salmo 100 (99)

Exhorta el profeta a toda la tierra a alabar al Señor, Dios único y dueño de la creación

1. Salmo de la alabanza.

2. Moradores todos de la tierra, cantad con júbilo las alabanzas de Dios; servid al Señor con alegría. Venid llenos de alborozo a presentaros ante su acatamiento.

3. Tened entendido que el Señor es el único Dios. El es el que nos hizo, y no nosotros a nosotros mismos. ¡Oh tú, pueblo suyo!, vosotros ovejas a quien él apacienta,

4. entrad por sus puertas cantando alabanzas, venid a sus atrios entonando himnos, y tributadle acciones de gracias. Bendecid su Nombre,

5. porque es un Señor lleno de bondad, es eterna su misericordia, y su verdad resplandecerá de generación en generación.

Salmo 101 (100)

Rey justo que alaba al Señor y le promete fidelidad a su santo Nombre

1. Salmo de David.

Cantaré, Señor, las alabanzas de tu misericordia y de tu justicia.

2. Las cantaré al son de instrumentos músicos y estudiaré el camino de la perfección. ¿Y cuándo vendrás a mí para fortalecerme? He vivido con inocencia de corazón en medio de mi familia.

3. Jamás he puesto la mira en cosa injusta; he aborrecido a los transgresores de la ley.

4. Conmigo no han tenido cabida hombres de corazón depravado; ni he querido conocer al que con su proceder maligno se desviaba de mí.

5. Al que calumniaba secretamente a su prójimo, a éste lo he perseguido. No admitía en mi mesa a hombres de ojos altaneros y de corazón insaciable.

6. Dirigí mi vista en busca de los hombres fieles del país, para que habiten conmigo; los que procedían irreprensiblemente, ésos eran mis ministros.

7. No morará en mi casa el que obra con soberbia o dolo; ni hallará gracia en mis ojos aquel que habla iniquidades.

8. Al levantarme por la mañana mi primer cuidado era exterminar a todos los pecadores del país, para extirpar de la ciudad del Señor a todos los facinerosos*.

Salmo 102 (101)

El salmista suspira por el Mesías que restablecerá su gracia a Jerusalén

1. Oración de un miserable, que hallándose atribulado derrama en la presencia del Señor sus plegarias.

2. Escucha, ¡oh Señor!, benignamente mis ruegos; y lleguen hasta ti mis clamores.

3. No apartes de mí tu rostro, en cualquier ocasión en que me halle atribulado dígnate oírme. Acude luego a mí, siempre que te invocare;

4. porque como humo han desaparecido mis días, y áridos están mis huesos como leña seca.

5. Estoy marchito como el heno, árido está mi corazón; pues hasta de comer mi pan me he olvidado.

6. De puro gritar y gemir me he quedado con sola la piel pegada a los huesos.

7. Me he vuelto semejante al pelícano, que habita en la soledad; me parezco al búho en su triste albergue.

8. Paso insomnes las noches, y vivo cual pájaro que está solitario sobre los tejados.

9. Me hieren todo el día mis enemigos, y aquellos que me alaban se han conjurado contra mí.

10. Porque el alimento que tomo va mezclado con la ceniza; y mis lágrimas con mi bebida,

11. a vista de tu ira e indignación, pues me levantaste en alto para estrellarme.

12. Como sombra han pasado mis días y me he secado como el heno.

13. Pero tú, Señor, permaneces para siempre, y tu memoria pasará de generación en generación.

14. Tú te levantarás, y tendrás lástima de Sión; porque tiempo es el de apiadarte de ella, llegó ya el plazo.

15. Y porque hasta sus mismas ruinas son amadas de tus siervos, y miran éstos con afición aun al polvo de aquella tierra.

16. Entonces, ¡oh Señor!, las naciones temerán tu santo Nombre, y todos los reyes de la tierra respetarán tu gloria.

17. Porque el Señor reedificará a Sión, en donde se dejará ver con toda majestad.

18. El escuchó la oración de los humildes, y no despreció sus plegarias.

19. Que se escriban estas cosas para la generación venidera; y el pueblo que será creado glorificará al Señor.

20. Porque desde su excelso santuario inclinó los ojos hacia nosotros. Se puso el Señor desde el cielo a mirar la tierra,

21. para escuchar los gemidos de los que estaban entre cadenas, para libertar a los sentenciados a muerte,

22. a fin de que prediquen en Sión el Nombre del Señor y sus alabanzas en Jerusalén.

23. Entonces los pueblos y reyes se reunirán para servir juntos al Señor.

24. Dijo el justo en medio de su florida edad: Manifiéstame ¡oh Señor!, el corto número de mis días.

25. No me llames a la mitad de mi vida. Eternos son tus años.

26. ¡Oh Señor!, tú eres el que al principio creaste la tierra; los cielos obra son de tus manos.

27. Estos perecerán; pero tú eres inmutable. Vendrán a gastarse como un vestido. Y los mudarás como quien muda una capa, y mudados quedarán*.

28. Mas tú eres siempre el mismo, y tus años no tendrán fin.

29. Los hijos de tus siervos habitarán tranquilos en Jerusalén, y su descendencia quedará arraigada por los siglos de los siglos.

8. Propósito de una justicia total e ideal. *Rom 13*, 4.

27. *Is 51*, 6; *Hebr 1*, 10-12.

Salmo 103 (102)

Acción de gracias al Señor por el perdón de los pecados y por sus bendiciones

1. Salmo de David.
Bendice, ¡oh alma mía!, al Señor, y bendigan todas mis entrañas su santo Nombre.

2. Bendice al Señor, alma mía, y guárdate de olvidar ninguno de sus beneficios.

3. El es quien perdona todas tus maldades; quien sana todas tus dolencias;

4. quien rescata de la muerte tu vida; el que te corona de misericordia y gracias;

5. el que sacia con sus bienes tus deseos, para que se renueve tu juventud como la del águila.

6. El Señor hace mercedes, y hace justicia a todos los que sufren agravios.

7. Hizo conocer a Moisés sus caminos, y a los hijos de Israel su voluntad.

8. Compasivo es el Señor y benigno, tardo en airarse y de gran clemencia.

9. No durará para siempre su enojo, ni estará amenazado perpetuamente.

10. No nos ha tratado según merecían nuestros pecados, ni dado el castigo debido a nuestras iniquidades.

11. Antes bien cuanta es la elevación del cielo sobre la tierra, tanto ha engrandecido él su misericordia para con aquellos que le temen.

12. Cuanto dista el oriente del occidente, tan lejos ha echado de nosotros nuestras maldades.

13. Como un padre se compadece de sus hijos, así se ha compadecido el Señor de los que le temen.

14. Porque él conoce bien la fragilidad de nuestro ser. Tiene muy presente que somos polvo,

15. y que los días del hombre son como el heno: cual flor del campo, así florece*, y se seca.

16. Porque el espíritu estará en él como de paso; y así el hombre dejará pronto de existir y le desconocerá el lugar mismo que ocupaba.

17. Pero la misericordia del Señor permanece desde siempre y para siempre sobre aquellos que le temen. Su justicia no abandonará jamás a los hijos y nietos

18. de aquellos que observan su alianza, y conservan la memoria de sus mandamientos, para ponerlos en práctica.

19. El Señor asentó en el cielo su trono; y su reino dominará sobre todos.

20. Bendecid al Señor todos vosotros, ¡oh ángeles suyos!, vosotros de gran poder y virtud, ejecutores de sus órdenes, prontos a obedecer la voz de sus mandatos.

21. Bendecid al Señor todos vosotros que componéis su celestial milicia, ministros suyos que hacéis su voluntad.

22. Criaturas todas de Dios, en cualquier lugar de su universal imperio, bendecid al Señor. Bendice tú, ¡oh alma mía!, al Señor.

Salmo 104 (103)

Canta el profeta la belleza de la creación. El mundo es obra del Señor Dios

1. Salmo de David.
¡Oh alma mía!, bendice al Señor. Señor Dios mío, tú te has engrandecido mucho y en gran manera. Te has revestido de gloria y de majestad;

2. cubierto estás de luz, como de un ropaje. Extendiste los cielos como un pabellón o cortina,

3. y cubriste de aguas la parte superior de ellos. Tú haces de las nubes tu carroza; corres sobre las alas de los vientos.

4. Haces que tus ángeles sean veloces como los vientos, y tus ministros activos como fuego abrasador.

5. Cimentaste la tierra sobre sus propias bases; no se desnivelará jamás.

6. Se hallaba cubierta como de una capa de inmensas aguas; sobrepujaban éstas los montes.

7. A tu amenaza echaron a huir, amedrentadas del estampido de tu trueno.

8. Se alzan como montes, y se abajan como valles, en el lugar que les estableciste.

9. Le fijaste un término, que no traspasarán, no volverán ellas a cubrir la tierra.

10. Tú haces brotar las fuentes en los valles, y que filtren las aguas por en medio de los montes.

11. Con eso beberán todas las bestias

---

15. Símbolos de transitoriedad. *Is 40*, 7; *Job 7*, 10; *14*, 2.

del campo; a ellas correrán, acosados de la sed, los asnos monteses.

12. Junto a ellos habitarán las aves del cielo, desde entre las peñas harán sentir sus gorjeos.

13. Tú riegas los montes con las aguas que envías de lo alto; colmas la tierra de frutos que tú haces nacer.

14. Tú produces el heno para las bestias, y la hierba que da grano para el servicio de los hombres, a fin de hacer salir pan del seno de la tierra,

15. y el vino que recrea el corazón del hombre; de modo que, ungiéndose o perfumándose, presente alegre su rostro, y con el pan corrobore sus fuerzas.

16. Se llenarán de jugo los árboles del campo y los cedros del Líbano, que él plantó.

17. Allí harán las aves sus nidos; a las cuales servirán de guía la casa o nido de la cigüeña.

18. Los altos montes, sirven de asilo a los ciervos; los peñascos de madriguera a los erizos.

19. El Señor creó la luna para regla de los tiempos. El sol observa puntualmente su ocaso.

20. Tú ordenaste las tinieblas, y quedó hecha la noche: en ella transitará toda fiera del bosque.

21. Rugen en busca de presa los cachorros de los leones, y claman a Dios por el alimento.

22. Mas así que el sol apunta, se retiran, todos en tropel, y van a meterse en sus guaridas.

23. Sale entonces el hombre a su ocupación y a su trabajo hasta la noche.

24. ¡Oh Señor, y cuán grandiosas son todas tus obras! Todo lo has hecho sabiamente; llena está la tierra de tus riquezas.

25. Tuyo es este mar tan grande y de tan anchurosos senos; en él peces sin cuento, animales pequeños y grandes.

26. Por él transitan las naves. Ese dragón o monstruo que formaste, para que retozara entre sus olas;

27. todos los animales esperan de ti que les des a su tiempo el alimento.

28. Tú se lo das, y acuden ellos a recogerle; abriendo tú la mano, todos se hartarán de bienes.

29. Mas si tú apartaras tu rostro, se turbarían; les quitas el espíritu, dejan de ser, y vuelven a parar en el polvo de que salieron.

30. Enviarás tu espíritu, y serán creados, y renovarás la faz de la tierra.

31. Sea para siempre celebrada la gloria del Señor. Se complacerá el Señor en sus criaturas;

32. aquel Señor que hace estremecer la tierra con sola una mirada; y que si toca los montes, humean.

33. Yo cantaré toda mi vida las alabanzas del Señor; entonaré himnos a mi Dios mientras yo viviere.

34. Que le sean gratas mis palabras; en cuanto a mí, todas mis delicias las tengo en el Señor.

35. Desaparezcan de la tierra los pecadores y los inicuos; de suerte que no quede ninguno. Tú, ¡oh alma mía!, bendice al Señor.

SALMO 105 (104)

Acción de gracias al Señor por la vocación de Abrahán y la tierra de promisión

1. Aleluya[*].

Alabad al Señor e invocad su Nombre; predicad entre las naciones sus admirables obras.

2. Entonadle himnos al son de músicos instrumentos; referid todas sus maravillas.

3. Gloriaos en su santo Nombre; alégrese el corazón de los que van en busca del Señor.

4. Buscad al Señor, y permaneced firmes, buscad incesantemente su rostro.

5. Acordaos de las maravillas que hizo, de sus prodigios y de las sentencias que han salido de su boca,

6. ¡oh vosotros, descendientes de Abrahán, siervos suyos hijos de Jacob, sus escogidos!

7. El es el Señor Dios nuestro, cuyos juicios son conocidos en toda la tierra.

8. Nunca jamás ha puesto en olvido su alianza, aquella palabra que dijo para miles de generaciones,

9. la promesa hecha a Abrahán y su juramento a Isaac;

10. juramento que confirmó a Jacob como una ley, y a Israel como un pacto sempiterno,

---

1. *1 Cro 16.*

11. diciendo: A ti te daré la tierra de Canaán, legítima de tu herencia.

12. Y esto, cuando Jacob y sus hijos eran en corto número, poquísimos y extranjeros en la misma tierra,

13. y pasaban a menudo de una nación a otra y de un reino a otro pueblo.

14. No permitió que nadie los molestase; antes por amor de ellos castigó a los reyes.

15. Guardaos de tocar a mis ungidos; no maltratéis a mis profetas.

16. Hizo venir el hambre sobre la tierra y destruyó todo sustento de pan.

17. Envió delante de los suyos a un varón, a José, vendido por esclavo.

18. Al cual afligieron, oprimiendo sus pies con grillos; un puñal atravesó su alma,

19. hasta cuando se cumplió su vaticinio. Lo inflamó la palabra del Señor.

20. El rey dio orden para que le soltaran; lo puso en libertad este potentado de los pueblos.

21. Lo hizo dueño de su casa* y gobernador de todos sus dominios,

22. para que comunicase su sabiduría a sus grandes, y enseñase prudencia a sus ancianos.

23. Entonces entró Israel en Egipto, y fue Jacob a vivir como peregrino en la tierra de Cam.

24. Y Dios multiplicó su pueblo sobremanera, y lo hizo más poderoso que sus enemigos.

25. Permitió que el corazón de éstos cambiara, de suerte que cobrasen ojeriza a su pueblo de Israel, y urdiesen tramas contra sus siervos.

26. Mas envió a Moisés, siervo suyo, y a Aarón, a quien había elegido.

27. Les dio poderes para hacer milagros y obrar prodigios en la tierra de Cam.

28. Envió tinieblas y todo lo oscureció; no faltó a ninguna de sus palabras.

29. Convirtió en sangre sus aguas, y mató los peces.

30. La tierra brotó ranas hasta en los gabinetes de los mismos reyes.

31. Dijo, y vino toda casta de moscas y de mosquitos por todos sus términos.

32. En lugar de agua les hacía llover en su tierra granizo y rayos de fuego abrasador.

33. Con lo que abrasó sus viñedos e higuerales, y destrozó los árboles de su término.

34. Dijo, y vinieron enjambres innumerables de langosta y oruga;

35. y se comieron toda la hierba de los prados, y cuantos frutos había en los campos.

36. Hirió de muerte a todos los primogénitos de aquella tierra, las primicias de su robustez.

37. Y sacó a Israel cargado de oro y plata, sin que hubiese un enfermo en todas sus tribus.

38. Se alegró Egipto con la salida de ellos, por causa del gran temor que le causaban.

39. Extendió una nube que les sirviese de toldo, e hizo que de noche los alumbrase como fuego.

40. Pidieron de comer, y les envió codornices; y los sació con pan del cielo.

41. Hendió la peña, y brotaron aguas, corrieron ríos en aquel secadal.

42. Porque tuvo presente su santa palabra, que diera a Abrahán, siervo suyo.

43. Y así sacó a su pueblo lleno de gozo, y a sus escogidos colmados de júbilo.

44. Y les dio el país de los gentiles, y los hizo disfrutar de las labores de los pueblos,

45. a fin de que guardasen sus mandamientos, y observasen su ley.

Salmo 106 (105)

Los cautivos hacen memoria de los beneficios recibidos del Señor

1. Aleluya.
Alabad al Señor porque es tan bueno, porque es eterna su misericordia.

2. ¿Quién podrá contar las obras del poder del Señor, y pregonar todas sus alabanzas?

3. Bienaventurados los que observan la ley, y practican en todo tiempo la virtud.

4. Acuérdate, ¡oh Señor!, de nosotros, según tu benevolencia para con tu pueblo; visítanos por medio de tu salvador,

5. a fin de que gocemos los bienes de tus escogidos, y participemos de la alegría de tu pueblo, y te glories en aquellos a quienes miras como herencia tuya.

6. Hemos pecado como nuestros padres,

---

21. *Gen 41*, 14-40.

nos hemos portado injustamente, hemos cometido mil maldades.

7. Nuestros padres en Egipto no consideraron tus maravillas; no conservaron la memoria de tu misericordia. Te irritaron cuando iban a entrar en el mar, en el mar Rojo.

8. Mas el Señor los salvó por honor de su Nombre, para demostrar su poder.

9. Dio una voz contra el mar Rojo, y éste quedó seco al momento: y los condujo por medio de aquellos abismos como por un desierto.

10. Y los sacó salvos de las manos de aquellos que los aborrecían, y los rescató de la mano de sus enemigos.

11. Sepultó en el agua a sus opresores, no quedó de ellos ni siquiera uno.

12. Entonces dieron crédito a las palabras del Señor, y cantaron con aplauso sus alabanzas.

13. Mas bien pronto echaron en olvido sus obras, y no esperaron su consejo o amorosa providencia.

14. Y en el desierto desearon con ansia los manjares de Egipto; y tentaron a Dios en el secadal.

15. Les otorgó lo que pidieron, y los hartó hasta el alma.

16. Estando después en los campamentos se atrevieron contra Moisés, y contra Aarón, el consagrado al Señor.

17. Se abrió la tierra y se tragó a Datán, y sepultó la facción de Abirón.

18. Se encendió fuego en su reunión, y las llamas devoraron a los pecadores.

19. Hicieron un becerro en Horeb, y adoraron aquella estatua fundida.

20. Y trocaron su Dios, que era su gloria, por una figura de becerro que come heno.

21. Se olvidaron de Dios que los había salvado, que había obrado tan grandes cosas en Egipto,

22. tantas maravillas en la tierra de Cam, cosas tan terribles en el mar Rojo.

23. Trató, pues, de acabar con ellos; pero se interpuso Moisés, siervo suyo, al momento del estrago, a fin de aplacar su ira para que no los exterminase.

24. Ellos ningún caso hicieron de aquella tierra deliciosa. No dieron crédito a sus palabras,

25. murmuraron en sus tiendas, no quisieron escuchar la voz del Señor.

26. Y levantó el Señor su mano contra ellos, para dejarlos tendidos en el desierto,

27. y envilecer su linaje entre las gentes, y esparcirlos por varias regiones.

28. Y se consagraron a Beelfegor, y comieron de los sacrificios de los muertos.

29. Y provocaron su ira con sus invenciones idolátricas, y estalló contra ellos grandísimo estrago.

30. Pero se levantó Finees, y le aplacó, y cesó la mortandad.

31. Lo cual le fue reputado como justicia, de generación en generación eternamente.

32. Asimismo irritaron al Señor en las aguas de Contradicción; y padeció Moisés por culpa de ellos.

33. Porque habían perturbado su espíritu, como lo manifestó claramente con sus labios.

34. Tampoco exterminaron las naciones que les había mandado el Señor.

35. Antes se mezclaron con los gentiles, y aprendieron sus obras;

36. y dieron culto a sus ídolos; y fue para ellos un tropiezo.

37. E inmolaron sus hijos e hijas a los demonios.

38. Derramaron la sangre inocente, la sangre de sus hijos y de sus hijas, que sacrificaron a los ídolos de Canaán. Quedó la tierra profanada con tanta sangre,

39. y contaminada con sus obras; y se prostituyeron a los ídolos hechuras suyas.

40. Por lo que se encendió la saña del Señor contra su pueblo, y abominó su heredad.

41. Y los entregó en poder de las naciones, y cayeron bajo el dominio de aquellos que los aborrecían.

42. Fueron tratados duramente por sus enemigos, bajo cuya mano fueron humillados.

43. Muchas veces los libró Dios. Ellos lo exasperaban con sus designios; y fueron abatidos por causa de sus iniquidades.

44. Los miró el Señor cuando estaban atribulados, y oyó su oración.

45. Se acordó de su alianza, y le pesó, y los trató según su gran misericordia.

46. E hizo que fuesen objeto de compasión para con todos los que los tenían cautivos.

47. Sálvanos, ¡oh Señor Dios nuestro!, y recógenos de entre las naciones, para que confesemos tu santo Nombre, y nos gloriemos en cantar tus alabanzas.

48. Bendito sea el Señor Dios de Israel por los siglos de los siglos. Y responderá todo el pueblo: ¡Amén! ¡Amén!

SALMO 107 (106)

El Señor libra de toda suerte de calamidades a los que le invocan con fe viva

1. Aleluya.
Alabad al Señor, porque es tan bueno, porque es eterna su misericordia.

2. Que lo digan aquellos que fueron redimidos por el Señor, a los cuales rescató del poder del enemigo, y que ha recogido de las regiones,

3. del oriente y del poniente; del norte y de la parte del mar, o mediodía.

4. Anduvieron errantes por la soledad, por lugares áridos, sin hallar camino para llegar a alguna ciudad donde albergarse.

5. Hambrientos y sedientos, iba desfalleciendo ya su espíritu.

6. Clamaron al Señor en su tribulación, y los sacó de sus angustias.

7. Y los encaminó por la vía recta, para que llegasen a la ciudad en que debían habitar.

8. Glorifiquen al Señor por su misericordia y por sus maravillas en favor de los hijos de los hombres.

9. Porque sació al alma sedienta; colmó de bienes al alma hambrienta.

10. Libró a los que yacían entre tinieblas y sombras de muerte, cautivos en la aflicción y entre cadenas.

11. Mas porque contradijeron las palabras de Dios y despreciaron los designios del Altísimo,

12. fue abatido su corazón con los trabajos; quedaron sin fuerzas; y no hubo quien los socorriese.

13. Pero clamaron al Señor viéndose atribulados, y los libró de sus angustias.

14. Y los sacó de las tinieblas y sombras de la muerte; y rompió sus cadenas.

15. Glorifiquen al Señor por su misericordia y por sus maravillas a favor de los hijos de los hombres.

16. Porque quebrantó las puertas de bronce e hizo pedazos los cerrojos de hierro.

17. Los recogió del camino de su iniquidad; pues por sus maldades habían sido abismados.

18. Llegó su alma a aborrecer todo alimento, y llegaron hasta las puertas de la muerte.

19. Pero clamaron al Señor al verse atribulados, y los libró de sus angustias.

20. Envió su palabra, y los sanó, y los salvó de su perdición.

21. Glorifiquen al Señor por su misericordia y por sus maravillas, a favor de los hijos de los hombres.

22. Y les ofrezcan éstos sacrificios de alabanza, y celebren con júbilo sus obras.

23. Los que surcan el mar con naves, y están maniobrando en medio de tantas aguas,

24. ésos han visto las obras del Señor y sus maravillas en el profundo del mar.

25. Dijo, y sopló el viento tempestuoso, y se encresparon las olas.

26. Suben hasta los cielos, y bajan hasta los abismos. En medio de estas angustias desfallecía el alma de ellos.

27. Llenos de turbación vacilaban como ebrios, y se desvaneció toda su sabiduría.

28. Pero clamaron al Señor en la tribulación y los sacó de sus apuros.

29. Cambió el huracán en viento suave, y calmaron las olas del mar.

30. Se regocijaron ellos viendo el mar sosegado y el Señor los condujo al puerto deseado.

31. Glorifiquen al Señor por su misericordia y por sus maravillas a favor de los hijos de los hombres.

32. Y ensalcen su gloria en la congregación del pueblo, y lo alaben en el consejo de los ancianos.

33. El Señor convirtió los ríos en páramos, y en sequedades los manantiales de agua;

34. la tierra fructífera en salinas, por causa de la malicia de sus habitantes.

35. Convirtió el desierto en un país de estanques de aguas, y la tierra seca en manantiales.

36. Y estableció en ella a los hambrientos; y fundaron ciudades para su habitación.

37. Sembraron los campos, y plantaron viñas y produjeron abundantes frutos.

38. Y los bendijo el Señor, y se multiplicaron sobremanera; y acrecentó sus ganados.

39. Y vinieron a menos, y fueron oprimidos con trabajos y dolores.

40. Cayó el desprecio sobre los príncipes, y los hizo andar errantes por lugares desiertos, donde no había senda alguna.

41. Y libró al pobre de la miseria, y multiplicó las familias como rebaños de ovejas.

42. Verán estas cosas los justos y se llenarán de gozo, y toda iniquidad cerrará su boca.

43. ¿Quién es sabio para conservar estas cosas, y comprender la misericordia del Señor?

Salmo 108 (107)

David alaba a Dios por sus victorias, representan la conquista espiritual

1. Cántico y salmo de David[1].

2. Dispuesto está mi corazón, oh Dios, mi corazón está dispuesto; cantaré y entonaré salmos en medio de mi gloria.

3. Despierta, pues, ¡oh gloria, oh alma mía!, apresuraos, ¡oh salterio y cítara!, yo me levantaré al rayar la aurora,

4. y te alabaré, Señor en medio de los pueblos, y te cantaré himnos entre las naciones.

5. Porque es más grande que los cielos tu misericordia, y más elevada que las nubes la verdad tuya.

6. Ensálzate, ¡oh Dios! sobre los cielos, y ensalza sobre toda la tierra tu gloria; para que obtengan la libertad los que tú amas.

7. Sálvame con tu diestra, y atiéndeme.

8. Dios habló desde su santuario; y así me regocijaré, y repartiré a Siquem, y mediré el valle de los Tabernáculos.

9. Mío es Galaad, y mío es Manasés, y Efraín es la fortaleza principal mía. Judá es mi rey.

10. Moab el vaso u objeto de mi esperanza, yo le conquistaré. Por Idumea extenderé mis plantas; se me harán amigos, se me someterán los extranjeros.

11. ¿Quién me guiará a la ciudad fuerte? ¿Quién me conducirá hasta la Idumea?

12. ¿Quién sino tu, ¡oh mi Dios! que nos habías desamparado? ¿No vendrás tú, oh Dios mío, a la cabeza de nuestros ejércitos?

13. Danos tu socorro en la tribulación; porque la salvación en vano se espera del hombre.

14. Con Dios haremos proezas, y él aniquilará a nuestros enemigos.

Salmo 109 (108)

David pide justicia al Señor. Lo proclama salvador de los pobres

1. Salmo de David.

2. Oh Dios mío, no calles mi alabanza; porque el hombre inicuo y el traidor han desatado sus lenguas contra mí.

3. Con lengua falaz hablaron contra mí; y con discursos odiosos me han cercado, y me han combatido sin motivo alguno.

4. En vez de amarme, me calumniaban; mas yo oraba.

5. Me volvieron mal por bien y me pagaron con odio el amor que yo les tenía.

6. Sujétale, Señor, al dominio del pecador, y esté el diablo a su derecha.

7. Cuando sea juzgado, salga condenado; y su oración sea un nuevo delito.

8. Acortados sean sus días y ocupe otro su ministerio o puesto.

9. Huérfanos se vean sus hijos, y viuda su mujer.

10. Anden prófugos y mendigos sus hijos, y sean arrojados de sus habitaciones.

11. El usurero dé caza a todos sus bienes, y sea presa de los extraños el fruto de sus fatigas.

12. No halle quien le tenga compasión, ni quien se apiade de sus huérfanos.

13. Sean exterminados todos sus hijos; pasada una sola generación quede ya borrado su nombre.

14. Renuévese en la presencia de Dios la memoria de la iniquidad de sus padres; nunca se borre el pecado de su madre.

15. Estén siempre los delitos de ellos ante los ojos del Señor, y desaparezca de la tierra su memoria,

16. por cuanto no pensó en usar de misericordia,

17. antes bien ha perseguido al hombre desamparado y al mendigo, y al afligido de corazón, para matarle.

---

1. *Sal 57 (56); 60 (59).*

18. Amó la maldición, y le caerá encima; y pues no quiso la bendición, ésta se retirará lejos de él. Se vistió de la maldición como un vestido, y penetró ella como agua en sus entrañas, y caló como aceite hasta sus huesos.

19. Sírvale como de túnica con que se cubra, y como de cíngulo con que siempre se ciña.

20. Esto es lo que ganan para con el Señor los que maldicen y maquinan contra mi vida.

21. Pero tú, ¡oh Señor, Señor Dios mío!, ponte de mi parte por amor de tu Nombre; porque suave es tu misericordia.

22. Líbrame, porque soy pobre y necesitado; y turbado está interiormente mi corazón.

23. Como sombra que huye, así voy desapareciendo; y soy sacudido como las langostas.

24. Mis rodillas se han debilitado por el ayuno, y está extenuada mi carne.

25. Estoy hecho el escarnio de ellos; me miran, y meneando sus cabezas me insultan.

26. Ayúdame tú, Señor Dios mío, sálvame según tu misericordia.

27. Y sepan que aquí anda tu mano, y que es cosa, Señor, que tú haces.

28. Ellos me echarán maldiciones, y tú me bendecirás; queden confundidos los que se levantan contra mí; entretanto tu siervo estará lleno de alegría.

29. Cubiertos sean de ignominia mis acusadores, y envueltos en su afrenta como en una doble manta.

30. Mi boca se deshará en acciones de gracias al Señor; y cantaré sus alabanzas en medio de una multitud.

31. Porque se puso a la derecha de este pobre, para salvarle de los que conspiraban contra su vida.

Salmo 110 (109)

El Señor da poder a su Hijo. Divinidad del Mesías, sacerdote, profeta y rey

1. Salmo de David.

El Señor dijo a mi Señor: Siéntate a mi diestra, mientras que yo pongo a tus enemigos por tarima de tus pies.

2. De Sión hará salir el Señor el cetro de tu poder; domina tú en medio de tus enemigos.

3. Contigo está el principado el día de tu poderío, en medio de los resplandores de la santidad; de mis entrañas te engendré, antes de existir el lucero de la mañana.

4. Juró el Señor, y no se arrepentirá, y dijo: Tú eres sacerdote sempiterno, según el orden de Melquisedec*.

5. El Señor está a tu diestra; en el día de su ira destrozó a los reyes.

6. Ejercerá su juicio en medio de las naciones; consumará su ruina, y estrellará contra el suelo las orgullosas cabezas de muchísimos.

7. Beberá del torrente durante el camino, por eso levantará su cabeza.

Salmo 111 (110)

Las obras del Señor son admirables. Sus maravillas se ven en toda la tierra

1. Aleluya.

Oh Señor, te loaré con todo mi corazón en la sociedad de los justos y en tu pueblo.

2. Grandes son las obras del Señor; exquisitas para todos sus fines.

3. Gloria es y magnificencia cada obra suya; y su justicia permanece firme por los siglos de los siglos.

4. Memoria eterna dejó de sus maravillas; misericordioso y compasivo es el Señor.

5. Ha dado alimento a los que le temen. Se acordará siempre de su alianza:

6. Manifestará a su pueblo las obras de su poder,

7. para darle la herencia de las naciones; las obras de sus manos son verdad y justicia.

8. Fieles e invariables son todos sus mandamientos, confirmados en todos los siglos, y fundados en la verdad y en la rectitud.

9. Envió la redención a su pueblo; estableció para siempre su alianza. Santo y terrible es el Nombre del Señor.

10. El temor del Señor es el principio o la suma de la sabiduría. Sabios son todos los que obran con este temor; su alabanza dura por los siglos de los siglos.

---

4. Prerrogativas sacerdotales asociadas a Melquisedec. *Gen 14,* 17-20; 17.

SALMO 112 (111)

Dicha del hombre que teme a Dios, aunque sea aborrecido por los impíos y los injustos

1. Bienaventurado el hombre que teme
al Señor, y que toda su afición la pone en
cumplir sus mandamientos.
2. Poderosa será sobre la tierra la descendencia suya; bendita será la generación de
los justos.
3. Gloria y riquezas habrá en su casa, y
su justicia durará eternamente.
4. Ha nacido entre las tinieblas la luz
para los de corazón recto; el misericordioso,
el benigno, el justo.
5. Dichoso el hombre que se compadece,
y da prestado al pobre; y que dispensa sus
palabras con discreción,
6. porque jamás resbalará.
7. El justo vivirá eternamente en la memoria de Dios y de los hombres; no temerá al oír
malas nuevas. Su corazón está siempre dispuesto a esperar en el Señor.
8. Fortalecido está su corazón; no
vacilará el justo; y mirará con desprecio a
sus enemigos.
9. Derramó a manos llenas sus bienes
entre los pobres; su justicia permanece
eternamente; su fortaleza será exaltada con
gloria.
10. Lo verá el pecador, y se irritará;
rechinará los dientes, y se consumirá; pero
los deseos y esfuerzos de los pecadores se
desvanecerán como el humo.

SALMO 113 (112)

Dignación amorosa del Dios Altísimo para con los hombres

1. Aleluya.
Alabad ¡oh jóvenes! al Señor, dad loores
al Nombre del Señor.
2. Sea bendito el Nombre del Señor desde
ahora mismo hasta el fin de los siglos.
3. Desde oriente hasta poniente es digno
de ser bendecido el Nombre del Señor.
4. Excelso es el Señor sobre todas las
gentes, y su gloria sobrepuja los cielos.
5. ¿Quién como el Señor nuestro Dios?
El tiene su morada en las alturas,
6. y está cuidando de las criaturas humanas en el cielo y en la tierra.
7. Levanta del polvo de la tierra al
desvalido, y alza del estercolero al pobre,
8. para colocarlo entre los príncipes,
entre los príncipes de su pueblo.
9. El a la mujer antes estéril, la hace vivir
en su casa alegre de verse rodeada de sus
hijos.

SALMO 114 (113a)

Grandeza de Dios en los prodigios con que libró a su pueblo. Vanidad de los ídolos

1. Aleluya[1].
Cuando Israel salió de Egipto, al partir la
casa de Jacob de en medio de aquel pueblo
extranjero.
2. Consagró Dios a su servicio al pueblo
de Judá, y estableció su imperio en Israel.
3. El mar lo vio, y echó a huir; el Jordán
volvió hacia atrás.
4. Los montes brincaron de gozo como
carneros, y los collados como corderitos.
5. ¿Qué tienes tú, ¡oh mar!, que así has
huido?; y tú, ¡oh Jordán!, ¿por qué has vuelto
atrás?
6. Vosotros, ¡oh montes!, ¿por qué brin-
casteis de gozo como carneros?; y ¿vosotros,
¡oh collados!, como corderitos?
7. Por la presencia del Señor se estremeció la tierra, por la presencia del Dios de
Jacob,
8. que convirtió la peña en estanque de
aguas, y en fuentes de aguas la árida roca.

SALMO 115 (113b)

El Señor Dios nuestro está en los cielos y es rey. Gloria a su santo Nombre

1. No a nosotros, Señor, no a nosotros,
sino a tu Nombre da toda la gloria,
2. para hacer brillar tu misericordia y tu
verdad; a fin de que jamás digan los gentiles:
¿Dónde está su Dios?

---

1. El texto griego y la *Vulgata* latina unen los salmos 114 y 115 en uno, el 113. El salmo 114 recuerda hechos de salvación del *Exodo*, haciendo una fusión de lo sucedido en el *mar Rojo* y los sucesos del *río Jordán*.

3. Nuestro Dios está en los cielos; él ha hecho todo cuanto quiso.

4. Los ídolos de las naciones no son más que plata y oro, obra de las manos de los hombres.

5. Boca tienen, mas no hablarán; tienen ojos pero jamás verán.

6. Orejas tienen, y nada oirán; narices, y no olerán.

7. Tienen manos, y no palparán; pies, mas no andarán; ni articularán una voz con su garganta.

8. Semejantes sean a estos ídolos los que los hacen, y cuantos ponen en ellos su confianza.

9. La casa de Israel colocó en el Señor su esperanza; el Señor es su amparo y su protección.

10. La casa de Aarón esperó en el Señor; el Señor es su amparo y su protección.

11. En el Señor han esperado los que le temen y adoran; el Señor es su amparo y su protección.

12. Se acordó de nosotros el Señor, y nos bendijo. Bendijo a la casa de Israel, bendijo a la casa de Aarón.

13. Bendijo a todos los que temen al Señor, así a los pequeños como a los grandes.

14. Aumente el Señor sobre vosotros sus bendiciones, sobre vosotros y sobre vuestros hijos.

15. Benditos seais vosotros del Señor, el cual hizo el cielo y la tierra.

16. El cielo empíreo es para el Señor; mas la tierra la dio a sus hijos de los hombres.

17. ¡Oh Señor!, no te alabarán los muertos, ni cuantos descienden al sepulcro.

18. Nosotros sí, los que vivimos, bendecimos al Señor desde ahora, y por todos los siglos.

SALMO 116 (114 - 115)

Acción de gracias del afligido al Señor por su auxilio en un gran peligro y tribulación

1. Aleluya.

Amé al Señor, seguro de que oirá la voz de mi oración.

2. Porque se dignó inclinar hacia mí sus oídos, y así lo invocaré en todos los días de mi vida.

3. Me cercaron mortales angustias, me embistieron los horrores del infierno, o sepulcro. Me hallé en medio de la tribulación y el dolor;

4. e invoqué el Nombre del Señor. Libra, ¡oh Señor!, el alma mía.

5. Misericordioso es el Señor y justo; compasivo es nuestro Señor.

6. El Señor guarda a los pequeñuelos; yo me humillé, y él me sacó a paz y salvo.

7. Vuelve, ¡oh alma mía!, a tu sosiego; ya que el Señor te ha favorecido tanto.

8. Pues él ha librado de la muerte a mi alma, ha enjugado mis lágrimas, y apartado mis pies del precipicio.

9. Grato seré yo al Señor en la región de los vivos.

10. Creí a Dios; por eso hablé confiado*; aunque me vi reducido al mayor abatimiento.

11. Yo dije en mi transporte de ánimo, o perturbacion: Todos los hombres son falaces.

12. Mas ¿cómo podré corresponder al Señor por todas las mercedes que me ha hecho?

13. Tomaré el cáliz de la salud, e invocaré el nombre del Señor.

14. Cumpliré al Señor mis votos en presencia de todo su pueblo.

15. De gran precio es a los ojos del Señor la muerte de sus santos.

16. Oh Señor, siervo tuyo soy, siervo tuyo e hijo de esclava tuya. Tú rompiste mis cadenas;

17. a ti ofreceré yo un sacrificio de alabanza, e invocaré el Nombre del Señor.

18. Cumpliré mis votos al Señor a la vista de todo su pueblo,

19. en los atrios de la casa del Señor, en medio de ti, ¡oh Jerusalén!

SALMO 117 (116)

Alabanza al Señor por su promesa cumplida del Mesías y por su misericordia

1. Aleluya.

Alabad al Señor, naciones todas de la tierra, pueblos todos cantad sus alabanzas.

2. Porque su misericordia se ha confirmado sobre nosotros; y la verdad del Señor permanece eternamente.

---

10. *2 Cor 4*, 13; *Rom 10*, 10; *Luc 12*, 8.

Salmo 118 (117)

Dios es el Todopoderoso. Su poder y su misericordia no tienen límites

1. Aleluya.
Alabad al Señor, porque es tan bueno; porque hace brillar eternamente su misericordia.
2. Diga ahora Israel que el Señor es bueno, y que es eterna su misericordia.
3. Diga ahora la casa de Aarón, que es eterna la misericordia del Señor.
4. Digan ahora también los que temen al Señor, que su misericordia es eterna.
5. En medio de la tribulación invoqué al Señor, y me otorgó el Señor libertad.
6. El Señor es mi sostén, no temo nada de cuanto pueda hacerme el hombre.
7. El Señor está de mi parte; yo despreciaré a mis enemigos.
8. Mejor es confiar en el Señor, que confiar en el hombre.
9. Mejor es poner la esperanza en el Señor, que ponerla en los príncipes.
10. Me cercaron todas las naciones; mas yo en el Nombre del Señor tomé venganza de ellas.
11. Me cercaron estrechamente; pero me vengué de ellas en el Nombre del Señor.
12. Me rodearon a la manera de un enjambre de irritadas abejas, y ardieron en ira como fuego que prende en secos espinos; pero en el Nombre del Señor tomé de ellas su venganza.
13. A empellones procuraban derribarme, y estuve a punto de caer; mas el Señor me sostuvo.
14. El Señor es mi fortaleza y mi gloria; el Señor se ha constituido salvación mía.
15. Voces de júbilo y de salvación son las que se oyen en las moradas de los justos.
16. La diestra del Señor hizo proezas; la diestra del Señor me ha exaltado, triunfó la diestra del Señor.
17. No me moriré, sino que viviré aún, y publicaré las obras del Señor.
18. Me ha castigado el Señor severamente; mas no me ha entregado a la muerte.
19. Abridme, ¡oh sacerdotes!, las puertas del Tabernáculo de la justicia y santidad; y entrado en ellas tributaré gracias al Señor.
20. Esta es la puerta del Señor, por ella entrarán los justos.
21. Aquí cantaré himnos de gratitud, por haberme oído y sido mi salvador.
22. La piedra que desecharon los arquitectos, esa misma ha sido puesta por piedra angular del edificio.
23. El Señor es quien lo ha hecho, y es una cosa sumamente admirable a nuestros ojos.
24. Este es el día que ha hecho el Señor. Alegrémonos y recocijémonos en él.
25. ¡Oh Señor!, sálvame; concede, Señor, un próspero suceso.
26. Bendito sea el que viene en el Nombre del Señor. Os hemos echado mil bendiciones desde la casa del Señor.
27. El Señor es Dios, y él nos ha alumbrado. Celebrad el día solemne de los Tabernáculos; celebradle con enramadas de árboles frondosos que lleguen hasta los lados del altar.
28. ¡Oh Señor!, tú eres mi Dios, y a ti tributaré acciones de gracias; tú eres mi Dios, y tu gloria ensalzaré. Tus alabanzas cantaré, porque me has oído, y te hiciste mi salvador.
29. Alabad al Señor por ser infinitamente bueno, por ser eterna su misericordia.

Salmo 119 (118)

La ley de Dios: Oración para pedir a Dios la gracia de entenderla y amarla

Alef

1. Bienaventurados[1] los que proceden sin mancilla, los que caminan según la ley del Señor.
2. Bienaventurados los que examinan con cuidado los testimonios del Señor o su ley santa; los que de todo corazón le buscan.
3. Porque los que cometen la maldad, no andan por los caminos del Señor.
4. Tú ordenaste que se guarden exactamente tus mandamientos.
5. Ojalá que sean enderezados mis pasos a observar tus justísimas leyes.
6. Entonces no seré confundido, cuando tuviere fijos mis ojos en todos tus preceptos.
7. Con sincero corazón te alabaré, por-

1. Este salmo en su original es un acróstico del alfabeto hebreo, dividido en 22 estrofas de ocho versos cada una, que comienzan con la letra *Alef* y termina con *Tau*.

que aprendí los juicios o disposiciones de tu justicia.

8. Observaré tus justos decretos; no me desampares jamás.

Bet

9. ¿Cómo enmendará el tierno joven su conducta? Observando tus palabras o preceptos.

10. Yo te he buscado con todo mi corazón; no me dejes desviar de tus mandamientos.

11. Dentro de mi corazón deposité tus palabras, para no pecar contra ti.

12. Bendito eres tú, ¡oh Señor! Enséñame tus justísimos preceptos.

13. Han anunciado mis labios todos los oráculos que han salido de tu boca.

14. Me he deleitado más que en todos los tesoros, en seguir el camino de tus preceptos.

15. Yo contemplaré tus mandamientos, y consideraré tus leyes.

16. Me deleitaré en tus preceptos, y no me olvidaré de tus palabras.

Gimel

17. Concede esta gracia a tu siervo de que viva y guarde tus palabras.

18. Quita el velo a mis ojos, y contemplaré las maravillas de tu ley.

19. Peregrino soy yo sobre la tierra; no me ocultes tus preceptos.

20. Ardió mi alma en deseos de amar tu santa y justísima ley en todo tiempo.

21. Tú aterraste a los soberbios; malditos aquellos que se desvían de tus mandamientos.

22. Líbrame del oprobio y del desprecio; pues he guardado exactamente tus testimonios.

23. Hasta los príncipes se pusieron muy de asiento a deliberar contra mí; mas tu siervo contempla tus justísimos mandamientos.

24. Porque tus decretos son la materia de mi meditación, y tus justas leyes mi norte o consejo.

Dalet

25. Pegada está contra el suelo mi alma; vuélveme la vida según tu palabra.

26. Te expuse el estado de mi carrera y me atendiste; amaéstrame en tus justísimas disposiciones.

27. Enséñame el camino de la santidad y justicia, y contemplaré tus maravillas.

28. Se adormeció de tedio el alma mía; comunícame vigor con tus palabras.

29. Aléjame de la senda de la iniquidad, y hazme la gracia de que viva según tu ley.

30. He escogido el camino de la verdad; tengo siempre presentes tus juicios.

31. Me he apoyado, Señor, en los testimonios de tu ley; no permitas que me vea confundido.

32. Corrí gozoso por el camino de tus mandamientos, cuando tú ensanchaste mi corazón.

He

33. Dame, ¡oh Señor!, por norma el camino de tus justísimos mandamientos, e iré siempre por él.

34. Dame inteligencia, y estudiaré atentamente tu ley, y la observaré con todo mi corazón.

35. Guíame por la senda de tus preceptos, pues ésa es la que deseo.

36. Inclina mi corazón a tus testimonios, y no le dejes ir en pos de la codicia.

37. Aparta mis ojos para que no miren la vanidad; haz que viva siguiendo tu camino o ley santa.

38. Haz que tu siervo se afirme en tu palabra, por medio de tu santo temor.

39. Aparta de mí el oprobio que yo he temido; pues tus juicios son tan amables.

40. Mira cómo estoy enamorado de tus santos mandamientos: hazme vivir conforme a tu justicia.

Vau

41. Y venga, ¡oh Señor!, sobre mí tu misericordia; venga a mí tu salvación, según tu promesa.

42. Y daré por respuesta a los que me hieren que tengo puesta mi esperanza en tus promesas.

43. Y nunca quites de mi boca la palabra de la verdad, ya que tanto he confiado en tus promesas.

44. Con eso observaré siempre tu ley, para siempre y por los siglos de los siglos.

45. Yo caminaré con libertad y sosiego, porque busqué tus mandamientos.

46. Y hablaré de tus testimonios delante de los reyes, y no me avergonzaré de ellos.

47. Y me recrearé en tus preceptos, objeto de mi amor.

48. Y alzaré mis manos hacia tus mandamientos, que he amado siempre; y meditaré tus justas disposiciones.

Zain

49. Acuérdate de la promesa que hiciste a tu siervo, con que me diste esperanza.

50. Ella me consoló en medio de mi humillación; y tu palabra me dio la vida.

51. Los soberbios me escarnecían hasta el extremo; pero yo no por eso me separé de tu ley.

52. Me acordé, ¡oh Señor! de tus eternos juicios, y quedé consolado.

53. Desmayé de dolor, por causa de los pecadores que abandonaron tu ley.

54. En el lugar de mi destierro eran tus justísimos mandamientos el asunto de mis cánticos.

55. Durante la noche me acordaba de invocar tu Nombre, oh Señor; y así guardaba exactamente tu ley.

56. Esto pasó en mí, porque yo procuraba observar bien tus justísimos decretos.

Het

57. Yo dije: ¡Oh Señor!, mi porción de herencia es el guardar tu santa ley.

58. Tu favor he implorado de todo mi corazón; apiádate de mí, según tu promesa.

59. He examinado mi vida, y enderezado mis pasos a la observancia de tus mandamientos.

60. Resuelto estoy, y nadie me arredrará de cumplir tus preceptos.

61. Los lazos de los pecadores me rodean por todas partes; mas yo no me olvido de tu ley.

62. A medianoche me levantaba a tributarte gracias por tus juicios llenos de justicia.

63. Yo entro a la parte, o tengo sociedad con todos los que te temen y observan tus mandamientos.

64. Llena está la tierra, ¡oh Señor!, de tu piedad. Amaéstrame en tus justísimos preceptos.

Tet

65. Has usado de bondad, oh Señor, con tu siervo, según tu promesa.

66. Enséñame la bondad, la doctrina y la sabiduría; pues he creído tus preceptos.

67. Antes de ser yo humillado, pequé; mas ahora obedezco ya tu palabra.

68. Eres ¡oh Señor!, infinitamente bueno; instrúyeme, pues, por tu bondad, en tus justísimas disposiciones.

69. Los soberbios han forjado mil calumnias contra mí; pero yo con todo mi corazón guardaré tus mandamientos.

70. Se engrasó su corazón como sebo o leche cuajada; mas yo me ocupo en meditar tu santa ley.

71. Bien me está que me hayas humillado; para que así aprenda tus justísimos preceptos.

72. Mejor es para mí la ley que salió de tu boca, que millones de oro y plata.

Jod

73. Tus manos, Señor, me hicieron, y me formaron; dame el don de entendimiento, y aprenderé tus mandamientos.

74. Me verán los que te temen, y se llenarán de gozo, porque puse toda mi esperanza en tus palabras.

75. He conocido, Señor, que tus juicios son justísimos; y conforme a tu verdad me has humillado.

76. Venga, pues, la misericordia tuya a consolarme, según la palabra que diste a tu siervo.

77. Venga sobre mí tu piedad, y viviré, puesto que tu ley es mi dulce meditación.

78. Confundidos sean los soberbios, por los inicuos atentados que han cometido contra mí; entretanto yo meditaré tus mandamientos.

79. Que se reúnan conmigo los que temen, y los que conocen tus sagrados testimonios.

80. Haz que mi corazón se conserve puro en la práctica de tus mandamientos, para que yo no quede confundido.

Caf

81. Desfallece mi alma, suspirando por la salud que de ti viene; mas yo siempre he esperado firmemente en tu palabra.

82. Desfallecieron mis ojos de tanto esperar tu promesa. ¿Cuándo será, Señor, decía yo, que me consolarás?

83. Porque me he quedado seco y árido, como un odre expuesto a la escarcha; mas con todo, no me he olvidado de tus justísimos preceptos.

84. ¡Oh Señor! ¿Cuántos son los días de tu siervo? ¿Cuándo harás justicia de mis perseguidores?

85. Me contaron los impíos mil fábulas y fruslerías, ¡cuán diferente es todo esto de tu santa ley!

86. Todos tus preceptos son la verdad pura. Me han perseguido injustamente, socórreme tú ¡oh Señor!

87. Poco faltó que no dieran conmigo en tierra; pero yo no dejé jamás tus preceptos.

88. Vivifícame, ¡oh Señor!, según tu misericordia; y observaré los mandamientos salidos de tu divina boca.

Lamed

89. Eternamente, ¡oh Señor!, permanece en los cielos tu palabra.

90. Tu verdad durará de generación en generación. Tú fundaste la tierra, y ella subsiste.

91. En virtud de tu ordenación continúa el curso de los días, pues todas las cosas te sirven.

92. A no haber sido tu ley el objeto de mi meditación, hubiera sin duda perecido en mi angustia.

93. Nunca jamás olvidaré tus justísimas instituciones; pues me diste en ellas la vida.

94. Tuyo soy yo, Señor, sálvame, pues he investigado con ansia tus mandamientos.

95. Estuvieron los pecadores a la mira de mí para perderme; yo me dediqué entonces a estudiar tus divinos oráculos.

96. Tengo visto el fin de lo más perfecto y cumplido, sólo tu ley no tiene ningún término ni medida.

Mem

97. ¡Cuán amable me es tu ley!, ¡oh Señor! todo el día es materia de mi meditación.

98. Con tu mandamiento o ley divina me hiciste superior en prudencia a mis enemigos; porque le tengo permanentemente ante mis ojos.

99. He comprendido yo más que todos mis maestros, porque tus mandamientos son mi meditación continua.

100. Alcancé más que los ancianos, porque he ido investigando tus preceptos.

101. Desvié mis pies de todo mal camino, para obedecer tus palabras.

102. De tus estatutos no me he desviado, porque tú me lo prescribiste por ley.

103. ¡Oh cuán dulces son a mi paladar tus palabras!; más que la miel a mi boca.

104. De tus mandamientos saqué gran caudal de ciencia; por eso aborrezco toda senda de iniquidad.

Nun

105. Antorcha para mis pies es tu palabra; y luz para mis sendas.

106. Juré, y ratifiqué el observar tus justísimos decretos.

107. He sido abatido, Señor, en gran manera: vivifícame según tu promesa.

108. Recibe, ¡oh Señor!, con agrado los espontáneos sacrificios de alabanza que te ofrecen mis labios; enséñame tus juicios.

109. Tengo siempre mi alma en la mano, o en un hilo; pero yo no me olvidé de tu ley.

110. Me tendieron los lazos los pecadores; pero yo no salí del camino de tus mandamientos.

111. He adquirido los testimonios de tu ley, para que sean eternamente mi patrimonio; pues son ellos la alegría de mi corazón.

112. Incliné mi corazón a la práctica perpetua de tus justísimos mandamientos, por la esperanza del galardón.

Samec

113. Aborrecí los impíos; y amé tu santa ley.

114. Tú eres, Señor, mi auxilio y amparo, y en tu palabra tengo puesta toda mi esperanza.

115. Retiraos de mí, malignos; yo me ocuparé en estudiar los mandamientos de mi Dios.

116. Acógeme Señor, según tu promesa, y haz que yo viva, y no permitas que quede burlada mi esperanza.

117. Ayúdame, y seré salvo, y meditaré continuamente tus justos decretos.

118. Miraste con desprecio a todos aquellos que se desvían de tus preceptos; porque injusto es su modo de pensar.

119. He considerado prevaricadores a todos los pecadores de la tierra; por eso amé tus testimonios.

120. Traspasa con tu santo temor mis carnes, pues tus juicios me han llenado de espanto.

Ain

121. He ejercido la rectitud y la justicia; no me abandones en poder de mis calumniadores.

122. Da la mano a tu siervo para obrar el bien; no me opriman con calumnias los soberbios.

123. Desfallecieron mis ojos, esperando me viniera de ti la salvación, y el cumplimiento de tu palabra.

124. Trata a tu siervo conforme a tu misericordia, y enséñame tus justísimos decretos.

125. Siervo tuyo soy yo; dame inteligencia para que comprenda tus preceptos.

126. Tiempo es, oh Señor, de obrar con rigor; los soberbios han echado por el suelo su ley.

127. Por lo mismo he amado tus mandamientos más que el oro y los topacios.

128. Por eso me encaminé por la senda de todos tus preceptos, y he detestado todos los caminos de la iniquidad.

Fe

129. Admirables son tus testimonios: por eso los ha observado exactamente mi alma.

130. La explicación de tus palabras ilumina y da inteligencia a los pequeños.

131. Abrí mi boca, y respiré; porque estaba anhelando tus mandamientos.

132. Vuelve hacia mí tus ojos, y mírame con piedad, según sueles hacerlo con los que aman tu Nombre.

133. Endereza mis pasos según la norma de tus palabras, y haz que no reine en mí injusticia alguna.

134. Líbrame de las calumnias de los hombres, para que yo cumpla tus mandamientos.

135. Haz brillar sobre tu siervo la luz de tu divino rostro; y enséñame tus justísimos decretos.

136. Arroyos de lágrimas han derramado mis ojos, por no haber observado tu santa ley.

Sade

137. Justo eres, oh Señor, y rectos son tus juicios.

138. Recomendaste estrechamente la observancia de tus preceptos, que son la misma justicia y verdad.

139. Mi celo me ha hecho consumir de dolor, porque mis enemigos se han olvidado de tus palabras.

140. Acendrada en extremo es tu palabra, y está tu siervo enamorado de ella.

141. Pequeño soy yo*, y de poca estima; mas no he puesto en olvido tus justísimos oráculos.

142. Tu justicia es eterna justicia, y tu ley la verdad misma.

143. Me sorprendieron las tribulaciones y angustias; tus mandamientos son mi dulce meditación.

144. Llenos están de eterna justicia los testimonios de tu ley; dame la inteligencia de ellos, y tendré vida.

Cof

145. Clamé de todo mi corazón: Escúchame, ¡oh Señor!, y haz que yo vaya en pos de tus justísimos preceptos.

146. A ti clamé diciendo: Sálvame de la tentación, para que yo observe tus mandamientos.

147. Me anticipé y clamé muy de mañana, porque esperé firmemente tus palabras.

148. Antes de amanecer se dirigieron hacia ti mis ojos para meditar tu ley.

149. Escucha, Señor mi voz según tu misericordia, y vivifícame conforme lo has prometido.

150. Se arrimaron a la iniquidad mis perseguidores, y se alejaron de tu ley.

151. Cerca estás de mí, ¡oh Señor!, y todos tus caminos son la verdad misma.

152. Desde el principio conocí que has establecido tus preceptos para que subsistan eternamente.

Res

153. Mira, Señor, mi abatimiento, y líbrame; pues no me he olvidado de tu ley.

154. Sentencia tú mi causa, y libértame; por respeto a tu palabra vuélveme la vida.

155. Lejos está de los pecadores la salvación; porque no han cuidado de obedecer tus justísimos preceptos.

156. Tu misericordia, Señor, es mucha; vivifícame según tu promesa.

---

141. *1 Rey 16*, 11.

157. Muchos son los que me persiguen y atribulan; pero yo no me he desviado de tus mandamientos.

158. Los veía prevaricar, y me consumía de dolor al ver que no hacían caso de tus palabras.

159. Mira, ¡oh Señor!, cuánto he amado tus mandamientos; por tu misericordia otórgame la vida.

160. El principio o suma de tus palabras es la verdad; eternas son todas las disposiciones o promesas de tu justicia.

Sin

161. Sin causa alguna me han perseguido los príncipes; mas mi corazón ha temido siempre tus palabras.

162. Me alegraré en tus promesas; como quien halla ricos despojos.

163. Aborrecí la injusticia, la detesté; y he amado tu santa ley.

164. Siete veces al día te tributé alabanzas por los oráculos de tu justicia.

165. Gozan de suma paz los amadores de tu ley, sin que hallen tropiezo alguno.

166. Yo esperaba, Señor, la salud que de ti viene; y entretanto amaba tus mandamientos.

167. Mi alma ha guardado tus preceptos, y los ha amado ardientemente.

168. He observado tus mandamientos y sagrados testimonios; porque sabía que todas mis acciones están presentes a tus ojos.

Tau

169. Lleguen, ¡oh Señor!, a tu presencia mis plegarias: conforme a tu promesa dame el don de entendimiento.

170. Penetren mis ruegos hasta llegar ante tu acatamiento; líbrame del mal según tu palabra.

171. Rebosarán mis labios en himnos de alabanza, cuando tú me hayas enseñado tus justísimos oráculos.

172. Mi lengua anunciará tu palabra; porque todos tus preceptos son la misma equidad.

173. Extiende tu mano para salvarme; pues yo he preferido a todo tus mandamientos.

174. ¡Oh Señor! ardientemente he deseado la salud que de ti viene, y tu ley es el objeto continuo de mi meditación.

175. Vivirá mi alma, y te alabará; y tus juicios serán mi apoyo y defensa.

176. He andado errante como una oveja descarriada: ven a buscar a tu siervo, porque no me he olvidado, ¡oh Señor!, de tus mandamientos.

Salmo 120 (119)

En su destierro, el justo pide al Señor que lo libre de la crueldad de sus enemigos

1. Clamé al Señor en mi tribulación, y me atendió.

2. Libra ¡oh Señor! mi alma de los labios inicuos y de la lengua dolosa.

3. ¿Qué se te dará, o qué fruto sacarás de tus calumnias, oh lengua fraudulenta?

4. El ser traspasada con agudas saetas, vibradas por una mano robusta, y ser arrojada en un fuego devorador.

5. ¡Ay de mí, que mi destierro se ha prolongado! He habitado entre los moradores de Cedar.

6. Largo tiempo ha estado mi alma peregrinando.

7. Yo era pacífico con los que aborrecían la paz; pero ellos, así que les hablaba, se levantaban contra mí sin motivo alguno.

Salmo 121 (120)

Dios auxilia al fiel en los peligros que le asaltan. El Señor es mi protector

1. Alcé mis ojos hacia los montes de Jerusalén, de donde me vendrá el socorro.

2. Mi socorro viene del Señor que creó el cielo y la tierra.

3. No permitirá que resbalen tus pies, oh alma mía, ni se adormecerá aquel que te está guardando.

4. No por cierto, no se adormecerá, ni dormirá el que guarda a Israel.

5. El Señor es el que te custodia; el Señor está a tu lado para defenderte.

6. Ni de día el sol te quemará, ni de noche te dañará la luna.

7. El Señor te preservará de todo mal. Guardará el Señor tu alma.

8. El Señor te guardará en todos los pasos de tu vida, desde ahora y para siempre.

Salmo 122 (121)

Canto de los peregrinos al templo del Señor en Jerusalén en las tres fiestas del año

1. Gran contento tuve cuando se me dijo: Iremos a la casa del Señor.
2. En tus atrios descansarán nuestros pies, ¡oh Jerusalén!
3. Jerusalén, la cual se va edificando como una ciudad, cuyas partes o habitantes están en perfecta y mutua unión.
4. Allá subirán las tribus, todas las tribus del Señor, según la ordenanza dada a Israel, para tributar alabanzas al Nombre del Señor.
5. Allí se establecerán los tribunales para ejercer la justicia, el trono para la casa de David.
6. Pedid a Dios los bienes de la paz para Jerusalén, y decid: Vivan en la abundancia los que te aman, ¡oh ciudad santa!
7. Reine la paz dentro de tus muros*, y la abundancia en tus torres o palacios.
8. Por amor de mis hermanos y de mis prójimos, he pedido yo la paz y prosperidad para ti.
9. Por respeto a la casa del Señor Dios nuestro te procuraré tantos bienes.

Salmo 123 (122)

El justo, afligido por los impíos, levanta sus ojos a Dios y espera el fin de su tribulación

1. A ti, Señor, que habitas en los cielos, levanté mis ojos.
2. Como los ojos de los siervos están mirando siempre las manos o insinuaciones de sus amos, como la esclava tiene fijos sus ojos en las manos de su señora, así nuestros ojos están clavados en el Señor Dios nuestro, para moverle a que se apiade de nosotros.
3. Apiádate, Señor, ten misericordia de nosotros, porque estamos hartos de oprobios.
4. Llena de ellos está nuestra alma, hecha la mofa de los ricos y el escarnio de los soberbios.

7. *Entre tu inmenso gentío.*

Salmo 124 (123)

Israel bendice al Señor, porque sólo su protección pudo librarlo de sus enemigos

1. A no haber estado el Señor con nosotros, confiéselo ahora Israel,
2. a no haber estado el Señor a favor nuestro, cuando arremetieron las gentes contra nosotros
3. nos hubieran sin duda tragado vivos.
4. Nos habrían infaliblemente sumergido las aguas, cuando se inflamó su furor contra nosotros.
5. Pero ha vadeado nuestra alma el torrente. Seguramente* no hubiera podido vadear unas aguas tan profundas.
6. Bendito sea el Señor, que no permitió que fuésemos presa de sus rabiosos dientes.
7. Nuestra alma, o vida, escapó cual pájaro del lazo de los cazadores; fue roto el lazo, y nosotros quedamos libres.
8. Nuestro socorro viene del Nombre del Señor, creador del cielo y de la tierra.

Salmo 125 (126)

Dios es inexpugnable y defiende a los suyos. Ruina de los malos

1. Los que ponen en el Señor su confianza estarán firmes como el monte de Sión; nunca jamás será derrotado el morador
2. de Jerusalén. Rodeada está Jerusalén de montes, y el Señor es el antemural de su pueblo, desde ahora y para siempre.
3. Porque no dejará el Señor sujeto por largo tiempo al dominio de los pecadores el linaje de los justos; para que agobiados no se echen al partido de la iniquidad.
4. Bendice, oh Señor, a los buenos y a los rectos de corazón.
5. Pero a los que se desvían por caminos torcidos, los envolverá el Señor con los malhechores. La paz de Dios estará sobre Israel.

5. *Sin el socorro del Señor.* La comunidad reconoce que la liberación es obra de Dios.

SALMO 126 (125)

Súplica de los judíos cautivos en Babilonia, que claman al Señor por un nuevo Exodo

1. Cuando el Señor haga volver a Sión los cautivos, será indecible nuestro consuelo.
2. Entonces rebosará de gozo nuestra boca, y de júbilo nuestra lengua. Se dirá entonces entre las naciones: Grandiosas cosas ha hecho por ellos el Señor.
3. Sí, cosas grandes ha obrado el Señor a favor nuestro, inundados estamos de gozo.
4. Pero, Señor, libra de la esclavitud a los demás de nuestros hermanos cautivos; vuelvan como torrentes al soplo del mediodía.
5. Aquellos que sembraban con lágrimas segarán llenos de júbilo.
6. Cuando iban, esparcían llorando sus semillas; mas cuando vuelvan, vendrán con gran regocijo, trayendo las gavillas de sus mieses.

SALMO 127 (126)

Todo auxilio y bendición vienen de Dios, sin él son inútiles los esfuerzos humanos

1. Cántico de Salomón.
Si el Señor no es el que edifica la casa, en vano se fatigan los que la fabrican. Si el Señor no guarda la ciudad, inútilmente se desvela el que la guarda.
2. En vano será levantaros antes de amanecer*; levantaos después de haber descansado, y acudid al Señor los que coméis pan de lágrimas. Mientras concede Dios el sueño y el reposo a sus amados,
3. he aquí que les viene del Señor la herencia, los hijos, las ganancias y las crías de los ganados.
4. Como las flechas en mano de un hombre robusto, así los hijos de los justos atribulados.
5. Dichoso aquel varón que ve cumplidos sus deseos con respecto a sus hijos; no quedará confundido cuando hubiera de tratar con sus enemigos en las puertas o tribunales.

2. *Si Dios no bendice vuestras fatigas, en vano madrugáis a buscar vuestro sustento.*

SALMO 128 (127)

Frutos de las bendiciones del Señor. Dichosos los que le temen

1. Bienaventurados todos aquellos que temen al Señor, que andan por sus santos caminos.
2. Dichoso tú, ¡oh justo!, porque comerás en paz el fruto del trabajo de tus manos; dichoso serás, y todo te irá bien.
3. Tu esposa será como una parra fecunda en el recinto de tu casa*; alrededor de tu mesa estarán tus hijos como retoños de olivos.
4. Estas serán las bendiciones del hombre que teme al Señor.
5. El Señor te bendiga desde Sión, para que contemples los bienes de Jerusalén, y disfrutes de ellos todos los días de tu vida,
6. y veas a los hijos de tus hijos y la paz en Israel.

SALMO 129 (128)

El profeta alaba al Señor porque ha protegido a su pueblo de los enemigos

1. Muchas veces me han asaltado los enemigos desde mi tierna edad; dígalo ahora Israel.
2. Muchas veces me han asaltado desde mi tierna edad, pero no han podido conmigo.
3. Sobre mis espaldas descargaron crudos golpes los pecadores; por largo tiempo me hicieron sentir su injusticia o tiranía.
4. El Señor que es justo ha cortado la cabeza a los pecadores.
5. Confundidos sean, y puestos en fuga todos los que aborrecen a Sión.
6. Sean como hierba de tejados, que antes de ser arrancada se seca;
7. de la que nunca llenó su puño el segador, ni sus brazos el que recoge los manojos;
8. ni dijeron los caminantes: La bendición del Señor continúe sobre vosotros, os la deseamos en el Nombre del Señor.

3. *Tu esposa será en tu casa como una viña abundante en fruto.*

Salmo 130 (129)

El penitente que confiesa sus pecados espera el perdón y la misericordia de Dios

1. Desde lo más profundo clamé a ti, ¡oh Señor!

2. Oye, Señor, benignamente mi voz. Estén atentos tus oídos a la voz de mis plegarias.

3. Si te pones a examinar, Señor, nuestras maldades, ¿quién podrá subsistir, ¡oh Señor!, en tu presencia?

4. Mas en ti se halla siempre la clemencia; y en vista de tu ley he confiado en ti, ¡oh Señor! en la promesa del Señor se ha apoyado mi alma.

5. En el Señor ha puesto su esperanza.

6. Desde el amanecer hasta la noche espere Israel en el Señor.

7. Porque en el Señor está la misericordia, y en su mano tiene una redención abundantísima.

8. Y es él el que redimirá a Israel de todas sus iniquidades.

Salmo 131 (130)

David invita a la humildad y a poner la confianza y la esperanza en el Señor

1. Cántico de David.
¡Oh Señor!, no se ha enorgullecido mi corazón, ni mis ojos se han mostrado altivos. No he aspirado a cosas grandes, ni a cosas elevadas sobre mi capacidad.

2. Si yo no he sentido bajamente de mí, sino que al contrario se ha llenado de soberbia mi ánimo, como el niño recién destetado está penando en los brazos de su madre, que así sea la pena dentro de mi corazón.

3. Espere Israel en el Señor, desde ahora y por siempre jamás.

Salmo 132 (131)

Ruega al pueblo de Dios que restaure su reino por medio del Mesías

1. Acuérdate de David, ¡oh Señor!, y de toda su gran mansedumbre;

2. de cómo juró al Señor, e hizo voto al Dios de Jacob, diciendo:

3. No me meteré yo al abrigo de mi casa; no subiré a reposar en mi lecho;

4. no pegaré mis ojos, ni cerraré mis párpados.

5. ni reclinaré mis sienes hasta que tenga una habitación para el Señor, un Tabernáculo para el Dios de Jacob.

6. Nosotros hemos oído que su morada estaba antes en Silo, tierra de Efrata: la hallamos después en Cariatiarim o Campos de la Selva*.

7. Entraremos, pues, en su pabellón, adoraremos la peana de sus pies, y le diremos:

8. ¡Oh Señor!, levántate, y ven al lugar de tu morada, tú y el arca en que brilla tu santidad.

9. Que se revistan de justicia o santidad tus sacerdotes, y se regocijen tus santos.

10. Por amor de David, siervo tuyo, no apartes tu rostro de tu ungido.

11. Juró el Señor a David esta promesa, que no se retractará: Colocaré sobre tu trono a tu descendencia*.

12. Con tal que tus hijos sean fieles a mi alianza y a los preceptos que yo les enseñaré*, aun los hijos de éstos ocuparán tu trono a tu descendencia.

13. Porque el Señor ha escogido para sí a Sión, la ha elegido para habitación suya, diciendo:

14. Este es para siempre el lugar de mi reposo; aquí habitaré porque éste es el sitio que me he escogido.

15. Colmaré de bendiciones a sus viudas; hartaré de pan a sus pobres.

16. Revestiré a sus sacerdotes de santidad; y sus santos o fieles siervos saltarán de júbilo.

17. Aquí haré florecer el cetro de David; preparada tengo una antorcha a mi ungido.

18. A sus enemigos los cubriré de oprobio; mas en él brillará la gloria de mi propia santidad.

---

6. *1 Sam 7*, 2.
11. *1 Sam 7*, 12.
12. *Hech 2*, 30.

Salmo 133 (132)

David compara el placer del amor fraternal, con la fragancia de un bálsamo

1. Cántico de David.
¡Oh cuán buena y cuán dulce cosa es vivir los hermanos en mutua unión!
2. Es como oloroso perfume, que derramado en la cabeza, va destilando por la respetable barba de Aarón, y desciende hasta la orla de su vestidura;
3. como el rocío que cae sobre el monte Hermón, como el que desciende sobre el monte Sión. Pues allí donde reina la concordia, derrama el Señor sus bendiciones y vida sempiterna.

Salmo 134 (133)

Exhortación a los siervos del Señor para alabarlo y consagrarse a él

1. Ea, pues, bendecid al Señor ahora mismo, vosotros todos, ¡oh siervos del Señor! Vosotros los que asistís en la casa del Señor, en los atrios del templo de nuestro Dios,
2. levantad por las noches vuestras manos hacia el santuario, y alabad al Señor.
3. Te bendiga desde Sión el Señor que creó el cielo y la tierra.

Salmo 135 (134)

Israel agradece al Señor que lo haya escogido como pueblo santo

1. Aleluya.
Alabad el nombre del Señor; tributadle alabanzas vosotros, siervos suyos
2. que asistís en la casa del Señor, en los atrios del templo de nuestro Dios.
3. Alabad al Señor, porque el Señor es infinitamente bueno; canta himnos a su excelso Nombre, que es amable.
4. Por cuanto el Señor ha escogido para sí a Jacob; a Israel, para propiedad suya.
5. Porque tengo bien conocido que el Señor es grande, y que nuestro Dios es sobre todos los dioses.
6. Todas cuantas cosas quiso, ha hecho el Señor; así en el cielo como en la tierra, en el mar y en todos los abismos.
7. El hace venir las nubes de la extremidad de la tierra, y se convierte en lluvias los relámpagos. El es el que hace salir los vientos de sus depósitos;
8. el que hirió de muerte a los primogénitos de Egipto, sin perdonar a hombre ni bestia,
9. e hizo señales y prodigios en medio de ti, oh Egipto, contra el faraón y todos sus vasallos.
10. El que destrozó a muchas naciones, y quitó la vida a reyes poderosos,
11. a Sehón, rey de los amorreos, y a Og, rey de Basán; y destruyó a todos los reinos de los cananeos.
12. Y dio la tierra de éstos en herencia, en herencia a Israel pueblo suyo.
13. ¡Oh Señor!, tu nombre subsistirá eternamente, tu memoria, Señor, pasará de generación en generación.
14. Porque el Señor hará justicia a su pueblo, y será propicio con sus siervos.
15. Los ídolos de las naciones no son más que oro y plata, hechura de manos de hombre*.
16. Tienen boca, pero no hablarán; ojos, mas no verán;
17. orejas tienen y no oirán, pues no hay aliento o espíritu de vida en su boca.
18. Semejantes sean a ellos los que los fabrican, y cuantos en ellos ponen su confianza.
19. ¡Oh tú, casa de Israel!, bendice al Señor, casa de Aarón.
20. Casa de Leví, bendice al Señor. Vosotros todos los que teméis al Señor, bendecid al Señor eternamente.
21. Bendígase al Señor desde Sión, al Señor que habita en Jerusalén.

Salmo 136 (135)

El amor y la misericordia del Señor son eternos. Dios cuida a su pueblo

1. Aleluya.
Alabad al Señor, porque es infinitamente bueno, porque es eterna su misericordia.

---

15. *Sal 115* (*113b*), 4.

2. Alabad al Dios de los dioses, porque es eterna su misericordia.

3. Alabad al Señor de los señores, porque es eterna su misericordia.

4. Al único que obra grandes maravillas, porque es eterna su misericordia.

5. Al que con su sabiduría creó los cielos, porque es eterna su misericordia.

6. Al que afianzó la tierra sobre las aguas, porque es eterna su misericordia.

7. Al que hizo los grandes luminares, porque es eterna su misericordia.

8. El sol para presidir el día, porque es eterna su misericordia.

9. La luna y las estrellas para presidir la noche, porque es eterna su misericordia.

10. Al que hirió de muerte a Egipto en sus primogénitos, porque es eterna su misericordia.

11. Al que sacó a Israel de Egipto, porque es eterna su misericordia.

12. Ejecutándolo con mano poderosa y brazo levantado, porque es eterna su misericordia.

13. Al que dividió en dos partes el mar Rojo, porque es eterna su misericordia.

14. y condujo a Israel por en medio de sus aguas, porque es eterna su misericordia,

15. y sumergió al faraón y su ejército en el mar Rojo, porque es eterna su misericordia.

16. Al que guió a su pueblo por el desierto, porque es eterna su misericordia.

17. Al que hirió o derribó a los grandes reyes valerosos, porque es eterna su misericordia.

18. Al que mató a reyes valerosos, porque es eterna su misericordia;

19. a Sehón, rey de los amorreos, porque es eterna su misericordia;

20. y a Og, rey de Basán, porque es eterna su misericordia.

21. Y dio la tierra de ellos en herencia, porque es eterna su misericordia;

22. en herencia a Israel siervo suyo, porque es eterna su misericordia.

23. Al que se acordó de nosotros en nuestro abatimiento, porque es eterna su misericordia;

24. y nos rescató del poder de nuestros enemigos, porque es eterna su misericordia.

25. Al que da alimento a todos los vivientes, porque es eterna su misericordia.

26. Bendecid, pues, al Dios del cielo, porque es eterna su misericordia. Bendecid al Señor de los señores, porque es eterna su misericordia.

SALMO 137 (136)

Los judíos cautivos suspiran por su patria junto a los ríos de Babilonia

1. Salmo de David para Jeremías.
En las márgenes de los ríos del país de Babilonia, allí nos sentábamos, y nos poníamos a llorar, acordándonos de ti, ¡oh Sión!

2. Allí colgamos de los sauces nuestros músicos instrumentos.

3. Los mismos que nos habían llevado esclavos, nos pedían que les cantásemos nuestros cánticos; los que nos habían arrebatado de nuestra patria, decían: Cantadnos algún himno de los que cantabais en Sión.

4. ¿Cómo hemos de cantar los cánticos del Señor, les respondíamos, en tierra extraña?

5. ¡Ah! Si me olvidare yo de ti, oh Jerusalén, entregada sea al olvido, seca quede mi mano diestra.

6. Pegada quede al paladar la lengua mía, si no me acordare de ti, oh Sión santa; si no me propusiere a Jerusalén por el primer objeto de mi alegría.

7. Acuérdate, ¡oh Señor!, de los hijos de Edom, los cuales en el día de la ruina de Jerusalén decían: Arrasadla, arrasadla hasta sus cimientos.

8. ¡Desventurada hija, o ciudad, de Babilonia! Afortunado sea aquel que te diere el pago de lo que nos ha hecho tu padecer a nosotros*.

9. Dichoso sea aquel que ha de coger algún día en sus manos a tus niños, y estrellarlos contra una peña.

SALMO 138 (137)

David da gracias al Señor por haberlo oído. Invita a todos los reyes a adorar a Dios

1. Salmo de David.
Te alabaré, Señor, con todo mi corazón; porque oíste las peticiones de mi boca. En presencia de los ángeles te cantaré himnos.

---

8. *Is 13*, 16.

2. Te adoraré en tu santo templo, y tributaré alabanzas a tu Nombre, por la misericordia y verdad de sus promesas, con que has engrandecido sobre todas las cosas tu Nombre santo.

3. En cualquier día que te invocare, óyeme benigno; tú aumentarás la fortaleza de mi alma.

4. Alábente, ¡oh Señor!, todos los reyes de la tierra, ya que han oído todas las palabras de tu boca.

5. Y celebren las disposiciones del Señor, visto que la gloria del Señor es tan grande.

6. Porque siendo el Señor, como es altísimo, pone los ojos en las criaturas humildes y mira como lejos de sí a las altivas.

7. Si me hallare, oh Señor, en medio de la tribulación, tú me animarás, porque extendiste tu mano contra el furor de mis enemigos, y me salvó tu poderosa diestra.

8. El Señor tomará mi defensa. Eterna es, ¡oh Señor!, tu misericordia, no deseches las obras de tus manos.

Salmo 139 (138)

Providencia de Dios sobre los justos. El Señor todo lo ve y todo lo sabe

1. Salmo de David.

2. Tú sabes cuanto hago, ora esté quieto, ora andando.

3. De lejos penetras mis pensamientos; averiguaste mis pasos y mis medidas.

4. Tú previste todas las acciones de mi vida; todo lo sabes, aunque mi lengua no pronuncie palabra.

5. Todo lo conoces, Señor, lo pasado y lo venidero; tú me formaste, y pusiste sobre mí tu mano bienhechora.

6. Admirable se ha mostrado tu sabiduría en mi creación; se ha remontado tanto, que es superior a mi alcance.

7. ¿A dónde iré yo que me aleje de tu espíritu? Y ¿a dónde huiré que me aparte de tu presencia?

8. Si subo al cielo, allí estás tú; si bajo al abismo, allí te encuentro.

9. Si al rayar el alba me pusiere alas, y fuere a posar en el último extremo del mar,

10. allá igualmente me conducirá tu mano, y me hallaré bajo el poder de tu diestra.

11. Tal vez, dije yo, las tinieblas me podrán ocultar; mas la noche se convertirá en claridad para descubrirme en medio de mis placeres.

12. Porque las tinieblas no son oscuras para ti, y la noche es clara como el día; oscuridad y claridad son para ti una misma cosa.

13. Tú eres dueño de mis afectos; desde el vientre de mi madre me has tomado en cuenta.

14. Te alabaré, Señor, a vista de tu estupenda grandeza; maravillosas son todas tus obras, de cuyo conocimiento está penetrada toda mi alma.

15. No te son desconocidos mis huesos formados ocultamente, ni la sustancia mía formada en las entrañas de la tierra.

16. Todavía era yo un embrión informe, y ya me distinguían tus ojos; todos los mortales están escritos en tu libro; irán y vendrán días; y ninguno dejará de ser escrito.

17. Mas yo veo, Dios mío, que tú has honrado sobremanera a tus amigos; su imperio ha llegado a ser sumamente poderoso.

18. Me pongo a contarlos, y veo que son más que las arenas del mar; me levanto, y me hallo todavía contigo.

19. ¿No acabarás oh Dios, con los pecadores? ¡Oh hombres sanguinarios!, retiraos de mí.

20. Vosotros que andáis diciendo en nuestro corazón: En vano se hará dueño Israel de tus ciudades.

21. ¿No es así, Señor, que yo he aborrecido a los que te aborrecían? Y ¿no me consumía por causa de tus enemigos?

22. Los odiaba con odio extremado, y los miré como a enemigos míos.

23. Pruébame, ¡oh Dios mío¡, y sondea mi corazón; examíname y reconoce mis pasos;

24. mira si hay en mí algún proceder vicioso y condúceme por el camino de la eternidad.

Salmo 140 (139)

David pide el amparo del Señor contra sus enemigos, cuya ruina predice

1. Salmo de David.

2. Líbrame, ¡oh Señor!, del hombre malvado, líbrame del hombre perverso.

3. Aquellos que maquinaban mil iniquidades en su interior, todo el día están armándome contiendas.

4. Se aguzaron sus lenguas viperinas; veneno de áspides es lo que tienen debajo de ellas.

5. Defiéndeme, Señor, de las manos del pecador; y líbrame de los hombres inicuos, que intentan dar conmigo en tierra.

6. Un lazo oculto me armaron los soberbios; extendieron sus redes para sorprenderme; me pusieron tropiezos junto al camino.

7. Mas yo dije al Señor: Tú eres mi Dios, escucha, ¡oh Señor! mi humilde súplica.

8. ¡Señor, Señor!, de cuya fortaleza depende mi salvación, tú pusiste a cubierto mi cabeza el día del combate.

9. No me entregues, Señor, contra mi deseo en manos del pecador. Han maquinado los impíos contra mí; no me desampares tú, no sea que triunfen.

10. El resultado principal de sus artificios o enredos, toda la malignidad de sus labios vendrá a descargar contra ellos mismos.

11. Caerán sobre ellos ascuas, rayos del cielo o carbones encendidos; tú los precipitarás en el fuego, y perecerán abrumados por los desastres.

12. El hombre charlatán no perdurará en la tierra; el hombre injusto no espere sino un fin desdichado.

13. Yo sé de cierto que el Señor tomará a su cargo la causa del desvalido y la venganza de los pobres.

14. Y así los justos glorificarán eternamente tu santo Nombre, y los hombres rectos gozarán de la vista de tu divina presencia.

SALMO 141 (140)

Señor, mis ojos están puestos en ti. David pide a Dios paciencia en las tribulaciones

1. Salmo de David.

Señor, a ti he clamado, óyeme benigno; atiende mi voz, cuando hacia ti la dirijo.

2. Ascienda mi oración ante tu acatamiento, como el olor del incienso; sea la elevación de mis manos tan grata, como el sacrificio de la tarde.

3. Pon, Señor, un guardia en mi boca, y un candado que cierre enteramente mis labios*.

4. No permitas que se deslice mi corazón a palabras maliciosas, para pretextar excusas en los pecados, como hacen los hombres malvados; en sus delicias no quiero tomar parte.

5. El justo me corregirá y reprenderá con caridad y misericordia; pero nunca llegará a ungir con bálsamo mi cabeza el pecador. Porque mis oraciones se dirigirán siempre contra sus antojos.

6. Perecerán los caudillos, estrellándose contra las peñas. Oirán cómo han sido eficaces mis palabras.

7. Al modo que en el campo se desmenuza el grueso terrón, así fueron esparcidos nuestros huesos; estuvimos a punto de morir.

8. Pero, Señor, pues mis ojos están levantados hacia ti, ¡oh Señor!, pues en ti he esperado, no me quites la vida.

9. Guárdame de los lazos que me han armado, y de las emboscadas de esa malvada gente.

10. Caerán los pecadores en sus mismas redes, mientras que yo pasaré libre y seguro.

SALMO 142 (141)

Señor, tú eres mi refugio. Oración de David perseguido por sus enemigos

1. Salmo de inteligencia de David. Su oración cuando estaba en la cueva*.

2. Alcé mi voz para clamar al Señor; al Señor dirigí los clamores de mi plegaria.

3. Derramo en su presencia mi oración, y le represento la extrema tribulación mía.

4. Está ya para desfallecer mi espíritu; y tú, Señor, conoces bien mi recto proceder. En este camino, por donde yo andaba, me tendieron ocultos lazos.

5. Pensativo miraba si se ponía alguno a mi derecha para defenderme; peno nadie dio a entender que me conociese. Me hallé sin poder huir, y sin nadie que mirase por mi vida.

6. Clamé a ti, oh Señor, diciendo: Tú eres

---

3. *Eclo 22, 27.*
1. *1 Sam 24.*

la única esperanza mía, mi porción en la dichosa tierra de los vivientes.

7. Atiende a mi humilde súplica, porque me hallo sumamente abatido. Líbrame de los que me persiguen, porque son más fuertes que yo.

8. Saca de esta cárcel a mi alma para que alabe tu santo Nombre; esperando están los justos el momento en que me seas propicio.

Salmo 143 (142)

En ti he puesto mi esperanza. Pide David el socorro del Señor

1. Salmo de David, cuando le perseguía su hijo Absalón*.

¡Oh Señor!, escucha benigno mi oración; presta oídos a mi súplica, según la verdad de tus promesas; óyeme por tu misericordia.

2. Mas no quieres entrar en juicio con tu siervo; porque ningún viviente puede aparecer justo en tu presencia.

3. Ya ves cómo el enemigo ha perseguido mi alma; abatida tiene hasta el suelo la vida mía. Me ha confinado en lugares tenebrosos, como a los que murieron hace ya un siglo.

4. Mi espíritu padece terribles angustias; está mi corazón en continua zozobra.

5. Mas me acordé luego de los días antiguos; me puse a meditar todas tus obras; ponderaba los efectos maravillosos de tu poder.

6. Levanté mis manos hacia ti como tierra falta de agua, así está por ti suspirando el alma mía.

7. Oyeme luego, ¡oh Señor!, mi espíritu ha desfallecido. No retires de mí tu rostro; haz que no haya de contarme ya entre los muertos.

8. Hazme sentir cuanto antes tu misericordia, pues en ti he puesto mi esperanza. Muéstrame el camino que debo seguir, ya que hacia ti he levantado mi corazón.

9. Líbrame, ¡oh Señor!, de mis enemigos; a ti me acojo.

10. Enséñame a cumplir tu voluntad, pues tú eres mi Dios. Entonces tu espíritu es infinitamente bueno, me conducirá a la tierra de la rectitud y santidad.

11. Por amor de tu Nombre, ¡oh Señor!, me darás la vida, según la justicia de tus promesas. A mi alma la sacarás de la tribulación,

12. y por tu misericordia disiparás a mis enemigos; y perderás a todos los que afligen el alma mía, puesto que siervo tuyo soy.

Salmo 144 (143)

David da gracias a Dios por las victorias conseguidas y le pide lo siga protegiendo

1. Salmo de David.

Bendito sea el Señor Dios mío, que adiestra mis manos para la pelea y mis dedos para manejar las armas.

2. El es para conmigo la misma misericordia y el asilo mío, mi amparo y mi libertador; el protector mío, en quien tengo mi esperanza; el que somete mi pueblo a la autoridad mía.

3. ¡Oh Señor! ¿Qué es el hombre para que te des a conocer a él?; ¿o el hijo del hombre, que así lo aprecias?

4. El hombre por el pecado ha venido a ser nada; sus días pasan como la sombra.

5. Señor, inclina esos tus cielos, y desciende a socorrernos; toca los montes, y se desharán en humo.

6. Vibra rayos, y disiparás mis enemigos; arroja tus saetas, y los llenarás de turbación.

7. Alarga desde lo alto tu mano, y arrebátame del abismo de las aguas de la tribulación; líbrame de caer en poder de los extranjeros,

8. cuya boca no habla sino vanidad o mentira, y cuyas manos están llenas de iniquidad.

9. ¡Oh Dios mío!, yo te cantaré un cántico nuevo con un salterio; te cantaré himnos de alabanza.

10. Señor, tú que das la salud o felicidad a los reyes, que libraste a David, siervo tuyo, de la espada sangrienta,

11. sálvame ahora, y sácame de las garras de estos extranjeros; de cuya boca no sale sino vanidad y mentira, y cuyas manos están llenas de iniquidad.

12. Los hijos de los cuales son como nuevos plantíos en la flor de su edad; sus hijas compuestas y engalanadas por todos lados, como ídolos en un templo.

13. Atestadas están sus despensas, y

---

1. *2 Sam 17.*

rebosando toda suerte de frutos; fecundas sus ovejas, salen a pacer en numerosos rebaños.

14. Tienen gordas y lozanas sus vacas; no se ven portillos, ni ruinas en sus muros o cercados, ni se oyen gritos de llanto en sus plazas.

15. Feliz llamaron al pueblo que goza de estas cosas. Mas yo digo: Feliz aquel pueblo que tiene al Señor por su Dios.

SALMO 145 (144)

David alaba a Dios, que como rey bueno y misericordioso gobierna todo

1. Alabanza de David.

Te ensalzaré, ¡oh Dios y rey mío!, y bendeciré, y cantaré alabanzas a tu Nombre desde ahora, y por los siglos de los siglos.

2. Todos los días te bendeciré, y cantaré alabanzas a tu Nombre desde ahora en este siglo, y después eternamente.

3. Grande es el Señor, y digno de ser infinitamente loado; su grandeza no tiene límites.

4. Las generaciones todas, oh Señor, celebrarán tus obras, y pregonarán tu poder infinito.

5. Publicarán la magnificencia de tu santa gloria, y predicarán tus maravillas.

6. Hablarán de cuán terrible es tu poder, y pregonarán tu grandeza.

7. A boca llena hablarán de continuo de la abundancia de tu suavidad inefable, y saltarán de alegría por tu justicia.

8. Benigno es el Señor, exclamarán, y misericordioso, paciente y clemente.

9. Para todos es benéfico el Señor, y su misericordia se extiende sobre todas sus obras.

10. Alábente, ¡oh Señor!, todas ellas, y bendígante todos tus santos.

11. Ellos publicarán la gloria de tu reino, y anunciarán tu poder infinito;

12. a fin de hacer conocer a los hijos de los hombres tu poder, y la gloriosa magnificencia de tu reino.

13. El reino tuyo, reino que se extiende a todos los siglos; y tu imperio a todas las generaciones. Fiel es el Señor y todas sus promesas, y santo en todas sus obras.

14. Y así el Señor alarga la mano a todos los que van a caer, y endereza a todos los agobiados.

15. Por eso fijan en ti sus ojos, oh Señor, las criaturas todas; y tú les das a su tiempo el alimento necesario.

16. Abres tu liberal mano, y colmas de bendiciones a todos los vivientes.

17. Justo es el Señor en todas sus disposiciones, y santo en todas sus obras.

18. Pronto está el Señor para todos los que le invocan, para cuantos le invocan de veras.

19. Condescenderá con la voluntad de los que le temen; oirá benigno sus peticiones, y los salvará.

20. El Señor defiende a todos los que lo aman y exterminará a todos los pecadores.

21. Cantará mi boca las alabanzas del Señor; bendigan todos los mortales su santo Nombre en este siglo presente y por toda la eternidad.

SALMO 146 (145)

Confianza en Dios, no en los hombres: alabar su poder. Celebrar su reino eterno

1. Salmo de Aggeo y de Zacarías.

2. Alaba al Señor, ¡oh alma mía! Sí, alabaré al Señor toda mi vida; mientras yo exista, cantaré himnos a mi Dios. ¡Ah!, no queráis confiar en los poderosos de la tierra,

3. en hijos de hombres, los cuales no tienen en su mano la salud.

4. Saldrá su espíritu del cuerpo, y volverán a ser polvo; entonces se desvanecerán como humo todos sus proyectos.

5. Dichoso aquel que tiene por protector al Dios de Jacob, el que tiene puesta su esperanza en el Señor Dios suyo.

6. Creador del cielo y de la tierra, del mar y de cuanto ellos contienen*.

7. El cual mantiene eternamente la verdad de sus promesas, hace justicia a los que padecen agravios, da de comer a los hambrientos. El mismo Señor da libertad a los que están encadenados.

8. El Señor alumbra a los ciegos. El Señor levanta a los caídos; ama el Señor a todos los justos.

---

6. *Ap 14*, 7.

9. El Señor protege a los peregrinos; ampara al huérfano y a la viuda, y desbaratará los designios de los pecadores.

10. El Señor reinará eternamente; el Dios tuyo, ¡oh Sión!, reinará en todas las generaciones.

Salmo 147 (146 - 147)

Cuán justo es que alabemos a Dios por su admirable providencia

1. Aleluya.

Alabad al Señor; porque justa cosa es cantarle himnos. Cántese a nuestro Dios un grato y digno cántico.

2. Edificando el Señor a Jerusalén, congregará a los hijos de Israel, que andan dispersos por el mundo.

3. El es quien sana a los de corazón contrito*, y venda sus heridas;

4. el que cuenta las estrellas y las llama a todas ellas por sus nombres.

5. Grande es el Señor Dios nuestro, y grande su poderío, y sin límites su sabiduría.

6. El Señor es quien ampara a los humildes, y abate hasta el suelo a los soberbios pecadores.

7. Entonad himnos al Señor con acciones de gracias; cantad salmos a nuestro Dios al son de la cítara.

8. El es el que cubre el cielo de nubes, y dispone así la lluvia para la tierra; el que produce en los montes el heno, y la hierba para los animales del servicio de los hombres.

9. El que da a las bestias el alimento que les es propio, y a los polluelos de los cuervos que claman a él.

10. No hace el Señor caso del brío del caballo; ni se complace en que el hombre tenga robustos y veloces pies.

11. Se complace, sí, en aquellos que le temen y adoran, y en los que confían en su misericordia.

12. Alaba al Señor, ¡oh Jerusalén!; alaba, ¡oh Sión!, a tu Dios.

13. Porque él ha asegurado con fuertes barras o cerrojos tus puertas; ha llenado de bendición a tus hijos, que moran dentro de ti.

14. Ha establecido la paz en tu territorio, y te alimenta de la flor de harina.

15. El despacha sus órdenes a la tierra; órdenes que se comunican velozmente.

16. El nos da la nieve como copos de lana; esparce la escarcha como ceniza.

17. El despide el granizo en menudos pedazos; al rigor de su frío, ¿quién resistirá?

18. Pero luego despacha sus órdenes, derrite estas cosas; hace soplar su viento, y fluyen las aguas.

19. El anuncia su palabra a Jacob, sus preceptos y ocultos juicios a Israel.

20. No ha hecho otro tanto con las demás naciones, ni les ha manifestado a todas ellas sus juicios o preceptos. ¡Aleluya!

Salmo 148

Toda la creación alaba al Señor, su Creador. Su obra es perfecta

1. Aleluya.

Alabad al Señor vosotros que estáis en los cielos; alabadle los que estáis en las alturas.

2. Alabadle todos vosotros, ángeles suyos; alabadle todas las milicias suyas.

3. Alabadle tú, ¡oh cielo empíreo! y alabadle todas vosotras, lucientes estrellas.

4. Alábale tu, ¡oh cielo empíreo!, y alaben el Nombre del Señor todas las aguas que están sobre el firmamento*.

5. Porque el Señor habló, y con sólo quererlo, quedaron hechas las cosas; él mandó que existiesen y quedaron creadas.

6. Las estableció para que subsistiesen eternamente y por todos los siglos; les fijó un orden que observarán siempre.

7. Alabad al Señor vosotras, criaturas del mar, y vosotros todos, ¡oh abismos!

8. Fuego, granizo, nieve, hielo, vientos procelosos, vosotros que ejecutáis sus órdenes.

9. Montes y collados todos, plantas fructíferas, y todos vosotros, ¡oh cedros!

10. Bestias todas silvestres y domésticas, reptiles y volátiles;

11. reyes de la tierra y pueblos todos; príncipes y jueces todos de la tierra;

---

3. *Sal 104* (*103*), 14.

4. *Gen 1*, 7.

12. Los jóvenes y las vírgenes, los ancianos y los niños, todas las criaturas canten alabanzas al Nombre del Señor;

13. porque sólo el Nombre del Señor resplandece sobre los cielos y tierra; y él es el que ha exaltado el poder de su pueblo. Himnos le canten todos sus santos, los hijos de Israel, el pueblo peculiar suyo. ¡Aleluya!

Salmo 149

Cántico nuevo al Señor en acción de gracias. El Señor es Dios, Creador y Rey

1. Cantad al Señor un cántico nuevo, resuenen sus loores en la reunión de los santos.

2. Que se alegre Israel en el Señor que le creó, y se regocijen en su rey los hijos de Sión.

3. Celebren su excelso Nombre con armoniosos conciertos, y publiquen sus alabanzas al son del pandero y salterio.

4. Porque el Señor ha mirado benignamente a su pueblo; y exaltará a los humildes y los salvará.

5. Se gozarán los santos en la gloria, y se regocijarán en sus moradas.

6. Resonarán en sus bocas los elogios sublimes de Dios; y vibrarán en sus manos espadas de dos filos,

7. para ejecutar la divina venganza en las naciones, y castigar a los pueblos impíos;

8. para aprisionar con grillos a sus reyes, y con esposas de hierro a sus magnates;

9. para ejecutar en ellos el juicio decretado: Gloria es ésta que está reservada para todos sus santos. ¡Aleluya!

Salmo 150

Sólo el Señor es digno de alabanza. El Universo canta a su Creador

1. Aleluya.

Alabad al Señor que reside en su celestial santuario; alabadle sentado en el firmamento o trono de su poder.

2. Alabadle por sus prodigios a favor vuestro; alabadle por su inmensa grandeza.

3. Alabadle al son de clarines; alabadle con el salterio y la cítara.

4. Alabadle con panderos y armoniosos conciertos; alabadle con instrumentos músicos de cuerdas y de viento.

5. Alabadle con sonoros címbalos; alabadle con címbalos de júbilo.

6. Empléese todo espíritu en alabar a Dios. ¡Aleluya!

Proverbios

Introducción

Todas las literaturas tienen proverbios, aforismos o refranes. El pueblo de la Biblia formuló la sabiduría de varias generaciones en proverbios que fue coleccionando por temas y situaciones. La formación de estas colecciones se extiende desde los comienzos de la monarquía. El rey Salomón, del siglo X a.C., es considerado el sabio de los sabios y, aunque no es el autor del libro de los Proverbios, despertó el interés de su pueblo por la sabiduría, que ya tenía expresiones muy importantes en otros pueblos como Egipto y Mesopotamia. En el libro se reúnen reflexiones y dichos de diversas épocas, incluso del tiempo posterior al destierro, en el siglo V a.C. La sabiduría condensada en los *Proverbios* muestra cómo la experiencia y madurez popular va aquilatándose con el paso de las generaciones. Se puede dividir en dos partes:

- La *primera*, del capítulo 1 al 9, es un elogio a la sabiduría y una exhortación a vivirla. Esta parte es la más reciente, pues es posterior al siglo V a.C.

- La *segunda*, del capítulo 9 al final, corresponde a diversas épocas.

1 *Argumento de este libro. Exhortación a seguir la sabiduría, que no es despreciable*

1. Parábolas de Salomón, hijo de David, rey de Israel,

2. para aprender la sabiduría y la disciplina,

3. entender los consejos prudentes, y recibir la instrucción de la buena doctrina, la justicia, la rectitud y la equidad;

4. a fin de que los pequeñuelos adquieran sagacidad y discreción, y los mozos saber y entendimiento.

5. El sabio que escuchare estas parábolas se hará más sabio; y al que las entendiere le servirán de timón.

6. Atinará su significación y la interpretación de ellas; comprenderá los dichos de los sabios y sus enigmas.

7. El temor del Señor es el principio de la sabiduría. Los insensatos desprecian la sabiduría y la doctrina.

8. Tú, ¡oh hijo mío!, escucha las correcciones de tu padre, y no deseches las advertencias de tu madre.

9. Ellas serán para ti como una corona para tu cabeza, y como un collar precioso para tu cuello.

10. Hijo mío, por más que te halaguen los pecadores, no condesciendas con ellos.

11. Si te dijeren: Ven con nosotros, pongámonos en acecho para matar al prójimo, armemos por mero antojo ocultos lazos al inocente,

12. traguémoslo vivo*, como traga el sepulcro los cadáveres, y todo entero, como si cayese en una sima;

13. y encontraremos con su ruina toda suerte de riquezas, y henchiremos de despojos nuestras casas;

14. une tu suerte con la nuestra, sea una sola la bolsa de todos nosotros;

15. no sigas, oh hijo mío, sus pasos; guárdate de andar por sus sendas;

16. porque sus pies corren hacia la

---

12. *Prov 30*, 14; *Sal 14* (*13*), 4.

maldad, y van apresurados a derramar la sangre inocente.

17. Mas en vano se tiende la red ante los ojos de los pájaros voladores.

18. Las asechanzas que arman los impíos, se convierten también a veces contra su propia vida, y sus maquinaciones y engaños sirven para perderse a sí mismos.

19. Así que el camino o la conducta que siguen todos los avarientos, lleva arrebatadamente sus almas a la perdición.

20. La sabiduría enseña en público; levanta su voz en medio de las plazas;

21. se hace oír en los concursos de gente; expone sus útiles documentos en las puertas de la ciudad, y dice a todos los hombres:

22. ¿Hasta cuándo, a manera de párvulos, habéis de amar las niñerías? ¿Hasta cuándo, necios, apeteceréis las cosas que os son nocivas; e imprudentes, aborreceréis la sabiduría?

23. Convertíos a la fuerza de mis reprensiones; mirad que os comunicaré mi espíritu y os enseñaré mi doctrina.

24. Mas ya que estuve yo llamando, y vosotros no respondistéis; os alargué mi mano y ninguno se dio por entendido;

25. menospreciasteis todos mis consejos, y ningún caso hicisteis de mis reprensiones,

26. yo también miraré con risa vuestra perdición, y me mofaré de vosotros cuando os sobrevenga lo que temíais.

27. Cuando de improviso os asalte la calamidad, y la muerte se os arroje encima como un torbellino; cuando os acometa la tribulación y la angustia,

28. entonces me invocarán los impíos, y no los oiré; madrugarán a buscarme y no me hallarán,

29. en pena de haber aborrecido la instrucción y abandonado el temor de Dios,

30. desatendiendo mis consejos, y burlándose de todas mis correcciones.

31. Comerán, pues, los frutos de su mala conducta, y se saciarán de los productos de sus perversos consejos.

32. La indocilidad causará a los ignorantes su perdición; y aquella que neciamente creen ser su felicidad, será su ruina.

33. Mas el que me escuchare, reposará exento de todo temor, y nadará en la abundancia, libre de todo mal.

2

La sabiduría nos acarrea grandes bienes. Cuán útil es para vivir felizmente

1. Hijo mío, ¡oh si recibieseis mis consejos y depositases mis mandamientos en tu corazón!

2. Para que tus oídos estén siempre atentos a la voz de la sabiduría, aplica tu ánimo al estudio de la prudencia.

3. Que si tú invocas la sabiduría, y se aficiona tu corazón a la prudencia;

4. si la buscas con el ardor con que se buscan las riquezas, y la procuras desenterrar como se hace con un tesoro,

5. entonces aprenderás el temor del Señor y alcanzarás el conocimiento de Dios;

6. pues el Señor es quien da la sabiduría, y de su boca sale la discreción y la ciencia.

7. El guarda la vida de los buenos, y es el escudo de los que caminan en la inocencia;

8. como que es el que defiende las sendas de los justos, y dirige los pasos de los santos.

9. Entonces entenderás tú la justicia, la rectitud y la equidad, y todos los buenos caminos.

10. Si entrare la sabiduría en tu corazón, y se complaciere tu alma en la ciencia,

11. el buen consejo será tu salvaguardia, y la prudencia te conservará,

12. librándote de todo mal camino y de los hombres de lengua perversa,

13. de aquellos que abandonan la senda recta, y andan por veredas tenebrosas;

14. y que se gozan en el mal que han hecho, y hacen gala de su maldad;

15. cuyos caminos son torcidos, e infames todos sus pasos.

16. Asimismo la sabiduría te librará de mujer ajena o adúltera; y de la extraña, que usa palabras melosas,

17. y que abandona al esposo que la guió en su juventud,

18. y se olvida del contrato hecho en nombre de su Dios; por lo que su casa camina hacia la ruina, y se dirigen sus pasos hacia el infierno.

19. Todos los que tratan con ella no volverán atrás, ni tornarán a la senda de la vida.

---

18. *Mal* 2, 14.

20. Anda tú, pues, hijo mío, por el buen camino, y no salgas del carril de los justos.

21. Porque los buenos poseerán la tierra, y los inocentes permanecerán en ella.

22. Mas los impíos serán exterminados de la tierra, y los malhechores arrancados de ella.

3 *Frutos preciosos de la sabiduría. Felicidad de los justos. Ruina de los impíos*

1. Hijo mío, no te olvides de mi ley, y guarda en tu corazón mis mandamientos;

2. porque ellos te colmarán de largos días, y de años de vida, y de perpetua paz.

3. No se aparte de ti la misericordia y la verdad; ponlas como collar en tu garganta, y estámpalas en tu corazón,

4. y hallarás gracia y buena opinión delante de Dios y de los hombres.

5. Confía en el Señor con todo tu corazón, y no te apoyes en tu prudencia.

6. En todas tus empresas tenle presente, y él sea quien dirija todos tus pasos.

7. No te tengas a ti mismo por sabio. Teme a Dios y huye del mal.

8. De este modo gozará tu carne de salud robusta, y estarán llenos de jugo tus huesos.

9. Honra al Señor con tu hacienda*, y ofrécele las primicias de todos tus frutos.

10. Con esto tus trojes se colmarán de granos, y rebosará el vino en tus lagares.

11. No rehuses, hijo mío, la corrección del Señor, ni desmayes cuando él te castigue.

12. Porque el Señor castiga a los que ama*, y en los cuales tiene puesto su afecto, como lo tiene un padre en sus hijos.

13. Dichoso el hombre que ha adquirido la sabiduría, y es rico en prudencia;

14. cuya adquisición vale más que la de la plata; y sus frutos son más preciosos que el oro acendrado.

15. Es más apreciable que todas las riquezas; y no pueden parangonarse con ella las cosas de mayor estima.

16. En su mano derecha trae la larga vida, y las riquezas y la gloria a su izquierda.

17. Sus caminos son caminos deliciosos, y llenas de paz todas sus sendas.

18. Es el árbol de la vida para los que echaren mano de ella; y bienaventurado el que la tiene asida.

19. Por la sabiduría fundó el Señor la tierra, y por medio de ella o de la prudencia estableció los cielos.

20. Por su sabiduría brota copiosas aguas los manantiales, y las nubes destilan el rocío.

21. Hijo mío, nunca pierdas de vista estas cosas: observa la ley y mis consejos;

22. que ellos serán la vida de tu alma, y como un precioso collar para tu adorno.

23. Entonces seguirás lleno de confianza tu camino, y no tropezará tu pie.

24. Te acostarás sin zozobra; te echarás a dormir, y tu sueño será tranquilo.

25. No receles ningún susto repentino, ni que venga sobre ti la desolación o la violencia de los impíos;

26. pues el Señor estará a tu lado y guiará tus pasos, a fin de que no seas presa de ellos.

27. No impidas el bien al que puede hacerlo; hazlo tú también, si puedes.

28. No digas a tu amigo: Anda y vuelve; mañana te daré lo que pides, pudiendo dárselo luego.

29. No maquines ningún mal contra tu amigo, puesto que él se fía de ti.

30. No litigues sin razón contra el que no te ha hecho mal ninguno.

31. No envidies al hombre injusto, ni imites sus procederes;

32. porque todos los tramposos o perversos son abominados del Señor; el cual sólo conversa con los sencillos.

33. El Señor introduce la miseria en la casa del impío; pero echará sus bendiciones sobre las casas de los justos.

34. El se burlará de los burladores, y la dará su gracia a los humildes.

35. La gloria será la herencia de los sabios; pero a los necios se les convertirá su exaltación en ignominia.

4 *Salomón, con la actitud propia de un padre, da a todos saludables instrucciones*

1. Oíd, hijos míos, las instrucciones de un padre, y estad atentos para aprender la prudencia.

---

9. *Tob* 4, 7; *Luc 14*, 13.
12. *Hebr 12*, 5; *Ap 3*, 19.

2. Yo quiero daros un rico don, no abandonéis mis preceptos.

3. Porque también yo fui un hijo querido de mi padre, y amado tiernamente, como único de mi madre,

4. y él, instruyéndome, me decía: Reciba tu corazón mis palabras, observa mis preceptos, y vivirás feliz.

5. Procura adquirir la sabiduría, veas de alcanzar la prudencia, y no te olvides ni apartes las palabras de mi boca.

6. No abandones la sabiduría, porque ella será tu protectora: ámala y ella será tu salvación.

7. El principio de la sabiduría es trabajar por adquirirla. Y así, a costa de cuanto posees, procura adquirir la prudencia;

8. aplica todos tus esfuerzos para alcanzarla; y ella te ensalzará; te llenará de gloria cuando la estreches en tus brazos.

9. Añadirá adornos graciosos a tu cabeza, y ceñirá tus sienes con esclarecida diadema.

10. ¡Oh hijo mío!, escucha y recibe mis documentos, para que logres muchos años de vida.

11. Yo te mostraré el camino de la sabiduría, te guiaré por la senda de la justicia;

12. y entrado que hayas en ella, no se verán tus pies en estrechuras, ni hallarás tropiezo alguno en su carrera.

13. Mantente adicto a la instrucción: nunca la abandones; guárdala bien, pues ella es tu vida.

14. No te aficiones a los caminos de los impíos; ni te agrade la senda de los malvados;

15. húyela, no pongas el pie en ella; desvíate y abandónala.

16. Porque los impíos no duermen, si antes no han hecho algún mal; y si primero no han causado la ruina de alguno, no pueden conciliar el sueño.

17. Como de pan se alimentan de la impiedad, y beben como vino la injusticia.

18. La senda de los justos es como una luz brillante, que va en aumento y crece hasta el mediodía.

19. Al contrario, el camino de los impíos está lleno de tinieblas; no advierten el precipicio en que van a caer.

20. Escucha, hijo mío, mis razonamientos, y atiende mis palabras.

21. Jamás las pierdas de vista, depositalas en lo íntimo de tu corazón;

22. porque son vida para quienes la reciben, y salud o medicina para todo hombre.

23. Guarda tu corazón con toda vigilancia, porque de él mana la vida.

24. Arroja de tu lengua la malignidad; y lejos esté de tus labios la detracción.

25. Dirige siempre tus ojos rectamente, y que se adelante tu vista a los pasos que des.

26. Examina la senda en que pones tus pies, y serán firmes todos tus pasos.

27. No tuerzas ni a la diestra ni a la siniestra; retira tu pie de todo mal paso; porque ama el Señor los caminos que están a la derecha; pero los que caen a la siniestra son caminos de perdición. Mas él hará que sea recto tu camino, y que avances felizmente en tu viaje.

5

Se contrapone el amor conyugal al amor deshonesto. La mala mujer pierde al hombre

1. Atiende, hijo mío, a lo que te enseña mi sabiduría, e inclina tus oídos a los documentos de mi prudencia;

2. para que observes mis consejos, y no se aparten de tus labios mis instrucciones. No te dejes llevar de las lisonjas de la mujer;

3. porque los labios de la ramera son como un panal que destila miel, y son más suaves que el aceite sus palabras.

4. Pero sus dejos son amargos como ajenjos, y penetrantes como espada de dos filos.

5. Sus pies se encaminan hacia la muerte, y sus pasos van a parar al infierno.

6. Andan descarriados; incierta e incomprensible es su conducta.

7. Ahora, pues, hijo mío, escúchame y no te apartes de los documentos que te doy.

8. Huye lejos de ella*; jamás te acerques a las puertas de su casa,

9. a fin de que no entregues tu honra a gente extraña, ni tus floridos años a una cruel.

10. A no ser que quieras que los extraños se enriquezcan con tus bienes, y que vaya a parar en casa de otro el fruto de tus sudores.

---

8. *1 Cor* 6, 18.

11. Por donde tengas al fin que gemir, cuando habrás consumido tus carnes y tu cuerpo, y hayas de decir:

12. ¿Por qué detesté yo la corrección, y no se rindió mi corazón a las reprensiones,

13. ni quise escuchar la voz de los que me amonestaban, ni la instrucción de mis maestros?

14. En toda suerte de males o vicios me vi en medio de la congregación y del pueblo.

15. Bebe, pues, el agua de tu aljibe, y de los manantiales de tu pozo.

16. Que rebosen por fuera tus manantiales, y se esparzan tus aguas, o tus hijos e hijas, por las plazas.

17. Sé tú solo el dueño de ellas, y no entren a la parte contigo los extraños.

18. Bendita sea tu vena de aguas, y vive alegre y contento con la esposa que tomaste en tu juventud.

19. Sea ella tus delicias, como hermosísima cierva, y como gracioso cervatillo; sus cariños sean tu recreo en todo tiempo; busca siempre tu placer en su amor.

20. ¿Por qué te dejas, hijo mío, embaucar de mujer ajena, y reposas en el regazo de la extraña?

21. El Señor está mirando atentamente los caminos del hombre, y nota todos sus pasos.

22. El impío será presa de sus mismas iniquidades, y quedará enredado en los lazos de su pecado.

23. Al fin, él morirá infelizmente, porque desechó la amonestación; y se hallará engañado por el exceso de su locura.

6 *Sobre el fiador, el perezoso, el apóstata. Siete vicios que aborrece Dios. La mala mujer*

1. Hijo mío, si incautamente saliste por fiador de tu amigo, y has ligado tu mano con un extraño,

2. tú te has enlazado mediante las palabras de tu boca, y ellas han sido el lazo en que has quedado preso.

3. Haz, pues, hijo mío, lo que te digo, y líbrate a ti mismo, ya que has caído en manos de tu prójimo: corre de una a otra parte, apresúrate, despierta a tu amigo,

4. no concedas sueño a tus ojos, ni dejes que se cierren tus párpados.

5. Sálvate como el gamo que escapa de la trampa, y como el pájaro de las manos del cazador.

6. Anda, ¡oh perezoso!, mira la hormiga, y considera su obrar, y aprende a ser sabio.

7. Ella, sin tener guía, ni maestro, ni caudillo,

8. se provee de alimento durante el verano, y recoge su comida al tiempo de la siega.

9. ¿Hasta cuándo has de dormir tú, oh perezoso? ¿Cuándo despertarás de tu sueño?

10. Tú dormirás un poquito, otro poquito dormitarás, otro cruzarás tus manos para dormir,

11. y he aquí que vendrá sobre ti la indigencia como un salteador de camino, y la pobreza como un hombre armado. Al contrario, si fueres diligente, tus cosechas serán como un manantial, perenne, y huirá lejos de ti la miseria.

12. El hombre apóstata es un hombre perniciosísimo; no habla más que iniquidades:

13. Guiña los ojos, hace señas con el pie, habla con los dedos,

14. maquina el mal en su depravado corazón, y en todo tiempo siembra discordias.

15. De repente le vendrá a éste su perdición, y súbitamente quedará hecho añicos, sin que tenga ya remedio.

16. Seis son las cosas que abomina el Señor, y otra además le es destestable.

17. Los ojos altaneros, la lengua mentirosa, las manos que derraman la sangre inocente,

18. el corazón que maquina perversos designios, los pies ligeros para correr al mal,

19. el testigo falso que forja embustes, y el que siembra discordias entre hermanos.

20. Observa, hijo mío, los preceptos de tu padre, y no abandones la ley o los documentos de tu madre.

21. Tenlos siempre grabados en tu corazón, y te sirvan como collar precioso*.

22. Cuando caminares vayan contigo, te guarden cuando durmieres, y despertando conversa con ellos;

23. pues el mandamiento de tu padre es

---

21. *Deut 6*, 6,-8.

a manera de antorcha, y la ley o instrucciones de tu madre como una luz, y la corrección que conserva a los jóvenes en la disciplina, es el camino de la vida,

24. para que te libren de la mala mujer, y del lenguaje zalamero de la extraña.

25. No codicie tu corazón la hermosura de éstas, ni te cautiven sus miradas;

26. porque el precio de la meretriz apenas es el precio de un pan; mas esa mujer adúltera cautiva la preciosa alma del hombre.

27. ¿Por ventura puede un hombre esconder el fuego en su seno, sin que ardan sus vestidos?

28. ¿O andar sobre las ascuas, sin quemarse las plantas de los pies?

29. Así el que se llega a la mujer ajena, tocándola quedará manchado.

30. No es tan gran culpa el que uno hurte, pues que hurta para saciar su hambre.

31. Con todo eso, si lo cogen, lo pagará con las setenas, y tendrá que dar todos los haberes de su casa.

32. Pero el adúltero acarrea con su insensatez la perdición a su alma*:

33. Va acumulando para sí oprobios e ignominias, y jamás se borrará su infamia;

34. porque los celos y furor del marido no le perdonarán hallando coyuntura de venganza;

35. ni se aplacará por súplicas de nadie, ni aceptará en insatisfacción dones, por muchos que sean.

7

Exhortación a amar la sabiduría. La mujer adúltera acarrea males a los que se dejan engañar

1. Hijo mío, guarda mis consejos, y deposita en tu corazón mis preceptos.

2. Observa, oh hijo mío, mis mandamientos, y vivirás; y guarda mi ley como las niñas de tus ojos.

3. Póntela como sortija en tus dedos; escríbela en las telas de tu corazón.

4. Di a la sabiduría: tú eres mi hermana; y llama amiga tuya a la prudencia.

5. Para que te defienda de la mujer extraña y de la ajena, y de sus lisonjeras palabras.

6. Pues mientras yo observaba desde la ventana de mi casa, por detrás de las celosías,

7. vi a unos incautos mancebos; y fijé mis ojos en un joven sin seso,

8. que pasaba por la plaza, junto a la esquina, y se paseaba por cerca de la casa de aquella mala mujer,

9. allá entre dos luces, después de anochecer, en medio de las tinieblas.

10. Cuando he aquí que le sale al encuentro dicha mujer con atavíos de ramera, apercibida para cazar almas; habladora y callejera,

11. incapaz de sosiego, cuyos pies no pueden parar en casa.

12. Y así se pone en acecho, ya fuera de la ciudad, ya en las plazas, ya en las esquinas.

13. Esta mujer, pues, le echa sus brazos al incauto mozo, lo besa, y con semblante descarado, requebrándolo, le dice:

14. Había hecho voto de ofrecer víctimas pacíficas por tu salud*; cabalmente hoy lo he cumplido;

15. por este motivo he salido a tu encuentro, ansiosa de verte, y al fin te hallo.

16. Tengo tendida mi cama sobre cordones, la he cubierto con colchas recamadas de Egipto.

17. He rociado mi alcoba con mirra, áloe, y cinamomo.

18. Ven, pues, empapémonos en deleite, y gocemos de los amores tan deseados, hasta que amanezca.

19. Porque mi marido se haya ausente de casa, y ha ido a un viaje muy largo.

20. Un talego de dinero llevó consigo; piensa regresar a su casa para el día del plenilunio.

21. De este modo la mujer, a fuerza de requiebros, lo mete en la red, y lo arrastra a su casa con sus caricias.

22. Al punto la va siguiendo como buey que llevan al matadero, y cual corderito que va retozando, y el mentecato no conoce que es conducido a una prisión,

23. hasta que la saeta le traspasa las entrañas; como vuela el ave hacia las redes, así va él, sin advertir que corre a perder la vida.

24. Ahora, pues, hijo mío, escúchame, y atiende bien a lo que te digo:

---

32. *Deut 22*, 22; *Lev 20*, 10.

14. *Lev 7*, 18.

25. no dejes arrastrar tu corazón de sus atractivos, ni sigas seducido sus caminos.

26. Porque son muchos los que ella ha herido y derribado; y han muerto a sus manos los varones más fuertes.

27. Su casa es el camino del infierno, camino que remata en la muerte más funesta.

---

8 *Voces con que la sabiduría convida a todos los hombres; bienes que trae a los que la escuchan*

---

1. ¿Por ventura la sabiduría no está clamando, y no levanta su voz la prudencia?

2. Puesta en pie en las más altas y elevadas cimas, en medio de las carreteras, en las encrucijadas de los caminos,

3. junto a las puertas de la ciudad, en la misma entrada, da voces, diciendo:

4. ¡Oh varones!, a vosotros es a quienes estoy continuamente clamando, y a vosotros todos, hijos de los hombres, dirijo mis palabras.

5. Aprended, hombres incautos, la prudencia, y estadme atentos, vosotros necios.

6. Escuchad, porque yo voy a hablar de cosas grandes, y van a abrirse mis labios para anunciar la justicia.

7. Publicará mi boca la verdad que he estado meditando, y mis labios abominarán la impiedad.

8. Justo son todos mis discursos; no hay entre ellos cosa torcida ni perversa.

9. Son rectos para aquellos que tienen inteligencia, y fáciles para los que han hallado la ciencia.

10. Recibid mis instrucciones, con mayor gusto que si recibieseis dinero; anteponed al oro la ciencia;

11. puesto que vale más la sabiduría que todas las joyas preciosísimas; nada de cuanto puede apetecerse es comparable con ella.

12. Yo la sabiduría, habito o presido en los buenos consejos, y me hallo presente en los sabios y discretos pensamientos.

13. El temor del Señor aborrece el mal; yo detesto la arrogancia y la soberbia, todo proceder torcido y toda lengua dolosa.

14. A mí me pertenece el don de consejo y la equidad; mía es la prudencia, mía la fortaleza;

15. por mí reinan los reyes; y decretan los legisladores leyes justas.

16. Por mí los príncipes mandan, y los jueces administran la justicia.

17. Yo amo a los que me aman; y me hallarán los que madrugaren a buscarme.

18. En mi mano están las riquezas y la gloria, la opulencia y la justicia.

19. Pues más valen mis frutos que el oro y las piedras preciosas; y mis producciones que la más acendrada plata.

20. Yo camino por las sendas de la justicia, por la carretera de la rectitud,

21. a fin de enriquecer a los que me aman y henchir sus tesoros.

22. El Señor me tuvo consigo al principio de sus obras, desde el principio, antes que crease cosa alguna.

23. Desde la eternidad tengo yo el principado de todas las cosas, desde antes de los siglos, primero que fuese hecha la tierra.

24. Todavía no existían los abismos o mares, y yo estaba ya concebida; aún no habían brotado las fuentes de las aguas,

25. no estaba asentada la grandiosa mole de los montes, ni aún había collados, cuando yo había nacido.

26. Aún no había creado la tierra, ni los ríos, ni los ejes del mundo.

27. Cuando extendía él los cielos estaba yo presente; cuando con ley fija encerraba los mares dentro de su ámbito;

28. cuando establecía ya en lo alto las regiones etéreas, y ponía en equilibrio los manantiales de las aguas;

29. cuando circunscribía al mar en sus términos, e imponía ley a las aguas para que no traspasasen sus límites; cuando asentaba los cimientos de la tierra,

30. con él estaba yo disponiendo todas las cosas; y eran mis diarios placeres holgarme continuamente en su presencia,

31. el holgarme en la creación del universo; siendo todas mis delicias el estar con los hijos de los hombres.

32. Ahora, pues, ¡oh hijos!, escuchadme: bienaventurados los que siguen mis caminos.

33. Oíd mis documentos, y sed sabios, y no queráis desecharlos.

34. Bienaventurado el hombre que me escucha, y que vela continuamente a las puertas de mi casa, y está de observación en los umbrales de ella.

35. Quien me hallare hallará la vida, y alcanzará del Señor la salvación.

36. Mas quien pecare contra mí, dañará a su propia alma. Todos los que me aborrecen a mí, aman la muerte.

9 *La misteriosa casa en que habita la sabiduría y el convite que da. Convite que da la mala mujer*

1. La sabiduría se fabricó una casa o palacio; a este fin labró siete columnas.

2. Inmoló sus víctimas para el convite; compuso el vino, y preparó la mesa.

3. Envió sus criadas a convidar que viniesen al alcázar; y desde las murallas de la ciudad gritaba:

4. Quien sea párvulo o sencillo, venga a mí. Y a los que no tienen juicio, les dijo:

5. Venid a comer de mi pan y a beber el vino que os tengo preparado.

6. Dejad las niñerías; y vivid y caminad por las sendas de la prudencia.

7. El que instruye al mofador o impío, se acarrea ignominia, y el que corrige al desalmado, se adquiere infamia.

8. No quieras reprender al mofador, para que no te aborrezca. Corrige al sabio, y te amará.

9. Dad al sabio ocasión de aprender, y crecerá en sabiduría; enseña al justo, y se apresurará a aprender.

10. El principio de la sabiduría es el temor del Señor; y la ciencia de los santos es la verdadera prudencia.

11. Porque por mí se multiplicarán tus días, y se te añadirán años de vida.

12. Si fueres sabio, para tu provecho lo serás; mas si eres un mofador, tú solo pagarás la pena.

13. Una mujer loca y habladora, y rebosando caricias, y que no sabe nada sino el seducir,

14. se sentó en una silla a la puerta de su casa, en un lugar alto de la ciudad,

15. para llamar a los que pasan por la calle, a los que van en derechura por su camino, diciéndoles:

16. El que es mozuelo o simple, tuerza hacia mí su paso; y al mentecato le dijo:

17. Las aguas hurtadas o deleites prohibidos son más dulces, y el pan tomado a escondidas es más sabroso.

18. Y no sabe el mentecato que allí con ella están los gigantes o demonios; y que sus convidados caen en lo más profundo del infierno.

10 *Sentencias que van alternando sobre el sabio y el necio, sobre la virtud y el vicio*

1. El hijo sabio es la alegría del padre; así como el necio es la aflicción de su madre.

2. Nada aprovecharán los tesoros mal habidos; pero la justicia en todas las acciones librará de la muerte.

3. El Señor no afligirá con hambre la persona del justo, y desbaratará las tramas de los impíos.

4. La mano desidiosa produce la mendicidad; pero la mano activa acumula riquezas. Quien se apoya en mentiras, ése tal se alimenta de viento, y corre neciamente tras las aves que vuelan.

5. El que recoge en tiempo de la siega, es hombre cuerdo; mas quien duerme y ronca en verano, es un insensato.

6. La bendición del Señor descansa sobre la cabeza del justo; mientras la faz de los impíos está cubierta de maldad.

7. La memoria de los justos será celebrada; pero el nombre de los impíos será abominable.

8. El que es sabio de corazón, recibe bien los avisos; mas para el mentecato cada palabra es un azote.

9. Quien anda con sencillez, anda seguro; pero el de proceder taimado, vendrá a ser descubierto.

10. El que guiña el ojo* acarreará dolor; y el necio padecerá por sus habladurías.

11. Vena de vida es la boca del justo; mas la boca de los impíos encierra la iniquidad.

12. El odio mueve rencillas; pero la caridad cubre todas las faltas*.

13. En los labios del sabio se halla la sabiduría; y el azote en la espalda del que no tiene juicio.

14. Ocultan su saber los sabios; mas la boca del necio cerca está de la confusión.

---

10. *Prov* 6, 3; *Eclo* 27, 25.
12. *1 Cor* 13, 4; *1 Pe* 4, 8.

15. El caudal le sirve al rico de plaza fuerte*; a los hombres los llena de pavor o timidez su misma miseria.

16. El justo trabaja para poder vivir; las ganancias del impío son para pecar.

17. Quien recibe la corrección, va por el camino de la vida; quien no hace caso de ella, descarriado anda.

18. Los labios mentirosos disimulan la malevolencia; quien profiere chismes es un insensato.

19. En el mucho hablar no faltará pecado; mas quien sus labios refrena, es hombre muy prudente.

20. Plata finísima es la lengua del justo; pero el corazón de los impíos no vale nada.

21. Los labios del justo instruyen a muchísimos; mas los que no quieren recibir la instrucción, morirán en su ignorancia.

22. La bendición del Señor hace ricos a los hombres, sin que padezcan aflicción.

23. El insensato comete los crímenes como jugando; mas la sabiduría del hombre está en su cordura.

24. Le sobrevendrá al impío el mal que está temiendo; a los justos se les concederá lo que desean.

25. Como el turbión que pasa, así desaparecerá el impío; pero el justo subsistirá como un fundamento que permanece eternamente.

26. Como el agraz entorpece los dientes, y el humo los ojos, así es el perezoso para los que lo envían.

27. El temor del Señor alarga la vida; mas los años de los impíos serán acortados.

28. La expectación de los justos parará en contento; pero la esperanza de los impíos parará en humo.

29. El seguir la senda del Señor, hace fuerte al justo, pero aquellos que obren mal están llenos de pavor.

30. El justo jamás será conmovido; mas los impíos no durarán sobre la tierra.

31. De la boca del justo manará sabiduría; la lengua de los malvados será cortada.

32. Los labios del justo se emplean en hablar cosas agradables a Dios; y en hablar cosas perversas la boca del impío.

---

15. *1 Tim 6*, 17.

11 *Se contrapone la felicidad de los justos y sabios a la desdicha de los malos e insensatos*

1. La balanza falsa es abominable a los ojos del Señor; el peso cabal es lo que le agrada.

2. Donde hay soberbia, allí habrá ignominia; mas donde hay humildad, habrá sabiduría.

3. La sencillez servirá como de guía a los justos; y la doblez acarreará a los pecadores su perdición.

4. Nada servirán las riquezas en el día de la venganza, mas la justicia librará de la muerte.

5. La justicia del hombre sencillo dirigirá sus pasos; y al impío le hará caer en el precipicio su impiedad.

6. A los hombres buenos su justicia los salvará; pero los malos quedarán cogidos en sus mismos lazos.

7. Muerto el impío, muere también su esperanza; y la expectación de los codiciosos parará en humo.

8. El justo es libertado de la tribulación; y en su lugar será el impío atribulado.

9. El hombre falso engaña con palabras a su amigo; mas los justos se librarán con el don de la ciencia.

10. En la prosperidad de los justos se alegrará la ciudad: y la perdición de los impíos se celebrará con canciones.

11. Por la bendición de los justos será ensalzada la ciudad; mas por la lengua de los impíos quedará arruinada.

12. El que desprecia a su amigo, es de corazón menguado; pero el varón prudente callará sus defectos.

13. El que va de mala fe, descubre los secretos; pero el de corazón leal calla lo que el amigo le confía.

14. Por falta de gobierno se arruina el pueblo; donde abunda el consejo, allí hay prosperidad.

15. Padecerá desastres el que sale incautamente por fiador de un extraño; pero el que no se enreda en fianzas vivirá tranquilo.

16. La mujer de bellas prendas adquirirá gloria; y los hombres de valor obtendrán riquezas.

17. El varón misericordioso se hace bien a sí propio, así como el hombre cruel hasta a sus próximos parientes desecha.

18. El impío trabaja en vano; mas el que siembra obras de justicia, tiene segura la cosecha.

19. La clemencia es camino para la vida; y la afición al mal conduce a la muerte.

20. Abominado es del Señor el corazón perverso; y se complace en aquellos que proceden con sinceridad.

21. Aunque se esté mano sobre mano, no será inocente el hombre malvado; pero la descendencia de los justos será puesta en salvo.

22. La belleza en una mujer fatua, es como sortija de oro en el hocico de un cerdo.

23. Todo deseo de los justos se dirige al bien; los malos no anhelan sino desfogar su furor.

24. Unos reparten sus propios bienes, y se hacen más ricos; otros roban lo ajeno, y están siempre en miseria.

25. El alma benéfica será colmada de bienes; y será como embriagada de ellos, la que a otros embriaga.

26. Quien esconde los granos será maldito de los pueblos; mas la bendición descenderá sobre la cabeza de los que los sacan a la venta.

27. En buena hora madruga el que busca cómo hacer el bien; mas el que busca cómo hacer el mal, será del mal oprimido.

28. Quien confía en sus riquezas, caerá por tierra; al paso que los justos florecerán como árbol de verdes ramas.

29. Quien trae en desorden su propia casa, no poseerá más que aire; y el necio habrá de servir al sabio.

30. El fruto del obrar del justo es como del árbol de la vida; y aquel que gana almas para Dios es hombre sabio.

31. Si el justo es castigado en la tierra por sus defectos, cuánto más lo será el impío y el pecador*.

---

31. *1 Pe 4*, 18.

12 *Comparación entre los sabios, que aman la corrección y los insensatos, que huyen de ella*

1. Quien ama la corrección, ama la ciencia; mas el que aborrece las reprensiones, es un insensato.

2. El hombre de bien alcanzará el favor del Señor; pero el que pone la confianza en sus propias ideas, obra como impío.

3. No logrará el hombre consistencia por medio de la impiedad; más la raíz de los justos permanecerá firme.

4. Corona de su marido es la mujer hacendosa; así como es carcoma de sus huesos la de malas costumbres.

5. Rectos y sinceros son los pensamientos de los justos; fraudulentos los consejos de los impíos.

6. Las palabras de los impíos son acechanzas puestas a la vida de los prójimos; mas a éstos los librará la boca de los justos.

7. Da un vuelco a los impíos, y no quedará rastro de ellos; pero la casa de los justos será permanente.

8. Por su doctrina se dará a conocer el hombre; pero el vano y sin cordura será objeto de desprecio.

9. Mas apreciable es un pobre que sabe ganarse su vida, que un fanfarrón que ni pan tiene que comer.

10. El justo mira hasta por la vida de sus bestias*; pero las entrañas de los impíos son crueles.

11. El que labra su tierra se saciará de pan; mas el que se entrega al ocio, es sumamente necio. El que pasa el tiempo saboreándose en el vino, deja estampada la infamia en su familia.

12. El deseo del impío es que se hagan fuertes los hombres peores; mas con todo, la raíz de los justos irá retoñando cada vez más.

13. Por los pecados de la lengua se acarrea el malo su ruina; pero el justo escapará de la angustia.

14. El hombre será colmado de bienes conforme fueren los frutos de su boca; y según las obras de sus manos será su galardón.

---

10. *Deut 22*, 6; *Lev 24*, 18-21.

15. Al necio se le figura acertado su proceder; pero el sabio toma los consejos de otro.

16. Muestra luego su ira el fatuo; pero el varón prudente disimula la injuria.

17. El que sólo afirma lo que sabe, ese es fiel testigo; mas el que miente, luego deja conocer que es un testigo fraudulento.

18. Hay quien hace inconsideradamente una promesa, y al instante, como herido de una espada, se ve estimulado de su conciencia; mas la lengua de los sabios acarrea la salud y bienestar.

19. La boca que habla verdad está siempre firme; pero el testigo inconsiderado zurce una jerga de mentiras.

20. Lleno está de engaño el corazón de los que maquinan el mal; pero los que se ocupan en designios de paz, se bañarán en gozo.

21. Ningún acontecimiento podrá contristar al justo; los impíos al contrario estarán llenos de pesadumbre.

22. Abomina el Señor los labios mentirosos; los que obran fielmente, ésos le son gratos.

23. El hombre cauto encubre lo que sabe; mas el corazón de los imprudentes descubre su necedad.

24. La mano de los fuertes dominará; pero la mano perezosa será tributaria.

25. Abate al hombre la melancolía del corazón; y con la buena conversación se alegrará.

26. El que por amor del amigo no repara en sufrir algún daño, es hombre justo; mas a los impíos el proceder contrario los dejará burlados.

27. No sacará ganancia el tramposo; al paso que el caudal del hombre de bien será oro precioso.

28. En la senda de la justicia está la vida; mas el camino extraviado conduce a la muerte.

13 *La prudencia en las palabras y en las obras. Las riquezas y el mal uso de ellas*

1. El hijo sabio atiende a la doctrina del padre; el perverso no hace caso de sus reprensiones.

2. El hombre justo se saciará de los bienes que son fruto de sus labios; mas el alma de los prevaricadores se saciará de iniquidad.

3. Quien guarda su boca guarda su alma; pero el inconsiderado en hablar sentirá los perjuicios.

4. El perezoso quiere y no quiere; mas las personas laboriosas se llenarán de bienes.

5. Detesta el justo la mentira o calumnia; mas el impío, que infama, será infamado.

6. La justicia protege los pasos del inocente; pero la impiedad suplanta al pecador.

7. Hay quien hace del rico, no teniendo nada, y quien parece pobre, teniendo mucha riqueza.

8. Con sus riquezas rescata el rico su propia vida; pero aquel que es pobre está exento de amenazas.

9. La luz o prosperidad de los justos causa sólida alegría; pero la lámpara de los impíos se apagará.

10. Entre los soberbios hay continuas reyertas; mas los que obran siempre con consejo, se gobiernan prudentemente.

11. Los bienes que se adquieren muy aprisa, luego se menoscaban; así como van en aumento los que se juntan poco a poco a fuerza de trabajo.

12. La esperanza que se dilata, aflige al alma; pero es como árbol de vida el buen deseo que se cumple.

13. Quien vitupera una cosa que manda la ley, se hace reo en adelante; pero quien respeta el precepto, vivirá en paz. Las almas taimadas andan perdidas de pecado en pecado; mas los justos son benignos, y ejercitan la misericordia.

14. La ley del sabio es una fuente de vida para evitar la ruina de la muerte.

15. La buena doctrina hará amable al hombre; pero aquellos que la desprecian hallan el precipicio en el camino que siguen.

16. El hombre cuerdo todo lo hace con consejo; mas el insensato descubre su necedad.

17. El enviado del impío caerá en mil desastres; pero el mensajero fiel acarreará la salud a los pueblos.

18. Miseria e ignominia experimentará el que huye la corrección; mas el que obedece a quien lo corrige será coronado de gloria.

19. El deseo, cuando se cumple, recrea el ánimo; detestan los necios a los que huyen del mal.

20. Quien anda con sabios, sabio será; el amigo de los necios se asemejará a ellos.

21. El mal persigue a los pecadores; pero los justos serán recompensados con bienes.

22. El hombre de bien deja por herederos a sus propios hijos y nietos; mas la hacienda del pecador está reservada para el justo.

23. En los barbechos que se heredan de los padres nacen abundantes frutos; pero por falta de juicio se recogen para otros.

24. Quien escasea el castigo, quiere mal a su hijo; mas quien lo ama, lo corrige continuamente.

25. Come el justo y satisface su apetito*; pero el vientre de los impíos no se saciará.

14 *Debemos regirnos por la ley de Dios y no por nuestras pasiones e instintos*

1. La mujer prudente edifica o realza su casa; la necia, aún la ya edificada, la destruirá con sus manos.

2. El que va por el camino derecho y teme a Dios, es despreciado por el que anda en malos pasos.

3. En la boca del insensato está la vara o el castigo de su soberbia; mas a los sabios le sirve de guarda la modestia de sus labios.

4. Donde faltan los bueyes para arar, están vacías las trojes y sin paja los pesebres; donde abundan las mieses, allí se ve claramente la fuerza y trabajo del buey.

5. No miente el testigo fiel; el testigo falso no profiere más que mentiras.

6. Busca el mofador la sabiduría, y no la encuentra; el hombre prudente se instruye fácilmente.

7. Toma tú un rumbo opuesto al que sigue el insensato; no conoce éste los dictámenes de la prudencia.

8. La sabiduría del varón prudente está en conocer bien su camino; la imprudencia de los insensatos anda descaminada.

9. El necio se burlará o jugará con el pecado; mas la gracia morará entre los justos.

10. El corazón de cada uno es el que siente la amargura de su alma; así como en sus placeres no tiene parte el extraño.

11. La casa de los impíos será arrasada; al contrario estará floreciente la morada de los justos.

12. Un camino hay que al hombre le parece camino real y derecho, y no obstante le conduce a la muerte.

13. Mezclada anda la risa con el llanto; el término del gozo es el dolor.

14. El necio saciará sus pasiones; mas el hombre virtuoso lo pasará mejor que él.

15. El hombre sencillo e inexperto cree cuanto le dicen; pero el hombre cauto mira donde asienta su pie. Al hijo doloso nada le saldrá bien; pero el siervo prudente será afortunado en todo, y caminará felizmente.

16. Teme el sabio y se desvía del mal; pero el insensato pasa adelante y se presume seguro.

17. El hombre impaciente obra como loco; y el solapado se hará odioso.

18. Los imprudentes tendrán por herencia la necedad; y los juiciosos la esperanza de la ciencia.

19. A los pies de los buenos yacerán algún día los malos, y los impíos ante las puertas de los justos.

20. El pobre es enojoso aún a sus mismos deudos; mas los ricos tienen muchos amigos.

21. Peca a quien a su prójimo menosprecia; pero el que del pobre se compadece será bienaventurado. Quien cree en el Señor, ama la misericordia.

22. Errados van los que obran el mal; la misericordia y la verdad son las que nos acarrean bienes.

23. De toda ocupación se saca provecho; pero del mucho hablar, sólo miseria.

24. Las riquezas le sirven a los sabios de corona de gloria; la sandez de los necios es imprudencia.

25. El testigo fiel salva la vida de los calumniados; el doloso profiere mentiras, y pierde a los hombres.

26. En el temor del Señor se haya la firme esperanza; en ella vivirán sus hijos.

27. El temor del Señor es una fuente de vida para librarse de la ruina de la muerte.

28. En la muchedumbre del pueblo está la gloria y poder de un rey; la escasez de gente es deshonor del príncipe.

29. Quien es sufrido, se gobierna con

25. *Quien tiene hambre y sed de justicia quedará saciado.* Mat 5, 6.

mucha prudencia; pero el impaciente pone de manifiesto su necedad.

30. El corazón sano da vida al cuerpo; mas la envidia es carcoma de los huesos.

31. Quien insulta al necesitado, insulta a su Creador, así como le honra quien se compadece del pobre.

32. Desechado de Dios será el impío por causa de su malicia, mas el justo aun en su muerte conserva la esperanza.

33. La sabiduría reside en el corazón del hombre prudente, y ella iluminará a todo ignorante.

34. La justicia es la que engrandece las naciones; pero el pecado hace desdichados los pueblos.

35. El ministro entendido se gana la voluntad del rey; mas el inepto incurrirá en su enojo.

15 *Preceptos para vivir en paz con nosotros y los demás. Comparación entre el bueno y el malo*

1. La respuesta suave y humilde quebranta la ira; las palabras duras exitan el furor.

2. La lengua de los sabios da lustre a la sabiduría; hierve en necedades la boca de los fatuos.

3. En todo lugar están los ojos del Señor contemplando a los buenos y a los malos.

4. La lengua pacífica es árbol de la vida; pero la desenfrenada quebrantará el corazón.

5. El necio se mofa de la amonestación de su padre; mas el que hace caso de la corrección, se hará más avisado. Donde abunda la justicia, se halla suma fortaleza; pero los designios de los impíos serán arrancados de cuajo.

6. La casa del justo está bien arraigada; pero en las ganancias del impío no hay más que inquietudes.

7. Los labios de los sabios difundirán la sabiduría; no así el corazón de los necios.

8. Detesta el Señor las víctimas de los impíos; lo aplacan los votos de los justos.

9. Abominable es al Señor el proceder del impío; es amado de él aquel que sigue la justicia.

10. El que abandona el camino de la vida le es ingrata la enseñanza; quien aborrece la corrección, perecerá.

11. El profundo infierno, y lugar de perdición están patentes al Señor: ¿Cuánto más los corazones de los hombres?

12. El hombre corrompido no ama al que le corrige, ni va en busca de los sabios.

13. El corazón contento hace rebosar la alegría en el semblante; con la tristeza del ánimo se abate el espíritu.

14. El corazón del sabio procura ser instruido; la boca de los necios se alimenta de sandeces.

15. Todos los días del pobre son trabajosos; mas la buena conciencia es como un banquete continuo.

16. Más vale poquito con temor de Dios, que grandes riquezas, las cuales nunca sacian.

17. Vale más ser convidados a comer unas verduras en la casa del que nos ama, que a comer un ternero cebado en la del que nos odia.

18. El hombre iracundo suscita riñas; el sufrido apacigua las que se han excitado.

19. A los perezosos les parece el camino un vallado de espinas; los justos no hayan en él embarazo alguno.

20. Es la alegría de su padre el hijo sabio; el necio vilipendia o afrenta a su propia madre.

21. El insensato halla placer en sus sandeces; mas el hombre prudente mide sus pasos.

22. Donde falta el consejo, se disipan los proyectos; pero donde hay muchos consejeros adquieren firmeza.

23. Se aficiona el hombre al dictamen que ya ha manifestado; mas aquella es óptima palabra, que es la más oportuna.

24. El varón instruido se dirige hacia lo alto por la senda de la vida, a fin de desviarse del abismo del infierno.

25. Derribará el Señor la casa de los soberbios, y mantendrá segura la heredad de la viuda.

26. Abominables son al Señor los malos pensamientos; las palabras castas y decentísimas son las que él aprueba.

27. El que se deja llevar de la avaricia, mete el desorden en su casa; el que aborrece los sobornos, vivirá feliz*. Mediante las obras

---

27. *Ex* 23, 8.

de misericordia y la viva fe se purgan los pecados; y por medio del Señor evitará todo hombre el mal.

28. El justo pone todo su estudio en la obediencia; mas la boca de los impíos rebosa sólo maldades.

29. Lejos está el Señor de oír a los impíos; pero serán oídas las oraciones de los justos.

30. Así como la luz de los ojos es la alegría del alma, así la buena reputación llena de jugo los huesos.

31. El que escucha las reprensiones saludables conversará entre los sabios.

32. Quien desecha la instrucción, menosprecia su propia alma; pero el que se somete a las correcciones se enseñorea de su corazón.

33. El temor del Señor enseña la sabiduría; y a la gloria ha de preceder la humildad.

16

Rectas son las disposiciones de Dios en el gobierno del mundo. Todo lo hace con sabiduría

1. Del hombre es preparar dentro de su alma el razonamiento; y del Señor el gobernar la lengua.

2. Todas las acciones del hombre están patentes a la humana vista; mas el Señor pesa los espíritus o juzga los interiores.

3. Dirige hacia el Señor tus obras; y tendrán buen éxito tus designios.

4. Todas las cosas las ha hecho el Señor para gloria de sí mismo, y también al impío, al cual reserva, para el día del aciago.

5. Es abominado del Señor todo arrogante; aunque parezca que nada hace, no es inocente. El principio o lo principal del buen camino consiste en practicar las obras de justicia*; la cual es más agradable a Dios que el inmolar víctimas.

6. Con la misericordia y la verdad se expía el pecado y con el temor del Señor se evita el mal.

7. Si fuere grato al Señor el proceder del hombre, aun a sus enemigos los reducirá a pedir la paz.

8. Vale más poco con justicia, que muchos bienes con injusticia.

9. El corazón del hombre forma sus designios; mas del Señor es el dirigir sus pasos.

10. Las palabras del rey son como unos oráculos; y no errará su boca al pronunciar el juicio.

11. Pesados están en fiel balanza los juicios del Señor; y todas sus obras son justas como las piedras que se llevan para servir de pesas.

12. Son abominables al rey los que obran injustamente; porque la justicia es el apoyo del trono.

13. Son gratos al rey los labios que hablan siempre lo justo; amado será quien habla lo recto.

14. La indignación del rey anuncio es de muerte; pero el varón sabio sabrá aplacarla.

15. El semblante alegre del rey da la vida; y su clemencia es como la lluvia tan deseada del otoño.

16. Procura adquirir la sabiduría, pues vale más que el oro; y poseer la prudencia, que es mejor que toda la plata.

17. La senda de los justos está apartada del mal; no se desvía de ella quien guarda su alma.

18. A la caída precede la soberbia, y antes de la ruina se remonta el espíritu.

19. Mejor es ser humillado con los mansos o modestos, que repartir despojos con los soberbios.

20. El inteligente en un negocio saldrá felizmente de él; mas es el que espera en el Señor, siempre será dichoso.

21. El que es sabio de corazón, será llamado prudente; y el que tiene dulzura en el hablar, conseguirá mayor fruto.

22. Fuente de vida es la sabiduría para quien la posee; la doctrina de los necios es la fatuidad.

23. El corazón del sabio amaestrará su lengua, y añadirá gracia a sus labios.

24. Son un panal de miel las palabras elegantes, dulzura del alma y vigor de los huesos.

25. Un camino hay que al hombre le parece recto; pero su paradero es la muerte.

26. El hombre que trabaja, para sí trabaja; que a esto lo fuerza su boca.

27. El hombre desalmado cava hasta desenterrar el mal, y de sus labios sale el fuego de la discordia*.

---

5. *Mat 12*, 7.

27. *Sant 3*, 6.

28. Suscita pleitos el hombre perverso; y el chismoso siembra la discordia entre los príncipes.

29. El hombre inicuo halaga a su amigo, y lo guía por malos caminos.

30. El que con ojos atónitos está maquinando maldades, mordiéndose los labios, de puro furor, ejecuta el mal.

31. Corona de gloria y de dignidad es la vejez del que ha seguido los caminos de la justicia.

32. Mejor es el varón sufrido que el valiente; y quien domina sus pasiones, que un conquistador de ciudades.

33. Se meten en el cántaro las suertes; pero el Señor es quien dispone de ellas.

17 *Efectos de la prudencia y la necedad, de la piedad y la impiedad*

1. Más vale un bocado de pan seco, con paz y alegría, que una casa en que hay pendencias, aunque esté llena de víctimas o viandas.

2. El siervo que tiene juicio será el que gobernará los hijos necios de su amo y repartirá entre los hermanos la herencia.

3. Como la plata se prueba en la fragua, y el oro en el crisol, así prueba el Señor los corazones con la tribulación.

4. El malvado se deja llevar de las sugestiones de lenguas inicuas, y el embustero da oídos o se atempera a los labios mentirosos.

5. Quien menosprecia al pobre, insulta a su Creador y el que se goza en la ruina de otro, no quedará impune.

6. Coronas son de los viejos los hijos de los hijos; y gloria de los hijos son las virtudes de sus padres.

7. No le está bien al necio el lenguaje sentencioso, ni al príncipe unos labios mentirosos.

8. Estimada es como perla la dádiva con ansia esperada; doquiera que el hombre ponga su mano, obrará con prudencia a fin de conseguirla.

9. Quien oculta las faltas ajenas, se concilia amistades; el que las cuenta y repite, desune a los que están unidos.

10. Más aprovecha una reprensión al prudente, que cien azotes al insensato.

11. El malvado anda siempre armando rebeliones; pero el ángel cruel será enviado contra él para castigarlo.

12. Mejor es encontrarse con una osa a quien robaron los hijos, que con un fatuo presumido en sus necesades.

13. Quien retorna mal por bien, jamás verá su casa libre de desgracias*.

14. El que comienza la pendencia, es como el que suelta el dique de las aguas; y si es prudente, que se retire de la querella antes de ser afrentado.

15. Quien absuelve al impío y quien condena al justo, ambos son igualmente abominables a Dios.

16. ¿Qué le aprovecha al necio tener riquezas, no pudiendo con ellas comprar la sabiduría? Quien levanta muy alta su casa busca su ruina; y el que rehusa aprender caerá en desdicha.

17. Quien es amigo verdadero lo es en todo tiempo; y el hermano se conoce en los trances apurados.

18. El hombre necio palmotea y hace gala de haber salido por fiador de su amigo.

19. Amigo es de discordias el que hace nacer pleitos. Busca la ruina quien alza demasiado su portada.

20. Quien es de corazón perverso, nunca lo pasará bien; y experimentará desastres aquel que es doble de lengua.

21. Nacido parece el necio para ignominia suya; ni aún el mismo padre hallará gozo en el hijo insensato.

22. El ánimo alegre mantiene la edad florida; deseca los huesos la tristeza de espíritu.

23. El impío recibe regalos ocultamente, para pervertir los trámites de la justicia.

24. En el rostro del varón prudente brilla la sabiduría; los ojos de los insensatos andan vagantes por los cabos de la tierra.

25. El hijo insensato es la indignación del padre, y la amargura de la madre que lo engendró.

26. Cosa mala es ofender al justo y dañar al príncipe o juez que hace justicia.

27. El varón sabio y prudente mide sus palabras; y el hombre entendido es de ánimo reservado.

28. Aun el ignorante, si calla, será reputado por sabio; y pasará por entendido si no despliega sus labios.

---

13. *Rom 12*, 17; *1 Pe 3*, 9.

18 *El amigo infiel. La confianza del justo y del rico. La verdadera prudencia*

1. El que anda buscando pretextos para separarse del amigo, será cubierto de oprobio en todo tiempo.

2. El insensato no recibe los avisos de la prudencia, si no se le habla al gusto de su corazón.

3. De nada hace ya caso el impío cuando ha caído en el abismo de los pecados; pero se cubre de ignominia y de oprobio.

4. Son como un agua profunda e inagotable, las palabras que salen de la boca del varón justo y sabio; y esta fuente de la sabiduría es un caudaloso torrente.

5. Cosa muy mala es tener miramientos a la persona del impío, para torcer la rectitud del juicio.

6. Se mezclan en la reyerta los labios del necio; y su boca provoca contiendas.

7. Al tonto la boca es lo que lo pierde; y sus labios son la ruina suya.

8. Las palabras del hombre doble o solapado parecen sencillas; mas ellas penetran hasta lo más íntimo de las entrañas. El temor abate al perezoso; y las almas de los afeminados hambrearán.

9. Quien es negligente en sus labores, hermano es del que disipa sus bienes.

10. Es el Nombre del Señor una torre fortísima; a él se acoge el varón justo, y será ensalzado.

11. El caudal es para el rico como una plaza fuerte, y como un muro firme que lo rodea.

12. Se enorgullece el corazón del hombre antes de ser abatido; y se humilla antes de ser glorificado.

13. Quien responde antes de oír, muestra ser un insensato y digno de confusión.

14. El espíritu o vigor del hombre sostiene su flaqueza; pero, ¿quién podrá aguantar un ánimo fácil de irritarse?

15. El corazón del varón prudente adquiere la ciencia; busca en la instrucción los oídos de los sabios.

16. Las dádivas le abren al hombre el camino para conseguir sus intentos, y le hacen lugar para presentarse a los príncipes.

17. El justo es el primero en acusarse a sí mismo, viene después su amigo y lo ayuda, y le pone al descubierto.

18. La suerte acaba las contiendas, y las decide aún entre los poderosos.

19. El hermano que recibe la ayuda de su hermano, es como una plaza fuerte; y los juicios rectos son como los cerrojos y las puertas de las ciudades.

20. El vientre del hombre se henchirá de los frutos de su boca; y se saciará del producto de sus labios.

21. La muerte y la vida están en poder de la lengua; los que tendrán cuenta de ella comerán de sus frutos.

22. Quien halla una mujer buena, ha hallado un gran bien, y recibió del Señor un manantial de alegría. Echa de su casa el bien quien repudia la mujer virtuosa; mas el que retiene la adúltera es un insensato e impío.

23. Habla el pobre suplicando; el rico responde ásperamente.

24. El hombre amable en su trato será más estimado que un hermano.

19 *La sabiduría es la maestra de la verdad, la mansedumbre y la paciencia*

1. Más apreciado es el pobre que procede con sencillez, que el rico de labios perversos e insensatos.

2. Donde no hay prudencia, que es la ciencia del alma, no hay nada bueno; y quien anda precipitado, tropezará.

3. La imprudencia del hombre es la que le empuja hacia el precipicio; y en su corazón se irrita contra Dios.

4. Las riquezas aumentan mucho el número de los amigos; pero del pobre se retiran aún los que tuvo.

5. No quedará impune el testigo falso; y no escapará del castigo quien habla la mentira.

6. Son siempre muchos los que hacen la corte al poderoso, y los que son amigos de quien distribuye dones.

7. Aborrecen al pobre sus mismos hermanos; y hasta los amigos se van alejando de él. Nunca tendrá nada quien sólo busca palabras.

8. Mas el varón cuerdo y sensato, ése

ama su alma; y quien conserva la prudencia, logrará abundancia de bienes.

9. El testigo falso no quedará sin castigo, y perecerá el que habla la mentira.

10. No corresponden al insensato las delicias; ni al siervo el mandar a los príncipes.

11. La doctrina del hombre se conoce por la paciencia, y su gloria es no hacer caso de las injurias.

12. Como el rugido del león, tal es la ira del rey; mas su rostro placentero es cual rocío que desciende sobre la hierba.

13. Dolor es del padre un hijo insensato; y la mujer rencillosa es como un tejado con continuas goteras.

14. Casa y riquezas se heredan de los padres; mas la mujer prudente la da sólo el Señor.

15. La pereza hace venir el sueño; y el alma negligente padecerá hambre.

16. Quien observa los mandamientos de Dios, guarda su vida; pero quien descuida de su obligación, corre peligro de muerte.

17. Quien se compadece del pobre, da prestado al Señor, y éste se lo pagará con sus ganancias.

18. Corrige a tu hijo, no pierdas las esperanzas; pero no llegue tu severidad hasta ocasionarle la muerte.

19. Quien es impaciente lo pasará mal; y si usa de violencias, añadirá nuevos males.

20. Escucha el consejo y recibe la corrección, para que seas sabio en tu edad postrera.

21. Muchos pensamientos se forjan en el corazón del hombre; pero la voluntad del Señor es siempre la que se cumple.

22. El hombre necesitado es compasivo; y así es mejor ser pobre que mentiroso.

23. El temor del Señor conduce a la vida, y el justo nadará en la abundancia, bien libre de todo mal.

24. Mete el perezoso su mano en el plato, sin querer tomarse el trabajo de llevarla hasta la boca.

25. Azotado el hombre impío o escandaloso, el necio será más cuerdo; mas si corrigieres al varón sabio, luego se aprovechará éste del aviso.

26. Infame es y desventurado aquel que da pesadumbres a su padre, y echa de sí, o de casa, a su madre.

27. No te canses, hijo mío, de escuchar las advertencias, ni quieras ignorar las máximas juiciosas.

28. Se mofa de la justicia el testigo falso; y la boca de los impíos se traga la iniquidad.

29. Pero aparejados están los terribles juicios de Dios para castigar a los burlones, y los mazos para machacar los cuerpos de los insensatos.

20

Huir de la embriaguez, evitar pleitos y la ociosidad son cosas que debe procurar el hombre

---

1. Lujuriosa cosa es el vino, y llena está de desorden la embriaguez; no será sabio quien a ella se entrega.

2. Como el rugido del león, así infunde terror la ira del rey; peca contra su propia vida quien lo irrita.

3. Es honor del hombre huir de contiendas; pero todos los necios se mezclan en los altercados.

4. No quiso arar el perezoso por miedo del frío; mendigará pues, en el verano, y no le darán nada.

5. Como las aguas profundas, así son los designios en el corazón de un hombre; mas el varón sabio los llegará a conocer.

6. Muchos son los hombres llamados misericordiosos; mas un hombre en todo fiel ¿quién lo hallará?

7. El justo que procede con sencillez, dejará después de sí hijos dichosos.

8. El rey sentado en el trono, donde administra justicia, con una sola mirada disipa toda maldad.

9. ¿Quién es el que decir pueda: mi corazón está limpio, puro soy de todo pecado*?

10. Un peso y medida para dar, y otro peso y medida para recibir, son dos cosas que Dios abomina.

11. De las inclinaciones del niño, se deduce si sus obras serán en adelante puras y rectas.

12. El oído que escucha, y el ojo que mira, obras son del Señor.

13. No seas amigo del sueño, para que no te veas oprimido en la indigencia; abre tus ojos, desvélate, y te sobrará pan.

---

9. *1 Re 8*, 46; *2 Cro 6*, 36; *1 Jn 1*, 8.

14. Esto es malo, esto no vale nada, dice todo comprador; y después de haberse llevado la cosa, entonces se gloria de la compra.

15. Es cosa apreciable el oro y la abundancia de pedrería; mas la alhaja preciosa es la boca del sabio.

16. Tómate el vestido de aquel que salió por fiador de un extraño, y llévate de su casa alguna prenda por la deuda del extranjero.

17. A primera vista grato es al hombre el pan de mentira; mas en hincado el diente, se llena la boca de arena, o de cascajo.

18. Se corroboran las empresas con los consejos; y las guerras se han de dirigir con la prudencia.

19. No te familiarices con el hombre que revela los secretos, y hace grandes ofertas.

20. A aquel que maldice a su padre o a su madre, apagársele ha la candela en medio de las tinieblas*.

21. El patrimonio adquirido desde el principio malamente y aprisa, al fin carecerá de bendición.

22. No digas: yo me vengaré*; sino espera en el Señor, y él te librará.

23. Abominable son al Señor las pesas falsas; malísima cosa es la balanza infiel.

24. El Señor es sólo quien dirige los pasos de los hombres; y ¿qué hombre hay que pueda por sí conocer el camino que debe llevar?

25. Es la ruina del hombre devorar los santos, o hurtar los bienes de los santos, y después ofrecer éstos para votos a Dios.

26. El rey sabio disipa a los impíos y levanta encima de ellos un arco triunfal.

27. El espíritu del hombre es una antorcha divina que penetra todos los secretos del corazón*.

28. La misericordia y la justicia aguardan al rey; y hace estable su trono la clemencia.

29. Es la gala de los mozos su fortaleza; y son las canas la dignidad de los ancianos.

30. Se purgan los males por las heridas, y con incisiones que penetren hasta las entrañas.

---

20. *Ex 21*, 17; *Lev 20*, 9; *Mat 15*, 4.
22. *Rom 12*, 17; *1 Tes 5*, 15; *1 Pe 3*, 9.
27. *1 Cor 2*, 11.

21 *Dios es el que gobierna y dispone todo; y el hombre que se entrega a él será dichoso*

1. El corazón del rey está en la mano de Dios, como el agua que se reparte desde un depósito; él inclinará hacia cualquier parte que quisiere.

2. Le parecen rectos al hombre todos sus procederes; pero el Señor examina los corazones.

3. El ejercitar la misericordia y la justicia, place más al Señor que las víctimas.

4. La altanería de los ojos, es efecto de la hinchazón del corazón; el esplendor de los impíos es el fruto del pecado.

5. Los pensamientos del hombre activo y diligente siempre traen la abundancia; pero todos los perezosos viven siempre en miseria.

6. Quien adquiere tesoros a fuerza de mentir con su lengua, es un tonto e insensato, y caerá en los lazos de la muerte.

7. Las rapiñas de los impíos serán su ruina, por no haber querido obrar según justicia.

8. El proceder del hombre perverso es desordenado; mas si el hombre es puro o recto, es también recto su proceder.

9. Mejor es vivir al descubierto en un rincón del desván, que dentro de la misma casa con una mujer rencillosa.

10. Desea el mal el alma del impío; no tendrá compasión de su prójimo.

11. Castigado el escandaloso, el párvulo o simple se hará más avisado; y si se arrimare al sabio, aprenderá la ciencia.

12. Se pone el justo a discurrir acerca de la casa del impío, para ver cómo podrá retraer del mal a los pecadores. Quien cierra sus oídos al clamor del pobre, clamará también y no será oído.

14. La dádiva secreta calma los enojos; y el don, metido oportunamente en el seno de otro, aplaca la mayor cólera.

15. Halla su gozo el justo en practicar la virtud; pero los que obran la iniquidad, están en continuo susto.

16. El hombre que se desviare del camino de la doctrina, irá a morar con los gigantes o condenados.

17. Quien gusta de dar banquetes, parará

en mendigo; no será jamás rico el aficionado al vino y a los manjares regalados.

18. El impío es entregado en expiación del justo; y el hombre perverso, en lugar de los buenos*.

19. Mas vale morar en un desierto, que con una mujer rencillosa y colérica.

20. Hay en la casa del justo un tesoro inestimable; pero el hombre sin juicio lo disipará todo.

21. El que ejercita la justicia y la misericordia, hallará vida, justicia y gloria.

22. Muchas veces el varón sabio se ha hecho dueño de una ciudad llena de guerreros, y ha destruido las fuerzas en que ella confiaba.

23. Guarda de angustias su alma el que guarda su boca y lengua.

24. El soberbio y presumido es verdaderamente tonto; pues arrebatado de la cólera comete mil desatinos e insolencias.

25. Los deseos consumen al perezoso, pues sus manos no quieren trabajar poco ni mucho.

26. Todo el día se le va en apetitos y antojos; el justo sin embargo da a los otros, y no está nunca sin obrar.

27. Abominables son las víctimas de los impíos, pues son frutos de iniquidad.

28. El testigo falso perecerá; el hombre obediente a la ley cantará la victoria sobre su calumniador.

29. El impío descarado no desiste jamás de su intento; pero el hombre de bien corrige sus extravíos.

30. Contra el Señor no hay sabiduría, no hay prudencia, no hay consejo que valga.

31. Se aparejan los caballos para el día de la batalla; mas quien da la victoria es el Señor.

22 *El buen nombre y el modo de tratar al prójimo. La caridad y confianza en Dios*

1. Vale más el buen nombre que muchas riquezas. La buena reputación es más estimable que el oro y la plata.

2. Se encontrarán y se necesitarán mutuamente el rico y el pobre; a ambos los ha creado el Señor.

3. El varón prudente vio venir el mal, y se precavió; el simple o incauto tiró adelante, y tuvo que padecer.

4. El fruto de la humildad es el temor de Dios; las riquezas, la gloria y la vida.

5. Armas y espadas hay en el camino del hombre perverso; mas el que guarda su alma se alejará de ellas.

6. Dice el proverbio: La senda por la cual comenzó el joven a andar desde el principio, esa misma seguirá también cuando viejo.

7. El rico manda al pobre; y quien toma prestado se hace siervo de aquel que le presta.

8. Males o desastres segará quien siembra maldades; y será destrozado con la misma vara de su furor.

9. Quien es compasivo, será bendito; porque ha partido su pan por los pobres. Quien es dadivoso conseguirá victorias y honores, pues arrebata el corazón de los que reciben.

10. Echa fuera al mofador impío, que con él saldrán las discordias, y cesarán los pleitos y chismes.

11. Quien ama la candidez de corazón, gozará la amistad del rey por causa de su hablar dulce y agradable.

12. Los ojos del Señor están custodiando a los sabios; mas los discursos de los malos van todos por el suelo.

13. Dice el perezoso: fuera hay un león, y si salgo seré muerto en medio de la calle.

14. La boca de la adúltera, cuando halaga, es una profunda fosa, en la cual caerá aquel que tiene merecida la ira del Señor.

15. Pegada está la necedad al corazón del muchacho; mas la vara del castigo la arrojará fuera.

16. Quien oprime al pobre a trueque de acrecentar sus riquezas, tendrá que cederlas a otro más rico, y vendrá a quedar miserable.

17. Presta atento oído, y escucha las palabras de los sabios; aplica tu corazón a mis instrucciones;

18. las cuales te serán dulces y amables depositándolas en tu pecho, de donde rebosarán por tus labios.

19. Y pon en el Señor tu confianza; porque para eso te las he hoy enseñado.

20. Ya ves que de tres maneras, te dejo expuesta mi doctrina, con muchas reflexiones y sentencias;

21. para hacerte conocer su certidum-

18. *Jos 7*, 20; *Is 43*, 3; *Sal 79* (*78*), 6.

bre, y las razones verdaderas conque puedas responder a los que te han enviado.

22. No uses de prepotencia con el pobre, por lo mismo que es pobre; ni atropelles en juicio al deudor que nada tiene:

23. porque el Señor le hará justicia, y traspasará a los que traspasaron el alma de aquel pobre.

24. No tengas amistad con el hombre iracundo, ni te acompañes con el furioso,

25. no sea que imites sus procederes, y des a tu alma ocasión de ruina.

26. No te asocies con aquellos que imprudentemente contraen obligaciones alargando su mano, ofreciéndose por fiadores de deudas.

27. Porque si no tienes con qué pagar, ¿a qué fin exponerte a que te lleven la cubierta de tu cama?

28. No traspases los términos antiguos que pusieron tus padres.

29. ¿Viste algún hombre puntual y expedito en sus negocios? Ese tendrá cabida con los reyes, y no quedará entre la plebe.

23

La moderación que debe observarse en la mesa. Educación de los hijos. Templanza, y perseverancia

1. Cuando te sentares a comer con un príncipe, repara con atención lo que te ponen delante.

2. Y si es que dominas tu apetito, aplica el cuchillo como para tapar tu garganta.

3. No apetezcas sus exquisitas viandas, pues son un manjar engañoso.

4. No te afanes por enriquecerte, antes bien pon coto a tu industria.

5. No pongas tus ojos en las riquezas que no puedes adquirir; porque ellas tomarán alas como de águila, y se irán volando por el aire.

6. No vayas a comer con el hombre envidioso, ni desees su mesa;

7. puesto que, a manera de adivino y astrólogo, está calculando de antemano lo que aún no sabe que le gastarás. Come y bebe, te dirá él; mas su corazón no está contigo.

8. Vomitarás cuanto comiste, y habrás desperdiciado tu amena conversación.

9. No te metas a discurrir en presencia de los necios; porque despreciarán tus juiciosos razonamientos.

10. No cambies los linderos de los menores de edad, ni te metas en la herencia de los huérfanos;

11. porque es su curador el Todopoderoso, y defenderá contra ti la causa de ellos.

12. Que se aplique tu corazón a la doctrina, y tus oídos a las máximas de sabiduría.

13. No escasees la corrección al muchacho, pues aunque le des algún castigo, no morirá.

14. Aplícale la vara del castigo, y librarás su alma del infierno.

15. Hijo mío, si tu alma poseyere la sabiduría, mi corazón se regocijará con el tuyo;

16. y saltarán de júbilo mis entrañas cuando proferirán tus labios razonamientos rectos.

17. No envidie tu corazón a los pecadores; sino mantente siempre firme en el temor del Señor,

18. con lo que al fin lograrás cuanto esperas; no quedarán burladas tus esperanzas.

19. Escucha, ¡oh hijo mío!, y serás sabio, y enderezarás tu corazón por el camino recto.

20. No asistas a los convites de los borrachos, ni a las comilonas de aquellos que contribuyen para los banquetes;

21. porque con la frecuencia de beber y de pagar vendrán a arruinarse, y su soñolienta desidia los reducirá a ser unos andrajosos.

22. Escucha a tu padre que te dio la vida, y no desprecies a tu madre cuando se hallare en la vejez.

23. Procura adquirir a toda costa la verdad, y nunca te desprendas de la sabiduría, de la doctrina, ni de la inteligencia.

24. Salta de júbilo el padre del justo; quien engendró un hijo sabio, hallará en él su consuelo.

25. Tengan este gozo tu padre y tu madre, y salte de placer la que te vio nacer.

26. Dame, ¡oh hijo mío!, tu corazón, y fija tus ojos en mis santos caminos;

27. visto que la ramera es una sima profunda, y un estrecho pozo la adúltera.

28. Ella acecha en el camino, como un salteador; y a cuantos incautos pasan, les quita la vida.

29. ¿Para quién son los ayes?; ¿para qué padre son las desdichas?; ¿contra quién serán las riñas?; ¿para quién los precipicios?; ¿para quién las heridas sin motivo alguno?; ¿quién trae los ojos encendidos?

30. ¿No son éstos los dados al vino, y los que hallan sus delicias en apurar copas?

31. ¡Ah!, no mires al vino cuando se pone rojo, cuando resalta su color en el vidrio; él entra suavemente.

32. Mas a la postre muerde como culebra, y esparce veneno como el áspid.

33. Se irán después tus ojos tras la mujer de otro, y prorrumpirá tu corazón en palabras perversas e indecentes.

34. Y vendrás a ser como el que está dormido en medio del borrascoso mar, y como el piloto soñoliento que ha perdido el timón;

35. y al cabo dirás: Me han azotado, pero no me han dolido los azotes; me arrastraron, mas yo nada he sentido: ¿cuándo quedaré despejado para volver a beber?

---

24 *Gloria, prosperidad y prudencia del varón sabio. Socorro de los oprimidos y la ociosidad*

---

1. No envidies a los hombres malos, ni desees estar en su compañía;

2. porque su ánimo está meditando robos, y hablando siempre embustes sus labios.

3. Con la sabiduría se edificará la casa, y se consolidará con la prudencia.

4. Por medio de la ciencia se henchirán las recámaras de toda suerte de bienes y preciosidades.

5. El varón sabio está lleno de fortaleza de espíritu, y es esforzado y vigoroso el ánimo del que tiene ciencia.

6. Puesto que la guerra se dirige con el buen orden y disciplina; y donde hay muchos y sabios consejeros allí habrá prosperidad.

7. Ardua cosa es para el insensato la sabiduría; no abrirá él su boca en público o en los tribunales.

8. Insensato será quien se propone el hacer mal.

9. Peca el necio hasta en lo que piensa; abominado es de los hombres todo hombre insolente.

10. Si en tiempo de la adversidad desmayares, perdiendo la esperanza, descaecerá tu fuerza.

11. Procura salvar a los justos que son condenados a muerte, y haz lo posible por librar a los inocentes que van a ser arrastrados al suplicio.

12. Si dijeres: no alcanza a ello mis fuerzas, sábete que aquel que ve los corazones, lo conoce bien; y nada se le pasa por alto al salvador de tu alma, el cual ha de remunerar al hombre según sus obras.

13. Come, hijo mío, la miel, que es cosa buena; gusta el panal, pues será dulcísimo a tu paladar.

14. Tal será también para tu alma la doctrina de la sabiduría, con cuya adquisición tendrás esperanza en los últimos días, y esperanza que no será frustrada.

15. No andes acechando ni buscando delitos en casa del justo, no perturbes su reposo;

16. porque siete veces caerá el justo, y siempre volverá a levantarse; al contrario, los impíos se despeñarán más y más en el mal.

17. No te alegres de la caída de tu enemigo, ni se regocige tu corazón en su ruina,

18. para que el Señor, que lo está viendo, no se ofenda, y aparte de él y traslade a ti su enojo.

19. No porfíes con los malvados; ni tengas envidia de los impíos;

20. porque los malos no tienen esperanza alguna para lo venidero; y la lámpara o el esplendor de los impíos se apagará.

21. Teme, hijo mío, al Señor y al rey; y no te acompañes con los insolentes o revoltosos;

22. porque de repente se desplomará sobre ellos la perdición. ¿Y quién sabe los suplicios que padecerán?

23. Digo también a los sabios: ¿Es cosa mala, cuando se juzga, tener miramientos a personas?

24. Aquellos jueces que dicen al malvado: Tú eres justo, serán malditos de los pueblos, y detestados de todas las tribus.

25. Al contrario los que le condenan, serán alabados y colmados de bendiciones.

26. El que responde arreglado a lo recto y justo, es como quien da al amigo un beso en los labios.

27. Arregla tus labores de afuera, o la labranza, y cultiva con esmero tu campo, para poder después formar tu casa.

28. No seas, sin motivo, testigo contra tu prójimo; ni adules a nadie con tu hablar.

29. Tampoco digas: como él me trató a mí, así le trataré yo a él; pagaré a cada uno según sus obras.

30. Pasé un día por el campo de un perezoso y por la viña de un tonto;

31. y vi que todo estaba lleno de ortigas, y la superficie cubierta de espinas, y arruinada la cerca de piedras.

32. A vista de esto, entré dentro de mí, y con este ejemplo aprendí a gobernarme.

33. Duerme poco, dije, no bosteces mucho, estate poco tiempo parado con las manos cruzadas;

34. porque te alcanzará de repente, como una posta, la indigencia; y la mendinguez como un salteador armado.

25 *Los reyes y los vasallos. Se ha de hacer bien aun a nuestros enemigos*

1. También son de Salomón estas parábolas siguientes, que copiaron los varones encargados de Ezequías, rey de Judá.

2. Gloria es de Dios cubrir con un velo su divina palabra; y gloria es de los reyes el investigar el sentido de ella.

3. Como la altura del cielo, y la profundidad de la tierra, así es de difícil de penetrar el corazón de los reyes.

4. Quita la escoria a la plata y saldrá purísima la alhaja;

5. quita los impíos de la presencia del rey, y se afirmará su trono sobre la justicia.

6. No hagas del grande delante del rey, ni te asientes en el lugar de los magnates;

7. porque más vale que te digan: Sube más arriba, que no el que seas humillado en presencia del príncipe.

8. No corras luego a contar, con motivo de alguna riña, lo que han visto tus ojos en el prójimo, no sea que después de haber infamado a tu amigo, no puedas remediarlo.

9. Tus cosas trátalas con tu amigo, y no descubras tus secretos a un extraño;

10. No sea que éste después de haberlo sabido te insulte, y no cese de sonrojarte. El favor y la amistad libertan al hombre; procura conservar uno y otro para no caer en el desprecio.

11. Como manzanas de oro en lecho o canastillo de plata, así es la palabra dicha a su debido tiempo.

12. La reprensión dada al sabio y al hombre de dócil oído, es una joya de oro y perla reluciente.

13. Como la frescura de la nieve en tiempo de la siega, así el mensajero fiel refrigera el alma de aquel que lo envió.

14. Nubes de viento, que no traen lluvia, es el hombre fanfarrón que no cumple sus promesas.

15. Con la paciencia se aplacará el príncipe, y la lengua blanda quebrantará la dureza de un peñasco.

16. ¿Hallaste miel?; come lo que te baste, y no más; no sea que ahíto de ella tengas que vomitarla.

17. No frecuentes demasiado la casa de tu vecino, si no quieres que harto de ti te cobre aversión.

18. El hombre que atestigua falsamente contra su prójimo, es un martillo, un estoque, una aguda saeta.

19. El que confía en un hombre pérfido en el día de la tribulación, es como el que quiere valerse de un diente podrido o de una pierna rota,

20. o como el que pierde su capa cuando hace frío. El cantar letrillas a un corazón afligido o melancólico, es echar vinagre en el nitro, es atormentarle más. Como la polilla al vestido y la carcoma al madero, así la melancolía daña el corazón del hombre.

21. Si tu enemigo tiene hambre, dale de comer; si tiene sed, dale de beber;

22. que con eso amontonarás ascuas ardientes de caridad sobre su cabeza y el Señor te recompensará*.

23. El viento norte disipa las lluvias; y un semblante severo reprime la lengua murmuradora.

24. Mejor es habitar en un ángulo del terrado, que vivir en una misma casa con mujer rencillosa.

25. Es como agua fresca para el sediento una buena nueva que viene de lejos.

26. El justo que cae en pecado, viéndolo

---

22. *Mat 5*, 44; *Rom 12*, 20.

el impío, es una fuente enturbiada con los pies, y un manantial corrompido.

27. Como la miel daña a los que comen de ella en demasía, así el que se mete a escudriñar la majestad de Dios, será oprimido del peso de su gloria.

28. Como ciudad abierta y sin muros, tal es el hombre, que ofreciéndose a hablar, no puede reprimir su necia verbosidad.

26 *Contra los necios presumidos, los perezosos, los pleitistas y los falsos amigos*

1. Así como la nieve es inoportuna y nociva en el verano, y las lluvias durante la siega, así lo es la gloria en el necio.

2. La maldición pronunciada sin causa contra alguno, pasará sin detenerse por encima de él, como el ave que pasa volando a otro clima, y el pájaro que gira a su placer.

3. El látigo es para el caballo, el cabestro para el asno, y la vara para las costillas de los necios.

4. No respondas al necio, imitando su necedad en el hablar, para que no te hagas a él semejante.

5. Contéstale, sí, como su necedad se merece; a fin de que no se crea él que es un sabio.

6. Quien despacha para sus negocios un mensajero tonto, se corta los pies, y se bebe la pena de su pecado.

7. Así como en vano tiene un cojo hermosas piernas, así desdicen de la boca del necio las palabras sentenciosas.

8. El que honra y protege a un insensato, obra del mismo modo que quien amarra su piedra a la honda.

9. La parábola o sentencia en boca del necio, hace lo que un espino o zarza que clava al hombre borracho que lo maneja.

10. La sentencia del juez decide los pleitos; y quien impone silencio al necio, aplaca los enojos.

11. Como el perro que vuelve a lo que ha vomitado; así es el imprudente que repite o recae en su necedad.

12. ¿Has visto a un hombre que se precie de sabio? Pues más que de tal puede esperarse el acierto de un hombre que es y se reconoce ignorante.

13. El perezoso dice: Hay un león en el camino; está una leona en los desfiladeros, estaré quedo en casa.

14. Como la puerta se vuelve sobre su quicio, así se revuelve el perezoso en su cama.

15. Esconde la mano debajo de su sobaco el perezoso; siendo para él gran fatiga tener que llevarla a la boca.

16. Se imagina el perezoso ser más sabio que siete varones que no hablan sino sentencias.

17. El que yendo de paso se mezcla acalorado en riñas de otros, corre peligro que le suceda lo que a quien agarra por las orejas a un perro irritado.

18. Así como es reo quien por divertirse arroja saetas y dardos que matan a alguno,

19. así lo es el hombre que fraudulentamente hace daño a su amigo, y que cuando viene a ser descubierto da por excusa: yo lo hacía por chanza.

20. Como faltando la leña se extingue el fuego, así también apartado el chismoso, cesarán las contiendas.

21. Como la brasa enciende el carbón, y el fuego las astillas, así el hombre iracundo enciende las riñas.

22. Parecen sencillas o blandas las palabras del chismoso; mas ellas penetran hasta en lo más íntimo de las entrañas.

23. Los labios hinchados y coléricos acompañados de un corazón pésimo, son como plata muy tomada con que quisieras adornar una vasija de barro.

24. Por sus labios se da a conocer el enemigo cuando está maquinando engaños en su corazón.

25. Por más que te hable con tono sumiso, no hay que fiarte de él; porque entonces mismo no hay maldad que no abrigue en su pecho;

26. mas la malicia del que con fingidas apariencias oculta su odio, será descubierta algún día en pública asamblea*.

27. Quien abre una boya, caerá en ella; y la piedra caerá encima del que la remueve.

28. No gusta de la verdad la lengua embustera; y la boca aduladora es causa de ruina.

---

26. *Luc 12*, 2; *Sal 7*, 16.

27 *Máximas para la vida política y pastoril. Sobre el cuidado de las cosas domésticas*

1. No te jactes de cosa que has de hacer el día de mañana, pues no sabes lo que dará de sí el día siguiente.

2. La boca de otro, no la tuya, sea la que te alabe; el extraño, y no tus propios labios.

3. Pesada es la piedra y pesada es la arena; pero más pesada es todavía que estas cosas la ira del necio.

4. La ira y el furor exaltado no dejan lugar a la misericordia; pero el ímpetu de un hombre arrebatado de celos ¿quién podrá soportarlo?

5. Mejor es una corrección manifiesta, que el amor que no se muestra con obras.

6. Mejores son las heridas que vienen del amigo, que los besos fingidos del enemigo.

7. El que está bien comido, aun de la miel hace ascos; pero al hambriento le parece dulce aun lo amargo.

8. Así como peligra el pájaro que sale de su nido, así el hombre que abandona su lugar.

9. El perfume y los varios olores recrean el corazón; con los buenos consejos del amigo se baña el alma en dulzura.

10. No te deshagas de tu amigo, ni del amigo de tu padre; y cuando te vieres en aflicción, no vayas a la casa de tu hermano; pues más sirve el vecino que está cerca, que un hermano desviado.

11. Aplícate, hijo mío, a la sabiduría, y alegra mi corazón; para que puedas responder con acierto al que te vituperare.

12. Se retira el varón prudente al ver venir el mal; pero los incautos pasan adelante, y sufren el daño.

13. Coge el vestido de aquel que salió por fiador de un extraño; y sácale la prenda que ha dado por los forasteros.

14. El que con grandes voces se pone a alabar a su prójimo intempestivamente, es como si dijere mal de él.

15. Casa con goteras en tiempo de invierno y mujer rencillosa, son dos cosas que van a la par;

16. quien quiere contenerla a ésta, es como el que intentare detener al viento, o trabajare para estrechar el aceite dentro de su mano.

17. El hierro con hierro se aguza, y el hombre aguza el ingenio de su amigo.

18. Quien cuida de la higuera, comerá sus frutos; y el que cuida bien de su amo, será honrado.

19. Como en las aguas se representan los semblantes de los que se miran en ellas, así los corazones humanos son manifiestos a los prudentes.

20. El infierno y la muerte nunca dicen basta; así también son insaciables los ojos de los hombres.

21. Como en la hornaza se prueba la plata, y en el crisol el oro, así se prueba el hombre por la boca del que le alaba. Va en busca de males el corazón del inicuo; pero el buen corazón inquiere la ciencia.

22. Aun cuando majases al necio en un mortero, como se maja la cebada con el mazo, no desprenderías de él su necedad.

23. Ten exacto conocimiento de tus ovejas, y no pierdas de vista tus rebaños;

24. porque no siempre tendrás el poder o fuerza para hacerlo; pero recibirás por ello una corona eterna.

25. Tienes a tu disposición los prados; brotaron las verdes hierbas, y se recogió ya el heno de los montes.

26. Los corderos te darán el vestido, y los cabritos servirán para la paga del campo o dehesa.

27. Conténtate con la leche de tus cabras para tu alimento, y para la subsistencia de tu familia, y para mantener a tus criadas.

28 *La paz sincera, el honor verdadero y las riquezas estables. El justo y el impío*

1. Huye el impío sin que nadie lo persiga; mas el justo se mantiene a pie firme como el león, sin asustarse de nada.

2. Por los pecados de la tierra hay muchos príncipes en ella de corto reinado; pero será más larga la vida del príncipe, si es sabio, y adquiere la inteligencia de las cosas que aquí se enseñan.

3. El hombre pobre que oprime a otros pobres para hacerse poderoso, es semejante a un recio aguacero que acarrea la carestía.

4. Los que abandonan la ley de Dios, alaban al impío; pero los que la guardan se enardecen contra él.

5. Los malvados no se cuidan de lo que es justo; pero los que buscan al Señor, miran todas las cosas con atención.

6. Más apreciable es el pobre que procede con sencillez, que un rico que anda por caminos perversos.

7. El que guarda la ley, hijo sabio es; pero el que mantiene a glotones avergüenza a su padre.

8. Quien amontona riquezas con usuras e intereses injustos, las allega para el que ha de ser liberal con los pobres.

9. Quien cierra sus oídos para no escuchar la ley, execrada será de Dios su oración.

10. Aquel que seduce a los justos guiándolos por el mal camino, caerá en el mismo precipicio, y los inocentes poseerán sus bienes.

11. Se tiene por sabio el hombre rico; pero el pobre dotado de prudencia sabrá quitarle la máscara.

12. En la exaltación o prosperidad de los justos está la mayor gloria de los estados; el reinado de los impíos es la ruina de los hombres.

13. Quien encubre sus pecados no podrá ser dirigido; mas el que los confesare y se arrepintiere de ellos, alcanzará misericordia.

14. Bienaventurado el hombre que está siempre temeroso de ofender a Dios*; pero el de corazón duro y descuidado se precipitará en la maldad.

15. León rugiente y oso hambriento, es un príncipe impío que reina sobre un pueblo pobre.

16. Oprimirá a muchos con vejaciones el príncipe falto de prudencia; y así perecerá luego; mas el que aborrece la avaricia vivirá largos días.

17. Al hombre que, valiéndose de calumnias, derrama la sangre de una persona, aunque huyendo llegare hasta el borde de un abismo, nadie acudirá a detenerlo.

18. Quien procede con sencillez, será salvo; el que anda por caminos torcidos, al fin caerá.

19. El que labra su tierra, tendrá pan de sobra; pero el que ama la ociosidad, estará lleno de miseria.

20. El hombre de un proceder leal será muy alabado; mas quien se afana demasiado por enriquecerse, no estará exento de culpa.

21. Obra muy mal quien, cuando juzga, hace distinción de personas; éste por sólo un bocado de pan venderá la justicia.

22. El hombre que tiene afán por enriquecerse y envidia a los otros, no se hace cargo de que le sobrevendrá de repente la pobreza.

23. Quien corrige a una persona será al fin más grato a ella que otro que la engaña con palabras lisonjeras.

24. El que hurta algo a su padre, y a su madre, y dice no ser eso pecado, es semejante en el crimen al homicida.

25. Aquel que se jacta y se hincha de soberbia, excita contiendas; mas a quien espera en el Señor, todo le saldrá bien.

26. El que confía en su propio consejo, es un insensato; mas quien procede sabiamente, ése se salvará.

27. El que da al pobre, nunca estará necesitado; pero quien menosprecia al que pide rogando, padecerá indigencia.

28. Cuando los impíos alzaren cabeza, se esconderán los hombres de bien; mas cuando perecieren aquéllos, los justos se multiplicarán.

29

Avisos a los príncipes y vasallos, a los padres e hijos. Dios es el juez supremo

1. Al hombre de dura cerviz, que desprecia al que le corrige, le sorprenderá de repente su total ruina, y no tendrá remedio.

2. Cuando se multiplican los justos, se llena de gozo el pueblo; cuando los impíos toman las riendas del gobierno; el pueblo tendrá que gemir.

3. El hombre que ama la sabiduría, es el consuelo de su padre; mas aquel* que mantiene prostitutas, disipará su hacienda.

4. El rey justo hace felices sus estados; el hombre avariento los arruina vendiendo la justicia.

5. El que hablando con su amigo usa

---

14. *Job 9*, 28.

3. *Luc 15*, 13.

palabras halagüeñas y fingidas, le tiende una red a sus pies.

6. El hombre pecador e inicuo caerá en su mismo lazo; y el justo cantará himnos y se regocijará.

7. El varón justo se informa de la causa de los pobres; el impío de nada de esto se cuida.

8. Los hombres malvados son la ruina de la ciudad; mas los sabios la salvan del furor.

9. El varón sabio que disputare con el insensato, ora se enoje contra él, ora se ría, no logrará estar con sosiego.

10. Aborrecen al sencillo los hombres sanguinarios; mas los justos procuran salvarle la vida*.

11. El insensato habla luego cuanto en su pecho tiene; pero el que es sabio no se apresura, sino que reserva algunas cosas en adelante.

12. El príncipe que escucha con gusto las mentiras y chismes, no tendrá sino ministros perversos.

13. Se encontraron el pobre y su acreedor; a ambos alumbra el Señor Dios.

14. El rey que hace justicia a los pobres juzgando según la verdad, afianza su trono para siempre.

15. El castigo y la reprensión acarrean sabiduría; pero el muchacho abandonado a sus antojos, es la confusión de su madre.

16. Multiplicándose los impíos, se multiplicarán las maldades; más los justos serán la ruina de los inicuos.

17. Instruye o cría bien a tu hijo y será tu consuelo y las delicias de tu alma.

18. Faltando la profecía, será disipado el pueblo; pero bienaventurado será el que guardare la ley.

19. No bastan las solas palabras para corregir a un ánimo que sólo obra por temor, porque conoce bien lo que tú dices, mas no quiere darse por entendido.

20. ¿Has visto tú algún hombre que se precipita para hablar? Antes se puede esperar la enmienda del necio que del locuaz.

21. Quien cría en el regalo desde la niñez a su siervo, después lo experimentará ingrato.

22. Levanta quimeras el hombre colérico; y quien fácilmente se enoja estará más expuesto a pecar.

23. Sigue al soberbio la humillación*; mas el humilde de espíritu será glorificado.

24. Quien con un ladrón se asocia, a su propia alma aborrece; oye al que le toma juramento, y nada declara.

25. El que sólo al hombre teme, presto caerá; el que espera en el Señor será exaltado.

26. Buscan muchos el favor del príncipe; mas del Señor ha de venir el juicio o destino de cada uno.

27. Los justos abominan a los impíos, y los impíos abominan a los que siguen el buen camino. El hijo que observa esta doctrina seguro está de no perderse.

30

Se habla de cuatro vicios que tienen perturbado al mundo y que debemos evitar

---

1. Palabras o sentencias de aquel que congrega, hijo del afluente en sabiduría. Revelación que expuso un varón con quien está Dios, y el cual habiendo sido confortado por Dios que mora en él, habló de esta manera:

2. Yo soy el más ignorante de los hombres, ni tengo sabiduría humana.

3. No he aprendido la sabiduría, ni he entendido por mí mismo la ciencia de los santos.

4. ¿Quién ha subido al cielo y ha bajado de allá, para poder hablar sabiamente? ¿Quién sujetó el viento con sus manos? ¿Quién envolvió en densas nubes las aguas como en un envoltorio? ¿Quién ha dado esta habilidad a todas las partes de la tierra? ¿Cuál es el nombre de quien lo hizo?, ¿y qué nombre tiene su hijo? Dilo tú, si es que lo sabes.

5. Toda palabra de Dios está como acrisolada al fuego; es un escudo para los que en él confían.

6. No añadas una tilde a sus palabras*; de lo contrario serás contradecido y convencido de falsario.

7. Dos cosas te he pedido, ¡oh Señor!, no me las niegues en lo que me resta de vida:

---

10. *Sal 141* (*140*), 5.

23. *Job 22*, 29; *Luc 14*, 11.
6. *Deut 4*, 2; *12*, 32.

8. Aleja de mí la vanidad y las palabras mentirosas. No me des ni mendiguez ni riquezas; dame solamente lo necesario para vivir,

9. no sea que viéndome sobrado, me vea tentado a renegar de ti; y diga lleno de arrogancia: ¿Quién es el Señor? O bien que, acosado de la necesidad, me ponga a robar, y a perjurar el Nombre de mi Dios.

10. No acuses ligeramente al siervo ante su amo; no sea que se maldiga, y tú te pierdas.

11. Hay una casta de gente que maldice a su padre, y también a su madre, en vez de bendecirla.

12. Otra casta de gente que se tiene por pura, y por lo mismo no se ha lavado de sus manchas*.

13. Otra casta hay de gente que tiene siempre altivos sus ojos, y erguidos y levantados sus párpados.

14. Otra casta de hombres que tienen unos dientes como cuchillos, y despedazan con sus quijadas, y se tragan los desvalidos de la tierra, y los pobres de entre los hombres.

15. La sanguijuela de la concupiscencia tiene dos hijas, las cuales están diciendo siempre: Dame, dame. Tres cosas hay insaciables, o más bien cuatro, que jamás dicen ya basta:

16. El infierno, la matriz de la estéril, y la tierra que nunca se sacia de agua; además el fuego, el cual nunca dice: basta.

17. A quien hace mofa de su propio padre, y desprecia los dolores que al tenerlo padeció su madre, que le saquen los ojos los cuervos que viven a lo largo de los torrentes, y que se los coman los aguiluchos.

18. Tres cosas son difíciles de entender, o más bien cuatro; las cuales ignoro totalmente:

19. El rastro del águila en la atmósfera, el rastro de la culebra sobre la peña, el rastro de la nave en alta mar, y el proceder del hombre en la mocedad.

20. Tal es también el camino de la mujer adúltera; la cual después de haber comido, limpiándose la boca, dice con descaro: Yo no he cometido mal ninguno.

21. Por tres cosas se perturba la tierra, o más bien por cuatro; las cuales ella no puede sufrir:

22. por un esclavo que llega a reinar; por un tonto harto de comida;

23. por una mujer que se casa con el que la aborrece, y por la esclava que es heredera de su ama.

24. Cuatro cosas hay de las más pequeñas o ruines sobre la tierra; las cuales superan en saber a los sabios:

25. las hormigas, ese pueblo debilísimo, el cual al tiempo de las mieses se provee de víveres;

26. los conejos, tímidos animales que colocan su madriguera entre las peñas;

27. las langostas, que sin tener rey, se mueven todas ordenadas en escuadrones;

28. el estelión, que trepa con sus pies, y se aposenta en los mismos palacios de los reyes.

29. Tres cosas hay que andan con mucho garbo, o más bien cuatro; las cuales marchan con gran gallardía:

30. El león, que como el más fuerte de todos los animales, no teme el encuentro de nadie;

31. el gallo, que anda erguido; el carnero padre, que va al frente del rebaño; y el rey, con quien nadie puede medir sus fuerzas.

32. Hay quien pasaba por sabio, que descubrió ser un insensato, luego de elevado a un alto puesto; si hubiese tenido entendimiento no hubiera desplegado sus labios para pedir tal destino.

33. Quien exprime o bate fuertemente la ubre para sacar leche, hace salir de ella un jugo espeso; y quien se suena con vehemencia saca sangre; así aquel que provoca la cólera enciende discordias.

31

Consejos de la reina al rey su hijo. Retrato y elogio de la mujer fuerte

1. Palabras del rey Lamuel. Profecía o doctrina inspirada con que le instruyó su madre.

2. ¡Qué te diré yo, oh amado mío!; ¡qué te encomendaré, oh hijo de mis entrañas!; ¡qué, oh dulce objeto de todos mis deseos!

3. No entregues tu sustancia o bienes a las mujeres, ni emplees tus riquezas en lo que es la ruina de los reyes.

---

12. *Luc 18*, 9.

4. No quieras, ¡oh Lamuel!, no quieras dar vino a los reyes; porque no hay secreto seguro donde reina la embriaguez;

5. y para que no suceda que bien bebidos se olviden de administrar la justicia, y hagan traición a los hijos de la causa del pobre.

6. Dad la cerveza o los licores a los afligidos, y el vino a los que tienen el corazón lleno de amargura.

7. Beban éstos para echar en olvido su miseria y no acordarse más de su dolor.

8. Abre tu boca a favor del que es mudo, o no puede defenderse, y en defensa de todos los pasajeros.

9. Abre tu boca, decide lo que es justo, y haz justicia al desvalido y al pobre.

10. ¿Quién hallará una mujer fuerte? De mayor estima es que todas las preciosidades traídas de lejos y de los últimos términos del mundo.

11. En ella pone su confianza el corazón de su marido; el cual no tendrá necesidad de botín o despojos para vivir.

12. Ella le acarrea el bien todos los días de su vida, y nunca el mal.

13. Busca lana y lino, de que hace labores con la industria de sus manos.

14. Viene a ser como la nave de un comerciante que con la industria trae de lejos el sustento.

15. Se levanta antes que amanezca y distribuye las raciones a sus domésticos, y el alimento a sus criadas.

16. Puso la mira en unas tierras, y las compró; de lo que ganó con sus manos plantó una viña.

17. Se revistió de varonil fortaleza, y esforzó su brazo.

18. Probó, y echó de ver que su trabajo le fructifica; por tanto tendrá encendida la luz toda la noche.

19. Aplica sus manos a los quehaceres domésticos, aunque fatigosos, y sus dedos manejan el huso.

20. Abre su mano para socorrer al mendigo y extiende sus brazos para amparar al necesitado.

21. No temerá para los de su casa los fríos y las nieves; porque todos sus domésticos traen vestidos forrados.

22. Se labró ella misma para sí un vestido acolchado; de lino finísimo y de púrpura es de lo que se viste.

23. Su esposo hará un papel brillante en las puertas o asambleas públicas, sentado entre los senadores del país.

24. Ella teje finísimas telas, y las vende y entrega también ricos ceñidores, o fajas, a los negociantes cananeos.

25. La fortaleza y el decoro son sus atavíos; y estará alegre y risueña en los últimos días.

26. Abre su boca con sabios discursos, y la ley de la bondad o amor gobierna su lengua.

27. Vela sobre los procederes de su familia; y no come ociosa el pan.

28. Se levantaron sus hijos, y la aclamaron dichosísima; su marido también, y la alabó diciendo:

29. Muchas son las hijas o esposas que han allegado riquezas; mas a todas has tú aventajado.

30. Engañoso es el donaire, y vana a la hermosura; la mujer que teme al Señor; esa será la celebrada.

31. Dadle alabanza, para que goce del fruto de sus manos, y que se celebren sus obras en la pública asamblea de los jueces.

Eclesiastés (Qohélet)

Introducción

Los griegos llamaron a este libro de la Sagrada Biblia *Eclesiastés*, que significa *Predicador*. El título hebreo *Qohélet* indica el oficio de maestro, un sabio que basado en sus experiencias y reflexión personal comunica sus enseñanzas a una asamblea. Los antiguos comentaristas pensaron que se trataba de un discurso sobre la vanidad de las cosas terrenas y la excelencia de los bienes celestiales. Hoy comprendemos mejor su mensaje como un esfuerzo por darle sentido a la vida, aquejada por desilusiones y por el engaño del poder, el placer y los bienes materiales. Frente a la relatividad de las experiencias humanas, orienta la búsqueda hacia Dios y su ley, como el camino de la verdad y la sabiduría. Las diversas corrientes de filosofía existencialista y la trama incierta de las realidades de nuestro mundo hacen del *Eclesiastés* un escrito de actualidad. La atribución del libro a Salomón, llamado el Eclesiastés, hijo de David y rey de Jerusalén (*Ecles 1*, 1), es una ficción literaria. El lenguaje empleado es muy reciente y hoy se acepta que fue compuesto hacia el año 300 a.C.

Vanidad de vanidades, todo es vanidad es la expresión más característica del Eclesiastés y recorre todo el libro. Más que pesimismo, expresa sinceridad y valor para tomar distancia y establecer dominio sobre lo pasajero.

1

Vanidad de todas las cosas mundanas. Ninguna cosa es nueva de todas cuantas pasan debajo del sol

1. Palabras de Salomón, llamado el Eclesiastés, hijo de David, rey de Jerusalén.

2. Vanidad de vanidades, dijo el Eclesiastés; vanidad de vanidades, y todo lo de acá abajo no es más que vanidad.

3. ¿Qué saca el hombre de todo el trabajo con que se afana sobre la tierra o debajo de la capa del sol?

4. Pasa una generación, y le sucede otra; mas la tierra queda siempre estable.

5. Asimismo nace el sol y se pone, y vuelve a su lugar; y de allí renaciendo,

6. dirige su curso hacia el mediodía, y declina después hacia el norte; corre el viento soplando por toda la tierra, y vuelve a comenzar después sus giros.

7. Todos los ríos entran en el mar, y el mar no rebosa; van los ríos a desaguar en el mar, lugar de donde salieron, para volver a correr de nuevo.

8. Todas las cosas del mundo son difíciles: no puede el hombre comprenderlas ni explicarlas con palabras. Nunca se harta el ojo de mirar, ni el oído de oír cosas nuevas.

9. ¿Qué es lo que hasta aquí ha sido? Lo mismo que será. ¿Qué es lo que se ha hecho? Lo mismo que se ha de hacer.

10. Nada es nuevo en este mundo; ni puede nadie decir: He aquí una cosa nueva; porque ya existió en los siglos anteriores a nosotros.

11. No queda memoria de las cosas pasadas; mas tampoco de las que están por venir habrá memoria de aquellos que vendrán despùés a lo último.

12. Yo el Predicador fui constituido rey de Israel en Jerusalén;

13. y propuse en mi corazón inquirir e investigar curiosamente acerca de todas las cosas que suceden debajo del sol. Esta ocupación penosísima ha dado Dios a los hijos de los hombres, para que trabajen en ella.

14. Yo he visto todo cuanto se hace debajo del sol, y he hallado ser todo vanidad y aflicción del espíritu.

15. Las almas pervertidas con dificultad se corrigen; y es infinito el número de los necios.

16. Hice también dentro de mí mismo estas reflexiones: yo he llegado a ser grande o poderoso y he aventajado en sabiduría a todos los que florecieron antes de mí en Jerusalén; mi espíritu ha contemplado muchas cosas sabiamente, o con gran atención, y he aprendido mucho;

17. aplicado he igualmente mi corazón al conocimiento de la prudencia, y de la doctrina, y de los errores y desaciertos. Mas he visto que aun esto mismo era todo trabajo y aflicción de espíritu.

18. Puesto que la mucha sabiduría trae consigo muchas desazones; y quien acrecienta el saber, también acrecienta el trabajo.

2

Las delicias, riquezas y afanes de los hombres, todos son vanidad de vanidades

1. Entonces dije yo en mi corazón: Iré a bañarme en delicias, y a gozar de los bienes presentes. Mas luego eché de ver que también esto es vanidad.

2. Por tanto, a la risa la tuve por desvarío, y dije al gozo o placeres mundanos: ¡Cuán vanamente te engañas!

3. En seguida resolví en mi interior el negar a mi cuerpo el uso del vino y demás deleites, para dedicar mi ánimo a la sabiduría y evitar el error, hasta experimentar qué cosa sería la más útil a los hijos de los hombres; o en qué deben emplearse en este mundo en los pocos días que vivían en él.

4. Yo mandé hacer magníficas obras, me edifiqué casas de placer, y planté viñas.

5. Formé huertos y vergeles, y puse en ellos toda especie de árboles.

6. Construí estanques de aguas para regar el plantío de los árboles.

7. Poseí muchos esclavos y esclavas, y llegué a tener numerosa familia; así mismo ganados mayores y muchísimos rebaños de ovejas, más que los que habían tenido cuantos fueron antes de mí en Jerusalén.

8. Amontoné plata y oro, y los tesoros de los reyes y de las provincias que sujetó mi padre. Escogí para mi palacio cantores o músicos, y cantoras, y cuanto sirve de deleite a los hijos de los hombres; vasos y jarros preciosos para servir el vino en mi mesa.

9. Y sobrepujé en riquezas a todos los que vinieron antes de mí en Jerusalén. En medio de todo esto permaneció conmigo la sabiduría*.

10. En suma, nunca negué a mis ojos nada de cuanto desearon; ni vedé a mi corazón el que gozase de todo género de deleites, y se recrease en las cosas que tenía yo preparadas; antes bien juzgué ser esta mi suerte el disfrutar de mi trabajo o industria.

11. Mas volviendo la vista hacia todas las obras de mis manos, y considerando los trabajos en que tan inútilmente me había afanado, vi que todo era vanidad y aflicción de espíritu, y que nada hay estable en este mundo.

12. Pasé de aquí a contemplar la sabiduría, y los errores, y la necedad de los mortales; (pero, ¿quién es el hombre, dije, para poder seguir las obras del rey, su Creador?)

13. y eché de ver que tanto se aventaja la sabiduría a la necedad cuanto se diferencia la luz de las tinieblas.

14. Tiene el sabio los ojos en su frente; pero el necio anda a oscuras. Con todo observé que ambos vienen a morir igualmente.

15. Por lo que dije en mi corazón: Si yo he de morir lo mismo que el necio, ¿de qué me sirve haberme aplicado con mayor desvelo a la sabiduría? Y discurriendo para conmigo, inferí que aun esto por sí solo era vanidad.

16. Porque no ha de ser eterna la memoria del sabio, como no lo es la del necio; y los tiempos venideros sepultarán en el olvido todas las cosas, muriendo así el docto como el ignorante.

17. Por tanto he cobrado tedio a mi propia vida, viendo que debajo del sol no

9. Por sabiduría entiende además la experiencia en el gobierno y el poder.

hay más que males, y que todo es vanidad y aflicción de espíritu.

18. Detesté también toda aquella aplicación mía, con que en esta vida me había afanado con tanto empeño; habiendo de tener después de mí un heredero,

19. que ignoro si será prudente o tonto, el cual poseerá el fruto de mis trabajos, que tantos sudores y cuidados me costaron. ¿Y puede haber cosa más vana que ésta?

20. Por este motivo he dado de mano a todas estas cosas, y he resuelto en mi corazón no afanarme más por nada de este mundo,

21. visto que después de haber uno trabajado con sabiduría y doctrina, y desveládose, viene a dejar lo adquirido a un holgazán; cosa que ciertamente es una vanidad y mucha desdicha.

22. Porque ¿qué fruto saca el hombre de todos sus afanes y de la aflicción de ánimo con que se atormenta en este mundo?

23. Llenos están de dolor y de amargura todos sus días; ni aún por la noche goza de reposo su alma. ¿Y no es esto una suma de vanidad o miseria?

24. ¿No sería mejor comer y beber con sosiego, y regalarse con lo ganado a costa de sus fatigas? Pero este don viene de la mano de Dios.

25. ¿Quién podrá regalarse y abundar en delicias tanto como yo? Y con todo soy infeliz.

26. Dios, al hombre que le es grato, le da sabiduría, y ciencia, y contentamiento; mas al pecador le envía aflicción e inútiles cuidados de acumular y almacenar bienes para dejarlos a quien Dios quiera; lo que no menos es vanidad e inútil tormento de ánimo.

3 *Todas las cosas pasan con el tiempo y así debemos arrojarnos en los brazos de la providencia*

1. Todas las cosas tienen su tiempo, y todo lo que hay debajo del cielo pasa en el término que se le ha prescrito.

2. Hay tiempo de nacer y tiempo de morir; tiempo de plantar y tiempo de arrancar lo que se plantó.

3. Tiempo de dar muerte y tiempo de dar vida; tiempo de derribar y tiempo de edificar.

4. Tiempo de llorar y tiempo de reír; tiempo de luto y tiempo de gala.

5. Tiempo de esparcir piedras y tiempo de recogerlas; tiempo de abrazar y tiempo de alejarse de los abrazos.

6. Tiempo de ganar tiempo y tiempo de perder; tiempo de conservar y tiempo de arrojar.

7. Tiempo de rasgar y tiempo de coser; tiempo de callar y tiempo de hablar.

8. Tiempo de amor y tiempo de odio; tiempo de guerra y tiempo de paz.

9. Y al cabo, ¿qué fruto saca el hombre de su trabajo?

10. He visto la pena que ha dado Dios a los hijos de los hombres para su tormento.

11. Todas las cosas que hizo Dios son buenas, usadas a su tiempo; y el Señor entregó al mundo a las vanas disputas de los hombres; de suerte que ninguno de ellos puede entender perfectamente las obras que Dios creó desde el principio hasta el fin.

12. Y así que he conocido que lo mejor de todo es estar alegre, y hacer buenas obras mientras vivimos.

13. Porque cualquier hombre que come y bebe, gozando del fruto de sus fatigas, de Dios recibe este don.

14. He visto que todas las cosas que ha creado Dios, duran perpetuamente; ni podemos añadir ni quitar nada de lo que Dios hizo para ser temido y adorado.

15. Lo que fue hecho, eso mismo permanece; lo que ha de ser ya fue, porque Dios renueva lo que pasó.

16. He visto debajo del sol, o en este mundo, la impiedad en el lugar del juicio, y la iniquidad en el puesto de la justicia;

17. y he dicho luego en mi corazón: Dios ha de juzgar algún día al justo y al impío; y entonces será el tiempo de ordenar todas las cosas.

18. Dije también en mi corazón acerca de los hijos de los hombres, que Dios los probaba y humillaba su orgullo, con hacer ver que son parecidos a las bestias.

19. Porque muere el hombre a semejanza de las bestias, y en tener que morir son ambos de igual condición; pues como el hombre muere, así mueren ellas; todos respiran de la misma manera; y el hombre, después del pecado, no tiene ninguna exención sobre las bestias; todo está sujeto a la vanidad del sepulcro,

20. y todo va a parar a un mismo lugar; de la tierra fueron hechas todas estas cosas, y en tierra igualmente o polvo vuelven a parar.

21. ¿Quién ha visto si el alma de los hijos de Adán sube hacia las alturas, y si el alma de los brutos cae hacia las profundidades?

22. Entiendo, pues, que no hay cosa mejor para el hombre que atender con alegría a sus ocupaciones, y que ésta es su suerte mientras vive. Porque ¿quién podrá ponerlo en estado de conocer lo que ha de acontecer después de sus días?

4 *Disgusto al ver la opresión de los inocentes, la envidia, avaricia e inconstancia de los afectos humanos*

1. Volví todavía mi atención a otras cosas, y vi los actos de opresión que se cometen debajo del sol y las lágrimas de los inocentes, sin haber nadie que los consuele; y la imposibilidad en que se hallan de resistir a la violencia, estando como están destituidos de todo socorro.

2. Por lo que preferí el estado de los muertos al de los vivos;

3. y juzgué más feliz que unos y otros al hombre que todavía está por nacer, ni ha visto los males que se hacen debajo del sol.

4. Pasé también a contemplar todas las obras o destinos de los hombres; y advertí que sus habilidades están expuestas a la envidia del prójimo, y que así aun en esto hay vanidad y cuidados inútiles.

5. Por otro extremo, el necio está con las manos cruzadas y se consume a sí mismo, diciendo:

6. Más vale un puñadito de bienes con descanso que las dos manos llenas con trabajo y aflicción de espíritu.

7. Reflexionando hallé aún otra vanidad debajo del sol:

8. Un hombre solo que no tiene heredero, ni hijo ni hermano; y sin embargo no cesa de afanarse, ni se hartan de bienes sus ojos; ni le ocurre el preguntarse a sí mismo: ¿Yo para quién trabajo? ¿Y por qué me privo del uso de estos bienes? Vanidad es ésta también y aflicción grandísima del ánimo.

9. Mejor, es pues, vivir dos juntos que uno solo; porque es ventajoso el estar en compañía.

10. Si uno va a caer, el otro lo sostiene. Pero ¡ay del hombre que está solo!, pues si cae no tiene quién lo levante.

11. Si duermen dos juntos, se calentarán mutuamente y defenderán del frío; uno solo, ¿cómo se calentará?

12. Y si alguien acometiere contra uno de los dos, ambos le resisten y rechazan. Una cuerda de tres dobleces difícilmente se rompe.

13. Vale más un joven, aunque pobre, si es sabio, que un rey viejo y tonto, que no sabe dar providencia en adelante.

14. Porque algunas veces de la cárcel y de entre cadenas sale uno para reinar; y otro nacido en el trono acaba en miseria.

15. He visto yo a todos los hombres que viven debajo del sol acompañar al joven príncipe que ha de suceder al padre.

16. Infinito es el número de la gente que lo precedió, y llenó de aplausos; mas los que vendrán después, ya no estarán contentos con él. Conque también esto es vanidad y aflicción de espíritu.

17. Considera la santidad del lugar en que pones tus pies cuando entras en la Casa de Dios; y acércate con ánimo de obedecerle. Porque mucho mejor es la obediencia de los humildes que los sacrificios de los insensatos y obstinados pecadores; los cuales no saben ellos cuánto mal hacen.

5 *Se debe cumplir el voto hecho, acatar la divina providencia y huir de la avaricia*

1. No hables nada inconsideradamente, ni sea ligero tu corazón en proferir palabras indiscretas delante de Dios, porque Dios es el Señor que está en los cielos, y tú un vil gusano sobre la tierra. Sean, pues, pocas y muy medidas tus palabras.

2. A los muchos cuidados se siguen sueños molestos, y en el mucho hablar no faltarán sandeces.

3. Si hiciste algún voto a Dios, no tardes en cumplirlo; pues le desagrada la promesa infiel y la imprudente. Por tanto cumple todo lo que hubieres prometido.

---

11. Metáfora a favor de la vida social.

4. Porque mucho mejor es no hacer votos que hacerlos y no cumplirlos.

5. No sea tu lengua ocasión de que peque tu cuerpo. No digas en presencia del ángel*: No hay providencia; no sea que Dios, irritado contra tus palabras, destruya todas las obras de tus manos.

6. Donde los sueños son muchos, son muchísimas las vanidades, y sin fin las palabras; pero tú teme a Dios.

7. Si vieres la opresión de los pobres, la violencia que reina en los juicios y el trastorno de la justicia en una provincia, no hay que turbarte por este desorden; pues aquel que está en alto puesto, tiene otro sobre sí, y sobre éstos aun hay otros más elevados,

8. y hay, en fin, sobre todos un soberano, a quien toda la tierra sirve reverente.

9. El avariento jamás se saciará de dinero, y quien ama ciegamente las riquezas ningún fruto sacará de ellas. Luego también es esto vanidad.

10. Donde hay muchos bienes, hay también muchos que lo consumen. ¿Qué provecho, pues, saca el poseedor sino el estar mirando con sus ojos los tesoros que tiene?

11. Dulcemente duerme el trabajador, ora sea poco, ora sea mucho lo que ha comido, pero está el rico tan repleto de manjares que no puede dormir.

12. Hay todavía otra dolorosísima miseria que he visto debajo del sol: las riquezas atesoradas para ruina de su dueño;

13. pues las ve desaparecer con terrible aflicción suya. El hijo que él engendró se verá reducido a la mayor miseria;

14. y él mismo, así como salió desnudo del vientre de su madre, así saldrá de esta vida, sin llevar consigo nada de lo adquirido con su trabajo*.

15. Verdaderamente que es ésta una desdicha bien lamentable; como vino al mundo, así se volverá; ¿qué le aprovecha haberse afanado en balde?

16. Todos los días de su vida ha comido a oscuras, y en medio de muchos cuidados con mezquindad y melancolía.

17. Por tanto yo tengo por una cosa bien hecha el que el hombre coma y beba sobriamente, y disfrute con alegría del fruto de las fatigas que ha de soportar en este mundo durante los días de vida que Dios le conceda; y ésta es la suerte que le pertenece.

18. Y cuando concede Dios a un hombre conveniencias y hacienda, dándole al mismo tiempo facultad para gozar de ellas, y disfrutar de la parte que le ha tocado, y alegrarse con el fruto de su trabajo, es esto un don de Dios.

19. Los días de su vida se le pasarán casi sin sentirlo, porque Dios le llenará el corazón de delicias.

---

6 *Infelicidad del hombre avariento. Uso que se debe hacer de los bienes de fortuna*

---

1. He visto todavía otra miseria en este mundo, y que es harto común entre los mortales;

2. un hombre a quien Dios ha dado riquezas, y haciendas, y honores, sin que le falte cosa de cuantas desea su alma; mas Dios no le da facultad para disfrutar de ellas; sino que abandonándolo a la avaricia, otro hombre extraño lo ha de devorar todo; vanidad es ésta y miseria muy grande.

3. Supongamos que tenga un centenar de hijos, y viva muchos años hasta la más avanzada edad; pero que su alma no se sirva de los bienes que posee, y aun venga a carecer de sepultura; de este tal digo yo que es de peor condición que un aborto.

4. Puesto que éste en vano vino al mundo, y luego va a las tinieblas del sepulcro, y quedará su nombre sepultado en el olvido,

5. sin haber visto jamás el sol, ni conocido la diferencia del bien y del mal.

6. Mas el avaro, aunque haya vivido dos mil años, si no ha podido gozar de los bienes, ¿acaso no corren todas las cosas con él a un mismo paradero?

7. Todo el afán del hombre es para saciar su boca o apetito; mas su alma, que es inmortal, no quedará con esto saciada.

8. ¿Cuál es la ventaja del sabio respecto del insensato? ¿Cuál la del pobre, sino encaminarse allá donde se halla la verdadera vida?

---

5. *El ángel del Señor que te guarda y oye tus palabras.*

14. *Job 1*, 21; *1 Tim 6*, 7.

9. Mejor es el ver y gozar lo que deseas, que codiciar cosas que ignoras; pero también esto es vanidad y presunción de espíritu.

10. El que aun ha de ser engendrado, ya es conocido de Dios por su propio nombre; y se sabe que siendo como será un hombre mortal, no podrá contender en juicio con Dios, que es más fuerte que él.

11. Mucho se habla y discurre en las disputas, y en todas ellas se ve mucha vanidad.

7 *Innumerables molestias que el hombre se acarrea a sí mismo. De la medianía en todas las cosas*

1. ¿Qué necesita el hombre andar inquiriendo cosas superiores a su capacidad, cuando ignora lo que le es conducente durante su vida, en el corto número de días de su peregrinación, y en el tiempo de ella, que pasa como sombra? ¿Ni quién podrá descubrirle lo que ha de suceder después de él debajo del sol?

2. Más vale la buena reputación que los más preciosos perfumes; y mejor es el día de la muerte del justo que el día del nacimiento.

3. Mejor es ir a la casa del luto que a la casa del festín; pues en aquélla se recuerda el paradero de todos los hombres, y el que vive considera lo que le ha de suceder un día.

4. Mejor es el enojo del justo que la falsa risa del lisonjero; porque con la tristeza del semblante del justo, se corrige el corazón del pecador.

5. Y así el corazón de los sabios está contento en la casa donde hay tristeza, y el corazón de los necios donde hay diversión.

6. Más vale ser reprendido del sabio que seducido con las lisonjas de los necios.

7. Porque las risas o aplausos del insensato son como el vano ruido de las espinas cuando arden debajo de la olla; y así también esto es vanidad.

8. La calumnia conturba aún al sabio y le hace perder la fortaleza de su corazón*.

9. Mejor es el fin de un discurso o negocio, que el principio. Mejor es el hombre sufrido que el arrogante.

10. No seas, pues, fácil en airarte, porque la ira se abriga en el corazón del insensato.

11. No digas nunca: ¿De qué proviene que los tiempos pasados fueron mejores que los de ahora?, pues es esta una pregunta necia.

12. La sabiduría con riquezas es más útil, y aprovecha más a los otros hombres.

13. Porque como la sabiduría es un escudo, así lo es el dinero; pero la instrucción y la sabiduría de Dios tienen la ventaja de que dan vida a quien las posee.

14. Considera las obras de Dios, y que ninguno puede corregir o enderezar a quien él ha dejado de su mano.

15. Tú, pues, en el día que tengas bueno, goza del bien, y prevente para pasar con paciencia el día malo; porque como Dios ha hecho aquél, así ha hecho éste; sin que ningún hombre tenga justo motivo para quejarse.

16. He visto así mismo en los caducos y frágiles días de mi vida que perece el justo en medio de su justicia, y el impío vive largo tiempo en medio de su malicia.

17. No quieras ser demasiado justo, ni saber más de lo que conviene, no sea que vengas a parar en estúpido.

18. No multipliques pecados sobre pecados, ni quieras ser insensato difiriendo la enmienda; no sea que te coja la muerte antes de tiempo.

19. Bueno es que socorras al justo; mas no por eso retires tu mano de otros que no lo son; pues quien teme a Dios a nadie desecha.

20. La sabiduría hace al sabio más fuerte que diez o muchos poderosos de una ciudad; pero no lo hace impecable;

21. porque no hay hombre justo en la tierra que haga el bien y no peque jamás*.

22. No te pares a escuchar todas las conversaciones que se tienen, no sea que oigas a tu siervo murmurar a ti,

23. ya que tu conciencia te atestigua que tú también has murmurado frecuentemente de otros.

---

8. El justo soporta con paciencia los agravios; pero a veces una calumnia hace peligrar su constancia.

21. *Prov 20*, 9.

24. Yo hice todo lo posible por alcanzar la sabiduría. Dije para conmigo: Yo he de llegar a ser sabio. Pero ella se desvió lejos de mí

25. mucho más que antes. ¡Oh, cuán grande es su profundidad! ¿Quién podrá llegar a sondearla*?

26. Recorrió mi espíritu todas las cosas para saber y considerar, y buscar la sabiduría y la razón, para conocer asimismo la malicia de los insensatos y el error de los imprudentes;

27. y hallé al fin que es más amarga que la muerte la mujer; la cual es un lazo de cazar, y una red barredera su corazón, y sus manos unos grillos. Quien es grato a Dios huirá y se librará de ella; pero el pecador quedará preso.

28. Esto es lo que hallé, dijo el Eclesiastés, habiendo recorrido una cosa tras otra, para averiguar la razón de la pérdida de tantos hombres;

29. razón que aún anda buscando mi alma, sin haberla podido descubrir; a saber, porque entre mil hombres hallé uno, y ninguna entre las mujeres todas.

30. Sólo esto hallé: que Dios creó al hombre recto, y el mismo hombre se enredó en infinitas cuestiones y peligros. ¿Quién es igual al sabio? ¿Quién conoce la solución de esta difícil parábola?

8 *Guardar la ley de Dios, no abusar de su misericordia y dejarse con alegría en sus divinas manos*

1. Resalta en el rostro del hombre su sabiduría, y el Todopoderoso le mudará el semblante.

2. Yo por mí estoy atento a las palabras del rey y a los preceptos de Dios, confirmados con juramento.

3. Tú no te apresures a retirarte de su presencia, ni perseveres en el pecado; porque hará todo lo que quisiere, y te castigará como mereces.

4. Pues su palabra es muy poderosa; ni puede alguno decirle ¿por qué haces esto?

5. El que guarda sus órdenes, no experimentará mal ninguno. El corazón del sabio conoce el tiempo y la manera de responder.

6. Tiene cada cosa su tiempo y sazón; mas es grande la pena del hombre al querer saberlo,

7. por cuanto ignora lo pasado, y por ninguna vía puede saber lo venidero.

8. No está en poder del hombre el retener el espíritu o prolongar su vida; ni tiene potestad alguna sobre el día de su muerte; ni se le dan treguas en aquella guerra que lo amenaza. No le valdrá al impío su impiedad en aquel trance.

9. Todas estas cosas consideré, y apliqué mi espíritu a la meditación de cuanto se hace debajo del sol. Y observé que un hombre domina sobre otro hombre a veces para su propia desdicha.

10. Vi también los pomposos entierros de los impíos; los cuales aun mientras vivían impíamente residían en el lugar santo, y eran alabados en la ciudad como de buenas costumbres; mas también es esto vanidad.

11. Y sucede que los hijos de los hombres, viendo que no se pronuncia luego la sentencia contra los malos, cometen la maldad sin temor alguno.

12. Pero al contrario, esta misma paciencia con que es tolerado el pecador, aunque peque cien veces, me ha hecho conocer a mí que serán dichosos aquellos que temen a Dios y respetan su majestad.

13. ¡Ah!, no haya bien para el impío, ni sean prolongados los días de su vida; antes bien pasen como sombra los que no temen la presencia del Señor.

14. Se halla todavía otra miseria sobre la tierra: hay justos que padecen males, como si hubieran hecho acciones de impíos; e impíos hay que viven tan sosegados, como si tuvieran méritos de justos. Cosa es ésta que también me parece muy vana.

15. Por tanto alabé la alegría del justo; visto que no hay bien para el hombre en esta vida, sino el comer y beber moderadamente, y estar contento, y que esto es lo que únicamente sacará de su trabajo en los días de su vida que le ha concedido Dios en la tierra.

16. Y apliqué mi corazón para aprender la sabiduría a fin de conocer la causa de esta disipación de ánimo en los que moran la tierra. Hombre hay que ni de día ni de noche admite en sus ojos al sueño.

---

25. *Job 28*, 12-27.

17. Al final entendí que no puede el hombre hallar razón completa de todas las obras de Dios que se hacen en este mundo; y que cuanto más trabajare por descubrirla, menos la hallará; aunque dijere el sabio que él la sabe, nunca podrá dar con ella.

9

Los verdaderos bienes son invisibles y eternos. A ellos debemos aspirar sin distraernos en este mundo

1. Todas estas cosas traté en mi corazón, poniendo todo cuidado en averiguarlas. Los justos y los sabios, y las obras de ellos, están en las manos de Dios; y con ello no sabe el hombre si es digno de amor o de odio;

2. sino que todo se reserva incierto para lo venidero; porque ahora todas las cosas suceden igualmente al justo como al impío, al bueno y al malo, al limpio y al no limpio, al que sacrifica víctimas y al que desprecia los sacrificios: en suma, así es tratado el inocente como el pecador, y el que jura verdad como el perjuro.

3. Esta es la cosa más intrincada y peligrosa de todas cuantas pasan debajo del sol, el ver que todos están sujetos a los mismos azares, de donde nace que los corazones de los hijos de los hombres se llenan de malicia y de orgullo durante su vida, y después de esto son llevados a los infiernos.

4. No hay hombre que viva siempre, ni que pueda presumirse esto. Con todo, hasta el perro, que vive, vale siempre más que el mismo león ya muerto;

5. pues los vivos saben que han de morir, y pueden disponerse; pero los muertos no saben ya nada ni están en estado de merecer, y su memoria ha quedado sepultada en el olvido.

6. Asimismo el amor, y el odio, y las envidias se acabarán con ellos, y no tendrán ya parte ninguna en este siglo, ni en cuanto pasa debajo del sol.

7. Anda, pues, y come con alegría tu pan, y bebe con gozo tu vino mientras tus obras son agradables a Dios.

8. Estén blancos y limpios en todo tiempo tus vestidos, y no falten en tu cabeza el bálsamo o perfume.

9. Goza de la vida en compañía de tu amada esposa, durante todos los días de tu vida, que se te han concedido debajo del sol por todo el tiempo de tu vanidad o frágil vida, ya que mientras vives, esta es la parte que te toca de tu trabajo con que andas afanado en este mundo.

10. Todo cuanto pudieres hacer de bueno, hazlo sin perder tiempo*; puesto que ni obra, ni pensamiento, ni sabiduría, ni ciencia ha lugar en el sepulcro, hacia el cual vas corriendo.

11. Volví mi consideración a otro asunto, y observé que debajo del sol ni la ventaja en la carrera es de los ligeros, ni de los valientes la victoria en la guerra; ni el pan para los sabios; ni para los doctos las riquezas; ni de los peritos en las artes es el crédito; sino que todo se hace como por azar y a la ventura.

12. Ni sabe el hombre su fin; sino que como los peces se prenden con el anzuelo, y como las aves caen en el lazo, así los hombres son sorprendidos de la adversidad, que los sobrecoge de repente.

13. Vi también debajo del sol una especie de sabiduría, que yo reputé grandísima:

14. Había una ciudad pequeña, de poca gente; vino contra ella un rey poderoso, y la bloqueó, y levantó fortalezas y máquinas alrededor, y quedó concluido el cerco.

15. Se halló dentro un hombre pobre, pero muy sabio, que con su saber libertó la ciudad; mas luego nadie se acordó de él.

16. Y decía yo: Ya que la sabiduría vale más que la fuerza, ¿cómo es ya despreciada la sabiduría del pobre, y no se hace caso de sus consejos?

17. Las palabras de los sabios son oídas en silencio, durante los apuros, más que los gritos de un príncipe puesto entre tontos.

18. Más vale la sabiduría que las armas militares; pero quien errare en un solo punto perderá muchos bienes.

---

10. *Gal* 6, 10.

10 Se recomienda la sabiduría o prudencia; y se manifiestan los daños de la necedad

1. Las moscas muertas en el perfume, donde han caído, echan a perder su fragancia; del mismo modo que una pequeña y momentánea imprudencia es mengua de la sabiduría y de la gloria más brillante.

2. El corazón del sabio está siempre en su mano derecha para obrar rectamente; el cora-zón del insensato en su izquierda para obrar siniestramente.

3. Además el necio que va siguiendo su torcido camino, como él es un insensato, tiene por tales a todos los demás.

4. Si el espíritu del poderoso se alzare contra ti, no desampares tu puesto; porque tu vigilancia atajará pecados gravísimos.

5. Otro desorden hay, que vi debajo del sol, causado como por error del príncipe más que por malicia:

6. El tonto colocado en alta dignidad, y sentados en los puestos bajos de los ricos en prudencia y sabiduría.

7. Vi esclavos montados a caballo, y a príncipes andar a pie como si fuesen esclavos.

8. Quien abre un hoyo para que caiga el prójimo, en él caerá; y quien destruye o daña el vallado, mordido será de la serpiente*.

9. El que transporta piedras se lastimará con ellas; y quien raja leña, herido quedará de ella.

10. Si el hierro se embota, y no corta ya como antes, sino que ha perdido los filos, no sin mucho trabajo se afilará; así la sabiduría vendrá tras la industria o el trabajo.

11. El detractor oculto, es semejante a la serpiente, que muerde sin hacer ruido.

12. Las palabras de la boca del sabio salen llenas de gracia; los labios del insensato lo precipitarán.

13. Sus primeras palabras son una necedad, y un error pernicioso el remate de su habla.

14. El tonto habla mucho. Ignora el hombre lo que pasó antes que naciese; y lo que sucederá después, ¿quién se lo podrá mostrar?

15. El fruto de las fatigas del necio será la aflicción; porque ni el camino sabe tan siquiera por dónde ir a la ciudad.

16. Desdichado de ti, oh país, cuyo rey es un niño que no sabe gobernar, y cuyos príncipes comen de mañana.

17. Dichosa es la tierra cuyo rey es noble, cuyos príncipes comen a su tiempo, para sustentarse y no para echarse en los deleites.

18. Por pereza* en retejar se desplomará la techumbre, y por flojedad en obrar será toda la casa una gotera.

19. Se sirven aquéllos de los manjares y bebidas para reír y banquetear; pues todo obedece al dinero.

20. Tú no murmures al rey, ni aun por pensamiento, ni hables mal del rico en el interior de tu gabinete: porque las mismas aves del cielo llevarán tus palabras, y los pájaros publicarán cuanto has dicho.

11 Procura hacer bien a todos, acordándote de la otra vida y del juicio de Dios

1. Echa tu pan sobre las aguas corrientes*, que al cabo de mucho tiempo lo hallarás.

2. Repártelo a siete y aun ocho o más personas; porque no sabes tú los males que pueden sobrevenirte en la tierra.

3. Has como las nubes que cuando están cargadas, derraman sobre la tierra la lluvia benéfica. Si el árbol cayere hacia el mediodía, o hacia el norte, doquiera que caiga, allí quedará.

4. El que anda observando el viento, no siembra nunca; y el que atiende a que hay nubes, jamás se pondrá a segar.

5. Así como ignoras por dónde viene el espíritu al cuerpo, y la manera con que se compaginan los huesos en el vientre de la que está encinta, así tampoco puedes conocer la obra de Dios, hacedor de todas las cosas.

---

8. *Prov 26*, 27; *Eclo 27*, 29.

18. Condenación de la pereza. *Prov 20*, 4; *21*, 5.
1. *Socorre a cuantos pobres pasen.*

6. Siembra, pues, tu simiente desde la mañana de tu vida, y no levantes por la tarde tu mano de la labor, pues no sabes qué nacerá primero, si esto o aquello, que si naciere todo a un tiempo, tanto mejor.

7. Dulce cosa es la luz de la vida, y deleitable a los ojos ver el sol.

8. Pero, aunque viva un hombre muchos años, y en todos ellos contento, debe no obstante acordarse del tiempo de las tinieblas, y de la cantidad de días de la eternidad; llegados los cuales, quedarán convencidas de vanidad las cosas pasadas.

La juventud

9. Gózate, pues, ¡oh joven disoluto!, en tu mocedad; disfrute de los bienes tu alma en los floridos días de tu juventud; sigue las inclinaciones de tu corazón y lo que agrada a tus ojos; pero sábete que de todas esas cosas te pedirá Dios cuenta en el día en que te juzgue.

10. Por tanto arranca de tu corazón la ira, y aparta todo vicio de tu carne, puesto que la juventud y las delicias no son sino vanidad.

12 *Reconocimiento de los dones de la vejez y de la juventud. Epílogo de los documentos del Eclesiastés*

1. Acuérdate de tu creador en los días de tu juventud antes que con la vejez venga el tiempo de la aflicción y se lleguen aquellos años en que dirás: ¡Oh años displicentes!

2. Antes que, debilitándose tu vista, se te oscurezca el sol, y la luz de la luna y de las estrellas; y tras la lluvia vuelvan las nubes.

3. No esperes a obrar bien cuando temblarán tus manos y piernas, guardas que son de la casa de tu alma, y debilitadas las rodillas bambolearán los varones robustos; y cuando las que muelen en la boca la comida serán en corto número y estarán ociosas; y cuando quedarán en tinieblas los ojos que miran por las ventanas;

4. y se cerrarán los labios, puertas que son de la calle, por la voz débil de la lengua que hace el oficio del que muele; e insomnes los hombres se levantarán a la voz de un pájaro, y quedarán sordas sus orejas, que son las que perciben el canto o la armonía.

5. Cuando, trémulos, temerán subir a los lugares altos, y tendrán miedo de caer en el camino llano; cuando florecerá el almendro, o se pondrá cana su cabeza, se engrosará la langosta, o hincharán las piernas, y se disipará la alcaparra a todo apetito. Porque el hombre ha de ir a la casa de su eternidad, y los enlutados le acompañarán algún día por las calles.

6. Acuérdate de Dios antes que se rompa el cordón de plata, o médula espinal, y se arrugue la venda de oro o membrana que envuelve el cerebro, y se haga pedazos el cántaro sobre la fuente y se quiebre la polea sobre la cisterna;

7. y en suma, antes que el polvo se vuelva a la tierra de donde salió, y el espíritu vuele a Dios, que le dio el ser.

8. Vanidad de vanidades, dijo el Eclesiastés, y todo es vanidad.

Epílogo

9. El Eclesiastés o Predicador, siendo como era sapientísimo, enseñó al pueblo y refirió las cosas o indagaciones que había hecho; y sobre ellas compuso muchas parábolas.

10. Recogió sentencias provechosas y escribió documentos rectísimos y llenos de verdad.

11. Los dichos de los sabios son como aguijones y como clavos hincados profundamente, y estos dichos nos ha dado el único Pastor, mediante la enseñanza de los maestros.

12. Tú, hijo mío, no tienes que buscar cosa mejor que las dichas verdades. Los libros se van multiplicando sin término y la continua meditación del ánimo es tormento del cuerpo.

13. Ahora oigamos todos juntos el fin y compendio de este sermón: Teme a Dios y guarda sus mandamientos, porque esto es el todo del hombre;

14. y acordémonos que hará Dios dar cuenta en su juicio de todas las faltas y de todo el bien y el mal que se habrá hecho.

El Cantar de Cantares

Introducción

La expresión *Cantar de los Cantares* es una fórmula de superlativo traducida literalmente del hebreo y que significa *el cantar por excelencia.* Se trata de una colección de cánticos con un tema común, *el amor*, más que de una canción o un poema. La obra se atribuye a Salomón, en su título hebreo y griego. Este personaje, que aparece varias veces a partir de *3*,7 y *8*,11, fue famoso por su sabiduría.

El Cantar, en poco más de 100 versículos, constituye una obra cumbre de la literatura sobre el eterno tema del amor, con características únicas en la Biblia, pues además de poesía, presenta una acción fundamentalmente desarrollada entre una pareja de jóvenes amantes. Sin las condiciones literarias de un drama, es clara la sucesión de diálogos, los cambios de escena, los diversos estados de ánimo y la participación y referencia a personajes que le dan realce a la trama.

Se han hecho los más ingeniosos y diversos intentos de dividir el Cantar en poemas y escenas como *pruebas pasadas y sueños futuros*, la *búsqueda recíproca*, la *imagen de la amada*, y *el amado ideal*, entre otras. El libro responde a tales títulos; pero siempre los supera.

El campo más estudiado ha sido el de la *interpretación*. Tanto entre los judíos como entre los cristianos, la interpretación más antigua y constante ha sido religiosa, pues se describe como una alegoría continuada del encuentro lleno de amor creativo entre Dios y su pueblo. Desde otros libros bíblicos como los proféticos y en especial *Amós*, el tema es ampliamente empleado en el *Antiguo Testamento.*

San Pablo emplea el tema de la relación amorosa de la pareja para proponer la relación entre Cristo y la Iglesia en *Ef 5*, 23-25.

El Cantar de los Cantares aparece en la actualidad entre los *Libros Sapienciales*, en primer lugar por atribuir su redacción al rey Salomón y en segundo lugar por tratarse de una experiencia que forma parte de la vida humana y familiar.

Tras muchas discusiones se está de acuerdo en que el amor humano y su realidad psicosomática se presentan en *El Cantar.* La vida familiar y de manera especial la relación de pareja como comunión que enriquece es fundamental en la obra. Esta joya de la literatura amorosa, con su fuerza evocadora del amor de Dios, seguirá siendo un testimonio bíblico sobre el valor y la dignidad del amor humano.

El Nuevo Testamento presenta continuamente el amor como el valor más elevado y significativo para el cristiano. *El Cantar de los Cantares* encuentra en el *Evangelio según San Juan* y en sus *Cartas*, como *1 Jn 4*,8-21 y en *1 Cor 13*,4-13 que expresa en el himno de la caridad o del amor, un nuevo y definitivo sentido al eterno y siempre renovado tema de la relación amorosa. A expresiones como *Oh tú, que moras en las huertas, los amigos te están escuchando; hazme oír tu sonora voz* (*Cant 8*,13), corresponde *el amor todo lo espera, y lo soporta todo. El amor nunca se acaba* (*1 Cor 13*, 7-8).

Al leer *El Cantar de los Cantares* debemos tener presente la unión mística de Jesucristo con su Iglesia (*Ef 5*, 25-31).

1 *El esposo y la esposa se encuentran por primera vez, atraídos por su hermosura*

Esposa

1. Reciba yo un ósculo santo de su boca. Porque tus amores son, ¡oh dulce esposo mío! mejores que el más sabroso vino,

2. fragantes como los más olorosos perfumes. Bálsamo derramado es tu nombre; por eso las doncellitas* te quieren tanto.

3. Atráeme tú mismo en pos de ti, y correremos todas al olor de tus aromas. Me introdujo el rey* en su gabinete, elevándome a esposa suya. Saltaremos de contento, y nos regocijaremos en ti, conservando la memoria de tus castos amores, superiores a las delicias del vino. Por eso te aman los rectos de corazón.

4. Negra soy, o morena, hija de Jerusalén, pero soy bien parecida; soy como las tiendas de Cedar, como los pabellones de Salomón.

5. No reparéis, pues, en que soy morena; porque me ha robado el sol mi color, cuando los hijos de mi madre se declararon contra mí, y me pusieron a guarda de viñas. ¡Ay!, mi propia viña no la guardé.

6. ¡Oh tú, el querido de mi alma!, dime dónde tienes los pastos, dónde el sesteadero al llegar el mediodía, para que no tenga yo que ir vagueando tras de los rebaños de tus compañeros.

Esposo

7. Si lo ignoras, ¡oh hermosísima entre las mujeres!, sal fuera, y ve siguiendo las huellas de los ganados, y guía tus cabritillos a pacer junto a las cabañas de los pastores de mis ovejas.

8. A mis hermosos y arrogantes caballos uncidos en las carrozas que me ha dado el faraón, te tengo yo comparada, amiga mía.

9. Lindas son tus mejillas así como de tortolilla; tu cuello como si estuviera adornado de collares de perlas.

10. Gargantillas de oro haremos para ti, taraceadas de plata.

Esposa

11. Mientras estaba el rey recostado en su asiento, mi nardo precioso difundió su fragancia.

12. Manojito de mirra es para mí el amado mío; entre mis pechos quedará.

13. Racimo de cipro* es mi amado para mí, cogido en las viñas en Engaddi.

Esposo

14. ¡Oh y qué hermosa eres, amiga mía!, ¡cuán bella eres! Son tus ojos vivos y brillantes como los de la paloma*.

Esposa

15. Tú sí, amado mío, que eres el hermoso y el agraciado.

Esposo y esposa

De flores es nuestro lecho,

16. de cedro las vigas de nuestras habitaciones, y de ciprés sus artesonados.

2 *Crece el amor mutuo entre los esposos y el deseo de permanecer juntos. La esposa cuida del esposo*

Esposo

1. Yo soy la flor del campo y el lirio de los valles.

2. Como azucena entre espinas, así es mi amiga entre las vírgenes.

Esposa

3. Como el manzano entre árboles silvestres y estériles, así es mi amado entre los hijos de los hombres. Me senté a la sombra del que tanto había yo deseado, y su fruto es muy dulce al paladar mío.

4. Me introduje en la pieza en que tiene el vino más exquisito, y ordenó en mí el amor.

5. ¡Ea!, confortadme con flores aromáticas, fortalecedme con olorosas manzanas, porque desfallezco de amor.

6. Pero mi esposo pondrá su mano izquierda debajo de mi cabeza, y con su diestra me abrazará.

---

2. Las *hijas de Jerusalén*, con quienes dialoga la protagonista enamorada.
3. Llama *rey* a su *esposo ausente*.

13. Arbusto semejante al *ciprés perfumado*.
14. *Cant 4*, 1.

Esposo

7. ¡Oh hijas de Jerusalén!, os conjuro por las ligeras corzas y ciervos de los campos, que no despertéis ni quitéis el sueño a mi amada, hasta que ella quiera.

Esposa

8. Me parece que oigo la voz de mi amado. Vedlo cómo viene saltando por los montes y brincando por los collados.

9. Al ligero gamo y al cervatillo se parece mi amado. Vedlo ya cómo se pone detrás de la pared nuestra, cómo mira por las ventanas, cómo está atisbando por las celosías.

10. He aquí que me habla mi amado y dice: Levántate, apresúrate, amiga mía, paloma mía, hermosa mía, y vente al campo;

11. pues pasó ya el invierno, se disiparon y cesaron las lluvias;

12. despuntan las flores en nuestra tierra; llegó el tiempo de la poda; el arrullo de la tórtola se ha oído ya en nuestros campos;

13. La higuera arroja sus brevas; esparcen su olor las florecientes viñas. Levántate, pues, amiga mía, beldad mía, y vente:

14. ¡Oh casta paloma mía, tú que anidas en los agujeros de las peñas, en las concavidades de las murallas, muéstrame tu rostro, suene tu voz en mis oídos; pues tu voz es dulce, y lindo tu rostro.

15. Vosotros, ¡oh amigos!, cazadnos esas zorrillas, que están asolando las viñas; porque nuestra viña está ya en cierne.

16. Mi amado es todo para mí, y yo soy toda de mi amado; el cual apacienta su rebaño entre azucenas

17. hasta que declina el día, y caen las sombras. Vuélvete corriendo, aseméjate, querido mío, a la corza y al cervatillo que se crían en los montes de Beter.

3

La esposa busca al esposo, sufre por su ausencia y llora por su soledad. Reclama su presencia

1. Mas ¡ay! que todo fue un sueño. En mi lecho eché de menos por la noche al que ama mi alma; lo anduve buscando, y no lo encontré.

2. Me levantaré, dije, y daré vueltas por la ciudad, y buscaré por calles y plazas al amado de mi alma. ¡Ay!, lo busqué, mas no lo hallé.

3. Me encontraron las patrullas que rondan por la ciudad, y les dije: ¿No habéis visto al amado de mi alma?

4. Cuando he aquí que a pocos pasos me encontré al que adora mi alma; le así, y no le soltaré hasta haberlo hecho entrar en la casa de mi madre, en la habitación de la que me dio la vida.

Esposo

5. ¡Oh hijas de Jerusalén!, os conjuro por las corzas y los ciervos de los campos que no despertéis, ni interrumpáis el sueño a mi amada, hasta que ella quiera.

Amigas de la esposa

6. ¿Quién es ésta que va subiendo por el desierto como una columnita de humo, formada de perfumes de mirra y de incienso, y de toda especie de aromas?

Esposa

7. Mirad el lecho de Salomón rodeado de sesenta valientes de los más esforzados de Israel,

8. todos armados de espadas y muy diestros en los combates; cada uno lleva su espada al lado, por temor de los peligros nocturnos.

9. De maderas de Líbano se ha hecho el rey Salomón su trono.

10. Las columnas las ha hecho de plata, el respaldo de oro, el techo y gradas las cubrió de púrpura, y el cetro con cierto esmalte que inspira amor, por causa de las hijas de Jerusalén.

11. Salid, pues, fuera, ¡oh hijas de Sión!, y veréis al rey Salomón con la diadema con que lo coronó su madre en el día de sus desposorios, día en que quedó colmado de júbilo su corazón.

4

El esposo celebra la hermosura y la belleza de su esposa encantado de su delicadeza

Esposo

1. ¡Qué hermosa eres, amiga mía, qué hermosa eres! Como de paloma, así son vivos y brillantes tus ojos, además de lo que dentro se oculta. Tus cabellos dorados y finos, como el pelo de los rebaños de cabras que vienen del monte Galaad.

2. Tus dientes blancos y bien unidos como hatos de ovejas trasquiladas, acabadas de lavar, todas con dobles crías, sin que haya entre ellas una estéril.

3. Como cinta de escarlata tus labios, dulce tu hablar y sonoro. Como cacho o roja corteza de granada tales son tus mejillas, además de lo que dentro se oculta.

4. Tu cuello es recto y airoso, como la torre de David, ceñida de baluartes, de la cual cuelgan mil escudos, arneses todos de valientes.

5. Tus dos pechos son como gamitos mellizos, que están paciendo entre blancas azucenas,

6. hasta el caer del día, y el declinar de las sombras. Subiré a buscarte al monte de la mirra y al collado del incienso.

7. Toda tú eres hermosa, ¡oh amiga mía!, no hay defecto alguno en ti.

8. Ven, desciende del Líbano, esposa mía, vente del Líbano; ven y serás coronada; ven de la cima del monte Amaná de las cumbres de Sanir y del Hermón, de esos lugares guarida de leones, de esos montes morada de leopardos.

9. Tú heriste mi corazón, ¡oh hermana mía esposa!; más agradable son que el vino exquisito; y la fragancia de tus perfumes o vestidos excede a todos los aromas.

11. Son tus labios, ¡oh esposa mía!, un panal que destila miel; miel y leche tienes debajo de la lengua; y es el olor de tus vestidos como olor de suavísimo incienso.

12. Huerto cerrado eres, hermana mía esposa, huerto cerrado, fuente sellada*.

13. Tus renuevos o plantas de ese huerto, forman un vergel delicioso de granados, con frutos dulces como de manzanos: son cipros con nardos.

14. Nardo y azafrán, caña aromática y cinamomo, con todos los árboles odoríferos del Líbano; la mirra y el áloe con todos los aromas más exquisitos.

15. Tú, la fuente de los huertos, el pozo de aguas vivas, que bajan con ímpetu del monte Líbano.

16. Retírate, ¡oh Aquilón!, y ven tú, ¡oh viento Austro!, a soplar en todo mi huerto y que se esparzan sus aromas por todo el mundo.

5

Invita la esposa al esposo a sus jardines. Celebran allí un convite. Caracteres del esposo

---

Esposa

1. Venga, pues, mi amado a su huerto, y coma del fruto de sus manzanos.

Esposo

Ya he venido a mi huerto, hermana mía esposa; cogido he ya comido mi panal con la miel mía; bebido he mi vino con mi leche. He dicho: comed vosotros, oh amigos, y bebed, carísimos, hasta saciaros.

Esposa

2. Dormía yo*, y estaba mi corazón velando; y he aquí la voz de mi amado que llama y dice: Abreme, hermana mía, amiga mía, paloma mía, mi inmaculada y purísima: Porque está llena de rocío mi cabeza, y de neblina de la noche mis cabellos.

3. Y le respondí: ¡Válgame Dios, esposo mío!, si ya me despojé de mi túnica, ¿me la he de volver a poner? Lavé mis pies, ¿y me los he de volver a ensuciar?

4. Entonces mi amado metió su mano por la ventanilla de la puerta probando si la abriría, y a este ruido que hizo se conmovió mi corazón.

5. Me levanté luego para abrir a mi amado destilando mirra mis manos, y están llenos de mirra selectísima mis dedos*.

6. Alcé, pues, la aldaba de mi puerta para que entrase mi amado; pero él se había ya retirado, y seguido adelante. Mi alma había quedado desmayada al eco de su voz; lo busqué, mas no lo hallé; lo llamé a voces, y no me respondió.

7. Me encontraron las patrullas que rondan la ciudad, me hirieron, y me lastimaron; y me quitaron mi manto, con que me cubría, las centinelas de los muros.

---

12. Es fuente sólo del amado. *Prov* 5, 15-19; *Zac* 13, 1.

2. Comienza otro día.

5. La *mirra* es un símbolo de la presencia del amado y se menciona continuamente en el libro.

8. Os conjuro, oh hijas de Jerusalén, que si hallareis a mi amado, le contéis cómo desfallezco de amor.

Amigas de la esposa

9. ¿Qué tiene tu amado sobre los demás amados, oh hermosísima entre todas las mujeres?; ¿qué hay en tu querido sobre los demás queridos para que así nos conjures que lo busquemos?

Esposa

10. Mi amado es blanco y rubio; escogido es entre millares de jóvenes.

11. Su cabeza, oro finísimo; sus cabellos, largos y espesos como renuevos de palmas, y negros como el cuervo.

12. Sus ojos como los de las palomas que se ven junto a los arroyuelos de aguas, blancas como si se hubiesen lavado con leche, y que se paran a la orilla de corrientes caudalosísimas.

13. Sus mejillas como dos eras de plantas aromáticas, plantadas por hábiles perfumeros; sus labios, lirios rosados que destilan mirra purísima.

14. Sus manos, de oro, y como hechas a torno, llenas de jacintos; su pecho y vientre como un vaso de marfil guarnecido de zafiros.

15. Sus piernas columnas de mármol, sentadas sobre basas de oro. Su aspecto majestuoso como el del Líbano, y escogido como cedro entre los árboles.

16. Suavísimo el eco de su voz; y en suma, todo él es envidiable. Tal es mi amado, y ése es mi amigo, hijas de Jerusalén.

Amigas de la esposa

17. ¿Hacia dónde partió tu amado, oh hermosísima entre todas las mujeres?; ¿por dónde se fue, que iremos contigo a buscarlo?

6

Nuevos elogios de la esposa, ella es hermosa y terrible. El esposo la ama

Esposa

1. A su huerto hubo de bajar mi amado, al plantío de las hierbas aromáticas, para recrearse en los verjeles y coger azucenas.

2. Yo soy toda de mi amado, y mi amado es todo mío, el cual se recrea entre azucenas.

Esposo

3. Hermosa eres, querida mía, y llena de dulzura; bella como Jerusalén, terrible y majestuosa como un ejército en orden de batalla*.

4. Aparta de mí tus ojos, pues éstos me han hecho salir fuera de mí, y me arroban. Son tus cabellos como el fino pelo de los rebaños de cabras que se dejan ver viniendo de Galaad.

5. Tus dientes blancos y unidos como aparece la manada de ovejas al subir de lavarse, todas con crías dobles, sin que haya entre ellas ninguna estéril.

6. Como dos mitades de granada, así son tus mejillas encubiertas por el velo.

7. Sesenta son las reinas, y ochenta las esposas de segundo orden, e innumerables las doncellitas.

8. Pero una sola es la paloma mía, la perfecta mía, la esposa, la hija única de su madre, la escogida de la que la vio nacer. La vieron las doncellas de mi palacio, y la aclamaron dichosísima; la vieron las reinas y demás esposas, y la colmaron de alabanzas.

9. ¿Quién es ésta, dijeron, que va subiendo cual aurora naciente, bella como la luna, brillante como el sol, terrible y majestuosa como un ejército formado en batalla?

Esposo

10. Yo bajé al huerto de los nogales para ver los frutales de las cañadas, y observar si estaba en cierne la viña, y si habían brotado los granados.

Esposa

11. No lo advertí, se conturbo mi alma por figurarme que oía los carros de Aminadab.

Amigas de la esposa

12. Vuélvete, vuélvete, oh Sulamita; vuélvete a nosotras, vuélvete para que te veamos bien.

---

3. *Todo lo vences con las flechas que arroja tu corazón y las saetas que despiden tus ojos.*

7 *Es alabada la esposa por su fecundidad y por la educación que dará a su prole*

Esposa

1. ¿Qué podréis ver en la Sulamita sino coros de música en medio de escuadrones armados*?

Amigas de la esposa

¡Oh hermosa Princesa, y con qué gracia andan esos tus pies colocados en tan rico calzado! Las junturas de tus muslos son como goznes o charnelas, labrados de mano maestra.

2. Es ese tu seno cual taza hecha a torno, que nunca está exhausta de preciosos licores. Tu vientre como montoncito de trigo, cercado de azucenas.

3. Como dos cervatillos mellizos son tus dos pechos.

4. Es tu cuello terso y blanco como torre de marfil. Tus ojos son como los cristalinos estanques de Hesebón, situados en la puerta más concurrida de las gentes. La nariz tuya tan bien formada como la graciosa torre del Líbano, que mira frente por frente de Damasco.

5. Elevada y majestuosa es tu cabeza, como el Carmelo; y los cabellos de ella, como púrpura de rey puesta en flecos.

6. ¡Cuán bella y agraciada eres, oh amabilísima y deliciosísima Princesa!

7. Parecido es tu talle a la gallardía de la palma, y tus pechos a los hermosos racimos.

Una de las amigas

8. Yo digo: Subiré a este palmero y cogeré sus frutos, y serán para mí tus pechos como racimos de uvas, y el olor de tu boca, como de manzanas.

9. La voz de tu garganta así deleita como el más generoso vino.

Esposa

Debido a mi amado para que lo beba, y se saboree en él conservándole entre sus dientes y labios.

10. Yo soy dichosa porque soy toda de mi amado, y su corazón está siempre inclinado a mí.

11. ¡Ea!, ven querido esposo mío, salgamos al campo, moremos en las granjas.

12. Levantémonos de mañana para ir a las viñas, miremos si están en cierne las vides, si las flores brotan ya los frutos, si florecen los granados; allí te abriré con más libertad mi corazón.

13. Las mandrágoras están despidiendo su fragancia. Allí tenemos a nuestras puertas toda suerte de frutas exquisitas. Las nuevas y las añejas* todas las he guardado para ti, ¡oh amado mío!

8 *Ultimas protestas de amor entre los esposos. Proporción entre el pecado y su reparación*

Esposa

1. ¡Oh quién me diera, hermano mío, que tú fueses como un niño que amamantado a los pechos de mi madre, para poder besarte, aunque te halle fuera o en la calle, con lo que nadie me desdeñaría.

2. Yo te tomaría, y te llevaría a la casa de mi madre; allí me enseñarías y harías ver tus gracias, y yo te daría a beber del vino compuesto, y del licor nuevo de mis granadas.

3. Mas he aquí a mi Esposo, que pondrá su izquierda bajo mi cabeza, y con la derecha me abrazará*.

Esposo

4. Os conjuro, ¡oh hijas de Jerusalén, que no despertéis ni quitéis el sueño a mi amada hasta que ella misma quiera!

Epílogo

Amigas de la esposa

5. ¿Quién es ésta que sube del desierto rebosando en delicias, apoyada en su amado?

---

1. Una mezcla de cosas agradables en una contradanza.

13. Lo cual denota una gran abundancia. *Lev 26*, 10; *Mat 13*, 52.

3. En términos figurados y poéticos se alude a las prácticas y usos de las bodas. *Gen 24*, 67.

Esposo

Yo te levanté debajo de un manzano en que yacías, ¡oh Esposa mía!, donde fue desflorada tu madre, donde fue violada aquella que te vio nacer.

6. Así, pues, ponme por sello sobre tu corazón, ponme por marca sobre tu brazo; porque el amor es fuerte como la muerte, implacables como el infierno los celos; sus brasas, ardientes, y un volcán de llamas.

7. Las muchas aguas no han podido extinguir el amor, ni los ríos podrán sofocarlo. Aunque un hombre en recompensa de este amor dé todo el caudal de su casa, lo tendrá por nada.

Apéndice

Esposa

8. Un* cuidado me queda, ¡oh amado mío! Nuestra hermana es pequeña, no tiene pechos todavía. ¿Qué haremos, pues, con nuestra hermana el día en que se le haya de hablar de desposarla?

Esposo

9. Si es como un muro, edifiquémosle encima baluartes de plata; si es como una puerta, reforcémosla con tablas de cedro.

Esposa

10. Yo soy muro, y mis pechos como una torre, desde que me hallo en su presencia, como quien ha encontrado la paz o felicidad.

11. El pacífico, o mi esposo Salomón, tuvo una viña en Baal-Hamón*, la entregó a unos viñadores para que la guardaran y cultivaran; cada uno de ellos le paga por sus frutos mil monedas de plata.

12. La viña mía delante de mí está. Las mil monedas son para ti, ¡oh pacífico!, y doscientas para los que cuidan de los frutos de ella.

Esposo

13. Oh tú, la que moras en las huertas, los amigos están escuchando; hazme oír, pues, tu sonora voz.

Esposa

14. ¡Ah!, corre aprisa, amor mío, y asemějate a la corza y al cervatillo; huye a los montes de los aromas, si quieres oír mi voz.

---

8. Los versos del 8 al 14 han sido añadidos al Cantar y parecen ser fragmentos de un poema perdido.

11. Cerca a Jerusalén.

Sabiduría

Introducción

Este libro, llamado *Sabiduría de Salomón* en la Biblia griega, tuvo su origen entre los judíos de la diáspora en Egipto, probablemente en Alejandría, centro de la sabiduría helenística. Escrito en año 30 a.C., es el último libro del *Antiguo Testamento*.

El verdadero autor, que pretende hacerse pasar por Salomón, en una ficción literaria similar a la de Proverbios y Eclesiastés, sigue sin identificar, si bien se trata de un judío piadoso, que conoce bien la filosofía y cultura griegas y que tal vez vive en Alejandría. Muestra entusiasmo por su religión y por su pueblo. En los 19 capítulos de *Sabiduría* hace una profunda meditación de los libros sagrados, se esfuerza por establecer diálogo con las corrientes religiosas y filosóficas de su tiempo, y quiere consolar a sus hermanos judíos.

Sabiduría es el único libro del *Antiguo Testamento* que afirma que el destino del hombre es la vida futura junto a Dios. Ahonda en la retribución del bien y del mal y en la justicia de Dios frente a los sufrimientos de los justos. Siempre figuró entre los libros sagrados del *Antiguo Testamento* en griego, pero fue suprimido por los judíos de Palestina porque fue redactado lejos de Israel y en una lengua diferente al hebreo. La Iglesia católica lo acepta como libro sagrado y figura en ediciones ecuménicas de la Biblia.

1

A los soberanos. A quiénes ama la sabiduría y de quiénes huye. La muerte viene del hombre, no de Dios

1. Amad la justicia*, vosotros los que juzgáis o gobernáis la tierra. Sentid bien del Señor, y buscadlo con sencillez de corazón;

2. porque los que no lo tientan con sus desconfianzas, ésos lo hallan, y se manifiesta a aquellos que en él confían.

3. Pues los pensamientos perversos apartan de Dios, cuyo poder puesto a prueba contradice a los necios.

4. Así es que no entrará en alma maligna la sabiduría, ni habitará en el cuerpo sometido al pecado*,

5. porque el Espíritu Santo que la enseña, huye de las ficciones, y se aparta de los pensamientos desatinados, y se ofenderá de la iniquidad que sobrevenga.

6. Ciertamente que siendo como es el espíritu de la sabiduría todo bondad, no dejará sin castigo los labios del maldiciente, porque Dios es testigo de sus afectos interiores, y escudriñador infalible de su corazón, y entendedor de su lenguaje.

7. Por cuanto el Espíritu del Señor llena el mundo universo; y como comprende todas las cosas, tiene conocimiento de todo, hasta de una voz.

8. Por eso el que habla cosas malas no puede escondérsele, ni escapará del juicio vengador.

9. Pues se interrogará al impío hasta sobre sus pensamientos; y llegarán a los oídos de Dios sus palabras y obras para castigo de sus maldades.

10. Porque la oreja celosa de Dios todo lo oye; ni encubrírsele puede el ruido o susurro de las murmuraciones.

1. Este es el tema del libro.
4. *Rom 7*, 14.

11. Guardaos, pues, de la murmuración, la cual de nada aprovecha, o daña mucho, y refrenad la lengua de toda detracción; porque ni una palabra dicha a escondidas se irá por el aire; y la boca mentirosa da muerte al alma.

12. No os afanéis en acarrearos la muerte con el descamino de vuestra vida; ni os granjeéis la perdición con las obras de vuestras manos.

13. Porque no es Dios quien hizo la muerte, ni se complace en la perdición de los vivientes.

14. Lo creó todo a fin de que subsistiera eternamente en su presencia; saludables hizo él todas las cosas que nacen en el mundo; nada había en ellas de ponzoñoso ni nocivo; el infierno o la muerte no reinaba entonces en la tierra.

15. Puesto que la justicia es de suyo perpetua e inmortal.

16. Mas los impíos con sus hechos y palabras llamaron a la muerte; y considerándola su amiga, vinieron a corromperse hasta hacer con ella alianza, como dignos de tal sociedad.

2 *Sentimientos y deseos de los impíos. Para ser sabios debemos ser sencillos y aborrecer a los impíos*

1. Dijeron, pues, los impíos entre sí, discurriendo sin juicio: Corto y lleno de tedio es el tiempo de nuestra vida; no hay consuelo en el fin del hombre o después de su muerte, ni se ha conocido nadie que haya vuelto de los infiernos o del otro mundo.

2. Pues nacido hemos de la nada, y pasado lo presente, seremos como si nunca hubiésemos sido. La respiración o resuello de nuestras narices es como un ligero humo; y el habla o el alma como una transitoria chispa, con la cual se mueve nuestro corazón.

3. Apagada que sea, quedará nuestro cuerpo reducido a ceniza; y el espíritu se disipará, cual sutil aire; se desvanecerá ha, como una nube que pasa, nuestra vida; y desaparecerá como niebla herida de los rayos del sol, y disuelta con su calor.

4. Caerá en olvido con el tiempo nuestro nombre, sin que quede memoria de nuestras obras.

5. Porque el tiempo de nuestra vida es una sombra que pasa, y no hay retorno después de la muerte; porque queda puesto el sello, y nadie vuelve atrás.

6. Venid, pues, y gocemos de los bienes presentes; y apresurémonos a disfrutar de las criaturas mientras somos jóvenes.

7. Llenémonos de vinos exquisitos, y de olorosos perfumes, y no dejemos pasar la flor de la edad.

8. Coronémonos de rosas antes que se marchiten; no haya prado donde no dejemos las huellas de nuestra intemperancia.

9. Ninguno de nosotros deje de tomar parte de nuestras diversiones; dejemos por todas partes vestigios de nuestro regocijo, ya que nuestra herencia es ésta, y así es nuestra suerte.

10. Oprimamos al justo desvalido, no perdonemos a la viuda, ni respetemos las canas del anciano de muchos días.

11. Sea nuestra fuerza la única ley de justicia; pues lo flaco, según se ve, de nada sirve.

12. Armemos, pues, lazos al justo, visto que no es de provecho para nosotros, y que es contrario a nuestras obras, y nos echa en cara los pecados contra la ley, y nos desacredita divulgando nuestra depravada conducta.

13. Protesta tener la ciencia de Dios, y se llama a sí mismo hijo de Dios*.

14. Se ha hecho el censor de nuestros pensamientos.

15. No podemos sufrir ni aun su vista; porque no se asemeja su vida a la de los otros, y sigue una conducta muy diferente.

16. Nos mira como a gente frívola y ridícula, se abstiene de nuestros usos como de inmundicias, prefiere lo que esperan los justos en la muerte; y se gloría de tener a Dios por padre.

17. Veamos ahora si sus palabras son verdaderas; experimentemos lo que le acontecerá, y veremos cuál será su paradero.

18. Que si es verdaderamente hijo de Dios, Dios lo tomará a su cargo, y lo librará de las manos de sus adversarios.

19. Examinémoslo a fuerza de afrentas y de tormentos, para conocer su resignación y probar su paciencia.

---

13. La descripción del justo se basa en el *Cuarto Canto del Siervo. Is 52*, 13-*53*, 12; *Jn 7*, 16-28; *17*, 3.

20. Condenémosle a la más infame muerte; pues según sus palabras será él atendido.

21. Estas cosas idearon los impíos, y tanto desatinaron, cegados de su propia malicia.

22. Y no entendieron los misterios de Dios, ni creyeron que hubiese galardón para el justo, ni hicieron caso de la gloria reservada a las almas santas.

23. Porque Dios creó inmortal al hombre, y lo formó a su imagen y semejanza;

24. mas por la envidia del diablo, entró la muerte al mundo.

25. E imitan al diablo los que son de su bando.

3 *Los justos son felices, aun en medio de las aflicciones. Los pecadores experimentan muchas desazones*

1. Las almas de los justos están en la mano de Dios; y no llegará a ellas el tormento de la muerte eterna.

2. A los ojos de los insensatos pareció que morían; y su tránsito, o salida del mundo, se miró como una desgracia,

3. y como un aniquilamiento su partida de entre nosotros; mas ellos, a la verdad, reposan en paz*.

4. Y si delante de los hombres han padecido tormentos, su esperanza está llena o segura de la feliz inmortalidad.

5. Su tribulación ha sido ligera, y su galardón será grande; porque Dios hizo prueba de ellos, y los halló dignos de sí*.

6. Los probó como al oro en el crisol, y los aceptó como víctima de holocausto; y a su tiempo se les dará la recompensa.

7. Entonces brillarán los justos como el sol, y como centellas que discurren por un cañaveral así volarán de unas partes a otras.

8. Juzgarán a las naciones y señorearán a los pueblos, y el Señor reinará con ellos eternamente.

9. Los que confían en él entenderán la verdad; y los fieles a su amor estarán unidos con él; pues la gracia y la paz es para sus escogidos.

10. Mas los impíos serán castigados a medida de sus malvados pensamientos; ellos que no hicieron caso de la justicia, y apostataron del Señor.

11. Porque desdichado es quien desecha la sabiduría y la instrucción, y vana es su esperanza, sin frutos sus trabajos, e inútiles sus obras.

12. Sus mujeres son unas locas y perversísimos sus hijos.

13. Maldita la raza de ellos. Más dichosa es la mujer estéril, y la sin mancilla que ha conservado inmaculado su lecho; porque ella recibirá la recompensa de su castidad, cuando Dios visite a las almas santas.

14. Asimismo más feliz es el eunuco, cuyas manos no han obrado la iniquidad, ni ha pensado cosas criminales contrarias a Dios; pues se le dará un don precioso por su fidelidad y un destino muy distinguido en el cielo, que es el templo de Dios.

15. Porque glorioso es el fruto de las buenas obras; y nunca se seca la raíz de la sabiduría.

16. Mas los hijos de los adúlteros jamás llegarán a edad madura, y extirpada será la raza del tálamo impuro.

17. Y dado que tuvieren larga vida, para nada se contará con ellos, y su última vejez será sin honra.

18. Si murieren pronto, no tendrán esperanza, ni quien les consuele el día de la cuenta.

19. Porque la raza de los malvados tiene un fin muy desastrado.

4 *Amorosa providencia de Dios con los justos. Confusión eterna de los impíos*

1. ¡Oh cuán bella es la generación casta con esclarecida virtud! Inmortal es su memoria, y en honor delante de Dios y de los hombres.

2. Cuando está presente, la imitan, y cuando se ausenta, la echan de menos; y coronada triunfa eternamente ganando el premio en los combates por la castidad.

3. Pero la raza de los impíos, aunque multiplicada, de nada servirá; y no echarán hondas raíces los retoños bastardos, ni tendrán una estable consistencia.

---

3. En la morada celestial. *2 Cor 5*, 1.
5. *Rom 8*, 18.

4. Que si por algún tiempo brotan, como no tienen firmeza serán sacudidos por el viento, y desarraigados por la violencia del huracán.

5. Con lo que serán desgajadas sus ramas antes de acabar de formarse; inútiles y de áspero gusto sus frutos, y para nada buenos.

6. Porque los hijos nacidos de uniones ilícitas, al preguntárseles de quién son, vienen a ser testigos que deponen contra el crimen de sus padres.

7. Mas el justo, aunque sea arrebatado de muerte prematura, estará en lugar de refrigerio o reposo.

8. Porque no hacen venerable la vejez los muchos días, ni los muchos años; sino que la prudencia y juicio del hombre suplen por las canas,

9. y es edad anciana la vida inmaculada.

10. Porque el justo agradó a Dios, fue amado de él; y como vivía entre los pecadores, fue trasladado a otra parte.

11. Fue arrebatado para que la malicia no alterase su modo de pensar, ni sedujesen su alma las apariencias engañadoras del mundo.

12. Pues el hechizo de la vanidad del siglo oscurece el bien verdadero; y el inconstante ímpetu de la concupiscencia pervierte el ánimo inocente.

13. Con lo poco que vivió, llenó la carrera de una larga vida.

14. Porque su alma era grata a Dios, por eso mismo se apresuró el Señor a sacarlo de en medio de los malvados. Viéndolo las gentes, no entendieron ni reflexionaron en su corazón

15. ser esto una gracia y misericordia de Dios para con sus santos, y providencia particular con sus escogidos.

16. Mas el justo muerto condena a los impíos que viven; y su juventud pronto acabada, la larga vida del pecador.

17. Los impíos verán el fin del hombre prudente, y no comprenderán los designios de Dios sobre él, ni cómo el Señor lo ha puesto a salvo.

18. Lo verán, y lo mirarán con desprecio; mas el Señor se burlará de ellos;

19. y al cabo vendrán a morir sin honor, y estarán con eterna infamia entre los muertos; porque Dios hará que éstos hinchados de orgullo revienten de medio a medio, sin que osen abrir su boca, y los desquiciará desde los cimientos, y los reducirá a extrema desolación y quedarán gimiendo, y perecerá para siempre su memoria.

20. Comparecerán llenos de espanto por el remordimiento de sus pecados, y sus mismas iniquidades se levantarán contra ellos para acusarlos.

5

Lamentos de los condenados. Armas de Dios contra los impíos. Felicidad eterna de los justos

---

1. Entonces los justos se presentarán con gran valor contra aquellos que los angustiaron y robaron el fruto de sus fatigas.

2. A cuyo aspecto se apoderará de éstos la turbación y un temor horrendo; y se asombrarán de la repentina salvación de los justos, que ellos no esperaban ni creían;

3. y arrepentidos, y arrojando gemidos de su angustiado corazón, dirán dentro de sí: Estos son los que en otro tiempo fueron el blanco de nuestros escarnios, y a quienes proponíamos como un ejemplar de oprobio.

4. ¡Insensatos de nosotros! Su tenor de vida nos parecía una necedad, y su muerte una ignominia.

5. Mirad cómo son contados en el número de los hijos de Dios, y cómo su suerte es estar con los santos.

6. Luego descarriados hemos ido del camino de la verdad; no nos ha alumbrado la luz de la justicia, ni para nosotros ha nacido el sol de la inteligencia*.

7. Nos hemos fatigado en seguir la carrera de la iniquidad y de la perdición; hemos andado por senderos fragosos, sin conocer el camino del Señor.

8. ¿De qué nos ha servido la soberbia? ¿O qué provecho nos ha traído la vana ostentación de nuestras riquezas?

9. Pasaron como sombra todas aquellas cosas; y como mensajero que va en posta;

10. o cual nave que surca las olas del mar, de cuyo tránsito no hay que buscar vestigio, ni la vereda de su quilla en las olas;

11. o como ave que vuela a través del

---

6. *Job 22*, 17; *Ef 4*, 18.

aire, de cuyo vuelo no queda rastro ninguno, y solamente se oye el sacudimiento de las alas con que azota al ligero viento, y corta con fuerza el ambiente, por la cual se abre camino; ella bate sus alas y vuela sin dejar detrás de sí señal alguna de su rumbo;

12. o como una saeta disparada contra el blanco corta el aire, y luego éste se reúne, sin que se conozca por dónde aquélla pasó.

13. Así también nosotros, apenas nacidos dejemos de ser; y ciertamente ninguna señal de virtud pudimos mostrar, y nos consumimos en nuestra maldad.

14. Así discurren en el infierno los pecadores.

15. Porque la esperanza del impío es como la pelusa o polvo que arrebata el viento; o cual espuma ligera que la tempestad deshace; o como humo que disipa el viento; o como la memoria del huésped que va de paso y sólo se detiene un día.

16. Al contrario, los justos vivirán eternamente, y su galardón está en el Señor, y el Altísimo tiene cuidado de ellos.

17. Por tanto recibirán de la mano del Señor el reino de la gloria y una brillante diadema; los protegerá con su diestra, y con su santo brazo los defenderá.

18. Se armará de todo su celo, y armará también las criaturas para vengarse de sus enemigos.

19. Tomará la justicia por coraza, y por casco el juicio infalible.

20. Alzará por escudo impenetrable la rectitud.

21. De su inflexible ira se hará Dios una aguda lanza; y todo el universo peleará con él contra los insensatos.

22. Irán derechamente a ellos los tiros de los rayos, los cuales serán lanzados de las nubes como de un arco bien apuntado, y herirán a un punto fijo;

23. y de la cólera de Dios, como de un pedrero lloverán densos granizos. Se embravecerán contra ellos las olas del mar; y los ríos todos inundarán impetuosamente la tierra.

24. Se levantará contra ellos un furioso huracán, y en torbellino de viento serán destrozados. Por su iniquidad quedará convertida en un desierto toda la tierra; y por la maldad, los tronos de los potentados serán derrocados.

6 *Amonestación a los gobernantes para buscar la sabiduría y dirigir sus acciones por ella*

1. Más vale la sabiduría que las fuerzas; y el varón prudente más que el valeroso.

2. Escuchad, pues, oh reyes, y estad atentos; aprended vosotros, oh jueces todos de la tierra:

3. Dad oídos a mis palabras, vosotros que tenéis el gobierno de los pueblos, y os gloriáis del vasallaje de muchas naciones.

4. Porque la potestad os la ha dado el Señor; del Altísimo tenéis esa fuerza, el cual examinará vuestras obras, y escudriñará hasta los pensamientos.

5. Porque siendo vosotros unos ministros de su reino universal, no juzgasteis con rectitud, ni observasteis la ley de la justicia, ni procedisteis conforme a la voluntad de Dios.

6. El se dejará ver, o caerá sobre vosotros espantosa y repentinamente; pues aquellos que ejercen potestad sobre otros, serán juzgados con extremo rigor.

7. Porque con los pequeños se usará de compasión, mas los grandes sufrirán grandes tormentos.

8. Que no exceptuará Dios persona alguna, ni respetará la grandeza de nadie; pues al pequeño y al grande él mismo los hizo y de todos cuida igualmente,

9. si bien a los más grandes amenaza mayor suplicio.

10. Por tanto a vosotros, oh reyes, se dirigen estas mis palabras; a fin de que aprendáis la sabiduría y no vengáis a resbalar.

11. Porque los que hayan hecho rectamente obras justas, serán justificados*; y los que hayan aprendido estas cosas que enseño, hallarán con qué defenderse.

12. Por consiguiente, codiciad mis documentos, amadlos y seréis instruidos.

13. Porque luminosa e inmarcesible es la sabiduría; y se deja ver fácilmente de los que la aman, y hallar de los que la buscan.

14. Se anticipa a aquellos que la codician, poniéndoseles delante ella misma.

15. Quien madrugare en busca de ella,

11. *Declarados justos. Deut 16*, 20.

no tendrá que fatigarse; pues la hallará sentada en su misma puerta.

16. El tener, pues, el pensamiento ocupado en la sabiduría es prudencia consumada; y el que por amor de ella velare, bien pronto estará en reposo.

17. Porque ella misma va por todas partes buscando a los que son dignos de poseerla; y por los caminos se les presenta con agrado, y en todas ocasiones y asuntos la tienen al lado.

18. El principio de la sabiduría es un deseo sincerísimo de la instrucción.

19. Procurar instruirse es amar la sabiduría; amarla es guardar sus leyes; y la guarda de estas leyes es la perfecta pureza del alma;

20. la perfecta pureza une con Dios;

21. luego el deseo de la sabiduría conduce al reino eterno.

22. Ahora bien, ¡oh reyes de los pueblos!, si os complacéis en los tronos y cetros, amad la sabiduría a fin de reinar perpetuamente.

23. Amad la luz de la sabiduría todos los que estáis al frente de los pueblos,

24. que yo os declararé qué cosa es la sabiduría, y cómo fue engendrada; y no os ocultaré los misterios de Dios*; sino que subiré investigando hasta su primer origen, y pondré en claro su conocimiento, sin ocultar un ápice de la verdad.

25. No me acompañaré por cierto con el que se pudre de envidia; pues el envidioso no será jamás participante de la sabiduría.

26. Los varones sabios son la felicidad del mundo; y un rey sabio es firme sostén del pueblo.

27. Recibid, pues, la instrucción por medio de mis palabras, porque os será provechosa.

7

Desea el hombre la sabiduría divina. Su elogio, origen, fuerza, dotes y hermosura

---

1. A la verdad que soy también yo un hombre mortal, semejante a los demás, y del linaje de aquel que siendo el primero fue formado de la tierra; y en el vientre de la madre recibí la humana figura de carne.

2. En el espacio de diez meses fui formado de una sangre cuajada y de la sustancia del hombre, concurriendo lo apacible del sueño.

3. Y luego que nací, respiré en común aire, y casi sobre la misma tierra que todos; y mi primera voz, como la de todos los demás niños, fue de llanto.

4. Fui criado entre pañales y con grandes cuidados o desvelos.

5. Porque no ha tenido otra manera de nacer que ésta ninguno de los reyes.

6. Una misma, pues, es para todos la entrada a la vida, y semejante es la salida.

7. Por esto deseé yo la inteligencia, y me fue concedida; e invoqué del Señor el espíritu de sabiduría, y se me dio,

8. y la preferí a los reinos y tronos, y en su comparación tuve por nada las riquezas,

9. y no parangoné con ellas las piedras preciosas; porque todo el oro, respecto de ella, no es más que una menuda arena, y a su vista la plata será tenida por lodo.

10. La amé más que la salud y la hermosura; y propuse tenerla por luz y norte porque su resplandor es inextinguible.

11. Todos los bienes me vinieron con ella, y he recibido por su medio innumerables riquezas.

12. Y me gozaba en todas estas cosas, porque me guiaba esta sabiduría; e ignoraba yo que ella fuese madre de todos estos bienes.

13. La aprendí sin ficción, y la comunico sin envidia, ni encubro su valor;

14. pues es un tesoro infinito para los hombres, que a cuantos se han valido de él, los ha hecho partícipes de la amistad de Dios y recomendables por los dones de la doctrina que han enseñado.

15. A mí me ha concedido Dios expresar con claridad lo que siento*; y tener pensamientos dignos de los dones recibidos del Señor, porque él es la guía de la sabiduría y el que corrige a los sabios;

16. puesto que estamos en sus manos nosotros, y nuestros discursos, y toda la

---

24. El origen de la sabiduría no creada es un misterio grande que reveló Dios a los hombres. *Job 28*, 20.

15. La sabiduría y el uso de ella son un don de Dios.

sabiduría, y la ciencia del obrar, y la disciplina.

17. El mismo me dio la verdadera ciencia de las cosas existentes; para que yo conozca la constitución del mundo, y las virtudes de los elementos;

18. el principio y el fin y el medio de los tiempos, y las mudanzas de las estaciones, y las vicisitudes o variaciones de los tiempos;

19. el curso del año, y las situaciones de las estrellas;

20. las naturalezas de los animales, y la bravura de las fieras; la violencia de los vientos, y las inclinaciones de los hombres; la variedad de las plantas, y las virtudes de las raíces.

21. En suma, aprendí cuantas cosas hay ocultas y nunca vistas; pues la sabiduría, que es el artífice de todas, me instruyó.

22. Porque en ella tiene su morada el espíritu de inteligencia, espíritu santo, único, multiforme, sutil, elocuente, ágil, inmaculado, infalible, suave, amante del bien, perspicaz, irresistible, benéfico,

23. amador de los hombres, benigno, estable, constante, seguro, el cual lo puede todo, todo lo prevé y que abarca en sí todos los espíritus, inteligente, puro y sutil.

24. Pues la sabiduría es más ágil que todas las cosas que se mueven, y alcanza a todas partes, a causa de su pureza o espiritualidad,

25. siendo como es una exhalación de la virtud de Dios, o como una pura emanación de la gloria de Dios, omnipotente; por lo que no tiene lugar en ella misma cosa manchada;

26. como que es el resplandor de la luz eterna, y un espejo sin mancilla de la majestad de Dios, y una imagen de su bondad.

27. Y con ser una sola lo puede todo; y siendo en sí inmutable, todo lo renueva, y se derrama por todas las naciones entre las almas santas, formando amigos de Dios y profetas.

28. Porque Dios solamente ama al que mora con la sabiduría.

29. La cual es más hermosa que el sol, y sobrepuja a todo el orden de las estrellas, y si se compara con la luz, le hace muchas ventajas,

30. visto que a la luz la alcanza la noche; pero la malicia jamás prevalece contra la sabiduría.

8

La sabiduría abraza todos los bienes. Viene de Dios. Dichoso el que la posee

1. Ella, pues, abarca fuertemente de un cabo a otro todas las cosas, y las ordena todas con suavidad.

2. A ésta amé yo, y busqué desde mi juventud, y procuré tomarla por esposa mía, y quedé enamorado de su hermosura.

3. Realza su nobleza la estrecha unión que tiene con Dios; y además, el mismo Señor de todas las cosas ha declarado que la ama;

4. siendo, como es, la maestra de la ciencia de Dios y la directora de sus obras.

5. Y si en esta vida se codician las riquezas, ¿qué cosa más rica que la sabiduría, creadora de todas las cosas?

6. Y si la industria es la que produce las obras, ¿qué mejor que la sabiduría mostró el arte o ingenio en estas cosas existentes?

7. Y si alguno ama la justicia o santidad de vida, frutos son de los trabajos u obras de esta sabiduría las grandes virtudes; por ser ella la que enseña la templanza, la prudencia, y la justicia, y la fortaleza, que son las cosas más útiles a los hombres en esta vida.

8. Y si alguno desea mucho saber, ella es la que sabe todo lo pasado, y forma juicio de lo futuro; conoce los artificios maliciosos de los discursos, y las soluciones de los argumentos; adivina los prodigios y maravillas antes que sucedan, y los acontecimientos de los tiempos y de los siglos.

9. Propuse, pues, traérmela para que viviera en compañía mía, sabiendo que comunicará conmigo sus bienes, y será el consuelo mío en mis cuidados y penas.

10. Por ella seré ilustre entre las gentes; y aunque joven seré honrado de los ancianos.

11. Y me reconocerán por agudo en juzgar, y seré admirable a los ojos de los grandes, y los príncipes manifestarán en sus semblantes la admiración que les causo.

12. Si callo estarán en expectación, y si hablo me escucharán atentos; y cuando me extendiere en mi discurso, pondrán el dedo en sus labios.

13. Además de esto, por ella adquiriré yo la inmortalidad, y dejaré memoria eterna de mí a los venideros.

14. Gobernaré los pueblos, y se sujetarán a mí las naciones.

15. Temblarán al oír mi nombre los reyes feroces; con el pueblo me mostraré benigno y valiente en la guerra.

16. Entrando en mi casa hallaré en ella mi reposo; porque ni en su conversación tiene rastro de amargura, ni causa tedio su trato, sino antes bien consuelo y alegría.

17. Considerando yo esto para conmigo y revolviendo en mi corazón cómo en la unión con la sabiduría se halla la inmortalidad,

18. y un santo placer en su amistad, e inagotables tesoros en las obras de sus manos, y la prudencia en el ejercicio de conversar con ella, y gran gloria en participar de sus razonamientos, andaba por todas partes buscando cómo apropiármela.

19. Ya de niño era yo de buen ingenio, y me cupo por suerte una buena alma.

20. Y creciendo en la bondad pude conservar inmaculado mi cuerpo.

21. Y luego que llegué a entender que no podría ser continente, si Dios no me lo otorgaba (y era ya efecto de la sabiduría saber de quién venía este don), acudí al Señor, y se lo pedí con fervor, diciendo de todo mi corazón:

9 *Oración humilde de Salomón pidiendo a Dios la sabiduría como único don*

1. Oh* Dios de mis padres y Señor de misericordia, que hiciste todas cosas por medio de tu palabra,

2. y con tu sabiduría formaste al hombre, para que fuese señor de las criaturas que tú hiciste,

3. a fin de que gobernase la tierra con equidad y justicia, y ejerciese el juicio con rectitud de corazón;

4. dame aquella sabiduría que asiste a tu trono, y no quieras excluirme del número de tus hijos;

5. ya que yo soy siervo tuyo e hijo de tu esclava, hombre flaco, y de corta edad, y poco idóneo aun para entender el derecho y las leyes.

6. Porque aun cuando alguno de entre los hijos de los hombres fuese un varón consumado, si se ausentare de él tu sabiduría, no valdría nada.

7. Tú, ¡oh Señor!, me escogiste por rey de tu pueblo, y por juez de tus hijos e hijas;

8. y me mandaste edificar el templo en tu santo monte, y un altar en la ciudad de tu morada a semejanza de tu santo Tabernáculo, que dispusiste desde el principio,

9. estando contigo tu sabiduría, que conoce tus obras; la cual se hallaba también contigo entonces cuando creabas al mundo, y sabía lo que era grato a tus ojos, y qué cosa era conforme a tus decretos.

10. Envíala de tus santos cielos y del solio de tu grandeza, para que esté conmigo, y conmigo trabaje, a fin de que sepa yo lo que te place;

11. puesto que sabe ella todas las cosas y todo lo entiende, y me guiará con acierto en mis empresas, y me protegerá con su poder.

12. Con lo cual mis obras serán gratas, y gobernaré con justicia a tu pueblo, y seré digno del trono de mi padre.

13. Porque ¿quién de los hombres podrá saber los consejos de Dios?; ¿o quién podrá averiguar qué es lo que Dios quiere?

14. Porque tímidos son los pensamientos de los mortales, e inciertas o falaces nuestras providencias;

15. pues el cuerpo corruptible le pesa al alma, y este vaso de barro deprime la mente, ocupada que está en muchas cosas.

16. Difícilmente llegamos a formar concepto de las cosas de la tierra; y a duras penas entendemos las que tenemos delante de los ojos. ¿Quién podrá, pues, investigar aquellas que están en los cielos?

17. Y sobre todo, ¿quién podrá conocer tus designios o tu voluntad, si tú no le das sabiduría, y no envías desde lo más alto de los cielos tu Santo Espíritu;

18. con que sean enderezados los caminos de los moradores de la tierra, y aprendan los hombres las cosas que a ti placen?

19. Visto que por la sabiduría fueron salvados, ¡oh Señor!, cuantos desde el principio del mundo te fueron gratos.

---

1. Este capítulo es similar a la plegaria de Salomón pidiendo la sabiduría. *2 Cro 1*, 1-12.

10 Adán, Noé, los patriarcas y el pueblo de Israel protegidos por la sabiduría

1. Ella guardó al que fue por el mismo Dios formado, al primer padre del mundo, habiendo sido criado él solo;

2. y ella lo sacó de su pecado, y le dio potestad para gobernar todas las cosas.

3. Luego que apostató de esta sabiduría, arrebatado de la ira, el impío Caín se halló perdido por la furia del homicidio fraterno.

4. Y cuando después por causa de él las aguas anegaron la tierra, la sabiduría puso nuevamente remedio, conduciendo al justo Noé en un leño despreciable*.

5. Ella igualmente cuando las gentes conspirando a una para obrar mal, distinguió al justo Abrahán, y lo conservó irreprensible delante de Dios, y lo mantuvo firme en obedecer su mandato a pesar de su natural compasión al hijo.

6. La sabiduría es la que libró al justo Lot, que huía de entre los impíos que perecieron, cuando cayó fuego sobre Pentápolis*;

7. cuya tierra, en testimonio de las maldades de ella, persevera desierta, humeando, y los árboles dando frutos sin sazón, y fija la estatua de sal, por padrón de un alma incrédula*.

8. Así es que aquellos que dieron de mano a la sabiduría, no solamente vinieron a desconocer la virtud, sino que dejaron a los hombres memoria de su necedad, de manera que no pudieron encubrir los pecados que cometieron.

9. Al contrario, la sabiduría libró de los dolores a los que la respetaban.

10. Ella condujo por caminos seguros al justo Jacob, cuando huía de la ira de su hermano Esaú, y le mostró el reino de Dios, y le dio la ciencia de los santos; lo enriqueció en medio de las fatigas, y recompensó abundantemente sus trabajos.

11. Cuando Labán y sus hijos querían sorprenderlo con sus fraudes, ella lo asistió y lo hizo rico.

12. Lo guardó de los enemigos, y lo defendió de los seductores, y lo hizo salir vencedor en la gran lucha, a fin de que conociese que de todas las cosas la más poderosa es la sabiduría.

13. Esta misma no desamparó al justo José, vendido por sus hermanos, antes le libró de los pecadores, y descendió con él al hoyo o mazmorra,

14. y no lo desamparó en las prisiones, sino que le dio el bastón o gobierno del reino, y el poder contra aquellos que lo habían deprimido; y convenció de mentirosos a los que lo habían infamado, y le procuró una gloria eterna.

15. Esta libró a Israel, al pueblo justo y al linaje irreprensible, de las naciones que lo oprimían,

16. entrándose en el alma del siervo de Dios, Moisés; el cual hizo frente a reyes formidables a fuerza de portentos y milagros.

17. Y ésta les dio a los justos el galardón de sus trabajos, y los condujo por sendas maravillosas, y les sirvió de todo durante el calor del día, y suplió de noche la luz de las estrellas.

18. Los pasó por el mar Rojo a la otra orilla, y los fue guiando entre montañas de aguas.

19. Pero a sus enemigos los sumergió en el mar; y después los hizo salir muertos del profundo abismo. Así es que los justos se llevaron los despojos de los impíos;

20. y celebraron con cánticos, ¡oh Señor!, tu Nombre santo, alabando todos a una tu diestra vencedora.

21. Porque la sabiduría abrió la boca de los mudos*, e hizo elocuentes las lenguas de los infantes.

11 La divina sabiduría protegió a los hebreos y los hizo triunfar sobre sus enemigos

1. La misma dirigió sus pasos bajo el gobierno del santo profeta Moisés.

2. Viajaron por desiertos inhabitados, y acamparon en lugares desiertos.

3. Hicieron frente a sus enemigos, y se vengaron de sus contrarios.

4. Tuvieron sed, y te invocaron, y les fue

---

4. *Gen 7*, 21.
6. *Pentápolis* significa *cinco ciudades: Sodoma, Gomorra, Adama, Seboim y Bala. Gen 14*, 2.
7. *Gen 19.*

21. *Ex 17*, 8.

dada agua de una altísima peña, y refrigerio a su sed de una dura piedra.

5. Por tanto en lo mismo que fueron castigados sus enemigos cuando les faltó el agua para beber, los hijos de Israel se gozaban por tenerla en abundancia;

6. y por eso cuando a aquéllos les faltó, recibieron éstos tan singular beneficio.

7. Porque realmente a los malvados egipcios les diste a beber sangre humana, en vez de las aguas del perenne río Nilo*.

8. Y cuando perecían éstos en pena de haber hecho morir a los infantes hebreos, diste a los tuyos agua en abundancia contra toda esperanza,

9. demostrando, por la sed que hubo entonces, cómo ensalzabas a los tuyos, y hacías perecer a sus contrarios.

10. Pues viéndose los hebreos puestos a prueba y afligidos, aunque con misericordia, echaron de ver cuáles tormentos padecieron los impíos, castigados con indignación.

11. Verdaderamente que a los unos los probaste como padre que amonesta; mas a los otros los pusiste en juicio, como rey inexorable para condenarlos,

12. siendo atormentados igualmente en ausencia y en presencia de los hebreos.

13. Porque eran castigados con doble pesar y llanto, con la memoria de las cosas pasadas;

14. pues al oír que era bien para los otros lo que para ellos había sido tormento, conocieron la mano del Señor, asombrados del éxito de los sucesos.

15. Así fue que a aquel pueblo y caudillo, de quien se mofaban, como de gente echada a la aventura en aquella inhumana exposición de los niños, al fin de los sucesos lo miraban con admiración; habiendo ellos padecido una sed, bien diferente de la de los justos, que luego fue remediada.

16. Y en castigo de las ideas locas de su idolatría, según las cuales algunos, desvariando, adoraban irracionales o mudas serpientes, y viles bestias, tú enviaste contra ellos para vengarte una multitud de mudas sabandijas;

17. a fin de que conociesen cómo por aquellas cosas en que uno peca, por ésas mismas es atormentado.

18. No porque tu mano omnipotente que creó al mundo de una materia nunca vista* no pudiera enviar contra ellos multitud de osos y de feroces leones,

19. o fieras de una nueva especie desconocida, llenas de furor, que respirasen llamas de fuego, o despidiesen una negra humareda, o arrojasen por los ojos espantosas centellas;

20. que no solamente con sus mordeduras hubieran podido exterminarlos, sino aun con la sola vista hacerlos morir de espanto.

21. Pero aun sin nada de todo esto, con un solo aliento de tu ira podían ser muertos perseguidos del remordimiento de sus propios crímenes, y disipados por un soplo de tu potencia; mas tú dispones todas las cosas con justa medida, número y peso;

22. porque tú solo tienes siempre a la mano el sumo poder; y ¿quién puede resistir a la fuerza de tu brazo?

23. El mundo todo es delante de ti como un granito en la balanza, y como una gota de rocío que por la mañana desciende sobre la tierra.

24. Pero tú tienes misericordia de todos, por lo mismo que todo lo puedes, y disimulas los pecados de los hombres, a fin de que hagan penitencia.

25. Porque tú amas todo cuanto tiene ser, y nada aborreces de todo lo que has hecho; que si alguna cosa aborrecieras, nunca la hubieras ordenado ni hecho.

26. ¿Y cómo pudiera durar alguna cosa, si tú no quisieses?; ¿ni cómo conservarse nada sin orden tuya?

27. Pero tú eres indulgente para con todos; porque tuyas son todas las cosas, ¡oh Señor! amador de las almas.

12 *Paciencia infinita del Señor en tolerar las maldades e idolatrías de los cananeos*

1. ¡Oh cuán benigno y suave es, oh Señor, tu espíritu en todas las cosas!

2. De aquí es que a los que andan perdidos, tú los castigas poco a poco; y los amonestas y les hablas de las faltas que

7. *Ex* 7, 17.

18. *De la nada. Gen 1*, 2.

cometen, para que dejada la malicia crean en ti, ¡oh Señor!

3. Porque tú miraste con horror a los antiguos moradores de tu tierra santa;

4. pues hacían obras detestables a tus ojos con hechiceras y sacrificios impíos,

5. matando sin piedad a sus propios hijos, y comiendo las entrañas humanas, y bebiendo la sangre en medio de tu sagrada tierra contra tu santo precepto.

6. A éstos, que eran a un mismo tiempo padres y parricidas de aquellas criaturas abandonadas, los quisiste hacer perecer por medio de nuestros padres;

7. a fin de que la tierra, de ti la más amada de todas, recibiese la digna colonia de hijos de Dios.

8. Mas aún a estos malvados, por ser hombres, les tuviste alguna compasión, y les enviaste avispas, a manera de batidores de tu ejército, para que los exterminasen poco a poco.

9. No porque no pudieses someter a mano armada a los impíos a los justos, o exterminarlos de una vez por medio de bestias feroces, o con solo una severa palabra tuya;

10. sino que castigándolos poco a poco, dabas lugar a la penitencia; aunque no ignorabas cuán malvada es su casta y congénita su malicia y que no se mudarían jamás sus corrompidas ideas.

11. Pues venían ellos de una raza maldita ya desde el principio*; y sin que fuese por temer tú a nadie, les dabas treguas en sus pecados.

12. Porque quién te dirá a ti: ¿Por qué has hecho eso?, ¿o quién se opondrá a tus juicios?, ¿o quién se presentará ante ti para defender a hombres malvados?, ¿o quién te hará cargos por haber exterminado las naciones que tú creaste?

13. Porque no hay otro Dios sino tú; que de todas las cosas tienes cuidado, para demostrar que no hay injusticia alguna en tus juicios o disposiciones.

14. No hay ni rey, ni príncipe que pueda pedirte cuenta de aquellos que tú has hecho perecer.

15. Siendo como eres justo, dispones, ¡oh Señor!, todas las cosas justamente; y crees ajeno de tu poder condenar a aquel que no merece ser castigado.

16. Pues tu poder es el principio o fuente de la justicia; y por lo mismo que eres el Señor de todas las cosas, eres con todos indulgente.

17. Muestras tu infinito poder cuando no te creen soberanamente poderoso, y entonces confundes la audacia de aquellos que no te reconocen.

18. Pero como tú eres el soberano Señor de todo, juzgas sin pasión, y nos gobiernas con moderación suma; teniendo siempre en tu mano usar el poder cuando quisieres.

19. Por esta tu conducta has enseñado a tu pueblo que el justo debe también ser humano, y has dado a tus hijos buenas esperanzas, viendo que cuando los juzgas por sus pecados dejas lugar a la penitencia.

20. Pues si a los enemigos de tus siervos, ya reos de muerte, los castigaste con tanto miramiento, dándoles tiempo y comodidad para que se arrepintiesen de su malicia,

21. ¿con cuánto cuidado juzgarás a tus hijos, a cuyos padres hiciste con juramentos y pactos grandes promesas?

22. Así es que cuando a nosotros nos das alguna corrección, a nuestros enemigos los castigas de mil maneras; para que reflexionando consideremos tu bondad, y cuando nos haces experimentar tu justicia, esperemos en tu misericordia.

23. Por la misma razón a esos otros, que vivieron como insensatos e injustos, les hiciste sufrir horribles tormentos por medio de aquellas mismas cosas que adoraban.

24. Ello es que anduvieron largo tiempo extraviados por la senda del error, creyendo dioses a las criaturas más viles entre los animales, y viviendo como niños, sin ningún juicio.

25. Por lo mismo les diste tú un castigo a manera de escarnio, como a muchachos irreflexivos.

26. Mas los que no se corrigieron con estos escarnios y reprensiones, vinieron a experimentar un castigo digno del poder de Dios.

27. Porque irritados de lo que padecían, y viéndose atormentados por las mismas cosas que creían dioses, y que ellas eran su ruina, reconocieron ser el verdadero Dios aquel a quien en otro tiempo negaban conocer; pero no dejaron la impiedad. Por lo cual

---

11. *Gen 9, 25.*

descargó al cabo sobre ellos la condenación final.

13 Locura de quienes adoraron como dioses las obras de Dios y los ídolos hechos por los hombres

1. Vanidad, y no más, son ciertamente todos los hombres en quienes no se halla la ciencia de Dios; y que por los bienes visibles no llegaron a entender al Ser Supremo[1], ni considerando las obras reconocieron al artífice de ellas;

2. sino que se figuraron ser el fuego, o el viento, o el aire ligero, o las constelaciones de los astros, o la gran mole de las aguas, o el sol y la luna los dioses gobernadores del mundo.

3. Que si encantados de la belleza de estas cosas las imaginaron dioses, debieran conocer cuánto más hermoso es el dueño de ellas; pues el que creó todas estas cosas es el autor de la hermosura.

4. O si se maravillaron de la virtud e influencia de estas criaturas, entender debían por ellas que aquel que las creó las sobrepuja en poder.

5. Pues la grandeza y hermosura de estas criaturas se puede a las claras venir en conocimiento de su Creador.

6. Mas ellos son menos reprensibles; porque si caen en el error puede decirse que es buscando a Dios, y esforzándose por encontrarlo.

7. Por cuanto lo buscan discurriendo sobre sus obras, de las cuales quedan como encantados por la belleza que ven en ellas.

8. Aunque tampoco a éstos se les debe perdonar,

9. porque si pudieron llegar por su sabiduría a formar idea o a penetrar las cosas del mundo, ¿cómo no echaron de ver más fácilmente al Señor del mundo?

10. Pero malaventurados son y fundan en cosas muertas sus esperanzas aquellos que llamaron dioses a las obras de la mano de los hombres, al oro y a la plata, labrados con arte, o a las figuras de los animales o a una piedra inútil, obra de mano antigua.

11. Como cuando un artífice o escultor hábil corta del bosque un árbol derecho, y diestramente le quita toda la corteza y valiéndose de su arte fabrica mañosamente un mueble a propósito para el servicio de la vida,

12. y los restos los recoge para cocer la comida;

13. y a uno de estos restos, que para nada sirve, por estar torcido y lleno de nudos, lo va puliendo a ratos desocupado, y con la pericia de su arte va dándole figura, hasta hacer de él la imagen de un hombre,

14. o darle la semejanza de un animal, pintándolo de rojo, y poniéndole la encarnadura y cubriéndole todos los agujeros y hendiduras que hay en él;

15. y haciendo después para la estatua un nicho conveniente, la coloca en la pared, y la afirma con clavos,

16. para que no caiga al suelo usando con ella de esta precaución porque sabe que no puede valerse a sí misma, puesto que es una mera imagen la cual necesita ayuda para sostenerse.

17. Y sin embargo, ofreciéndole votos, la consulta sobre su hacienda, sobre sus hijos y sobre sus matrimonios. Ni se corre de hablar con aquello que carece de vida;

18. antes bien suplica por la salud a un inválido, y ruega por la vida a un muerto, e invoca en su ayuda a un estafermo;

19. y para hacer un viaje se encomienda a quien no puede moverse; y para sus ganancias y labores y el buen éxito de todas las cosas hace oración al que es inútil para todo.

14 *Necedad y ceguera de los idólatras. Se describe el origen de la idolatría*

1. Asimismo piensa otro en navegar, y estando para surcar las encrespadas olas, invoca un leño más endeble que aquel en que va.

2. A este leño lo inventó la codicia de ganar y lo construyó el artífice con su saber.

3. Mas tu providencia, ¡oh Padre!, lleva el timón; por cuanto aun en medio del mar abriste camino a tu pueblo que huía de Egipto, y le diste paso segurísimo por entre las olas;

1. *Ex* 3, 14.

4. demostrando que eres poderoso para salvar a todo riesgo, aun cuando alguno se meta en el mar sin uso del arte.

5. Pero a fin de que no quedasen inútiles las obras de tu sabiduría, por eso es que los hombres fían sus vidas a un débil leño, y atravesando el mar sobre un barco llegan a salvamento.

6. De esta suerte también al principio, cuando perecieron en el diluvio los soberbios gigantes, una barca fue el refugio de la esperanza de toda la tierra: barca que siendo gobernada por tu mano, conservó la semilla de que había de renacer el mundo.

7. Porque bendito es el leño que sirve a la justicia;

8. pero maldito es el leño de un ídolo hecho de mano, tanto él como su artífice; éste, porque lo fabricó, y aquél, porque no siendo más que una cosa frágil recibió el nombre de dios.

9. Puesto que a Dios le son igualmente aborrecibles el impío y su impiedad.

10. Por donde así la obra hecha como el hacedor serán castigados.

11. Y por eso no se perdonará a los mismos ídolos de las naciones; por cuanto a las criaturas de Dios se las hizo servir a la abominación, y de tentación para las almas de los hombres, y de lazo para los pies de los insensatos.

12. Pues la invención de los ídolos fue el origen de la idolatría, y su hallazgo la corrupción de la vida,

13. porque ni los había al principio, ni los habrá siempre.

14. Sobrevino en la tierra la vanidad de los hombres; y con esto se tuvo por muy pronta la muerte de ellos.

15. Un padre transpasado de acerbo dolor por la prematura y súbita muerte de su hijo, formó de él un retrato; y al que como hombre acababa de morir, comenzó luego a honrarlo como a dios, y estableció entre sus criados ceremonias y sacrificios para darle culto.

16. Después con el discurso del tiempo tomando cuerpo aquella impía costumbre, el error vino a ser observado como ley, y se adoraban los simulacros por mandato de los tiranos.

17. Y así hacían traer desde lejos los retratos de aquellos a quienes podían los hombres honrar personalmente por estar distantes; y expo-nían a la vista de todos la imagen del rey a quien querían tributar honores, a fin de reverenciarle con su culto, como si estuviera presente.

18. La extremada habilidad del artífice atrajo también a los ignorantes a este culto;

19. porque deseando complacer al que lo hacía trabajar, empleó todos los esfuerzos del arte, para sacar más al vivo la imagen.

20. Con esto embelesado el vulgo, con la belleza de la obra, comenzó a calificar por un dios al que poco antes era honrado como un hombre.

21. Y he aquí cómo se precipitó en el error el género humano; pues los hombres, o por satisfacer a un particular afecto suyo o por congraciarse con los reyes, dieron a las piedras y leños el nombre incomunicable de Dios.

22. Y no se contentaron con errar en orden al conocimiento de Dios; sino que viviendo sumamente combatidos de su ignorancia, a un sinnúmero de muy grandes males les dan el nombre de paz o de bienes.

23. Pues ya sacrificando sus propios hijos, ya ofreciendo sacrificios entre tinieblas, o celebrando vigilias llenas de brutales delirios,

24. no respetan las vidas, ni la pureza de los matrimonios, sino que unos a otros se matan por celos, o con sus adulterios se entristecen.

25. Por todas partes se ve efusión de sangre, homicidios, hurtos y engaños, corrupción, infidelidad, alborotos, perjurios, vejación de los buenos;

26. olvido de Dios, contaminación de las almas, incertidumbre de los partos, inconstancia de los matrimonios, desórdenes de adulterio y de libertinaje;

27. siendo el abominable culto de los ídolos la causa y el principio y fin de todos los males;

28. porque o hacen locuras en sus fiestas, o al menos fingen oráculos falsos, o viven en la injusticia, o perjuran con suma facilidad;

29. como que confiados en sus ídolos, que son criaturas inanimadas, no temen que por jurar en falso les venga ningún daño.

30. Mas por ambas cosas tendrán su justo castigo; porque entregados a sus ídolos sintieron mal de Dios, y porque juraron injustamente y con dolo, menospreciando la justicia.

31. Que no es el poder de aquellos ídolos por quienes juran, sino la divina venganza contra los pecadores la que persigue siempre la prevaricación de los hombres injustos.

15 *Acción de gracias a Dios por haber preservado a Israel de la idolatría*

1. Tú, oh Dios nuestro, tú eres benigno y veraz, y justo, y todo lo gobiernas con misericordia.

2. Porque si pecáremos, tuyos somos, sabiendo, como sabemos, tu poder y grandeza; y si no pecamos, sabemos que nos cuentas en el número de los tuyos o de tus amigos.

3. Porque conocerte a ti con fe viva es la perfección de la justicia, y conocer o confesar tu justicia y poder es la raíz de la inmortalidad*.

4. Y así no nos ha inducido a error la humana invención de un arte mal empleado, ni el vano artificio de las sombras de una pintura, ni la efigie tallada y de varios colores,

5. cuya vista excita la concupiscencia en el insensato, que ama la compostura de un retrato muerto e inanimado.

6. Dignos son de poner su esperanza en semejantes cosas o en esas deidades aquellos que aman el mal; como también los que las hacen, los que las aman, y los que les dan culto.

7. Así es que un alfarero, manejando la blanda greda, forma de ella, a costa de su trabajo, toda suerte de vasijas para nuestros usos; y de un mismo barro hace vasos que sirven para cosas limpias, e igualmente otros para cosas que no lo son; siendo el alfarero el árbitro del destino que han de tener los vasos.

8. Y con vana fatiga forma del mismo barro un dios el hombre mortal que poco antes fue formado de la tierra, y que muy en breve volverá a reducirse a ella, obligado a restituir la deuda del alma que ha recibido*.

9. Pero él no se cura del trabajo que le ha de costar, ni de la brevedad de su vida; sino que va a competencia con los artífices de oro y de plata, e imita también a los broncistas, y pone su gloria en formar cosas inútiles;

10. pues su corazón es ceniza o polvo, y vil tierra su esperanza, y su vida más despreciable que el barro;

11. como que no conoce al que lo ha creado e infundido el alma con que trabaja, e inspirándole el espíritu de vida.

12. Y aun han creído éstos ser nuestra vida un juego, y que toda nuestra ocupación debe reducirse a amontonar riquezas, y que conviene ganar por cualquier medio, aunque sea malo.

13. Porque aquel artífice que de la frágil materia de la tierra forma vasijas y simulacros, bien conoce que peca más que todos.

14. Son, pues, necios desgraciados y soberbios, más que alma nacida, todos los que son enemigos de tu pueblo, y que lo tienen avasallado.

15. Porque creen dioses todos los ídolos de las naciones; los cuales ni pueden usar de los ojos para ver, ni de las narices para respirar, ni de las orejas para oír, ni de los dedos de las manos para palpar, ni aún sus pies son capaces de caminar.

16. Que un hombre mortal fue quien los hizo y recibió prestado el espíritu el que los formó; y jamás podrá hombre alguno fabricar un dios semejante a sí.

17. Porque siendo, como es, mortal, forma con manos sacrílegas una cosa muerta; siendo él mejor que aquellos a quienes adora, pues él, aunque mortal, ha obtenido la vida, pero aquéllos nunca vivirán.

18. Y aún adoran a los más viles animales, que comparados con las demás bestias irracionales son de peor condición que éstas.

19. Y no hay quien pueda observar cosa buena en el aspecto de éstas sabandijas o animales; pues ahuyentaron de sí la aprobación y bendición de Dios.

16 *Dios trató distinto a los hebreos, sus adoradores, y a los egipcios, idólatras*

1. Por eso fueron justamente atormentados por medio de aquellas mismas o semejantes cosas que adoraban, y exterminados por una turba de animales soeces.

---

3. Exhortación a hacer el bien. *Gal 3,* 16.
8. *Luc 12,* 20.

2. Mas a tu pueblo, en lugar de estos tormentos, le hiciste favores concediéndole los apetecidos deleites con traerle por manjar de exquisito sabor gordas codornices;

3. de manera que cuando los otros, aunque hambrientos perdían las ganas aun del necesario sustento, por el asco de las sabandijas que se les ponían delante de los ojos, éstos, padeciendo necesidad por un poco de tiempo, lograron después un exquisito manjar.

4. Porque convenía que a los que se portaban como tiranos, les sobreviniese irremediable ruina, y a éstos otros se les mostrase solamente, con una breve hambre o mortandad, de qué manera eran exterminados sus enemigos.

5. Así que cuando contra ellos se enfurecieron las bestias crueles, perecían de las mordeduras de venenosas* serpientes.

6. Mas no duró siempre tu enojo, sino que fueron aterrados por un breve tiempo para escarmiento, recibiendo luego en la serpiente de metal una señal de salud, para recuerdo de los mandamientos de tu ley.

7. Y esta insignia quien miraba, quedaba sano; no por virtud del objeto que veía sino por ti, ¡oh Salvador de todos los hombres!

8. Con lo que demostraste a nuestros enemigos que tú eres el que libra de todo mal.

9. Pues aquéllos perecieron mordidos de las langostas y moscas, sin que hallase remedio para su vida; porque merecían ser consumidos de semejantes insectos.

10. Mas contra tus hijos ni aun los dientes de dragones venenosos pudieron prevalecer, porque acudió a curarlos tu misericordia.

11. Y sólo eran puestos a prueba a fin de que se acordasen de tus preceptos; pronto quedaban curados, para que no sucediese que cayendo en un profundo olvido de tu ley no pudiesen gozar tu socorro.

12. Porque no fue hierba, ni ningún emplasto suave lo que los sanó, sino que fue tu palabra, ¡oh Señor!, la cual sana todas las cosas.

13. Pues tú eres, ¡oh Señor!, el dueño de la vida y de la muerte, y tú nos conduces hasta las puertas de la muerte, y nos haces volver atrás desde ellas.

14. Un hombre bien puede matar a otro por malicia; pero salido que haya el espíritu no puede hacerlo volver, ni hará tornar el alma de allí donde ha sido recibida.

15. Mas huir de tu mano, es cosa imposible.

16. Así los impíos negaban conocerte, fueron azotados por tu fuerte brazo, siendo perseguidos de extrañas lluvias*, de pedriscos y de tempestades, y consumidos por el fuego.

17. Y lo más maravilloso era que el fuego en la misma agua que lo apaga todo, tenía mayor actividad; porque todas las criaturas se arman para vengar a los justos.

18. A veces, pues, se amansaba el fuego para no quemar a los animales enviados de Dios contra los impíos; a fin de que viéndolo ellos mismos, acabasen de conocer que por juicio de Dios eran perseguidos.

19. Otras veces el fuego, contra o sobre su natural virtud, ardía en el agua para consumir las producciones de aquella tierra maldita.

20. Al contrario, alimentaste a tu pueblo con manjar de ángeles, y le suministraste del cielo un pan aparejado sin fatiga suya, que contenía en sí todo deleite y la suavidad de todos los sabores*.

21. Y así este tu sustento demostraba cuán dulce eres para con tus hijos y acomodándose al gusto de cada uno, se cambiaba en lo que cada cual quería.

22. Por otra parte, la niebla y el hielo resistían a la fuerza del fuego, y no se derretían; para que viesen los tuyos cómo arrasaba las cosechas de los enemigos aquel fuego que ardía y relampagueaba en medio del granizo y de la lluvia.

23. Pero aquí, al contrario, se olvidó el fuego de su misma actividad; para que tuviesen los justos de qué alimentarse.

24. Porque la criatura sirviéndote a ti, Hacedor suyo, redobla los ardores para atormentar a los injustos, y los mitiga en beneficio de aquellos que en ti confían.

25. Por eso entonces también el maná,

---

5. *Num 21*, 6-9.

16. A las violentas tormentas seguirá la lluvia de maná. *Ex 9*, 23.

20. Del maná se dice que era un manjar hecho por los ángeles. *Sal 78 (77)*, 25; *Hebr 9*, 4.

criatura tuya, tomando el gusto de todos los manjares, servía a tu benéfica voluntad sustentadora de todos, acomodándose al deseo de aquellos que a ti recurrían;

26. a fin de que tus hijos, ¡oh Señor!, de ti tan amados, reconociesen que no tanto son los frutos naturales los que alimentan a los hombres; sino que tu palabra es la que sustenta a los que creen en ti.

27. Y en verdad que aquel maná que no podía ser consumido del fuego, calentado al más leve rayo del sol, luego se deshacía;

28. para que supiesen todos que era necesario adelantarse al sol para recoger tu bendición, y adorarte así que amanece.

29. Porque la esperanza del ingrato, como la escarcha del invierno, se deshará, y desaparecerá como agua perdida.

17 *Circunstancias memorables de las horrendas tinieblas de Egipto en el Exodo*

1. Grandes son, ¡oh Señor!, tus juicios, e inefables tus obras. Por eso las almas privadas de la ciencia o luz celestial, cayeron en el error.

2. Pues cuando los inicuos egipcios se persuadieron poder oprimir al pueblo santo, fueron ligados con cadenas de tinieblas y de una larga noche, encerrados dentro de sus casas, y yaciendo en ellas como excluidos de la eterna providencia;

3. y mientras creían poder quedar escondidos con sus negras maldades, fueron separados unos de otros con el velo tenebroso del olvido, llenos de horrendo pavor, y perturbados con grandísimo asombro.

4. Porque ni las cavernas en que se habían metido los libraban del miedo; sino que un horrible estruendo, que se sentía los aterraba y se les aparecían horrorosos fantasmas, que los llenaban de espanto.

5. No había ya fuego, por grande que fuese, que pudiese alumbrarlos; ni el claro resplandor de las estrellas podía esclarecer aquella horrenda noche.

6. Al mismo tiempo de repente les daban en los ojos terribles fuegos o relámpagos; y aturdidos por el temor de aquellos fantasmas, que veían confusamente, se imaginaban más terribles todos los objetos.

7. Allí fueron escarnecidas las ilusiones del arte mágico, y afrentosamente castigada la jactancia de su sabiduría.

8. Pues los que prometían desterrar de los ánimos abatidos los temores y las perturbaciones, ésos mismos, llenos de terror, estaban con vergüenza suya desmayados.

9. Porque aunque nada de monstruoso solía espantarlos, aquí despavoridos con el pesar continuo de las bestias, y los silbidos de las serpientes, se morían de miedo, y hubieran elegido no percibir el aire, lo que nadie puede evitar de ningún modo.

10. Porque la maldad siendo como es medrosa, trae consigo el testimonio de su propia condenación; pues una conciencia agitada presagia siempre cosas atroces.

11. Ni es otra cosa el temor, sino pensar que está uno destituido de todo auxilio.

12. Y cuanto menos dentro de sí espera socorro el hombre, tanto más grande le parece aquella causa desconocida que lo atormenta.

13. Lo cierto es que los que aquella noche, verdaderamente intolerable y salida de lo más inferior y profundo del infierno, dormían el mismo sueño,

14. unas veces eran agitados por el temor de los espectros, otras desfallecían sus almas de abatimiento, sobresaltados de un terror repentino e inesperado.

15. Y si alguno de ellos llegaba a caer, allí quedaba como preso y encerrado en una cárcel, sin necesidad de cadenas de hierro.

16. Pues, o bien fuese algún labrador, o un pastor, o jornalero que trabajase en el campo, se hallaba sorprendido y envuelto en aquella insuperable angustia;

17. porque todos quedaban aprisionados con una misma cadena de tinieblas donde ya el susurro de los vientos, ya el canto suave de las aves entre las frondosas ramas de los árboles, ya el ímpetu de corrientes caudalosas de agua,

18. ya el recio estruendo de peñascos que se desgajaban, ya el correr de los animales, que andaban retozando, y a los cuales no divisaban, ya el fuerte alarido de las bestias que aullaban, ya el eco resonante en las concavidades de montes altísimos, los hacía desfallecer de espanto.

19. Y entretanto todo el resto del mundo estaba iluminado de clarísima luz, y se ocupaba sin embarazo alguno en sus labores ordinarias.

20. Solamente sobre ellos reinaba una profunda noche, imagen de aquellas eternas tinieblas, que después les aguardaban, por cuyo motivo se hacían ellos más insoportables a sí mismos que las tinieblas.

18

Una columna de fuego alumbra a los hebreos. Aarón intercede por su pueblo

1. Entretanto, Señor, gozaban tus santos, o escogidos, de una grandísima luz; y oían las voces de los egipcios, pero sin verlos. Y te daban a ti la gloria de que no padecían las mismas angustias,

2. tributándote gracias porque no eran maltratados de ellos, como antes lo habían sido; y te pedían la merced de que subsistiese esta diferencia.

3. Por lo cual al ir por un camino desconocido tuvieron por guía una luminosa columna de fuego haciendo tú que brillara sobre ellos un sol que no les incomodaba en el descanso de sus mansiones.

4. A la verdad bien merecían los otros quedar privados de las luz y padecer una cárcel de tinieblas, ya que tenían encarcelados a tus hijos, por cuyo medio se comenzaba a comunicar al mundo la luz inmaculada de la ley.

5. Y cuando resolvieron el quitar la vida a los infantes de los justos, y libraste para castigo suyo a Moisés, uno de ellos que había sido expuesto sobre las aguas, tú les quitaste muchísimos de sus hijos; y a ellos mismos los ahogaste en los abismos de las aguas.

6. Fue aquella noche previamente anunciada a nuestros padres para que conociendo por este suceso la verdad de las promesas juradas por ti, a que habían dado crédito, estuviesen más confiados.

7. Y con esto vio tu pueblo a un mismo tiempo las salvación de los justos y el exterminio de los malvados.

8. Que así como castigaste a los enemigos, así a nosotros nos ensalzaste llamándonos a tu servicio.

9. Porque los justos israelitas, hijos de los santos patriarcas, te ofrecían en secreto el sacrificio del cordero, y de común acuerdo establecieron esta ley de justicia, que los justos se ofrecían recibir igualmente los bienes como los males, cantando ya los himnos de los patriarcas.

10. Mientras tanto resonaban los desentonados gritos de los enemigos, y se oía el llanto de los que se lamentaban por la muerte de los niños,

11. estando afligidos con la misma pena el esclavo y el amo, y padeciendo el mismo castigo el hombre plebeyo que el rey.

12. Todos, pues, igualmente tenían el dolor de ver innumerables muertos, que habían perecido con el mismo género de muerte; y no ya bastaban los vivos para enterrarlos; pues en un momento fue extirpada la más noble porción de su prole.

13. Entonces los que antes a ninguna cosa creían (por engaño de los hechiceros), luego que acaeció el exterminio de los primogénitos reconocieron que aquel era el pueblo de Dios.

14. Y cuando un tranquilo silencio ocupaba todas las cosas, y la noche, siguiendo su curso, se hallaba en la mitad del camino*,

15. tu omnipotente palabra, ¡oh Señor!, desde el cielo, desde tu real solio, cual terrible campeón, saltó de repente en medio de la tierra condenada al exterminio;

16. y con una aguda espada que traía tu irresistible decreto, a su llegada derramó por todas partes la muerte; y estando sobre la tierra alcanzaba hasta el cielo.

17. Entonces visiones de sueños funestos los llenaron de turbación, y los sobrecogieron imprevistos temores.

18. Y arrojados medio muertos unos en una parte, otros en otra, mostraban la causa de su muerte;

19. porque los mismos fantasmas que los habían turbado, los habían antes advertido de esto, a fin de que no muriesen sin saber la causa del castigo que padecían.

20. También los justos o israelitas estuvieron un tiempo en peligro de muerte; y la muchedumbre experimentó calamidades en el desierto; pero no duró mucho tu enojo.

21. Porque acudió a toda prisa un varón irreprensible a interceder por el pueblo; levantó Aarón el escudo de su sagrado mi-

---

14. La liturgia utiliza este pasaje respecto de la encarnación y el nacimiento de Cristo. *Ex 12*, 23; *Job 4*, 13-15; *1 Cro 21*, 15-27.

nisterio, la oración, y presentando con el incienso la súplica, contrastó a la ira, y puso fin al azote, mostrando ser siervo tuyo.

22. Calmó luego el desorden y no con las fuerzas del cuerpo, ni con el poder de las armas, sino con la sola palabra desarmó al ángel exterminador que lo afligía, haciendo presente a Dios los juramentos y alianza hecha con los patriarcas;

23. porque cuando ya los israelitas caían muertos a montones unos sobre otros, se puso Aarón de por medio, y cortó la cólera y le impidió pasar hacia los vivos.

24. Por cuanto en la vestidura talar que llevaba estaba simbolizado todo el mundo; como también los gloriosos nombres de los patriarcas estaban esculpidos en los cuatro órdenes de piedras, y grabado en la tiara de su cabeza tu gran e inefable Nombre.

25. A estas cosas, pues, cedió el exterminador, y las respetó; pues bastaba ya esta sola muestra del enojo de Dios.

19 *Los egipcios perecen por su obstinación y los israelitas se salvan milagrosamente*

1. Mas sobre los impíos egipcios descargó la ira sin misericordia hasta el fin; pues el Señor estaba previendo lo que les había de acontecer.

2. Porque después de haber ellos permitido a los hebreos que se marchasen, y aun habiéndoles dado mucha prisa para que se saliesen, arrepentidos luego los persiguieron.

3. De modo que estando todavía cubiertos de luto, derramando lágrimas sobre los sepulcros de los muertos, tomaron otra resolución, propia de su locura, y se pusieron a perseguir como a fugitivos a los mismos que habían hecho marchar a fuerza de ruegos.

4. A este fin o fatal paradero los conducía una bien merecida necesidad; y llegaron a perder la memoria de las cosas que les habían acaecido, para que el inminente castigo pusiese el colmo al resto de sus tormentos;

5. y así tu pueblo pasase milagrosamente el mar, en el cual hallasen ellos un nuevo género de muerte.

6. Porque las criaturas todas, cada una en su género, obedeciendo a tus preceptos, tomaban una nueva forma, a fin de que tus hijos se conservasen ilesos.

7. Así es que una nube hacía sombra a su campamento; y donde antes había agua, apareció tierra enjuta, y un camino sin tropiezo en medio del mar Rojo, y en el profundo abismo una verde pradera,

8. por la cual atravesó todo el pueblo de Israel, protegido de tu poderosa mano, viendo tus maravillas y portentos.

9. Por lo que, a manera de caballos, bien pacidos, y como corderillos, daban brincos de alegría, engrandeciéndote a ti, ¡oh Señor!, que los libraste.

10. Pues se acordaban todavía de aquellas cosas que habían sucedido allá donde moraron como forasteros; cuando en vez de crías de animales produjo la tierra moscas, y en lugar de peces echó fuera el río un sinnúmero de ranas.

11. Y aún después vieron una nueva creación de aves, cuando llevados del antojo pidieron viandas delicadas.

12. Porque para contentar su apetito vinieron volando del mar grandes codornices; pero sobre los egipcios pecadores habían llovido venganzas, precediendo los mismos fenómenos que antes, esto es, tempestades de rayos; pues justamente eran castigados a medida de sus maldades;

13. puesto que su inhospitalidad fue mucho más inhumana que la de los de Sodoma. Porque si éstos no acogieron a unos forasteros desconocidos, los egipcios, a huéspedes sus bienhechores los reducían a la esclavitud.

14. Y no es de considerar solamente esto, sino que hay otra diferencia en aquellos de Sodoma, y es que ya hospedaban de mala gana a unos extraños;

15. mas éstos afligían con cruelísimos trabajos a los mismos que habían acogido con alegría, y que vivían bajo las mismas leyes.

16. Por lo que fueron castigados con la ceguera; al modo que lo fueron aquellos otros delante de la puerta del justo Lot, cuando, envueltos en repentinas tinieblas, andaban buscando cada uno la puerta de su casa.

17. Porque cuando los elementos cambian entre sí sus propias funciones, o se transtornan, sucede lo que en un salterio que varía sus conciertos, aunque cada cuerda retenga el propio sonido; como se puede conocer evidentemente por la misma experiencia.

18. A este modo las criaturas terrestres se hacían acuáticas, y las que nadaban se pasaban a la tierra.

19. El fuego, excediendo su condición, conservaba su actividad en medio del agua, y el agua se olvidaba de su natural virtud de apagar.

20. Al contrario, las llamas no dañaban los cuerpos de los animales, de suyo combustibles, que andaban dentro de ellas, ni derretían el maná, aquel delicioso manjar, que se deshacía tan fácilmente como la escarcha*. Así que, ¡oh Señor!, en todo y por todo engrandeciste a tu pueblo, y lo honraste, y no te desdeñaste de asistirle en todo tiempo y en todo lugar.

---

20. *Ex 16*, 14.

Eclesiástico (Sirácida)

Introducción

Eclesiástico o *Libro de la Iglesia*, nombre latino de la obra que los griegos llaman *Sabiduría de Jesús, hijo de Sirac*, o *Sirácida*, es el libro más usado en la liturgia cristiana por la iglesia de los primeros siglos después de *Salmos*. Fue compuesto hacia 180 a.C., pues el elogio del capítulo 50 se refiere seguramente a Simón II, sumo sacerdote muerto en Jerusalén hacia 195 a.C. El original hebreo se perdió y sólo se han encontrado algunos fragmentos en las cuevas de Qumran. El libro fue conocido en la traducción del nieto de Sirac, al griego.

Sirácida es una apología al judaísmo, en el comienzo de la persecución. Defiende la herencia religiosa judía frente al desafío helénico y quiere demostrar que la verdadera sabiduría reside en Israel y la pueden compartir los paganos de buena voluntad. Presenta los temas como una contraposición de sabiduría y necedad, disciplina y libertinaje, salud, enfermedad y muerte. El temor de Dios aparece como la virtud principal (*Eclo 1*).

Jesús, hijo de Sirac es el primer *teólogo´bíblico*, cuya reflexión sobre los valores del pasado ilumina y da sentido al presente. La época en que se compuso el libro, de profunda crisis y transformaciones, guarda analogía con el mundo de hoy.

Prólogo a la traducción griega

Muchas y grandes cosas se nos han enseñado en la ley, y por medio de los profetas, y de otros que vinieron después de ellos, de donde con razón merecen ser alabados los israelitas por su erudición y doctrina; puesto que no solamente los mismos que escribieron estos discursos hubieron de ser muy instruidos, sino que también los extranjeros pueden asimismo llegar a ser muy hábiles, tanto para hablar como para escribir. De aquí es que mi abuelo Jesús, después de haberse aplicado con el mayor empeño a la lectura de la ley y de los profetas, y de otros libros que nos dejaron nuestros padres, quiso él también escribir algo de estas cosas tocantes a la doctrina y a la sabiduría, a fin de que los deseosos de aprender, bien instruidos en ellas, atiendan más y más a su deber y se mantengan firmes en vivir conforme a la ley. Os exhorto, pues, a que acudáis con benevolencia, y con el mayor estudio, a emprender esta lectura, y que nos perdonéis si algunas veces os pareciere que al copiar este retrato de la sabiduría flaqueamos en la composición de las palabras; porque las palabras hebreas pierden mucho de su fuerza trasladadas a otra lengua. Ni es sólo este libro, sino que la misma ley y los profetas, y el contexto de los demás libros son no poco diferentes de cuando se anuncian en su lengua original. Después que yo llegué a Egipto a los treinta y ocho años, en el reinado del rey Tolomeo Evergetes, habiéndome detenido allí mucho tiempo, encontré libros que se habían dejado, de no poca ni despreciable doctrina. Por lo cual juzgué útil y necesario emplear mi diligencia y trabajo en traducir este libro, y así en todo aquel espacio de tiempo empleé muchas vigilias y no pequeño estudio en concluir y dar a luz este libro, para utilidad de aquellos que desean aplicarse y aprender de qué manera deben arreglar sus costumbres los que se han propuesto vivir según la ley del Señor.

1 *La sabiduría tiene su origen en Dios, cuyo santo temor y amor la acompaña siempre*

1. Toda sabiduría viene del Señor Dios, y con él estuvo siempre y existe antes de los siglos.

2. ¿Quién ha contado las arenas del mar, y las gotas de la lluvia, y los días de los siglos que durará el mundo? ¿La altura del cielo, y la extensión de la tierra, y la profundidad del abismo quién la ha medido?

3. Pues y la sabiduría de Dios, la cual precede a todas las cosas, ¿quién es el que la ha comprendido?

4. La sabiduría fue creada o engendrada ante todas las cosas y la luz de la inteligencia existe desde la eternidad.

5. El Verbo de Dios en las alturas es la fuente de la sabiduría, y sus corrientes los mandamientos eternos*.

6. ¿El origen de la sabiduría a quién ha sido revelado?; ¿y quién conoce sus secretos?

7. ¿El arte con que obra la sabiduría, a quién ha sido jamás descubierto y manifestado?; ¿y quién pudo entender la multiplicidad de sus designios?

8. Sólo el Creador, Altísimo, Omnipotente, y Rey grande, y sumamente terrible que está sentado sobre su trono, y es el Señor Dios,

9. éste es el que le dio el ser en el Espíritu Santo, y la comprendió, y numeró y midió.

10. Y la derramó sobre todas sus obras y sobre toda carne según su libertad y bondad, y la comunicó a los que le aman.

11. El temor del Señor es gloria y justo motivo de gloriarse; y es alegría y corona de triunfo.

12. El temor del Señor recreará el corazón y dará contento, y gozo, y larga vida.

13. Al que teme al Señor le irá felizmente en sus postrimerías, y será bendito el día de su muerte.

14. El amor de Dios es gloriosa sabiduría.

15. Aquellos a quienes ella se manifiesta, la aman luego que la ven y que reconocen sus grandes obras.

16. El principio de la sabiduría es el temor del Señor, el cual es creado con los fieles en el seno materno, y acompaña siempre a las santas y escogidas mujeres, y se da a conocer en la conducta de los justos y fieles.

17. El temor del Señor es la santificación de la ciencia.

18. La religión guarda y justifica el corazón, ella da gozo y alegría al alma.

19. Quien teme al Señor será feliz, y bendito será el día de su fallecimiento.

20. El colmo de la sabiduría consiste en temer a Dios, y sus frutos sacian al hombre.

21. Llenará toda su casa de bienes, y de sus tesoros todas las recámaras.

22. Corona de la sabiduría es el temor del Señor, el cual da paz cumplida y frutos de salud.

23. El conoce la sabiduría, y la calcula; mas lo uno y lo otro son dones de Dios.

24. La sabiduría reparte la ciencia y la prudente inteligencia, y acrecienta la gloria de aquellos que la poseen.

25. La raíz de la sabiduría es el temor del Señor, y sus ramos son de larga vida.

26. En los tesoros de la sabiduría se halla la inteligencia y la ciencia religiosa; mas para los pecadores la sabiduría es abominación.

27. El temor del Señor destierra el pecado.

28. Quien no tiene este temor no podrá ser justo; porque su cólera exaltada es su ruina.

29. Por algún tiempo tendrá que sufrir el que padece tribulaciones; mas después será consolado.

30. El hombre sensato retendrá en el pecho, hasta cierto tiempo, sus palabras; y los labios de muchos celebrarán su prudencia.

31. En los tesoros de la sabiduría están las máximas de la buena conducta de vida;

32. pero el pecador detesta la piedad o servicio de Dios.

33. Hijo, si deseas la sabiduría guarda los mandamientos y Dios te la concederá.

34. Pues la sabiduría y la disciplina vienen del temor del Señor, y lo que le agrada

35. es la fe o confianza en él, y la mansedumbre; al que tiene estas virtudes lo colmará de tesoros.

5. *Deut 4*, 6.

36. No seas rebelde al temor del Señor; ni acudas a él con corazón doble.

37. No seas hipócrita delante de los hombres, ni ocasiones con tus labios tu propia ruina.

38. Ten cuidado de ellos, a fin de que no caigas, y acarrees sobre ti la infamia,

39. descubriendo Dios tus secretos, y abatiéndote en medio de la comunidad,

40. por haberte acercado al Señor con malignidad, estando tu corazón lleno de doblez y engaño.

2 *Espíritu de servicio al Señor. Efectos del temor de Dios y la observancia de su ley*

1. Hijo, entrando en el servicio de Dios, persevera firme en la justicia y en el temor, y prepara tu alma para la tentación*.

2. Humilla tu corazón y ten paciencia; inclina tus oídos y recibe los consejos prudentes, y no agites tu espíritu en tiempo de la oscuridad o tribulación.

3. Aguarda con paciencia lo que esperas de Dios, estréchate con Dios, y ten paciencia, a fin de que en adelante sea más próspera tu vida.

4. Acepta gustoso todo cuanto te enviare*, y en medio de los dolores sufre con constancia, y lleva con paciencia tu abatimiento.

5. Pues al modo que en el fuego se prueba el oro y la plata, así los hombres gratos a Dios se prueban en la fragua de la tribulación.

6. Confía en Dios, y él te sacará a salvo; y endereza tu camino, y espera en él; conserva tu temor hasta el fin de tus días.

7. Vosotros los temerosos del Señor aguardad con paciencia su misericordia; y nunca os desviéis de él, para que no caigáis.

8. Los que teméis al Señor creed o confiad en él; pues no se malogrará vuestro galardón.

9. Los que teméis al Señor, esperad en él; que su misericordia vendrá a consolaros.

10. Los que teméis al Señor, amadlo; y serán iluminados vuestros corazones.

11. Contemplad, hijos, las generaciones de los hombres; y veréis cómo ninguno que confió en el Señor quedó burlado.

12. Porque ¿quién perseveró en sus mandamientos que fuese desamparado? ¿O quién lo invocó que haya sido despreciado?

13. Pues Dios es benigno y misericordioso, y el día de la tribulación perdonará los pecados; y es el protector de todos los que de veras le buscan.

14. ¡Ay del que es de corazón doble, y de labios malvados, y de manos facinerosas; y del pecador que anda sobre la tierra por dos senderos*!

15. ¡Ay de los hombres de corazón flojo y tibio que no confían en Dios!, que por lo mismo, no serán de él protegidos.

16. ¡Ay de los que pierden el sufrimiento, y abandonan los caminos rectos, y se van por sendas torcidas!

17. ¿Qué harán cuando comience el Señor su juicio?

18. Los que temen al Señor no serán desobedientes a su palabra; y los que le aman seguirán constantemente el camino del Señor.

19. Los que temen al Señor inquirirán las cosas que les sean agradables; y aquellos que lo aman estarán penetrados de su santa ley.

20. Los que temen al Señor prepararán sus corazones; y en la presencia de él sacrificarán sus almas.

21. Los que temen al Señor guardan sus mandamientos; y conservan la paciencia hasta el día que los visite,

22. diciendo entre sí: Si no hacemos penitencia, caeremos en las manos del Señor y no en manos de los hombres.

23. Porque cuando él es grande, otro tanto es misericordioso.

3 *Honra debida a los padres. Se alaba la modestia y la mansedumbre. Se reprende la curiosidad*

1. Los hijos o discípulos de la sabiduría forman la congregación de los justos; y la estirpe o índole de ellos, no es otra cosa que obediencia y amor.

---

1. *Mat 4*, 1.
4. Próspero o adverso. *Job 2*, 10.

14. *Nadie puede servir a dos señores, a Dios y al mundo. Mat 6*, 26.

2. Escuchad, hijos, los preceptos de vuestro padre, y hacedlo así si queréis salvaros.

3. Porque Dios quiso que el padre sea honrado de los hijos, y vindica y confirma la autoridad de la madre sobre ellos.

4. Quien ama a Dios alcanzará el perdón de los pecados y se abstendrá de ellos; y será oído siempre que lo ruegue.

5. Como quien acumula tesoros, así es el que tributa honor a su madre.

6. Quien honra a su padre, tendrá consuelo en sus hijos, y al tiempo de su oración será oído.

7. El que honra a su padre, vivirá larga vida; y da consuelo a la madre quien al padre obedece.

8. Quien teme al Señor, honra a los padres; y sirve, como a sus señores, a los que le dieron el ser.

9. Honra a tu padre con obras y con palabras, y con toda paciencia;

10. para que venga sobre ti su bendición, la cual te acompañe hasta el fin.

11. La bendición del padre afirma las casas de los hijos; pero la maldición de la madre las arruina hasta los cimientos.

12. No te alabes de aquello que es la afrenta de tu padre, porque no es gloria tuya su ignominia;

13. puesto que la buena reputación del padre resulta gloria al hombre, y es desdoro del hijo un padre sin honra.

14. Hijo, alivia la vejez de tu padre, y no le des pesadumbre en su vida;

15. y si llegare a volverse como un niño, compadécelo, y jamás lo desprecies por tener tú más vigor que él; porque la beneficencia o caridad con el padre no quedará en olvido.

16. Por sobrellevar los defectos de la madre en su decrepitud recibirás tu recompensa.

17. Así la justicia será el fundamento de tu casa o edificio; y el día de la tribulación habrá quien se acuerde de ti; y como en un día sereno se deshace el hielo, así se disolverán tus pecados.

18. ¡Oh cuán infame es el que a su padre desampara! ¡Y cómo es maldito de Dios aquel que exaspera a su madre!

19. Hijo, has tus cosas con mansedumbre; y sobre ser alabado, serás amado de los hombres.

20. Cuanto más grande fueres, tanto más debes humillarte en todas las cosas*, y hallarás gracia en el acatamiento de Dios.

21. Porque Dios es el solo grande en poder, y él es honrado de los humildes.

22. No te metas a inquirir lo que es sobre tu capacidad, ni en escudriñar aquellas cosas que exceden tus fuerzas; piensa siempre en lo que te tiene mandado Dios, y no seas curioso escudriñador de sus muchas obras.

23. Porque no te es necesario ver por tus ojos los ocultos arcanos de Dios.

24. No quieras escudriñar con ansia las cosas superfluas, ni indagar curiosamente las muchas obras de Dios.

25. Porque muchas cosas se te han enseñado que sobrepujan la humana inteligencia.

26. A muchos sedujo la falsa opinión que formaron de ellas; y sus conjeturas sobre dichas cosas los han tenido en el error.

27. El corazón duro lo pasará mal al fin de la vida; y quien ama el peligro perecerá en él.

28. El corazón que sigue dos caminos* no tendrá buen suceso, y el hombre de corazón depravado hallará en ellos su ruina.

29. El corazón perverso u obstinado se irá cargado de dolores*; y el pecador añadirá pecados a pecados.

30. La reunión de los soberbios es incorregible; porque la planta del pecado se arraigará en ellos, sin que lo adviertan.

31. El corazón del sabio se deja conocer en la adquisición de la sabiduría, y el oído bien dispuesto escuchará a ésta con sumo anhelo.

32. El hombre de corazón sabio y prudente se guardará de pecar; y por las obras buenas será prosperado.

33. El agua apaga el fuego ardiente, y la limosna resiste o expía los pecados*.

34. Y Dios es el proveedor y el remunerador del que hace bien al prójimo*, y se acuerda de él, para lo venidero; y al tiempo de su caída hallará apoyo.

---

20. *Filp 2*, 3.
28. *Eclo 2*, 14.
29. *Rom 2*, 5.
33. *Mat 5*, 7; *Dan 4*, 24.
34. *Tob 4*, 11.

4 *Inculca la limosna y el estudio de la sabiduría. Exhorta a defender la verdad*

1. Hijo, no defraudes al pobre de su limosna; y no vuelvas a otra parte tus ojos por no verlo.

2. No desprecies al que padece hambre, ni exasperes al pobre en su necesidad.

3. No aflijas al corazón del desvalido, ni dilates el socorro al que se halla angustiado.

4. No deseches el ruego del atribulado ni tuerzas tu rostro al menesteroso.

5. No apartes desdeñosamente tus ojos del mendigo, irritándolo; ni des ocasión a los que te piden de que maldigan por detrás.

6. Porque escuchada será de Dios la imprecación del que te maldijere en la amargura de su alma; y lo oirá su creador.

7. Muéstrate afable a la turba de los pobres, y humilla tu corazón al anciano, y baja tu cabeza delante de los grandes.

8. Inclina sin desdén tu oído al pobre, y paga tu deuda, y respóndele con benignidad y mansedumbre.

9. Libra de la mano del soberano al que sufre de injuria y no se te haga esto gravoso.

10. En juzgar sé misericordioso con los huérfanos, portándote como padre y como esposo de su pobre madre.

11. Y serás tú como un hijo obediente al altísimo, y este Señor será para contigo más compasivo que una madre.

12. La sabiduría infunde vida a sus hijos, y acoge a los que buscan y va delante de ellos en el camino de la justicia;

13. y así quien la ama ama la vida; y los que solícitos la buscaren, gozarán su suavidad.

14. Los que la poseyeren, heredarán la vida eterna; y donde ella entrare, allí echará Dios su bendición.

15. Los que la sirven, rinden obsequio al Santo por esencia y Dios ama a los que la aman.

16. Quien la escucha, juzgará las naciones; y quien tiene fijos en ella los ojos reposará seguro.

17. Si en ella pone su confianza, la tendrá por herencia, cuya posesión está confirmada en sus hijos.

18. Porque la sabiduría anda con él, y lo prueba desde el principio, en medio de las tentaciones.

19. Para probarlo lo conduce entre temores y sustos y no lo pone en prensa con el rigor de su enseñanza, hasta explorar todos sus pensamientos, y fiarse ya del corazón de él.

20. Entonces lo afirmará en la virtud, le allanará el camino, lo llenará de alegría,

21. le descubrirá sus arcanos, y lo enriquecerá con un tesoro de ciencia y de conocimiento de la justicia.

22. Mas si se desviare, lo desamparará, y lo entregará en poder del pecado, su enemigo.

23. Hijo mío, ten cuenta del tiempo, empléalo bien y huye del mal.

24. No te avergüences de decir la verdad, cuando se trata de tu alma,

25. porque hay vergüenzas que conducen al pecado y hay también vergüenza que acarrea la gloria y la gracia de Dios.

26. No tengas, pues, miramiento a nadie, si ha de ser un daño tuyo; ni mientas a costa de tu alma.

27. No respetes a tu prójimo cuando cae o peca;

28. repréndelo, y no reprimas tu palabra o aviso, cuando puede ser saludable; no encubras tu sabiduría en ocasión en que debes ostentarla.

29. Porque la lengua es la que hace conocer la sabiduría; y la prudencia, y la discreción y la ciencia se echan de ver en las palabras del hombre sensato; mas su fuerza consiste en las obras buenas.

30. Por ningún caso contradigas a la palabra de verdad, y avergüénzate de la mentira en que haz caído por tu ignorancia o temeridad.

31. No tengas vergüenza de confesar tus pecados; mas no te rindas a nadie para pecar.

32. No quieras resistir en su cara al poderoso; no intentes detener el ímpetu de una riada;

33. pero por la justicia, pugna hasta el último aliento para bien de tu alma; combate por la justicia hasta la muerte, porque Dios peleará por ti contra tus enemigos, y los arrollará.

34. No seas precipitado en hablar, y remiso y negligente en tus obras.

35. No seas en tu casa como un león,

aterrando a tus domésticos, y oprimiendo a tus súbditos.

36. No esté tu mano extendida para recibir y encogida para dar.

5 *Contra la confianza en las riquezas mundanas y la vanidad que engendra otros vicios*

1. No pongas tu confianza en las riquezas inicuas, y no digas: Tengo lo bastante para vivir; porque de nada te servirá eso al tiempo de la divina venganza y de la oscuridad de la muerte.

2. Cuando seas poderoso, no sigas los depravados deseos de tu corazón;

3. ni andes diciendo: ¡Gran poder es el mío! ¿Quién podrá hacerme dar razón de mis acciones?, pues Dios segurísimamente tomará de ti terrible venganza.

4. Tampoco digas: Yo pequé; ¿y qué mal me ha venido por eso? Porque el Altísimo, aunque paciente y misericordioso, da el pago merecido*.

5. Del pecado perdonado no quieras estar sin temor ni añadas pecados a pecados.

6. No digas: ¡Oh, la misericordia del Señor es grande!; él me perdonará mis muchos pecados.

7. Porque tan pronto como ejerce su misericordia, ejerce su indignación, y con ésta tiene fijos sus ojos sobre el pecador.

8. No tardes en convertirte al Señor, ni lo difieras de un día para otro;

9. porque de repente sobreviene su ira, y el día de la venganza acabará contigo.

10. No tengas, pues, ansia de adquirir riquezas injustas*; porque de nada te aprovecharán el día de la obscuridad y de la venganza.

11. No te vuelvas a todos vientos, ni quieras ir por cualquier camino; porque de eso se convence reo todo pecador que usa doble lenguaje.

12. Manténte firme en el camino del Señor, y en la verdad de tus sentimientos, y en tu saber o ciencia; y vaya siempre contigo la palabra de paz y de justicia.

13. Escucha con cachaza o sosiego lo que te dicen; a fin de que lo entiendas, y puedas dar con prudencia una cabal respuesta.

14. Si tienes inteligencia, responde al prójimo; pero si no, ponte la mano sobre la boca para que no te cojan en alguna palabra indiscreta, y quedes avergonzado.

15. El honor y la gloria acompañan al discurso del hombre sensato; mas la lengua del imprudente viene a ser la ruina de éste.

16. Guárdate de ser chismoso o detractor, y de que tu lengua sea para ti un lazo y motivo de confusión.

17. Porque el ladrón cae en la confusión y arrepentimiento al verse sorprendido; y el hombre de doble lenguaje, en una infamia grandísima; pero el chismoso o detractor se acarrea el odio, la enemistad y el oprobio.

18. Haz igualmente justicia a los pequeños y a los grandes.

6 *Elogio de la verdadera amistad. Es difícil conseguir la sabiduría y se debe buscar con ansia*

1. No quieras hacerte en vez de amigo, enemigo del prójimo; porque el hombre malvado tendrá por herencia oprobio y la ignomimia, particularmente todo pecador envidioso y de lengua doble o falsa.

2. No te dejes llevar de pensamientos altivos, a modo de toro soberbio que a todo embiste; no sea que tu animosidad se estrelle por causa de tu locura;

3. y coma ésta tus hojas, y eche a perder tus frutos, y vengas a quedar como un árbol seco en medio del desierto.

4. Porque el alma maligna arruinará a aquel en quien reside, y le hará objeto de complacencia para sus enemigos, y le conducirá a la suerte o paradero de los impíos.

5. La palabra dulce multiplica los amigos, aplaca a los enemigos; y la lengua graciosa vale mucho en un hombre virtuoso.

6. Vive en amistad con muchos; pero toma a uno entre mil para consejero tuyo.

7. Si quieres hacerte con un amigo, sea después de haberlo experimentado, y no te entregues a él con ligereza.

8. Porque hay amigo que sólo lo es cuando le tiene cuenta, y no persevera tal en el tiempo de la tribulación.

---

4. *Rom 2*, 5.
10. *Prov 11*, 4-28.

9. Y amigo hay que se trueca en enemigo; y hay tal amigo que descubrirá el odio, las contiendas y los insultos.

10. Hay también algún amigo, compañero en la mesa; el cual el día de la necesidad ya no se dejará ver.

11. El amigo, si es constante, será para ti como un igual, e intervendrá con confianza en las cosas de tu casa.

12. Si por modestia se humilla delante de ti, y se retira alguna vez de tu presencia, has hallado en él una amistad buena y constante.

13. Aléjate de tus enemigos; y está alerta en orden a tus amigos.

14. El amigo fiel es una defensa poderosa; quien lo halla ha hallado un tesoro.

15. Nada hay comparable con el amigo fiel; ni hay peso de oro ni de plata que sea digno de ponerse en la balanza con la sinceridad de su fe.

16. Bálsamo de vida y de inmortalidad es un fiel amigo; y aquellos que temen al Señor lo encontrarán.

17. Quien teme a Dios logrará igualmente tener buenos amigos; porque éstos serán semejantes a él.

Aspereza y dulzura de la sabiduría

18. Hijo, desde tu mocedad abraza la buena doctrina, y adquirirás una sabiduría que durará hasta el fin de tu vida.

19. Como el que ara y siembra, aplícate a ella, y espera sus buenos frutos;

20. porque te costará mucho trabajo su cultivo; mas luego comerás sus frutos.

21. ¡Oh cuán sumamente áspera es la sabiduría para los hombres necios! No permanecerá en su estudio el insensato.

22. Para éstos será como una pesada piedra de prueba*, que no tardarán en lanzarla de sus hombros.

23. Porque la sabiduría que adoctrina es cosa oculta, conforme indica su nombre*, y no es conocida de muchos; mas con los que la conocen persevera hasta que los conduce a la presencia de Dios.

24. Escucha, hijo mío, y abraza una sabia advertencia, y no deseches mi consejo.

25. Mete tus pies en sus grillos, y tu cuello en su argolla: Hazte siervo de la sabiduría.

26. Inclina tus hombros y llévala a cuestas y no te sean desabridas sus cadenas.

27. Arrímate a ella de todo corazón y con todas tus fuerzas sigue sus caminos.

28. Búscala, que ella se te manifestará; y poseyéndola, no la abandones.

29. Porque en las postrimerías hallarás en ella reposo, y se te convertirá en dulzura.

30. Y sus grillos serán para ti fuerte defensa y firme base, y sus argollas un vestido de gloria;

31. pues la sabiduría es el esplendor de la vida, y sus ataduras una venda saludable.

32. De ella te revestirás como de un glorioso ropaje, y te la pondrás sobre la cabeza como corona de regocijo.

33. Hijo, si tú me estuvieras atento, adquirirás la buena doctrina; y si aplicas tu mente; serás sabio.

34. Si me oyes, recibirás la enseñanza; y serás sabio si amas el escuchar.

35. Frecuenta la reunión de los ancianos prudentes, y abraza de corazón su sabiduría; a fin de poder oír todas las cosas que cuenten de Dios, y no ignorar los proverbios tan celebrados*.

36. Que si vieres algún hombre sensato, madruga para oírlo, y trillen tus pies las escaleras de su casa.

37. Fija tu atención en los preceptos de Dios, y medita continuamente sus mandamientos*; y él te dará un corazón firme en el bien, y te cumplirá el deseo de la sabiduría.

---

7 *La ambición es un vicio que corrompe. Virtudes que el hombre sabio ha de practicar*

---

1. No hagas mal, y el mal no caerá sobre ti.

2. Apártate del hombre perverso, y estarás lejos de obrar el mal.

3. Hijo, no siembres maldades en surcos de injusticia y no tendrás que segarlas multiplicadas*.

4. No pidas al Señor guiar o conducir a los demás, ni al rey puesto honorífico.

---

22. *Zac 12*, 3.
23. *Job 28.*

35. *Eclo 8*, 9.
37. *Sal 1*, 2.
3. *Gal 6*, 8.

5. No te tengas por justo en presencia de Dios, pues él está viendo los corazones; y delante del rey no afectes parecer sabio.

6. No pretendas ser juez, si no te hallas con valor para hacer frente a las injusticias; no sea que por temor de la cara del poderoso te expongas a obrar contra equidad.

7. Guárdate de ofender a la muchedumbre de una ciudad, y no te metas en el tumulto del pueblo.

8. No añadas pecados a pecados; porque ni aún por uno solo has de quedar sin castigo.

9. No seas de corazón pusilánime;

10. ni descuides hacer oración, y dar limosna.

11. No digas: Tendrá Dios miramientos a mis muchas ofrendas; y cuando yo ofrezca mis dones al Dios Altísimo, él los aceptará.

12. No te burles del hombre que tiene angustiado su corazón; porque aquel que humilla y exalta, es Dios que todo lo ve.

13. No inventes mentiras contra tu hermano; ni lo hagas tampoco contra tu amigo.

14. Guárdate de proferir mentira alguna; porque acostumbrarse a eso es muy malo.

15. No seas hablador en el concurso de los ancianos; ni repitas en tu oración o amontones las palabras.

16. No aborrezcas el trabajo aunque sea penoso, ni la labranza del campo instituida por el Altísimo.

17. No te alistes en la turba de los hombres indisciplinados o pecadores.

18. Acuérdate de la ira y venganza de Dios, la cual no tardará.

19. Humilla cuanto puedas tu espíritu; porque el fuego y el gusano castigarán la carne del impío.

20. No quieras romper con el amigo porque tarde en volverte el dinero; y no desprecies a tu carísimo hermano por causa del oro.

21. No te separes de la mujer sensata y buena, que por el temor del Señor te cupo en suerte; porque la gracia de su modestia vale más que todo el oro.

22. No trates mal al siervo que trabaja con fidelidad, ni al jornalero que por ti consume su vida.

23. Al esclavo juicioso ámale como a tu misma alma; no le niegues su libertad, ni lo despidas dejándolo en miseria.

24. ¿Tienes ganados? Cuida bien de ellos; y si te dan ganancia; consérvalos.

25. ¿Tienes hijos? Adoctrínalos, y dómalos desde su niñez.

26. ¿Tienes hijas? Cela la honestidad de su cuerpo, y no les muestres demasiado complaciente tu rostro.

27. Casa la hija, y dala a un hombre sensato, y habrás hecho un gran negocio.

28. Si tienes una mujer conforme a tu corazón, no la deseches; y no te entregues o cases con una que sea aborrecible.

29. Honra a tu padre con todo tu corazón; y no te olvides de los gemidos de tu madre.

30. Acuérdate que si no por ellos no hubieras nacido, y correspóndeles según lo mucho que han hecho por ti.

31. Con toda tu alma teme al Señor; y reverencia a sus sacerdotes.

32. Ama a tu Creador con todas tus fuerzas; y no desampares a sus ministros.

33. Honra a Dios con toda tu alma, y respeta a los sacerdotes, y purifícate ofreciendo las espaldas de las víctimas.

34. Dale su parte, como te está mandado, así de las primicias como de las hostias de expiación, y purifícate de tus negligencias con lo poco.

35. Ofrecerás como don al Señor las espaldas de tus víctimas y el sacrificio de santificación, y las primicias de las cosas santas,

36. y alarga tu mano al pobre, a fin de que sea perfecto el sacrificio de tu propiciación, y tu bendición u oblación.

37. La beneficencia parece bien a todo viviente; y ni a los muertos se la debes negar.

38. No dejes de consolar a los que lloran y haz compañía a los afligidos.

39. No se te haga pesado visitar al enfermo, pues con tales medios se afirmará en ti la caridad.

40. En todas tus acciones acuérdate de tus postrimerías, y nunca jamás pecarás.

8

Alabanza de la prudencia. El sabio ante diversas personas y situaciones en las que debe vivir

---

1. No te pongas a pleitear con un hombre poderoso, no sea que caigas en sus manos.

2. No contiendas con un hombre rico, no sea que te mueva una querella.

3. Porque a muchos ha corrompido el oro y la plata; y hasta los reyes han llegado a pervertir estos metales.

4. No porfíes con hombre chismoso, y así no echarás leña en su fuego atizando su locuacidad.

5. No tengas trato con hombre ignorante y grosero, a fin de que no diga mal de tu linaje.

6. No mires con de precio al hombre que se arrepiente del pecado, y no se lo eches en cara; acuérdate que todos somos dignos de reprensión.

7. No pierdas el respeto al hombre en su vejez, pues de nosotros, jóvenes, se hacen los viejos.

8. No te alegres en la muerte de tu enemigo, sabiendo que todos morimos, y no queremos ser entonces objeto de gozo.

9. No menosprecies lo que contaren los ancianos sabios, antes bien hazte familiares sus máximas;

10. porque de ellos aprenderás sabiduría y documentos de prudencia, y el modo de servir a los príncipes de una manera irreprensible.

11. No dejes de oír lo que cuentan los ancianos, porque ellos lo aprendieron de sus padres.

12. Pues así aprenderás tú de los mismos discreción y saber dar una respuesta cuando fuere menester.

13. No enciendas la ira de los pecadores, con hacerles reconvenciones indiscretamente; de otra suerte serás abrasado con la llama del fuego de sus pecados.

14. No te opongas de frente a persona de mala lengua, a fin de que no esté en acecho para cogerte en alguna palabra.

15. No prestes al que puede más que tú; que si algo le prestaste, haz cuenta que lo has perdido.

16. No hagas fianza sobre tus fuerzas; que si la has hecho, piensa cómo pagarla.

17. No te metas a juzgar de tu juez; porque él juzga lo que cree justo.

18. En viaje no te acompañes con un hombre temerario; no sea que te cojan también a ti sus desastres, porque él va siguiendo su caprichosa voluntad y su locura te perderá a ti con él.

19. Con colérico no trabes ninguna riña; ni camines por lugar solitario con el atrevido; porque para él la sangre no importa nada, y cuando no haya quien te socorra te hará pedazos.

20. No te aconsejes con tontos; porque éstos no pueden amar sino aquello que a ellos les place.

21. No consultes en presencia de un extraño o desconocido; porque no sabes lo que él maquina dentro de sí.

22. Ni descubras tu corazón a cualquier hombre; no sea que te muestre una falsa amistad, y te afrente.

9 *Ten cautela en el trato con las mujeres y con los grandes. Ten siempre presente a Dios*

1. No seas celoso de tu querida esposa; para que no se valga contra ti de las malas ideas que tú le sugieres.

2. No dejes que la mujer tenga dominio sobre tu espíritu, para que no se levante contra tu autoridad y quedes avergonzado.

3. No pongas los ojos en mujer que quiere a muchos, no sea que caigas en sus lazos*.

4. No frecuentes el trato con la bailarina, ni la escuches, si no quieres perecer a la fuerza de su atractivo.

5. No pongas tus ojos en la doncella*; para que su belleza no sea ocasión de tu ruina.

6. De ningún modo des entrada en tu alma a las meretrices; para que no te pierdas tú y tu patrimonio*.

7. No andes derramando tu vista por las calles de la ciudad, ni vagando de plaza en plaza.

8. Aparta tus ojos de la mujer lujosamente ataviada, y no mires estudiosamente una hermosura ajena.

9. Por la hermosura de la mujer muchos se han perdido; y por ella se enciende cual fuego la concupiscencia.

10. Cualquiera mujer pública es pisoteada de todos, como el estiércol en el camino.

11. Muchos embelezados de la belleza de la mujer ajena se hicieron réprobos; porque su conversación quema como fuego.

3. *Prov* 7, 10-22.
5. *Gen* 6, 2.
6. *Prov* 5, 2.

12. Con la mujer de otro no estés jamás de asiento, ni en la mesa te arrimes a ella recostado sobre el codo,

13. ni la desafíes con brindis a quién de los dos bebe más vino; no sea que tu corazón se incline hacia ella, y a costa de tu vida caigas en la perdición.

14. No dejes el amigo antiguo; porque no será como él el nuevo.

15. El amigo nuevo es un vino nuevo; se hará añejo y entonces lo beberás con gusto.

16. No envidies la gloria y las riquezas del pecador; pues no sabes tú cuál ha de ser su catástrofe.

17. No te agraden las violencias que cometen los hombres injustos; tú sabes que jamás en toda su vida puede agradar el impío.

18. Vive lejos de aquel que tiene potestad para hacerte morir, y no andarás asustado con el temor de la muerte.

19. Que si alguna vez te acercas a él, guárdate de hacer ninguna cosa, por la cual te quite la vida.

20. Sábete que conversas con la muerte; porque tú caminas en medio de lazos, y andas entre las armas de gente resentida.

21. Procede con cuanta cautela puedas con las personas que trates, y conversa con los sabios y prudentes.

22. Sean tus convidados los varones justos, y la gloria consista en temer a Dios.

23. El pensamiento de Dios esté fijo en tu alma, y sea toda tu conversación de los preceptos del Altísimo.

24. Las obras de los artífices son alabadas por su industria o labor de manos; y el príncipe del pueblo por la sabiduría de sus discursos, y las palabras de los ancianos por su prudencia.

25. Temible es en su ciudad el hombre charlatán, y será aborrecido el temerario por sus palabras.

---

10 *Consejos para los gobernantes y los gobernados. Elogio del temor de Dios*

---

1. El juez o rey sabio hará justicia a su pueblo, y será estable el principado del varón sensato.

2. Cual es el juez o jefe del pueblo tales son sus ministros*; y cual es el gobernador de la ciudad, tales son sus habitantes.

3. El rey imprudente será la ruina de su pueblo; y la prudencia de los poderosos que gobiernan, poblará las ciudades.

4. La potestad de la tierra está en manos de Dios; y él a su tiempo suscitará quien la gobierne últimamente.

5. En manos de Dios está la prosperidad del hombre; y el Señor hace participar de su gloria al que enseña a los otros su ley.

6. Echa en olvido todas las injurias recibidas del prójimo; y nada hagas en daño de otro*.

7. La soberbia es aborrecida de Dios y de los hombres; y execrable toda iniquidad de las gentes.

8. Un reino es trasladado de una nación a otra por causa de las injusticias, y violencias, y ultrajes y de muchas maneras de fraudes.

9. No hay cosa más detestable que un avaro. ¿De qué se ensoberbece el que no es más que tierra y ceniza?

10. No hay cosa más inicua que el que codicia el dinero; porque él a su alma misma pone en venta, y aun viviendo se arranca sus propias entrañas.

11. Breve es la vida de todo violento potentado. La enfermedad prolija es pesada para el médico;

12. el cual la acorta, atajándola o acabando con la vida. Así el que hoy es rey, mañana morirá.

13. Cuando muera el hombre, serpientes, sabandijas y gusanos eso será lo que herede.

14. El principio de la soberbia del hombre es, y fue, apostatar de Dios, o no querer obedecerlo;

15. Apartándose su corazón de aquel Señor que lo creó. Así, pues, el primer origen de todo pecado es la soberbia, y quien es gobernado por ella rebosará en abominaciones, y ella al fin será su ruina.

16. Por eso el Señor cargó de ignominia la raza de los malvados, y les destruyó hasta exterminarlos.

17. Derribó Dios los tronos de los príncipes soberbios y colocó en su lugar a los humildes.

---

2. *Prov 29*, 12.
6. *Lev 19*, 13.

18. Arrancó de raíz las naciones soberbias, y plantó en su lugar aquellos que eran despreciables entre las mismas gentes.

19. Asoló las tierras de las naciones, y las arrasó hasta los cimientos.

20. A algunas de ellas las desoló, y acabó con sus moradores, y extirpó del mundo su memoria.

21. Aniquiló Dios la memoria de los soberbios; y conservó la memoria de los humildes de corazón.

22. No fue creada por Dios, ni es natural a los hombres la soberbia, ni la cólera al que es hijo de la débil mujer.

23. Honrada será la descendencia del que teme a Dios; mas será deshonrada la del que traspasa los mandamientos del Señor.

24. Entre los hermanos el superior o primogénito es honrado de todos; así sucederá en la presencia del Señor a aquellos que le temen.

25. La gloria de los ricos, la de los hombres constituidos en dignidad y la de los pobres es el temor de Dios.

26. Guárdate de menospreciar al justo porque es pobre; guárdate de hacer gran aprecio del pecador porque es rico.

27. Los grandes, los magistrados y los poderosos gozan de honor; pero ninguno tiene mayor que aquel que teme a Dios.

28. Al siervo prudente y sabio se le sujetarán sin pena los hombres libres; y el varón cuerdo y bien enseñado no murmurará de que sea corregido; mas al siervo necio no se le hará semejante honra.

29. No te engrías cuando tu obra te salga bien; ni estés sin hacer nada en tiempo de necesidad.

30. Es más digno de estima aquel que trabaja y abunda de todo, que el jactancioso que no tiene pan que comer.

31. Hijo, conserva en la mansedumbre tu alma, y hónrala como ella merece.

32. ¿Quién justificará al que peca contra su alma?, ¿y quién honrará al que a su propia alma deshonra?

33. El pobre es honrado por sus buenas costumbres y santo temor de Dios; y el rico es respetado por las riquezas que tiene.

34. Mas aquel que en medio de la pobreza es honrado, ¿cuánto más lo sería si llegase a ser rico? Pero el que funda su honor en sus riquezas, tiene que temer mucho la pobreza.

11

El hombre debe poner su gloria en la verdadera sabiduría, no en la hermosura ni otras calidades

1. La sabiduría ensalzará al humilde, y le dará asiento en medio de los magnates*.

2. No alabes al hombre por su bello aspecto, ni desprecies a nadie por su sola presencia exterior.

3. Pequeña es la abeja entre los volátiles; mas su fruto es el primero en la dulzura.

4. No te glories jamás por el traje de distinción que llevas, y no te engrías cuando te veas ensalzado en alto puesto; porque sólo las obras del Altísimo son las admirables, y gloriosas son ellas y ocultas, y nunca bien conocidas*.

5. Se sentaron en el trono muchos tiranos; y un hombre, en quien nadie pensaba, se ciñó la diadema.

6. Al contrario, cayeron en gran ignominia muchos potentados; y los magnates fueron entregados como esclavos en poder de otros*.

7. A nadie reprendas antes de informarte; y habiéndote informado, reprenderás con justicia.

8. Antes de haber escuchado no respondas palabra; y mientras otro habla, no lo interrumpas*.

9. No porfíes sobre cosa que no te importa nada; ni te unas con los pecadores para juzgar o censurar vidas ajenas.

10. Hijo, no quieras abarcar muchos negocios; porque si te hicieras rico, no serás exento de culpa. Yendo tras muchas cosas, no llegarás a alcanzar ninguna; y por más diligencias que hagas, no podrás dar salida a todas.

11. Hay hombre que, estando falto de piedad, trabaja y se afana, y se duele de no ser rico, y tanto menos se enriquece.

12. Al contrario, hay otro lánguido y necesitado de amparo, muy falto de fuerzas y abundante de miseria, pero piadoso;

13. y a éste Dios lo mira con ojos benignos, y lo alza de su abatimiento, y le hace

1. *Gen 41*, 40; *Dan 6*, 3; *Jn 7*, 18.
4. *1 Sam 16*, 7; *2 Cor 10*, 10.
6. *1 Sam 15*, 28; *Est 6*, 7.
8. *Prov 18*, 13.

levantar cabeza; de lo cual quedan muchos maravillados, y glorifican a Dios*.

14. De Dios vienen los bienes y los males, la vida y la muerte, la pobreza y la riqueza.

15. De Dios son la sabiduría, y la disciplina, y la ciencia de la ley; y del mismo son la caridad, y las obras que hacen los buenos.

16. El error y las tinieblas son connaturales a los pecadores: y los que se glorían en el mal, envejecen en la malicia.

17. El don o la gracia de Dios permanece en los justos; e irá creciendo continuamente con feliz suceso.

18. Hay quien se hace rico viviendo con escasez; y el único fruto que tiene por recompensa

19. es decir: Yo he hallado mi reposo, y ahora comeré de mis bienes yo solo*.

20. Mas él no sabe cuánto tiempo le resta; y no piensa que se le acerca la muerte, y que todo lo ha de dejar a otros, y que él se morirá.

21. Persiste constante en tu pacto, y de éste trata, y acaba tus días cumpliendo con aquello que te está mandado.

22. No fijes tu consideración en las obras de los pecadores en su prosperidad; confía en Dios, y manténte en tu puesto,

23. que fácil es a Dios enriquecer en un momento al pobre.

24. La bendición de Dios apresura a recompensar al justo, y en breve tiempo lo hace crecer y fructificar.

25. No digas: ¿Qué me queda ya que hacer?, ¿y qué bienes me vendrán en lo venidero?

26. Tampoco digas: Me basto yo a mí mismo: ¿y qué mal puedo temer para en adelante?

27. En los días buenos no te olvides de los días malos, y en el día malo acuérdate del día bueno.

28. Porque fácil es a Dios el dar a cada uno en el día de la muerte el pago según sus obras.

29. Una hora de mal hace olvidar los mayores deleites; y en el fin del hombre se manifiestan sus obras.

30. No alabes a nadie antes de su muerte; porque al hombre se le ha de conocer en sus hijos.

31. No introduzcas en tu casa toda suerte de personas; pues son muchas las asechanzas de los maliciosos.

32. Porque así como un estómago fétido arroja regüeldos, y como la perdiz, por medio del reclamo, es conducida a la trampa, y la corza al lazo, así sucede con respecto al corazón del soberbio; el cual como de una atalaya está acechando la caída de su prójimo;

33. y convirtiendo el bien en mal, está poniendo asechanzas; y pondrá tacha aun en los mismos varones escogidos.

34. Por una chispa se levanta un incendio, y por un hombre doloso se vierte mucha sangre; porque el pecador pone asechanzas a la vida de sus hermanos.

35. Guárdate del hombre corrompido, pues está fraguando males, no sea que te cubra de perpetua infamia.

36. Si admites en tu casa al extranjero, idólatra y vicioso, te trastornará como torbellino, y te despojará aun de lo tuyo.

12

Los beneficios son mal empleados en gente perdida. Cautela con los falsos amigos

1. Si quieres hacer algún bien, mira a quién lo haces; y tendrás mucho mérito en ello.

2. Haz bien al justo, y lograrás una gran recompensa, si no de él, al menos del Señor.

3. No lo pasará bien el que de continuo hace mal y no da limosnas; porque el Altísimo aborrece a los pecadores, y usa de misericordia con los que se arrepienten.

4. Sé tú generoso con el hombre misericordioso y justo, y no patrocines al pecador; porque Dios ha de dar su merecido a los impíos y a los pecadores, reservándolos para el día de la venganza.

5. Sé generoso con el hombre de bien, y no apoyes al pecador.

6. Haz bien al humilde*, y no concedas dones al impío; impide que se le dé de comer en abundancia; para que no se alce sobre ti con lo mismo que le das.

7. Porque será doble el mal que reportarás por todo el bien que le hicieres; pues

---

13. *Job 42*, 10.
19. *Luc 12*, 19.
6. *Prov 25*, 21.

odia el Altísimo a los pecadores, y tomará venganza de los impíos.

8. No se conoce el amigo en la prosperidad; y en la adversidad no quedará oculto el enemigo.

9. En la prosperidad del hombre sus enemigos andan tristes; y en adversidad se conoce quién es su amigo.

10. Nunca te fíes de tu enemigo; porque como un vaso de cobre así cría cardenillo su malicia.

11. Aunque haciendo del humilde ande cabizbajo, tú está sobre aviso, y recátate de él.

12. No te lo pongas a tu lado ni se siente a tu diestra, no sea que volviéndose contra ti, tire a usurparte el puesto; por donde al fin caigas en la cuenta de lo que te digo, y te traspasen el corazón mis advertencias.

13. ¿Quién será el que tenga compasión del encantador mordido de la serpiente que maneja, y de todos aquellos que se acercan a las fieras? Así será del que se acompaña con un hombre inicuo, y se haya envuelto en sus pecados.

14. Algún tiempo estará contigo; mas si declinase tu fortuna, no te dará la mano.

15. El enemigo tiene la miel en sus labios; mas en su corazón está tramando cómo dar contigo en la fosa.

16. Derrama lágrimas de sus ojos el enemigo; pero si halla ocasión, no se hartará de sangre.

17. Y si te sobreviene algún mal, hallarás que él es su primer origen.

18. Llorando están los ojos del enemigo; mas en ademán de ayudarte te dará un traspié.

19. Meneará su cabeza, y dará palmadas, y hablando mucho entre dientes, hará mil visajes.

13

Es peligroso tu trato con el soberbio y con el poderoso. Ama a Dios y al prójimo

1. El que tocare la pez, se ensuciará con ella; y al que trata con el soberbio, se le pegará la soberbia.

2. Una buena carga se echa encima quien tiene trato con otro más poderoso que él. Y así no te acompañes con quien es más rico que tú.

3. ¿Qué sacará la olla de barro de estar junto al caldero? Cuando chocare contra éste, quedará hecha pedazos.

4. El rico hará un agravio, y prorrumpirá en fieros o bravatas; mas el pobre, agraviado, habrá de callar.

5. Si le haces regalos, te recibirá en su amistad; cuando nada tengas que ofrecerle, te abandonará.

6. Mientras tuvieres algo, se sentará a tu mesa, hasta que te haya consumido tu hacienda; y después no se compadecerá de ti.

7. Si te necesita, te engañará con palabras halagüeñas, y con semblante risueño te dará esperanzas, prometiéndote mil bienes, y te dirá: ¿Qué es lo que has de necesitar?

8. Y te confundirá con sus convites suntuosos; hasta tanto que en dos o tres veces que tú le convides te haga gastar cuanto tienes, y a la postre se burlará de ti; y después, al verte, te volverá las espaldas, y meneará su cabeza mofándose de ti.

9. Humíllate a Dios, y espera de su mano el amparo.

10. Mira que seducido no te humilles neciamente ante el rico.

11. Guárdate de abatirte en tu sabiduría, no sea que humillado que estés, te seduzcan a hacer cosas de necio.

12. Cuando te llame algún poderoso, excúsate; que por lo mismo serás llamado con mayor empeño.

13. No seas inoportuno, para que no te eche de sí; ni te alejes tanto de él, que vengas a ser olvidado.

14. No te entretengas para hablar con él como con un igual, ni te fíes de las muchas palabras suyas; porque con hacerte hablar mucho hará prueba de ti, y como pasatiempo te sonsacará tus secretos.

15. Su corazón fiero observará tus palabras, y no te escaseará después el mal trato y las prisiones.

16. Vete con cuidado y está alerta a lo que oyes, pues andas por el borde de tu precipicio.

17. Mas al oír estas cosas tenlas presentes, aun durmiendo; y está alerta.

18. Ama a Dios toda tu vida, e invócale para que te salve con su gracia.

19. Todo animal ama a su semejante; así también todo hombre debe amar a su prójimo.

20. Todas las bestias se asocian con sus

semejantes; y con su semejante se ha de acompañar todo hombre.

21. Cuando el lobo trabe amistad con el cordero, entonces la tendrá el pecador con el justo.

22. ¿Qué comunicación puede haber entre un hombre santo y un perro*? ¿O cuál unión entre un rico y un pobre?

23. Presa del león es el asno montés en el desierto; así también los pobres son pasto de los ricos.

24. Así como el soberbio detesta la humildad, así también el rico tiene aversión al pobre.

25. Si bambolea el rico, sus amigos lo sostienen; mas cayendo el pobre, aun sus familiares lo echan a empellones.

26. El rico que ha resbalado tiene muchos que le sostienen; ha hablado con arrogancia, y aquéllos lo justifican.

27. Mas el pobre que se desliza, tras eso es maltratado; habla cuerdamente, y no se hace caso de él.

28. Habla el rico, y todos callan, y ensalzan su dicho hasta las nubes.

29. Habla el pobre, y dicen aquéllos: ¿Quién es ése? Y si da un paso falso, lo empujan hasta dar con él en tierra.

30. Buenas son las riquezas en manos del que no tiene pecado en su conciencia; mas la pobreza es malísima a juicio del impío.

31. El corazón o interior del hombre le hace demudar el semblante o en bien o en mal.

32. La señal del buen corazón, que es un semblante siempre bueno y tranquilo, lo hallarás difícilmente y a duras penas.

14 *Dichoso el que no peca al hablar. Fealdad de la codicia y amabilidad de la sabiduría*

1. Bienaventurado el hombre que no deslizó en palabra que haya salido de su boca; y no es punzado por el remordimiento del pecado.

2. Feliz el que no tiene en su ánimo la tristeza que viene de la culpa, y no ha decaído de su esperanza en Dios.

3. Al hombre codicioso o avaro y agarrado de nada le sirven las riquezas; ¿y qué le aprovecha el oro al hombre mezquino?

4. El que amontona, cercenándoselo injustamente a sí mismo, para otros amontona, y un extraño se regalará con sus bienes.

5. ¿Para quién será bueno el que para sí mismo es mezquino, y no sabe gozar de sus bienes?

6. Quien es avaro contra sí mismo, es el hombre más ruin del mundo, y ya recibe el pago de su pasión perversa.

7. Que si algún bien hace, sin pensar ni querer lo hace; y al cabo viene a descubrir su malicia.

8. Maligno es el ojo del envidioso o avaro; él vuelve su cara al otro lado para no ver al pobre, y desprecia su misma alma.

9. No se sacia el ojo del avaro con una porción injusta de bienes; no se saciará hasta tanto que haya consumido y secado su vida.

10. El ojo maligno del avaro está siempre fijo en el mal; no se saciará de pan; se estará, sí, famélico y melancólico en la mesa.

11. Tú, hijo mío, disfruta aquello que tienes, y haz de ello ofrendas dignas a Dios.

12. Acuérdate de la muerte, la cual no tarda en llegar, y de la ley que se ha manifestado* de ir al sepulcro; porque el morir es una ley de que nadie está exento.

13. Antes de morir haz bien a tu amigo, y alarga tu mano generoso hacia el pobre según tu posibilidad.

14. No te prives de las ventajas de un buen día que Dios te concede; y del buen don o bien que te da el Señor no dejes perder ninguna parte.

15. ¿No ves que has de dejar a otros el fruto de tus sudores y fatigas, y que por suerte se lo repartirán entre sí?

16. Da a los pobres, y toma para ti lo necesario, y santifica así tu alma.

17. Practica la justicia antes que mueras; porque en el sepulcro no hay que buscar sustento*.

18. Se pudrirá ha toda la carne como el heno, y como las hojas que brotan en la verde planta.

19. Una hojas nacen y otras se caen; así de las generaciones de carne y sangre, una fenece y otra nace.

22. *Mat 7*, 6.

12. *Gen 2*, 17.
17. *Jn 6*, 27; *9*, 4.

20. Toda obra corruptible ha de perecer finalmente, y su artífice tendrá el mismo paradero que ella.

21. Mas todas las obras escogidas o justas serán aprobadas, y el que las hace, será por ellos glorificado.

22. Bienaventurado el hombre que es constante en la sabiduría y ejerce la misericordia, y considera en su mente a Dios que ve todas las cosas;

23. que va estudiando en su corazón los caminos de la sabiduría y entiende sus secretos, yendo en pos de ella como quien sigue su rastro, pisando siempre sus huellas;

24. que anhelando verla y oírla se pone a mirar por sus ventanas, y está escuchando en su puerta;

25. y reposa junto a la casa de ella, e hincando en sus paredes una estaca, asienta al lado su pequeño pabellón, dentro del cual tendrán perpetua morada todos los bienes;

26. bajo la protección de la sabiduría colocará a sus hijos, y morará debajo de sus ramas.

27. A la sombra de ella estará defendido del calor, y en su gloria reposará tranquilo.

15

Exhortación a buscar la sabiduría, pues quien no la merece no la recibe. La libertad en el pecado

1. El que teme a Dios hará buenas obras; y quien observa exactamente la justicia, poseerá la sabiduría;

2. porque ella le saldrá al encuentro cual madre respetable, y cual virgen desposada lo recibirá.

3. Lo alimentará con pan de vida y de inteligencia, y le dará a beber el agua de ciencia saludable*, y fijará en él su morada, y él le será constante.

4. Y la sabiduría será su sostén, y no se verá jamás confundido, sino que será ensalzado entre sus hermanos,

5. y en medio de la comunidad le abrirá la boca, llenándolo del espíritu de sabiduría y de inteligencia, y revistiéndole de un manto que lo cubrirá de gloria.

6. Le colmará de consuelo y alegría, y le dará en herencia un eterno renombre.

7. Los hombres necios nunca la lograrán; mas los prudentes saldrán a su encuentro. No la verán los necios, porque está lejos de la soberbia y de la mentira.

8. Los hombres mentirosos no se acordarán de ella; mas los veraces conversarán con ella, y andarán de bien en mejor hasta que vean la cara de Dios.

9. No está bien la alabanza de ella en la boca del pecador,

10. porque Dios es la sabiduría, y con la sabiduría anda acompañada la alabanza de Dios; y rebosará en los labios del hombre fiel, y el Señor soberano se la infundirá*.

11. No digas: En Dios consiste que la sabiduría se esté lejos de mí; no hagas tú lo que él aborrece, y la tendrás.

12. Tampoco digas: El me ha inducido al error; pues no necesita él que haya hombres impíos.

13. Aborrece el Señor toda maldad, la cual no puede ser amada de aquellos que lo temen.

14. Creó Dios desde el principio al hombre, y le dejó en manos de su consejo.

15. Le dio además sus mandamientos y preceptos.

16. Si guardando constantemente la fidelidad que le agrada, quisieres cumplir los mandamientos, ellos serán tu salvación*.

17. Ha puesto delante de ti el agua y el fuego; extiende tu mano a lo que más te agrade.

18. Delante del hombre están la vida y la muerte*, el bien y el mal; lo que escogiere le será dado.

19. Porque la sabiduría de Dios es grande, y su poder fuerte e irresistible; y está mirando a todos sin cesar.

20. Tiene puestos el Señor sus ojos sobre los que le temen*, y él observa todas las acciones de los hombres.

21. A nadie ha mandado obrar impíamente, y a nadie ha dado un tiempo o permiso para pecar.

22. Porque no le es grato a él el tener muchos hijos desleales e inútiles.

---

3. *Jn 4*, 10.

10. *1 Cor 14*, 26.
16. *Mat 19*, 17; *Jn 8*, 31.
18. *Jer 21*, 8; *Deut 30*, 15.
20. *Sal 34 (33)*, 16; *Hebr 4*, 13.

16

Dios ha castigado a los impíos para escarmiento de todos. Su misericordia con los buenos

1. No te alegres de que tus hijos se multipliquen, si son malos; ni te complazcas en ellos, si no tienen temor de Dios.

2. No fíes en su vida, ni cuentes para tu vejez con sus labores, o puestos y dignidades;

3. porque mejor es tener un solo hijo temeroso de Dios, que mil hijos malos;

4. y más cuenta tiene morir sin hijos que dejar hijos malos.

5. Un solo hombre cuerdo hará que sea poblada la patria o el país; despoblada será la nación o tribu de los impíos.

6. Muchas cosas semejantes han visto mis ojos, y más graves que éstas las han oído mis oídos.

7. Arderán llamas en la reunión de los pecadores; y la ira de Dios reventará sobre la nación de los incrédulos.

8. Implacable se mostró Dios a los pecados de los antiguos gigantes; los cuales vanamente confiados en sus fuerzas fueron aniquilados con el diluvio.

9. Ni perdonó Dios al lugar donde estaba hospedado Lot; antes bien maldijo a sus habitantes por la soberbia de sus palabras.

10. No tuvo lástima de ellos y destruyó a toda aquella nación que hacía gala de sus delitos.

11. Y lo mismo a los seiscientos mil hombres que, obstinados de corazón, se amotinaron cuando iban por el desierto. Por donde se ve que aunque uno solo fuese contumaz, sería cosa maravillosa que quedase sin castigo.

12. Porque la misericordia y la ira están con el Señor; puede aplacarse, y puede descargar su enojo.

13. Así como usa de misericordia, así también castiga; él juzga al hombre según sus obras.

14. No evitará el pecador el castigo de su pecado; y no se retardará al hombre misericordioso el premio que espera.

15. Todo acto de misericordia prepara el lugar a cada uno según el mérito de sus obras, y según su prudente conducta durante la peregrinación en esta vida.

16. No digas: Yo me esconderé de Dios; ¿y desde allá arriba quién pensará en mí?

17. Nadie me reconocerá en medio de tan gran muchedumbre porque ¿qué es mi persona entre tanta infinidad de criaturas?

18. He aquí que el cielo, y los altísimos cielos, y el profundo mar, y la tierra toda, y cuanto en ellos se contiene temblarán a una mirada suya.

19. Los montes también, y los collados y los cimientos de la tierra sólo con que los mire Dios se estremecerán de terror.

20. Y en medio de todo esto, es insensato el corazón del hombre, pero Dios está viendo todos los corazones;

21. ¿y quién es el que entiende sus caminos?; ¿y aquella espantosa tormenta del juicio final, que jamás habrán visto igual ojos humanos?

22. Así es que escondidas son e inteligibles muchísimas de sus obras; mas las obras de su justicia vengadora ¿quién será capaz de explicarlas?, ¿o quién las podrá sufrir? Porque los decretos de Dios están muy distantes de las ideas que se forman algunos; pero a todos se ha de tomar residencia al fin del mundo.

23. El hombre mentecato piensa en cosas vanas; y el insensato y descarriado sólo se ocupa en sandeces.

24. Escúchame, hijo mío, y aprende documentos de prudencia, y medita en tu corazón las palabras que voy a decirte;

25. pues yo te daré instrucciones muy acertadas, y te manifestaré la escondida sabiduría; aplícate de corazón a atender a mis palabras, que yo con ánimo sincero te diré las maravillas que esparce Dios en sus obras desde el principio, y te mostraré con toda verdad su divina ciencia.

26. Formó Dios sabiamente desde el principio sus obras, y desde su primera creación las distinguió en partes; y colocó a las principales de ellas, según su naturaleza.

27. Dio a sus operaciones virtud perenne; sin que hayan tenido necesidad de ser restauradas, ni se hayan fatigado, ni cesado nunca de obrar.

28. Jamás ninguna de ellas chocará a la otra.

29. No seas tú desobediente a su palabra.

30. Después de esto miró Dios la tierra, y la colmó de bienes.

31. Eso están demostrando todos los animales vivientes, que están sobre su superficie, y vuelven otra vez a ser tierra.

17 *Creación del hombre. Se divide el género humano en varias naciones*

1. Dios creó de la tierra al hombre, y lo formó a imagen suya.

2. Y porque pecó lo hizo volver a ser tierra. Y le revistió de virtud conforme a su ser.

3. Le señaló determinado tiempo y número de días; y le dio potestad sobre las cosas que hay en la tierra.

4. Lo hizo temible a todos los animales por lo cual tiene él dominio sobre las bestias y sobre las aves.

5. De la sustancia del mismo formó Dios una ayuda semejante a él; les dio a ambos razón y lengua, y ojos, y orejas, e ingenio para inventar, y los llenó de las luces del entendimiento.

6. Creó en ellos la ciencia del espíritu; les llenó el corazón de discernimiento, y les hizo conocer los bienes y los males.

7. Acercó la luz de sus divinos ojos a sus corazones, para hacerles conocer la magnificencia de sus obras,

8. a fin de que alaben a una su santo Nombre, y ensalcen sus maravillas, y publiquen la grandeza de sus obras.

9. Añadió en bien de ellos las reglas de costumbres, y les dio por herencia la ley de vida.

10. Asentó con ellos una alianza eterna, y les hizo conocer su justicia y sus preceptos.

11. Vieron con los propios ojos la grandeza de su gloria, y la majestad de su voz les hirió los oídos y les dijo: Guardaos de toda suerte de iniquidad.

12. Y mandó a cada uno de ellos el amor de su prójimo.

13. Están siempre a su vista los procederes de ellos; no pueden encubrirse a sus divinos ojos.

14. A todas las naciones señaló quien las gobernase;

15. mas Israel fue visiblemente reservado para herencia de Dios*.

16. Todas las obras de ellos están patentes como el sol en la presencia de Dios, cuyos ojos están siempre fijos sobre sus procederes.

17. Ni por sus maldades quedó oscurecida o derogada la alianza divina, y todas sus iniquidades están a la vista de Dios.

18. La limosna del hombre la guarda Dios como un sello, y tendrá cuidado de las buenas obras del hombre como de las niñas de sus ojos.

19. Después se levantará a juicio y dará a los malos el pago, a cada uno en particular, y los enviará a lo profundo de la tierra.

20. Pero a los que se arrepienten les concede el volver a la senda de la justicia, y les da fuerzas cuando les faltan, para ir adelante, y ha destinado para ellos la porción o premio debido a la verdad o fidelidad.

21. Conviértete, pues, al Señor, y abandona tus vicios.

22. Haz oración ante la presencia del Señor y remueve las ocasiones de caer.

23. Conviértete al Señor, y vuelve las espaldas a tu iniquidad, y aborrece sumamente todo lo que es abominable a Dios;

24. y estudia los mandamientos y juicios de Dios, y sé constante en el estado feliz de la virtud que se te ha propuesto y en la oración al Altísimo Dios.

25. Entra en la compañía del siglo santo de la eternidad o con aquellos que viven por la gracia, y dan alabanza a Dios.

26. No te pares en el camino errado de los malos. Alaba a Dios antes de morir. El muerto (como si nada fuese) no puede ya alabarle y merecer la vida eterna.

27. Vivo, vivo lo has de alabar, y estando sano has de confesar y alabar a Dios, y gloriarte en sus misericordias.

28. ¡Oh cuán grande es la misericordia del Señor, y cuánta su clemencia para con los que a él se convierten!

29. Porque no puede el hombre tener todas las cosas; puesto que no hay ningún hijo del hombre que sea inmortal, y que no se complazca en la vanidad y malicia.

30. ¿Qué cosa más resplandeciente que el sol? Pues éste también se eclipsa. O ¿qué cosa más torpe que los pensamientos de

15. *Deut 32*, 8-9.

carne y sangre? Pero no han de quedar ellos sin castigo.

31. Aquel ve en torno de sí las virtudes del altísimo cielo; mas todos los hombres son polvo y ceniza.

18 *El hombre en su miseria busca en la grandeza y dulzura de Dios. Normas para vivir bien*

1. El que vive eternamente creó todas las cosas sin excepción. Sólo Dios será siempre hallado justo, y él es el rey invencible que subsiste eternamente.

2. ¿Quién es capaz de referir todas sus obras?

3. ¿O quién puede investigar sus maravillas?

4. Pues su omnipotente grandeza ¿quién podrá jamás explicarla?, ¿o quién emprenderá contar sus misericordias?

5. No hay que quitar ni que añadir en las admirables obras del Señor, ni hay quien pueda comprenderlas.

6. Cuando el hombre hubiere acabado, entonces estará al principio; y cuando cesare, quedará absorto.

7. ¿Qué es el hombre?, ¿y en qué puede ser útil a Dios? ¿Qué le importa a Dios su bien o su mal?

8. El número de los días del hombre, cuando mucho, es de cien años; que vienen a ser como una gota de las aguas del mar, y como un granito de arena; tan cortos son estos años comparados con el día de la eternidad.

9. Por eso Dios aguanta a los mortales y derrama sobre ellos su misericordia.

10. Está viendo la presunción de sus corazones, que es mala, y conociendo el trastorno de ellos, que es perverso.

11. Por esto les manifestó de lleno su clemencia, y les mostró el camino de la equidad o justicia.

12. La compasión del hombre tiene por objeto a su prójimo; pero la misericordia de Dios se extiende sobre toda carne o a todo viviente.

13. El tiene misericordia, y los amaestra, y los guía cual pastor a su grey.

14. El es benigno con los que escuchan la doctrina de la misericordia, y son solícitos en la práctica de sus preceptos.

15. Hijo, no juntes con el beneficio que hagas la reprensión, ni acompañes tus dones con la aspereza de malas palabras.

16. ¿No es verdad que el rocío templa el calor?; pues así también la buena palabra vale más que la dádiva.

17. ¿No conoces tú que la palabra dulce vale más que el don? Pero el hombre justo acompañará lo uno con lo otro.

18. El necio prorrumpe ásperamente en improperios, y la dádiva del hombre mal criado y duro entristece y saca lágrimas de los ojos.

19. Antes del juicio o de presentarte al juez, asegúrate de tu justicia; y antes que hables, aprende.

20. Antes de la enfermedad toma el preservativo*; y antes del juicio examínate a ti mismo, y así hallarás misericordia en la presencia de Dios.

21. Antes de la dolencia mortifícate y humíllate; y en el tiempo de tu enfermedad haz conocer tu conversión y buena conducta.

22. Nada te detenga de orar siempre que puedas; ni te avergüences de hacer buenas obras hasta la muerte; porque la recompensa de Dios dura eternamente*.

23. Antes de la oración prepara tu alma, y no quieras ser como el hombre que tienta a Dios.

24. Acuérdate de la ira que vendrá el día final, y del tiempo de la retribución, cuando Dios apartará su rostro de los impíos.

25. Acuérdate de la pobreza en el tiempo de la abundancia y de las miserias de la pobreza en tiempo de las riquezas.

26. De la mañana a la tarde se cambiará el tiempo, y todo esto se hace muy pronto a los ojos de Dios.

27. El hombre sabio temerá en todo, y en los días de pecados, o escándalos grandes, se guardará de la negligencia.

28. Todo hombre sensato sabe distinguir la sabiduría, y alaba al que la ha hallado.

29. Los hombres juiciosos se portan con prudencia en el hablar, y entienden la verdad y la justicia, y esparcen como lluvia proverbios y sentencias.

30. No te dejes arrastrar de tus pasiones, y refrena tus apetitos.

---

20. *1 Cor 11*, 28.
22. *Luc 18*, 1; *1 Tes 5*, 17.

31. Si satisfaces los antojos de tu alma, ella te hará la risa y fábula de tus enemigos.

32. No gustes de andar en los bullicios, ni aun en los de poca monta; porque ocurren en ellos continuos conflictos.

33. Mira no te empobrezcas con tomar dinero a usura para competir o seguir disputas con los otros, teniendo vacío tu bolsillo; pues serás injusto contra tu propia vida.

19 *Debemos frenar la lengua y corregir a los hermanos. La sabiduría sin el temor de Dios es vana*

1. El operario dado al vino no se enriquecerá, y poco a poco se arruinará el que desprecia las cosas pequeñas.

2. El vino y las mujeres hacen apostatar a los sabios, y desacreditan a los sensatos.

3. El que se junta con rameras, perderá toda vergüenza; la pus y los gusanos serán, aun en vida, sus herederos; será propuesto por escarmiento, y será borrado del número de los vivientes.

4. El que cree de ligero, es de corazón liviano, y padecerá menoscabo. Quien peca, pues, contra su propia alma, será considerado por un hombre ruin.

5. Infamado será quien se goza en la iniquidad; y se acortará la vida al que odia la corrección; mas el que aborrece la locuacidad sofoca la malicia del murmurador.

6. Tendrá que arrepentirse el que peca contra su propia alma; y el que se huelga en la malicia, se acarreará la infamia.

7. No reportes una palabra maligna y ofensiva, porque no perderás nada.

8. No cuentes tus ocultos sentimientos indistintamente al amigo y al enemigo; y si has pecado, no lo propales.

9. Porque te escuchará y se guardará de ti; y aparentando que disculpa tu pecado, te odiará en su interior, y así estará siempre alrededor de ti.

10. ¿Oíste alguna palabra contra tu prójimo? Sepúltala en tu pecho, seguro de que no reventarás por retenerla.

11. Padece el necio dolores de parto por causa de una palabra secreta que se le ha confiado; como mujer que gime para dar a luz un niño.

12. Como saeta hincada en un muslo carnoso, así es la palabra en el corazón del necio.

13. Corrige al amigo que quizá no obró con mala intención, y dirá: No hice yo eso; pero si lo hizo, a fin de que no lo haga más*.

14. Corrige al prójimo que acaso no habrá dicho tal cosa; y si la hubiere dicho, para que no la diga más.

15. Corrige al amigo; porque muchas veces se levantan calumnias.

16. Y no creas todo lo que se cuenta. Tal hay que se desliza en lo que habla; mas no lo dice con mala intención.

17. ¿Pero quién hay que no haya pecado con su lengua*? Corrige al prójimo con suavidad, antes de usar de amenazas,

18. y da lugar al temor del Altísimo* que te lo manda, porque toda la sabiduría se encierra en el temor de Dios, y a Dios se teme con ella, y toda sabiduría se ordena al cumplimiento de la ley de Dios.

19. Que no es sabiduría el arte de hacer mal; ni es prudencia pensar de los pecadores.

20. Es una malignidad que va unida con la execración; y es un necio el que está falto de la sabiduría de Dios.

21. Es preferible aquel hombre a quien falta sagacidad y está privado de ciencia, pero que es timorato, al que es muy entendido, si traspasa la ley del Altísimo.

22. Hay una sagacidad extremada; mas es sagacidad inicua y diabólica.

23. Y hay quien discurre bien y con fruto exponiendo la verdad. Hay quien maliciosamente se humilla, mas su corazón está lleno de mentira;

24. y quien se abate excesivamente con gran sumisión, y quien vuelve la cara y aparenta no ver aquello que es un secreto;

25. mas si por falta de fuerzas no puede pecar, hallando oportunidad de hacer mal, lo hará.

26. Por el semblante es conocido el hombre, y por el aire de la cara se conoce el que es juicioso.

27. La manera de vestir, de reír y de caminar del hombre, dicen lo que él es.

28. Es una corrección falsa o indiscreta, cuando uno airado vomita injurias, y forma

---

13. *Lev 19*, 17; *Mat 18*, 15; *Luc 17*, 3.
17. *Sant 3*, 8.
18. *Gal 6*, 1.

un juicio que después se halla no ser recto; y hay quien en tal situación calla, y ése es prudente.

20

La corrección fraternal; el silencio; el hablar, y la mentira. Hemos de llevar a los demás la sabiduría

1. ¿Cuánto mejor es dar una reprensión, y no prohibir hablar al que confiesa la culpa, que alimentar la ira contra él?

2. Como el eunuco que deshonra a una doncellita encargada a su custodia,

3. así es el que con la fuerza viola la justicia.

4. ¡Cuán buena cosa es, siendo corregido, el mostrar arrepentimiento!, porque así huirás del pecado voluntario.

5. Hay quien callando es reconocido por sabio; y hay quien se hace odioso por su flujo de hablar.

6. Tal hay que calla por no saber hablar; y tal hay que calla porque sabe cuál es la ocasión oportuna.

7. El hombre sabio callará hasta un cierto tiempo; mas el vano y el imprudente no aguardan la ocasión.

8. Quien habla mucho, hará daño a su alma; y el que se arroga un injusto poder de juzgar a los demás, será aborrecido.

9. La prosperidad es un mal para el hombre desarreglado; y los tesoros que halla, se le convierten en detrimento.

10. Hay una dádiva que es inútil para el que la hace; y dádiva hay que tiene doble recompensa.

11. Hay quien en la exaltación halla el abatimiento; y a otro la humillación sirve para ensalzarse.

12. Tal hay que compra muchas cosas a un vil precio, y después tiene que pagar siete veces más.

13. Se hace amable el sabio con su conversación; mas los chistes de los tontos serán perdidos.

14. La dádiva del necio no te aprovechará; porque sus ojos tienen muchas miras de interés en lo que te da.

15. El dará poco, y lo echará muchas veces en cara, y abrir de su boca será un volcán contra ti.

16. Hoy da prestado uno y mañana lo demanda. Hombre de este comportamiento es bien odioso.

17. El necio no tendrá un amigo; ni serán agradecidos sus dones,

18. pues los que comen su pan son de lengua insolente. ¡Oh cuántos y cuántas veces harán burla de él!

19. Porque da o gasta sin juicio aquello que debía reservar, y aun aquello que no debía guardar.

20. El desliz de la lengua embustera es como el de quien cae del terrado a la calle; tan precipitada será la caída de los malos.

21. El hombre insulso es como un cuento sin substancia, de aquellos que andan siempre en las bocas de gente malcriada.

22. La parábola no tiene gracia en boca del fatuo, porque la dice fuera de tiempo.

23. Hay quien deja de pecar por falta de medios, y padece tormentos por tener que estar en inacción.

24. Tal hay que pierde su alma por respetos humanos, y la pierde por miramiento a un imprudente; y por un tal hombre se pierde a sí mismo.

25. Hay quien por respetos humanos promete al amigo lo que no puede cumplir; y la ganancia que de eso saca es hacérselo gratuitamente enemigo.

26. Es una tacha infame la mentira en el hombre; ella está de continuo en la boca de los malcriados.

27. Menos malo es el ladrón que el hombre que miente a todas horas; aunque ambos tendrán por herencia la perdición.

28. Deshonradas y viles son las costumbres de los mentirosos; siempre llevan consigo su propia confusión.

29. Se acredita el sabio con su hablar; y el varón prudente será grato a los magnates.

30. Aquel que labra bien su tierra formará más alto el acervo de frutos; y el que hace obras de justicia será ensalzado, y el que es grato a los magnates debe huir de la injusticia, y portarse con rectitud.

31. Los regalos y las dádivas ciegan los ojos de los jueces, y les cierran la boca para no corregir a los malos.

32. La sabiduría que se tiene oculta, y el tesoro escondido, ¿de qué sirven ni aquélla ni éste?

33. Mejor es el hombre que oculta su ignorancia que el que tiene escondido su saber.

21 *De la malicia del pecado, espada de dos filos, y los medios para preservarnos de él*

1. Hijo, ¿has pecado? Pues no vuelvas a pecar más; antes bien haz oración a Dios por las culpas pasadas, a fin de que te sean perdonadas.

2. Como de la vista de una serpiente, así huye del pecado; porque si te arrimas a él, te morderá.

3. Sus dientes son dientes de león, que matan las almas de los hombres.

4. Todo pecado es como una espada de dos filos; sus heridas son incurables en lo humano.

5. La arrogancia y las injurias reducen a humo la hacienda; y la más opulenta casa será arruinada por la soberbia; así también serán aniquilados los bienes del soberbio.

6. La súplica del pobre llegará desde su boca hasta los oídos de Dios, y al punto se le hará justicia.

7. Aborrecer la corrección es indicio manifiesto de hombre pecador; pero el que teme a Dios entrará en sí y reconocerá sus defectos.

8. De lejos se da a conocer el poderoso por su osada lengua; mas el varón sensato sabe escabullirse del tal.

9. Quien edifica su casa a expensas de otro, es como el que reúne sus piedras para edificar en el invierno.

10. Todos los pecadores juntos son como un montón de estopa para ser consumida con llamas de fuego.

11. El camino de los pecadores está bien enlosado y liso; pero va a parar en el infierno, en las tinieblas y en los tormentos.

12. El que observa la justicia o ley del Señor, comprenderá el espíritu de ella.

13. El perfecto temor de Dios es la verdadera sabiduría y prudencia.

14. Quien no es sabio en el bien nunca será bien instruido.

15. Mas hay una sabiduría fecunda en lo malo; bien que no hay prudencia donde se halla la amargura del pecado.

16. La ciencia del sabio rebosa por todas partes como un manantial de agua, y sus consejos son cual fuente perenne de vida.

17. Como un vaso roto, así es el corazón del fatuo, no puede retener ni una gota de sabiduría.

18. Cualquier palabra bien dicha que oyere el sabio, la celebrará, y se la aplicará a sí; la oirá el hombre dado a los deleites, y le desagradará, y la echará detrás de sí.

19. Los razonamientos del necio son molestos, como un fardo para el que anda de viaje; mientras los labios del prudente están llenos de gracia.

20. La boca del varón prudente es buscada en las asambleas, y cada uno medita en su corazón las palabras que le oye.

21. Como una casa demolida es la sabiduría para el necio, y la ciencia del insensato se reduce a dichos ininteligibles.

22. Como grillos en los pies, y como cadena o esposa en su mano derecha, así es para el necio la ciencia.

23. El tonto cuando ríe, ríe a carcajada suelta; mas el varón sabio apenas se sonreirá.

24. La ciencia es para el hombre prudente una joya de oro, y como un brazalete en el brazo derecho.

25. El tonto con facilidad mete el pie en casa ajena; mas el hombre avisado mira con timidez la persona del poderoso.

26. El necio registra por las ventanas lo que pasa dentro de la casa; mas el hombre bien educado se queda a la puerta hasta que abran.

27. Es propio del tonto y mal educado estar escuchando en la puerta lo que dicen; y el hombre prudente tendrá esto por afrenta insoportable.

28. Los labios de los indiscretos cuentan mil tonterías; mas las palabras de los sabios serán como pesadas en una balanza.

29. El corazón de los fatuos está en su boca*, y la boca de los sabios en su corazón.

30. Cuando el impío maldice al diablo, a sí mismo se maldice.

31. El chismoso contamina su propia alma y de todos será odiado, y será mal visto quien converse con él; mas el hombre que sabe callar y tiene prudencia, será honrado de todos.

---

29. *Prov 16*, 23.

22 *La dureza del hijo mal educado. Es tiempo perdido instruir un necio*

1. Con piedras llenas de lodo es apedreado el perezoso; y todos hablarán de él con desprecio.

2. Le tiran boñigas de buey, y todos los que lo tocan sacuden y se limpian las manos, y se ríen.

3. Afrenta del padre es el hijo malcriado; y la hija inmodesta será poco estimada.

4. La hija prudente es una herencia para su esposo; mas aquella que acarrea vergüenza es el oprobio del que la ha engendrado.

5. La que es insolente es la deshonra del padre o del marido (en nada es inferior a los malvados) y será vilipendiada de uno y otro.

6. Un discurso fuera de tiempo viene a ser como la música en duelo; mas el azote o la corrección y la instrucción, en toda ocasión son oportunos para infundir la sabiduría.

7. Quien pretende amaestrar a un necio, es como el que quiere reunir con engrudo los pedazos de un tiesto.

8. Quien cuenta una cosa al que no escucha, hace como el que quiere despertar de su letargo al que duerme.

9. Habla con un dormido quien discurre de la sabiduría con un necio, el cual al fin del discurso suele decir: ¿Quién es éste?

10. Llora tú por el muerto, porque le faltó la luz; y llora por el fatuo o pecador, porque le falta inteligencia.

11. Llora poco por un muerto, pues ya goza de reposo.

12. Porque la pésima vida del impío fatuo es peor que la muerte.

13. Siete días dura el llanto por un muerto*; pero el llanto por el fatuo y el impío ha de durar mientras vivan.

14. Con el necio no hables mucho, y no te acompañes con el insensato.

15. Guárdate de él para no tener inquietudes, y a fin de que no te manche su pecado.

16. Desvíate de él, y tendrás sosiego, y no recibirás tedio o fastidio por su necedad.

17. ¿Qué otra cosa se nombrará que sea más pesada que el plomo, a no ser el necio?

18. Más fácil es cargar sobre sí arena, sal y barras de hierro, que con un imprudente, un fatuo o un impío.

19. La trabazón de vigas encajadas para cimiento del edificio no se descompondrá; así tampoco un corazón robustecido con un consejo maduro y deliberado.

20. Las resoluciones del hombre sensato no serán alteradas por el miedo en ningún tiempo.

21. Como los palos plantados en lugares elevados, y las paredes en seco, o sin argamasa, no pueden resistir contra la fuerza del viento,

22. así, igualmente el corazón del fatuo, tímido en sus pensamientos, no resistirá el ímpetu del temor.

23. Así como el corazón del fatuo que está pavoroso en sus pensamientos, no temerá en todo tiempo, así aquel que está firme en los mandamientos de Dios está siempre sin temor.

24. El que punza el ojo hace salir lágrimas, y quien punza el corazón hace salir los afectos.

25. El que tira una piedra contra los pájaros, los hace huir; así también el que hiere al amigo rompe la amistad.

26. Aunque hubieres desenvainado la espada contra el amigo, no desesperes, pues todavía podrás reconciliarte con él.

27. Si has dicho al amigo palabras pesadas, no temas; porque hay lugar a la concordia, no habiendo habido ultrajes, ni desvergüenzas, ni orgullo, ni revelación de un secreto, ni golpe a traición; por todas estas cosas sí que huirá el amigo.

28. Guarda fidelidad al amigo en medio de su pobreza, a fin de gozar algún día de su prosperidad.

29. En el tiempo de su tribulación manténte fiel a él; si quieres también ser llamado a la parte de su herencia.

30. El vapor y el humo se levantan del horno antes que la llama del fuego; así también las maldiciones, las injurias, y las amenazas preceden al derramamiento de sangre.

31. No me avergonzaré de saludar al amigo pobre y abatido, ni me retiraré de su trato; que si después de eso me vinieren males por causa de él, o me fuere ingrato, sabré sufrirlos.

32. Pero todos los que lo entendieren se guardarán de él.

33. ¿Quién pondrá un candado a mi

13. *Gen 50,* 10.

boca, y sobre mis labios un sello inviolable para que no me deslice por su culpa y no sea mi lengua la perdición mía?

23 *Oración a Dios para preservarse de la soberbia, la gula y la lujuria. Reprensión de la lengua y la carne*

1. ¡Oh Señor, padre mío y dueño de mi vida, no me abandones a la indiscreción de mis labios; ni permitas que yo me deslice por causa de ellos.

2. ¿Quién será el que emplee el azote o castigo sobre mis pensamientos, y la corrección de la sabiduría sobre mi corazón, de tal modo que no me perdone sus errores, a fin de que ellos no broten pecados,

3. ni se acrecienten mis ignorancias, ni se multipliquen mis faltas y aumenten mis pecados, por cuya causa ande yo por el suelo delante de mis contrarios y se ría de mí el enemigo mío?

4. ¡Oh Señor, padre mío y Dios de mi vida!, no me abandones a sus malvados pensamientos.

5. No permitas en mis ojos la altanería; y aleja de mí todo mal deseo.

6. Quita de mí la intemperancia de la gula, y no se apoderen de mí los apetitos de la lujuria; ni quieras entregarme a un ánimo desenfrenado.

7. Vosotros, ¡oh hijos míos!, escuchad los documentos para gobernar la lengua; y quien los observare no se perderá por causa de sus labios, ni resbalará en obras perversas.

8. En su mismo necio hablar queda cogido el pecador, y el soberbio y maldiciente se arruinarán por sus mismos labios.

9. No acostumbres tu boca al juramento*; porque son muchas por eso las caídas.

10. Tampoco tomes continuamente en boca, sino para honrarle, el Nombre de Dios; ni interpongas siempre los nombres de las cosas santas, porque no quedarás libre de culpa si lo haces.

11. Pues así como un esclavo puesto a todas horas a cuestión de tormento nunca está sin moretones, así todo el que jura y repite aquel Nombre jamás estará enteramente limpio de culpa.

12. El hombre que jura mucho, se llenará de pecados; y no se apartará de su casa la desgracia.

13. Porque si no cumple el juramento, tendrá sobre sí el delito; y si no hace caso, peca doblemente.

14. Y si ha jurado en vano, o sin necesidad, no será tenido por inocente; antes bien lloverán castigos sobre su casa.

15. Hay todavía otro lenguaje que confina con la muerte: Nunca se oiga entre los descendientes de Jacob.

16. Así pues, todas estas cosas estarán lejos de los hombres religiosos; los cuales no se envuelven en semejantes delitos.

17. No se acostumbre tu boca al hablar indiscreto; porque siempre va acompañado de la mancha del pecado.

18. Acuérdate de tu padre y de tu madre, aunque estés sentado entre los magnates,

19. para que no suceda que Dios se olvide de ti a vista de los mismos; y que necio con su familiaridad, tengas que sufrir tales oprobios que quisieras más no haber venido al mundo, y maldigas el día de tu nacimiento.

20. El hombre acostumbrado a decir improperios, no se corregirá en toda su vida.

21. Dos especies de personas pecan con frecuencia, y otra tercera provoca la ira y la perdición:

22. el ánimo fogoso como una ardiente llama; el cual no se calma sin devorar primero alguna cosa;

23. y el hombre que es esclavo de los apetitos de su carne, el cual no tendrá sosiego hasta que haya comunicado el fuego.

24. Al hombre fornicario todo pan le es dulce; y no cesará de pecar hasta el fin.

25. Todo hombre que deshonra su tálamo conyugal, como quien tiene en poco su alma, suele decir: ¿Quién hay que me vea?

26. Rodeado estoy de tinieblas, y las paredes me encubren, y nadie me atisba: ¿a quién tengo que temer? El Altísimo no se fijará en mis delitos.

27. Mas él no reflexiona que el ojo de Dios está viendo todas las cosas: porque semejante temor humano, temor no más que de los hombres, expele de él el temor de Dios;

28. y no sabe que los ojos del Señor son

---

9. *Ex 20*, 7; *Mat 5*, 33.

mucho más luminosos que el sol, y que descubren todos los procederes de los hombres y lo más profundo del abismo, y ven hasta los más recónditos senos del corazón humano.

29. Porque todas las cosas, antes de ser creadas, fueron conocidas del Señor Dios, y aun después que fueron hechas las está mirando a todas.

30. Este tal adúltero será por lo mismo castigado en medio de la plaza de la ciudad; él, cual potro indómito, echará a huir; pero lo pillarán donde menos pensaba.

31. Y será deshonrado delante de todos, por no haber conocido el temor del Señor.

32. Lo mismo será de cualquiera mujer que deja a su propio marido, y que le da un heredero habido del marido de otra.

33. Porque ella en primer lugar fue rebelde a la ley del Altísimo; lo segundo, ultrajó a su propio marido; lo tercero, se contamina con el adulterio, y se procrea hijos del marido ajeno.

34. Esta será conducida a la asamblea pública y se hará información sobre sus hijos;

35. los cuales no echarán raíces, ni darán frutos sus ramos.

36. Ella dejará en maldición su memoria; y jamás se borrará su infamia.

37. Por donde los venideros conocerán que no hay cosa mejor que temer a Dios, y nada más suave que observar los mandamientos del Señor.

38. Servir al Señor es una gloria grande; pues de él se recibirá larga vida.

24

Origen y eternidad de la sabiduría. Sus efectos maravillosos y su deseo de comunicarse a los hombres

1. La sabiduría se hará ella misma su elogio, y se honrará en Dios, y se gloriará en medio de su pueblo.

2. Ella abrirá su boca en medio del pueblo de Dios, o de las reuniones del Altísimo, y se glorificará a la vista de los escuadrones de Dios o de la celestial milicia.

3. Será ensalzada en medio de su pueblo, y admirada en la plena congregación de los santos.

4. Y recibirá alabanzas de la muchedumbre de los escogidos, y será bendita entre los benditos, y dirá:

5. Yo salí de la boca del Altísimo, engendrada primero que existiese ninguna criatura.

6. Yo hice nacer en los cielos la luz indeficiente, y como con una niebla cubrí toda la tierra.

7. En los altísimos cielos puse yo mi morada, y el trono mío sobre una columna de nubes.

8. Yo sola hice todo el giro del cielo, y penetré por el profundo del abismo, me pasee por las olas del mar,

9. y puse mis pies en todas las partes de la tierra; y en todos los pueblos,

10. y en todas las naciones tuve el supremo dominio.

11. Yo sujeté con mi poder los corazones de todos, grandes y pequeños; y en todos esos pueblos y naciones busqué donde posar o fijarme, y en la heredad del Señor fijé mi morada.

12. Entonces el Creador de todas las cosas dio sus órdenes, y me habló; y el que a mí me dio el ser, estableció mi Tabernáculo o morada,

13. y me dijo: Habita en Jacob, y sea Israel tu herencia, y arráigate en medio de mis escogidos.

14. Desde el principio o siempre, y antes de los siglos, ya recibí yo el ser, y no dejaré de existir en todos los siglos venideros; y en el Tabernáculo santo ejercité el ministerio mío ante su acatamiento.

15. Y así fijé estancia en el monte Sión, y fue el lugar de mi reposo la ciudad santa, y en Jerusalén está el trono mío.

16. Y me arraigué en un pueblo glorioso, y en la porción de mi Dios, la cual es su herencia; y mi habitación fue en la plena reunión de los santos.

17. Elevada estoy cual cedro sobre el Líbano y cual ciprés sobre el monte de Sión.

18. Extendí mis ramos como una palma de Cades, y como el rosal plantado en Jericó:

19. Me alcé como un hermoso olivo en los campos, y como el plátano en las plazas junto al agua.

20. Como el cinamomo y el bálsamo aromático despedí fragancia. Como mirra escogida exhalé suave olor;

21. y llené mi habitación de odoríferos perfumes, como de estoraque, de gálbano, de onique, y de lágrima de mirra, y de incienso virgen, y mi fragancia es como la del bálsamo sin mezcla.

22. Yo extendí mis ramas como el terebinto, y mis ramas llenas están de majestad y hermosura.

23. Yo como la vid broté retoños de suave olor, y mis flores dan frutos de gloria y de riqueza.

24. Y soy la madre del bello amor y del temor, y de la ciencia de la salud, y de la santa esperanza.

25. En mí está toda la gracia para conocer el camino de la verdad; en mí toda esperanza de vida y de virtud.

26. Venid a mí todos los que os halláis presos de mi amor, y saciaos de mis dulces frutos;

27. porque mi espíritu es más dulce que la miel, y más suave que el panal de miel mi herencia.

28. Se hará memoria de mí en toda la serie de los siglos.

29. Los que de mí comen, tienen siempre hambre de mí, y tienen siempre sed los que de mí beben; jamás se empalagan.

30. El que me escucha, jamás tendrá de qué avergonzarse; y aquellos que se guían por mí, no pecarán.

31. Los que me esclarecen obtendrán la vida eterna.

32. Todas estas cosas contiene el libro de la vida, que es el testamento del Altísimo y la doctrina de la verdad.

33. Moisés dio a conocer la ley de la justicia, dejándola en herencia a la casa de Jacob con las promesas hechas a Israel.

34. Dios prometió a su siervo David que había de hacer nacer de él, o de su linaje, al rey fortísimo, que se sentaría sobre un trono de gloria para siempre;

35. el cual rebosa en sabiduría, como en agua de Fisón y el Tigris en la estación de los nuevos frutos.

36. Ella lo inunda todo de inteligencia* como el Eufrates, y crece más y más como el Jordán en el tiempo de la siega.

37. Ella derrama la ciencia como la luz, e inunda como el Gehón en la estación de la vendimia.

38. El Hijo de Dios es el primero o único que la ha conocido perfectamente, y otro que sea menos fuerte, o inferior, no la comprende.

39. Porque son más vastos que el mar sus pensamientos, y sus consejos más profundos que el gran abismo.

40. Yo la sabiduría derramé ríos de agua viva y celestial.

41. Yo como canal de agua inmensa, derivada del río, y como acequia sacada del río, y como un torrente salí del paraíso.

42. Yo dije: Regaré los plantíos de mi huerto, y hartaré de agua los frutales de mi prado;

43. y he aquí que mi canal ha salido de madre, y mi río se iguala a un mar.

44. Porque la luz de mi doctrina, con que ilumino a todos, es como la luz de la aurora, y seguiré esparciéndola hasta los remotos tiempos.

45. Penetraré todas las partes más hondas de la tierra, y echaré una mirada sobre todos los que duermen para juzgarlos; e iluminaré a todos los que esperan en el Señor.

46. Yo proseguiré difundiendo la doctrina como profecía, y la dejaré a aquellos que buscan la sabiduría, y no cesaré de anunciarla a toda su descendencia hasta el siglo venidero o eternidad santa.

47. Observad cómo yo no he trabajado sólo para mí, sino para todos aquellos que andan en busca de la verdad.

25 *Efectos de la sabiduría. Nueve cosas que todos tienen por buenas. Elogio del temor de Dios*

1. En tres cosas se ha complacido mi corazón, las cuales son de la aprobación de Dios y de los hombres,

2. la concordia entre los hermanos y parientes, y el amor de los prójimos, y un marido y mujer bien unidos entre sí.

3. Tres especies de personas aborrece mi alma, y su proceder me es sumamente enfadoso,

4. el pobre soberbio, el rico mentiroso, el viejo fatuo e imprudente.

5. Lo que no juntaste en tu juventud ¿cómo lo has de hallar en tu vejez?

6. ¡Oh qué bello adorno para las canas el saber juzgar, y para los ancianos el saber dar un consejo!

36. *Jos 3,* 15.

7. ¡Cuán bien parece la sabiduría en las personas de edad avanzada!; ¡y en las que están en alto puesto la inteligencia y el consejo!

8. Corona de los ancianos es la mucha experiencia, y la gloria de ellos el temor de Dios.

9. Nueve cosas he tenido yo en mucha estima, de las cuales nadie formará mal concepto en su corazón; y la décima la anunciaré con mi lengua a los hombres,

10. un hombre que halla consuelo en sus hijos, y uno que ya en vida ve la ruina de sus enemigos.

11. Dichoso el que vive con una esposa juiciosa; y aquel que no se deslizó en su lengua; y el que no ha sido siervo de personas indignas de sí;

12. dichoso el que ha hallado un verdadero amigo; y aquel que explica la justicia a oídos que escuchan.

13. ¡Oh cuán grande es el que adquirió la sabiduría, y el que posee la ciencia! Pero ninguno de ellos supera al que teme a Dios.

14. El temor de Dios se sobrepone a todas las cosas.

15. Bienaventurado el hombre a quien le ha sido concedido el don del temor de Dios; ¿con quién compararemos al que lo posee?

16. El temor de Dios es el principio de su amor; mas debe unírsele el principio de la fe.

17. La tristeza del corazón es la mayor plaga; y la suma malicia la malignidad de la mujer.

18. Sufrirá uno cualquier llaga, mas no la llaga del corazón;

19. y cualquier maldad, mas no la maldad de la mujer;

20. y toda aflicción: mas no la que viene de aquellos que proceden con odio enconado;

21. y cualquier castigo, mas no el que viene de los enemigos.

22. No hay cabeza peor que la cabeza venenosa de la culebra,

23. ni hay ira peor que la ira de la mujer: antes quisiera habitar con un león, y con un dragón, que con una mujer malvada.

24. La malignidad de la mujer la hace inmutar su semblante y poner tétrico y ceñudo aspecto, como el de un oso, y la presenta tal como un saco o vestido de luto.

25. Gime su marido en medio de sus vecinos, y escucha lo que dicen de ella. Y suspira poco a poco, o con disimulo.

26. Toda malicia es muy pequeña en comparación de la malicia de la mujer, caiga ella en suerte al pecador.

27. Lo que es para los pies de un viejo el subir un monte de arena, eso es para un hombre sosegado una mujer habladora.

28. No mires sólo el buen parecer o hermosura de la mujer, ni de la mujer te enamores por su belleza.

29. Grande es la ira de la mujer, y el desacato y la ignominia que de ahí se sigue.

30. Si la mujer tiene el mando, se rebela contra su marido.

31. La mujer de mala ralea aflige el ánimo, y abate el semblante, y llaga el corazón del marido.

32. La mujer que no da gusto a su marido, le descoyunta los brazos, y le debilita las rodillas.

33. De la mujer tuvo principio el pecado, y por causa de ella morimos todos*.

34. No dejes ni aun el menor agujero a tu agua, ni a la mujer mala le des licencia de salir fuera.

35. Si ella no camina bajo tu dirección, te afrentará delante de tus enemigos.

36. Sepárala de tu lecho, porque no se burle siempre de ti, o de tu sufrimiento.

26

Elogio a la mujer virtuosa. Exhortación a todas las mujeres para imitarla

---

1. Dichoso el marido de una mujer virtuosa; porque será doblado el número de sus años.

2. La mujer fuerte o varonil es el consuelo de su marido, y lo hace vivir en paz los años de su vida.

3. Es una suerte dichosa la mujer buena, suerte que tocará al que teme a Dios, y le será dada al hombre por sus buenas obras.

4. Ora sea rico, ora pobre, tendrá contento el corazón, y se verá alegre en todo tiempo su semblante.

5. De tres cosas tiene temor mi alma, y por otra cuarta me sale la palidez a la cara,

6. de la persecución que mueve toda una ciudad; del motín de un pueblo;

---

33. *Gen 3,* 6.

7. y de la falsa calumnia; cosas todas más dolorosas que la muerte;

8. pero la mujer celosa es dolor y llanto del corazón;

9. su lengua es un azote que alcanza a todos.

10. Como el yugo de bueyes que está flojo, así es la mujer mala. Quien la toma, cuente que toma un escorpión.

11. La mujer que se embriaga es una plaga grande; y su ignominia y torpeza no podrán encubrirse.

12. La deshonestidad de la mujer se deja conocer en su mirar desvergonzado y en la altivez de sus ojos.

13. Vela atentamente sobre la hija que no refrena sus ojos; no sea que hallando oportunidad, desfogue sus pasiones.

14. Te sea sospechosa toda inmodestia de sus ojos, y no te maravilles si después no hace caso de ti.

15. Ella, como un caminante sediento, aplicará la boca a toda fuente, y beberá del agua más cercana, sea la que fuere, y se sentará junto a cualquier esquina, y abrirá la aljaba a cualquier saeta hasta que más no pueda.

16. La gracia de la mujer hacendosa alegra al marido, y le reconforta los huesos.

17. La buena crianza de ella es un don de Dios.

18. Es cosa que no tiene precio una mujer discreta y amante del silencio, y con el ánimo moderado.

19. Gracia es sobre gracia la mujer santa y vergonzosa.

20. No hay cosa de tanto valor que pueda equivaler a esta alma casta.

21. Lo que es para el mundo el sol al nacer en las altísimas moradas de Dios, eso es la gentileza de la mujer virtuosa para el adorno de una casa.

22. Antorcha que resplandece sobre el candelero sagrado es la compostura del rostro de una edad robusta.

23. Columnas de oro sobre basas de plata son los pies que descansan sobre las plantas de una matrona grave.

24. Cimientos eternos sobre piedra sólida son los mandamientos de Dios en el corazón de la mujer santa.

25. Dos cosas entristecen mi corazón, y la tercera me provoca cólera:

26. un varón aguerrido que desfallece de hambre; y el varón sabio de quien no se hace caso;

27. y el hombre que de la justicia se vuelve al pecado, al cual destina Dios a la perdición.

28. Dos profesiones me han parecido difíciles y peligrosas, el negociante con dificultad evitará la negligencia en las cosas de su alma; y el figonero o tabernero no estará exento de los pecados de la lengua.

---

27 *Conténtate con moderadas riquezas y permanece en el temor del Señor*

---

1. Muchos han pecado por causa de la miseria; y quien busca enriquecerse, a nada más atiende.

2. Como se hinca una estaca en medio de la unión de dos piedras trabadas una con otra, así se introducirá el pecado entre la venta y la compra.

3. Mas el delito y el delincuente serán destruidos.

4. Si no te mantienes siempre firme en el temor del Señor, pronto se arruinará tu casa.

5. Como zarandeando el cedazo queda el polvo o tamo, así del pensar nace la ansiedad del hombre.

6. En el horno se prueban las vasijas de tierra; y en la tentación de las tribulaciones los hombres justos.

7. Como el cultivo del árbol se muestra por su fruto, así por la palabra pensada se ve el corazón del hombre.

8. No alabes a un hombre antes que haya hablado; porque en el hablar se dan a conocer los hombres.

9. Si tú vas en pos de la justicia, la alcanzarás, y te revestirás de ella como de una vestidura talar de gloria; y con ella morarás, y ella te amparará para siempre, y en el día de la cuenta o del juicio hallarás en ella apoyo.

10. Las aves van a juntarse con sus semejantes, así la verdad va a encontrar a los que la ponen en práctica.

11. El león va siempre en busca de presa, así el pecado arma lazos a los que obran la iniquidad.

12. El hombre santo persevera en la

sabiduría como el sol; mas el necio cambia como la luna.

13. En medio de los insensatos no hables, y reserva las palabras para otro tiempo; pero asiste de continuo en medio de los que piensan con juicio.

14. La conversación de los pecadores es insoportable; porque ellos hacen gala de las delicias del pecado.

15. La lengua que jura mucho, hará erizar el cabello, y su irreverencia le hace a cualquiera tapar las orejas.

16. Paran en derramamiento de sangre las riñas de los soberbios, y da pena oír sus maldiciones.

17. Quien descubre los secretos del amigo, pierde el crédito, y no hallará un amigo a su gusto.

18. Ama al amigo, y sele leal.

19. Porque si descubrieres sus secretos, no lo volverás a ganar.

20. Porque el hombre que viola o hace traición a la amistad que tenía con su prójimo, es como quien pierde al amigo por morirse éste.

21. Y como uno deja escapar de la mano un pájaro, así tú dejaste ir a tu amigo, y ya no lo recobrarás.

22. No lo sigas; porque está ya muy lejos, habiendo huido como un gamo que escapa del lazo, por haberlo tú herido en el alma.

23. Jamás podrás atraértelo a ti, porque después de una injuria de palabras se halla resarcimiento, o hay lugar a la reconciliación;

24. mas el revelar los secretos del amigo, quita toda esperanza al alma desgraciada que ha incurrido en esta falta.

25. Adula uno con los ojos, y está al mismo tiempo fraguando picardías, y nadie lo desecha de sí.

26. En tu presencia hablará con dulzura, y celebrará tus discursos; mas a lo último mudará de lenguaje, y de tus palabras sacará ocasión para arruinarte.

27. Muchas cosas aborrezco; pero a ninguna más que a semejante hombre; y el Señor también lo aborrecerá.

28. Si uno tira a lo alto una piedra, le caerá sobre su cabeza*; y la herida a traición abrirá las llagas del traidor.

29. Aquel que cava la fosa, caerá en ella; y el que ha puesto una piedra de tropiezo al prójimo, en ella tropezará; y quien arma lazos a otros, perecerá en ellos.

30. El perverso designio redundará en daño de quien lo fragua, y no sabrá de dónde le viene el mal.

31. Los escarnios y ultrajes son propios de soberbios; mas la venganza divina, cual león, los cogerá de sorpresa.

32. Perecerán en el lazo o súbitamente aquellos que se alegran de la caída de los justos; y ha de consumirlos el dolor antes que mueran.

33. La ira y el furor son cosas ambas bien detestables; pero el hombre pecador las tendrá dentro de sí.

28

Perdona las injurias y refrena la lengua. Evita al hombre maldiciente

1. El que quiere vengarse, experimentará la venganza del Señor; el cual tendrá exacta cuenta de sus pecados.

2. Perdona a tu prójimo cuando te agravia, y así cuando tú implores el perdón, te serán perdonados tus pecados.

3. ¿Un hombre conserva encono contra otro hombre, y pide a Dios la salud?

4. ¿No usa de misericordia con otro hombre como él, y pide perdón de sus pecados?

5. ¿Siendo él carne miserable conserva el enojo, y pide a Dios reconciliación? ¿Quién se la alcanzará por sus pecados?

6. Acuérdate de las postrimerías, y déjate de enemistades;

7. pues la corrupción y la muerte están ordenadas en los mandamientos o ley del Señor.

8. Acuérdate de temer a Dios, y no estés airado con tu prójimo.

9. Ten presente la ley del Altísimo, y no hagas caso del yerro o ignorancia del prójimo que te ofendió.

10. Abstente de litigios, y te ahorrarás pecados;

11. porque el hombre iracundo enciende querellas, y el pecador suscita discordias entre los amigos, y siembra enemistades en medio de los que viven en paz.

---

28. *Mat 6*, 14; *Mar 11*, 25; *Rom 12*, 19.

12. Y como a proporción de la leña del bosque es el incendio, así según el poder del hombre suele ser su enojo; y según es de rico, exaltará su cólera.

13. La reyerta precipitada enciende el fuego, y la querella temeraria viene a parar en derramar sangre; y la lengua amenazadora contra otro, acarrea la muerte.

14. Si soplares en una chispa se encenderá de ella fuego, y si escupieres sobre ella se apagará; y lo uno y lo otro sale de la boca.

15. El murmurador, y el hombre de dos caras es maldito; porque mete confusión entre muchos que vivían en paz.

16. La mala lengua de un tercero ha alborotado a muchos, y los ha dispersado de un pueblo a otro.

17. Arruinó ciudades fuertes y ricas, y destruyó desde los cimientos los palacios de los magnates.

18. Aniquiló las fuerzas de los pueblos, y disipó gentes valerosas.

19. La lengua de un tercero echó fuera de casa a mujeres varoniles, y las privó del fruto de sus fatigas.

20. El que la escucha no tendrá sosiego, ni hallará un amigo con quien consolarse.

21. El golpe del azote deja un moretón; mas el golpe de la lengua desmenuza los huesos.

22. Muchos han perecido al filo de la espada; pero no tantos como por culpa de su lengua.

23. Bienaventurado el que estuvo a cubierto de la mala lengua, y no experimentó su furor, ni probó su yugo, ni fue atado con sus cadenas.

24. Porque su yugo es yugo de hierro, y sus cadenas son cadenas de bronce.

25. La especie de muerte que de ella proviene es la peor; más tolerable que ella es el sepulcro.

26. Ella no será de larga duración: pero se enseñoreará de los caminos de los perversos; sus llamas no quemarán a los justos.

27. Los que abandonan a Dios, caerán en poder de la mala lengua, la cual encenderá en ellos su fuego, que no se apagará; y se desencadenará contra ellos como león, y cual leopardo los despedazará.

28. Haz de espinas una cerca a tus orejas, y no des oídos a la mala lengua, y pon puerta y candado a tu boca.

29. Funde tu oro y tu plata, y haz de ellos una balanza para tus palabras, y un freno bien ajustado para tu boca;

30. y mira no resbales en tu hablar, por lo cual caigas por tierra delante de los enemigos que te acechan, y sea incurable y mortal tu caída.

---

29 *Procura adquirir honestamente y conservar lo necesario para vivir*

---

1. Quien es misericordioso, da prestado a su prójimo; y el que tiene abierta la mano para dar, observa los mandamientos del Señor.

2. Préstale a tu prójimo en tiempo de su necesidad; y tú, a su tiempo, restituye lo que él te ha prestado.

3. Cumple tu palabra, y pórtate fielmente con él; y en todo tiempo hallarás lo que necesites.

4. El dinero prestado lo consideraron muchos como un hallazgo; y dieron que sentir a los que los favorecieron.

5. Hasta tanto que han recibido, besan las manos del que puede dar, y con voz humilde hacen grandes promesas;

6. mas cuando es tiempo de pagar piden espera, y dicen cosas pesadas, y murmuran; y echan la culpa al tiempo.

7. Y aunque se hallen en estado de pagar, pondrán dificultades; apenas volverán la mitad de la deuda, y el acreedor deberá hacer cuenta que aquello es como si se lo hubiese hallado.

8. Y no siendo así lo defraudarán de su dinero; y sin más ni más se ganará el acreedor un enemigo,

9. el cual le pagará con injurias y maldiciones, y por un honor y un beneficio recibido le volverá ultrajes.

10. Muchos dejan de prestar, no por dureza de corazón, sino por temor de ser burlados injustamente;

11. sin embargo, sé tú de alma más generosa con el humilde, y no le hagas esperar días y más días por la limosna.

12. En cumplimiento del mandamiento de Dios socorre al pobre, y en su necesidad no lo despidas con las manos vacías.

13. Pierde o gasta el dinero por amor de

tu hermano y de tu amigo, y no lo escondas debajo de una losa para que se pierda, y con él tu alma.

14. Emplea tu tesoro según los preceptos del Altísimo, y eso te valdrá más que el oro.

15. Mete la limosna en el seno del pobre, y ella rogará por ti para librarte de toda suerte de males*.

16, 17 y 18. Peleará contra tu enemigo harto mejor que el escudo y la lanza de un campeón.

19. El hombre de bien da fianza por su prójimo; mas el que ha perdido el rubor, lo abandona a su suerte.

20. No te olvides del beneficio que te ha hecho tu fiador, pues ha expuesto por ti su hacienda y aun quizá su vida.

21. El pecador y el inmundo o infiel huyen del que ha sido fiador de ellos.

22. El pecador hace cuenta que son suyos los bienes del que ha dado fianza por él, y con corazón ingrato abandona a su libertador.

23. Sale uno por fiador de su prójimo; y éste, perdida toda vergüenza, lo abandona.

24. Fianzas indiscretas han perdido a muchos que lo pasaban bien, y los han sumergido en un mar de trabajos.

25. Ellas son las que trastornando a los hombres acaudalados los han hecho trasmigrar y andar errantes entre gentes extrañas.

26. El pecador que traspasa los mandamientos del Señor, se enredará en fianzas ruinosas; y el que se mete a tratar muchos negocios, no se verá libre de pleitos.

27. Sostén al prójimo según tu posibilidad; pero mira también por ti mismo, a fin de que no te precipites.

28. Lo esencial de la vida del hombre es agua y pan, y vestido y casa para tener cubierto aquello que no debe dejarse ver.

29. Mejor es la comida del pobre, al abrigo de una choza, que banquetes espléndidos en tierra extraña donde no se tiene domicilio.

30. Conténtate con lo que tuvieres, sea poco o mucho, y no tendrás que sentir los improperios que se hacen a los forasteros.

31. Es una vida infeliz la del que va hospedándose de casa en casa; pues dondequiera que se hospede, no obrará con libertad, ni abrirá su boca.

32. Lo hospedará uno el cual se quejará de que da de comer y beber a ingratos; y tras esto oirá otras cosas que lo amarguen.

33. Vamos, le dirán al hospedado, por la mesa, y da de comer a los otros con lo que tienes a mano, o en tus alforjas.

34. O bien, vete afuera, que vienen unos amigos míos de distinción, y necesito mi casa; o he de alojar a un hermano mío.

35. Para un hombre sensato dos cosas son muy pesadas, los desprecios que recibe del patrón de la casa, y los improperios del que le ha hecho el préstamo, cuando tarda en recobrarlo.

30

La educación de los hijos y la indulgencia con ellos. Vale más la salud del cuerpo que las riquezas

1. El que ama a su hijo, le hace sentir a menudo el azote o castigo, para hallar en él al fin su consuelo, y procurarle que no haya de ir mendigando de puerta en puerta.

2. Quien instruye a su hijo será honrado en él; y él se gloriará con la gente de su familia.

3. Quien instruye a su hijo causará envidia a su enemigo, y se preciará de él en medio de sus amigos.

4. Viene a morir su padre y es como si no muriese, porque deja después de sí otro semejante a él.

5. En vida suya lo vio y se alegró en él; al morir no tuvo por qué entristecerse ni confundirse a vista de sus enemigos;

6. pues ha dejado a la casa un defensor contra los enemigos, y uno que será agradecido a los amigos.

7. Por amor de las almas de sus hijos vendará sus heridas, y a cualquier voz o rumor se conmoverán sus entrañas.

8. Un caballo no domado se hace intratable; así un hijo abandonado a sí mismo se hace insolente.

9. Halaga al hijo, y te hará temblar; juega con él, y te llenará de pesadumbres.

10. No te rías con él, no sea que al fin tengas que llorar y te haga rechinar de dientes.

11. No le dejes hacer lo que quiera en su juventud, y no disimules sus travesuras.

---

15. *Tob 4*, 11-16.

12. Dóblale la cerviz en la mocedad, y dale con la vara en las costillas, mientras es niño, no sea que se endurezca y te niegue la obediencia, lo que causará dolor a tu alma.

13. Instruye a tu hijo y trabaja en formarle, para no ser cómplice en su deshonor.

14. Más vale el pobre sano y de robustas fuerzas, que el rico débil y acosado de males.

15. La salud del alma, que consiste en la santidad de la justicia, vale más que todo el oro y la plata; y un cuerpo robusto, más que inmensas riquezas.

16. No hay tesoro que valga más que la salud del cuerpo, ni hay placer mayor que el gozo del corazón.

17. Preferible es la muerte a una vida amarga, y el eterno reposo de los que mueren a una dolencia continua.

18. Los bienes reservados para uno que tiene la boca cerrada, son como las exquisitas viandas dispuestas alrededor de un sepulcro.

19. ¿De qué le sirven al ídolo las libaciones u ofrendas?; porque él ni comerá ni percibirá el olor de ellas.

20. Así acontece a quien es castigado del Señor, y recibe el pago de su iniquidad:

21. Está mirando con sus ojos muchos bienes, y no hace sino gemir, como el eunuco que abraza una doncella, y da un suspiro.

22. No dejes que la tristeza se apodere de tu alma, ni te aflijas a ti mismo con tus ideas melancólicas.

23. El contentamiento del corazón, ése es la vida del hombre y un tesoro inexhausto de santidad; la alegría alarga la vida del hombre.

24. Apiádate de tu alma, procurando agradar a Dios, y sé continente, y fija tu corazón en la santidad del Señor; y arroja lejos de ti la tristeza,

25. porque a muchos ha muerto ella, la cual para nada es buena.

26. La envidia y la ira abrevian los días, y las zozobras o afanes aceleran la vejez antes de tiempo.

27. El corazón alegre y benigno con todos está siempre contento, como si se hallase en continuos banquetes; y sus platos se guisan presto y con esmero.

31

Tribulaciones del avaro. Elogio del rico que conserva la inocencia. La sobriedad en la mesa

1. El desvelo por las riquezas consume las carnes, y sus cuidados quitan el sueño.

2. Los pensamientos de lo que podrá suceder perturban el sosiego, como la grave enfermedad hace perder el sueño al hombre.

3. Se afanó el rico para allegar riquezas, y en su reposo se rellena de bienes.

4. Trabaja el pobre para poder comer; y si deja de trabajar queda mendigando.

5. No será justo el que es amante del oro; y quien sigue la corrupción, de ella se llenará.

6. Muchos han caído en el precipicio a causa del oro, cuyo resplandor fue su perdición.

7. Leño de tropiezo o ídolo es el oro, para los que idolatran en él: ¡Ay de aquellos que se van tras del oro! Por su causa perecerá todo imprudente.

8. Bienaventurado el rico que es hallado sin culpa, y que no anda tras el oro, ni pone su esperanza en el dinero y en los tesoros.

9. ¿Quién es éste y lo elogiaremos?; porque él ha hecho cosas admirables en su vida.

10. El fue probado por medio del oro, y hallado perfecto, por lo que reportará gloria eterna. El podía pecar y no pecó, hacer mal y no lo hizo;

11. por eso sus bienes están asegurados en el Señor; y celebrará sus limosnas toda la congregación de los santos.

12. ¿Te sentaste en una espléndida mesa? No seas tú el primero en abrir tu garganta para engullir.

13. Tampoco digas con anhelo: ¡Oh cuántas viandas hay en ella!

14. Mira que es mala cosa el ojo maligno.

15. ¿Hay en el mundo cosa peor que semejante ojo? Por eso derramará lágrimas por toda su cara, cuando mirare cómo se gastan sus bienes.

16. No alargues el primero tu mano, no sea que tachado por el envidioso quedes avergonzado.

17. En el tomar las viandas no vayas atropellado.

18. Juzga del genio de tu prójimo por el tuyo.

19. Toma como persona frugal de los platos que se te presenten, para que no te hagas odioso o despreciable con el mucho comer.

20. Muestra tu buena crianza acabando el primero; y no seas excesivo, a fin de no disgustar a nadie.

21. Que si estás sentado en medio de muchos, no alargues primero que ellos tu mano, ni seas el primero en pedir de beber.

22. ¡Oh cuán poco vino es suficiente para un hombre bien educado!, y así cuando duermas no te causará desasosiego, ni sentirás incomodidad.

23. Insomnio, cólera y retorcijones padecerá el hombre insaciable.

24. Sueño saludable gozará el hombre moderado; él dormirá hasta la mañana, y despertará con el corazón alegre.

25. Que si te has visto forzado a comer mucho, retírate de la concurrencia, y vomita; y te hallarás aliviado, y no acarrearás una enfermedad a tu cuerpo.

26. Escúchame, hijo mío, y no me desprecies, que a la postre hallarás ser verdad lo que digo.

27. En todas tus operaciones sé diligente, y no tendrás ningún achaque.

28. Al generoso en distribuir el pan o comida al prójimo lo bendecirán los labios de muchos, y darán un testimonio fiel de su bondad.

29. Contra aquel que es mezquino en dar pan a los pobres murmurará toda la ciudad, y será verdadero el testimonio que darán de su mezquindad.

30. A los buenos bebedores no los provoques a beber; porque la perdición de muchos del vino viene.

31. Como el fuego prueba la dureza del hierro, así el vino bebido hasta embriagarse descubre los corazones de los soberbios.

32. Vida tranquila para los hombres es el vino usado con sobriedad; serás sobrio si lo bebes con moderación.

33. ¿Qué vida es la de aquel a quien falta el vino?

34. ¿Qué cosa es la que nos priva de la vida? La muerte.

35. El vino desde el principio fue creado para alegría, no para embriagarse.

36. Recrea el alma y el corazón el vino bebido moderadamente.

37. El beberlo con templanza es salud para el alma y para el cuerpo.

38. El demasiado vino causa contiendas, iras y muchos estragos.

39. Amargura del alma es el vino bebido con exceso.

40. La embriaguez hace osado al necio para ofender; enerva las fuerzas y es ocasión de heridas.

41. En un convite en que se beba, no reprendas al prójimo, ni lo desprecies en el calor de su alegría.

42. No le digas ultrajes, ni le apremies a que te vuelva lo que te debe.

---

32 *El modo de portarte en los convites. Busca en todo a Dios. No hagas nada sin consejo*

---

1. ¿Te han hecho rey o director del convite? No te engrías; pórtate entre ellos como uno de tantos.

2. Cuida bien de todos, y después que hayas satisfecho plenamente tu oficio, siéntate a la mesa,

3. a fin de que ellos te causen alegría y en premio recibas la corona de flores como ornamento de distinción, y obtengas el honor de la porción que ellos separan para ti.

4. Tú, el más anciano en edad, a quien toca hablar el primero,

5. habla sabia y prudentemente; mas no estorbes con largos discursos oír la armonía de los instrumentos músicos.

6. Donde no hay quien escuche no eches palabras al viento; ni quieras fuera de sazón ostentar tu saber.

7. Un concierto de música es un convite espléndido, es como un rubí o precioso carbunclo engastado en oro.

8. Como esmeralda engastada en un anillo de oro, así es la melodía de los cantares con el beber alegre y moderado.

9. Escucha en silencio, y con tu modestia te conciliarás el amor de todos.

10. Tú, ¡oh joven!, habla, si es necesario, a duras penas, en lo que a ti te toque.

11. Preguntado una y otra vez, reduce a pocas palabras tu respuesta.

12. En muchas cosas haz de ignorante, y escucha, ya callando, ya también preguntando algunas veces.

13. En medio de los magnates no seas presumido, y donde hay ancianos no hables tú mucho.

14. El granizo o trueno es precedido del relámpago; así la vergüenza o rubor es precedida de la gracia y estimación, y por tu modestia serás bien querido de todos.

15. Llegando la hora de levantarte de la mesa no te entretengas, vete el primero a tu casa; y allí diviértete, y allí juega,

16. y haz lo que te plazca con tal que sea sin pecar, ni decir palabras insolentes.

17. Y después de todo eso, bendice al Señor que te creó, y que te colma de todos sus bienes.

18. El que teme al Señor abrazará sus saludables documentos; y los que solícitos madrugaren en busca de él, lograrán su bendición.

19. Quien ama la ley, se enriquecerá con los frutos de ella; mas el que obra con hipocresía, tomará de la ley ocasión de ruina.

20. Los que temen al Señor sabrán discernir lo que es justo, y sus buenas obras brillarán como una antorcha.

21. Huye de la reprensión el hombre pecador, y halla siempre ejemplos para apoyar sus antojos.

22. El varón prudente cuida de reflexionar bien lo que ha de hacer; pero el que no lo es y el soberbio nunca temen nada,

23. aun después de haber obrado por sí, sin consejo; no obstante, sus mismas empresas los condenarán.

24. Tú, hijo mío, no hagas cosa alguna sin consejo, y no tendrás que arrepentirte después de hecha.

25. No vayas por camino malo, y no tropezarás en las piedras; ni te arriesgues a ir por senda escabrosa, para que no expongas a caídas tu alma.

26. Cautélate aun de tus propios hijos, y guárdate de tus criados.

27. En todas tus acciones sigue el dictamen fiel de tu conciencia; pues en eso consiste la observancia de los mandamientos.

28. Quien es fiel a Dios, atiende a sus preceptos, y el que confía en él, no padecerá menoscabo alguno.

33 *Alabanza del temer de Dios. El Señor ensalza a unos y humilla a otros*

1. Al que teme al Señor, nada malo le sucederá; antes bien en la tentación Dios lo guardará y lo librará de males.

2. El varón sabio ama, no aborrece los preceptos y las leyes; ni se estrellará como un navío en la tormenta.

3. El hombre prudente es fiel a la ley de Dios, y la ley será fiel para con él.

4. El que ha de aclarar o satisfacer a una pregunta, debe premeditar la respuesta; y así después de haber hecho oración a Dios, será oído y conservará la buena doctrina, y entonces podrá responder con acierto.

5. El corazón del fatuo es como la rueda del carro; y como un eje que da vuelta, así son sus pensamientos.

6. El amigo escarnecedor es como el caballo padre, que relincha debajo de cualquier jinete.

7. ¿De dónde viene que un día se prefiere a otro, y la luz de un día hace ventaja a la luz de otro, y un año a otro año, proviniendo todos de un mismo sol?

8. La sabiduría del Señor es la que los diferenció después de creado el sol, el cual obedece las órdenes recibidas.

9. Dios arregló las estaciones y los días festivos de ellas, en que se celebran las solemnidades a la hora establecida.

10. De estos mismos días, a unos los hizo Dios grandes y sagrados, y a otros los dejó en el número de días comunes. Así también a todos los hombres los hizo del polvo y de la tierra, de que Adán fue formado;

11. a los cuales distinguió el Señor con su gran sabiduría, y diferenció sus condiciones y estados.

12. De ellos a unos bendijo, y los ensalzó y consagró, y tomó para sí; y a otros los maldijo y abatió, y los arrojó del país en donde vivían separados de los demás.

13. Como el barro está en manos del alfarero para hacer y disponer de él,

14. y pende de su arbitrio emplearlo en lo que quiera, así el hombre está en las manos de su Hacedor, el cual le dará el destino según sus juicios.

15. Contra el mal está el bien, y contra la muerte la vida; así también contra el hombre justo, el pecador; y de este modo todas las obras del Altísimo las veréis pareadas, y la una opuesta a la otra.

16. Yo ciertamente me he levantado opuesto a escribir el último y soy como el que recoge rebuscos tras los vendimiadores.

17. Pero puse mi esperanza en la bendición de Dios, y así he henchido mi lagar, como el que vendimia.

18. Observad que no he trabajado para mí solo, sino para todos los que buscan instruirse.

19. Escuchadme, ¡oh magnates y pueblos todos!, y vosotros que presidís las asambleas, prestadme atentos vuestros oídos.

20. Al hijo, ni a la mujer, ni al hermano, ni al amigo, jamás en tu vida les des potestad sobre ti, ni cedas a otro lo que posees, para que no suceda que arrepentido hayas de pedirle rogando que te lo devuelva.

21. Mientras estés en este mundo y respires, ningún hombre te haga mudar de este propósito.

22. Porque mejor es que tus hijos hayan de recurrir a ti, que no el que tú hayas de esperar el auxilio de las manos de tus hijos.

23. En todas tus cosas mantén tu superioridad,

24. a fin de no manchar tu reputación, y reparte tu herencia cuando estén para terminarse los días de tu vida, al tiempo de tu muerte.

25. Pienso, y palos, y carga para el asno; pan y castigo*, y trabajo para el siervo.

26. Este trabaja cuando es castigado, y apetece el reposo; si le dejas sueltas las manos, buscará libertad.

27. El yugo y la coyunda doblan la dura cerviz del buey; así las continuas faenas amansan al siervo.

28. Al siervo de mala inclinación, azotes y cepo. Envíalo al trabajo para que no esté mano sobre mano;

29. pues es la ociosidad maestra de muchos vicios.

30. Fuérzalo a trabajar, que esto es lo que le conviene; y si no hiciere lo que le mandas, aprémialo con meterlo en el cepo; guárdate de excederte contra el cuerpo de quienquiera que sea; y no hagas cosa de gravedad sin consejo o meditación.

31. Si tienes un siervo fiel, cuida de él como de ti mismo, trátalo como a un hermano; pues lo compraste a costa de tu sangre.

32. Si lo maltratas injustamente, huirá.

33. Y si él se aparta de ti y se marcha, no sabrás a quién preguntar, ni por qué camino lo has de buscar.

---

34 *Bienaventurado el que teme a Dios. Es inútil la penitencia del que no enmienda sus vicios*

---

1. Las vanas esperanzas y las mentiras son el entretenimiento del necio; y los sueños dan alas a los imprudentes.

2. Como el que se abraza con una sombra, y persigue al viento, así es el que atiende a sueños engañosos.

3. Las visiones de los sueños son la semejanza de una cosa; como es la imagen del hombre puesta delante del mismo hombre.

4. Una persona sucia, ¿a qué otra limpiará? Y de una mentirosa, ¿qué verdad se sacará?

5. Las adivinaciones erróneas, los agüeros falsos y los sueños de los malvados son una vanidad.

6. Y tu espíritu padecerá, como el de la mujer que está de parto, muchos fantasmas o imaginaciones. No hagas caso de semejantes visiones, a no ser que te fuesen enviadas del Altísimo.

7. Porque a muchos les indujeron a error los sueños, y se perdieron por haber puesto en ellos su confianza.

8. La palabra de la ley será perfecta en sí misma sin estas mentiras; y la sabiduría será fácil y clara en boca del hombre fiel.

9. Quien no ha sido tentado, ¿qué es lo que puede saber? El varón experimentado en muchas cosas, será muy reflexivo; y el que ha aprendido mucho, discurrirá con prudencia.

10. El que no tiene experiencia, sabe poco; mas el que se ha ocupado en muchos negocios, adquiere mucha sagacidad.

11. Quien no ha sido tentado, ¿qué cosas puede saber? El que ha sido engañado, se hace siempre más cauteloso.

---

25. *Prov 29*, 9.

12. Muchas cosas he visto en mis peregrinaciones; y muchísima diversidad de usos y costumbres.

13. Por esta razón me he visto algunas veces en peligros aun de muerte, y me he librado por la gracia de Dios.

14. Es custodiado el espíritu de aquellos que temen a Dios; y será bendito con sus benéficas miradas;

15. porque tienen ellos puesta su esperanza en su salvador, y los ojos de Dios están fijos sobre los que le aman.

16. De nada temblará ni tendrá miedo quien teme al Señor; pues éste es su esperanza.

17. Bienaventurada es el alma del que teme al Señor.

18. ¿En quién pone ella sus ojos, y quién es su fortaleza?

19. Fijos están los ojos del Señor sobre los que le temen*; el Señor es el poderoso protector, el apoyo fuerte, un toldo contra los ardores del sol y fresca sombra contra el sol del medio día.

20. Guardia para no tropezar, socorro en las caídas, el que eleva el alma y alumbra los ojos; el que da sanidad, y vida, y bendiciones.

21. Inmunda es la ofrenda de aquel que ofrece sacrificio de lo mal adquirido; porque no son gratas a Dios estas ofrendas de los hombres injustos.

22. El Señor solo es todas las cosas para aquellos que en el camino de la verdad y de la justicia le aguardan con paciencia.

23. El Altísimo no acepta los dones de los impíos, ni atiende las oblaciones de los malvados, ni por muchos sacrificios que ellos ofrezcan les perdonará sus pecados.

24. El que ofrece sacrificios de la hacienda de los pobres, es como el que degüella un hijo delante del padre.

25. Es la vida de los pobres el pan que necesitan; y es un hombre sanguinario cualquiera que se lo quita.

26. Quien quita a alguno el pan ganado con su sudor, es como el que asesina a su prójimo.

27. Hermanos son, o corren parejas, el que derrama la sangre y el que defrauda el jornal al jornalero*.

19. *Sal 34* (*33*), 16.
27. *Deut 24*, 14; *Tob 4*, 15.

28. Si lo que uno edifica, el otro lo destruye, ¿qué provecho sacan ambos sino fatigarse?

29. Si uno hace oración y el otro echa maldiciones, ¿de quién escuchará Dios las plegarias?

30. Quien se lava o purifica por haber tocado un muerto, y de nuevo lo toca, ¿de qué le sirve haberse lavado*?

31. Así el hombre que ayuna por sus pecados, y de nuevo los comete, ¿qué provecho saca de su mortificación? ¿Su oración quién la oirá?

35

La verdadera religión y piedad consiste en la obediencia a Dios y no en los sacrificios

1. El que observa la ley puede decirse que hace muchas oblaciones a Dios.

2. Porque sacrificio de salud es guardar los mandamientos y alejarse de toda iniquidad.

3. Y apartarse de la injusticia es como ofrecer un sacrificio de propiciación por las injusticias cometidas, y remover la pena merecida por los pecados.

4. Tributa gracias a Dios el que le ofrece la flor de harina; así el que hace obras de misericordia le ofrece también un sacrificio.

5. Lo que agrada al Señor es huir de la iniquidad; y la expiación de los pecados debe empezar por alejarse de la injusticia.

6. No comparezcas en la presencia del Señor con las manos vacías;

7. porque todas estas cosas se hacen por mandamiento de Dios.

8. La oblación del justo es como víctima escogida que engrasa el altar, y es un olor suave en la presencia del Altísimo.

9. Grato es el sacrificio del justo, y no se olvidará de él el Señor.

10. Da con alegre corazón gloria a Dios; y no disminuyas las primicias de tus fatigas.

11. Todo lo que das, dalo con semblante alegre y consagra tus diezmos con regocijo.

12. Retribuye al Altísimo a proporción de lo que te ha dado, y preséntale con alegría ofrendas, según tus facultades.

13. Porque el Señor es remunerador, y te devolverá siete veces más.

30. *Lev 17*, 15; *Num 19*, 11.

14. No le ofrezcas dones defectuosos; porque no le serán gratos.

15. Y no cuentes para nada un sacrificio injusto; porque el Señor es juez, y no tiene miramiento a la dignidad de las personas.

16. No hace el Señor diferencia de personas en perjuicio del pobre; y escucha las plegarias del injuriado.

17. No desechará los ruegos del huérfano; ni tampoco a la viuda que le habla con sus suspiros.

18. Las lágrimas de la viuda, que corren por sus mejillas, ¿no son por ventura otros tantos clamores contra aquel que se las hace derramar?

19. Desde las mejillas suben hasta el cielo, y el Señor que la escucha no las verá sin irritarse.

20. Quien adora o sirve a Dios con buena voluntad, será protegido, y su oración llegará hasta más allá de las nubes.

21. La oración del humilde o afligido traspasará las nubes, y no reposará hasta acercarse al Altísimo; del cual no se apartará hasta cuando incline hacia él los ojos.

22. Y el Señor no dará largas, sino que vengará a los justos, y hará justicia, y el fortísimo no sufrirá más a sus opresores, sino que con tribulaciones quebrantará su espinazo;

23. y a las naciones les dará su merecido, hasta aniquilar la multitud de los soberbios, y desmenuzar los cetros de los inicuos;

24. hasta dar el pago a los hombres según sus méritos, y conforme las obras de cada cual, y su presunción o soberbia;

25. hasta que haya hecho justicia a su pueblo, y consolado con su misericordia a los justos.

26. ¡Oh cuán amable es la misericordia de Dios en el tiempo de la tribulación! Es como las nubes que se deshacen en agua en tiempo de sequía.

36 *Oración del autor de este libro a Dios a favor de su pueblo de Israel. Una esposa virtuosa*

1. ¡Oh Dios de todas las cosas!, ten misericordia de nosotros y vuelve hacia nosotros tus ojos, y muéstranos la luz de tu piedad.

2. Infunde tu temor en las naciones, que no han pensado en buscarte; a fin de que entiendan que no hay otro Dios sino tú, y pregonen tus maravillas.

3. Levanta tu brazo contra las naciones extrañas o infieles, para que experimenten tu poder.

4. Porque así como a vista de tus ojos demostraste en nosotros tu santidad, así también a nuestra vista muestres en ellas tu grandeza;

5. a fin de que conozcan, como nosotros hemos conocido, ¡oh Señor!, que no hay otro Dios fuera de ti.

6. Renueva los prodigios y haz nuevas maravillas.

7. Glorifica tu mano y tu brazo derecho.

8. Despierta la cólera y derrama la ira.

9. Destruye al adversario y abate al enemigo.

10. Acelera el tiempo, no te olvides de poner fin a nuestros males, para que sean celebradas tus maravillas.

11. Devorados sean por el fuego de la ira aquellos que escapan; y hallen su perdición los que tanto maltratan a tu pueblo.

12. Quebranta las cabezas de los príncipes enemigos nuestros, los cuales dicen: No hay otro Señor fuera de nosotros*.

13. Reúne todas las tribus de Jacob; para que conozcan que no hay más Dios que tú, ¡oh Señor!, y publiquen tu grandeza y sean pose-sión o herencia tuya, como lo fueron desde el principio.

14. Apiádate de tu pueblo, que lleva tu nombre, y de Israel, a quien has tratado y amado como a primogénito tuyo*.

15. Apiádate de Jerusalén, ciudad que has santificado, ciudad en que tienes tu reposo o residencia.

16. Llena a Sión de tus oráculos o palabras inefables, y a tu pueblo de tu gloria.

17. Declárate a favor de aquellos que desde el principio, desde Abrahán, son criaturas tuyas escogidas, y verifica las predicciones que anunciaron en tu nombre los antiguos profetas.

18. Remunera a los que viven de la esperanza que tienen en ti, a fin de que se vea la veracidad de tus profetas; y oye las oraciones de tus siervos,

---

12. *Dan 7*, 25.
14. *Ex 4*, 22; *Is 47*, 8-10.

19. conforme a la bendición que dio Aarón a tu pueblo; y enderézanos por el sendero de la justicia, a fin de que los moradores todos de la tierra conozcan que tú eres el Dios de los siglos.

20. El vientre recibe toda suerte de manjares; pero hay un manjar que es mejor que otro.

21. El paladar distingue con el gusto el plato de caza que se le presenta; así el corazón discreto las palabras falsas de las verdaderas.

22. El corazón depravado ocasionará dolores y molestias; mas el hombre sabio se le opondrá.

23. La mujer tomará por marido a cualquier varón; mas entre las hijas solteras una es mejor que otra.

24. Las gracias de la mujer bañan de alegría el rostro de su marido, y producen en él un afecto superior a todos los deseos del hombre.

25. Si su lengua habla palabras salutíferas, si de blandura y de compasión, el marido de esta mujer tendrá una ventaja que no es común entre los hombres.

26. Quien posee una buena esposa, comienza ya con eso a formar un patrimonio, tiene una ayuda semejante a él, y una columna de apoyo.

27. Al contrario, así como donde no hay cerca la heredad será saqueada, donde no hay una mujer hacendosa gime el hombre en la pobreza.

28. ¿Quién se fía de aquel que no tiene nido o casa, y que se echa para dormir donde le coge la oscuridad de la noche, y es como un ladrón muy listo que salta de una ciudad a otra?

---

37 *Discreción en los consejos. Ciencia verdadera o falsa, útil o peligrosa. La gula*

---

1. Todo amigo dirá: Yo también he trabado amistad contigo. Pero hay amigos que lo son sólo de nombre. ¿Y no causa esto un disgusto parecido a la muerte,

2. que el compañero y el amigo se cambien en enemigos?

3. ¡Oh perversísima invención!, ¿de dónde has salido tú a cubrir la tierra de tal malicia y perfidia?

4. Un amigo se goza con el amigo en las diversiones, y en el tiempo de la tribulación será su contrario.

5. Un amigo se conduele con el amigo por amor de su propio vientre, y embrazará el escudo para defenderlo contra el enemigo.

6. ¡Ah!, no te olvides en tu corazón de tu amigo, y no pierdas la memoria de él en medio de tu opulencia.

7. No quieras aconsejarte con aquel que te arma acechanzas, y encubre tus intentos a los que te envidian.

8. Todo el que es consultado da su consejo; mas hay consejero que lo da mirando su propio interés.

9. Mira bien con quién te aconsejas; infórmate primero de qué necesita; pues también él lo pensará dentro de sí;

10. no sea que él fije en el suelo una estaca para que tropieces, y te diga después:

11. Bueno es tu camino; y se esté enfrente para ver lo que te acontece.

12. Vete a tratar de santidad con un hombre sin religión; y de justicia con un injusto; y con una mujer, de la otra que le da celos o es su rival; de guerra, con el cobarde; de cosas de tráfico, con el negociante; de la venta con el comprador; con el hombre envidioso, del agradecimiento;

13. con el impío, de la piedad; con el deshonesto, de la honestidad; de cualquier artefacto con el labrador;

14. con el jornalero asalariado por un año, de la obra que en él se puede hacer; con el siervo perezoso, sobre el tesón en el trabajo. Nunca tomes consejo de éstos sobre tales cosas.

15. Comunica sí y trata de continuo con el varón piadoso, cualquiera que tú conozcas constante en el temor de Dios;

16. y cuya alma sea conforme a la tuya; y el cual si tú vacilases alguna vez entre tinieblas, tenga compasión de ti.

17. Fórmate dentro de ti un corazón de buen consejo; porque no hay cosa que deba serte más estimable.

18. El alma de un varón piadoso descubre algunas veces la verdad, mejor que siete centinelas apostados en un lugar alto para atalayar.

19. Mas sobre todo has de rogar al Altísimo que enderece tus pasos por la senda de la verdad.

20. Preceda a todas tus obras la palabra o dictamen de la verdad, y un consejo firme o maduro a todas tus acciones.

21. Una palabra o consejo malo altera el corazón; del cual nacen estas cuatro cosas: El bien y el mal, la muerte y la vida, cosas que constantemente están en poder de la lengua. Tal es hábil para instruir a muchos, que para su alma no vale nada.

22. Otro es prudente e instruye a muchos, y sirve de consuelo a su propia alma.

23. El que discurre con sofisterías se hace odioso; se quedará con las manos enteramente vacías.

24. No le ha dado el Señor gracia poca ni mucha; porque carece de todo saber.

25. Aquel que es sabio, es sabio para su alma; y son dignos de alabanza los frutos de su prudencia.

26. El hombre sabio instruye a su pueblo, y los frutos de su prudencia son fieles o estables.

27. Colmado será de bendiciones el varón sabio, y alabado de cuantos le conozcan.

28. La vida del hombre se reduce a cierto número de días; mas los días de Israel son innumerables.

29. El varón sabio continuará siendo honrado del pueblo, y su nombre vivirá eternamente.

30. Hijo, durante tu vida examina y procura conocer bien tu alma; y si es mal inclinada, no le des libertad,

31. porque no todas las cosas son útiles a todos; ni todas las personas se complacen en unas mismas cosas.

32. Guárdate de ser glotón en los convites, y no te abalances a todos los platos;

33. porque ocasiona enfermedades mucho comer, y la glotonería viene a parar en cólicos y malos humores.

34. De un hartazgo han muerto muchos; mas el hombre sobrio alargará la vida.

38 *El prudente acude a Dios en sus enfermedades y aprecia las medicinas y al médico*

1. Honra al médico porque lo necesitas; pues el Altísimo es el que lo ha hecho para su bien.

2. Porque de Dios viene toda medicina; y será remunerada por el rey.

3. Al médico lo elevará su ciencia a los honores; y será celebrado ante los magnates.

4. El Altísimo es quien creó de la tierra los medicamentos y el hombre prudente no los desechará.

5. ¿No endulzó un palo las aguas amargas*?

6. La virtud de los medicamentos pertenece al conocimiento de los hombres; y el Señor se la ha descubierto para que lo glorifiquen por sus maravillas.

7. Con ellos cura y mitiga los dolores, y el boticario hace electuarios o composiciones suaves, y forma ungüentos saludables, y no tendrán fin sus operaciones.

8. Porque la bendición de Dios está extendida sobre toda la tierra.

9. Hijo, cuando estés enfermo, no descuides de ti mismo; antes bien, haz oración al Señor, y él te curará.

10. Apártate del pecado y endereza tus acciones, y limpia tu corazón de toda culpa.

11. Ofrece incienso de suave olor, y la flor de harina en memoria*; y sea perfecta tu oblación, y después da lugar a que obre el médico,

12. pues para eso lo ha puesto el Señor; y no se aparte de ti, porque su asistencia es necesaria.

13. Puesto que hay un tiempo en que has de caer en manos de los médicos;

14. y ellos rogarán al Señor que te aproveche lo que te recetan para tu alivio, y te conceda la salud, que es a lo que se dirige su profesión.

15. Caerá en manos del médico el que peca en la presencia de su Creador.

16. Hijo, derrama lágrimas sobre el muerto, y como en un fatal acontecimiento comienza a suspirar, y cubre su cuerpo según costumbre, y no te olvides de su sepultura.

17. Y para evitar que murmuren de ti, continúa llorando amargamente por un día. Consuélate después para huir de la tristeza,

18. así que hagas el duelo, según el mérito de la persona, uno o dos días, para evitar la maledicencia.

19. Porque de la tristeza viene luego la

---

5. *Ex 15*, 25.
11. *Lev 2*, 2.

muerte y la melancolía del corazón deprime el vigor, y encorva la cerviz.

20. Con el retiro se mantiene la tristeza, y la vida del pobre o afligido es triste, como lo es su corazón.

21. No abandones tu corazón a la tristeza; arrójala de ti, y acuérdate de las postrimerías;

22. no te olvides de ellas, porque de allá no se vuelve; y no ayudarás en nada a los otros, y te harás daño a ti mismo.

23. Considera, te dice el muerto, lo que ha sido de mí; porque lo mismo será de ti; hoy por mí, mañana por ti.

24. El descanso del difunto tranquilice en ti la memoria de él; pero consuélalo antes que se separe de él su espíritu.

25. La sabiduría la adquiere el letrado en el tiempo que está libre de negocios; y el que tiene pocas ocupaciones, ése la adquirirá.

26. Mas ¿qué sabiduría podrá adquirir el que está asido del arado, y pone su gloria en saber picar los bueyes con la aguijada, y se ocupa en sus labores, y no habla de otra cosa que de las castas de los toros?

27. Aplicará su corazón a tirar bien los surcos, y sus desvelos a engordar sus vacas.

28. Así todo artesano y arquitecto, que trabajan día y noche, y el que graba las figuras en los sellos, y con tesón va formando varias figuras, tiene su corazón atento a imitar el dibujo, y a fuerza de vigilias perfeccionan su obra.

29. Así el herrero, sentado junto al yunque, está atento al hierro que está trabajando; el vaho del fuego tuesta sus carnes, y está luchando con los ardores de la fragua.

30. El estruendo del martillo le aturde los oídos, y tiene fijos sus ojos en el modelo de su obra.

31. Su corazón atiende a acabar las obras, y con su desvelo las pule y les da la última mano.

32. Así el alfarero, sentado a su labor, gira con sus pies la rueda, siempre cuidadoso de lo que tiene entre las manos, y llevando cuenta de todo lo que labra.

33. Con sus brazos amasa el barro; y encorvándose sobre sus pies, con su fuerza lo hace manejable.

34. Pondrá toda su atención en moldear perfectamente la obra, y madrugará para limpiar el horno.

35. Todos éstos tienen su esperanza en la industria de sus manos, y cada uno es sabio en su arte.

36. Sin todos éstos no se edifica una ciudad.

37. Mas no habitarán en medio de ella, ni andarán paseando, ni entrarán a las asambleas públicas.

38. No se sentarán entre los jueces, ni entenderán las leyes judiciales, ni enseñarán las reglas de la moral, ni del derecho, ni se meterán a declarar parábolas;

39. sino que restaurarán las cosas del mundo, y todos sus votos serán para hacer bien las obras de su arte, aplicando también su propia alma a oír y entender la ley del Altísimo.

39 *Todo se convierte en bien para los buenos y en mal para los malos*

1. El sabio indagará la sabiduría de todos los antiguos, y hará estudio en los profetas.

2. Recogerá en su corazón las explicaciones de los varones ilustres, y penetrará asimismo las agudezas de las parábolas.

3. Sacará el sentido oculto de los proverbios, y se ocupará en el estudio de las alegorías de los enigmas.

4. Asistirá en medio de los magnates, y se presentará delante del que gobierna.

5. Pasará a países de naciones extrañas, para reconocer aquello que hay de bueno y de malo entre los hombres.

6. Despertándose muy de mañana, dirigirá su corazón al Señor que lo creó, y se pondrá en oración en la presencia del Altísimo.

7. Abrirá su boca para orar, y pedirá perdón de sus pecados.

8. Que si aquel gran Señor quisiere, lo llenará del espíritu de inteligencia,

9. y derramará sobre él como lluvia máximas de su sabiduría; y en la oración dará gracias al Señor,

10. y pondrá en práctica sus consejos y documentos, y meditará sus ocultos juicios.

11. Expondrá públicamente la doctrina que ha aprendido, y pondrá su gloria en la ley del testamento del Señor.

12. Celebrarán muchos su sabiduría, la cual nunca jamás será olvidada.

13. No perecerá su memoria, y su nombre será repetido de generación en generación.

14. Las naciones pregonarán su sabiduría y la comunidad celebrará sus alabanzas.

15. Mientras viva, tendrá más fama que mil otros; y pasando a mejor vida, hallará en esto su provecho o bienestar.

16. Yo seguiré todavía dando consejos, porque me siento poseído como de un sagrado entusiasmo.

17. Una voz de la sabiduría dice: Escuchadme vosotros que sois hijos de Dios, y brotad como rosales plantados junto a las corrientes de las aguas.

18. Esparcid suaves olores, como en el Líbano, el árbol del incienso.

19. Floreced como azucenas; despedid fragancia, y echad graciosas ramas, y entonad cánticos de alabanza, y bendecid al Señor en sus obras.

20. Engrandeced su santo Nombre, y alabadlo con la voz de nuestros labios, y con cánticos que articule vuestra lengua, y al son de las cítaras; y diréis así en loor suyo:

21. Todas las obras del Señor son extremadamente buenas*.

22. A una voz suya se contuvo el agua como si fuera una masa, y quedó como en un depósito o aljibe a un solo dicho de su boca*.

23. Porque todo es favorable cuando él manda, y la salud que él da es perfecta.

24. Están a su vista las acciones de todos los hombres, y no hay cosa escondida a sus ojos.

25. El alcanza a ver los siglos todos; y no hay cosa que sea maravillosa para él.

26. No hay que decir: ¿Qué viene a ser esto?, ¿o para qué es esto otro? Porque todas las cosas servirán a su tiempo.

27. Su bendición es como un río que inunda.

28. Como el diluvio empapó en agua la tierra, así la ira del Señor será la suerte que tocará a las naciones que no han hecho caso de él.

29. Así como él convirtió las aguas en una sequedad, y quedó enjuta la tierra, y abrió un camino cómodo para que pasasen los de su pueblo, así los pecadores, por un efecto de la ira del Señor, hallaron allí su tropiezo.

30. Los bienes fueron desde el principio creados para los buenos; pero para los malos igualmente los bienes y los males.

31. Lo que principalmente se necesita o sirve para el uso de la vida humana, es agua, fuego y hierro, sal, leche y harina de trigo, miel y racimos de uvas, aceite y vestido.

32. Así como todas estas cosas son un bien para los buenos, así para los impíos y pecadores se convierten en mal.

33. Hay ciertos espíritus creados para ministros de la venganza divina, los cuales en su furor hacen sufrir continuamente sus castigos.

34. En el tiempo de la consumación o fin de las cosas echarán el resto de sus fuerzas, y aplacarán la cólera de aquel Señor que los creó.

35. El fuego, el granizo, el hambre y la muerte, todas estas cosas se hicieron para castigo;

36. como los dientes de las fieras, los escorpiones, y las serpientes, y la espada vengadora que extermina los impíos.

37. Se regocijarán como en un banquete, en cumplir el mandamiento del Creador, y estarán aparejadas sobre la tierra para cuando fuere menester, y llegado el tiempo ejecutarán puntualmente cuanto se les ordene.

38. Y así desde el principio estoy persuadido, y lo he meditado, pensado, y dejado por escrito:

39. Es a saber, que todas las obras de Dios son buenas, y cada una de ellas a su tiempo hará su servicio.

40. No hay para qué decir: Esto es peor que aquello; pues se verá que todas las cosas serán aprobadas de todos a su tiempo.

41. Y ahora con todo el corazón y a boca llena, alabad todos a una, y bendecid el Nombre del Señor.

40

Las miserias del hombre y las que lleva consigo la impiedad. Elogio de algunas cosas

1. Una molestia grande es innata a todos los hombres, y un pesado yugo abruma a los hijos de Adán, desde el día que salen del

21. *Gen 1*, 31; *Mar 7*, 37.
22. *Ex 15*, 8; *Gen 1*, 9.

vientre materno, hasta el día de su entierro en el seno de la común madre.

2. Viven llenos de cuidados y de sobresaltos de su corazón, en aprensión o recelo de lo que aguardan y del día de la muerte.

3. Desde el que está sentado sobre un glorioso trono, hasta el que yace por tierra y sobre la ceniza;

4. desde el que viste de jacinto y trae corona, hasta el que se cubre de lienzo crudo; todo es saña, celos, alborotos, zozobras, y temor de muerte, rencor obstinado, y contiendas.

5. Aun al tiempo de reposar en su lecho, perturba su imaginación el sueño de la noche.

6. Breve o casi ninguno es su reposo, y aun en el mismo sueño está sobresaltado, como el que está de centinela cerca del enemigo.

7. Y turbado por las visiones o pesadillas de su espíritu, y como quien echa a huir al tiempo de la batalla; cuando se imagina a salvo, despierta y se admira de su vano temor.

8. Esto sucede en todo viviente, desde el hombre hasta la bestia; mas en los pecadores, siete veces peor.

9. Además de esto, la muerte, el derramamiento de sangre, las contiendas, la espada, las opresiones, el hambre, las ruinas y los azotes;

10. todas estas cosas fueron destinadas para los impíos; y por causa de ellos vino el diluvio*.

11. Todo cuanto de la tierra viene, en tierra se convertirá; así como todas las aguas vuelven al mar.

12. Todas las dádivas o cohechos y las injusticias se acabarán; pero la rectitud subsistirá para siempre.

13. Se secarán como un torrente las riquezas de los injustos, y a manera de un gran trueno en medio de un aguacero pararán en un estampido.

14. Al abrir su mano el juez se alegrará; mas al fin los prevaricadores pararán en humo.

15. No multiplicarán sus ramos, o su linaje, los nietos de los impíos; y como raíces viciadas o plantas inútiles que están sobre la punta de un risco, meterán ruido, y no más.

16. Duran como la verdura que crece en sitio húmedo y a las orillas de un río, la cual es arrancada antes que otra hierba.

17. Pero la beneficencia es como un jardín amenísimo, y la misericordia jamás perece.

18. Dulce será la vida del operario que está contento con su suerte, y hallará en ella un tesoro.

19. Dan un nombre duradero los hijos, y asimismo la fundación de una ciudad; mas será preferida a todas estas cosas una mujer irreprensible.

20. El vino y la música alegran el corazón, y más que ambas cosas el amor de la sabiduría.

21. La flauta y el salterio causan dulce melodía; mas la lengua suave es superior a ambas cosas.

22. La gentileza y la hermosura recrearán tu vista; pero más que todo eso, los verdes sembrados.

23. El amigo y el compañero mutuamente se valen en la ocasión; y más que ambos, la mujer y su marido.

24. Los hermanos sirven de gran socorro en el tiempo de la aflicción; pero la misericordia puede librar de ella mejor que aquéllos.

25. El oro y la plata mantienen al hombre en pie o en su estado; pero más que ambas cosas agrada un buen consejo.

26. Engrandecen el corazón las riquezas y el valor; pero más que estas cosas el temor del Señor.

27. Al que tiene el temor del Señor nada le falta, y con él no hay necesidad de otro auxilio.

28. Es el temor del Señor como un jardín amenísimo; cubierto está de gloria, superior a todas las glorias.

29. Hijo, no andes mendigando durante tu vida, que más vale morir que mendigar.

30. El hombre que se atiene a mesa ajena, no piensa jamás cómo ha de ganar su sustento; porque se alimenta de las viandas de otro.

31. Pero un hombre bien educado y cuerdo, se guardará de hacer esto.

32. En la boca del insensato será suave el mendigar; y eso que en su vientre arderá el fuego de un hambre canina.

---

10. *Gen* 7, 10.

41 *Para quiénes es dulce o amarga la memoria de la muerte. Debemos cuidar del buen nombre*

1. ¡Oh muerte, cuán amarga es tu memoria para un hombre que vive en paz, en medio de sus riquezas!

2. ¡Para un hombre tranquilo, y a quien todo le sale a medida de sus deseos, y que aun puede disfrutar de los manjares!

3. ¡Oh muerte!, tu sentencia es dulce al hombre necesitado y falto de fuerzas,

4. al de una edad ya decrépita, y al que está lleno de cuidados, y al que se halla sin esperanza de mejorar, y a quien falta la paciencia.

5. No temas la sentencia de muerte. Acuérdate de lo que fue antes de ti, y de lo que ha de venir después de ti; ésta es la sentencia dada por el Señor a todos los mortales.

6. ¿Y qué remedio hay, o qué otra cosa te sobrevendrá, sino lo que fuere del agrado del Altísimo, ahora sean diez, o bien cien, ora mil tus años?

7. Que no se pide cuenta en el otro mundo de lo que uno ha vivido, sino del modo.

8. Hijos abominables se hacen comúnmente los hijos de los pecadores, y asimismo aquellos que frecuentan las casas de los impíos.

9. Perecerá la herencia de los hijos de los pecadores, y acompañará siempre el oprobio a sus descendientes.

10. Se quejan de su padre los hijos del impío, viendo que por culpa de él viven deshonrados.

11. ¡Ay de vosotros, hombres impíos, que habéis abandonado la ley del Señor y Dios Altísimo!

12. Cuando nacisteis, en la maldición nacisteis; y cuando muriereis, la maldición será vuestra herencia.

13. Todo aquello que de la tierra procede, en tierra se convertirá; así los impíos pasarán de la maldición a la perdición eterna.

14. Los hombres harán duelo o llanto sobre sus cadáveres; mas el nombre de los impíos será raído y execrado.

15. Ten cuidado de tu buena reputación, porque ésa será tuya, más establemente que mil grandes y preciosos tesoros.

16. La buena vida se cuenta por días, dura poco, pero el buen nombre permanecerá para siempre.

17. Hijos, conservad en la paz o prosperidad los buenos documentos que os doy. Pues la sabiduría escondida y un tesoro enterrado, ¿qué utilidad acarrean?

18. Más digno de estima es el hombre que oculta su ignorancia, que el hombre que oculta su sabiduría.

19. Tened, pues, rubor de lo que voy a deciros:

20. Que no de todo es bueno avergonzarse; ni todas las cosas bien hechas agradan a todos.

21. Avergonzaos de la deshonestidad delante del padre y de la madre; y de la mentira delante del que gobierna o del hombre poderoso;

22. de un delito, ante el príncipe y el juez; del crimen, delante de la asamblea, y delante del pueblo;

23. de la injusticia, delante del compañero y del amigo; y del hurto delante de la gente del lugar donde moréis; cosas todas contra la verdad de Dios y la ley santa.

24. Avergüénzate de comer con los codos encima del pan, o sobre la mesa, y de tener embrollado el libro de cargo y fecha;

25. de no responder a los que te saludan; de fijar tus ojos sobre la mujer fornicaria; y de torcer tu rostro para no ver al pariente.

26. No vuelvas al otro lado tu cara para no mirar a tu prójimo. Avergüénzate de defraudar a otro lo que es suyo, y de no restituirlo.

27. No pongas tus ojos en la mujer de otro, ni solicites a su criada; no te arrimes a su lecho.

28. Con los amigos guárdate de palabras injuriosas; y si has dado algo, no lo eches en cara.

42 *Vigilancia de un padre de familia, en guardar a sus hijas. Consideración de las obras de Dios*

1. No divulgues la conversación que has oído, revelando el secreto, y no tendrás de qué avergonzarte; antes bien hallarás gracia delante de todos los hombres. No te avergüences de las cosas siguientes; ni por respeto a nadie, sea el que fuere, cometas pecado.

2. No te avergüences de la ley del Altísimo y de su testamento; ni de modo que justifiques en juicio al impío;

3. ni de fallar lo justo, cuando tus compañeros tienen algún negocio con caminantes o extraños; ni en la repartición de herencias entre amigos;

4. no te avergüences de tener balanza y pesos fieles, ni te mueva hacer mucha o poca ganancia;

5. ni de impedir los fraudes o monopolios de los negociantes en vender; ni de contener a los hijos con una justa severidad; ni de azotar al siervo malvado hasta que salte la sangre.

6. A la mujer mala es bueno tenerla encerrada.

7. Donde hay muchas manos o familia, echa por todo la llave, y todo cuanto entregares cuéntalo y pésalo; y apunta aquello que das y aquello que recibes.

8. Tampoco te avergüences de corregir a los insensatos y a los necios, ni de volver por los ancianos, que son condenados por los mozos; y así te mostrarás sabio en todo, y serás bien visto delante de todos los vivientes.

9. La hija soltera tiene desvelado a su padre, pues el cuidado que le causa le quita el sueño; temiendo que se le pase la edad de casarse*, y así sea odiosa o menos amada cuando en edad adulta tome marido;

10. y también por el temor de que mientras es doncella sea manchada su pureza, y se halle estar encinta en la casa paterna, o estando ya casada, peque, o tal vez sea estéril.

11. A la hija desenvuelta guárdala con estrecha custodia, no sea que algún día te haga el escarnio de tus enemigos, la fábula de la ciudad y la burla de la plebe; y te cubra de ignominia delante del concurso del pueblo.

12. No quieras fijar tus ojos en la hermosura de persona alguna, ni estar de asiento en medio de las mujeres.

13. Pues como de las ropas nace la polilla, así de los halagos de la mujer la maldad del hombre.

14. Porque menos te dañará la malignidad del hombre, que la mujer dolosamente benéfica, la cual acarrea la confusión e ignominia.

15. Ahora traeré yo a la memoria las obras del Señor, y publicaré aquello que he visto. Por la palabra del Señor existen y fueron hechas sus obras.

16. Como el sol resplandeciente ilumina todas las cosas, así toda obra del Señor está llena de su magnificencia.

17. ¿No es así que ordenó el Señor a los santos que pregonasen todas sus maravillas; las cuales el Señor Todopoderoso ha perpetuado para monumento estable de su gloria?

18. El penetra el abismo y los corazones de los hombres, y tiene caladas sus astucias.

19. Porque el Señor sabe cuanto hay que saber, y distingue las señales de los tiempos. Declara las cosas pasadas y las futuras, y descubre los rastros de las que están escondidas.

20. No se le escapa pensamiento alguno, ni se le oculta una sola palabra.

21. Hermoseó con bellísimo orden las maravillas de su sabiduría. El existe antes de los siglos y por todos los siglos, y nada se le puede añadir,

22. ni disminuir, ni nacesita consejo de nadie.

23. ¡Oh cuán amables son todas sus obras!, y eso que lo que de ellas podemos comprender, viene a ser como una centella.

24. Todas estas cosas subsisten y duran para siempre; y todas en toda ocasión a él obedecen.

25. Parecidas son todas, y la una opuesta a la otra, y ninguna hizo imperfecta.

26. Aseguró el Señor el bien o las propiedades de cada una de ellas. Pero ¿y la gloria de él quién se saciará de contemplarla?

43

Prosigue el sabio haciendo memoria de las obras maravillosas del Señor

1. Hermosura del altísimo cielo es el firmamento; la belleza del cielo es una muestra en que se ve la gloria del Creador.

2. El sol, al salir, anuncia con su presen-

---

9. *1 Cor 7*, 36.

cia la luz, admirable instrumento, obra del Excelso.

3. Al hilo del mediodía quema la tierra; ¿y quién es el que puede resistir de cara el ardor de sus rayos? Como quien mantiene la fragua encendida para las labores que piden fuego muy ardiente,

4. el sol abrasa tres veces más los montes, vibrando rayos de fuego, con cuyo resplandor deslumbra los ojos.

5. Grande es el Señor que lo creó, y por orden suya acelera su curso*.

6. También la luna con todas sus mutaciones o períodos indica los tiempos y señala los años.

7. La luna señala los días festivos, luminar, que luego que llega a su plenitud, comienza a menguar;

8. (de ella ha tomado nombre el mes); crece maravillosamente hasta estar llena.

9. Un ejército de estrellas hay en las alturas, el cual brilla gloriosamente en el firmamento del cielo.

10. El resplandor de las estrellas es la hermosura del cielo; el Señor es el que allá desde lo alto ilumina al mundo.

11. A una sola palabra del Santo están prontas a sus órdenes, y no jamás se cansan de hacer centinela.

12. Contempla el arco iris, y bendice al que lo hizo; es muy hermoso su resplandor;

13. ciñe al cielo con el cerco glorioso de sus vivos colores; las manos del Altísimo son las que lo han formado.

14. El Señor con su mandato hace venir con presteza la nieve, y despide con suma velocidad las centellas, según sus decretos.

15. Por eso se abren sus tesoros, de donde vuelan las nubes a manera de aves.

16. Con su gran poder condensa las nubes, y lanza de ellas piedras de granizo*.

17. A una mirada suya se conmueven los montes, y a su querer sopla el ábrego.

18. La voz de su trueno conmueve la tierra; el huracán del norte y el remolino de los vientos

19. esparcen los copos de nieve, la cual desciende como las aves que bajan para descansar en el suelo, o como las langostas que se echan y cubren la tierra.

20. Los ojos admiran la belleza de su blancura, y las inundaciones que causa llenan de espanto el corazón.

21. El Señor derrama como sal sobre la tierra la escarcha, la cual helándose se vuelve como puntas de abrojos.

22. Al soplo del frío del cierzo se congela el agua en cristal; el cual cubre toda reunión de aguas, y pone, encima de ellas, una como coraza de hielo,

23. y devora los montes, y quema los desiertos, y seca toda verdura como fuego.

24. El remedio de todo esto es una nube que comparezca luego, y un rocío que sobrevenga templado lo hará amansar o derretir.

25. A una palabra suya calman los vientos y con sólo su querer sosiega el mar profundo; en medio del cual plantó el Señor varias islas.

26. Que los que navegan el mar cuenten sus peligros; y al escucharlos nosotros con nuestros propios oídos, quedaremos atónitos.

27. Allí hay obras grandes y admirables; varios géneros de animales, y bestias de todas especies, y criaturas monstruosas o enormes.

28. Por él fue prescrito a todas las cosas el fin a que caminan, y con su mandato lo puso todo en orden.

29. Por mucho que digamos, nos quedará mucho que decir; mas la suma de cuanto se puede decir es que el mismo Dios está en todas las cosas.

30. Para darle gloria ¿qué es lo que valemos nosotros? Pues siendo él todopoderoso es superior a todas sus obras.

31. Terrible es el Señor, y grande sobremanera, y su poder es admirable.

32. Glorificad al Señor cuanto más pudiereis, que todavía quedará él superior a vuestras alabanzas; siendo como es prodigiosa e incomparable su magnificencia.

33. Bendecid al Señor, ensalzadlo cuanto podáis, porque superior es a toda alabanza.

34. Para ensalzarle recoged todas vuestras fuerzas; y no os canséis, que jamás negaréis al cabo.

35. ¿Quién le ha visto a fin de poderle describir? ¿Y quién explicará su grandeza tal cual es ella desde siempre?

36. Muchas son sus obras que ignoramos, mayores que las ya dichas; pues es poco lo que de sus obras sabemos.

---

5. *Jos 10*; *Is 38*, 8.
16. *Job 38*, 22-25; *Sal 135* (*134*), 7.

37. Pero todo lo hizo el Señor; y a los que viven virtuosamente, les da la sabiduría.

44 Elogio de los antiguos justos. Enoc, Noé, Abrahán, Isaac y Jacob

1. Alabemos a los varones ilustres, a nuestros mayores, a quienes debemos el ser.
2. Mucha gloria redundó el Señor por su magnificencia con ellos desde el principio del mundo.
3. Gobernaron sus Estados, fueron hombres grandes en valor y adornados de singular prudencia; y como profetas que eran, hicieron conocer la dignidad de profeta.
4. Gobernaron al pueblo de su tiempo con la virtud de la prudencia, dando muy santas instrucciones a sus súbditos.
5. Con su habilidad inventaron tonos o conciertos musicales, y compusieron los cánticos de las Escrituras.
6. Hombres ricos en virtudes, solícitos del decoro del santuario, pacíficos en sus casas.
7. Todos éstos en sus tiempos alcanzaron gloria, y honraron su siglo.
8. Los hijos que de ellos nacieron, dejaron un nombre que hace recordar sus alabanzas.
9. Mas hubo algunos de los cuales no queda memoria, que perecieron como si nunca hubieran existido, así ellos como sus hijos; y aunque nacieron, fueron como si no hubiesen nacido.
10. Pero aquellos fueron varones misericordiosos y caritativos, cuyas obras de piedad no han caído en olvido.
11. En su descendencia permanecerán sus bienes.
12. Sus nietos son una sucesión o pueblo santo, y su posteridad se mantuvo constante en la alianza con Dios;
13. y por el mérito suyo durará para siempre su descendencia; nunca perecerán su linaje y su gloria.
14. Sepultados en paz fueron sus cuerpos; y vive su nombre por todos los siglos.
15. Celebren los pueblos su sabiduría, y repitan sus alabanzas en las asambleas sagradas.
16. Enoc agradó a Dios, y fue transportado al paraíso para predicar al fin del mundo a las naciones la penitencia*.
17. Noé fue hallado perfectamente justo; y en el tiempo de la ira vino a ser instrumento de reconciliación*.
18. Por eso fue dejado un resto de vivientes en la tierra, cuando vino el diluvio.
19. A Noé fue hecha aquella promesa sempiterna, según la cual no pueden ser destruidos por otro diluvio todos los mortales*.
20. Abrahán, aquel gran padre de muchas gentes, que no tuvo semejante en la gloria, el cual guardó la ley del Altísimo, y estrechó con él la alianza,
21. la que ratificó con la circuncisión de su carne, y en la tentación fue hallado fiel.
22. Por eso juró el Señor darle gloria en su descendencia, y que se multiplicaría su linaje como el polvo de la tierra,
23. y que su posteridad sería ensalzada como las estrellas del cielo*, y tendría por herencia el continente de mar a mar, y desde el río Eufrates hasta los términos de la tierra.
24. Y del mismo modo se portó con Isaac por amor de Abrahán, su padre*.
25. A él le dio el Señor la bendición de todas las naciones, y después confirmó su pacto o promesa sobre la cabeza de Jacob.
26. Al cual reconoció y distinguió con sus bendiciones, y le dio la herencia, repartiéndosela entre las doce tribus.
27. Y le concedió que en su linaje hubiese siempre varones piadosos, que fuesen amados de todas las gentes.

45 Elogio de Moisés, Aarón y Finees. Sacerdocio de Aarón. Castigo de Coré, Datán y Abirón

1. Así fue Moisés, amado de Dios y de los hombres*; cuya memoria se conserva en bendición entre su pueblo.
2. Lo hizo el Señor semejante en la gloria a los santos, y lo engrandeció, y lo hizo

---

16. *Gen 5*, 24: *Hebr 11*, 5; *Ap 11*, 3.
17. *Gen 9*, 9.
19. *Gen 8*, 21; *9*, 10.
23. *Sal 72 (71)*, 8; *105 (104)*, 24.
24. *Gen 26*, 3.
1. *Ex 11*, 3; *Num 12*, 6.

terrible a los enemigos; y él con su palabra hizo cesar las horrendas plagas.

3. Lo glorificó en presencia de los reyes; dio los preceptos o mandamientos que promulgase a su pueblo, y le mostró su gloria.

4. Lo santificó por medio de su fe y mansedumbre, y lo escogió entre todos los hombres.

5. Por eso oyó Moisés a Dios y su divina voz*; y lo hizo Dios entrar dentro de la nube;

6. donde cara a cara le dio los mandamientos y la ley de vida y de ciencia, para que enseñase a Jacob su pacto o alianza, y sus juicios u ordenanzas a Israel.

7. Ensalzó a Aarón, hermano de Moisés y semejante a él, de la tribu de Leví.

8. Asentó con él un pacto eterno; y le dio el sacerdocio de la nación, y lo llenó de felicidad y gloria.

9. Le ciñó con un cíngulo precioso, y lo vistió con vestiduras de gloria; y le honró con ornamentos de mucha majestad.

10. Le puso la túnica talar sobre la túnica interior, y le dio el efod o espaldar, y puso alrededor de la orla de la vestidura talar muchísimas campanillas de oro,

11. para que sonasen cuando se moviese, y se oyese su sonido al entrar en el templo, a fin de excitar la atención en los hijos de su pueblo.

12. Le puso el racional, o pectoral santo*, tejido de oro, y de jacinto, y de púrpura, obra de un varón sabio, dotado de verdadera prudencia;

13. labor artificiosa, hecha de hilo de púrpura, torcido, con piedras preciosas engastadas en oro, esculpidas por industrioso lapidario, tantas en número cuantas eran las tribus de Israel, y para memoria de éstas.

14. Sobre su mitra colocó una diadema o lámina de oro, donde estaba esculpido el sello de santidad, ornamento de gloria, obra primorosa, que con su belleza se llevaba tras sí los ojos.

15. No se han visto antes de este adorno sacerdotal cosas tan preciosas, desde que el mundo es mundo.

16. Jamás las vistió o usó hombre alguno de otra gente, sino solamente los hijos de éste y sus nietos perpetuamente.

17. Sus sacrificios eran diariamente consumidos con el fuego.

18. Moisés le llenó o consagró las manos, y le ungió con el óleo sagrado*.

19. A él fue concedido, y a su descendencia por un pacto o promesa eterna, y duradera como los cielos, ejercer las funciones del sacerdocio y cantar las alabanzas de Dios, y en su nombre bendecir solemnemente a su pueblo.

20. El Señor lo escogió entre todos los vivientes para que le ofreciese los sacrificios, y el incienso, y olor suave; a fin de que haciendo con eso memoria de su pueblo, se le mostrase propicio.

21. Le dio también autoridad acerca de sus preceptos y leyes judiciales, para enseñar a Jacob los mandamientos, y dar a Israel la inteligencia de su ley.

22. Mas se sublevaron contra él durante la peregrinación en el desierto unos hombres extraños a su familia, y por envidia y despecho le embistieron, es a saber, los que estaban con Datán y Abirón, y los de la facción de Coré.

23. Lo vio el Señor Dios, y se irritó, y con el ímpetu de su enojo los consumió.

24. Obró horrendos prodigios contra ellos, y con ardientes llamas los aniquiló*.

25. Y añadió nueva gloria a Aarón, y le señalo herencia, y le dio las primicias de los frutos de la tierra.

26. Con ellos le proveyó a él y a sus hijos de abundante sustento, y además de eso comerán parte de los sacrificios del Señor, que les concedió a él y a su linaje.

27. Pero no tendrá herencia en la tierra de las naciones, ni se le dio porción como a los demás entre su pueblo; pues el mismo Dios es la porción suya y su herencia*.

28. Finees, hijo de Eleazar, es el tercero en tanta gloria, imitador de Aarón en el temor del Señor,

29. y por haber hecho respetar la ley de Dios en medio de la prevaricación de la nación; él con su bondad y ánimo resuelto aplacó al Señor a favor de Israel.

30. Por este motivo hizo Dios con él un pacto de paz*; le constituyó príncipe de las

---

5. *Ex 3*, 10; *Num 12*, 3-7; *Hebr 3*, 5.
12. *Ex 28*, 15.
18. *Lev 8*, 12-26; *16*, 11-23.
24. *Num 16*, 3-17.
27. *Num 18*, 20; *35*, 1.
30. *Num 25*, 11-12.

cosas santas, o del santuario, y de su pueblo, adjudicándole para siempre a él y a su estirpe la dignidad sacerdotal.

31. Semejante fue el pacto con el rey David, hijo de Jesé, de la tribu de Judá, cuando le hizo heredero del reino a él y a su linaje, a fin de llenar de sabiduría nuestros corazones, y de que su pueblo fuese gobernado con justicia, para que no perdiese su felicidad. Con lo cual hizo eterna la gloria de estos varones entre sus gentes.

46 *Elogio de Josué, Caleb y los doce jueces de Israel. El profeta Samuel*

1. Esforzado en la guerra fue Josué, hijo de Navé, sucesor de Moisés en el don de la profecía; el cual fue grande, como denota su nombre.

2. Fue más que grande en salvar a los escogidos de Dios, en sojuzgar a los enemigos que se levantaban contra él, y en conseguir para Israel la herencia.

3. ¡Cuánta gloria alcanzó teniendo levantado su brazo, y vibrando la espada* contra aquellas ciudades de los amorreos!

4. ¿Quién antes de él combatió así, o hizo estas proezas? Porque el mismo Señor le puso en sus manos los enemigos.

5. ¿No es así que al ardor de su celo se detuvo el sol, por lo que un día llegó a ser casi como dos*?

6. Invocó al Altísimo Todopoderoso mientras lo estaban batiendo por todos lados los enemigos; y el grande, el santo Dios oyendo su oración envió un furioso granizo de piedras de mucho peso*.

7. Se arrojó impetuosamente sobre las huestes enemigas, y en la bajada de Bet-Horón arrolló a los contrarios;

8. para que conociesen las naciones el poder de Dios, contra quien no es fácil combatir. Fue siempre en pos del Omnipotente;

9. y en vida de Moisés hizo una obra muy buena junto con Caleb, hijo de Jefone, resolviendo hacer frente al enemigo, arredrando al pueblo de pecar, y apaciguando el sedicioso murmullo* que causaron los otros exploradores.

10. Estos dos fueron aquellos que del número de seiscientos mil hombres salieron salvos de todo peligro, y quedaron vivos para conducir al pueblo a la posesión de la tierra que mana leche y miel.

11. Y al mismo Caleb le dio el Señor gran valor, y lo conservó vigoroso hasta la vejez, para subir a ocupar la montaña de Hebrón en la tierra prometida*, que fue la herencia de sus descendientes;

12. a fin de que viesen todos los hijos de Israel cuán bueno es el obedecer al santo Dios.

13. Loados sean también los jueces, cada uno por su nombre, aquellos cuyo corazón no fue pervertido, porque no se apartaron del Señor;

14. a fin de que sea bendita la memoria de ellos, y reverdezcan sus huesos allá donde reposan,

15. y dure para siempre su nombre, y pase a sus hijos con la gloria de aquellos santos varones.

16. Samuel, querido del Señor Dios suyo, y profeta del Señor, estableció un nuevo gobierno, y ungió y puso reyes en su nación*.

17. Juzgó, o gobernó, al pueblo según la ley del Señor, y Dios miró benigno a Jacob; y Samuel por su fidelidad fue reconocido por profeta,

18. habiendo sido hallado fiel en sus palabras o vaticinios, como quien había visto al Dios de la luz.

19. Y mientras combatía contra los enemigos que lo estrechaban por todas partes, invocó al Señor Todopoderoso con la ofrenda de un cordero inmaculado*.

20. Y tronó el Señor desde el cielo, y con gran estruendo hizo sentir su voz,

21. con lo que destrozó los príncipes de los tirios y a todos los caudillos de los filisteos.

22. Y antes que terminase su vida y saliese del mundo, protestó públicamente en la presencia del Señor y de su Ungido, o rey ungido*, que de nadie había recibido

---

3. *Jos 8*, 18.
5. *Jos 10*, 13.
6. *Jos 10*, 11.
9. *Num 14*, 6.
11. *Jue 2*, 16.
16. *1 Sam 8*, 6-22.
19. *1 Sam 7*, 6.
22. *1 Sam 12*, 3.

dinero, ni siquiera unas sandalias; y ninguno entre todos tuvo de qué acusarle.

23. Después de esto murió, y se apareció al rey Saúl, y le notificó el fin de su vida, y alzó su voz desde bajo de la tierra, profetizando la destrucción de la impiedad del pueblo.

47 *Elogio de Natán y David. Los primeros años del reinado de Salomón y su ignominiosa vejez*

1. Después de esto floreció Natán, profeta, en tiempo de David.

2. Como la grasa de la víctima pacífica se separa de la carne, y es ofrecida al Señor, así fue David separado y escogido de entre los hijos de Israel.

3. En su juventud se burló de los leones*, como si fuesen unos corderos, y otro tanto hizo con los osos, como si fuesen corderitos.

4. ¿No fue él quién mató al gigante*, quitando así el oprobio de su nación?

5. Alzando la mano, derribó con la piedra de su honda al orgulloso Goliat.

6. Porque él invocó al Señor Todopoderoso; el cual dio fuerza a su brazo para degollar a tan valiente campeón, y realzar los bríos de su nación.

7. Así le dio el Señor la gloria de haber muerto diez mil hombres, y lo hizo ilustre con sus bendiciones, y le dio una corona gloriosa.

8. Pues derrotó por todas partes a los enemigos, y exterminó hasta hoy día a los filisteos sus contrarios, quebrantando sus fuerzas para siempre.

9. En todas sus acciones dio gloria al santo y excelso Dios con palabras o himnos de suma alabanza.

10. Alabó al Señor con todo su corazón, y amó a Dios, su Creador; el cual le había armado de fortaleza contra los enemigos.

11. Y estableció cantores enfrente del altar, y para sus cánticos les dio armoniosos tonos*.

12. Aumentó la majestad en la celebración de las solemnidades, y hasta el fin de su vida dio mayor magnificencia a las festividades de cada tiempo, haciendo que se alabase el Nombre santo del Señor, y se celebrase con salmos desde la madrugada la santidad de Dios.

13. Lo purificó el Señor de sus pecados, y ensalzó para siempre su poder*, asegurándole con juramento la promesa del reino y el trono glorioso de Israel.

14. Le sucedió después el hijo sabio*; y el Señor por amor del padre tuvo abatido el poder de sus enemigos.

15. El reinado de Salomón fue una época de paz*, y le sometió Dios todos los enemigos; a fin de que fabricase un templo a su santo Nombre, y le preparase un eterno santuario. ¡Ah!, ¡cuán bien instruido fuiste en tu juventud,

16. y cómo estuviste lleno de sabiduría cual río caudaloso! Con ella descubrió tu alma los secretos de la tierra*.

17. Y en tus parábolas, reuniste la explicación de muchos enigmas; llegó la fama de tu nombre hasta las islas o regiones más remotas, y fuiste amado en tu reinado de paz.

18. Todas las gentes admiraron tus cánticos y proverbios, y las parábolas y las soluciones de los enigmas,

19. y la protección del Señor Dios, que se apellida el Dios de Israel.

20. Tú reuniste oro en tanta abundancia como si fuera cobre, y amontonaste la plata como si fuese plomo*.

21. Mas después te prostituiste a las mujeres extranjeras, y tuviste quien ejerciese dominio sobre ti.

22. Echaste un borrón a tu gloria, y profanaste tu linaje, provocando la ira de Dios sobre tus hijos, y llevando a tal extremo tu necedad,

23. que causaste la división del reino en dos partes, y que de Efraín saliese un reino de rebeldes.

24. Pero no se desprenderá Dios de su misericordia, y no trastornará ni destruirá sus obras, ni arrancará de raíz los nietos de

3. *1 Sam 17*, 34.
4. *1 Sam 17*, 49.
11. *1 Cro 23*; *24*; *25*.

13. *Luc 1*, 32.
14. *1 Re 4*, 29.
15. *1 Re 4*, 24; *1 Cro 22*, 9.
16. *1 Re 4*, 29-32; *10*, 1.
20. *1 Re 10*, 27; *2 Cro 9*, 13-27.

David su escogido, ni extinguirá la descendencia de aquel varón amante del Señor.

25. Por eso dejó un residuo a Jacob, y a David un sucesor de su mismo linaje.

26. Al fin Salomón pasó a descansar con sus padres,

27. y dejó después de sí a Roboam, uno de los hijos, ejemplo de necedad para su nación,

28. y falto de prudencia, el cual con su mal consejo enajenó de sí el corazón del pueblo;

29. y a Jeroboam, hijo de Nabat, que indujo a pecar a Israel, y enseñó el camino del pecado a Efraín, siendo causa de la grandísima inundación de sus vicios,

30. por los cuales fueron muchas veces arrojados de su país.

31. Porque Israel se entregó a toda suerte de maldades, hasta que descargó sobre ellos la venganza divina, que puso fin a todos sus pecados.

48

Grandioso y favorable elogio de los profetas Elías, Eliseo y del rey Ezequías

1. Se levantó después el profeta Elías como un fuego, y sus palabras eran como ardientes teas.

2. Hizo venir sobre ellos el hambre, y fueron reducidos a un corto número los que por envidia lo perseguían; porque no podían sufrir los mandamientos del Señor.

3. Con la palabra del Señor cerró el cielo, del cual por tres veces hizo bajar fuego.

4. Así se hizo célebre por sus milagros. ¿Y quién, ¡oh Elías!, ha alcanzado tanta gloria como tú?

5. Tú, en virtud de la palabra del Señor Dios, sacaste vivo del sepulcro a un difunto, arrancándoselo a la muerte.

6. Tú arrojaste los reyes al precipicio, y quebrantaste sin trabajo su poderío, y en medio de su gloria los trasladaste del lecho al sepulcro.

7. Tú oíste en el monte Sinaí el juicio del Señor, y en el de Horeb los decretos de su venganza.

8. Tú ungiste, o consagraste, reyes para que castigasen a los impíos, y dejaste después de ti profetas sucesores tuyos.

9. Tú fuiste arrebatado en un torbellino de fuego sobre una carroza tirada de caballos de fuego.

10. Tú estás escrito en los decretos de los tiempos venideros para aplacar el enojo del Señor, reconciliar el corazón de los padres con los hijos, y restablecer las tribus de Jacob.

11. Dichosos los que te vieron y fueron honrados con tu amistad;

12. porque nosotros vivimos sólo esta vida momentánea; mas después de la muerte no será nuestro nombre como el tuyo.

13. En fin, Elías fue encubierto por el torbellino; y quedó en Eliseo la plenitud de su espíritu; al cual mientras vivió no le arredró príncipe alguno, ni nadie fue más poderoso que él.

14. Ni hubo cosa de este mundo que pudiese doblarlo; y aun después de muerto, su cuerpo hizo milagros.

15. Durante su vida obró prodigios, y en su muerte hizo cosas admirables.

16. Mas ni con todas estas cosas hizo penitencia el pueblo; ni se apartaron de sus pecados hasta que fueron arrojados de su país y dispersados por toda la tierra,

17. y quedó poquísima gente en la Palestina, y un sólo príncipe de la casa de David.

18. Algunos de éstos hicieron lo que era del agrado de Dios; otros cometieron muchos pecados.

19. Ezequías fortificó su ciudad, y condujo el agua al centro de ella; y excavó a poco o a fuerza del hierro una peña viva, e hizo en ella una gran cisterna para conservar el agua.

20. En su tiempo vino Sennaquerib, y envió delante a Rabsaces; el cual levantó su mano contra los judíos, y amenazó con ella a Sión, ensoberbecido de sus fuerzas.

21. Entonces se estremecieron sus corazones, y temblaron sus manos, y sintieron dolores como de mujer que está de parto.

22. Pero invocaron al Señor misericordioso, y extendiendo sus manos, las levantaron al cielo, y el Señor Dios santo oyó luego sus voces.

23. No se acordó más de sus pecados, ni los entregó en poder de sus enemigos; sino que los purificó por medio de la penitencia que predicó el santo profeta Isaías.

24. Disipó el campamento de los asirios, y el ángel del Señor los exterminó;

25. porque Ezequías hizo lo que era del agrado de Dios, y siguió con firmeza las sendas de David, su padre, como se lo había recomendado Isaías, profeta grande y fiel en la presencia del Señor.

26. En su tiempo retrogradó el sol, y el mismo profeta prolongó la vida al rey.

27. Vio Isaías con su gran espíritu profético los últimos tiempos, y consoló a los que lloraban en Sión.

28. Anunció las cosas que han de suceder al pueblo escogido hasta la eternidad; y las ocultas, antes que aconteciesen.

49 *Elogio de Josías, Jeremías, Ezequiel, los doce profetas, Nehemías, Enoc, José y Adán*

1. La memoria de Josías es como una confección de aromas hecha por un hábil perfumero.

2. Será su nombre en los labios de todos dulce como la miel, y como un concierto de música en un banquete donde se bebe exquisito vino.

3. El fue destinado de Dios para la conversión del pueblo, y quitó las abominaciones de la impiedad.

4. Dirigió su corazón hacia el Señor; y en los días del mayor desenfreno de los pecadores restableció la piedad.

5. A excepción de David, de Ezequías y de Josías, todos los otros pecaron;

6. porque los demás reyes de Judá abandonaron la ley del Altísimo, y despreciaron el santo temor de Dios.

7. Por esta causa tuvieron que ceder a otros el propio reino, y su gloria a una nación extranjera.

8. Por lo mismo incendiaron los caldeos la escogida y santa ciudad, y redujeron sus calles a un desierto, según la predicción de Jeremías.

9. Porque maltrataron a aquel que desde el vientre de su madre fue consagrado profeta para trastornar, arrancar y destruir, y después reedificar y restaurar.

10. Ezequiel es el que vio aquel espectáculo de gloria que el Señor le mostró en la carroza de los querubines.

11. Y habló después bajo la figura de la lluvia, de los castigos de los enemigos de Dios, y del bien que hace el Señor a los que andan por el recto camino.

12. Reverdezcan también, en el lugar donde reposan, los huesos de los doce profetas; pues restauraron a Jacob, y se salvaron a sí mismos por la virtud de su fe.

13. ¿Qué diremos para ensalzar a Zorobabel?, a Zorobabel que fue como un precioso anillo en la mano derecha de Dios.

14. ¿Y qué diremos asimismo de Josué, hijo de Josedec? Ellos en sus días edificaron la casa de Dios, y levantaron el templo santo del Señor destinado para gloria sempiterna.

15. Durará también largo tiempo la memoria de Nehemías, el cual levantó nuestros arruinados muros, y repuso nuestras puertas y cerrojos, y reedificó nuestras casas.

16. No nació en la tierra otro hombre semejante a Enoc; el cual fue también arrebatado de ella.

17. Ni otro comparable a José, nacido para ser el príncipe de sus hermanos, el sostén de la nación, guía de sus hermanos y firme apoyo de su pueblo;

18. cuyos huesos fueron visitados o trasladados; y así profetizaron después de su muerte.

19. Set y Sem fueron celebrados entre los hombres por su virtud; y sobre todos Adán por razón de su origen inmediato de Dios.

50 *Elogio del sumo sacerdote Simón. Vituperio de los idumeos, los filisteos y los samaritanos*

1. Simón, hijo de Onías, sumo sacerdote, durante su vida levantó de nuevo la casa del Señor, y en sus tiempos fue el restaurador del templo.

2. Por él fue también fundada o levantada la altura del templo, el edificio doble o de dos altos, y los altos muros del templo.

3. En sus días se renovaron los manantiales de las aguas en los pozos, los cuales se llenaron sobremanera como un mar.

4. Este cuidó bien de su pueblo, y lo libró de la perdición.

5. Consiguió engrandecer la ciudad, y se granjeó gloria, viviendo sencillamente en medio de su nación; y ensanchó la entrada del templo y atrio del Señor.

6. Como el lucero de la mañana entre tinieblas, y como resplandece la luna en tiempo de su plenitud,

7. y como el sol refulgente, así brillaba él en el templo de Dios.

8. Como el arco iris, que resplandece en las transparentes nubes, y como la flor de la rosa en tiempo de primavera, y como las azucenas junto a la corriente de las aguas, y como el árbol del incienso que despide fragancia en tiempo del estío;

9. como luciente llama, y como incienso encendido en el fuego;

10. como un vaso de oro macizo, guarnecido de toda suerte de piedras preciosas;

11. como el olivo que retoña, y como el ciprés que descuella por su altura, tal parecía el sumo sacerdote Simón cuando se ponía el manto glorioso, y se revestía de todos los ornamentos de su dignidad.

12. Cuando subía al altar santo hacía honor a las vestiduras sagradas,

13. y asimismo cuando recibía de las manos de los sacerdotes una parte de la hostia u ofrenda estando él en pie junto al altar, rodeado del coro de sus hermanos, y a la manera de un alto cedro entre pequeños árboles sobre el monte Líbano.

14. Como una hermosa palmera cercada de sus retoños y racimos, así estaban alrededor suyo todos los hijos de Aarón en su magnificencia.

15. Los cuales tenían en sus manos la oblación que había de ofrecerse al Señor en presencia de toda la congregación de Israel; y él consumando el sacrificio, para hacer más solemne la ofrenda al rey altísimo,

16. extendía la mano para hacer la libación, y derramaba la sangre o el vino de la uva.

17. Esparciéndolo al pie del altar en olor suavísimo al altísimo Príncipe.

18. Entonces los hijos de Aarón alzaban sus voces, empezaban a tocar las trompetas hechas a martillo, y hacían sentir un gran concierto para renovar a Dios la memoria de su alianza.

19. Asimismo todo el pueblo, a una, se postraba de repente sobre su rostro en tierra para adorar al Señor Dios suyo, y ofrecer sus plegarias al Altísimo, Dios omnipotente.

20. Y alzaban sus voces los cantores, con lo cual se acrecentaba en aquella gran casa de Dios el sonido de una suave melodía.

21. Y presentaba el pueblo sus preces al Señor altísimo, hasta que quedaba terminado el culto de Dios, y acabadas las sagradas funciones.

22. Entonces el sumo sacerdote, bajando del altar, extendía sus manos hacia toda la congregación de los hijos de Israel, para dar gloria a Dios con sus labios, y celebrar su santo Nombre.

23. Y segunda vez repetía su oración, deseoso de hacer conocer el poder de Dios.

24. Y ahora vosotros rogad a Dios Señor de todo lo creado, que ha hecho cosas grandes en toda la tierra, que ha conservado nuestra vista desde el seno de nuestras madres, y que nos ha tratado siempre según su misericordia;

25. orad, digo, para que nos dé la alegría del corazón, y que reine la paz en Israel en nuestros días y para siempre.

26. Con lo cual crea Israel que la misericordia de Dios está con nosotros en sus días, para librarnos de todo mal.

27. A dos naciones o gentes tiene aversión mi alma por su impiedad; y la tercera que aborrezco no es gente:

28. a los que habitan en la montaña de Seir, y a los filisteos, y al pueblo insensato que mora en Siquem.

29. Estos son los documentos de sabiduría y de moralidad, que dejó escritos en este libro Jesús, hijo de Sirac, ciudadano de Jerusalén; el cual restauró en su pueblo la sabiduría, derramándola de su corazón.

30. Bienaventurado el que practica estos buenos consejos, y los estampa en su corazón. Este será siempre sabio.

31. Porque obrando así, será bueno para todo; pues la luz de Dios guiará sus pasos.

---

51 *Oración de Jesús, hijo de Sirac, en la cual da gracias a Dios por haberle librado de graves peligros*

---

1. Oración[*] de Jesús, hijo de Sirac. Te glorificaré, ¡oh Señor y rey!; a ti alabaré, ¡oh Dios salvador mío!

---

1. Este último capítulo es un *Apéndice* compuesto por varios poemas, cuya autenticidad se ha discutido. El poema que empieza en el verso 18 es alfabético y fue hallado entre los *Salmos* en la gruta 11 de Qumran.

2. Gracias tributaré a tu Nombre, porque tú has sido mi auxiliador y mi protector;

3. y has librado mi cuerpo de la perdición, y del lazo de la lengua maligna, y de los labios que urden la mentira; y delante de mis acusadores te has manifestado mi defensor.

4. Y por tu gran misericordia, de la cual tomas nombre, me has librado de los leones que rugían, ya prontos a devorarme;

5. de las manos de aquellos que buscaban cómo quitarme la vida, y del tropel de diversas tribulaciones que me cercaron;

6. de la violencia de las llamas entre las cuales me vi encerrado, y así es que en medio del fuego no fui abrasado;

7. del profundo seno del infierno o sepulcro, y de los labios impuros, y del falso testimonio, de un rey inicuo, y de la lengua injusta.

8. Mi alma alabará al Señor hasta la muerte.

9. Pues mi vida estuvo a punto de caer en el infierno.

10. Me cercaron por todas partes, y no había quien me prestase socorro; volvía los ojos en busca del amparo de los hombres; pero tal amparo no parecía.

11. Me acordé, ¡oh Señor!, de tu misericordia, y de tu modo de obrar desde el principio del mundo;

12. y de cómo salvas, Señor, a los que en ti esperan con paciencia, y los libras de las naciones enemigas.

13. Tú ensalzaste mi casa o morada sobre la tierra, y yo te supliqué que me librases de la muerte, que todo lo disuelve.

14. Invoqué al Señor, padre de mi Señor, que no me desamparase en el tiempo de mi tribulación, y mientras dominaren los soberbios.

15. Alabaré sin cesar tu santo Nombre, y lo celebraré con acciones de gracias; pues fue oída mi oración,

16. y me libraste de la perdición, y me sacaste a salvo en el tiempo calamitoso.

17. Por tanto te glorificaré, y te cantaré alabanzas y bendeciré eternamente el Nombre del Señor.

18. Siendo yo todavía mozo, antes que anduviese errante, hice profesión de buscar la sabiduría con mis oraciones.

19. Yo la estaba pidiendo en el atrio del templo, me dije a mí mismo: La buscaré hasta mi último aliento. Ella brotó en mí su flor desde luego, como la uva temprana.

20. Se regocijó con ella mi corazón; mis pies tomaron el camino recto; desde mi juventud iba yo en seguimiento de ella.

21. Apliqué un tanto mi oído, y la percibí;

22. y acopié mucha sabiduría en mi mente, e hice en ella muchos progresos.

23. A aquel que me dio la sabiduría tributaré yo la gloria.

24. Me resolví, pues, a ponerla en práctica; fui celoso del bien, y no me avergonzaré.

25. Por ella ha combatido mi alma, me mantengo constante en seguirla.

26. Levanté mis manos a lo alto pidiéndole a Dios, y deploré la necedad y tinieblas de mi alma.

27. Hacia ella enderecé el alma mía; y conociéndome a mí, la hallé.

28. Con ella desde luego fui dueño de mi corazón, y adquirí cordur,: por lo que no seré abandonado del Señor.

29. Acongojado anduvo mi corazón en busca de ella; por lo tanto gozaré de esta rica herencia.

30. Me dio el Señor en recompensa una lengua elocuente, y con ella lo alabaré.

31. Acercaos a mí ¡oh ignorantes!, y reuníos en la casa de la enseñanza*.

32. ¿Por qué os detenéis todavía? ¿Y qué respondéis a esto, estando vuestras almas ardiendo de sed?

33. Abrí mi boca para convidaros, y os dije: Venid a comprarla sin dinero,

34. y someted a su yugo vuestro cuello, y reciba vuestra alma la instrucción, pues fácil es encontrarla.

35. Mirad con vuestros ojos lo poco que me he fatigado, y cómo he adquirido mucho descanso.

36. Recibid la enseñanza como un gran caudal de plata, y poseeréis con ellas bienes preferibles a un inmenso tesoro de oro.

37. Consuélese vuestra alma en la misericordia de Dios; y alabándole a él, nunca quedaréis confundidos.

38. Haced lo que debéis hacer antes que el tiempo pase; y él os dará a su tiempo vuestra recompensa.

---

31. La divina sabiduría invita a los ignorantes de la ciencia de la salvación, que es la verdadera ciencia, para que vengan a aprenderla.

LIBROS PROFETICOS

Introducción

El profetismo es común a casi todas las religiones, como realidad constante o como característica de una de sus etapas. Por *profecía* se entiende la *predicción* del futuro, la *mediación* entre Dios y el hombre, y la *interpretación* de los planes y designios divinos. Un acercamiento al profetismo lo proporcionan los vocablos *profeta*, *adivino* y *enviado*:

- *Profeta* quiere decir *el que habla en nombre de otro*, y en su significado religioso es el *portavoz de Dios*. El *profeta* es alguien autorizado por Dios, y que expresa la voluntad divina en un lenguaje inteligible, como un mensaje abierto y dirigido a una comunidad.

- *Adivino* se refiere a la percepción de lo oculto para el hombre y claro para Dios. El *adivino* aparece como un hombre capaz de trascender lo natural. Esa situación va acompañada de actitudes sobrenaturales, que hacen del adivino un *extático*, cuando entra en comunicación con la divinidad, y un *carismático*, que posee los dones de clarividencia, anticipación del futuro y liderazgo frente a los destinatarios de su mensaje.

- *Enviado* es el término característico del profetismo bíblico y su riqueza es grande en el *Antiguo Testamento*.

La tradición bíblica considera a Moisés como el primer profeta, *Num 11*, 24-30. Más tarde, se aplicó el nombre de *profeta* a toda persona cercana a Dios, como Abrahán, *Gen 20*, 7. El nombre de *profeta* se da a otros personajes no escritores, como Elías, Eliseo y Agabo y a otros como Aarón y María, hermanos de Moisés, Débora, a los profetas vinculados a los santuarios o a los consejeros en la corte del rey.

La Sagrada Biblia presenta a los profetas clásicos o profetas escritores, que vivieron en los siglos VIII, VII y VI a.C. Por su orden cronológico son *Amós*, *Oseas*, *Miqueas*, *Nahúm*, *Sofonías*, *Habacuc*, *Jeremías* y *Ezequiel*. En el *Antiguo Testamento hebreo* se incluye a Jonás como profeta.

El profetismo bíblico reúne la obra de otros profetas escritores, cuyos nombres no conocemos, entre los que sobresale el llamado *Segundo Isaías*. Los anteriores profetas vivieron durante la monarquía y su actividad se centra en la suerte de los reinos de Judá e Israel. Poco a poco van adquiriendo un ámbito universal.

La destrucción de Samaria en 722 a.C. y de Jerusalén en 587 a.C. abre la época del destierro y los profetas se convierten en los orientadores del pueblo de Israel.

La crisis del destierro pasa y surgen los llamados *profetas postexílicos* o *posteriores al destierro*, como el *Tercer Isaías*, *Ageo*, *Zacarías*, *Malaquías*, *Abdías*, *Joel* y otros autores anónimos que ponen todo su empeño en la organización del pueblo como nación y comunidad religiosa.

Hacia el final del *Antiguo Testamento*, la profecía desaparece en Israel de manera tan discreta como apareció. En los dos últimos siglos antes de Jesucristo, los escritores sapienciales son conscientes de la tradición profética heredada; pero no pretenden tener el espíritu profético, *Eclo 24*, 31; *Sab 7*, 27.

La profecía y los libros proféticos del *Antiguo Testamento* tienen interés no sólo como fenómeno religioso. *La Sagrada Biblia* es de suyo una palabra profética, pues Dios decidió hablar a su pueblo y así lo que hay en sus páginas no es un archivo, sino la palabra *viva* de un Dios que ha querido quedarse con su pueblo. Por esa razón, los profetas expresan de modo particular la presencia de Dios y en la perspectiva espacio-temporal señalan la plenitud de la palabra de Dios en Jesucristo.

Isaías

Introducción

Isaías es el libro profético más extenso del *Antiguo Testamento* y contiene profecías sobre los principales acontecimientos del pueblo de Israel cuando comienza a desmoronarse su institución monárquica. A través de sus páginas se puede trazar un plano completo de la situación política de las naciones de los siglos VIII, VII y VI a. C. La visión teológica que proyecta es de una extraordinaria altura y definición, y el estilo es propio de un hombre cultivado. El análisis del libro lleva a una conclusión desconcertante: No pudo ser escrito por un solo autor, ya que contiene oráculos y referencias comprendidas entre los años 750 a.C. y 450 a.C. Es decir, contempla la actividad profética realizada durante casi 300 años.

No son muchos los datos de la Biblia acerca de Isaías como personaje y como autor. Isaías, hijo de Amós, es un aristócrata de la casa real de David y un intelectual. Es el representante más noble de una corriente de reflexión teológica que se concreta en la expresión *Dios es Santo*.

El profeta Isaías es acogido por el gobierno, su voz es escuchada con respeto por los notables de la nación. Ama a Jerusalén y lo que menos desea es ver su destrucción. Por eso su predicación invita continuamente a la conversión. Isaías profetiza desde el año de la muerte del rey Ozías, hacia 740 a.C., hasta la amenaza del ejército asirio contra Jerusalén que no logra tomar la ciudad, en 701 a.C.

Isaías fue el autor de buena parte de las profecías de los 39 primeros capítulos y dio el nombre a todo el libro. En esta primera parte se destacan los oráculos contra Judá y Jerusalén, *Is 1-12*, las profecías contra las naciones extranjeras, *Is 13-23*, y una colección distinguida por la exclamación *¡Ay!, Is 28-33*. Esta primera parte constituye el *Primer Isaías* o *Protoisaías*, y se sitúa antes de la destrucción de Jerusalén, ocurrida en 587 a.C.

La segunda parte, *Segundo Isaías* o *Deuteroisaías*, está formada por los capítulos 40 al 55 y comprende el destierro de Babilonia, después de la destrucción de Jerusalén. El *Segundo Isaías* tiene un tono de consuelo y esperanza ante la perspectiva de volver a la tierra que identificaba a los israelitas como el pueblo de Dios. En el *Segundo Isaías* sobresalen los *Cuatro Cantos del Siervo de Yahvé*, que el *Nuevo Testamento* interpreta como profecías de Jesucristo, y que cantan el *Nuevo Exodo* del pueblo. Este *éxodo* se compara a una nueva creación realizada por Dios. En esta parte se encuentran

- *Presentación del Siervo, Is 42,* 1-4.
- *Nuevo Jeremías presentado a las naciones gentiles, Is 49,* 1-6.
- *Actividad del Siervo, Is 50,* 4-9.
- *Pasión y glorificación del Siervo, Is 52,* 13-*53,* 12.

El *Tercer Isaías* o *Tritoisaías* es posterior a 538 a.C., fecha del edicto de Ciro el Grande ordenando la repatriación de los judíos de Babilonia, y refleja la actividad de un profeta en el ambiente de la reconstrucción, no sin nostalgia y desilusión al comparar las expectativas creadas con las limitadas realizaciones. Su labor se sitúa en 450 a.C. *Isaías* es el profeta más citado en el *Nuevo Testamento* e inspira muchos de sus pasajes. Con razón fue llamado el *Evangelista del Antiguo Testamento.*

Primer Isaías

(*1*, 1-39. 8)

1 *Enérgica protesta de Isaías contra el pueblo y anuncio de conversión y restauración*

1. Visión profética que tuvo Isaías, hijo de Amós, en orden a las cosas de Judá y de Jerusalén, en tiempo de Ozías, de Joatán, de Acaz y de Ezequías, reyes de Judá.

2. Oíd, ¡oh cielos!, y tú, ¡oh tierra!, presta toda tu atención; pues el Señor es quien habla. He criado hijos, dice, y los he engrandecido, y ellos me han menospreciado.

3. Hasta el buey reconoce a su dueño, y el asno el pesebre de su amo; pero Israel no me reconoce, y mi pueblo no entiende mi voz.

4. ¡Ay de la nación pecadora, del pueblo lleno de iniquidades, de la raza malvada, de los hijos desgarrados! Han abandonado al Señor, han blasfemado del Santo de Israel, le han vuelto las espaldas*.

5. ¿De qué servirá el descargar yo nuevos golpes sobre vosotros, si obstinados añadís siempre pecados sobre pecados? Toda cabeza está enferma, y todo corazón doliente.

6. Desde la planta del pie hasta la coronilla de la cabeza no hay en él cosa sana, sino heridas, y moretones, y llaga corrompida que no ha sido curada, ni vendada, ni suavizada con bálsamo.

7. Vuestra tierra está desierta, incendiadas vuestras ciudades, a vuestra vista devoran los extranjeros vuestras posesiones, y a manera de enemigos las devastan.

8. Y la hija de Sión, o Jerusalén, quedará como cabaña de una viña, como choza de un melonar, y como una ciudad tomada por asalto.

9. De suerte que si el Señor Dios de los ejércitos no hubiese conservado alguno de nuestro linaje, hubiéramos corrido la misma suerte de Sodoma, y en todo semejantes a Gomorra.

10. Oíd la palabra del Señor, ¡oh príncipes de Judá que imitáis a los reyes de Sodoma! Escucha atento la ley de nuestro Dios, tú, ¡oh pueblo semejante al de Gomorra!

11. ¿De qué me sirve a mí, dice el Señor, la muchedumbre de vuestras víctimas? Ya me tienen fastidiado. Yo no gusto de los holocaustos de carneros, ni de la gordura de los bueyes, ni de la sangre de los becerros, de los corderos y de los machos de cabrío.

12. Cuando os presentáis ante mi acatamiento, ¿quién os ha mandado llevar semejantes dones en vuestras manos, para pasearos por mis atrios?

13. No me ofrezcáis ya más sacrificios inútilmente, pues abomino del incienso. El novilunio, el sábado y las demás fiestas vuestras no puedo ya sufrirlas más tiempo, porque en vuestras asambleas reina la iniquidad.

14. Vuestras calendas y vuestras solemnidades son por lo mismo odiosas a mi alma; las tengo aborrecidas, cansado estoy de aguantarlas.

15. Y así cuando levantaréis las manos hacia mí yo apartaré mi vista de vosotros; y cuantas más oraciones me hiciereis, tanto menos os escucharé; porque vuestras manos están llenas de sangre.

16. Lavaos, pues, purificaos, apartad de mis ojos la malignidad de vuestros pensamientos, cesad de obrar mal,

17. aprended a hacer bien, buscad lo que es justo, socorred al oprimido, haced justicia al huérfano, amparad a la viuda.

18. Y entonces venid y argüidme, dice el Señor: Aunque vuestros pecados os hayan teñido como la grana, quedarán vuestras almas blancas como la nieve; y aunque fuesen teñidas de encarnado como el rojo, se volverán del color de la lana más blanca.

19. Como queráis, y me escuchéis, seréis alimentados de los frutos de vuestra tierra.

20. Pero si no quisiereis, y provocareis

---

4. *Han abandonado la alianza hecha con Dios.*

mi indignación, la espada de los enemigos traspasará vuestra garganta; pues así lo ha dicho el Señor por su propia boca.

21. ¿Cómo la ciudad fiel, y llena de juicio, se ha convertido en una ramera? Ella fue en otro tiempo alcázar de justicia, y ahora lo es de homicidios.

22. Tu plata se ha convertido en escoria, y tu vino se ha adulterado con el agua.

23. Tus magistrados son desleales, y van a medias con los ladrones; todos ellos gustan de regalos; corren tras el interés; no hacen justicia al huérfano, y no encuentra apoyo en ellos la causa de la viuda.

24. Por esto dice el Señor Dios de los ejércitos, el Dios fuerte de Israel: ¡Ay cómo tomaré satisfacción de mis contrarios, y venganza de mis enemigos!

25. Y volveré mi mano sobre ti, y acrisolándote quitaré tu escoria, y separaré de ti todo tu estaño.

26. Y restableceré tus jueces, haciendo que sean tales cuales eran antes, y tus consejeros como lo fueron antiguamente; después de lo cual será llamada ciudad del Justo, ciudad fiel.

27. Sí, Sión será redimida en juicio, y repuesta en libertad por justicia.

28. Pero Dios destruirá desde luego a los malvados y los pecadores, y serán anonadados los que abandonaron al Señor.

29. Los mismos ídolos a quienes sacrificaron serán su mayor confusión; y os avergonzaréis de los jardines que habéis escogido,

30. cuando fuereis lo mismo que un alcornoque que ha quedado sin hojas, y como un huerto sin agua.

31. Y vuestra resistencia o fortaleza será igual a la pavesa de la estopa arrimada a la lumbre, y vuestras obras como una chispa: Uno y otro arderán en el fuego que nadie apagará.

2 *Todas las naciones correrán al monte santo de la casa del Señor. De Sión saldrá la ley*

1. Cosas que vio Isaías, hijo de Amós, tocante a Jerusalén y a Judá.

2. En los últimos días el monte en que se erigirá la casa del Señor, tendrá sus cimientos sobre la cumbre de todos los montes, y se elevará sobre los collados; y todas las naciones acudirán a él.

3. Y vendrán muchos pueblos y dirán: Ea, subamos al monte del Señor, y a la casa del Dios de Jacob, y él mismo nos mostrará sus caminos, y por sus sendas andaremos; porque de Sión saldrá la ley, y de Jerusalén la palabra del Señor.

4. Y él será el juez supremo de todas las gentes, y convencerá a muchos pueblos; los cuales de sus espadas forjarán rejas de arado, y hoces de sus lanzas; entonces no desenvainará la espada un pueblo contra otro, ni se adiestrarán más en el arte de la guerra.

5. ¡Oh vosotros de la casa de Jacob!, venid, y caminemos en la luz del Señor.

6. Pues tú, ¡oh Señor!, has desechado a tu pueblo, a los de la casa de Jacob, porque están llenos, como antiguamente, de superstición e idolatría, y han tenido adivinos como los filisteos, y se complacen en tener esclavos extranjeros.

7. Su país está rebosando de plata y oro, y son inagotables sus tesoros*.

8. Su tierra está cubierta de caballos, y son innumerables sus carrozas. Y está lleno de ídolos su país, han adorado la obra de sus manos, la obra que habían formado con sus propios dedos.

9. Y delante de esta obra el hombre dobló la cerviz, y se humilló ante el varón. ¡Oh Señor!, no, no se lo perdones.

10. Métete entre las peñas, pueblo infiel, escóndete en las cavidades de la tierra, huye del semblante airado del Señor y de la gloria de su majestad.

11. Los ojos altaneros del hombre serán humillados, y la altivez de los grandes quedará abatida, y sólo el Señor será ensalzado aquel día.

12. Porque el día del Señor de los ejércitos va a aparecer terrible para todos los soberbios y altaneros, y para todos los arrogantes; y serán humillados;

13. y para todos los cedros más altos y erguidos del Líbano, y para todas las encinas de Basán;

14. y para todos los montes encumbrados; y para todos los collados elevados;

---

7. La prosperidad económica trajo magnificencia y corrupción.

15. y para todas las torres eminentes, y para todas las murallas fortificadas;

16. y para todas las naves de Tarsis; y para todo lo que es hermoso y agradable a la vista.

17. Y la arrogancia de los hombres será doblegada o abatida, y humillada la altivez de los magnates, y sólo el Señor será el ensalzado aquel día.

18. Y los ídolos todos serán hechos añicos.

19. Y se meterán los hombres en las cavernas de las peñas y en las concavidades de la tierra, por causa de la presencia formidable del Señor y de la gloria de su majestad, cuando se levante para castigar la tierra*.

20. Aquel día el hombre, aterrorizado, arrojará lejos de sí sus ídolos de plata y sus estatuas de oro, las imágenes de los topos y murciélagos, que se había hecho para adorarlas.

21. Y se entrará por las aberturas de las rocas y por las cavernas de los peñascos; aterrado por el miedo del Señor y por la gloria de su majestad, cuando se levante para castigar la tierra.

22. Cesad, pues, de irritar al hombre, que tiene el espíritu en las narices; porque él es el que ha sido considerado excelso o todopoderoso.

---

3 *La sociedad de Judá se desintegrará como resultado del juicio divino. Soberbia de las hijas de Sión*

---

1. Porque he aquí que el soberano Señor de los ejércitos privará a Jerusalén y a Judá de todos los varones robustos y fuertes, de todo sustento de pan y de todo sustento de agua;

2. del hombre esforzado y guerrero, del juez y del profeta, y del adivino, y del anciano;

3. del capitán de cincuenta hombres y del varón de aspecto venerable, y del consejero, y del artífice sabio, y del hombre prudente en el lenguaje místico.

4. Y les dará por príncipes muchachos, y serán dominados por hombres afeminados.

5. Y el pueblo se arrojará con violencia, hombre contra hombre, y cada uno contra su prójimo. Se alzará el joven contra el anciano, y el plebeyo contra el noble.

6. Sucederá que uno asirá por el brazo a su hermano, criado en la familia de su padre, diciéndole: Oye, tú estás bien vestido: Sé nuestro príncipe, ampáranos en esta ruina.

7. El entonces le responderá: Yo no soy médico; y en mi casa no hay qué comer ni con qué vestir; no queráis hacerme príncipe del pueblo.

8. Pues se va arruinando Jerusalén y se pierde Judá, por cuanto su lengua y sus designios son contra el Señor, hasta irritar los ojos de su majestad.

9. El semblante descarado que presentan da testimonio contra ellos; pues, como los de Sodoma, hacen alarde de su pecado, y no lo encubren: ¡Ay del alma de ellos!, porque se les dará el castigo merecido.

10. Dad al varón justo la enhorabuena, porque él comerá o gozará del fruto de sus buenas obras.

11. ¡Ay del impío maléfico!, porque se le pagará según merecen sus acciones.

12. Mi pueblo ha sido despojado por sus regidores, y es gobernado por mujeres*. Pueblo mío, los que te llaman bienaventurado, ésos son los que te traen engañado, y destruyen el camino que tú debes seguir.

13. El Señor se presenta para hacer justicia, se presenta para juzgar a los pueblos.

14. El Señor entrará en juicio con los ancianos de su pueblo y con sus príncipes. Porque vosotros sois, les dirá, los que habéis devorado mi viña, y en vuestra casa están las rapiñas hechas al pobre.

15. Y ¿por qué motivo despedazáis mi pueblo, y deshacéis a golpes los rostros de los pobres, dice el Señor Dios de los ejércitos?

16. Y el Señor dijo también: Por cuanto se han empinado las hijas de Sión, y andan paseando con el cuello erguido, guiñando los ojos, y haciendo gestos con sus manos y ruido con sus pies, y caminan con pasos afectados:

17. Raerá el Señor la cabeza de las hijas de Sión, y las despojará de sus cabellos.

18. Aquel día les quitará el Señor el adorno del calzado, y las lunetas,

---

19. *Os 10*, 8; *Luc 23*, 30; *Ap 6*, 15.

12. Se puede entender *hombres sin firmeza.*

19. y los collares de perlas, y los joyeles, y los brazaletes, y las escofietas,
20. y los partidores del pelo, y las ligas, y las cadenillas, y los pomitos de olor, y los zarcillos,
21. y los anillos, y las piedras preciosas que cuelgan sobre la frente,
22. y la muda de vestidos, y los mantos, y las gasas, y los preciosos alfileres,
23. y los espejos, y los finos lienzos, y las cintas, y los vestidos de verano;
24. y en lugar de olores suaves tendrán la hediondez, y por cinturón una cuerda, y en lugar de cabellos rizados, la calva, y reemplazará un cilicio la faja de los pechos.
25. Tus más gallardos varones caerán también al filo de la espada, y tus campeones quedarán tendidos en el campo de batalla.
26. Y las puertas de Jerusalén, desiertas, estarán cubiertas de tristeza y de luto, y ella desolada, estará abatida por el suelo.

4 *La gran disminución del pueblo será superada por el germen del Señor. Sión será restaurada*

1. Y aquel día echarán mano de un solo hombre siete o muchas mujeres diciendo: Nosotras comeremos nuestro pan, y con nuestras ropas nos vestiremos, basta que nos des tu nombre, o seas esposo nuestro; líbranos de nuestro oprobio.
2. Aquel día brotará el retoño del Señor con magnificencia y con gloria, y el fruto de la tierra será ensalzado, y será el regocijo de aquellos de Israel que se salvaren.
3. Y sucederá que todos aquellos que fueren dejados en Sión, y quedaren en Jerusalén, serán llamados santos; todo el que está escrito o destinado para la vida en Jerusalén.
4. Y esto acaecerá cuando el Señor haya limpiado las inmundicias de las hijas de Sión, y lavado la sangre con que está manchada Jerusalén, mediante el espíritu de justicia y el espíritu de celo.
5. Y creará el Señor por todos los lugares del monte de Sión, y doquiera que es invocado, una nube sombría durante el día, y un resplandor luminoso durante la noche; porque sobre toda el Arca gloriosa brillará su protección.
6. Y el Tabernáculo servirá de sombra contra el calor del día, y para seguridad y refugio contra el torbellino y la lluvia.

5 *Canto de la viña estéril expresando una dura verdad y seis ayes contra la corrupción de Judá*

1. Ahora cantaré a mi amado la canción de mi pariente sobre su viña. Adquirió mi amado una viña en un collado muy fértil,
2. la cual cercó de seto, y la despedregó, y la plantó de cepas escogidas, y edificó una torre en medio de ella, y construyó en ella un lagar, y esperó hasta que diese uvas, y las dio silvestres.
3. Ahora, pues, habitantes de Jerusalén, y vosotros, ¡oh varones de Judá!, sed jueces entre mí y mi viña.
4. ¿Qué es lo que debí hacer, y que no haya hecho por mi viña? ¿Acaso porque esperé que llevase uvas y ella dio agraces?
5. Pues ahora os diré claramente lo que voy a hacer con mi viña: Le quitaré su cerca, y será talada, derribaré su tapia, y será hollada.
6. Y la dejaré que se convierta en un erial; no será podada ni cavada, y crecerán en ella zarzas y espinas, y mandaré a las nubes que no lluevan gota sobre ella.
7. El hecho es que la viña del Señor de los ejércitos es la casa de Israel, y los hombres de Judá son su plantel delicioso; y me prometí de ellos juicio o acciones justas, y no veo más que iniquidades; y esperé la justicia, y no oigo sino clamores de los oprimidos.
8. ¡Ay de vosotros los que juntáis casa con casa, y agregáis heredades a heredades hasta que no queda ya más terreno! ¿Por ventura habéis de habitar vosotros solos en medio de la tierra?
9. Llegan a mis oídos estas cosas, dice el Señor de los ejércitos, os aseguro que muchas casas grandes y hermosas quedarán desiertas y sin morador.
10. Porque diez sembrados de viña sólo producirán un pequeño frasco de vino, y treinta modios de siembra darán tres modios.

---
3. *Rom 1*, 7; *15*, 25; *Hebr 12*, 22.

11. ¡Ay de vosotros los que os levantáis de mañana a emborracharos, y a beber con exceso hasta la noche, hasta que os abrasa el vino!

12. Cítara, y lira, y pandero, y flauta, y vino en vuestros convites; y no dais siquiera una mirada a la obra del Señor, ni consideráis las obras de sus manos.

13. Por eso mi pueblo fue llevado cautivo, porque le faltó el saber, y sus nobles murieron de hambre, y la plebe pereció de sed.

14. Por esto ensanchó el infierno su seno, y abrió su inmensa boca, y en ella caerán sus campeones, y el pueblo y cuanto hay en él de ilustre y glorioso.

15. Y tendrá que encorvarse el plebeyo, y humillarse el grande, y serán abatidos los ojos de los altivos.

16. Y el Señor de los ejércitos será ensalzado por la rectitud de su juicio, y la santidad de Dios será reconocida por su administración de la justicia.

17. Y aparecerán los corderos según su costumbre, y los extranjeros disfrutarán de los campos desiertos convertidos en fértiles campiñas.

18. ¡Ay de vosotros que arrastráis la iniquidad con las cuerdas de la vanidad, y al pecado a manera de carro del cual tiráis como bestias!

19. Los que vais diciendo: Dese prisa, y venga presto lo que él quiere hacer, a fin de que lo veamos; y acérquese, y ejecútese la determinación del Santo de Israel, y la sabremos.

20. ¡Ay de vosotros los que llamáis mal al bien y bien al mal; y tomáis las tinieblas por la luz, y la luz por las tinieblas; y tenéis lo amargo por dulce y lo dulce por amargo!

21. ¡Ay de vosotros los que os tenéis por sabios en vuestros ojos, y por prudentes allá en vuestro interior!

22. ¡Ay de vosotros que sois briosos para beber vino, y hombres fuertes para embriagaros con diversos licores!

23. ¡Vosotros, que por regalos absolvéis al impío, y despojáis al justo de su derecho!

24. Por esto, así como la lengua del fuego devora la estopa, y la quema el ardor de la llama; del mismo modo la raíz de ellos será como pavesa, y cual polvo se desvanecerá su renuevo. Porque han desechado la ley del Señor de los ejércitos, y blasfemado de la palabra del Santo de Israel.

25. Por esta causa el furor del Señor se encendió contra su pueblo, y extendió su mano sobre él, y lo hirió, y los montes se estremecieron, y sus cadáveres yacen tendidos como basura en medio de las plazas. Y no se ha aplacado su furor con todas estas cosas; todavía está levantada su mano justiciera.

26. Y alzará bandera para servir de señal a un pueblo lejano, y lo llamará con un silbo desde los extremos de la tierra, y he aquí que, diligente, acudirá con la mayor rapidez.

27. En él no hay quien se canse o fatigue, ni hay soñoliento, ni dormilón; ninguno se quitará el cinto de su pretina, ni desatará la correa de su calzado.

28. Sus saetas están aguzadas, y todos sus arcos tensos. Las pezuñas de sus caballos son como pedernal, y las ruedas de sus carros como una tempestad impetuosa.

29. Rugirá como león, rugirá como una manada de leoncillos, y dará bramidos, y se arrojará sobre la presa, y asirá de ella, ni habrá quien se la quite.

30. Y su estruendo será para Israel aquel día como el bramido del mar. Miraremos la tierra, y he aquí por todas partes tinieblas de tribulación, cuya lobreguez oscurecerá la luz del día.

6 *Visión inaugural de la gloria de Dios en el templo y vocación profética de Isaías*

1. El año que murió el rey Ozías, vi al Señor sentado en un solio excelso y elevado, y las franjas de sus vestidos llenaban el templo.

2. Alrededor del solio estaban los serafines, cada uno de ellos tenía seis alas; con dos cubrían su rostro, y con dos cubrían los pies, y con dos volaban.

3. Y con voz esforzada cantaban a coro, diciendo: ¡Santo, Santo, Santo, el Señor Dios de los ejércitos, llena está toda la tierra de su gloria!

4. Y se estremecieron los dinteles y quicios de las puertas a la voz del que cantaba, y se llenó de humo el templo.

5. Y dije: ¡Desgraciado de mí que no he

hablado, por ser yo hombre de labios impuros, y habitar en medio de un pueblo cuyos labios están contaminados; y he visto con mis propios ojos al Rey, Señor de los ejércitos!

6. Y voló hacía mí uno de los serafines, y en su mano tenía una brasa ardiente, que con las tenazas había tomado de encima del altar.

7. Y tocó con ella mi boca, y dijo: He aquí que la brasa ha tocado tus labios, y será quitada tu iniquidad, y tu pecado será expiado.

8. Y luego oí la voz del Señor, que decía: ¿A quién enviaré?, y ¿quién irá por nosotros?; y respondí yo: Aquí estoy; envíame a mí.

9. Y dijo entonces el Señor: Anda y dirás a ese pueblo: Oiréis y más oiréis, y no querréis entender; y veréis lo que presento a vuestros ojos, y no querréis haceros cargo de ello.

10. Embota el corazón de ese pueblo, tapa sus orejas, y véndale los ojos; no sea que quizá con sus ojos vea, y con sus orejas oiga, y comprenda con su mente, y se convierta, y tenga yo que curarle.

11. Y dije yo: ¿Hasta cuándo durará, Señor, tu indignación? Y respondió: Hasta que desoladas las ciudades, queden sin habitantes, y las casas sin gente, y la tierra desierta.

12. Y el Señor arrojará a los hombres lejos de su país, y se multiplicarán los que quedaron sobre la tierra.

13. Y todavía serán éstos diezmados, y se convertirán otra vez al Señor, y denotarán su pasada grandeza como un terebinto, y como una vieja encina que extendía muy lejos sus ramas; y la simiente que de ellos quedará, será una semilla santa.

Libro de Emmanuel 7, 1-*12*, 6

7

Guerra de Siria y Efraín contra Jerusalén durante el reinado de Acaz.

1. Y sucedió que reinando en Judá Acaz, hijo de Joatán, hijo de Ozías, vino Rasín, rey de Siria, con Facee, hijo de Romeía, rey de Israel, sobre Jerusalén para combatir contra ella, y no pudieron tomarla.

2. Dieron, pues, aviso a la casa de David, diciendo: La Siria se ha coligado con Efraín, y se conmovió el corazón de Acaz, y el corazón de su pueblo, a la manera que se agitan los árboles en los bosques con el ímpetu del viento.

3. Y dijo el Señor a Isaías: Ve, sal al encuentro de Acaz, tú y el hijo que te queda, Jasub, al último del canal que conduce el agua a la piscina superior, por el camino que conduce al campo del Batanero.

4. Y le dirás: Estáte quedo: No temas, ni se acobarde tu corazón a la vista de esos dos cabos de tizones que humean en furiosa ira, Rasín, rey de Siria, y el hijo de Romeía,

5. y por más que hayan maquinado pésimos designios contra ti la Siria, Efraín y el hijo de Romeía, diciendo:

6. Marchemos contra Judá y provoquémosle, y arranquémoslo a viva fuerza, y en medio de él pongamos por rey al hijo de Tabeel.

7. Pues esto dice el Señor Dios: No cuajará, ni tendrá efecto tal designio;

8. antes bien Damasco, capital de la Siria, y Rasín, jefe de Damasco, serán destruidos, y de aquí a sesenta y cinco años Efraín dejará de ser pueblo;

9. Y no será Samaria capital de Efraín, ni el hijo de Romeía jefe de Samaria. Si vosotros no creyereis, tampoco tendréis estabilidad.

10. Y habló de nuevo el Señor a Acaz, diciendo:

11. Pide a tu gusto al Señor tu Dios una señal o prodigio, sea del profundo del infierno, sea de arriba en lo más alto del cielo.

12. Y respondió Acaz: No pediré tal, por no tentar al Señor*.

13. Entonces dijo Isaías: Oye, pues, tú ahora, ¡oh prosapia de David! ¿Acaso os parece poco el hacer agravio a los hombres, que osáis también hacerlo a mi Dios?

14. Por tanto el mismo Señor os dará la señal: Sabed que una virgen* concebirá y tendrá un hijo, y su nombre será Emmanuel, o Dios con nosotros.

15. Manteca y miel comerá, hasta que sepa desechar lo malo y escoger lo bueno.

16. Porque antes que el niño sepa dese-

---

12. Acaz rechaza el signo propuesto por Isaías.

14. Profecía que de manera inmediata anuncia a Acaz el nacimiento de su heredero y a largo plazo vaticina el nacimiento de Jesucristo. *Mat 1*, 22.

char lo malo y escoger lo bueno, la tierra que tú detestas será desamparada de sus dos reyes.

17. Enviará el Señor por medio del rey de los asirios, sobre ti, sobre tu pueblo y sobre la casa de tu padre tiempos tales y tan aciagos, cuales no existieron desde el día en que Efraín se separó de Judá.

18. Y sucederá que en aquel día el Señor dará un silbido a los pueblos que cubren como moscas lo último de los ríos de Egipto, y a otros que armados de saetas, están como abejas en la tierra de Asur;

19. y vendrán volando, y posarán todas en las cañadas de los torrentes, y en las aberturas de las peñas, y en todos los matorrales, y en todos los resquicios.

20. Aquel día el Señor por medio de una navaja alquilada, esto es, por medio de aquellos que habitan en la otra parte del río Eufrates, por medio del rey de los asirios, raerá todas las cabezas, el vello de los pies y todas las barbas.

21. Y sucederá aquel día que un hombre criará una vaca y dos ovejas;

22. y por sobra de leche comerá manteca; porque manteca y miel comerá todo el que quedare en el país.

23. Y acaecerá aquel día que todo lugar en que antes mil cepas valían mil monedas de plata, no producirá más que espinas y zarzas.

24. Entrarán en él con flechas y con arco, porque malezas y espinas cubrirán toda aquella tierra.

25. Y todos los montes que se cultivaban con azada y pico, no tendrán ya para resguardo el terror de las espinas y de las zarzas, que los cerraban, sino que servirán para pasto de bueyes, y para majada de los ganados.

8

Manda el Señor a Isaías que confirme con otra señal la próxima destrucción de Siria e Israel

---

1. Me dijo más el Señor: Toma un pergamino grande, y escribe en él en caracteres claros e inteligibles: Date prisa a tomar los despojos, apresúrate a coger la presa.

2. Y tomé por testigos fieles de lo que escribía, a Urías sacerdote, y a Zacarías, hijo de Baraquías;

3. y cohabité con la profetisa mi esposa, y ella concibió y tuvo un hijo. Y me dijo el Señor: Ponle un nombre que signifique *coge aprisa los despojos, apresúrate a coger la presa.*

4. Porque antes que sepa el niño pronunciar los nombres de padre y madre, ya el rey de los asirios habrá destruido el poder de Damasco, y saqueado Samaria.

5. Y me habló el Señor de nuevo diciendo:

6. Por cuanto este pueblo ha desechado las aguas de Siloé, que corren sosegadamente en Sión, y ha preferido a Rasín y al hijo de Romeía,

7. por esto he aquí que el Señor traerá sobre ellos las aguas del río Eufrates impetuosas y abundantes, (esto es, al rey de los asirios con todas sus fuerzas) y subirán sobre todos sus arroyos, y se extenderán por todas sus riberas,

8. y romperán por el país de Judá, y al pasar lo inundarán todo, y llegarán hasta la garganta. Y él con la anchura de sus alas o escuadrones llenará, ¡oh Emmanuel!, todo el espacio de tu tierra.

9. Reuníos, ¡oh pueblos!, y venid; que habéis de ser vencidos; vosotras todas, ¡oh regiones las más remotas!, escuchad: Armaos de coraje, y seréis vencidas; formaos en buen orden, y seréis vencidas.

10. Haced planes, y serán desbaratados; dad órdenes y no se ejecutarán; porque Dios está con nosotros.

11. Pues esto me dijo el Señor cuando con mano poderosa me corrigió, advirtiéndome que no siguiese los pasos de este pueblo: Mira,

12. no estéis diciendo: Conspiración; pues no habla de otra cosa este pueblo que de conspiración; antes bien no temáis lo que tanto él teme, y no os amilanéis.

13. Al Señor de los ejércitos, a él solo glorificad; él solo sea el que os haga temer y temblar. Y él será el que os santifique.

14. Al paso que será piedra de tropiezo y piedra de escándalo para las dos casas de Israel*; y lazo y ruina para los habitantes de Jerusalén.

15. Y muchísimos de ellos tropezarán y caerán, y se harán pedazos, y se verán cogidos en el lazo, y quedarán presos.

---

14. *Luc 2*, 34; *Rom 9*, 32.

16. Recoge ahora el testimonio; sella la ley para mis discípulos.

17. Yo, sin embargo, tengo puesta mi esperanza en el Señor, que ha escondido su rostro de la casa de Jacob, y en esta esperanza perseveraré.

18. Me veis aquí a mí y a mis hijos, que me dio el Señor para que sirvan de señal y portento a Israel*, de parte del Señor de los ejércitos, que habita en el monte de Sión.

19. Que si os dijeren: Consultad a los pitones y a los adivinos, los cuales rechinan en sus encantamientos, responded: Pues, ¿no ha de acudir el pueblo a su Dios? ¿A los muertos ha de recurrir para saber de los que viven?

20. A la ley más bien y al arca santa es a donde ha de recurrir. Que si no hablaren conforme a lo dicho, no amanecerá para ellos la luz del día.

21. Y la luz pasará por su casa sin detenerse, y ellos caerán por el suelo, y tendrán hambre; y cuando estén hambrientos se enfurecerán y maldecirán a su rey y a su Dios; y levantarán los ojos hacia arriba,

22. y los bajarán hacia tierra, y no verán sino tribulación, y tinieblas, y abatimiento, y angustia, y lobreguez que los persigue, y no podrán, por más que hagan, librarse de su gran congoja.

9

Profecía del nacimiento del Mesías y de su reino. Judá será libertada del poder de los reyes de Israel y Siria

1. Primero fue menos afligida la tierra de Zabulón y la tierra de Neftalí, y después fue gravemente herida la costa del mar, la Galilea de las naciones, más allá del Jordán.

2. El pueblo que andaba entre tinieblas vio una gran luz; amaneció el día a los que moraban en la sombría región de la muerte.

3. Multiplicaste la nación; mas no aumentaste la alegría. Sin embargo, se alegrarán algún día delante de ti, como los que se alegran en la siega, o como se huelgan los vencedores con el botín que cogieron, al repartirse los despojos.

4. Porque su pesado yugo y la vara que hería sus espaldas, y el bastón de su tirano, tú los hiciste pedazos, como en la jornada de Madián.

5. Porque todo despojo hecho con violencia y tumulto, y los vestidos manchados de sangre serán quemados y hechos pábulo del fuego.

6. Ahora que ha nacido un parvulito para nosotros, y se nos ha dado un hijo, el cual lleva sobre sus hombros el principado, o la divisa de rey, y tendrá por nombre el Admirable, el Consejero, Dios, el Fuerte, el Padre del siglo venidero, el Príncipe de paz*.

7. Su imperio será amplificado, y la paz no tendrá fin; se sentará sobre el solio de David; y poseerá su reino para afianzarlo y consolidarlo haciendo reinar la equidad y la justicia desde ahora y para siempre. El celo del Señor de los ejércitos es el que hará estas cosas.

8. Lanzó el Señor una palabra contra Jacob*, y cayó sobre Israel.

9. Y lo verá todo el pueblo de Efraín, y los habitantes de Samaria, quienes con soberbia e hinchazón de corazón andan diciendo:

10. Los edificios de ladrillos han sido arruinados por los enemigos mas nosotros edificaremos con piedras de sillería; cortaron las higueras silvestres, pero en su lugar sustituiremos cedros.

11. Entretanto el Señor hará que los enemigos (los asirios) prevalezcan contra Rasín, y reunirá después en tropel a los mismos enemigos contra Efraín*.

12. A los sirios por el lado del oriente, y a los filisteos por el occidente; y llenos de rabia devorarán a Israel. A pesar de todo esto no se retira su furor, sino que aún está levantado su brazo,

13. porque el pueblo no se ha convertido hacia aquel que lo hiere, y no ha buscado al Señor de los ejércitos;

14. y el Señor destruirá en un solo día la cabeza y la cola a los que obedecen sumisos, como a los que gobiernan.

15. El anciano y el hombre respetable, ése es la cabeza; el profeta que vende embustes, ése es la cola.

16. Y tanto los que llaman bienaventura-

---

18. Jesucristo hablará en términos similares durante la *Ultima Cena*. *Jn 13*, 33-35.

6. *Gal 4*, 4; *Rom 5*, 10-14; *Ef 2*, 18.

8. *Jacob* e *Israel* son sinónimos. En este verso *Israel* denota los judíos del reino de Samaria o de Efraín.

11. *2 Re 16*, 9.

do a este pueblo, seduciéndolo, como los mismos que son llamados bienaventurados, perecerán desgraciadamente.

17. Por esto no se enternecerá el Señor en favor de los jovencitos de ese pueblo, ni tendrá compasión de sus huérfanos, ni de sus viudas; porque todo él es hipócrita y malvado, y todas sus bocas no hablan más que desatinos. Por todas estas cosas su furor no se aplaca, sino que aún está levantada su mano.

18. Pues la impiedad se encendió cual fuego que devora las zarzas y las espigas, y toma vigor en lo más espeso del bosque, y se eleva en torbellinos de humo densísimo.

19. La tierra está en la mayor consternación por la ira del Señor de los ejércitos, y el pueblo será como cebo del fuego; el hombre no perdonará a su propio hermano.

20. Y volverá a la derecha para devorarlo todo, y aún tendrá hambre, y comerá cuanto halle a la izquierda, y tampoco podrá saciarse; cada uno devorará la carne de su mismo brazo. Manasés devastará a Efraín, y Efraín a Manasés; luego ambos se unirán contra Judá.

21. A pesar de todas estas cosas no está aplacada la ira del Señor, sino que aún está levantado su brazo.

10 *Oráculo contra los legisladores injustos. Predicción de la ruina de Asiria y de la liberación de Judá*

1. ¡Ay de aquellos que establecen leyes inicuas, y escriben continuamente sentencias de injusticia,

2. para oprimir a los pobres en juicio y hacer violencia a los desvalidos de mi pueblo, para devorar cual presa a las viudas y saquear a los huérfanos!

3. ¿Qué haréis el día en que se os tomarán cuentas, y en la calamidad que viene amenazando de lejos? ¿A quién acudiréis para que os ayude? ¿Y en dónde dejaréis o de qué servirá vuestra grandeza,

4. para no doblar la cerviz a la cadena entre los esclavos y no caer entre los muertos? A pesar de todas estas cosas no está calmada la ira del Señor, sino que aún está levantado su brazo.

5. ¡Ay de Asur!, vara y bastón de mi furor; en su mano he puesto mi ira.

6. Lo enviaré contra un pueblo falto de fe, y contra un pueblo que ha provocado mi indignación; y le daré mis órdenes para que se lleve sus despojos, y lo entregue al saqueo, y lo reduzca a ser pisado como el lodo de las plazas.

7. Es verdad que él no lo pensará así, y que en su corazón no formará tal concepto; su corazón solamente pondrá la mira en destruir y exterminar no pocas naciones.

8. Porque dirá:

9. ¿Acaso mis palaciegos no son otros tantos reyes? Pues, ¿no ha tenido la misma suerte Cálano que Cárcamis? ¿Y Emat que Arfad? ¿Por ventura no ha sido de Samaria lo que de Damasco?

10. Así como ganó mi mano los reinos de varios ídolos, del mismo modo venceré los simulacros de los de Jerusalén y de Samaria.

11. ¿Acaso lo que hice ya con Samaria y con sus ídolos, no lo ejecutaré también con Jerusalén y con sus simulacros?

12. Pero luego que el Señor hubiere cumplido todas sus obras en el monte de Sión y en Jerusalén, él mismo tomará cuentas de las empresas del altivo corazón del rey asirio y de la jactancia de sus altivos ojos*.

13. Ya que ha dicho: Con el poder de mi mano hice lo que hice, y con mi sabiduría lo tracé; y he cambiado los límites de los pueblos y despojado sus príncipes, y con el poder que tengo he derribado a los que estaban en altos puestos;

14. y el poderío de los pueblos fue respecto de mi valor como una nidada de pajarillos; y como se recogen del nido los huevos que han sido abandonados, así reuní yo bajo mi poder toda la tierra, y no hubo quien moviese un ala, ni abriese el pico, ni piase.

15. ¿Pero y por ventura se gloriará el hacha contra el que corta con ella, o se llenará de soberbia la sierra contra el que la mueve? Eso es como si se levantara la vara contra el que la maneja, o se envaneciese el bastón que al cabo no es más que un palo.

16. Por eso el soberano Señor de los ejércitos enviará la extenuación a sus robustos guerreros, y arderá debajo de sus galas una como hoguera de fuego que los consuma.

---

12. *2 Re 19*, 35.

17. Y la luz de Israel será el fuego, y su Santo la llama con que se encenderán y arderán las espinas y las zarzas de Asur en un solo día.

18. Y la gloria de este bosque y de este Carmelo será consumida en cuerpo y alma, y él, (Sennaquerib) huirá azorado.

19. Y los árboles que de esta selva quedaren, se podrán contar, por su corto número, y un niño podrá formar la lista de ellos.

20. Y entonces será cuando los que quedaren de Israel, y los de la casa de Jacob que hayan escapado, no volverán a fiarse en el que los hiere, sino que sinceramente se apoyarán en el Señor, el Santo de Israel.

21. Los residuos de Jacob, los residuos digo, se convertirán al Dios fuerte.

22. Porque aun cuando tu pueblo, oh Israel, fuese como la arena del mar, solamente los restos de él se convertirán; pero los restos que se salvaren de la destrucción, rebosarán en justicia.

23. Porque destrucción y disminución* hará el Señor Dios de los ejércitos en toda la tierra de Judea.

24. Por tanto, esto dice el Señor Dios de los ejércitos: Pueblo mío que habitas en Sión, no tengas miedo del asirio; él te sacudirá con la vara, y alzará contra ti su bastón desde el camino que va a Egipto.

25. Pero dentro de poco, muy en breve, mi enojo y mi furor provocado por sus maldades, llegará a su colmo.

26. Y el Señor Dios de los ejércitos levantará contra el asirio su brazo, y hará en él el estrago que hizo en los madianitas en la peña de Ored; y así como alzó su vara sobre el mar Rojo, del mismo modo la alzará sobre el camino de Egipto.

27. Y aquel día será quitado de encima de tus hombros el peso de Asur, y su yugo de tu cerviz, y se pudrirá el yugo por la abundancia del aceite.

28. Llegará el rey de Asiria hasta Ayat, pasará a Magrón, en Macmas depositará su carga.

29. Pasarán a marchas forzadas, diciendo: En Gabaat plantaremos nuestros campamentos. Ramá está sobresaltada, Gabaat la de Saúl huye precipitadamente.

30. Esfuerza tu grito, ¡oh ciudad de Gallim!; mira por ti, ¡oh Laisa!, y tú también, pobrecita Anatot.

31. Los de Medemena escaparon; esforzaos moradores de Gabim.

32. Aún falta un día para llegar a hacer alto en Nobe; desde ahí levantará Sennaquerib su mano en ademán de amenaza contra el monte de la hija de Sión, contra el collado de Jerusalén.

33. Pero he aquí que el soberano Señor de los ejércitos estrellará con ímpetu el vaso de tierra; y los de agigantada estatura serán desjarretados, y los sublimes serán abatidos.

34. Y la espesura del bosque será cortada con el hierro, y caerá el Líbano con sus altos cedros.

11 *Profetiza la venida del Mesías, que implantará un reino de paz y justicia*

1. Y saldrá un renuevo del tronco de Jesé, y de su raíz se elevará una flor.

2. Y reposará sobre él el espíritu del Señor, espíritu de sabiduría y de entendimiento, espíritu de consejo y de fortaleza, espíritu de ciencia y de piedad;

3. y estará lleno del espíritu del temor del Señor. El no juzgará por lo que aparece exteriormente a la vista, ni condenará sólo por lo que se oye decir;

4. sino que juzgará a los pobres con justicia, y tomará con rectitud la defensa de los humildes de la tierra, y a la tierra la herirá con la vara de su boca, y con el aliento de sus labios dará muerte al impío*.

5. Y el cíngulo de sus lomos será la justicia; y la fe el cinturón con que se ceñirá su cuerpo.

6. Habitará el lobo con el cordero; y el tigre estará echado junto al cabrito; el becerro, el león y la oveja andarán juntos, y un niño pequeñito será su pastor.

7. El becerro y el oso irán a los mismos pastos; y estarán echadas en un mismo sitio sus crías; y el león comerá paja como el buey;

8. y el niño que aún mama estará jugando en el agujero de un áspid, y el recién

23. *Is 11*, 11; *Rom 9*, 27-28.

4. Severo castigo de los injustos. *2 Tes 2*, 8.

destetado meterá la mano en la madriguera de la víbora*.

9. Ellos no dañarán ni matarán en todo mi monte santo; porque el conocimiento del Señor llenará la tierra, como las aguas llenan el mar.

10. Aquel día el renuevo de la raíz de Jesé, que está puesto como señal o estandarte de salud para los pueblos, será invocado de las naciones, y su sepulcro será glorioso*.

11. Y aquel día extenderá el Señor nuevamente su mano para atraer los restos de su pueblo que quedaren entre los asirios, y en Egipto, y en Fetros, y en Etiopía, y en Elam, y en Sennaar, y en Emat, y en las islas del mar.

12. Y enarbolará un estandarte entre las naciones, y reunirá los fugitivos de Israel, y recogerá los dispersos de Judá de los cuatro puntos de la tierra.

13. Y será quitado el cisma de Efraín, y serán distribuidos los enemigos de Judá. Efraín no tendrá envidia de Judá, y Judá no hará la guerra a Efraín.

14. Y volarán juntos a echarse encima de los filisteos por la parte del mar, y harán también su botín de los hijos del oriente. La Idumea y los moabitas muy presto serán presa de sus manos, y les prestarán obediencia los hijos de Amón.

15. El Señor secará la lengua del mar de Egipto, y extenderá su mano sobre el río con su impetuoso viento, y le herirá en sus siete bocas, de modo que se pueda pasar sin descalzarse.

16. Y quedará libre paso a los restos de mi pueblo que hubieran dejado vivos los asirios, así como lo tuvo Israel aquel día en que salió de la tierra de Egipto.

12 *Himno de alabanza y acción de gracias a Dios, Salvador y Santo de Israel*

1. Y dirás aquel día: Te daré alabanza, ¡oh Señor!, porque estabas enojado conmigo, y se alejó tu furor, y me has consolado.

2. He aquí que Dios es el salvador mío; viviré lleno de confianza, y no* temeré; porque mi fortaleza y mi gloria es el Señor, y él ha tomado por su cuenta mi salvación.

3. Sacaréis agua con gozo de las fuentes del salvador;

4. y diréis aquel día: Dad gracias al Señor, e invocad su Nombre; anunciad a las gentes sus designios; acordaos que es excelso su Nombre.

5. Tributad alabanzas al Señor, porque ha hecho cosas grandes y magníficas; divulgad esto por toda la tierra.

6. Salta de gozo y entona himnos de alabanza, casa de Sión, pues se muestra grande en medio de ti el Santo de Israel.

ORÁCULOS CONTRA LAS NACIONES EXTRANJERAS *13*, 1-*23*, 18

13 *Anuncio de la destrucción de Babilonia por los medos en el día del Señor*

1. Duro anuncio contra Babilonia, revelado a Isaías, hijo de Amós.

2. Sobre el monte cubierto de tinieblas plantad el estandarte, alzad la voz, tended la mano, y entren los caudillos por las puertas.

3. Yo he dado mis órdenes a los guerreros que tengo prevenidos, he llamado en mi ira a mis campeones llenos de alborozo para defender mi gloria.

4. Algazara de mucho gentío sobre las montañas, como de pueblos numerosos; voces de alarma de príncipes y de naciones reunidas. El Señor de los ejércitos ha dado sus órdenes o pasado revista a la belicosa milicia,

5. la cual viene de países remotos desde el cabo del mundo; el Señor y los instrumentos de su ira vienen para dejar desierta toda la tierra.

6. Esforzad los aullidos, porque cercano está el día del Señor; la desolación será como de la terrible mano del Señor.

7. Por esto todos los brazos perderán su vigor y energía, y todos los corazones de los hombres desfallecerán,

8. y serán quebrantados. Se verán agitados de tormentos y dolores, y gemirán como

---

8. Imágenes de la *era mesiánica* como restauración del *Paraíso. Is 65*, 25; *Luc 10*, 19.
10. *Rom 15*, 12.

2. *Ex 15*, 2; *Sal 118* (*117*), 14.

mujer que está de parto; cada uno quedará atónito mirando a su vecino; sus rostros se pondrán secos.

9. Mirad que va a llegar el día del Señor, día horroroso y lleno de indignación, y de ira, y de furor, para convertir en un desierto la tierra, y borrar de ella a los pecadores.

10. Porque las más resplandecientes estrellas del cielo no despedirán la luz acostumbrada; se obscurecerá el sol al nacer, y la luna no alumbrará con su luz.

11. Y castigaré la tierra por sus maldades, y a los impíos por su iniquidad; y pondré fin a la soberbia de los infieles, y abatiré la arrogancia de los fuertes.

12. El hombre será más apreciado que el oro, y más que el oro acendrado.

13. Desconcertaré a más de esto el cielo, y se moverá de sus quicios la tierra; por cuanto está airado el Señor de los ejércitos, y porque es el día de su ira y de su furor.

14. Y echarán a huir como gacelas; y serán como ovejas que no hay quien las recoja; se volverá cada uno a su pueblo, y cada uno huirá a su tierra.

15. Todo el que se encuentre en la ciudad será muerto; y cuantos acudan a su socorro, perecerán al filo de la espada.

16. Sus niños serán estrellados delante de sus ojos, saqueadas sus casas, y forzadas sus mujeres.

17. He aquí que yo levantaré contra ellos a los medos, los cuales no buscarán plata, ni querrán oro,

18. sino que matarán a saetazos a los niños, y no tendrán compasión de las mujeres embarazadas, ni perdonarán a sus hijitos.

19. Y aquella famosa Babilonia, gloriosa entre los demás reinos, de la que tanto se vanagloriaban los caldeos, será, como Sodoma y Gomorra, arruinada por el Señor.

20. Nunca jamás será habitada ni reedificada por los siglos de los siglos; ni aun el árabe plantará allí sus tiendas, ni harán en ella majada los pastores.

21. Sino que se guarecerán allí las fieras, y sus casas estarán llenas de dragones, y allí habitarán los avestruces, y allí retozarán los sátiros peludos.

22. Y entre las ruinas de sus palacios resonarán los ecos de los búhos, y cantarán las sirenas en aquellos lugares que fueron consagrados al deleite.

14 *Elegía burlesca sobre la muerte del rey de Babilonia y anuncio de la ruina de Asiria*

1. Próximo está a llegar este su tiempo, y sus días no están remotos. Porque al fin el Señor tendrá compasión de Jacob, y todavía escogerá algunos de Israel, y hará que reposen en su nativo suelo, y se incorporará con la casa de Jacob.

2. Y los pueblos los hospedarán, y los acompañarán a su país; y la casa de Israel los poseerá en la tierra del Señor para siervos y siervas*; y quedarán cautivos los que los habían cautivado, y súbditos sus opresores.

3. Y en aquel tiempo, cuando te sea dado por Dios respirar de tus trabajos, y de tu opresión, y de la dura esclavitud a que estuviste sujeto,

4. te servirás de este cántico contra el rey de Babilonia, y dirás: ¿Cómo es que no parece ya el tirano y que cesó el tributo?

5. El Señor ha hecho pedazos el cetro de los impíos, la vara de los que dominaban;

6. al que indignado azotaba a los pueblos haciéndoles llagas incurables, y tiranizaba furiosamente las naciones, y las maltrataba con crueldad.

7. Toda la tierra está en silencio, y en paz, y se huelga y regocija.

8. Hasta los abetos y cedros del Líbano se divierten a costa tuya. Desde que tú feneciste, dicen, nadie sube a cortarnos.

9. El infierno allá abajo se conmovió a tu llegada; al encuentro tuyo envió los gigantes; se levantaron de sus tronos todos los príncipes de las naciones.

10. Todos, dirigiéndote la palabra, te dirán: ¡Conque tú también has sido herido como nosotros, y a nosotros has sido hecho semejante!

11. Tu soberbia ha sido abatida hasta los infiernos; tendido yace por el suelo tu cadáver; tendrás por colchón la podredumbre, y tu cubierta serán los gusanos.

12. ¿Cómo caíste del cielo, ¡oh lucero!, tú que tanto brillabas por la mañana? ¿Cómo fuiste precipitado por tierra, tú que has sido la ruina de las naciones?

13. Tú que decías en tu corazón: Escalaré el cielo; sobre las estrellas de Dios

---

2. *Ex 21*, 6; *Esd 2*, 65.

levantaré mi trono, me sentaré sobre el Monte del testamento situado al lado del septentrión;

14. sobrepujaré la altura de las nubes, semejante seré al Altísimo.

15. Pero tú has sido precipitado al infierno, a la más honda mazmorra.

16. Los que te vieren se inclinarán a ti, y te contemplarán. ¿Y es éste, dirán, aquel hombre que alborotó la tierra, que hizo estremecer los reinos,

17. el que dejó desierto el mundo, y asoló las ciudades, y no abrió jamás la cárcel a sus prisioneros.

18. Todos los reyes de las naciones, todos murieron y fueron enterrados con gloria; cada cual descansa en el sepulcro de su familia.

19. Mas tú has sido arrojado lejos de tu sepulcro como un tronco inútil e inmundo, y confundido, como podrido cadáver, con los que fueron muertos a cuchillo, y descendieron a lo más hondo de la fosa.

20. Tú no has de tener consorcio con ellos, ni aun en la sepultura, porque has destruido tu país, has hecho perecer a tu pueblo. No se conservará la memoria de la raza de los malhechores.

21. Preparaos a dar la muerte a sus hijos por la iniquidad de sus padres; pues no crecerán, ni heredarán la tierra, ni llenarán las ciudades la superficie del mundo.

22. Porque yo me levantaré contra ellos, dice el Señor de los ejércitos; y destruiré el nombre de Babilonia, y el retoño, y toda su raza, dice el Señor.

23. Y la reduciré a manada de erizos, y a lagunas de aguas estancadas, y la barreré con escoba devastadora, dice el Señor de los ejércitos.

Asiria será destruida

24. Juró el Señor de los ejércitos diciendo: Como lo pensé, así será, y como lo tracé en mi mente,

25. así sucederá: Destruiré al asirio en mi tierra, y sobre mis montes le hollaré; con lo cual será quitado a Israel el yugo, y de sus hombros el peso de aquel opresor.

26. Esto es lo que he pensado y resuelto tocante a toda la dicha tierra, y así es como extenderé la mano sobre todas las naciones amigas suyas.

27. El Señor de los ejércitos lo ha decretado, y ¿quién podrá invalidarlo? Su brazo está levantado, y ¿quién podrá detenerlo?

28. El año en que murió el rey Acaz se cumplió este duro anuncio.

29. No te entregues todo a la alegría, ¡oh país de los filisteos!, porque haya sido hecha pedazos la vara del que te hería; pues de la estirpe de la culebra nacerá la víbora, y lo que de ésta saldrá engullirá las aves.

30. Y los primeros o más infelices entre los mendigos tendrán pan, y reposarán con seguridad los pobres; y haré morir de hambre tu raza, ¡oh filisteo!, y acabaré con todo lo que de ti quedare.

31. Aúllen las puertas, esfuercen sus gritos las ciudades, todo el país de los filisteos está por tierra, porque hacia el septentrión viene la humareda, y no habrá quien pueda escapar de sus escuadrones.

32. Y ¿qué respuestas se dará a los embajadores de las naciones? Que el Señor es el que fundó a Sión, y que en él esperan los humildes de su pueblo.

15

Vaticina Isaías las calamidades que padecerán los moabitas, de los cuales se compadece

1. Duro anuncio contra Moab. Porque en una noche fue Ar, su capital, asolada, Moab ha enmudecido; porque en una noche fue aterrada la muralla, ha enmudecido Moab.

2. Ha subido la casa real y toda Dibón a los lugares elevados para llorar sobre Nabo y sobre Médaba: Moab ha dado grandes aullidos. Calvas o peladas se ven todas las cabezas, y raídas todas las barbas*, en señal de luto.

3. Andan por sus calles vestidos de saco; sobre sus terrados y por sus plazas sólo se oyen aullidos acompañados de lágrimas.

4. Hesebón y Eléale darán grandes gritos; hasta en Jasa se ha oído la voz de ellos; a vista de este espectáculo aullarán los mismos guerreros de Moab; el alma de cada uno de ellos lamentará su propia suerte.

5. Mi corazón dará suspiros por Moab; sus sostenedores huirán hasta Segor, ciudad fuerte, cual novilla de tres años. Por la cues-

2. *Jer 48*, 37.

ta de Luit subirá cada uno llorando, y por el camino de Oronaím irán dando gritos de quebranto.

6. Las excelentes aguas de Nemrim* serán abandonadas o descuidadas; por lo que se secó la hierba, se marchitaron todos los retoños, pereció todo verdor.

7. Serán visitados o castigados a proporción de la gravedad de sus maldades; al torrente de los suaces serán conducidos.

8. Los gritos se oyeron en contorno por todos los confines de Moab. Hasta Gallim llegaron sus aullidos, y sus clamores hasta el pozo de Elim.

9. Porque las aguas de Dibón llenas están de sangre de moabitas; pues haré venir sobre Dibón un acrecentamiento de desgracias; y contra los que hayan escapado de Moab, o se hayan quedado en el país, enviaré leones.

---

16 *Ruega a Dios que envíe al Mesías, cordero dominador de la tierra. Moab es castigado por su soberbia*

---

1. Envía, ¡oh Señor!, el cordero dominador o soberano de la tierra, desde la peña del desierto al monte de la hija de Sión.

2. ¡Mas ay!, sucederá que las hijas de Moab, en el paso de Arnón, se hallarán como un ave que huye espantada, y como pollitos que saltan fuera del nido.

3. Aconséjate, consulta el caso, haz sombra a los que huyen; de modo que se oculten en medio del día como en una oscura noche; esconde a los fugitivos y no entregues alevosamente a los israelitas que andan errantes.

4. Hospeda junto a ti mis hijos fugitivos. Se tú, ¡oh Moab!, su asilo contra el devastador, porque como el polvo está ya desvanecido, feneció por fin aquel desdichado, aterrado está el que hollaba la tierra.

5. Y se fundará un trono sobre la misericordia, y se sentará en él en la casa de David un juez recto y celoso de la justicia, el cual dará a cada uno con prontitud aquello que es justo.

6. Hemos oído hablar de la soberbia de Moab, él es orgulloso en extremo*; su soberbia, su arrogancia y su impetuosidad exceden mucho a sus fuerzas.

7. Por esto Moab aullará contra Moab, todos sus moradores prorrumpirán en aullidos. A los que se jactan de tener sus murallas de ladrillo cocido al fuego, o inexpugnables, a esos anunciadles sus calamidades.

8. Porque los arrabales de Hesebón están ya desiertos, y talada ha sido por los príncipes de las naciones la viña o país de Sabama, cuyos sarmientos han ido a parar hasta Jazer; anduvieron errantes por el desierto; y los pocos mugrones que quedaron, pasaron a la otra parte del mar.

9. Por tanto, mezclaré mis lágrimas con las de Jazer, lloraré por la viña de Sabama, te bañaré toda con mis lágrimas, ¡oh Hesebón!; a ti también ¡oh Eléale!, porque vino la irrupción, y se acabó la algazara de los que pisan las vendimias y trillan las mieses.

10. Y huirá del Carmelo la alegría y regocijo, y ya no habrá más fiesta ni alborozo en las viñas; y el que solía exprimir el vino en la prensa, no lo exprimirá más; y no se oirán ya las canciones de los que pisan en el lagar.

11. Por esto mi vientre y mis entrañas resonarán cual cítara de lúgubre sonido por los infortunios de Moab, y por la ruina de la fuerte muralla de ladrillo cocido al fuego.

12. Y sucederá que cuando Moab esté cansado de acudir a sus lugares altos entrará en sus santuarios para orar; pero no podrá tampoco conseguir nada.

13. Esta es la palabra que hace tiempo habló el Señor respecto a Moab.

14. Y lo que ahora dice el Señor es: Dentro de tres años, cabales como años de jornalero, será quitada a Moab la gloria de todo su numeroso pueblo; y pocos quedarán de él, y éstos pequeños y nada robustos.

---

17 *Profecía de la ruina de Damasco, de su reino y de las diez tribus, de las cuales quedará un resto*

---

1. Duro anuncio contra Damasco. He aquí que Damasco dejará de ser ciudad, y parará en un montón de piedras, en un edificio arruinado.

---

6. *Jer 48*, 34.
6. *Jer 48*, 29.

2. Las ciudades de Aroer serán abandonadas a los ganados, que tendrán allí sus apriscos, y no habrá quien los espante.

3. Y Efraín perderá su sostén, y se acabará el reino de Damasco, y será de los restos de la Siria lo que de los hijos gloriosos de Israel: Perecerán, dice el Señor de los ejércitos.

4. Pues aquel día se marchitará la gloria de la casa de Jacob, y desaparecerá la gordura de su carne.

5. Y sucederá como cuando uno en la siega reúne las espigas que quedaron, y las coge con su mano; o como el que las rebusca en el valle de Rafaín,

6. y sólo quedará de él como uno que otro racimo de rebusca, y como después de sacudido el olivo quedan dos o tres aceitunas en la punta de una rama, o bien cuatro o cinco en lo alto de la rama fructífera, dice el Señor Dios de Israel.

7. Aquel día se humillará el hombre delante de su hacedor, y sus ojos se volverán a mirar al Santo de Israel;

8. y no se postrará ante los altares que fueron obra de sus manos, y no hará caso alguno de los bosques y templos de los ídolos, que por él fueron construidos.

9. Aquel día serán abandonadas sus ciudades fortificadas, como lo fueron los arados y las mieses a la llegada de los hijos de Israel*; del mismo modo serás tú, ¡oh Samaria!, desamparada.

10. Por cuanto olvidaste a Dios tu salvador y no te acordaste de tu poderoso defensor, por esto plantarás planta buena y sembrarás simiente que servirá para una gente extraña.

11. Y de aquello que tú plantaste salió uva silvestre, y temprano floreció tu simiente; pero te es arrebatada la mies cuando debía recogerse, lo cual te causará una gran pena.

12. ¡Ay de esos pueblos, semejantes a las innumerables olas del mar embravecido y de ese tumultuoso ejército, parecido al ruido de impetuosas aguas!

13. Los pueblos moverán un ruido, como las aguas de una inundación; pero Dios los reprenderá, y ellos huirán lejos; serán dispersados como lo es el polvo sobre los montes al soplo del viento, y como un torbellino de polvo es arrebatado en la tempestad.

14. ¡Al tiempo de la tarde no veis qué espanto causaban! Viene la mañana, y ya no existen. Tal es la paga que tendrán los que nos devastaron, tal la suerte futura de los que nos han saqueado.

18

Profetiza Isaías contra una nación más allá del Nilo. Su devastación será total

1. ¡Ay de la tierra, címbalo alado que está a la otra parte de los ríos de Etiopía,

2. la cual envía embajadores por mar en barcos de papiro, o de juncos, que corren sobre las aguas! Id, mensajeros veloces a la nación conmovida y despedazada, a aquel pueblo formidable más que otro alguno, a la nación que espera, y entretanto es hollada, cuya tierra se van comiendo los ríos.

3. Habitantes todos del mundo, vosotros los que estáis de asiento en el país, cuando fuere alzado el estandarte sobre los montes, vosotros lo veréis, y oiréis el ronco sonido de la trompeta.

4. Porque he aquí lo que el Señor me dice: Yo me estaré tranquilo, y lo contemplaré desde mi asiento; como se ve la clara luz del mediodía; y seré al modo que una nube de rocío en el tiempo de la cosecha.

5. Ya que todo él, esto es, el poder de los enemigos, antes de la mies se ha ido en flor, y todo brotará antes de sazón y sus tallos serán cortados con la podadera, y lo que quedare será tronchado y arrojado.

6. Y serán abandonados a un mismo tiempo a las aves montaraces y a las bestias de la tierra; y todo el verano estarán las aves sobre ellos, y sobre él invernarán todas las bestias de la tierra.

7. En aquel tiempo, el pueblo dividido y despedazado, el pueblo formidable más que cualquier otro, la nación que espera y más espera y es entretanto hollada (cuya tierra está desmoronada por los ríos) llevará ofrendas al Señor de los ejércitos que reside en el lugar donde se invoca el Nombre del mismo Señor de los ejércitos, en el monte de Sión.

---

9. Cuando huían aterrorizados los cananeos. *Jos 2*, 9; *5*, 1.

19 *Profecía contra Egipto y otros pueblos gentiles. Anuncia que serán llamados a la salud eterna*

1. Duro anuncio contra Egipto. He aquí que el Señor montará sobre una nube ligera, y entrará en Egipto, y a su presencia se conturbarán los ídolos de Egipto, y el corazón de Egipto se repudrirá en su pecho.

2. Y haré que vengan a las manos egipcios contra egipcios, y combatirá el hermano contra su propio hermano, y el amigo contra su amigo, ciudad contra ciudad, y reino contra reino.

3. Y quedará Egipto sin espíritu en sus entrañas, y trastornaré sus consejos, y andarán consultando sus ídolos, y sus adivinos, y sus pitones y magos.

4. Y entregaré a Egipto en poder de señores crueles; y un rey fiero los dominará, dice el Señor Dios de los ejércitos.

5. Y el mal quedará sin que suba tanto su agua, y menguará por consiguiente el río Nilo, y vendrá a secarse.

6. Y faltarán los ríos o bocas del Nilo; irán menguando hasta quedarse secos los canales que van entre malecones; la caña y el junco se marchitarán.

7. El cauce del río quedará sin aguas desde allá donde tiene su origen, y toda la sementera de regadío se secará, se agostará y perecerá.

8. Y andarán mustios los pescadores, y llorarán cuantos echan el anzuelo en el río, y los que tienden redes en las aguas se consumirán de pena.

9. Quedarán confusos los que trabajaban el Nilo y lo rastrillaban, y hacían de él telas delicadas,

10. (porque los lugares de regadío quedarán sin agua) y tristes todos los que hacían balsas para coger peces.

11. ¡Oh qué necios son los príncipes de Tanis, los sabios consejeros del faraón le han dado un consejo desatinado. ¿Cómo sugeriréis al faraón que diga ufano: Yo, hijo de sabios, yo hijo de reyes antiguos?

12. Mas ¿en dónde están ahora tus sabios? Que te anuncien y expongan lo que el Señor de los ejércitos tiene resuelto sobre Egipto.

13. Los príncipes de Tanis se han vuelto necios, y están alucinados los príncipes de Menfis, han engañado a Egipto, baluarte de sus pueblos.

14. El Señor ha derramado en medio de ellos el espíritu de vértigo*, y ellos han sido causa que desacierte Egipto en todo cuanto hace; a la manera que anda desatinado un borracho cuando está en el vómito.

15. Y Egipto no ejecutará cosa que tenga pies ni cabeza, ni el que manda ni el que obedece.

16. Como tímidas mujeres serán aquel día los egipcios, y se volverán estúpidos y medrosos al movimiento de la mano del Señor de los ejércitos, la cual descargará contra ellos.

17. Y la tierra de Judá será el espanto de Egipto; y cada uno al acordarse de ella temblará, por causa de los designios que a favor de la misma formó el Señor de los ejércitos.

18. Aquel día habrá cinco ciudades en la tierra de Egipto que hablarán la lengua de Canaán, y que jurarán por el Señor de los ejércitos. Ciudad del Sol será llamada una.

19. Aquel día estará en medio de la tierra de Egipto el altar del Señor y el trofeo del Señor hasta sus confines;

20. el cual servirá de señal y testimonio dado al Señor de los ejércitos en la tierra de Egipto; porque invocarán al Señor contra el opresor, y aquél les enviará un salvador y defensor que los libre.

21. Y el Señor será conocido de Egipto, y los egipcios confesarán al Señor aquel día, y le honrarán con hostias y ofrendas, y harán al Señor votos y los cumplirán.

22. Y el Señor herirá a Egipto con plagas, y lo sanará y se volverán al Señor, y se aplacará con ellos, y los sanará.

23. Aquel día estará libre el paso de Egipto a Asiria, y entrará el asirio en Egipto, y el egipcio en la Asiria, e irán de acuerdo y servirán al Señor los de Egipto con el asirio.

24. Aquel día Israel será el tercero, o medianero, con el egipcio y el asirio; la bendición será en medio de la tierra*,

25. a la cual bendijo el Señor de los ejércitos, diciendo: Bendito el pueblo mío de Egipto, y el asirio que es obra de mis manos; pero mi herencia es Israel.

---

14. *2 Tes 2*, 10.
24. En Judea, donde nacerá el Mesías. *Jn 4*, 22.

20 *Manda Dios al profeta que ande desnudo y descalzo, y que anuncie el cautiverio de los egipcios*

1. El año en que Tartán, enviado por Sargón, rey de los asirios, llegó a Azoto, y la combatió y la tomó,

2. en aquel mismo tiempo habló el Señor a Isaías, hijo de Amós, diciendo: Ve y despójate de tu saco o sayal, y quita de tus pies el calzado. Y lo hizo así Isaías, yendo desnudo, o con sola la ropa interior, y descalzo.

3. Y dijo el Señor: Así como mi siervo Isaías anduvo desnudo y descalzo, en señal y predicción de tres años de guerra contra Egipto y contra Etiopía,

4. así también el rey de los asirios se llevará delante de sí cautivos a los de Egipto, y transportará a los de Etiopía, jóvenes y viejos, desnudos y descalzos y descubiertas las nalgas, para ignominia de Egipto.

5. Y los de mi pueblo estarán amedrentados y se avergonzarán de haber puesto su esperanza en Etiopía, y en Egipto su gloria.

6. Y los habitantes de esta isla dirán en aquel día: Mirad ahí los que eran nuestra esperanza, y a qué hombres acudimos implorando socorro para que nos librasen del rey de los asirios. ¿Pues cómo podremos nosotros escapar de sus manos?

21 *Profecía sobre la caída de Babilonia, Idumea y Arabia. Profecía en el desierto*

1. Duro anuncio contra el desierto del mar[1]. De un desierto, de una tierra horrible viene el enemigo, como vienen del abrego los torbellinos.

2. Una terrible visión me ha sido anunciada: El que es falto de fe obra como falto de fge, el saqueador devasta. Ponte en marcha, ¡oh Elam[2]!; pon el sitio, ¡oh medo! Yo daré descanso a todos los que ella hacía gemir.

3. Por esto están doloridas mis entrañas y padezco una congoja semejante a la de una mujer que está de parto; me atemoricé al oírlo, y al verlo quedé sin aliento.

4. El corazón se me derrite, me quedó pasmado de horror. Babilonia, mi querida Babilonia, es para mí un objeto de asombro.

5. Pon la mesa; está de observación desde un atalaya; vosotros, ¡oh príncipes, que estáis comiendo y bebiendo!, levantaos, tomad el escudo.

6. Porque el Señor me ha hablado de este modo: Ve, y pon un centinela, y que dé aviso de todo lo que observe.

7. Y él descubrió dos carros de guerra con dos caballeros, uno montado en un asno y el otro en un camello y los estuvo contemplando atentamente por mucho tiempo.

8. Y gritó como león: Yo estoy de centinela de parte del Señor; de día permanezco aquí continuamente, y estoy pasando en mi puesto las noches enteras.

9. He aquí que viene la pareja de los de a caballo en sus cabalgaduras; y añadió y dijo: Cayó, cayó Babilonia, y todos los simulacros de sus dioses se han estrellado contra la tierra.

10. ¡Oh vosotros, trilladura mía, vosotros hijos de mi era!, lo que oí del Señor de los ejércitos del Dios de Israel, eso os he anunciado.

11. Duro anuncio contra Duma, o Idumea: Gritando ésta desde Seir: Centinela, ¿qué ha habido esta noche? Centinela, ¿qué ha habido esta noche?

12. Responde el centinela: Ha venido la mañana, y la noche vendrá; si buscáis, buscad de veras, convertíos, y venid.

13. Duro anuncio contra la Arabia: Vosotros dormiréis a la noche en el bosque sobre el camino de Dedanim.

14. Los que moráis por la parte de mediodía, salid al encuentro, llevad agua al sediento, e id provistos de pan para socorro del que huye.

15. Porque huyen de la espada desenvainada de la cuchilla inminente del arco tenso, del furor del sangriento combate.

16. Porque esto me dice el Señor: Dentro de un año, año cabal como el de mozo jornalero, desaparecerá toda la gloria de Cedar.

17. Y el número que quedará de los esforzados arqueros de Cedar será pequeño; porque el Señor Dios de Israel así lo ha dicho.

---

1. *Is 14*, 23; *Jer 51*, 42.
2. *Persia*, de donde vendría *Ciro*.

22 *Profetiza Isaías la destrucción de Jerusalén, condenando la vana confianza de sus moradores*

1. Duro anuncio contra el valle de la Visión, o Jerusalén*. ¿Qué es lo que tú también tienes, que tu gente toda se sube a los terrados?

2. Ciudad llena de tumulto, populosa en extremo, ciudad de regocijo: Tus muertos no perecieron al filo de la espada, ni fallecieron en batalla.

3. Todos tus magnates de común acuerdo huyeron y fueron atados cruelmente; todos los que han sido encontrados han sido encadenados juntos, y desterrados lejos.

4. Por eso dije: Apartaos de mí; yo lloraré amargamente; no os empeñéis en consolarme en la desolación de la hija de mi pueblo;

5. porque día es este de mortandad, y de devastación, y de gemidos, prefijado por el Señor Dios de los ejércitos para el valle de la Visión; él va socavando en busca de los cimientos de la muralla, y hace ostensión de su gloria sobre el monte.

6. Y el elamita ha tomado consigo la aljaba y el carro de guerra para el caballero, y ha descolgado de la pared el escudo.

7. Y tus hermosos valles estarán cubiertos de carros de guerra, y la caballería acampará en la puerta.

8. Y se correrá el velo de Judá, y se acudirá aquel día a la armería del palacio del Bosque.

9. Y observaréis las brechas de la ciudad de David, que son en gran número; y para repararlas habéis ya recogido las aguas de la piscina o presa inferior.

10. Y habéis contado las casas de Jerusalén, y habéis demolido algunas para fortificar las murallas,

11. y habéis hecho un foso entre los dos muros* para recoger el agua de la piscina vieja; y no habéis alzado los ojos al Creador de ella, ni siquiera de lejos habéis mirado al que la hizo.

12. Y el Señor Dios de los ejércitos os llamará aquel día a llanto y a gemidos, y a raer la cabeza, y a vestiros de saco.

13. Mas he aquí que vosotros no pensaréis sino en danzas y alegría, en matar terneras, degollar carneros, y en comer sus carnes y beber vino, diciendo: Comamos y bebamos, porque mañana moriremos*.

14. Y ha sido revelada a mis oídos esta voz del Señor de los ejércitos: No, no se os perdonará esa iniquidad hasta que muráis, dice el Señor Dios de los ejércitos.

15. El Señor Dios de los ejércitos dice también: Ve a encontrar a aquel que habita en el Tabernáculo, a Sobna, digo, prefecto del templo y le dirás:

16. ¿Qué haces aquí tú?, ¿o a quién representas tú aquí?; tú, que te has preparado aquí un sepulcro, que has hecho celebrar con gran esmero un monumento en lugar alto, un Tabernáculo en la peña.

17. Pues sábete que el Señor hará que te lleven de aquí, como es llevado atado el gallo de un gallinero, y como se lleva a un hombre criminal con la cara cubierta.

18. Te coronará con corona de abrojos, te arrojará como pelota en plaza ancha y espaciosa; allí morirás tú, que eres la deshonra de la casa del Señor, y allí parará la carroza de tu gloria.

19. Yo te echaré de tu puesto, y te depondré de tu ministerio.

20. Y aquel día llamaré a mi siervo Eliacim, hijo de Helcías.

21. Y lo revestiré de tu túnica, y lo adornaré con tu cinturón, y en sus manos pondré tu autoridad, y él será como padre para los moradores de Jerusalén y para la casa de Judá.

22. Y pondré sobre sus hombros la llave* de la casa de David; y abrirá, y no habrá quien pueda cerrar; y cerrará, y no habrá quien pueda abrir.

23. Y lo colocaré como clavo hincado en lugar firme; y él será como trono de gloria para la casa de su padre.

24. De él colgará toda la gloria de la casa

---

1. *Jerusalén* estaba fundada sobre el monte *Moria*, que significa *Visión*. *Gn 22*, 14; *2 Re 25*, 3.

11. Entre el muro antiguo de la ciudad y el muro que levantó Manasés alrededor del estanque hecho por Ezequías. *2 Re 18*, 17; *20*, 20; *Eclo 48*, 19.

13. *Sab 2*, 6; *1 Cor 15*, 32.

22. La suprema autoridad o el sumo sacerdocio. En este sentido usó Jesucristo la voz *llave*. *Mat 16*, 19; *Ap 3*, 7.

de su padre, alhajas de varias clases, vasos pequeños de toda especie, desde las tasas finas hasta todo instrumento de música.

25. Aquel día, pues, dice el Señor de los ejércitos, será arrancado el clavo que fue hincado en lugar firme, y será quebrado; y andará rodando por el suelo, y perecerá todo lo que de él estaba colgado: Porque así lo ha dicho el Señor.

23

Vaticina Isaías la destrucción de Tiro en castigo de su soberbia; y predice su restauración

1. Duro anuncio contra Tiro. Prorrumpid en aullidos naves del mar; porque desolada ha sido la casa, o ciudad, de donde acostumbraban hacerse a la vela. De la tierra de Cetim les ha venido el aviso.

2. Callad vosotros ¡oh habitantes de la isla!; tú estabas llena de comerciantes de Sidón que pasaban el mar.

3. La sementera que crece por las aguas redundantes del Nilo, y las cosechas que producía este río eran para ella; y había llegado a ser el emporio de las naciones.

4. Avergüénzate, ¡oh Sidón!, pues así habla esta ciudad del mar, la señora del mar: Tú que dices: No concebí, ni parí, y no crié mancebos, ni eduqué doncellas hasta la edad florida.

5. Cuando lleguen a Egipto noticias, se dolerán de lo que oigan sobre Tiro.

6. Pasad los mares, levantad vuestros gritos, habitantes de la isla.

7. ¿Por ventura no es esta vuestra ciudad aquella que hace mucho tiempo se gloriaba de su antigüedad? Por tierras extrañas o remotas irán peregrinando sus moradores.

8. ¿Quién es el que tales cosas decretó contra Tiro, la cual en otro tiempo era la reina del mar, cuyos comerciantes eran príncipes, y sus mercaderes los más ilustres de la tierra?

9. El Señor de los ejércitos ordenó esto, para hollar la soberbia de todos los jactanciosos, y reducir a la ignominia a todos los ilustres del país.

10. Atraviesa corriendo tu tierra como un río, ¡oh tú, hija del mar!: Ya no tienes más ceñidor o amparo.

11. El Señor ha extendido su mano contra el mar, ha conmovido los reinos; él ha dado sus órdenes contra Canaán, para exterminar a sus campeones.

12. Y ha dicho: No te vanagloriarás ya más, cuando te veas afrentada, ¡oh virgen hija de Sidón!; levántate, navega a Cetim, y allí tampoco tendrás reposo.

13. Mirad la tierra de los caldeos, pues no existió jamás un pueblo tal como aquél: Asur lo fundó; con todo ahora fueron llevados cautivos sus campeones, sus casas han sido demolidas, lo convirtieron en un montón de ruinas.

14. Aullad, ¡oh naves del mar!, porque destruida ha sido vuestra fortaleza.

15. Y entonces será cuando tú, ¡oh Tiro!, quedarás sepultada en el olvido por espacio de setenta años, que suelen ser los días de un rey; y pasados los setenta, será Tiro como una prostituta que canta para seducir.

16. Toma la cítara, da la vuelta por la ciudad, ¡oh vil ramera!, ya entregada al olvido canta con envenenada dulzura, repite tu seductora cantinela, a fin de que piensen en ti.

17. Y después de los setenta años el Señor visitará a Tiro; y la volverá a su tráfico y tendrá comercio como antes con todos los reinos del mundo, en toda la extensión de la tierra.

18. Al fin Tiro se convertirá, y sus contratos de compra y venta y sus ganancias serán consagradas al Señor; no se almacenarán, ni se reservarán; porque su negocio será para utilidad de aquellos que asisten en la presencia del Señor, a fin de que tengan alimento en abundancia y vestido que mudarse hasta la vejez.

24

En un horizonte universal, Isaías profetiza una conmoción como castigo a los pecados del hombre

1. He aquí que el Señor desolará después, y despojará la tierra, y pondrá afligido el aspecto de ella, y esparcirá sus moradores.

2. Y como el pueblo, así será tratado el sacerdote; y como el esclavo, así su señor; como la sierva, así su señora; como el que compra, así el que vende; como el que da prestado, así el que recibe; como el acreedor, así el deudor.

3. Enteramente arruinada quedará la tierra, completamente devastada. Por cuanto el Señor así lo ha pronunciado.

4. La tierra se deshace en lágrimas, y se consume y desfallece; se consume el mundo, se consumen los magnates del pueblo de la tierra.

5. Profanada está la tierra por sus habitadores, pues han quebrantado las leyes, han alterado el derecho, rompieron la alianza sempiterna.

6. Por esto la maldición devorará la tierra*; porque sus habitantes son pecadores y por esto perderán el juicio los que en ella moran, de que sólo se libertará un corto número.

7. La vendimia está llorando, la vid perdió su vigor; llorando están a lágrima viva los que se alegraban de corazón.

8. Cesó el festivo sonido de los panderos, se acabó la algazara de las bulliciosas cuadrillas de gente, enmudeció la melodiosa cítara.

9. No beberán ya vino en medio de cantares; amargo será todo licor para los bebedores.

10. La ciudad de la vanidad* se va destruyendo, todas las casas están cerradas, sin que nadie entre en ellas.

11. Habrá gritos y quimeras en las calles por la escasez del vino; todo contento queda desterrado, desapareció la alegría de la tierra.

12. La ciudad está echa un páramo y quedarán destruidas sus puertas.

13. Tales cosas sucederán en medio de la tierra, en el centro de los pueblos, como cuando vareado el olivo quedan unas pocas aceitunas en el árbol, y algunos rebuscos después de acabada la vendimia.

14. Estos restos de Israel levantarán su voz, y entonarán alabanzas: Mostrarán su júbilo desde el mar, luego que fuere el Señor glorificado.

15. Por tanto, glorificad al Señor con la ilustración de la doctrina de la salud: Anunciad el Nombre del Señor Dios de Israel en las islas del mar o remotas regiones.

16. Desde las extremidades del mundo hemos oído las alabanzas que se cantaban a la gloria del justo. Y yo dije: Mi secreto es para mí, mi secreto es para mí: ¡Ay de mí!, los prevaricadores han prevaricado, y han prevaricado con contumacia.

17. El espanto, la fosa y el lazo están reservados para ti, que eres habitante de la tierra.

18. Y sucederá que el que huyere de la espantosa voz, caerá en la hoya y el que escapare de la hoya será preso en el lazo; porque se abrirán desde lo alto las cataratas, y se bambolearán los cimientos de la tierra.

19. Será despedazada con gran estruendo la tierra; se hundirá con aberturas grandes; conmovida será con el mayor desconcierto.

20. Estará la tierra, o el hombre, en una agitación semejante a la de un borracho; y mudará de sitio, como tienda que sólo se arma para pasar una noche; se verá agobiada con el peso de su propia iniquidad, y caerá y nunca jamás se levantará.

21. Y sucederá que aquel día tomará cuentas el Señor públicamente a la milicia del cielo allá en lo alto, y a los reyes del mundo que están acá en la tierra.

22. Y serán reunidos todos y hacinados en un solo haz, y echados en el lago, y allí serán encerrados en una cárcel; y aún después de muchos días continuarán en padecer, y eternamente serán visitados o castigados.

23. Y se pondrá roja o de color de sangre la luna*, y el sol se oscurecerá y avergonzará cuando el Señor Dios de los ejércitos haya tomado posesión del reino en el monte Sión y en Jerusalén, y sido glorificado en presencia de sus ancianos.

25 *Cántico de acción de gracias al Señor por los beneficios hechos a su pueblo*

1. ¡Oh Señor! Tú eres mi Dios, yo te ensalzaré, y bendeciré tu Nombre; porque has ejecutado cosas maravillosas, designios antiguos y fieles o infalibles. Amén.

2. Bendito seas, porque has convertido en escombros la ciudad: La ciudad podero-

6. *Deut 28*, 28; *Luc 21*, 26.
10. Ciudad idólatra, por oposición a la *Ciudad de Dios.*

23. *Joel 2*, 31; *Mat 24*, 29.

sa, el alcázar de hombres extranjeros en un montón de ruinas, para que cese de ser ciudad, y nunca jamás será reedificada.

3. Por esto te tributará alabanzas el pueblo fuerte*, te temerá la nueva Jerusalén, la ciudad de las gentes valerosas.

4. Porque tú has sido fortaleza para el menesteroso en su tribulación; su esperanza en la tormenta; su refrigerio en el ardor; pues el ímpetu u orgullo de los poderosos es como un torbellino que hace bambolear una pared.

5. Tú abatirás la arrogancia de los extranjeros a la manera que abate el sol ardiente en medio de una sequedad; y como ardor de nube abrasadora, harás secar los renuevos de esos prepotentes.

6. Y el Señor de los ejércitos, a todos los pueblos fieles les dará en este monte de la nueva Sión un convite de manjares mantecosos, un convite de vendimia o vinos exquisitos, de carnes gordas y de mucha sustancia, de vinos puros sin mezcla.

7. Y en este monte romperá las cadenas que tenían aprisionados a todos los pueblos, y las redes tendidas contra todas las naciones.

8. Y abismará la muerte para siempre, y el Señor Dios enjugará las lágrimas de todos los rostros, y borrará de toda la tierra* el oprobio de su pueblo, porque así lo ha pronunciado el Señor.

9. Y dirá el pueblo de Dios en aquel día: Verdaderamente que éste es nuestro Dios; en él hemos esperado, y él nos salvará; éste es el Señor nuestro, nos hemos mantenido en la esperanza y ahora nos regocijaremos; y en la salud que viene de él nos holgaremos.

10. Porque reposará la mano del Señor sobre este monte santo de Sión, y debajo de él será desmenuzado Moab y demás enemigos nuestros, así como la paja que se trilla debajo de un carro falcado.

11. Y extenderá sus brazos debajo del carro como las extiende un nadador para escapar a nado; pero el Señor abatirá su altivez, rompiéndole los brazos.

12. Y caerán ¡oh Moab!, los baluartes de tus altos muros, y serán abatidos, y echados a tierra, y reducidos a polvo.

---

3. *Escogido.*

8. La sentencia de muerte quedará cancelada. *Gen 3*, 19; *Mat 5*, 5; *Ap 7*, 17; *21*, 4.

26 *Acción de gracias por la exaltación de los justos y humillación de los réprobos*

1. Aquel día será cantado este cántico en tierra de Judá*: Sión es nuestra ciudad fuerte, el salvador será para ella muro y antemural.

2. Abrid las puertas, y entre la gente justa, que observa la verdad o justicia de mis preceptos.

3. Ya se ha disipado el antiguo error: Tú, ¡oh Señor!, nos conservarás la paz; la paz o reunión de todos los bienes, ya que en ti tenemos puesta nuestra esperanza.

4. Vosotros pusisteis para siempre vuestra esperanza en el Señor, en el Señor Dios, que es nuestra fortaleza eterna.

5. Porque él abatirá a los que se ven sublimados, humillará la ciudad altiva. La humillará hasta el suelo; la humillará hasta reducirla a polvo.

6. La hollarán los pies, los pies del pobre; la pisarán los mendigos.

7. La senda del justo es recta, derecha es la vereda por donde el justo camina a la felicidad.

8. Y andando por la senda de tus juicios o leyes, hemos puesto en ti, ¡oh Señor!, nuestra confianza: Todo el deseo de nuestra alma se cifra en traer a la memoria tu Nombre.

9. Mi alma te deseó en medio de la noche; y mientras haya aliento en mis entrañas, me dirigiré a ti desde que amanezca. Cuando hayas ejecutado tus juicios en la tierra, entonces aprenderán la justicia los moradores del mundo.

10. Téngase compasión del impío, y no aprenderá jamás la justicia; en la tierra de los santos ha cometido él la maldad, y así no verá la gloria del Señor.

11. Levanta, ¡oh Señor!, tu mano, y no vean ellos tu gloria; pero al fin la verán los que envidian a tu pueblo, y quedarán confundidos; y serán devorados por el fuego tus enemigos.

12. A nosotros, Señor, nos darás la paz, porque todas nuestras obras tú nos las hiciste por medio de nosotros.

---

1. Contraste de Jerusalén y la *Ciudad del Caos. Is 24*, 10.

13. Oh Señor Dios nuestro, hemos tenido otros amos fuera de ti, que nos han dominado; haz que de ti sólo y de tu nombre nos acordemos.

14. No vuelvan a vivir los que murieron ya; ni resuciten los gigantes, que por eso tú los castigaste, y los exterminaste, y borraste del todo su memoria.

15. Propicio fuiste, oh Señor, al pueblo de Israel, fuiste propicio a tu pueblo: ¿Por ventura has sido tú glorificado de él por haber dilatado los confines de su tierra?

16. En la aflicción, oh Señor, entonces te buscaron; y la tribulación en que gimen, es para ellos una instrucción tuya.

17. Como la que concibió da gritos acongojada con los dolores del parto que se acerca; tales somos nosotros, Señor, delante de ti.

18. Concebimos y sufrimos como dolores de parto, y no hemos parido nada; mas no hacemos en esta tierra obras saludables; y por esto no se han extinguido nuestros enemigos, sus antiguos moradores.

19. Tus muertos, Señor, tendrán nueva vida; resucitarán los muertos míos por la justicia; despertaos y cantad himnos de alabanza vosotros que habitáis en el polvo del sepulcro; porque tu rocío, ¡oh Señor!, es rocío de luz y de vida, y a la tierra de los gigantes, o impíos, tú la arruinarás.

20. Anda, pueblo mío, entra en tus aposentos, cierra las puertas tras de ti, escóndete por un momento hasta que pase la indignación o castigo de los malos.

21. Porque he aquí que saldrá el Señor de su celestial morada a castigar las maldades que el habitante de la tierra ha cometido contra él; y la tierra pondrá de manifiesto la sangre que ha bebido, y no ocultará más tiempo a los justos, que en ella fueron muertos.

27

Corrección paternal del Señor a sus hijos. Vueltos los israelitas de su cautiverio adorarán al Señor

1. Aquel día el Señor con su espada cortante, y grande, y fuerte, tomará cuentas a Leviatán, serpiente gruesa; a Leviatán, serpiente tortuosa; y matará la ballena, que está en el mar de este mundo.

2. Aquel día la viña del vino rico le cantará alabanzas*.

3. Yo el Señor soy quien la guarda; y yo la regaré continuamente; para que no reciba ningún daño, la guardo noche y día.

4. No hay en mí enojo contra ella; ¿quién podrá hacer que sea yo como una espina o zarza que la punce? ¿Saldré yo quizá a pelear contra ella; la entregaré también a las llamas?

5. ¿O más bien, no detendrá ella mi fortaleza? Sí, hará paz conmigo, conmigo hará paz.

6. Los que con fervor vienen a encontrar a Jacob, harán florecer y echar renuevos a Israel, y llenarán toda la tierra de fruto o descendencia suya.

7. ¿Por ventura lo maltrató Dios, como de él fue maltratado?; ¿o como él mató a los muertos que eran siervos del Señor, así también ha sido muerto él?

8. Con medida igual a la medida de sus maldades ejercerás el juicio contra la viña, cuando fuere ya desechada por su obstinación. El Señor ha tomado con su espíritu de justo rigor la resolución para el día del ardor de su ira.

9. Y así con esto será perdonada su iniquidad a la casa de Jacob; y ése será todo su fruto, que sea borrado su pecado, después que Dios haya hecho que todas las piedras del altar, o templo de Jerusalén, queden como piedras de cal desmenuzadas*; y que sean arrasados los bosques y templos profanos.

La ciudad desierta

10. Porque la ciudad fuerte será desolada; Jerusalén, la hermosa ciudad, será desamparada, y quedará como un desierto; en ella pacerá el becerro, y allí tendrá su majada, y comerá las puntas de los tallos de esta viña abandonada.

11. Sus mieses se echarán a perder de sequedad. Vendrán mujeres, y harán con ella de maestras. Porque no es pueblo sabio, sino necio y obstinado; por eso aquel Señor que lo hizo no tendrá compasión de él; y no le perdonará el que lo formó.

12. Y aquel día el Señor hará sentir su

2. La *viña del vino rico* o *el pueblo de Dios.*
9. *Mat 24*, 2.

azote desde el cauce del río Eufrates hasta el torrente de Egipto, o Nilo; y vosotros, oh hijos de Israel, seréis congregados uno a uno.

13. Y aquel día resonará una gran trompeta; y vendrán los que estaban desterrados y cautivos en la tierra de los asirios, y los que habían sido arrojados a la tierra de Egipto y adorarán al Señor en el monte santo de Jerusalén.

28 *Desolación del reino de Judá. Promesa del Mesías, el cual será la piedra angular de la nueva Sión*

1. ¡Ay de la corona de soberbia de los embriagados de Efraín, de la flor caduca de la gloria y alegría de los que estaban en Samaria, en la cumbre del fertilísimo valle, dominados por el vino!

2. He aquí al Señor poderoso y fuerte, como pedrisco impetuoso, como torbellino quebrantador, como el ímpetu de muchas aguas que inundan y anegan un espacioso país.

3. La corona de soberbia de los embriagados de Efraín, será hollada con los pies.

4. Y la caduca flor de la gloria y alegría del que está sobre la cumbre del fertilísimo valle, será como un fruto temprano, que madura antes del otoño; al cual el primero que lo ve, al instante lo coge, y lo devora.

5. Aquel día el Señor de los ejércitos será corona de gloria y guirnalda de regocijo para las reliquias de su pueblo.

6. Y será espíritu de justicia para aquel que esté sentado en el trono, a fin de administrarla; y espíritu de fortaleza para aquellos valientes que vuelven de pelear en las puertas mismas de los enemigos.

7. Mas aun éstos perdieron el entendimiento por el demasiado vino, y anduvieron dominados por su embriaguez. El sacerdote y el profeta perdieron el seso por su embriaguez, el vino los trastornó, la embriaguez los extravió del camino; no quisieron conocer al verdadero profeta, ni saber qué cosa es justicia.

8. Porque todas las mesas atestadas están de vómito y de inmundicias, sin que quede ningún lugar limpio.

9. ¿A quién comunicará el Señor la ciencia? ¿Y a quién dará la inteligencia de lo que dice? A los niños acabados de destetar, a los que son arrancados de los pechos de sus madres.

10. Ya que dicen por escarnio: Manda, vuelve a mandar, ¡oh profeta!, manda, vuelve a mandar; espera, vuelve a esperar; espera, vuelve a esperar; un poquito aquí; otro poquito allí.

11. Pero el Señor hablará con otros labios y otro lenguaje extraño a ese pueblo insano.

12. Al cual dijo un día: Aquí tengo mi reposo; reparad las fuerzas del que está fatigado, que en eso consiste mi refrigerio; y no han querido escucharme.

13. Y el Señor les dirá algún día: Manda, vuelve a mandar; manda, vuelve a mandar; espera, vuelve a esperar; un poquito aquí, otro poquito allí; y dejará que vayan y caigan de espaldas, y sean hollados y presos en los lazos.

14. Por tanto, escuchad la voz del Señor, oh hombres escarnecedores que domináis al pueblo mío que está en Jerusalén.

15. Pues vosotros dijisteis: Hemos hecho pacto con la muerte y un convenio con el infierno; cuando venga el azote como un torrente, no llegará a nosotros; porque nos hemos apoyado en la mentira o intriga, y ésta nos pondrá a cubierto.

16. Por tanto, esto dice el Señor Dios: He aquí que yo pondré en los cimientos de la nueva Sión una piedra, piedra escogida, angular, preciosa, asentada por solidísimo fundamento; el que creyere, no se apresure*.

17. Y ejerceré el juicio con peso, y la justicia con medida; y un pedrisco trastornará la esperanza puesta en la mentira, y vuestra protección quedará sumergida en las aguas de la calamidad.

18. Y el contrato vuestro con la muerte será cancelado, y no subsistirá vuestro pacto con el infierno; y cuando, como un torrente, venga el azote, os arrastrará consigo.

19. Al instante que venga, os arrebatará; porque vendrá muy de madrugada, y continuará día y noche; y sólo la aflicción hará entender las cosas que se han escuchado.

20. Porque el lecho es angosto en tal manera, que uno de los dos caerá; y tan

16. *Cuantos crean en él no quedarán confundidos. Mat 21,* 42; *1 Pe 2,* 6; *Hech 4,* 11; *Rom 9,* 33.

pequeña la manta que no puede cubrir a ambos.

21. Sabed que el Señor se levantará, como hizo en otro tiempo en el monte de las Divisiones, o Baalfarasim; se enojará como hizo en el valle de Gabaón, para ejecutar su obra o venganza, una obra que es ajena de él; para hacer su obra, una obra que es extraña de él.

22. Dejad, pues, ya de burlaros de mis amenazas, porque no se aprieten más vuestras ligaduras. Porque el Señor Dios de los ejércitos es de quien he oído la destrucción de toda la tierra, o país que habitáis, la destrucción que sucederá dentro de poco.

23. Prestadme vuestra atención, y oíd mi voz; atended y escuchad mi palabra.

24. ¿Acaso el arador está siempre arando para sembrar?; ¿está siempre rompiendo o allanando la tierra?

25. Luego que ha igualado su superficie, ¿no siembra por ventura el anís, esparce el comino, y pone con cierto orden, y en sus respectivos lugares, el trigo, la cebada, el mijo y la veza o arveja?

26. Porque el Señor su Dios le da conocimientos en la agricultura, y le amaestra en estas labores.

27. El anís no se trillará por medio de tablas con dientes de hierro o pedernal, ni sobre el comino andará dando vueltas la rueda del carro; sino que el anís será sacudido con una vara, y con unas varillas el comino.

28. El trigo será trillado; mas no lo estará trillando sin término el que lo trilla, ni siempre la rueda del carro lo estará oprimiendo, ni hollándolo las pezuñas de las bestias.

29. Esto es lo que ha decretado el Señor Dios de los ejércitos, el cual ha hecho admirables sus consejos y célebre la sabiduría de su justicia.

29

Vaticina Isaías el sitio y ruina de Jerusalén, la ceguedad de los judíos y su conversión por el Mesías

1. ¡Ay de Ariel, de Ariel, ciudad que conquistó David! Pasará uno y otro año, y pasarán las solemnidades;

2. y yo circunvalaré a Ariel, y quedará en duelo y aflicción; y será para mí como un Ariel.

3. Yo te cercaré por todas partes, formando como una corona alrededor de ti, y alzaré contra ti trincheras, y construiré baluartes para sitiarte.

4. Tú serás humillada. Desde el suelo, en que estarás abatida, abrirás tu boca; y desde el polvo de la tierra subirá y se hará oír tu habla; y saldrá tu voz de debajo de la tierra como la de una pitonisa, y saldrá de la tierra con sonido débil y oscuro.

5. Y aquellos que te aventarán serán disipados como menudo polvo, y como una pavesa arrebatada del viento la multitud de los que te han sojuzgado.

6. Y será esto cosa repentina y no esperada. El Señor de los ejércitos visitará a esta muchedumbre, en medio de los truenos y de terremotos, y estruendo grande de torbellinos y tempestades, y de llamas de un fuego devorador.

7. Y todas las gentes que han combatido contra Ariel, y todos los soldados que le han sitiado, y prevalecido contra ella vendrán a ser como un sueño y visión nocturna.

8. Y así como el hambriento sueña que come, y cuando despierta se siente con hambre; y como sueña el sediento que bebe, y cuando se despierta se siente acosado de la sed y con ansia de beber; del mismo modo sucederá a todas aquellas gentes o naciones que pelearon contra el monte de Sión.

9. Pasmaos y quedaos atónitos, ¡oh hijos de Israel!; id fluctuando y bamboleando como embriagados, y no de vino; tambaleaos, y no por embriaguez.

10. Porque el Señor ha derramado sobre vosotros el espíritu de letargo, cerrará vuestros ojos, pondrá un velo para que no entendáis a los profetas y príncipes o ancianos vuestros, que tienen visiones*.

11. Y las visiones o profecías de todos éstos serán para vosotros como palabras de un libro sellado, que cuando lo dieren a uno que sabe leer, y le digan: Léelo; responderá: No puedo, porque está sellado.

12. Y si se lo dieron a uno que no sabe leer y le dicen: Léelo; responderá: No sé leer.

13. Y dijo el Señor: Por cuanto este pueblo se me acerca de palabra no más, y me honra sólo con sus labios, y su corazón está lejos de mí; y me rinden culto según los ritos y doctrinas de los hombres:

---

10. *Rom 11*, 8.

14. Por tanto, he aquí que nuevamente excitaré la admiración de este pueblo con un prodigio grande y espantoso*, porque faltará la sabiduría a sus sabios, y desaparecerá el don de consejo de sus prudentes.

15. ¡Ay de vosotros los que os encerráis en vuestro corazón para ocultar al Señor vuestros designios! ¡Ay de los que hacen sus obras en las tinieblas, y dicen: ¡Quién nos ve, y quién nos descubre!

16. ¡Desgraciado pensamiento el vuestro! Como si el barro se levantase contra el alfarero, y dijese la obra a su hacedor: No me has hecho tú; y la vasija dijese al que la ha hecho: Tú no has sido.

17. ¿No es verdad que en breve y dentro de poco tiempo el Líbano se convertirá en un deliciosísimo Carmelo; y el Carmelo se convertirá en un bosque*?

18. Y aquel día los sordos oirán las palabras del libro de la ley. Y los ojos de los ciegos recibirán la luz, saliendo de las tinieblas y oscuridad.

19. Y los mansos se alegrarán cada día más y más en el Señor, y los antes pobres se regocijarán en el Santo de Israel.

20. Porque el soberbio fue abatido, fue consumido el escarnecedor, y destruidos todos aquellos falsos doctores que madrugaban para hacer mal;

21. aquellos que con sus palabras inducían a los hombres a pecar, y armaban lazos al que en la puerta, o juzgado de la ciudad, los reprendía, y sin causa se alejaron del justo y de la justicia.

22. Por tanto, el Señor que rescató a Abrahán, habla de esta manera a la casa de Jacob: No será ahora confundido Jacob, ni ahora se cubrirá de vergüenza su cara;

23. sino cuando viere en medio de sí a sus hijos, obra de mis manos, que glorificarán mi santo Nombre, y alabarán al Santo de Jacob*, y ensalzarán al Dios de Israel.

24. Entonces, aquellos cuyo espíritu vivía en el error, tendrán la ciencia de la salud y aprenderán la ley del Señor los que se burlaban de ella.

---

14. *Abd 1*, 8; *1 Cor 1*, 19; *2 Cor 3*, 15.
17. *Mat 21*, 43.
23. Nombre dado al *Mesías*, que nacería del linaje de *Jacob*.

30 *Cuán bueno es Dios para los que acuden a él. Cuán terrible es su juicio contra los impíos*

1. ¡Ay de vosotros hijos rebeldes y desertores!, dice el Señor, que formáis designios sin contar conmigo; y urdís una tela, y no según mi deseo, para añadir así pecados a pecados;

2. que estáis en camino para bajar a Egipto y no habéis consultado mi voluntad, esperando el socorro del valor del faraón, y poniendo vuestra confianza en la sombra o protección de Egipto.

3. Pero la fortaleza del faraón será la confusión vuestra, y la confianza en la protección de Egipto, vuestra ignominia.

4. Porque cuando tus príncipes hayan ido hasta Tanis, y hayas llegado hasta Hanes tus enviados,

5. todos en Israel quedarán corridos, a causa de un pueblo que nada les ha podido servir, y que no les ha auxiliado, ni les ha sido de utilidad alguna, sino de confusión y de oprobio.

6. Anuncio pesado contra las bestias de carga del mediodía. Van por tierra de tribulación y de angustia (de donde salen la leona y el león, la víbora y la serpiente que vuela) llevando sobre lomos de asnos sus riquezas, y sus tesoros sobre el dorso de los camellos, a un pueblo que no podrá ayudarles.

7. Porque inútil y en vano será el auxilio que les preste Egipto; por lo mismo clamé yo sobre eso, diciendo: No es más que soberbia, no te muevas.

8. Anda, pues, ahora y escríbeles esta predicción sobre una tablilla, y regístrala exactamente en un libro, para que sea en los días venideros un testimonio sempiterno.

9. Porque éste es un pueblo que me provoca a ira, y ellos son hijos infieles, hijos que no quieren escuchar la ley de Dios;

10. que dicen a los que profetizan: No profeticéis; y a los videntes o profetas: No estéis mirando para nosotros o vaticinando cosas rectas; habladnos de cosas placenteras, y profetizadnos cosas alegres, aunque sean falsas.

11. Quitadnos de delante de los ojos este modo de obrar según la ley; alejad de nosotros tal sistema de vida; no nos vengáis siempre con que el Santo de Israel dice o manda.

12. Por esto el Santo de Israel dice así: Ya que vosotros habéis desechado lo que os he mandado, y habéis puesto vuestra confianza en la calumnia y en la perversidad, y apoyádoos sobre esas cosas,

13. por lo mismo esta maldad será para vosotros como un portillo en una alta muralla, que está para caer, y preguntan por él, y del cual se origina la ruina repentina en la hora menos pensada;

14. y queda todo hecho pedazos, como se rompe con un fuerte golpe una vasija de alfarero, sin que ninguno de sus tiestos sirva ni para llevar un ascua de un hogar, o para sacar un poco de agua de un pozo.

15. Porque el Señor Dios, el Santo de Israel dice: Si os volviereis y os estuviereis quietos, seréis salvos; en la quietud y en la esperanza estará vuestra fortaleza. Mas vosotros no lo quisisteis hacer;

16. sino que dijisteis: De ninguna manera, antes bien huiremos a caballo. Pues por eso mismo digo yo, tendréis que huir de vuestros enemigos; montaremos, dijisteis, velocísimos caballos. Por eso mismo serán más veloces los que os perseguirán.

17. Un solo hombre llenará de terror y hará huir a mil de los vuestros; y si se presentan cinco, aterrados echaréis a huir todos, hasta que los que queden de vosotros sean a manera de un árbol altísimo como de navío, sobre la cima de un monte, como bandera sobre un collado.

Promesa de misericordia para el pueblo

18. Por esto da largas el Señor, para poder usar de misericordia con vosotros, y ensalzar su gloria con perdonaros, porque el Señor es Dios justo. Bienaventurados todos los que esperan en él.

19. El pueblo de Sión morará en Jerusalén; enjugarás tus lágrimas, ¡oh pueblo fiel! El Señor, apiadándose de ti, usará contigo de misericordia; al momento que oyere la voz de tu clamor, te responderá benigno.

20. Y antes te dará el Señor pan de dolor y agua de tribulación; pero después hará que jamás se aleje de ti tu maestro, y tus ojos estarán viendo siempre a tu doctor.

21. Escuchen tus oídos sus palabras, cuando yendo tras de ti te grite diciendo: Este es el camino, andad por él; y no torzáis ni a la derecha ni a la izquierda.

22. Entonces desecharás como cosas profanas esas láminas de plata que cubren tus ídolos; y los preciosos vestidos de tus estatuas de oro; y los arrojarás lejos de ti como el lienzo más sucio de una mujer inmunda. ¡Fuera de aquí!, les dirás.

23. Y el Señor enviará lluvia a tus sementeras; en cualquier parte de la tierra en que hayas sembrado, las mieses darán abundante y rico trigo; y al mismo tiempo hallarán tus corderos abundantes y dilatados pastos en tus heredades.

24. Y tus bueyes y asnos que trabajan la tierra, comerán el pienso mezclado con variedad de granos, del modo que vienen aventados de la era, o limpios de paja.

25. Y de todo monte alto y de todo collado elevado correrán arroyos de fértiles aguas el día aquel en que haya gran mortandad, cuando hayan caído las torres.

26. La luz de la luna será la luz del sol, y la del sol será siete veces mayor que sería la luz reunida de siete días; aquel día en que el Señor haya vendado la herida de su pueblo, y sanado la abierta llaga.

27. Mira que viene, se oye ya allá a lo lejos el Nombre o majestad del Señor; está su saña encendida e insoportable; llenos de indignación sus labios, y como fuego devorador su lengua.

28. Es su respiración como un torrente impetuoso (cuya agua llega hasta la garganta) para aniquilar las naciones impías, y destrozar el freno del error, o el poder infernal, que sujetaba las quijadas de los pueblos.

29. Vosotros entonaréis un cántico como en la noche de la santa solemnidad de la Pascua; y la alegría de vuestro corazón será como la del que se sube, al son de la flauta, a presentarse sobre el monte del Señor, al templo del Dios fuerte de Israel.

30. Y hará el Señor que se oiga su majestuosa voz, y que se conozca su terrible brazo en medio de su ira amenazadora y de su fuego devorador; lo arrasará todo con tempestades y pedriscos.

31. Porque a la voz del Señor quedará temblando el asirio, herido con la vara de la divina venganza,

32. y el herir de esta vara será constante y duradero; y hará el Señor que la vara descargue sobre él, al son de panderos y de cítaras. Lo vencerá el Señor en un señalado combate.

33. Porque hace ya tiempo que les está preparado el valle de Tofet, aparejado fue por el gran rey*, profundo y espacioso, cuyo cebo es el fuego y mucha leña; un soplo del Señor como torrente de azufre, es el que lo enciende.

31 *Predice que los judíos faltos de confianza en Dios pedirán auxilio a los egipcios y perecerán*

1. ¡Ay de aquellos que van a buscar socorro en Egipto, poniendo la esperanza en sus caballos, y confiando en sus muchos carros de guerra, y en su caballería, por ser muy fuerte; y no han puesto su confianza en el Santo de Israel ni han recurrido al Señor!

2. ¡Desdichados! Pues el mismo Señor, el sabio por esencia, les ha enviado calamidades, y no ha dejado de cumplir su palabra; y se levantará contra la casa de los malvados y contra los auxiliadores de los que obran la iniquidad.

3. El rey de Egipto es un hombre y no un dios; y carne son sus cabellos y no espíritu. El Señor, pues, extenderá su mano, y precipitará al auxiliador, y caerá al suelo el auxiliado y ambos perecerán a un tiempo.

4. Porque he aquí lo que me ha dicho el Señor: De la manera que ruge el león o un leoncillo sobre su presa, y por más que vaya contra él una cuadrilla de pastores, no se acobarda con sus gritos, ni se aterrará por muchos que sean los que lo acometan, así descenderá el Señor de los ejércitos para combatir sobre el monte Sión y sobre sus collados.

5. Como un ave que revolotea en torno de su nido*, del mismo modo amparará a Jerusalén, el Señor de los ejércitos, la protegerá y librará, pasando de un lado a otro; y la salvará.

6. Convertíos, pues, al Señor, ¡oh hijos de Israel! acercándoos tanto a él como os habíais alejado.

7. Porque en aquel día arrojará de sí cada uno sus ídolos de plata, y sus ídolos de oro; ídolos que os habíais fabricado para idolatrar.

8. Y caerá el asirio al filo de la espada, pero no de espada de hombre; pues la espada que lo atravesará, espada será de Dios, no de ningún hombre; él huirá, pero no porque lo persiga la espada de sus enemigos; y serán tributarios o sojuzgados sus jóvenes guerreros.

9. Y por el terror vendrán a desfallecer sus fuerzas; y huirán despavoridos sus príncipes. Lo ha dicho el Señor, el cual tiene su fuego en Sión y su hogar en Jerusalén.

32 *Bajo la figura del piadoso rey Ezequías se vaticina el reino del Mesías. Destrucción de Jerusalén*

1. Sabed que un rey de Judá reinará con justicia, y sus magistrados gobernarán con rectitud.

2. Y este varón será como un lugar de refugio para guardarse del viento y guarecerse de las tempestades; como arroyos de frescas aguas en tiempo de sequía, y como la sombra de una alta peña en medio de un ardiente páramo.

3. No se ofuscarán ya los ojos de los videntes o profetas, y escucharán con atención los oídos de los que oirán a los profetas.

4. Entonces el corazón de los necios entenderá la ciencia, y hablará clara y expeditamente la lengua de los balbucientes.

5. El insensato no será más llamado príncipe ni tendrá el tramposo el título de magnate.

6. Porque el necio hablará necedades y su corazón maquinará maldades usando de hipocresía y hablando de Dios con doblez y consumiendo el alma del hambriento y quitando el agua al que muere de sed.

7. Las armas de que se vale el impostor son muy malignas; pues está siempre maquinando las tramas para perder con mentirosas palabras a los mansos o pobres afligidos, mientras el pobre habla y pide lo que es justo.

8. Pero el príncipe que yo os vaticino,

---

33. Por Dios, Rey de los reyes.
5. Dios es comparado con un pájaro que revolotea sobre su nido para protegerlo. *Mat 23,* 37.

pensará cosas dignas de un príncipe, y velará sobre los caudillos de su pueblo.

9. Mujeres opulentas, levantaos y escuchad mi voz; hijas que confiáis en las riquezas, prestad oídos a mis palabras.

10. Porque después de días y de año o años, vosotras que vivís tan confiadas os hallaréis en gran turbación, pues ya no habrá más vendimias en el país de Judá, ni más recolección de frutos.

11. Pasmaos, mujeres opulentas; temblad vosotras que estabais tan confiadas; desnudaos vuestras galas, confudíos, poneos haldas en cinta*.

12. Llorad por los niños que criáis a vuestros pechos; llorad sobre vuestra amada patria, sobre vuestras fértiles viñas.

13. Espinas y abrojos cubrirán la tierra de mi pueblo: ¿cuánto más descargará el castigo sobre las casas todas de la ufana Jerusalén, de esa ciudad que rebosa en alegría?

14. Lo cierto es que la casa mía quedará abandonada, reducida a una soledad* esa ciudad populosa, cubiertas para siempre de densísimas tinieblas sus casas, las cuales quedarán hechas cavernas, donde retozarán los asnos monteces y pastarán los ganados,

15. hasta tanto que desde lo alto se derrame sobre nosotros el espíritu del Señor. Pues entonces el desierto se convertirá en un Carmelo y el Carmelo en un desierto o carrascal*.

16. Y la equidad o la virtud habitará entonces en el desierto y fijará su morada en el nuevo Carmelo la justicia o santidad.

17. Y la obra o fruto de la justicia será la paz, y el efecto de esta justicia el sosiego y seguridad sempiterna.

18. Y reposará mi pueblo en hermosa mansión de paz, y en tabernáculo de perfecta seguridad, y en el descanso de la opulencia.

19. Pero abajo en el desierto caerá el pedrisco, y la ciudad quedará profundamente humillada.

20. Bienaventurados vosotros los que sembráis en tierras que todas abundan en aguas, y metéis en ellas al buey y al asno para cultivarlas.

11. *Para servir como esclavas.*
14. *Luc 13*, 35.
15. *Ez 37*, 9; *Rom 10*, 25; *Ap 2*, 8.

33 *Profetiza Isaías la ruina de los asirios y el restablecimiento de Judá*

1. ¡Ay de ti, Sennaquerib, que saqueas a los otros! Que, ¿no serás tú también saqueado? Y tú que desprecias, ¿no serás también despreciado? Cuando acabes el saqueo, serás tú saqueado; cuando ya cansado dejes de menospreciar, serás tú menospreciado.

2. Apiádate, Señor, de nosotros, pues siempre hemos esperado en ti; sé nuestra fortaleza desde la mañana y la salvación nuestra en el tiempo de tribulación.

3. A la voz del ángel huyeron los pueblos; y al alzar tu brazo quedaron disipadas las naciones enemigas.

4. Pueblos orgullosos, vuestros despojos serán recogidos, como se recogen las langostas, cuando hay tanta abundancia que se llenan de ellas los fosos.

5. Engrandecido ha sido el Señor, que habita en lo alto, ha colmado a Sión de rectitud y de justicia.

6. Y reinará la fe en tus tiempos, ¡oh príncipe!; la sabiduría y la ciencia son tus riquezas saludables, y el temor del Señor tu verdadero tesoro.

7. Pero he aquí que desde afuera gritarán los que vean venir a los enemigos. Llorarán amargamente los ángeles o embajadores encargados de la paz.

8. Desiertos están los caminos, ni un caminante se ve por las sendas; ha roto el enemigo la alianza, ha arruinado las ciudades, en nada estima a los hombres.

9. En llanto está todo el país, y en lo sumo del abatimiento; cubierto de oprobio y envilecido el Líbano; el Sarón convertido en un páramo; el Basán y el Carmelo talados.

10. Mas ahora me levantaré yo, dice el Señor*, ahora seré ensalzado, ahora seré glorificado.

11. Naciones orgullosas vosotras concebiréis fogosos designios contra mi pueblo; y el resultado será no más que paja; vuestro mismo espíritu cual fuego os devorará.

12. Y quedarán estos pueblos como la ceniza después de un incendio; como haces de espinas serán pábulo de las llamas.

10. *Contra esos enemigos.*

13. Vosotros, los que estáis lejos, escuchad las cosas que he hecho yo, y aprended a conocer mi poder los que estáis cerca.

14. Aterrados han sido de Sión los pecadores; y el temblor se ha apoderado de los hipócritas. ¿Quién de vosotros podrá habitar en un fuego devorador? ¿Quién de vosotros podrá morar entre los ardores sempiternos?

15. Aquel que anda por las sendas de la justicia* y habla verdad, que aborrece las riquezas adquiridas con la calumnia o extorsión, y tiene limpias sus manos de todo cohecho; que tapa sus orejas para no prestar oídos a los sanguinarios, y cierra sus ojos por no ver lo malo.

16. Este es el que tendrá su morada en las alturas; vivirá seguro como en una alta roca; tendrá pan en abundancia, y nunca le faltará el agua.

17. Sus ojos verán al rey de los cielos en su gloria; y la tierra la mirarán lejos de ellos.

18. Entonces tu corazón hará memoria de sus pasados temores. ¿Dónde está, dirá él, el letrado*? ¿Dónde el orgulloso que pesaba las palabras de la ley? ¿Dónde el maestro de niños?

19. No verás ya, ¡oh príncipe! un pueblo descarado, un pueblo de un hablar oscuro, cuya algarabía de lenguaje no puedas entender, el cual carece de toda sabiduría.

20. Vuelve la vista a Sión, ciudad donde se celebran nuestras solemnidades; tus ojos verán a Jerusalén, mansión opulenta; un tabernáculo o pabellón que no podrá ser trasladado a otra parte, pues ni las estacas serán jamás arrancadas, ni se romperá ninguna de sus cuerdas.

21. Porque allí solamente hace nuestro Señor alarde de su magnificiencia. Aquel es lugar de ríos, de ríos anchísimos y caudalosos; no pasará por el barco de remos de ningún enemigo ni menos lo surcará galera grande de tres órdenes de remos.

22. Pues el Señor es nuestro juez, el Señor nuestro legislador, el Señor nuestro rey; él es el que nos ha de salvar.

23. Se aflojaron, ¡oh nave orgullosa! tus cables, y ya no servirán; quedará tan mal parado tu mástil, que no podrás desplegar una bandera. Entonces se repartirán los despojos, y el gran botín que habías hecho; hasta los cojos se llevarán parte de él.

24. Y no dirá el vecino: Soy yo débil para llevarlo; y el pueblo que morará allí recibirá el perdón de sus pecados.

34

Dios castigará con rigor a las naciones, en particular a Idumea. Profecía del fin del mundo

1. Venid acá, oh naciones, y escuchad; pueblos, estad atentos; oiga la tierra y toda su población; la tierra toda y cuanto en ella vive.

2. Porque la indignación del Señor va a descargar sobre todas las naciones, y su furor sobre todos sus ejércitos; los matará y hará en ellos una carnicería.

3. Arrojados serán al campo sus muertos, y exhalarán sus cadáveres un hedor insufrible; los montes quedarán profanados con su sangre.

4. Desfallecerá toda la milicia o astro del cielo; y los cielos se arrollarán como un pergamino*; y como cae la hoja de la parra y de la higuera, así caerá toda su milicia, o todos sus astros.

5. Porque mi espada se ha embriagado de sangre en las criaturas del cielo; he aquí que va a descargar ahora sobre la Idumea, sobre el pueblo en cuya mortandad señalaré yo mi justicia.

6. Bañada está toda en sangre la espada del Señor, chorreando grasa y sangre de corderos y de macho cabrío, sangre de gordos carneros; porque las víctimas del Señor están en Bosra; hará él una gran mortandad en el país de los idumeos.

7. Y caerán con éstos a tierra los unicornios y los toros* con los poderosos; la tierra se embriagará de la sangre de ellos, y de la grasa de los cuerpos sus campiñas.

8. Porque ha llegado el día de la venganza del Señor, el año o tiempo de hacer justicia a Sión.

9. Y se convertirán en pez encendida las aguas de sus torrentes, y en azufre el polvo de Idumea; y arderán sus campiñas como si fueran todas de pez.

---

15. *Sal 15 (14)*, 2; *36 (35)*.
18. *1 Cor 1*, 20.

4. *Mat 24*, 29; *Ap 6*, 12-14.
7. *Sal 22 (21)*, 13.

10. Ni de día ni de noche cesará el incendio; estará eternamente saliendo una gran humareda; permanecerá asolada de generación en generación, y no transitará alma alguna por ella por los siglos de los siglos,

11. sino que se harán dueños de ella el onocrótalo y el erizo; el ibis o cigüeña y el cuervo establecerán allí su morada. Se tirará sobre ella la cuerda de medir para reducirla a nada y el nivel para arrasarla enteramente*.

12. No se verán allí más los nobles de ella; implorarán con ahínco el socorro de un rey, y todos sus príncipes serán aniquilados.

13. En el solar de sus casas nacerán espinas y ortigas, y cardos en sus fortalezas; y vendrá a ser guarida de dragones y pastos de avestruces.

14. Y se encontrarán allí los demonios o seres malignos con los onocentauros, y gritarán unos contra otros los sátiros; allí se acostará la lamia y encontrará su reposo.

15. Allí tendrá su cueva el erizo o puerco espín y allí criará sus cachorrillos y cavando alrededor con el hocico los abrigará a la sombra de ella; allí se juntarán los milanos, y se unirán uno con otro.

16. Examinad atentamente el libro que ahora escribo* de parte del Señor, y leed en él: Nada de lo que os anuncio dejará de suceder, ni una sola de estas cosas faltará; pues lo que sale de mi boca, el Señor me lo ha dictado, y su espíritu mismo ha reunido todo esto.

17. Y él es quien distruibuirá a las fieras su porción en Idumea, su mano les repartirá la tierra con medida; para siempre la poseerán, de generación en generación habitarán en ella.

35 *Profecía de la asombrosa transformación que la gracia del Mesías causará en la tierra*

1. Entonces la región desierta e intransitable se alegrará y saltará de gozo la soledad, y florecerá como lirio.

2. Fructificará copiosamente y se regocijará llena de alborozo y entonará himnos; se le ha dado a ella la gala del Líbano, la hermosura del Carmelo y de Sarón; éstos (sus habitantes) verán la gloria del Señor, y la grandeza de nuestro Dios.

3. Esforzad, ¡oh ministros del Señor!, las manos flojas, y enrobusteced las rodillas débiles.

4. Decid a los pusilánimes: ¡Ea! buen ánimo, y no temáis; mirad a vuestro Dios que viene a ejecutar una justa venganza. Dios mismo en persona vendrá, y os salvará.

5. Entonces se abrirán los ojos de los ciegos, y quedarán expeditas las orejas de los sordos.

6. Entonces el cojo saltará como el ciervo, y se desatará la lengua de los mudos*; porque también las aguas rebosarán entonces en el desierto y correrán arroyos en la soledad.

7. Y la tierra que estaba árida, quedará llena de estanques, y de aguas la que ardía en sed. En las cuevas, que eran antes guaridas de dragones, nacerán la verde caña y el junco.

8. Allí habrá una senda y camino real, que se llamará, o será camino santo, no lo pisará hombre inmundo, y éste será para vosotros un camino recto; de tal suerte que aun los más lerdos no se perderán en él.

9. No habrá allí león, ni bestia alguna feroz transitará por dicho camino, ni allí se hallará; sino que caminarán por aquella senda los que hayan sido libertados de la esclavitud del pecado.

10. Y volverán los rescatados por el Señor, y vendrán a Sión cantando alabanzas, coronados de gozo sempiterno; disfrutarán de un celestial placer y contentamiento y huirá de ellos para siempre el dolor y el llanto.

SUPLEMENTO HISTORICO *36*, 1-*39*, 8

36 *Sennaquerib, rey de los asirios, después de apoderarse de Judea, envía a Rabsaces a Jerusalén*

1. Y sucedió que el año decimocuarto del reinado de Ezequías, Sennaquerib, rey de los asirios, puso sitio a todas las ciudades fortificadas de Judea*, y se apoderó de ellas.

---

11. *2 Sam 8*, 2.
16. *Is 30*, 8.

6. *Mat 11*, 5; *Luc 7*, 21.
1. *2 Re 18*, 13.

2. Y envió después él mismo a Rabsaces su general, desde Laquís a Jerusalén con un grueso cuerpo de tropas contra el rey Ezequías; y Rabsaces puso su acampamento en el acueducto del estanque superior, en el camino del campo del Batanero.

3. Y salieron a encontrarle Eliacim, hijo de Helcías, mayordomo mayor del palacio, y Sobna, doctor de la ley, y Joahe, hijo de Asaf, canciller.

4. Y Rabsaces les habló de esta manera: Decid a Ezequías: El gran rey, el rey de los asirios, dice: ¿Qué seguridad es esa en que confías tú?

5. O ¿con qué designios o fuerzas te atreves tú a hacerme la guerra? ¿En quién te apoyas para haberte rebelado contra mí?

6. Veo que tú te apoyas en Egipto, el cual es como un bastón de caña cascada, que al que se apoyare en él le horadará la mano y se la traspasará; eso será el faraón, rey de Egipto para con todos aquellos que en él confían.

7. Que si tú me respondieres: Nosotros confiamos en el Señor Dios nuestro, acaso ¿no es ése aquel mismo cuyos lugares altos y cuyos altares destruyó Ezequías, diciendo a Judá y a Jerusalén: Solamente ante este altar adoraréis con sacrificios a Dios?

8. ¡Ea pues!, sujétate a mi señor, el rey de los asirios; yo te daré si quieres, dos mil caballos y tú no podrás hallar para ellos en todo tu pueblo bastantes jinetes.

9. Pues ¿cómo podrás hacer frente al gobernador de un lugar aunque sea de los de menos graduación entre los siervos de mi señor? Que si confías tú en Egipto por sus carros de guerra y por su fuerte caballería,

10. ¿acaso he venido yo sin orden del señor a destruir este país? Marcha a esa tierra, me dijo a mí el señor, y arrásala.

11. Entonces Eliacim, Sobna y Joahe dijeron a Rabsaces: Habla a estos tus siervos en lengua siríaca, pues la entendemos; no nos hables en hebreo, a oídas del pueblo que está sobre la muralla.

12. Les contestó Rabsaces: ¿Por ventura mi amo me ha enviado a decir todo esto a tu señor y a ti, y no más bien a los ciudadanos que están sobre el muro, expuestos a que, si no se rinden, coman sus propios excrementos, y beban con vosotros sus mismos orines?

13. Y se puso en pie Rabsaces, y gritó en alta voz y dijo en lengua judaica: Oíd las palabras del gran rey, del rey de los asirios.

14. Esto dice el rey: No os engañe Ezequías, pues no podrá libraros.

15. No os llene Ezequías la cabeza de confianza en el Señor diciéndoos: Sin falta nos librará el Señor, no temáis, no será entregada esta ciudad en manos de los asirios.

16. No escuchéis a Ezequías; porque esto dice el rey de los asirios: Aceptad la paz que os ofrezco y venid a tratar conmigo de vuestra rendición, y comerá cada uno del fruto de su viña, y cada uno del fruto de su higuera y beberá cada cual de vosotros el agua de su cisterna.

17. Hasta tanto que yo vaya y os conduzca a una tierra que es como la vuestra, tierra de grano y vino, tierra de panes y de viñas.

18. Y no os conturbe Ezequías diciendo: El Señor nos librará. ¿Acaso los dioses de las gentes han librado cada uno a su tierra de las manos del rey de los asirios?

19. ¿Dónde está el dios de Emat y de Arfad? ¿Dónde está el dios de Sefarvaím? ¿Por ventura han librado sus dioses a Samaria de caer en mi poder?

20. ¿Cuál es el dios entre todos los dioses de estos países, el cual haya podido librar su tierra de la fuerza de mi brazo, para que esperéis que el Señor pueda salvar a Jerusalén de caer en mis manos?

21. Callaron todos y no le respondieron palabra; pues así se lo había mandado el rey diciendo: No le respondáis.

22. Y en seguida Eliacim, hijo de Helcías, mayordomo mayor del palacio, y Sobna, doctor de la ley, y Joahe, hijo de Asaf, canciller, rasgados sus vestidos, volvieron a Ezequías y le refirieron las palabras de Rabsaces.

37

Ezequías, amenazado por Rabsaces, consulta a Isaías, le dice que el Señor salvará a Jerusalén

1. Y cuando lo oyó el rey Ezequías rasgó sus vestidos, se vistió de saco o cilicio, y entró en la casa del Señor;

2. y envió a Eliacim, mayordomo mayor de su palacio, y a Sobna, doctor de la ley y a los más ancianos de entre los sacerdotes, vestidos de cilicio a encontrar al profeta Isaías, hijo de Amós,

3. a quien le dijeron: Esto dice Ezequías: Día de tribulación y de castigo, y día de blasfemia es éste, las criaturas están ya a punto de nacer, y falta la fuerza en la madre para parirlas.

4. Interpón, pues, tu oración por las reliquias del pueblo; para ver si el Señor Dios tuyo ha reparado en las palabras de Rabsaces, enviado de su amo el rey asirio a blasfemar el Nombre de Dios vivo, e insultarle con las expresiones que ha oído el Señor tu Dios.

5. Fueron, pues, los ministros del rey Ezequías a encontrar a Isaías;

6. el cual les dijo: He aquí la respuesta que habéis de llevar a vuestro amo: El Señor dice: No temas las palabras que has oído, con las cuales han blasfemado de mí los criados del rey de los asirios.

7. Mira, yo voy a darle un soplo que le perturbe, y recibirá cierta noticia, y se volverá a su tierra, y en su tierra haré que perezca al filo de la espada.

8. En efecto, Rabsaces, habiendo oído que el rey de los asirios se había retirado de Laquís, se marchó luego, y lo halló peleando contra Lobna.

9. Y Sennaquerib oyó decir de Taraca, rey de Etiopía, que venía a pelear contra él; y así que hubo recibido esta noticia, envió embajadores a Ezequías, diciéndoles:

10. Esto diréis al presentaros a Ezequías, rey de Judá: No te lisonjee tu Dios, en quien tú tienes puesta la confianza con decirte: No caerá Jerusalén en poder del rey de los asirios.

11. Bien sabes tú todas las cosas que han hecho los reyes de los asirios a todas las regiones que han destruido. ¿Y tú piensas que podrás librarte de sus manos?

12. Acaso los dioses de las naciones libraron a los que arruinaron mis padres, a los de Gozam, y de Haram, y de Resef, y a los hijos de Edén que moraban en Talasar?

13. ¿Dónde está el rey de Emat y el rey de Arfad, y el rey de la ciudad de Sefarvaím, y de Ana, y de Ava*?

14. En esto tomó Ezequías la carta de manos de los embajadores, la leyó y subió al templo del Señor, ante cuya presencia la extendió;

15. y le hizo Ezequías al Señor la siguiente oración:

16. Señor de los ejércitos, Dios de Israel, que tienes tu asiento sobre los querubines; sólo tú eres el Dios de todos los reinos del mundo, tú el que hizo el cielo y la tierra.

17. Señor, inclina tus oídos y escucha, abre, Señor, tus ojos, y mira, y repara todas las palabras dictadas por Sennaquerib para blasfemar al Dios vivo.

18. Es verdad, Señor, que los reyes de los asirios asolaron aquellas naciones y sus tierras;

19. y que entregaron a las llamas a los dioses de ellas, porque no eran dioses, sino hechura de mano de hombres, madera y piedra, por eso los hicieron pedazos.

20. Mas tú ahora, ¡oh Señor Dios nuestro!, sálvanos de las manos de éste y conozcan los reinos todos de la tierra que sólo tú eres el Señor y Dios verdadero.

Respuesta de Dios a través de Isaías

21. En esto Isaías, hijo de Amós, envió a decir a Ezequías: El Señor Dios de Israel dice así: En orden a lo que me has pedido que haga respecto de Sennaquerib, rey de los asirios,

22. este es el fallo que contra él ha pronunciado el Señor: Te ha despreciado el Señor. Te ha despreciado a ti, y te ha insultado, ¡oh virgen, hija de Sión! a espaldas tuyas ¡oh hija de Jerusalén! ha meneado su cabeza mofándose de ti.

23. ¿A quién has ultrajado tú, oh príncipe soberbio? ¿De quién has tú blasfemado y contra quién has osado alzar la voz, y dirigido tus altivos ojos? Ha sido contra el Santo de Israel.

24. Por medio de tus siervos has ultrajado al Señor y has dicho: Yo con todos mis carros de guerra he subido a las alturas de los montes, sobre las cordilleras del Líbano; y cortaré sus más empinados cedros y sus más robustos abetos; y llegaré a su más alta cima, y entraré en el bosque de su famoso Carmelo.

25. Yo he abierto pozos y bebido sus aguas, y donde he puesto los pies con mi ejército he sacado todas las aguas de sus acequias o canales.

---

13. *2 Re 18*, 34; *19*, 13.

26. Pero ¿no has oído tú, dice el Señor, que yo hace ya tiempo que dispuse todas esas cosas? Desde los días antiguos, o desde siempre, yo lo resolví, y ahora lo he efectuado: y se ha hecho de tal manera, que han sido destruidos enteramente los peñascos o collados bien defendidos y las ciudades fortificadas.

27. Los habitantes o defensores de éstas, embargadas sus manos, temblaron y quedaron despavoridos; se secaron como heno de prado y grama de dehesa, y como la hierba de los tejados, que se seca antes de madurar.

28. Yo tengo bien conocida tu mansión, tus entradas y salidas, y tu locura o insensatez contra mí.

29. Cuando tú te enfurecías contra mí, subió hasta mis oídos aquella insolencia tuya; por eso te pondré yo un anillo en tus narices, y un freno en tus labios y te haré volver por el mismo camino por donde has venido.

30. Pero tú, ¡oh Ezequías!, tendrás por señal esto que ahora oirás: Por este año come lo que de sí espontáneamente dará la tierra, en el segundo, mantente de las frutas; pero al tercero, sembrad y segad, y plantad viñas, y comed sus frutos.

31. Y lo que se salvare de la casa de Judá, los restos que quedaren echarán profundas raíces y extenderán en alto sus ramas cargadas de frutos.

32. Porque de Jerusalén es de donde saldrán los residuos de mi pueblo, y del monte Sión los que se salvarán. Esto hará el celo del Señor de los ejércitos.

33. Por tanto, esto dice el Señor acerca del rey de los asirios: No pondrá él el pie en esta ciudad, ni arrojará acá una saeta, ni la asaltará el soldado cubierto con su escudo, ni levantará trincheras alrededor de ella.

34. Por el camino que vino, por el mismo se volverá, y no entrará en esta ciudad, dice el Señor.

35. Y yo protegeré esta ciudad para salvarla, por respeto mío y de David, mi siervo.

36. En efecto, bajó un ángel del Señor e hirió en el campamento de los asirios a ciento ochenta y cinco mil hombres; y al levantarse a la madrugada, he aquí que no vieron sino montones de cadáveres.

37. Por lo que se fue de allí Sennaquerib, rey de los asirios, y marchó y se volvió a su residencia de Nínive.

38. Donde aconteció que mientras adoraba en el templo a su dios Nesroc, sus hijos Adramelec y Sarasar le mataron a puñaladas, y huyeron a tierra de Ararat, y le sucedió en el reino su hijo Asar Haddón.

38 *Ezequías enferma y es librado de la muerte. Milagrosa retrogradación del sol en el reloj de Acaz*

1. En aquellos días, Ezequías enfermó de muerte; y entró a visitarlo el profeta Isaías, hijo de Amós, y le dijo: Esto dice el Señor: Dispón de las cosas de tu casa; porque vas a morir, y estás al fin de tu vida*.

2. Y volvió Ezequías su rostro a la pared y oró al Señor,

3. diciendo: Acuérdate, te ruego, y suplico, ¡oh Señor!, de cómo he caminado en tu presencia con sinceridad y con un corazón perfecto y que he hecho lo que era agradable a tus ojos. Y prorrumpió Ezequías en un deshecho llanto.

4. Y luego habló el Señor a Isaías diciendo:

5. Anda y di a Ezequías: Esto dice el Señor Dios de tu padre David: He oído tu oración y visto tus lágrimas. He aquí que te daré quince años más de vida;

6. y te libraré del poder del rey de los asirios a ti y a esa ciudad, y la protegeré.

7. Y de que el Señor cumplirá lo que ha dicho, se te dará por el mismo Señor esta señal:

8. He aquí que voy a hacer que la sombra del sol retroceda las diez líneas que ha bajado en el reloj de Acaz. Y retrocedió el sol por las diez líneas que había bajado.

9. Cántico que dejó escrito Ezequías, rey de Judá, cuando enfermó, y sanó de su enfermedad.

10. Dije yo: A la mitad de mis días* entraré por la puerta del sepulcro; privado me veo del resto de mis años.

11. Ya no veré yo al Señor Dios, dije, en la tierra de los que viven. No veré más a hombre alguno, ni a los que morarán en dulce paz.

---

1. *2 Re 20*, 1.
10. *Sal 55* (*54*), 24; *90* (*89*), 10.

12. Se me quita el vivir, y se va a plegar o doblar mi vida, como se hace con la tienda de un pastor*. Cortada ha sido mi vida, como tela por el tejedor; mientras la estaba aún urdiendo, entonces él me la ha cortado; de la mañana a la noche acabarás conmigo, ¡oh Dios mío!

13. Esperaba vivir hasta el amanecer; el Señor, como un león fuerte, había quebrantado todos mis huesos; pero por la mañana decía: Antes de anochecer acabarás, oh Señor, mi vida.

14. Gritaba yo como un pollito de golondrina, gemía como paloma: Se debilitaron mis ojos de mirar siempre a lo alto del cielo. Mi situación, Señor, es muy violenta: Toma a tu cargo mi defensa.

15. ¿Mas qué es lo que digo? ¿Cómo me tomará él bajo su patrocinio, cuando él mismo es el que ha hecho esto? Repasaré, ¡oh Dios mío!, delante de ti con amargura de mi alma todos los años de mi vida.

16. ¡Oh Señor!, si esto es vivir, y en tales apuros se halla la vida de mi alma, castígame te ruego; y castigado, vivifícame*.

17. Ved cómo se ha cambiado en paz mi amarguísima aflicción; y tú, ¡oh Señor! has librado de la perdición a mi alma; has arrojado tras de tus espaldas todos mis pecados.

18. Porque no han de cantar tus glorias los que están en el sepulcro*, ni han de entonar las alabanzas los que están en poder de la muerte; ni aquellos que bajan a la fosa esperarán ver el cumplimiento de tus verídicas promesas.

19. Los vivos, Señor, los vivos son los que te han de tributar alabanzas, como hago yo este día; el padre anunciará a sus hijos su fidelidad en las promesas.

20. ¡Oh Señor!, sálvame, y cantaremos nuestros salmos en el templo del Señor todos los días de nuestra vida.

21. Es de saber que Isaías había mandado que tomasen una porción de higos, y que haciendo de ellos una masa, compusiesen una cataplasma y la pusiesen sobre la llaga de Ezequías, y se curaría.

22. Y entonces fue cuando dijo Ezequías: ¿Qué señal tendré yo, de que aún he de subir al templo del Señor?

12. *2 Cor 5*, 4.
16. *Con tu espíritu.*
18. *Sal 6*, 6; *115* (*113b*), 17.

---

39 *Habiendo venido embajadores del rey de Babilonia a Ezequías, les muestra éste sus tesoros*

---

1. Por aquel tiempo Merodac Baladán*, hijo de Baladán, rey de Babilonia envió embajadores con cartas y presentes a Ezequías, por haber sabido que había estado enfermo y que había convalecido.

2. Y se alegró mucho de esto Ezequías, y les hizo ver el repuesto o recámara de los aromas, y de la plata, y del oro, y de los bálsamos y de los ungüentos preciosos, y todas las estancias de sus muebles, y todo cuanto se hallaba en sus tesoros. No dejo Ezequías cosa alguna de su casa o en su poder, que no se las mostrara.

3. Mas entró después el profeta Isaías a ver al rey Ezequías, y le preguntó: ¿Qué han dicho esos hombres, y de dónde vienen? Han venido a mí, respondió Ezequías, de lejanas tierras, de Babilonia.

4. ¿Y qué han visto en tu palacio?, repuso Isaías. Han visto todo cuanto hay en él, dijo Ezequías, nada ha quedado por mostrarles de todas mis preciosidades.

5. Entonces dijo Isaías a Ezequías: Escucha la palabra del Señor de los ejércitos:

6. He aquí que vendrá tiempo en que todas las cosas que hay en tu palacio, y cuanto atesoraron tus padres hasta el día de hoy, será todo llevado a Babilonia; no dejarán ahí nada, dice el Señor.

7. Y escogerán de entre tus hijos, que descenderán de ti por línea recta, para que sirvan de eunucos en el palacio del rey de Babilonia.

8. Y respondió Ezequías a Isaías: Justa es la sentencia que ha pronunciado el Señor. Me contento, añadió, con que haya paz y se cumplan en mis días las promesas del Señor.

1. *2 Re 20*, 12.

Segundo Isaías

(*40*, 1-55, 13)

Libro de la consolación

40 *Jerusalén será consolada y salvada por el Mesías. Predicación del Bautista su precursor*

1. Consuélate, oh pueblo mío, consuélate, porque he aquí lo que me ha dicho vuestro Dios:

2. Habladle al corazón a Jerusalén, alentadla, pues se acabó su aflicción; ya está perdonada su maldad; ella ha recibido ya de la mano del Señor al doble* por todos sus pecados.

3. Ya oigo la voz del que clama en el desierto*. Aparejad el camino del Señor, enderezad en la soledad la senda de nuestro Dios;

4. todo valle ha de ser alzado, y todo monte y cerro abatido; y los caminos torcidos se harán rectos, y los ásperos llanos.

5. Entonces se manifestará la gloria* del Señor, y verán a una todos los hombres que la boca del Señor Dios es la que ha hablado por los profetas.

6. Oí una voz que me decía: Clama. Yo respondí: ¿Qué es lo que he de clamar? Clama, dijo, que toda carne es heno, y toda su gloria como la flor del prado*.

7. Se seca el heno y la flor cae, así que se dirige contra él el soplo del Señor... Verdaderamente es como heno todo hombre.

8. Se secó el heno y cayó la flor; mas la palabra del Señor nuestro dura eternamente.

9. Súbete sobre un alto monte tú que anuncias buenas nuevas a Sión; alza esforzadamente tu voz; ¡oh tú que hablas a Jerusalén!, álzala y no temas. Di a las ciudades de Judá: He ahí a vuestro Dios.

10. He aquí que viene el Señor vuestro Dios con infinito poder, y dominará con la fuerza de su brazo. Mirad, él lleva consigo su recompensa para los que le sigan y tiene a la vista su obra de la redención del mundo.

11. Como un pastor apacentará su rebaño, recogerá con su brazo los corderillos; los tomará en su seno, y llevará él mismo las ovejas recién paridas.

12. ¿Quién es aquel que ha medido las aguas del océano en el hueco de la palma de su mano, y extendiendo ésta ha pesado los cielos?; ¿quién es el que con sólo tres dedos sostiene la gran mole de la tierra, y pesa los montes y los collados como en una balanza?

13. ¿Quién ayudó al espíritu del Señor?, ¿o quién fue su consejero*, y le comunicó alguna idea?

14. ¿A quién llamó él a consulta, o quién hay que le haya instruido a él, o le haya mostrado la senda de la justicia, o le haya comunicado la ciencia, o le haya hecho conocer el camino de la prudencia?

15. He aquí que las naciones todas son delante de él como un gota de agua que se rezuma de un cántaro, y como un pequeño grano en la balanza*. Asimismo las islas son como un granito de polvo.

Vanidad de los ídolos

16. Cuantos árboles hay en el Líbano no bastarían para encender el fuego de su altar; ni todos sus animales para ser un holocausto digno de él.

17. Todas las naciones de la tierra son en presencia suya como si no fueran, y como nada, y una cosa que no existe, así son por él consideradas.

18. ¿A qué cosa, pues, habéis vosotros asemejado a Dios, o qué diseño trazaréis de él?

2. *Abundante gracia* o *suficiente castigo.*
3. *Mat 3*, 3; *Luc 3*, 4.
5. *Jn 1*, 14.
6. *Eclo 14*, 18; *Sant 1*, 10; *1 Pe 1*, 24.
13. *Sab 9*, 13; *Rom 11*, 34; *1 Cor 2*, 16.
15. *Sab 11*, 23.

19. ¿Por ventura la imagen o el ídolo no es obra de un fundidor?, ¿no es el platero de oro el que la ha formado de este metal, o de láminas de plata el platero?

20. El hábil artífice escoge una madera dura e incorruptible; y procura afianzar la estatua, de modo que no caiga.

21. ¿Acaso no sabéis lo que es Dios?; ¿no habéis oído hablar de él?; ¿acaso no se os anunció desde el principio del mundo?; ¿no ha llegado a vuestra noticia que él hizo los fundamentos de la tierra?

22. Sabed que él es el que está sentado sobre la tierra; y los moradores de ésta son en su presencia como pequeñas langostas: él es el que extendió los cielos como un velo o cosa muy leve, y los desplegó como una tienda de campaña en que se ha de habitar.

23. El es quien confunde y anonada a los escudriñadores de los arcanos de la naturaleza, y reduce a nulidad a los jueces o gobernadores de la tierra.

24. Estos son para Dios como un tronco, que no ha sido plantado, ni sembrado, ni tiene arraigo en la tierra. De repente, a un ligero soplo del Señor contra ellos, se secaron, y un torbellino los arrebata como hojarasca.

25. ¿A qué cosa, pues, me habéis asemejado?; ¿a qué cosa me habéis igualado?, dice el Santo por esencia.

26. Alzad hacia lo alto vuestros ojos, y considerad quién creó esos cuerpos celestes*; quién hace marchar ordenadamente aquel ejército de estrellas, y llama a cada una de ellas por su nombre, sin que ninguna se quede atrás; tal es la grandeza de su poder, de su fortaleza y de su virtud.

27. Pues ¿por qué dices tú, oh Jacob, por qué osas afirmar tú, ¡oh Israel!: No conoce el Señor la triste situación en que me hallo, y no se cuida mi Dios de hacerme justicia?

28. ¿Por ventura ignoras tú, o no has oído que Dios es el Señor eterno que creó la extensión de la tierra sin cansancio ni fatiga, y que es incomprensible su sabiduría?

29. El es el que robustece al débil y el que da mucha fuerza y vigor a los que no son para nada.

30. Desfallecerá fatigada de cansancio la edad lozana, y se caerá de flaqueza la juventud.

26. *Sal 19* (*18*), 1-6.

31. Mas los que tienen puesta en el Señor su esperanza, adquirirán nuevas fuerzas, tomarán alas como de águila, correrán y no se fatigarán, andarán y no desfallecerán.

41 *Poder infinito de Dios y su bondad para con los hombres. Redención de Israel y ruina de Babilonia*

1. Callen ante mí las islas, y tomen nuevas fuerzas las gentes; acérquense, y hablen después, y entremos juntos en juicio:

2. ¿Quién sacó del oriente al justo Abrahán, y lo llamó para que lo siguiese? El Señor sujetó a su vista las naciones, y lo hizo superior a los reyes, que entregados al filo de su espada, y por blanco de su arco, quedaron reducidos a polvo, y como paja que arrebata el viento.

3. Los persiguió, pasó adelante sin desastre, tan velozmente que no se vio la huella de sus pies.

4. ¿Quién obró y llevó a cumplimiento estas cosas? ¿Quién ya desde el principio eligió y ordenó con este fin todas las generaciones? Yo el Señor, yo que soy el primero y el último*.

5. Lo vieron las islas, y se llenaron de temor; se pasmaron las más remotas naciones; y a pesar de eso se reunieron y se acercaron.

6. Se auxiliaron mutuamente en esta loca empresa, y cada cual decía a su hermano: ¡Buen ánimo!

7. El broncista que trabaja a martillo, esforzaba al que batía en el yunque diciendo: Bien hecha está la soldadura; ahora asegura con clavos la estatua del ídolo, para que no se mueva.

8. Mas tú ¡oh Israel!, siervo mío, tú, ¡oh Jacob!, a quien escogí, tú que eres estirpe de mi amigo Abrahán,

9. tú, a quien traje yo de los últimos confines de la tierra, y te llamé de sus lejanas regiones, y te dije: Siervo mío eres tú, yo te he escogido, y no te desecharé.

10. No temas, digo, que yo estoy contigo; no te desvíes, pues yo soy tu Dios; yo te he confortado, y te he auxiliado, y la diestra poderosa de mi Justo te ha amparado.

4. *El principio y fin de todas las cosas. Is 44*, 6; *48*, 12; *Ap 1*, 8-17; *22*, 13.

11. Sábete que quedarán confundidos y avergonzados todos aquellos que te hacen guerra; serán como si no fuesen, y perecerán los que te contradicen.

12. Buscarás a esos hombres que se alzan contra ti, y no los hallarás; serán como si no fuesen, y quedarán como un esqueleto cuantos te hacen guerra.

13. Porque yo soy el Señor tu Dios, que te tomo por la mano, y te estoy diciendo: No temas, que soy yo el que te socorro.

14. No temas, gusanillo, o débil Jacob, no tienes que temer; ni vosotros los que parecéis unos muertos de Israel. Yo soy tu auxilio, dice el Señor, y el Santo de Israel es el redentor tuyo.

15. Yo haré que seas como un carro nuevo de trillar las mieses, armadas sus ruedas de dientes de hierro: Tú trillarás y desmenuzarás los montes, y reducirás como a polvo los collados.

16. Los aventarás, y el viento se los llevará, y los esparcirá el torbellino; y tú rebosarás de alegría en el Señor, y te regocijarás en el Santo de Israel.

17. Los pobres y menesterosos buscan agua, y no la hay; se secó de sed su lengua; yo el Señor los oiré benigno. Yo el Dios de Israel no los abandonaré.

18. Yo haré brotar ríos en los más altos cerros, y fuentes en medio de los campos; al desierto lo convertiré en estanques de aguas, y en la tierra árida e inhabitable haré correr copiosos arroyos.

19. Haré nacer en la soledad el cedro, el setim, y el arrayán, y el olivo; y en el desierto mismo produciré a un tiempo el abeto, el olmo y el ciprés,

20. a fin de que todos a una vean, y sepan, y consideren, y comprendan que la mano del Señor es la que ha hecho tal cosa; y que es el Santo de Israel quien la ha creado.

21. Salid ahora a defender vuestra causa, dice el Señor, alegad si tenéis alguna razón fuerte, dice el rey de Jacob.

22. Vengan vuestros dioses y anúnciennos cuantas cosas están por suceder; declaren las antiguas que ya fueron, y estaremos atentos, y sepamos los sucesos que vendrán después; anúnciennos lo que ha de suceder.

23. Vaticinad, ¡oh ídolos!, lo que ha de acontecer en lo venidero y entonces conoceremos que vosotros sois dioses; haced el bien o el mal, si es que podéis hacer algo; y hablemos y discurramos juntos sobre vuestro poder.

24. Pero es claro que vosotros sois hechos de la nada, y de una cosa que nada es viene vuestro ser; abominable* es quien os escogió para adoraros como dioses.

25. Yo llamé al justo Abrahán del Norte, para que viniese del oriente; él invocó mi nombre, y pisó como lodo a los príncipes, y como el alfarero que pisa el barro.

26. ¿Quién otro más que yo ha anunciado estas cosas desde su principio?, decidlo a fin de que le conozcamos, y desde los tiempos antiguos, para que digamos: tienes razón, a favor tuyo está la justicia. Mas no hay entre vuestros ídolos quien profetice, ni quien prediga lo futuro, ni quien oiga siquiera las palabras de vuestra boca.

27. El primero dirá a Sión: Helos ahí, y daré a Jerusalén un portador de alegres nuevas.

28. Y yo Isaías estuve observando, y no hubo allí entre estos partidarios de los ídolos ni uno siquiera que fuese capaz de consejo, ni de contestar una sola palabra quien le preguntaba.

29. Luego todos son unos inicuos, y vanas son las obras de sus manos, viento y vanidad sus simulacros.

42 *Primer canto del siervo de Yahvé. Anuncio del regreso de Babilonia como victoria de la justicia*

1. He aquí mi siervo, yo estaré con él; mi escogido, en quien se complace el alma mía; sobre él he derramado mi espíritu; él mostrará la justicia a las naciones.

2. Mansísimo y modesto no voceará, ni será aceptador de personas; no se oirá en la calle su voz.

3. La caña cascada no la quebrará ni apagará el pabilo que aún humea; ejercerá el juicio conforme a la verdad.

4. No será melancólico su aspecto ni turbulento mientras se establezca en la tierra la justicia; y de él esperarán la ley divina las islas.

5. Estas cosas dice el Señor Dios que

---

24. *1 Cor 8*, 4.

creó y extendió los cielos; el que da el ser a la tierra y a cuanto en ella brota; el que da respiración a los pueblos que la habitan, y aliento a los que caminan por ella.

6. Yo el Señor te he llamado por amor o celo de la justicia, te he tomado por la mano, y te he preservado; te he puesto para ser el reconciliador del pueblo y luz de las naciones;

7. para que abras los ojos de los ciegos, y saques de la cárcel a los encadenados, y de la estancia de los presos a los que yacen entre tinieblas.

8. Yo soy el Señor*. Este es mi nombre. La gloria mía no la cederé a otro, ni el honor mío a los vanos simulacros de los ídolos.

9. Las cosas anteriores que predije, ya véis que se han cumplido; ahora yo anuncio otras nuevas; y os las revelo a vosotros antes de que sucedan.

10. Cantad al Señor un nuevo cántico, publicad sus alabanzas hasta los últimos confines de la tierra; vosotros que navegáis por la vasta extensión de los mares, y vosotras, ¡oh islas! y todos sus moradores.

11. Levántese alegre el desierto con todas sus ciudades. Cedar habitará en hermosas casas. Moradores de Petra, cantad alabanzas al Señor, alzad la voz desde la cumbre de los montes.

12. Ellos darán gloria al Señor, y publicarán en las islas, o naciones remotas, sus alabanzas.

13. Porque el Señor saldrá afuera como un invencible campeón; como un fuerte guerrero excitará su celo; dará voces y calmará; prevalecerá contra sus enemigos.

14. Hasta ahora, dirá el, estuve siempre callado, guardé silencio, fui misericordioso; mas ya como voces de mujer que está de parto, así serán las mías: Desolaré y devoraré de un golpe a todos mis enemigos.

15. Yo arrasaré los montes y collados frondosos, y agostaré todas sus hierbas, y convertiré en islas los ríos, y secaré los estanques.

16. Y guiaré a los ciegos a un camino que no saben, y les haré andar por sendas que no conocen; convertiré delante de sus ojos las tinieblas en luz, y los caminos torcidos en vías rectas; tales cosas haré en su favor, y jamás los desampararé.

17. Pero ellos apostatarán y quedarán cubiertos de confusión los que ponen su confianza en los simulacros de los ídolos; los que dicen a las estatuas que han fundido: Vosotros sois nuestros dioses.

18. Oíd, ¡oh sordos!, y vosotros, ciegos, abrid los ojos para ver.

19. ¿Y quién es el ciego, sino Israel siervo mío? ¿Y quién el sordo, sino aquel a quien envíe mis mensajeros? ¿Quién es el ciego, sino el que se ha vendido al enemigo? ¿Y quién es el ciego, sino el siervo del Señor?

20. Tú que ves tantas cosas vaticinadas por mis profetas, ¿cómo no reflexionas sobre ellas? Tú que tienes abiertas las orejas, ¿cómo no escuchas?

21. Y eso que el Señor le tuvo a Israel buena voluntad, escogiéndolo para santificarlo y para dar a conocer la grandeza y excelencia de su santa ley.

22. Mas ese mismo pueblo mío es saqueado y devastado; presos han sido todos sus jóvenes, encerrados en las cárceles; arrebatados han sido, sin que haya quien los libre; robados, y no hay quien diga: Restitúyelos.

23. ¿Quién hay entre vosotros que escuche, y atienda, y piense en lo que ha de venir?

24. ¿Quién ha abandonado a Jacob e Israel, para que sea presa de los que le han saqueado? ¿No es el mismo Señor contra quien hemos pecado no queriendo seguir sus caminos, ni obedecer su ley?

25. Por eso ha descargado el Señor sobre este pueblo su terrible indignación, y le hace una guerra atroz y le ha pegado fuego por todos sus costados, y ni por eso cayó Israel en la cuenta; y le ha entregado a las llamas, y con todo no ha entrado en conocimiento de sus culpas.

43 *El Señor promete su protección a Israel y se lamenta de la ingratitud de su pueblo*

1. Y ahora he aquí lo que dice el Señor, Creador tuyo, ¡oh Jacob!; el que te formó, ¡oh Israel! No temas; pues yo te redimí y te llamé por tu nombre: Tú eres todo mío.

2. Cuando pasares por entre las aguas, estaré yo contigo, y no te anegarán sus

8. *Is 48*, 11.

corrientes: cuando anduvieres por el fuego, no le quemarás, ni la llama tendrá ardor para ti;

3. porque yo soy el Señor Dios tuyo, el Santo de Israel, tu Salvador; yo di por tu rescate a Egipto, Etiopía y Sabá*.

4. Después que te hiciste estimable y glorioso a mis ojos, yo te he amado, y entregaré por ti hombres, y daré pueblos por tu salvación.

5. No temas, pues, porque yo estoy contigo; desde el oriente conduciré tus hijos ¡oh Jerusalén!, desde el occidente los congregaré.

6. Dámelos, diré al septentrión; y al mediodía: No los retengas; traedme a mis hijos de sus remotos climas, y a mis hijas del cabo del mundo;

7. porque a todos aquellos que invocan mi santo nombre los creé, los formé, e hice para gloria mía.

8. Echa, fuera al pueblo aquel que es ciego, aunque tiene ojos, y sordo, aunque tiene orejas.

9. Júntense las naciones todas, y reúnanse las tribus: ¿quién de vosotros anunciará esto, y nos hará oír aquello que debe primeramente acontecer? Presenten sus testigos, justifíquense de modo que los oyentes puedan decir: Verdad es.

10. Vosotros, dice el Señor, sois mis testigos, y el siervo mío a quien escogí*; a fin de que conozcáis y creáis, y comprendáis bien que yo soy el mismo Dios. No fue formado antes de mí Dios alguno, ni lo será después de mí.

11. Yo soy, yo soy el Señor, y no hay otro salvador que yo*.

12. Yo lo dije, y yo fui el que os salvé, os lo hice conocer, y no hubo entonces dios extraño entre vosotros; vosotros sois mis testigos, dice el Señor, y vosotros sabéis que yo soy el Dios único y verdadero;

13. y yo soy el mismo desde el principio o desde la eternidad; y no hay nadie que pueda sustraerse de mi mano. Yo haré una cosa ¿y quién me la impedirá?

14. Esto dice el Señor y Redentor vuestro, el Santo de Israel: Por amor de vosotros he enviado gentes a Babilonia, y he echado por tierra todas sus defensas, y a los caldeos que se jactaban de sus naves.

15. Yo el Señor, el Santo vuestro, el Creador de Israel, el rey vuestro.

16. Esto dice el Señor que abrió camino en el mar, y senda en medio de corrientes impetuosas.

17. El es quien hizo salir de Egipto carros armados y caballos: los escuadrones y todos sus valientes durmieron a una el sueño de la muerte, y no despertarán; fueron machacados como lino, y perecieron.

18. Mas no hagáis mención de las cosas pasadas ni miréis a las antiguas.

19. Heos aquí que las haré yo nuevas y más maravillosas, y ahora saldrán a la luz, y vosotros las presenciaréis: Abriré un camino en el desierto, y manantiales de agua en país yermo.

20. Las bestias fieras, los dragones y avestruces me glorificarán; porque he hecho brotar aguas en el desierto, y ríos en despoblado, para que beba mi pueblo, mi pueblo escogido;

21. pueblo que yo formé para mí, el cual cantará mis alabanzas.

22. Pues tú, ¡oh Jacob!, no me invocaste; ni hiciste caso de mí, ¡oh Israel!

23. No me ofreciste a mí los carneros en holocausto, ni me has honrado con tus sacrificios; no soy yo aquel a quien tú has servido con ofrendas; ni el que te ha dado el trabajo de quemar el incienso.

24. No has comprado para mí, con dinero, la caña aromática, ni me has satisfecho con la grasa de tus víctimas. Antes bien te has servido de mí en tus pecados, y me has causado gran pena con tus iniquidades.

25. Yo soy, no obstante, yo mismo soy el que borró tus iniquidades por amor de mí mismo, y no me acordaré más de tus pecados.

26. Tráeme, si no tú a la memoria tus acciones; entremos ambos en juicio: Alega si tienes alguna cosa que te justifique.

27. Tu padre pecó primero, y prevaricaron contra mí tus intercesores o mediadores.

28. Por eso declaré inmundos los príncipes del santuario, y a Jacob lo entregué al exterminio, y a Israel al oprobio.

---

3. Cuando Sennaquerib estaba para devastar toda la Judea y poner sitio a Jerusalén, Dios hizo que en vez de ir contra la Judea, fuera contra Egipto, Etiopía y el país de los sabeos. Así estos pueblos fueron el precio con que quedó libertado Israel.

10. *Is 42*, 1; *Ap 1*, 5; *3*, 14.

11. *Os 13*, 14.

44 Dios consuela a su pueblo, prometiéndole la restauración. El Señor es el único Dios verdadero

1. Ahora bien, escucha, ¡oh Jacob, siervo mío!, y tú, ¡oh Israel!, a quien escogí*.

2. Esto dice el Señor, que te ha hecho y te ha formado, tu favorecedor desde el seno de tu madre: No temas, ¡oh Jacob, siervo mío!, y tú ¡oh rectísimo!, a quien elegí para que fueses mío;

3. porque yo derramaré agua sobre la tierra sedienta; y haré correr caudalosos ríos por los eriales; derramaré mi espíritu sobre tu linaje, y la bendición mía sobre tus descendientes.

4. Y crecerán como crecen los sauces entre la hierba, junto a las corrientes de las aguas.

5. Este dirá: Yo soy el Señor; aquel otro se gloriará de llevar el nombre de Jacob; y otro escribirá sobre su mano: Soy del Señor, y se apellidará con un nombre semejante a Israel.

6. Esto es lo que dice el Señor, rey de Israel y su redentor, el Señor de los ejércitos: Yo soy el primero y yo el último*, y fuera de mí no hay otro dios.

7. ¿Quién hay semejante a mí? Que se declare y se explique; y me exponga la serie de las cosas desde que yo fundé la antigua gente del mundo: anuncia a los suyos lo porvenir, y las cosas que han de suceder.

8. No temáis, pues, ni os conturbéis. Yo he sido, ¡oh Israel!, el que desde el principio te las hice saber a ti, y te las predije: Vosotros me sois testigos. ¿Hay por ventura otro dios fuera de mí, u otro hacedor de las cosas a quien yo no conozca?

9. Todos los forjadores de ídolos son nada, y de nada les aprovecharán esas cosas que más aman. Ellos mismos para confusión propia son testigos de que los ídolos ni ven ni entienden.

10. ¿Quién es, pues, tan insensato que pensó formar un dios, y fundió una estatua que para nada sirve?

11. Lo cierto es que cuantos tienen parte en esto, quedarán avergonzados, porque estos artífices son unos hombres necios. Y si no júntense todos ellos, y preséntense delante de mí, y temblarán todos, y quedarán confundidos.

12. El herrero trabaja el ídolo con la lima; en la fragua y a golpes de martillo lo forja, labrándolo a fuerza de brazos; y sentirá a veces el hambre, y desfallecerá, y a pesar de su cansancio no irá a beber agua.

13. El escultor extiende la regla sobre el madero, forma el ídolo con el cepillo, lo ajusta a la escuadra, le da su contorno con el compás, y saca la imagen de un hombre, asemejándola a un hombre bien parecido, que habita en una casa o templo.

14. Cortó cedros, trajo el roble y la encina crecida entre los árboles del bosque; plantó un pino, que mediante la lluvia se hizo grande.

15. Y se sirve de estos árboles el hombre para el hogar; toma parte de ellos, y se calienta, y con su fuego cuece el pan; pero de lo restante fabrica un dios y lo adora; hace una estatua y se postra delante de ella.

16. Una parte del árbol quema en la lumbre, y con otra cuece la carne para comer, y compone el asado, se sacia y se calienta y dice: ¡Bueno!, me he calentado, he hecho un buen fuego.

17. Mas del resto del árbol forma para sí un dios y una estatua; se postra delante de ella, y la adora y la suplica diciendo: Sálvame, porque tú eres mi dios.

18. Son unos ignorantes, sin entendimiento; tienen embarrados los ojos para no ver, ni ser cuerdos.

19. No reflexionan, ni consideran, ni tienen seso para decir: Yo quemé una mitad al fuego y cocí el pan sobre sus ascuas, aderecé las carnes y las comí; ¿y del resto haré un ídolo? ¿Me postraré ante el tronco de un árbol?

20. Una parte de éste es ya ceniza y no obstante un corazón necio lo adora, y no se desengaña a sí mismo diciendo: Quizá la obra hecha por mi mano es una falsedad.

21. Acuérdate de estas cosas, ¡oh Jacob, tú, oh Israel!, ya que tú eres mi siervo. Yo te formé: Siervo mío, eres, ¡oh Israel!, no te olvides de mí.

22. Desvanecí, como a una nube, tus maldades, y como a niebla tus pecados; conviértete a mí, pues yo te he redimido.

23. Cantad, ¡oh cielos!, alabanzas, porque

---

1. *Para ser mi pueblo amado. Jer 30*, 10; *46*, 27.
6. *Is 41*, 4; *48*, 12; *Ap 1*, 8-17 y *22*, 13.

el Señor ha hecho tan gran misericordia; alégrate, tierra, de un cabo a otro; montes, selvas y todas sus plantas, haced resonar sus alabanzas, porque redimió el Señor a Jacob, y será glorificado en Israel.

24. Esto dice el Señor, redentor tuyo, que te formó en el seno de la madre: Yo soy el Señor, Hacedor de todas las cosas, que por mí solo extiendo los cielos, y fundo la tierra, sin ayuda de nadie.

25. Que falsifico los presagios de los adivinos, y a los agoreros les quito el juicio; que dejo corridos a los sabios, y convierto en necedad su ciencia.

26. Yo soy el que llevo a efecto la palabra de mi siervo, y cumplo los oráculos de mis enviados o profetas; el que digo a Jerusalén destruida: Habitada serás algún día; y a las ciudades de Judá: Seréis reedificadas, y yo poblaré vuestros desiertos.

27. Yo el que digo al abismo: Sécate; yo dejaré áridos tus ríos.

28. El que digo a Ciro: Tú seras mi pastor*; tú cumplirás todos mis designios. El que digo a Jerusalén: Tú serás reedificada; y al templo: Tú serás fundado de nuevo.

45 *En la libertad que les dará Ciro, promete el Señor a los cautivos, hacer ver que sólo es Dios*

1. Esto dice el Señor a mi ungido Ciro, a quien he tomado de la mano, para sujetar a él las naciones y hacer volver las espaldas a los reyes, y para abrir delante de él las puertas, sin que ninguna pueda resistirle.

2. Yo iré delante de ti, y humillaré a los grandes de la tierra; despedazaré las puertas de bronce y romperé las barras o cerrojos de hierro.

3. Y te daré a ti los tesoros escondidos y las riquezas recónditas; para que sepas que yo soy el Señor, el Dios de Israel, que ya desde ahora te llamo por tu mismo nombre*.

4. Por amor de mi siervo Jacob, y de Israel mi escogido, te llamaré por tu nombre, te puse el sobrenombre de Ungido*, y tú no me conociste.

5. Yo el Señor, y no hay otro que yo; no hay dios fuera de mí. Yo te ceñí la espada, y tú no me has conocido;

6. y te armé, a fin de que sepan todos desde oriente a poniente, que no hay más Dios que yo. Yo el Señor y no hay otro.

7. Yo que formo la luz, y creo las tinieblas; que hago la paz, y envío los castigos a los pueblos. Yo el Señor, yo que hago todas estas cosas.

8. ¡Oh cielos!, derramad desde arriba vuestro rocío; y lluevan las nubes al Justo, ábrase la tierra, y brote al Salvador, y nazca con él la justicia. Yo el Señor lo creé.

9. ¡Desdichado aquel que disputa contra su hacedor no siendo más que una vasija de tierra o arcilla de Samos! Acaso dirá el barro al alfarero: ¿Qué haces?, ¿no ves que tu labor no tiene la perfección del arte?

10. Ay del que dice a su padre: ¿Por qué me engendraste?, y a su madre: ¿Por qué me concebiste?

11. No obstante, esto dice el Señor, el Santo de Israel a los hombres que él formó: Preguntadme sobre las cosas venideras, demandadme sobre mis hijos, y sobre las obras de mis manos.

12. Pues yo hice la tierra y creé en ella al hombre; mis manos extendieron los cielos, y di mis órdenes a toda su milicia o celestial muchedumbre.

13. Yo soy también el que levantaré un varón para ejercer mi justicia, y dirigiré todos sus pasos; él reedificará mi ciudad, y dará libertad a mis hijos cautivos, sin rescate ni dádivas, dice el Señor Dios de los ejércitos.

14. Esto dice asimismo el Señor: Las labores de Egipto, y el tráfico o comercio de Etiopía, y los sabeos, hombres agigantados, se pasarán a ti y serán tuyos; caminarán en pos de ti yendo con esposas en las manos, y te adorarán, y te presentarán súplicas; en ti solamente está Dios, fuera del cual no hay otro dios.

15. Verdaderamente eres tú un Dios escondido o invisible, Dios de Israel, Salvador nuestro*.

16. Confusos y avergonzados quedaron

28. *Esd 1, 2.*
3. *Te elijo y destino para que ejecutes mis designios. Ex 31, 2; 33, 17.*
4. *Y de Pastor y Salvador de mi pueblo.*

15. *Salvador* es nombre propio del *Dios de Israel*. Sus acciones salvíficas van incluidas en las actividades humanas, aun en las mismas campañas de Ciro.

todos los forjadores de los errores o ídolos; a una han sido cubiertos de oprobio.

17. Israel, ha sido salvado por el Señor con salvación eterna: No seréis confundidos, ni tendréis de qué avergonzaros nunca jamás.

18. Porque esto dice el Señor, creador de los cielos, el mismo Dios que formó y conserva la tierra; el que es su Hacedor, y que no en vano la creó, sino que la hizo para que fuera habitada: Yo el Señor y no hay otro que yo.

19. No he hablado en oculto en algún lugar tenebroso de la tierra; no dije al linaje de Jacob: Buscadme inútilmente. Yo el Señor que enseño la justicia y predico la rectitud.

20. Reuníos y venid, y acercaos todos vosotros que habéis salido salvos de entre las naciones; confesad que son unos necios los que levantan una estatua de madera que han tallado ellos mismos y dirigen sus plegarias a un dios que no los puede salvar.

21. Hablad con todos ellos, y venid, y consultad unos con otros: ¿Quién anunció desde el principio estas cosas? ¿Quién desde entonces las predijo ya? ¿Por ventura no soy yo el Señor? ¿Acaso hay otro dios que yo? Dios justo y que salve, no hay sino yo.

22. Convertíos pues, a mí, pueblos todos de la tierra, y seréis salvos; pues yo soy Dios, y no hay otro que lo sea.

23. He jurado por mí mismo; ha salido de mi boca una palabra justísima y no será revocada;

24. es a saber: Ante mí se doblará toda rodilla, y por mi Nombre jurará toda lengua.

25. Dirán, pues (atestiguándolo en el Señor, o con juramentos) que mía es la justicia y el imperio. Ante el Señor comparecerán y quedarán confundidos todos los que se le oponen.

26. Y entonces será justificada por el Señor, y glorificada o ensalzada toda la posteridad de Israel.

46 *Predice Dios la ruina de los ídolos y exhorta a los israelitas a que se conviertan a él*

1. Bel está hecho pedazos: Nabo queda reducido a polvo; sus simulacros hechos trozos sirven de carga para las bestias y animales; cargas que con su grave peso os abruman a vosotros.

2. Esos dioses han caído en tierra, y todos se han hecho pedazos: no han podido salvar al que los llevaba en las fiestas de su culto; antes bien ellos mismos han tenido que ir cautivos.

3. Escuchadme, ¡oh casa de Jacob!, y vosotros todos, restos de la casa de Israel, a quienes llevo en mi seno, y traigo en mis entrañas.

4. Yo mismo os llevaré en brazos hasta la vejez, hasta cuando encanezcáis; yo os hice, y yo os llevaré, yo os sostendré siempre, y yo os salvaré de todo peligro.

5. Mas vosotros, ¿a quién me habéis asemejado, e igualado; y parangonado, y me habéis hecho parecido?

6. Vosotros que sacáis del talego el oro, y pesáis la plata con la balanza, y os ajustáis con un platero para que haga un dios, ante quien se arrodille la gente y lo adore;

7. al cual llevan en procesión sobre los hombros*, y lo colocan en su nicho, y él allí se está; y no se moverá de su puesto: y aun cuando clamaren a él, nada oirá, ni lo salvará de la tribulación.

8. Acordaos de esto, y avergonzaos; entrad en vosotros mismos, ¡oh prevaricadores!

9. Renovad la memoria de mis prodigios en los siglos antiguos; porque así veréis que yo soy Dios, y que no hay otro dios, ni nadie que a mí sea semejante.

10. Yo soy el que desde el principio del mundo anunció lo que sucederá al último, y predigo mucho tiempo antes aquello que todavía está por hacer. Yo que hablo y sostengo mi resolución, y hago que se cumplan todos mis deseos.

11. Yo que llamo al ave desde el oriente, o a un varón que ejecuta mi voluntad, haciéndolo volar desde una región remota. Yo he dicho esto, y lo ejecutaré; yo lo he ideado, y lo cumpliré.

12. Oídme vosotros, corazones endurecidos, que tan lejos estáis de la justicia.

13. Yo aceleraré la venida de mi justicia, ella no tardará; y no se dilatará la salud que de mí viene. Yo pondré la salud en Sión, y haré brillar mi gloria en Israel.

---

7. *Bar 6*, 25.

47 *Ruina de Babilonia por causa de su soberbia, y por la crueldad usada con los hijos de Israel*

1. Entonces dirán a Babilonia: ¡Oh tú virgen, hija de Babilonia!, desciende y siéntate sobre el polvo, siéntate en el suelo; ya no hay más trono para la hija de los caldeos; no te llamarán en adelante tierna y delicada.

2. Aplica como esclava tu brazo a la rueda del molino, y muele harina; manifiesta la fealdad de tu cabeza pelada, descubre tu espalda, arregázate de los vestidos, vadea los ríos.

3. Entonces será pública tu ignominia, patente tu oprobio*. Yo me vengaré de ti, y no habrá hombre que se me oponga.

4. El redentor nuestro ¡oh Israel!, es aquel que tiene por nombre Señor de los ejércitos, el Santo de Israel.

5. Tú, ¡oh hija de los caldeos!, infeliz Babilonia, guarda un mudo silencio, y escóndete en las tinieblas; porque ya no te llamarán más la señora de los reinos.

6. Porque yo me irrité contra mi pueblo, deseché como profana mi herencia, y los entregué en tus manos; tú no tuviste compasión de ellos: agravaste en extremo tu yugo, aún sobre los ancianos.

7. Y dijiste: Yo dominaré para siempre; y no pensaste en estas cosas, ni reflexionaste en el paradero que habías de tener.

8. Ahora, pues, escucha estas palabras, ¡oh Babilonia!, tú que vives entre delicias, y que estás llena de arrogancia; tú que dices en tu corazón: Yo soy la dominadora, y no hay otra más que yo; no quedaré jamás viuda o sin rey, ni conoceré nunca al esterilidad.

9. Vendrán estos dos males súbitamente sobre ti en un mismo día: Quedarás sin hijos, y quedarás viuda. Todo esto vendrá sobre ti por causa de tus grandes maleficios, y por la extrema dureza tuya, hija de tus encantadores.

10. Tú te has tenido por segura en tu malicia, y dijiste: No hay quién me vea. Ese tu saber y ciencia vana te sedujeron cuando orgullosa dijiste en tu corazón: Yo soy la soberana, y fuera de mí no hay otra.

11. Caerá sobre ti la desgracia, y no sabrás de dónde nace; y se desplomará sobre ti una calamidad, que no podrás alejar con víctimas de expiación; vendrá repentinamente sobre ti una imprevista miseria.

12. Quédate con tus encantadores y con tus muchas hechicerías en que te has ejercitado tanto, desde tu juventud, por si acaso puede esto ayudarte algo, o puedes tú hacerte más fuerte.

13. Pero ¡ah! en medio de tus consejeros, tú te has perdido. Y si no, levántense y sálvente los agoreros del cielo, que contemplaban las estrellas y contaban los meses, para pronosticarte lo que te habría de acontecer.

14. He aquí que se han vuelto como paja, el fuego los ha devorado; no librarán su vida de la violencia de las llamas; éstas no dejarán brasas con las que se calienten las gentes, ni hogar ante el cual se sienten.

15. Tal será el paradero de todas aquellas cosas por las cuales tanto te afanaste; los opulentos comerciantes, que trataban contigo desde tu juventud, huyeron cada cual por su camino: No hay quién te salve.

48 *El Señor echa en cara a los judíos su ingratitud. Sólo Dios predice el futuro y cumple las promesas*

1. Oíd estas cosas los de la casa de Jacob, vosotros que os apellidáis con el nombre de Israel y venís de la estirpe de Judá; vosotros que juráis en el nombre del Señor, y hacéis mención del Dios de Israel, mas no con verdad ni con justicia;

2. y que os llamáis ciudadanos de la ciudad santa y estáis apoyados en el Dios de Israel, el cual tiene por nombre Señor de los ejércitos.

3. Yo anuncié mucho antes las cosas pasadas, y las predije e hice oír de mi propia boca; de repente las puse en ejecución, y se efectuaron.

4. Porque sabía yo que tú eres un pueblo duro y tu frente de bronce.

5. Te las predije muy de antemano; antes que sucedieran te las hice saber, a fin de que nunca dijeses: Mis ídolos han hecho estas cosas, y lo han ordenado así mis estatuas de escultura y de fundición.

---

3. *Nah* 3, 5.

6. Mira ejecutado todo lo que oíste: ¿Y acaso no lo habéis vosotros mismos pregonado? Hasta ahora te he revelado cosas nuevas, y tengo reservadas otras que tú no sabes.

7. Ahora es cuando estas predicciones te son hechas, y no antes, pues hasta aquí tú no oíste hablar de ellas, a fin de que no puedas decir: Yo ya me las sabía.

8. Ni las habías oído ni las sabías; ni entonces tenías abiertas tus orejas; que bien sé que tú has de proseguir siempre prevaricando; y prevaricador te llamé desde el seno de tu madre.

9. Con todo, por amor de mi nombre contendré mi furor; y con la gloria mía te tiraré del freno para que no te despeñes.

10. Mira, yo te he acrisolado con el fuego de las tribulaciones; mas no como la plata, sino que he hecho prueba de ti en la fragua de la pobreza.

11. Por mi respeto, por respeto mío haré esto, a fin de que no sea yo blasfemado de vuestros enemigos, porque no daré yo jamás a otro mi gloria.

12. Escúchame, ¡oh Jacob, y tú, oh Israel!, a quien yo doy nombre: Yo mismo, yo el primero y yo el último.

13. Mi mano fue la que fundó la tierra, y mi diestra la que midió los cielos; a una voz que yo les dé, al momento se presentarán todos.

14. Reuníos todos vosotros, pueblos, y escuchadme, ¿cuál de esos ídolos anunció tales cosas? El Señor amó a este hombre; y éste ejecutará la voluntad del Señor en Babilonia, y será su brazo contra los caldeos.

15. Yo, yo soy el que le ha hablado, y yo el que lo he llamado: yo lo he guiado, y le he allanado el camino.

16. Acercaos a mí y escuchad esto. Yo desde el principio jamás he hablado a escondidas; ya tiempo antes que esto sucediese, estaba yo allí, y ahora me ha enviado el Señor, y su espíritu.

17. Esto dice el Señor tu redentor, el Santo de Israel: Yo el Señor Dios tuyo que te enseño lo que te importa, y te dirijo por el camino que sigues.

18. ¡Ojalá hubieras atendido a mis mandamientos; hubieras sido tú paz o felicidad como un río, y tu justicia o santidad tan copiosa como los abismos del mar,

19. y como sus arenas la descendencia tuya, y como sus granitos o piedrecitas los hijos de tus entrañas; no hubiera perecido, ni quedado borrado su nombre delante de mis ojos.

20. Salid, pues, ahora de Babilonia, huid de los caldeos, anunciad con voces de júbilo, haced saber esta alegre nueva, y llevadla hasta las últimas extremidades del mundo, decid en todas partes: Redimió el Señor a los hijos de su siervo Jacob.

21. Cuando los guió por el desierto, no padecieron sed; de una roca les hizo salir agua; rompió la peña y brotaron aguas en abundancia*.

22. Pero para los impíos no hay paz, dice el Señor*.

49 *Segundo canto del siervo de Yahvé. Transformación que va a experimentar Israel*

1. ¡Oíd, islas, y atended, pueblos distantes! El Señor me llamo desde el vientre de mi madre*; se acordó o declaró mi nombre cuando yo estaba aún en el seno materno.

2. E hizo mi boca o mis palabras como una aguda espada*; bajo la sombra de su mano me cobijó; e hizo de mí como una saeta bien afilada, y me ha tenido guardado dentro de su aljaba.

3. Y me dijo: Siervo mío eres tú, ¡oh Israel! en ti seré yo glorificado.

4. Pero yo dije: En vano me he fatigado predicando a mi pueblo; sin motivo y en balde he consumido mis fuerzas; por tanto espero que el Señor me hará justicia, y en mi Dios está depositada la recompensa de mi obra.

5. Por lo que ahora el Señor, que me destinó desde el seno de mi madre para ser siervo suyo, me dice que yo conduzca a Jacob nuevamente a él, mas Israel no querría reunirse: Yo, seré glorificado a los ojos del Señor, y mi Dios se ha hecho mi fortaleza.

6. El me ha dicho: Poco es el que tú me sirvas para restaurar las tribus de Jacob y convertir los despreciables restos de Israel; he aquí que yo te he destinado para ser luz

---

21. *Ex 17*, 6.
22. *Is 57*, 21.
1. *Jer 1*, 5; *Gal 1*, 15.
2. *Hebr 4*, 12; *Ap 1*, 16.

de las naciones a fin de que tú seas la salud o el Salvador enviado por mí hasta los últimos confines de la tierra.

7. Esto dice el Señor, el Redentor, el Santo de Israel, al hombre reputado como despreciable entre los suyos; a la nación abominada* de todos, a aquel que es tratado como un esclavo de los príncipes: Día vendrá en que los reyes y los príncipes al verte se levantarán, y te adorarán por amor del Señor, porque has sido fiel en tus promesas, y por amor del Santo de Israel que te escogió.

8. Esto dice también el Señor: En el tiempo de mi beneplácito otorgué tu petición, y en el día de la salvación te auxilié y te conservé y te constituí reconciliador de mi pueblo, a fin de que tú restaurases la tierra, y entrases en posesión de las heredades devastadas;

9. para que dijeses a los que están encarcelados: Salid fuera; y a los que están entre tinieblas: Venid a ver la luz. En medio de los caminos hallarán con qué alimentarse, y en toda la llanura habrá qué comer para ellos.

10. No padecerán hambre ni sed, ni el ardor del sol les ofenderá; porque aquel Señor que usa de tanta misericordia para con ellos, los conducirá, y los llevará a beber en los manantiales de las aguas.

11. Y haré caminos llanos para transitar por todos mis montes, y mis sendas se convertirán en calzadas.

12. Mira cómo vienen unos de remotos países, y otros desde el septentrión, y desde el mar u occidente, y estos otros de las regiones del mediodía.

13. ¡Oh cielos!, entonad himnos; y tú ¡oh tierra!, regocíjate; resonad vosotros, ¡oh montes!, en alabanzas, porque el Señor ha consolado a su pueblo, y se apiadará de sus pobres.

14. Y entonces dijo Sión: El Señor me ha abandonado, y se ha olvidado de mí el Señor.

15. Pues, respondió el Señor, ¿puede la mujer olvidarse de su niño, sin que tenga compasión del hijo de sus entrañas? Pero aun cuando pudiese olvidarle, yo nunca podré olvidarme de ti.

16. Mira cómo te llevo yo grabado en mis manos; tus muros los tengo siempre delante de mis ojos.

17. Vendrán aquellos que han de reedificarte; y los que te destruían y asolaban se alejarán de ti.

18. Levanta, ¡oh Jerusalén!, tus ojos y mira alrededor de ti: Todas estas gentes se han congregado para venir a ti. Yo te juro, dice el Señor, que de todas ellas te has de adornar como de un ropaje de gala, y engalanarte como una esposa.

19. Porque tus desiertos y tus soledades, y la tierra cubierta con tus ruinas, todo será entonces angosto para tus muchos moradores, y serán arrojados lejos de ti los que te devoraban.

20. Aun oirás que los hijos que tendrás después de tu esterilidad, dirán: Estrecho es para mí este lugar; dame sitio espacioso donde habite.

21. Y tú dirás en tu corazón: ¿Quién me ha dado estos hijos a mí, que era estéril y no paría, expatriada y cautiva? Pues ¿quién crió estos hijos, estando yo sola y desamparada?; ¿de dónde han salido ellos?

22. He aquí lo que responde el Señor Dios: Sábete que yo extenderé mi mano hacia las naciones, enarbolaré entre los pueblos mi estandarte. Y a tus hijos te los traerán en brazos, y en hombros llevarán a tus hijas.

23. Y los reyes serán los que te alimenten, y las reinas tus amas de leche. Rostro por tierra te adorarán, y besarán el polvo de tus pies. Y entonces conocerás que yo soy el Señor. Y que no quedarán confundidos los que esperan en mí.

24. ¿Por ventura podrá quitársele a un hombre esforzado la presa?; ¿o podrá recobrarse aquello que ha arrebatado un varón valiente*?

25. Sí: porque esto dice el Señor: Ciertamente que le serán quitados al hombre esforzado los prisioneros que ha hecho, y será recobrado lo que arrebató el valiente*. A aquellos, ¡oh Sión!, que te juzgaron a ti, yo los juzgaré; y yo salvaré a tus hijos.

26. Yo haré comer a tus enemigos sus propias carnes; y que se embriaguen con su misma sangre, como si fuera vino nuevo; y sabrán todos los mortales que quien te salva

---

7. *1 Cor 6*, 9-13.

24. *Mat 12*, 29.
25. *Ef 4*, 8.

soy yo el Señor, y que el fuerte Dios de Jacob es tu redentor.

50 A Israel sumido en espesas tinieblas se le proclama la salvación

1. Esto dice el Señor: ¿Qué libelo de repudio es ése, con el cual he desechado a vuestra madre? ¿O quién es ese acreedor mío, a quien os he yo vendido? Tened entendido que por vuestras maldades habéis sido vendidos, y que por vuestros crímenes he repudiado yo a vuestra madre.

2. Porque yo vine al mundo, y no hubo nadie que me recibiese*; llamé y no hubo quien me escuchase. ¿Es por ventura que se ha acortado o achicado mi mano, de suerte que no pueda redimir? ¿O no tengo yo poder para libertaros? Sabed que a una amenaza mía haré del mar un desierto, y secaré los ríos; se pudrirán los peces por falta de agua, y morirán en seco.

3. Cubriré los cielos de tinieblas, y los vestiré de un saco* de luto.

4. El Señor me dio una lengua sabia*, a fin de que sepa y sostener con mis palabras al que está desmayado; él me llama por la mañana, me llama de madrugada a mis oídos, para que le escuche como a maestro.

5. El Señor Dios me abrió los oídos, y yo no me resistí, no me volví atrás.

6. Entregué mis espaldas a quienes me azotaban, y mis mejillas a los que mesaban mi barba; no retiré mi rostro de los que me encarnecían y escupían.

7. El Señor Dios es mi protector; por eso no he quedado yo confundido; por eso presenté mi cara a los golpes, firme como una piedra durísima, y sé que no quedaré avergonzado.

8. A mi lado está el Dios, que me justifica; ¿quién se me opondrá? Presentémonos juntos en juicio: ¿quién es mi adversario?; lléguese a mí.

9. Sabed que el Señor Dios es mi auxiliador. ¿Quién es el que me condenará? Ciertamente que todos mis contrarios serán consumidos como un vestido muy gastado; la polilla se los comerá.

10. ¿Quién hay entre vosotros temeroso del Señor, y que escuche la voz de su siervo? Quien anduvo entre tinieblas y no tiene luz, espere en el nombre del Señor, y apóyese en su Dios.

11. Pero he aquí que vosotros todos estáis encendiendo el fuego de la venganza divina, y estáis ya rodeados de llamas. Caminad, pues, a la luz de vuestro fuego y de las llamas que habéis encendido. Mi mano vengadora es la que así os trata; yaceréis entre dolores.

51 Consuela el Señor a los pocos que quedan de su pueblo. Anuncia la restauración de Sión por el Mesías

1. Escuchadme, vosotros los que seguís la justicia y buscáis al Señor: Atended a la cantera de donde habéis sido cortados, al manantial de que habéis salido.

2. Poned los ojos en el anciano Abrahán vuestro padre, y en Sara estéril que os parió; porque a él, que era solo, sin hijos, lo llamé, y lo bendije, y lo multipliqué.

3. Del mismo modo, pues, consolará el Señor a Sión, y reparará todas sus ruinas, y convertirá sus desiertos en lugares de delicias, y su soledad en un jardín amenísimo. Allí será el gozo y la alegría, la acción de gracias, y las voces de alabanza a la gloria del Señor.

4. Atiende a lo que te digo, ¡oh pueblo mío!, y escúchame, nación mía; porque de mí ha de salir la nueva ley, y mi justicia se establecerá entre los pueblos a fin de iluminarlos.

5. Está para venir mi Justo. El Salvador que yo envío está ya en camino, y mi brazo regirá los pueblos; las islas o naciones de la tierra me estarán aguardando, y esperando en el poder de mi brazo.

6. Alzad al cielo vuestros ojos, y bajadlos después a mirar la tierra, porque los cielos como humo se desharán y mudarán, y la tierra se consumirá como un vestido, y perecerán como estas cosas sus moradores. Pero la salud o el Salvador que yo envío, durará para siempre, y nunca faltará mi justicia.

---

2. *Jn 1*, 11.
3. *Ex 10*, 22; *Mat 27*, 45.
4. *Jn 7*, 46.

7. Escuchad los que conocéis lo que es justo; vosotros del pueblo mío, en cuyos corazones está grabada mi ley: No temáis los oprobios de los hombres, no os arredren sus blasfemias;

8. porque como a un vestido, así los roerá a ellos el gusano, y como a la lana, los devorará la polilla; mas la salvación que yo envío, durará para siempre, y mi justicia por los siglos de los siglos.

9. Levántate, levántate: ármate de fortaleza, ¡oh brazo del Señor!, levántate como en los días antiguos y en las pasadas edades. ¿No fuiste tú el que azotaste al soberbio faraón, el que heriste al dragón de Egipto?

10. ¿No eres tú el que secaste el mar, las aguas de tempestuoso abismo; el que abriste camino en el profundo mar, para que pasaran los que habías libertado?

11. Ahora, pues, los que han sido redimidos por el Señor volverán y llegarán a su amada Sión cantando alabanzas, coronados de sempiterna alegría; tendrán gozo y alegría constante, y huirá de ellos el dolor y la pena.

12. Yo, yo mismo os consolaré. ¿Quién eres tú que tanto temes a un hombre mortal y al hijo del hombre que como el heno ha de secarse?

13. Porque te has olvidado del Señor tu Creador, que extendió los cielos y fundó la tierra, por eso temblaste continuamente todo el día a vista del furor de aquel enemigo que te afligía y tiraba a exterminarte: ¿dónde está ahora el furor de aquel tirano?

14. Presto llegará aquel que viene a dar la libertad: que no permitirá el Señor el total exterminio, y no faltará nunca del todo su alimento.

15. En fin, yo soy el Señor Dios tuyo que embravezco el mar, y encrespo sus olas. Señor de los ejércitos es mi nombre.

16. En tu boca he puesto mis palabras, y te he amparado con la sombra de mi poderosa mano, para que plantes los cielos y fundes la tierra, y digas a Sión: Tú eres mi pueblo.

17. Alzate, ¡oh Sión!, álzate, levántate, ¡oh Jerusalén!, tú que has bebido de la mano del Señor el cáliz de su ira; hasta el fondo has bebido tú el cáliz que causa un mortal sopor, y has bebido hasta las heces.

18. De todos los hijos que ella engendró, no hay uno que la sostenga; y entre todos los hijos que ella ha criado, no hay quien la coja de la mano.

19. Doblados males son los que te han acontecido: ¿quién te compadecerá? Sobre ti ha venido la desolación y el exterminio, el hambre y la espada: ¿quién te consolará?

20. Tus hijos yacen tirados por tierra, atados duermen a lo largo de todas las calles, como búbalo enmaromado o preso, cubiertos de la indignación del Señor y de la venganza de tu Dios.

21. Por tanto, escucha esto tú, pobrecita Jerusalén, y embriagada no de vino, sino de aflicciones:

22. Estas cosas dice tu dominador, el Señor Dios tuyo que peleará por su pueblo: Mira, yo voy a quitar de tu mano ese cáliz soporífero; las heces del cáliz de mi indignación no las beberás ya otra vez.

23. Yo lo pondré en la mano de aquellos que te han humillado, y que te dijeron en tu angustia: Póstrate, para que pasemos por encima; y tú pusiste tu cuerpo como tierra que se pisa, y como camino que huellan los caminantes.

52

La redención del género humano está simbolizada en la libertad que Dios concedió a Israel

---

1. Levántate, levántate, ¡oh Sión!, ármate de tu fortaleza; vístete de tus ropas de gala, ¡oh Jerusalén, ciudad del Dios Santo!, porque ya no volverá en adelante a pasar por medio de ti incircunciso, ni inmundo.

2. Alzate del polvo, levántate, toma asiento, ¡oh Jerusalén!, sacude de tu cuello el yugo, oh esclava hija de Sión.

3. Porque esto dice el Señor: De balde fuisteis vendidos, y sin dinero o graciosamente seréis rescatados*.

4. Dice más el Señor Dios: Mi pueblo bajó al principio a Egipto, para morar allí como forastero; pero Asur lo maltrató sin ningún motivo.

5. Y ahora, ¿qué debo hacer yo aquí, dice el Señor, después que mi pueblo ha sido llevado esclavo por nada? Sus amos hacen tiranos, dice el Señor; y todo el día sin cesar está blasfemándose mi Nombre*.

---

3. *1 Pe 1*, 18.
5. *Ez 36*, 20; *Rom 2*, 24.

6. Por esto vendrá día en que mi pueblo conocerá la grandeza de mi Nombre, porque yo el mismo que le hablaba, he aquí que estoy ya presente*.

7. ¡Oh cuán hermosos son los pies de aquel que sobre los montes de Israel anuncia y predica la paz!, de aquel que anuncia la buena nueva, de aquel que pregona la salud, y dice ya a Sión: Reinará luego el Dios tuyo, y tú con él!

8. Entonces se oirá la voz de tus centinelas; a un tiempo alzarán el grito, y cantarán cánticos de alabanza, porque verán con sus mismos ojos cómo el Señor hace volver del cautiverio a Sión.

9. Regocijaos y a una cantad alabanzas al Señor, oh desiertos de Jerusalén, pues ha consolado el Señor a su pueblo, ha rescatado a Jerusalén.

10. Ha revelado el Señor a la vista de todas las naciones la gloria de su santo brazo, y toda las regiones del mundo verán al Salvador que envía nuestro Dios*.

11. Marchad luego, marchaos, salid de ahí, no toquéis cosa inmunda, salid de en medio de ella, purificaos vosotros los que traéis los vasos del Señor.

12. Que no partiréis tumultuariamente, ni en precipitada fuga; pues el Señor irá delante de vosotros, y el Dios de Israel os congregará.

13. Sabed que mi siervo estará lleno de inteligencia y sabiduría; será ensalzado y engrandecido, y llegará a la cumbre misma de la gloria.

14. Al modo que tú, ¡oh Jerusalén!, fuiste en tu ruina el asombro de muchos; así también su aspecto parecerá sin gloria delante de los hombres, y en una forma despreciable entre los hijos de los hombres.

15. El rociará o purificará a muchas naciones; en su presencia estarán los reyes escuchando con silencio, porque aquellos a quienes nada se había anunciado de él por sus profetas, lo verán, y los que no habían oído hablar de él, lo contemplarán*.

6. *Hebr 1*, 1.
10. *Sal 98 (97)*, 3; *Luc 2*, 30; *3*, 6.
15. *Rom 15*, 21.

53 *Profetiza Isaías la pasión y muerte del Mesías, por nuestros pecados*

1. Mas ¡ay! ¿quién ha creído, o creerá a nuestro anuncio? ¿Y a quién ha sido revelado ese Mesías, brazo o virtud del Señor?

2. Porque él crecerá a los ojos del pueblo como una humilde planta, y brotará como una raíz en tierra árida; no es de aspecto bello, ni es esplendoroso: nosotros lo hemos visto, dicen, y nada hay que atraiga nuestros ojos, ni llame nuestra atención hacia él.

3. Lo vimos después despreciado, y el desecho de los hombres, varón de dolores, y que sabe lo que es padecer; y su rostro como cubierto de vergüenza y afrentado; por lo que no hicimos ningún caso de él*.

4. Es verdad que él mismo tomó sobre sí nuestras dolencias y cargó con nuestras penalidades; pero nosotros lo reputamos entonces como un leproso, y como un hombre herido de la mano de Dios y humillado,

5. siendo así que por causa de nuestras iniquidades fue él llagado, y despedazado por nuestras maldades; el castigo de que debía nacer nuestra paz con Dios, descargó sobre él, y con sus moretones fuimos nosotros curados*.

6. Como ovejas descarriadas hemos sido todos nosotros; cada cual se desvió de la senda del Señor para seguir su propio camino, y a él sólo le ha cargado el Señor sobre las espaldas la iniquidad de todos nosotros.

7. Fue ofrecido en sacrificio porque él mismo lo quiso; y no abrió su boca para quejarse; conducido será a la muerte sin resistencia suya, como va la oveja al matadero, y guardará silencio sin abrir siquiera su boca delante de sus verdugos, como el corderito que está mudo delante del que le esquila*.

8. Después de sufrida la opresión e inicua condena, fue levantado en alto. Pero la generación suya ¿quién podrá explicarla? Arrancado ha sido de la tierra de los vivientes; para expiación de las maldades de mi pueblo le he yo herido, dice el Señor.

3. *Mar 9*, 11.
5. *1 Cor 15*, 3.
7. *Jn 10*, 18.

9. Y en recompensa de bajar al sepulcro le concederá Dios la conversión de los impíos; tendrá por precio de su muerte al hombre rico; porque él no cometió pecado, ni hubo dolo en sus palabras.

10. Y quiso el Señor consumirle con trabajos; mas luego que él ofrezca su vida como hostia por el pecado*, verá una descendencia larga y duradera, y cumplida será por medio de él la voluntad del Señor.

11. Verá el fruto de los afanes de su alma, y quedará saciado. Este mismo Justo, mi siervo, dice el Señor, justificará a muchos con su doctrina o predicación; y cargará sobre sí los pecados de ellos.

12. Por tanto, le daré como porción, o en herencia suya, una gran cantidad de naciones: y repartirá los despojos de los fuertes; pues ha entregado su vida a la muerte, y ha sido confundido con los facinerosos, y ha tomado sobre sí los pecados de todos, y ha rogado por los transgresores*.

54 *Propagación admirable de la Nueva Jerusalén por todo el mundo*

1. Regocíjate, pues, ¡oh estéril!, tú que no pares; canta himnos de alabanza y de júbilo tú que no eres fecunda, porque ya son muchos más los hijos de la que había sido desechada, que los de aquella que tenía marido, dice el Señor*.

2. Toma un sitio más espacioso para tus tiendas, y extiende cuanto puedas las pieles o cubiertas de tus pabellones, alarga tus cuerdas, y afianza más tus estacas.

3. Porque tú te extenderás a la derecha y a la izquierda; y tu prole señoreará las naciones, poblará las ciudades ahora desiertas.

4. No temas, no quedarás confundida, ni sonrojada, ni tendrás de qué avergonzarte; porque ni memoria conservarás de la confusión de tu mocedad, ni te acordarás más del oprobio de tu viudez.

5. Pues será tu dueño y esposo aquel Señor que te ha creado, cuyo nombre es el Señor de los ejércitos; y tu redentor, el Santo de Israel, será llamado el Dios de toda la tierra.

6. Porque el Señor te ha llamado a sí cuando eras como una mujer desechada, y angustiada de espíritu, como una mujer que ha sido repudiada desde su tierna edad, dice tu Dios.

7. En efecto, por un momento, por poco tiempo te desamparé, dice el Señor; mas ahora yo te reuniré a mí, usando de gran misericordia.

8. En el momento de mi indignación aparté de ti mi rostro por un poco; pero en seguida me he compadecido de ti con eterna misericordia, dice el Señor que te ha redimido.

9. Hago lo que en los días de Noé, a quien juré que no derramaría más sobre la tierra las aguas del diluvio, así yo juro no enojarme contigo ni vituperarte más*.

10. Aun cuando los montes sean conmovidos, y se estremezcan los collados, mi misericordia no se apartará de ti, y será firme la alianza de paz que he hecho contigo, dice el Señor, compadecido de ti.

11. Pobrecilla, combatida tanto tiempo de la tempestad, privada de todo consuelo. Mira, yo mismo colocaré por orden las piedras, y te edificaré sobre zafiros,

12. y haré de jaspe tus baluartes, y de piedras de relieve tus puertas, y de piedras preciosas todos tus recintos.

13. Tus hijos todos serán adoctrinados por el mismo Señor*, y gozarán abundancia de paz, o completa prosperidad.

14. Y tendrás por cimientos la justicia; estarás segura de la opresión, y no tendrás que temerla; y del espanto, el cual no tendrá lugar en ti.

15. He aquí que vendrá el forastero que no estaba conmigo; se unirá contigo aquel que en otro tiempo era para ti extranjero.

16. Sábete que yo he creado el herrero que soplando con los fuelles enciende los carbones para formar un instrumento para la obra suya, y yo creé también al matador que lo emplea después para matar a los hombres.

17. Ningún instrumento preparado contra ti te hará daño; y tú condenarás toda lengua que se presente en juicio contra ti.

---

10. *2 Cor 5*, 21.
12. *Mar 15*, 28; *Luc 22*, 37; *23*, 34.
1. *Luc 23*, 29; *Gal 4*, 27.

9. *Gen 9*, 15; *1 Pe 3*, 19.
13. *Jn 6*, 45; *Jer 31*, 34.

Esta es la herencia de los siervos del Señor, y ésta es la justicia que deben esperar de mí, dice el Señor.

55 *El Mesías invita a todos los hombres a la participación de su gracia por medio de la viva fe en él*

1. Sedientos, venid todos a las aguas; y vosotros que no tenéis dinero apresuraos, comprad y comed; venid, comprad sin dinero y sin ninguna otra permuta vino y leche.

2. ¿Por qué expendéis vuestro dinero en cosas que no son buen alimento, y empleáis vuestras fatigas en lo que no puede saciaros? Escuchadme con atención; y alimentaos del buen manjar, y vuestra alma se recreará en lo más sustancioso de las viandas.

3. Prestad oídos a mis palabras, y venid a mí: Escuchad, y vuestra alma hallará vida y asentaré con vosotros alianza sempiterna, en cumplimiento de las misericordias prometidas a David.

4. He aquí que yo voy a presentarle por testigo de mi verdad a los pueblos, y por caudillo, y por maestro o legislador a las naciones.

5. He aquí que entonces, tú, ¡oh Jerusalén!, llamarás al pueblo gentil que tú no reconocías; y las naciones que no te conocían correrán a ti por amor del Señor Dios tuyo, y del Santo de Israel que te habrá llenado de gloria.

6. Buscad al Señor, mientras pueda ser hallado: invocadle mientras está cercano.

7. Abandone el impío su camino y el inicuo sus designios, y conviértase al Señor, el cual se apiadará de él, y a nuestro Dios, que es generosísimo en perdonar.

8. Que los pensamientos míos no son vuestros pensamientos, ni vuestros caminos son los caminos míos, dice el Señor;

9. sino que cuanto se eleva el cielo sobre la tierra, así se elevan mis caminos sobre los caminos vuestros, y mis pensamientos sobre los pensamientos vuestros.

10. Y al modo que la lluvia y la nieve descienden del cielo, y no vuelven allá, sino que empapan la tierra, y la penetran, y la fecundan, a fin de que dé simiente que sembrar y pan que comer,

11. así será de mi palabra una vez salida de mi boca; no volverá a mí vacía o sin fruto, sino que obrará todo aquello que yo quiero, y ejecutará felizmente aquellas cosas a que yo la envié.

12. Por tanto saldréis con gozo de la esclavitud, y haréis en paz vuestro viaje a Jerusalén; los montes y los collados resonarán a vuestra vista en cánticos de alabanza, y los árboles todos del país os aplaudirán meciendo sus ramas.

13. En vez de la pequeña planta del espliego se alzará el robusto abeto, y en lugar de la ortiga se verá crecer el arrayán; y el Señor tendrá desde entonces un nombre y una señal eterna que jamás desaparecerá.

Tercer Isaías

(*56*, 1-66. 24)

56 *Exhorta el Señor a cumplir su ley y declara que todos, sin distinción de naciones, serán benditos*

1. Esto dice el Señor: Osbervad las reglas de la equidad, y practicad la justicia; porque la salvación que yo envío, está para llegar, y va a manifestarse mi justicia.

2. Bienaventurado el varón que así obra, y el hijo del hombre que a esto se atiene con firmeza; que observa el sábado, y no lo profana, y que guarda sus manos de hacer mal ninguno.

3. Y no diga ya el hijo del advenedizo o gentil que por la fe está unido al Señor: El Señor me ha separado de su pueblo con un muro de división. Ni tampoco diga el eunuco: He aquí que yo soy un tronco seco y estéril.

4. Porque esto dice el Señor a los eunucos: A los que observaren mis sábados o fiestas, y practicaren lo que yo quiero, y se mantuvieren firmes en mi alianza,

5. les daré un lugar distinguido en mi casa, y dentro de mis muros, y un nombre más apreciable que el que les darían los hijos e hijas: Les daré yo un nombre sempiterno que jamás se acabará.

6. Y a los hijos del advenedizo que se unen al Señor para honrarle, y amar su santo Nombre, y para ser fieles siervos suyos; a todos los que observen el sábado, que no lo profanen, y que guarden fielmente mi alianza,

7. yo los conduciré a mi santo monte y en mi casa de oración los llenaré de alegría; me serán agradables los holocaustos y víctimas que ofrecerán sobre mi altar; porque mi casa será llamada casa de oración para todos los pueblos.

8. Dice también el Señor Dios que congrega a los dispersos de Israel: Yo le agregaré todavía aquellos que algún día se le reunirán.

9. Vosotras las bestias todas del campo, todas las fieras del bosque, venid a devorar la presa.

10. Ciegos son todos sus atalayas, ignorantes todos, perros mudos impotentes para ladrar, visionarios, dormilones y aficionados a sueños vanos.

11. Y estos perros sin rastro de vergüenza, jamás se ven hartos de rapiñas. Los pastores mismos están faltos de toda inteligencia; todos van descarriados por su camino, cada cual a su propio interés desde el más alto hasta el más bajo.

12. Venid, dicen, bebamos vino; y embriaguémonos bien, y lo mismo que hoy haremos también mañana, y mucho más.

57 *Amargas quejas del Señor por la insensibilidad de su pueblo, al cual reprende y amenaza*

1. Entretanto el Justo perece, y no hay quien reflexione sobre esto en su corazón, y son arrebatados los hombres piadosos, sin que nadie los sienta; siendo así que para libertarles de los males, es el Justo arrebatado de este mundo.

2. ¡Ah! venga sobre él la paz, descanse en su morada el que ha procedido rectamente.

3. Entretanto llegaos vosotros, moradores de Jerusalén, hijos de una agorera, raza de padre adúltero y de mujer prostituta.

4. ¿De quién habéis hecho vosotros burla? ¿Contra quién abristeis toda vuestra boca, y soltasteis la lengua para mofaros? ¿Acaso no sois vosotros hijos malvados y raza de bastardos?

5. ¿Vosotros que os solazáis venerando con infames placeres vuestros dioses a la sombra de todo árbol frondoso, sacrificando en honor suyo vuestros hijos en los torrentes y debajo de altas peñas?

6. Allá junto al torrente está, ¡oh hebreo!, tu heredad, allí tienes tu bien; y a estos dioses derramaste libaciones, y ofreciste sacrificios. ¿Pues cómo no he de indignarme ante estas cosas?

7. Sobre un excelso y encumbrado monte colocaste tu tálamo y allá subiste para inmolar víctimas.

8. Y detrás de la puerta y tras el dintel colocaste los ídolos para tu recuerdo, junto a mí has pecado, recibiendo al adúltero, o adorando al ídolo*; has ensanchado tu lecho y te has amancebado con otros semejantes; has amado su compañía descaradamente.

9. Con perfumes te ataviaste para ser presentada al rey, y has multiplicado tus afeites. Enviaste lejos tus embajadores*, y te has abatido hasta los infiernos.

10. Has procedido idolatrando de muchísimos modos, y te has fatigado, y nunca dijiste: Tomaré descanso; hallaste la vida y tus delicias en los ídolos obra de tus manos y por eso no has recurrido a mí.

11. ¿Qué es lo que tú temiste, tan acongojada, que así has faltado a la fe, y no te has acordado de mí, ni has reflexionado en tu corazón? Porque yo callaba y hacía el desentendido, por eso tú no hiciste caso de mí.

12. Pero yo haré conocer cuál es tu justicia, y de nada te aprovecharán tus ídolos obras de tus manos.

13. Cuando levantares el grito quejándote, sálvente entonces aquellos dioses de las naciones que tú has recogido; mas a

8. *2 Re 16*, 11; *21*, 4.
9. *Ez 23*, 11-14.

todos ellos se los llevará el viento, un soplo los disipará. Al contrario, quien pone en mí su confianza, tendrá por herencia la tierra, y poseerá mi santo monte de Sión.

14. Yo diré entonces: Abrid camino, dejad expedito el paso, despejad la senda, apartad los estorbos del camino de mi pueblo.

15. Pues esto dice el excelso y el sublime Dios que mora en la eternidad, y cuyo nombre es Santo: El que habita en las alturas y en el santuario, y en el corazón contrito y humillado, para vivificar el espíritu de los humildes y dar vida al corazón de los contritos.

16. Que no para siempre he de ejercer la venganza, ni conservar hasta el fin mi enojo; pues de mi boca salió el espíritu, y creé yo las almas.

17. Por la malvada avaricia de mi pueblo, yo me irrité y lo he azotado; le oculté mi rostro y me indigné, y él se fue vagando tras los antojos de su corazón.

18. Yo vi sus andanzas y le di la salud, y le convertí al buen camino y le di mis consuelos, así a él como a los suyos que lloraban arrepentidos.

19. He creado la paz, fruto de mis labios, o promesas; paz para el que está lejos y para el que está cerca, dice el Señor; y los he curado a todos.

20. Pero los impíos son como un mar alborotado, que no puede estar en calma; cuyas olas rebosan en lodo y cieno.

21. No hay paz para los impíos, dice el Señor Dios.

58

Cuál es el ayuno que Dios estima. Bendiciones que enviará el Señor a los que le sirven

1. Clama, pues, ¡oh Isaías!, no ceses: Has resonar tu voz como una trompeta, y declara a mi pueblo sus maldades, y a la casa de Jacob sus pecados;

2. ya que cada día me requieren como en juicio, y quieren saber mis consejos. Como gente que hubiese vivido justamente, y no hubiese abandonado la ley de su Dios, así me demandan razón de los juicios o decretos de mi justicia y quieren acercarse a Dios.

3. ¿Cómo es que hemos ayunado, dicen al Señor y tú no has hecho caso; hemos humillado nuestras almas y te haces el desentendido? Es, responde Dios, porque en el día mismo de vuestro ayuno hacéis todo cuanto se os antoja y apremiáis a todos vuestros deudores.

4. Es porque vosotros ayunáis para seguir los pleitos y contiendas, y herir con puñadas a otros sin piedad. No ayunéis como hasta hoy día, si queréis que se oigan en lo alto vuestros clamores.

5. El ayuno que yo aprecio, ¿consiste acaso en que un hombre mortifique por un día su alma, o en que traiga su cabeza inclinada o baja de modo que casi forme un círculo, o se tienda sobre el círculo y la ceniza*? ¿Por ventura a esto lo llamarás tú ayuno y día aceptable al Señor?

6. ¿Acaso el ayuno que yo estimo no es más bien el que tú deshagas los injustos contratos, que canceles las obligaciones que oprimen, que dejes en libertad a los que han quebrado, y quites todo gravamen?

7. ¿Que partas tu pan con el hambriento*, y que a los pobres y a los que no tienen hogar los acojas en tu casa, y vistas al que veas desnudo, y no desprecies tu propia carne o a tu prójimo?

8. Si esto haces amanecerá tu luz como la aurora, y llegará presto tu curación, y delante de ti irá siempre tu justicia, y la gloria del Señor te acogerá en su seno.

9. Invocarás entonces al Señor, y te oirá benigno; clamarás y él te dirá: Aquí estoy. Si arrojares lejos de ti la cadena, y cesares de extender maliciosamente el dedo, y de charlar neciamente,

10. cuando abrieres tus entrañas para socorrer al hambriento, y consolares el alma angustiada, entonces nacerá para ti luz en las tinieblas, y tus tinieblas se convertirán en claridad de mediodía.

11. Y el Señor te dará un perpetuo reposo, y llenará tu alma de resplandores de gracia y reforzará tus huesos; y serás como huerto bien regado y como manantial perenne cuyas aguas jamás faltarán.

12. Estos lugares desiertos desde muchísimo tiempo, serán por ti poblados, alzarán los cimientos que han de durar de generación en generación; y te llamarán el

---

5. *Zac 7*, 5; *Mat 6*, 16.
7. *Ez 18*, 7-16; *Mat 25*, 35.

restaurador de los muros, y el que haces seguros los caminos.

13. Si te abstuvieres de caminar en día de sábado y de hacer tu voluntad o gusto en mi santo día y llamares al sábado día de reposo y santo o consagrado a la gloria del Señor, y lo solemnizares con no volver a tus andadas, ni hacer tu gusto, ni contentarte sólo con palabras,

14. entonces tendrás tus delicias en el Señor y yo te elevaré sobre toda terrena altura; y para alimentarte te daré la herencia de Jacob tu padre; que todo esto está anunciado por la boca del Señor.

59 *Declara Isaías que los pecados del pueblo son la causa de que Dios desampare a Israel*

1. Porque mirad que no se ha encogido la mano del Señor, para que ella no pueda salvar; ni se le han entupido sus oídos, para no poder oír vuestros clamores;

2. sino que vuestras iniquidades han puesto un muro de separación entre vosotros y vuestro Dios; y vuestros pecados le han hecho volver su rostro de vosotros para no escucharos.

3. Porque manchadas están de sangre vuestras manos, y llenos de iniquidad vuestros dedos; y no pronuncian más que la mentira vuestros labios, y sólo habla palabras de iniquidad vuestra lengua.

4. No hay quien clame por la justicia; no hay quien juzgue con verdad; sino que todos ponen su confianza en la nada, y tienen en su boca la vanidad. Concibieron o idearon el trabajo o daño del prójimo*, y parieron la iniquidad.

5. Han hecho abrir los huevos de áspides, y con sus afanes tejieron telas de araña; quien de dichos huevos comiere, morirá; y una víbora es lo que saldrá si hubiere empollado alguno.

6. No serán buenas para vestidos las telas de ellos; ni podrán cubrirse con sus labores; los trabajos que hagan son trabajos inútiles; pues obra de iniquidad es la que tienen entre manos.

7. Sus pies corren a la maldad* y se apresuran a derramar la sangre inocente; pensamientos nocivos son todos sus pensamientos. Por doquiera que pasan, dejan la desolación y el quebranto.

8. No conocen la senda de la paz, y sus pasos no van enderezados hacia la justicia; torcidos son sus senderos, y cualquiera que anda por ellos no sabe qué cosa es paz.

9. Por eso se alejó de nosotros el juicio recto, y no nos abrazará en su seno la justicia; esperamos la luz y he aquí que nos hallamos con las tinieblas; la claridad del día, y caminamos a oscuras.

10. Vamos palpando en la pared como ciegos; y andamos a tientas como si no tuviéramos ojos; en medio del día tropezamos como si estuviésemos en medio de la noche; estamos en oscuros lugares como los muertos en los sepulcros.

11. Como osos rugimos todos nosotros; y meditando nuestros pecados gemimos como palomas. Esperamos la justicia, y ella no parece; que llegue la salud y ésta se alejó de nosotros.

12. Y es que nuestras maldades, oh Señor, se han multiplicado en tu presencia, y están atestiguando contra nosotros nuestros pecados; puesto que permanecen en nosotros nuestras iniquidades, y conocemos bien nuestros crímenes.

13. Pecado hemos y mentido contra el Señor, y hemos vuelto las espaldas por no seguir a nuestro Dios, y sí para calumniar y cometer maldades; concebimos y proferimos del corazón palabras de mentira.

14. Y así es que el recto juicio se volvió atrás, y la justicia se paró a lo lejos de nosotros, hemos visto que la verdad ha ido por tierra en el foro, o tribunales, y que no ha hallado entrada.

15. Y la verdad fue puesta en olvido; y quedó oprimido o hecho presa de los malvados aquel que se apartó del mal. Vio esto el Señor y le hirió en los ojos el que ya no hubiese justicia.

16. Y vio que no quedaba hombre de bien; y se pasmó de no encontrar quien se pusiese por medio; y halló en su mismo brazo la salud y su justicia fue la que le fortaleció.

---

4. *Job 15*, 35; *Sal 7*, 15; *Miq 2*, 1.

7. *Rom 3*, 15.

17. Se armó de la justicia como de una coraza, y se puso en la cabeza el yelmo de la salud; la venganza es el ropaje con que se viste, y el celo es el manto con que se cubre.

18. Saldrá preparado para vengarse y para descargar el merecido enojo sobre sus enemigos, y dar el justo pago a sus adversarios; él tratará a las islas o naciones según su merecido.

19. Con esto temerán el Nombre santo del Señor los pueblos que están al occidente, y los del oriente venerarán su gloria y majestad; cuando venga como un río impetuoso impelido del espíritu del Señor,

20. y llegue el redentor que ha de redimir a Sión, y aquellos hijos de Jacob que se convierten del pecado, dice el Señor.

21. Y éste es mi nuevo pacto con ellos, dice el Señor: El espíritu mío que está en ti, y las palabras mías que puse yo en tu boca, no se apartarán de tus labios, dice el Señor, ni de la boca de tus hijos, ni de la boca de tus nietos, desde ahora para siempre.

---

60 *Triunfo de la Nueva Jerusalén. El Señor será su paz, su santificación y su felicidad eterna*

---

1. ¡Levántate, oh Jerusalén!, recibe la luz; porque ha venido tu lumbrera y ha nacido sobre ti la gloria del Señor.

2. Porque he aquí que la tierra estará cubierta de tinieblas y descubrirá las naciones; mas sobre ti nacerá el Señor, y en ti se dejará ver su gloria.

3. Y a tu luz caminarán las gentes, y los reyes al resplandor de tu nacimiento.

4. Tiende tu vista alrededor tuyo, y mira: Todos esos se han congregado para venir a ti; vendrán de lejos tus hijos y tus hijas acudirán a ti de todas partes.

5. Entonces te verás en la abundancia; se asombrará tu corazón, y se ensanchará cuando vengan a unirse contigo naciones de la otra parte del mar; cuando a ti acudan poderosos pueblos.

6. Te verás inundada de camellos, de dromedarios de Madián y de Efa: Todos los sabeos vendrán a traerte oro e incienso, y publicarán las alabanzas del Señor.

7. Se recogerán para ti todos los rebaños de Cedar; para tu servicio serán los carneros de Nabayot, sobre mi altar de propiciación serán ofrecidos, y yo haré gloriosa la casa de mi majestad.

8. ¿Quiénes son esos que vuelan como nubes, y como las palomas a sus nidos?

9. Sé, dice el Señor, que me están esperando con ansia las islas o naciones, y las naves del mar ya desde el principio, para que traiga de las remotas regiones a tus nuevos hijos, y con ellos su plata y su oro, que consagran al nombre del Señor Dios tuyo, y al Santo de Israel que te ha glorificado.

10. Entonces los hijos de los extranjeros edificarán tus muros; y los reyes de ellos serán servidores tuyos; porque si bien estando enojado te afligí, ahora reconciliado uso contigo de misericordia.

11. Y estarán abiertas siempre tus puertas*, ni de día ni de noche se cerrarán, a fin de que a toda hora pueda introducir en ti la riqueza de las naciones, con sus reyes.

12. Puesto que la nación y el reino que a ti no se sujetare, perecerá, y tales gentes serán destruidas y asoladas.

13. A ti vendrá lo más precioso del Líbano, y el abeto, y el ciprés, y el pino para servir todos juntos al adorno de mi santuario, y yo llenaré de gloria el lugar donde asentaré mis pies.

14. Y a ti vendrán y se te postrarán los hijos de aquellos que te abatieron, y besarán las huellas de tus pies todos los que te insultaban, y te llamarán la ciudad del Señor, y la Sión del Santo de Israel.

15. Por cuanto estuviste tú abandonada y aborrecida, sin haber quien te frecuentase, yo haré que seas la gloria de los siglos y el gozo de todas las generaciones venideras;

16. y te alimentarás con la leche de las naciones, y te criarán regios pechos; y conocerás que soy el Señor que te salva, el redentor tuyo, el fuerte de Jacob.

17. En vez de cobre te traerá oro, y plata en lugar de hierro; y en vez de maderas cobre, y en lugar de piedras hierro; y pondré por gobierno tuyo la paz, y por prelados tuyos la justicia.

18. No se oirá ya hablar más de iniquidad en tu tierra, ni de estragos ni de plagas dentro de tus confines; antes bien rei-

---

11. *Ap 21*, 25.

nará la salud o felicidad dentro de tus muros, y resonarán en tus puertas cánticos de alabanza.

19. Ya no necesitarás sol que te dé luz durante el día, ni te alumbrará el esplendor de la luna; sino que el Señor mismo será la sempiterna luz tuya, y tu gloria o claridad el mismo Dios tuyo*.

20. Nunca jamás se pondrá tu sol ni padecerá menguante tu luna; porque el Señor será para ti sempiterna luz tuya, y se habrán acabado ya los días de llanto.

21. El pueblo tuyo se compondrá de todos los justos; ellos poseerán eternamente la tierra, siendo unos retoños plantados por mí, obra de mis manos, para que yo sea glorificado.

22. El menor de ellos valdrá por mil, y el párvulo por una nación poderosísima. Yo el Señor haré súbitamente todo esto cuando llegare su tiempo.

61 *Buenas noticias para los pobres y humildes, anunciándoles la llegada de la era mesiánica*

1. A este fin* ha reposado sobre mí el espíritu del Señor; porque el Señor me ha ungido, y me ha enviado para hablar a los mansos y humildes, para curar a los de corazón contrito, y predicar la redención a los esclavos, y la libertad a los que están encarcelados;

2. para publicar el año de reconciliación con el Señor, o su jubileo, y el día de la venganza de nuestro Dios; para que yo consuele a todos los que lloran;

3. para cuidar a los de Sión que están llorando, y para darles una corona de gloria, en lugar de la ceniza que cubre sus cabezas; el óleo propio de los días solemnes y alegres en vez de luto; un ropaje de gloria en cambio de su espíritu de aflicción; y los que habitarán en ella serán llamados los valientes en la justicia, plantío del Señor para gloria suya.

4. Los cuales repoblarán los lugares que desde tiempos remotos están desiertos*, y alzarán las ruinas antiguas, y restaurarán las ciudades yermas, despobladas desde siglos.

5. Entonces se presentarán los extranjeros, y apacentarán vuestros ganados, y los hijos de los forasteros serán vuestros labradores y viñadores.

6. Vosotros, seréis llamados sacerdotes del Señor; a vosotros se os dará el nombre de ministros de Dios; seréis alimentados con la sustancia de las naciones y os honraréis con la gloria de ellas*.

7. En vez de vuestra doble confusión y vergüenza, daréis las gracias de la parte de herencia que os tocará; y por eso poseeréis en vuestra tierra doblada porción, y será perdurable vuestra alegría.

8. Porque soy yo el Señor que amo la justicia, y que aborrezco el robo consagrado en holocausto; y yo recompensaré fielmente sus obras; y asentaré con ellos eterna alianza.

9. Y será discernido entre los pueblos su linaje y su descendencia en medio de las naciones; cuantos los vieren los conocerán, por ser ellos el linaje bendito del Señor.

10. Yo me regocijaré con sumo gozo en el Señor, y el alma mía se llenará de placer en mi Dios; pues él me ha revestido del ropaje de la salud, y me ha cubierto con el manto de la justicia, como a esposo adornado con guirnalda, y como esposa ataviada con sus joyas.

11. Porque así como la tierra produce sus plantas, y el jardín hace brotar la semilla que se ha sembrado en él, así el Señor Dios hará florecer su justicia y su gloria, a vista de todas las naciones.

62 *Isaías sigue vaticinando la venida del Mesías y la conversión de los gentiles. Felicidad y gloria de Sión*

1. Yo no me estaré, pues, callado; sin cesar rogaré a favor de Sión; por amor de Jerusalén no he de sosegar hasta tanto que su Justo nazca como la luz del día, y resplandezca su Salvador cual brillante antorcha.

2. Las naciones, ¡oh Jerusalén!, verán a tu Justo; y los reyes todos a tu glorioso

19. *Ap 21*, 4-23.
1. *Luc 4*, 18.
4. *Is 58*, 12.
6. *1 Cor 1*, 4.

Salvador; y se te impondrá un nombre nuevo, que pronunciará el Señor de su propia boca.

3. Y serás, entonces, una corona de gloria en la mano del Señor, y una real diadema en mano de tu Dios.

4. Ya no serás llamada en adelante la repudiada, ni tu tierra tendrá el nombre de desierta; sino que serás llamada la querida mía, y tu tierra la poblada; porque el Señor ha puesto en ti sus delicias, y tu tierra estará llena de habitantes;

5. pues al modo que vive en paz y alegría un mancebo con la doncella que escogió para esposa, así tus hijos morarán en ti, y como el gozo del esposo y de la esposa así serás tú el gozo de tu Dios.

6. Sobre tus muros, oh Jerusalén, he puesto centinelas; todo el día y toda la noche estarán alerta, no callarán jamás. Vosotros, pues, que hacéis memoria del Señor, no os estéis callados,

7. y no estéis en silencio delante de él. Rogadle, hasta tanto que restablezca a Jerusalén, y la ponga por objeto de alabanza en la tierra.

8. El Señor ha jurado por su diestra y por su brazo fuerte, diciendo: No daré más tu trigo para sustento de tus enemigos; ni beberán en adelante los extranjeros el vino tuyo, fruto de tu trabajo;

9. sino que aquellos que recogen el trigo lo comerán, y bendecirán al Señor; y aquellos que acarrean el vino, lo beberán en los atrios de mi santo templo.

10. Salid, pues, salid afuera de las puertas de Jerusalén, preparad el camino al pueblo*, allanad la senda, apartad de ellas las piedras, y alzad el estandarte o señal para los pueblos.

11. He aquí que el Señor ha mandado echar este pregón hasta las extremidades de la tierra y decir a la hija de Sión: Mira que ya viene el Salvador tuyo; mira cómo trae consigo su galardón, y tiene delante de sí la recompensa para sus siervos.

12. Entonces tus hijos serán llamados pueblo santo, redimidos del Señor. Y a ti te llamarán ciudad apetecida de todos y no la desamparada.

---

10. *Is 57*, 14.

63 *Israel es abandonado de Dios por su ingratitud; pero Isaías implora la divina clemencia*

1. ¿Quién es ése que viene de Edom o Idumea, y de Bosra con las vestiduras teñidas de sangre? Ese tan gallardo en su vestir, y en cuyo majestuoso andar se descubre su gran fortaleza? Yo soy, responderá, el que predicó la justicia, y soy el protector que doy la salud a los hombres.

2. Pues, ¿por qué está rojo tu vestido, y está tu ropa como la de aquellos que pisan la vendimia en el lagar?

3. El lagar lo he pisado yo solo, sin que nadie de entre las gentes haya estado conmigo. Pisé a los enemigos con mi furor, y los golpeé con mi ira, y su sangre salpicó mi vestido, y manché toda mi ropa.

4. Porque he aquí el día fijado en mi corazón para tomar venganza; ha llegado ya el tiempo de redimir a los míos.

5. Eché la vista alrededor, y no hubo quien acudiese a mi socorro; anduve buscando y no hallé persona que me ayudase; y sólo me salvó mi brazo; y la indignación que concebí me sostuvo.

6. Y en mi furor pisoteé a los pueblos y los embriagué de su sangre en mi indignación, y postré por tierra sus fuerzas.

7. Yo me acordaré de las misericordias del Señor; y al Señor alabaré por todas las cosas que él ha hecho a favor nuestro, y por los beneficios concedidos a la casa de Israel, según su benignidad y su piedad.

8. Porque él dijo: Al cabo, éste es el pueblo mío; son mis hijos; no me faltarán más a la fidelidad; y con eso se hizo Salvador suyo.

9. En todas las tribulaciones que les acontecieron, jamás se cansó el Señor de librarlos, antes bien el ángel que está en su presencia los sacaba a salvo; y él mismo a impulso de su amor y su clemencia los redimió, y los sobrellevó, y los ensalzó en todo tiempo.

10. Mas ellos lo provocaron a ira, y contristaron el espíritu de su Santo; y el Señor se les convirtió en enemigo; y él mismo los derrotó.

11. Pero luego se acordó de los tiempos antiguos; de Moisés y de su pueblo: ¿Dónde está, dijo, ahora aquel que los sacó del mar Rojo* a ellos y a los que eran pastores de su grey? ¿Dónde está aquél que puso en medio de ellos el espíritu de su Santo?

12. ¿Dónde el que puesto a la derecha de Moisés los sacó de Egipto con su majestuoso brazo*; el que delante de ellos dividió las aguas del mar, con lo cual ganó un renombre sempiterno;

13. el que los guió por medio de los abismos, como se hace un vigoroso caballo por una llanura desierta, sin ningún tropiezo?

14. Como se lleva a un asno por una ladera al campo, con el mayor sosiego; así los condujo el espíritu del Señor, así, ¡oh Dios!, fuiste tú el conductor de tu pueblo, a fin de ganar un nombre glorioso.

15. Atiende desde el cielo, ¡oh Señor! y echa una mirada hacia nosotros desde el lugar santo donde moras tú y reside la gloria tuya. ¿Dónde está ahora tu celo y tu fortaleza, la ternura de tus entrañas y la gran misericordia tuya? ¿Por qué no la usas conmigo?

16. Tú, no obstante, eres nuestro verdadero padre*; porque Abrahán no nos conoció, e Israel no supo nada de nosotros. Sí, tú, ¡oh Señor!, eres nuestro Padre, nuestro Redentor, éste es tu nombre desde la eternidad.

17. ¿Y por qué, Señor, nos dejaste desviar de tu camino?; ¿por qué permitiste que se endureciese nuestro corazón, de modo que perdiésemos tu santo temor? Vuélvete a nosotros por amor de tus siervos, y de las tribus que forman la herencia tuya.

18. Como si tu pueblo santo nada fuese a tu vista, se han enseñoreado de él nuestros enemigos, han pisoteado tu santuario.

19. Hemos vuelto a ser como al principio, antes que tú te hubieses posesionado de nosotros, y llevásemos el nombre de pueblo tuyo.

11. *Ex 14*, 29; *Sal 106* (*105*), 16-32.
12. *Deut 26*, 15; *Bar 2*, 16.
16. *Mat 23*, 9.

64

Israel clama al Señor para que lo libre. Confiesa sus pecados y le pide que lo saque de su ruina

1. ¡Oh, si rasgarás los cielos, y descendieras! A tu presencia se derretirían como cera los montes.

2. Se consumirían como en un horno de fuego; las aguas mismas arderían como llamas, para que se hiciese manifiesto tu nombre a tus enemigos, y temblasen delante de ti las naciones.

3. Cuando tú hayas hecho estas maravillas, no podremos soportarlas: has descendido del cielo, y al verte los montes, se han derretido.

4. Desde que el mundo es mundo, jamás nadie ha entendido, ni ninguna oreja ha oído, ni ha visto ojo alguno, sino sólo tú, ¡oh Dios!, las cosas que tienes preparadas para aquellos que te están aguardando*.

5. Tú saliste al encuentro de aquellos que caminando con alegría por tus caminos se acuerdan de ti. Mas tú ahora estás enojado contra nosotros, porque hemos pecado; en pecados estuvimos siempre enredados; y con todo, por tu misericordia seremos salvos.

6. Todos nosotros venimos a ser como un inmundo leproso, y como un sucio trapo todas nuestras obras de justificación; como las hojas de los árboles hemos caído todos, y nuestras maldades como un viento impetuoso nos han arrebatado y esparcido.

7. No hay ninguno que invoque tu Nombre; no hay quien se levante para mediar, y te detenga; nos has escondido tu rostro, y nos has estrellado contra nuestra misma maldad.

8. Ahora bien, Señor, tú eres nuestro padre; nosotros somos el barro y tú el alfarero; obras somos todos de tus manos.

9. No te irrites, Señor, en demasía, ni te acuerdes más de nuestra maldad; mira y atiende a que somos todos pueblo tuyo*.

10. Ha quedado desierta la ciudad de tu santuario. Sión está hecha un yermo; Jerusalén se halla asolada.

11. La casa de nuestra santificación y

4. *1 Cor 2*, 9.
9. *Sal 79* (*78*), 8.

nuestra gloria, donde nuestros padres cantaron tus alabanzas, echaste a un montón de cenizas, y todas nuestras grandezas se han convertido en ruinas.

12. Pues Señor, ¿y al ver tales cosas, te estarás tú quedo?; ¿continuarás guardando silencio, y afligiéndonos en tanto extremo?

65 *Isaías profetiza la conversión de los gentiles, el castigo a los judíos y que sus ruinas serán salvadas*

1. Han venido a buscarme aquellos que antes no preguntaban por mí, me han hallado aquellos que no me buscaron. Yo he dicho a una nación que no invocaba mi Nombre: Aquí estoy, heme aquí.

2. Extendí todo el día mis brazos hacia un pueblo incrédulo y rebelde que no anda por el buen camino, sino en pos de sus antojos.

3. Pueblo que cara a cara me está provocando continuamente a enojo; hombres que inmolan víctimas en los huertos, y ofrecen sacrificios sobre altares fabricados en ladrillos;

4. que se meten en los sepulcros, que duermen en los templos de los ídolos o falsos oráculos; que comen la carne del cerdo, y echan en sus tazas un caldo profano o prohibido;

5. que dicen a otros: Apártate de mí, no me toques, porque tú eres inmundo. Todos estos se convertirán en humareda el día de mi furor, en fuego que arderá siempre.

6. Sabed que lo dicho lo tengo escrito delante de mí. Por lo que no callaré, dice el Señor, sino que les retornaré el cambio, y les pondré en su seno la paga;

7. la paga o castigo de sus iniquidades y de las iniquidades de sus padres*; los cuales ofrecieron sacrificios sobre los montes, y me deshonraron sobre los collados. Yo derramaré en el seno de los hijos la paga debida a las antiguas obras de los padres.

8. Sin embargo, esto dice el Señor: Como cuando se halla un grano bueno en un racimo podrido, y se dice: No lo desperdicies, pues es una bendición o don de Dios, eso mismo haré yo por amor de mis siervos: No exterminaré a Israel del todo;

9. antes bien entresacaré de Jacob un linaje, y de Judá quien domine sobre mis montes. Y esta tierra de Sión será la herencia de mis escogidos, y en ella habitarán mis fieles siervos;

10. y las campiñas serán rediles de rebaños, y en el fértil valle de Acor se albergarán los ganados mayores de mi pueblo, de aquellos que han ido en pos de mí.

11. Pero a vosotros que abandonasteis al Señor, que os olvidasteis de Sión, mi santo monte, que aparejasteis una mesa o altar al ídolo de la Fortuna, y derramáis sobre ella libaciones,

12. yo os iré entregando uno a uno al filo de mi espada, y todos pereceréis en esta mortandad; puesto que yo os llamé y no os respondisteis, os hablé y no hicisteis caso*; antes bien cometíais la maldad delante de mis ojos, y habéis escogido las cosas que yo aborrecía.

13. Por tanto, esto dice el Señor Dios: Sabed que mis siervos comerán, y vosotros padeceréis hambre; mis siervos beberán, y vosotros padeceréis sed;

14. mis siervos se regocijarán, y vosotros estaréis avergonzados: y sabed, en fin, que mis siervos, a impulsos del júbilo de su corazón, entonarán himnos de alabanza, y vosotros, por el dolor de vuestro corazón, alzaréis el grito, y os hará dar aullidos la aflicción del ánimo.

15. Y dejaréis cubierto de execración vuestro nombre a mis escogidos. El Señor Dios acabará contigo, ¡oh Israel!, y a sus siervos los llamará con otro nombre.

16. En el cual nombre quien fuere bendito sobre la tierra, bendito será del Dios verdadero; y el que jurare sobre la tierra, por este nombre del Dios verdadero jurará; porque las precedentes angustias o tribulaciones se han echado en olvido, y desaparecieron de mis ojos.

17. Porque he aquí que yo voy a crear nuevos cielos y nueva tierra* y de las cosas o tribulaciones primeras no se hará más memoria, ni recuerdo alguno;

18. sino que os alegraréis, y regocijaréis eternamente en aquellas cosas que voy a

---

7. *Mat 23,* 32.

12. *Prov 1,* 24; *Jer 6,* 13.
17. *Ap 21,* 1.

crear; pues he aquí que yo formaré a Jerusalén, ciudad de júbilo, y a su pueblo, pueblo de alegría.

19. Y colocaré yo mis delicias en Jerusalén, y hallaré mi gozo en mi pueblo; nunca jamás se oirá en él la voz de llanto, ni de lamento.

20. No se verá más allí un niño que viva pocos días, ni anciano que no cumpla el tiempo de su vida; pues el que morirá más niño, tendrá cien años, y el pecador o el que no viva cien años, será reputado como maldito.

21. Y edificarán casas, y las habitarán y plantarán viñas, y comerán de su fruto.

22. No acontecerá que ellos edifiquen, y sea otro el que habite; ni plantarán para que otro sea el que coma; pues los días de mi pueblo serán duraderos como los días del árbol de la vida*, y permanecerán largo tiempo* las obras de sus manos.

23. No se fatigarán en vano mis escogidos, ni tendrán hijos que los conturben; porque estirpe de benditos del Señor son, así ellos como sus nietos.

24. Y antes que clamen, yo los oiré: Cuando estén aún con la palabra en la boca otorgaré su petición.

25. El lobo y el cordero pacerán juntos; el león, como el buey, comerá heno; el alimento de la serpiente será el polvo*; no habrá quien haga daño ni cause muerte en todo mi santo monte, dice el Señor.

66 *El espíritu contrito y humillado es el templo que el Señor desea para sí y sin él desecha los sacrificios*

1. Esto dice el Señor: El cielo es mi solio, y la tierra peana de mis pies: ¿Qué casa, pues, es esa que vosotros edificaréis para mí, y cuál es aquel lugar donde he de fijar mi asiento*?

2. Estas cosas todas las hizo mi mano y todas ellas son obra mía, dice el Señor. ¿Y en quién pondré yo mis ojos, sino en el pobrecito y contrito de corazón, y que oye con respetuoso temor mis palabras?

3. Aquel que me inmola un buey es como el que degollase un hombre; el que sacrifica un cordero, es como quien descabezase un perro; el que hace una ofrenda, es como quien me presentase la sangre de cerdo; el que se acuerda de ofrecerme incienso, es como quien bendijese u honrase a un ídolo. En efecto, todas estas cosas prohibidas en mi ley han elegido ellos, según sus antojos; y su alma ha puesto sus delicias en estas abominaciones.

4. Por lo que yo me complaceré también en burlarme de ellos, y haré que les acontezcan las cosas desastrosas que temían; ya que llamé y no hubo quien respondiese; hablé y no me escucharon*, y obraron la maldad ante mis ojos, y han querido lo que yo reprobaba.

5. Oíd la palabra del Señor vosotros que la escucháis con respetuoso temor: Vuestros hermanos que os aborrecen y os desechan por razón de mi Nombre, dijeron: ¡Ea!, que muestre el Señor en vosotros su gloria, y la reconoceremos al ver la alegría de vuestro rostro. Mas no temáis, ellos quedarán confundidos.

6. Ya oigo la voz lastimera del pueblo de la ciudad de Jerusalén, la voz del templo, la voz del Señor que da el pago a sus enemigos.

7. Antes del tiempo del parto ha parido la nueva Sión; antes que le viniesen los dolores, ha parido un hijo varón.

8. ¿Quién jamás oyó cosa tal, ni quién vio cosa semejante a esto? ¿Tiene acaso la tierra en un solo día el fruto? ¿O ha sido engendrada nunca de una vez toda una nación? Pues he aquí que Sión se sintió preñada y parió sus hijos*.

9. ¿Acaso yo, que hago parir o doy la fecundidad a los otros, dice el Señor, no pariré yo mismo? ¿Yo que doy a los otros sucesión, seré acaso estéril?, dice el Señor Dios tuyo.

10. Congratulados, pues con la nueva Jerusalén, y regocijaos con ella todos los que amáis; rebosad con ella de gozo todos cuantos por ella estáis llorando,

---

22. *Ap 2*, 7.
22. *Para siempre.*
25. *Gen 3*, 14.
1. La Iglesia cristiana primitiva empleó con frecuencia este capítulo para describir la lucha entre el *bien* y el *mal*, los *elegidos* y los *condenados*. *Hech 7*, 49; *17*, 24.

4. *Prov 1*, 24; *Jer 7*, 13.
8. *Mat 8*, 11; *12*, 31.

11. a fin de que chupéis así de sus pechos la leche de sus consolaciones celestiales hasta quedar saciados, y saquéis abundante cantidad de delicias de su consumada gloria.

12. Porque esto dice el Señor: He aquí que yo derramaré sobre ella como un río la paz*, y como un torrente que todo lo inunda la gloria de las naciones; vosotros chuparéis su leche, a sus pechos seréis llevados, y acariciados sobre su regazo.

13. Como una madre acaricia a su hijito, así yo os consolaré a vosotros, y hallaréis vuestra paz y consolación en Jerusalén.

14. Vosotros lo veréis, y se regocijará vuestro corazón, y vuestros huesos reverdecerán como la hierba; y será visible la mano del Señor a favor de sus siervos; al paso que hará experimentar su indignación a sus enemigos.

15. Porque he aquí que el Señor vendrá en medio del fuego, y su carroza será como un impetuoso torbellino para derramar con la indignación suya su furor y su venganza con llamas de fuego.

16. Pues el Señor rodeado de fuego y armado de su espada juzgará a todos los mortales; y será grande el número de aquellos a quienes el Señor quitará la vida.

17. Aquellos que creían santificarse y quedar puros en los huertos, y lavándose detrás de la puerta de sus casas, en el interior de ellas, que comían carne de cerdo, y cosas abominables y ratones, serán consumidos a una todos, dice el Señor.

18. Mas yo vendré a recoger sus obras, y sus pensamientos, y para reunirlos con todas las naciones de cualquier país y lengua, y comparecerán delante de mí, y verán mi gloria.

19. Y levantaré en medio de ellos una señal de salud; y de los que se salvaren, yo enviaré a las naciones de la otra parte del mar, al Africa, a la Lidia (que son pueblos flecheros) a Italia, a Grecia, a las islas más remotas, a gentes que jamás han oído hablar de mí, ni han visto mi gloria. Y estos enviados anunciarán a las naciones la gloria mía;

20. y traerán a todos vuestros hermanos de todas las naciones y los ofrecerán como un presente al Señor, conduciéndolos en caballos, y en carrozas, y en literas, y en mulas, y en carruajes a mi monte santo de Jerusalén, dice el Señor, como cuando los hijos de Israel llevan en un vaso puro la ofrenda a la casa del Señor.

21. Y de entre éstos escogeré yo para hacerlos sacerdotes y levitas, dice el Señor.

22. Porque como los cielos nuevos y la nueva tierra que yo haré permanecer siempre delante de mí, así, ¡oh Jerusalén!, permanecerá tu descendencia y tu renombre, dice el Señor.

23. Y de mes en mes y de sábado en sábado* vendrá todo hombre a postrarse delante de mí, y me adorará, dice el Señor.

24. Y saldrán a ver los cadáveres los que prevaricaron contra mí; cuyo gusano no muere nunca*, y cuyo fuego jamás se apagará; y el verlos causará náusea a todo hombre.

---

12. *Abundancia de bienes. Is 49*, 25.

23. *Hebr 6*, 9.
24. *Mar 9*, 43.

Jeremías

Introducción

Jeremías fue de estirpe sacerdotal, hijo del sacerdote Helcías. Pertenecía a la tribu de Benjamín y nació en Anatot, cerca de Jerusalén. Su vocación profética de más de cuarenta y cinco años, comenzó cuando tenía veinte y va del año decimotercero del reinado de Josías, hasta el quinto después de la ruina de Jerusalén,en el siglo VII a.C.. Sus profecías cuyo objetivo fue invitar a su pueblo a la penitencia, anunciando los castigos que enviaría el Señor, se dirigieron contra Israel, Egipto, Idumea, los filisteos, los amonitas, los moabitas, los babilonios. Después del reinado de Jeconías, la mayor parte del pueblo fue llevada cautiva a Babilonia. Jeremías exhortó a penitencia al incrédulo y diezmado pueblo judío que quedó en el país, y vaticinó la destrucción de Jerusalén y de su templo. Nabucodonosor tomó la ciudad y puso al profeta en libertad, quien no dejó Jerusalén para poder consolar a los pocos judíos que quedaban. El príncipe Ismael hizo matar a Godolías, gobernador de la Judea dejado por los caldeos, lo que provocó el temor de los judíos a la venganza caldea, y por ello buscaron asilo en Egipto. A pesar de que Jeremías les disuadía de ello, prometiéndoles en nombre de Dios la seguridad y la paz si se quedaban en Judea, huyeron a Egipto, llevando con ellos al profeta y a su discípulo Baruc. Jeremías profetizó allí las calamidades con que Dios castigaría a los egipcios y a los judíos. Según la Sinagoga, San Jerónimo, Tertuliano y otros expositores sagrados, el profeta murió en Tafnis, ciudad de Egipto, apedreado por los judíos.

Jeremías recibió el hermoso nombre de *Amante de sus hermanos y del pueblo de Israel.*

1 *Vocación del profeta Jeremías. El Señor le manifiesta el objeto principal de sus profecías*

1. Palabras o profecías de Jeremías, hijo de Helcías, uno de los sacerdotes que habitaban en Anatot, ciudad de la tierra o tribu de Benjamín.

2. El Señor, pues, le dirigió a él su palabra en los días del rey Josías, hijo de Amón, rey de Judá, el año decimotercero de su reinado.

3. Y se la dirigió también en los días del rey Joakim, hijo de Josías, rey de Judá; hasta acabado el año undécimo de Sedecías, hijo de Josías, rey de Judá; esto es hasta la transportación de los judíos desde Jerusalén a Babilonia en el mes quinto.

4. Y el Señor me habló diciendo:

5. Antes que yo te formara en el seno materno te conocí; y antes que tú nacieras te santifiqué o segregué y te destiné para profeta entre las naciones.

6. A lo que dije yo: ¡Ah! ¡Ah! ¡Señor, Dios! ¡Ah!, bien véis vos que yo casi no sé hablar, porque soy todavía un jovencito.

7. Y me replicó el Señor: No digas, soy un jovencito, porque con mi auxilio tú ejecutarás todas las cosas para las cuales te comisione, y todo cuanto yo te encomiende que digas, lo dirás.

8. No temas la presencia de aquellos a

quienes te enviaré, porque contigo estoy yo para sacarte de cualquier embarazo, dice el Señor.

9. Después alargó el Señor su mano, y tocó mis labios; y me añadió el Señor: Mira, yo pongo mis palabras en tu boca;

10. he aquí que hoy te doy autoridad sobre las naciones y sobre los reinos para comunicarles que les voy a desarraigar, y destruir, y arrasar, y disipar; y a edificar y plantar otros.

11. Luego me habló el Señor, y dijo: ¿Qué es eso que ves tú, Jeremías? Yo estoy viendo, respondí, la vara de uno que está vigilante.

12. Y me dijo el Señor: Así es como tú has visto, pues yo seré vigilante en cumplir mi palabra.

13. Y me habló de nuevo el Señor, diciendo: ¿Qué es eso que tú ves? Veo, respondí, una olla o caldera hirviendo, y viene de la parte del norte.

14. Entonces me dijo el Señor: Eso te indica que del norte* se difundirán los males sobre todos los habitantes de la tierra esta.

15. Porque he aquí que yo convocaré todos los pueblos de los reinos del norte, dice el Señor; y vendrán, y cada uno de ellos pondrá su pabellón a la entrada de las puertas de Jerusalén, y alrededor de todos sus muros, y en todas las ciudades de Judá.

16. Y yo trataré con ellos de castigar toda la malicia de aquellos que me abandonaron a mí, y ofrecieron libaciones a dioses extranjeros, y adoraron a los ídolos, obra de sus manos.

17. Ahora, pues, ármate de valor, y anda luego, y predícales todas las cosas que yo te mando; no te detengas por temor de ellos; porque yo haré que no temas su presencia.

18. Puesto que en este día te constituyo como una ciudad fuerte y como una columna de hierro, y un muro de bronce contra toda la tierra esta; contra los reyes de Judá, y sus príncipes, y sacerdotes, y la gente del país*.

19. Los cuales te harán guerra; mas no prevalecerán: pues contigo estoy yo, dice el Señor, para librarte.

14. De Caldea.
18. *Jer 6*, 27.

2

El Señor se queja de los judíos, los pastores y los falsos profetas. Jeremías vaticina su ruina

1. Y me habló el Señor, y me dijo:

2. Anda y predica a toda Jerusalén, diciendo: Esto dice el Señor: Compadecido de tu mocedad me he acordado de ti, y del amor que te tuve, cuando me desposé contigo, y cuando después me seguiste en el desierto, en aquella tierra que no se siembra.

3. Israel está consagrado al Señor, y es como las primicias de sus frutos; todos los que lo devoran se hacen reos de pecado y todos los desastres caerán sobre ellos, dice el Señor.

4. Ahora, pues, oíd la palabra del Señor vosotros los de la casa de Jacob, y vosotras todas las familias del linaje de Israel.

5. Esto dice el Señor: ¿Qué tacha hallaron en mí vuestros padres, cuando se alejaron de mí, y se fueron tras la vanidad de los ídolos haciéndose también ellos vanos?

6. Ni siquiera dijeron: ¿En dónde está el Señor que nos sacó de la tierra y esclavitud de Egipto; que nos condujo por el desierto, por una tierra inhabitable y sin senda alguna, por un país árido e imagen de la muerte, por una tierra que no pisó nunca ningún mortal, ni habitó humano viviente?

7. Yo os introduje después en un país fertilísimo para que comieseis sus frutos, y gozaseis sus delicias; y vosotros así que hubisteis entrado, profanasteis mi tierra; e hicisteis de mi heredad un objeto de abominación.

8. Los sacerdotes no dijeron tampoco: ¿En dónde está el Señor? Los depositarios de la ley me desconocieron, y prevaricaron contra mis preceptos los mismos pastores o cabezas de mi pueblo; y los profetas profetizaron invocando el nombre de Baal*, y se fueron en pos de los ídolos.

9. Por tanto, yo entraré en juicio contra vosotros, dice el Señor, y sostendré la justicia de mi causa contra vuestros hijos.

10. Navegad a las islas de Cetim, e informaos; enviad a Cedar y examinad con toda

8. *1 Re 18*, 22; *2 Re 21*, 3.

atención lo que allí pasa, y notad si ha sucedido cosa semejante.

11. Ved si alguna de aquellas naciones cambió sus dioses; aunque verdaderamente ellos no son dioses: pero mi pueblo ha trocado la gloria suya* por un ídolo infame.

12. Pasmaos, cielos, a vista de esto; y vosotras, ¡oh puertas celestiales!, horrorizaos con extremo sobre este hecho, dice el Señor.

13. Porque dos maldades ha cometido mi pueblo: Me han abandonado a mí, que soy fuente de agua viva, y han ido a fabricarse aljibes, aljibes rotos, que no pueden retener las aguas.

14. ¿Es acaso Israel algún esclavo, o hijo de esclava? ¿Pues por qué ha sido entregado en presa de los enemigos?

15. Rugieron contra él los leones, y dieron bramidos; su país lo redujeron a un páramo, quemadas han sido sus ciudades, y no hay una sola persona que habite en ellas.

16. Los hijos de Memfis y de Tafnis te han cubierto de oprobio e infamia hasta la coronilla de tu cabeza.

17. ¿Y por ventura no te ha acaecido todo esto, porque abandonaste al Señor Dios tuyo, al tiempo que te guiaba en tu peregrinación?

18. Y ahora, ¿qué es lo que pretendes tú con andar hacia Egipto, y con ir a beber el agua turbia del Nilo? ¿O qué tienes tú que ver con el camino de Asiria, ni para qué ir a beber el agua de su río Eufrates?

19. Tu malicia, ¡oh pueblo ingrato!, te condenará, y gritará contra ti tu apostasía. Reconoce, pues, y advierte ahora cuán mala y amarga cosa es haber tú abandonado el Señor Dios tuyo, y no haberme temido a mí, dice el Señor Dios de los ejércitos.

20. Ya desde tiempo antiguo quebraste mi yugo, rompiste mis coyundas, y dijiste: No quiero servir al Señor. En efecto, en todo collado alto y debajo de todo árbol frondoso te has prostituido cual mujer disoluta*.

21. Yo en verdad te planté cual viña escogida de sarmientos de buena calidad*; ¿pues cómo has degenerado, convirtiéndote en viña bastarda?

22. Por más que laves con nitro, y hagas continuo uso de la hierba borit, a mis ojos quedarás siempre sórdida por causa de tu iniquidad, dice el Señor Dios.

23. ¿Y con qué cara dices tú: Yo no estoy contaminada; no he ido en pos de los baales o ídolos? Mira tu conducta allá en aquel valle: Reconoce lo que has hecho, dromedaria desatinada que vas girando por los caminos.

24. Cual asna silvestre, acostumbrada al desierto, que en el ardor de su apetito va buscando con su olfato aquello que desea; nadie podrá detenerla; todos los que andan buscándola, no tienen que cansarse, la encontrarán con las señales de su inmundicia.

25. Guarda tu pie de la desnudez, y tu garganta de la sed. Mas tú has dicho: Desesperada estoy; por ningún caso lo haré, porque amé los dioses extraños, y tras ellos andaré.

26. Como queda confuso un ladrón cuando es cogido en el hurto; así quedarán confusos los hijos de Israel, ellos y sus reyes, los príncipes y sacerdotes y sus profetas.

27. Los cuales dicen a un leño: Tú eres mi padre; y a una piedra: Tú me has dado el ser. Me volvieron las espaldas, y no el rostro; y al tiempo de su angustia entonces dirán: Ven luego, Señor, y sálvanos*.

28. ¿Dónde están, les responderé yo, aquellos dioses tuyos, que tú te hiciste? Acudan ellos y líbrenme en el tiempo de tu aflicción, ya que eran tantos tus dioses, ¡oh Judá!, como tus ciudades*.

29. ¿Para qué queréis entrar conmigo en juicio, a fin de excusaros? Todos vosotros me habéis abandonado, dice el Señor.

30. En vano castigué a vuestros hijos; ellos no hicieron caso de la corrección; antes bien vuestra espada acabó con vuestros profetas; como león destrozador,

31. así es vuestra raza perversa. Mirad lo que dice el Señor: ¿Por ventura he sido yo para Israel algún desierto o tierra sombría que tarda en fructificar? Pues ¿por qué motivo me ha dicho mi pueblo: Nosotros nos retiramos, no volveremos jamás a ti?

32. ¿Podrá acaso una doncella olvidarse de sus atavíos, o una novia de la faja que adorna su pecho? Pues ello es que el pueblo mío se ha olvidado de mí innumerables días.

33. ¿Cómo intentas tú demostrar ser

---

11. *Rom 2*, 11-14.
20. *Jer 3*, 6.
21. *Is 5*, 1; *Mat 19*, 33.
27. *Jer 32*, 33.
28. *Jer 11*, 13.

El Santo Rosario

Misterios Gozosos
(Lunes y sábados)
1. La Encarnación del Hijo de Dios: *Luc 1,* 28.
2. La visita de María a su prima Isabel: *1 Luc 1,* 41-42.
3. El nacimiento de Jesús en Belén: *Luc 2,*7.
4. La presentación de Jesús en el templo: *Luc 2,* 22-23.
5. La pérdida y hallazgo de Jesús en el templo: *Luc 2,* 46.

Misterios Dolorosos
(Martes y viernes)
1. La oración de Jesús en el huerto: *Luc 22,* 44-45.
2. La flagelación de Jesús: *Jn 19,* 1.
3. La coronación de espinas: *Mat 27,* 28-29.
4. Jesús toma la cruz a cuestas: *Jn 19,* 17.
5. La crucifixión de Jesús: *Luc 23,* 46.

Misterios Gloriosos
(Miércoles y domingos)
1. La triunfante resurrección de Jesús: *Mar 16,* 9-10.
2. La ascensión de Jesús al cielo: *Mar 16,* 19.
3. La venida del Espíritu Santo: *Hech 2,* 4.
4. La asunción de María al cielo: *Ap 12,* 1.
5. La coronación de María como reina de todo lo creado: *Jdt 15,* 10-11.

Misterios Luminosos
(Jueves)
1. Bautismo de Jesús en el Jordán: *Mat 3,* 13-17.
2. Revelación de Jesús en las bodas de Caná: *Jn 2,* 1-12.
3. Anuncio del Reino de Dios: *Mar 1,* 14-15.
4. Transfiguración de Jesús: *Luc 9,* 28-36.
5. Institución de la Eucaristía: *Jn 13,* 1.

Virgen de Nuestra Señora de Chiquinquirá, Colombia

Virgen de Fátima

Nuestra Señora de Guadalupe, patrona de América Latina

Nuestra Señora del Perpetuo Socorro.

Virgen de las Mercedes, patrona de los reclusos.

Nuestra Señora de Monguí.

La Inmaculada Concepción.

13. He aquí que el ejército enemigo vendrá como una espesa nube, y sus carros de guerra como un torbellino; más veloces que águilas son sus caballos. ¡Ay desdichados de nosotros!, dirán entonces: Somos perdidos.

14. Lava, pues, ¡oh Jerusalén!, tu corazón de toda malicia, si quieres salvarte. ¿Hasta cuándo tendrán acogida en ti los pensamientos nocivos o perversos?

15. Mira que ya se oye la voz de uno que llega de Dan, y anuncia y hace saber que el ídolo está viniendo por el monte de Efraín.

16. Decid, pues, a las gentes: Sabed que se ha oído en Jerusalén que vienen las milicias o tropas enemigas de lejanas tierras, y han alzado ya el grito contra las ciudades de Judá.

17. Se estarán día y noche alrededor de ella como los guardas en las heredades; porque me ha provocado a ira, dice el Señor.

18. Tus procederes y tus pensamientos te han ocasionado, ¡oh Jerusalén!, estas cosas*; esa malicia tuya es la causa de la amargura que ha traspasado tu corazón.

19. ¡Ay!, mis entrañas, las entrañas mías se han conmovido de dolor y congoja; todos los interiores afectos de mi corazón están en desorden; no puedo callar cuando ha oído ya mi alma el sonido de la trompeta, el grito de la batalla.

20. Ha venido desastre sobre desastre, y ha quedado asolada toda la tierra, de repente, en un momento fueron derribadas mis tiendas y pabellones.

21. ¿Hasta cuándo he de ver fugitivos a los de mi pueblo, y he de oír el sonido de la trompeta enemiga?

22. El necio pueblo mío, dice el Señor, no me conoció, hijos insensatos son y mentecatos; para hacer el mal son sabios; mas el bien no saben hacerlo.

23. Eché una mirada a la tierra, y la vi vacía y sin nada; y a los cielos, y no había luz en ellos.

24. Miré los montes, y reparé que temblaban, y que todos los collados se estremecían.

25. Estuve observando la Judea, y no se veía un hombre siquiera; y se habían retirado del país todas las aves del cielo.

26. Miré y vi convertidas en un desierto sus fértiles campiñas; todas sus ciudades han quedado destruidas a la presencia del Señor, a la presencia de su tremenda indignación.

27. Pero he aquí lo que dice el Señor: Toda la tierra de Judá quedará desierta, mas no acabaré de arruinarla del todo.

28. Llorará la tierra, y se enlutarán arriba los cielos, por razón de lo que decreté; lo resolví y no me arrepentí, ni ahora cambio de parecer.

29. Al ruido de la caballería y de los arqueros echó a huir toda la ciudad; corrieron a esconderse entre los riscos, se subieron a los peñascos; fueron desamparadas todas las ciudades, sin que quedase en ellas un solo habitante.

30. ¿Y qué harás ahora, oh desolada hija de Sión? ¿Qué harás? Por más que te vistas de grana, aunque te adornes con joyas de oro, y pintes con antimonio tus ojos*, en vano te engalanarás; tus amantes te han desdeñado, quieren acabar contigo.

31. Porque he oído gritos como de mujer que está de parto, ansias y congojas como de primeriza; la voz de la hija de Sión moribunda que extiende sus manos, y dice: ¡Ay de mí!, que me abandona mi alma al ver la mortandad de mis hijos.

5

El Señor, en vista de haber llegado a lo sumo las maldades de su pueblo, le anuncia que va a castigarle

---

1. Recorred las calles de Jerusalén. Ved y observad, y buscad en sus plazas si encontráis un hombre que obre lo que es justo, y que procure ser fiel; y si lo halláis, yo usaré con ella de misericordia.

2. Pues aun cuando dicen todavía: Vive el Señor, Dios verdadero; aun entonces juran con mentira.

3. Señor, tus ojos están mirando siempre la fidelidad o verdad; azotaste a estos perversos, y no les dolió; los moliste a golpes, y no han hecho caso de la corrección; endurecieron sus frentes más que un peñasco, y no han querido convertirse a ti.

4. Entonces dije yo: Tal vez éstos son los pobres e idiotas que ignoran el camino del Señor, los juicios de su Dios.

---

18. *Sab 1*, 3-5.

30. *2 Re 9*, 30.

5. Iré, pues, a los principales del pueblo y hablaré a ellos, que sin duda esos saben el camino del Señor, los juicios de su Dios. Pero hallé que éstos, aún más que los otros, todos a una quebrantaron el yugo del Señor, rompieron sus correas.

6. Pero el león del bosque los ha desgarrado; el lobo al anochecer los ha exterminado; el leopardo está acechando en torno de sus ciudades, todos cuantos salgan de ellas, caerán en sus garras; porque se han multiplicado sus prevaricaciones, y se han obstinado en sus apostasías.

7. ¿Por qué título podré yo inclinarme a serte propicio a ti, oh pueblo rebelde? Tus hijos me han abandonado, y juran por el nombre de aquellos que no son dioses; yo los colmé de bienes, y ellos se han entregado al adulterio, y han desahogado su lujuria en casa de la mujer prostituta.

8. Han llegado a ser como caballos padres desenfrenados y en estado de calor, con tanto ardor persigue cada cual la mujer de su prójimo*.

9. Pues, ¿no he de castigar yo estas cosas, dice el Señor, y no se vengará mi alma de una tal gente?

10. Escalad, ¡oh pueblos de Caldea!, sus muros, y derribadlos; mas no acabéis del todo con ella; quitadle los sarmientos, porque no son del Señor;

11. puesto que la casa de Israel y la casa de Judá han pecado enormemente contra mí, dice el Señor;

12. ellas renegaron del Señor, y dijeron: No es él el Dios verdadero; no nos sobrevendrá ningún desastre; no veremos la espada, ni el hambre.

13. Sus profetas hablaban al aire; y no tuvieron jamás respuesta de Dios. Tales cosas, pues, a ellos les sobrevendrán, no a nosotros.

14. Esto me dice el Señor Dios de los ejércitos: Porque habéis proferido vosotros tales palabras, he aquí, ¡oh Jeremías!, que yo desde ahora pongo en tu boca mis palabras cual fuego devorador, y le doy ese pueblo por leña para que sea de él consumido.

15. Yo voy a traer sobre vosotros, ¡oh familia de Israel!, dice el Señor, una nación lejana, nación robusta, nación antigua*, nación cuya lengua tú no sabrás, ni entenderás lo que habla.

16. Su aljaba es como un sepulcro abierto; todos ellos son valerosos soldados.

17. Esta nación conquistadora se comerá tus cosechas y tu pan; se tragará tus hijos y tus hijas; comerá tus rebaños y tus vacadas; acabará con tus viñas y tus higuerales: y asolará con la espada tus fuertes ciudades, en que tú tienes puesta la confianza.

18. Con todo eso, en aquellos días no acabaré del todo con vosotros, dice el Señor.

19. Que si dijereis: ¿Por qué ha hecho el Señor Dios nuestro contra nosotros todas estas cosas*?, tú les responderás: Así como vosotros me habéis abandonado a mí, dice el Señor, y habéis servido a los dioses extraños en vuestra tierra, así les serviréis ahora en tierra extranjera.

20. Anunciad esto a la casa de Jacob, y pregonadlo en Judá, diciendo:

21. Escucha, ¡oh pueblo insensato y sin cordura!; vosotros que teniendo ojos no veis, y teniendo orejas no oís:

22. ¿conque a mí no me temeréis, dice el Señor, ni os arrepentiréis delante de mí? Yo soy el que al mar le puse por término la arena, ley perdurable que no quebrantará; han de levantarse sus olas, y no traspasarán sus límites; y se encresparán, pero no pasarán más adelante.

23. Pero este pueblo se ha formado un corazón incrédulo y rebelde; se han retirado de mí y se han ido en pos de los ídolos.

24. En vez de decir en su corazón: Temamos al Señor Dios nuestro, que nos da a su tiempo la lluvia temprana y la tardía, y que nos da todos los años una abundante cosecha.

25. Vuestras maldades han hecho desaparecer estas cosas; y vuestros pecados han retraído de vosotros el bienestar.

26. Por cuanto se hallan impíos en mi pueblo, acechando como cazadores, poniendo lazos y trampas para cazar hombres,

27. como jaula o red de cazadores llena de aves, así están sus casas llenas de fraudes; con ellos se han engrandecido y se han hecho ricos.

28. Se engrosaron y engordaron; y han violado pésimamente mis preceptos: No han

---

8. *Ez 22*, 11.
15. *Gen 10*, 10; *Deut 28*, 49; *Bar 4*, 16.

19. *Jer 16*, 10.

administrado justicia a la viuda, ni han defendido la causa del huérfano, y no hicieron justicia al pobre.

29. ¿Cómo no he de castigar yo estas cosas, dice el Señor?; ¿o cómo puede mi alma dejar de tomar venganza de esta gente?

30. Cosa asombrosa, cosa muy extraña es la que ha sucedido en esta tierra:

31. Los profetas profetizaban mentiras, y los sacerdotes los aplaudían con palmoteos; y mi pueblo gustó de tales cosas: ¿Qué será, pues, de él al llegar su fin?

6

El Señor ve que a pesar de la profecía de Jeremías el pueblo no se convierte y pronuncia su sentencia

1. Esforzaos, ¡oh hijos de Benjamín!, en medio de Jerusalén, y tocad el clarín de guerra en Tecua, y alzad una bandera sobre Betacarem; porque hacia el septentrión se deja ver un azote y una calamidad grande.

2. Yo he comparado la hija de Sión a una hermosa y delicada doncella.

3. A ella, a sitiarla, acudirán los pastores o capitanes con sus rebaños; plantarán alrededor sus pabellones; cada uno cuidará de los que están bajo sus órdenes.

4. Declaradle solemnemente la guerra, vamos y escalémosla en medio del día. Mas, ¡ay de nosotros!, el día va ya declinando; se han extendido mucho las sombras de la tarde.

5. ¡Ea, pues!, asaltémosla de noche, y arruinemos sus casas.

6. Pues esto dice el Señor de los ejércitos: Cortad sus árboles, abrid trincheras en torno de Jerusalén. Esta es la ciudad que voy a castigar; en ella se abriga toda especie de calumnia e injusticia.

7. Como la cisterna conserva fresca su agua, así conserva Jerusalén fresca y reciente la malicia suya. No se oye hablar en ella sino de desafueros y robos; yo veo siempre gente afligida y maltratada.

8. Enmiéndate, ¡oh Jerusalén!, a fin de que no se aleje de ti mi alma: No sea que te reduzca a un desierto inhabitable.

9. Esto dice el Señor de los ejércitos: Los restos del pueblo de Israel serán cogidos como un pequeño racimo en una viña ya vendimiada: Vuelve, ¡oh caldeo!, tu mano, como el vendimiador para meter en el cuévano el rebusco.

10. Mas, ¿a quién dirigiré yo la palabra? ¿Y a quién conjuraré para que me escuche, pues tienen tapadas sus orejas, y no pueden oír? Lo peor es que la palabra del Señor les sirve de escarnio, y no la recibirán.

11. Por lo cual estoy lleno del furor del Señor: Me cansé de sufrir: Derrámale fuera, me dijo a mí mismo, sobre los niños, y también en las reuniones de los jóvenes; porque preso será el marido con la mujer, el anciano con el decrépito.

12. Y sus casas pasarán a ser de otros, y también las heredades y las mujeres, porque yo extenderé mi mano contra los moradores del país, dice el Señor.

13. Ya que desde el más pequeño hasta el más grande, se han dado todos a la avaricia; y todos urden engaños, desde el profeta o cantor al sacerdote*.

14. Y curan las llagas de la hija de mi pueblo, con burlarse de ella, diciendo: Paz, paz; y tal paz no existe.

15. ¿Se han avergonzado acaso por las cosas abominables que han hecho? Antes bien no han tenido ni pizca de confusión, ni sabido siquiera qué cosa es tener vergüenza. Por este motivo caerán entre los que perecen y serán precipitados, dice el Señor, cuando llegue el tiempo de tomarles cuentas.

16. Esto decía también el Señor: Paraos en los caminos, ved y preguntad cuáles son las sendas antiguas, cuál es el buen camino, y seguidlo, y hallaréis refrigerio para vuestras almas. Mas ellos dijeron: No lo seguiremos.

17. Yo destiné para vosotros centinelas, les dijo aún; estad atentos al sonido de su trompeta; y respondieron: No lo queremos oír.

18. Por tanto escuchad, ¡oh naciones!, gentes todas, entended cuán terribles castigos les enviaré.

19. Oye, ¡oh tierra!, mira, yo acarrearé sobre ese pueblo desastres, fruto de sus depravados designios; puesto que no escucharon mis palabras, y desecharon mi ley.

20. ¿Para qué me ofrecéis vosotros el incienso de Sabá y la caña olorosa de lejanas tierras? Vuestros holocaustos no me son

---

13. *Is* 57, 11.

agradables, ni me placen vuestras víctimas.

21. Por tanto así dice el Señor: He aquí que yo lloveré desgracias sobre ese pueblo; caerán a una los padres con los hijos, y el vecino perecerá con su vecino.

22. Esto dice el Señor: Mirad que viene un pueblo del septentrión, y una nación grande saldrá de los extremos de la tierra.

23. Echará mano de las saetas, y del escudo; es cruel y no se apiadará de nadie; el ruido de sus tropas es como el ruido del mar, y montarán sobre caballos, dispuestos a combatir como valientes contra ti, ¡oh hija de Sión!

24. Oído hemos su fama, dicen los judíos, y se nos han caído los brazos; nos ha sorprendido la tribulación, y dolores como de mujer que está de parto.

25. ¡Ah! No salgáis por los campos, ni andéis por los caminos; pues la espada del enemigo y su terror os cercan por todos lados.

26. ¡Oh Jerusalén, hija del pueblo mío!, vístete de cilicio, cúbrete de ceniza; llora con amargo llanto, como se llora en la muerte de un hijo único; porque el exterminador caerá súbitamente sobre nosotros.

27. A ti, Jeremías, te he constituido cual robusto examinador en medio de mi pueblo; y tú examinarás y harás prueba de sus procederes.

28. Todos esos magnates del pueblo andan descarriados, proceden fraudulentamente; no son más que cobre y hierro; toda es gente corrompida.

29. Faltó el fuelle, el plomo se ha consumido en el fuego, inútilmente derritió los metales en el crisol el fundidor; pues que no han sido separadas o consumidas las maldades de aquéllos.

30. Llamadlos plata de desecho; porque el Señor ya los ha reprobado.

7 *Sermón de Jeremías en el templo, por orden del Señor, al pueblo incorregible y obstinado*

1. Palabras que habló el Señor a Jeremías, diciendo:

2. Ponte a la puerta del templo del Señor, y predica allí este sermón, hablando en los términos siguientes: Oíd la palabra del Señor todos vosotros, ¡oh hijos de Judá!, que entráis por estas puertas para adorar al Señor.

3. Esto dice el Señor de los ejércitos, Dios de Israel: Enmendad vuestra conducta y vuestras aficiones, y yo habitaré con vosotros en este lugar.

4. No pongáis vuestra confianza en aquellas vanas y falaces expresiones, diciendo: Este es el templo del Señor, el templo del Señor, el templo del Señor.

5. Porque si enderezáreis al bien vuestras acciones y vuestros deseos; si administráreis justicia entre hombre y hombre;

6. si no hiciereis agravio al forastero, y al huérfano, y a la viuda, ni derramáreis la sangre inocente en este lugar; y no anduviereis en pos de dioses ajenos para vuestra misma ruina:

7. Yo habitaré con vosotros en este lugar, en esta tierra que di a vuestros padres por siglos y siglos.

8. Pero vosotros estáis muy confiados en palabras mentirosas o vanas, que de nada os aprovecharán.

9. Vosotros hurtáis, matáis, cometéis adulterios; vosotros juráis en falso, hacéis libaciones a Baal, y os vais en pos de dioses ajenos que no conocíais.

10. Y después de esto venís aún, y os presentáis delante de mí en este templo en que es invocado mi Nombre*, y decís vanamente confiados: Ya estamos a cubierto de todos los males, aunque hayamos cometido todas esas abominaciones.

11. Pues, ¿este templo mío en que se invoca mi Nombre, ha venido a ser para vosotros una guarida de ladrones*? Yo, yo soy, yo mismo soy el que he visto vuestras abominaciones, dice el Señor.

12. Y si no, id a Silo*, lugar de mi morada, donde al principio estuvo la gloria de mi Nombre, y considerad lo que hice con él por causa de la malicia de mi pueblo de Israel.

13. Ahora bien, por cuanto habéis hecho todas estas fechorías, dice el Señor, y en vista de que yo os he predicado, y os he avisado con tiempo y exhortado, y vosotros no me habéis escuchado; y que os he llamado, y no me habéis respondido,

---

10. *Jer 54*, 18; *1 Mac 1*, 12.
11. *Mat 21*, 13; *Luc 19*, 46.
12. *1 Sam 2*, 22.

14. yo haré con esta casa, en que se ha invocado mi Nombre, y en la cual vosotros tenéis vuestra confianza, y con este lugar que os señalé a vosotros, y a vuestros padres, haré, digo, lo mismo que hice con Silo.

15. Y os arrojaré de mi presencia, como arrojé a todos vuestros hermanos de las diez tribus, a toda la raza de Efraín.

Infidelidad de Israel

16. Así, pues, no tienes tú, Jeremías, que interceder por este pueblo, ni te empeñes por ellos en cantar mis alabanzas y rogarme; ni te me opongas, porque no he de escucharte.

17. ¿Por ventura no estás viendo tú mismo lo que hacen estos hombres en las ciudades de Judá y en las plazas públicas de Jerusalén?

18. Los hijos recogen la leña, encienden el fuego los padres, y las mujeres amasan la pasta con manteca, para hacer tortas, y presentarlas a la que adoran por reina del cielo, y ofrecer libaciones a los dioses ajenos, y provocar mi ira.

19. Pero, ¿es acaso a mí, dice el Señor, a quien irritan ellos, y perjudican? ¿No es más bien a sí mismos a quien hacen daño, cubriéndose así de ignominia?

20. Por tanto esto dice el Señor Dios: Ya mi furor y mi indignación está para descargar contra ese lugar que han profanado, contra los hombres y las bestias, contra los árboles de la campiña, y contra los frutos de la tierra, y todo arderá y no se apagará.

21. Esto dice el Señor de los ejércitos, el Dios de Israel: Añadid vuestros holocaustos a vuestras víctimas, y comed sus carnes;

22. puesto que cuando yo saqué de la tierra de Egipto a vuestros padres, no les hablé ni mandé cosa alguna en materia de holocaustos y de víctimas.

23. Ved aquí el mandamiento que entonces les di: Escuchad mi voz, les dije, y yo seré vuestro Dios, y vosotros seréis el pueblo mío; y seguid constantemente el camino que os he señalado, a fin de que seais felices.

24. Sin embargo, ellos no me escucharon, ni hicieron caso de eso, sino que se abandonaron a sus apetitos, y a la depravación de su malvado corazón; y en lugar de ir hacia adelante, fueron hacia atrás,

25. desde el día mismo en que salieron sus padres de la tierra de Egipto, hasta el día de hoy. Y yo os envié a vosotros todos mis siervos los profetas; cada día me daba prisa a enviarlos.

26. Mas los hijos de mi pueblo no me escucharon, sino que se hicieron sordos y endurecieron su cerviz, y se portaron peor que sus padres.

27. Tú, pues, les dirás todas estas palabras; mas no te escucharán. Los llamarás; mas no te responderán.

28. Y así les dirás: Esta es aquella nación que no ha escuchado la voz del Señor Dios suyo, ni ha admitido sus instrucciones. Muerta está su fe o fidelidad; desterrada está de su boca.

29. Corta tu cabello, y arrójalo, y ponte a llorar en alta voz, porque el Señor ha desechado y abandonado esta generación, digna de su cólera.

30. Pues los hijos de Judá han obrado el mal ante mis ojos, dice el Señor, pusieron sus escándalos o ídolos en el templo en que se invoca mi Nombre, a fin de contaminarlo;

31. y edificaron altares o lugares altos en Tofet, situada en el valle del hijo de Ennom, para consumir en el fuego a sus hijos e hijas; cosa que yo no mandé, ni me pasó por el pensamiento.

32. Por tanto, ya viene el tiempo, dice el Señor, y no se llamará más Tofet, ni Valle del hijo de Ennom; sino Valle de la Mortandad; y enterrarán en Tofet por falta de otro sitio.

33. Y los cadáveres de este pueblo serán pasto de las aves del cielo y de las bestias de la tierra; y no habrá nadie que las ahuyente.

34. Y haré que no se oiga en las ciudades de Judá, ni en las plazas de Jerusalén voz de regocijo y de alegría, voz de esposo y de esposa, porque toda la tierra quedará desolada.

8

Extrema desolación de Jerusalén, en la cual serán castigados, reyes, sacerdotes y profetas

1. En aquel tiempo, dice el Señor, arrojarán los caldeos fuera de los sepulcros los huesos de los reyes de Judá, y los huesos de sus príncipes, y los huesos de los sacerdotes, y los huesos de los profetas, y los huesos de los que habitaron en Jerusalén.

2. Y los dejarán expuestos al sol, y a la luna, y a toda la milicia o estrellas del cielo; que son las cosas que ellos han amado, y a las cuales han servido, y tras de las cuales han ido, y a las que han consultado, y han adorado como a dioses. Los huesos de los cadáveres no habrá quien los recoja ni entierre; quedarán como el estiércol sobre la superficie de la tierra.

3. Y todos aquellos que restaren de esta perversa raza, en todos los lugares o sitios abandonados a donde yo los arroje, dice el Señor de los ejércitos, preferirán más morir que vivir en tantos trabajos.

4. Tú, les dirás: Esto dice el Señor: ¿Acaso aquel que cae, no cuida de levantarse luego? ¿Y no procura volver a la senda el que se ha descarriado de ella?

5. ¿Pues por qué este pueblo de Jerusalén se ha rebelado con tan pertinaz obstinación? Ellos han abrazado la mentira y no han querido convertirse.

6. Yo estuve atento, y los escuché: Nadie habla cosa buena; nadie hay que haga penitencia de su pecado, diciendo: ¡Ay! ¿Qué es lo que yo he hecho? Al contrario, todos han vuelto a tomar la impetuosa carrera de sus vicios, como caballo que a rienda suelta corre a la batalla.

7. El milano conoce por la variación de la atmósfera su tiempo; la tórtola, y la golondrina y la cigüeña saben discernir constantemente la estación o tiempo de su trasmigración; pero mi pueblo no ha conocido el tiempo del juicio del Señor.

8. ¿Cómo decís: Nosotros somos sabios, y somos los depositarios de la ley del Señor? Os engañáis: La pluma de los doctores de la ley verdaderamente es pluma de error, y no ha escrito sino mentiras.

9. Confundidos están vuestros sabios, aterrados y presos, porque desecharon la palabra del Señor, y ni rastro hay ya en ellos de sabiduría.

10. Por este motivo yo entregaré sus mujeres a los extraños, sus tierras a otros herederos; porque desde el más pequeño hasta el más grande, todos se dejan llevar de la avaricia; desde el profeta o cantor, hasta el sacerdote; todos se ocupan en la mentira*.

11. Y curan las llagas de la hija del pueblo mío con burlarse de ella, diciendo: Paz, paz; siendo así que no hay tal paz.

12. ¿Y están acaso corridos de haber hecho cosas abominables? Ni aun ligeramente han llegado a avergonzarse, ni saben qué cosa es tener vergüenza, por tanto serán envueltos en la ruina de los demás, y precipitados en el tiempo de la venganza, dice el Señor.

13. Pues yo los reuniré todos juntos para perderlos, dice el Señor, las viñas están sin uvas, y sin higos las higueras, hasta las hojas han caído; y las cosas que yo les diera, se les han escapado de las manos.

14. ¿Por qué nos estamos aquí quietos?, dirán ellos, juntémonos y entremos en la ciudad fuerte, y estémonos allí callando; puesto que el Señor Dios nuestro nos ha condenado al silencio, y nos ha dado a beber agua de hiel* por haber pecado contra el Señor.

15. Aguardando estamos la paz, y este bien no viene; que llegue el tiempo de nuestro remedio, y sólo vemos terror y espanto*.

16. Desde Dan se ha oído el relinchar de los caballos del enemigo; y al estrepitoso ruido de sus combatientes se ha conmovido toda la tierra; han llegado y han consumido el país y todas sus riquezas, las ciudades y sus moradores.

17. Porque he aquí que yo enviaré contra vosotros a los caldeos, como serpientes y viboras, contra los cuales no sirve ningún encantamiento y os morderán, dice el Señor.

18. Mi dolor es sobre todo dolor: Lleno de angustia está mi corazón.

19. Oigo la voz de Jerusalén, de la hija de mi pueblo, que clama desde tierras remotas: ¿Pues qué no está ya el Señor en Sión? ¿O no está dentro de ella su rey? Mas, ¿y por qué, sus moradores, responde el Señor, me provocaron a ira con sus simulacros y con sus vanas deidades extranjeras?

20. Se pasó la siega, dicen ellos, el verano se acabó, y nosotros no somos libertados.

21. Traspasado estoy de dolor y lleno de tristeza por la aflicción de la hija de mi pueblo; el espanto se ha apoderado de mí.

22. ¿Por ventura no hay resina o bálsamo en Galaad? ¿O no hay allí ningún médi-

---

10. *Jer 6*, 13; *Is 56*, 11.

14. *Jer 9*, 15.
15. *Jer 14*, 19.

co? ¿Por qué, pues, no se ha cerrado la herida de la hija del pueblo mío?

9 *Jeremías llora inconsolable los males espirituales y corporales de su pueblo, y lo invita al arrepentimiento*

1. ¿Quién dará agua a mi cabeza, y hará de mis ojos dos fuentes de lágrimas para llorar día y noche la muerte que se ha dado a tantos moradores de la hija de mi pueblo, o de Jerusalén?

2. ¿Quién me dará en la soledad una triste choza de caminantes, para abandonar a los de mi pueblo y apartarme de ellos? Pues todos son adúlteros o apóstatas de Dios, una gavilla de prevaricadores.

3. Se sirven de su lengua como de un arco, para disparar mentiras, y no verdades; se han hecho poderosos en la tierra con pasar de un crimen a otro crimen; y a mí me han desconocido y despreciado, dice el Señor.

4. Guárdese cada uno, entre ellos, de su prójimo, y nadie se fíe de sus hermanos; porque todo hermano hará el oficio de traidor, y todo amigo procederá con fraudulencia.

5. Y cada cual se burlará de su propio hermano; y no hablarán jamás verdad, porque tienen avezada su lengua a la mentira; se afanaron en hacer mal.

6. Tú, ¡oh Jeremías!, vives rodeado de engañadores; porque aman el dolo, rehúsan conocerme a mí, dice el Señor.

7. Por tanto, esto dice el Señor de los ejércitos: Sábete que yo los fundiré, y ensayaré al fuego. Porque, ¿qué otra cosa puedo hacer para convertir a los de la hija de mi pueblo?

8. Su lengua es como una penetrante flecha; hablan siempre para engañar; con los labios anuncian la paz a su amigo, y en secreto le arman asechanzas*.

9. Pues qué, ¿no he de tomarles yo cuentas sobre estas cosas?, dice el Señor. ¿O dejaré de tomar venganza de un pueblo como ése?

10. La tomará el Señor; y yo me pondré a llorar y a lamentar al ver los montes y gemiré al ver hechas un páramo las amenas campiñas; porque todo ha sido abrasado; de manera que no transita por allí nadie, ni se oye ya la voz de sus dueños; desde las aves del cielo hasta las bestias todo se ha ido de allí, y se ha retirado.

11. En fin, yo reduciré a Jerusalén, dice el Señor, a un montón de escombros, y a ser guarida de dragones, y a las ciudades de Judá las convertiré en despoblados, sin que en ellas quede un solo morador.

12. ¿Cuál es el varón sabio que entienda esto, y a quien el Señor comunique de su boca la palabra, a fin de que declare a los otros el porqué ha sido asolada esta tierra, y está seca y quemada como un árido desierto, sin haber persona que transite por ella?

13. La causa es, dice el Señor, porque abandonaron la ley que yo les había dado, y no han escuchado mi voz, ni la han seguido;

14. sino que se han dejado llevar de su depravado corazón, y han ido en pos de los ídolos; como lo aprendieron de sus padres.

15. Por tanto, esto dice el Señor de los ejércitos, el Dios de Israel: He aquí que yo a este pueblo le daré para comida ajenjos*, y para bebida agua de hiel.

16. Y los desparramaré por entre naciones, que no conocieron ellos ni sus padres, y enviaré tras de ellos la espada, hasta tanto que sean consumidos.

Lamentaciones en Jerusalén

17. Esto dice el Señor de los ejércitos, el Dios de Israel: Id en busca de plañideras, y llamadlas que vengan luego, y enviad a buscar a las que son más diestras en hacer el duelo, y decidles que se den prisa,

18. y comiencen luego los lamentos sobre nosotros; derramen lágrimas nuestros ojos, y desháganse en agua nuestros párpados;

19. porque ya se oye una voz lamentable desde Sión que dice: ¡Oh!, ¡y a qué desolación hemos sido reducidos!, ¡y en qué extrema confusión nos vemos! Abandonamos nuestra tierra nativa, porque nuestras habitaciones han sido arruinadas.

20. Escuchad, pues, ¡oh mujeres de mi

---

8. *Sal 28* (*27*), 3.

15. *Jer 23*, 15.

país!, la palabra del Señor, y perciban bien vuestros oídos lo que os anuncian sus labios; y enseñad a vuestras hijas, y cada cual a su vecina endechas y canciones lúgubres.

21. Pues la muerte ha subido por nuestras ventanas, se ha entrado en nuestras casas, y ha hecho tal estrago, que ya no se verán niños ni jóvenes por las calles y plazas.

22. Diles, pues tú, Jeremías: Así habla el Señor: Los cadáveres humanos quedarán tendidos por el suelo, como el estiércol sobre un campo, y como el heno que tira tras de sí el segador, sin que haya quien lo recoja.

23. Esto dice el Señor: No se gloríe el sabio en su saber; ni se gloríe el valeroso en su valentía, ni el rico se gloríe en sus riquezas*;

24. mas el que quiera gloriarse, gloríese en conocerme y saber que yo soy el Señor, el autor de la misericordia, y del juicio, y de la justicia en la tierra; pues éstas son las cosas que me son gratas, dice el Señor.

25. He aquí que vienen días, dice el Señor, en que yo pediré cuentas a todos los que están circuncidados, y a los que no lo están;

26. a Egipto, a Judá, a la Idumea, y a los hijos de Amón, y a los de Moab, y a todos aquellos que llevan cortado el cabello, habitantes del desierto, que si todas las naciones son incircuncisas según la carne, los hijos de Israel son incircuncisos en el corazón*.

10 *Culto de los ídolos. Sólo Dios es el Creador del universo. El castigará a los pecadores*

1. Oíd los de la casa de Israel las palabras que ha hablado el Señor acerca de vosotros.

2. Esto dice el Señor: No imitéis las malas costumbres de las naciones; ni temáis las señales del cielo, que temen los gentiles.

3. Porque las leyes de los pueblos vanas son y erróneas; visto que un escultor corta con el hacha un árbol del bosque, y lo labra con su mano;

4. lo adorna con plata y oro; lo acopla y afianza con clavos, a golpe de martillo, para que no se desuna.

5. Esta estatua ha salido recta y firme, como el tronco de una palmera; pero no habla; y la toman y la llevan donde quieren; porque ella de por sí no puede moverse. No temáis, pues, tales cosas o ídolos, pues que no pueden hacer ni mal ni bien.

6. ¡Oh Señor!, no hay nadie semejante a ti. Grande eres tú, y grande es el poder de tu Nombre*.

7. ¿Quién no te temerá a ti, oh rey de las naciones? Porque tuya es la gloria; entre todos los sabios de las naciones, y en todos los reinos no hay ninguno semejante a ti*.

8. De necios e insensatos quedarán convencidos todos ellos; el leño, que adoran, es la prueba de su vanidad o insensatez.

9. Se trae de Tarsis la plata en planchas arrolladas, y el oro de Ofaz*; lo trabaja la mano del artífice y del platero; es vestida luego la estatua de jacinto y de púrpura. Obra de artífice es todo eso.

10. Mas el Señor es el Dios verdadero; él es el Dios vivo y el rey sempiterno. A su indignación se estremecerá la tierra, y no podrán las naciones soportar su ceño.

11. Así, pues, les hablaréis: Los dioses que no han hecho los cielos y la tierra perezcan de la faz de la tierra, y del número de las cosas que están debajo del cielo.

12. El Señor es el que con su poder hizo la tierra; con su sabiduría ordenó el mundo, y extendió los cielos con su inteligencia*.

13. Con una sola voz reúne en el cielo una gran cantidad de aguas, y levanta de la extremidad de la tierra las nubes; resuelve en lluvia los rayos y relámpagos, y saca el viento de los depósitos suyos*.

14. Necio se hizo todo hombre con su ciencia de los ídolos; la misma estatua del ídolo es la confusión de todo artífice; pues no es más que falsedad lo que ha formado, un cuerpo sin alma.

15. Cosas ilusorias son, y obras dignas de risa; todas ellas perecerán al tiempo de la visita.

23. *1 Cor 1*, 31; *Is 29*, 14.
26. *Rom 2*, 25.

6. *Miq 7*, 18.
7. *Ap 10*, 4.
9. *Gen 2*, 11.
12. *Jer 51*, 15.
13. *Job 38*, 22.

16. No, no es como estas estatuas aquel Señor, que es la suerte que cupo a Jacob; pues él es el autor de todo lo creado, y es Israel la porción de su herencia; su nombre es Señor de los ejércitos.

17. ¡Oh tú, Jerusalén!, que te hallarás luego sitiada, bien puedes ya reunir de toda la tierra tus ídolos, el oprobio tuyo.

18. Pues mira lo que dice el Señor: Sábete que yo esta vez arrojaré lejos los moradores de esta tierra, y los atribularé de tal manera que nadie escapará.

19. Entonces exclamarás: ¡Ay de mí infeliz en mi quebranto!, atrocísima es la llaga o calamidad mía. Pero esta desdicha, me digo luego a mí misma, yo me la he procurado, y justo es que la padezca.

20. Asolada ha sido mi tienda; rotas todas las cuerdas que lo afianzaban; mis hijos, hechos cautivos, se han separado de mí, y desaparecieron; no queda ya nadie para levantar otra vez mis tiendas.

21. Porque todos los pastores se han portado como insensatos, y no han ido en pos del Señor; por eso les faltó inteligencia o tino, y ha sido o va a ser dispersada toda su grey;

22. porque he aquí que ya se percibe una voz, y un gran alboroto que viene de la parte del septentrión, para convertir en desiertos y en manida de dragones las ciudades de Judá.

23. Conozco bien, ¡oh Señor!, que no está en el solo querer del hombre dirigir su camino; ni es del hombre andar, ni enderezar sus pasos.

24. Castígame, ¡oh Señor!, pero sea según tu benigno juicio; y no según el motivo de tu furor, a fin de que no me reduzcas a la nada*.

25. Derrama más bien tu indignación sobre las naciones que te desconocen*, y sobre las provincias que no invocan tu santo Nombre, ya que ellas se han encarnizado contra Jacob, y le han devorado, y han acabado con él, y disipado toda su gloria.

---

24. *Sal* 6, 1.
25. *Sal* 79 (*78*), 6-7.

11 *Jeremías recuerda al pueblo la alianza con el Señor y los castigos contra sus transgresores*

1. Palabras que dirigió el Señor a Jeremías, diciendo:

2. Oíd las palabras de este pacto y referidlas a los varones de Judá y a los habitantes de Jerusalén;

3. y tú, ¡oh Jeremías!, les dirás: Esto dice el Señor Dios de Israel: Maldito será el hombre que no escuchare las palabras de este pacto;

4. pacto que yo establecí con vuestros padres, cuando los saqué de la tierra de Egipto, de aquel horno de hierro encendido, y les dije: Escuchad mi voz y haced todo lo que os mando, y así vosotros seréis el pueblo mío, y yo seré vuestro Dios;

5. a fin de renovar y cumplir el juramento que hice a vuestros padres de darles una tierra que manase leche y miel, como se ve cumplido hoy día. A lo cual respondí yo Jeremías, y dije: ¡Así sea, oh Señor!

6. Entonces me dijo el Señor: Predica en alta voz todas estas palabras en las ciudades de Judá y en las plazas de Jerusalén, diciendo: Oíd las palabras de este pacto, y observadlas;

7. porque yo he estado conjurando fuertemente a vuestros padres desde el día en que los saqué de Egipto hasta el presente, amonestándoles y diciéndoles continuamente: Escuchad mi voz.

8. Pero no la escucharon ni prestaron oídos a mi palabra, sino que cada uno siguió los depravados apetitos de su maligno corazón; y descargué sobre ellos todo el castigo que estaba escrito en aquel pacto que les mandé guardar, y no guardaron.

9. Me dijo en seguida el Señor: En los varones de Judá y en los habitantes de Jerusalén se ha descubierto una conjuración.

10. Ellos han vuelto a las antiguas maldades de sus padres, los cuales no quisieron obedecer mis palabras; también éstos han ido como aquéllos en pos de los dioses ajenos para adorarlos; y la casa de Israel y la casa de Judá quebrantaron mi alianza, la alianza que contraje yo con sus padres.

11. Por lo cual esto dice el Señor: He aquí

que yo descargaré sobre ellos calamidades, de las cuales no podrán librarse; y clamarán a mí, mas yo no los escucharé.

12. Con eso las ciudades de Judá y los habitantes de Jerusalén irán y clamarán entonces a los dioses a quienes ofrecen libaciones y éstos no los salvarán en el tiempo de la aflicción.

13. Porque sabido es que tus dioses, ¡oh Judá!, eran tantos como tus ciudades, y que tú, ¡oh Jerusalén!, erigiste en todas tus calles altares de ignominia, altares para ofrecer sacrificios a los ídolos.

14. Ahora, pues, no tienes tú que rogar por este pueblo, ni te empeñes en dirigirme oraciones y súplicas en favor de ellos; porque yo no he de escucharlos cuando clamen a mí en el trance de su aflicción.

15. ¿Cómo es que ese pueblo, que era mi pueblo querido, ha cometido tantas maldades o sacrilegios en mi misma casa? ¿Acaso las carnes sacrificadas de las víctimas, ¡oh pueblo insensato!, te han de purificar de tus maldades, de las cuales has hecho alarde?

16. El Señor te dio el nombre de olivo fértil, bello, fructífero, ameno; mas después a la voz de una palabra suya prendió en el olivo un gran fuego, y quedaron abrasadas todas sus ramas.

17. Y el Señor de los ejércitos que te plantó, decretó calamidades contra ti, a causa de las maldades que la casa de Israel y la casa de Judá o Jacob cometieron para irritarme, sacrificando a los ídolos.

18. Mas tú, ¡oh Señor!, me lo hiciste ver, y lo conocí; tú me mostraste entonces sus depravados designios.

19. Y yo era como un manso cordero, que es llevado al sacrificio, y no había advertido que ellos habían maquinado contra mí, diciendo: ¡Ea!, démosle el leño en lugar de pan, y exterminémosle de la tierra de los vivientes; y no quede ya más memoria de su nombre.

20. Pero tú, ¡oh Señor de los ejércitos!, que juzgas con justicia, y escudriñas los corazones y los afectos, tú harás que yo te vea tomar venganza de ellos; puesto que en tus manos puse mi causa.

21. Por tanto, así habla el Señor a los habitantes de Anatot, que atentan contra tu vida, y te dicen: No profetices en el nombre del Señor, si no quieres morir a nuestras manos.

22. He aquí, pues, lo que dice el Señor de los ejércitos: Sábete que yo los castigaré; al filo de la espada morirán sus jóvenes, y sus hijos e hijas perecerán de hambre;

23. sin que quede resto alguno de ellos; porque yo descargaré desdichas sobre los habitantes de Anatot, cuando llegue el tiempo de que sean visitados.

12 *Se lamenta Jeremías, viendo que prosperaban los impíos y los hipócritas*

1. Verdaderamente, Señor, conozco que tú eres justo, aunque yo ose pedirte la razón de algunas cosas. A pesar de eso yo te diré una queja mía al parecer justa: ¿por qué motivo a los impíos todo les sale prósperamente, y lo pasan bien todos los que prevarican y obran mal?

2. Tú los plantaste en el mundo, y ellos echaron hondas raíces; van medrando y fructifican. Te tienen mucho en sus labios, pero muy lejos de su corazón.

3. En cuanto a mí, ¡oh Señor!, tú me conoces bien, me has visto, y has experimentado qué tal es mi corazón para contigo. Reúnelos como rebaño para el sacrificio, y destínalos aparte para el día de la mortandad.

4. ¿Hasta cuándo ha de llorar la tierra y secarse la hierba en toda la región por la malicia de sus habitantes? Han perecido para ellos las bestias y las aves, porque dijeron: No verá el Señor nuestro fin.

5. Si tú, responde el Señor, corriendo con gente de a pie, te fatigaste, ¿cómo podrás apostarlas con los que van a caballo? Y si no has estado sin miedo en una tierra de paz, ¿qué harás en medio de la soberbia de los moradores del Jordán?

6. Y pues tus mismos hermanos y la casa de tu padre te han hecho guerra, y gritado altamente contra ti, no te fíes de ellos, aun cuando te hablen con amor.

7. Para castigarlos, dice el Señor, he desamparado mi casa o templo, he abandonado mi heredad, he entregado la que era las delicias de mi alma en manos de sus enemigos.

8. Mi heredad, mi pueblo escogido, se ha vuelto para mí como un león entre breñas;

ha levantado la voz blasfemando contra mí; por eso la he aborrecido.

9. ¿Es acaso para mí la heredad mía alguna cosa exquisita, como ave de varios colores? ¿Es ella como el ave toda matizada de colores? Venid bestias todas de la tierra, corred a devorarla.

10. Muchos pastores han talado mi viña, han hollado mi heredad, han convertido mi deliciosa posesión en un puro desierto.

11. La asolaron, y ella vuelve hacia mí sus llorosos ojos; está horrorosamente desolada toda la tierra de Judá; porque no hay nadie que reflexione en su corazón.

12. Por todos los caminos del desierto han venido los salteadores; porque la espada del Señor ha de atravesar destrozando de un cabo a otro de la tierra, no habrá paz para ningún viviente.

13. Sembraron trigo, y segaron espinas; han adquirido una heredad, mas no les traerá provecho alguno; confundidos quedaréis, frustrada la esperanza de vuestros frutos por la tremenda ira del Señor.

14. Mas esto dice el Señor contra todos mis pésimos vecinos o naciones enemigas que se entremeten y usurpan la heredad que yo distribuí a mi pueblo de Israel. Sabed que yo los arrancaré a ellos de su tierra, y sacaré de en medio de ellos la casa de Judá.

15. Mas después que los haya extirpado, me aplacaré, y tendré misericordia de ellos, y los estableceré a cada cual en su heredad, a cada uno en su tierra.

16. Y si ellos, escarmentados, aprendieren la ley del pueblo mío, de manera que sus juramentos los hagan en mi nombre, diciendo: Vive el Señor; así como enseñaron ellos a mi pueblo a jurar por Baal, entonces yo los estableceré en medio de mi pueblo.

17. Pero si fueren indóciles, arrancaré de raíz aquella gente, y la exterminaré, dice el Señor.

13

Con el cíngulo de Jeremías, el Señor representa a Jerusalén abandonada de Dios

1. El Señor me habló de esta manera: Ve y cómprate una faja de lino, y cíñete con ella, y no dejes que toque el agua.

2. Compré, pues, la faja, según la orden del Señor, y me la ceñí al cuerpo por la cintura.

3. Y me habló de nuevo el Señor, diciendo:

4. Quítate la faja que compraste y tienes ceñida sobre los lomos, y marcha, y ve al Eufrates, y escóndela allí en el agujero de una peña.

5. Marché, pues, y la escondí junto al Eufrates, como el Señor me lo había ordenado.

6. Pasados muchos días, me dijo el Señor: Anda y ve al Eufrates, y toma la faja que yo te mandé que escondieras allí.

7. Fui, pues, al Eufrates, y abrí el agujero, y saqué la faja del lugar en que la había escondido, y hallé que estaba ya podrida, de suerte que no era útil para uso alguno.

8. Entonces me habló el Señor, diciendo:

9. Esto dice el Señor: Así haré yo que se pudra la soberbia de Judá y el gran orgullo de Jerusalén.

10. Esta pésima gente, que no quiere oír mis palabras, y prosigue con su depravado corazón, y se ha ido en pos de los dioses ajenos para servirlos y adorarlos, vendrá a ser como esa faja, que para nada es buena.

11. Y eso que al modo que una faja se aprieta a la cintura del hombre, así había yo unido estrechamente conmigo, dice el Señor, a toda la casa de Israel y a toda la casa de Judá, para que fuesen el pueblo mío, y para ser yo allí conocido, y alabado, y glorificado; y ellos, a pesar de eso, no quisieron escucharme.

12. Por tanto les dirás estas palabras: Esto dice el Señor Dios de Israel: Todas las vasijas serán llenadas de vino. Y ellos te responderán: ¿Acaso no sabemos que en años abundantes se llenan de vino todos los vasos?

13. Y tú entonces les dirás: Así habla el Señor: Pues mirad, yo llenaré de embriaguez a todos los habitantes de esta tierra, y a los reyes de la estirpe de David, que están sentados sobre su solio, y a los sacerdotes y profetas, y a todos los moradores de Jerusalén;

14. y los desparramaré entre las naciones, dice el Señor, separando el hermano de su hermano, y los padres de sus hijos; no perdonaré, ni me aplacaré, ni me moveré a compasión para dejar de destruirlos.

15. Oíd, pues, y escuchad con atención:

No queráis ensoberbeceros confiando en vuestras fuerzas, porque el Señor es quien ha hablado.

16. Al contrario, dad gloria al Señor Dios vuestro, arrepentíos antes que vengan las tinieblas de la tribulación, y antes que tropiecen vuestros pies en montes cubiertos de espesas nieblas; entonces esperaréis la luz, y la trocará el Señor en sombra de muerte y en oscuridad.

17. Que si no obedeciereis en esto, llorará mi alma en secreto, al ver vuestra soberbia; llorará amargamente, y mis ojos derramarán arroyos de lágrimas, por haber sido cautivada la grey del Señor*.

18. Di al rey y a la reina: Humillaos, sentaos en el suelo, poneos de luto, porque se os cae ya de la cabeza la corona de vuestra gloria.

19. Las ciudades del mediodía están cerradas, sin que haya un habitante que las abra; toda la tribu de Judá ha sido conducida fuera de su tierra y ha sido general la trasmigración.

20. Levantad los ojos y mirad ¡oh vosotros que venís del lado del septentrión! ¿En dónde está, diréis a Jerusalén, aquella grey que se te encomendó, aquel tu esclarecido rebaño?

21. ¿Qué dirás cuando Dios te llame a tomar cuentas puesto que tú amaestraste contra ti a los enemigos, y los instruiste para tu perdición. ¡Cómo no te han de asaltar dolores, semejantes a los de una mujer que está de parto!

22. Que si dijeres en tu corazón: ¿Por qué me han acontecido a mí tales cosas? Sábete que por tus grandes vicios han quedado descubiertas tus vergüenzas, y manchadas tus plantas.

23. Si el negro etíope puede cambiar su piel, o el leopardo sus varias manchas, podréis también vosotros obrar bien, después de avezados al mal.

24. Y por eso, dice el Señor: Yo los desparramaré, como paja menuda que el viento arrebata al desierto.

25. Tal es la suerte que te espera, ¡oh Jerusalén!, y la porción o paga que de mí recibirás, dice el Señor, por haberte olvidado de mí, apoyándote en la mentira.

26. Por lo cual yo mismo manifesté tus deshonestidades delante de tu cara, y se hizo patente tu ignominia,

27. tus adulterios, y tu furiosa concupiscencia, en fin, la impía fornicación o idolatría tuya. En el campo y sobre las colinas vi yo tus abominaciones. ¡Desdichada Jerusalén! ¿Y aún no querrás purificarte siguiéndome a mí sin dudar? ¿Hasta cuándo aguardas para hacerlo?

14 *Jeremías predice al pueblo la sequía. No escucha el Señor los ruegos del profeta*

1. Palabras que habló el Señor a Jeremías sobre el suceso de la sequedad.

2. La Judea está cubierta de luto, y sus puertas destruidas y derribadas por el suelo, y Jerusalén alza el grito hasta el cielo.

3. Los amos envían a sus criados por agua; van éstos a sacarla, y no la encuentran, y se vuelven con sus vasijas vacías, confusos y afligidos, y cubiertas sus cabezas en señal de dolor.

4. A causa de la esterilidad de la tierra, por haberle faltado la lluvia, los labradores, abatidos, cubren sus cabezas,

5. pues hasta la cierva, después de haber parido en el campo, abandona la cría por falta de hierba;

6. y los asnos bravíos se ponen encima de los riscos, atraen a sí la frescura del aire, como hacen los dragones; y ha desfallecido la luz de sus ojos, por no haber hierba con qué alimentarse.

7. Aunque nuestras maldades dan testimonio contra nosotros, tú, ¡oh Señor!, míranos con piedad por amor de tu santo Nombre; pues nuestras rebeldías son muchas, y hemos pecado gravísimamente contra ti.

8. ¡Oh esperanza de Israel y salvador suyo en tiempo de tribulación!, ¿por qué has de estar en esta tierra tuya como un extranjero y como un caminante que sólo se detiene para pasar la noche?

9. ¿Por qué has de ser para tu pueblo como un hombre que va divagando, o como un campeón sin fuerzas para salvar? Ello es, ¡oh Señor!, que tú habitas entre nosotros, y nosotros llevamos el nombre de pueblo tuyo; no nos abandones, pues.

---

17. *Lam 1*, 2.

10. Esto dice el Señor a ese pueblo que tanto gusta tener siempre en movimiento los pies, y no sosiega, y ha desagradado a Dios: Ahora se acordará el Señor de sus maldades y tomará cuentas de sus pecados.

11. Y me dijo el Señor: No tienes que rogar que haga bien a ese pueblo.

12. Cuando ayunaren, no atenderé a sus oraciones, y si ofrecieron holocaustos y víctimas, no los aceptaré; sino que los he de consumir con la espada, con el hambre y con la peste.

13. Entonces dije yo: ¡Ah!, ¡ah! ¡Señor Dios mío! ¡Ah!, que los profetas les dicen: No temáis; no veréis vosotros la espada enemiga; ni habrá hambre entre vosotros; antes bien os concederá el Señor una paz verdadera en este lugar.

14. Y me dijo el Señor: Falsamente vaticinan en mi nombre esos profetas*: yo no los he enviado, ni dado orden alguna, ni les he hablado; os venden por profecías, visiones falsas, y adivinaciones, e imposturas, y las ilusiones de su corazón.

15. Por tanto, esto dice el Señor: En orden a los profetas que profetizan en mi Nombre, sin ser enviados por mí diciendo: No vendrá espada ni hambre sobre esta tierra; al filo de la espada y por hambre perecerán los tales profetas.

16. Y los moradores de los pueblos, a los cuales éstos profetizaban, serán arrojados por las calles de Jerusalén, muertos de hambre, y al filo de la espada ellos y sus mujeres, y sus hijos e hijas, sin que haya nadie que les dé sepultura; y sobre ellos derramaré el castigo de su maldad.

17. Y tú les dirás entretanto estas palabras: Derramen mis ojos sin cesar lágrimas noche y día*, porque Jerusalén, la virgen hija del pueblo mío, se halla quebrantada de una extrema aflicción, con una llaga sumamente maligna.

18. Si salgo al campo, yo no veo sino cadáveres de gente pasada a cuchillo; si entro en la ciudad, he aquí la población transida de hambre. Hasta los profetas y los sacerdotes son conducidos cautivos a un país desconocido.

19. ¿Por ventura, Señor, has desechado del todo a Judá? ¿O es Sión abominada de tu alma? ¿Por qué, pues, nos has azotado con tanto rigor, que no nos queda parte sana? Esperamos la paz o felicidad, y no tenemos ningún bien; y el tiempo de restablecernos, y he aquí que estamos todos llenos de confusión*.

20. ¡Oh Señor!, reconocemos nuestras impiedades y las maldades de nuestros padres: Pecado hemos contra ti.

21. No nos dejes caer en el oprobio, ¡oh Señor!, por amor de tu Nombre: Ni nos castigues con ver ultrajado el templo, solio de tu gloria; acuérdate de mantener tu antigua alianza con nosotros.

22. Pues qué, ¿hay por ventura entre los simulacros o ídolos de las gentes quién dé la lluvia? ¿O pueden ellos desde los cielos enviarnos agua? ¿No eres tú el que la envías, Señor Dios nuestro, en quien nosotros esperamos? Sí: porque tú eres el que ha hecho todas estas cosas.

15 *Confirma el Señor la sentencia dada contra su pueblo, en vista de su obstinación*

1. Entonces me dijo el Señor: Aun cuando Moisés y Samuel se me pusiesen delante, no se doblaría mi alma a favor de este pueblo; arrójalos de mi presencia, y vayan fuera.

2. Que si te dicen: ¿A dónde iremos?, les responderás: Esto dice el Señor: El que está destinado a morir de peste, vaya a morir; el que a perecer al filo de la espada, a la espada; el que de hambre, muera de hambre; el que está destinado a ser esclavo, vaya al cautiverio.

3. Y emplearé contra ellos cuatro especies de castigo*, dice el Señor, el cuchillo que los mate, los perros que los despedacen, y las aves del cielo y las bestias de la tierra que los devoren y consuman.

4. Y haré que sean cruelmente perseguidos en todos los reinos de la tierra; por causa de Manasés, hijo de Ezequías, rey de Judá, por todas las cosas que hizo en Jerusalén*.

---

14. *Jer 5*, 12; *23*, 17; *29*, 9.
17. *Lam 1*, 16; *2*, 18.
19. *Jer 8*, 15.
3. *Ez 14*, 21.
4. *2 Re 21*, 7-12.

5. Porque esto dice el Señor: No entrarás tú en la casa del convite mortuorio, y no vayas a dar el pésame, ni a consolar; porque yo, dice el Señor, he desterrado de este pueblo mi paz, mi misericordia y mis piedades.

6. Y morirán los grandes y los pequeños en este país, y no serán enterrados ni habrá quien en señal de luto se haga cortaduras en su cuerpo*, ni se corte a raíz el cabello.

7. Ni entre ellos habrá nadie que parta el pan, para consolar al que está llorando por su difunto; ni a los que lloran la pérdida de su padre y de su madre les darán alguna bebida para su consuelo.

8. Tampoco entrarás en casa en que hay banquete, para sentarte con ellos a comer y beber;

9. porque esto dice el Señor de los ejércitos, el Dios de Israel: Sábete que yo a vuestros ojos, y en vuestros días, desterraré de este lugar la voz del gozo y la voz de la alegría, la voz del esposo y la voz o cantares de la esposa.

10. Y cuando hayas anunciado a ese pueblo todas estas cosas, y ellos te digan: ¿Por qué ha pronunciado el Señor contra nosotros todos estos grandes males o calamidades? ¿Cuál es nuestra maldad? ¿Y qué pecado es el que nosotros hemos cometido contra el Señor Dios nuestro?

11. Tú les responderás: Porque vuestros padres me abandonaron, dice el Señor, y se fueron en pos de los dioses extraños, y les sirvieron y los adoraron, y me abandonaron a mí, y no guardaron mi ley.

12. Y todavía vosotros lo habéis hecho peor que vuestros padres; pues está visto que cada uno sigue la corrupción de su corazón depravado, por no obedecerme a mí.

13. Y así yo os arrojaré de esta tierra a otra desconocida de vosotros y de vuestros padres; donde día y noche serviréis a dioses ajenos, que nunca os dejarán en reposo.

14. He aquí que vendrá tiempo, dice el Señor, en que no se dirá más: Vive el Señor, que sacó a los hijos de Israel de la tierra de Egipto;

15. sino: Vive el Señor, que sacó a los hijos de Israel de la tierra del septentrión y de todos los países por donde los había esparcido. Y yo los volveré a traer a esta su tierra, que di a sus padres.

16. He aquí que yo enviaré a muchos pescadores, dice el Señor*, los cuales los pescarán; y enviaré después muchos cazadores que los cazarán por todos los montes, y por todos los collados, y por las cuevas de los peñascos.

17. Porque mis ojos están observando todos sus pasos; no se oculta ninguno a mis miradas; como no hubo maldad suya oculta a mi vista.

18. Pero primero les pagaré al doble lo que merecen sus iniquidades y pecados; porque han contaminado mi tierra con las carnes mortecinas sacrificadas a sus ídolos, y llenado mi heredad de sus abominaciones.

19. ¡Oh Señor, fortaleza mía, y el sostén mío, y mi refugio en el tiempo de la tribulación!, a ti vendrán las gentes desde las extremidades de la tierra, y dirán: Verdaderamente que nuestros padres poseyeron la mentira y la vanidad, la cual para nada les aprovechó.

20. ¿Acaso un hombre podrá hacerse sus dioses? No, ésos no son dioses.

21. Por lo cual he aquí que yo de esta vez los he de convencer: Les mostraré mi poder y mi fortaleza, y conocerán que mi Nombre es el Señor.

17 *La obstinación de los judíos es la causa de su castigo. Debemos poner la confianza en Dios*

1. El pecado de Judá está escrito con punzón de hierro, y grabado con punta de diamante sobre la tabla de su corazón y en los lados de sus sacrílegos altares.

2. Ya que sus hijos se han acordado de sus altares dedicados a los ídolos, y de sus bosques, y de los árboles frondosos que hay en los altos montes,

3. y ofrecen sacrificios en los campos; yo entregaré al saqueo tu hacienda, y todos tus tesoros y tus lugares excelsos en que adoras a los ídolos, por causa de los pecados cometidos por ti, ¡oh Judá!, en todas tus tierras.

6. *Lev 19*, 27-28.
10. *Jer 5*, 19.

16. *Mar 1*, 17.

4. Y quedarás despojada de la herencia que te había yo dado; y te haré esclava de tus enemigos en una tierra desconocida de ti, porque tú has encendido el fuego de mi indignación, que arderá eternamente.

5. Esto dice el Señor: Maldito sea el hombre que confía en otro hombre, y no en Dios, y se apoya en un brazo de carne miserable, y aparta del Señor su corazón.

6. Porque será semejante a los tamariscos o retama del árido desierto, y no se aprovechará del bien cuando venga, sino que permanecerá en la sequedad del desierto, en un terreno salobre e inhabitable.

7. Al contrario, bienaventurado el varón que tiene puesta en el Señor su confianza, y cuya esperanza es el Señor.

8. Porque será como el árbol transplantado junto a las corrientes de las aguas, el cual extiende hacia la humedad sus raíces, y así no temerá la sequedad cuando venga el estío. Y estarán siempre verdes sus hojas, y no le hará mella la sequía, y jamás dejará de producir fruto.

9. Pero ¡ah!, perverso y falaz es el corazón de todos los hombres, e impenetrable: ¿quién podrá conocerlo?

10. Yo el Señor soy el que escudriña los corazones, y el que examina los afectos de ellos, y doy a cada uno la paga según su proceder y conforme al mérito de sus obras.

11. Como la perdiz que empolla los huevos que ella no puso, así es el que junta riquezas por medios injustos, a la mitad de sus días tendrá que dejarlas, y al fin de ellos se verá su insensatez.

12. ¡Oh trono de gloria del Altísimo desde el principio, lugar de nuestra santificación!

13. ¡Oh Señor, esperanza de Israel!, todos los que te abandonan quedarán confundidos; los que de ti se alejan, en el polvo de la tierra serán escritos, porque han abandonado al Señor, vena de aguas vivas.

14. Sáname, Señor, y quedaré sano; sálvame y seré salvo; pues que toda mi gloria eres tú.

15. He aquí que ellos me están diciendo: ¿Dónde está la palabra del Señor? Que se cumpla.

16. Mas yo no por eso me he turbado siguiendo tus huellas, ¡oh pastor mío!, pues nunca apetecí día o favor de hombre alguno; tú lo sabes. Lo que anuncié con mis labios fue siempre recto en tu presencia.

17. No seas, pues, para mí motivo de temor tú, ¡oh Señor, esperanza mía en el tiempo de la aflicción!

18. Confundidos queden los que me persiguen, no quede confundido yo; teman ellos, y no tema yo; envía sobre ellos el día de la aflicción, y castígalos con doble azote.

19. Esto me dice el Señor: Ve y ponte a la puerta más concurrida de los hijos del pueblo, por la cual entran y salen los reyes de Judá, y en todas las puertas de Jerusalén;

20. y les dirás a todos: Oíd la palabra del Señor, ¡oh reyes de Judá!, y tú, pueblo todo de Judá, y todos vosotros ciudadanos de Jerusalén que entráis por estas puertas,

21. mirad lo que dice el Señor: Cuidad de vuestras almas; y no llevéis cargas en día de sábado, ni las hagáis entrar por las puertas de Jerusalén.

22. Ni hagáis en día de sábado sacar cargas de vuestras casas, ni hagáis labor alguna; santificad dicho día, como lo mandé a vuestros padres.

23. Mas ellos no quisieron escuchar, ni prestar oídos a mis palabras; al contrario, endurecieron su cerviz para no oírme, ni recibir mis documentos.

24. Con todo, si vosotros me escuchareis, dice el Señor, de suerte que no introduzcáis cargas por las puertas de esta ciudad en día de sábado, y santificareis el día sábado, no haciendo en él labor alguna,

25. seguirán entrando por las puertas de esta ciudad los reyes y los príncipes, sentándose en el trono de David, y montando en carrozas y caballos, así ellos como sus príncipes o cortesanos, los varones de Judá y los ciudadanos de Jerusalén, y estará esta ciudad para siempre poblada.

26. Y vendrán de las otras ciudades de Judá, y de la comarca de Jerusalén, y de tierra de Benjamín, y de las campiñas, y de las montañas, y de hacia el mediodía a traer holocaustos, y víctimas, y sacrificios, e incienso, y lo ofrecerán en el templo del Señor.

27. Pero si no me obedeciereis en santificar el día del sábado, y en no acarrear cargas, ni meterlas por las puertas de Jerusalén en día de sábado, yo pegaré fuego a estas puertas, fuego que devorará las casas de Jerusalén, y que nadie apagará.

18

Con la semejanza del barro y del alfarero demuestra el Señor que está en su mano hacer beneficios

1. Orden dada a Jeremías por el Señor, diciendo:

2. Anda y baja a casa de un alfarero, y allí oirás mis palabras.

3. Bajé, pues, a casa de un alfarero, y hallé que estaba trabajando sobre la rueda.

4. Y la vasija de barro que estaba haciendo se deshizo entre sus manos; y al instante volvió a formar del mismo barro otra vasija de la forma que quiso.

5. Entonces me habló el Señor, y dijo:

6. ¿Por ventura no podré hacer yo con vosotros, ¡oh casa de Israel!, como ha hecho este alfarero con su barro, dice el Señor? Sabed que lo que es el barro en manos del alfarero, eso sois vosotros en mi mano, ¡oh casa de Israel!

7. Yo pronunciaré de repente mi sentencia contra una nación y contra un reino, para arrancarlo, destruirlo y aniquilarlo.

8. Pero si esa nación hiciere penitencia de sus pecados, por los cuales pronuncié el decreto contra ella, me arrepentiré yo también del mal que pensé hacer contra ella.

9. Asimismo trataré yo de repente de fundar y establecer una nación y un reino.

10. Pero si éste obrare mal ante mis ojos, de suerte que no atienda a mi voz, yo me arrepentiré del bien que dije que le haría.

11. Tú, pues, ahora di a los varones de Judá y a los habitantes de Jerusalén: Esto dice el Señor: Mirad que yo estoy amasando estragos contra vosotros, y trazando designios en daño vuestro. Conviértase cada uno de vosotros de su mala vida, y enmendad vuestras costumbres e inclinaciones.

12. A esto dijeron ellos: Ya no hay remedio; hemos desesperado; y así seguiremos nuestras ideas, y cada cual hará lo que le sugiera la perversidad de su malvado corazón.

13. Por tanto, esto dice el Señor: Preguntad a las demás naciones: ¿Quién ha jamás oído tales y tan horrendas cosas, como las que no se hartaba de hacer la virgen de Israel?

14. ¿Acaso puede faltar nieve en los peñascos de las espaciosas sierras del Líbano? ¿O pueden agotarse los manantiales, cuyas frescas aguas corren sobre la tierra?

15. Pues he aquí que mi pueblo se ha olvidado de mí, ofreciendo sacrificios a la vanidad de los ídolos, y tropezando de continuo en sus caminos, en los antiguos caminos, por seguir un carril no trillado,

16. reduciendo así su tierra a desolación*, y a ser para siempre objeto de mofa y de asombro para todo caminante, que al verla, admirándose meneara su cabeza.

17. Porque como viento abrasador los dispersaré delante de sus enemigos; les volveré las espaldas, y no mi benigno rostro, el día de su perdición.

18. Mas ellos dijeron entonces: Venid y tratemos seriamente de obrar contra Jeremías, porque a pesar de lo que él predice, no nos faltará la explicación de la ley de boca del sacerdote, ni el consejo del sabio, ni la palabra del profeta. Venid, pues, atravesémosle con los dardos de nuestra lengua, y no hagamos caso de ninguna de sus palabras.

19. ¡Oh Señor!, mira por mí, y para tu atención en lo que dicen mis adversarios.

20. ¿Conque así se vuelve mal por bien? ¿Y así ellos, que tanto me deben, han cavado una hoya para hacerme perder la vida? Acuérdate, ¡oh Señor!, de cuando me presentaba yo en tu acatamiento, para hablarte a su favor, y para desviar de ellos tu enojo.

21. Por tanto, abandona sus hijos al hambre, y entrégalos al filo de la espada; viudas y sin hijos queden sus mujeres, y mueran de una muerte infeliz sus maridos, y se vean en el combate sus jóvenes atravesados con la espada.

22. Óiganse alaridos en sus casas. Porque tú has de conducir contra ellos súbitamente al salteador, contra ellos que cavaron la hoya para cogerme, y tendieron lazos ocultos para mis pies.

23. Mas tú, ¡oh Señor!, conoces bien todos sus designios de muerte contra mí. No les perdones su maldad; ni se borre de tu presencia su pecado, derribados sean delante de ti; acaba con ellos en el tiempo de tu furor.

---

16. *Jer 50*, 13.

19 *Jeremías, quiebra delante de todos una vasija de barro, para anunciar la total ruina de Jerusalén*

1. Me dijo también el Señor: Anda y lleva contigo una vasija de barro, obra del alfarero, y algunos de los ancianos del pueblo y de los ancianos de los sacerdotes;

2. y vete al valle del hijo de Ennom, que está al oriente cerca de la entrada de la alfarería, y allí publicarás las palabras que voy a decirte.

3. Escuchad, les dirás, la palabra del Señor, ¡oh reyes de Judá y ciudadanos de Jerusalén! Esto dice el Señor de los ejércitos, el Dios de Israel: Sabed que yo descargaré sobre este lugar tales castigos, que a cualquiera que los oyere contar le retiñirán las orejas.

4. Y por cuanto ellos me han abandonado, y han profanado este lugar, y sacrificado en él a dioses ajenos, que ni ellos conocen, ni han conocido sus padres, ni los reyes de Judá, llenando este sitio de sangre de inocentes

5. y han erigido altares a Baal, para abrasar en el fuego a sus hijos, en holocausto al mismo Baal, cosas que ni mandé, ni dije, ni me pasaron por el pensamiento:

6. Por tanto, he aquí, dice el Señor, que llega el tiempo en que ya no se ha de llamar más este sitio Valle de Tofet, ni Valle del hijo de Ennom, sino el Valle de la Mortandad.

7. Y en este sitio disiparé yo los designios de los habitantes de Judá y de Jerusalén; exterminaré a éstos con la espada, a la vista de sus enemigos, y por mano de aquellos que buscan su perdición, y daré sus cadáveres en pasto a las aves del cielo y a las bestias de la tierra.

8. Y a esta ciudad la haré objeto de pasmo y de escarnio; todos los que pasaren por ella quedarán atónitos, y la insultarán por razón de todas sus desdichas*.

9. Y les daré a comer a los padres las carnes de sus hijos y las carnes de sus hijas; y al amigo la carne de su amigo, durante el asedio y apuros a que los reducirán sus enemigos, que quieren acabar con ellos.

10. Y después romperás la vasija, a vista de los varones que te hayan acompañado.

11. Y les dirás entonces: Esto dice el Señor de los ejércitos: Así haré yo pedazos a este pueblo y a esta ciudad, como se hace añicos una vasija de barro cocido, la cual ya no puede restaurarse; y serán sepultados en el inmundo valle de Tofet, porque no habrá otro sitio para enterrarlos.

12. De esta manera trataré yo a esta población y a sus habitantes, dice el Señor, y haré que esta ciudad sea un lugar de abominación, así como Tofet.

13. Y las casas de Jerusalén y las casas de los reyes de Judá quedarán inmundas como el sitio de Tofet; todas estas casas, digo, en cuyos terrados se ofrecían sacrificios a toda la milicia o estrellas del cielo, y libaciones a los dioses ajenos.

14. En seguida volvió Jeremías de Tofet, a donde le había enviado el Señor a profetizar, y se paró en el atrio del templo del Señor, y dijo a todo el pueblo:

15. Esto dice el Señor de los ejércitos, el Dios de Israel: Mirad, yo voy a traer sobre esta ciudad y sobre todas las ciudades que dependen de ella, todos los males con que yo la he amenazado; ya que han endurecido su cerviz para no atender a mis palabras.

20 *Jeremías, maltratado y encarcelado por Fasur, profetiza contra éste y contra toda la Judea*

1. Y Fasur, hijo o descendiente del sacerdote Emmer*, y que era uno de los prefectos de la casa del Señor, oyó a Jeremías que profetizaba tales cosas.

2. E irritado Fasur hirió al profeta Jeremías, y lo puso en el cepo, que estaba en la puerta superior de Benjamín, en la casa del Señor.

3. Al amanecer del siguiente día, sacó Fasur del cepo a Jeremías; el cual le dijo: El Señor no te llama ya Fasur, sino el Espantado por todas partes.

4. Porque esto dice el Señor: Sábete; que yo te llenaré de espanto a ti y a todos tus amigos, los cuales perecerán al filo de la espada de sus enemigos, y es cosa que la verás con tus ojos; y entregaré a todo Judá

---

8. *Jer 18*, 16; *49*, 13; *50*, 13.

1. *Jer 21*, 1.

en poder del rey de Babilonia, quien trasladará sus habitantes a Babilonia, y a muchos los pasará a cuchillo.

5. Y todas las riquezas de esta ciudad, y todas sus labores, y cuanto haya de precioso, y los tesoros todos de los reyes de Judá los entregaré en manos de sus enemigos; los cuales los robarán, y cargarán con ellos, y las conducirán a Babilonia.

6. Mas tú, ¡oh Fasur!, y todos los moradores de tu casa iréis cautivos; y tú irás a Babilonia, y allí morirás, y allí serás enterrado tú y todos tus amigos a quienes profetizaste mentiras.

7. ¡Oh Señor!, tú me deslumbraste, al encargarme este penoso ministerio; y yo quedé deslumbrado, yo ya me resistía; pero tú fuiste más fuerte que yo, y te saliste con la tuya; yo soy todo el día objeto de burla, todos hacen mofa de mí;

8. porque ya tiempo hace que estoy clamando contra la iniquidad, y anunciando a voz en grito la devastación; y la palabra del Señor no me acarrea más que continuos oprobios y escarnios.

9. Y así dije para conmigo: No volveré más a hacer mención de ella, y no hablaré más en nombre del Señor. Pero luego sentí en mi corazón como un fuego abrasador, encerrado dentro de mis huesos, y desfallecí, no teniendo fuerzas para aguantarlo.

10. El hecho es que oí las maldiciones de muchos, y el terror se apoderó de mí por todos lados: Perseguidle, persigámosle, oí que decían todos aquellos mismos que vivían en paz conmigo, y estaban a mi lado; observemos si comete alguna falta; que en tal caso, prevaleceremos contra él y tomaremos de él venganza.

11. Pero el Señor, cual esforzado campeón está conmigo; por eso caerán y quedarán sin fuerzas aquellos que me persiguen; quedarán sumamente avergonzados por no haber logrado su intento, con un oprobio sempiterno, que jamás se borrará.

12. Y tú, oh Señor de los ejércitos, que haces prueba del justo, tú que disciernes los afectos interiores del corazón, haz que yo te vea tomar de ellos una justa venganza*; porque a ti te tengo encomendada mi causa.

13. Cantad himnos al Señor, alabad al Señor, porque él es el que ha librado el alma del pobre de las garras de los malvados; del pobre que, como fuera de sí, decía:

14. Maldito el día en que nací; no sea bendito el día en que mi madre me parió.

15. Maldito aquel hombre que dio la nueva a mi padre, diciéndole: Te ha nacido un hijo varón; como quien pensó colmarle de gozo.

16. Sea tal hombre como están las ciudades que asoló el Señor sin tener de ellas compasión; oiga gritos por la mañana y aullidos al mediodía.

17. ¡Que no me hiciera morir Dios en el seno materno, de modo que la madre mía fuese mi sepulcro, y fuese eterna su preñez!

18. ¿Para qué salí del seno materno a padecer trabajos y dolores, y a que se consumiesen mis días en continua afrenta?

21 *Respuesta de Jeremías a la pregunta de Sedecías sobre la suerte de Jerusalén sitiada*

1. He aquí lo que respondió el Señor a Jeremías, cuando el rey Sedecías le envió a decir por Fasur, hijo de Melquías, y por el sacerdote Sofonías, hijo de Maasías, lo siguiente:

2. Consulta por nosotros al Señor; pues Nabucodonosor, rey de Babilonia, nos ataca con su ejército, y sepas si el Señor por ventura está en obrar a favor nuestro alguno de sus muchos prodigios, que obligue a aquél a retirarse de nosotros.

3. Y Jeremías les respondió: Así diréis a Sedecías:

4. Esto dice el Señor, el Dios de Israel: Sabed que yo haré volver en daño vuestro las armas que tenéis en vuestras manos, y con que peleáis contra el rey de Babilonia y los caldeos que os tienen sitiados rodeando vuestros muros, y las amontonaré todas en medio de la ciudad.

5. Y yo mismo pelearé contra vosotros, y os derrotaré extendiendo mi mano y el fuerte brazo mío con furor e indignación y enojo grande.

6. Porque descargaré el azote sobre los vecinos de esta ciudad; hombres y bestias morirán de horrible pestilencia.

7. Y tras esto, dice el Señor, yo entregaré

---

12. *Jer 11*, 20.

a Sedecías, rey de Judá, y a sus servidores, y a su pueblo, y a los que hayan quedado en la ciudad salvos de la peste, y de la espada, y del hambre, los entregaré, digo, en poder del rey de Babilonia Nabucodonosor, y en poder de sus enemigos, y en poder de los que buscan cómo matarlos, y serán pasados a cuchillo, y no se aplacará, ni perdonará, ni tendrá compasión.

8. También dirás a ese pueblo: Esto dice el Señor: He aquí que yo os pongo delante el camino de la vida y el camino de la muerte.

9. El que se quede en esta ciudad, perecerá al filo de la espada, o de hambre, o de peste; mas aquel que salga y se entregue a los caldeos que os tienen sitiados, salvará la vida y tendrá esto por una ganancia.

10. Por cuanto yo tengo fijados los ojos sobre esta ciudad, dice el Señor, no para hacerle bien, sino mal; yo la entregaré en poder del rey de Babilonia, el cual la entregará a las llamas.

11. Dirás también a la casa del rey de Judá: Oíd la palabra del Señor:

12. ¡Oh vosotros de la casa de David!, esto dice el Señor: Administrad pronto la justicia, y a los oprimidos por la prepotencia libradlos del poder del opresor; no sea que prenda en vosotros como fuego mi enojo, y encendido que sea, no haya quien pueda apagarlo, por causa de la malignidad de vuestras inclinaciones o mala conducta vuestra.

13. Heme aquí, oh Jerusalén, contra ti vengo, ¡oh habitadora del valle fortalecido y campestre!, dice el Señor, contra vosotros que decís: ¿Quién será capaz de asaltarnos y de apoderarse de nuestras casas?

14. Yo os castigaré por el fruto que han dado vuestras perversas inclinaciones, dice el Señor, y yo pegaré fuego a sus profanos bosques, el cual devorará todos sus alrededores.

22 *Terrible profecía de Jeremías contra Joacaz, rey de Judá y su familia*

1. Esto dice el Señor: Anda, ve a la casa del rey de Judá, y le hablarás allí en estos términos,

2. y dirás: Escucha, ¡oh rey de Judá!, la palabra del Señor, tú que te sientas sobre el trono de David, tú y los de tu servidumbre, y tu pueblo que entráis por estas puertas.

3. Esto dice el Señor: Juzgad con rectitud y justicia, y librad de las manos del calumniador a los oprimidos por la violencia, y no aflijáis ni oprimáis inicuamente al forastero, ni al huérfano, ni a la viuda, y no derraméis sangre inocente en este lugar.

4. Porque si realmente os portareis así como os digo, seguirán ocupando el solio de David los reyes sus descendientes, y montados en carrozas y caballos entrarán y saldrán por las puertas de esta casa con sus servidores o cortesanos y su pueblo.

5. Pero si vosotros desobedeciereis estas palabras, juro por mí mismo, dice el Señor, que esta casa o palacio quedará reducido a una soledad.

6. Porque he aquí lo que dice el Señor contra la casa del rey de Judá: ¡Oh casa ilustre y rica como Galaad!, tú que eres para mí como la cumbre del Líbano, te juro que te reduciré a una soledad, como las ciudades inhabitables de Pentápolis,

7. y destinaré contra ti al matador de hombres*, y a sus armas o tropas: y cortarán tus cedros escogidos, y los arrojarán al fuego.

8. Y atravesará mucha gente por esta ciudad, y dirá cada uno a su compañero: ¿Por qué motivo trató así el Señor a esta gran ciudad?

9. Y se le responderá: Porque abandonaron la alianza del Señor Dios suyo, y adoraron y sirvieron a los dioses ajenos.

10. ¡Ah!, no lloréis al difunto rey Josías, ni hagáis por él duelo; llorad sí por el que se va, por Joacaz; que no volverá ya del cautiverio, ni verá más la tierra de su nacimiento*.

11. Por lo cual esto dice el Señor acerca de Sellum (o Joacaz), hijo de Josías, rey de Judá, que sucedió en el reino a su padre Josías, y salió de este lugar: No ha de volver más acá,

12. sino que morirá en el lugar a donde le trasladé, ni verá ya más esta tierra.

13. ¡Ay de aquel que fabrica su casa sobre la injusticia, y sus salones sobre la iniquidad, forzando a su prójimo a que trabaje de balde*, y no le paga su jornal!

---

7. A Nabucodonosor.
10. *2 Re 23*, 33-34; *1 Cro 3*, 16.
13. *Lev 19*, 13.

14. Aquel que va diciendo: Yo me edificaré un suntuoso palacio y espaciosos salones; que ensancha sus ventanas y hace artesonados de cedro, pintándolos de rojo.

15. ¿Piensas tú, oh rey Joakim, que reinarás mucho tiempo, pues te comparas con el cedro? ¿Por ventura tu padre, el piadoso Josías, no comió y bebió, y fue feliz gobernando con rectitud y justicia?

16. Defendía la causa del pobre y del desvalido, y así trabajaba para su propio bien, ¿y la razón de esto no fue porque siempre me reconoció a mí, dice el Señor?

17. Pero tus ojos y tu corazón no buscan sino la avaricia y derramar sangre inocente, y calumniar y correr tras la maldad.

18. Por tanto esto dice el Señor de Joakim, hijo de Josías y rey de Judá: No lo llorarán los de su casa con aquellos lamentos: ¡Ay hermano mío!, ¡ay hermana mía!, ni los extraños gritarán: ¡Ah Señor!, ¡ah excelso rey!

19. Sepultado será como lo es el asno, esto es, será arrojado fuera de las puertas de Jerusalén para que allí se pudra*.

20. Ya puedes subir tú, obstinado pueblo, sube al Líbano, y da gritos, y desde el monte Basán levanta tu voz, y clama por socorro a los que pasen; porque todos tus amigos han sido anonadados.

21. Yo te prediqué en medio de tu prosperidad, y tú dijiste: No quiero escuchar; ésta es tu conducta desde tu mocedad, hacerte sordo a mis palabras.

22. Del viento se alimentarán todos tus pastores, y cautivos serán llevados todos tus amigos o favorecedores. Confuso quedarás entonces, ¡oh pueblo orgulloso!, y tú mismo te avergonzarás de todos tus vicios.

23. ¡Oh tú que pones tu asiento sobre el Líbano, y anidas en sus altos cedros: ¡cuáles serán tus ayes cuando te acometan dolores semejantes a los de mujer que está de parto!

24. Juro yo, dice el Señor, que aunque Jeconías, hijo de Joakim, rey de Judá, fuese tan interesante para mí como el sello o anillo de mi mano derecha, me lo arrancaría del dedo.

25. Yo te entregaré, ¡oh príncipe impío!, en poder de los que buscan cómo matarte, y de aquellos cuyo rostro te hace temblar, en poder de Nabucodonosor, rey de Babilonia, y en poder de los caldeos.

26. Y a ti y a tu madre que te parió os enviaré a un país extraño, en que no nacisteis, y allí moriréis.

27. Y a la Judea, esta tierra a la cual su alma anhela volver, no volverán jamás.

28. ¡Oh Señor!, ¿es quizá ese hombre Jeconías alguna vasija de barro quebrada? ¿Es algún mueble inútil que nadie lo quiere? ¿Por qué motivo han sido abatidos él y su linaje, y arrojados a un país desconocido de ellos?

29. ¡Tierra, tierra!; oye, ¡oh tierra!, la palabra del Señor, y escarmienta.

30. He aquí lo que me dice el Señor: Escribe que ese hombre será estéril en sus cosas*; que nada le saldrá bien de lo que emprenda durante su vida; pues que no quedará de su linaje varón alguno que se siente sobre el trono de David, y que tenga jamás en adelante poder alguno en Judá.

23

Predice Jeremías que en lugar de los malos pastores de Israel, enviará el Señor al buen pastor

1. ¡Ay de los pastores que arruinan y despedazan el rebaño de mi dehesa!, dice el Señor.

2. Por tanto he aquí lo que dice el Señor Dios de Israel a los pastores que apacientan mi pueblo*: Vosotros habéis desparramado mi grey, y la habéis arrojado fuera, y no la habéis visitado: pues he aquí que yo vendré a castigaros a vosotros por causa de la malignidad de vuestras inclinaciones, dice el Señor.

3. Y yo reuniré las ovejas que quedaron de mi rebaño, de todas las tierras a donde las hubiere echado, y las volveré a sus propias tierras; y crecerán y se multiplicarán.

4. Y crearé para ellas unos pastores que las apacentarán con pasos saludables; no tendrán ya miedo ni pavor alguno, y no faltará ninguna de ellas en el redil, dice el Señor.

---

19. Aunque Nabucodonosor lo mandó llevar a Joakim cargado de cadenas a Babilonia; después lo mandó matar, porque faltó a su juramento y su cadáver fue arrojado al campo. *2 Cro 36*, 6.

30. Jeconías tuvo varios hijos. *1 Cro 3*, 17-18.

2. El *rebaño*, es Israel, y los *pastores*, son los últimos reyes.

5. Mirad que viene el tiempo, dice el Señor, en que yo haré nacer de David un vástago, un Descendiente justo, el cual reinará como rey*, y será sabio, y gobernará la tierra con rectitud y justicia.

6. En aquellos días suyos, Judá será salvo, e Israel vivirá tranquilamente; y el nombre con que será llamado aquel rey, es el de Justo Señor o Dios nuestro.

7. Por eso vendrá tiempo, dice el Señor, en que ya no dirán: Vive el Señor que sacó a los hijos de Israel de la tierra de Egipto:

8. sino: Vive el Señor que ha sacado y traído el linaje de la casa de Israel del país del Norte y de todas las regiones a donde los había yo arrojado; y habitarán en su propia tierra.

9. En orden a los falsos profetas, mi corazón, dijo Jeremías, se despedaza en medio de mi pecho, desencajados tengo todos mis huesos; me hallo como un ebrio, como un hombre tomado del vino, al considerar el enojo del Señor y a vista de sus santas palabras.

10. Porque la tierra está llena de adúlteros, y llorando a causa de las blasfemias; se secaron las campiñas del desierto; la carrera de ellos se dirige siempre al mal, y su valentía es para cometer injusticias.

11. Porque así el profeta como el sacerdote se han hecho inmundos, y dentro de mi casa o templo, allí he encontrado su malicia*, dice el Señor.

12. Por eso el camino de ellos será como un continuo resbaladero entre tinieblas; en él serán empujados, y caerán; pues yo descargaré desastres sobre ellos en el tiempo en que sean tomadas sus cuentas, dice el Señor.

13. Así como en los profetas de Samaria vi la insensatez que profetizaban en nombre de Baal, y embaucaban a mi pueblo de Israel,

14. así a los profetas de Jerusalén los vi imitar a los adúlteros; e ir en pos de la mentira, y que infundían orgullo a la turba de los malvados, para que cada uno de ellos dejase de convertirse de su maldad; todos han venido a ser abominables a mis ojos como Sodoma; como los de Gomorra, tales son sus habitantes.

15. Por tanto, esto dice el Señor de los ejércitos a los profetas: He aquí que yo les daré a comer ajenjos y hiel para beber, ya que de los profetas de Jerusalén se ha difundido la corrupción e hipocresía por toda la tierra.

16. Moradores de Jerusalén, he aquí lo que os dice el Señor de los ejércitos: No queráis escuchar las palabras de los profetas que os profetizan cosas lisonjeras, y os embaucan*, ellos os cuentan las visiones o sueños de su corazón, no lo que ha dicho el Señor.

17. Dicen a aquellos que blasfeman de mí: El Señor lo ha dicho: Tendréis paz. Y a todos los que siguen la perversidad de su corazón les han dicho: No vendrá sobre vosotros ningún desastre.

Exclamación de Jeremías

18. Pero ¿quién de ellos asistió al consejo del Señor, y vio y oyó lo que dijo o decretó? ¿Quién penetró su resolución y la comprendió?

19. He aquí que se levantará el torbellino de la indignación divina; y la tempestad, rompiendo la nube, descargará sobre la cabeza de los impíos.

20. No cesará la saña del Señor hasta cuando se haya ejecutado y cumplido el decreto de su voluntad; en los últimos días es cuando conoceréis su designio sobre vosotros.

21. Yo no enviaba esos profetas falsos; ellos de suyo corrían por todas partes; no hablaba yo con ellos, sino que ellos profetizaban lo que querían.

22. Si hubiesen asistido a mi consejo y anunciado mis palabras al pueblo mío, yo ciertamente los hubiera desviado de su mala vida y de sus pésimas inclinaciones.

23. ¿Acaso piensas tú, dice el Señor, que yo soy Dios sólo de cerca, y no soy Dios desde lejos?

24. ¿Sí se ocultará acaso un hombre en algún escondrijo sin que yo le vea, dice el Señor? ¿Por ventura no lleno yo, dice el Señor, el cielo y la tierra?

25. He oído lo que andan diciendo aquellos profetas que en mi Nombre profetizan la mentira: He soñado, dicen, he tenido un sueño profético.

---

5. *Is 4*, 2; *40*, 11; *45*, 8; *Ez 34*, 23; *Jn 1*, 45.
11. *Jer 7*, 30; *2 Re 23*, 4.

16. *Anunciándoos felicidades en medio de vuestros vicios. Jer 27*, 9; *29*, 8.

26. ¿Y hasta cuándo ha de durar esta imaginación en el corazón de los profetas que vaticinan la falsedad y anuncian las ilusiones de su corazón?

27. Los cuales quieren hacer que el pueblo mío se olvide de mi Nombre, por los sueños que cada uno cuenta a su vecino, al modo que de mi Nombre se olvidaron de sus padres por amor a Baal.

28. Que cuente su sueño aquel profeta que así sueña; y predique mi palabra con toda verdad aquel que recibe mi palabra, y se verá la diferencia. ¿Qué tiene que ver la paja con el trigo, dice el Señor?

29. ¿No es así que mis palabras son como fuego, dice el Señor, y como martillo que quebranta las peñas?

30. Por tanto, vedme aquí, dice el Señor, contra aquellos profetas que roban mis palabras, cada cual a su más cercano profeta.

31. Vedme aquí, dice el Señor, contra aquellos profetas que toman en sus lenguas estas palabras: Dice el Señor.

32. Vedme aquí contra aquellos profetas o visionarios que sueñan mentiras, dice el Señor, y las cuentan, y traen embaucado a mi pueblo con sus falsedades y prestigios; siendo así que yo no los he enviado, ni dado comisión alguna a tales hombres que ningún bien han hecho a este pueblo, dice el Señor.

33. Si te preguntare, pues, este pueblo, o un profeta, o un sacerdote, burlándose de ti, y te dijere: Vaya, ¿cuál es la carga o duro vaticinio que nos anuncias de parte del Señor?, le responderás: La carga sois vosotros; y yo, dice el Señor, os arrojaré lejos de mí.

34. Que si el profeta o el sacerdote, o alguno del pueblo dice: ¿Cuál es la carga del Señor?, yo castigaré severamente a tal hombre y a su casa.

35. Lo que habéis de decir cada uno a su vecino y a su hermano es: ¿Qué ha respondido el Señor? O ¿qué es lo que el Señor ha hablado?

36. Y no se ha de nombrar más por burla la carga del Señor, que de lo contrario la carga de cada uno será su modo de hablar, ya que habéis pervertido las palabras del Dios vivo, del Señor de los ejércitos, nuestro Dios.

37. Le preguntarás, pues, al profeta: ¿Qué te ha respondido el Señor? O ¿qué es lo que el Señor ha dicho?

38. Mas si todavía dijereis, mofándoos: La carga del Señor ¿cuál es? En tal caso, esto dice el Señor: Porque dijisteis esa expresión de burla: La carga del Señor; siendo así que yo os envié a decir: No pronunciéis más por mofa esa expresión: La carga del Señor.

39. Por tanto, tened entendido que yo os tomaré, y os transportaré, y os abandonaré, desechándoos de mi presencia a vosotros y a la ciudad que os di a vosotros y a vuestros padres.

40. Y haré de vosotros un padrón de oprobio sempiterno y de ignominia perdurable, cuya memoria jamás se borrará.

24

Declara el Señor la piedad con que tratará a los judíos que se convirtieren en Babilonia

1. Me mostró el Señor una visión, y vi dos canastillos llenos de higos puestos en el atrio delante del templo del Señor, después que Nabucodonosor, rey de Babilonia, había transportado de Jerusalén a Babilonia a Jeconías, hijo de Joakim, rey de Judá, y a sus cortesanos, y a los artífices, y a los joyeros.

2. Un canastillo tenía higos muy buenos, como suelen ser los higos de la primera estación; y el otro canastillo tenía higos muy malos, que no se podían comer de puro malos.

3. Y me dijo el Señor: ¿Qué es lo que ves, Jeremías? Yo respondí: Higos, higos buenos, y tan buenos que no pueden ser mejores; y otros malos, muy malos, que no se pueden comer de puro malos.

4. Entonces me habló el Señor, diciendo:

5. Esto dice el Señor Dios de Israel: Así como esos higos son buenos, así haré yo bien a los desterrados de Judá, que yo he echado de este lugar a la región de los caldeos;

6. y yo volveré hacia ellos mis ojos propicios, y los restituiré a esta tierra, y lejos de exterminarlos, los estableceré sólidamente, y los plantaré, y no los extirparé.

7. Y les daré un corazón dócil, para que reconozcan que soy el Señor su Dios, y ellos serán mi pueblo, y yo seré su Dios; pues se convertirán a mí de todo corazón.

8. Y así como los otros higos son tan malos que no se pueden comer de puro malos, así yo, dice el Señor, trataré a Sedecías, rey de Judá, y a sus grandes, y a todos los demás que quedaren en esta ciudad de Jerusalén, y a los que habitan en tierra de Egipto.

9. Y haré que sean vejados y maltratados en todos los reinos de la tierra, y vendrán a ser el oprobio, la fábula, el escarmiento y la execración de todos los pueblos a donde los haya arrojado.

10. Y los perseguiré con la espada, con el hambre y con la peste, hasta que sean exterminados de la tierra que yo les di a ellos y a sus padres.

---

25 *Jeremías comunica a los judíos la destrucción de Jerusalén por los caldeos y la esclavitud*

---

1. Profecía que se reveló a Jeremías, acerca de todo el pueblo de Judá, en el año cuarto de Joakim, hijo de Josías, rey de Judá; que es el año primero de Nabucodonosor, rey de Babilonia;

2. la cual predicó Jeremías, profeta, a todo el pueblo de Judá y a todos los habitantes de Jerusalén, diciendo:

3. Desde el año decimotercero de Josías, hijo de Amón, rey de Judá, hasta el día de hoy, en que han pasado veintitrés años, el Señor me ha hecho oír su palabra, y yo os la he estado anunciando, levantándome antes de amanecer para predicaros, y vosotros no me habéis escuchado.

4. Asimismo el Señor os ha enviado muy a tiempo todos sus siervos los profetas*; sin que vosotros, mientras los iba enviando, los escuchaseis, ni aplicaseis vuestros oídos para atender

5. cuando él os decía: Convertíos cada uno de vosotros de vuestra malvada conducta y de vuestras pésimas inclinaciones, y con eso moraréis por todos los siglos en la tierra que el Señor os dio a vosotros y a vuestros padres*;

6. y no queráis ir en pos de dioses ajenos para adorarlos y servirlos; ni me provoquéis a ira con las obras de vuestras manos, y yo no os enviaré aflicciones.

7. Pero vosotros, dice el Señor, no me habéis escuchado; antes me habéis irritado con vuestras fechorías para vuestro propio daño.

8. Por lo cual, esto dice el Señor de los ejércitos: Por cuanto no habéis atendido a mis palabras,

9. sabed que yo reuniré, y enviaré, dice el Señor, todas las familias o pueblos del Norte con Nabucodonosor, rey de Babilonia, ministro o instrumento mío, y los conduciré contra esta tierra y contra sus habitantes, y contra todas las naciones circunvecinas, y daré cabo de ellos, y los reduciré a ser el pasmo y el escarnio de todos, y a una soledad perdurable todas sus ciudades.

10. Y desterraré de entre ellos las voces de gozo y las voces de alegría, la voz o cantares del esposo y de la esposa, el ruido de la tahona y las luces que alumbran las casas.

11. Y toda esta tierra quedará hecha una soledad espantosa; y todas estas gentes servirán al rey de Babilonia por espacio de setenta años.

12. Y cumplidos que sean los setenta años, yo tomaré cuentas al rey de Babilonia y a aquella nación, dice el Señor, castigando sus iniquidades, y a todo el país de los caldeos, reduciéndolo a un eterno páramo.

13. Yo verificaré sobre aquella tierra todas las palabras que he pronunciado contra ella; todo lo que está escrito en este libro, todas cuantas cosas ha profetizado Jeremías contra todas las naciones,

14. pues a ellos servirán, sin embargo a muchas naciones y reyes poderosos; y yo les daré el pago merecido, y según las fechorías que han cometido.

Castigo de las naciones

15. Porque esto dice el Señor de los ejércitos, el Dios de Israel: Toma de mi mano esa copa de vino de mi furor, y darás a beber de él a todas las gentes a quienes yo te envío;

16. y beberán de él, y se turbarán y perderán el juicio, a vista de la espada que yo desenvainaré contra ellas.

17. Tomé, pues, la copa de la mano del Señor, y di a beber de ella a todas las naciones a que el Señor me envió:

18. a Jerusalén y a las ciudades de Judá, y a sus reyes, y a sus príncipes, para con-

---

4. A Joel, Habacuc, Sofonías, Holda y otros.
5. *Jer 18,* 11.

vertir su tierra en una espantosa soledad, y en objeto de escarnio y de execración, como ya lo estamos viendo;

19. al faraón, rey de Egipto, y a sus ministros, y a sus grandes y a todo su pueblo;

20. y generalmente a todos, a todos los reyes de la tierra de Hus, y a todos los reyes del país de los filisteos, y a Ascalón, y a Gaza, y Accarón, y a los pocos que han quedado en Azoto,

21. y a la Idumea, y a Moab, y a los hijos de Amón,

22. y a todos los reyes de Tiro, y a todos los reyes de Sidón, y a los reyes de las islas que están al otro lado del mar Mediterráneo,

23. y a las provincias de Dedán y de Tema y de Buz, y a todos aquellos que llevan cortado el cabello a modo de corona,

24. y a todos los reyes de Arabia, y a todos los reyes del occidente, que habitan en el desierto,

25. y a todos los reyes de Zambri, y a todos los reyes de Elam, y a todos los reyes de los medos,

26. y asimismo a todos los reyes del norte, los de cerca y los de lejos. A cada uno de estos pueblos le di a beber del cáliz de la ira para irritarlo contra su hermano, y a todos cuantos reinos hay en la superficie de la tierra; y el rey de Sesac, o Babilonia, lo beberá después de ellos.

27. Y tú, ¡oh Jeremías!, les dirás: Esto dice el Señor de los ejércitos, el Dios de Israel: Bebed y embriagaos hasta vomitar, y echaos por el suelo, y no os levantéis a la vista de la espada que yo voy a enviar contra vosotros.

28. Y cuando no quisieren recibir de tu mano la copa de mi ira para beber de ella, les dirás: Ved lo que dice el Señor de los ejércitos: La beberéis sin recurso.

29. ¿Es bueno que yo he de comenzar el castigo por Jerusalén, la ciudad en que ha sido invocado mi Nombre; y vosotros, como si fueseis inocentes, habíais de quedar impunes? No quedaréis exentos de castigo, pues yo desenvaino mi espada contra todos los moradores de la tierra, dice el Señor de los ejércitos.

30. Todas estas cosas les profetizarás y les dirás: El Señor rugirá como león desde lo alto, y desde su santa morada hará resonar su voz; rugirá fuertemente contra Jerusalén, lugar de su gloria; se oirá un grito de triunfo contra todos los habitantes de esta tierra, una algazara semejante a la de aquellos que pisan la vendimia.

31. Hasta el cabo del mundo llegó el estrépito de las armas de los caldeos; porque el Señor entra en juicio con las naciones, y disputa su causa contra todos los mortales. Yo he entregado a los impíos, dice el Señor, al filo de la espada.

32. Esto dice también el Señor de los ejércitos: Sabed que la tribulación pasará de un pueblo a otro pueblo, y de la extremidad de la tierra se alzará una espantosa tempestad.

33. Y aquellos a quienes el Señor haya entregado a la muerte en este día, quedarán tendidos por el suelo desde un cabo de la tierra hasta el otro; no serán llorados, nadie los recogerá, ni les dará sepultura; yacerán sobre la tierra como estiércol.

34. Prorrumpid en alaridos vosotros, ¡oh pastores!, y alzad el grito y cubríos de ceniza, ¡oh mayorales de la grey!, porque se han acabado vuestros días y vais a ser despedazados, y siendo vasos preciosos caeréis por tierra y os haréis pedazos.

35. Y no podrán escapar los pastores, ni ponerse a salvo los mayorales de la grey.

36. Se oirán las voces y la gritería de los pastores, y los alaridos de los mayorales de la grey, porque el Señor ha talado sus pastos,

37. y en las amenas campiñas reinará un triste silencio a la vista de la tremenda ira del Señor.

38. El cual, como león ha abandonado el lugar santo donde moraba, y luego ha quedado reducida toda la tierra de ellos a un páramo por la ira de la paloma y por la terrible indignación del Señor.

26 *Jeremías preso y en peligro de perder la vida, por haber predicado lo que Dios le mandaba*

1. En el principio del reinado de Joakim, hijo de Josías, rey de Judá, me habló el Señor en estos términos:

2. Esto dice el Señor: Ponte en el atrio de la casa del Señor; y a todas las ciudades de Judá, cuyos moradores vienen a adorar en el templo del Señor, les anunciarás todo aquello que te he mandado decirles; no omitas ni una sola palabra,

3. a ver si acaso te escuchan, y se conviertan de su mala vida; por lo cual me arrepienta yo o desista del castigo que medito enviarles por la malicia de sus procederes.

4. Tú, pues, les dirás: Esto dice el Señor: Si vosotros no me escuchareis, si no siguiereis la ley mía que yo os di,

5. y no creyereis en las palabras de mis siervos los profetas que yo con tanta solicitud os envié, y dirigí a vosotros, y a quienes no habéis dado crédito,

6. yo haré con esta casa, o templo, lo que hice con Silo, y a esta ciudad la haré la execración de todas las naciones de la tierra.

7. Oyeron los sacerdotes y los profetas y el pueblo todo cómo Jeremías anunciaba tales cosas en la casa del Señor.

8. Y así que hubo concluido Jeremías de hablar cuanto le había mandado el Señor que hiciese saber a todo el pueblo, la prendieron los sacerdotes y los falsos profetas, y el pueblo todo, diciendo: ¡Muera sin remedio!

9. ¿Cómo ha osado profetizar en el nombre del Señor, diciendo: Este templo será destruido como Silo, y esta ciudad quedará de tal manera asolada que no habrá quien la habite? Y todo el pueblo se amotinó contra Jeremías en la casa del Señor.

10. Llegó esto a noticia de los príncipes de Judá, y pasaron desde el palacio del rey a la casa del Señor, y se sentaron en el tribunal que está a la entrada de la puerta nueva de la casa del Señor.

11. Entonces los sacerdotes y los profetas hablaron a los príncipes y a toda la gente, diciendo: Este hombre es reo de muerte; porque ha profetizado contra esta ciudad, conforme vosotros mismos habéis oído.

12. Pero Jeremías habló en estos términos a todos los príncipes y al pueblo todo: El Señor me ha enviado* para que profetizara contra esta casa y contra esta ciudad todas las palabras que habéis oído.

13. Ahora, pues, enmendad vuestra vida, y purificad vuestras inclinaciones, y escuchad la voz del Señor Dios vuestro, y no dudéis que el Señor se arrepentirá o desistirá del castigo con que os ha amenazado.

14. En cuanto a mí, en vuestras manos estoy; haced de mí lo que mejor os parezca y sea de vuestro agrado.

15. Sabed, no obstante, y tened por cierto, que si me quitáis la vida, derramaréis la sangre inocente, y la haréis recaer sobre vosotros mismos, sobre esta ciudad y sobre sus habitantes; porque verdaderamente es el Señor el que me ha enviado a comunicar a vuestros oídos todas las estas palabras.

16. Entonces los príncipes y todo el pueblo dijeron a los sacerdotes y a los profetas: No es este hombre reo de muerte, puesto que él nos ha predicado en nombre del Señor Dios nuestro.

17. Se levantaron luego algunos de los ancianos del país, y hablaron al pueblo de esta manera:

18. Miqueas, natural de Morasti, fue profeta en tiempo de Ezequías, rey de Judá, y predicó a todo el pueblo, diciendo: Esto dice el Señor de los ejércitos: Sión será arada como un barbecho, y Jerusalén parará en un montón de piedras, y el monte Moria, en que está situado el templo, será un espeso bosque*.

19. ¿Fue por ventura Miqueas condenado a muerte por Ezequías, rey de Judá, y todo su pueblo? Al contrario ¿no temieron ellos al Señor e imploraron su clemencia, y el Señor se arrepintió o desistió de enviarles el castigo con que les había amenazado? Luego nosotros cometeríamos un gran pecado en daño de nuestras almas.

20. Hubo también un varón llamado Urías, hijo de Semei, natural de Cariatiarim, que profetizaba en el nombre del Señor, y profetizó contra esta ciudad y contra este país todo lo que ha dicho Jeremías.

21. Y habiendo oído el rey Joakim, y todos sus magnates y cortesanos lo que profetizaba, intentó el rey quitarle la vida. Lo supo Urías, y temió, y se escapó, y se refugió en Egipto.

22. Y el rey Joakim envió a Egipto, para prenderlo, a Elnatán, hijo de Acobor, acompañado de otros hombres,

23. quienes sacaron a Urías de Egipto, y lo condujeron al rey Joakim; el cual lo mandó

---

12. Jeremías presenta su defensa inspirada por Dios. *Jer 25*, 13.

18. *Miq 3*, 12.

degollar y arrojar el cadáver en la sepultura de la ínfima plebe.

24. El auxilio, pues, de Ahicam, hijo de Safán, protegió a Jeremías, para que no fuese entregado en manos del pueblo y le matasen.

27

Manda el Señor a Jeremías que declare la sujeción de la Judea y provincias vecinas a los caldeos

1. Al principio del reinado de Joakim, hijo de Josías, rey de Judá, el Señor habló a Jeremías de esta manera:

2. Esto me dice el Señor: Hazte unas ataduras a modo de correas, y unas cadenas como collares, y póntelas al cuello.

3. Y las enviarás al rey de Edom, y al rey de Moab, y al rey de los hijos de Amón, y al rey de Tiro, y al rey de Sidón, por medio de los embajadores que han venido a Jerusalén, a tratar con Sedecías, rey de Judá;

4. a los cuales encargarás que digan a sus amos: Esto dice el Señor de los ejércitos, el Dios de Israel, y esto diréis a vuestros amos:

5. Yo creé la tierra, y los hombres, y las bestias que están sobre la tierra, con mi gran poder y mi excelso brazo, y he dado su dominio a quien quise.

6. Al presente, pues, he puesto todos estos países en poder de Nabucodonosor, rey de Babilonia, ministro mío; y le he dado también las bestias del campo para que le sirvan.

7. Y todos estos pueblos serán esclavos suyos, y de su hijo, y del hijo de su hijo; hasta que llegue el plazo de la ruina de él mismo y de su tierra o reino, entretanto le servirán muchas naciones y grandes reyes.

8. Mas a la nación y al reino que no quiera someterse a Nabucodonosor, rey de Babilonia, a cualquiera que no doblare su cerviz al yugo del rey de Babilonia, yo los castigaré, dice el Señor, con la espada, con hambre y con peste hasta que por medio de Nabucodonosor acabe con ellos.

9. Vosotros, pues, no escuchéis a vuestros profetas y adivinos*, ni a los intérpretes de sueños, ni a los agoreros, ni a los hechiceros, los cuales os dicen: No seréis vosotros sojuzgados por el rey de Babilonia.

10. Porque lo que os profetizan son mentiras, para acarrearos que seáis arrojados por los caldeos lejos de vuestra tierra, y desterrados y destruidos.

11. Al contrario, la nación que doblare su cerviz al yugo del rey de Babilonia y le sirviere, yo la dejaré en su tierra, dice el Señor, y seguirá cultivándola y habitando en ella.

12. También le anuncié a Sedecías, rey de Judá, todas estas mismas cosas, diciendo: Doblad vuestra cerviz al yugo del rey de Babilonia, y servidle a él y a su pueblo, y así salvaréis la vida.

13. ¿Para qué queréis morir tú y el pueblo tuyo, a cuchillo, y de hambre, y de peste, como tiene Dios predicho a la nación que no quisiere someterse al rey de Babilonia?

14. No deis oídos a las palabras de aquellos profetas que os dicen: No seréis vosotros siervos del rey de Babilonia. Porque ellos hablan mentira;

15. pues no son ellos enviados míos, dice el Señor, sino que profetizan falsamente en mi Nombre, para acarrearos que seáis desterrados y perezcáis, tanto vosotros como los profetas que falsamente os anuncian lo futuro.

16. Y a los sacerdotes y a este pueblo les dije asimismo lo siguiente: Esto dice el Señor: No hagáis caso de las palabras de vuestros profetas, que os anuncian lo futuro, diciendo: Sabed que los vasos sagrados del templo del Señor serán muy pronto restituidos acá desde Babilonia; pues lo que os profetizan es una mentira.

17. No queráis, pues, escucharlos; antes bien sujetaos al rey de Babilonia, si queréis salvar vuestra vida. ¿Por qué se ha de ver esta ciudad reducida por culpa vuestra a un desierto?

18. Que si son verdaderamente profetas, y está en ellos la palabra del Señor, intercedan con el Señor de los ejércitos para que los vasos que han quedado en el templo del Señor, y en el palacio del rey de Judá, y en Jerusalén, no vayan también a Babilonia.

19. Porque esto dice el Señor de los ejércitos acerca de las columnas, y del mar o concha de bronce, y de las basas, y de los otros vasos o muebles que han quedado en esta ciudad,

9. *Jer 23*, 16; *29*, 8.

20. los cuales no se llevó Nabucodonosor, rey de Babilonia, cuando transportó a esta ciudad desde la de Jerusalén a Jeconías, hijo de Joakim, rey de Judá, y a todos los magnates de Judá y de Jerusalén.

21. Dice, pues, así, el Señor de los ejércitos, el Dios de Israel, acerca de los vasos que quedaron en el templo del Señor, y en el palacio del rey de Judá, y en Jerusalén:

22. A Babilonia serán trasladados, y allí estarán hasta el día en que ésta será visitada o castigada por mí, dice el Señor, que yo entonces los haré traer y restituir a este lugar.

28 *Hananías, falso profeta, es contradecido por Jeremías, quien confirma lo que había profetizado*

1. En aquel mismo año, al principio del reinado de Sedecías, rey de Judá, en el quinto mes del año cuarto, Hananías, hijo de Azur, profeta falso de Gabaón, me dijo en el templo del Señor en presencia de los sacerdotes y de todo el pueblo:

2. Esto dice el Señor de los ejércitos, el Dios de Israel: Yo he roto el yugo del rey de Babilonia.

3. Dentro de dos años cumplidos yo haré restituir a este lugar todos los vasos del templo del Señor, que quitó de acá Nabucodonosor, rey de Babilonia, a cuya ciudad los transportó.

4. Y yo haré volver a este lugar a Jeconías, hijo de Joakim, rey de Judá, y a todos los de Judá que han sido llevados cautivos a Babilonia, dice el Señor; porque yo quebrantaré el yugo y todo el poder del rey de Babilonia.

5. En seguida el profeta Jeremías respondió al falso profeta Hananías, en presencia de los sacerdotes y de todo el pueblo que se hallaba en la casa del Señor,

6. y le dijo: Amén; ojalá que así lo haga el Señor; ojalá que se verifiquen esas palabras con que tú has profetizado, de suerte que se restituyan los vasos sagrados desde Babilonia a la casa del Señor y que todos los judíos que fueron llevados cautivos a Babilonia, vuelvan a este lugar.

7. Pero con todo, escucha esto que voy yo a decir, para que lo oigas tú y el pueblo todo.

8. Los profetas del Señor que ha habido desde el principio, anteriores a mí y a ti, profetizaron también ellos a muchos países y a grandes reinos guerras, tribulaciones y hambre.

9. El profeta que predice ahora la paz o felicidad, verificado que se haya su profecía, entonces se sabrá que es profeta verdaderamente enviado del Señor.

10. Entonces el falso profeta Hananías quitó del cuello del profeta Jeremías la cadena o atadura, y la hizo pedazos.

11. Y hecho esto, dijo Hananías delante de todo el pueblo: Esto dice el Señor: Así romperé yo de aquí a dos años el yugo que Nabucodonosor, rey de Babilonia, ha echado sobre la cerviz de todas las naciones.

12. Y se fue Jeremías profeta por su camino. Y el Señor, después que Hananías profeta hubo roto la atadura o cadena, que llevaba al cuello el profeta Jeremías, habló a éste diciendo:

13. Ve y di a Hananías: Esto dice el Señor: Tú quebraste las ataduras o correas de madera; y yo digo a Jeremías: Tú en lugar de ellas hazte otras de hierro.

14. Porque esto dice el Señor de los ejércitos, el Dios de Israel: Yo voy a poner un yugo de hierro sobre el cuello de todas estas naciones, para que sirvan a Nabucodonosor, rey de Babilonia, y en efecto, a él estarán sujetas; hasta las bestias de la tierra he puesto a su disposición.

15. Y añadió Jeremías profeta al falso profeta Hananías: Oye tú, Hananías: A ti el Señor no te ha enviado, y sin embargo, tomando su Nombre, has hecho que este pueblo confiase en la mentira.

16. Por tanto, esto dice el Señor: Sábete que yo te arrancaré de este mundo; tú morirás este mismo año, ya que has hablado contra el Señor.

17. En efecto, murió el falso profeta Hananías aquel año, en el séptimo mes.

29 *Jeremías anuncia a los cautivos de Babilonia la libertad, luego de los setenta años fijados por el Señor*

1. Estas son las palabras de la carta que el profeta Jeremías envió desde Jerusalén a los ancianos que quedaban entre los cautivos transportados a Babilonia, y a los sacerdotes, y a los profetas, y a todo el pueblo transportado por Nabucodonosor desde Jerusalén a Babilonia.

2. Desde que salieron de Jerusalén el rey Jeconías, y la reina madre, y los eunucos o cortesanos y los príncipes de Judá y de Jerusalén, y los artífices y los joyeros,

3. Jeremías envió esta carta por mano de Elasa, hijo de Safán y de Gamarías, hijo de Helcías, despachados a Babilonia por Sedecías, rey de Judá, a Nabucodonosor, rey de Babilonia. El contenido de la carta era:

4. Esto dice el Señor de los ejércitos, el Dios de Israel, a todos los que yo he enviado cautivos desde Jerusalén a Babilonia:

5. Edificad casas, y habitadlas, y plantad huertos, y comed de sus frutos.

6. Contraed matrimonios y procread hijos e hijas, casad a vuestros hijos, y dad maridos a vuestras hijas, con lo cual nazcan hijos e hijas; multiplicaos ahí, y no quedéis reducidos a corto número.

7. Y procurad la paz de la ciudad a donde os trasladé; rogad por ella al Señor, porque en la paz de ella tendréis vosotros paz.

8. Porque esto dice el Señor de los ejércitos, el Dios de Israel: No os engañen vuestros falsos profetas que están en medio de vosotros, ni vuestros adivinos; y no hagáis caso de vuestros sueños;

9. porque falsamente os profetizan aquellos en mi Nombre*; y yo no los envié, dice el Señor.

10. Lo que dice el Señor es esto: Cuando estén para cumplirse los setenta años de vuestra estancia en Babilonia, yo os visitaré, y daré cumplimiento a mi agradable promesa de restituiros a este lugar*.

11. Porque yo sé los designios que tengo sobre vosotros, dice el Señor, designios de paz, y no de aflicción, para daros la libertad que es el objeto de vuestra expectación.

12. Entonces me invocaréis, y partiréis a vuestra patria; me suplicaréis, y yo os escucharé benignamente.

13. Me buscaréis, y me hallaréis, cuando me buscareis de todo vuestro corazón.

14. Entonces seré yo hallado de vosotros, dice el Señor; y yo os haré volver de la esclavitud, y os congregaré de todas las regiones, y de todos los lugares a donde os había desterrado, dice el Señor, y os haré volver del lugar al cual os había hecho salir.

15. Pero vosotros habéis dicho: El Señor nos ha enviado profetas aquí en Babilonia.

16. Pues he aquí lo que dice el Señor acerca del rey Sedecías que está sentado en el solio de David, y de todo el pueblo que habita esta ciudad, esto es, de vuestros hermanos que no han salir con vosotros.

17. Esto es lo que dice el Señor de los ejércitos: Sabed que yo enviaré contra ellos la espada, el hambre, y la peste, y los trataré como a higos malos*, que se arrojan, porque no se pueden comer de puro malos.

18. Los perseguiré a cuchillo, y con hambre, y con peste, y los entregaré a la tiranía de todos los reinos de la tierra; y serán la maldición, el pasmo, la mofa y el oprobio de todas las naciones a donde los hubiere arrojado;

19. por cuanto, dice el Señor, no quisieron dar oídos a mis palabras que les he hecho anunciar por la boca de mis siervos los profetas, enviándoselos oportunamente con anticipación. Mas vosotros no quisisteis obedecer, dice el Señor.

20. Entretanto, vosotros todos a quienes hice yo pasar desde Jerusalén a Babilonia, oíd la palabra del Señor;

21. Esto es lo que dice el Señor de los ejércitos, el Dios de Israel, acerca de Acab, hijo de Colías, y de Sedecías, hijo de Maasías, que falsamente os profetizan en mi Nombre: Sabed que yo los entregaré en manos de Nabucodonosor, rey de Babilonia, que los hará morir delante de vuestros ojos.

22. De suerte que todos los que han sido trasladados de Judá a Babilonia los tomarán por frase de maldición, diciendo: Te ponga el Señor como a Sedecías y a Acab, a quienes asó o frió a fuego lento el rey de Babilonia,

23. por haber hecho ellos necedades abominables en Israel, y cometido adulterios con las mujeres de sus amigos, y hablado mentirosamente en nombre mío, sin haberles yo dado ninguna comisión. Yo mismo soy el juez y el testigo de todo eso, dice el Señor.

---

9. *Jer 14*, 14.
10. *2 Cro 36*, 21; *Esd 1*, 1.
17. *Jer 24*, 1-8.

24. Asimismo dirás a Semeías, nehelamita, o soñador:

25. Esto dice el Señor de los ejércitos, el Dios de Israel: Por cuanto enviaste cartas en tu nombre a todo el pueblo que se halla en Jerusalén, y a Sofonías, hijo de Maasías, sacerdote, y a todos los sacerdotes, diciendo a Sofonías:

26. El Señor te ha constituido sumo sacerdote en lugar del sacerdote Joíada, a fin de que tú tengas autoridad en la casa del Señor para reprimir a todo fanático que se finge profeta, y meterlo en el cepo y en la cárcel;

27. ¿cómo es, pues, que no has castigado a Jeremías, natural de Anatot, que hace de profeta entre vosotros,

28. siendo así que además de eso nos ha enviado a decir acá en Babilonia: No volveréis en mucho tiempo; edificaos casas y morad en ellas; haced plantíos en las huertas y comed sus frutos?

29. Leyó, pues, el sacerdote Sofonías esta carta de Semeías delante del profeta Jeremías;

30. y el Señor habló entonces a Jeremías en estos términos:

31. Envía a decir lo siguiente a todos los que han sido trasladados cautivos a Babilonia: Esto dice el Señor acerca de Semeías, nehelamita: Por cuanto Semeías se ha metido a profetizaros lo futuro, sin tener ninguna misión mía, y os ha hecho confiar en la mentira;

32. por tanto, esto dice el Señor: He aquí que yo castigaré a Semeías, nehelamita, y a su raza; no tendrá jamás un descendiente que se siente o viva en medio de este pueblo, ni verá el bien o la libertad que yo he de conceder al pueblo mío, dice el Señor, porque ha hablado como prevaricador contra los oráculos del Señor.

30 *Predice Jeremías el fin de la cautividad de Babilonia. Judá e Israel servirán unidas al Señor*

1. Habló el Señor a Jeremías, diciendo:

2. Esto manda el Señor Dios de Israel: Escribe en un libro todas las palabras que yo te he hablado.

3. Porque he aquí que llegará tiempo, dice el Señor, en que yo haré volver los cautivos de mi pueblo de Israel y de Judá, y los haré regresar, dice el Señor, a la tierra que di a sus padres, y la poseerán.

4. He aquí las palabras que dirigió el Señor a Israel y a Judá:

5. Así habla el Señor: Algún día diréis: Oído hemos voces de terror y espanto, y no de paz.

6. Preguntad y sabed si son por ventura los varones los que han de parir. Porque ¿cómo es que estoy viendo en ansiedad a todos los hombres con las manos sobre sus lomos, como la mujer que está de parto, y cubiertos sus rostros de amarillez?

7. ¡Ay! que aquel día es grande y terrible, ni hay otro que se le parezca; tiempo de tribulación para Jacob, de la cual será al fin librado.

8. Y sucederá aquel día, dice el Señor de los ejércitos, que yo haré pedazos el yugo que Nabucodonosor puso sobre tu cuello, y romperé sus ataduras, y no te dominarán más los extranjeros;

9. sino que los hijos de Israel servirán al Señor su Dios y al hijo de David su rey, que yo suscitaré para ellos*.

10. No temas, pues, tú ¡oh siervo mío Jacob!, dice el Señor, ni tengas miedo, ¡oh Israel!, que yo te sacaré de ese país remoto en que estás, y a tus descendientes de la región en que se hallan cautivos; y Jacob volverá, y vivirá en reposo, y en abundancia de bienes, sin que tenga que temer a nadie.

11. Pues que estoy yo contigo, dice el Señor, para salvarte. Porque yo exterminaré todas las naciones, entre las cuales te dispersé; a ti no te destruiré del todo, sino que te castigaré según mis juicios, a fin de que no te tengas por inocente.

12. Así, pues, esto dice el Señor: Incurable es tu fractura; es muy maligna tu llaga.

13. No hay quien forme un cabal juicio de tu mal para curarlo; no hay remedios que te aprovechen.

14. Se han olvidado de ti todos tus amadores, y no se curarán ya de ti para ser amigos tuyos, en vista de que te he hecho una llaga como de mano hostil y con un terrible azote*; porque estás endurecida en tus pecados a causa de tu gran iniquidad.

---

9. *Luc 1*, 70; *Is 43*, 1.
14. *Jer 23*, 19.

15. ¿Por qué alzas el grito en tus penas? Tu dolor es incurable, por tus grandes maldades y por la obstinación en tus pecados hice contigo esas cosas.

16. Mas todos aquellos que te muerden serán devorados, y todos tus enemigos serán llevados cautivos, y aquellos que te asuelen serán asolados, y entregados al saqueo tus saqueadores.

17. Porque yo cicatrizaré tu llaga, y curaré tus heridas, dice el Señor. Ellos, ¡oh Sión!, te han llamado la repudiada: Esta es, dicen, la que no tiene quien la busque o pretenda.

18. Pero esto dice el Señor: Yo haré que vuelvan los cautivos que habitan en las tiendas o tabernáculos de Jacob, y tendré piedad de sus casas, y será reedificada la ciudad en su altura, y fundado el templo según su anterior estado.

19. Y saldrán de sus labios alabanzas y voces de júbilo; y yo los multiplicaré, y no se disminuirá su número; los llenaré de gloria, y no volverán a ser envilecidos.

20. Y serán sus hijos fieles como al principio, y su congregación permanecerá estable en mi presencia; y castigaré a todos los que la atribulan.

21. Y de él, esto es, de Jacob, nacerá su caudillo o Mesías, y de en medio de él saldrá a luz el Príncipe; al cual me lo allegaré a mí, y él se estrechará conmigo. Porque ¿quién es aquel que de tal modo se acerque a mí con su corazón, dice el Señor?

22. Vosotros seréis entonces mi pueblo fiel, y yo seré vuestro Dios siempre benigno.

23. Pero he aquí que el torbellino del Señor, el furor que está respirando, la inminente tempestad, todo descargará sobre la cabeza de los impíos.

24. No apaciguará el Señor el furor de su indignación, hasta cuando haya ejecutado y cumplido los designios de su corazón; al fin de los tiempos entenderéis estas cosas.

31

Jeremías profetiza la libertad del pueblo de Israel, que servirá al Señor y será colmado de bienes.

1. En aquel tiempo, dice el Señor, yo seré el Dios de todas las tribus de Israel, y ellas serán mi pueblo.

2. Esto dice el Señor: En el desierto el resto del pueblo, que quedó libre del castigo, halló gracia delante de mí; también Israel llegará a la tierra de su descanso.

3. Es verdad que me visitó el Señor, responde Israel, mas hace ya mucho tiempo. Te engañas, dice Dios, porque yo te he amado con perpetuo y no interrumpido amor; por eso, misericordioso, te atraje a mí.

4. Y otra vez te renovaré y te daré nuevo ser, ¡oh virgen de Israel!; todavía saldrás acompañada del sonido de tus panderos, y caminarás rodeada de coros de música;

5. todavía plantarás viñas en los montes de Samaria; y aquellos que las plantarán no recogerán su fruto hasta el tiempo prescrito*.

6. Porque tiempo vendrá en que los centinelas o jefes de mi pueblo clamarán sobre el monte de Efraín: Vamos todos, y subamos a Sión, al templo del Señor Dios nuestro.

7. Porque esto dice el Señor: Regocijaos y haced fiestas por amor de Jacob, y prorrumpid en gritos de júbilo al frente de las naciones; resuenen vuestros cánticos, y decid: ¡Salva, Señor, al pueblo tuyo, salva las reliquias de Israel*!

8. Sabed, dice el Señor, que yo los conduciré a todos de las tierras del Norte, y los recogeré de los extremos de la tierra; entre ellos vendrán juntos el ciego y el cojo, la embarazada y la que dio a luz; grande será la muchedumbre de los que volverán acá.

9. Vendrán llorando de gozo, y yo, compadecido de ellos, los conduciré a la vuelta por en medio de arroyos de frescas aguas, vía recta y sin ningún tropiezo*; porque padre soy yo de Israel; y Efraín es mi primogénito.

10. Escuchad, ¡oh naciones!, la palabra del Señor, y anunciadla a las islas más remotas, y decid: Aquel mismo que dispersó a Israel, lo reunirá y lo guardará como guarda el pastor a su rebaño.

11. Pues el Señor ha redimido a Jacob, y lo ha librado de las manos del prepotente.

12. Y así vendrán, y cantarán himnos a Dios en el monte Sión, y correrán en tropa a gozar de los bienes del Señor, del trigo, del

---

5. *Lev 19*, 25.
7. La marcha triunfal de los repatriados. *Is 2*, 3; *Miq 4*, 2.
9. *Is 35*, 7; *49*, 10.

vino, del aceite y de las crías de ovejas y de vacas, y estará su alma cual hermoso jardín abundante de aguas, y no padecerán ya más necesidades.

13. Entonces se regocijarán las vírgenes* al sonido de músicos instrumentos, y también los jóvenes a una con los ancianos. Yo cambiaré su llanto en gozo, y los consolaré, y los llenaré de alegría en cambio de su pasado dolor.

14. Y saciaré el alma de los sacerdotes con otras carnes, y el pueblo mío será colmado de mis bienes, dice el Señor.

15. Porque esto dice el Señor: Se han oído más allá en lo alto voces de lamentos, de luto y de gemidos, y son de Raquel, que llora sus hijos, y no quiere admitir consuelo en orden a la muerte de ellos, visto que ya no existen*.

16. El Señor dice así: Cesen tus labios de prorrumpir en voces de llanto, y tus ojos de derramar lágrimas; pues por tu pena recibirás galardón, dice el Señor, y ellos volverán de la tierra enemiga.

17. Y para tus últimos días te queda la segura esperanza, dice el Señor, de que tus hijos volverán a sus hogares.

18. He escuchado con atención a Efraín, que en su cautiverio dice: Tú me has castigado, oh Señor; yo cual indómito novillo he sido corregido. Conviérteme a ti, y yo me convertiré; pues tú, ¡oh Señor!, eres mi Dios.

19. Porque estoy viendo ahora que después que tú me convertiste, yo he hecho penitencia; después que me iluminaste, he herido mi muslo; y he quedado confuso y avergonzado, porque he sufrido el oprobio de mi mocedad.

20. ¿No es Efraín para mí el hijo querido, el niño que yo he criado con ternura? Desde que yo le he hablado, le traigo siempre en la memoria; por eso se han conmovido por amor suyo mis entrañas. Y tendré para con él entrañas de misericordia, dice el Señor.

21. Seas, pues, oh Efraín, a manera de un centinela: Entrégate a las amarguras de la penitencia; convierte tu corazón hacia el recto camino, por donde anduviste; vuelve, ¡oh virgen de Israel!, vuelve, ¡oh pueblo mío!, vuelve a tus ciudades.

22. ¿Hasta cuándo estás estragándote en medio de los deleites, oh hija perdida? Pues mira, el Señor ha hecho una cosa nueva, o milagrosa, sobre la tierra: Una mujer virgen encerrará dentro de sí al Hombre Dios.

13. *Ap 14*, 4.
15. *Mat 2*, 18.

Se promete a Judá la restauración

23. Esto dice el Señor de los ejércitos, el Dios de Israel: Todavía se oirán estas palabras en la tierra de Judá y en sus ciudades, cuando yo hubiere redimido sus cautivos: Te bendiga el Señor, ¡oh mansión hermosa de la justicia, oh monte santo de Sión!

24. Y habitará allí Judá y todas sus ciudades; así aquellos que labran la tierra como los que apacientan los ganados;

25. porque yo embriagaré en Sión a toda alma sedienta, y hartaré a todo hambriento*.

26. Por eso desperté yo como de un sueño, y abrí los ojos, y me saboree con mi sueño profético.

27. He aquí que viene el tiempo, dice el Señor, en que yo sembraré la casa de Israel y la casa de Judá de simiente de hombres y de simiente de animales.

28. Y al modo que puse mi atención en extirparlos, y abatirlos, y disiparlos, y desparramarlos, y afligirlos de mil maneras, así no perderé tiempo ahora para restaurarlos y plantarlos, dice el Señor.

29. En aquellos días no se oirá más aquel dicho: Los padres comieron uvas agraces, y los hijos padecieron la dentera.

30. Sino que cada uno morirá por su propio pecado: El hombre que comiere la uva agraz, ése sufrirá la dentera.

31. He aquí que viene el tiempo, dice el Señor, en que yo haré una nueva alianza con la casa de Israel y con la casa de Judá.

32. Alianza, no como aquella que contraje con sus padres el día que los cogí por la mano para sacarlos de la tierra de Egipto; alianza que ellos invalidaron, y por tanto ejercí sobre ellos mi soberano dominio, dice el Señor.

33. Mas ésta será la nueva alianza que yo haré, dice el Señor, con la casa de Israel, después que llegue aquel tiempo: Imprimiré mi ley en sus entrañas, y la grabaré en sus corazones; y yo seré su Dios, y ellos serán el pueblo mío.

25. *Mat 5*, 6.

34. Y no tendrá ya el hombre que hacer de maestro de su prójimo, ni el hermano de su hermano, diciendo: Conoce al Señor. Pues todos me conocerán, desde el más pequeño hasta el más grande, dice el Señor, porque yo perdonaré su iniquidad, y no me acordaré más de su pecado*.

35. Esto dice el Señor, aquel Señor que envía el sol para dar luz al día, y ordena el curso de la luna y de los astros para esclarecer la noche; el que alborota el mar, y al instante braman sus olas; el que se llama Señor de los ejércitos.

36. Cuando estas leyes, dice el Señor, establecidas por mi providencia vinieren a faltar, entonces podrá faltar también el linaje de Israel, y dejar de ser nación perdurable a mi presencia.

37. Esto dice todavía el Señor: Cuando alguno pudiere medir allá arriba los cielos, y escudriñar allá abajo los cimientos de la tierra, entonces podré yo reprobar a todo el linaje de Israel por sus fechorías, dice el Señor.

38. Sabed que llega el tiempo, añade el Señor, en que será edificada por el Señor la ciudad desde la torre de Hananeel hasta la puerta llamada del Rincón.

39. Y la línea de la demarcación se tirará más adelante en frente de esa puerta sobre el collado de Gareb, y seguirá dando vuelta por el Goata,

40. y por todo el Valle de los cadáveres y de la ceniza, y por todo el sitio de los ajusticiados, hasta el torrente de Cedrón y hasta la esquina de la puerta de los Caballos que está al oriente. El santuario del Señor nunca jamás será arrancado ni destruido.

32

Jeremías, durante el sitio de Jerusalén, compra un campo que sería asolado

1. Palabras que el Señor habló a Jeremías el año décimo de Sedecías, rey de Judá, que corresponde al año decimoctavo de Nabucodonosor.

2. (A la sazón el ejército del rey de Babilonia tenía sitiada a Jerusalén*; y el profeta Jeremías estaba preso en el patio de la cárcel que había en el palacio del rey de Judá;

3. porque Sedecías, rey de Judá, lo había hecho poner preso, diciendo: ¿Cómo es que andas vaticinando y diciendo: Esto dice el Señor: Sabed que yo entregaré esta ciudad en poder del rey de Babilonia, el cual se apoderará de ella;

4. y Sedecías, rey de Judá, no escapará de las manos de los caldeos, sino que caerá en poder del rey de Babilonia, y hablará con él boca a boca, y le verá con sus mismos ojos;

5. y será conducido por él a Babilonia, donde estará hasta tanto que yo le visite, dice el Señor? Que si peleareis contra los caldeos, añades, no tendréis buen suceso).

6. Jeremías, pues, estando preso, dijo: El Señor me ha hablado, diciendo:

7. Mira que tu primo hermano por parte de padre, Hanameel, hijo de Sellum, ha de venir a decirte que le compres un campo que tiene en Anatot; pues que a ti te compete la compra por ser el pariente más cercano.

8. En efecto, según la palabra del Señor, Hanameel, hijo de mi tío paterno, vino a encontrarme en el patio de la cárcel, y me dijo: Cómprame el campo que tengo en Anatot, tierra de Benjamín; pues a ti te toca por derecho de herencia poseerlo, por ser tú el pariente más cercano. Conocí que aquello venía del Señor;

9. y compré a Hanameel, hijo de mi tío paterno, aquel campo situado en Anatot, y le pesé la cantidad de dinero de diecisiete siclos de plata,

10. e hice una escritura de contrato, y la sellé o firmé en presencia de testigos, y pesé la plata en la balanza.

11. Y tomé la escritura de compra firmada con sus estipulaciones y ratificaciones, y con los sellos por fuera.

12. Y di esta escritura de compra a Baruc, hijo de Neri, hijo de Maasías, en presencia de Hanameel, mi primo hermano, delante de los testigos citados en la escritura de compra, y a vista de todos los judíos que estaban en el patio de la cárcel.

13. Y en presencia de ellos di orden a Baruc, y le dije:

14. Esto dice el Señor de los ejércitos, el Dios de Israel: Toma estas escrituras, esta escritura de compra sellada, y esta otra

34. *Hech 10*, 43.
2. *2 Re 25*, 1.

escritura abierta, y mételas en una vasija de barro, para que puedan conservarse mucho tiempo.

15. Porque esto dice el Señor de los ejércitos, el Dios de Israel: Todavía se han de poseer en esta tierra casas, y campos, y viñas.

Oración de Jeremías

16. Así que hube entregado a Baruc, hijo de Neri, la escritura de venta, me puse luego en oración, y dije:

17. ¡Ah!, ¡ah! Señor Dios mío, bien veo que tú creaste el cielo y la tierra con tu gran poder y con tu brazo fuerte, ninguna cosa será jamás difícil para ti;

18. tú eres el que usas de misericordia en la serie de mil generaciones, y la iniquidad de los padres la castigas después de ellos en sus hijos*; tú eres el fortísimo, el grande, el poderoso: Señor de los ejércitos es tu nombre.

19. Grandioso eres en tus consejos e incomprensible en tus designios; contemplando están tus ojos todas las acciones de los hijos de Adán, para retribuir a cada uno según sus obras y según el mérito de su conducta.

20. Tú obraste milagros y prodigios celebrados hasta hoy día en la tierra de Egipto, y en Israel, y entre todos los hombres, e hiciste tan grande tu Nombre como se ve que es en el día de hoy;

21. tú sacaste a tu pueblo de Israel de la tierra de Egipto por medio de milagros y portentos, con mano poderosa, y brazo fuerte, y gran espanto;

22. y le diste esta tierra, conforme lo habías prometido con juramento a sus padres, tierra que mana leche y miel.

23. Entraron, en efecto, en ella, y la han poseído; mas no obedecieron tu voz, ni siguieron tu santa ley; nada hicieron de cuanto les mandaste, y por eso les han sobrevenido todos estos desastres.

24. He aquí ya levantadas las máquinas de guerra contra la ciudad para batirla; y cómo está para caer en poder de los caldeos, que la combaten a fuerza de armas, y del hambre, y de la peste; y cuantas cosas hablaste, ¡oh Dios mío!, todas se han cumplido, como tú mismo lo estás viendo.

25. ¡Y tú, oh Señor Dios, no obstante me dices a mí: Compra un campo a dinero contante, en presencia de testigos, siendo así que la ciudad va a ser entregada en poder de los caldeos!

26. Entonces respondió el Señor a Jeremías, diciendo:

27. Mira, yo soy el Señor Dios de todos los mortales: ¿Habrá por ventura cosa ninguna difícil para mí?

28. Por tanto, esto dice el Señor: Sábete que yo voy a entregar esta ciudad en manos de los caldeos y en poder del rey de Babilonia, y la rendirán.

29. Y entrarán los caldeos con espada en mano en esta ciudad, y le pegarán fuego, y la quemarán con las casas en cuyos terrados se ofrecían sacrificios a Baal y libaciones a dioses ajenos para irritarme.

30. Porque ya desde su mocedad los hijos de Israel y los hijos de Judá están continuamente obrando mal delante de mis ojos; los hijos de Israel, digo, que hasta ahora no hacen sino exasperarme con las obras de sus manos, dice el Señor.

31. De suerte que esta ciudad se ha hecho para mí objeto de furor y de la indignación mía, desde el día en que fue edificada hasta el día presente, en que será borrada de delante de mis ojos.

32. Por la maldad de los hijos de Israel y de los hijos de Judá, cometida cuando me provocaron a ira ellos, y sus reyes, y sus príncipes, y sus sacerdotes, y sus profetas, los varones de Judá y los habitantes de Jerusalén;

33. y volvieron hacia mí sus espaldas y no su cara, cuando yo desde la mañana los instruía y los avisaba, no queriendo ellos escuchar ni recibir la corrección;

34. y antes bien colocaron sus ídolos en la casa en que se invoca mi santo Nombre*, a fin de profanarla;

35. y erigieron altares a Baal en el valle del hijo de Ennom para consagrar o sacrificar sus hijos y sus hijas al ídolo Moloc, cosa que yo jamás les mandé para mí*, ni me pasó por el pensamiento que ellos hicieran tal abominación, e indujesen a Judá a tan abominable pecado.

---

18. *Ex 20*, 5; *Deut 5*, 9-10.

34. *2 Re 21*, 4.
35. *Jer 7*, 31; *19*, 5.

5. Porque ¿quién se apiadará de ti, oh Jerusalén? ¿O quién se entristecerá por tu amor? ¿O quién irá a rogar por tu paz o felicidad?

6. Tú me abandonaste, dice el Señor, y me volviste las espaldas, y yo extenderé mi mano sobre ti, y te exterminaré, cansado estoy de rogarte.

7. Y así, a tus hijos, ¡oh Jerusalén!, yo los desparramaré con el azadón hasta las puertas o extremidades de la tierra; hice muertes y estragos en mi pueblo; y ni aun con todo eso han retrocedido de sus malos caminos.

8. Yo he hecho más viudas entre ellos que arenas tiene el mar; he enviado contra ellos quien en el mismo mediodía les mate a las madres de sus hijos; he esparcido sobre las ciudades un repentino terror.

9. Se debilitó la madre que había parido siete o muchísimos hijos; desmayó su alma; se le escondió el sol cuando aún era de día, quedó confusa y llena de rubor; y a los hijos que quedaren de ella, yo los entregaré a ser pasados a cuchillo a vista o por medio de sus enemigos, dice el Señor.

10. ¡Ay, madre mía, cuán infeliz soy yo! ¿Por qué me diste a luz para ser, como soy, un hombre de contradicción, un hombre de discordia, en toda esta tierra? Yo no he dado dinero a interés, ni nadie me lo ha dado a mí, y no obstante todos me maldicen.

11. Entonces el Señor me respondió: Yo juro que serás feliz el resto de tu vida; que yo te sostendré al tiempo de la aflicción, y en tiempo de tribulación te defenderé contra tus enemigos.

12. ¿Por ventura el hierro común hará liga con el hierro del Norte? ¿Y el bronce común con aquel bronce?

13. ¡Oh Jerusalén! Yo entregaré, y sin precio, al saqueo tus riquezas y tus tesoros, por causa de todos los pecados que has hecho y de todos los ídolos que tienes en tus confines*;

14. y traeré tus enemigos de una tierra que te es desconocida; porque se ha encendido el fuego de mi indignación, que os abrasará con sus llamas.

15. Tú, ¡oh Señor!, que sabes mi inocencia, acuérdate de mí, y ampárame, y defiéndeme de los que me persiguen; no difieras socorrerme, por razón de tu paciencia con los enemigos, bien sabes que por amor tuyo he sufrido mil oprobios.

16. Yo hallé tu divina palabra, y me alimenté con ella; y en tu palabra hallé el gozo mío y la alegría de mi corazón; porque yo llevo el nombre de profeta tuyo, ¡oh Señor Dios de los ejércitos!

17. No me he sentado en las reuniones de los escarnecedores o impíos; ni me engreí de lo que obró el poder de tu mano; solo me estaba y retirado, pues tú me llenaste de vaticinios o palabras amenazadoras.

18. ¿Por qué se ha hecho continuo mi dolor, y no admite remedio mi llaga desahuciada? Ella se ha hecho para mí como unas aguas engañosas, en cuyo vado no hay que fiarse.

19. Por esto, así habla el Señor: Si te vuelves a mí, yo te cambiaré, y estarás firme y animoso ante mi presencia; y si sabes separar lo precioso de lo vil, tú serás entonces como otra boca mía. Entonces ellos se volverán hacia ti con ruegos, y tú no te volverás hacia ellos.

20. Antes bien haré yo que seas con respecto a ese pueblo un muro de bronce inexpugnable; ellos combatirán contra ti, y no podrán prevalecer, porque yo estoy contigo para salvarte y librarte, dice el Señor.

21. Yo te libraré, pues, de las manos de los malvados, y te salvaré del poder de los fuertes.

16 *Calamidades que enviará Dios sobre Israel. Predicadores que le convierten al buen camino*

1. Me habló después el Señor, diciéndome:

2. No tomarás mujer, y no tendrás hijos ni hijas en este lugar, o país de Judea.

3. Porque esto dice el Señor acerca de los hijos e hijas que nacerán en este lugar, y acerca de las madres que los tendrán, y acerca de los padres que los engendrarán en este país:

4. Morirán de varias enfermedades, y no serán llorados ni enterrados, yacerán como estiércol sobre la superficie de la tierra, y serán consumidos con la espada y el hambre, y sus cadáveres serán pasto de las aves del cielo y de las bestias de la tierra.

13. *Jer 11*, 13.

36. Ahora bien en medio de estas cosas, así habla el Señor, el Dios de Israel, a esta ciudad, de la cual decís vosotros que caerá en poder del rey de Babilonia a fuerza de armas, de hambre y de peste.

37. Sabed que yo después los reuniré de todas las regiones, por donde los habré desparramado en la efusión de mi furor, de mi cólera y de mi gran indignación, y los restituiré a este lugar donde los haré morar tranquilamente.

38. Y ellos serán mi pueblo, y yo seré su Dios.

39. Y les daré un mismo corazón y un solo culto; para que me teman todos los días de su vida, y sean felices ellos, y después de ellos sus hijos.

40. Y sentaré con ellos una eterna alianza, y no cesaré jamás de hacerles bien; e infundiré mi temor en su corazón, para que no se aparten de mí.

41. Y mi gozo será hacerles beneficios, y los estableceré en esta tierra, de veras, y con todo mi corazón, y con toda mi alma.

42. Porque esto dice el Señor: Así como he descargado yo sobre este pueblo todos estos grandes males, del mismo modo los colmaré a ellos de todos los bienes que les prometo.

43. Y de nuevo serán poseídos por sus dueños los campos en esta tierra; de la cual decís vosotros que está desierta, por no haber quedado en ella ni hombre ni bestia; porque fue abandonada al poder de los caldeos.

44. Se comprarán por su dinero los campos, se formarán escrituras de contrato, se imprimirá en ellas el sello, y asistirán los testigos, en la tierra de Benjamín, y en el territorio de Jerusalén, y en las ciudades de Judá, y en las ciudades de las montañas, y en las ciudades de las llanuras, y en las ciudades que están al mediodía; puesto que yo pondré fin a su cautiverio, dice el Señor.

33

El Señor promete el feliz restablecimiento de Jerusalén. Anuncia la venida del Mesías

1. Segunda vez el Señor habló a Jeremías, estando éste todavía preso en el patio de la cárcel, y dijo:

2. Esto dice el Señor, el cual hará y efectuará y dispondrá de antemano aquello que dice aquel cuyo nombre es el Señor.

3. Invócame, y yo te oiré benigno, y te declararé cosas grandes y ciertas que tú ignoras.

4. Porque esto dice el Señor, el Dios de Israel, acerca de las casas de esta ciudad, y acerca de las del rey de Judá, que han sido destruidas, y en orden a las fortificaciones y a las espadas,

5. de aquellos que van a pelear contra los caldeos, y que llenarán sus casas de cadáveres de hombres, a los cuales yo herí en mi furor e indignación, habiendo apartado mi rostro de esa ciudad por todas sus maldades.

6. He aquí que yo cerraré sus llagas y les volveré la salud, y remediaré sus males, y les haré gozar de la paz y de la verdad de mis promesas, conforme ellos han pedido.

7. Y haré que vuelvan los cautivos de Judá y los cautivos de Jerusalén, y los restituiré a su primitivo estado.

8. Y los purificaré de todas las iniquidades con que pecaron contra mí; y les perdonaré todos los pecados con que me ofendieron y despreciaron.

9. Lo cual hará que las naciones todas de la tierra, a cuya noticia lleguen todos los beneficios que les haya hecho, celebrarán con gozo mi santo Nombre, y me alabarán con voces de júbilo; y quedarán llenas de asombro y de un saludable temor, a vista de tantos bienes y de la suma paz que yo les concederé.

10. Esto dice el Señor: En este lugar, (que vosotros llamáis un desierto, porque no hay en él hombre ni bestia), en las ciudades de Judá, y en los contornos de Jerusalén, que están asolados y sin hombre alguno, sin habitantes ni ganados, se han de oír todavía

11. voces de gozo y alegría, voces o cantares de esposo y de esposa, voces de gentes que dirán*: Tributad alabanzas al Señor de los ejércitos, por ser tan bueno el Señor, porque hace brillar eternamente su misericordia; y voces también de aquellos que vendrán a presentar sus ofrendas en la casa del Señor. Porque yo he de restituir a su primer estado, dice el Señor, a los que fue-

---

11. *Esd 3,* 11; *Sal 118* (*117*).

ron llevados de esta tierra cautivos a Babilonia.

12. Dice así mismo el Señor de los ejércitos: En este lugar despoblado, donde no se ve hombre ni bestia, y en todas sus ciudades, aun se verán otra vez cabañas de pastores que recogerán los rebaños en sus rediles.

13. En las ciudades de las montañas, y en las ciudades de las llanuras, y en las ciudades meridionales, y en la tierra de Benjamín, y en las ciudades de Judá, todavía se verán pasar las reses, dice el Señor, debajo de la mano de su pastor, que las irá contando.

14. Vienen ya los días, dice el Señor, en que yo llevaré a efecto la palabra o promesa buena, que di a la casa de Israel y a la casa de Judá.

15. En aquellos días y en aquel tiempo yo haré brotar de la estirpe de David un germen de justicia, el Mesías, el cual gobernará con rectitud, y establecerá la justicia en la tierra.

16. En aquellos días Judá conseguirá su salvación, y vivirá Jerusalén en plena paz; y el nombre con que se llamarán será éste: El Señor, nuestro Justo*.

17. Porque esto dice el Señor: No faltará jamás un varón de la estirpe de David que se asiente sobre el trono de la casa de Israel.

18. Y no faltará de la estirpe de los sacerdotes y levitas un varón que me ofrezca holocaustos, y encienda el fuego para el sacrificio, e inmole víctimas en todos tiempos.

19. Habló el Señor todavía a Jeremías, diciendo:

20. Esto dice el Señor: Si puede faltar el orden que tengo establecido para el día, y el orden que tengo establecido para la noche, de modo que no venga el día ni la noche a su debido tiempo,

21. podrá también ser nula la alianza mía con David, mi siervo, de suerte que no nazca de él un hijo que reine en su trono, y no haya levitas y sacerdotes ministros míos.

22. Así como no pueden contarse las estrellas del cielo, ni numerarse las arenas del mar; así yo multiplicaré sin cuento los descendientes de mi siervo David y los levitas mis ministros.

23. Habló el Señor aun a Jeremías, diciendo:

24. ¿No has tú hecho alto en lo que habla este pueblo, que dice: Las dos familias que el Señor había escogido están desechadas? De tal manera desprecian ellos a mi pueblo, que a sus ojos ya no es nación.

25. Esto dice el Señor: Si yo no establecí ese orden invariable entre el día y la noche, ni di leyes al cielo y a la tierra,

26. podrá en tal caso suceder que yo deseche el linaje de Jacob y de David, siervo mío, de modo que yo deje de elegir de su descendencia príncipes de la estirpe de Abrahán, de Isaac y de Jacob. Mas yo haré volver los que fueron llevados cautivos, y tendré de ellos misericordia.

34

El Señor entregará a Jerusalén al rey de Babilonia. Los judíos no dan libertad a los esclavos

1. Palabras dichas por el Señor a Jeremías cuando Nabucodonosor, rey de Babilonia, y todo su ejército, y todos los reinos de la tierra, y pueblos que estaban bajo su dominio, hacían guerra contra Jerusalén y contra todas sus ciudades.

2. Esto dice el Señor, el Dios de Israel: Ve y habla a Sedecías, rey de Judá, y le dirás: Estas cosas dice el Señor: Mira que yo entregaré esta ciudad en poder del rey de Babilonia, el cual la abrasará.

3. Y tú no escaparás de sus manos, sino que infaliblemente serás cogido y entregado en ellas, y tus ojos verán los ojos del rey de Babilonia, y hablarás con él cara a cara, y entrarás en Babilonia.

4. Esto no obstante, escucha lo que dice el Señor, ¡oh Sedecías, rey de Judá! Esto dice el Señor: Tú no morirás a cuchillo,

5. sino que morirás de muerte natural; y al modo que fueron quemados los restos de tus padres los reyes pasados, tus predecesores*, así quemarán tu cadáver, y te llorarán, exclamando: ¡Ay Señor!, ¡ay! Porque así lo he decretado yo, dice el Señor.

6. Todas estas cosas dijo el profeta Jeremías en Jerusalén a Sedecías, rey de Judá.

---

16. *Is* 9, 6.

5. *1 Sam 31*, 12; *2 Cro 16*, 14.

7. Entretanto, el ejército del rey de Babilonia estrechaba a Jerusalén y a todas las ciudades de Judá, que habían quedado por conquistar, a Laquís y a Azeca; pues de las ciudades fortificadas de Judá estas dos solas no se habían rendido.

8. Palabras que dijo el Señor a Jeremías, después que el rey Sedecías hizo un pacto con todo el pueblo de Jerusalén, publicando

9. que todos debían dar libertad a sus esclavos hebreos y a sus esclavas hebreas, y que nadie tuviese dominio sobre ellos, siendo como eran judíos y hermanos suyos.

10. En efecto, todos los príncipes y el pueblo todo que habían hecho el pacto de dar libertad cada uno a su esclavo, y a su esclava, y de no tratarlos más como a esclavos, obedecieron, y los dieron por libres.

11. Pero se arrepintieron después, y se llevaron por fuerza los esclavos y esclavas que habían dejado en libertad, y los sujetaron otra vez al yugo de la servidumbre.

12. Entonces habló el Señor a Jeremías, diciendo:

13. Esto dice el Señor, el Dios de Israel: Yo hice un pacto con vuestros padres el día que los saqué de la tierra de Egipto, de la casa de la esclavitud, y dije:

14. Cuando se cumplieren siete años, dé cada uno libertad a su hermano hebreo, que le fue vendido*; él le servirá por espacio de seis años, y después lo dejarás ir libre. Mas vuestros padres no me escucharon, ni fueron dóciles a mis palabras.

15. Pero hoy día vosotros os habéis convertido a mí, y habéis hecho aquello que es agradable a mis ojos, publicando que cada uno dé libertad a su prójimo y confirmasteis esta resolución en mi presencia, en la casa donde es invocado mi Nombre.

16. Mas después os habéis vuelto atrás, y habéis hecho un insulto a mi Nombre, y vuelto a recobrar cada uno su esclavo y su esclava, que habíais dejado ir para que fuesen libres y dueños de sí; y le habéis puesto otra vez el yugo, haciéndoles nuevamente esclavos y esclavas vuestros.

17. Por lo cual esto dice el Señor: Vosotros no me habéis querido escuchar, asegurando cada uno la libertad a su hermano y a su prójimo; pues he aquí que yo promulgo para vosotros la libertad, dice el Señor, para separaros de mí, y quedar a merced de la espada, de la peste y del hambre, y os enviaré desparramados por todos los reinos de la tierra.

18. Y entregaré a los que han violado mi alianza, y no han guardado las palabras del pacto que acordaron en mi presencia, degollando y dividiendo en dos partes el becerro y pasando después por medio de ellas

19. los príncipes de Judá y de Jerusalén, y los eunucos y los sacerdotes, y todo el pueblo del país, los cuales pasaron por en medio de los trozos de becerro.

20. Los entregaré, digo, en poder de sus enemigos, y en manos de los que ansían quitarles la vida; y sus cadáveres servirán de pasto a las aves del cielo y a las bestias de la tierra.

21. Y a Sedecías, rey de Judá, y a sus príncipes o cortesanos los pondré en manos de sus enemigos, en manos de los que maquinan su muerte, y en manos de los ejércitos del rey de Babilonia que se han retirado de vosotros.

22. Pues he aquí que yo voy a dar mis órdenes, dice el Señor, y los volveré a traer contra esta ciudad, y la batirán, y se apoderarán de ella, y la incendiarán; y a las ciudades de Judá he de convertirlas en un desierto, de tal suerte que no quede en ellas ningún habitante.

35 *Obediencia de los recabitas a las reglas de sus mayores y desobediencia de los judíos*

1. Palabras que el Señor dirigió a Jeremías en tiempo de Joakim, hijo de Josías, rey de Judá, diciéndole:

2. Anda, ve a la familia de los recabitas*, y habla con ellos, y condúcelos a la casa o templo del Señor, a uno de los aposentos de los tesoros o repuestos, y preséntales vino para que beban.

3. Llevé, pues, conmigo a Jezonías, hijo de Jeremías, hijo de Habsanías, y a sus hermanos, y a todos sus hijos, y a la familia toda de los recabitas;

14. *Ex 21*, 2; *Deut 15*, 12.

2. Este relato es la información más amplia sobre los recabitas. *1 Cro 2*, 55.

4. y los introduje a la casa del Señor, en el aposento llamado de los Tesoros, donde estaban los hijos de Hanán, hijo de Jegedelías, varón de Dios; aposento que estaba junto al tesoro de los príncipes, sobre la tesorería de Maasías, hijo de Sellum, el cual era el guarda del atrio del templo.

5. Y presenté a los hijos de la casa de los recabitas tazas y copas llenas de vino, y les dije: Bebed vino.

6. Mas ellos respondieron: No lo beberemos porque nuestro padre Jonadab, hijo de Recab, nos dejó este precepto: Nunca jamás beberéis vino, ni vosotros, ni vuestros hijos;

7. no edificaréis casa, ni sembraréis granos, ni plantaréis viñas, ni las poseeréis; sino que habitaréis en tiendas todos los días de vuestra vida, a fin de que viváis mucho tiempo sobre la tierra de Israel, en la cual sois vosotros peregrinos.

8. Hemos, pues, obedecido a la voz de nuestro padre Jonadab, hijo de Recab, en todo cuanto nos dejó mandado, y por eso no bebemos vino en toda nuestra vida nosotros, ni nuestras mujeres, ni los hijos, ni las hijas;

9. ni construimos casas para nuestra habitación, ni tenemos viñas, ni campos, ni sementeras;

10. sino que habitamos en tiendas de campaña, y hemos sido obedientes a todos los preceptos que nos dejó Jonadab, nuestro padre.

11. Pero habiendo entrado Nabucodonosor, rey de Babilonia, en nuestra tierra, hemos dicho: Vámonos y retirémonos a Jerusalén, para huir del ejército de los caldeos y del ejército de la Siria; y por eso nos estamos en Jerusalén.

12. Entonces el Señor habló a Jeremías, diciendo:

13. Esto dice el Señor de los ejércitos, el Dios de Israel: Anda y di al pueblo de Judá, y a los habitantes de Jerusalén: ¿Es posible que no habéis de tomar ejemplo para obedecer a mis palabras, dice el Señor?

14. Las palabras con que Jonadab, hijo de Recab, comunicó a sus hijos que no bebieran vino, han sido tan fielmente observadas que no lo han bebido hasta el día de hoy, obedeciendo el precepto de su padre; mas yo os he hablado a vosotros de continuo y a todas horas, y no me habéis obedecido.

15. Pues os he enviado todos mis siervos los profetas de antemano y con mucha solicitud, y os envié a decir por su boca: Conviértase cada uno de vosotros de su pésima vida, y rectificad vuestros afectos, y no andéis tras los dioses ajenos, ni les deis culto; y así habitaréis en la tierra que yo di a vosotros y a vuestros padres*; pero vosotros no habéis querido obedecerme ni escucharme.

16. Así, pues, los hijos de Jonadab, hijo de Recab, han observado constantemente el precepto que les dejó su padre; mas ese pueblo no me ha obedecido a mí.

17. Por tanto, esto dice el Señor de los ejércitos, el Dios de Israel: Yo voy a descargar sobre Judá, y sobre todos los habitantes de Jerusalén, todas las tribulaciones con que les he amenazado; puesto que yo les he hablado, y no han querido escucharme; los he llamado, y no han querido responderme.

18. Pero a la familia de los recabitas le dijo Jeremías: Esto dice el Señor de los ejércitos, el Dios de Israel: Por cuanto vosotros habéis obedecido el mandamiento de vuestro padre Jonadab, y habéis observado todas sus órdenes, y cumplido todo cuanto os prescribió;

19. por tanto, esto dice el Señor de los ejércitos, el Dios de Israel: No faltará varón de la estirpe de Jonadab, hijo de Recab, que asista en mi presencia todos los días.

36 *Jeremías hace leer a todo el pueblo, por medio de Baruc, el volumen de sus profecías*

1. Corriendo el año cuatro de Joakim, hijo de Josías, rey de Judá, el Señor habló a Jeremías, y le dijo:

2. Toma un cuaderno, y escribirás en él todas las palabras que yo he hablado contra Israel y contra Judá, y contra todos los pueblos, desde el tiempo del reinado de Josías, en que yo te hablé, hasta el día de hoy;

3. por si tal vez los hijos de la casa de Judá, oyendo todos los males que yo pienso enviarles, se convierte cada uno de su pésimo proceder, de suerte que pueda yo perdonarles sus maldades y pecados.

---

15. *Jer 18,* 11; *25,* 5.

4. Llamó, pues, Jeremías a Baruc, hijo de Nerías, y, dictándole Jeremías, escribió Baruc en aquel volumen todas las palabras que el Señor le dijo.

5. Y le dio Jeremías a Baruc esta orden, diciendo: Yo estoy encerrado y no puedo ir a la casa del Señor.

6. Ve, pues, tú, y lee las palabras del Señor que yo te he dictado, y tú has escrito en este libro, de modo que las oiga el pueblo, en la casa del Señor, el día del ayuno; y asimismo las leerás de manera que las oigan todos los de Judá que vienen de sus ciudades;

7. por si tal vez se humillan orando en el acatamiento del Señor, y se convierte cada uno de su perverso proceder. Porque es muy grande el furor y la indignación que ha manifestado el Señor contra este pueblo.

8. Ejecutó Baruc, hijo de Nerías, puntualmente todo cuanto le ordenó Jeremías profeta, y puesto en la casa del Señor leyó en el libro las palabras del Señor.

9. Pues es de saber que el año quinto del reinado de Joakim, hijo de Josías, rey de Judá, en el noveno mes, fue comunicado un ayuno en la presencia del Señor a todo el pueblo de Jerusalén y a todo el gentío que había concurrido a Jerusalén de las ciudades de Judá.

10. Y entonces leyó Baruc por el libro las palabras de Jeremías en la casa del Señor, desde la habitación, que está a cargo de Gamarías, hijo de Safán, doctor de la ley, sobre el atrio de arriba, a la entrada de la puerta nueva del templo del Señor, oyéndolo todo el pueblo.

11. Y Miqueas, hijo de Gamarías, hijo de Safán, oído que hubo todas las palabras del Señor, leídas en el dicho libro,

12. pasó al palacio del rey, al despacho del secretario, donde se hallaban sentados todos los príncipes o magnates, a saber: Elisama, secretario, y Dalaías, hijo de Semeías, y Elnatán, hijo de Acobor, y Gamarías, hijo de Safán, y Sedecías, hijo de Hananías, y en suma, todos los príncipes o jefes.

13. Y les refirió Miqueas todo aquello que había oído leer a Baruc en el libro, y que había escuchado el pueblo.

14. Con esto, todos aquellos señores enviaron a decir a Baruc, por medio de Judí, hijo de Natanías, hijo de Selemías, hijo de Cusi: Toma en tu mano ese libro que tú has leído delante del pueblo, y vente acá. Tomó, pues, Baruc, hijo de Nerías, en su mano el libro, y fue adonde ellos estaban.

15. Los cuales le dijeron: Siéntate y léenos esas cosas para que las oigamos. Y las leyó Baruc en su presencia.

16. Así que oyeron todas aquellas palabras, quedaron atónitos, mirándose unos a otros; y dijeron a Baruc: Es preciso que demos parte al rey de todo esto.

17. Y lo interrogaron, diciendo: Cuéntanos cómo recogiste tú de su boca todas estas cosas.

18. Y les respondió Baruc: Me dictaba él todas estas palabras, como si fuera leyéndolas en un libro; y yo las iba escribiendo con tinta en este libro.

19. Entonces los príncipes dijeron a Baruc: Ve y escóndete tú, y Jeremías, y nadie sepa en dónde estáis.

20. Y ellos fueron a encontrar al rey en el atrio; pero el libro lo depositaron en el aposento de Elisama, secretario o canciller, y dieron parte al rey en su audiencia de todo lo ocurrido.

21. Envió luego el rey a Judí para que trajese aquel libro; el cual sacándolo del gabinete del secretario Elisama, lo leyó a presencia del rey y de todos los príncipes que estaban alrededor del rey.

22. Estaba el rey en la habitación de invierno, siendo el noveno mes o el noviembre; y había delante de él un brasero lleno de ascuas muy encendidas.

23. Y así que Judí hubo leído tres o cuatro páginas, el rey hizo pedazos el libro con el cortaplumas del secretario, y lo arrojó en el fuego del brasero, el cual lo hizo consumir todo.

24. Y así ni el rey, ni ninguno de sus cortesanos que oyeron todas estas palabras o amenazas, temieron por esto, ni rasgaron sus vestiduras en señal de dolor.

25. Si bien Elnatán, y Dalaías, y Gamarías no aprobaron la voluntad del rey en quemar el libro; mas el rey no hizo caso de ellos.

26. Antes bien mandó a Jeremiel, hijo de Amelec, y a Saraías, hijo de Ezriel, y a Selemías, hijo de Abdeel, que prendiesen a Baruc, el amanuense o secretario, y al profeta Jeremías; pero el Señor los ocultó.

27. Después que el rey quemó el libro y las palabras que, dictando Jeremías, había escrito Baruc, habló el Señor a Jeremías profeta, diciéndole:

28. Toma de nuevo otro cuaderno, y escribe en él todas las palabras que había ya en el primer libro, quemado por Joakim, rey de Judá.

29. Y le dirás a Joakim, rey de Judá: Esto dice el Señor: Tú has quemado aquel cuaderno, diciendo a Jeremías: ¿Por qué has puesto tú por escrito en él ese vaticinio, amenazando con decir que vendrá con presteza el rey de Babilonia, y asolará esta tierra sin dejar en ella hombre ni bestia?

30. Por tanto, esto dice el Señor contra Joakim, rey de Judá: No se verá ningún descendiente suyo que se siente en el solio de David, y su cadáver será arrojado y expuesto al calor del día y al hielo de la noche*.

31. Y vendré a tomar cuenta de sus maldades, y de las de su linaje, y de las de sus servidores; y descargaré sobre ellos, y sobre los habitantes de Jerusalén, y sobre el pueblo de Judá todos los males que les tengo anunciados, ya que no han querido escucharme.

32. Tomó, pues, Jeremías otro cuaderno, y se lo dio a Baruc, hijo de Nerías, su secretario; el cual, dictándole Jeremías, escribió en él todas las palabras del libro quemado por Joakim, rey de Judá; y aun fueron añadidas muchas más cosas sobre las que antes había.

37 *Jeremías predice que la ciudad será entregada a las llamas y el cautiverio de Sedecías*

1. Entró a reinar Sedecías, hijo de Josías, en lugar de Jeconías, hijo de Joakim*, habiendo sido establecido rey de Judá por Nabucodonosor, rey de Babilonia.

2. Y ni él, ni sus servidores, ni la gente de la tierra obedecieron a las palabras que el Señor dijo por boca del profeta Jeremías.

3. Y envió el rey Sedecías a Jucal, hijo de Selemías, y a Sofonías, hijo de Maasías sacerdote, a decir al profeta Jeremías: Ruega por nosotros al Señor Dios nuestro.

4. Andaba entonces Jeremías libremente por entre el pueblo, pues no le habían aún puesto en la cárcel. Entretanto el ejército del faraón salió de Egipto; oído lo cual por los caldeos, que tenían cercada a Jerusalén, levantaron el sitio.

5. Entonces el Señor habló al profeta Jeremías del modo siguiente:

6. Esto dice el Señor Dios de Israel: Diréis al rey de Judá, que os ha enviado a consultarme: Mira que el ejército del faraón que venía a socorreros, se volverá a su tierra, a Egipto*;

7. y volverán los caldeos, y combatirán contra esta ciudad, y se apoderarán de ella, y la entregarán a las llamas.

8. Esto dice el Señor: No queráis engañaros a vosotros mismos, diciendo: Se irán los caldeos para no volver, y nos dejarán en paz, porque entended que no se irán.

9. Pero aun cuando vosotros derrotaréis todo el ejército de los caldeos, que os hace la guerra, y solamente quedaren de él algunos pocos heridos, saldrían éstos solos de sus tiendas, y entregarían esta ciudad a las llamas.

10. Habiéndose, pues, retirado de Jerusalén el ejército de los caldeos, por causa del ejército del faraón,

11. partió Jeremías de Jerusalén para irse a la tierra de Benjamín, y para repartir allí cierta posesión en presencia de aquellos ciudadanos.

12. Y así que llegó a la puerta llamada de Benjamín, el que estaba por turno haciendo la guardia de la puerta, el cual se llamaba Jerías, hijo de Selemías, hijo de Hananías, asió al profeta Jeremías, diciendo: Tú huyes a los caldeos.

13. Es falso, respondió Jeremías, yo no huyo a los caldeos. Pero Jerías no lo escuchó, sino que prendió a Jeremías y lo presentó a los príncipes.

14. Irritados con eso los príncipes contra Jeremías, después de haberlo hecho azotar, lo metieron en la cárcel que había en la casa de Jonatán, secretario o escriba, por tener éste a su cargo la cárcel.

15. Entró, pues, Jeremías en un hondo calabozo, y en una mazmorra, donde permaneció muchos días.

16. Después el rey Sedecías envió a

---

30. *2 Re 24.*
1. *2 Cro 36*, 10.
6. *Ez 17*, 15.

Jeremías dicta sus profecías a Baruc

Llamó, pues, Jeremías a Baruc, hijo de Nerías, y, dictándole Jeremías, escribió Baruc en aquel volumen todas las palabras que el Señor le dijo.

sacarlo de allí, y lo interrogó secretamente en su palacio, diciéndole: ¿Crees tú que hay efectivamente alguna revelación de parte del Señor? Sí, la hay, respondió Jeremías, y añadió: Tú serás entregado en manos del rey de Babilonia.

17. ¿Y en qué he pecado contra ti, añadió Jeremías al rey Sedecías, contra tus servidores, o contra tu pueblo para que me hayas mandado poner en la cárcel?

18. ¿Dónde están aquellos profetas vuestros que os profetizaban, y decían: No vendrá contra vosotros, ni contra esta tierra el rey de Babilonia?

19. Ahora, pues, escúchame, te ruego, ¡oh rey mi Señor!; recibe favorablemente la súplica que te hago, y no me vuelvas otra vez a la casa o cárcel de Jonatán secretario, para que no me muera yo allí.

20. Mandó, pues, el rey Sedecías que pusiesen a Jeremías en el patio de la cárcel, y que cada día le diesen una torta de pan, además de la vianda, mientras hubiese pan en la ciudad; con eso se mantuvo Jeremías en el patio de la cárcel.

38 *Jeremías es entregado por el rey en manos de los príncipes, quienes lo encierran en un calabozo*

1. Pero Safatías, hijo de Matán, y Gedelías, hijo de Fasur, y Jucal, hijo de Selemías, y Fasur, hijo de Melquías, habían oído las palabras que Jeremías predicaba a todo el pueblo diciendo:

2. Así habla el Señor: Cualquiera que se quede en esta ciudad morirá a cuchillo, o de hambre, o de peste: pero el que se refugiare a los caldeos vivirá y pondrá a salvo su vida.

3. Esto dice el Señor: Sin falta será entregada esta ciudad en poder del ejército del rey de Babilonia, el cual se apoderará de ella.

4. Entonces dijeron los príncipes al rey: Te pedimos que sea condenado a muerte ese hombre; porque él procura de intento que desmayen los brazos de los valientes, y el esfuerzo de los guerreros que han quedado en esta ciudad, y de todo el pueblo, con aquellas palabras que dice. Pues está visto que ese hombre no procura el bien sino el mal de este pueblo.

5. A lo que contestó el rey Sedecías: Ahí lo tenéis a vuestra disposición; que no es posible que el rey os niegue cosa alguna.

6. Cogieron, pues, a Jeremías, y lo metieron en la cisterna de Melquías, hijo de Amelec, situada en el atrio de la cárcel; y por medio de sogas descolgaron a Jeremías en la cisterna, donde no había agua, sino lodo; así pues, Jeremías quedó hundido en el cieno.

7. Y Abdemelec, eunuco etíope que estaba en el palacio del rey, supo que habían echado a Jeremías en la cisterna. Se hallaba el rey a la sazón sentado en la puerta de Benjamín.

8. Salió, pues, Abdemelec de palacio, y fue a hablar al rey, diciendo:

9. ¡Oh rey y señor mío!, muy mal han obrado estos hombres en todo lo que han atentado contra el profeta Jeremías, echándolo en la cisterna para que allí muera de hambre, pues ya no hay pan en la ciudad.

10. Entonces el rey le dio esta orden a Abdemelec etíope: Llévate de aquí contigo treinta hombres, y saca de la cisterna al profeta Jeremías antes que muera.

11. Tomando, pues, consigo Abdemelec los hombres, entró en el palacio del rey en una pieza subterránea que estaba debajo de la tesorería, y cogió de allí unas ropas viejas y trozos de paño medio consumidos y los echó a Jeremías en la cisterna por medio de cordeles.

12. Y dijo el etíope Abdemelec a Jeremías: Pon esos trapos viejos y retazos medio consumidos debajo de tus sobacos y sobre o alrededor de las cuerdas, lo hizo así Jeremías;

13. y tiraron de él con las cuerdas y lo sacaron de la cisterna; y quedó Jeremías en el atrio de la cárcel.

Sedecías manda llamar a Jeremías

14. Envió después el rey Sedecías a buscar al profeta Jeremías, y lo hizo traer a la tercera puerta del templo del Señor; y dijo el rey a Jeremías: Una cosa te voy a preguntar: No me ocultes nada.

15. Y Jeremías contestó a Sedecías: Si yo te la declaro, ¿no es así que tú me quitarás la vida?; y si yo te diere un consejo, tú no me has de escuchar.

16. Entonces el rey Sedecías juró secretamente a Jeremías, diciendo: Te juro por el

Señor que ha creado en nosotros esta alma, que no te quitaré la vida, ni te entregaré en manos de esos hombres que desean matarte.

17. Dijo, pues, Jeremías a Sedecías: Esto dice el Señor de los ejércitos, el Dios de Israel: Si te sales de Jerusalén, y te pones en manos de los príncipes o generales del rey de Babilonia, salvarás tu vida, y esta ciudad no será entregada a las llamas, y te pondrás a salvo tú y tu familia.

18. Pero si no vas a encontrar a los príncipes del rey de Babilonia, será entregada la ciudad en poder de los caldeos, los cuales la abrasarán, y tú no escaparás de sus manos.

19. Dijo el rey Sedecías a Jeremías: Temo de aquellos judíos que se han desertado a los caldeos, no sea que éstos me entreguen en sus manos, y me insulten y maltraten.

20. Pero Jeremías le respondió: No te abandonarán en sus manos. Te ruego que escuches las palabras del Señor, que yo te hablo, y te irá bien, y salvarás tu vida.

21. Que si no quisieras salir, he aquí lo que me ha revelado el Señor:

22. Sábete que todas las mujeres, que han quedado en el palacio del rey de Judá serán conducidas para los príncipes del rey de Babilonia; y estas mismas te dirán entonces: ¡Oh, cómo te han engañado y prevalecido para daño tuyo los que te lisonjeaban con la paz! Dirigieron tus pasos a un resbaladero, y te han metido en un atolladero, y en seguida te han abandonado.

23. Y todas tus mujeres y tus hijos serán llevados a los caldeos, y tú no escaparás de sus manos, sino que caerás prisionero del rey de Babilonia, el cual incendiará esta ciudad.

24. Sedecías dijo entonces a Jeremías: Nadie sepa estas cosas, y de este modo tú no morirás.

25. Y si los príncipes supieren que yo he hablado contigo, y fueren a ti, y te dijeren: Manifiéstanos lo que has dicho al rey, y qué es lo que el rey ha hablado contigo; no nos lo encubras y no te mataremos,

26. les has de responder: Postrado a los pies del rey le supliqué que no me hiciese conducir otra vez a la casa o cárcel de Jonatán, para no morirme yo allí.

27. En efecto, vinieron luego todos los príncipes a Jeremías, y se lo preguntaron, y él les respondió palabra por palabra todo lo que le había prevenido el rey; y no le molestaron más, pues nada se había traslucido.

28. Y Jeremías permaneció en el zaguán de la cárcel hasta el día en que fue tomada Jerusalén, porque al fin Jerusalén fue rendida.

39 *Conquista de Jerusalén. Sedecías es hecho prisionero, matan a sus hijos y después le sacan los ojos*

1. En el año noveno de Sedecías, rey de Judá, en el décimo mes, vino Nabucodonosor, rey de Babilonia, con todo su ejército a Jerusalén, y le puso sitio*.

2. Y el año undécimo de Sedecías, en el día cinco del cuarto mes, fue asaltada por la brecha la ciudad.

3. Y entraron todos los príncipes del rey de Babilonia, e hicieron alto en la puerta del medio: Neregel, Seresel, Semegarnabú, Sarsaquim, Rabsares, Neregel, Sereser, Rebmag y todos los demás príncipes o capitanes del rey de Babilonia.

4. Así que los vieron Sedecías, rey de Judá, y todos sus guerreros, echaron a huir; y salieron de noche de la ciudad, por el camino del jardín del rey, y por la puerta que está entre las dos murallas, y tomaron el camino del desierto*.

5. Pero fue a alcanzarle el ejército de los caldeos, y prendieron a Sedecías en el campo desierto de Jericó, y le llevaron preso a Nabucodonosor, rey de Babilonia, que estaba en Reblata, situada en el territorio de Emat, donde le juzgó.

6. E hizo matar el rey de Babilonia, en Reblata, a los hijos de Sedecías, delante de los ojos de éste; a todos los nobles de Judá los hizo morir el rey de Babilonia.

7. Además hizo sacar los ojos a Sedecías*, y lo aprisionó con grillos, para que fuese conducido a Babilonia.

8. Entretanto los caldeos, que estaban en Jerusalén, abrasaron el palacio del rey y la casa o las habitaciones del pueblo, y derribaron las murallas de Jerusalén.

---

1. *Jer 52*, 4; *2 Re 25*, 1.
4. *2 Re 25*, 4.
7. *Ez 12*, 13.

9. Y a los restos del vecindario que habían quedado en la ciudad, y a los desertores que se habían refugiado a él, y a lo restante de la plebe, los condujo a Babilonia Nabuzardán, general del ejército.

10. Mas a la turba de los pobres, que no tenían absolutamente nada, Nabuzardán, general del ejército, los dejó libres en la tierra de Judá, y les dio entonces viñas y tierras, con depósitos de agua para regar.

11. Es de saber que Nabucodonosor, rey de Babilonia, había dado sus órdenes a Nabuzardán, comandante de sus ejércitos, acerca de Jeremías, diciendo:

12. Encárgate de ese hombre, trátale con distinción, y no le hagas ningún daño, antes bien concédele cuanto quiera.

13. Por este motivo Nabuzardán, general del ejército, y Nabusezbán, y Rabsares, y Neregel, y Sereser, y Rebmag, y todos los magnates del rey de Babilonia,

14. enviaron a sacar del zaguán de la cárcel a Jeremías, y lo recomendaron a Godolías, hijo de Ahicam, hijo de Safán, para que lo volviese a su casa, y viviese con libertad en medio del pueblo.

15. Había el Señor prevenido de antemano a Jeremías, estando aún encerrado en el atrio de la cárcel, diciéndole:

16. Anda, y di a Abdemelec etíope: Esto dice el Señor de los ejércitos, el Dios de Israel: Mira, yo voy a ejecutar todo lo que he anunciado para daño o castigo, no para bien de esa ciudad, y tú verás en aquel día el cumplimiento de esto.

17. En ese día yo te libraré, dice el Señor, y no serás entregado en poder de los hombres, de quienes tiemblas tanto,

18. sino que te libraré de todo trance, y no morirás a cuchillo, antes bien conservarás segura tu vida, porque tuviste confianza en mí, dice el Señor.

40

Jeremías, puesto en libertad, va a verse con Godolías, prefecto de Judea y le avisa una traición

1. Palabra o profecía que el Señor manifestó a Jeremías, después que Nabuzardán, general del ejército, le envió libre desde Rama, cuando le llevaba atado a la cadena, confundido en medio de los demás que salían de Jerusalén y de Judá, y eran conducidos cautivos a Babilonia.

2. Es de advertir que el general del ejército, tomando a Jeremías, luego que lo conoció, le dijo: El Señor Dios tuyo ha predicho estas calamidades sobre este país;

3. y el Señor las ha puesto en ejecución, y ha cumplido lo que había dicho; porque vosotros pecasteis contra el Señor, y no escuchasteis su voz; por lo cual os ha sucedido eso.

4. Ahora bien, yo te he quitado hoy las cadenas que tenías en tus manos; si te place venir conmigo a Babilonia, vente; que yo miraré por ti; más si no quieres venirte conmigo a Babilonia, quédate aquí; ahí tienes a tu vista todo el país; a donde escogieres y mas te agradare, allí puedes irte.

5. No vengas, pues, conmigo, si no quieres. Quédate en compañía de Godolías, hijo de Ahicam, hijo de Safán, a quien el rey de Babilonia ha puesto por gobernador de las ciudades de Judá, habita pues, con él en medio de tu pueblo, o vete donde mejor te parezca. Le dio también el general del ejército comestibles y algunos regalitos, y lo despidió.

6. En consecuencia Jeremías se fue a casa de Godolías, hijo de Ahicam, en Masfat, y habitó con él en medio del pueblo que había quedado en el país.

7. Y habiendo sabido todos los capitanes del ejército de los judíos (por varias partes ellos y sus camaradas) que el rey de Babilonia había nombrado gobernador del país a Godolías, hijo de Ahicam, y que le había recomendado los hombres, y las mujeres, y los niños, y los pobres del país, que no habían sido transportados a Babilonia,

8. fueron a encontrar a Godolías en Masfa, es a saber: Ismael, hijo de Natanías, y Johanán y Jonatán, hijos de Caree, y Sareas, hijo de Tanehumet, y los hijos de Ofi, naturales de Netofati, y Jezonías, hijo de Maacati, ellos y sus gentes.

9. Y Godolías, hijo de Ahicam, hijo de Safán, les aseguró con juramento a ellos y a sus compañeros, diciendo: No temáis obedecer a los caldeos; habitad en el país, y servid al rey de Babilonia, y lo pasaréis bien*.

10. Ya veis, yo habito en Masfat para

---

9. *2 Re 25*, 24.

ejecutar las órdenes que nos vienen de los caldeos. Y así vosotros recoged la vendimia, las mieses y el aceite, y metedlo en vuestras tinajas, y permaneced en las ciudades vuestras que habéis ocupado.

11. Así mismo todos los judíos que estaban en Moab, y entre los hijos de Amón, y en la Idumea, y en los demás países, que oyeron que el rey de Babilonia había dejado alguna parte del pueblo de la Judea, y nombrado gobernador del país a Godolías, hijo de Ahicam, hijo de Safán,

12. todos aquellos judíos, digo, regresaron de los países donde se habían refugiado, y vinieron a la tierra de Judá a encontrar a Godolías en Masfat, y recogieron la vendimia y una cosecha grandísima de otros frutos.

13. Por este tiempo Johanán, hijo de Caree, y todos los capitanes del ejército que habían estado esparcidos en varias tierras, fueron a encontrar a Godolías en Masfat,

14. y le dijeron: Has de saber que Baalis, rey de los amonitas, ha despachado a Ismael, hijo de Natanías, para que te quite la vida. Mas Godolías, hijo de Ahicam, no les dio crédito.

15. Entonces Johanán, hijo de Caree, hablando aparte a Godolías, en Masfat, le dijo: Yo iré y mataré a Ismael, hijo de Natanías, sin que nadie lo sepa, para que no te mate a ti, y no sean dispersos todos los judíos que se han acogido a ti, y venga a perecer el resto del pueblo de Judá.

16. Pero Godolías, hijo de Ahicam, contestó a Johanán, hijo de Caree: No hagas tal cosa; porque lo que tú dices de Ismael es una falsedad.

41

Crueldad con que Ismael mata a Godolías y sus soldados. Persigue Johanán a Ismael, el cual huye

1. Mas sucedió que al séptimo mes vino Ismael, hijo de Natanías, hijo de Elisama, que era de estirpe real, y los grandes del rey, con diez hombres atrevidos y valientes, a encontrar a Godolías, hijo de Ahicam, en Masfat, y comieron allí con él.

2. Y se levantó Ismael, hijo de Natanías, y los diez hombres que le acompañaban; y asesinaron a Godolías, hijo de Ahicam, hijo de Safán, quitando la vida al que el rey de Babilonia había puesto por gobernador del país.

3. Mató también Ismael a todos* los judíos que estaban en Masfat con Godolías, y a los caldeos que allí se hallaban, y a todos los guerreros.

4. Y al día siguiente después que mató a Godolías, y antes de saberse el suceso,

5. llegaron de Siquem, y de Silo, y de Samaria, ochenta hombres, raída la barba, y rasgados los vestidos, y desaliñados o desfigurados, trayendo consigo incienso y dones para ofrecerlos en la casa del Señor*.

6. Ismael, pues, hijo de Natanías, saliendo de Masfat al encuentro de esta gente, caminaba despacio y llorando; y así que los encontró, les dijo: Venid a Godolías, hijo de Ahicam.

7. Pero así que llegaron al medio de la ciudad, Ismael, hijo de Natanías, los mató a todos con la ayuda de aquellos hombres que tenía consigo, y los echó en medio de la cisterna o foso.

8. Mas entre los dichos se hallaron diez hombres que dijeron a Ismael: No nos mates; porque tenemos en el campo repuestos o silos de trigo y de cebada, de aceite y de miel. Se contuvo con esto, y no les quitó la vida como a los otros compañeros suyos.

9. La cisterna o foso en que Ismael arrojó todos los cadáveres de aquella gente que asesinó por causa o envidia de Godolías, es aquella misma que hizo el rey Asá con motivo de Baasa, rey de Israel la cual llenó Ismael, hijo de Natanías, de los cuerpos de aquellos que habían muerto.

10. Y se llevó Ismael cautivos todos los restos del pueblo que había en Masfat, con las hijas del rey y todos cuanto se hallaron en Masfat, los cuales Nabuzardán, general del ejército, había dejado encargados a Godolías, hijo de Ahicam. Y cogiéndolos Ismael, hijo de Natanías, se fue para pasarse a los amonitas.

11. Entretanto Johanán, hijo de Caree, y todos los jefes de la milicia que estaban con él, recibieron aviso de todo el estrago hecho por Ismael, hijo de Natanías.

12. Y reunida toda su gente, partieron para combatir contra Ismael, hijo de Na-

3. Quedaron vivos algunos. *Jer 41*, 16.
5. *Jue 20*, 1; *1 Mac 3*, 46.

tanías, y le alcanzaron cerca de la gran piscina o estanque de Gabaón*.

13. Y cuando todo el pueblo, que iba con Ismael, vio a Johanán, hijo de Caree, y a todos los capitanes del ejército que le acompañaban, se llenó de alegría.

14. Con esto toda aquella gente que Ismael había hecho prisionera regresó a Masfat, y se fue con Johanán, hijo de Caree.

15. Ismael, hijo de Natanías, huyó de Johanán con ocho hombres, y se pasó a los amonitas.

16. Johanán, pues, hijo de Caree, con todos los oficiales de guerra que tenía consigo, se encargó en Masfat de todos los residuos de la plebe que había él recobrado de Ismael, hijo de Natanías, después que éste asesinó a Godolías, hijo de Ahicam; y cogió todos los hombres aptos para la guerra, y las mujeres, y los niños, y los eunucos que había hecho volver de Gabaón,

17. y se fueron, y estuvieron como peregrinos en Camaam, que está cerca de Betlehem, para pasar después adelante y entrar en Egipto

18. huyendo de los caldeos; porque los temían a causa de haber Ismael, hijo de Natanías, muerto a Godolías, hijo de Ahicam, al cual el rey de Babilonia había dejado por gobernador de la tierra de Judá.

42

Jeremías, tras consultar al Señor, responde que los judíos vivirán seguros si se quedan en Judea

1. Y vinieron todos los oficiales de la milicia, y Johanán, hijo de Caree, y Jezonías, hijo de Osaías, y el resto del pueblo, pequeños y grandes,

2. y dijeron al profeta Jeremías: Condesciende a nuestra súplica, y haz oración al Señor tu Dios por nosotros y por todos estos restos del pueblo, pues pocos hemos quedado de muchos que éramos, conforme estás viendo tú con tus ojos,

3. y nos haga conocer el Señor Dios tuyo el camino que debemos seguir, y aquello que hemos de hacer.

4. Les respondió el profeta Jeremías: Bien está, he aquí que voy a hacer oración al Señor Dios vuestro, conforme me lo habéis pedido; cualquiera cosa que me responda el Señor, yo os la manifestaré sin ocultaros nada.

5. Y dijeron ellos a Jeremías: Sea el Señor entre nosotros testigo de la verdad y sinceridad nuestra y castíguenos, si no cumpliéremos fielmente todo cuanto nos mandare decir por tu boca el Señor Dios tuyo.

6. Ya sea cosa favorable, ya sea adversa, obedeceremos a la voz del Señor Dios nuestro, a quien te enviamos; para que, obedeciendo a la voz del Señor Dios nuestro, nos vaya prósperamente.

7. Pasados, pues, diez días, habló el Señor a Jeremías;

8. el cual llamó a Johanán, hijo de Caree, a todos los oficiales de guerra que con él estaban, y a todo el pueblo, pequeños y grandes,

9. y les dijo: Esto dice el Señor Dios de Israel a quien me habéis enviado, para que expusiese humildemente vuestros ruegos ante su acatamiento:

10. Si permaneciereis quietos en esta tierra, yo os restauraré, y no os destruiré; os plantaré, y no os arrancaré; porque yo estoy aplacado con el castigo que os he enviado.

11. No temáis al rey de Babilonia, del cual tenéis tanto miedo; no lo temáis, dice el Señor, porque yo soy con vosotros para salvaros, y libraros de sus manos.

12. Y usaré con vosotros de misericordia, y me apiadaré de vosotros, y haré que habitéis en vuestra tierra.

13. Mas si vosotros dijereis: No queremos permanecer en esta tierra, ni escuchar lo que dice el Señor Dios nuestro;

14. y continuáis diciendo: No, no; sino que nos vamos a la tierra de Egipto, en donde no veremos guerra, ni oiremos sonidos de trompetas, ni padeceremos hambre, y allí permaneceremos:

15. En este caso, oíd ahora, ¡oh resto de Judá!, lo que dice el Señor: Esto dice el Señor de los ejércitos, el Dios de Israel: Si vosotros os obstináis en querer ir a Egipto, y fuereis a habitar allí,

16. allí en la tierra de Egipto os alcanzará la espada que vosotros teméis; y el hambre de que receláis vosotros, allí en Egipto se os echará encima, y allí hallaréis la muerte.

17. Y todos cuantos se hayan obstinado

---

12. *2 Sam 2*, 13.

en querer ir a Egipto para habitar allí, perecerán al filo de la espada, y de hambre, y de peste; no quedará ninguno de ellos con vida, ni escapará del castigo que yo descargaré sobre ellos.

18. Porque esto dice el Señor de los ejércitos, el Dios de Israel: Al modo que se encendió mi furor y mi indignación contra los moradores de Jerusalén, del mismo modo se encenderá contra vosotros la indignación mía cuando hayáis entrado en Egipto; y seréis objeto de execración, y de pasmo, y de maldición, y de oprobio, y nunca jamás volveréis a ver este lugar.

19. ¡Oh restos de Judá!, el Señor es el que os dice: No vayáis a Egipto; tened bien presente que yo os he protestado en este día

20. que os habéis engañado a vosotros mismos, pues me habéis enviado a hablar al Señor Dios nuestro, diciendo: Ruega por nosotros al Señor Dios nuestro, y todo aquello que te dirá el Señor Dios nuestro anúncianoslo del mismo modo, y lo practicaremos.

21. Y hoy os lo he referido, y vosotros no habéis querido obedecer lo que dice el Señor Dios vuestro, acerca de todas aquellas cosas sobre las cuales me ha mandado hablaros.

22. Ahora bien, tened entendido de cierto que moriréis al filo de la espada, y de hambre, y de peste, allí donde habéis querido ir a habitar.

43 *Azarías, Johanán y los judíos desobedientes al Señor se llevan a Egipto a Jeremías y Baruc*

1. Y así que Jeremías hubo concluido de hablar al pueblo todas las palabras del Señor Dios de ellos, palabras todas que el Señor Dios suyo le había enviado a decirles,

2. respondieron Azarías, hijo de Osaías, y Johanán, hijo de Caree, y todos aquellos hombres soberbios, y dijeron a Jeremías: Mientes en lo que dices. No te ha enviado el Señor Dios nuestro a decirnos: No vayáis a habitar en Egipto;

3. sino que Baruc, hijo de Nerías, te instiga contra nosotros, para entregarnos en manos de los caldeos, y hacernos morir, y llevarnos a los demás a Babilonia.

4. No obedecieron, pues, Johanán, hijo de Caree, y todos los oficiales de guerra, y todo el pueblo a la voz del Señor de permanecer en la tierra de Judá;

5. sino que Johanán, hijo de Caree, y todos los oficiales de guerra, cogieron todos los restos de Judá, que habían vuelto a habitar en la tierra de Judá, de todas las regiones por las cuales habían antes sido dispersos;

6. a hombres, y mujeres, y niños, y a las hijas del rey, y a todas las personas que había dejado Nabuzardán, general del ejército, con Godolías, hijo de Ahicam, hijo de Safán, y al profeta Jeremías, y a Baruc, hijo de Nerías,

7. y entraron en tierra de Egipto, pues no obedecieron la voz del Señor; y llegaron hasta Tafnis, su capital.

8. Y habló el Señor a Jeremías en Tafnis, diciendo:

9. Toma en tu mano unas piedras grandes, y escóndelas en la bóveda que hay debajo de la pared de ladrillos, a la puerta del palacio del faraón, en Tafnis, a presencia de algunos judíos.

10. Y les dirás a éstos: Así habla el Señor de los ejércitos, el Dios de Israel: He aquí que enviaré a llamar a Nabucodonosor, rey de Babilonia, mi siervo; y colocaré su trono sobre estas piedras que he escondido, y asentará su solio sobre ellas.

11. Y vendrá y azotará la tierra de Egipto; aquellos que he destinado a la muerte, morirán; irán al cautiverio aquellos que al cautiverio son destinados; y los que lo son a morir al filo de la espada, al filo de la espada morirán.

12. Y pegará fuego a los templos de los dioses de Egipto, y los abrasará, y se llevará cautivos sus ídolos, y se vestirá de los despojos de Egipto, como el pastor se cubre con su capa, y se irá de allí en paz.

13. Y hará pedazos las estatuas de la casa o templo del Sol, que hay en tierra de Egipto, e incendiará los templos de los dioses de Egipto.

44 *Los judíos en Egipto, reprendidos por Jeremías de sus idolatrías, responden descaradamente*

1. Palabra de Dios anunciada a todos los judíos que habitaban en tierra de Egipto, en

Mágdalo, y en Tafnis, y en Memfis, y en la tierra de Fatures, por boca del profeta Jeremías, el cual decía:

2. Así habla el Señor de los ejércitos, el Dios de Israel: Vosotros habéis visto todos los castigos que yo he enviado sobre Jerusalén, y sobre todas las ciudades de Judá; y he aquí que ellas están en el día de hoy desiertas y despobladas,

3. por causa de la maldad que ellos cometieron para provocar mi indignación, yéndose a ofrecer sacrificios, y adorar a dioses ajenos, desconocidos de ellos, de vosotros y de vuestros padres.

4. Yo muy solícito os envié mis siervos los profetas; los envié para deciros: No hagáis cosas tan abominables y que tanto aborrece mi alma.

5. Mas no quisieron escuchar, ni dar oídos a eso para convertirse de sus maldades, y abstenerse de ofrecer sacrificios a los dioses extraños.

6. Y se encendió mi indignación y el furor mío, y estalló en las ciudades de Judá y en las plazas de Jerusalén, y quedaron convertidas en un desierto y desolación, como se ve hoy día.

7. Ahora, pues, esto dice el Señor de los ejércitos, el Dios de Israel: ¿Por qué motivo hacéis tan grande mal contra vosotros mismos, acarreando la muerte a hombres, y a mujeres, y a los párvulos, y a los niños de pecho que hay en Judá, de tal suerte que no quede nadie de vosotros,

8. provocándome con los ídolos, obra de vuestras manos, sacrificando a los dioses ajenos en tierra de Egipto, a donde habéis venido a habitar, para perecer infelizmente, y ser la maldición y el oprobio de todas las gentes en la tierra?

9. ¿Acaso os habéis ya olvidado de los pecados de vuestros padres, y de los pecados de los reyes de Judá, y de los pecados de sus mujeres, y de los pecados vuestros, y de los de vuestras mujeres, cometidos en tierra de Judá y en los barrios de Jerusalén?

10. Hasta ahora no se han limpiado todavía de ellos, ni han tenido respeto ninguno, ni han observado la ley del Señor, ni los mandamientos que os comuniqué a vosotros y a vuestros padres.

11. Por tanto, esto dice el Señor de los ejércitos, el Dios de Israel: He aquí que os miraré con rostro airado, y destruiré a todo Judá.

12. Y me dirigiré después contra los restos de Judá, que se obstinaron en meterse en tierra de Egipto para morar allí; y allí en tierra de Egipto serán consumidos, pereciendo al filo de la espada y de hambre; y desde el más pequeño hasta el más grande serán consumidos, muriendo pasados a cuchillos o de hambre, y serán objeto de execración, de terror, de maldición y de oprobio.

13. Y castigaré a los judíos que habitan en Egipto, como he castigado a los de Jerusalén, con la espada, con el hambre y con la peste.

14. No habrá nadie que se escape; y del resto de los judíos que viven peregrinando en la tierra de Egipto, no habrá ninguno que vuelva a la tierra de Judá, a la cual tanto suspiran ellos volver para habitarla; no volverán a ella sino aquellos que huyan de Egipto.

15. Entonces respondieron a Jeremías todos los hombres (los cuales sabían que sus mujeres ofrecían sacrificios a los dioses extraños) y todas las mujeres, de que había allí gran muchedumbre, y todo el pueblo de Israel que habitaba en tierra de Egipto en Fatures, y le dijeron:

16. Acerca de lo que tú nos has hablado en nombre del Señor, no queremos obedecerte;

17. sino que absolutamente haremos todo cuanto nos pareciere bien; y ofreceremos sacrificios y libaciones a Diana, la reina del cielo, conforme lo hemos practicado nosotros, y nuestros padres, y nuestros reyes, y nuestros príncipes en las ciudades de Judá y en las plazas de Jerusalén, con lo cual tuvimos abundancia de pan, y fuimos felices, y no vimos ninguna aflicción.

18. Desde aquel tiempo en que dejamos de ofrecer sacrificios y libaciones a la reina del cielo, estamos faltos de todo, y nos vemos consumidos por la espada y por el hambre.

19. Que si nosotras ofrecemos sacrificios y libaciones a la reina del cielo, ¿por ventura le hemos hecho la ofrenda de las tortas, para tributarle culto, y ofrecerle libaciones, sin consentimiento de nuestros maridos?

20. Entonces Jeremías habló a todo el

pueblo contra los hombres, y contra las mujeres, y contra la gente toda, que tal respuesta le habían dado, y les dijo:

21. ¿Acaso el Señor no tuvo presentes, y no se irritó su corazón con aquellos sacrificios infames que ofrecíais en las ciudades de Judá y en las plazas de Jerusalén vosotros y vuestros padres, vuestros reyes y vuestros príncipes, y el pueblo de aquella tierra?

22. Ya el Señor no podía soportaros más, por causa de vuestras perversas inclinaciones, y por las abominaciones que cometisteis; y así ha sido asolado vuestro país, y hecho un objeto de espanto y de maldición, y sin habitante alguno como se halla en hoy.

23. Porque sacrificasteis a los ídolos y pecasteis contra el Señor; porque no quisisteis escuchar la voz del Señor, ni observar su ley, ni sus mandamientos e instrucciones, por eso os han sobrevenido estas desgracias que se ven hoy día.

24. Y dijo Jeremías a todo el pueblo y a las mujeres todas: Escuchad la palabra del Señor, vosotros todos los del pueblo de Judá que estáis en tierra de Egipto.

25. Esto dice el Señor de los ejércitos, el Dios de Israel: Vosotros y vuestras mujeres habéis pronunciado con vuestra boca y habéis ejecutado con vuestras manos aquello que decíais: Cumplamos los votos que hicimos de ofrecer sacrificios y libaciones a la reina del cielo. En efecto, vosotros cumplisteis vuestros votos y los pusisteis por obra.

26. Por tanto, oíd la palabra del Señor todos los de Judá que vivís en tierra de Egipto: He aquí que yo he jurado por mi gran Nombre, dice el Señor, que de ningún modo será pronunciado más en toda la tierra de Egipto el Nombre mío, por la boca de judío alguno, diciendo: Vive el Señor Dios.

27. Mirad, yo estaré velando sobre ellos para su daño, y no para su bien; y todos cuantos hombres de Judá se hallan en Egipto, perecerán al filo de la espada y de hambre, hasta que del todo sean exterminados.

28. Mas aquellos pocos que se librarán de la espada saliendo de Egipto, éstos volverán a la tierra de Judá; y todos los residuos del pueblo de Judá que han entrado en Egipto para vivir allí, conocerán si se verificará mi palabra o la de ellos.

29. Y ved aquí una señal, dice el Señor, de que yo he de castigaros en este lugar, para que conozcáis que verdaderamente se cumplirán mis palabras contra vosotros para vuestro castigo.

30. Esto dice el Señor: He aquí que yo entregaré al faraón Efre, o Vafres, rey de Egipto, en poder de sus enemigos, en manos de aquellos que buscan su perdición, así como entregué a Sedecías, rey de Judá, en manos de Nabucodonosor, rey de Babilonia, enemigo suyo, que buscaba cómo perderlo*.

45

Dios por medio de Jeremías reprende a Baruc, que se lamentaba de no tener reposo

1. Palabra que dijo el profeta Jeremías a Baruc, hijo de Nerías, cuando éste escribió en el libro aquellas cosas que le dictó Jeremías, en el año cuarto de Joakim, hijo de Josías, rey de Judá. Dijo Jeremías:

2. Esto te dice a ti, ¡oh Baruc!, el Señor, el Dios de Israel:

3. Tú has exclamado: ¡Ay infeliz de mí!, porque el Señor ha añadido dolor a mi dolor: cansado estoy de gemir, y no he hallado reposo alguno.

4. Esto dice el Señor: Tú le dirás: He aquí que yo destruyo a aquellos que había ensalzado, y arranco a los que había plantado, y a toda esta tierra o nación entera.

5. ¿Y tú pides para ti portentos o cosas grandes? No tienes que pedirlas; porque he aquí que yo enviaré desastres sobre todos los hombres, dice el Señor; pero a ti te salvaré la vida en cualquier lugar a donde vayas.

46

Jeremías profetiza que Nabucodonosor desolará Egipto y que los judíos regresarán a Sión

1. Palabras que dijo el Señor a Jeremías profeta contra las naciones.

2. Contra Egipto, contra el ejército del faraón Necao, rey de Egipto, que estaba junto al río Eufrates, en Cárcamis, y que fue desbaratado por Nabucodonosor, rey de Babilonia, el año cuarto de Joakim, hijo de Josías, rey de Judá, dijo:

---

30. *Efre* fue el último de los faraones.

3. Preparad enhorabuena los escudos y las lanzas y salid al combate.

4. Uncid los caballos a los carros de guerra: soldados de a caballo, montad, poneos los cascos, acicalad las lanzas, revestíos de las corazas.

5. ¿Pero qué sucederá? Los vi despavoridos, y que volvían las espaldas, muertos sus valientes; huían corriendo sin volverse a mirar atrás: el terror se esparce por todas partes, dice el Señor.

6. No hay que pensar en que pueda escaparse el ligero, ni salvarse el valiente; a la parte del norte, junto al río Eufrates, han sido derrotados y postrados por el suelo.

7. ¿Quién es ese ejército que se hincha a manera de torrentes, y cuyos remolinos se encrespan como los de los ríos?

8. Egipto, que se hincha cual torrente, cuyas olas se conmueven como ríos y ha dicho: Yo avanzaré, inundaré la tierra; destruiré la ciudad y sus habitantes.

9. Montad a caballo, y corred locamente en los carros, y avancen los valientes de Etiopía, y los de Libia con el escudo en la mano, y los lidios echando mano de las saetas y arrojándolas.

10. Mas aquel día será el día del Señor Dios de los ejércitos, día de venganza en que hará pagar la pena a sus enemigos; la espada devorará y se hartará de matar, y se embriagará con la sangre de ellos; porque he aquí que la víctima del Señor Dios de los ejércitos estará en la tierra septentrional de junto al río Eufrates.

11. Sube a Galaad y toma bálsamo, ¡oh virgen hija de Egipto!, en vano multiplicas tú las medicinas; no hay ya remedio para ti.

12. Se ha divulgado entre las gentes tu afrenta, y llena está la tierra de tus alaridos, porque el valiente chocó con el valiente, y juntos cayeron en tierra.

13. Palabra que habló el Señor a Jeremías profeta, sobre el futuro arribo de Nabucodonosor, rey de Babilonia, a devastar la tierra de Egipto.

14. Llevad esta nueva a Egipto, anunciadla en Mágdalo, y haced que resuene en Memfis y en Tafnis, y decid: Ponte en pie y prevente; porque la espada devorará todo cuanto hay en tus aldeas.

15. ¿Cómo ha caído y se pudre en el suelo tu campeón? No se ha mantenido firme; porque el Señor lo ha derribado.

16. Ha derribado un gran número de ellos; han caído unos sobre otros, y han dicho: Levantémonos, volvámonos a nuestro pueblo y al país donde nacimos, sustrayéndonos a la espada de la paloma*.

17. Al faraón, rey de Egipto, ponedle este nombre: Tumulto; pues él ha hecho venir el tiempo del trastorno.

18. Juro yo por vida mía (dice aquel rey que tiene por nombre Señor de los ejércitos), que así como el Tabor descuella entre los montes, y el Carmelo sobre el mar, así vendrá él.

19. Prepárate lo necesario para salir a otro país, ¡oh tú, hija y moradora de Egipto!, porque Memfis será convertida en una soledad, será desamparada, sin que quede un habitante.

20. Becerra lozana y hermosa es Egipto, del Norte vendrá quien la dome.

21. También sus soldados mercenarios, que vivían en medio de ella como becerros cebados, volvieron las espaldas y echaron a huir; y no pudieron hacer frente al enemigo, porque llegó para ellos el día de su ruina, el día de su castigo.

22. Resonarán como bronce sus clamores, porque los caldeos avanzarán rápidamente con el ejército, y vendrán contra Egipto armados de hachas, como quien va a cortar leña.

23. Talarán, dice el Señor, sus bosques o población, cuyos árboles son sin cuento; se multiplicaron más que langostas, son innumerables.

24. Abatida está la hija de Egipto, y entregada en poder del pueblo del Norte.

25. El Señor de los ejércitos, el Dios de Israel ha dicho: He aquí que yo castigaré la multitud tumultuosa de Alejandría, y al faraón, y a Egipto, y a sus dioses, y a sus reyes; al faraón, y a los que en él confían.

26. Y los entregaré en manos de los que buscan cómo exterminarlos, esto es, en poder de Nabucodonosor, rey de Babilonia, y de sus siervos; y después de todo esto volverá Egipto a ser poblado como en lo antiguo, dice el Señor*.

---

16. Insignia de los babilonios. *Jer 25*, 38.
26. *Jer 48*, 47; *49*, 6-39; *Ez 29*, 14.

27. Mas tú, siervo mío Jacob, no temas, no te asustes, ¡oh Israel!, porque yo te libraré en aquellos remotos países, y sacaré tus descendientes de la tierra donde están cautivos, y se volverá Jacob, y descansará, y será feliz, sin que haya nadie que lo atemorice.

28. No temas, pues, ¡oh Jacob, siervo mío!, dice el Señor, porque contigo estoy; pues yo consumiré todas las gentes entre las cuales te he dispersado; mas a ti no te consumiré, sino que te castigaré con medida; pero no te dejaré impune, para que no te creas inocente.

47 *Jeremías profetiza la destrucción de los filisteos, de Tiro, de Sidón, de Gaza y de Ascalón*

1. Palabra que el Señor dijo a Jeremías, profeta, contra los filisteos, antes que el faraón se apoderase de Gaza.

2. Esto dice el Señor Dios: He aquí que vienen aguas o tropas del norte, a manera de un torrente que todo lo inunda, y cubrirán la tierra y cuanto hay en ella, la ciudad y los habitantes; los hombres darán gritos, y aullarán todos los moradores de la tierra

3. al oír el estruendo pomposo de las armas, y de los combatientes, y de los movimientos de sus carros armados, y de la multitud de sus carruajes; los padres, perdido todo el aliento, no cuidaban ya de mirar por sus hijos.

4. Porque ha llegado el día en que serán exterminados todos los filisteos, y serán arruinados Tiro y Sidón, con todos sus auxiliares que le quedaban, pues el Señor ha entregado al saqueo los filisteos, restos de la isla o provincia marítima de Capadocia.

5. Gaza lleva rapada su cabeza. Ascalón no se atreve a despegar sus labios, y lo mismo el resto de sus valles. ¿Hasta cuándo te sajarás, o rasgarás tus carnes?

6. ¡Oh espada del Señor!, ¿no descansarás tú nunca? Entrate otra vez en tu vaina, mitiga ese ardor, y estáte queda.

7. Mas ¿cómo estará ella quieta cuando el Señor le ha dado sus órdenes contra Ascalón y contra sus regiones marítimas, y le ha mandado que obre contra ellos?

48 *Profetiza Jeremías la ruina del reino de los moabitas por haber perseguido al pueblo de Dios*

1. Esto dice contra Moab el Señor de los ejércitos, el Dios de Israel: ¡Desdichada Nabo!, devastada ha sido y abatida. Tomada ha sido Cariataím; la ciudad fuerte avergonzada está y temblando.

2. No hay ya alegría en Moab; han formado malignos proyectos contra Hesebón: Venid, exterminémosla de en medio de la nación. Y tú, ¡oh Madmen!, ciudad silenciosa, no chistarás; y la espada te irá siguiendo.

3. Estruendo y gritos de Oronaín, devastación y estrago grande.

4. Moab ha sido abatida: Anunciad a sus parvulitos que tendrán mucho que clamar.

5. Ella subirá al collado de Luit llorando sin cesar, ya han oído los enemigos los alaridos de los miserables en la bajada de Oronaín.

6. Huid, salvad vuestras vidas; sed como tamariscos en el desierto.

7. Porque por haber puesto tú, ¡oh Moab!, la confianza en tus fortalezas y en tus tesoros, por lo mismo serás tú también presa, e irán cautivos a otro país el dios Camos y sus sacerdotes y príncipes.

8. Y el ladrón Nabucodonosor se echará sobre todas las ciudades de Moab, sin que ninguna se libre; y serán asolados los valles y taladas las campiñas, porque el Señor lo ha dicho.

9. Coronad de flores a Moab; pero aunque coronada, saldrá para el cautiverio, y quedarán desiertas e inhabitables sus ciudades.

10. Maldito aquel que ejecuta de mala fe y con negligencia la obra que el Señor le manda; y maldito el que por lo mismo veda a su espada verter sangre.

11. Fértil viña fue Moab desde su mocedad; y como un vino que permaneció en sus últimos tragos, ni fue trasegado de una tinaja a otra, ni cambiado a otro país; por eso ha conservado el mismo sabor suyo, ni se ha cambiado o mejorado su olor.

12. Pero he aquí que llega el tiempo, dice el Señor, en que yo le enviaré hombres prácticos en disponer las tinajas y en trasegar el vino, y harán el trasiego; y vaciarán después las tinajas, y las harán pedazos.

13. Y Moab se verá avergonzada por causa de Camos; al modo que fue afrentada la casa de Israel por causa de los ídolos de Betel, en que tenía puesta su confianza.

14. ¿Cómo decís vosotros: Esforzados somos y robustos para pelear?

15. Devastado ha sido el país de Moab, y taladas sus ciudades, ha sido degollada toda su escogida juventud, dice aquel rey cuyo nombre es Señor de los ejércitos.

16. La ruina de Moab es inminente; y van a comenzar muy presto sus desastres.

17. Tenedle compasión todos los que estáis a su alrededor; y vosotros cuantos habéis oído hablar de su fama, decid: ¿Cómo ha sido hecho pedazos el fuerte cetro de Moab, el bastón de gloria que empuñaba?

18. Desciende de la gloria, y siéntate en un árido lugar, ¡oh hija moradora de Dibón!, porque Nabucodonosor, el exterminador de Moab, viene contra ti, y destruirá tus fortalezas.

19. Estáte en medio del camino, y mira a lo lejos, ¡oh tú, habitadora de Aroer!; pregunta a los que huyen y a los que se han escapado, y diles: ¿Qué es lo que ha acontecido?

20. Confundido queda Moab, responderán, porque ha sido vencido; dad alaridos, alzad el grito, anunciad por todo el país de Arnón que Moab ha sido devastada.

21. Y el castigo ha venido sobre la tierra llana; sobre Helón, y sobre Jasa, y sobre Mefaat,

22. y sobre Dibón, y sobre Nabo, y sobre la casa de Deblataím,

23. y sobre Cariataím, y sobre Betgamul, y sobre Betmaón,

24. y sobre Cariot, y sobre Bosra, y sobre todas las ciudades del país de Moab, así las que están lejos como las que están cerca.

25. Aniquilado ha sido el poderío de Moab, y quebrantado su brazo, dice el Señor.

26. Embriagadla con el cáliz de la ira de Dios, ¡oh caldeos!, pues se levantó contra el Señor; y vomite ella, y bata sus manos como desesperada, y sea también objeto de mofa.

27. Porque tú, ¡oh Moab!, insultaste a Israel, como si le hubieses sorprendido en compañía de ladrones; por las palabras, pues, que contra él has dicho, serás llevada cautiva.

28. Desamparad las ciudades, ¡oh habitantes de Moab!, idos a vivir entre las breñas, e imitad a la paloma que hace su nido en la hendidura más alta de la peña.

29. Hemos oído hablar de la soberbia de Moab, soberbia que es muy grande; de su orgullo, y de su arrogancia, y de su hinchazón, y de la altivez de su corazón*.

30. Yo conozco, dice el Señor, su jactancia, a la cual no corresponde su valor, y que sus tentativas no tenían proporción con sus fuerzas.

31. Por tanto, yo prorrumpiré en llanto sobre Moab, y a toda Moab haré sentir mis voces, a los hombres de la ciudad del muro de ladrillos, los cuales están lamentándose.

32. Del modo que lloré por Jazer, así lloraré por ti, ¡oh viña de Sabama!; tus sarmientos pasaron a la otra parte del mar, llegaron hasta el mar de Jazer; el ladrón, el exterminador se arrojó sobre tu mies y sobre tu vendimia.

33. Al país fértil y delicioso como el Carmelo y a la tierra de Moab se les ha quitado la alegría y el regocijo; se acabó el vino para sus lagares, no cantará sus canciones acostumbradas el pisador de la uva.

34. Desde Hesebón hasta Eleale y Jasa se oirán los clamores de los moabitas: desde Segor, que es como una novilla de tres años, hasta Oronaím*; aun las aguas mismas de Nemrim serán malísimas.

35. Y yo exterminaré de Moab, dice el Señor, al que presenta ofrendas en las alturas, y sacrifica a los dioses de ella.

36. Por todo esto, mi corazón se desahogará por amor de Moab en voces tristes, como de flauta en los entierros; e imitando el triste sonido de flauta, se explayará por amor de aquellos que habitan en la ciudad del muro de ladrillos, los cuales perecieron por haber emprendido más de lo que podían.

37. Porque toda cabeza quedará rapada, y raída será toda barba en señal de tristeza, atadas o sajadas se verán todas las manos, y toda espalda se cubrirá de saco o cilicio.

38. En todos los terrados o plazas de Moab se oirán llantos; porque yo hice pedazos de Moab como de un vaso inútil, dice el Señor.

39. ¡Cómo ha sido ella derrotada, y ha levantado el grito! ¡Cómo ha bajado Moab su altiva cerviz, y ha quedado avergonzada! De

---

29. *Is 16*, 6.
34. *Is 15*, 4-5.

escarnio servirá Moab, y de escarmiento a todos los de su comarca.

40. Esto dice el Señor: He aquí que el caldeo como águila extenderá sus alas para venir volando sobre Moab.

41. Cariot ha sido tomada, y ganadas sus fortificaciones; y el corazón de los valientes de Moab será en aquella ocasión como corazón de mujer que está de parto.

42. Y Moab dejará de ser una nación, por haberse ensoberbecido contra el Señor.

43. El espanto, la fosa y el lazo se emplearán contra ti, ¡oh habitador de Moab!, dice el Señor.

44. El que huyere del espanto caerá en la fosa, y quien saliere de la fosa quedará preso en el lazo; porque yo haré que llegue sobre Moab el tiempo de su castigo, dice el Señor.

45. A la sombra de Hesebón hicieron alto aquellos que escaparon del lazo; pero salió fuego de Hesebón. Llamas salieron de en medio de Sehón, las cuales devorarán una parte de Moab y los principales de los hijos del tumulto.

46. ¡Ay de ti, oh Moab!; has perecido, ¡oh pueblo del dios Camos!, porque al cautiverio han sido llevados tus hijos y tus hijas.

47. Mas yo, dice el Señor, haré que vuelvan del cautiverio en los últimos días los hijos de Moab. Hasta aquí los juicios del Señor contra Moab.

49 *Jeremías profetiza la ruina de los amonitas, los idumeos, los de Damasco y Cedar, Asor y Elam*

1. Profecía contra los hijos de Amón. Esto dice el Señor: Pues qué ¿no tiene hijos Israel, o está acaso sin heredero? ¿Por qué, pues, Melcom se ha hecho dueño de Gad, su pueblo, y está habitando en las ciudades de esta tribu?

2. Por tanto he aquí que viene el tiempo, dice el Señor, en que yo haré oír en Rabbat de los hijos de Amón el estruendo de la guerra; y quedará reducida a un montón de ruinas, y sus hijas, o pueblos, serán abrasadas, e Israel se hará señor de aquellos que lo habían sido de él.

3. ¡Oh Hesebón!, prorrumpe en alaridos, al ver que ha sido asolada Hai, tu vecina; alzad el grito, ¡oh hijos de Rabbat!, ceñíos de cilicios, llorad, y dad vueltas por los vallados; porque Melcom será llevado cautivo a otro país, y con él sus sacerdotes y sus príncipes.

4. ¿Por qué te glorías de tus amenos valles, ¡oh hija criada entre delicias!, que, confiada en tus tesoros, decías: Quién vendrá contra mí?

5. He aquí que yo, dice el Señor de los ejércitos, haré que se llenen de terror todos los pueblos cercanos tuyos, y quedaréis dispersos el uno lejos del otro, sin que haya nadie que reúna a los fugitivos.

6. Y después de esto haré que regresen a su país los hijos de Amón, dice el Señor.

7. Contra la Idumea: Esto dice el Señor de los ejércitos: Pues qué, ¿no hay más sabiduría que esa en Temán? No; ya no hay consejo en sus hijos, de nada sirve su sabiduría.

8. Huid, no os volváis a mirar atrás, bajaos a las más profundas simas, ¡oh habitantes de Dedán!, porque yo he enviado sobre Esaú su ruina, el tiempo de su castigo.

9. Si hubiesen venido a ti vendimiadores, no hubieran dejado racimos, pero sí algún rebusco; si hubiesen venido ladrones, habrían robado cuanto les bastase, sin destruir lo demás.

10. Mas yo he descubierto a Esaú, he manifestado aquello que él había escondido, y no podrá ya ocultarlo, quedará destruido su linaje, y sus hermanos y vecinos y él no existirá más.

11. Deja no obstante tus huérfanos; yo los haré vivir; y en mí pondrán su esperanza tus viudas.

12. Porque esto dice el Señor: He aquí que aquellos que no estaban sentenciados a beber el cáliz de la ira del Señor, también lo beberán sin falta, ¿y tú querrás ser dejada aparte como inocente? No, tú no serás tratada como inocente, y lo beberás sin remedio.

13. Pues por mí mismo he jurado, dice el Señor, que Bosra será devastada, y llenada de oprobio, y objeto de maldición; y una eterna soledad es lo que vendrán a ser todas sus ciudades.

14. Estas cosas oí yo del Señor; y luego Nabucodonosor ha enviado mensajeros a las gentes suyas, diciendo: Reuníos, y venid contra Bosra, y vamos a combatirla;

15. porque pequeño haré yo que seas,

jaré de allí a los reyes y a los príncipes, dice el Señor.

39. Mas en los últimos días yo haré que vuelvan a su patria los cautivos de Elam*, dice el Señor.

50 *Profecía de la ruina de Babilonia por los medos y persas y de la libertad del pueblo de Dios*

1. Palabra que habló el Señor acerca de Babilonia y del país de los caldeos, por boca del profeta Jeremías.

2. Llevad la noticia a las naciones, y haced que corra la voz; alzad señales en las alturas*, publicadlo, y no lo encubráis; decid: Tomada ha sido Babilonia, corrido ha quedado Bel y abatido Merodac; cubiertos quedan de ignominia sus simulacros, aterrados han sido sus ídolos.

3. Porque vendrá contra ella del norte una nación, la cual asolará su país, sin que quede quien lo habite, desde el hombre hasta la bestia, todos se pusieron en movimiento y se marcharon.

4. En aquellos días y en aquel tiempo se reunirán, dice el Señor, los hijos de Israel, y con ellos los hijos de Judá para volver a Jerusalén; y llorando de alegría se darán prisa, y buscarán al Señor su Dios.

5. Preguntarán cuál es el camino que va a Sión; a ella dirigirán sus ojos. Volverán del cautiverio, y se unirán al Señor con una alianza eterna*, cuya memoria no se borrará jamás.

6. Rebaño perdido fue el pueblo mío; sus pastores lo extraviaron y lo hicieron ir vagando por las montañas; anduvo por montes y collados, y se olvidó del lugar de su reposo.

7. Todos cuantos encontraban a los de mi pueblo, los devoraban; y sus enemigos decían: En esto no hacemos nada malo; porque éstos han pecado contra el Señor, esplendor de justicia o santidad; contra el Señor, esperanza de sus padres.

8. Huid de en medio de Babilonia y salid del país de los caldeos; y sed como los machos cabríos delante del rebaño.

9. Porque he aquí que yo pondré en movimiento y traeré reunidos contra Babilonia los ejércitos de naciones grandes de la tierra del norte, los cuales se dispondrán para asaltarla, y en seguida será tomada; sus saetas, como de fuertes y mortíferos guerreros, no serán disparadas en vano.

10. Y la Caldea será entregada al saqueo; quedarán atestados de riquezas todos sus saqueadores, dice el Señor.

11. Ya que saltáis de contento, y habláis con arrogancia por haber devastado la heredad mía; ya que retozáis como novillos sobre la hierba, y mugís como toros,

12. Babilonia, vuestra madre, ha quedado profundamente abatida, y asolada ha sido la que os engendró; he aquí que será la más despreciable entre las naciones, desierta quedará, intransitable y árida.

13. La indignación del Señor la dejará inhabitada y reducida a una soledad; todo el que pase por Babilonia quedará lleno de pasmo, y hará mofa de todas las desgracias de ella.

14. ¡Oh vosotros todos cuantos estáis diestros en manejar el arco!, apercibíos de todas partes contra Babilonia; embestidla, no escaseéis las saetas; porque ha pecado contra el Señor.

15. Levantad contra ella el grito; ya tiende sus manos por todos lados, dándose por vencida; se conmueven sus fundamentos, destruidos quedan sus muros, porque es el tiempo de la venganza del Señor; tomad venganza de ella; tratadla como ella trató a los demás.

16. Acabad en Babilonia con todo viviente; ni perdonéis a aquel que siembra, ni al que maneja la hoz en tiempo de la siega; al relumbrar la espada de la paloma, volverán todos a sus pueblos y cada cual huirá al propio país.

17. Israel es una grey descarriada, los leones* la dispersaron. El primero a devorarla fue el rey de Asur; el último ha sido

---

39. Se verificó en tiempo de Ciro y de Cristo. *Hech 2*, 7-9.
2. *Is 5*, 26; *11*, 12; *Jer 45*; *46*; *47*.
5. Se habla de la alianza entre Dios y todos los hombres hijos de Abrahán, según la fe, de que fue mediador Jesucristo. Es el cumplimiento de la repatriación. *Neh 1*, 2; *11*, 18.

17. Los reyes asirios.

Nabucodonosor, rey de Babilonia, que ha acabado hasta con sus huesos.

18. Por tanto, esto dice el Señor de los ejércitos, el Dios de Israel: He aquí que yo castigaré al rey de Babilonia y a su país, al modo que castigué al rey de Asur.

19. Y conduciré otra vez a Israel a su antigua morada, y gozará de los pastos del Carmelo; y en Basán y en los collados de Efraín y de Galaad se saciarán sus deseos.

20. En aquellos días, dice el Señor, y en aquel tiempo se andará en busca de la iniquidad o idolatría de Israel, mas ésta no existirá ya; y del pecado de Judá, y tampoco se hallará; porque yo seré propicio a los restos de dicho pueblo que me reservaré.

21. Marchad tú contra la Caldea, tierra de los dominadores, y castiga a sus habitantes, devasta y mata a aquellos que les siguen detrás; a todos dice el Señor; y obra según las órdenes que te tengo dadas.

22. Estruendo de batalla se oye sobre la tierra, y de gran exterminio.

23. ¿Cómo ha sido hecho pedazos y desmenuzado el rey de Babilonia, el que era el martillo de toda la tierra? ¿Cómo está Babilonia hecha un desierto entre las gentes?

24. Yo te cogí en el lazo, y sin pensarlo te has visto presa; ¡oh Babilonia!, has sido hallada y cogida, porque hiciste guerra al Señor.

25. Abrió el Señor su tesoro, y ha sacado de él los instrumentos de su indignación; pues va a ejecutar el Señor Dios de los ejércitos su obra contra la tierra de los caldeos.

26. Venid contra ella desde las más remotas regiones, dad lugar para que salgan los que han de hollar; quitad las piedras del camino, y ponedlas en montones; haced en ella una carnicería, hasta que no quede viviente alguno.

27. Exterminad a todos sus guerreros, sean conducidos al matadero; ¡ay de ellos!, porque ha llegado ya su día, el día de su castigo.

28. Voz de los fugitivos y de aquellos que escaparon de la tierra de Babilonia, para llevar a Sión la noticia de la venganza del Señor Dios nuestro, de la venganza de su santo templo.

29. A toda la multitud de los que en Babilonia apuntan el arco, decidles: Asentad los campamentos contra ella por todo el alrededor, a fin de que ninguno escape, dadle el pago de sus fechorías; portaos con ella conforme ella se ha portado, pues se levantó contra el Señor, contra el Santo de Israel.

30. Por tanto caerán muertos en sus plazas sus jóvenes, quedarán sin aliento en aquel día todos sus guerreros, dice el Señor.

31. Aquí estoy yo contra ti, ¡oh soberbio Baltasar!, dice el Señor Dios de los ejércitos; porque ha llegado tu día, el día de tu castigo.

32. Y caerá el soberbio, y dará en tierra, sin que haya quien le levante; y pegaré fuego a sus ciudades, el cual devorará todos sus alrededores.

Liberación de los judíos

33. Esto dice el Señor de los ejércitos: Los hijos de Israel, con los de Judá, se ven oprimidos; todos aquellos que los cautivaron, los retienen, no quieren soltarlos.

34. Pero el fuerte Redentor suyo, aquel que tiene por nombre Señor de los ejércitos, defenderá en juicio la causa de ellos, y llenará de espanto la tierra, y hará que se estremezcan los habitantes de Babilonia.

35. Espada, o guerra, contra los caldeos, dice el Señor, y contra los habitantes de Babilonia, y contra sus príncipes, y contra sus sabios.

36. Espada contra sus adivinos, y quedarán atontados; espada contra sus valientes, y quedarán llenos de terror.

37. Espada contra sus caballos, y contra sus carros de guerra, y contra todo el gentío que ella contiene, y serán tímidos como mujeres; espada contra los tesoros, los cuales serán saqueados.

38. Se secarán y agotarán sus aguas; porque tierra es ésa de vanos simulacros, y que se gloría en sus monstruos.

39. Por tanto, vendrá a ser guarida de las fieras y de los chacales, que se alimentan de higos silvestres, y morada de avestruces; quedando inhabitada para siempre, sin que nunca jamás vuelva a ser reedificada.

40. Vendrá a ser ella, dice el Señor, como las ciudades de Sodoma y Gomorra y sus vecinas, que el Señor destruyó; no quedará hombre alguno que la habite, ni persona alguna que allí more.

41. He aquí que viene del norte un pueblo y una nación grande; y se levantarán muchos reyes de los extremos de la tierra.

42. Asirán del arco y del escudo; son crueles y sin misericordia; sus voces serán como un mar que brama, y montarán sobre sus caballos, como un guerrero apercibido para combatir contra ti, ¡oh hija de Babilonia!

43. Oyó el rey de Babilonia la fama de ellos, y quedó sin aliento, y oprimido de angustia y de dolor como mujer que está de parto.

44. He aquí que un rey vendrá como un león, desde el hinchado Jordán a caer sobre la bella y fuerte Babilonia; porque yo lo haré correr súbitamente hacia ella. ¿Y quién será el escogido, a quien yo le encargue que se apodere de ella? Pues ¿quién hay semejante a mí? ¿Quién habrá que se me oponga? ¿Ni cuál es el pastor o capitán que pueda ponérseme delante?

45. Por tanto oíd el designio que tiene formado allá en su mente el Señor contra Babilonia; y sus decretos en orden al país de los caldeos: Juro, dice el Señor, que los zagales pequeños del rebaño, o los más débiles soldados, darán en tierra con ellos; juro que serán destruidos ellos y las ciudades en que habitan.

46. A la noticia de la conquista de Babilonia se ha estremecido la tierra, y sus gritos se han oído entre las naciones.

51

Continúa Jeremías describiendo la ruina de Babilonia, a cuya ciudad envía estas profecías

1. Esto dice el Señor: He aquí que yo levantaré un viento pestífero o destructor contra Babilonia y sus moradores, los cuales se han levantado contra mí.

2. Y enviaré contra Babilonia aventadores, que la aventarán, y asolarán su país; porque en el día de su tribulación acudirán de todas partes contra ella.

3. El que apunta el arco, poco importa que no lo apunte, ni que vaya sin coraza; porque la victoria es segura. No tenéis que perdonar a sus jóvenes, matad a todos sus soldados.

4. Y muertos caerán en tierra de los caldeos, y heridos serán en sus regiones.

5. Porque no han quedado Israel y Judá abandonados de su Dios, el Señor de los ejércitos; y porque la tierra de los caldeos está llena de pecados contra el Santo de Israel.

6. Huid, ¡oh judíos!, de en medio de Babilonia, y ponga cada cual a salvo su propia vida; no seáis indolentes en orden a su iniquidad; porque ha llegado el tiempo de la venganza del Señor, el cual le dará su merecido.

7. Babilonia ha sido hasta ahora en la mano del Señor como un cáliz de oro para embriagar o hacer beber su ira a toda la tierra. Todas las naciones bebieron de su vino, y quedaron como fuera de sí.

8. Babilonia ha caído repentinamente, y se ha hecho pedazos, prorrumpid en alaridos sobre ella; tomad bálsamo para sus heridas, por si tal vez puede curarse.

9. Hemos dado medicinas a Babilonia, y no ha curado, dicen sus amigos; abandonémosla, pues, y volvámonos cada cual a su tierra; pues sus delitos subieron más allá de las nubes, llegaron hasta el cielo.

10. El Señor ha hecho aparecer nuestra justicia, venid y publiquemos en Sión la obra del Señor Dios nuestro.

11. Aguzad, ¡oh babilonios!, vuestras saetas, llenad de ellas vuestras aljabas. El Señor ha suscitado el espíritu de los reyes de la Media, y ha tomado ya su resolución de arruinar a Babilonia; porque el Señor debe ser vengado, debe ser vengado su templo.

12. Levantad enhorabuena las banderas sobre los muros de Babilonia, aumentad la guarnición, poned centinelas, disponed emboscadas; pero el Señor ha decretado y ejecutará todo cuanto predijo contra los habitantes de Babilonia.

13. ¡Oh tú, que tienes tu asiento entre abundancia de aguas, colmada de riquezas!, tu fin ha llegado, ha llegado el punto fijo de tu destrucción.

Himno de alabanza a Dios

14. El Señor de los ejércitos ha jurado por sí mismo, diciendo: Yo te inundaré de una turba de hombres asoladores como langostas; y se cantará contra ti la canción de la vendimia o del castigo.

15. El es el que con su poderío hizo la tierra, y el que con su sabiduría dispuso el mundo, y extendió los cielos con su inteligencia.

16. A una voz suya se congregan las aguas en el cielo; él hace venir del cabo del mundo las nubes; deshace en lluvia los relámpagos y saca de sus tesoros el viento.

17. En necio paró todo hombre con su saber. La estatua misma del ídolo es la confusión de todo artífice; porque cosa mentirosa es la obra que él ha hecho; no hay en ella espíritu de vida.

18. Obras vanas son ésas y dignas de risa o desprecio, ellas perecerán en el tiempo del castigo.

19. No es como las tales obras aquel que es la porción o la herencia de Jacob; pues él es quien ha formado todas las cosas, e Israel es su reino hereditario. Señor de los ejércitos es el nombre suyo.

20. Tú, ¡oh Babilonia!, has sido para mí el martillo con que he destrozado las gentes belicosas*; y por medio de ti yo arruinaré naciones, y asolaré reinos;

21. y por tu medio acabaré con los caballos y caballeros, y con los carros armados y los que los montan.

22. Por medio de ti acabaré con hombres y mujeres; por medio de ti acabaré con viejos y niños; y acabaré por tu medio con los jóvenes y doncellas.

23. Por tu medio acabaré con el pastor y con su grey, y por tu medio acabaré con el labrador y con sus yuntas, y acabaré por tu medio con los caudillos y los magistrados.

24. Y después, ante vuestros ojos, yo pagaré a Babilonia y a todos los moradores de la Caldea todo el mal que hicieron contra Sión, dice el Señor.

25. Aquí estoy yo contra ti, dice el Señor, ¡oh monte pestífero que profanas toda la tierra!, y extenderé contra ti mi mano, y te precipitaré de entre tus peñas, y te haré semejante a un monte consumido por las llamas.

26. No se sacará de ti ni piedra útil para una esquina, ni piedra para cimientos; sino que quedarás destruido para siempre, dice el Señor.

27. Alzad bandera en la tierra, haced resonar la trompeta entre las naciones, preparad los pueblos a una guerra sagrada contra Babilonia; llamad contra ella a los reyes de Ararat, de Menni y de Ascenez; alistad contra ella los soldados de Tafsar; poned en campaña caballos como un ejército de langostas armadas de aguijones.

28. Preparad a la guerra sagrada contra ella a los pueblos, y a los reyes de la Media, y a sus capitanes, y a todos sus magnates, y a todas las provincias que le están sujetas.

29. En seguida será conmovida y conturbada la tierra, porque pronto se cumplirá el decreto del Señor, por el cual el país de Babilonia quedará desierto e inhabitable.

30. Han abandonado el combate los valientes de Babilonia, se han metido en las fortalezas, se acabó su valor, son ya como mujeres, incendiadas han sido sus casas, y hechos pedazos los cerrojos de sus puertas.

31. Un correo alcanzará a otro correo, un mensajero a otro mensajero, van a contar al rey de Babilonia que su ciudad ha sido tomada desde un cabo al otro;

32. y que están tomados los vados del río, y que han incendiado los cañaverales de junto a las lagunas, y que están llenos de turbación todos los guerreros.

33. Porque esto dice el Señor de los ejércitos, el Dios de Israel: La hija de Babilonia será pisada como la mies en la era; ha llegado el tiempo de ser trillada; dentro de poco comenzará la siega.

34. Nabucodonosor, rey de Babilonia, me ha consumido, me ha devorado; me ha dejado como una vasija vacía de todo; cual dragón me ha tragado; ha llenado su vientre de todo lo que tenía yo más precioso, y me ha echado fuera y dispersado.

35. Las injusticias cometidas contra mí, dice la hija de Sión, y la carnicería que ha hecho en mis hijos, está clamando contra Babilonia; y la sangre mía, dice Jerusalén, grita contra los habitantes de Caldea.

Promesa a Israel

36. Por lo tanto esto dice el Señor: He aquí que yo tomaré por mi cuenta tu causa, y te vengaré de los agravios; yo dejaré sin agua su mar*, y secaré sus manantiales.

37. Y quedará Babilonia reducida a un montón de escombros, guarida de fieras, objeto de pasmo y de escarnio; pues permanecerá inhabitada.

---

20. *Jer 50*, 23.

36. Tal vez por *mar* entiende la inmensa *población de Babilonia*.

38. Rugirán los caldeos todos a una como leones; sacudirán sus melenas como vigorosos leoncitos.

39. Los dejaré que se calienten en sus banquetes, y que se embriaguen; para que, aletargados, duerman un sueño perdurable, del cual no despierten ya, dice el Señor.

40. Los conduciré como corderos al matadero, y como carneros y cabritos.

41. ¡Cómo ha sido tomada Sesac* y vencida la más esclarecida entre las ciudades de la tierra!; ¡cómo ha venido a ser aquella gran Babilonia el asombro de todos los pueblos!

42. Un mar ha inundado a Babilonia*, y la cantidad de sus olas la ha ahogado.

43. Sus ciudades se han hecho un objeto de terror, un terreno inhabitable y desierto, en el cual no viva nadie, ni transite por él persona alguna.

44. Y castigaré a Bel en Babilonia*, y le haré vomitar lo que ha engullido, y de allí en adelante no concurrirán a él las naciones; pues hasta los muros de Babilonia serán arrasados.

45. Salta de ella, ¡oh pueblo mío!, salve cada cual su vida de la terrible ira del Señor.

46. Y procurad que no desmaye vuestro corazón, y no os amedrenten las nuevas que correrán por el país; un año vendrá una noticia, y después de este año otra noticia, y se verá la maldad u opresión en la tierra, y a un dominador seguirá otro dominador.

47. Pues entonces llegará el tiempo en que yo destruiré los ídolos de Babilonia, y quedará llena de confusión toda su tierra, en medio de la cual caerán muertos todos sus ciudadanos.

48. Los cielos y la tierra, y cuanto hay en ellos cantarán alabanzas al Señor por lo sucedido a Babilonia; porque del norte le vendrán sus destructores, dice el Señor.

49. Y al modo que Babilonia hizo morir a tantos en Israel, así los de Babilonia se verán caer muertos por todo el país.

50. Vosotros que huisteis de la espada, venid, no os paréis, desde lejos acordaos del Señor, y ocupe otra vez Jerusalén todo vuestro corazón.

51. Avergonzados estamos, ¡oh Señor!, de los oprobios que hemos oído: Se cubrieron de confusión nuestros rostros, porque los extranjeros entraron en el santuario del templo del Señor.

52. Por eso, dice el Señor, he aquí que llega el tiempo en que yo destruiré sus simulacros, y en todo su territorio se oirán los aullidos de sus heridos.

53. Aun cuando Babilonia se levantare hasta el cielo, y afianzare en lo alto su fuerza, yo enviaré, dice el Señor, gentes que la destruirán.

54. Grandes gritos se oirán de Babilonia, y un gran estruendo de tierra de los caldeos,

55. porque ha asolado el Señor a Babilonia, y ha hecho cesar su orgulloso tono; y será el ruido de sus oleadas semejante al de una gran mole de aguas, tal será el sonido de sus gritos.

56. Porque ha venido el ladrón sobre ella, esto es, sobre Babilonia, y han sido cogidos sus valientes, cuyo arco se quedó sin fuerza; porque vengador poderoso es el Señor, el cual les dará la paga merecida.

57. Y embriagaré con el cáliz de mi ira a sus príncipes, y a sus sabios, y a sus capitanes, y a sus magistrados, y a sus campeones, y haré que duerman un sueño perdurable, del cual jamás despertarán, dice el Señor, cuyo nombre es Señor de los ejércitos.

58. Esto dice el Señor de los ejércitos: Aquel anchísimo muro de Babilonia será arruinado de arriba abajo, y serán abrasadas sus altísimas puertas, y reducido a la nada el trabajo de los pueblos, y a ser pasto de las llamas la faena de las naciones.

59. Orden que dio Jeremías profeta a Saraías, hijo de Nerías, hijo de Maasías, cuando iba con el rey Sedecías a Babilonia, en el cuarto año de su reinado. Saraías era el jefe de la embajada.

60. Escribió Jeremías en un volumen todas las calamidades que habían de venir contra Babilonia, es a saber, todo esto que queda escrito contra ella.

61. Y le dijo Jeremías a Saraías: Cuando hayas llegado a Babilonia, y hayas visto y leído todas estas palabras,

62. dirás: ¡Oh Señor!, tú has dicho que destruirás este lugar de modo que no quede quien lo habite, ni hombre ni bestia, y sea una eterna soledad.

63. Y así que hayas concluido la lectura de este libro, atarás a él una piedra, y lo arrojarás en medio del Eufrates;

---

41. Elegía irónica por la ciudad destruida.
42. *Is 8*, 8.
44. *Dan 5*, 30; *14*, 2.

64. y dirás: De esta manera será sumergida Babilonia, y no se recobrará del completo estrago que voy a descargar contra ella, y quedará para siempre destruida. Hasta aquí las palabras de Jeremías.

52 *Nabucodonosor incendia Jerusalén y el templo. Hace sacar los ojos al rey Sedecías y se lo lleva cautivo*

1. Veintiún años tenía Sedecías cuando comenzó a reinar, y reinó once años en Jerusalén. Su madre se llamaba Amital, hija de Jeremías de Lobna.

2. Y pecó Sedecías en la presencia del Señor obrando en todo y por todo como había obrado Joakim.

3. Estaba el Señor tan altamente irritado contra Jerusalén y contra Judá, que llegó a arrojarlos de delante de sí; y Sedecías se rebeló contra el rey de Babilonia.

4. Y en el año noveno de su reinado, el día diez del mes décimo, vino Nabucodonosor, rey de Babilonia, él mismo con todo su ejército, contra Jerusalén; le pusieron sitio, y levantaron rampas alrededor de ella.

5. Y estuvo la ciudad sitiada hasta el año undécimo del rey Sedecías.

6. Mas en el mes cuarto, a nueve del mes, se apoderó el hambre de la ciudad, y la gente del pueblo no tenía con qué alimentarse.

7. Y se abrió brecha en la ciudad, y huyeron todos sus guerreros, saliéndose de noche por la puerta que hay entre los dos muros, y va a la huerta del rey (mientras los caldeos tenían cercada la ciudad) y tomaron el camino que conduce al desierto.

8. Pero el ejército de los caldeos fue en persecución de Sedecías, y se apoderó de él en el desierto que está cerca de Jericó, y lo abandonó toda su comitiva.

9. Y luego que lo cogieron, lo condujeron ante el rey de Babilonia, a Reblata, en el país de Emat; el cual pronunció sentencia contra él.

10. Y el rey de Babilonia hizo degollar a los hijos de Sedecías en presencia de éste; e hizo matar también en Reblata a todos los príncipes de Judá.

11. A Sedecías le hizo sacar los ojos y le puso grillos; y el rey de Babilonia se lo llevó a esta ciudad, y lo condenó a prisión perpetua.

12. En el mes quinto, a los diez del mes, esto es, el año decimonoveno del reinado de Nabucodonosor, rey de Babilonia, llegó a Jerusalén Nabuzardán, general del ejército, y uno de los primeros palaciegos del rey de Babilonia,

13. y abrasó el templo del Señor, y el palacio del rey, y todas las casas de Jerusalén, y todos los grandes edificios quedaron incendiados.

14. Y todo el ejército de los caldeos, que estaba allí con su general, arrasó todo el muro que rodeaba Jerusalén.

15. Y a los pobres del pueblo, y a los restos de la gente que había quedado en la ciudad, y a los fugitivos que se habían pasado al rey de Babilonia, y al resto de la multitud, los transportó Nabuzardán, general del ejército, a Babilonia.

16. Dejó Nabuzardán, general del ejército, algunos pobres del país para cultivar las viñas, y para las demás labores de la tierra.

17. Los caldeos hicieron también pedazos las columnas de bronce que estaban en el templo del Señor, y los pedestales, y el mar o concha de bronce que había en el templo del Señor; y se llevaron a Babilonia todo su cobre.

18. Y se llevaron las calderas, y los garfios, y los salterios, y las tenazas, y los morterillos, y todos los muebles de cobre del uso del templo;

19. y los cántaros, y los braserillos de los perfumes, y los jarros, y las bacías, y los candeleros, y los morteros, y las copas, y todo cuanto había de oro y de plata se lo llevó el general del ejército;

20. y las dos columnas, y el mar de bronce, y los doce becerros de bronce que estaban debajo de las basas, que había mandado hacer Salomón en el templo del Señor. Inmenso era el peso del metal de todos estos muebles.

21. En cuanto a las columnas, cada una de ellas tenía dieciocho codos de alto*, y se necesitaba una cuerda de doce codos para medir su circunferencia; y tenía cuatro dedos de grueso, siendo hueca por dentro.

22. Y eran de bronce los capiteles de una

21. *2 Cro* 3, 15.

y otra columna, cada capitel tenía cinco codos de alto; y las redes y las granadas que había por encima alrededor, eran todas de bronce. Lo mismo la otra columna y sus granadas.

23. Y las granadas que estaban pendientes y se veían eran noventa y seis; pero el total de las granadas eran ciento, rodeadas de redes.

24. Y el general del ejército se llevó también a Saraías, que era el primer sacerdote, a Sofonías que era el segundo, y a tres guardas del atrio.

25. Y además se llevó de la ciudad un eunuco, que era el comandante de las tropas, y a siete personas de las principales de la corte del rey, que fueron halladas en la ciudad; y al secretario, jefe o inspector de la milicia (el cual instruía a los soldados nuevos) y a sesenta hombres del vulgo del país, que se hallaron en la ciudad.

26. Los cogió, pues, Nabuzardán, general del ejército, y los condujo a Reblata al rey de Babilonia.

27. Y el rey de Babilonia los hizo matar a todos en Reblata, país de Emat. Y el resto de Judá fue conducido fuera de su tierra a la Caldea.

28. Este es el pueblo que trasladó Nabucodonosor, el año séptimo, tres mil veintitrés judíos;

29. en el año decimoctavo se llevó Nabucodonosor, de Jerusalén, ochocientas treinta y dos almas;

30. en el año vigésimo tercero de Nabucodonosor, transportó Nabuzardán, general del ejército, setecientos cuarenta y cinco judíos. Con esto fueron en todos* cuatro mil seiscientas personas.

31. En el año trigésimo séptimo de haber sido transportado Joaquín, rey de Judá, el mes duodécimo, a veinticinco del mes, Evilmerodac, rey de Babilonia, el primer año de su reinado hizo levantar cabeza a Joaquín, rey de Judá, y lo sacó del encierro.

32. Y lo consoló con palabras amistosas, y le puso en asiento superior a los demás reyes vencidos, que tenía en su corte de Babilonia.

33. Y le hizo quitar los vestidos que llevaba en la cárcel, y lo admitió a comer en su mesa todo el tiempo que vivió;

34. y le señaló un tanto diario para su manutención perpetuamente por todos los días de su vida.

---

30. *2 Re 24.*

Lamentaciones

Introducción

El poema *Lamentaciones* o *Trenos de Jeremías*, atribuido al profeta Jeremías, es de un autor desconocido y llora la destrucción de Jerusalén y del templo en 587 a.C. y lamenta la miseria del pueblo de Israel y su esclavitud en Babilonia. Estos acontecimientos, los más dolorosos de la historia de Israel, se originaron en el pecado y la rebelión de los israelitas, quienes sumidos en la desgracia imploran la misericordia del Señor y el perdón de sus pecados, y se consuelan con la esperanza de la salvación y del fin de la cautividad. El libro fue escrito en hebreo y sus dos primeras elegías son un acróstico del alfabeto hebreo. Los dolores y gemidos del profeta figuran los de Jesucristo, que exhorta a Jerusalén a llorar su última ruina y la del templo.

San Gregorio Nacianceno decía *Siempre que leo estas Lamentaciones se me anuda la lengua, se me saltan las lágrimas, y se me representa delante de los ojos aquella ruina; y al llanto del profeta, lloro yo también.*

1

El profeta llora la ruina de Jerusalén por los caldeos; recuerda la pasada prosperidad y grandeza

Alef

1. ¡Cómo ha quedado solitaria la ciudad antes tan populosa! La señora de las naciones ha quedado como viuda desamparada; la soberana de las provincias es ahora tributaria.

Bet

2. Inconsolable llora ella toda la noche, e hilo a hilo corren las lágrimas por sus mejillas; entre todos sus amantes no hay quien la consuele; todos sus amigos le han despreciado y se han vuelto enemigos suyos.

Gimel

3. Emigró y se dispersó Judá, por verse oprimida con muchas maneras de esclavitud; fijó su habitación entre las naciones; mas no halló reposo; la estrecharon por todas partes todos sus perseguidores.

Dalet

4. Enlutados están los caminos de Sión, porque ya no hay quien vaya a sus solemnidades; destruidas están todas sus puertas, gimiendo sus sacerdotes, llenas de tristeza las vírgenes, y ella oprimida de amargura.

He

5. Sus enemigos se han enseñoreado de ella; los que la odiaban se han enriquecido con sus despojos, porque el Señor falló contra ella a causa de grandes de sus maldades; sus pequeños han sido llevados al cautiverio, arreándolos el opresor.

Vau

6. Ha perdido la hija de Sión toda su hermosura; sus príncipes han venido a ser como carneros descarriados que no hallan pastos, y han marchado desfallecidos delante del perseguidor que los conduce.

Zain

7. Jerusalén trae a su memoria aquellos días de su aflicción, y sus prevaricaciones, y todos aquellos bienes de que gozó desde los antiguos tiempos; se acordó de todo eso al tiempo que caía y perecía su pueblo por mano enemiga, sin que acudiese nadie a socorrerla; la vieron sus enemigos y se mofaron de sus solemnidades.

Het

8. Enorme pecado fue el de Jerusalén, por eso ha quedado ella divagando sin estabilidad; todos aquellos que la elogiaban, la han despreciado por haber visto sus inmundicias; y ella misma, sollozando, volvió su rostro hacia atrás llena de vergüenza.

Tet

9. Hasta sus pies llegan sus inmundicias; ella no se acordó de su fin; está profundamente abatida sin que haya quién la consuele. Mira, Señor, mira mi aflicción; porque el enemigo se ha engreído.

Jod

10. El enemigo echó su mano a todas las cosas que Jerusalén tenía más apreciables, y ella ha visto entrar en su santuario los gentiles, de los cuales habías tú mandado que no entrasen en tu asamblea.

Caf

11. Todo su pueblo está gimiendo y anda en busca de pan, todo cuanto tenían de precioso lo han dado para adquirir un bocado con que conservar su vida. Míralo, Señor, y considera cómo estoy envilecida.

Lamed

12. ¡Oh vosotros cuantos pasáis por este camino!, atended y considerad si hay dolor como el dolor mío; porque el Señor, según él lo predijo, me ha vendimiado, o despojado de todo, el día de su furibunda ira.

Mem

13. Desde lo alto metió fuego dentro de mis huesos, y me ha dejado desolada, todo el día consumida de tristeza.

Nun

14. El yugo o castigo de mis maldades se dio prisa a venir sobre mí, el mismo Señor con sus manos las arrolló como un fardo y las puso sobre mi cuello; me faltaron las fuerzas; el Señor me ha entregado en manos de que no podré librarme.

Samec

15. Ha arrebatado el Señor de en medio de mí todos mis príncipes y campeones; ha aplazado contra mí el tiempo de la ruina, en el cual destruyese a mis jóvenes escogidos. El Señor mismo los ha pisado como en un lagar, para castigar a la virgen hija de Judá.

Ain

16. Por eso estoy yo llorando, y son mis ojos fuentes de agua; porque está lejos de mí el consuelo que haga revivir el alma mía. Han perecido mis hijos, pues el enemigo ha triunfado.

Fe

17. Sión extiende su manos; pero no hay quien la consuele. El Señor ha convocado los enemigos de Jacob para que le rodeen; cual mujer manchada en sus períodos o impureza legal*, así es Jerusalén en medio de ellos.

Sade

18. Justo es el Señor; pues que yo, rebelde contra sus órdenes, lo irrité. Pueblos todos, oíd os ruego, y considerad mi dolor, mis doncellas y mis jóvenes han sido llevados al cautiverio.

Cof

19. Recurrí a los amigos míos, y me engañaron. Mis sacerdotes y mis ancianos han perecido dentro de la ciudad, habiendo buscado en vano alimentación para sustentar su vida.

Res

20. Mira, ¡oh Señor!, cómo estoy atribulada; conmovidas están mis entrañas; se ha trastornado todo mi corazón; llena estoy de amargura. Por afuera da la muerte la espada, y dentro de casa está el hambre, que es otro género de muerte.

Sin

21. Han oído mis gemidos y no hay nadie que me consuele, todos mis enemigos han sabido mis desastres, y se han regocijado de que tú los hayas causado. Tú me enviarás el día de la consolación; y entonces ellos se hallarán en el estado en que me hallo.

Tau

22. Pon a tu vista toda su malicia, y trátalos como me has tratado a mí por todas mis maldades; porque continuos son mis gemidos y mi corazón desfallece.

---

17. *Lev 15*, 19.

2

El profeta sigue con sus lamentos por la desolación de la ciudad, del templo y de todo el país

Alef

1. ¡Cómo cubrió el Señor de oscuridad en medio de su cólera a la hija de Sión! El ha arrojado del cielo a la tierra a la hermosa Israel; y no se ha acordado del estrado de sus pies, o de su santuario, en el día de su furor.

Bet

2. El Señor ha destruido sin excepción todo cuanto había de hermoso en Jacob; ha desmantelado en medio de su furor los baluartes de la virgen de Judá y los ha arrasado; ha tratado al reino y a sus príncipes* como cosa profana o inmunda.

Gimel

3. En medio del ardor de su ira ha reducido a polvo todo el poderío de Israel; retiró atrás su derecha auxiliadora cuando vino el enemigo; y encendió en Jacob un fuego, que con su llama devora cuanto hay en contorno.

Dalet

4. Tendió su arco como hace un enemigo, y cual adversario afirmó su mano derecha para disparar; y mató todo cuanto había de bello aspecto en el campamento de la hija de Sión; lanzó cual fuego la indignación suya.

He

5. El Señor se ha hecho como enemigo de Jerusalén, ha precipitado a Israel; ha destruido todos sus muros, arrasó sus baluartes, y ha llenado de abatimiento a hombres y mujeres de la hija de Judá.

Vau

6. Y ha destruido su campamento como la choza de un huerto; ha demolido su Tabernáculo, el Señor ha entregado al olvido en Sión las solemnidades y los sábados; y ha abandonado al oprobio y a la indignación de su furor al rey y al sacerdote.

Zain

7. El Señor ha desechado su altar, ha maldecido su santuario; ha entregado sus murallas y torres en poder de los enemigos; los cuales han dado voces de júbilo, como en una solemne fiesta.

Het

8. Determinó el Señor destruir los muros de la hija de Sión, tiró su cordel, y no retiró su mano hasta que la demolió; se resintió el antemural, y quedó luego arrasada la muralla.

Tet

9. Sepultadas quedan sus puertas entre las ruinas; el Señor destruyó e hizo pedazos sus cerrojos, desterró a su rey y a sus magnates entre las naciones. Ya no hay ley; y sus profetas ya no tienen visiones del Señor.

Jod

10. Sentados están en tierra y en profundo silencio los ancianos de la hija de Sión; tienen cubiertas de ceniza sus cabezas, se vistieron de cilicio, abatida hasta la tierra tienen su cabeza las vírgenes de Jerusalén.

Caf

11. Se cegaron mis ojos de tanto llorar; se estremecieron mis entrañas, se derramó en tierra mi corazón al ver el quebranto de la hija del pueblo mío, cuando los pequeñuelos y niños de pecho desfallecían de hambre en las plazas de la ciudad.

Lamed

12. Ellos decían a sus madres: ¿Dónde está el pan y vino?, cuando, a manera de heridos, iban muriéndose por las calles de la ciudad, cuando exhalaban su alma en el regazo de sus madres.

Mem

13. ¿Con quién te compararé, o a qué cosa te asemejaré, oh hija de Jerusalén? ¿A quién te igualaré, a fin de consolarte, oh virgen hija de Sión? Porque grande es como el mar tu tribulación. ¿Quién podrá remediarte?

Nun

14. Tus profetas te vaticinaron cosas falsas y necias, y no te manifestaban tus maldades para moverte a penitencia; sino que te profetizaban falsamente sucesos contra tus enemigos, y su expulsión.

---

2. Joakim, Jeconías y Sedecías.

¡oh idumeo!, entre las naciones, y despreciable entre los hombres.

16. La arrogancia tuya y la soberbia de tu corazón te engañaron, tú que habitas en las cavernas de las peñas, y te esfuerzas a levantarte hasta la cima del monte; aunque hicieses tu nido más alto que el águila, de allí te arrojaré, dice el Señor.

17. Y la Idumea quedará desierta, todo el que pasare por ella se pasmará, y hará mofa de sus desgracias.

18. Así como fueron arrasadas Sodoma y Gomorra, y sus vecinas, dice el Señor, también ella quedará sin hombre que la habite, no morará allí ni una persona.

19. He aquí que Nabucodonosor, como león, vendrá desde el hinchado Jordán a caer sobre la bella y robusta Idumea, porque yo lo haré correr súbitamente hacia ella, ¿y quién sino Nabucodonosor será el varón escogido, al cual yo encargué que se apodere de ella? Porque ¿quién hay semejante a mí?; ¿quién habrá que se me oponga?; ¿y cuál es el pastor o capitán que se pondrá delante de mí?

20. Oíd, pues, el designio que ha formado el Señor acerca de Edom; y lo que ha resuelto sobre los moradores de Temán; juro yo, dice, que los pequeños del rebaño derribarán por tierra, y destruirán a los idumeos y a sus habitaciones o ciudades.

21. Al rumor de su ruina se conmovió la tierra, hasta el mar Rojo llegaron sus voces y clamores.

22. He aquí que vendrá, y extendidas sus alas levantará el vuelo como águila, y se echará sobre Bosra; y el corazón de los valientes de la Idumea será en aquel día como corazón de mujer que está de parto.

23. Contra Damasco: Confundidas han sido Emat y Arfad; porque han oído una malísima nueva, se han turbado los de las islas del mar; su inquietud no la deja sosegar.

24. Damasco está azorada; ha echado a huir; ella está temblando toda; oprimida se halla de congojas y dolores, como la mujer que está de parto.

25. ¡Cómo han abandonado ellos la ciudad famosa, la ciudad de delicias!

26. Serán degollados sus jóvenes por las calles; y quedarán exánimes en aquel día todos sus guerreros, dice el Señor de los ejércitos.

27. Y aplicaré fuego al muro de Damasco, el cual consumirá las murallas del rey Benadad.

28. Contra Cedar y contra los reinos o posesiones de Asor, destruidos por Nabucodonosor, rey de Babilonia: Esto dice el Señor: Levantaos, marchad contra Cedar, y exterminad a los hijos de Oriente.

29. Se apoderarán de sus tiendas y de sus ganados; robarán sus pieles, y todos sus muebles, y sus camellos; y acarrearán de todas partes el terror sobre ellos.

30. Huid, escapad lejos a toda prisa, dice el Señor, reposad en las cavernas, vosotros que habitáis en Asor; porque contra vosotros ha formado designios, y ha maquinado males el rey de Babilonia, Nabucodonosor.

31. Levantaos, dice el Señor a los caldeos, marchad a invadir una nación tranquila, que vive sin temor alguno; no tienen puertas ni cerrojos, habitan solitarios.

32. Vosotros les arrebataréis sus camellos, y serán presa vuestra sus muchísimos ganados. Yo dispersaré a todos vientos a éstos que se cortan sus cabellos en forma de corona; y de todos sus confines haré venir contra ellos la muerte, dice el Señor.

33. Y Asor parará en ser guarida de dragones, y eternamente desierta; no quedará allí hombre alguno, ni la habitará persona alguna.

34. Palabras que el Señor dijo a Jeremías, profeta, contra Elam, al principio del reinado de Sedecías, rey de Judá:

35. Esto dice el Señor de los ejércitos: He aquí que yo haré pedazos el arco de Elam*, que es el cimiento de su pujanza.

36. Y soltaré contra Elam los cuatro vientos de los cuatro puntos del cielo, y dispersaré a sus moradores hacia todos estos vientos; sin que haya nación alguna a donde no lleguen fugitivos de Elam.

37. Y haré que tiemble Elam delante de sus enemigos, y a la vista de aquellos que intentan su ruina. Enviaré calamidades sobre ellos, la furibunda indignación mía, dice el Señor, y enviaré tras ellos la espada que los persiga hasta acabarlos.

38. Y pondré mi trono en Elam, y arro-

---

35. Provincia de Persia, cuya capital era Susa. El primogénito de Sem se llamaba Elam.

Samec

15. Todos cuantos pasaban por el camino te insultaban dando palmadas; te silbaban y meneaban su cabeza contra la hija de Jerusalén, diciendo: ¿Es ésta la ciudad de extremada belleza, el gozo de todo el mundo?

Fe

16. Abrieron contra ti su boca todos sus enemigos; daban silbidos, y rechinaban sus dientes, y decían: Nosotros la arrimaremos; ya llegó el día que estábamos aguardando; ya vino, ya lo tenemos delante.

Ain

17. El Señor ha hecho lo que tenía resuelto, cumplió lo que había anunciado desde los tiempos antiguos: Te ha destruido sin remisión y te ha hecho un objeto de gozo para tus enemigos, y ha ensalzado la pujanza de los que te odiaban.

Sade

18. El corazón de los sitiados levantó el grito al Señor desde sobre las murallas de la hija de Sión; derrama, ¡oh Jerusalén!, día y noche, haz correr a manera de torrente las lágrimas; no reposes, ni cesen de llorar tus ojos*.

Cof

19. Levántate, clama de noche al Señor desde el principio de las vigilias; derrama como agua tu corazón ante su presencia; levanta hacia él tus manos, haciéndole presente la vida de tus niños que se están muriendo de hambre en todas las esquinas y encrucijadas de las calles.

Res

20. ¡Oh Señor!, mira y considera a quien has tú desolado de esta manera. ¿Y será verdad que las mujeres se coman sus propios hijos, niños del tamaño de la palma de la mano? ¿Y serán asesinados dentro del santuario del Señor el sacerdote y el profeta?

Sin

21. Muertos yacen por fuera el mozo y el anciano; mis vírgenes y mis jóvenes han sido pasados a cuchillo; los has hecho perecer en el día de tu furor; los has herido de muerte sin compasión alguna.

Tau

22. Tú Señor, has convidado como a una gran fiesta a esa nación enemiga, para que me aterrase por todos lados; y en aquel día de tu furor no hubo nadie que pudiese escapar y salvarse; a aquellos que yo crié y alimenté los hizo perecer el enemigo mío.

3

Sigue el profeta lamentándose de sus propios trabajos, y de los comunes a toda la ciudad

---

Alef

1. Hombre soy yo que estoy viendo la miseria mía o aflicción en la vara de la indignación del Señor.

Alef

2. Entre tinieblas o aflicciones me ha hecho andar, y no en el resplandor de la luz.

Alef

3. No ha cesado día y noche de descargar sobre mí su mano.

Bet

4. Ha hecho envejecer mi piel y mi carne, y ha quebrantado mis huesos.

Bet

5. Ha levantado una pared alrededor mío; y me ha cercado de amarguras y de congojas.

Bet

6. Me ha colocado en lugar tenebroso, como a aquellos que ya han muerto para siempre.

Gimel

7. Me rodeó por todos lados para que no escapase; me puso pesados grillos.

Gimel

8. Y aunque yo clame y ruegue, no hace caso de mis plegarias.

Gimel

9. Cerró mis caminos como con piedras de sillería; desbarató todos mis senderos o designios.

Dalet

10. Ha venido a ser para mí como un oso en acecho, como un león en lugar oculto.

---

18. *Jer 14*, 16.

Dalet

11. El ha trastornado mis senderos, y me ha destrozado; me ha abandonado a la desolación.

Dalet

12. Tendió su arco, y me puso por blanco de sus saetas.

He

13. Ha clavado en mis lomos las flechas de su aljaba.

He

14. He venido a ser el escarnio de todo mi pueblo, y su cantinela diaria.

He

15. Me ha llenado de amargura, me ha embriagado de ajenjo.

Vau

16. Ha quebrado todos mis dientes, dándome pan lleno de arena; ceniza me ha dado a comer.

Vau

17. Desterrada está de mi alma la paz o abundancia; no sé ya lo que es felicidad.

Vau

18. Y dije yo: Ha desaparecido para mí todo término de mis males, y toda la esperanza que tenía en el Señor.

Zain

19. Acuérdate, Señor, de mi miseria y persecución, y del ajenjo y de la hiel que me hacen beber.

Zain

20. De continuo tengo en la memoria estas cosas, y se repudre dentro de mí el alma mía.

Zain

21. Con todo, considerando estas cosas dentro de mi corazón, hallaré mi esperanza en el Señor.

Het

22. Es una misericordia del Señor que nosotros no hayamos sido consumidos del todo, porque jamás han faltado sus piedades.

Het

23. Cada día las hay nuevas desde muy de mañana; grande es, ¡oh Señor!, tu felicidad.

Het

24. Mi herencia, dice el alma mía, es el Señor; por tanto pondré en él mi confianza.

Tet

25. Bueno es el Señor para los que esperan en él, para las almas que le buscan.

Tet

26. Bueno es aguardar en silencio la salud que viene de Dios.

Tet

27. Bueno es para el hombre haber llevado el yugo ya desde su mocedad.

Jod

28. Se estará quieto y callado, porque ha tomado sobre sí el yugo.

Jod

29. Su boca pegará al suelo, para ver si orando consigue lo que espera.

Jod

30. Presentará su mejilla al que le hiere; le hartarán de oprobios.

Caf

31. Pero no para siempre lo desechará de sí el Señor.

Caf

32. Pues si él nos ha desechado, aún se apiadará de nosotros, según la grandeza de su misericordia.

Caf

33. Puesto que no de buena gana abate él, ni desecha a los hijos de los hombres,

Lamed

34. ni huella debajo de sus pies, como un tirano, todos los cautivos de la tierra,

Lamed

35. ni pesa con infiel balanza, ante su presencia, la causa del hombre,

Lamed

36. ni daña con injusta sentencia a hombre alguno, eso no sabe el Señor hacerlo.

Mem

37. ¿Quién es aquel que ha dicho que se hace alguna cosa sin que el Señor lo ordene?

Mem

38. ¿No vienen acaso de orden del Señor los males y los bienes?

Mem

39. Pues ¿por qué se ha de quejar hombre viviente del castigo de sus pecados?

Nun

40. Examinemos y escudriñemos nuestros pasos, y convirtámonos al Señor.

Nun

41. Levantemos al cielo, hacia el Señor, junto con las manos, nuestros corazones.

Nun

42. Nosotros nos portamos inicuamente, y provocamos, ¡oh Señor!, tu enojo; por eso te muestras inexorable.

Samec

43. Te cubriste de furor y nos castigaste, mataste sin perdonar a nadie.

Samec

44. Pusiste una nube delante de ti, para que no pudiesen llegar a tu presencia nuestras plegarias.

Samec

45. Tú nos has arrancado de cuajo y arrojado como basura en medio de los pueblos.

Fe

46. Han abierto todos los enemigos su boca contra nosotros.

Fe

47. Se convirtió la profecía en terror nuestro, y en lazo y en ruina nuestra.

Fe

48. Ríos de agua salen de mis ojos en vista del quebranto de la hija del pueblo mío.

Ain

49. Se deshacen mis ojos en continuo llanto, porque no hay reposo alguno,

Ain

50. hasta tanto el Señor vuelva desde el cielo su vista, y se ponga a mirar.

Ain

51. Las muchas lágrimas que he derramado por los desastres de todas las hijas o pueblos de mi patria, han consumido en mí todo el jugo o espíritu vital.

Sade

52. Como el ave en el cazadero, se apoderaron de mí mis enemigos sin que yo les diese motivo.

Sade

53. Cayó en el lago o fosa el alma mía; han puesto la losa sobre mí.

Sade

54. Las aguas de la tribulación descargaron como un diluvio sobre mi cabeza. Yo dije entonces: Perdido estoy.

Cof

55. Invoqué, oh Señor, tu santo Nombre desde lo más profundo de la fosa;

Cof

56. y tú escuchaste mi voz; no cierres, pues, tus oídos a mis sollozos y clamores.

Cof

57. Te me acercaste en el día en que te invoqué; y me dijiste: No temas.

Res

58. Tú fallaste a favor del alma mía, ¡oh Señor!, ¡oh redentor de mi vida*!

Res

59. Viste, oh Señor, las iniquidades de ellos contra m,: hazme justicia.

Res

60. Viste todo su furor, todas sus maquinaciones contra mí.

Sin

61. Tú oíste, oh Señor, sus oprobios, y todos sus proyectos contra mí,

Sin

62. y las palabras malignas de los que me hacen la guerra, y todo cuanto traman continuamente contra mí.

Sin

63. Repara, Señor, todas sus idas y vueltas; yo soy siempre el objeto de sus canciones burlescas.

Tau

64. Tú les darás, ¡oh Señor!, lo que merecen las obras de sus manos.

Tau

65. Pondrás sobre su corazón, en vez de escudo, las aflicciones que les enviarás.

Tau

66. ¡Oh Señor!, tú los perseguirás con saña, y los exterminarás de debajo de los cielos.

4 *El profeta sigue llorando las miseriasde su pueblo en el sitio de Jerusalén por los caldeos*

Alef

1. ¡Cómo se ha oscurecido el oro del templo, y cambiado su color bellísimo[1]! ¡Dispersas, ¡ay!, dispersas están las piedras del santuario por los ángulos de todas las plazas!

Bet

2. Los hijos de Sión, que vestían de tisú, de oro finísimo, ¡cómo son ya mirados cual si fuesen vasos de barro, obra de manos de alfarero!

Gimel

3. Aún los mismos chacales descubren sus pechos, y dan de mamar a sus cachorrillos; pero cruel la hija de mi pueblo imita al avestruz del desierto, y los abandona.

Dalet

4. Al niño de pecho se le pegaba la lengua al paladar, por causa de la sed; pedían pan los niños, y no había quien se lo repartiese.

He

5. Aquellos que comían con más regalo han perecido de hambre en medio de las calles, cubiertos se ven de basura o andrajos aquellos que vivían entre púrpura y ropas preciosas.

Vau

6. Y ha sido mayor el castigo de las maldades de la hija de mi pueblo, que el pecado de Sodoma; la cual fue destruida en un momento, sin que tuviese parte mano de hombre.

Zain

7. Sus nazareos eran más blancos que la nieve, más lustrosos que la leche, más rubicundos que el marfil antiguo[7], más bellos que el zafiro.

Het

8. Pero ahora más renegrido que el carbón está su rostro, y no son conocidos por las calles; pegada tienen su piel a los huesos, árida y seca como un palo.

Tet

9. Menos mala fue la suerte de los que perecieron al filo de la espada, que la de aquellos que murieron de hambre; pues éstos se fueron aniquilando consumidos por la carestía de la tierra.

Jod

10. Las mujeres, de suyo compasivas, pusieron a cocer con sus manos a sus propios hijos; éstos fueron su vianda en tiempo de la calamidad de la hija del pueblo mío.

Caf

11. El Señor ha deshogado su furor, ha derramado la ira de su indignación, ha encendido en Sión un fuego que ha consumido hasta sus cimientos.

Lamed

12. No creían los reyes de la tierra, ni los habitantes todos del mundo que el enemigo y adversario entrase por las puertas de Jerusalén;

Mem

13. pero entró por causa de los pecados de sus profetas y las maldades de sus sacerdotes, que en medio de ella derramaron la sangre de los justos.

Nun

14. Andaban errantes como ciegos por las calles, amancillándose con la sangre; y no podían evitarlo, aunque se alzaban del extremo de sus vestidos para no mancharse.

Samec

15. Apartaos, inmundos, decían gritando a los otros; retiraos, marchad fuera, no nos toquéis, porque de resultas de eso tuvieron pendencias entre sí; y los que fueron dispersos entre las naciones, dijeron: No volverá el Señor ya a habitar entre ellos.

Fe

16. El rostro airado del Señor los ha dispersado; ya no volverá él a mirarlos; no han respetado la persona de los sacerdotes, ni se han compadecido de los ancianos.

Ain

17. Cuando aún subsistíamos, desfalle-

1. Con el incendio del templo de Jerusalén quedaron ahumadas y renegridas sus paredes, que antes parecían una ascua de oro. Las imágenes están aún vivas en la memoria del poeta. *2 Cro 3.*

7. Contraste trágico entre la nieve y el carbón.

15. *Jer 30*, 17.

cían nuestros ojos esperando en vano nuestro socorro, poniendo nuestra atención en una nación que no había de salvarnos.

Sade

18. Al andar por nuestras calles hallaban tropiezos nuestros pies; se acercó nuestro fin; se completaron nuestros días, pues ha llegado nuestro término.

Cof

19. Más veloces que las águilas del cielo han sido nuestros enemigos; nos han perseguido por los montes, nos han armado emboscadas en el desierto.

Res

20. El Ungido del Señor, resuello de nuestra boca, ha sido preso por causa de nuestros pecados; aquel a quien habíamos dicho: A tu sombra viviremos entre las naciones.

Sin

21. Gózate y regocíjate, ¡oh hija de Edom, que habitas en la tierra de Hus!, también te llegará a ti el caliz de la tribulación; embriagada serás y despojada de todos los bienes.

Tau

22. ¡Oh hija de Sión!, tiene su términos el castigo de tu maldad, el Señor nunca más te hará pasar a otro país. Mas él castigará, ¡oh hija de Edom!, tu iniquidad, él descubrirá tus maldades.

ORACIÓN DE JEREMÍAS PROFETA

5

El profeta repite lo dicho antes. No se conoce el lugar y tiempo en que compuso esta oración

1. Acuérdate, ¡oh Señor!, de lo que nos ha sucedido; mira y considera nuestra ignominia.

2. Nuestra heredad ha pasado a manos de extranjeros, en poder de extraños se hallan nuestras casas.

3. Nos hemos quedado como huérfanos, privados de su padre; están como viudas nuestras madres.

4. A precio de dinero bebemos nuestra agua, y con dinero compramos nuestra leña.

5. Atados del cuello nos conducen como a bestias, no se da descanso a los fatigados.

6. Alargamos nuestras manos a los egipcios y a los asirios, para saciarnos de pan.

7. Pecaron nuestros padres, y ya no existen; y el castigo de sus iniquidades lo llevamos nosotros.

8. Nuestros esclavos se han enseñoreado de nosotros; no hubo quien nos libertase de sus manos.

9. Con peligro de nuestras vidas vamos a lugares desiertos en busca de pan, temiendo siempre la espada.

10. Quemada y renegrida como un horno ha puesto nuestra piel el hambre atroz.

11. Deshonraban a las mujeres de Sión, violaban a las vírgenes en las ciudades de Judá.

12. Colgados de la mano en un madero han sido los príncipes; no han tenido respeto alguno a los ancianos.

13. Abusaron deshonestamente de los jóvenes; y los muchachos caían al peso de la leña.

14. Faltan ya en las puertas los ancianos, y no se ven los jóvenes en el coro de los músicos que tañen.

15. Se extinguió la alegría en nuestro corazón; se han convertido en luto nuestras danzas.

16. Han caído de nuestras cabezas las coronas o guirnaldas: ¡ay de nosotros, que hemos pecado!

17. Por esto ha quedado melancólico nuestro corazón; por esto perdieron la luz nuestros ojos.

18. Porque desolado está el monte santo de Sión; las zorras y demás fieras se pasean por él.

19. Pero tú, ¡oh Señor!, permanecerás eternamente; tu solio subsistirá en todas las generaciones venideras.

20. ¿Por qué para siempre te has de olvidar tú de nosotros? ¿Nos has de tener abandonados por largos años?

21. Conviértenos, ¡oh Señor!, a ti, y nos convertiremos; renueva tú nuestros días felices, como desde el principio.

---

22. No fueron llevados cautivos a otro país. En la última ruina de Jerusalén, durante el imperio romano, se dispersaron por la tierra.

12. Solían cortar la cabeza a los reos de muerte y colgarlos de una mano en un madero.

19. Plegaria final expresando la esperanza de la restauración.

Baruc

Introducción

El libro deuterocanónico atribuido a Baruc, secretario de Jeremías (*Jer 45*, 1) no es una obra unitaria ni de carácter puramente profético, sino una breve colección de obras diferentes que ha llegado hasta nosotros en griego. Su contenido indica la diversidad de géneros literarios y épocas de composición: Introducción (*1*, 1-4); oración de arrepentimiento y petición de misericordia en el destierro (*1*, 15-*3*, 8); elogio de la sabiduría (*3*, 9-*4*, 4); invitación a la esperanza después de la catástrofe de Jerusalén (*4*, 37-*5*, 9); carta de Jeremías contra los ídolos y sus adoradores (*6*, 1-72). El libro es muy posterior a la época de Jeremías.

1

Los judíos de Babilonia envían a los de Jerusalén el libro de Baruc y dinero para ofrecer holocaustos

1. Y éstas son las palabras del libro que escribió Baruc, hijo de Nerías, hijo de Maasías, hijo de Sedecías, hijo de Sedei, hijo de Helcías, en Babilonia,

2. el año quinto, a siete del mes, desde que los caldeos se apoderaron de Jerusalén y la incendiaron.

3. Y leyó Baruc las palabras de este libro en presencia de Jeconías, hijo de Joakim, rey de Judá, y delante de todo el pueblo que acudía a oírlas,

4. y delante de todos los magnates de la estirpe real, y delante de los ancianos, y delante del pueblo, desde el más pequeño hasta el más grande, de todos cuantos habitaban en Babilonia, junto al río Sodi;

5. los cuales lloraban oyendo a Baruc, y ayunaban, y oraban en la presencia del Señor.

6. E hicieron una colecta de dinero, conforme la posibilidad de cada uno;

7. y lo remitieron a Jerusalén, a Joakim, hijo de Helcías, hijo de Salom sacerdote, y a los sacerdotes, y a todo el pueblo que se hallaba con él en Jerusalén,

8. después que Baruc hubo recibido los vasos del templo del Señor, que habían sido robados del templo, para volverlos otra vez a tierra de Judá, a diez del mes de Siván; vasos de plata que había hecho Sedecías, hijo de Josías, rey de Judá,

9. cuando Nabucodonosor, rey de Babilonia, hubo aprisionado a Jeconías y a los príncipes, a todos los magnates y al pueblo de la tierra, y se los llevó presos desde Jerusalén a Babilonia.

10. Y les dijeron en una carta lo que sigue: He aquí que os enviamos dinero, con el cual compraréis víctimas para los holocaustos, e incienso, y haced ofrendas, e inmolad víctimas por el pecado en el altar del Señor Dios nuestro.

11. Y rogaréis por la vida de Nabucodonosor, rey de Babilonia, y por la vida de Baltasar, su hijo, a fin de que los días de ellos sobre la tierra sean como los del cielo;

12. y para que el Señor nos conceda a nosotros fortaleza, y nos haga ver la luz de la prosperidad, para vivir felizmente bajo el amparo de Nabucodonosor, rey de Babilonia, y bajo el amparo de su hijo Baltasar, y les sirvamos a ellos por largo tiempo, y seamos gratos a sus ojos.

13. Rogad también por nosotros mismos al Señor Dios nuestro, porque hemos pecado contra el Señor Dios nuestro, y no se ha apartado su ira de nosotros hasta el día presente.

14. Y leed este libro o escrito, el cual os hemos enviado para que se haga la lectura de él en donde estaba el templo del Señor, en día solemne y tiempo oportuno.

15. Diréis, pues: Del Señor Dios nuestro es la justicia o santidad; mas de nosotros la confusión de nuestros rostros, como está sucediendo en este día a todo Judá y a los moradores todos de Jerusalén,

16. a nuestros reyes, y a nuestros príncipes, y a nuestros sacerdotes, y a nuestros profetas y a nuestros padres.

17. Pecado hemos contra el Señor Dios nuestro, y no le creímos, faltos de confianza en él;

18. y no le estuvimos sumisos, ni quisimos escuchar la voz del Señor Dios nuestro para proceder conforme a los mandamientos que él nos había dado.

19. Desde aquel día en que sacó de la tierra de Egipto a nuestros padres hasta el presente, hemos sido rebeldes al Señor Dios nuestro; y disipados o entregados a nuestros vicios, nos apartamos de él por no oír su voz.

20. Por lo cual se nos han apegado muchos desastres y las maldiciones comunicadas por el Señor a su siervo Moisés*; por el Señor que sacó de la tierra de Egipto a nuestros padres para darnos una tierra que mana leche y miel; maldiciones que estamos experimentando en el día de hoy.

21. Nosotros no quisimos escuchar la voz del Señor Dios nuestro, según lo que decían los profetas que él nos había enviado;

22. y cada uno de nosotros nos fuimos tras las inclinaciones de nuestro perverso corazón, a servir como esclavos a dioses ajenos, obrando la maldad delante de los ojos del Señor Dios nuestro.

---

2 *Los judíos de Babilonia confiesan sus pecados e imploran la misericordia del Señor*

---

1. Por este motivo el Señor Dios nuestro cumplió su palabra, que nos había ya ordenado a nosotros, y a nuestros jueces gobernadores de Israel, y a nuestros reyes, y a nuestros príncipes, y a todo Israel y Judá,

2. de que traería el Señor sobre nosotros grandes males, tales como jamás se habían visto debajo del cielo, como los que han sucedido en Jerusalén, conforme a lo que se halla escrito en la ley de Moisés;

3. y que el hombre comería la carne de su propio hijo y la carne de su hija.

4. Y nos entregó el Señor en poder de todos los reyes vecinos nuestros, para escarnio y ejemplar de desolación en todas las naciones, por entre las cuales nos dispersó el Señor.

5. Esclavos hemos venido a ser, y no amos, por haber pecado contra el Señor Dios nuestro, no obedeciendo a su voz.

6. Del Señor Dios nuestro es la justicia; de nosotros y de nuestros padres la confusión de nuestros rostros, como se está viendo hoy día.

7. Porque el Señor, todos estos castigos que padecemos, nos los había ya amenazado.

8. Mas nosotros ni por eso acudimos al Señor Dios nuestro para rogarle y para convertirnos cada cual de su depravada vida.

9. Con esto echó luego el Señor mano del castigo, y lo descargó sobre nosotros; porque justo es el Señor en todas sus obras y en cuanto nos ha mandado.

10. Y con todo, nosotros no quisimos obedecer a su voz para que caminásemos según los preceptos que el Señor nos había puesto delante de los ojos.

11. Ahora, pues, ¡oh Señor Dios de Israel!, que sacaste a tu pueblo de la tierra de Egipto con mano fuerte y por medio de portentos y prodigios, y con tu gran poderío y robusto brazo, y te adquiriste la fama que hoy tienes:

12. hemos pecado, Señor, hemos obrado impíamente; inicuamente nos hemos portado, ¡oh Señor Dios nuestro!, contra todos tus mandamientos.

13. Aléjese de nosotros tu indignación; porque somos pocos los que quedamos ya entre las naciones en que nos dispersaste.

14. Escucha, Señor, nuestros ruegos y nuestras oraciones, y líbranos por amor de ti mismo, y haz que hallemos gracia a los ojos de aquellos que nos han sacado de nuestra patria;

15. a fin de que con eso conozca todo el

---

20. *Lev 26*; *Deut 27*; *28*.

mundo que tú eres el Señor Dios nuestro, y que Israel y toda su estirpe lleva tu Nombre.

16. Vuelve, ¡oh Señor!, tus ojos hacia nosotros desde tu santa casa, e inclina tus oídos y escúchanos.

17. Abre tus ojos y míranos; porque no son los muertos que están en el sepulcro, cuyo espíritu se separó de sus entrañas, los que tributarán honra a la justicia del Señor;

18. sino el alma que está afligida por causa de la grandeza de los males que ha cometido, y anda encorvada y macilenta, y con los ojos caídos; el alma hambrienta o mortificada, ésa es la que te tributa gloria, ¡oh Señor!, a ti y a tu justicia.

19. Puesto que, no apoyados en la justicia de nuestros padres derramamos nuestras plegarias, e imploramos misericordia ante tu acatamiento, ¡oh Señor Dios nuestro!,

20. sino porque tú has descargado tu indignación y tu furor sobre nosotros, según anunciaste por medio de tus siervos los profetas, diciendo:

21. Esto dice el Señor: Inclinad vuestro hombro y vuestra cerviz y servid al rey de Babilonia*, y así viviréis tranquilos, y no seréis echados de la tierra que yo di a vuestros padres.

22. Mas si no obedeciereis la orden del Señor Dios vuestro de servir al rey de Babilonia, yo haré que seáis arrojados de las ciudades de Judá, y echados de Jerusalén;

23. y quitaré de entre vosotros las voces de alegría, y de gozo, y los alegres cantares de los esposos y de las esposas*, y quedará el país sin vestigio de persona que lo habite.

24. Ellos no quisieron obedecer tu orden de servir al rey de Babilonia; y tú cumpliste tus palabras que anunciaron tus siervos los profetas, cuando dijeron que serían trasladados de su lugar por dos enemigos los huesos de nuestros reyes y los huesos de nuestros padres.

25. Y he aquí que han sido arrojados al calor del sol y a la escarcha de la noche; y murieron entre crueles dolores, acosados por el hambre, por la espada y por un penoso destierro.

26. Y el templo en que se invocaba tu santo Nombre, lo redujiste al estado en que se halla hoy día, por causa de las maldades de Israel y de la casa de Judá.

27. Y te has portado con nosotros, ¡oh Señor Dios nuestro!, con toda tu bondad y con toda aquella tu gran misericordia,

28. conforme lo habías predicho por Moisés, siervo tuyo, en el día que le mandaste escribir tu ley a vista de los hijos de Israel,

29. diciendo: Si vosotros no obedeciereis mi voz, esta gran muchedumbre será reducida a un pequeño número en las naciones, entre las cuales las dispersaré;

30. porque yo sé que el pueblo ese no escuchará, pues es un pueblo de dura cerviz; pero él volverá en sí, cuando esté en la tierra de su esclavitud;

31. y conocerán que yo soy el Dios suyo. Y les daré un nuevo corazón, y entenderán; y oídos, y oirán;

32. y me tributarán alabanzas en la tierra de su cautiverio, y se acordarán de mi santo Nombre.

33. Y dejarán la dureza de su cerviz y su malignidad; pues se acordarán de lo que sucedió a sus padres por haber pecado contra mí.

34. Y los conduciré otra vez a la tierra que prometí con juramento a sus padres Abrahán, Isaac y Jacob; y serán señores de ella, y los multiplicaré, y no irán en disminución.

35. Y asentaré con ellos otra alianza, que será sempiterna, por la cual yo sea su Dios, así como ellos sean el pueblo mío; y no removeré jamás a mi pueblo, a los hijos de Israel, de la tierra que le di.

3

Continúa el profeta implorando la misericordia del Señor. Israel abandonó la sabiduría

1. Y ahora, oh Señor todopoderoso, Dios de Israel, a ti dirige sus clamores el alma mía angustiada y mi espíritu acongojado.

2. Atiende, ¡oh Señor!, y ten piedad, pues tú eres un Dios de misericordia, y apiádate de nosotros, porque hemos pecado en tu presencia.

3. Pues tú, oh Señor, permaneces eternamente; y nosotros tus hijos, ¿habremos de perder para siempre?

4. ¡Oh Señor todopoderoso, Dios de Is-

---

21. *Jer 27*, 12.
23. *Jer 7*, 34; *Ez 26*, 13.

rael!, escucha ahora la oración de los muertos de Israel, de los israelitas atribulados y de los hijos de aquéllos los cuales pecaron delante de ti, y no quisieron escuchar la voz del Señor Dios suyo, por cuyo motivo se han apegado a nosotros todos los males.

5. No quieras acordarte de las maldades de nuestros padres; acuérdate, sí, en esta oración de tu poder y de tu santo Nombre.

6. Porque tú eres el Señor Dios nuestro; y nosotros, ¡oh Señor!, te tributaremos la alabanza;

7. pues por eso has llenado de temor nuestros corazones, a fin de que invoquemos tu santo Nombre, y te alabemos en nuestra cautividad; puesto que detestamos ya la iniquidad de nuestros padres que pecaron en tu presencia.

8. Y he aquí que permanecemos nosotros en nuestro cautiverio, en donde nos tienes tú dispersos, para que seamos el escarnio, la maldición y la condenación de los pecadores, en pena de todas las maldades de nuestros padres, los cuales se alejaron de ti, ¡oh Señor Dios nuestro!

9. Escucha, ¡oh Israel!, los mandamientos de vida: Aplica tus oídos para aprender la prudencia.

10. ¿Cuál es el motivo, oh Israel, de que estés tú en la tierra de enemigos?,

11. ¿y de que hayas envejecido en país extranjero, te hayas contaminado entre los muertos, y de que ya se te cuente en el número de los que descienden al sepulcro?

12. ¡Ah!, es por haber tú abandonado la fuente de la sabiduría.

13. Porque si hubieses andado por la senda de Dios, hubieras vivido ciertamente en paz o felicidad perdurable.

14. Aprende, pues, dónde está la sabiduría, donde está la fortaleza, donde está la inteligencia, para que sepas así también donde está la vida larga y el sustento, y donde está la luz de los ojos del alma, y la paz o felicidad verdadera.

15. ¿Quién halló el lugar en que ella habita*? ¿Y quién penetró en sus tesoros?

16. ¿Dónde están los príncipes de las naciones y aquellos que dominaban las bestias de la tierra?

17. ¿Aquellos que jugaban o se enseñoreaban de las aves del cielo?

18. ¿Aquellos que atesoraban plata y oro, en que ponen los hombres su confianza, y en cuya adquisición jamás acaban de saciarse; aquellos que hacían labrar muebles de plata, y andaban afanados, sin poner término a sus empresas?

19. Exterminados fueron y descendieron a los infiernos; y su puesto lo ocuparon otros.

20. Estos jóvenes vieron la luz, y habitaron sobre la tierra como sus padres; pero desconocieron también el camino de la sabiduría;

21. y no comprendieron sus veredas, ni sus hijos la abrazaron; se alejó de la presencia de ellos.

22. No se oyó palabra de ella en la tierra de Canaán, ni fue vista en Temán.

23. Asimismo los hijos de Agar, que van en busca de la prudencia o sabiduría que procede de la tierra, y los negociantes de Merra y de Temán y los autores de fábulas instructivas, y los investigadores de la sabiduría e inteligencia, desconocieron igualmente el camino de la verdadera sabiduría, y no hicieron mención de sus veredas.

24. ¡Oh Israel, cuán grande es la casa de Dios y cuán espacioso el lugar de su dominio!

25. Grandísimo es y no tiene término, excelso es e inmenso.

26. Allí vivieron aquellos famosos gigantes, que hubo al principio del mundo, de gran estatura, diestros en la guerra.

27. No fueron éstos escogidos por el Señor; no hallaron éstos la senda de la doctrina, por lo tanto perecieron.

28. Porque no tuvieron sabiduría, perecieron por su necedad.

29. ¿Quién subió al cielo, y la tomó, y la trajo de encima de las nubes?

30. ¿Quién atravesó los mares, y pudo hallarla, y la trajo con preferencia al oro purísimo*?

31. No hay nadie que pueda conocer los caminos de ella, ni investigar las veredas por donde anda.

32. Mas aquel Señor que sabe todas las cosas, la conoce y la manifiesta con su prudencia; aquel que fundó la tierra para que subsista eternamente, y la llenó de ganados y de cuadrúpedos;

---

30. El hombre es incapaz de alcanzar por sí solo la sabiduría. *Job 28*, 15.

33. aquel que despide la luz, y ella marcha al instante; y la llama, y ella obedece luego, temblando de respeto.

34. Las estrellas difundieron su luz en sus estaciones, y se llenaron de alegría,

35. fueron llamadas, y al instante respondieron: Aquí estamos; y resplandecieron, gozosas de servir al Señor que las creó.

36. Este es nuestro Dios, y ningún otro será reputado por tal en su presencia.

37. Este fue el que dispuso todos los caminos de la doctrina o sabiduría, y el que la dio a su siervo Jacob y a Israel su amado.

38. Después de tales cosas, él se ha dejado ver sobre la tierra, y ha conversado con los hombres.

4

Prerrogativas de Israel. El Señor castigósus pecados con el cautiverio. Le dará libertad

1. La sabiduría, éste es el libro de los mandamientos de Dios, y la ley que subsiste eternamente, todos los que la abrazan, llegarán a la vida verdadera; mas aquellos que la abandonan, van a parar en la muerte.

2. Conviértete, ¡oh Jacob, y tenla asida! Anda a la luz de ella por el camino que te señala con su resplandor .

3. No des tu gloria a otro pueblo, ni tu dignidad a una nación extraña.

4. Dichosos somos nosotros, ¡oh Israel!, porque sabemos las cosas que son del agrado de Dios.

5. Ten buen ánimo, ¡oh pueblo de Dios!, tú que conservas el nombre de Israel.

6. Vendidos habéis sido vosotros a las naciones, pero no para que seáis aniquilados; sino por haber provocado la indignación de Dios, por eso fuisteis entregados a los enemigos.

7. Pues exasperasteis a aquel Señor que os creó, al Dios eterno, ofreciendo sacrificios a los demonios en lugar de Dios.

8. Porque echasteis en olvido al Dios que os creó, y llenasteis de aflicción a Jerusalén, vuestra nodriza.

9. Porque ella vio venir sobre vosotros la ira de Dios, y dijo: Escuchad, ¡oh ciudades vecinas de Sión! Dios me ha enviado una gran aflicción;

10. pues yo he visto la esclavitud del pueblo mío, de mis hijos e hijas, a la cual el Eterno los ha conducido.

11. Porque yo los creé con gozo; pero con llanto y con dolor los he dejado.

12. Nadie se alegra al verme viuda y desolada, desamparada he sido de muchos, por causa de los pecados de mis hijos; los cuales se desviaron de la ley de Dios,

13. y desconocieron sus preceptos, y no anduvieron por el camino de los mandamientos de Dios, ni con la justicia siguieron por las sendas de su verdad.

14. Vengan las ciudades vecinas de Sión, y consideren y lamenten conmigo la esclavitud a que el Eterno ha reducido a mis hijos e hijas;

15. porque el Señor hizo venir contra ellos una nación remota, nación perversa y de lengua desconocida,

16. la cual no ha respetado al anciano, ni ha tenido piedad de los niños, y le ha arrancado a la viuda sus queridos hijos, dejándola sin ellos desolada.

17. Y ahora ¿en qué puedo yo ayudaros?

18. Pero aquel Señor que envió sobre vosotros los males, él mismo os liberará de las manos de vuestros enemigos.

19. Andad, ¡oh hijos míos!, id al cautiverio, y yo me quedo solitaria.

20. Me desnudé del manto o vestido de paz y regocijo, y me vestí del saco de rogativa, y clamaré al Altísimo todos los días de mi vida.

21. Tened buen ánimo, ¡oh hijos míos!, clamad al Señor, y él os libertará del poder de los príncipes enemigos.

22. Porque yo he puesto la esperanza mía en el Eterno, que es nuestra salud; y el Santo me ha consolado con la promesa de la misericordia que tendrá de vosotros el Eterno, nuestro Salvador.

23. Pues con lágrimas y sollozos os dejé ir; mas el Señor os volverá otra vez a mí con gozo y alegría duradera.

24. Y al modo que las ciudades vecinas de Sión vieron que venía de Dios vuestra esclavitud, así verán muy pronto que os vendrá de Dios la salud con gran honra y resplandor eterno.

25. Hijos, soportad con paciencia el castigo que ha descargado sobre vosotros. Porque, ¡oh Israel!, tu enemigo te ha perseguido; pero en breve verás tú su perdición, y pondrás tu pie sobre su cuello.

26. Mis delicados hijos han andado por caminos ásperos; porque han sido llevados como un rebaño robado por enemigos.

27. Hijos, tened buen ánimo, y clamad al Señor; pues aquel mismo que os ha transportado ahí, se acordará de vosotros.

28. Porque si vuestra voluntad os movió a descarriaros de Dios, también le buscaréis con una voluntad diez veces mayor, luego que os hayáis convertido.

29. Porque aquel que os envió estos males, él mismo traerá un gozo sempiterno con la salud que os dará.

30. Buen ánimo, ¡oh Jerusalén!, pues te consuela aquel Dios que te dio el nombre de ciudad suya.

31. Los malos que te destrozaron perecerán, y castigados serán aquellos que se alegraron en tu ruina.

32. Las ciudades a las cuales han servido tus hijos, serán castigadas; y será castigada aquella que se apoderó de ellos.

33. Así como se gozó ella en tu ruina y se alegró de tu caída, así se verá angustiada en su desolación.

34. Y cesará la alegre algazara de su muchedumbre, y su regocijo se convertirá en llanto.

35. Porque el Eterno enviará fuego sobre ella por los largos días, y será habitada de demonios durante mucho tiempo.

36. Mira, ¡oh Jerusalén!, hacia el oriente, y repara la alegría que Dios te envía;

37. porque he aquí que vuelven tus hijos que tú enviaste dispersos, ellos vienen congregados desde oriente a occidente, según la promesa del Santo, alabando a Dios con alegría.

5

Invita a Jerusalén a quitarse los vestidos de luto, porque sus hijos volverán llenos de gozo y honra

1. Desnúdate, ¡oh Jerusalén!, del vestido de luto, correspondiente a tu aflicción, y vístete del esplendor y de la magnificencia de aquella gloria perdurable que te viene de Dios.

2. Te revestirá el Señor de un doble manto de justicia o santidad, y pondrá sobre tu cabeza una diadema de honra sempiterna.

3. Pues en ti dará a conocer Dios su magnificencia a todos los hombres que existen debajo del cielo.

4. Porque tu nombre, el nombre que te impondrá Dios para siempre será éste: La paz o felicidad de la justicia, y la gloria de la piedad.

5. Levántate, ¡oh Jerusalén!, y ponte en la altura, y dirige tu vista hacia oriente, y mira cómo se congregan tus hijos desde el oriente hasta el occidente en virtud de la palabra del Santo, gozándose en la memoria de su Dios;

6. porque se alejaron de ti a pie llevados por los enemigos; el Señor te los volverá a traer conducidos con el decoro o magnificencia de hijos o príncipes del reino.

7. Porque Dios ha decretado abatir todo monte empinado, y todo peñasco eterno, y terraplenar los valles al igual de la tierra; para que Israel camine sin demora para gloria de Dios.

8. Aun las selvas y todos los árboles aromáticos harán sombra a Israel por mandamiento de Dios.

9. Porque Dios guiará alegremente a Israel con el esplandor de su majestad, mediante la misericordia y la justicia que de él vienen.

6

Carta de Jeremías a los cautivos de Babilonia, en la que predice su libertad pasadas siete generaciones

Copia de la carta que envió Jeremías a los judíos cuando habían de salir para Babilonia, a donde los hacía conducir cautivos el rey de los babilonios, en que les hace saber lo que Dios le había mandado.

1. Por los pecados que habéis cometido en la presencia de Dios, seréis llevados cautivos a Babilonia por Nabucodonosor, rey de los babilonios.

2. Llegados, pues, a Babilonia estaréis allí muchísimos años y por muy largo tiempo, hasta siete generaciones*; después de lo cual os sacaré de allí en paz.

3. Ahora bien, vosotros veréis en Babilo-

2. El profeta cuenta diez años por cada generación.

nia dioses de oro, y de plata, y de piedra, y de madera, llevados en hombros, que causan un temor respetuoso a las gentes.

4. Guardaos, pues, vosotros de imitar lo que hacen los extranjeros de modo que vengáis a temerlos o respetarlos, y a concebir temor de tales dioses.

5. Cuando veáis, pues, detrás y delante de ellos la turba que los adora, decid allá en vuestro corazón: ¡Oh Señor!, sólo a ti se debe adorar.

6. Porque mi ángel* con vosotros está; y yo mismo tendré cuidado de vuestras almas.

7. Puesto que la lengua de los ídolos limada fue por el artífice, y muda se queda; y aunque están ellos dorados y plateados, son un mero engaño, e incapaces de poder hablar.

8. Y al modo que se hace con una doncella amiga de engalanarse, así echando mano del oro los adornan con esmero.

9. Y la verdad los dioses de ellos tienen puestas sobre la cabeza coronas de oro; oro que después con la plata les quitan los sacerdotes, a fin de gastarlo ellos para sí mismos.

10. Y aun lo hacen servir para engalanar a las rameras; y a veces recobrándolo de ellas, adornan con él a sus dioses.

11. Sin embargo, estos dioses no saben liberarse del orín y de la polilla.

12. Y después que los han revestido de púrpura, les limpian el rostro, con motivo del muchísimo polvo que hay en sus templos.

13. Tiene también el ídolo un cetro en su mano, como lo tiene aquel que es juez o gobernador de un país; mas él no puede quitar la vida, ni dañar al que le ofende.

14. Tiene igualmente en su mano la espada y el hacha; mas no se puede librar a sí mismo de la guerra, ni de los ladrones, por todo lo cual podéis daros cuenta que no son dioses.

15. Y así no tenéis que temerlos; porque esos dioses son como una vasija hecha pedazos, que para nada sirve.

16. Colocados que se hallan en una casa o templo, sus ojos se cubren luego del polvo que levantan los pies de los que entran.

17. Y al modo que al que ofendió al rey se le encierra dentro de muchas puertas, y como se practica con un muerto que se lleva al sepulcro, así aseguran los sacerdotes las puertas con cerraduras y cerrojos, para que los ladrones no despojen a los dioses.

18. Les enciende también delante muchas lámparas; mas no pueden ver ninguna de ellas; son esos dioses como las vigas de una casa.

19. Dicen que unas sierpes, que salen de la tierra, les lamen el interior, cuando se los comen a ellos y a sus vestiduras, sin que ellos lo perciban.

20. Negras se vuelven sus caras del humo que hay en su casa.

21. Sobre su cuerpo y sobre su cabeza vuelan las lechuzas, y las golondrinas, y otras aves, y también los gatos andan sobre ellos.

22. Por donde podéis conocer que ellos no son dioses; y por lo mismo, no los temáis.

23. Además de esto, el oro que tienen es para bien parecer; si alguno no los limpia del orín, ya no relucirán. Ni aun cuando los estaban fundiendo en el crisol, sintieron nada.

24. Y a pesar de que no hay en ellos espíritu alguno, fueron comprados a sumo precio.

25. Llevados son en hombros, como que no tienen pies; demostrando así a los hombres su vergonzosa impotencia. Avergonzados sean también aquellos que los adoran.

26. Por eso si caen en tierra, no se levantan por sí mismos; ni por sí mismos se mantendrán, si alguno los pone en pie; y les han de poner delante las ofrendas como a los muertos.

27. Estas ofrendas las venden y malgastan sus sacerdotes, y sus mujeres roban para sí; no dan nada de ello al enfermo ni al mendigo.

28. Tocan los sacrificios de ellos las mujeres paridas y las menstruosas*. Conociendo, pues, por todas estas cosas que ellos no son dioses, no tenéis que temerlos.

29. Mas ¿cómo es que los llaman dioses? Es porque las mujeres presentan dones a estos dioses de plata, y de oro, y de madera;

30. y los sacerdotes se están en las casas

---

6. *Dan 10,* 13-21; *12,* 1.

28. *Lev 12,* 4; *15,* 19.

o templos de ellos, llevando rasgadas sus túnicas, y raído el cabello y la barba, y con la cabeza descubierta*.

31. Y rugen dando gritos en la presencia de sus dioses, como se práctica en la cena o convite de un muerto.

32. Los sacerdotes les quitan a los ídolos sus vestidos, y los hacen servir para vestir a sus mujeres y a sus hijos.

33. Y aunque a los ídolos se les hiciere algún mal o algún bien, no pueden volver la paga correspondiente. Ni pueden poner un rey, ni pueden quitarlo.

34. Y asimismo, ni pueden dar riquezas, ni tomar venganza de nadie. Si alguno les hace un voto y no lo cumple, ni de esto se quejan.

35. No pueden librar a un hombre de la muerte, ni amparar al débil contra el poderoso.

36. No restituyen la vista a ningún ciego, ni sacarán de la miseria a nadie.

37. No se compadecerán de la viuda, ni serán bienhechores de los huérfanos.

38. Semejantes son a las piedras del monte esos sus dioses de madera, de piedra, de oro, de plata. Confundidos serán sus adoradores.

39. ¿Cómo, pues, puede juzgarse ni decirse que ellos sean son dioses,

40. cuando aun los mismos caldeos los desprecian? Así que oyen que uno no puede hablar porque es mudo, lo presentan a Bel, rogándole que lo haga hablar;

41. como si tuviesen sentido aquellos que no tienen movimiento alguno; y ellos mismos, cuando lleguen a desengañarse, los abandonarán; pues ningún sentido tienen sus dioses.

42. Las mujeres ceñidas de cordones, se sientan en los caminos quemando el terrón o el desecho de la aceituna.

43. Y así que alguna de ellas, atraída por algún pasajero, ha dormido con él, hiere a su compañera de que no ha sido escogida como ella, y no ha sido roto su cordón o cinta.

44. Y todas cuantas cosas se hacen en honor de los ídolos, están llenas de engaño e infamia. ¿Cómo, pues, podrá nunca juzgarse o decirse que ellos sean dioses?

45. Han sido fabricados por carpinteros y por plateros. No serán otra cosa que aquello que quieran los sacerdotes.

46. Los artífices mismos de los ídolos duran poco tiempo. ¿Podrán, pues, ser dioses aquellas cosas que ellos mismos fabrican?

47. Mentira y oprobio es lo que dejan a los que han de nacer.

48. Porque si sobreviene alguna guerra o desastre, los sacerdotes andan discurriendo dónde guarecerse con aquellos sus dioses.

49. ¿Cómo pueden merecer jamás el concepto de dioses, aquellos que ni pueden librarse de la guerra, ni sustraerse de las calamidades?

50. Porque siendo como son cosa de madera, dorados y plateados, conocerán después al fin todas las naciones y reyes que son un engaño, viendo claramente cómo no son dioses, sino obras de las manos de los hombres, y que nada hacen ellos en prueba de ser dioses.

51. Pero ¿y de dónde se conoce que son ellos dioses, sino obras de las manos de los hombres, y que nada hacen en prueba de que son dioses?

52. En que ellos no ponen rey en ningún país, ni pueden dar la lluvia a los hombres.

53. No decidirán ciertamente las contiendas, ni librarán de la opresión a las provincias; porque nada pueden; son como las cornejitas, las cuales ni vienen a ser aves del cielo, ni animales de la tierra.

54. Porque si se prendiere fuego en el templo de los dioses esos de madera, de plata y de oro, a buen seguro que echarán a huir sus sacerdotes, y se pondrán a salvo; pero ellos se abrasarán dentro, lo mismo que las vigas.

55. Y no harán resistencia a un rey en tiempo de guerra. ¿Cómo, pues, puede creerse, ni admitirse que sean ellos dioses?

56. No se librarán de ladrones, ni de salteadores, unos dioses que son de madera y de piedra, dorados y plateados; porque aquéllos pueden más que ellos;

57. y les quitarán el oro, y la plata, el vestido de que están cubiertos, y se marcharán; sin que los ídolos puedan valerse a sí mismos.

58. Por manera que vale más un rey que muestra su poder, o cualquier mueble útil

---

30. Todas las prácticas descritas estaban prohibidas por la ley judía. *Lev 10*, 6; *21*, 5-10.

en una casa, del cual se precia el dueño, o la puerta de la casa, que guarda lo que hay dentro de ella, que no los falsos dioses.

59. El sol ciertamente, y la luna y las estrellas, que están puestas para alumbrarnos y sernos provechosas, obedecen al Creador.

60. El relámpago se hace percibir cuando aparece; y el viento sopla por todas las regiones.

61. Igualmente las nubes, cuando Dios les manda recorrer todo el mundo, ejecutan lo que les ha mandado.

62. El fuego también enviado de arriba para abrasar los montes y los bosques, cumple lo que se le ha ordenado. Mas estos ídolos, ni en la belleza, ni en la virtud se parecen a esas cosas.

63. Y así no debe pensarse, ni decirse que ellos sean dioses, cuando no pueden ni hacer justicia ni servir en cosa alguna a los hombres.

64. Sabiendo, pues, que ellos no son dioses, no tenéis que temerlos;

65. pues ni enviarán maldición ni bendición a los reyes;

66. ni muestran tampoco a los pueblos las estaciones de los tiempos, ni lucen como el sol, ni alumbran como la luna.

67. Más que ellos valen las bestias; las cuales pueden huir a refugiarse bajo cubierto, y valerse a sí mismas.

68. De ninguna manera son dioses, como es evidente, por tanto, pues, no tenéis que temerlos.

69. Porque así como no es buen guarda en el melonar un espantajo, así son sus dioses de madera, de plata y de oro.

70. Son como la espina blanca en un huerto, sobre la cual vienen a posar toda suerte de pájaros. Se asemejan también estos dioses suyos de madera, dorados y plateados, a un muerto que yace entre las tinieblas del sepulcro.

71. Por la púrpura y escarlata, las cuales veis que se apolillan sobre ellos, conoceréis claramente que no son dioses, ellos mismos son al fin pasto de la polilla, y servirán de oprobio al país.

72. Mejor que todo es el varón justo, el cual no conoce los ídolos; porque estará bien lejos de la ignominia.

Ezequiel

Introducción

Ezequiel, hijo de Buzi, fue de la estirpe sacerdotal. Nabucodonosor lo llevó cautivo a Babilonia con el rey Jeconías en 598 a.C.. Su actividad profética se desarrolla durante veinte años en Jerusalén y Babilonia. El príncipe de su pueblo lo hizo matar, porque le reprochaba su idolatría. Fue sepultado en el monumento de Sem y Arfaxad, progenitores de Abrahán.

Sus profecías son oscuras, después de insinuar su vocación, describe la toma de Jerusalén por los caldeos, la cautividad de las diez tribus, la de la tribu de Judá y los rigores de la venganza divina contra el pueblo infiel. Presenta a Israel el consuelo, prometiéndole que Dios lo sacaría de la cautividad, restablecería Jerusalén, su templo, y su reino. Predice la vocación de los gentiles, el establecimiento de la Iglesia y el reino de Cristo, el supremo Pastor, de cuyo bautismo y resurrección habla de un modo misterioso.

San Gregorio Nacianceno llamó a Ezequiel *el máximo y sublimísimo entre los profetas*, y San Jerónimo, *el Océano de las Escrituras* y *el laberinto de los misterios de Dios*, por la dificultad de sus figuras, símbolos y enigmas.

San Agustín dijo respecto de estas profecías *No siendo el fin y el cumplimiento de las Escrituras, sino la doble caridad (amor a Dios y al prójimo), cualquiera que cree haber entendido las Divinas Escrituras o alguna parte de ellas, pero que las entienda de tal suerte que con esa inteligencia que tiene no edifica aquella doble caridad, todavía no las ha entendido bien: al contrario, aquel que saca de ellas tales sentimientos que son útiles para nutrir y fortalecer dicha caridad, aunque acaso no haya comprendido el verdadero sentido que tuvo en su mente en aquel texto el escritor sagrado, ni se engaña para daño suyo, ni cae absolutamente en mentira.*

1

Ezequiel habla de las visiones divinas de los cuatro animales y del personaje sentado sobre el trono

1. En el año trigésimo, en el mes cuarto, a cinco del mes, sucedió que estando yo en medio de los cautivos junto al río Cobar, se me abrieron los cielos, y tuve visiones divinas, o extraordinarias.

2. A cinco del mes, en el quinto año después de haber sido trasladado a Babilonia el rey Joaquín, o Jeconías,

3. dirigió el Señor su palabra a Ezequiel sacerdote, hijo de Buzi, en la tierra de los caldeos, junto al río Cobar; y allí se hizo sentir sobre él la mano o virtud de Dios*.

4. Y miré, y he aquí que venía del norte un torbellino de viento, y una gran nube, y un fuego que se revolvía dentro de la nube, y un resplandor alrededor de ella; y en su centro, esto es, en medio del fuego, una imagen de un personaje, tan brillante como de ámbar.

5. Y en medio de aquel fuego se veía una semejanza de cuatro animales; la apariencia de los cuales era la siguiente: Había en ellos algo que se parecía al hombre.

6. Cada uno tenía cuatro caras y cuatro alas.

---

3. *1 Re 18*, 46; *2 Re 3*, 15.

La visión inaugural de Ezequiel

Dirigió el Señor su palabra a Ezequiel sacerdote,
hijo de Buzi, en la tierra de los caldeos, junto al río Cobar;
y allí se hizo sentir sobre él la mano o virtud de Dios.

7. Sus pies eran derechos como los de un hombre, y la planta de sus pies como la planta del pie de un becerro, y despedían centellas, como se ve en un acero muy encendido.

8. Debajo de sus alas, a los cuatro lados, había manos de hombre; y tenían caras y alas por los cuatro lados.

9. Y se juntaban las alas del uno con las del otro. No se volvían cuando andaban, sino que cada uno caminaba adelante según la dirección de su rostro.

10. Por lo que hace a su rostro, todos cuatro lo tenían de hombre, y todos cuatro tenían una cara de león a su lado derecho; al lado izquierdo tenían todos cuatro una cara de buey; y en la parte de arriba tenían todos cuatro una cara de águila.

11. Sus caras y sus alas miraban y se extendían hacia lo alto, se juntaban por la punta dos alas de cada uno, y con las otras dos cubrían sus cuerpos.

12. Y andaba cada uno de ellos según la dirección de su rostro, a donde les llevaba el ímpetu del espíritu, allá iban; y no se volvían para caminar.

13. Y estos animales a la vista parecían como ascuas de ardiente fuego, y como hachas encendidas. Se veía discurrir por en medio de los animales un resplandor de fuego, y salir del fuego relámpagos.

14. Y los animales iban y volvían a manera de resplandecientes relámpagos.

15. Y mientras estaba yo mirando los animales, apareció una rueda sobre la tierra, junto a cada uno de los animales, la cual tenía cuatro caras o frentes;

16. y las ruedas y la materia de ellas eran a la vista como del color del mar; y todas cuatro eran semejantes, y su forma y su estructura eran como de una rueda que está en medio de otra rueda.

17. Caminaban constantemente por sus cuatro lados, y no se volvían cuando andaban.

18. Asimismo las ruedas tenían tal circunferencia y altura, que causaba espanto verlas; y toda la circunferencia de todas cuatro estaba llena de ojos por todas partes.

19. Y caminando los animales, andaban igualmente también las ruedas junto o detrás de ellos; y cuando los animales se levantaban de la tierra, se levantaban también del mismo modo las ruedas con ellos.

20. A cualquier parte donde iba el espíritu, allá se dirigían también en pos de él las ruedas, porque había en las ruedas espíritu de vida.

21. Andaban las ruedas si los animales andaban; se paraban si ellos se paraban, y levantándose ellos de la tierra, se levantaban también las ruedas en pos de ellos; porque había en las ruedas espíritu de vida.

22. Y sobre las cabezas de los animales, había una semejanza de firmamento, que parecía a la vista un cristal estupendo; el cual estaba extendido arriba por encima de sus cabezas.

23. Debajo del firmamento, se veían las alas de ellos extendidas, tocando el ala del uno a la del otro, y cubriendo cada cual su cuerpo con las otras dos alas, se cubría cada uno del mismo modo.

24. Y oía yo el ruido de las alas como ruido de muchas aguas, como trueno del excelso Dios; así que caminaban, el ruido era semejante al de un gran gentío, o como ruido de un ejército; y así que paraban, bajaban sus alas.

25. Porque cuando salía una voz sobre el firmamento que estaba encima de sus cabezas, ellos se paraban y bajaban sus alas.

26. Y había sobre el firmamento que estaba encima de sus cabezas, como un trono de piedra de zafiro, y sobre aquella especie de trono había la figura como de un personaje.

27. Y yo vi su aspecto como una especie de electro resplandeciente, y a manera de fuego dentro de él, y alrededor de su cintura hasta arriba; y desde la cintura abajo vi como un fuego ardiente que resplandecía alrededor.

28. Cual aparece el arco iris cuando se halla en una nube en día lluvioso, tal era el aspecto del resplandor que se veía alrededor del trono.

2 *Ezequiel cuenta cómo Dios lo envió a Israel para condenar su rebeldía y llamarlo a la enmienda*

1. Esta visión era una semejanza de la gloria de Dios. Yo la tuve, y me postré atónito sobre mi rostro, y oí la voz de un personaje que hablaba; y me dijo a mí: Hijo de hombre, ponte en pie y hablaré contigo.

2. Y después que él hubo hablado, entró en mí el espíritu, y me puso sobre mis pies; y escuché al personaje que me hablaba,

3. y decía: Hijo de hombre, yo te envío a los hijos de Israel, a esos gentiles y apóstatas que se han apartado de mí; ellos y sus padres han violado hasta el día de hoy el pacto que tenían conmigo.

4. Son hijos de rostro duro y de corazón indomable ésos a quienes yo te envío. Y les dirás: Esto dice el Señor Dios,

5. por si acaso ellos escuchan, y por si cesan de pecar; porque es ésa una familia contumaz. Y al menos sabrán que tienen un profeta en medio de ellos.

6. Tú, pues, hijo de hombre, no los temas, ni te amedrenten sus palabras, pues tú tienes que habértelas con incrédulos y pervertidores, y habitas con escorpiones; no temas sus palabras, ni te amedrenten sus rostros; pues ella es una familia rebelde.

7. Tú, pues, les repetirás mis palabras, por si acaso escuchan, y cesan de pecar, porque es gente a propósito para irritar.

8. Tú, ¡oh hijo de hombre!, escucha todo aquello que te digo; y no seas rebelde, como lo es esta familia: Abre tu boca, y come todo lo que te doy.

9. Y miré, y he aquí una mano extendida hacia mí, la cual tenía un volumen o libro enrollado, y lo abrió delante de mí, y estaba escrito por dentro y por fuera; y lamentaciones, y canciones lúgubres, y ayes o maldiciones, era lo que se hallaba escrito en él.

3 *Ezequiel comió el libro que le dio el Señor y quedó lleno de valor para reprender a Israel*

1. Y me dijo el Señor: Hijo de hombre, come cuanto hallares; come ese volumen, y ve a hablar a los hijos de Israel.

2. Entonces abrí mi boca, y me dio a comer aquel volumen,

3. Y me dijo: Hijo de hombre, con este volumen que yo te doy tu vientre se alimentará, y se llenarán tus entrañas. Lo comí, pues, y mi paladar lo halló dulce como la miel'.

4. Y me dijo él: Hijo de hombre, anda y anuncia a la familia de Israel mis palabras,

5. porque no eres enviado tú a un pueblo de extraño lenguaje y de idioma desconocido, sino a la casa de Israel;

6. ni a varias naciones, cuyo hablar te sea desconocido y extraña su lengua, cuyas palabras no puedas entender; que si a éstos fueses tú enviado, ellos te escucharían.

7. Mas los de la casa de Israel no quieren escucharte, porque ni a mí mismo quieren oírme, pues la casa toda de Israel es de frente descarada y de corazón endurecido.

8. He aquí que yo te daré a ti un rostro más firme que el rostro de ellos y una frente más dura que la frente suya.

9. Te daré un rostro tan firme como el diamante y el pedernal. No tienes que temer, ni turbarte delante de ellos; porque ella es una familia contumaz.

10. Y me dijo: Hijo de hombre, recibe en tu corazón, y escucha bien todas las palabras que yo te hablo;

11. y anda, preséntate a los hijos de tu pueblo, que fueron traídos al cautiverio, y les hablarás de esta manera: He aquí lo que dice el Señor Dios; por si atienden y cesan de pecar.

12. Y me arrebató el espíritu, y oí detrás de mí una voz muy estrepitosa, que decía: Bendita sea la gloria del Señor que se va de su lugar.

13. Y oí el ruido de las alas de los animales, y de las cuales la una batía con la otra, y el ruido de las ruedas que seguían a los animales y el ruido de un gran estruendo.

14. Y me reanimó el espíritu, y me tomó, e iba yo lleno de amargura e indignación de ánimo; pero estaba conmigo la mano del Señor que me confortaba.

15. Llegué, pues, a los cautivos transportados al lugar llamado Montón de las nuevas mieses, donde estaban aquellos que habitaban junto al río Cobar; y me detuve donde estaban ellos, y allí permanecí melancólico siete días en medio de ellos.

16. Y al cabo de los siete días, me habló el Señor, diciendo:

17. Hijo de hombre, yo te he puesto por centinela en la casa de Israel, y de mi boca oirás mis palabras y se las anunciarás a ellos de mi parte.

18. Si diciendo yo al impío: Morirás sin remedio; tú no se lo comunicas, ni le hablas,

---

3. *Ap 10*, 9-10.

a fin de que se retraiga de su impío proceder y viva, aquel impío morirá en su pecado; pero yo te pediré a ti cuenta de su sangre o perdición.

19. Pero si tú has reprendido al impío, y él no se ha convertido de su impiedad, ni de su impío proceder, él ciertamente morirá en su maldad; mas tú has salvado tu alma.

20. De la misma manera, si el justo abandonare la virtud, e hiciere obras malas, yo le pondré delante tropiezos; él morirá, porque tú no le has amonestado, morirá en su pecado, y no se hará cuenta ninguna de las obras justas que hizo, pero yo te pediré a ti cuenta de su sangre.

21. Mas si hubieres reprendido al justo a fin de que no peque, y él no pecare, en verdad que tendrá él verdadera vida, porque lo reprendiste; y tú has librado tu alma.

22. Y se hizo sentir sobre mí la mano o virtud del Señor; y me dijo: Levántate y sal al campo, y allí hablaré contigo.

23. Y poniéndome en camino, salí al campo; y he aquí que la gloria del Señor que estaba allí era el modo de aquella que vi junto al río Cobar; y me postré sobre mi rostro.

24. Y entró en mí el Espíritu, y me puso sobre mis pies, y me habló, y me dijo: Ve, y enciérrate dentro de tu casa.

25. Y tú, ¡oh hijo de hombre!, mira que han dispuesto para ti ataduras, y te atarán; y tú no podrás salir de en medio de ellos.

26. Y yo haré que tu lengua se pegue a tu paladar, de suerte que estés mudo y no seas ya un hombre que reprende, porque ella es una familia contumaz.

27. Mas cuando yo te haya hablado, abriré tu boca, y tú les dirás a ellos: Esto dice el Señor Dios: El que oye, oiga; y quien duerme, duerma: porque es ésta una familia contumaz.

4

Manda el Señor a Ezequiel que represente el sitio de Jerusalén y sus calamidades venideras

1. Y tú, hijo de hombre, toma un ladrillo y póntelo delante; y dibujarás en él la ciudad de Jerusalén,

2. y delinearás con orden un asedio contra ella, y levantarás fortificaciones y harás trincheras, y sentarás un campamento contra ella, y colocarás rampas alrededor de sus muros.

3. Coge luego una plancha de hierro, y la pondrás, cual si fuera una muralla de hierro, entre ti y la ciudad delineada; y a ésta la mirarás con un rostro severo, y ella quedará sitiada, pues tú le pondrás cerco. Todo lo dicho es una señal o vaticinio contra la casa de Israel.

4. Asimismo tú dormirás sobre tu lado izquierdo, y pondrás sobre él las maldades de Israel, durante el número de días en los cuales dormirás sobre dicho lado, y llevarás la pena de su maldad.

5. Ahora bien, yo te he dado el número de trescientos noventa días, por otros tantos años de la maldad de ellos, y tú llevarás la pena de la iniquidad de la casa de Israel.

6. Y concluidos estos días dormirás otra vez, y dormirás sobre tu lado derecho, y llevarás la pena de la iniquidad de la casa de Judá por cuarenta días, día por año, pues por cada año te he señalado un día.

7. Y volverás tu rostro airado contra la sitiada Jerusalén, y extendiendo tu brazo profetizarás contra ella.

8. Mira que yo te he rodeado de cadenas, y no te podrás volver de un lado al otro, hasta que hayas cumplido los días del sitio.

9. Tú, pues, haz provisión de trigo, y cebada, y habas, y lentejas, y mijo, y alverja; y ponlo todo en una vasija, y te harás de ello panes, según el número de los días en los cuales dormirás sobre tu costado: Trescientos noventa días comerás de ellos.

10. Y lo que comerás para tu sustento será veinte siclos de peso cada día, lo comerás una sola vez al día.

11. Beberás también el agua con medida, esto es, la sexta parte de un hin*, la beberás una sola vez al día.

12. Y el pan lo comerás cocido bajo la ceniza o rescoldo, como una torta de cebada, debajo de la ceniza de excremento humano lo cocerás, a vista de ellos.

13. Y dijo el Señor: De este modo los hijos de Israel comerán su pan inmundo entre los gentiles, a donde yo los arrojaré.

14. Entonces dije yo: ¡Ah, ah, Señor Dios! ¡Ah!, mira que mi alma no está contaminada, y desde mi infancia hasta ahora no he comi-

11. El *hin* era algo más de 3,5 litros.

do cosa mortecina, ni despedazada de fieras*, ni jamás ha entrado en mi boca especie ninguna de carne inmunda.

15. Y me respondió el Señor: He aquí que en lugar de excremento humano, te daré a ti estiércol de bueyes, con el cual cocerás tu pan.

16. Y me añadió: He aquí, ¡oh hijo de hombre!, que yo quitaré a Jerusalén el sustento del pan; y comerán el pan por onzas, y aun con sobresalto, y beberán agua muy tasada, y llenos de congoja.

17. Y faltándoles al cabo el pan y el agua, vendrán a caer muertos unos sobre otros, y quedarán consumidos por sus maldades.

5

El Señor manda a Ezequiel que con distintas acciones y palabras anuncie a los hebreos su entera destrucción

1. Y tú, ¡oh hijo de hombre!, toma una navaja de barbero afilada, y afeitarás con ella tu cabeza y tu barba; y coge después una balanza y harás la división del pelo.

2. Una tercera parte la quemarás al fuego en medio de la ciudad, concluidos que estén los días del sitio; y cogiendo otra tercera parte la cortarás con cuchillo alrededor de la ciudad; y la otra tercera parte la esparcirás al viento; y en seguida desenvainaré yo la espada en seguimiento de ellos.

3. Y de esta tercera parte de los cabellos cogerás un pequeño número, y los atarás en la extremidad de tu capa.

4. Y tomarás también algunos, y los echarás en medio del fuego, y los quemarás, y de allí saldrá fuego contra toda la casa de Israel.

5. Pues he aquí lo que dice el Señor Dios: Esta es aquella Jerusalén que yo fundé en medio de los gentiles, habiendo puesto las regiones de éstos alrededor de ella.

6. Pero Jerusalén despreció mis juicios, o leyes, y se ha hecho más impía que las naciones, y ha violado mis mandamientos más que las naciones que la rodean; pues los hijos de Israel despreciaron mis leyes, y no han procedido según mis preceptos.

7. Por tanto, esto dice el Señor Dios: Pues vosotros habéis excedido en la maldad a las naciones que tenéis alrededor, y no habéis procedido según mis preceptos, ni observado mis leyes, ni obrado siquiera conforme a las leyes de las gentes que viven alrededor vuestro,

8. por eso así habla el Señor Dios: Heme aquí, ¡oh Jerusalén!, contra ti, y yo mismo ejecutaré mis castigos en medio de ti, a la vista de las naciones.

9. Y haré contra ti, a causa de todas tus abominaciones, aquello que nunca he hecho, y tales cosas, que jamás las haré semejantes.

10. Por eso se verá en ti que los padres comerán a sus hijos, y los hijos comerán a sus padres, y cumpliré mis castigos en medio de ti, y aventaré o dispersaré a todo viento todos cuantos de ti quedaren.

11. Por tanto juro yo, dice el Señor Dios, que así como tú has profanado mi santuario con todos tus escándalos y con todas tus abominaciones, yo también te exterminaré y no te miraré con ojos benignos, ni tendré de ti misericordia.

12. Una tercera parte de los tuyos morirá de peste, y será consumida de hambre en medio de ti; otra tercera parte perecerá al filo de la espada alrededor tuyo; y a la otra tercera parte de tus hijos la esparciré a todo viento, y aun desenvainaré la espada en pos de ellos.

13. Y desahogaré mi furor, y haré que pose sobre ellos la indignación mía, y quedaré satisfecho; y cuando yo hubiere desahogado sobre ellos mi indignación, entonces conocerán que yo el Señor he hablado lleno de celo por mi gloria.

14. Yo te reduciré, ¡oh Jerusalén!, a un desierto, y a ser el escarnio de las naciones circunvecinas, y de cuantos transitando por ti te echen una mirada.

15. Y tú serás el oprobio y la maldición, y el escarmiento y asombro de las naciones circunvecinas, luego que yo haya ejecutado en ti mis castigos con furor e indignación, y con mi vengadora ira.

16. Y conocerán que yo el Señor he hablado, cuando yo arroje contra ellos las funestas saetas del hambre*; las cuales llevarán consigo la muerte: que para mataros

---

14. *Lev 11*, 11-24; *17*, 15.

16. Llama *saetas del hambre* a las tempestades, la sequía y los insectos nocivos, como la langosta.

las despediré yo; y amontonaré sobre vosotros el hambre, y os quitaré el sustento del pan.

17. Despacharé, pues, contra vosotros el hambre y las bestias y fieras hasta destruiros enteramente; y se pasearán por en medio de ti, ¡oh pueblo infiel!, la peste y la mortandad, y haré que la espada descargue sobre ti. Yo el Señor lo he dicho.

6 *Vaticinio de la ruina de Israel por la idolatría. Los pocos que no perezcan serán esclavos*

1. Y me habló el Señor, diciendo:

2. Hijo de hombre, vuelve tu cara hacia los montes de Israel, y profetizarás contra ellos,

3. y dirás: Montes de Israel, escuchad la palabra del Señor Dios: Esto dice el Señor Dios a los montes y a los collados, a los peñascos y a los valles: Mirad, yo haré que descargue sobre vosotros la espada, y destruiré vuestros lugares altos;

4. y arrasaré vuestros altares, y vuestros simulacros serán hechos pedazos, y a vuestros moradores los arrojaré muertos delante de vuestros ídolos.

5. En presencia de vuestros simulacros pondré los cadáveres de los hijos de Israel, y esparciré vuestros huesos alrededor de vuestros altares,

6. en todos los lugares donde moráis. Despobladas quedarán las ciudades, y serán demolidos y arrasados los lugares altos en que sacrificáis, y arruinados vuestros altares, y hechos pedazos; y se acabarán vuestros ídolos, y serán derribados vuestros templos, y deshechas vuestras obras.

7. Y se hará una gran mortandad entre vosotros, y conoceréis que yo soy el Señor.

8. Y a algunos de vosotros que hayan escapado de la espada, los conservaré entre las naciones, cuando yo os haya dispersado por varios países.

9. Aquellos, pues, de vosotros que se hayan librado de la muerte, se acordarán de mí entre las naciones a donde serán llevados cautivos; porque yo quebrantaré su corazón adúltero, que se apartó de mí; y humillaré sus ojos, encendidos siempre en el impuro amor de sus ídolos; y ellos se disgustarán de sí mismos, al recordar las maldades que cometieron en todas sus abominaciones.

10. Y conocerán que no en balde dije yo el Señor, que haría en ellos tal escarmiento.

11. Esto dice el Señor Dios: Hiere una mano con otra, y da golpes con tu pie*, y di: ¡Ay de la casa de Israel, a causa de sus inicuas abominaciones, porque todos ellos han de perecer al filo de la espada, y de hambre, y de peste!

12. El que esté lejos de Jerusalén morirá de peste; y el que esté cerca caerá bajo el filo de la espada; y el que se librare y fuere sitiado, morirá de hambre, y yo desahogaré en ellos mi indignación.

13. Y vosotros conoceréis que yo soy el Señor, cuando vuestros muertos estuvieren en medio de vuestros ídolos, alrededor de vuestros altares, en todos los altos collados, sobre todas las cimas de los montes, y debajo de todo árbol frondoso y de toda robusta encina; lugares en donde se quemaron olorosos inciensos a todos sus ídolos.

14. Y yo sentaré bien mi mano sobre ellos, y dejaré asolado y abandonado su país, desde el desierto de Deblata en todos los lugares en que habitan; y conocerán que yo soy el Señor.

7 *Llega el fin. Ezequiel anuncia a los judíos la destrucción del país y su ruina*

1. Y me habló el Señor, y dijo:

2. Tú, pues, oh hijo de hombre, atiende: Esto dice el Señor Dios a la tierra de Israel: El fin llega, ya llega el fin por todos los cuatro lados de este país.

3. Llega ahora el fin para ti, y yo derramaré sobre ti mi furor, y te juzgaré según tus procederes, y pondré delante de ti todas tus abominaciones.

4. Y no te miraré con ojos compasivos, ni tendré de ti misericordia; sino que pondré tus obras encima de ti, y en medio de ti tus abominaciones, y conoceréis que yo soy el Señor.

5. Esto dice el Señor Dios: La aflicción única, la aflicción singularísima, he aquí que viene.

---

11. En señal de compasión y de dolor.

6. El fin llega, llega ya el fin: Se ha despertado contra ti; helo aquí que viene.

7. Viene el exterminio sobre ti, que habitas esta tierra; llega ya el tiempo, cerca está el día de la mortandad, y no día de alborozo en los montes.

8. Yo, pues, me acerco ya para derramar mi ira sobre ti, y desahogaré en ti el furor mío, y te castigaré según tus obras, y colocaré sobre ti todas tus maldades.

9. Y no te miraré con ojos benignos, ni me apiadaré de ti, sino que te echaré a cuestas todas tus maldades, y pondré delante de ti tus abominaciones; y conoceréis que yo soy el Señor que castigo.

10. He aquí el día, he aquí que ya llega, el exterminio viene ya, la vara del castigo floreció, la soberbia u obstinación ha echado sus ramas.

11. La maldad produjo la vara del castigo de la impiedad. No escapará ninguno de ellos, ninguno del pueblo, ninguno de aquellos que hacen ruido; nunca gozarán de reposo.

12. Llega el tiempo, se acreca el día; no tiene que alegrarse el que compra, ni que llorar el que vende; porque la ira del Señor va a descargar sobre todo su pueblo.

13. Pues el que vende, no volverá a adquirir lo vendido, aunque viva todavía, porque la visión que he tenido y comprende todo su pueblo, no quedará sin efecto; y ninguno se sostendrá por medio de las maldades de su vida.

14. Tocad enhorabuena la trompeta*, prepárense todos, mas nadie hay que vaya al combate, porque la indignación mía descarga sobre todo su pueblo*.

15. Por fuera espada, y por dentro peste y hambre, el que está en la campiña perecerá al filo de la espada; y la peste y el hambre devorarán al que esté en la ciudad.

16. Se salvarán de ella aquellos que huyeren; y se irán a los montes como las palomas de los valles, todos temblando de miedo, cada uno por causa de su maldad.

17. Descoyuntados quedarán todos los brazos; y poseídos del miedo, se les irán las aguas rodillas abajo.

18. Y se vestirán de cilicio, y quedarán cubiertos de pavor; en todas las caras se verá la confusión, y rapadas aparecerán todas sus cabezas.

19. Arrojada será por la calle la plata de ellos, y entre la basura su oro. Pues ni su plata ni su oro podrán salvarlos en aquel día del furor del Señor, ni saciar su alma, ni llenar sus vientres, pues les ha servido de tropiezo en su maldad.

20. Y las joyas con que se adornaban, las convirtieron en pábulo de su soberbia, e hicieron de ellas las imágenes de sus abominaciones y de sus ídolos: por lo mismo haré yo que sean para ellos como inmundicia,

21. y las entregaré en saqueo a los extranjeros, y vendrán a ser presa de los impíos de la tierra, los cuales las contaminarán.

22. Y apartaré de ellos mi rostro; y aquellos impíos violarán mi secreto, y entrarán en él los saqueadores, y lo profanarán.

23. Haz la conclusión de esta dura profecía, porque está la tierra llena de delitos sanguinarios, y llena está la ciudad de maldades.

24. Yo conduciré allí los más perversos de las naciones, y ellos poseerán sus casas, y reprimiré así el orgullo de los poderosos, y haré que otros se apoderen de sus santuarios, o cosas santas.

25. Llegado que haya el día del exterminio, buscarán la paz, y no habrá paz;

26. sino que habrá disturbio sobre disturbio, y las malas nuevas se alcanzarán unas a otras; y preguntarán al profeta qué es lo que ha visto en sus visiones; mas ya no se hallará en los sacerdotes el conocimiento de la ley de Dios; ni en los ancianos ningún consejo atinado.

27. Sumergido quedará el rey en la aflicción, y cubiertos de tristeza los príncipes o magnates, y temblando de miedo las manos del pueblo. Los trataré yo como merecen, y los juzgaré según sus obras; y conocerán que yo soy el Señor.

8 *Ezequiel, conducido por el Señor a Jerusalén, ve en el templo las idolatrías de los judíos*

1. Y sucedió en el año sexto, el sexto mes, el día cinco, que estando yo sentado en mi casa, estándolo alrededor mío los ancianos de Judá, súbito se hizo sentir sobre mí la virtud del Señor Dios.

14. *Is 21*, 5.
14. *Deut 32*, 30.

2. Y miré, y he aquí la imagen de un hombre que parecía de fuego: Desde la cintura a los pies era todo fuego, y desde la cintura arriba era como una luz resplandeciente, como electro* que brilla.

3. Y vi la figura de una mano extendida que me cogió de una guedeja de mi cabeza, y me levantó en espíritu entre cielo y tierra, y me llevó a Jerusalén en una visión maravillosa de Dios, junto a la puerta de adentro del templo, que miraba al norte, en donde estaba colocado el ídolo de los celos, o celotipia, para provocar los celos del Señor.

4. Y vi allí la gloria del Dios de Israel del modo que yo la había visto en la visión tenida en el campo*.

5. Y él me dijo: Hijo de hombre, levanta tus ojos hacia la parte del norte; y alzando mis ojos hacia la banda del norte, he aquí al norte de la puerta del altar, en la entrada misma, el ídolo del celo.

6. Y me dijo: Hijo de hombre, ¿piensas acaso que ves tú lo que éstos hacen, las grandes abominaciones que comete aquí la casa de Israel para que yo me retire lejos de mi santuario? Pues si vuelves otra vez a mirar verás abominaciones mayores.

7. Y me llevó a una salida del atrio, y miré, y había un agujero en la pared.

8. Y me dijo: Hijo de hombre, horada la pared; y horadado que hube la pared, apareció una puerta.

9. Me dijo entonces: Entra y observa las pésimas abominaciones que cometen éstos aquí.

10. Y habiendo entrado, miré; y he aquí figuras de toda especie de reptiles y de animales; y la abominación de la familia de Israel, y todos sus ídolos estaban pintados por todo el alrededor de la pared.

11. Y setenta hombres de los ancianos de la familia de Israel estaban en pie delante de las pinturas, y en medio de ellos Jezonías, hijo de Safán, teniendo cada uno de ellos un incensario en la mano, y el incienso levantaba tanto humo que parecía una niebla.

12. Y él me dijo: Hijo de hombre, bien ves tú lo que están haciendo los ancianos de la casa de Israel, en la oscuridad, cada cual en lo escondido de su aposento; porque dicen ellos: No, no nos ve el Señor, desamparó el Señor la tierra.

13. Y me añadió: Aun, volviéndote a otra parte, verás peores abominaciones que las que éstos cometen.

14. Y me llevó a la entrada de la puerta del templo del Señor, que caía al norte, y vi a unas mujeres que estaban allí sentadas llorando a Adonis.

15. Y me dijo: Tú ciertamente lo has visto, ¡oh hijo de hombre!, mas si otra vez vuelves a mirar, verás abominaciones peores que ésas.

16. Y me introdujo en el atrio interior del templo del Señor, y he aquí que vi en la puerta del templo del Señor, entre el vestíbulo y el altar, como unos veinticinco hombres que tenían sus espaldas vueltas al templo del Señor, y las caras hacia el oriente, adorando al sol que nacía.

17. Y me dijo: Ya lo has visto, ¡oh hijo de hombre! Pues, ¿es cosa de poco momento para la casa de Judá cometer esas abominaciones que han hecho aquí, que aun después de haber llenado de iniquidad la tierra, se han empleado en irritarme? Y he aquí que aplican un ramo a su olfato.

18. Ahora, pues, yo también los trataré con rigor, no se enternecerán mis ojos, ni usaré de misericordia; y por más que levantaren el grito para que los oiga, yo no los escucharé.

9

Manda Dios que mueran todos los que no se hallan señalados. Oración de Ezequiel

1. Y gritó el Señor con gran voz a mis oídos, diciendo: Se acerca la visita o castigo de la ciudad, y cada uno tiene en su mano un instrumento de muerte.

2. Y he aquí seis varones respetables que venían por el camino de la puerta superior que mira al norte, y cada uno de ellos traía en su mano un instrumento de muerte; había también en medio de ellos un varón, o personaje, con vestiduras de lino, el cual traía un recado de escribir en la cintura, y entraron, y se pusieron junto al altar de bronce.

3. Entonces la gloria del Señor de Israel se trasladó desde los querubines, sobre los

---

2. *Ez 1*, 27; *14*, 1; *20*, 1; *33*, 31.
4. *Ez 3*, 23.

cuales residía, al umbral de la casa, o templo; y llamó al varón que llevaba la vestidura de lino, y tenía en su cintura recado de escribir.

4. Y le dijo el Señor: Pasa por medio de la ciudad, por medio de Jerusalén, y señala con la letra Tau las frentes de los hombres que gimen y se lamentan por todas las abominaciones que se cometen en medio de ella.

5. A aquéllos les dijo, oyéndolo yo: Pasad por la ciudad, siguiendo en pos de él, y herid de muerte a los restantes, no sean compasivos vuestros ojos, ni tengáis piedad.

6. Matad al anciano, al jovencito, y a la doncella, y a los niños, y a las mujeres, hasta que no quede nadie; pero no matéis a ninguno en quien viereis la Tau; y comenzaréis por mi santuario. Comenzaron, pues, por aquellos ancianos que estaban delante del templo.

7. Y les dijo él: Contaminad el templo, llenad sus pórticos de cadáveres, salid. Y salieron, y mataron a cuantos estaban en la ciudad.

8. Y acabada la mortandad, quedé yo allí, y me postré sobre mi rostro, y levantando el grito, dije: ¡Ay, ay, Señor Dios! ¡Ay! ¿Por ventura destruirás todos los restos de Israel, derramando tu furor sobre Jerusalén?

9. Y me dijo: La iniquidad de la casa de Israel y de Judá es excesivamente grande, y la tierra está cubierta de enormes delitos, y llena de apostasías la ciudad; pues dijeron: Abandonó el Señor la tierra; el Señor no lo ve.

10. Ahora, pues, tampoco miraré con compasión, ni usaré de piedad; los trataré como ellos merecen.

11. Y he aquí que el varón que llevaba la vestidura de lino, y tenía en su cintura el recado de escribir, vino a dar parte, diciendo: He hecho lo que me mandaste.

10 *Manda Dios al ángel que simbolice el incendio. La gloria del Señor abandonará el templo*

1. Y miré, y vi que en el firmamento o extensión que había sobre la cabeza de los querubines apareció sobre ellos como una piedra de zafiro, que figuraba a manera de un trono o solio.

2. Y el Señor habló al varón aquel que llevaba la vestidura de lino, y le dijo: Métete por entre las ruedas que están bajo los querubines, y coge con tu mano brasas de fuego de las que están entre los querubines*, y arrójalas sobre la ciudad. Y entró aquél a vista mía.

3. Y cuando entró, estaban los querubines al lado derecho del templo, y la nube llenó el atrio interior.

4. Y se trasladó la gloria del Señor desde encima de los querubines al umbral del templo y se llenó el templo de una nube tenebrosa; el atrio quedó lleno del resplandor de la gloria del Señor.

5. Y el ruido de las alas de los querubines se oía hasta el atrio exterior, a manera de la voz del Dios todopoderoso cuando habla o truena.

6. Y luego que él hubo mandado y dicho al varón que iba con vestidura de lino: Coge fuego de en medio de las ruedas que están entre los querubines, fue aquél, y se puso junto a una rueda.

7. Entonces uno de los querubines alargó la mano al fuego que estaba en medio de los querubines, y lo tomó, y lo puso en la mano de aquel varón de la vestidura de lino; quien habiéndolo recibido, se marchó.

8. Y se vio en los querubines algo como un brazo de hombre debajo de sus alas.

9. Y miré, y vi cuatro ruedas junto a los querubines, una rueda junto a cada querubín; y las ruedas parecían como de piedra de crisólito*,

10. y todos cuatro eran al parecer de una misma forma, como si una rueda estuviese en medio de otra.

11. Y así que andaban, se movían por los cuatro lados; y no se volvían a otra parte mientras andaban, sino que hacia donde se dirigía aquella que estaba delante seguían también las demás, sin cambiar de rumbo.

12. Y todo el cuerpo, y el cuello, y las manos y las alas de los querubines, y los cercos de las cuatro ruedas estaban en todo su contorno llenos de ojos.

13. Y a estas ruedas oí yo que les dio él el nombre de volubles o ligeras.

14. Cada uno, pues, de los querubines tenía cuatro caras: la primera cara era de

2. *Ez 1*, 4-13.
9. De color dorado. *Ez 1*, 16-26.

querubín*; la segunda cara era cara de hombre; la tercera cara, cara de león, y la cuarta cara, cara de águila.

15. Y se levantaron en lo alto los querubines: ellos son los mismos cuatro animales que yo había visto junto al río Cobar.

16. Y mientras andaban los querubines, andaban también las ruedas junto a ellos; y así que los querubines extendían sus alas para remontarse de la tierra, no se quedaban inmóviles las ruedas, sino que también seguían junto a ellos.

17. Cuando ellos se paraban, se paraban también las ruedas, y se alzaban éstas cuando se alzaban ellos; porque espíritu de vida había en ellas.

18. Y la gloria del Señor partió del umbral del templo, y se puso sobre los querubines.

19. Extendiendo los querubines sus alas, se remontaron del suelo a mi vista; y al marcharse ellos, les siguieron también las ruedas; y se pararon a la entrada de la puerta oriental del templo del Señor; y la gloria del Dios de Israel iba sobre los querubines.

20. Eran aquellos mismos animales que vi debajo del Dios de Israel, junto al río Cobar, y yo comprendí que eran los querubines:

21. Cuatro caras tenía cada uno de ellos, y cada uno cuatro alas, y debajo de éstas una semejanza de brazo de hombre.

22. Y era la figura de sus caras como la de aquellas mismas caras que había yo visto junto al río Cobar; como también su mirar y la acción de moverse hacia delante según la dirección de su cara.

11 *Vaticinio contra los príncipes y el pueblo de Jerusalén, que se burlaban de las profecías*

1. Me arrebató el espíritu, y me condujo a la puerta oriental del templo del Señor que mira hacia el oriente, y vi que a la entrada de la puerta había veinticinco hombres, y vi en medio de ellos a Jezonías, hijo de Azur, y a Feltías, hijo de Banaías, príncipes del pueblo.

2. Y me dijo el Señor: Hijo de hombre, éstos son los varones que meditan la maldad; y forman en esta ciudad pésimos designios,

3. diciendo: ¿No han sido edificadas hace poco varias casas? Esta ciudad es la caldera, y nosotros las carnes.

4. Por tanto, profetiza contra ellos, profetiza, ¡oh hijo de hombre!

5. Y vino sobre mí el Espíritu del Señor, y me dijo: Habla: Esto dice el Señor: Vosotros habéis hablado así, ¡oh familia de Israel!, y yo conozco los pensamientos de vuestro corazón.

6. Vosotros habéis muerto a muchísimos en esta ciudad y llenado sus calles de cadáveres.

7. Por tanto, esto dice el Señor Dios: Aquellos que vosotros habéis muerto y arrojado en medio de la ciudad*, ésos son las carnes; y ella, (la ciudad) es la caldera; mas yo os echaré fuera de ella.

8. Temisteis la espada de los caldeos, pues la espada enviaré yo sobre vosotros, dice el Señor.

9. Y os arrojaré de la ciudad, y os entregaré en poder de los enemigos, y ejercitaré mi justicia sobre vosotros.

10. Al filo de la espada pereceréis; en los confines de Israel os juzgaré a vosotros, y conoceréis que yo soy el Señor.

11. No será esta ciudad la caldera para vosotros, ni seréis vosotros en medio de ella las carnes; en los confines de Israel haré yo la justicia en vosotros.

12. Y conoceréis que yo soy el Señor; por cuanto no habéis vosotros procedido según mis mandamientos, ni observado mis leyes, sino que habéis seguido los ritos de los gentiles que viven alrededor vuestro.

13. Y acaeció que mientras estaba yo vaticinando, cayó muerto Feltías, hijo de Banaías. Y yo me postré sobre mi rostro, gritando en alta voz, y diciendo: ¡Ay, ay, Señor Dios, ay! ¿Quieres acabar tú con los restos de Israel?

14. Y me habló el Señor, diciendo:

15. Hijo de hombre, a tus hermanos, a los hermanos tuyos, y a tus parientes, y a todos los hombres de la casa de Israel les dijeron esos moradores de Jerusalén: Andad lejos del Señor, a nosotros se nos ha dado en posesión esta tierra.

14. San Jerónimo dice que la palabra *querubín* está en lugar de *buey*, aunque ignora el motivo del cambio. *Ez 1*, 10.

7. *2 Re 25*, 21; *Jer 39*, 6; *52*, 9.

16. Por tanto esto dice el Señor Dios: Si yo los envié lejos entre las naciones, y los dispersé en países extraños, yo mismo les serviré de santuario en ese breve tiempo, en el país a donde fueron.

17. Por eso les dirás: Así dice el Señor Dios: Yo os recogeré de entre las naciones, y os reuniré de los países por los cuales habéis sido dispersados, y os daré la tierra de Israel.

18. Y volverán a ella los hijos de Israel, y quitarán de allí todos los escándalos y todas las abominaciones.

19. Y yo les daré un corazón unánime, e infundiré un nuevo espíritu en sus entrañas, y les quitaré el corazón que tienen de piedra, y les daré un corazón de carne*,

20. para que sigan mis mandamientos, y observen mis leyes, y las practiquen, con lo cual sean ellos el pueblo mío, y yo sea su Dios.

21. Mas en cuanto a aquéllos cuyo corazón va en seguimiento de los escándalos y de sus abominaciones, yo los castigaré según merecen, dice el Señor Dios.

22. Extendieron luego los querubines sus alas, y los siguieron las ruedas, y la gloria del Dios de Israel iba sobre ellos.

23. Se retiró, pues, de la ciudad la gloria del Señor, y se paró sobre el monte que está al oriente de la ciudad.

24. Y me cogió el Espíritu, y me condujo otra vez en visión, en espíritu de Dios, a la Caldea, en donde estaban cautivos los judíos; y desapareció de delante de mí la visión que yo había tenido.

25. Entonces dije a los judíos cautivos todas cuantas cosas me había el Señor manifestado.

12 *Ezequiel vaticina con varias figuras el cautiverio de Jerusalén después de las calamidades*

1. Y me habló el Señor, diciendo:

2. Hijo de hombre, tú habitas en medio de un pueblo rebelde, que tiene ojos para ver y no mira, y oídos para oír y no escucha; porque es ella una gente contumaz.

3. Tú, pues, ¡oh hijo de hombre!, vete preparando los avíos necesarios para cambiar de país, y los sacarás fuera de día, a la vista de ellos, y partirás del lugar en que habitas a otro lugar, viéndolo ellos, por si tal vez paran en eso su atención, porque es ésa una familia contumaz.

4. De día, pues, y a vista de ellos sacarás fuera tu equipaje, como quien se muda a otro país; pero tú partirás al caer la tarde, a la vista de ellos, como uno que va a vivir a otra tierra.

5. Harás, viéndolo ellos, una abertura en la pared de tu casa, y saldrás por ella.

6. Luego, a la vista de ellos, te harás llevar en hombros de otros, y serás conducido fuera siendo ya casi de noche; cubrirás tu rostro, y no verás la tierra, porque yo te he puesto para anunciar portentos a la casa de Israel.

7. Hice, pues, yo lo que el Señor me mandara; saqué fuera mi equipaje siendo de día, como quien va a mudar de país, y por la tarde horadé yo mismo la pared, partí siendo ya de noche, llevado en hombros de otros, a la vista de todos ellos.

8. Y me habló el Señor por la mañana, diciéndome:

9. Hijo de hombre, ¿por ventura los de la familia de Israel, familia contumaz, dejarán de preguntarte qué significa lo que haces?

10. Les dirás, pues: Así habla el Señor Dios: Este duro vaticinio descargará sobre toda la familia de Israel que habita en su recinto.

11. Diles: Yo soy para vosotros un portento, o señal maravillosa; como lo que yo he hecho, así se les hará a ellos; serán transportados a otro país, y hechos cautivos*.

12. Y el jefe que está en medio de ellos, llevado será en hombros, saldrá de noche; horadarán la pared para sacarlo fuera; su cara será cubierta para que no vea la tierra*.

13. Y yo extenderé mis redes sobre él, y quedará cogido en ellas; y lo llevaré a Babilonia, a la tierra de los caldeos; mas él no la verá, y morirá en ella.

14. Y a todos los que están alrededor suyo, a su guardia y a sus tropas los dispersaré por los cuatro ángulos de la tierra, y haré que la espada del enemigo los vaya persiguiendo.

---

19. *Ez 36*, 26; *Jer 31*, 33.

11. *Jer 37*, 16; *38*, 18.
12. *Est 7*, 8; *Is 22*, 17; *Jer 39*, 4.

15. Y conocerán que yo soy el Señor cuando los haya esparcido por entre las naciones y diseminado por toda la tierra.

16. Y preservaré de la espada, y del hambre, y de la peste a algunos pocos de ellos, para que cuenten entre las naciones a donde irán todas sus maldades, y conocerán que yo soy el Señor.

17. Y me habló el Señor y me dijo:

18. Hijo de hombre, come tu pan con azoramiento, y bebe el agua con agitación y con tristeza.

19. Y dirás al pueblo de Israel que está en esta tierra: Así habla el Señor Dios a aquellos que aún habitan en Jerusalén, en la tierra de Israel: Comerán su pan llenos de sobresalto, y beberán su agua poseídos de congoja; porque quedará el país desolado de su mucha gente, por causa de las maldades de sus habitantes.

20. De suerte que las ciudades hoy día pobladas quedarán desiertas y el país hecho un páramo, y conoceréis que yo soy el Señor.

21. Me habló el Señor otra vez, y me dijo:

22. Hijo de hombre, ¿qué refrán es ese que tenéis vosotros en tierra de Israel, según el cual dicen: Irán corriendo los días, y en nada pararán todas las visiones?

23. Por lo mismo diles: Esto dice el Señor Dios: Yo haré que cese ese refrán, y que nunca jamás se repita por el pueblo de Israel; y diles que están para llegar los días en que se cumplirán los sucesos anunciados en todas las visiones.

24. Porque no quedará más sin efecto ninguna visión, ni habrá predicción ambigua entre los hijos de Israel;

25. pues yo, que soy el Señor, hablaré, y sucederá cuando lo dijere, y no se diferirá para más adelante; sino que en vuestros días, ¡oh familia contumaz!, yo hablaré, y obraré, dice el Señor Dios.

26. Me habló de nuevo el Señor, y me dijo:

27. Hijo de hombre, mira lo que dicen los de la casa de Israel: La visión que éste ha tenido es para de aquí a muchos años, y él vaticina para tiempos lejanos.

28. Por tanto tú les dirás a ellos: Así habla el Señor Dios: Todas mis palabras en lo sucesivo no se diferirán más, lo que yo dijere se ejecutará, dice el Señor Dios.

13 *Dios condena a los falsos profetas que engañan al pueblo y adulan a los pecadores*

1. Me habló de nuevo el Señor, y me dijo:

2. Hijo de hombre, vaticina contra los profetas falsos de Israel, que se entremeten a profetizar; y a estos que profetizan por su capricho, les dirás: Escuchad lo que dice el Señor:

3. Así habla el Señor Dios: ¡Ay de los profetas insensatos, que siguen su propio espíritu y no ven nada*!

4. Tus profetas, ¡oh Israel!, son como zorras en los despoblados.

5. Vosotros no habéis hecho frente, ni os habéis opuesto como muro a favor de la casa de Israel, para sostener la pelea en el día del Señor.

6. Vanas son las visiones que ellos tienen, y embustes sus adivinaciones, cuando dicen: El Señor ha dicho; siendo así que no son enviados del Señor, y persisten en asegurar aquello que han anunciado.

7. ¿Acaso dejan de ser vanas vuestras visiones, y mentirosas las adivinaciones que habéis propalado? Vosotros decís: Así ha hablado el Señor; cuando yo nada os he hablado.

8. Por tanto, esto dice el Señor Dios: Porque habéis publicado cosas vanas, y por ser mentirosas vuestras visiones, por eso vedme aquí contra vosotros, dice el Señor Dios.

9. Y mi mano descargará sobre los profetas forjadores de visiones vanas y de mentirosas adivinaciones: no serán ya admitidos en la reunión de mi pueblo, ni escritos en el censo de la familia de Israel, en cuya tierra no volverán a entrar*; y conoceréis que yo soy el Señor Dios.

10. Porque han engañado ellos a mi pueblo diciéndole ¡Paz!, siendo así que no hay tal paz; mi pueblo construía una muralla, y ellos la recubrían con argamasa suelta sin mezcla de paja.

11. Diles, pues, a esos que revocaban con mal mortero, que la muralla caerá; porque vendrán aguaceros e inundaciones,

---

3. *Ez 14*, 9; *34*, 2; *Jer 23*, 1.
9. *Deut 13*, 5.

y arrojaré del cielo enormes piedras, y enviaré un viento tempestuoso que todo lo destruirá.

12. Y cuando la muralla haya caído, acaso no se os dirá por mofa: ¿Dónde está la encostradura que vosotros hicisteis?

13. Por tanto esto dice el Señor Dios: En medio de mi indignación haré estallar de repente un viento tempestuoso, y lleno de furor enviaré aguaceros, que todo lo inundarán, y airado arrojaré enormes piedras que todo lo arrasarán;

14. y arruinaré el muro que encontrasteis con barro sin mezcla, y lo igualaré con el suelo, y se descubrirán sus cimientos, y caerá; y perecerán con él aquellos falsos profetas, y conoceréis que yo soy el Señor.

15. Y desfogaré mi indignación en la muralla, y en aquellos que la encostraron sin mezcla, y os diré a vosotros: La muralla ya no existe; ni existen aquellos que la encostraron,

16. es a saber, los profetas de Israel, que profetizaban sobre Jerusalén y veían para ella visiones lisonjeras o de paz, siendo así que no hay tal paz, dice el Señor Dios.

17. Tú, ¡oh hijo de hombre!, reprende con rostro firme a las hijas de tu pueblo que profetizan por su propio capricho, y vaticina acerca de ellas,

18. ¡Ay de aquellos que ponen almohadillas bajo de todos los codos, y hacen cabezales para poner debajo de las cabezas de los de toda edad, a fin de hacer presa de las almas del pueblo mío, y mientras cazaban las almas de mi pueblo, decían que las vivificaban!

19. Y me deshonraban delante de mi pueblo por un puñado de cebada y por un pedazo de pan, matando las almas que no son muertas, y dando por vivas las que no viven, vendiendo mentiras a mi pueblo, el cual da crédito a ellas.

20. Por tanto, así habla el Señor Dios: Vedme aquí contra vuestras almohadillas o lisonjas, con las cuales cazáis las almas como las aves; y yo las destruiré en vuestras mismas manos, y haré volar libremente las almas que vosotros cazáis.

21. Yo romperé vuestros cabezales, y libraré de vuestro poder a los del pueblo mío, y no dejaré que sean presa de vuestras manos; y sabréis que yo soy el Señor.

22. Porque vosotras con vuestras mentiras habéis entristecido el corazón del justo, al cual no había yo entristecido; y habéis fortalecido los brazos del impío, para que no se convirtiese de su mal proceder, y viviese:

23. Por tanto, no tendréis ya en adelante esas falsas visiones vuestras, ni esparciréis vuestras adivinaciones, y yo libraré de vuestras manos al pueblo mío; y conoceréis que yo soy el Señor.

14

El Señor condena a los hipócritas. Ni Noé ni Daniel ni Job orando librarían al pueblo de la ruina

1. Y vinieron a encontrarme algunos de los ancianos de Israel, y se sentaron junto a mí.

2. Y me habló el Señor, diciendo:

3. Hijo de hombre, esos varones llevan sus inmundicias o ídolos dentro de sus corazones, y tienen siempre delante de sí el escándalo de su maldad. Cuando ellos me pregunten, ¿piensas acaso que les contestaré?

4. Por tanto, háblales, y diles: Esto dice el Señor Dios: Cualquier hombre de la casa de Israel que tenga colocadas en su corazón sus inmundicias o ídolos, y tenga delante de sí el escándalo de su maldad, y viniere a encontrar el profeta para preguntarme por su medio, yo el Señor le responderé según sus inmundicias o idolatrías;

5. para que la casa de Israel halle su ruina en su propio corazón*, con el cual se alejaron de mí para seguir todos sus ídolos.

6. Por tanto, di a la casa de Israel: Así habla el Señor Dios: Convertíos, y apartaos de vuestros ídolos, y no volváis vuestras caras para mirar todas vuestras abominaciones.

7. Porque cualquier hombre de la casa de Israel, y cualquier extranjero que sea prosélito en Israel, si se enajenare de mí, y colocare sus ídolos en su corazón, y estableciere delante de sí el escándalo de su iniquidad, y viniere a encontrar al profeta, a fin de preguntarme por medio de éste, yo el Señor le responderé a él por mí o según mi justicia;

8. y miraré a aquel hombre con rostro

5. *1 Re 22*, 10.

airado, y haré que venga a ser el escarmiento y la fábula de todos, y le exterminaré de en medio de mi pueblo; y sabréis que yo soy el Señor.

9. Y cuando cayere el profeta en error, y hablare falso, yo el Señor he dejado que se engañase aquel profeta: mas yo descargaré mi mano sobre él, y lo borraré del censo del pueblo mío de Israel.

10. Y ellos llevarán la pena de su iniquidad; según sea el castigo de la iniquidad del que consulte, así será el castigo de la iniquidad del profeta que responda,

11. a fin de que en adelante no se desvíe de mí la familia de Israel, ni se contamine con todas sus prevaricaciones; sino que sean ellos el pueblo mío, y yo sea su Dios, dice el Señor de los ejércitos.

12. Me habló de nuevo el Señor, diciendo:

13. Hijo de hombre, si esa tierra pecare contra mí, prevaricando enormemente, yo descargaré mi mano sobre ella, y le quitaré el sustento del pan, y le enviaré el hambre, y mataré personas y bestias.

14. Y si se hallaren en ella estos tres hombres, Noé, Daniel y Job, ellos por su justicia librarán sus vidas, dice el Señor de los ejércitos.

15. Que si yo enviare además a esa tierra feroces bestias para devastarla, y quedare inhabitable, sin que transite persona alguna por ella, por temor de las fieras;

16. si estos tres varones estuvieren en ella, juro yo, dice el Señor Dios, que no librarán a sus hijos ni hijas, sino que ellos solos serán librados, y la tierra quedará asolada.

17. O si enviare yo contra aquella tierra la espada, y dijere a la espada: Recorre ese país; y matare yo allí personas y bestias,

18. y se hallaren en medio de aquel país dichos tres varones, juro yo, dice el Señor Dios, que no librarán ellos sus hijos ni hijas, sino que ellos solos serán librados.

19. Y si también enviare yo pestilencia sobre aquella tierra, y derramare sobre ella mi indignación causando gran mortandad, y quitando de ella hombres y animales;

20. y Noé, Daniel y Job estuvieren en medio de ella, juro yo, dice el Señor Dios, que no librarán a sus hijos ni hijas, sino que por su inocencia salvarán ellos solos sus almas.

21. Porque esto dice el Señor Dios: Si yo enviare contra Jerusalén los cuatro castigos peores, la espada, el hambre, las bestias feroces y la peste, a fin de acabar con los hombres y ganados,

22. sin embargo, se salvarán algunos de ellos, los cuales sacarán fuera de la tierra a sus hijos e hijas; y he aquí que éstos vendrán a vosotros aquí a Babilonia, y veréis su conducta y sus obras, y os consolaréis entonces de los desastres que yo he descargado sobre Jerusalén, y de todo el peso con que la he oprimido.

23. Y os servirá de consuelo ver sus costumbres y sus procederes; y conoceréis que no sin razón hice en ella todo lo que hice, dice el Señor Dios.

15

Con la semejanza del sarmiento cortado de la vid, Ezequiel anuncia la destrucción de Jerusalén

1. Me habló de nuevo el Señor, diciendo:

2. Hijo de hombre, ¿qué se hará del tronco de la vid, con preferencia a todos los leños o maderas que se hallan entre los árboles de las selvas y de los bosques?

3. ¿Acaso se echará mano de dicho tronco para hacer de él alguna obra, o se podrá formar de él tan sólo una estaca para colgar alguna cosa?

4. He aquí que se arroja al fuego, el fuego consume los dos extremos de él, y lo de en medio queda reducido a pavesas; ¿será acaso útil para alguna obra?

5. Aun cuando estaba entero no era a propósito para obra alguna, ¿cuánto menos podrá hacerse de él alguna cosa después que el fuego lo ha devorado y consumido?

6. Por tanto, esto dice el Señor Dios: Como el árbol o tronco de la vid entre los árboles de los bosques, el cual entrego yo al fuego para que lo devore, así haré con los moradores de Jerusalén.

7. Yo los miraré con semblante airado; saldrán de un fuego, y otro fuego los consumirá; y conoceréis que yo soy el Señor cuando volviere mi rostro contra ellos,

8. y dejare inhabitable y desolada su tierra; puesto que ellos se hicieron prevaricadores, dice el Señor Dios.

16 *Alegoría de Jerusalén, ensalzada por Dios, que será más abominable que Sodoma y será asolada*

1. Me habló de nuevo el Señor, diciendo:

2. Hijo de hombre, haz conocer a Jerusalén sus abominaciones,

3. y dile: Esto dice el Señor Dios a Jerusalén: Tu origen y tu raza es de tierra de Canaán, amorreo era tu padre, y cetea tu madre.

4. Y cuando tú saliste a luz, en el día de tu nacimiento, no te cortaron el ombligo, ni te lavaron con agua saludable, ni usaron contigo la sal, ni fuiste envuelta en pañales.

5. Nadie te miró compasivo, ni se apiadó de ti, para hacer contigo alguno de estos oficios; sino que fuiste echada sobre el suelo con desprecio de tu vida el mismo día en que naciste.

6. Pasando yo cerca de ti, te vi ensuciada aún en tu propia sangre; y te dije cuando estabas envuelta en tu sangre: Vive, vive, te dije, ¡oh tú que éstas envuelta en tu sangre!

7. Como la hierba del prado te hice crecer; y tú creciste, y te hiciste grande, y llegaste a la edad y tiempo de usar los adornos mujeriles, al tiempo de la pubertad; pero tú estabas desnuda y cubierta de ignominia.

8. Y pasé junto a ti, y te vi, y estabas tú ya entonces en la edad de los amores, o en la pubertad, y extendí yo sobre ti la punta de mi manto* y cubrí tu ignominia, y te hice un juramento, e hice contigo un contrato, dice el Señor Dios, y desde entonces fuiste mía*.

9. Y te lavé con agua, y te limpié de tu sangre, y te ungí con óleo.

10. Y te vestí con ropas de varios colores, y te di calzado de color de jacinto y ceñidor de lino fino, y te vestí con un manto finísimo.

11. Y te engalané con ricos adornos, y puse brazaletes en tus manos y un collar alrededor de tu cuello.

12. Y adorné con joyas tu frente, y tus orejas con zarcillos, y tu cabeza con hermosa diadema,

13. y quedaste ataviada con oro y con plata, y vestida de fino lienzo y de bordados de varios colores, se te dio para comer la flor de harina con miel y aceites, viniste en fin a ser extremadamente bella, y llegaste a ser la reina del mundo.

14. Y tu hermosura te dio fama entre las naciones, por causa de los adornos que yo puse en ti, dice el Señor Dios.

15. Envanecida con tu hermosura, te prostituiste, como si fueras dueña de ti, y te ofreciste lujuriosa a todo el que pasaba, entregándote a él.

16. Y cogiendo tus vestidos, y cosiendo de aquí y de allí, hiciste de ellos adornos para los ídolos de las alturas; en donde tú de tal manera te prostituiste, que nunca jamás se había visto ni se verá cosa semejante.

17. Y echando mano de los adornos de tu gloria, hechos con mi oro y con mi plata, los cuales te había yo dado, hiciste de ellos figuras humanas, y has idolatrado con ellas*.

18. Y tus vestidos de diversos colores los empleaste en las imágenes de tus ídolos, y a ellas ofreciste el óleo mío y mis perfumes.

19. Y el pan que yo te di, y la flor de harina, el óleo y la miel* con que yo te alimentaba, lo presentaste ante ellos como ofrenda de suave olor; esto hiciste, dice el Señor Dios.

20. Y tomaste tus hijos e hijas, que habías engendrado para mí, y se los sacrificaste para que fuesen devorados del fuego. ¿Y te parece poca cosa tu prostitución?

21. Tú inmolaste mis hijos, y los diste a los ídolos, a los cuales los consagraste.

22. Y después de todas tus abominaciones y prostituciones, te has olvidado de los tiempos de tu mocedad; cuando te hallabas desnuda y llena de ignominia, envuelta en tu propia sangre.

23. Y acaeció que después de tanta malicia tuya (¡ay!, ¡ay de ti!, dice el Señor Dios),

24. te construiste lupanares; y te hiciste ramerías en todas las plazas;

25. en toda encrucijada de camino pusiste tú la señal de prostitución; y has hecho abominable tu hermosura, y te abandonaste a todo caminante, y multiplicaste tus fornicaciones, o idolatrías.

---

8. *Rut 3*, 9.
8. *Jer 2*, 2; *Ez 19*, 5.

17. *2 Cro 28*, 24; *30*, 14.
19. La miel no se ofrecía a Dios; pero los gentiles la presentaban a los ídolos. *Lev 2*, 11.

26. Y pecaste con los hijos de Egipto vecinos tuyos, muy corpulentos, adorando sus innumerables ídolos, multiplicando así las idolatrías para irritarme.

27. He aquí que yo extendí mi mano sobre ti, y te quité tus cosas sagradas, y te abandoné al arbitrio de las hijas o ciudades de los filisteos que te aborrecen, y se avergüenzan de tu malvado proceder.

28. Pero tú, aún no estando saciada, has pecado con los hijos de los asirios, y ni después de tales idolatrías has quedado satisfecha.

29. Y multiplicaste tus idolatrías en tierra de Canaán con los caldeos, y tampoco con esto te saciaste.

30. ¿Con qué podré yo limpiar tu corazón, dice el Señor Dios, haciendo tú todas estas cosas propias de una mujer ramera y descarada?

31. Porque en cada encrucijada de camino o calle fabricaste tu burdel, y en toda plaza te hiciste un altar profano; y no fuiste como ramera que con el desdén aumenta el precio;

32. sino como una mujer adúltera, que en vez del propio marido, convida a los extraños.

33. A todas las otras rameras se les da paga; mas tú la has dado a todos tus amantes, y les hacías regalos, para que de todas partes viniesen a pecar contigo.

34. Y ha sucedido en ti lo contrario de aquello que se acostumbra con las mujeres de mala vida; y no habrá después de ti fornicación semejante. Porque en haber tú dado la paga, en lugar de haberla recibido, has hecho todo lo contrario de lo que se acostumbra.

35. Por tanto, ¡oh mujer pecadora!, he aquí lo que dice el Señor;

36. así habla el Señor Dios: Pues has malgastado tu dinero, prostituyéndote a los ídolos, y has hecho pública tu ignominia en tus idolatrías con tus amantes y en la sangre de tus hijos, que has ofrecido a los ídolos de tus abominaciones,

37. he aquí que yo reuniré a tus amantes, con quienes has pecado, y a todos tus queridos, y a todos los que habías aborrecido, y los reuniré contra ti de todas partes, y delante de ellos descubriré tu ignominia, y verán ellos toda tu torpeza;

38. y te castigaré según las leyes que hay sobre adúlteras y sobre homicidas, y te quitaré la vida lleno de furor y de celos.

39. Y te entregaré en poder de ellos, y ellos destruirán tu burdel, y demolerán tu ramería (la ciudad de Jerusalén) y te desnudarán de tus vestidos, y robarán aquello que te embellecía, y te dejarán desnuda y llena de ignominia;

40. y reunirán contra ti la muchedumbre, y te apedrearán* y te atravesarán con sus espadas,

41. y tus casas las entregarán a las llamas, y tomarán justa venganza de ti, a la vista de muchísimas mujeres o naciones; y tú cesarás de pecar, y nunca más darás pagas.

42. Entonces cesará también mi indignación contra ti, y se acabarán los celos que me causaste, y quedaré quieto, y no me irritaré más.

43. Por cuanto te olvidaste de los días de tu mocedad, y me provocaste con todas esas cosas; por lo mismo yo también he hecho que recaigan sobre ti los desórdenes de tu vida, dice el Señor Dios; y aún no te castigaré conforme merecen los delitos de todas tus abominaciones.

El Señor castiga la inmoralidad

44. Mira que todo el que profiere aquel proverbio común, te lo aplicará a ti, diciendo: De tal madre, tal hija.

45. Verdaderamente que tú eres hija de tu madre, que abandonó a su marido y a sus hijos; y hermana eres tú de tus hermanas, que desecharon a sus maridos y a sus hijos, cetea es tu madre y amorreo tu padre.

46. Tu hermana mayor es Samaria, con sus hijas, que habitan a tu izquierda; y Sodoma, con sus hijas, que habitan a la derecha, ésa es tu hermana menor.

47. Pero tú no solamente no te has quedado atrás en seguir sus caminos e imitar sus maldades; sino que casi has sido más perversa que aquéllas en todos tus procederes.

48. Juro yo, dice el Señor Dios, que no hizo Sodoma tu hermana, ella y sus hijas, lo que tú y tus hijas habéis hecho.

49. He aquí cuál fue la maldad de Sodoma tu hermana: La soberbia, la hartura o gula, y la abundancia o lujo, y la ociosidad

---

40. *Lev 20*, 2; *Deut 22*, 10.

de ella y de sus hijas, y no socorrer al necesitado y al pobre*.

50. Y se engrieron, y cometieron abominaciones delante de mí, y yo las aniquilé como tú has visto.

51. Y no cometió Samaria la mitad de los pecados que has cometido tú; sino que la has sobrepujado en tus maldades, y has hecho que pareciesen justas tus hermanas, a fuerza de tantas abominaciones como tú has cometido.

52. Carga, pues, tú también con la ignominia, ya que en pecar has excedido a tus hermanas, obrando con mayor malicia que ellas, pues parangonadas contigo son ellas justas. Por eso confúndete tú también, y lleva sobre ti la ignominia tuya, tú que eres tan perversa que haces parecer buenas a tus hermanas.

53. Mas yo las restableceré, haciendo que Sodoma vuelva del cautiverio junto con sus hijas, y haciendo volver del cautiverio a Samaria y las hijas suyas, y junto con ellas haré también volver a tus hijos llevados al cautiverio,

54. para que esto te sirva de ignominia y te llenes de confusión por todo lo que hiciste, y les seas a ellas motivo de consuelo.

55. Y tu hermana Sodoma y sus hijas volverán a su antiguo estado, y volverán al antiguo estado Samaria y sus hijas, y tú también y las hijas tuyas volveréis a vuestro primitivo estado.

56. Tú, ¡oh Jerusalén!, en el tiempo de tu fausto jamás te dignaste tomar en boca a tu hermana Sodoma;

57. antes que se descubriese tu malicia, como lo está ahora, y que tú fueses el escarnio de las hijas, (o ciudades) de Siria y de todas las hijas de los filisteos que tienes alrededor, y te rodean por todos lados.

58. Tú has llevado el castigo de tu maldad, y quedado cubierta de ignominia, dice el Señor Dios.

59. Porque así habla el Señor Dios: Yo te trataré a ti de este modo; pues tú despreciaste el juramento, e hiciste nulo el pacto.

60. Con todo yo me acordaré aún del pacto hecho contigo en los días de tu mocedad, y haré revivir contigo la alianza sempiterna.

61. Entonces te acordarás tú de tus desórdenes, y te avergonzarás, cuando recibas contigo a tus hermanas, mayores que tú, con las menores, y te las daré yo a ti en lugar de hijas; mas no en virtud de la antigua alianza contigo.

62. Y renovaré contigo mi alianza, y reconocerás que soy yo el Señor,

63. a fin de que te acuerdes de tus crímenes, y te confundas, y no te atrevas a abrir la boca de pura vergüenza, cuando yo me hubiere aplacado contigo, después de todas tus fechorías, dice el Señor Dios.

17 *Ezequiel predice la rebelión de Sedecías, rey de Judá, contra el rey de Babilonia*

1. Me habló el Señor, diciendo:

2. Hijo de hombre, propón un enigma, y cuenta una parábola a la casa de Israel.

3. Diles, pues: Así habla el Señor Dios: Una gran águila*, de grandes alas y de miembros muy extendidos, poblada de plumas de varios colores, vino al Líbano, o a la Judea, y se llevó lo mejor del cedro.

4. Arrancó de él los retoños que despuntaban, y los transportó a la tierra de Canaán, o de los traficantes, y los puso en una ciudad de gran comercio.

5. Y tomó de la semilla de aquella tierra, y la sembró en un campo para que echase sus raíces, junto a una gran abundancia de aguas, y la sembró en la superficie.

6. Y cuando hubo brotado, creció y se hizo una cepa muy lozana, pero de poca elevación; cuyos vástagos se dirigían hacia aquella águila, y debajo de cuya sombra estaban sus raíces; llegó, pues, a ser una parra, y echó mugrones y sarmientos.

7. Y vino otra águila grande*, de grandes alas y de muchas plumas; y he aquí que aquella parra, como que volvió sus raíces, y extendió sus sarmientos hacia ella, para ser regada con sus fecundos canales.

8. Plantada fue aquella vid en buena tierra, y junto a abundantes aguas, para que se dilate frondosa, y dé fruto y llegue a ser una parra grande.

---

49. *Gen 19*, 24; *Rom 1*, 25.

3. *Jer 48*, 40; *49*, 22.

7. Esta *águila* es el faraón, rey de Egipto, y no tan poderoso como Nabucodonosor.

9. Les dirás, pues: Así habla el Señor Dios: ¿Qué acaso prosperará? ¿No arrancará sus raíces la primera águila, y no destruirá sus frutos, y hará secar todos los sarmientos que había arrojado, de suerte que quede un tronco seco; y eso sin necesidad de gran poder, ni de mucha gente para arrancarla de cuajo?

10. Mira, ella es cierto que está plantada; ¿pero acaso prosperará? ¿No es verdad que luego que el viento abrasador la tocare se secará y quedará árida, a pesar de todos los canales que la fecundan?

11. Y me habló el Señor, diciendo:

12. Di a esa familia provocadora: ¿No sabéis vosotros lo que esto significa? Mirad, el rey de Babilonia vino a Jerusalén, y se apoderó del rey y de sus príncipes, y se los llevó a su reino, a Babilonia.

13. Y tomó uno de la estirpe real, e hizo alianza con él, y recibió de él el juramento de fidelidad; y además sacó del país a los valientes,

14. para que el reino quedase abatido, y no pudiese levantarse, sino que observase y mantuviese el pacto.

15. Pero el nuevo rey apartándose de lo pactado, envió mensajeros a Egipto para que lo ayudara con su caballería y muchísima tropa. ¿Acaso prosperará o hallará salvación quien esto hizo? ¿Y el que ha roto la alianza, podrá ponerse a salvo?

16. Yo juro, dice el Señor Dios, que en el país del rey que le había puesto sobre el trono, y cuyo juramento quebrantó, violando el pacto que con él había hecho, allí en medio de Babilonia morirá.

17. Y el faraón con su gran ejército y su mucha gente no peleará contra el enemigo*, cuando éste levante terraplenes, y forme trincheras para matar mucha gente,

18. por haber despreciado el rey el juramento y violado el pacto, después de haber contraído alianza; pues todo esto hizo, no se librará.

19. Por tanto, esto dice el Señor Dios: Juro yo que por causa del juramento que él despreció, y de la alianza que violó, lo castigaré en su propia persona.

20. Y extenderé mi red barredora sobre él, y quedará cogido en mis redes, y lo conduciré a Babilonia, y allí lo juzgaré por la prevaricación con que me ha despreciado.

21. Y perecerán al filo de la espada todos sus fugitivos y todos sus escuadrones, y los que quedaren serán esparcidos por toda la tierra, y conoceréis que yo el Señor he hablado.

22. Esto dice el Señor Dios: Yo tomaré de los más escogidos del cedro empinado, y lo plantaré; desgajaré de lo alto de sus ramas un tierno ramito, y lo plantaré sobre un monte alto y descollado.

23. Sobre el alto monte de Israel lo plantaré, y brotará un retoño, y dará fruto, y llegará a ser un gran cedro, debajo del cual hallarán albergue todas las aves, y anidarán a la sombra de sus hojas todas las especies de volátiles.

24. Y conocerán todos los árboles del país que yo el Señor humillé al árbol empinado, y ensalcé la humilde planta; y sequé el árbol verde, e hice reverdecer el árbol seco. Yo el Señor lo dije y lo hice.

18

Dios juzga al que persevera en sus pecados y perdona a los que se convierten de corazón

1. Me habló nuevamente el Señor, diciendo:

2. ¿Cómo es que entre vosotros, en tierra de Israel, habéis convertido en proverbio este dicho: Los padres comieron uvas agrias, y los hijos sufren la dentera*?

3. Juro yo, dice el Señor Dios, que esta parábola no será ya más para vosotros un proverbio en Israel.

4. Porque todas las almas son mías; como es mía el alma del padre, lo es también la del hijo. El alma que pecare, ésa morirá.

5. Y si un hombre fuere justo, y viviere según derecho y justicia;

6. si no celebrare banquetes en los montes, ni levantare sus ojos hacia los ídolos de la casa de Israel; si no violare la mujer de su prójimo, ni se acercare a su propia mujer en el tiempo de su menstruación*,

7. y no ofendiere a nadie; si volviere la prenda al deudor; si no tomare nada ajeno a

---

17. Contra Nabucodonosor.

2. *Jer 31*, 29; *Ex 20*, 5.
6. *Lev 20*, 18.

la fuerza; si partiere su pan con el hambriento, y vistiere al desnudo*;

8. si no prestare a usura, ni recibiere más de lo prestado, si no obrare la maldad, y sentenciare justamente sin distinción de personas;

9. si arreglare su proceder a mis mandamientos, y observare mis leyes para obrar rectamente, éste tal es varón justo, y tendrá vida verdadera y feliz, dice el Señor Dios.

10. Pero si él tiene un hijo, el cual sea ladrón y homicida, o cometa otras maldades;

11. y que lejos de hacer cosa buena, celebre banquetes en los montes de los ídolos, y viole la mujer de su prójimo;

12. ofenda al desvalido y al pobre, robe lo ajeno, no devuelva la prenda, levante sus ojos hacia los ídolos, cometa abominaciones;

13. dé a usura y reciba más de lo prestado: ¿Acaso ése vivirá? No vivirá. Habiendo hecho todas estas cosas tan detestables, morirá sin remedio: Su sangre caerá sobre él.

14. Y si éste tuviere un hijo, que viendo todos los pecados que su padre ha cometido entrare en temor, y no lo imitare en ellos;

15. si no celebrare banquetes en los montes, ni levantare sus ojos hacia los ídolos de la casa de Israel, y no violare la mujer de su prójimo;

16. si no ofendiere a nadie, ni retuviere la prenda, ni robare lo ajeno; si diere de su pan al hambriento, y vistiere al desnudo;

17. si no hiciere ningún agravio al pobre, ni recibiere usura, ni interés; si observare mis leyes, y anduviere según mis preceptos, éste no morirá por causa de la iniquidad de su padre, sino que vivirá felizmente.

18. Su padre, por haber sido un calumniador y opresor de su prójimo, y por haber obrado la maldad en medio de su pueblo, murió en pena de su iniquidad.

19. Y vosotros decís: ¿Por qué motivo no ha pagado el hijo la pena de la iniquidad de su padre? Por esto, porque el hijo ha obrado según la ley y según la justicia; él ha observado todos mis mandamientos, y los ha cumplido; y por lo mismo tendrá vida verdadera y feliz.

20. El alma que pecare, ésa morirá. No pagará el hijo la pena de la maldad de su padre, ni el padre la de la maldad de su hijo: La justicia del justo sobre él recaerá, y la impiedad del impío sobre el impío caerá*.

21. Pero si el impío hiciere penitencia de todos los pecados que ha cometido, y observare todos mis preceptos, y obrare según derecho y justicia, tendrá vida verdadera, y no morirá.

22. De todas cuantas maldades haya él cometido, yo no me acordaré más; él hallará vida en la virtud que ha practicado.

23. ¿Acaso quiero yo la muerte del impío, dice el Señor Dios, y no antes bien que se convierta de su mal proceder, y viva?

24. Pero si el justo se desviare de su justicia, y cometiere la maldad según las abominaciones que suele hacer el impío, ¿por ventura tendrá él vida? Todas cuantas obras buenas había él hecho, se echarán en olvido; por la prevaricación en que ha caído y por el pecado que ha cometido, por eso morirá.

25. Y vosotros habéis dicho: La conducta que observa el Señor no es justa. Escuchad, pues, oh hijos de Israel: ¿Acaso es el proceder mío el que no es justo, y no son más bien perversos vuestros procederes?

26. Porque cuando el justo se desviare de su justicia y pecare, por ello morirá: Morirá por la injusticia que obró.

27. Y si el impío se apartare de la impiedad que obró, y procediere con rectitud y justicia, dará él mismo la vida a su alma;

28. porque si él entra otra vez en sí mismo, y se aparta de todas las iniquidades que ha cometido, tendrá verdadera vida y no morirá.

29. Y dicen los hijos de Israel: No es justa la conducta que tiene el Señor. ¿Acaso es la conducta mía la que no es justa, ¡oh casa de Israel!, y no son antes bien depravados vuestros procederes?

30. Por tanto, yo juzgaré, dice el Señor Dios, ¡oh casa de Israel!, a cada cual según sus obras. Convertíos y haced penitencia* de todas vuestras maldades; y no serán éstas causa de vuestra perdición.

31. Arrojad lejos de vosotros todas vuestras prevaricaciones que habéis cometido,

7. *Is 58*, 7; *Mat 25*, 35.

20. *Deut 24*, 16; *2 Re 14*, 6.
30. *Mat 3*, 2; *Luc 3*, 3.

y formaos un corazón nuevo y un nuevo espíritu. ¿Y por qué has de morir, oh casa de Israel?

32. Y pues yo no deseo la muerte de aquel que muere, dice el Señor Dios, convertíos y viviréis*.

19

Con la parábola de la leona y de los leoncillos muestra los pecados y castigo de los reyes de Judá

1. Tú ponte a endechar por los príncipes de Israel,

2. y dirás: ¿Por qué vuestra madre, como una leona, habitó entre leones, y crió sus cachorros en medio de los leoncillos?

3. Y ensalzó a uno de sus leoncillos, el cual se hizo león, y aprendió a arrebatar la presa y a devorar hombres.

4. Y corrió su fama por entre las gentes; y éstas, no sin recibir de él muchas heridas, lo cogieron y lo llevaron encadenado a tierra de Egipto.

5. Mas ella (la leona) viéndose privada de su apoyo, y que había salido fallida su esperanza, cogió a otro de sus leoncillos, del cual formó un nuevo león.

6. Andaba éste entre los otros leones, y se hizo león, y aprendió a arrebatar la presa y a devorar hombres;

7. aprendió a dejar viudas las mujeres y a convertir en desierto las ciudades; y al estruendo de sus rugidos quedó desolado todo el país.

8. Y se reunieron contra él las gentes de todas las provincias, y le tendieron el lazo, y lo cogieron, saliendo ellas heridas.

9. Y lo metieron en una jaula, y lo condujeron encadenado al rey de Babilonia; y lo encerraron en una cárcel, para que no se oyese más su voz sobre los montes de Israel.

10. Vuestra madre, como una vid de vuestra sangre o estirpe, ha sido plantada junto al agua; por la abundancia de agua crecieron sus frutos y sarmientos.

11. Y sus fuertes varas vinieron a ser cetros de soberanos, y se elevó su tronco en medio de las ramas; y se vio ensalzada con sus sarmientos.

12. Mas ella fue arrancada con ira, y echada por tierra, y un viento abrasador secó sus frutos; se marchitaron y secaron sus robustas varas, y el fuego la devoró.

13. Y ahora ha sido trasplantada a un desierto, en una tierra árida e inaccesible.

14. Y de una vara de sus ramas salió un fuego que devoró sus frutos, sin que quedara en ella una vara fuerte para servir de cetro a los soberanos. Cántico lúgubre es éste, y para llanto servirá.

20

El Señor echa en cara a los israelitas su infidelidad e ingratitud y les comunica el castigo

1. Y sucedió que en el año séptimo, en el quinto mes, a diez días del mes, vinieron algunos de los ancianos de Israel a consultar al Señor, y se sentaron enfrente de mí.

2. Y me habló el Señor, diciendo:

3. Hijo de hombre, habla a los ancianos de Israel, y les dirás: Esto dice el Señor Dios: ¿Y vosotros venís a consultarme? Yo os juro que no os daré ninguna respuesta, dice el Señor Dios.

4. Júzgalos a estos tales, ¡oh hijo de hombre!, júzgalos; muéstrales las abominaciones de sus padres.

5. Y les dirás: Así habla el Señor Dios: El día en que escogí yo a Israel, y extendí mi mano a favor de los de la casa de Jacob*, y me manifesté a ellos en la tierra de Egipto*, y levanté mi mano para protegerlos, diciendo: Yo seré el Señor Dios vuestro,

6. aquel día empleé mi poder para sacarlos de la tierra de Egipto, a una tierra que yo les tenía ya destinada, la cual mana leche y miel, tierra la más excelente de todas.

7. Y les dije: Arroje fuera cada uno aquello que fascina sus ojos, y no os contaminéis con los ídolos de Egipto. Yo soy el Señor Dios vuestro.

8. Ellos me irritaron, y no quisieron escucharme; ninguno de ellos apartó de sí lo que fascinaba sus ojos, ni abandonó los ídolos de Egipto. Entonces dije yo que derramaría sobre ellos mi indignación, y desahogaría en ellos mi cólera en medio de la tierra de Egipto.

---

32. *Ez 33*, 11; *2 Pe 3*, 9.

5. *Deut 7*, 6.
5. *Ex 14*, 8.

9. Pero no lo hice, y antes bien los saqué de la tierra de Egipto, para que mi Nombre no se viese vilipendiado entre las naciones, en medio de las cuales vivían, y entre las que les aparecí yo.

10. Los saqué, pues, de la tierra de Egipto, y los conduje al desierto.

11. Les di en seguida mis mandamientos, y les enseñé mis leyes, en cuya observancia el hombre hallará la vida*.

12. Además les instituí mis sábados o solemnidades, para que fuesen una señal entre mí y ellos, y conociesen que yo soy el Señor que los santifica.

13. Pero los hijos de la casa de Israel provocaron mi ira en el desierto, no se condujeron según mis mandamientos, y despreciaron mis leyes, que dan vida al que las observa, y violaron sobre manera mis sábados. Resolví, pues, derramar sobre ellos mi indignación en el desierto y destruirlos.

14. Mas por amor de mi Nombre hice de manera que no fuese vilipendiado entre las naciones, de entre las cuales, y a vista de las mismas, los había sacado de Egipto.

15. Yo también alcé mi mano contra ellos en el desierto, jurándoles que no los introduciría en la tierra que les di, tierra que mana leche y miel, la más excelente de todas las tierras;

16. porque habían despreciado mis leyes y no vivieron según mis mandamientos, y profanaron mis sábados, pues su corazón se iba tras los ídolos.

17. Pero los miré con ojos de misericordia y no les quité la vida, ni acabé con ellos en el desierto;

18. antes bien dije yo allí a sus hijos: No sigáis los ejemplos de vuestros padres, ni imitéis su conducta, ni os contaminéis con sus ídolos.

19. Yo soy el Señor Dios vuestro: Seguid mis mandamientos, observad mis leyes, y ponedlas en práctica;

20. y santificad mis sábados para que sean un recuerdo entre mí y vosotros, y sepáis que yo soy el Señor Dios vuestro.

21. Pero sus hijos me exasperaron, no anduvieron según mis preceptos, ni observaron mis leyes ni practicaron aquellas cosas en que el hombre halla la vida, y violaron mis sábados; por lo que les amenacé que derramaría mi indignación sobre ellos, y que desfogaría en ellos mi cólera en el desierto.

22. Pero contuve otra vez mi mano, y esto por amor de mi Nombre, para que no fuese profanado delante de las naciones, de entre las cuales, y a la vista de las mismas, los había yo sacado.

23. Nuevamente los amenacé en el desierto que los esparciría entre las naciones, y los dispersaría por toda la tierra,

24. por no haber observado mis leyes, y haber despreciado mis mandamientos, y profanado mis sábados y por haber vuelto a poner sus ojos en los ídolos de sus padres.

25. Por esto, pues, les di en castigo preceptos no buenos, imperfectos, y leyes en las cuales no hallarán la vida.

26. Y los traté como inmundos en sus oblaciones, cuando por sus pecados ofrecían sus primogénitos; con lo que conocerán que yo soy el Señor.

27. Por este motivo, habla tú, ¡oh hijo de hombre!, a la casa de Israel, y le dirás: Esto dice el Señor Dios: Aun después de esto blasfemaron de mí vuestros padres, deshonrándome y vilipendiándome;

28. pues habiéndolos yo llevado a la tierra que con juramento había prometido darles, pusieron los ojos en todo collado elevado y en todo árbol frondoso, y se fueron a inmolar allí sus víctimas, y a presentar allí sus ofrendas para irritarme, y allí quemaron suaves perfumes e hicieron libaciones.

29. Y les dije yo entonces: ¿Qué viene a ser esa altura o collado a donde vais? Y el nombre de Altura le ha quedado hasta el día de hoy.

Castigo y promesa de restauración

30. Por tanto di a la casa de Israel: Esto dice el Señor Dios: Ciertamente vosotros os contamináis siguiendo la conducta de vuestros padres, y os entregáis a la misma fornicación o idolatría que ellos.

31. Y con la ofrenda de vuestros dones a Moloc, cuando hacéis pasar por el fuego a vuestros hijos, os contamináis en gracia de todos vuestros ídolos hasta el día de hoy. Y después de esto, ¿queréis que yo os responda, oh hijos de Israel? Juro yo, dice el Señor Dios, que no os responderé.

*11. *Lev 18*, 5; *Rom 10*, 5.

32. Ni se efectuará lo que pensáis en vuestro corazón, diciendo: Adorando los leños y las piedras seremos nosotros felices como las naciones y pueblos de la tierra.

33. Yo os juro, dice el Señor, que dominaré sobre vosotros con mano pesada y con brazo extendido, derramando todo mi furor.

34. Y os sacaré de los pueblos, y os reuniré de los países por donde habéis sido dispersados y dominaré sobre vosotros con mano pesada y con brazo extendido, derramando todo mi furor.

35. Y os conduciré a un desierto o país despoblado, y allí entraré en juicio con vosotros, cara a cara.

36. Como disputé en juicio contra vuestros padres allá en el desierto de la tierra de Egipto, así entraré en juicio con vosotros, dice el Señor Dios.

37. Y os someteré a mi cetro, y os haré entrar en los lazos de mi alianza.

38. Y entresacaré de en medio de vosotros los transgresores y los impíos, y los sacaré de la tierra en que habitan; pero no entrarán en la tierra de Israel; y conoceréis que yo soy el Señor.

39. A vosotros los de la familia de Israel, esto dice el Señor Dios: Váyase cada uno de vosotros en pos de vuestros ídolos, y dedíquese enhorabuena a su servicio. Que si ni con esto me escuchareis y siguiereis profanando mi santo Nombre con vuestras ofrendas y con vuestros ídolos;

40. yo sé que sobre mi santo monte sobre el excelso monte de Israel, dice el Señor Dios, allí me servirán algún día todos los de la familia de Israel; todos, digo, en aquella tierra, en la cual me serán gratos, y donde estimaré yo vuestras primicias y la ofrenda de vuestros diezmos, con todos los actos de vuestro culto sagrado.

41. Como suavísimo aroma, así me seréis agradables cuando os haya sacado de entre las naciones, y os haya recogido de todas las regiones por las cuales estáis dispersos; y se hará manifiesta en vosotros mi santidad a los ojos de las naciones.

42. Y conoceréis que yo soy el Señor, cuando os haya llevado a la tierra de Israel, a la tierra que yo juré que daría a vuestros padres.

43. Y allí os acordaréis de vuestros procederes, y de todas vuestras maldades, con las cuales os contaminasteis; y os incomodará la vista de vosotros mismos, por razón de todas las maldades que habéis cometido.

44. Y conoceréis, oh vosotros de la casa de Israel, que yo soy el Señor, cuando os colme de bienes por amor de mi Nombre, y no os trataré según vuestros malos procederes, ni según vuestras detestables maldades, dice el Señor Dios.

45. Y me habló el Señor, diciendo:

46. Hijo de hombre, vuelve tu rostro hacia el mediodía, y dirige tu palabra hacia el lado del viento ábrego, y vaticina contra el bosque de la campiña del mediodía*.

47. Y dirás al bosque del mediodía: Escucha la palabra del Señor: Esto dice el Señor Dios: Mira, yo pondré en ti fuego y abrasaré todos tus árboles, los verdes y los secos; no se apagará la llama del incendio, y arderá toda su superficie desde el mediodía hasta el norte.

48. Y conocerán todos los hombres que yo el Señor he puesto el fuego; y éste no se apagará.

49. Y dije yo: ¡Ah, ah, Señor Dios! ¡Ah!, esto dicen ellos de mí: ¿Acaso no son parábolas oscuras lo que éste profiere?

21 *Vaticinio de la destrucción de Jerusalén. Profecía contra los amonitas y caldeos*

1. Y me habló el Señor, diciendo:

2. Hijo de hombre, vuelve tu rostro hacia Jerusalén, y habla contra los santuarios, o el templo, y profetiza contra la tierra de Israel.

3. Y dirás a la tierra de Israel: Esto dice el Señor Dios: Mira que yo vengo contra ti, y desenvainaré mi espada, y mataré en ti al justo y al impío.

4. Y por cuanto he de matar en ti al justo y al impío, por eso saldrá mi espada de su vaina contra todo hombre, desde el mediodía hasta el septentrión,

5. a fin de que sepan todos que yo el Señor he desenvainado mi irresistible espada.

6. Pero tú, oh hijo de hombre, gime

46. Donde está la Judea.

como quien tiene quebrantados sus lomos, y gime en la amargura de tu corazón, a vista de éstos.

7. Y cuando te preguntaren: ¿Por qué gimes?, responderás: Por la nueva que corre; porque viene el enemigo, y desmayarán todos los corazones, y desfallecerán todos los brazos, y decaerán los ánimos de todos, y todas las rodillas darán una contra otra de puro miedo. He aquí que llega tu ruina, y se efectuará, dice el Señor Dios.

8. Y me habló el Señor diciendo:

9. Profetiza, ¡oh hijo de hombre!, y di: Esto dice el Señor Dios: La espada, la espada está aguzada y bruñida.

10. Está aguzada para degollar las víctimas, y bruñida a fin de que reluzca: ¡Oh espada!, tú que abates el cetro de mi hijo, tú cortarás cualquier otro árbol.

11. Yo la di a afilar para tenerla a la mano; aguzada ha sido esta espada, acicalada ha sido ella para que la empuñe el matador.

12. Grita y aúlla, ¡oh hijo de hombre!, porque esta espada se ha empleado contra el pueblo mío, contra todos los caudillos de Israel que habían huido: Entregados han sido al filo de la espada, junto a mi pueblo; date, pues, con tu mano golpes en el muslo.

13. Porque espada es ésta probada ya; y se verá cuando haya destruido el cetro de Judá, el cual no existirá más, dice el Señor Dios.

14. Tú, pues, ¡oh hijo de hombre!, vaticina, y bate una mano con otra, y redóblese y triplíquese el furor de la espada homicida; ésta es la espada de la gran mortandad, que hará quedar atónitos a todos,

15. y desmayar de ánimo, y multiplicará los estragos. A todas sus puertas he llevado yo el terror de la espada aguda y bruñida, a fin de que brille, y esté pronta para dar la muerte.

16. Agúzate, ¡oh espada!, ve a la diestra o a la siniestra, ve a donde gustes.

17. Lo aplaudiré yo también con palmadas, y se saciará mi indignación. Yo el Señor soy el que he hablado.

18. Me habló de nuevo el Señor diciendo:

19. Y tú, hijo de hombre, diséñate dos caminos, por los cuales pueda venir la espada del rey de Babilonia; ambos saldrán de un mismo punto; y al principio del doble camino el rey con su misma mano sacará por suerte una ciudad.

20. Señalarás, pues, un camino por el cual la espada vaya a Rabbat, capital de los amonitas, y otro por el cual vaya a Judá, a la fortificadísima Jerusalén.

21. Porque el rey de Babilonia se parará en la encrucijada, al principio de los dos caminos, buscando adivinar por medio de la mezcla de las saetas; y además preguntará a los ídolos y consultará las entrañas de los animales.

22. La adivinación le conducirá a la derecha contra Jerusalén, a fin de que vaya a batirla con rampas, para que dé a conocer la muerte, para que alce la voz con aullidos, para que dirija las rampas contra las puertas, y forme terraplenes, y construya fortines.

23. Y parecerá a la vista de ellos como si aquel rey hubiese en vano consultado el oráculo; y como si celebrase el descanso del sábado. El tendrá presente la perfidia de los judíos, y tomará la ciudad.

24. Por tanto esto dice el Señor Dios: Porque habéis hecho alarde de vuestra perfidia, y habéis hecho públicas vuestras prevaricaciones, y en todos vuestros designios habéis hecho patentes vuestros pecados, ya que, repito, os habéis jactado de eso, seréis cautivados.

25. Mas tú, ¡oh profano e impío caudillo de Israel!, para quien ha llegado el día señalado del castigo de tu iniquidad,

26. esto dice el Señor Dios: Depón la diadema, quítate la coron,: ¿no es esa corona la que a su arbitrio ensalzó al hombre vil, y abatió al varón grande?

27. Yo haré manifiesta la iniquidad, su iniquidad, la iniquidad de él; mas esto no sucederá hasta cuando venga aquel de quien es el juicio o reino*; y a él daré yo esa corona.

28. Y tú, ¡oh hijo de hombre!, profetiza y di: Esto dice el Señor Dios acerca de los hijos de Amón, y de sus insultos contra Israel; y dirás tú: ¡Espada, espada!, sal de la vaina para degollar; afílate para dar la muerte y relumbrar,

29. (en la ocasión en que tus adivinos, ¡oh Amón!, te anuncian cosas vanas y mentirosas adivinaciones) a fin de que estés pronta, y descargues tus golpes sobre los

---

27. Profecía del Mesías. *Gen 49*, 10; *Jn 5*, 22.

cuellos de los impíos amonitas, a quienes llegó el plazo señalado para el castigo de su maldad.

30. Y después vuélvete a tu vaina. En el lugar donde fuiste formada, en la Caldea, tierra de tu nacimiento, allí te juzgaré,

31. y derramaré sobre ti la indignación mía; soplaré contra ti en la fragua de mi encendido furor, y te entregaré en manos de hombres insensatos y fraguadores de desastres.

32. Servirás, ¡oh caldeo!, de cebo al fuego; despreciada se verá por el suelo la sangre tuya, y serás entregado a perpetuo olvido; porque yo el Señor he hablado.

22 *Maldades de Jerusalén. Pecados de los sacerdotes, los príncipes, los falsos profetas y el pueblo*

1. Me habló el Señor nuevamente, diciendo:

2. Y tú, ¡oh hijo de hombre!, ¿por ventura no juzgarás tú, no condenarás a esa ciudad sanguinaria?

3. ¿No le harás ver todas sus abominaciones? Tú le dirás, pues: Esto dice el Señor Dios: He aquí la ciudad que a vista de todos derramará la sangre inocente, a fin de que llegue el tiempo de su castigo; y la que se fabricó ídolos, con que se contaminó para su propia ruina.

4. Tú has pecado, derramando la sangre, y te has contaminado con los ídolos que fabricaste y has acelerado el tiempo de tu castigo, y hecho llegar el fin de tus años. Por este motivo te he hecho el oprobio de las naciones y el escarnio de toda la tierra.

5. Sobre ti triunfarán, y harán mofa los que están cerca de ti y los que están lejos, ¡oh ciudad infame, famosa y grande por tu desolación!

6. Mira cómo los príncipes de Israel se han ocupado, cada uno según su poder, en derramar sangre en medio de ti.

7. En medio de ti ultrajaron al padre y a la madre, calumniaron en ti al extranjero, y en tu recinto han afligido al huérfano y a la viuda.

8. Vosotros despreciasteis mis santuarios, y violasteis mis sábados.

9. En medio de ti tienes tú hombres calumniadores para derramar sangre, y dentro de ti se celebraron banquetes idolátricos sobre los montes; en medio de ti han cometido las maldades.

10. Dentro de ti se han cometido incestos con la mujer del propio padre; y en ti no se ha respetado la mujer durante su menstruación.

11. Cada uno de esos hombres hizo en ti cosas abominables con la mujer de su prójimo, y el suegro violó feamente a su nuera, e hizo el hermano violencia a su hermana, a la hija de su propio padre.

12. En ti se recibieron regalos para hacer derramar sangre; tú has sido usurera; y por avaricia calumniabas a tus prójimos; y a mí, dice el Señor Dios, me echaste en olvido.

13. Por eso batí yo mis manos, en señal de horror, al ver tu avaricia y la sangre derramada en medio de ti.

14. ¿Por ventura podrá mantenerse firme tu corazón, o serán bastante robustos tus brazos en los días de quebranto que yo te preparo? Yo el Señor lo dije, y lo haré:

15. yo te esparciré entre las naciones, y te esparciré por todo el mundo, y pondré fin a tus abominaciones.

16. Y después tomaré otra vez posesión de ti, a la vista de las gentes, y sabrás que yo soy el Señor.

17. Y me habló el Señor, diciendo:

18. Hijo de hombre, la casa de Israel se me ha convertido en escoria: cobre y estaño, y hierro, y plomo, son todos éstos de Israel en medio del crisol; escoria de plata han venido a ser.

19. Por lo cual esto dice el Señor Dios: Por cuanto todos habéis venido a ser no más que escoria, por eso he aquí que yo os reuniré en medio de Jerusalén,

20. como quien junta plata, y cobre, y estaño, y hierro, y plomo en medio de la fragua, y enciende fuego debajo de ella para fundirlos. Así yo os recogeré lleno de furor e ira, y allí os dejaré, y os derretiré.

21. Os congregaré, y os abrasaré con el fuego de mi furor; y en medio de él os derretiré.

22. Como se funde la plata en medio del horno, así vosotros lo seréis en medio de Jerusalén; y conoceréis que yo soy el Señor cuando haya derramado sobre vosotros la indignación mía.

23. Y me habló el Señor diciendo:

24. Hijo de hombre, dile a ella (a Jerusalén): Tú eres una tierra inmunda, y no humedecida con lluvia y rocío del cielo, en el día de mi ira.

25. En medio de ella hay una conjuración de falsos profetas. Como león rugiente que arrebata la presa, así han devorado las almas, han recibido ricas pagas, y han aumentado en ellas las viudas.

26. Sus sacerdotes han despreciado mi ley, han contaminado mis santuarios, no han sabido hacer diferencia entre lo sagrado y lo profano, ni distinguir entre lo inmundo y lo puro, y no hicieron caso de mis sábados, y he sido yo deshonrado en medio de ellos.

27. Sus príncipes están en medio de ella como lobos para arrebatar la presa, para derramar sangre, y destruir vidas, y buscar usuras para su avaricia.

28. Y sus profetas revocaban sin la mezcla necesaria*, adulando al pueblo con falsas visiones y mentirosos vaticinios, diciendo: Esto dice el Señor Dios, siendo así que el Señor no había hablado.

29. Las gentes de esta tierra forjaban calumnias, y robaban con violencia lo ajeno, afligían al necesitado y al pobre, y oprimían al extranjero con imposturas e injusticias.

30. Y busqué entre ellos un varón justo que se interpusiese entre mí y el pueblo como un vallado, y pugnase contra mí a favor de la tierra, para que yo no la destruyese; mas no hallé ninguno.

31. En vista de todo esto derramaré sobre ellos la indignación mía, los consumiré con el fuego de mi furor; y haré caer sobre su cabeza el castigo de sus malas obras, dice el Señor Dios.

23

Con la alegoría de dos rameras se describe la idolatría de Jerusalén y Samaria, que serán arruinadas

1. Me habló el Señor nuevamente, diciendo:

2. Hijo de hombre: Hubo dos mujeres hijas de una misma madre,

3. las cuales se prostituyeron estando en Egipto; se prostituyeron en su mocedad; allí perdieron su honor, y fueron desfloradas al entrar en la pubertad.

4. Se llamaban la mayor Oolla, y la hermana menor Ooliba. Me desposé yo con ellas, y parieron hijos e hijas. Por lo que hace a sus nombres, Oolla es Samaria, y Ooliba es Jerusalén.

5. Oolla, pues, me fue infiel, y perdió el juicio yéndose tras sus amantes, los asirios sus vecinos,

6. que estaban vestidos de jacinto, o púrpura, y eran grandes señores, y de altos destinos, jóvenes amables, caballeros todos que montaban briosos caballos.

7. Y se prostituyó descaradamente a todos estos hombres que ella escogió, todos asirios, y se contaminó con las inmundicias de todos ellos, en el amor de los cuales había enloquecido.

8. Además de lo dicho, no abandonó las malas costumbres que había tenido en Egipto; porque también los egipcios durmieron con ella en su mocedad, y deshonraron su pubertad, y le comunicaron todas sus fornicaciones, o maneras de idolatría.

9. Por todo lo cual la entregué en poder de sus amantes, en poder de los asirios*, a quienes había amado con furor.

10. Estos la llenaron de ignominia, le quitaron sus hijos e hijas, y la pasaron a cuchillo; con lo cual Samaria y sus hijas se hicieron mujeres famosas por el castigo que se hizo de ellas.

11. Habiendo visto esto su hermana Ooliba, enloqueció de lujuria aún más que la otra; y se prostituyó con más furor que su hermana.

12. Se abandonó descaradamente a los asirios, a los capitanes y a los magistrados, que venían a encontrarla, vestidos de varios colores, a caballeros montados en sus caballos, y a jóvenes, que eran todos de extraordinaria belleza.

13. Y conocí que ambas hermanas tenían las mismas brutales pasiones.

14. Pero Ooliba fue siempre aumentando su prostitución; y habiendo visto unos hombres pintados en la pared, imágenes de caldeos, hechas con colorido,

15. los cuales tenían los lomos ceñidos con talabartes, y sus cabezas con tiaras o

---

28. *Ez 13,* 10.

9. *2 Re 17,* 6; *18,* 10.

turbantes de varios colores, que todos parecían capitanes o generales, y representados como los hijos de Babilonia y de la tierra de los caldeos, de donde eran naturales,

16. esta vista la hizo enloquecer de amor hacia ellos, y les envió mensajeros a la Caldea.

17. Y habiendo venido los hijos de Babilonia, y sido admitidos en su tálamo, la deshonraron con sus deshonestidades, y quedó contaminada y bien harta de ellos.

18. No se recató Ooliba de sus prostituciones, sino que hizo pública su ignominia; por lo que abominó de ella el alma mía, como había abominado de su hermana.

19. Pues aumentó sus prostituciones recordando la memoria del tiempo de su mocedad, cuando ella pecaba en la tierra de Egipto.

20. Y ardió en amor infame hacia aquéllos, cuyas carnes son como carnes de asnos, y su furor como el furor de los caballos.

21. Y recordaste las maldades de tu mocedad, cuando perdiste tu honor en Egipto, y fue violada tu pubertad.

22. Por tanto, ¡oh Ooliba!, esto dice el Señor Dios: He aquí que yo levantaré contra ti a todos tus amantes, de los cuales está ya harta tu alma, y los reuniré contra ti de todas partes;

23. reuniré, digo, a los hijos de Babilonia, y a todos los caldeos, los nobles, y señores, y príncipes; a todos los hijos de los asirios, jóvenes gallardos, a todos los capitanes, y magistrados, y príncipes de príncipes, y famosos jinetes.

24. Y vendrán contra ti pueblos pertrechados de carros de guerra, y de carrozas; en todas partes se armarán contra ti de corazas, y de escudos, y de cascos, y yo les daré potestad para juzgarte, y te juzgarán según sus leyes.

25. Con esto tomaré yo venganza en ti de mi amor ofendido; la cual ejecutarán ellos sin misericordia: Te cortarán ignominiosamente la nariz y orejas, y el resto lo destrozarán con la espada; se llevarán cautivos a tus hijos e hijas; y cuanto quedare de ti lo consumirá el fuego.

26. Y te despojarán de tus vestidos, y te quitarán las galas de tu adorno.

27. Y así haré que cesen tus maldades y las prostituciones aprendidas en tierra de Egipto; y no levantarás tus ojos hacia los ídolos; ni te acordarás más de Egipto.

28. Porque esto dice el Señor Dios: He aquí que yo te entregaré en poder de aquellos que tú aborreciste, en poder de aquellos de quienes se hartó tu alma.

29. Y te tratarán con odio, y te robarán todos tus sudores, y te dejarán desnuda y llena de ignominia; y se hará patente la infamia de tus prostituciones, tu maldad y tus adulterios.

30. Así te tratarán, porque imitaste los pecados de las naciones, entre las cuales te contaminaste adorando sus ídolos.

31. Seguiste los pasos de tu hermana y te castigaré a ti del mismo modo que a ella.

32. Esto dice el Señor Dios: Beberás el cáliz que bebió tu hermana, cáliz profundo y ancho; objeto serás de burla y de escarnio, porque grandísimo es el cáliz.

33. Embriagada quedarás y llena de dolor al beber el cáliz de aflicción y de amargura, el cáliz que bebió tu hermana Samaria.

34. Y lo beberás hasta sus últimos tragos y morderás sus tiestos, y te despedazarás el pecho, porque yo he hablado, dice el Señor Dios.

35. Por tanto, esto dice el Señor Dios: Porque te has olvidado de mí y me has vuelto las espaldas, por lo mismo lleva tú también sobre ti la pena de tus maldades y prostituciones.

36. Y me habló el Señor, diciendo: Hijo de hombre, ¿qué, no juzgas tú a Oolla y a Ooliba, ni les echas en cara sus delitos?

37. Pues son ellas unas adúlteras y sanguinarias, y se han contaminado con sus ídolos; y además les han ofrecido para ser devorados por el fuego* los hijos que yo había tenido en ellas.

38. Y aun han hecho más contra mí: Profanaron en aquel tiempo mi santuario, y violaron mis sábados.

39. Pues el día mismo que inmolaban sus propios hijos a los ídolos, venían a mi santuario para profanarlo; y cometían estas maldades dentro de mi mismo templo.

40. Ellas enviaron mensajeros a buscar gentes que viven lejos, cuando llegaron, te lavaste, ¡oh infiel esposa!, y pintaste con alcohol tus ojos, y te adornaste con todas tus galas.

---

37. En honor a Moloc.

41. Te has recostado sobre un hermosísimo lecho o canapé y se te puso delante la mesa preparada para el banquete, sobre la cual pusiste mi incienso* y mis perfumes,

42. y en cuyo alrededor se oía la algazara de gentes que se alegraban; y aquellos hombres extranjeros, que eran conducidos entre la multitud, y venían de la parte del desierto, les pusieron ellas sus brazaletes en las manos, y hermosas coronas sobre sus cabezas.

43. Y dije yo con respecto a aquella que está envejecida en sus adulterios: Todavía continuará ésta en sus prostituciones.

44. Porque a ella acudía la gente, como a una pública ramera. De esta suerte iban todos a Oolla y a Ooliba, mujeres nefandas.

45. Justo es, pues, lo que ejecutan estos hombres (los caldeos); éstos las condenarán a la pena debida a las adúlteras y a la pena debida a los sanguinarios; pues ellas adúlteras son, y han ensangrentado sus manos.

46. Porque esto dice el Señor Dios: Conduce contra ellas al ejército, y abandónalas al terror y a la rapiña;

47. y sean apedreadas por los pueblos, y traspasadas con espadas; maten a los hijos e hijas de ellas, y peguen fuego a sus casas.

48. Y yo quitaré de la tierra las maldades, y aprenderán todas las mujeres o ciudades a no imitar la maldad de aquellas dos.

49. La pena de vuestras maldades descargará sobre vuestras cabezas, y pagaréis los pecados de vuestras idolatrías, y conoceréis que yo soy el Señor Dios.

24

Bajo la figura de una olla al fuego, Ezequiel declara el incendio de Jerusalén. Muerte de su esposa

1. Me habló el Señor en el año noveno del cautiverio, en el mes décimo, a diez del mes, diciendo:

2. Hijo de hombre: Ten presente este día; porque hoy el rey de Babilonia ha sentado sus campamentos delante de Jerusalén.

3. Y hablarás a esa familia de rebeldes de un modo alegórico, y les propondrás esta parábola. Esto dice el Señor Dios: Toma una olla o caldera*, tómala, te digo yo, y echa agua en ella.

4. Mete dentro pedazos de carne, todos escogidos, pierna y espalda, las partes mejores y donde están los huesos.

5. Toma la res más gorda, y pon además un montón de huesos debajo de la olla, haz que hierva a borbollones, y se cuezan también los huesos que hay dentro de ella.

6. Pues esto dice el Señor Dios: ¡Ay de la ciudad sanguinaria!, olla que está toda llena de sarro, sin que el sarro se haya quitado de ella, saca fuera la carne de porción en porción; no se dé lugar a la suerte.

7. Porque en medio de ella está la sangre inocente que ha derramado; sobre muy limpias piedras la derramó; no la derramó sobre la tierra, de modo que se pueda cubrir con el polvo.

8. Para hacer caer yo sobre ella la indignación mía y tomar venganza de ella, derramaré también su sangre sobre limpísimas piedras, a fin de que quede manifiesta.

9. Por tanto, esto dice el Señor Dios: ¡Ay de la ciudad sanguinaria, a la cual convertiré yo en una gran hoguera!

10. Amontona huesos, que yo les daré fuego, se consumirán las carnes, y se deshará todo cuanto contiene la olla, y los huesos se disolverán.

11. Después de esto pondrás sobre las brasas la olla vacía, para que se caldee y se derrita su cobre; con lo cual deshaga dentro de ella su inmundicia y quede consumido su sarro.

12. Se ha trabajado con afán; pero no se ha podido quitar su mucho sarro, ni aun a fuerza del fuego.

13. Digna de execración es tu inmundicia pues yo te he querido limpiar de tu porquería, y tú no te has limpiado, ni te limpiarás hasta cuando que yo haya desfogado en ti la indignación mía.

14. Yo el Señor he hablado: Vendrá el tiempo y lo ejecutaré; no volverá atrás mi palabra, ni perdonaré, ni me aplacaré, según tus caminos y tus procederes te juzgaré yo, dice el Señor.

15. Me habló de nuevo el Señor, diciendo:

---

41. *Ex 30*, 23-34.

3. La *caldera* es Jerusalén, los *huesos* son los príncipes y la *carne* el pueblo. *Ez 11*, 30; *Jer 1*, 13.

16. Hijo de hombre: Mira, yo voy a quitarte de golpe lo que más agradable es a tus ojos; pero no te lamentes, ni llores, ni dejes correr tus lágrimas.

17. Gemirás en secreto, no harás el duelo que se acostumbra por los muertos; no te quitarás la tiara, o turbante, ni el calzado de tus pies; no te cubrirás el rostro con velo, ni usarás de los manjares propios del tiempo de luto.

18. Esto refería yo al pueblo por la mañana, y por la tarde murió mi mujer; y a la mañana siguiente me porté como el Señor me había mandado.

19. Y me dijo el pueblo: ¿Por qué no nos explicas qué significan estas cosas que haces?

20. Y les respondí: El Señor me ha hablado, diciendo:

21. Di a la casa de Israel: Esto dice el Señor Dios: He aquí que yo profanaré mi santuario, que es la gloria de vuestro reino y lo más amable a vuestros ojos, y que causa más ansiedad a vuestra alma; y los hijos y las hijas que habéis dejado, perecerán al filo de la espada.

22. Y tendréis que hacer lo que yo he hecho, pues no os cubriréis el rostro con velo, ni os alimentaréis con las viandas que usan los que están de luto.

23. Tendréis la corona o turbante en vuestra cabeza, y calzados estarán vuestros pies; no os lamentaréis, ni lloraréis; sino que os consumiréis en vuestras maldades, y gemiréis, mirándoos atónitos uno a otro.

24. Y Ezequiel será un modelo para vosotros, lo mismo que él ha practicado en la muerte de su esposa, practicaréis vosotros cuando llegaren estos sucesos; y conoceréis entonces que yo soy el Señor Dios.

25. Y tú, ¡oh hijo de hombre!, mira que en el día en que yo les quitaré lo que les hace fuertes, aquello que es su consolación y su gloria, que más aman sus ojos, y en que su corazón tiene puesta su confianza, y les quitaré sus hijos e hijas;

26. en aquel día, cuando el que escapare de Jerusalén, llege a ti y te de la noticia de su ruina;

27. en aquel día, repito, tú hablarás al que haya escapado, y hablarás con toda libertad, y no guardarás más silencio; y habrás sido una señal o vaticinio para ellos, y vosotros conoceréis que yo soy el Señor.

25 *Ezequiel profetiza la destrucción de los amonitas, moabitas, idumeos y filisteos*

1. Me habló de nuevo el Señor, diciendo:

2. Hijo de hombre, vuelve tu rostro contra los amonitas y vaticinarás contra ellos.

3. Dirás, pues, a los hijos de Amón: Oíd lo que habla el Señor Dios: Esto dice el Señor Dios: Por cuanto acerca de mi santuario que ha sido profanado, y de la tierra de Israel que ha sido desolada, y de la casa de Judá llevada al cautiverio, tú, ¡oh pueblo de Amón!, has dicho por mofa: Bien, bien le está;

4. por eso yo te entregaré como en herencia a los hijos del oriente; los cuales colocarán en ti apriscos, y levantarán en ti sus tiendas; se comerán ellos tus frutos y beberán tu leche.

5. Y haré que tu capital Rabbat venga a ser una cuadra para camellos, y el país de los hijos de Amón un redil de ganados; y conoceréis que yo soy el Señor.

6. Porque esto dice el Señor Dios: Pues tú has aplaudido con palmadas, y saltado de gozo, y te has alegrado sobremanera por lo sucedido a la tierra de Israel,

7. he aquí que yo descargaré mi mano contra ti, y te haré presa de las naciones, y te borraré del número de los pueblos, y te exterminaré de la superficie de la tierra, y te reduciré a polvo, y sabrás que yo soy el Señor.

8. Esto dice el Señor Dios: Por cuanto Moab y Seir o la Indumea han dicho: Mirad la casa de Judá; ella es como todas las otras naciones,

9. por eso he aquí que yo dejaré descubierto el flanco del país de Moab por la parte de las ciudades, de las ciudades, digo, que están en sus confines, las más famosas del país, Betiesimot, y Beelmeón, y Cariataím;

10. a los hijos del oriente abriré yo el flanco del país de Moab; como abrí el de los amonitas, y les daré el dominio de Moab; de tal modo que no quedará memoria de ellos, ni de los hijos de Amón entre las gentes.

11. Y tomaré venganza de Moab; y sabrán que yo soy el Señor.

12. Esto dice el Señor Dios: Por cuanto la Idumea ejerció siempre su odio inveterado para vengarse de los hijos de Judá, y ha

pecado desfogando sin medida sus deseos de vengarse,

13. por tanto, esto dice el Señor Dios: Yo descargaré mi mano sobre la Idumea, y exterminaré de ella hombres y bestias, y la dejaré hecha un desierto por el lado del mediodía; y los que se hallan en Dedán o hacia el norte, serán pasados a cuchillo.

14. Y tomaré venganza de la Idumea por medio del pueblo mío de Israel, el cual tratará a Edom según mi indignación y furor le prescribirán; y sabrán lo que es la venganza mía, dice el Señor Dios.

15. Esto dice el Señor Dios. Por cuanto los filisteos han tomado venganza, y lo han hecho con el mayor encono, matando y desahogando así sus antiguas enemistades,

16. por tanto, esto dice el Señor Dios: He aquí que yo descargaré mi mano sobre los filisteos, y mataré a los matadores, y exterminaré lo que queda en la costa del mar*,

17. y tomaré de ellos una terrible venganza, castigándolos con furor. y conocerán que yo soy el Señor cuando me haya vengado de ellos.

26 *Tiro, que se regocijaba de los males de Israel, será tomada y arruinada por Nabucodonosor*

1. Y sucedió que en el año undécimo del cautiverio, el primer día del mes, me habló el Señor, diciendo:

2. Hijo de hombre, pues Tiro ha dicho de Jerusalén: Bien, bien le está; destruidas quedan ya las puertas o la concurrencia de la naciones; ella se ha pasado a mí; yo ahora me llenaré de riqueza, pues Jerusalén ha quedado hecha un desierto:

3. por tanto, esto dice el Señor Dios: ¡Oh Tiro!, heme aquí contra ti; yo haré subir contra ti muchas gentes, como olas del mar borrascoso.

4. Y arrasarán los muros de Tiro, y derribarán sus torres, y yo roeré hasta el polvo de ella, dejándola como una peña muy lisa.

5. Ella, en medio del mar, será como un tendedero para enjugar las redes; porque yo le he dicho, dice el Señor Dios, será ella hecha presa de las naciones.

6. Sus hijas o aldeas de la campiña perecerán también al filo de la espada; y conocerán que yo soy el Señor.

7. Porque esto dice el Señor Dios: He aquí que yo conduciré a Nabucodonosor, rey de los reyes*, desde el norte a Tiro, con caballos y carros de guerra, y caballeros, y con gran cantidad de tropa.

8. A tus hijas que están en la campiña las pasará a cuchillo, y te circunvalará con fortines, y levantará trincheras alrededor tuyo, y embrazará el escudo contra ti.

9. Y dispondrá sus manteles y rampas contra tus muros, y con sus máquinas de guerra derribará tus torres.

10. Con la llegada de su numerosa caballería quedarás cubierta de polvo; se estremecerán tus muros al estruendo de la caballería, y de los carros y carrozas cuando él entre por tus puertas como quien entra en una ciudad destruida.

11. Holladas se verán todas tus plazas por las pezuñas de los caballos, pasará a cuchillo a tu pueblo, y serán derribadas al suelo tus insignes estatuas.

12. Saquearán todos tus tesoros, pillarán tus mercaderías y destruirán tus muros, derribarán tus magníficos edificios, arrojando al mar tus piedras, tus maderas, y hasta tu polvo.

13. Y haré que no se oigan más en ti tus conciertos de música, ni el sonido de tus arpas*.

14. Y te dejaré tan arrasada como una limpísima peña, y servirás de tendedero para enjugar las redes; y no volverás a ser reedificada; porque yo lo he decretado, dice el Señor Dios.

15. Esto dice el Señor Dios a Tiro: ¿Por ventura no se estremecerán las islas al estruendo de tu ruina, y al gemido de los que morirán en la mortandad que en ti se hará?

16. Y todos los príncipes del mar descenderán de sus tronos, y se despojarán de sus insignias, y arrojarán sus vestidos bordados, y su cubrirán de espanto; se sentarán en el suelo, y atónitos de tu repentina caída quedarán como fuera de sí.

17. Y deplorando tu desgracia, te dirán: ¡Cómo has perecido, oh habitadora del mar, ciudad esclarecida, que fuiste poderosa en

---

16. *1 Sam 30*, 14-16; *Sof 2*, 5.

7. *Jer 27*, 6.
13. *Is 13*, 16; *Jer 7*, 34.

el mar con tus moradores, a quienes temían todos!

18. Los navegantes quedarán atónitos en el día de tu ruina, y las islas de mar se afligirán al ver que ya nadie sale de ti.

19. Porque esto dice el Señor Dios: Cuando te haya convertido en un desierto, como las ciudades despobladas, y haya enviado sobre ti un diluvio de desastres, y te veas sumergida en un abismo de aguas,

20. y cuando yo te haya precipitado allá abajo, a la región de la eternidad, con aquellos que descendieron al sepulcro, y te haya colocado en lo más profundo de la tierra, con aquellos que bajaron a la fosa, hecha tu semejanza a las antiguas soledades, a fin de que nadie te habite; en fin cuando ya haya restituido la gloria a Jerusalén, tierra de los vivientes,

21. entonces te dejaré reducida a la nada, y no existirás, y te buscarán y nunca jamás serás hallada, dice el Señor Dios.

27 *Canción lúgubre sobre la ruina de Tiro, ciudad marítima y muy opulenta*

1. Me habló de nuevo el Señor, diciendo:

2. Ahora pues, ¡oh hijo de hombre!, entona una lamentación sobre Tiro:

3. Dirás, pues, a Tiro situada en una entrada o puerto de mar para fondeadero de los pueblos de muchas regiones: Esto dice el Señor Dios: ¡Oh Tiro!, tú dijiste: Yo soy de una belleza extremada,

4. y situada estoy en medio del mar. Tus vecinos que te edificaron te embellecieron con toda suerte de ornato;

5. te construyeron de abetos del Saniz, con todas las crujías a uso del mar; para hacer tu mástil trajeron un cedro del Líbano.

6. Labraron encinas de Basán para formar tus remos; y de marfil de India hicieron tus bancos y tus magníficas cámaras de popa de materiales traídos de las costas de Chipre.

7. Para hacer la vela que pende del mástil, se tejió para ti el rico lino de Egipto con varios colores; el jacinto y la púrpura de las islas de Elisa formaron tu pabellón.

8. Los habitantes de Sidón y los de Arad fueron tus remeros; tus sabios, oh Tiro, te sirvieron de pilotos.

9. Los ancianos de Gebal y los más peritos de ella te suministraron gentes para la maestranza, que trabajasen en el servicio de tu marina; las naves todas del mar y sus marineros estaban en tu pueblo sirviendo a tu tráfico.

10. Tú tenías en tu ejército guerreros de Persia, y de Lidia, y de Libia; y en ti colgaron sus escudos y morriones, los cuales te servían de gala.

11. Entre tus huestes se veían coronando tus muros los hijos de Arad; y además los pigmeos o valientes que estaban sobre tus torres colgaban alrededor de tus murallas sus aljabas; ellos ponían el colmo a tu hermosura.

12. Los cartagineses que comerciaban contigo, henchían tus mercados con gran cantidad de toda suerte de riquezas, de plata, de hierro, de estaño y de plomo.

13. La Grecia, Tubal y Mosoc también negociaban contigo, trayendo a tu pueblo esclavos y artefactos de cobre.

14. De tierra de Togorma traían a tu mercado caballos y jinetes o picadores y mulos.

15. Los hijos de Dedán comerciaban contigo; tú dabas tus géneros a muchas islas o naciones; y recibías a cambio colmillos de elefante o el marfil y el ébano.

16. El siro traficaba contigo, y para proveerse de tus muchas manufacturas presentaba en tus mercados perlas, y púrpura, y telas bordadas, y lino fino, y sedería, y toda especie de géneros preciosos.

17. Judá y la tierra de Israel negociaban contigo, llevando a tus mercados el más rico trigo, el bálsamo, la miel, el aceite y la resina.

18. El mercader de Damasco contrataba contigo, y en cambio de tus muchas mercaderías te daba muchas y varias cosas ricas, excelentes vinos y lanas de extraordinaria blancura.

19. Dan, y la Grecia, y Mosel, llevaban a tu mercado, para comerciar contigo, hierro labrado, mirra destilada y caña aromática.

20. Los de Dedán te vendían las alfombras para tus estrados.

21. La Arabia y todos los príncipes de Cedar compraban tus mercaderías, dándote a cambio los corderos, y carneros y cabritos que te traían.

22. Los mercaderes de Sabá y de Reema traían a vender en tus plazas toda especie de aromas los más exquisitos, y piedras preciosas, y oro.

23. Harán, y Quene, y Edén contrataban contigo; Saba, Assur y Quelmad te vendían géneros.

24. Hacían ellos el comercio contigo de varias cosas, llevándote fardos de ropas de color de jacinto o carmesí, y de varias estofas y bordados, y diferentes preciosidades, te vendían también maderas de cedro.

25. Tus naves ocupan el primer lugar en el comercio marítimo; y fuiste populosa y opulentísima en medio del mar.

26. Tus remeros te condujeron por muchos mares; pero el viento del mediodía acabó contigo en medio de las aguas.

27. Tus riquezas y tesoros, y tu gran cargamento; tus marineros y tus pilotos que estaban encargados de todas tus preciosidades, y que dirigían tu gente; asimismo todos los guerreros que tenías contigo, y todo el gentío que estaba dentro de ti, todo ha sido precipitado al abismo del mar en el día de tu ruina.

28. Al estruendo de la gritería de tus pilotos quedarán llenas de terror las demás naves;

29. y todos los remeros saldrán de sus naves; y saltarán a tierra los marineros y todos los pilotos;

30. y prorrumpirán en grandes alaridos sobre ti, y en gritos de dolor, y esparcirán polvo sobre sus cabezas y se cubrirán de ceniza,

31. y se raparán por tu causa sus cabezas, y se vestirán de cilicio, y te llorarán en la angustia de su corazón con lágrimas amarguísimas.

32. Y entonarán sobre ti lúgubres cantares, y te plañirán, diciendo: ¿Qué ciudad ha habido como Tiro, que haya sido como ella destruida en medio del mar?

33. Tú con tu comercio marítimo enriqueciste a muchas naciones; con la abundancia de las riquezas tuyas y de tu gente hiciste ricos a los reyes de la tierra:

34. ahora has sido destrozada en medio del mar, tus riquezas han caído al fondo de las aguas, y ha perecido todo el gentío que había en ti.

35. Se pasmaron con tu ruina todos los habitantes de las islas o regiones, y se demudaron los semblantes de sus reyes, atónitos de tal tempestad.

36. Los comerciantes de los pueblos silbaron, haciendo mofa de ti, a la nada has sido reducida tú, y nunca jamás volverás a existir.

28 *Ezequiel comunica al rey de Tiro su ruina y promete el restablecimiento de Israel*

1. Me habló nuevamente el Señor, diciendo:

2. Hijo de hombre, di al príncipe de Tiro: Esto dice el Señor Dios: Porque se ha engreído tu corazón, y has dicho: Yo soy un dios, y sentado estoy cual dios en el trono, en medio del mar (siendo tú un hombre y no un dios) y te has creído dotado de un entendimiento como de dios.

3. Está visto que te crees más sabio que Daniel, y que no hay nada que no sepas.

4. Tú te has hecho poderoso con tu saber y con tu prudencia; y has amontonado oro y plata en tus tesoros.

5. Con tu mucho saber y con tu comercio has aumentado tu poderío, y con este motivo se ha engreído tu corazón.

6. Por tanto, esto dice el Señor Dios: Porque tu corazón se ha engreído como si fuera de un dios,

7. por eso mismo yo haré venir contra ti gentes extranjeras, las más fuertes de las naciones, y desenvainarán sus espadas contra tu preciado saber, y oscurecerán tu gloria.

8. Te matarán, y te destrozarán, y morirás de la muerte de aquellos que mueren en combate naval.

9. ¿Acaso hablarás tú delante de tus matadores, diciendo: Yo soy un dios, siendo tú un hombre sujeto a los que te han de matar, y no un dios?

10. Como mueren los incircuncisos así morirás tú a mano de los extranjeros, porque yo lo he dicho, dice el Señor Dios.

11. Me habló de nuevo el Señor, diciendo: Hijo de hombre, entona una lamentación sobre el rey de Tiro,

12. Y le dirás: Esto dice el Señor Dios: Tú, creído sello o imagen de Dios, lleno de sabiduría y colmado de hermosura,

13. vivías en medio del paraíso de Dios;

en tus vestiduras brillaban toda suerte de piedras preciosas, el sardio, el topacio, el jaspe o diamante, el crisólito, el onique, el berilo, el zafiro, el carbunclo, la esmeralda y el oro, que te daban hermosura, y los instrumentos músicos estuvieron preparados para ti en el día de tu creación.

14. Tú has sido un querubín, que extiende las alas y cubre el trono de Dios; yo te coloqué en el monte santo de Dios; tú caminabas en medio de piedras brillantes como el fuego.

15. Perfecto has sido en tus obras, desde el día de tu creación hasta que se halló en ti la maldad.

16. Con la abundancia de tu tráfico se llenó de iniquidad tu corazón, y pecaste, y yo te arrojé del monte de Dios; y a ti, ¡oh querubín, que cubrías el trono!, te eché de en medio de las piedras resplandecientes como el fuego.

17. Por haberse engreído tu corazón por causa de tu hermosura, y corrompido tu sabiduría por causa de tu brillo, por eso te arrojé yo al suelo, y te expuse a la vista de los reyes, para que te contemplasen.

18. Con tus maldades, y con tus injustos tráficos contaminaste la sanidad de esa porción de tierra de Israel que posees, por lo que haré salir de en medio de ti un fuego que te devorará, y te convertiré en ceniza sobre la tierra, a la vista de cuantos tienen puestos sobre ti sus ojos.

19. Todos los de las demás naciones que te vean, quedarán pasmados sobre ti; reducido serás a la nada, y nunca jamás volverás a existir.

20. Me habló el Señor nuevamente, diciendo:

21. Hijo de hombre, vuelve tu rostro contra Sidón*, y profetizarás contra ella,

22. y dirás: Esto dice el Señor Dios: Heme aquí contra ti, ¡oh ciudad de Sidón! y glorificado seré en medio de ti. Porque conocerán que yo soy el Señor, cuando ejerceré mi juicio en ella, y haré resplandecer en ella mi santidad y justicia.

23. Yo le enviaré la peste, e inundaré en sangre sus calles, y en todas partes se verán morir hombres pasados a cuchillo; y conocerán que yo soy el Señor.

24. Ya no será más ella en adelante piedra de escándalo y de amargura para la casa de Israel; y no le serán como espina punzante esos enemigos de que está rodeada por todos lados; y conocerán que yo soy el Señor Dios.

25. Esto dice el Señor Dios: Cuando yo haya congregado la familia de Israel de entre las naciones en que fue dispersada, entonces yo manifestaré en ella mi santidad a la vista de las naciones, y ella habitará en la tierra que yo di a Jacob, siervo mío.

26. Y allí habitará libre de temor, y construirá casas, y plantará viñas, y vivirá tranquilamente, cuando haya hecho yo justicia en todos los pueblos que la rodean, y que son sus enemigos; y conocerán que yo soy el Señor Dios suyo.

29 *Profecía de la desolación y ruina de Egipto. Nabucodonosor será su dueño*

1. En el año décimo, en el décimo mes, a los once días del mes, me habló el Señor, y dijo:

2. Hijo de hombre, dirige tu rostro contra el faraón, rey de Egipto, y profetizarás cuanto ha de suceder contra él y contra Egipto.

3. Habla, y di: Esto dice el Señor Dios: Heme aquí contra ti, oh faraón, rey de Egipto, dragón o monstruo grande que yaces en medio de tus ríos y dices: Mío es el río, y a nadie debo el ser.

4. Pero yo pondré un freno en tus quijadas, y haré que los peces de tu río se peguen a tus escamas; y te sacaré de en medio de tus ríos; y todos tus peces estarán pegados a tus escamas.

5. Y a ti y a todos los peces de tus ríos os arrojaré al desierto; tú caerás muerto sobre la superficie de la tierra, sin que nadie te recoja y dé sepultura, a las bestias de la tierra y a las aves del cielo te entregué para que te devoren.

6. Y conocerán todos los moradores de Egipto que yo soy el Señor, porque tú has sido un báculo de caña para la casa de Israel.

7. Cuando te cogieron con la mano, tú te quebraste y lastimaste todas sus espaldas o lomos; y cuando ellos se apoyaron sobre ti, te hiciste pedazos, y los deslomaste enteramente.

21. *Is 23*, 4.

8. Por tanto, esto dice el Señor Dios: Mira, yo descargaré la espada contra ti, y mataré tus hombres y tus bestias.

9. Y la tierra de Egipto quedará hecha un desierto y una soledad, y conocerán que yo soy el Señor; pues tú dijiste: Mío es el río, yo lo hice.

10. Por tanto, heme aquí contra ti y contra tus ríos; y yo haré que la tierra de Egipto quede hecha un desierto después de haberla asolado con la espada desde la torre de Siene hasta los confines de Etiopía*.

11. No transitará por ella pie humano, ni la hollará pezuña de animal, despoblada quedará por cuarenta años.

12. Y haré que quede desolado el país de Egipto en medio de otros países desolados, y destruidas quedarán sus ciudades en medio de otras ciudades destruidas, y permanecerán desoladas por espacio de cuarenta años; y esparciré a los egipcios por entre las naciones, y los arrojaré aquí y allá por todo el mundo.

13. Porque esto dice el Señor Dios: Pasado el plazo de los cuarenta años, yo congregaré a los egipcios de entre los pueblos por donde han estado dispersos;

14. y los sacaré del cautiverio, y los podré en la tierra de Fatures, en el país de su nacimiento, y formarán allí un reino humilde.

15. Será el más débil entre los demás reinos, y en adelante no se alzará sobre las otras naciones, y yo los mantendré débiles, a fin de que no dominen sobre ellas.

16. Y no inspirarán ya confianza a los de la casa de Israel, a los cuales enseñaban la iniquidad; y no acudirán ya a ellos, ni los seguirán; sabrán que yo soy el Señor Dios.

17. Y el año vigésimo séptimo, en el primer día del primer mes, me habló el Señor diciendo:

18. Hijo de hombre, Nabucodonosor, rey de Babilonia, ha fatigado mucho a su ejército en la guerra contra Tiro; han quedado calvas todas las cabezas, y pelados todos los hombres; y no se ha dado recompensa alguna ni a él, ni a su ejército, por el servicio que me han hecho contra Tiro.

19. Por tanto, esto dice el Señor Dios: He aquí que yo pondré a Nabucodonosor, rey de Babilonia, en tierra de Egipto; y hará cautivo a su pueblo, y lo saqueará, y repartirá los despojos, con lo cual quedarán sus tropas recompensadas

20. por el servico prestado contra Tiro, yo le he dado el país de Egipto, porque él ha trabajado para mí, dice el Señor Dios.

21. En aquel día reflorecerá el poderío de la casa de Israel, y te haré hablar libremente en medio de ellos; y conocerán que yo soy el Señor.

30 *El profeta anuncia a los egipcios y a otros pueblos la completa desolación de su tierra*

1. Me habló nuevamente el Señor, diciendo:

2. Hijo de hombre, profetiza, y di: Esto dice el Señor Dios: ¡Oh egipcios!, prorrumpid en aullidos: ¡Ay, ay de aquel día!

3. Porque cercano está el día, llega ya el día del Señor; día de tinieblas, que será la hora del castigo de las naciones.

4. Y la espada enemiga descargará contra Egipto; y Etiopía quedará aterrorizada, cuando los egipcios caigan heridos al filo de la espada, y el pueblo sea llevado cautivo, y sean destruidos sus cimientos.

5. Etiopía, y Libia, y los lidios, y todos los demás pueblos, y Cub, y los hijos de la tierra de mi alianza perecerán con ellos al filo de la espada.

6. Esto dice el Señor Dios: Caerán por tierra los que sostienen a Egipto, y quedará destruido su soberbio imperio; comenzando desde la torre de Siene, pasados serán a cuchillo los egipcios, dice el Señor Dios de los ejércitos.

7. Y aquellas regiones serán asoladas, quedando como otras tierras desiertas; y sus ciudades serán del número de las ciudades devastadas.

8. Y conocerán que yo soy el Señor, cuando haya pegado fuego a Egipto, y sean derrotadas todas sus tropas auxiliares.

9. En aquel día partirán en naves mensajeros despachados por mí, para abatir la arrogancia de Etiopía; la cual se llenará de terror en el día del castigo de Egipto, día que llegará sin falta.

---

10. Desde un extremo al otro de Egipto. *Siene* está bajo la línea equinoccial, limita con Etiopía y es la actual Asuán.

10. Esto dice el Señor Dios: Yo destruiré el numeroso gentío de Egipto por medio de Nabuconodosor, rey de Babilonia;

11. él y su pueblo, el más fuerte entre las naciones, serán llevados a asolar la tierra; desenvainarán sus espadas contra Egipto, y cubrirán la tierra de cadáveres.

12. Y secaré las madres de los ríos, y entregaré el país a hombres feroces, y lo aniquilaré por medio de extranjeros, yo el Señor soy quien lo digo.

13. Esto dice el Señor Dios: Yo destruiré los simulacros, y acabaré con los ídolos de Memfis, y no habrá más rey propio en la tierra de Egipto, y enviaré el terror sobre ella,

14. y asolaré la tierra de los fatures, y entregaré a Tafnis a las llamas, y castigaré suavemente a Alejandría.

15. Derramaré la indignación mía sobre Pelusio, baluarte del Egipto, y haré pasar a cuchillo al numeroso pueblo de Alejandría,

16. y entregaré a Egipto a las llamas. Como la mujer que está de parto, sentirá dolores Pelusio; y Alejandría será asolada; y Memfis estará en continua congoja.

17. Pasados serán a cuchillo los jóvenes de Heliópolis y de Bubasto, y las mujeres serán llevadas cautivas.

18. Y en Tafnis el día se convertirá en noche, cuando haga yo allí pedazos los cetros de Egipto, y se acabará la arrogancia de su poder; la cubrirá un negro torbellino de males, y sus hijas serán llevadas al cautiverio.

19. Y ejerceré mi juicio contra Egipto; y conocerán que yo soy el Señor.

20. Y en el año undécimo, en el mes primero, a los siete días del mes, me habló el Señor, diciendo:

21. Hijo de hombre: Yo he roto el brazo del faraón, rey de Egipto, y he aquí que no ha sido vendado para restablecerlo en su primer estado, ni envuelto con paños, ni fajado con vendas, a fin de que, recobrando el vigor, pueda manejar la espada.

22. Por tanto esto dice el Señor Dios: Heme aquí contra el faraón, rey de Egipto, y desmenuzaré su brazo que era robusto pero está ya quebrado; y haré caer de su mano la espada,

23. y dispersaré a los egipcios entre las naciones, y los arrojaré aquí y allá por todo el mundo.

24. Y daré vigor a los brazos del rey de Babilonia, y pondré en su mano mi espada; y romperé los brazos del faraón, y prorrumpirán en grandes gemidos los de su pueblo que serán muertos en su presencia.

25. Y esforzaré los brazos del rey de Babilonia, y quedarán como lisiados los del faraón; y conocerán que yo soy el Señor cuando haya puesto mi espada en manos del rey de Babilonia, y él la habrá desenvainado contra la tierra de Egipto.

26. Y dispersaré a los de Egipto por entre las naciones, y los dispersaré por todo el mundo, y conocerán que yo soy el Señor.

31 *El faraón se compara con un cedro. Egipto será asolado y castigado. Ruina de los asirios*

1. En el año undécimo, en el mes tercero, el día primero del mes, me habló el Señor, y dijo:

2. Hijo de hombre, di al faraón, rey de Egipto y a su pueblo: ¿A quién te has comparado en tu grandeza?

3. Depón ese orgullo; mira a Asur, que cual cedro sobre el Líbano, de hermosos ramos y frondosas hojas, y de sublime altura, elevaba su copa en medio de sus densas ramas.

4. Le nutrieron las aguas, y un abismo o mar inmenso lo encumbró; sus ríos corrían alrededor de sus raíces, y él hacía pasar sus arroyos por todos los árboles de aquella región.

5. Por eso superó en altura todos los árboles del país, y se multiplicaron sus arboledas, y se dilataron merced a la abundancia de las aguas.

6. Y como él arrojaba una gran sombra, anidaron bajo de sus ramas todas las aves del cielo, y criaron debajo de su frondosidad todas las bestias de los bosques, y a su sombra se acogía un inmenso gentío.

7. Y era un árbol hermosísimo por su elevación y por la extensión de sus ramas; porque sus raíces se hallaban cerca de abundantes aguas.

8. En el paraíso de Dios no hubo cedros más empinados que él; no igualaron los abetos su copa; ni los plátanos emparejaron con sus ramas; no hubo en el paraíso de Dios un árbol semejante a él, ni de tanta hermosura.

9. Y porque yo lo hice tan hermoso, y de tantas y tan frondosas ramas, tuvieron envidia de él todos los árboles deliciosos que había en el paraíso de Dios.

10. Por lo cual esto dice el Señor Dios: Porque él se ha encumbrado, y ostentado su verde y frondosa copa, y su corazón se ha ensoberbecido viéndose tan alto,

11. yo lo he entregado en poder del más fuerte de entre los pueblos, el cual hará de él lo que quiera; yo lo he desechado, según merecía su impiedad.

12. Y unas gentes extrañas, y de las más feroces entre las naciones, lo troncharán y lo arrojarán sobre los montes, y sus ramas caerán por todos los valles, y quedarán cortados sus arbustos en todas las rocas de la tierra; y todos los pueblos de la tierra se retirarán de su sombra, y lo abandonarán.

13. Sobre sus ruinas posarán todas las aves del cielo, y sobre sus ramas estarán todas las bestias del país.

14. Por esta causa ninguno de los árboles plantados junto a la corriente de las aguas se engreirá en su grandeza, ni elevará su copa entre las espesas arboledas, ni se fiarán en su grandeza todos estos árboles de regadío; porque todos han sido entregados en poder de la muerte, cayeron en la profunda fosa, como los demás hijos de los hombres que descienden al sepulcro.

15. Esto dice el Señor Dios: En el día en que él descendió a los infiernos o al sepulcro, causé yo un duelo grande, lo sumergí en el abismo, y vedé a sus ríos que lo regasen, y detuve las abundantes aguas. El Líbano se entristeció por causa de él, y se estremecieron todos los árboles del campo.

16. Con el estruendo de su ruina hice estremecer las naciones, así que yo lo vi caer en el infierno con los demás que bajan al sepulcro; y se consolaron allá en lo profundo de la tierra todos los príncipes o árboles del jardín de delicias, insignes y famosos en el Líbano, todos los que eran regados de las aguas.

17. Porque ellos descendieron también con él al infierno con los que perecieron al filo de la espada; los cuales siendo como el brazo del rey estaban bajo su sombra entre las naciones.

18. ¿A quién te has hecho semejante, oh faraón, oh árbol ilustre y sublime entre los árboles del jardín de delicias? He aquí que con los árboles del jardín de delicias has sido precipitado al profundo de la tierra; en medio de los incircuncisos*, dormirás tú con aquellos que fueron pasados a cuchillo. Así sucederá al faraón y a toda su gente, dice el Señor Dios.

32 *Canción lúgubre sobre Egipto y su faraón, que es comparado con un monstruo*

1. En el año undécimo, el día primero del duodécimo mes, me habló el Señor, diciendo:

2. Hijo de hombre, entona una lamentación sobre el faraón, rey de Egipto, y le dirás así: A un león entre las gentes, y al dragón o monstruo que está en el mar entre los peces, te hiciste semejante; con tu gran poder todo lo revolvías en tus ríos, y enturbiabas con tus pies las aguas, y hollabas sus corrientes.

3. Por tanto, esto dice el Señor Dios: Con una turba inmensa de pueblos tenderé yo sobre ti mis redes, y con mi anzuelo o esparavel* te sacaré fuera.

4. Y te arrojaré en tierra, te dejaré en medio del campo, y haré bajar sobre ti todas las aves del cielo, y que se ceben en ti todas las bestias de la tierra.

5. Pondré tus carnes sobre los montes, y henchiré los collados de tu sangre podrida.

6. Y regaré la tierra de las montañas con tu fétida sangre, y se henchirán de ella los valles.

7. Y cuando te maten oscureceré el cielo, y ennegreceré sus estrellas; cubriré de nubes el sol, y la luna no despedirá su luz.

8. Haré que todas las lumbreras del cielo se vistan de luto por ti, y esparciré tinieblas sobre tu país, dice el Señor Dios, cuando los tuyos caigan muertos en medio del campo, dice el Señor Dios.

9. Y llenaré de terror el corazón de muchos pueblos cuando haga llegar la nueva de su calamidad a las gentes de países que tú no conoces.

---

18. *Ez 28*, 10.
3. *Ez 12*, 13; *17*, 20.

10. Y haré que queden atónitas de tu desgracia muchas naciones; y que sus reyes tiemblen por causa de ti, poseídos de sumo espanto, cuando mi espada comience a relumbrar delante de sus ojos; y todos de repente se pondrán a temblar por su vida en el día de tu ruina.

11. Porque esto dice el Señor Dios: Vendrá sobre ti la espada del rey de Babilonia.

12. Con las espadas de aquellos valientes* abatiré tus numerosos escuadrones; invencibles son todas aquellas gentes, y ellas humillarán la soberbia de Egipto, y sus ejércitos quedarán deshechos.

13. Y haré perecer todas sus bestias, que pacen a la orilla de sus abundantes aguas; no las enturbiará jamás el pie del hombre, ni pezuña de bestia las enlodará.

14. Entonces yo volveré limpísimas sus aguas, y haré que sus ríos corran suavemente como aceite, dice el Señor Dios,

15. cuando yo haya asolado la tierra de Egipto. Despojado quedará este país de cuantos bienes contiene, cuando yo haya herido a todos sus moradores; y conocerán que yo soy el Señor.

16. Esta es la canción lúgubre con que se lamentarán, la entonarán las hijas de las naciones, la cantarán sobre Egipto y sobre su pueblo, dice el Señor Dios.

17. Y en el año duodécimo, a los quince días del mes, me dirigió el Señor su palabra, diciendo:

18. Hijo de hombre, canta una lamentación sobre el pueblo de Egipto; y, vaticinando, arrójale a él y a las hijas de las naciones poderosas al hondo de la tierra, donde están los que descienden al sepulcro.

19. ¿En qué eres tú, ¡oh pueblo de Egipto!, más respetable que los demás? Desciende abajo y yace entre los incircuncisos*.

20. Perecerán ellos en medio de todos los demás, pasados a cuchillo; la espada ha sido entregada por Dios a los caldeos, y han aterrado a Egipto y a todos sus pueblos.

21. Desde en medio del infierno le dirigirán la palabra los campeones más poderosos que descendieron allí con sus auxiliares*, y perecieron incircuncisos al filo de la espada.

22. Allí está Asur y todo su pueblo, sepultado alrededor de él; todos estos fueron muertos, al filo de la espada perecieron.

23. Los cuales fueron sepultados en lo más profundo de la fosa; y toda su gente yace alrededor de su sepulcro; murieron todos pasados a cuchillo, éstos que en otro tiempo llenaban de espanto la tierra de los vivos.

24. Allí está Elam y todo su pueblo alrededor de su sepulcro; todos éstos murieron pasados a cuchillo, y descendieron incircuncisos a lo más profundo de la tierra, éstos que antes fueron el terror de todos en la tierra de los vivos, y llevaron sobre sí su ingominia, como los que bajan a la fosa.

25. En medio de los que fueron muertos, fue colocado el lecho para él y para todos sus pueblos que están sepultados alrededor suyo, todos ellos incircuncisos y pasados a cuchillo. Porque pusieron el terror en la tierra de los vivos, y llevaron su ignominia como los que descienden a la fosa, por eso fueron colocados en medio de los que fueron muertos.

26. Allí está Mosoc, y Tubal y toda su gente, cuyos sepulcros están alrededor de él, todos ellos incircuncisos y pasados a cuchillo por haber sido el terror de la tierra de los vivos.

27. Mas no morirán con la muerte gloriosa de los valientes incircuncisos que perecieron y bajaron al infierno o sepulcro adornados con sus armas, y debajo de cuyas cabezas se les pusieron sus espadas, donde yacen con sus huesos los instrumentos de sus iniquidades, con que fueron el terror de los fuertes en la tierra de los vivos.

28. Pues tú también serás hollado en medio de los incircuncisos, y dormirás con aquellos que perecieron al filo de la espada.

29. Allí está la Idumea, y sus reyes y todos sus caudillos, los cuales con sus ejércitos han sido puestos entre los que murieron pasados a cuchillo; y duermen entre los incircuncisos y entre los que bajaron a la fosa.

30. Allí están los príncipes todos del septentrión y todos los tiranos, los cuales, junto a los que perecieron al filo de la espada, han sido llevados allí despavoridos y humillados a pesar de toda su valentía; quienes durmieron incircuncisos entre aquellos que fueron pasados a cuchillo, y

---

12. *Ez 30*, 11; *31*, 11.
19. *Ez 38*, 10.
21. *Is 14*, 9-10.

llevaron su propia ignominia como los que bajaron a la fosa.

31. Vio a todos éstos el faraón, y se consoló en la mucha gente suya pasada a cuchillo, los vio el faraón y también todo su ejército, dice el Señor Dios.

32. Porque yo derramaré mi terror sobre la tierra de los vivos; y en medio de los incircuncisos, con aquellos que perecieron al filo de la espada, allí fue el faraón a dormir con todo su pueblo, dice el Señor Dios.

33 *El oficio de los verdaderos profetas y pastores es amonestar a los pecadores*

1. Me habló nuevamente el Señor, diciendo:

2. Hijo de hombre, habla a los hijos de tu pueblo, y les dirás: Cuando yo envíe la espada de la guerra sobre algún país, y el pueblo de aquel país destinare un hombre de entre los ínfimos de sus moradores, y lo pusiere por centinela suyo;

3. y este centinela, viendo venir la espada enemiga hacia el país, sonare la bocina y avisare al pueblo;

4. si aquel, quienquiera que sea, que oye el sonido de la bocina no se pone a salvo, y llega la espada y lo mata, su muerte sólo se imputará a él mismo,

5. oyó el sonido de la bocina y no se puso a salvo, solamente él tiene la culpa, pues él salvará su vida si se pone en lugar seguro.

6. Mas si el centinela viera venir la espada y no sonare la bocina, y el pueblo no se pusiere a salvo, y llegare la espada, y quitare la vida a alguno de ellos, éste verdaderamente por su pecado padece la muerte, mas yo demandaré la sangre de él centinela.

7. Ahora bien, hijo de hombre, yo te he puesto a ti por centinela en la casa de Israel. Las palabras que oyeres de mi boca se las anunciarás a ellos de mi parte.

8. Si cuando yo digo al impío: Impío, tú morirás de mala muerte, no hablares al impío para que se aparte de su mala vida, morirá el impío por su iniquidad, pero a ti te pediré cuenta de su sangre.

9. Mas si amonestando tú al impío, para que se convierta, no dejare él su mala vida, morirá el impío por su iniquidad pero tu alma no será responsable de su muerte.

10. Tú, pues, hijo de hombre, di a la casa de Israel: Vosotros habéis hablado y dicho con razón: Están ya sobre vosotros los castigos de nuestras maldades y pecados, y por ellas nos vamos consumiendo: ¿Cómo, pues, podremos aún conservar la vida?

11. Pero diles a ésos: Yo juro, dice el Señor Dios, que no quiero la muerte del impío, sino que se convierta de su mal proceder y viva. Convertíos, convertíos de vuestros perversos caminos; ¿y por qué habéis de morir, oh vosotros los de la casa de Israel?

12. Tú, pues, ¡oh hijo de hombre!, diles a los hijos de tu pueblo: En cualquier ocasión en que el justo pecare, no podrá librarle su justicia, y en cualquier ocasión en que el impío se convirtiere de su impiedad, la impiedad no le dañará; y el justo, siempre y cuando pecare, no podrá ya vivir por su justicia.

13. Aun cuando yo haya dicho al justo que gozará de vida verdadera, si él, confiado en su justicia, cometiere la maldad, todas sus buenas obras serán puestas en olvido, y morirá en la misma iniquidad que él ha cometido.

14. Mas si yo dijere al impío: Tú morirás de mala muerte, y él hiciere penitencia de sus pecados, y practicare obras buenas y justas,

15. si este impío volviere la prenda al deudor, y restituyere lo que ha robado, si siguiere los mandamientos que dan vida, y no hiciere cosa injusta, él tendrá verdadera vida, y no morirá.

16. Ninguno de los pecados que cometió le será imputado, ha hecho obras de equidad y de justicia; tendrá, pues, vida verdadera.

17. Mas los hijos de tu pueblo dijeron: No es justo el proceder del Señor; siendo así que es el proceder de ellos el que es injusto.

18. Porque cuando el justo se desviare de la justicia e hiciere obras malas, hallará en éstas la muerte.

19. Y asimismo siempre que el impío abandonare su impiedad, e hiciere obras de equidad y de justicia, hallará en ellas la vida.

20. Y vosotros decís: No es justo el proceder del Señor. ¡Oh casa de Israel!, a cada uno de vosotros le juzgaré yo según sus obras.

21. En el año duodécimo de nuestra transportación al cautiverio, el día cinco del décimo mes, vino a mí uno que había huido de Jerusalén, el cual me dijo: Ha sido asolada la ciudad*.

22. Y la virtud del Señor se había hecho sentir sobre mí la tarde antes que llegase el que había escapado; y el Señor había abierto mi boca antes que este hombre se me presentase por la mañana; y abierta que tuve mi boca no guardé ya silencio.

23. Y me habló el Señor diciendo:

24. Hijo de hombre, los que habitan entre aquellas ruinas de la tierra de Israel, hablan de esta manera: Un solo hombre era Abrahán, y tuvo por herencia esta tierra; mas nosotros somos muchos, y se nos ha dado la posesión de ella.

25. Por tanto les dirás: Esto dice el Señor Dios: Vosotros que coméis carnes con sangre*, y levantáis sangre humana, ¿pensáis acaso ser herederos y poseedores de esta tierra?

26. Habéis tenido siempre la espada en la mano, habéis cometido mil abominaciones, cada cual de vosotros ha seducido la mujer de su prójimo: ¿y seréis herederos y poseedores de la tierra?

27. Les dirás también: El Señor Dios dice lo siguiente: Juro yo que aquellos que habitan entre las ruinas de Jerusalén perecerán al filo de la espada; aquellos que están en la campiña serán entregados a las fieras para que los devoren; y los que moran en lugares fuertes y en las cavernas, morirán de peste.

28. Y reduciré esta tierra a una soledad y desierto; y fenecerá su altivo poder, y las montañas de Israel quedarán asoladas, de manera que no habrá nadie que pase por ellas.

29. Y conocerán que yo soy el Señor cuando haya reducido su país a una soledad y desierto, en castigo de todas las abominaciones que han cometido.

30. Y en cuanto a ti, ¡oh hijo de hombre!, los hijos de tu pueblo hablan de ti junto a la muralla, y en las puertas de las casas, y se dicen en tono de mofa el uno al otro, el vecino a su vecino: ¡Ea!, vamos a oír qué dice el Señor por medio del profeta.

31. Y acuden a ti en gran cantidad, se sientan delante de ti los del pueblo mío, y escuchan tus palabras; pero no las ponen en práctica; porque ellos las convierten en asuntos de sus canciones, y su corazón corre tras de avaricia.

32. Y vienes tú a ser para ellos como una canción puesta en música, cantada con voz dulce y suave; ellos escuchan tus palabras, mas no las ponen en ejecución.

33. Pero cuando suceda lo que ha sido profetizado (y he aquí que llegará luego la noticia), entonces conocerán que ha habido un profeta entre ellos.

34 *Profecía contra los pastores que sólo buscan su interés despreciando el de la grey*

1. Me habló nuevamente el Señor, diciendo:

2. Hijo de hombre, profetiza acerca de los pastores de Israel; profetiza y di a los pastores: Esto dice el Señor Dios: ¡Ay de los pastores de Israel, que se apacientan a sí mismos! ¿Acaso no son los rebaños los que deben ser apacentados por los pastores?

3. Vosotros os alimentáis de su leche, y os vestís de su lana, y matáis las reses más gordas; mas no apacentáis mi grey.

4. No fortalecisteis las ovejas débiles, no curasteis las enfermas, no bizmasteis las perniquebradas, ni recogisteis las descarriadas, ni fuisteis en busca de las perdidas; sino que dominabais sobre ellas con aspereza y con prepotencia.

5. Y mis ovejas se han dispersado, porque estaban sin pastor que las cuidase, con lo cual vinieron a ser presa de todas las fieras del campo, descarriadas como habían quedado.

6. Perdida anduvo mi grey por todos los montes y por todas las altas colinas, se dispersaron mis rebaños por toda la tierra, y no había quien fuese en busca de ellos; nadie, repito, hubo que los buscase.

7. Por tanto, escuchad, oh pastores, la palabras del Señor:

8. Juro yo, dice el Señor Dios, que pues mis rebaños han sido entregados al robo, y mis ovejas a ser devoradas de todas las fieras del campo, por falta de pastor; pues mis pastores no cuidaban de mi grey; cui-

21. *Ez 22*, 26.
25. *Lev 19*, 26.

daban, sí, de apacentarse a sí mismos, y no de apacentar mis ovejas.

9. Por tanto oíd, ¡oh pastores!, la palabra del Señor:

10. Esto dice el Señor Dios: He aquí que yo mismo pediré cuenta de mi grey a los pastores, y acabaré con ellos, para que nunca más sean pastores de mis rebaños, ni se apacienten más a sí mismos; y libraré mi grey de sus fauces, para que jamás les sirva de vianda.

11. Porque esto dice el Señor Dios: He aquí que yo mismo iré en busca de mis ovejas, y las reconoceré y contaré*.

12. Al modo que el pastor va revistando su rebaño, en el día en que se halla en medio de sus ovejas, después que estuvieron descarriadas, así revistaré yo las ovejas mías y las recogeré de todos los lugares por donde fueron dispersadas en el día del nublado y de las tinieblas.

13. Y yo las sacaré de los pueblos, y las recogeré de varias naciones, y las conduciré a su propio país, y las apacentaré en las montañas de Israel, junto a los arroyos, y en todos los lugares de esta tierra.

14. En pastos muy fértiles las apacentaré, y estarán sus pastos en los altos montes de Israel; allí sestearán entre la verde hierba, y con los abundantes pastos de los montes de Israel quedarán saciadas.

15. Yo, dice el Señor Dios, yo mismo apacentaré mis ovejas y las haré sestear.

16. Andaré en busca de aquellas que se habían perdido, y recogeré las que habían sido abandonadas, vendaré las heridas de aquellas que han padecido alguna fractura, y daré vigor a las débiles, y conservaré las que son gordas y gruesas, y a todas las apacentaré con juicio o sabiduría.

17. A vosotros ¡oh rebaños míos!, esto os dice el Señor Dios: He aquí que yo hago distinción entre ganado y ganado, entre carneros y machos cabríos*.

18. Pues, ¿no os bastaba tener buenos pastos? Pero vosotros también lo que os sobraba de ellos lo hollasteis con vuestros pies; y habiendo sido abrevados en aguas limpísimas, enturbiasteis con vuestros pies las que sobraban,

19. y muchas de mis ovejas tenían que apacentarse de lo que vosotros hollasteis con vuestros pies, y beber el agua que con vuestros pies habíais enturbiado.

20. Por tanto, esto dice a vosotros el Señor Dios: He aquí que yo haré juicio o distinción entre el ganado gordo y el flaco,

21. pues vosotros atropellabais con vuestros costados y hombros todas las ovejas flacas, y, como toros, las aventabais con vuestras astas para echarlas fuera y dispersarlas;

22. yo salvaré mi grey, y no quedará más expuesta a la presa, y discerniré entre ganado y ganado.

23. Y estableceré sobre mis ovejas un solo pastor que las apaciente, esto es, el hijo de David, siervo mío: El mismo las apacentará y él será su pastor.

24. Yo el Señor seré su Dios, y el siervo mío David será el príncipe en medio de ellas, yo el Señor lo he dicho.

25. Y haré con ellas alianza de paz; y exterminaré de la tierra o país las bestias malignas; y aquellos que habitan en los desiertos dormirán sosegadamente en medio de los bosques.

26. Y las colmaré de bendiciones a ellas y a todos los alrededores de mi santo monte, y enviaré a su tiempo las lluvias, y serán lluvias de bendición;

27. y los árboles del campo darán sus frutos y la tierra sus cosechas, y vivirán sin temor alguno en su país; y conocerán que yo soy el Señor cuando haya roto las cadenas de su yugo, y las haya librado del poder de aquellos que las dominan;

28. y no quedarán más expuestas a ser presa de las naciones, ni serán devoradas de las bestias de la tierra; sino que reposarán tranquilamente sin temor alguno.

29. Y yo haré brotar para ellas el tan renombrado retoño, y no serán más consumidos en su tierra por el hambre ni llevarán más el oprobio de las gentes.

30. Y conocerán que yo el Señor su Dios estaré con ellos; y ellos, los de la casa de Israel, serán el pueblo mío, dice el Señor Dios.

31. Vosotros, pues, oh hombres, vosotros sois los rebaños míos, los rebaños que yo apaciento, y yo soy el Señor Dios vuestro, dice el Señor.

---

11. Esto alude al regreso del pueblo de la cautividad de Babilonia.
17. *Mat 25*, 33.

35 *Ezequiel anuncia a los idumeos su ruina por haber perseguido al pueblo de Dios*

1. Me habló el Señor nuevamente, diciendo:

2. Hijo de hombre, dirige tu semblante contra la montaña de Seir, y vaticinarás acerca de ella, y le dirás:

3. Esto dice el Señor Dios: Heme aquí contra ti, ¡oh montaña de Seir!, y yo descargaré sobre ti mi mano, y te dejaré asolada y desierta.

4. Arrasaré tus ciudades, y quedarás despoblada, y conocerás que yo soy el Señor.

5. Por cuanto has sido enemiga eterna, y has perseguido espada en mano a los hijos de Israel en el tiempo de su aflicción, en el tiempo de su extrema calamidad,

6. por eso juro yo, dice el Señor Dios, que te abandonaré a tu sangre*, y la sangre tuya te perseguirá; y por lo mismo que tú odiaste tu sangre, la sangre tuya te perseguirá.

7. Y dejaré asolada y desierta la montaña de Seir, y haré que no se vea en ella ni el queva ni el que viene.

8. Y henchiré sus montes de sus muertos, pasados serán a cuchillo sobre tus collados, y en tus valles, y en tus arroyos.

9. Te reduciré a una soledad eterna, y quedarán desiertas tus ciudades*, y conoceréis que yo soy el Señor Dios.

10. Por cuanto tú dijiste: Dos naciones y dos tierras serán mías, y no las poseeré como herencia; siendo así que el Señor estaba allí;

11. por esto te juro, dice el Señor Dios, que yo te trataré como merece tu ira, y tu envidia, y tu odio contra ellas, y yo seré conocido por medio de ellas, cuando te haya juzgado a ti.

12. Y conocerás que yo el Señor he oído todos los insultos que has pronunciado contra los montes de Israel, diciendo: Abandonados están, se nos han dado para que los devoremos.

13. Y os levantasteis contra mí con vuestras lenguas blasfemas, y lanzasteis contra mí vuestros insultos, yo los oí.

14. Esto dice el Señor Dios: Con júbilo de toda la tierra te reduciré a una soledad.

15. Así como tú celebraste con júbilo el que fuese destruida la herencia de la casa de Israel, así yo te destruiré a ti. Devastada serás, ¡oh montaña de Seir!, y toda tú, ¡oh tierra de Idumea!, y conocerán que yo soy el Señor.

36 *Promesa de la vuelta de los hijos de Israel. El Señor les dará un corazón nuevo*

1. Mas tú, ¡oh hijo de hombre!, profetiza acerca de los montes de Israel, y dirás: Montes de Israel, escuchad la palabra del Señor.

2. Esto dice el Señor Dios: Porque el enemigo ha dicho de vosotros: Bueno, bien está; se nos han dado a nosotros como en herencia los eternos montes de Israel.

3. Por tanto profetiza y di: Esto dice el Señor Dios: Porque vosotros habéis sido asolados y hollados por todas partes, y habéis venido a ser como herencia de otras naciones, y andáis en boca de todos, hechos el escarnio de la gente:

4. por tanto, oíd, ¡oh montes de Israel!, la palabra del Señor Dios: Esto dice el Señor Dios a los montes, y a los collados, a los arroyos y a los valles, y a los desiertos, y a las murallas derrocadas, y a las ciudades abandonadas que han quedado sin moradores, y son la mofa de todas las demás naciones circunvecinas.

5. He aquí lo que el Señor Dios dice: En medio del ardor de mi celo he hablado yo contra las otras naciones y contra toda la Idumea; las cuales llenas de gozo se han apropiado para sí, y con todo su corazón y voluntad, la tierra mía, y han arrojado de ella a sus herederos para saquearla.

6. Por tanto profetiza acerca de la tierra de Israel, y dirás a los montes y collados, a los cerros y a los valles: Esto dice el Señor Dios: He aquí que yo he hablado en medio de mi celo y furor, porque vosotros habéis sufrido los insultos de las naciones.

7. Por lo cual esto dice el Señor Dios: Yo he levantado mi mano, jurando que las naciones que están alrededor vuestro, ellas mismas llevarán sobre sí su ignominia.

---

6. En poder de Israel.
9. *Mal 1*, 4.

8. Vosotros, ¡oh montes de Israel!, brotad vuestros retoños, producid vuestros frutos para el pueblo mío de Israel, porque está ya cercana su vuelta del cautiverio:

9. Porque vedme aquí hacia vosotros, a vosotros me vuelvo, y seréis arados y sembrados.

10. Y multiplicaré en vosotros la gente y toda la familia de Israel, y las ciudades serán pobladas, y los lugares arruinados se restaurarán.

11. Y os henchiré de hombres y de bestias, que se multiplicarán y crecerán, y haré que seais poblados como antiguamente, y os daré bienes más grandes que los que tuvisteis desde el principio, y conoceréis que yo soy el Señor.

12. Y os conduciré hombres, os traeré el pueblo mío de Israel, y éste os poseerá y heredará; y vosotros seréis su herencia, y nunca más volverá ésta a quedar privada de ellos.

13. Esto dice el Señor Dios: Por cuanto dicen de vosotros que sois una tierra que devora los hombres, y se traga sus gentes,

14. por eso en adelante no podrá decirse que tú, ¡oh tierra de Israel!, te comas más los hombres, ni mates más tu gente, dice el Señor Dios.

15. Pues yo haré que no oigas más los insultos de las naciones, ni tengas que sufrir ya los oprobios de los pueblos, ni pierdas jamás tus habitantes, dice el Señor Dios.

16. Me habló nuevamente el Señor, diciendo:

17. Hijo de hombre, los de la familia de Israel habitaron en su tierra, y la contaminaron con sus obras y costumbres; era su vida ante mis ojos como la inmundicia de la mujer menstruosa.

18. Y yo descargué sobre ellos la indignación mía, en castigo de la sangre que derramaron sobre la tierra, la cual contaminaron con sus ídolos.

19. Y yo los dispersé entre las naciones, y fueron arrojados aquí y allá a todos los vientos, los juzgué según sus procederes y conducta.

20. Y llegados a las naciones, entre las cuales fueron dispersados, causaron la deshonra de mi santo Nombre, diciéndose de ellos: Este es el pueblo del Señor; de la tierra de él han tenido éstos que salirse.

21. Os perdoné, pues, por amor de mi santo Nombre, al cual deshonraba la casa de Israel entre las naciones en donde habita.

22. Por tanto, di a la casa de Israel: Esto dice el Señor Dios: No lo haré por vosotros, ¡oh casa de Israel!, sino por amor de mi santo Nombre, que vosotros deshonrasteis entre las naciones en que vivís.

23. Yo glorificaré, pues, mi gran Nombre, que se halla deshonrado entre las naciones, por haberlo vosotros deshonrado a los ojos de ellas; para que las naciones sepan que yo soy el Señor, cuando a su vista haya hecho patente en vosotros la santidad mía, dice el Señor de los ejércitos.

24. Porque yo os sacaré de entre las naciones, y os recogeré de todos los países, y os conduciré a vuestra tierra.

25. Y derramaré sobre vosotros agua pura, y quedaréis purificados de todas las inmundicias, y os limpiaré de todas vuestras idolatrías.

26. Y os daré un nuevo corazón, y pondré en medio de vosotros un nuevo espíritu, y quitaré de vuestro cuerpo el corazón de piedra, y os daré un corazón de carne.

27. Y pondré el espíritu mío en medio de vosotros, y haré que guardéis mis preceptos, y observéis mis leyes, y las practiquéis*.

28. Y habitaréis en la tierra que yo di a vuestros padres, y vosotros seréis el pueblo mío, y yo seré vuestro Dios.

29. Y os purificaré de todas vuestras inmundicias; y haré venir el trigo, y lo multiplicaré; nunca os haré padecer hambre.

30. Y multiplicaré los frutos de los árboles, y las cosechas del campo, a fin de que jamás las naciones os echen en cara que os morís de hambre.

31. Vosotros entonces traeréis a la memoria vuestras perversas costumbres y depravados afectos, y miraréis con amargura las maldades e iniquidades vuestras.

32. Mas esto no lo haré yo por amor de vosotros, dice el Señor Dios, tenedlo así entendido; confundíos y avergonzaos de vuestros procederes, oh vosotros los de la casa de Israel.

33. Esto dice el Señor Dios: En el día en que yo os purifique de todas vuestras maldades, y poblaré vuestras ciudades, y repararé lo arruinado,

---

27. *Jue 6*, 34; *1 Sam 10*, 6; *Joel 3*; *Jn 4*, 23-24; *Hech 2*, 16.

34. y se verá cultivada la tierra desierta, donde antes no veía el viajero más que desolación,

35. dirán: Aquella tierra inculta está hecha ahora un jardín de delicias, y las ciudades desiertas, abandonadas y derruidas se hallan ya restauradas y fortificadas.

36. Y todas aquellas naciones, que quedarán alrededor vuestro, conocerán que yo el Señor reedifiqué lo arruinado, y reduje a cultivo lo que estaba inculto; que yo el Señor lo dije, y lo puse por obra.

37. Esto dice el Señor Dios: También logrará de mí la casa de Israel que yo haga esto a favor suyo, yo los multiplicaré como un rebaño de hombres,

38. como un rebaño santo, como el rebaño que se ve en Jerusalén, en sus festividades; del mismo modo estarán las ciudades antes desiertas llenas como de rebaños de hombres; y conocerán que yo soy el Señor.

37 *La nueva alianza. El santuario del Señor bajo un solo Rey y Pastor. Los huesos secos*

1. La virtud del Señor se hizo sentir sobre mí, y me sacó fuera en espíritu del Señor; y me puso en medio de un campo que estaba lleno de huesos.

2. Y me hizo dar una vuelta alrededor de ellos, estaban en grandísimo número tendidos sobre la superficie del campo y secos en extremo.

3. Me dijo, pues, el Señor: Hijo de hombre, ¿crees tú acaso que estos huesos vuelvan a tener vida? ¡Oh Señor Dios!, respondí yo, tú lo sabes.

4. Entonces me dijo él: Profetiza acerca de estos huesos, y les dirás: Huesos áridos, oíd las palabras del Señor:

5. Esto dice el Señor Dios a esos huesos: He aquí que yo infundiré en vosotros el espíritu, y viviréis;

6. y pondré sobre vosotros nervios, y haré que crezcan carnes sobre vosotros, y las cubriré de piel, y os daré espíritu, y viviréis; y sabréis que yo soy el Señor.

7. Y profeticé como me lo había mandado; y mientras yo profetizaba se oyó un ruido, y he aquí una conmoción grande, y se unieron huesos a huesos, cada uno por su propia coyuntura.

8. Y miré, y observé que iban saliendo sobre ellos nervios y carnes, y que por encima se cubrían de piel; mas no tenían espíritu o vida.

9. Y me dijo el Señor: Profetiza al espíritu, profetiza, oh hijo de hombre, y dirás al espíritu: Esto dice el Señor Dios: Ven tú, ¡oh espíritu!, de las cuatro partes del mundo, y sopla sobre estos muertos, y resuciten.

10. Profeticé, pues, como me lo había mandado; y entró el espíritu en los muertos, y resucitaron; y se puso en pie una muchedumbre grandísima.

11. Y me dijo el Señor: Hijo de hombre, todos esos huesos representan la familia de Israel; ellos dicen: Se secaron nuestros huesos y pereció nuestra esperanza, y nosotros somos ya ramas cortadas.

12. Por tanto, profetiza tú, y les dirás: Esto dice el Señor Dios: Mirad, yo abriré vuestras sepulturas, y os sacaré fuera de ellas, ¡oh pueblo mío!, y os conduciré desde vuestro cautiverio a la tierra de Israel.

13. Y conoceréis que yo soy el Señor cuando yo haya abierto vuestras sepulturas, ¡oh pueblo mío!, y os haya sacado de ellas,

14. y haya infundido en vosotros mi espíritu, y tendréis vida, y os dé el que reposéis en vuestra tierra; y conoceréis que yo el Señor hablé, y lo puse por obra, dice el Señor Dios.

15. Me habló nuevamente el Señor, diciendo:

16. Y tú, ¡oh hijo de hombre!, tómate una vara, y escribe sobre ella: A Judá y a los hijos de Israel sus compañeros; y toma otra vara, y escribe sobre ella: A José, vara de Efraín, y a toda la familia de Israel, y a los que con ella están.

17. Y acerca una vara a la otra, como para formarte de las dos una sola vara; y ambas se harán en tu mano una sola.

18. Entonces cuando los hijos de tu pueblo te pregunten, diciendo: ¿No nos explicarás qué es lo que quieres significar con eso?,

19. tú les responderás: Esto dice el Señor Dios: He aquí que yo tomaré la vara de José que está en la mano de Efraín, y las tribus de Israel que le están unidas; y las juntaré con la vara de Judá y haré de ellas una sola vara o un solo cetro, y serán una sola en su mano.

20. Y tendrás a vista de ellos en tu mano las varas en que escribiste;

21. y les hablarás así: Esto dice el Señor Dios: He aquí que yo tomaré a los hijos de Israel en medio de las naciones a donde fueron, y los recogeré de todas partes, y los conduciré a su tierra.

22. Y formaré de ellos una sola nación en la tierra, en los montes de Israel, y habrá solamente un rey que los mande a todos, y nunca más formarán ya dos naciones, ni en lo venidero estarán divididos en dos reinos.

23. No se contaminarán más con sus ídolos, ni con sus abominaciones, ni con todas sus maldades; y yo los sacaré salvos de todos los lugares donde ellos pecaron, y los purificaré, y serán ellos el pueblo mío, y yo seré su Dios.

24. Y el siervo mío David será el rey suyo, y uno solo será el pastor de todos ellos; y observarán mis leyes, y guardarán mis preceptos, y los pondrán por obra.

25. Y morarán sobre la tierra que yo di a mi siervo Jacob, en la cual moraron vuestros padres; y en la misma morarán ellos y sus hijos y los hijos de sus hijos eternamente; y David mi siervo será perpetuamente su príncipe.

26. Y haré con ellos una alianza de paz, que será para ellos una alianza sempiterna; y les daré firme estabilidad, y los multiplicaré, y colocaré en medio de ellos mi santuario para siempre.

27. Y tendré junto a ellos mi tabernáculo, y yo seré su Dios, y ellos serán el pueblo mío.

28. Y conocerán las naciones que yo soy el Señor, el santificador de Israel, cuando esté perpetuamente mi santuario en medio de ellos.

38 *Profecía sobre Gog y Magog, quienes infestarán Israel. El Señor los destruirá*

1. Me habló el Señor diciendo:

2. Hijo de hombre, dirige tu rostro contra Gog, a la tierra de Magog, al príncipe y cabeza de Mosoc y de Tubal, y profetiza sobre él,

3. y le dirás: Esto dice el Señor Dios: Heme aquí contra ti, oh Gog, príncipe y cabeza de Mosoc y de Tubal:

4. Yo te llevaré por dondequiera, y pondré un freno en tus quijadas, y te sacaré fuera a ti y a todo tu ejército, caballos y jinetes, cubiertos todos de corazas; gentío inmenso, que empuñará lanzas, escudos y espadas.

5. Con ellos estarán los persas, los etíopes y los de la Libia, todos con sus escudos y cascos.

6. Gomer y todas sus tropas, la familia de Togorma, los habitantes de lado del norte con todas sus fuerzas y muchos otros pueblos contigo se hallarán.

7. Aparéjate para resistirme, ponte en orden de batalla con toda tu muchedumbre agolpada alrededor tuyo, y dales tus órdenes.

8. Pues al cabo de muchos días serás tú visitado y castigado; al fin de los años irás tú a una tierra, que fue librada de la espada, y cuya población ha sido recogida de entre muchas naciones en los montes de Israel, que estuvieron por mucho tiempo desiertos; esta gente ha sido sacada de entre las naciones, y morará toda en dicha tierra tranquilamente.

9. Tú irás allá y entrarás como una tempestad y como un nublado para cubrir la tierra con todos tus escuadrones, y con los muchos pueblos que están contigo.

10. Esto dice el Señor Dios: En aquel día formarás en tu corazón altivos pensamientos, y maquinarás perversos designios;

11. y dirás: Yo me dirigiré a una tierra indefensa; iré contra una nación que descansa y vive sin recelo alguno, y todos ellos habitan en lugares abiertos, sin puertas ni cerrojos;

12. para enriquecerte de esta manera con los despojos y hacerte dueño de la presa, y descargarás la mano sobre aquellos que habían sido dispersados y fueron después restablecidos; sobre el pueblo que ha sido recogido de entre las naciones, el cual comenzó a poseer y habitar el país que se miraba como el centro de las naciones de la tierra.

13. Saba y Dedán, y los mercaderes de Tarsis*, y todos sus leones te dirán: ¿Vienes tú acaso a recoger despojos? He aquí que

13. *1 Mac* 3, 41.

has reunido tu gente para apoderarte de la presa, para pillar la plata y el oro, y hacer el saqueo de los muebles y alhajas y de riquezas sin cuento.

14. Por tanto profetiza, ¡oh hijo de hombre!, y dirás a Gog: Esto dice el Señor Dios: Pues, ¿no sabrás tú bien el día en que mi pueblo vivirá tranquilo y sin recelo alguno?

15. Tú partirás de tu país de la parte del norte, llevando contigo muchas tropas, soldados todos de a caballo, que compondrán una gran muchedumbre, un poderoso ejército.

16. Y te dirigirás contra mi pueblo de Israel, a manera de nublado que cubre la tierra. En los postreros días vivirás tú y en ellos yo te conduciré a mi tierra; con el fin de que las naciones me conozcan, así que yo haré resaltar en ti, ¡oh Gog!, la santidad mía a la vista de ellas.

17. Esto dice el Señor Dios: Tú eres, pues, aquel de quien hablé yo antiguamente por medio de mis siervos los profetas de Israel, los cuales en aquellos tiempos profetizaron que yo te traería contra ellos*.

18. Y en aquel día, día en que llegue Gog a la tierra de Israel, dice el Señor Dios, se desahogará mi indignación y mi furor.

19. Así lo decreto lleno de celo y encendido en cólera. Grande será en aquel día la conmoción en la tierra de Israel;

20. y a mi presencia se agitarán y andarán perturbados los peces del mar, y las aves del cielo, y las bestias del campo y todos los reptiles que se mueven sobre la tierra, y cuantos hombres moran en ella; y serán derribados los montes, y caerán los vallados o baluartes e irán por el suelo todas las murallas.

21. Y llamaré contra él en todos mis montes la espada, dice el Señor Dios, cada uno dirigirá la espada contra su propio hermano.

22. Y lo castigaré con la peste, y con la espada, y con furiosos aguaceros y terribles piedras*; fuego y azufre lloveré sobre él, y sobre su ejército, y sobre los muchos pueblos que van con él.

23. Con esto haré que se vea mi grandeza y mi santidad, y me haré conocer de muchas naciones, y sabrán que yo soy el Señor.

---

17. *Dan 7; 8; 9.*
22. *Ap 16*, 21.

39 *Exterminio de Gog y Magog, para gloria de Dios, y consuelo y restauración de Israel*

1. Ahora tú, oh hijo de hombre, profetiza contra Gog, y dirás: Esto dice el Señor Dios: Heme aquí contra ti, ¡oh Gog, príncipe y cabeza de Mosoc y de Tubal!

2. Yo te llevaré por dondequiera, y te sacaré fuera, y te haré venir de la parte del norte, y te conduciré sobre los montes de Israel.

3. Y destrozaré el arco que tienes en la mano izquierda, y haré caer de tu derecha las saetas.

4. Sobre los montes de Israel caerás muerto tú y todas tus huestes, y los pueblos que van contigo; a las fieras, a las aves y a todos los volátiles y bestias de la tierra te entregaré para que te devoren.

5. Tú perecerás en medio del campo, porque yo lo he decretado, dice el Señor Dios.

6. Y despediré fuego sobre la tierra de Magog y sobre los habitantes de las islas o países sujetos a Gog, los cuales viven sin temor alguno, y conocerán que yo soy el Señor.

7. Y haré que mi santo Nombre sea conocido en medio del pueblo mío de Israel, y no permitiré que sea en adelante mi santo Nombre profanado; y conocerán las gentes que yo soy el Señor, el Santo de Israel.

8. He aquí que llega el tiempo, y la cosa es hecha, dice el Señor Dios, éste es el día aquél de que yo hablé.

9. Y saldrán los moradores de las ciudades de Israel, y recogerán para el fuego y quemarán las armas, los escudos, las lanzas, los arcos, las saetas, los bastones o garrotes y las picas, y serán leña para el fuego por siete, por muchos, años.

10. De suerte que no traerán leña de los campos, ni la irán a cortar en los bosques, porque harán lumbre con las armas; y disfrutarán de los despojos de aquellos que los habían a ellos saqueado, y cogerán el botín de los mismos que los habían robado a ellos, dice el Señor Dios.

11. En aquel día yo señalaré a Gog para sepultura suya un lugar famoso en Israel, el valle que está hacia el oriente del mar de

Genezaret, valle que causará espanto a los caminantes; allí enterrarán a Gog y a toda su muchedumbre, y le quedará el nombre de Valle de la muchedumbre o de los ejércitos de Gog.

12. Y la familia de Israel los estará enterrando durante siete meses o muchos días, a fin de purificar la tierra.

13. Y concurrirá a enterrarlos todo el pueblo del país; para el cual será célebre aquel día en que he sido yo glorificado, dice el Señor Dios.

14. Y destinarán hombres que recorran continuamente el país para enterrar, yendo en busca de los cadáveres que quedaron insepultos sobre la tierra, a fin de purificarla*, y comenzarán a hacer estas pesquisas después de los siete meses.

15. Y girarán y recorrerán el país; y al ver un hueso humano pondrán una señal cerca de él, hasta tanto que los sepultureros lo entierren en el Valle de la muchedumbre de Gog.

16. La ciudad vecina tendrá por nombre Amona, y dejarán purificada la tierra.

17. A ti, pues, hijo de hombre, esto dice el Señor Dios: Diles a todos los volátiles, y a todas las aves, y a todas las bestias del campo: Reuníos, daos prisa y venid de todas partes a la víctima mía, víctima grande, que os presento sobre los montes de Israel, para que comáis sus carnes, y bebáis su sangre.

18. Comeréis las carnes de los valientes, y beberéis la sangre de los príncipes de la tierra, sangre de carneros, y de corderos, y de machos cabríos, y de toros, y de animales cebados, y de toda res gorda;

19. y comeréis hasta saciaros de la grasa de la víctima que yo inmolaré para vosotros, y beberéis de su sangre hasta embriagaros,

20. y en la mesa, que os pondré, os saciaréis de caballos, y de fuertes caballeros, y de todos los hombres guerreros, dice el Señor Dios.

21. Y haré ostensión de mi gloria en medio de las naciones, y todas las gentes verán la venganza que haya tomado, y cómo he descargado sobre ellos mi mano.

22. Y desde aquel día en adelante conocerá la casa de Israel que yo soy el Señor Dios suyo.

23. Y las naciones entenderán que los de la casa de Israel en castigo de sus maldades fueron llevados cautivos, porque me abandonaron, y yo aparté de ellos mi rostro, y los entregué en poder de los enemigos, con lo cual perecieron todos al filo de la espada.

24. Yo los traté según merecía su inmundicia y sus maldades, y aparté de ellos mi rostro.

25. Por tanto, esto dice el Señor Dios: Yo ahora volveré a traer los cautivos de Jacob, y me apiadaré de toda la familia de Israel, y me mostraré celoso de la honra de mi santo Nombre.

26. Y ellos se penetrarán en una santa confusión, y sentirán todas las prevaricaciones que cometieron contra mí, cuando habiten tranquilamente en su tierra, sin temer a nadie;

27. y cuando los haya yo sacado de en medio de los pueblos, y los haya reunido de las tierras de sus enemigos, y haya ostentado en ellos mi santidad delante de los ojos de muchísimas gentes.

28. Y conocerán que yo soy el Señor Dios suyo, pues los transporté a las naciones, y los volví a su país, sin dejar allí ni uno de ellos.

29. Ya no les ocultaré más mi rostro, porque he derramado el espíritu mío sobre toda la casa de Israel, dice el Señor Dios.

40 *Visión de los atrios, las puertas y el pórtico del templo, destruido por los caldeos*

1. El año vigésimo quinto de haber sido llevados al cautiverio, al principio del año, a los diez días del mes, catorce años después que la ciudad fue arruinada, en aquel mismo día se hizo sentir sobre mí la virtud del Señor, y me condujo allá a Jerusalén.

2. Me llevó en una visión divina a la tierra de Israel, y me puso sobre un monte muy elevado, sobre el cual había como el edificio de una ciudad, que miraba hacia el mediodía.

3. Y me introdujo dentro de él; y he aquí un varón cuyo aspecto era como de lucidísimo bronce, y tenía en su mano una cuerda de lino, y una caña o vara de medir en la otra mano; y estaba parado a la puerta.

4. Y me dijo este varón: Hijo de hombre, mira atentamente con tus ojos, y aplica bien

---

14. *Num 19*, 11.

tus oídos para escuchar, y deposita en tu corazón todas las cosas que yo te mostraré; porque para que se te manifiesten has sido tú conducido acá, cuenta a la casa de Israel todo cuanto ves.

5. Y vi afuera un muro que rodeaba la casa, y el varón en cuya mano estaba la caña de medir de seis codos y un palmo, midió la anchura del edificio, la cual era de una caña, y de una caña también la altura.

6. Y fue al portal que miraba al camino de oriente, y subió sus gradas, y midió el umbral de la puerta, cuya anchura era de una caña, esto es, cada uno de los umbrales tenía una caña de ancho.

7. Y cada cámara tenía una caña de largo y una de ancho, y entre una cámara y otra había cinco codos.

8. Y el umbral de la puerta, junto al vestíbulo de la puerta interior tenía una caña.

9. Y midió el vestíbulo de la puerta que era de ocho codos, y de dos codos su fachada; y el vestíbulo o corredor de la puerta estaba en la parte de adentro del edificio.

10. Las cámaras de la puerta de oriente eran tres a un lado y tres al otro, una misma era la medida de las tres cámaras; e igual medida tenían las fachadas de ambas partes.

11. Y midió la anchura del umbral de la puerta, que era de diez codos, y de trece codos su longitud.

12. Y la margen que había delante de las cámaras era de un codo; y un codo hacía toda su medida, por una y otra parte; y las cámaras de ambos lados tenían seis codos.

13. Y midió el atrio de la puerta desde el fondo de una cámara hasta el fondo de la otra, y tenía veinticinco codos de anchura; la puerta de una cámara estaba enfrente de la otra.

14. E hizo o midió las fachadas de sesenta codos; y correspondiente a la fachada hizo el atrio de la puerta por todo alrededor.

15. Y desde la fachada de la puerta hasta la fachada interior de la otra puerta del atrio había cincuenta codos;

16. y ventanas oblicuas en las cámaras y en las fachadas que estaban de adentro de la puerta por todas partes alrededor; había también en los zaguanes ventanas alrededor, por la parte de adentro; y delante de las fachadas había figuras de palmas.

17. Y me condujo al atrio exterior, y vi allí cámaras, y el pavimento del atrio estaba enlosado de piedra alrededor, treinta cámaras o estancias había alrededor del pavimento.

18. Y el pavimento en la fachada de las puertas era más bajo, según la longitud de las puertas.

19. Y midió la anchura desde la fachada de la puerta inferior hasta el principio del atrio interior por la parte de afuera, y tenía cien codos al oriente y otros tantos al norte.

20. Asimismo midió tanto la longitud como la anchura de la puerta del atrio exterior que cae al norte.

21. Y sus cámaras, tres a un lado y tres al otro; y su frontispicio y su vestíbulo eran según la medida de la primera puerta, de cincuenta codos de largo, y veinticinco codos de ancho.

22. Y sus ventanas, y el vestíbulo, y las entalladuras eran según la medida de la puerta que miraba al oriente; y para subir a ella había siete gradas, y delante de ella un zaguán.

23. Y la puerta del atrio interior estaba enfrente de la puerta del atrio exterior a norte y oriente; y desde una a otra puerta midió cien codos.

24. Y me llevó a la parte del mediodía, en donde estaba la puerta que miraba al mediodía; y midió su fachada y su vestíbulo, que eran de las mismas medidas que las otras.

25. También sus ventanas y los zaguanes alrededor eran, como las otras ventanas, de cincuenta codos de largo y veinticinco de ancho.

26. Y se subía a esta puerta por siete gradas, y delante de ella había un zaguán y palmas entalladas una de un lado y otra de otro en su fachada.

27. La puerta del atrio interior caía al mediodía; y midió de puerta a puerta en la parte meridional cien codos.

28. Y me llevó al atrio interior a la puerta del mediodía; y midió la puerta, la cual era de las mismas medidas que las otras.

29. Sus cámaras, y fachada, y zaguán, y sus ventanas y su zaguán alrededor tenía las mismas medidas, cincuenta codos de largo y veinticinco de ancho.

30. Y el vestíbulo que había alrededor tenía veinticinco codos de largo y cinco de ancho.

31. Y su pórtico daba al atrio exterior; había también palmas en la fachada, y ocho gradas para subir a la puerta.

32. Y me introdujo en el mismo atrio interior por la parte oriental; y midió la puerta, la cual era de las mismas medidas que las otras.

33. Sus cámaras, su fachada y sus vestíbulos, así como arriba; y las ventanas y el vestíbulo alrededor tenían de longitud cincuenta codos, y veinticinco codos de anchura.

34. Y su pórtico caía al atrio exterior, y había en su fachada de un lado y de otro palmas entalladas; y se subía a la puerta por ocho gradas.

35. Y me llevó a la puerta que miraba al norte, y la midió según las mismas medidas que las otras.

36. Sus cámaras y su fachada, y su vestíbulo, y sus ventanas alrededor tenían cincuenta codos de largo y veinticinco de ancho.

37. Y su vestíbulo caía al atrio exterior, y había palmas entalladas en su fachada, de un lado y de otro; y se subía a la puerta por ocho gradas.

38. Y en cada una de las cámaras había un postigo enfrente de las puertas, junto a las cuales lavaban el holocausto.

39. Y en el zaguán de la puerta había dos mesas a un lado y dos al otro, para degollar sobre ellas las víctimas para el holocausto, por el pecado y por el delito.

40. Y al lado exterior que sube al postigo por la puerta que mira al norte había dos mesas y otras dos al otro lado, delante del zaguán de la puerta.

41. Cuatro mesas de un lado y cuatro de otro. A los lados de la puerta había ocho mesas, sobre las cuales inmolaban las víctimas.

42. Y las cuatro mesas para el holocausto estaban hechas de piedras cuadradas, de codo y medio de largo, y de codo y medio de ancho, y de un codo de alto, para poner sobre ellas los instrumentos que se usan al inmolar el holocausto y la víctima.

43. Y tenían todas ellas alrededor un borde de un palmo, que se redoblaba hacia dentro, y sobre las mesas se ponían las carnes de la ofrenda.

44. Y fuera de la puerta interior había dos cámaras de los cantores en el atrio interior, que estaba al lado de la puerta que mira al norte, y sus fachadas miraban al mediodía; una estaba al lado de la puerta oriental que miraba al norte.

45. Y me dijo el ángel: Esta cámara o habitación que mira al mediodía, será para los sacerdotes que velan en la guardia del templo.

46. Aquella cámara que da al norte será para los sacerdotes que velan en el servicio de altar. Estos son los hijos de Sadoc, los cuales son descendientes de Leví, y se acercan al Señor para emplearse en servirle.

47. Y midió el atrio, que tenía cien codos de largo y cien codos en cuadro de ancho, y el altar que estaba delante de la fachada del templo.

48. Y me introdujo en el vestíbulo del templo; y midió el vestíbulo, que tenía cinco codos de una parte y cinco codos de otra; y la anchura de la puerta tres codos de un lado y tres de otro.

49. Y la longitud del vestíbulo era de veinte codos y de once codos de anchura, y se subía a la puerta por ocho gradas. Y en la fachada había dos columnas, una de un lado y otra de otro.

41

Descripción del templo, del lugar santísimo, y de las estancias contiguas al templo

1. Y me introdujo el ángel en el templo y midió los postes, que tenían seis codos de anchura por un lado y seis codos por otro; lo cual era la anchura del Tabernáculo antiguo.

2. La anchura de la puerta era de diez codos; y sus lados tenían cinco codos cada uno. Y midió la longitud del Santo, y tenía cuarenta codos, y su anchura veinte codos.

3. Y habiendo entrado en el interior, midió un poste de la puerta que era de dos codos, y la puerta de seis codos; y además de esta abertura, siete codos de ancho desde la puerta a cada rincón.

4. Y midió el fondo del santuario delante de la fachada del templo, y halló ser de veinte codos de largo y otros veinte de ancho, y me dijo: Este es el lugar santísimo.

5. Y midió el grueso de la pared de la

casa, o templo, que era de seis codos; y la anchura de los lados por todo el contorno de la casa era de cuatro codos.

6. Y los lados, unidos el uno al otro, componían dos veces treinta y tres cámaras; y había modillones que sobresalían y entraban en la pared de la casa por los lados alrededor, a fin de que sostuviesen las cámaras, sin que éstas tocasen la pared del templo.

7. Y había una pieza redonda, con una escalera de caracol, por donde se subía a lo alto, y dando vueltas conducía a la cámara más alta del templo; de suerte que el templo era más ancho en lo más alto, y así desde el pavimento se subía a la estancia del medio, y de ésta a la más alta.

8. Y observé la altura de la casa alrededor, sus lados tenían de fondo la medida de una caña de seis codos.

9. Y la anchura de la pared del lado de afuera era de cinco codos; y la casa o templo estaba rodeada de estos lados o edificios.

10. Y entre las cámaras había un espacio de veinte codos alrededor de la casa, por todos lados.

11. Y las puertas de las cámaras eran para ir a la oración; una puerta al norte y otra al mediodí; y el lugar para la oración tenía de ancho cinco codos por todos lados.

12. Y el edificio que estaba separado, y miraba hacia el mar u occidente, tenía de ancho setenta codos; y la pared del edificio cinco codos de ancho por todas partes y noventa de largo.

13. Y midió la longitud de la casa o templo, y era de cien codos; y cien codos de largo tenía con sus paredes el edificio que estaba separado del templo.

14. Y la plaza que había delante de la casa y delante del edificio separado hacia el oriente, era de cien codos.

15. Y midió la longitud del edificio o muro que estaba delante de aquel que estaba separado, y en la parte de detrás, y las galerías de ambos lados, y era de cien codos: y midió el templo interior y los vestíbulos del atrio.

16. Midió los umbrales o puertas, y las ventanas oblicuas, y las galerías que estaban alrededor en los tres lados del templo, frente de cada umbral, todo lo cual estaba revestido de madera; lo midió todo desde el pavimento hasta las ventanas; y las ventanas de encima de las puertas estaban cerradas con celosías.

17. Y midió hasta la casa o templo interior, y por la parte de afuera toda la pared alrededor por dentro y por fuera, según medida.

18. Y había entalladuras de querubines y de palmas, pues entre querubín y querubín había una palma; y cada querubín tenía dos caras.

19. La cara de hombre vuelta hacia una palma a un lado, y la cara de león hacia la otra palma al otro lado, esculpidas de relieve por todo el contorno del templo.

20. Estas esculturas de los querubines y palmas estaban en la pared del templo desde el pavimento hasta la altura de la puerta.

21. La puerta era cuadrangular, y la fachada del santuario miraba de frente a la del templo.

22. La altura del altar de madera era de tres codos, y su longitud de dos codos, y sus ángulos, y su superficie y sus lados eran de madera. Y me dijo el ángel: He aquí la mesa que está delante del Señor.

23. Y en el templo y en el santuario había dos puertas.

24. Y en estas dos puertas había en una y en otra parte otras dos pequeñas puertas; las que se doblaban una sobre otra, pues dos eran las hojas de una y otra parte de las puertas.

25. Y en las dichas puertas del templo había entallados querubines y palmas; así como se veían también de relieve en las paredes; por cuya razón eran más gruesas las vigas en la frente del vestíbulo de afuera,

26. sobre las cuales estaban las ventanas oblicuas; y las figuras de las palmas de un lado y de otro en los capiteles de la galería, a lo largo de los costados de la casa y en la extensión de las paredes.

42 *Las cámaras del atrio de los sacerdotes. Los edificios exteriores del templo*

1. Y me sacó del templo al patio de afuera por el camino que va hacia el norte; y me introdujo en las cámaras que estaban enfrente del edificio separado, y delante de la casa o templo por la parte que miraba al norte.

2. En la fachada tenía este edificio cien codos de largo desde la puerta del norte, y cincuenta de ancho,

3. enfrente del atrio interior de veinte codos, y enfrente al pavimento enlosado del atrio exterior, donde estaba el pórtico que se unía a los tres pórticos de los tres lados.

4. Y delante de las cámaras había una galería de diez codos de ancho, que miraba a la parte de adentro y tenía delante un borde o antepecho de un codo. Sus puertas estaban al norte,

5. donde estaban las cámaras más bajas en el plano de arriba; por estar sostenidas de los pórticos, los cuales salían más afuera en la parte ínfima y media del edificio.

6. Porque había tres pisos, y aquellas cámaras no tenían columnas, como eran las columnas de los patios, por esto se levantaban de tierra cincuenta codos, comprendidas la estancia ínfima y la del medio.

7. Y el recinto exterior a lo largo de las cámaras, las cuales estaban en el paso del patio de afuera delante de las cámaras, tenía de largo cincuenta codos.

8. Porque la longitud de las cámaras del atrio exterior era de cincuenta codos, y la longitud delante de la fachada del templo, de cien codos.

9. Y debajo de estas cámaras había un pasadizo al oriente para entrar en ellas desde el patio exterior.

10. A lo ancho del recinto del patio, que estaba frente a la parte oriental de la fachada del edificio separado, había también cámaras delante de este edificio.

11. Y el pasadizo de delante de ellas era semejante al de las cámaras que estaba al norte; la longitud de este pasadizo era como la de aquél, y la misma la anchura del uno que del otro; y así sus entradas, y su figura, y sus puertas.

12. Las cuales eran como las puertas de las cámaras que estaban al mediodía, tenían una puerta en la cabeza del pasadizo, y este pasadizo estaba delante del pórtico separado para quien venía del lado oriental.

13. Y me dijo el ángel: Las cámaras del norte y las cámaras del mediodía, que están delante del edificio separado, son cámaras santas, en las cuales comerán los sacerdotes que se acercan al Señor en el santuario; allí meterán las cosas sacrosantas y la ofrenda por el pecado y por el delito; porque el lugar santo es.

14. Y cuando los sacerdotes hubieren entrado, no saldrán del lugar santo al patio de afuera, sino que dejarán allí las vestiduras con que ejercen su ministerio, porque son santas; y tomarán otro vestido, y así saldrán a tratar con el pueblo*.

15. Y cuando el ángel hubo acabado de medir la casa o templo interior, me sacó fuera por la puerta que miraba al oriente, y midió la casa por todos lados alrededor.

16. Midió, pues, por la parte del oriente con la caña de medir, y hubo la medida de quinientas cañas alrededor.

17. Y por la parte del norte hubo la medida de quinientas cañas de medir alrededor.

18. Y por la parte del mediodía hubo quinientas cañas de medir alrededor.

19. Y por la parte del poniente midió también quinientas cañas de medir alrededor.

20. Por los cuatro vientos midió su pared por todas partes alrededor, y hubo quinientos codos o cañas de longitud y quinientos codos de ancho; esta pared hace la separación entre el santuario y el lugar o atrio del pueblo.

---

43 *Entrada del Señor en el templo. El altar de los holocaustos y de la ceremonia de su consagración*

---

1. Y me condujo el ángel a la puerta del atrio exterior que miraba al oriente.

2. Y he aquí que la gloria del Dios de Israel entraba por la puerta del oriente, y el estruendo que ella causaba era como el estruendo de una gran mole de aguas, y su majestad hacía relumbrar la tierra.

3. Y tuve una visión semejante a aquella que yo había tenido cuando el Señor vino para destruir la ciudad, y su semblante era conforme a la imagen que yo había visto cerca del río Cobar*, y me postré sobre mi rostro.

4. Y la majestad del Señor entró en el templo por la puerta que mira al oriente.

5. Y el espíritu me arrebató, y me llevó al

---

14. *Ez 44*, 17; *Lev 6*, 11.
3. *Ez 1*, 1.

atrio interior, y he aquí que el templo estaba lleno de la gloria del Señor.

6. Y oí cómo me hablaba desde la casa; y aquel varón que estaba cerca de mí,

7. me dijo: Hijo de hombre, he aquí el lugar de mi trono, y el lugar donde asentaré mis pies, y donde tendré mi morada entre los hijos de Israel para siempre. Los de la familia de Israel no profanarán ya más mi santo Nombre, ni ellos ni sus reyes, con sus fornicaciones o idolatrías, con los cadáveres de sus reyes y con los oratorios en los lugares altos*.

8. Ellos edificaron su puerta junto a la puerta mía, o de mi templo; y sus postes junto a los postes míos, y no había más que una pared entre mí y ellos, y profanaron mi santo Nombre con las abominaciones que cometieron; por esta causa los consumí lleno de indignación.

9. Ahora, pues, arrojen lejos de mí sus idolatrías y los cadáveres de sus reyes, y yo moraré para siempre en medio de ellos.

10. Mas tú, ¡oh hijo de hombre!, muestra a los de la casa de Israel el templo, y confúndanse de sus maldades; y midan la fábrica,

11. y avergüéncense de toda su conducta; muéstrales la figura de la casa, o del templo, las salidas y entradas del edificio y todo su diseño, y todas sus ceremonias, y el orden que debe observarse en ella, y todas sus leyes; y lo escribirás todo a vista de ellos, para que observen todo el diseño que se da de ella, y sus ceremonias, y las pongan en práctica.

12. Esta es la ley o norma de la casa que se reedificará sobre la cima del monte santo, todo su recinto alrededor es sacrosanto. Tal es, pues, la ley o arreglo en orden a esta casa.

13. Estas son las medidas del altar hechas por un codo exacto, el cual tenía un codo vulgar y un palmo. El seno o canal tenía un codo de alto y un codo de ancho; y el remate o cornisa del mismo seno, que se levanta por todo el contorno de su borde, era de un palmo, tal era el foso del altar.

14. Y desde el seno o canal que había en el pavimento hasta la base inferior del altar dos codos de alto y la anchura de un codo; y desde la base inferior hasta la boca superior había cuatro codos de alto y un codo de ancho.

7. *2 Re 16.*

15. Y el mismo Ariel* tenía cuatro codos de alto; y desde el plano del Ariel se levantaban hacia arriba cuatro pirámides.

16. Y el Ariel tenía de largo doce codos y doce codos de ancho. Era un cuadrángulo de lados iguales.

17. Y el borde de su base tenía catorce codos de largo y catorce de ancho en todos sus cuatro ángulos; y alrededor del altar una cornisa de un codo, y su seno o canal de medio codo alrededor, y sus gradas miraban al oriente.

18. Y aquel ángel me dijo: Hijo de hombre, esto dice el Señor Dios: Estas son las ceremonias pertenecientes al altar para cuando será construido, a fin de que se ofrezca sobre él el holocausto y se derrame la sangre.

19. Y tú las enseñarás a los sacerdotes y a los levitas que son de la estirpe de Sadoc, y se acercan a mi presencia, dice el Señor Dios, para ofrecerme un becerro de la vacada por el pecado.

20. Tomarás tú de su sangre y echarás sobre los cuatro remates del altar, y sobre los cuatro ángulos de la basa, y sobre la cornisa alrededor, y así purificarás y expiarás el altar.

21. Y tomarás aquel becerro ofrecido por el pecado, y lo quemarás en un lugar separado de la casa, o templo, fuera del santuario*.

22. Y en el segundo día ofrecerás un macho cabrío sin defecto, por el pecado; y se purificará el altar, como se purificó con el becerro.

23. Y así que hayas acabado de purificarlo, ofrecerás un becerro de la vacada sin defecto, y un carnero de rebaño también sin defecto.

24. Y los ofrecerás en la presencia del Señor; y los sacerdotes echarán sal sobre ellos*, y los ofrecerán en holocausto al Señor.

25. Por siete días ofrecerás diariamente un macho cabrío por el pecado; y un becerro de la vacada, y un carnero de rebaño, todos sin defecto.

26. Por siete días expiarán el altar, y lo purificarán, y lo consagrarán*.

15. Altar de los holocaustos.
21. *Ex 29*, 14; *Lev 4*, 12.
24. *Lev 2*, 13.
26. *Ex 28*, 41; *29*, 35.

27. Cumplidos los días, en el día octavo, y en adelante, los sacerdotes inmolarán vuestros holocaustos y las víctimas pacíficas. Y yo me reconciliaré con vosotros, dice el Señor Dios.

44 *Cerrada la puerta oriental del templo. No entrarán los incircuncisos en la carne y el alma*

1. Y el ángel me hizo volver hacia la puerta del santuario exterior, la cual miraba al oriente, y estaba cerrada.

2. Y me dijo el Señor: Esta puerta estará cerrada; y no se abrirá, y no pasará nadie por ella, porque por ella ha entrado el Señor Dios de Israel; y estará cerrada,

3. aun para el príncipe. El príncipe mismo se quedará en el umbral de ella para comer el pan en la presencia del Señor, por la puerta del vestíbulo entrará, y por la misma saldrá.

4. Y me llevó por el camino de la puerta del norte delante del templo; y miré, y he aquí que la gloria del Señor había henchido la casa del Señor, y yo me postré sobre mi rostro.

5. Y me dijo el Señor: Hijo de hombre, considera en tu corazón, mira atentamente, y escucha con cuidado todo aquello que yo te digo acerca de todas las ceremonias de la casa del Señor, y en orden a todas las leyes que a ella pertenecen; y aplicarás tu corazón a observar los ritos o usos del templo, en todas las cosas que se practican en el santuario.

6. Y dirás a la familia de Israel, la cual me provoca a ira: Esto dice el Señor Dios: Basta ya, ¡oh familia de Israel!, de todas vuestras maldades;

7. porque yo veo que aun introducís gente extranjera no circuncidada en el corazón, ni circuncidada en la carne, para estar en mi santuario, y profanar mi casa, y ofrecerme los panes, y la grasa y la sangre: y de esta manera con todas vuestras maldades rompéis mi alianza.

8. No habéis guardado las leyes de mi santuario, y vosotros mismos os habéis elegido los custodios o ministros de los ritos que yo prescribí para mi santuario.

9. Esto dice el Señor Dios: Ningún extranjero, no circuncidado de corazón, ni circuncidado en la carne, ni ningún hijo de extranjero que habita entre los hijos de Israel, entrará en mi santuario.

10. Pero los del linaje de Leví, que en la apostasía de los hijos de Israel se apartaron lejos de mí, y de mí se desviaron en pos de sus ídolos y pagaron la pena de su maldad,

11. éstos serán en mi santuario no más que guardas y porteros de las puertas de la casa, y sirvientes de ella; ellos degollarán los holocaustos y víctimas del pueblo, y estarán ante el pueblo para servirle;

12. pues le sirvieron delante de sus ídolos, y fueron ellos piedra de escándalo a la familia de Israel, para que cayera en la maldad. Por eso yo alcé mi mano contra ellos, dice el Señor Dios, y juré que llevarán la paga de su maldad.

13. Y no se acercarán a mí para ejercer las funciones de sacerdotes míos, ni se llegarán a nada de mi santuario cerca del lugar satísimo; sino que llevarán sobre sí su confusión y la pena de las maldades que cometieron.

14. Los pondré, pues, por porteros de la casa y sirvientes de ella, para todo cuanto se necesite.

Los sacerdotes

15. Pero aquellos sacerdotes y levitas, hijos de Sadoc, los cuales observaron las ceremonias de mi santuario cuando los hijos de Israel se desviaron de mí, éstos se acercarán a mí para servirme, y estarán en la presencia mía para ofrecerme la grasa y la sangre, dice el Señor Dios.

16. Y ellos entrarán en mi santuario, y se llegarán a mi mesa para servirme y observar mis ceremonias.

17. Y así que entraren en las puertas del atrio interior, se vestirán de ropas de lino; y no llevarán encima cosa de lana mientras ejercen su ministerio en las puertas del atrio interior y más adentro.

18. Fajas o turbantes de lino traerán en sus cabezas*, y calzoncillos de lino sobre sus lomos; y no se ceñirán apretadamente de modo que los excite el sudor.

19. Y cuando salgan al atrio exterior donde está el pueblo, se desnudarán de las

---

18. *Ex 29*, 9; *Lev 8*, 13.

vestiduras con que hubieren ejercido su ministerio, y las dejarán en las cámaras del santuario, y se vestirán otras ropas, para no consagrar al pueblo con el contacto de sus vestiduras.

20. Y no raerán su cabeza, ni dejarán crecer su cabello, sino que lo acortarán cortándolo con tijeras.

21. Y ningún sacerdote beberá vino cuando hubiere de entrar en el atrio interior.

22. Y no se desposarán con viudas*, ni con repudiada, sino con una virgen del linaje de la casa de Israel; pero podrán también desposarse con viuda que lo fuere de otro sacerdote.

23. Y enseñarán a mi pueblo a discernir entre lo santo y lo profano, entre lo puro y lo impuro.

24. Y cuando sobreviniere alguna controversia, estarán a mis juicios, y según ellos juzgarán; observarán mis leyes y mis preceptos en todas mis solemnidades, y santificarán mis sábados.

25. Y no se acercarán a donde haya un cadáver, a fin de no quedar con eso contaminados, si no es que sea padre o madre, hijo o hija, hermano o hermana que no haya tenido marido, y aun por éstos contraerán alguna impureza legal.

26. Y después que se hubiere el sacerdote purificado, se le contarán siete días.

27. Y en el día que entrare en el santuario, en el atrio interior para ejercer mi ministerio en el santuario, presentará una ofrenda por su pecado, dice el Señor Dios.

28. Y los sacerdotes no tendrán heredad o tierras; la heredad de ellos soy yo, y así no les daréis a ellos ninguna posesión en Israel; porque yo soy su posesión*.

29. Ellos comerán la carne de la víctima ofrecida por el pecado y por el delito; y todas las ofrendas que haga Israel por voto, serán de ellos.

30. De los sacerdotes serán también las primicias* u ofrenda de todo lo primerizo, y las libaciones todas de cuanto se ofrece, y a los sacerdotes daréis las primicias de vuestros manjares, para que esto atraiga la bendición sobre vuestras casas.

31. Ninguna cosa de aves, ni de reses que hayan muerto de suyo, o hayan sido muertas por otra bestia, la comerán los sacerdotes*.

45 *El Señor señala las tierras para el templo, los sacerdotes, la ciudad y el príncipe*

1. Y cuando comenzareis a repartir la tierra por suerte entre las familias, separad como primicia para el Señor una parte de tierra, que se consagre al Señor, de veinticinco mil medidas o codos de largo, y diez mil de ancho, santificado quedará este espacio en toda su extensión alrededor.

2. De todo este espacio de tierra separaréis para ser consagrado al Señor, un cuadrado de quinientas medidas por cada lado, y cincuenta codos de espacio vacío por todo el contorno.

3. Y con esta misma medida mediréis la longitud del espacio de veinticinco mil codos, y su anchura de diez mil; y en este espacio estará el templo, lugar santísimo.

4. Esta porción de tierra consagrada a Dios será para los sacerdotes ministros del santuario que se ocupan en el servicio del Señor, y será el lugar para sus casas y para el santuario de santidad*.

5. Habrá también otros veinticinco mil codos de longitud y diez mil de anchura para los levitas que sirven a la casa o templo, los cuales tendrán veinte habitaciones cerca de las de los sacerdotes.

6. Y para posesión de la ciudad, común a toda la familia de Israel, señalaréis cinco mil medidas de ancho y veinticinco mil de largo, enfrente de la porción separada para el santuario y sus ministros.

7. Al príncipe también le daréis su porción en un lado y otro, junto a la porción separada para el santuario y sus ministros, y a la separada para la ciudad, enfrente de la señalada para el santuario y de la señalada para la ciudad, desde un lado del mar, o del occidente, hasta el otro; y desde el lado oriental hasta el otro. La longitud de las porciones será igual en cada una de las dos partes desde su término occidental hasta el oriental.

22. *Lev 21*, 14.
28. *Deut 18*, 1.
30. *Ex 22*, 29.
31. *Lev 22*, 8.
4. *Num 35*, 2.

8. El príncipe tendrá una porción de tierra en Israel. Y los príncipes no despojarán ya más en lo venidero a mi pueblo; sino que distribuirán la tierra a la familia de Israel, tribu por tribu.

9. Esto dice el Señor Dios: Básteos ya esto, príncipes de Israel, dejad la iniquidad y las rapiñas; haced justicia y portaos con rectitud; separad vuestros términos* de los de mi pueblo, dice el Señor Dios.

10. Sea justa vuestra balanza, y justo el efí, y justo el bato.

11. El efí y el bato serán iguales y de una misma medida, de manera que el bato sea la décima parte del coro y el efí la décima parte del coro, su peso será igual comparado con la medida del coro.

12. El siclo tiene veinte óbolos*; y veinte siclos con veinticinco siclos y otros quince siclos hacen una mina.

13. Las primicias, pues, que ofreceréis vosotros serán las siguientes: De cada coro de trigo la sexta parte de un efí, y la sexta parte de un efí de cada coro de cebada.

14. En cuanto a la medida de aceite se dará un bato de aceite; la décima parte de cada coro, diez batos hacen el coro; pues éste con diez batos queda lleno.

15. Y de cada rebaño de doscientas cabezas que se críen en Israel, daréis un carnero para los sacrificios, para los holocaustos y para las hostias pacíficas, a fin de que os sirvan de expiación, dice el Señor Dios.

16. Todo el pueblo de la tierra estará obligado a dar estas primicias al príncipe de Israel.

17. Y a cargo del príncipe estará proveer para los holocaustos, para los sacrificios y para las libaciones en los días solemnes, y en las calendas, y en los sábados, y en todas las festividades de la casa de Israel, él ofrecerá el sacrificio por el pecado, y el holocausto, y las víctimas pacíficas para la expiación de la familia de Israel.

18. Esto dice el Señor Dios: En el mes primero, el día primero del mes, tomarás de la vacada un becerro sin defecto, y purificarás el santuario.

19. Y el sacerdote tomará de la sangre de la víctima ofrecida por el pecado, y rociará con ella los postes de la puerta del templo, y los cuatro ángulos del borde del altar, y los postes de la puerta del atrio interior.

20. Y lo mismo practicarás el día séptimo del mes por todos aquellos que pecaron por ignorancia o por error, y así purificarás la casa, o el templo.

21. En el mes primero, a catorce del mes, celebraréis la solemnidad de la Pascua: Comeréis panes ázimos durante siete días*.

22. Y en aquel día el príncipe ofrecerá por sí y por todo el pueblo de la tierra un becerro por el pecado.

23. Y durante la solemnidad de los siete días ofrecerá al Señor en holocausto siete becerros y siete carneros sin defectos, cada día durante los siete días; y un macho cabrío por el pecado, cada uno de los días.

24. Y con el becerro ofrecerá un efí de la flor de harina, y otro efí con el carnero, y un hin de aceite con cada efí.

25. En el mes séptimo a los quince días del mes en que se celebra la solemnidad de los Tabernáculos*, hará durante siete días lo que arriba se ha dicho, tanto para la expiación del pecado como para el holocausto, y para los sacrificios de las oblaciones y del aceite.

46 *La puerta oriental se abrirá en ciertos días. Ofrendas que deberá hacer el príncipe*

1. Esto dice el Señor Dios: La puerta del atrio interior que mira el oriente estará cerrada los seis días que son de trabajo; mas el día del sábado se abrirá, y se abrirá también en el día de las calendas.

2. Y entrará el príncipe por el vestíbulo de la puerta de afuera y se parará en el umbral de la puerta y los sacerdotes ofrecerán por él holocausto y las hostias pacíficas; y hará su oración desde el umbral de la puerta, y se saldrá, la puerta no se cerrará hasta la tarde.

3. Y el pueblo hará su adoración delante del Señor a la entrada de aquella puerta, en los sábados y en las calendas.

4. Y éste es el holocausto que el príncipe

9. *Los límites de vuestras posesiones.*
12. *Ex 30*, 13; *Lev 27*, 25; *Num 3*, 47.
21. *Ex 12*, 15.
25. *Lev 23*, 39.

ofrecerá al Señor: En el día del sábado seis corderos sin defecto, y un carnero sin defecto;

5. y la ofrenda de un efí de harina con el carnero, y lo que él quisiere con los corderos; y además un hin de aceite por cada efí.

6. En el día de las calendas ofrecerá un becerro de la vacada que no tenga defecto, y seis corderos, y seis carneros igualmente sin defecto;

7. y con cada becerro ofrecerá un efí de harina, y otro efí con cada uno de los carneros; mas con los corderos dará la cantidad que quisiere; y además un hin de aceite por cada efí.

8. Cada vez que deba entrar el príncipe, entre por la parte del vestíbulo de la puerta oriental, y salga por el mismo camino.

9. Y cuando entre el pueblo de la tierra a la presencia del Señor en las solemnidades, aquel que entrare por la puerta septentrional para adorar, salga por la puerta del mediodía; y aquel que entrare por la puerta del mediodía, salga por la puerta septentrional. Nadie saldrá por la puerta que ha entrado, sino por la que está en frente de ella.

10. Y el príncipe en medio de ellos entrará y saldrá por su puerta, como los demás que entran y salen.

11. Y en las ferias o fiestas y solemnidades ofrecerá un efi de harina con cada carnero, y con los corderos lo que se quisiere; y además un hin de aceite con cada efí.

12. Y cuando el príncipe ofreciere al Señor un holocausto voluntario, o un voluntario sacrificio pacífico, le abrirán la puerta oriental, y ofrecerá su holocausto y sus hostias pacíficas, como suele practicarse en el día de sábado; y se irá; y luego que haya salido se cerrará la puerta.

13. Ofrecerá él también todos los días en holocausto al Señor un cordero primal, sin defecto, lo ofrecerá siempre por la mañana.

14. Y con él ofrecerá también cada mañana la sexta parte de un efí de harina, y la tercera parte de un hin de aceite, para mezclarse con la harina, sacrificio del Señor según la ley, perpetuo y diario.

15. Ofrecerá el cordero y el sacrificio de la harina y el aceite cada mañana; holocausto sempiterno.

16. Esto dice el Señor Dios: Si el príncipe hiciere alguna donación a uno de sus hijos, pasará ella en herencia a los hijos de éste, los cuales la poseerán por derecho hereditario.

17. Pero si él de su herencia hiciere un legado a alguno de sus criados, éste lo poseerá hasta el año del jubileo; y entonces la cosa legada volverá al príncipe; quedarán, pues, para sus hijos las heredades suyas.

18. No tomará el príncipe por la fuerza cosa alguna de la heredad del pueblo, y de cuanto éste posea; sino de sus propios bienes dará una herencia a sus hijos, para que ninguno de mi pueblo sea despojado de sus posesiones.

19. Después el ángel por una entrada que estaba junto a la puerta, me introdujo en las cámaras del santuario pertenecientes a los sacerdotes, las cuales estaban al norte; y había allí un lugar que caía hacia el poniente.

20. Y me dijo el ángel: Este es el lugar donde los sacerdotes cocerán las víctimas ofrecidas por el pecado y por el delito; donde cocerán aquello que se sacrifica, a fin de que no se saque al atrio exterior, y no quede el pueblo consagrado.

21. Y me sacó fuera del atrio exterior, y me llevó alrededor por los cuatro lados del patio; y vi que en el ángulo del patio había un zaguanete en cada ángulo del patio.

22. Estos zaguanetes así dispuestos en los cuatro ángulos, tenían de largo cuarenta codos y treinta codos de ancho, los cuatro tenían una misma medida.

23. Y había una pared que rodeaba los cuatro zaguanetes, y debajo de los pórticos estaban construidas alrededor la cocinas.

24. Y me dijo el ángel: Este es el edificio de las cocinas, en el cual los sirvientes de la casa del Señor cocerán las víctimas de que ha de comer el pueblo.

47

Las aguas que salen de debajo de la puerta oriental del templo forman un torrente caudaloso

1. Y me hizo volver hacia la puerta de la casa del Señor; y vi que brotaban aguas debajo del umbral de la casa hacia el oriente, pues la fachada de la casa miraba al oriente, y las aguas descendían hacia el lado derecho del templo, al mediodía del altar.

2. Y me condujo fuera por la puerta septentrional, y me hizo dar la vuelta por fuera hasta la puerta exterior que cae al oriente; y vi las aguas salir a borbollones por el lado derecho.

3. Aquel personaje, pues, dirigiéndose hacia el oriente, y teniendo en su mano la cuerda de medir, midió mil codos desde el manantial; y en seguida me hizo vadear el arroyo y me llegaba el agua a los tobillos.

4. Midió en seguida otros mil codos, y allí me hizo vadear el agua, que me llegaba a las rodillas.

5. De nuevo midió otros mil, y allí me hizo vadear el agua, la cual me llegaba hasta la cintura; y medidos otros mil, era ya tal el arroyo que no pude pasarlo, porque habían crecido las aguas de este arroyo profundo, de modo que no podía vadearse.

6. Me dijo entonces: Hijo de hombre, bien lo has visto ya; y me hizo salir y me volvió a la orilla del arroyo.

7. Y así que hube salido, he aquí en la orilla del arroyo un grandísimo número de árboles a una y otra parte.

8. Y me dijo el ángel: Estas aguas que corren hacia los montes de arena al oriente, y descienden a la llanura del desierto, entrarán en el mar y saldrán; y las aguas del mar quedarán salutíferas.

9. Y todo animal viviente de los que andan serpeando por donde pasa el arroyo tendrá vida; y habrá allí gran cantidad de peces después que llegaren estas aguas; y todos aquellos a quienes tocare este arroyo tendrán salud y vida.

10. Y los pescadores se pararán junto a estas aguas: Desde Engaddi hasta Engallim se pondrán redes a enjugar: serán muchísimas las especies de peces, y en grandísima abundancia, como los peces en el mar grande.

11. Pero fuera de sus riberas, y en sus lagunas o charcos, no serán salutíferas las aguas; y sólo servirán para salinas.

12. Y a lo largo del arroyo nacerá en sus riberas de una y otra parte toda especie de árboles fructíferos; no se les caerá la hoja, ni les faltarán jamás frutos; cada mes llevarán frutos nuevos, pues las aguas que los riegan saldrán del santuario; y sus frutos servirán de comida, y sus hojas para medicina.

13. Estas cosas dice el Señor Dios: Estos son los términos dentro de los cuales tendréis vosotros la posesión de la tierra dividida entre las doce tribus de Israel; pues José tiene doble porción.

14. Esta tierra prometida por mí con juramento a vuestros padres, la poseeréis todos igualmente, cada uno lo mismo que su hermano; y será esta tierra vuestra herencia.

15. Ved aquí, pues, los límites de la tierra: Por el lado del Norte, desde el mar grande, viniendo de Hetalón a Sedada,

16. a Emat, a Berota, a Sabarim, que está entre los confines de Damasco y los confines de Emat, la casa de Ticón, que está en los confines de Aurán.

17. Y sus confines serán desde el mar hasta el atrio de Enán, término de Damasco, y desde un lado del norte hasta el otro. Emat será el término por el lado del norte.

18. Su parte oriental será desde el medio de Aurán, y desde el medio de Damasco, y desde el medio de Calaad, y desde el medio de la tierra de Israel. El río Jordán será su término hacia el mar oriental. Mediréis también vosotros la parte oriental.

19. Y la parte meridional será desde Tamar o Palmira hasta las Aguas de Contradicción en Cades; y desde el torrente de Egipto hasta el mar grande o Mediterráneo, ésta es la parte de mediodía.

20. Y la parte occidental o del mar será el mar grande desde su extremo en línea recta hasta llegar a Emat: Es el lado de la parte del mar.

21. Y ésta es la tierra que os repartiréis entre las tribus de Israel;

22. y la sortearéis para herencia vuestra y de aquellos extranjeros que se unirán a vosotros, y procrearán hijos entre vosotros, y a quienes deberéis vosotros mirar como del mismo pueblo de los hijos de Israel; con vosotros entrarán en la parte de las posesiones en medio de las tribus de Israel.

23. Y en cualquier tribu que se halle el extranjero agregado, en ella le daréis su heredad o porción de tierra, dice el Señor Dios*.

---

23. *Rom 10,* 12.

48 *El Señor hace una nueva distribución de la tierra santa entre las doce tribus*

1. Y he aquí los nombres de las tribus desde la extremidad septentrional, a lo largo del camino de Hetalón para ir a Emat; el atrio de Enán es el término por la parte de Damasco al norte a lo largo del camino de Emat; y el lado oriental y el mar terminará la porción de la tribu de Dan.

2. Y desde los confines de Dan por la parte de oriente hasta el mar será la porción de Aser.

3. Y desde los confines de Aser, de oriente al mar, la porción de Neftalí.

4. Y desde los confines de Neftalí, de oriente al mar, la porción de Manasés.

5. Y desde los confines de Manasés, del oriente al mar, la porción de Efraín.

6. Y desde los confines de Efraín, de oriente al mar, la porción de Rubén.

7. Y desde los confines de Rubén, de oriente al mar, la porción de Judá.

8. Y desde los confines de Judá, de oriente al mar, estará la porción que separaréis a modo de primicias, la cual será de veinticinco mil medidas o codos de largo y de ancho, conforme tiene cada una de las porciones desde el oriente hasta el mar, y en medio estará el santuario.

9. Las primicias o porción que separaréis para el Señor, serán de veinticinco mil medidas de largo y diez mil de ancho.

10. Estas serán las primicias del lugar santo de los sacerdotes. Veinticinco mil medidas de largo hacia el norte; y diez mil de ancho hacia el mar; y hacia el oriente diez mil también de ancho; y veinticinco mil de largo hacia el mediodía; y en medio de esta porción estará el santuario del Señor.

11. Todo éste será lugar santo destinado para los sacerdotes hijos de Sadoc, los cuales observaron mis ceremonias, y no cayeron en el error cuando iban extraviados los hijos de Israel, y se extraviaron también los levitas.

12. Y tendrán ellos, en medio de las primicias o porciones de la tierra, la primicia santísima al lado del término de los levitas.

13. Mas a los levitas igualmente se les señalará, junto al término de los sacerdotes, veinticinco mil medidas de largo y diez mil de ancho. Toda la longitud de su porción será de veinticinco mil medidas y de diez mil la anchura.

14. Y de esto no podrán hacer venta ni permuta, ni traspasar a otros las primicias o porción de tierras, porque están consagradas al Señor.

15. Y las cinco mil medidas que quedan de largo de las veinticinco mil, serán un espacio profano, o destinado para edificios de la ciudad y para arrabales; y la ciudad estará en medio.

16. Y he aquí sus medidas: A la parte del norte cuatro mil quinientas; a la del mediodía cuatro mil quinientas; a la de oriente cuatro mil quinientas; y cuatro mil quinientas a la de occidente.

17. Y los pastizales de la ciudad tendrán hacia el norte doscientas cincuenta; y hacia el mediodía doscientas cincuenta; y a oriente doscientas cincuenta; y doscientas cincuenta al lado del mar, o de occidente.

18. Y aquello que quedare de la longitud, junto a las primicias del lugar santo, esto es, diez mil medidas al oriente y diez mil a occidente, será como aditamento a las primicias del lugar santo; y los frutos de aquel terreno servirán para alimentar a aquellos que sirven a la ciudad.

19. Y aquellos que se emplearán en servir a la ciudad serán de todas las tribus de Israel.

20. Todas las primicias de veinticinco mil medidas en cuadro serán separadas para primicias del santuario, y para posesión y sitio de la ciudad.

21. Y aquello que sobrare alrededor de todas las primicias del santuario, y de la porción señalada a la ciudad enfrente de las veinticinco mil medidas de las primicias hasta el término oriental, será del príncipe; y asimismo será de él lo de la parte del mar, u occidente, enfrente a las veinticinco mil medidas hasta el límite del mar; y las primicias del santuario y el lugar santo del templo quedarán en medio.

22. Y el resto de la posesión de los levitas y de la posesión de la ciudad estará en medio de la porción del príncipe, pertenecerá al príncipe aquello que está entre los confines de Judá y los confines de Benjamín.

23. En cuanto a las demás tribus: desde

oriente a occidente la porción para Benjamín.

24. Desde los confines de Benjamín, de oriente a occidente, la porción de Simeón.

25. Y desde el término de Simeón, de oriente a occidente, la porción de Isacar.

26. Y desde el término de Isacar, de oriente a occidente, la porción de Zabulón.

27. Y desde el término de Zabulón, de oriente al mar u occidente, la porción de Gad.

28. Y desde el término de Gad hacia la región de mediodía, serán sus confines desde Tamar hasta las Aguas de Contradicción en Cades,

29. Esta es la tierra que repartiréis por suerte a las tribus de Israel, y tales son sus porciones, dice el Señor Dios.

30. Y éstas son las salidas de la ciudad, por el lado del norte medirás cuatro mil quinientas medidas;

31. y las puertas de la ciudad tomarán nombre de las tribus de Israel; tres puertas al Norte, una puerta de Rubén, una de Judá y una de Leví.

32. A oriente medirás cuatro mil quinientas medidas; y habrá tres puertas, una puerta de José, una de Benjamín y una de Dan.

33. Y a mediodía medirás cuatro mil quinientas medidas; y habrá tres puertas, una puerta de Simeón, una de Isacar y una de Zabulón.

34. Y al lado de occidente medirás cuatro mil quinientas medidas; y habrá tres puertas, una puerta de Gad, otra de Aser y otra de Neftalí.

35. Su recinto será de dieciocho mil medidas. Y el nombre de la ciudad, desde aquel día será: Habitación o ciudad del Señor*.

---

35. Nombre de la misma naturaleza que el de *Emmanuel* o *Dios con nosotros*. El nombre de la *ciudad nueva* significa *El Señor está aquí*. *Ap 21*, 10.

Daniel

Introducción

El libro *Daniel* fue escrito en hebreo, arameo y griego, tal vez entre los años 167 y 164 a.C. Algunos expositores lo consideran el *Apocalipsis del Antiguo Testamento.*

Daniel, de la tribu de Judá y de la casa real de David, fue llevado cautivo por Nabucodonosor a Babilonia, después de la toma de Jerusalén. Fue escogido con otros jóvenes judíos, para servir al rey Nabucodonosor, quien lo educó en la lengua y la ciencia de los caldeos. Manifestó el don de profecía a los doce años de edad. Se hizo célebre entre los caldeos con la relación y explicación del sueño de Nabucodonosor, aunque el rey casi no lo recordaba. El rey le dio el gobierno de las provincias de Babilonia y lo declaró jefe de sus magos o sabios. Daniel siguió manifestando su sabiduría y espíritu profético en el reinado de Baltasar, a quien explicó las misteriosas palabras escritas en la pared, y que eran su sentencia. Después de la muerte de Baltasar, Darío lo hizo su primer ministro. Fue arrojado al lago de los leones, de donde lo libró el Dios de Israel dos veces. Descubrió el engaño de los sacerdotes de Bel y mató al dragón que adoraban los babilonios.

Daniel murió de 88 años de edad, al final del reinado de Ciro, de quien consiguió un edicto para que los judíos volvieran a Jerusalén y reedificaran la ciudad y el templo. Algunos escritores eclesiásticos dudaron de la autenticidad del Cántico de los tres jóvenes; de la historia de Susana, y de la del ídolo Bel y del Dragón, porque estas tres partes no se hallaban en el texto hebreo, aunque se hallaban en los códices que usaron los Setenta Intérpretes, y Aquila, Teodoción y Simmaco, hebreos de nacimiento. Orígenes atestigua que la historia de Susana, la de Bel y del Dragón, la Oración de Azarías y el Cántico de los tres jóvenes se leían en todas las iglesias, y lo mismo afirman San Ignacio, Dídimo, San Cipriano y los padres griegos y latinos.

1 *Daniel, Ananías, Misael y Azarías son bendecidos por el Señor. Daniel recibe el don de la profecía*

1. En el año tercero del reinado de Joakim, rey de Judá, vino Nabucodonosor, rey de Babilonia, contra Jerusalén, y la sitió.

2. Y el Señor entregó en sus manos a Joakim, rey de Judá, y una parte de los vasos del templo de Dios, y los trasladó a tierra de Senaar a la casa, o templo, de su dios, y los metió en la casa del tesoro de su dios.

3. Y dijo el rey a Asfenez, jefe de los eunucos, que de los hijos de Israel, y de la estirpe de sus reyes y grandes, le destinase

4. algunos niños que no tuviesen ningún defecto, de bella presencia y completamente instruidos, adornados con conocimientos científicos, y bien educados, y dignos, en fin, de estar en el palacio del rey, y que les enseñase la lengua y las letras o ciencias de los caldeos.

5. Y dispuso el rey que todos los días se les diese de comer de lo mismo que él comía y del vino mismo que él bebía; a fin de que mantenidos así por espacio de tres años, sirviesen después en la presencia del rey.

6. Entre éstos, pues, se hallaron de los

hijos de Judá, Daniel, Ananías, Misael y Azarías.

7. Y el prefecto de los eunucos les puso los nombres siguientes: a Daniel el de Baltasar; a Ananías el de Sidrac; a Misael el de Misac, y a Azarías el de Abdénago.

8. Daniel resolvió en su corazón no contaminarse con comer de la vianda de la mesa del rey, ni con beber del vino que el rey bebía; y rogó al prefecto de los eunucos que le permitiese no contaminarse.

9. Y Dios hizo que Daniel hallase gracia y benevolencia ante el jefe de los eunucos.

10. Y dijo el prefecto de los eunucos a Daniel: Temo yo del rey mi señor, el cual os ha señalado la comida y bebida, que si él llegare a ver vuestras caras más flacas que las de los otros jóvenes vuestros compañeros, seréis causa de que el rey me condene a muerte.

11. Dijo entonces Daniel a Malasar, al cual el prefecto de los eunucos había encargado el cuidado de Daniel, de Ananías, de Misael y de Azarías:

12. Te suplico que hagas la prueba con nosotros tus siervos por espacio de diez días; y se nos den legumbres para comer y agua para beber;

13. y observa nuestras caras y las caras de los jóvenes que comen de la vianda del rey; y según vieres, harás con tus siervos.

14. Oída por él semejante propuesta, hizo con ellos la prueba por diez días.

15. Y al cabo de los diez días aparecieron de mejor color sus rostros, y más llenos que los de todos los jóvenes que comían de las viandas del rey.

16. Malasar, pues, tomaba para sí las viandas, y el vino que ellos habían de beber; y les daba a comer legumbres.

17. Y le dio Dios a estos jóvenes ciencia y pericia en todos los escritos y conocimientos de los caldeos, a Daniel la inteligencia de todas las visiones y sueños*.

18. Cumplido, pues, el tiempo, después del cual había mandado el rey que le fuesen presentados los jóvenes, les condujo el prefecto de los eunucos a la presencia de Nabucodonosor.

19. Y habiéndolos el rey examinado, no se halló entre todos ellos quien igualase a Daniel, a Ananías, a Misael y a Azarías; y se quedaron para el servicio del rey.

20. Y en cualquier especie de conocimientos y ciencias sobre que los examinó el rey, halló que eran diez veces más sabios que cuantos adivinos y magos había en todo su reino.

21. Y permaneció Daniel en el servicio del rey hasta el año primero del rey Ciro.

2 *Le revela Dios a Daniel el significado de la estatua. El rey confiesa al Dios verdadero*

1. En el año segundo de su reinado tuvo Nabucodonosor un sueño que dejó consternado su espíritu, y le huyó dicho sueño de la memoria.

2. Y mandó el rey convocar los adivinos y magos, y los hechiceros y los caldeos o astrólogos, para que mostrasen al rey los sueños que había tenido; y llegados que fueron se presentaron delante del rey.

3. Y les dijo el rey: He tenido un sueño; y perturbada mi mente, ya no sé lo que he visto.

4. A esto le respondieron los caldeos en su lengua siríaca, o caldaica: ¡Oh rey, vive para siempre! Refiere el sueño a tus siervos y nosotros te daremos su interpretación.

5. Replicó el rey, y dijo a los caldeos: Se me olvidó lo que era; y si vosotros no me exponéis el sueño, y no me dais su interpretación, pereceréis vosotros y serán confiscadas vuestras casas.

6. Mas si expusiereis el sueño y lo que significa, recibiréis de mí premios y dones, y grandes honores; exponedme, pues, el sueño y su significado.

7. Le respondieron otra vez ellos, diciendo: Refiera el rey su sueño a sus siervos, y le declararemos su significado.

8. A esto repuso el rey, y dijo: Conozco bien que vosotros queréis ganar tiempo, porque sabéis que se me fue de la memoria la cosa que soñé.

9. Por lo cual si no me decís aquello que he soñado, yo no pensaré otra cosa de vosotros, sino que forjaréis también una interpretación falaz y llena de engaño para entretenerme con palabras hasta que vaya pasando el tiempo. Por tanto, decidme el sueño mío a fin de que conozca que también

---

17. *Num 12; 22; 1 Cro 25*, 5.

la interpretación que de él daréis será verdadera.

10. A esto dijeron los caldeos, respondiendo al rey: No hay hombre sobre la tierra, ¡oh rey!, que pueda cumplir tu mandato; ni hay rey alguno grande y poderoso que demande tal cosa a ningún adivino, mago o caldeo,

11. porque es cosa muy difícil, ¡oh rey!, la que pides, y no se hallará nadie que pueda ilustrar al rey sobre ella, fuera de los dioses, los cuales no tienen trato con los hombres.

12. Al oír esto el rey, lleno de furor y grandísimo enojo, mandó que se quitara la vida a todos los sabios de Babilonia.

13. Y publicada que fue esta sentencia, fueron a matar a los sabios, y andaban en busca de Daniel y de sus compañeros para hacerlos morir.

14. Entonces Daniel fue a preguntar a Arioc, capitán de las tropas del rey, el cual tenía la comisión de hacer morir a los sabios de Babilonia, qué venía a ser aquella ley y aquella sentencia.

15. Y al dicho Arioc, que había recibido la comisión del rey, le preguntó por qué causa había pronunciado el rey tan cruel sentencia. Y habiendo Arioc declarado a Daniel lo que había sobre eso,

16. entró Daniel al rey y le suplicó que le concediese tiempo para dar sobre la solución.

17. En seguida se fue a su casa, y contó el caso a sus compañeros Ananías, Misael y Azarías,

18. para que implorasen la misericordia del Dios del cielo acerca de ese secreto, a fin de que no pereciesen Daniel y sus compañeros junto con los otros sabios de Babilonia.

19. Entonces tuvo Daniel por la noche una visión, en la cual le fue revelado el secreto; y bendijo Daniel al Dios del cielo,

20. y prorrumpió en estas palabras: Bendito sea el nombre del Señor desde siempre y para siempre: porque de él son la sabiduría y la fortaleza.

21. El cambia los tiempos y las edades; traslada los reinos, y los afirma; da la sabiduría a los sabios y la ciencia a los inteligentes.

22. El revela las cosas profundas y recónditas, y conoce las que se hallan en medio de tinieblas, pues la luz está con él.

23. A ti, ¡oh Dios de nuestros padres!, te tributo las gracias, y rindo alabanzas, porque me has concedido sabiduría y fortaleza, y me has hecho conocer ahora lo que te hemos pedido; puesto que nos has revelado lo que el rey pregunta.

Daniel expone el sueño y su interpretación

24. Después de esto se fue Daniel a encontrar a Arioc, a quien había dado el rey el encargo de hacer morir a los sabios de Babilonia; y le habló de esta manera: No quites la vida a los sabios de Babilonia: acompáñame a la presencia del rey y yo le expondré la solución.

25. Entonces Arioc condujo luego a Daniel a la presencia del rey, a quien dijo: He hallado un hombre entre los hijos de Judá cautivos, el cual dará al rey la explicación que desea.

26. Respondió el rey, y dijo a Daniel, a quien se daba el nombre de Baltasar: ¿Crees tú realmente que podrás decirme el sueño que tuve, y darme su interpretación?

27. A lo que respondió Daniel al rey, diciendo: El secreto que el rey desea descubrir, no se lo pueden declarar al rey los sabios, ni los magos, ni los adivinos, ni los astrólogos.

28. Pero hay un Dios en el cielo que revela los misterios, y éste te ha mostrado, ¡oh rey Nabucodonosor!, las cosas que sucederán en los últimos tiempos. Tu sueño y las visiones que ha tenido tu cabeza en la cama, son las siguientes:

29. Tú, ¡oh rey!, estando en tu cama, te pusiste a pensar en lo que sucedería en los tiempos venideros, y aquel que revela los misterios te hizo ver lo que ha de venir.

30. A mí también se me ha revelado ese secreto no por una sabiduría que en mí haya más que en cualquier otro hombre mortal, sino a fin de que el rey tuviese una clara interpretación, y para que reconocieses, ¡oh rey!, los pensamientos de tu espíritu.

31. Tú, ¡oh rey!, tuviste una visión; y te parecía que veías como una gran estatua, y esta estatua gran y de elevada altura estaba derecha enfrente de ti; y su presencia era espantosa.

32. La cabeza de esta estatua era de oro finísimo; el pecho y los brazos de plata; mas el vientre y los muslos de cobre o bronce;

33. y de hierro las piernas; y una parte de los pies era de hierro y la otra de barro.

34. Así la veías tú cuando, sin que mano alguna la moviese, se desgajó del monte una piedra, la cual hirió la estatua en sus pies de hierro y de barro cocido, y los desmenuzó.

35. Entonces se hicieron pedazos igualmente el hierro, el barro, el cobre, la plata y el oro, y quedaron reducidos a ser como el tamo de una era en el verano, que el viento esparce; y así no quedó nada de ellos. Pero la piedra que había herido a la estatua se hizo una gran montaña, y llenó toda la tierra.

36. Así es el sueño. Diremos también en tu presencia, ¡oh rey!, su significado.

37. Tú eres rey de reyes; y el Dios del cielo te ha dado a ti reino, y fortaleza, e imperio y gloria;

38. y ha sujetado a tu poder los lugares todos en que habitan los hijos de los hombres, como también las bestias del campo y las aves del aire; todas las cosas ha puesto bajo tu dominio: Tú, pues, eres la cabeza de oro*.

39. Y después de ti se levantará otro reino menor que el tuyo, que será de plata; y después otro tecer reino, que será de cobre o bronce, el cual mandará a toda la tierra.

40. Y el cuarto reino será como el hierro*. Al modo que el hierro desmenuza y doma todas las cosas, así este reino destrozará y desmenuzará a todos los demás.

41. Mas en cuanto a lo que has visto que una parte de los pies y de los dedos era de barro de alfarero y la otra de hierro, sepas que el reino, sin embargo, que tendrá origen de vena de hierro será dividido, conforme lo que viste del hierro mezclado con el barro cocido.

42. Y como los dedos de los pies en parte son de hierro y en parte de barro cocido, así el reino en parte será firme y en parte quebradizo.

43. Y al modo que has visto el hierro mezclado con el barro cocido, así se unirán por medio de parentelas; mas no formarán un cuerpo el uno con el otro, así como el hierro no puede ligarse con el barro.

44. Pero en el tiempo de aquellos reinos, el Dios del cielo levantará un reino que nunca jamás será destruido; y este reino no pasará a otra nación, sino que quebrantará y aniquilará todos estos reinos, y él subsistirá eternamente.

45. Conforme viste tú que la piedra desprendida del monte sin concurso de hombre alguno desmenuzó el barro, y el hierro, y el cobre, y la plata y el oro, y el gran Dios ha mostrado al rey las cosas futuras. Y ese sueño es verdadero, y es fiel su interpretación.

46. Entonces el rey Nabucodonosor se postró en tierra sobre su rostro y adoró a Daniel, y mandó que se le hiciesen sacrificios de víctimas, y le quemasen incienso.

47. El rey, pues, dirigió su palabra a Daniel, y le dijo: Verdaderamente que vuestro Dios es el Dios de los dioses, y el Señor de los reyes, y el que revela los secretos, pues has podido tú descubrir éste.

48. Entonces el rey ensalzó a Daniel colmándole de honores, y le hizo muchos y magníficos regalos, y le constituyó príncipe de todas las provincias de Babilonia, y presidente de los magistrados y de todos los sabios de Babilonia.

49. Y solicitó Daniel del rey que se encargasen los negocios de la provincia de Babilonia a Sidrac, Misac y Abdénago. Daniel estaba al lado del rey.

3 *Ananías, Misael y Azarías no adoran la estatua de Nabucodonosor y son echados en un horno*

1. Hizo el rey Nabucodonosor una estatua de oro de sesenta codos de altura y seis de anchura, y la puso en el campo de Dura, en la provincia de Babilonia.

2. Mandó, pues, el rey Nabucodonosor juntar los sátrapas, magistrados y jueces, los capitanes y grandes señores, y los prefectos y los gobernadores todos de las provincias, para que asistiesen a la dedicación de la estatua que había levantado el rey Nabucodonosor.

3. Se reunieron, pues, los sátrapas, los magistrados, y los jueces, y los capitanes, y los grandes señores, y los presidentes de los tribunales, y todos los gobernadores de las

---

38. El imperio *caldeo* por su grandeza, gloria y riquezas, se compara con el más noble de los metales.

40. El *cuarto reino* es el imperio de Alejandro Magno, gran conquistador.

provincias, para concurrir a la dedicación de la estatua que había levantado el rey Nabucodonosor. Y estaban en pie delante de la estatua erigida por el rey Nabucosonosor,

4. y gritaba un pregonero en alta voz: A vosotros, ¡oh pueblos, tribus y lenguas!, se os manda,

5. que en el mismo punto en que oyereis el sonido de la trompeta, de la flauta, del arpa, de la zampoña y del salterio, y de la sinfonía, y de toda especie de instrumentos músicos, postrándoos, adoréis la estatua de oro erigida por el rey Nabucodonosor.

6. Que si alguno no se postrare, y no la adorare, en el mismo momento será arrojado en un horno de fuego ardiente.

7. Así, pues, luego que los pueblos todos oyeron el sonido de la trompeta, de la flauta, del arpa, de la zampoña, y del salterio, y de la sinfonía, y de toda especie de instrumentos músicos, postrándose todos los pueblos, tribus y lenguas, adoraron la estatua de oro que había levantado el rey Nabucodonosor.

8. Y súbito en el mismo momento fueron algunos caldeos a acusar a los judíos;

9. y dijeron al rey Nabucodonosor: ¡Oh rey, vive eternamente!

10. Tú, ¡oh rey!, has dado un decreto para que todo hombre que oyere el sonido de la trompeta, de la flauta, y del arpa, de la zampoña, y del salterio, y de la sinfonía, y de toda especie de instrumentos músicos, se postre, y adore la estatua de oro;

11. y que cualquiera que no se postrare y no la adorare, sea arrojado en un horno de fuego ardiente.

12. Hay, pues, tres hombres entre los judíos, a los cuales tú constituiste sobre los negocios de la provincia de Babilonia, que son Sidrac, Misac y Abdénago, estos hombres han despreciado, oh rey, tu decreto; no dan culto a tus dioses, ni adoran la estatua de oro que has levantado.

13. Entonces Nabucodonosor, lleno de furor y saña, mandó que le trajesen a Sidrac, Misac y Abdénago, los cuales al momento fueron conducidos a la presencia del rey.

14. Y les habló el rey Nabucodonosor, diciendo: ¿Es verdad, ¡oh Sidrac, Misac y Abdénago!, que no dais culto a mis dioses, ni adoráis la estatua de oro que yo hice levantar?

15. Ahora, pues, si estáis dispuestos a obedecer, al punto que oigáis el sonido de la trompeta, de la flauta, del arpa, de la zampoña, y del salterio, y de la sinfonía, y de todo género de instrumentos músicos, postraos, y adorad la estatua que yo he hecho; pero si no la adoráis, al instante seréis arrojados en el horno ardiente de fuego. ¿Y cuál es el dios que os librará de mi mano?

16. Respondieron Sidrac, Misac y Abdénago, y dijeron al rey Nabucodonosor: No es necesario que nosotros te respondamos sobre esto.

17. Porque he aquí que nuestro Dios, a quien adoramos, puede librarnos del horno del fuego ardiente, y sustraernos, oh rey, de tus manos.

18. Que si él no quisiere, sepas, ¡oh rey!, que nosotros no daremos culto a tus dioses, ni adoraremos la estatua de oro que has levantado.

19. Se enfureció con esto Nabucodonosor, y cambió el aspecto de su rostro para con Sidrac, Misac y Abdénago, y mandó que se encendiese el horno con fuego siete veces mayor de lo acostumbrado.

20. Y dio orden a unos soldados de los más fuertes de su ejército para que atando de pies y manos a Sidrac, Misac y Abdénago, los arrojasen al horno de fuego ardiente.

21. Y al punto fueron atados aquellos tres varones, y echados en el horno ardiente de fuego con sus fajas, y tiaras, y calzados, y vestidos.

22. Porque era urgente mandato del rey, y el horno estaba extraordinariamente encendido. Pero de repente las llamas del fuego mataron a aquellos hombres que habían echado a Sidrac, a Misac, y a Abdénago.

23. Y estos tres varones Sidrac, Misac y Abdénago cayeron atados en medio del horno de ardientes llamas.

Cántico de Azarías en el horno

24. Y andaban por en medio de las llamas loando a Dios, y bendiciendo al Señor.

25. Y Azarías, poniéndose en pie, oró de esta manera, y abriendo su boca en medio del fuego, dijo:

26. Bendito eres, ¡oh Señor Dios de nuestros padres!, y digno es de alabanza tu Nombre, y glorioso por todos los siglos.

27. Porque justo eres en todo aquello

que has hecho con nosotros; y verdaderas o perfectas son todas las obras tuyas, rectos tus caminos, y justos todos tus juicios.

28. Pues justos fueron los juicios tuyos, según los cuales hiciste recaer todas estas cosas sobre nosotros, y sobre la santa ciudad de nuestros padres, Jerusalén; porque en verdad y en justicia enviaste todas estas cosas por causa de nuestros pecados.

29. Puesto que nosotros hemos pecado y obrado inicuamente, apostatando de ti, y en todo hemos faltado,

30. sin querer atender a tus preceptos, ni observarlos, ni guardarlos, según tú habías dispuesto para que fuésemos felices.

31. Todo cuanto, pues, has enviado sobre nosotros, y todo lo que nos has hecho, justísimamente lo has hecho:

32. y nos has entregado en manos de nuestros malvados, perversos y prevaricadores enemigos, y de un rey injusto y el peor de toda la tierra.

33. Y en esta sazón no podemos abrir la boca, siendo, como somos, objeto de confusión y de oprobio para tus siervos y para aquellos que te adoran.

34. Te rogamos, Señor, que por amor de tu Nombre no nos abandones para siempre, ni destruyas tu alianza con Israel:

35. Ni apartes de nosotros tu misericordia, por amor de Abrahán, tu amado, y de Isaac, siervo tuyo, y de Israel, tu santo:

36. a los cuales hablaste, prometiéndoles que multiplicarías su linaje como las estrellas del cielo y como la arena que está en la playa del mar.

37. Porque nosotros, ¡oh Señor!, hemos venido a ser la más pequeña de todas las naciones, y estamos hoy día abatidos en todo el mundo por causa de nuestros pecados.

38. Y no tenemos en este tiempo ni príncipe, ni caudillo, ni profeta, ni holocausto, ni sacrificio, ni ofrenda, ni incienso, ni lugar donde presentarte las primicias,

39. a fin de poder alcanzar tu misericordia. Pero recíbenos tú, ¡oh Señor!, arrepentidos de corazón y con espíritu humillado.

40. Como recibías el holocausto de los carneros y toros, y los sacrificios de millares de gordos corderos, así sea hoy agradable nuestro sacrificio en presencia tuya; puesto que jamás quedan confundidos aquellos que en ti confían.

41. Y ahora te seguimos con todo el corazón, y te tememos, o respetamos, y buscamos tu rostro.

42. No quieras, pues, confundirnos: haz, sí, con nosotros, según la mansedumbre tuya, y según tu grandísima misericordia.

43. Y líbranos, con tus prodigios, y glorifica, ¡oh Señor!, tu Nombre.

44. Y confundidos sean todos cuantos hacen sufrir tribulaciones a tus siervos, confundidos sean por medio de tu infinito poder, y aniquilada quede su fuerza.

45. Y sepan que sólo tú eres el Señor Dios y el glorioso en toda la tierra.

46. Entretanto los ministros del rey que los habían arrojado, no cesaban de cebar el horno con un cierto betún, estopa y pez, y con sarmientos.

47. Y se alzaba la llama sobre el horno cuarenta y nueve codos;

48. y se extendió, y abrazó a los caldeos que halló cerca del horno.

49. Y el ángel del Señor habiendo descendido al horno, estaba con Azarías y con sus compañeros, y los preservaba de la llama del fuego del horno.

50. E hizo que en medio del horno soplase como un viento fresco y húmedo que los recreaba; y el fuego no les tocó en parte alguna, ni los afligió, ni causó la menor molestia.

Cántico de los tres jóvenes

51. Entonces aquellos tres jóvenes, como si no tuviesen los tres sino una sola boca, alababan y glorificaban y bendecían a Dios en medio del horno, diciendo:

52. Bendito seas tú, ¡oh Señor Dios de nuestros padres!, y digno eres de loor, y de gloria, y de ser ensalzado para siempre; bendito sea tu santo y glorioso Nombre, y digno de ser alabado y sobremanera ensalzado en todos los siglos.

53. Bendito eres tú en el templo santo de tu gloria, y sobre todo loor y sobre toda gloria por todos los siglos de siglos.

54. Bendito eres tú en el trono de tu reino, y sobre todo loor y sobre toda gloria por todos los siglos.

55. Bendito eres tú que con tu vista penetras los abismos, y estás sentado sobre querubines, y eres digno de loor, y de ser ensalzado por todos los siglos.

56. Bendito eres tú en el firmamento del cielo, y digno de loor, y de gloria por todos los siglos.

57. Obras todas del Señor, bendecid al Señor, y loadle y ensalzadle sobre todas las cosas por todos los siglos.

58. Angeles del Señor, bendecid al Señor: loadle y ensalzadle sobre todas las cosas por todos los siglos.

59. Cielos, bendecid al Señor, alabadle y ensalzadle sobre todas las cosas por todos los siglos.

60. Aguas todas que estáis sobre los cielos*, bendecid al Señor, alabadle y ensalzadle sobre todas las cosas por todos los siglos.

61. Virtudes todas, o milicias celestiales, bendecid vosotras al Señor, loadle y ensalzadle sobre todas las cosas por todos los siglos.

62. Sol y luna, bendecid al Señor, loadle y ensalzadle sobre todas las cosas por todos los siglos.

63. Estrellas del cielo, bendecid al Señor, loadle y ensalzadle sobre todas las cosas por todos los siglos.

64. Lluvias todas y rocíos, bendecid al Señor, alabadle y ensalzadle sobre todas las cosas por todos los siglos.

65. Espíritus o vientos de Dios, bendecid todos vosotros al Señor, loadle y ensalzadle sobre todas las cosas por todos los siglos.

66. Fuego y calor, bendecid vosotros al Señor, loadle y ensalzadle sobre todas las cosas por todos los siglos.

67. Frío y calor, bendecid al Señor, loadle y ensalzadle sobre todas las cosas por todos los siglos.

68. Rocíos y escarchas, bendecid al Señor, loadle y ensalzadle sobre todas las cosas por todos los siglos.

69. Hielos y fríos, bendecid al Señor, loadle y ensalzadle sobre todas las cosas por todos los siglos.

70. Heladas y nieves, bendecid al Señor, loadle y ensalzadle sobre todas las cosas por todos los siglos.

71. Noches y días, bendecid al Señor, loadle y ensalzadle sobre todas las cosas por todos los siglos.

72. Luz y tinieblas, bendecid al Señor, loadle y ensalzadle sobre todas las cosas por todos los siglos.

73. Relámpagos y nubes, bendecid al Señor, loadle y ensalzadle sobre todas las cosas por todos los siglos.

74. Bendiga al Señor la tierra, alábele y ensálcele sobre todas las cosas por todos los siglos.

75. Montes y collados, bendecid al Señor, loadle y ensalzadle sobre todas las cosas por todos los siglos.

76. Plantas todas que nacéis en la tierra, bendecid al Señor, loadle y ensalzadle sobre todas las cosas por todos los siglos.

77. Fuentes, bendecid al Señor, loadle y ensalzadle sobre todas las cosas por todos los siglos.

78. Mares y ríos, bendecid al Señor, loadle y ensalzadle sobre todas las cosas por todos los siglos.

79. Ballenas y peces todos, que giráis por las aguas, bendecid al Señor, loadle y ensalzadle por todos los siglos sobre todas las cosas.

80. Aves todas del cielo, bendecid al Señor, loadle y ensalzadle por todos los siglos sobre todas las cosas.

81. Bestias todas y ganados, bendecid al Señor, loadle y ensalzadle por todos los siglos sobre todas las cosas

82. ¡Oh hijos de los hombres!, bendecid al Señor, loadle y ensalzadle por todos los siglos sobre todas las cosas.

83. Bendiga Israel al Señor, alábele y ensálcele por todos los siglos sobre todas las cosas.

84. Vosotros, sacerdotes del Señor, bendecid al Señor, loadle y ensalzadle por todos los siglos sobre todas las cosas.

85. Siervos del Señor, bendecid vosotros al Señor, loadle y ensalzadle por todos los siglos sobre todas las cosas.

86. Espíritus y almas de los justos, bendecid al Señor, loadle y ensalzadle por todos los siglos sobre todas las cosas.

87. Vosotros, santos y humildes de corazón, bendecid al Señor, alabadle y ensalzadle por todos los siglos sobre todas las cosas.

88. Vosotros, Ananías, Azarías y Misael, bendecid al Señor, loadle y ensalzadle por todos los siglos sobre todas las cosas. Porque él nos ha salvado del infierno, o del sepul-

---

60. *Sal 148*, 4.

cro, y librado de las manos de la muerte, y nos ha sacado de en medio de las ardientes llamas, y libertado del fuego del horno.

89. Tributad las gracias al Señor, porque es tan bueno, y por ser eterna su misericordia.

90. Vosotros todos, los que dais culto al Señor, bendecid al Dios de los dioses, loadle y tributadle gracias, porque su misericordia permanece por todos los siglos

91. Entonces el rey Nabucodonosor quedó atónito, se levantó apresuradamente, y dijo a sus magnates: ¿No hemos mandado arrojar tres hombres atados aquí en medio del fuego? Respondieron diciendo: Así es, ¡oh rey!

92. Repuso él, y dijo: He aquí que yo veo cuatro hombres sueltos, que se pasean por medio del fuego, sin que hayan padecido ningún daño, y el aspecto del cuarto es semejante a un hijo de Dios*.

93. Se acercó entonces Nabucodonosor a la boca del horno de fuego ardiente, y dijo: Sidrac, Misac y Abdénago, siervos del Dios Altísimo, salid fuera, y venid. Y luego salieron de en medio del fuego Sidrac, Misac y Abdénago.

94. Y agolpándose los sátrapas, y magistrados, y jueces, y los cortesanos del rey, contemplaban aquellos varones, en cuyo cuerpo no había tenido el fuego poder alguno; y ni un cabello de su cabeza se había chamuscado, ni sus ropas habían padecido nada, ni habían tan siquiera percibido el olor o vecindad del fuego*.

95. Entonces Nabucodonosor prorrumpió en estas palabras: ¡Bendito sea el Dios de ellos, el Dios de Sidrac, Misac y Abdénago, el cual ha enviado su ángel, y ha librado a sus siervos, que creyeron o confiaron en él, y pospusieron el mandato del rey, y sacrificaron sus cuerpos por no servir ni adorar a otro dios alguno fuera de su Dios!

96. Este, pues, es el decreto que yo expido: Perezca cualquier pueblo, tribu o lengua que hable mal del Dios de Sidrac, Misac y Abdénago; y sean derruidas sus casas, porque no hay otro dios que pueda así salvar.

97. En seguida el rey ensalzó a Sidrac, Misac y Abdénago en la provincia de Babilonia.

98. El rey Nabucodonosor a todos los pueblos, naciones y lenguas que habitan en toda la tierra: Vaya siempre en aumento vuestra paz o felicidad.

99. El altísimo Dios ha obrado conmigo portentos y maravillas. Por eso, pues, he querido publicar

100. sus prodigios, pues, son tan grandes, y sus maravillas que son estupendas; es su reino un reino eterno, y su poderío permanece por todos los siglos.

4

Daniel interpreta un sueño de Nabucodonosor. El rey, echado del trono, vivió siete años con las bestias

---

1. Yo, Nabucodonosor, vivía tranquilo en mi casa y lleno de felicidad en mi palacio.

2. Y tuve un sueño que me estremeció; y las ideas, y los fantasmas que me pasaron por la cabeza estando en cama, me llenaron de turbación.

3. E hice publicar un decreto para que viniesen a mi presencia todos los sabios de Babilonia, a fin de que me declarasen el significado de mi sueño.

4. Entonces fueron introducidos a mi presencia los adivinos, los magos, los caldeos y los agoreros, y referí yo el sueño ante ellos; mas no supieron darme la interpretación de él;

5. hasta tanto que vino a mi presencia el compañero Daniel (que se llama Baltasar, del nombre de mi dios; y el cual tiene dentro de sí el espíritu de los santos dioses) y expuse delante de él mi sueño.

6. ¡Oh Baltasar, príncipe de los adivinos!, por cuanto yo sé que tienes dentro de ti el espíritu de los santos dioses, y que no hay para ti secreto alguno impenetrable, expónme las visiones que he tenido en mis sueños, y dime su significado.

7. He aquí la visión que tenía yo en mi cabeza, estando en mi cama: Me parecía ver un árbol en medio de la tierra, de extremada altura.

8. Un árbol grande y robusto, cuya copa tocaba al cielo, y se alcanzaba a ver desde los últimos términos de toda la tierra.

9. Eran sus hojas hermosísimas y

---

92. Los *ángeles* se llaman *hijos de Dios*. *Job 38*, 7; *Sal 29 (28)*, 1; *89 (88)*, 7.

94. *Luc 12*, 7; *21*, 18.

copiosísimos sus frutos, bastaban para alimentar a todos. Vivían a la sombra de él animales y fiera, y en sus ramas hacían nidos las aves del cielo, y de él sacaba su comida todo animal viviente.

10. Esta visión tenía yo en la cabeza estando en la cama, cuando he aquí que el velador y santo ángel descendió del cielo;

11. y clamó en alta voz, diciendo: Cortad el árbol y echad abajo sus ramas, sacudid sus hojas, y desparramad sus frutos; huyan las bestias que están bajo de él y las aves que están en sus ramas.

12. Pero dejad en la tierra la cepa de sus raíces; y sea él atado con cadenas de hierro y de bronce entre las hierbas que están al descubierto; y sea bañado del rocío del cielo, y su vivienda sea con las fieras entre la hierba del campo.

13. Cámbiesele a él el corazón, y désele un corazón de fiera en vez de hombre; y pasen de este modo siete tiempos, o años, sobre él*.

14. Así queda resuelto por sentencia de los veladores o ángeles, y es cosa que han pedido los santos o justos, hasta que conozcan los mortales que el Altísimo tiene dominio sobre el reino de los hombres, y lo dará a aquel que bien le pareciere, y pondrá sobre él, si quiere, al más abatido de los mortales.

15. Esto en sueños, yo Nabucodonosor rey vi; tú, pues, ¡oh Baltasar!, dime luego su significado; porque los sabios todos de mi reino no han sabido decírmelo; pero tú puedes, pues reside en ti el espíritu de los santos dioses.

16. Entonces Daniel, que era llamado Baltasar, se quedó pensativo y en silencio como una hora, y lo conturbaban sus pensamientos. Mas el rey tomó la palabra, y dijo: Baltasar, no te turbes por causa del sueño y de su explicación. A lo que respondió Baltasar diciendo: Ojalá, señor mío, que el sueño recaiga sobre los que te quieren mal, y sea para tus enemigos lo que él significa.

17. El árbol que has visto elevadísimo y robusto, cuya altura llega hasta el cielo, y se ve de toda la tierra;

18. cuyas ramas son hermosísimas y abundantísimos sus frutos, y que da alimento para todos; y debajo de cuya sombra habitan las bestias del campo, y en cuyas ramas anidan las aves del cielo:

19. ése eres tú, ¡oh rey!, que has sido engrandecido, y te has hecho poderoso, y ha crecido tu grandeza, y elevádose hasta el cielo, y tu poderío hasta los últimos términos de toda la tierra.

20. Y en orden a aquello que ha visto el rey de bajar del cielo el velador y el santo que decía: Cortad el árbol y hacedlo trozos, pero dejad en la tierra una punta de sus raíces, y sea atado él con hierro y con bronce, y esté al descubierto sobre la hierba, y sea bañado con el rocío del cielo, y su pasto sea común con las fieras hasta que pasen así por él siete tiempos, o años,

21. ésta es la interpretación de la sentencia del Altísimo, pronunciada contra el rey, mi señor:

22. Te echarán de entre los hombres, y habitarás con las bestias y fieras, y comerás heno como si fueses buey, y serás bañado con el rocío del cielo; y así pasarán por ti siete tiempos, o años, hasta tanto que conozcas que el Altísimo tiene dominio sobre el reino de los hombres, y lo da a quien le parece.

23. Y en cuanto a la orden de dejar la punta de las raíces del árbol, significa que tu reino te quedará para ti después que conocieres que hay una potestad en el cielo.

24. Por tanto, toma, ¡oh rey!, mi consejo, y redime con limosnas tus pecados y maldades, ejercitando la misericordia con los pobres; que tal vez perdonará el Señor tus pecados.

25. Todas estas cosas acontecieron al rey Nabucodonosor.

26. Al cabo de doce meses se estaba el rey paseando por el palacio de Babilonia.

27. Y comenzó a hablar de esta manera: ¿No es ésta la gran Babilonia que yo he edificado para capital de mi reino con la fuerza de mi poderío y el esplendor de mi gloria?

28. No había aun acabado el rey de decir esto, cuando vino súbito una voz del cielo que dijo: A ti, ¡oh rey Nabucodonosor!, se te dice: Tu reino te ha sido quitado;

29. y te echarán de entre los hombres, y habitarás con las bestias y fieras, heno comerás como el buey, y pasarán de esta manera

---

13. El relato simbólico del árbol derribado representa en este caso el orgullo de Nabucodonosor, rey de Babilonia. *Ez 31.*

por ti siete tiempos, o años, hasta tanto que conozcas que el Altísimo tiene dominio sobre el reino de los hombres, y lo da a quien le place.

30. En aquel mismo punto se cumplió en Nabucodonosor esta sentencia, y fue separado de la compañía de los hombres, y comió heno como el buey, y su cuerpo recibió el rocío del cielo; de suerte que le crecieron los cabellos como si fuesen alas de un águila, y las uñas como las de las aves de rapiña.

31. Mas cumplidos que fueron aquellos días, levanté yo, Nabucodonosor, mis ojos al cielo, y me fue restituido mi juicio; y bendije al Altísimo, y alabé y glorifiqué al que vive eternamente. Porque su poder es un poder eterno, y su reino dura por todos los siglos;

32. y ante él son reputados como una nada todos los habitantes de la tierra; porque según él quiere, así dispone, tanto de las potestades del cielo, como de los moradores de la tierra, ni hay quien resista a lo que él hace, y le pueda decir: ¿Por qué has hecho esto?

33. En aquel mismo punto me volvió a mí el juicio, y recobré el honor, y la dignidad de mi reino, y volví a tener el mismo aspecto que antes; y los grandes de mi corte y mis magistrados vinieron a buscarme, y fui restablecido en mi trono, y se aumentó la magnificencia mía.

34. Ahora, pues, alabo yo, Nabucodonosor, y ensalzo y glorifico al Rey del cielo; porque todas sus obras son verdaderas, y justos sus caminos; y puede él abatir a los soberbios.

5

Baltasar deshonra los vasos sagrados del templo de Jerusalén. Sentencia de Daniel aquella misma noche

1. Dio el rey Baltasar un gran banquete a mil de los grandes de su corte, y cada uno bebía según su edad.

2. Estando, pues, él ya lleno de vino, mandó traer los vasos de oro y plata, que su padre Nabucodonosor se había llevado del templo que hubo en Jerusalén, para que bebiesen en ellos el rey, y sus grandes, y sus mujeres, y sus concubinas.

3. Trajeron, pues, los vasos de oro y de plata transportados del templo que hubo en Jerusalén, y bebieron en ellos el rey, y sus grandes, y sus mujeres, y sus concubinas.

4. Bebían el vino, y celebraban a sus dioses de oro y de plata, de bronce, de hierro, de madera y de piedra.

5. En la hora misma aparecieron unos dedos como de mano de hombre que escribía al frente del candelero, sobre la superficie de la pared de aquel regio salón, y el rey estaba observando los dedos de la mano que escribía.

6. Se le cambió al instante al rey el color del rostro, le llenaban de turbación los pensamientos que le venían, y se le desencajaban las junturas de los riñones, y se batían una contra otra sus rodillas.

7. Gritó, pues, en alta voz el rey que hiciesen venir los magos, y los caldeos, y los adivinos. Y comenzó el rey a decir a los sabios de Babilonia: Cualquiera que leyere esta escritura, y me declare su significado, será revestido de púrpura, y llevará collar de oro en su cuello, y será la tercera persona de mi reino.

8. Vinieron, pues, los sabios del reino, y no pudieron ni leer la escritura, ni indicar al rey su significado.

9. Por lo cual quedó el rey Baltasar muy conturbado, y se le cambió el color del rostro; y quedaron también aterrados sus cortesanos.

10. Mas la reina*, con motivo de lo acaecido al rey y a sus cortesanos, entró en la sala del convite, y tomando la palabra, dijo: ¡Vive, oh rey, eternamente! No te conturben los pensamientos que tienes, ni se altere tu semblante.

11. Hay en tu reino un varón el cual tiene dentro de sí el espíritu de los santos dioses, y en tiempo de tu padre se manifestaron en él la ciencia y la sabiduría, por cuya causa el mismo rey Nabucodonosor tu padre lo constituyó jefe de los magos, de los encantadores, caldeos y agoreros; tu padre, digo, ¡oh rey!

12. Porque se conoció en él un espíritu superior, y prudencia, e inteligencia para interpretar los sueños, para investigar los arcanos, y para la solución de cosas intrincadas; hablo de Daniel, a quien el rey puso el

10. *Nitocris*, madre del rey y sabia mujer.

nombre de Baltasar; ahora, pues, que se llame a Daniel, y él dará la interpretación.

13. Fue en seguida presentado Daniel ante el rey; y le dirigió el rey su palabra, diciendo: ¿Eres tú aquel Daniel de los hijos desterrados de Judá, que trajo mi padre de la Judea?

14. He oído decir que tú tienes el espíritu de los dioses, y que se hallan en ti en grado superior la ciencia, e inteligencia, y la sabiduría.

15. Ahora, pues, han venido a mi presencia los sabios y los magos para leer esta escritura, y declararme su significado; mas no han podido decirme el sentido de estas palabras.

16. Pero yo he oído decir de ti que tú puedes interpretar las cosas oscuras, y desatar las cosas intrincadas. Si puedes, pues, leer la escritura y declararme lo que significa, serás revestido de púrpura, y llevarás collar de oro en tu cuello, y serás la tercera persona de mi reino.

17. A lo que respondiendo Daniel, dijo al rey: Quédate con tus dones, y dispensa a otro los honores de tu palacio; mas la escritura, ¡oh rey!, yo te la leeré, y te declararé su significado.

18. El Dios Altísimo, ¡oh rey!, dio a tu padre Nabucodonosor el reino y la magnificencia, la gloria y los honores;

19. y por la grandeza que le concedió, le respetaban, y temblaban en su presencia todos los pueblos, tribus y lenguas; él hacía morir a aquellos que quería, y castigaba a quien le daba la gana; a los que quería ensalzaba, y a los que quería abatía.

20. Pero cuando se engrió su corazón, y se obstinó su espíritu en la soberbia, fue depuesto del trono de su reino, y despojado de su gloria,

21. y fue separado del trato de los hombres; además su corazón se hizo semejante al de una bestia, y habitó con los asnos monteses; comió heno como si fuera un buey, y su cuerpo recibió el rocío del cielo: hasta tanto que reconoció que el Altísimo tiene el dominio sobre el reino de los hombres, y que ensalza sobre el solio a quien él quiere.

22. Y tú, oh Baltasar, siendo hijo suyo y sabedor de estas cosas, con todo no has humillado tu corazón;

23. sino que te has levantado contra el dominador del cielo, y has hecho traer a tu presencia los vasos sagrados de su santo templo, y en ellos has bebido el vino tú, y los grandes de tu corte, y tus mujeres, y tus concubinas; has dado también culto a dioses de plata, y de oro, y de cobre, y de hierro, y de madera, y de piedra, los cuales no ven, ni oyen, ni sienten; pero a aquel gran Dios, de cuyo arbitrio pende tu respiración y cualquier movimiento tuyo, a ése no le has glorificado.

24. Por lo cual envió él los dedos de aquella mano que ha escrito eso que está señalado.

25. Esto es, pues, lo que está allí escrito: MANE, TECEL, FARES.

26. Y esta es la interpretación de aquellas palabras. MANE: Ha numerado Dios los días de tu reinado, y le ha fijado término.

27. TECEL: Has sido pesado en la balanza, y has sido hallado falto.

28. FARES: Dividido ha sido tu reino, y se ha dado a lo medos y a los persas*.

29. En seguida por orden del rey fue Daniel revestido con la púrpura, y se le puso al cuello el collar de oro, y se hizo saber a todos que Daniel tenía el tercer puesto de autoridad en el reino.

30. Aquella noche misma fue muerto Baltasar, rey de los caldeos.

31. Y le sucedió en el reino Darío el medo, de edad de sesenta y dos años.

6

Daniel es acusado de orar al Señor y es echado al lago de los leones, de donde sale ileso

---

1. Quiso Darío establecer para el gobierno del reino ciento veinte sátrapas o gobernadores, repartidos por todas las provincias del reino;

2. y sobre ellos tres principales, uno de los cuales era Daniel; a fin de que los sátrapas diesen cuenta a estos tres, y el rey no tuviese tanta molestia.

3. Daniel aventajaba a todos los príncipes y sátrapas; porque abundaba más en él el espíritu de Dios.

4. Pensaba, pues, el rey en conferirle la

---

28. Se dividió entre *Darío*, que tuvo el imperio de los medos, y *Ciro*, que tuvo el de los persas.

autoridad sobre todo el reino; por lo cual los príncipes y sátrapas iban buscando ocasión de indisponer al rey contra Daniel; pero no pudieron hallar motivo de ninguna acusación, ni de sospecha; por cuanto él era fiel, y se hallaba bien lejos de todo delito y de todo indicio de él.

5. Dijeron, pues: Nosotros no hallaremos por dónde acusar a este Daniel, sino tal vez por lo tocante a la ley de su Dios.

6. Entonces los príncipes y sátrapas sorprendieron al rey y le hablaron de esta manera: ¡Oh rey Darío, vive eternamente!

7. Todos los príncipes de tu reino, los magistrados y los sátrapas, los senadores y jueces son de parecer que se promulgue un real decreto, mandando que todo aquel que pidiere alguna cosa a cualquier dios u hombre hasta que pasen treinta días, sino a ti, oh rey, sea arrojado en el lago de los leones.

8. Ahora, pues, ¡oh rey!, confirma este parecer y firma el decreto, para que sea irrevocable, como establecido por los medos y persas; ni sea lícito a nadie traspasarlo*.

9. Y el rey Darío publicó el decreto y lo confirmó.

10. Lo que sabido por Daniel, esto es, que había sido establecida dicha ley, se fue a su casa; y allí, abiertas las ventanas de su habitación, que miraban hacia Jerusalén*, hincaba sus rodillas tres veces al día, y adoraba y daba gracias a su Dios, como antes había acostumbrado hacerlo.

11. Aquellos hombres, pues, espiándole con el mayor cuidado, hallaron a Daniel orando y rogando a su Dios.

12. Y habiendo ido al rey, le hablaron acerca del edicto, diciendo: ¡Oh rey!, ¿no has mandado que cualquier persona que hasta pasado el espacio de treinta días rogase a algún dios o algún hombre, sino a ti, ¡oh rey!, fuera echado en el lago de los leones? A lo que respondió el rey diciendo: Verdad es, según ley de los medos y persas, la cual no es lícito quebrantar.

13. Entonces repusieron, y dijeron al rey: Daniel, uno de los hijos cautivos de Judá, no ha hecho caso de tu ley ni del edicto que tú pusiste; sino que tres veces al día hace oración a su manera.

14. Al oír esto quedó el rey muy triste; y resolvió en su corazón salvar a Daniel; y hasta que el sol se puso trabajó por librarle.

15. Mas aquellos hombres, conociendo el ánimo del rey, le dijeron: Sepas, ¡oh rey!, que es ley de los medos y de los persas, que sea inmutable todo edicto puesto por el rey.

16. Entonces dio el rey la orden, y trajeron a Daniel, y le echaron en el lago de los leones. Y dijo el rey a Daniel: Tu Dios, a quien siempre adoras, él te librará.

17. Y trajeron una piedra, y la pusieron sobre la boca del lago; y la selló el rey con su anillo y con el anillo de sus magnates, a fin de que nada pudiese intentarse contra Daniel.

18. Se volvió luego el rey a su palacio, se acostó sin cenar, no se puso delante de él comida alguna, y además no pudo conciliar el sueño.

19. Al otro día, levantándose el rey muy de mañana, fue a toda prisa al lago de los leones.

20. Y arrimándose a la fosa llamó a Daniel, con voz llorosa, diciendo: ¡Daniel, siervo del Dios vivo!, el Dios tuyo a quien sirves siempre, ¿ha podido acaso librarte de los leones?

21. Y Daniel respondió al rey, diciendo: ¡Oh rey, vive para siempre!

22. Mi Dios envió su ángel, el cual cerró las bocas de los leones, y no me han hecho daño alguno; porque he sido hallado justo delante de él; mas tampoco para contigo, ¡oh rey!, he cometido delito alguno.

23. Se llenó entonces el rey de la mayor alegría por amor a Daniel, y mandó que sacasen a Daniel fuera del lago, y sacado que fue, no se halló en él lesión alguna porque tuvo confianza en su Dios.

24. Luego por orden del rey fueron traídos aquellos que habían acusado a Daniel, y fueron echados en el lago de los leones ellos, y sus hijos, y sus mujeres; y aun no habían llegado al suelo del lago, cuando ya los leones los arrebataron, y desmenuzaron todos sus huesos.

25. Entonces el rey Darío escribió a todos los pueblos, tribus y lenguas, que habitan sobre la tierra: La paz abunde más y más en vosotros:

26. Ha sido decretado por mí que en todo mi imperio y reino se respete y tema al Dios de Daniel, porque él es el Dios viviente

---

8. *Est 1*, 19.
10. *1 Re 8*, 48; *Ez 8*, 16.

y eterno para siempre; y su reino no será destruido, y eterno es su poder.

27. El es el libertador y el salvador, el que obra prodigios y maravillas en cielo y tierra, él es el que ha librado a Daniel del lago de los leones.

28. Se conservó después Daniel en gran honor durante el reinado de Darío y el reinado de Ciro, rey de los persas*.

7 *Daniel ve cuatro bestias, figura de cuatro monarquías. Potestad eterna del Hijo del hombre*

1. En el año primero de Baltasar*, rey de Babilonia, tuvo Daniel una visión en sueños; y la visión la tuvo su mente estando en su cama; y escribió el sueño, y le puso en pocas palabras, refiriéndolo en compendio de esta manera:

2. Tuve yo una noche esta visión: Los cuatro vientos del cielo combatían, o chocaban entre sí, en el mar grande.

3. Y cuatro grandes bestias, diversas entre sí, salían del mar.

4. La primera era como una leona, y tenía alas de águila; mientras yo la miraba, he aquí que le fueron arrancadas las alas, y se alzó de tierra, y se tuvo sobre sus pies como un hombre, y se le dio un corazón de hombre.

5. Y vi otra bestia semejante a un oso, que se puso a su lado, la cual tenía tres órdenes de dientes, y le decían así: Levántate, come carnes en abundancia.

6. Después de esto estaba yo observando, y he aquí otra bestia como un leopardo, y tenía en la parte superior cuatro alas como de ave; y tenía esta bestia cuatro cabezas, y le fue dado a ella el poder.

7. Después de esto estuve yo contemplando la visión nocturna; cuando he aquí que apareció una cuarta bestia terrible y prodigiosa, y extraordinariamente fuerte; la cual tenía grandes dientes de hierro, comía y despedazaba, y lo que le sobraba, lo hollaba con los pies; mas no se parecía a las otras bestias que antes había yo visto, y tenía diez astas.

8. Estaba yo contemplando las astas, cuando he aquí que despuntó por en medio de ellas otra asta más pequeña, y así que ésta apareció fueron arrancadas tres de las primeras astas; había en esta asta pequeña ojos como de hombre, y una boca que profería cosas grandes, o jactanciosas*.

9. Estaba yo observando, hasta tanto que se pusieron unas sillas; y el anciano de muchos días se sentó, eran sus vestiduras blancas como la nieve, y como lana limpia los cabellos de su cabeza; de llamas de fuego era su trono, y fuego encendido las ruedas de éste.

10. Salía de delante de él un impetuoso río de fuego; eran millares de millares los que le servían, y mil millones, o innumerables, los que asistían ante su presencia. Se sentó para juzgar, y fueron abiertos los libros, o procesos*.

11. Estaba yo en expectación, a causa del ruido de las palabras grandiosas que salían de aquella asta; pero reparé que la bestia había sido muerta, que su cuerpo muerto había sido echado a arder en el fuego;

12. y que a las otras bestias se les había también quitado el poder, y fijado el espacio de su vida hasta un tiempo y otro tiempo.

13. Yo estaba, pues, observando durante la visión nocturna, y he aquí que venía entre las nubes del cielo un personaje que se aparecía un hijo del hombre; quien se adelantó hacia el anciano de muchos días, y le presentaron ante él.

14. Y le dio éste la potestad, el honor y el reino; y todos los pueblos, tribus y lenguas le servían a él; la potestad suya es potestad eterna* que no le será quitada, y su reino es indestructible.

15. Se apoderó de mí el terror. Yo, Daniel, quedé atónito con tales cosas; y las visiones que había tenido llenaron de turbación mi mente.

16. Me acerqué a uno de los asistentes, y le pedí el verdadero significado de aquellas visiones; y me dio la interpretación de ellas, y me instruyó:

---

28. *Dan 1*, 21; *13*, 65.
1. Grandes profecías de Daniel. Las cuatro bestias representan los cuatro reinos paganos, *Babilonia, Media, Persia* y *Grecia*, y corresponden a los cuatro metales de la estatua. *Dan 2.*

8. *Dan 8*, 23; *11*, 36.
10. *Ap 20*, 11.
14. *Dan 3*, 100.

17. Estas cuatro bestias grandes, me dijo, son cuatro reinos que se levantarán en la tierra.

18. Después recibirán el reino los santos del Dios altísimo, y reinarán hasta el fin del siglo, y por los siglos de los siglos.

19. Quise en seguida informarme por menor de la cuarta bestia, que era tan diferente de todas las otras, y sobremanera horrorosa; cuyos dientes y uñas eran de hierro, y que comía y desmenuzaba, hollando con sus pies aquello que quedaba;

20. e informarme asimismo acerca de las diez astas que tenía en la cabeza; y de la otra asta que le había comenzado a salir, al aparecer la cual habían caído las tres astas; y de cómo aquella asta tenía ojos y boca que profería cosas grandiosas, y era mayor que todas las otras.

21. Estaba yo observando, y he aquí que aquella asta hacía guerra contra los santos, y prevalecía sobre ellos,

22. hasta tanto que llegó el anciano de muchos días, y sentenció en favor de los santos del Altísimo, y vino el tiempo, y los santos obtuvieron el reino.

23. Y aquél me habló así: La cuarta bestia será el cuarto reino sobre la tierra, el cual será mayor que todos los reinos, y devorará toda la tierra, y la hollará y desmenuzará.

24. Y las diez astas del dicho reino serán diez reyes, después de los cuales se levantará otro, que será más poderoso que los primeros, y derribará tres reyes.

25. Y él hablará mal contra el Excelso, y atropellará los santos del Altísimo, y se creerá con facultad de cambiar los tiempos de las solemnidades, y las leyes o ceremonias, y serán dejadas a su arbitrio todas las cosas por un tiempo, o año, y dos tiempos, y la mitad de un tiempo.

26. Y después se celebrará juicio, a fin de que se le quite el poder, y sea destruido, y perezca para siempre.

27. Y para que el reino, y la potestad, y la magnificencia del reino, cuanta hay debajo de todo el cielo, sea dada al pueblo de los santos del Altísimo, cuyo reino es reino sempiterno, y a él le servirán y obedecerán los reyes todos.

28. Aquí acabó el razonamiento. Yo Daniel, quedé muy conturbado con mis pensamientos, y se cambió el color de mi rostro; conservé en mi corazón esta visión admirable.

8 *Daniel ve un carnero con dos astas y un macho cabrío. Vaticinio de un príncipe cruel*

1. En el año tercero del reinado del rey Baltasar, se me presentó una visión a mí Daniel, después de aquella que tuve al principio, o el año primero.

2. Esta visión la tuve hallándome en el alcázar de Susa, que está en el país de Elam; y en la visión me pareció que yo estaba sobre la puerta de Ulai.

3. Y levanté mis ojos, y miré, y he aquí un carnero que estaba delante de una laguna, el cual tenía unas astas altísimas, y la una más que la otra, y que iba creciendo. Después

4. vi al carnero que corneaba hacia el poniente, y hacia el septentrión, y hacia el mediodía, y ninguna bestia podía resistirle, ni librarse de su poder, e hizo cuanto quiso, y se engrandeció.

5. Estaba yo considerando esto, cuando he aquí que un macho cabrío que venía del occidente, recorría toda la tierra, y tan rápidamente que no tocaba el suelo. Tenía el macho cabrío un asta muy notable entre sus ojos.

6. Y se dirigió contra aquel carnero bien armado de astas, que yo había visto que estaba delante de la puerta, y embistió hacia él con todo el ímpetu de su fuerza.

7. Y al llegar cerca del carnero, lo atacó furiosamente, y le hirió, y le rompió ambas astas, y no podía el carnero resistirle; y después de haberlo echado por tierra, lo pisoteó, sin que nadie pudiese librar de su poder al carnero.

8. Este macho cabrío se hizo en extremo grande; y cuando hubo crecido fue quebrantada el asta grande*, en cuyo lugar nacieron cuatro astas con dirección a los cuatro vientos del cielo.

---

8. Después de la muerte de Alejandro Magno, que sólo reinó doce años, el imperio se dividió entre sus cuatro capitanes. *Macedonia* al occidente para Casandro; *Tracia* y *Asia Menor* al norte bajo Lisímaco; *Siria*, *Mesopotamia* y *Persia* al oriente bajo Seleuco; *Egipto* al sur bajo Tolomeo.

9. Y de una de éstas salió un asta pequeña, la cual creció mucho hacia el mediodía, y hacia el oriente, y hacia la tierra fuerte, o de Israel.

10. Y se elevó hasta la fortaleza del cielo, y derribó al suelo parte de los fuertes y de las estrellas, y las holló.

11. Y se engrandeció hasta el príncipe de la fortaleza, o de los fuertes, y le quitó el sacrificio perenne, y abatió el lugar de su santificación.

12. Y le fue dado poder contra el sacrificio perpetuo, a causa de los pecados del pueblo; y la verdad será abatida sobre la tierra; y él emprenderá cuanto se le antoje, y saldrá con su empresa.

13. Y oí a uno de los santos que hablaba; y dijo un santo a otro que yo no conocí, y que estaba hablando: ¿Por cuánto tiempo durará lo que se significa en la visión acerca del sacrificio perpetuo, y acerca del pecado, causa de la desolación, y en orden a ser hollado el santuario, y la tierra fuerte de Israel?

14. Y le respondió: Por espacio de dos mil trescientos días enteros, o de tarde y mañana, y después será purificado el santuario.

15. Y mientras yo Daniel tenía esta visión, y buscaba su inteligencia, he aquí que se presentó delante de mí como una figura de hombre.

16. Y oí la voz de un varón de dentro de la puerta de Ulai, el cual exclamó, diciendo: Gabriel, explícale a éste la visión.

17. Con esto vino, y se paró junto al sitio en que yo estaba; y así que llegó, me postré por tierra, despavorido, y me dijo él entonces: ¡Oh hijo de hombre!, entiende el modo con que se cumplirá esta visión en el tiempo prefijado.

18. Y mientras él me hablaba, yo caí sobre mi rostro al suelo; mas él me tocó y me hizo volver a mi anterior estado.

19. Me dijo entonces: Yo te mostraré las cosas que han de suceder al fin de la maldición o castigo de Israel, porque este tiempo tiene su término.

20. El carnero que viste armado de astas, es el rey de los medos y de los persas.

21. El macho cabrío es el rey de los griegos; y la gran asta que tiene entre sus ojos denota el primer rey.

22. Las cuatro astas que, quebrada aquélla, nacieron en su lugar, significan cuatro reyes que se alzarán en su nación; mas no tendrán la fuerza o poder del primer rey.

23. Y después del reinado de éstos, creciendo las maldades de los judíos, se levantará un rey descarado, y entendedor de enigmas, o muy astuto,

24. y se afirmará su poder; mas no por sus fuerzas, sino por su astucia; y no es fácil figurarse cómo lo asolará todo, y hará cuanto se le antoje, y todo le saldrá bien; y quitará la vida a los esforzados israelitas, al pueblo de los santos,

25. según le pareciere, y tendrán éxito los dolos o maquinaciones que urdiere, y con esto se hinchará su corazón, y sobrándole todas las cosas, hará perecer a muchísimos, y se alzará contra el Príncipe de los príncipes; pero será aniquilado, no por obra de hombre.

26. Y es verdadera esta explicación de la visión, y tendrá cumplimiento entre la tarde y la mañana del último día. Sella tú, pues, o guarda la visión, que ella se verificará pasados muchos años.

27. Y yo Daniel perdí las fuerzas, y estuve enfermo por algunos días; y restablecido, continuaba despachando en los asuntos del rey; pero estaba pasmado de la visión, sin que hubiese nadie que la interpretase ni conociese.

9

Oración de Daniel. Revelación de las setenta semanas hasta la unción del Santo de los santos

1. En el año primero de Darío, hijo de Asuero, de la estirpe de los medos, el cual gobernó el reino de los caldeos;

2. en el primer año de su reinado, yo Daniel consideré en los libros de Jeremías la cuenta de los años de que habló el Señor al profeta Jeremías, en los cuales debían cumplirse los setenta años de la desolación de Jerusalén*.

3. Y volvía mi rostro hacia el Señor Dios mío, para dirigirle mis ruegos y súplicas, con ayunos, y vestidos de cilicio, y cubierto de ceniza.

4. Haciendo, pues, oración al Señor Dios mío, y tributándole mis alabanzas, dije: Díg-

2. *Dan 25*, 12; *Jer 25*, 11-12; *29*, 10.

nate escucharme, ¡oh Señor, Dios grande y terrible, que eres fiel en cumplir tu alianza y misericordia con los que te aman, y observan tus mandamientos!

5. Nosotros hemos pecado, hemos cometido la maldad, hemos vivido impíamente, y hemos apostatado, y nos hemos desviado de tus mandamientos y juicios.

6. No hemos obedecido a tus siervos los profetas, los cuales hablaron en tu Nombre a nuestros reyes, y a nuestros príncipes, y a nuestros padres, y al pueblo todo de la tierra.

7. Tuya es, ¡oh Señor!, de tu parte está la justicia; para nosotros la confusión de nuestro rostro; como está hoy sucediendo a todo hombre de Judá, y a todo habitante de Jerusalén, a todo Israel, así a aquellos que están cerca como a los que están lejos, en todos los países a donde los arrojaste por causa de las maldades con que te ofendieron.

8. Señor, justa es la confusión de nuestro rostro, la de nuestros reyes, la de nuestros príncipes, y la de nuestros padres, todos los cuales pecaron.

9. Mas de ti, ¡oh Señor Dios nuestro!, es propia la misericordia y la clemencia para con los pecadores; porque nosotros nos hemos apartado de ti,

10. y no hemos escuchado la voz del Señor Dios nuestro para proceder según su ley santa, que nos prescribió por medio de sus siervos los profetas.

11. Todo Israel se hizo prevaricador de tu ley, y se desvió para no oír la voz tuya; y así llovió sobre nosotros la maldición y el anatema que está escrito en el libro de Moisés, siervo de Dios, pues pecamos contra el Señor*.

12. Y él ha cumplido la sentencia que pronunció sobre nosotros y sobre nuestros príncipes que nos gobernaron, enviando contra nosotros una gran calamidad, cual jamás la hubo debajo del cielo, y cual ha acontecido en Jerusalén.

13. Todo este mal vino sobre nosotros, conforme está escrito en la ley de Moisés, y no recurrimos a ti, ¡oh Señor Dios nuestro!, para convertirnos de nuestras maldades y meditar la verdad de tus promesas.

14. Y no se descuidó el Señor de enviar el castigo, y le descargó sobre nosotros, justo es el Señor Dios nuestro en todas las obras que él hace; pues nosotros no quisimos escuchar su voz.

15. Ahora, pues, ¡oh Señor Dios nuestro!, tú que con mano fuerte sacaste de tierra de Egipto a tu pueblo, y te adquiriste un renombre glorioso, cual es el que ahora gozas, confesamos que hemos pecado, que hemos cometido la maldad*.

16. Señor, por toda tu justicia o misericordia, te ruego que aplaques la ira y el furor tuyo contra tu ciudad de Jerusalén, y contra tu santo monte de Sión, pues por causa de nuestros pecados, y por las maldades de nuestros padres, Jerusalén y el pueblo tuyo son el escarnio de todos los que están alrededor nuestro.

17. ¡Ea, pues!, atiende, ¡oh Dios nuestro!, a la oración de tu siervo y a sus súplicas; y por amor de ti mismo mira benigno a tu santuario, que está desierto.

18. Dígnate escuchar, ¡oh Dios mío!, y atiende, abre tus ojos, y mira nuestra desolación y la de la ciudad, en la que se invocaba tu santo Nombre; pues postrados delante de ti te presentamos nuestros humildes ruegos; confiando, no en nuestra justicia, sino en tu grandísima misericordia.

19. Escucha benigno, ¡oh Señor! Señor, aplácate, atiende, y ponte a obrar nuestra salvación, no lo difieras, ¡oh Dios mío!, por amor de ti mismo, pues la ciudad y tu pueblo llevan el Nombre tuyo.

20. Y mientras aún yo hablaba, y oraba, y confesaba mis pecados y los pecados de mi pueblo de Israel, y presentaba mis humildes ruegos en la presencia de mi Dios a favor del monte santo de mi Dios;

21. estando yo todavía profiriendo las palabras de mi oración, he aquí que Gabriel, aquel varón que yo había visto al principio de la visión, volando súbitamente, me tocó en la hora del sacrificio de la tarde;

22. y me instruyó, y me habló en los términos siguientes: Daniel, yo he venido ahora a fin de instruirte, y para que conozcas los designios de Dios.

23. La orden se me dio desde luego que te pusiste a orar, y yo vengo para mostrártela; porque tú eres un varón de ardientes deseos. Atiende, pues, tú ahora a mis palabras, y entiende la visión.

---

11. *Lev 26*, 16; *Deut 27*, 14.

15. *Bar 2*, 12; *Ex 14*, 21.

24. Se han fijado setenta semanas de años para tu pueblo y para tu santa ciudad, al fin de las cuales se acabará la prevaricación, y tendrá fin el pecado, y la iniquidad quedará borrada, y vendrá la justicia o santidad perdurable, y se cumplirá la visión y la profecía, y será ungido el Santo de los santos.

25. Sábete, pues, y nota atentamente: Desde que salga la orden o edicto para que sea reedificada Jerusalén, hasta el Mesías príncipe, pasarán siete semanas, y sesenta y dos semanas; y será nuevamente edificada la plaza, o ciudad, y los muros en tiempos de angustia*.

26. Y después de las sesenta y dos semanas se quitará la vida al Mesías; y no será más suyo el pueblo, el cual le negará. Y un pueblo con su caudillo vendrá, y destruirá la ciudad y el santuario; y su fin será la devastación, y acabada la guerra quedará establecida allí la desolación*.

27. Y el Mesías afirmará su nueva alianza en una semana con muchos fieles convertidos; y a la mitad de esta semana cesarán las hostias y los sacrificios; y estará en el tiempo la abominación de la desolación; y durará la desolación hasta la consumación y el fin del mundo.

10 *Ayuno de Daniel. Resistencia del príncipe de los persas al restablecimiento de Jerusalén*

1. En el año tercero de Ciro, rey de los persas, fue revelado a Daniel, por sobrenombre Baltasar, un suceso verdadero y una fuerza grande, o ejército celestial, y él comprendió el suceso; pues necesaria es para esta visión la inteligencia.

2. En aquellos días estuve yo Daniel llorando por espacio de tres semanas.

3. Pan delicado o sabroso no lo probé; carne ni vino no entraron en mi boca, ni me perfumé con ungüento; hasta tanto que fueron cumplidos los días de estas tres semanas.

4. Mas el día veinticuatro del primer mes estaba yo a la orilla del gran río Tigris.

5. Y levanté mis ojos y miré, y he aquí un varón con vestidura de lino, y ceñidos sus lomos con una faja bordada de oro acendrado;

6. su cuerpo brillaba como el crisólito, y su rostro como un relámpago, y como dos ardientes antorchas así eran sus ojos; sus brazos y el resto del cuerpo hasta los pies era semejante al bronce reluciente; y el sonido de sus palabras como el ruido de un gran gentío.

7. Y solamente yo Daniel tuve esta visión; mas aquellos hombres que estaban conmigo no la vieron; sino que se apoderó de ellos un extremo terror, y huyeron a esconderse.

8. Y habiendo quedado yo solo, tuve esta gran visión, y me quedé sin aliento, y se me demudó el rostro, y caí desmayado, perdidas todas las fuerzas.

9. Y oía yo el sonido de sus palabras; y mientras tanto yacía boca abajo, todo atónito, y mi rostro continuaba pegado al suelo;

10. cuando he aquí que una mano me tocó, y me hizo levantar sobre mis rodillas y sobre los dedos o palmas de mis manos.

11. Y él me dijo: Daniel, varón de deseos, atiende a las palabras que yo te hablo, y ponte en pie; pues yo vengo ahora enviado a ti. Y así que él me hubo dicho estas palabras, me puse en pie, temblando.

12. Y me dijo: No tienes que temer, ¡oh Daniel!, porque desde el primer día en que, a fin de alcanzar de Dios la inteligencia, resolviste en tu corazón mortificarte en la presencia de tu Dios, fueron atendidos tus ruegos; y por causa de tus oraciones he venido yo.

13. Pero el príncipe del reino de los persas se ha opuesto a mí por espacio de veintiún días; y he aquí que vino en mi ayuda Miguel, uno de los primeros príncipes, y yo me quedé allí al lado del rey de los persas.

14. He venido, pues, ahora para explicarte las cosas que han de acontecer a tu pueblo en los últimos días: porque esta visión se dirige a tiempos remotos.

15. Y al tiempo que me decía él estas palabras, bajé al suelo mi rostro, y me quedé en silencio.

16. Cuando he aquí que aquel, que era semejante a un hijo de hombre, tocó mis labios, y abriendo mi boca, hablé y le dije al varón que estaba parado delante de mí: ¡Oh Señor mío!, así que te he mirado se han

---

25. *Mat 24*, 15; *Esd 4*, 24; *Neh 4*, 6.
26. *Mat 24*, 15.

desencajado todas mis coyunturas, y me he quedado sin fuerza alguna.

17. ¿Y cómo podrá el siervo de mi Señor dirigir su palabra al Señor mío? Pues no ha quedado en mí vigor alguno, y hasta la respiración me falta.

18. Me tocó luego nuevamente aquel personaje que yo veía en figura de hombre, y me confortó,

19. y me dijo: No temas, oh varón de deseos; paz sea contigo: Aliéntate, y ten buen ánimo. Y mientras me estaba hablando, yo adquiría valor, y dije: Habla, ¡oh Señor mío!, porque tú me has confortado.

20. Y dijo él: ¿Sabes tú el porqué he venido yo a ti? Y ahora yo me vuelvo a combatir contra el príncipe de los persas. Cuando yo salía se dejaba ver el príncipe de los griegos que venía.

21. Sin embargo, yo te anunciaré a ti lo que está declarado en la escritura o decreto de verdad: Nadie me ayuda en todas estas cosas sino Miguel, que es vuestro príncipe*.

11 *El ángel declara al profeta la destrucción del imperio de los persas por el rey de los griegos*

1. Yo, pues, Gabriel, desde el primer año del reinado de Darío el medo, le asistía para que se fortificase y corroborase.

2. Y ahora te comunicaré yo la verdad. He aquí que aún habrá tres reyes en Persia, y el cuarto sobrepujará a todos los otros por sus inmensas riquezas; y cuando se haya enriquecido sobre todos, incitará a todas las gentes contra el reino de la Grecia.

3. Pero se levantará un rey poderoso, que extenderá muchísimo sus dominios, y hará cuanto quiera*.

4. Y así que él estará en su auge, será deshecho su reino y repartido hacia los cuatro vientos del cielo; mas no entre sus descendientes, ni con el poder con que él dominó; porque a más de los cuatro dichos reinos, todavía será dividido entre otros príncipes extraños.

5. Y el rey del mediodía se hará poderoso; mas uno de los príncipes o capitanes de aquel rey poderoso podrá más que él, y será señor de muchas naciones, pues extenderá mucho su dominio.

6. Y al cabo de muchos años se confederarán; y la hija del rey del mediodía pasará a ser esposa del rey del norte para hacer las paces; pero ella no podrá detener la fuerza del brazo de su marido, ni subsistirá su estirpe; y será entregada a la muerte ella y los jóvenes que la habían acompañado y sostenido en aquel tiempo.

7. Sin embargo, se conservará un retoño de su misma estirpe, el cual vendrá con su ejército, y entrará en los estados del rey del norte, y los destruirá y se hará dueño de ellos.

8. Además se llevará prisioneros a Egipto sus dioses y simulacros, y los vasos preciosos de plata y oro. El triunfará sobre el rey del norte.

9. Y el rey del mediodía entrará a poseer el reino, y se volverá a su tierra.

10. Sin embargo, irritados los hijos de aquél reunirán grandes ejércitos, y vendrá rápidamente uno de ellos, a modo de una inundación; y volverá al año siguiente, y lleno de ardor entrará en combate contra las fuerzas de Egipto.

11. Y el rey del mediodía, provocado, saldrá y peleará contra el rey del norte, y pondrá en campaña un ejército sumamente formidable, y caerá mucha gente en su poder.

12. Y hará gran número de prisioneros, y se engreirá su corazón, y hará perecer a muchos millares, y con todo no prevalecerá.

13. Porque el rey del norte volverá a levantar un ejército mucho mayor que el primero: y al cabo de cierto número de años* vendrá precisamente con un numeroso ejército y poder grande.

14. Y en aquellos tiempos se levantarán muchos contra el rey del mediodía; y también los hijos de los prevaricadores de tu pueblo se alzarán, de manera que se cumpla la visión, y perecerán.

15. Y vendrá el rey del norte, y formará terraplenes, y se apoderará de las ciudades más fortificadas, sin que puedan resistirle las fuerzas del rey del mediodía; y saldrán a oponérsele sus campeones, pero se hallarán sin fuerzas.

---

21. *Ap 12*, 7.
3. *Dan 7*, 5-6.

13. En el plazo señalado por Dios.

16. Y viniendo aquél sobre el rey del mediodía, hará cuanto quiera, sin que haya quien pueda resistirle y entrará en la tierra ilustre de la Judea, la cual será por él asolada.

17. Y dirigirá sus miras a venir a ocupar todo el reino de aquél, y tratará con él como de buena fe, y le dará su hija, la más hermosa de las mujeres, para arruinarle; pero no le saldrá bien, ni ella estará a favor suyo.

18. Y se dirigirá hacia las islas, y se apoderará de muchas de ellas; y hará parar al autor de su oprobio; mas al fin quedará él cubierto de confusión.

19. Y se volverá al imperio de su país, y allí hallará un tropiezo, y perecerá, sin que parezca más.

20. Y tendrá por sucesor un hombre vilísimo e indigno del honor de rey; pero en pocos días acabará su vida, y no en contienda ni en batalla.

Antíoco Epífanes persigue a los judíos

21. En seguida ocupará su lugar un príncipe despreciable, y no se le tributará el honor debido a un rey; el cual vendrá secretamente, y con dolo se apoderará del reino.

22. Y quedarán deshechas y destruidas las fuerzas del que peleará contra él; y además el caudillo de la confederación.

23. Y después de hacer amistad con él, usando de dolo, subirá a Egipto y triunfará sobre él con un pequeño ejército.

24. Y se apoderará de las ciudades abundantes, y llenas de riquezas; cosa que no pudieron hacer nunca todos sus antepasados, saqueará y arrebatará, y disipará sus riquezas, e irá trazando sus designios contra los más fuertes; y esto hasta cierto tiempo.

25. Y se verá instigado de su mismo poder y coraje a salir contra el rey del mediodía con un gran ejército; y el rey del mediodía se animará a la guerra, mediante las muchas y fuertes tropas auxiliares; mas no le valdrán, porque tramarán designios contra él.

26. Y aquellos mismos que comían en su mesa serán la ruina suya, y quedará derrotado su ejército, siendo muchísimos los muertos.

27. Los mismos dos reyes no pensarán en otra cosa que en hacerse daño; y comiendo en una misma mesa, se hallarán con dolo; mas ninguno llegará a conseguir sus intentos, porque el plazo es para otro tiempo.

28. Aquél regresará a su tierra con muchas riquezas, y su corazón estará siempre contra el testamento santo de Dios, y obrará contra Jerusalén, y se volverá a su tierra.

29. Al tiempo prefijado volverá y vendrá al mediodía; mas esta última expedición no saldrá como la primera.

30. Porque vendrán sobre él las naves de los romanos; y quedará consternado, y se volverá, y se encenderá su saña contra el testamento santo, y la explayará; y se irá, y pondrá su pensamiento en aquellos que abandonaron el testamento santo.

31. Y los brazos de los prevaricadores estarán de su parte, y contaminarán el santuario de la fortaleza, y quitarán el sacrificio perenne, y sustituirán la abominación de la desolación.

32. Y los prevaricadores del testamento usarán de fraudulento disimulo; mas el pueblo, el cual reconoce a su Dios, se mantendrá firme, y obrará según la ley.

33. Y los sabios del pueblo iluminarán a mucha gente, haciéndose víctima de la espada, del fuego, del cautiverio y de la rapiña o saqueo, que durará muchos días.

34. Y en medio de su opresión tendrán un pequeño socorro, y muchos se agregarán a ellos fraudulentamente.

35. Y perecerán varios de los sabios, para que sean acrisolados, y purificados, y blanqueados hasta el tiempo señalado; porque aún quedará otro plazo.

36. Y hará el rey cuanto quiera, y se levantará soberbio e insolente contra todos los dioses; y hablará con arrogancia contra el Dios de los dioses, y todo le saldrá bien, hasta tanto que se despliegue la cólera de Dios, porque así está decretado.

37. Y no tendrá respeto al Dios de sus padres, y será dominado de las pasiones, y no hará caso alguno de los dioses, pues se creerá superior a todo.

38. Mas tributará culto al dios Moozim* en el lugar de su residencia; y a este dios desconocido de sus padres lo honrará con

---

38. *Moozim, fortaleza.* Este dios podía ser *Marte* o bien *Zeus Olímpico*, cuya imagen o estatua fue puesta en el templo de Jerusalén.

presentes de oro, de plata, de piedras preciosas y con alhajas de gran valor.

39. Y pondrá por tutelar de las fortalezas a un dios extranjero; y a los que a éste lo reconozcan por su dios, él los colmará de honores, y les dará autoridad sobre muchos, y les repartirá gratuitamente la tierra.

40. Y en el tiempo prefijado le hará la guerra el rey del mediodía; y el rey del norte, a manera de una tempestad, se dejará caer sobre él con carros armados, y tropas de caballería, y con una gran armada, y entrará en sus provincias, y las talará y pasará adelante.

41. Y entrará en la tierra gloriosa o en la Judea, y serán destruidas muchas gentes; y solamente se librarán de sus manos Edom y Moab, y las fronteras de los hijos de Amón.

42. Y se apropiará las provincias, y no escapará de sus manos el país de Egipto.

43. Asimismo se hará dueño de los tesoros de oro, y de plata, y de todas las preciosidades de Egipto, y pasará también por Libia y Etiopía.

44. Y le conturbarán unos rumores que vendrán del oriente y del norte, y partirá con un numeroso ejército para asolar y hacer una horrorosa carnicería.

45. Y sentará su real pabellón entre los mares*, sobre el santo monte, y subirá hasta su cumbre; pero después perecerá, y nadie le dará socorro.

12

Después de una gran tribulación, serán salvadas las ruinas de Israel. Resurrección de los muertos

1. Y en aquel tiempo se levantará Miguel, príncipe grande, que es el defensor de los hijos de tu pueblo; porque vendrá un tiempo tal, cual nunca se ha visto desde que comenzaron a existir las naciones hasta aquel día. Y en aquel tiempo tu pueblo será salvado; lo será todo aquel que se hallare escrito en el libro*.

2. Y la muchedumbre de aquellos que duermen o descansan en el polvo de la tierra, despertará; unos para la vida eterna, y otros para la ignominia, la cual tendrán siempre delante de sí.

3. Mas los que hubieren sido sabios brillarán como la luz del firmamento; y como estrellas por toda la eternidad aquellos que hubieren enseñado a muchos la justicia o la virtud.

4. Pero tú, ¡oh Daniel!, ten guardadas estas palabras, y sella el libro hasta el tiempo determinado, muchos lo recorrerán y sacarán de él mucha doctrina.

5. Y yo Daniel observé, y vi como otros dos ángeles que estaban en pie uno de esta parte de la orilla del río y el otro de la otra parte.

6. Entonces dije a aquel varón que estaba con las vestiduras de lino y en pie sobre las aguas del río: ¿Cuándo se cumplirán estos portentos?

7. Y oí a aquel varón de las vestiduras de lino, que estaba en pie sobre las aguas del río, el cual habiendo alzado su diestra y su izquierda hacia el cielo, juró por aquel Señor que siempre vive, y dijo: En un tiempo, y en dos tiempos, y en la mitad de un tiempo. Y cuando se haya cumplido la dispersión de la muchedumbre del pueblo santo, entonces tendrán efecto todas estas cosas.

8. Yo oí esto, mas no lo comprendí. Y dije: ¡Oh Señor mío!, ¿qué es lo que sucederá después de estas cosas?

9. Mas él me dijo: Anda, Daniel, que estas son cosas recónditas y selladas hasta el tiempo determinado.

10. Muchos serán escogidos y blanqueados, y purificados como por fuego. Los impíos obrarán impíamente; ninguno de los impíos lo entenderá; mas los sabios o prudentes lo comprenderán.

11. Y desde el tiempo en que sea quitado el sacrificio perpetuo, y sea entronizada en el templo la abominación de la desolación, pasarán mil doscientos noventa días.

12. Bienaventurado el que espero y llegue a mil trescientos treinta y cinco días*.

13. Mas tú, Daniel, anda hasta el término señalado; y después reposarás y te levantarás, y gozarás de tu suerte al fin de los días.

45. Entre el mar Muerto y el Mediterráneo, en Jerusalén.

1. *Ex 32*, 32; *Luc 10*, 20; *Ap 3*, 5; *13*, 8.

12. *Dan 7*, 25; *12*, 7; *8*, 14.

13 Susana, acusada de adulterio, es librada por Daniel. Sus acusadores mueren apedreados

1. Había[*] un varón, que habitaba en Babilonia, llamado Joakim;

2. el cual casó con una mujer llamada Susana, hija de Helcías, hermosa en extremo, y temerosa de Dios,

3. porque sus padres, que eran virtuosos, instruyeron a su hija según la ley de Moisés.

4. Era Joakim un hombre muy rico, y tenía un jardín junto a su casa, al cual concurrían muchos judíos, por ser Joakim el más respetable de todos ellos.

5. Y en aquel año fueron elegidos jueces del pueblo de los judíos dos ancianos de aquellos de quienes dijo el Señor que la iniquidad había salido en Babilonia de los ancianos que eran jueces, los cuales parecía que gobernaban al pueblo.

6. Frecuentaban éstos la casa de Joakim, donde acudían a ellos todos cuantos tenían algún pleito.

7. Y cuando al mediodía se iba la gente, entraba Susana a pasearse en el jardín de su marido.

8. La veían los viejos cada día cómo entraba a pasearse; y se inflamaron en malos deseos hacia ella;

9. y perdieron el juicio, y desviaron sus ojos para no mirar al cielo, y para no acordarse de sus justos juicios.

10. Quedaron, pues, ambos ciegos por ella, pero no se comunicaron el uno al otro su pasión;

11. pues se avergonzaban de descubrir su concupiscencia y deseos de pecar con ella.

12. Y buscaban cada día con mayor solicitud poderla ver. Y una vez dijo el uno al otro:

13. Vámonos a casa, que ya es hora de comer; y salieron y se separaron el uno del otro.

14. Mas volviendo cada cual otra vez, se encontraron en un mismo puesto; y preguntándose mutuamente el motivo, confesaron su pasión, y entonces acordaron el tiempo en que podrían hallarla sola.

15. Y mientras estaban aguardando una ocasión oportuna, entró ella en el jardín, como solía todos los días, acompañada solamente de dos doncellas, y quiso bañarse en el jardín, pues hacía mucho calor.

16. Y no había en él nadie sino los dos viejos, que se habían escondido, y la estaban acechando.

17. Dijo, pues, ella a sus doncellas: Traedme la confección aromática y los perfumes, y cerrad las puertas del jardín; pues quiero bañarme.

18. Lo hicieron como lo mandaba, y cerraron las puertas del jardín; y salieron por una puerta excusada para traer lo que había pedido; sin saber ellas que los viejos estaban dentro escondidos.

19. Así que se hubieron ido las criadas, salieron los dos viejos, y corriendo hacia ella, le dijeron:

20. Mira, las puertas del jardín están cerradas, nadie nos ve, y nosotros estamos enamorados de ti, condesciende, pues, con nosotros, y cede a nuestros deseos.

21. Porque si te resistieres a ello, testificaremos contra ti, diciendo que estaba contigo un joven, que por eso despachaste tus doncellas.

22. Prorrumpió Susana en gemidos, y dijo: Estrechada me hallo por todos lados, porque si yo hiciere eso que queréis, sería una muerte para mí; y si no lo hago, no me libraré de vuestras manos.

23. Pero mejor es para mí caer en vuestras manos sin haber hecho tal cosa, que pecar en la presencia del Señor.

24. Y dio Susana un fuerte grito; y gritaron entonces los viejos contra ella.

25. Y corrió uno de ellos a las puertas del jardín, y las abrió.

26. Y así que los criados de la casa oyeron ruido en el jardín, corrieron allá por la puerta excusada para ver lo que era.

27. Y después de haber oído los criados lo que decían los jueces, quedaron sumamente avergonzados; porque nunca tal cosa se había dicho de Susana. Llegó, pues, el día siguiente.

28. Y habiendo acudido el pueblo a la casa de Joakim su marido, vinieron también

---

1. El texto hebreo de *Daniel* termina en *12*, 13. La *Vulgata* incluye otros relatos de *Daniel* tomados del texto griego de Teodoción. En Qumran se han encontrado fragmentos del *ciclo de Daniel*.

los dos viejos, armados de falsedades contra Susana, para condenarla a muerte.

29. Dijeron, pues, en presencia del pueblo: Envíese a llamar a Susana, hija de Helcías, mujer de Joakim. Y enviaron luego por ella.

30. La cual vino acompañada de sus padres e hijos y de todos sus parientes.

31. Era Susana sumamente fina y de extraordinaria belleza.

32. Y aquellos malvados la mandaron descubrir, (pues estaba ella con su velo puesto) para saciarse por lo menos viendo su hermosura.

33. Entretanto lloraban los suyos y cuantos la conocían.

34. Y levantándose los dos viejos en medio del pueblo, pusieron sus manos sobre la cabeza de Susana*.

35. Ella, deshaciéndose en lágrimas, levantó sus ojos al cielo; porque su corazón estaba lleno de confianza en el Señor.

36. Y dijeron los viejos: Estándonos paseando solos en el jardín, entró con dos criadas; y cerró las puertas del jardín enviando fuera las criadas.

37. Entonces se le acercó un joven que estaba escondido, y pecó con ella.

38. Y nosotros que estábamos en un lado del jardín, viendo el atentado fuimos corriendo adonde estaban, y los hallamos en el mismo acto.

39. Mas al joven no pudimos prenderlo, porque era más robusto que nosotros, y abriendo la puerta se escapó corriendo.

40. Pero habiendo cogido a ésta, le preguntamos quién era el joven, y no nos lo quiso declarar, de este suceso somos nosotros testigos.

41. Les dio crédito la asamblea, como ancianos que eran y jueces del pueblo; y la condenaron a muerte*.

42. Susana exclamó en alta voz y dijo: ¡Oh Dios eterno, que conoces las cosas ocultas, que sabes todas las cosas aun antes que sucedan!

43. Tú sabes que éstos han levantado contra mí un falso testimonio; y he aquí que yo muero sin haber hecho nada de lo que han inventado maliciosamente contra mí.

44. Y oyó el Señor su oración.

45. Y cuando la conducían al suplicio, el Señor manifestó el santo espíritu de profecía en un tierno jovencito llamado Daniel;

46. el cual, a grandes voces, comenzó a gritar: Inocente seré yo de la sangre de ésta.

47. Y volviéndose hacia él toda la gente, le dijeron: ¿Qué es eso que tú dices?

48. Mas él, puesto en pie en medio de todos, dijo: ¿Tan insensatos sois, ¡oh hijos de Israel!, que, sin forma de juicio y sin conocer la verdad del hecho, habéis condenado a una hija de Israel?

49. Volved al tribunal, porque éstos han dicho falso testimonio contra ella.

50. Retrocedió, pues, a toda prisa el pueblo; y los ancianos le dijeron a Daniel: Ven, y siéntate en medio de nosotros e instrúyenos; ya que te ha concedido Dios la honra y dignidad de anciano.

51. Y dijo Daniel al pueblo: Separad a estos dos lejos el uno del otro, y yo los examinaré.

52. Y así que estuvieron separados el uno del otro, llamando a uno de ellos, le dijo: Envejecido en la mala vida, ahora llevarán su merecido los pecados que has cometido hasta aquí,

53. pronunciando injustas sentencias, oprimiendo a los inocentes y librando a los malvados, a pesar de que el Señor tiene dicho: No harás morir al inocente ni al justo.

54. Ahora bien, si la viste pecar, di: ¿Bajo qué árbol los viste confabular entre sí? Respondió él: Debajo de un lentisco.

55. A lo que replicó Daniel: Ciertamente que a costa de tu cabeza has mentido; pues he aquí que el ángel del Señor, por sentencia que ha recibido de él, te partirá por medio.

56. Y habiendo hecho retirar a éste, hizo venir al otro, y le dijo: Raza de Canaán y no de Judá, la hermosura te fascinó y la pasión pervirtió tu corazón.

57. Así os portabais con las hijas de Israel, las cuales de miedo condescendían con vuestros deseos; pero esta hija de Judá no ha sufrido vuestra maldad.

58. Ahora bien, dime: ¿Bajo qué árbol los sorprendiste tratando entre sí? El respondió: Debajo de una encina.

59. A lo que repuso Daniel: Ciertamente que también tú mientes en daño tuyo; pues el ángel del Señor te está esperando con la espada en la mano, para partirte por medio y matarte.

---

34. *Lev 1*, 4; *4*, 24; *16*, 21.
41. *Lev 20*, 10.

60. Entonces toda la asamblea o muchedumbre exclamó en alta voz, bendiciendo a Dios que salva a los que ponen en él su esperanza.

61. Y se levantaron contra los dos viejos, a los cuales convenció Daniel por la misma boca de ellos de haber proferido un falso testimonio, y les hicieron el mal que ellos habían intentado contra su prójimo;

62. y poniendo en ejecución la ley de Moisés, los mataron; con lo que fue salvada en aquel día la sangre inocente.

63. Entonces Helcías y su esposa alabaron a Dios por haber salvado a su hija Susana; y lo mismo hizo Joakim su marido con todos los parientes; porque nada se halló en ella de menos honesto.

64. Daniel, desde aquel día en adelante fue tenido en gran concepto por todo el pueblo.

65. Y el rey Astiages fue a reunirse con sus padres; entrando a sucederle en el trono Ciro de Persia.

14

Daniel es echado por segunda vez en el lago de los leones. El Señor lo alimenta y lo libra

1. Era[1] Daniel uno de aquellos que comían a la mesa del rey, quien lo distinguía entre todos sus amigos o cortesanos.

2. Había a la sazón en Babilonia un ídolo llamado Bel; y se consumían para él cada día doce artabas o fanegas[2] de flor de harina, y cuarenta ovejas, y seis cántaros de vino.

3. Le tributaba culto también el rey, e iba todos los días a adorarle. Daniel adoraba a su Dios. Y le dijo el rey: ¿Por qué no adoras tú a Bel?

4. A lo que respondió, diciendo: Porque yo no adoro a los ídolos hechos de mano de hombres, sino al Dios vivo, que creó el cielo y la tierra, y es Señor de todo viviente.

5. Le replicó el rey: Pues, ¿crees tú que Bel no es un dios vivo? ¿No ves cuánto come y bebe cada día?

6. A esto contestó Daniel, sonriéndose: No vivas engañado, ¡oh rey!, porque él por dentro es de barro, por fuera de bronce, y nunca come.

7. Montó el rey en cólera, y llamando a los sacerdotes del ídolo, les dijo: Si no me decís quién come todo eso que se gasta, moriréis.

8. Pero si me hacéis ver que todo eso lo come Bel, morirá Daniel por haber blasfemado contra Bel. Y dijo Daniel al rey: Así sea como lo has dicho.

9. Eran los sacerdotes de Bel setenta, sin contar las mujeres, y los párvulos y los muchachos. Y fue el rey con Daniel al templo de Bel.

10. Dijeron, pues, los sacerdotes de Bel: He aquí que nosotros nos salimos fuera; y tú, ¡oh rey!, haz poner las viandas y servir el vino, y cierra la puerta, y séllala con tu anillo:

11. y si mañana temprano no hallares, al entrar, que todo se lo ha comido Bel, moriremos nosotros sin recurso; de lo contrario, morirá Daniel, que ha mentido contra nosotros.

12. Se burlaban ellos en su interior; pues habían hecho debajo de la mesa una comunicación secreta, y siempre entraban por allí y se comían aquella vianda.

13. Luego, pues, que se hubieron ellos salido, hizo el rey poner las viandas delante de Bel. Daniel mandó a sus criados traer ceniza, y la hizo esparcir con una criba por todo el templo en presencia del rey. Salieron, cerraron la puerta, la sellaron con el anillo del rey, y se fueron.

14. Mas los sacerdotes entraron de noche, según su costumbre, con sus mujeres e hijos y se lo comieron y bebieron todo.

15. Se levantó el rey muy de mañana, y del mismo modo Daniel.

16. Y preguntó el rey: ¿Están intactos los sellos, oh Daniel. Y respondió éste: ¡Oh rey!, intactos están.

17. Y abriendo luego la puerta, así que dirigió el rey sus ojos hacia la mesa o altar, exclamó en alta voz: Grande eres, ¡oh Bel!, y no hay engaño alguno en tu templo.

18. Se sonrió Daniel, y detuvo al rey para que no entrase dentro; y dijo: Mira el pavimento, y reflexiona de quién serán estas pisadas.

19. Veo, dijo el rey, pisadas de hombres,

1. El relato es una sátira judía contra la insensatez de la idolatría y una caricatura del culto pagano.
2. Más de doce fanegas, unas mil ochenta libras.

y de mujeres, y de niños. Con esto se irritó el rey.

20. E hizo luego prender a los sacerdotes, y a sus mujeres e hijos; quienes le descubrieron el postigo secreto por donde entraban allí a comer cuanto había sobre la mesa.

21. Por lo que los hizo el rey morir y entregó a Bel en poder de Daniel, quien lo destruyó con el templo.

22. Había en aquel lugar una serpiente grande, a la cual adoraban los babilonios.

23. Y dijo el rey a Daniel: Mira; no puedes tú decir ya que no sea éste un dios vivo: Adórale, pues, tú también.

24. A lo que respondió Daniel: Yo adoro al Señor mi Dios, porque él es el Dios vivo; mas ése no es el Dios vivo.

25. Y así, dame, ¡oh rey!, licencia, y mataré a la serpiente sin espada ni palo. Y le dijo el rey: Yo te la doy.

26. Tomó, pues, Daniel pez y sebo, y pelos, y lo coció todo junto, e hizo de ello unas pellas, las que arrojó a la boca de la serpiente, la cual reventó. Entonces dijo Daniel: Ved aquí al que adorabais.

27. Así que supieron esto los babilonios, se irritaron en extremo; y levantándose contra el rey, dijeron: El rey se ha vuelto judío; destruyó a Bel, ha muerto la serpiente, y quitado la vida a los sacerdotes.

28. Y habiendo ido a encontrar al rey, le dijeron: Entréganos a Daniel; de lo contrario te matamos a ti y a tu familia.

29. Viéndose, pues, el rey tremendamente acometido, obligado de la necesidad les entregó a Daniel.

30. Le metieron ellos en el lago o cueva de los leones, donde estuvo seis días*.

31. Había en el lago siete leones, y les daban cada día dos cadáveres y dos ovejas; y nada les dieron entonces, a fin de que devorasen a Daniel.

32. Estaba el profeta Habacuc en la Judea; y había cocido un potaje, y desmenuzado unos panes en una vasija, y se iba al campo a llevarlo a los segadores.

33. Y dijo el ángel del Señor a Habacuc: Esa comida que tienes, llévala a Babilonia, a Daniel, que está en el lago de los leones.

34. Y respondió Habacuc: Señor, yo no he visto a Babilonia, ni tengo noticia del lago.

35. Entonces el ángel del Señor lo cogió por la coronilla de la cabeza, y asiéndolo por los cabellos lo llevó con la celeridad de su espíritu a Babilonia sobre el lago*.

36. Y Habacuc levantó la voz, y dijo: ¡Daniel, siervo de Dios!, toma la comida que Dios te envía.

37. Daniel entonces, dijo: Tú, ¡oh Señor!, te has acordado de mí, y no has desamparado a los que te aman.

38. Y se levantó Daniel y comió. Y el ángel del Señor volvió luego a Habacuc a su lugar.

39. Vino, pues, el rey el día séptimo para hacer el duelo por Daniel; y llegando al lago, miró hacia adentro, y vio a Daniel sentado en medio de los leones.

40. Entonces exclamó el rey en alta voz diciendo: ¡Grande eres, oh Señor Dios de Daniel! Y lo hizo sacar del lago de los leones.

---

30. Antes había sido arrojado en ella, solamente una noche. *Dan* 6, 16.

35. *Ez* 8, 3.

Oseas

Introducción

*O*seas, hijo de Beeri, comenzó a profetizar hacia el año 810 a.C. y vivió más de setenta años, durante los reinados de Ozías, Joatán, Acaz y Ezequías, reyes de Judá. Fue contemporáneo de Amós e Isaías. Dios lo eligió para anunciar sus castigos a las diez tribus de Israel, para lo cual se valió de palabras y acciones. Dios le mandó tomar por esposa a una mujer que había sido prostituta, de la cual tuvo tres hijos, quienes aunque legítimos, son llamados *hijos de prostitución*, y a los cuales les puso nombres que significaban lo que sucedería a Israel. Como la idolatría se llama en la Escritura *fornicación* o *adulterio*, algunos intérpretes creen que *mujer prostituta* significa *mujer idólatra*, como si Dios le hubiera dicho *Toma por mujer a una idólatra de Samaria*. Aun cuando se tratara de una verdadera prostituta, no sería un delito desposarla y mucho menos, si ella ya se hubiese enmendado. En cuanto a las maldiciones son predicciones de los castigos que había de enviar Dios.

El estilo de Oseas es patético, sentencioso y elocuente. A veces es oscuro, porque se ignoran los sucesos a que se refiere. A medida que pinta el castigo que el Señor enviaría a los dos reinos de Judá e Israel o Samaria, anuncia la libertad que lograrían y la felicidad de los hijos de Israel, reunidos con todas las naciones en el reino del Mesías.

1 *El Señor manda a Oseas que se case con cierta mujer. Conversión de los gentiles y reunión de Judá e Israel*

1. Palabras del Señor, dichas a Oseas, hijo de Beeri, en el tiempo de Ozías, de Joatán, de Acaz, de Ezequías, reyes de Judá, y en los días de Jeroboam, hijo de Joás, rey de Israel.

2. El Señor comenzó a hablar a Oseas, y le dijo: Anda, cásate con una mujer ramera, y ten hijos de ramera; porque la tierra de Israel no ha de cesar de fornicar o idolatrar contra el Señor.

3. Fue, pues, y se casó con Gomer, hija de Debelaim, la cual concibió y le parió un hijo.

4. Y dijo el Señor a Oseas: Ponle por nombre Jezrael; porque dentro de poco yo tomaré venganza de la casa real de Jehú por la sangre que ha derramado en la ciudad de Jezrael, y acabaré con el trono de la casa de Israel.

5. Y en aquel día yo haré trozos el arco o regio poder de Israel en el valle de Jezrael*.

6. Concibió de nuevo Gomer y parió una hija. Y le dijo el Señor a Oseas: Ponle por nombre: *No más misericordia*; porque yo no usaré ya en adelante de misericordia alguna con los de la casa de Israel; sino que a todos los echaré en un profundo olvido.

7. Pero me apiadaré de la casa o reino de Judá; y la salvaré por medio del Señor su Dios, por mí mismo, y no por medio de arcos ni espadas, ni por medio de combates, o de caballos, ni caballeros*.

8. Y destetó Gomer a su hija llamada: *No más misericordia*; y otra vez concibió y parió un hijo.

---

5. *2 Re 8*, 29; *Jos 17*, 16.
7. *2 Re 19*, 35; *Zac 4*, 6.

9. Y dijo el Señor a Oseas: Ponle por nombre: *No mi pueblo*; porque vosotros no seréis ya mi pueblo, ni yo seré vuestro Dios.

10. Mas algún día el número de los hijos del verdadero Israel será como el de las arenas del mar, que no tienen medida ni guarismo. Y sucederá que donde se les haya dicho a ellos: Vosotros no sois mi pueblo, se les dirá: Vosotros sois hijos del Dios vivo.

11. Y se congregarán en uno los hijos de Judá y los de Israel; y se eligirá un solo caudillo o cabeza, y saldrán de la tierra de su cautiverio. Porque grande será aquel día de la reunión de Jezrael.

2 *Amenaza Dios a Israel que le repudiará como a una adúltera si no se convierte*

1. Llamad a vuestros hermanos, *Pueblo mío*; y a vuestra hermana, *La que ha alcanzado misericordia.*

2. Acusad a vuestra madre, acusadla; porque ya no es mi esposa, ni yo soy su esposo. Aparte de sí sus prostituciones, o idolatrías, y arroje de su seno los adulterios.

3. No sea que yo la despoje y desnude, y la ponga tal como en el día que nació, y la deje hecha una soledad, y como una tierra inhabitable*, y la reduzca a morir de sed.

4. No tendré compasión de sus hijos, porque son hijos de fornicación.

5. Puesto que la madre de ellos, la nación, es una adúltera, ha quedado deshonrada la que los tuvo. Pues ella dijo: Iré en pos de mis amantes, los ídolos, que son los que me dan mi pan y mi agua, mi lana, mi lino, mi aceite y mi bebida*.

6. (Por lo cual he aquí que yo le cerraré la salida con un seto de espinos, la cerraré con una pared, y ella no hallará paso.

7. E irá en pos de sus amantes, y no los encontrará, los buscará y no los hallará; y dirá: Iré, y volveré a mi primer esposo, pues mejor me iba entonces que ahora).

8. Y no sabía ella que fui yo, y no los ídolos, quien le dio el trigo, y el vino, y el aceite, y el que le dio la abundancia de plata y de oro que ofrecieron a Baal.

9. Por esto yo me portaré de otro modo, y a su tiempo recogeré mi trigo y mi vino, y quitaré de sus manos mis lanas y mis linos, que cubren sus vergüenzas*.

10. Y ahora manifestaré su necedad a los ojos de sus mismos amadores, y nadie la liberará de mis manos;

11. y haré cesar todos sus regocijos, sus solemnidades, sus neomenías, sus sábados y todos sus días festivos;

12. y destruiré sus viñas y sus higueras, de las cuales dijo ella: Estos son los galardones que me dieron mis amantes; y yo la convertiré en un matorral, y la devorarán las fieras del campo.

13. Y ejerceré en ella mi venganza por los días que sirvió a Baalim, en los cuales le ofrecía incienso, y se ataviaba con sus zarcillos y con sus galas, e iba en pos de sus amantes, y se olvidaba de mí, dice el Señor.

14. Pero con todo, después yo la acariciaré, y la llevaré a la soledad, y le hablaré al corazón.

15. Le daré viñadores de su mismo lugar, y el valle de Acor, para que entre en esperanza; y allí cantará himnos a su Dios como en los días de su juventud, como en los días en que salió de la tierra de Egipto.

16. Y aquel será el día, dice el Señor, en que ella me llamará esposo suyo; y no me llamará más Baalí.

17. Y quitaré de su boca los nombres de Baalim, y no volverá a acordarse más de los nombres de los ídolos.

18. Y en aquel día pondré yo paz entre ellos, y las bestias del campo, y las aves del cielo, y los reptiles de la tierra; y quebrantaré en el país los arcos y las espadas*, y haré cesar las guerras, y que ellos duerman con toda seguridad.

19. Y te desposaré conmigo para siempre y te desposaré conmigo mediante la justicia o santidad y el juicio, y mediante la misericordia y la clemencia.

20. Y te desposaré conmigo mediante la fe, y conocerás que yo soy el Señor.

21. Entonces será, dice el Señor, cuando yo escucharé benigno a los cielos, y éstos escucharán a la tierra.

22. Y la tierra atenderá a dar el grano, y el vino, y el aceite; y estas cosas atenderán o consolarán a Jezrael.

---

3. *Ez 16*, 4-39; *22*, 24; *23*, 26.
5. *Jer 44*, 17.
9. *Rom 8*, 20.
18. *Is 11*, 6-7; *Hech 10*, 11-12.

23. Y la sembraré yo para mí como preciosa simiente sobre la tierra, porque me apiadaré de aquella nación que fue llamada: *No más misericordia*.

24. Y al que dije que no era mi pueblo, le diré: Pueblo mío eres tú; y él dirá: Tú eres mi Dios*.

3 *El Señor ordena a Oseas que tome una mujer adúltera, y que antes de casarse la haga esperar muchos días*

1. Me dijo el Señor: Ve aún, y ama a una mujer que ha sido amada de su amigo y adúltera: así como el Señor ama a los hijos de Israel, y ellos vuelven sus ojos hacia los dioses ajenos, y aman el hollejo de las uvas.

2. Yo me la adquirí por quince siclos de plata, y un coro y medio de cebada.

3. Y le dije: Tendrás que esperar muchos días, entretanto no cometerás adulterio, ni tendrás trato con ningún hombre; y yo también te aguardaré a ti.

4. Porque los hijos de Israel mucho tiempo estarán sin rey, sin caudillo, sin sacrificios, sin altar, sin efod, y sin terafines, y oráculos,

5. y después de esto volverán los hijos de Israel en busca del Señor Dios suyo, y del descendiente de David, su Rey y Salvador, y buscarán con santo temor y respeto al Señor y a sus bienes en el fin de los tiempos.

4 *Reprende el profeta a Israel por sus grandes pecados, y le comunica los terribles castigos de Dios*

1. Escuchad la palabra del Señor, ¡oh vosotros hijos de Israel!, pues el Señor viene a juzgar a los moradores de esta tierra, porque no hay verdad, ni hay misericordia, no hay conocimiento de Dios en el país.

2. La maldición o blasfemia, y la mentira, y el homicidio, y el robo, y el adulterio lo han inundado todo; y una maldad alcanza a otra,

3. por cuya causa se cubrirá de luto o desolación la tierra, y desfallecerán todos sus moradores; y aun las bestias del campo, y las aves del cielo, y hasta los peces del mar perecerán.

4. Sin embargo, nadie se ponga a reprender ni corregir a otro, porque tu pueblo es como aquellos que se las apuestan al sacerdote.

5. Mas tú, ¡oh Israel!, hoy, luego perecerás, y perecerán contigo tus falsos profetas; en aquella noche reduciré a un fúnebre silencio a tu madre.

6. Quedó sin habla el pueblo mío porque se hallaba falto de la ciencia de la salud. Por haber tú desechado la ciencia*, yo te desecharé a ti, para que no ejerzas mi sacerdocio; y pues olvidaste la ley de tu Dios, yo también me olvidaré de tus hijos.

7. A la par que ellos se han multiplicado con mi protección, se han multiplicado también sus pecados contra mí. Yo trocaré su gloria en ignominia.

8. Comen las víctimas de los pecados de mi pueblo*; y mientras éste peca, le dan ánimo.

9. Por lo cual será tratado el sacerdote como el pueblo; y yo castigaré su mal proceder, y le daré la paga de sus designios.

10. Y comerán, y no se saciarán, han prevaricado incesantemente; han abandonado al Señor, desobedeciendo su santa ley.

11. La deshonestidad, y el vino y embriaguez, quitan el buen sentido.

12. Por eso el pueblo mío ha consultado con un pedazo del leño, y las varas suyas, o de los agoreros, le han dado las respuestas acerca de lo futuro; porque el espíritu de fornicación, o idolatría, los ha fascinado, y han vuelto la espalda a su Dios.

13. Han ofrecido sacrificios sobre las cimas de los montes, y sobre los collados quemaban el timiama o incienso, y debajo de la encina, y del álamo, y del terebinto, por serles grata su sombra; por esto vuestras hijas darán al traste con su honor, y serán adúlteras vuestras esposas.

14. Yo les daré rienda suelta, no castigaré a vuestras hijas cuando hayan pecado, ni a vuestras esposas cuando se hayan hecho adúlteras; pues los mismos padres y esposos tienen trato con las rameras, y van a ofrecer sacrificios con los hombres afemi-

---

24. *Rom 9*, 25; *1 Pe 2*, 10.

6. *Deut 33*, 10; *Mal 2*, 7.
8. *2 Cor 5*, 21.

nados y corrompidos. Por esta causa será azotado este pueblo insensato que no quiere darse por entendido.

15. Si tú, ¡oh Israel!, te has entregado a la fornicación, o idolatría, al menos tú, ¡oh Judá!, no peques; y no queráis ir a Gálgala ni subáis a Betaven, para idolatrar, ni juréis diciendo: Vive el Señor.

16. Porque Israel se ha descarriado, cual vaca indómita y lozana; mas luego el Señor los conducirá a pacer como tímidos corderos en campiñas espaciosas.

17. Efraín ha hecho alianza con los ídolos: apártate de él tú, ¡oh Judá!

18. El celebra aparte sus convites idolátricos, y ha caído en la más desenfrenada fornicación, o idolatría, sus protectores se complacen en cubrirle de ignominia.

19. A Israel le llevará atado a sus alas el viento de la indignación divina; y sus hijos quedarán cubiertos de ignominia por sus sacrificios.

5

Dios castigará a Israel por sus maldades; amenaza a Judá. Cuando tienen al Señor por enemigo

1. Escuchad esto, ¡oh sacerdotes! Tú, ¡oh casa de Israel!, oye con atención; atiende bien tú, ¡oh casa real!, porque a vosotros se os va a juzgar. Pues debiendo ser unos centinelas del pueblo, le habéis armado lazos, y sido para él como una red tendida por los cazadores sobre el monte Tabor.

2. Y habéis hecho caer la víctima en el abismo. Yo os he instruido a todos.

3. Conozco bien a Efraín, no me es desconocido Israel: sé que Efraín es ahora idólatra, sé que está contaminado Israel.

4. No dedicarán ellos su pensamiento a convertirse a su Dios, porque están dominados del espíritu de fornicación, o idolatría, y desconocieron al Señor.

5. Y se descubrirá la arrogancia o imprudencia de Israel en su descarado rostro; e Israel y Efraín perecerán por causa de su maldad; también Judá perecerá con ellos.

6. Irán a buscar al Señor con la ofrenda de sus rebaños y vacadas, y no lo hallarán, se retiró de ellos.

7. Han sido infieles al Señor, pues han engendrado hijos bastardos, ahora en un mes serán consumidos con todo cuanto poseen.

8. Tocad la bocina en Gabaa, tocad la trompeta en Rama; levántase el aullido en Betaven, tras tus espaldas, ¡oh Benjamín!

9. En el día del castigo será asolado Efraín. Veraz me he mostrado en las profecías tocantes a las tribus de Israel.

10. Los príncipes de Judá son como aquellos que cambian los mojones*: como un diluvio derramaré sobre ellos mi indignación.

11. Efraín se ve tiranizado por sus príncipes, y es oprimido en juicio, porque se fue a buscar las inmundicias de los ídolos.

12. Y yo seré para Efraín como polilla; como una carcoma seré yo para la casa de Judá.

13. Sintió Efraín su falta de fuerzas, y Judá sus cadenas; y Efraín recurrió al asirio, y Judá llamó a un rey en su defensa*; mas éste no podrá daros la salud, ni podrá libraros de las cadenas.

14. Porque yo soy para Efraín como una leona, y como un joven o vigoroso león para la casa de Judá. Yo, yo haré mi presa y me iré con ella; yo la tomaré, y no habrá quien me la quite.

15. Me marcharé y me volveré a mi habitación; hasta tanto que os halléis bien desfallecidos, y vengáis en busca de mí.

6

Israel y Judá se convierten al Señor por medio de las tribulaciones. Quejas de Dios contra ellos

1. En medio de sus tribulaciones se levantarán con presteza para convertirse a mí. Venid, dirán, volvámonos al Señor;

2. porque él nos ha cautivado, pero él mismo nos pondrá a salvo; él nos ha herido, y él mismo nos curará.

3. El mismo nos volverá a la vida después de dos días; al tercer día nos resucitará*, y viviremos en la presencia suya. Conoceremos al Señor y les seguiremos para conocerlo. Preparado está su advenimiento

---

10. *Y roban la tierra del vecino. Deut 19*, 14; *27*, 17; *Job 24*, 2.

13. *2 Re 15*, 19; *16*, 17.

3. Por *dos días* se entiende *poco tiempo*.

como la aurora; y el Señor vendrá a nosotros, como la lluvia de otoño y de primavera sobre la tierra.

4. ¿Qué es los que podré yo hacer contigo, oh Efraín? ¿Qué haré contigo oh Judá? La piedad vuestra es como una nube o niebla de la mañana, o cual rocío de la madrugada, que luego desaparece.

5. Por esto por medio de mis profetas os acepillé, o castigué, con las palabras amenazadoras salidas de mi boca, con las cuales les he acarreado la muerte. Así tu condenación aparecerá clara como la luz.

6. Porque la misericordia es la que yo quiero, y no lo exterior del sacrificio; y el conocimiento práctico o temor de Dios, más que los holocaustos.

7. Mas ellos han violado mi alianza, a imitación de Adán, allí prevaricaron contra mí.

8. Galaad es ahora una ciudad de fabricadores de ídolos, inundada de sangre inocente.

9. Su garganta es como la de los ladrones; se ha unido con los sacerdotes impíos que matan en el camino a las gentes que van de Siquem; verdaderamente que son horrendas las cosas que han ejecutado.

10. Horrible cosa es la que he visto en la casa o pueblo de Israel; he visto en ella las idolatrías de Efraín. Israel se contaminó.

11. Y tú también, ¡oh Judá!, prepárate para la siega; hasta que por fin haga volver del cautiverio al pueblo mío.

7

Reprende Dios la obstinación del pueblo, la confianza en las naciones gentiles, la cual será su ruina

1. Cuando yo quería curar los males de Israel, se descubrió la interior malicia de Efraín y la iniquidad de Samaria; porque entonces se ha dedicado a la mentira: y así entrará en su casa el ladrón a despojarlos, y por fuera lo hará el salteador.

2. Y porque no digan acaso en sus corazones que yo vuelvo a acordarme de todas sus maldades; actualmente están ellos rodeados de sus impiedades, las están cometiendo delante de mis ojos.

3. Con su perversidad dieron gusto al rey; dieron gusto a los príncipes con sus mentiras, o idolatrías.

4. Son adúlteros todos los de mi pueblo y son como horno encendido por el hornero, calmó la ciudad por un poco de tiempo, como después de mezclada la levadura, hasta que todo estuvo fermentado*.

5. Es el día del cumpleaños de nuestro rey, dicen los israelitas; los príncipes, o cortesanos, tomados del vino, comenzaron a loquear, y el rey daba la mano a aquellos bufones o libertinos.

6. Aplicaron su corazón a la idolatría, encendido como un horno, mientras él los acechaba; se echó a dormir toda la noche, mientras ellos se cocían; a la mañana él mismo se encendió en la idolatría, cual llama ardiente.

7. Todos se encendieron en la impiedad como un horno, e incendiaron con ella a sus jueces, o gobernadores; cayeron en ella todos sus reyes; no hay entre ellos quien levante su voz hacia mí.

8. Se mezclaba Efraín con las naciones idólatras; vino a ser Efraín como un pan que se cuece al rescoldo, y al cual no se le da la vuelta.

9. Devorarán sus riquezas los extranjeros, y él no ha caído aún en la cuenta; así se ha visto luego cubierto con canas, y no por eso entra en conocimiento.

10. E Israel mirará con sus propios ojos humillada la soberbia suya; y con todo eso no se convertirán al Señor Dios suyo, ni después de todas estas cosas irán en busca de él.

11. Se ha vuelto Efraín como una imbécil paloma, falta de entendimiento. A los egipcios fueron a llamar, recurrieron a los asirios.

12. Y cuando hubieren ido, extenderé yo mi red sobre ellos, y los haré caer como un ave del cielo; haré de ellos un destrozo, según se les ha dicho en sus asambleas*.

13. ¡Ay de ellos, porque se apartaron de mí!, destruidos serán, pues se rebelaron contra mí; y habiendo yo sido muchas veces su redentor, ellos profirieron contra mí mentiras.

14. No han clamado a mí de corazón; sino que aullaban angustiados en sus lechos; sobre el trigo y sobre el vino era sobre

---

4. Corrompida está la masa del pueblo.
12. *Deut 27*, 26; *28*; *2 Re 17*, 13.

lo que únicamente rumiaban. Se alejaron de mí.

15. Y yo los intruí, y yo di vigor a sus brazos; mas ellos sólo discurrieron cómo obrar el mal contra mí.

16. Quisieron volver a vivir sin el yugo de mi ley, se asemejaron a un arco falso. Perecerán sus príncipes al filo de la espada en castigo de su furiosa e impía lengua. Tal fue ya el escarnio que de mí hicieron en tierra de Egipto.

8 *Manda Dios al profeta que comunique a Israel su próxima ruina por haberse rebelado contra él*

1. Sea tu garganta como una trompeta y pregona que el enemigo se dejará caer como águila sobre la casa del Señor; porque estos pueblos míos han quebrantado mi alianza, han violado mi ley.

2. Me invocarán diciendo: ¡Oh Dios nuestro!, nosotros los de Israel te hemos reconocido.

3. Mas Israel, dice Dios, ha desechado el bien obrar; y por eso lo destrozará su enemigo.

4. Ellos reinaron, pero no por mí; fueron príncipes, mas yo no los reconocí. De su plata y de su oro se forjaron ídolos para su perdición.

5. Derribado por el suelo ha sido tu becerro, ¡oh Samaria!* Encendido se ha contra ellos mi indignación. ¿Hasta cuándo será imposible curarlos de su idolatría?

6. Porque obra fue ciertamente de Israel aquel becerro, lo fabricó un artífice, y no es Dios; como telas de araña, así será el becerro de Samaria.

7. Sembrarán viento, y recogerán torbellinos para su ruina, no habrá allí espiga que se mantenga en pie, y sus granos no darán harina; y si la dieren, se la comerán los extraños.

8. Devorado ha sido Israel, ha venido él a ser entre las naciones como un vaso inmundo.

9. Recurrió a el rey de los asirios, asno silvestre que anda solo; los hijos de Efraín han ofrecido dones a sus amigos los asirios.

10. Pero después que se hayan procurado a caro precio el socorro de las naciones, yo entonces los reuniré en Asiria, y siendo cautivos, quedarán por algún tiempo exentos del tributo que pagan al rey y a los príncipes.

11. Por haber Efraín multiplicado sus altares para pecar idolatrando, y haber sido sus altares el origen de sus delitos,

12. yo también multiplicaré contra él mis leyes penales*; las cuales han mirado como si no fuesen para ellos.

13. Ofrecerán hostias, inmolarán víctimas para el sacrificio, de las cuales comerán; mas el Señor no las aceptará, antes bien se acordará ahora de las maldades de ellos, y castigará sus pecados; entonces se acogerán a Egipto.

14. Se olvidó Israel de su Hacedor, y erigió templos a los ídolos; Judá se ha construido muchas plazas fuertes; mas yo aplicaré fuego a sus ciudades fortificadas, el cual devorará todos sus edificios*.

9 *Comunica Dios a Israel el hambre y el cautiverio. Por su obstinación será dispersado y desamparado de Dios*

1. No tienes que regocijarte tanto, ¡oh Israel!, no te ocupes en danzas, como hacen los gentiles; porque tú has abandonado a tu Dios: has codiciado como recompensa de tu idolatría las eras llenas de trigo.

2. Pero ni la era, ni el lagar les darán con qué sustentarse; y la viña dejará burladas sus esperanzas.

3. No morarán en la tierra del Señor. Efraín se acogerá a Egipto, y comerá entre los asirios manjares impuros.

4. No ofrecerán libaciones de vino al Señor, ni le serán gratas sus ofrendas; sus sacrificios serán como los convites de los funerales, cualquiera que en ellos comiere, quedará contaminado. Guárdense para sí su inmundo pan; no entre en el templo del Señor hostia impura.

5. ¿Qué es lo que entonces haréis en el día de la solemnidad, en el día de la fiesta del Señor?

---

5. *Am 3*, 14.

12. *Deut 27*, 9.
14. *2 Re 25*.

6. Yo los veo escapar ya del asolado país. Egipto los recogerá; el país de Memfis les dará sepultura. Sobre sus codiciadas riquezas crecerá la ortiga, y se verán nacer abrojos en sus habitaciones.

7. Vendrán los días de la visita del Señor, los días del castigo llegarán luego. Sepas, ¡oh Israel!, que tus profetas son unos fatuos, esos que se creen varones espirituales son unos insensatos; permitiéndolo Dios en pena de tus muchas iniquidades y de la suma necedad tuya.

8. El sacerdote, el centinela de Efraín para con mi Dios, el profeta se ha hecho un lazo tendido en todos los caminos para ruina del pueblo, es objeto de odio en el templo de su Dios.

9. Han pecado enormemente, como en los días aquellos pecaron los gabaonitas*. Se acordará el Señor de la perversidad de ellos, y castigará sus maldades.

10. Como uvas en árido desierto, con tanto gusto tomé yo a Israel; como los primeros frutos de las altas ramas de la higuera, así miré a sus padres. Mas ellos se fueron al templo de Beelfegor*, y se enajenaron de mí, para ignominia suya, haciéndose execrables como las cosas que amaron.

11. Desapareció la gloria de Efraín como un pájaro que ha tomado el vuelo; perecerán sus hijos apenas hayan nacido; desde el seno materno, o desde su misma concepción.

12. Y aun cuando llegaren a criar sus hijos, yo haré que queden sin ellos en este mundo. ¡Ay de ellos cuando yo llegue a abandonarlos enteramente!

13. Efraín, cual yo la vi, se parecía a la rica Tiro, situada en hermosísimo país*; mas Efraín entregará sus propios hijos en manos del mortífero conquistador.

14. Dales, ¡oh Señor!..., pero, ¿y qué les darás? Dales vientres estériles y pechos sin leche.

15. El colmo de su maldad fue allá en Galgal*; allí les tomé yo aversión; yo los echaré de mi casa por causa de sus perversas obras; nunca más los amaré; todos sus príncipes son unos apóstatas.

16. Efraín ha sido herido de muerte; seca está su raíz, no producirán ellos más fruto; y si tuvieren hijos, yo haré morir los más amados de sus entrañas.

17. Los desechará mi Dios, porque no lo han escuchado, y andarán prófugos entre las naciones.

10

Israel, por su idolatría, es entregado a los asirios. Destruidos los reinos de Israel y Judá

1. Era Israel una frondosa viña, que llevó los frutos correspondientes, cuanto más abundó en bienes, tanto mayor número tuvo de altares a los ídolos; y cuanto más fecunda fue su tierra, mayor número tuvo de vanos simulacros.

2. Está dividido su corazón, y perecerán luego. Les hará el Señor pedazos sus simulacros, y derrocará sus altares.

3. Porque ellos dirán luego: Nos hallaremos sin rey porque no tememos al Señor; y el rey ¿qué es lo que haría por nosotros*?

4. Repetid ahora las palabras de la falsa visión de vuestros profetas, ajustad la alianza con el asirio; que a pesar de eso la venganza de Dios brotará como hierba nociva sobre los surcos de un campo sembrado.

5. Adoraron los habitantes de Samaria las vacas de Betaven; y aquel pueblo y sus sacerdotes, que celebraban ya fiesta en honor de aquel becerro, derraman lágrimas, porque queda desvanecida su gloria.

6. Pues el becerro fue transportado a Asiria, y sirvió de donativo o presente al rey que habían tomado por defensor, cubierto de ignominia quedará Efraín; Israel será afrentado por sus antojos.

7. Samaria con sus pecados ha hecho desaparecer su rey, como la ampollita de aire que se eleva sobre la superficie del agua.

8. Destruidos serán los lugares altos consagrados al ídolo, que es el pecado de Israel; espinas y abrojos crecerán sobre sus altares. Entonces los hijos de Israel dirán a los montes: Sepultadnos; y a los collados: Caed sobre nosotros*.

---

9. *Jue 19*, 25.
10. Idolo de la impureza. *Num 25.*
13. *Ez 26-28.*
15. *1 Sam 11*, 14; *Jue 3*, 7; *Os 4*, 15.

8. *Is 2*, 19; *Luc 23*, 30; *Ap 6*, 16.

9. Desde el tiempo de los sucesos de Gabaa está Israel pecando con los ídolos; en el pecado han perseverado; sufrirán una guerra peor que aquella que se hizo a los facinerosos de Gabaa.

10. A medida de mi deseo los castigaré yo, las naciones se reunirán contra ellos, entonces serán castigados por su doble maldad.

11. Efraín, novilla avezada a trillar con gusto las mieses, yo pasaré sobre su lozana cerviz; subiré sobre Efraín y la dominaré. Judá echará mano al arado, Jacob abrirá los surcos.

12. Sembrad para vosotros semilla u obras de virtud, y segaréis abundancia de misericordia; romped vuestra tierra inculta, porque tiempo es de buscar al Señor, hasta tanto que venga el que os ha de enseñar la justicia o santidad*.

13. Arasteis para sembrar impiedad; y habéis segado iniquidad, y comido un fruto mentiroso. Pusisteis vuestra confianza en vuestros planes y en la muchedumbre de vuestros valientes.

14. Se levantarán alborotos en vuestro pueblo, y serán destruidas todas vuestras fortalezas: como fue destruido Salmana en el día de la batalla por el ejército de Gedeón, que tomó venganza de Baal, habiendo quedado estrellada la madre junto a sus hijos.

15. He aquí lo que debéis a Betel; tal es el resultado de vuestras perversas maldades.

11

El Señor dice que habiendo siempre amado a Israel, lo ha entregado a los asirios por su maldad

1. Como pasa el crepúsculo de la mañana, así pasó el rey de Israel. Al principio era la casa de Israel un niño, yo lo amé; y yo llamé e hice venir de Egipto a mi hijo*.

2. Mis profetas amonestaron a los hijos de Israel; pero éstos se alejaron tanto más de ellos, ofrecían víctimas a Baal y sacrificios a los ídolos.

3. Yo me hice como ayo de Efraín, le traje en mis brazos, y los hijos de Efraín desconocieron que yo soy el que cuida de su salud.

4. Yo los atraje hacia mí con vínculos propios de hombres, con los vínculos de la caridad; yo fui para ellos como quien les aliviaba el yugo que apretaba sus quijadas, y les presenté qué comer.

5. No volverán ya todos ellos a la tierra de Egipto; sino que el asirio será su rey, por cuanto no han querido convertirse.

6. La espada ha comenzado a recorrer sus ciudades, y consumirá la flor de sus habitantes, y devorará sus caudillos.

7. Entretanto estará mi pueblo como en un hilo, esperando con ansia que yo vuelva; mas a todos se les pondrá un yugo perpetuo.

8. ¿Qué haré yo de ti, oh Efraín? ¿Seré yo tu protector, oh Israel? Pues qué ¿podré yo tratarte como a Adama, ni ponerte como puse a Seboim? ¡Ah! mis entrañas se conmueven dentro de mí, yo me siento como arrepentido.

9. No dejaré obrar el furor de mi indignación, no me resolveré a destruir a Efraín, porque yo soy Dios y no un hombre. El Santo ha habitado en medio de ti, y así no entraré en la ciudad para destruirla.

10. Ellos seguirán al Señor, cuando él ruga como león. Rugirá el Señor, y causará asombro a los hijos del mar.

11. Y volarán desde Egipto como un ave ligera, y como veloz paloma a su nido vendrán de tierra de Asiria, y yo los restableceré en sus moradas, dice el Señor.

12. Efraín me ha estrechado el paso con renegar de mí, y con sus fraudes la casa de Israel; Judá ha venido a dar testimonio a Dios de su amor, y sigue fielmente el camino de los santos.

12

Israel en vano espera la protección de Egipto. El Señor castigará toda la casa de Jacob

1. Efraín se apacienta del viento, y confiando en Egipto respira el aire ardiente. Todo el día está aumentando sus falsedades y las causas de su perdición, se ha confederado con los asirios y ha llevado sus excelentes aceites a Egipto.

---

12. *Jer 4*, 3.
1. *Israel* llamado *hijo primogénito de Dios. Ex 4*, 22; *Mat 2*, 15.

2. Vendrá, pues, el Señor a vigilar la conducta de Judá, y a castigar a Jacob, y le dará el pago que merecen sus obras y sus vanos caprichos.

3. Jacob en el seno materno cogió por el calcañar a su hermano; y con su fortaleza luchó con el ángel.

4. Y prevaleció sobre él, y lo venció, y con lágrimas se encomendó a dicho ángel del Señor. En Betel fue donde tuvo este feliz encuentro*, y allí habló el Señor con nosotros.

5. Y al Señor, que es el Dios de los ejércitos, al Señor tuvo siempre presente Jacob en su memoria.

6. ¡Ea pues!, conviértete tú al Dios tuyo, observa la misericordia y la justicia; y confía siempre en tu Dios.

7. Mas este cananeo tiene en sus manos una balanza engañosa, él se complace en estafar al prójimo.

8. Efraín está diciendo: Ello es que yo me he hecho rico; he adquirido para mí el ídolo de las riquezas; en todos mis afanes no se hallará que yo haya cometido injusticia alguna.

9. Pero no obstante yo me acuerdo que soy el Señor Dios tuyo desde que te saqué de la tierra de Egipto; aun te dejaré reposar en tus moradas como en los días de aquella solemnidad de los Tabernáculos.

10. Yo soy el que te habló por los profetas, haciéndoles ver muchas cosas venideras; y por medio de los profetas me descubrí a vosotros.

11. Si aquello de Galaad es un ídolo, luego en vano se inmolaban bueyes en Galgal; y en efecto, ya sus altares son como los montones de piedras cerca de los surcos del campo.

12. Huyó Jacob a tierra de Siria, Israel sirvió a Labán por adquirir una esposa, y por adquirir otra sirvió de pastor*.

13. Después el Señor por medio de un profeta sacó a Israel de Egipto, y por medio de otro profeta lo salvó.

14. Efraín, no obstante eso, con acerbos disgustos ha provocado mi enojo, sobre él hará recaer su Señor la sangre derramada, y le daré la paga de los insultos que le ha hecho.

4. *Gen 35*, 8.
12. *Gen 28*, 5; *31*, 46.

13 *Ingratitud de Israel, por ella fue castigado en tiempos pasados y lo será aun más en los venideros*

1. A las palabras que pronunció Jeroboam, rey de Efraín, se intimidó Israel, y pecó adorando a Baal, con lo cual quedó como un muerto.

2. Y ahora han añadido pecados a pecados, y han fundido su plata, y formado de ella figuras de ídolos; todo es obra de artífices. A tales adoradores les dicen éstos: Vosotros que adoráis por dioses los becerros, inmoladles víctimas humanas.

3. Por esto serán ellos como una nube al rayar el día, y como el rocío de la mañana que al instante se desvanece, y como el polvo que arrebata de la era un torbellino, y como el humo que sale de una chimenea.

4. Mas yo soy el Señor Dios tuyo desde que saliste de la tierra de Egipto; y no has de reconocer a otro Dios fuera de mí; ni hay otro Salvador sino yo*.

5. Yo te reconocí por hijo en el desierto, en una tierra estéril.

6. Cercanos los israelitas al delicioso país que les di para vivir, se rellenaron y hartaron de bienes; y engreído su corazón, me echaron a mí en olvido*.

7. Mas yo seré para ellos lo que una leona o un leopardo en el camino que va a Asiria.

8. Saldré a embestirlos, como osa a quien han robado sus cachorros; y despedazaré sus entrañas hasta lo más íntimo del corazón; y allí los devoraré, como lo ejecuta un león, las fieras los destrozarán.

9. Tu perdición, ¡oh Israel!, viene de ti mismo; y sólo de mí tu socorro.

10. ¿Dónde está tu rey?*; ¿dónde tus jueces? Ahora es la ocasión de que te salven a ti y a tus ciudades; puesto que me dijiste tú: Dame un rey y príncipes que me gobiernen.

11. En medio de mi indignación te concedí un rey; y en medio de mi enojo te lo quitaré.

12. He ido reuniendo las iniquidades de Efraín; depositados tengo sus pecados.

4. *Is 43*, 10.
6. *Deut 8*, 2; *32*, 15.
10. *1 Sam 8*, 20.

13. Le asaltarán; agudos dolores como de una mujer que está de parto. Es ese pueblo un hijo insensato, y no podrá subsistir ahora en medio del destrozo de sus hijos.

14. No obstante, yo los libraré del poder de la muerte; de las garras de la misma muerte los redimiré. ¡Oh muerte!, yo he de ser la muerte tuya; seré tu destrucción, ¡oh infierno! No veo cosa que pueda consolarme.

15. Porque el infierno o sepulcro dividirá unos hermanos de otros. El Señor enviará un viento abrasador* que se levantará del desierto, el cual agotará sus manantiales y secará sus fuentes. El rey arrebatará del país todos los más preciosos tesoros.

14 *Ruina de Samaria y del reino de Israel. El Señor exhorta a su pueblo a que se convierta*

1. ¡Oh!, mal haya Samaria por haber exasperado a su Dios, perezcan todos al filo de la espada; sean estrellados contra el suelo sus niños, y abiertos los vientres de sus mujeres preñadas.

2. ¡Oh Israel!, conviértete al Señor Dios tuyo; porque por tus maldades te has precipitado.

3. Pensad en lo que diréis al Señor. Convertíos a él, y decidle arrepentidos: Quita de nosotros toda iniquidad, acepta este bien, o buen deseo nuestro, y te presentaremos la ofrenda de nuestras alabanzas.

4. No confiaremos ya en que el asirio nos salve, no montaremos confiados en los caballos de los egipcios, no llamaremos en adelante dioses nuestros a las obras de nuestras manos: porque tú, ¡oh Señor!, te apiadarás de este pueblo como de un huérfano que se pone en tus manos.

5. Yo curaré sus llagas, responde el Señor, los amaré por pura gracia; por cuanto se ha aplacado mi indignación contra ellos.

6. Seré como el rocío para Israel; el cual brotará como el lirio, y echará raíces como un árbol del Líbano.

7. Se extenderán sus ramas; será bello y fecundo como el olivo, y odorífero como el árbol del incienso.

8. Se convertirán al Señor, y reposarán bajo su sombra; se alimentarán del trigo*; se propagarán como la vid; la fragancia de su nombre será como la del vino del Líbano.

9. Efraín dirá entonces: ¿Qué tengo yo ya que ver con los ídolos? Y yo le escucharé benignamente, yo lo haré crecer como un alto y verde abeto; de mí tendrán origen tus frutos, ¡oh Israel!

10. ¿Quién es el sabio que estas cosas comprenda? ¿Quién tiene talento para penetrarlas? Porque los caminos del Señor son rectos, y por ellos andarán los justos; mas los prevaricadores hallarán en ellos su ruina*.

---

15. *Ez 19*, 12.

8. *Jn 6*, 50.
10. *Prov 10*, 29; *Luc 2*, 34; *2 Cor 2*, 16.

Joel

Introducción

Joel profetizó en el reino de Judá, después de la ruina del de Israel y de que fueran llevadas cautivas a Babilonia sus diez tribus, en el año 587 a.C. Anunció la destrucción del reino de Judá y la libertad que Dios concedería a su pueblo después del cautiverio. Profetizó la venida del *Espíritu Santo* sobre los apóstoles y el juicio final. Tiene un estilo vehemente, expresivo y figurado. Los expositores sagrados hallan en varias expresiones de Joel muchos sentidos proféticos.

1

Joel con varias parábolas anuncia los castigos con que Dios desolará toda la Judea

1. Palabra de Dios, revelada a Joel, hijo de Fatuel.

2. Escuchad, ¡oh ancianos!, y atended también vosotros moradores todos de la tierra de Judá. ¿Ha sucedido una cosa como ésta en vuestros días o en tiempo de vuestros padres?

3. De ella hablaréis a vuestros hijos, vuestros hijos a los hijos suyos, y los hijos de éstos a los que vayan viniendo.

4. Lo que dejó la oruga se lo comió la langosta, y lo que dejó la langosta se lo comió el pulgón, y lo que dejó el pulgón lo consumió la langosta*.

5. Despertaos, ¡oh ebrios!, y llorad; alzad el grito todos los que estáis bebiendo alegremente el vino, porque se os quitará de vuestra boca.

6. Pues va viniendo hacia mi tierra una gente fuerte e innumerable; como de león así son sus dientes; son sus muelas como de un joven y robusto león*.

7. Ella ha convertido en un desierto mi viña; ha descortezado mis higueras, las ha dejado desnudas, y todas despojadas, y derribadas al suelo. Sus ramas, roídas y secas, se vuelven blancas.

8. Laméntate, ¡oh Jerusalén!, cual joven esposa, que vestida de cilicio llora al esposo que tomó en su edad florida.

9. Faltaron los sacrificios y las libaciones en la casa del Señor*; los sacerdotes ministros del Señor están llorando.

10. El país está asolado, los campos lloran; por cuanto han sido destruidos los sembrados, quedan perdidas las viñas, y secos los olivos.

11. Andan cabizbajos los labradores, los viñadores prorrumpen en tristes acentos; por haber faltado la cosecha del campo, el trigo y la cebada.

12. Las viñas causan lástima; se secaron los higuerales, y secos han quedado el granado, la palma, y el manzano, y todos los árboles de la campiña: la alegría se ha ido lejos de los hijos de los hombres*.

13. Ceñíos de cilicio y llorad vosotros, ¡oh sacerdotes!; prorrumpid en tristes clamores, ¡oh ministros del altar!; venid a postraros sobre el cilicio, ¡oh ministros de mi Dios!, porque han desaparecido de la casa de vuestro Dios el sacrificio y la libación.

14. Predicad el santo ayuno, convocad al pueblo, congregad los ancianos y a todos

4. También la roya.
6. El *león* es una alegoría de los *caldeos*.

9. *Ex 29*, 38.
12. *Is 16*, 10; *Jer 48*, 3.

los oradores del país en la casa de vuestro Dios, y levantad al Señor vuestros clamores.

15. ¡Ay, ay!, qué día tan terrible es ese día que llega. ¡Ay!, cercano está el día del Señor, y vendrá como una espantosa borrasca enviada del Todopoderoso*.

16. ¿No habéis visto ya con vuestros ojos cómo han faltado de la casa de Dios todos los alimentos, y la alegría, y el regocijo?

17. Las bestias perecen de hambre en sus establos, los graneros han quedado exhaustos, vacías las despensas; porque faltaron los granos.

18. ¿Cómo es que gimen las bestias, y mugen las vacas del hato? Porque no tienen pasto, y hasta los rebaños de las ovejas están pereciendo.

19. A ti, ¡oh Señor!, levantaré mis clamores, porque el fuego ha devorado todas las hermosas praderas del desierto, y las llamas han abrasado todos los árboles del país.

20. Y aun las mismas bestias del campo levantan los ojos hacia ti, como la tierra sedienta de agua, porque se secaron los manantiales de las aguas, y el fuego ha devorado todas las hermosas praderas del desierto.

2

El espíritu del Señor se difundirá sobre los hombres. Prodigios que anunciarán el día terrible del Señor

---

1. Sonad la trompeta en Sión, prorrumpid en alaridos desde mi santo monte, estremézcanse todos los moradores de la tierra; porque se acerca el día del Señor, porque está ya para llegar.

2. Día de tinieblas y de oscuridad, día de nublados y de torbellinos. Un pueblo numeroso y fuerte se derrama por todos los montes de la Judea, como se extiende la luz por la mañana, no lo ha habido semejante desde el principio, ni lo habrá en muchas generaciones.

3. Delante de él va un fuego devorador, y lleva en pos de sí una abrasadora llama; la tierra que antes de su llegada era un paraíso de delicias, la deja hecha un asolado desierto, sin que nadie pueda librarse de él.

15. *Is 13*, 6.

4. El aspecto de esa multitud de langostas es como de caballos; y como caballería ligera, así correrán.

5. Saltarán sobre las cordilleras de los montes con un ruido semejante al de los carros, como el ruido que hacen las llamas cuando abrasan los pajares, como una muchedumbre armada cuando se ordena en batalla.

6. A su arribo quedarán yertos de terror los pueblos, y todas las caras se pondrán del color negro de una olla*.

7. Correrán como campeones; como fuertes guerreros, así escalarán el muro; nadie se saldrá de sus filas, ni se desviará de su camino.

8. No se embarazarán los unos a los otros, cada uno tirará línea recta por su senda, y aun cayendo, o saltando desde las ventanas, no se harán daño.

9. Asaltarán una ciudad, correrán por las murallas, subirán por las casas, entrarán por las ventanas como ladrones.

10. A su llegada se estremecerá la tierra, los cielos se conmoverán, se oscurecerán el sol y la luna, y las estrellas retirarán su resplandor*.

11. Porque el Señor ha hecho oír su voz al arribo de sus ejércitos, pues son innumerables sus batallones, los cuales son fuertes, y ejecutan sus órdenes. Porque es grande y muy terrible el día del Señor. ¿Y quién podrá soportarlo?

12. Ahora, pues, convertíos a mí, dice el Señor, de todo vuestro corazón, con ayunos, con lágrimas, y con gemidos.

13. Y rasgad vuestros corazones, y no vuestros vestidos; y convertíos al Señor Dios vuestro, puesto que el Señor es benigno y misericordioso, y paciente, y de mucha clemencia*, e inclinado a suspender el castigo.

14. ¿Quién sabe si se inclinará a piedad, y os perdonará, y os dejará gozar de la bendición, y el poder ofrecer sacrificios y libaciones al Señor Dios vuestro?

15. Sonad la trompeta en Sión*, invitad un santo ayuno, convocad a junta;

6. *Is 3*, 8; *Nah 2*, 10.
10. *Is 13*, 10; *Ez 32*, 7.
13. *Sal 86 (85)*, 5; *Jon 4*, 2.
15. *Num 10*, 7.

16. congregad el pueblo, purificad toda la gente, reunid los ancianos, haced venir los párvulos y los niños de pecho; salga del lecho nupcial el esposo, y de su tálamo la esposa.

17. Lloren entre el vestíbulo y el altar los sacerdotes, ministros del Señor, y digan: ¡Perdona, Señor, perdona a tu pueblo, y no abandones al oprobio la herencia tuya, entregándola al dominio de las naciones! Porque tendrán pretexto las gentes para decir: El Dios de ellos ¿dónde está?

18. El Señor mira con ardiente amor a su tierra, y ha perdonado a su pueblo.

19. Y ha hablado el Señor, y ha dicho a su pueblo: Yo os enviaré trigo, y vino, y aceite, y seréis abastecidos de ello, y nunca más permitiré que seáis el escarnio de las naciones.

20. Y arrojaré lejos de vosotros a aquel enemigo que vino del septentrión, y lo echaré a un país despoblado y desierto*: su vanguardia hacia el mar de oriente; y la retaguardia hacia el mar más distante; y allí se pudrirá y despedirá fétido olor por haber obrado con tanta soberbia.

21. No tienes ya que temer, ¡oh tierra de Judá!, gózate y alégrate, porque el Señor ha obrado grandes maravillas a favor tuyo.

22. Vosotros, ¡oh animales del campo!, no temáis ya; porque las campiñas del desierto van a cubrirse de hierba, darán su fruto los árboles, los higuerales y las viñas han brotado con todo vigor.

23. Y vosotros, ¡oh hijos de Sión!, gozaos y alegraos en el Señor Dios vuestro, porque os ha dado que nazca de vosotros el maestro de la justicia o santidad, y os enviará las lluvias de otoño y de primavera como antiguamente.

24. Y se llenarán de trigo las eras, y los lagares o prensas rebosarán de vino y de aceite.

25. Y compensaré los años estériles que ocasionó la langosta, el pulgón, la roya, y la oruga, terribles ejércitos que envié contra vosotros.

26. Y comeréis abundantemente hasta saciaros del todo, y bendeciréis el Nombre del Señor Dios vuestro, que ha hecho a favor de vosotros cosas tan admirables; y nunca jamás será confundido mi pueblo.

27. Y conoceréis que yo resido en medio de Israel, y que yo soy el Señor Dios vuestro, y que no hay otro sino yo; y jamás por jamás volverá a ser confundido el pueblo mío.

28. Y después de esto sucederá que derramaré yo mi espíritu divino sobre toda clase de hombres*; y profetizarán vuestros hijos y vuestras hijas; vuestros ancianos tendrán sueños misteriosos, y tendrán visiones vuestros jóvenes.

29. Y aun también sobre mis siervos y siervas* derramaré en aquellos días mi espíritu.

30. Y haré aparecer prodigios en el cielo y sobre la tierra, sangre, y fuego, y torbellinos de humo.

31. El sol se convertirá en tinieblas, y la luna en sangre, antes de la llegada de aquel grande y espantoso día del Señor.

32. Y sucederá que cualquiera que invocare el Nombre del Señor, será salvo*; porque en el monte Sión y en Jerusalén hallarán la salvación, como ha dicho el Señor, los restos del pueblo de Judá; los cuales serán llamados por el Señor a su pueblo escogido.

3

Amenazas del Señor contra las naciones que afligen a su pueblo. Fuente de salud, de la casa del Señor

1. Porque en aquellos días y en aquel tiempo, cuando yo haya libertado a Judá, y a Jerusalén del cautiverio,

2. he aquí que reuniré todas las gentes y las conduciré al valle de Josafat, y allí disputaré con ellas a favor de mi pueblo, y a favor de Israel, heredad mía, que ellas dispersaron por estas y otras regiones, habiéndose repartido entre sí mi tierra.

3. Y se dividieron por suertes el pueblo mío, y pusieron a los muchachos en el lugar de la prostitución, y vendieron las doncellas por una porción de vino para beber.

4. Pero ¿qué es lo que yo he de hacer con vosotros, oh tirios, y sidonios, y filisteos de todos los confines? ¿Por ventura queréis vengaros de mí? Y si os vengáis de mí, luego

20. *Jer 1*, 14; *10*, 22.

28. *Is 44*; *Hech 2*, 17; *2 Cor 14*.
29. *Sobre los hijos de las naciones gentiles*.
32. *Rom 10*, 13.

muy en breve yo haré recaer la paga o castigo sobre vuestras cabezas.

5. Porque vosotros habéis robado mi plata y mi oro; y habéis transportado a vuestros templos mis cosas más bellas y apreciables.

6. Y habéis vendido a los hijos de los griegos o gentiles los hijos de Judá y de Jerusalén, para tenerlos distantes de su patria.

7. Sabed que yo los sacaré del país en que los vendisteis; y haré que recaiga la paga sobre vuestra cabeza.

8. Y entregaré vuestros hijos y vuestras hijas en poder de los hijos de Judá, quienes los venderán a los sabeos, nación remota, porque así lo ha dicho el Señor.

9. Bien podéis pregonar en alta voz entre las naciones: Aparejaos para la guerra, animad a los valientes; vengan, pónganse en marcha los guerreros todos;

10. transformad vuestros arados en espadas, y en lanzas vuestros azadones; diga aun el débil: Fuerza tengo yo.

11. Salid fuera y venid, y congregaos, ¡oh naciones todas cuantas seáis!; allí derribará el Señor por el suelo a todos vuestros campeones.

12. Levántense las gentes y vengan al valle de Josafat; porque allí me sentaré yo a juzgar a todas las naciones puestas a la redonda.

13. Echad la hoz, porque están ya maduras la mieses; venid y bajad, porque el lagar está lleno; rebosan los lagares, es decir, ha llegado ya a su colmo la malicia de ellos.

14. Pueblos, pueblos innumerables, compareced en el valle de la mortandad, porque cercano está el día del Señor, venid al valle de la matanza.

15. Se oscurecerán el sol y la luna, y las estrellas retirarán su resplandor*.

16. Y el Señor rugirá desde Sión y hará oír su voz desde Jerusalén, y se estremecerán los cielos y la tierra. Mas el Señor es la esperanza de su pueblo y la fortaleza de los hijos de Israel.

17. Y conoceréis que yo soy el Señor Dios vuestro, que habito en mi monte santo de Sión; y Jerusalén será entonces santa*, y no pondrán más el pie dentro de ella los extraños o profanos.

18. En aquel día sucederá que los montes destilarán miel*, y manarán leche los collados, y correrán llenos de aguas saludables todos los arroyos de Judá; y del templo del Señor brotará una fuente maravillosa que regará el valle de las espinas.

19. Egipto será abandonado a la desolación, y la Idumea será convertida en un hórrido desierto; porque trataron inicuamente a los hijos de Judá, y derramaron en sus regiones la sangre inocente.

20. Pero la Judea será habitada eternamente; para siempre será poblada Jerusalén.

21. Y vengaré la sangre de aquellos justos, de la cual no había yo tomado venganza; y el Señor habitará en Sión con ellos eternamente*.

---

15. *Joel 2*, 10-31; *Mat 24*, 29.
17. *Hebr 12*, 22; *Ap 22*, 15.
18. *Num 25*, 1; *Jos 2*, 1; *Am 9*, 13.
21. El *Apocalipsis* parece ser una explicación o amplificación de esta última profecía de Joel.

Amós

Introducción

Amós era pastor en Tecue, cerca de Betlehem o Belén, y profetizó en Betel, en donde el rey de Israel Jeroboam adoraba los ídolos. Parece que comenzó su actividad profética en 788 a.C.. Amós le predijo a Jeroboam que si no desistía de su maldad, él y toda su familia serían cautivos. Sus profecías, escritas con sencillez, están llenas de comparaciones con el pastoreo. No tienen la viveza de imágenes y fuerza de expresión de otros profetas; pero resplandece y sobresale la *divina sabiduría*. Algunos ven en el *capítulo 9* la profecía de la segunda venida de Jesucristo al mundo en gloria y majestad.

Amasías, sacerdote de Betel, lo acusó de rebeldía al rey; pero no se sabe ni el momento ni las circunstancias de su muerte. La Iglesia celebra su fiesta de mártir, el 31 de marzo.

1

Amós da a conocer los castigos del Señor a los asirios, filisteos, tirios, idumeos y amonitas

1. Palabras de Amós, que fue un pastor de Tecue*, y contienen la revelación que tuvo en orden a Israel, en tiempo de Ozías, rey de Judá, y en tiempo de Jeroboam, hijo de Joás, rey de Israel, dos años antes del terremoto.

2. Dijo, pues: El Señor rugirá desde Sión, y hará oír su voz desde Jerusalén, y se marchitarán los más hermosos pastos, o praderas, y se agostarán las cimas del Carmelo.

3. Esto dice el Señor: Después de tres, cuatro y más maldades que ha cometido Damasco, ya no la convertiré, pues ella con carros de trillar ha despedazado a los israelitas de Galaad.

4. Yo entregaré, pues, a las llamas la casa* de Azael, y serán abrasados los palacios de Benadad.

5. Y destruiré todo el poder de Damasco, y exterminaré a los habitantes de las campiñas del ídolo, y al que empuña el cetro lo arrojaré de la casa de las delicias; y el pueblo de Siria será transportado a Cirene, dice el Señor.

6. Esto dice el Señor: Después de tres, cuatro y más maldades que ha cometido Gaza, ya no la convertiré; pues ella se ha llevado cautiva toda la gente de Israel para encerrarla en Idumea.

7. Yo enviaré fuego contra los muros de Gaza, el cual reducirá a cenizas sus edificios.

8. Y exterminaré a los moradores de Azoto y al que empuña el cetro de Ascalón; descargaré mi mano sobre Accarón; y aniquilaré los restos de los filisteos, dice el Señor Dios.

9. Esto dice el Señor: Después de tres, cuatro y más maldades de Tiro, ya no la convertiré, pues ha encerrado en cautiverio, en la Idumea, a toda la gente de mi pueblo, sin haberse acordado de la antigua fraternal alianza.

10. Yo enviaré fuego contra los muros de Tiro, el cual reducirá a cenizas sus edificios.

11. Esto dice el Señor: Después de tres, cuatro y más maldades de Edom, ya no la convertiré, o perdonaré; porque ha persegui-

1. Ciudad de Judá. Hacia 787 a.C..
4. Familia real. *1 Re 15*, 15.

do espada en mano a su hermano Israel, y le ha negado la compasión que le debía tener, conservando contra él hasta el fin su odio reconcentrado y su indignación.

12. Yo enviaré fuego contra Temán, que reducirá a pavesas los edificios de Bosra.

13. Esto dice el Señor: Después de tres, cuatro y más maldades de los amonitas, ya no los convertiré, o perdonaré; porque ellos para extender sus dominios abrieron los vientres de las preñadas de Galaad*.

14. Yo enviaré el fuego a los muros de Rabba, el cual abrasará sus edificios, en medio de los alaridos del tiempo de la batalla y del tumulto en el día de la destrucción.

15. Y el ídolo Melcom irá al cautiverio, con sus príncipes, dice el Señor.

2 *Dios castigará a Moab, a Judá y a Israel, por ingratos y rebeldes a su santa ley*

1. Esto dice el Señor: Después de tres, cuatro y más maldades de Moab, ya no la convertiré: porque vengativo quemó los huesos del rey de Idumea*, reduciéndolos a cenizas.

2. Yo enviaré, pues, fuego contra Moab, que devorará los edificios de Cariot; y Moab perecerá en medio del estruendo y del sonido de las trompetas de guerra.

3. Y quitaré de en medio a su juez o monarca, y junto a él mataré a todos sus príncipes, dice el Señor.

4. Esto dice el Señor: Después de tres, cuatro y más maldades de Judá, ya no la convertiré, por cuanto ha desechado la ley del Señor, y no ha observado sus mandamientos; pues le han seducido sus ídolos, en pos de los cuales anduvieron sus padres.

5. Yo enviaré fuego contra Judá, que devorará los edificios de Jerusalén.

6. Esto dice el Señor: Después de tres, cuatro y más maldades de Israel, ya no lo convertiré; por cuanto ha vendido por dinero al justo, y por un par de sandalias al pobre.

7. Abaten hasta el suelo las cabezas de los pobres, y se esquivan del trato con los humildes. El hijo y el padre durmieron con la misma joven, deshonrando mi santo Nombre.

8. Y se recostaban sobre las ropas y vestidos tomados en prenda al pobre, celebrando convites junto a cualquier altar, y en la casa de su Dios bebían el vino de aquellos que habían condenado.

9. Pero yo fui el que exterminó delante de ellos a los amorreos, los cuales eran altos como los cedros, y fuertes como la encina; yo destruí sus frutos que salen sobre la tierra, y hasta las raíces que están debajo de ella*.

10. Yo soy aquel que os sacó de la tierra de Egipto, y os conduje por el desierto cuarenta años, para poneros en posesión de la tierra de los amorreos.

11. E hice salir profetas de entre vuestros hijos, y nazareos de entre vuestros jóvenes. ¿No es esto así, oh hijos de Israel, dice el Señor?

12. Y vosotros hicisteis que los nazareos bebiesen vino; y a los profetas les dijisteis: No tenéis que profetizar.

13. Y he aquí que os haré crujir, como hace un carro muy cargado de gavillas en todo lugar por donde pasa.

14. Ni el hombre más ligero podrá escapar, y en vano hará esfuerzos el fuerte, y no podrá el valiente salvarse.

15. No podrá resistir el que dispara el arco, no se salvará el ligero de pies, ni podrá el de a caballo ponerse a salvo.

16. El de corazón más valiente entre los campeones huirá desnudo en aquel día, dice el Señor.

3 *Echa el Señor en cara sus maldades a los israelitas, su pueblo amado y favorecido*

1. Escuchad, ¡oh hijos de Israel!, la palabra que ha pronunciado el Señor acerca de vosotros, acerca de toda aquella nación que sacó él de la tierra de Egipto, diciendo:

2. De entre todos los linajes de la tierra, sois vosotros los únicos a quienes he reconocido, por lo mismo os he de castigar más por todas vuestras maldades.

---

13. *1 Sam 11.*
1. *2 Re 3*, 27.
9. *Num 21*, 24; *Deut 2*, 24.

3. ¿Pueden acaso dos caminar juntos, si no van acordes entre sí?

4. ¿Por ventura rugirá el león en el bosque, si no ve la presa? ¿Acaso el joven león alzará su rugido dentro de su cueva, sin que haya apresado algo?

5. ¿Caerá por ventura el pájaro en el lazo tendido sobre la tierra, si no hay quien lo arme? ¿Y el lazo lo quitarán acaso del suelo antes de haber cogido algo?

6. ¿Sonará la trompeta de guerra en una ciudad, sin que la población se conmueva? ¿Descargará alguna calamidad sobre la ciudad, que no sea por disposición del Señor?

7. Mas el Señor Dios no hace estas cosas sin revelar sus secretos a los profetas siervos suyos.

8. Ruge el león de Judá: ¿Quién no temerá? El Señor Dios ha hablado, ¿quién se retraerá de profetizar?

9. Hacedlo saber a las familias de los filisteos de Azoto y a las del país de Egipto, y decid: Reuníos sobre los montes de Samaria, y observad los muchos desórdenes que reinan en él, y las violencias que se cometen en su interior.

10. No han sabido lo que es hacer justicia, dice el Señor, han amontonado en sus casas tesoros de iniquidad y de rapiña.

11. Por tanto, esto dice el Señor Dios: Atribulada será esta tierra, por todas partes; y se te quitará, ¡oh Samaria!, toda tu fuerza, y saqueadas serán tus casas.

12. Esto dice el Señor: Como si un pastor salvase de la boca del león solamente las dos patas y la ternilla de una oreja de la res que devora, así se librarán de los asirios aquellos hijos de Israel que habitan en Samaria, descansando en un ángulo de cama, o en el lecho de Damasco.

13. Oíd y protestad estas cosas a la casa de Jacob, dice el Señor Dios de los ejércitos:

14. Decidle que llegado que sea el día del castigo de las prevaricaciones de Israel, lo castigaré también a él; y destruiré los altares de Betel, y serán cortados y echados por tierra los ángulos del altar.

15. Y arrasaré las habitaciones o palacios de invierno junto con las de verano, y quedarán arruinadas las habitaciones de marfil y serán en gran número los edificios derribados, dice el Señor.

4

Amenazas contra Samaria. Los israelitas, después de tantos castigos, sufrirán otros mayores

1. Escuchad estas palabras vosotros, vacas gordas del monte de Samaria, vosotros que oprimís a los menesterosos, y holláis a los pobres; vosotros que decís a vuestros amos: Traed, y beberemos.

2. Juró el Señor Dios por su santo Nombre que van a venir días para vosotros en que os ensartarán en picas, y pondrán a hervir en ollas los restos de vuestro cuerpo.

3. Y saldréis por las brechas abiertas por una y otra parte, y seréis arrojados a Armón, dice el Señor.

4. Id enhorabuena a Betel a continuar vuestras impiedades, id a Gálgala a aumentar las prevaricaciones, y llevaos allí por la mañana vuestras víctimas para los ídolos, y vuestros diezmos en los tres días solemnes.

5. Y ofreced a los ídolos el sacrificio de alabanza, con pan fermentado, y pregonad y haced saber las ofrendas voluntarias*, pues así os place a vosotros, ¡oh hijos de Israel!, dice el Señor Dios.

6. Por este motivo he hecho yo que estéis con los dientes afilados en todas vuestras ciudades, por falta de pan en todo vuestro país; y con todo vosotros no os habéis convertido a mí, dice el Señor.

7. Asimismo yo impedí que os viniese lluvia, cuando aún faltaban tres meses hasta la cosecha, e hice que lloviese en una ciudad, y que no lloviese en otra; a un paraje le di lluvia, y otro se secó por no habérsela dado.

8. Y acudieron dos, tres y más ciudades y otra ciudad a buscar agua para beber, y no pudieron saciarse; y no por eso os convertisteis a mí, dice el Señor.

9. Yo os afligí con viento abrasador* y con plagas: La oruga devoró vuestras huertas, y vuestras viñas, y vuestros olivares, y de vuestros higuerales; y a pesar de eso no os convertisteis a mí, dice el Señor.

10. Envié la mortandad contra vosotros en la jornada de Egipto; a vuestra juventud la hice morir al filo de la espada, y fueron cogidos hasta vuestros mismos caballos; el

5. *Num 10*, 10; *Lev 20*, 18.
9. *Ag 2*, 18.

olor de los cadáveres de vuestro campamento lo hice llegar a vuestras narices, y no por eso os convertisteis a mí, dice el Señor.

11. Yo os arrasé, como arrasó Dios a Sodoma y a Gomorra*, y quedasteis como un tizón que se arrebata de en medio de un incendio, y con todo no os convertisteis a mí, dice el Señor.

12. Estas cosas ejecutaré yo contra ti, oh Israel; mas después que así me haya portado contigo, prepárate, ¡oh Israel!, para salir al encuentro de tu Dios.

13. Pues he aquí que viene aquel que forma los montes y crea los vientos, el cual anuncia a los hombres su palabra o Verbo eterno*, aquel que produce la niebla de la mañana, y el que pisa con sus pies las alturas de la tierra, aquel que tiene por nombre Señor Dios de los ejércitos.

5

El profeta llora las calamidades que vendrán sobre Israel, y lo exhorta a la penitencia para librarse de ellas

1. Escuchad estas palabras con que voy a formar una lamentación sobre vosotros: La casa de Israel cayó, y no volverá más a levantarse.

2. La virgen (el florido reino) de Israel ha sido arrojada por tierra, y no hay quien la levante.

3. Porque esto dice el Señor Dios: La ciudad de Israel de la cual salían mil hombres, quedará reducida a ciento, y aquella de la cual salían ciento, quedará reducida a diez, esto sucederá en la familia de Israel.

4. Pero el Señor dice a la casa de Israel: Buscadme y viviréis.

5. Y no os cuidéis de Betel, ni vayáis a Gálgala, ni paséis por Bersabee, porque Gálgala será llevada al cautiverio, y Betel quedará vacía.

6. Buscad al Señor, y tendréis vida, no sea que por desgracia arda como el fuego la casa de José, o Efraín, y devore a Betel sin que haya quien le apague.

7. ¡Oh vosotros, que convertís el juicio en amargura de ajenjo, y echáis a rodar la justicia!,

8. buscad al que creó el Arturo y el Orión, al que cambia las tinieblas en la luz de la mañana, y el día en noche; al que llama las aguas del mar hacia lo alto, y las derrama después sobre la tierra, y cuyo nombre es el Señor.

9. A aquel que como por juguete derriba al suelo los valientes, y hace que sean entregados al saqueo los poderosos.

10. Aborrecieron los de la casa de Israel al que los amonestaba en los concursos públicos, y han abominado que les hablaba en mi Nombre la verdad.

11. Por tanto, ya que vosotros despojabais al pobre, le quitabais lo mejor que tenía, edificaréis casas de piedra de sillería, mas no las habitaréis*; y plantaréis viñas excelentes, pero no llegaréis a beber su vino.

12. Porque tengo sabidas vuestras muchas maldades y vuestros escandalosos delitos. Enemigos sois de la justicia, codiciosos de recibir dones, opresores de los pobres en los tribunales.

13. Por este motivo el prudente callará en aquel tiempo, porque es tiempo aciago.

14. Buscad el bien, no el mal, a fin de que tengáis vida; y así estará con vosotros el Señor Dios de los ejércitos, como decís que está.

15. Aborreced el mal, y amad el bien*, y restableced la justicia en el foro; y el Señor Dios de los ejércitos tendrá tal vez misericordia de los restos del linaje de José.

16. Por tanto, esto dice el Señor Dios de los ejércitos, el Dominador del mundo: En todas las plazas habrá lamentos, y en todos los lugares fuera de la ciudad se oirán ayes; y serán convidados los labradores a llorar, y a hacer el duelo los que saben plañir.

17. Y en todas las viñas se oirán lamentos, porque yo pasaré por en medio de vosotros, dice el Señor.

18. ¡Ay de aquellos que por mofa desean el día del Señor! ¿Por qué lo deseáis? Día de tinieblas será aquel para vosotros*, y no de luz.

19. Os sucederá lo que a un hombre que

---

11. *Gen 19*, 24.
13. Este versículo es una *doxología o fórmula de glorificación a Dios*, diferente del lenguaje de Amós y similar al del *Segundo Isaías. Am 5*, 8-9; *9*, 5-6.

11. *Sof 1*, 13.
15. *Sal 97 (96)*, 10; *Rom 12*, 9.
18. *Jer 30*, 7; *Joel 2*, 11; *Sof 1*, 15.

huyendo de la vista de un león diere con un oso; o entrando en su casa, al apoyarse con su mano en la pared, fuese mordido de una culebra.

20. ¿Por ventura aquel día del Señor no será día de tinieblas, y no de luz; y no reinará en él una suma oscuridad, sin rastro de resplandor?

21. Yo aborrezco y desecho vuestras festividades, y no me es agradable el olor de los sacrificios en vuestras reuniones.

22. Y cuando vosotros me presentareis vuestros holocaustos y dones, yo no los aceptaré, ni volveré mi vista hacia las gordas víctimas que me ofreceréis en voto.

23. Lejos de mí vuestros tumultuosos o estrepitosos himnos; yo no escucharé las canciones al son de vuestra lira;

24. sino que la venganza mía se derramará como agua, y la justicia cual torrente impetuoso.

25. ¿Por ventura, ¡oh casa de Israel!, me ofrecisteis vosotros, durante los cuarenta años en el desierto, gran multitud de hostias y sacrificios*?

26. Vosotros llevabais el tabernáculo de vuestro dios Moloc, y los simulacros de vuestros ídolos, la estrella de vuestro dios Saturno, hechuras de vuestras manos.

27. Yo haré, pues, que seáis transportados más allá de Damasco a la Asiria, dice el Señor, el Señor cuyo nombre es Dios de los ejércitos.

6 *Castigos terribles contra los soberbios y contra el pueblo de Israel lleno de arrogancia*

1. ¡Ay de vosotros los que nadáis en la abundancia* en medio de Sión, y los que vivís sin ningún recelo en el monte de Samaria!, de vosotros, ¡oh magnates principales de los pueblos, que entráis con fausto en las juntas de Israel!

2. Pasad a la ciudad de Calane, y considerad, y desde allí id a Emat la grande, y bajad a Get de los palestinos, y a los mejores reinos o provincias dependientes de éstos. ¿Tienen ellos más espacioso terreno que vosotros?

3. Pero vosotros estáis reservados para el día calamitoso, y os vais acercando al solio o imperio de la iniquidad.

4. Vosotros los que dormís en camas de marfil, y os solazáis en vuestros mullidos lechos; los que coméis los mejores corderos de la grey y los más escogidos becerros de la vacada;

5. los que cantáis al son del salterio y creéis imitar a David usando instrumentos músicos para vuestro deleite;

6. los que bebéis vino en anchas copas, despidiendo preciosos olores, sin compadeceros de la aflicción de José.

7. Por lo mismo irán éstos los primeros a la cautividad, y será dispersado el alboroto de sus banquetes.

8. El Señor Dios ha jurado por su vida; ha dicho el Señor Dios de los ejércitos: Yo detesto la soberbia de Jacob, y aborrezco sus palacios, y entregaré al dominio de otros la ciudad con sus habitantes.

9. Que si diez hombres quedaren refugiados en una casa, perecerán ellos también.

10. Y algún pariente suyo los tomará uno después de otro, y los quemará, y sacará los huesos fuera de la casa para enterrarlos, y dirá después al que está en el fondo de la casa: ¿Tienes todavía aquí dentro algún otro cadáver?

11. Y responderá el de adentro: No hay más. Y aquel pariente le dirá: Pues calla, y no tienes ya que hacer mención del Nombre del Señor.

12. Porque he aquí que el Señor lo ha decretado, y él castigará la casa grande con la total ruina, y la casa menor con grandes calamidades.

13. ¿Acaso pueden correr los caballos entre peñas, o se puede arar con indómitos búfalos? Vosotros habéis trocado en opresión el justo juicio, y en ajenjo el fruto de la justicia.

14. Vosotros fundáis sobre la nada vuestra alegría, y decís: Pues qué ¿no nos ha hecho poderosos nuestra fortaleza?

15. Mas he aquí, ¡oh casa de Israel!, que yo levantaré contra vosotros una nación, dice el Señor Dios de los ejércitos, la cual acabará con vosotros desde la entrada de Emat hasta el torrente del desierto.

---

25. *Ex 24*; *Lev 16*, 1; *Num 7*, 13.
1. *Luc 6*, 24.

7 *Amós tuvo tres visiones sobre los castigos de Dios y su sentencia final contra Israel*

1. Estas son las visiones que me ha enviado el Señor Dios: He aquí que criaba el Señor un ejército de langostas al principio cuando la lluvia tardía hace crecer la hierba, y ésta es la lluvia tardía que la hace brotar después de haber sido segada para el rey.

2. Y sucedió que al acabar la langosta de comerse esta hierba de los campos, dije yo: Te ruego, Señor Dios, que tengas misericordia: ¿quién restaurará a Jacob tan extenuado como está?

3. Se apiadó con esto el Señor, y dijo: No sucederá lo que temes.

4. Me hizo el Señor Dios ver aun lo siguiente: Veía al Señor Dios que llamaba al fuego para que fuese instrumento de su justicia, el cual secó un gran abismo de aguas*, y consumía al mismo tiempo una parte del pueblo.

5. Y dije yo: Te ruego, Señor Dios, que te aplaques: ¿quién restaurará a Jacob, que está tan extenuado?

6. Se apiadó con esto el Señor Dios, y dijo: Y tampoco será esta vez su ruina.

7. Me envió el Señor esta tercera visión: Veía al Señor que estaba sobre un muro embarrado, y que tenía en su mano una llana de albañil.

8. Y me dijo el Señor: ¿Qué es lo que ves, Amós? Y respondí yo: Una llana de albañil. Pues he aquí, dijo el Señor, que yo voy a arrojar la llana en medio de mi pueblo de Israel; y jamás volveré a embarrar sus muros.

9. Serán demolidos los lugares altos del ídolo, y arrasados los santuarios de Israel, y echaré mano de la espada contra la casa de Jeroboam.

10. Con esto Amasías, sacerdote de los ídolos de Betel, envió a decir a Jeroboam, rey de Israel, lo siguiente: Amós levanta una rebelión contra ti en medio del pueblo de Israel, la gente no puede sufrir todas las cosas que dice.

11. Porque de esta manera habla Amós: Jeroboam morirá al filo de la espada; e Israel será llevado cautivo fuera de su país.

12. Y Amasías dijo a Amós: ¡Oh tú que tienes visiones!, vete, huye al país de Judá, y come allí tu pan, y allí podrás profetizar;

13. Mas no vuelvas a profetizar en Betel; porque éste es el santuario del rey y la corte del reino.

14. A esto respondió Amós a Amasías: Yo no soy profeta, ni hijo de profeta, sino que guardo unas vacas, y voy buscando sicomoros.

15. Pero el Señor me tomó mientras yo iba tras el ganado; y me dijo el Señor: Ve a profetizar a mi pueblo de Israel.

16. Y ahora tú, ¡oh Amasías!, escucha la palabra del Señor: Tú me dices a mí: No profetices contra Israel, y no profieras oráculos contra la casa del ídolo.

17. Por tanto, esto dice el Señor: Tu esposa será deshonrada en la ciudad, y serán pasados a cuchillo tus hijos e hijas, y tu país será repartido con una cuerda de medir; y tú morirás en una tierra profana, o idólatra, e Israel saldrá cautivo fuera de su país.

8 *Amós ve la ruina final de Israel, que quedará privado del consuelo de la palabra del Señor*

1. Me envió el Señor Dios esta visión: Vi un gancho de coger fruta.

2. Y me dijo: ¿Qué es lo que ves, oh Amós? Un gancho, respondí yo, de coger fruta. Y me dijo el Señor: Ha llegado el fin de mi pueblo de Israel, no le dejaré ya impune por más tiempo.

3. Y en aquel día darán un estallido los quicios del templo, dice el Señor Dios, serán muchos los que perezcan; y reinará por todas partes el silencio de la muerte.

4. Escuchad esto, vosotros los que oprimís al pobre y estrujáis a los menesterosos del país,

5. y decís: ¿Cuándo pasará el mes, y venderemos los géneros; y pasará el sábado, y sacaremos fuera los granos; achicaremos la medida, y aumentaremos el peso del siclo, sustituyendo balanzas falsas,

6. para hacernos con el dinero dueños de los miserables, y con un par de sandalias

---

4. El *fuego* fue la guerra que hizo Teglatfalasar. Las *aguas* simbolizan el pueblo que se llevó cautivo. *2 Re 15.*

comprar por esclavo al pobre, y vender a buen precio hasta el salvado del trigo?

7. Este juramento ha hecho el Señor contra la soberbia de los hijos de Jacob: Yo juro que no me olvidaré jamás de todo lo que han hecho.

8. Y después de tales cosas ¿no se estremecerá la tierra, y no prorrumpirán en llanto todos sus moradores? La inundará toda un río de calamidades; y quedará asolada, y desaparecerá como las aguas del río de Egipto al llegar al mar.

9. Y sucederá aquel día, dice el Señor Dios, que el sol se pondrá al mediodía, y la tierra se cubrirá de tinieblas en la mayor luz del día*.

10. Y convertiré en llanto vuestras fiestas, y en lamentos todos vuestros cantares, y a todos vosotros os echaré el saco de cilicio sobre las espaldas, y os haré raer la cabeza; y a la hija de Israel la pondré de duelo, cual suele ponerse la que ha perdido un hijo único, y haré que su fin sea un día de amargura.

11. He aquí que viene el tiempo, dice el Señor, en que yo enviaré hambre sobre la tierra; no hambre de pan ni sed de agua, sino de oír la palabra del Señor.

12. Y quedarán todos trastornados, desde un mar al otro, y desde el norte hasta el oriente. Discurrirán de una a otra parte deseosos de oír una palabra del Señor, y no lo conseguirán.

13. En aquel día desfallecerán de sed las hermosas doncellas y los gallardos jóvenes;

14. aquellos que juran por el pecado o ídolos de Samaria, y dicen: ¡Viva, oh Dan, el dios tuyo; y viva la peregrinación a Bersabee; y caerán por tierra, y no volverán jamás a levantarse!

9 *Restablecimiento de la casa de David. Los israelitas serán libertados y vivirán felices*

1. Yo vi al Señor que estaba sobre el altar, y dijo: Hiere el quicio o umbral, y se conmoverán los dinteles. Porque no hay nadie que no esté dominado de la avaricia; y yo haré morir al filo de la espada hasta el último de ellos, sin que haya quien pueda escapar; huirán, y ninguno de los que huyeren se salvará.

2. Cuando bajaren ellos hasta lo más hondo, de allí los sacaré yo con mi mano*; y si se subieren hasta el cielo, de allí los arrancaré.

3. Y si se escondieren en las cimas del Carmelo, allí iré a buscarlos, y de allí los sacaré; y si se escondieren de mis ojos en lo más profundo del mar, allí por orden mía los morderá el dragón marino.

4. Y cuando sean llevados al cautiverio delante de sus enemigos, allí a mi orden los matará la espada*; y fijaré mis ojos sobre ellos, pero para daño suyo, y no para su bien.

5. Y el Señor es el Dios de los ejércitos, aquel que con tocar la tierra la hace estremecer; prorrumpirán en llanto todos los moradores de ella; la sumergirá a modo de un caudaloso río, y ella desaparecerá como el río de Egipto al llegar al mar.

6. El se ha construido su solio en el cielo, y ha establecido sobre la tierra el conjunto de tantas criaturas. El llama así las aguas del mar, y las derrama sobre la superficie de la tierra; el Señor, éste es el nombre suyo.

7. Pues vosotros, ¡oh hijos de Israel!, dice el Señor, ¿no sois lo mismo para conmigo que los hijos de los etíopes? ¿No hice yo salir a Israel de Egipto, al modo que transporté de la Capadocia a los palestinos, y de Cirene a los siros?

8. Mas los ojos del Señor Dios están mirando a ese reino pecador; y yo lo quitaré de sobre la tierra: pero no obstante no destruiré del todo, dice el Señor, la casa o reino de Jacob.

9. Pues he aquí que por orden mía será agitada en medio de todas las naciones la casa de Israel, como se zarandea el trigo en un harnero, y no caerá por tierra un solo granito.

10. Pasados a cuchillo serán todos los pecadores de mi pueblo, los cuales están diciendo: No se acercará ni vendrá mal alguno sobre nosotros.

11. En aquel tiempo restauraré el Taber-

9. En Palestina hubo un eclipse total de sol en 763 a.C. El *eclipse* era signo *precursor del juicio de Dios*. *Jer 15*, 9.

2. *Sal 139* (*138*), 8.
4. *Jer 44*, 12.

náculo o reino de David*, que está por tierra, y repararé los portillos de sus muros, y reedificaré lo destruido, y lo volveré a poner en el pie en que estaba en los tiempos antiguos.

12. A fin de que sean dueños de los restos de la Idumea y de todas las demás naciones; pues en ellos será invocado mi Nombre*, dice el Señor Hacedor de tales maravillas.

13. He aquí que vienen los tiempos, dice el Señor, en los cuales el que está aún arando verá ya detrás de sí al que siega; y aquel que pisa las uvas, verá tras de sí al que siembra*. Los montes destilarán delicias*, y serán cultivados todos los collados.

14. Y sacaré de la esclavitud al pueblo mío de Israel, edificarán las ciudades abandonadas, las habitarán, plantarán viñas, beberán el vino de ellas, formarán huertas y comerán su fruta.

15. Y yo los estableceré en su país, y nunca jamás volveré a arrancarlos de la tierra que yo les di, dice el Señor Dios tuyo.

---

11. *Hech 15,* 16; *Luc 1,* 32.
12. El profeta mira hacia una época en que las naciones estarán unidas, como lo estuvieron en tiempo de David. *Luc 1,* 32; *Hech 15,* 17.

13. *Lev 26,* 5.
13. *Joel 3,* 18.

Abdías

Introducción

Quizá *Abdías* fue contemporáneo de Oseas, Joel y Amós, aunque es probable que viviera en tiempo de Ezequiel y que profetizara después de la destrucción de Jerusalén por Nabucodonosor en 587 a.C.. La semejanza entre su profecía y las de Jeremías y Ezequiel no implica que Abdías haya tomado de aquéllos su vaticinio, que se dirigió contra los idumeos, a los cuales comunicó los castigos que les enviará Dios por su maltrato al pueblo de Judá o de Jacob, hermano suyo.

Profetizó la ruina de la idolatría y el establecimiento del reino de Jesucristo. Algunos entienden también anunciada en esta profecía la segunda venida de Jesucristo en gloria y majestad.

Capítulo Unico

Predice la ruina de los idumeos por su crueldad contra Israel, libertado del cautiverio

1. Visión profética que tuvo Abdías. Esto dice el Señor Dios a Edom: (Nosotros oímos ya del Señor que él envió su embajador, o profeta, a decir a las gentes: Venid y vamos a hacerle la guerra*).

2. Tú ves, dice Dios a Edom, que yo te he hecho pequeño entre las naciones, y que tú eres sumamente despreciable.

3. La soberbia de tu corazón te ha engreído, porque habitas en peñascos escarpados y sitios elevados; y dices en tu corazón: ¿Quién será el que me derribe en tierra?

4. Cuando tú, cual águila te remontares*, y cuando pusieres tu nido o habitación entre las estrellas, de allí, dice el Señor, te arrancaré yo.

5. Si los ladrones y asesinos hubiesen entrado de noche en tu casa, ¿no habrías tú callado de miedo? ¿No te habrían robado a su satisfacción? Y si hubiesen entrado en tu viña para vendimiarla, ¿no te habrían dejado al menos algún racimo o rebusco?

6. Pero ¡de qué manera han tratado éstos y escudriñado la casa de Esaú, y han ido registrando los parajes más escondidos!

7. Te han arrojado fuera de tu país, todos tus aliados se han burlado de ti, se han alzado contra ti los amigos tuyos, aquellos mismos que comían en tu mesa te han armado asechanzas. No hay en Edom cordura.

8. Qué ¿acaso en aquel día no le quitaré yo, dice el Señor, los sabios a Idumea, y los prudentes al monte, o país, de Esaú?

9. Quedarán amedrentados ésos tus campeones que tienes a la parte del mediodía, sin que quede un solo varón fuerte en el monte de Esaú.

10. Cubierto quedarás de confusión, y perecerás para siempre en castigo de la mortandad y de las injusticias cometidas contra tu hermano el pueblo de Jacob.

11. Pues en aquel día en que tomaste las armas contra él, cuando los extranjeros o caldeos hacían prisionero su ejército, y entraban en sus ciudades, y echaban suerte sobre los despojos de Jerusalén, tú también eras como uno de ellos.

12. Mas no te burlarás en adelante de tu

---

1. *Jer 49*, 14; *25*, 27; *Ez 25*; 26.
4. *Jer 49*, 16.

hermano en el día de su aflicción cuando sea llevado cautivo, ni te regocijarás de la desgracia de los hijos de Judá en el día de su perdición, ni los insultarás con descaro en el día de su angustia.

13. Y no entrarás en las puertas o ciudades de mi pueblo para coger despojos en el día de su ruina, ni te burlarás tú tampoco de sus desastres en el día de su desolación, ni serás enviado a perseguir su ejército en el día de su derrota.

14. Ni estarás apostado en las salidas para matar a los fugitivos hebreos, y no cortarás el paso a los restos de sus tropas en aquel día de tribulación.

15. Porque se acerca ya el día del castigo del Señor para todas las gentes. Aquello que tú hiciste contra mi pueblo, eso se hará contigo; sobre tu propia cabeza hará Dios recaer tu castigo.

16. Porque al modo que vosotros que moráis en mi santo monte bebisteis el cáliz de mi ira, así lo beberán de continuo todas las gentes idólatras, lo beberán, y lo apurarán y quedarán enteramente aniquiladas.

17. Mas sobre el monte santo de Sión allí habrá después salvación, y allí habitará el Santo de los santos; y la casa de Jacob será señora de los que antes la habían dominado.

18. Será la casa de Jacob un fuego devorador; será una llama la casa de José, y será paja seca la casa de Esaú, la cual será abrasada y devorada de aquélla, sin que quede resto alguno de la casa de Esaú, porque así lo ha dicho el Señor.

19. Y los que moran hacia el mediodía se harán dueños del monte o país de Esaú, y los de la llanura se harán dueños de los filisteos; y poseerán el territorio de Efraín, y el de Samaria, y Benjamín será dueño de Galaad.

20. Y el ejército de los hijos de Israel, (o las diez tribus) que fue llevado al cautiverio, poseerá todos los lugares de los cananeos, hasta Sarepta de Sidón; y los hijos de Jerusalén o reino de Judá, que fueron conducidos cautivos al Bósforo, poseerán las ciudades del mediodía.

21. Y subirán salvadores al monte de Sión, los cuales juzgarán y gobernarán el monte o país de Esaú; y reinará el Señor.

Jonás

Introducción

El libro de *Jonás* trae un mensaje de misericordia a una nación extranjera y enseña que la salvación de Dios también es para los enemigos de Israel.

Jonás es un antimodelo del profeta bíblico, pues hace lo contrario de lo que le pide su misión profética, no está dispuesto a cumplir las órdenes de Dios y usa cualquier excusa para ello.

El episodio del pez, tal vez ballena, ha golpeado la imaginación de los artistas y se ha convertido en una figura de la resurrección de Jesucristo. Dios que salva a Jonás de las aguas y lo lleva a las puertas de Nínive es una figura del poder divino que resucita a Cristo y lo hace expresión y esperanza de una vida nueva. *Mat 12*, 39-41; *16*, 4; *Mar 8*, 12; *Luc 11*, 19-32.

1 *Jonás, enviado a predicar a Nínive, huye del Señor a Tarsis y es arrojado al mar en una tempestad*

1. El Señor habló a Jonás, hijo de Amatí, y dijo:

2. Anda y ve luego a Nínive, ciudad grande y predica en ella, porque el clamor de sus maldades ha subido hasta mi presencia.

3. Jonás tomó el camino de Tarsis, huyendo del servicio del Señor; y así que llegó a Joppe halló una nave que se hacía a la vela para Tarsis; pagó su flete, y entró en ella con los demás para aportar a Tarsis, huyendo del servicio del Señor.

4. Mas el Señor envió un viento recio sobre el mar, con lo que se movió en ella una gran borrasca; de suerte que se hallaba la nave a riesgo de estrellarse.

5. Y temieron los marineros, y cada uno clamó a su dios, y arrojaron al mar el cargamento de la nave, a fin de aligerarla. Jonás dormía profundamente en lo más hondo de la nave, a donde se había bajado.

6. Y se llegó a él el piloto, y le dijo: ¿Cómo te estás así durmiendo? Levántate e invoca a tu Dios, por si quiere acordarse de nosotros, y nos libra de la muerte.

7. En seguida se dijeron unos a otros: Venid, y echemos suertes para averiguar de dónde nos viene este infortunio. Y echaron suertes y cayó la suerte sobre Jonás.

8. Le dijeron pues: Decláranos los motivos de este desastre que nos sucede. ¿Qué oficio es el tuyo? ¿De dónde eres, y adónde vas? ¿De qué nación eres tú?

9. Les respondió Jonás: Yo soy hebreo, y temo o adoro al Señor, Dios del cielo, que hizo el mar y la tierra.

10. Y quedaron sumamente atemorizadas aquellas gentes, y le dijeron: ¿Cómo es que has hecho tú eso? (Es de saber que de la relación que les hizo Jonás comprendieron que huía desobedeciendo a Dios).

11. Entonces le dijeron: ¿Qué haremos de ti, a fin de que el mar se nos aplaque? Pues el mar iba embraveciéndose cada vez más.

12. Y les respondió Jonás: Cogedme y arrojadme al mar, y el mar se os aquietará; puesto que yo sé bien que por mi causa os ha sobrevenido esta gran borrasca.

13. Entretanto remaban los marineros para ver si podían ganar tierra y salvarse; mas no podían, porque iban levantándose más sobre ellos las olas del mar.

14. Y clamaron al Señor, diciendo: Te rogamos, ¡oh Señor!, que no nos hagas morir por haber dado muerte a este hombre, y no hagas recaer sobre nosotros la sangre inocente; pues tú, ¡oh Señor!, has hecho caer la suerte así como has querido.

15. En seguida cogieron a Jonás, y lo echaron al mar, y al punto cesó el furor de las aguas.

16. Con lo cual concibieron aquellas gentes un gran temor y respeto al Señor, y le ofrecieron víctimas, y le hicieron votos.

2

Un pez enorme se traga a Jonás y éste recurre al Señor, quien al cabo de tres días lo salva

1. Y había el Señor preparado un gran pez, para que se tragara a Jonás; el cual estuvo tres días y tres noches en el vientre del pez.

2. E hizo Jonás oración al Señor Dios suyo desde el vientre del pez;

3. y después dijo: He invocado al Señor en medio de mi tribulación, y me ha escuchado benigno: he clamado desde el seno del sepulcro, y tú, ¡oh Señor!, has atendido mi voz*.

4. Y me arrojaste a lo más profundo del mar, y me rodearon las aguas, sobre mí han pasado todos tus remolinos y todas tus olas.

5. Y dije: He sido arrojado lejos de la misericordiosa vista de tus ojos. Pero no; aún veré nuevamente tu santo templo.

6. Me cercaron las aguas hasta el punto de quitarme la vida; encerrado me he visto en el abismo, el inmenso piélago ha cubierto mi cabeza.

7. He descendido hasta las raíces de los montes; los cerrojos o barreras de la tierra me encerraron allí dentro para siempre, mas tú, ¡oh Señor Dios mío!, sacarás mi vida, o alma, del lugar de la corrupción*.

8. En medio de las angustias que padecía mi alma, he recurrido a ti, ¡oh Señor!, dirigiéndote mi oración al templo santo de tu gloria.

9. Aquellos que tan inútilmente se entregan a la vanidad de los ídolos, abandonan tu misericordia*.

10. Mas yo te ofreceré en sacrificio cánticos de alabanza; cumpliré al Señor todos los votos que le he hecho por mi salud.

11. El Señor, en fin, dio la orden al pez, y éste vomitó a Jonás en la ribera.

3

El Señor manda de nuevo a Jonás que vaya a Nínive y comunique allí la ruina de la ciudad

1. Y habló el Señor por segunda vez a Jonás, diciéndole:

2. Anda y ve a Nínive, ciudad grande, y predica en ella aquello que yo te digo.

3. Marchó, pues, Jonás, y se dirigió a Nínive, según la orden del Señor. Era Nínive una ciudad grandísima, eran necesarios tres días para recorrerla.

4. Y comenzó Jonás a recorrer la ciudad, y anduvo por ella un día clamando y diciendo: De aquí a cuarenta días Nínive será destruida.

5. Y creyeron los ninivitas en la palabra de Dios, y publicaron el ayuno, y se vistieron todos pequeños y grandes de sacos* o cilicios.

6. Y llegó la noticia al rey de Nínive, y se levantó del trono, y despojándose de sus regias vestiduras, se vistió de saco, y se sentó sobre la ceniza.

7. En seguida se publicó en Nínive una orden del rey y de sus principales magnates que decía*: Ni hombres ni bestias nada coman; no salgan a pacer ni a beber los bueyes y ganados;

8. hombres y bestias cúbranse con sacos y arreos de luto, y clamen aquellos con todo ahínco al Señor, convirtiéndose cada uno de su mala vida e inicuo proceder:

9. ¿Quién sabe si así cambiará el Señor su designio, y nos perdonará; y si se aplacará el furor de su ira, de suerte que no perezcamos?

10. Viendo, pues, Dios las obras de penitencia que hacían, y cómo se habían con-

3. *Sal 120* (*119*), 1; *1 Cor 15*, 4.
7. *Sal 16* (*15*), 10.

9. Abandonan a Dios que es por esencia la misma misericordia. *Sal 145* (*144*), 21.
5. *Mat 12*, 41; *Luc 11*, 32.
7. Ayuno, oración y enmienda, expresiones de la conversión. *Est 1*, 13-21; *8*, 8; *Dan 6*, 8.

JONÁS ARROJADO POR LA BALLENA

*El Señor, en fin, dio la orden al pez,
y éste vomitó a Jonás en la ribera.*

vertido de su mala vida, se movió a misericordia, y no les envió los males que había decretado.

4 *Jonás, afligido porque no se verificó su profecía, desea su muerte. El Señor lo reprende y lo instruye*

1. Pero Jonás se afligió mucho, y se incomodó.
2. E hizo oración al Señor, diciendo: Te ruego que me digas, ¡oh Señor!, ¿no es esto lo mismo que yo me recelaba cuando aún estaba en mi país? No por otra razón me cautelaba, huyendo a Tarsis. Porque yo sé bien que tú eres un Dios clemente y misericordioso, paciente y piadosísimo, y perdonador de los pecados*.
3. Ahora bien, Señor, te ruego que me quites la vida, porque para mí es ya mejor morir que vivir.
4. Y respondió el Señor: ¿Y te parece a ti que tienes razón para enojarte?
5. Y se salió Jonás de Nínive, e hizo alto al oriente de la ciudad; y formándose allí una cabaña, vivía dentro de ella, esperando a ver lo que acontecería a la ciudad.
6. Había el Señor preparado una hiedra*, la cual creció hasta cubrir la cabeza de Jonás para hacerle sombra, y defenderlo del calor. Estaba Jonás muy fatigado, y recibió grandísimo placer de aquella hiedra.
7. Y al otro día al rayar el alba envió Dios un gusanillo que royó la raíz de la hiedra, la cual se secó.
8. Y nacido que hubo el sol, dispuso el Señor que soplase un viento solano que quemaba; hería el sol en la cabeza de Jonás, quien se abrasaba y deseaba la muerte, diciendo: Mejor me es morir que vivir.
9. Pero el Señor dijo a Jonás: ¿Crees tú razonable enojarte por causa de la hiedra? Y respondió él: Razón tengo para encolerizarme hasta desear mi muerte.
10. Y dijo el Señor: Tú tienes pesar por la pérdida de una hiedra, que ningún trabajo te ha costado, ni tú la has hecho crecer, pues ha crecido en una noche y en una noche ha perecido.
11. ¿Y yo no tendré compasión de Nínive, ciudad tan grande, y en la cual hay más de ciento veinte mil personas, que no saben aún discernir la mano diestra de la izquierda, y un gran número de animales*?

---

2. *Sal 86* (*85*), 5; *Joel 2*, 13.
6. Muchos creen que este arbusto es el que se conoce en Levante como *palma christi* o *riccino*.

11. El libro se cierra con una gran pregunta que se responde conociendo a Dios y amando al prójimo redimido por él.

Miqueas

Introducción

Miqueas nació en Morasti o Maresa, cerca de Hebrón, en la tribu de Judá. Profetizó en los reinados de Joatán, Acaz y Ezequías, después de 758 a.C., hasta 728 a.C.. Fue contemporáneo de Isaías, Oseas, Joel y Amós. No se debe confundir con otro profeta del mismo nombre que vivió en tiempo de Acab y Josafat, unos ciento cincuenta años antes.

Predijo la ruina y cautividad por los asirios de las diez tribus, que conformaban el reino de Israel; y la de las dos, unidas en el reino de Judá por los caldeos. También vaticinó la libertad que Ciro le daría a todas ellas. Anunció el establecimiento de la Iglesia, señalando el lugar en que nacería el Mesías y la extensión de su reino por todo el mundo. Esta profecía era muy conocida y creída entre los judíos, cuando vino al mundo Jesucristo, como se ve en la respuesta que los rabinos o doctores de la ley dieron a Herodes. *Mat 2*, 5.

Su estilo es figurado, elevado y, no obstante, fácil de entender. Nada se sabe de su muerte. La Iglesia lo venera como mártir el 15 de enero.

1

Miqueas predice la invasión de los asirios, que destruirán el reino de las diez tribus y el de Judá

1. Palabra del Señor en orden a Samaria y a Jerusalén, revelada a Miqueas moravita en los tiempos de Joatán, de Acaz y de Ezequías, reyes de Judá.

2. ¡Pueblos todos, escuchad! y esté atenta la tierra y cuanto en ella hay; y el Señor Dios sea testigo contra vosotros, séalo el Señor desde su santo templo.

3. Porque he aquí que el Señor va a salir de su morada y descendiendo de su trono hollará las grandezas de la tierra.

4. Y los montes se consumirán debajo de él, y los valles se derretirán como la cera delante del fuego, y fluirán como las aguas que corren por un despeñadero.

5. Todo esto por causa de la maldad de Jacob, y por los pecados de la casa de Israel. ¿Y cuál es la maldad de Jacob*, sino las idolatrías de Samaria? ¿Y cuáles los lugares altos de Judá, sino los de Jerusalén?

6. Por tanto, pondré a Samaria como un montón de piedras en el campo cuando se planta una viña; y arrojaré sus piedras en el valle, y descubriré hasta sus cimientos.

7. Y serán destrozados todos sus simulacros, y arrojados al fuego todas sus riquezas, y yo destruiré todos sus ídolos; porque todos sus bienes los ha juntado Samaria con el precio de la prostitución, y precio de meretriz volverán a ser.

8. Por este motivo yo suplicaré y prorrumpiré en alaridos; andaré despojado y desnudo, y aullaré como los dragones, y daré gritos lastimeros como los avestruces.

9. Porque la llaga de la idolatría de Samaria está desahuciada; se ha extendido hasta Judá; ha penetrado hasta las puertas del pueblo mío, hasta Jerusalén.

10. Procurad que no se sepa esto en Get. No lloréis tanto, echaos encima polvo o ceniza en la casa del polvo.

11. ¡Oh tú que habitas en el país hermoso!, vete cubierta de oprobio, no ha partido

5. Por *Jacob* se entiende *Israel* o *las diez tribus*.

la que habita en los confines; la casa vecina que se sostuvo por sí misma, hará duelo por vosotros.

12. Porque he perdido las fuerzas para hacer bien la que habita en la amargura; puesto que el Señor ha enviado el azote hasta las puertas o ciudad de Jerusalén.

13. Al estruendo de los carros de guerra, quedará lleno de pavor el morador de Laquis, ésta fue el origen de pecado para la hija de Sión, pues en ella se hallaron imitadas las maldades de Israel.

14. Por lo que enviará ella mensajeros a la casa de Get, casa de mentira, para engaño de los reyes de Israel.

15. Aún te llevaré yo un nuevo amo, ¡oh casa de Maresa!: hasta Odollam llegará la gloria de Israel.

16. Mésate tus cabellos y ráete la cabeza por causa de tus queridos hijos, pélate toda la cabeza, como águila que está de muda, porque los habitantes tuyos son llevados al cautiverio.

2

Anuncia el profeta la desolación a los israelitas, cuyos restos serán al fin reunidos y salvados

1. ¡Ay de vosotros que no pensáis sino en cosas vanas, y maquináis allá en vuestros lechos perversos designios! Los ejecutan al llegar la luz de la mañana; porque ellos se han declarado contra Dios.

2. Y codiciaron las heredades, y las usurparon con violencia, e invadieron las casas; y calumniaron a éste para apoderarse de su casa; y a aquel otro para alzarse con su hacienda.

3. Por tanto, esto dice el Señor: He aquí que yo estoy pensando en enviar calamidades sobre esta familia, de las cuales no podréis vosotros libraros; y no andaréis ya erguidos, porque será tiempo en extremo calamitoso.

4. En aquel día se compondrá sobre vosotros una parábola o lamentación, y se os cantará con tono lastimero esta canción: Nosotros hemos sido enteramente asolados; ha cambiado de dueño la herencia de mi pueblo; ¿cómo se retirará de mí el castigo, puesto que vuelve al asirio, el cual se ha de repartir nuestros campos?

5. Por esto ya no tendrás tú, ¡oh Israel!, quien reparta con la medida de cuerda las porciones de tierra en la congregación del Señor.

6. No gastéis, ¡oh profetas!, tantas palabras con este pueblo; porque no las recibirán éstos; ni les causarán confusión alguna.

7. Pues la casa de Jacob va diciendo: Qué, ¿por ventura se ha disminuido el espíritu misericordioso del Señor, o pueden ser tales sus designios? Pero ¿acaso no hablo yo, responde Dios, con benignidad a aquellos que andan por el recto camino?

8. Mas el pueblo mío, por el contrario, ha alzado bandera contra mí; vosotros, ¡oh israelitas!, después de la túnica habéis robado la capa, y a aquellos que pasaban o vivían quietamente les habéis hecho la guerra.

9. Arrojasteis de sus casas las mujeres de mi pueblo, que vivían en ellas con sosiego; y a sus niños les cerrasteis la boca para que jamás me alabasen.

10. Levantaos, y marchad, porque no habéis ya de tener aquí descanso; pues esta tierra de promisión se ha hecho inmunda, y por eso está contaminada de una corrupción horrorosa.

11. ¡Ojalá fuera yo un hombre que no tuviese el espíritu profético, sino que fuera falso lo que digo! Yo derramaré sobre ti, dice el Señor, el vino y la embriaguez del cáliz de mi indignación; y este vino sobre este pueblo se derramará.

12. Pero al fin, yo te reuniré todo junto, ¡oh Jacob!, yo recogeré en uno los restos de Israel, los pondré todos juntos como rebaño en un aprisco, como las ovejas en la majada; grande será el ruido que hagan sus gentes.

13. E irá delante de ellas aquel buen Pastor que les abrirá el camino; forzarán la puerta, pasarán por ella, y entrarán dentro; y su rey irá delante de ellas; y estará a su frente el Señor.

3

Por los pecados de los príncipes, jueces, falsos profetas y sacerdotes castigará Dios terriblemente a Israel

1. Y dije yo: Escuchad, ¡oh vosotros, príncipes de Jacob, y caudillos de la casa de Israel! ¿Acaso no os toca a vosotros saber aquello que es justo?

2. Y no obstante eso, vosotros aborrecéis el bien y amáis el mal; desolláis al pueblo y le quitáis la carne de encima de sus huesos.

3. Los caudillos se comen la carne del pueblo mío, y le quitan la piel, y le machacan los huesos, y le hacen pedazos, como la carne que se mete en la caldera o en la olla.

4. Algún día clamarán al Señor, y él no os escuchará, y les ocultará entonces su rostro, por cuanto ellos han obrado perversamente, según sus antojos.

5. Esto dice el Señor contra los falsos profetas que seducen a mi pueblo, los cuales le despedazan con sus dientes, y predican paz; y al que no les pone alguna cosa en su boca le mueven guerra a pretexto de santidad.

6. Por esto en lugar de visión, tendréis oscura noche, y tinieblas en vez de revelaciones; se pondrá el sol para estos profetas, y el día se oscurecerá para ellos.

7. Y quedarán avergonzados estos que tienen visiones, y serán confundidos estos adivinos, y todos ellos se cubrirán el rostro avergonzados, pues sus oráculos no son de Dios.

8. Mas yo he sido llenado del espíritu fuerte del Señor, de justicia y de constancia; para decir y reprender a Jacob sus maldades, y a Israel su pecado.

9. Escuchad estas cosas, ¡oh príncipes de la casa de Jacob!, y vosotros, ¡oh jueces de la casa de Israel!, vosotros que abomináis la justicia, y trastornáis toda equidad.

10. Vosotros que edificáis o adornáis a Sión con sangre de los pobres, y a Jerusalén a fuerza de injusticias.

11. Sus príncipes o jueces se dejan cohechar en los juicios; y sus sacerdotes predican* por interés, y por el dinero adivinan sus profetas; y no obstante se apoyan en el Señor, diciendo: Pues qué, ¿acaso no está el Señor en medio de nosotros? No temáis, ningún mal nos vendrá.

12. Por tanto, arada como un campo se verá Sión por culpa vuestra; y Jerusalén será reducida a un montón de piedras, y el monte santo del templo vendrá a ser como un elevado bosque.

11. Sacerdotes o profetas por dinero. *Ez 22*, 27; *Sof 3*, 3.

4 *Anuncia Miqueas el restablecimiento de Sión y la libertad del cautiverio. Fin de los enemigos*

1. Pero sucederá que en los últimos tiempos* el monte o reino de la casa del Señor será fundado sobre la cima de los demás montes, y se levantará sobre los altos collados, y correrán allá en gran número los pueblos.

2. Y allá irán a toda prisa muchas naciones, diciendo: Venid, y vamos al monte del Señor y a la casa del Dios de Jacob, y él nos enseñará sus caminos, y nosotros seguiremos sus veredas; puesto que la ley saldrá de Sión, y de Jerusalén tendrá origen la palabra del Señor.

3. Y juzgará el Señor muchos pueblos, y corregirá o castigará naciones poderosas, hasta las más remotas; las cuales convertirán sus espadas en rejas de arados y sus lanzas en azadones; una nación no empuñará la espada contra otra, ni estudiarán ya más el arte de guerrear.

4. Y descansará cada uno debajo de su parra y debajo de su higuera; sin tener temor de nadie, pues lo ha prometido por su boca el Señor de los ejércitos.

5. Porque todos los pueblos andarán cada uno en el nombre de su dios; mas nosotros andaremos en el nombre del Señor Dios nuestro por todos los siglos de los siglos.

6. En aquel día yo reuniré conmigo, dice el Señor, aquella nación que cojeaba en mi servicio, y volveré a recoger aquella que yo había desechado y abatido;

7. y salvaré los restos de la que cojeaba, y formaré un pueblo robusto de aquella misma nación que había sido afligida; y sobre todos ellos reinará el Señor en el monte de Sión* desde ahora para siempre jamás.

8. Y tú, ¡oh hija de Sión, torre nebulosa del rebaño!, hasta ti vendrá el Señor, y tú

1. Profecía optimista sobre el futuro reinado de Dios en Sión, en el que habrá paz universal. Los primeros versículos son una glorificación de Jerusalén como el centro religioso de todo el mundo. *Is 2*, 24.

7. Reconstrucción de la nación poderosa. *Luc 1*, 32.

tendrás el supremo imperio, el reino gloriosísimo, ¡oh hija de Jerusalén!

9. Ahora pues ¿por qué te abandonas a la tristeza? ¿Acaso estás tú sin rey, o te ha faltado tu consejero, para que estés acongojada de dolor como una mujer que está de parto?

10. Pero duélete y aflígete, ¡oh hija de Sión!, como la mujer que está de parto, puesto que ahora saldrás de la ciudad y habitarás en otro país, y pasarás hasta Babilonia; mas allí serás puesta en libertad, allí te rescatará el Señor de la mano de tus enemigos.

11. Pero al presente se han reunido contra ti muchas gentes, las cuales dicen: Muera apedreada, y vean nuestros ojos la ruina de Sión.

12. Pero estas gentes no conocen los designios del Señor, ni entienden sus consejos, porque el Señor las ha reunido para ser desmenuzadas como la paja en la era.

13. Levántate, pues, ¡oh hija de Sión!, y trilla a tus enemigos, porque yo te daré a ti astas o fortaleza de hierro, y uñas de bronce; y desmenuzarás muchos pueblos, y ofrecerás al Señor todo cuanto te han robado, y todas sus riquezas al Señor de toda la tierra.

5

Vaticina Miqueas la ruina de Jerusalén. Promesa del nacimiento del Mesías en Betlehem

1. Tú ahora serás destruida, ¡oh ciudad de ladrones*! Los enemigos nos sitiarán; herirán con vara la mejilla del juez o rey de Israel.

2. Y tú ¡oh Betlehem llamada Efrata*!, tú eres una ciudad pequeña respecto de las principales de Judá; pero de ti me vendrá el que ha de ser dominador de Israel, el cual fue engendrado desde el principio, desde los días de la eternidad.

3. Por esto el Señor los dejará hasta aquel tiempo en que parirá la que ha de parir al dominador; y entonces las reliquias de sus hermanos se reunirán con los hijos de Israel.

4. Y él permanecerá firme, y apacentará la grey con la fortaleza del Señor en el Nombre altísimo del Señor Dios suyo; y se convertirán a él; porque ahora será él glorificado hasta los últimos términos del mundo.

5. Y él será nuestra paz*; y cuando viniere el asirio a nuestra tierra, y asolare nuestras casas, nosotros enviaremos contra él siete pastores y ocho príncipes.

6. Y gobernarán la tierra de Asur con la espada, y la tierra de Nemrod con sus lanzas; y él nos librará del asirio cuando éste haya venido a nuestra tierra y devastado nuestros términos.

7. Y los restos del pueblo de Jacob estarán entre las naciones como el rocío enviado del Señor, y como la lluvia sobre la hierba, la cual no aguarda que la cultiven los hombres, ni espera nada de los hijos de los hombres.

8. Y los residuos de Jacob serán entre las naciones, en medio de muchos pueblos, como el león entre las bestias de las selvas, y como el joven entre los hatos de las ovejas; el cual pasa por el hato, lo pisotea, y hace su presa, sin que haya quien se la quite*.

9. La mano tuya, ¡oh dominador de Israel!, prevalecerá sobre tus contrarios, y perecerán todos tus enemigos.

10. En aquel día yo quitaré, dice el Señor, de en medio de ti tus caballos, y destruiré tus carros de guerra.

11. Y arruinaré las ciudades de tu tierra, y destruiré todas tus fortalezas, y quitaré de tus manos las hechicerías, y no tendrás más adivinos.

12. Y haré perecer tus simulacros y tus ídolos de en medio de ti, y no adorarás más las obras de tus manos.

13. Y arrancaré de en medio de ti tus bosquetes profanos, y reduciré a polvo tus ciudades.

14. Y con furor e indignación ejerceré mi venganza en todas las gentes que no han escuchado mi voz*.

1. Jerusalén, ciudad de injusticias, es condenada.

2. *Betlehem* o *Belén*, y *Efrata* es una misma ciudad con dos nombres, para distinguir esta Betlehem de Judá, de la otra de la tribu de Zabulón. Miqueas es el *único* profeta que predijo el lugar donde nacería el Mesías y por esta profecía lo sabían los escribas, a quienes preguntó Herodes. *Gen 35*, 19; *Jos 19*, 15; *1 Sam 17*, 12; *Mat 2*, 6; *Jn 7*, 42.

5. *Ef 2*, 14; *Rom 15*, 33; *Col 3*, 15.
8. *1 Jn 5*, 4.
14. *2 Tes 1*, 8.

Vida Cristiana

La Sagrada Familia.

El Divino Niño Jesús.

Nuestra Señora del Carmen.

Señor de los Milagros de Buga.

Sagrado Corazón de Jesús.

Sagrado Corazón de María.

A mí me ha dado toda potestad en el Cielo y en la Tierra. Id, pues, e instruid a todas las naciones bautizándolas en el nombre del Padre, y del Hijo, y del Espíritu Santo; enseñándolas a observar todas las cosas que yo os he mandado. Y estad ciertos que yo mismo estaré siempre con vosotros hasta la consumación de los siglos. Mat 28, 18-20.

6 *El Señor echa en cara a su pueblo la ingratitud. El único camino para aplacarlo es la penitencia*

1. Escuchad lo que me dice el Señor: ¡Ea, pues, oh profeta!, ventila en juicio mi causa contra los montes, y oigan los collados tu voz.

2. Oigan la defensa del Señor los montes y los fuertes cimientos de la tierra porque entra el Señor en juicio con su propio pueblo, y tiene pleito con Israel.

3. ¿Qué es lo que yo te he hecho, ¡oh pueblo mío!, o en qué cosa te he agraviado? Respóndeme.

4. ¿Acaso porque te saqué de tierra de Egipto, y te libré de la casa de la esclavitud, y envié delante de ti a Moisés, a Aarón y a María?

5. Pueblo mío, haz memoria, te pido, del designio que formó contra ti Balac, rey de Moab, y de la respuesta que le dio Balaam, hijo de Beor; y de lo que pasó desde Settim hasta Gálgala, a fin de que conocieses la justicia o fidelidad del Señor.

6. ¿Qué ofreceré, pues, al Señor que sea digno de él, a fin de aplacarle? ¿Doblaré la rodilla ante el Dios excelso? ¿Le ofreceré holocaustos y becerros de un año?

7. Pero ¿y acaso puede el Señor aplacarse por medio de millares de carneros que se le sacrifiquen, o con muchos millares de gordos machos cabríos? ¿Le sacrificaré acaso por mi delito al hijo mío primogénito, o a alguno de mis hijos por el pecado que he cometido?

8. ¡Oh hombre!, responde el profeta, yo te mostraré lo que conviene hacer, y yo lo que el Señor pide de ti que es que obres con justicia, y que ames la misericordia, y que andes solícito en el servico de tu Dios.

9. Resuena la voz del Señor en la ciudad, y aquellos que temen, ¡oh Dios!, tu santo Nombre, se salvarán. Escuchad vosotras, ¡oh tribus!; pero ¿y quién será el que obedezca?

10. Aún están en casa del impío, como fuego devorador, los tesoros inicuamente adquiridos; y llena está de la ira del Señor la medida corta de que usaba.

11. ¿Por ventura deberé yo tener por justa la balanza que es infiel, o por cabales los pesos falsos del saquillo?

12. Por medio de estas cosas los ricos de Jerusalén se han llenado de riquezas injustas, y sus habitantes están estafando, teniendo en su boca una lengua engañadora.

13. Por eso he empezado yo a castigarte y a asolarte por causa de tus pecados.

14. Comerás y no te saciarás; y en medio de ti estará la causa de tu calamidad. Tendrás fecundidad, mas no salvarás a tus hijos; y si los salvares, yo los haré perecer al filo de la espada.

15. Sembrarás y no segarás, prensarás la aceituna, y no te ungirás con el óleo; y pisarás la uva, y no beberás el vino*.

16. Porque tú has observado lo que te enseñó tu impío rey Amri y todos los usos de la casa de Acab, y has seguido todos sus antojos, para que yo te abandonase, ¡oh Jerusalén!, a la perdición, y al escarnio a tus moradores. Y vosotros, ¡oh poderosos!, llevaréis el castigo del oprobio causado al pueblo mío.

7 *No se debe confiar en el hombre sino en Dios Salvador, que se apiadará de Sión, y restablecerá a Jerusalén*

1. ¡Ay de mí! que he llegado a ser como aquel que en otoño anda rebuscando lo que ha quedado de la vendimia. No hallo un racimo para comer; en vano mi alma ha deseado los higos tempranos.

2. No hay ya un santo sobre la tierra; no se halla un justo entre los hombres; cada uno pone asechanzas a la vida del otro; cada cual anda a caza de sus hermanos para quitarles la vida.

3. Al mal que ellos hacen le dan el nombre de bien. El príncipe demanda contra el pobre, y el juez está siempre dispuesto a satisfacerlo. El poderoso manifiesta con descaro lo que codicia su alma, tienen la tierra llena de desorden.

4. El mejor de ellos es como cardo; el más justo es como espino de cercas. Llega el día de tus escudriñadores, y el día en que tú has de tomarles cuentas, ahora van a ser ellos destruidos.

15. *Deut 28*, 38; *Ag 1*, 6.

5. No confíes en el amigo; ni os fíes del que gobierna. No descubras los secretos de tu corazón a la que duerme contigo.

6. Pues el hijo ultraja al padre y se rebela contra su madre la hija, y contra su suegra la nuera; son enemigos del hombre los mismos de su casa o familia*.

7. Mas yo volveré mis ojos hacia el Señor, pondré mi esperanza en Dios Salvador mío, y mi Dios me atenderá.

8. No tienes que holgarte por mi ruina, ¡oh tú, enemiga mía*!, que todavía yo volveré a levantarme; y cuando estuviere en las tinieblas del cautiverio, el Señor será mi luz y consolación.

9. Yo sufriré el castigo del Señor, pues pequé contra él, hasta tanto que él juzgue mi causa, y se declare en favor mío. El me volverá a la luz del día, y yo veré su justicia.

10. Y esto lo presenciará la enemiga mía, y quedará cubierta de confusión la que me dice: ¿En dónde está ahora el Señor Dios tuyo? Yo fijaré mis ojos sobre ella, hollada será ella ahora como el lodo de las calles.

11. El día en que sean restauradas tus ruinas, en aquel día será alejada de ti la tiranía.

12. En aquel día vendrán a ti tus hijos desde la Asiria, y vendrán hasta las ciudades fuertes hasta el río Eufrates, y desde un mar hasta otro, y desde el uno hasta el otro monte.

13. Y aquella tierra de los caldeos será asolada, a causa de sus moradores y en pago de sus perversos pensamientos.

14. Apacienta, ¡oh Dios mío!, en medio del Carmelo* con tu cayado al pueblo tuyo, la grey de tu heredad, la cual habita sola en el bosque. Algún día se apacentará ella en Basán y en Galaad, como en los tiempos antiguos.

15. Sí, dice el Señor. Yo te haré ver prodigios, como cuando saliste de la tierra de Egipto.

16. Lo verán las naciones, y quedarán confundidas con todo su poder, no osarán abrir la boca, y sus oídos quedarán sordos*.

17. Lamerán el suelo como las serpientes, y como insectos de la tierra se aturdirán y me meterán dentro de sus casas, temerán al Señor Dios nuestro, y tendrán miedo de ti, ¡oh Israel!

18. ¿Quién es, oh Dios, semejante a ti que perdonas la maldad y olvidas el pecado de las reliquias de Israel herencia tuya*? No dará ya el Señor libre curso a su indignación, porque él es amante de la misericordia.

19. Se volverá hacia nosotros, y nos tendrá compasión. Sepultará en el olvido nuestras maldades, y arrojará a lo más profundo del mar todos nuestros pecados.

20. Tú, ¡oh Dios mío!, te mostrarás veraz a Jacob y misericordioso a Abrahán; como lo juraste antiguamente a nuestros padres.

---

6. *Mat 10*, 21-36.
8. *Oh tú, soberbia Babilonia.*

14. Rodeada de naciones idólatras.
16. Por su espanto, al ver que el Señor realiza signos semejantes a los del éxodo.
18. *Jer 10*, 6; *Hech 10*, 43.

Nahúm

Introducción

Nahúm era natural de Elcesa o Elcesaí, pueblo de Galilea. Poco se sabe de su vida y se cree que profetizó en tiempo de Ezequías, tras la ruina de las diez tribus por Salmanasar. Nahúm anunció la segunda devastación de Nínive por el general Nabopolasar, que luego sería rey de los babilonios y los asirios, y padre de Nabucodonosor, con el auxilio de Astiages, abuelo de Ciro. Veinticinco años después de la exhortación de Jonás, Nínive volvió a sus vicios y fue destruida por completo durante el reinado de Sardanápalo. Este rey, por no caer en manos de los enemigos, se quemó a sí mismo con todo su palacio. Nínive se restableció en los reinados siguientes y entonces fue cuando le renovó Nahúm las amenazas de Jonás años antes.

1

El profeta ensalza el poder, justicia y benignidad del Señor y anuncia la ruina del imperio asirio

1. Duro anuncio contra Nínive. Libro de la visión o revelación que tuvo Nahúm elceseo.

2. El Señor es un Dios celoso y vengador*. El Señor ejercerá su venganza, y se armará de furor; sí, ejercerá el Señor su venganza contra sus enemigos, y para ellos reserva su cólera.

3. El Señor es misericordioso y de gran poder; ni porque sufra tendrá a nadie por limpio e inocente. El Señor marcha entre tempestades y torbellinos, y debajo de sus pies se levantan nubes de polvo.

4. El amenaza al mar y lo deja seco, y a los ríos los convierte, cuando quiere, en tierra seca. Hace volver estériles las fértiles montañas de Basán y del Carmelo, y que se marchiten las flores del Líbano.

5. El hace estremecer los montes, y deja asolados los collados, ante él tiembla la tierra entera, y cuantos en ella habitan.

6. ¿Quién podrá sostenerse cuando se deje ver su indignación? ¿Y quién será capaz de resistirle cuando esté airado y enfurecido? Derrámense cual fuego voraz su cólera, y hace derretir los peñascos.

7. Bueno es al mismo tiempo el Señor, y consolador es de sus hijos en tiempo de la tribulación; y conoce y protege a los que ponen en él su esperanza.

8. El destruirá como con una inundación impetuosa* la corte o capital de aquella nación; y las tinieblas de la calamidad perseguirán a los enemigos del Señor.

9. ¿Qué andáis vosotros maquinando contra el Señor? El Señor acabará con Nínive, no habrá otra tribulación.

10. Porque estos asirios, que se juntan a beber allá en sus comilonas, consumidos serán como haces de espinos bien atados entre sí, y como sequísimo heno.

11. De ti, ¡oh Nínive!, saldrá aquel que piensa mal o impíamente contra el Señor, y que revuelve en su ánimo pérfidos designios.

12. Esto dice el Señor: Aunque sean ellos tan fuertes y en tan gran número, con todo eso serán cortados*, y pasarán a ser

2. De las injurias hechas a su pueblo.

8. Con un gran ejército. *Is* 8, 7; *Jer* 43, 12; *46*, 7.
12. *Tan fácilmente como se corta el cabello.*

nada. Yo te he afligido, ¡oh pueblo mío!, pero no te afligiré ya más por medio de ellos.

13. Y ahora romperé la vara de su tiranía que descarga sobre tus espaldas*, y quebraré tus cadenas.

14. Y el Señor pronunciará contra ti, ¡oh Nínive!, esta sentencia: No quedará más semilla de tu nombre, exterminaré de la casa de tu falso dios, los simulacros y los ídolos de fundición; haré sepulcro tuyo, y tú quedarás deshonrada.

15. Mira ya sobre los montes los pies del que viene a anunciar la buena nueva, del que anuncia la paz*. Celebra, oh Judá, tus festividades, cumple tus votos que ya no volverá más a hacer por ti correrías aquel Belial: Pereció del todo.

2 *Destrucción de Nínive y cautiverio de sus moradores, en castigo de los males que hacen al pueblo de Dios*

1. Sale ya a campaña, ¡oh Nínive!, aquel que ante tus ojos devastará tus campos, y estrechará tu sitio; bien puedes observar sus movimientos, reforzar tus flancos, acrecentar tus fuerzas.

2. Porque el Señor va a tomar venganza de tu insolencia contra Jacob, como igualmente de tu soberbia contra Israel, pues tus ejércitos destructores devastaron y talaron sus campiñas.

3. Resplandecen como una llama los escudos de sus valientes, sus guerreros vienen vestidos de púrpura; y centellean en el día de la reseña para la batalla sus carros de guerra, y están furiosos como borrachos sus conductores.

4. Se agolpan en los caminos; los carros se chocan unos con otros en las calles; sus ojos son como centellas de fuego, como relámpagos que pasan de una a otra parte*.

5. Se acordará de sus valientes, marcharán en tropel por los caminos, escalarán con denuedo los muros, preparando antes medios para ponerse a cubierto de los sitiadores.

6. Se han abierto las puertas en los muros por la inundación de los ríos y el templo ha sido arrasado.

7. Han sido llevados cautivos sus soldados, y las mujeres conducidas a la esclavitud, gimiendo como palomas, y lamentándose en sus corazones.

8. Y Nínive inundada con las aguas* ha quedado hecha una laguna. Huyeron sus defensores, y por más que les gritaban: ¡Deteneos!, ¡deteneos!, ninguno volvió a mirar atrás.

9. Robad, ¡oh caldeos!, la plata, robad el oro. Es inmensa la riqueza de sus preciosas alhajas.

10. Devastada ha quedado ella, y desgarrada, despedazada; los corazones desmayados, vacilantes las rodillas, quebrantados los lomos; y las caras de todos ellos renegridas como hollín*.

11. ¿Dónde está la feroz Nínive, esa guarida de leones, ese bosque para pasto de cachorros de leones, adonde iban a reposar el león y sus cachorros, sin que nadie los ahuyentase?

12. El león rey de Asiria, habiendo tomado lo bastante para sus cachorros, hizo una matanza para sus leonas, y llenó de caza sus cuevas, y de rapiñas su guarida.

13. Pues heme aquí contra ti, dice el Señor de los ejércitos. Yo reduciré a humo tus carros de guerra, y la espada devorará tus jóvenes o vigorosos leones, y arrancaré de la tierra tus rapiñas, y no se oirá ya más la voz blasfema de tus embajadores.

3 *Descripción de la toma y ruina de Nínive, de nada le servirán sus muros y su tropa*

1. ¡Ay de ti, ciudad sanguinaria, llena toda de fraudes y de extorsiones, y de continuas rapiñas!

2. Se oye estruendo de látigos, estruendo de impetuosas ruedas, y de relinchos de caballos, y de carros ardientes, y de caballería que avanza.

13. *La vara de su tiranía* o *el yugo que os tenía puesto 2 Re 16*, 8.
15. *Is 52*, 7.
4. Enérgica pintura del poderoso ejército de la opulenta Nínive. El color *púrpura* o *encarnado* era usado por los militares.

8. Del Tigris.
10. *Joel 2*, 6; *Is 13*, 7. 6.

3. Y de relucientes espadas, y de relumbrantes lanzas, y de muchedumbre de heridos que mueren, y de grandísima derrota; son innumerables los cadáveres; los unos caen muertos encima de los otros.

4. Todo esto por causa de las muchas fornicaciones de la ramera bella y agraciada, la cual posee el arte de hechizar, y ha hecho esclavos de sus fornicaciones a los pueblos, y de sus hechizos a las familias.

5. Aquí estoy yo contra ti, dice el Señor de los ejércitos, y descubriré tus infamias ante tu misma cara, y mostraré a las gentes la desnudez tuya, y a todos los reinos tu oprobio.

6. Y haré recaer sobre ti tus abominaciones, y te cubriré de afrentas y te pondré de modo que sirvas de escarmiento.

7. Y entonces todos cuantos te vieren, retrocederán lejos de ti, horrorizados, diciendo: Nínive ha sido asolada. ¿Quién con un movimiento de cabeza mostrará compasión de ti? ¿En dónde buscaré yo quien te consuele?

8. ¿Eres tú por ventura mejor que la populosa Alejandría, que tiene su asiento entre ríos o brazos del Nilo, y está rodeada de aguas; cuyos tesoros son el mar, y las aguas son murallas?

9. Su inmensa fortaleza eran Etiopía y Egipto, y tenía por auxiliares Africa y Libia.

10. Mas ella ha sido llevada cautiva a país extranjero, sus párvulos han sido estrellados en las esquinas de todas las calles; y se echaron suertes sobre sus nobles*, y fueron metidos en cepos todos sus magnates.

11. Tú, pues, ¡oh Nínive!, beberás* hasta embriagarte: y serás habitada, y pedirás socorro a tu mismo enemigo.

12. Caerán todas tus fortalezas, como a una sacudida caen las brevas maduras en la boca del que va a comérselas.

13. Mira que el pueblo que contiene se ha vuelto débil como si fuese un pueblo de mujeres. Las puertas de tu país se abrirán de par en par a tus enemigos; devorará el fuego los cerrojos o barras que les pongas.

14. Abastécete de agua para cuando te halles sitiada; repara tus fortificaciones; entra en el barro, y písalo, y amasándolo forma de él ladrillos*.

15. Entonces serás devorada por el fuego; perecerás al filo de la espada, la cual te devorará, como el pulgón a la hierba, aunque reúnas gente en tanto número como el pulgón y la langosta.

16. Tus negociantes eran en mayor número que las estrellas del cielo; mas fueron como el pulgón, que habiéndose engordado voló a otra parte.

17. Tus guardas o capitanes se parecen a las langostas, y tus pequeños habitantes o soldados a las tiernas langostas; las cuales hacen asiento en los vallados durante el frío de la noche; pero luego que el sol ha nacido, se levantan, y ya no queda rastro de ellas en el lugar en donde han parado.

18. Se durmieron, ¡oh rey de Asur!, tus pastores, o capitanes; enterrados serán tus príncipes; se escondió tu gente por los montes, y no hay quien la reúna.

19. Notoria se ha hecho tu calamidad; tu llaga tiene muy mala cura; batieron las manos en señal de alegría todos cuantos han sabido lo que te ha acaecido: porque ¿a quién no dañó en todo tiempo tu malicia?

---

10. *Para repartirlos como esclavos.*
11. *Del cáliz de la ira del Señor.*

14. *Para reparar tus muros.*

Habacuc

Introducción

Habacuc tal vez fue contemporáneo de Jeremías. En las traducciones griegas se lo llama *Ambacum*. Profetizó antes del cautiverio de Babilonia, por eso se cree que no es el mismo Habacuc que fue llevado de los cabellos por un ángel a Babilonia para alimentar a Daniel cuando estaba en el lago de los leones, *Dan 14*, 32; y que hubo dos profetas de este nombre, así como hubo dos llamados Miqueas y Abdías. San Jerónimo afirma que pudo ser el mismo, aunque de edad avanzada. Habacuc predijo la cautividad de su nación, la ruina del imperio caldeo, la libertad de los judíos por Ciro y la del género humano por el Mesías. El último capítulo es un cántico u oración dirigida a Dios, en un estilo muy sublime y sentencioso. San Pablo recuerda sus profecías de la ruina judía, *Hech 13*, 40. La Iglesia celebra la memoria de Habacuc el 15 de enero.

1

El Señor enviará contra su pueblo, a los caldeos los cuales atribuirán sus victorias a sus ídolos

1. Duro anuncio revelado a Habacuc profeta.

2. ¿Hasta cuándo, Señor, estaré clamando, sin que tú me atiendas? ¿Hasta cuándo daré voces a ti en la violencia que sufro, sin que tú me salves?

3. ¿Por qué me haces ver delante de mí no más que iniquidad y trabajos, rapiñas e injusticias? Prevalecen los pleitistas y pendencieros.

4. Por eso la ley se ve burlada, y no se hace justicia, por cuanto el impío puede más que el justo, por eso salen corrompidos los juicios.

5. Poned los ojos en las naciones y observad lo que pasa: Admirados quedaréis y espantados; porque ha sucedido una cosa en nuestros días que nadie la querrá creer cuando sea contada.

6. Pues he aquí que yo haré venir a los caldeos, nación fiera y veloz, que recorre toda la tierra para alzarse con las posesiones ajenas.

7. Ella es horrible y espantosa, por sí misma sentenciará y castigará.

8. Sus caballos son más ligeros que leopardos*, y corren más que los lobos por la noche. Se extenderá por todas partes su caballería; de lejos vendrán sus jinetes; volarán como águila que se arroja sobre la presa.

9. Todos vendrán al botín, su presencia será como un viento abrasador, y amontonarán cautivos como arena.

10. Y el rey de Babilonia triunfará sobre los demás reyes, y se mofará de los potentados; se reirá de todas las fortalezas, levantará rampas y las tomará.

11. En este estado se mudará o trastornará su espíritu, y se desvanecerá y caerá; tal es el poder de aquel su dios en quien confiaba.

12. Mas qué ¿no existes tú desde el principio, ¡oh Señor Dios mío mi Santo!, y el que nos librará de la muerte? ¡Oh Señor!, tú has destinado a este Nabucodonosor para ejercer tu venganza, y le has dado tan gran poderío para castigarnos por medio de él.

13. Limpios son siempre tus ojos, no puedes tú ver el mal ni podrías sufrir delante de ti la iniquidad. ¿Por qué, pues, te quedas

8. *Jer 4*, 13.

contemplando a aquellos que obran mal, y callas cuando el impío está tragándose al que es más justo que él?

14. Y tú dejas que a los hombres les suceda lo que a los peces del mar, y lo que a los insectos, los cuales no tienen rey que los defienda.

15. Todo lo ha sacado fuera con el anzuelo, lo ha arrastrado con su red barredera, y recogido con sus redes. De todo esto se gozará y regocijará.

16. Por tanto, ofrecerá víctimas a su barredera, y sacrificios a sus redes; pues por medio de éstas se ha engrosado su porción, y se ha provisto de exquisitos manjares.

17. Por esto tiene tendida su red barredera, y no cesa jamás de devastar a las naciones.

---

2 *El profeta declara que el Señor le mandó escribir la visión. Predice la destrucción del imperio caldeo*

---

1. Yo estaré alerta entretanto, haciendo mi centinela, y estaré firme sobre el muro; para ver lo que se me dirá* y qué deberé responder al que me reprenda.

2. Me respondió, pues el Señor, y me dijo: Escribe la visión en las tablillas de escribir, para que se pueda leer corrientemente.

3. Porque la visión es de cosa todavía lejana; mas ella al fin se cumplirá, y no saldrá fallida. Si tardare, espérale, que el que ha de venir vendrá y no tardará.

4. Mira que el que es incrédulo no tiene dentro de sí un alma justa. El justo, pues, en su fe vivirá*.

5. Mas así como el vino engaña al que lo bebe, así será del hombre soberbio, el cual quedará sin honor; del soberbio, que ensanchó su garganta como el infierno, y es insaciable como la muerte*, y quisiera reunir bajo su dominio todas las naciones y amontonar junto a sí todos los pueblos.

6. Qué ¿acaso no será él la fábula de todos éstos, y el objeto de sus satíricos proverbios? Y no se le dirá: ¡Ay de aquel que amontona lo que no es suyo! ¿Hasta cuándo recogerá el para daño suyo el denso lodo de las riquezas?

7. ¿Acaso no se levantarán de repente* los que han de morder, y no saldrán los que han de despedazarte, y de quienes vas a ser presa?

8. Por cuanto tú has despojado a muchas gentes o naciones, te despojarán a ti todos los que hayan quedado de ellas, en castigo de la sangre humana que has derramado, y de las injusticias cometidas contra la tierra, contra la ciudad y contra todos sus habitantes.

9. ¡Ay de aquel que allega frutos de avaricia, funesta para su propia casa, con el fin de hacer más alto su nido, y salvarse así de las garras del mal!

10. No parece sino que has ido trazando la ruina de tu casa; has asolado muchos pueblos, y tu alma delinquió.

11. Porque las piedras alzarán el grito desde las paredes, y clamarán contra ti los maderos que mantienen la trabazón del edificio.

12. ¡Ay de aquel que edifica una ciudad a fuerza de derramar sangre, y asienta sus cimientos sobre la injusticia!

13. ¿Acaso no están predichas estas cosas por el Señor de los ejércitos? Porque en vano, dice el Señor, se afanarán los pueblos, y las gentes allegarán bienes para pábulo de un gran fuego, y desfallecerán.

14. Pues la tierra será inundada de enemigos, al modo que el mar está cubierto de aguas; a fin de que sea conocida la gloria del Señor.

15. ¡Ay de aquel que da de beber a su amigo, mezclando hiel en el vaso, y lo embriaga para verlo desnudo!

16. En vez de gloria quedarás cubierto de afrenta; beberás también tú, y quedarás avergonzado; el cáliz de la diestra del Señor te embriagará, y vendrá un vómito de ignominia sobre tu gloria.

17. Puesto que las maldades cometidas por ti sobre el Líbano recaerán contra ti; y el destrozo hecho por estas fieras los aterrará, para que no derramen la sangre de los hombres, y no cometan maldades contra la tierra, y contra la ciudad, y todos sus habitantes.

---

1. *Is 21*, 8.
4. *Rom 1*, 17; *Gal 3*, 11; *Hebr 10*, 38.
5. *Prov 30*, 16; *Is 5*, 14.

7. Los medos y persas.

18. ¿De qué sirve el vano simulacro que formó un artífice, y la falsa estatua o imagen que fundió de bronce? Con todo, el artífice pone su esperanza en la hechura suya, en la imagen muda que forjó.

19. ¡Ay de aquel que dice a un madero: ¡Despiértate!, y a una muda piedra: ¡Levántate, y socórreme! ¿Por ventura la estatua podrá instruirte en lo que has de hacer? Mira: Cubierta está ella de oro y plata; pero dentro no hay espíritu ninguno.

20. Mas el Señor está en su templo de la gloria. Calle la tierra toda ante su acatamiento.

---

3 *Oración de Habacuc, en la que recuerda las maravillas del Señor a favor de Israel*

Oración del profeta Habacuc

1. Oí*, ¡oh Señor!, tu anuncio, y quedé lleno de un respetuoso temor. ¡Señor!, aquella inefable obra tuya, ejecútala en medio de los años.

2. Sí, en medio de los años la harás patente, te acordarás de la misericordia tuya, cuando te hayas irritado.

3. Vendrá Dios de la parte del mediodía, y el Santo de hacia el monte Farán*. Su gloria cubrió los cielos, y la tierra está llena de sus alabanzas.

4. El resplandecerá como la luz; en sus manos tendrá un poder infinito, allí está escondida su fortaleza.

5. Llevará delante de sí como en triunfo la muerte,

6. y el diablo delante de sus pies. Se paró, y midió la tierra. Echó una mirada y acabó con las naciones, y quedaron reducidos a polvo los altísimos montes. Se encorvaron los collados del mundo al pasar el Eterno.

7. Yo vi reunirse a favor de la iniquidad o idolatría las tiendas de Etiopía; pero puestos fueron luego en derrota los pabellones de Madián.

8. ¿Acaso fue contra los ríos tu enojo, oh Señor? ¿Fue contra los ríos tu cólera, o contra el mar tu indignación? Tú que montas sobre tus caballos, y llevas en tu carroza la salvación,

9. Tú tomarás con denuedo tu arco, conforme a los juramentos que hiciste a las tribus de Israel; tú dividirás los ríos de la tierra.

10. Te vieron los montes, y se estremecieron; se retiraron los hinchados ríos. Los abismos alzaron su voz, y levantó sus manos el profundo mar.

11. El sol y la luna se mantuvieron en sus puestos; marcharán ellos al resplandor de sus saetas, al resplandor de tu relumbrante lanza*.

12. Tú, irritado, hollarás la tierra, y con tu furor dejarás atónitas las naciones.

13. Saliste para salvar a tu pueblo, para salvarlo por medio de tu Mesías. Heriste la cabeza de la casa del impío, descubriste sus cimientos de arriba abajo.

14. Echaste la maldición sobre su cetro, sobre el caudillo de los guerreros, los cuales venían como torbellinos para destrozarme, era ya su regocijo como el de aquel que en un sitio retirado devora al pobre caminante.

15. Abriste el camino en el mar a su caballería por en medio del cieno de profundas aguas*.

16. Oí tu voz y se conmovieron mis entrañas, a esa voz tuya temblaron mis labios. Penetre mis huesos la podredumbre, y broten dentro de mí gusanos; a fin de que yo consiga reposo en el día de la tribulación, y vaya a reunirme con el pueblo nuestro que está apercibido.

17. Porque la higuera no florecerá, ni las viñas brotarán; faltará el fruto de la oliva; los campos no darán alimento. Arrebatadas serán del aprisco las ovejas, y quedarán sin ganados los pesebres.

18. Yo me regocijaré en el Señor*, y saltaré de gozo en Dios.

19. El Señor Dios es mi fortaleza; y él me dará pies ligeros como de ciervo; y el vencedor me conducirá a las alturas de mi morada, cantando yo himnos en su alabanza.

---

2. *Is 26*, 20; *54*, 8.
3. *Deut 33*, 2; *Jue 5*, 4; *Sal 68 (67)*, 29.

11. *Jos 10*, 12; *Jue 5*, 20; *Sab 5*, 21.
15. *Aguas y cieno* significan las *tribulaciones*. Reaparece el recuerdo del paso triunfante del Exodo. *Ex 14*; *15*; *Sal 49 (48)*, 1; *Ap 19*, 6.
18. *Luc 21*, 28.

Sofonías

Introducción

Sofonías fue natural del campo de Sarabat, en la tribu de Simeón, y de una familia ilustre. Comenzó a profetizar en el reinado de Josías, exhortando a los judíos a la penitencia. Predice la ruina de Nínive, lanza terribles amenazas contra Jerusalén y concluye con la promesa de la libertad, de la promulgación de una nueva ley, de la vocación de los gentiles y del reino espiritual del Mesías en gloria y majestad. Su estilo es muy vehemente y semejante al de Jeremías. La Iglesia celebra su memoria el 3 de diciembre.

1

Sofonías vaticina la próxima ruina de Jerusalén en castigo de sus idolatrías y otros pecados

1. Palabra del Señor, revelada a Sofonías, hijo de Cusi, hijo de Godolías, hijo de Amarías, hijo de Ezecías, en tiempo de Josías, hijo de Amón, rey de Judá.

2. Yo quitaré de la tierra todo lo que hay en ella; la talaré toda, dice el Señor.

3. Exterminaré de ella hombres y bestias; exterminaré las aves del cielo y los peces del mar; y perecerán los impíos; y exterminaré de la tierra a los hombres, dice el Señor.

4. Y extenderé mi brazo contra Judá y contra todos los habitantes de Jerusalén; y exterminaré de este lugar los restos de la idolatría de Baal y los nombres o la memoria de sus ministros y sacerdotes;

5. y a aquellos que adoran sobre los terrados la milicia o astros del cielo, y adoran y juran por el Señor y por Melcom*,

6. y a los que han dejado de seguir al Señor, y a los que el Señor no buscan, ni procuran encontrarle.

7. Permaneced con un respetuoso silencio ante el Señor Dios; porque el día terrible del Señor está cerca. Preparada tiene el Señor la víctima de su justicia, y designados los convidados*.

8. Y en aquel día de la víctima del Señor, yo castigaré, dice Dios, a los príncipes y los hijos del rey de Jerusalén, y a cuantos visten y viven como los extranjeros.

9. Y castigaré entonces a todos aquellos que entran llenos de orgullo y arrogancia por los umbrales del templo, llenando de injusticias y de fraudes la casa del Señor su Dios.

10. Habrá en aquel día, dice el Señor, muchos clamores, desde la puerta de los Peces, y muchos aullidos desde la Segunda, y gran aflicción sobre los collados*.

11. Aullad, ¡oh moradores de Pila!, o de mortero; enmudecido está todo el pueblo de Canaán*, y han perecido todos aquellos que estaban nadando en la opulencia.

12. Y entonces será cuando yo iré con una antorcha en la mano registrando a Jerusalén, e iré buscando a los hombres sumidos en sus inmundicias, los cuales están diciendo en su corazón: El Señor no hace bien, ni hace mal a nadie.

---

5. Muchos hebreos querían unir el culto de Dios con el de los ídolos. *Lev 18*, 21.

7. *Que ejercerán su venganza. Is 34*, 6; *Jer 46*, 10.
10. *Jer 31*, 39.
11. *Judá* es llamado con el odioso nombre de *Canaán. Dan 13*, 56; *Os 12*, 7.

13. Y serán saqueadas sus riquezas, y reducidas a un desierto sus casas, y construirán habitaciones excelentes, mas no las habitarán; plantarán viñas, mas no beberán su vino*.

14. Cerca está el día grande del Señor, está cerca, y va llegando con suma velocidad; amargas voces serán las que se oigan en el día del Señor; los poderosos se verán entonces en aprietos.

15. Día de ira aquel, día de tribulación y de congoja, día de calamidad y de miseria, día de tinieblas y de oscuridad, día de nublados y de tempestades,

16. día del terrible sonido de la trompeta contra las ciudades fuertes y contra las altas torres*.

17. Yo atribularé a los hombres, los cuales andarán como ciegos, porque han pecado contra el Señor, y su sangre será esparcida como el polvo, y arrojados sus cadáveres como la basura.

18. Y ni la plata ni el oro podrán librarlos en aquel día de la ira del Señor*, cuyo ardiente celo devorará toda la tierra; pues él a toda prisa exterminará a cuantos la habitan.

2 *El profeta exhorta al pueblo a que ore y haga penitencia antes que llegue el día del Señor*

1. Venid todos, reuníos, ¡oh pueblos no amables!,

2. antes que el mandamiento del Señor produzca aquel día como torbellino que esparce el polvo; antes que venga sobre vosotros la ira furibunda del Señor; antes que llegue el día de su indignación.

3. Buscad al Señor, todos vosotros, humildes de la tierra, vosotros que habéis guardado sus preceptos: Id en busca de la justicia o santidad, buscad la mansedumbre, por si podéis poneros a cubierto en el día de la ira del Señor.

4. Porque destruida será Gaza, quedará yerma Ascalón, Azoto será asolada en medio del día, y arrasada quedará Accarón.

5. ¡Ay de vosotros que habitáis la cuerda, o costa, del mar, pueblo de perdición!, contra ti se dirige lo que dice el Señor, ¡oh Canaán, tierra de filisteos!; yo te asolaré de tal modo que no quede morador alguno.

6. Y la costa del mar será morada de pastores y aprisco de ganados.

7. Y la dicha costa será de aquellos que quedaren de la casa de Judá, allí tendrán sus pastos, y descansarán por la noche en las casas de Ascalón; porque el Señor su Dios los visitará, y los hará volver del cautiverio.

8. Yo he oído los denuestos de Moab y las blasfemias que han vomitado contra el pueblo mío los hijos de Amón los cuales se han engrandecido invadiendo sus términos*.

9. Por lo cual juro yo, dice el Señor Dios de los ejércitos, el Dios de Israel, que Moab será como Sodoma, y los hijos de Amón como Gomorra; lugar de espinos secos, y montones de sal, y un desierto sempiterno, los saquearán las reliquias de mi pueblo, y se enseñorearán de ellos los restos de mi gente.

10. Esto les sucederá por causa de su soberbia; porque blasfemaron y se engrieron contra el pueblo del Señor de los ejércitos.

11. Terrible se mostrará contra ellos el Señor, y aniquilará a todos los dioses o ídolos de la tierra; y lo adorarán todos los hombres, cada uno en su país, y todas las islas de las gentes.

12. Vosotros, oh etíopes, caeréis también bajo el filo de mi espada.

13. Pues el caldeo extenderá su mano contra el Aquilón, y exterminará a los asirios, y convertirá la hermosa ciudad de Nínive* en una soledad, y en un país despoblado y desierto.

14. De suerte que sestearán en medio de ella los rebaños y todos los ganados de las gentes vecinas; y se guarecerán dentro de sus casas el pelícano y el erizo; se oirá el canto de las aves campesinas en sus ventanas*, y los cuervos anidarán sobre sus dinteles o arquitrabes; pues yo acabaré con todo su poder.

15. Ésta es aquella ciudad gloriosa que nada temía, y que decía en su corazón: Yo soy, y fuera de mí no hay otra ninguna. ¡Cómo ha venido a quedar hecha un desierto

---

13. *Am 5*, 11.
16. *Jer 30*, 4; *Joel 2*, 11; *Am 5*, 18.
18. *Ez 7*, 19.

8. *Ez 35*, 12; *Abd 12*.
13. *Is 10*, 5; *Nah 1*, 2.
14. *Is 24*, 11.

y una guarida de fieras! Todo el que transite por ella la silbará y mofándose batirá una mano contra otra.

3 *Amenazas contra Jerusalén y los que la gobiernan. Consuelo de los fieles con la promesa de la libertad*

1. ¡Ay de ti, ciudad que provocas la ira!, y eso que fuiste ya rescatada, ¡oh paloma estúpida*!

2. Ella no ha querido escuchar a quien le hablaba y le amonestaba; no puso su confianza en el Señor; no se acercó a su Dios.

3. Sus príncipes están en medio de ella como leones rugientes; como lobos nocturnos son sus jueces, no dejan nada para el día siguiente.

4. Sus profetas son hombres furiosos y sin fe; sus sacerdotes han profanado el santuario, han hecho violencia a la ley.

5. El Señor, que es justo, y que está en medio de ella, no hará injusticia; sino que luego ejecutará su juicio, y no quedará éste escondido; pero el malvado no sabe lo que es vergüenza*.

6. Yo he exterminado las naciones enemigas, y han quedado arrasadas sus fortalezas, he dejado desiertas sus calles y no pasa alma por ellas; sus ciudades han quedado desoladas, hasta no haber quedado hombre, ni habitante alguno.

7. Y dije: Por fin, oh Israel, me temerás y recibirás mi amonestación, a fin de que tu casa no sea arruinada por causa de todas las culpas, por las cuales te castigué. Pero tus hijos pusieron su conato en pervertir todos sus afectos.

8. Por tanto, espérame, dice el Señor, en el día venidero de mi resurrección; porque mi voluntad es congregar las naciones y reunir los reinos*; y entonces derramaré sobre ellos mi indignación, y toda la ira y furor mío; de modo que el fuego de mi celo devorará toda la tierra.

9. Porque entonces purificaré los labios de las naciones, a fin de que todas ellas invoquen el Nombre del Señor, y le sirvan debajo de un mismo yugo.

10. Desde más allá de los ríos de Etiopía, desde allí vendrán mis adoradores*, los hijos del dispersado pueblo mío, a presentarme sus dones.

11. En aquel día, ¡oh Jerusalén!, no serás confundida por todas las obras tuyas, con que prevaricaste contra mí; pues entonces yo quitaré de en medio de ti aquellos maestros que alimentan tu orgullo; y no te engreirás más por tener mi santo monte de Sión.

12. Y dejaré en medio de ti un pueblo pobre y humilde, el cual pondrá su esperanza en el Nombre del Señor.

13. Los restos del pueblo de Israel no cometerán injusticia, ni hablarán mentira, ni tendrán en su boca una lengua falaz; pues tendrán pastos excelentes, y gozarán descanso, y no habrá nadie que les cause miedo.

14. Entona himnos, ¡oh hija de Sión!; canta alabanzas, ¡oh Israel!, alégrate y regocíjate de todo corazón, ¡oh hija de Jerusalén!

15. El Señor ha borrado tu condenación, ha ahuyentado a tus enemigos. El Señor, rey de Israel, está en medio de ti, no tienes que temer jamás mal alguno.

16. En aquel día se dirá a Jerusalén: No temas; y a Sión: No hay que desmayar.

17. Está en medio de ti el Señor, el Dios tuyo, el fuerte; él te salvará; en ti hallará él su gozo y su alegría, será constante en amarte, se regocijará, y celebrará tus alabanzas.

18. Yo reuniré a aquellos hombres vanos que habían abandonado la ley puesto que eran de los tuyos, a fin de que no padezcas más confusión a causa de ellos.

19. He aquí que yo quitaré la vida a todos cuantos en aquel tiempo te afligieron; y salvaré a aquella nación que claudicaba, y volveré a llamar a la que fue repudiada, y les daré gloria y fama en toda aquella tierra en que padecieron ignominia.

20. En aquel tiempo, cuando yo os haya traído, y os haya reunido, haré que adquiráis fama y seáis alabados en todos los pueblos de la tierra; entonces os veréis librados por mí de vuestro cautiverio, dice el Señor.

---

1. *Os 7*, 11.
5. *Jer 3*, 3.
8. Profecía de lo que sucedería después de la venida del Mesías e invitación a permanecer fieles al Señor.
10. *Sal 72* (*71*), 9; *Is 18*, 1-7.

Ageo

Introducción

Ageo nació en Babilonia, durante la cautividad de los judíos, unos quinientos años antes de la venida de Jesucristo. Ageo, Daniel, Zacarías y Malaquías fueron los últimos profetas del *Antiguo Testamento*, por eso hablaron con mayor claridad del Mesías.

Ageo volvió a Judea con Zorobabel, príncipe de Judá. A él, al sumo sacerdote Josué y a todo el pueblo los exhortó a reedificar el templo, prometiéndoles que Dios lo haría más célebre y glorioso que el primero con la presencia del Mesías, del *Deseado de todas las gentes*, que predicaría en él la *buena nueva* o *evangelio* de la paz. Esta profecía estan clara, que los rabinos autores del *Talmud* la entendieron siempre, como nosotros, de la venida del Mesías.

1 *El profeta reprende a los judíos. El sumo sacerdote Josué comienza la reconstrucción del templo*

1. En el año segundo del rey Darío, en el sexto mes, el día primero del mes, el Señor habló por medio de Ageo, profeta, a Zorobabel, hijo de Salatiel, príncipe o gobernador de Judá, y a Josué, hijo de Josedec, sumo sacerdote, diciendo:

2. Esto dice el Señor de los ejércitos: Dice este pueblo: No es llegado aún el tiempo de reedificar la casa del Señor.

3. Pero el Señor ha hablado a Ageo, profeta, diciendo:

4. ¿Conque es tiempo de que vosotros habitéis en casas de hermosos artesonados, y esta casa estará abandonada?

5. Ahora, pues, esto dice el Señor de los ejércitos: Poneos a considerar seriamente vuestros procederes.

6. Habéis sembrado mucho, y recogido poco; habéis comido y no os habéis saciado, habéis bebido, y no os habéis animado; os habéis cargado de ropa y no os habéis calentado; y aquel que ganaba salarios, los ha ido poniendo en saco roto.

7. Así habla el Señor de los ejércitos: Poneos a reflexionar atentamente sobre vuestros procederes.

8. Subid al monte, traed de allí maderos y reedificad mi casa, y yo me complaceré en ella y seré en ella glorificado, dice el Señor.

9. Vosotros esperabais lo más, y os ha venido lo menos, y aun ese poco lo metisteis dentro de vuestras casas, y yo con un soplo lo hice desaparecer. ¿Y por qué?, dice el Señor de los ejércitos. Porque mi casa está abandonada, y cada uno de vosotros se ha dado gran prisa a reparar la suya propia.

10. Por eso se prohibió a los cielos daros el rocío o la lluvia, y se prohibió a la tierra daros su fruto.

11. Y envié la sequía sobre la tierra y sobre los montes en perjuicio de los granos, y del vino, y del aceite, y de todos los productos de la tierra, y de los hombres, y de las bestias, y de toda labor de manos.

12. Y Zorobabel, hijo de Salatiel, y Josué, hijo de Josedec, sumo sacerdote, y todo el resto del pueblo oyeron la voz del Señor Dios suyo en las palabras del profeta Ageo, que les envió el Señor su Dios; y temió el pueblo al Señor.

13. Y Ageo, uno de los enviados del Señor, dijo al pueblo: El Señor ha dicho: Yo estoy con vosotros.

14. Y excitó el Señor el espíritu de Zorobabel, hijo de Salatiel, gobernador de Judá, y el espíritu de Josué, hijo de Josedec, sumo sacerdote, y el espíritu de todo el resto del pueblo y emprendieron la construcción del templo del Señor de los ejércitos, su Dios.

2 *El Señor alienta a los judíos que construyen el templo, con la promesa de que el Mesías entraría en él*

1. A veinticuatro días del mes sexto, año segundo del rey Darío.

2. En el mes séptimo, a veintiún días del mes, habló el Señor al profeta Ageo, diciéndole:

3. Habla a Zorobabel, hijo de Salatiel, gobernador de Judá, y a Josué, hijo de Josedec, sumo sacerdote, y al resto del pueblo, y diles:

4. ¿Quién ha quedado de todos vosotros que haya visto este templo en su gloria primera? ¿Y qué tal os parece él ahora? ¿Por ventura no es como nada ante vuestros ojos?

5. Pues ahora, ¡oh Zorobabel!, ten buen ánimo, dice el Señor, buen ánimo también, ¡oh Josué, hijo de Josedec, sumo sacerdote; y buen ánimo tú, pueblo todo del país!, dice el Señor de los ejércitos, y cumplid, pues yo estoy con vosotros, dice el Señor de los ejércitos,

6. el pacto que hice con vosotros cuando salíais de la tierra de Egipto; y mi espíritu estará en medio de vosotros. No temáis.

7. Porque esto dice el Señor de los ejércitos: Aún falta poco tiempo y yo pondré en movimiento el cielo y la tierra, y el mar y todo el universo.

8. Y pondré en movimiento las gentes todas, porque vendrá el deseado de todas las gentes; y henchiré de gloria este templo, dice el Señor de los ejércitos.

9. Por lo demás mía es la plata, dice el Señor de los ejércitos, y mío el oro.

10. La gloria de este último templo será grande, será mayor que la del primero, dice el Señor de los ejércitos, y en este lugar daré yo la paz o felicidad, dice el mismo Señor de los ejércitos.

11. A veinticuatro días del mes noveno, en el año segundo del rey Darío, el Señor habló al profeta Ageo, y le dijo:

12. Esto dice el Señor de los ejércitos: Propón a los sacerdotes esta cuestión legal:

13. Si un hombre llevare carne santificada en una extremidad de su vestido, y tocare con la orla de él pan o vianda, o vino, o aceite, u otra cosa de comer, ¿quedará acaso santificada la tal cosa? Y respondieron los sacerdotes, y dijeron: No.

14. Y añadió Ageo: Si alguno que está inmundo por razón de un muerto tocare alguna de todas estas cosas, ¿quedará por ventura inmunda la cosa que tocó? Y respondieron los sacerdotes diciendo: Inmunda quedará.

15. A lo que repuso Ageo, y dijo: Así es este pueblo, y así es esta gente delante de mí, dice el Señor, y así sucede con todas las obras de sus manos; pues todo cuanto han ofrecido en este lugar, todo es inmundo.

16. Y reflexionad ahora vosotros lo sucedido desde este día atrás, antes que comenzaseis a construir el templo del Señor,

17. cuando acercándoos a un montón de mieses, que parecía de veinte celemines, venía a quedar en diez; y yendo al lagar para sacar cincuenta cántaros, no sacabais más de veinte,

18. yo destruí con viento abrasador, y con plagas, y con pedrisco todas las labores de vuestras manos; y no hubo entre vosotros quien se convirtiese a mí, dice el Señor.

19. Pero fijad vuestra atención desde este día en adelante, desde el día veinticuatro del mes noveno, desde el día en que se echaron los cimientos del templo del Señor, parad vuestra atención.

20. ¿No veis cómo aún no han nacido las simientes, y que las viñas, y las higueras, y los granados, y los olivos no están en flor? Pues yo desde este día les echaré mi bendición.

21. Y habló el Señor por segunda vez a Ageo, a los veinticuatro días del mes y le dijo:

22. Habla a Zorobabel, gobernador de Judá, y dile: Yo pondré en movimiento a un tiempo el cielo y la tierra,

23. y trastornaré el trono de los reinos, y destruiré el poder del reino de las gentes, y volcaré los carros de guerra, y los que van sobre ellos, y caerán muertos los caballos y los que los montan, cada uno bajo el filo de la espada de su hermano.

24. En aquel tiempo, dice el Señor de los ejércitos, yo te ensalzaré, ¡oh Zorobabel, hijo de Salatiel, siervo mío!, dice el Señor, y te tendré como un anillo de sellar; pues a ti te he escogido, dice el Señor de los ejércitos.

Zacarías

Introducción

Zacarías fue hijo de Baraquías y nieto de Addo. Algunos creen que es el mismo de quien Jesucristo dijo que fue muerto entre el templo y el altar. Dios lo envió casi al mismo tiempo que a Ageo para alentar a los judíos a concluir la restauración del templo, por eso el argumento los dos profetas es el mismo, aunque el estilo de Zacarías es más alto y misterioso. Habla del Mesías tan claro, como un *evangelista*. Predice la conversión de los judíos y la llegada del Anticristo. Algunos opinan que sus expresiones y emblemas aluden a la segunda venida de Jesucristo en gloria y majestad.

1 *Zacarías exhorta a los judíos a no imitar a sus padres, castigados por despreciar a los profetas*

1. En el mes octavo del año segundo del rey Darío, el Señor habló a Zacarías, profeta, hijo de Baraquías, hijo de Addo, y le dijo:

2. El Señor estuvo altamente irritado contra vuestros padres.

3. Mas tú dirás a estos sus hijos: Esto dice el Señor de los ejércitos: Convertíos a mí, dice el Señor de los ejércitos*; y yo me volveré a vosotros, dice el Señor de los ejércitos.

4. No seáis como vuestros padres, a los cuales exhortaban los anteriores profetas, diciendo: Esto dice el Señor de los ejércitos: Convertíos de vuestros malos pasos y de vuestros malvados designios, ellos no me escucharon, ni hicieron caso, dice el Señor.

5. ¿Y dónde están ya vuestros padres? ¿Y acaso los profetas vivirán para siempre?

6. Pues las palabras mías y los decretos míos, comunicados a mis siervos los profetas, ¿por ventura no alcanzaron a vuestros padres? Ellos se convirtieron y dijeron: El Señor de los ejércitos ha hecho con nosotros aquello mismo que pensó hacer en vista de nuestras obras y de nuestros procederes.

7. A veinticuatro días del mes undécimo llamado Sabat, el año segundo de Darío, el Señor habló de esta manera a Zacarías profeta, hijo de Baraquías, hijo de Addo:

8. Tuve, pues, de noche esta visión: Vi a un hombre montado sobre un caballo rojo, que estaba parado entre unos mirtos que había en una hondonada; y detrás de él había caballos rojos, manchados y blancos*.

9. Y dije yo: ¿Qué son éstos, Señor mío? Y el ángel que hablaba conmigo me dijo: Yo te haré conocer lo que son estas cosas.

10. En esto, aquel hombre que estaba parado entre los mirtos, respondió y dijo: Estos son los ángeles que envió el Señor a recorrer la tierra.

11. Y respondieron aquellos al ángel del Señor que estaba parado entre los mirtos, y dijeron: Hemos recorrido la tierra, y hemos visto que toda está poblada, y que goza de reposo.

12. A lo que replicó el ángel del Señor*, y dijo: ¡Oh Señor de los ejércitos!, ¿hasta cuándo no te apiadarás de Jerusalén y de las ciudades de Judá, contra las cuales estás enojado? Este es ya el año septuagésimo.

13. Y respondió el Señor al ángel que

---

3. *Is 21*, 12; *31*, 6.

8. Sobre estos caballos se veían otros tantos personajes, que eran los ángeles protectores de otras naciones y que ejecutan las órdenes de Dios.

12. *San Miguel*, protector de los judíos.

hablaba conmigo palabras buenas, palabras de consuelo.

14. Y me dijo el ángel que hablaba conmigo: Clama, y di: Esto dice el Señor de los ejércitos: Me hallo poseído de un gran celo por amor de Jerusalén y de Sión;

15. y estoy altamente irritado contra aquellas naciones poderosas. Ya estaba yo un poco enojado; mas ellas han agravado el mal.

16. Por tanto, esto dice el Señor: Volveré mis ojos compasivos hacia Jerusalén, y en ella será edificado mi templo, dice el Señor de los ejércitos, y la plomada será tendida sobre Jerusalén.

17. Clama todavía, y di: Esto dice el Señor de los ejércitos: Mis ciudades aún han de rebosar en bienes, y aún consolará el Señor a Sión, y de nuevo escogerá a Jerusalén.

18. Y levanté mis ojos, y observé, y vi cuatro astas.

19. Y dije al ángel que hablaba conmigo: ¿Qué significa esto? Y me respondió: Estas son las astas que han aventado a Judá, y a Israel, y a Jerusalén.

20. Y me mostró el Señor cuatro ángeles en forma de operarios.

21. Y dije: ¿Qué vienen a hacer éstos? Y él me respondió, diciendo: Aquellas son las astas que aventaron a los varones de Judá uno por uno, sin que pudiese levantar cabeza ninguno de ellos; y éstos vinieron para aterrarlos, para abatir las astas o el poder de las naciones, las cuales levantaron sus fuerzas contra el país de Judá para exterminar sus habitantes.

2

Gloria de Jerusalén. Dios será su muralla. Muchas naciones vendrán a Sión a servir al Señor

---

1. Y levanté mis ojos, y estaba observando; y he aquí un varón que tenía en su mano una cuerda como de medidor.

2. Y dije yo: ¿Adónde vas? Voy a medir a Jerusalén, me respondió, para ver cuánta es su latitud y cuánta su longitud.

3. Y he aquí que salió fuera el ángel que hablaba conmigo, y otro ángel le salió al encuentro,

4. y le dijo: Corre, habla a ese joven, y dile: Sin muros será habitada Jerusalén a causa de la multitud de personas y de animales que contendrá en su recinto.

5. Pero yo seré para ella, dice el Señor, como una muralla de fuego que la rodeará, y yo seré glorificado en medio de ella*.

6. ¡Ah!, huid, huid, ahora de la tierra del norte, dice el Señor; puesto que os dispersé yo por los cuatro vientos del cielo, dice el Señor.

7. Huye, oh Sión, tú que habitas en la ciudad de Babilonia.

8. Porque esto dice el Señor de los ejércitos; el cual, después de restituida vuestra gloria, me enviará a las naciones que os despojaron (porque quien os tocare a vosotros, toca en las niñas de mis ojos).

9. He aquí que levanto yo mi mano contra ellas, y serán presa de aquellos que fueron esclavos suyos; y conoceréis que el Señor de los ejércitos es el que me ha enviado.

10. Canta himnos de alabanza, y alégrate, oh hija de Sión, porque mira, yo vengo y moraré en medio de ti, dice el Señor.

11. Y en aquel día se allegarán al Señor muchas naciones, y serán también pueblo mío, y yo habitaré en medio de ti: y tú conocerás que el Señor de los ejércitos me ha enviado a ti.

12. Y poseerá a Judá como herencia suya en la tierra santa; y escogerá otra vez a Jerusalén.

13. Callen todos los mortales ante el acatamiento del Señor*; porque él se ha levantado, y ha salido ya de su santa morada.

3

Zacarías anuncia a su pueblo que recobrará la gracia de Dios. Promesa del Mesías

---

1. Y me hizo ver el Señor al sumo sacerdote Josué, que estaba en pie ante el ángel del Señor; y estaba Satán a su derecha para oponérsele.

2. Y dijo el Señor a Satán: Incrépete o confúndate el Señor, ¡oh Satán!; incrépete, repito, el Señor, el cual ha escogido para sí

---

5. *Ez 40*, 3; *41*, 13; *Ap 11*, 1.
13. *Y lo adoren con profundo respeto.*

a Jerusalén. ¿Por ventura no es éste un tizón sacado del ángel?

3. Y Josué estaba vestido de ropas sucias, y permanecía en pie delante del fuego?

4. El cual respondió y dijo a los que estaban en su presencia: Quitadle las ropas sucias. Y a él le dijo: He aquí que te he quitado de encima tu maldad, y te he hecho vestir ropas de gala.

5. Y añadió: Ponedle en la cabeza una tiara limpia; y le pusieron en la cabeza una tiara* limpia, y le mudaron de vestidos. Entretanto el ángel del Señor estaba en pie.

6. E hizo el ángel del Señor esta protesta a Josué diciéndole:

7. Esto dice el Señor de los ejércitos: Si anduvieres por mis caminos, y guardares mis preceptos, tú también serás juez o gobernador de mi casa, y custodio de mi templo, y te daré algunos de estos ángeles que ahora están aquí presentes para que vayan contigo*.

8. Escucha tú, oh Josué sacerdote, tú y tus amigos que moran contigo, que son varones de portento. Atiende, pues, lo que dijo: Yo haré venir a mi Siervo, el Oriente.

9. Porque he aquí la piedra que yo puse delante de Josué, piedra única, y la cual tiene siete ojos, he aquí que yo la labraré con el cincel, dice el Señor de los ejércitos*; y en un día arrojaré yo de aquella tierra la iniquidad.

10. En aquel día, dice el Señor de los ejércitos, convidará cada uno a su amigo a la sombra de su parra y de su higuera.

4

Muestra el Señor al profeta un candelero de oro con dos olivas, que destilan aceite

---

1. Y volvió el ángel que hablaba conmigo, y me despertó, como a un hombre a quien se le despierta de su sueño.

2. Y me dijo: ¿Qué es lo que ves? Yo veo, respondí, aparecer un candelero todo de oro*, que tiene encima una lámpara, y siete lamparillas o luces, y siete canales o tubos para dichas siete luces del candelero;

3. y sobre el tronco de éste dos olivas, una a la derecha de la lámpara, otra a su izquierda.

4. Y en seguida dije al ángel que hablaba conmigo: ¡Oh señor mío!, ¿qué viene a ser esto?

5. A lo cual respondiendo el ángel que conmigo hablaba, me dijo: ¿Conque no sabes tú lo que significan estas cosas? No, mi Señor, dije yo.

6. Entonces me respondió él, y me dijo: Esta es la palabra que el señor dice a Zorobabel: No ha de ser por medio de un ejército, ni con la fuerza, sino por la virtud de mi espíritu, dice el Señor de los ejércitos.

7. ¿Qué eres tú, ¡oh monte grande!, delante de Zorobabel? Serás reducido a una llanura. El pondrá la piedra principal, e igualará su gracia a la gracia o gloria de aquél.

8. Y me habló el Señor, y me dijo:

9. Las manos de Zorobabel han puesto los cimientos de este templo, y sus mismas manos lo acabarán: y conoceréis que el Señor de los ejércitos me ha enviado a vosotros.

10. Porque ¿quién es el que hacía poco caso de los cortos progresos en los primeros días? Pues éste tal se alegrará y verá la piedra de plomo o la plomada en la mano de Zorobabel. Estos (las siete luces), son los siete ojos del Señor, que recorren toda la tierra.

11. Y yo repuse, y dije: ¿Qué son estas dos olivas a la derecha e izquierda del candelero?

12. Y de nuevo le pregunté, y dije: ¿Qué son las dos ramas de olivas que están junto a los dos picos de oro, donde hay los tubos de oro?

13. Y contestó diciéndome: Pues qué ¿no sabes lo que es esto? No, mi señor, dije.

14. Y respondió él: Estos son los dos ungidos, los cuales están ante el Dominador de todo la tierra.

5

El profeta ve un libro que vuela, por el cual serán juzgados los malos. La impiedad y el país de Sennaar

---

1. Y me volví, y levanté los ojos, y vi un volumen que volaba.

2. Y me dijo el ángel: ¿Qué es lo que ves?

---

5. *Ez 28*, 4-36.
7. *Mat 19*, 28.
9. *Is 28*, 16; *Sal 118* (*117*), 22.
2. *Jn 1*, 9; *3*, 10; *Hech 13*, 47.

Yo veo, respondí, un volumen que vuela, y es de unos veinte codos de largo y diez de ancho.

3. A lo que repuso él: Esta es la maldición que se derrama sobre toda la superficie de la tierra; porque todos los ladrones, según lo que allí en el volumen está escrito, serán condenados; y condenados serán igualmente por él todos los perjuros.

4. Yo los sacaré fuera*, dice el Señor de los ejércitos, y caerá encima de la casa del ladrón, y del que jura falsamente en medio de sus casas, y las consumirá con sus maderos y piedras.

5. Y salió fuera el ángel que hablaba conmigo, y me dijo: Levanta tus ojos, y mira qué es eso que aparece.

6. Y dije yo: ¿Qué viene a ser eso? Es, respondió, un ánfora o medida que se te pone delante; y añadió: Eso es a lo que atienden ellos en toda la tierra de Israel.

7. Y vi después que traían un talento o quintal de plomo*, y vi una mujer sentada en medio del ánfora.

8. Y dijo el ángel: Esta es la impiedad. Y la echó al fondo del ánfora*, y puso la porción de plomo sobre la boca de aquella vasija.

9. Y levanté mis ojos, y miré, y he aquí que venían dos mujeres, cuyas alas movía el viento, las cuales eran como alas de milano, y alzaron el ánfora en el aire.

10. Y dije yo al ángel que hablaba conmigo: ¿Adónde llevan ellas el ánfora?

11. A la tierra de Sennaar, me respondió, para que allí se le edifique una casa o habitación, y quede allí colocada y sentada sobre su basa la impiedad.

---

6 *Visión de cuatro carrozas, que salen de entre dos montañas hacia diversas partes del mundo*

---

1. Y de nuevo levanté mis ojos y observé: Y he aquí cuatro carrozas que salían de entre dos montes; y estos montes eran montes de bronce.

2. En la primera carroza había caballos rojos, y en la segunda caballos negros.

3. En la carroza tercera caballos blancos, y en la cuarta caballos manchados y vigorosos.

4. Y pregunté al ángel que hablaba conmigo: ¿Qué significan estas cosas, señor mío?

5. A lo que respondiendo el ángel, me dijo: Estos son los cuatro vientos del cielo, que salen para presentarse ante el Dominador de toda la tierra.

6. La carroza que tenía los caballos negros se dirigía hacia la tierra del septentrión, e iban en pos de ella los caballos blancos; y los caballos manchados salieron hacia la tierra del mediodía.

7. Y éstos, que eran los más vigorosos, así que salieron, anhelaban recorrer toda la tierra. Y el ángel les dijo: Id, recorred la tierra; y en efecto la anduvieron toda.

8. En seguida me llamó, y me habló de esta manera: Mira, aquellos que se dirigen hacia la dicha tierra, han hecho que reposase el espíritu mío sobre la tierra del Aquilón.

9. Y el ángel del Señor me habló diciendo:

10. Toma las ofrendas de aquellos que han venido del cautiverio, a saber, de Holdai, y de Tobías, y de Idaías; e irás tú en aquel día, y entrarás en la casa de Josías, hijo de Sofonías, que llegó también de Babilonia:

11. Y tomarás el oro y la plata, y harás unas coronas, que pondrás sobre la cabeza del sumo sacerdote Josué, hijo de Josedec.

12. Al cual hablarás de esta manera: Esto es lo que dice el Señor de los ejércitos: He aquí el varón cuyo nombre es *Oriente**, y él nacerá de sí mismo, y edificará un templo al Señor.

13. El construirá un templo al Señor, y quedará revestido de gloria, y se sentará y reinará sobre su solio, y estará el sacerdote sobre su trono, y habrá paz y unión entre ambos tronos.

14. Y serán las coronas como un monumento para Helem, y Tobías, e Idaías, y Hem, hijo de Sofonías, en el templo del Señor.

15. Y los que están en lugares remotos vendrán y trabajarán en la construcción del

---

4. *A la vista de todos.*

7. El peso del plomo simboliza la gravedad de los pecados y su castigo.

8. De aquella gran tinaja.

12. En el texto caldeo, en vez de Oriente se lee *retoño* o *brote*. *Luc 1*, 78.

templo del Señor, y conoceréis que el Señor de los ejércitos me envió a vosotros. Mas esto será si vosotros escuchareis con docilidad la voz del Señor Dios vuestro.

7 *Los ayunos de los judíos cautivos no fueron gratos al Señor, porque no dejaron su mala vida*

1. El año cuatro del rey Darío habló el Señor a Zacarías el día cuarto del mes noveno, que es el de Casleu,

2. cuando Sarasar y Rogommelec y la gente que estaba con él enviaron a la casa de Dios a hacer oración en la presencia del Señor,

3. y a preguntar a los sacerdotes de la casa del Señor de los ejércitos, y a los profetas, diciendo: ¿Debo yo llorar en el quinto mes, o debo purificarme*, como ya lo hice en muchos años que duró el cautiverio?

4. Y el Señor de los ejércitos me habló y dijo:

5. Responde a todo el pueblo del país, y a los sacerdotes, y diles: Cuando ayunabais y llorabais en el quinto y séptimo mes durante estos setenta años ¿acaso ayunasteis por respeto mío*?

6. Y cuando comíais y bebíais, ¿acaso no lo hacíais mirando por vosotros mismos?

7. ¿No son estas cosas las que dijo el Señor, por medio de los anteriores profetas, cuando estaba aún poblada Jerusalén y llena de riquezas, tanto ella como las ciudades vecinas, y poblada la parte del mediodía y sus campiñas?

8. Y el Señor habló a Zacarías, diciéndole:

9. Esto es lo que manda el Señor de los ejércitos: Juzgad según la verdad y la justicia, y haced cada uno de vosotros repetidas obras de misericordia para con vuestros hermanos.

10. Y guardaos de agraviar a la viuda, al huérfano, al extranjero, o al pobre*; y nadie piense mal en su corazón contra el prójimo.

11. Mas ellos no quisieron escuchar, y rebeldes volvieron la espalda, y se taparon sus oídos para no oír.

12. Y endurecieron su corazón como un diamante; para no hacer caso de la ley, ni de las palabras que les había dirigido el Señor por medio de su espíritu, puesto en boca de los anteriores profetas. De donde provino la gran indignación del Señor de los ejércitos.

13. Y se verificó lo que él había predicho, sin que quisiesen ellos dar oídos a sus palabras. Así es que también ellos clamarán, dice el Señor de los ejércitos, y yo no los escucharé.

14. Y los dispersé por todos los reinos desconocidos de ellos, y quedó su país asolado, sin haber persona alguna que transitase por él. De esta manera convirtieron en un páramo lo que era tierra de delicias.

8 *El Señor colmará a Sión de bendiciones. Las naciones extranjeras se unirán a Judá para adorar a Dios*

1. Y habló el Señor de los ejércitos, y dijo:

2. Esto dice el Señor de los ejércitos: Yo he tenido grandes celos de Sión, y mis celos por causa de ella me irritaron sobremanera.

3. Mas esto dice el Señor de los ejércitos: Yo he vuelto ahora a Sión, y moraré en medio de Jerusalén, y Jerusalén será llamada Ciudad de la verdad, y el monte del Señor de los ejércitos monte santo.

4. Esto dice el Señor de los ejércitos: Aún se verán ancianos y ancianas en las calles de Jerusalén, y muchas personas que por su edad avanzada irán con bastón en la mano;

5. y llenas estarán las calles de la ciudad de niños y niñas, que irán a jugar en sus plazas.

6. Esto dice el Señor de los ejércitos: Si lo que anuncio para aquel tiempo parece difícil a los que han quedado de este pueblo, ¿acaso será difícil para mí?, dice el Señor de los ejércitos.

7. Esto dice el Señor de los ejércitos: He aquí que yo sacaré salvo al pueblo mío de las regiones del oriente y de las regiones del occidente.

8. Y lo volveré a traer para que habite en medio de Jerusalén; y ellos serán mi pueblo,

---

3. Día de ayuno por la destrucción del templo. *Ex 19*, 14; *1 Re 21*, 5.
5. *Os 8*, 13; *9*, 4.
10. *Ex 22*, 22; *Is 1*, 23; *Jer 5*, 28.

y yo seré su Dios en la verdad y en la justicia.

9. Esto dice el Señor de los ejércitos: Cobren, pues, vigor vuestros brazos, ¡oh vosotros que en estos días oís tales palabras de boca de los profetas!; ahora que se han echado ya los cimientos de la casa del Señor de los ejércitos, y va a levantarse la construcción del templo.

10. Porque antes de estos días* los hombres trabajaban sin utilidad, y sin utilidad trabajaban las bestias; ni los que entraban ni los que salían gozaban de paz, a causa de la tribulación en que se hallaban; habiendo yo dejado que se hiciesen guerra unos a otros.

11. Mas ahora no haré yo, dice el Señor de los ejércitos, lo que antes con las reliquias de este pueblo;

12. sino que serán una estirpe de gente muy feliz; la viña dará su fruto, y producirá la tierra su esquilmo, y los cielos enviarán su rocío, y haré que el resto de este pueblo goce de todos estos bienes.

13. Y sucederá que así como vosotros los de la casa de Judá y los de la casa de Israel erais un objeto o fórmula de execración entre las naciones, así yo os salvaré, y seréis objeto de bendición. No temáis; cobrad aliento.

14. Pues esto dice el Señor de los ejércitos: Al modo que yo determiné castigaros, dice el Señor, por haber vuestros padres provocado mi indignación,

15. y no usé de misericordia con vosotros, así al contrario he resuelto en estos días favorecer a la casa de Judá y a Jerusalén. No tenéis que temer.

16. Esto es, pues, lo que habéis de hacer: Hable verdad con su prójimo cada uno de vosotros. Pronunciad en vuestros tribunales sentencias de verdad y juicios de paz.

17. Y nadie maquine en su corazón injusticia contra su prójimo; y detestad el juramento falso; porque todas esas son cosas que yo aborrezco, dice el Señor.

18. Y me habló el Señor de los ejércitos diciéndome:

19. Ello dice el Señor de los ejércitos: El ayuno del mes cuarto, y el ayuno del mes quinto, y el ayuno del mes séptimo, y el ayuno del mes décimo, se convertirán para la casa de Judá en días de gozo y de alegría, y en festividades solemnes; sólo con que vosotros améis la verdad y la paz.

20. Esto dice el Señor de los ejércitos: Vendrán aún los pueblos, y poblarán muchas ciudades;

21. y los moradores de una irán a decir a los de la otra: Vamos a hacer oración en la presencia del Señor, y busquemos al Señor de los ejércitos. Vamos, responderán: iremos también nosotros.

22. Y vendrán a Jerusalén muchos pueblos y naciones poderosas a buscar al Señor de los ejércitos y a orar en su presencia.

23. Así dice el Señor de los ejércitos: Esto será cuando diez hombres de cada lengua y de cada nación cojan a un judío, asiéndole de la franja de su vestido, y le digan: Iremos contigo porque hemos conocido que verdaderamente con vosotros está Dios.

9 *Profecía contra Siria y Fenicia. El Mesías vendrá a Sión y colmará a su pueblo de bendiciones*

1. Duro anuncio del Señor contra la tierra de Hadrac y contra la ciudad de Damasco, en la cual aquélla confía; porque el ojo o providencia del Señor mira a todos los hombres y a todas las tribus de Israel.

2. También la ciudad de Emat está comprendida dentro de los términos de este duro anuncio, e igualmente Tiro y Sidón, porque presumen mucho de su saber*.

3. Tiro ha construido sus baluartes, y ha amontonado plata como si fuese tierra, y oro como si fuese lodo de las calles.

4. He aquí que el Señor se hará dueño de ella y sumergirá en el mar su fortaleza, y será pábulo del fuego.

5. Ascalón al ver esto quedará espantada; y será grande el dolor de Gaza, y también el de Accarón, porque queda burlada su esperanza, y Gaza perderá su rey, y Ascalón quedará despoblada.

6. Y Azoto será la residencia del extranjero o conquistador*, y yo abatiré la soberbia de los filisteos.

7. Y quitaré de su boca la sangre, y de

10. Antes de la construcción del templo.

2. *Ez 28*, 3-17.
6. De *Alejandro*. En hebreo *del bastardo*.

entre sus dientes las abominaciones idolátricas; y quedarán también ellos sujetos a nuestro Dios, y serán como los vecinos de una ciudad principal en Judá, y el habitante de Accarón será como el jebuseo.

8. Y para la defensa de mi casa pondré aquellos que van y vienen militando en mi servicio, y no comparecerá más entre ellos el opresor; porque yo ahora los miro con benignos ojos.

9. ¡Oh hija de Sión!, regocíjate en gran manera; salta de júbilo, ¡oh hija de Jerusalén!; he aquí que a ti vendrá tu rey, el Justo, el Salvador, él vendrá pobre, y montado en un asna y su burrito*.

10. Entonces destruiré los carros de guerra de Efraín y los caballos de Jerusalén, y serán hechos pedazos los arcos guerreros*; y aquel rey anunciará la paz a las gentes, y dominará desde un mar a otro, y desde los ríos hasta los confines de la tierra.

11. Y tú mismo, oh Salvador, mediante la sangre de tu testamento has hecho salir a los tuyos, que se hallaban cautivos, del lago o fosa en que no hay agua*.

12. Dirigid vuestros pasos hacia la ciudad fuerte, oh vosotros cautivos que tenéis esperanza, pues te anuncio, oh pueblo mío, que te daré doblados bienes.

13. Porque yo he hecho de Judá como un arco tendido para mi servicio, y como un arco tendido es también para mí Efraín; y a tus hijos, ¡oh Sión!, les daré yo valor sobre los hijos tuyos, ¡oh Grecia!, y te haré irresistible como la espada de los valientes.

14. Y aparecerá sobre ellos el Señor Dios; el cual lanzará sus dardos como rayos; y tocará el Señor Dios la trompeta y marchará entre torbellinos del mediodía.

15. El Señor de los ejércitos será su protector; y consumirán y abatirán a sus enemigos con las piedras de sus hondas, y bebiendo su sangre se embriagarán como de vino, y se llenarán de ella como se llenan las jarras, y como se bañan los ángulos del altar*.

16. Y el Señor Dios suyo los salvará en aquel día como grey selecta de su pueblo; porque a manera de piedras santas serán erigidos en la tierra de él.

17. Mas ¿cuál será el bien venido de él, y lo hermoso que de él nos vendrá, sino el trigo de los escogidos, y el vino que engendra vírgenes*?

---

10 *Dios es el dador de todo lo bueno. El consolará a su pueblo y lo restituirá a su país*

---

1. Pedid al Señor las lluvias tardías*, y el Señor enviará también nieve, y os dará lluvias abundantes, y abundante hierba en el campo de cada uno de vosotros.

2. Porque ya visteis que los ídolos han dado respuestas inútiles, y que son visiones mentirosas las que tienen los adivinos, y que hablan sin fundamento los intérpretes de los sueños, dando vanos consuelos, por este motivo fueron vuestros crédulos padres conducidos al cautiverio como un rebaño, y afligidos; pues estaban sin pastor.

3. Contra los pastores se ha encendido mi indignación, y castigaré a los machos cabríos; porque el Señor de los ejércitos tendrá cuidado de su grey, es decir, de la casa de Judá, y la hará briosa como si fuese su caballo de regalo en la guerra.

4. De Judá saldrá el ángulo, de él la estaca, de él el arco guerrero, de él saldrán asimismo todos los caudillos.

5. Y serán como campeones que hollarán en el combate a los enemigos, como es hollado el barro en las calles, y pelearán confundidos los que van montados en briosos caballos.

6. Y yo haré fuerte la casa de Judá, y salvaré la casa de José; y los haré volver de sus errores, pues que me apiadaré de ellos; y serán como eran antes que yo los desechase; puesto que yo soy el Señor Dios suyo, y los oiré benigno.

7. Y serán como los valientes de Efraín*,

---

9. El profeta ve que se acerca el tiempo de la gran promesa hecha a Jerusalén y convida a sus hermanos a que se alegren con la esperanza del Mesías. *Is 62*, 11; *Mat 21*, 5.

10. *Miq 5*, 10.

11. Del foso, donde se hallaban detenidas las almas de los patriarcas y demás justos, al que se le añade *sin agua*.

15. *Lev 4*, 25.

17. La victoria y la salvación se presentan en toda su majestad y la tierra produce con abundancia sus frutos, como resultado de la presencia poderosa de Dios.

1. *De la primavera. Deut 11*, 14.

7. *Deut 33*, 17; *Sal 78 (77)*, 9.

y estará alegre su corazón, como el de quien bebe vino, y al verlos sus hijos se regocijarán, y se alegrará en el Señor su corazón.

8. Yo los reuniré con un silbido, pues los he rescatado; los multiplicaré del modo que antes se habían multiplicado.

9. Y los dispersaré entre las naciones; y aun en los más distantes países se acordarán de mí, y vivirán con sus hijos, y volverán.

10. Pues yo los traeré de la tierra de Egipto, y los recogeré a la Asiria, y los conduciré a la tierra de Galaad y del Líbano*, y no se hallará bastante lugar para ellos.

11. Y pasarán el estrecho del mar, y el Señor herirá las olas del mar, y todas las honduras del río quedarán descubiertas, y será humillada la soberbia de Asur, y cesará la tiranía de Egipto.

12. Y los haré fuertes en el Señor, y en mi Nombre seguirán adelante, dice el Señor.

11 *Ultima desolación de Jerusalén y ruina de su templo. El pastor de Israel hace pedazos las dos varas*

1. Abre, ¡oh Líbano*!, tus puertas, y devore el fuego tus cedros.

2. Aúlla, ¡oh abeto!, porque los cedros han caído, porque han sido derribados los árboles más encumbrados; aullad, ¡oh encinas de Basán!, porque ha sido cortado el bosque fuerte.

3. Retumban los aullidos de los pastores o príncipes, porque destruida ha sido su grandeza; resuenan los rugidos de los leones, porque ha sido disipada la hinchazón del Jordán.

4. Esto dice el Señor mi Dios: Apacienta estas ovejas del matadero,

5. a las cuales sus dueños enviaban a la muerte, sin compadecerse de ellas, y las vendían diciendo: Bendito sea el Señor, nosotros nos hemos hechos ricos. Y aquellos pastores suyos no tenían compasión de ellas.

6. Pues tampoco yo tendré más compasión de los moradores de esta tierra, dice el Señor, he aquí que yo abandonaré estos hombres cada uno en poder del vecino y en poder de su rey, y su país quedará asolado, y no los libraré de las manos de ellos*.

7. Y por esto, ¡oh pobres del rebaño!, yo apacentaré estas reses del matadero. A este fin me labré dos cayados: Uno de los cuales llamé Hermosura, y al otro llamé Cuerda, o Lazo; y apacenté la grey*.

8. E hice morir a tres pastores en un mes, y por causa de ellos se angustió mi alma, porque tampoco el alma de ellos me fue a mí constante.

9. Y dije: Yo no quiero ser más vuestro pastor, lo que muriere, muérase; y lo que mataren, mátenlo; y los demás que se coman a bocados unos a otros.

10. Y tomé el cayado mío, llamado Hermosura, y lo rompí, en señal de romper la alianza que había hecho con todos los pueblos.

11. Y quedó anulada en aquel día; y los pobres de mi grey, que me son fieles, han reconocido así que ésta es palabra del Señor.

12. Yo les dije a ellos: Si os parece justo, dadme mi salario, y si no, dejadlo estar. Y ellos me pesaron o contaron treinta siclos de plata por el salario mío*.

13. Y me dijo el Señor: Entrégale al alfarero ese lindo precio en que me apreciaron. Tomé, pues, los treinta siclos de plata, y los eché en la casa del Señor, para que se diesen al alfarero.

14. Y quebré mi segundo cayado, llamado Cuerda o Lazo, en señal de romper la hermandad entre Judá e Israel.

15. Me dijo después el Señor: Toma aún los aperos de un pastor insensato y perverso.

16. Porque he aquí que yo levantaré en la tierra un pastor que no visitará las ovejas abandonadas, ni buscará las descarriadas, no sanará las enfermas, ni alimentará las que están sanas, sino que se comerá las carnes de las gordas, y les romperá hasta las pezuñas.

---

10. A la Judea.

1. *Líbano* y *Jordán* son los límites de la *tierra santa*. *Cedros* y *abetos* o *encinas* simbolizan a los *soberbios* y *poderosos*. *Ez 17*, 3; *Jer 22*, 23.

6. Anuncia el profeta la ruina de Jerusalén.

7. El *primer cayado* simboliza la *dulzura y paciencia* con que Dios gobernó al pueblo judaico. El *otro* cayado indica el *castigo* que sufre la nación.

12. Dios abandona la nación judía, que era su grey, porque ella no lo quiere por pastor. La *paga* o *precio* de su vida se reduce a *treinta monedas*. *Mat 27*, 9.

17. ¡Oh pastor, más bien fantasma de pastor, que desamparas la grey! La espada de la divina venganza le herirá en el brazo y en su ojo derecho, su brazo se secará y quedará árido; y cubierto de tinieblas, su ojo derecho se oscurecerá.

12 *Al fin el Señor hará volver los judíos a su patria y destruirá a sus enemigos*

1. Duro anuncio del Señor contra Israel. Dice el Señor, el que extendió los cielos y puso los fundamentos de la tierra, y el que forma el espíritu que tiene dentro de sí el hombre:

2. He aquí que yo haré de Jerusalén un lugar de banquete o embriaguez para todos los pueblos circunvecinos, y aun el mismo Judá acudirá al sitio contra Jerusalén.

3. Y yo haré en aquel día que sea Jerusalén como una piedra muy pesada para todos los pueblos; todos cuantos probaren alzarla quedarán lisiados, contra ella se coligarán todas las naciones de la tierra.

4. En aquel día, dice el Señor, dejaré como de piedra los caballos, y como exánimes los jinetes; y abriré mis benignos ojos sobre la casa de Judá*, y cegaré los caballos de todas las naciones.

5. Y dirán los caudillos de Judá en su corazón: Pongan los moradores de Jerusalén su confianza en el Señor de los ejércitos, su Dios.

6. En aquel día haré que los caudillos de Judá sean como ascuas de fuego debajo de la leña seca, y como llama encendida debajo del heno; a diestra y a siniestra abrasarán todos los pueblos circunvecinos, y Jerusalén será de nuevo habitada en el mismo sitio en que estuvo antes.

7. Y el Señor protegerá a los demás pabellones o ciudades de Judá, como al principio, para que no se gloríe altamente la casa de David, ni se engrían los moradores de Jerusalén contra Judá.

8. Protegerá el Señor en aquel día a los habitantes de Jerusalén, y los más débiles de entre ellos serán en aquel tiempo otros tantos Davides; y la casa de David será a la vista de ellos como casa de Dios, como un ángel del Señor.

9. Y yo en aquel día tiraré a abatir todas las gentes que vengan contra Jerusalén.

10. Y derramaré sobre la casa de David, y sobre los habitantes de Jerusalén, el espíritu de gracia y de oración; y pondrán sus ojos en mí, a quien traspasaron, y llorarán al que han herido, como suele llorarse un hijo único; y harán duelo por él, como se suele hacer en la muerte de un primogénito*.

11. El llanto será grande en Jerusalén en aquel día; como el duelo de Adadremmon en la llanura de Mageddo.

12. Y se pondrá de luto la tierra; separadas unas de otras las familias; aparte las familias de la casa de David, y aparte sus mujeres;

13. aparte las familias de la casa de Natán*, y aparte sus mujeres; aparte las familias de la casa de Leví, y aparte sus mujeres; aparte las familias de Semei y aparte sus mujeres;

14. aparte cada una de las demás familias, y aparte las mujeres de ellas.

13 *Herido el Pastor, huyen las ovejas. Dos partes van por la tierra y la tercera es probada con fuego*

1. En aquel día habrá una fuente abierta para la casa de David y para los habitantes de Jerusalén, a fin de lavar las manchas del pecador y de la mujer inmunda.

2. Y en aquel día, dice el Señor de los ejércitos, yo exterminaré de la tierra hasta los nombres de los ídolos, y no quedará más memoria de ellos, y extirparé de ellas los falsos profetas, y el espíritu inmundo*.

3. Y si alguno de allí en adelante todavía profetizare, le dirán su padre y su madre que lo engendraron: Tú morirás porque esparces mentiras en nombre del Señor. Y cuando él profetizare, lo traspasarán o herirán su mismo padre y madre que lo engendraron.

4. Y quedarán confundidos en aquel día los profetas, cada cual por su propia visión

---

4. *Zac 14*, 14; *2 Mac 10*, 30.

10. *Luc 23*, 48; *Jn 19*, 37.

13. La casa de *Natán* era una rama de la familia de *David*; pero nunca se había sentado en el *trono*. La casa de *Semei* lo era de la familia de *Leví*, mas nunca había entrado en el *sacerdocio*.

2. *Ez 30*, 13.

cuando profetizare, y no se cubrirán hipócritamente con el manto de penitencia para mentir;

5. sino que cada uno de ellos dirá: Yo no soy profeta; soy un labrador de la tierra; Adán ha sido mi modelo desde mi juventud.

6. Y le dirán: ¿Pues qué llagas o cicatrices son ésas en medio de tus manos*? Y responderá: En la casa de aquellos que me amaban me hicieron estas llagas.

7. ¡Oh espada!, desenváinate contra mi pastor y contra el varón unido conmigo, dice el Señor de los ejércitos; hiere al pastor, y serán dispersadas las ovejas; y extenderé mi mano sobre los párvulos*.

8. Y sucederá que en toda la tierra, dice el Señor, dos partes de sus moradores serán dispersadas y perecerán, y la tercera parte quedará en ella.

9. Y a esta tercera parte la haré pasar por el fuego, y la purificaré como se purifica la plata, y la acrisolaré como es acrisolado el oro. Ellos invocarán mi Nombre, y yo los escucharé propicio. Yo diré: Pueblo mío eres tú; y él dirá: Tú eres mi Dios y Señor.

14

Después que Jerusalén sufra tribulaciones, llegará el día del Señor en que saldrán aguas vivas

1. He aquí que vienen los días del Señor, y se hará en medio de ti la repartición de tus despojos.

2. Y yo reuniré a todas las naciones para que vayan a pelear contra Jerusalén, y la ciudad será tomada, y derribadas las casas, y violadas las mujeres; y la mitad de los ciudadanos será llevada al cautiverio, y el resto del pueblo permanecerá en la ciudad.

3. Y saldrá después el Señor, y peleará contra aquellas naciones, como peleó en el día de aquella batalla*.

4. Pondrá él en aquel día sus pies sobre el monte de las Olivas, que está enfrente de Jerusalén, al oriente; y se dividirá el monte de las Olivas por medio hacia levante y hacia poniente con una enorme abertura; y la mitad del monte se apartará hacia el norte, y la otra mitad hacia el mediodía.

5. Y vosotros huiréis al valle de aquellos montes, pues el valle de aquellos montes estará contiguo al monte vecino, y huiréis al modo que huisteis por miedo del terremoto en los tiempos de Ozías, rey de Judá*. Y vendrá el Señor mi Dios; y con él todos los santos.

6. Y en aquel día no habrá luz, sino únicamente frío y hielo.

7. Y vendrá un día que sólo es conocido del Señor que no será ni día, ni noche; mas al fin de la tarde aparecerá la luz.

8. Y en aquel día brotarán aguas vivas en Jerusalén*, la mitad de ellas hacia el mar oriental, y la otra mitad hacia el mar occidental: serán perennes en verano y en invierno.

9. Y el Señor será el rey de toda la tierra: en aquel tiempo el Señor será el único; y no habrá más Nombre venerado que el suyo.

10. Y la tierra de Judá volverá a ser habitada hasta el desierto, desde el collado de Remmon hasta el mediodía de Jerusalén; y será ensalzada, y será habitada en su sitio, desde la puerta de Benjamín hasta el lugar de la puerta primera, y hasta la puerta de los ángulos; y desde la torre de Hananeel hasta los lagares del rey.

11. Y será habitada, y no será más entregada al anatema: sino que reposará Jerusalén tranquilamente.

12. La plaga con que el Señor herirá a todas las gentes que han peleado contra las gentes que han peleado contra Jerusalén, será ésta: Se le consumirán a cada uno sus carnes*, estando en pie, y se le pudrirán los ojos en sus concavidades, y se le deshará en la boca su lengua.

13. En aquel día excitará el Señor gran alboroto entre ellos, y cada uno asirá de la mano al otro, y se agarrará de la mano de su hermano.

14. Y Judá misma combatirá contra Jerusalén; y serán recogidas las riquezas de todas las gentes circunvecinas, oro, y plata, y ropas en gran abundancia.

15. Y los caballos, y mulos, y camellos, y asnos, y todas cuantas bestias se hallaren

---

6. Se ve que a los falsos profetas se les hacía una señal en el cuerpo. *1 Re 18*, 28-29

7. *Mat 26*, 31-56.

3. Contra el faraón y todo Egipto. *Ex 14.*

5. *Am 1*, 1.

8. *Jn 4*, 10-14.

12. *Hech 12*, 23.

en aquel campamento, padecerán la misma ruina.

16. Y todos aquellos que quedaren de cuantas gentes vinieren contra Jerusalén, subirán todos los años a adorar al rey, Señor de los ejércitos, y a celebrar la fiesta de los Tabernáculos.

17. Y cualquiera que sea de las familias de la tierra de Judá, y no fuere a Jerusalén a adorar al rey, que es Señor de los ejércitos, no vendrá lluvia para él.

18. Que si alguna familia de Egipto no se moviere y no viniere, tampoco lloverá sobre ella; antes bien el Señor castigará con total ruina a todas las gentes que no fueren a celebrar la fiesta de los Tabernáculos.

19. Este será el gran pecado de Egipto, y éste el pecado de todas las gentes, no ir a celebrar la solemnidad de los Tabernáculos*.

20. En aquel día todo lo precioso que adorna el freno del caballo será consagrado al Señor, y las calderas de la casa del Señor serán tantas como las copas del altar.

21. Y todas las calderas de Jerusalén y de Judá serán consagradas al Señor de los ejércitos; y todos aquellos que ofrecerán sacrificios vendrán y las tomarán para cocer en ellas las carnes; y no habrá ya mercader o traficante alguno en el templo del Señor de los ejércitos en aquel tiempo.

---

19. El Hijo de Dios vino a habitar o a fijar su *mansión* o *Tabernáculo* entre nosotros. *Jn 1*, 14.

Malaquías

Introducción

Se cree que *Malaquías* es el último profeta y que es posterior a la cautividad de Babilonia. Profetizó cuando ya estaba el templo restaurado y los sacerdotes habían comenzado a ejercer de nuevo sus funciones, mientras Esdras y Nehemías restablecían entre los judíos la observancia de la ley de Dios, Joíadas era sumo sacerdote, en el reinado de Artajerjes Longimano, hacia 428 a.C.

Esta profecía es breve y llena de misterios. Es admirable lo que dice del *Mesías*. Los rabinos antiguos y modernos, como Maimónides, Aben Ezra y David Kimki, reconocen que su *Angel de la Alianza* es el *Mesías*, y que éste debía venir durante el segundo templo, según había predicho Ageo. Los *evangelistas* aplicaron con razón la profecía de Malaquías a *Jesucristo*. Por el *precursor del Mesías*, parece que se debe entender *Juan Bautista*, según los Evangelios.

1

El Señor anuncia que llegará día en que se le ofrecerá en todo lugar una oblación y se venerará su Nombre

1. Duro anuncio del Señor contra Israel por medio de Malaquías.

2. Yo os amé, dice el Señor, y vosotros habéis dicho: ¿En qué nos amaste? Pues qué, dice el Señor, ¿no era Esaú hermano de Jacob, y yo amé más a Jacob,

3. y aborrecí, o amé menos, a Esaú y reduje a soledad sus montañas, abandonando su heredad a los dragones del desierto?

4. Que si los idumeos dijeren: Destruidos hemos sido, pero volveremos a restaurar nuestras ruinas; he aquí lo que dice el Señor de los ejércitos: Ellos edificarán, y yo destruiré; y serán llamados país impío, pueblo contra el cual está el Señor indignado para siempre.

5. Vosotros veréis esto con vuestros ojos, diréis: Glorificado sea el Señor más allá de los confines de Israel.

6. Honra a su padre el hijo, y el siervo honra a su señor, pues si yo soy vuestro padre, ¿dónde está la honra que me corresponde? Y si yo soy vuestro Señor, ¿dónde está la reverencia que me es debida?, dice el Señor de los ejércitos a vosotros, los sacerdotes que despreciáis mi Nombre, y decís: ¿En qué hemos despreciado tu Nombre?

7. Vosotros ofrecéis sobre mi altar un pan* impuro; y después decís: ¿En qué te hemos ultrajado? En eso que decís: La mesa del Señor está envilecida.

8. Si ofreciereis una res ciega para ser inmolada, ¿no será esto una cosa mal hecha? Y si ofreciereis una res coja y enferma, ¿no será esto una cosa mala? Preséntasela a tu caudillo, y verás si le será grata, y si te recibirá benignamente, dice el Señor de los ejércitos.

9. Ahora, pues, orad en la presencia de Dios, para que se apiade de vosotros (porque tales han sido vuestros procederes); quizá él os acogerá benignamente, dice el Señor de los ejércitos.

10. ¿Quién hay entre vosotros que cierre de balde las puertas, y encienda el fuego sobre mi altar*? El afecto mío no es hacia

---

7. *Pan* significa *ofrenda* sobre el altar.

10. *Todos recibís vuestro estipendio, pues os mantenéis con las oblaciones, las víctimas, las primicias.* Como *sacrificio* no valen nada.

vosotros, dice el Señor de los ejércitos, y no aceptaré de vuestra mano ofrenda ninguna.

11. Porque desde Levante a Poniente es grande mi Nombre entre las naciones, y en todo lugar se sacrifica y se ofrece al Nombre mío una ofrenda pura*; pues grande es mi Nombre entre las naciones, dice el Señor de los ejércitos.

12. Pero vosotros los habéis profanado, diciendo: La mesa del Señor está contaminada; y es cosa vil lo que se ofrece sobre ella, con el fuego que lo consume.

13. Y vosotros decís: He aquí el fruto de nuestro trabajo; y lo envilecéis, dice el Señor de los ejércitos, y ofrecéis la res coja y enferma, y me presentáis una ofrenda de lo que habéis robado. Pues qué, ¿he de aceptarla yo de vuestra mano?, dice el Señor.

14. Maldito será el hombre fraudulento, el cual tiene en su rebaño una res sin defecto, y habiendo hecho un voto, inmola al Señor una que es defectuosa; porque yo soy un rey grande, dice el Señor de los ejércitos, y terrible es mi Nombre entre las naciones.

2

El Señor amenaza a los malos sacerdotes. No será grato su sacrificio, pues tienen mujeres extranjeras

1. Y ahora a vosotros, ¡oh sacerdotes!, se dirige esta orden:

2. Si no quisiereis escuchar, ni quisiereis asentar en vuestro corazón dar gloria a mi Nombre, dice el Señor de los ejércitos, yo enviaré sobre vosotros la miseria y maldeciré vuestras bendiciones, o bienes, y echaré sobre ellas maldición; puesto que vosotros no habéis hecho caso de mí*.

3. Mirad que yo os arrojaré a la cara la espaldilla de la víctima*, y os tiraré al rostro el estiércol de vuestras solemnidades, y seréis hollados como él.

4. Y conoceréis que yo os hice aquella ley, para que permaneciese firme mi alianza con Leví, dice el Señor de los ejércitos.

5. Mi alianza con él fue alianza de vida y de paz; y yo le di el santo temor mío, y él me temió, y temblaba de respeto al pronunciar el Nombre mío.

6. La ley de la verdad regía su boca, y no se halló mentira en sus labios; anduvo conmigo en paz y en equidad; y retrajo a muchos del pecado.

7. Porque en los labios del sacerdote ha de estar el depósito de la ciencia, y de su boca se ha de aprender la ley; puesto que él es el ángel del Señor de los ejércitos*.

8. Pero vosotros os habéis desviado del camino, y habéis escandalizado a muchísimos, haciéndoles violar la ley; habéis hecho nula la alianza de Leví, dice el Señor de los ejércitos.

9. Por tanto, así como vosotros no habéis seguido mis caminos, y tratándose de la ley habéis hecho distinción de personas, también yo os he hecho despreciables y viles delante de todos los pueblos.

10. Pues qué, ¿no es uno mismo el padre de todos nosotros? ¿No es un mismo Dios el que nos ha creado? ¿Por qué, pues, desdeña cada uno de nosotros a su hermano, quebrantando la alianza de nuestros padres?

11. Prevaricó Judá, reinó la abominación en Israel y en Jerusalén; porque Judá contaminó la santidad del Señor o su nación santa, amada de él, y contrajo matrimonios con hijas de un dios extraño*.

12. Por eso el Señor exterminará de los tabernáculos de Jacob al hombre que esto hiciere, al maestro y al discípulo de esta abominación, y a aquel que ofrece dones al Señor de los ejércitos.

13. Y aun habéis hecho más: Habéis cubierto de lágrimas, de lamentos y de gemidos el altar del Señor; de manera que yo no vuelvo ya mis ojos hacia ningún sacrificio, ni recibiré cosa alguna de vuestras manos, que pueda aplacarme.

14. Vosotros dijisteis: ¿Y por qué motivo? Porque el Señor, responde Dios, fue testigo entre ti y la mujer que tomaste en tu primera edad, a la cual despreciaste; siendo ella tu compañera y tu esposa, mediante el pacto hecho*.

15. Pues, ¿no la hizo a ella aquel Señor

---

11. El verdadero sacrificio de la nueva ley, sustituye los sacrificios de la antigua ley, pues el sacrificio exterior debe siempre ir acompañado del sacrificio interior del corazón

2. *1 Sam 25*, 27; *2 Re 5*, 15; *1 Cor 10*, 6.

3. *Deut 18*, 3.

7. *2 Cor 5*, 20.

11. *Con idólatras. Esd 9*, 1.

14. Habla el profeta con energía contra el repudio de las esposas tomadas en la flor de su edad. *Gen 2*, 24; *Prov 2*, 17; *Mat 19*, 4.

que es uno? ¿Y no es ella una partícula de su espíritu? Y aquel uno ¿qué es lo que quiere, sino una prole o linaje de Dios? Guardad, pues, custodiad vuestro espíritu, y no despreciéis la mujer que tomasteis en vuestra juventud.

16. Cuando tú la llegues a mirar con odio, déjala, dice el Señor Dios de Israel*, mas la iniquidad te cubrirá todo, como te cubre el vestido, dice el Señor de los ejércitos. Guardad, ¡oh maridos!, vuestro espíritu, y no queráis desechar vuestra mujer.

17. Enfadosos habéis sido vosotros al Señor con vuestros discursos y con todo decís: ¿En qué le hemos causado enfado? En eso que andáis diciendo: Cualquiera que obra mal, ése es bueno a los ojos del Señor, y ése le es grato: y si no es así, ¿en dónde se halla el Dios que ejerce la justicia?

3

El profeta anuncia la venida del Mesías y de su precursor, para juzgar a los impíos y purificar a los fieles

1. He aquí que yo envío mi ángel, el cual preparará el camino delante de mí. Y luego vendrá a su templo el Dominador a quien buscáis vosotros, y el ángel del Testamento de vosotros tan deseado. Vedle ahí que viene, dice el Señor de los ejércitos*.

2. ¿Y quién podrá pensar en lo que sucederá el día de su venida? ¿Y quién podrá pararse a mirarle? Porque él será como un fuego que derrite, y como la hierba jabonera de los bataneros.

3. Y se sentará ha como para derretir y limpiar la plata; y de este modo purificará a los hijos de Leví y los acrisolará como al oro y la plata*, y así ellos ofrecerán al Señor con justicia o santidad los sacrificios.

4. Y entonces será grato al Señor el sacrificio de Judá y de Jerusalén, como en los siglos primeros y tiempos antiguos.

5. Y me acercaré a vosotros para juzgaros, y yo seré pronto testigo contra los hechiceros, y adúlteros, y perjuros, y contra los que defraudan al jornalero su salario, y oprimen las viudas y pupilos, y los extranjeros, sin temor alguno de mí, dice el Señor de los ejércitos.

6. Porque yo soy el Señor, y soy inmutable; y por eso vosotros, ¡oh hijos de Jacob!, no habéis sido consumidos.

7. Aunque desde los tiempos de vuestros padres os apartasteis de mis leyes, y no las observasteis. Volveos ya a mí, y yo me volveré a vosotros, dice el Señor de los ejércitos*. Pero vosotros decís: ¿Qué es lo que haremos para convertirnos a ti?

8. ¿Debe un hombre ultrajar a su Dios? Mas vosotros me habéis ultrajado. Y decís: ¿Cómo te hemos ultrajado? En lo tocante a los diezmos y primicias.

9. Y por eso tenéis la maldición de la carestía; y vosotros, la nación toda, me ultrajáis.

10. Traed todo el diezmo al granero, para que tengan que comer los de mi casa o templo; y después de esto veréis, dice el Señor, si yo no os abriré las cataratas del cielo, y si no derramaré sobre vosotros bendiciones con abundancia.

11. Por vosotros ahuyentaré el gusano roedor, y no consumirá los frutos de vuestra tierra, ni habrá en las campiñas viña que sea estéril, dice el Señor de los ejércitos.

12. Y todas las naciones os llamarán bienaventurados, pues será el vuestro un país envidiable, dice el Señor de los ejércitos.

13. Tomaron cuerpo vuestros blasfemos discursos contra mí, dice el Señor.

14. Y vosotros decís: ¿Qué es lo que hemos hablado contra ti? Habéis dicho: En vano se sirve a Dios*, ¿y qué provecho hemos sacado nosotros de haber guardado sus mandamientos, y haber seguido tristes o penitentes la senda del Señor de los ejércitos?

15. Por eso ahora llamamos bienaventurados a los soberbios, pues viviendo impíamente hacen fortuna y provocan a Dios, y con todo quedan salvos.

16. Entonces aquellos que temen a Dios estuvieron hablando unos con otros*. Y Dios estuvo atento, y escuchó y fue escrito ante él un libro de memoria a favor de los que

---

16. *No te propases contra ella, es menos malo que la repudies. Mat 19*, 8.
1. *Mat 11*, 10; *Mar 1*, 2; *Luc 1*, 17; *7*, 27.

7. *Zac 1*, 3.
14. *Job 21*, 11; *Tob 2*, 22.
16. Horrorizados de oír a los impíos blasfemar, se animan unos a otros a perseverar en la ley de Dios.

temen al Señor, y tienen en el corazón su santo Nombre.

17. Y ellos, dice el Señor de los ejércitos, en aquel día en que yo pondré en ejecución mis designios, serán el pueblo mío; y yo los atenderé benigno, como atiende el hombre a un hijo suyo que le sirve.

18. Y vosotros cambiaréis entonces de parecer, y conoceréis la diferencia que hay entre el justo y el impío, y entre el que sirve a Dios y el que no le sirve*.

4 *El día del Señor saldrá el sol de justicia para los buenos, y serán castigados los malos*

1. Porque he aquí que llegará aquel día semejante a un horno encendido, y todos los soberbios y todos los impíos serán como estopa; y aquel día que debe venir los abrasará, dice el Señor de los ejércitos, sin dejar de ellos raíz ni retoño alguno.

2. Mas para vosotros los que teméis mi santo Nombre nacerá el sol de justicia*, debajo de cuyas alas o rayos está la salvación; y vosotros saldréis fuera, saltando alegres como novillos de la manada;

3. y hollaréis a los impíos, hechos ya ceniza debajo las plantas de vuestros pies, en el día en que yo obraré, dice el Señor de los ejércitos.

4. Acordaos de la ley de Moisés, mi siervo, que le di en Horeb para todo Israel, la cual contiene mis preceptos y mandamientos.

5. He aquí que yo os enviaré el profeta Elías, antes que venga el día grande y tremendo del Señor.

6. Y él reunirá el corazón de los padres con el de los hijos, y el de los hijos con el de sus padres; a fin de que yo viniendo* no hiera la tierra con anatema.

---

18. La distancia entre el justo y el pecador se verá claramente en el último juicio. En la situación terrena no se ve la diferencia. *1 Cor 3*, 13.

2. Jesucristo, *sol de justicia*, será el consuelo y la alegría de los justos, antes atribulados. *Luc 1*, 78.

6. Viniendo a juzgar al mundo, no tenga que condenar a todos los hombres.

Nuevo Testamento

LIBROS HISTORICOS

Introducción

Los *Evangelios de Mateo, Marcos, Lucas* y *Juan*, y *Hechos de los Apóstoles* conforman los *Libros Históricos del Nuevo Testamento*. El *Nuevo Testamento*, como época histórica y como libros bíblicos, es una realidad privilegiada y normativa para la fe y la experiencia cristiana.

Como cronología, la época del *Nuevo Testamento* es una de las más breves de la historia universal; pero es la más significativa, hasta el punto de que el nacimiento de Jesucristo se constituyó en la hora cero en el cómputo del tiempo.

Los veintisiete libros del *Nuevo Testamento* se refieren a acontecimientos de los sesenta años iniciales del siglo I. Los *Evangelios* relatan los acontecimientos, palabras y mensaje de Jesucristo en su vida terrena, que concluye con el misterio pascual. Los *Evangelios de Marcos, Mateo* y *Lucas* se llaman *Sinópticos*, es decir, que se corresponden para leerlos en conjunto. El parecido de estos tres *Evangelios* es real; pero también son reales sus diferencias en su imagen del Redentor, la ambientación y un sinnúmero de detalles en su contenido y estilo.

A grandes rasgos, el contenido de los *Evangelios Sinópticos* es el siguiente:

- Evangelio de la infancia de Jesús.
- Presentación en público iniciada con las tentaciones y consolidada con la elección de los apóstoles.
- Viaje de predicación por Galilea y alrededor del lago de Genezaret.
- Viaje de predicación por la región de Samaria, con importantes gestos de la nueva manera de vivir la religión.
- Viaje por Judea, con la perspectiva de los anuncios de la Pasión.
- Pasión, muerte y resurrección en Jerusalén.
- Conclusión del *evangelio* con el envío de los apóstoles a darle continuidad y universalidad a la obra de Jesucristo.

El *Evangelio según San Juan* es distinto a los otros en el contenido y en la expresión. Después de un prólogo solemne dedicado a Cristo como *palabra eterna de Dios*, propone una serie de *signos* o *señales milagrosas*, cada una de las cuales se convierte en una revelación de Cristo, quien emplea la fórmula *Yo Soy* para manifestar su identidad. La segunda parte, hoy llamada *Libro de la Gloria*, manifiesta el gran triunfo de Cristo en el misterio pascual. *Juan* nos presenta la pasión como un verdadero triunfo de Jesús, que le da pleno dominio como Hijo de Dios. La resurrección es el misterio fundamental y definitivo para Cristo y para el cristiano.

Los *Hechos de los Apóstoles* muestran el nacimiento de la Iglesia primitiva, como la época ideal en que se vivió a plenitud el don del Espíritu Santo. Por eso se ha llamado este libro el *Evangelio del Espíritu Santo. Pentecostés* significa una transformación para los apóstoles y el comienzo de la Iglesia no como institución, sino como una manera de vivir el mensaje del Evangelio. Es una historia comunitaria, en la que surgen líderes como Pedro y Pablo, los siete diáconos y varias decenas de personas que hacen de la geografía de entonces, una geografía cristiana.

Evangelio según San Mateo

Introducción

Mateo, llamado también *Leví*, era un cobrador de impuestos, publicano y considerado pecador por los fariseos. Cuando ejercía este oficio, Jesús pasó, se fijó en él y lo llamó a ser su discípulo. *Mat 9*, 9; *Mar 2*, 13; *Luc 5*, 27.

Parece que *Mateo* escribió su *Evangelio* en arameo. Aunque no se conserva original alguno, su obra se conoce a través del texto griego. Se creía que Mateo había sido el primero en escribir la *Buena Nueva*; pero descubrimientos recientes dejan ver que el *Evangelio según San Marcos* es anterior al de *San Mateo*, inspirado en aquél y enriquecido con nuevos detalles. Esto indica que Mateo habría escrito alrededor del año 60.

Para entender su mensaje hay que tener presente las circunstancias y el momento en que escribió. Por esos días Israel estaba bajo el imperio romano. Nerón era el emperador y perseguía a los discípulos de Jesús. Los fariseos judíos luchaban contra las comunidades cristianas. Sin embargo, su *Evangelio* va dirigido a los judíos convertidos al cristianismo, de ahí su interés en hacerles ver que las profecías del *Antiguo Testamento* tenían cumplimiento en Jesús. Los 28 capítulos del *Evangelio según San Mateo* se podrían dividir así:

- Infancia de Jesús, del capítulo *1* al *2*.
- Proclamación del reino, llamamiento de discípulos, sermón de la montaña, del capítulo *3* al *7*.
- Predicación sobre el reino, con los obstáculos y oposición por parte de los judíos, del capítulo *8* al *19*.
- Predicación sobre los acontecimientos finales, del capitulo *20* al *25*.
- Pasión, muerte y resurrección de Jesús, del capítulo *26* al *28*.

INFANCIA DE JESÚS

1 *Genealogía de Jesucristo, su concepción por obra del Espíritu Santo y su nacimiento*

1. Genealogía de Jesucristo, hijo de David, hijo de Abrahán.

2. Abrahán engendró a Isaac. Isaac engendró a Jacob. Jacob engendró a Judas y a sus hermanos.

3. Judas engendró de Tamar a Farés y a Zara. Farés engendró a Esrón. Esrón engendró a Arán.

4. Arán engendró a Aminadab. Aminadab engendró a Naasón. Nassón engendró a Salmón.

5. Salmón engendró de Rahab a Booz. Booz engendró de Rut a Obed. Obed engendró a Jesé. Jesé engendró al rey David.

6. El rey David engendró a Salomón, de la que fue mujer de Urías.

7. Salomón engendró a Roboam. Roboam engendró a Abías. Abías engendró a Asá.

8. Asá engendró a Josafat. Josafat engendró a Joram. Joram engendró a Ozías.

9. Ozías engendró a Joatam. Joatam engendró a Acaz. Acaz engendró a Ezequías.

10. Ezequías engendró a Manasés. Manasés engendró a Amón. Amón engendró a Josías.

11. Josías engendró a Jeconías y a sus hermanos cerca del tiempo de la transportación de los judíos a Babilonia.

12. Y después que fueron transportados a Babilonia, Jeconías engendró a Salatiel. Salatiel engendró a Zorobabel.

13. Zorobabel engendró a Abiud. Abiud engendró a Eliacim. Eliacim engendró a Azor.

14. Azor engendró a Sadoc. Sadoc engendró a Aquim. Aquim engendró a Eliud.

15. Eliud engendró a Eleazar. Eleazar engendró a Matán. Matán engendró a Jacob.

16. Y Jacob engendró a José, el esposo de María, de la cual nació Jesús, el llamado Cristo.

17. Así son catorce todas las generaciones desde Abrahán hasta David; y las de David hasta la transportación de los judíos a Babilonia catorce generaciones; y también catorce las generaciones desde la transportación a Babilonia hasta Cristo.

18. El nacimiento de Cristo fue de esta manera: Estando desposada su madre María con José, sin que antes hubiesen estado juntos, se halló que había concebido en su seno por obra del Espíritu Santo.

19. Mas José, su esposo, siendo como era justo, y no queriendo infamarla deliberó dejarla secretamente.

20. Estando él en este pensamiento, he aquí que un ángel del Señor le apareció en sueños diciendo: José, hijo de David, no tengas recelo en recibir a María tu esposa en tu casa, porque lo que se ha engendrado en su vientre es obra del Espíritu Santo.

21. Así que tendrá un hijo a quien pondrás por nombre Jesús; pues él es el que ha de salvar a su pueblo, o librarle, de sus pecados.

22. Todo lo cual se hizo en cumplimiento de lo que pronunció el Señor por el profeta*, que dice:

23. Sabed que una virgen concebirá y tendrá un hijo, a quien pondrán por nombre Emmanuel, que traducido significa Dios con nosotros.

24. Con esto José, al despertarse, hizo lo que le mandó el ángel del Señor, y recibió a su esposa.

25. Y sin haberla conocido o tocado, dio a luz su hijo primogénito, y le puso el nombre de Jesús.

---

2 *Adoración de los magos. Huida a Egipto y muerte de los inocentes. Jesús, María y José vuelven de Egipto*

---

1. Habiendo, pues, nacido Jesús en Belén de Judá, reinando Herodes, he aquí que unos magos vinieron del oriente a Jerusalén,

2. preguntando: ¿Dónde está el nacido rey de los judíos? Porque nosotros vimos en oriente su estrella, y hemos venido con el fin de adorarle.

3. Oyendo esto el rey Herodes, se turbó, y con él toda Jerusalén.

4. Y convocando a todos los príncipes de los sacerdotes y a los escribas del pueblo, les preguntaba en dónde había de nacer el Cristo, o Mesías.

5. A lo cual ellos respondieron: En Belén de Judá; que así está escrito en el profeta:

6. Y tú, Belén tierra de Judá, no eres ciertamente la menor entre las principales ciudades de Judá, porque de ti es de donde ha de salir el caudillo que rija mi pueblo de Israel.

7. Entonces Herodes, llamando en secreto, o a solas, a los magos, averiguó cuidadosamente de ellos el tiempo en que la estrella les apareció.

8. Y encaminándoles a Belén, les dijo: Id e informaos puntualmente de lo que hay de ese niño, y habiéndole hallado, dadme aviso, para ir yo también a adorarle.

9. Luego que oyeron esto al rey, partieron. Y he aquí que la estrella que habían visto en oriente iba delante de ellos, hasta cuando, llegando sobre el sitio en que estaba el niño, se paró.

10. A la vista de la estrella se regocijaron por extremo;

11. y entrando en la casa hallaron al niño con María, su madre, y postrándose le adoraron; y abiertos sus cofres le ofrecieron presentes de oro, incienso y mirra.

12. Y habiendo recibido en sueños un aviso del cielo para que no volviesen a Herodes, regresaron a su país por otro camino.

---

22. *Is* 7, 14.

13. Después que ellos partieron, un ángel del Señor apareció en sueños a José, diciéndole: Levántate, toma al niño y a su madre, y huye a Egipto, y estate allí hasta cuando yo te avise; porque Herodes buscará al niño para matarlo.

14. Levantándose José, tomó al niño y a su madre de noche y se retiró a Egipto,

15. donde se mantuvo hasta la muerte de Herodes; de suerte que se cumplió lo que dijo el Señor por boca del profeta: Yo llamé de Egipto a mi hijo.

16. Entretanto Herodes, viéndose burlado de los magos, se irritó sobremanera, y mandó matar a todos los niños que había en Belén y en toda su comarca, de dos años abajo, conforme al tiempo de la aparición de la estrella, que había averiguado de los magos.

17. Se vio cumplido entonces lo que predijo el profeta Jeremías, diciendo:

18. Hasta en Ramá se oyeron las voces, muchos lloros y alaridos: Es Raquel que llora sus hijos, sin querer consolarse porque ya no existen.

19. Después de la muerte de Herodes, un ángel del Señor apareció en sueños a José en Egipto,

20. diciéndole: Levántate y toma al niño y a su madre, y vete a la tierra de Israel, porque ya han muerto los que atentaban contra la vida del niño.

21. José levantándose, tomó al niño y a su madre y vino a tierra de Israel,

22. mas oyendo que Arquelao reinaba en Judea, en lugar de su padre Herodes, temió ir allá y avisado entre sueños se retiró a tierra de Galilea.

23. Y vino a morar en una ciudad llamada Nazaret; cumpliéndose de este modo el dicho de los profetas: Será llamado Nazareno.

---

3 *Jesús quiso ser bautizado por Juan y entonces es dado a conocer por Hijo unigénito de Dios*

---

1. En aquella temporada se dejó ver Juan Bautista predicando en el desierto de Judea,

2. y diciendo: Haced penitencia, porque está cerca el reino de los cielos.

3. Este es aquel de quien se dijo por el profeta Isaías*: Es la voz del que clama en el desierto, diciendo: Preparad el camino del Señor. Haced derechas sus sendas.

4. Traía Juan un vestido de pelos de camello y un cinto de cuero a sus lomos, y su comida eran langostas y miel silvestre.

5. Iban, pues, a encontrarle las gentes de Jerusalén y de toda la Judea, y de toda la ribera del Jordán;

6. y recibían de él el bautismo en el Jordán, confesando sus pecados.

7. Pero como viese venir a su bautismo muchos de los fariseos y saduceos, les dijo: ¡Oh raza de víboras!, ¿quién os ha enseñado que con solas exterioridades podéis huir de la ira que os amenaza?

8. Haced, pues, frutos dignos de penitencia;

9. y dejaos de decir interiormente: Tenemos por padre a Abrahán; porque yo os digo que poderoso es Dios para hacer que nazcan de estas mismas piedras hijos de Abrahán.

10. Mirad que ya el hacha está aplicada a la raíz de los árboles; y todo árbol que no produce buen fruto, será cortado y echado al fuego.

11. Yo a la verdad os bautizo con agua para moveros a la penitencia; pero el que ha de venir después de mí es más poderoso que yo, y no soy yo digno siquiera de llevarle las sandalias; él es quien ha de bautizaros en el Espíritu Santo y en el fuego.

12. El tiene en sus manos la pala, y limpiará perfectamente su era; y su trigo lo meterá en el granero; mas las pajas quemarás en un fuego inextinguible.

13. Por este tiempo vino Jesús de Galilea al Jordán en busca de Juan para ser de él bautizado.

14. Juan se resistía a ello, diciendo: Yo debo ser bautizado de ti, ¿y tú vienes a mí?

15. A lo cual respondió Jesús, diciendo: Déjame hacer ahora, que así es como conviene que nosotros cumplamos toda justicia. Juan entonces condescendió con él.

16. Bautizado, pues, Jesús, al instante que salió del agua se le abrieron los cielos, y vio bajar al Espíritu de Dios a manera de paloma y posar sobre él.

17. Y se oyó una voz del cielo que decía: Este es mi hijo amado, en quien he puesto toda mi complacencia.

---

3. *Is 40*, 3.

4 *Ayuno y tentación de Jesús, quien vuelve a Galilea y se establece en Cafarnaúm. Empieza su predicación*

1. En aquella sazón, Jesús fue conducido del espíritu de Dios al desierto, para que fuese tentado allí por el diablo.

2. Y después de haber ayunado cuarenta días con cuarenta noches, tuvo hambre.

3. Entonces, acercándose el tentador, le dijo: Si eres el Hijo de Dios, di que esas piedras se conviertan en panes.

4. Mas Jesús le respondió: Escrito está*: No sólo de pan vive el hombre, sino de toda palabra o disposición que sale de la boca de Dios.

5. Después de esto lo transportó el diablo a la santa ciudad de Jerusalén, y lo puso sobre lo alto del templo;

6. y le dijo: Si eres el Hijo de Dios, échate de aquí abajo; pues está escrito*: Que te ha encomendado a sus ángeles, los cuales te tomarán en las palmas de sus manos para que tu pie no tropiece contra alguna piedra.

7. Le replicó Jesús: También está escrito*: No tentarás al Señor tu Dios.

8. Todavía le subió el diablo a un monte muy encumbrado, y le mostró todos los reinos del mundo y la gloria de ellos.

9. Y le dijo: Todas estas cosas te daré si, postrándote delante de mí, me adorares.

10. Le respondió entonces Jesús: Apártate de ahí, Satanás; porque está escrito: Adorarás al Señor Dios tuyo, y a él solo servirás*.

11. Y con esto le dejó el diablo; y he aquí que se acercaron los ángeles y le servían.

12. Oyendo después Jesús que Juan había sido encarcelado, se retiró a Galilea.

13. Y dejando la ciudad de Nazaret, fue a morar en Cafarnaúm, ciudad marítima en los confines de Zabulón y Neftalí;

14. con que vino a cumplirse lo que dijo el profeta Isaías*:

15. El país de Zabulón y el país de Neftalí, por donde se va al mar de Tiberíades a la otra parte del Jordán, la Galilea de los gentiles,

16. este pueblo que yacía en las tinieblas, ha visto una luz grande: Luz que ha venido a iluminar a los que habitan en la región de las sombras de la muerte.

17. Desde entonces empezó Jesús a predicar y decir: Haced penitencia, porque está cerca el reino de los cielos.

18. Caminando un día Jesús por la ribera del mar de Galilea vio a dos hermanos, Simón, llamado Pedro, y Andrés su hermano, echando la red en el mar (pues eran pescadores)

19. y les dijo: Seguidme a mí, y yo os haré pescadores de hombres.

20. Al instante los dos, dejadas las redes, lo siguieron.

21. Pasando más adelante, vio a otros dos hermanos, Santiago, hijo de Zebedeo, y Juan su hermano, remendando sus redes en la barca con Zebedeo su padre, y los llamó;

22. Ellos también al punto, dejadas las redes y a su padre, lo siguieron.

23. E iba Jesús recorriendo toda la Galilea, enseñando en sus sinagogas y predicando la buena nueva del reino celestial, y sanando toda dolencia y toda enfermedad en los del pueblo;

24. con lo que corrió su fama por toda la Siria, y le presentaban todos los que estaban enfermos y acosados de varios males y dolores agudos, los endemoniados, los epilépticos, los paralíticos; y los curaba.

25. Y le iba siguiendo mucha gente de Galilea, y Decápolis, y Jerusalén, y Judea, y de la otra parte del Jordán.

Discurso de la montaña 5, 3-7, 27

5 *Sermón de Jesús en el monte. Las bienaventuranzas. Los discípulos son la sal y la luz de la tierra*

1. Mas viendo Jesús a todo este gentío se subió a un monte, donde habiéndose sentado, se le acercaron sus discípulos;

2. y abriendo su boca los adoctrinaba, diciendo:

3. Bienaventurados los pobres de espíritu, porque de ellos es el reino de los cielos.

4. Bienaventurados los mansos y humildes, porque ellos poseerán la tierra.

5. Bienaventurados los que lloran porque ellos serán consolados.

---

4. *Deut 8*, 3.
6. *Sal 91* (*90*), 11.
7. *Deut 6*, 16.
10. *Deut 6*, 13.
14. *Is 9*, 1.

6. Bienaventurados los que tienen hambre y sed de justicia, porque ellos serán saciados.

7. Bienaventurados los misericordiosos, porque ellos alcanzarán misericordia.

8. Bienaventurados los que tienen puro su corazón, porque ellos verán a Dios.

9. Bienaventurados los pacíficos, porque ellos serán llamados hijos de Dios.

10. Bienaventurados los que padecen persecución por la justicia, porque de ellos es el reino de los cielos.

11. Dichosos seréis cuando los hombres por mi causa os maldijeren, y os persiguieren, y dijeren con mentira toda suerte de mal contra vosotros.

12. Alegraos entonces y regocijaos, porque es muy grande la recompensa que os aguarda en los cielos. Del mismo modo persiguieron a los profetas que ha habido antes de vosotros.

13. Vosotros sois la sal de la tierra. Y si la sal se hace insípida, ¿con qué se le volverá el sabor? Para nada sirve ya, sino para ser arrojada y pisada de las gentes.

14. Vosotros sois la luz del mundo. No se puede encubrir una ciudad edificada sobre un monte;

15. ni se enciende la luz para ponerla debajo de un celemín, sino sobre un candelero, a fin de que alumbre a todos los de la casa:

16. Brille así vuestra luz ante los hombres, de manera que vean vuestras buenas obras y glorifiquen a vuestro Padre que está en los cielos.

17. No penséis que yo he venido a destruir la doctrina de la ley ni de los profetas: No he venido a destruirla, sino a darle su cumplimiento.

18. Que con toda verdad os digo que antes faltarán el cielo y la tierra, que deje de cumplirse perfectamente cuanto contiene la ley, hasta una sola letra o ápice de ella.

19. Y así, el que violare uno de estos mandamientos por mínimos que parezcan, y enseñare a los hombres a hacer lo mismo, será tenido por el más pequeño, esto es, por nulo, en el reino de los cielos; pero el que los guardare y enseñare, ése será tenido por grande en el reino de los cielos.

20. Porque yo os digo que si vuestra justicia no es más llena y mayor que la de los escribas y fariseos, no entraréis en el reino de los cielos.

21. Habéis oído que se dijo a vuestros mayores: No matarás; y que quien matare será condenado a muerte en juicio.

22. Yo os digo más: Quienquiera que tome ojeriza con su hermano, merecerá que el juez le condene. Y el que le insulte, merecerá que le condene el concilio. Mas quien lo ofenda gravemente, será reo del fuego del infierno.

23. Por tanto, si al tiempo de presentar tu ofrenda en el altar, allí te acuerdas que tu hermano tiene alguna queja contra ti,

24. deja allí mismo tu ofrenda delante del altar, y ve primero a reconciliarte con tu hermano, y después volverás a presentar tu ofrenda.

25. Componte luego con tu contrario, mientras estás con él todavía en el camino; no sea que te ponga en manos del juez, y el juez te entregue en las del alguacil, y te metan en la cárcel.

26. Te aseguro que de allí no saldrás hasta que pagues el último céntimo.

27. Habéis oído que se dijo a vuestros mayores: No cometerás adulterio;

28. yo os digo más: Cualquiera que mirare a una mujer con mal deseo hacia ella, ya adulteró en su corazón.

29. Que si tu ojo derecho es para ti una ocasión de pecar, sácale y arrójale fuera de ti; pues mejor te está el perder uno de tus miembros, que no que todo tu cuerpo sea arrojado al infierno.

30. Y si es tu mano derecha la que te sirve de escándalo o incita a pecar, córtala y tírala lejos de ti; pues mejor te está que perezca uno de tus miembros, que no el que vaya todo tu cuerpo al infierno.

31. Se ha dicho: Cualquiera que despidiere a su mujer, dele libelo de repudio;

32. pero yo os digo, que cualquiera que despidiere a su mujer, si no es por causa de adulterio, la expone a ser adúltera; y el que se casare con la repudiada, es asimismo adúltero.

33. También habéis oído que se dijo a vuestros mayores: No jurarás en falso, antes bien cumplirás los juramentos hechos al Señor;

34. yo os digo más: Que de ningún modo juréis ni por el cielo, pues es el trono de Dios,

35. ni por la tierra, pues es la peana de

sus pies; ni por Jerusalén, porque es la ciudad o corte del gran rey.

36. Ni tampoco juraréis por vuestra cabeza, pues no está en vuestra mano hacer blanco o negro un solo cabello.

37. Sea, pues, vuestro modo de hablar, sí, sí; o no, no; que lo que pasa de esto, de mal principio proviene.

38. Habéis oído que se dijo*: Ojo por ojo y diente por diente.

39. Yo os digo, que no hagáis resistencia al agravio; antes si alguno te hiriere en la mejilla derecha, vuélvele también la otra;

40. y al que quiere armarte pleito para quitarte la túnica, alárgale también la capa;

41. y a quien te forzare a ir cargado mil pasos, ve con él otros dos mil.

42. Al que te pide, dale; y no tuerzas el rostro al que pretenda de ti algún préstamo*.

43. Habéis oído que fue dicho: Amarás a tu prójimo* y tendrás odio a tu enemigo.

44. Yo os digo más: Amad a vuestros enemigos, haced bien a los que os aborrecen, y orad por los que os persiguen y calumnian,

45. para que seáis hijos imitadores de vuestro Padre celestial, el cual hace nacer su sol sobre buenos y malos, y llover sobre justos y pecadores.

46. Que si no amáis sino a los que os aman, ¿qué premio habéis de tener? No lo hacen así aun los publicanos?

47. Y si no saludáis a otros que a vuestros hermanos, ¿qué tiene eso de particular? Por ventura ¿no hacen también esto los paganos?

48. Sed, pues, vosotros, perfectos, así como vuestro Padre celestial es perfecto, imitándole en cuanto podáis.

6

Jesús trata de la limosna, las intenciones rectas y el ayuno. Enseña a orar

---

1. Guardaos bien de hacer vuestras obras buenas en presencia de los hombres con el fin de que os vean, de otra manera no recibiréis su galardón de vuestro Padre que está en los cielos.

2. Y así cuando das limosna no quieras publicarla a son de trompeta, como hacen los hipócritas en las sinagogas y en las calles, o plazas, a fin de ser honrados de los hombres. En verdad les digo que ya recibieron su recompensa.

3. Mas tú cuando des limosnas, haz que tu mano izquierda no perciba lo que hace tu derecha,

4. para que tu limosna quede oculta; y tu Padre, que ve lo más oculto, te recompensará en público.

5. Asimismo cuando oráis no habéis de ser como los hipócritas, que a propósito se ponen a orar de pie en las sinagogas y en las esquinas de las calles para ser vistos de los hombres. En verdad les digo que ya recibieron su recompensa.

6. Tú, al contrario, cuando hubieres de orar, entra en tu aposento, y cerrada la puerta, ora en secreto a tu Padre, y tu Padre, que ve lo más secreto, te premiará en público.

7. En la oración no afectéis hablar mucho, como hacen los gentiles, que se imaginan haber de ser oídos a fuerza de palabras.

8. No queráis, pues, imitarlos; que bien sabe vuestro Padre lo que necesitáis antes de pedírselo.

9. Ved, pues, cómo habéis de orar*:

Padre nuestro que estás en los cielos, santificado sea tu Nombre;

10. venga tu reino; hágase tu voluntad, así en la tierra, como en el cielo.

11. Danos hoy el pan nuestro de cada día;

12. y perdónanos nuestras deudas así como nosotros perdonamos a nuestros deudores;

13. y no nos dejes caer en la tentación; mas líbranos de mal. Amén.

14. Porque si perdonáis a los hombres las ofensas que cometen contra vosotros, también vuestro Padre celestial os perdonará vuestros pecados.

15. Pero si vosotros no perdonáis a los hombres, tampoco vuestro Padre os perdonará los pecados.

16. Cuando ayunéis no os pongáis tristes como los hipócritas, que desfiguran sus

---

38. *Ex 21*, 24; *Lev 24*, 20; *Deut 19*, 21.
42. *Deut 15*, 8.
43. *Lev 19*, 18.

9. *Luc 11*, 2.

rostros para mostrar a los hombres que ayunan. En verdad les digo que ya recibieron su galardón.

17. Tú, al contrario, cuando ayunes, perfuma tu cabeza y lava bien tu cara,

18. para que no conozcan los hombres que ayunas, sino únicamente tu Padre que está presente en todo, aun en lo que hay de mas secreto; y tu Padre que ve lo que pasa en secreto te dará por ello la recompensa.

19. No queráis amontonar tesoros para vosotros en la tierra, donde el orín y la polilla los consumen, y donde los ladrones los desentierran y roban.

20. Atesorad más bien para vosotros tesoros en el cielo, donde no hay ni orín ni polillas que los consuman, ni tampoco ladrones que los desentierren y roben.

21. Porque donde está tu tesoro, allí está también tu corazón.

22. Antorcha de tu cuerpo son tus ojos: si tu ojo fuere puro, o estuviere limpio, todo tu cuerpo estará iluminado.

23. Mas si tienes malicioso o malo tu ojo, todo tu cuerpo estará oscurecido. Que si lo que debe ser luz en ti es tinieblas, las mismas tinieblas ¿cuán grandes serán?

24. Nadie puede servir a dos señores; porque o tendrá aversión al uno y amor al otro, o si se sujeta al primero, mirará con desdén el segundo. No podéis servir a Dios y a las riquezas.

25. En razón de esto os digo: No os acongojéis por hallar qué comer para sustentar vuestra vida, o de dónde sacaréis vestidos para cubrir vuestro cuerpo. Qué ¿no vale más la vida, o el alma, que el alimento, y el cuerpo que el vestido?

26. Mirad las aves del cielo cómo no siembran, ni siegan, ni tienen graneros, y vuestro Padre celestial las alimenta. ¿Pues no valéis vosotros mucho más sin comparación que ellas?

27. Y ¿quién de vosotros a fuerza de discursos puede añadir un codo a su estatura?

28. Y acerca del vestido ¿con qué propósito inquietaros? Contemplad los lirios del campo cómo crecen y florecen. Ellos no labran, ni tampoco hilan;

29. sin embargo, yo os digo que ni Salomón, en medio de toda su gloria, se vistió con tanto primor como uno de estos lirios.

30. Pues si una hierba del campo que hoy es, o florece, y mañana se echa en el horno, Dios así la viste, ¿cuánto más a vosotros, hombres de poca fe?

31. Así que no vayáis diciendo acongojados: ¿Dónde hallaremos qué comer y beber? ¿Dónde hallaremos con qué vestirnos?,

32. como hacen los paganos, los cuales andan ansiosos tras todas estas cosas; que bien sabe vuestro Padre la necesidad que de ellas tenéis.

33. Así que buscad primero el reino de Dios y su justicia, y todas las demás cosas se os darán por añadidura.

34. No andéis, pues, acongojados por el día de mañana; que el día de mañana harto cuidado traerá por sí; bástale ya a cada día su propio afán o tarea.

7 *Jesús advierte que no se debe juzgar al prójimo. La oración, la caridad y los falsos profetas*

1. No juzguéis a los demás, si queréis no ser juzgados;

2. porque con el mismo juicio que juzgareis habéis de ser juzgados; y con la misma medida con que midiereis seréis medidos vosotros.

3. Mas tú, ¿con qué cara te pones a mirar la paja en el ojo de tu hermano y no reparas en la viga que está dentro del tuyo?

4. O ¿cómo dices a tu hermano: Deja que yo saque esa pajita de tu ojo, mientras tú mismo tienes una viga en el tuyo?

5. ¡Hipócrita!, saca primero la viga de tu ojo, y entonces verás cómo has de sacar la paja del ojo de tu hermano.

6. No deis a los perros las cosas santas, ni echéis vuestras perlas a los cerdos; no sea que las pisoteen con sus pies, y se vuelvan contra vosotros y os despedacen.

7. Pedid, y se os dará; ¡buscad, y hallaréis!: llamad, y os abrirán.

8. Porque todo aquel que pide, recibe; y el que busca, halla; y al que llama, se le abrirá.

9. ¿Hay por ventura alguno entre vosotros que pidiéndole pan un hijo suyo, le dé una piedra?

10. ¿O que si le pide un pez, le dé una culebra?

11. Pues si vosotros siendo malos sabéis dar buenas cosas a vuestros hijos, ¿cuánto más vuestro Padre celestial dará cosas buenas a los que se las pidan?

12. Y así, haced vosotros con los demás hombres todo lo que deseáis que hagan ellos con vosotros; porque ésta es la suma de la ley y de los profetas.

13. Entrad por la puerta angosta, porque la puerta ancha y el camino espacioso son los que conducen a la perdición, y son muchos los que entran por él.

14. ¡Oh, qué angosta es la puerta y cuán estrecha la senda que conduce a la vida eterna, y qué pocos son los que atinan con ella!

15. Guardaos de los falsos profetas que vienen a vosotros disfrazados con pieles de ovejas, mas por dentro son lobos voraces.

16. Por sus frutos u obras los conoceréis. ¿Acaso se cogen uvas de los espinos, o higos de las zarzas?

17. Así es que todo árbol bueno produce buenos frutos, y todo árbol malo da frutos malos.

18. Un árbol bueno no puede dar frutos malos, ni un árbol malo darlos buenos.

19. Todo árbol que no da buen fruto, será cortado y echado al fuego.

20. Por sus frutos, pues, los podréis conocer.

21. No todo aquel que me dice: ¡Oh, Señor, Señor! entrará por eso en el reino de los cielos; sino el que hace la voluntad de mi Padre celestial, ése es el que entrará en el reino de los cielos.

22. Muchos me dirán en aquel día del juicio: ¡Señor, Señor!, ¿pues no hemos nosotros profetizado en tu nombre, y lanzado en tu nombre los demonios, y hecho muchos milagros en tu nombre?

23. Mas entonces yo les contestaré: Jamás os he conocido, apartaos de mí, hacedores de iniquidad.

24. Por tanto, cualquiera que escucha mis instrucciones y las practica, será semejante a un hombre cuerdo que fundó su casa sobre piedra;

25. y cayeron las lluvias, y los ríos salieron de madre, y soplaron los vientos y dieron con ímpetu contra la casa, mas no fue destruida, porque estaba fundada sobre piedra.

26. Pero cualquiera que oye estas instrucciones que doy y no las pone por obra, será semejante a un hombre insensato que construyó su casa sobre arena:

27. y cayeron las lluvias y los ríos salieron de madre, y soplaron los vientos y dieron con ímpetu contra aquella casa, la cual se desplomó, y su ruina fue grande.

28. Al fin, habiendo Jesús concluido este razonamiento, los pueblos que le oían no acababan de admirar su doctrina;

29. porque su modo de instruirlos era con autoridad y no a la manera de sus escribas y fariseos.

8

Jesús cura a un leproso, al criado de un centurión y a la suegra de Pedro. Sosiega al mar

---

1. Habiendo bajado Jesús del monte, le fue siguiendo una muchedumbre.

2. En esto, viniendo a él un leproso, que se postró ante él, diciendo: Señor, si tú quieres, puedes limpiarme.

3. Y Jesús, extendiendo la mano le tocó diciendo: Quiero, queda limpio; y al instante quedó curado de su lepra.

4. Y Jesús le dijo: Mira que no lo digas a nadie; pero ve a presentarte al sacerdote, y ofrece el don que Moisés ordenó[4], para que les sirva de testimonio.

5. Y al entrar en Cafarnaúm le salió al encuentro un centurión, y le rogaba,

6. diciendo: Señor, un criado mío está postrado en mi casa, paralítico, y padece muchísimo.

7. Jesús le respondió: Yo iré y lo curaré.

8. Y le replicó el centurión: Señor, no soy yo digno de que tú entres en mi casa; pero mándalo con tu palabra, y quedará curado mi criado.

9. Pues aun yo, que no soy más que un hombre sujeto a otros, tengo soldados a mi mando, digo al uno: Marcha, y él marcha, y al otro: Ven, y viene; y a mi criado: Haz esto, y lo hace.

10. Al oír esto Jesús, mostró gran admiración, y dijo a los que le seguían: En verdad os digo que ni aun en medio de Israel he hallado fe tan grande.

11. Así os declaro que vendrán muchos

---

4. *Lev 13.*

gentiles del oriente y del occidente, y estarán a la mesa con Abrahán, Isaac y Jacob en el reino de los cielos,

12. mientras que los hijos del reino serán echados fuera, a las tinieblas; allí será el llanto, y el crujir de dientes.

13. Después dijo Jesús al centurión: Vete, y te suceda conforme has creído; y en aquella hora misma quedó sano el criado.

14. Habiendo después Jesús ido a casa de Pedro, vio a la suegra de éste en cama con fiebre;

15. y tocándole la mano, se le quitó la fiebre; con eso se levantó de la cama, y se puso a servirles.

16. Venida la tarde, le trajeron muchos endemoniados, y con su palabra echaba los espíritus malignos, y curó a todos los dolientes;

17. verificándose con eso lo que predijo el profeta Isaías, diciendo: El mismo ha cargado con nuestras dolencias, y ha tomado sobre sí nuestras enfermedades.

18. Viéndose Jesús un día cercado de mucha gente, dispuso pasar a la ribera opuesta del lago de Genezaret;

19. y arrimándosele cierto escriba, le dijo: Maestro, yo te seguiré dondequiera que fueres.

20. Y Jesús le respondió: Las zorras tienen madrigueras, y las aves del cielo nidos; mas el Hijo del hombre no tiene sobre qué reclinar la cabeza.

21. Otro de sus discípulos le dijo: Señor, permíteme que antes de seguirte vaya a dar sepultura a mi padre;

22. mas Jesús le respondió: Sígueme tú, y deja que los muertos, entierren a sus muertos.

23. Entró, pues, en una barca, acompañado de sus discípulos;

24. y he aquí que se levantó una tempestad tan recia en el mar, que las ondas cubrían la barca; mas Jesús estaba durmiendo;

25. y acercándose a él sus discípulos le despertaron, diciendo: Señor, sálvanos, que perecemos.

26. Y les dijo Jesús: ¿De qué teméis, oh hombres de poca fe? Entonces, puesto en pie, mandó a los vientos y al mar que se apaciguaran, y siguió una gran calma.

27. De lo cual asombrados todos los que estaban allí, se decían: ¿Quién es éste que los vientos y el mar obedecen?

28. Desembarcado en la otra ribera del lago, en el país de los gerasenos, fueron al encuentro de él, saliendo de los sepulcros dos endemoniados tan furiosos, que nadie osaba transitar por aquel camino.

29. Y luego empezaron a gritar, diciendo: ¿Qué tenemos nosotros que ver contigo, oh Jesús, Hijo de Dios? ¿Has venido acá a atormentarnos antes de tiempo?

30. Estaba no lejos de allí una piara de cerdos paciendo.

31. Y los demonios le rogaban de esta manera: Si nos echas de aquí, envíanos a esa piara de cerdos.

32. Y él les dijo: Id. Y habiendo ellos salido, entraron en los cerdos, y he aquí que toda la piara corrió impetuosamente a despeñarse por un derrumbadero en el mar de Genezaret, y quedaron ahogados en las aguas.

33. Los porqueros echaron a huir, y llegados a la ciudad, lo contaron todo, y en particular lo de los endemoniados.

34. Al punto toda la ciudad salió en busca de Jesús, y al verle le suplicaron que se retirase de su país.

---

9 *Jesús cura un paralítico y resucita a la hija de Jairo. Vocación de Mateo*

---

1. Y subiendo en la barca, repasó el lago y vino a la ciudad de su residencia o a Cafarnaúm.

2. Cuando he aquí que le presentaron un paralítico postrado en un lecho. Y al ver Jesús su fe, dijo al tullido: Ten confianza, hijo mío, que perdonados te son tus pecados.

3. A lo que ciertos escribas dijeron luego para consigo: Este blasfema.

4. Mas Jesús, viendo sus pensamientos, dijo: ¿Por qué pensáis mal en vuestros corazones?

5. ¿Qué cosa es más fácil, decir: Se te perdonaron tus pecados, o decir: Levántate y anda?

6. Pues para que sepáis que el Hijo del hombre tiene en la tierra potestad de perdonar pecados, levántate, dijo al mismo tiempo al paralítico, toma tu lecho y vete a tu casa.

7. Y se levantó y se fue a su casa.

8. Lo cual viendo las gentes, quedaron poseídas de un santo temor, y dieron gloria a Dios por haber dado tal potestad a los hombres.

9. Partido de aquí Jesús, vio a un hombre sentado en el lugar donde cobraba los impuestos para Roma, llamado Mateo, y le dijo: Sígueme; y él levantándose, le siguió.

10. Y sucedió que estando Jesús a la mesa en la casa de Mateo, vinieron muchos publicanos y gentes de mala vida que se pusieron a la mesa a comer con él y con sus discípulos.

11. Y al verlo los fariseos decían a sus discípulos: ¿Cómo es que vuestro maestro come con publicanos y pecadores?

12. Mas Jesús, oyéndolo, les dijo: No son los que están sanos, sino los enfermos los que necesitan médico.

13. Id, pues, a aprender lo que significa: Mas estimo la misericordia que el sacrificio*; porque los pecadores son, y no los justos, a quienes he venido yo a llamar a penitencia.

14. Entonces se presentaron a Jesús los discípulos de Juan, y le dijeron: ¿Por qué, ayunando frecuentemente nosotros y los fariseos, tus discípulos no ayunan?

15. Les respondió Jesús: ¿Acaso los amigos del esposo pueden andar afligidos mientras el esposo está con ellos? Ya vendrá el tiempo en que les será arrebatado el esposo, y entonces ayunarán.

16. Nadie echa un remiendo de paño nuevo a un vestido viejo; de otra suerte, rasga lo nuevo parte de lo viejo, y se hace mayor la rotura.

17. Ni tampoco echan el vino nuevo en cueros viejos; porque si esto se hace, revienta el cuero, y el vino se derrama y se pierden los cueros. Pero el vino nuevo lo echan en cueros nuevos, y así se conserva lo uno y lo otro.

18. En esta conversación estaba, cuando llegó un hombre principal o jefe de sinagoga, y adorándole, le dijo: Señor, una hija mía está a punto de morir; pero ven, impón tu mano sobre ella, y vivirá.

19. Levantándose Jesús, le iba siguiendo con sus discípulos;

20. cuando he aquí que una mujer que hacía ya doce años que padecía un flujo de sangre, vino por detrás y tocó el ruedo de su vestido.

21. Porque decía ella entre sí: Con que pueda solamente tocar su vestido, me veré curada.

22. Mas volviéndose Jesús y mirándola, dijo: Hija, ten confianza. Tu fe te ha curado. En efecto desde aquel momento quedó curada la mujer.

23. Venido Jesús a la casa de aquel hombre principal, y viendo a los tañedores de flautas, o música fúnebre, y el alboroto de la gente, decía:

24. Retiraos, pues no está muerta la niña, sino dormida. Y hacían burla de él.

25. Mas echada fuera la gente, entró, la tomó de la mano, y la niña se levantó.

26. Y se divulgó el suceso por todo aquel país.

27. Partiendo Jesús de aquel lugar, le siguieron dos ciegos, gritando y diciendo: Hijo de David, ten compasión de nosotros.

28. Luego que llegó a casa, se le presentaron los ciegos y Jesús les dijo: ¿Creéis que yo puedo hacer eso que me pedís? y le dijeron: Sí, Señor.

29. Entonces les tocó los ojos, diciendo: Según vuestra fe, así os sea hecho.

30. Y se les abrieron los ojos. Mas Jesús les conminó diciendo: Mirad, que nadie lo sepa.

31. Ellos, sin embargo, al salir de allí lo publicaron por toda la comarca.

32. Salidos éstos le presentaron un mudo endemoniado.

33. Y arrojado el demonio, habló el mudo, y las gentes se llenaron de admiración, y decían: Jamás se ha visto cosa semejante en Israel.

34. Los fariseos, al contrario, decían: Por arte del príncipe de los demonios, expele los demonios.

35. Y Jesús iba recorriendo todas las ciudades y villas, enseñando en sus sinagogas, y predicando la buena noticia del reino de Dios, y curando toda dolencia y toda enfermedad.

36. Y al ver aquellas gentes, se compadecía entrañablemente de ellas porque estaban mal paradas y tendidas aquí y allá como ovejas sin pastor.

37. Sobre lo cual dijo a sus discípulos: La

---

13. *Os* 6, 6.

mies es verdaderamente mucha; mas los obreros pocos.

38. Rogad, pues, al dueño de la mies que envíe a su mies trabajadores.

DISCURSO APOSTÓLICO *10*, 5-42

10 *Misión de los apóstoles. Jesús les da potestad de hacer milagros y anunciar el reino de Dios*

1. Después de esto, habiendo convocado sus doce discípulos, les dio potestad para lanzar los espíritus inmundos y curar toda especie de dolencias y enfermedades.

2. Los nombres de los doce apóstoles son éstos: El primero Simón, por sobrenombre Pedro; y Andrés su hermano.

3. Santiago, hijo de Zebedeo, y Juan su hermano; Felipe y Bartolomé; Tomás y Mateo, el publicano; Santiago, hijo de Alfeo, y Tadeo;

4. Simón el cananeo, y Judas Iscariote, el mismo que le vendió.

5. A estos doce envió Jesús dándoles las siguientes instrucciones: No vayáis ahora a tierra de gentiles, ni tampoco entréis en poblaciones de samaritanos.

6. Mas id antes en busca de ovejas perdidas de la casa de Israel.

7. Id y predicad, diciendo que se acerca el reino de los cielos.

8. Y en prueba de vuestra doctrina, curad enfermos, resucitad muertos, limpiad leprosos, lanzad demonios. Dad gratuitamente lo que gratuitamente habéis recibido.

9. No llevéis oro, ni plata, ni dinero alguno en vuestros bolsillos,

10. ni alforja para el viaje, ni más de una túnica y un calzado, ni tampoco palo u otra arma para defenderos; porque el que trabaja merece que lo sustenten.

11. En cualquier ciudad o aldea en que entrareis, informaos quién hay en ella hombre de bien, o que sea digno de alojaros, y permaneced en su casa hasta vuestra partida.

12. Al entrar en la casa, el saludo ha de ser: La paz sea en esta casa.

13. Que si la casa la merece, vendrá vuestra paz a ella; mas si no la merece, vuestra paz se volverá con vosotros.

14. Caso que no quieran recibiros, ni escuchar vuestras palabras, saliendo fuera de la casa o ciudad, sacudid el polvo de vuestros pies.

15. En verdad os digo que Sodoma y Gomorra serán tratadas con menos rigor en el día del juicio, que esa ciudad.

16. Mirad que yo os envío como ovejas en medio de lobos; por tanto, habéis de ser prudentes como serpientes, y sencillos como palomas.

17. Recataos de los hombres; pues os delatarán a los tribunales, y os azotarán en sus sinagogas;

18. y por mi causa seréis conducidos ante los gobernadores y los reyes para dar testimonio de mí a ellos y a las naciones.

19. Si bien cuando os hicieren comparecer, no os dé cuidado el cómo o lo que habéis de hablar, porque os será dado en aquella misma hora lo que hayáis de decir;

20. puesto que no sois vosotros quien habla entonces, sino el espíritu de vuestro Padre, el cual habla por vosotros.

21. Entonces un hermano entregará a su hermano a la muerte, y el padre al hijo; y los hijos se levantarán contra los padres, y los harán morir;

22. y vosotros vendréis a ser odiados de todos por causa de mi nombre; pero quien perseverare hasta el fin, éste se salvará.

23. Entretanto, cuando en una ciudad os persigan, huid a otra. En verdad os digo que no acabaréis de convertir a las ciudades de Israel antes que venga el Hijo del hombre.

24. No es el discípulo más que su maestro, ni el siervo más que su amo.

25. Baste al discípulo el ser tratado como su maestro, y al criado como su amo. Si al padre de familia le han llamado Beelzebub, ¿cuánto más a sus domésticos?

26. Pero por eso no les tengáis miedo, porque nada está encubierto que no se haya de descubrir, ni oculto que no se haya de saber.

27. Lo que os digo de noche, decidlo a la luz del día; y lo que os digo al oído predicadlo desde los terrados.

28. Nada temáis a los que matan el cuerpo y no pueden matar el alma. Temed antes al que puede arrojar alma y cuerpo en el infierno.

29. ¿No es así que dos pájaros se venden

por un cuarto, y, no obstante, ni uno de ellos caerá en tierra sin que lo disponga vuestro Padre?

30. Hasta los cabellos de vuestra cabeza están todos contados.

31. No tenéis, pues, que temer; valéis vosotros más que muchos pájaros.

32. En suma, a todo aquel que me reconociere y confesare por Mesías delante de los hombres, yo también le reconoceré y declararé por él delante de mi Padre que está en los cielos.

33. Mas a quien me negare delante de los hombres, yo también le negaré delante de mi Padre que está en los cielos.

34. No tenéis que pensar que yo haya venido a traer la paz a la tierra; no he venido a traer la paz, sino la guerra;

35. pues he venido a separar al hijo de su padre, y a la hija de su madre, y a la nuera de su suegra;

36. y los enemigos del hombre serán las personas de su misma casa.

37. Quien ama al padre o a la madre más que a mí, no merece ser mío; y quien ama al hijo o a la hija más que a mí, tampoco merece ser mío.

38. Y quien no carga con su cruz y me sigue, no es digno de mí.

39. Quien a costa de su alma conserva su vida la perderá; y quien perdiere su vida por amor mío, la volverá a hallar.

40. Quien a vosotros recibe, a mí me recibe; y quien a mí me recibe, recibe a aquel que me ha enviado a mí.

41. El que hospeda a un profeta en atención a que es profeta, recibirá premio de profeta; y el que hospeda a un justo en atención a que es justo, tendrá galardón de justo.

42. Y cualquiera que diere de beber a uno de estos pequeñuelos un vaso de agua fresca solamente por razón de ser discípulo mío, os doy mi palabra que no perderá su recompensa.

11

Juan Bautista envía dos discípulos a Jesús. Las ciudades incrédulas. El yugo del Señor es suave

1. Como hubiese Jesús acabado de dar estas instrucciones a sus doce discípulos, partió de allí para enseñar y predicar en las ciudades de ellos.

2. Pero Juan, habiendo en la prisión oído las obras maravillosas de Cristo envió dos de sus discípulos a preguntarle:

3. ¿Eres tú el Mesías que ha de venir, o debemos esperar a otro?

4. A lo que Jesús les respondió: Id y contad a Juan lo que habéis oído y visto:

5. Los ciegos ven, los cojos andan, los leprosos quedan limpios, los sordos oyen, los muertos resucitan, se anuncia el mensaje de salvación a los pobres;

6. y bienaventurado aquel que no tomare de mí ocasión de escándalo.

7. Luego que se fueron éstos, empezó Jesús a hablar de Juan, y dijo al pueblo: ¿Qué es lo que salisteis a ver en el desierto? ¿Alguna caña que a todo viento se mueve?

8. Decidme si no, ¿qué salisteis a ver? ¿A un hombre vestido con lujo y afeminación? Ya sabéis que los que visten así, en palacios de reyes están.

9. En fin, ¿qué salisteis a ver? ¿A algún profeta? Eso sí, yo os lo aseguro, y aun mucho más que profeta.

10. Pues él es de quien está escrito*: Mira que yo envío mi ángel ante tu presencia, el cual irá delante de ti disponiéndote el camino.

11. En verdad os digo que no ha salido a la luz entre los hijos de mujeres alguno mayor que Juan Bautista; si bien el que es menor en el reino de los cielos, es superior a él*.

12. Y desde el tiempo de Juan Bautista, hasta el presente, el reino de los cielos se alcanza a viva fuerza, y los que se la hacen a sí mismos, son los que lo arrebatan.

13. Porque todos los profetas y la ley hasta Juan pronunciaron lo porvenir.

14. Y si queréis entenderlo, él mismo es aquel Elías que debía venir.

15. El que tiene oídos para entender, entiéndalo.

16. Mas ¿a quién compararé yo esta raza de hombres? Es semejante a los muchachos sentados en la plaza, que, dando voces a otros de sus compañeros,

---

10. *Mal 3*, 1; *4*, 8.
11. *Luc 7*, 28.

17. les dicen: Os hemos entonado cantares alegres, y no habéis bailado; cantares lúgubres, y no habéis llorado.

18. Así es que vino Juan, que casi no come ni bebe, y dicen: Está poseído del demonio.

19. Ha venido el Hijo del hombre, que come y bebe, y dicen: He aquí un glotón y un vinoso, amigo de publicanos y gentes de mala vida. Pero queda la divina sabiduría justificada para con sus hijos.

20. Entonces comenzó a reconvenir a las ciudades donde se habían hecho muchísimos de sus milagros, porque no habían hecho penitencia.

21. ¡Ay de ti, Corozaín! ¡Ay de ti, Betsaida! Que si en Tiro y en Sidón se hubiesen hecho los milagros que se han obrado en vosotras, hace tiempo que habrían hecho penitencia, cubiertas de ceniza y de cilicio.

22. Por tanto, os digo que Tiro y Sidón serán tratadas menos rigurosamente el día del juicio que vosotras.

23. Y tú, Cafarnaúm, ¿piensas, acaso, levantarte hasta el cielo? Serás, sí, abatida hasta el infierno; porque si en Sodoma se hubiesen hecho los milagros que en ti, Sodoma quizá subsistiera aún hoy día.

24. Por eso te digo que el país de Sodoma el día del juicio será castigado con menos rigor que tú.

25. Por aquel tiempo exclamó Jesús, diciendo: Yo te glorifico, Padre mío, Señor del cielo y de la tierra, porque has tenido encubiertas estas cosas, a los sabios y prudentes del siglo, y las has revelado a los pequeñuelos.

26. Sí, Padre mío, alabado seas, por haber sido de tu agrado que fuese así.

27. Todas las cosas las ha puesto mi Padre en mis manos. Pero nadie conoce al Hijo sino el Padre; ni conoce ninguno al Padre sino el Hijo, y aquel a quien el Hijo haya querido revelarlo.

28. Venid a mí todos los que andáis agobiados con trabajos y cargas, que yo os aliviaré.

29. Tomad mi yugo sobre vosotros, y aprended de mí, que soy manso y humilde de corazón; y hallaréis el reposo para vuestras almas.

30. Porque suave es mi yugo y ligero el peso mío.

12 *Defiende Jesús a sus discípulos de los fariseos. Cura a un endemoniado ciego y mudo*

1. Por aquel tiempo, pasando Jesús en día sábado junto a unos sembrados, sus discípulos, teniendo hambre, empezaron a coger espigas y comer los granos.

2. Y viéndolo los fariseos, le dijeron: Mira que tus discípulos hacen lo que no es lícito hacer en sábado.

3. Pero él les respondió: ¿No habéis leído qué hizo David cuando él y los que le acompañaban se vieron acosados del hambre?

4. ¿Cómo entró en la casa de Dios y comió los panes de la proposición, que no era lícito comer ni a él ni a los suyos, sino a los sacerdotes?

5. ¿O no habéis leído en la ley cómo los sacerdotes en el templo trabajan el sábado, y con todo eso no pecan?

6. Pues yo os digo que aquí está uno que es mayor que el templo.

7. Que si vosotros supieseis bien lo que significa: Más quiero la misericordia que el sacrificio*, jamás hubierais condenado a los inocentes.

8. Porque el Hijo del hombre es dueño aun del sábado.

9. Habiendo partido de allí, entró en la sinagoga de ellos.

10. donde se hallaba un hombre que tenía seca una mano; y preguntaron a Jesús, para hallar motivo de acusarle, si era lícito curar en día de sábado.

11. Mas él les dijo: ¿Qué hombre habrá entre vosotros que tenga una oveja, si ésta cae en una fosa en día sábado, no la levante y saque fuera?

12. ¿Pues cuánto más vale un hombre que una oveja? Luego es lícito hacer el bien en día de sábado.

13. Entonces dijo al hombre: Extiende esa mano. La estiró, y quedó tan sana como la otra.

14. Mas los fariseos saliendo se juntaron para urdir tramas contra él y perderle.

15. Pero Jesús, entendiendo esto, se

7. *Os* 6, 6.

retiró, y muchos enfermos le siguieron, y a todos ellos los curó,

16. previniéndoles fuertemente que no le descubriesen;

17. con lo cual se cumplió la profecía de Isaías, que dice*:

18. Ved ahí el siervo mío, a quien yo tengo elegido, el amado mío, en quien mi alma se ha complacido plenamente. Pondré sobre él mi espíritu y anunciará la justicia a las naciones.

19. No contenderá con nadie, no voceará, ni oirá ninguno su voz o gritar en las plazas;

20. no quebrará la caña cascada, ni acabará de apagar la mecha que aún humea, hasta que haga triunfar la justicia de su causa;

21. y en su nombre pondrán las naciones su esperanza.

22. Le fue a la sazón traído un endemoniado, ciego y mudo, y lo curó, de modo que desde luego comenzó a hablar y ver.

23. Con lo que todo el pueblo quedó asombrado, y decía: ¿Es éste tal vez el Hijo de David, el Mesías?

24. Pero los fariseos, oyéndolo, decían: Este no lanza los demonios sino por obra de Beelzebub, príncipe de los demonios.

25. Entonces Jesús, penetrando sus pensamientos, les dijo: Todo reino dividido en facciones contrarias será desolado; y cualquier ciudad o casa dividida en bandos no subsistirá.

26. Y si Satanás echa fuera a Satanás, es contrario a sí mismo; ¿cómo, pues, ha de subsistir su reino?

27. Que si yo lanzo los demonios en nombre de Beelzebub, o vuestros* hijos en qué nombre los echan? Por tanto, esos mismos serán vuestros jueces.

28. Mas si yo echo los demonios en virtud del espíritu de Dios, se sigue por cierto que ya el reino de Dios, o el Mesías, ha llegado a vosotros.

29. O si no, decidme: ¿Cómo es posible que uno entre en casa de algún hombre valiente y le robe sus bienes, si primero no ata bien al valiente? Entonces podrá saquearle la casa.

30. El que no está por mí, contra mí está; y el que conmigo no recoge, desparrama.

31. Por lo cual os declaro que cualquier pecado y cualquier blasfemia se perdonará a los hombres; pero la blasfemia contra el espíritu de Dios no se perdona tan fácilmente.

32. Asimismo a cualquiera que hablara contra el Hijo del hombre se le perdonará; pero a quien hablare contra el Espíritu Santo, despreciando su gracia, no se le perdonará ni en esta vida ni en la otra.

33. O bien decid que el árbol es bueno, y bueno su fruto; o si tenéis el árbol por malo tened también por malo su fruto, ya que por el fruto se conoce la calidad del árbol.

34. ¡Oh raza de víboras! ¿Cómo es posible que vosotros habléis cosa buena, siendo, como sois, malos? Puesto que de la abundancia del corazón habla la boca.

35. El hombre de bien, del buen fondo de su corazón saca buenas cosas, y el hombre malo, de su mal fondo saca cosas malas.

36. Yo os digo que hasta de cualquier palabra ociosa que hablaren los hombres han de dar cuenta el día del juicio.

37. Porque por tus palabras habrás de ser justificado, y por tus palabras condenado.

38. Entonces algunos de los escribas y fariseos le hablaron, diciendo: Maestro, quisiéramos verte hacer algún milagro.

39. Mas él les respondió: Esta raza mala y adúltera pide un prodigio; pero no se le dará el que pide, sino el prodigio de Jonás profeta:

40. Porque así como Jonás estuvo en el vientre de la ballena tres días y tres noches, así el Hijo del hombre estará tres días y tres noches en el seno de la tierra.

41. Los naturales de Nínive se levantarán el día del juicio contra esta raza de hombres, y la condenarán: Por cuanto ellos hicieron penitencia a la predicación de Jonás. Y con todo, el que está aquí es más que Jonás.

42. La reina del mediodía hará de acusadora en el día del juicio contra esta raza de hombres y la condenará; por cuanto vino de los extremos de la tierra para escuchar la sabiduría de Salomón. Y con todo, aquí tenéis quien es más que Salomón.

43. Cuando el espíritu inmundo ha salido de algún hombre, anda vagando por lu-

---

17. *Is 42*, 1.
27. *Vuestros exorcistas* o *mis discípulos*.

gares áridos, buscando dónde hacer asiento, sin que lo consiga.

44. Entonces dice: Volveré a mi casa, de donde he salido. Y volviendo a ella la encuentra desocupada, bien barrida y alhajada.

45. Con esto va y toma consigo otros siete espíritus peores que él, y entrando habitan allí; con que viene a ser el último estado de aquel hombre más lastimoso que el primero. Así ha de acontecer a esta raza de hombres perversísima.

46. Todavía estaba él hablando al pueblo, y he aquí su madre y sus hermanos estaban fuera, que le querían hablar.

47. Por lo que uno le dijo: Mira que tu madre y tus hermanos están allí fuera preguntando por ti.

48. Pero él, respondiendo al que se lo decía, replicó: ¿Quién es mi madre y quiénes son mis hermanos?

49. Y mostrando con la mano a sus discípulos: Estos, dijo, son mi madre y mis hermanos.

50. Porque cualquiera que hiciere la voluntad de mi Padre, que está en los cielos, ése es mi hermano y mi hermana y mi madre.

Discurso de las parábolas *13*, 3-53

13 *Jesús descifra a los apóstoles las parábolas del sembrador y del grano de mostaza*

1. Aquel día, saliendo Jesús de casa, fue y se sentó a la orilla del mar.

2. Y se juntó a su alrededor un concurso tan grande de gente, que le fue preciso entrar en una barca, y tomar asiento en ella; y todo el pueblo estaba en la ribera;

3. al cual habló de muchas cosas por medio de parábolas, diciendo: Salió una vez cierto sembrador a sembrar;

4. y al esparcir los granos, algunos cayeron cerca del camino; y vinieron las aves del cielo y se los comieron.

5. Otros cayeron en pedregales, donde había poca tierra, y luego brotaron, por estar muy someros en la tierra,

6. mas nacido el sol se quemaron y se secaron, porque casi no tenían raíces.

7. Otros granos cayeron entre espinas, y crecieron las espinas y los sofocaron.

8. Otros, en fin, cayeron en buena tierra, y dieron fruto, donde ciento por uno, donde sesenta, y donde treinta.

9. Quien tenga oídos para entender, entienda.

10. Acercándose después sus discípulos, le preguntaban: ¿Por qué les hablas por parábolas?

11. El cual les respondió: Porque a vosotros se os ha dado el privilegio de conocer los misterios del reino de los cielos; mas a ellos no se les ha dado;

12. siendo cierto que al que tiene lo que debe tener, se le dará aun más, y estará sobrado; mas al que no tiene lo que debe tener, le quitarán aun lo que tiene*.

13. Por eso les hablo con parábolas; porque ellos viendo no miran; y oyendo no escuchan ni entienden;

14. con que viene a cumplirse en ellos la profecía de Isaías* que dice: Oiréis con vuestros oídos, y no entenderéis; y por más que miréis con vuestros ojos, no veréis.

15. Porque ha endurecido este pueblo su corazón, y ha cerrado sus oídos, y tapado sus ojos a fin de no ver con ellos, ni oír con los oídos, ni comprender con el corazón, por miedo de que, convirtiéndose, yo le dé la salud.

16. Dichosos vuestros ojos porque ven, y dichosos vuestros oídos porque oyen.

17. Pues en verdad os digo que muchos profetas y justos ansiaron ver lo que vosotros estáis viendo, y no lo vieron, y oír lo que oís, y no lo oyeron.

18. Escuchad ahora la parábola del sembrador.

19. Cualquiera que oye la palabra del reino de Dios y no para en ella su atención, viene el mal espíritu y le arrebata aquello que se había sembrado en su corazón; éste es el sembrado junto al camino.

20. El sembrado en tierra pedregosa es aquel que oye la palabra de Dios y por el momento la recibe con gozo;

21. mas no tiene interiormente raíz, sino que dura poco; y sobreviniendo la tribu-

---

12. A los ingratos a la gracia o beneficio de Dios se les quitará en castigo aun lo que han recibido. *Luc 8*, 18.

14. *Is 6*, 9.

LA TEMPESTAD CALMADA

Y he aquí que se levantó una tempestad tan recia en el mar,
que las ondas cubrían la barca; mas Jesús estaba durmiendo;
y acercándose a él sus discípulos le despertaron,
diciendo: Señor, sálvanos, que perecemos.

LA TRANSFIGURACIÓN

Y se transfiguró en su presencia; de modo que su rostro se puso resplandeciente como el sol, y sus vestidos blancos como la nieve.

lación y persecución por causa de la palabra, luego le sirve ésta de escándalo.

22. El sembrado entre espinas es el que oye la palabra de Dios, mas los cuidados de este siglo y el embeleso de las riquezas lo sofocan y queda infructuosa.

23. Al contrario, el sembrado en buena tierra es el que oye la palabra de Dios y la medita, y produce fruto, parte ciento por uno, parte sesenta, y parte treinta.

24. Otra parábola les propuso, diciendo: El reino de los cielos es semejante a un hombre que sembró buena simiente en su campo.

25. Pero al tiempo de dormir los hombres, vino cierto enemigo suyo y sembró cizaña en medio del trigo, y se fue.

26. Estando ya el trigo en hierba y apuntando la espiga, se descubrió asimismo la cizaña.

27. Entonces los criados del padre de familia acudieron a él, y le dijeron: Señor, ¿no sembraste buena simiente en tu campo?; pues ¿cómo tiene cizaña?

28. Les respondió: Algún enemigo mío la habrá sembrado. Replicaron los criados: ¿Quieres que vayamos a cogerla?

29. A lo que respondió: No, porque no suceda que, arrancando la cizaña, arranquéis con ella el trigo.

30. Dejad crecer una y otro hasta la siega, que al tiempo de la siega, yo diré a los segadores: coged primero la cizaña, y haced gavillas de ella para el fuego, y meted después el trigo en mi granero.

31. Les propuso otra parábola diciendo: El reino de los cielos es semejante al grano de mostaza que tomó en su mano un hombre, y lo sembró en su campo.

32. El cual es a la vista menudísimo entre todas las semillas; mas creciendo viene a ser mayor que todas las legumbres, y se hace árbol; de forma que las aves del cielo bajan y se posan en sus ramas.

33. Y añadió esta otra parábola: El reino de los cielos es semejante a la levadura, que cogió una mujer y la mezcló con tres satos o celemines de harina, hasta que toda la masa quedó fermentada.

34. Todas estas cosas dijo Jesús al pueblo por parábolas, sin las cuales no solía predicarles;

35. cumpliéndose lo que había dicho el profeta: Abriré mi boca para hablar con parábolas; publicaré cosas misteriosas que han estado ocultas desde la creación del mundo.

36. Entonces Jesús, despedido el auditorio, volvió a casa, y rodeándole sus discípulos le dijeron: Explícanos la parábola de la cizaña sembrada en el campo.

37. El cual les respondió: El que siembra la buena simiente es el Hijo del hombre;

38. el campo es el mundo; la buena simiente son los hijos del reino; la cizaña son los hijos del espíritu maligno.

39. El enemigo que la sembró es el diablo; la siega es el fin del mundo; los segadores son los ángeles.

40. Y así como se recoge la cizaña y se quema en el fuego, así sucederá al fin del mundo:

41. Enviará el Hijo del hombre a sus ángeles, y quitarán de su reino a todos los escandalosos y a cuantos obran la maldad;

42. y los arrojarán en el horno del fuego; allí será el llanto y el crujir de dientes.

43. Al mismo tiempo los justos resplandecerán como el sol en el reino de su Padre. El que tiene oídos para entenderlo, entiéndalo.

44. Es también semejante el reino de los cielos a un tesoro escondido en el campo, que si lo halla un hombre lo encubre de nuevo, y gozoso del hallazgo va y vende todo cuanto tiene y compra aquel campo.

45. El reino de los cielos es asimismo semejante a un mercader que trata en perlas finas.

46. Y viniéndole a las manos una de gran valor, va y vende todo cuanto tiene, y la compra.

47. También es semejante el reino de los cielos a una red, que echada en el mar allega todo género de peces;

48. la cual estando llena, la sacan los pescadores, y sentados en la orilla van escogiendo los buenos y los meten en sus cestos, y arrojan los de mala calidad.

49. Así sucederá al fin del siglo: Saldrán los ángeles y separarán a los malos de entre los justos;

50. y los arrojarán en el horno del fuego. Allí será el llanto y el crujir de dientes.

51. ¿Habéis entendido bien todas estas cosas? Sí, Señor, le respondieron.

52. Y él añadió: Por eso todo doctor bien instruido en lo que mira al reino de los cielos es semejante a un padre de familia que va sacando de su repuesto cosas nuevas y cosas antiguas, según conviene.

53. Cuando concluyó Jesús estas parábolas, partió de allí.

54. Y pasando a su patria, se puso a enseñar en las sinagogas de sus naturales; de tal manera que no cesaban de maravillarse, y se decían: ¿De dónde le ha venido a éste tal sabiduría y tales milagros?

55. Por ventura, ¿no es el hijo del artesano, o carpintero? ¿Su madre no es la que se llama María? ¿No son sus primos hermanos Santiago, José, Simón y Judas?

56. Y sus primas hermanas, ¿no viven todas entre nosotros? Pues, ¿de dónde le vendrán a éste todas esas cosas?

57. Y estaban como escandalizados de él. Jesús les dijo: No hay profeta sin honra, sino en su patria y en la propia casa.

58. En consecuencia, hizo aquí muy pocos milagros a causa de su incredulidad.

14 *Muerte de Juan Bautista. Milagro de los cinco panes. Jesús y Pedro caminan sobre las olas del mar*

1. Por aquel tiempo Herodes, el tetrarca[1], oyó lo que la fama publicaba de Jesús, y dijo a sus cortesanos;

2. Este es Juan el Bautista que ha resucitado de entre los muertos; y por eso resplandece tanto en él la virtud de hacer milagros.

3. Es de saber que Herodes prendió a Juan, y atado con cadenas lo metió en la cárcel por causa de Herodías, mujer de su hermano.

4. Porque Juan le decía: No te es lícito tenerla por mujer.

5. Y Herodes bien quería hacerle morir, pero no se atrevía por temor del pueblo; porque todos tenían a Juan por un profeta.

6. Mas en la celebración del cumpleaños de Herodes, salió a bailar la hija de Herodías en medio de la corte;

7. y gustó tanto a Herodes, que la prometió con juramento darle cualquier cosa que le pidiese.

8. Con eso ella, prevenida antes por su madre: Dame aquí, dijo, en una fuente o plato, la cabeza de Juan Bautista.

9. Se entristeció el rey. Sin embargo, en atención al juramento y a los convidados, man-dó dársela.

10. Y así envió degollar a Juan en la cárcel.

11. En seguida fue traída su cabeza en una fuente, y dada a la muchacha, que se la presentó a su madre.

12. Acudieron después sus discípulos a recoger el cuerpo, y lo enterraron, y fueron a dar la noticia a Jesús.

13. Jesús, pues, habiendo oído aquello que Herodes decía de él, se retiró de allí por mar a un lugar desierto, fuera de poblado. Mas sabiéndolo las gentes, salieron de sus ciudades, siguiéndole a pie por tierra.

14. Y Jesús, al salir del barco, viendo tan gran gentío, se movió a lástima, y curó a sus enfermos.

15. Al caer de la tarde, sus discípulos llegaron a él diciendo: El lugar es desierto, y la hora es ya pasada; despacha esas gentes para que vayan a las poblaciones a comprar qué comer.

16. Pero Jesús les dijo: No tienen necesidad de irse, dadles vosotros de comer.

17. A lo que respondieron: No tenemos aquí más de cinco panes y dos peces.

18. Les dijo él: Traédmelos acá.

19. Y habiendo mandado sentar a todos sobre la hierba, tomó los cinco panes y los dos peces, y levantando los ojos al cielo, los bendijo y partió; y dio los panes a los discípulos, y los discípulos los dieron a la gente.

20. Y todos comieron y se saciaron, y de lo que sobró, recogieron doce canastos llenos de pedazos.

21. El número de los que comieron fue de cinco mil hombres, sin contar mujeres y niños.

22. Inmediatamente después Jesús obligó a sus discípulos a embarcarse e ir a esperarle al otro lado del lago, mientras despedía a los pueblos.

23. Y despedidos éstos se subió solo a orar en un monte, y entrada la noche se mantuvo allí solo.

24. Entretanto la barca estaba en medio

---

1. Los romanos habían dividido esos dominios en cuatro partes y a los soberanos que ponían allí como *feudatarios* no les permitían el nombre de rey, sino que les daban el de *tetrarca*, palabra griega que significa *príncipe de una cuarta parte* o *virrey*.

del mar, batida reciamente de las olas, por tener el viento contrario.

25. Cuando ya era la cuarta vela de la noche, vino Jesús hacia ellos caminado sobre el mar.

26. Y viéndole los discípulos caminar sobre el mar, se conturbaron y dijeron: Es un fantasma. Y llenos de miedo comenzaron a gritar.

27. Al instante Jesús les habló diciendo: Soy yo, no tengáis miedo.

28. Y Pedro respondió: Señor, si eres tú, mándame ir hacia ti sobre las aguas.

29. Y él le dijo: Ven. Y Pedro bajando de la barca, iba caminando sobre el agua, para llegar a Jesús.

30. Pero viendo la fuerza del viento, se atemorizó; y empezando luego a hundirse, dio voces diciendo: Señor, sálvame.

31. Al punto Jesús, extendiendo la mano, le cogió del brazo, y le dijo: Hombre de poca fe, ¿por qué has titubeado?

32. Y luego que subieron a la barca, calmó el viento.

33. Mas los que dentro estaban, se acercaron a él y le adoraron, diciendo: Verdaderamente eres tú el Hijo de Dios.

34. Atravesado luego el lago, arribaron a tierra de Genezaret.

35. Y habiéndole conocido los moradores de ella, luego enviaron aviso por todo aquel territorio, y le trajeron todos los enfermos.

36. Y le pedían por gracia el tocar solamente la orla de su vestido. Y todos cuantos la tocaron, quedaron sanos.

15 *Condena Jesús las tradiciones humanas. Cura a la hija de la cananea*

1. En esta sazón, ciertos escribas y fariseos que habían llegado de Jerusalén, le dijeron:

2. ¿Por qué motivo tus discípulos traspasan la tradición de los antiguos, no lavándose las manos cuando comen?

3. Y él les respondió: ¿Y por qué vosotros mismos traspasáis el mandamiento de Dios por seguir vuestra tradición? Pues Dios tiene dicho:

4. Honra al padre y a la madre; y también: Quien maldijere a padre o a madre, sea condenado a muerte;

5. mas vosotros decís: Cualquiera que dijere al padre o a la madre: la ofrenda que yo por mi parte ofreciere redundará en bien tuyo,

6. ya no tiene obligación de honrar o asistir, a su padre o a su madre; con lo que habéis echado por tierra el mandamiento de Dios por vuestra tradición.

7. ¡Hipócritas!, con razón profetizó de vosotros Isaías, diciendo*:

8. Este pueblo me honra con los labios; pero su corazón lejos está de mí.

9. En vano me honran enseñando doctrinas y mandamientos de hombres.

10. Y habiendo llamado a sí al pueblo, les dijo: Escuchadme, y atended bien a esto:

11. No lo que entra por la boca es lo que mancha al hombre, sino lo que sale de la boca; eso es lo que le mancha.

12. Entonces, arrimándose más sus discípulos, le dijeron: ¿No sabes que los fariseos se han escandalizado de esto que acaban de oír?

13. Mas Jesús respondió: Toda planta que mi Padre celestial no ha plantado, arrancada será de raíz.

14. Dejadlos; ellos son unos ciegos que guían a otros ciegos; y si un ciego se mete a guiar a otro ciego, ambos caen en el hoyo.

15. Aquí Pedro, tomando la palabra le dijo: Explícanos esa parábola.

16. A lo que Jesús respondió: ¿Cómo? ¿También vosotros estáis aún con tan poco conocimiento?

17. ¿Pues no conocéis que todo cuanto entra en la boca pasa de allí al vientre y se echa en lugares secretos?

18. Mas lo que sale de la boca, del corazón sale, y eso es lo que mancha al hombre.

19. Porque del corazón es de donde salen los malos pensamientos, los homicidios, adulterios, fornicaciones, hurtos, falsos testimonios, blasfemias.

20. Estas cosas sí que manchan al hombre; mas el comer sin lavarse las manos, eso no le mancha.

21. Partido de aquí Jesús, se retiró hacia el país de Tiro y de Sidón.

---

7. *Is 29*, 13.

22. Cuando he aquí que una mujer cananea, venida de aquel territorio, empezó a dar voces diciendo: Señor, Hijo de David, ten lástima de mí; mi hija es cruelmente atormentada del demonio.

23. Jesús no le respondió palabra; y sus discípulos, acercándose, intercedían diciéndole: Concédele lo que pide, a fin de que se vaya porque viene gritando tras nosotros.

24. A lo que Jesús respondiendo dijo: Yo no soy enviado sino a las ovejas perdidas de la casa de Israel.

25. No obstante, ella se acercó y le adoró diciendo: Señor, socórreme.

26. El cual le dio por respuesta: No es justo tomar el pan de los hijos y echarlo a los perros.

27. Mas ella le dijo: Es verdad, Señor; pero los perritos comen al menos las migajas que caen de la mesa de sus amos.

28. Entonces Jesús respondiendo le dijo: ¡Oh mujer!, grande es tu fe; hágase conforme tú lo deseas. Y en la hora misma su hija quedó curada.

29. De allí pasó Jesús a la ribera del mar de Galilea; y subiendo a un monte, se sentó en él.

30. Y se acercaron a él muchas gentes, trayendo consigo mudos, ciegos, cojos, inválidos y otros muchos dolientes, y los pusieron a sus pies, y los curó.

31. De manera que las gentes estaban asombradas viendo hablar a los mudos, andar a los cojos y ver a los ciegos; y glorificaban al Dios de Israel.

32. Mas Jesús, convocados sus discípulos, dijo: Me causan compasión estos pueblos, porque tres días hace ya que perseveran en mi compañía y no tienen qué comer; y no quiero despedirlos en ayunas, no sea que desfallezcan el camino.

33. Pero sus discípulos le respondieron: ¿Cómo podremos hallar en este lugar desierto bastantes panes para saciar a tanta gente?

34. Jesús les dijo: ¿Cuántos panes tenéis? Respondieron: Siete, con algunos pececillos.

35. Entonces mandó a la gente que se sentase en tierra.

36. Y él, cogiendo los siete panes y los peces, dadas las gracias, o hecha oración, los partió y dio a sus discípulos, y los discípulos los repartieron al pueblo.

37. Y comieron todos, y quedaron satisfechos; y de los pedazos que sobraron llenaron siete cestas.

38. Los que comieron eran cuatro mil hombres, sin contar los niños y mujeres.

39. Con eso, despidiéndose de ellos, entró en la barca y pasó al territorio de Magedán.

16

Confesión y primacía de Pedro, que poco después es reprendido. Confusión de los fariseos

1. Aquí vinieron a encontrarle los fariseos y saduceos; y, para tentarle, le pidieron que les hiciese ver algún prodigio del cielo.

2. Mas él les respondió: Cuando va llegando la noche, decís a veces: Hará buen tiempo, porque está el cielo arrebolado.

3. Y por la mañana: Tempestad habrá hoy, porque el cielo está cubierto y encendido.

4. ¿Conque sabéis adivinar por el aspecto del cielo, y no podéis conocer las señales claras de estos tiempos de la venida del Mesías? Esta raza o generación mala y adúltera pide un prodigio; mas no se le dará ése que pide, sino el prodigio del profeta Jonás. Y dejándolos, se fue.

5. Sus discípulos, habiendo venido de la otra parte del lago, se olvidaron de tomar pan.

6. Y Jesús les dijo: Estad alerta y guardaos de la levadura de los fariseos y saduceos.

7. Mas ellos, pensativos, decían para consigo: Esto lo dice porque no hemos traído pan.

8. Lo que conociendo Jesús, dijo: Hombres de poca fe, ¿qué andáis discurriendo dentro de vosotros, porque no tenéis pan?

9. ¿Todavía estáis sin conocimiento, y no os acordáis de los cinco panes repartidos entre cinco mil hombres, y cuántos cestos de pedazos os quedaron?

10. ¿Ni de los siete panes para cuatro mil hombres, y cuántos recogisteis de lo que sobró?

11. ¿Cómo no conocéis que no por el pan os he dicho: Guardaos de la levadura de los fariseos y saduceos?

12. Entonces entendieron que no quiso decir que se guardasen de la levadura que se pone en el pan, sino de la doctrina de los fariseos y saduceos.

13. Viniendo después Jesús al territorio de Cesarea de Filipo, preguntó a sus discípulos: ¿Quién dicen los hombres que es el Hijo del hombre?

14. Respondieron ellos: Unos dicen que Juan Bautista, otros Elías, otros, en fin, Jeremías o alguno de los profetas.

15. Y les dijo Jesús: Y vosotros, ¿quién decís que soy yo?

16. Tomando la palabra Simón Pedro, dijo: Tú eres el Cristo, o Mesías, el Hijo del Dios vivo.

17. Y Jesús, respondiendo, le dijo: Bienaventurado eres, Simón, hijo de Joná porque no te ha revelado eso la carne y la sangre u hombre alguno, sino mi Padre que está en los cielos.

18. Y yo te digo que tú eres Pedro, y que sobre esta piedra edificaré mi Iglesia; y las puertas o poder del infierno no prevalecerán contra ella.

19. Y a ti te daré las llaves del reino de los cielos; y todo lo que atares sobre la tierra, será también atado en los cielos; y todo lo que desatares sobre la tierra, será también desatado en los cielos.

20. Entonces mandó a sus discípulos que a nadie dijesen que él era Jesús, el Cristo, o Mesías.

21. Y desde luego comenzó a manifestar a sus discípulos que convenía que fuese él a Jerusalén, y que allí padeciese mucho de parte de los ancianos, y de los escribas, y de los príncipes de los sacerdotes, y que fuese muerto, y que resucitase al tercer día.

22. Tomándole aparte Pedro, trataba de disuadírselo, diciendo: ¡Ah, Señor!, de ningún modo; no, no ha de verificarse eso en ti.

23. Pero Jesús, vuelto a él, le dijo: Quítate de delante de mí, Satanás, que me escandalizas; porque no tienes conocimiento ni gusto de las cosas de Dios, sino de las de los hombres.

24. Entonces dijo Jesús a sus discípulos: Si alguno quiere venir en pos de mí, niéguese a sí mismo, y cargue con su cruz, y sígame.

25. Pues quien quisiere salvar su vida obrando contra mí, la perderá; mas quien perdiere su vida por amor a mí, la encontrará.

26. Porque ¿de qué le sirve al hombre el ganar todo el mundo, si pierde su alma? ¿O con qué cambio podrá el hombre rescatarla una vez perdida?

27. Ello es que el Hijo del hombre ha de venir revestido de la gloria de su Padre, acompañado de sus ángeles, a juzgar a los hombres; y entonces dará el pago a cada cual conforme a sus obras.

28. En verdad os digo que hay aquí algunos que no han de morir antes que vean al Hijo del hombre aparecer en el esplendor de su reino.

17 *Transfiguración de Jesús, que paga el tributo por sí y por Pedro con una moneda por milagro hallada*

1. Seis días después tomó Jesús consigo a Pedro, y a Santiago, y a Juan su hermano; y subiendo con ellos solos a un alto monte,

2. se transfiguró en su presencia; de modo que su rostro se puso resplandeciente como el sol, y sus vestidos blancos como la nieve.

3. Y al mismo tiempo les aparecieron Moisés y Elías conversando con él.

4. Entonces Pedro, tomando la palabra, dijo a Jesús: Señor, bueno es estarnos aquí; si te parece, formemos aquí tres pabellones, uno para ti, otro para Moisés y otro para Elías.

5. Todavía estaba Pedro hablando, cuando una nube resplandeciente vino a cubrirlos; y al mismo instante resonó desde la nube una voz que decía: Este es mi querido Hijo, en quien tengo todas mis complacencias. A él habéis de escuchar.

6. A esta voz los discípulos cayeron sobre su rostro en tierra, y quedaron poseídos de un gran espanto.

7. Mas Jesús se acercó a ellos, los tocó, y les dijo: Levantaos, y no tengáis miedo.

8. Y alzando los ojos, no vieron a nadie más, sino a Jesús.

9. Y al bajar del monte, les puso Jesús precepto, diciendo: No digáis a nadie lo que habéis visto, hasta tanto que el Hijo del hombre haya resucitado de entre los muertos.

10. Sobre lo cual le preguntaron los discípulos: ¿Pues cómo dicen los escribas que debe venir primero Elías?

11. A esto Jesús les respondió: En efecto, Elías ha de venir y que él restablecerá todas las cosas*.

12. Pero yo os declaro que Elías ya vino, y no le conocieron, sino que hicieron con él todo cuanto quisieron; así también harán ellos padecer al Hijo del hombre.

13. Entonces entendieron los discípulos que les había hablado de Juan Bautista.

14. Llegado al lugar donde le aguardaban las gentes, vino un hombre, e hincadas las rodillas delante de él, le dijo: Señor, ten compasión de mi hijo, porque le dan ataques y padece mucho; pues muy a menudo cae en el fuego, y frecuentemente en el agua;

15. Y lo he presentado a tus discípulos, y no han podido curarle.

16. Jesús, en respuesta, dijo: ¡Oh raza incrédula y perversa! ¡Hasta cuándo he de vivir con vosotros! ¡Hasta cuándo habré de sufriros! Traédmelo acá.

17. Y Jesús amenazó al demonio, y salió del muchacho, el cual quedó curado desde aquel momento.

18. Entonces los discípulos hablaron aparte a Jesús, y le dijeron: ¿Por qué no hemos podido nosotros echarle?

19. Les respondió Jesús: Porque tenéis poca fe. Pues ciertamente os aseguro que si tuviereis fe tan grande como un granito de mostaza, podréis decir a ese monte: Trasládate de aquí allá, y se trasladará; y nada os será imposible.

20. Y además, que esta casta de demonios no se lanza sino mediante la oración y el ayuno.

21. Mientras estaban ellos en Galilea, les dijo nuevamente Jesús: El Hijo del hombre ha de ser entregado en manos de los hombres,

22. y le matarán, y resucitará al tercer día. Con lo cual los discípulos se afligieron sobremanera.

23. Habiendo llegado a Cafarnaúm, se acercaron a Pedro los recaudadores del tributo de las dos monedas*, y le dijeron: Qué, ¿no paga vuestro Maestro las dos monedas?

24. Sí, por cierto, respondió. Y habiendo entrado en casa, se le anticipó Jesús diciendo: ¿Qué te parece, Simón? Los reyes de la tierra, ¿de quién cobran tributo o censo? ¿De sus mismos hijos, o de los extraños?

25. De los extraños, dijo él. Replicó Jesús: Luego, los hijos están exentos.

26. Con todo eso, por no escandalizarlos, ve al mar y tira el anzuelo, y coge el primer pez que saliere, y abriéndole la boca hallarás una pieza de plata de cuatro dracmas; tómala y dásela por mí y por ti.

Discurso comunitario *18*, 3-35

18 *Doctrina de Jesús sobre la humildad y la corrección fraterna. Parábola del buen pastor*

1. En esta misma ocasión se acercaron los discípulos de Jesús, y le hicieron esta pregunta: ¿Quién será el mayor en el reino de los cielos?

2. Y Jesús, llamando a sí a un niño, le colocó en medio de ellos.

3. Y dijo: En verdad os digo que si no os convertís y hacéis sencillos como a los niños, no entraréis en el reino de los cielos.

4. Cualquiera, pues, que se humillare como este niño, ése será el mayor en el reino de los cielos.

5. Y el que acogiere a un niño como acabo de decir, en nombre mío, a mí me acoge.

6. Mas quien escandalizare a uno de estos párvulos que creen en mí, mejor le sería que le colgasen del cuello una de esas piedras de molino que mueve un asno, y así fuese sumergido en el profundo del mar.

7. ¡Ay del mundo por razón de los escándalos!, porque si bien es forzoso, que haya escándalos; sin embargo, ¡ay de aquel hombre que causa el escándalo!

8. Que si tu mano o tu pie te es ocasión de escándalo o pecado, córtalos y arrójalos lejos de ti; pues más te vale entrar en la vida eterna manco o cojo, que con dos manos o dos pies ser precipitado al fuego eterno.

9. Y si tu ojo es para ti ocasión de escándalo, sácalo y tíralo lejos de ti; mejor te es entrar en la vida eterna con un solo ojo, que tener dos ojos y ser arrojado al fuego del infierno.

---

11. *Ap 11*, 3.
23. Tributo que los judíos pagaban al templo.

10. Mirad que no despreciéis a alguno de estos pequeñitos; porque os hago saber que sus ángeles en los cielos están siempre viendo la cara de mi Padre celestial.

11. Y además el Hijo del hombre ha venido a salvar lo que se había perdido.

12. Si un hombre tiene cien ovejas, y una de ellas se hubiere descarriado, ¿qué os parece que hará entonces? ¿No dejará las noventa y nueve en los montes y se irá en busca de la que se ha descarriado?

13. Y si por dicha la encuentra, en verdad os digo que ella sola le causa mayor complacencia que las noventa y nueve que no se le han perdido.

14. Así que no es la voluntad de vuestro Padre que está en los cielos, el que perezca uno solo de estos pequeñitos.

15. Que si tu hermano pecare contra ti, o cayere en alguna culpa, ve y corrígele estando a solas con él. Si te escucha, habrás ganado a tu hermano.

16. Si no hiciere caso de ti, todavía válete de una o dos personas, a fin de que todo sea confirmado con la autoridad de dos o tres testigos.

17. Y si no los escuchare, díselo a la comunidad; pero si ni a la misma comunidad oyere, tenlo por gentil y publicano.

18. Os empeño mi palabra, que todo lo que atareis sobre la tierra, será eso mismo atado en el cielo; y todo lo que desatareis sobre la tierra, será eso mismo desatado en el cielo.

19. Os digo más: Que si dos de vosotros se unieren entre sí sobre la tierra para pedir algo, sea lo que fuere, les será otorgado por mi Padre que está en los cielos.

20. Porque donde dos o tres se hallan congregados en mi nombre, allí me hallo yo en medio de ellos.

21. En esta sazón, arrimándosele Pedro, le dijo: Señor, ¿cuántas veces deberé perdonar a mi hermano cuando pecare contra mí?, ¿hasta siete veces?

22. Le respondió Jesús: No te digo yo hasta siete veces, sino hasta setenta veces siete, o cuantas te ofendiere.

23. Por esto el reino de los cielos viene a ser semejante a un rey que quiso tomar cuentas a sus criados.

24. Y habiendo empezado a tomarlas, le fue presentado uno que le debía diez mil talentos.

25. Y como éste no tuviera con qué pagar, mandó su señor que fuesen vendidos él y su mujer y sus hijos con toda su hacienda, y se pagase así la deuda*.

26. Entonces el criado, arrojándose a sus pies, le rogaba diciendo: Ten un poco de paciencia, que yo te lo pagaré todo.

27. Movido el señor a compasión de aquel criado, le dio por libre, y aun le perdonó la deuda.

28. Mas apenas salió este criado de su presencia, encontró a uno de sus compañeros que le debía cien denarios, y agarrándole por la garganta le ahogaba, diciéndole: Paga lo que me debes.

29. El compañero, arrojándose a sus pies, le rogaba, diciendo: Ten un poco de paciencia conmigo, que yo te lo pagaré todo.

30. El no quiso escucharle, sino que fue y le hizo meter en la cárcel hasta que le pagare lo que le debía.

31. Al ver los otros criados sus compañeros lo que pasaba, se entristecieron mucho, y fueron a contar a su señor todo lo sucedido.

32. Entonces le llamó su señor y le dijo: ¡Oh criado inicuo!, yo te perdoné toda la deuda porque me lo suplicaste.

33. ¿No era, pues, justo que tú también tuvieses compasión de tu compañero, como yo la tuve de ti?

34. E irritado el señor, le entregó en manos de los verdugos, para ser atormentado hasta cuando satisfaciera la deuda toda por entero.

35. Así de esta manera se portará mi Padre celestial con vosotros, si cada uno no perdonare de corazón a su hermano.

19

Enseña Jesús que el matrimonio es indisoluble, bendice a los niños. Los ricos y la salvación

1. Habiendo concluido Jesús estos discursos, partió de Galilea, y vino a los confines de Judea, del otro lado del Jordán,

2. adonde le siguieron muchas gentes, y curó allí a sus enfermos.

25. *2 Rey 4, 4.*

3. Y se acercaron a él los fariseos para tentarle, y le dijeron: ¿Es lícito a un hombre repudiar a su mujer por cualquier motivo?

4. Jesús, en respuesta, les dijo: ¿No habéis leído que aquel que al principio creó al linaje humano, creó un solo hombre y una sola mujer?, y que se dijo:

5. Por tanto, dejará el hombre a su padre y a su madre, y se unirá con su mujer, y serán dos en una sola carne.

6. Así ya no son dos, sino una sola carne. Lo que Dios, pues, ha unido, no lo desuna el hombre.

7. Pero ¿por qué, replicaron ellos mandó Moisés dar libelo de repudio y despedirla?

8. Les dijo Jesús: A causa de la dureza de vuestro corazón os permitió Moisés repudiar a vuestras mujeres; mas desde el principio no fue así.

9. Así, pues, os declaro que cualquiera que despidiere a su mujer, sino en caso de adulterio, y aun en este caso se casare con otra, comete adulterio; y que quien se casare con la divorciada, también lo comete.

10. Y le dijeron sus discípulos: Si tal es la condición del hombre con respecto a su mujer no tiene cuenta casarse.

11. Jesús les respondió: No todos son capaces de esta resolución, sino aquellos a quienes se les ha concedido de lo alto.

12. Porque hay unos eunucos que nacieron tales del vientre de sus madres; hay eunucos que fueron castrados por los hombres; y eunucos hay que se castraron en cierta manera a sí mismos por amor del reino de los cielos. Aquel que puede ser capaz de eso séalo.

13. En esta sazón le presentaron unos niños para que pusiese sobre ellos las manos y orase. Mas los discípulos, creyendo que le importunaban, los reñían.

14. Jesús, por el contrario, les dijo: Dejad en paz a los niños, y no les estorbéis de venir a mí; porque de los que son como ellos es el reino de los cielos.

15. Y habiéndoles impuesto las manos, o dado la bendición, partió de allí.

16. Se le acercó entonces un hombre joven que le dijo: Maestro bueno, ¿qué obras buenas debo hacer para conseguir la vida eterna?

17. El cual le respondió: ¿Por qué me llamas bueno? Dios sólo es bueno. Por lo demás, si quieres entrar en la vida eterna, guarda los mandamientos.

18. Le dijo él: ¿Qué mandamientos? Respondió Jesús: No matarás; no cometerás adulterio; no hurtarás; no levantarás falsos testimonios;

19. honra a tu padre y a tu madre; y ama a tu prójimo como a ti mismo.

20. Y le dijo el joven: Todos ésos los he guardado desde mi juventud; ¿qué más me falta?

21. Le respondió Jesús: Si quieres ser perfecto, anda y vende cuanto tienes, y dáselo a los pobres, y tendrás un tesoro en el cielo; ven después, y sígueme.

22. Habiendo oído el joven estas palabras, se retiró entristecido; y era que tenía muchas posesiones.

23. Jesús dijo entonces a sus discípulos: En verdad os digo que difícilmente un rico entrará en el reino de los cielos.

24. Y aun os digo más: Es más fácil pasar un camello por el ojo de una aguja, que entrar un rico en el reino de los cielos.

25. Oídas estas proposiciones, los discípulos estaban muy maravillados, diciendo entre sí: Según esto, ¿quién podrá salvarse?

26. Pero Jesús, mirándolos blandamente, les dijo: Para los hombres es esto imposible, que para Dios todas las cosas posibles.

27. Tomando entonces Pedro la palabra, le dijo: Bien ves que nosotros hemos abandonado todas las cosas y te hemos seguido; ¿cuál será, pues, nuestra recompensa?

28. Mas Jesús le respondió: En verdad os digo, que vosotros que me habéis seguido, el día de la resurrección universal, cuando el Hijo del hombre se sentará en el solio de su majestad, vosotros también os sentaréis sobre doce sillas, y juzgaréis las doce tribus de Israel.

29. Y cualquiera que haya dejado casa o hermanos, o hermanas, o padre, o madre, y esposas, o hijos, o heredades por causa de mi nombre, recibirá cien veces más en bienes más sólidos, y poseerá después la vida eterna.

30. Y muchos que eran los primeros en este mundo, serán los últimos; y muchos que eran los últimos, serán los primeros.

20 *Parábola de los obreros llamados a trabajar en la viña. Jesús predice su muerte y resurrección*

1. Porque el reino de los cielos se parece a un padre de familia, que al romper el día salió a alquilar jornaleros para su viña,
2. y ajustándose con ellos en un denario por día, los envió a su viña.
3. Saliendo después, casi a las nueve de la mañana se encontró con otros que estaban mano sobre mano en la plaza, y les dijo:
4. Andad también vosotros a mi viña, y os daré lo que sea justo.
5. Y ellos fueron. Otras dos veces salió al mediodía y a las tres de la tarde e hizo lo mismo.
6. Finalmente, salió casi a las cinco de la tarde y vio a otros que estaban todavía sin hacer nada, y les dijo: ¿Cómo os estáis aquí ociosos todo el día?
7. Le respondieron: Es que nadie nos ha alquilado. Les dijo: Pues id también vosotros a mi viña.
8. Puesto el sol, dijo el dueño de la viña a su mayordomo: Llama a los trabajadores y págales el jornal, empezando desde los últimos y acabando en los primeros.
9. Venidos, pues, los que habían ido cerca de las cinco de la tarde recibieron un denario cada uno.
10. Cuando al fin llegaron los primeros, se imaginaron que les darían más. Pero éstos recibieron igualmente cada uno su denario.
11. Y al recibirlo murmuraban contra el padre de familia,
12. diciendo: Estos últimos no han trabajado más que una hora, y los has igualado con nosotros, que hemos soportado el peso del día y del calor.
13. Mas él, por respuesta, dijo a uno de ellos: Amigo, yo no te hago agravio. ¿No te ajustaste conmigo en un denario?
14. Toma, pues, lo que es tuyo, y vete; yo quiero dar a éste, aunque sea el último, tanto como a ti.
15. ¿Acaso no puedo yo hacer de lo mío lo que quiero?; ¿o ha de ser tu ojo malo o envidioso, porque yo soy bueno?
16. De esta suerte, los últimos en este mundo serán primeros en el reino de los cielos; y los primeros, últimos. Muchos son los llamados; mas pocos los escogidos.
17. Poniéndose Jesús en camino para Jerusalén, tomó aparte a sus doce discípulos y les dijo:
18. Mirad que vamos a Jerusalén, donde el Hijo del hombre ha de ser entregado a los príncipes, y le condenarán a muerte;
19. y le entregarán a los gentiles para que sea escarnecido y azotado y crucificado; mas él resucitará al tercer día.
20. Entonces, la madre de los hijos de Zebedeo, se le acerca con sus dos hijos, y le adora, manifestando querer pedirle alguna gracia.
21. Jesús le dijo: ¿Qué quieres? Y ella les respondió: Dispón que estos dos hijos míos tengan su asiento en tu reino, uno a tu derecha y otro a tu izquierda.
22. Mas Jesús le dio por respuesta: No sabéis lo que os pedís. ¿Podéis beber el cáliz que yo tengo de beber? Y le dijeron: Bien podemos.
23. Les replicó: Mi cáliz sí que lo beberéis; pero el asiento a mi diestra o siniestra no me toca concederlo a vosotros, sino que será para aquellos a quienes lo ha destinado mi Padre.
24. Escuchando esto los otros diez apóstoles, se indignaron contra los dos hermanos.
25. Mas Jesús los convocó a sí, y les dijo: No ignoráis que los príncipes de las naciones avasallan a sus pueblos, y que sus magnates los dominan con imperio.
26. No ha de ser así entre vosotros, sino que quien aspirase a ser mayor entre vosotros, debe ser vuestro criado.
27. Y el que quiera ser entre vosotros el primero, ha de ser vuestro siervo.
28. Al modo que el Hijo del hombre no ha venido a ser servido, sino a servir, y a dar su vida para redención de muchos.
29. Al salir de Jericó, le fue siguiendo una gran multitud;
30. y he aquí que dos ciegos, sentados a la orilla del camino, habiendo oído decir que pasaba Jesús, comenzaron a gritar, diciendo: ¡Señor! ¡Hijo de David!, ten lástima de nosotros.
31. Mas las gentes los reñían para que callasen. Ellos, no obstante, alzaban más el grito, diciendo: ¡Señor! ¡Hijo de David!, apiádate de nosotros.

32. Se paró a esto Jesús, y llamándoles, les dijo: ¿Qué queréis que os haga?

33. Señor, le respondieron ellos, que se abran nuestros ojos.

34. Movido Jesús a compasión, tocó sus ojos, y en el mismo instante vieron; y se fueron en pos de él.

21

Jesús entra en Jerusalén aclamado como Mesías. Echa del templo a los que estaban allí vendiendo

1. Acercándose a Jerusalén, luego que llegaron a la vista de Befage, al pie del monte de los Olivos*, despachó Jesús a dos discípulos,

2. diciéndoles: Id a esa aldea que se ve enfrente de vosotros, sin más diligencia encontraréis un asna atada, y su burrito con ella; desatadlos, y traédmelos.

3. Que si alguno os dijera algo, respondedle que los necesita el Señor; y al punto os los dejará llevar.

4. Todo esto sucedió en cumplimiento de lo que dijo el profeta*:

5. Decid a la hija de Sión: Mira que viene a ti tu rey lleno de mansedumbre, sentado sobre un asna y su burrito, hijo de la que está acostumbrada al yugo.

6. Idos los discípulos, hicieron lo que Jesús les mandó;

7. y trajeron el asna y el pollino, y los aparejaron con sus vestidos, y le hicieron sentar encima.

8. Y una gran muchedumbre tendía por el camino sus vestidos; otros cortaban ramos u hojas de los árboles, y los ponían por donde había de pasar.

9. Y tanto las gentes que iban delante, como las que venían detrás, clamaban diciendo: ¡Hosanna*, al Hijo de David! ¡Bendito sea el que viene en nombre del Señor! ¡Hosanna en lo más alto de los cielos!

10. Cuando entró en Jerusalén, se conmovió toda la ciudad, diciendo muchos: ¿Quién es éste?

11. A lo que respondían las gentes: Este es Jesús, el profeta de Nazaret de Galilea.

12. Habiendo entrado Jesús en el templo de Dios, echó fuera de él a todos los que vendían allí y compraban, y derribó las mesas de los banqueros o cambiantes, y las sillas de los que vendían las palomas para los sacrificios.

13. Y les dijo: Escrito está*: Mi casa será llamada casa de oración; mas vosotros la tenéis hecha una cueva de ladrones.

14. Al mismo tiempo se acercaron a él en el templo varios ciegos y cojos y los curó.

15. Pero los príncipes de los sacerdotes y los escribas, al ver las maravillas que hacía, y los niños que le aclamaban en el templo, diciendo: ¡Hosanna al Hijo de David!, se indignaron,

16. y le dijeron: ¡Oyes tú lo que dicen éstos? Jesús les respondió: Sí, por cierto; pues ¿no habéis leído jamás la profecía*: De la boca de los infantes y niños de pecho es de donde sacaste la más perfecta alabanza?

17. Y dejándolos, salió fuera de la ciudad a Betania, y se quedó allí.

18. La mañana siguiente, volviendo a la ciudad, tuvo hambre.

19. Y viendo una higuera junto al camino, se acercó a ella; en la cual, no hallando sino solamente hojas, le dijo: Nunca jamás nazca de ti fruto; y la higuera quedó luego seca.

20. Lo que viendo los discípulos, se maravillaron y decían: ¿Cómo se ha secado en un instante?

21. Y respondiendo Jesús, les dijo: En verdad os digo que si tenéis fe y no andáis vacilando, no solamente haréis esto de la higuera, sino que aun cuando digáis a ese monte: Arráncate y arrójate al mar, así lo hará;

22. y todo cuanto pidiereis en la oración, como tengáis fe, lo alcanzaréis.

23. Llegado al templo, se acercaron a él, cuando estaba ya enseñando, los príncipes de los sacerdotes y los ancianos o senadores del pueblo, y le preguntaron: ¿Con qué autoridad haces estas cosas, y quién te ha dado tal potestad?

24. Les respondió Jesús: Yo también quiero haceros una pregunta, y si me res-

---

1. Este monte estaba cerca del de Sión. Entre éste y Jerusalén estaba el valle de Josafat.

4. *Is 62*, 11; *Zac 9*, 9.

9. *Hosanna*, acalamación hebrea que se puede traducir *Salud*, *Salve* o *Viva*.

13. *Is 41*, 7; *Jer 7*, 11; *Luc 19*, 46.

16. *Sal 8*, 3.

BENDICIÓN DE LOS NIÑOS

Jesús, por el contrario, les dijo: Dejad en paz a los niños, y no les estorbéis de venir a mí; porque de los que son como ellos es el reino de los cielos.

ENTRADA EN JERUSALÉN

Y una gran muchedumbre tendía por el camino sus vestidos; otros cortaban ramos u hojas de los árboles, y los ponían por donde había de pasar. Y tanto las gentes que iban delante, como las que venían detrás, clamaban diciendo: ¡Hosanna, al Hijo de David! ¡Bendito sea el que viene en nombre del Señor! ¡Hosanna en lo más alto de los cielos!

pondéis a ella, os diré luego con qué autoridad hago estas cosas.

25. El bautismo de Juan, ¿de dónde era?, ¿del cielo o de los hombres? Mas ellos discurrían para consigo, diciendo:

26. Si respondemos del cielo, nos dirá: ¿Pues por qué no habéis creído en él? Si respondemos de los hombres, tenemos que temer al pueblo (porque todos miraban a Juan como un profeta).

27. Por tanto, contestaron a Jesús, diciendo: No lo sabemos: Les replicó él en seguida: Pues yo tampoco os diré a vosotros con qué autoridad hago estas cosas.

28. ¿Y qué os parece lo que voy a decir? Un hombre tenía dos hijos, y llamando al primero, le dijo: Hijo, ve hoy a trabajar en mi viña;

29. y él respondió: No quiero. Pero después, arrepentido, fue.

30. Llamando al segundo, le dijo lo mismo, y aunque él respondió: Voy, Señor, no fue.

31. ¿Cuál de los dos hizo la voluntad del padre? El primero, dijeron ellos. Y Jesús prosiguió: En verdad os digo que los publicanos y las rameras os precederán y entrarán en el reino de Dios:

32. por cuanto vino Juan a vosotros por las sendas de la justicia, y no le creísteis; al mismo tiempo que los publicanos y las rameras le creyeron. Mas vosotros ni con ver esto os movisteis después a penitencia para creer en él.

33. Escuchad otra parábola. Erase un padre de familia que plantó una viña y la cercó de vallado; y cavando hizo en ella un lagar, edificó una torre, y la arrendó después a ciertos labradores, y se ausentó a un país lejano.

34. Venida ya la sazón de los frutos, envió sus criados a los renteros para que percibiesen el fruto de ella.

35. Mas los renteros, acometiendo a los criados, apalearon al uno, mataron al otro, y al otro le apedrearon.

36. Por segunda vez envió nuevos criados en mayor número que los primeros, y los trataron de la misma manera.

37. Por último les envió a su hijo, diciendo para consigo: A mi hijo, por lo menos, le respetarán.

38. Pero los renteros, al ver al hijo, dijeron entre sí: Este es el heredero; venid, matémosle, y nos alzaremos con su herencia.

39. Y agarrándole le echaron fuera de la viña, y le mataron.

40. Ahora bien, volviendo el dueño de la viña, ¿qué hará a aquellos labradores?

41. Hará, dijeron ellos, que esta gente tan mala perezca miserablemente, y arrendará su viña a otros labradores que le paguen los frutos a sus tiempos.

42. ¿Pues no habéis jamás leído en las Escrituras, les añadió Jesús: La piedra que desecharon los fabricantes, esa misma vino a ser la clave del ángulo? El Señor es el que ha hecho esto en nuestros días, y es una cosa admirable a nuestros ojos*.

43. Por lo cual os digo que os será quitado a vosotros el reino de Dios, y dado a gentes que rindan frutos de buenas obras.

44. Ello es, que quien se escandalizare o cayere sobre esta piedra, se hará pedazos; y ella hará añicos a aquel sobre quien cayere el día del juicio.

45. Oídas estas parábolas de Jesús, los príncipes de los sacerdotes y los fariseos entendieron que hablaba por ellos;

46. y queriendo prenderle, tuvieron miedo al pueblo; porque era mirado como un profeta.

22

Las bodas del hijo del rey. El tributo al César y la resurrección. El amor de Dios y del prójimo

1. Entretanto Jesús les habló de nuevo por parábolas, diciendo:

2. En el reino de los cielos acontece lo que a cierto rey que celebró las bodas de su hijo.

3. Y envió sus criados a llamar los convidados a las bodas, mas éstos no quisieron venir.

4. Por segunda vez despachó nuevos criados con orden de decir de su parte a los convidados: Tengo dispuesto el banquete; he hecho matar mis terneros y demás animales gordos, y todo está a punto; venid, pues, a las bodas.

---

42. *Sal 116* (*117*), 22; *Hech 4*, 11.

5. Mas ellos no hicieron caso; antes bien se marcharon, quien a su granja, y quien a su tráfico ordinario.

6. Los demás cogieron a los criados, y después de haberlos llenado de ultrajes los mataron.

7. Lo cual oído por el rey, montó en cólera, y enviando sus tropas acabó con aquellos homicidas, y abrasó su ciudad.

8. Entonces dijo a sus criados: Las prevenciones para las bodas están hechas, mas los convidados no eran dignos de asistir a ellas.

9. Id, pues, a las salidas de los caminos, y a todos cuantos encontréis convidadlos a las bodas.

10. Al punto los criados, saliendo a los caminos, reunieron a cuantos hallaron, malos y buenos, de suerte que la sala de las bodas se llenó de gentes, que se pusieron a la mesa.

11. Entrando después el rey a ver los convidados, reparó allí en un hombre que no iba con vestido de boda.

12. Y le dijo: Amigo, ¿cómo has entrado tú aquí sin vestido de boda? Pero él enmudeció.

13. Entonces dijo el rey a sus ministros de justicia: Atado de pies y manos, arrojadle fuera a las tinieblas; donde no habrá sino llanto y crujir de dientes.

14. Tan cierto es que muchos son los llamados y pocos los escogidos.

15. Entonces los fariseos se retiraron a tratar entre sí cómo podrían sorprenderle en lo que hablase.

16. Y para esto le enviaron sus discípulos con algunos herodianos, que le dijeron: Maestro, sabemos que eres veraz, y que enseñas el camino o la ley de Dios conforme a la pura verdad, sin respeto a nadie, porque no miras a la calidad de las personas.

17. Esto supuesto, dinos qué te parece de esto: ¿Es o no es lícito a los judíos, pueblo de Dios, pagar tributo a César?

18. A lo cual Jesús, conociendo su refinada malicia, respondió: ¿Por qué me tentáis, hipócritas?

19. Enseñadme la moneda con que se paga el tributo. Y ellos le mostraron un denario.

20. Y Jesús les dijo: ¿De quién es esta imagen y esta inscripción?

21. Y le respondieron: De César. Entonces les replicó: Pues dad a César lo que es de César y a Dios lo que es de Dios.

22. Con esta respuesta quedaron admirados, y dejándole, se fueron.

23. Aquel mismo día vinieron los saduceos, que niegan la resurrección, a proponerle ese caso:

24. Maestro, Moisés ordenó que si alguno muere sin hijos, el hermano se case con su mujer para dar sucesión a su hermano.

25. Es el caso que había entre nosotros siete hermanos. Casado el primero, vino a morir; y no teniendo sucesión, dejó su mujer a su hermano.

26. Lo mismo acaeció al segundo, y al tercero, hasta el séptimo.

27. Y después de todos ellos murió la mujer.

28. Ahora, pues, así que llegue la resurrección, ¿de cuál de los siete ha de ser mujer, supuesto que lo fue de todos?

29. A lo que Jesús les respondió: Muy errados andáis por no entender las Escrituras ni el poder de Dios.

30. Porque después de la resurrección, ni los hombres tomarán mujeres, ni las mujeres tomarán maridos, sino que serán como los ángeles de Dios en el cielo.

31. Mas tocante a la resurrección de los muertos, ¿no habéis leído las palabras que Dios os tiene dichas:

32. Yo soy el Dios de Abrahán, el Dios de Isaac y el Dios de Jacob? Ahora, pues, Dios no es Dios de muertos, sino de vivos.

33. Lo que habiendo oído el pueblo, estaba asombrado de su doctrina.

34. Pero los fariseos, informados de que había tapado la boca a los saduceos, se unieron;

35. y uno de ellos, doctor de la ley, le preguntó por tentarle:

36. Maestro, ¿cuál es el mandamiento principal de la ley?

37. Respondió Jesús: Amarás al Señor Dios tuyo de todo tu corazón, y con toda tu alma, y con toda tu mente:

38. este es el máximo y primer mandamiento;

39. el segundo es semejante a éste, y es: Amarás a tu prójimo como a ti mismo.

40. En estos dos mandamientos está cifrada toda la ley y los profetas.

41. Estando aquí juntos los fariseos, Jesús les hizo esta pregunta:

42. ¿Qué os parece a vosotros del Cristo, o Mesías? ¿De quién es hijo? Y le dijeron: De David.

43. Les replicó: ¿Pues cómo David en espíritu profético le llama su Señor, cuando dice:

44. Dijo el Señor a mi Señor: Siéntate a mi diestra, mientras tanto que yo pongo tus enemigos por peana de tus pies?

45. Pues si David le llama su Señor, ¿cómo cabe que sea hijo suyo?

46. A lo cual nadie pudo responder una palabra; ni hubo ya quien desde aquel día osase hacerle más preguntas.

23 *Jesús condena el rigor de los fariseos en la doctrina que enseñan al pueblo*

1. Entonces, dirigiendo Jesús su palabra al pueblo y a sus discípulos,

2. les dijo: Los escribas, o doctores de la ley, y los fariseos, están sentados en la cátedra de Moisés:

3. practicad, pues, y haced todo lo que os dijeren; pero no arregléis vuestra conducta por la suya, porque ellos dicen lo que se debe hacer, y no lo hacen.

4. El hecho es que van atando cargas pesadas e insoportables, y las ponen sobre los hombros de los demás cuando ellos no quieren ni aplicar la punta del dedo para moverlas.

5. Todas sus obras las hacen con el fin de ser vistos de los hombres; por lo mismo llevan las palabras de la ley en cintas más anchas, y más largas las franjas u orlas de su vestido.

6. Aman también los primeros asientos en los banquetes, y las primeras sillas en las sinagogas,

7. y ser saludados en la plaza, y que los hombres les den el título de maestros o doctores.

8. Vosotros, por el contrario, no habéis de querer ser saludados maestros, porque uno solo es vuestro Maestro, y todos vosotros sois hermanos.

9. Tampoco habéis de llamar a nadie sobre la tierra Padre vuestro; pues uno solo es vuestro verdadero Padre, el cual está en los cielos.

10. Ni debéis preciaros de ser llamados maestros, porque el Cristo es vuestro único Maestro.

11. En fin, el mayor entre vosotros ha de ser ministro o criado vuestro.

12. Que quien se ensalzare será humillado, y quien se humillare será ensalzado.

13. Pero ¡ay de vosotros, escribas y fariseos hipócritas, que cerráis el reino de los cielos a los hombres; porque ni vosotros entráis ni dejáis entrar a los que entrarían!

14. ¡Ay de vosotros, escribas y fariseos hipócritas, que devoráis las casas de las viudas, con el pretexto de hacer largas oraciones; por eso recibiréis sentencia mucho más rigurosa!

15. ¡Ay de vosotros, escribas y fariseos hipócritas, porque andáis girando por mar y tierra a trueque de convertir un gentil; y después de convertido, le hacéis con vuestro ejemplo y doctrina digno del infierno dos veces más que vosotros!

16. ¡Ay de vosotros, guías o conductores ciegos, que decís: Jurar por el templo, no es nada, no obliga; mas quien jura por el oro del templo está obligado!

17. ¡Necios y ciegos! ¿Qué vale más, el oro, o el templo que santifica al oro?

18. Y si alguno, decís, jura por el altar, no importa; mas quien jurare por la ofrenda puesta sobre él, se hace deudor.

19. ¡Ciegos! ¿Qué vale más, la ofrenda, o el altar que santifica la ofrenda?

20. Cualquiera, pues, que jura por el altar, jura por él, y por todas las cosas que se ponen sobre él.

21. Y quien jura por el templo, jura por él, y por aquel Señor que le habita.

22. Y el que jura por el cielo, jura por el trono de Dios, y por aquel que está en él sentado.

23. ¡Ay de vosotros, escribas y fariseos hipócritas, que pagáis diezmo hasta de la hierbabuena y del anís y del comino y habéis abandonado las cosas más esenciales de la ley: La justicia, la misericordia y la buena fe! Estas debierais observar, sin omitir aquéllas.

24. ¡Oh guías ciegos! que coláis cuando bebéis por si hay un mosquito, y os tragáis un camello.

25. ¡Ay de vosotros, escribas y fariseos hipócritas, que limpiáis por fuera la copa y el plato, y por dentro, en el corazón, estáis llenos de rapacidad e inmundicia!

26. ¡Fariseo ciego!, limpia primero por dentro la copa y el plato, si quieres que lo de fuera sea limpio.

27. ¡Ay de vosotros, escribas y fariseos hipócritas, porque sois semejantes a los sepulcros blanqueados, los cuales por afuera parecen hermosos a los hombres, mas por dentro están llenos de huesos de muertos, y de todo género de podredumbre!

28. Así también vosotros en el exterior os mostráis justos a los hombres; mas en el interior estáis llenos de hipocresía y de iniquidad.

29. ¡Ay de vosotros, escribas y fariseos hipócritas, que edificáis los sepulcros de los profetas, y adornáis los monumentos de los justos,

30. y decís: Si hubiéramos vivido en tiempo de vuestros padres, no hubiéramos sido sus cómplices en la muerte de los profetas;

31. con lo que dais testimonio contra vosotros mismos de que sois hijos de los que mataron a los profetas.

32. Acabad, pues, de llenar la medida de vuestros padres.

33. ¡Serpientes, raza de víboras! ¿Cómo será posible que evitéis el ser condenados al fuego del infierno?

34. Porque he aquí que yo voy a enviaros profetas, y sabios, y escribas, y de ellos degollaréis a unos, crucificaréis a otros, a otros azotaréis en vuestras sinagogas, y los andaréis persiguiendo de ciudad en ciudad*,

35. para que recaiga sobre vosotros toda la sangre inocente derramada sobre la tierra, desde la sangre del justo Abel hasta la sangre de Zacarías, hijo de Baraquías, a quien matasteis entre el templo y el altar.

36. En verdad os digo, que todas estas cosas vendrán a caer sobre la generación presente*.

37. ¡Jerusalén! ¡Jerusalén! que matas a los profetas y apedreas a los que a ti son enviados, ¿cuántas veces quise recoger a tus hijos, como la gallina recoge a sus pollitos bajo las alas, y tú no lo has querido?

38. He aquí que vuestra casa va a quedar desierta.

39. Y así os digo: En breve ya no me veréis más hasta cuando reconociéndome por Mesías, digáis: Bendito sea el que viene en nombre del Señor.

Discurso apocalíptico *24*, 1-25, 46

24 *Predice Jesús la ruina de Jerusalén y del templo. El tributo al César. Señales antes del fin*

1. Salió Jesús del templo e iba ya andando cuando se acercaron a él sus discípulos, a fin de mostrarle la construcción.

2. Pero él les dijo: ¿Veis toda esa construcción? Pues yo os digo de cierto que no quedará de ella piedra sobre piedra.

3. Y estando despúes sentado en el monte de los Olivos se acercaron algunos de los discípulos y le preguntaron en secreto: Dinos ¿cuándo sucederá eso? ¿Y cuál será la señal de tu venida y del fin del mundo?

4. A lo que Jesús les respondió: Mirad que nadie os engañe:

5. Porque muchos han de venir en mi nombre, diciendo: Yo soy el Cristo, o Mesías, y seducirán a mucha gente.

6. Oiréis asimismo noticias de batallas y rumores de guerra; no hay que turbaros por eso, que si bien han de preceder estas cosas, no es todavía esto el término.

7. Es verdad que se armará nación contra nación, y un reino contra otro reino; y habrá pestes, y hambres, y terremotos en varios lugares.

8. Pero todo esto aún no es más que el principio de los males.

9. En aquel tiempo seréis entregados para ser puestos en los tormentos y os darán la muerte, y seréis aborrecidos de todas las gentes por causa de mi nombre, por ser discípulos míos;

10. con lo que muchos padecerán entonces escándalo y se harán traición unos a otros, y se odiarán recíprocamente;

11. y aparecerá un gran número de falsos profetas que pervertirán a mucha gente.

12. y por la inundación de los vicios, se enfriará la caridad de muchos.

---

34. *Hech 7,* 57; *12,* 2-5; *13,* 50.
36. Casi cuarenta años después sucedió la total destrucción de Jerusalén.

13. Mas el que perseverare hasta el fin, ése se salvará.

14. Entretanto se predicará esta buena noticia del reino de Dios en todo el mundo, en testimonio para todas las naciones, y entonces vendrá el fin.

15. Según esto, cuando veáis que está establecida en el lugar santo la abominación desoladora que predijo el profeta Daniel (quien lea esto, nótelo bien),

16. en aquel trance los que moran en Judea huyan a los montes;

17. y el que está en el terrado no baje o entre a sacar cosa de su casa;

18. y el que se halle en el campo, no vuelva a coger su túnica o ropa.

19. Pero ¡ay de las que estén en cinta o criando, y no puedan huir a prisa en aquellos días!

20. Rogad, pues, a Dios que vuestra huida no sea en invierno o en sábado.

21. Porque será tan terrible la tribulación entonces, como no la hubo semejante desde el principio del mundo hasta ahora, ni la habrá jamás.

22. Y a no acortarse aquellos días, ninguno se salvaría; mas se abreviarán por amor de los escogidos.

23. En tal tiempo, si alguno os dice: El Cristo o Mesías está aquí o allí, no le creáis.

24. Porque aparecerán falsos Cristos y falsos profetas, y harán alarde de grandes maravillas y prodigios, de manera que aun los escogidos, si posible fuera, caerían en error:

25. ya veis que os lo he predicho.

26. Así, aunque os digan: He aquí al Mesías que está en el desierto, no vayáis allá; o bien: Mirad que está en la parte más interior de la casa, no lo creáis.

27. Porque como el relámpago sale del oriente y se deja ver en un instante hasta el occidente, así será el advenimiento del Hijo del hombre.

28. Y dondequiera que se hallare el cuerpo, allí se juntarán las águilas*.

29. Pero después de la tribulación de aquellos días, el sol se oscurecerá, la luna no alumbrará, y las estrellas caerán del cielo, y las virtudes o los ángeles del cielo temblarán.

30. Entonces aparecerá en el cielo la señal del Hijo del hombre, a cuya vista todos los pueblos de la tierra prorrumpirán en llantos; y verán venir al Hijo del hombre sobre las nubes resplandecientes del cielo con gran poder y majestad;

31. el cual enviará sus ángeles, que a voz de trompeta sonora congregarán a sus escogidos de las cuatro partes del mundo, desde un horizonte del cielo hasta el otro.

32. Tomad esta comparación sacada del árbol de la higuera: cuando sus ramas están ya tiernas, y brotan las hojas, conocéis que el verano está cerca.

33. Pues así también, cuando vosotros viereis todas estas cosas, tened por cierto que ya el Hijo del hombre está para llegar, que está ya a la puerta.

34. Lo que os aseguro es que no se acabará esta generación hasta que se cumpla todo esto.

35. El cielo y la tierra pasarán; pero mis palabras no pasarán.

36. Mas en orden al día y a la hora, nadie lo sabe, ni aun los ángeles del cielo, sino sólo mi Padre.

37. Lo que sucedió en los días de Noé, eso mismo sucederá en la venida del Hijo del hombre.

38. Porque así como en los días anteriores al diluvio proseguían los hombres comiendo y bebiendo, casándose y casando a sus hijos, hasta el día mismo de la entrada de Noé en el arca;

39. y no pensaron jamás en el diluvio, hasta que le vieron comenzado, y los arrebató a todos, así sucederá en la venida del Hijo del hombre.

40. Entonces, de dos hombres que se hallarán juntos en el campo, uno será tomado o libertado, y el otro dejado o abandonado.

41. Estarán dos mujeres moliendo en un molino, y la una será tomada y se salvará, y la otra dejada y perecerá.

42. Velad, pues, vosotros, ya que no sabéis a qué hora ha de venir vuestro Señor.

43. Estad ciertos que si un padre de familia supiera a qué hora le había de asaltar el ladrón, estaría seguramente en vela y no dejaría robar su casa.

44. Pues así mismo estad vosotros igualmente apercibidos, porque a la hora

---

28. Proverbio que denotaba una desolación repentina.

que menos penséis ha de venir el Hijo del hombre.

45. ¿Quién pensáis que es el siervo fiel y prudente constituido por su Señor mayordomo sobre su familia para repartir a cada uno el alimento a su tiempo?

46. Bienaventurado el siervo, a quien cuando venga su Señor le hallare cumpliendo así con su obligación.

47. En verdad os digo que le encomendará el gobierno de toda su hacienda.

48. Pero si este siervo fuere malo, y dijere en su corazón: Mi amo no viene tan presto;

49. y con esto empezare a maltratar a los otros siervos, y a comer y a beber con los borrachos:

50. vendrá el amo del siervo el día que no espera, y a la hora que menos piensa,

51. le echará y le dará la pena que a los hipócritas o siervos infieles; allí será el llorar y el crujir de dientes.

25 *Parábolas de las diez vírgenes y de los talentos. Jesús manda estar en vela y hacer buenas obras*

1. Entonces el reino de los cielos será semejante a diez vírgenes que tomando sus lámparas salieron a recibir al esposo y a la esposa;

2. de las cuales cinco eran necias y cinco prudentes.

3. Pero las cinco necias, al coger sus lámparas, no se proveyeron de aceite;

4. al contrario, las prudentes con las lámparas llevaron aceite en sus vasijas.

5. Como el esposo tardase en venir, se adormecieron todas, y al fin se quedaron dormidas.

6. Mas llegada la medianoche, se oyó una voz que gritaba: Mirad que viene el esposo, salidle al encuentro.

7. Al punto se levantaron todas aquellas vírgenes, y aderezaron sus lámparas.

8. Entonces las necias dijeron a las prudentes: Dadnos de vuestro aceite, porque nuestras lámparas se apagan.

9. Respondieron las prudentes, diciendo: No sea que este que tenemos no baste para nosotras y para vosotras, mejor es que vayáis a los que lo venden y compréis el que os falta.

10. Mientras iban éstas a comprarlo, vino el esposo; y las que estaban preparadas entraron con él a las bodas, y se cerró la puerta.

11. Al cabo vinieron también las otras vírgenes diciendo: ¡Señor, señor!, ábrenos.

12. Pero él respondió y dijo: En verdad os digo que yo no os conozco.

13. Así que velad vosotros, ya que no sabéis ni el día ni la hora.

14. Porque el Señor obrará como un hombre que, yéndose a lejanas tierras, convocó a sus criados y les entregó sus bienes.

15. Dando al uno cinco talentos, a otro dos, y uno solo a otro, a cada uno según su capacidad, y se marchó inmediatamente.

16. El que recibió cinco talentos fue, y negociando con ellos, sacó de ganancia otros cinco.

17. De la misma suerte aquel que había recibido dos, ganó otros dos.

18. Mas el que recibió uno, fue e hizo un hoyo en la tierra, y escondió el dinero de su señor.

19. Pasado mucho tiempo, volvió el amo de dichos criados, y los llamó a cuentas.

20. Llegando el que había recibido cinco talentos, le presentó otros cinco, diciendo: Señor, cinco talentos me entregaste; he aquí otros cinco más que he ganado con ellos.

21. Le respondió su amo: Muy bien, siervo bueno, siervo diligente y leal; ya que has sido fiel en lo poco, yo te confiaré lo mucho; ven a tomar parte en el gozo de tu señor.

22. Se acercó después el que había recibido dos talentos, y dijo: Señor, dos talentos me diste; aquí te traigo otros dos que he ganado con ellos.

23. Le dijo su amo: ¡Muy bien, siervo bueno y fiel!, pues has sido fiel en pocas cosas, yo te confiaré muchas más; ven a participar del gozo de tu señor.

24. Por último, llegando el que había recibido un talento, dijo: Señor, yo sé que eres un hombre de recia condición, que siegas donde no has sembrado, y recoges donde no has esparcido:

25. y así, temeroso de perderle, me fui y escondí tu talento en tierra; aquí tienes lo que es tuyo.

26. Pero su amo le replicó y dijo: ¡Oh siervo malo y perezoso! Tú sabías que siego donde no siembro, y recojo donde nada he esparcido.

27. Pues por eso mismo debías haber dado a los banqueros mi dinero, para que yo a la vuelta recobrase mi caudal con los intereses.

28. Ea, pues, quitadle aquel talento, y dádselo al que tiene diez talentos.

29. Porque a quien tiene, se le dará, y estará abundante o sobrado; mas a quien no tiene, se le quitará aun aquello que parece que tiene.

30. Ahora bien, a ese siervo inútil arrojadlo a las tinieblas de afuera; allí será el llorar y el crujir de dientes.

31. Cuando venga, pues, el Hijo del hombre con toda su majestad, y acompañado de todos sus ángeles, se sentará entonces en el trono de su gloria;

32. y hará comparecer delante de él a todas las naciones; y separará a los unos de los otros, como el pastor separa las ovejas de los cabritos,

33. poniendo a las ovejas a su derecha y los cabritos a la izquierda.

34. Entonces el rey dirá a los que estarán a su derecha: Venid, benditos de mi Padre, a tomar posesión del reino celestial, que os está preparado desde el principio del mundo;

35. porque yo tuve hambre y me disteis de comer; tuve sed y me disteis de beber; era peregrino y me hospedasteis;

36. estando desnudo me cubristeis, enfermo y me visitasteis, encarcelado y vinisteis a verme y consolarme.

37. A lo cual los justos le responderán, diciendo: Señor, ¿cuándo te vimos nosotros hambriento y te dimos de comer, sediento y te dimos de beber?;

38. ¿cuándo te hallamos de peregrino y te hospedamos, desnudo y te vestimos?,

39. o ¿cuándo te vimos enfermo o en la cárcel, y fuimos a visitarte?

40. Y el rey, en respuesta, les dirá: En verdad os digo: Siempre que lo hicisteis con algunos de estos mis más pequeños hermanos, conmigo lo hicisteis.

41. Al mismo tiempo dirá a los que estarán a la izquierda: Apartaos de mí, malditos; id al fuego eterno, que fue destinado para el diablo y sus ángeles.

42. Porque tuve hambre y no me disteis de comer; sed, y no me disteis de beber;

43. era peregrino y no me recogisteis; desnudo y no me vestisteis; enfermo, y encarcelado y no visitasteis.

44. A lo que replicarán también los malos: ¡Señor!, ¿cuándo te vimos hambriento, o sediento, o peregrino, o desnudo, o enfermo, o encarcelado y dejaos de asistirte?

45. Entonces les responderá: Os digo en verdad: Siempre que dejasteis de hacerlo con alguno de estos mis pequeños hermanos, dejasteis de hacerlo conmigo.

46. Y en consecuencia, irán éstos al eterno suplicio, y los justos a la vida eterna.

La Pascua de Cristo *26*, 1-*28*, 20

26 *Cena del cordero pascual en Jerusalén. La traición de Judas. Institución de la Eucaristía*

1. Y sucedió que después de haber concluido Jesús todos estos razonamientos, dijo a sus discípulos:

2. Bien sabéis que de aquí a dos días debe celebrarse la Pascua, y que el Hijo del hombre será entregado a muerte de cruz.

3. Al mismo tiempo se juntaron los príncipes de los sacerdotes y los magistrados del pueblo en el palacio del sumo sacerdote, que se llamaba Caifás;

4. y tuvieron consejo para hallar medio cómo apoderarse con maña de Jesús, y hacerle morir.

5. Y de miedo de que se alborotara el pueblo, decían: No conviene que se haga esto durante la fiesta.

6. Estando Jesús en Betania, en casa de Simón el leproso,

7. se acercó a él una mujer con un vaso de alabastro, lleno de perfume o ungüento de gran precio, y le derramó sobre la cabeza de Jesús, el cual estaba a la mesa.

8. Algunos de los discípulos, al ver esto, lo tomaron a mal, diciendo: ¿A qué fin ese desperdicio,

9. cuando se pudo vender esto en mucho precio, y darse a los pobres?

10. Lo cual oyendo Jesús, les dijo: ¿Por qué molestáis a esta mujer, y reprobáis lo que hace, siendo buena, como es, la obra que ha hecho conmigo?

11. Pues a los pobres los tenéis siempre a mano; mas a mí no me tenéis siempre.

12. Y derramando ella sobre mi cuerpo este bálsamo lo ha hecho para disponer de antemano mi sepultura.

13. En verdad os digo, que doquiera que se predique este mensaje de salvación, que lo será en todo el mundo, se celebrará también en memoria suya lo que acaba de hacer.

14. Entonces Judas Iscariote, uno de los doce, fue a verse con los príncipes de los sacerdotes, y les dijo:

15. ¿Qué queréis darme, y yo le pondré en vuestras manos? Y convinieron con él en treinta monedas de plata.

16. Y desde entonces andaba buscando el momento favorable para hacer la traición.

17. El primer día de los ázimos, acudieron los discípulos a Jesús y le preguntaron: ¿Dónde quieres que te dispongamos la cena de la Pascua?

18. Jesús les respondió: Id a la ciudad en casa de tal persona, y dadle este recado: El Maestro dice: Mi tiempo se acerca; voy a celebrar en tu casa la Pascua con mis discípulos.

19. Hicieron, pues, los discípulos lo que Jesús les ordenó, y prepararon lo necesario para la Pascua.

20. Al caer de la tarde, se puso a la mesa con sus doce discípulos.

21. Y mientras comían dijo: En verdad os digo que uno de vosotros me hará traición.

22. Y ellos, afligidos sobremanera, empezaron cada uno a preguntar: ¡Señor!, ¿soy acaso yo?

23. Y él en respuesta dijo: El que mete conmigo su mano en el plato para mojar el pan, ése es el traidor.

24. En cuanto al Hijo del hombre, él se marcha, conforme está escrito de él; pero ¡ay de aquel por quien el Hijo del hombre será entregado; mejor le fuera si no hubiese jamás nacido!

25. Y tomando la palabra Judas, que era el que le entregaba, dijo: ¿Soy quizá yo, Maestro? Y le respondió Jesús: Tú lo has dicho.

26. Mientras estaban cenando, tomó Jesús el pan y lo bendijo y partió y se los dio a sus discípulos diciendo: Tomad y comed, éste es mi cuerpo.

27. Y tomando el cáliz dio gracias, le bendijo, y se los dio, diciendo: Bebed todos de él:

28. Porque ésta es mi sangre, que será el sello del nuevo testamento, la cual será derramada por muchos para remisión de los pecados.

29. Y os declaro que no beberé ya más desde ahora de este fruto de la vid, hasta el día en que beba con vosotros el nuevo cáliz de delicias en el reino de mi Padre.

30. Y dicho el himno de acción de gracias, salieron hacia el monte de los Olivos.

31. Entonces les dijo Jesús: Todos vosotros padeceréis escándalo por ocasión de mí esta noche, y me abandonaréis. Por cuanto está escrito: Heriré al Pastor, y se descarriarán las ovejas del rebaño.

32. Mas resucitando, yo iré delante de vosotros a Galilea, donde volveré a reuniros.

33. Pedro, respondiendo, le dijo: Aun cuando todos se escandalizaren por tu causa, nunca jamás me escandalizaré yo, ni te abandonaré.

34. Le replicó Jesús: Pues yo te aseguro con toda verdad, que esta misma noche, antes que cante el gallo, me has de negar tres veces.

35. A lo que dijo Pedro: Aunque me sea forzoso morir contigo, yo no te negaré. Eso mismo protestaron todos los discípulos.

36. Entretanto llegó Jesús con ellos a una granja llamada Getsemaní, y les dijo: Sentaos aquí mientras yo voy más allá y hago oración.

37. Y llevándose consigo a Pedro y a los dos hijos de Zebedeo, Santiago y Juan, empezó a entristecerse y angustiarse;

38. y les dijo entonces: Mi alma siente angustias mortales; aguardad aquí y velad conmigo.

39. Y adelantándose algunos pasos, se postró en tierra, caído sobre su rostro, orando y diciendo: Padre mío, si es posible, no me hagas beber este cáliz; pero, no obstante, no se haga lo que yo quiero, sino lo que tú.

40. Volvió después a sus discípulos, y los halló durmiendo, y dijo a Pedro: ¿Es posible que no hayáis podido velar una hora conmigo?

41. Velad y orad para no caer en la tentación. Que si bien el espíritu está pronto, la carne es flaca.

42. Se volvió de nuevo por segunda vez, y oró diciendo: Padre mío, si no puede pasar este cáliz sin que yo lo beba, hágase tu voluntad.

43. Dio después otra vuelta, y los encontró dormidos, porque sus ojos estaban cargados de sueño.

44. Y dejándolos, se retiró aún a orar por tercera vez, repitiendo las mismas palabras.

45. En seguida volvió a sus discípulos y les dijo: Dormid ahora y descansad; he aquí que llegó ya la hora, y el Hijo del hombre va a ser entregado en manos de los pecadores.

46. Levantaos, vamos de aquí, ya llega aquel que me ha de entregar.

47. Aún no había acabado de decir esto, cuando llegó Judas, uno de los doce, seguido de gentes armadas con espadas y con palos, que venían enviadas por los príncipes y sacerdotes y ancianos o senadores del pueblo.

48. El traidor les había dado esta seña: Aquel a quien yo besare, ése es: prendedlo.

49. Arrimándose, pues, luego a Jesús, dijo: ¡Dios te guarde, Maestro!, y lo besó:

50. Le dijo Jesús: ¡Oh, amigo! ¿a qué has venido aquí? se acercaron entonces los demás y echaron mano a Jesús, y le prendieron.

51. Y he aquí que uno de los que estaban con Jesús, tirando de la espada, hirió a un enviado del príncipe de los sacerdotes, cortándole una oreja.

52. Entonces Jesús le dijo: Vuelve tu espada a la vaina, porque todos los que se sirvieren de la espada por su propia autoridad, a espada morirán.

53. ¿Piensas que no puedo acudir a mi Padre, y pondrá en el momento a mi disposición más de doce legiones de ángeles?

54. Mas ¿cómo se cumplirán las Escrituras, según las cuales conviene que suceda así?

55. En aquella hora dijo Jesús a aquel tropel de gentes: Como contra un ladrón habéis salido con espadas y con palos a prenderme; cada día estaba sentado entre vosotros enseñándoos en el templo, y nunca me prendisteis;

56. verdad es que todo esto ha sucedido para que se cumplan las Escrituras de los profetas. Entonces todos los discípulos, abandonándole, huyeron.

57. Y los que prendieron a Jesús lo condujeron a casa de Caifás, que era sumo sacerdote en aquel año, donde los escribas y los ancianos estaban congregados.

58. Y Pedro le iba siguiendo de lejos hasta llegar al palacio del sumo sacerdote. Y habiendo entrado, estaba sentado con los sirvientes para ver el paradero de todo esto.

59. Los príncipes, pues, de los sacerdotes, y todo el concilio andaban buscando algún falso testimonio contra Jesús para condenarlo a muerte.

60. Y no lo hallaban suficiente para esto como quiera que muchos falsos testimonios se hubiesen presentado. Por último aparecieron dos falsos testigos,

61. y dijeron: Este dijo: Yo puedo destruir el templo de Dios y reedificarlo en tres días.

62. Entonces, poniéndose en pie el sumo sacerdote, le dijo: ¿No respondes nada a lo que atestiguan contra ti?

63. Pero Jesús permanecía en silencio. Y le dijo el sumo sacerdote: Yo te conjuro de parte de Dios vivo que nos digas si tú eres el Cristo o Mesías, el Hijo de Dios.

64. Le respondió Jesús: Tú lo has dicho. Y aun os declaro, que veréis después a este Hijo del hombre, que tenéis delante, sentado a la diestra de la majestad de Dios, venir sobre las nubes del cielo.

65. A tal respuesta, el sumo sacerdote rasgó sus vestiduras, diciendo: Ha blasfemado; ¿qué necesidad tenemos ya de testigos? Vosotros mismos acabáis de oír la blasfemia.

66. ¿Qué os parece? A lo que respondieron ellos diciendo: Reo es de muerte.

67. Luego empezaron a escupirle en la cara y a maltratarle a golpes; y otros, después de haberle vendado los ojos, le daban bofetadas,

68. diciendo: Cristo, profetízanos, adivina ¿quién es el que te ha herido?

69. Mientras tanto Pedro estaba sentado fuera en el atrio; y arrimándose a él una criada, le dijo: También tú andabas con Jesús el galileo.

70. Pero él lo negó en presencia de todos, diciendo: Yo no sé de qué hablas.

71. Y saliendo él al pórtico, le miró otra criada, y dijo a los que allí estaban: Este también se hallaba con Jesús, el de Nazaret.

72. Y lo negó por segunda vez, afirmando con juramento: No conozco a ese hombre.

73. Poco después se acercaron los que estaban allí, y dijeron a Pedro: Seguramente eres tú también de ellos, porque tu misma habla de galileo te descubre.

74. Entonces empezó a echarse sobre sí imprecaciones y a jurar que no había conocido a tal hombre. Y al momento cantó el gallo.

75. Con lo que se acordó Pedro de lo que Jesús le había dicho: Antes que cantar el gallo renegarás de mí tres veces. Y saliendo fuera, lloró amargamente.

27 *Jesús es azotado, escarnecido y crucificado. Prodigios que sucedieron en su muerte*

1. Venida la mañana, todos los príncipes de los sacerdotes y los ancianos del pueblo tuvieron consejo contra Jesús para hacerle morir.

2. Y declarándole reo de muerte, le condujeron atado y entregaron al presidente o gobernador, Poncio Pilato.

3. Entonces Judas, el que le había entregado, viendo a Jesús sentenciado, arrepentido de lo hecho, restituyó las treinta monedas de plata a los príncipes de los sacerdotes y a los ancianos.

4. Diciendo: Yo he pecado, pues he vendido la sangre inocente. A lo que dijeron ellos: A nosotros ¿qué nos importa? ¡Tú verás!

5. Mas él, arrojando el dinero en el templo, se fue y echándose un lazo, se ahorcó.

6. Pero los príncipes de los sacerdotes, recogidas las monedas, dijeron: No es lícito meterlas en el tesoro del templo siendo como son precio de sangre.

7. Y habiéndolo tratado en consejo, compraron con ellas el campo de un alfarero para sepultura de los extranjeros;

8. por lo cual se llamó dicho campo Hacéldama, esto es, Campo de sangre, y así se llama hoy día;

9. con lo que vino a cumplirse lo que predijo el profeta Jeremías, que dice: Han recibido las treinta monedas de plata, precio del puesto en venta, según fue avaluado por los hijos de Israel;

10. y las emplearon en la compra del campo de un alfarero, como me lo ordenó el Señor.

11. Fue, pues, Jesús presentado ante el presidente, y el gobernador le interrogó diciendo: ¿Eres tú el rey de los judíos? Le respondió Jesús: Tú lo dices.

12. Y por más que le acusaban los príncipes de los sacerdotes y los ancianos, nada respondió.

14. Por lo que Pilato le dijo: ¿No oyes de cuántas cosas te acusan?

14. Pero él a nada contestó de cuanto le dijo; de manera que el gobernador quedó en extremo maravillado.

15. Acostumbraba el gobernador conceder por razón de la fiesta de la Pascua, la libertad de un reo, a elección del pueblo.

16. Y teniendo a la sazón en la cárcel a uno muy famoso, llamado Barrabás,

17. preguntó Pilato a los que habían concurrido: ¿A quién queréis que os suelte, a Barrabás, o a Jesús, que es llamado el Cristo, o Mesías?,

18. porque sabía bien que se lo habían entregado los príncipes de los sacerdotes por envidia.

19. Y estando él sentado en su tribunal, le envío a decir su mujer: No te mezcles en las cosas de ese justo, porque son muchas las congojas que hoy he padecido en sueños por su causa.

20. Entretanto, los príncipes de los sacerdotes y los ancianos indujeron al pueblo a que pidiese la libertad de Barrabás y la muerte de Jesús.

21. Así es que preguntándoles el gobernador otra vez, y diciendo: ¿A quién de los dos queréis que os suelte?, respondieron ellos: A Barrabás.

22. Les replicó Pilato: Pues ¿qué he de hacer de Jesús, llamado el Cristo?

23. Dijeron todos: ¡Sea crucificado! Y el gobernador: Pero ¿qué mal ha hecho? Mas ellos comenzaron a gritar más, diciendo: ¡Sea crucificado!

24. Con lo que viendo Pilato que nada adelantaba, antes bien, que cada vez crecía el tumulto, mandando traer agua, se lavó las manos a la vista del pueblo, diciendo: Inocente soy yo de la sangre de este justo, allá os lo veáis vosotros.

25. A lo cual respondiendo todo el pueblo, dijo: Recaiga su sangre sobre nosotros y sobre nuestros hijos.

26. Entonces les soltó a Barrabás; y a Jesús, después de haberlo hecho azotar, lo entregó en sus manos para que fuese crucificado.

27. En seguida los soldados del gobernador, cogiendo a Jesús y poniéndolo en el pórtico del pretorio o palacio de Pilato, juntaron alrededor de él la cohorte, o compañía, toda entera.

28. Y desnudándolo, lo cubrieron con un manto de púrpura.

29. Y entretejiendo una corona de espinas, se la pusieron sobre la cabeza, y una caña por cetro en su mano derecha; y con la rodilla hincada en tierra le escarnecían diciendo: Dios te salve, Rey de los judíos.

30. Y escupiéndolo, tomaban la caña y lo herían en la cabeza.

31. Y después que así se mofaron de él, le quitaron el manto, y habiéndolo puesto otra vez sus propios vestidos, lo sacaron a crucificar.

32. Al salir de la ciudad encontraron un hombre natural de Cirene, llamado Simón, al cual obligaron a que cargase con la cruz de Jesús.

33. Y llegados al lugar que se llama Gólgota* esto es, lugar del Calvario, o de las Calaveras,

34. allí le dieron a beber vino mezclado con hiel; mas él, habiéndolo probado, no quiso beberlo*.

35. Después que le hubieron crucificado, repartieron entre sí sus vestidos, echando suertes. Con esto se cumplió la profecía que dice: Repartieron entre sí mis vestidos, y sortearon mi túnica.

36. Y sentándose junto a él, le guardaban.

37. Le pusieron también sobre la cabeza estas palabras, que denotaban la causa de su condenación: Este es Jesús, el Rey de los Judíos.

38. Al mismo tiempo fueron crucificados con él dos ladrones, uno a la diestra y otro a la siniestra.

39. Y los que pasaban por allí lo insultaban y escarnecían, meneando la cabeza y diciendo:

40. ¡Hola!, tú que derribas el templo de Dios y en tres días lo reedificas, sálvate a ti mismo; si eres el Hijo de Dios, desciende de la cruz.

41. De la misma manera también los príncipes de los sacerdotes, a una con los escribas y los ancianos, insultándole decían:

42. A otros ha salvado, y no puede salvarse a sí mismo; si es el Rey de Israel, baje ahora de la cruz y creeremos en él;

43. él pone su confianza en Dios; pues si Dios le ama tanto, líbrele ahora, ya que él mismo decía: Yo soy el Hijo de Dios.

44. Y eso mismo le echaban en cara aun los ladrones que estaban crucificados en su compañía.

45. Mas desde el mediodía hasta las tres de la tarde quedó toda la tierra cubierta de tinieblas.

46. Y cerca de las tres de la tarde exclamó Jesús con una gran voz, diciendo: ELI, ELI, ¿LAMMA SABACTANI? Esto es: Dios mío, Dios mío, ¿por qué me has abandonado?

47. Lo que oyendo algunos de los presentes, decían: A Elías llama éste.

48. Y luego, corriendo uno de ellos, tomó una esponja, la empapó en vinagre, y puesta en la punta de una caña, se la daba a chupar.

49. Los otros decían: Dejad, veamos si viene Elías a librarle.

50. Entonces Jesús, clamando de nuevo con una voz grande y sonora, entregó su espíritu.

51. Y al momento el velo del templo se rasgó en dos partes, de arriba abajo, y la tierra tembló, y se partieron las piedras;

52. y los sepulcros se abrieron, y los cuerpos de muchos santos que habían muerto resucitaron,

53. y saliendo de los sepulcros después de la resurrección de Jesús, vinieron a la ciudad santa, y se aparecieron a muchos.

54. Entretanto el centurión y los que con él estaban guardando a Jesús, visto el terremoto y las cosas que sucedían, se llenaron de gran temor, y decían: Verdaderamente este hombre era Hijo de Dios.

55. Estaban también allí, a lo lejos, muchas mujeres, que habían seguido a Jesús desde Galilea para cuidarlo.

---

33. *Gólgota* es voz hebrea-siríaca, que significa el *lugar de la Calavera* o lugar donde ajusticiaban a los reos.

34. No por su amargura, sino porque era un calmante que se daba a los ajusticiados.

56. De las cuales eran María Magdalena, y María madre de Santiago y de José, y la madre de los hijos de Zebedeo.

57. Siendo ya tarde, compareció un hombre rico, natural de Arimatea, llamado José, el cual era también discípulo de Jesús.

58. Este se presentó a Pilato y le pidió el cuerpo de Jesús, el cual mandó Pilato que se le entregase.

59. José, pues, tomando el cuerpo de Jesús, le envolvió en una sábana limpia.

60. Y lo colocó en un sepulcro suyo que había hecho abrir en una peña, y no había servido todavía; y arrimando una gran piedra, cerró la boca del sepulcro, y se fue.

61. Estaban allí María Magdalena y la otra María, sentadas enfrente del sepulcro.

62. Al día siguiente, que era el de después de la preparación del sábado, o el sábado mismo, acudieron junto a Pilato los príncipes de los sacerdotes y los fariseos,

63. diciendo: Señor, nos hemos acordado que aquel impostor, estando todavía en vida, dijo: Después de tres días resucitaré.

64. Manda, pues, que se guarde el sepulcro hasta el tercer día; para que no vayan quizás de noche sus discípulos y lo hurten, y digan a la plebe: Ha resucitado de entre los muertos; y sea el último engaño peor que el primero.

65. Les respondió Pilato: Ahí tenéis la guardia: Id y ponedla como os parezca.

66. Con eso, yendo allá aseguraron bien el sepulcro, sellando la piedra y poniendo guardias.

28 *Resurrección de Jesús. Aparición a las mujeres y a los apóstoles. Les promete su protección*

1. Avanzada ya la noche del sábado, al amanecer el primer día de la semana o domingo, vino María Magdalena con la otra María a visitar el sepulcro.

2. A este tiempo se sintió un gran terremoto; porque bajó del cielo un ángel del Señor, y acercándose al sepulcro removió la piedra, y se sentó encima.

3. Su semblante brillaba como el relámpago, y era su vestidura blanca como la nieve.

4. De lo cual quedaron los guardias tan aterrados, que estaban como muertos.

5. Mas el ángel, dirigiéndose a las mujeres, les dijo: Vosotras no tenéis que temer; que bien sé que venís en busca de Jesús, que fue crucificado:

6. ya no está aquí porque ha resucitado, según predijo. Venid y mirad el lugar donde estaba sepultado el Señor.

7. Y ahora, id sin deteneros a decir a sus discípulos que ha resucitado; y he aquí que va delante de vosotros a Galilea; allí le veréis. Ya os lo prevengo de antemano.

8. Ellas salieron al instante del sepulcro con miedo y con gran gozo, y fueron corriendo a dar la nueva a los discípulos.

9. Cuando he aquí que Jesús les sale al encuentro, diciendo: Dios os guarde; y acercándose ellas, postradas en tierra abrazaron sus pies y le adoraron.

10. Entonces Jesús les dice: No temáis: Id, avisad a mis hermanos para que vayan a Galilea, que allí me verán.

11. Mientras ellas iban, algunos de los guardias vinieron a la ciudad, y contaron a los príncipes de los sacerdotes todo lo que había pasado.

12. Y congregados éstos con los ancianos, teniendo su consejo, dieron una gran cantidad de dinero a los soldados,

13. con esta instrucción: Habéis de decir: Estando nosotros durmiendo, vinieron de noche sus discípulos y le hurtaron.

14. Que si eso llegare a oídos del gobernador, nosotros le aplacaremos, y os sacaremos en paz y a salvo.

15. Ellos, recibido el dinero, hicieron según estaban instruidos; y esta voz ha corrido entre los judíos hasta el día de hoy.

16. Mas los once discípulos partieron para Galilea, al monte que Jesús les había señalado.

17. Y allí al verle le adoraron; si bien algunos tuvieron sus dudas.

18. Entonces Jesús, acercándose, les habló en estos términos: A mí se me ha dado toda potestad en el cielo y en la tierra.

19. Id, pues, e instruid a todas las naciones, bautizándolas en el nombre del Padre, y del Hijo, y del Espíritu Santo;

20. enseñándolas a observar todas las cosas que yo os he mandado. Y estad ciertos que yo mismo estaré siempre con vosotros, hasta la consumación de los siglos.

Evangelio según San Marcos

Introducción

Parece que el evangelista *Marcos* es el mismo que en los *Hechos de los Apóstoles* recibe el nombre de *Juan Marcos*, habría nacido en Jerusalén, sería compañero de Pablo y Pedro, y primo de Bernabé.

Es probable que no haya conocido a Jesús, pero fue compañero de Pedro quien le suministró el material que empleó para escribir su *Evangelio*.

El *Evangelio según San Marcos* pudo ser el primero que se escribió en el año 50 y en él se inspiraron para escribir los suyos Mateo y Lucas. En un principio se creyó que Marcos había hecho un compendio de Mateo; pero hoy se asegura que fue Mateo quien copió a Marcos, conforme a las investigaciones más recientes.

Tiene 16 capítulos que pueden distribuirse así:

- Revelación de Jesús, del *1* al *8*.
- Jesús camino a Jerusalén, del *9* al *10*.
- Jesús en Jerusalén, del *11* al *13*.
- Pasión, muerte y resurrección de Jesús, del *14* al *16*.

1 *Bautismo de Juan. Jesús, bautizado en el Jordán y tentado en el desierto, predica en Galilea*

1. Principio de la nueva noticia de Jesucristo, Hijo de Dios.

2. Conforme a lo que se halla escrito en el profeta Isaías: He aquí que despacho yo mi ángel o enviado ante tu presencia, el cual irá delante de ti preparándote el camino:

3. Esta es la voz del que clama en el desierto: Preparad el camino del Señor, hacedle rectas las sendas.

4. Estaba Juan en el desierto de la Judea bautizando y predicando el bautismo de penitencia para la remisión de los pecados;

5. y acudía a él todo el país de Judea y todas las gentes de Jerusalén; y confesando sus pecados, recibían de su mano el bautismo en el río Jordán.

6. Andaba Juan vestido con un saco de pelos de camello, y traía un ceñidor de cuero a la cintura, sustentándose de langostas y miel silvestre. Y predicaba diciendo:

7. Después de mí viene uno que es más poderoso que yo, ante el cual no soy digno ni de postrarme para desatar la correa de sus zapatos.

8. Yo os he bautizado con agua; mas él os bautizará con el Espíritu Santo.

9. Por estos días fue cuando vino Jesús desde Nazaret, ciudad de Galilea, y Juan le bautizó en el Jordán.

10. Y luego al salir del agua, vio abrirse los cielos, y al Espíritu Santo descender en forma de paloma y posar sobre él mismo.

11. Y se oyó esta voz del cielo: Tú eres mi Hijo muy amado; en ti me he complacido.

12. Después el mismo Espíritu le arrebató al desierto.

13. Donde se mantuvo cuarenta días y cuarenta noches. Allí fue tentado por Satanás; y moraba entre las fieras, y los ángeles le servían.

14. Pero después que Juan fue puesto en

la cárcel, vino Jesús a la alta Galilea predicando la buena nueva del reino de Dios.

15. Y diciendo: Se ha cumplido ya el tiempo, y el reino de Dios está cerca: Haced penitencia, y creed las buenas nuevas.

16. En esto, pasando por la ribera del mar de Galilea, vio a Simón y a su hermano Andrés, echando las redes al mar (pues eran pescadores);

17. y les dijo Jesús: Seguidme, y yo os haré pescadores de hombres.

18. Y ellos prontamente, abandonadas las redes, lo siguieron.

19. Habiendo pasado un poco más adelante, vio a Santiago, hijo de Zebedeo, y a Juan su hermano, ambos asimismo en la barca, componiendo las redes.

20. Los llamó luego; y ellos, dejando a su padre Zebedeo en la barca con los jornaleros, se fueron con él.

21. Entraron después en Cafarnaúm, y Jesús comenzó a enseñar los sábados al pueblo en la sinagoga.

22. Y los oyentes estaban asombrados de su doctrina; porque su modo de enseñar era de una persona que tiene autoridad, y no como los escribas.

23. Había en la sinagoga un hombre poseído del espíritu inmundo, el cual exclamó,

24. diciendo: ¿Qué tenemos nosotros que ver contigo, oh Jesús Nazareno? ¿Has venido a perdernos? Ya sé quién eres: eres el Santo de Dios.

25. Mas Jesús le conminó diciendo: Enmudece, y sal de ese hombre.

26. Entonces el espíritu inmundo, agitándole con violentas convulsiones, y dando grandes alaridos, salió de él,

27. y quedaron todos atónitos, tanto que se preguntaban unos a otros: ¿Qué es esto? ¿Qué nueva doctrina es ésta? Él manda con imperio aun a los espíritus inmundos, y le obedecen.

28. Con esto creció su fama por toda Galilea.

29. Así que salieron de la sinagoga, fueron con Santiago y Juan a casa de Simón y de Andrés.

30. Estaba la suegra de Simón en cama con fiebre, y le hablaron de ella;

31. y acercándose, la tomó por la mano y la levantó; y al instante la dejó la fiebre y se puso a servirles.

32. Por la tarde, puesto ya el sol, le traían todos los enfermos y endemoniados.

33. Y toda la ciudad se había juntado delante de la puerta.

34. Y curó a muchas personas afligidas de varias dolencias, y lanzó a muchos demonios, sin permitirles decir que sabían quién era.

35. Por la mañana muy de madrugada salió fuera a un lugar solitario, y hacía allí oración.

36. Pero Simón y los que estaban con él fueron en su busca.

37. Y habiéndole hallado, le dijeron: Todos te andan buscando.

38. A lo cual respondió: Vamos a las aldeas y ciudades vecinas para predicar yo también en ellas, porque para eso he venido.

39. Iba, pues, Jesús predicando en sus sinagogas y por toda la Galilea, y expulsaba los demonios.

40. Vino también a él un leproso a pedirle favor, e hincándose de rodillas, le dijo: Si tú quieres, puedes curarme.

41. Jesús, compadeciéndose de él, extendió la mano, y tocándole, le dijo: Quiero, sé curado;

42. y acabando de decir esto, al instante desapareció de él la lepra, y quedó curado;

43. y Jesús le despachó,

44. diciéndole: Mira que no lo digas a nadie; pero ve y preséntate al príncipe de los sacerdotes, y ofrece por tu curación lo que tiene Moisés ordenado, para que esto les sirva de testimonio.

45. Mas aquel hombre, así que se fue, comenzó a hablar de su curación, y a publicarla por todas partes; de modo que ya no podía Jesús entrar manifiestamente en la ciudad, sino que andaba fuera por lugares solitarios, y acudían a él de todas partes.

2

Cura Jesús a un paralítico y prueba su potestad de perdonar pecados. Llama a Mateo, cobrador de tributos

---

1. Al cabo de algunos días volvió a entrar en Cafarnaúm.

2. Y corriendo la voz de que estaba en la casa, acudieron muchos, en tanto número, que no cabían delante de la puerta; y él les anunciaba la palabra.

BAUTISMO DE JESÚS

Por estos días fue cuando vino Jesús desde Nazaret, ciudad de Galilea, y Juan le bautizó en el Jordán.

3. Entonces llegaron unos conduciendo a cierto paralítico que llevaban entre cuatro;

4. y no pudiendo presentárselo por el gentío que estaba alrededor, descubrieron el techo por la parte bajo la cual estaba Jesús, y por su abertura descolgaron la camilla en que yacía el paralítico.

5. Viendo Jesús la fe de aquellos hombres, dijo al paralítico: Hijo, tus pecados te son perdonados.

6. Estaban allí sentados algunos escribas, y decían en su interior:

7. ¿Qué es lo que éste habla? Este hombre blasfema: ¿Quién puede perdonar pecados, sino Dios?

8. Mas como Jesús penetrase al momento con su espíritu esto mismo que interiormente pensaban, les dijo: ¿Qué andáis revolviendo esos pensamientos en vuestros corazones?

9. ¿Qué es más fácil, decir al paralítico: Tus pecados te son perdonados, o decir: Levántate, toma tu camilla y camina?

10. Pues para que sepáis que el que se llama Hijo del hombre tiene potestad en la tierra de perdonar pecados: Levántate (dijo al paralítico):

11. Yo te lo digo; coge tu camilla y vete a tu casa.

12. Y al instante se puso en pie, y cargando con su camilla, se marchó a vista de todo el mundo; de forma que todos estaban pasmados, y dando gloria a Dios decían: Jamás habíamos visto cosa semejante.

13. Otra vez salió hacia el mar, y todas las gentes se iban tras él, y las adoctrinaba.

14. Al paso vio a Leví, hijo de Alfeo, sentado en el banco o mesa de los tributos, y le dijo: Sígueme; y levantándose al instante, lo siguió.

15. Aconteció después estando a la mesa en casa de éste, que muchos publicanos y gentes de mala vida se pusieron a ella con Jesús y sus discípulos; porque aun entre ellos eran muchos los que lo seguían.

16. Mas los escribas y fariseos, al ver que comía con publicanos y pecadores, decían a sus discípulos: ¿Cómo es que vuestro maestro come y bebe con publicanos y pecadores?

17. Habiéndolo oído Jesús, les dijo: Los que están buenos no necesitan médico, sino los que están enfermos; así, yo no he venido a llamar a los justos, sino a los pecadores.

18. Siendo también los discípulos de Juan y los fariseos muy dados al ayuno, vinieron a preguntarle: ¿No nos dirás por qué ayunando los discípulos de Juan y los de los fariseos, no ayunan tus discípulos?

19. Les respondió Jesús: ¿Cómo es posible que los compañeros del esposo en las bodas ayunen, el esposo está en su compañía? Mientras tienen consigo al esposo no pueden ellos ayunar.

20. Tiempo vendrá en que les quitarán al esposo; y entonces será cuando ayunarán.

21. Nadie cose un retazo de paño nuevo en un vestido viejo; de otra suerte, el remiendo nuevo rasga lo viejo, y se hace mayor el daño.

22. Tampoco echa nadie vino nuevo en cueros viejos, porque romperá el vino los cueros, y se derramará el vino, y los cueros se perderán. Por tanto, el vino nuevo en cueros nuevos debe meterse.

23. En otra ocasión, caminando el Señor junto a unos sembrados un día de sábado, sus discípulos se adelantaron y empezaron a coger espigas, y a comer el grano.

24. Sobre lo cual le decían los fariseos: ¿Cómo es que hacen lo que no es lícito en sábado?

25. Y él respondió: ¿No habéis vosotros jamás leído lo que hizo David en la necesidad en que se vio, cuando se halló acosado del hambre, así él como los que le acompañaban?

26. ¿Cómo entró en la casa de Dios en tiempo de Abiatar, príncipe de los sacerdotes, y comió los panes de la proposición, de que no era lícito comer sino a los sacerdotes, y dio de ellos a los que le acompañaban?

27. Y les añadió: El sábado se hizo para el hombre, y no el hombre para el sábado.

28. En fin, el Hijo del hombre aun del sábado es dueño.

3

Jesús cura a un hombre que tenía la mano seca, elige a los apóstoles y responde calumnias de los escribas

1. Otra vez en sábado entró Jesús en la sinagoga; y estaba en ella un hombre que tenía seca una mano.

2. Y le estaban acechando si curaría en día de sábado, para acusarle.

3. Y dijo al hombre que tenía seca la mano: Ponte en medio.

4. Y a ellos les dijo: ¿Es lícito en sábado hacer bien, o mal? ¿Salvar la vida a una persona, o quitársela? Mas ellos callaban.

5. Entonces Jesús clavando en ellos sus ojos llenos de indignación, y deplorando la ceguedad de su corazón, dijo al hombre: Extiende esa mano; la extendió y le quedó perfectamente sana.

6. Pero los fariseos, saliendo de allí, se juntaron luego en consejo contra él con los herodianos, sobre la manera de perderle.

7. Y Jesús con sus discípulos se retiró a la ribera del mar de Tiberíades, y le fue siguiendo mucha gente de Galilea y de Judea,

8. y de Jerusalén, y de la Idumea, y del otro lado del Jordán. También los vecinos de Tiro y de Sidón, en gran multitud, vinieron a verle, oyendo las cosas que hacía.

9. Y así dijo a sus discípulos que le tuviesen dispuesta una barquilla, para que el tropel de la gente no le oprimiese.

10. Pues curando, como curaba, a muchos, se echaban encima de él, a fin de tocarle todos los que tenían males;

11. y hasta los poseídos de espíritus inmundos, al verle se arrodillaban delante de él, y gritaban, diciendo:

12. Tú eres el Hijo de Dios. Mas él los reprendía con graves amenazas para que no le descubriesen.

Elección de los apóstoles y réplicas a los escribas

13. Subiendo después Jesús a un monte, llamó a sí a aquellos de sus discípulos que él quiso:

14. y llegados que fueron, escogió doce para tenerlos consigo, y enviarlos a predicar,

15. dándoles potestad de curar enfermedades y de expulsar demonios;

16. a saber: Simón, a quien puso el nombre de Pedro;

17. Santiago, hijo de Zebedeo, y Juan, hermano de Santiago, a quienes apellidó Boanerges, esto es, hijos del trueno, o rayos;

18. Andrés, Felipe, Bartolomé, Mateo, Tomás, Santiago, hijo de Alfeo, Tadeo, y Simón el cananeo,

19. y Judas Iscariote, el mismo que lo vendió.

20. De aquí vinieron a la casa*, y concurrió de nuevo tal tropel de gente, que ni siquiera podía tomar alimento.

21. Entretanto, algunos de sus parientes que no creían en él, con estas noticias salieron para recogerle; porque decían que había perdido el juicio.

22. Al mismo tiempo los escribas que habían bajado de Jerusalén, no dudaban decir: Está poseído de Beelzebub; y así, por arte del príncipe de los demonios es como lanza los demonios.

23. Mas Jesús, habiéndolos convocado, les decía o refutaba con estas parábolas: ¿Cómo puede Satanás expulsar a Satanás?

24. Pues si un reino se divide en partidos contrarios, es imposible que subsista tal reino*.

25. Y si una casa está desunida en contrarios partidos, tal casa no puede quedar en pie.

26. Así que si Satanás se levanta contra sí mismo, está su reino en discordia, y no puede durar; antes está cerca su fin.

27. Nadie puede entrar en la casa del valiente para robarle sus alhajas, si primero no ata bien al valiente*; después sí que podrá saquear la casa.

28. En verdad os digo, añadió, que todos los pecados se pedonarán fácilmente a los hijos de los hombres, y aun las blasfemias que dijeren;

29. pero el que blasfema contra el Espíritu Santo, no tendrá jamás perdón, sino que será reo de eterno juicio o condenación.

30. Les decía esto porque lo acusaban de que estaba poseído del espíritu inmundo.

31. Entretanto, llegan su madre y hermanos, o parientes; y quedándose fuera, en la puerta, enviaron a llamarle.

32. Estaba mucha gente sentada alrededor de él, cuando le dijeron: Mira que tu madre y tus hermanos ahí fuera te buscan.

33. A lo que respondió diciendo: ¿Quién es mi madre y mis hermanos?

34. Y dando una mirada a los que esta-

---

20. S ; cree que era la casa de Pedro en Cafarnaúm.

24. *Mat 12*, 25.

27. *Mat 12*, 29.

ban alrededor de él dijo: Veis aquí a mi madre y a mis hermanos;

35. porque cualquiera que hiciere la voluntad de Dios, ése es mi hermano, y mi hermana, y mi madre.

4 *Parábola del sembrador. La luz sobre el candelero. Tempestad en el mar apaciguada de repente*

1. Otra vez se puso a enseñar cerca del mar; y acudió tanta gente, que le fue preciso subir en una barca, y sentarse en ella dentro del mar, estando toda la gente en tierra a la orilla.

2. Y les enseñaba muchas cosas, usando parábolas, y les decía así conforme a su manera de enseñar:

3. Escuchad: Haced cuenta que salió un sembrador a sembrar;

4. y al esparcir el grano, parte cayó junto al camino, y vinieron las aves del cielo y lo comieron.

5. Parte cayó sobre pedregales, donde había poca tierra, y luego nació por no poder profundizar en ella;

6. mas calentando el sol, se marchitó; y como no tenía raíces, se secó.

7. Otra parte cayó entre espinas, y las espinas crecieron y lo ahogaron, y así no dio fruto.

8. Finalmente, parte cayó en buena tierra, y dio fruto erguido y abultado, cuál a treinta por uno, cuál a sesenta, y cuál a ciento.

9. Y les decía: Quien tiene oídos para oír, escuche y reflexione.

10. Estando después a solas, le preguntaron los doce que estaban con él la significación de la parábola.

11. Y él les decía: A vosotros se os ha concedido el saber o conocer el misterio del reino de Dios; pero a los extraños, todo se les anuncia en parábolas,

12. de modo que viendo, vean y no reparen; y oyendo, oigan y no entiendan, por miedo de llegar a convertirse, y de que se les perdonen los pecados.

13. Después les dijo: ¿Así que vosotros no entendéis esta parábola? ¿Pues cómo entenderéis todas las demás?

14. Escuchad: El sembrador es el que siembra la palabra.

15. Los sembrados junto al camino, son aquellos hombres en que se siembra la palabra, y luego que la han oído, viene Satanás y se lleva la palabra sembrada en sus corazones.

16. De ese modo los sembrados en pedregales, son aquellos que, oída la palabra, desde luego la reciben con gozo;

17. mas no echa raíces en ellos, y así dura muy poco, y luego que viene alguna tribulación o persecución por causa de la palabra, al instante se rinden.

18. Los otros sembrados entre espinas son los que oyen la palabra;

19. pero los afanes del siglo, y la ilusión de las riquezas, y los demás apetitos desordenados a que dan entrada, ahogan la palabra divina, y viene a quedar infructuosa.

20. Los sembrados, en fin, en buena tierra, son los que oyen la palabra y la reciben y conservan en su seno, y dan fruto, quién a treinta por uno, quién a sesenta, y quién a ciento.

21. Les decía también: ¿Por ventura se trae o enciende una luz para ponerla debajo de algún celemín, o debajo de la cama? ¿No es para ponerla sobre un candelero?

22. Nada, pues, hay secreto que no se deba manifestar, ni cosa alguna que se haga para estar encubierta, sino para publicarse.

23. Quien tiene buenos oídos, entiéndalo.

24. Les decía igualmente: Atended bien a lo que vais a oír: La misma medida que hiciereis servir para los demás, servirá para vosotros; y aun se os dará con creces.

25. Porque al que ya tiene, se le dará; y el que no tiene será privado aun de aquello que tiene.

26. Decía asimismo: El reino de Dios viene a ser a manera de un hombre que siembra su heredad.

27. Y ya duerma o vele noche y día, el grano va brotando y creciendo sin que el hombre lo advierta.

28. Porque la tierra produce primero el trigo en hierba, luego la espiga, y por último, el grano lleno en la espiga.

29. Y después que está el fruto maduro, inmediatamente se le echa la hoz, porque llegó ya el tiempo de la siega.

30. Y proseguía, diciendo: ¿A qué cosa compararemos el reino de Dios? ¿O con qué parábola le representaremos?

31. Es como el granito de mostaza, que cuando se siembra en la tierra es la más pequeña entre las simientes que hay en ella.

32. Mas después de sembrado, sube y se hace mayor que todas las legumbres, y echa ramas tan grandes, que las aves del cielo pueden reposar debajo de su sombra.

33. Con muchas parábolas semejantes a ésta les predicaba la palabra, conforme a lo que podían entender;

34. y no les hablaba sin parábolas, aunque se lo descifraba todo a sus discípulos.

35. Aquel mismo día, siendo ya tarde, les dijo: Pasemos a la ribera de enfrente.

36. Y despidiendo al pueblo, estando Jesús como estaba en la barca, se hicieron con él a la vela; y le iban acompañando otros barcos.

37. Se levantó entonces una gran tempestad de viento, que arrojaba las olas en la barca; de manera que ya ésta se llenaba de agua.

38. Entretanto él estaba durmiendo en la popa sobre un cabezal. Le despertaron, pues y le dijeron: Maestro, ¿no se te da nada que perezcamos?

39. Y él, levantándose, amenazó al viento, y dijo al mar: Calla tú, sosiégate; y al instante calmó el viento y sobrevino una gran tranquilidad.

40. Entonces les dijo: ¿De qué teméis? ¿Cómo no tenéis fe todavía?, y quedaron sobrecogidos de gran espanto, diciéndose unos a otros: ¿Quién es éste a quien aun el viento y el mar prestan obediencia?

---

5 *Jesús expulsa los demonios de un hombre, sana a una mujer y resucita a la hija de Jairo*

---

1. Pasaron después al otro lado del lago, al territorio de los gerasenos.

2. Apenas desembarcado, le salió al encuentro un energúmeno salido de los sepulcros.

3. El cual tenía su morada en ellos, y no había hombre que pudiese refrenarlo, ni aun con cadenas.

4. Pues muchas veces, atado con grillos y cadenas, había roto las cadenas y despedazado los grillos, sin que nadie pudiese domarle.

5. Y andaba siempre día y noche por los sepulcros y por los montes, gritando e hiriéndose con agudas piedras.

6. Este, pues, viendo de lejos a Jesús corrió a él y le adoró.

7. Y clamando en alta voz dijo: ¿Qué tengo yo que ver contigo, Jesús, Hijo del Altísimo Dios? En nombre del mismo Dios te conjuro que no me atormentes.

8. Y es que Jesús le decía: Sal, espíritu inmundo, sal de ese hombre.

9. Y le preguntó Jesús: ¿Cuál es tu nombre? Y él respondió: Mi nombre es legión, porque somos muchos.

10. Y le suplicaba con ahínco que no le echase de aquel país.

11. Estaba paciendo en la falda del monte vecino una gran piara de cerdos;

12. y los espíritus infernales le rogaban diciendo: Envíanos a los cerdos para que vayamos y estemos dentro de ellos;

13. y Jesús se lo permitió al instante; y saliendo los espíritus inmundos, entraron en los cerdos; y con gran furia toda la piara, en que se contaban al pie de dos mil, corrió a precipitarse en el mar, en donde se anegaron todos.

14. Los que los guardaban huyeron y trajeron las nuevas a la ciudad y a las alquerías; las gentes salieron a ver lo acontecido.

15. Y llegando adonde estaba Jesús, ven al que antes era atormentado del demonio, sentado, vestido y en su sano juicio, y quedaron espantados.

16. Los que se habían hallado presentes les contaron lo que había sucedido al demonio, y el azar de los cerdos.

17. Y temiendo muchas pérdidas, comenzaron a rogarle que se retirase de sus confines.

18. Y al salir Jesús a embarcarse, se puso a suplicarle el que había sido atormentado del demonio que le admitiese en su compañía.

19. Mas Jesús no le admitió, sino que le dijo: Vete a tu casa y con tus parientes, y anuncia a los tuyos la gran merced que te ha hecho el Señor, y la misericordia que ha usado contigo.

20. Se fue aquel hombre, y empezó a publicar por la región de Decápolis cuántos beneficios había recibido de Jesús, y todos quedaron pasmados.

21. Habiendo pasado Jesús otra vez con el barco a la orilla opuesta, concurrió mucha gente a su encuentro; y estando todavía en la ribera del mar,

22. vino en busca de él uno de los jefes de la sinagoga, llamado Jairo, el cual luego que lo vio se arrojó a sus pies.

23. Y con muchas instancias le hacía esta súplica: Mi hija está en los últimos; ven y pon sobre ella tu mano para que sane y viva.

24. Se fue Jesús con él, y detrás de él mucho tropel de gente que le apretaba.

25. En esto una mujer que padecía flujo de sangre hacía doce años,

26. y había sufrido mucho en manos de varios médicos, y gastado toda su hacienda sin el menor alivio, antes lo pasaba peor;

27. oída la fama de Jesús, se llegó por detrás entre la gente, y tocó su ropa,

28. diciendo para consigo: Como llegue a tocar su vestido, sanaré.

29. En efecto, de repente aquel manantial de sangre se le secó, y percibió en su cuerpo que estaba ya curada de su enfermedad.

30. Al mismo tiempo Jesús conociendo la virtud que había salido de él, vuelto a los presentes, decía: ¿Quién ha tocado mi vestido?

31. A lo que respondían los discípulos: ¿Estás viendo la gente que te comprime por todos lados, y dices: Quién me ha tocado?

32. Mas Jesús proseguía mirando a todos lados para distinguir la persona que había hecho esto.

33. Entonces la mujer, sabiendo lo que había experimentado en sí misma, medrosa y temblando se acercó, y postrándose a sus pies, le confesó toda la verdad.

34. El entonces le dijo: Hija, tu fe te ha curado; vete en paz, y queda libre de tu mal.

35. Estando aún hablando, llegaron de casa del jefe de la sinagoga a decirle a éste: Murió tu hija, ¿para que cansar ya al Maestro?

36. Mas Jesús, oyendo lo que decían dijo al jefe de la sinagoga: No temas, ten fe solamente.

37. Y no permitió que le siguiese nadie fuera de Pedro, y Santiago, y Juan, el hermano de Santiago.

38. Llegados a casa del jefe de la sinagoga, ve la confusión y los grandes lloros y alaridos de aquella gente;

39. y entrando, les dijo: ¿De qué os afligís tanto y lloráis? La muchacha no está muerta, sino dormida.

40. Y se burlaban de él. Pero Jesús, haciéndoles salir a todos fuera, tomó consigo al padre y a la madre de la muchacha, y a los tres discípulos que estaban con él, y entró adonde la muchacha yacía.

41. Y tomándola de la mano, le dijo: Talitha, cumi (es decir: Muchacha, levántate, yo te lo mando).

42. Inmediatamente se puso en pie la muchacha y echó a andar, pues tenía ya doce años, con lo que quedaron poseídos del mayor asombro.

43. Pero Jesús les mandó muy estrechamente que nadie lo supiera; y dijo que diesen de comer a la muchacha.

6

Jesús obra pocos milagros en su patria. Misión de los apóstoles. Prisión y muerte de Juan Bautista

1. Partido de aquí, se fue a su patria[*]; y le seguían sus discípulos.

2. Llegado el sábado, comenzó a enseñar en la sinagoga; y muchos de los oyentes, admirados de su sabiduría, decían: ¿De dónde saca éste todas estas cosas que dice? ¿Y qué sabiduría es ésta que se le ha dado? ¿Y de dónde tantas maravillas como obra?

3. ¿No es éste aquel artesano, hijo de María, primo hermano de Santiago[*], y de José, y de Judas y de Simón? ¿Y sus primas hermanas no moran aquí entre nosotros? Y los tenía desconcertados.

4. Mas Jesús les decía: Cierto que ningún profeta está sin honor, o estimación, sino en su patria, en su casa y en su parentela.

5. Por lo cual no podía obrar allí milagro alguno. Curó solamente algunos pocos enfermos imponiéndoles las manos.

6. Y se admiraba de la incredulidad de aquellas gentes, y andaba predicando por todas las aldeas del contorno.

7. Y habiendo convocado a los doce,

---

1. *Nazaret*, en donde se había criado.
3. De Santiago el Menor *Gal 1*, 19.

comenzó a enviarlos de dos en dos a predicar, dándoles potestad sobre los espíritus inmundos.

8. Y les mandó que nada se llevasen para el camino, sino el solo báculo o bordón; sin alforja, ni pan, o dinero en el cinto, o faja,

9. con sólo un calzado de sandalias, y sin muda de dos túnicas.

10. Les advertía asimismo: Dondequiera que tomareis posada, estaos allí hasta salir del lugar.

11. Y dondequiera que os desecharen, y no quieran escucharos, retirándoos de allí, sacudid el polvo de vuestros pies, en testimonio contra ellos.

12. De esta suerte salieron a predicar, exhortando a todos los que hiciesen penitencia.

13. Y lanzaban muchos demonios, y ungían a muchos enfermos con óleo y los sanaban.

14. Oyendo estas cosas el rey Herodes (pues se había hecho ya célebre el nombre de Jesús), decía: Sin duda que Juan Bautista ha resucitado de entre los muertos; y por eso tiene la virtud de hacer milagros.

15. Otros decían: No es, sino Elías. Otros: Este es un profeta igual a los principales profetas.

16. Mas Herodes, habiendo oído esto, dijo: Este es aquel Juan a quien yo mandé cortar la cabeza, el cual ha resucitado de entre los muertos.

17. Porque el dicho Herodes había enviado a prender a Juan, y lo encerró en la cárcel por amor de Herodías, mujer de su hermano Filipo, con la cual se había casado.

18. Porque Juan decía a Herodes: No te es lícito tener por mujer a la que lo es de tu hermano.

19. Por eso Herodías le armaba asechanzas y deseaba quitarle la vida; pero no podía conseguirlo,

20. porque Herodes, sabiendo que Juan era un varón justo y santo, le temía y miraba con respeto, y hacía muchas cosas por su consejo, y le oía con gusto.

21. Mas, en fin, llegó un día favorable al designio de Herodías, en que por fiesta del nacimiento de Herodes convidó éste a cenar a los grandes de su corte, y a los primeros capitanes de sus tropas y a la gente principal de Galilea;

22. entró la hija de Herodías, bailó, y agradó tanto a Herodes y a los convidados, que dijo el rey a la muchacha: Pídeme cuanto quisieses, que te lo daré;

23. y le añadió con juramento: Sí, te daré todo lo que me pidas, aunque sea la mitad de mi reino.

24. Y habiendo ella salido, dijo a su madre: ¿Qué pediré? Le respondió: La cabeza de Juan Bautista.

25. Y volviendo al instante a toda prisa adonde estaba el rey, le hizo esta demanda: Quiero que me des luego en una fuente la cabeza de Juan Bautista.

26. El rey se puso triste; mas en atención al impío juramento, y a los que estaban con él a la mesa, no quiso disgustarla,

27. sino que enviando a un soldado, mandó traer la cabeza de Juan en una fuente. El soldado, pues, le cortó la cabeza en la cárcel;

28. y la trajo en una fuente, y se la entregó a la muchacha, que se la dio a su madre.

29. Lo cual sabido, vinieron sus discípulos y cogieron su cuerpo y le dieron sepultura.

30. Los apóstoles, pues, de vuelta de su misión, reuniéndose con Jesús, le dieron cuenta de todo lo que habían hecho y enseñado.

31. Y él les dijo: Venid a retiraros conmigo en un lugar solitario, y reposaréis un poquito; porque eran tantos los que lo seguían, que ni aun tiempo de comer les dejaban.

32. Embarcándose, pues, fueron a buscar un lugar desierto para estar allí solos.

33. Mas como al irse los vieron y observaron muchos, de todas las ciudades vecinas acudieron por tierra a aquel sitio, y llegaron antes que ellos.

34. Desembarcando, vio Jesús la mucha gente que le aguardaba, y se le enternecieron con tal vista las entrañas; porque andaban como ovejas sin pastor; y así se puso a instruirlos en muchas cosas.

35. Pero haciéndose ya muy tarde, se llegaron a él sus discípulos, y le dijeron: Este es un lugar desierto, y ya es tarde;

36. despáchalos, a fin de que vayan a las alquerías y aldeas a comprar qué comer.

37. Mas él les respondió: Dadles vosotros de comer. Y ellos le replicaron: Vamos, pues, y bien es necesario que gastemos doscientos denarios para comprar panes si es que les hemos de dar algo de comer.

38. Les dijo Jesús: ¿Cuántos panes tenéis? Id y miradlo. Habiéndolo visto, le dijeron: Cinco, y dos peces.

39. Entonces les mandó que hiciesen sentar a todos sobre la hierba verde, divididos en cuadrillas.

40. Así se sentaron repartidos en cuadrillas, de ciento en ciento, y de cincuenta en cincuenta.

41. Después, tomados los cinco panes y los dos peces, levantando los ojos al cielo los bendijo; y partió los panes y los dio a sus discípulos para que se los distribuyesen; igualmente repartió los dos peces entre todos;

42. y todos comieron y se saciaron.

43. Y de lo que sobró recogieron los discípulos doce canastos llenos de pedazos de pan, y de los peces;

44. y eso que los que comieron fueron cinco mil hombres.

45. Inmediatamente obligó a sus discípulos a subir en la barca para que pasasen antes que él al otro lado del lago, hacia Betsaida, mientras él despedía al pueblo.

46. Así que le despidió, se retiró a orar en el monte.

47. Venida la noche, la barca estaba en medio del mar, y él solo en tierra,

48. desde donde viéndolos remar con gran fatiga (por cuanto el viento les era contrario), a eso de la cuarta vela de la noche vino hacia ellos caminando sobre el mar, e hizo ademán de pasar adelante.

49. Mas ellos, como le vieron caminar sobre el mar, pensaron que era algún fantasma, y levantaron el grito;

50. porque todos le vieron y se asustaron, pero Jesús les habló luego, y dijo: ¡Buen ánimo!, soy yo, no tenéis que temer.

51. Y se metió con ellos en la barca, y se echó al instante el viento, con lo cual quedaron mucho más asombrados.

52. Y es que no habían hecho reflexión sobre el milagro de los panes; porque su corazón estaba aún ofuscado.

53. Atravesado, pues, el lago, arribaron a tierra de Genezaret, y abordaron allí.

54. Apenas desembarcaron, cuando luego fue conocido.

55. Y recorriendo toda la comarca empezaron las gentes a sacar en andas a todos los enfermos, llevándolos donde oían que paraba.

56. Y doquiera que llegaba fuesen aldeas o alquerías, o ciudades, ponían los enfermos en las calles, suplicándole que les dejase tocar siquiera el ruedo de su vestido; y todos cuantos le tocaban quedaban sanos.

7

Jesús reprende la hipocresía de los fariseos. Fe de la cananea, por la cual libra del demonio a su hija

---

1. Se acercaron a Jesús los fariseos y algunos de los escribas venidos de Jerusalén.

2. Y habiendo observado que algunos de sus discípulos comían con manos inmundas, esto es, sin habérselas lavado, se lo vituperaron.

3. Porque los fariseos, como todos los judíos, nunca comen sin lavarse a menudo las manos, siguiendo la tradición de sus mayores;

4. y si han estado en la plaza, no se ponen a comer sin lavarse primero; y observan otras muchas ceremonias que han recibido por tradición, como las purificaciones o lavatorios de los vasos, de las jarras, de los utensilios de metal, y de los lechos.

5. Se preguntaban, pues, los escribas y fariseos: ¿Por qué tus discípulos no se conforman con la tradición de los antiguos, sino que comen sin lavarse las manos?

6. Mas Jesús les dio esta respuesta: ¡Oh, hipócritas!, bien profetizó de vosotros Isaías* en lo que dejó escrito: Este pueblo me honra con los labios, pero su corazón está bien lejos de mí.

7. En vano, pues, me honran enseñando doctrinas y ordenanzas de hombres.

8. Porque vosotros, dejando el mandamiento de Dios, observáis con escrupulosidad la tradición de los hombres en lavatorios de jarros y de vasos, y en otras muchas cosas semejantes que hacéis.

9. Y les añadía: Bellamente destruis el precepto de Dios por observar vuestra tradición.

10. Porque Moisés dijo: Honra a tu padre y a tu madre, asistiéndolos en un todo; y

---

6. *Is 29*, 13; *Mat 15*, 8.

quien maldijere al padre o a la madre, muera sin remedio.

11. Vosotros, al contrario, decís: Si uno dice a su padre o a su madre: cualquier ofrenda (esto es el don) que yo ofrezca a Dios por mí, cederá, en tu provecho,

12. quedaba con esto desobligado de hacer más a favor de su padre o de su madre;

13. aboliendo así la palabra de Dios por una tradición inventada por vosotros mismos; y de esta manera hacéis muchas otras cosas.

14. Entonces, llamando de nuevo al pueblo les decía: Escuchadme todos, y entendedlo bien:

15. Nada de fuera que entra en el hombre, puede hacerlo inmundo; mas las cosas que proceden o salen del hombre ésas son las que dejan mancha en el hombre.

16. Si hay quien tenga oídos para oír esto, óigalo y entiéndalo.

17. Después que se hubo retirado de la gente y entró en casa, sus discípulos le preguntaban la significación de esta parábola.

18. Y él les dijo: ¡Qué!, ¿también vosotros tenéis tan poca inteligencia? ¿Pues no comprendéis que todo lo que de fuera entra en el hombre no es capaz de contaminarle,

19. puesto que nada de esto entra en su corazón, sino que va a parar en el vientre, de donde sale y se echa en lugares secretos?

20. Mas las cosas, decía, que salen del corazón del hombre, ésas son las que manchan al hombre;

21. porque del interior del corazón del hombre es de donde proceden los malos pensamientos, los adulterios, las fornicaciones, los homicidios,

22. los hurtos, las avaricias, las malicias, los fraudes, las deshonestidades, la envidia y mala intención, la blasfemia o maledicencia, la soberbia, la estupidez o la sinrazón.

23. Todos estos vicios proceden del interior, y ésos son los que manchan al hombre, y de los que ha de purificarse.

24. Partiendo de aquí, se dirigió hacia los confines de Tiro y de Sidón, y habiendo entrado en una casa, deseaba que nadie supiese que estaba allí; mas no pudo encubrirse;

25. porque luego que lo supo una mujer, cuya hija estaba poseída del espíritu inmundo, entró, y se arrojó a sus pies.

26. Era esta mujer gentil, y sirofenicia de nación; y le suplicaba que lanzase de su hija al demonio.

27. Le dijo Jesús a ella: Aguarda que primero se sacien los hijos; que no parece bien hecho tomar el pan de los hijos para echarlo a los perros.

28. A lo que replicó ella, y dijo: Es verdad, Señor; pero al menos los cachorrillos comen debajo de la mesa las migajas que dejan caer los hijos.

29. Le dijo entonces Jesús: Por eso que has dicho, vete, que ya el demonio salió de tu hija.

30. Y habiendo vuelto a su casa, halló a la muchacha reposando sobre la cama, y libre ya del demonio.

31. Dejando Jesús otra vez los confines de Tiro, se fue por los de Sidón hacia el mar de Galilea, atravesando el territorio de Decápolis;

32. y le presentaron un hombre sordo y mudo, suplicándole que pusiese sobre él su mano para curarle.

33. Y apartándole Jesús del bullicio de la gente, le metió los dedos en las orejas, y con la saliva le tocó la lengua.

34. Y alzando los ojos al cielo, arrojó un suspiro y la dijo: Effeta, que quiere decir Abríos.

35. Y al momento se le abrieron los oídos, y se le soltó el impedimento de la lengua, y hablaba claramente.

36. Y les mandó que no lo dijeran a nadie, pero cuanto más se lo mandaba, con tanto mayor empeño lo publicaban;

37. y tanto más crecía su admiración, y decían: Todo lo ha hecho bien: él ha hecho oír a los sordos y hablar a los mudos.

8 *Milagro de los siete panes. Jesús revela su pasión y muerte. La levadura de los fariseos*

1. Por aquellos días habiéndose juntado otra vez un gran concurso de gentes alrededor de Jesús, y no teniendo qué comer, convocados sus discípulos, les dijo:

2. Me da compasión esta gente, porque hace ya tres días que están conmigo, y no tienen qué comer.

3. Y si los envío a sus casas en ayunas, desfallecerán en el camino; pues algunos de ellos han venido de lejos.

4. Le respondieron sus discípulos: Y ¿cómo podrá nadie en esta soledad procurarles pan en abundancia?

5. El les preguntó: ¿Cuántos panes tenéis? Respondieron: Siete.

6. Entonces mandó Jesús a la gente que se sentara en tierra; y tomando los siete panes, dando gracias, los partió; y se los daba a sus discípulos para que los distribuyesen entre la gente; y se los repartieron.

7. Tenían además algunos pececillos; y les bendijo también, y mandó que se los repartieran.

8. Y comieron hasta saciarse; y de las sobras recogieron siete canastos,

9. siendo al pie de cuatro mil los que habían comido. En seguida Jesús los despidió.

10. E inmediatamente, embarcándose con sus discípulos, pasó al territorio de Dalmanuta,

11. donde salieron los fariseos, y empezaron a disputar con él, pidiéndole, con el fin de tentarle, que les hiciese ver algún prodigio del cielo.

12. Mas Jesús, arrojando un suspiro de lo íntimo del corazón, dijo: ¿Por qué pedirá esta raza de hombres un prodigio? En verdad os digo, que a esa gente no se le dará el prodigio que pretende.

13. Y dejándolos, se embarcó otra vez pasando a la ribera opuesta.

14. Habiéndose olvidado los discípulos de hacer provisión de pan, no tenían más que un solo pan consigo en la barca.

15. Y Jesús los amonestaba, diciendo: Estad alerta y guardaos de la levadura de los fariseos y de la levadura de Herodes.

16. Mas ellos, discurriendo entre sí, se decían uno al otro: En verdad que no hemos tomado pan.

17. Lo cual, habiéndolo conocido Jesús, les dijo: ¿Qué andáis discurriendo sobre que no tenéis pan? ¿Todavía estáis sin conocimiento ni inteligencia?; ¿aún está oscurecido vuestro corazón?;

18. ¿tendréis siempre los ojos sin ver, y los oídos sin percibir? Ni os acordáis ya

19. de cuando repartí cinco panes entre cinco mil hombres. ¿Cuántos cestos llenos de las sobras recogisteis entonces? Y le dijeron: Doce.

20. Pues cuando yo dividí siete panes entre cuatro mil, ¿cuántos cestos sacasteis de los fragmentos que sobraron? Y le dijeron: Siete.

21. ¿Y cómo es, pues, les añadió, que todavía no entendéis lo que os decía?

22. Habiendo llegado a Betsaida, le presentaron un ciego, suplicándole que lo tocase.

23. Y él, cogiéndole por la mano, le sacó fuera de la aldea, y echándole saliva en los ojos, puestas sobre él las manos, le preguntó si veía algo;

24. el ciego, abriendo los ojos, dijo: Veo andar a unos hombres, que me parecen árboles.

25. Le puso por segunda vez las manos sobre los ojos, y empezó a ver mejor; y, finalmente, recobró la vista, de suerte que veía claramente todos los objetos.

26. Con lo que le remitió a su casa, diciendo: Vete a tu casa, y si entras al pueblo, a nadie lo digas.

27. Desde allí partió Jesús con sus discípulos por las aldeas cercanas a Cesarea de Filipo; y en el camino les hizo esta pegunta: ¿Quién dicen los hombres que soy yo?

28. Le respondieron: Quién dice que Juan Bautista; quién Elías; y otros, en fin, que eres como uno de los antiguos profetas.

29. Y les dijo entonces: ¿Y vosotros, quién decís que soy yo: Pedro, respondiendo por todos, le dice: Tú eres el Cristo o Mesías.

30. Y les prohibió rigurosamente decir esto de él a nadie, hasta cuando fuese la ocasión de publicarlo.

31. Y comenzó a declararles cómo convenía que el Hijo del hombre padeciese mucho, y fuese desechado por los ancianos, y por los príncipes de los sacerdotes, y por los escribas, y que fuese muerto, y que resucitase a los tres días.

32. Y hablaba de esto muy claramente. Pedro entonces, tomándolo aparte, comenzó a reprenderlo.

33. Pero Jesús vuelto contra él y mirando a sus discípulos, reprendió ásperamente a Pedro, diciendo: Quítateme de delante, Satanás, porque no te saboreas en las cosas de Dios, sino en las de los hombres.

34. Después, convocando al pueblo con

sus discípulos, les dijo a todos: Si alguno quiere venir tras de mí niéguese a sí mismo, y cargue con su cruz, y sígame.

35. Pues quien quisiere salvar su vida a costa de su fe, la perderá para siempre; mas quien perdiere su vida por amor de mí y del mensaje de salvación, la pondrá a salvo eternamente.

36. Por cierto, ¿de qué le servirá a un hombre ganar el mundo entero, si pierde su alma?

37. Y una vez perdida, ¿por qué cambio podrá rescatarla?

38. Ello es que quien se avergonzare de mí y de mi doctrina en medio de esta nación adúltera y pecadora, igualmente se avergonzará de él el Hijo del hombre cuando venga en la gloria de su Padre, acompañado de los santos ángeles.

9

Transfiguración de Jesús. Poder de la fe, de la oración y del ayuno. Instruye a sus discípulos en la humildad

1. Y les añadió: En verdad os digo, que algunos de los que aquí están no han de morir sin que vean la llegada del reino de Dios en su majestad.

2. Seis días después tomó Jesús consigo a Pedro, y a Santiago, y a Juan; y los condujo a un elevado monte, en lugar apartado, y se transfiguró en su presencia;

3. de forma que sus vestidos aparecieron resplandecientes, y de un candor extremado como la nieve, tan blancos que no hay lavandero en el mundo que así pudiese blanquearlos.

4. Al mismo tiempo se les aparecieron Elías y Moisés, que estaban conversando con Jesús.

5. Y Pedro, absorto con lo que veía tomando la palabra, dijo a Jesús: ¡Oh Maestro!, bueno será quedarnos aquí: hagamos tres pabellones, uno para ti, otro para Moisés, y otro para Elías.

6. Porque él no sabía lo que decía; por estar todos sobrecogidos del pasmo.

7. En esto se formó una nube que los cubrió, y salió de esta nube una voz que decía: Este es mi Hijo amado, escuchadle a él.

8. Y mirando luego a todas partes, no vieron consigo a nadie más que a Jesús.

9. El cual, así que bajaban del monte, les ordenó que a nadie contasen lo que habían visto, sino cuando el Hijo del hombre hubiese resucitado de entre los muertos.

10. En efecto, guardaron en su pecho el secreto; aunque andaban discurriendo entre sí qué querría decir con aquellas palabras: Cuando hubiese resucitado de entre los muertos.

11. Y le preguntaron: ¿Pues cómo dicen los fariseos y los escribas que ha de venir primero Elías?

12. Y él les respondió: Elías ha de venir antes y restablecerá entonces todas las cosas; y como está escrito del Hijo del hombre, ha de padecer mucho y ser vilipendiado.

13. Si bien os digo que Elías ha venido ya y han hecho con él todo lo que les pareció, según estaba escrito.

14. Al llegar adonde estaban sus demás discípulos, los vio rodeados de una gran multitud, y a los escribas disputando con ellos.

15. Y todo el pueblo, luego que vio a Jesús, se llenó de asombro y de pavor; y acudieron todos corriendo a saludarle.

16. Y él les preguntó: ¿Sobre qué altercabais entre vosotros?

17. A lo que respondiendo uno de ellos, dijo: Maestro, yo he traído a ti un hijo mío, poseído de cierto espíritu, que lo ha dejado mudo;

18. el cual, dondequiera que le toma, le tira contra el suelo, y le hace echar espuma por la boca, y crujir los dientes, y que se vaya secando; pedí a tus discípulos que le lanzasen, y no han podido.

19. Jesús, dirigiendo a todos la palabra, les dijo: ¡Oh gente incrédula!, ¿hasta cuándo habré de estar entre vosotros?; ¿hasta cuándo habré yo de sufriros? Traedlo a mí.

20. Se lo trajeron. Y apenas vio a Jesús, cuando el espíritu empezó a agitarlo con violencia; y tirándose contra el suelo, se revolcaba, echando espumarajos.

21. Jesús preguntó a su padre: ¿Cuánto tiempo hace que le sucede esto? Desde la niñez, respondió,

22. y muchas veces le ha precipitado en el fuego y en el agua, a fin de acabar con él; pero si puedes algo, socórrenos, compadecido de nosotros.

23. A lo que Jesús le dijo: Si tú puedes creer, todo es posible para el que cree.

24. Y luego el padre del muchacho, bañado en lágrimas, exclamó diciendo: ¡Oh Señor, yo creo; ayuda tú mi incredulidad!

25. Viendo Jesús la gente que iba acudiendo, amenazó al espíritu inmundo, diciendo: Espíritu sordo y mudo, yo te lo mando, sal de este muchacho, y no vuelvas más a entrar en él.

26. Y dando un gran grito, y atormentando horriblemente al joven, salió de él dejándolo como muerto; de suerte que muchos decían: Está muerto.

27. Pero Jesús, cogiéndolo de la mano, le ayudó a alzarse, y se levantó.

28. Cuando entró Jesús en la casa donde moraba, sus discípulos le preguntaban a solas: ¿Por qué motivo nosotros no le hemos podido lanzar?

29. Les respondió: Esta raza de demonios por ningún medio puede salir, sino a fuerza de oración y de ayuno.

30. Y habiendo marchado de allí atravesaron la Galilea; y no quería darse a conocer a nadie.

31. Entretanto iba instruyendo a sus discípulos, y les decía: El Hijo del hombre será entregado en manos de los hombres, y le darán la muerte y después de muerto resucitará al tercer día.

32. Ellos no comprendían cómo podía ser esto que les decía, ni se atrevían a preguntárselo.

33. En esto llegaron a Cafarnaúm; y estando ya en casa, les preguntó: ¿De qué ibais tratando en el camino?

34. Mas ellos callaban; y es que habían tenido en el camino una disputa ente sí, sobre quién en ellos era el mayor de todos.

35. Entonces Jesús, sentándose, llamó a los doce, y les dijo: Si alguno pretende ser el primero, hágase el último de todos y el siervo de todos.

36. Y cogiendo a un niño le puso en medio de ellos, y después de abrazarle, les dijo:

37. Cualquiera que acogiere a uno de estos niños por amor mío, a mí me acoge; y cualquiera que me acoge, no tanto me acoge a mí, como al que a mí me ha enviado.

38. Tomando después Juan la palabra, le dijo: Maestro, hemos visto a uno que andaba lanzando los demonios en tu nombre, que no es de los nuestros, y se lo prohibimos.

39. No hay para qué prohibírselo, respondió Jesús, puesto que nadie que haga milagros en mi nombre podrá luego hablar mal de mí.

40. Que quien no es contrario vuestro, de vuestro partido es.

41. Y cualquiera que os diere un vaso de agua en mi nombre, atento a que sois de Cristo, en verdad os digo que no será defraudado de su recompensa.

42. Y al contrario, al que escandalizare a alguno de estos pequeñitos que creen en mí, mucho mejor le fuera que le ataran al cuello una de esas ruedas de molino que mueve un asno, y lo echaran al mar.

43. Que si tu mano te hace pecar, córtala: mas te vale entrar manco en la vida eterna, que tener dos manos e ir al infierno, al fuego inextinguible,

44. en donde el gusano que les roe, nunca muere, y el fuego nunca se apaga.

45. Y si tu pie te hace pecar, córtalo: Más te vale entrar cojo en la vida eterna, que tener dos pies y ser arrojado al infierno, al fuego inextinguible,

46. donde el gusano que les roe nunca muere, y el fuego nunca se apaga.

47. Y si tu ojo te sirve de escándalo, arráncalo: más te vale entrar tuerto en el reino de Dios, que tener dos ojos y ser arrojado al fuego del infierno,

48. donde el gusano que les roe, nunca muere, y el fuego jamás se apaga.

49. Porque la sal con que todos ellos serán salados, es el fuego; así como todas las víctimas deben, según la ley, ser de sal rociadas.

50. La sal es buena; mas si la sal perdiere su sabor, ¿con qué la sazonaréis? Tened siempre en vosotros sal de sabiduría y prudencia, y guardad así la paz entre vosotros.

10

Enseña Jesús la indisolubilidad del matrimonio. Anuncia de nuevo su muerte y resurrección

1. Y partiendo de allí llegó a los confines de Judea, al otro lado del Jordán, donde concurrieron de nuevo alrededor de él los pueblos vecinos, y se puso otra vez a enseñarlos, como tenía de costumbre.

2. Vinieron entonces a él unos fariseos, y le preguntaban por tentarlo si es lícito al marido repudiar a su mujer.

3. Pero él, en respuesta, les dijo: ¿Qué os mandó Moisés?

4. Ellos dijeron: Moisés permitió repudiarla, precediendo escritura legal del repudio.

5. A los cuales replicó Jesús: En vista de la dureza de vuestro corazón os dejo mandado eso.

6. Pero al principio, cuando los creó Dios, formó a un hombre y a una mujer;

7. por cuya razón, dejará el hombre a su padre y a su madre, y se juntará con su mujer;

8. y los dos no compondrán sino una sola carne, de manera que ya no son dos, sino una sola carne:

9. No separe, pues, el hombre lo que Dios ha juntado.

10. Después en casa, le tocaron otra vez sus discípulos el mismo punto.

11. Y él les inculcó: Cualquiera que desechare a su mujer y tomare otra, comete adulterio contra ella.

12. Y si la mujer se separa de su marido y se casa con otro es adúltera.

13. Como le presentasen unos niños para que los tocase, los discípulos reñían a los que venían a presentárselos.

14. Lo que advirtiendo Jesús, lo llevó muy a mal y les dijo: Dejad que los niños vengan a mí, y no se lo estorbéis; porque de los que se asemejan a ellos es el reino de Dios.

15. En verdad os digo, que quien no recibiere, como niño el reino de Dios no entrará en él.

16. Y estrechándolos entre sus brazos, y poniendo sobre ellos las manos los bendecía.

17. Así que salió para ponerse en camino, vino corriendo uno, y arrodillado a sus pies, le preguntó: ¡Oh buen Maestro!, ¿qué debo yo hacer para conseguir la vida eterna?

18. Jesús le dijo: ¿Por qué me llamas bueno? Nadie es bueno sino sólo Dios.

19. Ya sabes los mandamientos: No cometer adulterio, no matar, no hurtar, no decir falso testimonio, no hacer mal a nadie, honrar a padre y madre.

20. A esto respondió él, y le dijo: Maestro, todas esas cosas las he observado desde mi mocedad.

21. Y Jesús mirándole de hito en hito, mostró quedar prendado de él, y le dijo: Una cosa te falta aún*, anda, vende cuanto tienes, y dalo a los pobres, que así tendrás un tesoro en el cielo; y ven después y sígueme.

22. A esta propuesta, entristecido el joven, se fue muy afligido, pues tenía muchos bienes.

Invitación de Jesús a dejar las riquezas y gustar la pobreza

23. Y echando Jesús una ojeada alrededor de sí, dijo a sus discípulos: ¡Oh, cuán difícilmente los acaudalados entrarán en el reino de Dios!

24. Los discípulos quedaron pasmados al oír tales palabras. Pero Jesús, volviendo a hablar les añadió: ¡Ay, hijitos míos, cuán difícil cosa es que los que ponen su confianza en las riquezas entren en el reino de Dios!

25. Más fácil es que pase un camello por el ojo de una aguja, que el entrar un rico en el reino de Dios.

26. Con esto subía de punto su asombro, y se decían unos a otros: ¿Quién podrá pues salvarse?

27. Pero Jesús fijando en ellos la vista, les dijo: A los hombres es esto imposible, mas no a Dios; pues para Dios todas las cosas son posibles.

28. Aquí Pedro, tomando la palabra, le dijo: Por lo que hace a nosotros, bien ves que hemos renunciado todas las cosas y te hemos seguido.

29. A lo que Jesús, respondiendo dijo: Pues yo os aseguro que nadie hay que haya dejado casa, o hermanos, o hermanas o padre o madre, o hijos o heredades por amor de mí y del mensaje de salvación,

30. que ahora mismo en este siglo, y aun en medio de las persecuciones, no reciba el cien doblado por equivalentes de casas, y hermanos, y hermanas, de madres, de hijos de heredades; y en el siglo venidero, la vida eterna.

31. Pero muchos de los que en la tierra hayan sido los primeros, serán allí los últimos; y muchos de los que hayan sido los últimos serán los primeros.

32. Continuaban su viaje subiendo a Jerusalén, y Jesús se les adelantaba: y estaban sus discípulos como atónitos, y le seguían llenos de temor. Y tomando aparte de nuevo a los doce, comenzó a repetirles lo que había de sucederle.

33. Nosotros, les dijo, vamos, como veis, a Jerusalén, donde el Hijo del hombre será entregado a los príncipes de los sacerdotes, y a los escribas y ancianos, que le condenarán a muerte, y le entregarán a los gentiles:

34. Y le escarnecerán, y le escupirán, y le azotarán, y le quitarán la vida, y al tercer día resucitará.

35. Entonces, se arriman a él Santiago y Juan, hijos de Zebedeo, y por medio de su madre le hacen esta petición: Maestro, quisiéramos que nos concedieses todo cuanto te pidamos.

36. Les dijo él: ¿Qué cosas deseáis que os conceda?

37. Concédenos, respondieron, que en tu gloria, nos sentemos el uno a tu diestra y el otro a tu siniestra.

38. Mas Jesús les replicó: No sabéis lo que pedís. ¿Podéis beber el cáliz que yo voy a beber?; ¿o ser bautizados con el bautismo con que yo voy a ser bautizado?

39. Le respondieron: Sí que podemos. Pues tened por cierto, les dijo Jesús, que beberéis el cáliz y seréis bautizados con el bautismo con que yo soy bautizado;

40. pero eso de sentarse a mi distra y a mi siniestra no está en mi arbitrio darlo a vosotros, sino a quienes se ha destinado.

41. Oyendo los diez dicha demanda, dieron muestras de indignación contra Santiago y Juan.

42. Mas Jesús, llamándolos todos a sí, les dijo: Bien sabéis que los que tienen autoridad de mandar a las naciones, las tratan con imperio; y que sus príncipes ejercen sobre ellos un poder absoluto.

43. No debe ser lo mismo entre vosotros; sino quien quisiere hacerse mayor ha de ser vuestro criado;

44. y quien quisiere ser entre vosotros el primero, debe hacerse siervo de todos.

45. Porque aun el Hijo del hombre no vino a que le sirviesen, sino a servir y a dar su vida por la redención de muchos.

46. Después de esto llegaron a Jericó; y al partir de Jericó con sus discípulos seguido de muchísima gente, Bartimeo el ciego, hijo de Timeo, estaba sentado junto al camino, pidiendo limosna.

47. Habiendo oído, pues, que era Jesús Nazareno el que venía, comenzó a dar voces, diciendo: ¡Jesús, hijo de David, ten misericordia de mí!

48. Y reñíanle muchos para que callara; sin embargo, él alzaba mucho más el grito: ¡Hijo de David, ten compasión de mí!

49. Parándose entonces Jesús, le mandó llamar. Y le llamaron, diciéndole: ¡Ea, buen ánimo!, levántate, que te llama.

50. El cual, arrojando su capa al instante se puso en pie, y vino a él.

51. Y Jesús le dijo: ¿Qué quieres que te haga? El ciego le respondió: Maestro, haz que yo vea.

52. Y Jesús: Anda, que tu fe te ha curado. Y de repente vio, y él iba siguiendo por el camino.

11

Entrada triunfante de Jesús en Jerusalén. Maldición de la higuera. Negociantes echados del templo

---

1. Cuando iban acercándose a Jerusalén, al llegar junto a Betania, al pie del monte de los Olivos, despachó dos de sus discípulos,

2. y les dijo: Id a ese lugar, que tenéis al frente, y luego, al entrar en él, hallaréis atado un asno, en el cual nadie ha montado hasta ahora; desatadlo y traedlo.

3. Y si alguien os dijere: ¿Qué hacéis?, responded que el Señor lo necesita; y al instante os lo dejará traer acá.

4. Luego que fueron hallaron el burrito atado fuera, delante de una puerta, a la entrada de dos caminos o en una encrucijada, y lo desataron.

5. Y algunos de los que estaban allí, les dijeron: ¿Qué hacéis?, ¿por qué desatáis ese burro?

6. Los discípulos respondieron conforme a lo que Jesús les había mandado, y se lo dejaron llevar.

7. Y trajeron el burro a Jesús; y habiéndole aparejado con los vestidos de ellos, montó Jesús en él.

8. Muchos en seguida tendieron sus vestidos en el camino; y otros cortaban ramas u hojas de los árboles, y las esparcían por donde había de pasar Jesús.

9. Y tanto los que iban delante, como los que seguían detrás, le aclamaban diciendo: ¡Hosanna, salud y gloria!

10. ¡Bendito sea el que viene en nombre del Señor! ¡Bendito sea el reino de nuestro padre David que vemos llegar ahora! ¡Hosanna en lo más alto de los cielos!

11. Así entró Jesús en Jerusalén y se fue al templo, donde después de haber observado por una y otra parte todas las cosas, siendo ya tarde, se salió a Betania con los doce.

12. Al otro día así que salieron de Betania, tuvo hambre.

13. Y como viese a lo lejos una higuera con hojas, se encaminó allá para ver si encontraba en ella alguna cosa; y llegando, nada encontró sino follaje; porque no era aún tiempo de higos;

14. y hablando a la higuera, le dijo: Nunca jamás coma ya nadie fruto de ti. Lo cual oyeron sus discípulos.

15. Llegan, pues, a Jerusalén. Y habiendo Jesús entrado en el templo, comenzó a echar fuera a los que vendían y compraban en él, y derribó las mesas de los cambistas, y los asientos de los que vendían palomas para los sacrificios;

16. y no permitía que nadie transportase mueble o cosa alguna por el templo;

17. y los instruía, diciendo: ¿Por ventura no está escrito*: Mi casa será llamada por todas las gentes casa de oración? Pero vosotros habéis hecho de ella una guarida de ladrones.

18. Sabido esto por los príncipes de los sacerdotes y los escribas, andaban trazando el modo de quitarle la vida secretamente; porque le temían, viendo que todo el pueblo estaba maravillado de su doctrina.

19. Así que se hizo tarde, salió de la ciudad.

20. La mañana siguiente repararon los discípulos al pasar que la higuera se había secado de raíz;

21. con lo cual acordándose Pedro de lo sucedido, le dijo: Maestro, mira como la higuera que maldijiste se ha secado.

22. Y Jesús tomando la palabra, les dijo: Tened confianza en Dios.

23. En verdad os digo, que cualquiera que dijere a este monte: Quítate de ahí, y échate al mar, no vacilando en su corazón, sino creyendo que cuanto dijere se ha de hacer, así se hará.

24. Por tanto, os aseguro, que todas cuantas cosas pidiereis en la oración, tened fe de conseguirlas, y se os concederán.

25. Mas al poneros a orar, si tenéis algo contra alguno, perdonadle el agravio, a fin de que vuestro Padre que está en los cielos, también os perdone vuestros pecados.

26. Que si no perdonáis vosotros, tampoco vuestro Padre celestial os perdonará vuestras culpas.

27. Volvieron, pues, otra vez a Jerusalén. Y paseándose Jesús por el atrio exterior del templo instruyendo al pueblo, se acercaron a él los príncipes de los sacerdotes, y los escribas, y los ancianos;

28. y le dicen: ¿Con qué autoridad haces estas cosas?; ¿y quién te ha dado a ti potestad de hacer lo que haces?

29. Y respondiendo Jesús, les dijo: Yo también os haré una pregunta. Respondedme, y después os diré con qué autoridad hago estas cosas:

30. El bautismo de Juan, ¿era del cielo, o de los hombres? Respondedme a esto.

31. Ellos discurrían para consigo, diciendo entre sí: Si decimos que del cielo, dirá: pues ¿por qué no le creísteis?

32. Si decimos que de los hombres, debemos temer al pueblo, pues todos creían que Juan había sido verdadero profeta;

33. y así respondieron a Jesús, diciendo: No lo sabemos. Entonces Jesús les replicó: Pues yo tampoco os diré con qué autoridad hago estas cosas.

12

Sobre la resurrección de los muertos. Cristo, Señor de David. Soberbia de los escribas

1. En seguida comenzó a hablarles por parábolas: Un hombre, dijo, plantó una viña y la ciñó con cercado, y cavando, hizo en ella un lagar, y construyó una torre, y la arrendó a ciertos labradores, y se marchó lejos de su tierra.

2. A su tiempo despachó un criado a los renteros para cobrar el fruto de la viña;

3. mas ellos agarrándole le apalearon, y le despacharon con las manos vacías.

17. *Is 56*, 7; *Jer 7*, 11.

4. Por segunda vez les envió otro criado, y a éste también le descalabraron, cargándole de oprobios.

5. Por tercera vez envió a otro, al cual mataron; tras éste otros muchos, y de ellos a unos les hirieron, y a otros les quitaron la vida.

6. En fin, a un hijo único que tenía y a quien amaba tiernamente, se lo envió también el último, diciendo: Respetarán al menos a mi hijo.

7. Pero los viñadores al verle venir se dijeron unos a otros: Este es el heredero; venid, matémosle, y será nuestra la heredad.

8. Y asiendo de él, le mataron, arrojándolo fuera de la viña.

9. ¿Qué hará, pues, el dueño de la viña? Vendrá y perderá a aquellos renteros, y arrendará la viña a otros.

10. ¿No habéis leído este pasaje de la Escritura*: La piedra que desecharon los que edificaban, vino a ser la principal piedra del ángulo.

11. El Señor es el que hizo eso, y estamos viendo con nuestros ojos tal maravilla?

12. En la hora maquinaban cómo prenderle; porque bien conocieron que a ellos había enderezado la parábola; mas temieron al pueblo, y así dejándolo se marcharon.

13. Pero le enviaron algunos fariseos y herodianos, para sorprenderle en alguna expresión;

14. los cuales vinieron y le dijeron: Maestro, nosotros sabemos que eres hombre veraz, y que no atiendes a respetos humanos, porque no miras la calidad de las personas, sino que enseñas el camino de Dios con lisura: ¿Nos es lícito a nosotros pagar tributo a César, o podremos no pagarlo?

15. Jesús penetrando su malicia, les dijo: ¿Para qué venis a tentarme? Dadme a ver un denario, o la moneda corriente.

16. Se lo presentaron, y él les dice: ¿De quién es esta imagen, y esta inscripción? Respondieron: De César.

17. Entonces replicó Jesús, y les dijo: Pagad, pues, a César lo que es de César; y a Dios lo que es de Dios. Con cuya respuesta los dejó maravillados.

18. Vinieron después a encontrarle los saduceos que niegan la resurrección y le propusieron esta cuestión:

10. *Sal 118* (*117*), 22; *Is 28*, 16.

19. Maestro, Moisés* nos dejó ordenado por escrito, que si el hermano de uno muere, dejando a su mujer sin hijos, éste se case con la viuda, para que no falte a su hermano descendencia.

20. Esto supuesto, eran siete hermanos; el mayor se casó, y vino a morir sin hijos.

21. Con eso el segundo se casó con la viuda; pero murió también sin dejar sucesión. Del mismo modo el tercero.

22. En suma, los siete sucesivamente se casaron con ella, y ninguno tuvo hijos. Al cabo murió la mujer la última de todos.

23. Ahora, pues, el día de la resurrección, cuando resuciten, ¿de cuál de éstos será mujer?; porque ella lo fue de los siete.

24. Jesús en respuesta les dijo: ¿No veis que habéis caído en error, por no entender las Escrituras, ni el poder de Dios?

25. Porque cuando hayan resucitado de entre los muertos, ni los hombres tomarán mujeres, ni las mujeres maridos, sino que serán como los ángeles que están en los cielos.

26. Ahora sobre que los muertos hayan de resucitar, ¿no habéis leído en el libro de Moisés*, cómo Dios hablando con él en la zarza, le dijo: Yo soy el Dios de Abrahán, y el Dios de Isaac, y el Dios de Jacob?

27. Y en verdad que Dios no es Dios de muertos, sino de vivos. Luego estáis vosotros en un gran error.

El mandamiento principal

28. Uno de los escribas, que había oído esta disputa, viendo lo bien que les había respondido, se arrimó y le preguntó cuál era el primero de todos los mandamientos.

29. Y Jesús le respondió: El primero de todos los mandamientos es éste: Escucha, ¡oh Israel!, el Señor Dios tuyo, es el solo Dios:

30. Amarás al Señor Dios tuyo con todo tu corazón, y con toda tu alma, y con toda tu mente, y con todas tus fuerzas*; éste es el mandamiento primero;

31. el segundo, semejante al primero, es*: Amarás a tu prójimo como a ti mismo. No hay otro mandamiento que sea mayor que éstos.

19. *Deut 25*, 5.
26. *Ex 3*, 6.
30. *Deut 6*, 4.
31. *Lev 19*, 18.

32. Y el escriba le dijo: Maestro, has dicho bien y con verdad, que Dios es uno solo, y no hay otro fuera de él;

33. y que el amarle de todo corazón, y con todo el espíritu, y con toda el alma, y con todas las fuerzas, y al prójimo como a sí mismo, vale más que todos los holocaustos y sacrificios.

34. Viendo Jesús que había respondido sabiamente, le dijo: No estás lejos del reino de Dios. Y ya nadie osaba hacerle más preguntas.

35. Y enseñando y razonando después Jesús en el templo, decía: ¿Cómo dicen los escribas que el Cristo o Mesías es hijo de David?

36. Siendo así que el mismo David, inspirado del Espíritu Santo, dice*: Dijo el Señor a mi Señor, siéntate a mi diestra hasta tanto que yo haya puesto a tus enemigos por tarima de tus pies.

37. Pues si David le llama su Señor, ¿por dónde o cómo es su hijo? Y el numeroso auditorio le oía con gusto.

38. Y les decía en sus instrucciones: Guardaos de los escribas que hacen gala de pasearse con vestidos rozagantes, y de ser saludados en la plaza,

39. y de ocupar las primeras sillas en las sinagogas y los primeros asientos en los convites;

40. que devoran las casas de las viudas con el pretexto de que hacen por ellas largas oraciones; éstos serán castigados con más rigor.

41. Estando Jesús sentado frente al arca de las ofrendas, estaba mirando cómo la gente echaba dinero en ella; y muchos ricos echaban grandes cantidades.

42. Vino también una viuda pobre, la cual metió dos blancas o pequeñas monedas de un cuarto;

43. y entonces convocando a sus discípulos les dijo: En verdad os digo que esta pobre viuda ha echado más en el arca, que todos los otros.

44. Por cuanto los demás han echado algo de lo que les sobraba; pero ésta ha dado de su misma pobreza todo lo que tenía, todo su sustento.

---

36. *Sal 110* (*109*), 1.

13 *Jesús frente al templo de Jerusalén anuncia la destrucción de la ciudad y su segunda venida*

1. Al salir del templo, le dijo uno de sus discípulos: Maestro, mira qué piedras y que construcción tan asombrosa.

2. Jesús le dio por respuesta: ¿Vez todos esos magníficos edificios? Pues serán de tal modo destruidos, que no quedará piedra sobre piedra.

3. Y estando sentado en el monte de los Olivos de cara al templo, le preguntaron aparte Pedro y Santiago, y Juan y Andrés:

4. Dinos, ¿cuándo sucederá eso?, y ¿qué señal habrá de que todas estas cosas están a punto de cumplirse?

5. Jesús tomando la palabra, les habló de esta manera: Mirad que nadie os engañe;

6. porque muchos vendrán arrogándose mi nombre, y diciendo: Yo soy el Mesías; y con falsas señales seducirán a muchos.

7. Cuando sintiereis alarmas y rumores de guerras, no os turbéis por eso; porque si bien han de suceder estas cosas, no ha llegado aún con ellas el fin;

8. puesto que se armará nación contra nación, y reino contra reino, y habrá terremotos en varias partes, y hambres. Y esto no será sino el principio de los dolores.

9. Entretanto vosotros estad sobre aviso en orden a vuestras mismas personas. Por cuanto habéis de ser llevados a los tribunales, y azotados en las sinagogas, y presentados por causa de mí ante los gobernadores y reyes, para que déis delante de ellos testimonio de mí.

10. Mas primero debe ser predicada la buena nueva a todas las naciones.

11. Cuando, pues, llegare el caso de que os lleven para entregaros en sus manos, no discurráis de antemano lo que habéis de hablar; sino hablad lo que os será inspirado en aquel trance; porque no sois vosotros los que habláis, sino el Espíritu Santo.

12. Entonces el hermano entregará a la muerte al hermano, y el padre al hijo; y se levantarán los hijos contra los padres, y les quitarán la vida.

13. Y vosotros seréis aborrecidos de todo el mundo por causa de mi nombre. Mas quien perseverare hasta el fin, éste será salvo.

14. Cuando viereis la abominación de la desolación*, establecida donde menos debiera (el que lea esto, haga reflexión), entonces los que moran en Judea, huyan a los montes;

15. y el que se encuentre en el terrado, no baje a casa, ni entre a sacar de ella cosa alguna;

16. y el que esté en el campo no torne atrás a tomar su vestido.

17. Mas, ¡ay de las que estarán encinta, y de las que criarán en aquellos días!

18. Por eso rogad a Dios que no sucedan estas cosas durante el invierno.

19. Porque serán tales las tribulaciones de aquellos días cuales no se han visto desde que Dios creó al mundo, hasta el presente, ni se verán.

20. Y si el Señor no hubiere abreviado aquellos días, no se salvaría hombre alguno; mas en gracia de los escogidos, que él eligió los ha abreviado.

21. Entonces si alguno os dijere: Ve aquí el Cristo, o vele allí, no lo creáis;

22. porque se levantarán falsos Cristos, y falsos profetas, los cuales harán milagros y prodigios para seducir, si se pudiese, a los mismos escogidos.

23. Por tanto, vosotros estad sobre aviso; ya veis que os lo he predicho todo a fin de que no seáis sorprendidos.

24. Y pasados aquellos días de tribulación, el sol se oscurecerá, y la luna no alumbrará;

25. y las estrellas del cielo caerán, y las potestades que hay en los cielos, serán sacudidas.

26. Entonces se verá venir al Hijo del hombre sobre las nubes con gran poder y gloria;

27. el cual enviará luego sus ángeles, y congregará a sus escogidos de las cuatro partes del mundo, desde el último cabo de la tierra, hasta la extremidad del cielo.

28. Aprended ahora sobre esto una comparación tomada de la higuera: Cuando ya sus ramas retoñan, y brotan las hojas, conocéis que está cerca el verano.

29. Pues así también, cuando vosotros veáis que acontecen estas cosas, sabed que el Hijo del hombre está cerca, está ya a la puerta.

30. En verdad os digo que no pasará esta generación, sin que se hayan cumplido todas estas cosas

31. El cielo y la tierra faltarán; pero no faltarán mis palabras.

32. Mas en cuanto al día o a la hora nadie sabe nada, ni los ángeles en el cielo, ni el Hijo; sólo el Padre.

33. Estad, pues alerta, velad y orad, ya que no sabéis cuándo será el tiempo.

34. A la manera de un hombre que saliendo a un viaje largo dejó su casa, y señaló a cada uno de sus criados lo que debía hacer, y mandó al portero que velase,

35. velad, pues, vosotros, (porque no sabéis cuándo vendrá el dueño de la casa, si a la tarde o a la medianoche o al canto del gallo, o al amanecer),

36. no sea que viniendo de repente, os encuentre dormidos.

37. En fin, lo que a vosotros os digo, a todos lo digo: Velad.

14

Principio de la pasión de Jesús. Ultima cena e institución de la Eucaristía. Oración en el huerto

---

1. Dos días después era la Pascua, cuando comienzan los ázimos: y los príncipes de los sacerdotes y los escribas andaban trazando como prender a Jesús con engaño y quitarle la vida.

2. Mas no será, decían, en la fiesta, para que no se amotine el pueblo.

3. Hallándose Jesús* en Betania, en casa de Simón el leproso, estando a la mesa, entró su mujer con un vaso de alabastro lleno de ungüento o perfume hecho de la espiga del nardo, de mucho precio, y quebrando el vaso, derramó el bálsamo sobre la cabeza de Jesús.

4. Algunos de los presentes irritados interiormente, decían: ¿A qué fin desperdiciar ese perfume,

5. siendo así que se podía vender en más de trescientos denarios, y dar el dinero a los pobres? Con este motivo bramaban contra ella.

---

14. *Dan 9*, 27.

3. Seis días antes. *Jn 12*, 1.

6. Mas Jesús les dijo: Dejadla, ¿por qué la molestáis? La obra que ha hecho conmigo es buena,

7. pues a los pobres los tenéis siempre con vosotros, y podéis hacerles bien cuando quisiereis; mas a mí no me tendréis siempre.

8. Ella ha hecho cuanto estaba en su mano; se ha anticipado a embalsamar mi cuerpo para la sepultura.

9. En verdad os digo que doquiera que se predicare este mensaje de salvación por todo el mundo, se contará también en memoria o alabanza de esta mujer lo que acaba de hacer.

10. Entonces Judas Iscariote, uno de los doce, salió a verse con los sumos sacerdotes, para entregarles a Jesús.

11. Los cuales cuando le oyeron, se holgaron mucho, y prometieron darle dinero. Y él ya no buscaba sino ocasión oportuna para entregarle.

12. El primer día, pues, de los ázimos en que sacrificaban el cordero pascual*, le dijeron los discípulos: ¿A dónde quieres que vayamos a prepararte la cena de la Pascua?

13. Y Jesús envió a dos de ellos, diciéndoles: Id a la ciudad, y encontraréis a un hombre que lleva un cántaro de agua, seguidle.

14. Y en dondequiera que entrare, decid al amo de la casa, que el Maestro os envía a decir: ¿Dónde está la sala en que he de celebrar la cena de la Pascua con mis discípulos?

15. Y él os mostrará una pieza de comer grande, bien arreglada; preparadnos allí lo necesario.

16. Fueron, pues, los discípulos, y llegando a la ciudad, hallaron todo lo que les había dicho, y dispusieron las cosas para la Pascua.

17. Puesto ya el sol, fue Jesús allá con los doce.

18. Y estando a la mesa, y comiendo, dijo Jesús: En verdad os digo, que uno de vosotros, que come conmigo, me hará traición.

19. Comenzaron entonces ellos a entristecerse y a decirle uno después de otro: ¿Seré yo acaso?

20. El les respondió: Es uno de los doce, uno que mete conmigo la mano o moja en un mismo plato.

21. Verdad es que el Hijo del hombre se va, como está escrito* de él; pero, ¡ay de aquel hombre, por quien el Hijo del hombre será entregado! Mejor sería para tal hombre no haber nacido.

22. Durante la cena, tomó Jesús pan, y bendiciéndolo lo partió, y se los dio, y les dijo: Tomad*, éste es mi cuerpo.

23. Y cogiendo el cáliz, dando gracias se lo alargó; y bebieron todos de él.

24. Y les dijo: Esta es la sangre mía de la nueva alianza, la cual será derramada por muchos.

25. En verdad os digo, que de hoy más no beberé de este fruto de la vid, hasta el día en que lo beba nuevo en el reino de Dios.

26. Y dicho el himno de acción de gracias, salieron hacia el monte de los Olivos.

27. Antes de partir les dijo aún Jesús: Todos os escandalizaréis por ocasión de mí esta noche, según está escrito*: Heriré al pastor, y se descarriarán las ovejas.

28. Pero resucitando me pondré a vuestro frente en Galilea.

29. Pedro le dijo entonces: Aun cuando fueres para todos los demás un objeto de escándalo, no lo serás para mí.

30. Jesús le replicó: En verdad te digo, que tú, hoy mismo esta noche, antes de la segunda vez que cante el gallo, tres veces me negarás.

31. El no obstante se afirmaba más y más en lo dicho, añadiendo: Aunque me sea forzoso morir contigo, yo no te negaré. Y lo mismo decían todos los demás.

32. En esto llegan a la granja llamada Getsemaní. Y dice a sus discípulos: Sentaos aquí mientras yo hago oración.

33. Y llevándose consigo a Pedro, y a Santiago, y a Juan, comenzó a atemorizarse y angustiarse.

34. Y les dijo: Mi alma siente angustias de muerte; aguardad aquí y estad en vela.

35. Y apartándose un poco adelante, se postró en tierra; y suplicaba que, si se pudiese, se alejase de él aquella hora:

36. ¡Oh Padre, Padre!, decía, todas las

---

12. *Ex 12*, 18.

21. *Sal 41 (40)*, 10.
22. *Mat 26*, 26.
27. *Zac 13*, 7.

cosas te son posibles, aparta de mí este cáliz. Mas no sea lo que yo quiero, sino lo que tú.

37. Viene después a los tres, y los halló dormidos. Y dice a Pedro: ¿Simón*, tú duermes?, ¿aun no has podido velar una hora?

38. Velad, y orad para que no caigáis en la tentación. El espíritu a la verdad está pronto, pero la carne es flaca.

39. Se fue otra vez a orar, repitiendo las mismas palabras.

40. Y habiendo vuelto, los encontró de nuevo dormidos (porque sus ojos estaban cargados de sueño) y no sabían qué responderle.

41. Al fin vino tercera vez, y les dijo: Ea, dormid y reposad... Pero basta ya, la hora es llegada. Y ved aquí que el Hijo del hombre va a ser entregado en manos de los pecadores.

42. Levantaos de aquí, y vamos, que ya el traidor está cerca.

Jesús es arrestado y llevado a juicio

43. Estando todavía hablando, llega Judas Iscariote, uno de los doce, acompañado de mucha gente, con espadas y con garrotes, enviada por los príncipes de los sacerdotes, por los escribas y por los ancianos.

44. El traidor les había dado una seña, diciendo: A quien yo besare, él es, prendedlo y conducidlo con cautela.

45. Así al punto que llegó, arrimándose a Jesús, le dijo: Maestro mío, Dios te guarde. Y lo besó.

46. Ellos entonces le echaron las manos, y le aseguraron.

47. Entretanto uno de los presentes (Pedro) desenvainando la espada, hirió a un criado del sumo sacerdote, y le cortó una oreja.

48. Jesús, tomando la palabra, les dijo: ¿Como si yo fuese algún ladrón, habéis salido a prenderme con espadas y con garrotes?

49. Todos los días estaba entre vosotros enseñando en el templo, y no me prendisteis. Pero es necesario que se cumplan las Escrituras.

50. Entonces sus discípulos, abandonándolo, huyeron todos.

51. Pero cierto mancebo lo iba siguiendo envuelto solamente en una sábana o lienzo sobre sus carnes, y los soldados lo cogieron.

52. Mas él soltando la sábana, desnudo se escapó de ellos.

53. Jesús fue conducido a casa del sumo sacerdote, donde se juntaron todos los sacerdotes, y los escribas, y los ancianos.

54. Pedro como quiera le fue siguiendo a lo lejos, hasta dentro del palacio del sumo sacerdote, donde se sentó al fuego con los criados, y estaba calentándose.

55. Mientras tanto los príncipes de los sacerdotes, con todo el concilio, andaban buscando contra Jesús algún testimonio, para condenarle a muerte, y no lo hallaban.

56. Porque dado que muchos atestiguaban falsamente contra él, los tales testimonios no estaban acordes, ni eran suficientes para condenarlo a muerte.

57. Comparecieron algunos que alegaron contra él este falso testimonio:

58. Nosotros le oímos decir: Yo destruiré este templo hecho de mano de los hombres, y en tres días construiré otro sin obra de mano alguna.

59. Pero tampoco en este testimonio estaban acordes.

60. Entonces el sumo sacerdote levantándose en medio del congreso, interrogó a Jesús, diciéndole; ¿No respondes nada a los cargos que te hacen éstos?

61. Jesús callaba, y nada respondió. Lo interrogó el sumo sacerdote nuevamente, y le dijo: ¿Eres tú el Cristo, o Mesías, el Hijo de Dios bendito?

62. A esto le respondió Jesús: Yo soy; y veréis al Hijo del hombre sentado a la diestra de la majestad de Dios, y venir sobre las nubes del cielo.

63. Al punto, el sumo sacerdote, rasgando sus vestiduras, dijo: ¿Qué necesidad tenemos ya de testigos?

64. Vosotros mismos habéis oído la blasfemia, ¿qué os parece? Y todos ellos lo condenaron por reo de muerte.

65. Y luego empezaron algunos a escupirle, y tapándole la cara, le daban golpes, diciéndole: Profetiza, o adivina quién te ha dado; y los guardianes del templo le daban bofetadas.

---

37. No le llama *Pedro*, nombre que denota firmeza, sino *Simón*.

66. Entretando, hallándose Pedro abajo en el patio, vino una de las criadas del sumo sacerdote;

67. y viendo a Pedro que se estaba calentando, clavados en él los ojos, le dijo: Tú también andabas con Jesús Nazareno.

68. Mas él lo negó, diciendo: Ni le conozco, ni sé lo que dices. Y saliéndose fuera del zaguán, cantó el gallo.

69. Reparando de nuevo en él la criada, empezó a decir a los presentes: Sin duda éste es de aquéllos.

70. Mas él lo negó segunda vez. Un poquito después, los que estaban allí decían nuevamente a Pedro: Seguramente tú eres de ellos, pues eres también galileo.

71. Aquí comenzó a echarse maldiciones, y a asegurar con juramento: Yo no conozco a ese hombre de que habláis.

72. Y al instante cantó el gallo la segunda vez. Con lo que se acordó Pedro de la palabra que Jesús le había dicho: Antes de cantar el gallo por segunda vez, tres veces me habrás ya negado. Y comenzó a llorar.

15 *Jesús es presentado a Pilatos, azotado, coronado de espinas y crucificado entre dos ladrones*

1. Y luego que amaneció, habiéndose juntado para deliberar los sumos sacerdotes, con los ancianos y los escribas, y todo el consejo o Sanedrín, ataron a Jesús, y le condujeron y entregaron a Pilatos.

2. Pilatos le preguntó: ¿Eres tú el rey de los judíos? A que Jesús respondiendo, le dijo: Tú lo dices.

3. Y como los príncipes de los sacerdotes lo acusaban con muchos puntos,

4. Pilatos volvió nuevamente a interrogarlo, diciendo: ¿No respondes nada?, mira de cuántas cosas te acusan.

5. Jesús nada más contestó, de modo que Pilatos estaba todo maravillado.

6. Solía él, por razón de la fiesta de Pascua, concederles la libertad de uno de los presos, cualquiera que el pueblo pidiese.

7. Entre éstos había uno llamado Barrabás, el cual estaba preso con otros sediciosos, por haber en cierto motín cometido un homicidio.

8. Pues como el pueblo acudiese a esta sazón a pedirle el indulto que siempre les otorgaba,

9. Pilatos les respondió, diciendo: ¿Queréis que os suelte al rey de los judíos?

10. Porque sabía que los príncipes de los sacerdotes se lo habían entregado por envidia.

11. Mas los sacerdotes instigaron al pueblo a que pidiese más bien la libertad de Barrabás.

12. Pilatos de nuevo les habló, y les dijo: ¿Pues qué queréis que haga del rey de los judíos?

13. Y ellos volvieron a gritar: ¡Crucifícalo!

14. Y les decía: ¿Pues qué mal es el que ha hecho? Mas ellos gritaban con mayor fuerza: ¡Crucifícalo!

15. Al fin Pilatos, deseando contentar al pueblo, les soltó a Barrabás; y a Jesús, después de haberlo hecho azotar, se los entregó para que fuese crucificado.

16. Los soldados le llevaron entonces al patio del pretorio, y reuniéndose allí toda la corte,

17. lo vistieron con un manto de color púrpura, y le pusieron una corona de espinas entretejidas.

18. Comenzaron en seguida a saludarle diciendo: ¡Salve, oh rey de los judíos!

19. Al mismo tiempo herían su cabeza con una caña, y lo escupían, e hincando las rodillas le adoraban.

20. Después de haberse así mofado de él, lo desnudaron de la púrpura, y volviéndole a poner sus vestidos, lo condujeron afuera para crucificarlo.

21. Al paso alquilaron a un hombre que venía de una granja, llamado Simón Cireneo, padre de Alejandro y de Rufo obligándolo a que llevase la cruz de Jesús,

22. Y de esta suerte lo conducen al lugar llamado Gólgota, que quiere decir calvario.

23. Allí le dieron a beber vino mezclado con mirra*; mas él no quiso beberlo.

24. Y después de haberlo crucificado, repartieron sus ropas, echando suertes sobre la parte que había de llevar cada uno.

---

23. La *posca*, mezcla de *agua y vinagre*, de los soldados romanos, bebida para disminuir el tormento del ajusticiado. *Mat 27*, 34.

25. Era ya cumplidas las nueve de la mañana, cuando le crucificaron.

26. Y estaba escrita la causa de su sentencia con este letrero: EL REY DE LOS JUDIOS.

27. Crucificaron también con él a los dos ladrones, uno a su derecha y otro a su izquierda,

28. con lo que se cumplió la Escritura, que dice*: Y fue puesto en la clase de los malhechores.

29. Los que iban y venían blasfemaban de él, meneando sus cabezas, y diciendo: ¡Hola!, tú que destruyes el templo de Dios, y que lo reedificas en tres días,

30. sálvate a ti mismo bajando de la cruz.

31. De la misma manera, mofándose de él los príncipes de los sacerdotes, con los escribas, se decían el uno al otro: A otros ha salvado, y no puede salvarse a sí mismo.

32. El Cristo, el rey de Israel, descienda ahora de la cruz, para que seamos testigos de vista, y le creamos. También los que estaban crucificados con él, lo ultrajaban.

33. Y a las doce del día se cubrió toda la tierra de tinieblas hasta las tres de la tarde.

34. Y a las tres de la tarde exclamó Jesús diciendo en voz grande: ELOI, ELOI, ¿LAMMA SABACTANI?, que significa: Dios mío, Dios mío, ¿por qué me has desamparado?

35. Oyéndolo algunos de los presentes, decían: Ved cómo llama a Elías.

36. Y corriendo uno de ellos, empapó una esponja en vinagre, y revolviéndola en la punta de una caña, le daba a beber, diciendo: Dejad y veremos si viene Elías a descolgarlo de la cruz.

37. Mas Jesús, dando un gran grito, expiró.

38. Y al mismo tiempo el velo del templo se rasgó en dos partes, de arriba abajo.

39. Y el centurión que estaba allí presente, viendo que había expirado con gran clamor, dijo: Verdaderamente este hombre era Hijo de Dios.

40. Había allí también varias mujeres que estaban mirando de lejos, entre las cuales, estaba María Magdalena, y María madre de Santiago el menor y de José, y Salomé mujer de Zebedeo,

41. que cuando estaba en Galilea, le seguían y le asistían; y también otras muchas, que con él habían subido a Jerusalén.

42. Al caer el sol (por ser aquel día la parasceve, o día de preparación, que precede al sábado)

43. fue José de Arimatea, persona ilustre y senador, el cual esperaba también el reino de Dios, y entró denodadamente a Pilatos, y pidió el cuerpo de Jesús.

44. Pilatos, admirándose de que tan pronto hubiese muerto, hizo llamar al centurión, y le preguntó si efectivamente era muerto.

45. Y habiéndole asegurado que sí el centurión, dio el cuerpo a José.

46. José, comprada una sábana, bajó a Jesús de la cruz, y lo envolvió en la sábana, y lo puso en un sepulcro abierto en una peña, y arrimando una gran piedra, dejó así con ella cerrada la entrada.

47. Entretanto María Magdalena y María, madre de José, estaban observando dónde le ponían.

16 *Resurrección de Jesús, quien se aparece a María Magdalena y a los discípulos*

1. Y pasada la fiesta del sábado, María Magdalena, y María madre de Santiago, y Salomé, compraron aromas para ir a embalsamar a Jesús.

2. Y partiendo muy de madrugada el domingo o primer día de la semana, llegaron al sepulcro, salido ya el sol.

3. Y se decían una a otra: ¿Quién nos quitará la piedra de la entrada del sepulcro?

4. La cual realmente era muy grande, mas echando la vista, repararon que la piedra estaba apartada.

5. Y entrando en el sepulcro se hallaron con un joven sentado al lado derecho, vestido de un blanco ropaje, y se quedaron pasmadas.

6. Pero él les dijo: No tenéis que asustaros; vosotros venís a buscar a Jesús Nazareno, que fue crucificado; ya resucitó, no está aquí: Mirad el lugar donde le pusieron.

7. Pero id, y decid a sus discípulos, y a Pedro que irá delante de vosotros a Galilea, donde le veréis, según que os tiene dicho.

---

28. *Is* 53, 12.

La crucifixión

Y después de haberlo crucificado, repartieron sus ropas, echando suertes sobre la parte que había de llevar cada uno. Era ya cumplidas las nueve de la mañana, cuando le crucificaron. Y estaba escrita la causa de su sentencia con este letrero: EL REY DE LOS JUDIOS. Crucificaron también con él a los dos ladrones, uno a su derecha y otro a su izquierda,

LA ASCENSIÓN

Así el Señor Jesús, después de haberles hablado varias veces, fue elevado al cielo, y está sentado a la diestra de Dios. Y sus discípulos fueron, y predicaron en todas partes, cooperando el Señor, y confirmando su doctrina con los milagros que la acompañaban.

8. Ellas, saliendo del sepulcro, echaron a huir, como sobrecogidas que estaban de pavor y espanto, y a nadie dijeron nada, tal era su pasmo.

9. Jesús habiendo resucitado de mañana, el domingo o primer día de la semana, se apareció primero a María Magdalena, de la cual había lanzado siete demonios.

10. Y Magdalena fue luego a dar las nuevas a los que habían andado con él, que no cesaban de gemir y llorar.

11. Los cuales al oírle decir que vivía, y que ella le había visto, no le creyeron.

12. Después de estos se apareció bajo otro aspecto a dos* de ellos, que iban de camino a una casa de campo.

13. Los que vinieron luego, trajeron a los demás la nueva; pero tampoco los creyeron.

14. En fin, apareció a los once cuando estaban a la mesa; y les echó en cara su incredulidad y dureza de corazón; porque no habían creído a los que le habían visto resucitado.

15. Por último, les dijo: Id por todo el mundo; predicad el mensaje de salvación a todas las criaturas;

16. el que creyere y se bautizare se salvará; pero el que no creyere será condenado.

17. A los que creyeren, acompañarán estos milagros: En mi nombre lanzarán los demonios, hablarán nuevas lenguas,

18. manosearán las serpientes; y si algún licor venenoso bebieren, no les hará daño; pondrán las manos sobre los enfermos, y quedarán éstos curados.

19. Así el Señor Jesús, después de haberles hablado varias veces, fue elevado al cielo, y está sentado a la diestra de Dios.

20. Y sus discípulos fueron, y predicaron en todas partes, cooperando el Señor, y confirmando su doctrina con los milagros que la acompañaban.

---

12. A Cleofás y a otro que tal vez fue Pedro. *I Cor 15*, 5; *Luc 24*, 34.

Evangelio según San Lucas

Introducción

Lucas era médico y procedía de una familia de Antioquía, por lo tanto no era judío de nacimiento. No fue discípulo de Jesús; pero una vez convertido a su doctrina acompañó a Pablo en su segundo y tercer viaje apostólico, y cuando estuvo en Roma. Escribió su *Evangelio* en griego, alrededor de los años 65 y 70. Al igual que Mateo, conoció el *Evangelio según San Marcos*, y se inspiró en él para escribir el suyo, que se caracteriza por el detallado relato de la infancia de Jesús y por el de las parábolas sobre la bondad de Dios para con los pecadores. Por esto, su obra ha sido llamada el *Evangelio de la misericordia*.

Los 24 capítulos de este libro comprenden:

- Infancia de Jesús, del *1* al *2*.
- Preparación para el apostolado, del *3* al *4*.
- Ministerio apostólico en Galilea, del *4* al *9*.
- Entrada en Jerusalén y discurso apocalíptico, del *19* al *21*.
- Pasión, muerte, resurrección y ascensión, del *22* al *24*.

1 *El ángel Gabriel anuncia el nacimiento de Juan Bautista y el de Jesús, Hijo de Dios*

Prólogo

1. Ya que muchos han emprendido ordenar la narración de los sucesos que se han cumplido entre nosotros,

2. conforme nos lo tienen referidos aquellos mismos que desde su principio han sido testigos de vista y ministros de la palabra,

3. me pareció también a mí, después de haberme informado de todo exactamente desde su primer origen, escribírtelos por su orden, oh dignísimo Teófilo,

4. a fin de que conozcas la verdad de lo que se te ha enseñado.

Evangelio de la infancia

5. Siendo Herodes rey de Judea, hubo un sacerdote llamado Zacarías, de la familia sacerdotal de Abía, una de aquellas que servían por turno en el templo, cuya mujer, llamada Isabel, era igualmente del linaje de Aarón.

6. Ambos eran justos a los ojos de Dios, guardando, como guardaban, todos los mandamientos y leyes del Señor irreprensiblemente,

7. y no tenían hijos, porque Isabel era estéril, y ambos de avanzada edad.

8. Sucedió, pues, que sirviendo él las funciones del sacerdocio en orden al culto divino, por su turno, que era el Abía, le cupo en suerte,

9. según el estilo que había entre los sacerdotes, entrar en el templo del Señor, o lugar llamado santo,

10. a ofrecer el incienso; y todo el concurso del pueblo estaba orando de parte de afuera en el atrio, durante la oblación del incienso.

11. Entonces se le apareció a Zacarías un ángel del Señor, puesto en pie a la derecha del altar del incienso,

12. con cuya vista se estremeció Zacarías, y quedó sobrecogido de espanto.

13. Mas el ángel le dijo: No temas, Zacarías, pues tu oración ha sido bien despachada: tú verás al Mesías; y tu mujer Isabel te dará un hijo, que será su precursor, a quien pondrás por nombre Juan;

14. el cual será para ti objeto de gozo y de júbilo; y muchos se regocijarán en su nacimiento,

15. porque será grande en la presencia del Señor. No beberá vino* ni cosa que pueda embriagar, y será lleno del Espíritu Santo ya desde el seno de su madre,

16. y convertirá a muchos de los hijos de Israel al Señor Dios suyo,

17. delante del cual irá él revestido del espíritu y de la virtud de Elías* para reunir los corazones de los padres o patriarcas con los de los hijos y conducir los incrédulos a la prudencia y fe de los antiguos justos, a fin de preparar al Señor un pueblo perfecto.

18. Pero Zacarías respondió al ángel: ¿Por dónde podré yo certificarme de eso? Porque ya soy viejo, y mi mujer de edad muy avanzada.

19. El ángel replicándole dijo: Yo soy Gabriel, que asisto al trono de Dios, de quien he sido enviado a hablarte y a traerte esta feliz nueva.

20. Y desde ahora quedarás mudo, y no podrás hablar, hasta el día en que sucedan estas cosas, por cuanto no has creído a mis palabras, las cuales se cumplirán a su tiempo.

21. Entretanto estaba el pueblo esperando a Zacarías, y maravillándose de que se detuviese tanto en el templo.

22. Salido, en fin, no podía hablarles palabra, de donde conocieron que había tenido en el templo alguna visión. El procuraba explicarse por señas, y permaneció mudo y sordo.

23. Cumplidos los días de su ministerio, volvió a su casa.

24. Poco después Isabel, su esposa, concibió, y estuvo cinco meses oculta, diciendo para consigo:

25. Esto ha hecho el Señor conmigo, ahora que ha tenido a bien borrar mi oprobio de delante de los hombres*.

---

15. *Num 6*, 3; *Lev 10*, 9.
17. *Mal 4*, 5; *Mat 11*, 14.
25. La esterilidad, entre los hebreos, solía mirarse como oprobio y pena de algún pecado oculto.

La anunciación del ángel a María

26. Estando ya Isabel en su sexto mes, envió Dios al ángel Gabriel a Nazaret, ciudad de Galilea,

27. a una virgen desposada con cierto varón de la casa de David, llamado José; y el nombre de la virgen era María.

28. Y habiendo entrado el ángel a donde ella estaba, le dijo: Dios te salve, ¡oh llena de gracia!, el Señor es contigo; bendita tú eres entre todas las mujeres.

29. Al oír tales palabras la Virgen se turbó, y se puso a considerar qué significaría tal saludo.

30. Mas el ángel le dijo: ¡Oh María!, no temas, porque has hallado gracia en los ojos de Dios.

31. Sábete que has de concebir en tu seno, y tendrás un hijo, a quien pondrás por nombre Jesús.

32. Este será grande, y será llamado Hijo del Altísimo, al cual el Señor Dios dará el trono de su padre David, y reinará en la casa de Jacob eternamente,

33. y su reino no tendrá fin.

34. Pero María dijo al ángel: ¿Cómo será eso, pues yo no conozco varón alguno?

35. El ángel en respuesta le dijo: El Espíritu Santo descenderá sobre ti, y la virtud del Altísimo te cubrirá con su sombra, por esta causa el fruto santo que de ti nacerá será llamado Hijo de Dios.

36. Y ahí tienes a tu parienta Isabel, que en su vejez ha concebido también un hijo; y la que se llamaba estéril, hoy cuenta ya el sexto mes;

37. porque para Dios nada es imposible.

38. Entonces dijo María: He aquí la esclava del Señor, hágase en mí según tu palabra. Y en seguida el ángel desapareciendo se retiró de su presencia.

39. Por aquellos días partió María, y se fue apresuradamente a las montañas de Judea a una ciudad de la tribu de Judá;

40. y habiendo entrado en la casa de Zacarías, saludó a Isabel.

41. Lo mismo fue oír el saludo de María, que la criatura, diera saltos de placer en su vientre, e Isabel se sintió llena del Espíritu Santo,

42. y exclamando en voz alta, dijo: ¡Bendita tú eres entre todas las mujeres, y bendito es el fruto de tu vientre!

43. Y ¿de dónde a mí tanto bien que venga la madre de mi Señor a visitarme?

44. Pues lo mismo fue penetrar la voz de tu saludo en mis oídos, que dar saltos de júbilo la criatura en mi vientre.

45. ¡Oh bienaventurada tú que has creído! Porque se cumplirán las cosas que se te han dicho de parte del Señor.

46. Entonces María dijo: Mi alma glorifica al Señor,

47. y mi espíritu está transportado de gozo en el Dios salvador mío:

48. porque ha puesto los ojos en la bajeza de su esclava*; por tanto ya desde ahora me llamarán bienaventurada todas las generaciones.

49. Porque ha hecho en mí cosas grandes aquel que es todopoderoso, cuyo nombre es santo,

50. y cuya misericordia se derrama de generación en generación sobre los que le temen.

51. Hizo alarde del poder de su brazo; deshizo las miras del corazón de los soberbios.

52. Derribó del solio a los poderosos, y ensalzó a los humildes.

53. Colmó de bienes a los hambrientos, y a los ricos los despidió sin nada.

54. Acordándose de su misericordia, acogió a Israel su siervo,

55. según la promesa que hizo a nuestros padres, a Abrahán y a su descendencia por los siglos de los siglos.

56. Y se detuvo María con Isabel cosa de tres meses, y después se volvió a su casa.

57. Entretanto le llegó a Isabel el tiempo de su alumbramiento, y dio a luz un hijo.

58. Supieron sus vecinos y parientes la gran misericordia que Dios le había hecho, y se congratulaban con ella.

59. El día octavo vinieron a la circuncisión del niño, y le llamaban Zacarías, del nombre de su padre.

60. Pero su madre, oponiéndose, dijo: No por cierto, sino que se llamará Juan*.

61. Le dijeron: ¿No ves que nadie hay en tu familia que tenga ese nombre?

62. Al mismo tiempo preguntaban por señas al padre del niño cómo quería que se le llamase.

63. Y él pidiendo la tablilla de escribir, escribió así: Juan es su nombre. Lo que llenó a todos de admiración.

64. Y al mismo tiempo recobró el habla y usó de la lengua, y empezó a bendecir a Dios.

65. Con lo que un temor se apoderó de todas las gentes cercanas; y se divulgaron todos estos sucesos por todo el país de las montañas de Judea.

66. Y cuantos los oían, los meditaban en su corazón, diciéndose unos a otros: ¿Quién pensáis será este niño? Porque la mano del Señor estaba con él.

67. Además de que Zacarías, su padre, quedó lleno del Espíritu Santo, y profetizó, diciendo:

68. Bendito sea el Señor Dios de Israel, porque ha visitado y redimido a su pueblo;

69. y nos ha suscitado un poderoso salvador en la casa de David su siervo,

70. según lo tenía anunciado por boca de sus santos profetas, que han florecido en todos los siglos pasados,

71. para librarnos de nuestros enemigos y de las manos de todos aquellos que nos aborrecen,

72. ejerciendo su misericordia con nuestros padres, y teniendo presente su alianza santa,

73. conforme al juramento con que juró a nuestro padre Abrahán que nos otorgaría

74. que, libertados de las manos de nuestros enemigos, le sirvamos sin temor,

75. con santidad y justicia, ante su acatamiento, todos los días de nuestra vida.

76. Y tú, ¡oh niño!, tú serás llamado el profeta del Altísimo; porque irás delante del Señor a preparar sus caminos,

77. enseñando la ciencia de la salvación a su pueblo, para el perdón de sus pecados,

78. por las entrañas misericordiosas de nuestro Dios, que ha hecho que ese naciente haya venido a visitarnos de lo alto del cielo*,

79. para alumbrar a los que yacen en las tinieblas y en la sombra de la muerte, para enderezar nuestros pasos por el camino de la paz.

80. Mientras tanto el niño iba creciendo, y se fortalecía en el espíritu, y habitó en los desiertos hasta el tiempo en que debía darse a conocer a Israel.

---

48. *Escogiéndome por madre de su Hijo.*
60. *Gen 17*, 7; *26*, 9; *35*, 11-12.

78. *Mal 4*, 2.

NACIMIENTO DE JESÚS

Y tuvo a su hijo primogénito, y lo envolvió en pañales, y lo recostó en un pesebre, porque no hubo lugar para ellos en el mesón.

JESÚS ENTRE LOS DOCTORES

Y al cabo de tres días de haberle perdido, le hallaron en el templo, sentado en medio de los doctores, que ora les escuchaba, ora les preguntaba. Y cuantos le oían quedaban pasmados de su sabiduría y de sus respuestas.

2

Jesús nace en Belén. Es manifestado por los ángeles a los pastores. Cántico y profecía de Simeón

1. Por aquellos días se promulgó un edicto de César Augusto, mandando empadronar a todo el mundo.

2. Este fue el primer empadronamiento hecho por Cirino, gobernador de la Siria.

3. Y todos iban a empadronarse, cada cual a la ciudad de su estirpe.

4. José, pues, como era de la casa y familia de David, vino desde Nazaret, ciudad de Galilea, a la ciudad de David llamada Betlehem o Belén, en Judea,

5. para empadronarse con María su esposa, la cual estaba encinta.

6. Y sucedió que hallándose allí, le llegó la hora del parto.

7. Y tuvo a su hijo primogénito, y lo envolvió en pañales, y lo recostó en un pesebre, porque no hubo lugar para ellos en el mesón.

8. Estaban velando en aquellos contornos unos pastores, y haciendo centinela de noche sobre su grey,

9. cuando de improviso un ángel del Señor apareció junto a ellos, y los cercó con su resplandor una luz divina, lo cual los llenó de sumo temor.

10. Les dijo entonces el ángel: No tenéis que temer; pues vengo a daros una nueva de grandísimo gozo para todo el pueblo,

11. y es, que hoy os ha nacido en la ciudad de David el Salvador, que es el Cristo, o Mesías, el Señor nuestro.

12. Y sírvaos de seña que hallaréis al niño envuelto en pañales, y reclinado en un pesebre.

13. Al punto mismo se dejó ver con el ángel un ejército numeroso de la milicia celestial, alabando a Dios, y diciendo:

14. Gloria a Dios en lo más alto de los cielos, y paz en la tierra a los hombres de buena voluntad.

15. Luego que los ángeles se apartaron de ellos y volaron al cielo, los pastores se decían unos a otros: Vamos hasta Betlehem o Belén, y veamos este suceso prodigioso que acaba de suceder, y que el Señor nos ha manifestado.

16. Vinieron, pues, a toda prisa, y hallaron a María y a José y al niño reclinado en el pesebre.

17. Y viéndole, se certificaron de cuanto se les había dicho de este niño.

18. Y todos los que supieron el suceso, se maravillaron, igualmente, de lo que los pastores les habían contado.

19. María conservaba todas estas cosas dentro de sí, ponderándolas en su corazón.

20. En fin, los pastores se volvieron, no cesando de alabar y glorificar a Dios por todas las cosas que habían oído y visto, según se les había anunciado por el ángel.

21. Llegado el día octavo en que debía ser circuncidado el niño, le fue puesto por nombre Jesús, nombre que le puso el ángel antes que fuese concebido.

22. Cumplido asimismo el tiempo de la purificación de la madre, según la ley de Moisés, llevaron al niño a Jerusalén, para presentarle al Señor,

23. como está escrito en la ley* del Señor: Todo varón que nazca el primero, será consagrado al Señor;

24. y para presentar la ofrenda de un par de tórtolas, o dos palominos, como está ordenado en la ley* del Señor.

25. Había a la sazón en Jerusalén un hombre justo y temeroso de Dios, llamado Simeón, el cual esperaba de día en día la consolación de Israel o la venida del Mesías, y el Espíritu Santo moraba en él.

26. El mismo Espíritu Santo le había revelado, que no había de morir antes de ver al Cristo o Ungido del Señor.

27. Así vino inspirado de él al templo. Y al entrar con el niño Jesús sus padres para practicar con él lo prescrito por la ley,

28. tomándole Simeón en sus brazos, bendijo a Dios, diciendo:

29. Ahora, Señor, ahora sí que sacas en paz de este mundo a tu siervo, según tu promesa.

30. Porque ya mis ojos han visto al Salvador que nos has dado,

31. al cual tienes destinado para que, expuesto a la vista de todos los pueblos, sea luz que ilumine a los gentiles y la gloria de tu pueblo de Israel.

33. Su padre y su madre escuchaban con admiración las cosas que de él se decían.

---

23. *Lev 12*, 8; *Num 8*, 16.
24. *Lev 12*, 8.

34. Simeón bendijo a ambos, y dijo a María su madre: Mira, este niño que ves está destinado para la ruina y para resurrección de muchos en Israel*, y para ser el blanco de la contradicción;

35. lo que será para ti misma una espada que traspasará tu alma; a fin de que sean descubiertos los pensamientos en los corazones de muchos.

36. Vivía entonces una profetisa llamada Ana, hija de Fanuel, de la tribu de Aser que era de edad muy avanzada; y la cual, casada desde muy joven, vivió con su marido siete años.

37. Y se había mantenido viuda hasta los ochenta y cuatro de su edad, no saliendo del templo, y sirviendo en él a Dios día y noche con ayunos y oraciones.

38. Esta, pues, sobreviniendo a la misma hora, alababa igualmente al Señor, y hablaba de él a todos los que esperaban la redención de Israel.

39. Y María y José con el niño Jesús, cumplidas todas las cosas ordenadas en la ley del Señor, regresaron a Galilea a su ciudad de Nazaret.

40. Entretanto, el niño iba creciendo, y fortaleciéndose, lleno de sabiduría; y la gracia de Dios estaba en él.

41. Iban sus padres todos los años a Jerusalén por la fiesta solemne de la Pascua.

42. Y siendo el niño ya de doce años cumplidos, habiendo subido a Jerusalén, según solían en aquella solemnidad,

43. acabados aquellos días, cuando ya se volvían, se quedó el niño Jesús en Jerusalén, sin que sus padres lo advirtiesen;

44. antes bien, persuadidos de que venía con algunos de los de su comitiva, anduvieron la jornada entera buscándole entre los parientes y conocidos.

45. Mas como no le hallasen, retornaron a Jerusalén, en su busca.

46. Y al cabo de tres días de haberle perdido, le hallaron en el templo, sentado en medio de los doctores, que ora les escuchaba, ora les preguntaba.

47. Y cuantos le oían quedaban pasmados de su sabiduría y de sus respuestas.

48. Al verle, pues, sus padres quedaron maravillados; y su madre le dijo: Hijo, ¿por qué te has portado así con nosotros? Mira cómo tu padre y yo llenos de aflicción te hemos andado buscando.

49. Y él les respondió: ¿Cómo es que me buscabas? ¿No sabíais que yo debo emplearme en las cosas que miran al servicio de mi Padre?

50. Mas ellos por entonces no comprendieron el sentido de la respuesta.

51. En seguida se fue con ellos, y vino a Nazaret, y les estaba sujeto. Y su madre conservaba todas estas cosas en su corazón.

52. Jesús entretanto crecía en sabiduría, en edad y en gracia delante de Dios, y de los hombres.

3 *Predicación y bautismo de Juan Bautista. Jesús es bautizado, prodigios que suceden*

1. El año décimoquinto del imperio de Tiberio César, gobernando Poncio Pilatos la Judea, siendo Herodes tetrarca de la Galilea, y su hermano Filipo tetrarca de Iturea y de la provincia de Traconite y Lisanias tetrarca de Abilina;

2. hallándose sumos sacerdotes Anás y Caifás; el Señor hizo entender su palabra a Juan, hijo de Zacarías, en el desierto;

3. el cual vino por toda la ribera del Jordán, predicando un bautismo de penitencia para la remisión de los pecados,

4. como está escrito en el libro de las palabras del profeta Isaías*: Se oirá la voz de uno que clama en el desierto: Preparad el camino del Señor, enderezad sus sendas;

5. todo valle sea terraplenado, todo monte y cerro allanado; y así los caminos torcidos serán enderezados, y los escabrosos igualados;

6. y verán todos los hombres al Salvador enviado de Dios.

7. Y decía Juan a las gentes que venían a recibir su bautismo: ¡Oh raza de víboras!, ¿quién os ha enseñado que así podréis huir de la ira de Dios que os amenaza?

8. Haced dignos frutos de penitencia, y no andéis diciendo: Tenemos a Abrahán por padre. Porque yo os digo que de estas piedras puede hacer Dios nacer hijos de Abrahán.

---

34. *Is 8*, 14.

4. *Is 40*, 3.

9. El hacha está ya puesta a la raíz de los árboles. Así que, todo árbol que no da fruto, será cortado y arrojado al fuego.

10. Y preguntándole las gentes, ¿qué es lo que debemos, pues, hacer?,

11. les respondía, diciendo: El que tiene dos vestidos, dé al que no tiene ninguno; y haga otro tanto el que tiene qué comer.

12. Vinieron asimismo publicanos a ser bautizados, y le dijeron: Maestro, ¿y nosotros qué debemos hacer?

13. Les respondió: No exijáis más de lo que os está ordenado.

14. Le preguntaban también los soldados: ¿Y nosotros qué haremos? A éstos dijo: No hagáis extorsiones a nadie, ni uséis de fraude; y contentaos con vuestras pagas.

15. Mas opinando el pueblo que quizá Juan era el Cristo, o Mesías, y prevaleciendo esta opinión en los corazones de todos,

16. Juan la rebatió, diciendo públicamente: Yo en verdad os bautizo con agua; pero está para venir otro más poderoso que yo, al cual no soy yo digno de desatar la correa de sus zapatos: él os bautizará con el Espíritu Santo, y con el fuego.

17. Tomará en su mano el azadón, y limpiará su era metiendo después el trigo en su granero y quemando la paja en un fuego inextinguible.

18. Muchas otras cosas además de éstas anunciaba al pueblo en las exhortaciones que le hacía.

19. Y como reprendiese al tetrarca Herodes por razón de Herodías, mujer de su hermano Filipo, y con motivo de todos los males que había hecho,

20. añadió después Herodes a todos ellos el de poner a Juan en la cárcel.

21. En el tiempo en que concurría todo el pueblo a recibir el bautismo, habiendo sido también Jesús bautizado, y estando en oración, sucedió el abrirse el cielo,

22. y bajar sobre él el Espíritu Santo en forma corporal como de una paloma; y se oyó del cielo esta voz: Tú eres mi hijo amado, en ti tengo puestas todas mis delicias.

23. Tenía Jesús al comenzar cerca de treinta años, hijo, como se creía, de José, el cual fue hijo de Helí que lo fue de Matat.

24. Este fue hijo de Leví, que lo fue de Melqui, que lo fue de Janne, que lo fue de José.

25. José fue hijo de Matatías, que lo fue de Amós, que lo fue de Nahúm, que lo fue de Hesli, que lo fue de Nagge.

26. Este fue hijo de Mahat, que lo fue de Matatías, que lo fue de Semei, que lo fue de José, que lo fue de Judas.

27. Judas fue hijo de Joanna, que lo fue de Resa, que lo fue de Zorobabel, que lo fue de Salatiel, que lo fue de Nerí.

28. Nerí fue hijo de Melqui, que lo fue de Addi, que lo fue de Cosán, que lo fue de Elmadán, que lo fue de Her.

29. Este fue hijo de Jesús, que lo fue de Eliézer, que lo fue de Jorim, que lo fue de Matat, que lo fue de Leví.

30. Leví fue hijo de Simeón, que lo fue de Judas, que lo fue de José, que lo fue de Jonás, que lo fue de Eliaquín,

31. Este lo fue de Melea, que lo fue de Menna, que lo fue de Matata, que lo fue de Natán, que lo fue de David.

32. David fue hijo de Jesé, que lo fue de Obed, que lo fue de Booz, que lo fue de Salmón, que lo fue de Naasón.

33. Naason fue hijo de Aminadab, que lo fue de Aram, que lo fue de Esrom, que lo fue de Farés, que lo fue de Judas.

34. Judas fue hijo de Jacob, que lo fue de Isaac, que lo fue de Abrahán, que lo fue de Tare, que lo fue de Nacor.

35. Nacor fue hijo de Sarug, que lo fue de Ragau, que lo fue de Faleg, que lo fue de Heber, que lo fue de Salé.

36. Salé fue hijo de Cainán, que lo fue de Arfaxad, que lo fue de Sem, que lo fue de Noé, que lo fue de Lamec.

37. Lamec, fue hijo de Matusalé, que lo fue de Henoc, que lo fue de Jared, que lo fue de Malaleel, que lo fue de Cainán.

38. Cainán fue hijo de Henós, que lo fue de Set, que lo fue de Adam, el cual fue creado por Dios.

4

Jesús ayuna y es tentado en el desierto, predica en Nazaret y cura a la suegra de Pedro. Otros milagros

1. Jesús, pues, lleno del Espíritu Santo, partió del Jordán, y fue conducido por el mismo Espíritu al desierto,

2. donde estuvo cuarenta días, y era tentado del diablo. En cuyos días no comió nada, y al cabo de ellos tuvo hambre.

3. Por lo que le dijo el diablo: Si tú eres

el Hijo de Dios, di a esta piedra que se convierta en pan.

4. Les respondió Jesús: Escrito está: No vive de sólo pan el hombre, sino de todo lo que Dios dice.

5. Entonces el diablo le condujo a un elevado monte, y le puso a la vista en un instante todos los reinos de la tierra,

6. y le dijo: Yo te daré todo este poder y la gloria de estos reinos; porque se me han dado a mí, y los doy a quien quiero.

7. Si tú quieres, pues, adorarme, serán todos tuyos.

8. Jesús, en respuesta le dijo: Escrito está: Adorarás al Señor Dios tuyo, y a él sólo servirás.

9. Y lo llevó aún a Jerusalén, lo puso sobre el pináculo del templo, y le dijo: Si tú eres el Hijo de Dios, échate de aquí abajo.

10. Porque está escrito que mandó a sus ángeles que te guarden,

11. y que te lleven en las palmas de sus manos, para que no tropiece tu pie contra ninguna piedra.

12. Jesús le replicó: Dicho está también*: No tentarás al Señor Dios tuyo.

13. Acabadas todas estas tentaciones, el diablo se retiró de él, hasta otro tiempo.

14. Entonces Jesús por impulso del Espíritu retornó a Galilea, y corrió luego su fama por toda la comarca.

15. El enseñaba en sus sinagogas, y era estimado y honrado de todos.

Predicación en Nazaret

16. Habiendo ido a Nazaret donde se había criado, entró, según su costumbre, el día de sábado en la sinagoga, y se levantó para encargarse de la leyenda e interpretación.

17. Le fue dado el libro del profeta Isaías. Y abriéndolo, halló el lugar donde estaba escrito*:

18. El Espíritu del Señor reposó sobre mí, por lo cual me ha consagrado con su unción divina, y me ha enviado a dar buenas nuevas a los pobres; a curar a los que tienen el corazón contrito;

19. a anunciar libertad a los cautivos, y a los ciegos vista; a soltar a los que están oprimidos; a promulgar el año de las misericordias del Señor, y el día de la retribución.

20. Y arrollado o cerrado, el libro, se lo entregó al ministro, y se sentó. Todos en la sinagoga tenían fijos en él los ojos.

21. Su discurso lo comenzó diciendo: La Escritura que acabáis de oír hoy se ha cumplido.

22. Y todos le daban elogios y estaban pasmados de las palabras tan llenas de gracia, que salían de sus labios, y decían: ¿No es éste el hijo de José el carpintero?

23. Les dijo él: Sin duda que me aplicaréis aquel refrán: Médico, cúrate a ti mismo; todas las grandes cosas que hemos oído que has hecho en Cafarnaúm, hazlas también aquí en tu patria.

24. Mas añadió luego: En verdad os digo, que ningún profeta es bien recibido en su patria.

25. Por cierto os digo, que muchas viudas había en Israel en tiempo de Elías* cuando el cielo estuvo sin llover tres años y seis meses, siendo grande el hambre por toda la tierra;

26. y a ninguna de ellas fue enviado Elías, sino que lo fue a una mujer viuda en Sarepta, ciudad gentil del territorio de Sidón.

27. Había asimismo muchos leprosos en Israel en tiempo del profeta Eliseo*; y ninguno de ellos fue curado por este profeta, sino que lo fue Naamán, natural de Siria.

28. Al oír estas cosas todos en la sinagoga montaron en cólera.

29. Y levantándose alborotados le arrojaron fuera de la ciudad: y lo condujeron hasta la cima del monte, sobre el cual estaba su ciudad edificada, con ánimo de despeñarlo.

30. Pero Jesús, pasando por medio de ellos, iba su camino, o se iba retirando.

31. Y bajó a Cafarnaúm, ciudad de Galilea, donde enseñaba al pueblo en los días de sábado.

32. Y estaban asombrados de su doctrina, porque su modo de predicar era de gran autoridad.

33. Estaba en la sinagoga cierto hombre poseído de un demonio inmundo, el cual gritó con gran voz,

34. diciendo: Déjanos en paz, ¿qué te-

---

12. *Deut 6*, 16.
17. *Is 56*, 1.

25. *1 Re 17*, 9.
27. *2 Re 5*, 14.

nemos nosotros que ver contigo, oh Jesús Nazareno? ¿Has venido a exterminarnos? Ya sé quién eres, eres el Santo de Dios.

35. Mas Jesús, increpándole, le dijo: Enmudece, y sal de ese hombre. Y el demonio, habiéndole arrojado al suelo en medio de todos, salió de él, sin hacerle daño alguno.

36. Con lo que todos se atemorizaron, y conversando unos con otros decían: ¿Qué es esto? El manda con autoridad y poderío a los espíritus inmundos, y van fuera.

37. Con esto se iba esparciendo la fama de su nombre por todo aquel país.

38. Y saliendo Jesús de la sinagoga, entró en casa de Simón. Estaba la suegra de Simón con una fuerte calentura; y le suplicaron por su alivio.

39. Y él arrimándose a la enferma, mandó a la calentura que la dejase; y la dejó libre. Y levantándose entonces de la cama se puso a servirles.

40. Puesto el sol, todos los que tenían enfermos de varias dolencias, se los traían. Y él los curaba con poner sobre cada uno las manos.

41. De muchos salían los demonios gritando y diciendo: Tú eres el Hijo de Dios; y con amenazas les prohibía decir que sabían que él era el Cristo.

42. Y partiendo luego que fue de día, se iba a un lugar desierto, y las gentes le anduvieron buscando, y no pararon hasta encontrarle; y hacían por detenerle, no queriendo que se apartase de ellos.

43. Mas él les dijo: Es necesario que yo predique también a otras ciudades la buena nueva del reino de Dios; pues para eso he sido enviado.

44. Y así andaba predicando en las sinagogas de Galilea.

5

Predica Jesús desde la barca de Pedro. Cura a un leproso y a un paralítico. Vocación de Mateo

1. Sucedió un día, que hallándose Jesús junto al lago de Genezaret las gentes se agolpaban alrededor de él, ansiosas de oír la palabra de Dios.

2. En esto vio dos barcas a la orilla del lago, cuyos pescadores habían bajado y estaban lavando las redes.

3. Subiendo, pues, en una de ellas, la cual era de Simón, le pidió que la desviase un poco de tierra. Y sentándose dentro, predicaba desde la barca al numeroso concurso.

4. Acabada la plática, dijo a Simón: Guíad mar adentro, y echad vuestras redes para pescar.

5. Le replicó Simón: Maestro, toda la noche hemos estado fatigándonos y nada hemos cogido; no obstante, sobre tu palabra echaré la red.

6. Y habiéndolo hecho, recogieron tan gran cantidad de peces, que la red se rompía.

7. Por lo que hicieron señas a los compañeros de la otra barca, que viniesen y les ayudasen. Vinieron luego, y llenaron tanto de peces las dos barcas, que faltó poco para que se hundiesen.

8. Lo que viendo Simón Pedro, se arrojó a los pies de Jesús, diciendo: Apártate de mí, Señor, que soy un hombre pecador.

9. Y es que el asombro se había apoderado así de él como de todos los demás que con él estaban a vista de la pesca que acababan de hacer.

10. Lo mismo que sucedía a Santiago y a Juan, hijos de Zebedeo, compañeros de Simón. Entonces Jesús dijo a Simón: No tienes que temer, de hoy en adelante serán hombres los que has de pescar.

11. Y ellos, sacando las barcas a tierra, dejadas todas las cosas le siguieron.

12. Estando en una de aquellas ciudades de Galilea, he aquí un hombre todo cubierto de lepra, el cual así que vio a Jesús, se postró rostro por tierra, y le rogaba diciendo: Señor, si tú quieres, puedes curarme.

13. Y Jesús, extendiendo la mano, le tocó diciendo: Quiero: sé curado. Y de repente desapareció de él la lepra.

14. Y le mandó que a nadie lo contase. Pero, anda, le dijo, preséntate al sacerdote, y lleva la ofrenda por tu curación, según lo ordenado por Moisés, a fin de que les sirva de testimonio.

15. Sin embargo, su fama se extendía cada día más; de manera que los pueblos acudían en tropas a oírle, y a ser curados de sus enfermedades.

16. Mas no por eso dejaba él de retirarse a la soledad, y de hacer oración.

17. Estaba Jesús un día sentado enseñando, y estaban asimismo sentados allí varios fariseos y doctores de la ley, que habían venido de todos los lugares de Galilea y de Judea, y de la ciudad de Jerusalén; y la virtud del Señor se manifestaba en sanar a los enfermos.

18. Cuando he aquí que llegan unos hombres que traían tendido en una camilla a un paralítico: y hacían diligencias por meterle dentro de la casa en que estaba Jesús, y ponérselo delante.

19. Y no hallando por dónde introducirle a causa del gentío, subieron sobre el terrado, y abierto el techo le descolgaron con la camilla al medio delante de Jesús.

20. El cual viendo su fe, dijo: ¡Oh hombre!, tus pecados te son perdonados.

21. Entonces los escribas y fariseos empezaron a pensar mal, diciendo para consigo: ¿Quién es éste, que así blasfema? ¿Quién puede perdonar pecados, sino Dios?

22. Mas Jesús, que conoció sus pensamientos, respondiendo, les dijo: ¿Qué es lo que andáis resolviendo en vuestros corazones?,

23. ¿qué es más fácil decir: Tus pecados te son perdonados; o decir: Levántate, y anda?

24. Pues para que veáis que el Hijo del hombre tiene potestad en la tierra de perdonar pecados, levántate (dijo al paralítico), yo te lo mando, carga con tu camilla, y vete a tu casa.

25. Y levantándose al punto a vista de todos, cargó con la camilla en que yacía; y se marchó a su casa dando gloria a Dios.

26. Con lo cual todos quedaron pasmados, y glorificaban a Dios. Y penetrados de temor, decían: Hoy sí que hemos visto cosas maravillosas.

Llamado y vocación de Mateo

27. Después de esto, saliendo afuera hacia el lago de Genezaret, vio a un publicano llamado Leví, sentado al banco o mesa de los tributos, y le dijo: Sígueme.

28. Y Leví abandonándolo todo, se levantó y le siguió.

29. Le dio Leví después un gran convite en su casa, al cual asistió un grandísimo número de publicanos y de otros que los acompañaban a la mesa.

30. De lo cual murmuraban los fariseos y los escribas de los judíos, diciendo a los discípulos de Jesús: ¿Cómo es que coméis y bebéis con publicanos, y con gentes de mala vida?

31. Pero Jesús, tomando la palabra, les dijo: Los sanos no necesitan de médico, sino los enfermos.

32. No son los justos, sino los pecadores a los que he venido yo a llamar a penitencia.

33. Todavía le preguntaron ellos: ¿Y de qué proviene que los discípulos de Juan ayunan a menudo, y oran, como también los de los fariseos, al paso que los tuyos comen y beben?

34. A lo que les respondió él: ¿Por ventura podréis vosotros recabar de los compañeros del esposo el que ayunen en los días de la boda, mientras está con ellos el esposo?

35. Pero tiempo vendrá en que les será quitado el esposo, y entonces será cuando ayunarán.

36. Poníales también esta comparación: Nadie a un vestido viejo le echa un remedio de paño nuevo; porque, fuera de que el retazo nuevo rasga lo viejo, no cae bien el remiendo nuevo en el vestido viejo.

37. Tampoco echa nadie vino nuevo en cueros viejos; de otra suerte el vino nuevo hará reventar los cueros, y se derramará el vino, y se echarán a perder los cueros;

38. sino que el vino nuevo se debe echar en cueros nuevos, y así ambas cosas se conservan.

39. Del mismo modo, ninguno acostumbrado a beber vino añejo quiere inmediatamente del nuevo, porque dice: Mejor es el añejo.

6 *Jesús defiende a sus discípulos y contradice a los escribas y fariseos. El amor a los enemigos*

1. Aconteció también en el sábado llamado segundo primero, que pasando Jesús por unos sembrados, sus discípulos arrancaban espigas, y estregándolas entre las manos, comían los granos.

2. Algunos de los fariseos les decían: ¿Por qué hacéis lo que no es lícito en sábado?

3. Y Jesús, tomando la palabra, les respondió: Pues, ¿no habéis leído vosotros lo que hizo David, cuando él y los que le acompañaban padecieron hambre?

4. ¿Cómo entró en la casa de Dios, y tomó los panes de la proposición, y comió, y dio de ellos a sus compañeros, siendo así que a nadie se permite el comerlos sino a los sacerdotes?

5. Y les añadió: El Hijo del hombre es dueño aun del sábado mismo.

6. Sucedió que entró otro sábado en la sinagoga, y se puso a enseñar. Se hallaba allí un hombre que tenía seca la mano derecha.

7. Y los escribas y fariseos le estaban acechando, a ver si curaría en sábado, para tener de qué acusarle.

8. Pero Jesús, que calaba sus pensamientos, dijo al que tenía seca la mano: Levántate, y ponte en medio. Se levantó y se puso en medio.

9. Les dijo entonces Jesús: Tengo que haceros una pregunta: ¿Es lícito en los días de sábado hacer bien, o mal? ¿Salvar a un hombre la vida, o quitársela?

10. Y dando una mirada a todos alrededor dijo al hombre: Extiende tu mano. La extendió, y la mano quedó sana.

11. Mas ellos llenos de furor, conferenciaban entre sí, qué podrían hacer contra Jesús.

12. Por este tiempo se retiró a orar en un monte, y pasó toda la noche orando a Dios.

13. Así que fue de día, llamó a sus discípulos, y escogió doce de entre ellos (a los cuales dio el nombre de apóstoles), a saber:

14. Simón, a quien puso el sobrenombre de Pedro, y Andrés su hermano; Santiago y Juan; Felipe y Bartolomé;

15. Mateo y Tomás, llamado el Zelador;

16. Judas, hermano de Santiago, y Judas Iscariote, que fue el traidor.

17. Y al bajar con ellos, se paró en un llano, con la compañía de sus discípulos, y de un gran gentío de toda la Judea, y en especial de Jerusalén, y del país marítimo de Tiro y de Sidón,

18. que habían venido a oírle y a ser curados de sus dolencias. Asimismo los molestados de los espíritus inmundos eran también curados.

19. Y todo el mundo procuraba tocarle; porque salía de él una virtud que daba la salud a todos.

20. Entonces levantando los ojos hacia sus discípulos, decía: Bienaventurados vosotros los pobres, porque vuestro es el reino de Dios.

21. Bienaventurados los que ahora tenéis hambre, porque seréis saciados. Bienaventurados los que ahora lloráis, porque reiréis.

22. Bienaventurados seréis cuando los hombres os aborrezcan, y os separen, y os afrenten, y abominen de vuestro nombre como maldito, en odio del Hijo del hombre;

23. alegraos aquel día, y saltad de gozo; porque os está reservada en el cielo una gran recompensa; tal era el trato que daban sus padres a los profetas.

24. Mas ¡ay de vosotros los ricos!, porque ya tenéis vuestro consuelo en este mundo.

25. ¡Ay de vosotros los que andáis hartos!, porque sufriréis hambre. ¡Ay de vosotros los que ahora reís!, porque día vendrá en que os lamentaréis y lloraréis.

26. ¡Ay de vosotros cuando los hombres os aplaudieren!, que así lo hacían sus padres con los falsos profetas.

27. Ahora bien, a vosotros que me escucháis, digo yo: Amad a vuestros enemigos*; haced bien a los que os aborrecen.

28. Bendecid a los que os maldicen, y orad por los que os calumnian.

29. A quien te hiriere en una mejilla, preséntale asimismo la otra; y a quien te quitare la capa, no le impidas que se te lleve aun la túnica.

30. A todo el que te pida, dale; y al que te roba tus cosas, no se las demandes.

31. Tratad a los hombres de la misma manera que quisierais que ellos os tratasen a vosotros.

32. Que si no amáis sino a los que os aman, ¿qué mérito es el vuestro? Porque también los pecadores aman a quien los ama a ellos.

33. Y si hacéis bien a los que bien os hacen, ¿que mérito es el vuestro? Puesto que aun los pecadores hacen lo mismo.

34. Y si prestáis a aquellos de quienes esperáis recibir recompensa, ¿qué mérito tenéis? Pues también los malos prestan a los malos, a trueque de recibir de ellos otro tanto.

35. Vosotros amad a vuestros enemigos, haced bien y prestad, sin esperanza de

---

27. *Orad por ellos* para que Dios los convierta y conceda lo necesario para esta vida y para la otra.

recibir nada por ello; y será grande vuestra recompensa, y seréis hijos del Altísimo, porque él es bueno aun para con los ingratos y malos.

36. Sed, pues, misericordiosos, así como también vuestro padre es misericordioso.

37. No juzguéis, y no seréis juzgados; no condenéis, y no seréis condenados. Perdonad, y seréis perdonados.

38. Dad, y se os dará; dad abundantemente y se os echará en el seno una buena medida, apretada y bien colmada hasta cuando se derrame. Porque con la misma medida con quien midiereis a los demás, se os medirá a vosotros.

39. Proponíales asimismo, esta semejanza: ¿Por ventura puede un ciego guiar a otro ciego? ¿No caerán ambos en el precipicio?

40. No es el discípulo superior al maestro; pero todo discípulo será perfecto, como sea semejante a su maestro.

41. Mas tú, ¿por qué miras la paja en el ojo de tu hermano, no reparando en la viga que tienes en el tuyo?

42. O ¿con qué cara dices a tu hermano: Hermano, deja que te quite esa paja del ojo, cuando tú mismo no echas de ver la viga en el tuyo? Hipócrita, saca primero la viga de tu ojo; y después podrás ver cómo has de sacar la paja del ojo de tu hermano.

43. Porque no es árbol bueno el que da malos frutos; ni árbol malo el que da frutos buenos.

44. Pues cada árbol por su fruto se conoce. Que no se cogen higos de los espinos, ni de las zarzas racimos de uvas.

45. El hombre bueno, del buen tesoro de su corazón saca cosas buenas; así como el mal hombre las saca malas del mal tesoro de su corazón. Porque de la abundancia del corazón habla la boca.

46. ¿Por qué, pues, me estáis llamando, Señor, Señor, siendo así que no hacéis lo que yo digo?

47. Quiero mostraros a quién es semejante cualquiera que viene a mí, y escucha mis palabras y las practica:

48. Es semejante a un hombre que construyendo una casa, cavó muy hondo, y puso los cimientos sobre peña; venida después una inundación, el río descargó todo el golpe contra la casa, y no pudo derribarla, porque estaba fundada sobre peña.

49. Pero aquel que escucha mis palabras, y no las practica, es semejante a un hombre que construyó su casa sobre tierra sin poner cimiento, contra la cual descargó su ímpetu el río; y luego cayó, y fue grande la ruina de aquella casa.

---

7 *Jesús sana al criado del centurión, resucita al hijo de la viuda de Naím*

---

1. Concluida toda su prédica al pueblo que le escuchaba, entró en Cafarnaúm.

2. Estaba allí a la sazón un centurión que tenía enfermo y a la muerte un criado, a quien estimaba mucho.

3. Habiendo oído hablar de Jesús, le envió algunos de los ancianos o senadores de los judíos, a suplicarle que viniese a curar a su criado.

4. Ellos en consecuencia llegados que fueron a Jesús, le rogaban con gran empeño que condescendiese: Es un sujeto, le decían, que merece que les hagas este favor,

5. porque es afecto a nuestra nación, y aun nos ha construido una sinagoga.

6. Iba, pues, Jesús con ellos. Y estando ya cerca de la casa, el centurión le envió a decir por sus amigos: Señor, no te tomes esa molestia, que no merezco yo que tú entres dentro de mi morada.

7. Por cuya razón, tampoco me tuve por digno de salir en persona a buscarte; pero di tan solo una palabra, y sanará mi criado.

8. Pues aun yo que soy un oficial subalterno, como tengo soldados a mis órdenes, digo a éste: Ve, y va; y al otro: Ven, y viene; y a mi criado: Haz esto, y lo hace.

9. Así que Jesús oyó esto, quedó como admirado, y vuelto a las muchas gentes que le seguían, dijo: En verdad os digo, que ni aun en Israel he hallado fe tan grande.

10. Vueltos a casa los enviados, hallaron sano al criado que había estado enfermo.

11. Sucedió después que iba Jesús camino de la ciudad llamada Naím, y con él iban sus discípulos y mucho gentío.

12. Y cuando estaba cerca de la puerta de la ciudad, he aquí que sacaban a enterrar a un difunto, hijo único de su madre, la cual era viuda; e iba con ella gran acompañamiento de personas de la ciudad.

CURACIÓN DE LOS ENFERMOS

Puesto el sol, todos los que tenían enfermos
de varias dolencias, se los traían.
Y él los curaba con poner sobre cada uno las manos.

13. Así que la vio el Señor, movido a compasión, le dijo: No llores.

14. Y se arrimó y tocó el féretro. (Y los que lo llevaban, se pararon). Dijo entonces: Mancebo, yo te lo mando, levántate.

15. Y luego se incorporó el difunto, y comenzó a hablar. Y Jesús lo entregó a su madre.

16. Con esto quedaron todos penetrados de temor, y glorificaban a Dios, diciendo: Un gran profeta ha aparecido entre nosotros, y Dios ha visitado a su pueblo.

17. Y se esparció la fama de este milagro por toda la Judea y por todas las regiones circunvecinas.

18. De todas estas cosas informaron a Juan sus discípulos.

19. Y Juan, llamando a dos de ellos, los envió a Jesús para que le hiciesen esta pregunta: ¿Eres tú aquel que vendrá a salvar al mundo, o debemos esperar a otro?

20. Llegados a él los tales, le dijeron: Juan el Bautista nos ha enviado a ti para preguntarte: ¿Eres tú aquel que vendrá, o debemos esperar a otro?

21. (En la misma hora curó Jesús a muchos de sus enfermedades y llagas, y de espíritus malignos, y dio vista a muchos ciegos).

22. Les respondió, pues, diciendo: Id y contad a Juan las cosas que habéis oído y visto; cómo los ciegos ven, los cojos andan, los leprosos quedan limpios, los sordos oyen, los muertos resucitan, a los pobres se les anuncia la buena nueva*,

23. y bienaventurado aquel que no se escandalizare de mi proceder.

24. Así que hubieron partido los enviados de Juan, Jesús se dirigió al numeroso auditorio, y les habló de Juan en esta forma: ¿Qué salisteis a ver en el desierto?; ¿alguna caña sacudida del viento?

25. O ¿qué es lo que salisteis a ver?; ¿algún hombre vestido de ropas delicadas? Ya sabéis que los que visten preciosas ropas y viven en delicias, en palacios de reyes están.

26. En fin, ¿qué salisteis a ver?; ¿un profeta? Sí, ciertamente, yo os lo aseguro, y aun más que profeta.

27. Pues él es de quien está escrito*: Mira que yo envío delante de ti mi ángel, el cual vaya preparándote el camino.

28. Por lo que os digo: Entre los nacidos de mujeres, ningún profeta es mayor que Juan Bautista; si bien aquel que es el más pequeño en el reino de Dios, es mayor que él.

29. Todo el pueblo y los publicanos, habiéndole oído, entraron en los designios de Dios recibiendo el bautismo de Juan.

30. Pero los fariseos y doctores de la ley despreciaron en daño de sí mismos el designio de Dios, no habiendo recibido dicho bautismo.

31. Ahora bien, concluyó el Señor: ¿A quien diré que es semejante esta raza de hombres?; y ¿a quién se parecen?

32. Se parecen a los muchachos sentados en la plaza y que por vía de juego hablan con los de enfrente, y les dicen: Os cantamos al son de la flauta, y no habéis danzado; entonamos lamentaciones, y no habéis llorado.

33. Vino Juan Bautista, que ni comía pan, ni bebía vino, y habéis dicho: Está endemoniado.

34. Ha venido el Hijo del hombre, que come y bebe y decís: He aquí un hombre voraz y bebedor, amigo de publicanos y de gentes de mala vida.

35. Mas la sabiduría ha sido justificada por todos los hijos.

36. Le rogó uno de los fariseos que fuera a comer con él. Y habiendo entrado en casa del fariseo, se puso a la mesa.

37. Cuando he aquí que una mujer de la ciudad, que era, o había sido, de mala conducta, luego que supo que se había puesto a la mesa en casa del fariseo, trajo un vaso de alabastro lleno de bálsamo o perfume;

38. y arrimándose por detrás a sus pies, comenzó a bañárselos con sus lágrimas, y los limpiaba con los cabellos y los besaba, y derramaba sobre ellos el perfume.

39. Lo que viendo el fariseo que le había convidado, decía para consigo: Si este hombre fuera profeta, bien conocería quién, y qué tal es la mujer que le está tocando, o que es una mujer de mala vida.

40. Jesús respondiendo a su pensamiento, le dijo: Simón, una cosa tengo que decirte. Di, maestro, respondió él.

41. Cierto acreedor tenía dos deudores, uno le debía quinientos denarios, y el otro cincuenta.

---

22. *Is 35*, 5.
27. *Mal 3*, 1.

42. No teniendo ellos con qué pagar, perdonó a ambos la deuda. ¿Cuál de ellos a tu parecer le amará más?

43. Respondió Simón: Hago juicio que aquel a quien se perdonó más. Y le dijo Jesús: Has juzgado rectamente.

44. Y volviéndose hacia la mujer, dijo a Simón: ¿Ves a esta mujer? Yo entré en tu casa, y no me has dado agua con que se lavaran mis pies; mas ésta ha bañado mis pies con sus lágrimas, y los ha enjugado con sus cabellos.

45. Tú no me has dado el ósculo de paz; pero ésta desde que llegó no ha cesado de besar mis pies.

46. Tú no has ungido con óleo o perfume mi cabeza; y ésta ha derramado sobre mis pies sus perfumes.

47. Por todo lo cual te digo que le son perdonados muchos pecados, porque ha amado mucho. Que ama menos aquel a quien menos se le perdona.

48. En seguida dijo a la mujer: Perdonados te son tus pecados.

49. Y luego los convidados empezaron a decir interiormente: ¿Quién es éste que también perdona pecados?

50. Mas él dijo a la mujer: Tu fe te ha salvado, vete en paz.

8 *Jesús ejerce su poder sobre el mar, los demonios, una enfermedad incurable y la muerte*

1. Algún tiempo después andaba Jesús por las ciudades y aldeas predicando, y anunciando el reino de Dios, acompañado de los doce,

2. y de algunas mujeres que habían sido libradas de los espíritus malignos y curadas de varias enfermedades, de María, por sobrenombre Magdalena, de la cual había echado siete demonios,

3. y de Juana, mujer de Cusa, mayordomo de Herodes, y de Susana, y de otras muchas, que le asistían con sus bienes.

4. En ocasión de un grandísimo concurso de gentes, que de las ciudades acudían presurosas a él, dijo esta parábola:

5. Salió un sembrador a sembrar su simiente; y al esparcirla, parte cayó a lo largo del camino, donde fue pisoteada, y la comieron las aves del cielo.

6. Parte cayó sobre un pedregal, y luego que nació, se secó por falta de humedad.

7. Parte cayó entre espinas, y creciendo al mismo tiempo las espinas con ella, la sofocaron.

8. Parte finalmente cayó en buena tierra; y habiendo nacido dio fruto a ciento por uno. Dicho esto exclamó en alta voz: El que tenga oídos para escuchar, atienda bien a lo que digo.

9. Le preguntaban sus discípulos cuál era el sentido de esta parábola.

10. A los cuales respondió así: A vosotros se os ha concedido entender el misterio del reino de Dios, mientras a los demás en parábolas, de modo que viendo no echen de ver, y oyendo no entiendan.

11. Ahora bien, el sentido de la parábola es éste: La semilla es la palabra de Dios;

12. los granos sembrados a lo largo del camino, significan aquellos que la escuchan, sí; pero viene luego el diablo, y se las saca del corazón, para que no crean y se salven;

13. los sembrados en un pedregal, son aquellos que, oída la palabra, la reciben, sí, con gozo, pero no echa raíces en ellos; y así creen por una temporada, y al tiempo de la tentación vuelven atrás;

14. la semilla caída entre espinas, son los que la escucharon, pero con los cuidados, y las riquezas y delicias de la vida, al cabo la sofocan, y nunca llega a dar fruto.

15. En fin, la que cae en buena tierra, denota aquellos que con un corazón bueno y muy sano oyen la palabra de Dios, y la conservan con cuidado, y mediante la paciencia dan fruto sazonado.

16. Y añadió: Ninguno después de encender una antorcha la tapa con una vasija, ni la mete debajo de la cama; sino que la pone sobre un candelero, para que dé luz a los que entran.

17. Porque nada hay oculto que no deba ser descubierto; ni escondido, que no haya de ser conocido y publicado.

18. Por tanto, mirad de qué manera oís mis instrucciones. Pues a quien tiene, se le dará; y al que no tiene, aun aquello mismo que cree tener, se le quitará.

19. Entretanto vinieron a encontrarle su madre y primos hermanos, y no pudiendo acercarse a él a causa del gentío,

20. se lo avisaron, diciéndole: Tu madre

y tus hermanos están allá fuera que te quieren ver.

21. Pero él les dio esta respuesta: Mi madre y mis hermanos son aquellos que escuchan la palabra de Dios y la practican.

22. Un día sucedió que habiéndose embarcado con sus discípulos, les dijo: Pasemos al otro lado del lago. Partieron, pues;

23. y mientras ellos iban navegando, se durmió Jesús, al tiempo que un viento recio alborotó las olas, de manera que llenándose de agua la barca, corrían riesgo.

24. Con esto llegándose a él le despertaron, diciendo: ¡Maestro, que perecemos! Y puesto él en pie, amenazó al viento y a la tormenta, que cesaron luego, y siguió la calma.

25. Entonces les dijo: ¿Dónde está vuestra fe? Mas ellos llenos de temor se decían con asombro unos a otros: ¿Quién diremos que es éste, que así da órdenes a los vientos y al mar, y le obedecen?

26. Arribaron, en fin, al país de los gerasenos, que está en la ribera opuesta a la Galilea.

27. Luego que salió a tierra, le salió al encuentro un hombre, ya de mucho tiempo atrás endemoniado, que ni sufría ropa encima, ni moraba en casa, sino en las cuevas sepulcrales.

28. Este, pues, así que vio a Jesús, se arrojó a sus pies, y le dijo a grandes gritos: ¿Qué tengo yo que ver contigo, Jesús, Hijo del Dios altísimo? Te ruego que no me atormentes.

29. Y es que Jesús mandaba al espíritu inmundo que saliese de aquel hombre; porque hacía mucho tiempo que estaba de él apoderado; y por más que le ataban con cadenas y ponían grillos, rompía las prisiones, y acosado del demonio huía a los desiertos.

30. Jesús le preguntó: ¿Cuál es tu nombre? Y él respondió: Legión; porque eran muchos los demonios entrados en él.

31. Y le suplicaban éstos que no les mandase ir al abismo.

32. Andaba por allí una gran piara de cerdos paciendo en el monte; con esta ocasión le pedían que les permitiera entrar en ellos. Y se los permitió.

33. Salieron, pues, del hombre los demonios, y entraron en los cerdos; y de repente toda la piara corrió a arrojarse por un precipicio al lago, y se anegó.

34. Viendo esto los que los guardaban, echaron a huir, y se fueron a llevar la nueva a la ciudad y por los cortijos;

35. de donde salieron las gentes a ver lo que había sucedido; y viniendo a Jesús, hallaron al hombre, de quien habían salido los demonios, sentado a sus pies, vestido, y en su sano juicio, y quedaron espantados.

36. Les contaron asimismo los que habían estado presentes de qué manera había sido librado de la legión de demonios.

37. Entonces todos los gerasenos a una le suplicaron que se retirase de su país; por hallarse sobrecogidos de gran espanto. Subiendo, pues, Jesús en la barca, se volvió.

38. Pedíale aquel hombre de quien habían salido los demonios, que le llevase en su compañía. Pero Jesús le despidió diciendo:

39. Vuélvete a tu casa, y cuenta las maravillas que Dios ha obrado a favor tuyo. Y se fue por toda la ciudad, publicando los grandes beneficios que Jesús le había hecho.

40. Habiendo regresado Jesús a Galilea, salió el pueblo a recibirle; porque todos estaban esperándole con ansia.

41. Entonces se le presentó un jefe de la sinagoga llamado Jairo, el cual se postró a sus pies suplicándole que viniese a su casa,

42. porque tenía una hija única de cerca de doce años de edad que se estaba muriendo. Al ir, pues, allá, y hallándose apretado del tropel de las gentes que le seguían,

43. sucedió que cierta mujer enferma después de doce años de un flujo de sangre, la cual había gastado en médicos toda su hacienda, sin que ninguno hubiese podido curarla,

44. se arrimó por detrás, le tocó la orla de su vestido, y al instante mismo paró el flujo de sangre.

45. Y dijo Jesús: ¿Quién es el que me ha tocado? Excusándose todos, dijo Pedro con sus compañeros: Maestro, un tropel de gentes te comprime, y sofoca, y preguntas: ¿Quién me ha tocado?

46. Pero Jesús replicó: Alguno me ha tocado; pues yo he sentido salir de mí cierta virtud.

47. En fin, viéndose la mujer descubierta, se acercó temblando, y echándose a sus pies, declaró en presencia de todo el pueblo la causa de haberlo tocado, y cómo al momento había quedado sana.

48. Y Jesús le dijo: Hija, tu fe te ha curado, vete en paz.

49. Aún estaba hablando, cuando vino uno a decir al jefe de la sinagoga: Tu hija ha muerto, no tienes que cansar ya al Maestro.

50. Pero Jesús, así que lo oyó, dijo al padre de la niña: No temas, basta que creas, y ella vivirá.

51. Llegando a la casa, no permitió entrar consigo a nadie, sino a Pedro, y a Santiago, y a Juan, y al padre y madre de la niña.

52. Entretanto lloraban todos por la niña, golpeándose el pecho. Mas él dijo: No lloréis, pues la niña no está muerta, sino dormida.

53. Y se burlaban de él, sabiendo bien que estaba muerta.

54. Jesús, pues, la cogió de la mano, y dijo en alta voz: Niña, levántate.

55. Y de repente volvió su alma al cuerpo, y se levantó al instante. Y Jesús mandó que le diesen de comer.

56. Y quedaron sus padres llenos de asombro, a los cuales mandó que a nadie dijesen lo que había sucedido.

9

Misión y poder de los apóstoles.
Multiplicación de los panes y peces.
Transfiguración de Jesús

1. Algún tiempo después habiendo convocado a los doce apóstoles, les dio poder y autoridad sobre todos los demonios, y virtud de curar enfermedades.

2. Y los envió a predicar el reino de Dios, y a dar la salud a los enfermos.

3. Y les dijo: No llevéis nada para el viaje, ni palo, ni alforja, ni pan, ni dinero, ni mudas de ropa.

4. En cualquier casa que entrareis permaneced allí, y no la dejéis hasta la partida.

5. Y donde nadie os recibiere, al salir de la ciudad, sacudid aun el polvo de vuestros pies, en testimonio contra sus moradores.

6. Habiendo, pues, partido, iban de lugar en lugar, anunciando la buena nueva del reino de Dios, y curando enfermos por todas partes.

7. Entretanto oyó Herodes el tetrarca todo lo que hacía Jesús, y no sabía a qué atenerse,

8. porque unos decían: Sin duda que Juan ha resucitado; algunos: No, sino que ha aparecido Elías; otros, en fin, que uno de los profetas antiguos había resucitado.

9. Y decía Herodes: A Juan yo le corté la cabeza: ¿Quién será, pues, éste de quien tales cosas oigo? Y buscaba cómo verle.

10. Los apóstoles a la vuelta contaron a Jesús todo cuanto habían hecho, y el tomándolos consigo aparte se retiró a un lugar desierto, del territorio de Betsaida.

11. Lo que sabido por los pueblos se fueron tras él; y los recibió Jesús con amor, y les hablaba del reino de Dios, y daba salud a los que carecían de ella.

12. Empezaba a caer el día. Por lo que acercándose los doce apóstoles le dijeron: Despacha ya a estas gentes, para que vayan a buscar alojamiento, y hallen qué comer en las villas y aldeas del contorno; pues aquí estamos en un desierto.

13. Les respondió Jesús: Dadles vosotros de comer. Pero ellos replicaron: No tenemos más de cinco panes y dos peces, a no ser que quieras que vayamos nosotros con nuestro poco dinero a comprar víveres para toda esta gente.

14. Es de notar que eran como unos cinco mil hombres. Entonces dijo a sus discípulos: Hacedlos sentar por cuadrillas de cincuenta en cincuenta.

15. Así los hicieron sentar a todos.

16. Y habiendo él tomado los cinco panes y los dos peces, levantando los ojos al cielo, los bendijo, los partió y los distribuyó a los discípulos, para que los sirviesen a la gente.

17. Y comieron todos, y se saciaron; y de lo que les sobró, se sacaron doce cestos de pedazos.

18. Sucedió un día que habiéndose retirado a hacer oración, teniendo consigo a sus discípulos, preguntándoles: ¿Quién dicen las gentes que soy yo?

19. Ellos le respondieron: Muchos que Juan Bautista, otros que Elías, otros, en fin, uno de los antiguos profetas que ha resucitado.

20. Y vosotros, replicó Jesús, ¿quién decís que soy yo? Respondió Simón Pedro: El Cristo o ungido de Dios.

21. Pero él les mandó que a nadie dijesen eso.

22. Y añadió: Porque conviene que el Hijo del hombre padezca muchos tormentos y sea condenado por los ancianos, y los príncipes de los sacerdotes, y los escribas, y sea muerto, y resucite al tercer día.

23. Asimismo decía a todos: Si alguno quiere venir en pos de mí que renuncie a sí mismo, lleve su cruz cada día, y me siga.

24. Pues quien quisiere salvar su vida, la perderá; cuando al contrario, el que perdiere su vida por amor de mí, la pondrá a salvo.

25. ¿Y qué adelanta el hombre con ganar todo el mundo, si es a costa suya, y perdiéndose a sí mismo?

26. Porque quien se avergonzare de mí y de mis palabras, de ése se avergonzará el Hijo del hombre, cuando venga en su majestad, y en la de su Padre, y de los santos ángeles.

27. Os aseguro con verdad, que algunos hay aquí presentes que no morirán sin que hayan visto el reino de Dios.

La transfiguración de Jesús y anuncio de la pasión

28. Sucedió, pues, que cerca de ocho días después de dichas estas palabras, tomó consigo a Pedro, y a Santiago, y a Juan, y subió a un monte a orar.

29. Y mientras estaba orando, apareció diversa la figura de su semblante, y su vestido se volvió blanco y refulgente.

30. Y se vieron de repente dos personajes que conversaban con él, los cuales eran Moisés y Elías,

31. que aparecieron en forma gloriosa y hablaban de su salida, la cual estaba para verificar en Jerusalén.

32. Mas Pedro y sus compañeros se hallaban cargados de sueño. Y despertando vieron la gloria de Jesús y a los dos personajes que le acompañaban.

33. Y así que éstos iban a despedirse de él, le dijo Pedro: Maestro, bien estamos aquí; hagamos tres tiendas o pabellones, una para ti, otra para Moisés, y otra para Elías; no sabiendo lo que decía.

34. Mas en tanto que esto hablaba, se formó una nube que los cubrió; y viéndolos entrar en esta nube, quedaron aterrados.

35. Y salió de la nube una voz que decía: Este es el hijo mío querido, escuchadle.

36. Al oírse esta voz, se halló Jesús solo. Y ellos guardaron silencio, y a nadie dijeron por entonces nada de lo que habían visto.

37. Al día siguiente, cuando bajaban del monte, les salió al camino gran multitud;

38. y en medio de ella un hombre clamó, diciendo: Maestro, mira, te ruego, a mi hijo, que es el único que tengo;

39. y un espíritu maligno le toma, y de repente le hace dar alaridos, y le tira contra el suelo, y le agita con violentas convulsiones hasta hacerlo arrojar espuma, y con dificultad se aparta de él, después de desgarrarle sus carnes.

40. He rogado a tus discípulos que le echen, mas no han podido.

41. Jesús entonces, tomando la palabra, dijo: ¡Oh generación incrédula y perversa!, ¿hasta cuándo he de estar con vosotros, y sufriros? Trae aquí a tu hijo.

42. Al acercarse, le tiró el demonio contra el suelo, y lo maltrataba.

43. Pero Jesús, habiendo increpado al espíritu inmundo, curó al mozo, y lo devolvió a su padre.

44. Con lo que todos quedaban pasmados del gran poder de Dios; y mientras todo el mundo no cesaba de admirar las cosas que hacía, él dijo a sus discípulos: Grabad en vuestro corazón lo que voy a deciros: El Hijo del hombre está para ser entregado en manos de los hombres.

45. Pero ellos no entendieron este lenguaje, y les era tan oscuro el sentido de estas palabras, que nada comprendieron, ni tuvieron valor para preguntarle sobre lo dicho.

46. Y les vino al pensamiento cuál de ellos sería el mayor;

47. pero Jesús, leyendo los afectos de su corazón, tomó de la mano a un niño y lo puso junto a sí,

48. y les dijo: Cualquiera que acogiere a este niño por amor mío, a mí me acoge; y cualquiera que me acogiere a mí, acoge al que me ha enviado. Y así, aquel que es el menor entre vosotros, ése es el mayor.

49. Entonces Juan, tomando la palabra, dijo: Maestro, hemos visto a uno lanzar los demonios en tu nombre, pero se lo hemos vedado; porque no anda con nosotros en tu seguimiento.

50. Le dijo Jesús: No se lo prohibais;

porque quien no está contra vosotros, por vosotros está.

51. Y cuando estaba para cumplirse el tiempo en que Jesús había de salir, se puso en camino, mostrando un semblante decidido para ir a Jerusalén.

52. Y despachó a algunos delante de sí para anunciar; los cuales habiendo partido entraron en una ciudad de samaritanos a prepararle hospedaje.

53. Mas no quisieron recibirle, porque daba a conocer que iba a Jerusalén.

54. Viendo esto sus discípulos Santiago y Juan, dijeron: ¿Quieres que mandemos que llueva fuego del cielo y los devore?

55. Pero Jesús vuelto a ellos los reprendió, diciendo: No sabéis a qué espíritu pertenecéis.

56. El Hijo del hombre no ha venido para perder a los hombres, sino para salvarlos. Y con esto se fueron a otra aldea.

57. Mientras iban andando su camino, hubo un hombre que le dijo: Señor, yo te seguiré adondequiera que fueres.

58. Pero Jesús le respondió: Las zorras tienen guaridas, y las aves del cielo nidos; mas entiende que el Hijo del hombre no tiene dónde reclinar su cabeza.

59. A otro le dijo Jesús: Sígueme; mas éste respondió: Señor, permíteme que vayas antes, y dé sepultura a mi padre.

60. Le replicó Jesús: Deja tú a los muertos el cuidado de sepultar a sus muertos; pero tú ve, y anuncia el reino de Dios.

61. Y otro le dijo: Yo te seguiré, Señor; pero primero déjame ir a despedirme de mi casa.

62. Le respondió Jesús: Ninguno que después de haber puesto mano en el arado vuelve los ojos atrás, es apto para el reino de Dios.

10

Misión de los discípulos. Parábola del buen samaritano. Marta y María hospedan a Jesús

---

1. Después de esto eligió el Señor otros setenta y dos discípulos, a los cuales envió delante de él, de dos en dos. Por todas las ciudades y lugares adonde había de venir él mismo.

2. Y les decía: La mies de la verdad es mucha, mas los trabajadores pocos; rogad, pues, al dueño de la mies que envíe obreros a su mies.

3. Id vosotros, he aquí que yo os envío a predicar como corderos entre lobos.

4. No llevéis bolsillo ni alforja, ni zapatos, ni os paréis a saludar a nadie por el camino.

5. Al entrar en cualquier casa, decid ante todas las cosas: La paz sea en esta casa;

6. que si en ella hubiere algún hijo de la paz, descansará vuestra paz sobre él; donde no, se volverá a vosotros.

7. Y perseverad, en aquella misma casa, comiendo y bebiendo de lo que tengan; pues el que trabaja, merece su recompensa. No andéis pasando de casa en casa.

8. En cualquier ciudad que entrareis y os hospedaren, comed lo que os pusieren delante,

9. y curad a los enfermos que en ella hubiere, y decidles: El reino de Dios está cerca de vosotros.

10. Pero si en la ciudad donde hubiereis entrado, no quisieren recibiros, saliendo a las plazas, decid:

11. Hasta el polvo que se nos ha pegado de vuestra ciudad, lo sacudimos contra vosotros; mas sabed que el reino de Dios está cerca.

12. Yo os aseguro que Sodoma será tratada el día aquel, con menos rigor que tal ciudad.

13. ¡Ay de ti Corozaín!, ¡ay de ti Betsaida!, porque si en Tiro y en Sidón se hubiesen hecho los milagros que se han hecho en vosotras, hace tiempo que hubieran hecho penitencia cubiertas de cilicio, y yaciendo sobre la ceniza.

14. Por eso Tiro y Sidón serán juzgadas con más clemencia que vosotras.

15. Y tú, ¡oh Cafarnaúm!, que te has levantado hasta el cielo, serás abatida hasta el infierno.

16. El que os escucha a vosotros, me escucha a mí; y el que os desprecia a vosotros, a mí me desprecia. Y quien a mí me desprecia, desprecia a aquel que me ha enviado.

17. Regresaron los setenta y dos discípulos llenos de gozo, diciendo: Señor, hasta los demonios mismos se sujetan a nosotros por la virtud de tu nombre.

18. A lo que les respondió: Yo estaba

viendo a Satanás caer del cielo a manera de relámpagos*.

19. Vosotros veis que os he dado potestad de hollar serpientes, y escorpiones, y todo el poder del enemigo, de suerte que nada podrá hacer daño.

20. Con todo eso, no tanto habéis de gozaros, porque se os rinden los espíritus, cuanto porque vuestros nombres están escritos en los cielos.

21. En aquel mismo punto Jesús manifestó un extraordinario gozo, al impulso del Espíritu Santo, y dijo: Yo te alabo, Padre, Señor del cielo y de la tierra, porque has encubierto estas cosas a los sabios y prudentes del siglo, y las has descubierto a los humildes y pequeños. Así es, ¡oh Padre!, porque así fue tu beneplácito.

22. El Padre ha puesto en mi mano todas las cosas. Y nadie conoce quién es el Hijo, sino el Padre; ni quién es el Padre, sino el Hijo, y aquel a quien el Hijo quisiera revelarlo.

23. Y vuelto a sus discípulos, dijo: Bienaventurados los ojos que ven lo que vosotros veis;

24. pues os aseguro que muchos profetas y reyes desearon ver lo que vosotros veis, y no lo vieron; como también oír las cosas que vosotros oís, y no las oyeron.

25. Se levantó entonces un doctor de la ley, y le dijo con el fin de tentarle: Maestro, ¿qué debo yo hacer para conseguir la vida eterna?

26. Le dijo Jesús: ¿Qué es lo que se halla escrito en la ley? ¿Qué es lo que en ella lees?

27. Respondió él: Amarás al Señor Dios tuyo de todo tu corazón, y con toda tu alma, y con todas tus fuerzas, y con toda tu mente, y al prójimo como a ti mismo.

28. Le replicó Jesús: Bien has respondido, has eso y vivirás.

29. Mas él queriendo dar a entender que era justo, preguntó a Jesús: ¿Y quién es mi prójimo?

30. Entonces Jesús tomando la palabra, dijo: Bajaba un hombre de Jerusalén a Jericó, y cayó en manos de ladrones, que le despojaron de todo, le cubrieron de heridas, y se fueron, dejándolo medio muerto.

31. Bajaba casualmente por el mismo camino un sacerdote, y aunque le vio pasó de largo.

32. Igualmente un levita, a pesar de que se halló vecino al sitio, y le miró, tiró adelante.

33. Pero un caminante samaritano, llegó adonde estaba, y viéndole se movió a compasión;

34. y arrimándose, vendó sus heridas bañándolas con aceite y vino; y subiéndole en su cabalgadura, le condujo al mesón, y cuidó de él.

35. Al día siguiente sacó dos denarios, y se los dio al mesonero, diciéndole: Cuídame este hombre; y todo lo que gastares de más yo te lo abonaré a mi vuelta.

36. ¿Quién de estos tres te parece haber sido prójimo del que cayó en manos de los ladrones?

37. Aquel, respondió el doctor, que usó con él de misericordia. Pues anda, le dijo Jesús, y haz tú otro tanto.

38. Prosiguiendo Jesús su viaje a Jerusalén, entró en cierta aldea, donde una mujer, por nombre Marta, lo hospedó en su casa.

39. Tenía ésta una hermana llamada María, la cual sentada también a los pies del Señor estaba escuchando su palabra.

40. Mientras tanto Marta andaba muy afanada en disponer todo lo que era menester, por lo cual se presentó a Jesús y dijo: Señor, ¿no reparas que mi hermana me ha dejado sola en las faenas de la casa? Dile, pues, que me ayude.

41. Pero el Señor le dio estas respuestas: Marta, Marta, tú te afanas y acongojas en muchísimas cosas;

42. y a la verdad que una sola cosa es necesaria. María ha escogido la mejor suerte, de que jamás será privada.

11

Perseverancia en la oración.
Parábola del valiente armado.
Reprende Jesús a los fariseos

1. Un día estando Jesús orando en cierto lugar, acabada la oración, le dijo uno de sus discípulos: Señor, enséñanos a orar, como enseñó también Juan a sus discípulos.

2. Y Jesús les respondió: Cuando os pongáis a orar, habéis de decir:

---

18. Jesucristo alude en estas palabras a la rápida propagación del *evangelio* o *buena nueva del reino de Dios*.

Padre, sea santificado tu nombre. Venga a nosotros tu reino.

3. El pan nuestro de cada día dánoslo hoy.

4. Y perdónanos nuestros pecados, puesto que también nosotros perdonamos a nuestros deudores. Y no nos dejes caer en la tentación.

5. Les dijo también: Si alguno de vosotros tuviere un amigo y fuese a estar con él a medianoche, y a decirle: Amigo, préstame tres panes,

6. porque otro amigo mío acaba de llegar de viaje a mi casa, y no tengo nada para darle;

7. aunque aquél desde adentro le responda: No me molestes, la puerta está ya cerrada, y mis criados están como yo acostados, no puedo levantarme a dártelos;

8. si el otro porfía en llamar y más llamar; yo os aseguro que cuando no se levantare a dárselos por razón de su amistad, a lo menos por librarse de su impertinencia se levantará al fin, y le dará cuantos necesite.

9. Así os digo yo: Pedid, y se os dará; buscad y hallaréis; llamad y se os abrirá.

10. Porque todo aquel que pide, recibe; y quien busca, halla; y al que llama, se le abrirá.

11. Que si entre vosotros un hijo pide pan a su padre, ¿acaso le dará una piedra? O si pide un pez, ¿le dará en lugar de un pez una serpiente?

12. O si pide un huevo, ¿por ventura le dará un escorpión?

13. Pues si vosotros, siendo malos como sois, sabéis dar buenas cosas a vuestros hijos, ¿cuánto más vuestro Padre que está en los cielos dará el espíritu bueno a los que se lo piden?

14. Estaba Jesús lanzando un demonio, el cual era mudo*. Y así que hubo echado al demonio, habló el mudo, y todas las gentes quedaron muy admiradas.

15. Mas no faltaron algunos que dijeron: Por arte de Beelzebub, príncipe de los demonios, echa él los demonios.

16. Y otros, por tentarle, le pedían que les hiciese ver algún prodigio en el cielo.

17. Pero Jesús penetrando sus pensamientos, les dijo: Todo reino dividido en partidos contrarios quedará destruido; y una casa dividida en facciones, camina a su ruina.

18. Si, pues, Satanás está también dividido contra sí mismo, ¿cómo susbsistirá su reino?, ya que decís vosotros que yo lanzo los demonios por arte de Beelzebub*.

19. Y si yo lanzo los demonios por virtud de Beelzebub, ¿por virtud de quién los lanzan vuestros hijos? Por tanto ellos mismos serán vuestros jueces.

20. Pero si yo lanzo demonios con el dedo de Dios, es evidente que ha llegado ya el reino de Dios a vosotros.

21. Cuando un hombre valiente bien armado, guarda la entrada de su casa, todas las cosas están seguras.

22. Pero si otro más valiente que él asaltándole le vence, le desarmará de todos sus arneses, en que confiaba, y repartirá sus despojos.

23. Quien no está por mí, está contra mí; y quien no recoge conmigo, desparrama.

24. Cuando un espíritu inmundo ha salido de un hombre, se va por lugares áridos, buscando lugar donde reposar, y no hallándolo dice: Me volveré a mi casa de donde salí.

25. Y viniendo a ella, la halla barrida y bien adornada.

26. Entonces, va, y toma consigo a otros siete espíritus peores que él, y entrando en esta casa fijan en ella su morada. Con lo que el último estado de aquel hombre viene a ser peor que el primero.

27. Estando diciendo estas cosas, he aquí que una mujer, levantando la voz de en medio del pueblo, exclamó: Bienaventurado el vientre que te llevó, y los pechos que te alimentaron.

28. Pero Jesús respondió: Bienaventurados más bien los que escuchan la palabra de Dios, y la ponen en práctica.

29. Como concurriesen las turbas a oírle, comenzó a decir: Esta raza de hombres es una raza perversa; ellos piden un prodigio, y no se les dará otro prodigio que el del profeta Jonás;

30. pues a la manera que Jonás fue un prodigio para los ninivitas, así el Hijo del hombre lo será para los de esta nación.

---

14. Hacía mudo al poseso.

18. *Mat 12*, 26.

31. La reina del mediodía se levantará el día del juicio contra los hombres de esta nación, y los condenará; por cuanto ella vino del cabo del mundo a escuchar la sabiduría de Salomón; y veis aquí uno, superior a Salomón.

32. Los habitantes de Nínive comparecerán también el día del juicio contra esta nación, y la condenarán; por cuanto ellos hicieron penitencia a la predicación de Jonás; y veis aquí uno que es superior a Jonás.

La luz de Cristo

33. Nadie enciende una candela para ponerla en un lugar escondido, ni debajo de un celemín; sino sobre un candelero, para que los que entran vean la luz.

34. Antorcha de tu cuerpo son tus ojos. Si tu ojo estuviere puro, todo tu cuerpo será alumbrado; mas si estuviere dañado, también tu cuerpo estará lleno de tinieblas.

35. Cuida, pues, de que la luz que hay en ti, no sea tinieblas;

36. porque si tu cuerpo estuviere todo iluminado, sin tener parte alguna oscura, todo lo demás será luminoso, y como antorcha luciente te alumbrará.

37. Así que acabó de hablar, un fariseo le convidó a comer en su casa; y entrando Jesús en ella, se puso a la mesa.

38. Entonces el fariseo, discurriendo consigo mismo, comenzó a decir: ¿Por qué no se habrá lavado antes de comer?

39. Mas el Señor le dijo: Vosotros, ¡oh fariseos!, tenéis cuidado en limpiar el exterior de las copas y de los platos; pero el interior de vuestro corazón está lleno de rapiña y de maldad.

40. ¡Oh necios!, ¿no sabéis que quien hizo lo de afuera, hizo asimismo lo de adentro?

41. Sobre todo, dad limosna de lo vuestro que os sobra, y con eso todas las cosas estarán limpias en orden a vosotros.

42. Mas ¡ay de vosotros, fariseos, que pagáis el diezmo de la hierbabuena, y de la ruda, y de toda suerte de legumbres, y no hacéis caso de la justicia y de la caridad o amor de Dios! Estas son las cosas que debíais practicar, sin omitir aquéllas.

43. ¡Ay de vosotros, fariseos, que amáis tener los primeros asientos en las sinagogas, y ser saludados en público!

44. ¡Ay de vosotros, que sois como los sepulcros que están encubiertos, y que son desconocidos de los hombres que pasan por encima de ellos!

45. Entonces uno de los doctores de la ley le dijo: Maestro, hablando así, también nos afrentas a nosotros.

46. Mas él respondió: ¡Ay de vosotros igualmente, doctores de la ley!, porque echáis a los hombres cargas que no pueden soportar, y vosotros ni con el dedo las tocáis.

47. ¡Ay de vosotros que edificáis mausoleos a los profetas, después que vuestros padres los mataron!

48. En verdad que dais a conocer que aprobáis los atentados de vuestros padres; porque si ellos los mataron, vosotros edificáis sus sepulcros.

49. Por eso dijo también la sabiduría de Dios: Yo les enviaré profetas y apóstoles, y matarán a unos y perseguirán a otros,

50. para que a esta nación se le pida cuentas de la sangre de todos los profetas, que ha sido derramada desde la creación del mundo acá,

51. de la sangre de Abel hasta la sangre de Zacarías, muerto entre el altar y el templo. Sí; yo os lo digo: A esta raza de hombres se le pedirá de ello cuenta.

52. ¡Ay de vosotros, doctores de la ley, que os habéis reservado la llave de la ciencia! Vosotros mismos no habéis entrado, y aun a los que iban a entrar se lo habéis impedido.

53. Diciéndoles todas estas cosas, irritados los fariseos y doctores de la ley empezaron a contradecirle fuertemente, y a pretender taparle la boca de muchas maneras,

54. armándole asechanzas, y tirando a sonsacarle alguna palabra para poder acusarle.

12

No temer sino a Dios. No inquietarse por comida. Jesús vino a poner fuego a la tierra

1. Entretanto, habiéndose juntado alrededor de Jesús tanto concurso de gentes que se atropellaban unos a otros, empezó a decir a sus discípulos: Guardaos de la levadura de los fariseos, que es la hipocresía.

2. Mas nada está oculto que no se haya

de manifestar; ni secreto que al fin no se sepa.

3. Así es que lo que dijisteis a oscuras, se dirá a la luz del día; y lo que hablasteis al oído en las alcobas, se pregonará sobre los terrados.

4. A vosotros que sois mis amigos, os digo yo: No tengáis miedo de los que matan al cuerpo, y este hecho ya no pueden hacer más.

5. Yo quiero mostraros a quién habéis de temer: Temed al que, después de quitar la vida, puede arrojar al infierno. A éste es, os repito, a quien habéis de temer.

6. ¿No es verdad que cinco pajarillos se venden por dos cuartos, y con todo ni uno de ellos es olvidado de Dios?

7. Hasta los cabellos de vuestra cabeza están todos contados. Por tanto no tenéis que temer; más valéis vosotros que muchos pajarillos.

8. Os digo, pues que cualquiera que me confesare delante de los hombres, también el Hijo del hombre le confesará, delante de los ángeles de Dios.

9. Al contrario, quien me negare ante los hombres, será negado ante los ángeles de Dios.

10. Si alguno habla contra el Hijo del hombre, este pecado se le perdonará; pero no habrá perdón para quien blasfemare contra el Espíritu Santo.

11. Cuando os conduzcan a las sinagogas, y a los magistrados y potestades, no paséis cuidado de lo que, o como habéis de responder.

12. Porque el Espíritu Santo os enseñará en aquel trance lo que debéis decir.

13. Entonces le dijo uno del auditorio: Maestro, dile a mi hermano que me dé la parte que me toca de la herencia.

14. Pero Jesús le respondió: ¡Oh hombre!, ¿quién me ha constituido a mí juez, o repartidor entre vosotros?

15. Con esta ocasión les dijo: Estad alertas, y guardaos de toda avaricia; que no depende la vida del hombre de la abundancia de los bienes que él posee.

16. Y en seguida les puso esta parábola: Un hombre rico tuvo una extraordinaria cosecha de frutos en su heredad;

17. y discurría para consigo, diciendo: ¿Qué haré, que no tengo sitio para encerrar mis granos?

18. Al fin dijo: Haré esto: Derribaré mis graneros, y construiré otros mayores, donde almacenaré todos mis productos y mis bienes,

19. con lo que diré a mi alma: ¡Oh alma mía!, ya tienes muchos bienes de repuesto para muchísimos años: Descansa, come, bebe, y date buena vida.

20. Pero le dijo Dios: ¡Insensato!, esta misma noche han de exigir de ti la entrega de tu alma; ¿de quién será cuanto has almacenado?

21. Esto es lo que sucede al que atesora para sí, y no es rico a los ojos de Dios.

22. Y después dijo a sus discípulos: Por eso os digo a vosotros: No andéis inquietos en orden a vuestra vida, sobre lo que comeréis y en orden a vuestro cuerpo sobre qué vestiréis.

23. Más importa la vida que la comida, y el cuerpo que el vestido.

24. Reparad en los cuervos: ellos no siembran, ni siegan, no tienen despensa, ni granero; sin embargo, Dios los alimenta. Ahora bien, ¿cuánto más valéis vosotros que ellos?

25. ¿Quién de vosotros, por mucho que discurra, puede acrecentar a su estatura un codo?

26. Pues si ni aun para las cosas más pequeñas tenéis poder, ¿a qué fin inquietaros por las demás?

27. Contemplad las azucenas cómo crecen, no trabajan, ni tampoco hilan; no obstante os digo, que ni Salomón con toda su magnificencia estuvo jamás vestido como una de estas flores.

28. Pues si a una hierba que hoy está en el campo, y mañana se echa en el horno, Dios así la viste, ¿cuánto más a vosotros, hombres de poquísima fe?

29. Así que no estéis acongojados cuando buscáis de comer o de beber; ni tengáis suspenso o inquieto vuestro ánimo;

30. las gentes del mundo son los que van afanados tras de esas cosas, bien sabe vuestro Padre que de ellas necesitáis.

31. Por tanto, buscad primero el reino de Dios y su justicia; que todo lo demás se os dará por añadidura.

32. No tenéis vosotros que temer, pequeñito rebaño, porque ha sido el agrado de vuestro Padre daros el reino.

33. Vended, si es necesario, lo que poseéis, y dad limosna*. Haceos unas bolsas que no se echen a perder; un tesoro en el cielo que jamás se agota, adonde no llegan los ladrones, ni roe la polilla.

34. Porque donde está vuestro tesoro, allí también estará vuestro corazón.

Preparación para la segunda venida del Señor

35. Estad con vuestras ropas ceñidas a la cintura, y tened en vuestras manos las luces ya encendidas.

36. Sed semejantes a los criados que aguardan a su amo cuando vuelve de las bodas, a fin de abrirle prontamente, luego que llegue, y llame a la puerta.

37. Dichosos aquellos siervos a los cuales el amo al venir encuentra así velando; en verdad os digo, que recogiéndose él su vestido, los hará sentar a la mesa, y se pondrá a servirles.

38. Y si viene a la segunda vela, o viene a la tercera, y los halla así prontos, dichosos son tales criados.

39. Tened esto por cierto, que si el padre de familia supiera a qué hora había de venir el ladrón, estará ciertamente velando, y ni dejaría que le robasen su casa.

40. Así vosotros estad siempre prevenidos; porque a la hora que menos penséis vendrá el Hijo del hombre.

41. Le preguntó entonces Pedro: Señor, ¿dices por nosotros esta parábola, o por todos igualmente?

42. Respondió el Señor: ¿Quién piensas que es aquel administrador fiel y prudente, a quien su amo constituyó mayordomo de su familia, para distribuir a cada uno a su tiempo la medida de trigo correspondiente?

43. Dichoso tal siervo, si su amo a la vuelta le halla ejecutando así su deber.

44. En verdad os digo, que le dará la superintendencia de todos sus bienes.

45. Mas si dicho criado dijere en su corazón: Mi amo no piensa venir tan presto, y empezare a maltratar a los criados, y a las criadas, y a comer, y a beber, y a embriagarse,

46. vendrá el amo del siervo el día que menos le espera, y a la hora que él no sabe, y le echará, y le dará el pago debido a los infieles.

47. Así es que aquel siervo que, habiendo conocido la voluntad de su amo, no obstante ni puso en orden las cosas, ni se portó conforme quería su señor, recibirá muchos azotes;

48. mas el que sin conocerla hizo cosas que de suyo merecen castigo, recibirá menos. Porque se pedirá cuenta de mucho a aquel a quien mucho se le entregó; y a quien se han confiado muchas otras cosas, más cuenta le pedirán.

49. Yo he venido a poner fuego en la tierra: ¿y qué he de querer sino que arda?

50. Con un bautismo tengo de ser yo bautizado: ¡oh y cómo traigo en prensa el corazón, mientras no lo veo cumplido!

51. ¿Pensáis que he venido a poner paz en la tierra? No, sino desunión: así os lo declaro*.

52. De suerte que desde ahora en adelante habrá en una misma casa cinco entre sí desunidos, tres contra dos, y dos contra tres.

53. El padre estará contra el hijo, y el hijo contra el padre; la madre contra la hija, y la hija contra la madre; la suegra contra la nuera, y la nuera contra la suegra.

54. Decía también al pueblo: Viendo una nube que se levanta del ocaso, al instante decís: Tempestad tenemos; y así sucede.

55. Y cuando veis que sopla el aire de mediodía, decís: Hará calor; y lo hace.

56. Hipócritas, si sabéis pronosticar por los varios aspectos del cielo y de la tierra, ¿cómo no conocéis este tiempo?

57. O ¿cómo por lo que pasa en vosotros mismos no discernís lo que es justo?

58. Cuando vas junto con tu contrario a querellarte ante el magistrado, haz en el camino todo lo posible por librarte de él, no sea que por fuerza te lleve al juez y el juez te entregue al alguacil, y el alguacil te meta en la cárcel.

59. Porque yo te aseguro que de ella no saldrás, hasta que hayas pagado el último maravedí.

---

33. *No temáis que os falte lo necesario.*

51. *A encender el fuego de la caridad, a destruir la falsa paz que da el mundo, a eso he venido.* El *evangelio*, confrontado a las pasiones, ocasionará muchas tribulaciones.

13

Castigo que amenaza a los que no hacen penitencia. Parábolas del grano de mostaza y la levadura

1. En este mismo tiempo vinieron algunos, y contaron a Jesús lo que había sucedido a unos galileos, cuya sangre mezcló Pilatos con la de los sacrificios que ellos ofrecían.

2. Sobre lo cual les respondió Jesús: ¿Pensáis que aquellos galileos eran entre todos los demás de Galilea los mayores pecadores, porque fueron castigados de esta manera?

3. Os aseguro que no; si vosotros no hiciereis penitencia, todos pereceréis igualmente.

4. Como también aquellos dieciocho hombres, sobre los cuales cayó la torre de Siloé, y los mató, ¿pensáis que fuesen los más culpados de todos los moradores de Jerusalén?

5. Os digo que no; mas si vosotros no hiciereis penitencia, todos pereceréis igualmente.

6. Y les añadió esta parábola: Un hombre tenía plantada una higuera en su viña, y vino a ella en busca de fruto, y no lo halló;

7. por lo que dijo al viñador: Ya ves que hace tres años seguidos que vengo a buscar fruto en esta higuera, y no lo hallo; córtala, pues; ¿para qué ocupará terreno gratis?

8. Pero él respondió: Señor, déjala todavía este año, y cavaré alrededor de ella, y le echaré estiércol,

9. a ver si así dará fruto; cuando no, entonces la harás cortar.

10. Enseñando Jesús un día de sábado en la sinagoga,

11. he aquí que vino allí una mujer, que por espacio de dieciocho años padecía una enfermedad causada de un maligno espíritu; y andaba encorvada, sin poder mirar poco ni mucho hacia arriba.

12. Cuando la vio Jesús, la llamó a sí, y le dijo: Mujer, libre quedas de tu achaque.

13. Puso sobre ella las manos, y se enderezó al momento, y daba gracias y alabanzas a Dios.

14. El jefe de la sinagoga, indignado de que Jesús hiciera esta cura en sábado dijo al pueblo: Seis días hay destinados al trabajo; en ésos podéis venir a curaros, y no en el día de sábado.

15. Mas el Señor, dirigiéndole a él la palabra, dijo: ¡Hipócritas!, ¿cada uno de vosotros no suelta su buey o su asno del pesebre, aunque sea sábado, y los lleva a abrevar?

16. Y a esta hija de Abrahán, a quien, como veis, ha tenido atada Satanás por espacio de dieciocho años, ¿no será permitido desatarla de estos lazos en día de sábado?

17. Y a estas palabras quedaron avergonzados todos sus contrarios; y todo el pueblo se complacía en sus gloriosas acciones.

18. Decía también Jesús: ¿A qué cosa es semejante el reino de Dios, o con qué podré compararlo?

19. Es semejante a un grano de mostaza que tomó un hombre y lo sembró en su huerta; el cual fue creciendo hasta llegar a ser un árbol grande, de suerte que las aves del cielo posaban en sus ramas.

20. Y volvió a repetir: ¿A qué cosa diré que se asemeja el reino de Dios?

21. Es semejante a la levadura que tomó una mujer y la revolvió en tres medidas de harina, hasta que hubo fermentado toda la masa.

22. E iba así enseñando por las ciudades y aldeas, de camino para Jerusalén.

23. Y uno le preguntó: Señor, ¿es verdad que son pocos los que se salvan. El en respuesta dijo a los oyentes:

24. Esforzaos a entrar por la puerta angosta; porque os aseguro que muchos buscarán cómo entrar, y no podrán.

25. Y después que el padre de familia hubiere entrado y cerrado la puerta, empezaréis, estando fuera, a llamar a la puerta diciendo: ¡Señor, Señor, ábrenos!, y él os responderá: No os conozco, ni sé de dónde sois.

26. Entonces alegaréis en favor vuestro: Nosotros hemos comido y bebido contigo, y tú predicaste en nuestras plazas.

27. Y él os repetirá: No sé de dónde sois. Apartaos de mí todos vosotros, artífices de la maldad.

28. Allí será el llanto y el rechinar de dientes; cuando veréis a Abrahán, y a Isaac, y a Jacob, y a todos los profetas en el reino de Dios, mientras vosotros sois arrojados fuera.

29. Y vendrán también gentes del oriente y del occidente, del norte y del mediodía, y se pondrán a la mesa en el convite del reino de Dios.

30. Y ved aquí que los que son los últimos serán los primeros, y los que son primeros serán los últimos.

31. En el mismo día vinieron algunos fariseos a decirle: Sal de aquí, y retírate a otra parte, porque Herodes quiere matarte.

32. Y les respondió: Andad, y decid de mi parte a ese zorro: Sábete que aún he de lanzar demonios y sanar enfermos el día de hoy, y el de mañana, pero al tercer día soy finado.

33. No obstante, así hoy como mañana, y pasado mañana, conviene que yo siga mi camino porque no cabe que un profeta pierda la vida fuera de Jerusalén.

34. ¡Oh Jerusalén, Jerusalén, que matas a los profetas,y apedreas a los que a ti son enviados!, ¿cuántas veces quise recoger a tus hijos, a la manera que el ave cubre su nidada debajo de sus alas, y tú no has querido?

35. ¡Pueblo ingrato!: He aquí que vuestra morada va a quedar desierta. Y os declaro que ya no me veréis más, hasta que llegue el día en que digáis: ¡Bendito sea el que viene en nombre del Señor!

14

Jesús cura en sábado. Parábola de la cena. El que quiere seguir a Jesús debe llevar su cruz

1. Y sucedió que habiendo entrado Jesús en casa de uno de los principales fariseos a comer un día de sábado, le estaban éstos acechando.

2. Y he aquí que se puso delante de él un hombre hidrópico.

3. Y Jesús vuelto a los doctores de la ley y a los fariseos, les preguntó: ¿Es lícito curar en día de sábado?

4. Mas ellos callaron. Y Jesús, habiendo tocado al hidrópico, lo curó, y lo despachó.

5. Dirigiéndose después a ellos, les dijo: ¿Quién de vosotros, si su asno o su buey cae en algún pozo no le sacará luego, aunque sea día de sábado?

6. Y no sabían qué responder a esto.

7. Notando entonces que los convidados iban escogiendo los primeros puestos en la mesa, les propuso esta parábola, y dijo:

8. Cuando fueres convidado a bodas, no te pongas en el primer puesto, porque quizá haya otro convidado de más distinción que tú;

9. y sobreviniendo el que a ti y a él os convidó, te diga: Has lugar a éste; y entonces con sonrojo te veas precisado a ponerte el último.

10. Antes bien, cuando fueres convidado, vete a poner en el último lugar; para que cuando venga el que te convidó, te diga: Amigo, sube más arriba, lo que te acarreará honor a vista de los demás convidados.

11. Así es que cualquiera que se ensalza, será humillado; y el que se humilla, será ensalzado.

12. Decía también al que le había convidado: Tú cuando das comida o cena, no convides a tus amigos, ni a tus hermanos, ni a los parientes, o vecinos ricos; no sea que también ellos te conviden a ti, y te sirva esto de recompensa;

13. sino que cuando hagas un convite, has de convidar a los pobres, y a los tullidos, y a los cojos, y a los ciegos;

14. y serás afortunado, porque no pueden pagártelo, pues serás recompensado en la resurrección de los justos.

15. Habiendo oído esto uno de los convidados le dijo: ¡Oh, bienaventurado aquel que tenga parte en el convite del reino de Dios!

16. Mas Jesús le respondió: Un hombre dispuso una gran cena, y convidó a mucha gente.

17. A la hora de cenar envió un criado a decir a los convidados que viniesen, pues ya todo estaba dispuesto.

18. Y empezaron todos como de concierto a excusarse. El primero le dijo: He comprado una granja, y necesito salir a verla, te ruego que me des por excusado.

19. El segundo dijo: He comprado cinco yuntas de bueyes, y voy a probarlas; dame, te ruego, por excusado.

20. Otro dijo: Acabo de casarme, y así no puedo ir allá.

21. Habiendo vuelto el criado refirió todo esto a su amo. Irritado entonces el padre de familia, dijo a su criado: Sal luego a las plazas y barrios de la ciudad; y tráeme acá cuantos pobres, y lisiados, y ciegos, y cojos, hallares.

22. Dijo después el criado: Señor, se ha hecho lo que mandaste, y aún sobra lugar.

23. Respondió el amo: Sal a los caminos y cercados; y llama a los que halles a que vengan, para que se llene mi casa.

24. Pues os digo que ninguno de los que antes fueron convidados probará mi cena.

25. Sucedió que yendo con Jesús una multitud, vuelto a ellas les dijo:

26. Si alguno de los que me siguen no aborrece a su padre o madre, y a la mujer, y a los hijos, y a los hermanos y hermanas, y aun a su vida misma, no puede ser mi discípulo.

27. Y el que no carga con su cruz, y me sigue, tampoco puede ser mi discípulo.

28. Porque, ¿quién de vosotros queriendo edificar una torre, no echa primero despacio sus cuentas, para ver si tiene el caudal necesario para acabarla;

29. no le suceda que, después de haber echado los cimientos, y no pudiendo concluirla, todos los que lo vean, comiencen a burlarse de él.

30. diciendo: Ved ahí un hombre que comenzó a edificar, y no pudo rematar?

31. O ¿cuál es el rey que habiendo de hacer guerra contra otro rey, no considera primero despacio si podrá con diez mil hombres hacer frente al que con veinte mil viene contra él?

32. Que si no puede, despachando una embajada, cuando está el otro todavía lejos, le ruega con la paz.

33. Así, pues, cualquiera de vosotros que no renuncia a todo lo que posee, no puede ser mi discípulo.

34. La sal es buena; pero si la sal se desvirtúa, ¿con qué será sazonada?

35. Nada vale, ni para la tierra, ni para servir de estiércol; así es que se arroja fuera. Quien tiene oídos para escuchar, atienda.

15 *Parábolas de la oveja descarriada, la moneda perdida y el hijo pródigo*

1. Solían los publicanos y pecadores acercarse a Jesús para oírle.

2. Y los fariseos y escribas murmuraban de eso diciendo: Mirad cómo se familiariza con los pecadores, y come con ellos.

3. Entonces les propuso esta parábola:

4. ¿Quién hay de vosotros que teniendo cien ovejas, y habiendo perdido una de ellas, no deja las noventa y nueve en la dehesa, y no vaya en busca de la que se perdió, hasta encontrarla?

5. Hallándose se la pone sobre los hombros muy gozoso;

6. y llegado a casa, convoca a sus amigos y vecinos, diciéndoles: Regocijaos conmigo, porque he hallado la oveja mía, que se me había perdido.

7. Os digo que de este modo habrá más fiesta en el cielo por un pecador que se arrepiente, que por noventa y nueve justos, que no tienen necesidad de penitencia.

8. O ¿qué mujer, teniendo diez dracmas o monedas de plata, si pierde una, no enciende la luz, y barre bien la casa, y lo registra todo, hasta dar con ella?

9. Y hallándola, convoca a sus amigas y vecinas, diciendo: Alegraos conmigo, que ya he hallado la dracma que había perdido.

10. Así os digo yo, que harán fiesta los ángeles de Dios por un pecador que haga penitencia.

11. Añadió también: Un hombre tenía dos hijos,

12. de los cuales el más mozo dijo a su padre: Padre, dame la parte de herencia que me toca. Y el padre repartió entre los dos la hacienda.

13. No pasaron muchos días cuando aquel hijo más mozo, recogidas todas sus cosas, se marchó a un país muy remoto, y allí malbarató todo su caudal, viviendo disolutamente.

14. Después que lo gastó todo, sobrevino una gran hambre en aquel país, y comenzó a padecer necesidad.

15. De resultas se puso a servir a un morador de aquella tierra, el cual le envió a su granja a guardar cerdos.

16. Allí deseaba con ansia henchir su vientre de las algarrobas y mondaduras que comían los cerdos; y nadie se las daba.

17. Y volviendo en sí, dijo: ¡Ay cuántos jornaleros en casa de mi padre tienen pan en abundancia, mientras yo estoy aquí padeciendo hambre!

18. No, yo iré a mi padre y le diré: Padre mío, pequé contra el cielo, y contra ti;
19. ya no soy digno de ser llamado hijo tuyo; trátame como a uno de tus jornaleros.
20. Con esta resolución se puso en camino para la casa de su padre. Estando todavía lejos, le avistó su padre, y se le enternecieron las entrañas, y corriendo a su encuentro, le echó los brazos al cuello, y le dio mil besos.
21. Le dijo el hijo: Padre mío, yo he pecado contra el cielo y contra ti; ya no soy digno de ser llamado hijo tuyo.
22. Mas el padre, por respuesta dijo a sus criados: Pronto traed aquí luego el vestido más precioso que hay en casa, y ponédselo, ponedle un anillo en el dedo, y calzadle las sandalias;
23. y traed un ternero cebado, matadlo, y comamos, y celebremos un banquete;
24. pues que este hijo mío estaba muerto, y ha resucitado; se había perdido, y ha sido hallado. Y con eso dieron principio al banquete.
25. Estaba a la sazón el hijo mayor en el campo; y a la vuelta, estando ya cerca de su casa, oyó el concierto de música y el baile;
26. y llamó a uno de su criados, y le preguntó qué venía a ser aquello.
27. El cual le respondió: Ha vuelto tu hermano, y tu padre ha mandado matar un becerro cebado, por haberle recobrado en buena salud.
28. Al oír esto, se indignó, y no quería entrar. Salió, pues, su padre afuera y empezó a instarle con ruegos.
29. Pero él le replicó diciendo: Es bueno que hace tantos años que te sirvo, sin haberte jamás desobedecido en cosa alguna que me hayas mandado, y nunca me has dado un cabrito para merendar con mis amigos;
30. y ahora que ha venido este hijo tuyo, el cual ha consumido su hacienda con meretrices, has hecho matar para él un becerro cebado.
31. Hijo mío, respondió el padre, tú siempre estás conmigo, y todos los bienes míos son tuyos;
32. mas ya ves que era muy justo el tener un banquete y regocijarnos, por cuanto tu hermano había muerto, y ha resucitado; estaba perdido, y se ha hallado.

16 *Parábola del mayordomo tramposo. Nadie puede servir a Dios y a las riquezas*

1. Decía también Jesús a sus discípulos: Había un hombre rico, que tenía un mayordomo, del cual por la voz común vino a entender que le había disipado sus bienes.
2. Le llamó, pues, y le dijo: ¿Qué es esto que oigo de ti? Dame cuenta de tu administración, porque no quiero que en adelante cuides de mi hacienda.
3. Entonces el mayordomo dijo entre sí: ¿Qué haré, pues mi amo me quita la administración de sus bienes? Yo no soy bueno para cavar, y para mendigar no tengo cara.
4. Pero ya sé lo que he de hacer, para que, cuando sea removido de mi mayordomía, halle yo personas que me reciban en su casa.
5. Llamando, pues, a los deudores de su amo a cada uno de por sí, dijo al primero: ¿Cuánto debes a mi amo?
6. Respondió: Cien barriles de aceite. Le dijo: Toma tu obligación, siéntate y haz al instante otra de cincuenta.
7. Dijo después a otro: ¿Y tú cuánto debes? Respondió: Cien coros, o cargas de trigo. Le dijo: Toma tu obligación, escribe otra de ochenta.
8. El amo, alabó a este mayordomo infiel, de que hubiese sabido portarse sagazmente, porque los hijos de este siglo, son en sus negocios más sagaces que los hijos de la luz.
9. Así os digo yo a vosotros: Granjeaos amigos con las riquezas de iniquidad, para que, cuando falleciereis, seáis recibidos en las moradas eternas.
10. Quien es fiel a lo poco, también lo es en lo mucho; y quien es injusto en lo poco, también lo es en lo mucho.
11. Si en las falsas riquezas no habéis sido fieles, ¿quién os fiará las verdaderas?
12. Y si en lo ajeno no fuisteis fieles, ¿quién pondrá en vuestras manos lo propio?
13. Ningún criado puede servir a dos amos; porque o aborrecerá al uno, y amará al otro; o amará al primero, y no hará caso del segundo: no podéis servir a Dios y a las riquezas.
14. Estaban oyendo todo esto los fa-

riseos, que eran avarientos; y se burlaban de él.

15. Mas Jesús les dijo: Vosotros os vendéis por justos delante de los hombres; pero Dios conoce vuestros corazones; porque lo que parece sublime a los ojos humanos, a los de Dios es abominable.

16. La ley y los profetas hasta Juan; después acá el reino de Dios es anunciado, y todos entran en él a viva fuerza.

17. Mas fácil es que perezcan el cielo y la tierra, que el que deje de cumplirse un solo ápice de la ley.

18. Cualquiera que repudia a su mujer, y se casa con otra, comete adulterio; y cométtelo también el que se casa con la repudiada por su marido.

19. Hubo cierto hombre rico, que se vestía de púrpura y de lino finísimo: y tenía cada día espléndidos banquetes.

20. Al mismo tiempo vivía un mendigo llamado Lázaro, el cual, cubierto de llagas, yacía a la puerta de éste,

21. deseando saciarse con las migajas que caían de la mesa del rico; mas nadie se las daba; pero los perros venían y le lamían las llagas.

22. Sucedió, pues, que murió dicho mendigo, y fue llevado por los ángeles al seno de Abrahán. Murió también el rico, y fue sepultado en el infierno.

23. Y cuando estaba en los tormentos, levantando los ojos vio a lo lejos a Abrahán y a Lázaro en su seno,

24. y exclamó diciendo: ¡Padre mío Abrahán!, compadécete de mí y envíame a Lázaro, para que mojando la punta de su dedo en agua, me refresque la lengua, pues me abraso en estas llamas.

25. Le respondió Abrahán: Hijo, acuérdate que recibiste bienes durante tu vida, y Lázaro al contrario males; y así éste ahora es consolado, y tú atormentado;

26. fuera de que, entre nosotros y vosotros, está de por medio un abismo insondable: de suerte que los que de aquí quisieran pasar a vosotros, no podrían, ni tampoco de ahí pasar acá.

27. Ruégote, pues, ¡oh padre!, replicó el rico, que lo envíes a casa de mi padre,

28. donde tengo cinco hermanos, a fin de que los advierta, y no les suceda a ellos, por seguir mi mal ejemplo, venir también a este lugar de tormentos.

29. Le replicó Abrahán: Tienen a Moisés y a los profetas: escúchenlos.

30. No basta esto, dijo él, ¡oh padre Abrahán!, pero si alguno de los muertos fuere a ellos, harán penitencia.

31. Le respondió Abrahán: Si a Moisés y a los profetas no los escuchan, aun cuando uno de los muertos resucite, tampoco le darán crédito.

17

Enseña Jesús a sus discípulos que se deben perdonar las injurias. Cura a diez leprosos

---

1. Dijo también a sus discípulos: Imposible es que no sucedan escándalos; pero ¡ay de aquel que los causa!

2. Menos mal sería para él que le echasen al cuello una rueda de molino, y le arrojasen al mar; que no que él escandalizara a uno de estos pequeños.

3. Id, pues, con cuidado: Si tu hermano peca contra ti, repréndele; y si se arrepiente, perdónale.

4. Que si siete veces al día te ofendiere, y siete veces al día volviere a ti diciendo: Pésame, perdónale.

5. Entonces los apóstoles dijeron al Señor: Auméntanos la fe.

6. Y el Señor les dijo: Si tuviereis fe tan grande como un granito de mostaza, diréis a ese moral: Arráncate de raíz, y trasplántate en el mar, y os obedecerá.

7. ¿Quién hay entre vosotros que teniendo un criado de labranza, o pastor, luego que vuelve del campo le diga: Ven, ponte a la mesa;

8. y que al contrario no le diga: Disponme la cena, cíñete, y sírveme, mientras yo como y bebo, que después comerás tú y beberás?

9. ¿Por ventura el amo se tendrá por obligado al criado, que hizo lo que le mandó?

10. No por cierto. Así también vosotros, después que hubiereis hecho todas las cosas que se os han mandado, habéis de decir: Somos siervos inútiles; no hemos hecho más que lo que ya teníamos obligación de hacer.

11. Caminando Jesús hacia Jerusalén, atravesaba Samaria y Galilea.

12. Y estando para entrar en una población, le salieron al encuentro diez leprosos, los cuales se pararon a lo lejos,

13. y levantaron la voz, diciendo: Jesús maestro, ten lástima de nosotros.

14. Luego que Jesús los vio, les dijo: Id, mostraos a los sacerdotes*. Y cuando iban, quedaron curados.

15. Uno de ellos, apenas echó de ver que estaba limpio, volvió atrás, glorificando a Dios a grandes voces,

16. y se postró a los pies de Jesús, pecho por tierra, dándole gracias; y éste era un samaritano.

17. Jesús dijo entonces: Pues, ¿no son diez los curados? ¿Y los nueve dónde están?

18. No ha habido quién volviese a dar a Dios la gloria, sino este extranjero.

19. Después le dijo: Levántate, vete, que tu fe te ha salvado.

20. Preguntado por los fariseos: ¿Cuándo vendrá el reino de Dios?, les dio por respuesta: El reino de Dios no vendrá con muestras de aparato;

21. ni se dirá: vele aquí, o vele allí. Antes tened por cierto que ya el reino de Dios está en medio de vosotros.

22. Con esta ocasión dijo a sus discípulos: Tiempo vendrá en que desearéis ver uno de los días del Hijo del hombre, y no lo veréis.

23. Entonces os dirán: Mírale aquí, mírale allí. No vayáis tras ellos, ni los sigáis.

24. Porque como el relámpago brilla y se deja ver de un cabo del cielo al otro, iluminando la atmósfera, así se dejará ver el Hijo del hombre el día suyo.

25. Mas es necesario que primero padezca muchos tormentos y sea desechado de esta nación.

26. Lo que acaeció en el tiempo de Noé, igualmente acaecerá el día del Hijo del hombre:

27. Comían y bebían, se casaban y celebraban bodas, hasta el día en que Noé entró en el Arca; y sobrevino entonces el diluvio que acabó con todos.

28. Como también lo que sucedió en los días de Lot, los de Sodoma y Gomorra comían y bebían; compraban y vendían; hacían plantíos y edificaban casas;

29. mas el día que salió Lot de Sodoma llovió del cielo fuego y azufre, que los abrasó a todos.

30. De esta manera será el día en que se manifestará el Hijo del hombre.

31. En aquella hora, quien se hallare en el terrado, y tiene también sus muebles dentro de casa, no entre a cogerlos; ni tampoco quien está en el campo, no vuelva atrás.

32. Acordaos de la mujer de Lot.

33. Todo aquel que quisiere salvar su vida, la perderá eternamente; y quien la perdiere, la conservará.

34. Una cosa os digo: Aquella noche dos estarán en un mismo lecho; el uno será libertado, y el otro abandonado:

35. Estarán dos mujeres moliendo juntas; la una será libertada, y la otra abandonada: dos hombres en el mismo campo; el uno será libertado, y el otro abandonado.

36. ¿Dónde, Señor, replicaron ellos, será esto?

37. Jesús les respondió: Doquiera que esté el cuerpo, allá volarán las águilas.

18

Jesús recibe amorosamente a los niños. Da consejos de perfección. Muestra el peligro de las riquezas

1. Les propuso también esta parábola, para hacer ver que conviene orar perseverantemente y no desfallecer,

2. diciendo: En cierta ciudad había un juez, que ni tenía temor de Dios, ni respeto a hombre alguno.

3. Vivía en la misma ciudad una viuda, la cual solía ir a él, diciendo: Hazme justicia de mi contrario.

4. Mas el juez en mucho tiempo no quiso hacérsela. Pero después dijo para consigo: Aunque yo no temo a Dios, ni respeto a hombre alguno,

5. con todo, para que me deje en paz esta viuda, le haré justicia, a fin de que no venga de continuo a romperme la cabeza.

6. Ved, añadió el Señor, lo que dijo ese juez inicuo.

7. Y ¿Dios dejará de hacer justicia a sus escogidos que claman a él día y noche, y sufrirá que se les oprima?

8. Os aseguro que no tardará en vengarlos. Pero cuando viniere el Hijo del hombre, ¿os parece que hallará fe sobre la tierra?

---

14. *Lev 13*; *Mat 8*, 4

9. Dijo asimismo a ciertos hombres que presumían de justos, y despreciaban a los demás, esta parábola:

10. Dos hombres subieron al templo a orar, el uno era fariseo, y el otro publicano.

11. El fariseo, puesto en pie, oraba en su interior de esta manera: ¡Oh Dios!, yo te doy gracias de que no soy como los demás hombres, que son ladrones, injustos, adúlteros; ni tampoco como este publicano.

12. Ayuno dos veces a la semana; pago los diezmos de todo lo que poseo.

13. El publicano, al contrario, puesto allá lejos, ni aun los ojos osaba levantar al cielo; sino que se daba golpes de pecho, diciendo: Dios mío, ten misericordia de mí, que soy un pecador.

14. Os declaro, pues, que éste volvió a su casa, justificado, mas no el otro; porque todo aquel que se ensalza, será humillado; y el que se humilla, será ensalzado.

15. Y le traían también algunos niños para que los tocase. Lo cual viendo los discípulos, lo impedían con ásperas palabras.

16. Mas Jesús llamando a sí los niños dijo: Dejad venir a mí los niños, y no se lo vedéis; porque de quienes son como éstos es el reino de Dios.

17. En verdad os digo, que quien no recibiere el reino de Dios como un niño, no entrará en él.

18. Un joven, sujeto de distinción, le hizo esta pregunta: Buen Maestro, ¿qué podré yo hacer a fin de alcanzar la vida eterna?

19. Le respondió Jesús: ¿Por qué me llamas bueno? Nadie es bueno sino Dios.

20. Ya sabes los mandamientos: No matarás. No cometerás adulterio. No hurtarás. No dirás falso testimonio. Honra a tu padre y madre.

21. Dijo él: Todos estos mandamientos los he guardado desde mi mocedad.

22. Lo cual oyendo Jesús, le dijo: Todavía te falta una cosa: Vende todos tus haberes, dalos a los pobres, y tendrás un tesoro en el cielo; y después ven, y sígueme.

23. Al oír esto, se entristeció; porque era sumamente rico.

24. Y Jesús viéndole sobrecogido de tristeza, dijo: ¡Oh cuán dificultosamente los adinerados entrarán en el reino de Dios!

25. Porque más fácil es a un camello pasar por el ojo de una aguja, que a un rico entrar en el reino de Dios.

26. Y dijeron los que le escuchaban: ¿Pues quién podrá salvarse?

27. Les respondió Jesús: Lo que es imposible a los hombres, a Dios es posible*.

28. Entonces dijo Pedro: Bien ves que nosotros hemos dejado todos las cosas, y te hemos seguido.

29. Les dijo Jesús: En verdad os digo, ninguno hay que haya dejado casa, o padres, o hermanos, o esposa, o hijos, por amor del reino de Dios,

30. que no reciba mucho más en este siglo y en el venidero la vida eterna.

Jesús anuncia por tercera vez su muerte

31. Después tomando Jesús aparte a los doce apóstoles, les dijo: Ya veis que subimos a Jerusalén, donde se cumplirán todas las cosas que fueron escritas por los profetas acerca del Hijo del hombre;

32. porque será entregado en manos de los gentiles, y escarnecido, y azotado, y escupido;

33. y después que le hubieren azotado, le darán la muerte: y al tercer día resucitará.

34. Pero ellos ninguna de estas cosas comprendieron; antes era éste un lenguaje desconocido para ellos, ni entendían el significado de las palabras dichas.

35. Y al acercarse a Jericó, estaba un ciego sentado a la orilla del camino, pidiendo limosna.

36. Y sintiendo el tropel de la gente que pasaba, preguntó qué novedad era aquella.

37. Le dijeron que Jesús Nazareno pasaba por allí de camino.

38. Y al punto se puso a gritar: ¡Jesús, hijo de David, ten piedad de mí!

39. Los que iban delante, le reprendían para que callase. Pero él levantaba mucho más el grito: ¡Hijo de David, ten piedad de mí!

40. Se detuvo entonces Jesús, y mandó traerlo a su presencia; y cuando lo tuvo ya cerca, le preguntó,

41. diciendo: ¿Qué quieres que te haga? Señor, respondió él, que yo tenga vista.

---

27. *Que puede dar el espíritu de pobreza a un rico.*

ULTIMA CENA

Llegada la hora, se puso a la mesa con los doce apóstoles.
Y les dijo: Ardientemente he deseado comer este cordero
pascual con vosotros, antes de mi pasión.
Porque yo os digo, que ya no lo comeré otra vez,
hasta cuando tenga su cumplimiento en el reino de Dios.

42. Le dijo Jesús: Tenla: y sábete que tu fe te ha salvado.

43. Y al instante vio, y le seguía celebrando las grandezas de Dios. Y todo el pueblo, cuando vio esto, alabó a Dios.

19 *Conversión de Zaqueo. Parábola del hombre noble. Jesús entra en Jerusalén y predice su ruina*

1. Habiendo Jesús entrado en Jericó, atravesaba por la ciudad.

2. Y he aquí que un hombre rico llamado Zaqueo, principal entre los publicanos,

3. hacía diligencias para conocer a Jesús de vista; y no pudiendo a causa del gentío, por ser de muy pequeña estatura,

4. se adelantó corriendo, y se subió sobre una higuera silvestre para verle; porque había de pasar por allí.

5. Llegado que hubo Jesús a aquel lugar, alzando los ojos le vio, y le dijo: Zaqueo, baja luego; porque conviene que yo me hospede hoy en tu casa.

6. El bajó a toda prisa, y le recibió gozoso.

7. Todo el mundo al ver esto, murmuraba diciendo que se había ido a hospedar en casa de un hombre de mala vida.

8. Mas Zaqueo, puesto en presencia del Señor, le dijo: Señor, desde ahora doy yo la mitad de mis bienes a los pobres; y si he defraudado en algo a alguno, le voy a restituir cuatro tantos más.

9. Jesús le respondió: Ciertamente que el día de hoy ha sido día de salvación para esta casa; pues que también éste es hijo de Abrahán.

10. Porque el Hijo del hombre ha venido a buscar y a salvar lo que había perecido.

11. Mientras escuchaban estas cosas los presentes, añadió una parábola, atento a que se hallaba vecino a Jerusalén, y las gentes creían que luego se había de manifestar el reino de Dios.

12. Dijo, pues: Un hombre de ilustre nacimiento se marchó a una región remota para recibir el reino, y volver con ella.

13. Con este motivo, convocados diez de sus criados, les dio diez minas o marcos de plata, diciéndoles: Negociad con ellas hasta mi vuelta.

14. Es de saber que sus naturales le aborrecían; y así despacharon tras de él embajadores, diciendo: No queremos a ése por nuestro rey.

15. Pero habiendo vuelto, recibido el reino, mandó luego llamar a los criados, a quienes había dado su dinero, para informarse de lo que había negociado cada uno.

16. Vino, pues, el primero, y dijo: Señor, tu marco ha rendido diez marcos.

17. Le respondió: Bien está, buen criado, ya que en esto poco has sido fiel, tendrás mando sobre diez ciudades.

18. Llegó el segundo, y dijo: Señor, tu marco ha dado de ganancia cinco marcos.

19. Dijo asimismo a éste: Tú tendrás también el gobierno de cinco ciudades.

20. Vino otro, y dijo: Señor, aquí tienes tu marco de plata, el cual he guardado envuelto en un pañuelo;

21. porque tuve miedo de ti por cuanto eres hombre de un natural austero; tomas lo que no has depositado, y siegas lo que no has sembrado.

22. Le dijo el amo: ¡Oh mal siervo!, por tu propia boca te condeno; sabías que yo soy un hombre duro y austero, que me llevo lo que no deposité y siego lo que no he sembrado;

23. ¿pues cómo no pusiste mi dinero en el banco, para que yo volviendo lo recobrase con los intereses?

24. Por lo que dijo a los asistentes: Quitadle el marco, y dádselo al que tiene diez marcos.

25. Le replicaron: Señor, que tiene ya diez marcos.

26. Yo os declaro que a todo aquel que tiene, se le dará, y se hará rico; pero al que no tiene, aun lo que tiene se le quitará.

27. Pero en orden a aquellos enemigos míos, que no me han querido por rey, conducidlos acá, y quitadles la vida en mi presencia.

Entrada triunfal de Jesús a Jerusalén y expulsión de los mercaderes del templo

28. Después de haber dicho Jesús estas cosas, prosiguió su viaje a Jerusalén, e iba él delante de todos.

29. Y estando cerca de Betfage y de Betania, junto al monte llamado de los Olivos, despachó a dos de sus discípulos,

30. diciéndoles: Id a esa aldea de enfrente, donde al entrar hallaréis un burrito atado, en que ningún hombre ha montado jamás; desatadlo, y traedlo.

31. Que si alguno os preguntare: ¿Por qué lo desatáis?, le diréis así: Porque el Señor lo necesita.

32. Fueron, pues, los enviados; y hallaron el burro de la misma manera que les había dicho.

33. Al desatarlo, les dijeron los dueños de él: ¿Por qué desatáis ese burro?

34. A lo que respondieron ellos: Porque lo necesita el Señor.

35. Lo condujeron, pues, a Jesús, y echando las ropas de ellos sobre el burro, lo hicieron montar en él.

36. Mientras iba Jesús pasando, tendían sus vestidos por el camino.

37. Pero estando ya cercano a la bajada del monte de los Olivos, todos los discípulos en gran número, transportados de gozo, comenzaron a alabar a Dios en alta voz por todos los prodigios que habían visto,

38. diciendo: ¡Bendito sea el rey que viene en nombre del Señor; paz en el cielo y gloria en lo más alto de los cielos!

39. Con esto algunos de los fariseos, que iban entre la gente, le dijeron: Maestro, reprende a tus discípulos.

40. Les respondió él: En verdad os digo, que si éstos callan, las mismas piedras darán voces.

41. Al llegar cerca de Jerusalén, poniéndose a mirar esta ciudad, derramó lágrimas sobre ella, diciendo:

42. ¡Ah! si conocieses también tú, por lo menos este día que se te ha dado, lo que puede atraerte la paz; mas ahora está todo ello oculto a tus ojos.

43. La lástima es que vendrán unos días sobre ti, en que tus enemigos te circunvalarán, y te rodearán, y te estrecharán por todas partes,

44. y te arrasarán, con los hijos tuyos, que tendrás encerrados dentro de ti, y no dejarán en ti piedra sobre piedra; por cuanto has desconocido el tiempo en que Dios te ha visitado.

45. Y habiendo entrado en el templo, comenzó a echar fuera a los que vendían y compraban en él,

46. diciéndoles: Escrito está: Mi casa es casa de oración; mas vosotros la tenéis hecha una cueva de ladrones.

47. Y enseñaba todos los días en el templo. Pero los príncipes de los sacerdotes, y los escribas, y los principales del pueblo buscaban cómo quitarle del mundo.

48. Y no hallaban medio de obrar contra él; porque todo el pueblo estaba con la boca abierta escuchándole.

20 *Jesús confunde a los sacerdotes y escribas. Parábola de los viñadores. El Mesías*

1. En uno de estos días, estando él en el templo instruyendo al pueblo, y anunciándole la buena nueva, vinieron los príncipes de los sacerdotes y los escribas con los ancianos,

2. y le hicieron esta pregunta: Dinos, ¿con qué autoridad haces estas cosas?; o ¿quién es el que te ha dado esa potestad?

3. Pero Jesús, por respuesta, les dijo a ellos: También yo quiero haceros una pregunta, respondedme:

4. El bautismo de Juan ¿era cosa del cielo o de los hombres?

5. Mas ellos discurrían entre sí, diciendo: Si respondemos, que del cielo, nos dirá: Pues ¿por qué no habéis creído en él?

6. Y si decimos de los hombres, el pueblo todo nos apedreará, teniendo por cierto, como tiene, que Juan era un profeta.

7. Y así contestaron no saber de dónde fuese.

8. Entonces Jesús les dijo: Tampoco yo quiero deciros con qué autoridad hago estas cosas.

9. Luego comenzó a decir al pueblo esta parábola: Un hombre plantó una viña, y la arrendó a ciertos viñaderos; y él se ausentó lejos de allí por una larga temporada.

10. A su tiempo envió un criado a los renteros, para que le diesen su parte de los frutos de la viña; mas ellos, después de haberle maltratado, le despacharon con las manos vacías.

11. Envió de nuevo a otro criado; pero a éste también, después de herirle y llenarle de golpes, le remitieron sin nada.

12. Les envió todavía otro; y a éste también le hirieron y echaron fuera.

13. Dijo entonces el dueño de la viña: ¿Qué haré ya? Enviaré a mi hijo querido; quizá cuando le vean, le tendrán más respeto.

14. Mas luego que los colonos le avistaron, discurrieron entre sí, diciendo: Este es el heredero, matémosle, a fin de que la heredad quede por nuestra.

15. Y habiéndolo arrojado fuera de la viña, le mataron. ¿Qué hará, pues, con ellos el dueño de la viña?

16. Vendrá y dará muerte y perderá a estos colonos, y dará su viña a otros. Lo que oído por los príncipes de los sacerdotes, dijeron: No lo permita Dios.

17. Pero Jesús, clavando los ojos en ellos, dijo: ¿Pues qué quiere decir lo que está escrito*: La piedra que desecharon los arquitectos, ésta misma vino a ser la principal piedra del ángulo?

18. De suerte que quien cayese sobre la dicha piedra, se estrellará; y aquel sobre quien ella cayere, quedará hecho añicos.

19. Entonces los príncipes de los sacerdotes y los escribas desearon prenderle en aquella misma hora; porque bien conocieron que contra ellos se dirigía la parábola propuesta; mas temieron al pueblo.

El tributo del César y la resurrección de los muertos

20. Entretanto, como andaban asechándole, enviaron espías, que hiciesen de virtuosos, para cogerle en alguna palabra, a fin de entregarle a la jurisdicción y potestad del gobernador.

21. Así le propusieron una cuestión en estos términos: Maestro, bien sabemos que tú hablas, y enseñas lo que es justo, y que no andas con respetos humanos, sino que enseñas el camino de Dios según la verdad:

22. ¿nos es lícito a nosotros pagar tributo a César, o no?

23. Mas Jesús, conociendo su malicia, les dijo: ¿Para qué venís a tentarme?

24. Mostradme un denario: ¿De quién es la imagen e inscripción que tiene? Le respondieron: De César.

25. Les dijo entonces: Pagad, pues, a César lo que es de César; y a Dios lo que es de Dios.

26. Y no pudieron reprender su respuesta delante del pueblo; antes bien, admirados de ella, callaron.

27. Llegaron después algunos de los saduceos, los cuales niegan la resurrección y le propusieron este caso, con el cual pensaban enredarle:

28. Maestro, Moisés nos dejó escrito que si el hermano de alguno, estando casado, viene a morir sin hijos, el hermano de éste se case con su mujer, y dé sucesión a su hermano.

29. Eran, pues, siete hermanos, el primero tomó mujer, y murió sin hijos;

30. el segundo se casó con la viuda, y murió también sin dejar hijos;

31. con lo que se desposó con ella el tercero; eso mismo hicieron todos los demás; y sin tener sucesión fallecieron;

32. en fin, la última de todos murió la mujer.

33. Esto supuesto, en la resurrección ¿de cuál de los siete será mujer ya que todos siete tuvieron por mujer a la misma?

34. Les respondió Jesús: Los hijos de este siglo contraen matrimonios recíprocamente;

35. pero entre los que serán juzgados dignos del otro siglo y de la resurrección de entre los muertos, ni los hombres tomarán mujeres, ni las mujeres maridos.

36. Porque ya no podrán morir otra vez, siendo iguales a los ángeles e hijos de Dios, por el estado de la resurrección.

37. Por lo demás, que los muertos hayan de resucitar, Moisés lo declaró cuando, estando junto a la zarza, le dijo el Señor: Yo soy el Dios de Abrahán, y el Dios de Isaac, y el Dios de Jacob*.

38. Claro está que Dios no es Dios de muertos, sino de vivos; porque para él todos viven.

39. Entonces algunos de los escribas, tomando la palabra, le dijeron: Maestro, bien has respondido.

40. Y de allí adelante ya no se atrevieron a preguntarle nada.

41. El les replicó: ¿Cómo dicen que el Cristo es hijo de David,

42. siendo así que David mismo en el libro de los Salmos, dice: Dijo el Señor a mi Señor, siéntate a mi diestra,

---

17. *Sal 118* (*117*), 22; *Is 28*, 16.

37. *Ex 3*, 6.

43. hasta tanto que yo ponga a tus enemigos por tarima de tus pies?

44. Pues si David le llama su Señor, ¿cómo puede ser hijo suyo?

45. Después, oyéndolo todo el pueblo, dijo a sus discípulos:

46. Guardaos de los escribas, que hacen pompa de pasearse con vestidos rozagantes, y gustan de ser saludados en las plazas; y de ocupar las primeras sillas en las sinagogas, y los primeros puestos en los convites;

47. que devoran las casas de las viudas, con el pretexto de hacer larga oración: éstos serán condenados con mayor rigor.

21 *Jesús predice la ruina del templo y la destrucción de Jerusalén. La ofrenda de la viuda*

1. Estando un día Jesús mirando hacia el arca del templo, vio a varios ricos que iban echando en él sus ofrendas.

2. Y vi asimismo a una pobre viuda, la cual echaba dos blancas o pequeñas monedas.

3. Y dijo a sus discípulos: En verdad os digo, que esta pobre viuda ha echado más que todos.

4. Por cuanto todos éstos han ofrecido a Dios parte de lo que les sobra; pero ésta de su misma pobreza ha dado lo que tenía y necesitaba para su sustento.

5. Como algunos de sus discípulos dijesen del templo que estaba hecho de hermosas piedras*, y adornado de ricos dones, replicó:

6. Días vendrán en que todo esto que veis será destruido de tal suerte que no quedará piedra sobre piedra, que no sea demolida.

7. Preguntándole ellos: Maestro, ¿cuándo será eso, y qué señal habrá de que tales cosas están próximas a suceder?

8. Jesús les respondió: Mirad, no os dejéis engañar; porque muchos vendrán en mi nombre, diciendo: Yo soy el Mesías y ya ha llegado el tiempo; guardaos, pues, de seguirlos.

9. Antes cuando sintieres rumor de guerras y sediciones, no queráis alarmaros; es verdad que primero han de acaecer estas cosas, mas no por eso será luego el fin.

10. Entonces añadió él: Se levantará un pueblo contra otro pueblo, y un reino contra otro reino.

11. Y habrá grandes terremotos en varias partes, y pestilencias, y hambres, y aparecerán en el cielo cosas espantosas y prodigios extraordinarios.

12. Pero antes que sucedan todas estas cosas se apoderarán de vosotros, y os perseguirán, y os entregarán a las sinagogas, y meterán en las cárceles, y os llevarán por fuerza a los reyes y gobernadores, por causa de mi nombre,

13. lo cual os servirá de ocasión para dar testimonio.

14. Por consiguiente, imprimid en vuestros corazones la máxima de que no debéis discurrir de antemano cómo habéis de responder.

15. Pues yo pondré las palabras en vuestra boca, y una sabiduría a que no podrán resistir, ni contradecir todos vuestros enemigos.

16. Y seréis entregados por vuestros mismos padres, y hermanos, y parientes, y amigos, y harán morir a muchos de vosotros;

17. de suerte que seréis odiados de todo el mundo por amor de mí:

18. No obstante, ni un cabello de vuestra cabeza se perderá.

19. Mediante vuestra paciencia salvaréis vuestras almas.

20. Mas, cuando viereis a Jerusalén estar cercada por un ejército, entonces tened por cierto que su desolación está cerca.

21. En aquella hora los que se hallan en Judea, huyan a las montañas; los que habitan en medio de la ciudad, que se retiren; y los que están en los contornos, no entren.

22. Porque días de venganza son éstos, en que se han de cumplir todas las cosas como están escritas.

23. Pero ¡ay de las que estén encinta, o criando en aquellos días!, pues este país se hallará en grandes angustias, y la ira de Dios se descargará sobre este pueblo.

24. Parte morirán a filo de espada; parte serán llevados cautivos a todas las naciones; y Jerusalén será hollada por los gentiles, hasta tanto que los tiempos de las naciones acaben de cumplirse.

---

5. *Mar* 13, 1.

25. Se verán fenómenos prodigiosos en el sol, la luna y las estrellas, y en la tierra estarán consternadas y atónitas las gentes por el estruendo del mar y de las olas,

26. secándose los hombres de temor y de sobresalto, por las cosas que han de sobrevenir a todo el universo; porque las virtudes de los cielos estarán bambaleando.

27. Y entonces será cuando verán al Hijo del hombre venir sobre una nube con gran poder y majestad.

28. Como quiera, vosotros, al ver que comienzan a suceder estas cosas, abrid los ojos, y alzad la cabeza, estad de buen ánimo, porque vuestra redención se acerca.

29. Y les propuso esta comparación: Reparad en la higuera y en los demás árboles.

30. Cuando ya empieza a brotar el fruto, conocéis que está cerca el verano.

31. Así también vosotros, viendo la ejecución de estas cosas, entended que el reino de Dios está cerca.

32. Os empeño mi palabra, que no se acabará esta generación, hasta que todo lo dicho se cumpla.

33. El cielo y la tierra se mudarán, pero mis palabras no faltarán.

34. Velad, pues, sobre vosotros mismos, no suceda que se ofusquen vuestros corazones con la glotonería, y embriaguez, y los cuidados de esta vida, y os sobrecoja de repente aquel día,

35. que será como un lazo que sorprenderá a todos los que moran sobre la superficie de la tierra.

36. Velad, pues, orando en todo tiempo, a fin de merecer el evitar todos estos males venideros, y comparecer ante el Hijo del hombre.

37. Estaba Jesús entre día enseñando en el templo, y saliendo a la noche, la pasaba en el monte llamado de los Olivos.

38. Y todo el pueblo acudía muy de madrugada al templo para oírle.

22

Traición de Judas. Cena pascual e institución de la Eucaristía. Jesús predice la negación de Pedro

1. Se acercaba ya la fiesta de los ázimos, que es la que se llama Pascua,

2. y los príncipes de los sacerdotes y los escribas andaban trazando el modo de dar la muerte a Jesús; mas temían al pueblo.

3. Entretanto Satanás se apoderó de Judas, por sobrenombre Iscariote, uno de los doce.

4. El cual se fue a tratar con los príncipes de los sacerdotes y con los prefectos la manera de ponerle en sus manos.

5. Ellos se alegraron, y concertaron con él en cierta suma de dinero.

6. Se obligó Judas, y buscaba oportunidad para entregarle sin tumulto.

7. Llegó entretanto el día de los ázimos, en el cual era necesario sacrificar el cordero pascual.

8. Jesús, pues, envió a Pedro y a Juan, diciéndoles: Id a prepararnos lo necesario para celebrar la Pascua.

9. Dijeron ellos: ¿Dónde quieres que lo dispongamos?

10. Les respondió: Así que entrareis en la ciudad, encontraréis un hombre que lleva un cántaro de agua; seguidle hasta la casa en que entre.

11. Y dirás al padre de familia de ella: El Maestro te envía a decir: ¿Dónde está la pieza en que yo he de comer el cordero pascual con mis discípulos?

12. Y él os enseñará, en lo alto de la casa, una sala grande bien aderezada; preparad allí lo necesario.

13. Cuando se fueron, lo hallaron todo como les había dicho, y dispusieron la Pascua.

Ultima cena

14. Llegada la hora, se puso a la mesa con los doce apóstoles.

15. Y les dijo: Ardientemente he deseado comer este cordero pascual con vosotros, antes de mi pasión.

16. Porque yo os digo, que ya no lo comeré otra vez*, hasta cuando tenga su cumplimiento en el reino de Dios.

17. Y tomando el cáliz dio gracias a Dios, y dijo: Tomad, y distribuidlo entre vosotros;

18. porque os aseguro que ya no beberé el zumo de la vid, hasta que llegue el reino de Dios.

---

16. *Esta es la última Pascua que celebraré con vosotros. Me voy a prepararos otra Pascua, que será el entero cumplimiento de esta Pascua figurativa.*

19. Después tomó el pan, dio gracias, lo partió, y se los dio, diciendo: Este es mi cuerpo, el cual se da por vosotros; haced esto en memoria mía.

20. Del mismo modo tomó el cáliz después que hubo cenado, diciendo: Este cáliz es la nueva alianza sellada con mi sangre, que se derramará por vosotros.

21. Con todo, he aquí que la mano del que me hace traición está conmigo en la mesa.

22. Verdad es que el Hijo del hombre, según está decretado, va a su camino; pero ¡ay de aquel hombre que le traicionará!

23. Inmediatamente comenzaron a preguntarse unos a otros quién de ellos podía ser el que lo hiciese.

24. Se suscitó además entre los mismos una contienda sobre quién de ellos sería considerado el mayor.

25. Mas Jesús le dijo: Los reyes de las naciones las tratan con imperio; y los que tienen autoridad sobre ellas, son llamados bienhechores.

26. No habéis de ser así vosotros; antes bien el mayor de entre vosotros, pórtese como el menor; y el que tiene la precedencia, como sirviente.

27. Porque, ¿quién es mayor, el que está comiendo a la mesa, o el que sirve? ¿No es claro que quien está a la mesa? No obstante, yo estoy en medio de vosotros como un sirviente.

28. Vosotros sois los que constantemente habéis perseverado conmigo en mis tribulaciones.

29. Por eso yo os preparo el reino celestial como mi padre me lo preparó a mí;

30. para que comáis y bebáis a mi mesa en mi reino, y os sentéis sobre tronos para juzgar a las doce tribus de Israel.

31. Dijo también el Señor: Simón, Simón mira que Satanás va tras de vosotros para zarandearos, como el trigo:

32. Mas yo he rogado por ti a fin de que tu fe no perezca; y tú, cuando te conviertas, confirma en ella a tus hermanos.

33. Señor, respondió él, yo estoy pronto a ir contigo a la cárcel y aun a la muerte.

34. Pero Jesús le replicó: Yo te digo, ¡oh Pedro!, que no cantará hoy el gallo, antes que tú niegues tres veces haberme conocido. Les dijo después:

35. En aquel tiempo en que os envié sin bolsillo, sin alforja y sin zapatos*, ¿por ventura os faltó alguna cosa?

36. Nada, respondieron ellos. Pues ahora, prosiguió Jesús, el que tiene bolsillo, llévelo, y también alforja; y el que no tiene espada, venda su túnica, y cómprela*.

37. Porque yo os digo, que es necesario que se cumpla en mí todavía esto que está escrito*: El ha sido contado entre los malhechores. Lo cual sucederá luego; pues las cosas que de mí fueron pronunciadas, están a punto de cumplirse.

38. Ellos dijeron: Señor, he aquí dos espadas. Pero Jesús les respondió: Basta.

Jesús ora en el huerto de Getsemaní

39. Salió, pues, Jesús, y se fue según costumbre hacia el monte de los Olivos. Lo siguieron asimismo sus discípulos.

40. Y llegado que fue allí les dijo: Orad para que no caigáis en tentación.

41. Y apartándose de ellos como la distancia de un tiro de piedra, hincadas las rodillas hacía oración,

42. diciendo: Padre mío, si es de tu agrado, aleja de mí este cáliz. No obstante, no se haga mi voluntad, sino la tuya.

43. En esto se le apareció un ángel del cielo, confortándole*. Y entrando en agonía, oraba con mayor intensión.

44. Y le vino un sudor como de gotas de sangre, que chorreaba hasta el suelo.

45. Y levantándose de la oración, y viniendo a sus discípulos, los halló dormidos por causa de la tristeza.

46. Y les dijo: ¿Por qué dormís?, levantaos, y orad, para no caer en tentación.

47. Estando todavía con la palabra en la boca, sobrevino un tropel de gente, delante de la cual iba uno de los doce llamado Judas, que se arrimó a Jesús para besarle.

48. Y Jesús le dijo: ¡Oh Judas!, ¿con un beso entregas al Hijo del hombre?

49. Viendo los que acompañaban a Jesús

---

35. *Mat 10*, 10.
36. Metáfora para avisarles que deben armarse con el *escudo de la fe* y la *espada de la palabra de Dios*, porque van a entrar en grandes tribulaciones.
37. *Is 53*, 12.
43. Aunque no necesitaba este socorro, quiso ser consolado y confortado por un ángel, para enseñarnos a vencer nuestras penas y a esperar la ayuda de Dios.

El beso de Judas

Estando todavía con la palabra en la boca, sobrevino un tropel de gente, delante de la cual iba uno de los doce llamado Judas, que se arrimó a Jesús para besarle. Y Jesús le dijo: ¡Oh Judas!, ¿con un beso entregas al Hijo del hombre?

LOS DISCÍPULOS DE EMMAÚS

En este mismo día dos de ellos iban a una aldea llamada Emmaús, distante de Jerusalén el espacio de sesenta estadios; y conversaban entre sí de todas las cosas que habían acontecido. Mientras así discurrían y conferenciaban recíprocamente, el mismo Jesús juntándose con ellos caminaba en su compañía; mas sus ojos estaban como deslumbrados para que no le reconociesen.

lo que iba a suceder, le dijeron: Señor, ¿heriremos con la espada?

50. Y uno de ellos hirió a un criado del príncipe de los sacerdotes, y le cortó la oreja derecha.

51. Pero Jesús, tomando la palabra, dijo luego: Dejadlo, no paséis adelante, y habiendo tocado la oreja del herido, le curó.

52. Dijo después Jesús a los príncipes de los sacerdotes, y a los prefectos del templo, y a los ancianos que venían contra él: ¿Habéis salido armados con espadas y garrotes como contra un ladrón?

53. Aunque cada día estaba con vosotros en el templo, nunca me habéis echado la mano; mas ésta es la hora vuestra y el poder de las tinieblas.

54. En seguida prendieron a Jesús, le condujeron a casa del sumo sacerdote; y Pedro le iba siguiendo a lo lejos.

55. Encendido fuego en medio del atrio, y sentándose todos a la redonda estaba también Pedro entre ellos.

56. Al cual, como una criada le viese sentado a la lumbre, fijando en él los ojos, dijo: También éste andaba con aquel.

57. Mas Pedro lo negó, diciendo: Mujer, no le conozco.

58. De allí a poco mirándole otro, dijo: Si, tú también eres de aquéllos. Mas Pedro le respondió: ¡Oh hombre!, no lo soy.

59. Pasada como una hora, otro distinto aseguraba lo mismo, diciendo: No hay duda, éste estaba también con él porque es igualmente de Galilea.

60. A lo que Pedro respondió: Hombre, yo no entiendo lo que dices. E inmediatamente, estando todavía él hablando, cantó el gallo*.

61. Y volviéndose el Señor, dio una mirada a Pedro. Y Pedro se acordó luego de la palabra que el Señor le había dicho: Antes que cante el gallo, tres veces me negarás.

62. Y habiendo salido afuera lloró amargamente.

63. Mientras tanto, los que tenían atado a Jesús, se mofaban de él, y le golpeaban.

64. Y habiéndole vendado los ojos, le daban bofetones, y le preguntaban, diciendo: Adivina, ¿quién es el que te ha herido?

65. Y repetían otros muchos insultos blasfemando contra él.

66. Luego que fue de día, se congregaron los ancianos del pueblo, y los príncipes de los sacerdotes, y los escribas, y haciéndole comparecer en su concilio, le dijeron: Si tú eres el Cristo, o Mesías, dínoslo*.

67. Les respondió: Si os lo dijere, no me creeréis.

68. Y si yo os hiciere alguna pregunta, no me responderéis, ni me dejaréis ir.

69. Pero después de ahora, el Hijo del hombre estará sentado a la diestra del poder de Dios.

70. Dijeron entonces todos: ¿Luego tú eres el Hijo de Dios? Les respondió él: Así es, que yo soy, como vosotros decís.

71. Y replicaron ellos: ¿Qué necesitamos ya buscar otros testigos, cuando nosotros mismos lo hemos oído de su propia boca?

23

Jesús es acusado ante Pilatos, enviado a Herodes, entregado a los judíos, crucificado e insultado

1. Y levantándose todo aquel congreso, le llevaron a Pilatos.

2. Y comenzaron a acusarlo, diciendo: A éste le hemos hallado pervirtiendo a nuestra nación, y prohibiendo pagar los tributos a César, y diciendo que él es el Cristo o el ungido rey de Israel.

3. Pilatos, pues, le interrogó, diciendo: ¿Eres tú el rey de los judíos? A lo cual respondió Jesús: Así es como tú dices.

4. Pilatos dijo a los príncipes de los sacerdotes y al pueblo: Yo no hallo delito alguno en este hombre.

5. Pero ellos insistían más y más, diciendo: Tiene alborotado al pueblo con la doctrina que va sembrando por toda la Judea, desde la Galilea, donde comenzó, hasta aquí.

6. Pilatos oyendo Galilea, preguntó si aquel hombre era galileo.

7. Y cuando entendió que era de la jurisdicción de Herodes, lo remitió al mismo Herodes, que en aquellos días se hallaba también en Jerusalén.

8. Herodes se alegró sobremanera de ver a Jesús; porque hacía mucho tiempo que

---

60. *Cantó el gallo por tercera vez.*

66. Esa pregunta se la hizo el sumo sacerdote. *Mar 14*, 61.

deseaba verlo, por las muchas cosas que había oído de él, y con esta ocasión esperaba verlo hacer algún milagro.

9. Le hizo, pues, muchas preguntas, pero él no le respondió palabra.

10. Entretanto los príncipes de los sacerdotes y los escribas persistían obstinadamente en acusarle.

11. Mas Herodes con todos los de su séquito le despreció; y para burlarse de él, le hizo vestir de una ropa blanca, y le volvió a enviar a Pilatos.

12. Con lo cual se hicieron amigos aquel mismo día Herodes y Pilatos, que antes estaban entre sí enemistados.

13. Habiendo, pues, Pilatos, convocado a los príncipes de los sacerdotes, a los magistrados y al pueblo,

14. les dijo: Vosotros me habéis presentado este hombre como alborotador del pueblo, y he aquí que habiéndole yo interrogado en presencia vuestra, ningún delito he hallado en él, de los que le acusáis.

15. Pero tampoco Herodes; puesto que lo remití a él, y por el hecho se ve que no le juzgó digno de muerte.

16. Por tanto, después de castigado le dejaré libre.

17. Tenía Pilatos que dar libertad a un reo cuando llegaba la celebridad de la fiesta de la Pascua.

18. Y todo el pueblo a una voz clamó, diciendo: Quítale a éste la vida, y suéltanos a Barrabás,

19. el cual por una sedición levantada en la ciudad y por un homicidio, había sido puesto en la cárcel.

20. Les habló nuevamente Pilatos, con deseo de libertar a Jesús.

21. Pero ellos se pusieron a gritar, diciendo: ¡Crucifícale, crucifícale!

22. El, no obstante, por tercera vez les dijo: Pues ¿qué mal ha hecho éste? Yo no hallo en él delito alguno de muerte; así que, después de castigarle, le daré por libre.

23. Mas ellos insistían con grandes clamores pidiendo que fuese crucificado, y se aumentaba la gritería.

24. Al fin Pilatos se resolvió a otorgar su demanda*.

25. En consecuencia dio libertad, como ellos pedían, al que por causa de homicidio y sedición había sido encarcelado; y a Jesús le abandonó al arbitrio de ellos.

26. Al conducirle al suplicio echaron mano de un tal Simón, natural de Cirene, que venía de una granja, y le cargaron la cruz para que la llevara en pos de Jesús*.

27. Seguíale gran muchedumbre de hombres y de mujeres, las cuales se deshacían en llantos.

28. Pero Jesús vuelto a ellas, les dijo: Hijas de Jerusalén, no lloréis por mí; llorad por vosotras mismas y por vuestros hijos.

29. Porque presto vendrán días en que se diga: Dichosas las estériles, y dichosos los vientres que no concibieron, y los pechos que no dieron de mamar.

30. Entonces comenzarán a decir a los montes: Caed sobre nosotros; y a los collados: Sepultadnos.

31. Pues si al árbol verde le tratan de esta manera, ¿en el seco qué se hará*?

32. Eran también conducidos con Jesús a la muerte dos facinerosos.

Crucifixión y muerte de Jesús

33. Llegados que fueron al lugar llamado Calvario, allí le crucificaron; y con él a los ladrones, uno a la derecha y otro a la izquierda.

34. Entretanto Jesús decía: Padre, perdónales, porque no saben lo que hacen. Y ellos poniéndose a repartir entre sí sus vestidos, los sortearon.

35. El pueblo lo estaba mirando todo, y a una con él los principales hacían burla de Jesús diciendo: A otros ha salvado, sálvese, pues, a sí mismo, si él es el Cristo, o Mesías, el escogido de Dios*.

36. Lo insultaban no menos los soldados, los cuales se arrimaban a él, y presentándole vinagre,

37. le decían: Si tú eres el rey de los judíos, ponte a salvo.

38. Estaba colocado sobre la cabeza de Jesús un letrero escrito en griego, en latín y

---

24. ¡Cuántas veces los gritos del pueblo iluso o seducido hacen callar las razones de la prudencia y de la justicia! La buena intención de Pilatos no fue constante para evitar la crucifixión de Jesucristo.

26. Simón iba detrás de Jesús sosteniendo el extremo de la cruz.

31. Proverbio hebreo que denota que si esos tormentos padece el justo y el santo, ¿qué no deben temer los impíos y pecadores?

35. *Jer 42*, 1.

en hebreo, que decía: ESTE ES EL REY DE LOS JUDIOS.

39. Y uno de los ladrones que estaban crucificados, blasfemaba contra Jesús, diciendo: Si tú eres el Cristo, o Mesías, sálvate a ti mismo y a nosotros.

40. Mas el otro le reprendía, diciendo: ¿Cómo, ni aun tú temes a Dios, estando como estás en el mismo suplicio?

41. Y nosotros a la verdad estamos en él justamente, pues pagamos la pena merecida por nuestros delitos; pero éste ningún mal ha hecho.

42. Decía después a Jesús: Señor, acuérdate de mí, cuando hayas llegado a tu reino*.

43. Y Jesús le dijo: En verdad te digo, que hoy estarás conmigo en el paraíso.

44. Era ya casi el mediodía, y las tinieblas cubrieron toda la tierra hasta las tres de la tarde.

45. El sol se oscureció; y el velo del templo se rasgó por medio.

46. Entonces Jesús clamando con una voz muy grande, dijo: Padre, en tus manos encomiendo mi espíritu. Y diciendo esto, expiró.

47. Así que vio el centurión lo que acababa de suceder, glorificó a Dios diciendo: Verdaderamente era éste un hombre justo.

48. Y todo aquel gentío que se hallaba presente a este espectáculo, considerando lo que había pasado, se volvía dándose golpes de pecho.

49. Estaban al mismo tiempo todos los conocidos de Jesús y las mujeres que le habían seguido desde Galilea, observando de lejos estas cosas.

50. Entonces se dejó ver un senador llamado José, varón virtuoso y justo oriundo de Arimatea, ciudad de la Judea,

51. el cual no había consentido en el designio de los otros ni en lo que habían ejecutado; antes bien era de aquellos que esperaban también el reino de Dios.

52. Este, pues, se presentó a Pilatos, y le pidió el cuerpo de Jesús.

53. Y habiéndolo descolgado de la cruz lo envolvió en una sábana, y lo colocó en un sepulcro abierto en peña viva, en donde ninguno hasta entonces había sido sepultado.

54. Era aquel el día que llamaban parasceve, o preparación, e iba ya a entrar el sábado.

55. Las mujeres que habían seguido a Jesús desde Galilea, yendo en pos de José, observaron el sepulcro, y la manera con que había sido depositado el cuerpo de Jesús.

56. Y al volverse, hicieron prevención de aromas y bálsamos; aunque durante el sábado se mantuvieron quietas según el mandamiento.

24 *Jesús resucita y se aparece a los apóstoles, les promete el Espíritu Santo y sube a los cielos*

1. Mas el primer día de la semana, muy de mañana, fueron estas mujeres al sepulcro, llevando los aromas que tenían preparados.

2. Y encontraron apartada la piedra del sepulcro.

3. Pero habiendo entrado dentro, no hallaron el cuerpo del Señor Jesús.

4. Y quedando muy consternadas con este motivo, he aquí que se aparecieron de repente junto a ellas dos personajes con vestiduras resplandecientes.

5. Y quedando llenas de espanto, y teniendo inclinado el rostro hacia la tierra, los ángeles les dijeron: ¿Para qué andáis buscando entre los muertos al que está vivo?

6. No está aquí, sino que resucitó; acordaos de lo que os previno, cuando estaba todavía en Galilea,

7. diciendo: Conviene que el Hijo del hombre sea entregado en manos de hombres pecadores, y crucificado, y que al tercer día resucite.

8. Ellas, en efecto, se acordaron de las palabras de Jesús.

9. Y volviendo del sepulcro, anunciaron todas estas cosas a los once y a todos los demás.

10. Las que refirieron esto a los apóstoles eran María Magdalena, y Juana, y María madre de Santiago, y las otras sus compañeras;

11. si bien estas nuevas las miraron ellos como un desvarío; y no las creyeron.

12. Pedro, no obstante, fue corriendo al sepulcro, y asomándose a él, vio la mortaja

---

42. ¡Admirable fe de este hombre! Ya sabe que el reino de Jesucristo no es de este mundo.

sola allí en el suelo, y se volvió admirando para consigo el suceso.

13. En este mismo día dos de ellos iban a una aldea llamada Emmaús*, distante de Jerusalén el espacio de sesenta estadios;

14. y conversaban entre sí de todas las cosas que habían acontecido.

15. Mientras así discurrían y conferenciaban recíprocamente, el mismo Jesús juntándose con ellos caminaba en su compañía;

16. mas sus ojos estaban como deslumbrados para que no le reconociesen.

17. Les dijo, pues: ¿Qué conversación es esa que caminando lleváis entre los dos, y por qué estáis tristes?

18. Uno de ellos, llamado Cleofás, respondiendo, le dijo: ¿Tú sólo eres tan extranjero en Jerusalén, que no sabes lo que ha pasado en ella estos días?

19. Replicó él: ¿Qué? Lo de Jesús Nazareno, respondieron, el cual fue un profeta, poderoso en obras y en palabras, a los ojos de Dios y de todo el pueblo;

20. y cómo los príncipes de los sacerdotes y nuestros jefes lo entregaron a Pilatos para que fuese condenado a muerte y lo han crucificado.

21. Mas nosotros esperábamos que él era el que había de redimir a Israel*; y no obstante, después de todo esto, he aquí que estamos ya en el tercer día después que acaecieron dichas cosas.

22. Bien es verdad que algunas mujeres de entre nosotros nos han sobresaltado, porque antes de ser de día fueron al sepulcro,

23. y, no habiendo hallado su cuerpo volvieron, diciendo habérseles aparecido unos ángeles, los cuales han asegurado que está vivo.

24. Con eso algunos de los nuestros han ido al sepulcro, y hallado ser cierto lo que las mujeres dijeron; pero a Jesús no le han encontrado.

25. Entonces les dijo él: ¡Oh necios, y tardos de corazón para creer todo lo que anunciaron los profetas!

26. Pues, ¿por ventura no era conveniente que el Cristo padeciese todas estas cosas, y entrase así en su gloria?

27. Y empezando por Moisés, y discurriendo por todos los profetas, les interpretaba en todas las Escrituras los lugares que hablaban de él.

28. En esto llegaron cerca de la aldea adonde iban; y él hizo ademán de pasar adelante.

29. Mas le detuvieron por fuerza, diciendo: Quédate con nosotros, porque ya es tarde, y va ya el día de caída. Entró, pues, con ellos.

30. Y estando juntos a la mesa, tomó el pan, y lo bendijo, y habiéndolo partido, se los dio.

31. Con lo cual se les abrieron los ojos, y le conocieron; mas él desapareció de su vista.

32. Entonces se dijeron uno a otro: ¿No es verdad que sentíamos abrasarse nuestro corazón, mientras nos hablaba por el camino y nos explicaba las Escrituras?

33. Y levantándose al punto regresaron a Jerusalén, donde hallaron congregados a los once y a otros de su séquito,

34. que decían: El Señor ha resucitado realmente, y se ha aparecido a Simón.

35. Ellos por su parte contaban lo que les había sucedido en el camino, y cómo le habían conocido al partir el pan.

Aparición de Jesús a los apóstoles

36. Mientras estaban hablando de estas cosas, se presentó Jesús en medio de ellos, y les dijo: La paz sea con vosotros: Soy yo, no temáis.

37. Ellos, atónitos, y atemorizados, se imaginaban ver a algún espíritu.

38. Y Jesús les dijo: ¿De qué os asustáis y por qué dais lugar en vuestro corazón a tales pensamientos?

39. Mirad mis manos y mis pies, yo mismo soy, palpad, y considerad que un espíritu no tiene carne, ni huesos, como vosotros veis que yo tengo.

40. Dicho esto, les mostró las manos y los pies.

41. Mas como ellos aún no lo acabasen de creer, estando como estaban fuera de sí de gozo y de admiración, les dijo: ¿Tenéis aquí algo de comer?

42. Ellos le presentaron un pedazo de pez asado y un panal de miel.

---

13. *Emmaús* significa *aguas calientes* o *termales*.

21. Los judíos creían que el *Mesías* liberaría a Israel de toda dominación extranjera y que su reino era material.

43. Comido que hubo delante de ellos, tomando las sobras se las dio.

44. Les dijo en seguida: Ved ahí lo que os decía, cuando estaba aún con vosotros, que era necesario que se cumpliese todo cuanto está escrito de mí en la ley de Moisés, y en los profetas, y en los salmos.

45. Entonces les abrió el entendimiento para que entendiesen las Escrituras.

46. Y les dijo: Así estaba ya escrito, y así era necesario que el Cristo padeciese, y que resucitase de entre los muertos al tercer día,

47. y que en nombre suyo se predicase la penitencia y el perdón de los pecados a todas las naciones, empezando por Jerusalén.

48. Vosotros sois testigos de estas cosas.

49. Y yo voy a enviaros lo que mi Padre os ha prometido por mi boca: entretanto permaneced en la ciudad, hasta que seáis revestidos de la fortaleza de lo alto.

50. Después los sacó afuera camino de Betania; y levantando las manos les echó su bendición.

51. Y mientras los bendecía, se fue separando de ellos, y elevándose al cielo.

52. Y habiéndole adorado, regresaron a Jerusalén con gran júbilo.

53. Y estaban de continuo en el templo, alabando y bendiciendo a Dios. Amén.

Evangelio según San Juan

Introducción

Juan nació en Betsaida, Galilea, junto al lago de Tiberíades. Fue *llamado* por Jesús con su hermano Santiago, cuando estaban pescando. Era el más joven de los apóstoles y se le dio el nombre de *discípulo amado*. Presenció la *transfiguración* de Jesús en el Monte, su agonía en Getsemaní y fue el único apóstol que asistió a su crucifixión con María, la madre de Jesús, y las otras dos Marías. Por eso, Jesús le encomendó el cuidado de su madre.

Escribió su *Evangelio* en griego, a finales del siglo I. Este libro se podría denominar el *Evangelio del Amor y de la Intimidad de Jesús con el Padre y el Espíritu Santo*. Su Evangelio tiene trozos teológicos, espirituales, históricos y geográficos muy precisos, propios de un discípulo directo de Jesús y alguien que en cierta forma los experimentó.

Además del *Evangelio*, escribió *tres Cartas* y, conforme a la tradición, sería el autor del *Apocalipsis* al final de sus días, después de haber vivido en Efeso y del destierro en la isla de Patmos.

Los 21 capítulos de este Evangelio podrían dividirse así:

- Prólogo: Jesús, Palabra eterna de Dios, el *1*.
- Jesús se manifiesta en Caná y se encuentra con Nicodemo y la samaritana, donde se presenta como fuente de vida eterna, del *1* al *4*.
- Jesús es la luz, el buen Pastor, la resurrección y la vida, del *4* al *6*.
- Discurso de la Cena y sermón de la Eucaristía, del *13* al *17*.
- Pasión, muerte y resurrección de Jesús, del *18* al *21*.

PRÓLOGO *1*, 1-18

1 *Generación y encarnación del Verbo. Testimonio de Juan Bautista. Vocación de los primeros discípulos*

1. En el principio era el Verbo y el Verbo estaba en Dios, y el Verbo era Dios.
2. El estaba en el principio en Dios*.
3. Por él* fueron hechas todas las cosas; y sin él no se ha hecho cosa alguna de cuantas han sido hechas.
4. En él estaba la vida*, y la vida era la luz de los hombres.
5. Y esta luz resplandece en medio de las tinieblas*, y las tinieblas no la han recibido.
6. Hubo un hombre enviado de Dios que se llamaba Juan.
7. Este vino como testigo, para dar testimonio de la luz, a fin de que por medio de él todos creyesen.
8. No era él la luz, sino enviado para dar testimonio de aquel que era la luz.
9. El Verbo era la luz verdadera, que cuanto es de sí alumbra a todo hombre que viene a este mundo.

---

2. Como *Hijo* suyo coeterno y consustancial.
3. *Por medio de él.*
4. Y el principio de la vida espiritual y material de todas las criaturas.
5. Con que el pecado han cubierto la tierra.

10. En el mundo estaba, y el mundo fue por él hecho, y con todo el mundo no le conoció.

11. Vino a su propia casa, y los suyos no le recibieron.

12. Pero a todos los que le recibieron, que son los que creen en su nombre, les dio poder de llegar a ser hijos de Dios.

13. Los cuales no nacen de la sangre, ni de la voluntad de la carne, ni de querer de hombre, sino que nacen de Dios.

14. Y el Verbo se hizo carne*; y habitó en medio de nosotros; y nosotros hemos visto su gloria, gloria que el Unigénito debía recibir del Padre, lleno de gracia y de verdad.

15. De él da testimonio Juan, y clama diciendo: He aquí aquel de quien yo os decía: El que ha de venir después de mí, ha sido preferido a mí; por cuanto era antes que yo.

16. De la plenitud de éste hemos participado todos nosotros, y recibido una gracia por otra gracia.

17. Porque la ley fue dada por Moisés; mas la gracia y la verdad fue traída por Jesucristo.

18. A Dios nadie le ha visto jamás: El hijo unigénito, existente desde siempre en el seno del Padre, él mismo es quien le ha hecho conocer a los hombres.

Libro de los signos *1*, 19-*12*, 50

19. Y he aquí el testimonio que dio Juan a favor de Jesús, cuando los judíos le enviaron de Jerusalén sacerdotes y levitas para preguntarle: ¿Tú quién eres?

20. El confesó la verdad, y no la negó; antes protestó claramente: Yo no soy el Cristo.

21. ¿Pues quién eres?, le dijeron: ¿Eres tú Elías? Y dijo: No lo soy. ¿Eres tú el profeta? Respondió: No.

22. ¿Pues quién eres tú, le dijeron, para que podamos dar alguna respuesta a los que nos han enviado? ¿Qué dices de ti mismo?

23. Yo soy, dijo entonces, la voz del que clama en el desierto: Enderezad el camino del Señor, como lo tiene dicho el profeta Isaías.

24. Es de saber que los enviados eran de la secta de los fariseos.

25. Y le preguntaban de nuevo, diciendo: ¿Pues cómo bautizas, si tú no eres el Cristo, ni Elías, ni el profeta?

26. Les respondió Juan, diciendo: Yo bautizo con agua; pero en medio de vosotros está uno, a quien no conocéis*.

27. El es el que ha de venir después de mí, el cual ha sido preferido a mí, y a quien yo no soy digno de desatar la correa de su zapato.

28. Todo esto sucedió en Betania, la que está a la otra parte del Jordán, donde Juan estaba bautizando.

29. Al día siguiente vio Juan a Jesús que venía a encontrarle, y dijo: He aquí el cordero de Dios, ved aquí el que quita los pecados del mundo.

30. Este es aquel de quien yo dije: Detrás de mí viene un varón, el cual ha sido preferido a mí; por cuanto era antes que yo.

31. Yo no le conocía; pero yo he venido a bautizar con agua; para que él sea reconocido por Mesías en Israel.

32. Y dio entonces Juan este testimonio de Jesús, diciendo: Yo he visto al Espíritu Santo descender del cielo en forma de paloma, y reposar sobre él.

33. Yo antes no le conocía, mas el que me envió a bautizar con agua, me dijo: Aquel sobre quien vieres que baja el Espíritu Santo, y reposa sobre él, ése es el que bautiza con el Espíritu Santo.

34. Yo le he visto; y por eso doy testimonio de que él es el Hijo de Dios.

35. Al día siguiente otra vez estaba Juan allí con dos de sus discípulos.

36. Y viendo a Jesús que pasaba, dijo: He aquí el cordero de Dios.

37. Los dos discípulos al oírle hablar así, se fueron en pos de Jesús.

38. Y volviéndose Jesús, y viendo que le seguían, les dijo: ¿Qué buscáis? Respondieron ellos: Rabbi (que quiere decir Maestro), ¿dónde habitas?

39. Les dijo: Venid y lo veréis. Fueron, pues, y vieron dónde habitaba, y se quedaron con él aquel día, era entonces como la hora de las diez.

40. Uno de los dos, que habiendo oído lo que dijo Juan, siguieron a Jesús, era Andrés, hermano de Simón Pedro.

---

14. Unió así la naturaleza humana.

26. *El cual os bautizará con el fuego de la caridad, que os purifique de todo pecado.*

41. El primero a quien éste halló fue Simón, su hermano, y le dijo: Hemos hallado al Mesías (que quiere decir el Cristo).

42. Y le llevó a Jesús. Y Jesús, fijos los ojos en él, dijo: Tú eres Simón, hijo de Jona o Juan: Tú serás llamado Cefas, que quiere decir Pedro, o piedra.

43. Al día siguiente determinó Jesús encaminarse a Galilea, y en el camino encontró a Felipe, y le dijo: Sígueme.

44. Era Felipe de Betsaida, patria de Andrés y de Pedro.

45. Felipe halló a Natanael, y le dijo: Hemos encontrado a aquel de quien escribió Moisés en la ley, y anunciaron los profetas, a Jesús de Nazaret, el hijo de José.

46. Le respondió Natanael: ¿Acaso de Nazaret puede salir cosa buena? Le dijo Felipe: Ven, y lo verás.

47. Vio ¿Jesús venir hacia sí a Natanael, y dijo de él: He aquí un verdadero israelita, en quien ni hay doblez ni engaño.

48. Le dijo Natanael: ¿De dónde me conoces? Le respondió Jesús: Antes que Felipe te llamara, yo te vi cuando estabas debajo de la higuera.

49. Al oír esto Natanael, le dijo: ¡Oh Maestro!, tú eres el Hijo de Dios, tú eres el rey de Israel.

50. Le replicó Jesús: Por haberte dicho que te vi debajo de la higuera, crees; mayores cosas que éstas verás todavía.

51. Y le añadió: En verdad, en verdad os digo, que algún día veréis abierto el cielo, y a los ángeles de Dios subir y bajar, sirviendo al Hijo del hombre.

2

Jesús convierte el agua en vino.
Arroja a los negociantes del templo.
Anuncia su resurrección

---

1. Tres días después se celebraron unas bodas en Caná de Galilea, donde se hallaba la madre de Jesús.

2. Fue también convidado a las bodas Jesús con sus discípulos.

3. Y como viniese a faltar el vino, dijo a Jesús su madre: No tienen vino.

4. Le respondió Jesús: Mujer, ¿qué nos va a mí y a ti? Aún no es llegada mi hora.

5. Dijo entonces su madre a los sirvientes: Haced lo que él os diga.

6. Estaban allí seis tinajas de piedra, destinadas para las purificaciones de los judíos; en cada una de las cuales cabían dos o tres cántaras*.

7. Les dijo Jesús: Llenad de agua aquellas tinajas. Y las llenaron hasta arriba.

8. Les dijo después Jesús: Sacad ahora en algún vaso, y llevadle al mayordomo. Lo hicieron así.

9. Apenas probó el mayordomo el agua convertida en vino, como él no sabía de dónde era, aunque sabían los sirvientes que la habían sacado, llamó al esposo.

10. Y le dijo: Todos sirven al principio el vino mejor; y cuando los convidados han bebido ya a satisfacción, sacan el más flojo: tú al contrario has reservado el buen vino para lo último.

11. Así en Caná de Galilea hizo Jesús el primero de sus milagros, con que manifestó su gloria, y sus discípulos creyeron más en él*.

12. Después de esto pasó a Cafarnaúm con su madre, sus hermanos o parientes, y sus discípulos, en donde se detuvieron pocos días.

13. Estaba ya cerca la Pascua de los judíos, y Jesús subió a Jerusalén.

14. Y encontrando en el templo gentes que vendían bueyes, y ovejas, y palomas, y cambistas sentados en sus mesas,

15. habiendo formado de cuerdas como un azote, los echó a todos del templo, con las ovejas y bueyes, y derramó por el suelo el dinero de los cambistas, derribando las mesas.

16. Y hasta a los que vendían palomas, les dijo: Quitad eso de aquí, y no queráis hacer de la casa de mi Padre una casa de tráfico.

17. Entonces se acordaron sus discípulos que está escrito: El celo de tu casa me tiene consumido.

18. Pero los judíos se dirigieron a él, y le preguntaron: ¿Qué señal nos das de tu autoridad para hacer estas cosas?

---

6. En estas tinajas se mantenía el agua para las *purificaciones rituales* o *abluciones*; cada cántara equivalía aproximadamente a 40 litros.

11. *Juan* narra sólo siete milagros de Jesús en su *Evangelio* y los llama *signos*, pues cada uno de ellos expresa una forma de *revelación de Jesús*. En *Caná*, la abundancia del vino en que se convierte el agua de las tinajas significa que ha llegado la mejor y definitiva etapa de la *salvación*.

19. Les respondió Jesús: Destruid este templo, y yo en tres días lo reedificaré.

20. Los judíos le dijeron: Cuarenta y seis años se han gastado en la reedificación de este templo, y tú lo has de levantar en tres días?

21. Mas él les hablaba del templo de su cuerpo.

22. Así, cuando hubo resucitado de entre los muertos, sus discípulos hicieron memoria de que lo dijo por esto, y creyeron, con más viva fe, a la Escritura* y a las palabras de Jesús.

23. En el tiempo, pues, que estuvo en Jerusalén con motivo de la fiesta de la Pascua, creyeron muchos en su nombre, viendo los milagros que hacía.

24. Verdad es que Jesús no se fiaba de ello, porque los conocía bien a todos*,

25. y no necesitaba que nadie le diera testimonio acerca de hombre alguno, porque sabía él mismo lo que hay dentro de cada hombre.

3 *Juan Bautista desengaña a sus discípulos del error sobre su bautismo y sobre Jesús*

1. Había un hombre en la secta de los fariseos, llamado Nicodemo, varón principal entre los judíos.

2. El cual fue de noche a Jesús, y le dijo: Maestro, nosotros conocemos que eres un maestro enviado de Dios para instruirnos; porque ninguno puede hacer los milagros que tú haces, a no tener a Dios consigo.

3. Le respondió Jesús: Pues en verdad, en verdad te digo, que quien no naciere de nuevo, no puede ver el reino de Dios o tener parte en él.

4. Le dijo Nicodemo: ¿Cómo puede nacer un hombre, siendo viejo? ¿Puede acaso volver otra vez al seno de su madre para renacer?

5. En verdad, en verdad te digo, respondió Jesús, que quien no renaciere por el bautismo del agua, y la gracia del Espíritu Santo, no puede entrar en el reino de Dios*.

6. Lo que ha nacido de la carne, carne es; mas lo que ha nacido del espíritu, es espíritu, o espiritual.

7. Por tanto no extrañes que te haya dicho: Os es preciso nacer otra vez.

8. Pues el espíritu, o el aire, sopla donde quiere; y tú oyes su sonido, mas no sabes de dónde sale, o a dónde va; eso mismo sucede al que nace del espíritu.

9. Le preguntó Nicodemo: ¿Cómo puede hacerse esto?

10. Le respondió Jesús: ¿Y tú eres maestro en Israel, y no entiendes estas cosas*?

11. En verdad, en verdad te digo, que nosotros no hablamos sino lo que sabemos bien, y no atestiguamos, sino lo que hemos visto, y vosotros con todo no admitís nuestro testimonio.

12. Si os he hablado de cosas de la tierra, y no me creéis, ¿cómo me creeréis si os hablo de cosas del cielo?

13. Ello es así que nadie subió al cielo, sino aquel que ha descendido del cielo, a saber, el Hijo del hombre, que está en el cielo*.

14. Al modo que Moisés en el desierto levantó en alto la serpiente de bronce*, así también es necesario que el Hijo del hombre sea levantado en alto,

15. para que todo aquel que crea en él no perezca, sino que logre la vida eterna.

16. Que amó tanto Dios al mundo, que no paró hasta dar a su hijo unigénito; a fin de que todos los que creen en él, no perezcan, sino que vivan vida eterna.

17. Pues no envió Dios su Hijo al mundo para condenar al mundo, sino para que por su medio el mundo se salve.

18. Quien cree en él, no es condenado: pero quien no cree, ya tiene hecha la condena; porque no cree en el nombre del Hijo unigénito de Dios.

19. Este juicio de condenación consiste en que la luz vino al mundo, y los hombres amaron más las tinieblas que la luz, por cuanto sus obras eran malas.

20. Pues quien obra mal, aborrece la luz, y no se arrima a ella, para que no sean reprendidas sus obras.

---

22. *Sal 3*, 6; *47* (*46*), 9.
24. Conocía la debilidad e inconstancia de su fe.
5. Jesús insiste en la necesidad de renacer a la gracia, para entrar en el reino de Dios.

10. *Tú, siendo doctor y maestro, no sabes lo que dice David. Sal 51* (*50*).
13. Aun después de haber bajado a la tierra.
14. *Num 21*, 9.

21. Al contrario, quien obra según la verdad le inspira, se arrima a la luz, a fin de que sus obras se vean, pues han sido hechas según Dios.

22. Después de esto se fue Jesús con sus discípulos a la Judea; y allí moraba con ellos, y bautizaba por medio de los mismos.

23. Juan asimismo proseguía bautizando en Ennón, junto a Salim, porque allí había mucha agua, y concurrían las gentes, y eran bautizadas.

24. Que todavía Juan no había sido puesto en la cárcel.

25. Con esta ocasión se suscitó una disputa entre los discípulos de Juan y algunos judíos acerca del bautismo.

26. Y acudieron a Juan sus discípulos, y le dijeron: Maestro, aquel que estaba contigo a la otra parte del Jordán, de quien diste un testimonio tan honorífico, he aquí que se ha puesto a bautizar, y todos se van a él.

27. Pero Juan les respondió, y dijo: No puede el hombre atribuirse nada, si no le es dado del cielo.

28. Vosotros mismos sois testigos de que he dicho: Yo no soy el Cristo, sino que he sido enviado delante de él como precursor suyo.

29. El esposo es aquel que tiene la esposa; mas el amigo del esposo, que está para asistirle y atender a lo que dispone, se llena de gozo con oír la voz del esposo. Mi gozo, pues, es ahora completo.

30. Conviene que él crezca, y que yo mengüe.

31. El que ha venido de lo alto es superior a todos. Quien trae su origen de la tierra, a la tierra pertenece, y de la tierra habla. El que nos ha venido del cielo es superior a todos,

32. y atestigua cosas que ha visto, y oído; y con todo casi nadie presta fe a su testimonio.

33. Mas quien ha adherido a lo que él atestigua, testifica con su fe que Dios es verídico.

34. Porque éste a quien Dios ha enviado, habla las mismas palabras que Dios; pues Dios no le ha dado su Espíritu con medida.

35. El Padre ama al Hijo, y ha puesto todas las cosas en su mano.

36. Aquel que cree en el Hijo de Dios, tiene vida eterna; pero quien no da crédito al Hijo, no verá la vida, sino que al contrario, la ira de Dios permanece siempre sobre su cabeza.

4

Conversión de la samaritana. Jesús cura al hijo de un funcionario en Caná de Galilea

1. Luego que supo Jesús que los fariseos habían sabido que él juntaba más discípulos, y bautizaba más que Juan

2. (si bien Jesús no bautizaba por sí mismo, sino por sus discípulos),

3. dejó la Judea, y partió otra vez a Galilea.

4. Debía por tanto pasar por la provincia de Samaria.

5. Llegó, pues, a la ciudad de Samaria, llamada Sicar, o Siquem, vecina a la heredad que Jacob dio a su hijo José.

6. Aquí estaba el pozo llamado la Fuente* de Jacob. Jesús, pues, cansado del camino, se sentó sobre el brocal de ese pozo. Era ya cerca del mediodía.

7. Vino entonces una mujer samaritana a sacar agua. Le dijo Jesús: Dame de beber.

8. (Es de advertir que sus discípulos habían ido a la ciudad a comprar de comer).

9. Pero la mujer samaritana le respondió: ¿Cómo tú, siendo judío, me pides de beber a mí, que soy samaritana? Porque los judíos no se comunican con los samaritanos.

10. Le dijo Jesús en respuesta: Si tú conocieras el don de Dios, y quién es el que te dijo: Dame de beber, puede ser que tú le hubieras pedido a él, y él te hubiera dado agua viva.

11. Le dijo la mujer: Señor, tú no tienes con qué sacarla, y el pozo es profundo: ¿dónde tienes, pues, esa agua viva?

12. ¿Eres tú por ventura mayor que nuestro padre Jacob, que nos dio este pozo, del cual bebió él mismo, sus hijos, y sus ganados?

13. Le respondió Jesús: Cualquiera que bebe de esta agua, tendrá otra vez sed; pero quien bebiere del agua que yo le daré, nunca jamás volverá a tener sed.

14. Antes el agua que yo le daré, vendrá

---

6. Entre los hebreos, *fuente* es todo *manantial.*

BODAS DE CANÁ

Tres días después se celebraron unas bodas en Caná de Galilea, donde se hallaba la madre de Jesús. Fue también convidado a las bodas Jesús con sus discípulos.

JESÚS Y LA SAMARITANA

Le respondió Jesús: Cualquiera que bebe de esta agua, tendrá otra vez sed; pero quien bebiere del agua que yo le daré, nunca jamás volverá a tener sed. Antes el agua que yo le daré, vendrá a ser dentro de él un manantial de agua que manará sin cesar hasta la vida eterna. La mujer le dijo: Señor, dame de esa agua, para que no tenga yo más sed, ni haya de venir aquí a sacarla.

a ser dentro de él un manantial de agua que manará sin cesar hasta la vida eterna.

15. La mujer le dijo: Señor, dame de esa agua, para que no tenga yo más sed, ni haya de venir aquí a sacarla.

16. Pero Jesús le dijo: Anda, llama a tu marido, y vuelve con él acá.

17. Respondió la mujer: Yo no tengo marido. Le dijo Jesús: Tienes razón en decir que no tienes marido;

18. porque has tenido cinco maridos; y el que ahora tienes, no es marido tuyo; en eso verdad has dicho.

19. Le dijo la mujer: Señor, yo veo que tú eres un profeta.

20. Nuestros padres adoraron a Dios en este monte, y vosotros los judíos decís que en Jerusalén está el lugar donde se debe adorar.

21. Le respondió Jesús: Mujer, créeme a mí, ya llega el tiempo en que ni precisamente en este monte, ni en Jerusalén adoraréis al Padre.

22. Vosotros adoráis lo que no conocéis, pues sabéis poco de Dios; pero nosotros adoramos lo que conocemos, porque la salud o el Salvador procede de los judíos.

23. Pero ya llega tiempo, ya estamos en él, cuando los verdaderos adoradores adorarán al Padre en espíritu y en verdad. Porque tales son los adoradores que el Padre busca.

24. Dios es espíritu, y verdad; y por lo mismo los que le adoran en espíritu y verdad deben adorarle.

25. Le dijo la mujer: Sé que está para venir el Mesías (esto es, el Cristo); cuando venga, pues, él nos lo declarará todo.

26. Y Jesús le responde: Ese soy yo, que hablo contigo.

27. En esto llegaron sus discípulos; y extrañaban que hablase con aquella mujer. No obstante nadie le dijo: ¿Qué le preguntas, o por qué hablas con ella?

28. Entretanto la mujer, dejando allí su cántaro, se fue a la ciudad, y dijo a las gentes:

29. Venid y veréis a un hombre que me ha dicho todo cuanto yo he hecho. ¿Será quizá éste el Cristo?

30. Con eso salieron de la ciudad, y vinieron a encontrarle.

31. Entretanto le instaban los discípulos diciendo: Maestro, come.

32. Les dijo él: Yo tengo para alimentarme un manjar que vosotros no sabéis.

33. Se decían, pues, los discípulos unos a otros: ¿Si le habrá traído alguno de comer?

34. Pero Jesús les dijo: Mi comida es hacer la voluntad del que me ha enviado, y dar cumplimiento a su obra.

35. ¿No decís vosotros: Dentro de cuatro meses estaremos ya en la siega? Pues ahora os digo yo: Alzad vuestros ojos, tended la vista por los campos, y ved ya las mieses blancas y a punto de segarse.

36. Aquel que siega recibe su jornal, y recoge frutos para la vida eterna, a fin de que igualmente se gocen así el que siembra como el que siega.

37. Y en esta ocasión se verifica aquel refrán: Uno es el que siembra, y otro el que siega.

38. Yo os he enviado a vosotros a segar lo que no labrasteis, otros hicieron la labranza, y vosotros habéis entrado en sus labores.

39. El hecho fue que muchos samaritanos de aquella ciudad creyeron en él, por las palabras de la mujer, que aseguraba: Me ha dicho todo cuanto yo hice.

40. Y venidos a él los samaritanos, le rogaron que se quedase allí. En efecto se detuvo dos días en aquella ciudad;

41. con lo que fueron muchos más los que creyeron en él por haber oído sus discursos;

42. y decían a la mujer: Ya no creemos por lo que tú has dicho; pues nosotros mismos le hemos oído, y hemos conocido que éste es verdaderamente el Salvador del mundo.

43. Pasados, pues, dos días, salió de allí, y prosiguió su viaje a Galilea.

44. Porque el mismo Jesús había atestiguado que un profeta por lo regular no es mirado con veneración en su patria.

45. Así que llegó a Galilea, fue bien recibido de los galileos, porque habían visto todas las cosas que había hecho en Jerusalén durante la fiesta; pues también ellos habían concurrido a celebrarla.

46. Y fue Jesús nuevamente a Caná de Galilea, donde había convertido el agua en vino. Había en Cafarnaúm un señor de la corte que tenía un hijo enfermo.

47. Este señor habiendo oído decir que Jesús venía de Judea a Galilea, fue a encontrarle, suplicándole que bajase desde Caná a Cafarnaúm a curar a su hijo, que estaba muriéndose.

48. Pero Jesús le respondió: Vosotros, si no veis milagros y prodigios, no creéis.

49. Le rogaba el de la corte: Ven, Señor, antes que muera mi hijo.

50. Le dijo Jesús: Anda, que tu hijo está bueno. Creyó aquel hombre en la palabra que Jesús le dijo, y se puso en camino.

51. Yendo ya hacia su casa, le salieron al encuentro los criados, con la nueva de que su hijo esta ya bueno.

52. Les preguntó a qué hora había sentido la mejoría. Y le respondieron: Ayer a la una de la tarde le dejó la fiebre.

53. Reflexionó el padre que aquella era la hora misma en que Jesús le dijo: Tu hijo está bueno; y así creyó él, y toda su familia.

54. Este fue el segundo milagro que hizo Jesús, después de haber vuelto de Judea a Galilea*.

5 *Jesús cura al paralítico de la piscina y los judíos lo calumnian por este milagro*

1. Después de esto, siendo la fiesta de los judíos, partió Jesús a Jerusalén.

2. Hay en Jerusalén una piscina, o estanque, cerca de la puerta de las Ovejas, llamada en hebreo Betesda*, la cual tiene cinco pórticos.

3. En ellos, pues, yacía una gran muchedumbre de enfermos, ciegos, cojos, paralíticos, aguardando el movimiento de las aguas;

4. pues un ángel del Señor descendía de tiempo en tiempo a la piscina, y se agitaba el agua. Y el primero que después de movida el agua entraba en la piscina, quedaba sano de cualquiera enfermedad que tuviese.

5. Allí estaba un hombre que treinta y ocho años hacía que se hallaba enfermo.

6. Como Jesús le viese tendido, y conociese ser de edad avanzada*, le dijo: ¿Quieres ser curado?

7. Señor, respondió el enfermo, no tengo una persona que me meta en la piscina, cuando el agua está agitada; por lo cual mientras yo voy, ya otro ha bajado antes.

8. le dijo Jesús: Levántate, coge tu camilla, y anda.

9. De repente se halló sano este hombre; y cogió su camilla, e iba caminando. Era aquel un día de sábado;

10. por lo que decían los judíos al que había sido curado: Hoy es sábado, no te es lícito llevar la camilla.

11. Les respondió: El que me ha curado, ese mismo me ha dicho: Toma tu camilla, y anda.

12. Le preguntaron entonces: ¿Quién es ese hombre que te ha dicho: Toma tu camilla y anda?

13. Mas el que había sido curado, no sabía quién era. Porque Jesús se había retirado del tropel de gentes que allí había.

14. Le halló después Jesús en el templo, y le dijo: Bien ves cómo has quedado curado: No peques, pues, en adelante, para que no te suceda alguna cosa peor.

15. Gozoso aquel hombre, fue y declaró a los judíos, que Jesús era quien le había curado.

16. Pero éstos por lo mismo perseguían a Jesús, por cuanto hacía tales cosas en sábado.

17. Entonces Jesús les dijo: Mi padre hoy como siempre está obrando incesantemente, y yo ni más ni menos*.

La obra del Hijo en unión con el Padre

18. Mas por esto mismo, con mayor empeño andaban tramando los judíos quitarle la vida; porque no solamente violaba el sábado, sino que decía que Dios era Padre suyo, haciéndose igual a Dios. Por lo cual tomando la palabra, les dijo:

19. En verdad, en verdad os digo, que no puede hacer el Hijo por sí cosa alguna, fuera de lo que viere hacer al Padre; porque todo lo que éste hace, lo hace igualmente el Hijo.

20. Y es que como el Padre ama al Hijo, le comunica todas las cosas que hace; y aun le manifestará, y hará en él y por él obras

---

54. En la ciudad de Caná. Jesús ya había obrado varios milagros en otras partes.

2. *Betesda* significa *casa de misericordia*.

6. *Juan* quiso resaltar que el mal estaba arraigado y que el enfermo era anciano.

17. Porque es con él un mismo principio de los efectos de la naturaleza y la gracia.

mayores que éstas, de suerte que quedéis asombrados.

21. Pues así como el Padre resucita a los muertos, y les da vida, del mismo modo el Hijo da vida a los que quiere.

22. Ni el Padre juzga visiblemente a nadie; sino que todo el poder de juzgar lo dio al Hijo,

23. con el fin de que todos honren al Hijo, de la manera que honran al Padre; que quien al Hijo no honra, tampoco honra al Padre que le ha enviado.

24. En verdad, en verdad os digo, que quien escucha mi palabra, y cree a aquel que me ha enviado, tiene la vida eterna, y no incurre en sentencia de condenación, sino que ha pasado ya de muerte a vida.

25. En verdad, en verdad os digo, que viene tiempo, y estamos ya en él, en que los muertos oirán la voz o la palabra del Hijo de Dios; y aquellos que la escucharen revivirán;

26. porque así como el Padre tiene en sí mismo la vida; así también ha dado al Hijo el tener la vida en sí mismo,

27. y le ha dado la potestad de juzgar en cuanto es Hijo del hombre.

28. No tenéis que admiraros de esto, pues vendrá tiempo en que todos los que están en los sepulcros oirán la voz del Hijo de Dios;

29. y saldrán los que hicieron buenas obras a resucitar para la vida eterna; pero los que las hicieron malas, resucitarán para ser condenados.

30. No puedo yo de mí mismo hacer cosa alguna. Yo sentencio según oigo de mi Padre, y mi sentencia es justa; porque no pretendo hacer mi voluntad, sino la de aquel que me ha enviado.

31. Vosotros estáis pensando que si yo doy testimonio de mí mismo, mi testimonio no es idóneo.

32. Mas otro hay que da testimonio de mí; y sé que es testimonio idóneo el que da de mí, y que vosotros no podéis desecharlo.

33. Vosotros enviasteis a preguntar a Juan: y él dio testimonio de la verdad.

34. Aunque yo no necesite testimonio de hombre; sino que digo esto para vuestra salvación.

35. Juan era una antorcha que ardía y brillaba. Y vosotros por un breve tiempo quisisteis mostrar regocijo a vista de su luz.

36. Pero yo tengo a mi favor un testimonio superior al testimonio de Juan. Porque las obras que el Padre me puso en las manos para que las ejecutase, estas mismas obras maravillosas que yo hago, dan testimonio en mi favor de que me ha enviado al Padre.

37. Y el Padre que me ha enviado, él mismo ha dado testimonio de mí; vosotros no habéis oído jamás su voz, ni visto su semblante.

38. Ni tenéis impresa su palabra dentro de vosotros, pues no creéis a quien él ha enviado.

39. Registrad las Escrituras, puesto que creéis hallar en ellas la vida eterna; ellas son las que están dando testimonio de mí;

40. y con todo no queréis venir a mí para alcanzar la vida.

41. Yo no me pago de la fama de los hombres.

42. Pero yo os conozco: yo sé que el amor de Dios no habita en vosotros.

43. Pues yo vine en nombre de mi Padre, y no me recibís; si otro viniere de su propia autoridad, a aquél le recibiréis.

44. Y ¿cómo es posible que me recibáis y creáis vosotros que andáis mendigando alabanzas unos de otros y no procuráis aquella gloria que sólo de Dios procede?

45. No penséis que yo os he de acusar ante el Padre; vuestro acusador es Moisés mismo, en quien vosotros confiáis.

46. Porque si creyeseis a Moisés, acaso me creeriáis también a mí; pues de mí escribió él.

47. Pero si no creéis lo que él escribió, ¿cómo habéis de creer lo que yo os digo?

6

Multiplica Jesús los panes, camina sobre el mar y enseña el misterio de la eucaristía

1. Después de esto pasó Jesús al otro lado del mar de Galilea, que es el lago de Tiberíades.

2. Y como le siguiese una gran muchedumbre porque veían los milagros que hacía con los enfermos,

3. subió a un monte, y se sentó allí con sus discípulos.

4. Se acercaba ya la Pascua, que es la gran fiesta de los judíos.

5. Habiendo, pues, Jesús levantado los ojos, y viendo venir hacia sí un grandísimo gentío, dijo a Felipe: ¿Dónde compraremos panes para dar de comer a toda la gente?

6. Mas esto lo decía para probarle, pues bien sabía él mismo lo que había de hacer.

7. Le respondió Felipe: Doscientos denarios de pan no bastan para que cada uno de ellos tome un bocado.

8. Le dijo uno de sus díscipulos, Andrés, hermano de Simón Pedro:

9. Aquí está un muchacho, que tiene cinco panes de cebada y dos peces: mas ¿qué es esto para tanta gente?

10. Pero Jesús dijo: Haced sentar a esas gentes. El sitio estaba cubierto de hierba. Se sentaron, pues, cerca de cinco mil hombres.

11. Jesús entonces tomó los panes; y después de haber dado gracias a su eterno Padre, los repartió por medio de sus discípulos entre los que estaban sentados, y lo mismo hizo con los peces, dando a todos cuanto querían.

12. Después que quedaron saciados, dijo a sus discípulos: Recoged los pedazos que han sobrado para que no se pierdan.

13. Lo hicieron así, y llenaron doce cestos de los pedazos que habían sobrado de los cinco panes de cebada, después que todos hubieron comido.

14. Visto el milagro que Jesús había hecho, decían aquellos hombres: Este sin duda es el gran profeta que ha de venir al mundo.

15. Por lo cual, conociendo Jesús que habían de venir para llevárselo por fuerza, y levantarle por rey, huyó él solo otra vez al monte.

16. Siendo ya tarde, sus discípulos bajaron a la orilla del mar.

17. Y habiendo entrado en un barco, iban atravesando el mar hacia Cafarnaúm; era ya noche cerrada, y Jesús no se había juntado todavía con ellos.

18. Entretanto el mar, soplando un viento muy recio, se hinchaba.

19. Después de haber remado como unos veinticinco o treinta estadios, ven venir a Jesús andando sobre las olas y arrimarse a la nave; y, creyéndole un fantasma, se asustaron.

20. Mas él les dijo luego: Soy yo, no tenéis que temer.

21. Quisieron, pues, recibirle consigo a bordo; y la barca tocó luego en el sitio adonde se dirigían.

22. Al día siguiente, aquel gentío que se había quedado en la otra parte del mar, advirtió entonces que allí no había más de una barca, y que Jesús no se había metido en ella con sus discípulos, sino que éstos habían marchado solos.

23. Arribaron a la sazón otras barcas de Tiberíades, cerca del lugar en que el Señor, después de haber dado gracias o echado su bendición, les dio de comer con los cinco panes.

24. Pues como viese la gente que Jesús no estaba allí, ni tampoco sus discípulos, entraron en dichos barcos, y se dirigieron a Cafarnaúm en busca de Jesús.

Jesús, pan de vida

25. Y habiéndole hallado a la otra parte del lago, le preguntaron: Maestro, ¿cuándo viniste acá?

26. Jesús les respondió, y dijo: En verdad, en verdad os digo, que vosotros me buscáis no por mi palabra atestiguada por los milagros que habéis visto, sino porque os he dado de comer con aquellos panes, hasta saciaros.

27. Trabajad para tener no tanto el manjar que se consume, sino el que dura hasta la vida eterna, el cual os lo dará el Hijo del hombre, pues en éste imprimió su sello o imagen el Padre, que es Dios.

28. Le preguntaron luego ellos: ¿Qué es lo que haremos, para ejercitarnos en obras del agrado de Dios?

29. Les respondió Jesús: La obra agradable a Dios, es que creáis en aquel que él os ha enviado.

30. Le dijeron: ¿Pues qué milagro haces tú para que nosotros veamos y creamos? ¿Qué cosas haces extraordinarias?

31. Nuestros padres comieron el maná en el desierto, según está escrito*: Les dio a comer pan del cielo.

32. Les respondió Jesús: En verdad, en verdad os digo: Moisés no os dio pan del cielo; mi Padre es quien os da a vosotros el verdadero pan del cielo.

33. Porque pan de Dios es aquel que ha

---

31. *Ex 16*, 14; *Num 11*, 7.

descendido del cielo, y que da la vida al mundo.

34. Le dijeron ellos: Señor, danos siempre ese pan.

35. A lo que Jesús respondió: Yo soy el pan de vida; el que viene a mí, no tendrá hambre, y el que cree en mí, no tendrá sed jamás.

36. Pero yo os lo he dicho, que vosotros me habéis visto obrar milagros, y con todo no creéis en mí.

37. Todos los que me da el Padre vendrán a mí; y al que viniere a mí por la fe, no le desecharé.

38. Pues he descendido del cielo, no para hacer mi voluntad, sino la voluntad de aquel que me ha enviado.

39. Y la voluntad de mi Padre, que me ha enviado, es que yo no pierda ninguno de los que me ha dado, sino que los resucite a todos el último día.

40. Por tanto la voluntad de mi Padre, que me ha enviado, es que todo aquel que ve, o conoce, al Hijo, y cree en él, tenga vida eterna, y yo le resucitaré el último día.

41. Los judíos entonces comenzaron a murmurar de él, porque había dicho: Yo soy el pan vivo, que he descendido del cielo.

42. Y decían: ¿No es éste aquel Jesús, hijo de José, cuyo padre y cuya madre nosotros conocemos? Pues, ¿cómo dice él: Yo he bajado del cielo?

43. Mas Jesús les respondió: No andéis murmurando entre vosotros.

44. Nadie puede venir a mí, si el Padre que me envió no le atrae; y al tal le resucitaré yo el último día.

45. Escrito está en los profetas: Todos serán enseñados de Dios. Cualquiera, pues, que ha escuchado al Padre, y aprendido su palabra, viene a mí.

46. No porque algún hombre haya visto al Padre, excepto el que es hijo de Dios: éste sí que ha visto al Padre.

47. En verdad, en verdad os digo, que quien cree en mí, tiene la vida eterna.

48. Yo soy el pan de vida.

49. Vuestros padres comieron el maná en el desierto, y murieron.

50. Mas éste es el pan que desciende del cielo, a fin de que quien comiere de él no muera.

51. Yo soy el pan vivo, que he descendido del cielo.

52. Quien comiere de este pan, vivirá eternamente; y el pan que yo daré, es mi misma carne, la cual daré yo para la vida o salvación del mundo.

53. Comenzaron entonces los judíos a altercar unos con otros, diciendo: ¿Cómo puede éste darnos a comer su carne?

54. Jesús les dijo: En verdad, en verdad os digo, que si no comiereis la carne del Hijo del hombre, y no bebiereis su sangre, no tendréis vida en vosotros.

55. Quien come mi carne y bebe mi sangre, tiene vida eterna; y yo le resucitaré en el último día.

56. Porque mi carne verdaderamente es comida, y mi sangre es verdaderamente bebida.

57. Quien come mi carne y bebe mi sangre, en mí mora, y yo en él*.

58. Así como el Padre que me ha enviado vive, y yo vivo por el Padre; así quien me come, también él vivirá por mí.

59. Este es el pan que ha bajado del cielo. No sucederá como a vuestros padres, que comieron el maná, y no obstante murieron. Quien come este pan, vivirá eternamente.

60. Estas cosas las dijo Jesús, enseñando en la sinagoga de Cafarnaúm.

61. Y muchos de sus discípulos habiéndolas oído, dijeron: Dura es esta palabra: ¿y quién es el que puede escucharla?

62. Mas Jesús sabiendo por sí mismo que sus discípulos murmuraban esto, les dijo: ¿Esto os escandaliza?

63. Pues, ¿qué será si viereis al Hijo del hombre subir a donde antes estaba?

64. El espíritu es quien da la vida; la carne o el sentido carnal de nada sirve para entender este misterio; las palabras que yo os he dicho, espíritu y vida son.

65. Pero entre vosotros hay algunos que no creen. Que bien sabía Jesús desde el principio cuáles eran los que no creían, y quién le había de entregar.

66. Así decía: Por esta causa os he dicho que nadie puede venir a mí, si mi Padre no se lo concediere.

---

57. Jesús inicia el gran discurso del *pan de vida*, con las enseñanzas sobre la *eucaristía*. Como el alimento queda en el que lo toma y se convierte en su sustancia, Cristo se hace espiritualmente casi una misma cosa con el que lo recibe.

67. Desde entonces muchos de sus discípulos dejaron de seguirle, y ya no andaban con él.

68. Por lo que dijo Jesús a los doce apóstoles: ¿Y vosotros queréis también retiraros?

69. Le respondió Simón Pedro: Señor, ¿a quién iremos? Tú tienes palabras de vida eterna.

70. Y nosotros hemos creído y conocido que tú eres el Cristo, el Hijo de Dios.

71. Le replicó Jesús: Pues, ¿no soy yo el que os escogí a todos doce, y con todo uno de vosotros es un diablo?

72. Decía esto por Judas Iscariote, hijo de Simón, que, no obstante de ser uno de los doce, le había de vender.

7

Va Jesús a Jerusalén por la fiesta de los Tabernáculos, enseña en el templo y prueba su verdadera misión

1. Después de esto andaba Jesús por Galilea, porque no quería ir a Judea, visto que los judíos procuraban su muerte.

2. Mas estando próxima la fiesta de los judíos, llamada de los Tabernáculos,

3. sus hermanos y parientes le dijeron: Sal de aquí y vete a Judea, para que también aquellos discípulos tuyos vean las obras maravillosas que haces.

4. Puesto que nadie hace las cosas en secreto, si quiere ser conocido; ya que haces tales cosas, date a conocer al mundo.

5. Porque aun muchos de sus hermanos no creían en él.

6. Jesús, pues, les dijo: Mi tiempo no ha llegado todavía; el vuestro siempre está a punto.

7. A vosotros no puede el mundo aborreceros; a mí sí que me aborrece, porque yo demuestro que sus obras son malas.

8. Vosotros id a esa fiesta, yo no voy todavía a ella; porque mi tiempo aún no se ha cumplido.

9. Dicho esto, él se quedó en Galilea.

10. Pero algunos días después que marcharon sus hermanos o parientes, él también se puso en camino para ir a la fiesta, no con publicidad, sino como en secreto.

11. En efecto, los judíos en el día de la fiesta le buscaban por Jerusalén, y decían: ¿En dónde está aquel?

12. Y era mucho lo que se susurraba de él entre el pueblo. Porque unos decían: Sin duda es hombre de bien. Otros al contrario: No, sino que trae embaucado al pueblo.

13. Pero nadie osaba declararse públicamente a favor suyo, por temor de los judíos principales.

14. Como quiera, hacia la mitad de la fiesta, subió Jesús al templo, y se puso a enseñar.

15. Y se maravillaban los judíos, y decían: ¿Cómo sabe éste las letras sagradas sin haber estudiado?

16. Les respondió Jesús: Mi palabra no es mía sino de aquel que me ha enviado.

17. Quien quisiere hacer la voluntad de éste, conocerá si mi palabra es de Dios, o si yo hablo de mí mismo.

18. Quien habla de su propio movimiento, busca su propia gloria; mas el que únicamente busca la gloria del que le envió, ése es veraz, y no hay en él injusticia o fraude.

19. ¿Por ventura, no os dio* Moisés la ley, y con todo eso ninguno de vosotros observa la ley?

20. ¿Pues, por qué intentáis matarme? Respondió la gente: Estás endemoniado: ¿Quién es el que trata de matarte?

21. Jesús prosiguió, diciéndoles: Yo hice una sola obra milagrosa en día de sábado, y todos lo habéis extrañado.

22. Mientras que, habiéndoos dado Moisés* la ley de la circuncisión (no que traiga de él su origen, sino de los patriarcas), no dejáis de circuncidar al hombre aun en día de sábado.

23. Pues si un hombre es circuncidado en sábado, para no quebrantar la ley de Moisés, ¿os habéis de indignar contra mí, porque he curado a un hombre en todo su cuerpo en día de sábado?

24. No queráis* juzgar por las apariencias, sino juzgad por un juicio recto.

25. Comenzaron entonces a decir algunos de Jerusalén: ¿No es éste a quien buscan para darle la muerte?

26. Y con todo vedle que habla públicamente, y no le dicen nada. ¿Si será que

---

19. *Ex 24*, 3.
22. *Gen 17*, 10; *Lev 12*, 3.
24. *Deut 1*, 16.

nuestros príncipes de los sacerdotes y los senadores han conocido de cierto ser éste el Cristo?

27. Pero de éste sabemos de dónde es; mas cuando venga el Cristo nadie sabrá su origen.

28. Entretanto, prosiguiendo Jesús en instruirlos, decía en alta voz en el templo: Vosotros pensáis que me conocéis, y sabéis de dónde soy; pero yo no he venido de mí mismo, sino que quien me ha enviado es veraz, al cual vosotros no conocéis.

29. Yo sí que le conozco, porque de él tengo el ser; y él es el que me ha enviado.

30. Al oír esto buscaban cómo prenderle; mas nadie puso en él las manos, porque aún no era llegada su hora.

Jesús anuncia su partida y promete el agua viva

31. Entretanto muchos del pueblo creyeron en él, y decían: Cuando venga el Cristo, ¿hará por ventura más milagros que los que hace éste?

32. Oyeron los fariseos estas conversaciones que el pueblo tenía acerca de él: y así ellos, como los príncipes de los sacerdotes, despacharon ministros para prenderle.

33. Pero Jesús les dijo: Todavía estaré con vosotros un poco de tiempo y después me voy a aquel que me ha enviado.

34. Vosotros me buscaréis y no me hallaréis; y adonde yo voy a estar, vosotros no podéis venir.

35. Sobre lo cual dijeron los judíos entre sí: ¿A dónde irá éste, que no le hayamos de hallar? ¿Se irá quizá por entre las naciones esparcidas por el mundo a predicar a los gentiles?

36. ¿Qué es lo que ha querido decir con estas palabras: Me buscaréis, y no me hallaréis; y a donde yo voy a estar, no podéis venir vosotros?

37. En el último día de la fiesta, que es el más solemne, Jesús se puso en pie, y en alta voz decía: Si alguno tiene sed, venga a mí, y beba.

38. Del seno de aquel que cree en mí, manarán, como dice la Escritura, ríos de agua viva.

39. Esto lo dijo por el Espíritu Santo, que habían de recibir los que creyesen en él; pues aún no se había comunicado el Espíritu Santo, porque Jesús todavía no estaba en su gloria.

40. Muchas de aquellas gentes, habiendo oído estos discursos de Jesús, decían: Este ciertamente es un profeta;

41. éste es el Cristo, o Mesías, decían otros. Mas algunos replicaban: ¿Por ventura el Cristo ha de venir de Galilea?

42. ¿No está claro en la Escritura que del linaje de David, y del lugar de Betlehem donde David moraba, debe venir el Cristo?

43. Con esto se suscitaron disputas entre las gentes del pueblo sobre él.

44. Había entre la muchedumbre algunos que querían prenderle; pero nadie se atrevió a echar la mano sobre él.

45. Y así los ministros o alguaciles volvieron a los sumos sacerdotes y fariseos. Y éstos les dijeron: ¿Cómo no le habéis traído?

46. Respondieron los ministros: Jamás hombre alguno ha hablado tan divinamente como este hombre.

47. Le dijeron los fariseos: ¿Qué, también vosotros habéis sido embaucados?

48. ¿Acaso alguno de los príncipes o de los fariseos ha creído en él?

49. Sólo ese populacho, que no entiende de la ley, es el maldito.

50. Entonces Nicodemo, aquel mismo que de noche vino a Jesús, y era uno de ellos, les dijo:

51. ¿Por ventura nuestra ley condena a nadie sin haberle oído primero, y examinado su proceder?

52. Le respondieron: ¿Eres acaso tú como él, galileo? Examina bien las Escrituras, y verás cómo no hay profeta originario de Galilea.

53. En seguida se retiraron cada uno a su casa.

8

Libra Jesús de la muerte a una mujer adúltera. Declara que es el Hijo de Dios y el Mesías prometido

1. Jesús se retiró al monte de los Olivos:

2. Y al romper el día volvió según costumbre al templo; y como todo el pueblo concurría a él, sentándose se puso a enseñarlos.

3. Cuando he aquí que los escribas y

fariseos traen a una mujer cogida en adulterio y, poniéndola en medio,

4. dijeron a Jesús: Maestro, esta mujer acaba de ser sorprendida en adulterio.

5. Moisés en la ley nos tiene mandado apedrear a las adúlteras*. Tú ¿qué dices a esto?

6. Lo cual preguntaban para tentarle y poder acusarle. Pero Jesús se inclinó hacia el suelo, y con el dedo escribía en la tierra.

7. Mas como porfiasen ellos en preguntarle, se enderezó, y les dijo: El que de vosotros se halla sin pecado, que le tire la primera piedra.

8. Y volviendo a inclinarse otra vez, continuaba escribiendo en el suelo.

9. Mas, oída tal respuesta, se iban escabullendo uno tras otro, comenzando por los más viejos, hasta que dejaron solo a Jesús y a la mujer que estaba en medio.

10. Entonces Jesús, enderezándose, le dijo: Mujer, ¿dónde están tus acusadores? ¿Nadie te ha condenado?

11. Ella respondió: Nadie, Señor. Y Jesús compadecido le dijo: Pues tampoco yo te condenaré. Anda, y no peques más.

12. Y volviendo Jesús a hablar al pueblo, dijo: Yo soy la luz del mundo. El que me sigue, no camina a oscuras, sino que tendrá la luz de la vida.

13. Le replicaron los fariseos: Tú das testimonio de ti mismo; y así tu testimonio no es idóneo.

14. Les respondió Jesús: Aunque yo doy testimonio de mí mismo, mi testimonio es digno de fe. Porque yo sé de dónde he venido, y a dónde voy; pero vosotros no sabéis de dónde vengo, ni a dónde voy,

15. Vosotros juzgáis de mí según la carne; pero yo no juzgo así de nadie;

16. y cuando yo juzgo, mi juicio es idóneo; porque no soy yo solo el que da el testimonio; sino yo y el Padre que me ha enviado.

17. En vuestra ley está escrito* que el testimonio de dos personas es idóneo.

18. Yo soy el que doy testimonio de mí mismo; y además el Padre, que me ha enviado, da también testimonio de mí.

19. Le decían a esto: ¿En dónde está tu padre? Respondió Jesús: Ni me conocéis a mí, ni a mi Padre: si me conocierais a mí no dejaríais de conocer a mi Padre.

20. Estas cosas las dijo Jesús enseñando en el templo, en el atrio del tesoro; y nadie le prendió, porque aún no había llegado su hora.

21. Les dijo Jesús en otra ocasión: Yo me voy, y vosotros me buscaréis, y vendréis a morir en vuestro pecado. Adonde yo voy, no podéis venir vosotros.

22. A esto decían los judíos: ¿Tal vez querrá matarse a sí mismo, y por eso dice: Adonde yo voy, no podéis venir vosotros?

23. Y Jesús proseguía diciéndoles: Vosotros sois de acá abajo, yo soy de arriba: Vosotros sois de este mundo, yo no soy de este mundo.

24. Con razón os he dicho que moriréis en vuestros pecados; porque si no creyereis ser yo lo que soy, moriréis en vuestro pecado.

25. Le replicaban: ¿Pues quién eres tú? Les respondió Jesús: Yo soy el principio de todas las cosas, el mismo que os estoy hablando.

26. Muchas cosas tengo que decir y condenar en cuanto a vosotros; como quiera, el que me ha enviado, es veraz; y yo sólo hablo en el mundo las cosas que le oí a él.

27. Ellos no echaban de ver que decía que Dios era su Padre.

28. Por tanto Jesús les dijo: Cuando hayáis levantado en alto al Hijo del hombre, entonces conoceréis quién soy yo, y que nada hago de mí mismo, sino que hablo lo que mi Padre me ha enseñado.

29. Y el que me ha enviado está siempre conmigo, y no me ha dejado solo; porque yo hago siempre lo que es de su agrado.

30. Cuando Jesús dijo estas cosas, muchos creyeron en él.

Los hijos de Dios y los esclavos del pecado

31. Decía, pues, a los judíos, que creían en él: Si perseverareis en mi palabra, seréis verdaderamente discípulos míos.

32. Y conoceréis la verdad, y la verdad os hará libres.

33. Le respondieron ellos: Nosotros somos descendientes de Abrahán, y jamás hemos sido esclavos de nadie, ¿cómo, pues, dices tú que vendremos a ser libres?

5. *Lev 20,* 10.
17. *Deut 17,* 6; *19,* 13.

34. Les replicó Jesús: En verdad, en verdad os digo, que todo aquel que comete pecado, es esclavo del pecado.

35. Es así que el esclavo no mora para siempre en la casa; el hijo sí permanece siempre en ella.

36. Luego si el hijo os da libertad, seréis verdaderamente libres.

37. Yo sé que sois hijos de Abrahán; pero también sé que tratáis de matarme, porque mi palabra no halla cabida en vosotros.

38. Yo hablo lo que he visto en mi Padre; vosotros hacéis lo que habéis visto en vuestro padre.

39. Le respondieron diciendo: Nuestro padre es Abrahán. Si sois hijos de Abrahán, les replicó Jesús, obrad como Abrahán.

40. Mas ahora pretendéis quitarme la vida, siendo yo un hombre que os he dicho la verdad que oí de Dios, no hizo eso Abrahán.

41. Vosotros hacéis lo que hizo vuestro padre. Ellos le replicaron: Nosotros no somos de raza de fornicadores, o idólatras, un solo padre tenemos, que es Dios.

42. A lo cual les dijo Jesús: Si Dios fuera vuestro padre, ciertamente me amaríais a mí; pues yo nací de Dios, y he venido de parte de Dios; porque no he venido de mí mismo, sino que él me ha enviado.

43. ¿Por qué, pues, no entendéis mi lenguaje? Es porque no podéis soportar mi palabra.

44. Vosotros sois hijos del diablo, y así queréis satisfacer los deseos de vuestro padre; él fue homicida desde el principio; y, nunca ha estado firme en la verdad; y así no hay verdad en él; cuando dice mentira, habla como quien es, por ser de suyo mentiroso y padre de la mentira.

45. A mí no me creéis, porque os digo la verdad.

46. ¿Quién de vosotros me convencerá de pecado? Pues si os digo la verdad, ¿por qué no me creéis?

47. Quien es de Dios escucha las palabras de Dios. Por eso vosotros no las escucháis, porque no sois de Dios.

48. A esto respondieron los judíos diciéndole: ¿No decimos bien nosotros que tú eres un samaritano, y que estás endemoniado?

49. Jesús les respondió: Yo no estoy poseído del demonio, sino que honro a mi Padre, y vosotros me habéis deshonrado a mí.

50. Pero yo no busco mi gloria; otro hay que la promueve, y él me juzgará.

51. En verdad, en verdad os digo, que quien observare mi palabra, no morirá para siempre.

52. Dijeron los judíos: Ahora acabamos de conocer que estás poseído de algún demonio. Abrahán murió, y murieron también los profetas, y tú dices: Quien observare mi palabra, no morirá eternamente.

53. ¿Acaso eres tú mayor que nuestro padre Abrahán, el cual murió; y que los profetas, que asimismo murieron? Tú ¿por quién te tienes?

54. Respondió Jesús: Si yo me glorifico a mí mismo, mi gloria, diréis, no vale nada; pero es mi Padre el que me glorifica, aquel que decís vosotros que es vuestro Dios.

55. Vosotros no le habéis conocido; yo sí que le conozco: y si dijere que no le conozco, sería como vosotros un mentiroso. Pero le conozco bien, y observo sus palabras.

56. Abrahán, vuestro padre, ardió en deseos de ver este día mío*, lo vio y se llenó de gozo.

57. Los judíos le dijeron: Aún no tienes cincuenta años, ¿y viste a Abrahán?

58. Les respondió Jesús: En verdad, en verdad os digo, que antes que Abrahán naciera, yo existo.

59. Al oír esto, cogieron piedras para tirárselas. Mas Jesús se escondió, y salió del templo.

9

Jesús cura a un ciego de nacimiento. Murmuran los fariseos del milagro y expulsan de la sinagoga al ciego

---

1. Al pasar vio Jesús a un hombre ciego de nacimiento:

2. Y sus discípulos le preguntaron: Maestro, ¿qué pecados son la causa de que éste haya nacido ciego, los suyos, o los de sus padres?

3. Respondió Jesús: No es por culpa de éste, ni de sus padres; sino para que las obras de Dios resplandezcan en él.

---

56. *El tiempo de mi venida. Hebr 11*, 13.

4. Conviene que yo haga las obras de aquel que me ha enviado, mientras dura el día, viene la noche, cuando nadie puede trabajar.

5. Mientras estoy en el mundo, yo soy la luz del mundo.

6. Así que hubo dicho esto, escupió en tierra, y formó lodo con la saliva, y lo aplicó sobre los ojos del ciego,

7. y le dijo: Anda, y lávate en la piscina de Siloé (palabra que significa el Enviado). Se fue, pues, y se lavó allí, y volvió con vista.

8. Por lo cual los vecinos, y los que antes le habían visto pedir limosna, decían: ¿No es éste aquel que sentado allá, pedía limosna? Este es, respondían algunos.

9. Y otros decían: No es él, sino alguno que se le parece. Pero él decía: Sí, que soy yo.

10. Le preguntaban, pues: ¿Cómo se te han abierto los ojos?

11. Respondió: Aquel hombre que se llama Jesús, hizo un poquito de lodo, y lo aplicó a mis ojos, y me dijo: Ve a la piscina de Siloé, y lávate allí. Yo fui, me lavé, y veo.

12. Le preguntaron: ¿Dónde está ése? Respondió: No lo sé.

13. Llevaron, pues a los fariseos al que antes estaba ciego.

14. Es de advertir que cuando Jesús formó el lodo y le abrió los ojos era día de sábado.

15. Nuevamente, pues, los fariseos le preguntaban también cómo había logrado la vista. El les respondió: Puso lodo sobre mis ojos, me lavé, y veo.

16. Sobre lo que decían algunos de los fariseos: No es enviado de Dios este hombre, pues no guarda el sábado. Otros, decían: ¿Cómo un hombre pecador puede hacer tales milagros? Y había desacuerdo entre ellos.

17. Dicen, pues, otra vez al ciego: Y tú ¿qué dices del que te ha abierto los ojos? Respondió: Que es un profeta.

18. Pero por lo mismo no creyeron los judíos que hubiese sido ciego, y recibido la vista, hasta que llamaron a sus padres;

19. y les preguntaron: ¿Es éste vuestro hijo, de quien vosotros decís que nació ciego? Pues ¿cómo ve ahora?

20. Sus padres les respondieron, diciendo: Sabemos que éste es hijo nuestro, y que nació ciego;

21. pero cómo ahora ve, no lo sabemos; ni tampoco sabemos quién le ha abierto los ojos; preguntádselo a él, edad tiene, él dara razón de sí.

22. Esto dijeron sus padres por temor de los judíos; porque ya éstos habían decretado echar de la sinagoga a cualquiera que reconociese a Jesús por el Cristo, o Mesías.

24. Llamaron, pues, otra vez al hombre que había sido ciego, y le dijeron: Da gloria a Dios; nosotros sabemos que ese hombre es un pecador.

25. Mas él les respondió: Si es pecador, yo no lo sé; sólo sé que yo antes era ciego, y ahora veo.

26. Le replicaron: ¿Qué hizo él contigo? ¿Cómo te abrió los ojos?

27. Les respondió: Os lo he dicho ya, y lo habéis oído, ¿a qué fin queréis oírlo de nuevo? ¿Acaso será que también vosotros queréis haceros discípulos suyos?

28. Entonces le llenaron de maldiciones, y por fin le dijeron: Tú seas su discípulo, que nosotros somos discípulos de Moisés.

29. Nosotros sabemos que a Moisés le habló Dios; mas éste no sabemos de dónde es.

30. Respondió aquel hombre, y les dijo: Aquí está la maravilla, que vosotros no sabéis de dónde es éste, y con todo ha abierto mis ojos,

31. Lo que sabemos es que Dios no oye a los pecadores; sino que aquel que honra a Dios y hace su voluntad, éste es a quien Dios oye.

32. Desde que el mundo es mundo no se ha oído jamás que alguno haya abierto los ojos de un ciego de nacimiento.

33. Si este hombre no fuese enviado de Dios, no podría hacer nada de lo que hace.

34. Le dijeron en respuesta: Saliste del vientre de tu madre envuelto en pecado, ¿y tú nos das lecciones? Y le arrojaron fuera.

35. Oyó Jesús que le habían echado fuera; y encontrándose con él, le dijo: ¿Crees tú en el Hijo de Dios?

36. Respondió él y dijo: ¿Quién es, Señor, para que yo crea en él?

37. Le dijo Jesús: Le viste ya, y es el mismo que está hablando contigo.

38. Entonces dijo él: Creo, Señor. Y postrándose a sus pies, le adoró.

39. Y añadió Jesús: Yo vine a este mundo a ejercer un justo juicio, para que los que no ven, vean, y los que ven queden ciegos.

MULTIPLICACIÓN DE LOS PANES

Jesús entonces tomó los panes; y después de haber dado gracias a su eterno Padre, los repartió por medio de sus discípulos entre los que estaban sentados, y lo mismo hizo con los peces, dando a todos cuanto querían.

LA MUJER ADÚLTERA

Entonces Jesús, enderezándose, le dijo: Mujer, ¿dónde están tus acusadores? ¿Nadie te ha condenado? Ella respondió: Nadie, Señor. Y Jesús compadecido le dijo: Pues tampoco yo te condenaré. Anda, y no peques más.

40. Oyeron esto algunos de los fariseos, que estaban con él, y le dijeron: Pues, ¿nosotros somos también ciegos?

41. Les respondió Jesús: Si fuerais ciegos, no tendríais pecado; pero por lo mismo que decís: Nosotros vemos, y os juzgáis muy instruidos, por eso vuestro pecado persevera en vosotros.

10 *Parábola del buen pastor. Va Jesús al templo el día de la dedicación y declara ser el Mesías*

1. En verdad, en verdad os digo, prosiguió Jesús, que quien no entra por la puerta en el aprisco de las ovejas, sino que sube por otra parte, es un ladrón y salteador.

2. Mas el que entra por la puerta, pastor es de las ovejas.

3. A éste el portero le abre, y las ovejas escuchan su voz, y él llama por su nombre a las ovejas, y las saca fuera al pasto.

4. Y cuando ha hecho salir sus ovejas, va delante de ellas y las ovejas le siguen, porque conocen su voz.

5. Mas a un extraño no lo siguen, sino que huyen de él; porque no conocen la voz de los extraños.

6. Esta comparación les puso Jesús; pero no entendieron lo que les decía.

7. Por eso Jesús les dijo por segunda vez: En verdad, en verdad os digo, que yo soy la puerta de las ovejas.

8. Todos los que hasta ahora han venido, o entrado por otra parte, son ladrones y salteadores, y así las ovejas no os han escuchado.

9. Yo soy la puerta. El que por mí entrare, se salvará; y entrará, y saldrá sin tropiezo, y hallará pastos.

10. El ladrón no viene sino para robar, y matar, y hacer estrago. Mas yo he venido para que las ovejas tengan vida, y la tengan en más abundancia.

11. Yo soy el buen pastor. El buen pastor sacrifica su vida por sus ovejas.

12. Pero el mercenario, y el que no es el propio pastor, de quien no son las ovejas, viendo venir al lobo, desampara las ovejas, y huye; y el lobo las arrebata, y dispersa el rebaño.

13. El mercenario huye porque es asalariado, y no tiene interés alguno en las ovejas.

14. Yo soy el buen pastor, y conozco mis ovejas, y las ovejas mías me conocen a mí.

15. Así como el Padre me conoce a mí, así yo conozco al Padre; y doy mi vida por mis ovejas.

16. Tengo también otras ovejas, que no son de este aprisco, las cuales debo yo recoger, y oirán mi voz; y de todas se hará un solo rebaño, y un solo pastor.

17. Por eso mi Padre me ama, porque doy mi vida por mis ovejas, aunque para tomarla otra vez*.

18. Nadie me la arranca, sino que yo la doy por propia voluntad, y soy dueño de darla, y dueño de recobrarla: Este es el mandamiento que recibí de mi Padre*.

19. Excitó este discurso una nueva división entre los judíos.

20. Decían muchos de ellos: Está poseído del demonio, y ha perdido el juicio; ¿por qué le escucháis?

21. Otros decían: No son palabras éstas de quien está endemoniado, ¿por ventura puede el demonio abrir los ojos de los ciegos?

Jesús se declara Hijo de Dios

22. Se celebraba en Jerusalén la fiesta de la Dedicación, fiesta que era en invierno.

23. Y Jesús se paseaba en el templo, por el pórtico de Salomón.

24. Le rodearon, pues, los judíos, y le dijeron: ¿Hasta cuándo has de traer suspensa nuestra alma? Si tú eres el Cristo, dínoslo abiertamente.

25. Les respondió Jesús: Os lo estoy diciendo, y no lo creéis: las obras que yo hago en nombre de mi Padre, ésas están dando testimonio de mí.

26. Mas vosotros no creéis, porque no sois de mis ovejas.

27. Mis ovejas oyen la voz mía; y yo las conozco, y ellas me siguen.

28. Y yo les doy la vida eterna; y no se perderán jamás, y ninguno las arrebatará de mis manos.

29. Pues lo que mi Padre me ha dado,

---

17. *Is* 53, 7.

18. Jesucristo habla como un hombre sometido a la voluntad de su Padre, que se identifica con la suya.

todo lo sobrepuja; y nadie puede arrebatarlo de mano de mi Padre o de la mía.

30. Mi Padre y yo somos una misma cosa.

31. Al oír esto los judíos, cogieron piedras para apedrearle.

32. Les dijo Jesús: Muchas buenas obras he hecho delante de vosotros por la virtud de mi Padre, ¿por cuál de ellas me apedreáis?

33. Le respondieron los judíos: No te apedreamos por ninguna obra buena, sino por blasfemia; y porque siendo tú un hombre, te haces Dios.

34. Les replicó Jesús: ¿No está escrito en vuestra ley: Yo dije, dioses sois?

35. Pues si llamó dioses a aquellos a quienes habló Dios, y no puede faltar la Escritura,

36. ¿cómo de mí, a quien ha santificado el Padre, y ha enviado al mundo, decís vosotros que blasfemo, porque he dicho: Soy Hijo de Dios?

37. Si no hago las obras de mi Padre, no me creáis.

38. Pero si las hago, aunque no queráis darme crédito a mí, dádselo a mis obras, a fin de que conozcáis, y creáis que el Padre está en mí, y yo en el Padre.

39. Quisieron entonces prenderle; mas él se escapó de entre sus manos;

40. y se fue de nuevo a la otra parte del Jordán, a aquel lugar en que Juan había comenzado a bautizar; y permaneció allí.

41. Y acudieron muchos a él, y decían: Es cierto que Juan no hizo milagro alguno.

42. Mas todas cuantas cosas dijo Juan de éste, han salido verdaderas. Muchos creyeron en él.

11 *Resurrección de Lázaro. Los sumos sacerdotes y fariseos resuelven la muerte de Jesús*

1. Estaba enfermo por este tiempo un hombre llamado Lázaro, vecino de Betania, patria de María y de Marta sus hermanas.

2. (Esta María es aquella misma que derramó sobre el Señor el perfume, y le limpió los pies con sus cabellos; de la cual era hermano el Lázaro que estaba enfermo).

3. Las hermanas, pues, enviaron a decirle: Señor, mira que aquel a quien amas está enfermo.

4. Oyendo Jesús el mensaje, les dijo: Esta enfermedad no es mortal, sino que está ordenada para gloria de Dios, con la mira de que por ella el Hijo de Dios sea glorificado.

5. Jesús tenía particular afecto a Marta y a su hermana María y a Lázaro.

6. Cuando oyó que éste estaba enfermo, se quedó aún dos días más en el mismo lugar.

7. Después de pasados éstos, dijo a sus discípulos: Vamos otra vez a la Judea.

8. Le dijeron sus discípulos: Maestro, hace poco que los judíos querían apedrearte, y ¿quieres volver allá?

9. Jesús les respondió: Pues, ¿no son doce las horas del día? El que anda de día no tropieza, porque ve la luz de este mundo;

10. al contrario, quien anda de noche, tropieza, porque no tiene luz.

11. Así dijo, y les añadió después: Nuestro amigo Lázaro duerme; mas yo voy a despertarle del sueño.

12. A lo que dijeron sus discípulos: Señor, si duerme, sanará.

13. Mas Jesús había hablado del sueño de la muerte; y ellos pensaban que hablaba del sueño natural.

14. Entonces les dijo Jesús claramente: Lázaro ha muerto;

15. y me alegro por vosotros de no haberme hallado allí, a fin de que creáis. Pero vamos a él.

16. Entonces Tomás, por otro nombre Dídimo*, dijo a sus condiscípulos: Vamos también nosotros, y muramos con él.

17. Llegó, pues, Jesús y halló que hacía ya cuatro días que Lázaro estaba sepultado.

18. (Distaba Betania de Jerusalén como unos quince estadios).

19. Y habían ido muchos de los judíos a consolar a Marta y a María por la muerte de su hermano.

20. Marta, luego que oyó que Jesús venía, le salió a recibir; y María se quedó en casa.

21. Dijo, pues, Marta a Jesús: Señor, si hubieses estado aquí, no hubiera muerto mi hermano.

22. Aunque estoy persuadida de que ahora mismo te concederá Dios cualquiera cosa que le pidieres.

23. Le dijo Jesús: Tu hermano resucitará.

16. *Dídimo* o *Gemelo*.

24. Le respondió Marta: Bien sé que resucitará en la resurrección universal, que será el último día.

25. Le dijo Jesús: Yo soy la resurrección y la vida: Quien cree en mí, aunque hubiere muerto, vivirá;

26. y todo aquel que vive y cree en mí no morirá para siempre; ¿crees tú esto?

27. Le respondió: ¡Oh Señor!, sí que lo creo, y que tú eres el Cristo, el Hijo de Dios vivo, que has venido a este mundo.

28. Dicho esto, se fue, y llamó secretamente a María, su hermana, diciéndole: Está aquí el Maestro y te llama.

29. Apenas ella oyó esto, se levantó apresuradamente, y fue a encontrarle.

30. Porque Jesús no había entrado todavía en la aldea, sino que aún estaba en aquel mismo sitio en que Marta le había salido a recibir.

31. Por eso los judíos que estaban con María, en la casa, y la consolaban, viéndola levantarse de repente, y salir fuera, la siguieron diciendo: Esta va sin duda al sepulcro para llorar allí.

Resurrección de Lázaro

32. María, pues, habiendo llegado a donde estaba Jesús, viéndole, se postró a sus pies, y le dijo: Señor, si hubieses estado aquí, no habría muerto mi hermano.

33. Jesús al verla llorar, y llorar también los judíos que habían venido con ella, se estremeció en su alma, y se conturbó a sí mismo,

34. y dijo: ¿Dónde le pusisteis? Ven, Señor, le dijeron, y lo verás.

35. Entonces a Jesús se le arrasaron los ojos en lágrimas.

36. En vista de lo cual dijeron los judíos: Mirad cómo le amaba.

37. Mas algunos de ellos dijeron: Pues éste, que abrió los ojos a un ciego de nacimiento, ¿no podía hacer que Lázaro no muriese?

38. Finalmente, prorrumpiendo Jesús en nuevos sollozos, vino al sepulcro, que era una gruta cerrada con una gran piedra.

39. Dijo Jesús: Quitad la piedra. Marta, hermana del difunto, le respondió: Señor, mira que ya hiede, pues hace ya cuatro días que está ahí.

40. Le dijo Jesús: ¿No te he dicho que si creyeres, verás la gloria de Dios?

41. Quitaron, pues, la piedra; y Jesús levantando los ojos al cielo, dijo: ¡Oh Padre!, gracias te doy porque me has oído:

42. bien es verdad que yo sabía que siempre me oyes; mas lo he dicho por este pueblo que está alrededor de mí, con el fin de que crean que tú eres el que me has enviado.

43. Dicho esto, gritó con voz muy alta y sonora: Lázaro, sal afuera.

44. Y al instante el que había muerto salió fuera, ligado de pies y manos con fajas y tapado el rostro con un sudario. Les dijo Jesús: Desatadle, y dejadle ir.

45. Con eso muchos de los judíos que habían venido a visitar a María y a Marta, y vieron lo que Jesús hizo, creyeron en él.

46. Mas algunos de ellos se fueron a los fariseos, y les contaron las cosas que Jesús había hecho.

47. Entonces los sumos sacerdotes y fariseos, juntaron consejo, y dijeron: ¿Qué hacemos? Este hombre hace muchos milagros.

48. Si le dejamos así, todos creerán en él; y vendrán los romanos, y arruinarán nuestra ciudad y la nación.

49. En esto uno de ellos llamado Caifás, que era el sumo sacerdote de aquel año, les dijo: Vosotros no entendéis nada en esto,

50. ni reflexionáis que os conviene el que muera un solo hombre por el bien del pueblo, y no perezca toda la nación.

51. Mas esto no lo dijo por iniciativa propia; sino que, como era el sumo sacerdote aquel año, sirvió de instrumento a Dios, y profetizó que Jesús había de morir por la nación,

52. y no solamente por la nación judaica, sino también para congregar en un cuerpo a los hijos de Dios, que estaban dispersos.

53. Y así desde aquel día no pensaban sino en hallar medio de hacerle morir.

54. Por lo que Jesús ya no se dejaba ver en público entre los judíos, antes bien se retiró a un territorio vecino al desierto, en la ciudad llamada Efrén, donde moraba con sus discípulos.

55. Y como estaba próxima la Pascua de los judíos, muchos de la región subieron a

Jerusalén antes de la Pascua, para purificarse.

56. Los cuales iban en busca de Jesús y se decían en el templo unos a otros: ¿Qué será que aún no ha venido a la fiesta? Pero los sacerdotes y fariseos tenían ya dada orden de que, si alguno supiese dónde Jesús estaba, le denunciase para hacerle prender.

12 *María derrama un bálsamo precioso sobre los pies de Jesús, quien entra en Jerusalén*

1. Seis días antes de la Pascua volvió Jesús a Betania, donde vivía Lázaro a quien Jesús resucitó.

2. Aquí le dispusieron una cena, Marta servía, y Lázaro era uno de los que estaban a la mesa con él.

3. Y María tomó una libra de ungüento o perfume de nardo puro, y de gran precio, y lo derramó sobre los pies de Jesús, y los enjugó con sus cabellos; y se llenó la casa de la fragancia del perfume.

4. Por lo cual Judas Iscariote, uno de sus discípulos, aquel que le había de entregar, dijo:

5. ¿Por qué no se ha vendido este perfume por trescientos denarios, para limosna de los pobres?

6. Esto dijo, no porque él pasase algún cuidado por los pobres, sino porque era ladrón y teniendo la bolsa, llevaba o defraudaba el dinero que se echaba en ella.

7. Pero Jesús respondió: Dejadla que lo emplee para honrar de antemano el día de mi sepultura.

8. Pues en cuanto a los pobres, los tenéis siempre con vosotros; pero a mí no me tenéis siempre.

9. Entretanto una gran multitud de judíos, luego que supieron que Jesús estaba allí, vinieron, no sólo por Jesús, sino también por ver a Lázaro, a quien había resucitado de entre los muertos.

10. Por eso los príncipes de los sacerdotes deliberaron quitar también la vida a Lázaro,

11. visto que muchos judíos por su causa se apartaban de ellos, y creían en Jesús.

12. Al día siguiente, una gran muchedumbre, que habían venido a la fiesta, habiendo oído que Jesús estaba para llegar a Jerusalén,

13. cogieron ramos de palmas y salieron a recibirle, gritando: ¡Hosanna! ¡Bendito sea el que viene en nombre del Señor, el rey de Israel!

14. Halló Jesús un burro, y montó en él, según está escrito:

15. No tienes que temer, hija de Sión: Mira a tu rey que viene sentado sobre un burro.

16. Los discípulos por entonces no reflexionaron sobre esto; mas cuando Jesús hubo entrado en su gloria, se acordaron que tales cosas estaban escritas de él, y que ellos mismos las cumplieron.

17. Y la multitud que estaba con Jesús, cuando llamó a Lázaro del sepulcro, y le resucitó de entre los muertos, daba testimonio de él.

18. Por esta causa salió tanta gente a recibirle, por haber oído que había hecho este milagro.

19. En vista de lo cual se dijeron unos a otros los fariseos. ¿Véis cómo no adelantamos nada? He aquí que todo el mundo se va con él.

20. Al mismo tiempo ciertos gentiles de los que habían venido para adorar a Dios en la fiesta,

21. se acercaron a Felipe, natural de Betsaida en Galilea, y le hicieron esta súplica: Señor, deseamos ver a Jesús.

22. Felipe fue y lo dijo a Andrés; y Andrés y Felipe juntos, se lo dijeron a Jesús.

23. Jesús les respondió, diciendo: Venida es la hora en que debe ser glorificado el Hijo del hombre.

24. En verdad, en verdad os digo que si el grano de trigo, después de echado en la tierra, no muere, queda infecundo; pero si muere, produce mucho fruto.

25. Así el que ama desordenadamente su alma, la perderá; mas el que aborrece o mortifica su alma en este mundo, la conserva para la vida eterna.

26. El que me sirve, sígame; que donde yo estoy, allí estará también el que me sirve; y a quien me sirviere, le honrará mi Padre.

27. Pero ahora mi alma se ha conturbado. Y ¿qué diré? ¡Oh Padre!, líbrame de esta hora. Mas no, que para esa misma hora he venido al mundo.

28. ¡Oh Padre! glorifica tu santo Nombre. Al momento se oyó del cielo esta voz: Le he glorificado ya, y le glorificaré todavía más.

29. La gente que allí estaba, y oyó el sonido de esta voz, decía que aquello había sido un trueno. Otros decían: Un ángel le ha hablado.

30. Jesús les respondió, y dijo: Esta voz no ha venido por mí, sino por vosotros.

31. Ahora mismo va a ser juzgado el mundo; ahora el príncipe de este mundo va a ser lanzado fuera.

32. Y cuando yo sea levantado en alto en la tierra, todo lo atraeré a mí.

33. (Esto lo decía para significar de qué muerte había de morir).

34. Le replicó la gente: Nosotros sabemos por la ley*, que el Cristo debe vivir eternamente; pues ¿cómo dices que debe ser levantado en alto o crucificado el Hijo del hombre? ¿Quién es ese Hijo del hombre?

35. Les respondió Jesús: La luz aún está entre vosotros por un poco de tiempo. Caminad, pues, mientras tenéis luz, para que las tinieblas no os sorprendan; que quien anda entre tinieblas, no sabe adónde va,

36. mientras tenéis luz, creed en la luz, para que seáis hijos de la luz. Estas cosas les dijo Jesús; y fue, y se escondió de ellos.

37. El caso es que con haber hecho Jesús delante de ellos tantos milagros, no creían en él.

38. De suerte que vinieron a cumplirse las palabras que dijo el profeta Isaías*: ¡Oh Señor! ¿quién ha creído lo que oyó de nosotros? ¿Y de quién ha sido conocido el brazo del Señor?

39. Por eso no podían creer, Isaías dijo también:

40. Cegó sus ojos y endureció su corazón, para que con los ojos no vean, y no perciban en su corazón por temor de convertirse, y de que yo los cure.

41. Esto dijo Isaías cuando vio la gloria del Mesías y habló de él.

42. No obstante, hubo aun de los magnates muchos que creyeron en él; mas por temor de los fariseos no lo confesaban, para que no los echasen de la sinagoga.

43. Y es que amaron más la gloria o estimación de los hombres, que la gloria de Dios.

44. Jesús, pues, alzó la voz, y dijo: Quien cree en mí, no cree solamente en mí, sino en aquel que me ha enviado.

45. Y el que a mí me ve, ve al que me envió.

46. Yo, que soy la luz, he venido al mundo, para que quien cree en mí no permanezca entre las tinieblas.

47. Que si alguno oye mis palabras, y no las observa, yo no le doy la sentencia, pues no he venido ahora a juzgar al mundo, sino a salvarlo.

48. Quien me menosprecia, y no recibe mis palabras, ya tiene juez que le juzgue; la palabra que yo he predicado, ésa será la que le juzgue el último día;

49. puesto que yo no he hablado de mí mismo, sino que el Padre que me envió, él mismo me ordenó lo que debo decir, y cómo he de hablar.

50. Y yo sé que lo que él me ha mandado enseñar, es lo que conduce a la vida eterna. Las cosas, pues, que yo hablo, las digo como el Padre me las ha dicho.

LIBRO DE LA GLORIA *13*, 1-*20*, 29

13

Durante la última cena, Jesús lava los pies a sus discípulos y les recomienda el amor y la caridad

1. Víspera del día solemne de la Pascua, sabiendo Jesús que era llegada la hora de su tránsito de este mundo al Padre, como hubiese amado a los suyos que vivían en el mundo, los amó hasta el fin.

2. Y así acabada la cena, cuando ya el diablo había sugerido en el corazón de Judas, hijo de Simón Iscariote, el designio de entregarle,

3. Jesús, que sabía que el Padre le había puesto todas las cosas en sus manos, y que como era venido de Dios, a Dios volvía.

4. Se levantó de la mesa, y se quitó sus vestidos, y habiendo tomado una toalla, se la ciñó.

5. Echó después agua en una palangana, y se puso a lavar los pies de los discípulos,

34. *Sal 110* (*109*), 4; *Is 40*, 6; *Ez 37*, 25.
38. *Is 53*, 1.

y a limpiarlos con la toalla que se había ceñido*.

6. Vino a Simón Pedro, y Pedro le dijo: ¡Señor!, ¿tú lavarme a mí los pies?

7. le respondió Jesús, y le dijo: Lo que yo hago, tú no lo entiendes ahora, lo entenderás después.

8. Le dijo Pedro: Jamás por jamás no me lavarás tú a mí los pies. Le respondió Jesús: Si yo no te lavare, no tendrás parte conmigo.

9. Le dijo Simón Pedro: Señor, no solamente mis pies, sino las manos también, y la cabeza.

10. Jesús le dice: El que acaba de lavarse, no necesita lavarse más que los pies, estando como está limpio todo lo demás. Y en cuanto a vosotros, limpios estáis, aunque no todos.

11. Que como sabía quién era el que le había de hacer traición, por eso dijo: No todos estáis limpios.

12. Después, en fin, que les hubo lavado los pies y tomó otra vez su vestido, puesto de nuevo a la mesa, les dijo: ¿Comprendéis lo que acabo de hacer con vosotros?

13. Vosotros me llamáis Maestro y Señor, y decís bien, porque lo soy.

14. Pues si yo, que soy el Maestro y el Señor, os he lavado los pies, debéis también vosotros lavaros los pies uno al otro.

15. Porque ejemplo os he dado, para que pensando lo que yo he hecho con vosotros, así lo hagáis vosotros también.

16. En verdad, en verdad os digo, que no es el siervo más que su amo, ni tampoco el enviado o embajador mayor que aquel que le envió.

17. Y añadió: Si comprendéis estas cosas, seréis bienaventurados, cuando las practiquéis.

18. No lo digo por todos vosotros, yo conozco a los que tengo escogidos; mas ha de cumplirse la Escritura*: Uno que come el pan conmigo, levantará contra mí su calcañar.

19. Os lo digo desde ahora, antes que suceda; para que cuando sucediere, me reconozcáis por lo que soy, esto es, por el Mesías.

20. En verdad, en verdad os digo, que quien recibe al que yo enviare, a mí me recibe; y quien a mí me recibe, recibe a aquel que me ha enviado.

21. Habiendo dicho Jesús estas cosas, se turbó en su corazón, y abiertamente declaró: En verdad, en verdad os digo, que uno de vosotros me hará traición.

22. Al oír esto los discípulos, se miraban unos a otros, dudando de quién hablaría.

23. Estaba uno de ellos, al cual Jesús amaba, recostado a la mesa, con la cabeza casi sobre el seno de Jesús.

24. A este discípulo, pues, Simón Pedro le hizo una seña, diciéndole: ¿Quién es ése de quien habla?

25. Jesús le respondió: Es aquel a quien yo ahora daré pan mojado. Y habiendo mojado un pedazo de pan, se lo dio a Judas, hijo de Simón Iscariote.

27. Y después que tomó éste el bocado, se apoderó de él Satanás plenamente. Y Jesús le dijo: Lo que piensas hacer, hazlo cuanto antes.

28. Pero ninguno de los que estaban a la mesa entendió a qué fin se lo dijo.

29. Porque, como Judas tenía la bolsa, pensaban algunos que Jesús le hubiese dicho: Compra lo que necesitemos para la fiesta; o que diese algo a los pobres.

30. El, luego que tomó el bocado, salió; y era ya de noche.

31. Salido que hubo Judas, dijo Jesús: Ahora es glorificado el Hijo del hombre, y Dios es glorificado en él.

32. Y si Dios queda glorificado en él, Dios igualmente le glorificará a él en sí mismo, y le glorificará muy pronto.

33. Hijitos míos, por un poco de tiempo aún estoy con vosotros. Vosotros me buscaréis; y así como dije a los judíos: A donde yo voy no podéis venir vosotros, eso mismo digo a vosotros ahora.

34. Entretanto un nuevo mandamiento os doy, y es: Que os améis unos a otros; y que del modo que yo os he amado a vosotros, así también os améis recíprocamente.

35. Por aquí conocerán todos que sois mis discípulos, si os tenéis amor unos a otros.

36. Le dijo Simón Pedro: Señor, ¿a dónde te vas? Respondió Jesús: A donde yo voy, tú

---

5. Ha terminado el *tiempo de los signos* y se inicia la etapa definitiva. Antes de su discurso, Jesús realiza una acción que muestra su entrega a los demás. El gesto no es un milagro; pero tiene el valor de un *signo*, según el Evangelio de *Juan*.

18. *Sal 41* (*40*), 10.

no puedes seguirme ahora; me seguirás, sí, después.

37. Pedro le dice: ¿Por qué no puedo seguirte ahora: Yo daré por ti mi vida.

38. Le respondió Jesús: ¿Tú darás la vida por mí? En verdad, en verdad te digo: No cantará el gallo sin que me hayas negado tres veces*.

14

Jesús dice a los apóstoles que es el camino, la verdad y la vida. Les promete el Espíritu Santo

---

1. No se turbe vuestro corazón. Pues creéis en Dios, creed también en mí.

2. En la casa de mi Padre hay muchas habitaciones; que si no fuese así, os lo hubiera yo dicho. Yo voy a preparar lugar para vosotros.

3. Y cuando haya ido, y os haya preparado lugar, vendré otra vez, y os llevaré conmigo, para que donde yo estoy, estéis también vosotros.

4. Que ya sabéis adónde voy, y sabéis asimismo el camino.

5. Le dijo Tomás: Señor, no sabemos adónde vas; pues ¿cómo podemos saber el camino?

6. Le respondió Jesús: Yo soy el camino, la verdad, y la vida*: Nadie viene al Padre sino por mí.

7. Si me hubieses conocido a mí, hubierais sin duda conocido también a mi Padre; pero le conoceréis, y ya le habéis visto en cierto modo.

8. Le dijo Felipe: Señor, muéstranos al Padre, y eso nos basta.

9. Jesús le responde: Tanto tiempo hace que estoy con vosotros, ¿y aún no me habéis conocido? Felipe, quien me ve a mí, ve también al Padre. ¿Pues cómo dices tú: Muéstranos al Padre?

10. ¿No creéis que yo estoy en el Padre y que el Padre está en mí? Las palabras que yo os hablo, no las hablo de mí mismo. El Padre que está en mí, él mismo hace conmigo las obras que yo hago.

11. ¿Cómo no creéis que yo estoy en el Padre, y que el Padre está en mí?

12. Creedlo al menos por las obras que yo hago. En verdad, en verdad os digo, que quien cree en mí, ése hará también las obras que yo hago, y las hará todavía mayores; por cuanto yo me voy al Padre.

13. Y cuando pidiereis al Padre en mi nombre, yo lo haré, a fin de que el Padre sea glorificado en el Hijo.

14. Si algo pidiereis en mi nombre, yo lo haré.

15. Si me amáis, observad mis mandamientos.

16. Y yo rogaré al Padre, y os dará otro consuelo y abogado, para que esté con vosotros eternamente,

17. a saber, el Espíritu de verdad, a quien el mundo, o el hombre mundano, no puede recibir, porque no le ve, ni le conoce; pero vosotros le conoceréis, porque morará con vosotros, y estará dentro de vosotros.

18. No os dejaré huérfanos: yo volveré a vosotros.

19. Aún resta un poco de tiempo; después del cual el mundo ya no me verá. Pero vosotros me veréis, porque yo vivo, y vosotros viviréis.

20. Entonces conoceréis vosotros que yo estoy en mi Padre, y que vosotros estáis en mí, y yo en vosotros.

21. Quien ha recibido mis mandamientos, y los observa, ése es el que me ama. Y el que me ama, será amado de mi Padre; y yo le amaré, y yo mismo me manifestaré a él.

22. Le dijo Judas, no el Iscariote: Señor, ¿qué causa hay para que te hayas de manifestar claramente a nosotros, y no al mundo?

23. Jesús le respondió así: Cualquiera que me ama, observará mi palabra, y mi Padre le amará, y vendremos a él, y haremos mansión dentro de él.

24. Pero el que no me ama, no practica mi palabra. Y la palabra que habéis oído, no es solamente mía, sino del Padre, que me ha enviado.

25. Estas cosas os he dicho, conversando con vosotros.

26. Mas el Consolador, el Espíritu Santo, que mi Padre enviará en mi nombre, os lo enseñará todo, y os recordará cuantas cosas os tengo dichas.

27. La paz os dejo, la paz mía os doy; no os la doy yo, como la da el mundo. No se turbe vuestro corazón, ni se acobarde.

28. Habéis oído que os he dicho: Me voy,

---

38. En otros evangelios se habla del canto del gallo por tercera vez.

6. *Soy el camino*, con mi ejemplo; *la verdad*, con mi doctrina; *la vida*, con mi gracia.

y vuelvo a vosotros. Si me amaseis, os alegraríais sin duda de que voy al Padre; porque el Padre es mayor que yo.

29. Yo os lo digo ahora antes que suceda, a fin de que cuando sucediere, os confirméis en la fe.

30. Ya no hablaré mucho con vosotros, porque viene el príncipe de este mundo, aunque no hay en mí cosa que le pertenezca.

31. Mas para que conozca el mundo que yo amo al Padre, y que cumplo con lo que me ha mandado, levantaos, y vamos de aquí.

15 *Jesús manda otra vez el amor y escoge a sus discípulos. Yo soy la vid verdadera*

1. Yo soy la verdadera vid, y mi Padre es el labrador.

2. Todo sarmiento que en mí que soy la vid no lleva fruto, lo cortará; y a todo aquel que diere fruto, lo podará para que dé más fruto.

3. Ya vosotros estáis limpios, en virtud de la palabra que os he predicado.

4. Permaneced en mí, que yo permaneceré en vosotros. Al modo que el sarmiento no puede de suyo producir, si no está unido con la vid, así tampoco vosotros si no estáis unidos conmigo.

5. Yo soy la vid, vosotros los sarmientos; quien está unido, pues, conmigo y yo con él, ese da mucho fruto, porque sin mí nada podéis hacer.

6. El que no permanece en mí, será echado fuera como el sarmiento inútil, y se secará, y le cogerán y arrojarán al fuego y arderá.

7. Al contrario, si permanecéis en mí, y mis palabras permanecen en vosotros, pediréis lo que quisiereis, y se os otorgará.

8. Mi Padre queda glorificado en que vosotros llevéis mucho fruto, y seáis verdaderos discípulos míos.

9. Al modo que mi Padre me amó, así os he amado yo. Perseverad en mi amor.

10. Si observareis mis preceptos, perseveraréis en mi amor; así como yo también he guardado los preceptos de mi Padre, y persevero en su amor.

11. Esas cosas os he dicho, a fin de que observándolas fielmente os gocéis con el gozo mío, y vuestro gozo sea completo.

12. El precepto mío es, que os améis unos a otros, como yo os he amado a vosotros.

13. Que nadie tiene amor más grande que el que da su vida por sus amigos.

14. Vosotros sois mis amigos, si hacéis lo que yo os mando.

15. Ya no os llamaré siervos; pues el siervo no es sabedor de lo que hace su amo. Mas a vosotros os he llamado amigos; porque os he hecho y haré saber cuantas cosas oí de mi Padre.

16. No me elegisteis vosotros a mí, si no que yo soy el que os he elegido, y destinado para que vayáis por todo el mundo y hagáis fruto, y vuestro fruto sea duradero, a fin de que cualquier cosa que pidiereis al Padre en mi nombre, os la conceda.

17. Lo que os mando es que os améis unos a otros*.

18. Si el mundo os aborrece, sabed que antes que a vosotros me aborreció a mí.

19. Si fuerais del mundo, el mundo os amaría como cosa suya; pero como no sois del mundo, sino que os escogí yo del mundo, por eso el mundo os aborrece.

20. Acordaos de aquella sentencia mía que ya os dije: No es el siervo mayor que su amo. Si me han perseguido a mí, también os han de perseguir a vosotros; como han practicado mi palabra, del mismo modo practicarán la vuestra.

21. Pero todo esto lo ejecutarán con vosotros por causa y odio de mi nombre; porque no conocen al que me ha enviado.

22. Si yo no hubiera venido, y no les hubiera predicado, no tuvieran culpa de no haber creído en mí; mas ahora no tienen excusa de su pecado.

23. El que me aborrece a mí, aborrece también a mi Padre.

24. Si yo no hubiera hecho entre ellos obras tales, cuales ningún otro ha hecho, no tendrían culpa; pero ahora ellos las han visto y con todo me han aborrecido a mí, y no sólo a mí sino también a mi Padre.

25. Por donde se viene a cumplir la sentencia escrita en su ley*: Me han aborrecido sin causa alguna.

26. Mas cuando viniere el Consolador, el Espíritu de verdad que procede del Padre,

---

17. El mandamiento del *amor fraterno* y su práctica es la máxima expresión de la transformación operada por el evangelio o buena nueva del reino de Dios.

25. *Sal 25* (*24*), 19.

y que yo os enviaré de parte de mi Padre, él dará testimonio de mí.

27. Y también vosotros daréis testimonio, puesto que desde el principio estáis en mi compañía.

16 *Jesús promete el Espíritu Santo. Predice que todos lo abandonarán esa noche*

1. Estas cosas os las he dicho, para que no os escandalicéis, ni os turbéis.

2. Os echarán de las sinagogas; y aun va a venir tiempo en que quien os matare, creerá hacer un obsequio a Dios.

3. Y os tratarán de esta suerte, porque no conocen al Padre, ni a mí.

4. Pero yo os he advertido estas cosas con el fin de que cuando llegue la hora, os acordéis de que ya os las había anunciado.

5. Y no os las dije al principio, porque entonces yo estaba con vosotros. Mas ahora me voy a aquel que me envió; y ninguno de vosotros me pregunta: ¿Adónde vas?

6. Porque os he dicho estas cosas, vuestro corazón se ha llenado de tristeza.

7. Mas yo os digo la verdad, os conviene que yo me vaya; porque si yo no me voy, el Consolador o abogado no vendrá a vosotros; pero si me voy, os lo enviaré.

8. Y cuando él venga, convencerá al mundo en orden al pecado, en orden a la justicia y en orden al juicio:

9. En orden al pecado, por cuanto no han creído en mí;

10. respecto de la justicia de mi causa, porque yo me voy al Padre, y ya no me veréis;

11. y tocante al juicio, porque el príncipe de este mundo ha sido ya juzgado.

12. Aún tengo otras muchas cosas que deciros; mas por ahora no podéis comprenderlas.

13. Cuando venga el Espíritu de verdad, él os enseñará todas las verdades necesarias para la salvación; pues no hablará de suyo, sino que dirá todas las cosas que habrá oído, y os anunciará las venideras.

14. El me glorificará: porque recibirá de lo mío, y os lo anunciará.

15. Todo lo que tiene el Padre, es mío. Por eso he dicho que recibirá de lo mío, y os lo anunciará*.

16. Dentro de poco ya no me veréis; mas poco después, me volveréis a ver: porque me voy al Padre.

17. Al oír esto algunos de los discípulos, se decían unos a otros: ¿Qué nos querrá decir con esto: Dentro de poco no me veréis; mas poco después me volveréis a ver, porque me voy al Padre?

18. Decían, pues: ¿Qué poquito de tiempo es éste de que habla? No entendemos lo que quiere decirnos.

19. Conoció Jesús que deseaban preguntarle, y les dijo: Vosotros estáis tratando y preguntándoos unos a otros por qué habré dicho: Dentro de poco ya no me veréis; mas poco después me volveréis a ver.

20. En verdad, en verdad os digo, que vosotros lloraréis, y lamentaréis mientras el mundo se regocijará; os entristeceréis, pero vuestra tristeza se convertirá en gozo.

21. La mujer en los dolores del parto está poseída de tristeza, porque le vino su hora; mas una vez que ha dado a luz un infante, ya no se acuerda de su angustia, con el gozo que tiene de haber dado un hombre al mundo.

22. Así vosotros ahora a la verdad padecéis tristeza; pero yo volveré a visitaros, y vuestro corazón se bañará en gozo, y nadie os quitará vuestro gozo.

23. Entonces no habréis de preguntarme cosa alguna. En verdad, en verdad os digo, que cuanto pidiereis al Padre en mi nombre, os lo concederá.

24. Hasta ahora nada le habéis pedido en mi nombre: Pedidle, y recibiréis, para que vuestro gozo sea completo.

25. Estas cosas os he dicho usando de parábolas. Va llegando el tiempo en que ya no os hablaré con parábolas, sino que abiertamente os anunciaré las cosas del Padre.

26. Entonces le pediréis en mi nombre; y no os digo que yo intercederé con mi Padre por vosotros,

27. siendo cierto que el mismo Padre os ama, porque vosotros me habéis amado, y creído que yo he salido de Dios.

28. Salí del Padre, y vine al mundo; ahora dejo el mundo y otra vez voy al Padre.

29. Le dijeron sus discípulos: Ahora sí que hablas claro, y no en proverbios,

---

15. Ver a Jesús es ver al Padre, recibirlo a él es recibir su don.

30. ahora conocemos que tú lo sabes todo, y no necesitas que nadie te haga preguntas; por donde creemos que has salido de Dios.

31. Les respondió Jesús: ¿Y qué, vosotros ahora creéis?

32. Pues sabed que viene el tiempo, y ya llegó, en que seréis esparcidos, y cada uno de vosotros se irá por su lado, y me dejaréis solo; si aunque no estoy solo, porque el Padre está siempre conmigo.

33. Estas cosas os he dicho con el fin de que halléis en mí la paz. En el mundo tendréis grandes tribulaciones, pero tened confianza, yo he vencido al mundo*.

17

Afectuosa oración de Jesús a su eterno Padre. Le pide que proteja y guíe a sus discípulos

1. Estas cosas habló Jesús, y levantando los ojos al cielo, dijo: Padre mío, la hora es llegada, glorifica a tu Hijo, para que tu Hijo te glorifique a ti;

2. pues le has dado poder sobre todo el linaje humano, para que dé la vida eterna a todos los que le has señalado.

3. Y la vida eterna consiste en conocerte a ti, único Dios verdadero, y a Jesucristo, a quien tú enviaste.

4. Yo por mí te he glorificado en la tierra; tengo acabada la obra, cuya ejecución me encomendaste.

5. Ahora glorifícame tú, ¡oh Padre!, en ti mismo, con aquella gloria que como Dios tuve yo en ti antes que el mundo fuese.

6. Yo he manifestado tu nombre a los hombres que me has dado salvándolos del mundo. Tuyos eran, y me los diste, y ellos han puesto por obra tu palabra.

7. Ahora han conocido que todo lo que me diste, viene de ti.

8. Porque yo les di las palabras, que tú me diste; y ellos las han recibido, y han reconocido verdaderamente que yo salí de ti, y han creído que tú eres el que me ha enviado.

9. Por ellos ruego yo ahora. No ruego por el mundo, sino por éstos que me diste, porque tuyos son:

10. Y todas mis cosas son tuyas, como las tuyas son mías; y en ellos he sido glorificado.

11. Yo ya no estoy más en el mundo, pero éstos quedan en el mundo; yo estoy de partida para ti. ¡Oh Padre santo!, guarda en tu Nombre a éstos que tú me has dado, a fin de que sean una misma cosa por la caridad, así como nosotros lo somos en la naturaleza.

12. Mientras estaba yo con ellos, yo los defendía en tu Nombre. He guardado los que tú me diste y ninguno de ellos se ha perdido sino el hijo de la perdición, cumpliéndose así la Escritura*.

13. Mas ahora vengo a ti; y digo esto estando todavía en el mundo, a fin de que ellos tengan en sí mismos el gozo que tengo yo.

14. Yo les he comunicado tu palabra, y el mundo los ha aborrecido, porque no son del mundo, así como yo tampoco soy del mundo.

15. No te pido que los saques del mundo, sino que los preserves del mal.

16. Ellos ya no son del mundo, como yo tampoco soy del mundo.

17. Santifícalos en la verdad. La palabra tuya es la verdad misma.

18. Así como tú me has enviado al mundo, así yo los he enviado también a ellos al mundo.

19. Y yo por amor de ellos me santifico, me ofrezco por víctima, a mí mismo; con el fin de que ellos sean santificados en la verdad.

20. Pero no ruego solamente por éstos, sino también por aquellos que han de creer en mí por medio de su predicación;

21. ruego que todos sean una misma cosa; y que como tú, ¡oh Padre!, estás en mí, y yo en ti, así sean ellos una misma cosa en nosotros, para que crea el mundo que tú me has enviado.

22. Yo les he dado ya parte de la gloria que tú me diste, para que en cierta manera sean una misma cosa, como lo somos nosotros.

23. Yo estoy en ellos, y tú estás siempre en mí, a fin de que sean consumados en la unidad, y conozca el mundo que tú me has

---

33. Con la muerte que iba a padecer.

12. *Sal 109* (*108*), 8.

enviado, y los amas a ellos, como a mí me amaste.

24. ¡Oh Padre!, yo deseo ardientemente que aquellos que tú me has dado, estén conmigo allí mismo donde yo estoy para que contemplen mi gloria, cual tú me la has dado; porque tú me amaste desde antes de la creación del mundo.

25. ¡Oh Padre justo!, el mundo no te ha conocido; yo sí que te he conocido; y éstos han conocido que tú me enviaste.

26. Yo por mi parte les he dado y daré a conocer tu nombre, para que el amor con que me amaste, en ellos esté, y yo mismo esté en ellos.

Pasión de Jesucristo *18*, 1-*19*, 42

18 *Prisión de Jesús y huida de los apóstoles. Negación de Pedro. Interrogatorio de Caifás y Pilatos*

1. Dicho esto marchó Jesús con sus discípulos a la otra parte del torrente Cedrón[1], donde había un huerto, en el cual entró con sus discípulos.

2. Judas que le entregaba, estaba bien informado del sitio; porque Jesús solía retirarse muchas veces a él con sus discípulos.

3. Judas, pues, habiendo tomado una compañía de soldados y varios ministros que le dieron los sacerdotes y fariseos, fue allá con linternas, y hachas, y con armas.

4. Y Jesús, que sabía todas las cosas que le habían de sobrevenir, salió a su encuentro, y les dijo: ¿A quién buscáis?

5. Le respondieron: A Jesús Nazareno. Les dijo Jesús: Yo soy. Estaba también entre ellos Judas el que le entregaba.

6. Apenas, pues, les dijo: Yo soy, retrocedieron todos, y cayeron en tierra.

7. Les preguntó Jesús por segunda vez: ¿A quién buscáis? Y ellos respondieron: A Jesús Nazareno.

8. Replicó Jesús: Ya os he dicho que yo soy; ahora bien, si me buscáis a mí, dejad ir a éstos.

9. Para que se cumpliese la palabra que había dicho: ¡Oh Padre!, ninguno he perdido de los que tú me diste.

10. Entretanto Simón Pedro que tenía una espada, la desenvainó, y dando un golpe a un criado del sacerdote, le cortó la oreja derecha. Este criado se llamaba Malco.

11. Pero Jesús dijo a Pedro: Mete tu espada en la vaina. El cáliz que me ha dado mi Padre, ¿he de dejar yo de beberlo?

12. En fin, los soldados, el tribuno o comandante, y los ministros de los judíos prendieron a Jesús y le ataron.

13. De allí le condujeron primero a casa de Anás, porque era suegro de Caifás, que era sumo sacerdote aquel año.

14. Caifás era el que había dado a los judíos el consejo, que convenía que un hombre muriese por el pueblo.

15. Iba siguiendo a Jesús, Simón Pedro y otro discípulo, el cual era conocido del sacerdote, y así entró con Jesús en el atrio del sacerdote,

16. quedándose Pedro fuera en la puerta. Por eso el otro discípulo, conocido del sacerdote, salió a la puerta y habló a la portera, y franqueó a Pedro la entrada.

17. Entonces la criada portera dice a Pedro: ¿No eres tú también de los discípulos de este hombre? El le respondió: No lo soy.

18. Los criados y ministros, que habían ido a prender a Jesús, estaban a la lumbre, porque hacía frío, y se calentaban. Pedro asimismo estaba con ellos, calentándose.

19. Entretanto el sacerdote se puso a interrogar a Jesús sobre sus discípulos y su palabra.

20. A lo que respondió Jesús: Yo he predicado públicamente delante de todo el mundo; siempre he enseñado en la sinagoga, y en el templo, adonde concurren todos los judíos, y nada he hablado en secreto.

21. ¿Qué me preguntas a mí? Pregúntale a los que han oído lo que yo les he enseñado; pues ésos saben qué he dicho yo.

22. A esta respuesta, uno de los ministros asistentes dio una bofetada a Jesús, diciendo: ¿Así respondes tú al sacerdote?

23. Le dijo a él Jesús: Si yo he hablado mal, manifiesta lo mal que he dicho; pero si bien, ¿por qué me hieres?

24. Entonces lo envió Anás atado al sumo sacerdote Caifás.

25. Y estaba allí en pie Simón Pedro, calentándose. Le dijeron, pues: ¿No eres tú

1. *2 Sam 15*, 23.

también de sus discípulos? El lo negó diciendo: No lo soy.
26. Le dijo uno de los criados del sumo sacerdote, pariente de aquel cuya oreja había cortado Pedro: Pues, ¿no te vi yo en el huerto con él?
27. Negó Pedro otra vez, y al punto cantó el gallo.

Jesús ante Pilatos

28. Llevaron después a Jesús desde casa de Caifás al pretorio. Era muy de mañana; y ellos no entraron al pretorio, por no contaminarse, a fin de poder comer de las víctimas de la Pascua.
29. Por eso Pilatos salió afuera, y les dijo: ¿Qué acusación traéis contra este hombre?
30. Respondieron, y le dijeron: Si éste no fuera malhechor, no le hubiéramos puesto en tus manos.
31. Les replicó Pilatos: Pues tomadle vosotros, y juzgadle según vuestra ley. Los judíos le dijeron: A nosotros no nos es permitido matar a nadie; esa potestad es tuya;
32. con lo que vino a cumplirse lo que Jesús dijo, indicando el género de muerte de que había de morir.
33. Oído esto, Pilatos entró de nuevo en el pretorio, y llamó a Jesús, y le preguntó: ¿Eres tú el rey de los judíos?
34. Respondió Jesús: ¿Dices tú eso de ti mismo, o te lo han dicho de mí otros?
35. Replicó Pilatos: ¿Qué, acaso soy yo judío? Tu nación y los sacerdotes te han entregado a mí: ¿qué has hecho tú?
36. Respondió Jesús: Mi reino no es de este mundo. Si de este mundo fuera mi reino, claro está que mis gentes me habrían defendido para que no cayese en manos de los judíos; mas mi reino no es de acá.
37. Le replicó Pilatos: ¿Conque tú eres rey? Respondió Jesús: Así es como dices: yo soy rey. Yo para esto nací, y para esto vine al mundo, para dar testimonio de la verdad; todo aquel que pertenece a la verdad, escucha mi voz.
38. Le dijo Pilatos: ¿Qué es la verdad? ¿De qué verdad hablas? Y dicho esto, salió por segunda vez a los judíos, y les dijo: Yo ningún delito hallo en este hombre;
39. mas ya que tenéis la costumbre de que os suelte un reo por la Pascua, ¿queréis que os ponga en libertad al rey de los judíos?
40. Entonces todos volvieron a gritar: No a ése, sino a Barrabás. Es de saber que Barrabás era un ladrón y homicida.

---

19 *Jesús es sentenciado a la crucifixión. Pasión, muerte y sepultura de Jesús*

---

1. Tomó entonces Pilatos a Jesús, y mandó azotarle.
2. Y los soldados formaron una corona de espinas entretejidas, y se la pusieron sobre la cabeza; y le vistieron una ropa o manto púrpura;
3. y se arrimaban a él, y decían: Salve, ¡oh rey de los judíos!, y le daban bofetadas.
4. Ejecutado esto, salió Pilatos de nuevo afuera, y les dijo: He aquí que os le saco fuera, para que reconozcáis que yo no hallo en él delito ninguno.
5. (Salió, pues, Jesús, llevando la corona de espinas y revestido del manto o capa púrpura). Y les dijo Pilatos: ¡Ved aquí al hombre!
6. Luego que los sacerdotes y sus ministros le vieron, alzaron el grito, diciendo: ¡Crucifícale, crucifícale! Les dijo Pilatos: Tomadle allá vosotros y crucificadle, que yo no hallo en él crimen.
7. Le respondieron los judíos: Nosotros tenemos una ley, y según esta ley debe morir, porque se ha hecho Hijo de Dios.
8. Cuando Pilatos oyó esta acusación, se llenó más de temor.
9. Y volviendo a entrar en el pretorio, dijo a Jesús: ¿De dónde eres tú*? Mas Jesús no le respondió palabra.
10. Por lo que Pilatos le dice: ¿A mí no me hablas?; pues ¿no sabes que está en mi mano el crucificarte, y en mi mano está el soltarte?
11. Respondió Jesús: No tendrías poder alguno sobre mí, si no te fuera dado de arriba. Por tanto quien a ti me ha entregado, es reo de pecado más grave.

---

9. *¿De quién desciendes?* En *Lucas*, la pregunta de Pilatos se refiere al origen terreno de Jesús. En *Juan*, la pregunta demuestra que Pilatos pertenece a un mundo que no puede conocer al Hijo, por eso la solución es el silencio. *Mar 14*, 61; *Luc 23*, 9; *26*, 6.

12. Desde aquel punto Pilatos, aun con más ansia buscaba cómo libertarle. Pero los judíos daban voces diciendo: Si sueltas a ése, no eres amigo de César; puesto que cualquiera que se hace rey, se declara contra César.

13. Pilatos oyendo estas palabras, sacó a Jesús afuera; y se sentó en su tribunal en el lugar dicho en griego Litóstrotos*, y en hebreo Gábbata.

14. Era entonces el día de la preparación, o el viernes, de Pascua, cerca del mediodía, y dijo a los judíos: ¡Aquí tenéis a vuestro rey!

15. Ellos gritaban: ¡Quita, quítale de en medio, crucifícale! Les dijo Pilatos: ¿A vuestro rey tengo yo de crucificar? Respondieron los sacerdotes: No tenemos rey, sino a César.

16. Entonces se los entregó para que lo crucificasen. Se apoderaron, pues, de Jesús, y le sacaron fuera.

Jesús es crucificado

17. Y llevando él mismo a cuestas su cruz, fue caminando hacia el sitio llamado el Calvario, u Osario, y en hebreo Gólgota,

18. donde le crucificaron, y con él a otros dos, uno a cada lado, quedando Jesús en medio.

19. Escribió asimismo Pilatos un letrero, y lo puso sobre la cruz. En él estaba escrito: JESUS NAZARENO, REY DE LOS JUDIOS.

20. Este rótulo lo leyeron muchos de los judíos, porque el lugar en que fue Jesús crucificado estaba contiguo a la ciudad y el título estaba en hebreo, en griego y en latín.

21. Con esto los sacerdotes de los judíos representaban a Pilatos: No has de escribir: Rey de los judíos; sino que él ha dicho: Yo soy el rey de los judíos.

22. Respondió Pilatos: Lo escrito, escrito está.

23. Entretanto los soldados, habiendo crucificado a Jesús, tomaron sus vestidos (de que hicieron cuatro partes, una para cada soldado) y la túnica. La cual era sin costura, y de un solo tejido de arriba abajo.

24. Por lo que dijeron entre sí: No la dividamos, mas echemos suerte para ver de quién será*. Con lo que se cumplió la Escritura, que dice: Partieron entre sí mis vestidos, y sortearon mi túnica.

Ultimas palabras de Jesús

25. Estaban al mismo tiempo junto a la cruz* de Jesús su madre, y la hermana, o parienta de su madre, María, mujer de Cleofás, y María Magdalena.

26. Habiendo mirado, pues, Jesús a su madre y al discípulo que él amaba, el cual estaba allí, dice a su madre: Mujer, ahí tienes a tu hijo.

27. Después dice al discípulo: Ahí tienes a tu madre. Y desde aquel punto se encargó de ella el discípulo, y la tuvo consigo en su casa.

28. Después de esto, sabiendo Jesús que todas las cosas estaban a punto de ser cumplidas, para que se cumpliese la Escritura*, dijo: Tengo sed.

29. Estaba puesto allí un vaso lleno de vinagre. Los soldados, pues, empapando en vinagre una esponja, y envolviéndola a una caña de hisopo, se la aplicaron a la boca.

30. Jesús luego que chupó el vinagre, dijo: Todo está cumplido. E inclinando la cabeza, entregó su espíritu.

31. (Como era día de preparación, o viernes), para que los cuerpos no quedasen en la cruz el sábado, que cabalmente era aquél un sábado muy solemne*, suplicaron los judíos a Pilatos que se les quebrasen las piernas a los crucificados, y los quitasen de allí.

32. Vinieron, pues, los soldados, y rompieron las piernas del primero y del otro que había sido crucificado con él.

33. Mas al llegar a Jesús, como le vieron ya muerto, no le quebraron las piernas;

34. sino que uno de los soldados con la lanza le abrió el costado, y al instante salió sangre y agua.

35. Y quien lo vio, es el que lo asegura, y su testimonio es verdadero. Y él sabe que

---

13. *Litóstrotos* significa *pavimento*, semejante al mosaico. Este mosaico fue descubierto e identificado.

24. *Sal 22* (*21*), 19.

25. Sólo *Juan* menciona la presencia de María y del discípulo junto a la cruz. Las palabras son un acto de piedad filial; pero son también un *signo* de la maternidad espiritual de María, como nueva *Eva* y *madre* de los creyentes.

28. *Sal 69* (*68*), 22.

31. Caía dentro de la Pascua, que aquel año había sido el día antes.

dice la verdad, y la atestigua para que vosotros también creáis;

36. pues estas cosas sucedieron, en cumplimiento de la Escritura: No le quebraréis ni un hueso.

37. Y del otro lugar de la Escritura que dice: Dirigirán sus ojos hacia aquel a quien traspasaron.

38. Después de esto José, natural de Arimatea (que era discípulo de Jesús, aunque oculto por miedo de los judíos) pidió licencia a Pilatos para recoger el cuerpo de Jesús, y Pilatos se lo permitió. Con eso vino, y se llevó el cuerpo de Jesús.

39. Vino también Nicodemo, aquel mismo que en otra ocasión había ido de noche a encontrar a Jesús, trayendo consigo una confección de mirra, y de áloe, cosa de cien libras.

40. Tomaron, pues, el cuerpo de Jesús, y bañado en las especies aromáticas, lo amortajaron con lienzos, según la costumbre de sepultar de los judíos.

41. Había en el lugar, donde fue crucificado, un huerto; y en el huerto un sepulcro nuevo, donde hasta entonces ninguno había sido sepultado.

42. Como era la víspera del sábado de los judíos, y ese sepulcro estaba cerca, pusieron allí a Jesús.

20 *Resurrección de Jesús. Se aparece a sus discípulos. Incredulidad de Tomás*

1. El primer día de la semana, al amanecer, cuando todavía estaba oscuro, fue María Magdalena al sepulcro, y vio quitada de él la piedra;

2. y sorprendida echó a correr, y fue a estar con Simón Pedro y con aquel otro discípulo amado de Jesús, y les dijo: Se han llevado del sepulcro al Señor, y no sabemos dónde le han puesto.

3. Con esta nueva salió Pedro y el dicho discípulo, y se encaminaron al sepulcro.

4. Corrían ambos a la par, mas este otro discípulo corrió más aprisa que Pedro, y llegó primero al sepulcro;

5. y habiéndose inclinado, vio los lienzos en el suelo, pero no entró.

6. Llegó tras él Simón Pedro, y entró en el sepulcro, y vio los lienzos en el suelo,

7. y el sudario o pañuelo que habían puesto sobre la cabeza de Jesús, no junto con los demás lienzos, sino separado y doblado en otro lugar.

8. Entonces el otro discípulo, que había llegado primero al sepulcro, entró también, y vio, y creyó que efectivamente le habían quitado;

9. porque aún no habían entendido lo que dice la Escritura, que Jesús debía resucitar de entre los muertos.

10. Con esto los discípulos se volvieron otra vez a casa.

11. Entretanto María Magdalena estaba fuera llorando, cerca del sepulcro. Con las lágrimas, pues, en los ojos se inclinó a mirar al sepulcro.

12. Y vio a dos ángeles, vestidos de blanco, sentados, uno a la cabecera, y otro a los pies, donde estuvo colocado el cuerpo de Jesús.

13. Le dijeron ellos: Mujer, ¿por qué lloras? Les respondió: Porque se han llevado de aquí a mi Señor; y no sé dónde le han puesto.

14. Dicho esto volviéndose hacia atrás, vio a Jesús en pie; mas no conocía que fuese Jesús.

15. Le dijo Jesús: Mujer, ¿por qué lloras?; ¿a quién buscas? Ella suponiendo que sería el hortelano, le dice: Señor, si tú le has quitado, dime dónde le pusiste; y yo me lo llevaré.

16. Le dijo Jesús: María. Se volvió ella al instante, y le dijo: Rabboni (que quiere decir, Maestro).

17. Le dijo Jesús: No me toques más, porque no he subido todavía a mi Padre; mas anda, ve a mis hermanos, y diles de mi parte: Subo a mi Padre y vuestro Padre; a mi Dios y vuestro Dios.

18. Fue, pues, María Magdalena a dar parte a los discípulos, diciendo: He visto al Señor, y me ha dicho esto.

19. Aquel mismo día primero de la semana, siendo ya muy tarde, y estando cerradas las puertas de la casa, donde se hallaban reunidos los discípulos por miedo de los judíos, vino Jesús, y apareciéndose en medio de ellos, les dijo: La paz sea con vosotros.

20. Dicho esto, les mostró las manos y el costado. Se llenaron de gozo los discípulos con la vista del Señor.

LA PESCA MILAGROSA

Subió al barco Simón Pedro, y sacó a tierra la red, llena de ciento cincuenta y tres peces grandes. Y aunque fueran tantos, no se rompió la red. Les dijo Jesús: Vamos, almorzad.
Y ninguno de los que estaban comiendo osaba preguntarle: ¿Quién eres tú?, sabiendo bien que era el Señor.

21. El cual les repitió: La paz sea con vosotros. Como mi Padre me envió, así os envío también a vosotros.

22. Dichas estas palabras, alentó, o dirigió el aliento, hacia ellos; y les dijo: Recibid el Espíritu Santo,

23. quedan perdonados los pecados a aquellos a quienes los perdonareis; y quedan retenidos a los que se los retuvieres.

24. Tomás, uno de los doce, llamado Dídimo, no estaba con ellos cuando vino Jesús.

25. Le dijeron después los otros discípulos: Hemos visto al Señor. Mas él les respondió: Si yo no veo en sus manos la hendidura de los clavos, y no meto mi dedo en el agujero que en ellas hicieron, y mi mano en la llaga de su costado, no lo creeré.

26. Ocho días después, estaban otra vez los discípulos en el mismo lugar, y Tomás con ellos, vino Jesús estando también cerradas las puertas, y se les puso en medio, y dijo: La paz sea con vosotros.

27. Después dice a Tomás: Mete aquí tu dedo, y registra mis manos, y trae tu mano y métela en mi costado, y no seáis incrédulo, sino fiel.

28. Respondió Tomás, y le dijo: ¡Señor mío, y Dios mío!

29. Le dijo Jesús: Tú has creído, ¡oh Tomás!, porque me has visto: bienaventurados aquellos que sin haberme visto han creído.

30. Muchos otros milagros hizo también Jesús en presencia de sus discípulos, que no están escritos en este libro.

31. Pero éstos se han escrito con el fin de que creáis que Jesús es el Cristo, el Hijo de Dios; y para que, creyendo, tengáis vida eterna, en virtud de su nombre.

21 *Se aparece Jesús a sus discípulos, mientras pescaban. Habla con Simón Pedro y predice su martirio*

1. Después de esto Jesús se apareció otra vez a los discípulos a la orilla del mar de Tiberíades; y fue de esta manera:

2. Estaban juntos Simón Pedro, y Tomás, llamado Dídimo, y Natanael, el cual era de Caná de Galilea, y los hijos de Zebedeo, y otros dos de sus discípulos.

3. Les dijo Simón Pedro: Voy a pescar. Le respondieron ellos: Vamos también nosotros contigo. Fueron, pues, y entraron en la barca, y aquella noche no cogieron nada.

4. Venida la mañana, se apareció Jesús en la ribera; pero los discípulos no conocieron que fuese él.

5. Y Jesús les dijo: Muchachos, ¿tenéis algo que comer? Le respondieron: No.

6. Les dijo él: Echad la red a la derecha del barco; y encontraréis. La echaron, pues; y ya no podían sacarla por la cantidad de peces que había.

7. Entonces el discípulo aquel que Jesús amaba, dijo a Pedro: Es el Señor. Simón Pedro apenas oyó: Es el Señor, se vistió la túnica (pues estaba desnudo, o en paños menores) y se echó al mar.

8. Los demás discípulos vinieron en la barca, tirando la red llena de peces (pues no estaba lejos de tierra, sino como unos doscientos codos).

9. Al saltar en tierra, vieron preparadas brasas encendidas, y un pez puesto encima, y pan.

10. Jesús les dijo: Traed acá de los peces que acabáis de coger.

11. Subió al barco Simón Pedro, y sacó a tierra la red, llena de ciento cincuenta y tres peces grandes. Y aunque fueran tantos, no se rompió la red.

12. Les dijo Jesús: Vamos, almorzad. Y ninguno de los que estaban comiendo osaba preguntarle: ¿Quién eres tú?, sabiendo bien que era el Señor.

13. Se acercó, pues, Jesús, y tomó el pan, y se los distribuyó, y lo mismo hizo del pez.

14. Esta fue la tercera vez que Jesús apareció a sus discípulos, después que resucitó de entre los muertos.

15. Acabada la comida, dijo Jesús a Simón Pedro: Simón, hijo de Juan, ¿me amas tú más que éstos? Le dijo: Sí, Señor, tú sabes que te amo. Le dijo: Apacienta mis corderos.

16. Por segunda vez le dijo: Simón, hijo de Juan, ¿me amas? Le respondió: Sí, Señor, tú sabes que te amo. Le dijo: Apacienta mis corderos.

17. Le dijo por tercera vez: Simón, hijo de Juan, ¿me amas? Pedro se entristeció de que por tercera vez le preguntase si le amaba; y así respondió: Señor, tú lo sabes todo; tú conoces bien que yo te amo. Le dijo Jesús: Apacienta mis ovejas.

18. En verdad, en verdad te digo, que cuando eras más mozo, tú mismo te ceñías el vestido, e ibas adonde querías; mas siendo viejo, extenderás tus manos en una cruz, y otro te ceñirá, y te conducirá adonte tú no gustes.

19. Esto lo dijo para indicar con qué género de muerte había Pedro de glorificar a Dios. Y después de esto, añadió: Sígueme.

20. Volviéndose Pedro a mirar, vio venir detrás al discípulo amado de Jesús, aquel que en la cena se reclinara sobre su pecho, y había preguntado: Señor, ¿quién es el que te hará traición?

21. Pedro, pues, habiéndole visto, dijo a Jesús: Señor, ¿qué será de éste?

22. Le respondió Jesús: Si yo quiero que así se quede hasta mi venida, ¿a ti qué te importa? Tú sígueme a mí.

23. Y de aquí se originó la voz que corrió entre los hermanos, de que este discípulo no moriría. Mas no le dijo Jesús: No morirá, sino: Si yo quiero que así se quede hasta mi venida, ¿a ti qué te importa?

24. Éste es aquel discípulo que da testimonio de estas cosas, y las ha escrito; y estamos ciertos de que su testimonio es verdadero.

25. Muchas otras cosas hay que hizo Jesús, que si se escribieran una por una, me parece que no cabrían en el mundo los libros que se habrían de escribir.

Hechos de los Apóstoles

Introducción

Este libro contiene los hechos de los apóstoles, y en especial de Pablo, después de la Ascensión de Jesucristo, la venida del Espíritu Santo en Pentecostés, y durante los primeros pasos de la formación de la Iglesia, hasta cuando fueron por las provincias a predicar el *Evangelio* o *buena nueva* del reino de Dios. Lucas, su autor, era discípulo de Pablo y lo acompañó en los viajes apostólicos, refiere ante todos los hechos del apóstol hasta el año 63. San Agustín decía *No ha escrito sino lo que creyó bastante para la edificación de sus lectores, pero lo ha escrito con tanta sinceridad, que entre un grande número de libros sobre la historia de los apóstoles, la Iglesia siempre ha juzgado a éste digno de fe, y ha desechado todos los demás.*

1 *Promesa del Espíritu Santo. Ascensión de Jesús al cielo. Matías reemplaza a Judas*

1. He hablado en mi primer libro, ¡oh Teófilo!, de todo lo más notable que hizo y enseñó Jesús, desde su principio,

2. hasta el día en que fue recibido en el cielo, después de haber instruido por el Espíritu Santo a los apóstoles, que él había escogido.

3. A los cuales se había manifestado también después de su pasión, dándoles muchas pruebas de que vivía, apareciéndoseles en el espacio de cuarenta días, y hablándoles de las cosas tocantes al reino de Dios.

4. Y por último, comiendo con ellos, les mandó que no partiesen de Jerusalén, sino que esperasen el cumplimiento de la promesa del Padre, la cual, dijo, oísteis de mi boca*,

5. y es, que Juan bautizó con el agua, mas vosotros habéis de ser bautizados, o bañados, en el Espíritu Santo dentro de pocos días.

6. Entonces los que se hallaban presentes, le hicieron esta pregunta: Señor, ¿si será éste el tiempo en que has de restituir el reino a Israel?

7. A lo cual respondió Jesús: No os corresponde a vosotros el saber los tiempos y momentos que tiene el Padre reservados a su poder soberano;

8. recibiréis, sí, la virtud del Espíritu Santo, que descenderá sobre vosotros, y me serviréis de testigos en Jerusalén, y en toda la Judea, y Samaria, y hasta el cabo del mundo.

9. Dicho esto, se fue elevando a vista de ellos por los aires, hasta que una nube le encubrió a sus ojos.

10. Y estando atentos a mirar cómo iba subiéndose al cielo, he aquí que aparecieron cerca de ellos dos personajes con vestiduras blancas,

11. los cuales les dijeron: Varones de Galilea, ¿por qué estáis ahí parados mirando al cielo? Este Jesús, que separándose de vosotros se ha subido al cielo, vendrá de la misma suerte que le acabáis de ver subir allá.

12. Después de esto se volvieron los discípulos a Jerusalén, desde el monte llamado de los Olivos, que dista de Jerusalén el espacio de camino que puede andarse en sábado.

4. *Jn 14*, 16-26.

13. Entrados en la ciudad, subieron a una habitación alta, donde tenían su morada, Pedro y Juan, Santiago y Andrés, Felipe y Tomás, Bartolomé y Mateo, Santiago hijo de Alfeo, y Simón llamado el Zelador, y Judas hermano de Santiago.

14. Todos los cuales, animados de un mismo espíritu, perseveraban juntos en oración con las mujeres piadosas, y con María la madre de Jesús, y con los hermanos, o parientes de este Señor.

15. Por aquellos días levantándose Pedro en medio de los hermanos (cuya junta era como de unas ciento veinte personas) les dijo:

16. Hermanos míos, es preciso que se cumpla lo que tiene profetizado el Espíritu Santo por boca de David*, acerca de Judas, que se hizo adalid de los que prendieron a Jesús,

17. y el cual fue de nuestro número, y había sido llamado a las funciones de nuestro ministerio.

18. Este adquirió un campo con el precio de su maldad, y habiéndose ahorcado reventó por medio; quedando esparcidas por tierra todas sus entrañas;

19. cosa que es notoria a todos los habitantes de Jerusalén, por manera que aquel campo ha sido llamado en su lengua Hacéldama, esto es, Campo de sangre.

20. Así es que está escrito en el libro de los Salmos*: Quede su morada desierta, ni haya quien habite en ella, y ocupe otro su lugar en el episcopado.

21. Es necesario, pues, que de estos sujetos que han estado en nuestra compañía, todo el tiempo que Jesús Señor nuestro conversó entre nosotros,

22. empezando desde el bautismo de Juan, hasta el día en que apartándose de nosotros, se subió al cielo, se elija uno que sea, como nosotros, testigo de su resurrección.

23. Con esto propusieron a dos: a José, llamado Barsabas, y por sobrenombre el Justo, y a Matías.

24. Y haciendo oración dijeron: ¡Oh Señor!, tú que ves los corazones de todos, muéstranos cuál de estos dos has destinado

25. a ocupar el puesto de este ministerio y apostolado, del cual cayó Judas por su prevaricación, para irse a su lugar.

26. Y echando suertes, cayó la suerte a Matías, con lo que fue agregado a los once apóstoles.

16. *40*, 10.
20. *Sal 69* (*68*), 26; *109* (*108*), 8.

2 *Venida del Espíritu Santo. Primer sermón de Pedro. Vida de los primeros fieles*

1. Al cumplirse, pues, los días de Pentecostés, estaban todos juntos en un mismo lugar,

2. cuando de repente sobrevino del cielo un ruido, como de viento impetuoso que soplaba, y llenó toda la casa donde estaban.

3. Al mismo tiempo vieron aparecer unas como lenguas de fuego, que se repartieron y se asentaron sobre cada uno de ellos.

4. Entonces fueron llenados todos del Espíritu Santo, y comenzaron a hablar en diversas lenguas las palabras que el Espíritu Santo ponía en su boca.

5. Había a la sazón en Jerusalén, judíos piadosos, y temerosos de Dios, de todas las naciones del mundo.

6. Divulgado, pues, este suceso, acudió una gran multitud de ellos, y quedaron atónitos, al ver que cada uno oía hablar a los apóstoles en su propia lengua.

7. Así pasmados todos, y maravillados se decían unos a otros: ¿Por ventura estos que hablan, no son todos galileos, rudos e ignorantes?

8. Pues ¿cómo es que los oímos cada uno de nosotros hablar nuestra lengua nativa?

9. Partos, medos y elamitas, los moradores de Mesopotamia, de Judea, y de Capadocia, del Ponto y del Asia,

10. los de Frigia, de Panfilia y de Egipto, los de la Libia confinante con Cirene, los que han venido de Roma,

11. tanto judíos, como prosélitos, los cretenses, y los árabes, los oímos hablar en nuestras propias lenguas las maravillas de Dios.

12. Estando, pues, todos llenos de admiración, y no sabiendo qué discurrir, se decían unos a otros: ¿Qué novedad es ésta?

13. Pero hubo algunos que se mofaban de ellos diciendo: Estos sin duda están borrachos, o llenos de mosto.

Discurso de Pedro y vida de los primeros fieles

14. Entonces Pedro presentándose con los once apóstoles, levantó su voz y les habló de esta suerte: ¡Oh vosotros judíos, y todos los demás que moráis en Jerusalén!, estad atentos a lo que voy a deciros, y escuchad bien mis palabras.

15. No están éstos embriagados, como sospecháis vosotros, pues no es más que las nueve de la mañana*;

16. sino que se verifica lo que dijo el profeta Joel*:

17. Sucederá en los postreros días, dice el Señor, que yo derramaré mi espíritu sobre todos los hombres; y profetizarán vuestros hijos y vuestras hijas; y vuestros jóvenes tendrán visiones, y vuestros ancianos revelaciones en sueños.

18. Sí, por cierto: yo derramaré mi espíritu sobre mis siervos, y sobre mis siervas en aquellos días, y profetizarán.

19. Yo haré que se vean prodigios arriba en el cielo, y portentos abajo en la tierra: sangre y fuego, y torbellinos de humo.

20. El sol se convertirá en tinieblas, y la luna en sangre, antes que llegue el día grande y patente del Señor.

21. Entonces, todos los que hayan invocado el nombre del Señor, serán salvos*.

22. ¡Oh hijos de Israel!, escuchadme ahora: A Jesús de Nazaret, hombre autorizado por Dios a vuestros ojos, con los milagros, maravillas y prodigios que por medio de él ha hecho entre vosotros, como todos sabéis,

23. a este Jesús, dejado a vuestro arbitrio por una orden expresa de la voluntad de Dios y decreto de su presciencia, vosotros le habéis hecho morir, clavándole en la cruz por mano de los impíos.

24. Pero Dios le ha resucitado, librándole de los dolores o ataduras de la muerte, siendo como era imposible quedar él preso o detenido por ella en tal lugar.

25. Porque ya David en persona de él decía: Tenía siempre presente al Señor ante mis ojos; pues está siempre a mi diestra, para que no experimente ningún trastorno.

26. Por tanto se llenó de alegría mi corazón, y resonó mi lengua en voces de júbilo, y mi carne reposará en la esperanza:

27. que no dejarás mi alma en el sepulcro, ni permitirás que el cuerpo de tu Santo experimente la corrupción.

28. Me harás entrar otra vez en las sendas de la vida, y colmarme has de gozo con tu presencia.

29. Hermanos míos, permitidme que os diga con toda libertad, y sin el menor recelo: el patriarca David muerto está, y fue sepultado, y su sepulcro se conserva entre nosotros hasta el día de hoy;

30. pero como era profeta, y sabía que Dios le había prometido con juramento que uno de su descendencia se había de sentar sobre su trono,

31. previendo la resurrección de Cristo, dijo, que ni fue detenido en el sepulcro, ni su carne padeció corrupción.

32. Este Jesús es a quien Dios ha resucitado de lo que todos nosotros somos testigos.

33. Elevado, pues, al cielo, sentado allí a la diestra de Dios, y habiendo recibido de su Padre la promesa o potestad de enviar al Espíritu Santo, le ha derramado hoy sobre nosotros del modo que estáis viendo y oyendo.

34. Porque no es David el que subió al cielo; antes bien él mismo dejó escrito: Dijo el Señor a mi Señor: Siéntate a mi diestra,

35. mientras a tus enemigos los pongo yo por tarima de tus pies.

36. Persuádase, pues, toda la casa de Israel, que Dios ha constituido Señor, y Cristo, a este mismo Jesús, al cual vosotros habéis crucificado.

37. Oído este discurso, se compungieron de corazón, y dijeron a Pedro y a los demás apóstoles: Pues, hermanos, ¿qué es lo que debemos hacer?

38. A lo que Pedro les respondió: Haced penitencia, y sea bautizado cada uno de vosotros en el nombre de Jesucristo para remisión de vuestros pecados; y recibiréis el don del Espíritu Santo;

39. porque la promesa de este don es para vosotros, y para vuestros hijos, y para todos los que ahora están lejos de la salud, para cuantos llamare a sí el Señor Dios nuestro.

40. Otras muchísimas razones alegó, y

---

15. Los judíos en los días de fiesta sólo comían, después de las oraciones de la mañana.
16. *Joel 2*, 28; *Is 44*, 3.
21. *Joel 2*, 32.

los amonestaba, diciendo: Poneos en salvo de entre esta generación perversa.

41. Aquellos, pues, que recibieron su doctrina, fueron bautizados; y se añadieron aquel día a la Iglesia cerca de tres mil personas.

42. Y perseveraban todos en oír las instrucciones de los apóstoles, y en la comunicación de la fracción del pan, o Eucaristía, y en la oración.

43. Y toda la gente estaba sobrecogida de un respetuoso temor; porque eran muchos los prodigios y milagros que hacían los apóstoles en Jerusalén, de suerte que todos universalmente estaban llenos de espanto.

44. Los creyentes por su parte vivían unidos entre sí, y nada tenían que no fuese común para todos ellos.

45. Vendían sus posesiones y demás bienes y los repartían entre todos, según la necesidad de cada uno.

46. Asistiendo asimismo cada día largos ratos al templo, unidos con un mismo espíritu, y partiendo el pan por las casas de los fieles, tomaban el alimento con alegría y sencillez de corazón,

47. alabando a Dios, y haciéndose amar de todo el pueblo. Y el Señor aumentaba cada día el número de los que abrazaban el mismo género de vida para salvarse.

3

Segundo sermón de Pedro, en que demuestra ser Jesús el Mesías prometido en la ley

---

1. Subían un día Pedro y Juan al templo, a la oración de las tres de la tarde.

2. Y había un hombre, cojo desde el vientre de su madre, a quien traían a cuestas, y ponían todos los días a la puerta del templo, llamada la Hermosa, para pedir limosna a los que entraban en él.

3. Pues como éste viese a Pedro y a Juan que iban a entrar en el templo, les rogaba que le diesen limosna.

4. Pedro entonces, fijando con Juan la vista en este pobre, le dijo: Atiende hacia nosotros.

5. El los miraba de hito en hito, esperando que le diesen algo.

6. Mas Pedro le dijo: Plata ni oro, yo no tengo; pero te doy lo que tengo: En el nombre de Jesucristo Nazareno, levántate, y camina.

7. Y cogiéndole de la mano derecha, le levantó, y al instante se le consolidaron las piernas y las plantas.

8. Y dando un salto de gozo se puso en pie, y echó a andar; y entró con ellos en el templo, andando por sus propios pies, y saltando, y loando a Dios.

9. Todo el pueblo le vio cómo iba andando y alabando a Dios.

10. Y como le conocían por aquel mismo que solía estar sentado a la limosna, en la puerta Hermosa del templo, quedaron espantados y fuera de sí con tal suceso.

11. Teniendo, pues, él de la mano a Pedro y a Juan, todo el pueblo asombrado vino corriendo hacia ellos, al lugar llamado pórtico o galería de Salomón.

12. Lo que viendo Pedro, habló a la gente de esta manera: ¡Oh hijos de Israel!, ¿por qué os maravilláis de esto, y por qué nos estáis mirando a nosotros, como si por virtud o potestad nuestra hubiésemos hecho andar a este hombre?

13. El Dios de Abrahán, el Dios de Isaac, y el Dios de Jacob, el Dios de nuestros padres ha glorificado con este prodigio a su Hijo Jesús, a quien vosotros habéis entregado y negado en el tribunal de Pilatos, juzgando éste que debía ser puesto en libertad.

14. Mas vosotros renegasteis del Santo y del Justo, y pedisteis que se os hiciese gracia de la vida de un homicida.

15. Disteis la muerte al autor de la vida, pero Dios le ha resucitado de entre los muertos, y nosotros somos testigos de su resurrección.

16. Su poder es el que, mediante la fe en su Nombre, ha consolidado los pies a éste que vosotros visteis y conocisteis tullido, de modo que la fe, que de él proviene, y en él tenemos, es la que ha causado esta perfecta curación delante de todos vosotros.

17. Ahora, hermanos, yo bien sé que hicisteis por ignorancia lo que hicisteis, como también vuestros jefes.

18. Si bien Dios ha cumplido de esta suerte lo pronunciado por la boca de todos los profetas, en orden a la pasión de su Cristo.

19. Haced, pues, penitencia, y convertíos, a fin de que se borren vuestros pecados,

20. para cuando vengan por disposición del Señor los tiempos de consolación, y envíe al mismo Jesucristo que os ha sido anunciado.

21. El cual es debido por cierto que se mantenga en el cielo, hasta los tiempos de la restauración de todas las cosas, de que antiguamente Dios habló por boca de sus santos profetas.

22. Porque Moisés dijo a nuestros padres: El Señor Dios vuestro os suscitará de entre vuestros hermanos un profeta, como me ha suscitado a mí; a él habéis de obedecer en todo cuanto os diga;

23. de lo contrario, cualquiera, que desobedeciere a aquel profeta será exterminado o borrado del pueblo de Dios.

24. Y todos los profetas que desde Samuel en adelante han vaticinado, anunciaron lo que pasa en estos días.

25. Vosotros, ¡oh israelitas!, sois hijos de los profetas, y los herederos de la alianza que hizo Dios con nuestros padres, diciendo a Abrahán: En uno de tu descendencia serán benditas todas las naciones de la tierra.

26. Para vosotros en primer lugar es para quienes ha resucitado Dios a su Hijo, y le ha enviado a llenaros de bendiciones, a fin de que cada uno se convierta de su mala vida.

4

Los apóstoles confiesan la fe de Jesucristo. Se les manda que no prediquen

1. Mientras ellos estaban hablando al pueblo, sobrevinieron los sacerdotes con el magistrado o comandante del templo y los saduceos,

2. no pudiendo sufrir que enseñasen al pueblo, y predicasen en la persona de Jesús la resurrección de los muertos.

3. Y habiéndose apoderado de ellos, los metieron en la cárcel hasta el día siguiente: porque ya era tarde.

4. Entretanto muchos de los que habían oído la predicación de Pedro, creyeron; cuyo número llegó a cinco mil hombres.

5. Al día siguiente se congregaron en Jerusalén los jefes o magistrados, y los ancianos, y los escribas,

6. con el pontífice Anás y Caifás, y Juan, y Alejandro, y todos los que eran del linaje sacerdotal;

7. y haciendo comparecer en medio a los apóstoles, les preguntaron: ¿Con qué potestad, o en nombre de quién habéis hecho esa acción?

8. Entonces Pedro, lleno del Espíritu Santo, les respondió: Príncipes del pueblo, y vosotros ancianos de Israel, escuchad:

9. Ya que en este día se nos pide razón del bien que hemos hecho a un hombre tullido, y que se quiere saber por virtud de quién ha sido curado,

10. declaramos a todos vosotros y a todo el pueblo de Israel, que la curación se ha hecho en nombre de nuestro Señor Jesucristo Nazareno, a quien vosotros crucificasteis y Dios ha resucitado. En virtud de tal nombre se presenta sano ese hombre a vuestros ojos.

11. Este Jesús es aquella piedra que vosotros desechasteis al edificar, la cual ha venido a ser la principal piedra del ángulo.

12. Fuera de él no hay que buscar la salvación en ningún otro. Pues no se ha dado a los hombres otro Nombre debajo del cielo, por el cual debamos salvarnos.

13. Viendo ellos la firmeza de Pedro y de Juan, constándoles por otra parte que eran hombres sin letras y del vulgo, estaban llenos de admiración, conociendo que eran de los que habían sido discípulos de Jesús.

14. Por otra parte, al ver al hombre que había sido curado estar con ellos en pie, nada podían replicar en contrario.

15. Les mandaron, pues, salir fuera de la junta, y comenzaron a deliberar entre sí,

16. diciendo: ¿Qué haremos con estos hombres? El milagro hecho por ellos es notorio a todos los habitantes de Jerusalén; es tan evidente, que no podemos negarlo.

17. Pero a fin de que no se divulgue más en el pueblo, ordenémosles que de aquí en adelante no tomen en boca este Nombre, ni hablen de él a persona viviente.

18. Por tanto llamándolos, les dijeron que por ningún caso hablasen ni enseñasen en el Nombre de Jesús.

19. Mas Pedro y Juan respondieron a esto, diciéndoles: Juzgad vosotros si en la presencia de Dios es justo el obedeceros a vosotros antes que a Dios;

20. porque nosotros no podemos menos de hablar lo que hemos visto y oído.

21. Pero ellos con todo amenazándolos los despacharon, no hallando arbitrio para castigarlos, por temor del pueblo, porque todos celebraban este glorioso hecho;

22. pues el hombre en quien se había obrado esta cura milagrosa, pasaba de cuarenta años.

23. Puestos ya en libertad, volvieron a los suyos; y les contaron cuantas cosas les habían dicho los príncipes de los sacerdotes, y los ancianos.

24. Ellos al oírlo, levantaron todos unánimes la voz a Dios, y dijeron: ¡Señor!, tú eres el que hiciste el cielo y la tierra, el mar y todo cuanto en ellos se contiene;

25. el que, hablando el Espíritu Santo por boca de David nuestro padre y siervo tuyo, dijiste: ¿Por qué se han alborotado las naciones, y los pueblos han forjado empresas vanas?

26. Se armaron los reyes de la tierra, y los príncipes se coligaron contra el Señor y contra su Cristo.

27. Porque verdaderamente se juntaron en esta ciudad contra tu santo Hijo Jesús, a quien ungiste, Herodes y Poncio Pilatos, con los gentiles y las tribus de Israel,

28. para ejecutar lo que tu poder y providencia determinaron que se hiciese.

29. Ahora, pues, Señor, mira sus vanas amenazas, y da a tus siervos el predicar con toda confianza tu palabra,

30. extendiendo tu poderosa mano para hacer curaciones, prodigios y portentos en el Nombre de Jesús tu santo Hijo.

31. Acabada esta oración, tembló el lugar en que estaban congregados; y todos se sintieron llenos del Espíritu Santo, y anunciaban con firmeza la palabra de Dios.

32. Toda la multitud de los fieles tenía un mismo corazón y una misma alma; ni había entre ellos quien considerase como suyo lo que poseía, sino que tenían todas las cosas en común.

33. Los apóstoles con gran valor daban testimonio de la resurrección de Jesucristo Señor nuestro; y en todos los fieles resplandecía la gracia con abundancia.

34. Así es que no había entre ellos persona necesitada; pues todos los que tenían posesiones o casas, vendiéndolas, traían el precio de ellas,

35. y lo ponían a los pies de los apóstoles; el cual después se distribuía según la necesidad de cada uno.

36. De esta manera José, a quien los apóstoles pusieron el sobrenombre de Bernabé, (esto es, Hijo de consolación o Consolador) que era levita y natural de la isla de Chipre,

37. vendió una heredad que tenía, y trajo el precio y lo puso a los pies de los apóstoles.

5

Castigo de Ananías y Safira. Los apóstoles, presos, son puestos en libertad después de ser azotados

1. Un hombre llamado Ananías, con su mujer Safira, vendió también un campo.

2. Y, de acuerdo con ella, retuvo parte del precio; y trayendo el resto, lo puso a los pies de los apóstoles.

3. Mas Pedro le dijo: Ananías, ¿cómo ha tentado Satanás tu corazón, para que mintieses al Espíritu Santo, reteniendo parte del precio de ese campo?

4. ¿Quién te quitaba el conservarlo? Y aunque lo hubieses vendido, ¿no estaba su precio a tu disposición? ¿Pues a qué fin has urdido en tu corazón esta trampa? No mentiste a hombres, sino a Dios.

5. Al oír Ananías estas palabras, cayó en tierra y expiró. Con lo cual todos los que tal suceso supieron, quedaron en gran manera atemorizados.

6. En la hora misma vinieron unos mozos, y le sacaron y llevaron a enterrar.

7. No bien se pasaron tres horas, cuando su mujer entró ignorante de lo acaecido.

8. Le dijo Pedro: Dime, mujer, ¿es así que vendisteis el campo por tanto? Sí, respondió ella, por ese precio lo vendimos.

9. Entonces Pedro le dijo: ¿Por qué os habéis concertado para tentar al Espíritu del Señor? He aquí a la puerta los que enterraron a tu marido; y ellos mismos te llevarán a enterrar.

10. Al momento cayó a sus pies, y expiró. Entretanto luego los mozos la encontraron muerta, y sacándola, la enterraron al lado de su marido.

11. Lo que causó gran temor en toda la Iglesia y en todos los que tal suceso oyeron.

12. Entretanto los apóstoles hacían muchos milagros y prodigios entre el pueblo. Y todos los fieles unidos en un mismo espíritu se juntaban en el pórtico de Salomón.

13. De los otros nadie osaba juntarse o hermanarse con ellos; pero el pueblo hacía de ellos grandes elogios.

14. Con esto se aumentaba más y más el número de los que creían en el Señor, así de hombres como de mujeres,

15. de suerte que sacaban a las calles a los enfermos, poniéndolos en camillas y lechos o carretones, para que pasando Pedro, su sombra tocase por lo menos en alguno de ellos, y quedasen libres de sus dolencias.

16. Concurría también a Jerusalén mucha gente de las ciudades vecinas, trayendo enfermos y endemoniados, los cuales eran curados todos.

17. Alarmado con esto el príncipe de los sacerdotes y los de su partido, que era la secta de los saduceos, se mostraron llenos de celo;

18. y prendiendo a los apóstoles, los metieron en la cárcel pública.

19. Mas el ángel del Señor, abriendo por la noche las puertas de la cárcel, y sacándoles fuera les dijo:

20. Id al templo, y puestos allí, predicad al pueblo la doctrina de esta ciencia de vida.

Comparecen los discípulos ante el Sanedrín

21. Ellos, oído esto, entraron al despuntar el alba en el templo, y se pusieron a enseñar. Entretanto vino el pontífice con los de su partido, y convocaron el concilio y a todos los ancianos del pueblo de Israel, y enviaron por los presos a la cárcel.

22. Llegados los ministros y abierta la cárcel, como no los hallasen, volvieron con la noticia,

23. diciendo: La cárcel la hemos hallado muy bien cerrada, y a los guardas en centinela delante de las puertas; mas habiéndolas abierto, a nadie hemos hallado dentro.

24. Oídas tales nuevas, tanto el comandante del templo, como los príncipes de los sacerdotes, no podían atinar qué se habría hecho de ellos.

25. A este tiempo llegó uno y les dijo: Sabed que aquellos hombres que metisteis en la cárcel, están en el templo enseñando al pueblo.

26. Entonces el comandante fue allá con su gente y los condujo sin hacerles violencia; porque temían ser apedreados por el pueblo.

27. Fueron conducidos y presentados al concilio; y el sumo sacerdote los interrogó,

28. diciendo: Nosotros os teníamos prohibido con mandato formal que enseñaseis en ese Nombre; y en vez de obedecer, habéis llenado a Jerusalén de vuestra doctrina, y queréis hacernos responsables a nosotros de la sangre de ese hombre.

29. A lo cual respondiendo Pedro y los apóstoles, dijeron: Es necesario obedecer a Dios antes que a los hombres.

30. El Dios de nuestros padres ha resucitado a Jesús, a quien vosotros habéis hecho morir, colgándole en un madero.

31. A éste ensalzó Dios con su diestra por príncipe y salvador, para dar a Israel el arrepentimiento y la remisión de los pecados:

32. nosotros somos testigos de estas verdades, y lo es también el Espíritu Santo, que Dios ha dado a todos los que le obedecen.

33. Oídas estas razones, se desatinaban sus enemigos, y enfurecidos trataban de matarlos.

34. Pero levantándose en el concilio un fariseo llamado Gamaliel, doctor de la ley, hombre respetado de todo el pueblo, mandó que se retirasen afuera por un breve rato a aquellos hombres.

35. Y entonces dijo a los del concilio: ¡Oh israelitas!, considerad bien lo que vais a hacer con estos hombres.

36. Sabéis que hace poco se levantó un tal Teodas, que se vendía por persona de mucha importancia, al cual se asociaron cerca de cuatrocientos hombres: él fue muerto, y todos los que le creían se dispersaron y redujeron a nada.

37. Después de éste surgió Judas Galileo en tiempo del empadronamiento, y arrastró tras sí al pueblo: éste pereció del mismo modo, y todos sus secuaces quedaron disipados.

38. Ahora, pues, os aconsejo que no os metáis con esos hombres, y que los dejéis; porque si este designio o empresa es obra de hombres, ella misma se desvanecerá;

39. pero si es cosa de Dios no podréis destruirla, y os expondríais a ir contra Dios. Todos adhirieron a este parecer.

40. Y llamando a los apóstoles, después de haberlos hecho azotar, les dijeron que no hablasen más ni poco ni mucho en el Nombre de Jesús; y los dejaron ir.

41. Entonces los apóstoles se retiraron de la presencia del concilio muy gozosos porque habían sido hallados dignos de sufrir aquel ultraje por el nombre de Jesús.

42. Y no cesaban todos los días, en el templo, y por las casas, de anunciar y de predicar a Jesucristo.

6 *Elección de los siete diáconos. Esteban hace grandes milagros y se levantan contra él los judíos*

1. Por aquellos días, creciendo el número de los discípulos, se suscitó una queja de los judíos griegos contra los judíos hebreos, o nacidos en el país, porque no se hacía caso de sus viudas en el servicio o distribución del sustento diario.

2. En atención a esto, los doce apóstoles, convocando a todos los discípulos, les dijeron: No es justo que nosotros descuidemos la predicación de la palabra de Dios, por tener cuidado de las mesas:

3. por tanto, hermanos, nombrad de entre vosotros siete sujetos de buena fama, llenos del Espíritu Santo y de inteligencia, a los cuales encarguemos este ministerio.

4. Y con esto podremos nosotros emplearnos enteramente en la oración y en la predicación de la palabra divina.

5. Pareció bien esta propuesta a toda la asamblea; y así nombraron a Esteban, varón lleno de fe y del Espíritu Santo, y a Felipe y a Prócoro, a Nicanor y a Timón, a Pármenas y a Nicolás prosélito antioqueno.

6. Lo presentaron a los apóstoles, los cuales, haciendo oración, les impusieron las manos, o consagraron.

7. Entretanto la palabra de Dios iba fructificando, y multiplicándose sobremanera el número de los discípulos en Jerusalén; y se sujetaban también a la fe muchos de los sacerdotes.

8. Mas Esteban, lleno de gracia y de fortaleza, obraba grandes prodigios y milagros entre el pueblo.

9. Se levantaron, pues, algunos de la sinagoga llamada de los libertinos, o libertos, y de las sinagogas de los cireneos, de los alejandrinos, de los cilicianos y de los asiáticos, y trabaron disputas con Esteban,

10. pero no podían contrarrestar a la sabiduría y al Espíritu que hablaba en él*.

11. Entonces sobornaron a algunos que dijesen haberlo oído proferir blasfemias contra Moisés y contra Dios.

12. Con eso alborotaron a la plebe y a los ancianos, y a los escribas, y echándose sobre él, le arrebataron y trajeron al concilio,

13. y produjeron testigos falsos que afirmasen: Este hombre no cesa de proferir palabras contra este lugar santo y contra la ley;

14. pues nosotros le hemos oído decir que aquel Jesús Nazareno ha de destruir este lugar y cambiar las tradiciones u observancias que nos dejó ordenadas Moisés.

15. Entonces fijando en él los ojos todos los del concilio, vieron su rostro como el rostro de un ángel.

7 *Razonamiento de Esteban en el concilio de los judíos y su muerte apedreado*

1. Dijo entonces el príncipe de los sacerdotes: ¿Es esto así?

2. Respondió él: Hermanos míos y padres, escuchadme. El Dios de la gloria apareció a nuestro padre Abrahán cuando estaba en Mesopotamia, antes que habitase en Carán,

3. y le dijo: Sal de tu patria y de tu parentela, y ven al país que yo te mostraré.

4. Entonces salió de la Caldea, y vino a habitar en Carán. De allí, muerto su padre, le hizo pasar Dios a esta tierra, en donde ahora moráis vosotros.

5. Y no le dio de ella en propiedad ni un palmo tan solamente; le prometió, sí, darle la posesión de dicha tierra, y que después de él la poseerían sus descendientes; y eso que a la sazón Abrahán no tenía hijos.

6. Le predijo también Dios que sus descendientes morarían en tierra extraña, y

10. *Mat 10*, 20.

serían esclavizados, y muy maltratados por espacio de cuatrocientos años;

7. si bien, dijo el Señor, yo tomaré venganza de la nación a la cual servirán como esclavos; y al cabo saldrán libres de aquel país, y me servirán a mí en este lugar.

8. Hizo después con él la alianza sellada con la circuncisión; y así Abrahán habiendo engendrado a Isaac, le circuncidó a los ocho días; Isaac tuvo a Jacob; y Jacob a los doce patriarcas.

9. Los patriarcas movidos de envidia, vendieron a José para ser llevado a Egipto, donde Dios estaba con él;

10. y le libró de todas sus tribulaciones; y habiéndole llenado de sabiduría, le hizo grato a Faraón, rey de Egipto, el cual le constituyó gobernador de Egipto y de todo su palacio.

11. Vino después el hambre general en todo el Egipto y en la tierra de Canaán, y la miseria fue extrema; de suerte que nuestros padres no hallaban de qué alimentarse.

12. Pero habiendo sabido Jacob que en Egipto había trigo, envió allá a nuestros padres por la primera vez.

13. Y en la segunda que fueron José se dio a conocer a sus hermanos, y fue descubierto su linaje a Faraón.

14. Entonces José envió por su padre Jacob y por toda su parentela, que era de setenta y cinco personas.

15. Bajó, pues, Jacob a Egipto, donde vino a morir él, y también nuestros padres.

16. Y sus huesos fueron después trasladados a Siquem, y colocados en el sepulcro que Abrahán compró de los hijos de Hemor, hijo de Siquem, por cierta suma de dinero.

17. Pero acercándose ya el tiempo de cumplirse la promesa, que con juramento había hecho Dios a Abrahán, el pueblo de Israel fue creciendo y multiplicándose en Egipto,

18. hasta que reinó allí otro soberano, que no sabía nada de José.

19. Este príncipe, usando de una artificiosa malicia contra nuestra nación, persiguió a nuestros padres, hasta obligarlos a abandonar sus niños recién nacidos a fin de que no se propagasen.

20. Por este mismo tiempo nació Moisés, que fue grato a Dios, y el cual por tres meses fue criado ocultamente en casa de su padre.

21. Al fin, habiendo sido abandonado sobre las aguas del Nilo, le recogió la hija de Faraón, y le crió como a hijo suyo.

22. Se le instruyó en todas las ciencias de los egipcios, y llegó a ser varón poderoso, tanto en palabras como en obras.

23. Llegado a la edad de cuarenta años, le vino deseo de ir a visitar a sus hermanos los hijos de Israel.

24. Y habiendo visto que uno de ellos era injuriado, se puso de su parte, y le vengó, matando al egipcio que le injuriaba.

25. El estaba persuadido de que sus hermanos los israelitas conocerían que por su medio les había de dar Dios libertad; mas ellos no lo entendieron.

26. Al día siguiente se metió entre unos que reñían: y los exhortaba a la paz, diciendo: Hombres, vosotros sois hermanos; ¿pues por qué os maltratáis uno al otro?

27. Mas aquel que hacía el agravio a su prójimo, le empujó, diciendo: ¿Quién te ha puesto a ti por príncipe y juez sobre nosotros?

28. ¿Quieres tú por ventura matarme a mí, como mataste ayer al egipcio?

29. Al oír esto Moisés se ausentó, y se retiró a vivir como extranjero en el país de Madián, donde tuvo dos hijos.

30. Cuarenta años después se le apareció un ángel del Señor en el desierto del monte Sinaí, entre las llamas de una zarza que ardía sin consumirse.

31. Se maravilló Moisés al ver aquel espectáculo; y acercándose a contemplarlo, oyó la voz del Señor, que le decía:

32. Yo soy el Dios de tus padres, el Dios de Abrahán, el Dios de Isaac, y el Dios de Jacob. Se estremeció entonces Moisés; no osaba mirar lo que aquello era.

33. Pero el Señor le dijo: Quítate de los pies el calzado; porque el lugar en que estás, es una tierra santa.

34. Yo he visto y considerado la aflicción del pueblo mío, que habita en Egipto, y he oído sus gemidos, y he descendido a librarle. Ahora, pues, ven tú, y te enviaré a Egipto.

35. Así que a este Moisés, a quien desecharon, diciendo: ¿Quién te ha constituido nuestro príncipe y juez?, a este mismo envió Dios para ser el caudillo y libertador de ellos, bajo la dirección del ángel, que se le apareció en la zarza.

36. Este mismo los libertó, haciendo prodigios y milagros en la tierra de Egipto, y en el Mar Rojo, y en el desierto por espacio de cuarenta años.

37. Este es aquel Moisés que dijo a los hijos de Israel: Dios os suscitará de entre vuestros hermanos un profeta legislador, como me ha suscitado a mí: a éste debéis obedecer.

38. Moisés es quien, mientras el pueblo estaba congregado en el desierto, estuvo tratando con el ángel, que le hablaba en el monte Sinaí; es aquel que estuvo con nuestros padres; el que recibió de Dios las palabras de vida para comunicárnoslas;

39. a quien no quisieron obedecer nuestros padres; antes bien le desecharon, y con su corazón y afecto se volvieron a Egipto.

40. Diciendo a Aarón: Haznos dioses que nos guíen, ya que no sabemos qué se ha hecho de ese Moisés, que nos sacó de la tierra de Egipto.

41. Y fabricaron después un becerro, y ofrecieron sacrificio a este ídolo, y hacían regocijo ante la hechura de sus manos.

42. Entonces Dios les volvió las espaldas, y los abandonó a la idolatría de los astros o la milicia del cielo, según se halla escrito en el libro de los profetas*: ¡Oh casa de Israel!, ¿por ventura me has ofrecido víctimas y sacrificios los cuarenta años del desierto?

43. Al contrario, habéis conducido el tabernáculo de Moloc y el astro de vuestro dios Remfam, figuras que fabricasteis para adorarlas. Pues yo os transportaré a Babilonia, y más allá.

44. Tuvieron nuestros padres en el desierto el Tabernáculo del Testimonio, según se lo ordenó Dios a Moisés, diciéndole que lo fabricase según el modelo que había visto*.

45. Y habiéndolo recibido nuestros padres, lo condujeron bajo la dirección de Josué al país que era la posesión de las naciones, que fue Dios expeliendo delante de ellos, y duró el Tabernáculo hasta el tiempo de David*.

46. Este fue acepto a los ojos de Dios, y pidió poder fabricar un templo al Dios de Jacob.

47. Pero el templo quien lo edificó fue Salomón.

48. Si bien el Altísimo no habita precisamente en moradas hechas de mano de hombres, como dice el profeta:

49. El cielo es mi trono, y la tierra el estrado de mis pies. ¿Qué especies de casas me habéis de edificar vosotros?, dice el Señor; o ¿cuál podrá ser digno lugar de mi descanso?

50. ¿Por ventura no hizo mi mano todas estas cosas?

51. ¡Hombres de dura cerviz y de corazón y oído incircuncisos!, vosotros resistís siempre al Espíritu Santo; como fueron vuestros padres, así sois vosotros.

52. ¿A qué profeta no persiguieron vuestros padres? Ellos son los que mataron a los que anunciaban la venida del Justo, que vosotros acabáis de entregar, y del cual habéis sido homicidas;

53. vosotros que recibisteis la ley por ministerio de ángeles, y no la habéis guardado.

Lapidación y muerte de Esteban

54. Al oír tales cosas, ardían en cólera sus corazones, y crujían los dientes contra él.

55. Mas Esteban, estando lleno del Espíritu Santo, y fijando los ojos en el cielo vio la gloria de Dios, y a Jesús que estaba a la diestra de Dios. Y dijo: Estoy viendo ahora los cielos abiertos, y al Hijo del hombre sentado a la diestra de Dios.

56. Entonces clamando ellos con gran gritería se taparon los oídos, y después todos a una arremetieron contra él.

57. Y arrojándole fuera de la ciudad le apedrearon; y los testigos depositaron sus vestidos a los pies de un mancebo, que se llamaba Saulo.

58. Y apedreaban a Esteban, el cual estaba orando, y diciendo: ¡Señor Jesús, recibe mi espíritu!

59. Y poniéndose de rodillas, clamó en alta voz: ¡Señor, no les hagas cargo de este pecado! Y dicho esto durmió en el Señor. Saulo había consentido como los otros a la muerte de Esteban.

---

42. *Am 5*, 25.
44. *Ex 25*, 40.
45. *Jos 3*, 14; *Hebr 8*, 9.

8

El diácono Felipe hace mucho fruto en Samaria, a donde son enviados Pedro y Juan

1. Por aquellos días se levantó una gran persecución contra la Iglesia de Jerusalén, y todos los discípulos, menos los apóstoles, se dispersaron por varios distritos de Judea, y de Samaria.

2. Mas algunos hombres piadosos cuidaron de dar sepultura a Esteban, en cuyas exequias hicieron gran duelo.

3. Entretanto Saulo iba desolando la Iglesia, y entrándose por las casas, sacaba con violencia a hombres y mujeres, y los hacía meter en la cárcel.

4. Pero los que se habían dispersado andaban de un lugar a otro, predicando la palabra de Dios.

5. Entre ellos Felipe, habiendo llegado a la ciudad de Samaria, les predicaba a Cristo.

6. Y era grande la atención con que todo el pueblo escuchaba los discursos de Felipe, oyéndole todos con el mismo fervor, y viendo los milagros que obraba.

7. Porque muchos espíritus inmundos salían de los poseídos, dando grandes gritos,

8. y muchos paralíticos y cojos fueron curados.

9. Por lo que se llenó de gran alegría aquella ciudad. En ella había ejercitado antes la magia un hombre llamado Simón, engañando a los samaritanos, y persuadiéndoles que él era un gran personaje.

10. Todos, grandes y pequeños, le escuchaban con veneración, y decían: Este es la virtud grande de Dios.

11. La causa de su adhesión a él era porque ya hacía mucho tiempo que los traía embaucados con su arte mágica.

12. Pero luego que hubieron creído la palabra del reino de Dios, que Felipe les anunciaba, hombres y mujeres se hacían bautizar en nombre de Jesucristo.

13. Entonces creyó también el mismo Simón, y habiendo sido bautizado, seguía y acompañaba a Felipe. Y al ver los milagros y portentos grandísimos que se hacían, estaba atónito y lleno de asombro.

14. Sabiendo, pues, los apóstoles, que estaban en Jerusalén, que los samaritanos habían recibido la palabra de Dios, les enviaron a Pedro y a Juan.

15. Estos en llegando, hicieron oración por ellos a fin de que recibiesen al Espíritu Santo.

16. Porque aún no había descendido sobre ninguno de ellos, sino que solamente estaban bautizados en nombre del Señor Jesús.

17. Entonces les imponían las manos, y luego recibían al Espíritu Santo.

18. Habiendo visto, pues, Simón, que por la imposición de las manos de los apóstoles se daba el Espíritu Santo, les ofreció dinero,

19. diciendo: Dadme también a mí esa potestad, para que cualquiera a quien imponga yo las manos, reciba al Espíritu Santo. Mas Pedro le respondió:

20. Perezca tu dinero contigo; pues has juzgado que se alcanzaba por dinero el don de Dios.

21. No puedes tú tener parte, ni cabida en este ministerio; porque tu corazón no es recto a los ojos de Dios.

22. Por tanto haz penitencia de esta perversidad tuya, y ruega de tal suerte a Dios, que te sea perdonado ese desvarío de tu corazón.

23. Pues yo te veo lleno de amarguísima hiel, y arrastrando la cadena de la iniquidad.

24. Respondió Simón, y dijo: Rogad por mí vosotros al Señor, para que no venga sobre mí nada de lo que acabáis de decir.

25. Ellos en fin, habiendo predicado y dado testimonio de la palabra del Señor, regresaron a Jerusalén, anunciando la buena nueva en muchos distritos de los samaritanos.

Felipe y el funcionario etíope

26. Mas un ángel del Señor habló a Felipe, diciendo: Parte, y ve hacia el mediodía, por la vía que lleva de Jerusalén a Gaza; la cual está desierta.

27. Partió luego Felipe, y se fue hacia allá. Y he aquí que encuentra a un etíope, eunuco, gran valido de Candace, reina de los etíopes, y superintendente de todos sus tesoros, el cual había venido a Jerusalén a adorar a Dios;

28. y a la sazón se volvía, sentado en su carruaje, y leyendo al profeta Isaías.

29. Entonces dijo el espíritu a Felipe: Date prisa y arrímate a ese carruaje.

30. Acercándose, pues, Felipe, a toda prisa, oyó que iba leyendo en el profeta Isaías, y les dijo: ¿Te parece a ti que entiendes lo que vas leyendo?

31. ¿Cómo lo he de entender, respondió él, si alguno no me lo explica? Rogó, pues, a Felipe que subiese, y tomase asiento a su lado.

32. El pasaje de la Escritura que iba leyendo, era éste: Como oveja fue conducido al matadero: y como cordero que está sin balar en manos del que le trasquila, así él no abrió su boca.

33. Después de sus humillaciones ha sido libertado del poder de la muerte a la cual fue condenado. Su generación, ¿quién podrá declararla?, puesto que su vida será cortada de la tierra.

34. A esto preguntó el eunuco a Felipe: Dime, te ruego, ¿de quién dice esto el profeta?, ¿de sí mismo, o de algún otro?

35. Entonces Felipe tomando la palabra, y comenzando por este texto de la Escritura, le evangelizó a Jesús.

36. Siguiendo su camino, llegaron a un paraje en que había agua; y dijo el eunuco: Aquí hay agua: ¿qué impedimento hay para que yo sea bautizado?

37. Ninguno, respondió Felipe, si crees de todo corazón. A lo que dijo el eunuco: Yo creo que Jesucristo es el Hijo de Dios.

38. Y mandando parar el carruaje, bajaron ambos, Felipe y el eunuco, al agua, y Felipe le bautizó.

39. Así que salieron del agua el Espíritu del Señor arrebató a Felipe, y no le vio más el eunuco; el cual prosiguió su viaje rebosando de gozo.

40. Felipe de repente se halló en Azoto, y fue anunciando la buena nueva a todas las ciudades por donde pasaba, hasta que llegó a Cesarea.

9

Conversión de Saulo, quien predica en Damasco, va a Jerusalén y Bernabé lo presenta a los apóstoles

---

1. Mas Saulo, que todavía no respiraba sino amenazas y muerte contra los discípulos del Señor, se presentó al príncipe de los sacerdotes,

2. y le pidió cartas para Damasco, dirigidas a las sinagogas, para traer presos a Jerusalén a cuantos hombres y mujeres hallase de esta profesión o escuela de Jesús.

3. Caminando, pues, a Damasco, ya se acercaba a esta ciudad, cuando de repente le cercó de resplandor una luz del cielo.

4. Y cayendo en tierra asombrado oyó una voz que le decía: ¡Saulo, Saulo!, ¿por qué me persigues?

5. Y él respondió: ¿Quién eres tú, Señor? Y el Señor le dijo: Yo soy Jesús, a quien tú persigues: dura cosa es para ti el dar coces contra el aguijón.

6. El entonces, temblando y despavorido, dijo: Señor, ¿qué quieres que haga?

7. Y el Señor le respondió: Levántate y entra en la ciudad, donde se te dirá lo que debes hacer. Los que venían acompañándole estaban asombrados, oyendo sonidos de voz*, pero sin ver a nadie.

8. Se levantó Saulo de la tierra, y aunque tenía abiertos los ojos, nada veía. Por lo cual llevándole de la mano le metieron en Damasco.

9. Aquí se mantuvo tres días privado de la vista, y sin comer ni beber.

10. Estaba a la sazón en Damasco un discípulo llamado Ananías, al cual dijo el Señor en una visión: ¡Ananías! Y él respondió: Aquí me tenéis, Señor.

11. Levántate, le dijo el Señor, y ve a la calle llamada Recta; y busca en casa de Judas a un hombre de Tarso, llamado Saulo, que ahora está en oración.

12. (Y en este mismo tiempo, veía Saulo en una visión a un hombre llamado Ananías, que entraba y le imponía las manos para que recobrase la vista).

13. Respondió Ananías: Señor, he oído decir a muchos que este hombre ha hecho grandes daños a tus santos en Jerusalén.

14. Y aun aquí está con poderes de los príncipes de los sacerdotes para prender a todos los que invocan tu Nombre.

15. Ve a encontrarlo, le dijo el Señor, que ese mismo es ya un instrumento elegido por mí para llevar mi Nombre y anunciarlo delante de todas las naciones, y de los reyes, y de los hijos de Israel.

16. Y yo le haré ver cuántos trabajos tendrá que padecer por mi Nombre.

---

7. *Hech 22*, 10.

17. Marchó, pues, Ananías, y entró en la casa, e imponiéndole las manos, le dijo: ¡Saulo, hermano mío!, el Señor Jesús, que se te apareció en el camino que traías, me ha enviado para que recobres la vista, y quedes lleno del Espíritu Santo.

18. Al momento cayeron de sus ojos unas como escamas, y recobró la vista; y levantándose fue bautizado.

19. Y habiendo tomado después alimento, recobró sus fuerzas. Estuvo algunos días con los discípulos que habitaban en Damasco;

20. y desde luego empezó a predicar en las sinagogas a Jesús, afirmando que éste era el Hijo de Dios.

21. Todos los que le oían estaban pasmados, y decían: ¿Pues no es éste aquel mismo que con tanto furor perseguía en Jerusalén a los que invocaban este Nombre, y que vino acá de propósito para conducirlos presos a los príncipes de los sacerdotes?

22. Saulo cobraba cada día nuevo vigor y esfuerzo, y confundía a los judíos que habitaban en Damasco, demostrándoles que Jesús era el Cristo.

23. Mucho tiempo después, los judíos se conjuraron para quitarle la vida*.

24. Fue advertido Saulo de sus acechanzas; y ellos a fin de salir con el intento de matarle, tenían puestos centinelas día y noche a las puertas.

25. En vista de lo cual los discípulos, tomándole una noche, le descolgaron por el muro metido en un serón.

26. Así que llegó a Jerusalén, procuraba unirse con los discípulos, mas todos se temían de él, no creyendo que fuese discípulo;

27. hasta tanto, que Bernabé, tomándole consigo, le llevó a los apóstoles*, y les contó cómo el Señor se le había aparecido en el camino, y las palabras que le había dicho, y con cuánta firmeza había procedido en Damasco, predicando con libertad en el Nombre de Jesús.

28. Con eso andaba y vivía con ellos en Jerusalén, y predicaba con grande ánimo y libertad en el nombre del Señor.

29. Conversaba también con los de otras naciones, y disputaba con los judíos griegos; pero éstos, confundidos, buscaban medio para matarle.

30. Lo que sabido por los hermanos le condujeron a Cesarea, y de allí le enviaron a Tarso.

31. La Iglesia entretanto gozaba de paz por toda la Judea, y Galilea, y Samaria, e iba estableciéndose o perfeccionándose, procediendo en el temor del Señor, y llena de los consuelos del Espíritu Santo.

32. Sucedió por entonces, que visitando Pedro a todos los discípulos, vino así mismo a los santos o fieles que moraban en Lidda.

33. Aquí halló a un hombre llamado Eneas, que hacía ocho años que estaba postrado en una cama, por estar paralítico.

34. Le dijo Pedro: Eneas, el Señor Jesucristo te cura: levántate, y hazte tú mismo la cama. Y al momento se levantó.

35. Todos los que habitaban en Lidda y en Sarona le vieron; y se convirtieron al Señor.

36. Había también en Jope entre los discípulos una mujer llamada Tabita, que traducido al griego es lo mismo que Dorcas. Estaba ésta enriquecida de buenas obras y de las limosnas que hacía.

37. Mas acaeció en aquellos días que cayendo enferma, murió. Y lavado su cadáver, la pusieron de cuerpo presente en un aposento alto.

38. Como Lidda está cerca de Jope, oyendo los discípulos que Pedro estaba allí, le enviaron dos mensajeros, suplicándole que sin detención pasase a verlos.

39. Se puso luego Pedro en camino con ellos. Llegado que fue, le condujeron al aposento alto, y se halló rodeado de todas las viudas, que llorando le mostraban las túnicas y los vestidos que Dorcas les hacía.

40. Entonces Pedro, habiendo hecho salir a toda la gente, poniéndose de rodillas, hizo oración, y vuelto al cadáver, dijo: Tabita, levántate. Al instante abrió ella los ojos, y viendo a Pedro se incorporó.

41. El cual, dándole la mano, la puso en pie. Y llamando a los santos, o fieles, y a las viudas, se la entregó viva.

42. Lo que fue notorio en toda la ciudad de Jope; por cuyo motivo muchos creyeron en el Señor.

43. Con eso Pedro se hubo de detener muchos días en Jope, hospedado en casa de cierto Simón curtidor.

---

23. *Gal 1*, 17.
27. *Gal 1*, 17-18.

10 *Bautiza Pedro a Cornelio, el centurión, y a varios otros gentiles y amigos de éste*

1. Había en Cesarea un varón llamado Cornelio, el cual era centurión en una cohorte de la legión llamada Itálica,

2. hombre religioso, y temeroso de Dios con toda su familia, y que daba muchas limosnas al pueblo, y hacía continua oración a Dios.

3. Este, pues, a eso de las tres de la tarde, en una visión vio claramente a un ángel del Señor entrar en su aposento, y decirle: ¡Cornelio!

4. Y él, mirándole sobrecogido de temor, dijo: ¿Qué queréis de mí, Señor? Le respondió: Tus oraciones y tus limosnas han subido hasta arriba en el acatamiento de Dios haciendo memoria de ti.

5. Ahora, pues, envía a alguno a Jope en busca de un tal Simón, llamado Pedro,

6. el cual está hospedado en casa de otro Simón curtidor, cuya casa está cerca del mar: éste te dirá lo que te conviene hacer.

7. Luego que se retiró el ángel que le hablaba, llamó a dos de sus domésticos y a un soldado de los que estaban a sus órdenes, temeroso de Dios;

8. a los cuales, después de habérselo confiado todo, los envió a Jope.

9. El día siguiente, mientras estaban ellos haciendo su viaje, y acercándose a la ciudad, subió Pedro a lo alto de la casa, cerca del mediodía, a hacer oración.

10. Sintiendo hambre, quiso tomar alimento. Pero mientras se lo aderezaban, le sobrevino un éxtasis;

11. y en él vio el cielo abierto, y bajar cierta cosa como un mantel grande, que pendiente de sus cuatro puntas se descolgaba del cielo a la tierra,

12. en el cual había todo género de animales cuadrúpedos, y reptiles de la tierra, y aves del cielo.

13. Y oyó una voz que le decía: Pedro, levántate, mata y come.

14. Dijo Pedro: No haré tal, Señor, pues jamás he comido cosa profana e inmunda.

15. Le replicó la misma voz: Lo que Dios ha purificado, no lo llames tú profano.

16. Esto se repitió, por tres veces; y luego el mantel volvió a subirse al cielo.

17. Mientras estaba Pedro discurriendo entre sí qué significaría la visión que acababa de tener, he aquí que los hombres que enviara Cornelio, preguntando por la casa de Simón, llegaron a la puerta.

18. Y habiendo llamado, preguntaron si estaba hospedado allí Simón, por sobrenombre Pedro.

19. Y mientras éste estaba ocupado en discurrir sobre la visión, le dijo el Espíritu: Mira, ahí están tres hombres que te buscan.

20. Levántate luego, baja, y vete con ellos sin el menor reparo: porque yo soy el que los ha enviado.

21. Habiendo, pues, Pedro bajado, e ido al encuentro de los mensajeros, les dijo: Vedme aquí: yo soy aquel a quien buscáis: ¿cuál es el motivo de vuestro viaje?

22. Ellos le respondieron. El centurión Cornelio, varón justo y temeroso de Dios, estimado y tenido por tal de toda la nación de los judíos, recibió aviso de un santo ángel, para que te enviara llamar a su casa, y escuchase lo que tú le digas.

23. Pedro entonces, haciéndolos entrar, los hospedó consigo. Al día siguiente partió con ellos, acompañándole también algunos de los hermanos de Jope.

24. El día después entró en Cesarea. Cornelio, por su parte, convocados sus parientes y amigos más íntimos, los estaba esperando.

25. Estando Pedro para entrar, le salió Cornelio a recibir, y postrándose a sus pies, le adoró.

26. Mas Pedro le levantó, diciendo: Alzate, que yo no soy más que un hombre como tú.

27. Y conversando con él entró en casa, donde halló reunidas muchas personas.

28. Y les dijo: No ignoráis qué cosa tan abominable sea para un judío el trabar amistad o familiarizarse con un extranjero; pero Dios me ha enseñado a no tener a ningún hombre por impuro o manchado.

29. Por lo cual, luego que he sido llamado he venido sin dificultad. Ahora os pregunto: ¿por qué motivo me habéis llamado?

30. A lo que respondió Cornelio. Cuatro días hace hoy, que yo estaba orando en mi casa a las tres de la tarde, cuando he aquí que se me puso delante un personaje vestido de blanco, y me dijo:

31. Cornelio, tu oración ha sido oída benignamente, y se ha hecho mención de tus limosnas en la presencia de Dios.

32. Envía, pues, a Jope, y haz venir a Simón, por sobrenombre Pedro, el cual está hospedado en casa de Simón el curtidor, cerca del mar.

33. Al punto, pues, envié por ti, y tú me has hecho la gracia de venir. Ahora, pues, todos nosotros estamos aquí en tu presencia, para escuchar cuanto el Señor te haya mandado decirnos.

Discurso de Pedro en casa de Cornelio

34. Entonces Pedro, dando principio a su discurso, habló de esta manera: Verdaderamente acabé de conocer que Dios no hace acepción de personas;

35. sino que en cualquiera nación, el que le teme, y obra bien, merece su agrado.

36. Lo cual ha hecho entender Dios a los hijos de Israel, anunciándoles la paz por Jesucristo (el cual es el Señor de todos).

37. Vosotros sabéis lo que ha ocurrido en toda la Judea, habiendo principiado en Galilea, después que predicó Juan el bautismo;

38. la manera con que Dios ungió con el Espíritu Santo y su virtud a Jesús de Nazaret; el cual ha ido haciendo beneficios por todas partes por donde ha pasado, y ha curado a todos los que estaban bajo la opresión del demonio, porque Dios estaba con él.

39. Y nosotros somos testigos de todas las cosas que hizo en el país de Judea y en Jerusalén, al cual no obstante quitaron la vida colgándole en una cruz.

40. Pero Dios le resucitó al tercer día, y dispuso que se dejase ver,

41. no de todo el pueblo, sino de los predestinados de Dios para testigos, de nosotros, que hemos comido y bebido con él, después que resucitó de entre los muertos.

42. Y nos mandó que predicásemos y testificásemos al pueblo, que él es el que está por Dios constituido juez de vivos y de muertos.

43. Del mismo testifican todos los profetas, que cualquiera que cree en él, recibe en virtud de su nombre la remisión de los pecados.

44. Estando aún Pedro diciendo estas palabras, descendió el Espíritu Santo sobre todos los que oían la plática.

45. Y los fieles, circuncidados, o judíos, que habían venido con Pedro, quedaron pasmados, al ver que la gracia del Espíritu Santo se derramaba también sobre los gentiles, o incircuncisos.

46. Pues los oían hablar varias lenguas y publicar las grandezas de Dios.

47. Entonces dijo Pedro: ¿Quién puede negar el agua del bautismo a los que como nosotros, han recibido también al Espíritu Santo?

48. Así que mandó bautizarlos en Nombre y con el bautismo de Nuestro Señor Jesucristo; y le suplicaron que se detuviese con ellos algunos días, como lo hizo.

11

Propagación de la buena nueva en Antioquía, a donde es enviado Bernabé, que conduce allí a Saulo

1. Supieron los apóstoles y los hermanos o fieles de Judea, que también los gentiles habían recibido la palabra de Dios.

2. Vuelto, pues, Pedro a Jerusalén, le hacían por eso cargo los fieles circuncidados,

3. diciendo: ¿Cómo has entrado en casa de personas incircuncisas, y has comido con ellas?

4. Pedro entonces empezó a exponerles toda la serie del suceso, en estos términos:

5. Estaba yo en la ciudad de Jope en oración, y vi en éxtasis una visión de cierta cosa que iba descendiendo, a manera de un gran lienzo descolgado del cielo por las cuatro puntas, que llegó junto a mí.

6. Mirando con atención, me puse a contemplarle, y le vi lleno de animales cuadrúpedos terrestres, de fieras, de reptiles y volátiles del cielo.

7. Al mismo tiempo oí una voz que me decía: Pedro, levántate, mata, y come.

8. Yo respondí: De ningún modo, Señor, porque hasta ahora no ha entrado jamás en mi boca cosa profana o inmunda.

9. Mas la voz del cielo, hablándome segunda vez, me replicó: Lo que Dios ha purificado, no lo llames tú impuro.

10. Esto sucedió por tres veces; y luego

todo aquel aparato fue recibido otra vez en el cielo.

11. Pero en aquel mismo punto llegaron a la casa en que estaba yo hospedado tres hombres, que eran enviados a mí de Cesarea.

12. Y me dijo el Espíritu que fuese con ellos sin escrúpulo alguno. Vinieron así mismo estos seis hermanos que me acompañan y entramos en casa de aquel hombre que me envió a buscar.

13. El cual nos contó cómo había visto en su casa a un ángel, que se le presentó y le dijo: Envía a Jope, y haz de venir a Simón, por sobrenombre Pedro,

14. quien te dirá las cosas necesarias para tu salvación y la de toda tu familia.

15. Habiendo yo, pues, empezado a hablar, descendió el Espíritu Santo sobre ellos, como descendió al principio sobre nosotros.

16. Entonces me acordé de lo que decía el Señor: Juan a la verdad ha bautizado con agua, mas vosotros seréis bautizados con el Espíritu Santo.

17. Pues si Dios les dio a ellos la misma gracia, y del mismo modo que a nosotros, que hemos creído en Nuestro Señor Jesucristo, ¿quién era yo para oponerme al designio de Dios?

18. Oídas estas cosas, se aquietaron, y glorificaron a Dios, diciendo: luego también a los gentiles les ha concedido Dios la penitencia para alcanzar la vida.

19. Entretanto los discípulos que se habían esparcido por la persecución suscitada con motivo de Esteban, llegaron hasta Fenicia, y Chipre, y Antioquía, predicando la buena nueva únicamente a los judíos.

20. Entre ellos había algunos nacidos en Chipre y en Cirene, los cuales, habiendo entrado en Antioquía, conversaban así mismo con los griegos, anunciándoles la fe del Señor Jesús.

21. Y la mano de Dios los ayudaba, por manera que un gran número de personas creyó y se convirtió al Señor.

22. Llegaron estas noticias a oídos de la Iglesia de Jerusalén; y enviaron a Bernabé a Antioquía.

23. Llegado allá, y al ver los prodigios de la gracia de Dios, se llenó de júbilo; y exhortaba a todos a permanecer en el servicio del Señor con un corazón firme y constante.

24. Porque era Bernabé varón perfecto, y lleno del Espíritu Santo y de fe. Y así fueron muchos los que se agregaron al Señor.

25. De aquí partió Bernabé a Tarso, en busca de Saulo; y habiéndole hallado, le llevó consigo a Antioquía,

26. en cuya Iglesia estuvieron empleados todo un año; e instruyeron a tanta multitud de gentes, que aquí en Antioquía fue donde los discípulos empezaron a llamarse cristianos*.

27. Por estos días vinieron de Jerusalén ciertos profetas a Antioquía;

28. uno de los cuales por nombre Agabo, inspirado de Dios, anunciaba que había de haber una gran hambre por toda la tierra, como en efecto la hubo en tiempo del emperador Claudio;

29. por cuya causa los discípulos determinaron contribuir cada uno, según sus facultades, con alguna limosna, para socorrer a los hermanos habitantes en Judea.

30. Lo que hicieron efectivamente, remitiendo las limosnas a los ancianos o sacerdotes de Jerusalén por mano de Bernabé y de Saulo.

12 *Martirio de Santiago, hermano de Juan. Prisión de Pedro. Muerte del rey Herodes*

1. Por este mismo tiempo el rey Herodes se puso a perseguir a algunos de la Iglesia.

2. Primeramente hizo degollar a Santiago, hermano de Juan;

3. después viendo que esto complacía a los judíos, determinó también prender a Pedro. Eran entonces los días de los ázimos.

4. Habiendo, pues, logrado prenderle, le metió en la cárcel, entregándole a la custodia de cuatro piquetes de soldados, de a cuatro hombres cada piquete, con el designio de presentarle al pueblo y ajusticiarle después de la Pascua.

5. Mientras que Pedro estaba así custodiado en la cárcel, la Iglesia incesantemente hacía oración a Dios por él.

6. Mas cuando iba ya Herodes a presentarle al público, aquella misma noche estaba durmiendo Pedro en medio de dos soldados, atado a ellos con dos cadenas, y

---

26. *Is 65*, 15.

las guardias ante la puerta de la cárcel haciendo centinela.

7. Cuando de repente apareció un ángel del Señor, cuya luz llenó de resplandor toda la pieza, y tocando a Pedro en el lado, le despertó diciendo: Levántate presto. Y al punto se le cayeron las cadenas de las manos.

8. Le dijo así mismo el ángel: ponte el ceñidor, y cálzate tus sandalias. Lo hizo así. Le dijo más: Toma tu capa, y sígueme.

9. Salió, pues, y le iba siguiendo, bien que no creía ser realidad lo que hacía el ángel; antes se imaginaba que era un sueño lo que veía.

10. Pasada la primera y la segunda guardia, llegaron a la puerta de hierro que sale a la ciudad, la cual se les abrió por sí misma. Salidos por ella caminaron hasta lo último de la calle, y súbitamente desapareció de su vista el ángel.

11. Entonces Pedro vuelto en sí, dijo: Ahora sí que conozco que el Señor verdaderamente ha enviado a su ángel y me ha librado de las manos de Herodes y de la expectación de todo el pueblo judaico.

12. Y habiendo pensado lo que haría, se encaminó a casa de María madre de Juan, por sobrenombre Marcos, donde muchos estaban congregados en oración.

13. Habiendo, pues, llamado al postigo de la puerta, una doncella llamada Rode salió a observar quién era.

14. Y conocida la voz de Pedro, fue tanto su gozo, que, en lugar de abrir, corrió adentro con la nueva de que Pedro estaba a la puerta.

15. Le dijeron: Tú estás loca. Mas ella afirmaba que era cierto lo que decía. Ellos dijeron entonces: Sin duda será su ángel.

16. Pedro entretanto proseguía llamando a la puerta. Abriendo por último, le vieron, y quedaron asombrados.

17. Mas Pedro haciéndoles señas con la mano para que callasen, les contó cómo el Señor le había sacado de la cárcel, y añadió: Haced saber esto a Santiago y a los hermanos. Y partiendo de allí, se retiró a otra parte.

18. Luego que fue de día, era grande la confusión entre los soldados, sobre qué se habría hecho de Pedro.

19. Herodes, haciendo pesquisas de él, y no hallándole, hecho el juicio a los de la guardia, los mandó llevar al suplicio; y después se marchó de Judea a Cesarea, en donde se quedó.

20. Estaba Herodes irritado contra los tirios y sidonios. Pero éstos de común acuerdo vinieron a presentársele, y ganado el favor de Blasto, camarero mayor del rey, le pidieron la paz, pues aquel país necesitaba de los socorros del territorio de Herodes para su subsistencia.

21. El día señalado para la audiencia, Herodes vestido de traje real, se sentó en su trono, y les arengaba.

22. Todo el auditorio prorrumpía en aclamaciones, diciendo: Esta es la voz de un Dios, y no de un hombre.

23. Mas en aquel mismo instante le hirió un ángel del Señor, por no haber dado a Dios la gloria; y roído de gusanos, expiró.

24. Entretanto la palabra de Dios hacía grandes progresos, y se propagaba más y más cada día.

25. Bernabé y Saulo, acabada su comisión de entregar las limosnas, volvieron de Jerusalén a Antioquía, habiéndose llevado consigo a Juan, por sobrenombre Marcos.

13

Saulo y Bernabé son enviados por el Espíritu Santo a predicar a los gentiles. Conversión de Paulo

1. Había en la iglesia de Antioquía varios profetas y doctores, de cuyo número eran Bernabé, y Simón, llamado el Negro, y Lucio de Cirene, y Manahén, hermano de leche del tetrarca Herodes, y Saulo.

2. Mientras estaban un día ejerciendo las funciones de su ministerio delante del Señor, y ayunando, les dijo el Espíritu Santo: Separadme a Saulo y a Bernabé para la obra a que los tengo destinados.

3. Y después de haberse dispuesto con ayunos y oraciones, les impusieron las manos y los despidieron.

4. Ellos, pues, enviados así por el Espíritu Santo fueron a Seleucia; desde donde navegaron a Chipre.

5. Y llegados a Salamina, predicaban la palabra de Dios en las sinagogas de los judíos, teniendo consigo a Juan, que les ayudaba, como diácono.

6. Recorrida toda la isla hasta Pafo, encontraron a cierto judío, mago y falso profeta, llamado Barjesús,

7. el cual estaba en compañía del procónsul Sergio Paulo, hombre de mucha prudencia. Este procónsul habiendo hecho llamar a sí a Bernabé y a Saulo, deseaba oír la palabra de Dios.

8. Pero Elimas, o el mago (que eso significa el nombre Elimas) se les oponía, procurando apartar al procónsul de abrazar la fe.

9. Mas Saulo, que también se llama Pablo, lleno del Espíritu Santo, clavando en él sus ojos,

10. le dijo: ¡Oh hombre lleno de toda suerte de fraudes y embustes, hijo del diablo, enemigo de toda justicia! ¿No cesarás nunca de procurar trastornar o torcer los caminos rectos del Señor?

11. Pues mira: Desde ahora la mano del Señor descargará sobre ti, y quedarás ciego sin ver la luz del día, hasta cierto tiempo. Y al momento densas tinieblas cayeron sobre sus ojos, y andaba buscando a tientas quien le diese la mano.

12. En la hora el procónsul, visto lo sucedido, abrazó la fe, maravillándose de la doctrina del Señor.

13. Pablo y sus compañeros, habiéndose hecho a la vela desde Pafo, apartaron a Perge de Panfilia. Aquí Juan, apartándose de ellos, se volvió a Jerusalén.

14. Pablo y los demás, sin detenerse en Perge, llegaron a Antioquía de Pisidia; y entrando el sábado en la sinagoga, tomaron asiento.

15. Después que se acabó la lectura de la ley y de los profetas, los presidentes de la sinagoga los convidaron, enviándoles a decir: Hermanos, si tenéis alguna cosa de edificación que decir al pueblo, hablad.

Predicación de Pablo ante los judíos

16. Entonces Pablo, puesto en pie, y haciendo con la mano una señal pidiendo atención, dijo: ¡Oh israelitas, y vosotros los que teméis al Señor, escuchad!

17. El Dios del pueblo de Israel eligió a nuestros padres, y engrandeció a este pueblo, mientras habitaban como extranjeros en Egipto, de donde los sacó con el poder soberano de su brazo;

18. y sufrió después sus perversas costumbres por espacio de cuarenta años en el desierto;

19. y, en fin, destruidas siete naciones en la tierra de Canaán, les distribuyó por suerte las tierras de éstas,

20. unos cuatrocientos cincuenta años después; luego les dio jueces, o gobernadores, hasta el profeta Samuel,

21. en cuyo tiempo pidieron rey; y les dio Dios a Saúl, hijo de Cis, de la tribu de Benjamín, por espacio de cuarenta años.

22. Y removido éste, les dio por rey a David, a quien abonó diciendo: He hallado a David, hijo de Jesé, hombre conforme a mi corazón, que cumplirá todos mis preceptos.

23. Del linaje de éste ha hecho nacer Dios, según su promesa, a Jesús para ser el salvador de Israel,

24. habiendo predicado Juan, antes de manifestarle su venida, el bautismo de penitencia a todo el pueblo de Israel.

25. El mismo Juan al terminar su carrera, decía: Yo no soy el que vosotros imagináis; pero mirad, después de mí viene uno a quien yo no soy digno de desatar el calzado de sus pies.

26. Ahora, pues, hermanos míos, hijos de Abrahán, a vosotros es, y a cualquiera que entre vosotros teme a Dios, a quienes es enviado este anuncio de la salvación.

27. Porque los habitantes de Jerusalén y sus jefes, desconociendo a este Señor, y las profecías que se leen todos los sábados, con haberle condenado las cumplieron,

28. cuando no hallando en él ninguna causa de muerte, no obstante pidieron a Pilatos que le quitase la vida.

29. Y después de haber ejecutado todas las cosas que de él estaban escritas, descolgándole de la cruz, le pusieron en el sepulcro.

30. Mas Dios le resucitó de entre los muertos al tercer día; y se apareció durante muchos días a aquellos

31. que con él habían venido de Galilea a Jerusalén, los cuales hasta el día de hoy están dando testimonio de él al pueblo.

32. Nosotros, pues, os anunciamos el cumplimiento de la promesa hecha a nuestros padres,

33. el efecto de la cual nos ha hecho Dios ver a nosotros sus hijos, resucitando a Jesús, en conformidad de lo que se halla escrito en el salmo segundo: Tú eres Hijo mío, yo te di hoy el ser.

34. Y para manifestar que le ha resucitado de entre los muertos para nunca más morir, dijo así: Yo cumpliré fielmente las promesas juradas a David.

35. Y por eso mismo dice en otra parte: No permitirás que tu Santo Hijo experimente la corrupción.

36. Pues por lo que hace a David, sabemos que después de haber servido en su tiempo a los designios de Dios, cerró los ojos; y fue sepultado con sus padres, y padeció la corrupción como los demás.

37. Pero aquel a quien Dios ha resucitado de entre los muertos, no ha experimentado ninguna corrupción.

38. Ahora, pues, hermanos míos, tened entendido que por medio de éste se os ofrece la remisión de los pecados y de todas las manchas de que no habéis podido ser justificados en virtud de la ley mosaica.

39. Todo aquel que cree en él es justificado.

40. Por tanto mirad no recaiga sobre vosotros lo que se halla dicho en los profetas*:

41. Reparad, burladores de mi palabra, llenaos de pavor, y quedad desolados; porque yo voy a ejecutar una obra en vuestros días, obra que no acabaréis de creerla por más que os la cuenten y aseguren.

42. Al tiempo de salir, les suplicaban que el sábado siguiente les hablasen también del mismo asunto.

43. Despedido el auditorio, muchos de los judíos y de los prosélitos, temerosos de Dios, siguieron a Pablo y a Bernabé, los cuales los exhortaban a perseverar en la gracia de Dios.

44. El sábado siguiente casi toda la ciudad concurrió a oír la palabra de Dios.

45. Pero los judíos, viendo tanto concurso, se llenaron de envidia, y contradecían con blasfemias a todo lo que Pablo predicaba.

46. Entonces Pablo y Bernabé con gran entereza les dijeron: A vosotros debía ser primeramente anunciada la palabra de Dios; mas ya que la rechazáis, y os juzgáis vosotros mismos indignos de la vida eterna, de hoy en adelante nos vamos a predicar a los gentiles:

47. que así nos lo tiene ordenado el Señor diciendo*: Yo te puse por lumbrera de las naciones, para que seas la salvación de todas hasta el cabo del mundo.

48. Oído esto por los gentiles se regocijaban, y glorificaban la palabra de Dios; y creyeron todos los que estaban preordinados para la vida eterna.

49. Así la palabra del Señor se esparcía por todo aquel país.

50. Los judíos instigaron a varias mujeres devotas y de distinción, y a los hombres principales de la ciudad, y levantaron una persecución contra Pablo y Bernabé, y los echaron de su territorio.

51. Pero éstos, sacudiendo contra ellos el polvo de sus pies, se fueron a Iconio.

52. Y los discípulos estaban llenos de gozo y del Espíritu Santo.

---

14 *Lo que hicieron y padecieron Pablo y Bernabé en Iconio y otras ciudades de Licaonia*

---

1. Estando ya en Iconio, entraron juntos en la sinagoga de los judíos, y hablaron en tales términos, que se convirtió una gran multitud de judíos y de griegos.

2. Pero los judíos que se mantuvieron incrédulos, conmovieron y provocaron a ira los ánimos de los gentiles contra los hermanos.

3. Sin embargo se detuvieron allí mucho tiempo, trabajando llenos de confianza en el Señor, que confirmaba la palabra de su gracia con los prodigios y milagros que hacía por sus manos.

4. De suerte que la ciudad estaba dividida en dos bandos: unos estaban por los judíos, y otros por los apóstoles.

5. Pero habiéndose amotinado los gentiles y judíos con sus jefes, para ultrajar a los apóstoles y apedrearles,

6. ellos, sabido esto, se marcharon a Listra y Derbe, ciudades también de Licaonia, recorriendo toda la comarca, y predicando la buena nueva.

7. Había en Listra un hombre cojo desde su nacimiento, que por la debilidad de las piernas estaba sentado, y no había andado en su vida.

8. Este oyó predicar a Pablo; el cual fi-

---

40. *Hab 1*, 5.

jando en él los ojos, y viendo que tenía fe de que sería curado,

9. le dijo en alta voz: Levántate y mantente derecho sobre tus pies. Y al instante saltó en pie, y echó a andar.

10. Las gentes viendo lo que Pablo acababa de hacer, levantaron el grito, diciendo en su idioma licaónico: Dioses son éstos que han bajado a nosotros en figura de hombres.

11. Y daban a Bernabé el nombre de Júpiter y a Pablo el de Mercurio: por cuanto era el que llevaba la palabra.

12. Además de eso el sacerdote de Júpiter, cuyo templo estaba al entrar en la ciudad, trayendo toros adornados con guirnaldas delante de la puerta, intentaba, seguido del pueblo, ofrecerles sacrificios.

13. Lo cual apenas entendieron los apóstoles Bernabé y Pablo, rasgando sus vestidos, rompieron por medio del gentío, clamando,

14. y diciendo: Hombres, ¿qué es lo que hacéis? También somos nosotros, de la misma manera que vosotros, hombres mortales que venimos a predicaros que, dejadas esas vanas deidades, os convirtáis al Dios vivo, que ha creado el cielo, la tierra, el mar y todo cuanto en ellos se contiene.

15. Que si bien en los tiempos pasados permitió que las naciones echasen cada cual por su camino,

16. no dejó con todo de dar testimonio de quién era, o de su divinidad, haciendo beneficios desde el cielo, enviando lluvias, y los buenos temporales para los frutos, dándonos abundancia de manjares, y llenando de alegría nuestros corazones.

17. Aun diciendo tales cosas, con dificultad pudieron recabar del pueblo que no les ofreciese sacrificio.

18. Después sobrevinieron de Antioquía y de Iconio ciertos judíos; y habiendo ganado al populacho, apedrearon a Pablo, y le sacaron arrastrando fuera de la ciudad, dándole por muerto.

19. Mas amontonándose alrededor de él los discípulos, se levantó curado milagrosamente, y entró en la ciudad, y al día siguiente marchó con Bernabé a Derbe.

20. Y habiendo predicado en esta ciudad la buena nueva e instruido a muchos, volvieron a Listra, y a Iconio, y a Antioquía de Pisidia,

21. para corroborar los ánimos de los discípulos, y exhortarlos a perseverar en la fe, haciéndoles entender que es preciso pasar por medio de muchas tribulaciones para entrar en el reino de Dios.

22. En seguida, habiendo ordenado sacerdotes en cada una de las iglesias, después de oraciones y ayunos, los encomendaron al Señor, en quien habían creído.

23. Y atravesando la Pisidia, vinieron a la Panfilia,

24. y anunciada la palabra divina en Perge, bajaron a Atalia;

25. y desde aquí se embarcaron para Antioquía de Siria de donde los habían enviado, y encomendado a la gracia de Dios para la obra o ministerio que acababan de cumplir.

26. Luego de llegados, congregaron la Iglesia, y refirieron cuán grandes cosas había hecho Dios con ellos, y cómo había abierto la puerta de la fe a los gentiles.

27. Y después se detuvieron bastante tiempo aquí con los discípulos.

15 *Concilio de Jerusalén, los gentiles convertidos son declarados exentos de la ley mosaica*

1. Por aquellos días algunos venidos de Judea andaban enseñando a los hermanos: Que si no se circuncidaban según el rito de Moisés, no podían salvarse.

2. Se originó de ahí una conmoción, y oponiéndoseles fuertemente Pablo y Bernabé, se acordó que Pablo y Bernabé, y algunos del otro partido fuesen a Jerusalén a consultar a los apóstoles y presbíteros sobre la dicha cuestión.

3. Ellos, pues, siendo despachados honoríficamente por la Iglesia, iban atravesando por la Fenicia y la Samaria, contando la conversión de los gentiles, con lo que llenaban de grande gozo a todos los hermanos.

4. Llegados a Jerusalén, fueron bien recibidos de la Iglesia, y de los apóstoles, y de los presbíteros, y allí refirieron cuán grandes cosas había Dios obrado por medio de ellos.

5. Pero, añadieron, algunos de la secta de los fariseos, que han abrazado la fe, se han levantado diciendo ser necesario circuncidar a los gentiles, y mandarles observar la ley de Moisés.

6. Entonces los apóstoles y los presbíteros se juntaron a examinar este punto.

7. Y después de un maduro examen, Pedro como cabeza de todos se levantó, y les dijo: Hermanos míos, bien sabéis que mucho tiempo hace fui yo escogido por Dios entre nosotros, para que los gentiles oyesen de mi boca la palabra evangélica y creyesen.

8. Y Dios que penetra los corazones, dio testimonio de esto, dándoles el Espíritu Santo, del mismo modo que a nosotros.

9. Ni ha hecho diferencia entre ellos y nosotros, habiendo purificado con la fe sus corazones.

10. Pues ¿por qué ahora queréis tentar a Dios, con imponer sobre la cerviz de los discípulos un yugo, que ni nuestros padres ni nosotros hemos podido soportar?

11. Pues nosotros creemos salvarnos únicamente por la gracia de nuestro Señor Jesucristo, así como ellos.

12. Calló a esto toda la multitud, y se pusieron a escuchar a Bernabé y a Pablo que contaban cuántas maravillas y prodigios por su medio había obrado Dios entre los gentiles.

13. Después que hubieron acabado, tomó Santiago la palabra y dijo: Hermanos míos, escuchadme.

14. Simón os ha manifestado de qué manera ha comenzado Dios desde el principio a mirar favorablemente a los gentiles, escogiendo entre ellos un pueblo consagrado a su Nombre.

15. Con él están conformes las palabras de los profetas, según está escrito*.

16. Después de estas cosas yo volveré, y reedificaré el Tabernáculo o reino de David, que fue arruinado, y restauraré sus ruinas y lo levantaré,

17. para que busquen al Señor los demás hombres y todas las naciones que han invocado mi Nombre, dice el Señor que hace estas cosas.

18. Desde la eternidad tiene conocida el Señor su obra.

19. Por lo cual yo juzgo que no se inquiete a los gentiles que se convierten a Dios,

20. sino que se les escriba que se abstengan de las inmundicias de los ídolos o manjares a ellos sacrificados, y de la fornicación, y de animales sofocados, y de la sangre.

21. Porque en cuanto a Moisés, ya de tiempos antiguos tiene en cada ciudad quien predica su doctrina en las sinagogas, donde se lee todos los sábados.

22. Oído esto, acordaron los apóstoles y presbíteros con toda la Iglesia elegir algunas personas de entre ellos, y enviarlas con Pablo y Bernabé a la Iglesia de Antioquía; y así nombraron a Judas, por sobrenombre Barsabas, y a Silas, sujetos principales entre los hermanos,

23. remitiendo por sus manos esta carta: Los apóstoles y los presbíteros hermanos, a nuestros hermanos convertidos de la gentilidad, que están en Antioquía, Siria y Cilicia, salud.

24. Por cuanto hemos sabido que algunos que de nosotros fueron ahí sin ninguna comisión nuestra han alarmado con sus discursos vuestras conciencias,

25. habiéndonos congregado, hemos resuelto, de común acuerdo, escoger algunas personas, y enviároslas con nuestros carísimos Bernabé y Pablo,

26. que son sujetos que han expuesto sus vidas por el Nombre de Nuestro Señor Jesucristo.

27. Os enviamos, pues, a Judas y a Silas, los cuales de palabra os dirán también lo mismo:

28. y es que ha parecido al Espíritu Santo, y a nosotros, inspirados por él, no imponeros otra carga, fuera de estas que son precisas, es a saber:

29. que os abstengáis de manjares inmolados a los ídolos, y de sangre, y de animal sofocado, y de la fornicación; de las cuales cosas haréis bien en guardaros. Dios os guarde.

30. Despachados, pues, de esta suerte los enviados, llegaron a Antioquía, y congregada la Iglesia, entregaron la carta,

31. que fue leída con gran consuelo y alegría.

32. Judas y Silas por su parte, siendo como eran también profetas, consolaron y confortaron con muchísimas reflexiones a los hermanos;

33. y habiéndose detenido allí por algún tiempo, fueron remitidos en paz por los hermanos a los que los habían enviado.

---

15. *Am* 9, 11.

34. Verdad es que a Silas le pareció conveniente quedarse allí; y así Judas se volvió solo a Jerusalén.

35. Pablo y Bernabé se mantenían en Antioquía, enseñando y predicando con otros muchos la palabra del Señor.

36. Mas pasados algunos días, dijo Pablo a Bernabé: Demos una vuelta visitando a los hermanos por todas las ciudades, en que hemos predicado la palabra del Señor, para ver el estado en que se hallan.

37. Bernabé para esto quería llevar también consigo a Juan, por sobrenombre Marcos.

38. Pablo, al contrario, le representaba que no debían llevarle, pues le había dejado desde Panfilia, y no les había acompañado en aquella misión.

39. La disensión entre los dos vino a parar en que se apartaron uno de otro. Bernabé, tomando consigo a Marcos, se embarcó para Chipre.

40. Pablo, eligiendo por su compañero a Silas, emprendió su viaje, después de haber sido encomendado por los hermanos a la gracia o favor de Dios.

41. Discurrió, pues, de esta suerte por la Siria y Cilicia, confirmando y animando las Iglesias; y mandando que observasen los preceptos de los apóstoles y de los presbíteros.

16 *Timoteo, Pablo y Lucas van a Macedonia. Obran prodigios en Filipos*

1. Llegó Pablo a Derbe, y luego a Listra; donde se hallaba un discípulo llamado Timoteo, hijo de madre judía, convertida a la fe, y de padre gentil.

2. Los hermanos que estaban en Listra y en Iconio hablaban con mucho elogio de este discípulo.

3. Pablo, pues, determinó llevarle en su compañía; y habiéndole tomado consigo, le circuncidó, por causa de los judíos que había en aquellos lugares; porque todos sabían que su padre era gentil.

4. Conforme iban visitando las ciudades, recomendaban a los fieles la observancia de los decretos acordados por los apóstoles y los presbíteros, que residían en Jerusalén.

5. Así las iglesias se confirmaban en la fe, y se aumentaba cada día el número de los fieles.

6. Cuando hubieron atravesado la Frigia y el país de Galacia, les prohibió el Espíritu Santo predicar la palabra de Dios en el Asia, o Jonia.

7. Y habiendo ido a la Misia, intentaban pasar a Bitinia; pero tampoco se lo permitió el Espíritu de Jesús.

8. Con eso, atravesada la Misia, bajaron a Tróade,

9. donde Pablo tuvo por la noche esta visión: Un hombre de Macedonia, poniéndosele delante, le suplicaba, y decía: Ven a Macedonia, y socórrenos.

10. Luego que tuvo visión, al punto dispusimos marchar a Macedonia, cerciorados de que Dios nos llamaba a predicar la buena nueva a aquellas gentes.

11. Así, embarcándonos en Tróade, fuimos derecho a Samotracia, y al día siguiente a Nápoles.

12. Y de aquí a Filipos, que es una colonia romana y la primera ciudad de aquella parte de Macedonia. En esta ciudad nos detuvimos algunos días conferenciando.

13. Un día de sábado salimos fuera de la ciudad hacia la ribera del río, donde parecía estar el lugar o casa para tener oración los judíos, y habiéndonos sentado allí trabamos conversación con varias mujeres, que habían concurrido a dicho fin.

14. Y una mujer llamada Lidia, que comerciaba en púrpura o grana, natural de Tiatira, temerosa de Dios, estaba escuchando; y el Señor le abrió el corazón para recibir bien las cosas que Pablo decía.

15. Habiendo, pues, sido bautizada ella y su familia, nos hizo esta súplica: Si es que me tenéis por fiel al Señor, venid, y hospedaos en mi casa. Y nos obligó a ello.

16. Sucedió que yendo nosotros a la oración, nos salió al encuentro una esclava moza, que estaba obsesa, o poseída, del espíritu pitón, la cual acarreaba una gran ganancia a sus amos haciendo de adivina.

17. Esta, siguiendo detrás de Pablo y de nosotros, gritaba diciendo: Estos hombres son siervos del Dios altísimo, que os anuncian el camino de la salvación.

18. Lo que continuó haciendo muchos días. Al fin Pablo, no pudiendo ya sufrirlo, vuelto a ella, dijo al espíritu: Yo te mando en nombre de Jesucristo que salgas de esta muchacha. Y al punto salió.

19. Mas sus amos, viendo desvanecida la esperanza de las ganancias que hacían con ella, prendiendo a Pablo y a Silas, los condujeron al juzgado ante los jefes de la ciudad,

20. y presentándolos a los magistrados, dijeron: Estos hombres alborotan nuestra ciudad, son judíos,

21. y quieren introducir una manera de vida que no nos es lícito abrazar ni practicar, siendo como somos romanos.

22. Al mismo tiempo la muchedumbre conmovida acudió de tropel contra ellos; y los magistrados mandaron que, rasgándoles las túnicas, los azotasen con varas.

23. Y después de haberles dado muchos azotes, los metieron en la cárcel, apercibiendo al carcelero para que los asegurase bien.

24. El cual, recibida esta orden, los metió en un profundo calabozo, con los pies en el cepo.

25. Mas a eso de medianoche, puestos Pablo y Silas en oración, cantaban alabanzas a Dios, y los demás presos los estaban escuchando,

26. cuando de repente se sintió un gran terremoto, tal que se meneaban los cimientos de la cárcel. Y al instante se abrieron de par en par todas las puertas, y se les soltaron a todos las prisiones.

27. En esto, despertando el carcelero, y viendo abiertas las puertas de la cárcel, desenvainando una espada iba a matarse, creyendo que se habían escapado los presos.

28. Entonces Pablo le gritó con grande voz, diciendo: No te hagas ningún daño, que todos sin faltar uno estamos aquí.

29. El carcelero entonces habiendo pedido luz, entró dentro, y estremecido se arrojó a los pies de Pablo y de Silas,

30. y sacándolos afuera, les dijo: Señores ¿qué debo hacer para salvarme?

31. Ellos le respondieron: Cree en el Señor Jesús, y te salvarás tú, y tu familia.

32. Y le enseñaron la doctrina del Señor a él y a todos los de su casa.

33. El carcelero en aquella misma hora de la noche, llevándolos consigo, les lavó las llagas: y recibió luego el bautismo, así él como toda su familia.

34. Y conduciéndolos a su habitación, les sirvió la cena, regocijándose con toda su familia de haber creído en Dios.

35. Luego que amaneció, los magistrados enviaron los alguaciles, con orden al carcelero para que pusiese en libertad a aquellos hombres.

36. El carcelero dio esta noticia a Pablo, diciendo: Los magistrados han ordenado que se os ponga en libertad; por tanto saliéndoos ahora, idos en paz.

37. Mas Pablo les dijo a los alguaciles: ¡Cómo! Después de habernos azotado públicamente, sin oírnos en juicio, siendo ciudadanos romanos nos metieron en la cárcel, ¿y ahora salen con soltarnos en secreto? No ha de ser así, sino que han de venir los magistrados,

38. y soltarnos ellos mismos. Los alguaciles refirieron a los magistrados esta respuesta; los cuales al oír que eran romanos comenzaron a temer.

39. Y así viniendo procuraron excusarse con ellos, y sacándolos de la cárcel les suplicaron que se fuesen de la ciudad.

40. Salidos, pues, de la cárcel, entraron en casa de Lidia; y habiendo visto a los hermanos, los consolaron, y después partieron.

17 *Pablo predica en Tesalónica y los judíos le persiguen. Lo mismo sucede después en Berea*

1. Y habiendo pasado por Anfípolis y Apolonia, llegaron a Tesalónica, donde había una sinagoga de judíos.

2. Pablo según su costumbre entró en ella, y por tres sábados continuos disputaba con ellos sobre las Escrituras,

3. demostrando y haciéndoles ver que había sido necesario que el Cristo o Mesías padeciese y resucitase de entre los muertos; y este Mesías, les decía, es Jesucristo, a quien yo os anuncio.

4. Algunos de ellos creyeron, y se unieron a Pablo y a Silas, y también gran multitud de prosélitos, y de gentiles, y muchas matronas de distinción.

5. Pero los judíos incrédulos, llevados de su falso celo, se valieron de algunos malos hombres de ínfima plebe, y reuniendo gente, amotinaron la ciudad, y se echaron sobre la casa de Jasón en busca de Pablo y de Silas, para presentarlos a la vista del pueblo.

6. Mas como no los hubiesen encontrado, trajeron por fuerza a Jasón y a algunos hermanos ante los magistrados de la ciudad, gritando: Ved ahí unas gentes que meten la confusión por todas partes; han venido acá,

7. y Jasón los ha hospedado en su casa. Todos éstos son rebeldes a los edictos de César, diciendo que hay otro rey, el cual es Jesús.

8. La plebe y los magistrados de la ciudad, oyendo esto, se alborotaron.

9. Pero Jasón y los otros, habiendo dado fianzas, fueron puestos en libertad.

10. Como quiera, los hermanos, sin perder tiempo aquella noche, hicieron partir a Pablo y a Silas para Berea. Los cuales luego que llegaron, entraron en la sinagoga de los judíos.

11. Eran éstos de mejor índole que los de Tesalónica, y así recibieron la palabra de Dios con gran ansia y ardor, examinando atentamente todo el día las Escrituras, para ver si era cierto lo que se les decía.

12. De suerte que muchos de ellos creyeron, como también muchas señoras gentiles de distinción, y no pocos hombres.

13. Mas como los judíos de Tesalónica hubiesen sabido que también en Berea predicaba Pablo la buena nueva, acudieron luego allá alborotando y amotinando al pueblo.

14. Entonces los hermanos dispusieron inmediatamente que Pablo se retirase hacia el mar, quedando Silas y Timoteo en Berea.

15. Los que acompañaban a Pablo, lo condujeron hasta la ciudad de Atenas, y recibido el encargo de decir a Silas y a Timoteo que viniesen a él cuanto antes, se despidieron.

16. Mientras que Pablo los estaba aguardando en Atenas, se consumía interiormente su espíritu, considerando aquella ciudad entregada toda a la idolatría.

17. Por tanto disputaba en la sinagoga con los judíos y prosélitos, y todos los días en la plaza, con los que allí se le ponían delante.

18. También algunos filósofos de los epicúreos y de los estoicos armaban con él disputas; y unos decían: ¿Qué quiere decir este charlatán? Y otro: Este parece que viene a anunciarnos nuevos dioses; lo cual decían porque les hablaba de Jesús y de la resurrección.

19. Al fin, cogiéndole en medio, le llevaron al Areópago, diciendo: ¿Podremos saber qué doctrina nueva es esta que predicas?

20. Porque te hemos oído decir cosas que nunca habíamos oído. Y así deseamos saber a qué se reduce eso.

21. (Es de advertir que todos los atenienses, y los forasteros que allí vivían, en ninguna otra cosa se ocupaban, sino en decir o en oír algo de nuevo).

22. Puesto, pues, Pablo en medio del Areópago, dijo: Ciudadanos atenienses, echo de ver que vosotros sois casi nimios en todas las cosas de religión.

23. Porque al pasar, mirando yo las estatuas de vuestros dioses, he encontrado también un altar, con esta inscripción: AL DIOS NO CONOCIDO. Pues ese Dios que vosotros adoráis sin conocerle, es el que yo vengo a anunciaros.

24. El Dios que creó al mundo y todas las cosas contenidas en él, siendo como es el Señor del cielo y tierra, no está encerrado en templos fabricados por hombres,

25. ni necesita del servicio de las manos de los hombres, como si estuviese menesteroso de alguna cosa; antes bien él mismo está dando a todos la vida, y el aliento, y todas las cosas.

26. El es el que de uno solo ha hecho nacer todo el linaje de los hombres, para que habitase la vasta extensión de la tierra, fijando el orden de los tiempos o estaciones, y los límites de la habitación de cada pueblo,

27. queriendo con esto que buscasen a Dios, por si rastreando y como palpando, pudiesen por fortuna hallarle; como quiera que no está lejos de cada uno de nosotros:

28. porque dentro de él vivimos, nos movemos, y existimos; y como algunos de vuestros poetas dijeron: Somos del linaje, o descendencia, del mismo Dios.

29. Siendo, pues, nosotros del linaje de Dios, no debemos imaginar que el ser divino sea semejante al oro, a la plata, o al mármol, de cuya materia ha hecho las figuras el arte e industria humana.

30. Pero Dios, habiendo disimulado o cerrado los ojos sobre los tiempos de esta tan grosera ignorancia, comunica ahora a los hombres que todos en todas partes hagan penitencia,

31. por cuanto tiene determinado el día en que ha de juzgar al mundo con rectitud, por medio de aquel varón constituido por él, dando de esto a todos una prueba cierta, con haberle resucitado de entre los muertos.

32. Al oír mentar la resurrección de los muertos, algunos se burlaron de él, y otros le dijeron: Te volveremos a oír otra vez sobre esto.

33. De esta suerte Pablo salió de en medio de aquellas gentes.

34. Sin embargo, algunos se le juntaron y creyeron, entre los cuales fue Dionisio el areopagita, y cierta mujer llamada Dámaris, con algunos otros.

18

El fruto que hizo Pablo en Corinto, animado del Señor. Es acusado al procónsul. Parte a Efeso

---

1. Después de esto Pablo, marchándose de Atenas, pasó a Corinto.

2. Y encontrando allí a un judío, llamado Aquila, natural del Ponto, que poco antes había llegado de Italia, con su mujer Priscila (porque el emperador Claudio había expelido de Roma a todos los judíos), se juntó con ellos.

3. Y como era del mismo oficio, se hospedó en su casa, y trabajaba en su compañía (el oficio de ellos era hacer tiendas de campaña*).

4. Y todos los sábados disputaba en la sinagoga, haciendo entrar siempre en sus discursos el nombre del Señor Jesús, y procurando convencer a los judíos y a los griegos.

5. Mas cuando Silas y Timoteo hubieron llegado de Macedonia, Pablo se aplicaba aún con más ardor a la predicación, testificando a los judíos que Jesús era el Cristo.

6. Pero como éstos le contradijesen, y prorrumpiesen en blasfemias, sacudiendo sus vestidos, les dijo: Recaiga vuestra sangre sobre vuestra cabeza; yo no tengo la culpa. Desde ahora me voy a predicar a los gentiles.

7. En efecto, saliendo de allí, entró a hospedarse en casa de uno llamado Tito Justo, temeroso de Dios, cuya casa estaba contigua a la sinagoga.

8. Con todo Crispo, jefe de la sinagoga, creyó en el Señor con toda su familia, como también muchos ciudadanos de Corinto, oyendo a Pablo creyeron, y fueron bautizados.

9. Entonces el Señor, apareciéndose una noche a Pablo, le dijo: No tienes que temer, prosigue predicando, y no dejes de hablar;

10. pues que yo estoy contigo, y nadie llegará a maltratarte; porque ha de ser mía mucha gente en esta ciudad.

11. Con esto se detuvo aquí año y medio, predicando la palabra de Dios.

12. Pero siendo procónsul de Acaya Galión, los judíos se levantaron de común acuerdo contra Pablo, y le llevaron a su tribunal,

13. diciendo: Este persuade a la gente que dé a Dios un culto contrario a la ley.

14. Mas cuando Pablo iba a hablar en su defensa, dijo Galión a los judíos: Si se tratase verdaderamente de alguna injusticia o delito, o de algún enorme crimen, sería razón, ¡oh judíos!, que yo admitiese vuestra delación;

15. mas si éstas son cuestiones de palabras, y de nombres, y cosas de vuestra ley, allá os las hayáis, que yo no quiero meterme a juez de esas cosas.

16. Y los hizo salir de su tribunal.

17. Entonces, acometiendo todos a Sóstenes, jefe de la sinagoga, le maltrataban a golpes delante del tribunal, sin que Galión hiciese caso de nada de esto.

18. Y Pablo habiéndose aún detenido allí mucho tiempo, se despidió de los hermanos, y se embarcó para la Siria (en compañía de Priscila y de Aquila), habiéndose hecho cortar antes el cabello en Cencres, a causa de haber concluido ya el voto que había hecho.

19. Arribó a Efeso, y dejó allí a sus compañeros. Y entrando él en la sinagoga, disputaba con los judíos.

20. Y aunque éstos le rogaron que se detuviese más tiempo en su compañía, no condescendió,

21. sino que, despidiéndose de ellos, y diciéndoles: Otra vez volveré a veros, si Dios quiere, partió de Efeso.

22. Y desembarcando en Cesarea, subió

---

3. *1 Cor 4*, 12; *1 Tes 2*, 9.

a saludar a la Iglesia, y en seguida tomó el camino de Antioquía;

23. donde habiéndose detenido algún tiempo, partió después, y recorrió por su orden los pueblos del país de la Galacia y de la Frigia, confortando a todos los discípulos.

24. En este tiempo vino a Efeso un judío, llamado Apolo, natural de Alejandría, varón elocuente, y muy versado en las Escrituras.

25. Estaba este instruido en el camino del Señor, y predicaba con fervoroso espíritu, y enseñaba exactamente todo lo perteneciente a Jesús, aunque no conocía más que el bautismo de Juan.

26. Apolo, pues, comenzó a predicar con toda libertad en la sinagoga; y habiéndole oído Priscila y Aquila, se lo llevaron consigo, y le instruyeron más a fondo en la doctrina del Señor.

27. Mostrando después el deseo de ir a la provincia de Acaya, habiéndole animado a ello los hermanos, escribieron a los discípulos para que le diesen buena acogida. El cual llegado a aquel país, sirvió de mucho provecho a los que habían creído.

28. Porque con gran fervor contradecía a los judíos en público, demostrando por las Escrituras que Jesús era el Cristo o Mesías.

19

Vuelve Pablo a Efeso y manda que se bauticen los discípulos, que sólo recibieron el bautismo de Juan

1. Mientras Apolo estaba en Corinto, Pablo, recorridas las provincias superiores del Asia, pasó a Efeso, y encontró a algunos discípulos,

2. y les preguntó: ¿Habéis recibido al Espíritu Santo después que abrazasteis la fe? Mas ellos le respondieron: Ni siquiera hemos oído si hay Espíritu Santo.

3. ¿Pues con qué bautismo, les replicó, fuisteis bautizados? Y ellos respondieron: Con el bautismo de Juan.

4. Dijo entonces Pablo: Juan bautizó al pueblo con el bautismo de penitencia, advirtiendo que creyesen en aquel que había de venir después de él, esto es, en Jesús.

5. Oído esto, se bautizaron en nombre del Señor Jesús.

6. Y habiéndoles Pablo impuesto las manos, descendió sobre ellos el Espíritu Santo, y hablaban varias lenguas, y profetizaban.

7. Eran en todos como unos doce hombres.

8. Pablo, entrando después en la sinagoga, predicó libremente por espacio de tres meses, disputando con los judíos, y procurando convencerlos en lo tocante al reino de Dios.

9. Mas como algunos de ellos endurecidos no creyesen, antes blasfemasen de la doctrina del Señor delante de los oyentes, apartándose de ellos, separó a los discípulos, y platicaba o enseñaba todos los días en la escuela de un tal Tirano.

10. Lo que practicó por espacio de dos años, de manera que todos los que habitaban en Asia, oyeron la palabra del Señor, así judíos como gentiles.

11. Y obraba Dios milagros extraordinarios por medio de Pablo.

12. Tanto que aplicando solamente los pañuelos y ceñidores que habían tocado a su cuer-po, a los enfermos, al momento las dolencias se les quitaban, y los espíritus malignos salían fuera.

13. Tentaron así mismo ciertos judíos exorcistas que andaban girando de una parte a otra, el invocar sobre los endemoniados el nombre del Señor Jesús, diciendo: Os conjuro por aquel Jesús, a quien Pablo predica.

14. Los que hacían esto eran siete hijos de un judío llamado Esceva, príncipe de los sacerdotes.

15. Pero el maligno espíritu respondiendo, les dijo: Conozco a Jesús, y sé quién es Pablo; mas vosotros ¿quiénes sois?

16. Y al instante el hombre, que estaba poseído de un pésimo demonio, se echó sobre ellos y se apoderó de dos, y los maltrató de tal suerte que los hizo huir de aquella casa desnudos y heridos.

17. Cosa que fue notoria a todos los judíos y gentiles que habitaban en Efeso; y todos ellos quedaron llenos de temor, y era engrandecido el nombre del Señor Jesús.

18. Y muchos de los creyentes, o fieles, venían a confesar y a declarar todo lo malo que habían hecho.

19. Muchos asimismo de los que se habían dado al ejercicio de vanas curiosidades o ciencia mágica, hicieron un montón de sus libros, y los quemaron a vista de todos; y valuados, se halló que montaban a cincuenta mil denarios, o siclos de plata.

20. Así se iba propagando más y más y prevaleciendo la palabra de Dios.

21. Concluidas estas cosas, resolvió Pablo por inspiración divina ir a Jerusalén, bajando por la Macedonia y Acaya, y decía: Después de haber estado allí, es necesario que yo vaya también a Roma.

22. Y habiendo enviado a Macedonia a dos de los que le ayudaban en su ministerio, Timoteo y Erasto él se quedó por algún tiempo en Asia.

23. Durante este tiempo fue cuando acaeció un no pequeño alboroto con ocasión del camino del Señor, o de la buena nueva.

24. El caso fue que cierto Demetrio, platero de oficio, fabricando de plata templitos de Diana, daba no poco que ganar a los demás de este oficio.

25. A los cuales, como a otros que vivían de semejantes labores, habiéndolos convocado, les dijo: Amigos, bien sabéis que nuestra ganancia depende de esta industria;

26. y veis también y oís cómo ese Pablo, no sólo en Efeso, sino casi en toda el Asia, con sus persuasiones ha hecho cambiar de creencia a mucha gente, diciendo que no son dioses los que se hacen con las manos.

27. Por donde, no sólo esta profesión nuestra correrá peligro de ser desacreditada, sino, lo que es más, el templo de la gran diosa Diana perderá toda su estimación, y la majestad de aquélla, a quien toda el Asia y el mundo entero adora, caerá por tierra.

28. Oído esto, se enfurecieron, y exclamaron, diciendo: ¡Viva la gran Diana de los efesios!

29. Se llenó luego la ciudad de confusión, y corrieron todos impetuosamente al teatro, arrebatando consigo a Gayo y a Aristarco macedonios, compañeros de Pablo.

30. Quería éste salir a presentarse en medio del pueblo, mas los discípulos no se lo permitieron.

31. Algunos también de los señores principales del Asia*, que eran amigos suyos, enviaron a rogarle que no compareciese en el teatro.

32. Por lo demás unos gritaban una cosa y otros otra; porque todo el concurso era un tumulto, y la mayor parte de ellos no sabían a qué se habían juntado.

33. Entre tanto un tal Alejandro, habiendo podido salir de entre el tropel, ayudado de los judíos, pidiendo con la mano que tuviesen silencio, quería informar al pueblo.

34. Mas luego que conocieron ser judío, todos a una voz se pusieron a gritar por espacio de casi dos horas: ¡Viva la gran Diana de los efesios!

35. Al fin el secretario, o síndico, habiendo sosegado el tumulto, les dijo: Varones efesinos, ¿quién hay entre los hombres que ignore que la ciudad de Efeso está dedicada toda al culto de la gran Diana, hija de Júpiter?

36. Siendo, pues, esto tan cierto que nadie lo puede contradecir, es preciso que os soseguéis, y no procedáis inconsideradamente.

37. Estos hombres que habéis traído aquí, ni son sacrílegos, ni blasfemadores de vuestra diosa.

38. Mas si Demetrio y los artífices que le acompañan, tienen queja contra alguno, audiencia pública hay, y procónsules: acúsenle, y demanden contra él.

39. Y si tenéis alguna otra pretensión, podrá ésta decidirse en legítimo ayuntamiento.

40. De lo contrario estamos a riesgo de que se nos acuse de sediciosos por lo de este día, no pudiendo alegar ninguna causa para justificar esta reunión. Dicho esto, hizo retirar a todo el concurso.

20

Pablo predica en Tróade, donde resucita a Eutico. En Mileto aconseja a los presbíteros de Efeso

1. Después que cesó el tumulto, convocando Pablo a los discípulos, y haciéndoles una exhortación, se despidió, y puso en camino para Macedonia.

2. Recorridas aquellas tierras, y habiendo exhortado a los fieles con muchas pláticas, pasó a Grecia,

3. donde permaneció tres meses, y estando para navegar a Siria, le armaron los judíos una emboscada; por lo cual tomó la resolución de volverse por Macedonia.

---

31. *Asiarcas* o principales sacerdotes gentiles, que presidían los juegos, espectáculos y demás reuniones.

4. Le acompañaron Sópatro, hijo de Pirro, natural de Berea, y los tesalonicenses Aristarco y Segundo, con Gayo de Derbé y Timoteo, y así mismo Tíquico y Trófimo asiáticos,

5. los cuales habiéndose adelantado, nos esperaron en Tróade.

6. Nosotros después de los días de los ázimos, o Pascua, nos hicimos a la vela desde Filipos, y en cinco días nos juntamos con ellos en Tróade, donde nos detuvimos siete días.

7. Mas como el primer día de la semana nos hubiésemos congregado para partir, y comer el pan eucarístico, Pablo, que había de marchar al día siguiente, conferenciaba con los oyentes y alargó la plática hasta la medianoche.

8. Es de advertir que en el cenáculo o sala donde estábamos congregados, había gran copia de luces.

9. Y sucedió que a un mancebo llamado Eutico, estando sentado sobre una ventana, le sobrecogió un sueño muy pesado, mientras proseguía Pablo su largo discurso, y vencido al fin del sueño, cayó desde el tercer piso de la casa abajo, y le levantaron muerto.

10. Pero habiendo bajado Pablo, se echó sobre él, y abrazándole, dijo: No os asustéis, pues está vivo.

11. Y subiendo luego otra vez, partió el pan, y habiendo comido y platicado todavía con ellos hasta el amanecer, después se marchó.

12. Al jovencito le presentaron vivo a la vista de todos, con lo cual se consolaron en extremo.

13. Nosotros, embarcándonos, navegamos al puerto de Asón, donde debíamos recibir a Pablo, que así lo había dispuesto él mismo, queriendo andar aquel camino por tierra.

14. Habiéndonos, pues, alcanzado en Asón, tomándole en nuestra nave, vinimos a Mitilene.

15. Desde allí haciéndonos a la vela, llegamos al día siguiente delante de Quío, al otro día aportamos a Samos, y en el día siguiente desembarcamos en Mileto.

16. Porque Pablo se había propuesto no tocar en Efeso, para que no le detuviesen poco o mucho en Asia, por cuanto se daba prisa con el fin de celebrar, si le fuese posible, el día de Pentecostés en Jerusalén.

17. Desde Mileto envió a Efeso a llamar a los ancianos, o prelados, de la Iglesia.

18. Venidos que fueron, y estando todos juntos, les dijo: Vosotros sabéis de qué manera me he portado todo el tiempo que he estado con vosotros, desde el primer día que entré en el Asia,

19. sirviendo al Señor con toda humildad y entre lágrimas, en medio de las adversidades que me han sobrevenido por la conspiración de los judíos contra mí;

20. cómo nada de cuanto os era provechoso, he omitido de anunciároslo y enseñároslo en público y por las casas,

21. y en particular exhortando a los judíos y gentiles a convertirse a Dios y a creer sinceramente en nuestro Señor Jesucristo.

22. Al presente constreñido del Espíritu Santo yo voy a Jerusalén, sin saber las cosas que me han de acontecer allí;

23. solamente puedo deciros que el Espíritu Santo en todas las ciudades me asegura y avisa que en Jerusalén me aguardan cadenas y tribulaciones.

24. Pero yo ninguna de estas cosas temo; ni aprecio más mi vida que a mí mismo, o a mi alma, siempre que de esta suerte concluya felizmente mi carrera, y cumpla el ministerio que he recibido del Señor Jesús para predicar la buena nueva de la gracia de Dios.

25. Ahora bien, yo sé que ninguno de todos vosotros, por cuyas tierras he discurrido predicando el reino de Dios me volverá a ver.

26. Por tanto os protesto en este día, que yo no tengo la culpa de la perdición de ninguno.

27. Pues que no he dejado de comunicaros todos los designios de Dios.

28. Velad sobre vosotros y sobre toda la grey, en la cual el Espíritu Santo os ha instituido obispos, para apacentar o gobernar la Iglesia de Dios, que ha ganado él con su propia sangre.

29. Porque sé que después de mi partida os han de asaltar lobos voraces, que destrocen el rebaño.

30. Y de entre vosotros mismos se levantarán hombres que sembrarán doctrinas perversas con el fin de atraerse a sí discípulos.

31. Por tanto estad alerta, teniendo en la memoria que por espacio de tres años no he cesado de día ni de noche de amonestar con lágrimas a cada uno de vosotros.

32. Y ahora, por último, os encomiendo a Dios, y a la palabra o promesa de su gracia, a aquel que puede acabar el edificio de vuestra salud, y haceros participar de su herencia con todos los santos.

33. Yo no he codiciado ni recibido de nadie plata, ni oro, ni vestido, como

34. vosotros mismos lo sabéis; porque cuanto ha sido menester para mí y para mis compañeros, todo me lo han suministrado estas manos, con su trabajo.

35. Yo os he hecho ver en toda mi conducta, que trabajando de esta suerte, es como se debe sobrellevar a los débiles, y tener presente las palabras del Señor Jesús, cuando dijo: Mucho mayor dicha es el dar, que el recibir.

36. Concluido este razonamiento, se puso de rodillas e hizo oración con todos ellos.

37. Y aquí comenzaron todos a deshacerse en lágrimas; y arrojándose al cuello de Pablo no cesaban de besarle,

38. afligidos sobre todo por aquella palabra que había dicho, que ya no verían más su rostro. Y de esta manera le fueron acompañando hasta la nave.

21

Viaje de Pablo a Jerusalén. Se purifica en el templo y es maltratado por los judíos

1. Al fin nos hicimos a la vela después de habernos con pena separado de ellos, y navegamos derechamente a la isla de Cos, y al día siguiente a la de Rodas y de allí a Pátara,

2. en donde, habiendo hallado una nave que pasaba a Fenicia, nos embarcamos en ella y marchamos.

3. Y habiendo avistado a Chipre, dejándola a la izquierda, continuamos nuestro rumbo hacia la Siria, y arribamos a Tiro, en donde había de dejar la nave su cargamento.

4. Habiendo encontrado aquí discípulos, nos detuvimos siete días; estos discípulos, decían a Pablo, como inspirados, que no subiese a Jerusalén.

5. Pero cumplidos aquellos días, nos pusimos en camino, acompañándonos todos con sus mujeres y niños hasta fuera de la ciudad, y puestos de rodillas en la ribera, hicimos oración.

6. Despidiéndonos unos de otros, entramos en la nave; y ellos se volvieron a sus casas.

7. Y concluyendo nuestra navegación, llegamos de Tiro a Tolemaida, donde abrazamos a los hermanos, y nos detuvimos un día con ellos.

8. Partiendo al siguiente, llegamos a Cesarea. Y entrando en casa de Felipe el evangelista*, que era uno de los siete diáconos, nos hospedamos en ella.

9. Tenía éste cuatro hijas vírgenes profetisas.

10. Deteniéndonos aquí algunos días, sobrevino de la Judea cierto profeta, llamado Agabo.

11. El cual, viniendo a visitarnos, cogió el ceñidor de Pablo, y atándose con él los pies y las manos, dijo: Esto dice el Espíritu Santo: Así atarán los judíos en Jerusalén al hombre cuyo es este ceñidor, y entregarle han en manos de los gentiles.

12. Lo que oído, rogábamos a Pablo, así nosotros como los de aquel pueblo, que no pasase a Jerusalén.

13. A lo que respondió, y dijo: ¿Qué hacéis con llorar y afligir mi corazón? Porque yo estoy pronto, no sólo a ser aprisionado, sino también a morir en Jerusalén por el Nombre del Señor Jesús.

14. Y viendo que no podíamos persuadírselo, dejamos de instarle más, y dijimos: Hágase la voluntad del Señor.

15. Pasados estos días nos dispusimos para el viaje, y nos encaminamos hacia Jerusalén.

16. Vinieron también con nosotros algunos de los discípulos de Cesarea, trayendo consigo un antiguo discípulo llamado Mnasón, oriundo de Chipre, en cuya casa habíamos de hospedarnos.

17. Llegados a Jerusalén, nos recibieron los hermanos con mucho gozo.

18. Al día siguiente fuimos con Pablo a visitar a Santiago, a cuya casa concurrieron todos los ancianos, o presbíteros.

---

8. *Predicador* del Evangelio.

19. Y habiéndolos saludado, les contaba una por una las cosas que Dios había hecho por su ministerio entre los gentiles.

20. Ellos, oído esto, glorificaban a Dios, y después le dijeron: Ya ves, hermano, cuántos millares de judíos hay, que han creído, y que todos son celosos de la observancia de la ley.

21. Ahora, pues, éstos han oído decir que tú enseñas a los judíos que viven entre los gentiles, a abandonar a Moisés, diciéndoles que no deben circuncidar a sus hijos, ni seguir las antiguas costumbres.

22. ¿Qué es, pues, lo que se ha de hacer? Sin duda se reunirá toda esta multitud de gente, porque luego han de saber que has venido.

23. Por tanto haz esto que vamos a proponerte: aquí tenemos cuatro hombres con obligación de cumplir un voto.

24. Unido a éstos, purifícate con ellos y hazles el gasto en la ceremonia, a fin de que se hagan la rasura de la cabeza: con eso sabrán todos, que lo que han oído de ti es falso, antes bien, que aun tú mismo continúas en observar la ley.

25. Por lo que hace a los gentiles que han creído, ya les hemos escrito, que habíamos decidido que se abstuviesen de manjares ofrecidos a los ídolos, y de sangre, y de animales sofocados, y de la fornicación.

26. Pablo, pues, tomando consigo aquellos hombres, se purificó al día siguiente con ellos y entró en el templo, haciendo saber cuándo se cumplían los días de su purificación, y cuándo debía presentarse la ofrenda por cada uno de ellos.

27. Estando para cumplirse los siete días, los judíos venidos de Asia, habiendo visto a Pablo en el templo, amotinaron todo el pueblo y le prendieron, gritando:

28. ¡Favor, israelitas!, éste es aquel hombre que, sobre andar enseñando a todos, en todas partes, contra la nación, contra la ley, y contra este santo lugar, ha introducido también a los gentiles en el templo, y profanado este lugar santo.

29. Y era que habían visto andar con él por la ciudad a Trófimo de Efeso, al cual se imaginaron que Pablo le había llevado consigo al templo.

30. Con esto se conmovió toda la ciudad, y se amotinó el pueblo. Y cogiendo a Pablo, le llevaron arrastrando fuera del templo, cuyas puertas fueron cerradas inmediatamente.

31. Mientras estaban tratando de matarle, fue avisado el tribuno de la cohorte de que toda Jerusalén estaba alborotada.

32. Al punto marchó con los soldados y centuriones, y corrió a donde estaban. Ellos al ver al tribuno y la tropa, cesaron de maltratar a Pablo.

33. Entonces llegando el tribuno le prendió, y le mandó asegurar con dos cadenas, y preguntaba quién era, y qué había hecho.

34. Mas en aquel tropel de gente quién gritaba una cosa, y quién otra. Y no pudiendo averiguar lo cierto a causa del alboroto, mandó que le condujesen a una fortaleza.

35. Al llegar a las gradas, fue preciso que los soldados le llevasen en peso a causa de la violencia del pueblo.

36. Porque le seguía el gentío gritando: ¡Que muera!

37. Estando ya Pablo para entrar en la fortaleza*, dijo al tribuno: ¿No podré hablarte dos palabras? A lo cual respondió el tribuno: ¿Qué, sabes tú hablar en griego?

38. ¿Pues no eres tú el egipcio que los días pasados excitó una sedición, y se llevó al desierto cuatro mil salteadores*?

39. Le dijo Pablo: Yo soy ciertamente judío, ciudadano de Tarso en Cilicia, ciudad bien conocida. Te suplico, pues, que me permitas hablar al pueblo.

40. Y concediéndoselo el tribuno, Pablo poniéndose en pie sobre las gradas, hizo señal con la mano al pueblo, y siguiéndole a esto gran silencio, le habló así en lengua hebrea:

22 *Apología de Pablo, quien se declara ciudadano romano queriendo el tribuno azotarlo*

1. ¡Hermanos y padres míos!, oíd la razón que voy a daros ahora de mí.

2. Al ver que les hablaba en lengua hebrea redoblaron el silencio.

---

37. Torre llamada *Antonia*, contigua al templo donde estaban las tropas acantonadas en Jerusalén.

38. Llamados en latín *sicarios*, porque llevaban un puñal, *sica*, debajo del vestido.

3. Dijo, pues: Yo soy judío, nacido en Tarso de Cilicia, pero educado en esta ciudad, en la escuela de Gamaliel, e instruido por él conforme a la verdad de la ley de nuestros padres, y muy celoso de la misma ley, así como ahora lo sois todos vosotros.

4. Yo perseguí de muerte a los de esta nueva doctrina, aprisionando y metiendo en la cárcel a hombres y a mujeres,

5. como me son testigos el sumo sacerdote y todos los ancianos, de los cuales tomé así mismo cartas para los hermanos de Damasco, e iba allá para traer presos a Jerusalén a los de esta secta que allí hubiese, a fin de que fuesen castigados.

6. Mas sucedió que, yendo de camino, y estando ya cerca de Damasco a hora de mediodía, de repente una luz copiosa del cielo me cercó con sus rayos.

7. Y cayendo en tierra, oí una voz que me decía: ¡Saulo, Saulo!, ¿por qué me persigues?

8. Yo respondí: ¿Quién eres tú, Señor? Y me dijo: Yo soy Jesús Nazareno, a quien tú persigues.

9. Los que me acompañaban, aunque vieron la luz, no entendieron bien la voz del que hablaba conmigo.

10. Yo dije: ¿Qué haré, Señor? Y el Señor me respondió: Levántate, y ve a Damasco, donde se te dirá todo lo que debes hacer.

11. Y como el resplandor de aquella luz me hizo quedar ciego, los compañeros me condujeron por la mano hasta Damasco.

12. Aquí un cierto Ananías, varón justo según la ley, que tiene a su favor el testimonio de todos los judíos, sus conciudadanos,

13. viniendo a mí, y poniéndoseme delante me dijo: hermano mío, recibe la vista. Y al punto le vi ya claramente.

14. Dijo él entonces: El Dios de nuestros padres te ha predestinado para que conocieses su voluntad, y viese al justo y oyeses la voz de su boca;

15. porque has de ser testigo suyo delante de todos los hombres, de las cosas que has visto y oído.

16. Ahora, pues, ¿qué te detienes? Levántate, bautízate, y lava tus pecados, invocando su Nombre.

17. Sucedió después que, volviendo yo a Jerusalén, y estando orando en el templo, fui arrebatado en éxtasis,

18. y le vi que me decía: Date prisa, y sal luego de Jerusalén; porque éstos no recibirán el testimonio que les dieres de mí.

19. Señor, respondí yo, ellos saben que yo era el que andaba por las sinagogas, metiendo en la cárcel y maltratando a los que creían en ti;

20. y mientras se derramaba la sangre de tu testigo, o mártir, Esteban, yo me hallaba presente, consintiendo en su muerte y guardando la ropa de los que le mataban.

21. Pero el Señor me dijo: Anda, que yo te quiero enviar lejos de aquí hacia los gentiles.

22. Hasta esta palabra la estuvieron escuchando; mas aquí levantaron el grito diciendo: ¡Quita del mundo a un tal hombre, que no es justo que viva!

23. Prosiguiendo ellos en sus alaridos, y echando de sí enfurecidos sus vestidos, y arrojando puñados de polvo al aire,

24. ordenó el tribuno que le metiesen en la fortaleza, y que azotándole le atormentasen, para descubrir por qué causa gritaban tanto contra él.

25. Ya que le hubieron atado con las correas, dijo Pablo al centurión que estaba presente: ¿Os es lícito a vosotros azotar a un ciudadano romano, y eso sin formarle causa?

26. El centurión, oído esto, fue al tribuno, y le dijo: mira lo que haces; pues este hombre es ciudadano romano.

27. Llegándose entonces el tribuno a él, le preguntó: Dime, ¿eres tú romano? Respondió él: Sí que lo soy.

28. A lo que replicó el tribuno: A mí me costó una gran suma de dinero este privilegio. Y Pablo dijo: Pues yo lo soy de nacimiento.

29. Al punto se apartaron de él los que iban a darle el tormento. Y el mismo tribuno entró en temor después que supo que era ciudadano romano, y que le había hecho atar.

30. Al día siguiente queriendo cerciorarse del motivo por qué le acusaban los judíos, le quitó las prisiones, y mandó juntar a los sacerdotes, con todo el sanedrín, o consistorio, y sacando a Pablo le presentó en medio de ellos.

23 *Pablo con sus palabras ocasiona una disputa, que divide a fariseos y saduceos*

1. Pablo entonces fijos los ojos en el sanedrín les dijo: Hermanos míos, yo hasta el día presente he observado tal conducta, que en la presencia de Dios nada me remuerde la conciencia.

2. En esto el príncipe de los sacerdotes Ananías mandó a sus ministros que le hiriesen en la boca.

3. Entonces le dijo Pablo: Herirte ha Dios a ti, pared blanqueada. ¿Tú estás sentado para juzgarme según la ley, y contra la ley* mandas herirme?

4. Los circunstantes le dijeron: ¿Cómo maldices tú al sumo sacerdote de Dios?

5. A esto respondió Pablo: Hermanos, no sabía que fuese el príncipe de los sacerdotes. Porque realmente escrito está*: No maldecirás al príncipe de tu pueblo.

6. Sabiendo Pablo que parte de los que asistían eran saduceos y parte fariseos, exclamó en medio del sanedrín: Hermanos míos, yo soy fariseo, hijo de fariseos y por causa de mi esperanza de la resurrección de los muertos es por lo que voy a ser condenado.

7. Desde que hubo proferido estas palabras, se suscitó discordia entre los fariseos y saduceos, y se dividió la asamblea en dos partidos.

8. Porque los saduceos dicen que no hay resurrección, ni ángel ni espíritu; cuando al contrario los fariseos confiesan ambas cosas.

9. Así que fue grande la gritería que se levantó. Y puestos en pie algunos fariseos, porfiaban, diciendo: Nada de malo hallamos en este hombre; ¿quién sabe si le habló algún espíritu o ángel?

10. Y enardeciéndose más la discordia, temeroso el tribuno que despedazasen a Pablo, mandó bajar a los soldados, para que le quitasen de en medio de ellos, y le condujesen a la fortaleza.

11. A la noche siguiente se le apareció el Señor, y le dijo: ¡Pablo, buen ánimo!, así como has dado testimonio de mí en Jerusalén, así conviene también que lo des en Roma.

12. Venido el día se juntaron algunos judíos, e hicieron voto con juramento e imprecación, de no comer ni beber hasta haber matado a Pablo.

13. Eran más de cuarenta hombres los que se habían así conjurado;

14. los cuales se presentaron a los príncipes de los sacerdotes y a los ancianos, y dijeron: Nosotros nos hemos obligado con voto y grandes imprecaciones, a no probar bocado hasta que matemos a Pablo.

15. Ahora, pues, no tenéis más que avisar al tribuno de parte del sanedrín, pidiéndole que haga conducir mañana a Pablo delante de vosotros, como que tenéis que averiguar de él alguna cosa con más certeza. Nosotros de nuestra parte estaremos prevenidos para matarle antes que llegue.

16. Mas como un hijo de la hermana de Pablo entendiese la trama, fue, y entró en la fortaleza, y dio aviso a Pablo.

17. Pablo llamado a uno de los centuriones, dijo: Lleva este mozo al tribuno, porque tiene que participarle cierta cosa.

18. El centurión tomándole consigo le condujo al tribuno, y dijo: Pablo el preso me ha pedido que traiga a tu presencia a este joven, que tiene que comunicarte alguna cosa.

19. El tribuno cogiendo de la mano al mancebo, se retiró con él a solas, y le preguntó: ¿Qué es lo que tienes que comunicarme?

20. El respondió: Los judíos han acordado el suplicarte que mañana conduzcas a Pablo al concilio, con pretexto de querer examinarle más individualmente de algún punto.

21. Pero tú no los creas, porque de ellos le tienen armadas acechanzas más de cuarenta hombres, los cuales con grandes juramentos han hecho voto de no comer ni beber hasta que le maten; y ya están alerta, esperando que tú les concedas lo que piden.

22. El tribuno despidió al muchacho, mandándole que a nadie dijese que había hecho aquella delación.

23. Y llamando a dos centuriones, les dijo: Tened prevenidos para las nueve de la noche doscientos soldados de infantería, para que vayan a Cesarea, y setenta de

3. *Lev 19*, 15.
5. *Ex 22*, 28.

caballería, y doscientos alabarderos, o lanceros:

24. Y preparad bagajes para que lleven a Pablo, y le conduzcan sin peligro de su vida al gobernador Félix.

25. (Porque temió el tribuno que los judíos le arrebatasen, y matasen, y después él mismo padeciese la calumnia de haberlo permitido, sobornado con dinero). Y al mismo tiempo escribió una carta al gobernador Félix, en los términos siguientes:

26. Claudio Lisias al óptimo gobernador Félix, salud.

27. A ese hombre preso por los judíos, y a punto de ser muerto por ellos, acudiendo con la tropa le libré, noticioso de que era ciudadano romano;

28. y queriendo informarme del delito de que le acusaban, condújele a su sanedrín.

29. Allí averigüé que es acusado sobre cuestiones de su ley de ellos; pero que no ha cometido ningún delito digno de muerte o de prisión.

30. Y avisado después de que los judíos le tenían urdidas acechanzas, te lo envío a ti, previniendo también a sus acusadores que recurran a tu tribunal. Ten salud.

31. Los soldados, pues, según la orden que se les había dado, encargándose de Pablo, le condujeron de noche a la ciudad de Antipátrida.

32. Al día siguiente dejando a los de a caballo para que le acompañasen, se volvieron los demás a la fortaleza.

33. Llegados que fueron a Cesarea, y entregada la carta al gobernador, le presentaron así mismo a Pablo.

34. Luego que leyó la carta, le preguntó de qué provincia era, y oído que de Cilicia, dijo:

35. Te daré audiencia viniendo tus acusadores. Entre tanto mandó que le custodiasen en el pretorio llamado de Herodes.

24 *Respuesta de Pablo a los judíos. El gobernador Félix oye a Pablo sobre la fe de Cristo*

1. Al cabo de cinco días llegó a Cesarea el sumo sacerdote Ananías con algunos ancianos y con un tal Tértulo orador, o abogado, los cuales comparecieron ante el gobernador contra Pablo.

2. Citado Pablo, empezó su acusación Tértulo, diciendo: Como es por medio de ti, óptimo Félix, que gozamos de una paz profunda, y con tu previsión remedias muchos desórdenes,

3. nosotros lo reconocemos en todas ocasiones y en todos lugares, y te tributamos toda suerte de acciones de gracias.

4. Mas por no molestarte demasiado, te suplico nos oigas por breves momentos con tu acostumbrada humanidad.

5. Tenemos averiguado ser éste un hombre pestilencial, que anda por todo el mundo metiendo en confusión y desorden a todos los judíos, y es el caudillo de la sediciosa secta de los nazarenos.

6. El cual además intentó profanar el templo, y por esto habiéndole preso, quisimos juzgarle según nuestra ley.

7. Pero sobreviniendo el tribuno Lisias, le arrancó a viva fuerza de nuestras manos,

8. mandando que los acusadores recurriesen a ti; tú mismo, examinándole como juez, podrás reconocer la verdad de todas estas cosas de que le acusamos.

9. Los judíos confirmaron por su parte lo dicho, atestiguando ser todo verdad.

10. Pablo, habiéndole hecho señal el gobernador para que hablase, lo hizo en estos términos: Sabiendo yo que ya hace muchos años que tú gobiernas esta nación, emprendo con mucha confianza el justificarme.

11. Bien fácilmente puedes certificarte, de que no ha más de doce días que llegué a Jerusalén, a fin de adorar a Dios.

12. Y nunca me han visto disputar con nadie en el templo, ni amotinando la gente de las sinagogas,

13. o en la ciudad; ni pueden alegarte prueba de cuantas cosas me acusan ahora.

14. Es verdad, y lo confieso delante de ti, que siguiendo una doctrina, que ellos tratan de herejía, yo sirvo al Padre y Dios mío, creyendo todas las cosas, que se hallan escritas en la ley y en los profetas,

15. teniendo firme esperanza en Dios, como ellos también la tienen, que ha de verificarse la resurrección de los justos y de los pecadores.

16. Por lo cual procuro yo siempre conservar mi conciencia sin culpa delante de Dios y delante de los hombres.

17. Ahora, después de muchos años,

vine a repartir limosnas a los de mi nación, y a cumplir a Dios mis ofrendas y votos.

18. Y estando en esto, es cuando algunos judíos de Asia me han hallado purificado en el templo; mas no con reunión de pueblo, ni con tumulto.

19. Estos judíos son los que habían de comparecer delante de ti, y ser mis acusadores si algo tenían que alegar contra mí:

20. Pero ahora digan estos mismos que me acusan, si, congregados en el sanedrín, han hallado en mí algún delito,

21. a no ser que lo sea una expresión con que exclamé en medio de ellos, diciendo: Veo que por defender yo la resurrección de los muertos me formáis hoy vosotros causa.

22. Félix, pues, que estaba bien informado de esta doctrina, difirió para otra ocasión el asunto, diciendo: Cuando viniere de Jerusalén el tribuno Lisias, os daré audiencia otra vez.

23. Entretanto mandó a un centurión que custodiara a Pablo, teniéndole con menos estrechez, y sin prohibir que los suyos entrasen a asistirle.

24. Algunos días después volviendo Félix a Cesarea, y trayendo a su mujer Drusila, la cual era judía, llamó a Pablo, y le oyó explicar la fe de Jesucristo.

25. Pero inculcando Pablo la doctrina de la justicia, de la castidad y del juicio venidero, despavorido Félix le dijo: Basta por ahora, retírate, que a su tiempo yo te llamaré.

26. Y como esperaba que Pablo le daría dinero para conseguir la libertad, por eso llamándole a menudo, conversaba con él.

27. Pasados dos años, Félix recibió por sucesor a Porcio Festo; y queriendo congraciarse con los judíos, dejó preso a Pablo.

---

25 *Pablo ante el gobernador Festo, quien le presenta al rey Agripa y a Berenice, la hermana de éste*

---

1. Llegado Festo a la provincia, tres días después subió a Jerusalén desde Cesarea.

2. Se le presentaron luego los príncipes de los sacerdotes y los más distinguidos entre los judíos, para acusar a Pablo, con una petición

3. en que le suplicaban por gracia que le mandase conducir a Jerusalén, tramando ellos una emboscada para asesinarle en el camino.

4. Mas Festo respondió que Pablo estaba bien custodiado en Cesarea, para donde iba a partir él cuanto antes.

5. Por tanto, los principales, dijo, de entre vosotros, vengan también a Cesarea, y acúsenle, si es reo de algún crimen.

6. En efecto, no habiéndose detenido en Jerusalén mas que ocho o diez días, marchó a Cesarea, y al día siguiente, sentándose en el tribunal, mandó comparecer a Pablo.

7. Luego que fue presentado, le rodearon los judíos venidos de Jerusalén, acusándole de muchos y graves delitos, que no podían probar,

8. y de los cuales se defendía Pablo, diciendo: En nada he pecado ni contra la ley de los judíos, ni contra el templo, ni contra César.

9. Mas Festo queriendo congraciarse con los judíos, respondiendo a Pablo, le dijo: ¿Quieres subir a Jerusalén, y ser allí juzgado ante mí?

10. Respondió Pablo: Yo estoy ante el tribunal de César, que es donde debo ser juzgado; tú sabes muy bien que yo no he hecho el menor agravio a los judíos;

11. que si en algo les he ofendido, o he hecho alguna cosa por la que sea reo de muerte, no rehúso morir; pero si no hay nada de cuanto éstos me imputan, ninguno tiene derecho para entregarme a ellos. Apelo a César.

12. Entonces Festo, habiéndolo tratado con los de su consejo, respondió: ¿A César has apelado?, pues a César irás.

13. Pasados algunos días, bajaron a Cesarea el rey Agripa y Berenice a visitar a Festo.

14. Y habiéndose detenido allí muchos días, Festo habló al rey de la causa de Pablo, diciendo: Aquí dejó Félix preso a un hombre,

15. sobre lo cual estando yo en Jerusalén, recurrieron a mí los príncipes de los sacerdotes y los ancianos de los judíos, pidiendo que fuese condenado a muerte.

16. Yo les respondí que los romanos no acostumbran condenar a ningún hombre, antes que el acusado tenga presentes a sus acusadores y lugar de defenderse para justificarse de los cargos.

17. Habiendo, pues, ellos concurrido acá sin dilación alguna, al día siguiente, sentado yo en el tribunal, mandé traer ante mí al dicho hombre.

18. Compareciendo los acusadores, vi que no le imputaban ningún crimen de los que yo sospechaba fuese culpado.

19. Solamente tenían con él no sé qué disputa tocante a su superstición judaica, y sobre un cierto Jesús difunto, que Pablo afirmaba estar vivo.

20. Perplejo yo en una causa de esta naturaleza, le dije si quería ir a Jerusalén, y ser allí juzgado de estas cosas.

21. Mas interponiendo Pablo apelación para que su causa se reservase al juicio de Augusto, di orden para que se le mantuviese en custodia, hasta remitirle a César.

22. Entonces dijo Agripa a Festo: Desearía yo también oír a ese hombre. Mañana, respondió Festo, le oirás.

23. Con eso al día siguiente, habiendo venido Agripa y Berenice, con mucha pompa, y entrando en la sala de la audiencia con los tribunos y personas principales de la ciudad, fue Pablo traído por orden de Festo.

24. El cual dijo: Rey Agripa, y todos vosotros que os halláis aquí presentes, ya veis a este hombre, contra quien todo el pueblo de los judíos ha acudido a mí en Jerusalén, representándome con grandes instancias y clamores que no debe vivir más.

25. Mas yo he averiguado que nada ha hecho que mereciese la muerte. Pero habiendo él mismo apelado a Augusto he determinado remitírsele.

26. Bien que como no tengo cosa cierta que escribir al Señor acerca de él, por esto le he hecho venir a vuestra presencia, mayormente ante ti, ¡oh rey Agripa!, para que examinándole tenga yo algo que escribir.

27. Pues me parece cosa fuera de razón el remitir a un hombre preso, sin exponer los delitos de que se le acusa.

26 *Pablo se justifica ante Agripa y le cuenta su persecución a los cristianos y su conversión*

1. Entonces Agripa dijo a Pablo: Se te da licencia para hablar en tu defensa. Y luego Pablo accionando con la mano, empezó así su apología.

2. Tengo a gran dicha mía, ¡oh rey Agripa!, el poder justificarme ante ti en el día de hoy, de todos los cargos de que me acusan los judíos.

3. Mayormente sabiendo tú todas las costumbres de los judíos y las cuestiones que se agitan entre ellos; por lo cual te suplico que me oigas con paciencia.

4. Y en primer lugar, por lo que hace al tenor de vida, que observé en Jerusalén, desde mi juventud entre los de mi nación, es bien notorio a todos los judíos.

5. Sabedores son de antemano (si quieren confesar la verdad) que yo, siguiendo desde mis primeros años la secta o profesión más segura de nuestra religión, viví cual fariseo.

6. Y ahora soy acusado en juicio por la esperanza que tengo de la promesa hecha por Dios a nuestros padres,

7. promesa cuyo cumplimiento esperan nuestras doce tribus, sirviendo a Dios noche y día. Por esta esperanza, ¡oh rey!, soy acusado yo de los judíos.

8. Pues qué, ¿juzgáis acaso increíble que Dios resucite a los muertos?

8. Yo por mí estaba persuadido de que debía proceder hostilmente contra el Nombre de Jesús Nazareno,

10. como ya lo hice en Jerusalén, donde no sólo metí a muchos de los santos, o fieles, en las cárceles, con poderes que para ello recibí de los príncipes de los sacerdotes, sino que siendo condenados a muerte yo di también mi consentimiento.

11. Y andando con frecuencia por todas las sinagogas, los obligaba a fuerza de castigos a blasfemar del Nombre de Jesús, y enfurecido más cada día contra ellos, los iba persiguiendo hasta en las ciudades extranjeras.

12. En este estado, yendo un día a Damasco con poderes y comisión de los príncipes de los sacerdotes,

13. siendo al mediodía, vi, ¡oh rey!, en el camino una luz del cielo más resplandeciente que el sol, la cual con sus rayos me rodeó a mí y a los que iban conmigo.

14. Y habiendo todos nosotros caído en tierra, oí una voz que me decía en lengua hebrea: ¡Saulo, Saulo!, ¿por qué me persigues?; duro empeño es para ti el dar coces contra el aguijón.

15. Yo entonces respondí: ¿Quién eres

tú, Señor? Y el Señor me dijo: Yo soy Jesús, a quien tú persigues.

16. Pero levántate, y ponte en pie; pues para esto te he aparecido, a fin de constituirte ministro y testigo de las cosas que has visto y de otra que te mostraré apareciéndome a ti de nuevo.

17. Y yo te libraré de las manos de este pueblo y de los gentiles, a los cuales ahora te envío,

18. a abrirles los ojos, para que se conviertan de las tinieblas a la luz, y del poder de Satanás a Dios, y con esto reciban la remisión de sus pecados, y tengan parte en la herencia de los santos, mediante la fe en mí.

19. Así que, ¡oh rey Agripa!, no fui rebelde a la visión celestial;

20. antes bien empecé a predicar primeramente a los judíos que están en Damasco, y en Jerusalén, y por todo el país de Judea, y después a los gentiles, que hiciesen penitencia, y se convirtiesen a Dios, haciendo dignas obras de penitencia.

21. Por esta causa los judíos me prendieron, estando yo en el templo, e intentaban matarme.

22. Pero ayudado del auxilio de Dios, he perseverado hasta el día de hoy, testificando la verdad a grandes y a pequeños, no predicando otra cosa más que lo que Moisés y los profetas predijeron que había de suceder,

23. es a saber, que Cristo había de padecer la muerte, y que sería el primero que resucitaría de entre los muertos, y había de mostrar la luz de la buena nueva a este pueblo y a los gentiles.

24. Diciendo él esto en su defensa, exclamó Festo: Pablo, tú estás loco: las muchas letras te han trastornado el juicio.

25. Y Pablo le respondió: No deliro, óptimo Festo, sino que hablo palabras de verdad y de cordura.

26. Que bien sabidas son del rey estas cosas, y por lo mismo hablo delante de él con tanta confianza, bien persuadido de que nada de esto ignora, puesto que ninguna de las cosas mencionadas se ha ejecutado en algún rincón oculto.

27. ¡Oh rey Agripa! ¿Crees tú en los profetas? Yo sé que crees en ellos.

28. A esto Agripa sonriéndose, respondió a Pablo: Poco falta para que me persuadas a hacerme cristiano.

29. A lo que contestó Pablo: Quiera Dios, como deseo, que no solamente faltara poco, sino que no faltara nada, para que tú y todos cuantos me oyen llegaseis a ser hoy tales cual soy yo, salvo estas cadenas.

30. Aquí se levantaron el rey, y el gobernador, y Berenice, y los que les hacían la corte.

31. Y habiéndose retirado aparte hablaban entre sí, y decían: En efecto, este hombre no ha hecho cosa digna de muerte, ni de prisión.

32. Y Agripa dijo a Festo: Si no hubiese ya apelado a César, bien se le pudiera poner en libertad.

27

Pablo navega rumbo a Roma. La nave naufraga junto a una isla; pero todos se salvan

1. Luego, pues, que se determinó que Pablo navegase a Italia, y que fuese entregado con los demás presos a un centurión de la cohorte o legión augusta llamado Julio,

2. embarcándonos en una nave de Adrumeto, nos hicimos a la vela, empezando a costear las tierras de Asia, acompañándonos siempre Aristarco, macedonio de Tesalónica.

3. El día siguiente arribamos a Sidón; y Julio, tratando a Pablo con humanidad, le permitió salir a visitar a los amigos y proveerse de lo necesario.

4. Partidos de allí, fuimos bogando por debajo de Chipre, por ser contrarios los vientos.

5. Y habiendo atravesado el mar de Cilicia y de Panfilia, aportamos a Listra, o Mira, de la Licia,

6. donde el centurión, encontrando una nave de Alejandría que pasaba a Italia, nos trasladó a ella.

7. Y navegando por muchos días lentamente, y arribando con trabajo enfrente de Gnido, por estorbárnoslo el viento, costeamos a Creta, por el cabo Salmón.

8. Y doblado éste con gran dificultad arribamos a un lugar llamado Buenos Puertos, que está cercano a la ciudad de Talasa.

9. Pero habiendo gastado mucho tiempo, y no siendo desde entonces segura la navegación, por haber pasado ya el tiempo del ayuno, Pablo los amonestaba,

10. diciéndoles: Yo conozco, amigos, que la navegación comienza a ser muy peligrosa y de mucho perjuicio, no sólo para la nave y cargamento, sino también para nuestras vidas.

11. Pero el centurión daba más crédito al piloto y al patrón del barco, que a cuanto decía Pablo.

12. Mas como aquel puerto no fuese a propósito para invernar, la mayor parte fueron de parecer que nos hiciésemos a la vela para ir a tomar invernadero, por poco que se pudiese, en Fenice, puerto de Creta, opuesto al ábrego y al poniente.

13. Así, pues, soplando el austro, figurándose salir ya con su intento, levantando anclas en Asón*, iban costeando por la isla de Creta.

14. Pero a poco tiempo dio contra la nave un viento tempestuoso, llamado nordeste.

15. Arrebatada la nave, y no pudiendo resistir el torbellino, éramos llevados a merced de los vientos.

16. Arrojados con ímpetu hacia una isleta, llamada Cauda, pudimos con gran dificultad recoger el esquife.

17. El cual metido dentro, maniobraban los marineros cuanto podían, asegurando y liando la nave, temerosos de dar en algún banco de arena. De esta suerte abajadas las velas y el mástil, se dejaban llevar de las olas.

18. Al día siguiente, como nos hallábamos furiosamente combatidos por la tempestad, echaron al mar el cargamento.

19. Y tres días después arrojaron con sus propias manos las municiones y pertrechos de la nave.

20. Entretanto, había muchos días que no se dejaban ver ni el sol, ni las estrellas, y la borrasca era continuamente tan furiosa, que ya habíamos perdido todas las esperanzas de salvarnos.

21. Entonces Pablo, como había ya mucho tiempo que nadie había tomado alimento, puesto en medio de ellos, dijo: En verdad, compañeros, que hubiera sido mejor, creyéndome a mí, no haber salido de Creta, y excusar este desastre y pérdida.

22. Mas ahora os exhorto a tener buen ánimo, pues ninguno de vosotros se perderá, lo único que se perderá será la nave.

23. Porque esta noche se me ha aparecido un ángel del Dios de quien soy yo, y a quien sirvo,

24. diciéndome: No temas, Pablo, tú sin falta has de comparecer ante César; y he ahí que Dios te ha concedido la vida de todos los que navegan contigo.

25. Por tanto, compañeros, tened buen ánimo, pues yo creo en Dios, que así será, como se me ha prometido.

26. Al fin hemos de venir a dar en cierta isla.

27. Mas llegada la noche del día catorce, navegando nosotros por el mar Adriático, los marineros a eso de la medianoche barruntaban hallarse a vista de tierra.

28. Por lo que tiraron la sonda, y hallaron veinte brazas de agua; y poco más adelante sólo hallaron ya quince.

29. Entonces temiendo cayésemos en algún escollo, echaron por la popa cuatro anclas, aguardando con impaciencia el día.

30. Pero como los marineros, intentando escaparse de la nave, echasen al mar el bote salvavidas, con el pretexto de ir a tirar las anclas un poco más lejos por la parte de proa,

31. dijo Pablo al centurión y a los soldados: Si estos hombres no permanecen en el navío, vosotros no podéis salvaros.

32. En la hora los soldados cortaron las amarras del bote salvavidas, y lo dejaron perder.

33. Y al empezar a ser de día, rogaba Pablo a todos que tomasen alimento, diciendo: Hace hoy catorce días que aguardando el fin de la tormenta estáis sin comer, ni probar casi nada.

34. Por lo cual os ruego que toméis algún alimento para vuestra conservación, seguros de que no ha de perderse ni un cabello de vuestra cabeza*.

35. Dicho esto, tomando pan, dio gracias a Dios en presencia de todos; y partiéndolo empezó a comer.

36. Con eso animados todos, comieron también ellos.

---

13. Ciudad de la isla de *Creta* o *Candia*.

34. Dios había prometido a Pablo la vida de quienes navegaban con él. La confianza en Dios no impide usar los medios que dicta la prudencia humana para conseguir el fin deseado.

37. Eramos los navegantes al todo doscientas setenta y seis personas.

38. Estando ya satisfechos, aligeraban la nave, arrojando al mar el trigo.

39. Siendo ya día claro, no reconocían qué tierra era la que descubrían; echaban sí de ver cierta ensenada que tenía playa, donde pensaban arrimar la nave, si pudiesen.

40. Alzadas, pues, las anclas, se abandonaban a la corriente del mar, aflojando al mismo tiempo las cuerdas de las dos planchas del timón; y alzada la vela del artimón, o de la popa, para tomar el viento preciso, se dirigían hacia la playa.

41. Mas tropezando en una lengua de tierra que tenía mar por ambos lados, encalló la nave, quedando inmóvil la proa, fija, o encallada, en el fondo, mientras la popa iba abriéndose por la violencia de las olas.

42. Los soldados entonces deliberaron matar a los presos, temerosos de que alguno se escapase a nado.

43. Pero el centurión, deseoso de salvar a Pablo, estorbó que lo hiciesen; y mandó que los que supiesen nadar; saltasen primeros al agua, y saliesen a tierra.

44. A los demás, parte los llevaron en tablas, y algunos sobre los desechos que restaban del navío. Y así se verificó, que todas las personas salieron salvas a tierra.

---

28 *Prosigue Pablo su viaje desde Malta a Roma. Predica a los judíos la buena nueva de Jesucristo*

---

1. Salvados del naufragio, conocimos entonces que aquella isla se llamaba Malta. Los bárbaros por su parte nos trataron con mucha humanidad.

2. Porque luego encendida una hoguera nos protegieron a todos contra la lluvia que descargaba, y el frío.

3. Y habiendo recogido Pablo una porción de sarmientos, y echándolos al fuego, saltó una víbora huyendo del calor, y le trabó de la mano.

4. Cuando los bárbaros vieron la víbora colgando de su mano, se decían unos a otros: Este hombre sin duda es algún homicida, pues que, habiéndose salvado de la mar, la venganza divina no quiere que viva.

5. El, sacudiendo la víbora en el fuego, no padeció daño alguno.

6. Los bárbaros, al contrario, se persuadían a que se hincharía, y de repente caería muerto. Mas después de aguardar largo rato, reparando que ningún mal le acontecía, cambiando de opinión, decían que era un dios.

7. En aquellas cercanías tenía unas posesiones el príncipe de la isla, llamado Publio, el cual, acogiéndonos benignamente, nos hospedó por tres días con mucha humanidad.

8. Y sucedió que, hallándose el padre de Publio muy acosado de fiebres y disentería, entró Pablo a verle, y haciendo oración, e imponiendo sobre él las manos, le curó.

9. Después de este suceso todos los que tenían enfermedades en aquella isla acudían a él, y eran curados;

10. por cuyo motivo nos hicieron muchas honras, y cuando nos embarcamos nos proveyeron de todo lo necesario.

11. Al cabo de tres meses, nos hicimos a la vela en una nave alejandrina, que había invernado en aquella isla, y tenía la divisa de Cástor y Pólux.

12. Y habiendo llegado a Siracusa, nos detuvimos allí tres días.

13. Desde aquí costeando las tierras de Sicilia, vinimos a Regio; y al día siguiente soplando el sur, en dos días nos pusimos en Puzol,

14. donde habiendo encontrado hermanos en Cristo, nos instaron a que nos detuviésemos con ellos siete días, después de los cuales nos dirigimos a Roma.

15. Sabiendo nuestra venida los hermanos de esta ciudad, salieron a recibirnos hasta el pueblo llamado Foro Apio, y otros a Tres Tabernas. A los cuales habiendo visto Pablo, dio gracias a Dios, y cobró gran ánimo.

16. Llegados a Roma, se le permitió a Pablo el estar de por sí en una casa con un soldado de guardia.

17. Pasados tres días pidió a los principales de entre los judíos que fuesen a verle. Luego que se juntaron, les dijo: Yo hermanos míos, sin haber hecho nada contra el pueblo, ni contra las tradiciones de nuestros padres, fui preso en Jerusalén y entregado en manos de los romanos,

18. los cuales después que me hicieron

los interrogatorios, quisieron ponerme en libertad, visto que no hallaban en mí causa de muerte.

19. Mas, oponiéndose los judíos, me vi obligado a apelar a César, pero no con el fin de acusar en cosa alguna a los de mi nación.

20. Por este motivo, pues, he procurado veros y hablaros, para que sepáis que por la esperanza de Israel me veo atado con esta cadena.

21. A lo que respondieron ellos: Nosotros ni hemos recibido cartas de Judea acerca de ti, ni hermano alguno venido de allá ha contado o dicho mal de ti.

22. Mas deseamos saber cuáles son tus sentimientos; porque tenemos noticia que esa tu secta halla contradicción en todas partes.

23. Y habiéndole señalado día para oírle, vinieron en gran número a su alojamiento, a los cuales predicaba el reino de Dios desde la mañana hasta la noche, confirmando con autoridades las proposiciones que sentaba, y probándoles lo perteneciente a Jesús con la ley de Moisés y con los profetas.

24. Unos creían las cosas que decía, otros no las creían.

25. Y no estando acordes entre sí, se iban saliendo, sobre lo cual decía Pablo: ¡Oh, con cuánta razón habló el Espíritu Santo a nuestros padres por el profeta Isaías*,

26. diciendo: Ve a ese pueblo, y diles: Oiréis con vuestros oídos, y no entenderéis; y por más que viereis con vuestros ojos, no miraréis!

27. Porque embotando este pueblo su corazón, ha tapado sus oídos, y apretado las pestañas de sus ojos, de miedo que con ellos vean y oigan con sus oídos, y entiendan con el corazón, y así se conviertan, y yo les dé la salud.

28. Por tanto tened entendido todos vosotros, que a los gentiles es enviada esta salud de Dios, y ellos la recibirán.

29. Dicho esto, se apartaron de él los judíos, teniendo grandes debates entre sí.

30. Y Pablo permaneció por espacio de dos años enteros en la casa que había alquilado, en donde recibía a cuantos iban a verle,

31. predicando el reino de Dios, y enseñando con toda libertad, sin que nadie se lo prohibiese, lo tocante a Nuestro Señor Jesucristo.

---

25. *Is 6*, 9; *Mat 13*, 14.

CARTAS DEL NUEVO TESTAMENTO

Introducción

De los veintisiete libros del *Nuevo Testamento* veintiuno son llamados *epistolai*, es decir, *epístolas* o *cartas*. Hoy se distingue entre *carta* y *epístola*. La *carta* carece de intención literaria y es la forma de comunicación entre dos personas ausentes. La *epístola* tiene una elaboración artística en su forma y su contenido se expone para que interese al público.

Las *Cartas del Nuevo Testamento* forman hoy un *corpus* o unidad codificada, aunque fueron compuestas como unidades independientes. Son muy similares en su forma a los escritos epistolares grecorromanos del siglo I. En ambos casos, se distinguen cuatro partes:

1. Fórmula inicial o dirección del remitente, del destinatario y un breve saludo.
2. Acción de gracias con los motivos de gratitud o himno, que incluye el tema de la carta.
3. Mensaje o tema de la carta, que es la parte central.
4. Saludo final con fórmulas de bienestar para el destinatario de la carta.

Las *Cartas de San Pablo* se han sometido a intensos estudios y son muchas las opiniones sobre su condición e interpretación. Se suelen clasificar así:

- *Cartas a los Tesalonicenses*, *1* y *2 Tes*, escritas quizá tras su segundo viaje en el año 50.
- *Grandes Cartas*, de amplia y sólida doctrina: *Romanos*, *1* y *2 Corintios*, y *Gálatas*.
- *Cartas de la Cautividad*, llamadas así por las referencias de San Pablo a su condición de prisionero: *Filipenses*, *Filemón*, *Colosenses* y *Efesios*.
- *Cartas Pastorales*, que se refieren a la organización de la Iglesia y su labor pastoral: *1* y *2 Timoteo*, y Tito.

Hoy se acepta que la *Carta a los Hebreos* no fue escrita por San Pablo. Las *trece cartas* anteriores forman el *Corpus Paulino*.

La *Carta a los Hebreos* y las *Cartas Católicas* hacen sus exhortaciones dentro de la exposición.

La *Carta a los Hebreos* no es un escrito propiamente epistolar, sino un antiguo sermón lleno de exhortaciones y rico en doctrina sobre el sacerdocio de Cristo.

Las *Cartas Católicas*, *Santiago*, *1* y *2 Pedro*, *1*, *2* y *3 Juan* y *Judas*, se distinguen por indicar el nombre del autor y no el de los destinatarios. El nombre de *Católica* fue aplicado por primera vez a la *Primera Carta de Juan* a fines del siglo II y se interpretó con el significado de *carta canónica*, dirigida a todas las iglesias.

En cuanto al número de las Cartas, resulta difícil saber hasta qué punto influyó el número *siete* en la formación del *corpus de siete cartas católicas* y de *catorce cartas de San Pablo*, incluyendo como tal la *Carta a los Hebreos*.

En las listas *orientales* las *Cartas Católicas* siguen al libro de los *Hechos de los Apóstoles* y anteceden a las *Cartas de San Pablo*. En las listas *occidentales*, después de los *Hechos* vienen las *Cartas de San Pablo* que concluyen con *Hebreos* y luego vienen las *Cartas Católicas*.

La lectura, reflexión y asimilación de las *Cartas del Nuevo Testamento* han sido y seguirán siendo una base normativa para la inspiración y orientación cristiana.

Tierra Santa

Desierto de Judea junto al Mar Muerto.

Basílica de la Anunciación en Nazaret.

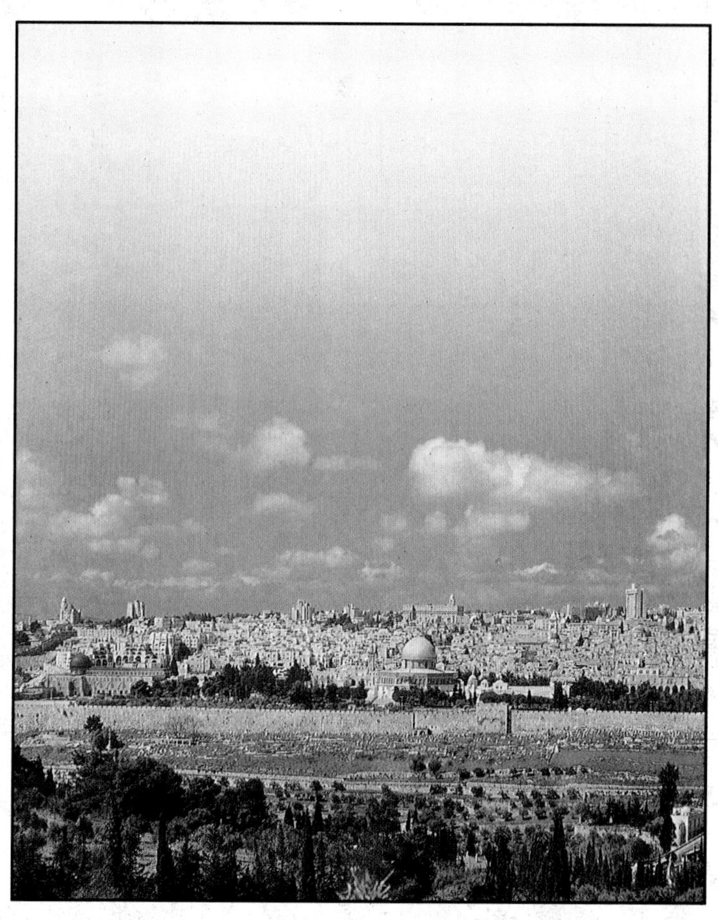

Panorama de Jerusalén, desde el Monte de los Olivos.
Al centro, la Mezquita de Omar.

Panorámica de Belén.

Mar Muerto y alrededores.

Jerusalén. Cúpula dorada sobre la roca de Sión.

Belén. Una estrella de plata indica el lugar del nacimiento de Jesús.

Jerusalén Antigua. Callejuela de la Vía Dolorosa.

Río Jordán. Cascada de Banias.

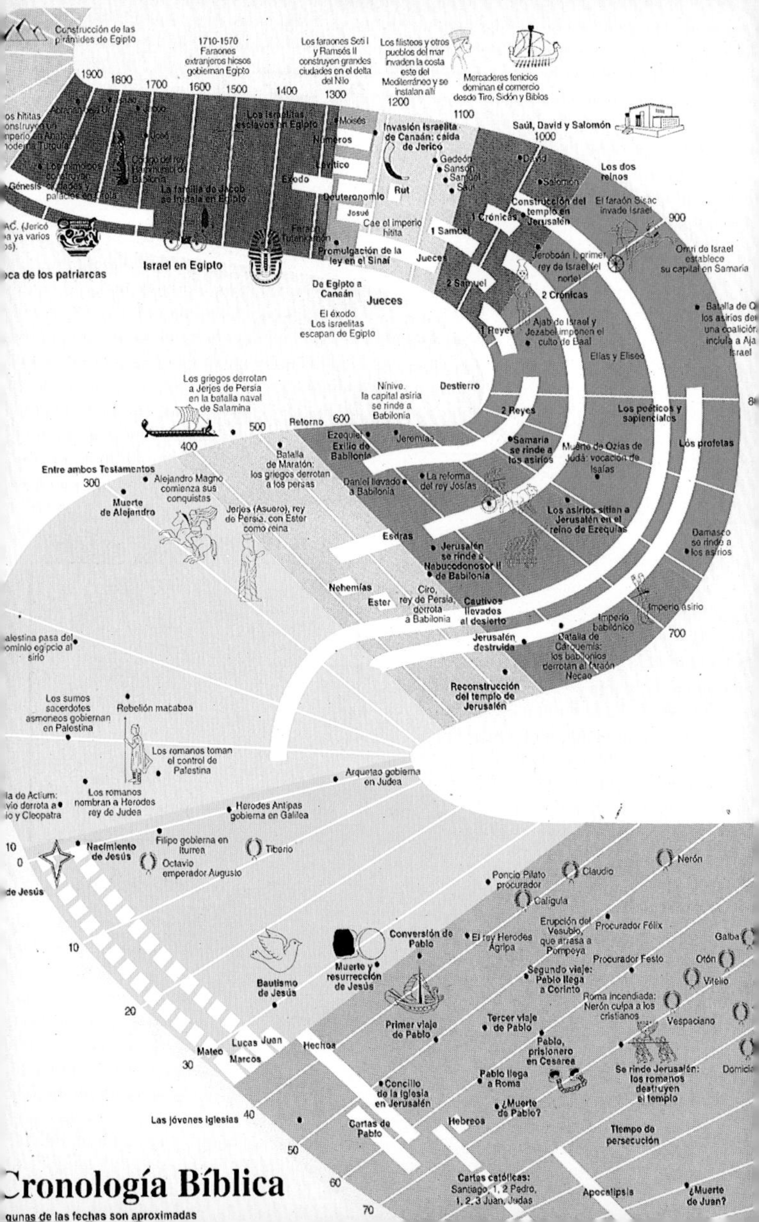

ronología Bíblica

gunas de las fechas son aproximadas

Antiguo Testamento

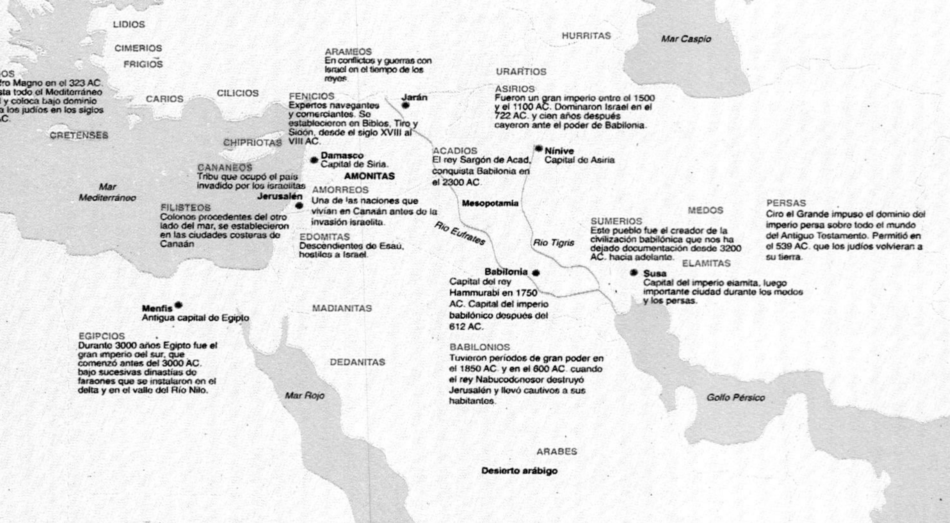
HITITAS
Forman un imperio entre 1600 y 1300 AC.
LIDIOS
CIMERIOS
FRIGIOS
GRIEGOS
Alejandro Magno en el 323 AC. conquista todo el Mediterráneo oriental y coloca bajo dominio griego a los judíos en los siglos III y II AC.
CARIOS
CILICIOS
CRETENSES
CHIPRIOTAS
ARAMEOS
En conflictos y guerras con Israel en el tiempo de los reyes
FENICIOS
Expertos navegantes y comerciantes. Se establecieron en Biblos, Tiro y Sidón, desde el siglo XVIII al VIII AC.
Jarán
HURRITAS
Mar Caspio
URARTIOS
ASIRIOS
Fueron un gran imperio entre el 1500 y el 1100 AC. Dominaron Israel en el 722 AC. y cien años después cayeron ante el poder de Babilonia.
Damasco
Capital de Siria.
AMONITAS
CANANEOS
Tribu que ocupó el país invadido por los israelitas
Mar Mediterráneo
Jerusalén
AMORREOS
Una de las naciones que vivían en Canaán antes de la invasión israelita.
ACADIOS
El rey Sargón de Acad, conquista Babilonia en el 2300 AC.
Nínive
Capital de Asiria
Mesopotamia
FILISTEOS
Colonos procedentes del otro lado del mar, se establecieron en las ciudades costeras de Canaán
EDOMITAS
Descendientes de Esaú, hostiles a Israel.
Río Eufrates
Río Tigris
MEDOS
PERSAS
Ciro el Grande impuso el dominio del imperio persa sobre todo el mundo del Antiguo Testamento. Permitió en el 539 AC. que los judíos volvieran a su tierra.
SUMERIOS
Este pueblo fue el creador de la civilización babilónica que nos ha dejado documentación desde 3200 AC. hacia adelante.
ELAMITAS
Babilonia
Capital del rey Hammurabi en 1750 AC. Capital del imperio babilónico después del 612 AC.
Susa
Capital del imperio elamita, luego importante ciudad durante los medos y los persas.
Menfis
Antigua capital de Egipto
MADIANITAS
EGIPCIOS
Durante 3000 años Egipto fue el gran imperio del sur, que comenzó antes del 3000 AC. bajo sucesivas dinastías de faraones que se instalaron en el delta y en el valle del Río Nilo.
DEDANITAS
Mar Rojo
BABILONIOS
Tuvieron períodos de gran poder en el 1850 AC. y en el 600 AC. cuando el rey Nabucodonosor destruyó Jerusalén y llevó cautivos a sus habitantes.
Golfo Pérsico
ARABES
Desierto arábigo
Mar Arábigo

Los libros del Antiguo Testamento colocan a Israel en relación con la mayor parte de los pueblos del Medio Oriente en el II y I milenio a. C.
La división política corresponde a los Estados actuales

Palestina en tiempos de Jesucristo

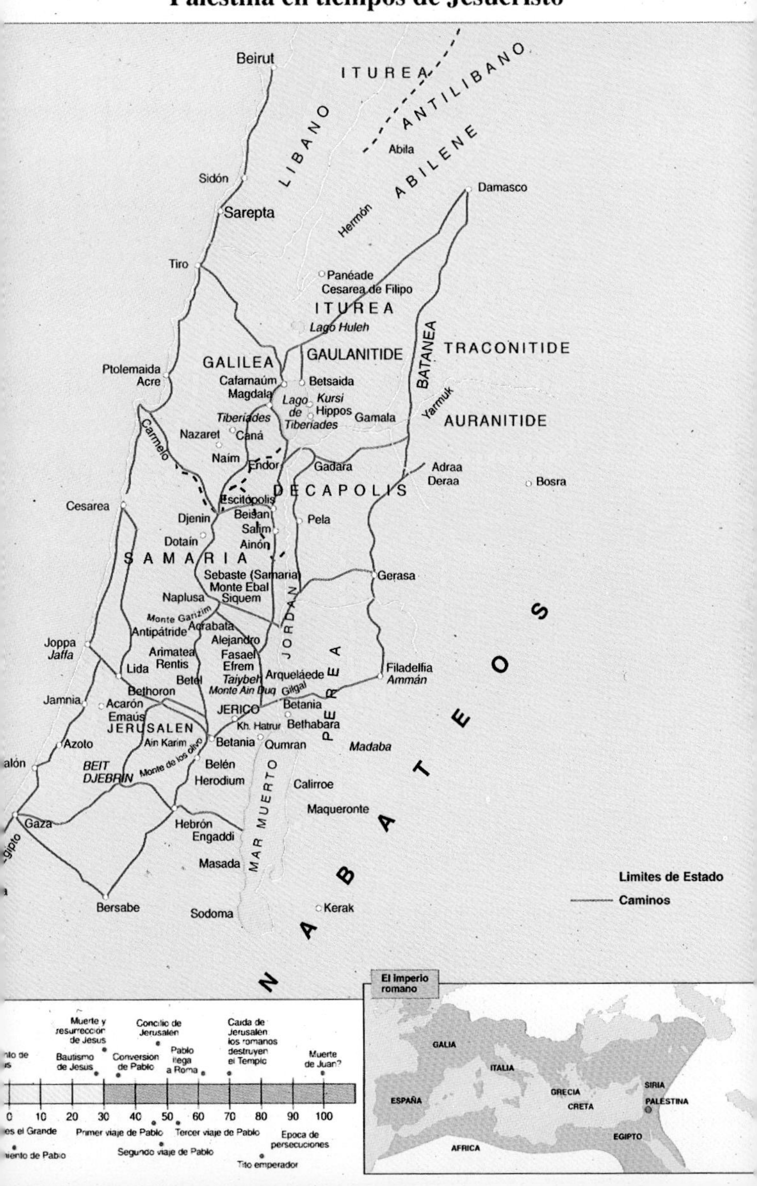

Los Viajes de San Pablo

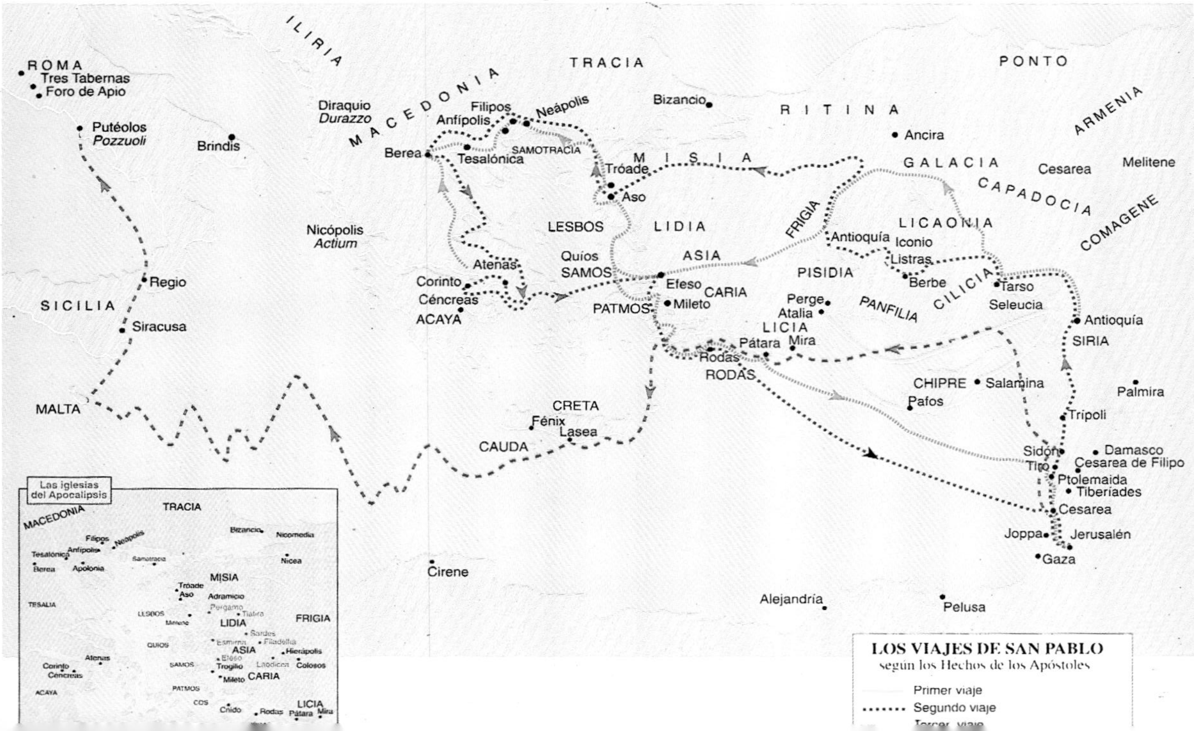

ILIRIA
ROMA
Tres Tabernas
Foro de Apio
Putéolos
Pozzuoli
Brindis
SICILIA
Regio
Siracusa
MALTA
Diraquio
Durazzo
MACEDONIA
Filipos
Anfípolis
Neápolis
Berea
Tesalónica
SAMOTRACIA
Nicópolis
Actium
Atenas
Corinto
Céncreas
ACAYA
TRACIA
Bizancio
RITINA
PONTO
ARMENIA
MISIA
Tróade
Aso
LESBOS
LIDIA
Quíos
SAMOS
ASIA
Efeso
CARIA
Mileto
PATMOS
FRIGIA
Antioquía
Iconio
Listras
Berbe
LICAONIA
GALACIA
Ancira
CAPADOCIA
Cesarea
Melitene
COMAGENE
PISIDIA
Perge
Atalia
PANFILIA
CILICIA
Tarso
Seleucia
LICIA
Pátara
Mira
Rodas
RODAS
Antioquía
SIRIA
CHIPRE
Salamina
Pafos
Palmira
Trípoli
Sidón
Tiro
Damasco
Cesarea de Filipo
Ptolemaida
Tiberíades
Cesarea
Joppa
Jerusalén
Gaza
CRETA
Fénix
Lasea
CAUDA
Cirene
Alejandría
Pelusa

Las iglesias del Apocalipsis

MACEDONIA
TRACIA
Filipos
Neápolis
Tesalónica
Anfípolis
Samotracia
Berea
Apolonia
Bizancio
Nicomedia
Nicea
TESALIA
MISIA
Tróade
Aso
Adramicio
Pergamo
Tiatira
LESBOS
Mitilene
LIDIA
FRIGIA
Sardes
QUIOS
Esmirna
Filadelfia
ASIA
Efeso
Hierápolis
Atenas
SAMOS
Trogilio
Laodicea
Colosas
Corinto
Céncreas
CARIA
Mileto
PATMOS
ACAYA
COS
Cnido
Rodas
LICIA
Pátara
Mira

LOS VIAJES DE SAN PABLO
según los Hechos de los Apóstoles

Primer viaje
Segundo viaje
Tercer viaje

Carta de San Pablo a los Romanos

Introducción

Esta carta no fue la primera que escribió el apóstol Pablo; pero figura en el primer lugar del orden que sigue la *Vulgata.* Pablo la escribió en Corinto el año 58, mientras llevaba a Jerusalén las limosnas recogidas, y la dirigió a la iglesia de Roma. La carta pretende terminar la división entre los cristianos convertidos del judaísmo y los convertidos de la gentilidad. Los primeros, celosos de sus ceremonias, se gloriaban de su ley y de que el Mesías sólo predicó entre ellos. Los gentiles, envanecidos con sus filósofos, despreciaban a los judíos y les echaban en cara haber rechazado a Jesús. Pablo confunde a los gentiles haciéndoles ver la ceguedad de sus filósofos, y humilla a los judíos haciéndoles ver que caían en los mismos vicios que los paganos. Quita a ambos pueblos el orgullo del mérito propio y los reúne en la piedra angular, *Jesucristo*, probándoles que su salvación no puede venirles de los sabios ni de la ley, sino de la gracia de Cristo. Le sirvió de amanuense un tal Tercio y tal vez éste mismo la tradujo al latín.

1 *Saludo y visita de Pablo a los fieles de Roma. La impiedad humana y el castigo de Dios*

1. Pablo, siervo de Jesucristo, apóstol por vocación divina, escogido para predicar la buena nueva de Dios,

2. buena nueva que el mismo Dios había prometido anteriormente por sus profetas en las santas Escrituras,

3. acerca de su Hijo Jesucristo nuestro Señor, que le nació según la carne del linaje de David,

4. y que fue predestinado para ser Hijo de Dios con soberano poder, según el espíritu de santificación por su resurrección de entre los muertos,

5. por el cual nosotros hemos recibido la gracia y el apostolado para someter a la fe por la virtud de su nombre a todas las naciones,

6. entre las cuales sois también contados vosotros, llamados a ella por Jesucristo.

7. A todos aquellos que estáis en Roma, que sois amados de Dios, y santos por vuestra vocación, gracia y paz de parte de Dios nuestro Padre y de nuestro Señor Jesucristo.

8. Primero yo doy gracias a mi Dios por medio de Jesucristo acerca de todos vosotros, de que vuestra fe es celebrada por todo el mundo.

9. Dios, a quien sirvo con todo mi espíritu en la predicación de la buena nueva de su Hijo, es mi testigo de que continuamente hago memoria de vosotros,

10. pidiéndole siempre en mis oraciones que, si es de su voluntad, me abra finalmente algún camino favorable para ir a veros.

11. Porque tengo muchos deseos de ello, a fin de comunicaros alguna gracia espiritual con la que seáis fortalecidos,

12. quiero decir, para que hallándome entre vosotros podamos consolarnos mutuamente los unos a los otros, por medio de la fe, que es común a vosotros y a mí.

13. Mas no quiero, hermanos, que dejéis de saber, que muchas veces he propuesto hacer este viaje, para lograr también entre vosotros algún fruto, así como entre las demás naciones; pero hasta ahora no me ha sido posible.

14. Deudor soy igualmente a griegos y a bárbaros, a sabios y a ignorantes.

15. Así (por lo que a mí toca) pronto estoy a predicar la buena nueva también a los que vivís en Roma,

16. que no me avergüenzo yo de la buena nueva, siendo él como es la virtud de Dios para salvar a todos los que creen, a los judíos primero, y después a los gentiles.

17. Y en la buena nueva es en donde se nos ha revelado la justicia que viene de Dios la cual nace de la fe, y se perfecciona en la fe, según aquello que está escrito*: El justo vive por la fe.

18. Se descubre también en él la ira de Dios que descargará del cielo sobre toda la impiedad e injusticia de aquellos hombres, que tienen aprisionada injustamente la verdad de Dios;

19. puesto que ellos han conocido claramente lo que se puede conocer de Dios, porque Dios se lo ha manifestado.

20. En efecto, las perfecciones invisibles de Dios, aun su eterno poder y su divinidad, se han hecho visibles después de la creación del mundo, por el conocimiento que de ellas nos dan sus criaturas; y así tales hombres no tienen disculpa;

21. porque habiendo conocido a Dios, no le glorificaron como a Dios, ni le dieron gracias; sino que ensoberbecidos devanearon en sus discursos, y quedó su insensato corazón lleno de tinieblas;

22. y mientras se jactaban de sabios, fueron unos necios,

23. hasta llegar a transferir a un simulacro en imagen de hombre corruptible, y a figuras de aves, y de bestias cuadrúpedas, y de serpientes, el honor debido solamente a Dios incorruptible o inmortal.

24. Por lo cual, Dios los abandonó a los deseos de su depravado corazón, a los vicios de la impureza, en tanto grado que deshonraron ellos mismos sus propios cuerpos;

25. ellos que habían colocado la mentira en el lugar de la verdad de Dios, dando culto y sirviendo a las criaturas en lugar de adorar al Creador, solamente el cual es digno de ser bendito por todos los siglos. Amén.

26. Por eso los entregó Dios a pasiones infames. Pues sus mismas mujeres invirtieron el uso natural, en el que es contrario a la naturaleza.

27. Del mismo modo también los varones, desechando el uso natural de la mujer, se abrasaron en amores brutales de unos con otros, cometiendo torpezas nefandas varones con varones, y recibiendo en sí mismo la paga merecida de su obcecación.

28. Pues como no quisieron reconocer a Dios, Dios los entregó a un réprobo sentido, de suerte que han hecho acciones indignas del hombre,

29. quedando atestados de toda suerte de iniquidad, de malicia, de fornicación, de avaricia, de perversidad; llenos de envidia, homicidas, pendencieros, fraudulentos, malignos, chismosos,

30. infamadores, enemigos de Dios, ultrajadores, soberbios, altaneros, inventores de vicios, desobedientes a sus padres,

31. irracionales, desgarrados, desamorados, desleales, despiadados,

32. los cuales en medio de haber conocido la justicia de Dios, no echaron de ver, que los que hacen tales cosas, son dignos de muerte eterna, y no sólo los que las hacen, sino también los que aprueban a los que las hacen.

2

Los judíos son tan culpables como los gentiles. La ley de Moisés. Dios juzga con la verdad

---

1. Por donde tú eres inexcusable, ¡oh hombre, quienquiera que seas!, que te metes a condenar a los demás. Pues en lo que condenas a otro te condenas a ti mismo, haciendo como haces tú, ¡oh judío!, aquellas mismas cosas que condenas.

2. Sabemos que Dios condena, según su verdad, a los que cometen tales acciones.

3. Tú, pues, ¡oh hombre!, que condenas a los que tales cosas hacen, y no obstante las haces, ¿piensas acaso que podrás huir del juicio de Dios?

4. ¿O desprecias tal vez las riquezas de su bondad, y de su paciencia, y largo sufri-

---

17. Este versículo expone el tema de la Carta: *El evangelio es fuente de salvación para el que cree. Hab 2,* 4.

miento? ¿No reparas que la bondad de Dios te está llamando a la penitencia?

5. Tú, al contrario, con tu dureza y corazón impenitente vas atesorándote ira y más ira para el día de la venganza y de la manifestación del justo juicio de Dios,

6. el cual ha de pagar a cada uno según sus obras,

7. dando la vida eterna a los que, por medio de la perseverancia en las buenas obras, aspiran a la gloria, al honor y a la inmortalidad,

8. y derramando su cólera y su indignación sobre los espíritus porfiados, que no se rinden a la verdad, sino que abrazan la injusticia.

9. Así que tribulación y angustias aguardan sin remedio al alma de todo hombre que obra mal, del judío primero, y después del griego;

10. mas la gloria, el honor y la paz serán la porción hereditaria de todo aquel que obra bien, del judío primero, y después del griego;

11. porque para con Dios no hay preferencia de personas.

12. Y así todos los que pecaron sin tener ley escrita, perecerán sin ser juzgados por ella; mas todos los que pecaron teniéndola, por ella serán juzgados.

13. Que no son justos delante de Dios los que oyen la ley; sino los que la cumplen, ésos son los que serán justificados.

14. En efecto, cuando los gentiles, que no tienen ley escrita, hacen por razón natural lo que manda la ley, estos tales no teniendo ley, son para sí mismos ley viva;

15. y ellos hacen ver que lo que la ley ordena está escrito en sus corazones, como se lo atestigua su propia conciencia, y las diferentes reflexiones que allá en su interior ya los acusan, ya los defienden,

16. como se verá en aquel día, en que Dios juzgará los secretos de los hombres, por medio de Jesucristo, según la doctrina de la buena nueva que predico.

17. Mas tú que te precias del renombre de judío, y tienes puesta tu confianza en la ley, y te glorías de adorar a Dios,

18. y conoces su voluntad y, amaestrado por la ley, disciernes lo que es mejor,

19. tú te jactas de ser guía de ciegos, luz de los que están a oscuras,

20. preceptor de gente ruda, maestro de niños, o recién convertidos, como quien tiene en la ley de Moisés la pauta de la ciencia y de la verdad;

21. y no obstante, tú que instruyes al otro, no te instruyes a ti mismo; tú que predicas que no es lícito hurtar, hurtas;

22. tú que dices que no se ha de cometer adulterio, lo cometes; tú que abominas los ídolos, eres sacrílego adorador suyo;

23. tú, en fin, que te glorías en la ley, con la violación de la misma ley deshonras a Dios.

24. (Vosotros los judíos sois la causa, como dice la Escritura*, de que sea blasfemado el nombre de Dios entre los gentiles).

25. Por lo demás, la circuncisión sirve si observas la ley; pero si eres prevaricador de la ley, por más que estés circuncidado, vienes a ser delante de Dios como un hombre incircunciso.

26. Al contrario, si un incircunciso guarda los preceptos de la ley, por ventura, sin estar circuncidado, ¿no será considerado circunciso?

27. Y el que por naturaleza es incircunciso o gentil, y guarda exactamente la ley, ¿no te condenará a ti, que teniendo la letra de la ley y la circuncisión, eres prevaricador de la ley?

28. Porque no está en lo exterior ser judío, ni es la verdadera circuncisión la que se hace en la carne;

29. sino que el verdadero judío es aquel que lo es en su interior, así como la verdadera circuncisión es la del corazón que se hace según el espíritu, y no según la letra de la ley; y este verdadero judío recibe su alabanza, no de los hombres, sino de Dios.

3

Unos y otros están sujetos al pecado. No es la ley, sino la fe en Jesucristo la que los libra de su yugo

---

1. ¿Cuál es, pues, me diréis, la ventaja de los judíos sobre los gentiles?; o ¿qué utilidad se saca en ser del pueblo circuncidado?

2. La ventaja de los judíos es grande de todos modos. Y principalmente porque a ellos les fueron confiados los oráculos de Dios.

---

24. *Is 52*, 5; *Ez 36*, 2.

3. Porque, en fin, si algunos de ellos no han creído, ¿su infidelidad frustrará por ventura la fidelidad de Dios? Sin duda que no,

4. siendo Dios, como es, veraz, y mentiroso todo hombre según aquellos que David dijo a Dios: A fin de que tú seas reconocido fiel en tus palabras, y salgas vencedor en los juicios que de ti se hacen.

5. Mas si nuestra injusticia o iniquidad hace resaltar la justicia de Dios, ¿qué diremos? ¿No será Dios (hablo a lo humano) injusto en castigarnos*?

6. Nada menos. Porque si así fuese, ¿cómo sería Dios el juez del mundo?

7. Pero si la fidelidad o verdad de Dios, añadirá alguno, con ocasión de mi infidelidad o malicia se ha manifestado más gloriosa, ¿por qué razón todavía soy yo condenado como pecador?

8. ¿Y por qué (como con una insigne calumnia esparcen algunos que nosotros decimos) no hemos de hacer nosotros un mal, a fin de que de él resulte un bien? Los que dicen esto son justamente condenados.

9. ¿Diremos, pues, que somos los judíos más dignos que los gentiles? No por cierto. Pues ya hemos demostrado que así judíos como gentiles todos están sujetos al pecado,

10. según aquello que dice la Escritura*: No hay uno que sea justo;

11. no hay quien sea cuerdo, no hay quien busque a Dios;

12. todos se descarriaron, todos se inutilizaron; no hay quien obre bien, no hay siquiera uno;

13. su garganta es un sepulcro abierto*, se han servido de sus lenguas para urdir enredos; dentro de sus labios tienen veneno de áspides;

14. su boca está llena de maldición y de amargura*;

15. son sus pies ligeros para ir a derramar sangre*;

16. todos sus pasos se dirigen a oprimir y a hacer infelices a los demás;

17. porque la senda de la paz nunca la conocieron,

18. ni tienen el temor de Dios ante sus ojos.

19. Pero sabemos que cuantas cosas dice la ley, todas las dirige a los que profesan la ley a fin de que toda boca enmudezca, y todo el mundo, así judíos como gentiles, se reconozca reo delante de Dios;

20. supuesto que delante de él ningún hombre será justificado por solas las obras de la ley. Porque por la ley se nos ha dado el conocimiento del pecado.

21. Cuando ahora la justicia que da Dios sin la ley se nos ha hecho patente, según está atestiguada por la ley y los profetas.

22. Y esta justicia que da Dios por la fe en Jesucristo, es para todos y sobre todos los que creen en él, pues no hay distinción alguna entre judío y gentil;

23. porque todos pecaron, y tienen necesidad de la gloria o gracia de Dios,

24. siendo justificados gratuitamente por la gracia del mismo, en virtud de la redención que todos tienen en Jesucristo,

25. a quien Dios propuso para ser la víctima de propiciación en virtud de su sangre por medio de la fe, a fin de demostrar la justicia que da él mismo perdonando los pecados pasados,

26. soportados por Dios con tanta paciencia, con el fin, digo, de manifestar su justicia en el tiempo presente; por donde se vea cómo él es justo en sí mismo, y que justifica al que tiene la fe de Jesucristo.

27. Ahora, pues, ¿dónde está, ¡oh judío!, el motivo de gloriarte? Queda excluido. ¿Por qué ley? ¿Por la de las obras? No, sino por la ley de la fe.

28. Así que, concluimos ser justificado el hombre por la fe viva sin las obras de la ley.

29. Porque en fin, ¿es acaso Dios de los judíos solamente?; ¿no es también Dios de los gentiles? Sí, por cierto, de los gentiles también.

30. Porque uno es realmente el Dios que justifica por medio de la fe a los circuncidados, y que con la misma fe justifica a los no circuncidados.

31. Luego nosotros, dirá alguno, ¿destruimos la ley de Moisés por la fe en Jesucristo? No hay tal, antes bien confirmamos la ley.

---

5. *Por nuestros pecados, puesto que ellos manifiestan su perfección.*
10. *Sal 14* (*13*), 3.
13. *Sal 5*, 11.
14. *Sal 9*, 7.
15. *Is 59*, 7; *Prov 1*, 16.

4 Dios cumplió su promesa a Abrahán por su fe y no por su observancia de la ley

1. ¿Qué ventaja, pues, diremos haber logrado Abrahán, padre nuestro según la carne?

2. Ciertamente que si Abrahán fuese justificado por las obras exteriores, él tiene de qué gloriarse, mas no para con Dios.

3. Porque ¿qué es lo que dice la Escritura*?: Creyó Abrahán a Dios, lo cual le fue imputado a justicia.

4. Pues al que trabaja, el salario no se le cuenta como una gracia, sino como deuda.

5. Al contrario, cuando a alguno, sin hacer las obras exteriores, o de la ley, con creer en aquel que justifica al impío, se le imputa su fe por justicia, es éste un don gratuito según el beneplácito de la gracia de Dios.

6. En este sentido David llama bienaventurado al hombre a quien Dios imputa la justicia sin mérito de las obras, diciendo:

7. Bienaventurados aquellos cuyas maldades son perdonadas y cuyos pecados están borrados*;

8. dichoso el hombre a quien Dios no imputó culpa.

9. ¿Y esta dicha* es sólo para los circuncisos? ¿No es también para los incircuncisos? Acabamos de decir que la fe se imputó a Abrahán por justicia.

10. ¿Y cuándo se le imputó?, ¿después que fue circuncidado, o antes de serlo? Claro está que no cuando fue circuncidado, sino antes.

11. Y así él recibió la marca o divisa de la circuncisión, como un sello, o señal de la justicia que había adquirido por la fe, cuando era aún incircunciso; para que fuese padre de todos los que creen sin estar circuncidados, a quienes se les imputase también la fe por justicia;

12. como así mismo padre de los circuncidados; de aquellos, digo, que no solamente han recibido la circuncisión, sino que siguen también las huellas de la fe que tenía nuestro padre Abrahán, siendo aún incircunciso.

13. Y así no fue en virtud de la ley, sino en virtud de la justicia de la fe, la promesa hecha a Abrahán, o a su posteridad, de tener al mundo por herencia suya.

14. Porque si sólo los que pertenecen a la ley de Moisés son los herederos, inútil fue la fe, y queda sin efecto la promesa de Dios.

15. Porque la ley produce o manifiesta la cólera de Dios contra sus transgresores; en lugar de que allá donde no hay ley, no hay tampoco violación de la ley.

16. La fe, pues, es por la cual nosotros somos herederos, a fin de que lo seamos por gracia, y permanezca firme la promesa para todos los hijos de Abrahán, no solamente para los que han recibido la ley, sino también para aquellos que siguen la fe de Abrahán, que es el padre de todos,

17. (según lo que está escrito: Te tengo constituido padre de muchas gentes*), y que lo es delante de Dios, a quien ha creído, el cual da vida a los muertos, y llama, o da ser, a las cosas que no son, del mismo modo que conserva las que son.

18. Así habiendo esperado contra toda esperanza, él creyó que vendría a ser padre de muchas naciones, según se le había dicho: Innumerable será tu descendencia.

19. Y no desfalleció en la fe, ni atendió a su propio cuerpo ya desvirtuado, siendo ya de casi cien años, ni a que estaba extinguida en Sara la virtud de concebir.

20. No dudó él ni tuvo la menor desconfianza de la promesa de Dios, antes se fortaleció en la fe, dando a Dios la gloria,

21. plenamente persuadido de que todo cuanto Dios tiene prometido, es poderoso también para cumplirlo.

22. Por eso, creer le fue imputado por justicia.

23. Pero habérsele imputado por justicia, no está escrito sólo para él,

24. sino también para nosotros, a quienes se ha de imputar igualmente a justicia, creer en aquel que resucitó de entre los muertos, Jesucristo Señor nuestro;

25. el cual fue entregado a la muerte por nuestros pecados, y resucitó para nuestra justificación.

---

3. *Gen 15,* 6; *Gal 3,* 6; *Sant 2,* 23.
7. *Sal 32 (31).*
9. La dicha de estar justificado por la gracia de Dios.

17. *Gen 17,* 4.

5 *La gracia de la fe de Jesucristo quita el pecado y colma de bienes espirituales*

1. Justificados, pues, por la fe, mantengamos la paz con Dios mediante nuestro Señor Jesucristo,

2. por el cual así mismo, en virtud de la fe, tenemos cabida en esta gracia, en la cual permanecemos firmes, y nos gloriamos esperando la gloria de los hijos de Dios.

3. Y no nos gloriamos solamente en esto, sino también en las tribulaciones, sabiendo que la tribulación ejercita la paciencia,

4. la paciencia sirve a la prueba de nuestra fe, y la prueba produce la esperanza,

5. esperanza que no burla; porque la caridad de Dios ha sido derramada en nuestros corazones por medio del Espíritu Santo, que se nos ha dado.

6. Porque ¿de dónde nace que Cristo, estando nosotros todavía enfermos del pecado, al tiempo señalado murió por los impíos?

7. A la verdad apenas hay quien quisiese morir por un justo; tal vez se hallaría quien tuviese valor de dar su vida por un bienhechor;

8. pero lo que hace brillar más la caridad de Dios hacia nosotros, es que cuando éramos aún pecadores o enemigos suyos, fue cuando al tiempo señalado,

9. murió Cristo por nosotros; luego es claro que ahora mucho más estando justificados por su sangre, nos salvaremos por él de la ira de Dios.

10. Que si cuando éramos enemigos de Dios, fuimos reconciliados con él por la muerte de su Hijo, mucho más estando ya reconciliados, nos salvará por él mismo resucitado y vivo.

11. Y no tan sólo eso, sino que también nos gloriamos en Dios por nuestro Señor Jesucristo, por cuyo medio hemos obtenido ahora la reconciliación.

12. Por tanto, así como por un solo hombre entró el pecado en este mundo, y por el pecado la muerte, así también la muerte se fue propagando en todos los hombres, por aquel solo Adán en quien todos pecaron.

13. Así que el pecado ha estado siempre en el mundo hasta el tiempo de la ley; mas como entonces no había ley escrita, el pecado no se imputaba como transgresión de ella.

14. Con todo eso, la muerte reinó desde Adán hasta Moisés aun sobre aquellos que no pecaron con una transgresión de la ley de Dios semejante a la de Adán*, el cual es figura del segundo Adán que había de venir.

15. Pero no ha sucedido en la gracia, así como en el pecado; porque si por el pecado de uno solo murieron muchos, mucho más copiosamente se ha derramado sobre muchos la misericordia y el don de Dios por la gracia de un solo hombre, que es Jesucristo.

16. Ni pasa lo mismo en este don de la gracia, que lo que vemos en el pecado. Porque nosotros hemos sido condenados en el juicio de Dios por un solo pecado, en lugar de que seamos justificados por la gracia después de muchos pecados.

17. Pues como por el pecado de uno solo ha reinado la muerte por un solo hombre que es Adán, mucho más los que reciben la abundancia de la gracia, y de los dones, y de la justicia, reinarán en la vida por solo un hombre que es Jesucristo.

18. En conclusión, así como el delito de uno solo atrajo la condenación de muerte a todos los hombres, así también la justicia de uno solo ha merecido a todos los hombres la justificación que da vida al alma.

19. Pues a la manera que por la desobediencia de un solo hombre fueron muchos constituidos pecadores, así también por la obediencia de uno solo serán muchos constituidos justos.

20. Es verdad que sobrevino la ley, y con ella se aumentó el pecado por haber sido desobedecida. Pero cuanto más abundó el pecado, tanto más ha sobreabundado la gracia,

21. a fin de que al modo que reinó el pecado para dar la muerte, así también reine la gracia en virtud de la justicia para dar la vida eterna, por Jesucristo nuestro Señor.

---

14. Contra una ley o mandato expreso de Dios, como pecó nuestro primer padre.

6 *Los fieles deben perseverar en la gracia recibida en el bautismo, con nueva vida y entregándose a Dios*

1. ¿Qué diremos, pues?; ¿habremos de permanecer en el pecado para dar motivo a que la gracia sea copiosa?

2. No lo permita Dios. Porque estando ya muertos al pecado, ¿cómo hemos de vivir aún en él?

3. ¿No sabéis que cuantos hemos sido bautizados en Jesucristo, lo hemos sido con la representación y en virtud de su muerte?

4. En efecto, en el bautismo hemos quedado sepultados con él muriendo al pecado, a fin de que así como Cristo resucitó de muerte a vida para gloria del Padre, así también procedamos nosotros con nuevo tenor de vida.

5. Que si hemos sido injertados con él por medio de la representación de su muerte, igualmente lo hemos de ser representando su resurrección,

6. haciéndonos cargo que nuestro hombre viejo fue crucificado con él, para que sea destruido en nosotros el cuerpo del pecado, y ya no sirvamos más al pecado.

7. Pues quien ha muerto de esta manera, queda ya justificado del pecado.

8. Y si nosotros hemos muerto con Cristo, creemos firmemente que viviremos también con él,

9. sabiendo que Cristo resucitado de entre los muertos no muere ya otra vez; y que la muerte no tendrá ya dominio sobre él.

10. Porque en cuanto al haber muerto, como fue por destruir el pecado, murió una sola vez; mas en cuanto al vivir, vive para Dios, y es inmortal.

11. Así ni más ni menos vosotros considerad también que realmente estáis muertos al pecado por el bautismo, y que vivís ya para Dios en Jesucristo Señor nuestro.

12. No reine, pues, el pecado en vuestro cuerpo mortal, de modo que obedezcáis a sus concupiscencias.

13. Ni tampoco abandonéis más vuestro cuerpo al pecado para servir de instrumentos a la iniquidad; sino antes bien entregaos todos a Dios, como resucitados de muerte a vida, y ofreced a Dios vuestros cuerpos para servir de instrumentos a la justicia o virtud.

14. Porque el pecado no se enseñoreará ya de vosotros, si no queréis; pues no estáis bajo el dominio de la ley, sino de la gracia.

15. ¿Mas qué?, ¿pecaremos, ya que no estamos sujetos a la ley, sino a la gracia? No lo permita Dios.

16. ¿No sabéis que si os ofrecéis por esclavo de alguno para obedecer a su imperio, por el mismo hecho quedáis esclavos de aquél a quien obedecéis, bien sea del pecado para recibir la muerte, bien sea de la obediencia a la fe para recibir la justicia o vida del alma?

17. Pero, gracias a Dios, vosotros, aunque fuisteis siervos del pecado, habéis obedecido de corazón la doctrina de la buena nueva y según su modelo habéis sido formados de nuevo.

18. Con lo que, libertados de la esclavitud del pecado, habéis venido a ser siervos de la justicia o santidad.

19. Voy a decir una cosa, hablando a lo humano, en atención a la flaqueza de vuestra carne; y es, que así como habéis empleado vuestro cuerpo en servir a la impureza y a la injusticia para cometer la iniquidad, así ahora lo empleéis en servir a la justicia para santificaros.

20. Porque cuando erais esclavos del pecado, estuvisteis como exentos del imperio de la justicia.

21. Mas ¿y qué frutos sacasteis entonces de aquellos desórdenes de que ahora os avergonzáis? En verdad que la muerte es el fin a que conducen.

22. Por el contrario, ahora habiendo quedado libres del pecado, y hechos siervos de Dios, cogéis por fruto vuestro la santificación, y por fin la vida eterna.

23. Porque el estipendio y paga del pecado es la muerte; pero la vida eterna es una gracia de Dios por Jesucristo nuestro Señor.

7 *Ventaja del hombre en estado de gracia y no en el pecado. El ejemplo del matrimonio*

1. ¿Ignoráis acaso, hermanos (ya que hablo con los que están instruidos en la ley) que la ley no domina sobre el hombre, sino mientras éste vive?

2. Así es que una mujer casada está

ligada por la ley del matrimonio al marido mientras éste vive; mas muriendo su marido, queda libre de la ley que la ligaba al marido.

3. Por estar razón será tenida por adúltera si, viviendo su marido, se junta con otro hombre; pero si el marido muere, queda libre del vínculo, y puede casarse con otro sin ser adúltera.

4. Así también vosotros, hermanos míos, quedasteis muertos a la ley en virtud de la muerte del cuerpo de Cristo, para ser de otro, esto es, del que resucitó de entre los muertos, a fin de que nosotros produzcamos frutos para Dios.

5. Pues cuando vivíamos según la carne, las pasiones de los pecados, excitadas por ocasión de la ley, mostraban su eficacia en nuestros cuerpos, en hacerles producir frutos para la muerte;

6. pero ahora estamos ya exentos de esta ley de muerte, que nos tenía ligados, para que sirvamos a Dios según el nuevo espíritu, y no según la letra o ley antigua.

7. Esto supuesto, ¿qué diremos? ¿Es la ley la causa del pecado? No digo tal. Pero sí que no acabé de conocer el pecado, sino por medio de la ley; de suerte que yo no hubiera advertido la concupiscencia mía, si la ley no dijera: No codiciarás.

8. Mas el pecado, o el deseo de éste, estimulado con ocasión del mandamiento que lo prohíbe, produjo en mí toda suerte de malos deseos. Porque sin la ley el pecado de la codicia estaba como muerto.

9. Yo también vivía en algún tiempo sin ley, dirá otro; mas así que sobrevino el mandamiento, revivió el pecado,

10. y yo quedé muerto; con lo que aquel mandamiento, que debía servir para darme la vida, ha servido para darme la muerte.

11. Porque el pecado, tomando ocasión del mandamiento, me sedujo, y así por la violación del mismo mandamiento me ha dado la muerte.

12. De manera que la ley es santa, y el mandamiento que prohíbe el pecado, santo, justo y bueno.

13. Pero qué, ¿lo que es en sí bueno, me ha causado a mí la muerte? Nada menos. Sino que el pecado, o la concupiscencia, es el que, habiéndome causado la muerte por medio de una cosa buena, cual es la ley, ha manifestado lo venenoso que él es; de manera que por ocasión del mismo mandamiento se ha hecho el pecado sobremanera maligno.

14. Porque bien sabemos que la ley es espiritual; pero yo por mí soy carnal, vendido para ser esclavo del pecado.

15. Por lo que yo mismo no apruebo lo que hago; pues no hago el bien que amo, sino antes el mal que aborrezco, ése lo hago.

16. Mas por lo mismo que hago lo que no amo, reconozco la ley como buena.

17. Y en esto no soy yo el que obra aquello, sino el pecado o la concupiscencia que habita en mí.

18. Que bien conozco que nada de bueno hay en mí, quiero decir en mi carne. Pues aunque hallo en mí la voluntad para hacer el bien, no hallo cómo cumplirla.

19. Por cuanto no hago el bien que quiero; antes bien hago el mal que no quiero.

20. Mas si hago lo que no quiero, ya no lo ejecuto yo, sino el pecado que habita en mí.

21. Y así es que, cuando yo quiero hacer el bien, me encuentro con una ley o inclinación contraria, porque el mal está pegado a mí.

22. De aquí es que me complazco en la ley de Dios según el hombre interior;

23. mas al mismo tiempo echo de ver otra ley en mi cuerpo, la cual resiste a la ley de mi espíritu, y me sojuzga a la ley del pecado, que está en mi cuerpo.

24. ¡Oh qué hombre tan infeliz soy yo! ¿Quién me libertará de este cuerpo de muerte, o mortífera concupiscencia?

25. Solamente la gracia de Dios por los méritos de Jesucristo, Señor nuestro. Entretanto yo mismo vivo sometido por el espíritu a la ley de Dios, y por la carne a la ley del pecado.

8

Felicidad y esperanza de los justos, a quienes nada los puede separar del amor de Jesucristo

1. Por consiguiente nada hay ahora digno de condenación en aquellos que están reengendrados en Cristo Jesús, y que no siguen la carne.

2. Porque la ley del espíritu de vida, que está en Cristo Jesús, me ha libertado de la ley del pecado y de la muerte.

3. Pues lo que era imposible que la ley hiciese, estando como estaba debilitada por la carne, lo hizo Dios cuando habiendo enviado a su Hijo revestido de una carne semejante a la del pecado, y héchole víctima por el pecado, mató así al pecado en la carne,

4. a fin de que la justificación de la ley tuviese su cumplimiento en nosotros, que no vivimos conforme a la carne, sino conforme al espíritu.

5. Porque los que viven según la carne, se saborean con las cosas que son de la carne; mientras los que viven según el espíritu, gustan de las que son del espíritu.

6. La sabiduría o prudencia de la carne es una muerte, pero la sabiduría de las cosas del espíritu, es vida y paz:

7. por cuanto la sabiduría de la carne es enemiga de Dios; como que no está sometida a la ley de Dios, ni es posible que lo esté, siendo contraria a ella.

8. Por donde los que viven según la carne, no pueden agradar a Dios.

9. Pero vosotros no vivís según la carne, sino según el espíritu, pues el espíritu de Dios habita en vosotros. Que si alguno no tiene el Espíritu de Cristo, éste no es de Jesucristo.

10. Mas si Cristo está en vosotros, aunque el cuerpo esté muerto, o sujeto a muerte, por razón del pecado de Adán, el espíritu vive en virtud de la justificación.

11. Y si el espíritu de aquel Dios, que resucitó a Jesús de la muerte, habita en vosotros, el mismo que ha resucitado a Jesucristo de la muerte dará vida también a vuestros cuerpos mortales, en virtud de su espíritu que habita en vosotros.

12. Así que, hermanos míos, somos deudores no a la carne, para vivir según la carne, sino al espíritu de Dios,

13. porque si viviereis según la carne, moriréis; mas si con el espíritu hacéis morir las obras o pasiones de la carne, viviréis,

14. siendo cierto que los que se rigen por el Espíritu de Dios, esos son hijos de Dios.

15. Porque no habéis recibido ahora el espíritu de servidumbre para obrar todavía solamente por temor como esclavos, sino que habéis recibido el espíritu de adopción de hijos en virtud del cual clamamos con toda confianza: Abba, esto es, ¡oh Padre mío!

16. Y con razón, porque el mismo espíritu de Dios está dando testimonio a nuestro espíritu de que somos hijos de Dios.

17. Y siendo hijos, somos también herederos, herederos de Dios, y coherederos con Cristo, con tal, no obstante, que padezcamos con él a fin de que seamos con él glorificados.

18. A la verdad yo estoy firmemente persuadido de que los sufrimientos o penas de la vida presente no son de comparar con aquella gloria venidera, que se ha de manifestar en nosotros.

19. Así las criaturas todas están aguardando con gran ansia la manifestación de los hijos de Dios.

20. Porque se ven sujetas a la vanidad, o mudanza, no de grado, sino por causa de aquel que les puso tal sujeción, con la esperanza

21. de que serán también ellas mismas libertadas de esa servidumbre a la corrupción, para participar de la libertad y gloria de los hijos de Dios.

22. Porque sabemos que hasta ahora todas las criaturas están suspirando por dicho día, y como en dolores de parto.

23. Y no solamente ellas, sino también nosotros mismos, que tenemos ya las primicias del Espíritu Santo, nosotros, con todo eso, suspiramos de lo íntimo del corazón, aguardando el efecto de la adopción de los hijos de Dios, esto es, la redención de nuestro cuerpo.

24. Porque hasta ahora no somos salvos, sino en esperanza. Y no se dice que alguno tenga esperanza de aquello que ya ve y posee; pues lo que uno ya ve o tiene, ¿cómo lo podrá esperar?

25. Si esperamos, pues, lo que no vemos todavía, claro está que lo aguardamos por medio de la paciencia.

26. Y además el espíritu divino ayuda a nuestra flaqueza; pues no sabiendo siquiera qué hemos de pedir en nuestras oraciones, ni cómo conviene hacerlo, el mismo espíritu hace, o produce en nuestro interior, nuestras peticiones a Dios con gemidos que son inexplicables.

27. Pero aquel que penetra a fondo los corazones conoce bien qué es lo que desea el Espíritu, el cual no pide nada por los santos, que no sea según Dios.

28. Sabemos también nosotros que todas las cosas contribuyen al bien de los que aman a Dios, de aquellos, digo, que él ha llamado según su decreto para ser santos.

29. Pues a los que él tiene especialmente previstos, también los predestinó para que se hiciesen conforme a la imagen de su Hijo Jesucristo, de manera que sea el mismo Hijo el primogénito entre muchos hermanos.

30. Y a éstos que ha predestinado, también los ha llamado; y a quienes ha llamado, también los ha justificado, y a los que ha justificado también los ha glorificado.

31. Después de esto, ¿qué diremos ahora? Si Dios está con nosotros, ¿quién contra nosotros?

32. El que ni a su propio Hijo perdonó, sino que le entregó a la muerte por todos nosotros, ¿cómo después de habérnosle dado a él, dejará de darnos cualquier otra cosa*?

33. Y ¿quién puede acusar a los escogidos de Dios? Dios mismo es el que los justifica.

34. ¿Quién osará condenarlos? Después que Jesucristo no solamente murió por nosotros, sino que también resucitó, y está sentado a la diestra de Dios, en donde asimismo intercede por nosotros.

35. ¿Quién, pues, podrá separarnos del amor de Cristo? ¿Será la tribulación?, ¿o la angustia?, ¿o el hambre?, ¿o la desnudez?, ¿o el riesgo?, ¿o la persecución?, ¿o el cuchillo?

36. (Según está escrito*, por ti, ¡oh, Señor!, somos entregados cada día en manos de la muerte, somos tratados como ovejas destinadas al matadero).

37. Pero en medio de todas estas cosas triunfamos por virtud de aquel que nos amó.

38. Por lo cual estoy seguro de que ni la muerte, ni la vida, ni los ángeles, ni los principados, ni las virtudes, ni lo presente, ni lo venidero, ni la fuerza, o violencia,

39. ni todo lo que hay de más alto, ni de más profundo, ni otra ninguna criatura podrá jamás separarnos del amor de Dios, que se funda en Jesucristo nuestro Señor.

32. El perdón de los pecados y los auxilios para alcanzar la gloria.
36. *Sal 44 (43)*, 23.

9

Los israelitas y los hijos de Abrahán, llamados por Dios, se rinden a la fe de Jesucristo

1. Cristo es mi testigo de que os digo la verdad; y mi conciencia da testimonio, en presencia del Espíritu Santo, de que no miento,

2. al asegurarnos que estoy poseído de una profunda tristeza y de continuo dolor en mi corazón,

3. hasta desear yo mismo ser apartado de Cristo por la salud de mis hermanos, que son mis deudos según la carne,

4. los cuales son los israelitas, de quienes es la adopción de hijos de Dios, y la gloria y la alianza, y la legislación, y el culto, y las promesas,

5. cuyos padres son los patriarcas, y de quienes desciende el mismo Cristo según la carne, el cual es Dios, bendito sobre todas las cosas por siempre jamás. Amén.

6. Pero no por eso la palabra de Dios deja de tener su efecto. Porque no todos los descendientes de Israel son verdaderos israelitas;

7. ni todos los que son del linaje de Abrahán son por eso hijos suyos y herederos; pues por Isaac, le dijo Dios*, se contará tu descendencia.

8. Es decir, no los que son hijos de la carne, éstos son hijos de Dios; sino los que son hijos de la promesa, ésos se cuentan por descendientes de Abrahán.

9. Porque las palabras de la promesa son éstas*: Por este mismo tiempo dentro de un año vendré; y Sara tendrá un hijo.

10. Mas no solamente se vio esto en Sara, sino también en Rebeca, que concibió de una vez dos hijos de Isaac, nuestro padre.

11. Pues antes que los niños naciesen, ni hubiesen hecho bien, ni mal alguno (a fin de que se cumpliese el designio de Dios en la elección),

12. no en vista de sus obras, sino por el llamamiento y elección de Dios, se le dijo:

13. El mayor ha de servir al menor, como en efecto está escrito: He amado más a Jacob, y he aborrecido a Esaú.

7. *Gen 21*, 12.
9. *Gen 18*, 10.

14. ¿Pues qué diremos a esto?; ¿por ventura cabe en Dios injusticia? Nada menos.

15. Pues Dios dice a Moisés*: Usaré de misericordia con quien yo quiera usarla, y tendré compasión de quien yo quiera tenerla.

16. Así que no es obra del que quiere, ni del que corre, sino de Dios que usa de misericordia.

17. Dice también al faraón en la Escritura*: A este fin te levanté, para mostrar en ti mi poder; y para que mi Nombre sea celebrado por toda la tierra.

18. De donde se sigue que con quien quiere usa de misericordia, y endurece o abandona en su pecado al que quiere.

19. Pero tú me dirás: ¿Pues cómo es que se queja Dios, o se enoja?; porque, ¿quién puede resistir a su voluntad?

20. Mas, ¿quién eres tú, ¡oh hombre!, para reconvenir a Dios? ¿Un vaso de barro dice acaso al que le labró: Por qué me has hecho así*?

21. Pues qué, ¿no tiene facultad el alfarero para hacer de la misma masa de barro, un vaso para usos honrosos, y otro al contrario para usos viles?

22. Nadie puede quejarse si Dios, queriendo mostrar en unos su justo enojo, y hacer patente su poder, sufre con mucha paciencia a los que son vasos de ira, dispuestos para la perdición,

23. a fin de manifestar las riquezas de su gloria en los que son vasos de misericordia, que él preparó o destinó para la gloria;

24. y ha llamado a ella, como a nosotros, no solamente de entre los judíos, sino también de entre los gentiles,

25. conforme a lo que dice por Oseas*: Llamaré pueblo mío al que no era mi pueblo; y amado, al que no era amado; y objeto de misericordia, al que no había conseguido misericordia.

26. Y sucederá que en el mismo lugar en que se les dijo*: Vosotros no sois mi pueblo, allí serán llamados hijos de Dios vivo.

27. Por otra parte Isaías* exclama con respecto a Israel: Aun cuando el número de los hijos de Israel fuese igual al de las arenas del mar, sólo un pequeño residuo de ellos se salvará.

28. Porque Dios en su justicia reducirá su pueblo a un corto número; el Señor hará una gran rebaja sobre la tierra.

29. Y antes había dicho el mismo Isaías: Si el Señor de los ejércitos no hubiese conservado a algunos de nuestro linaje, hubiéramos venido a quedar semejantes a Sodoma y Gomorra.

30. Esto supuesto, ¿qué diremos sino que los gentiles, que no seguían la justicia, han abrazado la justicia, aquella justicia que viene de la fe;

31. y que, al contrario, los israelitas que seguían con esmero la ley de la justicia, o la ley mosaica, no han llegado a la ley de la justicia, o a la justicia de la ley?

32. ¿Y por qué causa? Porque no la buscaron por la fe, sino por las solas obras de la ley; y tropezaron en Jesús, como en piedra de escándalo,

33. según aquello que está escrito*: Mirad que yo voy a poner en Sión una piedra de tropiezo, y piedra de escándalo para los incrédulos; pero cuantos creerán en él, no quedarán confundidos.

10

Sin la fe de Jesucristo nadie puede salvarse. Por eso es predicada en todo el mundo

1. Es cierto, hermanos míos, que siento en mi corazón un singular afecto a Israel, y pido muy de veras a Dios su salvación.

2. Yo les confieso y me consta que tienen celo de las cosas de Dios, pero no es un celo según la ciencia.

3. Porque no conociendo la justicia que viene de Dios, y esforzándose a establecer la suya propia, no se han sujetado a Dios para recibir de él esta justicia.

4. Siendo así que el fin de la ley es Cristo para justificar a todos los que creen en él.

5. Porque Moisés dejó escrito*, que el hombre que cumpliere la justicia ordenada por la ley o sus mandamientos, hallará en ella la vida.

15. *Ex 33*, 19.
17. *Ex 9*, 16.
20. *Sab 15*; *Is 45*, 9; *Jer 18*, 6.
25. *Os 2*, 24; *1 Pe 2*, 10.
26. *Os 1*, 10.
27. *Is 10*, 22.

33. *Is 8*, 14; *28*, 16; *1 Pe 2*, 7.
5. *Lev 18*, 5; *Ez 20*, 11.

6. Pero de la justicia que procede de la fe, dice así*: No digas en tu corazón: ¿Quién podrá subir al cielo?, esto es, para hacer que Cristo descienda;

7. ¿o quién ha de bajar al abismo?, esto es, para sacar a vida de entre los muertos a Cristo.

8. Mas ¿qué es lo que dice la Escritura*? Cerca está de ti la palabra que da la justificación, en tu boca está y en tu corazón; esta palabra es la palabra de la fe que predicamos.

9. Pues si confesareis con tu boca al Señor Jesús, y creyeres en tu corazón que Dios le ha resucitado de entre los muertos, serás salvo.

10. Porque es necesario creer de corazón para justificarse, y confesar la fe con las palabras u obras para salvarse.

11. Por esto dice la Escritura*: Cuantos creen en él, no serán confundidos.

12. Puesto que no hay distinción de judío y de gentil; por cuanto uno mismo es el Señor de todos, rico para con todos aquellos que le invocan.

13. Porque todo aquel que invocare de veras el nombre del Señor, será salvo*.

14. Mas ¿cómo le han de invocar, si no creen en él? O ¿cómo creerán en él, si de él nada han oído hablar? Y ¿cómo oirán hablar de él, si no se les predica?

15. Y ¿cómo habrá predicadores, si nadie los envía?, según aquello que está escrito*: ¡Qué feliz es la llegada de los que anuncian la buena nueva de la paz, de los que anuncian los verdaderos bienes!

16. Verdad es que no todos obedecen la buena nueva. Y por eso dijo Isaías*: ¡Oh Señor!, ¿quién ha creído lo que nos ha oído predicar?

17. Así que la fe proviene de oír, y oír depende de la predicación de la palabra de Cristo.

18. Pero pregunto: Pues qué, ¿no la han oído ya? Sí, ciertamente: su voz ha resonado por toda la tierra, y se han oído sus palabras hasta las extremidades del mundo.

19. Mas digo yo: ¿Será que Israel no lo ha entendido? No por cierto. Moisés es el primero en decir en nombre de Dios: Yo he de provocaros a celos por un pueblo que no es pueblo mío; y haré que una nación insensata o ignorante venga a ser el objeto de vuestra indignación y envidia.

20. Isaías, levanta la voz, y dice: Me hallaron los que no me buscaban; me descubrí claramente a los que no preguntaban por mí.

21. Y, al contrario, dice a Israel: Todo el día tuve mis manos extendidas a ese pueblo incrédulo y rebelde a mis palabras.

6. *Deut 30*, 12.
8. *Deut 30*, 14.
11. *Is 28*, 16.
13. *Joel 2*, 32.
15. *Is 52*, 7; *Nah 1*, 15.
16. *Is 53*, 1.

11

Escarmiento de los judíos incrédulos. Pablo amonesta a los gentiles, para que no presuman

1. Pues, según esto, digo yo ahora: ¿Por ventura ha desechado Dios a su pueblo? No por cierto. Porque yo mismo soy israelita del linaje de Abrahán y de la tribu de Benjamín.

2. No ha desechado Dios al pueblo suyo, al cual conoció de antemano. ¿No sabéis vosotros lo que de Elías refiere la Escritura, de qué manera dirige él a Dios sus quejas contra Israel, diciendo:

3. ¡Oh Señor!, a tus profetas los han muerto, demolieron tus altares, y he quedado yo solo, y atentan contra mi vida?

4. Mas ¿qué le responde el oráculo divino? Me he reservado siete mil hombres, que no han doblado la rodilla delante de Baal.

5. De la misma suerte, pues, se han salvado en este tiempo algunos pocos que han sido reservados por Dios según la elección de su gracia.

6. Y si por gracia, claro está que no por obras; de otra suerte la gracia no fuera gracia.

7. De aquí, ¿qué se infiere?; que Israel que buscaba la justicia, mas no por la fe, no la ha hallado; pero la han hallado aquellos que han sido escogidos por Dios, habiéndose cegado todos los demás;

8. según está escrito*: Les ha dado Dios hasta hoy día, en castigo de su rebeldía, un espíritu de estupidez y contumacia; ojos para no ver, y oídos para no oír.

8. *Is 6*, 9; *Mat 13*, 14.

9. David dice también*: Venga a ser para ellos su mesa un lazo donde queden cogidos, y una piedra de escándalo, y eso en justo castigo suyo.

10. Oscurézcanse sus ojos de tal modo que no vean; y haz que sus espaldas estén cada vez más encorvadas hacia la tierra.

11. Mas esto supuesto, pregunto: ¿Los judíos están caídos para no levantarse jamás? No por cierto. Pero su caída ha venido a ser una ocasión de salud para los gentiles, a fin de que el ejemplo de los gentiles les excite la emulación para imitar su fe.

12. Que si su delito ha venido a ser la riqueza del mundo, y el menoscabo de ellos el tesoro o riqueza de las naciones, ¿cuánto más lo será su plenitud, o futura restauración?

13. Con vosotros hablo, ¡oh gentiles! Ya que soy el apóstol de las gentes, he de honrar mi ministerio,

14. para ver también si de algún modo puedo provocar a una santa emulación a los de mi linaje, y logro la salvación de alguno de ellos.

15. Porque si el haber sido ellos desechados ha sido ocasión de la reconciliación del mundo*, ¿qué será su restablecimiento o conversión, sino resurrección de muerte a vida?

16. Porque si las primicias de los judíos son santas, esto es, los patriarcas, lo es también la masa o el cuerpo de la nación; y si es santa la raíz, también las ramas.

17. Que si algunas de las ramas han sido cortadas, y si tú, ¡oh pueblo gentil!, que no eres más que un acebuche, has sido injertado en lugar de ellas, y hecho participante de la savia o jugo que sube de la raíz del olivo,

18. no tienes de qué gloriarte contra las ramas naturales. Y si te glorías, sábete que no sustentas tú a la raíz, sino la raíz a ti.

19. Pero las ramas, dirás tú, han sido cortadas para ser yo injertado en su lugar.

20. Bien está, por su incredulidad fueron cortadas. Tú estás ahora firme en el árbol, por medio de la fe; mas no te engrías, antes bien vive con temor.

21. Porque si Dios no perdonó a las ramas naturales, o a los judíos, debes temer que ni a ti tampoco te perdonará.

22. Considera, pues, la bondad y la severidad de Dios, la severidad para con aquellos que cayeron, y la bondad de Dios para contigo, si perseverares en el estado en que su bondad te ha puesto; de lo contrario, tú también serás cortado.

23. Y todavía ellos mismos si no permanecieren en la incredulidad, serán otra vez unidos a su tronco; pues poderoso es Dios para ingerirlos de nuevo.

24. Porque si tú fuiste cortado del acebuche, que es tu tronco natural, e injerto contra la naturaleza en la oliva legítima, ¿con cuánta mayor razón serán injertas en su propio tronco las ramas naturales del mismo olivo?

25. Por tanto, no quiero, hermanos, que ignoréis este misterio (a fin de que no tengáis sentimientos presuntuosos de vosotros mismos) y es, que una parte de Israel ha caído en la obcecación, hasta tanto que la plenitud de las naciones haya entrado en la Iglesia,

26. entonces se salvará todo Israel, según está escrito*: Saldrá de Sión el Libertador o Salvador, que desterrará de Jacob la impiedad;

27. y entonces tendrá efecto la alianza que he hecho con ellos, habiendo yo borrado sus pecados.

28. Es verdad que en orden a la buena nueva, son enemigos de Dios por ocasión de vosotros; mas con respecto a la elección de Dios, son muy amados por causa de sus padres los patriarcas.

29. Pues los dones y vocación de Dios son inmutables.

30. Pues así como en otro tiempo vosotros no creíais en Dios, y al presente habéis alcanzado misericordia por ocasión de la incredulidad de los judíos;

31. así también los judíos están ahora sumergidos en la incredulidad para dar lugar a la misericordia que vosotros habéis alcanzado, a fin de que a su tiempo consigan también ellos misericordia.

32. El hecho es que Dios permitió que todas las gentes quedasen envueltas en la incredulidad, para ejercitar su misericordia con todos.

---

9. *Sal 69* (*68*), 23.
15. *Hech 13*, 46-47.

26. *Is 59*, 20.

33. ¡Oh profundidad de los tesoros de la sabiduría y de la ciencia de Dios, cuán incomprensibles son sus juicios, cuán inapelables sus caminos!

34. Porque, ¿quién ha conocido los designios del Señor*? O ¿quién fue su consejero?

35. O ¿quién es el que le dio a él primero alguna cosa, para que pretenda ser por ello recompensado?

36. Todas las cosas son de él, y todas son por él, y todas existen en él; a él sea la gloria por siempre jamás. Amén.

12 *Reglas de perfección, conforme a los dones de Dios y a la fe de Jesucristo. La Iglesia y el amor*

1. Ahora, pues, hermanos míos, os ruego encarecidamente, por la misericordia de Dios, que le ofrezcáis vuestros cuerpos como una hostia o víctima viva, santa y agradable a sus ojos, que es el culto racional que debéis ofrecerle.

2. Y no queráis conformaros con este siglo, antes bien transformaos con la renovación de vuestro espíritu; a fin de acertar qué es lo bueno, y lo más agradable, y lo perfecto que Dios quiere de vosotros.

3. Por lo que os exhorto a todos vosotros, en virtud del ministerio que por gracia se me ha dado, a que en vuestro saber o pensar, no os levantéis más alto de lo que debéis, sino que os contengáis dentro de los límites de la moderación, según la medida de fe que Dios ha repartido a cada cual.

4. Porque así como en un solo cuerpo tenemos muchos miembros, mas no todos los miembros tienen un mismo oficio,

5. así nosotros, aunque seamos muchos, formamos en Cristo un solo cuerpo, siendo todos recíprocamente miembros los unos de los otros.

6. Tenemos por tanto dones diferentes, según la gracia que nos es concedida; por lo cual el que ha recibido el don de profecía, úselo siempre según la regla de la fe;

7. el que ha sido llamado al ministerio de la Iglesia, dedíquese a su ministerio; el que ha recibido el don de enseñar, aplíquese a enseñar,

8. el que ha recibido el don de exhortar, exhorte; el que reparte limosna, que la dé con sencillez; el que preside o gobierna, sea con vigilancia; el que hace obras de misericordia, hágalas con apacibilidad y alegría.

9. El amor sea sin fingimiento. Tened horror al mal, y aplicaos perennemente al bien,

10. amándoos recíprocamente con ternura y caridad fraternal, procurando anticiparos unos a otros en las señales de honor y de deferencia.

11. No seáis flojos en cumplir vuestro deber; sed fervorosos de espíritu, acordándoos que el Señor es a quien servís.

12. Alegraos con la esperanza del premio; sed pacientes en la tribulación; en la oración continuos;

13. caritativos para aliviar las necesidades de los santos, o fieles; prontos a ejercer la hospitalidad.

14. Bendecid a los que os persiguen; bendecidlos, y no los maldigáis.

15. Alegraos con los que se alegran y llorad con los que lloran.

16. Estad siempre unidos en unos mismos sentimientos y deseos, no buscando cosas altas, sino acomodándoos a lo que sea más humilde. No queráis teneros dentro de vosotros mismos por sabios o prudentes.

17. A nadie volváis mal por mal, procurando obrar bien no sólo delante de Dios sino también delante de todos los hombres.

18. Vivid en paz si se puede, y cuanto esté de vuestra parte con todos los hombres.

19. No os venguéis vosotros mismos, queridos míos, sino dad lugar a que se pase la cólera; pues está escrito*: A mí toca la venganza; yo haré justicia, dice el Señor.

20. Antes bien si tu enemigo tuviere hambre, dale de comer; si tiene sed, dale de beber; que con hacer eso, amontonarás ascuas encendidas sobre su cabeza.

21. No te dejes vencer del mal, o del deseo de venganza, mas procura vencer al mal con el bien, o a fuerza de beneficios.

---

34. *Sab 9*, 13; *Is 40*, 13; *1 Cor 2*, 16.

19. *Eclo 28*, 1-2; *Mat 5*, 39.

13 *El amor del prójimo es el compendio de la ley. Imitación de Jesucristo*

1. Toda persona esté sujeta a las potestades superiores: Porque no hay potestad que no provenga de Dios; y Dios es el que ha establecido las que hay en el mundo.

2. Por lo cual quien desobedece a las potestades, a la ordenación o voluntad de Dios desobedece. Por consiguiente, los que tal hacen, ellos mismos se acarrean la condenación.

3. Mas los príncipes o magistrados no son de temer por las buenas obras que se hagan, sino por las malas. ¿Quieres tú no tener que temer nada de aquel que tiene el poder? Pues obra bien; y merecerás de él alabanza:

4. Porque el príncipe es un ministro de Dios puesto para tu bien. Pero si obras mal, tiembla; porque no en vano se ciñe la espada, siendo como es ministro de Dios, para ejercer su justicia castigando al que obra mal.

5. Por tanto, es necesario que le estéis sujetos, no sólo por temor del castigo, sino también por obligación de conciencia.

6. Por esta misma razón les pagáis los tributos; porque son ministros de Dios, a quien en esto mismo sirven.

7. Pagad, pues, a todos lo que se les debe; al que se debe tributo, el tributo; al que impuesto, el impuesto; al que temor, temor; al que honra, honra.

8. No tengáis otra deuda con nadie, que la del amor que os debéis siempre unos a otros; puesto que quien ama al prójimo, tiene cumplida la ley.

9. En efecto, estos mandamientos de Dios: No cometerás adulterio, no matarás, no robarás, no levantarás falso testimonio, no codiciarás nada de los bienes de tu prójimo, y cualquier otro que haya, están recopilados en esta expresión: Amarás a tu prójimo como a ti mismo*.

10. El amor que se tiene al prójimo no sufre que se le haga daño alguno. Y así el amor es el cumplimiento de la ley.

11. Cumplamos, pues, con él, y tanto más que sabemos que el tiempo insta, y que ya es hora de despertarnos de nuestro largo letargo. Pues estamos más cerca de nuestra salud, que cuando recibimos la fe.

12. La noche está ya muy avanzada, y va a llegar el día de la eternidad. Dejemos, pues, las sobras de las tinieblas, y revistámonos de las armas de la luz.

13. Andemos con decencia y honestidad, como se suele andar durante el día; no en comilonas y borracheras, no en deshonestidades y disoluciones, no en contiendas y envidias;

14. mas revestíos de nuestro Señor Jesucristo, y no busquéis cómo contentar los antojos de vuestra sensualidad.

14 *Los fuertes en la fe deben soportar a los débiles. Dios es el juez de todos*

1. Tratad con caridad al que todavía es débil en la fe o poco instruido en ella, sin andar con él en disputas de opiniones.

2. Porque tal hay que tiene por lícito el comer de todo, mientras el débil no comerá sino legumbres, o verduras.

3. El que de todo come, no desprecie ni condene al que no se atreve a comer de todo; y el que no come de todo, no se meta en juzgar al que come; pues Dios le ha recibido por suyo o en su Iglesia.

4. ¿Quién eres tú para juzgar al que es siervo de otro? Si cae, o si se mantiene firme, esto pertenece a su amo; pero firme se mantendrá, pues poderoso es Dios para sostenerlo.

5. Del mismo modo también uno hace diferencia entre día y día, al paso que otro tiene todos los días por iguales, cada uno obre según le dicte su recta conciencia.

6. El que hace distinción de días, la hace para agradar al Señor. Y el que come de todo para agradar al Señor come, pues da gracias a Dios. Y el que se abstiene de ciertas viandas, por respeto al Señor lo hace; y así es que da gracias a Dios.

7. Como quiera que ninguno de nosotros vive para sí, y ninguno de nosotros muere para sí.

8. Que como somos de Dios, si vivimos, para el Señor vivimos, y si morimos para el

---

9. *Lev 19*, 18; *Mat 22*, 29.

Señor morimos. Ora, pues, vivamos, ora muramos, del Señor somos.

9. Porque a este fin murió Cristo, y resucitó, para redimirnos y adquirir un soberano dominio sobre vivos y muertos.

10. Ahora bien, ¿por qué tú que sigues todavía la ley condenas a tu hermano?; o ¿por qué tú que no la sigues desprecias a tu hermano que aún la guarda? No le juzgues, porque todos hemos de comparecer ante el tribunal de Cristo.

11. Pues escrito está*: Yo juro por mí mismo, dice el Señor, que ante mí se doblará toda rodilla, y que toda lengua o nación ha de confesar que soy Dios.

12. Así que cada uno de nosotros ha de dar cuenta a Dios de sí mismo.

13. No nos juzguemos, pues, ya más unos a otros; pensad sí, y poned cuidado en no causar tropiezo o escándalo al hermano.

14. Yo bien sé, y estoy seguro según la doctrina del Señor Jesús, que ninguna cosa es de suyo inmunda, sino que viene a ser inmunda para aquel que por tal la tiene.

15. Mas si por lo que comes, tu hermano se estristece y escandaliza, ya tu proceder no es conforme a caridad. No quieras por tu manjar perder a aquel por quien Cristo murió.

16. No se dé, pues, ocasión a que se blasfeme de nuestro bien.

17. Que no consiste el reino de Dios en comer, ni en beber esto o aquello, sino en la justicia, en la paz y en el gozo del Espíritu Santo.

18. Pues el que así sirve a Cristo, agrada a Dios, y tiene la aprobación de los hombres.

19. En suma, procuremos las cosas que contribuyen a la paz, y observemos las que pueden servir a nuestra mutua edificación.

20. No quieras por un manjar destruir la obra de Dios, escandalizando al prójimo. Es verdad que todas las viandas son limpias; pero hace mal el hombre al comer de ellas con escándalo de los otros.

21. Y al contrario, hace bien en no comer carne, y en no beber vino, ni en tomar otra cosa por la cual su hermano se ofende, o se escandaliza, o se debilita en la fe.

22. ¿Tienes tú una fe ilustrada*?; tenla para contigo delante de Dios y obra según ella. Dichoso aquel que no es condenado por su misma conciencia en lo que resuelve.

23. Pero aquel que hace distinción de viandas, si come contra su conciencia, es condenado por ella misma, porque no obra de buena fe. Y todo lo que no es según la fe o dictamen de la conciencia, pecado es.

---

15 *Pablo concluye su exhortación a los romanos. Acepta a tu prójimo y no a ti mismo*

---

1. Y así nosotros, como más fuertes en la fe, debemos soportar las flaquezas de los menos firmes y no dejarnos llevar de una vana complacencia por nosotros mismos.

2. Al contrario, cada uno de vosotros procure dar gusto a su prójimo en lo que es bueno y pueda edificarle.

3. Considere que Cristo no buscó su propia satisfacción, antes bien, como está escrito*, decía a su Padre: Los oprobios de los que te ultrajaban vinieron a descargar sobre mí.

4. Porque todas las cosas que han sido escritas en los libros santos, para nuestra enseñanza se han escrito, a fin de que mediante la paciencia y el consuelo que se saca de las Escrituras, mantengamos firme la esperanza.

5. Quiera el Dios de la paciencia y de la consolación haceros la gracia de estar siempre unidos mutuamente en sentimientos y afectos según el espíritu de Jesucristo,

6. a fin de que no teniendo sino un mismo corazón y una misma boca, glorifiquéis unánimes a Dios, el Padre de nuestro Señor Jesucristo.

7. Por tanto, soportaos recíprocamente, así como Cristo os ha soportado y acogido con amor a vosotros para gloria de Dios.

8. Digo, pues, que Jesucristo fue ministro, o predicador de la buena nueva, para con los de la circuncisión, a fin de que fuese reconocida la veracidad de Dios, en el cumplimiento de las promesas que él había hecho a los padres.

9. Mas los gentiles deben alabar a Dios por su misericordia, según está escrito*: Por

---

11. *Is 45*, 24.
22. De que ya no obligan las observancias de la ley antigua.

3. *Sal 69 (68)*, 10.
9. *2 Sam 22*, 50; *Sal 18 (17)*, 50.

eso publicaré, ¡oh Señor!, entre las naciones tus alabanzas, y cantaré salmos a la gloria de tu Nombre.

10. Y en otro lugar: Alegraos, naciones, en compañía de los judíos que son su pueblo.

11. Y en otra parte*: Alabad todas las gentes al Señor, y ensalzadle los pueblos todos.

12. Así mismo dice Isaías: De la estirpe de Jesé nacerá aquel que ha de gobernar las naciones, y las naciones esperarán en él*.

13. El Dios de la esperanza nuestra os colme de toda suerte de gozo y de paz en vuestra creencia, para que crezca vuestra esperanza siempre más y más, por la virtud del Espíritu Santo.

14. Por lo que hace a mí estoy bien persuadido, hermanos míos, de que estáis llenos de caridad, y de que tenéis todas las luces necesarias para instruiros los unos a los otros.

15. Con todo os he escrito esto, ¡oh hermanos!, y quizá con alguna más libertad, sólo para recordaros lo mismo que ya sabéis, según la gracia que me ha hecho Dios,

16. de ser ministro de Jesucristo entre las naciones; para ejercer el sacerdocio de la buena nueva de Dios, a fin de que la oblación de los gentiles le sea grata, estando santificada por el Espíritu Santo.

17. Con razón, pues, me puedo gloriar en Jesucristo del suceso que ha tenido la obra de Dios.

18. Porque no me atreveré a tomar en boca, sino lo que Jesucristo ha hecho por medio de mí para reducir a su obediencia a los gentiles, con la palabra y con las obras,

19. con la eficacia de los milagros y prodigios, y con la virtud del Espíritu Santo; de manera que desde Jerusalén, girando a todas partes hasta el Ilírico, lo he llenado todo de la buena nueva de Cristo.

20. Por lo demás, al cumplir con mi ministerio, he tenido cuidado de no predicar la buena nueva en los lugares en que era ya conocido el nombre de Cristo, por no edificar sobre fundamento de otro, verificando de esta manera lo que dice la Escritura*:

21. Aquellos que no tuvieron nuevas de él, le verán; y los que no le han oído, le entenderán, o conocerán.

22. Esta es la causa que me ha impedido muchas veces el ir a visitaros, y que hasta aquí me ha detenido.

23. Pero ahora no teniendo ya motivo para detenerme más en estos países, y deseando, muchos años hace, ir a veros,

24. cuando emprenda mi viaje para España espero pasar visitaros, y ser encaminado por vosotros a aquella tierra, después de haber gozado algún tanto de vuestra compañía.

25. Ahora estoy de partida para Jerusalén, en servicio de los santos.

26. Porque la Macedonia y la Acaya han tenido a bien hacer una colecta para socorrer a los pobres de entre los santos o fieles de Jerusalén.

27. Así les ha parecido, y a la verdad obligación les tienen. Porque si los gentiles han sido hechos participantes de los bienes espirituales de los judíos, deben también aquéllos hacer participar a éstos de sus bienes temporales.

28. Cumplido, pues, este encargo, y habiéndoles entregado este fruto de la caridad, dirigiré por ahí mi camino a España.

29. Y sé de cierto que llegando a vosotros, mi llegada será acompañada de una abundante bendición y dones de la buena nueva de Cristo.

30. Entretanto, hermanos, os suplico por nuestro Señor Jesucristo y por la caridad del Espíritu Santo, que me ayudéis con las oraciones que hagáis a Dios por mí,

31. para que sea librado de los judíos incrédulos, que hay en Judea, y la ofrenda de mi ministerio, o la limosna que llevo, sea bien recibida de los santos en Jerusalén,

32. a fin de que de esta manera pueda ir con alegría veros, si es la voluntad de Dios, y descansar, y recrearme con vosotros.

33. Entretanto el Dios de la paz sea con todos vosotros. Amén.

---

11. *Sal 117* (*116*), 1.

12. Se puede traducir *Florecerá la raíz de Jesé y saldrá un retoño que se levantará para regir las naciones, y las naciones esperarán en él. Is 11*, 10.

20. *Is 52*, 15.

16 *Encomiendas y saludos de Pablo a los fieles residentes en Roma. Alabanza final*

1. Os recomiendo nuestra hermana Febe, la cual está dedicada al servicio de la iglesia de Cencrea[1],

2. para que la recibáis por amor del Señor, como deben recibirse los santos, o fieles, y le deis favor en cualquier negocio que necesitare de vosotros; pues ella lo ha hecho así con muchos, y en particular conmigo.

3. Saludad de mi parte a Prisca y a Aquila, que trabajaron conmigo en servicio de Jesucristo

4. (y los cuales por salvar mi vida expusieron sus cabezas, por lo que no solamente yo me reconozco agradecido, sino también las iglesias todas de los gentiles);

5. y saludad con ellos a la Iglesia de su casa. Saludad a mi querido Epéneto, primicia, o primer fruto, de Cristo en Asia.

6. Saludad a María, la cual ha trabajado mucho entre vosotros.

7. Saludad a Andrónico y a Junia, mis parientes y comprisioneros, que son ilustres entre los apóstoles, o ministros de la buena nueva y los cuales creyeron en Cristo antes que yo.

8. Saludad a Ampliato, a quien amo entrañablemente en el Señor.

9. Saludad a Urbano, coadjutor nuestro en Cristo Jesús, y a mi amado Estaquis.

10. Saludad a Apeles, probado y fiel servidor de Jesucristo.

11. Saludad a los de la familia de Aristóbolo. Saludad a Herodión, mi pariente. Saludad a los de casa de Narciso, que creen en el Señor.

12. Saludad a Trifena y a Trifosa, las cuales trabajan para el servicio del Señor. Saludad a nuestra carísima Pérsida, la cual asimismo ha trabajado mucho por el Señor.

13. Saludad a Rufo, escogido del Señor, y a su madre, que también lo es mía en el amor.

14. Saludad a Asíncrito, a Flegonte, a Hermas, a Patrobas, a Hermes y a los hermanos que viven con ellos.

15. Saludad a Filólogo, y a Julia, a Nereo y su hermana, y a Olimpíade, y a todos los santos, o fieles, que están con ellos.

16. Saludaos unos a otros con el ósculo santo de la caridad. A vosotros os saludan todas las iglesias de Cristo.

17. Y os ruego, hermanos, que os recatéis de aquellos que causan entre vosotros divisiones y escándalos, enseñando contra la doctrina que vosotros habéis aprendido; y evitad su compañía;

18. pues los tales no sirven a Cristo Señor nuestro, sino a su propia sensualidad, y con palabras melosas y con adulaciones seducen los corazones de los sencillos.

19. Vuestra obediencia a la fe se ha hecho célebre por todas partes, de lo cual me congratulo con vosotros. Pero deseo que seáis sabios, o sagaces, en orden al bien, y sencillos como niños en cuanto al mal.

20. El Dios de la paz quebrante y abata presto a Satanás debajo de vuestros pies. La gracia de nuestro Señor Jesucristo sea con vosotros.

21. Os saluda Timoteo, mi coadjutor; y Lucio y Jasón y Sosípatro, mis parientes.

22. Os saludo en el Señor yo, Tercio, que he sido el amanuense en esta carta.

23. Os saluda Cayo, mi huésped, y la Iglesia toda. Os saluda Erasto, el tesorero de la ciudad, y nuestro hermano Cuarto.

24. La gracia de nuestro Señor Jesucristo sea con todos vosotros. Amén.

25. Gloria a aquel que es poderoso para fortaleceros en mi buena nueva y en la doctrina de Jesucristo que yo predico, según la revelación del misterio de la redención; misterio que después de haber permanecido oculto en todos los siglos pasados,

26. acaba de ser descubierto por los oráculos de los profetas, conforme al decreto del Dios eterno, y ha venido a noticia de todos los pueblos, para que obedezcan a la fe;

27. a Dios, digo, que es el solo sabio, a él la honra y la gloria por Jesucristo en los siglos de los siglos. Amén.

1. Puerto en el arrabal de Corinto.

Primera carta de San Pablo a los Corintios

Introducción

Pablo se dirigió a los fieles de Corinto, para acabar sus disputas, reprender los abusos, y responder las preguntas, que le habían hecho por escrito. La *carta* se divide en dos partes:

- La primera, de los capítulos *1* al *6*, constituye una denuncia enérgica de los desórdenes de la Iglesia de Corinto, que le ha comunicado Cloe.

- La segunda, de los capítulos *7* al *15*, es la respuesta a los problemas planteados. En el *capítulo 13*, se encuentra el *Himno del Amor* o *de la caridad cristiana*, con el cual concluye su extraordinario pasaje dedicado a los *carismas*. El breve pasaje *1 Cor 15, 3-4* es una profesión de fe en el *misterio pascual de Cristo*, llamada *Kerigma*.

El concepto de *sabiduría cristiana* está presente en toda la carta y Pablo lo emplea para combatir la desunión. El apóstol la escribió desde Efeso y probablemente hacia el año 56.

1

Exhórtalos a la unión y concordia; les hace ver cómo confunde Dios la sabiduría y soberbia humana

1. Pablo, apóstol de Jesucristo por la vocación y voluntad de Dios, y nuestro hermano Sóstenes,

2. a la Iglesia de Dios, que está en Corinto, a los fieles santificados por Jesucristo, llamados santos por su profesión, y a todos los que en cualquier lugar que sea invocan el nombre de nuestro Señor Jesucristo, Señor de ellos y de nosotros:

3. Gracia y paz de parte de Dios Padre nuestro, y de Jesucristo nuestro Señor.

4. Continuamente estoy dando gracias a Dios por vosotros por la gracia de Dios, que se os ha dado en Jesucristo;

5. porque en él habéis sido enriquecidos con toda suerte de bienes espirituales, con todo lo que pertenece a los dones de la palabra y de la ciencia,

6. habiéndose así verificado en vosotros el testimonio de Cristo;

7. de manera que nada os falte de gracia alguna, a vosotros que estáis esperando la manifestación de Jesucristo nuestro Señor,

8. el cual os confortará todavía hasta el fin, para que seáis hallados irreprensibles en el día del advenimiento de Jesucristo Señor nuestro.

9. Porque Dios, por el cual habéis sido llamados a la compañía de su Hijo Jesucristo nuestro Señor, es fiel en sus promesas.

10. Mas os ruego encarecidamente, hermanos míos, por el nombre de nuestro Señor Jesucristo, que todos tengáis un mismo lenguaje, y que no haya entre vosotros cismas ni partidos; antes bien viváis perfectamente unidos en un mismo pensar y en un mismo sentir;

11. porque he llegado a entender, hermanos míos, por los de la familia de Cloe, que hay entre vosotros contiendas.

12. Quiero decir, que cada uno de vosotros toma partido, diciendo: Yo soy de Pablo, yo de Apolo, yo de Cefas, yo de Cristo.

13. Pues qué, ¿Cristo acaso se ha dividido? ¿Y por ventura Pablo ha sido crucificado por vosotros?; ¿o habéis sido bautizados en nombre de Pablo?

14. Ahora que sé esto doy gracias a Dios,

de que a ninguno de vosotros he bautizado por mí mismo, sino a Crispo y a Cayo,

15. para que no pueda decir nadie que habéis sido bautizados en mi nombre.

16. Verdad es que bauticé también a la familia de Estéfanas; por lo demás, no me acuerdo haber bautizado a otro alguno que yo sepa.

17. Porque no me envió Cristo a bautizar, sino a predicar la buena nueva; y a predicarla, sin valerme para eso de la elocuencia de palabras, o discursos de sabiduría humana, para que no se haga inútil la cruz de Jesucristo.

18. A la verdad que la predicación de la cruz o de un Dios crucificado, parece una necedad a los ojos de los que se pierden; mas para los que se salvan, esto es, para nosotros, es la virtud y poder de Dios.

19. Así está escrito*: Destruiré la sabiduría de los sabios, y desecharé la prudencia de los prudentes.

20. ¿En dónde están los sabios?, ¿en dónde los escribas, o doctores de la ley?, ¿en dónde esos espíritus curiosos de las ciencias de este mundo? ¿No es verdad que Dios ha convencido de fatua la sabiduría de este mundo?

21. Porque ya que el mundo, a vista de las obras de la sabiduría divina, no conoció a Dios por medio de la ciencia humana, quiso Dios salvar a los que creyesen en él por medio de la locura o simplicidad de la predicación de un Dios crucificado.

22. Así es que los judíos por su parte piden milagros, y los griegos o gentiles por la suya, quieren ciencia;

23. mas nosotros predicamos sencillamente a Cristo crucificado, lo cual para los judíos es motivo de escándalo, y parece una locura a los gentiles;

24. si bien para los que han sido llamados a la fe, tanto judíos, como griegos, es Cristo la virtud de Dios y la sabiduría de Dios.

25. Porque lo que parece una locura en los misterios de Dios, es mayor sabiduría que la de todos los hombres; y lo que parece debilidad en Dios, es más fuerte que toda la fortaleza de los hombres.

26. Considerad si no, hermanos, quiénes son los que han sido llamados a la fe de entre vosotros, cómo no sois muchos los sabios, según la carne, ni muchos los poderosos, ni muchos los nobles;

27. sino que Dios ha escogido a los necios según el mundo, para confundir a los sabios; y Dios ha escogido a los débiles del mundo, para confundir a los fuertes;

28. y a las cosas viles y despreciables del mundo, y a aquellas que eran nada, para destruir las que son al parecer más grandes,

29. a fin de que ningún mortal se jacte ante su acatamiento.

30. Y por esta conducta del mismo Dios subsistís vosotros o estáis incorporados en Cristo Jesús, el cual fue constituido por Dios para nosotros por fuente de sabiduría, y por justicia, y santificación, y redención nuestra,

31. a fin de que como está escrito: El que se gloría, gloríese en el Señor.

---

2 *Pablo predicó en Corinto con la sabiduría de Cristo, que sólo se aprende por el Espíritu de Dios*

---

1. Yo, pues, hermanos míos, cuando fui a vosotros a predicaros el testimonio de la buena nueva de Cristo, no fui con sublimes discursos, ni sabiduría humana;

2. puesto que no me he preciado de saber otra cosa entre vosotros, sino a Jesucristo, y éste crucificado.

3. Y mientras estuve ahí entre vosotros, estuve siempre con mucha pusilanimidad, o humillación, mucho temor, y en continuo susto;

4. y mi modo de hablar, y mi predicación, no fue con palabras persuasivas de humano saber, pero sí con los efectos sensibles del espíritu y de la virtud de Dios;

5. para que vuestra fe no se funda en saber de hombres, sino en el poder de Dios.

6. Esto no obstante, enseñamos sabiduría entre los perfectos, o verdaderos cristianos; mas una sabiduría, no de este siglo, ni de los príncipes de este siglo, los cuales son destruidos con la cruz;

7. sino que predicamos la sabiduría de Dios en el misterio de la encarnación, sabiduría recóndita, la cual predestinó y preparó Dios antes de los siglos para gloria nuestra,

8. sabiduría que ninguno de los prínci-

---

19. *Is 29,* 14.

pes de este siglo ha entendido; que si la hubiesen entendido, nunca hubieran crucificado al Señor de la gloria;

9. y de la cual está escrito*: Ni ojo vio, ni oreja oyó, ni pasó a hombre por pensamiento cuáles cosas tiene Dios preparadas para aquellos que le aman.

10. A nosotros nos lo ha revelado Dios por medio de su Espíritu; pues el Espíritu de Dios todas las cosas penetra, aun las más íntimas de Dios.

11. Porque ¿quién de los hombres sabe las cosas del hombre, sino solamente el espíritu del hombre, que está dentro de él? Así es que las cosas de Dios nadie las ha conocido, sino el Espíritu de Dios*.

12. Nosotros, pues, no hemos recibido el espíritu de este mundo, sino el Espíritu que es de Dios a fin de que conozcamos las cosas que Dios nos ha comunicado.

13. Las cuales por eso tratamos no con palabras estudiadas de humana ciencia, sino conforme nos enseña el Espíritu de Dios, acomodando lo espiritual a lo espiritual.

14. Porque el hombre animal no puede hacerse capaz de las cosas que son del Espíritu de Dios; pues para él todas son una necedad, y no puede entenderlas, puesto que se han de discernir con una luz espiritual que no tiene.

15. El hombre espiritual discierne o juzga de todo, y nadie que no tenga esta luz puede a él discernirle.

16. Porque ¿quién conoce la mente o designios del Señor, para darle instrucciones? Mas nosotros tenemos el Espíritu de Cristo.

3 *Los que se inclinan por los predicadores de la buena nueva; desprecio de la sabiduría del mundo*

1. Y así es, hermanos, que yo no he podido hablaros como a hombres espirituales, sino como a personas aún carnales. Y por eso, como a niños en Cristo,

2. os he alimentado con leche, y no con manjares sólidos; porque no erais todavía capaces de ellos; y ni aún ahora lo sois, pues sois todavía carnales.

3. En efecto, habiendo entre vosotros celos y discordias, ¿no es claro que sois carnales y procedéis como hombres?

4. Porque diciendo uno: Yo soy de Pablo; y el otro: Yo de Apolo, ¿no estáis mostrando ser aún hombres carnales? Ahora bien, ¿qué es Apolo?, ¿o qué es Pablo?

5. Unos ministros, y no más, de aquél en quien habéis creído; y eso según el don que a cada uno ha concedido el Señor.

6. Yo planté entre vosotros la buena nueva, regó Apolo; pero Dios es quien ha dado el crecer y hacer fruto.

7. Y así ni el que planta es algo, ni el que riega; sino Dios, que es el que hace crecer y fructificar.

8. Tanto el que planta, como el que riega, viene a ser una misma cosa. Pero cada uno recibirá su propio salario a medida de su trabajo*.

9. Porque nosotros somos unos coadjutores de Dios; vosotros sois el campo que Dios cultiva, sois el edificio que Dios construye por nuestras manos.

10. Yo, según la gracia que Dios me ha dado, eché en vosotros, cual perito arquitecto, el cimiento del espiritual edificio; otro edifica sobre él. Pero mire bien cada uno cómo alza la construcción o qué doctrina enseña,

11. pues nadie puede poner otro fundamento que el que ya ha sido puesto, el cual es Jesucristo.

12. Que si sobre tal fundamento pone alguno por materiales oro, plata, piedras preciosas, o maderas, heno, hojarasca,

13. sepa que la obra de cada uno ha de manifestarse. Por cuanto el día del Señor la descubrirá, como quiera que se ha de manifestar por medio del fuego; y el fuego mostrará cuál es la obra de cada uno.

14. Si la obra de uno sobrepuesta subsistiere sin quemarse, recibirá la paga.

15. Si la obra de otro se quemare, será suyo el daño; no obstante, él no dejará de salvarse, si bien como quien pasa por el fuego.

16. ¿No sabéis vosotros que sois templo de Dios, y que el Espíritu de Dios mora en vosotros?

17. Pues si alguno profanare el templo de Dios, ha de perderle Dios a él. Porque el

---

9. *Is 64*, 4.
11. *Y aquel a quien éste las revela.*

8. *Sal 62* (*61*), 13; *Mat 16*, 27; *Rom 2*, 6; *Gal 6*, 5.

templo de Dios, que sois vosotros, santo es.

18. Nadie se engañe a sí mismo, si alguno de vosotros se tiene por sabio según el mundo, hágase necio a los ojos de los mundanos, a fin de ser sabio a los de Dios.

19. Porque la sabiduría de este mundo es necedad delante de Dios. Pues está escrito*: Yo prenderé a los astutos en su propia astucia.

20. Y en otra parte*: El Señor penetra las ideas de los astutos, y conoce la vanidad de ellas.

21. Por tanto nadie se gloríe en los hombres.

22. Porque todas las cosas son vuestras, bien sea Pablo, bien Apolo, bien Cefas; el mundo, la vida, la muerte, lo presente, lo futuro, todo es vuestro, o hecho para vuestro bien;

23. vosotros sois de Cristo; y Cristo es de Dios su Padre.

4

El verdadero apóstol, y estima que se merece. Sigue reprendiendo con energía a los corintios

1. A nosotros, pues, nos ha de considerar el hombre como unos ministros de Cristo, y dispensadores de los misterios de Dios.

2. Esto supuesto, entre los dispensadores lo que se requiere es, que sean hallados fieles en su ministerio.

3. Por lo que a mí toca, muy poco se me da el ser juzgado por vosotros, o en cualquier juicio humano; pues ni aun yo me atrevo a juzgar de mí mismo.

4. Porque si bien no me remuerde la conciencia de cosa alguna, no por eso me tengo por justificado; pues el que me juzga es el Señor.

5. Por tanto, no queráis sentenciar antes de tiempo, suspended vuestro juicio hasta tanto que venga el Señor, el cual sacará a plena luz lo que está en los escondrijos de las tinieblas, y descubrirá en aquel día las intenciones de los corazones; y entonces cada cual será de Dios alabado según merezca.

19. *Job 5*, 13.
20. *Sal 94* (*93*), 11.

6. Por lo demás, hermanos míos, todo esto que acabo de decir, lo he presentado en persona mía y en la de Apolo por amor vuestro, a fin de que, sin nombrar a nadie, aprendáis por medio de nosotros a no entonaros uno contra otro a favor de un tercero, más allá de lo que va escrito.

7. Porque ¿quién es el que te da la ventaja sobre otros? O ¿qué cosa tienes tú que no la hayas recibido de Dios? Y si todo lo que tienes lo has recibido de él, ¿de qué te jactas como si no lo hubieses recibido?

8. He aquí que vosotros estáis ya satisfechos, hechos ya ricos; sin nosotros estáis reinando; y quiera a Dios que en efecto reinéis, para que así nosotros reinemos también con vosotros.

9. Pues yo para mí tengo que Dios a nosotros los apóstoles nos trata como a los últimos o más viles hombres, como a los condenados a muerte, haciéndonos servir de espectáculo al mundo, a los ángeles y a los hombres.

10. Nosotros somos considerados como unos necios por amor de Cristo; mas vosotros, sois los prudentes en Cristo; nosotros flacos, vosotros fuertes; vosotros sois honrados, nosotros viles y despreciados.

11. Hasta la hora presente andamos sufriendo el hambre, la sed, la desnudez, los malos tratamientos, y no tenemos dónde fijar nuestro domicilio,

12. y nos afanamos trabajando con nuestras propias manos, nos maldicen, y bendecimos; padecemos persecución, y la sufrimos con paciencia;

13. nos ultrajan, y retornamos súplicas; somos en fin tratados, hasta ahora, como la basura del mundo, como la escoria de todos.

14. No os escribo estas cosas porque quiera sonrojaros, sino que os amonesto como a hijos míos muy queridos.

15. Porque aun cuando tengáis millares de maestros en Jesucristo, no tenéis muchos padres. Pues yo soy el que os he engendrado en Jesucristo por medio de la buena nueva.

16. Por tanto, os ruego que seáis imitadores míos, así como yo lo soy de Cristo.

17. Con este fin he enviado a vosotros a Timoteo, el cual es hijo mío, carísimo y fiel en el Señor; para que os informe de mi proceder o manera de vivir en Jesucristo, conforme a lo que yo enseño por todas partes en todas las iglesias.

18. Algunos sé que están tan engreídos, como si yo nunca hubiese de volver a vosotros.

19. Mas bien pronto pasaré a veros, si Dios quiere; y examinaré no la palabrería de los que andan así hinchados, sino su virtud.

20. Que no consiste el reino de Dios o nuestra religión en palabras, sino en la virtud, o en buenas obras.

21. ¿Qué estimáis más?, ¿que vaya a vosotros con la vara o castigo, o con amor y espíritu de mansedumbre?

5

Reprende el Apóstol a un incestuoso y exhorta a los de Corinto a que eviten el trato con los pecadores

1. Es ya una voz pública de que entre vosotros se cometen deshonestidades, y tales, cuales no se oyen ni aun entre gentiles, hasta llegar alguno a abusar de la mujer de su propio padre.

2. Y con todo vosotros estáis hinchados de orgullo, y no os habéis al contrario entregado al llanto, para que fuese quitado de entre vosotros el que ha cometido tal maldad.

3. Por lo que a mí toca, aunque ausente de ahí con el cuerpo, mas presente en espíritu, ya he pronunciado, como presente, esta sentencia contra aquel que así pecó.

4. En nombre de nuestro Señor Jesucristo, uniéndose con vosotros mi espíritu, con el poder que he recibido de nuestro Señor Jesús,

5. sea ese que tal hizo entregado a Satanás, para castigo de su cuerpo, a cambio de que su alma sea salva en el día de nuestro Señor Jesucristo.

6. No tenéis, pues, motivo para gloriaros. ¿No sabéis acaso que un poco de levadura fermenta toda la masa*?

7. Echad fuera la levadura añeja, para que seáis una masa enteramente nueva, como que sois panes puros y sin levadura*. Porque Jesucristo, que es nuestro Cordero pascual, ha sido inmolado por nosotros.

8. Por tanto, celebremos la fiesta, o el convite pascual, no con levadura añeja, ni con levadura de malicia y de corrupción, sino con los panes ázimos de la sinceridad y de la verdad.

9. Os tengo escrito en una carta: No tratéis con los deshonestos.

10. Claro está que no entiendo decir con los deshonestos de este mundo, o con los avarientos o con los que viven de rapiña, o con los idólatras; de otra suerte era necesario que os salieseis de este mundo.

11. Cuando os escribí que no trataseis con tales sujetos, quise decir que si aquel que es del número de vuestros hermanos, es deshonesto o avariento, o idólatra, o maldiciente, o borracho, o vive de rapiña, con este tal, ni tomar bocado.

12. Pues ¿cómo podría yo meterme en juzgar a los que están fuera? ¿No son los que están dentro de ella a quienes tenéis derecho de juzgar?

13. A los de afuera Dios los juzgará. Vosotros, apartad a ese mal hombre de vuestra compañía.

6

Contra los desórdenes de los pleitistas y de los deshonestos. El cuerpo y su santidad

1. ¿Cómo es posible que se halle uno siquiera entre vosotros que teniendo alguna diferencia con su hermano, se atreva a llamarle a juicio ante los jueces inicuos o infieles, y no delante de los santos o cristianos?

2. ¿No sabéis que los santos han de juzgar algún día a este mundo? Pues si el mundo ha de ser juzgado por vosotros ¿no seréis dignos de juzgar de estas pequeñeces?

3. ¿No sabéis que hemos de ser jueces hasta de los ángeles?, ¿cuánto más de las cosas mundanas?

4. Si tuviereis, pues, pleitos sobre negocios de este mundo, tomad por jueces, antes que a infieles, a los más ínfimos de la Iglesia.

5. Lo digo para confusión vuestra. ¿Es posible que no ha de haber entre vosotros algún hombre inteligente, que pueda ser juez o árbitro entre los hermanos;

6. sino que ha de verse que litiga herma-

---

6. *Mat 13*, 33; *Luc 13*, 20-21; *Gal 5*, 9.
7. Libres de toda corrupción, por el bautismo.

no con hermano, y eso en el tribunal de los infieles?

7. Ya por cierto es una falta en vosotros andar en pleitos unos contra otros. ¿Por qué no toleráis antes el agravio*?; ¿por qué antes no sufrís el fraude?

8. Mas algunos de vosotros sois los que agraviáis y defraudáis, y eso a vuestros propios hermanos.

9. ¿No sabéis que los injustos no poseerán el reino de Dios? No queráis cegaros, hermanos míos, ni los fornicarios, ni los idólatras, ni los adúlteros,

10. ni los afeminados, ni los sodomitas, ni los ladrones, ni los avarientos, ni los borrachos, ni los maldicientes, ni los que viven de rapiña, han de poseer el reino de Dios.

11. Tales habéis sido algunos de vosotros en otro tiempo; pero fuisteis lavados, fuisteis santificados, fuisteis justificados, en el nombre de nuestro Señor Jesucristo, y por el Espíritu de nuestro Dios.

12. Si todo me es lícito, no todo me es conveniente. No porque todo me es lícito, me haré yo esclavo de ninguna cosa.

13. Las viandas son para el vientre, y el vientre para las viandas; mas Dios destruirá a aquél y a éstas; el cuerpo no es para la fornicación, sino para gloria del Señor, como el Señor para el cuerpo.

14. Pues así como Dios resucitó al Señor, nos resucitará también a nosotros por su virtud.

15. ¿No sabéis que vuestros cuerpos son parte de Cristo nuestra cabeza? ¿He de abusar yo de los miembros de Cristo, para hacerlos miembros de una prostituta? No lo permita Dios.

16. ¿O no sabéis que quien se junta con una prostituta, se hace un cuerpo con ella? Porque serán los dos, dice la Escritura, una carne.

17. Al contrario, quien está unido con el Señor, es con él un mismo espíritu.

18. Huid de la fornicación. Cualquier otro pecado que cometa el hombre, está fuera del cuerpo; pero el que fornica contra su cuerpo peca.

19. ¿Por ventura no sabéis que vuestros cuerpos son templos del Espíritu Santo, que habita en vosotros, el cual habéis recibido de Dios, y que ya no sois de vosotros,

20. puesto que fuisteis comprados a gran precio? Glorificad, pues, a Dios y llevadle siempre en vuestro cuerpo.

7 *Las cargas del matrimonio y las ventajas de la virginidad. Aviso a las viudas*

1. En orden a las cosas sobre que me habéis escrito respondo: Loable cosa es en el hombre no tocar mujer.

2. Mas por evitar la fornicación, viva cada uno con su mujer, y cada una con su marido.

3. El marido pague a la mujer el débito, y de la misma suerte la mujer al marido.

4. Porque la mujer casada no es dueña de su cuerpo, sino que lo es el marido. Y así mismo el marido no es dueño de su cuerpo, sino que lo es la mujer.

5. No queráis, pues, defraudaros el derecho recíproco, a no ser por algún tiempo de común acuerdo, para dedicaros a la oración; y después volved a cohabitar, no sea que os tiente Satanás por vuestra incontinencia.

6. Esto lo digo por condescendencia, que no lo mando.

7. A la verdad me alegraría que fueseis todos tales como yo mismo, esto es, célibes; mas cada uno tiene de Dios su propio don, quien de una manera, quien de otra.

8. Pero sí que digo a las personas no casadas y viudas: Bueno les es si así permanecen, como también permanezco yo.

9. Mas si no tienen don de continencia, cásense. Pues más vale casarse, que abrasarse.

10. Pero a las personas casadas mando, no yo, sino el Señor, que la mujer no se separe del marido;

11. que si se separa por justa causa, no pase a otras nupcias, o bien reconcíliese con su marido. Ni tampoco el marido repudie a su mujer.

12. Pero a los demás digo yo mi dictamen, no que el Señor lo mande, si algún hermano tiene por mujer a un infiel o idólatra, y ésta consiente en habitar con él, no la repudie.

13. Y si alguna mujer fiel o cristiana

7. *Ya que os creéis tan aventajados en la virtud. Mat* 5, 39; *Luc* 6, 29; *Rom* 12, 17; *1 Tes* 4, 6.

tiene por marido a un infiel, y éste consiente en habitar con ella, no abandone a su marido.

14. Porque un marido infiel es santificado por la mujer fiel, y la mujer infiel santificada por el marido fiel; de lo contrario, vuestros hijos serían mancillados, cuando ahora son santos.

15. Pero si el infiel se separa, sepárese enhorabuena; porque en tal caso ni nuestro hermano, ni nuestra hermana deben sujetarse a servidumbre; pues Dios nos ha llamado a un estado de paz y tranquilidad.

16. Porque ¿sabes tú, mujer, si salvarás o convertirás al marido?; ¿y tú, marido, sabes si salvarás a la mujer?

17. Pero proceda cada cual conforme al don que Dios le ha repartido, y según el estado en que se hallaba cuando Dios le llamó a la fe*; y así es como lo enseño en todas las iglesias.

18. ¿Fue uno llamado siendo circunciso?; no afecte parecer incircunciso. ¿Fue otro llamado estando incircunciso?; no se haga circuncidar.

19. Nada importa ahora ser circuncidado, y nada importa no serlo; lo que importa a judíos y a gentiles es la observancia de los mandamientos de Dios.

20. Manténgase, pues, cada uno en el estado que tenía cuando Dios le llamó.

21. ¿Fuiste llamado siendo siervo?; no te impacientes viéndote en tal condición; antes bien saca provecho de eso mismo, aun cuando pudieses ser libre.

22. Pues aquel que siendo esclavo es llamado al servicio del Señor, se hace liberto del Señor; y de la misma manera aquel que es llamado siendo libre, se hace esclavo de Cristo.

23. Rescatados habéis sido a gran costa, no queráis haceros esclavos de los hombres.

24. Cada uno, hermanos míos, permanezca para con Dios en el estado civil en que fue llamado.

25. En orden a las vírgenes, precepto del Señor yo no lo tengo; doy, sí, consejo, como quien ha conseguido del Señor la misericordia de ser fiel ministro suyo.

26. Juzgo, pues, que este estado es ventajoso a causa de las miserias de la vida presente; que es, digo, ventajoso al hombre no casarse.

27. ¿Estás ligado a una mujer?, no busques quedar desligado. ¿Estás sin tener mujer?, no busques casarte.

28. Si te casares, no por eso pecas. Y si una doncella se casa, tampoco peca; pero estos tales sufrirán en su carne aflicciones y trabajos inseparables del matrimonio. Mas yo os perdono, lo dejo a vuestra consideración.

29. Y lo que digo, hermanos míos, es, que el tiempo es corto; y que así lo que importa es que los que tienen mujer vivan como si no la tuviesen;

30. y los que lloran, como si no llorasen; y los que están alegres lo es como si no lo estuviesen; y los que hacen compras, como si nada poseyesen;

31. y los que gozan del mundo, como si no gozasen de él; porque la escena o apariencia de este mundo pasa en un momento,

32. Ahora bien; yo deseo que viváis sin cuidados ni inquietudes. El que no tiene mujer, anda únicamente solícito de las cosas del Señor, y en lo que ha de hacer para agradar a Dios.

33. Al contrario, el que tiene mujer anda afanado en las cosas del mundo, y en cómo ha de agradar a la mujer, y así se halla dividido.

34. De la misma manera la mujer no casada, y una virgen, piensa en las cosas de Dios, para ser santa en cuerpo y alma. Mas la casada piensa en las del mundo, y en cómo ha de agradar al marido.

35. Por lo demás yo digo esto para provecho vuestro; no para echaros un lazo y obligaros a la continencia, sino solamente para exhortaros a lo más loable, y a lo que habilita para servir a Dios sin ningún lazo.

36. Mas si a alguno le parece que es un deshonor que su hija pase la flor de la edad sin contraer matrimonio, y juzga deber casarla, haga lo que quisiere; no peca, si ella se casa.

37. Aunque por otra parte quien ha hecho en su interior la firme resolución de conservar virgen a su hija no teniendo necesidad de obrar de otro modo, sino pudiendo disponer en esto de su voluntad, y así lo ha determinado en su corazón, obra bien.

---

17. La religión cristiana no exige cambiar de condición, sino de costumbres, de acuerdo con el Evangelio, y no destruye el orden civil, sino el pecado y las ocasiones de pecar.

38. En suma, el que da a su hija en matrimonio, obra bien; mas el que no la da, obra mejor.

39. La mujer está ligada a la ley del matrimonio mientras que vive su marido; pero si su marido fallece, queda libre; cásese con quien quiera, con tal que sea según el Señor.

40. Pero mucho más dichosa será si permaneciere viuda, según mi consejo; y estoy persuadido de que también en esto me anima el Espíritu de Dios.

8

Nadie probará cosas ofrecidas a ídolos, si con eso causa escándalo; pues el que escandaliza, peca

1. Acerca de las cosas o viandas sacrificadas a los ídolos, ya sabemos que todos nosotros tenemos bastante ciencia o conocimientos sobre eso. Mas la ciencia por sí sola hincha; la caridad es la que edifica.

2. Que si alguno se imagina saber algo, y no sabe esto, todavía no ha entendido de qué manera le convenga saber.

3. Pero el que ama a Dios, ése es conocido o amado de él.

4. En orden, pues, a los manjares inmolados a los ídolos, sabemos que el ídolo es nada en el mundo, y que no hay más que un solo Dios.

5. Pues aunque haya algunos que se llamen dioses, ya en el cielo, ya en la tierra (y que así se cuenten muchos dioses y muchos señores),

6. sin embargo, para nosotros no hay más que un solo Dios, que es el Padre, del cual tienen el ser todas las cosas, y que nos ha hecho a nosotros para él; y no hay sino un solo Señor, que es Jesucristo, por quien han sido hechas todas las cosas, y somos nosotros por él cuanto somos.

7. Mas no en todos se halla esta ilustración; sino que hay algunos que creyendo todavía que el ídolo es alguna cosa, comen bajo este concepto viandas que se le han ofrecido; y así la conciencia de éstos, por ser débil, viene a quedar contaminada.

8. Lo cierto es que comer de tales viandas no es lo que nos hace recomendables a Dios. Pues ni porque comamos tendremos delante de él ventaja alguna; ni porque no comamos desmereceremos en nada.

9. Pero cuidad de que esta libertad que tenéis no sirva de tropiezo a los débiles.

10. Porque si uno de éstos ve a otro, de los que están más instruidos, puesto a la mesa en un lugar dedicado a los ídolos, ¿no es claro que el que tiene su conciencia débil, se tentará a comer también de aquellas viandas sacrificadas que cree impuras?

11. ¿Y es posible que haya de perecer por el uso indiscreto de tu ciencia ese hermano enfermo, por amor del cual murió Cristo?

12. Así sucede que, pecando contra los hermanos, y llagando su conciencia poco firme, venís a pecar contra Cristo.

13. Por lo cual si lo que yo como escandaliza a mi hermano, no comeré en mi vida carne alguna, sólo por no escandalizar a mi hermano.

9

Pablo se priva de hacer lo que era lícito, padeciendo mil trabajos, por ganar para Dios a todo el mundo

1. ¿No tengo yo libertad? ¿No soy yo apóstol? ¿No he visto yo a Jesucristo, Señor nuestro? ¿No sois vosotros obra mía en el Señor?

2. Lo cierto es que aun cuando para los otros no fuera apóstol, al menos lo sería para vosotros, siendo como sois el sello, o la patente, de mi apostolado en el Señor.

3. Ved ahí mi respuesta a aquellos que se meten a examinar y sindicar mi conducta.

4. ¿Acaso no tenemos derecho de ser alimentados a expensas vuestras?

5. ¿Por ventura no tenemos también facultad de llevar en los viajes alguna mujer hermana en Jesucristo, para que nos asista, como hacen los demás apóstoles, y los hermanos o parientes del Señor, y el mismo Cefas, o Pedro?

6. ¿O sólo yo y Bernabé no podemos hacer esto?

7. ¿Quién milita jamás a sus expensas? ¿Quién planta una viña, y no come de su fruto? ¿Quién apacienta un rebaño, y no se alimenta de la leche del ganado?

8. ¿Y por ventura esto que digo es solamente un raciocinio humano? ¿O no dice la ley esto mismo?

9. Pues en la ley de Moisés está escrito:

No pongas bozal al buey que trilla. ¿Será que Dios se preocupa de los bueyes?

10. ¿Acaso no dice esto principalmente por nosotros? Sí, ciertamente por nosotros se han escrito estas cosas; porque la esperanza hace arar al que ara; y el que trilla lo hace con la esperanza de percibir el fruto.

11. Si nosotros, pues, hemos sembrado entre vosotros bienes espirituales, ¿será gran cosa que recojamos un poco de vuestros bienes temporales?

12. Si otros participan de este derecho a lo vuestro ¿por qué no más bien nosotros?; pero con todo no hemos hecho uso de esa facultad, antes bien todo lo sufrimos y padecemos por no poner estorbo alguno a la buena nueva de Cristo.

13. ¿No sabéis que los que sirven en el templo, se mantienen de lo que es del templo, y que los que sirven al altar, participan de las ofrendas?

14. Así también dejó el Señor ordenado que los que predican la buena nueva, vivan de ello.

15. Mas yo de ninguna de estas cosas me he valido. Ni ahora escribo esto para que así se haga conmigo; porque tengo por mejor morir que el que alguno me haga perder esta gloria.

16. Como quiera que por predicar la buena nueva no tengo gloria, pues estoy por necesidad obligado a ello; y desventurado de mí si no lo predicare.

17. Por lo cual si lo hago de buena voluntad, premio aguardo; pero si por fuerza, entonces no hago más que cumplir con el cargo que tengo.

18. Según esto, pues, ¿dónde está mi galardón? Está en predicar gratuitamente la buena nueva, sin ocasionar ningún gasto, para no abusar, del derecho que tengo por la predicación de la buena nueva.

19. En verdad que estando libre, o independiente, de todos me he hecho siervo, para ganar más almas.

20. Y así con los judíos he vivido como judío, para ganar, o convertir, a los judíos;

21. con los sujetos a la ley, o prosélitos he vivido como si yo estuviese sujeto a la ley (con no estar yo sujeto a ella) sólo por ganar a los que a la ley vivían sujetos; así como con los que no estaban sujetos a la ley de Moisés, he vivido como si yo tampoco lo estuviese (aunque tenía yo una ley con respecto a Dios, teniendo la de Jesucristo) a cambio de ganar a los que vivían sin ley.

22. Me hice flaco con los flacos, por ganar a los flacos. me hice todo para todos, para salvarlos a todos,

23. todo lo cual hago por amor de la buena nueva, a fin de participar de sus promesas.

24. ¿No sabéis que los que corren en el estadio, si bien todos corren, uno solo se lleva el premio? Corred, pues, hermanos míos, de tal manera que lo ganéis.

25. Ello es que todos los que han de luchar en la palestra, guardan en todo una exacta continencia; y no es sino para alcanzar una corona perecedera; al paso que nosotros la esperamos eterna.

26. Así que, yo voy corriendo, no como quien corre a la ventura; peleo, no como quien tira golpes al aire, sin tocar a su enemigo,

27. sino que castigo mi cuerpo rebelde y lo esclavizo, no sea que habiendo predicado a los otros, venga yo a ser reprobado.

10 *Ante los beneficios y castigos de los hebreos, Pablo pide a los corintios que se guarden de vicios*

1. Porque no debéis de ignorar, hermanos míos, que nuestros padres estuvieron todos a la sombra de aquella misteriosa nube; que todos pasaron el mar*;

2. y que todos bajo la dirección de Moisés fueron en cierto modo bautizados en la nube y en el mar*;

3. que todos comieron el mismo manjar espiritual,

4. y todos bebieron la misma bebida espiritual (porque ellos bebían del agua que salía de la misteriosa piedra, y los iba siguiendo, la cual piedra era figura de Cristo);

5. pero a pesar de eso la mayor parte de ellos desagradaron a Dios; y así quedaron muertos en el desierto.

6. Esos sucesos eran figura de lo que atañe a nosotros, a fin de que no nos abandonemos a malos deseos, como ellos se abandonaron.

---

1. *Ex 13*, 21; *Num 9*, 21.
2. *Símbolo de nuestro bautismo. Ex 14*, 22.

7. No seáis adoradores de los ídolos, como algunos de ellos, según está escrito: Se sentó el pueblo a comer y a beber, y se levantaron todos a retozar*.

8. Ni forniquemos, como algunos de ellos fornicaron, y murieron en un día como veintitrés mil.

9. Ni tentemos a Cristo, como hicieron algunos de ellos, los cuales perecieron mordidos de las serpientes.

10. Ni tampoco murmuréis, como algunos de ellos murmuraron, y fueron muertos por el ángel exterminador*.

11. Todas estas cosas que les sucedían eran unas figuras: y están escritas para escarmiento de nosotros, que nos hallamos al fin de los siglos.

12. Mire, pues, no caiga el que piensa estar firme en la fe.

13. Hasta ahora no habéis tenido sino tentaciones humanas, u ordinarias; pero fiel es Dios, que no permitirá seáis tentados sobre vuestras fuerzas; sino que de la misma tentación os hará sacar provecho para que podáis sosteneros.

14. En razón de esto, carísimos míos, huid del culto de los ídolos.

15. Puesto que hablo con personas inteligentes, juzgad vosotros mismos de lo que voy a decir.

16. El cáliz de bendición que bendecimos, o consagramos, ¿no es la comunión de la sangre de Cristo?; y el pan que partimos, ¿no es la participación del cuerpo del Señor?

17. Porque todos los que participamos del mismo pan, bien que muchos, venimos a ser un solo pan, un solo cuerpo.

18. Considerar a los israelitas según la carne, los que entre ellos comen de las víctimas, ¿no es así que tienen parte en el altar o sacrificio?

19. ¿Mas qué?, ¿digo yo que lo sacrificado a los ídolos haya contraído alguna virtud?, ¿o que el ídolo sea algo?

20. No, sino que las cosas que sacrifican los gentiles, las sacrifican a los demonios, y no a Dios. Y no quiero que tengáis ninguna sociedad, ni por sombra, con los demonios; no podéis beber el cáliz del Señor y el cáliz de los demonios.

21. No podéis tener parte en la mesa del Señor, y en la mesa de los demonios.

22. ¿Por ventura queremos irritar con celos al Señor? ¿Somos acaso más fuertes que él? Todo me es lícito, sí, pero no todo es conveniente.

23. Está bien que todo me sea lícito, mas no todo es de edificación.

24. Dicta la caridad que nadie busque su propia satisfacción o conveniencia sino el bien del prójimo.

25. Por lo demás, todo lo que se vende en la plaza comedlo, sin andar en preguntas por escrúpulo de conciencia.

26. Porque del Señor es la tierra y todo lo que hay en ella.

27. Si algún infiel os convida, y queréis ir, comed sin escrúpulo de todo lo que os ponen delante, sin hacer preguntas por razón de la conciencia.

28. Mas si alguno dijere: Esto ha sido sacrificado a los ídolos, no lo comáis, en atención al que os ha avisado y a la conciencia:

29. a la conciencia, digo, no la tuya, sino la del otro. Pues ¿por qué me he de exponer, diréis, a que sea condenada por la conciencia de otro esta libertad que tengo de comer de todo?

30. Si yo recibo en acción de gracias lo que como, ¿por qué he de dar motivo a otro de hablar mal de mí por una cosa de que yo ofrezco a Dios acción de gracias?

31. Pero en fin, ora comáis, ora bebáis o hagáis cualquier otra cosa, hacedlo todo a gloria de Dios.

32. No deis motivo de ofensión o escándalo ni a los judíos, ni a los gentiles, ni a la Iglesia de Dios;

33. al modo que yo también en todo procuro complacer a todos, no buscando mi utilidad particular, sino la de los demás, a fin de que se salven.

11

Pablo ordena que los hombres tengan la cabeza descubierta en la Iglesia. La sagrada Eucaristía

---

1. Sed, pues, imitadores míos, así como yo lo soy de Cristo.

2. Yo por mi parte os alabo, hermanos míos, de que en todas cosas os acordéis de

---

7. *Bailando en torno del becerro de oro. Ex 32*, 6.
10. *Num 11*, 1; *14*, 2.

mí, y de que guardéis mis instrucciones, conforme os lo tengo enseñado.

3. Mas quiero también que sepáis que Cristo es el jefe y la cabeza de todo hombre, como el hombre es cabeza de la mujer, y Dios lo es de Cristo.

4. Todo hombre que ora o que profetiza teniendo la cabeza cubierta, deshonra su cabeza.

5. Al contrario, mujer que ora o profetiza* con la cabeza descubierta deshonra su cabeza, siendo lo mismo que si se rapase.

6. Por donde si una mujer no se cubre con un velo la cabeza, que se la rape también. Que si es cosa fea a una mujer el cortarse el pelo, o raparse, cubra por lo mismo su cabeza.

7. Lo cierto es que no debe el varón cubrir su cabeza, pues él es la imagen y gloria de Dios; mas la mujer es la gloria del varón.

8. Que no fue el hombre formado de la hembra, sino al contrario la hembra del hombre.

9. Como ni tampoco fue el hombre* creado para la hembra, sino la hembra para el hombre.

10. Por tanto debe la mujer traer sobre la cabeza la divisa de la sujeción, y también por respeto a los ángeles*.

11. Bien es verdad que ni el varón por ley del Señor existe sin la mujer, ni la mujer sin el varón.

12. Pues así como la mujer al principio fue formada del varón, así también ahora el varón nace de la mujer; y todo por disposición de Dios.

13. Sed jueces vosotros mismos, ¿es decente a la mujer hacer en público oración a Dios sin velo?

14. ¿No es así que la naturaleza misma, o la común opinión, os dicta que no es decente al hombre dejarse crecer siempre su cabellera;

15. al contrario, para la mujer es gloria dejarse crecer el cabello, porque los cabellos le son dados a manera de velo para cubrirse?

16. Pero si no obstante estas razones, alguno se muestra terco, le diremos que nosotros no tenemos esa costumbre, ni la Iglesia de Dios.

17. Por lo que toca a vuestras asambleas, yo os declaro que no puedo alabaros, pues ellas en lugar de seros útiles, os sirven de daño.

18. Primero oigo que al juntaros en la iglesia hay entre vosotros parcialidades o desuniones, y en parte lo creo.

19. Siendo, como es, forzoso que aun herejías haya, para que se descubran entre vosotros los que son de una virtud probada.

20. Ahora, pues, cuando vosotros os juntáis ya no es para celebrar la cena del Señor.

21. Porque cada uno come allí lo que ha llevado para cenar sin atender a los demás. Y así sucede que los unos no tienen nada que comer, mientras los otros comen con exceso.

22. ¿No tenéis vuestras casas para comer allí y beber?, ¿o venís a profanar la Iglesia de Dios, y avergonzar a los pobres, que no tienen nada? ¿Qué os diré sobre eso? ¿Os alabaré? En eso no puedo alabaros.

23. Porque yo aprendí del Señor lo que también os tengo ya enseñado, y es que el Señor Jesús la noche misma en que había de ser traidoramente entregado, tomó el pan,

24. y dando gracias, lo partió, y dijo a sus discípulos: Tomad, y comed, éste es mi cuerpo, que por vosotros será entregado a la muerte; haced esto en memoria mía.

25. Y de la misma manera el cáliz, después de haber cenado, diciendo: Este cáliz es el nuevo testamento en mi sangre; haced esto cuantas veces lo bebiereis, en memoria mía.

26. Pues todas las veces que comiereis este pan y bebiereis este cáliz, anunciaréis la muerte del Señor hasta que venga.

27. De manera que cualquiera que comiere este pan, o bebiere el cáliz del Señor indignamente, reo será del cuerpo y de la sangre del Señor.

28. Por tanto, examínese a sí mismo el hombre; y de esta suerte coma de aquel pan, y beba de aquel cáliz.

29. Porque quien lo come y bebe indignamente, se traga y bebe su propia condenación, no habiendo el debido discernimiento del cuerpo del Señor.

30. De aquí es que hay entre vosotros

---

5. *Hech 21*, 9.
9. *Gen 2*, 23.
10. *Que asisten al sacrificio.*

muchos enfermos y sin fuerzas, y muchos que mueren.

31. Que si nosotros entrásemos en cuentas con nosotros mismos, ciertamente no seríamos así juzgados por Dios.

32. Si bien cuando lo somos, el Señor nos castiga como a hijos con el fin de que no seamos condenados junto con este mundo.

33. Por lo cual, hermanos míos, cuando os reunís para esas comidas de caridad, esperaos unos a otros.

34. Si alguno tiene hambre*, coma en casa, a fin de que al juntaros no sea para condenación vuestra. Las demás cosas yendo yo ahí, las arreglaré.

12 *La variedad de dones que el Espíritu Santo distribuye entre los fieles para utilidad de la Iglesia*

1. Mas en orden a los dones espirituales no quiero, hermanos míos, que estéis ignorantes.

2. Bien sabéis vosotros que cuando erais paganos, os ibais en pos de los ídolos mudos, según erais conducidos.

3. Ahora, pues, yo os declaro que ningún verdadero profeta, ningún hombre que habla inspirado de Dios, dice anatema a Jesús. Ni nadie puede confesar que Jesús es el Señor, sino por el Espíritu Santo.

4. Hay, sí, diversidad de dones espirituales, mas el Espíritu es uno mismo.

5. Hay también diversidad de ministerios, mas el Señor es uno mismo.

6. Hay así mismo diversidad de operaciones sobrenaturales, mas el mismo Dios es el que obra todas las cosas en todos.

7. Pero los dones visibles del Espíritu Santo se dan a cada uno para la utilidad*.

8. Así el uno recibe del Espíritu Santo el don de hablar con profunda sabiduría; otro recibe del mismo Espíritu el don de hablar con mucha ciencia;

9. a éste le da el mismo Espíritu una fe o confianza extraordinaria; al otro la gracia de curar enfermedades por el mismo Espíritu;

10. a quién el don de hacer milagros, a quién el don de profecía, a quién discreción de espíritus, a quién don de hablar varios idiomas, a quién el de interpretar las palabras, o razonamientos.

11. Mas todas estas cosas las causa el mismo indivisible Espíritu, repartiéndolas a cada uno según quiere.

12. Porque así como el cuerpo humano es uno, y tiene muchos miembros, y todos los miembros, con ser muchos, son un solo cuerpo, así también el cuerpo místico de Cristo.

13. A cuyo fin todos nosotros somos bautizados en un mismo Espíritu para componer un solo cuerpo, ya seamos judíos, ya gentiles, ya esclavos, ya libres; y todos hemos bebido un mismo Espíritu.

14. Que ni tampoco el cuerpo es un solo miembro, sino el conjunto de muchos.

15. Si dijere el pie: Pues que no soy mano, no soy del cuerpo, ¿dejará por eso de ser del cuerpo?

16. Y si dijere la oreja: Pues que no soy ojo, no soy del cuerpo, ¿dejará por eso de ser del cuerpo?

17. Si todo el cuerpo fuese ojo, ¿dónde estaría el oído? Si todo fuese oído, ¿dónde estaría el olfato?

18. Mas ahora ha puesto Dios en el cuerpo muchos miembros, y los ha colocado en él como le pareció.

19. Que si todos fuesen un solo miembro, ¿dónde estaría el cuerpo?

20. Por eso ahora, aunque los miembros sean muchos, el cuerpo es uno.

21. Ni puede decir el ojo a la mano: No necesito tu ayuda; ni la cabeza a los pies: No me sois necesarios.

22. Antes bien aquellos miembros que parecen los más débiles del cuerpo, son los más necesarios.

23. Y a los miembros del cuerpo que juzgamos más viles, a éstos ceñimos de mayor adorno; y cubrimos con más cuidado y honestidad aquellos que son menos honestos.

24. Al contrario, nuestras partes o miembros honestos, como la cara, manos, ojos, etc., no necesitan nada de eso; pero Dios ha puesto tal orden en todo el cuerpo, que se honra más lo que de suyo es menos digno de honor,

25. a fin de que no haya cisma o división

---

34. *No le basta la cena frugal que hacen los demás, o no puede por motivo justo esperar tanto.*

7. Los *carismas* o *dones* son dados por Dios para el bien común de la Iglesia y según las necesidades de ésta.

en el cuerpo; antes tengan los miembros la misma solicitud unos de otros.

26. Por donde si un miembro padece, todos los miembros se compadecen, y si un miembro es honrado, todos los miembros gozan con él.

27. Vosotros, pues, sois el cuerpo místico de Cristo, y miembros unidos a otros miembros.

28. Así es que ha puesto Dios varios miembros en la Iglesia, unos en primer lugar, apóstoles; en segundo lugar profetas, en el tercero doctores, luego a los que tienen el don de hacer milagros, después a los que tienen gracia de curar, de socorrer al prójimo, don de gobierno, de hablar todo género de lenguas, de interpretar las palabras.

29. ¿Por ventura son todos apóstoles?, ¿o todos profetas?, ¿o todos doctores?

30. ¿Hacen todos milagros?, ¿tienen todos la gracia de curar?, ¿hablan todos lenguas?, ¿interpretan todos?

31. Vosotros entre esos dones aspirad a los mejores. Yo voy, pues, a mostraros un camino o don todavía más excelente.

13 *Descripción del amor y sus propiedades. El amor a los demás es el camino*

1. Aunque yo hablara todas las lenguas de los hombres y el lenguaje de los ángeles mismos, si no tuviere amor o caridad, vengo a ser como un metal que suena, o campana que retiñe.

2. Y aunque tuviera el don de profecía, y penetrase todos los misterios, y poseyese todas las ciencias; aunque tuviera toda la fe posible, de manera que trasladase de una a otra parte los montes, no teniendo amor, soy un nada.

3. Aunque yo distribuyese todos mis bienes para sustento de los pobres, y aunque entregara mi cuerpo a las llamas, si el amor me falta, todo lo dicho no me sirve de nada.

4. El amor es paciente, es dulce y bienhechor; el amor no tiene envidia, no obra precipitada ni temerariamente, no se ensoberbece,

5. no es ambicioso, no busca sus intereses, no se irrita, no piensa mal,

6. no se alegra de la injusticia, se complace sí en la verdad;

7. a todo se acomoda, cree todo el bien del prójimo, todo lo espera, y lo soporta todo*.

8. El amor nunca se acaba; las profecías se terminarán, y cesarán las lenguas, y se acabará la ciencia.

9. Porque ahora nuestro conocimiento es imperfecto, e imperfecta la profecía.

10. Mas llegado que sea lo perfecto, desaparecerá lo imperfecto.

11. Así cuando yo era niño, hablaba como niño, juzgaba como niño, discurría como niño. Pero cuando fui ya hombre hecho, dejé mano a las cosas de niño.

12. Ahora no vemos a Dios sino como en un espejo, y bajo imágenes oscuras; pero entonces le veremos cara a cara. Yo no le conozco ahora sino imperfectamente; mas entonces le conoceré con una visión clara, a la manera que soy yo conocido.

13. Ahora permanecen estas tres virtudes: la fe, la esperanza y el amor; pero de las tres el amor es la más excelente de todas.

14 *La profecía se antepone al don de lenguas. Usar bien de todos los dones. Dios es un Dios de paz*

1. Corred con ardor para alcanzar el amor, y codiciad después dones espirituales, sobre todo el de profecía.

2. Pues quien habla lenguas sin tener dicho don, no habla para los hombres, porque nadie le entiende, sino para Dios, habla sí en espíritu cosas misteriosas.

3. Al paso que el que hace oficio de profeta, habla con los hombres para edificación de ellos, y para exhortarlos y consolarlos.

4. Quien habla lenguas, se edifica a sí mismo; mas el que profetiza, edifica a la Iglesia de Dios.

5. Yo, sí, deseo que todos vosotros tengáis el don de lenguas; pero mucho más que tengáis el de profecía. Porque aquel que profetiza es preferible al que habla lenguas desconocidas; a no ser que también las interprete o profetice, a fin de que la Iglesia reciba utilidad.

---

7. A fin de ganar para Jesucristo a todos los hombres, insiste Pablo en que la caridad o el amor inspira y exige la paciencia.

6. En efecto, hermanos, si yo fuere a vosotros hablando lenguas, ¿qué os aprovecharé, si no os hablo instruyéndoos o con la revelación, o con la ciencia, o con la profecía, o con la doctrina?

7. ¿No vemos aun en las cosas inanimadas que producen sonidos, como la flauta y el arpa, que si no forman tonos diferentes, no se puede saber lo que se toca con la flauta o con el arpa?

8. Y si la trompeta no da un sonido determinado sino confuso, ¿quién es el que se preparará para el combate?

9. Si la lengua que habláis no es inteligible, ¿cómo se sabrá lo que decís? No hablaréis sino al aire.

10. En efecto, hay en el mundo muchas diferentes lenguas, y no hay pueblo que no tenga la suya.

11. Si yo, pues, ignoro lo que significan las palabras, seré bárbaro, o extranjero para aquel a quien hablo; y el que me hable, será bárbaro para mí.

12. Por eso vosotros, ya que sois codiciosos de estos dones espirituales, desead ser enriquecidos con ellos para edificación de la Iglesia.

13. Y por lo mismo, el que habla una lengua, pida la gracia de interpretarla, o explicar lo que dice.

14. Que si yo hago oración o predico en una lengua desconocida, mi espíritu ora o predica, pero mi concepto queda sin fruto.

15. Pues ¿qué haré? Oraré con el espíritu, y oraré también hablando inteligiblemente; cantaré salmos con el espíritu, pero los cantaré también inteligiblemente.

16. Por lo demás, si tú alabas a Dios solamente con el espíritu, el que está en la clase del sencillo pueblo, ¿cómo ha de decir: Amén, esto es, Así sea, al fin de tu acción de gracias?, puesto que no entiende lo que tú dices.

17. No es que no sea buena tu acción de gracias, sino que no quedan por ella edificados los otros.

18. Yo doy gracias a mi Dios de que hablo las lenguas de todos vosotros.

19. Pero en la Iglesia más bien quiero hablar cinco palabras de modo que sea entendido, e instruya, también a los otros, que diez mil palabras en lengua extraña.

20. Hermanos, no seáis como niños en el uso de la razón; sed sí niños en la malicia, pero en la cordura hombres hechos.

21. En la ley está escrito: Yo hablaré en otras lenguas y con otros acentos a este pueblo; y ni aun así me creerán, dice el Señor.

22. Así, pues, el don de las lenguas es una señal no para los fieles, sino para los infieles*; mas el de las profecías no se ha dado para convertir a los infieles, sino para instruir a los fieles.

23. Ahora bien, si estando congregada toda la Iglesia en un lugar, y poniéndose todos a hablar lenguas diferentes, entran gentes no iniciadas, o bien infieles, ¿no dirán que estáis locos?

24. Mas al contrario, si profetizando todos, entra un infiel o no iniciado, de todos será convencido, será juzgado de todos.

25. Los secretos de su corazón se harán manifiestos y, por tanto, postrado sobre su rostro, adorará a Dios, confesando que verdaderamente Dios está en medio de vosotros.

26. Pues ¿qué es lo que se ha de hacer, hermanos míos? Vedlo aquí: Si cuando os congregáis, uno de vosotros se halla inspirado de Dios para hacer un himno, otro para instruir, éste para revelar alguna cosa de Dios, aquél para hablar lenguas, otro para interpretarlas, hágase todo para edificación de los fieles.

27. Si han de hablar lenguas hablen dos solamente, o cuando mucho tres, y eso por turno, y haya uno que explique lo que dicen.

28. Y si no hubiere intérprete, callen en la Iglesia los que tienen este don, y hablen consigo y con Dios.

29. De los profetas hablen dos o tres y los demás disciernan*.

30. Que si a otro de los asistentes, estando sentado, le fuere revelado algo, calle luego el primero.

31. Así podéis profetizar todos uno después de otro, a fin de que todos aprendan, y todos se aprovechen,

32. pues los espíritus o dones proféticos están sujetos a los profetas.

33. Porque Dios no es autor de desorden, sino de paz; y esto es lo que yo enseño en todas las iglesias de los santos.

---

29. *Juzguen si es el Espíritu de Dios el que inspira a los otros.*

34. Las mujeres callen en las iglesias, porque no les es permitido hablar allí, sino que deben estar sumisas, como lo dice también la ley.

35. Que si desean instruirse en algún punto, pregúntenselo cuando estén en casa a sus maridos. Pues es cosa indecente en una mujer el hablar en la iglesia.

36. ¿Por ventura tuvo de vosotros su origen la palabra de Dios?, ¿o ha llegado a vosotros solos?

37. Si alguno de vosotros se tiene por profeta, o por persona espiritual, reconozca que las cosas que os escribo, son preceptos del Señor.

38. El que lo desconoce, será desconocido.

39. En suma, hermanos, codiciad o preferid el don de la profecía, y no estorbéis el de hablar lenguas.

40. Pero hágase todo con decoro y con orden.

15 *La fe y esperanza de nuestra futura resurrección se confirman por la resurrección de Jesucristo*

1. Quiero ahora, hermanos míos, renovaros la memoria de la buena nueva que os he predicado, que vosotros recibisteis, en el cual estáis firmes,

2. y por el cual sois salvados, a fin de que veáis si lo conserváis de la manera que os lo prediqué, porque de otra suerte en vano habríais abrazado la fe.

3. En primer lugar, pues, os he enseñado lo mismo que yo aprendí del Señor, es a saber, que Cristo murió por nuestros pecados conforme a las Escrituras*.

4. Y que fue sepultado, y que resucitó al tercer día, según las mismas Escrituras.

5. Y que se apareció a Cefas, o Pedro, y después a los once apóstoles*.

6. Posteriormente se dejó ver en una sola vez de más de quinientos hermanos juntos, de los cuales, aunque han muerto algunos, la mayor parte viven todavía.

7. Se apareció también a Santiago, y después a los apóstoles todos.

8. Finalmente después de todos se me apareció también a mí*, que vengo a ser como un abortivo,

9. siendo como soy el menor de los apóstoles, que ni merezco ser llamado apóstol, pues que perseguí la Iglesia de Dios.

10. Mas por la gracia de Dios soy lo que soy, y su gracia no ha sido estéril en mí; antes he trabajado más copiosamente que todos; pero no yo sino más bien la gracia de Dios que está conmigo.

11. Así que tanto yo, como ellos, esto es lo que predicamos todos, y esto habéis creído vosotros.

12. Ahora bien, si se predica a Cristo como resucitado de entre los muertos, ¿cómo es que algunos de vosotros andan diciendo que no hay resurrección de muertos?

13. Pues si no hay resurrección de muertos, como dicen ellos, tampoco resucitó Cristo.

14. Mas si Cristo no resucitó, luego vana es nuestra predicación, y vana es también nuestra fe.

15. Además de eso somos convencidos por testigos falsos respecto a Dios; por cuanto hemos testificado contra Dios, diciendo que resucitó a Cristo, al cual no ha resucitado, si los muertos no resucitan.

16. Porque en verdad que si los muertos no resucitan, tampoco Cristo resucitó.

17. Y si Cristo no resucitó, vana es vuestra fe, pues todavía estáis en vuestros pecados*.

18. Por consiguiente, aun los que murieron creyendo en Cristo, son perdidos sin remedio.

19. Si nosotros sólo tenemos esperanza en Cristo mientras dura nuestra vida, somos los más desdichados de todos los hombres.

20. Pero Cristo, hermanos míos, ha resucitado de entre los muertos, y ha venido a ser como las primicias de los difuntos.

21. Porque así como por un hombre vino la muerte al mundo, por un hombre debe venir también la resurrección de los muertos*.

22. Que así como en Adán mueren todos, así en Cristo todos serán vivificados.

---

3. *Is 20*, 5.
5. *Jn 10*, 29.
8. *Hech 9*, 3; *Ef 3*, 8.
17. Cristo resucitado es la causa de la justificación, y el vencedor de la muerte y el pecado.
21. *Col 1*, 18; *Ap 1*, 5.

23. Cada uno por su orden Cristo el primero; después los que son de Cristo y que han creído en su venida.

24. En seguida será el fin del mundo; cuando Jesucristo hubiere entregado su reino, o Iglesia, a su Dios y Padre, cuando haya destruido todo imperio, y toda potencia, y toda dominación.

25. Entretanto debe reinar, hasta ponerle a todos los enemigos debajo de sus pies.

26. Y la muerte será el último enemigo destruido; porque todas las cosas las sujetó Dios debajo de los pies de su Hijo. Mas cuando dice la Escritura:

27. Todas las cosas están sujetas a él, sin duda queda exceptuado aquel que se las sujetó todas.

28. Y cuando ya todas las cosas estuvieren sujetas a él, entonces el Hijo mismo quedará sujeto en cuanto hombre al que se las sujetó todas, a fin de que en todas las cosas todo sea de Dios.

29. De otra manera, ¿qué harán aquellos que se bautizan para aliviar a los difuntos, si absolutamente los muertos no resucitan? ¿Por qué, pues, se bautizan por los muertos*?

30. ¿Y a qué fin a toda hora nos exponemos nosotros a tantos peligros?

31. No hay día, tenedlo por cierto, hermanos, en que yo no muera por asegurar la gloria vuestra y también mía, que está en Jesucristo nuestro Señor.

32. ¿De qué me sirve (hablando como hombre) haber combatido en Efeso contra bestias feroces, si no resucitan los muertos? En este caso, no pensemos más que en comer y beber, puesto que mañana moriremos.

33. No deis lugar a la seducción, las malas conversaciones corrompen las buenas costumbres.

34. Estad alerta, ¡oh justos!, y guardaos del pecado; porque entre nosotros hay hombres que no conocen a Dios, lo digo para confusión vuestra.

35. Pero ¿de qué manera resucitarán los muertos?, me dirá alguno, o ¿con qué cuerpo vendrán?

36. ¡Necio!, lo que tú siembras no recibe vida, si primero no muere.

37. Y al sembrar, no siembras el cuerpo de la planta que ha de nacer después, sino el grano desnudo, por ejemplo, de trigo, o de alguna otra especie.

38. Sin embargo, Dios le da cuerpo según quiere, y a cada una de las semillas el cuerpo que es propio de ella*.

39. No toda carne es la misma carne; sino que una es la carne de los hombres, otra la de las bestias, otra la de las aves, otra la de los peces.

40. Hay así mismo cuerpos celestes y cuerpos terrestres; pero una es la hermosura de los celestes y otra la de los terrestres.

41. Entre aquellos mismos una es la claridad del sol, otra la claridad de la luna y otra la claridad de las estrellas. Y aun hay diferencia en la claridad entre estrella y estrella.

42. Así sucederá también en la resurrección de los muertos. El cuerpo, a manera de una semilla, es puesto en la tierra en estado de corrupción, y resucitará incorruptible.

43. Es puesto en la tierra todo disforme, y resucitará glorioso. Es puesto en tierra privado de movimiento y resucitará lleno de vigor.

44. Es puesto en tierra como un cuerpo animal, y resucitará como un cuerpo todo espiritual. Porque así como hay cuerpo animal, lo hay también espiritual, según está escrito:

45. El primer hombre Adán fue formado con alma viviente; el último Adán, Jesucristo, ha sido llenado de un espíritu vivificante.

46. Pero no es el cuerpo espiritual el que ha sido formado primero, sino el cuerpo animal, y en seguida el espiritual.

47. El primer hombre es el terreno, formado de la tierra; y el segundo hombre es el celestial, que viene del cielo.

48. Así como el primer hombre ha sido terreno, han sido también terrenos sus hijos; y así como es celestial el segundo hombre, son también celestiales sus hijos.

49. Según esto, así como hemos llevado grabada la imagen del hombre terreno, llevemos también la imagen del hombre celestial.

50. Digo esto, hermanos míos, porque la

29. Algunos creen que se refiere al bautismo de lágrimas y penitencia, hecho por familiares ya fallecidos.

38. *Así dará a cada hombre el cuerpo que le pertenece.*

carne y sangre, o los hombres carnales, no pueden poseer el reino de Dios, ni la corrupción poseerá esta herencia incorruptible.

51. Ved aquí, hermanos, un misterio que voy a declararos: Todos a la verdad resucitaremos; mas no todos seremos cambiados en hombres celestiales.

52. En un momento, en un abrir y cerrar de ojos, al son de la última trompeta*: porque sonará la trompeta, y los muertos resucitarán en un estado incorruptible, y entonces nosotros seremos transformados.

53. Porque es necesario que este cuerpo corruptible sea revestido de incorruptibilidad, y que este cuerpo mortal sea revestido de inmortalidad.

54. Mas cuando este cuerpo mortal haya sido revestido de inmortalidad, entonces se cumplirá la palabra escrita*: La muerte ha sido absorbida por una victoria.

55. ¿Dónde está, ¡oh muerte!, tu victoria? ¿Dónde está, ¡oh muerte!, tu aguijón*?

56. Aguijón de la muerte es el pecado; al paso que la fuerza del pecado es ocasionada de la ley.

57. Pero demos gracias a Dios, que nos ha dado victoria contra la muerte y el pecado, por virtud de nuestro Señor Jesucristo.

58. Así que, amados hermanos míos, estad firmes y constantes, trabajando siempre más y más en la obra del Señor, que sabéis que vuestro trabajo no quedará sin recompensa delante del Señor.

16 *Exhorta a los corintios a que hagan la colecta de limosnas a los pobres de la Iglesia de Jerusalén*

1. En cuanto a las limosnas que se recogen para los santos, practicadlo en la misma forma que yo he ordenado a las iglesias de Galacia.

2. El primer día de la semana, cada uno de vosotros ponga aparte y deposite aquello que le dicte su buena voluntad, a fin de que no se hagan las colectas al tiempo mismo de mi llegada.

3. Estando yo presente, a aquellos sujetos que me hubiereis designado, los enviaré con cartas mías a llevar vuestras liberalidades a Jerusalén.

4. Que si la cosa mereciere que yo también vaya, irán conmigo.

5. Yo pasaré a veros, después de haber atravesado la Macedonia, pues tengo que pasar por dicha provincia.

6. Y quizá me detendré con vosotros, y tal vez pasaré también el invierno, para que vosotros me llevéis a doquiera que hubiere de ir.

7. Porque esta vez no quiero visitaros solamente de paso; antes espero detenerme algún tiempo entre vosotros, si el Señor me lo permitiere.

8. Acá en Efeso me quedaré hasta Pentecostés.

9. Porque se me ha abierto una puerta grande y espaciosa para la propagación de la buena nueva, si bien los adversarios son muchos.

10. Si va a veros Timoteo, procurad que esté sin recelo entre vosotros, pues trabaja, como yo, en la obra del Señor.

11. Por tanto ninguno le tenga en poco; y despachadle en paz, para que venga a verse conmigo, pues le estoy aguardando con los hermanos.

12. En cuanto a nuestro hermano Apolo os hago saber que le he instado mucho para que fuese a visitaros con alguno de nuestros hermanos; pero no ha creído conveniente hacerlo ahora, mas él irá cuando tuviere oportunidad.

13. Velad entretanto, estad firmes en la fe, trabajad varonilmente, y alentaos más y más.

14. Todas vuestras cosas háganse con caridad.

15. Ya conocéis, hermanos míos, la familia de Estéfanas, y de Fortunato, y de Acaico; ya sabéis que son las primicias de la Acaya, y que se consagraron al servicio de los santos.

16. Os ruego que tengáis mucha deferencia a personas de ese carácter, y a todos los que cooperan y trabajan en la obra de Dios.

17. Yo por mi parte me alegro con el

---

52. Alude a la costumbre antigua de convocar al pueblo y a los jueces al son de trompeta, para pronunciar las sentencias.

54. *Is 25*, 8.

55. *Os 13*, 14; *Hebr 2*, 14.

arribo de Estéfanas, y de Fortunato, y de
Acaico; ellos son los que han suplido vuestra falta, o ausencia,
18. recreando así mi espíritu como el
vuestro. Mostrad, pues, reconocimiento a
tales personas.
19. Las iglesias de Asia os saludan. Os
saludan con gran afecto en el Señor, Aquila
y Priscila, con la iglesia de su casa, en la que
me hallo hospedado.
20. Todos los hermanos os saludan.
Saludaos vosotros unos a otros con el ósculo santo de la caridad.
21. El saludo de mí, Pablo, va de propio
puño.
22. El que no ama a nuestro Señor Jesucristo, sea anatema: Maran Atha*.
23. La gracia de nuestro Señor Jesucristo sea con vosotros.
24. Mi sincero amor con todos vosotros
en Cristo Jesús. Amén.

---

22. *Maran Atha* es una expresión litúrgica de origen arameo, que se puede interpretar como afirmación, *el Señor viene*, o como invocación, *¡Ven, Señor!*

Segunda Carta de San Pablo a los Corintios

Introducción

Pablo escribió esta carta, desde Macedonia, en el año 57. Tito y Lucas la llevaron a los fieles de Corinto. En muchos pasajes, las palabras expresan afecto, malestar, felicidad, incluso se refiere a una carta escrita con lágrimas, que muchos señalan como la comprendida entre los *capítulos 10* al *13*, sin que por eso se deba separar del resto del escrito. Sin embargo, también contiene elementos doctrinales. Los principales temas de la carta son:

- El ministerio de Pablo, de los capítulos *2* al *7*.
- La colecta en favor de la Iglesia de Jerusalén, de los capítulos *8* al *9*.
- El enfrentamiento con los adversarios del Evangelio, de los capítulos *10* al *13*.

Pablo refuta a los falsos apóstoles y opone su vocación, revelaciones, trabajos y persecuciones, a las falsas virtudes y dones de éstos, con admirables documentos de sabiduría divina.

1 *Se excusa Pablo de no haber ido a visitarlos, después de hacerles ver la sinceridad de su corazón*

1. Pablo, apóstol de Jesucristo por la voluntad de Dios, y Timoteo su hermano, o coadjutor, a la Iglesia de Dios, establecida en Corinto, y a todos los santos o fieles, existentes en toda la Acaya.

2. Dios, Padre nuestro, y el Señor Jesucristo os den gracias y paz.

3. Bendito sea Dios, Padre de nuestro Señor Jesucristo el Padre de las misericordias y Dios de toda consolación,

4. el cual nos consuela en todas nuestras tribulaciones, para que podamos también nosotros consolar a los que se hallan en cualquier trabajo, con la misma consolación con que nosotros somos consolados por Dios.

5. Porque a medida que se aumentan en nosotros las aflicciones por amor de Cristo, se aumenta también nuestra consolación por Cristo.

6. Porque si somos atribulados, lo somos para vuestra edificación y salud; si somos consolados, lo somos para vuestra consolación; si somos confortados, lo somos para confortación y salvación vuestra, cuya obra se perfecciona con la paciencia con que sufrís las mismas penas que igualmente sufrimos nosotros.

7. De suerte que nuestra esperanza es firme por lo tocante a vosotros, sabiendo que así como sois compañeros en las penas, así lo seréis también en la consolación.

8. Pues no quiero, hermanos, que ignoréis la tribulación que padecimos en el Asia*, los males de que nos vimos abrumados, tan excesivos y tan superiores a nuestras fuerzas, que nos hacían pesada la misma vida.

9. Pero si sentimos pronunciar allá dentro de nosotros el fallo de nuestra muerte, fue a fin de que no pusiésemos nuestra confianza en nosotros, sino en Dios, que resucita a los muertos.

10. El cual nos ha librado y nos libra aun de tan graves peligros de muerte; y en quien confiamos que todavía nos ha de librar,

---

8. *Hech 19,* 24.

11. ayudándonos vosotros también con vuestras oraciones, a fin de que muchos den gracias del beneficio que gozamos, ya que es para bien de muchas personas.

12. Porque toda nuestra gloria consiste en el testimonio que nos da la conciencia de haber procedido en este mundo con sencillez de corazón y sinceridad delante de Dios, no con la prudencia de la carne, sino según la gracia de Dios o espíritu de la buena nueva, y especialmente entre vosotros.

13. Yo no os escribo sino cosas cuya verdad conocéis al leerlas. Y espero que la reconoceréis hasta el fin,

14. pues ya en parte habéis reconocido que nosotros somos vuestra gloria, como vosotros seréis la nuestra, en el día, o juicio, de nuestro Señor Jesucristo.

15. Y con esta confianza quise primero ir a visitaros, a fin de que recibieseis una segunda gracia,

16. y pasar desde ahí a Macedonia, y volver otra vez desde Macedonia a vosotros, y ser de vosotros encaminado a Judea.

17. Habiendo, pues, sido ésta mi voluntad, ¿acaso he dejado de ejecutarla por inconstancia? ¿O las cosas que resuelvo, las resuelvo a gusto de la carne, de modo que ya diga sí, ya no?

18. Mas Dios verdadero me es testigo de que en la palabra o doctrina que os he anunciado, nada ha habido del sí y del no.

19. Porque Jesucristo, Hijo de Dios que os hemos predicado nosotros, esto es, yo, y Silvano, y Timoteo, no es tal que se hallen en él, el sí y el no, sino que en él todo es inmutable, un sí invariable.

20. Pues todas cuantas promesas hay de Dios, tienen en éste sí su verdad; y también por él mismo todo tiene su infalible cumplimiento para honra y gloria de Dios, lo cual hace también la gloria de nuestro ministerio.

21. Así, Dios es el que a nosotros junto con vosotros nos confirma en la fe de Cristo, y el que nos ha ungido con su unción.

22. El que así mismo nos ha marcado con su sello, y que por arras de los bienes que nos ha prometido, nos da el Espíritu Santo en nuestros corazones.

23. Por lo que a mí hace, tomo a Dios por testigo, y deseo que me castigue, si no digo la verdad, que el no haber pasado todavía a Corinto ha sido para poder ser indulgente con vosotros, no es esto porque dominemos en vuestra fe; al contrario procuramos contribuir a vuestro gozo, puesto que permanecéis firmes en la fe que recibisteis.

2

Pablo perdona al que lo había ofendido. La Iglesia, victoriosa en Cristo. Acción de gracias

1. Por lo mismo he resuelto para conmigo no ir nuevamente a veros para no causaros tristeza.

2. Porque si yo voy a entriteceros, ¿quién después me ha de alegrar, toda vez que vosotros que deberíais hacerlo os hallaríais tristes por mí?

3. Y ésta es la causa de haberos escrito, para no tener, llegando, tristeza sobre tristeza, con la vista de aquellos mismos que debieran causarme gozo, confiando en que todos vosotros halláis vuestra alegría en la mía.

4. Es verdad que os escribí entonces en extremo afligido y con un corazón angustiado y derramando muchas lágrimas, no para entristeceros, sino para haceros conocer el amor tan singular que os tengo.

5. Que si uno de vosotros ha sido causa de tristeza, sólo me ha tocado a mí una parte de la tristeza; lo digo para no agraviaros, pues todos os habéis afligido.

6. Le basta a él esa corrección, hecha por muchos de los hermanos, esto es, por vuestra Iglesia.

7. Ahora, por el contrario, debéis usar con él de indulgencia y consolarle, porque quizá con la demasiada tristeza no acontezca que ese tal dé al través, y se desespere.

8. Por lo cual os suplico que ratifiquéis con él la caridad, y comuniquéis otra vez con él.

9. Que aun por eso os he escrito, para conocer por experiencia si sois obedientes en todas las cosas.

10. Lo que vosotros le concediereis por indulgencia, yo se lo concedo también; porque si yo mismo uso de indulgencia, uso de ella por amor vuestro, en nombre y en persona de Jesucristo,

11. a fin de que Satanás no arrebate a ninguno de nosotros, pues no ignoramos sus maquinaciones.

12. Yo por mí cuando vine a Tróade a predicar la buena nueva de Cristo, en medio de haberme abierto el Señor una entrada favorable,

13. no tuvo sosiego mi espíritu, porque no hallé a mi hermano Tito; y así despidiéndome de ellos, partí para Macedonia.

14. Pero gracias a Dios, que siempre nos hace triunfar en Cristo Jesús, y derrama por medio de nosotros en todas partes el buen olor del conocimiento de su Nombre.

15. Porque nosotros somos el buen olor de Cristo delante de Dios, así para los que se salvan, como para los que se pierden,

16. para los unos olor mortífero que les ocasiona la muerte; mas para los otros olor vivificante que les causa la vida. ¿Y quién será idóneo para un tal ministerio?

17. Pero ciertamente no somos nosotros como muchísimos que adulteran la palabra de Dios, sino que la predicamos con sinceridad, como de parte de Dios, en la presencia de Dios, y según el espíritu de Cristo.

3

El velo que cubre a los judíos la inteligencia de las Escrituras, sólo se quita con la fe en Jesucristo

1. ¿Empezamos ya otra vez a alabarnos a nosotros mismos?, o ¿necesitamos cartas de recomendación para vosotros, o que vosotros nos las deis para otros?

2. Vosotros mismos sois nuestra carta de recomendación, escrita en nuestros corazones, conocida y leída de todos los hombres,

3. manifestándose por vuestras acciones que vosotros sois carta de Cristo, hecha por nuestro ministerio, y escrita, no con tinta, sino con el Espíritu de Dios vivo; no en tablas de piedra, sino en tablas de carne, que son vuestros corazones.

4. Tal confianza tenemos en Dios por Cristo,

5. no porque seamos suficientes o capaces por nosotros mismos para concebir algún buen pensamiento, como de nosotros mismos; sino que nuestra suficiencia o capacidad viene de Dios*.

6. Y Dios es el que así mismo nos ha hecho idóneos o capaces para ser ministros del nuevo testamento, no de la letra de la ley, sino del espíritu; porque la letra sola mata, mas el espíritu vivifica.

7. Que si el ministerio de aquella ley de muerte, grabada con letras sobre dos piedras, fue tan glorioso que no podían los hijos de Israel fijar la vista en el rostro de Moisés por el resplandor de su cara, resplandor que no era duradero,

8. ¿cómo no ha de ser sin comparación más glorioso el ministerio o la ley del Espíritu*?

9. Porque si el ministerio de la ley antigua, no obstante que era ocasión de condenación, fue acompañado de tanta gloria, mucho más glorioso es el ministerio o publicación de la ley de la justicia.

10. Y aun lo que ha habido de glorioso por aquel lado, no ha sido una verdadera gloria si se compara con la excelente gloria de la buena nueva.

11. Porque si lo que se anula ha estado lleno de gloria, lo que para siempre subsiste debe ser mucho más glorioso.

12. Teniendo, pues, tal esperanza, nosotros os hablamos con toda libertad.

13. Y no hacemos como Moisés, que ponía un velo sobre su rostro, por cuanto no podían los hijos de Israel fijar la vista en el resplandor de su cara, aunque no debía durar,

14. y así sus corazones han quedado endurecidos; porque hasta el día de hoy este mismo velo permanece delante de sus ojos en la lectura del antiguo Testamento sin ser alzado;

15. y así hasta el día de hoy cuando se lee a Moisés, cubre un velo su corazón*.

16. Pero convirtiéndose este pueblo al Señor, se quitará el velo.

17. Porque el Señor es Espíritu, y donde está el Espíritu del Señor, allí hay libertad.

18. Y así es que todos nosotros, contemplando a cara descubierta como en un espejo la gloria del Señor, somos transformados en la misma imagen de Jesucristo, avanzándonos de claridad en claridad, como iluminados por el Espíritu del Señor.

---

5. La capacidad para todo lo bueno o las fuerzas para ello vienen de la gracia de Dios, por los méritos de Jesucristo.

8. La ley evangélica, que es toda dulzura y amor.

15. Que les impide ver a Jesucristo en lo que leen.

4 *Los males de esta vida son momentáneos y los bienes de la otra son eternos*

1. Por lo cual teniendo nosotros este ministerio de predicar la nueva ley, en virtud de la misericordia que hemos alcanzado de Dios, no decaemos de ánimo;

2. antes bien desechamos lejos de nosotros las ocultas infamias o disimulos vergonzosos de los falsos hermanos, no procediendo con artificio, ni alterando la palabra de Dios, sino alegando únicamente en abono nuestro para con todos aquellos que juzguen de nosotros según su conciencia, la sinceridad con que predicamos la verdad delante de Dios.

3. Que si todavía nuestra buena nueva está encubierto, es solamente para los que se pierden para quienes está encubierta;

4. para esos incrédulos cuyos entendimientos ha cegado el Dios de este siglo, para que no les alumbre la luz de la buena nueva de la gloria de Cristo, el cual es la imagen de Dios.

5. Porque no nos predicamos a nosotros mismos, sino a Jesucristo, Señor nuestro, haciéndonos siervos vuestros por amor de Jesús.

6. Porque Dios, que dijo que la luz saliese o brillase de en medio de las tinieblas, él mismo ha hecho brillar su claridad en nuestros corazones, a fin de que nosotros podamos iluminar a los demás por medio del conocimiento de la gloria de Dios, según que ella resplandece en Jesucristo.

7. Mas este tesoro lo llevamos en vasos de barro, frágil y quebradizo; para que se reconozca que la grandeza del poder que se ve en nosotros es de Dios y no nuestra.

8. Nos vemos acosados de toda suerte de tribulaciones, pero no por eso perdemos el ánimo; nos hallamos en grandes apuros, mas no desesperados, o sin recursos;

9. somos perseguidos, mas no abandonados; abatidos, mas no enteramente perdidos.

10. Traemos siempre representada en nuestro cuerpo por todas partes la mortificación de Jesús, a fin de que la vida de Jesús se manifieste también en nuestros cuerpos.

11. Porque nosotros, bien que vivimos, somos continuamente entregados en manos de la muerte por amor de Jesús; para que la vida de Jesús se manifieste así mismo en nuestra carne mortal.

12. Así es que la muerte imprime sus efectos en nosotros, mas en vosotros resplandece la vida.

13. Pero teniendo un mismo espíritu de fe que David, quien según está escrito* decía: Creí, por eso hablé con confianza, nosotros también creemos, y por eso hablamos,

14. estando ciertos de que quien resucitó a Jesús, nos resucitará también a nosotros con Jesús, y nos colocará con vosotros en su gloria.

15. Pues todas las cosas que pasan en nosotros se hacen por causa de vosotros, a fin de que la gracia esparcida con abundancia, sirva a aumentar la gloria de Dios por medio de las acciones de gracias que le tributarán muchos.

16. Por lo cual no desmayamos; antes aunque en nosotros el hombre exterior o el cuerpo se vaya desmoronando, el interior o el espíritu se va renovando de día en día.

17. Porque las aflicciones tan breves y tan ligeras de la vida presente nos producen el eterno peso de una sublime e incomparable gloria,

18. y así no ponemos nosotros la mira en las cosas visibles, sino en las invisibles. Porque las que se ven, son transitorias; mas las que no se ven, son eternas.

5 *Por Jesucristo, todos, somos reconciliados con Dios, siendo los apóstoles sus embajadores*

1. Sabemos también, que si esta casa terrestre o el cuerpo corruptible en que habitamos viene a destruirse, nos dará Dios en el cielo otra casa, una casa no hecha de mano de hombre, y que durará eternamente.

2. Que aun por eso aquí suspiramos deseando la sobrevestidura del ropaje de gloria, o la habitación nuestra del cielo,

3. si es que fuéremos hallados vestidos de buenas obras, y no desnudos.

4. Así también es que mientras nos hallamos en este cuerpo como en una tienda

---

13. *Sal 116* (*115*), 1.

de campaña, gemimos agobiados bajo su pesantez; pues no querríamos vernos despojados de él, sino ser revestidos como por encima, de manera que la vida inmortal absorba y haga desaparecer lo que hay de mortalidad en nosotros.

5. Y el que nos formó o creó para este estado de gloria es Dios, el cual nos ha dado su espíritu por prenda.

6. Por esto estamos siempre llenos de confianza, y como sabemos que, mientras habitamos en este cuerpo, estamos distantes del Señor y fuera de nuestra patria

7. (porque caminamos hacia él por la fe, y no le vemos todavía claramente).

8. En esta confianza que tenemos, preferimos más ser separados del cuerpo, a fin de gozar de la vista del Señor.

9. Por esta razón todo nuestro deseo consiste en hacernos agradables al Señor, ora habitemos en el cuerpo, ora salgamos de él, para irnos con Dios,

10. siendo como es forzoso que todos comparezcamos ante el tribunal de Cristo, para que cada uno reciba el pago debido a las buenas o malas acciones que habrá hecho mientras ha estado revestido de su cuerpo.

11. Sabiendo, pues, el temor que se debe al Señor, procuramos justificarnos delante de los hombres, mas Dios conoce bien lo que somos. Y aun quiero creer que también somos conocidos de vosotros allá en vuestro interior.

12. No es esto repetiros nuestras alabanzas, sino daros ocasión de gloriaros en nuestra causa; para que tengáis que responder a los que se glorían solamente en lo que aparece al exterior.

13. Pues nosotros, si estáticos nos enajenamos, es por respeto a Dios; si nos moderamos, o abajamos, es por vosotros.

14. Porque la caridad de Cristo nos urge, al considerar que, si uno murió por todos, luego es consiguiente que todos murieron,

15. y que Cristo murió por todos, para que los que viven, no vivan ya para sí, sino para el que murió y resucitó por ellos.

16. Por esta razón nosotros de ahora en adelante no conocemos a nadie según la carne. Y si antes conocimos a Cristo en cuanto a la carne, ahora ya no le conocemos así.

17. Por tanto, si alguno está en Cristo ya es una criatura nueva, se acabo lo que era viejo, y todo viene a ser nuevo; pues que todo ha sido renovado.

18. Y toda ella es obra de Dios, el cual nos ha reconciliado consigo por medio de Cristo, y a nosotros nos ha confiado el ministerio de la reconciliación.

19. Porque Dios era el que reconciliaba consigo al mundo en Jesucristo, no imputándoles a ellos sus delitos, y él es el que nos ha encargado a nosotros predicar la reconciliación.

20. Somos, pues, como unos embajadores en nombre de Cristo, y es Dios mismo el que nos exhorta por boca nuestra. Os rogamos, pues, encarecidamente en nombre de Cristo, que os reconciliéis con Dios.

21. El cual por amor de nosotros ha tratado a aquel que no conocía al pecado, como si hubiese sido el pecado mismo, con el fin de que nosotros viniésemos a ser en él justos con la justicia de Dios.

---

6 *El modo de proceder de los ministros de Dios; aviso a los fieles de no mezclarse con los infieles*

---

1. Y así nosotros como cooperadores del Señor, os exhortamos a no recibir en vano la gracia de Dios.

2. Pues él mismo dice*: Al tiempo oportuno te oí, atenderé tus súplicas, y en el día de la salvación te di auxilio. Llegado es ahora el tiempo favorable, llegado es ahora el día de la salvación.

3. Nosotros, no demos a nadie motivo alguno de escándalo, para que no sea vituperado nuestro ministerio.

4. Antes bien portémonos en todas cosas, como deben portarse los ministros de Dios, con mucha paciencia, en medio de tribulaciones, de necesidades, de angustias,

5. de azotes, de cárceles, de sediciones, de trabajos, de vigilias, de ayunos,

6. con pureza, con doctrina, con longanimidad, con mansedumbre, con unción del Espíritu Santo, con caridad sincera,

7. con palabras de verdad, con fortaleza de Dios, con las armas de la justicia para combatir a la diestra y a la siniestra,

---

2. *Is 49*, 8.

8. en medio de honras y deshonras, de infamia, y de buena fama; tenidos por embaucadores o impostores, siendo verídicos; por desconocidos, aunque muy conocidos;

9. casi moribundos, siendo así que vivimos; como castigados mas no muertos;

10. como melancólicos, estando en realidad siempre alegres como menesterosos, siendo así que enriquecemos a muchos; como que nada tenemos, y todo lo poseemos.

11. El amor, ¡oh corintios!, hace que mi boca se abra tan francamente, y se ensanche mi corazón.

12. No están mis entrañas cerradas para vosotros; las vuestras sí que lo están para mí.

13. Volvedme, pues, amor por amor, os hablo como a hijos míos, ensanchad también para mí vuestro corazón.

14. No queráis unciros en yugo con los infieles. Porque ¿qué tiene que ver la santidad o justicia con la iniquidad? ¿Y qué compañía puede haber entre la luz y las tinieblas?

15. ¿O qué concordia entre Cristo y Belial? ¿O qué parte tiene el fiel con el infiel?

16. ¿O qué consonancia entre el templo de Dios y los ídolos? Porque vosotros sois templo de Dios vivo, según aquello que dice Dios*: Habitaré dentro de ellos, y en medio de ellos andaré, y yo seré su Dios, y ellos serán mi pueblo.

17. Por lo cual salid vosotros de entre tales gentes, y separaos de ellas, dice el Señor, y no tengáis contacto con la inmundicia o idolatría;

18. y yo os acogeré, y seré yo vuestro padre, y vosotros seréis mis hijos y mis hijas, dice el Señor todopoderoso.

7 *Muestras del amor entrañable entre Pablo y los corintios. La tristeza que les ocasionó les fue muy saludable*

1. Teniendo, pues, carísimos hermanos míos, tales promesas, purifiquémonos de cuanto mancha la carne y el espíritu, perfeccionando nuestra santificación con el temor de Dios.

2. Dadnos cabida en vuestro corazón. Nosotros a nadie hemos injuriado, a nadie hemos pervertido, a nadie hemos engañado, sonsacándole los bienes.

3. No lo digo por tacharos a vosotros; porque ya os dije antes de ahora que os tenemos en el corazón, y estamos prontos a morir, o a vivir en vuestra compañía.

4. Grande es la confianza que de vosotros tengo, muchos los motivos de gloriarme en vosotros; y así estoy inundado de consuelo, reboso de gozo en medio de todas mis tribulaciones.

5. Pues así que hubimos llegado a Macedonia, no he tenido sosiego ninguno según la carne, sino que he sufrido toda suerte de tribulaciones: combates por de fuera, por dentro temores,

6. Pero Dios que consuela a los humildes, nos ha consolado con la venida de Tito;

7. no sólo con su venida, sino también con la consolación que él ha recibido de vosotros, cuyo gran deseo de verme, y el llanto por el escándalo del incestuoso, y la ardiente afición que me tenéis, él me ha referido, de suerte que se ha aumentado mucho mi gozo.

8. Por lo que si bien os entristecí con mi carta, no me pesa; y si hubiese estado pesaroso en vista de que aquella carta os entristeció por un poco de tiempo,

9. ahora me alegro, no de la tristeza que tuvisteis, sino de que vuestra tristeza os ha conducido a la penitencia. De modo que la tristeza que habéis tenido ha sido según Dios; y así ningún daño os hemos causado.

10. Puesto que la tristeza que es según Dios, produce una penitencia constante para la salud, cuando la tristeza del siglo causa la muerte.

11. Y si no, ved lo que ha producido en vosotros esa tristeza según Dios, que habéis sentido, ¿qué solicitud, qué cuidado en justificaros, qué indignación contra el incestuoso, qué temor, qué deseo de remediar el mal, qué celo, qué ardor para castigar el delito? Vosotros habéis hecho ver en toda vuestra conducta que estáis inocentes en este negocio.

12. Así, pues, aunque os escribí aquella carta, no fue por causa del que hizo la injuria, ni por el que la padeció, sino para manifestar el cuidado que tenemos de vosotros

16. *Lev 26*, 12; *1 Cor 3*, 16; *6*, 19.

13. delante de Dios: por eso ahora nos hemos consolado. Mas en esta consolación nuestra, sobre todo nos ha llenado de gozo el contento de Tito, viendo que todos vosotros habéis contribuido a recrear su espíritu;

14. y que si yo le di a él algunas muestras del concepto ventajoso que tengo de vosotros, no he quedado desmentido; sino que así como en todas las cosas os hemos dicho la verdad, así también se ha visto ser la pura verdad el testimonio ventajoso que de vosotros dimos a Tito;

15. y así es que se aumenta el entrañable amor que os tiene, cada vez que se acuerda de la obediencia de todos vosotros y del respetuoso temor y filial reverencia con que le recibisteis.

16. Me alegro, pues, de la confianza que os merezco en todas las cosas.

8

Con el ejemplo de los macedonios, Pablo exhorta a los corintios a contribuir con limosnas a los pobres

1. Ahora os hago saber, hermanos míos, la gracia que Dios ha hecho a los fieles de las iglesias de Macedonia.

2. Y es, que han sido colmados de gozo a proporción de las muchas tribulaciones con que han sido probados; y que su extrema pobreza ha derramado con abundancia las riquezas de su buen corazón;

3. porque debo darles el testimonio de que de suyo, o voluntariamente, han dado lo que han podido, y aun más de lo que podían,

4. rogándonos con muchas instancias que aceptásemos sus limosnas, y permitiésemos que contribuyesen por su parte al socorro que se da a los santos, o fieles de Jerusalén.

5. Y en esto no solamente han hecho lo que ya de ellos esperábamos, sino que se han entregado a sí mismos, primero al Señor, y después a nosotros mediante la voluntad de Dios.

6. Y esto es lo que nos ha hecho rogar a Tito, que conforme ha comenzado, acabe también de conduciros al cumplimiento de esta buena obra;

7. a fin de que, siendo como sois, ricos en todas las cosas, en fe, en palabras, en ciencia, en toda solicitud, y además de eso en el amor que me tenéis, lo seáis también en esta especie de gracia.

8. No lo digo como quien os impone una ley, sino para excitaros con el ejemplo de la solicitud de los otros, a dar pruebas de vuestra sincera caridad.

9. Porque bien sabéis cuál haya sido la liberalidad de nuestro Señor Jesucristo; el cual siendo rico, se hizo pobre por vosotros a fin de que vosotros fueseis ricos por medio de su pobreza.

10. Y así os doy consejo en esto, como cosa que os importa; puesto que no sólo ya lo comenzasteis a hacer, sino que por vosotros mismos formasteis el designio de hacerlo desde el año pasado.

11. Pues ahora cumplido de hecho; para que así como vuestro ánimo es pronto en querer, así lo sea también en ejecutar según las facultades que tenéis.

12. Porque cuando un hombre tiene gran voluntad de dar, Dios la acepta, no exigiendo de él sino lo que puede, y no lo que no puede.

13. Que no se pretende que los otros tengan holganza, y vosotros estrechez, sino que haya igualdad,

14. supliendo al presente vuestra abundancia la necesidad de los otros; para que asimismo su abundancia en bienes espirituales sea también suplemento a vuestra indigencia en ellos, de donde resulte igualdad, según está escrito.

15. El que recogía mucho maná, no se hallaba con más; ni con menos de lo necesario el que recogía poco.

16. Pero gracias a Dios, que ha inspirado en el corazón de Tito este mismo celo mío por vosotros.

17. Pues no solamente se ha movido por mis ruegos; sino que habiéndose movido aún más por su voluntad hacia vosotros, partió espontáneamente para ir a veros.

18. Os hemos también enviado con él al hermano nuestro*, que se ha hecho célebre en todas las iglesias por la buena nueva;

19. y el cual, además de eso, ha sido escogido por las iglesias para acompañarnos en nuestros viajes, y tomar parte en el cuidado que tenemos de procurar este socorro a nuestros hermanos por la gloria del

---

18. *Lucas o Marcos.*

Señor, y para mostrar nuestra pronta voluntad,

20. con lo que tiramos a evitar que alguien nos pueda vituperar, con motivo de la administración de este caudal.

21. Pues atendemos a portarnos bien, no sólo delante de Dios, sino también delante de los hombres.

22. Enviamos así mismo con éstos a otro hermano nuestro, a quien hemos experimentado lleno de celo en muchas ocasiones, y que ahora lo está aun más en la presente; y tengo gran confianza de que le recibiréis bien,

23. lo mismo que a Tito, mi socio y coadjutor entre vosotros, y a los demás hermanos que le acompañan y son los apóstoles o enviados de las iglesias y la gloria de Cristo.

24. Dadles, pues, a vista de las iglesias pruebas propias de vuestra caridad y de la razón que tenemos de gloriarnos acerca de vosotros.

9

Da el Apóstol algunos avisos sobre la limosna, se debe dar con gusto, para conseguir el mérito de ella

---

1. Porque en orden a la asistencia o socorro que se dispone a favor de los santos de Jerusalén, para mí es por demás el escribiros.

2. Pues sé bien la prontitud de vuestro ánimo, de la cual me glorío entre los macedonios, diciéndoles que la provincia de Acaya* está ya pronta desde el año pasado a hacer esa limosna, y que vuestro ejemplo ha provocado la santa emulación de muchos.

3. Sin embargo, he enviado ahí a esos hermanos, a fin de que no en vano me haya gloriado de vosotros en esta parte, y para que estéis prevenidos, como yo he dicho que estabais;

4. no sea que cuando vinieren los de Macedonia conmigo, hallasen que no teníais recogido nada, y tuviésemos nosotros que avergonzarnos por esta causa.

5. Por tanto he juzgado necesario rogar a dichos hermanos que se adelanten, y den orden para que esa limosna, de antemano prometida, esté a punto, de modo que sea ése un don ofrecido por la caridad, y no como arrancado a la avaricia.

6. Lo que digo es que quien escasamente siembra, cogerá escasamente; y quien siembra a manos llenas, a manos llenas cogerá.

7. Haga cada cual la oferta conforme lo ha resuelto en su corazón, no de mala gana, o como por fuerza; porque Dios ama al que da con alegría*.

8. Por lo demás, poderoso es Dios para colmaros de todo bien; de suerte que contentos siempre con tener en todas las cosas todo lo suficiente, estéis sobrados para ejercitar toda especie de buenas obras con vuestros prójimos,

9. según lo que está escrito*: La justicia del que a manos llenas dio a los pobres, dura por los siglos de los siglos.

10. Porque Dios que provee de simiente al sembrador, él os dará también pan que comer, y multiplicará vuestra sementera, y hará crecer más y más los frutos de vuestra justicia;

11. para que siendo ricos en todo, ejercitéis con sincera caridad toda suerte de limosnas, las cuales nos harán tributar a Dios acciones de gracias.

12. Porque estas ofrendas que estamos encargados de recoger, no sólo remedian las necesidades de los santos, sino que también contribuyen mucho a la gloria del Señor, por la gran multitud de acciones de gracias que se le tributan;

13. pues los santos recibiendo esta prueba de vuestra liberalidad por medio de nuestro ministerio, se mueven a glorificar a Dios por la sumisión que mostráis la buena nueva de Cristo, y por la sincera caridad con que dais parte de vuestros bienes, ya a ellos, ya a todos los demás.

14. Y con las oraciones que hacen por vosotros, dan un buen testimonio del amor que os tienen, a causa de la eminente gracia que habéis recibido de Dios.

15. Sea, pues, Dios loado por su don inefable.

---

2. Cuya capital es *Corinto*.

7. *Eclo 35,* 11; *Mar 12,* 43; *Rom 12,* 8.
9. *Sal 112* (*111*), 9.

10 Conducta de Pablo, opuesta a la de los falsos apóstoles, que impedían su predicación

1. Mas yo, Pablo, aquel mismo Pablo que, como dicen mis enemigos, parezco tan pequeño o humilde estando entre vosotros, pero que ausente soy para con vosotros osado, o imperioso, os suplico encarecidamente por la mansedumbre y modestia de Cristo,

2. os suplico, digo, que hagáis de manera que no me vea obligado, cuando esté entre vosotros, a obrar con esa osadía que se me atribuye, con respecto a ciertos sujetos que se imaginan que procedemos según la carne, o por miras humanas.

3. Porque aunque vivimos en carne miserable, no militamos según la carne.

4. Pues las armas con que combatimos no son carnales, sino que son poderosísimas en Dios para derrocar fortalezas, destruyendo nosotros con ellas los proyectos* o raciocinios humanos,

5. y toda altanería de espíritu que se engríe contra la ciencia o el conocimiento de Dios, y cautivando todo entendimiento a la obediencia de Cristo,

6. y teniendo en la mano el poder para vengar toda desobediencia, para cuando hubiereis satisfecho a lo que la obediencia exige de vuestra parte.

7. Mirad las cosas al menos según se dejan ver. Si alguno se precia de ser de Cristo, considere así mismo para consigo que así como él es de Cristo, también lo somos nosotros.

8. Porque, aun cuando yo me gloriase un poco más de la potestad que el Señor nos dio para vuestra edificación, y no para vuestra ruina, no tendré de qué avergonzarme;

9. pero me abstengo, porque no parezca que pretendo aterraros con mis cartas,

10. ya que ellos andan diciendo: Las cartas, sí, son graves y vehementes; mas el aspecto de la persona es ruin, y despreciable o tosco su lenguaje.

11. Sepa aquel que así habla, que cuando nos hallemos presentes, obraremos de la misma manera que hablamos en nuestras cartas, estando ausentes.

12. A la verdad no nos atrevemos a ponernos en la clase de ciertos sujetos que se ensalzan a sí mismos, ni a compararnos con ellos; sino que nos medimos por lo que somos, comparándonos con nosotros mismos.

13. Por tanto, no nos gloriaremos desmesuradamente, sino a medida de la regla que Dios nos ha dado, medida que alcanza hasta vosotros.

14. Porque no hemos excedido los límites, como si no alcanzásemos hasta vosotros, puesto que hasta vosotros hemos llegado predicando la buena nueva de Cristo;

15. ni nos gloriamos desmesuradamente atribuyéndonos las fatigas de otros; esperamos, sí, que yendo vuestra fe siempre en aumento, haremos, sin salir de nuestros límites, mayores progresos entre vosotros,

16. llevando también la buena nueva a otras partes que están más allá de vosotros, ni nos gloriaremos de aquello que esté cultivado dentro del término a otros señalado.

17. Por lo demás, el que se gloría, gloríese en el Señor.

18. Pues no es aprobado quien se abona a sí mismo; sino aquel a quien Dios abona o alaba.

11 Prosigue su discurso contra los falsos apóstoles, gloriándose de su ministerio y de sus trabajos

1. ¡Oh, si soportaseis por un poco mi indiscreción! Mas, sí, soportadme, y sufridme,

2. ya que soy amante celoso de vosotros y celoso en nombre de Dios. Pues que os tengo desposados con este único esposo, que es Cristo, para presentaros a él como una pura y casta virgen.

3. Mas temo que así como la serpiente engañó a Eva con su astucia, así sean maleados vuestros espíritus, y degeneren de la sencillez propia del discípulo de Cristo.

4. En efecto, si el que va a predicaros, os anunciase otro Cristo que el que os hemos

---

4. Pablo emplea metáforas de la vida militar. La predicación del Evangelio es un *combate*. Las fortalezas enemigas representan lo que se opone a Dios y que, lejos de producir libertad, esclavizan la mente. *2 Cor 6*, 7; *1 Tim 1*, 18.

predicado; u os hiciese recibir otro espíritu más perfecto que el que habéis recibido; u otra buena nueva mejor que el que habéis abrazado, pudierais con razón sufrirlo, y seguirle;

5. mas yo nada pienso haber hecho menos que los más grandes apóstoles.

6. Porque dado que yo sea tosco en el hablar, no lo soy ciertamente en la ciencia de Cristo; en fin, vosotros nos tenéis bien conocidos en todo.

7. ¿Acaso habré cometido una falta cuando, por ensalzaros a vosotros, me he humillado yo mismo, predicándoos gratuitamente la buena nueva de Dios?

8. He despojado, por decirlo así, a otras iglesias, recibiendo de ellas las asistencias de que necesitaba para serviros a vosotros.

9. Y estando yo en vuestra patria, y necesitado, a nadie no obstante fui gravoso, proveyéndome de lo que me faltaba los hermanos venidos de Macedonia; y en todas ocasiones me guardé de serviros de carga, y me guardaré en adelante.

10. Os aseguro por la verdad de Cristo que está en mí, que no tendrá mengua en mí esta gloria en las regiones de Acaya.

11. ¿Y por qué? ¿Será porque no os amo? Dios lo sabe, y ve mi intenso amor.

12. Pero yo hago esto, y lo haré todavía, a fin de cortar enteramente una ocasión de gloriarse a aquellos que la buscan con hacer alarde de parecer en todo semejantes a nosotros, para encontrar en esto un motivo de gloriarse.

13. Pues los tales falsos apóstoles son operarios engañosos, e hipócritas, que se disfrazan de apóstoles de Cristo.

14. Y no es de extrañar, pues el mismo Satanás se transforma en ángel de luz.

15. Así no es mucho que sus ministros se transfiguren en ministros de justicia o de santidad; mas su paradero será conforme a sus obras.

16. Vuelvo a repetir, (no me tenga ninguno por imprudente, o al menos sufridme como si lo fuese, y permitidme que me alabe todavía algún tanto)

17. lo que voy a decir para tomar de ello motivo de gloriarme, creed, si queréis, que yo no lo digo según Dios, sino que es una especie de imprudencia o jactancia mía;

18. mas ya que muchos se glorían según la carne, dejad, que yo también me gloriaré,

19. puesto que siendo como sois prudentes, aguantáis sin pena a los imprudentes.

20. Porque vosotros aguantáis a quien os reduce a esclavitud, a quien os devora, a quien toma vuestros bienes estafándoos, a quien os trata con altanería, a quien os hiere en el rostro, o llena de injurias.

21. Digo esto con confusión mía, pues en este punto pasamos por sobrado débiles, o moderados. Pero en cualquiera otra cosa de que alguno presumiere y se vanagloriare (os parecerá que hablo sin cordura) no menos presumo yo:

22. ¿Son hebreos?, yo también lo soy. ¿Son israelitas?, también yo. ¿Son del linaje de Abrahán?, también lo soy yo:

23. ¿Son ministros de Cristo? (aunque me expongo a pasar por imprudente), diré que yo lo soy más que ellos, pues me he visto en muchísimos más trabajos, más en las cárceles, en azotes sin medida, en riesgos de muerte frecuentemente;

24. cinco veces recibí de los judíos cuarenta azotes menos uno*;

25. tres veces fui azotado con varas; una vez apedreado; tres veces naufragué; estuve una noche y un día como hundido en alta mar, a punto de sumergirme.

26. Me he hallado en penosos viajes muchas veces, en peligros de ríos, peligros de ladrones, peligros de los de mi nación, peligros de los gentiles, peligros en poblado, peligros en despoblado, peligros en el mar, peligros entre falsos hermanos;

27. en toda suerte de trabajos y miserias, en muchas vigilias y desvelos, en hambre y sed, en muchos ayunos, en frío y desnudez.

28. Fuera de estas cosas o males exteriores, cargan sobre mí las ocurrencias de cada día, por la solicitud y cuidado de todas las iglesias.

29. ¿Quién enferma, que no enferme yo con él?; ¿quién es escandalizado, o cae en pecado, que yo no me requeme?

30. Si es preciso gloriarse de alguna cosa, me gloriaré de aquellas que son propias de mi flaqueza.

31. Dios que es el Padre de nuestro Se-

---

24. *Deut 25*, 3. Los judíos para no exponerse a pasar de los cuarenta, daban uno menos.

ñor Jesucristo, y que es para siempre bendito, sabe que no miento ni exagero.

32. Y aún no he dicho que estando en Damasco, el gobernador de la provincia por el rey Aretas, tenía puestas guardias a la ciudad para prenderme;

33. mas por una ventana fui descolgado del muro abajo en un serón, y así escapé de sus manos.

12 *En prueba de la verdad de su apostolado, refiere Pablo sus visiones y revelaciones*

1. Si es necesario gloriarse (aunque nada se gana en hacerlo) yo haré mención de las visiones y revelaciones del Señor.

2. Yo conozco a un hombre que cree en Cristo, que hace catorce años (si en cuerpo o fuera del cuerpo no lo sé, sábelo Dios) fue arrebatado hasta el tercer cielo;

3. y sé que el mismo hombre (si en cuerpo o fuera del cuerpo no lo sé, Dios lo sabe)

4. fue arrebatado al paraíso, donde oyó palabras inefables, que no es lícito o posible a un hombre proferirlas o explicarlas.

5. Hablando de semejante hombre podré gloriarme; mas en cuanto a mí de nada me gloriaré, sino de mis flaquezas y penas.

6. Verdad es que, si quisiese gloriarme podría hacerlo sin ser imprudente, porque diría verdad; pero me contengo, a fin de que nadie forme de mi persona un concepto superior a aquello que en mí ve, o de mí oye.

7. Y para que la grandeza de las revelaciones no me desvanezca, se me ha dado el estímulo de mi carne, que es como un ángel de Satanás, para que me abofetee.

8. Sobre lo cual por tres veces pedí al Señor que le apartase de mí;

9. y me respondió: Bástate mi gracia, porque el poder mío brilla y consigue su fin por medio de la flaqueza. Así que con gusto me gloriaré de mis flaquezas o enfermedades, para que haga morada en mí el poder de Cristo.

10. Por cuya causa yo siento satisfacción y alegría en mis enfermedades, en los ultrajes, en las necesidades, en las persecuciones, en las angustias, en que me veo por amor de Cristo. Pues cuando estoy débil, entonces con la gracia soy más fuerte.

11. Casi estoy hecho un mentecato con tanto alabarme; mas vosotros me habéis forzado a serlo. Porque a vosotros os tocaba volver por mí; puesto que en ninguna cosa he sido inferior a los más aventajados apóstoles; aunque por mí nada soy.

12. En efecto, yo os he dado claras señales de mi apostolado al manifestar una paciencia a toda prueba, con milagros, con prodigios y con efectos extraordinarios del poder divino.

13. Y en verdad, ¿qué habéis tenido vosotros de menos que las otras iglesias sino es que yo no os he sido gravoso? Perdonadme ese agravio que os he hecho.

14. He ahí que es ésta la tercera vez que me dispongo para ir a veros, y tampoco os ocasionaré molestia. Porque a vosotros os busco yo, no vuestros bienes; atento a que no son los hijos los que deben atesorar para los padres, sino los padres para los hijos.

15. Yo por mi gusto expenderé cuanto tenga, y aun me entregaré a mí mismo por la salud de vuestras almas, a pesar de parecerme que cuanto más os quiero, soy menos querido de vosotros.

16. Enhorabuena, dirán, es verdad que yo no os he gravado; pero como soy astuto, os he cogido con engaño.

17. Mas ¿acaso por medio de alguno de mis enviados os he yo sonsacado algo?

18. A mis ruegos fue Tito, y con él envié a otro hermano. ¿Por ventura Tito os ha estafado? ¿No procedimos con el mismo espíritu y desinterés que antes?; ¿no seguimos las mismas pisadas?

19. ¿Pensáis que aun ahora al decir esto, sea nuestro designio justificarnos delante de vosotros? Delante de Dios hablamos y según el espíritu de Cristo; y todo cuanto os decimos, carísimos, lo decimos para edificación vuestra.

20. Lo que temo que suceda es, que cuando vaya yo a veros, no os halle tales como yo quiero, y a mí me veáis cual no queréis; que por desgracia haya quizá entre vosotros contiendas, envidias, animosidades, discordias, detracciones, chismes, hinchazones, sediciones, y bandos;

21. y no sea que cuando yo vaya me humille de nuevo Dios entre vosotros; y tenga que llorar castigando a muchos de los que antes pecaron, y todavía no han hecho penitencia de la impureza, y fornicación, y deshonestidad en que han vivido.

13 *Amenaza el Apóstol con grandes castigos a los que no se hubieren enmendado*

1. Mirad que por tercera vez voy a visitaros; por el dicho de dos o tres testigos, como dice la ley*, se decidirá todo.

2. Ya lo dije antes estando presente, y lo vuelvo a decir ahora ausente, que si voy otra vez no perdonaré a los que antes pecaron, ni a todos los demás.

3. ¿O queréis acaso hacer prueba del poder de Cristo, que habla por mi boca, y del cual ya sabéis que no ha mostrado entre vosotros flaqueza, sino poder y virtud?

4. Porque si bien fue crucificado como débil según la carne, no obstante vive ahora por la virtud de Dios. Así también nosotros somos débiles con él; pero estaremos también vivos con él por la virtud de Dios que haremos brillar entre vosotros.

5. Examinaos a vosotros mismos para ver si mantenéis la fe; haced prueba de vosotros. ¿Por ventura no conocéis en vosotros mismos que Cristo Jesús está en vosotros? A no ser que quizá hayáis decaído de lo que antes erais.

6. Mas yo espero que reconoceréis, que por lo que toca a nosotros no hemos decaído de lo que éramos.

7. Y rogamos a Dios que no cometáis mal alguno, y no al contrario que nosotros aparezcamos ser lo que somos con la ostensión de nuestro poder, sino que obréis bien, aun cuando parezcamos nosotros haber decaído de lo que somos.

8. Porque nada podemos contra la verdad y justicia, sino que todo nuestro poder es a favor de la verdad.

9. Así es que nos gozamos de que estéis fuertes en la virtud, y que nosotros parezcamos débiles o sin poder. Y pedimos igualmente a Dios que os haga perfectos.

10. Por tanto, os escribo estas cosas estando ausente a fin de que presente no haya de proceder con rigor, usando de la potestad que Dios me ha dado, la cual es para la edificación y no para ruina o destrucción.

11. Por lo demás, hermanos, estad alegres, sed perfectos, exhortaos los unos a los otros, reuníos en un mismo espíritu y corazón, vivid en paz, y el Dios de la paz y de la caridad será con vosotros.

12. Saludaos recíprocamente con el ósculo santo. Todos los santos o fieles os saludan.

13. La gracia de nuestro Señor Jesucristo, y la caridad de Dios Padre, y la participación del Espíritu Santo sea con todos vosotros. Amén.

---

1. *Deut 19,* 15; *Mat 18,* 16.

Carta de San Pablo a los Gálatas

Introducción

Pablo había convertido a la fe a los pueblos de *Galacia*, provincia del Asia Menor; pero muchos se dejaron seducir por falsos apóstoles, que predicaban que la fe de Jesucristo no los salvaría si no se hacían circuncidar y no se sometían a la ley de Moisés. Estos doctores judaizantes procuraban desacreditar a Pablo ante los gálatas, diciendo que no había sido instruido ni enviado por Jesucristo, y que su doctrina era diferente de la de los demás apóstoles. Pablo establece desde el principio de esta carta la verdad de su apostolado y la certeza de su doctrina, que aprendió de Jesucristo; prueba la inutilidad de las ceremonias de la ley para la justificación y hace a los gálatas algunas advertencias sobre sus costumbres.

1

Pablo reprende a los gálatas por dar oídos a falsos apóstoles, abandonando la doctrina de Jesucristo

1. Pablo, constituido apóstol, no por los hombres ni por la autoridad de hombre alguno, sino por Jesucristo, y por Dios su Padre, que le resucitó de entre los muertos,

2. y todos los hermanos que conmigo están, a las iglesias de Galacia,

3. gracia a vosotros, y paz de parte de Dios Padre y de Jesucristo nuestro Señor,

4. el cual se dio a sí mismo a la muerte por nuestros pecados, para sacarnos de la corrupción de este mundo, conforme a la voluntad de Dios y Padre nuestro,

5. cuya es la gloria por los siglos de los siglos. Amén.

6. Me maravillo cómo así tan de ligero abandonáis al que os llamó a la gracia de Cristo, para seguir otro evangelio.

7. Mas no es que haya otro evangelio, sino que hay algunos que os traen alborotados, y quieren trastornar el evangelio de Cristo.

8. Pero aun cuando nosotros mismos, o un ángel del cielo, si posible fuese, os predique un evangelio diferente del que nosotros os hemos anunciado, sea anatema.

9. Os lo he dicho ya, y os lo repito: Cualquiera que os anuncie un evangelio diferente del que habéis recibido, sea anatema.

10. Porque en fin ¿busco yo ahora la aprobación de los hombres, o de Dios? ¿Por ventura pretendo agradar a los hombres? Si todavía prosiguiese complaciendo a los hombres, no sería yo siervo de Cristo.

11. Porque os hago saber, hermanos, que el evangelio que yo os he predicado, no es una cosa humana;

12. pues no lo he recibido, ni aprendido yo de algún hombre, sino por revelación de Cristo.

13. Porque bien habéis oído decir el modo con que en otro tiempo vivía yo en el judaísmo, con qué exceso de furor perseguía a la Iglesia de Dios, y la desolaba,

14. y me señalaba en el judaísmo más que muchos coetáneos míos de mi nación, siendo en extremo celoso de las tradiciones de mis padres.

15. Mas cuando quiso aquel Señor, que me destinó y separó desde el vientre de mi madre, y me llamó con su gracia,

16. revelarme a su Hijo, para que yo le predicase a las naciones, lo hice al punto sin tomar consejo de la carne ni de la sangre,

17. ni pasar a Jerusalén en busca de los apóstoles anteriores a mí; sino que me fui luego a la Arabia, de donde volví otra vez a Damasco.

18. De allí a tres años fui a Jerusalén para visitar a Pedro, y estuve con él quince días;

19. y no vi a otro alguno de los apóstoles, sino a Santiago, el primo hermano del Señor.

20. De todo esto que os escribo, pongo a Dios por testigo que no miento.

21. De allí fui a los países de Siria y de Cilicia.

22. Hasta entonces no me conocían de vista las iglesias de Cristo, que había en la Judea;

23. solamente habían oído decir: Aquel que antes nos perseguía, ahora predica la fe que en otro tiempo impugnaba.

24. Y glorificaban a Dios por causa de mí, de mi conversión.

2

Pablo predica contra los falsos apóstoles. Nadie es justificado sino por la fe en Jesucristo.

---

1. Catorce años después volví a Jerusalén con Bernabé, llevando también conmigo a Tito.

2. Este viaje lo hice movido de una revelación; y conferí con los fieles de allí la buena nueva, que predico entre las naciones, en particular con los más autorizados, por no seguir quizá mi carrera sin fruto, o haberla seguido en vano.

3. Mas ni aun Tito, que me acompañaba, con ser gentil, fue obligado a circuncidarse.

4. Ni aun por miramiento a aquellos falsos hermanos, que furtivamente se metieron a espiar la libertad con que procedemos en Cristo Jesús, a fin de reducirnos a la servidumbre de la ley antigua.

5. A los cuales ni por un momento quisimos ceder ni sujetarnos, para que la verdad de la buena nueva se mantenga firme entre vosotros.

6. En cuanto a los que parecían ser los más distinguidos (nada me importa lo que hayan sido en otro tiempo, en Dios no hay preferencia de personas), aquellos, digo, que parecían ser los más autorizados, nada me enseñaron de nuevo;

7. antes al contrario habiendo reconocido que a mí se me había confiado por Dios el evangelizar a los incircuncisos, así como a Pedro a los circuncisos

8. (pues quien dio eficacia a Pedro para el apostolado entre los circuncisos, me la dio también a mí para entre los gentiles);

9. habiendo, digo, conocido Santiago, Cefas y Juan, que eran considerados como columnas de la Iglesia, la gracia que se me había dado, nos dieron las manos, en señal de convenio, a mí y a Bernabé, para que nosotros predicásemos a los gentiles, y ellos a los circuncidados.

10. Solamente nos recomendaron que tuviésemos presentes a los pobres de la Judea; cosa que he procurado hacer con esmero.

11. Y cuando vino después Cefas, o Pedro, a Antioquía, le hice resistencia cara a cara, por ser digno de reprensión;

12. pues antes que llegasen ciertos sujetos de parte de Santiago, comía con los gentiles; mas llegados que fueron, empezó a recatarse y separarse, por temor de aquellos circuncisos.

13. Y los demás judíos se conformaron con su porte disimulado, de manera que aun Bernabé fue inducido por ellos a usar de la misma simulación.

14. Pero yo, visto que no andaban derechamente conforme a la verdad de la buana nueva, dije a Cefas en presencia de todos: Si tú, con ser judío, vives como los gentiles, y no como los judíos, ¿cómo con tu ejemplo fuerzas a los gentiles a judaizar?

15. Nosotros somos de naturaleza judíos, y no de casta de gentiles pecadores o idólatras.

16. Sin embargo, sabiendo que no se justifica el hombre por las obras solas de la ley, sino por la fe de Jesucristo, por eso creemos en Cristo Jesús, a fin de ser justificados por la fe de Cristo, y no por las obras de la ley, por cuanto ningún mortal será justificado por las obras de la ley.

17. Y si queriendo ser justificados en Cristo, venimos a ser también nosotros pecadores por no observar la antigua ley, ¿no se dirá entonces que Cristo es ministro y causa del pecado? En ninguna manera puede jamás serlo.

18. Mas si yo vuelvo a edificar lo mismo que he destruido como inútil, me convenzo a mí mismo de prevaricador.

19. Pero la verdad es que yo estoy muerto a la ley antigua, por lo que me enseña la ley misma; a fin de vivir para Dios, estoy clavado en la cruz con Cristo;

20. y yo vivo ahora, o más bien no soy yo el que vivo, sino que Cristo vive en mí. Así la vida que vivo ahora en esta carne, la vivo en la fe del Hijo de Dios, el cual me amó, y se entregó a sí mismo a la muerte por mí.

21. No desecho esta gracia o merced de Dios. Porque si por la ley antigua se obtiene la justicia, luego en balde Cristo murió.

3 *Ni antes ni después de la ley escrita pudo haber justificación de hombre sino por la fe viva en Jesucristo*

1. ¡Oh gálatas insensatos!, ¿quién os ha fascinado, o hechizado, para desobedecer así a la verdad?, vosotros, ante cuyos ojos ha sido ya representado Jesucristo como crucificado en vosotros mismos.

2. Una sola cosa deseo saber de vosotros: ¿Habéis recibido al Espíritu Santo por las obras de la ley, o por la obediencia a la fe que se os ha predicado?

3. ¿Tan necios sois, que habiendo comenzado por el Espíritu, ahora vengáis a parar en la carne?

4. Tanto como habéis sufrido por Jesucristo, ¿será en vano? Pero yo espero en Dios que al cabo no ha de ser en vano.

5. Ahora, pues, aquel que os comunica el Espíritu Santo, y obra milagros entre vosotros, ¿lo hace por virtud de obras de la ley, o por la fe que habéis oído predicar?

6. Ciertamente que por la fe, según está escrito: Creyó Abrahán a Dios, y su fe se le aceptó por justicia*.

7. Reconoced, pues, que los que abrazan la fe, esos son los verdaderos hijos de Abrahán.

8. Así es que Dios en la Escritura* previendo que había de justificar a los gentiles por medio de la fe, lo anunció de antemano a Abrahán diciendo: En ti serán benditas todas las gentes.

9. Luego los que tienen fe, ésos son benditos con el fiel Abrahán.

10. En lugar de que todos los que se apoyan en las obras de la ley, están sujetos a maldición. Pues está escrito: Maldito es cualquiera que no observare constantemente todo lo que está escrito en el libro de la ley*.

11. Por lo demás, el que nadie se justifica delante de Dios por la ley, está claro, porque el justo vive por la fe.

12. La ley no tiene el ser, o no se deriva, de la fe; sólo, sí, el que la cumpliere vivirá en ella*.

13. Cristo nos redimió de la maldición de la ley, habiéndose hecho por nosotros objeto de maldición; pues está escrito*: Maldito todo aquel que es colgado en un madero.

14. Y todo esto, para que la bendición de Abrahán cupiese a los gentiles por Jesucristo, a fin de que así por medio de la fe recibiésemos la promesa del Espíritu Santo*.

15. Hermanos míos después que un hombre ha otorgado en debida forma un testamento, nadie puede ni anularlo, ni alterarlo;

16. las promesas se hicieron a Abrahán y al descendiente de él. No dice: y a los descendientes, como si fuesen muchos; sino como uno precisamente: y al desciendiente de ti, el cual es Cristo.

17. Lo que quiero, pues, decir, es que habiendo hecho Dios una alianza con Abrahán en debida forma, la ley dada cuatrocientos treinta años después no ha podido anularla, ni invalidar la promesa.

18. Porque si la herencia esta de bendiciones espirituales se nos da por la ley, ya no es por la promesa. Y Dios hizo por medio de la promesa la donación a Abrahán.

19. Pues ¿de qué ha servido, diréis, la ley? Se puso por freno de las trasgresiones, hasta que viniese el descendiente de Abrahán, a quien se hizo la promesa, siendo dicha ley dada por mano de los ángeles, por medio del medianero Moisés.

20. No hay mediador de uno solo; y Dios al hacer la promesa a Abrahán es uno.

21. Luego replicaréis: ¿La ley es contra las promesas de Dios? No, por cierto. Porque si se hubiese dado una ley que pudiese vivificar o justificar, la justicia o santidad provendría realmente de la ley, y no de la fe.

---

6. *Gen 15*, 6; *Rom 4*, 3.
8. *Gen 12*, 3; *Ez 44*, 20.

10. *Deut 27*, 26.
12. *Lev 18*, 5.
13. *Deut 21*, 23.
14. La abundancia de sus dones y gracia.

22. Mas la ley escrita dejó sujetos a todos al pecado, para que la promesa se cumpliese a los creyentes por la fe en Jesucristo.

23. Así antes del tiempo de la fe, estábamos como encerrados bajo la custodia de la ley hasta recibir la fe, que había de ser revelada.

24. De manera que la ley fue nuestro maestro que nos condujo a Cristo, por medio de los sacrificios y ceremonias, para ser justificados por la fe en él.

25. Mas venida la fe, ya no estamos sujetos al maestro.

26. Porque todos sois hijos de Dios por la fe en Jesucristo.

27. Pues todos los que habéis sido bautizados en Cristo, estás revestidos de Cristo*,

28. y ya no hay distinción de judío ni griego; ni de siervo ni libre; ni tampoco de hombre ni mujer. Porque todos vosotros sois una cosa en Jesucristo*.

29. Y siendo vosotros miembros de Cristo, sois por consiguiente hijos de Abrahán, y los herederos según la promesa.

4

Prueba por la Escritura, cuando habla de Isaac, que la ley escrita no puede hacer liga con la ley de gracia

1. Digo además: Que mientras el heredero es niño, en nada se diferencia de un siervo, no obstante ser dueño de todo;

2. sino que está bajo la potestad de los tutores y curadores, hasta el tiempo señalado por su padre.

3. Así nosotros, cuando éramos todavía niños, estábamos servilmente sujetos a las primeras y más groseras instrucciones que se dieron al mundo.

4. Mas cumplido que fue el tiempo, envió Dios a su Hijo, formado de una mujer, y sujeto a la ley,

5. para redimir a los que estaban debajo de la ley y a fin de que recibiésemos la adopción de hijos.

6. Y por cuanto vosotros sois hijos, envió Dios a vuestros corazones el Espíritu de su Hijo, el cual nos hace clamar: ¡Abba!, esto es: ¡Padre mío!

7. Y así ninguno de vosotros es ya siervo, sino hijo. Y siendo hijo, es también heredero de Dios por Cristo.

8. Verdad es que cuando no conocíais a Dios, servíais a los que realmente no son dioses.

9. Pero ahora, habiendo conocido a Dios, o por mejor decir, habiendo sido de Dios amados y conocidos, ¿cómo tornáis otra vez a esas observancias legales, que son sin vigor ni suficiencia, queriendo sujetaros nuevamente a ellas?

10. Observáis todavía los ritos de los días, y meses, y tiempos, y años.

11. Me tomé de vosotros no hayan sido inútiles entre vosotros mis trabajos.

12. Sed como yo, ya que yo he sido como vosotros, ¡oh hermanos míos!; os lo ruego encarecidamente. A mí en nada me habéis agraviado;

13. al contrario, bien sabéis que cuando hace tiempo os prediqué la buena nueva, lo hice entre las persecuciones y aflicciones de la carne, y en tal estado de mi carne o de humillación mía, que os era materia de tentación,

14. no me despreciasteis, ni desechasteis; antes bien me recibisteis como a un ángel de Dios, como al mismo Jesucristo.

15. ¿Dónde está, pues, ahora aquella felicidad en que os gozabais? Porque yo puedo testificar de vosotros que entonces estabais prontos, si posible fuera, a sacaros los ojos, para dármelos a mí.

16. Conque ¿por deciros la verdad me he hecho enemigo vuestro?

17. Esos falsos apóstoles procuran estrecharse con vosotros; mas no es con buen fin, sino que pretenden separaros de nosotros, para que los sigáis a ellos.

18. Sed, pues, celosos amantes del bien con un fin recto, en todo tiempo, y no sólo cuando me hallo yo presente entre vosotros.

19. Hijitos míos, por quienes segunda vez padezco dolores de parto hasta formar enteramente a Cristo en vosotros,

20. quisiera estar ahora con vosotros, y diversificar mi voz según vuestras necesidades: porque me tenéis perplejo sobre el modo con que debo hablaros.

21. Decidme, os ruego, los que queréis

---

27. *Y despojados del hombre viejo o de vuestros vicios estáis estrechamente unidos con él.*

28. *Un cuerpo unido a su cabeza. Rom 12,* 5.

estar sujetos a la ley antigua, ¿no habéis leído lo que dice la ley?

22. Porque escrito está* que Abrahán tuvo dos hijos, uno de la esclava Agar, y otro de la libre, que era Sara.

23. Mas el de la esclava nació según la carne, o naturalmente; al contrario, el hijo de la libre* nació milagrosamente y en virtud de la promesa.

24. Todo lo cual fue dicho por alegoría, porque estas dos madres son las dos leyes o testamentos. La una dada en el monte Sinaí, que engendra esclavos, la cual es simbolizada en Agar;

25. porque el Sinaí es un monte de la Arabia que corresponde a la Jerusalén de aquí abajo, la cual es esclava con sus hijos.

26. Mas aquella Jerusalén de arriba, figurada en Sara, es libre, la cual es madre de todos nosotros.

27. Porque escrito está*: Alégrate estéril, que no pares, prorrumpe en gritos de júbilo, tú que no eres fecunda; porque son muchos más los hijos de la que ya estaba abandonada por estéril, que los de la que tiene marido.

28. Nosotros, pues, hermanos, somos los hijos de la promesa, figurados en Isaac.

29. Mas así como entonces el que había nacido según la carne perseguía al nacido según el espíritu, así sucede también ahora.

30. Pero ¿qué dice la Escritura*?: Echa fuera a la esclava y a su hijo; que no ha de ser heredero el hijo de la esclava con el hijo de la libre.

31. Según esto, hermanos, nosotros no somos hijos de la esclava, sino de la libre; y Cristo es el que nos ha adquirido esta libertad.

5

Bienes de la fe de Jesucristo. Cuáles son los verdaderos ejercicios y la libertad del cristiano

1. Manteneos firmes, y no dejéis que os opriman de nuevo con el yugo de la servidumbre de la ley antigua.

2. Mirad que os declaro yo, Pablo, que si os hacéis circuncidar, Cristo de nada os aprovechará.

3. Además declaro a todo hombre que se hace circuncidar, que queda obligado a observar toda la ley por entero.

4. No tenéis ya parte ninguna con Cristo los que buscáis la justificación en la ley; habéis perdido la gracia.

5. Pues nosotros solamente en virtud de la fe esperamos recibir del espíritu la verdadera justicia o santidad.

6. Porque para con Jesucristo nada importa el ser circunciso o incircunciso, sino la fe, que obra animada de la caridad.

7. Vosotros habíais comenzado bien vuestra carrera, ¿quién os ha estorbado de obedecer a la verdad?

8. Persuasión semejante no es ciertamente de aquel que os ha llamado a la fe.

9. Un poco de levadura hace fermentar toda la masa.

10. Yo confío, no obstante, de vosotros en el Señor, que no tendréis otros sentimientos que los míos; pero el que os anda inquietando, quien quiera que sea, llevará el castigo merecido.

11. En cuanto a mí, hermanos, si yo predico aún la circuncisión, ¿por qué soy todavía perseguido? Según eso, se acabó el escándalo de la cruz que causo a los judíos.

12. ¡Ojalá fuesen, no digo circuncidados, sino cortados o separados de entre vosotros los que os perturban!

13. Porque vosotros, hermanos míos, sois llamados a un estado de libertad; cuidad solamente que esta libertad no os sirva de ocasión para vivir según la carne; pero sed siervos unos de otros por un amor espiritual,

14. como quiera que toda la ley en este precepto se encierra: Amarás a tu prójimo como a ti mismo.

15. Que si unos a otros os mordéis, y roéis, mirad no os destruyáis los unos a los otros.

16. Digo, pues, en suma: Proceded según el espíritu de Dios, y no satisfaréis los apetitos de la carne.

17. Porque la carne tiene deseos contrarios a los del espíritu, y el espíritu los tiene contrarios a los de la carne, como que son cosas entre sí opuestas; por cuyo motivo no hacéis vosotros todo aquello que queréis.

---

22. *Gen 16*, 15; *21*, 2.
23. *Que ya era una mujer anciana y estéril.*
27. *Is 54*, 1.
30. *Gen 21*, 10.

18. Que si vosotros sois conducidos por el espíritu, no estáis sujetos a la ley.

19. Bien manifiestas son las obras de la carne, las cuales son adulterio, fornicación*, deshonestidad, lujuria,

20. culto de ídolos, hechicerías, enemistades, pleitos, celos, enojos, riñas, disensiones, herejías,

21. envidias, homicidios, embriagueces, glotonerías y cosas semejantes, sobre las cuales os prevengo, como ya tengo dicho, que los que tales cosas hacen, no alcanzarán el reino de Dios.

22. Al contrario, los frutos del espíritu son caridad, gozo, paz, paciencia, benignidad, bondad, longanimidad,

23. mansedumbre, fe, o fidelidad, modestia, continencia, castidad. Para los que viven de esta suerte no hay ley que sea contra ellos.

24. Y los que son de Cristo tienen crucificada su propia carne con los vicios y las pasiones.

25. Si vivimos por el Espíritu de Dios, procedamos también según el mismo Espíritu.

26. No seamos ambiciosos de vana gloria, provocándonos los unos a los otros, y recíprocamente envidiándonos.

6

Cómo se ayudarán unos a otros en el ejercicio de la virtud. La gloria del cristiano será la cruz de Jesús

1. Hermanos míos, si alguno, como hombre que es, cayere desgraciadamente en algún delito, vosotros los que sois espirituales, al tal amonestadle e instruidle con espíritu de mansedumbre, haciendo cada uno reflexión sobre sí mismo, y temiendo caer también en la tentación.

2. Comportad las cargas unos de otros, y con eso cumpliréis la ley de Cristo.

3. Porque si alguno piensa ser algo, se engaña a sí mismo, pues verdaderamente de suyo es nada.

4. Por tanto, examine bien cada uno sus propias obras, y así si halla que son rectas tendrá entonces motivo de gloriarse en sí mismo solamente, y no respecto de otro.

5. Porque cada cual, al ir a ser juzgado, cargará con su propio fardo.

6. Entretanto, aquel a quien se le instruye en las cosas de la fe, asista de todos modos con sus bienes al que le instruye.

7. No queráis engañaros a vosotros mismos: Dios no puede ser burlado.

8. Así es que lo que un hombre sembrare, eso recogerá. Por donde quien siembra ahora para su carne, de la carne recogerá después la corrupción y la muerte; mas el que siembra para el espíritu, del espíritu cogerá la vida eterna.

9. No nos cansemos, pues, de hacer bien; porque si perseveramos, a su tiempo recogeremos el fruto.

10. Así que, mientras tenemos tiempo, hagamos bien a todos, y sobre todo a aquellos que son, mediante la fe, de la misma familia del Señor que nosotros.

11. Mirad qué carta tan larga os he escrito de mi propio puño.

12. Todos aquellos que quieren seros gratos o lisonjearos según la carne, esos os constriñen a que os circuncidéis, con sólo el fin de no ser ellos perseguidos por causa de la cruz de Cristo.

13. Porque ni ellos mismos que están circuncidados, guardan la ley; sino que quieren que seáis circuncidados vosotros, a fin de gloriarse en vuestra carne, contándoos entre sus prosélitos.

14. A mí líbreme Dios de gloriarme, sino en la cruz de nuestro Señor Jesucristo; por quien el mundo está muerto y crucificado para mí, como yo lo estoy para el mundo.

15. El hecho es que respecto de Jesucristo ni la circuncisión, ni la incircuncisión valen nada, sino que lo que vale es el ser una nueva criatura.

16. Y sobre todos cuantos siguieren esta norma o doctrina, venga paz y misericordia, como sobre el verdadero pueblo de Dios.

17. Por lo demás, nadie me moleste en adelante sobre la circuncisión; porque yo traigo impresas en mi cuerpo las señales o la marca del Señor Jesús.

18. La gracia de nuestro Señor Jesucristo sea, hermanos míos, con vuestro espíritu. Amén.

---

19. Las uniones fuera del matrimonio y los matrimonios ilegítimos.

Carta de San Pablo a los Efesios

Introducción

Pablo, después de convertir a la fe a los de Efeso, les escribe esta carta desde Roma, mientras estaba preso por su apelación a César, alrededor del año 62. El objeto de la carta es incitarlos a reconocer la misericordia de Dios, quien los llamó a la salud eterna por la fe en Jesucristo, su Hijo, cuando su ceguera y desórdenes los hacían indignos de su gracia. Habla sobre la vocación de los gentiles y en los tres últimos capítulos instruye a los efesios en las obligaciones de la vida cristiana. La carta tiene dos partes:

- La primera es *doctrinal* y expone el plan de salvación de Dios, como misterio revelado.
- La segunda es *pastoral* y orienta la vida cristiana, como crecimiento y renovación.

1 *Todos los bienes de gracia y gloria se nos dan por Jesucristo, por sobre todas las cosas, cabeza de la Iglesia*

1. Pablo, por voluntad de Dios apóstol de Jesucristo, a todos los santos, residentes en Efeso, y fieles en Cristo Jesús;

2. la gracia sea con vosotros, y la paz de Dios, Padre Nuestro, y del Señor Jesucristo.

3. Bendito el Dios y Padre de Nuestro Señor Jesucristo, que nos ha colmado en Cristo de toda suerte de bendiciones espirituales del cielo,

4. así como por él mismo nos escogió antes de la creación del mundo, para ser santos y sin mancha en su presencia, por la caridad;

5. habiéndonos predestinado a ser de hijos suyos adoptivos por Jesucristo a gloria suya, por un puro efecto de su buena voluntad,

6. a fin de que se celebre la gloria de su gracia, mediante la cual nos hizo gratos a sus ojos en su querido Hijo,

7. en quien por su sangre logramos la redención, y el perdón de los pecados, por las riquezas de su gracia,

8. que con abundancia ha derramado sobre nosotros, colmándonos de toda sabiduría y prudencia,

9. para hacernos conocer el misterio, o arcano, de su voluntad, fundada en su mero beneplácito, por el cual se propuso

10. restaurar en Cristo, cumplidos los tiempos prescritos, todas las cosas de los cielos y las de la tierra, reuniéndolas todas por él mismo, en un cuerpo o Iglesia.

11. Por él fuimos también nosotros llamados como por suerte, habiendo sido predestinados según el decreto de aquel que hace todas las cosas conforme al designio de su voluntad,

12. para que seamos la gloria y el objeto de las alabanzas de Cristo, nosotros los judíos, que hemos sido los primeros en esperar en él.

13. En él habéis esperado también vosotros los gentiles, luego que habéis oído la palabra de la verdad (el evangelio de vuestra salud) y en quien habiendo así mismo creído, recibisteis el sello del Espíritu Santo que estaba prometido,

14. el cual es la prenda o las arras de nuestra herencia celestial hasta la perfecta libertad del pueblo que se ha adquirido el Señor para loor de la gloria de él mismo.

15. Por eso yo estando, como estoy, informado de la fe que tenéis en el Señor

Jesús, y de vuestra caridad para con todos los santos, o pobres fieles,

16. no ceso de dar gracias a Dios por vosotros, acordándome de vosotros en mis oraciones,

17. para que Dios, Padre glorioso de Nuestro Señor Jesucristo, os dé espíritu de sabiduría y de ilustración para conocerle,

18. iluminando los ojos de vuestro corazón, a fin de que sepáis cuál es la esperanza, o lo que debéis esperar, de su vocación, y cuáles las riquezas y la gloria de su herencia destinada para los santos,

19. y cuál aquella soberana grandeza de su poder sobre nosotros, que creemos según la eficacia de su poderosa virtud,

20. que él ha desplegado y hecho patente en la persona de Cristo, resucitándole de entre los muertos, y colocándole a su diestra en los cielos,

21. sobre todo principado, y potestad, y virtud, y dominación, y sobre todo nombre, por celebrado que sea no sólo en este siglo, sino también en el futuro.

22. Ha puesto todas las cosas bajo los pies de él, y le ha constituido cabeza de toda la Iglesia, así militante como triunfante,

23. la cual es su cuerpo, y en la cual aquel que lo completa todo en todos halla el complemento de todos sus miembros.

2 *Bienes grandes ya recibidos y otros mayores en esperanza por la sangre de Jesucristo*

1. El es el que os dio vida a vosotros, estando como estabais muertos espiritualmente por vuestros delitos y pecados,

2. en que vivisteis en otro tiempo, según la costumbre de este siglo mundano, a merced del príncipe que ejerce su potestad sobre este aire, que es el espíritu que al presente domina en los hijos rebeldes,

3. entre los cuales fuimos así mismo todos nosotros en otro tiempo siguiendo nuestros deseos carnales, haciendo la voluntad de la carne y de las sugestiones de los demás vicios, y éramos por naturaleza u origen hijos de ira, no menos que todos los demás;

4. pero Dios, que es rico en misericordia, movido del excesivo amor con que nos amó,

5. aun cuando estábamos muertos por los pecados, y éramos objetos de su cólera, nos dio vida en Cristo (por cuya gracia vosotros habéis sido salvados)

6. y nos resucitó con él, y nos hizo sentar sobre los cielos en la persona de Jesucristo,

7. para mostrar en los siglos venideros las abundantes riquezas de su gracia, en vista de la bondad usada con nosotros por amor de Jesucristo.

8. Porque de pura gracia habéis sido salvados por medio de la fe, y esto no viene de vosotros, siendo como es un don de Dios;

9. tampoco en virtud de vuestras obras anteriores, puramente naturales, para que nadie pueda gloriarse.

10. Por cuanto somos hechura suya en la gracia como lo fuimos en la naturaleza, creados en Jesucristo para obras buenas, preparadas por Dios desde la eternidad para que nos ejercitemos en ellas y merezcamos la gloria.

11. Así, pues, acordaos, que en otro tiempo vosotros que erais gentiles de origen y llamados incircuncisos por los que se llaman circuncidados a causa de la circuncisión hecha en su carne, por mano de hombre,

12. acordaos, digo, que vosotros no teníais entonces parte alguna con Jesucristo, estabais enteramente separados de la sociedad de Israel, extranjeros, por lo tocante a las alianzas, sin esperanza de la promesa o bienes prometidos, y sin Dios en este mundo.

13. Mas ahora que creéis en Cristo Jesús, vosotros que en otro tiempo estabais alejados de Dios y de sus promesas, os habéis puesto cerca por la sangre de Jesucristo.

14. Pues él es la paz nuestra, el que de los dos pueblos judío y gentil ha hecho uno, rompiendo, por medio del sacrificio de su carne, el muro de separación, esa enemistad que los dividía,

15. aboliendo con sus preceptos evangélicos la ley de los ritos, o las ceremonias legales, para formar en sí mismo de dos un solo hombre nuevo, haciendo la paz,

16. y reconciliando a ambos pueblos ya reunidos en un solo cuerpo con Dios por medio de la cruz, destruyendo en sí mismo la enemistad de ellos.

17. Y así vino al mundo a evangelizar la paz a vosotros los gentiles, que estabais alejados de Dios, como a los judíos, que estaban cercanos;

18. pues por él es por quien unos y otros tenemos cabida con el Padre eterno, unidos en el mismo Espíritu.

19. Así que ya no sois extraños, ni advenedizos, sino conciudadanos de los santos y domésticos o familiares de la Casa de Dios;

20. pues estáis edificados sobre el fundamento de los apóstoles y profetas, y unidos en Jesucristo, el cual es la principal piedra angular de la nueva Jerusalén,

21. sobre quien trabado todo el espiritual edificio se alza para ser un templo santo del Señor.

22. Por él entráis también vosotros, gentiles, a ser parte de la estructura de este edificio, para llegar a ser morada de Dios por medio del Espíritu Santo.

3 *Vocación de los gentiles revelada a los apóstoles, y a Pablo, destinado de Dios para predicarles el Evangelio*

1. Por este motivo yo, Pablo, estoy preso por amor de Jesucristo, por causa de vosotros los gentiles,

2. porque sin duda habréis entendido de qué manera me confirió Dios el ministerio de su gracia entre vosotros,

3. después de haberme manifestado por revelación este misterio de vuestra vocación, sobre el cual acabo de hablar en esta carta, aunque brevemente,

4. por cuya lectura podéis conocer la inteligencia mía en el misterio de Cristo,

5. misterio que en otras edades no fue conocido de los hijos de los hombres, en la manera que ahora ha sido revelado a sus santos apóstoles y profetas por el Espíritu Santo,

6. esto es, que los gentiles son llamados a la misma herencia que los judíos, miembros de un mismo cuerpo o Iglesia, y partícipes de la promesa divina en Jesucristo mediante el evangelio,

7. del cual yo he sido constituido ministro, por el don de la gracia de Dios, que se me ha dado conforme a la eficacia de su poder.

8. A mí el más inferior de todos los santos o fieles se me dio esta gracia, de anunciar en las naciones las riquezas investigables de Cristo,

9. y de ilustrar a todos los hombres, descubriéndoles la dispensación del misterio que después de tantos siglos había estado en el secreto de Dios, creador de todas las cosas,

10. con el fin de que en la formación de la Iglesia se manifieste a los principados, y potestades en los cielos, la sabiduría de Dios en los admirables y diferentes modos de su conducta,

11. según el eterno designio, que puso en ejecución por medio de Jesucristo Nuestro Señor,

12. por quien mediante su fe tenemos segura confianza y acceso libre a Dios.

13. Por tanto, os ruego que no caigais de ánimo en vista de tantas tribulaciones como sufro por vosotros; pues estas tribulaciones son para vuestra gloria, y prueba de mi apostolado.

14. Por esta causa doblo mis rodillas ante el Padre de nuestro Señor Jesucristo,

15. el cual es el principio y la cabeza de toda esta gran familia que está en el cielo y sobre la tierra;

16. para que según las riquezas de su gloria os conceda por medio de su Espíritu ser fortalecidos en virtud en el hombre interior,

17. y que Cristo habite por la fe en vuestros corazones, estando arraigados y cimentados en caridad,

18. a fin de que podáis comprender con todos los santos, cuál sea la anchura, y el largo, y la altura, y profundidad de este misterio,

19. y conocer también aquel amor de Cristo hacia nosotros, que sobrepuja a todo conocimiento, para que seáis plenamente colmados de todos los dones de Dios.

20. Y en fin, a aquel Señor que es poderoso para hacer infinitamente más que todo lo que nosotros pedimos, o de todo cuanto pensamos, según el poder que obra eficazmente en nosotros,

21. a él sea la gloria, por medio de Cristo Jesús, en la Iglesia, por todas las generaciones de todos los siglos. Amén.

4 *Unión de los fieles en la Iglesia, cuya perfección deben todos procurar. Vida de los gentiles, y cristianos*

1. Yo, pues, que estoy entre cadenas por el Señor, os conjuro que os portéis de una manera que sea digna del estado o dignidad a que habéis sido llamados,

2. con toda humildad y mansedumbre, con paciencia, soportándoos unos a otros con caridad,

3. solícitos en conservar la unidad del espíritu con el vínculo de la paz,

4. siendo un solo cuerpo y un solo espíritu, así como fuisteis llamados a una misma esperanza de vuestra vocación.

5. Uno es el Señor, una la fe, uno el bautismo;

6. uno el Dios* y el Padre de todos, el cual es sobre todos, y gobierna todas las cosas, y habita en todos nosotros,

7. si bien a cada uno de nosotros se le ha dado la gracia a medida de la donación, gratuita de Cristo.

8. Por lo cual dice la Escritura*: Al subirse a lo alto llevó consigo cautiva o como en triunfo a una gran multitud de cautivos, y derramó sus dones sobre los hombres.

9. Mas ¿por qué se dice que subió, sino porque antes había descendido a los lugares más ínfimos de la tierra?

10. El que descendió, ése mismo es el que ascendió sobre todos los cielos, para dar cumplimiento a todas las cosas.

11. Y así, él mismo a unos ha constituido apóstoles, a otros profetas, y a otros evangelistas, y a otros pastores y doctores,

12. a fin de que trabajen en la perfección de los santos en las funciones de su ministerio, en la edificación del cuerpo místico de Cristo,

13. hasta que arribemos todos a la unidad de una misma fe y de un mismo conocimiento del Hijo de Dios, al estado de un varón perfecto, a la medida de la edad perfecta según la cual Cristo se ha de formar místicamente en nosotros;

14. de manera que ya no seamos niños fluctuantes, ni nos dejemos llevar aquí y allá de todos los vientos de opiniones humanas, por la malignidad de los hombres que engañan con astucia para introducir el error;

15. antes bien siguiendo la verdad del Evangelio con caridad, en todo vayamos creciendo en Cristo, que es nuestra cabeza,

16. y de quien todo el cuerpo místico de los fieles trabado y conexo entre sí con la fe y caridad*, recibe por todos los vasos y conductos de comunicación, según la medida correspondiente a cada miembro, el aumento propio del cuerpo para su perfección mediante la caridad.

17. Os advierto, pues, y yo os conjuro de parte del Señor, que ya no viváis como todavía viven los otros gentiles que proceden en su conducta según la vanidad de sus pensamientos,

18. teniendo oscurecido y lleno de tinieblas el entendimiento, ajenos enteramente de vivir según Dios, por la ignorancia en que están, a causa de la ceguedad o dureza de su corazón;

19. los cuales no teniendo ninguna esperanza, se abandonan a la disolución, para zambullirse con un ardor insaciable en toda suerte de impurezas.

20. Pero en cuanto a vosotros no es eso lo que habéis aprendido en la escuela de Jesucristo;

21. pues en ella habéis oído predicar y aprendido, según la verdad de su doctrina*,

22. a desnudaros del hombre viejo, según el cual habéis vivido en vuestra vida pasada, el cual se vicia siguiendo la ilusión de las pasiones.

23. Renovaos, pues, ahora en el espíritu de vuestra mente o interior de vuestra alma.

24. Y revestíos del hombre nuevo, que ha sido creado conforme a la imagen de Dios en justicia y santidad verdadera.

25. Por lo cual renunciando a la mentira, hable cada uno verdad con su prójimo, puesto que nosotros somos miembros los unos de los otros.

26. Si os enojáis, no queráis pecar, no sea que se os ponga el sol estando todavía airados.

27. No deis lugar o entrada al diablo.

28. El que hurtaba o defraudaba al próji-

6. *Mal 2*, 10.
8. *Sal 68* (*67*), 19.

16. Que es el alma de este cuerpo o edificio espiritual.
21. *Col 3*, 9.

mo, no hurte ya; antes bien trabaje, ocupándose con sus manos en algún ejercicio honesto, para tener con qué subsistir y dar al necesitado.

29. De vuestra boca no salga ningún discurso malo; sino los que sean buenos para edificación de la fe, que den gracia o inspiren piedad a los oyentes.

30. Y no queráis entristece con vuestros pecados al Espíritu Santo de Dios, con el cual fuisteis sellados para el día de la redención.

31. Toda amargura, ira y enojo, y gritería, y maledicencia, con todo género de malicia, destiérrese de vosotros.

32. Al contrario, sed mutuamente afables, compasivos, perdonándoos los unos a los otros, así como también Dios os ha perdonado a vosotros por Cristo.

5

Exhorta a los efesios a la imitación de Jesucristo, a que se aparten del vicio, y se empleen en obras buenas

1. Sed, pues, imitadores de Dios, como sois sus hijos muy queridos,

2. y proceded con amor hacia vuestros hermanos, a ejemplo de lo que Cristo nos amó, y se ofreció a sí mismo a Dios en oblación y hostia de olor suavísimo.

3. Pero la fornicación, y toda especie de impureza, o avaricia, ni aun se nombre entre vosotros, como corresponde a quienes Dios ha hecho santos,

4. ni tampoco palabras torpes, ni truhanerías, ni bufonadas, lo cual desdice de vuestro estado; sino antes bien acciones de gracias a Dios.

5. Porque tened esto bien entendido, que ningún fornicador, o impúdico, o avariento, lo cual viene a ser una idolatría, será heredero del reino de Cristo y de Dios.

6. Nadie os engañe con palabras vanas; pues por tales cosas descargó la ira de Dios sobre los incrédulos.

7. No queráis por tanto tener parte con ellos.

8. Porque verdad es que en otro tiempo no erais sino tinieblas; mas ahora sois luz en el Señor. Y así proceded como hijos de la luz.

9. El fruto de la luz consiste en proceder con toda bondad, y justicia, y verdad,

10. inquiriendo lo que es agradable a Dios.

11. No queráis, pues, ser cómplice de las obras infructuosas de las tinieblas; antes bien, reprendedlas;

12. porque las cosas que hacen ellos en secreto, no permite el pudor ni aun decirlas.

13. Mas todo lo que es reprensible, se descubre por la luz, siendo la luz la que lo aclara todo.

14. Por eso dice el Señor: Levántate, tú que duermes, y resucita de la muerte, y te alumbrará Cristo.

15. Y así mirad, hermanos, que andéis con gran circunspección, no como necios,

16. sino como prudentes, recobrando en cierto modo el tiempo perdido, porque los días de nuestra vida son malos.

17. Por tanto, no seáis indiscretos e inconsiderados, sino atentos sobre cuál es la voluntad de Dios.

18. Ni os entreguéis con exceso al vino, fomento de la lujuria, sino llenaos del Espíritu Santo,

19. hablando entre vosotros y entreteniéndoos con salmos, y con himnos, y canciones espirituales, cantando y loando al Señor en vuestros corazones,

20. dando siempre gracias por todo a Dios Padre, en el nombre de nuestro Señor Jesucristo,

21. subordinados unos a otros por el santo temor de Cristo.

22. Las casadas estén sujetas a sus maridos, como al Señor;

23. por cuanto el hombre es cabeza de la mujer, así como Cristo es cabeza de la Iglesia, que es su cuerpo místico, del cual él mismo es salvador.

24. De donde así como la Iglesia está sujeta a Cristo, así las mujeres lo han de estar a sus maridos en todo.

25. Vosotros, maridos, amad a vuestras mujeres, así como Cristo amó a su Iglesia, y se sacrificó por ella,

26. para santificarla, limpiándola en el bautismo de agua con la palabra de vida,

27. a fin de hacerla comparecer delante de él llena de gloria, sin mancha, ni arruga, ni cosa semejante, sino siendo santa e inmaculada.

28. Así también los maridos deben amar a sus mujeres como a sus propios cuerpos. Quien ama a su mujer, a sí mismo se ama.

29. Ciertamente que nadie aborreció jamás a su propia carne; antes bien la sustenta y cuida, así como también Cristo a la Iglesia.

30. Porque nosotros que la componemos somos miembros de su cuerpo, formados de su carne y de sus huesos.

31. Por eso está escrito*: Dejará el hombre a su padre y a su madre, y se juntará con su mujer, y serán los dos una carne.

32. Sacramento es éste grande, mas yo hablo con respecto a Cristo y a la Iglesia.

33. Cada uno, pues, de vosotros ame a su mujer como a sí mismo; y la mujer tema y respete a su marido.

6 *Obligaciones respectivas de los hijos y de los padres, de los criados y de los amos*

1. Hijos, vosotros obedeced a vuestros padres con la mira puesta en el Señor, porque es ésta una cosa justa.

2. Honra a tu padre y a tu madre, que es el primer mandamiento que va acompañado con recompensa,

3. para que te vaya bien, y tengas larga vida sobre la tierra.

4. Y vosotros, padres, no irritéis con excesivo rigor a vuestros hijos; mas educadlos corrigiéndolos e instruyéndolos según la doctrina del Señor.

5. Siervos, obedeced a vuestros señores temporales con temor y respeto, con sencillo corazón, como a Cristo,

6. no sirviéndolos solamente cuando tienen puesto el ojo sobre vosotros, como si no pensaseis más que en complacer a los hombres, sino como siervos de Cristo, que hacen de corazón la voluntad de Dios, que los ha puesto en tal estado;

7. y servidlos con amor, haciéndoos cargo que servís al Señor, y no a hombres,

8. estando ciertos de que cada uno de todo el bien que hiciere, recibirá del Señor la paga, ya sea esclavo, ya sea libre.

9. Y vosotros, amos, haced otro tanto con ellos, excusando las amenazas y castigos, considerando que unos y otros tenéis un mismo Señor allá en los cielos, y que no hay en él preferencia de personas.

10. Por lo demás, hermanos míos, confortaos en el Señor, y en su virtud todopoderosa.

11. Revestíos de toda la armadura de Dios, para poder contrarrestar las acechanzas del diablo.

12. Porque no es nuestra pelea solamente contra hombres de carne y sangre, sino contra los príncipes y potestades, contra los adalides de estas tinieblas del mundo, contra los espíritus malignos esparcidos en los aires.

13. Por tanto, tomad las armas todas de Dios, o todo su arnés, para poder resistir en el día aciago, y sosteneros apercibidos en todo.

14. Estad, pues, a pie firme ceñidos vuestros lomos en el cíngulo de la verdad, y armados de la coraza de la justicia,

15. y calzados los pies prontos a seguir y predicar el evangelio de la paz,

16. embarazando en todos los encuentros el escudo de la fe, con que podáis apagar todos los dardos encendidos del maligno espíritu.

17. Tomad también el yelmo de la salud*; y empuñad la espada espiritual o del espíritu (que es la palabra de Dios);

18. haciendo en todo tiempo con espíritu y fervor continuas oraciones y plegarias, y velando para lo mismo con todo empeño, y orando por todos los santos o fieles,

19. y por mí también, a fin de que se me conceda saber desplegar mis labios para predicar con libertad, manifestando el misterio del Evangelio,

20. del cual soy embajador aun estando entre cadenas, de modo que hable yo de él con valentía, como debo hablar.

21. En fin, en orden al estado de mis cosas, y lo que hago, os informará de todo Tíquico, nuestro carísimo hermano y fiel ministro en el Señor,

22. al cual os he remitido ahí con este mismo fin, para que sepáis lo que es de nosotros, y consuele vuestros corazones.

23. Paz a los hermanos y caridad y fe de parte de Dios Padre y de nuestro Señor Jesucristo.

24. La gracia sea con todos los que aman a nuestro Señor Jesucristo con un amor puro e incorruptible. Amén.

---

17. *Que es la esperanza. Is 59*, 17.

Carta de San Pablo a los Filipenses

Introducción

Pablo había convertido a la fe a los habitantes de Filipos, ciudad de la Macedonia, y les escribió esta carta para agradecerles un considerable socorro que le enviaron a Roma, donde estaba preso, al parecer en el año 62. La carta presenta una notable desarticulación. Por esto, se cree que es la fusión de otras tres, cuyos temas principales son:

- Agradecimiento a los filipenses por su ayuda.
- Noticias e instrucciones a la comunidad.
- Advertencia sobre el peligro que representan los judaizantes.

El famoso *Himno a la Kénosis* o a la *Humildad de Cristo* se encuentra en el capítulo *2*.

1

Después de agradecerles su afecto, les dice que está entre cadenas, y los exhorta a sufrir trabajos por Cristo

1. Pablo y Timoteo, siervos de Jesucristo, a todos los santos en Cristo Jesús, que están en Filipos, con los obispos y diáconos,

2. la gracia y paz de Dios Padre nuestro y de nuestro Señor Jesucristo sean con vosotros.

3. Yo doy gracias a mi Dios cada vez que me acuerdo de vosotros,

4. rogando siempre con gozo por todos vosotros, en todas mis oraciones,

5. al ver la parte que tomáis en el Evangelio de Cristo desde el primer día hasta el presente.

6. Porque yo tengo una firme confianza, que quien ha empezado en vosotros la buena obra de vuestra salud, la llevará a cabo hasta el día de la venida de Jesucristo;

7. como es justo que yo lo piense así de todos vosotros; pues tengo impreso en mi corazón que todos vosotros sois compañeros de mi gozo en mis cadenas, y en la defensa y confirmación del Evangelio.

8. Dios es mi testigo de la ternura con que os amo a todos en las entrañas de Jesucristo.

9. Y lo que pido es que vuestra caridad crezca más y más en conocimiento y en toda discreción,

10. a fin de que sepáis discernir lo mejor, y os mantengáis puros y sin tropiezo hasta el día de Cristo,

11. colmados de frutos de justicia por Jesucristo, a gloria y loor de Dios.

12. Entretanto, ¡oh hermanos!, quiero que sepáis que las cosas que han sucedido han redundado en mayor progreso del Evangelio,

13. de suerte que mis cadenas por Cristo han llegado a ser notorias a toda la corte* del emperador y a todos los demás habitantes,

14. y muchos de los hermanos en el Señor, cobrando bríos con mis cadenas, con mayor ánimo se atreven a predicar sin miedo la palabra de Dios.

15. Verdad es que hay algunos que predican a Cristo por espíritu de envidia y como por tema, mientras otros lo hacen con buena intención.

---

13. Quien se desalienta ante las persecuciones no conoce las sendas del Evangelio. Las obras de Dios se establecen y fortifican muchas veces con los trabajos y persecuciones de sus obreros.

16. Unos por caridad*, sabiendo que estoy constituido para defensa del Evangelio;

17. otros, al contrario, por celos y tema contra mí, anuncian a Cristo con intención torcida, imaginándose agravar el peso de mis cadenas.

18. Mas ¿qué importa? Con tal que de cualquier modo Cristo sea anunciado, bien sea por algún aparente pretexto, o bien por un verdadero celo, en esto me gozo, y me gozaré siempre.

19. Porque sé que esto redundará en mi bien, mediante vuestras oraciones y el auxilio del Espíritu de Jesucristo,

20. conforme a mis deseos y a la esperanza que tengo, de que por ningún caso quedaré confundido; antes estoy con total confianza de que también ahora, como siempre, Cristo será glorificado en mi cuerpo, ora sea por mi vida, ora sea por mi muerte.

21. Porque mi vivir es todo para servir a Cristo, y el morir también, y además es una ganancia mía, pues me lleva a él.

22. Pero si quedándome más tiempo en este cuerpo mortal, yo puedo sacar fruto de mi trabajo, no sé en verdad qué escoger, si la muerte o la vida;

23. pues me hallo estrechado por ambos lados, tengo deseos de verme libre de las ataduras de este cuerpo, y estar con Cristo, lo cual es sin comparación mejor para mí;

24. pero por otra parte quedar en esta vida es necesario por vosotros.

25. Persuadido de esto entiendo que quedaré todavía, y permaneceré con todos vosotros, para provecho vuestro y gozo o exaltación de vuestra fe;

26. a fin de que crezca vuestro regocijo y congratulación conmigo en Cristo Jesús, con motivo de mi regreso a vosotros.

27. Sólo os encargo ahora que vuestro proceder sea digno del Evangelio de Cristo; para que o sea que yo vaya a veros, o que esté ausente, oiga decir de vosotros que perseveráis firmes en un mismo espíritu, trabajando unánimes por la fe del Evangelio.

28. Y no deben intimidaros los esfuerzos de los enemigos; pues esto que hacen contra vosotros y es la causa de su perdición, lo es para vosotros de salvación; y eso es disposición de Dios;

29. pues por los méritos de Cristo se os ha hecho la gracia, no sólo de creer en él, sino también de padecer por su amor,

30. sufriendo el mismo conflicto, que antes en esa ciudad visteis en mí, y el que ahora habéis oído que sufro.

2 *La unión y caridad fraternal, la humildad y la obediencia, con el ejemplo de Jesucristo*

1. Por tanto, si hay para mí alguna consolación en Cristo de parte de vosotros, si algún refrigerio de parte de vuestra caridad, si alguna unión entre nosotros por la participación de un mismo espíritu, si hay entrañas de compasión hacia este preso,

2. haced cumplido mi gozo, sintiendo todos una misma cosa, teniendo una misma caridad, un mismo espíritu, unos mismos sentimientos,

3. no haciendo nada por tema, ni por vanagloria, sino que cada uno por humildad mire como superiores a los otros,

4. atendiendo cada cual no solamente al bien de sí mismo, sino a lo que redunda en bien del prójimo.

5. Porque habéis de tener en vuestros corazones los mismos sentimientos que tuvo Jesucristo en el suyo,

6. el cual teniendo la naturaleza de Dios, no fue por usurpación, sino por esencia el ser igual a Dios;

7. y no obstante se anonadó a sí mismo tomando la forma o naturaleza de siervo, hecho semejante a los demás hombres, y reducido a la condición de hombre.

8. Se humilló a sí mismo haciéndose obediente hasta la muerte, y muerte de cruz;

9. por lo cual también Dios le ensalzó sobre todas las cosas, y le dio nombre superior a todo nombre,

10. a fin de que al nombre de Jesús se doble toda rodilla en el cielo, en la tierra y en el infierno,

11. y toda lengua confiese que el Señor Jesucristo está en la gloria de Dios Padre.

12. Por lo cual, carísimos míos, (puesto que siempre habéis sido obedientes a mi doctrina, sedlo ahora) trabajad con temor y

16. *Suplen por mí, mientras estoy preso.*

temblor en la obra de vuestra salvación, no sólo como en mi presencia, sino mucho más ahora en ausencia mía.

13. Pues Dios es el que obra o produce en vosotros por un puro efecto de su buena voluntad, no sólo querer, sino ejecutar.

14. Haced, pues, todas las cosas sin murmuraciones ni perplejidades;

15. para que seáis irreprensibles y sencillos como hijos de Dios, sin tacha en medio de una nación depravada y perversa, en donde resplandecéis como lumbrera del mundo,

16. conservando la palabra de vida que os he predicado, para que yo me gloríe en el día de Cristo, de que no he corrido en balde, ni en balde he trabajado.

17. Pues aun cuando yo haya de derramar mi sangre a manera de libación sobre el sacrificio, y víctima de vuestra fe, me gozo, y me congratulo con todos vosotros.

18. Y de eso mismo habéis vosotros de holgaros y darme a mí el parabien.

19. Yo espero en el Señor Jesús enviaros muy presto a Timoteo, para consolarme yo también y alentarme con saber de vuestras cosas.

20. Porque no tengo ninguna persona tan unida de corazón y espíritu conmigo como él, ni que se interese por vosotros con afecto más sincero;

21. visto que casi todos buscan sus propios intereses, no los de Jesucristo.

22. Pues ya sabéis vosotros la experiencia que tengo de él, habiéndome servido en la predicación del Evangelio como un hijo al lado de su padre.

23. Así que espero enviárosle, luego que yo vea arregladas mis cosas.

24. Confío asimismo en el Señor, que aun yo en persona he de ir dentro de muy poco tiempo a veros.

25. Mientras me ha parecido necesario el enviaros ya a Epafrodito, mi hermano, y coadjutor en el ministerio, y compañero en los combates, apóstol o enviado vuestro, y que me ha asistido en mis necesidades.

26. Porque a la verdad él tenía gran ansia de veros a todos; y estaba angustiado, porque vosotros habíais sabido su enfermedad.

27. Y cierto que ha estado enfermo a punto de morir; pero Dios tuvo misericordia de él, y no sólo de él sino también de mí, para que yo no padeciese tristeza sobre tristeza.

28. Por eso le he despachado más pronto, a fin de que con su visita os gocéis de nuevo, y así yo esté sin pena.

29. Recibidle, pues, con toda alegría en el Señor, y con el honor debido a semejantes personas,

30. en atención a que por el servicio de Jesucristo ha estado a las puertas de la muerte, exponiendo su vida a trueque de suplir lo que vosotros desde ahí no podíais hacer en obsequio mío.

3

Las cosas no valen nada en comparación de las que tenemos en Jesucristo. Los falsos apóstoles

---

1. En fin, hermanos míos, vosotros alegraos en el Señor. A mí no me es molesto escribiros las mismas cosas, y para vosotros es necesario.

2. Guardaos, pues, os repito, de esos canes, guardaos de los malos obreros, guardaos de los falsos circuncisos.

3. Porque los verdaderos circuncisos somos nosotros, que servimos en espíritu a Dios y nos gloriamos en Jesucristo, lejos de poner confianza en la carne.

4. aunque podría gloriarme yo también en la carne. Si alguno, pues, presume aventajarse según la carne, sepa que más puedo yo,

5. pues fui circuncidado al octavo día, soy del linaje de Israel, de la tribu de Benjamín, hebreo, hijo de hebreos, fariseo en la manera de observar la ley,

6. celoso por el judaísmo, hasta perseguir la iglesia de Dios; y en cuanto a la justicia que consiste en la ley, ha sido mi proceder irreprensible.

7. Pero estas cosas que antes las consideraba yo como ventajas mías, me han parecido desventajas y pérdidas al poner los ojos en Jesucristo.

8. Y en verdad, todo lo tengo por pérdida o desventaja, en cotejo del sublime conocimiento de mi Señor Jesucristo*, por cuyo amor he abandonado y perdido todas las cosas, y las miro como basura, por ganar a Cristo,

---

8. *Que recibí en mi conversión.*

9. y en él hallarme, no con tener la justicia mía, la cual es la que viene de la ley, sino aquella que nace de la fe de Jesucristo, la justicia que viene de Dios por la fe,

10. a fin de conocerle a él, esto es, a Cristo, y la eficacia de su resurrección, y participar de sus penas, asemejándome a su muerte*,

11. de modo que al cabo pueda arribar a merecer la resurrección gloriosa de los muertos;

12. no que lo haya logrado ya todo, ni llegado a la perfección de asemejarme a Cristo; pero yo sigo mi carrera para ver si alcanzo aquello para lo cual fui destinado, o llamado, por Jesucristo.

13. Yo, hermanos míos, no pienso haber tocado al fin de mi carrera. Mi única mira es, olvidando las cosas de atrás, y atendiendo sólo y mirando a las de adelante,

14. ir corriendo hacia el hito, para ganar el premio a que Dios llama desde lo alto por Jesucristo.

15. Pensemos, pues, así todos los que somos perfectos; que si vosotros pensáis de otra suerte, confío en que Dios os iluminará también en esto y sacará del error.

16. Mas en cuanto a los conocimientos a que hemos arribado ya en las verdades de la fe, tengamos los mismos sentimientos, y perseveremos en la misma regla.

17. ¡Oh hermanos!, sed imitadores míos, y poned los ojos en aquellos que proceden conforme al dechado nuestro que tenéis.

18. Porque muchos andan por ahí, como os decía repetidas veces, (y aún ahora lo digo con lágrimas) que se portan como enemigos de la cruz de Cristo,

19. el paradero de los cuales es la perdición; cuyo Dios es el vientre, y que hacen gala de lo que es su desdoro y confusión, aferrados a las cosas terrenas.

20. Pero nosotros vivimos ya como ciudadanos del cielo, de donde así mismo estamos aguardando al salvador Jesucristo Señor nuestro,

21. el cual transformará nuestro vil cuerpo, y lo hará conforme al suyo glorioso, con la misma virtud eficaz, con que puede también sujetar a su imperio todas las cosas y hacer cuanto quiera de ellas.

10. Muriendo a todos mis vicios.

4

Ultima exhortación de Pablo a la práctica de las virtudes; agradece el socorro que le han enviado

1. Por tanto, hermanos míos carísimos y amabilísimos, que sois mi gozo y mi corona, perseverad así firmes en el Señor, queridos míos.

2. Yo ruego a Evodia, y suplico a Sintique, que tengan unos mismos sentimientos en el Señor.

3. También te pido a ti, ¡oh fiel compañero!, que asistas a ésas que conmigo han trabajado por el Evangelio con Clemente y los demás coadjutores míos, cuyos nombres están en el libro de la vida.

4. Vivid siempre alegres en el Señor; vivid alegres, repito*.

5. Sea vuestra modestia patente a todos los hombres, el Señor está cerca.

6. No os inquietéis por la solicitud de cosa alguna; mas en todo presentad a Dios vuestras peticiones por medio de la oración y de las plegarias, acompañadas de acción de gracias.

7. Y la paz de Dios, que sobrepuja a todo entendimiento, sea la guardia de vuestros corazones y de vuestros sentimientos en Jesucristo.

8. Por lo demás, hermanos míos, todo lo que es conforme a la verdad, todo lo que respira pureza, todo lo justo, todo lo que es santo, o santifica, todo lo que os haga amables, todo lo que sirve al buen nombre, toda virtud, toda disciplina loable, esto sea vuestro estudio.

9. Lo que habéis aprendido, y recibido, y oído, y visto en mí, esto habéis de practicar; y el Dios de la paz será con vosotros.

10. Yo por mí me alegré sobremanera en el Señor, de que al fin ha reflorecido aquel afecto que me tenéis, siempre lo habéis tenido en vuestro corazón, mas no hallabais coyuntura para manifestarlo.

11. No lo digo por razón de mi indigencia, pues he aprendido a contentarme con lo que tengo.

4. La confianza en Dios y la sumisión a su divina voluntad son la raíz o el manantial de aquella paz y alegría verdadera que no goza el hombre carnal.

12. Sé vivir en pobreza, y sé vivir en abundancia; (todo lo he probado y estoy ya hecho a todo) a tener hartura, y a sufrir hambre; a tener abundancia, y a padecer necesidad.

13. Todo lo puedo en aquel que me conforta, esto es, en Cristo.

14. Sin embargo, habéis hecho una obra buena en concurrir al alivio de mi tribulación.

15. Por lo demás, bien sabéis vosotros, ¡oh filipenses!, que después de haber comenzado a predicaros el Evangelio, habiendo en seguida salido de la Macedonia, ninguna otra Iglesia, sino solamente la vuestra, me asistió con sus bienes;

16. pues una y dos veces me remitisteis a Tesalónica con qué atender a mis necesidades.

17. No es que desee yo vuestras dádivas, sino lo que deseo es el provecho considerable que resultará de ello a cuenta vuestra delante de Dios.

18. Ahora lo tengo todo, y estoy sobrado; colmado estoy de bienes, después de haber recibido por Epafrodito lo que me habéis enviado, y que he recibido como una oblación de olor suavísimo, como una hostia grata y agradable de Dios.

19. Cumpla, pues, mi Dios todos vuestros deseos, según sus riquezas, con la gloria que os dé en Jesucristo.

20. Al Dios y Padre nuestro sea dada la gloria por los siglos de los siglos. Amén.

21. Saludad a todos los santos, o fieles, en Cristo Jesús.

22. Los hermanos que conmigo están, os saludan. Os saludan todos los santos, y principalmente los que son de la casa, o palacio, de César*.

23. La gracia de nuestro Señor Jesucristo sea con vuestro espíritu. Amén.

---

22. Del emperador Nerón.

Carta de San Pablo a los Colosenses

Introducción

Los fieles de Colosas estaban turbados por dos seductores, unos les enseñaban a mezclar el Evangelio con el judaísmo; otros a acercarse a Dios, no por Jesucristo como mediador, sino por los ángeles, a los cuales daban esta cualidad, según los principios platónicos. Pablo, preso en Roma, les escribió esta carta para desengañarlos de esos errores. Pablo afirma la suficiencia de Cristo en relación con el universo. Mediante la muerte en la cruz, Jesús obtuvo la victoria sobre todas las fuerzas que se creían dominadoras del universo.

Esta carta fue para sus destinatarios y es para el cristianismo una portentosa presentación de Cristo como *Kyrios* o *Señor del Universo*.

---

1 *Jesucristo es la imagen perfecta de Dios, el Señor de todas las cosas, y el Redentor de los hombres*

---

1. Pablo, apóstol de Jesucristo por la voluntad de Dios, y Timoteo su hermano,

2. a los santos y fieles hermanos en Jesucristo, residentes en Colosas,

3. la gracia y paz sea con vosotros, de parte de Dios, Padre nuestro, y de Jesucristo nuestro Señor. Damos gracias al Dios y Padre de nuestro Señor Jesucristo, orando siempre por vosotros,

4. al oír vuestra fe en Cristo Jesús y el amor que tenéis a todos los santos, o fieles.

5. en vista de la esperanza de la gloria, que os está reservada en los cielos, esperanza que habéis adquirido cuando se os anunció la verdadera doctrina del Evangelio.

6. El cual se ha propagado entre vosotros, como así mismo en todo el mundo, donde fructifica y va creciendo, del modo que lo ha hecho entre vosotros, desde aquel día en que oísteis y conocisteis la gracia de Dios según la verdad,

7. conforme la aprendisteis de nuestro carísimo Epafras, que es nuestro compañero en el servicio de Dios, y un fiel ministro de Jesucristo para con vosotros;

8. el cual así mismo nos ha informado de vuestro amor todo espiritual.

9. Por eso también nosotros desde el día en que lo supimos, no cesamos de orar por vosotros y de pedir a Dios que alcancéis pleno conocimiento de su voluntad, con toda sabiduría e inteligencia espiritual,

10. a fin de que sigáis una conducta digna de Dios agradándole en todo, produciendo frutos en toda especie de obras buenas, y adelantando en la ciencia de Dios,

11. corroborados en toda suerte de fortaleza por el poder glorioso de su gracia, para tener siempre una perfecta paciencia, y longanimidad acompañada de alegría,

12. dando gracias a Dios Padre, que nos ha hecho dignos de participar en la suerte y herencia de los santos, iluminándonos con la luz del Evangelio;

13. que nos ha arrebatado del poder de las tinieblas y trasladado al reino de su Hijo muy amado,

14. por cuya sangre hemos sido nosotros rescatados' y recibido la remisión de los pecados,

15. y el cual es imagen perfecta del Dios invisible, engendrado desde siempre ante toda criatura;

---

14. *De la esclavitud en que nos tenía el demonio.*

16. pues por él fueron creadas todas las cosas en los cielos y en la tierra, las visibles y las invisibles, ora sean tronos, ora dominaciones, ora principados, ora potestades, todas las cosas fueron creadas por él mismo y en atención a él mismo;

17. y así él tiene ser ante todas las cosas, y todas subsisten por él y por él son conservadas.

18. Y él es la cabeza del cuerpo de la Iglesia y el principio de la resurrección, el primero a renacer de entre los muertos, para que en todo tenga él la primacía;

19. pues quiso el Padre poner en él la plenitud de todo ser.

20. y reconciliar por él todas las cosas consigo, restableciendo la paz entre cielo y tierra por medio de la sangre que derramó en la cruz.

21. Igualmente a vosotros que antes os habíais extrañado de Dios, y erais enemigos suyos de corazón, por causa de vuestras malas obras,

22. ahora, en fin, os ha reconciliado en el cuerpo mortal de su carne por medio de la muerte que ha padecido, a fin de presentaros santos sin mancilla, e irreprensibles delante de él en la gloria,

23. con tal que perseveréis cimentados en la fe, y firmes e inconmovibles en la esperanza del Evangelio que oísteis, y que ha sido predicando en todas las naciones que habitan debajo del cielo, del cual yo, Pablo, he sido hecho ministro.

24. Yo que ahora gozo de lo que padezco por vosotros, y estoy cumpliendo en mi carne lo que resta que padecer a Cristo en sus miembros, sufriendo trabajos en pro de su cuerpo místico, el cual es la Iglesia,

25. cuyo ministro soy yo por la disposición de Dios, ministerio que se me ha dado en orden a vosotros, gentiles, para desempeñar la predicación de la palabra de Dios,

26. anunciándoos el misterio escondido a los siglos y generaciones pasadas, y que ahora ha sido revelado a sus santos,

27. a quienes Dios ha querido hacer patentes las riquezas de la gloria de este misterio entre las naciones, el cual no es otra cosa que Cristo, hecho por la fe la esperanza de vuestra gloria.

28. Este es a quien predicamos nosotros, amonestando a todos los hombres, e instruyéndolos a todos en toda sabiduría o conocimientos celestiales, para hacerlos a todos perfectos en Jesucristo,

29. a cuyo fin dirijo yo todos mis esfuerzos, peleando según el impulso que ejerce en mí el Señor, con su poderosa virtud.

2

Exhorta a los colosenses a que se guarden de los sofismas de los filósofos, y de los herejes

1. Porque deseo que sepáis las inquietudes que padezco por vosotros, y por los de Laodicea, y aun por aquellos fieles que todavía no me conocen de vista,

2. a fin de que sean consolados sus corazones, y que estando bien unidos por la caridad, sean llenados de todas las riquezas de una perfecta inteligencia, para conocer el misterio de Dios Padre, y de Jesucristo,

3. en quien están encerrados todos los tesoros de la sabiduría y de la ciencia.

4. Y digo esto, para que nadie os deslumbre con sus sutiles discursos.

5. Pues aunque con el cuerpo estoy ausente, no obstante con el espíritu estoy con vosotros, alegrándome de ver vuestro buen orden y la firmeza de vuestra fe en Cristo.

6. Ya, pues, que habéis recibido por Señor a Jesucristo, seguid sus pasos,

7. unidos a él como a vuestra raíz, y edificados sobre él como sobre vuestro fundamento, y confirmados en la fe que se os ha enseñado, creciendo más y más en ella con continuas acciones de gracias.

8. Estad sobre aviso para que nadie os seduzca por medio de una filosofía inútil y falaz, y con vanas sutilezas, fundadas sobre la tradición de los hombres, conforme a las máximas del mundo, y no conforme a la doctrina de Jesucristo,

9. porque en él habita toda la plenitud de la divinidad corporalmente, esto es, real y sustancialmente,

10. y lo tenéis todo en él, que es la cabeza de todo principado y potestad.

11. En el cual fuisteis vosotros también circuncidados, con circuncisión no carnal o hecha por mano que cercena la carne del cuerpo, sino con la circuncisión de Cristo,

12. siendo sepultados con él por el bautismo, y con él resucitados a la vida de la gracia por la fe que tenéis del poder de Dios, que le resucitó de la muerte.

13. En efecto, cuando estabais muertos por vuestros pecados y por la incircuncisión o desorden de vuestra carne, entonces os hizo revivir con él, perdonándoos graciosamente todos los pecados;

14. y cancelada la cédula del decreto firmado contra nosotros, que nos era contrario, la quitó de en medio, enclavándola en la cruz.

15. Y despojando con esto a los principados y potestades infernales*, los sacó valerosamente en público, y los llevó delante de sí, triunfando sobre ellos en su propia persona, o por su pasión y muerte.

16. Nadie, pues, os condene por razón de la comida, o bebida, o en punto de días festivos, o de novilunios, o de sábados, u otras observancias de la ley,

17. cosas todas que eran sombra de las que habían de venir; mas el cuerpo, o la realidad de ellas, es Cristo.

18. Nadie os extravíe del recto camino, afectando humildad, enredándoos con un culto supersticioso de los ángeles, metiéndose en hablar de cosas que no ha visto, hinchado vanamente de su prudencia carnal,

19. y no estando unido con la cabeza, que es Jesucristo, de la cual todo el cuerpo alimentado y organizado por medio de los nervios y junturas va creciendo por el aumento que es de Dios*.

20. Si habéis muerto, pues, con Cristo en orden a aquellas primeras y elementales instrucciones del mundo, ¿por qué las queréis considerar todavía por leyes vuestras, como si vivieseis en la época aquella del mundo?

21. No comáis, se os dice, ni gustéis, ni toquéis esto o aquello;

22. no obstante que todas estas cosas, prescritas por ordenanzas y doctrinas humanas, son tales que se destruyen con el uso mismo que de ellas se hace.

23. Pero en ellas hay verdaderamente una especie de sabiduría cristiana en su observancia libre y acompañada de humildad, y en castigar al cuerpo y no contemplar nuestra carne.

---

3 *De la renovación de las costumbres conforme a la nueva vida recibida de Cristo*

---

1. Ahora bien, si habéis resucitado con Cristo, buscad las cosas que son de arriba, donde Cristo está sentado a la diestra de Dios Padre;

2. saboreaos en las cosas del cielo, no en las de la tierra.

3. Porque muertos estáis ya, y vuestra nueva vida está escondida con Cristo en Dios.

4. Cuando aparezca Cristo, que es vuestra vida, entonces apareceréis también vosotros con él gloriosos.

5. Haced morir, pues, los miembros del hombre terreno que hay en vosotros; la fornicación, la impureza, las pasiones deshonestas, la concupiscencia desordenada y la avaricia, que todo viene a ser una idolatría;

6. por las cuales cosas descarga la ira de Dios sobre los incrédulos,

7. y en las cuales anduvisteis también vosotros en otro tiempo, pasando en aquellos desórdenes vuestra vida.

8. Mas ahora dad ya de mano a todas estas cosas, a la cólera, al enojo, a la malicia, a la maledicencia, y lejos de vuestra boca toda palabra deshonesta.

9. No mintáis los unos a los otros; en suma, desnudaos del hombre viejo con sus acciones,

10. y vestíos del nuevo, de aquel que por el conocimiento de la fe se renueva según la imagen del Señor que le creó,

11. para con el cual no hay distinción de gentil y judío, de circunciso y no circunciso, de bárbaro y escita, de esclavo y libre, sino que Cristo es todo el bien, y está en todos.

12. Revestíos, pues, como escogidos que sois de Dios, santos y amados, revestíos de entrañas de compasión, de benignidad, de humildad, de modestia, de paciencia,

13. sufriéndoos los unos a los otros, y

---

15. *Del dominio que había ejercido en nosotros por el pecado.*

19. Los sacramentos son conductos por donde se comunica la vida de la gracia al cuerpo místico de Cristo, que es la Iglesia.

perdonándoos mutuamente, si alguno tiene queja contra otro, así como el Señor os ha perdonado, así lo habéis de hacer también vosotros.

14. Pero sobre todo mantened la caridad, la cual es el vínculo de la perfección*.

15. Y la paz de Cristo triunfe en vuestros corazones, paz divina a la cual fuisteis asimismo llamados para formar todos un solo cuerpo, y sed agradecidos a Dios por éste y otros beneficios.

16. La palabra de Cristo o su doctrina en abundancia tenga su morada entre vosotros, con toda sabiduría, enseñándoos y animándoos unos a otros, con salmos, con himnos y cánticos espirituales, cantando de corazón con gracia o edificación las alabanzas a Dios.

17. Todo cuanto hacéis, sea de palabra o de obra, hacedlo todo en nombre de nuestro Señor Jesucristo, y a gloria suya, dando por medio de él gracias a Dios Padre.

18. Mujeres, estad sujetas a los maridos, como es debido, en lo que es según el Señor.

19. Maridos, amad a vuestras mujeres, y no las tratéis con aspereza.

20. Hijos, obedeced a vuestros padres en todo, porque esto es agradable al Señor.

21. Padres, no provoquéis a ira, o no irritéis, a vuestros hijos con excesiva severidad, para que no se hagan pusilánimes o apocados.

22. Siervos, obedeced en todo a vuestros amos temporales, no sirviéndolos sólo mientras tienen la vista sobre vosotros, o solamente cuando os miran, como si no deseaseis más que complacer a los hombres, sino con sencillez de corazón y temor de Dios.

23. Todo lo que hagáis, hacedlo de buena gana, como quien sirve a Dios y no a hombres,

24. sabiendo que recibiréis del Señor la herencia del cielo por galardón o salario; pues a Cristo nuestro Señor es a quien servís en la persona de vuestros amos.

25. Mas el que obra mal o injustamente llevará el pago de su injusticia, porque en Dios no hay preferencia de personas.

14. *Pues nos une a unos con otros, y a todos con Dios. En esto consiste la perfección cristiana.*

4 *Ultimos avisos de Pablo. Recomienda a Tíquico y a Onésimo, y saluda a varios*

1. Amos, tratad a los siervos según lo que dictan la justicia y la equidad, sabiendo que también vosotros tenéis un amo en el cielo*.

2. Perseverad en la oración, velando en ella y acompañándola con acciones de gracias,

3. orando por nosotros, para que Dios nos abra la puerta de la predicación a fin de anunciar el misterio de la redención de los hombres por Cristo, (por cuya causa estoy todavía preso).

4. y para que yo le manifieste de la manera firme con que debo hablar de él.

5. Portaos sabiamente y con prudencia con aquellos que están fuera de la Iglesia*, resarciendo el tiempo perdido.

6. Vuestra conversación sea siempre con agrado, sazonada con la sal de la discreción, de suerte que acertéis a responder a cada uno como conviene.

7. De todas mis cosas os informará Tíquico, mi carísimo hermano, y fiel ministro, y consiervo en el Señor,

8. al cual he enviado a vosotros expresamente para que se informe de vuestras cosas y consuele vuestros corazones,

9. junto con Onésimo, mi muy amado y fiel hermano, el cual es vuestro compatriota. Estos os contarán todo lo que aquí pasa.

10. Os saluda Aristarco, mi compañero en la prisión, y Marcos, primo de Barnabé, acerca del cual os tengo ya hechos mis encargos, si fuere a vosotros, recibidle bien.

11. Os saluda también Jesús, por sobrenombre Justo, éstos son de los circuncisos, o de los hebreos convertidos; y ellos solos son los que me ayudan a anunciar el reino de Dios, y me han servid de consuelo.

12. Os saluda Epafras, el cual es de los vuestros, o vuestro paisano, siervo fiel de Jesucristo, siempre solícito en rogar por

1. *Que os tratará como los tratéis a ellos.*
5. *Para atraerlos a la fe con vuestra conducta.*

vosotros en sus oraciones, para que seáis perfectos, y conozcáis bien todo lo que Dios quiere de vosotros.

13. Pues yo soy testigo de lo mucho que se afana por vosotros, y por los de Laodicea, y de Hierápolis.

14. Os saluda el muy amado Lucas, médico, y también Demas.

15. Saludad vosotros a los hermanos de Laodicea, y a Ninfas, y a la Iglesia que tiene en su casa.

16. Leída que sea esta carta entre vosotros, haced que se lea también en la iglesia de Laodicea, como el que vosotros asimismo leáis la de los laodicenses.

17. Finalmente, decid de mi parte a Arquipo: Considera bien el ministerio, que has recibido en nombre del Señor, a fin de desempeñar todos sus cargos.

18. El saludo va de mi propia mano, Pablo. Acordaos de mis cadenas. La gracia sea con vosotros. Amén.

Primera Carta de San Pablo a los Tesalonicenses

Introducción

Pablo había predicado la fe en Tesalónica o Salónica, capital de la Macedonia, de donde debió retirarse por la persecución de los judíos a Berea, de allí a Atenas y en seguida a Corinto, a donde llegaron desde Tesalónica Timoteo y Silas. Cuando éstos le contaron la constancia en la fe de los nuevos fieles de Tesalónica, Pablo les escribió esta carta con varias instrucciones y advertencias. Se cree que fue la primera carta escrita por Pablo hacia el año 52.

El mayor valor doctrinal de las *Cartas a los Tesalonicenses* está en sus enseñanzas *escatológicas* o *definitivas*: La venida de Jesús a juzgar a vivos y muertos alimenta la valentía y la paciencia frente a las tribulaciones y es una verdad incorporada en los credos posteriores.

1 *Felicita Pablo a los tesalonicenses por ser un testimonio de fe, esperanza y caridad*

1. Pablo, y Silvano, y Timoteo, a la Iglesia de los tesalonicenses, congregada en Dios Padre, y en nuestro Señor Jesucristo,

2. gracia y paz sea con vosotros. Sin cesar damos gracias a Dios por todos vosotros, haciendo continuamente memoria de vosotros en nuestras oraciones,

3. acordándonos delante del Dios y Padre nuestro de las obras de vuestra fe, de los trabajos de vuestra caridad, y de la firmeza de vuestra esperanza en nuestro Señor Jesucristo,

4. considerando, amados hermanos, que vuestra elección o vocación a la fe es de Dios;

5. porque nuestra buena nueva no se anunció a vosotros sólo con palabras, sino también con milagros y dones del Espíritu Santo, con eficaz persuasión, porque ya sabéis cuál fue nuestro proceder entre vosotros para procurar vuestro bien.

6. Vosotros de vuestra parte os hicisteis imitadores nuestros y del Señor, recibiendo su palabra en medio de muchas tribulaciones, con gozo del Espíritu Santo,

7. de suerte que habéis servido de modelo a cuantos han creído en la Macedonia y en Acaya.

8. Pues que de vosotros se difundió la palabra del Señor, o la buena nueva, no sólo por la Macedonia y por la Acaya, sino que por todas partes se ha divulgado en tanto grado la fe que tenéis en Dios, que no tenemos necesidad de decir nada sobre esto.

9. Porque los mismos fieles publican el suceso que tuvo nuestra entrada entre vosotros, y cómo os convertisteis a Dios abandonando los ídolos por servir al Dios vivo y verdadero,

10. y para esperar del cielo a su Hijo Jesús (a quien resucitó de entre los muertos), y el cual nos libertó de la ira venidera.

2 *Pablo hace presente a los tesalonicenses la libertad, desinterés y celo con que les predicó*

1. El hecho es que vosotros, hermanos míos, sabéis bien cómo nuestra llegada a vuestra ciudad no fue en vano, o sin fruto;

2. sino que habiendo sido antes maltratados y afrentados, o azotados con varas (como no ignoráis) en Filipos, puesta en nuestro Dios la confianza, pasamos animosamente a predicaros la buena nueva de Dios en medio de muchos obstáculos.

3. Porque no os hemos predicado ninguna doctrina de error, ni de inmundicia, ni con el designio de engañaros;

4. sino que del mismo modo que fuimos aprobados de Dios para que se nos confiase su buena nueva, así hablamos o predicamos, y no como para agradar a los hombres, sino a Dios, que sondea nuestros corazones.

5. Porque nunca usamos del lenguaje de adulación, como sabéis, ni de ningún pretexto de avaricia; Dios es testigo de todo esto;

6. ni buscamos gloria de los hombres, ni de vosotros, ni de otros algunos.

7. Pudiendo como apóstoles de Cristo gravaros, con la carga de nuestra subsistencia, más bien nos hicimos párvulos, o mansos y suaves, en medio de vosotros, como una madre que está criando, llena de ternura para con sus hijos,

8. de tal manera apasionados por vosotros, que deseábamos con ansia comunicaros no sólo la buena nueva de Dios, sino daros también hasta nuestra misma vida; tan queridos llegasteis a ser de nosotros.

9. Porque bien os acordaréis, hermanos míos, de nuestros trabajos y fatigas por amor vuestro; cómo trabajando de día y de noche, a trueque de no gravar a nadie, ganándonos nuestro sustento, predicamos ahí la buena nueva de Dios.

10. Testigos sois vosotros, y también Dios, de cuán santa, y justa, y sin querella alguna fue nuestra mansión entre vosotros, que habéis abrazado la fe,

11. sabiendo, como sabéis, que nos hemos portado con cada uno de vosotros (a la manera que un padre con sus hijos)

12. amonestándoos, consolándoos, y conjurándoos a llevar una vida digna de Dios, que os ha llamado a su reino y gloria.

13. De aquí es que no cesamos de dar gracias al Señor; porque cuando recibisteis la palabra de Dios oyéndola de nosotros, la recibisteis, no como palabra de hombre, como palabra de Dios, que fructifica en vosotros que habéis creído.

14. Porque vosotros, hermanos míos, habéis imitado a las iglesias de Dios que hay en Judea reunidas en Jesucristo, siendo así que habéis sufrido de los de vuestra propia nación las mismas persecuciones que aquellas han sufrido de los judíos;

15. los cuales también mataron al Señor Jesús y a los profetas, y a nosotros nos han perseguido, y desagradan a Dios, y son enemigos de todos los hombres, pues se oponen a su salvación,

16. prohibiéndonos predicar a los gentiles a fin de que se salven, para ir siempre ellos llenando la medida de sus pecados; por lo que la ira de Dios ha caído sobre su cabeza, y durará hasta el fin*.

17. Pero en cuanto a nosotros, hermanos míos, después de haber estado por un poco de tiempo separados de vosotros con el cuerpo, no con el corazón, hemos deseado con tanto más ardor y empeño volveros a ver.

18. Por eso quisimos pasar a visitaros; y en particular yo, Pablo, he estado resuelto a ello más de una vez; pero Satanás nos lo ha estorbado.

19. En efecto, ¿cuál es nuestra esperanza, nuestro gozo, y la corona que formará nuestra gloria? ¿No sois vosotros delante de nuestro Señor Jesucristo para el día de su advenimiento?

20. Sí, vosotros sois nuestra gloria y nuestro gozo.

3

Consuelo de Pablo al saber por Timoteo la constancia de los tesalonicenses en la fe de Jesucristo

1. Por este motivo no pudiendo sufrir más estar sin saber de vosotros, tuvimos por bien quedarnos solos en Atenas.

2. Y despachamos a Timoteo, hermano nuestro y ministro de Dios en la predicación de la buena nueva de Jesucristo, para confirmaros y esforzaros en vuestra fe,

3. a fin de que ninguno se conturbe ni bambalee por estas tribulaciones; pues vosotros mismos sabéis que a esto estamos destinados.

4. Porque ya cuando estábamos con

16. *Rom 11*, 26.

vosotros, os predecíamos que habíamos de padecer tribulaciones, así como ha sucedido, y tenéis noticia de ello.

5. Por esto mismo no pudiendo ya sufrir más, envié a informarme de vuestra fe, temiendo que el tentador os hubiese tentado, y se perdiese nuestro trabajo.

6. Pero ahora que Timoteo, ha regresado, nos ha traído nuevas de la fe y caridad vuestra, y cómo conserváis siempre buena memoria de nosotros, deseando vernos, igualmente que nosotros os deseamos ver también;

7. con eso, hermanos, hemos tenido gran consuelo a vista de vuestra fe, en medio de todas nuestras necesidades y tribulaciones;

8. porque ahora podemos decir que vivimos, puesto que vosotros estáis firmes en el Señor.

9. Y en efecto, ¿qué acción de gracias bastante podemos tributar a Dios por vosotros, por todo el gozo que experimentamos por vuestra causa delante de nuestro Dios?

10. Esto es lo que nos hace rogarle día y noche con la mayor instancia, que nos permita pasar a veros y acabar las instrucciones que faltan a vuestra fe.

11. ¡Oh! quiera el Dios y Padre nuestro, y nuestro Señor Jesucristo, dirigir nuestros pasos hacia vosotros.

12. Entretanto el Señor os multiplique, y aumente vuestra caridad recíprocamente, y para con todos, tal cual es la nuestra para con vosotros,

13. a fin de fortalecer vuestros corazones en santidad, y ser irreprensibles delante de Dios y Padre nuestro, para cuando venga nuestro Señor Jesucristo con todos sus santos. Amén.

4 *Debemos huir de la lujuria y no hemos de entristecernos por la muerte*

1. Por lo demás, hermanos, os rogamos y conjuramos por el Señor Jesús, que según aprendisteis de nosotros el modo como debéis portaros y agradar a Dios, así procedáis, para adelantar más y más en el camino del Señor.

2. Porque ya sabéis qué preceptos os he dado en nombre del Señor Jesús.

3. Esta es la voluntad de Dios, a saber, vuestra santificación, que os abstengáis de la fornicación,

4. que sepa cada uno de vosotros usar del propio cuerpo santa y honestamente,

5. no con pasión libidinosa, como lo hacen los gentiles, que no conocen a Dios;

6. y que nadie oprima a su hermano, ni le engañe en ningún asunto; puesto que Dios es vengador de todas estas cosas, como ya antes os hemos dicho y protestado;

7. porque no nos ha llamado Dios a inmundicia, sino a santidad.

8. Así que quien menosprecia estos preceptos, no desprecia a un hombre, sino a Dios, que es el autor de ellos, y el cual asimismo nos ha dado su santo Espíritu.

9. Por lo que mira a la caridad fraterna no hay necesidad de escribiros; pues vosotros mismos aprendisteis de Dios a amaros unos a otros,

10. y así lo hacéis con cuantos hermanos hay en toda la Macedonia. Pero os rogamos, hermanos míos, que adelantéis o crezcáis más y más en este amor;

11. y procuréis vivir quietos; y atended a lo que tengáis que hacer; y trabajéis con vuestras manos, conforme os tenemos ordenado, y que os portéis modestamente con los que están fuera de la Iglesia, y que no codiciéis cosa alguna de nadie.

12. En orden a los difuntos no queremos, hermanos, dejaros en ignorancia, porque no os entristezcáis, del modo que suelen los demás hombres, que no tienen la esperanza de la vida eterna.

13. Porque si creemos que Jesús, nuestra cabeza, murió y resucitó, también debemos creer que Dios resucitará y llevará con Jesús a la gloria a los que* hayan muerto en la fe y amor de Jesús.

14. Por lo cual os decimos sobre la palabra del Señor, que nosotros los vivientes, o los que quedaremos hasta la venida del Señor, no cogeremos la delantera a los que ya murieron antes*:

15. por cuanto el mismo Señor a la orden del arcángel, y al sonido de la trompeta de

---

13. Sus miembros por la fe y la caridad.
14. *No resucitaremos por eso antes que ellos.*

Dios, descenderá del cielo; y los que murieron en Cristo, resucitarán los primeros.

16. Después, nosotros los vivos, los que hayamos quedado*, seremos arrebatados con ellos sobre nubes al encuentro de Cristo en el aire, y así estaremos con el Señor eternamente.

17. Consolaos, pues, los unos a los otros con estas verdades.

5

Les advierte que la segunda venida del Señor será cuando menos piensen

---

1. Pero en cuanto al tiempo y al momento de esta segunda venida de Jesucristo, no necesitáis, hermanos míos, que os escriba;

2. porque vosotros sabéis muy bien que como el ladrón de noche, así vendrá el día del Señor.

3. Pues cuando los impíos estarán diciendo que hay paz y seguridad, entonces los sobrecogerá de repente la ruina, como el dolor de parto a la que está encinta, sin que puedan evitarla.

4. Mas vosotros, hermanos, no vivís en las tinieblas del pecado, para que os sorprenda como ladrón aquel día;

5. puesto que todos vosotros sois hijos de la luz e hijos del día; no lo somos de la noche ni de las tinieblas*.

6. No durmamos, pues, como los demás, antes bien estemos en vela, y vivamos con templanza.

7. Pues los que duermen, duermen de noche, y los que se embriagan, de noche se embriagan.

8. Nosotros que somos hijos del día, o de la luz de la fe, vivamos en sobriedad, vestidos de cota de fe y de caridad, y teniendo por casco la esperanza de la salud eterna;

9. porque no nos ha puesto Dios para blanco de venganza, sino para hacernos adquirir la salud por nuestro Señor Jesucristo,

10. el cual murió por nosotros, a fin de que ora velando, ora durmiendo, vivamos con él.

11. Por lo cual consolaos mutuamente, y edificaos los unos a los otros, como ya lo hacéis.

12. Asimismo, hermanos, os rogamos que tengáis especial consideración a los que trabajan entre vosotros, y os gobiernan en el Señor, y os instruyen,

13. dándoles las mayores muestras de caridad por sus desvelos; conservad la paz con ellos.

14. Os rogamos también, hermanos, que corrijáis a los inquietos, que consoléis a los pusilánimes, que soportéis a los flacos, que seáis pacientes con todos.

15. Procurad que ninguno vuelva a otro mal por mal; sino tratad de hacer siempre bien unos a otros, y a todo el mundo.

16. Vivid siempre alegres.

17. Orad sin intermisión.

18. Dad gracias por todo al Señor; porque esto es lo que quiere Dios que hagáis todos en nombre de Jesucristo.

19. No apaguéis el Espíritu de Dios.

20. No despreciéis las profecías, apreciadlas.

21. Examinad, sí, todas las cosas, y ateneos a lo bueno y conforme a la buena nueva.

22. Apartaos aun de toda apariencia de mal.

23. Y el Dios de la paz os haga santos en todo, a fin de que vuestro espíritu entero, con alma y cuerpo se conserven sin culpa para cuando venga nuestro Señor Jesucristo.

24. Fiel es el que os llamó, y así lo hará como lo ha ofrecido.

25. Hermanos míos, orad por nosotros.

26. Saludad a todos los hermanos con el ósculo santo.

27. Os conjuro por el Señor, que se lea esta carta a todos los santos hermanos.

28. La gracia de nuestro Señor Jesucristo sea con vosotros. Amén.

---

16. *Habiendo muerto también y resucitado.*

5. *Sino de Dios, que nos ilumina con su gracia.*

Segunda Carta de San Pablo a los Tesalonicenses

Introducción

Lo dicho por Pablo acerca del juicio final en su primera carta había alarmado a los tesalonicenses, que pensaron que este día estaba muy cerca. Pablo les escribió desde Corinto esta segunda carta para tranquilizarlos y les enseña que antes de que venga Cristo a juzgar a vivos y muertos habrá una apostasía y aparecerá el Anticristo, a quien Cristo destruirá finalmente. Pablo anima y alienta a los fieles a la oración y a trabajar sin cansancio.

1

Da gracias a Dios por la fe de los tesalonicenses y por su paciencia en las tribulaciones

1. Pablo y Silvano, y Timoteo, a la Iglesia de los tesalonicenses, congregada en el nombre de Dios nuestro Padre, y en el Señor Jesucristo:

2. la gracia y la paz sea con vosotros, de parte de Dios nuestro Padre, y del Señor Jesucristo.

3. Debemos dar a Dios continuamente acciones de gracias por vosotros, hermanos míos, y es muy justo que lo hagamos, puesto que vuestra fe va aumentándose más y más, y la caridad que tenéis recíprocamente unos para con otros va tomando un nuevo incremento,

4. de tal manera que nosotros mismos nos gloriamos de vosotros en las iglesias de Dios, por vuestra paciencia y fe en medio de todas vuestras persecuciones y tribulaciones que padecéis,

5. que son señales que demuestran el justo juicio de Dios que así os purifica, para haceros dignos de su reino, por el cual padecéis lo que padecéis.

6. Porque delante de Dios es justo que él aflija a su vez a aquellos que ahora os afligen;

7. y a vosotros, que estáis al presente atribulados, os haga gozar con nosotros del descanso eterno, cuando el Señor Jesús descenderá del cielo y aparecerá con los ángeles que son los ministros de su poder,

8. cuando vendrá con llamas de fuego a tomar venganza de los que conocieron a Dios, y de los que no obedecen la buena nueva de nuestro Señor Jesucristo;

9. los cuales sufrirán la pena de una eterna condenación confundidos por la presencia del Señor y por el brillante resplandor de su poder

10. cuando viniere a ser glorificado en sus santos y a ostentarse admirable en todos los que creyeron*; pues que vosotros habéis creído nuestro testimonio acerca de aquel día.

11. Por este motivo oramos también sin cesar por vosotros, para que nuestro Dios os haga dignos del estado a que os ha llamado, y cumpla todos los designios que su bondad tiene sobre vosotros, y haga con su poder fecunda vuestra fe en buenas obras,

12. a fin de que sea glorificado en vosotros el nombre de nuestro Señor Jesucristo; y vosotros en él, por la gracia de nuestro Dios y del Señor Jesucristo.

---

10. *Con la gloria inmensa con que los llenará a ellos y a vosotros también.*

2 *Describe las señales que precederán a la venida de Cristo y los exhorta a permanecer en la doctrina*

1. Entretanto, hermanos, os suplicamos por el advenimiento de nuestro Señor Jesucristo y de nuestra reunión al mismo,
2. que no abandonéis ligeramente vuestros primeros sentimientos, ni os alarméis con supuestas revelaciones, con ciertos discursos, o con cartas que se supongan enviadas por nosotros, como si el día del Señor estuviera ya muy cercano.
3. No os dejéis seducir de nadie en ninguna manera; porque no vendrá este día sin que primero haya acontecido la apostasía, casi general de los fieles, y aparecido el hombre del pecado, el hijo de la perdición,
4. el cual se opondrá a Dios, y se alzará contra todo lo que se dice Dios, o se adora, hasta llegar a poner su asiento en el templo de Dios, dando a entender que es Dios.
5. ¿No os acordáis que cuando estaba todavía entre vosotros, os decía estas cosas?
6. Ya sabéis vosotros la causa que ahora le detiene, hasta que sea manifestado o venga en su tiempo señalado.
7. El hecho es que ya va obrando o formándose el misterio de iniquidad; entretanto el que está firme ahora, manténgase, hasta que sea quitado el impedimento*.
8. Y entonces se dejará ver aquel perverso, a quien el Señor Jesús matará con el resuello o el sólo aliento de su boca, y destruirá con el resplandor de su presencia
9. a aquel inicuo que vendrá con el poder de Satanás, con toda suerte de milagros, de señales y de prodigios falsos,
10. y con todas las ilusiones que pueden conducir a la iniquidad a aquellos que se perderán, por no haber recibido y amado la verdad a fin de salvarse. Por eso Dios les enviará o permitirá que obre en ellos el artificio del error, con que crean a la mentira,
11. para que sean condenados todos los que no creyeron a la verdad, sino que se complacieron en la maldad o injusticia.
12. Mas nosotros debemos siempre dar gracias a Dios por vosotros, ¡oh hermanos amados de Dios!, por haberos Dios escogido por primicias de salvación en toda la Macedonia, mediante la santificación del espíritu y la verdadera fe que os ha dado,
13. a la cual os llamó así mismo por medio de nuestra buena nueva, para haceros conseguir la gloria de nuestro Señor Jesucristo.
14. Así que, hermanos míos, estad firmes en la fe, y mantened las tradiciones o doctrinas que habéis aprendido, ora por medio de la predicación, ora por carta nuestra.
15. Y nuestro Señor Jesucristo, y Dios y Padre nuestro, que nos amó, y dio eterno consuelo y buena esperanza por la gracia,
16. aliente y consuele vuestros corazones, y los confirme en toda obra y palabra buena.

3 *Les pide rueguen a Dios por él; recomienda el amor al trabajo y la corrección de los malos*

1. Por último, hermanos, orad por nosotros, para que la palabra de Dios se propague más y más, sea glorificada en todo el mundo, como lo es ya entre vosotros,
2. y nos veamos libres de los díscolos y malos hombres, porque al fin es de todos el alcanzar la fe*.
3. Pero fiel es Dios, que os fortalecerá y defenderá del espíritu maligno.
4. Y así confiamos en el Señor, que vosotros hacéis ya ahora lo que ordenamos en esta carta, y que lo haréis en adelante.
5. El Señor entretanto dirija vuestros corazones en el amor de Dios y en la paciencia de Cristo.
6. Por lo que os comunicamos, hermanos, en nombre de nuestro Señor Jesucristo, que os apartéis de cualquiera de entre vuestros hermanos que proceda desordenadamente, y no conforme a la tradición o enseñanza que ha recibido de nosotros.
7. Pues bien sabéis vosotros mismos lo

7. *O que haya desaparecido lo que ahora lo detiene, como la fe y la caridad de las almas buenas, que hay todavía.*

2. Que con furor se oponen a ella. *1 Cor 3*, 3; *1 Tes 3*, 2; *Hech 18*, 6.

que debéis hacer para imitarnos, por cuanto no anduvimos desordenadamente o causando inquietudes entre vosotros;

8. ni comimos el pan de balde a costa de otro, sino con trabajo y fatiga, trabajando de noche y de día para ganar nuestro sustento, por no ser gravosos a ninguno de vosotros.

9. No porque no tuviésemos potestad para hacerlo, sino a fin de daros en nuestra persona un dechado para imitar.

10. Así es que aun estando entre vosotros, os comunicábamos esto: Quien no quiere trabajar, tampoco coma.

11. Porque hemos oído que andan entre vosotros algunos bulliciosos, que no entienden en otra cosa que en indagar lo que no les importa.

12. Pues a éstos los apercibimos, y les rogamos encarecidamente por nuestro Señor Jesucristo, que trabajando quietamente en sus casas, coman así su propio pan o el que ellos se ganen.

13. Vosotros, hermanos, de vuestra parte no os canséis de hacer bien.

14. Y si alguno no obedeciere lo que ordenamos en nuestra carta, tildadle al tal, y no converséis con él, para que se avergüence y enmiende;

15. mas no le miréis como a enemigo, sino corregidle como hermano con amor y dulzura.

16. Así el mismo Señor y autor de la paz os conceda siempre paz en todas partes. El Señor sea con todos vosotros.

17. El saludo de mi propio puño: Pablo; lo cual sirve de contraseña en toda carta mía; así escribo, o firmo,

18. la gracia de nuestro Señor Jesucristo sea con todos vosotros. Amén.

Primera Carta de San Pablo a Timoteo

Introducción

Timoteo, obispo en Efeso, recibe la carta de su maestro, el apóstol Pablo, quien lo instruye en sus obligaciones, le habla del ministerio episcopal, de las cualidades de los ministros de la Iglesia, de la instrucción de los fieles, según el sexo y condición de cada uno, y le amonesta para que evite las disputas ruidosas y el estudio de ciencias inútiles y vanas.

Las *Cartas a Timoteo* y *Tito* se diferencian de los demás escritos de San Pablo por el lenguaje empleado y por los temas tratados. Se llaman *Cartas pastorales* porque dan normas sobre el comportamiento individual y social de la comunidad de los fieles.

1

Encarga Pablo a Timoteo que impida las doctrinas nuevas y cuestiones inútiles que no fomentan la caridad

1. Pablo, apóstol de Jesucristo por mandato de Dios, salvador nuestro y de Cristo Jesús, nuestra esperanza,

2. a Timoteo, querido hijo o discípulo en la fe, gracia, misericordia y paz de Dios Padre, y de nuestro Señor Jesucristo.

3. Bien sabes cómo al irme a Macedonia te pedí que te quedases en Efeso, para que hicieses entender a ciertos sujetos que no enseñasen doctrina diferente de la nuestra,

4. ni se ocupasen en fábulas y genealogías interminables, que son más propias para excitar disputas que para formar por la fe el edificio de Dios.

5. Pues el fin de los mandamientos o de la ley es la caridad que nace de un corazón puro, de una buena conciencia, y de fe no fingida.

6. De lo cual desviándose algunos, han venido a dar en charlatanería,

7. queriendo hacer de doctores de la ley sin entender lo que hablan ni lo que aseguran.

8. Ya sabemos (tan bien como ellos) que la ley es buena para el que usa bien de ella,

9. reconociendo que no se puso la ley o sus penas para el justo, sino para los injustos, y para los desobedientes, para los impíos y pecadores, para los facinerosos y profanos, para los parricidas y matricidas, para los homicidas,

10. para los fornicarios, para los sodomitas, para los que hurtan hombres, para los embusteros y perjuros, y para cuantos son enemigos de la sana doctrina,

11. la cual es conforme a la buena nueva gloriosa de Dios bendito, que se me ha encomendado.

12. Gracias doy a aquel que me ha confortado, a Jesucristo nuestro Señor, porque me tuvo por fiel, poniéndome en el ministerio a mí,

13. que fui antes blasfemo, y perseguidor, y opresor; pero alcancé misericordia de Dios, por haber procedido con ignorancia careciendo del don de fe;

14. y así ha sobreabundado en mí la gracia de nuestro Señor Jesucristo con la fe y caridad que es en Cristo Jesús o por sus méritos.

15. Verdad es cierta y digna de todo acatamiento, que Jesucristo vino a este mundo para salvar a los pecadores, de los cuales el primero soy yo;

16. mas por eso conseguí misericordia, a fin de que Jesucristo mostrase en mí el primero su extremada paciencia, para ejemplo y confianza de los que han de creer en él, para alcanzar la vida eterna.

17. Por tanto, al rey de los siglos inmortal, invisible, al solo y único Dios, sea dada la honra y la gloria por siempre jamás. Amén.

18. Este precepto te recomiendo, hijo Timoteo, y es, que según las predicciones hechas antes sobre ti, así cumplas o llenes tu deber militando como buen soldado de Cristo,

19. manteniendo la fe y la buena conciencia; la cual por haber desechado de sí algunos, vinieron a naufragar en la fe.

20. De cuyo número son Himeneo y Alejandro, los cuales tengo entregados a Satanás, para que aprendan a no decir blasfemias.

2 *Jesucristo es el único mediador y Redentor de todos. Debemos orar en todo lugar*

1. Recomiendo, pues, ante todas cosas que se hagan súplicas, oraciones, rogativas, acciones de gracias, por todos los hombres,

2. por los reyes y por todos los constituidos en alto puesto, a fin de que tengamos una vida quieta y tranquila en el ejercicio de toda piedad y honestidad.

3. Porque ésta es una cosa buena, y agradable a los ojos de Dios, salvador nuestro.

4. El cual quiere que todos los hombres se salven y vengan en conocimiento de la verdad.

5. Porque uno es Dios, y uno también el mediador entre Dios y los hombres, Jesucristo hombre,

6. que se dio a sí mismo en rescate por todos y para testimonio dado a su tiempo,

7. del cual yo estoy constituido predicador y apóstol (digo la pura verdad, no miento) doctor de las gentes en la fe y verdad, o fiel y veraz.

8. Quiero, pues, que los hombres oren en todo lugar, alzando las manos limpias, o puras de toda maldad, exentos de todo encono y disensión.

9. Así mismo oren también las mujeres en traje decente, ataviándose con recato y modestia, o sin superfluidad, y no con los cabellos rizados o ensortijados, ni con oro, o con perlas, o costosos adornos;

10. sino con buenas obras, como corresponde a mujeres que hacen profesión de piedad.

11. Las mujeres escuchen en silencio las instrucciones y óiganlas con entera sumisión;

12. pues no permito a la mujer hacer de doctora en la iglesia, ni tomar autoridad sobre el marido; mas quédese callada en su presencia,

13. ya que Adán fue formado el primero, y después Eva, como inferior;

14. y además Adán no fue engañado, mas la mujer, engañada por la serpiente, fue causa de la prevaricación del hombre.

15. Verdad es que se salvará por medio de la buena crianza de los hijos, si persevera en la fe y en la caridad, en santa y arreglada vida.

3 *Describe cuáles deben ser los obispos o sacerdotes, los diáconos y las mujeres que sirven a la Iglesia*

1. Es una verdad muy cierta, que quien desea obispado desea un buen trabajo, o un ministerio santo.

2. Por consiguiente es preciso que un obispo sea irreprensible, que no se haya casado sino con una sola mujer*, sobrio, prudente, grave, modesto, casto, amante de la hospitalidad, propio y capaz para enseñar,

3. no dado al vino, no violento, sino moderado, no pleitista, no interesado, mas

4. que sepa gobernar bien su casa, teniendo los hijos a raya con toda decencia.

5. Pues si uno no sabe gobernar su casa, ¿cómo cuidará de la Iglesia de Dios?

6. No sea neófito, o recién bautizado; porque hinchado de soberbia*, no caiga en la misma condenación del diablo cuando cayó del cielo.

7. También es necesario que tenga buena reputación entre los extraños o gentiles,

---

2. En los primeros siglos de la Iglesia se elegían y ordenaban presbíteros y obispos personas casadas. Lo que dice Pablo de los obispos, se debe entender también de los presbíteros.

6. *Engreído al verse en una dignidad tan alta.*

para que no caiga en desprecio y en lazo del diablo.

8. De la misma suerte los diáconos sean honestos, no dobles en sus palabras, no bebedores de mucho vino, no aplicados a negocios sucios,

9. que traten el misterio de la fe con limpia conciencia.

10. Y por tanto sean éstos antes probados*; y así entren en el ministerio, no siendo tachados de ningún delito.

11. Las mujeres igualmente han de ser honestas y vergonzosas, no chismosas o calumniadoras, sobrias, fieles en todo.

12. Los diáconos sean esposos de una sola mujer, que gobiernen bien sus hijos y sus familias.

13. Pues los que ejercitaren bien su ministerio, se granjearán un ascenso honorífico, mucha confianza para enseñar la fe de Jesucristo.

14. Te escribo esto con la esperanza de que en breve iré a verte;

15. y si tardare, para que sepas cómo debes portarte en la casa de Dios, que es la iglesia del Dios vivo, columna y apoyo de la verdad.

16. Y es ciertamente grande a todas luces el misterio de la piedad, o amor divino, en que el Hijo de Dios se ha manifestado en carne mortal, ha sido justificado por el Espíritu Santo, ha sido visto de los ángeles, predicado a los gentiles, creído en el mundo, elevado a la gloria*.

4 *Predice que algunos hombres instigados por el diablo, enseñarán varios errores*

1. Pero el Espíritu Santo dice claramente* que en los venideros tiempos han de apostatar algunos de la fe, dando oídos a espíritus falaces y a doctrinas diabólicas,

2. enseñadas por impostores llenos de hipocresía, que tendrán la conciencia cauterizada, o ennegrecida de crímenes,

3. quienes prohibirán el matrimonio y el uso de los manjares, que Dios creó para que los tomasen con acción de gracias los fieles y los que han conocido la verdad.

4. Porque toda criatura de Dios es buena, y nada se debe desechar de lo que se toma, o come con acción de gracias;

5. puesto que se santifica por la palabra de Dios y por la oración, o bendición.

6. Proponiendo esto a los hermanos, serás buen ministro de Jesucristo, como educado en las verdades de la fe y de la buena doctrina, que has aprendido.

7. En cuanto a las fábulas ridículas y cuentos de viejas dales de mano, y dedícate al ejercicio de la virtud.

8. Pues los ejercicios corporales sirven para pocas cosas, al paso que la virtud sirve para todo, como que trae consigo la promesa de la vida presente y de la futura, o eterna.

9. Promesa fiel y sumamente apreciable,

10. que en verdad por eso sufrimos trabajos y oprobios, porque ponemos la esperanza en Dios vivo, el cual es salvador de los hombres todos, ante todo de los fieles.

11. Esto has de enseñar y ordenar.

12. Pórtate de manera que nadie te menosprecie por tu poca edad, has de ser desechado por los fieles en el hablar, en el trato, en la caridad, en la fe, en la castidad.

13. Entretanto que yo voy, aplícate a la lectura, a la exhortación y a la enseñanza.

14. No malogres la gracia que tienes por la consagración, la cual se te dio a pesar de tus pocos años en virtud de particular revelación, con la imposición de las manos de los presbíteros.

15. Medita estas cosas, y ocúpate enteramente en ellas, de manera que vea todo el mundo tu aprovechamiento.

16. Vela sobre ti mismo, y atiende a la enseñanza de la doctrina, insiste y sé diligente en estas cosas; porque haciendo esto, te salvarás a ti y también a los que te oyeren.

5 *Pablo advierte a Timoteo cómo ha de portarse con los fieles de todas edades*

1. No reprendas con aspereza al anciano, sino exhórtale como a padre; a los jóvenes, como a hermanos;

---

10. Examinadas su vida y sus costumbres.
16. *Habiendo triunfado sobre la muerte.*
1. Por medio de quienes tienen el don de la profecía.

2. a las ancianas, como a madres; y a las jovencitas, como a hermanas, con todo recato.

3. Honra a las viudas, que verdaderamente son tales*.

4. Que si alguna viuda tiene hijos o nietos, atienda primero a gobernar bien su casa y dar el retorno debido a sus padres; pues esto es lo que a Dios agrada.

5. Mas la que verdaderamente es viuda y desamparada, espere en Dios, y ejercítese en plegarias y oraciones noche y día.

6. Porque lo que vive en deleites, viviendo está muerta, pues lo está su alma.

7. Hazles, pues, entender estas cosas, para que sean irreprensibles.

8. Que si hay quien no mira por los suyos, sobre todo si son de la familia, este tal ha negado la fe, y es peor que un infiel.

9. No sea elegida viuda para el servicio de la Iglesia de menos de sesenta años de edad, ni la que haya sido casada más de una vez.

10. Sus buenas obras den testimonio de ella, si ha educado bien a los hijos, si ha ejercitado la hospitalidad, si ha lavado los pies de los santos, si ha practicado toda suerte de virtudes.

11. Viudas jóvenes no las admitas al servicio de la Iglesia. Pues cuando se han regalado a costa de los bienes de Cristo, quieren casarse,

12. teniendo contra sí, sentencia de condenación, por cuanto violaron la primera fe*.

13. Y aun también estando ociosas, o teniendo poco trabajo, se acostumbran a andar de casa en casa, no como quiera ociosas, sino también parleras y curiosas, hablando de cosas de que no deberían hablar.

14. Quiero, pues, más en este caso, que las que son jóvenes se vuelvan a casar, críen hijos, sean buenas madres de familia, no den al enemigo ninguna ocasión de maledicencia.

15. Pues algunas se han pervertido ya para ir en pos de Satanás*.

16. Si alguno de los fieles tiene viudas en su parentela, asístalas, y no se grave a la Iglesia con su manutención, a fin de que haya lo suficiente para mantener a las que son verdaderamente viudas, o desamparadas.

17. Los presbíteros que cumplen bien con su oficio, sean remunerados con doble honorario, sobre todo los que trabajan en predicar y en enseñar.

18. Porque la Escritura dice: No pondrás bozal al buey que trilla. Y también: El obrero merece su jornal*.

19. Contra presbítero no admitas acusación sin la presencia de dos o tres testigos.

20. A los pecadores públicos y obstinados has de reprenderlos delante de todos, para que los demás teman.

21. Te conjuro delante de Dios y de Jesucristo, y de sus santos ángeles, que observes estas cosas sin dejarte prevenir, y sin hacer nada por inclinación ni afición particular.

22. No impongas de ligero las manos sobre alguno, ni seas cómplice de pecados ajenos. Consérvate limpio y puro a ti mismo*.

23. No acostumbres beber agua sola, sino usa de un poco de vino por causa de tu estómago y de tus frecuentes enfermedades.

24. Los pecados de ciertos hombres son notorios, antes de examinarse en juicio; mas los de otros se manifiestan después de él;

25. así también hay buenas obras manifiestas; y las que no lo son, por poca averiguación que se haga no pueden estar ocultas.

6

Los siervos obedezcan a sus amos, sean éstos o no cristianos. Daños que acarrea la avaricia

---

1. Todos los que están debajo del yugo de la servidumbre, han de considerar a sus señores como dignos de todo respeto, para que el nombre del Señor y su doctrina no sea blasfemada*.

---

3. Que no tienen apoyo alguno, socorriéndolas con lo necesario.

12. La palabra de *fidelidad* o el *voto* con que se habían ofrecido al Señor.

15. Abandonando a Jesucristo, a quien se habían consagrado para toda la vida.

18. *Deut 25*, 4; *Mat 10*, 10.

22. *Para que de este modo, puedas corregir con más libertad.*

1. Cuando los gentiles vean lo mal que sirven sus criados cristianos.

2. Mas los que tienen por amos a fieles o cristianos no les han de tener menos respeto, aunque sean y los miren como hermanos suyos en Cristo; antes bien sírvanlos mejor por lo mismo que son fieles y más dignos de ser amados, como partícipes de tal beneficio. Esto has de enseñar, y a esto debes exhortarlos.

3. Si alguno enseña de otra manera, y no abraza las saludables palabras o instrucciones de nuestro Señor Jesucristo, y la doctrina que es conforme a la piedad o religión,

4. es un soberbio orgulloso, que nada sabe, sino que antes bien enloquece o flaquea de cabeza sobre cuestiones y disputas de palabras, de donde se originan envidias, contiendas, blasfemias, siniestras sospechas,

5. altercados de hombres de ánimo estragado y privados de la luz de la verdad, que piensan que la piedad es una granjería, o un medio de enriquecerse.

6. Y ciertamente es un gran tesoro la piedad, la cual se contenta con lo que basta para vivir.

7. Porque nada hemos traído a este mundo, y sin duda que tampoco podremos llevarnos nada.

8. Teniendo, pues, qué comer, y con qué cubrirnos, contentémonos con esto.

9. Porque los que pretenden enriquecerse, caen en tentación, y en el lazo del diablo, y en muchos deseos inútiles y perniciosos, que hunden a los hombres en el abismo de la muerte y de la perdición.

10. Porque raíz de todos los males es la avaricia, de la cual arrastrados algunos, se desviaron de la fe, y se sujetaron ellos mismos a muchas penas y aflicciones.

11. Pero tú, ¡oh varón de Dios!, huye de estas cosas, y sigue en todo la justicia, la piedad, la fe, la caridad, la paciencia, la mansedumbre.

12. Pelea valerosamente por la fe, y victorioso arrebata y asegura bien la vida eterna, para la cual fuiste llamado, y diste un buen testimonio, confesando la fe delante de muchos testigos.

13. Yo te ordeno en presencia de Dios, que vivifica todas las cosas, y de Jesucristo, que ante Poncio Pilatos dio testimonio, confesando generosamente la verdad,

14. que guardes lo mandado, conservándote sin mancha, sin ofensión, hasta la venida de nuestro Señor Jesucristo,

15. venida que hará manifiesta a su tiempo el bienaventurado y solo poderoso, el Rey de los reyes y Señor de los señores,

16. el solo que es inmortal por esencia, y que habita en una luz inaccesible, a quien ninguno de los hombres ha visto, ni tampoco puede ver, suyo es el honor y el imperio sempiterno. Amén.

17. A los ricos de este siglo mándales que no sean altivos, ni pongan su confianza en las riquezas caducas, sino en Dios vivo (que nos provee de todo abundantemente para nuestro uso);

18. exhórtalos a obrar bien, a enriquecerse de buenas obras, a repartir liberalmente, a comunicar sus bienes,

19. a atesorar un buen fondo para lo venidero, a fin de alcanzar la vida verdadera.

20. ¡Oh Timoteo!, guarda el depósito de la fe que te he entregado, evitando las novedades profanas en las expresiones o voces, y las contradicciones de la ciencia que falsamente se llama tal,

21. ciencia vana que profesándola algunos vinieron a perder la fe. La gracia sea contigo. Amén.

Segunda Carta de San Pablo a Timoteo

Introducción

Pablo había dado esperanzas a *Timoteo* de que volvería a Efeso; pero como estaba preso en Roma, por haber convertido a algunos familiares del César, no pudo cumplir su palabra. Desde la cárcel le escribió esta carta, que se puede considerar el testamento del apóstol Pablo, para darle cuenta de todo, para pedirle que viniese cuanto antes a verle en compañía de Marcos, y para advertirle sobre cómo portarse en Efeso. Timoteo tal vez encontró vivo en Roma a su padre y maestro.

1 *Exhorta a Timoteo a predicar intrépidamente la buena nueva para manifestar mejor su fe*

1. Pablo, apóstol de Jesucristo por voluntad de Dios, según la promesa de vida que tenemos en Jesucristo,

2. a Timoteo, hijo carísimo, gracia, misericordia y paz, de parte de Dios Padre y de nuestro Señor Jesucristo.

3. Doy gracias a Dios, a quien sirvo a ejemplo de mis mayores con conciencia pura, de que sin cesar hago memoria de ti en mis oraciones, noche y día,

4. deseoso de verte, acordándome de tus lágrimas en nuestra despedida de Efeso, para bañarme de gozo,

5. como que tengo presente aquella tu fe sincera, la cual primero se vio constantemente en tu abuela Loide, y en tu madre Eunice, y estoy cierto de que igualmente está en ti.

6. Por esta causa te exhorto a que avives la gracia de Dios, que reside en ti por la imposición de mis manos.

7. Porque no nos ha dado Dios a nosotros un espíritu de timidez, sino de fortaleza, y de caridad, y de templanza, y prudencia.

8. Por tanto, no te avergüences del testimonio de nuestro Señor, o de confesar tu fe públicamente, ni de mí que estoy en cadenas por amor suyo, antes bien padece y trabaja a una conmigo por el evangelio con la virtud que recibirás de Dios.

9. El cual nos libertó y llamó con su santa vocación, no por obras nuestras, sino por su beneplácito y por la gracia que nos ha sido otorgado en Jesucristo antes de todos los siglos,

10. y que se ha manifestado ahora por el advenimiento de nuestro salvador, Jesucristo; el cual ha destruido la muerte, y al mismo tiempo ha sacado a luz la vida y la inmortalidad por medio de la buena nueva,

11. para el cual fui yo constituido predicador y apóstol, y doctor de las naciones.

12. Por este motivo padezco lo que padezco, pero no me avergüenzo. Porque bien sé de quién me he fiado, y estoy cierto de que es poderoso para conservar mi depósito hasta aquel último día*.

13. Ten por modelo la sana doctrina, que has oído de mí con la fe y caridad en Cristo Jesús.

14. Guarda ese rico depósito por medio del Espíritu Santo, que habita en nosotros.

15. Ya sabes cómo se han apartado de mí todos los naturales de Asia que estaban aquí en Roma, de cuyo número son Figelo y Hermógenes.

---

12. *Cuando espero que me dará el cien doblado por esta vida perecedera, que pongo ahora en sus manos y de sacrificio por amor suyo.*

16. Derrame el Señor sus misericordias sobre la casa de Onesíforo, porque me ha consolado muchas veces, y no se ha avergonzado de mi cadena;

17. antes luego que llegó a Roma, me buscó diligentemente, hasta que me encontró.

18. El Señor le conceda hallar misericordia delante de él en aquel día grande del juicio. Cuántos servicios me prestó en Efeso, tú lo sabes bien.

2

Habla a Timoteo de la fortaleza y prudencia con que debe enseñar las cosas de la fe

1. Tú, pues, hijo mío, cobra buen ánimo con la gracia que tenemos en Jesucristo,

2. y las cosas que de mí has oído delante de muchos testigos, confíalas a hombres fieles, que sean aptos para enseñarlas también a otros.

3. Soporta el trabajo y la fatiga como buen soldado de Jesucristo.

4. Alguien que se ha alistado en la milicia de Dios no debe embarazarse con negocios del siglo, a fin de agradar a aquel que le alistó y escogió por soldado.

5. Así mismo ni el que combate en la palestra, o en los juegos públicos, es coronado si no lidiare según las leyes.

6. El labrador, para recibir los frutos, es necesario que trabaje primero.

7. Entiende bien lo que digo, que no necesito añadir más, porque Dios te dará en todo inteligencia.

8. Acuérdate que nuestro Señor Jesucristo, del linaje de David, resucitó de entre los muertos, según la buena nueva que predico,

9. por el cual estoy yo padeciendo hasta verme entre cadenas, como malhechor; si bien la palabra de Dios no está encadenada*.

10. Por tanto, todo lo sufro por amor de los escogidos, a fin de que consigan también ellos la salvación, adquirida por Jesucristo, con la gloria celestial.

11. Es una verdad incontrastable que si morimos con él, también con él viviremos;

12. si con él padecemos, reinaremos también con él; si le negáremos, él nos negará igualmente;

13. si no creemos, o fuéremos infieles, él permanece siempre fiel, no puede desmentirse a sí mismo.

14. Estas cosas has de amonestar, poniendo a Dios por testigo. Huye de contiendas de palabras, porque de nada sirven, sino para pervertir a los oyentes.

15. Ponte en estado de comparecer delante de Dios como un ministro digno de su aprobación, que nada hace de que tenga motivo de avergonzarse, y que sabe dispensar bien la palabra de la verdad.

16. Evita por tanto y ataja los profanos y vanos discursos de los seductores, porque contribuyen mucho a la impiedad;

17. y la plática de éstos cunde como gangrena, del número de los cuales son Himeneo y Fileto,

18. que se han descarriado de la verdad, diciendo que la resurrección está ya hecha*, y han pervertido la fe de varios.

19. Pero el fundamento de Dios se mantiene firme, el cual está marcado con el sello de estas palabras: El Señor conoce a los suyos, y no se perderá uno de ellos; y apártese de la maldad cualquiera que invoca el nombre del Señor.

20. Por lo demás, en una casa grande no sólo hay vasos de oro y de plata, sino también de madera y de barro, y de ellos unos son para usos decentes, otros para usos viles y bajos. Así sucede en la Iglesia.

21. Si alguno, pues, se purificare de estas cosas, será un vaso de honor santificado y útil para el servicio del Señor, aparejado para toda obra buena.

22. Por tanto, huye de las pasiones juveniles, y sigue la justicia, la fe, la caridad y la paz con aquellos que invocan al Señor con limpio corazón y son capaces de ella.

23. Las cuestiones necias, y que nada contribuyen a la instrucción, evítalas, sabiendo que son un manantial de alterados.

24. Al siervo de Dios no le conviene o cae bien altercar, sino ser manso con todos, propio para instruir, paciente,

25. que reprenda con modesta dulzura a

9. Aunque estaba preso, Pablo publicó el Evangelio de palabra y por escrito.

18. *En el bautismo, cuando morimos con Cristo y resucitamos a la vida de la gracia. No hay que esperar otra resurrección.*

los que contradicen a la verdad, por si quizá Dios los trae a penitencia para que conozcan la verdad,

26. y se desenreden de los lazos del diablo, que los tiene presos a su arbitrio.

3 *Encarga a Timoteo que guarde bien el depósito de la fe; le recomienda el estudio de las Santas Escrituras*

1. Mas has de saber esto, que en los días postreros o hasta el fin del mundo sobrevendrán tiempos peligrosos.

2. Se levantarán hombres amadores o pagados de sí mismos, codiciosos, altaneros, soberbios, blasfemos, desobedientes a sus padres, ingratos, facinerosos,

3. desnaturalizados, implacables, calumniadores, disolutos, fieros, inhumanos.

4. traidores, temerarios, hinchados, y más amadores de deleites que de Dios,

5. mostrando, sí, apariencia de piedad, o religión, pero renunciando a su espíritu. Apártate de ellos.

6. Porque de éstos son los que se meten por las casas, y cautivan a las mujercillas cargadas de pecados, arrastradas de varias pasiones,

7. las cuales andan siempre aprendiendo, y jamás arriban al conocimiento de la verdad*.

8. En fin, así como Jannes y Mambres resistieron a Moisés, del mismo modo éstos resisten a la verdad, hombres de un corazón corrompido, réprobos en la fe, que quisieran pervertir a los demás.

9. Mas no lograrán sus intentos; porque su necedad se hará patente a todos, como antes se hizo la de aquellos magos.

10. Tú al contrario, mi caro Timoteo, ya has visto mi doctrina, mi modo de proceder, el fin que me propongo, cuál es mi fe, mi longanimidad, mi caridad, mi paciencia,

11. cuáles las persecuciones y vejaciones que he padecido, lo que me aconteció en Antioquía e Iconio, y en Listra, cuán grandes han sido las persecuciones que he tenido que sufrir, y cómo de todas me ha sacado a salvo el Señor.

12. Y ya se sabe que todos los que quieren vivir virtuosamente según Jesucristo, han de padecer persecución*.

13. Al paso que los malos hombres y los impostores irán de mal en peor, errando y haciendo errar a otros.

14. Tú, amado hijo, manténte firme en lo que has aprendido y se te ha encomendado, considerando quién te lo enseñó,

15. y también que desde la niñez aprendiste las sagradas letras, que te pueden instruir para la salvación, mediante la fe que cree en Jesucristo.

16. Toda escritura inspirada de Dios es propia para enseñar, para convencer, para corregir a los pecadores, para dirigir a los buenos en la justicia o virtud,

17. en fin, para que el hombre de Dios o el cristiano sea perfecto, y esté apercibido para toda obra buena.

4 *Exhorta a que predique sin intermisión, para fortificar los espíritus de los fieles*

1. Te conjuro, pues, delante de Dios y de Jesucristo, que ha de juzgar vivos y muertos, al tiempo de su venida y de su reino,

2. predica la palabra de Dios con toda fuerza y valentía, insiste con ocasión y sin ella, reprende, ruega, exhorta con toda paciencia y doctrina*.

3. Porque vendrá tiempo en que los hombres no podrán sufrir la sana doctrina, sino que, teniendo una comezón extremada de oír doctrinas que lisonjeen sus pasiones, recurrirán a un montón de doctores propios para satisfacer sus desordenados deseos,

4. y cerrarán sus oídos a la verdad, y los aplicarán a las fábulas.

5. Tú entretanto vigila en todas las cosas de tu ministerio, soporta las aflicciones, desempeña el oficio de evangelista, cumple todos los cargos de tu ministerio. Vive con templanza.

6. Que yo ya estoy a punto de ser inmolado, y se acerca el tiempo de mi muerte.

---

7. Engañadas por esos impostores, enemigos de la verdad.

12. De los enemigos de la fe, de los malos cristianos o de nuestra concupiscencia.

2. Se puede traducir *enseñando con toda paciencia:* o *sin cansarte jamás de sufrir y de dar instrucciones*.

7. He combatido con valor, he concluido la carrera, he guardado la fe.

8. Nada me resta sino aguardar la corona de justicia que me está reservada, y que me dará el Señor en aquel día como justo juez, y no sólo a mí, sino también a los que llenos de fe desean su venida. Date prisa en venir pronto a mí.

9. Porque Demas me ha desamparado por el amor de este siglo, y se ha ido a Tesalónica;

10. Crescente partió para Galacia, Tito para Dalmacia.

11. Sólo Lucas está conmigo. Toma a Marcos, y tráele contigo; porque me es del caso para el ministerio evangélico.

12. A Tíquico le he enviado a Efeso.

13. Cuando vengas, tráete contigo la capa o capote que dejé en Tróade en casa de Carpo, y los libros, sobre todo los pergaminos o papeles.

14. Alejandro, el calderero me ha hecho mucho mal; el Señor le dará el pago conforme a sus obras.

15. Guárdate tú también de él, porque se ha opuesto sobremanera a nuestra doctrina.

16. En mi primera defensa, nadie me asistió, antes todos me desampararon, ruego a Dios se lo perdone.

17. Mas el Señor me asistió y alentó, para que yo acabase de predicar, y me oyesen todas las naciones; y fui librado de la boca o garras del león*.

18. El Señor me librará de todo pecado, y me conducirá a su reino celestial, a él sea dada la gloria por los siglos de los siglos. Amén.

19. Saluda a Prisca, y a Aquilas, y a la familia de Onesíforo.

20. Erasto se quedó en Corinto. Y a Trófimo le dejé enfermo en Mileto.

21. Apresúrate a venir antes del invierno. Te saludan Eubulo, y Pudente, y Lino, y Claudia, y los hermanos todos de esta ciudad.

22. El Señor Jesucristo sea con tu espíritu. La gracia permanezca con vosotros. Amén.

---

17. De los peligros de muerte o de Nerón, el emperador.

Carta de San Pablo a Tito

Introducción

Tito, de origen gentil, era discípulo de Pablo, quien le confió la Iglesia de Creta. Tito le sirvió en muchas ocasiones y lo acompañó en sus viajes. Pablo, después de su primer viaje a Roma, predicó la fe de Jesucristo en Creta; pero no pudo permanecer allí el tiempo necesario para arraigar en la fe a los recién convertidos ni elegir obispos y sacerdotes para gobernar aquellas Iglesias, y dejó este encargo a su amado hijo Tito.

Este escrito sintetiza el contenido de la fe y es un tratado sobre el desarrollo de la vida cristiana en sus diversos estados.

La insistencia del autor al destinatario de la carta en el cuidado frente a las falsas doctrinas es una característica de las *Cartas pastorales*.

1 *Pablo recuerda a Tito la esperanza de la vida eterna y le demuestra las cualidades de los presbíteros*

1. Pablo, siervo de Dios y apóstol de Jesucristo para instruir a los escogidos de Dios en la fe y en el conocimiento de la verdad que es según la piedad,

2. y que da la esperanza de la vida eterna, la cual Dios, que no puede mentir, ha prometido y destinado antes de todos los siglos,

3. habiendo hecho ver en su tiempo el cumplimiento de su palabra en la predicación de la buena nueva que se me ha confiado a mí por mandato de Dios, salvador nuestro,

4. a Tito, hijo querido, según la fe que nos es común, gracia y paz de Dios Padre, y de Jesucristo Salvador nuestro.

5. La causa porque te dejé en Creta, es para que arregles y corrijas las cosas que falten, y establezcas en cada ciudad presbíteros, conforme yo te prescribí,

6. escogiendo para tan sagrado ministerio a quien sea sin tacha, casado una sola vez, que tenga hijos fieles, no infamados de lujuria, ni desobedientes.

7. Porque es necesario que un obispo sea irreprensible, o sin crimen, como que es el ecónomo de Dios o el dispensador de sus riquezas, no soberbio, no colérico, no dado al vino, no percusor, o violento, no codicioso de sórdida ganancia;

8. sino amante de la hospitalidad, dulce y afable, sobrio, justo, religioso, continente,

9. adicto a las verdades de la fe, según se le han enseñado a él, a fin de que sea capaz de instruir en la sana doctrina, y argüir a los que contradijeren.

10. Porque aun hay muchos desobedientes, charlatanes y embaucadores, sobre todo de los circuncisos, o judíos convertidos,

11. a quienes es necesario tapar la boca; que trastornan familias enteras, enseñando cosas que no convienen con la buena nueva por amor de una torpe ganancia, o vil interés.

12. Dijo uno de ellos, propio profeta, de esos mismos isleños: Son los cretenses siempre mentirosos, malignas bestias, vientres perezosos.

13. Este testimonio es verdadero. Por tanto, repréndelos fuertemente, para que conserven sana la fe,

14. y no den oídos a las fábulas judaicas,

ni a mandamientos de hombres que se apartan de la verdad.

15. Para los limpios todas las cosas son limpias; mas para los contaminados, y que no tienen fe no hay nada limpio, sino que tienen contaminadas su alma y su conciencia con los pecados.

16. Profesan conocer a Dios, mas lo niegan con las obras, siendo como son abominables y rebeldes, y negados para toda obra buena.

2 *Manifiesta a Tito cómo se ha de portar con los fieles. Explica los documentos que nos da la gracia*

1. Mas tú has de enseñar solamente cosas conforme a la sana doctrina,

2. como que los ancianos sean sobrios, honestos, prudentes, constantes y puros en la fe, en la caridad, en la paciencia;

3. así mismo que las ancianas sean de un porte ajustado y modesto, no calumniadoras, no amigas de mucho vino, que den buenas instrucciones,

4. enseñando el pudor a las jóvenes, a que amen a sus maridos, y a cuidar de sus hijos,

5. a que sean honestas, castas, sobrias, cuidadosas de la casa, apacibles, sujetas* a sus maridos, para que no se hable mal de la palabra de Dios.

6. Exhorta del mismo modo a los jóvenes a que sean sobrios.

7. En todas cosas muéstrate dechado de buenas obras, en la doctrina, en la pureza de costumbres, en la gravedad de su conducta,

8. en la predicación de doctrina sana e irreprensible; para que quien es contrario se confunda, no teniendo mal ninguno que decir de nosotros.

9. Exhorta a los siervos a que sean obedientes a sus dueños, dándoles gusto en todo lo que puedan, no siendo respondones,

10. no defraudándolos en nada, sino mostrando en todas las cosas una perfecta lealtad; para que su conducta haga respetar en todo el mundo la doctrina de Dios, salvador nuestro.

11. Porque la gracia del Dios, salvador nuestro, ha iluminado a todos los hombres,

12. enseñándonos que renunciando a la impiedad y a las pasiones mundanas, vivamos sobria, justa y religiosamente en este siglo,

13. aguardando la bienaventuranza esperada, y la venida gloriosa del gran Dios y salvador nuestro Jesucristo,

14. el cual se dio a sí mismo por nosotros, para redimirnos de todo pecado, purificarnos y hacer de nosotros un pueblo particularmente consagrado a su servicio y fervoroso en el bien obrar.

15. Esto es lo que has de enseñar; y exhorta y reprende con plena autoridad. Pórtate de manera que nadie te menosprecie.

3 *La gracia de Jesucristo derramada sobre nosotros nos hace esperar la vida eterna*

1. Amonéstales que vivan sujetos a los príncipes y potestades, que obedezcan sus órdenes, y que estén prontos para toda obra buena,

2. que no digan mal de nadie, que no sean pleitistas ni pendencieros; sino modestos, tratando a todos los hombres con toda la dulzura posible.

3. Porque también nosotros éramos en algún tiempo insensatos, incrédulos, extraviados, esclavos de infinitas pasiones y deleites, llenos de malignidad y de envidia, aborrecibles, y aborreciéndonos los unos a los otros.

4. Pero después que Dios, nuestro salvador, ha manifestado su benignidad y amor para con los hombres,

5. nos ha salvado, no a causa de las obras de justicia que hubiésemos hecho, sino por su misericordia, haciéndonos renacer por el bautismo, y renovándonos por el Espíritu Santo,

6. que él derramó sobre nosotros copiosamente, por Jesucristo, salvador nuestro,

7. para que justificados por la gracia de éste mismo, vengamos a ser herederos de la vida eterna, conforme a la esperanza que de ella tenemos.

---

5. *Col* 3, 18.

8. Doctrina es ésta certísima; y deseo que arraigues bien en ella a los que creen en Dios, a fin de que procuren aventajarse en practicar buenas obras. Estas cosas son las loables y provechosas a los hombres.

9. Pero cuestiones necias, genealogías, contiendas, y debates sobre la ley, evítalas, porque son inútiles y vanas.

10. Huye del hombre hereje, después de haberle corregido una y dos veces.

11. sabiendo que quien es de esta ralea, está pervertido y es delincuente, siendo condenado por su propia conciencia.

12. Luego que yo hubiere enviado a ti a Artemas, o a Tíquico, date prisa en venir a mí a Nicópolis; pues he resuelto pasar allí el invierno.

13. Envía delante con todo honor a Zenas, doctor de la ley, con Apolo, procurando que nada les falte.

14. Aprendan así mismo los nuestros a ejercitar los primeros las buenas obras en las necesidades que se ofrecen, para no ser estériles y sin fruto.

15. Todos los que están conmigo te saludan; saluda tú a los que nos aman conforme a la fe. La gracia de Dios sea con todos vosotros. Amén.

Carta de San Pablo a Filemón

Introducción

Filemón era un cristiano y un noble ciudadano de Colosas. Su esclavo Onésimo le robó, se escapó y se fue a Roma, donde oyó la predicación de Pablo, quien después de haberlo instruido y bautizado, lo remitió a Filemón con esta carta de recomendación, con una elocuencia divina y que arde en el fuego de la caridad. Onésimo fue obispo de Berea y murió mártir. Filemón padecio por la fe en tiempo de Nerón, con su mujer Apia y su amigo Aristarco.

Pablo no recurre a su condición de apóstol para pedirle a Filemón el perdón y la libertad de Onésimo. Lo hace como prisionero y como anciano, y su razón principal es el *amor.*

Superada ya la esclavitud romana, la carta tiene actualidad frente a los problemas sociales, que se le plantean al cristiano de hoy.

Capítulo Unico

Le pide con la elocuencia divina de la caridad que se reconcilie con Onésimo, su esclavo fugitivo, ya cristiano y arrepentido

1. Pablo, preso por amor de Jesucristo, y Timoteo su hermano, al amado Filemón, coadjutor nuestro,

2. y a la carísima hermana nuestra Apia, su esposa, y a Arquipo, nuestro compañero en los combates, o en la milicia de Cristo, y a la Iglesia congregada en tu casa,

3. gracia y paz a vosotros, de parte de Dios nuestro Padre y del Señor Jesucristo.

4. Acordándome siempre de ti en mis oraciones, querido Filemón, doy gracias a mi Dios,

5. oyendo la fe que tienes en el Señor Jesús, y tu caridad para con todos los santos o fieles,

6. y de qué manera la liberalidad que nace de tu fe resplandece a la vista de todo el mundo, haciéndose patente por medio de todas las obras buenas que se practican en tu casa por amor de Jesucristo.

7. Así es que no he tenido gran gozo y consuelo en las obras de tu caridad, viendo cuánto recreo y alivio han recibido de tu bondad, hermano mío, los corazones de los santos, o fieles necesitados.

8. Por este motivo, no obstante la libertad que pudiese yo tomarme en Jesucristo para mandarte una cosa que es de tu obligación,

9. con todo, lo mucho que te amo me hace preferir suplicártela, aunque sea lo que soy respecto de ti, esto es, aunque yo sea Pablo, el apóstol, ya anciano, y además preso ahora por amor de Jesucristo.

10. Te ruego, pues, por mi hijo Onésimo, a quien he engendrado, o dado la vida de la gracia, entre las cadenas,

11. Onésimo, que en algún tiempo fue para ti inútil, y ahora tanto para ti como para mí es provechoso,

12. el cual te lo vuelvo a enviar. Tú de tu parte recíbele como a mis entrañas, o como si fuera hijo mío.

13. Yo había pensado retenerle conmigo, para que me sirviese por ti, durante la prisión en que estoy por la buena nueva;

14. pero nada he querido hacer sin tu

consentimiento, para que tu beneficio no fuese como forzado, sino voluntario.

15. Que quizá él te ha dejado por algún tiempo, a fin de que le recobrases para siempre,

16. no ya como siervo, sino como quien de siervo ha venido a ser por el bautismo un hermano muy amado, de mí en particular; ¿pero cuánto más de ti, pues que te pertenece según el mundo y según el Señor?

17. Ahora bien, si me tienes por íntimo compañero tuyo, acógele como a mí mismo.

18. Y si te ha causado algún detrimento o te debe algo, apúntalo a mi cuenta.

19. Yo, Pablo, te lo he escrito de mi puño; yo lo pagaré, por no decirte que tú te me debes todo a mí, puesto que te convertí a la fe.

20. Sí, por cierto, hermano. Reciba yo de ti este gozo en el Señor. Da en nombre del Señor este consuelo a mi corazón.

21. Confiado en tu obediencia te escribo, sabiendo que harás aun mucho más de lo que digo.

22. Y al mismo tiempo dispónme también hospedaje; pues espero que por vuestras oraciones os he de ser restituido.

23. Epafras, preso conmigo por amor de Jesucristo, te saluda,

24. con Marcos, Aristarco, Demas y Lucas que me ayudan y acompañan.

25. La gracia de nuestro Señor Jesucristo sea con vuestro espíritu. Amén.

Carta a los Hebreos

Introducción

La Carta a los Hebreos, como escrito y mensaje, ocupa un lugar especial en el *Nuevo Testamento*. Durante siglos se creyó que San Pablo era su autor, como lo afirman papiros y códices del siglo III. Las investigaciones recientes han puesto en claro que *Hebreos* no es de San Pablo, por las evidentes diferencias de vocabulario, composición y contenido teológico. El hecho de que *Hebreos* no sea un escrito paulino no afecta su condición de libro sagrado, pues su inclusión entre los escritos del *Nuevo Testamento* fue constante desde los primeros siglos.

Hebreos no es una carta, sino un sermón puesto por escrito, al que se le añadieron breves elementos del género epistolar, al comienzo y al final. Como discurso, tiene una composición literaria bien dispuesta y una expresión acorde con la oratoria. Desarrolla estos temas:

- Jesucristo es el Hijo de Dios y el Hermano de los hombres, en los capítulos *1* y *2*.

- Jesucristo es Sacerdote, como tal es digno de fe y misericordioso, del capítulo *3* al *4*.

- Jesucristo es Sacerdote a la manera de Melquisedec y es el verdadero mediador entre Dios y la humanidad. Su sacrificio es eficaz y definitivo, del capítulo *7* al *10*.

- Exhortación a la fe y exaltación de los antiguos personajes bíblicos, del capítulo *11* al *12*.

- Invitación a la vida cristiana, siguiendo un sendero de rectitud, en el capítulo *13*.

La *Carta a los Hebreos* es el único escrito bíblico que habla con amplitud del sacerdocio de Cristo y de su relación salvífica con el hombre. El cristiano encuentra en Jesús la mejor expresión del culto que puede ofrecer a Dios y clarifica su fe.

1

Jesucristo, verdadero Dios y hombre, es infinitamente superior a los ángeles

1. Dios, que en otro tiempo habló a nuestros padres en diferentes ocasiones y de muchas maneras por los profetas,

2. nos ha hablado últimamente en estos días, por medio de su Hijo Jesucristo, a quien constituyó heredero universal de todas las cosas, por quien creó también los siglos y cuanto ha existido en ellos.

3. El cual siendo como es el resplandor de su gloria y vivo retrato de su sustancia, y sustentándolo y rigiéndolo todo con sola su poderosa palabra, después de habernos purificado de nuestros pecados, está sentado a la diestra de la majestad en lo más alto de los cielos,

4. hecho tanto más superior y excelente que los ángeles, cuanto es más aventajado el nombre que recibió por herencia o naturaleza.

5. Porque ¿a cuál de los ángeles dijo jamás: Hijo mío eres tú, yo te he engendrado hoy? ¿Y así mismo: Yo seré padre suyo, y él será hijo mío*?

6. Y otra vez al introducir a su primo-

5. *Sal 2*, 7.

génito en el mundo, dice: Adórenle todos los ángeles de Dios*.

7. Así mismo en orden a los ángeles dice la Escritura*: El que a sus ángeles o embajadores los hace espíritus o ligeros como el viento, y a sus ministros activos como la ardiente llama;

8. mientras al Hijo le dice: El trono tuyo, ¡oh Dios!, subsistirá por los siglos de los siglos; cetro de rectitud, el cetro de tu reino;

9. amaste la justicia y aborreciste la iniquidad; por eso, ¡oh Dios!, el Dios y Padre tuyo te ungió con óleo de júbilo mucho más que a tus compañeros.

10. Y en otro lugar* se dice del hijo de Dios: Tú eres, ¡oh Señor!, el que al principio fundó la tierra, y obras de tus manos son los cielos,

11. ellos perecerán, mas tú permanecerás siempre el mismo, y todos como vestidos se envejecerán,

12. y como un manto o ropa así los mudarás, y quedarán mudados; pero tú eres para siempre el mismo, y tus años o tus días nunca se acabarán, pues eres eterno.

13. En fin, ¿a qué ángel ha dicho jamás: Siéntate tú a mi diestra, mientras tanto que pongo a tus enemigos por tarima o estrado de tus pies?

14. ¿Por ventura no son todos ellos unos espíritus que hacen el oficio de servidores o ministros enviados de Dios, para ejercer su ministerio en favor de aquellos que deben ser los herederos de la salud?

2 *Gloria del Hijo de Dios hecho hombre, Señor de todas las criaturas, Redentor, Santificador y Salvador*

1. Por tanto, es menester que observemos con mayor empeño las cosas que hemos oído de su boca, a fin de que no quedemos por desgracia del todo vacíos.

2. Pues si la ley promulgada por los ángeles fue firme, y toda trasgresión y desobediencia recibió el justo castigo que merecía,

3. ¿cómo lo evitaremos nosotros, si desatendemos la buena nueva de tan gran salud? La cual habiendo comenzado el Señor a predicarla, ha sido después confirmada hasta nosotros por los que la habían oído,

4. atestiguándola Dios con señales, y portentos, y variedad de milagros, y con los dones del Espíritu Santo que ha distribuido según su beneplácito.

5. Porque no sometió Dios a los ángeles el mundo venidero de que hablamos.

6. Antes uno en cierto lugar testificó, diciendo: ¿Qué es el hombre que así te acuerdas de él, o el hijo del hombre para que le mires tan favorablemente?

7. Le hizo por un poco de tiempo inferior a los ángeles, mas luego le has coronado de gloria y de honor, y le has constituido sobre las obras de tus manos.

8. Todas las cosas has sujetado a sus pies, o a su humanidad santísima. Conque si Dios todas las cosas ha sujetado a él, no ha dejado ninguna que no haya a él sometido. Ahora no vemos que todas las cosas le estén todavía sujetas.

9. Mas vemos a aquel mismo Jesús, que por un poco de tiempo fue hecho inferior a los ángeles, coronado ya de gloria y de honor, por la muerte que padeció, habiendo querido Dios por pura gracia o misericordia, que muriese por todos los hombres.

10. Por cuanto era cosa digna que aquel Dios para quien y por quien son todas las cosas, habiendo de conducir a muchos hijos adoptivos a la gloria, consumase o inmolase por medio de la pasión y muerte al autor y modelo de la salvación de los mismos, Jesucristo Señor nuestro.

11. Porque el que santifica, y los que son santificados, todos traen de uno su origen o la naturaleza humana. Por esta causa no se desdeña de llamarlos hermanos, diciendo*:

12. Anunciaré tu nombre a mis hermanos; en medio de la iglesia, o reunión de tu pueblo, cantaré tus alabanzas.

13. Y en otra parte: Yo pondré en él toda mi confianza. Item*: He aquí, yo y mis hijos, que Dios me ha dado.

14. Y por cuanto los hijos tienen comunes la carne y sangre, él también participó de las mismas cosas*, para destruir

6. *Sal 97* (*96*), 7.
7. *Sal 104* (*103*), 4.
10. *Sal 102* (*101*), 26.

11. *Sal 22* (*21*), 23.
13. *Is 8*, 17-18.
14. *Os 13*, 14; *1 Cor 15*, 54.

por su muerte al que tenía el imperio de la muerte, es a saber, al diablo,

15. y librar a aquellos que por el temor de la muerte estaban toda la vida sujetos a servidumbre.

16. Porque no tomó jamás la naturaleza de los ángeles, sino que tomó la sangre de Abrahán.

17. Por lo cual debió en todo semejarse a sus hermanos, a fin de ser un sumo sacerdote misericordioso y fiel para con Dios, en orden a expiar o satisfacer por los pecados del pueblo.

18. Ya que por razón de haber él mismo padecido y sido tentado, puede también dar la mano a los que son tentados.

3

Jesucristo, Hijo de Dios, mucho más eminente sin comparación que Moisés, que era solamente un siervo

1. Por lo cual vosotros, mis santos hermanos, partícipes que sois de la vocación celestial, poned los ojos en Jesús, apóstol y sumo sacredote de nuestra profesión, o religión santa,

2. el cual es fiel al que le ha constituido tal, como lo fue también Moisés con respecto a toda su casa.

3. Considerad, pues, que fue digno de gloria tanto mayor que la de Moisés cuanto mayor dignidad u honra tiene que la casa, aquel que la construyó.

4. Ello es que toda casa por alguno es construida; mas el que creó y construyó todas las cosas es Dios.

5. Y a la verdad Moisés fue fiel en toda la casa de Dios, o pueblo de Israel, como un sirviente enviado de Dios para anunciar al pueblo todo lo que tenía orden de decirle.

6. Pero Cristo se ha dejado ver como hijo en su propia casa; la cual casa somos nosotros, si hasta el fin mantenemos firme la animosa confianza en él y la esperanza de la gloria.

7. Por lo cual nos dice el Espíritu Santo*: Si hoy oyereis su voz,

8. no queráis endurecer vuestros corazones, como sucedió cuando el pueblo estaba en el desierto en el lugar llamado Contradicción y Murmuración,

9. en donde vuestros padres me tentaron, queriendo hacer prueba de mi poder, y en donde vieron las cosas grandes que hice.

10. Yo sobrellevé a aquel pueblo con pena y disgusto por espacio de cuarenta años, y dije en mí mismo: Este pueblo sigue siempre los extravíos de su corazó,: él no conoce mis caminos,

11. y así airado he jurado: Que no entrarán jamás en el lugar de mi descanso.

12. Mirad, pues, hermanos, no haya en algunos de vosotros corazón maleado de incredulidad, hasta abandonar al Dios vivo;

13. antes amonestaos todos los días los unos a los otros, mientras dura el día que se apellida de hoy, a fin de que ninguno de vosotros llegue a endurecerse con el engañoso atractivo del pecado.

14. Puesto que venimos a ser participantes de Cristo, con tal que conservemos inviolablemente hasta el fin el principio del nuevo ser suyo que ha puesto en nosotros.

15. Mientras se nos dice: Si hoy oyereis su voz, no endurezcáis vuestros corazones, como los israelitas en el tiempo de aquella provocación.

16. Pues algunos de los que la habían oído, irritaron al Señor, aunque no todos aquellos que salieron del Egipto por medio de Moisés.

17. Mas ¿contra quiénes estuvo irritado el Señor por espacio de cuarenta años? ¿No fue contra los que pecaron, cuyos cadáveres quedaron tendidos en el desierto?

18. ¿Y a quiénes juró que no entrarían jamás en su descanso, sino a aquellos que fueron incrédulos y desobedientes?

19. En efecto, vemos que no pudieron entrar por causa de la incredulidad.

4

La verdadera tierra de promisión, cómo debemos acudir a Jesucristo para poder entrar en ella

1. Temamos, pues, que haya alguno entre nosotros que sea excluido de la entrada en el descanso de Dios, por haber despreciado la promesa que de él se nos había hecho.

2. Puesto que se nos anunció también a nosotros del mismo modo que a ellos. Pero

7. *Sal 105* (*104*), 8.

a ellos no les aprovechó la palabra o promesa oída, por no ir acompañada con la fe de los que la oyeron.

3. Al contrario, nosotros que hemos creído, entraremos en el descanso, según lo que dijo: Tal es el juramento que hice en mi indignación: Jamás entrarán en mi descanso; y es el descanso en que habita Dios, acabadas ya sus obras desde la creación del mundo.

4. Porque en cierto lugar habló así del día séptimo*: Y descansó Dios al día séptimo de todas sus obras.

5. Y en éste dice: Jamás entrarán en mi descanso.

6. Pues como todavía faltan algunos por entrar en él, y los primeros a quienes fue anunciada la buena nueva no entraron por su incredulidad,

7. por eso de nuevo establece un día y es hoy, diciendo, al cabo de tanto tiempo, por boca de David, según arriba se dijo: Si hoy oyereis su voz, no queráis endurecer vuestros corazones.

8. Porque si Josué les hubiera dado este descanso, nunca después hablaría la Escritura de otro día.

9. Luego resta todavía un solemne descanso o sábado para el verdadero pueblo de Dios*.

10. Así quien ha entrado en este su descanso, ha descansado también de todas sus obras, así como Dios de las suyas.

11. Esforcémonos, pues, a entrar en aquel eterno descanso*, a fin de que ninguno imite ejemplo de incredulidad.

12. Puesto que la palabra de Dios es viva, y eficaz, y más penetrante que cualquier espada de dos filos, y que entra y penetra hasta los pliegues del alma y del espíritu, hasta las junturas y tuétanos, y discierne y califica los pensamientos y las intenciones más ocultas del corazón.

13. No hay criatura invisible a su vista; todas están desnudas y patentes a los ojos de este Señor, de quien hablamos.

14. Teniendo, pues, por sumo sacerdote a Jesús, Hijo de Dios, que penetró hasta lo más alto del cielo, y nos abrió sus puertas, estemos firmes en la fe que hemos profesado.

15. Pues no es tal nuestro sumo sacerdote que sea incapaz de compadecerse de nuestras miserias, habiendo voluntariamente experimentado todas las tentaciones y debilidades, a excepción del pecado, por razón de la semejanza con nosotros en el ser de hombre.

16. Lleguémonos, pues, confiadamente al trono de la gracia, a fin de alcanzar misericordia, y hallar el auxilio de la gracia para ser socorridos a tiempo oportuno.

5

El oficio del sumo sacerdote. Jesucristo, el verdadero sacerdote, intercede por nosotros

---

1. Porque todo sumo sacerdote entresacado de los hombres, es puesto para beneficio de los hombres, en lo que mira al culto de Dios, a fin de que ofrezca dones y sacrificios por los pecados,

2. el cual sepa sobrellevar y condolerse de aquellos que ignoran y yerran, como quien se halla igualmente rodeado de miserias.

3. Y por esta razón debe ofrecer sacrificio en descuento de los pecados, no menos por los suyos propios que por los del pueblo*.

4. Ni nadie se apropie esta dignidad, si no es llamado de Dios, como Aarón*.

5. Así también, Cristo no se arrogó la gloria de hacerse sumo sacerdote, sino que se la dio el que le dijo: Tú eres mi Hijo, yo te he engendrado hoy.

6. Al modo que también en otro lugar dice: Tú eres sacerdote eternamente, según el orden de Melquisedec*.

7. El cual en los días de su carne mortal, ofreciendo plegarias y súplicas con gran clamor y lágrimas a aquel que podía salvarse de la muerte, fue oído en vista de su reverencia.

8. Y cierto que aunque era Hijo de Dios, aprendió como hombre, por las cosas que padeció, a obedecer.

---

4. *Gen 2*, 2.
9. *Que es el descanso que tienen los bienaventurados.*
11. *Por medio de la fe y las buenas obras.*

3. *Lev 4*, 3; *16*, 6-11.
4. *Ex 28*, 1; *2 Cro 27*, 18.
6. *Salm 2*, 7; *110* (*109*), 4.

9. Y así consumado o sacrificado en la cruz, vino a ser causa de salvación eterna para todos los que le obedecen,

10. siendo nombrado por Dios sumo sacerdote según el orden de Melquisedec.

11. Sobre lo cual podríamos deciros muchas y grandes cosas, pero son cosas difíciles de explicar, a causa de vuestra flojedad y poca aplicación para entenderlas.

12. El caso es que debiendo ser maestros si atendemos al tiempo que ha pasado ya, de nuevo necesitáis que os enseñen a vosotros cuáles son los primeros rudimentos de la palabra de Dios, o doctrina cristiana, y habéis llegado a tal estado, que no se os puede dar sino leche, mas no alimento sólido.

13. Pero quien se cría con leche, no es capaz de entender el lenguaje de perfecta y consumada justicia, por ser un niño en la doctrina de Dios.

14. Mientras que el manjar sólido es de varones perfectos; de aquellos que con el largo uso tienen ejercitados los sentidos espirituales en discernir el bien y el mal.

6

Suelen ser incorregibles los que siendo muy favorecidos de Dios pierden la fe

1. Dejemos, pues, a un lado las instrucciones que se dan a aquellos que comienzan a creer en Jesucristo, y elevémonos a lo que hay de más perfecto, sin detenernos en echar de nuevo el fundamento hablando de la penitencia de las obras muertas o pecados anteriores al bautismo, de la fe en Dios,

2. y de la doctrina sobre los bautismos, de la imposición de las manos o confirmación, de la resurrección de los muertos y del juicio perdurable,

3. y he aquí lo que, con el fervor de Dios, vamos a hacer ahora.

4. Porque es moralmente imposible que aquellos que han sido una vez iluminados, que así mismo han gustado el don celestial de la Eucaristía, que han sido hechos partícipes de los dones del Espíritu Santo,

5. que se han alimentado con la santa palabra de Dios y la esperanza de las maravillas del siglo venidero,

6. y que después de todo esto han caído; es imposible, digo, que sean renovados por la penitencia, puesto que cuanto es de su parte crucifican de nuevo en sí mismo al Hijo de Dios, y le exponen al escarnio.

7. Porque la tierra que embebe la lluvia que cae a menudo sobre ella, y produce hierba que es provechosa a los que la cultivan, recibe la bendición de Dios,

8. mas la que brota espinas y abrojos es abandonada de su dueño, y queda expuesta a la maldición, y al fin para en ser abrasada.

9. Por lo demás, carísimos hermanos, aunque os hablamos de esta manera, tenemos mejor opinión de vosotros y de vuestra salvación.

10. Porque no es Dios injusto, para olvidarse de lo que habéis hecho, y de la caridad que por respeto a su Nombre habéis mostrado, en haber asistido y en asistir a los santos, o fieles necesitados.

11. Deseamos que cada uno de vosotros muestre el mismo fervor hasta el fin para el cumplimiento o perfección de su esperanza,

12. a fin de que no os hagáis flojos, o remisos, sino imitadores de aquellos santos patriarcas, que por su fe, y larga paciencia han llegado a ser los herederos de las promesas celestiales.

13. Por eso en la promesa que Dios hizo a Abrahán, como no tenía otro mayor por quien jurar, juró por sí mismo,

14. diciendo en seguida*: Está bien cierto de que yo te llenaré de bendiciones, y te multiplicaré sobremanera.

15. Y así aguardando con longanimidad o larga paciencia, alcanzó la promesa.

16. Ello es que los hombres juran por quien es mayor que ellos; y el juramento es la mayor seguridad que pueden dar, para terminar sus diferencias.

17. Por lo cual queriendo Dios mostrar más cumplidamente a los herederos de la promesa la inmutabilidad de su consejo o resolución, interpuso juramento;

18. para que a vista de dos cosas inmutables, promesa y juramento, en que no es posible que Dios mienta o falte a ellas, tengamos un poderosísimo consuelo los que consideramos nuestro refugio y ponemos la mira en alcanzar los bienes que nos propone la esperanza,

19. la cual sirve a nuestra alma como de

14. *Gen 22*, 16.

una áncora segura y firme, y penetra hasta el Santuario que está del velo adentro:

20. Donde entró Jesús por nosotros el primero como nuestro precursor, constituido sumo sacerdote por toda la eternidad según el orden de Melquisedec.

7 *El sumo sacerdocio de Jesucristo, figurado en el de Melquisedec, es mejor que el de Aarón*

1. En efecto, este Melquisedec, rey de Salem, sacerdote del Dios altísimo, es el que salió al encuentro a Abrahán cuando volvía victorioso de la derrota de los cuatro reyes*, y el que le bendijo;

2. a quien así mismo dio Abrahán el diezmo de todos los despojos que había recogido, cuyo nombre en primer lugar significa rey de justicia; además de eso era rey de Salem, que quiere decir rey de paz,

3. representado sin padre, sin madre, sin genealogía, sin ser conocido el principio de sus días, ni el fin de su vida, sino que siendo por todo esto imagen del Hijo de Dios, queda sacerdote eternamente*.

4. Contemplad ahora cuán grande sea éste, a quien el mismo patriarca Abrahán dio los diezmos, sacándolos de los mejores despojos.

6. Lo cierto es que aquellos de la tribu de Leví que son elevados al sacerdocio, tienen por la ley orden o derecho de cobrar los diezmos del pueblo, esto es, de sus hermanos; aunque también éstos mismos vengan como ellos de la sangre de Abrahán.

6. Pero aquel cuyo linaje no se cuenta entre ellos, recibió los diezmos de Abrahán, y dio la bendición al que tenía recibidas las promesas.

7. Y no cabe duda alguna en que quien es menor recibe la bendición del mayor.

8. No menos cierto es que aquí entre los levitas, los que cobran los diezmos son hombres que mueren, cuando allá se asegura o representa como que vive aún.

9. Y (por decirlo así) aun Leví que recibe los diezmos de nosotros, pagó diezmo en la persona de Abrahán;

1. *Gen 14*, 18.
3. *Sin que haya un sucesor.*

10. pues que todavía estaba en Abrahán su abuelo como la planta se contiene en la simiente, cuando Melquisedec vino al encuentro de este patriarca.

11. Y si la perfección o santidad se daba por el sacerdocio levítico (ya que en tiempo del mismo recibió el pueblo la ley) ¿qué necesidad hubo después de que se levantase otro sacerdote nombrado según el orden de Melquisedec, y no según el de Aarón?

12. Porque cambiado el sacerdocio, es forzoso que también se cambie la ley.

13. Y el hecho es, que aquel de quien fueron predichas estas cosas, es de una tribu de la cual ninguno sirvió al altar.

14. Siendo como es notorio, que nuestro Señor Jesucristo nació de la tribu de Judá a la cual jamás atribuyó Moisés el sacerdocio.

15. Y aun esto se manifiesta más claro; supuesto que sale a la luz otro sacerdote a semejanza de Melquisedec,

16. establecido no por ley de sucesión carnal, como el de Aarón, sino por el poder de su vida inmortal,

17. como lo declara la Escritura diciendo*: Tú eres sacerdote para siempre, según el orden de Melquisedec.

18. Queda, pues, mudado el sacerdocio, y por tanto abrogada la ley u ordenación antecedente, a causa de su inutilidad e insuficiencia;

19. pues que la ley no condujo ninguna cosa a perfección, sino que lo que conduce a ella es una esperanza mejor, sustituida en su lugar, por la cual nos acercamos a Dios.

20. Y además este sacerdote Jesucristo no ha sido establecido sin juramento (porque ciertamente los otros fueron instituidos sacerdotes sin juramento;

21. mas éste lo fue con juramento, por aquel que le dijo: Juró el Señor, y no se arrepentirá: Tú eres sacerdote por toda la eternidad)

22. por lo que es mucho más perfecto el testamento o alianza de que Jesús salió fiador y mediador.

23. Además aquellos sacerdotes fueron muchos porque la muerte les impedía que durasen siempre;

24. mas éste como siempre permanece, posee eternamente el sacerdocio.

17. *Sal 110* (*109*), 4.

25. De aquí es que puede perpetuamente salvar a los que por medio suyo se presentan a Dios, como que está siempre vivo para interceder por nosotros.

26. A la verdad tal como éste nos convenía que fuese nuestro sumo sacerdote, santo, inocente, inmaculado, segregado de los pecadores, o de todo pecado, y sublimado sobre los cielos,

27. el cual no tiene necesidad, como los demás sacerdotes, de ofrecer cada día sacrificios, primeramente por sus pecados, y después por los del pueblo; porque esto lo hizo una vez sola, ofreciéndose a sí mismo.

28. Pues la ley constituyó sacerdotes a hombres flacos; pero la palabra de Dios, confirmada con el juramento que ha hecho posteriormente a la ley, estableció por sumo sacerdote a su Hijo Jesucristo, que es santo y perfecto eternamente.

8

Es Jesucristo mediador del Nuevo Testamento, el cual es mucho más excelente o perfecto que el Antiguo

1. En suma, cuanto acabamos de decir se reduce a esto: Tenemos un sumo sacerdote tal, que está sentado a la diestra del trono de la majestad de Dios en los cielos,

2. y es el ministro, o sacerdote, del santuario celestial, y del verdadero Tabernáculo, erigido por el Señor, y no por hombre alguno:

3. que si todo sumo sacerdote es destinado a ofrecer dones y víctimas, forzoso es que también éste tenga alguna cosa que ofrecer;

4. porque si él habitase sobre la tierra, ni aun sacerdote sería, estando ya establecidos a este fin los hijos de la tribu de Leví, que según la ley, ofrecen los dones,

5. y sirven al templo material, bosquejo y sombra de las cosas celestiales. Como le fue respondido a Moisés, al construir el Tabernáculo: Mira, le dijo Dios*, hazlo todo conforme al diseño que se te ha mostrado en el monte.

6. Mas nuestro sumo sacerdote, Jesucristo, ha alcanzado un ministerio tanto más excelente, cuanto es mediador de un Testamento o alianza más apreciable, la cual fue otorgada sobre mejores promesas.

7. Pues si aquel primero fuera sin imperfección, de ningún modo se trataría de sustituirle otro.

8. Sin embargo, culpándolos dice a los prevaricadores de la ley antigua: He aquí que vendrán días, dice el Señor, en que otorgaré a la casa de Israel y a la casa de Judá un Testamento o alianza nueva;

9. no como el Testamento o pacto que hice con sus padres cuando los tomé como por la mano para sacarlos de la tierra de Egipto; por cuanto ellos no guardaron mi alianza, y así yo los deseché, dice el Señor.

10. El Testamento que he de disponer, dice el Señor, para la casa de Israel, después de aquellos días, es el siguiente: Imprimiré mis leyes en la mente de ellos, y las escribiré sobre sus corazones; y yo seré su Dios, y ellos serán mi pueblo;

11. ya no será menester que enseñe cada uno a su prójimo y a su hermano, diciendo: Conoce al Señor; porque con la luz de la fe todos me conocerán desde el menor de ellos hasta el mayor;

12. pues yo les perdonaré sus maldades, y no me acordaré más de sus pecados.

13. Con llamar nuevo a este Testamento, dio por anticuado al primero. Ahora bien, lo que se da por anticuado y viejo, cerca está de quedar abolido.

9

Preeminencias del sacerdocio de Jesucristo sobre el del Antiguo Testamento

1. Es verdad que tuvo el primer Testamento o alianza reglamentos sagrados del culto y un santuario terrestre y temporal.

2. Porque se hizo un primer Tabernáculo*, en el cual estaban los candeleros, y la mesa y los panes de la proposición y esta parte es la que se llama lugar santo, o santuario.

3. Se seguía detrás del segundo velo la parte del Tabernáculo que se llama lugar santísimo,

---

5. *Ex 25*, 40.

2. *Ex 16*, 1; *36*, 8.

4. que contenía un incensario de oro; y el arca del Testamento cubierta de oro por todas partes, y allí se guardaba el vaso de oro que contenía el maná, y la vara de Aarón, que floreció, y las tablas de la ley o de la alianza;

5. y sobre el arca estaban los querubines gloriosos haciendo sombra al propiciatorio, de las cuales cosas no es tiempo de hablar ahora por menor.

6. Como quiera, dispuestas así estas cosas, en el primer Tabernáculo entraban siempre los sacerdotes para cumplir las funciones de sus ministerios;

7. pero en el segundo el solo sumo sacerdote, una vez al año, no sin llevar allí sangre, la cual ofrecía por sus ignorancias y por las del pueblo,

8. dando a entender con esto el Espíritu Santo que no estaba todavía patente la entrada del verdadero santuario del cielo, estando aún en pie, o subsistiendo, el primer Tabernáculo.

9. Todo lo cual era figura de lo que pasa ahora, y pasaba en aquel tiempo en los dones y sacrificios que se ofrecían, los cuales no podían purificar la conciencia de los que tributaban a Dios este culto, pues no consistía sino en viandas, y bebidas,

10. y diferentes abluciones, y ceremonias carnales, que no fueron establecidas sino hasta el tiempo en que la ley sería corregida o reformada.

11. Mas sobreviniendo Cristo sumo sacerdote que nos había de alcanzar los bienes venideros, por medio de un Tabernáculo más excelente y más perfecto*, no hecho a mano, esto es, no de fábrica o formación semejante a la nuestra;

12. y presentándose no con sangre de machos cabríos, ni de becerros, sino con la sangre propia, entró una sola vez para siempre en el santuario del cielo habiendo obtenido una eterna redención del género humano.

13. Porque si la sangre de los machos cabríos y de los toros, y la ceniza de la ternera sacrificada, esparcida sobre los inmundos, los santifica en orden a la purificación legal de la carne,

14. ¿cuánto más la sangre de Cristo, el cual por impulso del Espíritu Santo se ofreció a sí mismo inmaculado a Dios, limpiará nuestras conciencias de las obras muertas de los pecados, para que tributemos un verdadero culto al Dios vivo?

15. Y por eso es Jesús mediador de un nuevo Testamento, a fin de que mediante su muerte para expiación aun de las prevaricaciones cometidas en tiempo del primer Testamento, reciban la herencia eterna prometida a los que han sido llamados de Dios.

16. Porque donde hay Testamento, es necesario que intervenga la muerte del testador;

17. pues el testamento no tiene fuerza sino por la muerte del que lo otorgó; de otra suerte no vale, mientras tanto que vive el que testó.

18. Por eso ni aun aquel primer Testamento fue celebrado sin sangre,

19. puesto que Moisés, después que hubo leído todos los mandamientos de la ley a todo el pueblo, tomando de la sangre de los novillos, y de los machos cabríos, mezclada con agua, lana teñida de carmesí o de grana, y el hisopo, roció al mismo libro de la ley, y también a todo el pueblo,

20. diciendo: Esta es la sangre que servirá de sello del Testamento que Dios os ha ordenado o hecho en favor vuestro.

21. Y así mismo roció con sangre el Tabernáculo, y todos los vasos del ministerio.

22. Y según la ley casi todas las cosas se purifican con sangre, y sin derramamiento de sangre no se hace la remisión.

23. Fue, pues, necesario que las figuras de las cosas celestiales, esto es, el Tabernáculo y sus utensilios, se purificasen con tales ritos; pero las mismas cosas celestiales lo deben ser con víctimas mejores que éstas y así ha sucedido.

24. Porque no entró Jesús en el santuario hecho de mano de hombre, que era figura del verdadero; sino que entró en el cielo mismo para presentarse ahora por nosotros en el acatamiento de Dios;

25. y no para ofrecerse muchas veces a sí mismo como entra el sumo sacerdote de año en año en el lugar santísimo con sangre ajena y no propia.

26. De otra manera le hubiera sido necesario padecer muchas veces desde el principio del mundo, cuando ahora una sola vez

---

11. *Su precioso cuerpo.*

al cabo de los siglos se presentó para destrucción del pecado, con el sacrificio de sí mismo.

27. Y así como está decretado a los hombres morir una sola vez, y después el juicio,

28. así también Cristo ha sido una sola vez inmolado u ofrecido en sacrificio para quitar de raíz los pecados de muchos, y otra vez aparecerá no para expiar los pecados ajenos, sino para dar la salud eterna a los que le esperan con viva fe.

10 *Jesucristo es la única víctima que puede expiar nuestros pecados; debemos unirnos a ella por la fe*

1. Porque no teniendo la ley más que la sombra de los bienes futuros, y no la realidad misma de las cosas, no puede jamás por medio de las mismas víctimas, que no cesan de ofrecerse todos los años, hacer justos y perfectos a los que se acercan al altar y sacrifican;

2. de otra manera hubieran cesado ya de ofrecerlas, pues que los sacrificadores, purificados una vez, no tendrán ya remordimiento de pecado;

3. con todo eso todos los años al ofrecerlas se hace conmemoración de los pecados;

4. porque es de suyo imposible que con sangre de toros y de machos cabríos se quiten los pecados.

5. Por eso el Hijo de Dios al entrar en el mundo dice a su eterno Padre*: Tú no has querido sacrificio, ni ofrenda; mas a mí me has apropiado un cuerpo mortal;

6. holocaustos por el pecado no te han agradado.

7. Entonces dije: Heme aquí que vengo, según está escrito de mí al principio del libro, o Escritura sagrada, para cumplir, ¡oh Dios!, tu voluntad.

8. Ahora bien, diciendo: Tú no has querido, ni han sido de tu agrado los sacrificios, las ofrendas y holocaustos por el pecado, cosas todas que ofrecen según la ley;

9. y añadiendo: Heme aquí que vengo, ¡oh mi Dios!, para hacer tu voluntad; claro está que abolió estos últimos sacrificios, para establecer otro, que es el de su cuerpo.

10. Por esta voluntad, pues, somos santificados por la oblación del cuerpo de Jesucristo hecha una vez sola.

11. Y así en lugar de que todo sacerdote de la antigua ley se presenta cada día, por mañana y tarde, a ejercer su ministerio y a ofrecer muchas veces las mismas víctimas, las cuales no pueden jamás quitar los pecados,

12. este nuestro sumo sacerdote después de ofrecida una sola hostia por los pecados, está sentado para siempre a la diestra de Dios,

13. aguardando entretanto lo que resta, es a saber, que sus enemigos sean puestos por estrado de sus pies.

14. Porque con una sola ofrenda hizo perfectos para siempre a los que ha santificado.

15. Eso mismo nos testifica el Espíritu Santo. Porque después de haber dicho:

16. He aquí la alianza que yo asentaré con ellos, dice el Señor, después de aquellos días imprimiré mis leyes en sus corazones y las escribiré sobre sus almas;

17. añade en seguida: Y ya nunca jamás me acordaré de sus pecados, ni de sus maldades.

18. Cuando quedan, pues, perdonados los pecados, ya no es necesario la oblación por el pecado.

19. Esto supuesto, hermanos, teniendo la firme esperanza de entrar en el lugar santísimo o santuario del cielo, por la sangre de Cristo,

20. con la cual nos abrió camino nuevo y de vida para entrar por el velo, esto es, por su carne;

21. teniendo asimismo el gran sacerdote, Jesucristo, constituido sobre la casa de Dios, o la Iglesia,

22. lleguémonos a él con sincero corazón, con plena fe, purificados los corazones de las inmundicias de la mala conciencia, lavados en el cuerpo con el agua limpia del bautismo,

23. mantengamos firme la esperanza que hemos confesado (que fiel es quien hizo la promesa),

24. y pongamos los ojos los unos en los otros para incentivo de caridad y de buenas obras,

5. *Sal 40 (39), 7.*

25. no desamparando nuestra congregación, o asamblea de los fieles, como es costumbre de algunos, sino, al contrario, alentándonos mutuamente, y tanto más cuanto más vecino viereis el día.

26. Porque si pecamos a sabiendas después de haber reconocido la verdad, ya no nos queda hostia que ofrecer por los pecados,

27. sino antes bien una horrenda expectación del juicio y del fuego abrasador, que ha de devorar a los enemigos de Dios.

28. Uno que prevarique contra la ley de Moisés, y se haga idólatra, siéndole probado con dos o tres testigos es condenado sin remisión a muerte*.

29. Pues ahora, ¿cuánto más acerbos suplicios, si lo pensáis, merecerá aquel que hollare al Hijo de Dios, y tuviese por vil e inmunda la sangre divina del Testamento, por la cual fue santificado, y ultrajare al Espíritu Santo autor de la gracia?

30. Pues bien conocemos quién es el que dijo*: A mí está reservada la venganza, y yo soy el que la ha de tomar. Y también: El Señor ha de juzgar a su pueblo.

31. Horrenda cosa es por cierto caer en manos del Dios vivo*.

32. Traed a la memoria aquellos primeros días de vuestra conversión, cuando después de haber sido iluminados sufristeis con valor admirable un gran combate de persecuciones;

33. por un lado habiendo servido de espectáculo al mundo, por las injurias y malos tratamientos que habéis recibido, y por otro tomando parte en las penas de los que sufrían semejantes indignidades.

34. Porque os compadecisteis de los que estaban entre cadenas; y llevasteis con alegría la rapiña de vuestros bienes, considerando que teníais un patrimonio más excelente y duradero.

35. No queráis, pues, malograr vuestra confianza, la cual recibirá un gran galardón.

36. Porque os es necesaria la paciencia para que, haciendo la voluntad de Dios, obtengáis la promesa*.

37. Pues dentro de un brevísimo tiempo, dice Dios, vendrá aquel que ha de venir, y no tardará.

38. Entretanto el justo mío, añade el Señor, vivirá por la fe*; pero si desertare, no será agradable sino aborrecible a mi alma.

39. Mas nosotros, hermanos, no somos de los hijos que desertan de la fe para perderse, sino de los fieles y constantes para poner a salvo al alma, y asegurarle la eterna gloria.

11 *La virtud de la fe, desde el principio del mundo hasta la venida del Mesías*

1. Es, pues, la fe el fundamento o firme persuasión de las cosas que se esperan, y un convencimiento de las cosas que no se ven.

2. De donde por ella merecieron de Dios testimonio de alabanza los antiguos justos.

3. La fe es la que nos enseña que el mundo todo fue hecho por la palabra de Dios; y que de invisible que era fue hecho visible*.

4. La fe es por la que Abel ofreció a Dios un sacrificio más excelente que el de Caín, y fue declarado justo, dándole el mismo Dios testimonio de que aceptaba sus dones; y por la fe habla todavía aún estando muerto.

5. Por la fe fue trasladado Enoc de este mundo para que no muriese, y no se le vio más, por cuanto Dios le transportó a otra parte que no se sabe; mas antes de la traslación tuvo el testimonio de haber agradado a Dios.

6. Pues sin fe es imposible agradar a Dios; por cuanto el que se llega a Dios debe creer que Dios existe, y que es remunerador de los que le buscan.

7. Por la fe, avisado Noé de Dios sobre cosas que aún no se veían, con santo temor fue construyendo el arca para salvación de su familia y construyéndola condenó al mundo y fue instituido heredero de la justicia, que se adquiere por la fe.

---

28. *Deut 17*, 6; *Mat 26*, 28.
30. *Deut 32*, 35.
31. Ya no como *Padre* misericordioso, sino como *Juez* inexorable.
36. La promesa hecha a los que perseveran.

38. *Hab 2*, 4.
3. Se puede traducir *Por la fe entendemos que con la sola palabra de Dios fueron formados todos los siglos, haciéndose de cosas invisibles, o que eran nada, las visibles.*

8. Por la fe aquel que recibió del Señor el nombre de Abrahán, o Padre de las naciones, obedeció a Dios, partiendo hacia el país que debía recibir en herencia; y se puso en camino, no sabiendo adónde iba.

9. Por la fe habitó en la tierra que se le había prometido, como en tierra extraña, habitando en cabañas o tiendas de campaña como hicieron también Isaac y Jacob coherederos de la misma promesa.

10. Porque tenía puesta la mira y toda su esperanza en aquella ciudad de sólidos fundamentos, la celestial Jerusalén, cuyo arquitecto y fundador es el mismo Dios.

11. Por la fe también la misma Sara siendo estéril recibió virtud de concebir un hijo, por más que la edad fuese ya pasada, porque creyó ser fiel y veraz aquel que lo había prometido.

12. Por esta causa, de un hombre solo (y ése gastado ya por su extremada vejez) salió una posteridad tan numerosa como las estrellas del cielo, y como las arenas sin cuento de la orilla del mar.

13. Todos éstos vinieron a morir constantes siempre en su fe, sin haber recibido los bienes que se les habían prometido, contentándose con mirarlos de lejos y saludarlos, y confesando al mismo tiempo ser peregrinos y huéspedes sobre la tierra.

14. Ciertamente que los que hablan de esta suerte, bien dan a entender que buscan patria.

15. Y si pensaran en la propia de donde salieron, tiempo sin duda tenían de volverse a ella.

16. Luego es claro que aspiran a otra mejor, esto es, a la celestial. Por eso Dios no se desdeña de llamarse Dios de ellos*, como que les tenía preparada su ciudad celestial.

17. Por la fe de Abrahán, cuando fue probada su fidelidad por Dios, ofreció a Isaac, y el mismo que había recibido las promesas, ofrecía y sacrificaba al unigénito suyo;

18. aunque se le había dicho: De Isaac saldrá la descendencia que llevará su nombre, y heredará las promesas.

19. Mas él consideraba dentro de sí mismo que Dios podría resucitarle después de muerto; de aquí es que le recobró bajo esta idea y como figura de otra cosa.

20. Por la fe también Isaac bendijo a Jacob y a Esaú, fundando su bendición sobre cosas que habían de suceder a los dos hermanos.

21. Por la fe Jacob, moribundo, bendijo a cada uno de los hijos de José, y adoró o se inclinó profundamente delante de la vara de gobierno que llevaba José.

22. Por la fe José, al morir, hizo mención de la salida de los hijos de Israel, y dispuso acerca de sus propios huesos.

23. Por la fe Moisés, cuando nació, fue ocultado por sus padres, durante el espacio de tres meses, porque vieron tan gracioso al niño, y así es que no temieron el edicto del rey.

24. Por la fe Moisés, siendo ya grande, renunció a la cualidad de hijo adoptivo de la hija del faraón,

25. escogiendo antes ser afligido con el pueblo de Dios, que gozar de las delicias pasajeras del pecado,

26. juzgando que el oprobio de Jesucristo era un tesoro más grande que todas las riquezas de Egipto; porque fijaba su vista en la recompensa.

27. Por la fe dejó Egipto, sin temer la saña del rey; porque tuvo firme confianza en el invisible como si le viera ya.

28. Por la fe celebró la Pascua, e hizo aquella aspersión de la sangre del cordero; a fin de que no tocase a los suyos el ángel exterminador, que iba matando a los primogénitos de los egipcios.

29. Por la fe pasaron el mar Rojo como por tierra seca, lo cual probando hacer los egipcios, fueron sumergidos.

30. Por la fe cayeron los muros de Jericó, con sólo dar vuelta siete días alrededor de ellos.

31. Por la fe Rahab, que era, o había sido, una ramera no pereció con los demás ciudadanos incrédulos, dando en su posada acogida segura a los exploradores que envió Josué.

32. ¿Y qué más diré todavía? El tiempo me faltará si me pongo a discurrir de Gedeón, de Barac, de Sansón, de Jefté, de David, de Samuel y de los profetas,

33. los cuales por la fe conquistaron reinos, ejercitaron la justicia, alcanzaron

---

16. Se complació tanto en la fe de sus siervos, que no desdeñó llamarse *Dios de Abrahán, de Isaac y de Jacob*.

las promesas, taparon las bocas de los leones,

34. extinguieron la violencia del fuego, escaparon del filo de la espada, sanaron de grandes enfermedades, se hicieron valientes en la guerra, desbarataron ejércitos extranjeros*;

35. mujeres hubo que recibieron resucitados a sus difuntos hijos. Mas otros fueron estirados en el potro, no queriendo redimir la vida presente, por asegurar otra mejor en la resurrección.

36. Otros así mismo sufrieron escarnios y azotes, además de cadenas y cárceles*;

37. fueron apedreados, aserrados, puestos a prueba de todos modos, muertos a filo de espada*; anduvieron girando de acá para allá; cubiertos de pieles de oveja y de cabra, desamparados, angustiados, maltratados,

38. de los cuales el mundo no era digno, yendo perdidos por las soledades, por los montes, y recogiéndose en las cuevas y en las cavernas de la tierra.

39. Sin embargo todos estos santos tan recomendables por el testimonio de su fe, no recibieron todo el fruto de la promesa,

40. habiendo dispuesto Dios por un favor particular que nos ha hecho, que no recibiesen sino junto con nosotros el cumplimiento de su felicidad, en el alma y en el cuerpo.

12 *El ejemplo de Jesucristo enseña a sufrir con fortaleza y a ser obediente a la ley del Señor*

1. Ya que estamos, pues, rodeados de una tan grande nube de testigos, descargándonos de todo peso, y de los lazos del pecado que nos tiene ligados, corramos con aguante al término del combate, o la meta o hito, que nos es propuesto,

2. poniendo siempre los ojos en Jesús, autor y consumador de la fe, el cual en vista del gozo que le estaba preparado en la gloria sufrió la cruz, sin hacer caso de la ignominia, y en premio está sentado a la diestra del trono de Dios.

3. Considerad, pues, atentamente a aquel Señor que sufrió tal contradicción de los pecadores contra su misma persona, a fin de que no desmayéis, perdiendo vuestros ánimos.

4. Pues aun no habéis resistido hasta derramar la sangre, como Jesucristo, combatiendo contra el pecado;

5. sino que os habéis olvidado ya de las palabras de consuelo, que os dirige Dios como a hijos, diciendo en la Escritura*. Hijo mío, no desprecies la corrección o castigo del Señor, ni caigas de ánimo cuando te reprende.

6. Porque el Señor al que ama, le castiga; y a cualquiera que recibe por hijo suyo, le azota y le prueba con adversidades.

7. Sufrid, pues, y aguantad firmes, la corrección. Dios se porta con vosotros como con hijos. Porque ¿cuál es el hijo a quien su padre no corrige?

8. Que si estáis fuera de la corrección o castigo, de que todos los justos participaron, bien se ve que sois bastardos, y no hijos legítimos.

9. Por otra parte, si tuvimos a nuestros padres carnales que nos corrigieron, y los respetábamos, y amábamos, ¿no es mucho más justo que obedezcamos al Padre de los espíritus, para alcanzar la vida eterna?

10. Y a la verdad aquellos por pocos días no castigaban a su arbitrio; pero éste nos amaestra en aquello que sirve para hacernos santos.

11. Es indudable que toda corrección, por lo pronto parece que no trae gozo, sino pena; mas después producirá en los que son labrados con ella fruto apacibilísimo de justicia.

12. Por tanto, volved a levantar vuestras manos lánguidas y caídas, y fortificad vuestras rodillas debilitadas;

13. marchad con paso firme por el recto camino, a fin de que alguno por andar claudicando en la fe no se aparte de ella, sino antes bien se corrija*.

14. Procurad tener paz con todos, y la santidad de vida, sin la cual nadie puede ver a Dios,

---

34. Como David, los macabeos y otros.
36. Como Sansón, varios profetas, José, Jeremías y otros.
37. Como Nabot, Zacarías, Isaías y otros profetas.

5. *Prov 3, 11; Ap 3, 19.*
13. *Que se enderece con vuestro buen ejemplo.*

15. atendiendo a que ninguno se aparte de la gracia de Dios, que ninguna raíz de amargura brotando fuera y extendiendo sus ramas sofoque la buena semilla, y por dicha raíz se contaminen muchos.

16. Ninguno sea fornicario, ni tampoco profano como Esaú, que por un potaje o plato de comida vendió su primogenitura.

17. Pues tened entendido que después, por más que pretendía ser heredero de la bendición, fue desechado; no pudiendo hacer que su padre cambiase la resolución, por más que con lágrimas lo solicitase.

18. Además de que vosotros no os habéis acercado* al monte sensible o terrestre, y a fuego encendido, y torbellino, y negra nube, y tempestad,

19. y sonido de trompeta, y estruendo de una voz tan espantosa, que los que la oyeron, pidieron por merced que no se les hablase más, sino por medio de Moisés;

20. pues no podían sufrir la severidad de esto que se les intimaba: Si una bestia tocare al monte, ha de ser apedreada.

21. Y era tan espantoso lo que se veía, que dijo Moisés: Despavorido estoy y temblando.

22. Mas vosotros os habéis acercado al monte de Sión y a la ciudad de Dios vivo, la celestial Jerusalén, al coro de muchos millares de ángeles,

23. a la Iglesia de los primogénitos, que están alistados en los cielos, y a Dios juez de todos, y a los espíritus de los justos ya perfectos o bienaventurados,

24. y a Jesús mediador de la nueva alianza, y a la aspersión de aquella su sangre que habla mejor que la de Abel.

25. Mirad que no desechéis al que os habla. Porque si no escaparon del castigo aquellos que desobedecieron al siervo de Dios Moisés, que les hablaba sobre la tierra, mucho más castigados seremos nosotros si desecháremos al Hijo de Dios que nos habla desde los cielos,

26. cuya voz hizo entonces temblar la tierra; pero ahora promete más, diciendo: Una vez todavía os hablaré en público; y yo conmoveré no tan sólo la tierra, sino también el cielo.

27. Mas con decir: Una vez todavía, declara el cambio de las cosas movibles o instables como cosas hechas sólo para algún tiempo, a fin de que permanezcan aquellas que son inconmovibles.

28. Así, que ateniéndonos nosotros, hermanos míos, a aquel reino que no está sujeto a cambio alguno, conservemos la gracia, mediante la cual agradando a Dios, le sirvamos con temor y reverencia;

29. pues nuestro Dios es como un fuego devorador.

18. Como los que recibieron la ley de Moisés en el monte Sinaí. *Ex 19*, 12; *Deut 9*, 19.

13 *Exhortación al ejercicio de las virtudes cristianas, y así entrar en la Jerusalén celestial*

1. Conservad siempre la caridad para con vuestros hermanos.

2. Y no olvidéis ejercitar la hospitalidad, pues por ella algunos, sin saberlo, hospedaron ángeles.

3. Acordaos de los presos, como si estuvierais con ellos en la cárcel; y de los afligidos, como que también vosotros vivís en cuerpo, sujetos a miserias.

4. Sea honesto en todos el matrimonio, y el lecho conyugal sin mancilla. Porque Dios condenará a los fornicarios y a los adúlteros.

5. Sean las costumbres sin rastro de avaricia, contentándoos con lo presente, pues el mismo Dios dice*: No te desampararé, ni abandonaré jamás;

6. de manera que podamos animosamente decir: El Señor es quien me ayuda; no temeré cosa que hagan contra mí los hombres*.

7. Acordaos de vuestros prelados los cuales os han predicado la palabra de Dios, cuya fe habéis de imitar, considerando el fin dichoso de su vida.

8. Jesucristo es el mismo ayer, hoy, y siempre.

9. No os dejéis, pues, apartar o llevar de aquí allá por doctrinas diversas y extrañas. Lo que importa sobre todo es fortalecer el corazón con la gracia de Jesucristo, no con las viandas aquellas* que de nada sirvieron

5. *Jos 1*, 5.
6. *Sal 118* (*117*), 6.
9. Las víctimas sacrificadas, según la ley de Moisés.

por sí solas a los que andaban vanamente confiados en ellas.

10. Tenemos un altar, o una víctima* de que no pueden comer los que sirven al Tabernáculo.

11. Porque los cuerpos de aquellos animales cuya sangre por el pecado ofrece el sumo sacerdote en el santuario, son quemados enteramente fuera de los alojamientos o de la población*;

12. que aun por eso Jesús, para santificar al pueblo con su sangre, padeció fuera de la puerta de la ciudad.

13. Salgamos, pues, a él fuera de la ciudad, o alojamientos, y sigámosle las pisadas cargados con su improperio.

14. Puesto que no tenemos aquí ciudad fija, sino que vamos en busca de la que está por venir.

15. Ofrezcamos, pues, a Dios por medio de él sin cesar un sacrificio de alabanza, es a saber, el fruto de labios que bendigan su santo Nombre*.

16. Entretanto no echéis en olvido ejercer la beneficencia, y repartir con otros vuestros bienes; porque con tales ofrendas se gana la voluntad de Dios.

17. Obedeced a vuestros prelados, y estadles sumisos, ya que ellos velan, como que han de dar cuenta a Dios de vuestras almas; para que lo hagan con alegría, y no penando, cosa que no os sería provechosa.

18. Orad por nosotros, porque seguros estamos de que en ninguna cosa nos acusa la conciencia deseando comportarnos bien en todo.

19. Ahora sobre todo os suplico que lo hagáis, a fin de que cuanto antes me vuelva Dios a vosotros.

20. Y el Dios de la paz que resucitó de entre los muertos al gran pastor de las ovejas, Jesucristo Señor nuestro, por la virtud y méritos de la sangre del eterno Testamento,

21. os haga aptos para todo bien, a fin de que hagáis siempre su voluntad, obrando él en vosotros lo que sea agradable a sus ojos por los méritos de Jesucristo, al cual sea dada la gloria por los siglos de los siglos. Amén.

22. Ahora, hermanos, os ruego que llevéis a bien todo lo dicho para exhortaros y consolaros, aunque os he escrito brevemente.

23. Sabed que nuestro hermano Timoteo está ya en libertad, con el cual iré a veros.

24. Saludad a todos vuestros prelados y a todos los santos o fieles. Los hermanos o fieles de Italia os saludan.

25. La gracia sea con todos vosotros. Amén.

---

10. *Que es el mismo cuerpo de Jesucristo.*
11. *Lev 16*, 27.
15. *Y le den gracias por habernos dado a Jesús como Mediador y Salvador. Os 14*, 3; *Sal 50* (*49*), 23.

Carta de Santiago

Introducción

Esta carta se llama *católica* o *universal*, porque no se dirige, como las de San Pablo a Iglesias o personas determinadas, sino a muchas Iglesias o a todos los fieles. Se llama asimismo *canónica*, porque pertenece al canon de la Escritura, o porque contiene las principales reglas de la vida cristiana. *Santiago, el Menor*, pariente cercano de Jesucristo, y obispo de Jerusalén, es su autor. Su rasgo común es la preocupación de que la fe de los destinatarios se quede en teorías y hermosos planteamientos, y no se realice en las acciones y en los diferentes aspectos de la vida.

Parece que Santiago murió en el año 62, precipitado por los judíos desde lo alto del templo y después apedreado, por haberles predicado que Jesús era Hijo de Dios.

1

De los frutos de la oración. Reprimir la lengua. Asistir a los afligidos. Huir del espíritu del mundo

1. Santiago, siervo de Dios y de nuestro Señor Jesucristo, a los fieles de las doce tribus, que viven dispersos entre las naciones. Salud.

2. Tened, hermanos míos, por objeto de sumo gozo caer en varias tribulaciones,

3. sabiendo que la prueba de vuestra fe produce, o ejercita, la paciencia,

4. y que la paciencia perfecciona la obra; para que así* vengáis a ser perfectos y cabales, sin faltar en cosa alguna.

5. Mas si alguno de vosotros tiene falta de sabiduría, pídasela a Dios, que a todos da copiosamente, y no hiere a nadie; y le será concedida.

6. Pero pídala con fe sin sombra de duda, o desconfianza; pues quien anda dudando es semejante a la ola del mar alborotada y agitada de viento acá y allá.

7. Así que un hombre semejante no tiene que pensar que ha de recibir poco ni mucho del Señor.

8. El hombre de ánimo doble* es inconstante en todos sus caminos.

9. Aquel hermano que sea de baja condición ponga su gloria en la verdadera exaltación suya*;

10. mientras el rico la debe poner en su abatimiento, o en humillarse a sí mismo, por cuanto él se ha de pasar como la flor del heno;

11. pues así como saliendo el sol ardiente se va secando la hierba, cae la flor, y se acaba toda su vistosa hermosura, así también el rico se marchitará en sus andanzas.

12. Bienaventurado, pues, aquel hombre que sufre con paciencia la tentación, o tribulación; porque después que fuere así probado, recibirá la corona de vida, que Dios ha prometido a los que le aman.

13. Ninguno cuando es tentado, diga que Dios le tienta; porque Dios no puede jamás dirigirnos al mal; y así él a ninguno tienta.

14. Sino que cada uno es tentado, atraído y halagado por la propia concupiscencia.

15. Después la concupiscencia, llegando a concebir los deseos malos, pare el

---

4. *Vuestra alma purificada con el fuego de las tribulaciones.*

8. Dividido entre Dios y las criaturas.

9. *Que consiste en ser hijo adoptivo de Dios y semejante a Jesucristo, pobre y humilde.*

pecado, el cual una vez que sea consumado, engendra la muerte.

16. Por tanto, no os engañéis en esta materia, hermanos míos muy amados.

17. Toda dádiva preciosa y todo don perfecto de arriba viene, como que desciende del Padre de las luces, en quien no cabe mudanza, ni sombra de variación.

18. Porque por un puro querer de su voluntad nos ha engendrado para hijos suyos con la palabra de la verdad, a fin de que seamos los israelitas como las primicias de sus nuevas criaturas.

19. Bien lo sabéis vosotros, hermanos míos muy queridos. Y así, sea todo hombre pronto para escuchar, pero detenido en hablar y refrenado en la ira.

20. Porque la ira del hombre no se compadece con la justicia de Dios.

21. Por lo cual dando de mano a toda inmundicia y exceso vicioso, recibid con docilidad la palabra divina que ha sido como ingerida en vosotros, y que puede salvar vuestras almas.

22. Pero habéis de ponerla en práctica, y no sólo escucharla*, engañándoos lastimosamente a vosotros mismos.

23. Porque quien se contenta con oír la palabra de Dios, y no la practica, erá parecido a un hombre que contempla al espejo su rostro nativo ensuciado con algunas manchas,

24. y que no hace más que mirarse, y se va sin quitarlas, y luego se olvidó de cómo está.

25. Mas quien contemplare atentamente la ley perfecta de la buena nueva que es la de la libertad, y perseverare en ella, no haciéndose oyente olvidadizo, sino ejecutor de la obra, éste será por su hecho u obras bienaventurado.

26. Que si alguno se precia de ser religioso o devoto, sin refrenar su lengua, antes bien engañando o precipitando con ella su corazón, la religión suya es vana, es falsa su piedad.

27. La religión pura y sin mácula delante de Dios Padre* es ésta: Visitar, o socorrer, a los huérfanos y a las viudas en sus tribulaciones, y preservarse de la corrupción de este siglo.

22. *Mat* 7, 24.
27. *Is* 1, 17.

2 *El rechazo a los pobres no va con la fe en Jesucristo, la fe sin obras buenas es como un cuerpo sin alma*

1. Hermanos míos, no intentéis conciliar la fe de nuestro glorioso Señor Jesucristo con la distinción de personas.

2. Porque si entrando en vuestra congregación un hombre con sortija de oro y ropa preciosa, y entrando al mismo tiempo un pobre con un mal vestido,

3. ponéis los ojos en el que viene con vestido brillante, y le decís: Siéntate tú aquí en este buen lugar, diciendo por el contrario al pobre: Tú estate allí en pie, o siéntate acá a mis pies,

4. ¿no es claro que formáis un tribunal injusto dentro de vosotros mismos, y os hacéis jueces de sentencias injustas*?

5. Oíd, hermanos míos muy amados: ¿No es verdad que Dios eligió a los pobres en este mundo para hacerlos ricos en la fe y herederos del reino que tiene prometido a los que le aman?

6. Vosotros, al contrario, habéis afrentado al pobre. ¿No son los ricos los que os tiranizan, y no son ésos mismos los que os arrastran a los tribunales?

7. ¿No es blasfemado por ellos el buen nombre de Cristo, que fue sobre vosotros invocado?

8. Si es que cumplís la ley regia de la caridad conforme a las Escrituras: Amarás a tu prójimo como a ti mismo, bien hacéis;

9. pero si sois aceptadores de personas, cometéis un pecado, siendo reprendidos por la ley como transgresores.

10. Pues aunque uno guarde toda la ley, si quebranta un mandamiento, viene a ser reo de todos los demás.

11. Porque aquel que dijo: No cometerás adulterio, o no fornicarás, dijo también: No matarás. Conque aunque no cometas adulterio, ni forniques, si matas, transgresor eres de la ley.

12. Así habéis de hablar y obrar, como que estáis a punto de ser juzgados por la ley evangélica o de la libertad.

4. *Menosprecian al pobre sólo porque es pobre y honran al rico sólo porque es rico, y prefieren la pompa a la virtud.*

13. Porque aguarda un juicio sin misericordia al que no usó de misericordia; pero la misericordia sobrepuja al rigor del juicio.

14. ¿De qué servirá, hermanos míos, el que uno diga tener fe, si no tiene obras? ¿Por ventura la fe podrá salvarle?

15. Caso que un hermano o una hermana estén desnudos y necesitados del alimento diario,

16. ¿de qué les servirá que alguno de vosotros les diga: Id en paz, defendeos del frío y comed a satisfacción, si no les dáis lo necesario para reparo del cuerpo?

17. Así la fe, si no es acompañada de obras, está muerta en sí misma.

18. Sobre lo cual podrá decir alguno al que tiene fe sin obras: Tú tienes fe, y yo tengo obra, muéstrame tu fe sin obras, que yo te mostraré mi fe por las obras.

19. Tú crees que Dios es uno; haces bien; también lo creen los demonios, y se estremecen*.

20. Pero ¿quieres saber, ¡oh hombre vano!, cómo la fe sin obras está muerta?

21. Abrahán nuestro padre, ¿no fue justificado por las obras cuando ofreció a su hijo Isaac sobre las aras?

22. ¿Ves cómo la fe acompañaba a sus obras, y que por las obras la fe vino a ser consumada?

23. En lo que se cumplió la Escritura, que dice: Creyó Abrahán a Dios, y le fue imputado por justicia*, y fue llamado amigo de Dios.

24. ¿No véis cómo el hombre se justifica por las obras, y no por la fe solamente*?

25. A este modo Rahab la ramera, ¿no fue así mismo justificada por las obras, hospedando a los exploradores que enviaba Josué, y despachándolos por otro camino*?

26. En suma, como un cuerpo sin espíritu está muerto, así también la fe sin las obras está muerta.

19. *Sin que saquen utilidad alguna de su fe.*
23. *El acto de fe con que sacrificaba a su hijo, esperando que Dios le resucitara.*
24. *No por las obras naturales o que mandaba la ley de Moisés, sino por las que nacen de la fe.*
25. *Para que no fuesen aprehendidos.* A su fe en el Dios verdadero añadió las obras consiguientes a ella.

3 *Vicios de la lengua desenfrenada y diferencia entre la ciencia terrena y la celestial*

1. No queráis muchos de vosotros, hermanos míos, hacer de maestros, considerando que os exponéis a un juicio muy riguroso.

2. Porque todos tropezamos en muchas cosas. Que si alguno no tropieza en palabras, éste tal se puede decir que es varón perfecto, y que puede tener a raya a todo el cuerpo y sus pasiones.

3. Así como si metemos un freno en la boca de los caballos para que nos obedezcan, movemos su cuerpo a dondequiera.

4. Mirad también cómo las naves, aunque sean grandes y estén llevadas de impetuosos vientos, con un pequeño timón se mueven acá y allá donde quiere el impulso del piloto.

5. Así también la lengua es un miembro pequeño, sí, pero viene a ser origen fastuoso de cosas de gran bulto o consecuencia. ¡Mirad un poco de fuego cuán gran bosque incendia!

6. La lengua también es un fuego*, es un mundo entero de maldad. La lengua es uno de nuestros miembros, que contamina todo el cuerpo, y siendo inflamada del fuego infernal inflama la rueda, o toda la carrera, de nuestra vida.

7. El hecho es, que toda especie de bestias, de aves, y de serpientes, y de otros animales se amansan y han sido domados por la naturaleza del hombre;

8. mas la lengua ningún hombre puede domarla, ella es un mal que no puede atajarse, y está llena de mortal veneno.

9. Con ella bendecimos a Dios Padre, y con la misma maldecimos a los hombres, los cuales son formados a semejanza de Dios.

10. De una misma boca sale la bendición y la maldición. No han de ir así las cosas, hermanos míos.

11. ¿Acaso una fuente echa por el mismo caño agua dulce y agua amarga?

12. O ¿puede, hermanos míos, una

6. De ella se originan los grandes incendios de las guerras y discordias.

higuera producir uvas, o la vid higos? Así tampoco la fuente salada puede dar el agua dulce*.

13. ¿Hay entre vosotros alguno tenido por sabio y bien amaestrado para instruir a otros? Muestre por el buen porte su proceder y una sabiduría llena de dulzura*.

14. Mas si tenéis un celo amargo y el espíritu de discordia en vuestros corazones, no hay para qué gloriaros y levantar mentiras contra la verdad;

15. que esa sabiduría no es la que desciende de arriba; sino más bien una sabiduría terrena, animal y diabólica.

16. Porque donde hay tal celo o envidia y espíritu de discordia, allí reina el desorden y todo género de vicios.

17. Al contrario, la sabiduría que desciende de arriba, además de ser honesta y llena de pudor, es pacífica, modesta, dócil, susceptible o concorde con todo lo bueno, llena de misericordia y de excelentes frutos de buenas obras, que no se mete a juzgar, y está ajena de hipocresía.

18. Y es que los pacíficos son los que siembran en paz los frutos de la verdadera justicia, o santidad.

4

Discordias que causan las pasiones. Debemos evitar la murmuración y someternos a la providencia divina

1. ¿De dónde nacen las riñas y pleitos entre vosotros? ¿No es de vuestras pasiones, las cuales hacen la guerra en vuestros miembros?

2. Codiciáis, y no lográis; matáis, y ardéis de envidia, y no por eso conseguís vuestros deseos; litigáis, y armáis pendencias, y nada alcanzáis, porque no lo pedís a Dios.

3. Pedís quizá, y con todo no recibís; y esto es porque pedís con mala intención, para satisfacer vuestras pasiones.

4. Almas adúlteras y corrompidas, ¿no sabéis que el amor de este mundo es una enemistad contra Dios? Cualquiera, pues, que quiere ser amigo del mundo, se constituye enemigo de Dios.

5. ¿Pensáis acaso que sin motivo dice la Escritura: El Espíritu de Dios que habita en vosotros, os ama y codicia con celos*?

6. Pero por lo mismo da mayores gracias a los que así le aman. Por lo cual dice*: Dios resiste a los soberbios, y da su gracia a los humildes.

7. Estad, pues, sujetos a Dios, y resistid con su gracia al diablo, y huirá de vosotros.

8. Allegaos a Dios, y él se allegará a vosotros. Limpiad, ¡oh pecadores!, vuestras manos; y vosotros de ánimo doble, purificad vuestros corazones.

9. Mortificaos, entristeceos y sollozad; cámbiese, vuestra risa en llanto, y el gozo en tristeza.

10. Humillaos en la presencia del Señor, y él os ensalzará.

11. No queráis, hermanos, hablar mal los unos de los otros. Quien habla mal de un hermano, o quien juzga a su hermano, éste tal de la ley habla mal, y a la ley juzga, o condena. Mas si tú juzgas a la ley, ya no eres observador de la ley, sino que te haces juez de ella.

12. Uno solo es el legislador y el juez, que puede salvar y puede perder.

13. Tú, ¿quién eres para juzgar a tu prójimo? He aquí que vosotros andáis diciendo: Hoy o mañana iremos a tal ciudad, y pasaremos allí un año, y negociaremos y aumentaremos el caudal.

14. Esto decís vosotros, que ignoráis lo que sucederá mañana.

15. Porque ¿qué cosa es vuestra vida? Un vapor que por un poco de tiempo aparece, y luego desaparece. En vez de decir: Queriendo Dios; y: Si viviéremos, haremos esto o aquello.

16. Mas ahora todo al contrario, os estáis regocijando en vuestras vanas presunciones*. Toda presunción o jactancia semejante, es perniciosa.

17. En fin, quien conoce el bien que debe hacer, y no lo hace, por lo mismo peca.

---

12. *La lengua, que nos ha dado Dios para alabarlo, no debe servir para ofenderlo.*

13. *¿Cómo podrá hacer ningún fruto el doctor o predicador de la ley de la caridad, el ministro de la paz, el maestro de la humildad si con su ejemplo desmiente sus palabras?*

5. *Deut 4*, 24.

6. *Prov 3*, 34.

16. *Como si el porvenir estuviera en vuestra mano.*

5

El severo castigo que recibirán los ricos avarientos y opresores de los pobres

1. ¡Ea, pues, oh ricos!, llorad, levantad el grito en vista de las desdichas que han de sobreveniros.

2. Podridos están vuestros bienes, y vuestras ropas han sido roídas de la polilla.

3. El oro y la plata vuestra se han enmohecido, y el orín de estos metales dará testimonio contra vosotros, y devorará vuestras carnes como un fuego. Os habéis atesorado ira para los últimos días.

4. Sabed que el jornal que no pagasteis a los trabajadores, que segaron vuestras mieses, está clamando contra vosotros; y el clamor de ellos ha penetrado los oídos del Señor de los ejércitos.

5. Vosotros habéis vivido en delicias y en banquetes sobre la tierra, y os habéis cebado a vosotros mismos como las víctimas que se preparan para el día del sacrificio.

6. Vosotros habéis condenado al inocente, y le habéis muerto, sin que os haya hecho resistencia alguna.

7. Pero vosotros, ¡oh hermanos míos!, tened paciencia hasta la venida del Señor*. Mirad cómo el labrador, con la esperanza de recoger el precioso fruto de la tierra, aguarda con paciencia que Dios envíe las lluvias temprana y tardía.

8. Esperad, pues, también vosotros con paciencia, y esforzad vuestros corazones, porque la venida del Señor está cerca.

9. No queráis, hermanos, quejaros unos contra otros, a fin de que no seáis condenados en este terrible día. Mirad que el juez está a la puerta.

10. Tomad, hermanos míos, por ejemplo de paciencia, en los malos sucesos y desastres, a los profetas, que hablaron en el nombre del Señor.

11. Ello es que tenemos por bienaventurados a los que así padecieron. Oído habéis la paciencia de Job, y visto el fin del Señor. Estad de buen ánimo, porque el Señor es misericordioso y compasivo.

12. Sobre todo, hermanos míos, no queráis jurar ni por el cielo, ni por la tierra, ni con otro juramento alguno. Mas vuestro modo de asegurar una cosa sea: Sí, sí; no, no; para que no caigáis en condenación jurando falso o sin necesidad.

13. ¿Hay entre vosotros alguno que está triste?; haga oración. ¿Está contento?; cante salmos.

14. ¿Está enfermo* alguno entre vosotros?; llame a los presbíteros de la Iglesia, y oren por él, ungiéndole con óleo en el Nombre del Señor.

15. Y la oración nacida de la fe salvará al enfermo, y el Señor le aliviará; y si se halla con pecados, se le perdonarán.

16. Confesad, pues, vuestros pecados uno a otro, y orad los unos por los otros para que seáis salvos; porque mucho vale la oración perseverante del justo.

17. Elías era un hombre pasible semejante a nosotros, y pidió fervorosamente que no lloviese sobre la tierra de Israel, y no llovió por espacio de tres años y seis meses*.

18. Hizo después de nuevo oración; y el cielo dio lluvia, y la tierra produjo su fruto.

19. Hermanos míos, si alguno de vosotros se desviare de la verdad, y otro le redujere a ella,

20. debe saber, que quien hace que se convierta el pecador de su extravío, salvará de la muerte al alma del pecador, y cubrirá la muchedumbre de sus propios pecados*.

---

7. *Que no dejará de daros la paga de vuestro sufrimiento.*

14. El sacramento de la *extremaunción* se debe dar a los enfermos cuando están en peligro.
17. *1 Re 17*, 1; *Luc 4*, 25.
20. *Prov 10*, 12.

Primera Carta de San Pedro

Introducción

Esta carta va dirigida sobre todo a los judíos de diferentes provincias de Asia, convertidos a la fe. Pedro les escribe para hacerles conocer la santidad de su vocación y que todo lo debían sufrir antes que perder la fe. Habla también a los gentiles convertidos, y les da a unos y a otros reglas de moral. La carta expone la vida cristiana, como una nueva existencia, que comienza en el *bautismo*. El bautismo no es un rito externo, sino una regeneración hecha realidad en la resurrección de Jesucristo, quien comunica al creyente su poder vivificador de Cristo glorificado.

Parece que Pedro la escribió hacia el año 60, y algunos padres la llaman *Carta a los del Ponto*.

1

Exhortación a los fieles a la pureza de vida, recordándoles que han sido redimidos con la sangre de Jesucristo

1. Pedro, apóstol de Jesucristo, a los judíos que viven fuera de su patria, dispersos por el Ponto, Galacia, Capadocia, Asia Menor y Bitinia,

2. elegidos según la previsión, o predestinación, de Dios Padre, para ser santificados del Espíritu Santo, y obedecer a Jesucristo, y ser rociados con su sangre*, muchos aumentos de gracia y de paz.

3. Bendito sea el Dios y Padre de Nuestro Señor Jesucristo, que por su gran misericordia nos ha regenerado con una viva esperanza de vida eterna, mediante la resurrección de Jesucristo de entre los muertos,

4. para alcanzar algún día una herencia incorruptible, y que no puede contaminarse, y que es inmarcesible, reservada en los cielos para vosotros,

5. a quienes la virtud de Dios conserva por medio de la fe para haceros gozar de la salud, que ha de manifestarse claramente en los últimos tiempos.

6. Esto es lo que debe transportaros de gozo, si bien ahora por poco tiempo conviene que seáis afligidos con varias tentaciones,

7. para que vuestra fe probada de esta manera y mucho más acendrada que el oro (que se acrisola con el fuego) se halle digna de alabanza, de gloria y de honor en la venida manifiesta de Jesucristo para juzgaros;

8. a quien amáis, sin haberle visto; en quien ahora igualmente creéis, aunque no lo veis; mas porque creéis os alegraréis con júbilo indecible y colmado de gloria,

9. alcanzando por premio de vuestra fe la salud de vuestras almas.

10. De la cual salud tanto inquirieron e indagaron los profetas, los cuales pronunciaron la gracia que había de haber en vosotros,

11. escudriñando para cuándo o para qué punto de tiempo se lo daba a entender el Espíritu de Cristo que tenían dentro, cuando les predecía los tormentos que padeció Cristo y las glorias que le seguirían.

12. A los cuales fue revelado, que no para sí mismos, sino para vosotros administraban, o profetizaban, las cosas que ahora

---

2. Al Padre se le atribuye la *predestinación*, al Espíritu Santo la *santificación*, y al Hijo de Dios la *redención*.

se os han anunciado, por medio de los que os predicaron la buena nueva, habiendo sido enviado del cielo el Espíritu Santo, en cuyas cosas o misterios los ángeles mismos desean penetrar con su vista.

13. Por lo cual bien apercibido y preparado vuestro ánimo, tened perfecta esperanza en la gracia que se os ofrece hasta la manifestación de Jesucristo,

14. portándoos como hijos obedientes de este Señor, no conformándoos ya con los apetitos y pasiones que teníais antes en tiempo de vuestra ignorancia o infidelidad,

15. sino que conforme a la santidad del que os llamó, sed también vosotros santos en todo vuestro proceder,

16. pues está escrito*: Santos habéis de ser, porque yo soy santo.

17. Y pues invocáis como Padre a aquel que sin distinción de personas juzga según el mérito de cada cual, habéis de proceder con temor de ofenderle durante el tiempo de vuestra peregrinación,

18. sabiendo que fuisteis rescatados de vuestra vana conducta de vida, o vivir mundano, que recibisteis de vuestros padres, no con oro o plata, que son cosas perecederas,

19. sino con la sangre preciosa de Cristo como de un cordero inmaculado y sin tacha,

20. predestinado sí ya de antes de la creación del mundo, pero manifestado en los últimos tiempos por amor de vosotros,

21. que por medio del mismo creéis en Dios, el cual le resucitó de la muerte y le glorificó, para que vosotros pusieseis también vuestra fe y vuestra esperanza en Dios*.

22. Purificando, pues, vuestras almas con la obediencia del amor, con amor fraternal, amaos unos a otros entrañablemente con un corazón puro y sencillo;

23. puesto que habéis renacido no de semilla corruptible, sino incorruptible por la palabra de Dios vivo, la cual permanece por toda la eternidad.

24. Porque toda carne es heno; y toda su gloria como la flor del heno, se secó el heno, y su flor se cayó al instante:

25. pero la palabra del Señor dura eternamente; y ésta es la palabra de la buena nueva que se os ha predicado.

---

16. *Lev 11*, 44; *19*, 2.

21. *Que os promete resucitaros algún día a vosotros, como a vuestra cabeza, Jesucristo.*

2

Pedro exhorta a los cristianos a ser sinceros como los niños, ejercitándose en las virtudes de los discípulos

1. Por lo que depuesta toda malicia y todo engaño, y los fingimientos o hipocresías, y envidias, y todas las murmuraciones,

2. como niños recién nacidos, apeteced con ansia la leche del espíritu, pura o sin mezcla de fraude, para que con ella vayáis creciendo en salud y robustez,

3. si es caso que habéis probado cuán dulce es el Señor.

4. Al cual arrimándoos como a piedra viva que es, desechada sí de los hombres, pero escogida de Dios y apreciada por la principal del edificio,

5. sois también vosotros a manera de piedras vivas edificadas encima de él, siendo como una casa espiritual, como un nuevo orden de sacerdotes santos, para ofrecer víctimas espirituales, que sean agradables a Dios por Jesucristo.

6. Por lo que dice la Escritura: Mirad que yo voy a poner en Sión la principal piedra del ángulo, piedra selecta y preciosa; y cualquiera que por la fe se apoyare sobre ella, no quedará confundido.

7. Así que para vosotros que creéis, sirve de honra; mas para los incrédulos, ésta es la piedra que desecharon los fabricantes, y no obstante, vino a ser la principal o la punta del ángulo:

8. piedra de tropiezo, y piedra de escándalo para los que tropiezan en la palabra de la buena nueva, y no creen en Cristo, aun cuando fueron a esto destinados.

9. Vosotros, al contrario, sois el linaje escogido, una clase de sacerdotes reyes, gente santa, pueblo de conquista, para publicar las grandezas de aquel que os sacó de las tinieblas a su luz admirable.

10. Vosotros que antes no erais tan siquiera pueblo, y ahora sois el pueblo de Dios; que no habíais alcanzado misericordia, y ahora la alcanzasteis.

11. Por esto, queridos míos, os suplico que como extranjeros y peregrinos, que sois en este mundo, os abstengáis de los deseos carnales, que combaten contra el alma,

12. llevando una vida ajustada entre los gentiles, a fin de que por lo mismo que os censuran como a malhechores, reflexionando sobre las obras buenas que observan en vosotros, glorifiquen a Dios en el día en que los visitará.

13. Estad, pues, sumisos a toda humana criatura que se halle constituida sobre vosotros, y esto por respeto a Dios, ya sea el rey, como que está sobre todos;

14. ya a los gobernadores, como puestos por él para castigo de los malhechores, y alabanza y premio de los buenos;

15. pues ésta es la voluntad de Dios, que obrando bien tapéis la boca a la ignorancia de los hombres necios e insensatos;

16. como libres, sí, mas no cubriendo la malicia con capa de libertad, sino obrando en todo como siervos de Dios; esto es, por amor.

17. Honrad a todos, amad a los hermanos, temed a Dios, respetad al rey.

18. Vosotros los siervos estad sumisos con todo temor y respeto a los amos, no tan sólo a los buenos y apacibles, sino también a los de recia condición.

19. Pues el mérito está en sufrir uno por respeto a Dios que le ve, penas padecidas injustamente.

20. Porque ¿qué alabanza merecéis, si por vuestras faltas sois castigados de vuestros amos, y lo sufrís? Pero si obrando bien sufrís con paciencia los malos tratamientos, en eso está el mérito para con Dios;

21. que para esto fuisteis llamados a la dignidad de hijos de Dios; puesto que también Cristo, nuestra cabeza, padeció por nosotros, dándoos ejemplo, para que sigáis sus pisadas.

22. El cual no cometió pecado alguno, ni se halló mentira en su boca;

23. quien cuando le maldecían, no retornaba maldiciones; cuando le atormentaban, no prorrumpía en amenazas; antes se ponía en manos de aquel que le sentenciaba injustamente*.

24. El es el que llevó la pena de nuestros pecados en su cuerpo sobre el madero de la cruz, a fin de que nosotros, muertos a los pecados vivamos a la justicia; y él es por cuyas llagas fuisteis vosotros sanados.

25. Porque andabais como ovejas descarriadas, mas ahora os habéis convertido y reunido al pastor, y obispo o superintendente de vuestras almas.

23. Reservando a Dios la justa venganza.

3

Pedro da saludables avisos a los casados. Exhorta a todos los fieles a la caridad a imitación de Jesucristo

1. Así mismo las mujeres sean obedientes a sus maridos, a fin de que con eso si algunos no creen por el medio de la predicación de la palabra, sean ganados sin ella por sólo el trato con sus mujeres,

2. considerando la pureza de la vida que llevan, y el respeto que les tienen.

3. El adorno de las cuales no ha de ser por de fuera con los rizos del cabello, ni con dijes de oro, ni gala de vestidos*.

4. La persona interior escondida en el corazón, es la que debe adornar con el atavío incorruptible de un espíritu de dulzura y de paz, lo cual es un precioso adorno a los ojos de Dios.

5. Porque así también se ataviaban antiguamente aquellas santas mujeres, que esperaban en Dios, viviendo sujetas a sus maridos.

6. Al modo que Sara era obediente a Abrahán, a quien llamaba su señor. De ella sois hijas vosotras, si vivís bien y sin amedrentaros por ningún temor.

7. Maridos, vosotros igualmente habéis de cohabitar con vuestras mujeres, tratándolas con honor y discreción como a sexo más débil, y como a coherederas de la gracia, o beneficio de la vida eterna, a fin de que nada estorbe el efecto de vuestras oraciones.

8. Finalmente, sed todos de un mismo corazón, compasivos, amantes de todos los hermanos, misericordiosos, modestos, humildes,

9. no volviendo mal por mal, ni maldición por maldición, antes al contrario, bienes o bendiciones; porque a esto sois llamados, a fin de que poseáis la herencia de la bendición celestial.

10. Así, pues, el que de veras ama la vida, y quiere vivir días dichosos, refrene* su

3. *1 Tim 2*, 9.
10. *Sal 34* (*33*), 13.

lengua del mal, y sus labios no se desplieguen a favor de la falsedad*.

11. Desvíese del mal, y obre el bien; busque con ardor la paz y vaya en pos de ella.

12. Pues el Señor tiene fijos sus ojos sobre los justos, y escucha propicio las súplicas de ellos, al paso que mira con recelo a los que obran mal.

13. ¿Y quién hay que pueda dañaros, si no pensáis más que en obrar bien?

14. Pero si sucede que padecéis algo por amor a la justicia, sois bienaventurados. No temáis de los enemigos, ni os conturbéis;

15. sino bendecid en vuestros corazones al Señor Jesucristo prontos siempre a dar satisfacción a cualquiera que os pida razón de la esperanza o religión en que vivís.

16. Aunque debéis hacerlo con modestia y circunspección, como quien tiene buena conciencia, de manera que, cuando murmuran de vosotros los que calumnian vuestro buen proceder en Cristo, queden confundidos,

17. pues mejor es padecer (si Dios lo quiere así) haciendo bien, que obrando mal;

18. porque también Cristo murió una vez por nuestros pecados, el justo por los injustos, a fin de reconciliarnos con Dios, habiendo sido a la verdad muerto según la carne, pero vivificado por el Espíritu de Dios.

19. En el cual, o por cuyo movimiento, fue también a predicar a los espíritus encarcelados,

20. que habían sido incrédulos en otro tiempo, cuando les estaba esperando a penitencia aquella larga paciencia de Dios en los días de Noé, al fabricarse el arca, en la cual pocas personas, es a saber, ocho solamente se salvaron en medio del agua.

21. Lo que era figura del bautismo de ahora, el cual de una manera semejante os salva a vosotros, no con quitar las manchas de la carne, sino justificando la conciencia para con Dios por la virtud de la resurrección de Jesucristo;

22. el cual, después de haber devorado la muerte, a fin de hacernos herederos de la vida eterna, está a la diestra de Dios, habiendo subido al cielo, y estándole sumisos los ángeles, y las potestades y las virtudes.

4 *Pedro exhorta a huir de los pasados vicios y a la práctica de las virtudes para atraer a la fe a los gentiles*

1. Habiendo, pues, Cristo padecido por nosotros la muerte en su carne, armaos también vosotros de esta consideración, y es que quien mortificó o murió a la carne por el bautismo, ha acabado de pecar.

2. De suerte que ya el tiempo que le queda en esta vida mortal, viva, no conforme a las pasiones humanas, sino conforme a la voluntad de Dios.

3. Porque demasiado tiempo habéis pasado durante vuestra vida anterior abandonados a las mismas pasiones que los paganos, viviendo en desenfrenos, en codicias, en embriagueces, en glotonerías, en excesos en las bebidas y en idolatrías abominables.

4. Ahora los infieles extrañan mucho que no concurráis vosotros a los mismos desórdenes de torpeza, y os llenan de vituperios.

5. Mas ellos darán cuenta a aquel que tiene dispuesto juzgar a vivos y a muertos:

6. que aun por eso ha sido predicado también la buena nueva a los muertos; para que habiendo sido juzgados, o castigados, delante de los hombres según la carne, recibiesen delante de Dios la vida del espíritu.

7. Por lo demás, el fin de todas las cosas se va acercando; por tanto sed prudentes, y así estad advertidos; y velad en oraciones continuas y fervorosas.

8. Pero sobre todo mantened constante la mutua caridad entre vosotros; porque la caridad cubre o disimula multitud de pecados*.

9. Ejercitad la hospitalidad los unos con los otros, sin murmuraciones.

10. Comunique cada cual al prójimo la gracia o don, según la recibió como buenos dispensadores de los dones de Dios, los cuales son de muchas maneras.

11. El que habla o predica la palabra divina, hágalo de modo que parezca que habla Dios por su boca; quien tiene algún ministerio eclesiástico, ejercítelo como una virtud que Dios le ha comunicado, a fin de

---

8. *Prov 10*, 12.

que en todo cuanto hagáis sea Dios glorificado por Jesucristo, cuya es la gloria y el imperio por los siglos de los siglos. Amén.

12. Carísimos, cuando Dios os prueba con el fuego de las tribulaciones, no lo extrañéis, como si os aconteciese una cosa muy extraordinaria;

13. antes bien alegraos de ser participantes de la pasión de Cristo, para que cuando se descubra su gloria, os gocéis también con él llenos de júbilo.

14. Si sois infamados por el nombre de Cristo, seréis bienaventurados; porque la honra, la gloria y la virtud de Dios, y su Espíritu mismo reposa sobre vosotros.

15. Pero jamás venga el caso en que alguno de vosotros padezca por homicida o ladrón, o maldiciente, o codiciador de lo ajeno;

16. mas si padeciere por ser cristiano, no se avergüence, antes alabe a Dios por tal causa;

17. pues tiempo es de que comience el juicio por la casa de Dios. Y si primero empieza por nosotros, ¿cuál será el paradero de aquellos que no creen la buena nueva de Dios?

18. Que si el justo a duras penas se salvará, ¿a dónde irán el impío y el pecador?

19. Por tanto, aquellos mismos que padecen por la voluntad de Dios, encomienden por medio de las buenas obras sus almas al Creador, el cual es fiel*.

5

Avisos saludables a los prelados de la Iglesia y a los súbditos. Encarga a los jóvenes la obediencia

1. Esto supuesto, a los presbíteros que hay entre vosotros suplico yo, vuestro copresbítero y testigo de la pasión de Cristo, como también participante de su gloria, la cual se ha de manifestar a todos en lo por venir*,

2. que apacentéis la grey de Dios puesta a vuestro cargo, gobernándola y velando sobre ella no precisados por la necesidad, sino con afectuosa voluntad que sea según Dios; no por un sórdido interés, sino gratuitamente;

3. ni porque queréis tener señorío sobre el clero, o la heredad del Señor*, sino siendo verdaderamente dechados de la grey;

4. que cuando se dejará ver el Príncipe de los pastores, Jesucristo, recibiréis una corona inmarcesible de gloria.

5. Vosotros igualmente, ¡oh jóvenes!, estad sujetos a los ancianos, o sacerdotes. Todos, en fin, inspiraos recíprocamente y ejercitad la humildad; porque Dios resiste a los soberbios, pero a los humildes les da su gracia.

6. Humillaos, pues, bajo la mano poderosa de Dios, para que os exalte al tiempo de su visita o del juicio,

7. descargando en su amoroso seno todas vuestras solicitudes, pues él tiene cuidado de vosotros.

8. Sed sobrios, y estad en continua vela; porque vuestro enemigo el diablo anda girando como león rugiente alrededor de vosotros, en busca de para que devorar.

9. Resistidle firmes en la fe, sabiendo que la misma tribulación padecen vuestros hermanos, cuantos hay en el mundo.

10. Mas Dios dador de toda gracia, que nos llamó a su eterna gloria por Jesucristo, después que hayáis padecido un poco, él mismo os perfeccionará, fortificará y consolidará.

11. A él sea dada la gloria y el poder soberano por los siglos de los siglos. Amén.

12. Por Silvano, el cual es, a mi juicio, un fiel hermano, os he escrito brevemente, declarándoos y protestándoos, que la verdadera gracia de Dios, o la verdadera religión, es ésta, en que vosotros permanecéis constantes.

13. La Iglesia que, escogida por Dios como vosotros, mora en esta Babilonia*, os saluda, y mi hijo Marcos.

14. Saludaos mutuamente con el ósculo santo. La gracia sea con todos vosotros, los que estáis unidos en Cristo Jesús. Amén.

---

19. *Las guardará y premiará según su mérito.*
1. En la segunda venida gloriosa de Jesucristo.

3. El pueblo de Israel se llamaba *clero*, es decir, *herencia*, *suerte* o *patrimonio de Dios*.
13. La antigüedad ha entendido en este verso por *Babilonia* la ciudad de Roma.

Segunda Carta de San Pedro

Introducción

El objetivo de esta carta, dirigida a los judíos, era fortalecerlos contra las herejías que se levantaban en la Iglesia, y sobre todo contra los llamados *epicúreos*.

Consciente de que se acerca su muerte, Pedro deja a sus hermanos cristianos un vigoroso legado, en el cual los invita a agradecer su vocación y a vivir según sus exigencias, de modo que cuando venga el Señor los halle dignos de su reino. Les enseña que un error que deben evitar es negar la venida del Señor, porque se prolongue mucho. Este era ya un error que extraviaba a los fieles.

Esta carta se considera el testamento del apóstol.

1 *La memoria de los dones recibidos de Dios ha de animarnos a avanzar en el camino de la virtud*

1. Simón Pedro, siervo y apóstol de Jesucristo, a los que han alcanzado igual fe con nosotros por la justicia y méritos del Dios y Salvador nuestro Jesucristo,

2. la gracia y paz crezca más y más en vosotros por el conocimiento de Dios y de nuestro Señor Jesucristo.

3. Así como todos los dones que nos ha dado su poder divino, correspondientes a la vida y a la piedad cristiana, se nos han comunicado por el conocimiento de aquel que nos llamó por su gloria y por su virtud,

4. también por él mismo nos ha dado Dios las grandes y preciosas gracias que había prometido, para haceros partícipes, por medio de estas mismas gracias, de la naturaleza divina, huyendo la corrupción por la concupiscencia que hay en el mundo.

5. Vosotros, pues, habéis de poner todo vuestro estudio y cuidado en juntar con vuestra fe la fortaleza, con la fortaleza la ciencia,

6. con la ciencia la templanza, con la templanza la paciencia, con la paciencia la piedad,

7. con la piedad el amor fraternal, y con el amor fraternal la caridad, o amor de Dios.

8. Porque si estas virtudes se hallan en vosotros, y van creciendo más y más, no quedará estéril y sin fruto el conocimiento que tenéis de nuestro Señor Jesucristo.

9. Mas quien no las tiene, está ciego, y anda con la mano a tientas, olvidando de qué manera fue lavado de sus antiguos delitos.

10. Por tanto, hermanos míos, esforzaos más y más y haced cuanto podáis para asegurar, o afirmar, vuestra vocación y elección por medio de las buenas obras; porque haciendo esto, no pecaréis jamás.

11. Pues de este modo se os abrirá de par en par la entrada en el reino eterno de nuestro Señor y Salvador Jesucristo.

12. Por lo cual no cesaré jamás de advertiros eso mismo, por más que vosotros estéis bien instruidos y confirmados en la verdad presente;

13. pues me parece justo el despertaros con mis amonestaciones, mientras estoy en este cuerpo mortal como en una tienda de campaña,

14. estando cierto de que presto saldré de él, según me lo ha significado ya nuestro Señor Jesucristo.

15. Mas yo cuidaré de que aun después

de mi muerte podáis con frecuencia hacer memoria de estas cosas.

16. Por lo demás, no os hemos hecho conocer el poder y la venida de nuestro Señor Jesucristo, siguiendo fábulas o ficciones ingeniosas; sino como testigos oculares de su grandeza*,

17. porque al recibir de Dios Padre aquel glorioso testimonio, cuando desde la nube en que apareció con tanta brillantez la gloria de Dios, descendió una voz que le decía: Este es mi Hijo amado, en quien estoy complaciéndome, escuchadle,

18. nosotros oímos también esta voz venida del cielo, y vimos su gloria estando con él en el monte santo del Tabor.

19. Pero tenemos todavía el testimonio más firme que el nuestro que es el de los profetas, al cual hacéis bien en mirar atentamente, como a una antorcha que luce en un lugar oscuro, hasta tanto que amanezca el día, y la estrella de la mañana nazca en vuestros corazones,

20. bien entendido, ante todas cosas, que ninguna profecía de la Escritura se declara por interpretación privada*;

21. porque no traen su origen las profecías de la voluntad de los hombres, sino que los varones santos de Dios hablaron, siendo inspirados del Espíritu Santo*.

2

Describe las malas artes de los falsos doctores y de sus discípulos y el espantoso castigo que les amenaza

1. Verdad es que hubo también falsos profetas en el antiguo pueblo de Dios, así como se verán entre vosotros, maestros embusteros, que introducirán con disimulo sectas de perdición, y renegarán del Señor que los rescató, acarreándose a sí mismos una pronta venganza.

2. Y muchas gentes los seguirán en sus disoluciones; por cuya causa el camino de la verdad será infamado;

3. y usando de palabras fingidas, harán tráfico de vosotros, por avaricia; mas el juicio que hace tiempo que los amenaza va viniendo a grandes pasos, y no está dormida la mano que debe perderlos.

4. Porque si Dios no perdonó a los ángeles delincuentes, sino que amarrados con cadenas infernales los precipitó al tenebroso abismo, en donde son atormentados y tenidos como en reserva hasta el día del juicio;

5. si tampoco perdonó al antiguo mundo*, aunque preservó al predicador de la justicia divina, Noé, con siete personas, al anegar con el diluvio el mundo de los impíos;

6. si reduciendo a cenizas las ciudades de Sodoma y Gomorra, las condenó a desolamiento, poniéndolas para escarmiento de los que vivirán impíamente;

7. si libertó al justo Lot, a quien estos hombres abominables afligían y perseguían con su vida infame,

8. pues conservaba puros sus ojos y oídos, morando entre gentes que cada día sin cesar atormentaban su alma pura con obras detestables,

9. luego bien sabe el Señor librar de la tentación a los justos, reservando los malos para los tormentos en el día del juicio,

10. y sobre todo aquellos que para satisfacer sus impuros deseos siguen la concupiscencia de la carne, y desprecian las potestades; osados, pagados de sí mismos, que blasfemando no temen sembrar herejías,

11. como quiera que los ángeles mismos con ser tanto mayores en fuerza y poder, no condenan con palabras de execración, ni maldición, a los de su especie*;

12. mas éstos otros, que, por el contrario, como brutos animales, nacidos para ser presa del hombre o para el lazo y la matanza, blasfeman de las cosas que ignoran, perecerán en los vergonzosos desórdenes en que están sumergidos,

13. recibiendo la paga de su iniquidad, ya que ponen su felicidad en parar cada día entre placeres, siendo la misma mancha y suciedad, entregados a deleites, mostrando su disolución en los convites que celebran con vosotros,

16. En su transfiguración gloriosa.
20. *2 Tim 3*, 16.
21. Y así es que a la Iglesia, dirigida por él, pertenece la interpretación de las Escrituras Divinas.

5. A los hombres anteriores al diluvio.
11. A los demonios, por ser éstos criaturas de Dios. Se puede traducir *no pueden resistir la horrenda condenación fulminada contra ellos.*

14. como que tienen los ojos llenos de adulterio y de un continuo pecar. Ellos atraen con halagos las almas ligeras e inconstantes, teniendo el corazón ejercitado en todas las mañas que puede sugerir la avaricia; son hijos de maldición;

15. han dejado el camino recto, y se han descarriado, siguiendo la senda de Balaam, hijo de Bosor, el cual codició el premio de la maldad;

16. mas tuvo quien reprendiese su sandez y mal designio, una muda bestia o burra en que iba montado, hablando en voz humana, refrenó la necedad del profeta*.

17. Estos son fuentes pero sin agua, y nieblas agitadas por torbellinos que se mueven a todas partes, para los cuales está reservado el abismo de las tinieblas;

18. porque profiriendo discursos pomposos llenos de vanidad, atraen con el cebo de apetitos carnales de lujuria a los que poco antes habían huido de la compañía de los que profesan el error,

19. prometiéndoles libertad, cuando ellos mismos son esclavos de la corrupción; pues quien de otro es vencido, por lo mismo queda esclavo del que le venció.

20. Porque si después de haberse apartado de las asquerosidades del mundo por el conocimiento de nuestro Señor y Salvador Jesucristo, enredados otra vez en ellas son vencidos, su postrera condición viene a ser peor que la primera.

21. Por lo que mejor les fuera no haber conocido el camino de la justicia, que después de conocido volver atrás y abandonar la ley santa que se les había dado,

22. cumpliéndose en ellos lo que suele significarse por aquel refrán verdadero: Se volvió el perro a comer lo que vomitó; y: La marrana lavada, a revolcarse en el cieno.

3 *Alaba las epístolas de Pablo y dice que eran adulteradas por los ignorantes*

1. Esta es ya, carísimos míos, la segunda carta que os escribo, procurando en las dos avivar con mis exhortaciones vuestro ánimo sencillo, o sincero;

2. para que tengáis presentes las palabras que os he dicho antes, de los santos profetas, y los preceptos que el Señor y Salvador nuestro os ha dado por medio de nosotros, que somos sus apóstoles

3. estando ciertos ante todas cosas, de que vendrán en los últimos tiempos impostores artificiosos, arrastrados de sus propias pasiones,

4. diciendo: ¿Dónde está la promesa o el segundo advenimiento de éste? Porque desde la muerte de nuestros padres o patriarcas, todas las cosas permanecen del modo mismo que al principio fueron creadas.

5. Y es que no saben, porque quieren ignorarlo, que al principio fue creado el cielo por la palabra de Dios, como así mismo la tierra, la cual apareció salida del agua, y subsiste en medio de ella,

6. y que por tales cosas el mundo de entonces pereció anegado en las aguas del diluvio.

7. Así los cielos que ahora existen, y la tierra, se guardan por la misma palabra, para ser abrasados por el fuego en el día del juicio y del exterminio de los hombres malvados e impíos.

8. Pero vosotros, queridos míos, no debéis ignorar una cosa, y es que un día respecto de Dios es como mil años, y mil años como un día*.

9. No retarda, pues, el Señor su promesa, como algunos juzgan, sino que espera con mucha paciencia por amor de vosotros venir como juez, no queriendo que ninguno perezca, sino que todos se conviertan a penitencia.

10. Por lo demás, el día del Señor vendrá como ladrón*, y entonces los cielos con espantoso estruendo pasarán de una parte a otra, los elementos con el ardor del fuego se disolverán, y la tierra, y las obras que hay en ella serán abrasadas.

11. Pues ya que todas estas cosas han de ser deshechas, ¿cuáles debéis ser vosotros en la santidad de vuestra vida y piedad de costumbres,

12. aguardando con ansia, y corriendo a esperar la venida del día del Señor, día en que los cielos encendidos se disolverán, y

---

16. *Num 22; 23; 24.*

8. *Porque para él no hay nada pasado ni futuro, pues todo es presente.*

10. *De repente y a la hora menos pensada.*

se derretirán los elementos con el ardor del fuego?

13. Aunque esperamos, conforme a sus promesas, nuevos cielos y nueva tierra, donde habitará eternamente la justicia.

14. Por lo cual, carísimos, pues tales cosas esperáis, haced lo posible para que el Señor os halle sin mancilla, irreprensibles y en paz;

15. y creed que es para salvación la longanimidad o larga paciencia de nuestro Señor: según también nuestro carísimo hermano Pablo os escribió conforme a la sabiduría que se le ha dado,

16. como lo hace en todas sus cartas, tratando en ellas de esto mismo; en las cuales hay algunas cosas difíciles de comprender, cuyo sentido los inconstantes en la fe pervierten, de la misma manera que las demás Escrituras, de que abusan para su propia perdición.

17. Así que vosotros, ¡oh hermanos!, avisados ya, estad alerta, no sea que seducidos de los insensatos y malvados vengáis a caer de vuestra firmeza*;

18. antes bien id creciendo en la gracia y en el conocimiento de nuestro Señor y Salvador Jesucristo. A El sea dada la gloria desde ahora y por el día perpetuo de la eternidad. Amén.

---

17. *En la fe y santidad de vida.*

Primera Carta de San Juan

Introducción

Juan escribió esta carta a los fieles para combatir las herejías, de quienes negaban la divinidad de Jesucristo, como Corinto y Ebión; de quienes negaban su humanidad, como Basílides, y de quienes negaban la necesidad de las buenas obras, como los nicolaítas. *Juan* les advierte a los fieles que se guarden de los falsos apóstoles, a los cuales llama *anticristos*. El autor de las tres cartas parece que es el mismo y que además es el autor del *IV Evangelio*. Es difícil determinar el orden en que aparecieron estos escritos, pues algunos temas se desarrollan más ampliamente en el *Evangelio*. Esta carta parece que se escribió poco antes de la ruina de Jerusalén. Algunos padres la llaman *Epístola a los Partos*, nación célebre por sus guerras contra los romanos; pero se cree que fue escrita a los hebreos cristianos.

1

Anuncia Juan la doctrina que oyó del mismo Jesucristo nuestro Señor, el cual es vida y luz que nos alumbra

1. Lo que fue desde el principio o desde la eternidad, lo que oímos, lo que vimos con nuestros ojos, y contemplamos, y palparon nuestras manos tocante al Verbo de la vida,

2. vida que se hizo patente, y así la vimos, y damos de ella testimonio, y os predicamos esta vida eterna, la cual estaba en el Padre y se dejó ver de nosotros,

3. esto que vimos y oímos, es lo que os anunciamos, para que tengáis también vosotros unión con nosotros, y nuestra común unión sea con el Padre y con su Hijo Jesucristo.

4. Y os lo escribimos para que os gocéis y vuestro gozo sea cumplido.

5. Y la nueva que oímos del mismo Jesucristo y os anunciamos, es, que Dios es luz, y en él no hay tinieblas.

6. Si dijéremos que tenemos unión con él, y andamos entre las tinieblas del pecado, mentimos, y no tratamos verdad.

7. Pero si caminamos a la luz de la fe y santidad como él está así mismo en la luz, se sigue de ahí que tenemos nosotros una común y mutua unión, y la sangre de Jesucristo, su Hijo, nos purifica de todo pecado.

8. Si dijéremos que no tenemos pecado, nosotros mismos nos engañamos, y no hay verdad en nosotros.

9. Pero si confesamos humildemente nuestros pecados, fiel y justo es él para perdonárnoslos y lavarnos de toda iniquidad, según su promesa.

10. Si dijéremos que no hemos pecado, le hacemos a él mentiroso, y su palabra no está en nosotros.

2

Juan nos exhorta a no pecar y a acogernos a Jesucristo cuando hubiéremos pecado

1. Hijos míos, estas cosas os escribo, a fin de que no pequéis. Pero aun cuando alguno por desgracia pecare, no desespere, pues tenemos por abogado para con el Padre, a Jesucristo justo y santo.

2. Y él mismo es la víctima de propiciación por nuestros pecados; y no tan sólo por los nuestros, sino también por los de todo el mundo.

3. Y si guardamos sus mandamientos, con eso sabemos que verdaderamente le hemos conocido*.

4. Quien dice que le conoce, y no guarda sus mandamientos, es un mentiroso, y la verdad no está en él.

5. Pero quien guarda sus mandamientos, en ése verdaderamente la caridad de Dios es perfecta; y por eso conocemos que estamos en él, esto es, en Jesucristo.

6. Quien dice que mora en él, debe seguir el mismo camino que él siguió.

7. Carísimos, no voy a escribiros un mandamiento nuevo, sino un mandamiento antiguo, el cual recibisteis desde el principio; el mandamiento antiguo es la palabra divina que oísteis;

8. y no obstante, yo os digo que el mandamiento de que os hablo, que es el de la caridad, es un mandamiento nuevo, el cual es verdadero en sí mismo y en vosotros*; porque las tinieblas desaparecieron y luce ya la luz verdadera.

9. Quien dice estar en la luz, aborreciendo a su hermano, o al prójimo, en tinieblas está todavía.

10. Quien ama a su hermano, en la luz mora, y en él no hay escándalo.

11. Mas el que aborrece a su hermano, en tinieblas está, y en tinieblas anda, y no sabe a dónde va, porque las tinieblas le han cegado.

12. Os escribo a vosotros, hijitos, porque vuestros pecados están perdonados por el Nombre de Jesús.

13. A vosotros, padres de familia, os escribo, porque habéis conocido al que existía desde el principio. Os escribo a vosotros, jóvenes, porque habéis vencido al maligno espíritu.

14. Os escribo a vosotros, niños, porque habéis conocido al Padre. A vosotros, hijos míos, os escribo, porque sois valerosos, y la palabra de Dios permanece en vosotros, y vencisteis al maligno espíritu.

15. Ved, pues, lo que os escribo a todos: No queráis amar al mundo, ni las cosas mundanas. Si alguno ama al mundo, no habita en él la caridad o amor del Padre;

16. porque todo lo que hay en el mundo, es concupiscencia de la carne, concupiscencia de los ojos y soberbia u orgullo de la vida, lo cual no nace del Padre, sino del mundo.

17. El mundo pasa, y pasa también con él su concupiscencia. Mas el que hace la voluntad de Dios permanece eternamente.

18. Hijitos míos, ésta es ya la última hora, o edad del mundo; y así como habéis oído que viene el Anticristo, así ahora muchos se han hecho anticristos, por donde echamos de ver que ya es la última hora.

19. De entre nosotros o de la Iglesia han salido, mas no eran de los nuestros; que si de los nuestros fueran con nosotros sin duda hubieran perseverado en la fe; pero ellos se apartaron de la Iglesia, para que se vea claro que no todos son de los nuestros.

20. Pero vosotros habéis recibido la unción del Espíritu Santo,* y de todo estáis instruidos.

21. No os he escrito como a ignorantes de la verdad, sino como a los que la conocen y la saben; porque ninguna mentira procede de la verdad, que es Jesucristo.

22. ¿Quién es mentiroso, sino aquel que niega que Jesús es el Cristo o Mesías? Este es un anticristo, que niega al Padre y al Hijo.

23. Cualquiera que niega al Hijo*, tampoco reconoce al Padre; quien confiesa al Hijo, también al Padre confiesa, o reconoce.

24. Vosotros estad firmes en la doctrina que desde el principio habéis oído. Si os mantenéis en lo que oísteis al principio, también os mantendréis en el Hijo y en el Padre.

25. Y ésta es la promesa que nos hizo él mismo, la vida eterna.

26. Esto os he escrito en orden a los impostores que os seducen.

27. Mantened en vosotros la unción divina, que de él recibisteis. Con eso no tenéis necesidad que nadie os enseñe; sino que conforme a lo que la unción del Señor os enseña en todas las cosas, así es verdad, y no mentira. Por tanto estad firmes en eso mismo que os ha enseñado.

---

3. *Lo conocemos con fe viva y animada de la caridad.*

8. *Por haberlo renovado y perfeccionado Jesucristo en el Evangelio, enseñándonos que debemos amar aun a nuestros enemigos.*

20. *Jn 16*, 13.

23. *No reconoce a Jesús por Hijo de Dios.*

28. En fin, hijitos míos, permaneced en él; para que cuando venga, estemos confiados*, y que al contrario no nos hallemos confundidos por él en su venida.

29. Y pues sabéis que Dios es justo, sabed igualmente que quien vive según justicia o ejercita las virtudes, es hijo legítimo del mismo.

---

3 *Juan encarga de nuevo el precepto de la caridad fraternal. Concluye exhortando a observar los mandamientos*

---

1. Mirad, qué tierno amor hacia nosotros ha tenido el Padre, queriendo que nos llamemos hijos de Dios, y lo seamos en efecto. Por eso el mundo no hace caso de nosotros, porque no conoce a Dios nuestro Padre.

2. Carísimos, nosotros somos ya ahora hijos de Dios; mas lo que seremos algún día no aparece aún. Sabemos sí que cuando se manifestare claramente Jesucristo, seremos semejantes a él en la gloria, porque le veremos como él es*.

3. Entretanto, quien tiene tal esperanza de él, se santifica a sí mismo, así como él es también santo.

4. Cualquiera que comete pecado, por lo mismo comete una injusticia, pues el pecado es injusticia.

5. Y bien sabéis que él vino para quitar nuestros pecados, y en él no cabe pecado.

6. Todo aquel que permanece en él, no peca; y cualquiera que peca, no le ha visto, ni le ha conocido.

7. Hijitos míos, nadie os engañe. Quien ejercita la justicia, es justo, así como lo es también Jesucristo.

8. Quien comete pecado, del diablo es hijo, porque el diablo desde el momento de su caída continúa pecando. Por eso vino el Hijo de Dios, para deshacer las obras del diablo.

9. Todo aquel que nació de Dios, no hace pecado, porque la semilla de Dios, que es la gracia santificante, mora en él, y, si no la echa de sí, no puede pecar, porque es hijo de Dios.

10. Por aquí se distinguen los hijos de Dios de los hijos del diablo. Todo aquel que no practica la justicia, no es hijo de Dios, y así tampoco lo es el que no ama a su hermano.

11. En verdad que ésta es la doctrina que aprendisteis desde el principio, que os améis unos a otros.

12. No como Caín, el cual era hijo del maligno espíritu, y mató a su hermano. ¿Y por qué le mató? Porque sus obras eran malignas, y las de su hermano justas.

13. No extrañéis, hermanos, si os aborrece el mundo.

14. Nosotros conocemos haber sido trasladados de muerte a vida, en que amamos a los hermanos. El que no los ama, queda en la muerte, o está sin caridad.

15. Cualquiera que tiene odio a su hermano, es un homicida. Y ya sabéis que en ningún homicida tiene su morada la vida eterna*.

16. En esto hemos conocido la caridad de Dios, en que dio el Señor su vida por nosotros; y así nosotros debemos estar prontos a dar la vida por la salvación de nuestros hermanos.

17. Quien tiene bienes de este mundo, y viendo a su hermano en necesidad cierra las entrañas, para no compadecerse de él, ¿cómo es posible que resida en él la caridad de Dios?

18. Hijitos míos, no amemos solamente de palabra y con la lengua, sino con obras y de veras o sinceramente.

19. En esto echamos de ver que procedemos con verdad, y así alentaremos o justificaremos nuestros corazones en la presencia de Dios.

20. Porque si nuestro corazón nos remordiere, Dios es mayor que nuestro corazón, y todo lo sabe.

21. Carísimos, si nuestro corazón no nos arguye, podemos acercarnos a Dios con confianza,

22. y estar ciertos de que cuanto le pidiéremos, recibiremos de él, pues guardamos sus mandamientos, y hacemos las cosas que son agradables en su presencia.

23. En suma, éste es su mandamiento, que creamos en el Nombre de su Hijo Jesu-

---

28. De ser reconocidos por hijos suyos.
2. *Y esta visión nos transformará en una imagen suya.*

15. De todos los crímenes se puede decir lo que del adulterio declaró el Señor. *Mat 5*, 28.

cristo, y nos amemos mutuamente, conforme nos tiene mandado*.

24. Y el que guarda sus mandamientos, mora en Dios, y Dios en él; y por esto conocemos que él mora en nosotros, por el Espíritu que nos ha dado.

4 *Por la fe y la caridad se conocen los espíritus que son de Dios de los que no lo son*

1. Queridos míos, no queráis creer a todo espíritu, sino examinad los espíritus si son de Dios, o siguen su doctrina; porque se han presentado en el mundo muchos falsos profetas.

2. En esto se conoce el espíritu de Dios, todo espíritu, que confiesa que Jesucristo vino al mundo en carne verdadera, es de Dios;

3. y todo espíritu, que desune a Jesús, no es de Dios; antes éste es espíritu del Anticristo, de quien tenéis oído que viene, y ya desde ahora está en el mundo.

4. Vosotros, hijitos míos, de Dios sois, y habéis vencido a aquél, porque el que está con vosotros y os ayuda con su gracia, es mayor que el espíritu del Anticristo que está en el mundo.

5. Esos tales son del mundo, y por eso hablan el lenguaje del mundo, y el mundo los escucha.

6. Nosotros somos de Dios. Quien conoce a Dios, nos escucha a nosotros; quien no es de Dios, no nos escucha, en esto conocemos los que están animados del espíritu de verdad, y los que lo están del espíritu del error.

7. Carísimos, amémonos los unos a los otros, porque la caridad procede de Dios. Y todo aquel que así ama, es hijo de Dios, y conoce a Dios.

8. Quien no tiene este amor, no conoce a Dios, puesto que Dios es todo caridad, o amor.

9. En esto se demostró la caridad de Dios hacia nosotros, en que Dios envió a su Hijo unigénito al mundo, para que por él tengamos la vida.

10. Y en esto consiste su caridad; que no es porque nosotros hayamos amado a Dios, sino que él nos amó primero a nosotros, y envió a su Hijo a ser víctima de propiciación por nuestros pecados.

11. Queridos míos, si así nos amó Dios, también nosotros debemos amarnos unos a otros.

12. Nadie vio jamás a Dios*. Pero si nos amamos unos a otros por amor suyo, Dios habita en nosotros, y su caridad es consumada en nosotros.

13. En esto conocemos que vivimos en él, y él en nosotros, porque nos ha comunicado su Espíritu.

14. Nosotros fuimos testigos de vista, y damos testimonio de que el Padre envió a su Hijo para ser el Salvador del mundo.

15. Cualquiera que confesare que Jesús es el Hijo de Dios, Dios está en él, y él en Dios.

16. Nosotros así mismo hemos conocido y creído el amor que nos tiene Dios. Dios es caridad, o amor; y el que permanece en la caridad, en Dios permanece, y Dios en él.

17. En esto está la perfecta caridad de Dios con nosotros, que nos da confianza para el día del juicio; pues como él es, así somos nosotros en este mundo.

18. En la caridad no hay temor*; antes la perfecta caridad echa fuera al temor servil, porque el temor tiene pena; y así el que teme, no es consumado en la caridad.

19. Amemos, pues, a Dios, ya que Dios nos amó el primero.

20. Si alguno dice: Sí, yo amo a Dios, al paso que aborrece a su hermano, es un mentiroso. Pues el que no ama a su hermano a quien ve, ¿a Dios, a quien no ve, cómo podrá amarle?

21. Y sobre todo tenemos este mandamiento de Dios, que quien ama a Dios, ame también a su hermano.

5 *La fe y la caridad grandes virtudes que caracterizan al cristiano y en las cuales alcanza la vida eterna*

1. Todo aquel que cree* que Jesús es el Cristo o Mesías, es hijo de Dios. Y quien ama al Padre, ama también a su Hijo.

23. *Jn 6*, 29; *13*, 34; *15*, 12; *17*, 3.

12. *Para amarle perfectamente. Jn 1*, 18.
18. *Inspira confianza.*
1. *Con fe viva, animada de la caridad.*

2. En esto conocemos que amamos a los hijos de Dios, si amamos a Dios, y guardamos sus mandamientos.

3. Por cuanto el amor de Dios consiste en que observemos sus mandamientos, y sus mandamientos no son pesados*.

4. Así es que todo hijo de Dios vence al mundo; y lo que nos hace alcanzar victoria sobre el mundo, es nuestra fe.

5. ¿Quién es el que vence al mundo, sino el que cree que Jesús es el Hijo de Dios?

6. Jesucristo es el que vino a lavar nuestros pecados con agua y sangre, no vino con el agua solamente, sino con el agua y con la sangre. Y el Espíritu es el que testifica que Cristo es la misma verdad.

7. Porque tres son los que dan testimonio en el cielo*: El Padre, el Verbo y el Espíritu Santo; y éstos tres son una misma cosa.

8. Y tres son los que dan testimonio en la tierra:El espíritu y el agua, y la sangre*; y estos tres testigos son para confirmar una misma cosa.

9. Si admitimos el testimonio de los hombres, de mayor autoridad es el testimonio de Dios; ahora bien, Dios mismo, cuyo testimonio es el mayor, es el que ha dado de su Hijo este gran testimonio.

10. El que cree, pues, en el Hijo de Dios, tiene el testimonio de Dios consigo o a su favor. El que no cree al Hijo, le trata de mentiroso, porque no ha creído al testimonio que Dios ha dado de su Hijo.

3. *Mat 11*, 30.
7. *De que Jesús es el hijo de Dios.* El *Padre* le reconoció por tal en el *bautismo* y *la transfiguración*.
8. El *Espíritu* indica al *Padre*, pues ya dijo Jesucristo *Dios es Espíritu*; el *agua* significa al *Espíritu Santo*, llamado *agua viva*, y la *sangre* denota al *Hijo*, que tomó *carne*. *Jn 4*, 24; *8*.

11. Y este testimonio nos enseña que Dios nos dio vida eterna, esa vida está en su Hijo Jesucristo.

12. Quien tiene al Hijo, tiene la vida; quien no tiene al Hijo no tiene la vida.

13. Estas cosas os escribo, para que vosotros, que creéis en el nombre del Hijo de Dios, sepáis que tenéis derecho a la vida eterna.

14. Y ésta es la confianza que tenemos en él, que cualquier cosa que le pidiéremos conforme a su divina voluntad, nos la otorga.

15. Y sabemos que nos otorga cuanto le pedimos, en vista de que logramos las peticiones que le hacemos.

16. El que sabe que su hermano comete un pecado que no es de muerte, ruegue por él, y Dios dará la vida al que peca no de muerte. Hay un pecado de muerte*, no hablo yo de tal pecador cuando ahora digo que intercedáis.

17. Toda prevaricación es pecado, mas hay un pecado que acarrea sin remedio la muerte eterna.

18. Sabemos que todo aquel que es hijo de Dios, no peca, mas el nacimiento que tiene de Dios por la gracia le conserva; y el maligno espíritu no le toca.

19. Sabemos que somos de Dios, al paso que el mundo todo está poseído del mal espíritu.

20. Sabemos también que vino el Hijo de Dios, y nos ha dado discreción para conocer al verdadero Dios, y para estar en su Hijo verdadero. Este es el verdadero Dios y la vida eterna que esperamos.

21. Hijitos míos, guardaos de los ídolos. Amén.

16. Como la apostasía, la impenitencia final u otro pecado contra el Espíritu Santo.

Segunda Carta de San Juan

Introducción

Se desconocen el lugar y la fecha de la segunda y tercera cartas de Juan, que ya atribuyen al apóstol los padres del siglo IV y V y se hallan en todos los cánones antiguos de los libros del *Nuevo Testamento*. En ellas, se recomiendan la caridad y el celo contra las herejías, lo que manifiesta el carácter de su autor. Algunos creen que *Electa*, a quien se dirige esta segunda carta, quiere decir *escogida* o *cristiana*, pero parece más probable que sea nombre propio.

También cabe la posibilidad de interpretar el nombre de *escogida* o *elegida*, para indicar una comunidad cristiana y por tanto a los creyentes de una Iglesia determinada, conformada por los destinatarios de la carta.

Capítulo Unico

Exhorta a Electa y a sus hijos, cuya fe alaba, a perseverar constantes en la caridad permaneciendo en la doctrina

1. El presbítero a la señora Electa y a sus hijos, a los cuales yo amo de veras, y no sólo yo, sino también todos los que han conocido la verdad.

2. En atención a la misma verdad, que permanece en nosotros, y estará con nosotros eternamente,

3. gracia, misericordia y paz sea con vosotros en verdad y caridad, de parte de Dios Padre, y de Cristo Jesús, el Hijo del Padre.

4. Me he alegrado en extremo de haber hallado algunos de tus hijos en el camino de la verdad, conforme al mandamiento que recibimos del Padre celestial.

5. Por eso ahora, señora, te ruego, no ya escribiéndote un nuevo mandamiento, sino el mismo que tuvimos desde el principio, que nos amemos unos a otros.

6. Y la caridad consiste en que procedamos según los mandamientos de Dios. Porque tal es el mandamiento que habéis recibido desde el principio y según el cual debéis caminar.

7. Puesto que se han descubierto en el mundo muchos impostores que no confiesan que Jesucristo haya venido en carne verdadera; negar esto es ser un impostor y un anticristo.

8. Vosotros estad sobre aviso, para no perder vuestros trabajos, sino que antes bien recibáis cumplida recompensa.

9. Todo aquel que no persevera en la doctrina de Cristo, sino que se aparta de ella, no tiene a Dios; el que persevera en ella, ése tiene, o posee dentro de sí al Padre y al Hijo.

10. Si viene alguno a vosotros, y no trae esta doctrina, no lo recibáis en casa, ni le saludéis.

11. Porque quien le saluda, comunica en cierto modo con sus acciones perversas.

12. Aunque tenía otras muchas cosas que escribiros, no he querido hacerlo por medio de papel y tinta; porque espero ir a veros, y hablar boca a boca, para que vuestro gozo sea cumplido.

13. Te saludan los hijos de tu hermana Electa.

Tercera Carta de San Juan

Capítulo Unico

Alaba a Gayo por su constancia en la fe y por su beneficencia en hospedar a los peregrinos

1. El presbítero al muy querido Gayo, a quien amo yo de veras.

2. Carísimo, ruego a Dios que te prospere en todo, y goces salud, como la goza dichosamente tu alma.

3. Grande ha sido mi contento con la venida de los hermanos, y el testimonio que dan de tu sincera piedad, como que sigues el camino de la verdad, de la buena nueva.

4. En ninguna cosa tengo mayor gusto que cuando entiendo que mis hijos van por el camino de la verdad.

5. Carísimo mío, te portas como fiel y buen cristiano en todo lo que practicas con los hermanos, especialmente con los peregrinos,

6. los cuales han dado testimonio de tu caridad públicamente en la Iglesia; y tú harás bien en hacerlos conducir y asistir en sus viajes con el decoro debido a Dios,

7. pues que por la gloria de su Nombre han emprendido el viaje, sin tomar nada de los gentiles recién convertidos.

8. Por eso mismo nosotros debemos acoger a los tales a fin de cooperar a la propagación de la verdad o de la buena nueva.

9. Yo quizá hubiera escrito a la Iglesia; pero ese Diótrefes, que ambiciona la primacía entre los demás, nada quiere saber de nosotros.

10. Por tanto, si voy allá, yo denunciaré sus procedimientos, haciéndole ver cuán mal hace en ir vertiendo especies malignas contra nosotros; y como si esto no le bastase, no solamente no hospeda él a nuestros hermanos, sino que a los que les dan acogida se lo veda y los echa de la Iglesia.

11. Tú, querido mío, no has de imitar el mal ejemplo, sino el bueno. El que hace bien, es de Dios; el que hace mal, no mira a Dios.

12. Todos dan testimonio a favor de Demetrio, y lo da la verdad misma, y se lo damos igualmente nosotros; y bien sabes que nuestro testimonio es verdadero.

13. Muchas cosas tenía que escribirte; pero no he querido hacerlo por medio de tinta y pluma;

14. porque espero verte luego, y hablaremos boca a boca. La paz sea contigo. Te saludan los amigos. Saluda tú a los nuestros, a cada uno en particular.

Carta de San Judas

Introducción

Judas, llamado Tadeo, era hijo de Alfeo y hermano de Santiago, el Menor. Escribió esta carta para preservar a los fieles de los errores de su tiempo, y la dirigió no a una iglesia particular, sino a todos los judíos convertidos, esparcidos por Oriente. Da casi los mismos consejos que Pedro en su segunda carta; por esta razón se coloca en seguida de aquélla. No obstante, Judas habló con más vehemencia contra las herejías. *Judas*, dice Orígenes, *escribió una carta breve, pero llena de enérgicos argumentos de la gracia celestial.*

Algunos autores antiguos dudaron que esta carta fuera genuinamente inspirada porque cita libros *no canónicos*. En el siglo I, todavía no había una lista de los libros *canónicos*.

Capítulo Unico

Exhorta a la constancia en la fe, y a resistir los esfuerzos y falsedades de los impíos

1. Judas, siervo de Jesucristo y hermano de Santiago, a los amados de Dios Padre, llamados a la fe, y conservados por Jesucristo.

2. La misericordia, y la paz, y la caridad sean colmadas en vosotros.

3. Carísimos, habiendo deseado vivamente antes de ahora escribiros acerca de vuestra común salud, me hallo en la necesidad de practicarlo, para exhortaros a que peleéis valerosamente por la fe, o doctrina, que ha sido enseñada una vez a los santos.

4. Porque se han entrometido con disimulo ciertos hombres impíos (de quienes estaba ya muy de antemano predicho que vendrían a caer en este juicio o condenación), los cuales cambian la gracia de nuestro Dios* en una desenfrenada licencia, y reniegan, o renuncian, a Jesucristo, nuestro único soberano y Señor.

5. Sobre lo cual quiero haceros memoria, puesto que fuisteis ya instruidos en todas estas cosas, que habiendo Jesús sacado a salvo al pueblo hebreo de la tierra de Egipto, destruyó después a los que fueron incrédulos,

6. y a los ángeles, que no conservaron su primera dignidad, sino que desampararon su morada, los reservó para el juicio del gran día, en el abismo tenebroso, con cadenas eternales.

7. Así como también Sodoma y Gomorra, y las ciudades cercanas, siendo reas de los mismos excesos de impureza y entregadas al pecado, vinieron a servir de escarmiento, sufriendo la pena del fuego eterno.

8. De la misma manera manchan éstos también su carne, menosprecian la dominación y blasfeman contra la majestad.

9. Cuando el arcángel Miguel disputando con el diablo altercaba sobre el cuerpo de Moisés, no se atrevió a proferir contra él sentencia de maldición, sino que le dijo solamente: Te reprima el Señor*.

4. *2 Tim 3; 2 Pe 2.*

9. El *arcángel Miguel* quería, según la disposición de Dios, que quedara oculto el sepulcro de Moisés, y el demonio procuraba manifestarlo para que los judíos lo idolatraran. Este suceso no se halla en ninguno de los libros del *Antiguo Testamento*.

10. Estos, al contrario, blasfeman de todo lo que no conocen; y abusan, como brutos animales, de todas aquellas cosas que conocen por razón natural.

11. Desdichados de ellos, que han seguido el camino de Caín, y perdidos como Balaam por el deseo de una sórdida recompensa, se desenfrenaron, e imitando la rebelión de Coré* perecerán como aquél.

12. Estos son los que contaminan y deshonran vuestros convites de caridad cuando asisten a ellos sin vergüenza, cebándose a sí mismos, nubes sin agua, llevadas de aquí para allá por los vientos; árboles otoñales, infructuosos, dos veces muertos, sin raíces;

13. olas bravas de la mar, que arrojan las espumas de sus torpezas; exhalaciones errantes, a quienes está reservada, o ha de seguir, una tenebrosísima tempestad que ha de durar para siempre.

14. También profetizó de éstos Enoc*, que es el séptimo a contar desde Adán, diciendo: Mirad que viene el Señor con millares de sus santos,

15. a juzgar a todos los hombres, y a argüir a todos los malvados de todas las obras de su impiedad, que impíamente hicieron, y de todas las injuriosas expresiones que profirieron contra Dios los impíos pecadores.

16. Estos son unos murmuradores quejumbrosos, arrastrados de sus pasiones, y su boca profiere a cada paso palabras orgullosas, los cuales se muestran admiradores o adulan a ciertas personas según conviene a sus propios intereses.

17. Vosotros, queridos míos, acordaos de las palabras que os fueron antes dichas por los apóstoles de nuestro Señor Jesucristo*,

18. los cuales os decían que en los últimos tiempos han de venir unos impostores, que seguirán sus pasiones llenas de impiedad.

19. Estos son los que se separan a sí mismos de la grey de Jesucristo, hombres sensuales, que no tienen el espíritu de Dios.

20. Vosotros al contrario, carísimos, elevándoos a vosotros mismos como un edificio espiritual sobre el fundamento de nuestra santísima fe, orando en el Espíritu Santo,

21. manteneos constantes en el amor de Dios, esperando la misericordia de nuestro Señor Jesucristo para alcanzar la vida eterna.

22. Y aquellos que están endurecidos y ya sentenciados, corregidlos y reprendedlos con vigor;

23. a los unos ponedlos a salvo, arrebatándolos de entre las llamas; y tened lástima de los demás* temiendo por vosotros mismos, aborreciendo aun o huyendo hasta de la ropa, que está contaminada con la corrupción de la carne.

24. En fin, al que es poderoso para conservaros sin pecado, y presentaros sin mancha y llenos de júbilo ante el trono de su gloria en la venida de nuestro Señor Jesucristo,

25. al solo Dios, salvador nuestro, por Jesucristo nuestro Señor, sea dada la gloria y magnificencia, imperio y potestad antes de todos los siglos, y ahora, por todos los siglos de los siglos. Amén.

---

11. *En su rebeldía contra Dios.*

14. La profecía de este patriarca, el séptimo desde Adán, se conservaría por tradición. San Jerónimo y otros dicen que este libro de Enoc estaba custodiado en el arca en tiempo del diluvio. *Ap 1*, 7.

17. *1 Tim 4*, 1; *2 Tim 3*, 1; *2 Pe 2*, 3.

23. No se deben corregir todos los herejes o pecadores de la misma manera. A unos se les tratará con dulzura para convertirlos; a otros con severidad acompañada de sincera caridad.

Apocalipsis o Revelación

Introducción

El *Apocalipsis* pertenece a la tradición profética y es el único libro de esta clase en el *Nuevo Testamento.* Centra su atención en los momentos finales, aunque no pretende como otros escritos revelar los misterios de la cosmogonía, la astronomía y el curso de la historia.

Quién escribió el *Apocalipsis* es una cuestión inicialmente solucionada en el libro, pues su autor se presenta como *Juan*. La duda que no se ha resuelto es si se trata de Juan, el apóstol y evangelista, o si se trata de un homónimo. La respuesta al problema queda abierta. La fecha de su composición se discute, aunque se cree que fue escrito en la segunda mitad del siglo I.

Es el libro más oscuro del *Nuevo Testamento*. Está marcado por tres géneros literarios:

- Género *apocalíptico*. *Apocalipsis* significa *revelación*. El mensaje es revelado en visiones comunicadas a *Juan* por un ángel. Al no poder agotar el mensaje con palabras, se expresa con símbolos, que adquieren sentido en lo anunciado y al mismo tiempo lo confirman. Este lenguaje simbólico es un esfuerzo para sugerir un misterio inefable.
- Género *profético*. El libro se presenta como una profecía. *Juan* escribe dentro de una perspectiva bíblica y no quiere romper con ella. De los *404* versículos del libro, *278* contienen referencias al *Antiguo Testamento*, de *Daniel*, *Ezequiel*, *Isaías*, *Zacarías*, *Salmos* y *Exodo*.
- Género *epistolar*. Aparece en el libro, de manera discreta, en las cartas a las siete Iglesias.

Su contenido doctrinal se relaciona con el *Evangelio según San Juan* y sobresalen la glorificación de Cristo y la salvación como una lucha contra el mal, que se realiza en la Iglesia.

1 *Juan, desterrado en Patmos, escribe por orden de Dios la revelación de las siete Iglesias de Asia*

Argumento y saludo

1. Revelación de Jesucristo, la cual ha recibido de Dios su Padre, para descubrir a sus siervos cosas que deben suceder pronto, y la ha manifestado a su Iglesia por medio de su ángel enviado a Juan siervo suyo;

2. el cual ha dado testimonio de ser palabra de Dios, y testificación de Jesucristo, todo cuanto ha visto.

3. Bienaventurado el que lee con respeto, y escucha con docilidad las palabras de esta profecía, y observa las cosas escritas en ella, pues el tiempo de cumplirse está cerca.

4. Juan a las siete iglesias del Asia Menor. Gracia y paz a vosotros, de parte de aquel que es, y que era, y que ha de venir, y de parte de los siete espíritus, que asisten ante su trono*,

5. y de parte de Jesucristo, el cual es testigo fiel, primogénito, o el primero que resucitó de entre los muertos, y soberano

---

4. Por estos *siete espíritus* algunos entienden los *siete ángeles* custodios de las *siete iglesias*.

de los reyes de la tierra, el cual nos amó, y nos lavó de nuestros pecados con su sangre,

6. y nos ha hecho reino y sacerdotes de Dios, Padre suyo. Al mismo la gloria y el imperio por los siglos de los siglos. Amén.

7. Mirad cómo viene sentado sobre las nubes del cielo, y han de verle todos los ojos, y los mismos que le traspasaron o clavaron en la cruz. Y todos los pueblos de la tierra se herirán los pechos al verle. Sí, por cierto. Así será.

8. Yo soy el Alfa y la Omega, el principio y el fin de todas las cosas, dice el Señor Dios, que es, y que era, y que ha de venir, el Todopoderoso.

9. Yo Juan, vuestro hermano y compañero en la tribulación, y en el reino de los cielos, y en la tolerancia por Cristo Jesús, estaba en la isla llamada Patmos*, por causa de la palabra de Dios y del testimonio que daba de Jesús.

10. Un día de domingo fui arrebatado en espíritu, y oí detrás de mí una gran voz como de trompeta,

11. que decía: Lo que ves, escríbelo en un libro, y remítelo a las siete Iglesias de Asia, a saber, a Efeso, a Esmirna, a Pérgamo, a Tiatira, a Sardis, a Filadelfia, y a Laodicea.

12. Entonces me volví para conocer la voz que hablaba conmigo*. Y vuelto vi siete candeleros de oro,

13. y en medio de los siete candeleros de oro vi a uno parecido al Hijo del Hombre, vestido de ropa talar, ceñido a la altura del pecho con una faja de oro*.

14. Su cabeza y sus cabellos eran blancos como la lana más blanca, y como la nieve; sus ojos parecían llamas de fuego;

15. sus pies semejantes a bronce fino, cuando está fundido en horno ardiente; y su voz como el ruido de muchas aguas.

16. Y tenía en su mano derecha siete estrellas, y de su boca salía una espada de dos filos, y su rostro era resplandeciente como el sol de mediodía.

17. Y así que le vi, caí a sus pies como muerto. Mas él puso su diestra sobre mí, diciendo: No temas. Yo soy el primero y el último, o principio y fin de todo;

18. y estoy vivo, aunque fui muerto; y ahora he aquí que vivo por los siglos de los siglos, y tengo las llaves, de la muerte y del infierno.

19. Escribe, pues las cosas que has visto, tanto las que son, como las que han de suceder después de éstas.

20. En cuanto al misterio de las siete estrellas que viste en mi mano derecha, y los siete candeleros de oro, las siete estrellas son los siete ángeles* de las siete iglesias, y los siete candeleros son las siete iglesias.

2

Se le manda a Juan que escriba varios avisos a las cuatro iglesias primeras

1. Escribe al ángel de la iglesia de Efeso: Esto dice el que tiene las siete estrellas en su mano derecha, el que anda en medio de los siete candeleros de oro:

2. Conozco tus obras, y tus trabajos, y tu paciencia, y que no puedes sufrir a los malos; y que has examinado a los que dicen ser apóstoles, y no lo son, y los has hallado mentirosos;

3. y que tienes paciencia, y has padecido por mi Nombre, y no desmayaste.

4. Pero contra ti tengo que has perdido el fervor de tu primera caridad.

5. Por tanto, acuérdate del estado de donde has decaído, y arrepiéntete, y vuelve a la práctica de las primeras obras; porque si no, voy a ti, y removeré tu candelero de su sitio si no hicieres penitencia.

6. Pero tienes esto de bueno, que aborreces las acciones de los nicolaítas, que yo también aborrezco.

7. Quien tiene oído, escuche lo que el Espíritu dice a las iglesias: Al que venciere, yo le daré a comer del árbol de la vida, que está en medio del paraíso de mi Dios.

8. Escribe también al ángel de la iglesia de Esmirna: Esto dice aquel que es el primero y el último, que fue muerto, y está vivo:

9. Sé tu tribulación y tu pobreza, si bien eres rico en gracia y santidad; y que eres blasfemado de los que se llaman judíos, y no

---

9. Desterrado allí por Domiciano.

12. Se cree que *Juan* vio a un ángel, que representaba y hablaba en nombre de Jesucristo; pero no era el mismo Jesucristo.

13. La faja de oro era un adorno que usaban los reyes en señal de su autoridad. *Job 12*, 18.

20. *Los obispos. 2 Cor 5*, 20.

lo son, antes bien son una sinagoga de Satanás.

10. No temas nada de lo que has de padecer. Mira que el diablo ha de meter a algunos de vosotros en la cárcel para que seáis tentados en la fe; y seréis atribulados por diez días*. Sé fiel hasta la muerte, y te daré la corona de la vida eterna.

11. Quien tiene oído, oiga lo que dice el Espíritu a las iglesias: El que venciere no será dañado por la muerte segunda.

12. Así mismo al ángel de la iglesia de Pérgamo escríbele: Esto dice el que tiene en su boca la espada afilada de dos filtros:

13. Bien sé que habitas en un lugar donde Satanás tiene su asiento y mantienes no obstante mi Nombre, y no has negado mi fe, aun en aquellos días en que Antipas, testigo mío fiel, fue martirizado entre vosotros donde Satanás mora.

14. Sin embargo, algo tengo contra ti, y es que tienes ahí secuaces de la doctrina de Balaam, el cual enseñaba al rey Balac a poner escándalo o tropiezo a los hijos de Israel, para que cayesen en pecado comiendo y cometiendo la fornicación,

15. pues así tienes tú también a los que siguen la doctrina de los nicolaítas.

16. Por lo mismo, arrepiéntete; si no, vendré a ti pronto, y yo pelearé contra ellos con la espada de mi boca.

17. El que tiene oído, escuche lo que dice el Espíritu a las iglesias: Al que venciere le daré yo a comer un maná recóndito, y le daré una piedrecita blanca*, y en la piedrecita esculpido un nombre nuevo, que nadie lo sabe, sino aquel que le recibe.

18. Y al ángel de la iglesia de Tiatira escríbele: Esto dice el Hijo de Dios, que tiene los ojos como llamas de fuego, y los pies semejantes al bronce fino:

19. Conozco tus obras, y tu fe, y caridad, y tus servicios, y paciencia, y que tus obras o virtudes últimas son muy superiores a las primeras.

20. Pero tengo contra ti alguna cosa, y es que permites a cierta mujer Jezabel, que se dice profetisa, enseñar y seducir a mis siervos, para que caigan en fornicación y coman de las cosas sacrificadas a los ídolos.

21. Y le he dado tiempo para hacer penitencia, y no quiere arrepentirse de su torpeza.

22. Yo la voy a reducir a una cama; y los que adulteran con ella, se verán en grandísima aflicción si no hicieran penitencia de sus perversas obras.

23. Y a sus hijos y secuaces entregaré a la muerte, con lo cual sabrán todas las iglesias que yo soy escudriñador de mentes y corazones; y a cada uno de vosotros le daré su merecido. Entretanto os digo a vosotros

24. y a los demás que habitáis en Tiatira: A cuántos no siguen esta doctrina, y no han conocido las honduras de Satanás, o las profundidades, como ellos llaman, yo no echaré sobre vosotros otra carga;

25. pero guardad bien aquello que tenéis recibido de Dios hasta que yo venga a pediros cuenta.

26. Y al que hubiere vencido y observado hasta el fin mis obras o mandamientos, yo le daré autoridad sobre las naciones,

27. y ha de regirlas con varas de hierro, y serán desmenuzadas como vaso de alfarero,

28. conforme al poder que yo tengo recibido de mi Padre*; le daré también el lucero de la mañana.

29. Quien tiene oído, escuche lo que el Espíritu dice a las iglesias.

3

Amonesta Juan a las otras tres iglesias de Sardis, de Filadelfia y de Laodicea, y les da avisos importantes

---

1. Al ángel de la iglesia de Sardis escríbele también: Esto dice el que tiene a su mandar los siete espíritus de Dios y las siete estrellas: Yo conozco tus obras y que tienes nombre de viviente, y estás muerto.

2. Despierta, pues, sé vigilante, y consolida lo restante de tu grey, que está para morir. Porque yo no hallo tus obras cabales en presencia de mi Dios.

3. Ten, pues, en la memoria lo que has recibido y aprendido, y obsérvalo, y arrepiéntete. Porque si no velares, vendré a ti

---

10. Por *poco tiempo.*

17. *Sentencia favorable o una señal de la victoria. Ex 16,* 15; *Jn 6,* 31.

28. *Juzgará conmigo algún día a todas las naciones rebeldes al Evangelio, condenándolas con rigor. Sal 2,* 9; *Sab 3,* 8; *Mat 19,* 28.

como ladrón, y no sabrás a qué hora vendré a ti.

4. Con todo, tienes en Sardis unos pocos sujetos que no han manchado sus vestiduras; y andarán conmigo en el cielo vestidos de blanco, porque lo merecen.

5. El que venciere será igualmente vestido de ropas blancas, y no borraré su nombre del libro de la vida, antes bien le celebraré delante de mi Padre y delante de sus ángeles.

6. Quien tiene oídos escuche lo que dice el Espíritu a las iglesias.

7. Escribe así mismo al ángel de la iglesia de Filadelfia: Esto dice el Santo y el veraz, el que tiene la llave del nuevo reino de David*; el que abre, y ninguno cierra; cierra, y ninguno abre;

8. Yo conozco tus obras. He aquí que puse delante de tus ojos abierta una puerta que nadie podrá cerrar; porque aunque tú tienes poca fuerza, o virtud, con todo, has guardado mi palabra o mis mandamientos, y no negaste mi Nombre.

9. Yo voy a traer de la sinagoga de Satanás a los que dicen ser judíos y no lo son, sino que mienten; como quiera yo haré que ellos vengan y se postren a tus pies, y entenderán con eso que yo te amo.

10. Ya que has guardado la doctrina de mi paciencia, yo también te libraré del tiempo de tentación que ha de sobrevenir a todo el universo para prueba de los moradores de la tierra.

11. Mira que vengo luego: mantén lo que tienes de bueno en tu alma, no sea que otro se lleve tu corona.

12. Al que venciere, yo le haré columna en el templo de mi Dios, de donde no saldrá jamás fuera; y escribiré sobre él el nombre de mi Dios, y el nombre de la ciudad de mi Dios, la nueva Jerusalén, que desciende del cielo, y viene o trae su origen de mi Dios, y el nombre mío nuevo.

13. Quien tiene oído, escuche lo que dice el Espíritu a las iglesias.

14. En fin, al ángel de la iglesia de Laodicea escribirás: Esto dice la misma verdad, el testigo fiel y verdadero, el principio, o causa, de las criaturas de Dios:

15. Conozco bien tus obras, que ni eres frío, ni caliente: ¡Ojalá fueras frío o caliente!

16. Mas por cuanto eres tibio, y no frío ni caliente, estoy para vomitarte de mi boca.

17. Porque estáis diciendo: Yo soy rico y hacendado, y de nada tengo falta; y no conoces que eres un desdichado, y miserable, y pobre, y ciego, y desnudo.

18. Te aconsejo que compres de mí el oro afinado en el fuego, con que te hagas rico, y te vistas de ropas blancas, y no se descubra la vergüenza de tu desnudez; y unge tus ojos con colirio para que veas.

19. Yo a los que amo, los reprendo y castigo. Arde, pues, en celo de la gloria de Dios, y haz penitencia.

20. He aquí que estoy a la puerta de tu corazón, y llamo; si alguno escuchare mi voz y me abriere la puerta, entraré a él, y con él cenaré, y él conmigo.

21. Al que venciere, le haré sentar conmigo en mi trono; así como yo fui vencedor, y me senté con mi Padre en su trono.

22. El que tiene oído escuche lo que el Espíritu dice a las iglesias.

4

Juan, en una visión extática, ve a Dios, glorificado por veinticuatro ancianos y cuatro animales

1. Después de esto miré; y he aquí que en un éxtasis vi una puerta abierta en el cielo; y la primera voz que oí, como de trompeta que hablaba conmigo, me dijo: Sube acá, y te mostraré las cosas que han de suceder en adelante.

2. Al punto fui elevado o arrebatado en espíritu, y vi un solio colocado en el cielo, y un personaje sentado en el solio.

3. Y el que estaba sentado era parecido a una piedra de jaspe y de sardio o granate; y en torno del solio un arco iris, de color de esmeralda;

4. y alrededor del solio veinticuatro sillas, y veinticuatro ancianos sentados, revestidos de ropas blancas, con coronas de oro en sus cabezas.

5. Y del solio salían relámpagos, y voces, y truenos; y siete lámparas estaban ardiendo delante del solio, que son los siete espíritus de Dios.

6. Y enfrente del solio había como un

---

7. De la Iglesia. *Is 22*, 22.

mar transparente de vidrio semejante al cristal, y en medio del espacio en que estaba el trono y alrededor de él, cuatro animales llenos de ojos delante y detrás.

7. Era el primer animal parecido al león; y el segundo a un becerro; y el tercer animal tenía cara como de hombre, y el cuarto animal semejante a una águila volando.

8. Cada uno de los cuatro animales tenía seis alas, y por fuera de las alas y por dentro, estaban llenos de ojos, y no reposaban de día ni de noche, diciendo: Santo, Santo, Santo, es el Señor Dios todopoderoso, el cual era, el cual es, y el cual ha de venir.

9. Y mientras aquellos animales tributaban gloria, y honor, y bendición o acción de gracias al que estaba sentado en el trono, que vive por los siglos de los siglos,

10. los veinticuatro ancianos se postraban delante del que estaba sentado en el trono, y adoraban al que vive por los siglos de los siglos, y ponían sus coronas ante el trono, diciendo:

11. Digno eres, ¡oh Señor Dios nuestro!, de recibir la gloria, y el honor, y el poderío, porque tú creaste todas las cosas, y por tu querer subsisten, y fueron creadas.

5

Juan llora de ver que nadie podía abrir el libro cerrado con siete sellos, el cual abrió el Cordero de Dios

1. Después vi en la mano derecha del que estaba sentado en el solio, un libro escrito por dentro y por fuera, sellado con siete sellos.

2. Al mismo tiempo vi a un ángel fuerte y poderoso pregonar a grandes voces: ¿Quién es el digno de abrir el libro, y de levantar sus sellos?

3. Y ninguno podía, ni en el cielo, ni en la tierra, ni debajo de la tierra, abrir el libro, ni aun mirarlo.

4. Y yo me deshacía en lágrimas, porque nadie se halló que fuese digno de abrir el libro ni registrarlo.

5. Entonces uno de los ancianos me dijo: No llores. Mira cómo ya el león de la tribu de Judá, la estirpe de David, ha ganado la victoria para abrir el libro y levantar sus siete sellos.

6. Y miré, y vi que en medio del solio y de los cuatro animales, y en medio de los ancianos, estaba un Cordero como inmolado, el cual tenía siete cuernos, esto es, un poder inmenso, y siete ojos, que son o significan los siete espíritus de Dios despachados a toda la tierra.

7. El cual vino, y recibió el libro de la mano derecha de aquel que estaba sentado en el solio.

8. Y cuando hubo abierto el libro, los cuatro animales y los veinticuatro ancianos se postraron ante el Cordero, teniendo todos cítaras y copas, o incensarios de oro, llenos de perfumes, que son las oraciones de los santos.

9. Y cantaban un cántico nuevo, diciendo: Digno eres, Señor, de recibir el libro y de abrir sus sellos; porque tú has sido entregado a la muerte, y con tu sangre nos has rescatado para Dios de todas las tribus, y lenguas, y pueblos y naciones,

10. con que nos hiciste para nuestro Dios reyes y sacerdotes; y reinaremos sobre la tierra hasta que después reinemos contigo en el cielo.

11. Vi también y oí la voz de muchos ángeles alrededor del solio, y de los animales, y de los ancianos, y su número era millares de millares,

12. los cuales decían en alta voz: Digno es el Cordero, que ha sido sacrificado, de recibir el poder, y la divinidad, y la sabiduría, y la fortaleza, y el honor, y la gloria y la bendición.

13. Y a todas las criaturas que hay en el cielo y sobre la tierra, y debajo de la tierra, y las que hay en el mar; a cuantas hay en todos estos lugares, a todas las oí decir: ¡Al que está sentado en el trono, y al Cordero, bendición, y honra, y gloria, y potestad por los siglos de los siglos!

14. A lo que los cuatro animales respondían: Amén. Y los veinticuatro ancianos se postraron sobre sus rostros, y adoraron a aquel que vive por los siglos de los siglos.

6

Señales misteriosas que fue viendo Juan, conforme iba el Cordero abriendo los seis primeros sellos

1. Vi, pues, cómo el Cordero abrió el primero de los siete sellos, y oí al primero de los cuatro animales que decía, con voz como de trueno: Ven y verás.

2. Yo miré; y he ahí un caballo blanco, y el que lo montaba tenía un arco y se le dió una corona, y salió victorioso para continuar las victorias.

3. Y como hubiese abierto el segundo sello, oí al segundo animal, que decía: Ven y verás.

4. Y salió otro caballo rojo; y al que lo montaba se le concedió el poder de desterrar la paz de la tierra, y de hacer que los hombres se matasen unos a otros; y así, se le dio una gran espada.

5. Abierto que hubo el sello tercero, oí al tercer animal, que decía: Ven, y verás. Y vi un caballo negro; y el que lo montaba tenía una balanza en su mano.

6. Y oí cierta voz en medio de los cuatro animales, que decía: Dos libras de trigo valdrán un denario, y seis libras de cebada a denario también; mas al vino y al aceite no hagas daño.

7. Después que abrió el sello cuarto, oí una voz del cuarto animal, que decía: Ven y verás.

8. Y he ahí un caballo pálido y macilento, cuyo jinete tenía por nombre Muerte, y el infierno le iba siguiendo, y se le dió poder sobre las cuatro partes de la tierra para matar a los hombres a cuchillo, con hambre, con mortandad y por medio de las fieras de la tierra.

9. Y cuando hubo abierto el quinto sello, vi debajo o al pie del altar las almas de los que fueron muertos por la palabra de Dios y por ratificar su testimonio.

10. Y clamaban a grandes voces, diciendo: ¿Hasta cuándo, Señor (tú que eres santo y veraz), difieres hacer justicia y vengar nuestra sangre contra los que habitan en la tierra?

11. Se le dio luego a cada uno de ellos un ropaje o vestido blanco* y se les dijo que descansasen o guardasen en paz un poco de tiempo, en tanto que se cumplía el número de sus consiervos y hermanos, que habían de ser martirizados también como ellos.

12. Vi así mismo cómo abrió el sexto sello; y al punto se sintió un gran terremoto, y el sol se puso negro como un saco de cilicio, o de cerda, y la luna se volvió toda roja como sangre.

13. Y las estrellas* cayeron del cielo sobre la tierra, a la manera que una higuera, sacudida de un recio viento, deja caer sus brevas.

14. Y el cielo desapareció como un libro que es enrrollado; y todos los montes y las islas fueron movidos de sus lugares.

15. Y los reyes de la tierra, y los príncipes, y los tribunos, y los ricos, y los poderosos, y todos los hombres, así esclavos como libres, se escondieron en las grutas y entre las peñas de los montes;

16. y decían a los montes y peñascos: Caed sobre nosotros, y escondednos de la cara de aquel Señor que está sentado sobre el trono, y de la ira del Cordero,

17. porque llegado es el día grande de la cólera de ambos, ¿y quién podrá soportarla?

7 *Se da orden a los ángeles que vienen a destruir la tierra que no hagan daño a los justos*

1. Después de esto vi cuatro ángeles que estaban sobre los cuatro ángulos o puntos de la tierra, deteniendo los cuatro vientos de la tierra, para que no soplasen sobre la tierra, ni sobre el mar, ni sobre árbol alguno.

2. Luego vi subir del oriente a otro ángel, que tenía la marca o sello de Dios vivo, el cual gritó con voz sonora a los cuatro ángeles, encargados de hacer daño a la tierra y al mar,

3. diciendo: No hagáis mal a la tierra, ni al mar, ni a los árboles, hasta tanto que pongamos la señal en la frente a los siervos de nuestro Dios.

4. Oí también el número de los señalados, que eran ciento cuarenta y cuatro mil, de todas las tribus de los hijos de Israel.

5. De la tribu de Judá había doce mil señalados. De la tribu de Rubén doce mil señalados. De la tribu de Gad otros doce mil.

6. De la tribu de Aser doce mil señalados. De la tribu de Neftalí doce mil señalados. De la tribu de Manasés otros doce mil.

7. De la tribu de Simeón doce mil señalados. De la tribu de Leví doce mil señalados. De la tribu de Isacar otros doce mil.

---

11. Símbolo de pureza, gozo y triunfo.

13. Se puede referir a los *dioses* o *ídolos* de los gentiles, llamados *estrellas* o *astros*, y a veces *ejército del cielo*.

8. De la tribu de Zabulón doce mil señalados. De la tribu de José, o Efraín, doce mil señalados. De la tribu de Benjamín otros doce mil.

9. Después de esto vi una gran muchedumbre, que nadie podía contar, de todas naciones, y tribus, y pueblos, y lenguas, que estaban ante el trono y delante del Cordero, revestidos de un ropaje blanco, con palmas en sus manos*;

10. y exclamaban a grandes voces, diciendo: La salvación se debe a nuestro Dios, que está sentado en el solio, y al Cordero.

11. Y todos los ángeles estaban en torno del solio, y de los ancianos, y de los cuatro animales; y se postraron delante del solio sobre sus rostros, y adoraron a Dios,

12. diciendo: Amén. Bendición, y gloria, y sabiduría, y acción de gracias, honra y poder, y fortaleza a nuestro Dios por los siglos de los siglos. Amén.

13. En esto hablándome uno de los ancianos, me preguntó: Esos, que están cubiertos de blancas vestiduras, ¿quiénes son?, y ¿de dónde han venido?

14. Yo le dije: Mi señor, tú lo sabes. Entonces me dijo: Estos son los que han venido de una tribulación grande, y lavaron sus vestiduras, y las blanquearon, o purificaron, en la sangre del Cordero.

15. Por esto están ante el solio de Dios, y le sirven alabándole día y noche en su templo; y aquel que está sentado en el solio, habitará en medio de ellos;

16. ya no tendrán hambre, ni sed, ni descargará sobre ellos el sol, ni el bochorno;

17. porque el Cordero, que está en medio del solio, será su pastor, y los llevará a fuentes de aguas vivas, y Dios enjugará todas las lágrimas de sus ojos*.

8

Abierto el séptimo sello, aparecen siete ángeles con siete trompetas, cae fuego, el mar se altera

1. Y cuando el Cordero hubo abierto el séptimo sello, le siguió un gran silencio en el cielo, cosa de media hora.

2. Y vi luego a siete ángeles que estaban en pie delante de Dios; y se les dieron siete trompetas.

3. Vino entonces otro ángel, y se puso ante el altar con un incensario de oro; y se les dieron muchos perfumes, compuestos de las oraciones de todos los santos para que los ofreciese sobre el altar de oro, colocado ante el trono de Dios.

4. Y el humo de los perfumes o aromas encendidos de las oraciones de los santos subió por la mano del ángel al acatamiento de Dios.

5. Tomó luego el ángel el incensario, lo llenó del fuego del altar, y arrojando este fuego a la tierra, se sintieron truenos y voces, y relámpagos, y un gran terremoto.

6. Entretanto los siete ángeles, que tenían las siete trompetas, se dispusieron para tocarlas.

7. Tocó, pues, el primer ángel la trompeta; y se formó una tempestad de granizo y fuego, mezclados con sangre, y descargó sobre la tierra, con lo que la tercera parte de la tierra se abrasó, y con ella se quemó la tercera parte de los árboles, y toda la hierba verde.

8. El segundo ángel tocó también la trompeta; y al momento se vio caer en el mar como un gran monte, todo de fuego, y la tercera parte del mar se convirtió en sangre;

9. y murió la tercera parte de las criaturas que vivían en el mar, y pereció la tercera parte de las naves.

10. Y el tercer ángel tocó la trompeta; y cayó del cielo una gran estrella o cometa, ardiendo como una tea, y vino a caer en la tercera parte de los ríos y en los manantiales de las aguas.

11. Y el nombre de la estrella es Ajenjo; y así la tercera parte de las aguas se convirtió en ajenjo, o tomó su mal gusto; con lo que muchos hombres murieron a causa de las aguas, porque se hicieron amargas.

12. Después tocó la trompeta el cuarto ángel; y quedó herida de tinieblas la tercera parte del sol, y la tercera parte de la luna, y la tercera parte de las estrellas, de tal manera que se oscurecieron en su tercera parte, y así quedó privado el día de la tercera parte de su luz, y lo mismo la noche.

13. Entonces miré, y oí la voz de un águila que iba volando por medio del cielo, y diciendo a grandes gritos: ¡Ay, ay, ay, de

---

9. *En señal de la pureza de su vida y símbolo de su triunfo.*

17. *Is 25,* 8.

los moradores de la tierra, por causa del sonido de las trompetas que los otros tres ángeles han de tocar!

9 *La quinta trompeta: La langosta. La sexta trompeta: La caballería infernal*

1. El quinto ángel tocó la trompeta; y vi una estrella del cielo caída en la tierra, y se le dió la llave del pozo del abismo.

2. Y abrió el pozo del abismo; y subió del pozo un humo semejante al de un gran horno; y con el humo de este pozo quedaron oscurecidos el sol y el aire.

3. Y del humo del pozo salieron langostas sobre la tierra, y se les dió poder, semejante al que tienen los escorpiones de la tierra,

4. y se les mandó no hiciesen daño a la hierba de la tierra, ni a cosa verde, ni a ningún árbol; sino solamente a los hombres que no tienen la señal de Dios en sus frentes.

5. Y se les encargó, no que los matasen, sino que los atormentasen por cinco meses; y el tormento que causan, es como el que causa el escorpión, cuando hiere a un hombre.

6. Durante aquel tiempo los hombres buscarán la muerte, y no la hallarán; y desearán morir, y la muerte irá huyendo de ellos*.

7. Y las figuras de las langostas se parecían a caballos aparejados para la batalla; y sobre sus cabezas tenían como coronas al parecer de oro, y sus caras así como caras de hombres.

8. Y tenían cabellos como cabellos de mujeres, y sus dientes eran como dientes de leones.

9. Vestían también corazas como de hierro, y el ruido de sus alas era como el estruendo de los carros tirados de muchos caballos que van corriendo al combate.

10. Tenían así mismo colas parecidas a las de los escorpiones, y en las colas aguijones, con potestad de hacer daño a los hombres por cinco meses; y tenían sobre sí

11. por rey al ángel del abismo, cuyo nombre en hebreo es Abaddón, en griego Apollyon.

12. El un ay se pasó ya, mas luego después van a venir dos ayes todavía.

13. Tocó, pues, el sexto ángel la trompeta; y oí una voz que salía de los cuatro ángulos del altar de oro, que está colocado ante los ojos del Señor,

14. la cual decía al sexto ángel, que tenía la trompeta: Desata a los cuatro ángeles del abismo, que están ligados en el gran río Eufrates.

15. Fueron, pues, desatados los cuatro ángeles, los cuales estaban preparados para la hora, y el día, y el mes, y el año, en que debían matar la tercera parte de los hombres.

16. Y el número de las tropas de a caballo era de doscientos millones. Porque yo oí el número de ellas.

17. Así como vi también en la visión los caballos; y los jinetes vestían corazas como de fuego, y de color de jacinto, o cárdenas, y de azufre; y las cabezas de los caballos eran como cabezas de leones, y de su boca salía fuego, humo y azufre.

18. Y por estas tres plagas fue muerta la tercera parte de los hombres, es a saber, con el fuego, y con el humo, y con el azufre, que salían de sus bocas.

19. Porque la fuerza de los caballos está en su boca y en sus colas; pues sus colas son semejantes a serpientes, y tienen cabezas, y con éstas hieren.

20. Entretanto los demás hombres, que no perecieron con estas plagas, no por eso hicieron penitencia de las obras de sus manos, con dejar de adorar a los demonios y a los simulacros de oro, y de plata, y de bronce, y de piedra, y de madera, que ni pueden ver, ni oír, ni andar;

21. ni tampoco se arrepintieron de sus homicidios, ni de sus hechicerías, ni de su fornicación, o deshonestidad, ni de sus robos.

10 *Aparece otro ángel cercado de una nube, con un libro en la mano; anuncia el cumplimiento de todo*

1. Vi también a otro ángel valeroso bajar del cielo revestido de una nube, y sobre su cabeza el arco iris, y su cara era como el sol, y sus pies como columnas de fuego;

6. *Luc* 23, 30.

2. el cual tenía en su mano un librito abierto, y puso su pie derecho sobre el mar, y el izquierdo sobre la tierra,

3. y dio un gran grito, a manera de león cuando ruge. Y después que hubo gritado, siete truenos articularon sus voces.

4. Y articulado que hubieron los siete truenos sus voces, iba yo a escribirlas, cuando oí una voz del cielo que me decía: Sella, o reserva en tu mente, las cosas que hablaron los siete truenos, y no las escribas.

5. Y el ángel que vi estar sobre el mar y sobre la tierra levantó al cielo su mano.

6. Y juró por el que vive en los siglos de los siglos, el cual creó el cielo y las cosas que hay en él, y la tierra con las cosas que hay en ella, y el mar y cuanto en él se contiene, que ya no habrá más tiempo;

7. sino que cuando se oyere la voz del séptimo ángel, comenzando a sonar la trompeta, será consumado el misterio de Dios, según lo tiene anunciado por sus siervos los profetas.

8. Y oí la voz del cielo que hablaba otra vez conmigo, y decía: Anda, y toma el libro abierto de la mano del ángel que está sobre el mar y sobre la tierra.

9. Fui, pues, al ángel, pidiéndole que me diera el libro. Y me dijo: Tómalo, y devóralo, que llenará de amargura tu vientre, aunque en tu boca será dulce como la miel.

10. Entonces recibí el libro de la mano del ángel, y lo devoré, y era en mi boca dulce como la miel; pero habiéndolo devorado, quedó mi vientre lleno de amargura.

11. Me dijo más: Es necesario que de nuevo profetices a las naciones y pueblos, y lenguas, y a muchos reyes.

---

11 *Señales que habrá antes de tocar la última trompeta. Resurrección de los muertos y el juicio final*

---

1. Entonces se me dio una caña a manera de una vara de medir, y se me dijo: Levántate y mide el templo de Dios, y el altar, y cuenta los que adoran en él;

2. pero el atrio exterior del templo déjalo fuera, no cuides de él, y no lo midas, por cuanto está dado a los gentiles, los cuales han de pisotear la ciudad santa cuarenta y dos meses.

3. Entretanto yo daré orden a dos testigos míos, y harán oficio de profetas, cubiertos de sacos, o hábitos de penitencia, por espacio de mil doscientos sesenta días.

4. Estos son dos olivos y dos candeleros puestos en la presencia del Señor de la tierra*.

5. Y si alguno quisiere maltratarlos, saldrá fuego de la boca de ellos, que devorará a sus enemigos; pues así conviene sea consumado quien quisiere hacerles daño.

6. Los mismos tienen poder de cerrar el cielo, para que no llueva en el tiempo que ellos profeticen, y tienen también potestad sobre las aguas para convertirlas en sangre, y para afligir la tierra con toda suerte de plagas siempre que quisieren.

7. Mas después que concluyeren de dar su testimonio, la bestia que sube del abismo moverá guerra contra ellos, y los vencerá, y les quitará la vida.

8. Y sus cadáveres yacerán en las plazas de la gran ciudad, que se llama místicamente Sodoma, y Egipto, donde así mismo el Señor de ellos fue crucificado.

9. Y las gentes de las tribus, y pueblos, y lenguas, y naciones estarán viendo sus cuerpos por tres días y medio, y no permitirán que se les dé sepultura.

10. Y los que habitan la tierra se regocijarán con verlos muertos, y harán fiesta, y se enviarán presentes los unos a los otros, a causa de que estos dos profetas atormentaron con sus reprensiones a los que moraban sobre la tierra.

11. Pero al cabo de tres días y medio entró en ellos por virtud de Dios el espíritu de vida. Y se alzaron sobre sus pies, con lo que un terror grande sobrecogió a los que los vieron.

12. En seguida oyeron una voz sonora del cielo que les decía: Subid acá. Y subieron al cielo en una nube; y sus enemigos los vieron.

13. Y en aquella hora se sintió un gran terremoto, con que se arruinó la décima parte de la ciudad; y perecieron en el terremoto siete mil personas; y los demás entraron en miedo, y dieron gloria al Dios del cielo.

14. El segundo ay se pasó, y bien pronto

---

4. *Que comunicarán la gracia y unción del Espíritu Santo, y alumbrarán a los hombres. Zac 4.*

vendrá el ay tercero, o la tercera desdicha.

15. En efecto, el séptimo ángel sonó la trompeta; y se sintieron voces grandes en el cielo que decían: El reino de este mundo ha venido a ser reino de nuestro Señor y de su Cristo, y, destruido ya el pecado, reinará por los siglos de los siglos. Amén.

16. Aquí los veinticuatro ancianos, que están sentados en sus tronos en la presencia de Dios, se postraron sobre sus rostros, y adoraron a Dios, diciendo:

17. Gracias te tributamos, ¡oh Señor Dios todopoderoso!, a ti que eres, que eras ya antes, y que has de venir, porque hiciste alarde de tu gran poderío, y has entrado en posesión de tu reino.

18. Las naciones montaron en cólera, mas sobrevino tu ira, y el tiempo de ser juzgados los muertos, y de dar el galardón a tus siervos los profetas, y a los santos, y a los que temen tu Nombre, pequeños y grandes, y de acabar con los que han corrompido la tierra.

19. Entonces se abrió el templo de Dios en el cielo, y fue vista el Arca de su testamento en su templo, y se formaron rayos, y voces, y truenos, y terremoto, y pedrisco espantoso.

12 *La guerra del dragón contra una mujer vestida del sol, que da a luz un hijo*

1. En esto apareció un gran prodigio en el cielo, una mujer vestida del sol, y la luna debajo de sus pies, y en su cabeza una corona de doce estrellas.

2. Y estando encinta, gritaba con ansias de parir, y sufría dolores de parto.

3. Al mismo tiempo se vio en el cielo otro portento; y era un dragón descomunal rojo con siete cabezas y diez cuernos, y en las cabezas tenía siete diademas,

4. y su cola traía arrastrando la tercera parte de las estrellas del cielo, y las arrojó a la tierra; este dragón se puso delante de la mujer, que estaba para dar a luz a fin de tragarse al hijo, luego que ella lo hubiese dado a luz.

5. En esto parió un hijo varón, el cual había de regir todas las naciones con cetro de hierro; y este hijo fue arrebatado para Dios y para su solio.

6. Y la mujer huyó al desierto, donde tenía un lugar preparado por Dios, para que allí la sustenten por espacio de mil doscientos sesenta días.

7. Entretanto se trabó una batalla grande en el cielo: Miguel y sus ángeles peleaban contra el dragón, y el dragón con sus ángeles lidiaba contra él.

8. Pero éstos fueron los más débiles, y después no quedó ya para ellos lugar alguno en el cielo.

9. Así fue abatido aquel dragón descomunal, aquella antigua serpiente, que se llama diablo, y también Satanás, que anda engañando a la tierra y fue lanzado y arrojado a la tierra, y sus ángeles con él.

10. Entonces oí una voz sonora en el cielo que decía: He aquí el tiempo de salvación, de la potencia, y del reino de nuestro Dios, y del poder de su Cristo; porque ha sido ya precipitado del cielo el acusador de nuestros hermanos, que los acusaba día y noche ante la presencia de nuestro Dios*.

11. Y ellos le vencieron por los méritos de la sangre del Cordero, y en virtud de la palabra de la fe que han confesado, y por la cual desamaron sus vidas hasta perderlas por obedecer a Dios.

12. Por tanto, regocijaos, ¡oh cielos, y los que en ellos moráis! ¡Ay de la tierra y del mar!, porque el diablo bajó a vosotros, arrojado del cielo, y está lleno de furor, sabiendo que le queda poco tiempo.

13. Viéndose, pues, el dragón precipitado del cielo a la tierra, fue persiguiendo a la mujer, que había dado a luz aquel hijo varón.

14. A la mujer se le dieron dos alas de águila muy grande, para volar al desierto a su sitio destinado, en donde es alimentada por un tiempo y dos tiempos, y la mitad de un tiempo, tres años y medio, lejos de la serpiente.

15. Entonces la serpiente vomitó de su boca, en pos de la mujer, cantidad de agua como un río, a fin de que la mujer fuese arrebatada por la corriente.

16. Mas la tierra socorrió a la mujer, y abriendo su boca, se sorbió el río que el dragón arrojó de la suya.

17. Con esto el dragón se irritó contra la

10. *Job 1*, 6-9; *2*, 1-3.

mujer, y se marchó a guerrear contra los demás de la casta o linaje de ella, que guardan los mandamientos de Dios, y mantienen la confesión de Jesucristo.

18. Y se apostó sobre la arena del mar.

13 *Una bestia monstruosa de siete cabezas y diez cuernos, que sale del mar y blasfema contra Dios*

1. Y vi una bestia que subía del mar, la cual tenía siete cabezas y diez cuernos, y sobre los cuernos diez diademas, y sobre las cabezas nombres de blasfemia.

2. Esta bestia que vi, era semejante a un leopardo, y sus pies como los de oso, y su boca como la de león. Y le dio el dragón su fuerza y su gran poder.

3. Vi luego una de sus cabezas que parecía como herida de muerte; y su llaga mortal fue curada. Con lo que toda la tierra pasmada se fue en pos de la bestia.

4. Y adoraron al dragón, que dio el poder a la bestia; también adoraron a la bestia, diciendo: ¿Quién hay semejante a la bestia?, y ¿quién podrá lidiar con ella?

5. Se le dio así mismo una boca que hablase cosas altaneras y blasfemias; y se le dio facultad de obrar así por espacio de cuarenta y dos meses.

6. Con eso abrió su boca en blasfemias contra Dios, blasfemando de su nombre, y de su Tabernáculo, y de los que habitan en el cielo.

7. Le fue también permitido hacer guerra a los santos o fieles, y vencerlos. Y se le dio potestad sobre toda tribu, y pueblo, y lengua, y nación.

8. Y así lo adoraron todos los habitantes de la tierra, aquellos, digo, cuyos nombres no están escritos en el Libro de la vida del Cordero, que fue sacrificado desde el principio del mundo.

9. Quien tiene oídos, escuche o atienda bien,

10. el que cautivare a otros, en cautividad parará; quien a hierro matare, es preciso que a hierro sea muerto. Aquí está el motivo de la paciencia y de la firmeza de la fe que tienen los santos.

11. Vi después otra bestia que subía de la tierra, y que tenía dos cuernos, semejantes a los del Cordero, mas su lenguaje era como el del dragón.

12. Y ejercitaba todo el poder de la primera bestia en su presencia; e hizo que la tierra y sus moradores adorasen la bestia primera, cuya herida mortal quedó curada.

13. Y obró prodigios grandes, hasta hacer que bajase fuego del cielo a la tierra en presencia de los hombres.

14. Así es que engañó o embaucó a los moradores de la tierra con los prodigios que se le permitieron hacer a vista de la bestia, diciendo a los moradores de la tierra, que hiciesen una imagen de la bestia, que habiendo sido herida por la espada, revivió, o curó, como dijimos.

15. También se le concedió dar espíritu y habla a la imagen de la bestia, y hacer que todos cuantos no adorasen la imagen de la bestia sean muertos.

16. A este fin hará que todos los hombres, pequeños y grandes, ricos y pobres, libres y esclavos, tengan una marca, o sello, en su mano derecha o en sus frentes,

17. y que ninguno pueda comprar, o vender, sino aquel que tiene la marca, o nombre de la bestia, o el número de su nombre.

18. Aquí está el saber. Quien tiene, pues, inteligencia, calcule el número de la bestia, porque su número es el que forman las letras del nombre de un hombre, y el número de la bestia es seiscientos sesenta y seis.

14 *Se aparece el Cordero de Dios sobre el monte Sión. Anuncia el último juicio. Viene Jesucristo*

1. Y he aquí que miré; y vi que el Cordero estaba sobre el monte de Sión, y con él ciento cuarenta y cuatro mil personas que tenían escrito en sus frentes el nombre de él y el nombre de su Padre.

2. Al mismo tiempo oí una voz del cielo, semejante al ruido de muchas aguas y al estampido de un trueno grande; y la voz, que oí, era como de citaristas que tañían sus cítaras.

3. Y cantaban como un cantar nuevo ante el trono, y delante de los cuatro animales, y de los ancianos; y nadie podía cantar ni entender aquel cántico, fuera de aquellos ciento cuarenta y cuatro mil, que fueron rescatados de la tierra.

4. Estos son los que no se mancillaron con mujeres, porque son vírgenes. Estos siguen al Cordero doquiera que vaya. Estos fueron rescatados de entre los hombres como primicias escogidas para Dios y para el Cordero,

5. ni se halló mentira en su boca; porque están sin mancha ante el trono de Dios.

6. Luego vi a otro ángel que volaba por medio del cielo, llevando la buena nueva eterna, para predicarla a los moradores de la tierra, a todas las naciones, y tribus, y lenguas, y pueblos,

7. diciendo a grandes voces: Temed al Señor, y honradle, o dadle gloria, porque venida es la hora de su juicio; y adorad a aquel que hizo el cielo, y la tierra, y el mar, y las fuentes de las aguas.

8. Y siguió otro ángel que decía: Cayó, cayó aquella gran Babilonia, que hizo beber a todas las naciones del vino envenenado de su furiosa prostitución*.

9. A éstos siguió el tercer ángel diciendo en voz alta: Si alguno adorare la bestia y a su imagen, y recibiere la marca en su frente o en su mano,

10. éste ha de beber también del vino de la ira de Dios, de aquel vino puro preparado en el cáliz de la cólera divina, y ha de ser atormentado con fuego y azufre a vista de los ángeles santos, y en la presencia del Cordero.

11. Y el humo de sus tormentos estará subiendo por los siglos de los siglos, sin que tengan descanso alguno de día ni de noche, los que adoraron la bestia y su imagen, como tampoco cualquiera que recibió la divisa de su nombre.

12. Aquí se verá el fruto de la paciencia de los santos, que guardan los mandamientos de Dios y la fe de Jesús.

13. Y oí una voz del cielo que me decía: Escribe: Bienaventurados los muertos, que mueren en el Señor. Ya desde ahora, dice el Espíritu, que descansen de sus trabajos, puesto que sus obras los van acompañando.

14. Miré todavía, y he ahí una nube blanca y resplandeciente, y sobre la nube sentada una persona semejante al Hijo del Hombre, la cual tenía sobre su cabeza una corona de oro, y en su mano una hoz afilada.

15. En esto salió del templo otro ángel, gritando en alta voz al que estaba sentado sobre la nube: Echa ya tu hoz, y siega; porque venida es la hora de segar, puesto que está seca la mies de la tierra.

16. Echó, pues, el que estaba sentado sobre la nube su hoz a la tierra, y la tierra quedó segada.

17. Y salió otro ángel del templo, que hay en el cielo, que tenía también una hoz aguzada.

18. Salió también del altar otro ángel, el cual tenía poder sobre el fuego, y clamó en alta voz al que tenía la hoz aguzada, diciendo: Mete tu hoz aguzada, y vendimia los racimos de la viña de la tierra, pues que sus uvas están ya maduras.

19. Entonces el ángel metió su hoz aguzada en la tierra, y vendimió la viña de la tierra, y echó la uva en el gran lagar de la ira de Dios*.

20. Y la vendimia fue pisada en el lagar fuera de la ciudad santa, y corrió sangre del lagar en tanta abundancia que llegaba hasta los frenos de los caballos por espacio de mil seiscientos estadios*.

15

Cántico de Moisés y del Cordero. Las siete plagas postreras, representadas en siete copas

1. Vi también en el cielo otro prodigio grande y admirable: Siete ángeles que tenían en su mano las siete plagas que son las postreras; porque en ellas será colmada la ira o castigo de Dios.

2. Y vi así mismo cómo un mar de vidrio revuelto con fuego, y a los que habían vencido a la bestia, y a su imagen y al número de su nombre, que estaban sobre el mar transparente, teniendo unas cítaras de Dios,

3. y cantando el cántico de Moisés, siervo de Dios, y el cántico del Cordero, diciendo: Grandiosas y admirables son tus obras, ¡oh Señor Dios omnipotente!, justos y ver-

8. *Y atrajo con esto la indignación divina.*

19. Así se llama el *infierno* o lugar en que Dios castiga a los malos.

20. Unas cincuenta leguas. Hipérbole que denota que *la Judea había de quedar inundada de sangre*.

daderos son tus caminos, ¡oh Rey de los siglos!

4. ¿Quién no te temerá, ¡oh Señor!, y no engrandecerá tu santo Nombre puesto que tú solo eres el Santo?; de aquí es que todas las naciones vendrán, y se postrarán en tu acatamiento, visto que tus juicios están manifiestos.

5. Después de esto miré otra vez; y he aquí que fue abierto en el cielo el templo del Tabernáculo del testimonio, o el lugar santísimo.

6. Y salieron del templo los siete ángeles que tenían las siete plagas en sus manos, vestidos de lino limpio y blanquísimo, y ceñidos junto a la altura del pecho con ceñidores de oro.

7. Y uno de los cuatro animales dio a los siete ángeles siete cálices de oro, llenos de la ira del Dios que vive por los siglos de los siglos.

8. Y se llenó el templo de humo a causa de la majestad de Dios, y de su virtud o grandeza*; y nadie podía entrar en el templo hasta que las siete plagas de los siete ángeles fuesen terminadas.

16 *Terribles efectos de las siete tazas o cálices de oro, que vierten los siete ángeles sobre la tierra*

1. En esto oí una voz grande del templo, que decía a los siete ángeles: Id, y derramad las siete tazas de la ira de Dios en la tierra.

2. Partió, pues, el primero, y derramó su taza sobre la tierra, y se formó una úlcera cruel y maligna en los hombres, que tenían la señal o divisa de la bestia, y en los que adoraron su imagen.

3. El segundo ángel derramó su taza en el mar y quedó convertido en sangre como de un cuerpo muerto; y todo animal viviente en el mar murió.

4. El tercer ángel derramó su taza sobre los ríos y sobre los manantiales de aguas, y se convirtieron en sangre.

5. Aquí oí al ángel que tiene el cuidado de las aguas, que decía: Justo eres, Señor, tú que eres y has sido siempre santo en estos juicios que ejerces.

6. Porque ellos derramaron la sangre de los santos y de los profetas, sangre les has dado a beber, que bien lo merecen.

7. Y a otro oí que decía desde el altar: Sí, por cierto, Señor Dios Todopoderoso, verdaderos y justos son tus juicios.

8. El cuarto ángel derramó su taza en el sol, y se le dió fuerza para afligir a los hombres con ardor y con fuego.

9. Y los hombres, abrasándose con el calor excesivo, blasfemaron el Nombre de Dios que tiene en su mano estas plagas, en vez de hacer penitencia para darle gloria.

10. El quinto ángel derramó su taza sobre la silla o trono de la bestia; y quedó su reino lleno de tinieblas, y se despedazaron las lenguas en el exceso de su dolor.

11. Y blasfemaron del Dios del cielo por causa de sus dolores y llagas, mas no se arrepintieron de sus obras.

12. El sexto ángel derramó su taza en el gran río Eufrates, y secó sus aguas, a fin de abrir camino a los reyes que habían de venir del oriente.

13. Y vi salir de la boca del dragón, y de la boca de la bestia, y de la boca del falso profeta, tres espíritus inmundos en figura de ranas;

14. porque éstos son espíritus de demonios que hacen prodigios, y van a los reyes de toda la tierra con el fin de convocarlos en batalla para el día grande del Dios Todopoderoso.

15. Mirad que vengo como ladrón, dice el Señor. Dichoso el que vela, y guarda bien sus vestidos, para no andar desnudo, y que no vean sus vergüenzas.

16. Todos éstos serán reunidos en un campo, que en hebreo se llama Armagedón*.

17. En fin, el séptimo ángel derramó su taza por el aire, y salió una voz grande del templo por la parte del trono, que decía: Hecho está*.

18. Y siguieron relámpagos, y voces, y truenos, y se sintió un gran terremoto, tal y tan grande, como nunca hubo desde que hay hombres sobre la tierra.

19. Con lo cual la ciudad grande se rompió en tres partes; y las ciudades de las

8. *Ex 40*, 32; *1 Re 8*, 10; *2 Cro 5*, 13.

16. Lugar famoso de la Palestina por la derrota de muchos ejércitos. *Jue 1*, 16; *5*, 19; *2 Re 23*, 29.

17. *Llegó el fin del mundo.*

naciones se arruinaron; y de la gran Babilonia se hizo memoria delante de Dios, para darle el cáliz del vino de la indignación de su cólera.

20. Y todas las islas desaparecieron, y no quedó rastro de montes.

21. Y cayó del cielo sobre los hombres granizo, del tamaño como de un talento*; y los hombres blasfemaron de Dios por la plaga del granizo, plaga que fue en extremo grande.

17 *Descripción de Babilonia, que se embriagó con la sangre de los mártires*

1. Vino entonces uno de los siete ángeles, que tenían las siete tazas, y habló conmigo, diciendo: Ven, te mostraré la condenación de la gran ramera, que tiene su asiento sobre muchas aguas,

2. con la cual se amancebaron los reyes de la tierra, y con el vino de su torpeza, o idolatría y corrupción de costumbres, están emborrachados los que habitan en la tierra*.

3. Y me arrebató en espíritu al desierto. Y vi una mujer sentada sobre una bestia escarlata, llena de nombres de blasfemia, que tenía siete cabezas y diez cuernos.

4. Y la mujer estaba vestida de púrpura, y de escarlata, y adornada de oro, y de piedras preciosas, y de perlas, teniendo en su mano una taza de oro, llena de abominación y de la inmundicia de sus fornicaciones.

5. Y en la frente tenía escrito este nombre: Misterio, Babilonia la grande, madre de las deshonestidades y abominaciones de la tierra.

6. Y vi a esta mujer embriagada con la sangre de los santos y con la sangre de los mártires de Jesús. Y al verla quedé sumamente atónito.

7. Mas el ángel me dijo: ¿De qué te maravillas? Yo te diré el misterio, o secreto, de la mujer y de la bestia de siete cabezas y diez cuernos, en que va montada.

8. La bestia que has visto, fue y no es, perecerá pronto, ella ha de subir del abismo, y vendrá a perecer luego; y los moradores de la tierra (aquellos cuyos nombres no están escritos en el Libro de la vida desde la creación del mundo) se pasmarán viendo la bestia, que era, y no es.

9. Aquí hay un sentido que está lleno de sabiduría. Las siete cabezas son siete montes, sobre los cuales la mujer tiene su asiento, y también son siete reyes.

10. Cinco cayeron, uno existe, y el otro no ha venido aún, y cuando venga, debe durar poco tiempo.

11. Ahora la bestia que era, y no es, ésa misma es la octava, y es de los siete, y va a fenecer.

12. Los diez cuernos que viste, diez reyes son, los cuales todavía no han recibido reino, mas recibirán potestad como reyes por una hora, o por breve tiempo, después de la bestia.

13. Estos tienen un mismo designio, y entregarán a la bestia sus fuerzas y poder.

14. Estos pelearán contra el Cordero, y el Cordero los vencerá, siendo como es el Señor de los señores y el Rey de los reyes, y los que con él están son los llamados, los escogidos y los fieles.

15. Me dijo más: Las aguas que viste donde está sentada la ramera, son pueblos, y naciones, y lenguas.

16. Y los diez cuernos que viste en la bestia, ésos aborrecen a la ramera, y la dejarán desolada, y desnuda, y comerán sus carnes, y a ella la quemarán en el fuego.

17. Porque Dios ha movido sus corazones para que hagan lo que a él le parece, y den su reino a la bestia hasta que se cumplan las palabras de Dios.

18. En fin, la mujer que viste, es aquella ciudad grande, que tiene imperio sobre los reyes de la tierra.

18 *Ruina, juicio y castigo de Babilonia, sobre la cual lloran los que siguieron su partido*

1. Y después de esto vi descender del cielo a otro ángel, que tenía potestad grande; y la tierra quedó iluminada con su claridad.

---

21. *De extraordinario peso.*

2. Por esta *ramera*, que en el verso 5 se llama *Babilonia*, varios intérpretes antiguos, entendieron la *Roma pagana*, entregada a la idolatría y a la persecución de la Iglesia.

2. Y exclamó con mucha fuerza, diciendo: ¡Cayó, cayó Babilonia la grande y está hecha morada de demonios, y guarida de todo espíritu inmundo, y albergue de todas las aves asquerosas y abominables,

3. por cuanto todas las naciones bebieron del vino irritante, o venenoso, de su disolución, y los reyes de la tierra estuvieron amancebados con ella, y los mercaderes de la tierra se hicieron ricos con el precio de sus regalos, o exceso del lujo!

4. Y oí otra voz del cielo, que decía: Los que sois del pueblo mío escapad de ella, para no ser participantes de sus delitos, ni quedar heridos de sus plagas.

5. Porque sus pecados han llegado hasta el cielo, y Dios se ha acordado de sus maldades.

6. Dadle a ella el retorno que os ha dado ella misma, y aun redobládselo según sus obras; en la taza misma, con que os dio a beber, echadle al doble.

7. Cuanto se ha engreído y regalado, dadle otro tanto de tormento y de llanto, ya que dice en su corazón: Estoy como reina sentada en solio, y no soy viuda, y no veré duelo.

8. Por eso en un día sobrevendrán sus plagas, mortandad, llanto y hambre, y será abrasada del fuego; porque poderoso es el Dios que ha de juzgarla.

9. Entonces llorarán, y harán duelo sobre ella los reyes de la tierra, que vivieron con ella amancebados y en deleites, al ver el humo de su incendio.

10. Puestos a lo lejos por miedo de sus tormentos, dirán: ¡Ay, ay de aquella gran ciudad de Babilonia, de aquella ciudad poderosa! ¡Ay, en un instante ha llegado tu juicio!

11. Y los negociantes de la tierra prorrumpirán en llantos y lamentos sobre la misma, porque nadie comprará ya sus mercaderías,

12. mercaderías de oro, y de plata, y de pedrería, y de perlas, y de lino delicado, y de púrpura, y de seda, y de escarlata, o grana, y de toda madera olorosa, y de toda suerte de muebles de marfil, y de piedras preciosas, y de bronce, y de hierro, y de mármol,

13. y de cinamomo, o canela, y de perfumes, y de ungüentos olorosos, y de incienso, y de vino, y de aceite, y de flor de harina, y de trigo, y de bestias de carga, y de ovejas, y de caballos, y de carrozas, y de esclavos, y de vidas de hombres, o de gladiadores.

14. ¡Oh Babilonia!, las frutas sabrosas al apetito de tu alma te han faltado, todo lo sustancioso y espléndido pereció para ti, ni lo hallarás ya más.

15. Así los traficantes de estas cosas, que se hicieron ricos, se pondrán lejos de ella por miedo de sus tormentos, y gimiendo y llorando,

16. dirán: ¡Ay, ay de la ciudad grande, que andaba vestida de lino delicadísimo, y de púrpura, y de grana, y cubierta de oro, y de piedras preciosas, y de perlas!

17. ¡Cómo en un instante se redujeron a nada tantas riquezas! Y todo piloto, y todo navegante del mar, y los marineros, y cuantos trafican en el mar se pararon a lo lejos,

18. y dieron gritos viendo el lugar, o el humo, de su incendio, diciendo: ¿Qué ciudad hubo semejante a ésta en grandeza?

19. Y arrojaron polvo sobre sus cabezas, y prorrumpieron en alaridos llorando, y lamentando, decían: ¡Ay, ay de aquella gran ciudad, en la cual se enriquecieron con su comercio todos los que tenían naves en la mar! ¡Cómo fue asolada en un momento!

20. ¡Oh cielo!, regocíjate sobre ella; como también vosotros, ¡oh santos apóstoles y profetas!, pues Dios condenándola ha tomado venganza por vosotros, os ha hecho justicia.

21. Aquí un ángel robusto alzó una piedra como una gran rueda de molino, y la arrojó en el mar, diciendo: Con tal ímpetu será precipitada Babilonia, la ciudad grande, y ya no aparecerá más.

22. Ni se oirá en ti jamás voz de citaristas, ni de músicos, ni de tañedores de flauta, ni de clarineros; ni se hallará en ti artífice de arte alguna; ni tampoco se sentirá en ti ruido de molino;

23. ni luz de lámpara te alumbrará en adelante; ni volverá a oírse en ti voz de esposo y esposa, en vista de que tus mercaderes eran los magnates de la tierra, y de que con tus hechizos anduvieron desatinadas todas las gentes.

24. Al mismo tiempo se halló en ella la sangre de los profetas y de los santos, y de todos los que han sido muertos en la tierra.

19

Triunfo y cántico de los santos por la ruina de Babilonia. Jesucristo, Verbo de Dios, triunfa

1. Después de estas cosas oí en el cielo como una voz de muchas gentes, que decían: ¡Aleluya!, la salvación, y la gloria, y el poder son debidos a nuestro Dios,

2. porque verdaderos son y justos sus juicios, pues ha condenado a la gran ramera, la cual estragó la tierra con su prostitución, y ha vengado la sangre de sus siervos, derramada por las manos de ella.

3. Y por segunda vez repitieron: ¡Aleluya! Y el humo de ella o de su incendio está subiendo por los siglos de los siglos, no se acabará jamás.

4. Y los veinticuatro ancianos y los cuatro animales* se postraron y adoraron a Dios, que estaba sentado en el solio, diciendo: ¡Amén! ¡Aleluya!

5. Y del solio salió una voz, que decía: Alabad a nuestro Dios todos sus siervos, y los que le teméis, pequeños y grandes.

6. Oí también una voz como de gran gentío, y como el ruido de muchas aguas, y como el estampido de grandes truenos, que decía: ¡Aleluya!, porque tomó ya posesión del reino del Señor, Dios nuestro Todopoderoso;

7. gocémonos, y saltemos de júbilo, y démosle la gloria, pues son llegadas las bodas del Cordero* y su esposa se ha puesto de gala o ataviada;

8. y se le ha dado que se vista de tela de hilo finísimo brillante y blanco. Esta tela finísima de lino son las virtudes de los santos.

9. Y me dijo el ángel: Escribe: Dichosos los que son convidados a la cena de las bodas del Cordero, y me añadió: Estas palabras de Dios son verdaderas.

10. Yo me arrojé luego a sus pies, para adorarle. Mas él me dijo: Guárdate de hacerlo, que yo soy consiervo tuyo y de tus hermanos, los que mantienen el testimonio de Jesús. A Dios has de adorar. Porque el espíritu de profecía que hay en ti es el testimonio de Jesús.

11. En esto vi el cielo abierto, y he aquí un caballo blanco; y el que estaba montado sobre él se llamaba Fiel y Veraz, el cual juzga con justicia, y combate.

12. Eran sus ojos como llamas de fuego, y tenía en la cabeza muchas diademas y un nombre escrito, que nadie lo entiende, o comprende, sino él mismo.

13. Y vestía una ropa teñida o salpicada en sangre; y él es y se llama el VERBO DE DIOS.

14. Y los ejércitos que hay en el cielo le seguían vestidos de un lino finísimo blanco, y limpio, en caballos blancos.

15. Y de la boca de él salía una espada de dos filos, para herir con ella a las gentes. Y él las ha de gobernar con cetro de hierro; y él mismo pisa el lagar del vino del furor de la ira del Dios omnipotente.

16. Y tiene escrito en su vestidura y en el muslo: Rey de los reyes y Señor de los señores.

17. Vi también a un ángel que estaba en el sol, y clamó en alta voz, diciendo a todas las aves que volaban por medio del cielo: Venid, y congregaos a la cena grande de Dios,

18. a comer carne de reyes, y carne de tribunos, y carne de poderosos, y carne de caballos, de sus jinetes, y carne de todos, libres y esclavos, y de pequeños y de grandes.

19. Y vi a la bestia, y a los reyes de la tierra, y sus ejércitos reunidos, para trabar batalla contra el que estaba montado sobre el caballo y contra su ejército.

20. Entonces fue presa la bestia, y con ella el falso profeta que a vista de la misma había hecho prodigios, con que sedujo a los que recibieron la marca de la bestia, y a los que adoraron su imagen. Estos dos fueron lanzados vivos en un estanque de fuego que arde con azufre.

21. Mientras los demás fueron muertos con la espada que sale de la boca del que estaba montado en el caballo blanco; y todas las aves se hartaron de la carne de ellos.

4. *Ap 6*, 9.
7. *Mat 22*, 2.

20 *Satanás es encadenado. El milenio con Cristo, la liberación y el final de Satanás. El juicio*

1. Vi también descender del cielo a un ángel, y tenía la llave del abismo, y una gran cadena en su mano.
2. Y agarró al dragón, esto es, a aquella serpiente antigua, que es el diablo y Satanás, y le encadenó por mil años.
3. Y le metió en el abismo, y le encerró, y puso sello sobre él, para que no ande más engañando a las gentes, hasta que se cumplan los mil años, después de los cuales ha de ser soltado por poco tiempo.
4. Luego vi unos tronos, y varios personajes que se sentaron en ellos, y se les dio la potestad de juzgar; y vi las almas de los que habían sido degollados por la confesión de Jesús y por la palabra de Dios, y los que no adoraron la bestia, ni a su imagen, ni recibieron su marca en las frentes, ni en las manos, que vivieron y reinaron con Cristo mil años*.
5. Los otros muertos no revivirán hasta cumplirse los mil años. Esta es la resurrección primera.
6. Bienaventurados y santos quienes tienen parte en la primera resurrección; sobre éstos la segunda muerte, que es la eterna de los réprobos, no tendrá poderío, antes serán sacerdotes de Dios y de Cristo, y reinarán con él mil años.
7. Mas al cabo de los mil años será suelto Satanás de su prisión; y saldrá y engañará a las naciones que hay sobre los cuatro ángulos del mundo, a Gog y a Magog, y los juntará para dar batalla, cuyo número es como la arena del mar.
8. Y se extendieron sobre toda la tierra, y cercaron los reales, o campamentos, de los santos, y la ciudad amada.
9. Mas Dios llovió fuego del cielo, que los consumió; y el diablo, que los traía engañados, fue precipitado en el estanque de fuego y azufre, donde también la bestia
10. y el falso profeta serán atormentados día y noche por los siglos de los siglos.
11. Después vi un gran solio reluciente, y a uno, esto es, a Jesucristo, sentado en él, a cuya vista desapareció la tierra, y el cielo, y no quedó nada de ellos.
12. Y vi a los muertos grandes y pequeños estar delante del trono, y se abrieron los libros de las conciencias, y se abrió también otro libro, que es el de la vida, y fueron juzgados los muertos por las cosas escritas en los libros según sus obras.
13. El mar, pues, entregó los muertos que había en él, y la muerte y el infierno entregaron los muertos que tenían dentro, y se dio a cada uno la sentencia según sus obras.
14. Entonces, el infierno y la muerte* fueron lanzados en el estanque de fuego. Esta es la muerte segunda, y eterna.
15. El que no fue hallado escrito en el Libro de la vida fue así mismo arrojado en el estanque de fuego.

21 *Fin dichoso de los justos y desastroso el de los pecadores. Descripción de la ciudad celestial*

1. Y vi un cielo nuevo y tierra nueva*; porque el primer cielo y la primera tierra desaparecieron; y ya no había mar.
2. Ahora, pues, yo, Juan, vi la ciudad santa, la nueva Jerusalén, descender del cielo por la mano de Dios, compuesta, como una novia engalanada para su esposo.
3. Y oí una voz grande que venía del trono, y decía: Ved aquí el Tabernáculo de Dios entre los hombres, y el Señor morará con ellos. Y ellos serán su pueblo, y el mismo Dios habitando en medio de ellos será su Dios.
4. Y Dios enjugará de sus ojos todas las lágrimas; y no habrá ya muerte, ni llanto, ni alarido, ni habrá más dolor, porque las cosas de antes son pasadas.
5. Y dijo el que estaba sentado en el solio: He aquí que renuevo todas las cosas.

---

4. Según San Agustín, estos *mil años* denotan todo *el tiempo desde la muerte de Jesucristo hasta el fin del mundo*. En esta época, el demonio está como atado o frenado por Cristo, sin poder obrar como antes lo hacía.

14. Los *condenados* y el *diablo*, autor de la muerte.

1. *Renovado todo el mundo y hecho incorruptible. Is 65*, 17; *66*, 22; *2 Pe 3*, 13.

El Señor da muerte a la serpiente

Mas Dios llovió fuego del cielo, que los consumió; y el diablo, que los traía engañados, fue precipitado en el estanque de fuego y azufre, donde también la bestia y el falso profeta serán atormentados día y noche por los siglos de los siglos.

El ángel muestra la ciudad de Jerusalén a San Juan

Ahora, pues, yo, Juan, vi la ciudad santa, la nueva Jerusalén, descender del cielo por la mano de Dios, compuesta, como una novia engalanada para su esposo.

Y me dijo a mí: Escribe, porque todas estas palabras son dignísimas de fe y verdaderas.

6. Y me dijo: Hecho está. Yo soy el Alfa y la Omega, el principio y el fin de todo. Al sediento yo le daré de beber gratuitamente, o sin interés, de la fuente del agua de la vida.

7. El que venciere poseerá todas estas cosas, y yo seré su Dios, y él será mi hijo.

8. Mas en orden a los cobardes, e incrédulos, y execrables o desalmados, y homicidas, y deshonestos, y hechiceros, e idólatras, y a todos los embusteros, su suerte será en el lago que arde con fuego y azufre, que es la muerte segunda, y eterna.

9. Vino después un ángel de los siete que tenían las tazas llenas de las siete plagas postreras, y habló conmigo, diciendo: Ven, y te mostraré la esposa, novia del Cordero.

10. Con eso me llevó en espíritu a un monte grande y encumbrado, y me mostró la ciudad santa de Jerusalén, que descendía del cielo y venía de Dios,

11. la cual tenía la claridad de Dios; cuya luz era semejante a una piedra preciosa, a piedra de jaspe, transparente como cristal.

12. Y tenía un muro grande y alto con doce puertas, y en las puertas doce ángeles y nombres esculpidos, que son los nombres de las doce tribus de los hijos de Israel.

13. Tres puertas al oriente, y tres puertas al norte, tres puertas al mediodía, y otras tres al poniente.

14. Y el muro de la ciudad tenía doce cimientos, y en ellos los doce nombres de los doce apóstoles del Cordero.

15. Y el que hablaba conmigo tenía una caña de medir, que era de oro, para medir la ciudad, y sus puertas, y la muralla.

16. Es de advertir que la ciudad es cuadrada, y tan larga como ancha; midió, pues, la ciudad con la caña de oro, y tenía doce mil estadios siendo iguales su longitud, altura y latitud*.

17. Midió también la muralla, y la halló de ciento cuarenta y cuatro codos de alto, medida de hombre, que era también la del ángel*.

18. El material de este muro era de piedra jaspe; mas la ciudad era de un oro puro tan transparente, que se parecía a un vidrio, o cristal, sin mota.

19. Y los fundamentos del muro de la ciudad estaban adornados con toda suerte de piedras preciosas. El primer fundamento era de jaspe, el segundo de zafiro, el tercero de calcedonia o rubí, el cuarto de esmeralda,

20. el quinto de sardónica, el sexto de cornalina, el séptimo de crisólito, el octavo de berilo, el noveno de topacio, el décimo de crisopraso o lapislázuli, el undécimo de jacinto, el duodécimo de amatista.

21. Y las doce puertas son doce perlas; y cada puerta estaba hecha de una de estas perlas, y el pavimento de la ciudad de oro puro y transparente como el cristal.

22. Y yo no vi templo en ella; por cuanto el Señor Dios omnipotente es su templo, con el Cordero.

23. Y la ciudad no necesita sol ni luna que alumbren en ella; porque la claridad de Dios la tiene iluminada, y su lumbrera es el Cordero.

24. Y a la luz de ella andarán las gentes; y los reyes de la tierra llevarán a ella su gloria y su majestad.

25. Y sus puertas no se cerrarán al fin de cada día, porque no habrá allí noche.

26. Y en ella se introducirá, y vendrá a parar, la gloria y la honra de las naciones.

27. No entrará en esta ciudad cosa sucia, o contaminada, ni quien comete abominación y falsedad, sino solamente los que se hallan escritos en el Libro de la vida del Cordero.

22

Concluye la descripción de la celestial Jerusalén, y con ella el Apocalipsis

1. Se mostró también un río de agua de vida, claro como un cristal, que manaba del solio de Dios y del Cordero.

2. En medio de la plaza de la ciudad, y de la una y otra parte del río estaba el árbol de la vida, que produce doce frutos, dando cada mes su fruto, y las hojas del árbol sanan a las gentes.

3. Allí no habrá jamás maldición alguna, sino que Dios y el Cordero estarán de asien-

---

16. *El muro tenía en todas partes la misma altura y la misma anchura.* Esta descripción es metafórica y se refiere a grandeza interior y exterior de la celestial Jerusalén.

17. *Pues se apareció en forma humana.*

to en ella, y sus siervos le servirán de continuo.

4. Y verán su cara, y tendrán el nombre de él sobre sus frentes.

5. Y allí no habrá jamás noche, ni necesitarán luz de antorcha, ni luz de sol, por cuanto el Señor Dios los alumbrará; y reinarán por los siglos de los siglos.

Epílogo

6. Me dijo más: Estas palabras son dignas de todo crédito y muy verdaderas. Y el Señor Dios de los espíritus de los profetas ha enviado su ángel a manifestar a sus siervos cosas que deben suceder pronto.

7. Mas he aquí, dice el Señor, que yo vengo a toda prisa. Bienaventurado el que guarda las palabras de la profecía de este libro.

8. Y yo, Juan, soy el que he oído, y visto estas cosas. Y después de oídas y vistas, me postré ante los pies del ángel, que me las enseñaba, en acto de adorarle.

9. Pero él me dijo: Guárdate de hacerlo, que yo soy un consiervo tuyo, y de tus hermanos los profetas, y de los que observan las palabras de la profecía de este libro. Adora a Dios.

10. Me dijo también: No selles las palabras de la profecía de este libro, pues el tiempo está cerca.

11. El que daña, dañe aún; y el que está sucio, prosiga ensuciándose; pero el justo, justifíquese más y más; y el santo, más y más se santifique.

12. Mirad que vengo luego, y traigo conmigo mi galardón, para recompensar a cada uno según sus obras.

13. Yo soy el Alfa y la Omega, el primero y el último, el principio, y el fin.

14. Bienaventurados los que lavan sus vestiduras en la sangre del Cordero, para tener derecho al árbol de la vida y a entrar por las puertas de la ciudad santa.

15. Queden fuera los perros, y los hechiceros, y los deshonestos, y los homicidas, y los idólatras, y todo aquel que ama y practica la mentira.

16. Yo, Jesús, envié mi ángel a notificaros estas cosas en las iglesias. Yo soy la raíz, o estirpe, y la descendencia de David, el lucero brillante de la mañana.

17. Y el Espíritu y la Esposa dicen: Ven. Diga también quien escucha: Ven. Así mismo el que tiene sed, venga; y el que quiera, tome gratis el agua de vida.

18. Ahora bien, yo protesto a todos los que oyen las palabras de la profecía de este libro, que si alguno añadiere a ellas cualquier cosa, Dios descargará sobre él las plagas escritas en este libro.

19. Y si alguno quitare cualquier cosa de las palabras del libro de esta profecía, Dios le quitará a él del Libro de la vida y de la ciudad santa, y no le dará parte en lo escrito en este libro.

20. El que da testimonio de estas cosas, dice: Ciertamente yo vengo luego. ¡Amén!. Ven, ¡oh Señor Jesús!

21. La gracia de nuestro Señor Jesucristo sea con todos vosotros. Amén.

Sinopsis Evangélica

Referencias y Concordancias entre los Evangelios según San Mateo, Marcos y Lucas

	Mateo	Marcos	Lucas
Anuncio de la negación de Pedro	*26*, 31-35	*14*, 26-31	*22*, 31-34
Autoapología	*12*, 24-32	*3*, 22-30	*11*, 15-22
Autoridad de Jesús	*21*, 23-27	*11*, 27-33	*20*, 1-8
¡Ay de vosotros!, fariseos	*23*, 1-14	*12*, 37-40	*20*, 45-47
Bautismo de Jesús	*3*, 13-17	*1*, 9-11	*3*, 21-22
Bendición de los niños	*19*, 13-15	*10*, 13-16	*18*, 15-17
Burlas al crucificado	*27*, 41-44	*15*, 31-32	*23*, 35-39
Confesión de Pedro	*16*, 13-16	*8*, 27-31	*9*, 18-22
Crucifixión de Jesús	*27*, 33-38	*15*, 22-28	*23*, 33-38
Cuestión del ayuno	*9*, 14-17	*2*, 18-22	*5*, 33-39
Cuestión del divorcio	*19*, 3-12	*10*, 2-12	*16*, 18
Cuestión del sábado			
- el hombre de la mano seca	*12*, 9-14	*3*, 1-6	*6*, 6-11
- las espigas	*12*, 1-8	*2*, 23-28	*6*, 1-5
Curación de la suegra de Simón	*8*,14.15	*1*, 29-31	*4*, 38-39
Curación del epiléptico	*17*, 14-21	*9*, 14-29	*9*, 37-43
Curación del leproso	*8*, 1-4	*1*, 40-45	*5*, 12-16
Curación del paralítico	*9*, 1-8	*2*, 1-12	*5*, 17-26
Curaciones al atardecer	*8*, 16	*1*, 32-34	*4*, 40-41
Curaciones de una multitud	*12*, 15-16	*3*, 7-12	*6*, 17-19
De Galilea hacia Jerusalén	*19*, 1-2	*10*, 1	*9*, 51
Discurso apocalíptico	*24*, 1-25, 46	*13*, 1-23	*21*, 5-24
Discusión del mayor	*18*, 1-5	*9*, 33-37	*9*, 46-48
El ciego Bartimeo	*20*, 29-34	*10*, 46-52	*18*, 35-43
El escándalo	*18*, 6-7	*9*, 42	*17*, 1-2
El joven rico	*19*, 16-26	*10*, 17-27	*18*, 18-27
Elección de los apóstoles	*10*, 1-4	*3*, 13-19	*6*, 12-16
Endemoniados de Gerasa	*8*, 28-34	*5*, 1-20	*8*, 26-39
Entrada triunfal a Jerusalén	*21*, 1-11	*11*, 1-11	*19*, 28-40
Explicación de la parábola del sembrador	*13*, 18-23	*4*, 13-20	*8*, 11-15
Finalidad de las parábolas	*13*, 10-13	*4*, 10-12	*8*, 9-10
Grano de mostaza	*13*, 31.32	*4*, 30-32	*13*, 18-19
Hija de Jairo y hemorroisa	*9*, 18-16	*5*, 21-43	*8*, 40-56
Indicación del traidor	*26*, 21-24	*14*, 18-21	*22*, 21-23
Institución de la Eucaristía	*26*, 26-29	*14*, 22-25	*22*, 19-30
Jesús ante el sanedrín	*26*, 57-68	*14*, 53-65	*22*, 54-71
Jesús ante Pilatos	*27*, 11-14	*15*, 2-5	*23*, 2-5
Jesús en el desierto	*4*, 1-2	*1*, 12-13	*4*, 1-2
Jesús en Nazaret	*13*, 53-58	*6*, 1-6	*4*, 16-30
Jesús enseña en Galilea	*4*, 23-9, 35	*1*, 39	*4*, 44
Jesús es entregado a Pilatos	*27*, 1-2	*15*, 1	*23*, 1
Jesús es sentenciado a muerte	*27*, 26	*15*, 15	*23*, 24-25
Jesús regresa a Galilea	*4*, 12	*1*, 14	*4*, 14
Jesús y Barrabás	*27*, 15-23	*15*, 6-14	*23*, 17-23
Labradores malvados	*21*, 33-46	*12*, 1-12	*20*, 9-19
Levadura de los fariseos	*16*, 5-6	*8*, 15	*12*, 1
Llevar la cruz	*16*, 24-28	*8*, 34-9, 1	*9*, 23-27
Mesías, Hijo y señor de David	*22*, 41-46	*12*, 35-37	*20*, 41-44
Misión de Juan Bautista	*3*, 1-12	*1*, 2-8	*3*, 1-16
Misión de los apóstoles	*10*, 5-16	*6*, 7-13	*9*, 1-6
Muerte de Jesús	*27*, 45-56	*15*, 33-41	*23*, 44-49
Negación de Pedro	*26*, 69-75	*14*, 66-72	*22*, 56-62
Opinión de Herodes	*14*, 12	*6*, 14-16	*9*, 7-9
Oración en Getsemaní	*26*, 36-46	*14*, 32-42	*22*, 40-46
Parábola del sembrador	*13*, 1-9	*4*, 1-9	*8*, 4-8
Prendimiento de Jesús	*26*, 47-56	*14*, 43-50	*22*, 47-53
Preparación de la pascua	*26*, 17-20	*14*, 12-17	*22*, 7-14

	Mateo	Marcos	Lucas
Primer anuncio de la pasión	*16*, 21-28	*8*, 31-9, 1	*9*, 22-27
Primera multiplicación de los panes	*14*, 13-21	*6*, 32-44	*9*, 10-17
Purificación del templo	*21*, 12-17	*11*, 15-19	*19*, 45-48
Quien quiera ser el primero	*20*, 24-28	*10*, 41-45	*22*, 24-27
Recompensa de los apóstoles	*19*, 27-30	*10*, 28-31	*18*, 28-30
Resurrección de Jesús	*28*, 1-8	*16*, 1-8	*24*, 1-11
Saduceos y resurrección	*22*, 23-33	*12*, 18-27	*20*, 27-40
Salida al huerto de Getsemaní	*26*, 30	*14*, 26	*22*, 39
Segunda venida del Mesías	*24*, 32-35	*13*, 28-31	*21*, 29-33
Segundo aviso de la pasión	*17*, 22-23	*9*, 30-32	*9*, 43-45
Señal del cielo	*16*, 1-4	*8*, 11-13	*11*, 16-30
Sepultura de Jesús	*27*, 57-61	*15*, 42-47	*23*, 50-56
Siervos fieles	*24*, 45-47	*13*, 33-37	*12*, 41-44
Signos de la segunda venida del hijo del hombre	*24*, 29-31	*13*, 24-37	*21*, 25-28
Subida al Calvario	*27*, 31-32	*15*, 20-21	*23*, 26
Tempestad calmada	*8*, 18-27	*4*, 35-41	*8*, 22-25
Tercer anuncio de la pasión	*20*, 17-19	*10*, 32-34	*18*, 31-34
Traición de Judas	*26*, 1-16	*14*, 1-11	*22*, 1-6
Transfiguración	*17*, 1-8	*9*, 2-8	*9*, 28-36
Tributo al César	*22*, 15-22	*12*, 12-17	*20*, 20-26
Verdaderos familiares	*12*, 46-50	*3*, 31-35	*8*, 19-21
Vocación de los primeros discípulos	*4*, 20-22	*1*, 18-20	*5*, 11
Vocación de Mateo	*9*, 9-13	*2*, 13-17	*5*, 27-32

	Mateo	Marcos
Ambición de los hijos de Zebedeo	*20*, 20-28	*10*, 35-45
Blasfemias de los transeúntes	*27*, 39-40	*15*, 29-30
Curaciones en el lago de Genezaret	*14*, 34-36	*6*, 53-56
Descripción del precursor	*3*, 4	*1*, 6
El sordomudo	*15*, 29-31	*7*, 31-37
¡Elí! ¡Elí!	*27*, 46-47	*15*, 34-35
Elías vendrá	*17*, 9-13	*9*, 9-13
Falsos testigos ante el sanedrín	*26*, 60-63	*14*, 15-20
Indisolubilidad del matrimonio	*19*, 3-9	*10*, 2-12
Jesús camina sobre las aguas	*14*, 22-33	*6*, 45-52
Jesús en el desierto, los ángeles	*4*, 11	*1*, 13
Jesús predica la penitencia	*4*, 17	*1*, 14-15
Juan Bautista asesinado por Herodes	*14*, 3-12	*6*, 17-29
La cena de Betania	*26*, 6-13	*14*, 3-9
La higuera maldita	*21*, 18-22	*11*, 12-25
La levadura de los fariseos	*16*, 5-12	*8*, 14-21
La mujer cananea	*15*, 21-28	*7*, 24-30
Oración en Getsemaní	*26*, 42-46	*14*, 39-42
Pedro intenta disuadir a Jesús	*16*, 22-23	*8*, 32-33
Primer mandamiento	*22*, 34-40	*12*, 28-34
Razón de las parábolas	*13*, 34-35	*4*, 33-34
Segunda multiplicación de los panes	*15*, 32-39	*8*, 1-10
Tradiciones	*15*, 1-20	*7*, 1-23
Un vaso de agua fresca	*10*, 42	*9*, 14
Vino antes de la crucifixión	*27*, 39-40	*15*, 23
Vocación de los primeros apóstoles	*4*, 18-22	*1*, 16-20

	Marcos	Lucas
El endemoniado de Gerasa quiere seguir a Jesús	*5*, 18-20	*8*, 38-39
El endemoniado en la sinagoga	*1*, 23-28	*4*, 33-37
El exorcista que no sigue a Jesús	*9*, 38-40	*9*, 49-50
La monedita de la viuda	*12*, 41-44	*21*, 1-4
Los demonios reconocen a Jesús	*3*, 11	*4*, 41
Los discípulos en misión	*6*, 30	*9*, 10
Oración matutina en lugar solitario	*1*, 35-38	*4*, 42-43

	Mateo	Lucas
¡Ay de ti, Corozaín!	*11*, 20-24	*10*, 13-15
Constancia en las persecuciones	*10*, 23-33	*12*, 2-9
Contra los escribas y fariseos		
- Atan cargas insoportables	*23*, 4	*11*, 45
- Cierran el reino de los cielos	*23*, 13	*11*, 52
- Limpian por fuera la copa	*23*, 25-36	*11*, 39-54
- Pagan el diezmo del anís	*23*, 23-24	*11*, 42
Curación del ciego y mudo	*12*, 22-23	*11*, 14
Dichosos vuestros ojos	*13*, 16-17	*10*, 23-24
Discurso apocalíptico		
- Aunque os digan que el Mesías	*24*, 26-28	*17*, 22-37
- La segunda venida del Mesías	*24*, 37-42	*17*, 26-35
- Si el dueño de casa supiera...	*24*, 43-44	*12*, 39-40
El centurión	*8*, 5-13	*7*, 1-10
El ciego que guía a otro ciego	*15*, 12-13	*6*, 39
El que conmigo no recoge...	*12*, 27-30	*11*, 19-23
El servidor fiel y prudente	*24*, 45-51	*12*, 41-48
Embajada de Juan Bautista	*11*, 2-6	*7*, 18-23
Espíritu inmundo	*12*, 43-45	*11*, 24-26
Hombre de bien	*12*, 35	*6*, 45
¡Jerusalén! ¡Jerusalén!	*23*, 37-39	*13*, 34-35
Jesús dice quién es Juan Bautista	*11*, 2-6	*7*, 24-35
La oveja descarriada	*18*, 10-14	*15*, 1-7
Las bodas del hijo del rey	*22*, 1-10	*14*, 15-24
Muchos estarán con Abrahán	*8*, 11-12	*13*, 28-29
No traigo la paz sino la guerra	*10*, 34-39	*12*, 51-53
Parábola de la levadura	*13*, 33	*13*, 20-21
Parábola de los talentos	*25*, 14-30	*19*, 11-27
Predicación de Juan Bautista	*3*, 7-12	*3*, 7-17
Quien os recibe, me recibe a mí	*10*, 40	*10*, 16
Sermón de la montaña		
- Amor a los enemigos	*5*, 43-48	*6*, 27-36
- Amor al prójimo	*7*, 12	*6*, 31
- Cielo y tierra pasarán	*5*, 18	*16*, 17
- Dios y las riquezas	*6*, 24	*16*, 13
- El árbol se conoce por su fruto	*7*, 15-20	*6*, 43-44
- Hacer la voluntad de Dios	*7*, 21-23	*6*, 46
- La roca y la arena	*7*, 24-27	*6*, 47-49
- Lámpara del cuerpo	*6*, 22-23	*11*, 34-36
- Las bienaventuranzas	*5*, 1-12	*6*, 20-23
- No amontonéis tesoros	*6*, 19-21	*12*, 33-34
- No juzguéis a los demás	*7*, 1-5	*6*, 37-42
- No os acongojéis	*6*, 25-34	*12*, 22-32
- No resistiréis al agravio	*5*, 38-42	*6*, 29-30
- Padre nuestro	*6*, 9-13	*11*, 2-4
- Pedid y se os dará	*7*, 7-11	*11*, 9-13
- Reconciliación con el enemigo	*5*, 25-26	*12*, 57-59
- Sal de la tierra y luz del mundo	*5*, 13-15	*14*, 34-35
Si tu hermano te ofende	*18*, 15-22	*17*, 3-4
¡Te seguiré!	*8*, 19-22	*9*, 57-60
Tentaciones	*4*, 3-11	*4*, 3-13
Yo te glorifico, Padre	*11*, 25-27	*10*, 21-22

La Pasión en los Evangelios

Los cuatro evangelistas narran los últimos acontecimientos de la vida de Jesús de una manera semejante y sobre una trama común, enriquecida por cada uno de ellos. Según la línea fundamental de Marcos, se puede establecer este esquema de las narraciones:

Introducción: Presenta la conspiración de los jefes judíos y la traición de Judas.

La Ultima Cena: Comprende la pasión sacramental y la institución de la Eucaristía.

La Pasión: Contempla la pasión interior y el progresivo abandono de Jesús, el juicio de los jefes judíos, de Pilatos y de la multitud, y la ejecución del juicio con la crucifixión, muerte y sepultura.

	Marcos	Mateo	Lucas	Juan
Introducción				
Conjura del sanedrín	*14*, 1-2	*26*, 1-5	*22*, 1-2	*11*, 47-53
Traición de Judas	*14*, 10-11	*26*, 14-16	*22*, 3-6	*13*, 2
Unción de Betania	*14*, 3-9	*26*, 6-13	7, 36-50	*12*, 1-11
La Ultima Cena				
La cena	*14*, 12-16	*26*, 17-19	*22*, 7-13	
La Eucaristía	*14*, 22-25	*26*, 26-29	*22*, 14-20	*6*, 51-59
La traición (anuncio)	*14*, 17-21	*26*, 20-25	*22*, 21-23	*13*, 21-30
Negación de Pedro (profecía)	*14*, 26-31	*26*, 30-35	*22*, 31-34	*13*, 36-38
Promesa para el reino		*19*, 28	*22*, 28-30	
Verdadera grandeza	*10*, 41-45	*20*, 24-48	*22*, 24-27	
La Pasión				
Burlas de los judíos	*14*, 65	*26*, 67-68	*22*, 63-65	*18*, 22
Condena, flagelación	*15*, 15-20	*7*, 24-31	*23*, 24-25	*19*, 16
Corona de espinas	*15*, 16-19	*27*, 27-30		*19*, 2-3
Crucifixión	*15*, 23-28	*27*, 34-38	*23*, 33-38	*19*, 18-27
Ecce Homo				*19*, 4-15
El arresto de Jesús	*14*, 43-52	*26*, 47-56	*22*, 47-53	*18*, 2-11
Getsemaní	*14*, 32-42	*26*, 36-46	*22*, 40-46	*18*, 1
Guardia del sepulcro		*27*, 62-66		
Insultos	*15*, 29-32	*27*, 39-44	*23*, 35-43	
Jesús ante Caifás	*14*, 53-65	*26*, 57-68	*22*, 54-55	*18*, 12-24
Jesús ante el sanedrín	*15*, 1	*27*, 1	*22*, 66-71	*18*, 24
Jesús ante Herodes			*23*, 4-12	
Jesús ante Pilatos	*15*, 1	*27*, 1-2	*23*, 1-5	*18*, 28-38
Jesús y Barrabás	*15*, 6-14	*27*, 15-23	*23*, 13-23	*18*, 39
Muerte de Jesús	*15*, 38-41	*27*, 51-56	*23*, 47-49	*19*, 31-37
Negación de Pedro	*14*, 54-72	*26*, 58-75	*22*, 54-61	*18*, 15-27
Santo sepulcro	*15*, 43-57	*27*, 57-61	*23*, 50-56	*19*, 38-42
Simón de Cirene	*15*, 20-22	*27*, 31-33	*23*, 26-33	*19*, 16-17

Parábolas y milagros de Jesús

	Mateo	Marcos	Lucas
Cálculo de gastos			*14*, 28-33
Casa sobre roca y arena	7, 24-27		*6*, 47-49
El administrador fiel			*12*, 42-28
El administrador infiel			*16*, 1-8
El amigo necesitado			*11*, 5-8
El buen samaritano			*10*, 30-37
El fariseo y el publicano			*18*, 10-14
El gran banquete			*14*, 16-24
El grano de mostaza	*13*, 31-32	*4*, 30-32	*13*, 18-19
El hijo pródigo			*15*, 11-32
El prestamista y los deudores			*7*, 41-43
El rico necio			*12*, 16-21
El sembrador	*13*, 3-8	*4*, 3-8	*8*, 5-8
El señor y su siervo			*17*, 7-10
El siervo cruel	*18*, 23-24		
El tesoro escondido	*13*, 44		
El trigo y la cizaña	*13*, 24-30		
La higuera de verano	*24*, 32-33	*13*, 28-29	*21*, 29-32
La higuera sin hijos			*13*, 6-9
La lámpara bajo el celemín	*5*, 14-15	*4*, 21-22	*8*, 16
La levadura y la masa	*13*, 33		*13*, 20-21
La moneda perdida			*15*, 8-10
La perla valiosa	*13*, 45-46		
La oveja perdida	*18*, 12-13		*15*, 4-6
La red del pescador	*13*, 47-48		
La semilla que crece sola		*4*, 26-29	
La viuda y el juez injusto			*18*, 2-5
Las diez vírgenes	*25*, 1-13		
Las ovejas y machos cabríos	*25*, 31-36		
Lázaro y el hombre rico			*16*, 19-31
Los dos hijos	*21*, 28-31		
Los invitados a las bodas	*22*, 2-14		
Los obreros de la viña	*20*, 1-16		
Los puestos de honor en el banquete		*14*, 7-14	
Los sirvientes vigilantes			*12*, 35-40
Los talentos	*25*, 14-30		*19*, 12-27
Los viñadores asesinos	*21*, 33-41	*12*, 1-9	*20*, 9-16
Remiendo nuevo en ropa vieja	*9*, 16	*2*, 21	*5*, 36
Vino nuevo en cueros viejos	*9*, 17	*2*, 22	*5*, 37-38

	Mateo	Marcos	Lucas	Juan
Curaciones				
Bartimeo	*20*, 29-34	*10*, 46-52	*18*, 35-43	
Dos endemoniados	*8*, 28-34	*5*, 1-15	*8*, 27-35	
El ciego de Betsaida		*8*, 22-26		
El ciego de nacimiento				*9*, 1-41
El endemoniado de la sinagoga		*1*, 23-26	*4*, 33-35	
El epiléptico	*17*, 14-18	*9*, 19-29	*9*, 38-43	
El hidrópico			*14*, 1-4	
El hijo del oficial de Cafarnaum				*4*, 46-54
El paralítico	*9*, 2-7	*2*, 3-12	*5*, 18-25	
El poseso ciego y mudo	*12*, 22		*11*, 14	
El poseso mudo	*9*, 32-33			
El sordomudo		*7*, 31-37		
El tullido de la piscina				*5*, 1-19
La hemorroisa	*9*, 20-22	*5*, 25-29	*8*, 43-48	
La mano seca	12, 10-13	*3*, 1-5	*6*, 6-10	
La mujer cananea	*15*, 21-28	*7*, 24-30		
La mujer encorvada			*13*, 11-13	
La oreja de Malco			*22*, 50-51	
Lepra	*8*, 2-3	*1*, 40-42	*5*, 12-13	
Los diez leprosos			*17*, 11-19	
Los dos ciegos	*9*, 27-31			
Siervo del centurión	*8*, 5-13		*7*, 1-10	
Suegra de Pedro	*8*, 14-15	*1*, 30-31	*4*, 38-39	
Jesús domina la naturaleza				
Alimenta a 5000	*14*, 15-21	*6*, 35-44	*9*, 12-17	*6*, 5-13
Alimenta a 4000	*15*, 32-38	*8*, 1-9		
Calma la tempestad	*8*, 23-27	*4*, 37-41	*8*, 22-25	
Camina sobre el agua	*14*, 25	*6*, 48-51		*6*, 19-21
Convierte el agua en vino				*2*, 1-11
La moneda en la boca del pez	*17*, 24-27			
Maldice la higuera	*21*, 18-22	*11*, 12-26		
Pesca milagrosa			*5*, 1-11	
Segunda pesca milagrosa				*21*, 1-11
Resurrecciones				
El hijo de la viuda			*7*, 11-15	
La hija de Jairo	*9*, 18-25	*5*, 22-42	*8*, 41-66	
Lázaro				*11*, 1-44

Nombres y títulos de Jesús

Alfa y Omega: .... *Ap 1*, 8.
Antiguo de días: .... *Dan 7*, 22.
Buen pastor: .... *Jn 10*, 11.
Camino, verdad y vida: ...... *Jn 14*, 6.
Consejero admirable: .... *Is 9*, 6.
Cordero de Dios: .... *Jn 1*, 29.
Cristo: .... *Mat 16*, 16.
Emmanuel: .... *Is 7*, 14; *Mat 1*, 23.
Hijo de Dios: .... *Mat 26*, 63-64.
Hijo del hombre: .... *Mat 8*, 20.
Jesús: .... *Mat 1*, 21.
Luz del mundo: .... *Jn 8*, 12.
Mesías: .... *Jn 1, 41.*
Padre eterno: .... *Is 9*, 6.
Pan de vida: .... *Jn 6*, 35.
Poder de Dios: .... *Is 9*, 6.
Primogénito: .... *Col 1*, 18.
Príncipe de la paz: .... *Is 9*, 6.
Puerta: .... *Jn 10*, 9.
Resurrección y vida: .... *Jn 11*, 25.
Rey de Reyes: .... *Ap 17*, 14.
Salvador: .... *Tit 2*, 13.
Santo de Dios: .... *Mar 1*, 24.
Segundo Adán: .... *1 Cor 15*, 45.
Señor: .... *Luc 1*, 42-44.
Señor de los señores: ..... *Ap 17*, 14.
Verbo: .... *Jn 1*, 1.
Vid: .... *Jn 15*, 5.

Abreviaturas

Antiguo Testamento

Pentateuco

Génesis .... *Gen*
Exodo .... *Ex*
Levítico .... *Lev*
Números .... *Num*
Deuteronomio .... *Deut*

Históricos

Josué .... *Jos*
Jueces .... *Jue*
Rut .... *Rut*
1 Samuel .... *1 Sam*
2 Samuel .... *2 Sam*
1 Reyes .... *1 Re*
2 Reyes .... *2 Re*
1 Crónicas .... *1 Cro*
2 Crónicas .... *2 Cro*
Esdras .... *Esd*
Nehemías .... *Neh*

Tobías .... *Tob*
Judit .... *Jdt*
Ester .... *Est*
1 Macabeos .... *1 Mac*
2 Macabeos .... *2 Mac*

Sapienciales y Salmos

Job .... *Job*
Salmos .... *Sal*
Proverbios .... *Prov*
Eclesiastés *(Qohélet)* .... *Ecles*
El Cantar de Cantares .... *Cant*
Sabiduría .... *Sab*
Eclesiástico *(Sirácida)* .... *Eclo*

Proféticos

Isaías .... *Is*
Jeremías .... *Jer*
Lamentaciones .... *Lam*

Baruc .... *Bar*
Ezequiel .... *Ez*
Daniel .... *Dan*
Oseas .... *Os*
Joel .... *Joel*
Amós .... *Am*
Abdías .... *Abd*
Jonás .... *Jon*
Miqueas .... *Miq*
Nahúm .... *Nah*
Habacuc .... *Hab*
Sofonías .... *Sof*
Ageo .... *Ag*
Zacarías .... *Zac*
Malaquías .... *Mal*

Nuevo Testamento

Históricos

Mateo .... *Mat*
Marcos .... *Mar*
Lucas .... *Luc*
Juan .... *Jn*
Hechos de los Apóstoles . *Hech*

Cartas

Romanos .... *Rom*
1 Corintios .... *1 Cor*

2 Corintios .... *2 Cor*
Gálatas .... *Gal*
Efesios .... *Ef*
Filipenses .... *Filp*
Colosenses .... *Col*
1 Tesalonicenses .... *1 Tes*
2 Tesalonicenses .... *2 Tes*
1 Timoteo .... *1 Tim*
2 Timoteo .... *2 Tim*
Tito .... *Tit*
Filemón .... *Film*
Hebreos .... *Hebr*

Santiago .... *Sant*
1 Pedro .... *1 Pe*
2 Pedro .... *2 Pe*
1 Juan .... *1 Jn*
2 Juan .... *2 Jn*
3 Juan .... *3 Jn*
Judas .... *Jds*

Profético

Apocalipsis .... *Ap*

GLOSARIO

A

Abba: En arameo, significa *papá* o *padre mío*. Palabra empleada por Cristo para dirigirse a Dios. Así comienza el Padre Nuestro. Fórmula afectuosa con que los cristianos se dirigen a Dios e indica una relación más íntima entre el hombre y su Creador. *Mat 6*, 9-13; *Mar 14*, 36; *Rom 8*, 15; *Gal 4*, 6.

Abrahán: *Abi-Ram* en hebreo, significa *Padre excelso*. Dios lo nombra *padre de muchos pueblos*. Su nombre le es cambiado de Abram a Abrahán. Patriarca hebreo que vivió hacia 1800 a.C. y emigró de Ur de Caldea hacia Canaán. Es hijo de Taré y esposo de Sara. Prototipo de la fe y portador de las promesas de Dios a los hijos de Israel. *Gen 12*, 1-3; *17*, 1-8; *Jn 8*, 56; *Rom 4*, 1-3.

Adán: El sustantivo hebreo *Adam* signfica *hombre o humanidad*. Nombre dado al primer hombre, creado por Dios y encargado de cuidar el Paraíso. Por su pecado fue expulsado del Edén junto con su esposa Eva. En el *Nuevo Testamento*, Cristo es llamado Nuevo Adán, por ser el origen de una nueva humanidad. *Gen 1*, 26-27; *4*, 25; *5*, 1-5; *Luc 3*, 38; *1 Cor 15*, 22-ss; *Rom 5*, 12-22.

Agua: Es signo de vida y purificación y a veces es agente de destrucción y muerte. Elemento indispensable para la subsitencia. Cristo se manifiesta como el *agua que da la vida eterna*. En el bautismo, pasa a ser el signo de la purificación y la nueva vida. *Gen 1*, 2; *7*, 10-24; *Is 58*, 11; *Jer 2*, 13; *Jn 4*, 13-14; *7*, 37-39; *Hech 8*, 36-38; *Ap 21*, 6.

Aleluya: Expresión muy popular en la liturgia. *Hallelu-yah* significa *Alabad al Señor*. Es una exclamación de glorificación a Dios en un clima de alegría y júbilo. Un buen número de *Salmos* se llaman *aleluyáticos* por incluir esta aclamación. *Tob 13*, 7; *Sal 105*; *135*; *136*; *147* al *150*; *Ap 19*, 1-6.

Alianza: Significa *pacto* o *testamento*. Es un término bíblico importante que indica el establecimiento de relaciones bilaterales entre Dios y su pueblo. Dios garantiza su presencia y el cumplimiento de sus promesas y el hombre se compromete a cumplir los mandatos de Dios. *El Nuevo Testamento* es llamado la *Nueva Alianza* por ser la etapa definitiva de las relaciones entre Dios y la humanidad en Cristo, el mediador definitivo. *Ex 2*, 24; *19*, 5; *Deut 5*, 3; *Is 54*, 10; *Mar 14*, 24; *1 Cor 11*, 25; *Hebr 9*, 1-20.

Alma: Elemento integrante del hombre que anima su carne y le da vitalidad. Le permite percibir las diversas realidades y expresa la identidad de la persona, de modo que decir *mi alma* es igual a decir *yo*, *su alma* equivale a *él*. No es igual a *espíritu*, que es el elemento divino que permite relacionarse con Dios. El hombre según la Biblia está compuesto de carne, alma y espíritu. *Gen 2*, 7; *1 Re 17*, 21-22; *Mat 10*, 28; *Jn 12*, 27; *1 Tes 5*, 23.

Amén: Este vocablo del lenguaje bíblico significa *creo*, *estoy de acuerdo*, *así sea*, *tiene firmeza*, *me comprometo*. Se emplea como exclamación de acuerdo, compromiso y juramento. También para alabar a Dios y para terminar una oración. En el *Nuevo Testamento*, es la conclusión de las doxologías o fórmulas de glorificación a Dios. *Deut 27*, 15-26; *Sal 72*, 19; *Jer 11*, 5; *1 Cor 16*, 36; *Ap 3*, 14; *22*, 20-21.

Amor: El vocabulario de la Biblia en griego expresa tres realidades diversas y complementarias: la pasión amorosa inadecuada, como en el amor extraconyugal (*eros*), la benevolencia hacia otra persona, como entre los esposos y en la amistad (*filía*) y la adhesión a Dios o vinculación con el prójimo por razones sobrenaturales (*agapé*). El origen del amor está en Dios y se expresa como relación de afecto entre el hombre y Dios y entre los seres humanos a imagen de Dios. *Deut 7*, 8; *Cant 3*, 4-5; *Os 11*, 4; *Is 54*, 8; *Mat 22*, 37; *Himno del amor*: *1 Cor 13*, 1-13; *Dios es amor*: *1 Jn 4*, 8.

Angel: Significa *mensajero* y señala al portador de una comunicación de Dios para los hombres. Aunque a veces adquiere gran relieve el ángel como personaje, lo más importante es el mensaje de Dios. El pueblo de la Biblia supone una multitud de ángeles al servicio de Dios, para adorarlo y comunicar su voluntad a los hombres. *Gen 19*, 1; *Luc 2*, 10; *Ap 3*, 1-14; *5*, 11; *12*, 7.

Apóstol: Significa *enviado*. Designa a una persona que recibe una misión religiosa. *Is 6*, 8-9. Apóstoles son los doce discípulos que escoge Jesús como compañeros y colaboradores en la proclamación del *Evangelio*. *Mt 10*, 1-4; *Hech 1*, 2; *2*, 42. San Pablo defiende su condición de apóstol y es llamado así por antonomasia. *1 Cor 9*, 1-2. A la Iglesia se la llama *apostólica* por descansar en el testimonio de los apóstoles. *Ef 2*, 20; *Ap 21*, 14.

Arca: Arca de la alianza o del testamento era un cofre de madera enchapado en oro, en que se guardaban las *tablas de la ley*. El pueblo de Israel establece una estrecha relación entre el arca y la presencia de Dios en medio de él. Tanto el arca como el campamento en que se la colocaba se convierten en el centro de la vida religiosa del pueblo que peregrina de Egipto a la tierra prometida. *Deut 10*, 8; *31*, 9. Descripción. *Ex 25*, 10-22. Significado como presencia de Dios. *Ap 11*, 19.

Ascensión: En sentido amplio, es la subida hacia un lugar elevado con el significado de acercarse a Dios. *Ex 19*, 3; *Os 12*, 4; *Jn 6*, 3. Se refiere también al rapto milagroso de un hombre del mundo visible y su traslado a un mundo invisible. *Gen 5*, 24; *2 Re 2*, 1; *Hebr 11*, 5. Para el cristiano, es la exaltación de Cristo al cielo cuarenta días después de su resurrección. *Luc 24*, 51; *Hech 1*, 9-11.

B

Babilonia: Designa la capital del Imperio Neobabilónico (625-538 a.C.), país al que fueron deportados los habitantes de Jerusalén, tras ser destruida por Nabucodonosor en 587 a.C.. *2 Re 24*, 14. En Babilonia, permanecieron cerca de 50 años hasta cuando Ciro, rey de Persia, autorizó la repatriación de los israelitas y la reconstrucción del templo de Jerusalén en 538 a.C.. *Esd 1*, 2-11. Figuradamente, designa la ciudad perseguidora de los fieles y prototipo de la corrupción. *Ap 17*, 5.

Bautismo: Significa *sumergir en agua*, *mojar* y *lavar*. Juan Bautista adopta el bautismo en el Jordán como signo de conversión y el mismo Cristo fue bautizado por él. *Mat 3*, 1-17. Para el cristiano, es el signo o sacramento en que se recibe la condición de Hijo de Dios, se acepta a Jesús como Hijo de Dios y se es consagrado por el Espíritu Santo. A partir del bautismo, la vida cristiana es para el creyente una vida nueva. *Mat 28*, 19; *Hech 1*, 5; *Rom 6*, 4; *Ef 4*, 5; *Col 2*, 12.

Bendición: Sólo Dios tiene poder para bendecir. La *bendición de Dios* es la salud, los bienes materiales, el bienestar, la familia; pero también la capacidad para vivir de acuerdo con su voluntad. Una de las grandes gracias que nos concede Dios es poderlo bendecir, es decir, proclamar su bondad y su amor en la creación y en la historia humana. Se habla de bendecir personas, objetos y lugares, indicando su dedicación al servicio de Dios y el deseo de obtener sus gracias. En la Biblia, se encuentran muchas fórmulas de bendición. *Gen 48*, 14; *Num 6*, 24-26; *Deut 28*, 2; *Ef 1*, 3;

C

Carismas, dones del Espíritu: Significan *don*, *gracia*. El *Antiguo Testamento* los presenta como favores del Espíritu de Dios. *Is 11*, 2. En el *Nuevo Testamento*, indican el don de Cristo. *Rom 5*, 15. La vocación cristiana. *Rom 11*, 29. La acción del Espíritu de Dios. *Rom 5*, 5. Carismas distribuidos por el Espíritu para bien de toda la comunidad. *1 Cor 12*, 1-11. Himno del Amor, el más excelente de los carismas. *1 Cor 13*, 1-13.

Carne: Elemento material y externo del hombre. Expresa lo débil y limitado, llevando el germen de la mortalidad y el pecado. *Rom 7*, 13-25. Indica parentesco y relación familiar. *Gen 2*, 23. La venida de Cristo al mundo es presentada como *acto de encarnarse*, asumiendo la realidad humana en toda su limitación para redimirla, es decir, rescatarla para Dios. *Jn 1*, 14; *17*, 2; *Filp 2*, 5-11.

Cielos: Espacio donde brillan los astros y que se supone ser una bóveda que separa las aguas superiores. *Gen 1*, 7-8. La expresión *cielos y tierra* es igual a *todo el Universo*. *Sal 8*, 1-10. Se habla de cielos como morada de Dios para expresar, no su lejanía sino su gloria y esplendor. Cuando Cristo anuncia la salvación como la *cercanía del Reino de los Cielos* expresa el dinamismo ascendente del *Evangelio*, quien lo acepta, entra en relación y vive con Dios. *Mat 5*, 3-8; *6*, 9.

Conocer: En la Biblia, indica no sólo la captación de ideas, sino la experiencia vivida de una realidad. *Gen 4*, 1; *Eclo 6*, 23. Dios es quien conoce plenamente todo. *Sal 139*, 1-6. A Cristo se le ha concedido la plenitud del conocimiento y realiza en quienes lo aceptan una comunicación de su conocimiento. *Jn 17*, 3; *Ef 3*, 19; *Col 1*, 9-10.

Conversión, penitencia: En los profetas, son frecuentes las invitaciones dramáticas a la conversión. Su invitación marca dos rumbos: el primero como abandono de los caminos torcidos que expresan el mal y el segundo como seguimiento de los caminos de Dios, que son las sendas del bien y la justicia. En la urgencia de la conversión, está incluido el compromiso de la *alianza*. Dios se ha comprometido a favorecer al pueblo y siempre ha cumplido con sus promesas. El pueblo y sus integrantes se han comprometido a cumplir los mandamientos de Dios; pero con frecuencia se presentan transgresiones. *Jue 10*, 10. Los profetas anuncian castigos y exhortan a un cumplimiento más leal de la alianza. *Am 5*, 15; *Os 14*, 2-9; *Is 1*, 11-15; *31*, 33. *Convertirse* es renovar la aceptación de Dios y *penitencia* son las *obras externas* con las que se expresa voluntad de retornar a la amistad con Dios. Así aparecen las liturgias penitenciales como expresiones colectivas e individuales de voluntad de conversión y de penitencia. *Sal 51*; *79*; 95; *106*; *Lev 26*, 39; *Job 9*, 30. Juan Bautista abre su ministerio con una enérgica predicación que invita a la conversión penitencia, *Mat 3*, 2-9; *Luc 3*, 10-15. Jesús anuncia la llegada del *Reino de Dios*; pero invita a la conversión del corazón, *Mat 6*, 33; *18*, 3; *Luc 18*, 13. En la parábola del hijo pródigo, une la voluntad del pecador de convertirse con la actitud de misericordia de Dios, *Luc 15*, 11-32. Los apóstoles invitan al arrepentimiento como cambio de actitud que surge de la fe en Jesucristo. Su signo externo es el *bautismo*, *Hech 2*, 38; *3*, 19; *5*, 31. Constatan que los paganos están con frecuencia mejor dispuestos que los judíos y esto hace que la predicación del Evangelio se universalice, *Hech 26*, 18-20. El bautismo de arrepentimiento sólo se realiza una vez. *Hebr 6*, 6. Al constatar que después del bautismo, también se presenta el pecado se ve la necesidad de predicar el arrepenimento e insitir constantemente en la actitud de conversión. *Hech 8*, 22; *2 Cor 7*, 9; *2 Tim 2*, 25; *Sant 5*,19.

Corazón: Considerado el centro de la persona, como la realidad que corresponde a lo que hoy se llama *mente, conciencia, intención*. *Deut 6*, 5. Resulta desconcertante y sólo Dios puede escudriñarlo. *Jer 17*, 9-10. Renovar el corazón es renovar toda la persona. *Ez 36*, 26. El Espíritu pone en nuestros corazones los mismos planes de Dios. *Rom 5*, 27-30.

Crecimiento: Acción de crecer, aumentar de tamaño. Es propio de todo ser vivo. *Gen 1*, 28. El crecimiento del Reino de los Cielos entre los hombres es un tema muy importante en la predicación de Jesús y a él le dedica algunas de sus parábolas tales como la semilla, *Mat 13*, 24-30, el grano de mostaza, *Mat 13*, 31-32 y la levadura, *Luc 13*, 20-21. Para indicar el crecimiento de la Iglesia, San Pablo emplea la figura del desarrollo armónico del cuerpo humano. *1 Cor 3*, 6; *Ef 4*, 16; *Col 2*, 19.

Cristiano: Partidario o seguidor de Cristo. El nombre comenzó a emplearse en Antioquía, capital de la provincia romana de Siria y cuyo nombre actual es Antakya. *Hech 11*, 26. Con frecuencia, se convirtió en motivo de discriminación y persecución. *Hech 26*, 28; *1 Pe 4*, 16. Sinónimos: creyentes, discípulos, hermanos, elegidos, santos, nuevo Israel.

Cruz: Para un judío, la ejecución en un madero era una maldición. *Deut 21*, 22-23; *Gal 3*, 13. Ezequiel presenta la cruz en forma de *Tau* como señal protectora contra la muerte. *Ez 9*, 4. Para San Juan, es el lugar de exaltación y triunfo de Cristo. *Jn 19*, 18-20. Para los cristianos, es el signo de la salvación, la reconciliación y la unidad de todos los pueblos. *Mat 10*, 38; *Rom 6*, 6; *1 Cor 1*, 18-25; *Ef 2*, 16; *Filp 2*, 8; *Col 1*, 20.

D

Decálogo: Literalmente significa *diez palabras*. Se refiere a los diez mandamientos que recibe Moisés grabados por Dios sobre piedra. *Ex 20*, 1-17; *Deut 5*, 1-21. Hay diferencias entre las dos formulaciones, Jesucristo se refiere con frecuencia a la legislación de Moisés, declarando que ha venido a llevarla a su plenitud. *Mat 5*, 17-20.

Descanso: Significado de la palabra *sábado*. Moisés prescribe a Israel el *descanso semanal* o *sábado*, con un valor religioso. Su observancia se volverá muy exigente y Cristo con frecuencia expresará su desacuerdo en frases como *no es el hombre para el sábado sino el sábado para el hombre*. *Ex 16*, 23-29; *Deut 5*, 12-15; *Mar 2*, 27-28. Para los cristianos, el día de descanso es el domingo como celebración gozosa de la resurrección del Señor. *Hech 20*, 7-8

Desierto: En el Exodo, la marcha por el *desierto* tuvo la función de unir a los israelitas y forjar su conciencia como nación consagrada a Dios. *Ex 19*, 2. Hay pasajes en los cuales el desierto aparece como un lugar maldito, poblado de espíritus. *Lev 16*, 10. En otros pasaje, es el lugar de los grandes silencios, donde se escucha mejor la voz de Dios y se puede reflexionar en lo que Él dice. *Deut 29*, 4; *Os* 2, 16. Sitio donde se inician las tentaciones de Cristo. *Mat 4*, 1-11; *Luc 3*, 4-6.

Diáconos: Diácono es igual a *servidor* o *ayudante*. En la primera comunidad de Jerusalén, se llamaron *diáconos* los encargados de atender a las viudas para que los apóstoles pudieran dedicarse a la predicación del *Evangelio*. *Hech 6*, 1-6. Su presencia es importante en las comunidades junto a los obispos y presbíteros. *Filp 1*, 1; *1 Tim 3*, 8.

Día del Señor: En el *Antiguo Testamento*, indica el tiempo en que Dios hará plena justicia en la historia humana. *Is 25*, 9; *Ez 30*, 3; *Joel 2*, 11. En el *Nuevo Testamento*, se habla de venida del Señor, ya no en la humildad de la encarnación sino en la gloria de su condición de Dios que lleva a su plenitud el universo. *Filp 1*, 10; *2 Tes 2*, 11; *2 Pe 1*, 16. Se llama *Día del Señor* al domingo como día principal de la semana en que se celebra la resurrección de Cristo.

Dios y sus nombres: Dios está presente en cada palabra de la Biblia. Son innumerables sus atribuciones y títulos. Algunos son: Omnipotente, *Luc 1*, 37; Eterno, *Sal 90*, 2; Fiel, *Deut 7*, 9; Creador, *Is 40*, 9; Padre, *Jn 15*, 1; Altísimo, *Gen 14*, 18; Señor bueno, *Sal 136*; Santo, *Is 6*, 3; Infinito, *1 Re 8*, 27; El que es, *Ex 3*, 4; Sabio, *1 Tim 1*, 17; Quien todo lo sabe, *Hebr 4*,13; Salvador, *Is 43*, 3; Amoroso, *Deut 7*, 7-9; *1 Jn 4*, 10; Misericordioso, *Ex 34*, 6-7; *Ef 2*, 4-5.

Discípulo: Dios aparece con frecuencia instruyendo a Israel y el pueblo aparece como *discípulo*. El salmo *118* tiene ese sentido. Los apóstoles. *Mat 13*, 52. Todos los creyentes. *Hech 9*,1.2. El ser discípulo lleva consigo vivir y dar testimonio de lo aprendido. *Jn 8*, 32.

E

Esenios: Grupos de judíos observantes de las tradiciones mosaicas que voluntariamente abandonaron Jerusalén y los demás lugares habitados al llegar la cultura griega, hacia 150 a.C. Se establecieron en comunidades y llegaron a construir monasterios en la margen occidental del Mar Muerto. Los descubrimientos de Qumrán ampliaron los pocos datos que se tenían de estos grupos y aportaron inmenso un caudal de información para el estudio de los libros del *Antiguo Testamento* y para la historia del *Nuevo Testamento*.

Esperanza: Actitud fundamental del creyente, junto con la fe y el amor. Mantiene la alegría en medio de los trabajos y dificultades, afirmando claramente que Dios es más poderoso. Misión importante de los profetas, entre ellos Isaías, Jeremías y Ezequiel fue mantener la esperanza del pueblo de Dios. *Jer 29*, 11; *Ez 36*, 6-38. En el *Nuevo Testamento*, el fundamento de la esperanza es la resurrección de Jesucristo que comunica nueva vida al cristiano. *1 Cor 15*; *2 Cor 4*, 16; *1 Pe 1*, 3-6. Dar razón de la esperanza es una manera de vivir la vida cristiana. *1 Pe 3*, 15.

Espíritu: Tanto en hebreo como en griego, significa *respiración, soplo de vida, viento, hálito*. Desde la primera página de la Biblia, *Gen 1*, 2, se presenta como la fuerza de Dios que comunica su vida a la creación y sus dones a la humanidad. *Is 11*, 2. El Espíritu del Padre es la gran promesa de Cristo para los creyentes. *Jn 16*, 12-15. Su cumplimiento se realizó en Pentecostés, inaugurando la etapa definitiva de la salvación, con su presencia en la Comunidad de los creyentes. *Hech 1*, 8; *2*, 1-4.

Eucaristía: Literalmente significa *acción de gracias*. *Hech 24*, 3; *Ef 5*, 4; *Col 2*, 7; *Ap 7*, 12. La principal celebración de la Iglesia se llama *Eucaristía*, porque actualiza la acción de Cristo de tomar el pan y la copa de vino, *dando gracias*. *Mat 26*, 27; *Mar 14*, 23; *Luc 22*, 19; *Jn 6*, 23; *1 Cor 11*, 24. Ese gesto es la actualización del sacrificio en que Cristo entregó su cuerpo y sangre por la salvación del mundo y llevó a su realización plena la Pascua del Exodo. *Ex 12*, 11; *Jos 5*, 11; *Jn 6*, 4-59; *Hech 3*, 42-46. Recibe otros nombres como *cena del Señor*, porque Cristo la instituyó durante la cena de Pascua, la víspera de su muerte. También se llama *fracción del pan* por el mismo gesto de distribuir el pan consagrado entre los fieles. *Hech 20*, 7. La palabra *misa* significa *envío* o *encargo* y se pronuncia al final de la celebración para expresar el compromiso de comunicar a los demás qué se ha celebrado en la Eucaristía. *Jn 3*, 17; *20*, 21.

Evangelio: Expresión griega que significa *alegre noticia, mensaje satisfactorio, buena nueva*. En el *Antiguo Testamento*, expresa un anuncio profético. *Is 42*, 9; *46*, 10; *61*, 1-3. *Evangelio* y *Evangelizar* en el *Nuevo Testamento* indican el mensaje de salvación que Jesús vino a traer con su palabra y con su vida. *Mat*

4, 23; *Mar 1*, 1; *Luc 4*, 16-21. Los apóstoles reciben el mandato de anunciar el *evangelio* y por eso a ellos y a todos aquellos que lo hacen se los llama *evangelizadores*. *Mat 24*, 14; *Mar 16*, 16; *Hech 8*, 35; *21*, 8; *1 Cor 9*, 16; *Gal 1*, 11-12.

F

Familia: En la cultura bíblica, se encuentra una familia patriarcal constituida por el padre, la esposa, los hijos solteros, los parientes y los siervos que por lo general se llaman *hermanos*. *Gen 2*, 24; *50*, 8; *Lev 25*,10. Gran parte de las reflexiones consignadas en los *Libros Sapienciales* son fruto de una pedagogía y una filosofía profundamente religiosas, que tuvieron su origen y desarrollo en la familia. *Deut 6*, 7; *Prov 17*, 6; *Eclo 3*, 11. El *Nuevo Testamento* reafirma esa rica tradición y la potencia dándole una relación con Dios como Padre y con Cristo como esposo. *Luc 2*, 51-52; *Ef 5*, 21-25; *6*, 1-4; *1 Pe 3*, 1-7.

Fiesta: La sucesión de las estaciones y el ritmo de la vida del campo marcaron la organización del calendario hebreo y las fiestas. Todas las fiestas, aún las de origen agrario, tomaron sentido religioso, pero mantuvieron el carácter de reunión alegre y de factor constructor de la cultura y la historia del pueblo. La más frecuente era el descanso semanal del *sábado*. *Gen 2*, 2-3; *Deut 5*, 12-15. Cada año se celebraba la *Pascua* o *ázimos*, las *Primicias*, las *Semanas* o *Pentecostés*, el *Año Nuevo*, el *Día de la Expiación*, los *Tabernáculos* o *Cabañas*, la *Dedicación* o *de las luces*, las *Suertes* o *Purim*. Cada mes se celebraba la *luna nueva*. Cada siete años, el *año sabático* y cada 50, el *año jubilar*. Legislación de la mayor parte de las fiestas bíblicas. *Lev 23-25*.

Fuego: Además de su realidad física, recibe con frecuencia un valor simbólico como manifestación de la presencia de Dios, *Ex 3*, 2; de su justicia, *Mat 3*, 10; del castigo del mal, *Num 11*, 3; *Mar 9*, 4; de purificación, *Is 6*, 6-7; de la comunicación del Espíritu, *Hech 2*, 3; de la renovación total de la creación, *Ap 15*, 2.

G

Genealogía: Lista de antepasados indicando la continuidad entre las diversas generaciones. Es importante su función, porque mantiene la solidaridad de un gran número de personas en distintos lugares y tiempos, conservando y transmitiendo las relaciones de sangre y familia. *Num 26*, 60; *Esd 8*, 1. Genealogía hebrea de Cristo hasta Abraham, *Mat 1*, 1-17. Orígenes humanos de Cristo hasta Adán, *Luc 3*, 23-38.

Gloria: En en el *Antiguo Testamento*, significa *peso*, *prestigio*, *solidez*, *autenticidad* y de manera derivada *renombre*, *fama*, *honor*, *esplendor*, *celebridad*. Se refiere fundamentalmente a Dios. También a su manifestación y experiencia en el hombre y en la creación. *Ex 33*, 18; *Deut 5*, 24; *Is 6*, 1-4; *Mar 8*, 38; *Hebr 1*, 3; *Ap 19*, 1.

Griego: Entre las diversas modalidades de la lengua griega, está la llamada *Koiné* o *Común* llamada así por ser la lengua más usada en el mundo desde las conquistas de Alejandro Magno, muerto en Babilonia el 3 de junio de 323 a.C. Los libros del *Antiguo Testamento* fueron traducidos al griego hacia 250 a.C. y algunos se redactaron directamente en esa lengua. Los textos definitivos del *Nuevo Testamento*, considerados originales, están en griego Koiné. Esto facilitó la difusión del cristianismo y el conocimiento de sus libros sagrados en todo el Imperio Romano. *2 Mac 4*, 10; *Jn 19*, 20; *Hech 21*, 37; *Ap 9*, 11.

C

Hebreo: Idioma semítico en que fueron redactados los libros del *Antiguo Testamento* judío. La familia semítica tiene más de 40 idiomas. La lengua bíblica está atestiguada en inscripciones de 1500 a.C. y tiene su desarrollo a partir de 1000 a.C. Tanto en prosa como en poesía es de notable sencillez lingüística y capacidad expresiva. Su alfabeto tiene 22 caracteres, no se escriben las vocales y la fuerza de la frase recae en el sustantivo y en el verbo. El hebreo del tiempo de Jesucristo está ampliamente documentado en los rollos encontrados en Qumrán. El *neohebreo*, hablado en Israel actualmente, conserva toda la riqueza del hebreo bíblico que es su principal fuente. *Ex 3*, 18; *Est 3*, 7; *Jn 5*,2; *19*, 13.

Herencia: El pueblo adquiere sentido de identidad por la promesa de heredar una tierra y elabora un complicado sistema jurídico para garantizar su posesión como pueblo. *Ex 4*, 22; *32*, 13; *Rut 4*, 6. Se convierte en tema de reflexión religiosa y humana. *Eclo 26*, 3. Expresa el plan que Dios ha dispuesto para nuestra felicidad. *Mat 5*, 4; *Ef 1*, 14; *Ap 21*, 7.

Hermanos: En su sentido más estricto, son los nacidos de la misma pareja conyugal. *Gen 4*,

8-10. De manera amplia, son los parientes próximos, los allegados, los miembros de un mismo clan o grupo y hasta quienes viven en la misma casa, incluidos los siervos. *Mat 4*, 18. Jesucristo propone un nuevo vínculo fraterno: escuchar la Palabra de Dios y vivirla. *Mat 12*, 46-50; *Mar 3*, 31-35; *Luc 8*, 19-21.

I

Imagen: Diversos vocablos expresan lo que se traduce por *imagen*. Es el mismo hombre, como creatura, la más excelente imagen de Dios. *Gen 1*, 26-27. Figuras de dioses locales que se prohíben para afirmar que el Dios verdadero es único. *Ex 20*, 2-6. Imágenes paganas, tema de polémicas violentas de los profetas para salvaguardar la integridad religiosa. *Jer 44*, 1-30; *Hab 1*, 18-19. Monedas que circulan en tiempo de Jesús. *Mar 12*, 16. Ejemplaridad de Cristo como modelo de vida cristiana. *Rom 29*; *1 Cor 15*, 49; *Col 1*, 15. La aplicación de la polémica anti-idolátrica de los profetas antiguos es actual frente a los nuevos dioses falsos, no así su aplicación contra un amplio sector del cristianismo. Desde 150, en las catacumbas romanas se ha empleado la imagen como elemento de interpretación y de pedagogía del mismo mensaje cristiano. En la civilización actual, fundada en la imagen, su empleo adecuado al servicio de la Evangelización es importante.

Israel: Nombre de Jacob, después de su lucha con el ángel. *Gen 32*, 28. Por ser padre de los doce jefes que originan las tribus, da su nombre al pueblo y a la tierra que protagoniza la historia bíblica. *Ex 1*, 1-7; *Jue 21*, 24. A la muerte de Salomón, gran número de tribus se separaron de Jerusalén y formaron el reino de Israel. *1 Re 12*, 17-19. En el *Nuevo Testamento*, la palabra *Israel* aparece 65 veces, sobre un total de 1932 en toda la Biblia, indicando la nueva comunidad en que llegan a su plenitud las promesas. *Mat 19*, 28; *Rom 10*, 1-21; *1 Cor 10*, 18; *Gal 6*, 15-16.

J

Jerusalén: Ciudad que está en el centro político y religioso de la historia del *Antiguo* y el *Nuevo Testamento*. Se llama *Sión* por la pequeña colina donde se construyó el templo. También *Ciudad de Dios* y *Ciudad Santa*. En tiempo de David, su primer rey, fue el factor estratégico para la unificación de las tribus y la constitución de la monarquía en 1000 a.C. El judaísmo, el islamismo y el cristianismo la consideran un símbolo religioso. En Jerusalén, Cristo vivió los principales acontecimientos de su vida. La Iglesia y el mismo cielo se llaman *nueva Jerusalén*. *2 Sam 5*, 6; *Mat 20*, 17-19; *Jn 4*, 21; *Hech 15*, 2; *Gal 4*, 25-26; *Ap 21*, 2.

L

Ley: Nombre de los cinco libros del *Pentateuco*, indicando su carácter de fundamento y norma de la vida del pueblo de Israel. El *Pentateuco* está impregnado de un gran entusiasmo y devoción hacia la *ley*, para la que busca muchos sinónimos. La ley judía no es un legalismo frío, sino que moldea la vida del pueblo. Jesucristo declara venir para dar plenitud a la ley, pero rechaza su observancia servil y sin sentido. San Pablo tendrá muchos enfrentamientos contra la observancia de la ley, defendiendo el valor de la fe y de la libertad cristianas. *Deut 32*, 46; *Neh 8*, 8; *Rom 4*, 14-15;

M

Marana-thá, Maran-atha: Dos expresiones del arameo, lengua hablada por Jesucristo y por los primeros cristianos. *Marana-thá* significa *¡Oh Señor! ¡Ven!* y expresa el intenso deseo de que Cristo se haga presente. *Ap 22*, 20. *Maran-atha* significa *El Señor viene* y es una declaración de fe en la segunda venida de Cristo. Expresa una actitud de esperanza y de atención en la vida cristiana. *1 Cor 16*, 22.

María: Nombre femenino de persona, bastante frecuente, en su forma hebrea, *Miryam*. Tiene raíces egipcias y significa tanto *hermosa* como *señora*. *María de Nazaret* ocupa un lugar destacado en la historia del *Nuevo Testamento*, en muchos de cuyos pasajes se la presenta como el cumplimiento de las promesas de los profetas junto a Jesucristo. *Luc 1*, 26-27; *Jn 2*, 1-11; *19*, 25-27. Acompaña también a la primera comunidad que recibe el Espíritu. *Hech 1*, 14. La figura de *Ap 12* ha sido interpretada en clave mariana.

Mesías, Cristo, Ungido: *Mesías* o *Mashíaj* del hebreo es igual a *Cristo* o *Jristós* del griego y significa el *ungido* o el *consagrado*. A partir de David, se desarrolla una expectativa: Dios va a enviar a su familia un Mesías que llevará a su máximo esplendor el reino. *1 Re 2*, 3-12. El tema del Mesianismo davídico es recurrente en los profetas. Al llegar Cristo y ser indicado como Mesías, se crea una confrontación entre quienes lo aceptan como tal y quienes lo rechazan. Cristo descarta el mesianismo político, frente a las expectativas del momento, agudizadas por la dominación romana y la falta de líderes judíos significativos. *Jn 4*, 24-26. El frecuente nombre de *Jesucristo* significa *Jesús el Mesías*. *Luc 24*, 26; *Ef 1*, 20-23; *Filp 2*, 9.

Milagro: En los Evangelios, se encuentran acciones de Jesús que se califican como *milagros, prodigios, signos* o *curaciones*. Curación de dos ciegos, *Mat 9*, 32-33; de un sordomudo, *Mar 7*, 31-37; del endemoniado de la sinagoga, *Luc 4*, 33-35; la tempestad calmada, *Mat 8*, 23-27; la multiplicación del pan, *Jn 6*, 19-21; la resurrección de Lázaro, *Jn 11*, 1-44. La resurrección de Jesucristo es presentada como el mayor milagro y signo de credibilidad. Es en definitiva el fundamento de la fe y la esperanza. *1 Cor 15*, 4-21.

Ministerios: En el *Antiguo Testamento*, los principales son los del sacerdote, del profeta y del rey. *Ex 28*, 41. Jesucristo se presenta como quien ha venido, no a ser servido sino a servir. *Mar 10*, 45; *Jn 13*, 14. No realiza acciones propiamente sagradas, pero la gente lo aclama como Maestro y Profeta. *Luc 7*, 16; *24*, 19. La comunidad primitiva, reflexionando en la figura de Cristo como mediador y sacerdote, estableció los ministerios de diáconos, presbíteros y obispos, dando cumplimiento al mandato de Cristo de perdonar, evangelizar, realizar la Eucaristía, bautizar, predicar, curar y extender su reino por todas partes. *1 Tim 2*, 5; *Hebr 7*, 26.

Muerte: La Biblia considera la muerte como castigo por el pecado *Gen 2*, 17; *3*, 2-4; *Ex 10*, 17; *Sab 2*, 24; *1 Cor 15*, 26. Para el *Antiguo Testamento*, morir es *entrar en un mundo subterráneo y oscuro*, llamado *sheol* o *lugares inferiores*. *1 Sam 2*, 6; *Sal 89*, 49. Dimensión humana de la muerte y sus lecciones. *Eclo 41*, 1-28. El *Nuevo Testamento* transforma la visión del *Antiguo*. Al afirmar como verdad fundamental la Resurrección de Cristo, se concluye la derrota de la muerte y la participación de los creyentes en la *Vida Nueva* de Cristo. *Rom 6*, 9-10. El cristiano vive una actitud fundamental de esperanza. *Mat 4*, 16. La verdadera muerte es el *pecado*. *Rom 8*, 6. Cristo invita a asumir una dinámica de superación en que el pecado y la muerte son derrotados y se trabaja por un mundo totalmente nuevo. *Filp 2*, 5-11; *Ap 21*, 4; *22*, 1-5.

Mujer: Es creada junto al hombre a imagen de Dios, con plena igualdad y como compañera suya. *Gen 2*, 22-25. El ambiente bíblico es patriarcal pero no discrimina a la mujer. Muchas son las páginas que resaltan los valores femeninos y hacen de ellos el fundamento de la familia y la sociedad. *Gen 3*, 20; *Cant 8*, 5-7; *Prov 31*, 10-31. Son muchas las mujeres que aparecen en lugar y funciones destacadas. En el *Nuevo Testamento*, María de Nazaret aparece como Madre del Redentor, *Luc 1*, 30-35; intercesora ante Cristo, *Jn 2*, 4-5; modelo de asimilación del plan de Dios, *Luc 2*, 51; partícipe del don del Espíritu Santo a la Iglesia, *Luc 1*, 35; *Hech 1*, 14. La mujer es comparada con la realidad gloriosa de la Iglesia, *Ef 5*, 22-23; *Ap 12*, 1-2; *21*, 1-2.

Mundo: En el *Antiguo Testamento*, es frecuente la expresión *tierra* para indicar el ambiente en que Dios coloca al hombre, *Gen 2*, 4-9. La expresión binaria *cielos y tierra* indica todo el universo creado, colocando en los cielos el lugar preferente de habitación de Dios. La tierra es entregada al hombre, *Gen 2*, 15-19 y se convierte en promesa para el pueblo elegido, *Ex 23*, 10-11; *Lev 25*, 23. En el *Nuevo Testamento*, aparece la palabra *mundo*, del griego *kosmos*, indicando *todo lo creado*. *Jn 1*, 10-11. Como obra de Dios, el mundo refleja la bondad del Creador. *Prov 8*, 22-31; *Sal 8*. Para el hombre alejado de Dios, se convierte en instrumento y objeto de mal, *Deut 28*, 15-46; *Mat 16*, 26. Jesucristo vino para salvar al mundo, *Jn 3*, 16; *6*, 51. El cristiano se halla en la misma situación aparentemente contradictoria de Cristo: es el lugar donde se realiza la vida cristiana como búsqueda de Dios y edificación de la Iglesia y se está sometido al peligro de corrupción. *Jn 14*, 17; *15*, 18; *2 Pe 2*, 19. Toda la creación espera la renovación que será plena cuando Dios establezca su reinado, *Is 65*, 17; *66*, 22.

Muro de las lamentaciones: El templo de Jerusalén fue edificado por Salomón hacia 950 a.C., *2 Sam 6*, 7; *1 Cro 28*, 2-3; *2 Re 25*, 8-17. Fue destruido por los babilonios en 587 a.C.. Reconstruido de manera muy sencilla y provisional fue dedicado, es decir, ofrecido a Dios como lugar sagrado en 515 a.C.. En 63 a.C., fue destruido por el general romano Pompeyo. Era el segundo templo. *2 Cro 36*, 22-23; *Esd 1*. Herodes el Grande empezó en 19 a.C. la construcción del tercer templo que fue terminado en tiempos de Jesucristo. *Mat 4*, 5-6; *Mar 13*, 1. Los Evangelios refieren muchos episodios de la vida de Jesús en los recintos del templo. En el año 70, el templo fue destruido por los romanos. De sus edificaciones sólo quedó uno de los muros de contención, llamado en la actualidad *muro de las lamentaciones*. Allí se reúnen los judíos para orar.

N

Nombre: La lengua del *Antiguo Testamento* da gran relieve a los sustantivos. De modo especial los nombres propios de persona indican la misma realidad y misión de un individuo. Con frecuencia, se cambia el nombre para indicar una nueva vida. La revelación del nombre de Dios indica su comunicación con el hombre. *Gen 2*, 19-20; *17*, 4-5.

Números: El pueblo de la Biblia no desconoce el valor de los números. En la lista actual, así se titula el *cuarto libro del Pentateuco*. No se trata, sin embargo de un pueblo de matemáticos como Egipto, Babilonia, Caldea o Grecia. Con frecuencia, los números más que el valor exacto de unidad, peso y medida que les damos hoy, expresan un *valor simbólico*. Así el 2 como doble indica que hay de sobra, *Is 40*, 2; el 4 expresa totalidad, *Gen 2*, 10; *Ex 28*, 17; *2 Sam 12*, 6; *Prov 30*, 24; *Is 11*, 12; *Ez 1*, 5-18; *Ap 4*, 6; el 6 es cifra de esfuerzo fatigoso e imperfección, *Lev 23*, 3; *Num 35*, 23-25; *Deut 15*, 18; *Job 5*, 19; *Luc 13*, 14; *Jn 2*, 6; el 7 es el número de la perfección y la plenitud; *Gen 4*, 15; *Lev 14*, 27; *Jos 6*, 13-15; *Sal 119*, 164; *Mat 18*, 22; *Ap 1*, 11; *21*, 9; el 12 es signo de plenitud, *Gen 17*, 20; *Num 17*, 21; *Mat 10*, 1-5; *Mar 6*, 7; *Ap 12*, 1; *21*, 12-21. Los números admiten múltiplos: 144.000, es 12 x 12 x 1000, *Ap 7*, 4; la gran multitud de bienaventurados; 666, el sello de la bestia, *Ap 13*, 18; setenta veces siete, indicando que hay que perdonar *siempre*, *Mat 18*, 22.

O

Oráculo: Expresión muy frecuente en los profetas para indicar que se trata de un *mensaje de Dios*. Aarón lleva un pectoral con las figurillas que se consideran como el oráculo o lema de los israelitas, *Ex 28*, 30. Una de las características del oráculo es su cumplimiento en un tiempo futuro. *Is 14*, 22. Con mucha frecuencia en los Evangelios, se refieren pasajes del *Antiguo Testamento* como oráculos de los profetas indicando su cumplimiento en Jesucristo. *Mat 2*, 23; *Jn 12*, 38.

P

Parábolas: Comparaciones basadas en la realidad que permiten comprender y asimilar una enseñanza. En el caso de las parábolas evangélicas, Jesús propone la riqueza del *Evangelio* y de sus exigencias con imágenes como la construcción de una casa, *Mat 7*, 24-27; el añejamiento del vino, *Luc 5*, 37-38; la adquisición de una perla, *Mat 13*, 45-46; el hijo pródigo, *Luc 15*, 11-32. Una pedagogía evangélica tiene en cuenta las parábolas como contenido y como método.

Pascua: Significa *paso*. *Ex 12*, 3-13. Es la fiesta más importante para el pueblo bíblico. La liberación de la esclavitud a que se vieron sometidos sus antepasados en Egipto y el camino hacia la tierra de su propiedad constituye su núcleo histórico. Para el *Nuevo Testamento*, la Pascua se centra en Cristo, nuevo Moisés que lleva a su plenitud la obra de salvación. *Luc 22*, 13; *1 Cor 5*, 7. Se llama en la actualidad *misterio pascual* a la celebración de la pasión, muerte y resurrección de Jesucristo.

Pastor: Oficio muy frecuente en culturas nomádicas y seminómadas como la israelita. De Abel se dice que fue pastor y de Moisés también, *Gen 4*, 2; *Ex 3*, 1. Es uno de los nombres con que se expresa la protección de Dios sobre el pueblo, *Gen 48*, 15; *Sal 22*, 1; *80*, 2. También se emplea para designar a los dirigentes políticos y religiosos. *Jdt 11*,19. Con la expresión *ovejas sin pastor* se indica la desorientación del pueblo y la creencia del liderazgo en sus jefes, *Ez 34*, 5-23; *Mar 6*, 34. Jesucristo se presenta como el *Buen Pastor* con el propósito de dar la vida por las ovejas y de hacer de todos los hombres un solo rebaño. *Jn 10*, 11-16.

Patriarca: Jefe de un clan o familia numerosa. La expresión corriente es *nuestro padre* o *nuestros padres*, indicando personajes como Abraham, Isaac, Jacob, Moisés, David y su función de fundadores de un pueblo, *Gen 21*, 3.. El *Nuevo Testamento* exalta su importancia como portadores de las promesas que se realizan en Cristo, *Hech 2*, 29; *Hebr 7*, 4.

Paz: *Shalom* en hebreo, significa no propiamente ausencia de violencia, sino *plenitud de bienes* y *bendiciones*. Al Mesías se lo llama *Príncipe de la Paz*. *Is 9*, 5. El *Antiguo Testamento* hace de la paz, objeto de deseos y súplicas. *Gen 43*, 23; *Is 57*, 19. Jesús manda a sus discípulos que comuniquen la paz y él mismo la comunica. *Jn 14*, 27; *Ef 2*, 14-18; *2 Tes 3*, 16.

Entre ellos, *Redentor del hombre*, *El Don de la Redención* y *Madre del Redentor*.

Reino de los cielos: Dios reina, Dios es rey, son expresiones muy frecuentes en el Antiguo Testamento. En el culto es una de las aclamaciones frecuentes que se conservan en muchos salmos. Sal 97; 99; 110; 145. El pueblo de Israel es el Reino de Dios y los israelitas cobran conciencia de la distinción que supone para ellos tener a Dios como Rey. Ex 19,6; Sal 48,3; Is 6,5. El esplendor de la monarquía israelita fue muy limitado. Los profetas comienzan a anunciar un reino futuro, en continuidad con la monarquía de David. Is 40,9-14; Zac 14,9; Dan 2,44; Sab 3,8. Jesús se presenta predicando la Buena Nueva del Reino. Reino de Dios en el Evangelio de Marcos. Mar 1,15; 3,24; 4,30; 10,14;15,43. Reino de los cielos según la expresión del evangelista Mateo. Mat 3,2;4,17. Reino de los cielos y Reino de Dios son expresiones equivalentes e indican la aceptación de Dios como Señor y el rechazo de lo que se opone a su plan. Mar 1,15; Luc 17,20-21. Los apóstoles reciben el encargo de predicar la Buena Nueva del Reino. Mat 10,17. Cuando llega el momento de salir a predicar, después de Pentecostés, tanto los discípulos de Jesús como Pablo centran su mensaje en el Reino. Sólo que se incluye el nombre de Jesucristo como centro del Evangelio. Hech 14,22; 1 Tes 2,12. Creer en Jesús es entrar en el reino. Hech 8,12. Participar en el reino, tiene sus exigencias: nacer de nuevo (Jn 3,3), perseverar en la fe (Hebr 12,28), cumplir la voluntad del Padre (Mat 7,21). El mundo está llamado a ser reino de Cristo, realizándose la petición del Padre Nuestro, "Venga tu reino" (Mat 6,10).

Resurrección: El Antiguo Testamento proclama al Dios viviente. La expresión "Yo soy el que soy" se puede entender como "yo soy el que hago vivir". Ex 3,14-15. Los Salmos están llenos de expresiones que cantan al Dios de la vida y suplican que aleje las calamidades que puedan causar la muerte. Israel, sometido a duras pruebas como el destierro, siente la necesidad de que Dios realice una resurrección colectiva, para que el pueblo vuelva a su esplendor.

Es impresionante el relato de los huesos que se convierten en un pueblo inmenso en marcha. Ez 37, 1-14. Ante la dura realidad de la persecución y el martirio, el libro de los Macabeos proclama la fe en la resurrección de los individuos. 2 Mac 7,9-14. La verdad fundamental del Nuevo Testamento es la resurrección de Jesucristo. El anunció su muerte y su resurrección. Mar 8,31; Mat 12,40; Jn 2,19. Los Evangelios y los Hechos de los Apóstoles recogen los testimonios de quienes han visto vivo, al que había muerto. Mar 16,14; Luc 24,21-24; Hech 13,31. La presentación que hacen los Evangelios de Jesucristo es fruto de una fe pascual: la proclamación de Jesús como Salvador en definitiva descansa en que El resucitó y que venció a la muerte. Rom 6,4-11. El anuncio fundamental de la fe cristiana, llamado kerygma, se encierra en una breve fórmula que entre otros lugares, se encuentra en 1 Cor 15,3-4: *Cristo murió por nuestros pecados, conforme a las Escrituras. Fue sepultado y resucitó al tercer día, según las mismas Escrituras*. La vida cristiana participa de la fuerza de Cristo resucitado. Muertos por el bautismo, hemos resucitado con El a una vida nueva. Rom 6,4; Col 2,12.

Esta verdad tiene sus consecuencias en el orden moral. Ef 5,14; Col 3,1. Es fuente de esperanza en que se manifestará claramente lo que es todavía un misterio. Rom 8,23; 2 Cor 5,5.

S

Sacerdotes y Sacerdocio: La carta a los Hebreos expresa un principio religioso común a todas las religiones: el sacerdote tiene la función esencial de asegurar la mediación entre Dios y los hombres. Hebr 5,1. La función sacerdotal dice relación con la esfera de lo sagrado. En la Biblia encontramos muchas expresiones para indicar la función sacerdotal y a lo largo de la historia, desde el famoso Melquisedec hasta Cristo son muchas las formas de sacerdocio que nos presenta. Gen 14,18-21; Hebr 7.

Moisés y Aarón aparecen en el Exodo con funciones sacerdotales. Ex 3 y 4. Ellos se interesan por el pueblo ante Dios y unen a su función de promotores sociales, la función de mediación religiosa. Los primeros sacerdocios atestiguados en la Biblia son los que están unidos a los santuarios de Dan, Betel y Silo. Jue 17 a 20.Entre los profetas figuran Jeremías y Ezequiel como sacerdotes. Jer 1,1; Ez 1,3. Es muy compleja la historia del sacerdocio después de la restauración del templo al regreso de Babilonia.

En tiempos de Jesucristo el sacerdocio del templo de Jerusalén tiene una jerarquía que comprende el sumo sacerdote, el jefe de la

Pecado: Con muchos términos se designa el mal que en el hombre indica una falla en su naturaleza, en sus acciones o en sus propósitos. Los términos están tomados de las relaciones humanas: *injusticia, iniquidad, rebelión, traición, deuda.*
La Biblia presenta la revelación de Dios como una constante invitación al bien. Por eso, el pecado se presenta casi en cada página de los libros sa-grados como una ofensa contra Dios y como un mal para el hombre. La historia bíblica se presenta como una historia de la salvación, para redimir o rescatar al hombre del poder del pecado. Dios percibe y castiga el pecado, *Gen 18*, 20. Acepta las súplicas y sacrificios para que tenga misericordia, *Ex 10*, 17; *Lev 5*, 11; *14*, 13; *Num 7*, 46. Espera que el pecador reconozca su pecado, *Sal 51*, 4. San Pablo hace un paralelo entre Adán, pecador y causante del mal en el mundo y Cristo, nuevo Adán que nos purifica del pecado, *Rom 5*, 11-18. El poder del pecado es real en cada uno, aun en el cristiano que tiene fe y quiere vivir según el Evangelio, *Rom 7*, 17-25. Orar por el pecador es una exhortación ya presente en la iglesia apostólica, *1 Jn 5*, 16.

Pentecostés: Quiere decir *cincuenta días.* En Israel, se llamaba también *fiesta de las semanas* y se celebraba a las siete semanas y un día de la Pascua. *Ex 23*, 16; *Lev 23*, 15-21. Una vez realizada la cosecha del trigo, el sumo sacerdote ofrecía en el templo dos panes preparados con la harina del nuevo grano y se hacían sacrificios de animales. El ambiente era de gran alegría por ser tiempo de cosecha. El *Nuevo Pentecostés* celebra el don del Espíritu Santo, cincuenta días después de la Resurrección de Jesucristo. El Espíritu Santo es el don siempre renovado de Dios que inaugura los tiempos definitivos. *Jer 31*, 33; *Ez 36*, 27; *Hech 2*. Con la fuerza del Espíritu Santo, se inicia la actividad misionera de la Iglesia, *Hech 4*, 8; *13*, 2; *15*, 28. Su presencia tendrá manifestaciones visibles, *Hech 4*, 31; *10*, 44.

Pobres: En la Biblia, los pobres y la pobreza ocupan un lugar muy destacado. El vocabulario del *Antiguo Testamento* es muy variado y concreto: *indigente, mendigo, afligido, oprimidos, humillados*, con una clara connotación social. De manera paradójica, la Biblia exalta la pobreza como una disposición en que se revelan los valores espirituales. El *Nuevo Testamento* declara a los pobres *herederos privilegiados del reino de Dios.* El *Antiguo Testamento* presenta una evolución. La pobreza es considerada un mal, signo del abandono de Dios. El caso se presenta con dramatismo en el libro de Job y se resuelve en una visión terrena de la felicidad. Se aviva la sensibilidad hacia los indigentes y necesitados, *Ex 20*, 15; *Deut 15*, 1-15; *Is 14*, 4. Los profetas se presentan con frecuencia como defensores de los pobres, *Am 5*, 7; *Jer 22*, 13-17. Israel madura su convicción, según la cual Dios escucha al indigente y lo hace su amigo.
La figura del Mesías en el *Siervo de Yahvé* consagra como figura plenamente religiosa al despreciado y necesitado, *Is 42*; 49; *50*, 52-53. En esa clave, se entiende la figura de Jesús y su mensaje en el *Nuevo Testamento. Mat 5*, 3; *Luc 4*, 18; *Sant 2*, 5-6. La pobreza sigue siendo algo inaceptable humanamente. Según el Evangelio es una paradoja: quien es indigente tiene su corazón abierto al don de Dios, *2 Cor 8*, 9.

Profeta: Hombre lleno del espíritu de Dios que ve con claridad la situación que lo rodea y enviado por Dios denuncia el mal y la injusticia y anuncia los mensajes para mejorar la suerte del pueblo. Además de los profetas escritores, la Biblia refiere actividades de profetas carismáticos como Elías y Eliseo, *1 Re 17*, 1; *2 Re 6*, 1; profetas consejeros del rey como Natán, *2 Sam 12*, 1. A Juan Bautista se lo llama *el mayor de los profetas*.
En la comunidad cristiana, la profecía tiene plena vigencia, *1 Cor 14*, 1; *Ef 2*, 20. No viene de la iniciativa humana sino de Dios, *2 Pe 2*, 21.

R

Redención: Redimir es lo mismo que *volver a comprar*. En la Biblia, la redención se asocia a la *salvación* o *liberación* que Dios ofrece al pueblo elegido. El hecho más destacado de redención es la liberación de la servidumbre de Egipto. *Ex 6*, 6; *12*, 27; *14*, 13. El Exodo será siempre el modelo de la redención que Dios realiza con su pueblo. Con frecuencia, Israel se ve acosado por sus enemigos y clama a Dios pidiendo su redención. *Est 14*, 19; *Sab 16*, 8; *Is 35*, 10; *43*, 1. Jesucristo se presenta como el Redentor, *Mar 10*, 45. San Pablo elabora ampliamente el tema de la redención: En Cristo, Dios nos ha ofrecido la redención total y definitiva, *Rom 3*, 24; *8*, 23; *1 Cor 6*, 20; *Ef 1*, 7.
Juan Pablo II ha dedicado especial cuidado al tema de la re-dención en sus documentos pontificios, llenos de contenido bíblico.